le Robert & Collins

poche

allemand

français-allemand / allemand-français

D0816073

le Robert   Collins

HarperCollins Publishers
Westerhill Road
Bishopbriggs
Glasgow
G64 2QT
Great Britain

Nouvelle présentation 2009

Vierte Auflage/Quatrième édition
2008

© HarperCollins Publishers 1996,
2002, 2005, 2008

Collins® is a registered trademark of
HarperCollins Publishers Limited

www.collinslanguage.com

Dictionnaires Le Robert
25, avenue Pierre de Coubertin
75211 Paris cedex 13
France

www.lerobert.com

ISBN 978-2-84902-639-7

Dépôt légal février 2009
Achevé d'imprimer en janvier 2009

Fotosatz/Photocomposition
Davidson Pre-Press, Glasgow

Gedruckt in Frankreich von/
Imprimé en France par
Maury-Imprimeur

Inhalt

Table des matières

Abkürzungen	iv	Abréviations	xi
Regelmäßige deutsche Substantivendungen	vii	Terminaisons régulières des noms allemands	vii
Lautschrift	viii	Transcription phonétique	viii
Französische Verben	ix	Verbes français	ix
Deutsche Verben	xvi	Verbes irréguliers allemands	xvi
Zahlwörter	xxi	Les nombres	xxi
Uhrzeit	xxiii	L'heure	xxiii
Datum	xxiv	La date	xxiv
FRANZÖSISCH – DEUTSCH		FRANÇAIS – ALLEMAND	
		Perspectives sur l'allemand	
DEUTSCH – FRANZÖSISCH		ALLEMAND – FRANÇAIS	

Abkürzungen

Abréviations

auch	a.	aussi
österreichisch	A	autrichien
Abkürzung	*abk, abr*	abréviation
Akronym	*acr*	acronyme
Adjektiv	*adj*	adjectif
Verwaltung	*Admin*	administration
Adverb	*adv*	adverbe
Landwirtschaft	*Agr*	agriculture
Akkusativ	*akk*	accusatif
Akronym	*akr*	acronyme
Anatomie	*Anat*	anatomie
Architektur	*Archit*	architecture
Artikel	*art*	article
Kunst	*Art*	beaux arts
Astronomie, Astrologie	*Astr*	astronomie, astrologie
Auto, Verkehr	*Auto*	automobile
Luftfahrt	*Aviat*	aviation
Biologie	*Bio*	biologie
Botanik	*Bot*	botanique
Karten	*Cartes*	cartes
schweizerisch	CH	suisse
Chemie	*Chem, Chim*	chimie
Film	*Cine*	cinéma
Handel	*Com*	commerce
Konjunktion	*conj*	conjonction
Dativ	*dat*	datif
Schach	*Echecs*	échecs
Wirtschaft	*Econ*	économie
Eisenbahn	*Eisenbahn*	chemin de fer
Elektrizität	*Elec*	électricité
und so weiter	*etc*	et cetera
etwas	*etw*	quelque chose
Femininum	*f*	féminin
umgangssprachlich	*fam*	langage familier
figurativ	*fig*	emploi figuré
Finanzen, Börse	*Fin*	finance
Fußball	*Foot*	football

Fotografie	*Foto*	photographie
Gastronomie	*Gastr*	gastronomie
Genitiv	*gen*	génitif
Geografie, Geologie	*Geo*	géographie, géologie
Geschichte	*Hist*	histoire
Imperativ	*imp*	impératif
Imperfekt	*imperf*	imparfait
unpersönlich	*impers*	impersonnel
Indikativ	*ind*	indicatif
Infinitiv	*inf*	infinitif
Informatik, Computer	*Inform*	informatique
Interjektion, Ausruf	*interj*	exclamation
unveränderlich	*inv*	invariable
zusammengesetztes Wort	*in zW*	mot composé
unregelmäßig	*irr*	irrégulier
jemand, jemandem,	*jd, jdm,*	quelqu'un
jemanden, jemandes	*jdn, jds*	
Rechtsprechung	*Jur*	juridique
Komparativ	*komp*	comparatif
Konjunktion	*konj*	conjunction
Sprachwissenschaft	*Ling*	linguistique
Maskulinum	*m*	masculin
Mathematik	*Math*	mathématiques
Medizin	*Med*	médecine
Meteorologie	*Meteo*	météorologie
Militär	*Mil*	domaine militaire
Musik	*Mus*	musique
Substantiv	*n*	nom
Seefahrt	*Naut*	nautisme
Neutrum	*nt*	neutre
Zahlwort	*num*	numéral
oder	*o*	ou
pejorativ	*pej*	péjoratif
Physik	*Phys*	physique
Plural	*pl*	pluriel
Politik	*Pol*	politique
Partizip Perfekt	*pp*	participe passé
Präfix	*präf, préf*	préfixe
Präposition	*präp, prép*	préposition
Pronomen	*pron*	pronom

Psychologie	*Psych*	psychologie
etwas	*qch*	quelque chose
jemand	*qn*	quelqu'un
Warenzeichen	®	marque déposée
Rundfunk	*Radio*	radio
Religion	*Rel*	religion
siehe	*s.*	voir
Schule	*Sch, Scol*	domaine scolaire
süddeutsch	*Sdeutsch*	allemand du Sud
trennbares Verb	*sep*	verbe séparable
Singular	*sing*	singulier
Skifahren	*Ski*	ski
salopp	*sl*	argot allemand
Konjunktiv	*subj*	subjonctif
Superlativ	*superl*	superlatif
Technik	*Tech*	technique
Nachrichtentechnik	*Tel*	télécommunications
Theater	*Theat*	théâtre
Fernsehen	*TV*	télévision
Typografie	*Typo*	typographie
Universität	*Univ*	université
unpersönlich	*unpers*	impersonnel
siehe	*v.*	voir
Verb	*vb*	verbe
Hilfsverb	vb *aux*	verbe auxiliaire
intransitives Verb	*vi*	verbe intransitif
Pronominalverb	*vpr*	verbe pronominal
reflexives Verb	*vr*	verbe réfléchi
transitives Verb	*vt*	verbe transitif
vulgär	*vulg*	emploi vulgaire
Zoologie	*Zool*	zoologie
ungefähre Entsprechung	≈	indique une équivalence culturelle
abtrennbares Präfix	|	préfixe séparable

Regelmäßige deutsche Substantivendungen
Terminaisons régulières des noms allemands

nominatif		génitif	pluriel	nominatif		génitif	pluriel
-ade	f	-ade	-aden	-ist	m	-isten	-isten
-ant	m	-anten	-anten	-ium	nt	-iums	-ien
-anz	f	-anz	-anzen	-ius	m	-ius	-iusse
-ar	m	-ars	-are	-ive	f	-ive	-iven
-är	m	-ärs	-äre	-keit	f	-keit	-keiten
-at	nt	-at[e]s	-ate	-lein	nt	-leins	-lein
-atte	f	-atte	-atten	-ling	m	-lings	-linge
-chen	nt	-chens	-chen	-ment	nt	-ments	-mente
-ei	f	-ei	-eien	-mus	m	-mus	-men
-elle	f	-elle	-ellen	-nis	f	-nis	-nisse
-ent	m	-enten	-enten	-nis	nt	-nisses	-nisse
-enz	f	-enz	-enzen	-nom	m	-nomen	-nomen
-ette	f	-ette	-etten	-rich	m	-richs	-riche
-eur	m	-eurs	-eure	-schaft	f	-schaft	-schaften
-euse	f	-euse	-eusen	-sel	nt	-sels	-sel
-heit	f	-heit	-heiten	-tät	f	-tät	-täten
-ie	f	-ie	-ien	-tiv	nt, m	-tivs	-tive
-ik	f	-ik	-iken	-tor	m	-tors	-toren
-in	f	-in	-innen	-tum	m, nt	-tums	-tümer
-ine	f	-ine	-inen	-ung	f	-ung	-ungen
-ion	f	-ion	-ionen	-ur	f	-ur	-uren

Substantive, die mit einem geklammerten 'r' oder 's' enden (**z. B. Angestellte(r)** *mf*, **Beamte(r)** *m*, **Gute(s)** *nt*) werden wie Adjektive dekliniert:

Les noms suivis d'un 'r' ou d'un 's' entre parenthèses (*par exemple* **Angestellte(r)** *mf*, **Beamte(r)** *m*, **Gute(s)** *nt*) se déclinent comme des adjectifs:

der Angestellte *m*	**die Angestellte** *f*	**die Angestellten** *pl*
ein Angestellter *m*	**eine Angestellte** *f*	**Angestellte** *pl*
der Beamte *m*		**die Beamten** *pl*
ein Beamter *m*		**Beamte** *pl*
das Gute *nt*		
ein Gutes *nt*		

Lautschrift
Transcription phonétique

Vokale		Voyelles	Konsonanten		Consonnes
plat, amour	[a]	matt	bombe	[b]	Ball
bas, pâte	[ɑ]		dinde	[d]	denn
jouer, été	[e]	Etage	fer, phare	[f]	fern
lait, merci	[ɛ]	Wäsche	gag, bague	[g]	gern
le, premier	[ə]	mache	yeux, paille, pied	[j]	ja
ici, vie, lyre	[i]	Vitamin	coq, qui, képi	[k]	Kind
or, homme	[ɔ]	Most	lent, salle	[l]	links
mot, gauche	[o]	Oase	maman, femme	[m]	Mann
beurre, peur	[œ]	Götter	non, nonne	[n]	Nest
peu, deux	[ø]	Ökonomie	agneau, vigne	[ɲ]	
genou, roue	[u]	zuletzt	camping	[ŋ]	Gong
rue, urne	[y]	Typ	poupée	[p]	Paar
			rare, rentrer	[ʀ]	
			sale, ce, nation	[s]	Bus
			tache, chat	[ʃ]	Stein, Schlag
			gilet, juge	[ʒ]	Etage
			tente, thermal	[t]	Tafel
			vase	[v]	wer
			fouetter, oui	[w]	
			huile, lui	[ɥ]	
			zéro, rose	[z]	singen

Nasale		Nasales
sang, dans	[ɑ̃]	Gourmand
matin, plein	[ɛ̃]	timbrieren
brun	[œ̃]	Parfum
non, pont	[ɔ̃]	Bonbon

Bei Stichwörtern mit einem „h aspiré" steht in der Lautschrift [']. Diese Wörter werden nicht mit dem vorhergehenden Wort zusammengezogen.

Konjugationsmuster der französischen Verben

Hilfsverben

présent	imparfait	futur	passé composé
avoir			
j'ai	j'avais	j'aurai	j'ai eu
tu as	tu avais	tu auras	tu as eu
il a	il avait	il aura	il a eu
nous avons	nous avions	nous aurons	nous avons eu
vous avez	vous aviez	vous aurez	vous avez eu
ils ont	ils avaient	ils auront	ils ont eu

présent	imparfait	futur	passé composé
être			
je suis	j'étais	je serai	j'ai été
tu es	tu étais	tu seras	tu as été
il est	il était	il sera	il a été
nous sommes	nous étions	nous serons	nous avons été
vous êtes	vous étiez	vous serez	vous avez été
ils sont	ils étaient	ils seront	ils ont été

Zum Gebrauch der Hilfsverben in den zusammengesetzten Zeiten befindet sich beim entsprechenden Stichwort ein Vermerk. Steht keine Angabe zum Hilfsverb, wird bei transitivem und intransitivem Gebrauch des Verbs das Hilfsverb avoir benutzt. Bei Pronominalverben werden zusammengesetzte Zeiten grundsätzlich mit être gebildet.

Musterverben

Die im Wörterbuchteil bei Verben in Spitzklammern angegebenen Ziffern weisen auf die im Folgenden aufgeführten Konjugationsmuster hin.

présent	imparfait	futur	passé composé

1 aimer -er

présent	imparfait	futur	passé composé
j'aime	j'aimais	j'aimerai	j'ai aimé
tu aimes	tu aimais	tu aimeras	tu as aimé
il aime	il aimait	il aimera	il a aimé
nous aimons	nous aimions	nous aimerons	nous avons aimé
vous aimez	vous aimiez	vous aimerez	vous avez aimé
ils aiment	ils aimaient	ils aimeront	ils ont aimé

auch für Verben auf -ier, z. B. prier:

présent	imparfait	futur	passé composé
je prie	je priais	je prierai	j'ai prié
nous prions	nous priions		

und auf -éer, z. B. créer:

présent	imparfait	futur	passé composé
je crée	je créais	je créerai	j'ai créé
nous créons	nous créions		

2 placer -cer

présent	imparfait	futur	passé composé
je place	je plaçais	je placerai	j'ai placé
nous plaçons			

2 manger -ger

présent	imparfait	futur	passé composé
je mange	je mangeais	je mangerai	j'ai mangé
nous mangeons			

3 appeler -eler

présent	imparfait	futur	passé composé
j'appelle	j'appelais	j'appellerai	j'ai appelé
nous appelons			

3 jeter -eter

présent	imparfait	futur	passé composé
je jette	je jetais	je jetterai	j'ai jeté
nous jetons			

présent	*imparfait*	*futur*	*passé composé*

4   geler -eler

je gèle	je gelais	je gèlerai	j'ai gelé
nous gelons			

4   acheter -eter

j'achète	j'achetais	j'achèterai	j'ai acheté
nous achetons			

gleiche Konjugation für Verben auf -emer (z. B.: semer)
-ener (z. B.: mener)
-eser (z. B.: peser)
-ever (z. B.: lever)

5   céder

je cède	je cédais	je céderai	j'ai cédé
nous cédons			

auch für Verben mit é + Konsonant + er (z. B.: célébrer, préférer)

6   nettoyer

je nettoie	je nettoyais	je nettoierai	j'ai nettoyé
nous nettoyons			

auch für Verben auf -uyer (z. B.: appuyer)

7   payer

je paie o paye	je payais	je paierai	j'ai payé
nous payons			

8   finir

je finis	je finissais	je finirai	j'ai fini
tu finis			
il finit			
nous finissons			
vous finissez			
ils finissent			

présent	imparfait	futur	passé composé

9 tenir

présent	imparfait	futur	passé composé
je tiens	je tenais	je tiendrai	j'ai tenu
tu tiens			
il tient			
nous tenons			
vous tenez			
ils tiennent			

auch **venir**

10 partir

présent	imparfait	futur	passé composé
je pars	je partais	je partirai	je suis parti(e)
tu pars			
il part			
nous partons			
vous partez			
ils partent			

10 sentir

présent	imparfait	futur	passé composé
je sens	je sentais	je sentirai	j'ai senti
nous sentons			

11 ouvrir

présent	imparfait	futur	passé composé
j'ouvre	j'ouvrais	j'ouvrirai	j'ai ouvert
tu ouvres			
il ouvre			
nous ouvrons			
vous ouvrez			
ils ouvrent			

auch **offrir**

12 recevoir

présent	imparfait	futur	passé composé
je reçois	je recevais	je recevrai	j'ai reçu
tu reçois			
il reçoit			
nous recevons			
vous recevez			
ils reçoivent			

présent	*imparfait*	*futur*	*passé composé*

13 prendre

je prends	je prenais	je prendrai	j'ai pris
tu prends			
il prend			
nous prenons			
vous prenez			
ils prennent			

14 vendre

je vends	je vendais	je vendrai	j'ai vendu
tu vends			
il vend			
nous vendons			
vous vendez			
ils vendent			

sowie Verben auf -andre (z. B.: répandre)
                -ondre (z. B.: répondre)
                -ordre (z. B.: mordre)

Unregelmäßige Verben

infinitif	présent	futur	participe passé
accroître	j'accrois, il accroît, nous accroissons	j'accroîtrai	accru(e)
acquérir	j'acquiers, nous acquérons, ils acquièrent	j'acquerrai	acquis(e)
aller	je vais, tu vas, il va, nous allons, ils vont	j'irai	allé(e)
asseoir	j'assieds o j'assois, nous asseyons o nous assoyons	j'assiérai o j'assoirai	assis(e)
battre	je bats, nous battons	je battrai	battu(e)
boire	je bois, nous buvons, ils boivent	je boirai	bu(e)
bouillir	je bous, nous bouillons	je bouillirai	bouilli(e)
conclure	je conclus, nous concluons	je conclurai	conclu(e)
conduire	je conduis, nous conduisons	je conduirai	conduit(e)
connaître	je connais, nous connaissons	je connaîtrai	connu(e)
coudre	je couds, nous cousons	je coudrai	cousu(e)
courir	je cours, nous courons	je courrai	couru(e)
craindre	je crains, nous craignons	je craindrai	craint(e)
croire	je crois, nous croyons	je croirai	cru(e)
cueillir	je cueille, nous cueillons	je cueillerai	cueilli(e)
devoir	je dois, nous devons, ils doivent	je devrai	dû, due
dire	je dis, nous disons, vous dites, ils disent	je dirai	dit(e)
dissoudre	je dissous, nous dissolvons	je dissoudrai	dissous, dissoute
dormir	je dors, nous dormons	je dormirai	dormi
écrire	j'écris, nous écrivons	j'écrirai	écrit(e)
faillir	*keine Formen*	je faillirai	failli(e)
faire	je fais, nous faisons, vous faites, ils font	je ferai	fait(e)
falloir	*nur:* il faut	*nur:* il faudra	*nur:* il a fallu
frire	*nur:* je fris, tu fris, il frit	*nur:* je frirai, tu friras, il frira	frit(e)

infinitif	présent	futur	participe passé
fuir	je fuis, nous fuyons, ils fuient	je fuirai	fui(e))
haïr	je hais, nous haïssons, ils haïssent	je haïrai	haï(e)
joindre	je joins, nous joignons	je joindrai	joint(e)
lire	je lis, nous lisons	je lirai	lu(e)
luire	je luis, nous luisons	je luirai	lui
mettre	je mets, nous mettons	je mettrai	mis(e)
moudre	je mouds, nous moulons	je moudrai	moulu(e)
mourir	je meurs, nous mourons, ils meurent	je mourrai	mort(e)
mouvoir	je meus, nous mouvons, ils meuvent	je mouvrai	mû, mue
naître	je nais, nous naissons	je naîtrai	né(e)
peindre	je peins, nous peignons	je peindrai	peint(e)
plaire	je plais, il plaît	je plairai	plu(e)
pleuvoir	*nur:* il pleut	*nur:* il pleuvra	*nur:* il a plu
pourvoir	je pourvois, nous pourvoyons	je pourvoirai	pourvu(e)
pouvoir	je peux, nous pouvons, ils peuvent	je pourrai	pu(e)
rire	je ris, nous rions, ils rient	je rirai	ri
saillir	il saille	il saillira	sailli
savoir	je sais, nous savons	je saurai	su(e)
suffire	je suffis, nous suffisons	je suffirai	suffi(e)
suivre	je suis, nous suivons	je suivrai	suivi(e)
taire, se	je me tais, nous nous taisons	je me tairai	tu(e)
traire	je trais, nous trayons, ils traient	je trairai	trait(e)
vaincre	je vaincs, nous vainquons	je vaincrai	vaincu(e)
valoir	je vaux, nous valons	je vaudrai	valu(e)
vêtir	je vêts, nous vêtons	je vêtirai	vêtu(e)
vivre	je vis, nous vivons	je vivrai	vécu(e)
voir	je vois, nous voyons, ils voient	je verrai	vu(e)
vouloir	je veux, nous voulons, ils veulent	je voudrai	voulu(e)

Verbes allemands irréguliers

Infinitiv	Präsens 2., 3. Singular	Imperfekt	Partizip Perfekt
abwägen	wägst ab, wägt ab	wog ab	abgewogen
ausbedingen	bedingst aus, bedingt aus	bedang aus	ausbedungen
backen	bäckst, bäckt	backte o buk	gebacken
befehlen	befiehlst, befiehlt	befahl	befohlen
beginnen	beginnst, beginnt	begann	begonnen
beißen	beißt, beißt	biss	gebissen
bergen	birgst, birgt	barg	geborgen
bersten	birst, birst	barst	geborsten
betrügen	betrügst, betrügt	betrog	betrogen
biegen	biegst, biegt	bog	gebogen
bieten	bietest, bietet	bot	geboten
binden	bindest, bindet	band	gebunden
bitten	bittest, bittet	bat	gebeten
blasen	bläst, bläst	blies	geblasen
bleiben	bleibst, bleibt	blieb	geblieben
braten	brätst, brät	briet	gebraten
brechen	brichst, bricht	brach	gebrochen
brennen	brennst, brennt	brannte	gebrannt
bringen	bringst, bringt	brachte	gebracht
denken	denkst, denkt	dachte	gedacht
dreschen	drischst, drischt	drosch	gedroschen
dringen	dringst, dringt	drang	gedrungen
dürfen	darfst, darf	durfte	gedurft
empfangen	empfängst, empfängt	empfing	empfangen
empfehlen	empfiehlst, empfiehlt	empfahl	empfohlen
empfinden	empfindest, empfindet	empfand	empfunden
erschrecken	erschrickst, erschrickt	erschrak	erschrocken
erwägen	erwägst, erwägt	erwog	erwogen
essen	isst, isst	aß	gegessen
fahren	fährst, fährt	fuhr	gefahren
fallen	fällst, fällt	fiel	gefallen
fangen	fängst, fängt	fing	gefangen
fechten	fichst, ficht	focht	gefochten
finden	findest, findet	fand	gefunden
flechten	flichtst, flicht	flocht	geflochten

Infinitiv	Präsens 2., 3. Singular	Imperfekt	Partizip Perfekt
fliegen	fliegst, fliegt	flog	geflogen
fliehen	fliehst, flieht	floh	geflohen
fließen	fließt, fließt	floss	geflossen
fressen	frisst, frisst	fraß	gefressen
frieren	frierst, friert	fror	gefroren
gären	gärst, gärt	gor	gegoren
gebären	gebierst, gebiert	gebar	geboren
geben	gibst, gibt	gab	gegeben
gedeihen	gedeihst, gedeiht	gedieh	gediehen
gehen	gehst, geht	ging	gegangen
gelingen	– –, gelingt	gelang	gelungen
gelten	giltst, gilt	galt	gegolten
genesen	genest, genest	genas	genesen
genießen	genießt, genießt	genoss	genossen
geraten	gerätst, gerät	geriet	geraten
geschehen	– –, geschieht	geschah	geschehen
gewinnen	gewinnst, gewinnt	gewann	gewonnen
gießen	gießt, gießt	goss	gegossen
gleichen	gleichst, gleicht	glich	geglichen
gleiten	gleitest, gleitet	glitt	geglitten
glimmen	glimmst, glimmt	glomm	geglommen
graben	gräbst, gräbt	grub	gegraben
greifen	greifst, greift	griff	gegriffen
haben	hast, hat	hatte	gehabt
halten	hältst, hält	hielt	gehalten
hängen	hängst, hängt	hing	gehangen
hauen	haust, haut	haute	gehauen
heben	hebst, hebt	hob	gehoben
heißen	heißt, heißt	hieß	geheißen
helfen	hilfst, hilft	half	geholfen
kennen	kennst, kennt	kannte	gekannt
klingen	klingst, klingt	klang	geklungen
kneifen	kneifst, kneift	kniff	gekniffen
kommen	kommst, kommt	kam	gekommen
können	kannst, kann	konnte	gekonnt
kriechen	kriechst, kriecht	kroch	gekrochen
laden	lädst, lädt	lud	geladen

Infinitiv	Präsens 2., 3. Singular	Imperfekt	Partizip Perfekt
lassen	lässt, lässt	ließ	gelassen
laufen	läufst, läuft	lief	gelaufen
leiden	leidest, leidet	litt	gelitten
leihen	leihst, leiht	lieh	geliehen
lesen	liest, liest	las	gelesen
liegen	liegst, liegt	lag	gelegen
lügen	lügst, lügt	log	gelogen
mahlen	mahlst, mahlt	mahlte	gemahlen
meiden	meidest, meidet	mied	gemieden
melken	melkst, melkt	melkte o molk	gemolken
messen	misst, misst	maß	gemessen
misslingen	– –, misslingt	misslang	misslungen
mögen	magst, mag	mochte	gemocht
müssen	musst, muss	musste	gemusst
nehmen	nimmst, nimmt	nahm	genommen
nennen	nennst, nennt	nannte	genannt
pfeifen	pfeifst, pfeift	pfiff	gepfiffen
preisen	preist, preist	pries	gepriesen
quellen	quillst, quillt	quoll	gequollen
raten	rätst, rät	riet	geraten
reiben	reibst, reibt	rieb	gerieben
reißen	reißt, reißt	riss	gerissen
reiten	reitest, reitet	ritt	geritten
rennen	rennst, rennt	rannte	gerannt
riechen	riechst, riecht	roch	gerochen
ringen	ringst, ringt	rang	gerungen
rinnen	rinnst, rinnt	rann	geronnen
rufen	rufst, ruft	rief	gerufen
salzen	salzt, salzt	salzte	gesalzen
saufen	säufst, säuft	soff	gesoffen
saugen	saugst, saugt	sog o saugte	gesogen o gesaugt
schaffen	schaffst, schafft	schuf	geschaffen
scheiden	scheidest, scheidet	schied	geschieden
scheinen	scheinst, scheint	schien	geschienen
scheißen	scheißt, scheißt	schiss	geschissen
schelten	schiltst, schilt	schalt	gescholten
scheren	scherst, schert	schor	geschoren

Infinitiv	Präsens 2., 3. Singular	Imperfekt	Partizip Perfekt
schieben	schiebst, schiebt	schob	geschoben
schießen	schießt, schießt	schoss	geschossen
schinden	schindest, schindet	schindete	geschunden
schlafen	schläfst, schläft	schlief	geschlafen
schlagen	schlägst, schlägt	schlug	geschlagen
schleichen	schleichst, schleicht	schlich	geschlichen
schleifen	schleifst, schleift	schliff	geschliffen
schließen	schließt, schließt	schloss	geschlossen
schlingen	schlingst, schlingt	schlang	geschlungen
schmeißen	schmeißt, schmeißt	schmiss	geschmissen
schmelzen	schmilzt, schmilzt	schmolz	geschmolzen
schneiden	schneidest, schneidet	schnitt	geschnitten
schreiben	schreibst, schreibt	schrieb	geschrieben
schreien	schreist, schreit	schrie	geschrien
schreiten	schreitest, schreitet	schritt	geschritten
schweigen	schweigst, schweigt	schwieg	geschwiegen
schwellen	schwillst, schwillt	schwoll	geschwollen
schwimmen	schwimmst, schwimmt	schwamm	geschwommen
schwinden	schwindest, schwindet	schwand	geschwunden
schwingen	schwingst, schwingt	schwang	geschwungen
schwören	schwörst, schwört	schwor	geschworen
sehen	siehst, sieht	sah	gesehen
sein	bist, ist	war	gewesen
senden	sendest, sendet	sandte	gesandt
singen	singst, singt	sang	gesungen
sinken	sinkst, sinkt	sank	gesunken
sinnen	sinnst, sinnt	sann	gesonnen
sitzen	sitzt, sitzt	saß	gesessen
sollen	sollst, soll	sollte	gesollt
speien	speist, speit	spie	gespien
spinnen	spinnst, spinnt	spann	gesponnen
sprechen	sprichst, spricht	sprach	gesprochen
springen	springst, springt	sprang	gesprungen
stechen	stichst, sticht	stach	gestochen
stehen	stehst, steht	stand	gestanden
stehlen	stiehlst, stiehlt	stahl	gestohlen
steigen	steigst, steigt	stieg	gestiegen

Infinitiv	Präsens 2., 3. Singular	Imperfekt	Partizip Perfekt
sterben	stirbst, stirbt	starb	gestorben
stinken	stinkst, stinkt	stank	gestunken
stoßen	stößt, stößt	stieß	gestoßen
streichen	streichst, streicht	strich	gestrichen
streiten	streitest, streitet	stritt	gestritten
tragen	trägst, trägt	trug	getragen
treffen	triffst, trifft	traf	getroffen
treiben	treibst, treibt	trieb	getrieben
treten	trittst, tritt	trat	getreten
trinken	trinkst, trinkt	trank	getrunken
trügen	trügst, trügt	trog	getrogen
tun	tust, tut	tat	getan
verderben	verdirbst, verdirbt	verdarb	verdorben
vergessen	vergisst, vergisst	vergaß	vergessen
verlieren	verlierst, verliert	verlor	verloren
verschleißen	verleißt, verschleißt	verschliss	verschlissen
verschwinden	verschwindest, verschwindet	verschwand	verschwunden
verzeihen	verzeihst, verzeiht	verzieh	verziehen
wachsen	wächst, wächst	wuchs	gewachsen
waschen	wäschst, wäscht	wusch	gewaschen
weben	webst, webt	webte o wob	gewoben
weichen	weichst, weicht	wich	gewichen
weisen	weist, weist	wies	gewiesen
wenden	wendest, wendet	wandte	gewandt
werben	wirbst, wirbt	warb	geworben
werden	wirst, wird	wurde	geworden
werfen	wirfst, wirft	warf	geworfen
wiegen	wiegst, wiegt	wog	gewogen
winden	windest, windet	wand	gewunden
wissen	weißt, weiß	wusste	gewusst
wollen	willst, will	wollte	gewollt
wringen	wringst, wringt	wrang	gewrungen
ziehen	ziehst, zieht	zog	gezogen
zwingen	zwingst, zwingt	zwang	gezwungen

Les nombres

Les nombres cardinaux

Zahlwörter

Grundzahlen

zéro	0	null
un, une	1	eins
deux	2	zwei
trois	3	drei
quatre	4	vier
cinq	5	fünf
six	6	sechs
sept	7	sieben
huit	8	acht
neuf	9	neun
dix	10	zehn
onze	11	elf
douze	12	zwölf
treize	13	dreizehn
quatorze	14	vierzehn
quinze	15	fünfzehn
seize	16	sechzehn
dix-sept	17	siebzehn
dix-huit	18	achtzehn
dix-neuf	19	neunzehn
vingt	20	zwanzig
vingt et un	21	einundzwanzig
vingt-deux	22	zweiundzwanzig
trente	30	dreißig
quarante	40	vierzig
cinquante	50	fünfzig
soixante	60	sechzig
soixante-dix	70	siebzig
soixante et onze	71	einundsiebzig
soixante-douze	72	zweiundsiebzig
quatre-vingts	80	achtzig
quatre-vingt-un	81	einundachtzig
quatre-vingt-dix	90	neunzig
quatre-vingt-onze	91	einundneunzig
cent	100	(ein)hundert
cent un	101	einhundert(und)eins
deux cents	200	zweihundert
trois cents	300	dreihundert
quatre cent cinquante et un	451	vierhunderteinundfünfzig
mille	1000	(ein)tausend
mille un	1001	(ein)tausend(und)eins
deux mille	2000	zweitausend
cinq mille	5000	fünftausend
un million	1 000 000	eine Million
deux millions	2 000 000	zwei Millionen

Les nombres ordinaux

1er, 1re	premier, -ière
2nd, 2nde	second, e
2^{e}	deuxième
3^{e}	troisième
4^{e}	quatrième
5^{e}	cinquième
6^{e}	sixième
7^{e}	septième
8^{e}	huitième
9^{e}	neuvième
10^{e}	dixième
11^{e}	onzième
12^{e}	douzième
13^{e}	treizième
14^{e}	quatorzième
15^{e}	quinzième
16^{e}	seizième
17^{e}	dix-septième
18^{e}	dix-huitième
19^{e}	dix-neuvième
20^{e}	vingtième
21^{e}	vingt et unième
30^{e}	trentième
100^{e}	centième
101^{e}	cent unième
451^{e}	quatre cent cinquante et unième
1000^{e}	millième

Ordnungszahlen

1.	erste(r, s)
2.	zweite(r, s)
3.	dritte(r, s)
4.	vierte(r, s)
5.	fünfte(r, s)
6.	sechste(r, s)
7.	siebte(r, s)
8.	achte(r, s)
9.	neunte(r, s)
10.	zehnte(r, s)
11.	elfte(r, s)
12.	zwölfte(r, s)
13.	dreizehnte(r, s)
14.	vierzehnte(r, s)
15.	fünfzehnte(r, s)
16.	sechzehnte(r, s)
17.	siebzehnte(r, s)
18.	achtzehnte(r, s)
19.	neunzehnte(r, s)
20.	zwanzigste(r, s)
21.	einundzwanzigste(r, s)
30.	dreißigste(r, s)
100.	hundertste(r, s)
101.	hunderterste(r, s)
451.	vierhunderteinundfünfzigste(r, s)
1000.	tausendste(r, s)

Les fractions

$1/2$	un demi
$1/3$	un tiers
$1/4$	un quart
$1/5$	un cinquième
$2/3$	deux tiers
$3/4$	trois quarts
$1 1/2$	un et demi
1,5	un virgule cinq

Bruchzahlen

$1/2$	ein halb
$1/3$	ein Drittel
$1/4$	ein Viertel
$1/5$	ein Fünftel
$2/3$	zwei Drittel
$3/4$	drei Viertel
$1 1/2$	eineinhalb
1,5	eins Komma fünf

L'heure

Uhrzeit

Quelle heure est-il?	*Wie viel Uhr ist es?, Wie spät ist es?*
Il est ...	*Es ist ...*
minuit	Mitternacht, zwölf Uhr nachts
une heure (du matin)	ein Uhr (morgens o nachts)
une heure dix	zehn Minuten nach eins ein Uhr zehn
une heure et quart une heure quinze	Viertel nach eins viertel zwei ein Uhr fünfzehn
une heure vingt-cinq	fünf vor halb zwei ein Uhr fünfundzwanzig
une heure et demie une heure trente	halb zwei ein Uhr dreißig
deux heures moins vingt-cinq une heure trente-cinq	fünf nach halb zwei ein Uhr fünfunddreißig
deux heures moins le quart une heure quarante-cinq	Viertel vor zwei drei viertel zwei
deux heures moins dix une heure cinquante	zehn vor zwei ein Uhr fünfzig
midi	zwölf Uhr (mittags)
une heure (de l'après-midi) treize heures	ein Uhr (mittags o nachmittags) dreizehn Uhr
sept heures (du soir) dix-neuf heures	sieben Uhr (abends) neunzehn Uhr
À quelle heure?	*Um wie viel Uhr?*
à minuit	um Mitternacht
à une heure	um eins o ein Uhr
à sept heures	um sieben (Uhr)

La data	Datum
ce soir	heute Abend
cet après-midi	heute Nachmittag
hier matin	gestern Morgen
hier soir	gestern Abend
demain matin	morgen Vormittag
demain soir	morgen Abend
dans la nuit de samedi à dimanche	in der Nacht von Samstag auf Sonntag
il viendra samedi	er kommt am Samstag
le samedi	samstags
tous les samedis	jeden Samstag
samedi dernier	letzten Samstag
samedi prochain	nächsten Samstag
samedi en huit	Samstag in einer Woche
samedi en quinze	Samstag in zwei Wochen
du lundi au samedi	von Montag bis Samstag
tous les jours	jeden Tag
une fois par semaine	einmal in der Woche
une fois par mois	einmal im Monat
deux fois par semaine	zweimal in der Woche
il y a une semaine *ou* huit jours	vor einer Woche *o* acht Tagen
il y a quinze jours	vor zwei Wochen *o* vierzehn Tagen
l'année passée *ou* dernière	letztes Jahr
dans deux jours	in zwei Tagen
dans huit jours *ou* une semaine	in acht Tagen *o* einer Woche
dans quinze jours	in vierzehn Tagen *o* zwei Wochen
le mois prochain	nächsten Monat
l'année prochaine	nächstes Jahr
quel jour sommes-nous?	den Wievielten haben wir heute?, der Wievielte ist heute?
le 1er/24 octobre 2007	der 1./24. Oktober 2007
je suis né le 1er octobre 1995	ich bin am 1. Oktober 1995 geboren
Berlin, le 24 octobre 2007 (*lettre*)	Berlin, den 24. Oktober 2007
en 2008	in 2008
deux mille huit	zweitausend(und)acht
44 av. J.-C	44 v. Chr.
14 ap. J.-C	14 n. Chr.
au XIXe (siècle)	im 19. Jahrhundert
dans les années trente	in den 30er-Jahren
il était une fois …	es war einmal …

A, a [ɑ] nm A, a nt

A abr = **autoroute** A f

à (à + le = **au**, à + les = **aux**) [a, o] prép (situation) in +dat; (direction) in +akk; (avec villes) nach; **donner qch à qn** jdm etw geben; **prendre de l'eau à la fontaine** Wasser am Brunnen holen; **aller à la campagne** aufs Land fahren; **un ami à moi** ein Freund von mir; **cinq à six heures** fünf bis sechs Stunden; **payer au mois** monatlich bezahlen; **100 km/unités à l'heure** 100 Stundenkilometer/Einheiten pro Stunde; **à 3 heures** um 3 Uhr; **se chauffer au gaz** mit Gas heizen; **l'homme aux yeux verts** der Mann mit den grünen Augen; **à la semaine prochaine** bis nächste Woche; **à la russe** auf russische Art

A.B. abr = **assez bien** (Scol) befriedigend

abaissement [abεsmɑ̃] nm Sinken nt; (de l'âge de la retraite) Senken nt

abaisser [abese] <1> vt (vitre) herunterlassen; (manette) nach unten drücken; (prix, limite, niveau) senken; (humilier) demütigen; **s'abaisser** vpr sich senken; **s'~ à faire/à qch** sich herablassen, etw zu tun, sich zu etw herablassen

abandon [abɑ̃dɔ̃] nm Verlassen nt, Aufgeben nt; (détente) Ungezwungenheit f; **être à l'~** (sans entretien) verwahrlost sein

abandonner [abɑ̃dɔne] <1> vt verlassen; (projet, activité) aufgeben ▪ vi (Sport) aufgeben

abasourdi, e [abazuʀdi] adj betäubt, benommen; **rester ~** wie betäubt dastehen

abasourdir [abazuʀdiʀ] <8> vt betäuben, benommen machen

abat-jour [abaʒuʀ] nm inv Lampenschirm m

abats [aba] nmpl (Gastr) Innereien pl

abattant [abatɑ̃] nm Ausziehplatte f

abattement [abatmɑ̃] nm (déduction) Abzug m; (Com) Rabatt m

abattis [abati] nmpl: **~ de poulet** Hühnerklein nt

abattoir [abatwaʀ] nm Schlachthof m

abattre [abatʀ] irr comme battre vt (arbre) fällen; (mur, maison) niederreißen; (avion) abschießen; (animal) schlachten; (personne) niederschießen; **s'abattre** vpr (pluie) niederprasseln; (mât, malheur) niederstürzen (sur auf +akk)

abattu, e [abaty] adj (déprimé) entmutigt; (fatigué) entkräftet

abbaye [abei] nf Abtei f

abbé [abe] nm (d'une abbaye) Abt m; (de paroisse) Pfarrer(in) m(f)

abcès [apsε] nm (Med) Abszess m

abdication [abdikasjɔ̃] nf Rücktritt m, Abdankung f

abdiquer [abdike] <1> vi abdanken ▪ vt verzichten auf +akk

abdomen [abdɔmεn] nm Bauch m, Unterleib m

abdominal, e (pl -aux) [abdɔminal, o] adj Unterleibs-; **cavité ~e** Bauchhöhle f

abeille [abεj] nf Biene f

aberrant, e [abeʀɑ̃, ɑ̃t] adj absurd

abêtir [abetiʀ] <8> vt verblöden lassen; **s'abêtir** vpr verblöden

abhorrer [abɔʀe] <1> vt verabscheuen

abîme [abim] nm Abgrund m

abîmer [abime] <1> vt beschädigen; **s'abîmer** vpr (se détériorer) kaputtgehen

abject, e [abʒεkt] adj verabscheuungswürdig

abjurer [abʒyʀe] <1> vt abschwören +dat

ablation [ablasjɔ̃] nf (Med) Entfernung f

aboiement [abwamɑ̃] nm Bellen nt

abois [abwa] nmpl: **être aux ~** in die Enge getrieben sein

abolir [abɔliʀ] <8> vt abschaffen

abolition [abɔlisjɔ̃] nf Abschaffung f

abominable [abɔminabl] adj abscheulich

abondance [abɔ̃dɑ̃s] nf Reichtum m, Fülle f; **en ~** in Hülle und Fülle

abondant, e [abõdã] *adj* reichlich

abonder [abõde] <**1**> *vi* im Überfluss vorhanden sein; **~ en** wimmeln von

abonné, e [abɔne] *nm/f (du téléphone)* Teilnehmer(in) *m(f)*; *(à un journal)* Abonnent(in) *m(f)*

abonnement [abɔnmã] *nm* Abonnement *nt*; *(de transports en commun)* Monats(fahr)karte *f*

abonner [abɔne] <**1**> *vpr*: **s'~ à qch** etw abonnieren

abord [abɔʀ] *nm*: **être d'un ~ facile/ difficile** zugänglich/schwer zugänglich sein; **abords** *nmpl (d'un lieu)* Umgebung *f*; **au premier ~** auf den ersten Blick; **d'~** zuerst

abordable [abɔʀdabl] *adj* erschwinglich; *(personne)* umgänglich

aborder [abɔʀde] <**1**> *vi (Naut)* einlaufen ■ *vt (prendre d'assaut)* entern; *(heurter)* kollidieren mit; *(fig: sujet)* angehen; *(fig: personne)* ansprechen

aboutir [abutiʀ] <**8**> *vi (projet, discussion)* erfolgreich sein; **~ à/dans/sur** enden in +*dat*

aboyer [abwaje] <**6**> *vi* bellen

abrasif [abʀazif] *nm* Schleifmittel *nt*

abrégé [abʀeʒe] *nm* Abriss *m*

abréger [abʀeʒe] <**2, 5**> *vt* verkürzen, abkürzen; *(texte, mot)* (ab)kürzen

abreuver [abʀœve] <**1**> *vpr*: **s'abreuver** *(animal)* saufen

abreuvoir *nm* Tränke *f*

abréviation [abʀevjasjõ] *nf* Abkürzung *f*

abri [abʀi] *nm* Schutz *m*; *(lieu couvert)* Unterstand *m*; *(cabane)* Hütte *f*; **être/se mettre à l'~** geschützt sein/sich in Sicherheit bringen *(de* vor +*dat)*

abribus [abʀibys] *nm* überdachte Bushaltestelle, Wartehäuschen *nt*

abricot [abʀiko] *nm* Aprikose *f*

abricotier [abʀikɔtje] *nm* Aprikosenbaum *m*

abriter [abʀite] <**1**> *vt (protéger)* schützen; *(recevoir, loger)* unterbringen; **s'abriter** *vpr* Schutz suchen

abroger [abʀɔʒe] <**2**> *vt* außer Kraft setzen

abrupt, e [abʀypt] *adj* steil; *(personne, ton)* schroff, brüsk

abruti, e [abʀyti] *nm/f* Idiot(in) *m(f)*

abrutir [abʀytiʀ] <**8**> *vt* benommen machen

abrutissant, e [abʀytisã, ãt] *adj (bruit)* ohrenbetäubend; *(travail)* stumpfsinnig

abscisse [apsis] *nf* Abszisse *f*

absence [apsãs] *nf* Abwesenheit *f*, Fehlen *nt*

absent, e [apsã, ãt] *adj* abwesend; *(inexistant)* fehlend; *(air, attitude)* zerstreut ■ *nm/f* Abwesende(r) *mf*

absentéisme [apsãteism] *nm* Blaumachen *nt*, Krankfeiern *nt*; **taux d'~** Abwesenheitsquote *f*; **~ parlementaire** Abwesenheit *f* der Abgeordneten (bei Parlamentssitzungen); **~ scolaire** Schulschwänzen *nt*

absenter [apsãte] <**1**> *vpr*: **s'absenter** sich freinehmen; *(momentanément)* weggehen

abside [apsid] *nf* Apsis *f*

absinthe [apsɛ̃t] *nf (boisson)* Absinth *m*; *(Bot)* Wermut *m*

absolu, e [apsɔly] *adj* absolut ■ *nm*: **dans l'~** absolut (gesehen)

absolument *adv* absolut; *(à tout prix)* unbedingt

absolution [apsɔlysjõ] *nf (Jur)* Freispruch *m*; *(Rel)* Absolution *f*

absolutisme [apsɔlytism] *nm* Absolutismus *m*

absorbant, e [apsɔʀbã, ãt] *adj (matière)* saugfähig; *(tâche, travail)* fesselnd

absorber [apsɔʀbe] <**1**> *vt (manger, boire)* zu sich nehmen; *(liquide, gaz)* absorbieren, aufnehmen; *(temps, attention, personne)* in Anspruch nehmen

absoudre [apsudʀ] *irr comme dissoudre vt* lossprechen

abstenir [apstəniʀ] <**9**> *vpr*: **s'abstenir** *(Pol)* sich der Stimme enthalten; **s'~ de qch/de faire qch** etw unterlassen/es unterlassen, etw zu tun

abstention [apstãsjõ] *nf* Enthaltung *f*

abstentionnisme [apstãsjɔnism] *nm* Wahlverdrossenheit *f*

abstentionniste [apstãsjɔnist] *nmf (Pol)* Nichtwähler(in) *m(f)*

abstinent, e [apstinã, ãt] *adj* abstinent

abstraction [apstʀaksjõ] *nf* Abstraktion *f*; *(idée)* Abstraktum *nt*; **faire ~ de qch** von etw absehen

abstraire [apstʀɛʀ] *irr comme traire vt* abstrahieren; **s'abstraire** *vpr* sich zurückziehen

abstrait, e [apstʀɛ, ɛt] *adj* abstrakt

absurde [apsyʀd] *adj* absurd

absurdité [apsyʀdite] *nf* Absurdität *f*

abus [aby] *nm (excès)* Missbrauch *m*; *(injustice)* Missstand *m*; **~ de confiance** Vertrauensmissbrauch

abuser [abyze] <**1**> *vi* das Maß überschreiten; **~ de** missbrauchen; **s'abuser** *vpr* sich irren

abusif, -ive [abyzif, iv] *adj (prix)* unverschämt, maßlos; **usage ~** Missbrauch *m*

acacia [akasja] *nm* Akazie *f*

académie [akademi] *nf (société)* Akademie *f*

⚬ **ACADÉMIE FRANÇAISE**
⚬
⚬ Die *Académie française* wurde 1635
⚬ von Kardinal Richelieu unter König
⚬ Louis III gegründet. Sie besteht aus
⚬ 40 gewählten Gelehrten und
⚬ Schriftstellern, die als "les Quarante"
⚬ oder "les Immortels" bekannt sind.
⚬ Eine der Hauptaufgaben der Académie
⚬ ist, die Entwicklung der französischen
⚬ Sprache zu regulieren. Ihre
⚬ Empfehlungen werden häufig heftig
⚬ öffentlich diskutiert. Die Académie hat
⚬ mehrere Ausgaben ihres berühmten
⚬ Wörterbuchs herausgegeben und
⚬ verleiht verschiedene literarische
⚬ Preise.

académique *adj* akademisch; (*pej: style*)
konventionell
Acadie [akadi] *nf* (*au Canada*): **l'~** Akadien *nt*
acajou [akaʒu] *nm* Mahagoni *nt*
accablant, e [akablã, ãt] *adj* (*témoignage, preuve*) niederschmetternd; (*chaleur, poids*)
unerträglich
accabler [akable] <1> *vt* belasten
accalmie [akalmi] *nf* Flaute *f*
accaparant, e [akaparã, ãt] *adj* Zeit und
Energie fordernd
accaparer [akapare] <1> *vt* sich
bemächtigen +*gen*
accéder [aksede] <5> *vt*: **~ à** kommen zu,
gelangen zu; (*requête, désirs*)
nachkommen +*dat*
accélérateur [akseleratœr] *nm* (*Auto*)
Gaspedal *nt*; (*atomique*) Beschleuniger *m*
accélération [akselerasjõ] *nf*
Beschleunigung *f*
accéléré [akselere] *nm* Zeitraffer *m*
accélérer [akselere] <5> *vt*
beschleunigen ■ *vi* (*Auto*) beschleunigen;
(*conducteur*) Gas geben
accent [aksã] *nm* Akzent *m*; (*inflexions expressives*) Tonfall *m*; (*Ling: intonation*)
Betonung *f*; (*signe*) Akzentzeichen *nt*,
Akzent *m*; **mettre l'~ sur qch** (*fig*) etw
betonen
accentuer [aksãtɥe] <1> *vt* (*orthographe*)
einen Akzente setzen auf +*akk*; (*intonation: flg*) betonen; (*augmenter*) steigern;
s'accentuer *vpr* zunehmen
acceptable [akseptabl] *adj* annehmbar
acceptation [akseptasjõ] *nf* (*d'invitation, condition, offre*) Annahme *f*; (*de risque, de responsabilité, de tolérance, d'intégration*)
Akzeptieren *nt*; (*de fait, d'hypothèse*)
Anerkennung *f*
accepter [aksepte] <1> *vt* annehmen;
(*risque, responsabilité*) auf sich *akk* nehmen;
(*fait, hypothèse*) anerkennen; (*personne*)

akzeptieren; **~ de faire qch** einwilligen,
etw zu tun; **~ que** (*tolérer*) dulden, dass
acception [aksepsjõ] *nf* Bedeutung *f*
accès [akse] *nm* Zugang *m*; (*Med: de fièvre*)
Anfall *m*; (*Med: de boutons*) Ausbruch *m*;
(*Inform*) Zugriff *m*; **~ de colère/joie**
Wutanfall/Freudenausbruch *m*; **~ à**
Internet Internetzugriff; **~ codé**
Passwortschutz *m* ■ *nmpl* (*route, etc*)
Zufahrtsstraße *f*
accessible [aksesibl] *adj* leicht zu
erreichen; (*livre, sujet*) zugänglich
accessoire [akseswar] *nm* (*mécanique*)
Zubehörteil *nt*
accident [aksidã] *nm* Unglück *nt*; (*de voiture*) Unfall *m*; (*événement fortuit*) Zufall
m; **par ~** zufälligerweise, durch Zufall;
~ de travail Arbeitsunfall
accidenté, e [aksidãte] *adj* (*terrain*)
uneben; (*personne*) verunglückt; (*voiture*)
beschädigt
acclamation [aklamasjõ] *nf*: **par ~** durch
Akklamation; **~s** Beifall *m*
acclamer [aklame] <1> *vt* zujubeln +*dat*
acclimater [aklimate] <1> *vpr*:
s'acclimater sich akklimatisieren
accolade [akɔlad] *nf* (*amicale*)
Umarmung *f*; (*signe*) geschweifte
Klammer
accommodant, e [akɔmɔdã, ãt] *adj*
zuvorkommend
accommoder [akɔmɔde] <1> *vt* (*Gastr*)
zubereiten; (*points de vue*) miteinander
vereinbaren ■ *vpr*: **s'~ de** sich abfinden
mit
accompagnateur, -trice [akõpaɲatœr, tris] *nm/f* Begleiter(in) *m(f)*; (*de voyage organisé*) Reisebegleiter(in) *m(f)*
accompagnement [akõpaɲmã] *nm*
Begleitung *f*
accompagner [akõpaɲe] <1> *vt*
begleiten
accompli, e [akõpli] *adj*: **musicien ~**
vollendeter Musiker
accomplir [akõplir] <8> *vt* (*tâche, projet*)
ausführen; (*souhait, vœu*) erfüllen;
s'accomplir *vpr* in Erfüllung gehen
accord [akɔr] *nm* Übereinstimmung *f*;
(*convention*) Abkommen *nt*; (*consentement*)
Zustimmung *f*; (*Mus*) Akkord *m*; **être d'~**
(pour faire qch) einverstanden sein (, etw
zu tun); **être d'~ (avec qn)** (mit jdm)
übereinstimmen; **~ commercial**
Handelsabkommen *nt*; **~ de libre**
échange Freihandelsabkommen
accord-cadre (*pl* **accords-cadres**)
[akɔrkadr] *nm* Rahmenabkommen *nt*
accordéon [akɔrdeõ] *nm* Akkordeon *nt*
accordéoniste [akɔrdeɔnist] *nmf*
Akkordeonspieler(in) *m(f)*

accorder [akɔʀde] <1> vt (faveur, délai) bewilligen; (harmoniser) abstimmen (avec qch mit etw); (Mus) stimmen; **je vous accorde que** ... ich gebe zu, dass ...

accoster [akɔste] <1> vt (Naut) anlegen; (personne) ansprechen

accotement [akɔtmã] nm (de route) Rand m

accouchement [akuʃmã] nm Entbindung f

accoucher [akuʃe] <1> vi entbinden; **~ d'un enfant** ein Kind gebären

accouder [akude] <1> vpr: **s'~ à/contre** sich mit den Ellbogen stützen auf +akk

accoudoir [akudwaʀ] nm Armlehne f

accoupler [akuple] <1> vt (moteurs, bœufs) koppeln; (idées) verbinden; **s'accoupler** vpr sich paaren

accourir [akuʀiʀ] irr comme courir vi (avec être) herbeilaufen

accoutrement [akutʀəmã] nm (pej) Aufzug m

accoutrer [akutʀe] <1> vt auftakeln; **s'accoutrer** vpr sich auftakeln

accoutumance [akutymãs] nf Süchtigkeit f

accoutumé, e [akutyme] adj gewohnt (à qch an etw akk)

accréditer [akʀedite] <1> vt (nouvelle) glaubwürdig erscheinen lassen; **~ qn auprès de qn** jdn bei jdm akkreditieren

accro [akʀo] adj (fam) süchtig; **être ~ à la cocaïne** kokainsüchtig sein

accroc [akʀo] nm (déchirure) Riss m; (fig) Schwierigkeit f, Problem nt

accrochage [akʀɔʃaʒ] nm Aufhängen nt; (Auto) Zusammenstoß m

accroche-cœur (pl ~s) [akʀɔʃkœʀ] nm Schmachtlocke f

accrocher [akʀɔʃe] <1> vt (suspendre) aufhängen; (attacher) anhängen; (heurter) anstoßen; (déchirer) hängen bleiben mit; (Mil) angreifen; (attention, regard, client) anziehen; **s'accrocher** vpr einen Zusammenstoß haben; **s'~ à** hängen bleiben an +dat; (agripper: fig) sich klammern an +akk

accrocheur, -euse [akʀɔʃœʀ, øz] adj (vendeur, concurrent) beharrlich; (publicité, titre) zugkräftig

accroissement [akʀwasmã] nm Zunahme f

accroître [akʀwatʀ] irr comme croître vt vergrößern; **s'accroître** vpr anwachsen, stärker werden

accroupir [akʀupiʀ] <8> vpr: **s'accroupir** hocken, kauern

accru, e [akʀy] adj verstärkt

accueil [akœj] nm Empfang m

accueillant, e adj gastfreundlich

accueillir [akœjiʀ] irr comme cueillir vt begrüßen; (loger) unterbringen

accumulateur [akymylatœʀ] nm Akku m

accumulation [akymylasjõ] nf Anhäufung f

accumuler [akymyle] <1> vt anhäufen; (retard) vergrößern; **s'accumuler** vpr sich ansammeln; sich vergrößern

accusateur, -trice [akyzatœʀ, tʀis] nm/f Ankläger(in) m(f) ▪ adj anklagend; (document, preuve) belastend

accusatif [akyzatif] nm Akkusativ m

accusation [akyzasjõ] nf Beschuldigung f; (Jur) Anklage f; (Jur: partie) Anklagevertretung f

accusé, e nm/f (Jur) Angeklagte(r) mf ▪ nm: **~ de réception** Empfangsbestätigung f; (de poste) Rückschein m

accuser [akyze] <1> vt beschuldigen; (Jur) anklagen; (faire ressortir) betonen; **~ qn de qch** jdn einer Sache gen beschuldigen [ou anklagen]

acerbe [asɛʀb] adj bissig

Ach. abr = **achète, achetons** kaufe

achalandé, e [aʃalãde] adj: **bien/mal ~** (magasin) gut/schlecht ausgestattet

acharné, e [aʃaʀne] adj (lutte, adversaire) unerbittlich, erbarmungslos; (travailleur) unermüdlich

acharnement [aʃaʀnəmã] nm (de lutte) Unerbittlichkeit f; (de travail) Unermüdlichkeit f

acharner <1> vpr: **s'~ contre** [ou sur] qn jdn erbarmungslos angreifen; (malchance) jdn verfolgen; **s'~ à faire qch** etw unbedingt tun wollen

achat [aʃa] nm Kauf m; **faire des ~s** einkaufen; **~ au comptant** Barkauf

acheminer [aʃ(ə)mine] <1> vt senden ▪ vpr: **s'~ vers** zusteuern auf +akk

acheter [aʃ(ə)te] <4> vt kaufen; **~ qch à qn** (provenance) etw von jdm kaufen; (destination) etw für jdn kaufen

acheteur, -euse nm/f (client) Käufer(in) m(f)

achevé, e [aʃ(ə)ve] adj: **d'un ridicule ~** völlig lächerlich; **d'un comique ~** ungeheuer komisch

achever [aʃ(ə)ve] <4> vt beenden; (blessé) den Gnadenschuss geben +dat; **s'achever** vpr zu Ende gehen

acide [asid] adj sauer ▪ nm (Chim) Säure f; **~ ascorbique** Ascorbinsäure; **~ désoxyribonucléique** Desoxyribonukleinsäure; **~ ribonucléique** Ribonukleinsäure

acidité [asidite] nf Säure f

acidulé, e [asidyle] adj säuerlich; **vert ~** Giftgrün nt

acier [asje] *nm* Stahl *m*; ~ **inoxydable** nicht rostender Stahl

aciérie [asjeʀi] *nf* Stahlwerk *nt*

acné [akne] *nm* Akne *f*

acolyte [akɔlit] *nm* (*pej*) Komplize (Komplizin) *m/f*

acompte [akõt] *nm* Anzahlung *f*

Açores [asɔʀ] *nfpl*: **les** ~ die Azoren

à-coup [aku] *nm* Ruck *m*; **sans/par ~s** glatt/ruckartig [*ou* stoßweise]

acoustique [akustik] *adj* akustisch
▪ *nf* Akustik *f*

acquéreur [akeʀœʀ] *nm* Käufer(in) *m(f)*

acquérir [akeʀiʀ] *irr vt* (*biens*) erwerben, kaufen; (*habitude*) annehmen; (*valeur*) bekommen; (*droit*) erlangen; (*certitude*) gelangen zu

acquiescer [akjese] <2> *vi* zustimmen

acquis, e [aki, iz] *pp de* **acquérir** ▪ *adj* (*habitude, caractère*) angenommen; (*résultat, vitesse*) erreicht

acquisition [akizisjõ] *nf* (*achat*) Kauf *m*; (*de célébrité, droit*) Erlangen *nt*; (*objet acquis*) Erwerbung *f*

acquit [aki] *nm* (*quittance*) Quittung *f*; **par ~ de conscience** zur Gewissensberuhigung

acquittement [akitmã] *nm* (*d'un accusé*) Freispruch *m*; (*de facture*) Begleichung *f*; (*de promesse*) Einlösen *nt*; (*de tâche*) Ausführung *f*

acquitter [akite] <1> *vt* (*Jur*) freisprechen; (*payer*) begleichen ▪ *vpr*: **s'~ de** (*d'un devoir, engagement*) nachkommen +*dat*; (*travail*) erledigen

âcre [ɑkʀ] *adj* bitter, herb

acrimonie [akʀimɔni] *nf* Bitterkeit *f*

acrobate [akʀɔbat] *nmf* Akrobat(in) *m(f)*

acrobatie [akʀɔbasi] *nf* (*art*) Akrobatik *f*; (*exercice*) akrobatisches Kunststück

acrobatique [akʀɔbatik] *adj* akrobatisch

acronyme [akʀɔnim] *nm* Akronym *nt*

acrylique [akʀilik] *nm* Acryl *nt*

acte [akt] *nm* (*action, geste*) Tat *f*; (*papier, document*) Akte *f*; (*Theat*) Akt *m*; **actes** *nmpl* (*compte rendu*) Protokoll *nt*; **prendre** ~ **de qch** etw zur Kenntnis nehmen; **faire** ~ **de présence** sich sehen lassen; **faire** ~ **de candidature** kandidieren; ~ **de naissance** Geburtsurkunde *f*

acteur, -trice [aktœʀ, tʀis] *nm/f* Schauspieler(in) *m(f)*

actif, -ive [aktif, iv] *adj* aktiv ▪ *nm* (*Com*) Aktiva *pl*; **mettre/avoir qch à son** ~ (*fig*) etw auf seine Erfolgsliste setzen/etw als Erfolg verbuchen können

action [aksjõ] *nf* (*acte*) Tat *f*; (*activité*) Tätigkeit *f*; (*effet*) Wirkung *f*; (*Theat, Cine*) Handlung *f*; (*Com*) Aktie *f*; **mettre en** ~ in die Tat umsetzen; **passer à l'**~ zur Tat

schreiten, aktiv werden; **un film d'**~ ein Actionfilm; **bonne** ~ gute Tat; **liberté d'**~ Handlungsfreiheit *f*; **portefeuille d'**~**s** (*Com*) Aktienpaket *nt*; ~ **de décompresser** Chill-out *nt*; ~ **en diffamation** Verleumdungsklage *f*

actionnaire [aksjɔnɛʀ] *nmf* Aktionär(in) *m(f)*

actionner [aksjɔne] <1> *vt* betätigen

activer [aktive] <1> *vt* (*accélérer*) beschleunigen; (*Chim*) aktivieren; **s'activer** *vpr* sich betätigen

activisme [aktivism] *nm* Aktivismus *m*

activiste [aktivist] *nmf* Aktivist(in) *m(f)*

activité [aktivite] *nf* Aktivität *f*; (*occupation, loisir*) Betätigung *f*; ~ **professionnelle** Erwerbstätigkeit *f*

actrice *nf voir* **acteur**

actualiser [aktɥalize] <1> *vt* (*ouvrage*) aktualisieren

actualité [aktɥalite] *nf* Aktualität *f*; **actualités** *nfpl* (*TV*) Nachrichten *pl*

actuel, le [aktɥɛl] *adj* (*présent*) augenblicklich; (*d'actualité*) aktuell

actuellement *adv* derzeit

acuponcteur, -trice [akypõktœʀ, tʀis] *nm/f* Akupunkteur (Akupunkteuse) *m/f*

acuponcture, acupuncture [akypõktyʀ] *nf* Akupunktur *f*

adage [adaʒ] *nm* Sprichwort *nt*

adaptable [adaptabl] *adj* anpassungfähig; (*chose*) anpassbar

adaptateur [adaptatœʀ] *nm* (*Elec*) Adapter *m*, Zwischenstecker *m*; ~ **de réseau** (*Inform*) Netzwerkkarte *f*

adaptation [adaptasjõ] *nf* Anpassung *f*; (*d'un texte*) Bearbeitung *f*

adapter [adapte] <1> *vt* (*œuvre*) bearbeiten; ~ **qch à** (*approprier*) etw anpassen an +*akk*; (*fixer*) etw anbringen auf/in/an +*dat*; **s'adapter** *vpr* (*personne*) sich anpassen (*à* an +*akk*)

addenda [adɛ̃da] *nm* Nachtrag *m*

additif [aditif] *nm* Zusatz *m*

addition [adisjõ] *nf* Hinzufügen *nt*; (*Math*) Addition *f*; (*au restaurant*) Rechnung *f*

additionnel, le [adisjɔnɛl] *adj* zusätzlich

additionner [adisjɔne] <1> *vt* (*Math*) addieren; ~ **un produit/vin d'eau** einem Produkt Wasser hinzufügen/Wein mit Wasser strecken

adepte [adɛpt] *nmf* Anhänger(in) *m(f)*

adéquat, e [adekwa, at] *adj* passend, angebracht

adhérence [adeʀɑ̃s] *nf* Haftung *f*; ~ **au sol** Bodenhaftung *f*

adhérent, e [adeʀɑ̃, ɑ̃t] *nm/f* Mitglied *nt*

adhérer [adeʀe] <5> *vi*: ~ **à** (*coller*) haften an +*dat*; (*se rallier à: parti, club*) beitreten

+*dat*; (*à une opinion*) unterstützen, eintreten für

adhésif, -ive [adezif, iv] *adj* haftend ◼ *nm* Selbstklebefolie *f*; (*colle*) Klebstoff *m*

adhésion [adezjō] *nf* Beitritt *m*; (*à une opinion*) Unterstützung *f*

adieu (*pl* **x**) [adjø] *interj* Lebe wohl! ◼ *nm* Abschied *m*

adipeux, -euse [adipø, øz] *adj* Fett-; (*obèse*) fett

adjectif [adʒɛktif] *nm* Adjektiv *nt*

adjectival, e (*pl* **-aux**) [adʒɛktival, o] *adj* adjektivisch

adjoindre [adʒwɛ̃dʀ] *irr comme joindre vt*: ~ **qch à qch** etw einer Sache *dat* beifügen; **s'~ un collaborateur** sich *dat* einen Mitarbeiter ernennen

adjoint, e [adʒwɛ̃, ɛ̃t] *nm/f*: (*directeur*) ~ stellvertretender Direktor; ~ **au maire** Zweiter Bürgermeister

adjudication [adʒydikasjō] *nf* (*vente aux enchères*) Versteigerung *f*; (*attribution aux enchères*) Zuschlag *m*; (*marché administratif*) Ausschreibung *f*; (*attribution*) Vergabe *f*

adjuger [adʒyʒe] <2> *vt* zusprechen; **adjugé!** (*vendu*) verkauft!

admettre [admɛtʀ] *irr comme mettre vt* (*visiteur, nouveau venu*) hereinlassen; (*patient, membre*) aufnehmen (*dans* in +*akk*); (*comportement*) durchgehen lassen; (*fait, point de vue*) anerkennen; (*explication*) gelten lassen; ~ **que** zugeben, dass

administrateur, -trice [administʀatœʀ, tʀis] *nm/f* Verwalter(in) *m(f)*; ~ **judiciaire** Konkursverwalter; ~ **de courrier** (*Inform*) Postmaster *m*

administratif, -ive *adj* administrativ, Verwaltungs-; (*style, paperasserie*) bürokratisch

administration [administʀasjō] *nf* Verwaltung *f*; **l'A~** die Verwaltung, der Verwaltungsdienst

administrer <1> *vt* (*diriger*) führen, leiten; (*remède, correction*) verabreichen; (*sacrement*) spenden

admirable [admiʀabl] *adj* bewundernswert

admirateur, -trice [admiʀatœʀ, tʀis] *nm/f* Bewunderer (Bewunderin) *m/f*

admiratif, -ive [admiʀatif, iv] *adj* bewundernd

admiration [admiʀasjō] *nf* Bewunderung; **être en ~ devant qch** etw voller Bewunderung betrachten

admirer <1> *vt* bewundern

admissible [admisibl] *adj* (*comportement*) zulässig; (*Scol: candidat*) (zur mündlichen Prüfung) zugelassen

admission [admisjō] *nf* Einlass *m*, Aufnahme *f* (*à* in +*akk*), Zulassung *f*; (*patient*) Neuaufnahme *f*

A.D.N. *nm abr* = **acide désoxyribonucléique** DNS *f*

ado [ado] *nm/f* (*fam: adolescent*) Jugendliche(r) *mf*

adolescence [adɔlesɑ̃s] *nf* Jugend *f*

adolescent, e *adj* jugendlich ◼ *nm/f* Jugendliche(r) *mf*

adonner [adɔne] <1> *vpr*: **s'~ à** sich hingebungsvoll widmen +*dat*

adopter [adɔpte] <1> *vt* (*projet de loi*) verabschieden; (*politique, attitude, mode*) annehmen; (*enfant*) adoptieren

adoptif, -ive [adɔptif, iv] *adj* Adoptiv-; (*patrie, ville*) Wahl-

adoption [adɔpsjō] *nf* (*de motion*) Verabschiedung *f*; (*de politique, attitude*) Annahme *f*; (*d'un enfant*) Adoption *f*; (*d'un nouveau venu*) Aufnahme *f*; **c'est sa patrie d'~** das ist seine Wahlheimat

adorable [adɔʀabl] *adj* bezaubernd

adoration [adɔʀasjō] *nf* Verehrung *f*; (*Rel*) Anbetung *f*; **être en ~ devant** abgöttisch lieben

adorer [adɔʀe] <1> *vt* über alles lieben; (*Rel*) anbeten

adosser [adose] <1> *vt*: ~ **qch à/contre** etw lehnen an/gegen +*akk* ◼ *vpr*: **s'~ à** sich lehnen an/gegen +*akk*

adoucir [adusiʀ] <8> *vt* (*goût*) verfeinern; (*peau*) weich machen; (*caractère*) abschwächen; (*peine*) mildern; **s'adoucir** *vpr* sich verfeinern; (*caractère*) sich abschwächen; (*température*) abnehmen

adoucissant *nm* Weichspüler *m*

adoucissement [adusismɑ̃] *nm* Milderung *f*

adoucisseur [adusisœʀ] *nm*: ~ **d'eau** Wasserenthärter *m*

adrénaline [adʀenalin] *nf* Adrenalin *nt*

adresse [adʀɛs] *nf* (*domicile: Inform*) Adresse *f*; (*habileté*) Geschicklichkeit *f*; ~ **électronique** E-Mail-Adresse; ~ **URL** URL *f*

adresser [adʀese] <1> *vt* (*lettre*) schicken (*à* an +*akk*); (*écrire l'adresse sur*) adressieren; (*injure, compliments*) richten (*à* an +*akk*) ◼ *vpr*: **s'~ à** (*parler à*) sprechen zu; (*destinataire*) sich richten an +*akk*

Adriatique [adʀiatik] *nf* Adria *f*

ADSL [adeɛsɛl] *sigle m* = **asymmetrical digital subscriber line** ADSL *f*

adroit, e [adʀwa, at] *adj* geschickt

adulte [adylt] *nmf* Erwachsene(r) *mf* ◼ *adj* (*chien, arbre*) ausgewachsen; (*attitude*) reif

adultère [adyltɛʀ] *nm* Ehebruch *m*

advenir [advəniʀ] <9> vi (avec être)
geschehen, sich ereignen; **qu'est-il
advenu de ...?** was ist aus ... geworden?

adverbe [advɛʀb] nm Adverb nt

adverbial, e (pl -aux) [advɛʀbjal, o] adj
adverbial

adversaire [advɛʀsɛʀ] nmf Gegner(in) m(f)

adverse [advɛʀs] adj gegnerisch; **la
partie ~** die Gegenpartei

adversité [advɛʀsite] nf Not f

A.E. nfpl abr = **Affaires étrangères** (Pol)
AA nt

aérateur [aeʀatœʀ] nm Ventilator m

aération [aeʀasjõ] nf Lüftung f

aérer [aeʀe] <5> vt lüften; (style)
auflockern

aérien, ne [aeʀjɛ̃, ɛn] adj (Aviat) Luft-;
(câble) oberirdisch; **métro ~** Hochbahn f

aérobic [aeʀobik] nf Aerobic nt

aérodrome [aeʀodʀom] nm Flugplatz m

aérodynamique [aeʀodinamik] adj
aerodynamisch ◼ nf Aerodynamik f

aérofrein [aeʀofʀɛ̃] nm Bremsklappe f,
Landeklappe f

aérogare [aeʀogaʀ] nf (à l'aéroport)
Flughafen m; (en ville) Airterminal m

aéroglisseur [aeʀoglisœʀ] nm
Luftkissenboot nt

aérogramme [aeʀogʀam] nm
Luftpostleichtbrief m

aéromodélisme [aeʀomɔdelism] nm
Modellflugzeugbau m

aéronaute [aeʀonot] nmf
Ballonfahrer(in) m(f)

aéronautique [aeʀonotik] adj
aeronautisch

aéronaval, e [aeʀonaval] adj Luft- und
See-

aéronef [aeʀonɛf] nm Luftschiff nt

aéroport [aeʀopɔʀ] nm Flughafen m

aéropostal, e (pl -aux) [aeʀopostal, o]
adj Luftpost-

aérosol [aeʀosɔl] nm (bombe) Spraydose f

aérospatial, e (pl -aux) [aeʀospasjal, o]
adj Raumfahrt- ◼ nf Raumfahrt f

aérostat [aeʀosta] nm Ballon m

aérotrain® [aeʀotʀɛ̃] nm Luftkissenzug m

affabilité [afabilite] nf Umgänglichkeit f

affable [afabl] adj umgänglich

affaiblir [afebliʀ] <8> vt schwächen;
s'affaiblir vpr schwächer werden

affaiblissement [afeblismã] nm
Schwächung f; (de la vue, mémoire)
Nachlassen nt

affairé, e [afeʀe] adj geschäftig

affaire [afeʀ] nf (problème, question)
Angelegenheit f; (criminelle, judiciaire) Fall
m; (scandale) Affäre f; (Com) Geschäft nt;
(occasion intéressante) günstige Gelegenheit;
affaires nfpl (intérêts privés ou publics)

Geschäfte pl; (effets personnels) Sachen pl;
A~s étranges Auswärtige Angelegenheiten;
~ de mœurs Sexskandal m; **ce sont mes/
tes ~s** (cela me/te concerne) das ist meine/
deine Sache; **avoir ~ à qn/qch** es mit jdm/
etw zu tun haben

affairer [afeʀe] <1> vpr: **s'affairer**
geschäftig hin und her eilen

affairisme [afeʀism] nm
Geschäftemacherei f

affaissement [afesmã] nm: **~ de terrain**
Erdrutsch m

affaisser [afese] <1> vpr: **s'affaisser**
(terrain, immeuble) einstürzen; (personne)
zusammenbrechen

affaler [afale] <1> vpr: **s'affaler** sich
erschöpft fallen lassen (dans/sur in/auf
+akk)

affamé, e [afame] adj ausgehungert

affamer [afame] <1> vt aushungern

affectation [afɛktasjõ] nf (de crédits)
Zweckbindung f; (à un poste) Zuweisung f;
(manque de naturel) Geziertheit f;
(simulation) Heuchelei f

affecté, e [afɛkte] adj geziert; (feint)
geheuchelt

affecter [afɛkte] <1> vt (émouvoir)
berühren, treffen; (feindre) vortäuschen;
(allouer) zuteilen (à dat); **~ qch d'un signe**
(Math) etw mit einem Zeichen versehen

affectif, -ive [afɛktif, iv] adj Gefühls-

affection [afɛksjõ] nf Zuneigung f; (Med)
Leiden nt

affectionner [afɛksjone] <1> vt mögen

affectueux, -euse [afɛktɥø, øz] adj
liebevoll

affermir [afɛʀmiʀ] <8> vt (décision)
bekräftigen; (pouvoir: fig) festigen

affichage [afiʃaʒ] nm Anschlag m;
(Inform) Anzeige f, Display nt; **montre à ~
numérique** Digitaluhr f; **~ du numéro de
l'appelant** Rufnummeranzeige

affiche [afiʃ] nf Plakat nt; **être à l'~** (Theat,
Cine) gespielt werden; **tenir l'~** lang auf
dem Programm stehen

afficher <1> vt anschlagen; (attitude) zur
Schau stellen

afficheur nm Plakatankleber m; (Inform)
Display nt; **~ à cristaux liquides**
Flüssigkristallanzeige f, LCD-Anzeige f

affilée [afile] adv: **d'~** ununterbrochen

affiliation [afiljasjõ] nf Mitgliedschaft f

affilier [afilje] <1> vpr: **s'~ à** Mitglied
werden bei

affinité [afinite] nf Verwandtschaft f,
Affinität f

affirmatif, -ive [afiʀmatif, iv] adj
(réponse) bejahend; (personne) positiv
◼ nf: **répondre par l'affirmative** Ja sagen,
mit Ja antworten

affirmation [afiʀmasjõ] nf (assertion) Behauptung f

affirmative [afiʀmativ] nf: **répondre par l'~** mit Ja antworten; **dans l'~** im Falle einer positiven Antwort

affirmer [afiʀme] <1> vt (prétendre, assurer) behaupten; (désir, autorité) geltend machen

affliction [afliksjõ] nf Kummer m

affligé, e [afliʒe] adj erschüttert; **~ d'une maladie** an einer Krankheit leidend

affliger <2> vt (peiner) zutiefst bekümmern

affluence [aflyɑ̃s] nf: **heure/jour d'~** Stoßzeit f

affluent [aflyɑ̃] nm (Geo) Nebenfluss m

affluer [aflye] <1> vi (secours, biens) eintreffen; (sang, gens) strömen

afflux [afly] nm Andrang m, Strom m; **~ de réfugiés** Flüchtlingsstrom

affolant, e [afɔlɑ̃, ɑ̃t] adj erschreckend; (fam) verrückt; **c'est ~!** das ist zum Verrücktwerden

affolé, e [afɔle] adj durcheinander, in Panik

affolement [afɔlmɑ̃] nm Aufregung f

affoler <1> vt verrückt machen; **s'affoler** vpr durchdrehen

affranchir [afʀɑ̃ʃiʀ] <2> vt freimachen; (esclave) freilassen; (d'une contrainte, menace) befreien

affranchissement [afʀɑ̃ʃismɑ̃] nm (d'une lettre, d'un paquet) Frankieren nt; (prix payé) Porto nt; (d'un esclave) Freilassung f; (fig) Befreiung f

affréter [afʀete] <5> vt (véhicule, bateau) mieten

affreux, -euse [afʀø, øz] adj schrecklich

affrontement [afʀɔ̃tmɑ̃] nm Zusammenstoß m; (Mil: fig) Konfrontation f

affronter <1> vt (adversaire) entgegentreten +dat

affût [afy] nm: **être à l'~ de qch** auf etw akk lauern

affûter [afyte] <1> vt (outil) schärfen

afghan, e [afgã, an] adj afghanisch

Afghanistan [afganistã] nm: **l'~** Afghanistan nt

afin [afɛ̃] conj: **~ que** +subj sodass, damit; **~ de faire** um zu tun

AFNOR [afnɔʀ] nf acr = **Association française de normalisation** französischer Normenverband

a fortiori [afɔʀsjɔʀi] adv umso mehr

A.F.P. nf abr = **Agence France-Presse** französische Presseagentur

AFPA [afpa] nf acr = **Association pour la formation professionnelle des adultes** Organisation für die Erwachsenenbildung

africain, e [afʀikɛ̃, ɛn] adj afrikanisch

Africain, e nm/f Afrikaner(in) m(f)

Afrique [afʀik] nf: **l'~** Afrika nt; **l'~ du Nord** Nordafrika; **l'~ du Sud** Südafrika

afro [afʀo] adj inv: **coiffure ~** Afrolook m

A.G. nf abr = **assemblée générale** Generalversammlung f

agaçant, e [agasɑ̃, ɑ̃t] adj nervig

agacement [agasmɑ̃] nm Gereiztheit f

agacer [agase] <2> vt aufregen

agate [agat] nf Achat m

âge [ɑʒ] nm Alter nt; (ère) Zeitalter nt; **quel ~ as-tu?** wie alt bist du?

âgé, e [ɑʒe] adj alt; **~ de 10 ans** 10 Jahre alt

agence [aʒɑ̃s] nf Agentur f; (succursale) Filiale f; **~ immobilière/matrimoniale/ de publicité/de voyages** Immobilienbüro nt/Eheinstitut nt/Werbeagentur/ Reisebüro nt

agencer [aʒɑ̃se] <2> vt (éléments, texte) zusammenfügen, arrangieren; (appartement) einrichten

agenda [aʒɛ̃da] nm Kalender m

agenouiller [aʒ(ə)nuje] <1> vpr: **s'agenouiller** (sich) niederknien

agent [aʒɑ̃] nm (élément, facteur) Faktor m; **~ d'assurances** Versicherungsmakler(in) m(f); **~ de change** Börsenmakler(in) m(f); **~ (de police)** Polizist(in) m(f); **~ économique** Global Player m

A.G.F. nf pl abr = **Assurances générales de France** französische Versicherungsgesellschaft

agglomération [aglɔmeʀasjõ] nf Ortschaft f; **l'~ parisienne** der Großraum Paris

aggloméré [aglɔmeʀe] nm Pressspan m

agglomérer [aglɔmeʀe] <5> vt anhäufen; (Tech) verbinden

aggravant, e [agʀavɑ̃, ɑ̃t] adj: **circonstances ~es** erschwerende Umstände

aggravation [agʀavasjõ] nf Verschlimmerung f

aggraver [agʀave] <1> vt verschlimmern; (peine) erhöhen

agile [aʒil] adj beweglich

agilité [aʒilite] nf Beweglichkeit f

agio [aʒjo] nm (Fin) Agio nt

agir [aʒiʀ] <8> vi handeln; (se comporter) sich verhalten; (avoir de l'effet) wirken; **de quoi s'agit-il?** um was handelt es sich?

agissements [aʒismɑ̃] nmpl Machenschaften pl

agitateur, -trice [aʒitatœʀ, tʀis] nm/f Agitator(in) m(f)

agitation [aʒitasjõ] nf Bewegung f; (excitation, inquiétude) Erregung f; (Pol) Aufruhr m

agité, e [aʒite] adj unruhig; (troublé, excité) aufgeregt, erregt; (mer) aufgewühlt

agiter <1> vt schütteln; (préoccuper) beunruhigen

agneau (pl x) [aɲo] nm Lamm nt; (Gastr) Lammfleisch nt

agonie [agɔni] nf Todeskampf m

agoniser [agɔnize] <1> vi in den letzten Zügen liegen

agrafe [agʀaf] nf (de vêtement) Haken m; (de bureau) Heftklammer f

agrafer <1> vt zusammenhalten; heften

agrafeuse [agʀaføz] nf (de bureau) Heftmaschine f

agraire [agʀɛʀ] adj agrarisch

agrandir [agʀɑ̃diʀ] <8> vt erweitern; (Foto) vergrößern; **s'agrandir** vpr größer werden

agrandissement nm (Foto) Vergrößerung f

agréable [agʀeabl] adj angenehm

agréé, e [agʀee] adj (magasin, concessionaire) Vertrags-

agréer [agʀee] <1> vt (requête, excuse) annehmen; (demande) stattgeben +dat; **~ à qn** (date) jdm passen; **veuillez ~, Monsieur/Madame, ...** mit freundlichen Grüßen

agrég [agʀɛg] nf voir **agrégation**

agrégation [agʀegasjɔ̃] nf höchste Lehramtsbefähigung

> ※
> ※ **AGRÉGATION**
> ※
> ※ Die agrégation oder umgangssprachlich
> ※ die agrég ist eine hoch angesehene
> ※ Prüfung für zukünftige Dozenten
> ※ in Frankreich. Die Anzahl der
> ※ Prüfungskandidaten übersteigt immer
> ※ weit die Anzahl der freien Stellen. Die
> ※ meisten Lehrer der "classes préparatoires"
> ※ und Universitätsdozenten haben die
> ※ "agrégation".

agrégé, e [agʀeʒe] nm/f Lehrer(in) mit der höchsten Lehramtsbefähigung

agrément [agʀemɑ̃] nm (accord) Zustimmung f; (plaisir) Vergnügen nt

agrès [agʀɛ] nmpl (Turn)geräte pl

agresser [agʀese] <1> vt angreifen

agresseur [agʀesœʀ] nm Angreifer(in) m(f); (Pol, Mil) Aggressor(in) m(f)

agressif, -ive [agʀesif, iv] adj aggressiv

agression [agʀesjɔ̃] nf Aggression f; (Pol, Mil) Angriff m

agressivité [agʀesivite] nf Aggressivität f

agricole [agʀikɔl] adj landwirtschaftlich

agriculteur, -trice [agʀikyltœʀ, tʀis] nm/f Landwirt(in) m(f)

agriculture [agʀikyltyʀ] nf Landwirtschaft f; **~ biologique** Biolandwirtschaft

agripper [agʀipe] <1> vt schnappen, packen ■ vpr: **s'~ à** sich festhalten an +dat, sich festklammern an +dat

agroalimentaire [agʀoalimɑ̃tɛʀ] adj Lebensmittel-; (usine) Nahrungsmittel- ■ nm Lebensmittelsektor m

agrume [agʀym] nm Zitrusfrucht f

aguerrir [ageʀiʀ] <8> vt abhärten, stählen

aguets [agɛ] adv: **être aux ~** auf der Lauer liegen

aguichant, e [agiʃɑ̃, ɑ̃t] adj aufreizend

aguicher [agiʃe] <1> vt aufreizen

aguicheur, -euse [agiʃœʀ, øz] adj verführerisch

ah [ɑ] interj aha

ahuri, e [ayʀi] adj verblüfft, verdutzt

ahurissant, e [ayʀisɑ̃, ɑ̃t] adj verblüffend

aide [ɛd] nf Hilfe f; **à l'~ de** mithilfe von; **appeler à l'~** zu Hilfe rufen; **~ contextuelle** (Inform) kontextsensitive Hilfe; **~ judiciaire** Prozesskostenhilfe; **~ sociale** Sozialhilfe f ■ nmf Assistent(in) m(f); **~ comptable** Buchhaltungsgehilfe(-gehilfin) m/f; **~-éducateur(-trice)** Assistenzlehrkraft f; **~ soignant(e)** Schwesternhelfer(in) m(f)

aide-mémoire nm inv Gedächtnishilfe f

aider [ede] <1> vt helfen +dat; **~ à** (faciliter) beitragen zu

aïeux [ajø] nmpl Vorfahren pl

aigle [ɛgl] nm Adler m

aiglefin [ɛgləfɛ̃] nm voir **églefin**

aigre [ɛgʀ] adj sauer, säuerlich; (fig) schneidend

aigre-doux, -douce (pl aigres-doux) [ɛgʀədu, dus] adj süßsauer; (propos) säuerlich

aigreur [ɛgʀœʀ] nf saurer Geschmack; (fig) Verbitterung f; **~s** fpl **d'estomac** Sodbrennen nt

aigri, e [ɛgʀi] adj verbittert

aigrir [ɛgʀiʀ] <8> vt (personne) verbittern

aigu, ë [egy] adj (objet, arête) spitz; (son, voix) hoch; (douleur, conflit, intelligence) scharf

aigue-marine (pl aigues-marines) [ɛgmaʀin] nf Aquamarin m

aiguillage [egɥijaʒ] nm Weiche f

aiguille [egɥij] nf (de réveil, compteur) Zeiger m; (à coudre) Nadel f; **~ à tricoter** Stricknadel

aiguilleur [egɥijœʀ] nm: **~ (du ciel)** Fluglotse m

aiguillon [egɥijɔ̃] nm (d'abeille) Stachel m

aiguillonner [egɥijone] <1> vt anspornen

aiguiser [egize] <1> vt (outil) schleifen, schärfen; (fig) stimulieren

ail [aj] nm Knoblauch m
aile [ɛl] nf Flügel m
aileron [ɛlRõ] nm (de requin) Flosse f; (d'avion) Querruder nt
ailier [elje] nm Flügelspieler(in) m(f)
ailleurs [ajœR] adv woanders; **nulle part** ~ nirgendwo anders; **d'~** übrigens; **par ~** überdies
ailloli [ajɔli] nm Knoblauchmayonnaise f
aimable [ɛmabl] adj liebenswürdig
aimant [ɛmã] nm Magnet m
aimanter [ɛmãte] <1> vt magnetisieren
aimer [eme] <1> vt lieben; (d'amitié, d'affection) mögen; (chose, activité) gernhaben; **bien ~ qn/qch** jdn/etw gernhaben; **~ mieux faire qch** etw lieber tun; **~ autant faire qch** (préférer) etw lieber tun
aine [ɛn] nf (Anat) Leiste f
aîné, e [ene] adj älter ■ nm/f ältestes Kind, Älteste(r) mf
ainsi [ɛ̃si] adv so; **pour ~ dire** sozusagen ■ conj: **~ que** wie; (et aussi) sowie, und
aïoli [ajɔli] nm voir **ailloli**
air [ɛR] nm (atmosphérique) Luft f; (mélodie) Melodie f; (expression) Gesichtsausdruck m; (attitude) Benehmen nt, Auftreten nt; **prendre de grands ~s avec qn** jdn herablassend behandeln; **parole/menace en l'~** leere Reden/Drohung; **prendre l'~** Luft schnappen; **avoir l'~** scheinen; **avoir l'~ triste/d'un clown** traurig aussehen/aussehen wie ein Clown
airbag [ɛRbɛg] nm Airbag m; **~ latéral** Seitenairbag
airbus® [ɛRbys] nm Airbus® m
aire [ɛR] nf Fläche f; (domaine, zone) Gebiet nt; **~ de jeux** Spielplatz m; **~ de repos** Raststätte f, Rastplatz m
airelle [ɛRɛl] nf: **~ rouge** Preiselbeere f
aisance [ɛzãs] nf Leichtigkeit f; (adresse) Geschicklichkeit f; (richesse) Wohlstand m
aise [ɛz] nf (confort) Komfort m; **être à l'~, être à son ~** sich wohlfühlen; (financièrement) sich gutstehen; **se mettre à l'~** sich dat bequem machen; **être mal à l'~** [ou à son ~] sich nicht wohlfühlen
aisé, e [eze] adj (facile) leicht; (assez riche) gut situiert
aisément [ezemã] adv leicht
aisselle [ɛsɛl] nf Achselhöhle f
Aix-la-Chapelle [ɛkslaʃapɛl] Aachen nt
ajournement [aʒuRnǝmã] nm Vertagen nt
ajourner [aʒuRne] <1> vt vertagen
ajout [aʒu] nm Zusatz m
ajouter [aʒute] <1> vt hinzufügen; **~ foi à** Glauben schenken +dat
ajustage [aʒystaʒ] nm Justieren nt, Einrichten nt

ajustement [aʒystǝmã] nm (harmonisation) Abstimmung f; (adaptation) Anpassung f; **~ des prix** Preisanpassung; **~ des salaires** Lohnanpassung
ajuster [aʒyste] <1> vt (régler) einstellen; (adapter) einpassen (à in +akk)
ajusteur, -euse [aʒystœR, øz] nm/f Metallarbeiter(in) m(f)
alambic [alãbik] nm Destillierapparat m
alarmant, e [alaRmã, ãt] adj beunruhigend
alarme [alaRm] nf (signal) Alarm m; (inquiétude) Sorge f, Beunruhigung f
alarmer <1> vt warnen; **s'alarmer** vpr sich dat Sorgen machen
alarmiste [alaRmist] adj dramatisierend, schwarzseherisch
albanais, e [albanɛ, ɛz] adj albanisch
Albanie [albani] nf: **l'~** Albanien nt
albâtre [albatR] nm Alabaster m
albatros [albatRos] nm Albatros m
albinos [albinos] nmf Albino m
album [albɔm] nm Album m
albumen [albymɛn] nm Eiweiß nt
albumine [albymin] nf Albumin nt; **avoir de l'~** Eiweiß im Urin haben
alcalin, e [alkalɛ̃, in] adj alkalisch
alcool [alkɔl] nm: **l'~** der Alkohol; **un ~** ein Weinbrand m; **~ à brûler** Brennspiritus m; **~ à 90°** Wundbenzin nt
alcoolémie nf Alkoholgehalt m im Blut
alcoolique adj alkoholisch ■ nmf Alkoholiker(in) m(f)
alcoolisé, e adj (boisson) alkoholisch
alcoolisme nm Alkoholismus m
alcootest® nm Alkoholtest m
aléas [alea] nmpl Wechselfälle pl, unvorhergesehene Ereignisse pl
aléatoire [aleatwaR] adj zufällig; (Inform) Zufalls-
alémanique [alemanik] adj alemannisch
alentour [alãtuR] adv darum herum
alentours nmpl Umgebung f
alerte [alɛRt] adj aufgeweckt ■ nf (menace) Warnung f; (signal) Alarm m; **donner l'~** den Alarm auslösen; **~ à l'ozone** Ozonalarm
alerter [alɛRte] <1> vt (pompiers) alarmieren; (informer) (darauf) aufmerksam machen
alevin [alvɛ̃] nm (junger) Zuchtfisch
alexandrin [alɛksãdRɛ̃] nm Alexandriner m (Versmaß)
algèbre [alʒɛbR] nf Algebra f
algébrique [alʒebRik] adj algebraisch
Algérie [alʒeRi] nf: **l'~** Algerien nt
algérien, ne [alʒeRjɛ̃, ɛn] adj algerisch
Algérien, ne nm/f Algerier(in) m(f)
algorithme [algɔRitm] nm Algorithmus m

algue [alg] *nf* Alge *f*
alibi [alibi] *nm* Alibi *nt*
aliéné, e [aljene] *nm/f* Geistesgestörte(r) *mf*
aliéner [aljene] <5> *vt* (*Jur: biens*)
veräußern; (*liberté*) aufgeben; **s'aliéner**
vpr (*sympathie*) verlieren
alignement [aliɲ(ə)mã] *nm* Ausrichtung
f; (*d'une équipe*) Aufstellung *f*; (*d'idées,
de chiffres*) Aneinanderreihung *f*; (*Pol*)
Angleichung *f*; **se mettre à l'~** sich
ausrichten
aligner [aliɲe] *vt* in eine Reihe
stellen; (*adapter*) angleichen (*sur an +akk*);
(*présenter*) in einer Reihenfolge darlegen;
s'aligner *vpr* (*concurrents*) sich aufstellen;
(*Pol*) sich ausrichten (*sur nach*)
aliment [alimã] *nm* Nahrungsmittel *nt*;
~ transgénétique Genlebensmittel *nt*
alimentaire [alimãtɛʀ] *adj* Nahrungs-;
(*pej*) lukrativ; **produits [*ou* denrées] ~s**
Nahrungsmittel *pl*; **régime ~** Diät *f*
alimentation [alimãtasjõ] *nf* Ernährung
f; (*approvisionnement*) Versorgung *f*;
(*commerce*) Lebensmittelhandel *m*;
~ énergétique Energieversorgung;
~ forcée Zwangsernährung; **~ du papier**
Papierzufuhr *f*
alimenter [alimãte] <1> *vt* ernähren;
(*en eau, électricité*) versorgen; (*conversation*)
in Gang halten
alinéa [alinea] *nm* Absatz *m*
aliter [alite] <1> *vpr*: **s'aliter** sich ins Bett
legen; **alité(e)** (*malade*) bettlägerig
allaitement [alɛtmã] *nm* Stillen *nt*
allaiter [alete] <1> *vt* stillen
allant [alã] *nm* Elan *m*
alléchant, e [aleʃã, ãt] *adj* verlockend
allécher [aleʃe] <5> *vt* anlocken
allée [ale] *nf* Allee *f*; **des ~s et venues** *fpl*
das Kommen und Gehen
allégation [alegasjõ] *nf* Behauptung *f*
allégé *adj* light, leicht
alléger [aleʒe] <2, 5> *vt* leichter machen;
(*dette, impôt*) senken; (*souffrance*) lindern
allégorie [a(l)legɔʀi] *nf* Allegorie *f*
allégorique [a(l)legɔʀik] *adj* allegorisch
allégresse [a(l)legʀɛs] *nf* Fröhlichkeit *f*
alléguer [alege] <5> *vt* (*fait, texte*)
anführen; (*prétexte*) vorbringen
Allemagne [alman] *nf*: **l'~** Deutschland
nt; **en ~** in Deutschland; **aller en ~** nach
Deutschland fahren
allemand, e [almã, ãd] *adj* deutsch
allemand *nm*: **l'~** (*langue*) Deutsch *nt*;
apprendre l'~ Deutsch lernen; **parler ~**
Deutsch sprechen; **traduire en ~** ins
Deutsche übersetzen
Allemand, e *nm/f* Deutsche(r) *mf*
aller [ale] *nm* (*trajet*) Hinweg *m*; (*billet*)
Einfachfahrkarte *f*; **~ et retour** (*billet*)

Rückfahrkarte *f* *irr* ▪ *vi* (*avec être*) gehen;
je vais y ~/me fâcher/le faire ich werde
hingehen/ärgerlich/es machen; **~ voir/
chercher qch** sich *dat* etw ansehen/etw
holen; **comment allez-vous/va-t-il?** wie
geht es Ihnen/ihm?; **ça va?** wie geht's?;
il va déjà mieux es geht ihm schon besser;
cela te va bien (*couleur, vêtement*) das
steht dir gut; **cela me va bien** (*projet,
dispositions*) das passt mir; **cela va bien
avec le tapis/les rideaux** das passt gut
zum Teppich/zu den Vorhängen; **il y va
de leur vie** es geht um ihr Leben; **~ voir qn**
jdn besuchen; **s'en ~** weggehen
allergène [alɛʀʒɛn] *nm* Allergen *nt*
allergie [alɛʀʒi] *nf* Allergie *f*
allergique *adj* allergisch (*à* gegen)
alliage [aljaʒ] *nm* Legierung *f*
alliance [aljãs] *nf* Allianz *f*; (*bague*)
Ehering *m*; **~ des verts** Bündnisgrüne *pl*;
neveu par ~ angeheirateter Neffe
allier [alje] <1> *vt* (*métaux*) legieren; (*unir*)
verbünden; **s'allier** *vpr* (*pays, personnes*)
sich verbünden (*à* mit); (*éléments,
caractéristiques*) sich verbinden
alligator [aligatɔʀ] *nm* Alligator *m*
allô [alo] *interj* (*au téléphone*) hallo
allocataire [alɔkatɛʀ] *nmf* Empfänger(in)
m(f) (*einer Beihilfe*)
allocation [alɔkasjõ] *nf* Zuteilung *f*,
Zuweisung *f*; **~ (de) logement/chômage**
Mietzuschuss *m*/Arbeitslosengeld *nt*; **~ de
fin de droits** Arbeitslosenhilfe *f*; **~s** *fpl*
familiales Familienbeihilfe *f*
allocution [alɔkysjõ] *nf* (*kurze*)
Ansprache
allonger [alõʒe] <2> *vt* verlängern; (*bras,
jambe*) ausstrecken; **~ le pas** den Schritt
beschleunigen; **s'allonger** *vpr* (*se
coucher*) sich hinlegen
allumage [alymaʒ] *nm* (*Auto*) Zündung *f*
allume-cigare (*pl* **~s**) *nm*
Zigarettenanzünder *m*
allume-gaz [alymgaz] *nm inv*
Gasanzünder *m*
allumer [alyme] <1> *vt* (*lampe, phare*)
einschalten; (*feu*) machen; **~ (la lumière)**
das Licht anmachen
allumette [alymɛt] *nf* Streichholz *nt*
allure [alyʀ] *nf* (*vitesse*) Geschwindigkeit *f*;
(*démarche, maintien*) Gang *m*; (*aspect, air*)
Aussehen *nt*; **avoir de l'~** Stil haben; **à
toute ~** mit Höchstgeschwindigkeit
allusion [alyzjõ] *nf* Anspielung *f*; **faire ~
à** anspielen auf +*akk*
aloès [alɔɛs] *nm* Aloe *f*
alors [alɔʀ] *adv* (*à ce moment-là*) da;
(*par conséquent*) infolgedessen, also;
~ que (*tandis que*) während
alouette [alwɛt] *nf* Lerche *f*

alourdir [aluʀdiʀ] <8> vt belasten
alpage [alpaʒ] nm Alm f
Alpes [alp] nfpl: **les ~** die Alpen pl
alpestre [alpɛstʀ] adj alpin, Alpen-
alphabet [alfabɛ] nm Alphabet nt
alphabétique [alfabetik] adj
  alphabetisch; **par ordre ~** in
  alphabetischer Reihenfolge
alphabétiser <1> vt das Schreiben und
  Lesen beibringen +dat
alphanumérique [alfanymeʀik] adj
  alphanumerisch
alpin, e [alpɛ̃, in] adj alpin, Alpen-;
  club ~ Alpenverein m
alpinisme [alpinism] nm Bergsteigen nt
alpiniste [alpinist] nmf Bergsteiger(in)
  m(f)
Alsace [alzas] nf: **l'~** das Elsass
alsacien, ne [alsasjɛ̃, ɛn] adj elsässisch
Alsacien, ne nm/f Elsässer(in) m(f)
altercation [altɛʀkasjõ] nf
  Auseinandersetzung f
altérer [alteʀe] <5> vt (texte, document)
  verfälschen; (matériau) beschädigen,
  angreifen; (sentiment) beeinträchtigen
altermondialisation [altɛʀmõdjalizasjõ]
  nf Antiglobalisierung f
alternance [altɛʀnɑ̃s] nf Wechsel m;
  ~ de pouvoir Machtwechsel
alternateur [altɛʀnatœʀ] nm
  Wechselstromgenerator m
alternatif, -ive [altɛʀnatif, iv] adj
  (mouvement) wechselnd; (courant)
  Wechsel-; **les mouvements ~s** (Pol) die
  Alternativen pl
alternative nf (choix) Alternative f
alternativement adv abwechselnd
alterner [altɛʀne] <1> vi abwechseln;
  ~ avec qch sich mit etw abwechseln
altimètre [altimɛtʀ] nm Höhenmesser m
altiste [altist] nmf Bratschist(in) m(f)
altitude [altityd] nf Höhe f
alto [alto] nm (instrument) Bratsche f;
  (cantatrice) Altistin f
altruisme [altʀɥism] nm Altruismus m
aluminium [alyminjɔm] nm Aluminium nt
alunir [alyniʀ] <8> vi auf dem Mond
  landen
alunissage [alynisaʒ] nm Mondlandung f
alvéole [alveɔl] nf (de ruche) (Bienen)wabe f
amabilité [amabilite] nf
  Liebenswürdigkeit f; **il a eu l'~ de le faire**
  er war so nett und hat es gemacht
amadouer [amadwe] <1> vt (fig)
  umgarnen
amaigrir [amegʀiʀ] <8> vt: **il était
  extrêmement amaigri** er war total
  abgemagert
amaigrissant, e [amegʀisɑ̃, ɑ̃t] adj:
  régime ~ Abmagerungskur f

amalgame [amalgam] nm Gemisch nt;
  (pour dents) Amalgam nt
amande [amɑ̃d] nf Mandel f; **en ~**
  mandelförmig
amandier nm Mandelbaum m
amanite [amanit] nf: **~ tue-mouches**
  Fliegenpilz m
amant [amɑ̃] nm Liebhaber m
amarrer [amaʀe] <1> vt (Naut) vertäuen,
  festmachen
amaryllis [amaʀilis] nf Amaryllis f
amas [amɑ] nm Haufen m
amasser [amɑse] <1> vt anhäufen
amateur [amatœʀ] nm (non professionnel)
  Amateur(in) m(f); **~ de musique** (qui aime
  la musique) Musikliebhaber(in) m(f)
amazone [amazon] nf: **en ~** im Damensitz
Amazone [amazon] nf: **l'~** der Amazonas
ambassade [ɑ̃basad] nf Botschaft f
ambassadeur, -drice nm/f (Pol)
  Botschafter(in) m(f)
ambiance [ɑ̃bjɑ̃s] nf Atmosphäre f
ambiant, e [ɑ̃bjɑ̃, ɑ̃t] adj in der
  Umgebung
ambidextre [ɑ̃bidɛkstʀ] adj mit beiden
  Händen gleich geschickt
ambigu, ë [ɑ̃bigy] adj zweideutig
ambiguïté [ɑ̃biguite] nf
  Doppeldeutigkeit f
ambitieux, -euse [ɑ̃bisjø, øz] adj
  ehrgeizig
ambition [ɑ̃bisjõ] nf Ehrgeiz m
ambitionner [ɑ̃bisjɔne] <1> vt anstreben
ambivalent, e [ɑ̃bivalɑ̃, ɑ̃t] adj
  ambivalent
ambre [ɑ̃bʀ] nm: **~ jaune** Bernstein m;
  ~ gris Amber m
ambulance [ɑ̃bylɑ̃s] nf Krankenwagen m
ambulancier, -ière nm/f Sanitäter(in)
  m(f)
ambulant, e [ɑ̃bylɑ̃, ɑ̃t] adj
  umherziehend, Wander-
ambulatoire [ɑ̃bylatwaʀ] adj (Med)
  ambulant
âme [ɑm] nf Seele f; **rendre l'~** den Geist
  aufgeben; **~ sœur** Gleichgesinnte(r) mf
amélioration [ameljɔʀasjõ] nf
  Besserung f; (de la situation) Verbesserung f
améliorer <1> vt verbessern;
  s'améliorer vpr besser werden
aménagement [amenaʒmɑ̃] nm
  Ausstattung f, Einrichtung f; **~ de la durée
  du temps de travail** Arbeitszeitregelung f
aménager <2> vt (appartement)
  einrichten; (espace, terrain) anlegen;
  (mansarde, vieille maison) umbauen;
  (coin-cuisine, placards) einbauen
amende [amɑ̃d] nf Geldstrafe f; **mettre
  à l'~** bestrafen; **faire ~ honorable** sich
  öffentlich schuldig bekennen

amendement [amɑ̃dmɑ̃] nm
Gesetzesänderung f
amender [amɑ̃de] <1> vt (Jur) ändern;
s'amender vpr sich bessern
amener [am(ə)ne] <4> vt mitnehmen,
mitbringen; (causer) mit sich bringen;
s'amener vpr (fam: venir) aufkreuzen
amer, -ère [amɛʀ] adj bitter
américain, e [ameʀikɛ̃, ɛn] adj
amerikanisch
Américain, e nm/f Amerikaner(in) m(f)
Amérique [ameʀik] nf: l'~ Amerika nt;
l'~ **centrale** Zentralamerika; l'~ **latine**
Lateinamerika; l'~ **du Nord** Nordamerika;
l'~ **du Sud** Südamerika
amerrir [ameʀiʀ] <8> vi wassern
amerrissage [ameʀisaʒ] nm Wassern nt
amertume [amɛʀtym] nf Bitterkeit f
améthyste [ametist] nf Amethyst m
ameublement [amœbləmɑ̃] nm
Mobiliar nt
ameuter [amøte] <1> vt (badauds)
zusammenlaufen lassen
ami, e [ami] nm/f Freund(in) m(f);
être (très) ~ avec qn mit jdm (sehr) gut
befreundet sein
amiable [amjabl] adj gütlich; **à l'~** in
gegenseitigem Einverständnis
amiante [amjɑ̃t] nf Asbest m
amibe [amib] nf Amöbe f
amical, e (pl -**aux**) [amikal, o] adj
freundschaftlich
amicale nf (club) Vereinigung f
amicalement [amikalmɑ̃] adv
freundschaftlich; (formule épistolaire) mit
lieben Grüßen
amidon [amidõ] nm Stärke f
amidonner [amidɔne] <1> vt stärken
amincir [amɛ̃siʀ] <8> vt (objet) dünn
machen; (robe: personne) schlank machen;
(entreprise) verschlanken; **s'amincir** vpr
(personne) schlanker werden
amiral (pl -**aux**) [amiʀal, o] nm Admiral m
amitié [amitje] nf Freundschaft f; **faire**
[ou **présenter**] **ses ~s à qn** jdm viele Grüße
ausrichten lassen
ammoniac [amɔnjak] nm Ammoniak m
ammoniaque [amɔnjak] nf Salmiakgeist m
amnésie [amnezi] nf Gedächtnisverlust m
amnésique [amnezik] adj: **elle est ~** sie
hat ihr Gedächtnis verloren
amniocentèse [amnjosɛ̃tɛz] nf
Fruchtwasseruntersuchung f
amnistie [amnisti] nf Amnestie f
amnistier [amnistje] <1> vt amnestieren
amoindrir [amwɛ̃dʀiʀ] <8> vt
(ver)mindern
amonceler [amõsle] <3> vt anhäufen
amont [amõ] adv: **en ~** stromaufwärts;
(sur une pente) bergauf

amoral, e (pl -**aux**) [amɔʀal, o] adj
unmoralisch
amorce [amɔʀs] nf (sur un hameçon) Köder
m; (explosif) Zünder m; (fig: début) Ansatz m
amorcer <2> vt (hameçon) beködern;
(munition) scharf machen; (négociations)
in die Wege leiten; (virage) angehen;
(geste) ansetzen zu
amorphe [amɔʀf] adj passiv, träge
amortir [amɔʀtiʀ] <8> vt (choc, bruit)
dämpfen; (douleur) mildern; (mise de fonds)
abschreiben
amortissement [amɔʀtismɑ̃] nm (de
choc) Dämpfen nt; (de dette) Abbezahlen nt
amortisseur [amɔʀtisœʀ] nm (Auto)
Stoßdämpfer m
amour [amuʀ] nm (sentiment) Liebe f;
faire l'~ sich lieben
amouracher [amuʀaʃe] <1> vpr: **s'~ de**
(fam) sich verknallen in +akk
amoureusement [amuʀøzmɑ̃] adv
verliebt; (avec soin) liebevoll
amoureux, -euse [amuʀø, øz] adj
verliebt; (vie, passions) Liebes-; **être ~**
verliebt sein (de qn in jdn) ▪ nmpl
Liebespaar nt
amour-propre (pl **amours-propres**)
[amuʀpʀɔpʀ] nm Selbstachtung f
amovible [amɔvibl] adj abnehmbar
ampère [ɑ̃pɛʀ] nm Ampère nt
ampèremètre [ɑ̃pɛʀmɛtʀ] nm
Amperemeter nt
amphétamine [ɑ̃fetamin] nf
Amphetamin nt
amphi [ɑ̃fi] nm Hörsaal m
amphithéâtre [ɑ̃fiteɑtʀ] nm
Amphitheater nt; (Univ) Hörsaal m
ample [ɑ̃pl] adj (vêtement) weit; (gestes,
mouvement) ausladend; (ressources) üppig,
reichlich
ampleur [ɑ̃plœʀ] nf Größe f, Weite f;
(d'un désastre) Ausmaß nt
amplificateur [ɑ̃plifikatœʀ] nm
Verstärker m
amplifier [ɑ̃plifje] <1> vt (son, oscillation)
verstärken; (fig) vergrößern
amplitude [ɑ̃plityd] nf (d'une onde,
oscillation) Schwingung f; (des
températures) Schwankung f
ampoule [ɑ̃pul] nf (électrique) Birne f;
(de médicament) Ampulle f; (aux mains,
pieds) Blase f
amputation [ɑ̃pytasjõ] nf (Med)
Amputation f; (de budget, etc) drastische
Kürzung
amputer [ɑ̃pyte] <1> vt (Med) amputieren;
(texte, budget) drastisch kürzen; **~ qn d'un
bras** jdm einen Arm abnehmen
amusant, e [amyzɑ̃, ɑ̃t] adj
unterhaltsam; (comique) komisch

amuse-gueule [amyzɡœl] *nm inv*
Appetithappen *m*

amusement [amyzmɑ̃] *nm (qui fait rire)*
Belustigung *f*; *(divertissement)*
Unterhaltung *f*

amuser <1> *vt (divertir)* unterhalten; *(faire rire)* belustigen; **s'amuser** *vpr (jouer)*
spielen; *(se divertir)* sich amüsieren

amygdale [amidal] *nf* (Rachen)mandel *f*;
opérer qn des ~s jdm die Mandeln
herausnehmen

amygdalite *nf* Mandelentzündung *f*

an [ɑ̃] *nm* Jahr *nt*; **être âgé(e) de [ou avoir]
3 ans** 3 Jahre alt sein; **le jour de l'an, le
premier de l'an, le nouvel an** der
Neujahrstag

A.N. *nf abr* = **Assemblée nationale**
Nationalversammlung *f*

anabolisant [anabɔlizɑ̃] *nm*
Anabolikum *nt*

anachronique [anakʀɔnik] *adj* nicht
zeitgemäß, anachronistisch

anachronisme [anakʀɔnism] *nm*
Anachronismus *m*

anaconda [anakɔ̃da] *nf* Anakonda *f*

analgésique [analʒezik] *nm*
Schmerzmittel *nt*

anallergique [analɛʀʒik] *adj*
antiallergisch

analogie [analɔʒi] *nf* Analogie *f*

analogique [analɔʒik] *adj (Inform)*
analog; **calculateur ~** Analogrechner *m*

analogue [analɔɡ] *adj* analog

analphabète [analfabɛt] *nmf*
Analphabet(in) *m(f)*

analphabétisme [analfabetism] *nm*
Analphabetentum *nt*

analyse [analiz] *nf (a. Psych)* Analyse *f*;
~ fonctionnelle *(Inform)* Systemanalyse;
~ syntaxique *(Ling)* Satzanalyse; *(Inform)*
Parsing *nt*; **~ du génome humain**
Genomanalyse

analyser <1> *vt* analysieren

analyste *nmf (a. Psych)* Analytiker(in) *m(f)*;
~ système *(Inform)* Systemanalytiker(in)

analyste-programmeur, -euse *(pl
analystes-programmeurs)*
[analistpʀɔɡʀamœʀ, øz] *nm/f*
Programmanalytiker(in) *m(f)*

analytique *adj* analytisch

ananas [anana(s)] *nm* Ananas *f*

anarchie [anaʀʃi] *nf* Anarchie *f*

anarchique [anaʀʃik] *adj* anarchisch

anarchisme [anaʀʃism] *nm*
Anarchismus *m*

anarchiste *nmf* Anarchist(in) *m(f)*

anathème [anatɛm] *nm*: **jeter l'~ contre
qn** jdn mit dem Bann belegen

anatomie [anatɔmi] *nf* Anatomie *f*

anatomique [anatɔmik] *adj* anatomisch

ancestral, e *(pl -aux)* [ɑ̃sɛstʀal, o] *adj*
Ahnen-

ancêtre [ɑ̃sɛtʀ] *nmf* Vorfahr *m*; **ancêtres**
nmpl (aïeux) Vorfahren *pl*

anchois [ɑ̃ʃwa] *nm* Sardelle *f*

ancien, ne [ɑ̃sjɛ̃, ɛn] *adj (vieux)* alt;
(d'alors) ehemalig; *(meuble)* antik ■ *nm/f
(d'une tribu)* Älteste(r) *mf*

anciennement [ɑ̃sjɛnmɑ̃] *adv* früher

ancienneté [ɑ̃sjɛnte] *nf* Alter *nt*; *(Admin)*
Dienstalter *nt*

ancre [ɑ̃kʀ] *nf* Anker *m*; **jeter/lever l'~** den
Anker werfen/lichten; **à l'~** vor Anker

ancrer <1> *vt* verankern; **s'ancrer** *vpr
(Naut)* ankern

Andalousie [ɑ̃daluzi] *nf*: **l'~** Andalusien *nt*

Andes [ɑ̃d] *nfpl*: **les ~** die Anden *pl*

Andorre [ɑ̃dɔʀ] *nf*: **l'~** Andorra *nt*

andouille [ɑ̃duj] *nf (charcuterie)*
französische Wurstsorte *(aus Innereien vom
Schwein oder Kalb im Darm), die kalt gegessen
wird*; *(pej)* Trottel *m*

andouillette [ɑ̃dujɛt] *nf* Würstchen aus
Innereien *(vom Schwein oder Kalb im Darm),
das warm gegessen wird*

âne [ɑn] *nm* Esel *m*

anéantir [aneɑ̃tiʀ] <8> *vt* vernichten;
(personne) fertig machen

anecdote [anɛkdɔt] *nf* Anekdote *f*

anémie [anemi] *nf* Anämie *f*

anémique *adj* anämisch, blutarm

anémone [anemɔn] *nf* Anemone *f*;
~ de mer Seeanemone

ânerie [ɑnʀi] *nf* Dummheit *f*

anesthésie [anɛstezi] *nf* Betäubung *f*;
~ générale/locale Vollnarkose *f*/örtliche
Betäubung

anesthésier [anɛstezje] <1> *vt* betäuben

anesthésique [anɛstezik] *nm* Narkose *f*

anesthésiste *nmf* Anästhesist(in) *m(f)*

ange [ɑ̃ʒ] *nm* Engel *m*

angélique [ɑ̃ʒelik] *adj* engelgleich,
engelhaft

angelot [ɑ̃ʒ(ə)lo] *nm* Putte *f*

angine [ɑ̃ʒin] *nf* Angina *f*; **~ de poitrine**
Angina pectoris *f*

anglais, e [ɑ̃ɡlɛ, ɛz] *adj* englisch; **filer à
l'~e** sich auf Französisch verabschieden
■ *nm*: **l'~** *(Ling)* das Englisch

Anglais, e *nm/f* Engländer(in) *m(f)*

angle [ɑ̃ɡl] *nm* Winkel *m*; **~ droit/obtus/
aigu** rechter/stumpfer/spitzer Winkel

Angleterre [ɑ̃ɡlətɛʀ] *nf*: **l'~** England *nt*

anglicisme [ɑ̃ɡlisism] *nm* Anglizismus *m*

anglophile [ɑ̃ɡlɔfil] *adj* anglophil

anglophobe [ɑ̃ɡlɔfɔb] *adj* anglophob

anglophone [ɑ̃ɡlɔfɔn] *adj*
englischsprachig

angoisse [ɑ̃ɡwas] *nf* Beklemmung *f*;
c'est l'~ *(fam)* das ist ätzend

angoisser <1> vt beängstigen, beklemmen ■ vi (fam) ausflippen
Angola [ɑ̃gɔla] nm: **l'~** Angola nt
angolais, e [ɑ̃gɔlɛ, ɛz] adj angolanisch
angora [ɑ̃gɔʀa] adj Angora- ■ nm Angorawolle f
anguille [ɑ̃gij] nf Aal m
angulaire [ɑ̃gylɛʀ] adj eckig
anguleux, -euse [ɑ̃gylø, øz] adj eckig, kantig
animal, e (pl -aux) [animal, o] adj tierisch; (règne) Tier- ■ nm Tier nt
animateur, -trice [animatœʀ, tʀis] nm/f (de TV, music-hall) Conférencier m; (d'un groupe) Leiter(in) m(f); (d'un club de vacances) Animateur(in) m(f)
animation [animasjɔ̃] nf Animation f; **~ par ordinateur** Computeranimation
animé, e [anime] adj (rue, lieu) belebt; (conversation, réunion) lebhaft; (opposé à inanimé) lebendig
animer [anime] <1> vt (conversation, soirée) beleben; (pousser) beseelen; **s'animer** vpr (rue, ville) sich beleben; (conversation, personne) lebhaft werden
animosité [animozite] nf Feindseligkeit f
anis [ani(s)] nm Anis m
anisette [anizɛt] nf Anislikör m
ankyloser [ɑ̃kiloze] <1> vpr: **s'ankyloser** steif werden
annales [anal] nfpl Annalen pl
anneau (pl x) [ano] nm (de chaîne) Glied nt; (bague; de rideau) Ring m
année [ane] nf Jahr nt; **l'~ scolaire/fiscale** das Schul-/Steuerjahr
annexe [anɛks] nf (bâtiment) Anbau m; (document) Anhang m
annexer <1> vt (pays, biens) annektieren; (texte, document) anfügen
annihiler [aniile] <1> vt vernichten
anniversaire [anivɛʀsɛʀ] nm Geburtstag m; (d'un événement) Jahrestag m
annonce [anɔ̃s] nf Ankündigung f; (publicitaire) Anzeige f; (Cartes) Angabe f; **~s** Anzeigenteil m; **les petites ~s** Kleinanzeigen pl
annoncé, e adj angesagt
annoncer <2> vt ankündigen ■ vpr: **s'~ bien/difficile** vielversprechend/ schwierig aussehen
annonceur, -euse nm/f (publicitaire) Inserent(in) m(f)
annotation [anɔtasjɔ̃] nf Randbemerkung f
annoter [anɔte] <1> vt mit Anmerkungen versehen
annuaire [anɥɛʀ] nm Jahrbuch nt; **~ téléphonique** Telefonbuch nt
annuel, le [anɥɛl] adj jährlich
annuellement [anɥɛlmɑ̃] adv jährlich

annuité [anɥite] nf Jahresrate f
annulaire [anylɛʀ] nm Ringfinger m
annulation [anylasjɔ̃] nf (d'un rendez-vous) Absagen nt; (d'un voyage) Stornieren nt; (d'un contrat) Annulieren nt
annuler [anyle] <1> vt (rendez-vous) absagen; (mariage, résultats) annullieren, für ungültig erklären; (Math) aufheben
anode [anɔd] nf Anode f
anodin, e [anɔdɛ̃, in] adj unbedeutend
anomalie [anɔmali] nf Anomalie f
anonymat [anɔnima] nm Anonymität f
anonyme [anɔnim] adj anonym; (sans caractère) unpersönlich
anorak [anɔʀak] nm Anorak m
anorexie [anɔʀɛksi] nf Magersucht f
anorexique adj magersüchtig
A.N.P.E. nf abr = **Agence nationale pour l'emploi** ≈ Bundesanstalt f für Arbeit; (bureau régional) Arbeitsamt nt
anse [ɑ̃s] nf (de panier, tasse) Henkel m; (Geo) kleine Bucht
antagonisme [ɑ̃tagɔnism] nm Antagonismus m, Feindseligkeit f
antagoniste [ɑ̃tagɔnist] adj feindselig ■ nmf Gegner(in) m(f)
antarctique [ɑ̃taʀktik] adj antarktisch ■ nm: **l'Antartique** die Antarktis
antécédent [ɑ̃tesedɑ̃] nm (Ling) Bezugswort nt; **antécédents** nmpl (Med) Vorgeschichte f
antédiluvien, ne [ɑ̃tedilyvjɛ̃, ɛn] adj vorsintflutlich
antémémoire [ɑ̃tememwaʀ] nf (Inform) Cache(-Speicher) m
antenne [ɑ̃tɛn] nf Antenne f; **à l'~** (TV, Radio) im Radio, auf Sendung; **~ extérieure** Außenantenne
antérieur, e [ɑ̃teʀjœʀ] adj (d'avant) vorig; (de devant) vordere(r, s); **~ à** früher/älter als
anthologie [ɑ̃tɔlɔʒi] nf Anthologie f
anthracite [ɑ̃tʀasit] nm Anthrazit m
anti- [ɑ̃ti] préf anti-
antiaérien, ne [ɑ̃tiaeʀjɛ̃, ɛn] adj (canon) Luftabwehr-; **défense ~ne** Luftabwehr f; **abri ~** Luftschutzbunker m
antiatomique adj: **abri ~** Atomschutzbunker m
antibiotique nm Antibiotikum nt
antibrouillard adj: **phare ~** Nebelscheinwerfer m
antibruit adj Lärmschutz-; **écran ~, mur ~** Lärmschutzwall m, Lärmschutzmauer f
anticancéreux, -euse adj: **centre ~** (Med) Krebsforschungsinstitut nt
antichambre [ɑ̃tiʃɑ̃bʀ] nf Vorzimmer nt
anticipation [ɑ̃tisipasjɔ̃] nf Vorwegnahme f; **par ~** (rembourser) im Voraus; **livre d'~** Zukunftsroman m; **film d'~** Science-Fiction-Film m

anticipé, e [ɑ̃tisipe] adj (règlement)
vorzeitig; **avec mes remerciements ~s**
im Voraus schon vielen Dank
anticiper <1> vt (événement, coup)
vorhersehen
anticoagulant, e [ɑ̃tikɔagylũ, ɑ̃t] adj
(Med) die Blutgerinnung hemmend
anticonceptionnel, le
[ɑ̃tikõseppsjɔnɛl] adj Verhütungs-
anticonstitutionnel, le
[ɑ̃tikõstitysjɔnɛl] adj verfassungswidrig
anticorps [ɑ̃tikɔʀ] nm (Med) Antikörper m
anticyclone [ɑ̃tisiklon] nm
Hoch(druckgebiet) nt
antidater [ɑ̃tidate] <1> vt zurückdatieren
antidémarrage [ɑ̃tidemaʀaʒ] nm
Wegfahrsperre f
antidérapant, e [ɑ̃tideʀapɑ̃, ɑ̃t] adj
rutschfest
antidopage [ɑ̃tidɔpaʒ] adj inv Doping-;
loi ~ Dopingbestimmungen pl
antidote [ɑ̃tidɔt] nm Gegenmittel nt
antigang [ɑ̃tigɑ̃g] adj inv: **brigade ~**
Sonderkommando der Polizei gegen
Bandenkriminalität
antigel [ɑ̃tiʒɛl] nm Frostschutzmittel nt
antigène [ɑ̃tiʒɛn] nm Antigen nt
antihistaminique [ɑ̃tiistaminik] nm
Antihistamin nt
anti-inflammatoire [ɑ̃tiɛ̃flamatwaʀ]
nm entzündungshemmendes Mittel
anti-inflationniste [ɑ̃tiɛ̃flasjɔnist] adj
zur Bekämpfung der Inflation
Antilles [ɑ̃tij] nfpl: **les ~** die Antillen pl
antilope [ɑ̃tilɔp] nf Antilope f
antimissile [ɑ̃timisil] adj
Raketenabwehr-
antimite(s) [ɑ̃timit] adj: **produit ~**
Mottenschutzmittel nt
antinucléaire [ɑ̃tinykleɛʀ] adj
Antikernkraft-; **manifestation ~**
Demonstration von Kernkraftgegnern
▪ nmf Kernkraftgegner(in) m(f)
ANTIOPE [ɑ̃tjɔp] nf acr = **Acquisition
numérique et télévisualisation
d'images organisées en pages
d'écriture**; **le système ~** ≈ Videotext m
antiparasite [ɑ̃tipaʀazit] adj Entstör-
antipathie [ɑ̃tipati] nf Antipathie f
antipathique [ɑ̃tipatik] adj
unsympathisch
antipelliculaire [ɑ̃tipelikylɛʀ] adj
Schuppen-
antipoison [ɑ̃tipwazõ] adj inv: **centre ~**
Entgiftungszentrum nt
antipollution [ɑ̃tipɔlysjõ] adj
umweltfreundlich, Umweltschutz-
antiquaire [ɑ̃tikɛʀ] nmf
Antiquitätenhändler(in) m(f)
antique [ɑ̃tik] adj antik; (très vieux) uralt

antiquité [ɑ̃tikite] nf Antiquität f;
l'A~ die Antike; **magasin d'~s**
Antiquitätengeschäft nt; **marchand d'~s**
Antiquitätenhändler m
antireflet [ɑ̃tiʀəflɛ] adj: **verre ~**
entspiegeltes Glas
antirides [ɑ̃tiʀid] adj inv gegen Falten,
(Anti)falten-
antirouille [ɑ̃tiʀuj] adj inv Rostschutz-
antisémite [ɑ̃tisemit] adj antisemitisch
antisémitisme [ɑ̃tisemitism] nm
Antisemitismus m
antiseptique [ɑ̃tisɛptik] adj antiseptisch
antislash [ɑ̃tislaʃ] nm Backslash m,
umgekehrter Schrägstrich
antisocial, e (pl -aux) [ɑ̃tisɔsjal, o] adj
unsozial
anti-sous-marin, e adj: **défense ~e**
U-Boot-Abwehr f
antispasmodique [ɑ̃tispasmɔdik] adj
krampflösend
antisportif, -ive [ɑ̃tispɔʀtif, iv] adj.
unsportlich
antitabac [ɑ̃titaba] adj inv gegen das
Rauchen
antitétanique [ɑ̃titetanik] adj
Tetanus-
antithèse [ɑ̃titɛz] nf Antithese f
antitrust [ɑ̃titʀœst] adj: **loi ~**
Kartellgesetz nt
antitussif, -ive [ɑ̃titysif, iv] adj gegen
Husten, Husten-
antivirus [ɑ̃tiviʀys] (Inform) adj
Antiviren- ▪ nm Antivirensoftware f
antivol [ɑ̃tivɔl] nm Diebstahlsicherung f
antonyme [ɑ̃tɔnim] nm Antonym nt
antre [ɑ̃tʀ] nm Höhle f
anus [anys] nm After m
Anvers [ɑ̃vɛʀ] Antwerpen nt
anxiété [ɑ̃ksjete] nf Angst f
anxieux, -euse [ɑ̃ksjø, øz] adj besorgt
A.O.C. abr = **Appellation d'origine
contrôlée** (vin, etc) Bezeichnung eines
bestimmten Anbaugebietes

● **A.O.C.**
●
● Die A.O.C. ist die höchste französische
● Weinklassifizierung. Sie zeigt an, dass
● der Wein strengen Vorschriften in
● Bezug auf das Weinanbaugebiet, die
● Weinsorte, das Herstellungsverfahren
● und den Alkoholgehalt genügt.

aorte [aɔʀt] nf Aorta f
août [u(t)] nm August m; **en ~** im August;
le 21 ~ am 21. August; **le 21 ~ 2015** der 21.
August 2015
aoûtien, ne [ausjɛ̃, ɛn] nm eine Person,
die im August in Urlaub fährt

apaisement [apɛzmɑ̃] nm Besänftigung f
apaiser [apeze] <1> vt (personne)
beruhigen; (colère) besänftigen; (douleur)
lindern
apanage [apanaʒ] nm: être l'~ de qn jds
Vorrecht sein
aparté [apaʀte] nm: en ~ beiseite, privat
apathie [apati] nf Apathie f
apathique [apatik] adj apathisch
apatride [apatʀid] nmf Staatenlose(r) mf
apercevoir [apɛʀsəvwaʀ] <12> vt
wahrnehmen ▪ vpr: s'~ de bemerken;
s'~ que bemerken, dass
aperçu [apɛʀsy] nm (vue d'ensemble)
Überblick m; (idée) Einsicht f
apéritif [apeʀitif] nm Aperitif m
à-peu-près [apøpʀɛ] nm inv halbe Sache
aphone [afɔn] adj völlig heiser; (Ling)
stimmlos
aphrodisiaque [afʀɔdizjak] adj
aphrodisisch ▪ nm Aphrodisiakum nt
aphte [aft] nm (Med) Bläschen nt
aphteux, -euse [aftø, øz] adj: fièvre
aphteuse Maul- und Klauenseuche f
apiculteur [apikyltœʀ] nm Imker(in) m(f)
apiculture [apikyltyʀ] nf Bienenzucht f,
Imkerei f
apitoyer [apitwaje] <6> vt mitleidig
stimmen
aplanir [aplaniʀ] <8> vt (surface) ebnen;
(fig: difficultés) beseitigen
aplatir [aplatiʀ] <8> vt flach machen
aplomb [aplɔ̃] nm (fig) Selbstsicherheit f;
d'~ (Archit) senkrecht
apogée [apɔʒe] nm Höhepunkt m; (temps)
Glanzzeit f
apoplexie [apɔplɛksi] nf Schlaganfall m
a posteriori [apɔsteʀjɔʀi] adv im
Nachhinein
apostrophe [apɔstʀɔf] nf (signe) Apostroph
m; (interpellation) Beschimpfung f
apôtre [apotʀ] nm Apostel m
apparaître [apaʀɛtʀ] irr comme connaître
vi erscheinen; (avec attribut) (er)scheinen
apparat [apaʀa] nm Apparat m; ~ de
surveillance Überwachungsapparat
appareil [apaʀɛj] nm Apparat m; (avion)
Maschine f; (dentier) Spange f; ~ digestif
Verdauungssystem nt; ~ à ultra-sons
Ultraschallgerät nt; ~s électroniques
usés Elektronikschrott m; ~ d'écoute
Abhörgerät nt
appareil photo (pl appareils photo)
nm Fotoapparat m; ~ numérique
Digitalkamera f; ~ compact
Kompaktkamera f
apparemment [apaʀamɑ̃] adv
anscheinend
apparence [apaʀɑ̃s] nf Anschein m;
en ~ scheinbar

apparent, e [apaʀɑ̃, ɑ̃t] adj (visible)
sichtbar; (en apparence) scheinbar
apparenté, e [apaʀɑ̃te] adj: ~ à verwandt
mit
apparition [apaʀisjɔ̃] nf Erscheinung f
appartement [apaʀtəmɑ̃] nm
Wohnung f
appartenance [apaʀtənɑ̃s] nf
Zugehörigkeit f (à zu)
appartenir [apaʀtəniʀ] <9> vi: ~ à
gehören +dat; (faire partie de) angehören
+dat, gehören zu
appât [apɑ] nm Köder m
appauvrissement [apovʀismɑ̃] nm
Verarmung f
appel [apɛl] nm (interpellation) Ruf m;
(nominal: Inform) Aufruf m; (Tel) Anruf m;
(Mil) Einberufung f; faire ~ (Jur) Berufung
einlegen; faire ~ à (invoquer) appellieren
an +akk; (avoir recours à) sich wenden an
+akk; sans ~ endgültig; ~ à la grève
Streikaufruf; ~ en instance (Tel)
Anklopfen nt
appeler [ap(ə)le] <3> vt rufen; (nommer)
nennen; (nécessiter) erfordern; (Inform)
aufrufen; s'appeler vpr heißen;
comment ça s'appelle? wie heißt das?
appellation [apelasjɔ̃] nf Bezeichnung f
appendice [apɛ̃dis] nm (Med) Blinddarm
m; (d'un livre) Anhang m
appendicite [apɛ̃disit] nf
Blinddarmentzündung f
Appenzell [apɛntsɛl] nm: l'~ Rhodes-
Extérieures Appenzell-Außerrhoden nt;
l'~ Rhodes-Intérieures Appenzell-
Innerrhoden nt
appesantir [apəzɑ̃tiʀ] <8> vpr: s'~ sur
sich verbreiten über +akk
appétissant, e [apetisɑ̃, ɑ̃t] adj (mets)
lecker
appétit [apeti] nm Appetit m; bon ~!
guten Appetit!
applaudimètre [aplodimɛtʀ] nm
Applausmesser m
applaudir [aplodiʀ] <8> vt Beifall
klatschen +dat ▪ vi klatschen
applaudissements nmpl Beifall m
applicable [aplikabl] adj anwendbar
applicateur [aplikatœʀ] nm (dispositif)
Applikator m; (d'un tampon) Einführhülse f
application [aplikasjɔ̃] nf (a. Inform)
Anwendung f; (de papier peint) Anbringen
nt; (attention) Fleiß m; mettre en ~
anwenden
applique [aplik] nf Wandleuchte f
appliqué, e [aplike] adj (élève, etc) fleißig;
(science) angewandt
appliquer [aplike] <1> vt anwenden;
(poser) anbringen; s'appliquer vpr (élève)
sich anstrengen

appoint [apwɛ̃] *nm*: **faire l'~** die genaue Summe zahlen

appointements [apwɛ̃tmɑ̃] *nmpl* Einkünfte *pl*

apport [apɔʀ] *nm* Beitrag *m*

apporter [apɔʀte] <1> *vt* bringen

appréciable [apʀesjabl] *adj* (*important*) beträchtlich

appréciation [apʀesjasjõ] *nf* (*d'un immeuble*) Schätzung *f*; (*de situation, personne*) Einschätzung *f*

apprécier [apʀesje] <1> *vt* (*personne*) schätzen; (*distance*) abschätzen; (*importance*) einschätzen

appréhender [apʀeɑ̃de] <1> *vt* (*craindre*) fürchten; (*arrêter*) festnehmen

appréhension [apʀeɑ̃sjõ] *nf* (*crainte*) Furcht *f*

apprendre [apʀɑ̃dʀ] <13> *vt* (*nouvelle*) erfahren; (*leçon*) lernen; **~ qch à qn** (*informer*) jdm etw mitteilen; (*enseigner*) jdn etw lehren; **~ à faire qch** lernen, etw zu tun

apprenti, e [apʀɑ̃ti] *nm/f* Lehrling *m*, Auszubildende(r) *mf*

apprentissage [apʀɑ̃tisaʒ] *nm* Lehre *f*, Ausbildung *f*; **contrat d'~** Ausbildungsvertrag *m*

apprivoiser [apʀivwaze] <1> *vt* zähmen

approbation [apʀɔbasjõ] *nf* Zustimmung *f*

approche [apʀɔʃ] *nf* Herannahen *nt*; (*d'un problème*) Methode *f*; (*fam: conception*) Einstellung *f*

approcher <1> *vi* sich nähern; (*vacances, date*) nahen, näher rücken; **~ de** (*but, moment*) näher kommen +*dat* ■ *vt* näher (heran)rücken, näher (heran)stellen (*de an* +*akk*) ■ *vpr*: **s'~ de** sich nähern +*dat*

approfondir [apʀɔfõdiʀ] <8> *vt* vertiefen

appropriation [apʀɔpʀijasjõ] *nf* Aneignung *f*

approprié, e [apʀɔpʀije] *adj*: **~ à** angemessen +*dat*

approprier [apʀɔpʀije] <1> *vpr*: **s'approprier** sich *dat* aneignen

approuver [apʀuve] <1> *vt* (*projet*) genehmigen; (*loi*) annehmen; (*personne*) zustimmen +*dat*

approvisionnement [apʀɔvizjɔnmɑ̃] *nm* Belieferung *f*; (*provisions*) Vorräte *pl*

approvisionner [apʀɔvizjɔne] <1> *vt* beliefern, versorgen; (*compte bancaire*) auffüllen

approximatif, -ive [apʀɔksimatif, iv] *adj* ungefähr

Appt. *abr* = **appartement** Wohnung *f*

appui [apɥi] *nm* Stütze *f*; (*de fenêtre*) Fensterbrett *nt*; (*fig*) Unterstützung *f*,

Hilfe *f*; **prendre ~ sur** sich stützen auf +*akk*; **à l'~ de** zum Nachweis +*gen*

appuie-tête (*pl* **~s**) [apɥitɛt] *nm* Kopfstütze *f*

appuyer <6> *vt* (*soutenir*) unterstützen; **~ qch sur/contre/à** (*poser*) etw stützen auf +*akk*; etw lehnen gegen/an +*akk* ■ *vpr*: **s'~ sur** sich stützen auf +*akk* ■ *vi*: **~ sur** drücken auf +*akk*; (*frein*) betätigen; (*mot, détail*) unterstreichen

âpre [ɑpʀ] *adj* herb; (*voix*) rau; (*lutte*) heftig, erbittert

après [apʀɛ] *prép* nach; **~ avoir fait qch** nachdem er/sie etw getan hat; **~ coup** hinterher, nachträglich ■ *adv* danach; **d'~ lui** ihm zufolge ■ *conj*: **~ qu'il est parti** nachdem er weggegangen ist

après-demain *adv* übermorgen

après-guerre (*pl* **~s**) *nm* Nachkriegszeit *f*

après-midi *nm o f inv* Nachmittag *m*

après-rasage (*pl* **~s**) *nm* Aftershave *nt*

après-shampooing (*pl* **~s**) *nm* Haarspülung *f*

après-skis *nmpl* Moonboots *pl*

après-soleil *adj* After-Sun- ■ *nm* After-Sun-Lotion *f*

après-vente *adj inv*: **service ~** Kundendienst *m*

à-propos [apʀɔpo] *nm* (*présence d'esprit*) Geistesgegenwart *f*; (*répartie*) Schlagfertigkeit *f*

apte [apt] *adj* fähig; (*Mil*) tauglich

aptitude [aptityd] *nf* Fähigkeit *f*; (*prédisposition*) Begabung *f*

aquaculture [akwakyltyʀ] *nf* Fischzucht *f* (*im Meer*)

aquaplanage [akwaplanaʒ] *nm* Aquaplaning *nt*

aquaplane [akwaplan] *nm* (*planche*) Monoski *m*; (*sport*) Monoskifahren *nt*

aquaplaning [akwaplaniŋ] *nm* Aquaplaning *nt*

aquarelle [akwaʀɛl] *nf* Aquarellmalerei *f*; (*tableau*) Aquarell *nt*

aquarium [akwaʀjɔm] *nm* Aquarium *nt*

aquatique [akwatik] *adj* Wasser-

aqueduc [ak(ə)dyk] *nm* Aquädukt *m*

A.R. *abr* = **aller et retour** hin und zurück ■ *nm abr* = **accusé de réception** Rückschein *m*

arabe [aʀab] *adj* arabisch ■ *nm* Arabisch *nt*

Arabe *nmf* Araber(in) *m(f)*

Arabie Saoudite [aʀabisaudit] *nf*: **l'~** Saudi-Arabien *nt*

arachide [aʀaʃid] *nf* Erdnuss *f*

araignée [aʀɛɲe] *nf* Spinne *f*

arbitrage [aʀbitʀaʒ] *nm* (*de conflit*) Schlichtung *f*; (*de débat*) Gesprächsführung *f*; **erreur d'~** Schiedsrichterirrtum *m*

arbitraire [aʀbitʀeʀ] adj willkürlich
arbitre [aʀbitʀ] nmf (Sport) Schiedsrichter(in) m(f); (Jur) Schlichter(in) m(f)
arbitrer [aʀbitʀe] <1> vt (conflit) schlichten; (débat, confrontation) die Gesprächsführung haben bei; (Sport) als Schiedsrichter leiten; (en boxe) als Ringrichter leiten
arborer [aʀbɔʀe] <1> vt (drapeau) hissen; (fig) zur Schau tragen
arbre [aʀbʀ] nm Baum m; ~ **à cames** Nockenwelle f; ~ **de transmission** (Auto) Kardanwelle f; ~ **généalogique** Stammbaum
arbuste [aʀbyst] nm Busch m, Strauch m
arc [aʀk] nm Bogen m
A.R.C. [aʀk] nf acr = **Association pour la recherche contre le cancer** ≈ Deutsche Krebshilfe
arcade [aʀkad] nf Arkade f; ~ **sourcilière** Augenbrauenbogen m
arc-boutant (pl arcs-boutants) [aʀkbutã] nm (Archit) Strebebogen m
arc-bouter [aʀkbute] <1> vpr: **s'arc-bouter** sich aufstemmen
arc-en-ciel (pl arcs-en-ciel) [aʀkãsjɛl] nm Regenbogen m
archaïque [aʀkaik] adj veraltet, archaisch
archange [aʀkãʒ] nm Erzengel m
arche [aʀʃ] nf Brückenbogen m
archéologie [aʀkeɔlɔʒi] nf Archäologie f
archéologique [aʀkeɔlɔʒik] adj archäologisch
archéologue [aʀkeɔlɔg] nmf Archäologe(-login) m/f
archer [aʀʃe] nm Bogenschütze m
archet [aʀʃɛ] nm (de violon, etc) Bogen m
archevêque [aʀʃəvɛk] nm Erzbischof m
archi- [aʀʃi] préf erz-, Erz-
archipel [aʀʃipɛl] nm Archipel m
architecte [aʀʃitɛkt] nmf Architekt(in) m(f)
architecture [aʀʃitɛktyʀ] nf Architektur f; (Art) Baustil m
archiver [aʀʃive] <1> vt (a. Inform) archivieren
archives [aʀʃiv] nfpl Archiv nt
arctique [aʀktik] adj arktisch ◼ nm: **l'A~** die Arktis
ardent, e [aʀdã, ãt] adj (feu, soleil) glühend, heiß; (soif) brennend; (prière) inbrünstig; (amour) leidenschaftlich; (lutte) erbittert
ardeur [aʀdœʀ] nf (du soleil, feu) Glut f, Hitze f; (fig: ferveur) Leidenschaft f
ardoise [aʀdwaz] nf Schiefer m; (Scol) (Schiefer)tafel f
ardu, e [aʀdy] adj schwierig

arène [aʀɛn] nf Arena f; **arènes** nfpl (de corrida) Stierkampfarena
arête [aʀɛt] nf (de poisson) Gräte f; (d'une montagne) Grat m, Kamm m; (Math, Archit) Kante f
argent [aʀʒã] nm (métal) Silber nt; (monnaie) Geld nt; ~ **liquide** Bargeld
argenterie nf Silber nt
argentin, e [aʀʒãtɛ̃, in] adj (son) silberhell; (Geo) argentinisch
Argentine [aʀʒãtin] nf: **l'~** Argentinien nt
argile [aʀʒil] nf Ton m, Lehm m
argileux, -euse [aʀʒilø, øz] adj Ton-
argot [aʀgo] nm Argot m o nt, Slang m
Argovie [aʀgɔvi] nf: **l'~** der Aargau
argument [aʀgymã] nm (raison) Argument nt; ~ **de vente** Verkaufsargument
argumentaire nm Broschüre f
Argus [aʀgys] nm ≈ Schwackeliste f (offizielle Preisliste für Gebrauchtwagen)
aride [aʀid] adj ausgetrocknet; (cœur) gefühllos
aristocrate [aʀistɔkʀat] nmf Aristokrat(in) m(f)
aristocratie [aʀistɔkʀasi] nf Aristokratie f
arithmétique [aʀitmetik] adj arithmetisch ◼ nf Arithmetik f
armagnac [aʀmaɲak] nm Armagnac m
armateur, -trice [aʀmatœʀ, tʀis] nm/f Reeder(in) m(f)
armature [aʀmatyʀ] nf (de bâtiment) Gerüst nt; (de tente) Gestänge nt; (de soutien-gorge) Bügel m
arme [aʀm] nf Waffe f; **armes** nfpl (blason) Wappen nt; ~ **à feu** Feuerwaffe; **~s de destruction massive** Massenvernichtungswaffen pl
armé, e [aʀme] adj bewaffnet; ~ **de** (garni, équipé) versehen mit, ausgerüstet mit
armée [aʀme] nf Armee f; ~ **de l'air/de terre** Luftwaffe f/Heer nt
armement [aʀməmã] nm Bewaffnung f; (matériel) Rüstung f
Arménie [aʀmeni] nf: **l'~** Armenien nt
arménien, ne [aʀmenjɛ̃, ɛn] adj armenisch
armer [aʀme] <1> vt bewaffnen; (arme à feu) spannen; (appareil photo) weiterspulen ◼ vpr: **s'~ de** sich bewaffnen mit; (courage, patience) sich wappnen mit
armistice [aʀmistis] nm Waffenstillstand m
armoire [aʀmwaʀ] nf Schrank m
armoiries [aʀmwaʀi] nfpl Wappen nt
armure [aʀmyʀ] nf Rüstung f
arnaque [aʀnak] nf: **c'est de l'~** das ist Wucher

arnaquer <1> vt (fam) übers Ohr hauen;
se faire ~ übers Ohr gehauen werden
arnaqueur, -euse [aʀnakœʀ, øz] nm/f
Schwindler(in) m(f), Gauner(in) m(f)
arnica [aʀnika] nm Arnika f
arobase [aʀobas] nf At-Zeichen nt,
Klammeraffe m
aromate [aʀɔmat] nm Duftstoff m;
(épice) Gewürz nt
aromatique [aʀɔmatik] adj aromatisch
arôme [aʀom] nm Aroma nt; (odeur) Duft m
arpentage [aʀpɑ̃taʒ] nm Vermessung f
arpenter [aʀpɑ̃te] <1> vt auf und ab
gehen in +dat
arpenteur, -euse [aʀpɑ̃tœʀ, øz] nm/f
Landvermesser(in) m(f)
arqué, e [aʀke] adj gekrümmt
arrache-pied [aʀaʃpje] adv: d'~
unermüdlich
arracher [aʀaʃe] <1> vt herausziehen;
(dent) ziehen; (page) herausreißen; (fig:
obtenir) abringen; **s'arracher** vpr
(personne, article très recherché) sich reißen
um; s'~ de/à sich losreißen von
arraisonner [aʀezɔne] <1> vt (bateau)
überprüfen, kontrollieren
arrangeant, e [aʀɑ̃ʒɑ̃, ɑ̃t] adj (personne)
verträglich
arranger [aʀɑ̃ʒe] <2> vt (appartement)
einrichten; (rendez-vous) vereinbaren;
(voyage) organisieren; (problème) regeln, in
Ordnung bringen; (Mus) arrangieren; cela
m'arrange das passt mir gut; **s'arranger**
vpr (se mettre d'accord) sich einigen;
s'~ pour que sich so einrichten, dass
arrestation [aʀɛstasjɔ̃] nf Verhaftung f,
Festnahme f
arrêt [aʀɛ] nm Anhalten nt, Halt m; (Jur)
Urteil nt, Entscheidung f; **sans ~**
ununterbrochen, unaufhörlich; ~ interdit
Halteverbot nt; ~ (d'autobus) Haltestelle
f; ~ de mort Todesurteil
arrêté [aʀete] nm (Jur) Erlass m
arrêter [aʀete] <1> vt (projet, construction)
einstellen; (voiture, personne) anhalten;
(Inform, Tech) herunterfahren; (date)
festlegen; (suspect) festnehmen,
verhaften; ~ de faire qch aufhören, etw
zu tun; **s'arrêter** vpr stehen bleiben;
(pluie, bruit) aufhören; son choix s'est
arrêté sur seine Wahl fiel auf +akk
arrhes [aʀ] nfpl Anzahlung f
arrière [aʀjɛʀ] adj inv: feu/siège/roue ~
Rücklicht nt/Rücksitz m/Hinterrad nt
■ nm (d'une voiture) Heck nt; (d'une maison)
Rückseite f; (Sport) Verteidiger(in) m(f);
à l'~ hinten; en ~ rückwärts
arriéré, e [aʀjeʀe] adj (personne)
zurückgeblieben ■ nm (d'argent)
(Zahlungs)rückstand m

arrière- [aʀjɛʀ] préf Hinter-; Nach-
arrière-cour (pl ~s) nf Hinterhof m
arrière-garde (pl ~s) nf Nachhut f
arrière-goût (pl ~s) nm Nachgeschmack m
arrière-grand-mère (pl arrière-grands-
mères) nf Urgroßmutter f
arrière-grand-père (pl arrière-grands-
pères) nm Urgroßvater m
arrière-pays nm inv Hinterland nt
arrière-pensée (pl ~s) nf Hintergedanke m
arrière-plan (pl ~s) nm Hintergrund m
arrière-saison (pl ~s) nf Nachsaison f
arrimage nm Koppelungsmanöver nt
arrimer [aʀime] <1> vt (chargement)
verstauen; (bateau) festmachen; (navettes
spaciales) koppeln
arrivage [aʀivaʒ] nm (de marchandises)
Eingang m
arrivée [aʀive] nf Ankunft f; (Sport) Ziel nt;
~ d'air/de gaz (Tech) Luft-/Gaszufuhr f
arriver [aʀive] <1> vi (avec être)
(événement, fait) geschehen, sich ereignen;
(dans un lieu) ankommen; j'arrive à faire
qch es gelingt mir, etw zu tun; il arrive
que es kommt vor, dass; il lui arrive de
rire es kommt vor, dass er lacht
arrivisme [aʀivism] nm Strebertum nt
arriviste [aʀivist] nmf Streber(in) m(f)
arrobase nf = arobase
arrogance [aʀɔɡɑ̃s] nf Arroganz f
arrogant, e [aʀɔɡɑ̃, ɑ̃t] adj arrogant
arroger [aʀɔʒe] <2> vpr: s'arroger (droit)
sich dat anmaßen
arrondir [aʀɔ̃diʀ] <8> vt (forme) runden;
(somme) (auf)runden; (à la baisse) abrunden; ~ ses
fins de mois sein Gehalt aufbessern
arrondissement [aʀɔ̃dismɑ̃] nm
Verwaltungsbezirk m; (à Paris, Lyon,
Marseille) Stadtbezirk m
arrosage [aʀozaʒ] nm Spritzen nt;
(Inform) Spamming nt
arroser [aʀoze] <1> vt gießen; (rôti,
victoire) begießen
arrosoir [aʀozwaʀ] nm Gießkanne f
arsenal (pl ~aux) [aʀsənal, o] nm (Naut)
Werft f; (Mil) Arsenal nt; (dépôt d'armes)
Waffenlager nt; (panoplie) Sammlung f
art [aʀ] nm Kunst f; ~ dramatique
Schauspielkunst
art. abr = article (Jur) Artikel m
artère [aʀtɛʀ] nf Arterie f; (rue)
Verkehrsader f
artériosclérose [aʀteʀjoskleʀoz] nf
Arteriosklerose f
arthrite [aʀtʀit] nf Arthritis f
arthrose [aʀtʀoz] nf Arthrose f
artichaut [aʀtiʃo] nm Artischocke f
article [aʀtikl] nm Artikel m; faire
l'~ seine Ware anpreisen; ~ de fond
Leitartikel

articulation [aʀtikylasjõ] nf (Ling)
Artikulation f; (Anat) Gelenk nt
articuler <1> vt (prononcer) aussprechen
▪ vpr: **s'~ (sur)** (Anat, Tech) durch ein
Gelenk verbunden sein (mit)
artifice [aʀtifis] nm Trick m, Kunstgriff m
artificiel, le [aʀtifisjɛl] adj künstlich;
(pej: factice) gekünstelt
artisan [aʀtizã] nm Handwerker(in) m(f)
artisanal, e (pl -aux) [aʀtizanal, o] adj
handwerklich
artisanat [aʀtizana] nm Handwerk nt
artiste [aʀtist] nmf Künstler(in) m(f)
artistique adj künstlerisch
ARTT nm abr = **accord sur la réduction
du temps de travail** Vereinbarung f zur
Arbeitszeitverkürzung
aryen, ne [aʀjẽ, ɛn] adj arisch
as [as] nm Ass nt
AS nf abr – **association sportive** SC m
a/s abr = **aux bons soins de** zu (treuen)
Händen von
ascendant, e [asãdã, ãt] adj aufsteigend
▪ nm (influence) Einfluss m; (Astr)
Aszendent m
ascenseur [asãsœʀ] nm Aufzug m
ascension [asãsjõ] nf Besteigung f;
(d'un ballon, etc) Aufstieg m; l'**A~** (Christi)
Himmelfahrt f
aseptiser [asɛptize] <1> vt keimfrei
machen
asiatique [azjatik] adj asiatisch
Asiatique nmf Asiat(in) m(f)
Asie [azi] nf: l'**~** Asien nt; **~ Mineure**
Kleinasien
asile [azil] nm (refuge) Zuflucht f; (Pol) Asyl
nt; (pour troubles mentaux) Anstalt f, Heim
nt; **droit d'~** Asylrecht nt
aspect [aspɛ] nm (apparence) Aussehen nt;
(point de vue) Aspekt m, Gesichtspunkt m;
à l'~ de beim Anblick +gen
asperge [aspɛʀʒ] nf Spargel m
asperger [aspɛʀʒe] <2> vt bespritzen
aspérité [aspeʀite] nf Unebenheit f
asphyxie [asfiksi] nf Ersticken nt
asphyxier [asfiksje] <1> vt ersticken;
(fig) lähmen
aspic [aspik] nm (Zool) Natter f; (Gastr)
Sülze f
aspirateur [aspiʀatœʀ] nm Staubsauger
m; **passer l'~** staubsaugen
aspiration [aspiʀasjõ] nf Atemholen nt,
Einatmen nt, Aufsaugen nt; (pl: ambition,
Streben nt (à nach); **les ~s** die
Ambitionen pl
aspirer <1> vt aufsaugen; (air) einatmen;
~ à streben nach
aspirine [aspiʀin] nf Aspirin® nt
assagir [asaʒiʀ] <8> vpr: **s'assagir**
ruhiger werden

assaillir [asajiʀ] irr vt angreifen; (fig)
überschütten (de mit)
assainir [aseniʀ] <8> vt sanieren; (pièce)
desinfizieren; (nettoyer) sauber machen
assaisonnement [asɛzɔnmã] nm
Gewürz nt; (action) Würzen nt
assaisonner <1> vt (plat) würzen; (salade)
anmachen
assassin [asasẽ] nm Mörder(in) m(f)
assassinat [asasina] nm Ermordung f
assassiner [asasine] <1> vt ermorden
assaut [aso] nm (Mil) (Sturm)angriff m;
(d'une montagne) Besteigung f; **prendre
d'~** stürmen
assécher [asefe] <5> vt (terrain)
trockenlegen
ASSEDIC [asedik] nfpl acr = **Association
pour l'emploi dans l'industrie et le
commerce** ≈ Arbeitslosenversicherung f
assemblage [asãblaʒ] nm
Zusammensetzen nt; (menuiserie)
Verbindung f; (fig) Ansammlung f;
langage d'~ (Inform) Assemblersprache f
assemblée [asãble] nf Versammlung f;
~ générale Generalversammlung

assembler <1> vt (Tech)
zusammensetzen; (mots, idées) verbinden;
s'assembler vpr (personnes) sich
versammeln
assembleur nm (Inform) Assembler m
assentiment [asãtimã] nm Zustimmung
f, Einwilligung f
asseoir [aswaʀ] irr vt hinsetzen; (autorité,
réputation) festigen; **s'asseoir** vpr sich
setzen
assermenté, e [asɛʀmãte] adj beeidigt,
vereidigt
assertion [asɛʀsjõ] nf Behauptung f
assez [ase] adv (suffisamment) genug;
(avec adjectif, adverbe) ziemlich; **~ bien**
(Scol) befriedigend; **~ de pain/livres**
genug [ou genügend] Brot/Bücher;
en avoir ~ de qch von etw genug haben,
etw satthaben
assidu, e [asidy] adj eifrig; (consciencieux)
gewissenhaft
assiduité [asidɥite] nf Eifer m,
Gewissenhaftigkeit f; **~s** (lästige)
Aufmerksamkeiten pl

assiéger [asjeʒe] <**2, 5**> vt belagern
assiette [asjɛt] nf Teller m; ~ **anglaise**
(kalter) Aufschnitt; ~ **plate/creuse/à
dessert** flacher Teller/Suppenteller/
Dessertteller
assigner [asiɲe] <**1**> vt (part, travail)
zuweisen, zuteilen; (limite, crédit)
festsetzen (à für); (cause, effet)
zuschreiben (à dat)
assimiler [asimile] <**1**> vt (digérer)
verdauen; (connaissances, idée)
verarbeiten; (immigrants) integrieren;
~ **qch/qn à** (comparer) etw/jdn
gleichstellen mit
assis, e [asi, iz] adj sitzend ■ nf (d'une
maison, d'un objet) Unterbau m; (Geo)
Schicht f; (d'un régime) Grundlage f;
assises nfpl (Jur) Schwurgericht nt
assistance [asistãs] nf (public) Publikum
nt; (aide) Hilfe f; ~ **juridique**
Rechtsschutzversicherung f; **l'A~ publique**
die Fürsorge; ~ **pour l'étranger**
Auslandsschutzbrief m
assistant, e [asistã, ãt] nm/f
Assistent(in) m(f); **assistants** nmpl
(public) Anwesende pl; ~**(e) social(e)**
Sozialarbeiter(in) m(f); ~ **personnel
numérique** Handheld-PC m, Organizer m;
~ **personnel Palm** Palm-PC m, Palmtop m
assisté, e [asiste] adj: **direction** ~**e** (Auto)
Servolenkung f
assister [asiste] <**1**> vt, vi: ~ **à** beiwohnen
+dat; ~ **qn** jdm helfen
association [asɔsjasjõ] nf Vereinigung f;
(d'idées) Assoziation f; (participation)
Beteiligung f; (groupe) Verein m; ~ **des
contribuables** Steuerzahlerbund m;
~ **sportive** Sportklub m, Sortverein m
associé, e nm/f (Com) Gesellschafter(in) m(f)
associer [asɔsje] <**1**> vt vereinigen; (mots,
idées) verbinden; ~ **qn à** (faire participer)
jdn beteiligen an +dat; ~ **qch à** (joindre)
etw verbinden mit; **s'associer** vpr sich
verbinden; **s'~ à** sich anschließen an +akk
assombrir [asõbʀiʀ] <**8**> vt verdunkeln
assommer [asɔme] <**1**> vt
niederschlagen, bewusstlos machen
Assomption [asõpsjõ] nf: **l'~** Mariä
Himmelfahrt f

⊛ **LA FÊTE DE L'ASSOMPTION**
⊛
⊛ *La fête de l'Assomption* oder üblicher
⊛ *Le 15 août* am 15. August ist ein
⊛ gesetzlicher Feiertag in Frankreich.
⊛ Traditionsgemäß beginnen an diesem
⊛ Tag sehr viele Franzosen ihren
⊛ Sommerurlaub, sodass es häufig
⊛ zu chaotischen Zuständen auf
⊛ Frankreichs Straßen kommt.

assorti, e [asɔʀti] adj
(zusammen)passend; **fromages/
légumes ~s** Käse-/Gemüseplatte f;
~ **à** passend zu
assortiment [asɔʀtimã] nm Auswahl f
assoupir [asupiʀ] <**8**> vpr: **s'assoupir**
einschlummern, einnicken; (fig) sich
beruhigen
assouplir [asupliʀ] <**8**> vt geschmeidig
machen; (fig) lockern
assouplissant nm Weichspüler m
assourdir [asuʀdiʀ] <**8**> vt (étouffer)
abschwächen; (rendre sourd) betäuben
assujettir [asyʒetiʀ] <**8**> vt unterwerfen;
~ **qn à qch** (à un impôt) jdm etw auferlegen
assumer [asyme] <**1**> vt (fonction, emploi)
übernehmen
assurance [asyʀãs] nf (confiance en soi)
Selbstbewusstsein nt; (contrat)
Versicherung f; ~ **annulation**
Reiserücktrittsversicherung;
~ **auto(mobile)** Kfz-Versicherung;
~ **habitation** Hausratversicherung; ~ **au
tiers** (Kraftfahrzeug)haftpflichtversicheru
ng; ~ **tierce collision**
Teilkaskoversicherung; ~ **tous risques**
Vollkaskoversicherung
assurance-vie (pl **assurances-vie**) nf
Lebensversicherung f
assurance-vol (pl **assurances-vol**) nf
Diebstahlversicherung f
assurance-voyage (pl **assurances-
voyage**) nf Reiseversicherung f
assuré, e adj: ~ **de qch** einer Sache gen
sicher ■ nm/f (couvert par une assurance)
Versicherte(r) mf
assurément adv sicherlich, ganz gewiss
assurer [asyʀe] <**1**> vt (Com) versichern;
(démarche, construction) absichern; (succès,
victoire) sich dat sichern; (fait) bestätigen;
(service, garde) sorgen für, stellen; ~ **(à qn)
que ...** (affirmer) (jdm) versichern, dass ...;
~ **qn de qch** (confirmer, garantir) jdm etw
zusichern; **s'assurer** vpr (Com) sich
versichern (contre gegen); **s'~ de** (vérifier)
sich überzeugen von
aster [astɛʀ] nm Aster f
astérisque [asteʀisk] nm (Typo)
Sternchen nt
asthmatique [asmatik] adj asthmatisch
■ nmf Asthmatiker(in) m(f)
asthme [asm] nm Asthma nt
asticot [astiko] nm Made f
asticoter [astikɔte] <**1**> vt (tracasser)
schikanieren
astiquer [astike] <**1**> vt polieren
astre [astʀ] nm Gestirn nt
astreindre [astʀɛ̃dʀ] irr comme peindre vt:
~ **qn à qch** jdn zu etw zwingen; ~ **qn à
faire qch** jdn zwingen, etw zu tun

astrologie [astrɔlɔʒi] nf Astrologie f
astrologique [astrɔlɔʒik] adj
astrologisch
astrologue [astrɔlɔg] nmf
Astrologe(-login) m/f
astronaute [astrɔnot] nmf Astronaut(in)
m(f)
astronautique [astrɔnotik] nf
Raumfahrt f, Astronautik f
astronomie [astrɔnɔmi] nf Astronomie f
astronomique [astrɔnɔmik] adj
astronomisch
astuce [astys] nf (ingéniosité) Findigkeit f;
(plaisanterie) Witz m; (truc) Trick m, Kniff m
astucieux, -euse [astysjø, øz] adj
schlau, pfiffig
atelier [atəlje] nm Werkstatt f; (de peintre)
Atelier nt
athée [ate] adj atheistisch
athéisme [ateism] nm Atheismus m
Athènes [atɛn] Athen nt
athlète [atlɛt] nmf (Sport) Athlet(in) m(f)
athlétisme [atletism] nm Leichtathletik f
atlantique [atlãtik] nm: l'(océan) A~ der
Atlantische Ozean
atlantiste [atlãtist] nmf Befürworter(in)
m(f) der NATO
atlas [atlɑs] nm Atlas m
atmosphère [atmɔsfɛʀ] nf Atmosphäre
f; (air) Luft f
atmosphérique [atmɔsfeʀik] adj
atmosphärisch
atoll [atɔl] nm Atoll nt
atome [atom] nm Atom nt
atomique [atɔmik] adj Atom-
atomiseur [atɔmizœʀ] nm Zerstäuber m
atout [atu] nm Trumpf m
atroce [atʀɔs] adj entsetzlich; (fam)
grässlich
atrocité [atʀɔsite] nf (d'un crime)
Grausamkeit f; ~s (actes) Gräueltaten pl
atrophier [atʀɔfje] <1> vi verkümmern
attabler [atable] <1> vpr: s'attabler sich
an den Tisch setzen
attachant, e [ataʃã, ãt] adj liebenswert
attache [ataʃ] nf (Heft)klammer f; (fig)
Bindung f, Band nt
attaché, e [ataʃe] adj: être ~ à sehr
hängen an +dat ■ nm/f Attaché m;
~ d'ambassade Botschaftsattaché;
~ commercial Handelsattaché; ~ de
presse Presseattaché
attaché-case (pl attachés-cases)
[ataʃekɛz] nm Aktenkoffer m
attachement [ataʃmã] nm Zuneigung f
attacher [ataʃe] <1> vt (chien) anbinden,
festbinden; (bateau) festmachen;
(étiquette) befestigen; (mains, pieds,
prisonnier) fesseln; (ceinture, tablier)
umbinden; (souliers) binden, schnüren;

~ qch etw festmachen, etw befestigen
(à an +dat) ■ vi (Gastr: riz, poêle) anhängen
■ vpr: s'~ à qn jdn lieb gewinnen
attaque [atak] nf Angriff m; (Med:
cardiaque) Anfall m; (Med: cérébrale)
Schlag m
attaquer <1> vt angreifen; (travail) in
Angriff nehmen
attardé, e [ataʀde] adj verspätet; (enfant,
classe) zurückgeblieben; (conception, etc)
rückständig
attarder <1> vpr: s'attarder sich verspäten
atteindre [atɛ̃dʀ] irr comme peindre vt
erreichen; (projectile) treffen
atteint, e pp de **atteindre** ■ adj: être ~ de
(Med) leiden an +dat ■ nf Angriff m,
Verletzung f; (Med) Anfall m; **porter ~e à**
qch etw beeinträchtigen; hors d'~e außer
Reichweite
attelle [atɛl] nf (Med) Schiene f
attenant, e [at(ə)nã, ãt] adj: ~ à
(an)grenzend an +akk
attendre [atãdʀ] <14> vt warten auf
+akk; (être destiné à) erwarten; ~ un
enfant ein Kind erwarten; ~ qch de qn/
qch etw von jdm/etw erwarten
■ vi warten ■ vpr: s'~ à rechnen mit;
~ que warten bis
attendrir [atãdʀiʀ] <8> vt (personne)
rühren; s'attendrir vpr gerührt sein
(sur von)
attendu, e [atãdy] pp de **attendre** ■ adj
(personne, jour) erwartet; ~ que (a. Jur) da
attentat [atãta] nm Attentat nt, Anschlag
m; ~ à la pudeur Sittlichkeitsvergehen nt;
~ suicide Selbstmordanschlag m
attente [atãt] nf Warten nt, Wartezeit f;
(espérance) Erwartung f
attenter [atãte] <1> vi: ~ à (vie) einen
Anschlag verüben auf +akk; (liberté)
verletzen +akk
attentif, -ive [atãtif, iv] adj
aufmerksam; (soins, travail) sorgfältig
attention [atãsjõ] nf Aufmerksamkeit f;
à l'~ de zu Händen von; faire ~ à
achtgeben auf +akk; faire ~ que/à ce que
... aufpassen, dass ...; ~! Achtung!, Vorsicht!
attentionné, e [atãsjɔne] adj
aufmerksam, zuvorkommend
attentisme [atãtism] nm Abwartepolitik f
attentiste [atãtist] adj abwartend
attentivement [atãtivmã] adv
aufmerksam
atténuant, e [atenɥã, ãt] adj:
circonstances ~es fpl mildernde
Umstände pl
atténuer <1> vt abschwächen
atterrer [ateʀe] <1> vt bestürzen
atterrir [ateʀiʀ] <8> vi landen
atterrissage nm Landung f

attestation [atɛstasjɔ̃] nf Bescheinigung f
attester <1> vt bestätigen; (témoigner de) zeugen von
attifer [atife] <1> vt aufdonnern
attirail [atiʀaj] nm Ausrüstung f; (pej) Zeug nt
attirer [atiʀe] <1> vt anlocken; (chose) anziehen; ~ qn dans un coin/vers soi (entraîner) jdn in eine Ecke/zu sich ziehen ◼ vpr: s'~ des ennuis sich dat Ärger einhandeln
attitude [atityd] nf Haltung f; (comportement) Verhalten nt
attractif, -ive [atʀaktif, iv] adj ansprechend; (prix, salaire) verlockend
attraction [atʀaksjɔ̃] nf (attirance) Reiz m; (terrestre) Anziehungskraft f; (de foire) Attraktion f
attrait [atʀɛ] nm Reiz m
attrape-nigaud (pl **~s**) [atʀapnigo] nm Bauernfängerei f
attraper [atʀape] <1> vt fangen; (habitude) annehmen; (maladie) bekommen; (fam: amende) aufgebrummt bekommen; (duper) hereinlegen
attrayant, e [atʀɛjɑ̃, ɑ̃t] adj attraktiv
attribuer [atʀibɥe] <1> vt (prix) verleihen; (rôle, tâche) zuweisen, zuteilen; (conséquence) zuschreiben; s'attribuer vpr für sich in Anspruch nehmen
attribut [atʀiby] nm (symbole) Merkmal nt, Kennzeichen nt; (Ling) Attribut nt; ~ de fichier Dateiattribut
attrouper [atʀupe] <1> vpr: s'attrouper sich versammeln
au prép voir à
aubaine [obɛn] nf Glücksfall m
aube [ob] nf (du jour) Morgengrauen nt; l'~ de (fig) der Anbruch +gen; à l'~ bei Tagesanbruch
aubépine [obepin] nf Hagedorn m
auberge [obɛʀʒ] nf Gasthaus nt; ~ de jeunesse Jugendherberge f
aubergine [obɛʀʒin] nf Aubergine f
aubergiste [obɛʀʒist] nmf (Gast)wirt(in) m(f)
aucun, e [okœ̃, yn] adj kein(e); sans ~ doute zweifellos ◼ pron keine(r, s); plus qu'~ autre mehr als jeder andere; ~ des deux/participants keiner von beiden/ keiner der Teilnehmer
audace [odas] nf (hardiesse) Kühnheit f; (pej: culot) Frechheit f
audacieux, -euse adj kühn
au-delà [od(ə)la] adv weiter, darüber hinaus; ~ de jenseits von; (limite) über +dat ◼ nm: l'~ das Jenseits
au-dessous [od(ə)su] adv unten; darunter; ~ de unter +dat; (mouvement) unter +akk

au-dessus [od(ə)sy] adv oben; darüber; ~ de über +dat; (mouvement) über +akk
au-devant [od(ə)vɑ̃] prép: aller ~ de entgegengehen +dat; (désirs de qn) zuvorkommen +dat
audience [odjɑ̃s] nf (entrevue) Audienz f; (Jur: séance) Sitzung f
audimat [odimat] nm Messgerät nt für die Einschaltquote; (taux) Einschaltquote f
audiovisuel, le [odjovizɥɛl] adj audiovisuell ◼ nm Rundfunk und Fernsehen pl
auditeur, -trice [oditœʀ, tʀis] nm/f (Zu)hörer(in) m(f); ~ libre (Scol) Gasthörer(in) m(f)
audition [odisjɔ̃] nf (ouïe) Hören nt; (de témoins) Anhörung f; (Theat) Vorsprechprobe f
auditionner [odisjɔne] <1> vt (artiste) vorsprechen [ou vorspielen] lassen
auditoire [oditwaʀ] nm Publikum nt
augmentation [ɔgmɑ̃tasjɔ̃] nf: ~ (de salaire) Gehalts-/Lohnerhöhung f; ~ des ventes Absatzplus nt
augmenter <1> vt erhöhen; (grandeur) erweitern; (employé, salarié) eine Gehaltserhöhung/Lohnerhöhung geben +dat ◼ vi zunehmen, sich vergrößern; (prix, valeur, taux) steigen; (vie, produit) teurer werden
augure [ogyʀ] nm Wahrsager(in) m(f), Seher(in) m(f); être de bon/mauvais ~ ein gutes/schlechtes Zeichen sein
aujourd'hui [oʒuʀdɥi] adv heute; (de nos jours) heutzutage
aumône [omon] nf Almosen nt
auparavant [opaʀavɑ̃] adv vorher, zuvor
auprès [opʀɛ] prép: ~ de bei
auquel pron voir lequel
auriculaire [oʀikylɛʀ] nm kleiner Finger
aurore [oʀɔʀ] nf Morgengrauen nt; ~ boréale Nordlicht nt
ausculter [ɔskylte] <1> vt (malade) abhorchen
aussi [osi] adv (également) auch, ebenfalls; (avec adjectif, adverbe) (eben)so; ~ fort/ rapidement que ... ebenso stark/schnell wie ...; moi ~ ich auch ◼ conj (par conséquent) daher, deshalb
aussitôt adv sofort, (so)gleich; ~ que sobald
austère [ostɛʀ] adj (personne) asketisch, streng; (paysage) karg
austérité nf (Econ) Sparmaßnahmen pl
austral, e [ɔstʀal] adj südlich, Süd-
Australie [ɔstʀali] nf: l'~ Australien nt
australien, ne [ɔstʀaljɛ̃, ɛn] adj australisch
Australien, ne nm/f Australier(in) m(f)
autant [otɑ̃] adv (tant, tellement) so viel; ~ (que) (eben)so viel (wie); ~ de so viel;

~ partir/ne rien dire es ist besser abzufahren/nichts zu sagen; **il y a ~ de garçons que de filles** es gibt (eben)so viele Jungen wie Mädchen; **pour ~** trotzdem; **pour ~ que** soviel, soweit; **d'~ plus/moins/mieux (que)** umso mehr/weniger/besser (als)

autel [otɛl] *nm* Altar *m*

auteur [otœʀ] *nmf (d'un crime)* Täter(in) *m(f)*; *(d'un livre)* Autor(in) *m(f)*, Verfasser(in) *m(f)*

auteur-compositeur *(pl* **auteurs-compositeurs)** [otœʀkõpozitœʀ] *nmf* Liedermacher(in) *m(f)*

authentique [otãtik] *adj* echt; *(véridique)* wahr

autisme [otism] *nm* Autismus *m*

autiste *adj* autistisch

auto- [oto] *préf* Auto-, Selbst-

autoallumage *nm (Tech)* Selbstzündung *f*

autobiographie *nf* Autobiografie *f*

autobiographique *adj* autobiografisch

autobus [otobys] *nm* (Stadt)bus *m*

autocar *nm* (Reise)bus *m*

autochtone [otɔkton] *adj* einheimisch; eingeboren ■ *nmf* Einheimische(r) *mf*; *(indigène)* Eingeborene(r) *mf*

autocollant, e [otokɔlã, ãt] *adj* selbstklebend; **enveloppe ~e** Briefumschlag *m* mit Klebverschluss ■ *nm* Aufkleber *m*

auto-couchettes [otokuʃɛt] *adj inv*: **train ~** Autoreisezug *m*

autocritique *nf* Selbstkritik *f*

autocuiseur [otokɥizœʀ] *nm* Schnellkochtopf *m*

autodécompactant, e [otodekõpaktã, ãt] *adj (Inform)* selbstentpackend

autodéfense [otodefãs] *nf* Selbstverteidigung *f*

autodétermination *nf* Selbstbestimmung *f*

autodidacte *nmf* Autodidakt(in) *m(f)*

autodrome [otodʀom] *nm* Autorennbahn *f*

auto-école *(pl* **~s)** [otoekɔl] *nf* Fahrschule *f*

autofocus [otofɔkys] *nm (Foto)* Autofokus *m*

autogène [otoʒɛn] *adj* autogen

autogestion [otoʒɛstjõ] *nf* Selbstverwaltung *f*

autographe [otogʀaf] *nm* Autogramm *nt*

automate [otɔmat] *nm (a. fig)* Roboter *m*

automatique *adj* automatisch

automatiquement [otɔmatikmã] *adv* automatisch

automatiser [otɔmatize] <1> *vt* automatisieren

automatisme *nm* Automatismus *m*

automédication [otomedikasjõ] *nf* Selbstmedikation *f*

automitrailleuse [otomitʀajøz] *nf* Panzerwagen *m*

automnal, e *(pl* **-aux)** [ɔtɔnal, o] *adj* herbstlich

automne [otɔn] *nm* Herbst *m*; **en ~** im Herbst

automobile [otɔmɔbil] *nf* Auto *nt*

automobiliste *nmf* Autofahrer(in) *m(f)*

autonettoyant, e [otonetwajã, ãt] *adj* selbstreinigend

autonome [otɔnɔm] *adj* autonom; *(appareil, système)* unabhängig ■ *nmf* Autonome *mf*

autonomie [otɔnɔmi] *nf* Unabhängigkeit *f*; *(Pol)* Autonomie *f*

autonomiste [otɔnɔmist] *nmf* Separatist(in) *m(f)*

autopsie [otɔpsi] *nf* Autopsie *f*

autoradio [otoʀadjo] *nm* Autoradio *nt*

autorail [otoʀaj] *nm* Schienenbus *m*

autoreverse [otoʀɐvɛʀs, -ʀivœʀs] *adj inv (magnétophone)* mit Autoreverse ■

autorisation [otoʀizasjõ] *nf* Genehmigung *f*, Erlaubnis *f*; **~ de séjour** Aufenthaltserlaubnis

autorisé, e *adj (personne)* berechtigt; *(source)* zuverlässig; *(opinion)* maßgeblich

autoriser [otoʀize] <1> *vt* genehmigen; *(permettre)* berechtigen *(à zu)*

autoritaire [otoʀitɛʀ] *adj* autoritär

autorité [otoʀite] *nf* Machtbefugnis *f*; *(ascendant, influence)* Autorität *f*; **faire ~** maßgeblich sein

autoroute [otoʀut] *nf* Autobahn *f*; **~ de l'information** Datenautobahn

auto-stop [otostɔp] *nm* Trampen *nt*; **faire de l'~** per Anhalter fahren, trampen

auto-stoppeur, -euse *nm/f* Tramper(in) *m(f)*, Anhalter(in) *m(f)*

autour [otuʀ] *adv* herum, umher; **tout ~** ringsherum; **~ de** um (... herum); *(environ)* etwa

autre [otʀ] *adj (différent)* andere(r, s); **un ~ verre/d'~s verres** *(supplémentaire)* noch ein *[ou* ein weiteres] Glas/noch mehr Gläser; **~ part** anderswo; **d'~ part** andererseits; *(en outre)* überdies ■ *(pron* andere(r, s); **l'~, les ~s** der andere, die anderen; **l'un et l'~** beide; **se détester l'un l'~/les uns les ~s** einander verabscheuen; **d'une minute à l'~** von einer Minute auf die andere; **d'~s** andere; **entre ~s** unter anderem; **nous ~s** *(fam)* wir

autrefois [otʀəfwa] *adv* früher, einst

autrement [otʀəmã] *adv (d'une manière différente)* anders; *(sinon)* sonst; **je n'ai pas pu faire ~** ich konnte nicht anders; **~ dit** mit anderen Worten

Autriche [otʀiʃ] *nf*: **l'~** Österreich *nt*

autrichien, ne [otʀiʃjɛ̃, ɛn] adj
österreichisch
Autrichien, ne nm/f Österreicher(in) m(f)
autruche [otʀyʃ] nf Strauß m
autrui [otʀɥi] pron der Nächste, die
anderen
auvent [ovã] nm (Zelt)vordach nt
Auvergne [ovɛʀɲ] nf: l'~ die Auvergne
aux prép voir **à**
auxiliaire [ɔksiljɛʀ] adj Hilfs- ■ nmf
(Admin) Hilfskraft f ■ nm (Ling) Hilfsverb nt
auxquels pron voir **lequel**
Av. abr = **Avenue** Str.
aval [aval] nm (soutien) Unterstützung f;
en ~ de flussabwärts von; (sur une pente)
bergabwärts von
avalanche [avalãʃ] nf Lawine f
avaler [avale] <1> vt (hinunter)schlucken,
verschlingen
avance [avãs] nf (de coureur, dans le travail)
Vorsprung m; (de train) Verfrühung f;
(d'argent) Vorschuss m; **avances** nfpl
(amoureuses) Annäherungsversuche pl;
(être) **en ~** zu früh dran (sein); **payer/
réserver d'~** vorausbezahlen/
vorbestellen; **par ~, d'~** im Voraus;
à l'~ im Voraus
avancé, e [avãse] adj (heure) vorgerückt;
(saison, travail) fortgeschritten; (technique)
fortschrittlich
avancement [avãsmã] nm (professionnel)
Beförderung f
avancer [avãse] <2> vi sich
(vorwärts)bewegen; (progresser)
vorangehen; (personne) vorankommen;
(montre, réveil) vorgehen ■ vt vorrücken,
vorschieben; (main) ausstrecken; (date,
rencontre) vorverlegen; (montre, pendule)
vorstellen; (hypothèse) aufstellen; (argent)
vorstrecken; **s'avancer** vpr (s'approcher)
näherkommen; (être en saillie)
herausragen
avant [avã] prép vor +dat; (mouvement) vor
+akk; **~ tout** vor allem; **en ~** vorwärts; **en
~ de** vor +dat ■ adj inv Vorder- ■ nm (d'un
véhicule) Vorderteil nt ■ conj: **~ qu'il
parte/de faire qch** bevor er abfährt/man
etw tut
avantage [avãtaʒ] nm Vorteil m;
(supériorité) Überlegenheit f
avantager <2> vt bevorzugen
avantageux, -euse [avãtaʒø, øz] adj
vorteilhaft, günstig
avant-bras [avãbʀa] nm inv Unterarm m
avant-centre (pl ~s) nm Mittelstürmer m
avant-dernier, -ière (pl ~s) nm/f
Vorletzte(r) mf
avant-garde (pl ~s) nf (Mil) Vorhut f; (fig)
Avantgarde f
avant-goût (pl ~s) nm Vorgeschmack m

avant-hier adv vorgestern
avant-première (pl ~s) nf (de film)
Voraufführung f
avant-projet (pl ~s) nm Pilotprojekt nt
avant-propos nm inv Vorwort nt
avant-veille nf: l'~ zwei Tage davor
avare [avaʀ] adj geizig
avarice [avaʀis] nf Geiz m
avarié, e [avaʀje] adj (marchandise)
verdorben
avarie [avaʀi] nf (de bateau, d'avion)
Schaden m
avec [avɛk] prép mit +dat; (en plus de, en sus
de) zu +dat; (envers) zu +dat, gegenüber
+dat; **~ habileté/lenteur** geschickt/
langsam
avenant, e [av(ə)nã, ãt] adj freundlich;
le reste à l'~ der Rest ist entsprechend
avenir [av(ə)niʀ] nm Zukunft f; **à l'~** in
Zukunft; **technique d'~** Zukunftstechnik f
avent [avã] nm Advent m
aventure [avãtyʀ] nf Abenteuer nt
aventurer <1> vpr: **s'aventurer** sich
wagen
aventureux, -euse [avãtyʀø, øz] adj
(personne) abenteuerlustig; (projet, vie)
abenteuerlich
aventurier, -ière [avãtyʀje, ɛʀ] nm/f
Abenteurer(in) m(f)
avenue [av(ə)ny] nf Allee f, breite Straße
(innerhalb einer Stadt)
avérer [aveʀe] <5> vpr: **s'~ faux
(fausse)/coûteux (-euse)** sich als falsch/
kostspielig erweisen
averse [avɛʀs] nf Regenschauer m
aversion [avɛʀsjõ] nf Abneigung f
avertir [avɛʀtiʀ] <8> vt warnen
(de vor +dat); (renseigner) benachrichtigen
(de von)
avertissement nm Warnung f,
Benachrichtigung f; (blâme) Mahnung f
avertisseur nm (Auto) Hupe f
aveu (pl x) [avø] nm Geständnis nt
aveugle [avœgl] adj blind
aveuglément [avœglemã] adv
blindlings
aveugler <1> vt (lumière, soleil) blenden;
(amour, colère) blind machen
aviateur, -trice [avjatœʀ, tʀis] nm/f
Flieger(in) m(f)
aviation [avjasjõ] nf Luftfahrt f; (Mil)
Luftwaffe f
aviculture [avikyltyʀ] nf Geflügelzucht f
avide [avid] adj (be)gierig
avion [avjõ] nm Flugzeug nt; **aller
(quelque part) en ~** (irgendwohin) fliegen
avion-cargo (pl **avions-cargos**)
[avjõkaʀgo] nm Transportflugzeug nt
avion-citerne (pl **avions-citernes**)
[avjõsitɛʀn] nm Tankflugzeug nt

aviron [aviʀõ] *nm* Ruder *nt*; (*Sport*) Rudern *nt*

avis [avi] *nm* (*point de vue*) Meinung *f*, Ansicht *f*; (*notification*) Mitteilung *f*, Benachrichtigung *f*; **être d'~ que ...** der Meinung [*ou* der Ansicht] sein, dass ...; **changer d'~** seine Meinung ändern

avisé, e [avize] *adj* (*sensé*) vernünftig

aviser [avize] <1> *vt* (*voir*) bemerken; **~ qn de qch/que** (*informer*) jdn von etw in Kenntnis setzen/jdn davon in Kenntnis setzen, dass ■ *vi* (*réfléchir*) nachdenken ■ *vpr*: **s'~ de qch/que** etw bemerken/bemerken, dass

avocat, e [avɔka, at] *nm/f* (*Jur*) Rechtsanwalt(-anwältin) *m/f*; **~(e) général(e)** Staatsanwalt(-anwältin) *m/f* ■ *nm* (*Gastr*) Avocado *f*

avoine [avwan] *nf* Hafer *m*

avoir [avwaʀ] *nm* Vermögen *nt*; (*Fin*) Guthaben *nt irr* ■ *vt* haben; (*fam: duper*) hereinlegen; **~ faim/peur** Hunger/Angst haben; **il y a** es gibt; **il n'y a qu'à faire ...** man braucht nur ... zu tun; **qu'est-ce qu'il y a?** was ist los?; **~ du sens** Sinn machen *irr* ■ *vb aux* haben; **~ à faire qch** etw tun müssen

avoisiner [avwazine] <1> *vt* (an)grenzen an +*akk*

avortement [avɔʀtəmã] *nm* (*Med*) Abtreibung *f*

avorter [avɔʀte] <1> *vi* abtreiben; (*projet*) misslingen, scheitern

avorton [avɔʀtõ] *nm* Wicht *m*

avoué [avwe] *nm* Rechtsanwalt(-anwältin) *m/f* (*der/die nicht plädiert*)

avouer [avwe] <1> *vt* gestehen ■ *vpr*: **s'~ vaincu(e)/incompétent(e)** sich geschlagen geben/zugeben, dass man inkompetent ist

avril [avʀil] *nm* April *m*; **en ~** im April; **le 13 ~** am 13. April; **le 13 ~ 2008** der 13. April 2008

axe [aks] *nm* Achse *f*

ayant droit (*pl* **ayants droit**) [ɛjãdʀwa] *nmf* Empfangsberechtigte(r) *mf*

azalée [azale] *nf* Azalee *f*

Azerbaïdjan [azɛʀbaidʒã] *nm*: **l'~** Aserbaidschan *nt*

azote [azɔt] *nm* Stickstoff *m*

azur [azyʀ] *nm* (*couleur*) Azur *m*, Himmelsblau *nt*

B, b [be] *nm* B, b *nt*

B *abr* = **bien** (*Scol*) gut

B.A. *nf abr* = **bonne action** gute Tat

baba [baba] *adj inv*: **en être ~** (*fam*) platt sein ■ *nm*: **~ au rhum** leichter, mit Rum getränkter Kuchen

babiller [babije] <1> *vi* plappern

bablole [babjɔl] *nf* Kleinigkeit *f*

bâbord [babɔʀ] *nm*: **à ~** an Backbord

babouin [babwɛ̃] *nm* Pavian *m*

baby-foot [babifut] *nm inv* Tischfußball *m*

baby-sitter (*pl* **~s**) [babisitœʀ] *nmf* Babysitter(in) *m(f)*

baby-sitting [babisitiŋ] *nm* Babysitten *nt*; **faire du ~** babysitten

bac [bak] *nm* (*bateau*) Fähre *f*; (*pour laver*) Schüssel *f*, kleine Wanne; (*fam: baccalauréat*) Abi *nt*; **~ ferroviaire** Eisenbahnfähre

baccalauréat [bakalɔʀea] *nm* Abitur *nt*

◈ **BACCALAURÉAT**

◈ Das *baccalauréat* oder kurz *bac* ist das Schulabgangszeugnis, das man an einem "lycée" im Alter von 17 oder 18 Jahren erhält. Eine Vielzahl von Fächerkombinationen ist möglich. Mit diesem Zeugnis besitzt man die Zugangsberechtigung für eine Hochschule.

bâche [baʃ] nf Plane f
bâcher <1> vt mit einer Plane zudecken
bachoter [baʃɔte] <1> vi (fam: préparer un examen) pauken, büffeln
bacille [basil] nm Bazillus m
bâcler [bakle] <1> vt pfuschen
bactéricide [bakteʀisid] adj keimtötend ⊠ nm keimtötendes Mittel
bactérie [bakteʀi] nf Bakterie f
badaud, e [bado, od] nm/f Schaulustige(r) mf
badge [badʒ] nm Button m
badigeonner [badiʒɔne] <1> vt (peindre) tünchen; (Med) bepinseln
badin, e [badɛ̃, in] adj scherzhaft
badinage [badinaʒ] nm Scherze pl, Geplänkel nt
badiner [badine] <1> vi plänkeln, scherzen; **ne pas ~ avec qch** mit etw nicht scherzen
badminton [badmintɔn] nm Badminton nt
baffe [baf] nf (fam) Ohrfeige f
baffle [bafl] nm (Lautsprecher)box f
bafouer [bafwe] <1> vt lächerlich machen
bafouillage [bafujaʒ] nm Gestammel nt
bafouiller [bafuje] <1> vt, vi stammeln
bâfrer [bɑfʀe] <1> vt, vi (fam) schlingen
bagage [bagaʒ] nm, **bagages** nmpl Gepäck nt; **~ à main** Handgepäck nt
bagarre [bagaʀ] nf Rauferei f; **il aime la ~** er rauft sich gern
bagarrer <1> vpr: **se bagarrer** sich raufen
bagarreur, -euse adj rauflustig ⊠ nm/f Raufbold m
bagatelle [bagatɛl] nf Kleinigkeit f
bagnard [baɲaʀ] nm Sträfling m
bagne [baɲ] nm Strafkolonie f
bagnole [baɲɔl] nf (fam: voiture) Karre f
bagout [bagu] nm: **avoir du ~** nicht auf den Mund gefallen sein
bague [bag] nf Ring m; **~ de fiançailles** Verlobungsring; **~ de serrage** (Tech) Klammer f
baguette [bagɛt] nf Stab m, Stäbchen nt; (de chef d'orchestre) Taktstock m; (pain) Baguette f; **mener qn à la ~** jdn an der Kandare haben; **~ de tambour** Trommelschlägel m
Bahamas [baama(s)] nfpl: **les (îles) ~** die Bahamas pl, die Bahamainseln pl
Bahreïn [baʀɛn] nm: **le ~** Bahrein nt
bahut [bay] nm Truhe f
baie [bɛ] nf (Geo) Bucht f ⊠ nf (fruit) Beere f ⊠ nf: **~ (vitrée)** großes Fenster
baignade [bɛɲad] nf Baden nt
baigner [beɲe] <1> vt baden ⊠ vi: **~ dans la brume** in Nebel gehüllt sein; **ça baigne** (fam) alles ist bestens; **se baigner** vpr baden; (nager) schwimmen

baigneur, -euse [bɛɲœʀ, øz] nm/f Badende(r) mf
baignoire [bɛɲwaʀ] nf Badewanne f; (Theat) Parterreloge f
bail (pl **baux**) [baj, bo] nm Mietvertrag m
bâiller [baje] <1> vi gähnen; (être ouvert) offen stehen
bailleur, -eresse [bajœʀ, bajʀɛs] nm/f: **~ de fonds** Geldgeber(in) m(f)
bâillon [bɑjõ] nm Knebel m
bâillonner <1> vt knebeln
bain [bɛ̃] nm Bad nt; **faire couler un ~** ein Bad einlassen; **se mettre dans le ~** sich eingewöhnen; **~ de mer** Bad im Meer; **~ de pieds** Fußbad; **~ à remous** Whirlpool® m; **~ de soleil** Sonnenbad
bain-marie (pl **bains-marie**) [bɛ̃maʀi] nm (Gastr) Wasserbad nt
baisemain [bɛzmɛ̃] nm Handkuss m
baiser [beze] <1> vt (main, front) küssen ⊠ vi, vt (vulg: faire l'amour) bumsen, ficken; (vulg: tromper) bescheißen ⊠ nm Kuss m
baisse [bes] nf Sinken nt; (de niveau, d'influence) Abnahme f
baisser <1> vt (store, vitre) herunterlassen; (tête, yeux, voix) senken; (radio) leiser machen; (chauffage) niedriger stellen; (prix) herabsetzen ⊠ vi (niveau, température, cours, prix) fallen, sinken; (facultés, lumière) schwächer werden, abnehmen; **se baisser** vpr sich bücken
bal [bal] nm Ball m
balade [balad] nf (à pied) Spaziergang m; (en voiture) Spazierfahrt f; **faire une ~** einen Spaziergang machen
balader <1> vt (promener) spazieren führen; (traîner) mit sich herumschleppen; **se balader** vpr spazieren gehen
baladeur [baladœʀ] nm Walkman® m
baladeuse [baladøz] nf Kontrolllampe f
balafre [balafʀ] nf (coupure) Schmiss m, Narbe f
balai [balɛ] nm Besen m; (fam: an) Jährchen nt; **donner un coup de ~** ausfegen
balai-brosse (pl **balais-brosses**) nm Schrubber m
balance [balɑ̃s] nf Waage f; **B~** (Astr) Waage; **~ des comptes/des paiements** Zahlungsbilanz f
balancer <2> vt (bras, jambes) baumeln lassen; (encensoir, etc) schwenken; (fam: jeter) wegwerfen ⊠ vi (lustre, etc) schwenken; **se balancer** vpr sich hin- und herbewegen; (sur une balançoire) schaukeln; **se ~ de** (fam) sich nicht kümmern
balancier [balɑ̃sje] nm (de pendule) Pendel nt; (perche) Balancierstange f
balançoire [balɑ̃swaʀ] nf (suspendue) Schaukel f; (sur pivot) Wippe f

balayer [baleje] <7> vt (feuilles, etc) zusammenfegen; (pièce, cour) (aus)fegen; (fig: chasser) vertreiben; (phares, radar) absuchen

balayette [balɛjɛt] nf Handfeger m

balayeur, -euse [balɛjœʀ, øz] nm/f Straßenkehrer(in) m(f) ■ nf (engin) Straßenkehrmaschine f

balbutier [balbysje] <1> vt, vi stammeln

balcon [balkõ] nm Balkon m; (Theat) erster Rang

Bâle [bɑl] Basel nt; ~-Champagne Basel-Landschaft nt; ~-Ville Basel-Stadt nt

Baléares [baleaʀ] nfpl: les (îles) ~ die Balearen pl

baleine [balɛn] nf Wal m; (de parapluie) Speiche f

balisage [balizaʒ] nm Markierung f; (Aviat) Befeuerung f

balise [baliz] nf (Naut) Bake f, Seezeichen nt; (Aviat) Befeuerungslicht nt, (Auto, Ski) Markierung f; (Inform) Tag m

baliser [balize] <1> vt markieren; (Aviat) befeuern; (Inform) markieren, taggen

balistique [balistik] adj ballistisch ■ nf Ballistik f

balivernes [balivɛʀn] nfpl Geschwätz nt

balkanique [balkanik] adj Balkan-

Balkans [balkã] nmpl: les ~ die Balkanländer pl, der Balkan

ballade [balad] nf Ballade f

ballast [balast] nm (sur voie ferrée) Schotter m

balle [bal] nf (de fusil) Kugel f; (de tennis, etc) Ball m; (du blé) Spreu f; (paquet) Ballen m; ~ perdue verirrte Kugel

ballerine [balʀin] nf Ballerina f; (chaussure) Ballerina(schuh) m

ballet [balɛ] nm Ballett nt

ballon [balõ] nm Ball m; (Aviat) Ballon m; (de vin) Glas nt; ~ de football Fußball

ballonner [balɔne] <1> vt: j'ai le ventre ballonné ich habe einen Blähbauch

ballon-sonde (pl ballons-sondes) [balõsõd] nm Messballon m

ballot [balo] nm Ballen m; (pej) Blödmann m

ballottage [balɔtaʒ] nm (Pol) Stichwahl f

ballotter [balɔte] <1> vi hin- und herrollen ■ vt durcheinanderwerfen; être ballotté(e) entre hin- und hergerissen sein zwischen +dat

balluchon [balyʃõ] nm Bündel nt

balnéaire [balneɛʀ] adj See-

balnéothérapie [balneoteʀapi] nf Bäderkur f

balourd, e [baluʀ, d] adj unbeholfen, linkisch

balourdise nf Unbeholfenheit f, Schwerfälligkeit f

balte [balt] adj baltisch

Balte [balt] nmf Balte (Baltin) m/f

baltique [baltik] adj baltisch ■ nf: la (mer) B~ die Ostsee

balustrade [balystʀad] nf Geländer nt

bambin [bãbẽ] nm (fam) kleines Kind

bambou [bãbu] nm Bambus m

ban [bã] nm: être/mettre au ~ de ausgestoßen sein/ausstoßen aus; bans nmpl (de mariage) Aufgebot nt

banal, e [banal] adj banal

banaliser [banalize] <1> vt banalisieren; voiture banalisée Zivilstreifenwagen m

banalité nf Banalität f

banane [banan] nf Banane f; (pochette) Gürteltasche f

bananier [bananje] nm (arbre) Bananenstaude f; (cargo) Bananendampfer m

banc [bã] nm (siège) Bank f; (de poissons) Schwarm m; ~ d'essai Prüfstand m; ~ de sable Sandbank; le ~ des témoins/accusés die Zeugen-/Anklagebank

bancaire [bãkɛʀ] adj Bank-

bancal, e [bãkal] adj wackelig

bandage [bãdaʒ] nm Verband

bande [bãd] nf (de tissu, etc) Streifen m, Band nt; (Med) Binde f; (magnétique) Band nt; (motif, dessin) Streifen m; une ~ de ... (pej) eine Horde von ...; par la ~ auf Umwegen; donner de la ~ (Naut) krängen; faire ~ à part sich absondern; ~ d'arrêt d'urgence Standspur f; ~ dessinée Comic m; la ~ de Gaza (Pol) der Gazastreifen; ~ magnétique Magnetband; ~ originale Soundtrack m; ~ sonore Tonspur f

bande-annonce (pl bandes-annonces) [bãdanõs] nf Trailer m

bandeau (pl x) [bãdo] nm (autour du front) Stirnband nt; (sur les yeux) Augenbinde f; (Internet) Banner nt

bander [bãde] <1> vt (blessure) verbinden; (muscle) anspannen; ~ les yeux à qn jdm die Augen verbinden ■ vi (fam) einen Ständer haben

banderole [bãdʀɔl] nf Spruchband nt

bande-son (pl bandes-son) [bãdsõ] nf Tonspur f

bande-vidéo (pl bandes-vidéo) [bãdvideo] nf Video(band) nt

bandit [bãdi] nm Bandit(in) m(f); (fig: escroc) Gauner(in) m(f)

bandoulière [bãduljɛʀ] adv: en ~ (quer) umgehängt

Bangladesh [bãɡladɛʃ] nm: le ~ Bangladesh nt

banjo [bã(d)ʒo] nm Banjo nt

banlieue [bãljø] nf Vorort m; quartier de ~ Vorstadtviertel nt; ~s pourries Wohnungshalden pl

banlieusard, e nm/f Vorortbewohner(in) m(f); (personne qui fait la navette pour travailler) Pendler(in) m(f)
bannière [banjɛʀ] nf (a. Inform) Banner nt
bannir [baniʀ] <8> vt verbannen
banque [bɑ̃k] nf Bank f; ~ **d'affaires** Handelsbank; ~ **centrale (européenne)** (Europäische) Zentralbank; ~ **directe** Direktbank; ~ **de données** Datenbank; ~ **d'organes** (Med) Organbank; ~ **de terminologie** (Ling) Terminologiedatenbank
banqueroute [bɑ̃kʀut] nf Bankrott m
banquet [bɑ̃kɛ] nm Festmahl nt, Bankett nt
banquette [bɑ̃kɛt] nf Sitzbank f; (d'auto) Rücksitz m
banquier [bɑ̃kje] nm Bankier m
baptême [batɛm] nm Taufe f; ~ **de l'air** Jungfernflug m
baptiser [batize] <1> vt taufen
baquet [bakɛ] nm Zuber m, Kübel m
bar [baʀ] nm (établissement) Bar f; (comptoir) Tresen m, Theke f; (meuble) Bar f
baragouin [baʀagwɛ̃] nm Kauderwelsch nt
baragouiner [baʀagwine] <1> vt, vi radebrechen
baraque [baʀak] nf Baracke f; (fam: maison) Bude f; ~ **foraine** Jahrmarktsbude
baraqué, e [baʀake] adj (fam) kräftig gebaut
baraquements [baʀakmɑ̃] nmpl Barackensiedlung f
baratin [baʀatɛ̃] nm (fam) Geschwätz nt
baratiner [baʀatine] <1> vt (fam) einreden auf +akk
Barbade [baʀbad] nf: **la ~** Barbados nt
barbare [baʀbaʀ] adj (cruel) barbarisch; (inculte) unzivilisiert ■ nmf Barbar(in) m(f)
barbarie nf Barbarei f
barbe [baʀb] nf Bart m; **à la ~ de** unbemerkt von; **quelle ~!** (fam) so was von öde!; ~ **à papa** Zuckerwatte f
barbecue [baʀbəkju] nm Grillfest nt
barbelé [baʀbəle] nm Stacheldraht m
barber [baʀbe] <1> vt (fam) langweilen
barbiche [baʀbiʃ] nf Spitzbart m
barbiturique [baʀbityʀik] nm Schlafmittel nt
barboter [baʀbote] <1> vi waten ■ vt (fam) klauen
barboteuse [baʀbotøz] nf Strampelanzug m
barbouiller [baʀbuje] <1> vt beschmieren; **avoir l'estomac barbouillé** einen verdorbenen Magen haben
barbu, e [baʀby] adj bärtig
barbue [baʀby] nf (poisson) Glattbutt m
Barcelone [baʀsəlɔn] Barcelona nt
barda [baʀda] nm (fam) Zeug nt, Sachen pl

barde [baʀd] nf (Gastr) Speckstreifen m ■ nm (poète) Barde m
barder [baʀde] <1> vi: **ça va ~** (fam) das gibt Ärger
barème [baʀɛm] nm (des prix, des tarifs) Skala f; ~ **des salaires** Lohnskala
baril [baʀi(l)] nm Fass nt
bariolé, e [baʀjɔle] adj bunt
barman (pl **barmen** ou ~s) [baʀman] nm Barkeeper m
baromètre [baʀɔmɛtʀ] nm Barometer nt
baroque [baʀɔk] adj barock; (fig) seltsam
barque [baʀk] nf Barke f
barrage [baʀaʒ] nm Damm m; (sur route) Straßensperre f; ~ **de police** Polizeisperre
barre [baʀ] nf (de fer, etc) Stange f; (Naut: pour gouverner) Ruderpinne f; (de la houle) Springflut f; (écrite) Strich m; **être à la ~, tenir la ~** (Naut) steuern; (com)**paraître à la ~** (Jur) vor Gericht erscheinen; ~ **de combustible** Brennstab m; ~ **de défilement** (Inform) Bildlaufleiste f; ~ **d'état** (Inform) Statusleiste f; ~ **fixe** Reck nt; ~ **de menu** Menüzeile f; ~ **d'outils** Symbolleiste f; ~**s** fpl **parallèles** Barren m; ~ **de recherche** Suchleiste f
barreau (pl **x**) [baʀo] nm Stab m; **le ~** (Jur) die Anwaltschaft
barrer [baʀe] <1> vt (route, etc) (ab)sperren; (mot) (durch)streichen; (chèque) zur Verrechnung ausstellen; (Naut) steuern; **se barrer** vpr (fam) abhauen
barrette [baʀɛt] nf (pour cheveux) Spange f; ~ **de mémoire** USB-Speichermodul nt
barreur [baʀœʀ] nm Steuermann m
barricade [baʀikad] nf Barrikade f
barricader <1> vt verbarrikadieren ■ vpr: **se ~ chez soi** (fig) sich einschließen
barrière [baʀjɛʀ] nf Zaun m; (de passage à niveau) Schranke f; (obstacle) Barriere f; ~ **acoustique** Lärmschutzwall m, Lärmschutzwand f; ~**s** fpl **douanières** Zollschranken pl; ~ **psychologique** Hemmschwelle f
barrique [baʀik] nf Fass nt
baryton [baʀitɔ̃] nm Bariton m
bas, se [bɑ, bɑs] adj niedrig; (ton) tief; (vil) gemein; **la tête ~se** mit gesenktem Kopf; **avoir la vue ~se** schlecht sehen; **au ~ mot** mindestens; **enfant en ~ âge** Kleinkind nt ■ adv niedrig, tief; (parler) leise; **à ~ la dictature!** nieder mit der Diktatur!; **plus ~** tiefer/leiser; (dans un texte) weiter unten ■ nm (partie inférieure) unterer Teil m; **le ~ de ...** (partie inférieure) der untere Teil von ...; **en ~** unten; **en ~ de** unterhalb von; **de haut en ~** von oben bis unten ■ nm (chaussette) Strumpf m ■ nf (Mus) Bass m

basalte [bazalt] nm Basalt m

basané, e [bazane] adj gebräunt

bas-côté (pl ~s) [bakote] nm (de route) Straßenrand m; (d'église) Seitenschiff nt

bascule [baskyl] nf: **(jeu de)** ~ Wippe f; **(balance à)** ~ Waage f; **fauteuil à** ~ Schaukelstuhl m

basculer <1> vi (tomber) umfallen; (sur un pivot) (um)kippen ■ vt (faire basculer) (um)kippen

base [baz] nf (d'édifice) Fundament nt; (de triangle) Basis f; (de montagne) Fuß m; (militaire) Basis f, Stützpunkt m; (fondement, principe) Grundlage f, Basis f; **la** ~ (Pol) die Basis; **jeter les ~s de qch** die Grundlage für etw legen; **à la ~ de** (fig) am Anfang von, zu Beginn von; **sur la ~ de ...** (fig) ausgehend von ...; **à ~ de café** auf Kaffeebasis; **principe/produit de** ~ Grundprinzip nt/Grundprodukt nt; ~ **de données** Datenbasis

base-ball [bezbol] nm Baseball m

baser <1> vt: ~ **qch sur qch** etw auf etw dat basieren lassen ■ vpr: **se ~ sur** sich stützen auf +akk

bas-fond (pl ~s) [bafõ] nm (Naut) Untiefe f; **bas-fonds** nmpl (fig) Abschaum m

basilic [bazilik] nm (Gastr) Basilikum nt

basilique [bazilik] nf Basilika f

basket [basket] nm (Sport) Basketball m; (chaussure) Basketballschuh m; **être bien dans ses ~s** (fam) sich wohlfühlen; **lâche-moi les ~s!** (fam) lass mich in Ruhe!

basket-ball [basketbol] nm Basketball m

basque [bask] adj baskisch

basse [bas] adj voir **bas**

basse-cour (pl basses-cours) nf Hühnerhof m, Kleintierzucht f

Basse-Saxe [bassaks] nf: **la** ~ Niedersachsen nt

basset [base] nm Basset m

bassin [basẽ] nm (cuvette) Becken nt, Schüssel f; (pièce d'eau) Bassin nt; ~ **houiller** Steinkohlerevier nt

bassiste [basist] nmf Kontrabassspieler(in) m(f)

basson [basõ] nm (instrument) Fagott nt

bastingage [bastēgaʒ] nm Reling f

bastion [bastjõ] nm Bastion f; (fig) Bollwerk m

bas-ventre (pl ~s) [bavɑ̃tʀ] nm Unterleib m

bataille [bataj] nf Schlacht f, Kampf m; ~ **rangée** offener Kampf

bâtard, e [bɑtaʀ, d] adj (solution) Misch- ■ nm/f Bastard m

batavia [batavja] nf Eisbergsalat m

bateau (pl x) [bato] nm Schiff nt

bateau-mouche (pl bateaux-mouches) nm Aussichtsschiff nt (auf der Seine)

bateau-pilote (pl bateaux-pilotes) nm Lotsenboot nt

batelier, -ière [batəlje, ɛʀ] nm/f Flussschiffer(in) m(f)

bâti, e [bati] adj: **bien** ~ gut gebaut ■ nm (armature) Rahmen m

batifoler [batifole] <1> vi herumalbern

bâtiment [batimɑ̃] nm (édifice) Gebäude nt; (Naut) Schiff nt; **le** ~ (industrie) das Baugewerbe

bâtir [batiʀ] <8> vt bauen

bâton [batõ] nm Stock m; (d'agent de police) Knüppel m; **mettre des ~s dans les roues à qn** jdm Knüppel zwischen die Beine werfen; **à ~s rompus** ohne Zusammenhang; ~ **de rouge (à lèvres)** Lippenstift m; ~ **de ski** Skistock

bâtonnet [batɔnɛ] nm Stäbchen nt; ~ **de poisson** Fischstäbchen

batracien [batʀasjẽ] nm Amphibie f

battage [bataʒ] nm (publicité) Werberummel m

battant, e [batɑ̃, ɑ̃t] nm (de cloche) Klöppel m; (de volet, de porte) Flügel m; **porte à double** ~ Doppeltür f ■ nm/f Kämpfertyp m

battement [batmɑ̃] nm (de cœur) Schlagen nt; (intervalle) Pause f; (entre trains) Aufenthalt m; **10 minutes de** ~ **(entre)** 10 Minuten Zeit (zwischen); ~ **de paupières** Blinzeln nt

batterie [batʀi] nf (Mil, Elec) Batterie f; (Mus) Schlagzeug nt; ~ **de cuisine** Küchengeräte pl

batteur [batœʀ] nm (Mus) Schlagzeuger(in) m(f); (appareil) Mixer m

battre [batʀ] irr vt schlagen; (tapis) klopfen; (blé) dreschen; (fer) hämmern; ~ **en brèche** einreißen; ~ **son plein** in vollem Schwung sein ■ vi schlagen; ~ **de l'aile** (fig) in schlechter Verfassung sein; ~ **des mains** in die Hände klatschen; ~ **en retraite** den Rückzug antreten; **se battre** vpr sich schlagen

battue [baty] nf Treibjagd f

baud [bo] nm Baud nt

baume [bom] nm Balsam m

bauxite [boksit] nf Bauxit m

bavard, e [bavaʀ, d] adj schwatzhaft

bavardage nm Geschwätz nt

bavarder <1> vi schwatzen; (indiscrètement) klatschen; ~ **en ligne directe** chatten

bavarois, e [bavaʀwa, az] adj bay(e)risch

bave [bav] nf Speichel m; (de chien, etc) Geifer m; (d'escargot, etc) Schleim m

baver <1> vi sabbern; (chien) geifern; **en** ~ (fam) was mitmachen

bavette [bavɛt] nf Lätzchen nt

baveux, -euse [bavø, øz] adj sabbernd; (omelette) schaumig

Bavière [bavjɛʀ] nf: **la ~** Bayern nt
bavoir [bavwaʀ] nm Lätzchen nt
bavure [bavyʀ] nf (fig: erreur) Schnitzer m,
Panne f; **~ policière** Polizeiübergriffe pl
bazar [bazaʀ] nm Basar m; (fam: désordre)
Durcheinander nt
bazooka [bazuka] nm Panzerfaust f
B.C.B.G. adj abr = **bon chic bon genre**
adrett, geschniegelt und gebügelt
BCE nf abr = **Banque centrale
européenne** EZB f
Bd abr = **Boulevard** Str.
B.D. nf abr = **bande dessinée** Comic m
béant, e [beã, ãt] adj weit offen, klaffend
béat, e [bea, at] adj glückselig; (pej:
content de soi) selbstgefällig
béatitude nf Glückseligkeit f
beau, bel, belle (pl **~x**) [bo, bɛl] adj
schön; (homme) gut aussehend;
(moralement) gut; **en faire/dire de belles**
schöne Geschichten machen/erzählen;
de plus belle noch mehr, stärker; **il fait ~**
es ist schön; **un ~ geste** eine nette Geste;
un ~ salaire ein gutes Gehalt; **un ~
gâchis/rhume** (ironique) ein schöner
Schlamassel/Schnupfen; **un ~ jour** eines
schönen Tages; **bel et bien** gut und schön;
le plus ~ c'est que ... das Schönste daran
ist, dass ...; **c'est du ~!** das ist ein starkes
Stück!; **on a ~ essayer** egal, wie sehr man
versucht; **~ parleur** Schönredner m ▪ nm:
le temps est au ~ es wird schönes Wetter;
faire le ~ (chien) Männchen machen ▪ nf:
la belle (Sport) der Entscheidungskampf
beaucoup [boku] adv viel; (très) sehr; **~
de** (nombre) viele; (quantité) viel; **~ plus/
trop** viel mehr/viel zu viel; **de ~** bei
Weitem
beau-fils (pl **beaux-fils**) [bofis] nm
Schwiegersohn m; (d'un remariage)
Stiefsohn m
beau-frère (pl **beaux-frères**) [bofʀɛʀ] nm
Schwager m; (d'un remariage) Stiefbruder m
beau-père (pl **beaux-pères**) [bopɛʀ] nm
Schwiegervater m; (d'un remariage)
Stiefvater m
beauté [bote] nf Schönheit f; **de toute
~** wunderbar; **en ~** (femme) bildhübsch;
(réussir) sehr gekonnt
beaux-arts [bozaʀ] nmpl: **les ~** die
schönen Künste pl
beaux-parents [bopaʀã] nmpl
Schwiegereltern pl; (d'un remariage)
Stiefeltern pl
bébé [bebe] nm Baby nt
bébé-éprouvette (pl **bébés-éprouvette)
nm Retortenbaby nt
bec [bɛk] nm (d'oiseau) Schnabel m; (fam:
bouche) Mund m; **~ de gaz** Gaslaterne f;
~ verseur (de récipient) Schnabel, Tülle f

bécane [bekan] nf (fam) Fahrrad nt;
(Inform) Kiste f
bécasse [bekas] nf (Zool) Waldschnepfe f;
(fam) dumme Gans
bec-de-lièvre (pl **becs-de-lièvre**) [bɛkdə
ljɛvʀ] nm Hasenscharte f
bêche [bɛʃ] nf Spaten m
bêcher <1> vt umgraben
bécoter [bekɔte] <1> vt abküssen;
se bécoter vpr schnäbeln
becquée [beke] nf: **donner la ~ à** füttern
becquerel [bɛkʀɛl] nm Becquerel nt
becqueter [bɛkte] <3> vt (fam)
schnabulieren
bedaine [bədɛn] nf Wanst m
bédé [bede] nf (fam) Comic m
bedonnant, e [bədɔnã, ãt] adj dick
bée [be] adj: **bouche ~** mit offenem Mund
beffroi [befʀwa] nm Kirchturm m
bégayer [begeje] <7> vt, vi stottern
bégonia [begɔnja] nm Begonie f
bègue [bɛg] adj: **être ~** stottern ▪ nmf
Stotterer (Stottrerin) m/f
bégueule [begœl] adj prüde, zimperlich
béguin [begɛ̃] nm: **avoir le ~ pour qn** für
jdn schwärmen
beige [bɛʒ] adj inv beige
beignet [bɛɲɛ] nm Beignet m, Krapfen m
bel adj voir **beau**
bêler [bele] <1> vi blöken
belette [bəlɛt] nf Wiesel nt
belge [bɛlʒ] adj belgisch

Belge [bɛlʒ] nmf Belgier(in) m(f)
Belgique [bɛlʒik] nf: **la ~** Belgien nt
bélier [belje] nm Widder m; (engin)
Rammbock m; **B~** (Astr) Widder
belle [bɛl] adj voir **beau**
belle-fille (pl **belles-filles**) nf
Schwiegertochter f; (d'un remariage)
Stieftochter f
belle-mère (pl **belles-mères**) nf
Schwiegermutter f; (d'un remariage)
Stiefmutter f
belle-sœur (pl **belles-sœurs**) nf
Schwägerin f; (d'un remariage)
Stiefschwester f
belligérant, e [beliʒeʀã, ãt] adj Krieg
führend
belliqueux, -euse [belikø, øz] adj
kriegerisch
belote [bəlɔt] nf Kartenspiel mit 32 Karten

belvédère [bɛlvedɛʀ] *nm* Aussichtspunkt *m*
bémol [bemɔl] *nm* (*Mus*)
Erniedrigungszeichen *nt*, b *nt*
bénédiction [benediksjõ] *nf* Segen *m*
bénéfice [benefis] *nm* (*Com*) Gewinn *m*;
(*avantage*) Nutzen *m*; **au ~ de** zugunsten
von; **participation aux ~s**
Gewinnbeteiligung *f*
bénéficiaire [benefisjɛʀ] *nmf*
Nutznießer(in) *m(f)*
bénéficier [benefisje] <1> *vi*: **~ de** (*jouir
de, avoir*) genießen; (*tirer profit de*)
profitieren von; (*obtenir*) erhalten
bénéfique [benefik] *adj* gut, vorteilhaft
Bénélux [benelyks] *nm*: **le ~** die
Beneluxländer *pl*
benêt [bənɛ] *nm* Dummkopf *m*
bénévole [benevɔl] *adj* freiwillig
bénévolement *adv* freiwillig
bénin, -igne [benɛ̃, iɲ] *adj* (*humeur,
caractère*) gütig; (*tumeur*) gutartig; (*rhume,
punition*) leicht
Bénin [benɛ̃] *nm*: **le ~** der Benin
bénir [beniʀ] <8> *vt* segnen
bénit, e *adj* gesegnet; **eau ~e** Weihwasser *nt*
bénitier [benitje] *nm* Weihwasserbecken *nt*
benjamin, e [bɛ̃ʒamɛ̃, in] *nm/f* Benjamin
m, Nesthäkchen *nt*
benji [bɛ̃ʒi] *nm* Bungeejumping *nt*
benne [bɛn] *nf* (*de camion*) Container *m*;
(*pour débris*) Container *m*, Bauschuttmulde
f; (*de téléphérique*) Gondel *f*; (*dans une mine*)
Förderkorb *m*; **~ basculante** Kipper *m*;
~ d'ordures ménagères Müllcontainer *m*;
(*camion*) Müllwagen *m*
benzine [bɛ̃zin] *nf* Leichtbenzin *nt*
B.E.P. *nm abr* = **Brevet d'études
professionnelles**
≈ Hauptschulabschlusszeugnis *nt*
B.E.P.C. *nm abr* = **Brevet d'études du
premier cycle** ≈ mittlere Reife
béquille [bekij] *nf* Krücke *f*; (*de vélo*)
Ständer *m*
berceau (*pl* **x**) [bɛʀso] *nm* Wiege *f*
bercer [bɛʀse] <2> *vt* wiegen; (*musique,
etc*) einlullen; **~ qn de promesses** jdn mit
Versprechungen täuschen
berceuse [bɛʀsøz] *nf* Wiegenlied *nt*
béret (basque) [beʀɛ(bask)] *nm*
Baskenmütze *f*
berge [bɛʀʒ] *nf* Ufer *nt*
berger, -ère [bɛʀʒe, ɛʀ] *nm/f* Schäfer(in)
m(f); **~ allemand** Deutscher Schäferhund
bergère *nf* (*fauteuil*) ≈ Polstersessel *m*
bergerie *nf* Schafstall *m*
béribéri [beʀibeʀi] *nm* Beriberi *f*
Berlin [bɛʀlɛ̃] Berlin *nt*
berline [bɛʀlin] *nf* (*voiture*) Limousine *f*
berlingot [bɛʀlɛ̃go] *nm* (*emballage*)
Tetraeder *m*

berlinois, e [bɛʀlinwa, waz] *adj* Berliner
bermuda [bɛʀmyda] *nm* Bermudashorts *pl*
Bermudes [bɛʀmyd] *nfpl*: **les ~** die
Bermudas *pl*, die Bermudainseln *pl*
berne [bɛʀn] *nf*: **en ~** auf halbmast
Berne [bɛʀn] (*ville et canton*) Bern *nt*
berner [bɛʀne] <1> *vt* zum Narren
halten
besogne [bəzɔɲ] *nf* Arbeit *f*
besogneux, -euse [b(ə)zɔɲø, øz] *adj*
fleißig
besoin [bəzwɛ̃] *nm* Bedürfnis *nt*, Bedarf *m*;
le ~ (*pauvreté*) die Bedürftigkeit;
le ~ d'argent der Bedarf an Geld;
~s énergétiques Energiebedarf *m*;
le ~ de gloire das Bedürfnis nach Ruhm;
le ~ en main-d'œuvre der Bedarf an
Arbeitskräften; **faire ses ~s** seine
Notdurft verrichten; **avoir ~ de qch**
etw brauchen; **avoir ~ de faire qch** etw
tun müssen; **au ~** notfalls
bestiaux [bɛstjo] *nmpl* Vieh *nt*
bestiole [bɛstjɔl] *nf* Tierchen *nt*
bêtabloquant [bɛtablɔkɑ̃] *nm*
Betablocker *m*
bétail [betaj] *nm* Vieh *nt*
bête [bɛt] *nf* Tier *nt*; **chercher la petite ~**
übergenau sein; **c'est ma ~ noire** das ist
für mich ein rotes Tuch; **~ de somme**
Lasttier; **~s sauvages** wilde Tiere ⬛ *adj*
(*stupide*) dumm
bêtement [bɛtmɑ̃] *adv* dumm; **tout ~**
schlicht und ergreifend
bêtise [betiz] *nf* Dummheit *f*; (*parole*)
Unsinn *m*; (*bagatelle*) Lappalie *f*; **dire des
~s** Unsinn reden; **dire une ~** etwas
Dummes sagen
béton [betõ] *nm* Beton *m*; **~ armé**
Stahlbeton
bétonner <1> *vt* betonieren
bétonnière *nf* Betonmischmaschine *f*
bette [bɛt] *nf* Mangold *m*
betterave [bɛtʀav] *nf* Rübe *f*; (*rouge*)
Rote Bete
beugler [bøgle] <1> *vi* (*bovin*) brüllen;
(*pej: personne, radio*) plärren ⬛ *vt* (*pej*)
schmettern
beur [bœʀ] *nm* (*fam*) junger Franzose
maghrebinischer Abstammung

⬛ **Beur**

Beur ist die Bezeichnung für jemanden,
der in Frankreich geboren wurde
und dessen Eltern aus Nordafrika
stammen. Es ist kein rassistischer
Ausdruck und wird oft von den
Medien, Anti-Rassismus-Gruppen
und den "Beurs" selbst benutzt.

beurre [bœʀ] *nm* Butter *f*
beurrer <1> *vt* buttern
beurrier [bœʀje] *nm* Butterdose *f*
beuverie [bøvʀi] *nf* Sauferei *f*
bévue [bevy] *nf* Schnitzer *m*
B.F. *nf abr* = **Banque de France** *französische Notenbank*
Bhoutan [butã] *nm*: **le ~** Bhutan *nt*
Biafra [bjafʀa] *nm*: **le ~** Biafra *nt*
biais [bjɛ] *nm* Schrägstreifen *m*; **par le ~ de** (*moyen*) mittels +*gen*; **en ~, de ~** (*obliquement*) schräg; (*fig*) indirekt
biaiser [bjeze] <1> *vi* (*fig*) ausweichen
bibelot [biblo] *nm* Schmuckstück *nt*
biberon [bibʀõ] *nm* Fläschchen *nt*; **nourrir au ~** mit der Flasche aufziehen
bible [bibl] *nf* Bibel *f*
bibliobus [biblijobys] *nm* Fahrbücherei *f*
bibliophile [biblijɔfil] *nmf* Bücherfreund(in) *m(f)*
bibliothécaire [biblijɔtekɛʀ] *nmf* Bibliothekar(in) *m(f)*
bibliothèque [biblijɔtɛk] *nf* Bibliothek *f*; (*meuble*) Bücherschrank *m*; **~ en-ligne** Onlinebibliothek; **~ municipale** Stadtbücherei *f*; **~ universitaire** Universitätsbibliothek
biblique [biblik] *adj* biblisch
bicarbonate [bikaʀbɔnat] *nm*: **~ (de soude)** Natron *nt*
biceps [bisɛps] *nm* Bizeps *m*
biche [biʃ] *nf* Hirschkuh *f*
bichonner [biʃɔne] <1> *vt* verhätscheln
bicolore [bikɔlɔʀ] *adj* zweifarbig
bicoque [bikɔk] *nf* (*pej*) Schuppen *m*
bicyclette [bisiklɛt] *nf* Fahrrad *nt*
bidasse [bidas] *nm* (*fam*) Soldat *m*
bide [bid] *nm* (*fam: ventre*) Bauch *m*; (*Theat*) Reinfall *m*, Flop *m*; **faire un ~** (*fam*) ein Reinfall sein
bidet [bidɛ] *nm* (*cuvette*) Bidet *nt*
bidoche [bidɔʃ] *nf* (*fam*) Fleisch *nt*
bidon [bidõ] *nm* (*récipient*) Kanister *m* ▪ *adj inv* (*fam: simulé*) Schein-, vorgetäuscht; **c'est (du) ~** (*fam*) das ist Quatsch
bidonville [bidõvil] *nm* Elendsviertel *nt*
bidule [bidyl] *nm* (*fam*) Dingsda *nt*
bien [bjɛ̃] *nm* (*avantage, profit*) Beste(s) *nt*, Nutzen *m*; (*d'une personne, du public*) Wohl *nt*; (*patrimoine, possession*) Besitz *m*; **le ~** (*moral*) das Gute; **le ~ public** das Gemeinwohl; **faire du ~ à qn** jdm guttun; **faire le ~** Gutes tun; **dire du ~ de** gut sprechen von; **changer en ~** sich zum Vorteil verändern; **je te veux du ~** ich meine es gut mit dir; **c'est pour son ~ que** ... es ist nur zu seinem Besten, dass ...; **les ~s de ce monde** die weltlichen Güter *pl*; **~s d'investissement** Investitionsgüter *pl*;

mener à ~ zum guten Ende führen; **~s de consommation** Verbrauchsgüter *pl*, Konsumgüter *pl* ▪ *adv* (*travailler, manger*) gut; (*comprendre*) richtig; **~ assez** wirklich genug; **assez/très ~** (*Scol*) gut/sehr gut; **~ jeune/souvent** (*très*) sehr jung/oft; **~ mieux** sehr viel besser; **~ du temps/des gens** (*beaucoup*) viel Zeit/viele Leute; **j'espère ~ y aller** ich hoffe doch, dorthin zu gehen; **je veux ~ y aller** (*concession*) ich will ja gern dorthin gehen; **il faut ~ le faire** es muss getan werden; **~ sûr** natürlich, gewiss; **c'est ~ fait** (*mérité*) er/sie verdient es ▪ *adj inv*: **se sentir/être ~** (*à l'aise*) sich wohlfühlen; **être ~ avec qn** sich mit jdm gut verstehen; **ce n'est pas ~ de** (*juste, moral*) es ist nicht richtig; **cette maison/secrétaire est ~** (*adéquat*) dieses Haus/diese Sekretärin ist genau richtig; **des gens ~** (*sérieux, convenable*) feine Leute ▪ *conj*: **~ que** +*subj* obwohl
bien-aimé, e *adj* geliebt ▪ *nm/f* Geliebte(r) *mf*
bien-être *nm* (*sensation*) Wohlbefinden *nt*, Wellness *f*; (*situation*) Wohlstand *m*
bienfaisance [bjɛ̃fəzãs] *nf* Wohltätigkeit *f*
bienfaisant, e *adj* (*chose*) gut, zuträglich
bienfait [bjɛ̃fɛ] *nm* (*acte*) gute Tat; (*avantage*) Nutzen *m*, Vorteil *m*
bienfaiteur, -trice *nm/f* Wohltäter(in) *m(f)*
bien-fondé *nm* Berechtigung *f*
bienheureux, -euse *adj* glücklich; (*Rel*) selig
biennal, e (*pl* **-aux**) [bjenal, o] *adj* (*durée*) zweijährig; (*tous les deux ans*) zweijährlich, alle zwei Jahre stattfindend; **plan ~** Zweijahresplan *m*
bien-pensant, e (*pl* **~s**) [bjɛ̃pãsã, ãt] *adj* spießbürgerlich
bienséance [bjɛ̃seãs] *nf* Anstand *m*
bienséant, e [bjɛ̃seã, ãt] *adj* schicklich, anständig
bientôt [bjɛ̃to] *adv* bald; **à ~** bis bald
bienveillance [bjɛ̃vɛjãs] *nf* Wohlwollen *nt*
bienveillant, e *adj* wohlwollend
bienvenu, e [bjɛ̃v(ə)ny] *adj* willkommen ▪ *nm/f*: **être le ~/la ~e** willkommen sein ▪ *nf*: **souhaiter la ~e à qn** jdn willkommen heißen; **~e à Paris** willkommen in Paris
bière [bjɛʀ] *nf* (*boisson*) Bier *nt*; (*cercueil*) Sarg *m*
biffer [bife] <1> *vt* durchstreichen
bifteck [biftɛk] *nm* Beefsteak *nt*
bifurcation [bifyʀkasjõ] *nf* (*Weg*)gabelung *f*
bifurquer <1> *vi* (*route*) sich gabeln; (*véhicule, personne*) abbiegen
bigame [bigam] *adj* bigamistisch
bigamie [bigami] *nf* Bigamie *f*

bigarré, e [bigaʀe] *adj* (kunter)bunt
bigorneau (*pl* **x**) [bigɔʀno] *nm*
Strandschnecke *f*
bigot, e [bigo, ɔt] *adj* bigott ▪ *nm/f*
Frömmler(in) *m(f)*
bigoudi [bigudi] *nm* Lockenwickler *m*
bigrement [bigʀəmã] *adv* (*fam*)
verdammt
bijou (*pl* **x**) [biʒu] *nm* Schmuckstück *nt*;
(*fig*) Juwel *nt*; **~x** Schmuck *m*; **~ fantaisie**
Modeschmuck *m*
bijouterie *nf* Juweliergeschäft *nt*
bijoutier, -ière *nm/f* Juwelier(in) *m(f)*
bikini [bikini] *nm* Bikini *m*
bilan [bilã] *nm* Bilanz *f*; **faire le ~ de** die
Bilanz ziehen aus; **déposer son ~** Konkurs
anmelden
bilatéral, e (*pl* **-aux**) [bilateʀal, o] *adj*
bilateral
bile [bil] *nf* Galle *f*; **se faire de la ~** (*fam*)
sich *dat* Sorgen machen
biliaire [biljɛʀ] *adj* Gallen-
bilieux, -euse [biljø, øz] *adj* (*visage, teint*)
gelblich; (*fig: colérique*) aufbrausend
bilingue [bilɛ̃g] *adj* zweisprachig
billard [bijaʀ] *nm* Billard *nt*; (*table*)
Billardtisch *m*; **passer sur le ~** unters
Messer kommen; **~ électrique** Flipper *m*
bille [bij] *nf* Kugel *f*; (*du jeu de billes*)
Murmel *f*
billet [bijɛ] *nm* (*billet de banque*)
(Geld)schein *m*; (*de cinéma*) (Eintritts)karte
f; (*de train*) Fahrkarte *f*; (*d'avion*)
Flugschein *m*, Ticket *nt*; (*courte lettre*)
Briefchen *nt*; **~ circulaire** Rundreiseticket;
~ de commerce Schuldschein; **~ de
faveur** Freikarte; **~ de loterie** Los *nt*;
~ doux Liebesbrief *m*; **~ électronique**
E-Ticket *nt*
billetterie *nf* Fahrscheinautomat *m*
billion [biljõ] *nm* Billion *f*
billot [bijo] *nm* Klotz *m*
bimensuel, le [bimãsɥɛl] *adj*
vierzehntäglich
binaire [binɛʀ] *adj* binär
binette [binɛt] *nf* (*outil*) Hacke *f*
binocle [binɔkl] *nm* Lorgnon *nt*, Kneifer *m*
bio [bjɔ] (*fam*) *adj* (*produits, aliments*) Bio-
bio- *préf* Bio-, bio-
biochimie [bjoʃimi] *nf* Biochemie *f*
biochimique [bjoʃimik] *adj* biochemisch
biodégradable [bjodegʀadabl] *adj*
biologisch abbaubar
biodiversité [bjodivɛʀsite] *nf*
Artenvielfalt *f*
bioénergie *nf* (*Psych*) Bioenergetik *f*
bioéthique [bjoetik] *nf* Bioethik *f*
biographe [bjɔgʀaf] *nmf* Biograf(in) *m(f)*
biographie *nf* Biografie *f*
biographique *adj* biografisch

biologie [bjɔlɔʒi] *nf* Biologie *f*
biologique *adj* biologisch; (*agriculture*)
biodynamisch
biologiste [bjɔlɔʒist] *nmf* Biologe(-login)
m/f
biomasse [bjɔmas] *nf* Biomasse *f*
biopsie [bjɔpsi] *nf* Biopsie *f*
biorythme [bjɔritm] *nm* Biorhythmus *m*
biosphère [bjosfɛʀ] *nf* Biosphäre *f*
biotechnique *nf* Biotechnik *f*
bioterrorisme [bjotɛʀɔʀism] *nm*
Bioterrorismus *m*
biotope [bjɔtɔp] *nm* Biotop *nt*
biovigilance [bjoviʒilãs] *nf* biologische
Wachsamkeit *f* (*in Bezug auf
genmanipulierte Produkte*)
bip [bip] *nm*: **~ sonore** Pfeifton *m*; **Laissez
votre message après le ~ sonore** (*au
répondeur*) Hinterlassen Sie Ihre Nachricht
nach dem Pfeifton
bipartisme [bipartism] *nm*
Zweiparteiensystem *nt*
bipartite [bipartit] *adj* (*gouvernement*)
Zweiparteien-; (*accord*) zweiseitig
bipède [bipɛd] *nm* Zweibeiner *m*
biplan [biplã] *nm* Doppeldecker *m*
biréacteur [biʀeaktœʀ] *nm*
zweimotoriges Flugzeug
Birmanie [biʀmani] *nf*: **la ~** Birma *nt*
bis, e [bis] *adv* (*après un chiffre*) a; **le 5 ~ de
la rue Truffaut** Nr. 5a in der Rue Truffaut
▪ *nm* Zugabe ▪ *interj* Zugabe
bisannuel, le [bizanɥɛl] *adj* zweijährlich;
(*plante*) zweijährig
bisbille [bisbij] *nf*: **être en ~ avec qn** sich
mit jdm in den Haaren liegen
biscornu, e [biskɔʀny] *adj* unförmig,
ungestalt; (*pej: idée, esprit*) bizarr,
ausgefallen
biscotte [biskɔt] *nf* Zwieback *m*
biscuit [biskɥi] *nm* Keks *m*; (*porcelaine*)
Biskuitporzellan *nt*
bise [biz] *nf* (*baiser*) Kuss *m*; (*vent*)
(Nord)wind *m*
bisexué, e [bisɛksɥe], **bisexuel, le**
[bisɛksɥɛl] *adj* bisexuell
bison [bizõ] *nm* Bison *m*
bisou [bizu] *nm* (*fam*) Küsschen *nt*
bisque [bisk] *nf*: **~ d'écrevisses**
Krebssuppe *f*
bisser [bise] <1> *vt* eine Zugabe
verlangen von
bissextile [bisɛkstil] *adj*: **année ~**
Schaltjahr *nt*
bistro(t) [bistʀo] *nm* Kneipe *f*
bit [bit] *nm* (*Inform*) Bit *nt*
bitume [bitym] *nm* Asphalt *m*
bivalent, e [bivalã, ãt] *adj* zweiwertig
bivouac [bivwak] *nm* Biwak *m*
bivouaquer [bivwake] <1> *vi* biwakieren

bizarre [bizaʀ] *adj* bizarr
bizarrerie [bizaʀʀi] *nf* Merkwürdigkeit *f*
blackbouler [blakbule] <1> *vt* stimmen gegen
blafard, e [blafaʀ, d] *adj* bleich
blague [blag] *nf* (*propos*) Witz *m*; (*farce*) Streich *m*; **sans ~!** im Ernst!; **~ à tabac** Tabaksbeutel *m*
blaguer <1> *vi* Witze machen
blagueur, -euse *adj* neckend; (*sourire*) schelmisch ▪ *nm/f* Witzbold *m*
blaireau (*pl* x) [blɛʀo] *nm* (*animal*) Dachs *m*; (*brosse*) Rasierpinsel *m*
blairer [blɛʀe] <1> *vt*: **je ne peux pas le ~** (*fam*) ich kann den nicht ausstehen
blâme [blɑm] *nm* Tadel *m*
blâmer <1> *vt* tadeln
blanc, blanche [blɑ̃, blɑ̃ʃ] *adj* weiß; (*non imprimé*) leer; (*innocent*) rein; **d'une voix blanche** mit tonloser Stimme ▪ *nm* (*couleur*) Weiß *nt*; (*espace non écrit*) freier Raum; **le ~** (*linge*) die Weißwaren *pl*; **laisser en ~** (*ne pas écrire*) freilassen; **le ~ de l'œil** das Weiße im Auge; **le ~** (*linge*) die Weißwaren *pl*; **laisser en ~** (*ne pas écrire*) freilassen; **le ~ de l'œil** das Weiße im Auge; **chèque en ~** Blankoscheck *m*; **à ~** (*chauffer*) weiß glühend; (*tirer, charger*) mit Platzpatronen; **~ (d'œuf)** Eiweiß; **~ (de poulet)** Hähnchenbrust *f* ▪ *nf* (*Mus*) halbe Note
Blanc, Blanche *nm/f* Weiße(r) *mf*
blanc-bec (*pl* blancs-becs) *nm* Grünschnabel *m*
blancheur *nf* Weiße *f*
blanchiment *nm* (*mur*) Weißen *nt*, Tünchen *nt*; (*de tissu, etc*) Bleichen *nt*; **~ d'argent** Geldwäsche *f*
blanchir [blɑ̃ʃiʀ] <8> *vt* weiß machen; (*mur*) weißen; (*linge*) bleichen; (*Gastr*) blanchieren; (*l'argent de la drogue*) waschen; (*fig: disculper*) reinwaschen ▪ *vi* weiß werden; (*cheveux*) grau werden; **blanchi(e) à la chaux** geweißt, getüncht
blanchissage *nm* (*du linge blanc*) Waschen und Bleichen *nt*
blanchisserie [blɑ̃ʃisʀi] *nf* Wäscherei *f*; (*nettoyage à sec*) Reinigung *f*
blanchisseur, -euse *nm/f* Wäscher(in) *m(f)*
blanc-seing (*pl* blancs-seings) [blɑ̃sɛ̃] *nm* Blankovollmacht *f*
blanquette [blɑ̃kɛt] *nf*: **~ de veau** Kalbsragout *nt*
blasé, e [blaze] *adj* blasiert
blason [blazɔ̃] *nm* Wappen *nt*
blasphème [blasfɛm] *nm* Blasphemie *f*
blasphémer [blasfeme] <5> *vi* Gott lästern ▪ *vt* verspotten
blatte [blat] *nf* Schabe *f*
blazer [blazɛʀ] *nm* Blazer *m*

blé [ble] *nm* Weizen *m*
bled [blɛd] *nm* (*pej: lieu isolé*) Kaff *nt*
blême [blɛm] *adj* bleich
blennorragie [blenɔʀaʒi] *nf* Tripper *m*
blessant, e [blesɑ̃, ɑ̃t] *adj* verletzend
blessé, e [blese] *adj* verletzt ▪ *nm/f* Verletzte(r) *mf*; **un ~ grave, un grand ~** ein Schwerverletzter
blesser <1> *vt* verletzen; **se blesser** *vpr* sich verletzen; **se ~ au pied** sich *dat* den Fuß verletzen
blessure [blesyʀ] *nf* Wunde *f*, Verletzung *f*
blet, te [blɛ, blɛt] *adj* (*poire*) überreif
blette [blɛt] *nf voir* **bette**
bleu [blø] *adj* blau; (*bifteck*) roh, englisch; **une peur ~e** eine Heidenangst; **une colère ~e** ein unmäßiger Zorn; **~ marine** marineblau ▪ *nm* (*couleur*) Blau *nt*; (*novice*) Neuling *m*; (*contusion*) blauer Fleck; (*vêtement*) blauer Anton; **au ~** (*Gastr*) blau
bleuet [bløɛ] *nm* Kornblume *f*
blindage [blɛ̃daʒ] *nm* Panzerung *f*
blindé, e *adj* gepanzert; (*fig*) abgehärtet ▪ *nm* Panzer *m*
blinder <1> *vt* panzern; (*fig*) abhärten
blizzard [blizaʀ] *nm* Schneesturm *m*
bloc [blɔk] *nm* Block *m*; **à ~** ganz, fest; **en ~** im Ganzen; **faire ~** zusammenhalten; **faire ~ contre qch** geschlossen gegen etw sein
blocage [blɔkaʒ] *nm* (*des roues*) Blockieren *nt*; (*Econ*) Stopp *m*; (*Psych*) Blockade *f*; (*Inform*) Systemabsturz *m*
bloc-moteur (*pl* blocs-moteurs) *nm* Motorblock *m*
bloc-notes (*pl* blocs-notes) *nm* Notizblock *m*
blocus [blɔkys] *nm* Blockade *f*
blog [blɔg] *nm* Blog *m*, Weblog *m*
bloguer [blɔge] *vi* bloggen
blond, e [blɔ̃, blɔ̃d] *adj* (*cheveux, personne*) blond; (*sable, blé*) gelb; **~ cendré** aschblond ▪ *nm/f* blonder Mann, Blondine *f*
bloquer [blɔke] <1> *vt* (*regrouper*) zusammenfassen; (*passage, pièce mobile*) blockieren; (*crédits, compte*) sperren; **~ les freins** eine Vollbremsung machen
blottir [blɔtiʀ] <8> *vpr*: **se blottir** sich zusammenkauern
blouse [bluz] *nf* Kittel *m*
blouson [bluzɔ̃] *nm* Blouson *nt*; **~ noir** Halbstarke(r) *mf*
blue-jean (*pl* ~s) [bludʒin] *nm* (Blue)jeans *pl*
bluff [blœf] *nm* Bluff *m*
bluffer <1> *vt*, *vi* bluffen
B.O. *nm abr* = **Bulletin officiel** Amtsblatt *nt*
boa [bɔa] *nm* Federboa *f*; **~ (constricteur)** Boa *f* (constrictor)

bob [bɔb] *nm voir* **bobsleigh**

bobard [bɔbaʀ] *nm (fam)* Märchen *nt*

bobine [bɔbin] *nf* Spule *f*

bobo [bobo] *nm (fam)* Aua *nt*, Wehwehchen *nt*

bobo [bobo] *nm acr* = **bourgeois bohème** Bobo *m (bezeichnet gut betuchte junge Leute mit relaxtem Lebensstil)*

bobsleigh [bɔbslɛg] *nm* Bob *m*

bocage [bɔkaʒ] *nm* Knicklandschaft *f (in der Normandie, der Vendée)*

bocal *(pl* -**aux**) [bɔkal, o] *nm* Glasbehälter *m*

body [bɔdi] *nm (vêtement féminin)* Body *m*

bœuf *(pl* -**s**) [bœf, bø] *nm (animal)* Ochse *m*; *(Gastr)* Rindfleisch *nt*

bof [bɔf] *interj* na ja

bohémien, ne [bɔemjɛ̃, ɛn] *adj* Zigeuner- ▪ *nm/f* Zigeuner(in) *m(f)*

boire [bwaʀ] *irr vt* trinken; *(absorber)* aufsaugen; ~ **un verre** ein Gläschen trinken ▪ *vi (alcoolique)* trinken

bois [bwa] *nm (substance)* Holz *nt*; *(forêt)* Wald *m*; **de** ~, **en** ~ aus Holz

boisé, e [bwaze] *adj* bewaldet

boiser [bwaze] <1> *vt (chambre)* täfeln; *(galerie de mine)* abstützen; *(terrain)* aufforsten

boiseries [bwazʀi] *nfpl* Täfelung *f*

boisson [bwasɔ̃] *nf* Getränk *nt*; **s'adonner à la** ~ sich dem Trunk ergeben; ~**s alcoolisées** alkoholische Getränke; ~ **gazeuse** kohlensäurehaltiges Getränk

boîte [bwat] *nf* Schachtel *f*; *(fam: boîte de nuit)* Disco *f*; *(fam: entreprise)* Firma *f*; **aliments en** ~ Büchsennahrung *f*; **une** ~ **d'allumettes** eine Streichholzschachtel; **une** ~ **de sardines** eine Sardinenbüchse; ~ **automatique** Automatikgetriebe *nt*; ~ **de conserves** Konservenbüchse *f*, Konservendose *f*; ~ **crânienne** *(Anat)* Schädel *m*; ~ **de dialogue** Dialogbox *f*; ~ **aux lettres** Briefkasten *m*; *(électronique)* Mailbox *f*, elektronischer Briefkasten; ~ **noire** Flug(daten)schreiber *m*; ~ **de nuit** Nachtklub *m*; ~ **postale** Postfach *nt*; ~ **de vitesses** Getriebe *nt*; ~ **vocale** Voicemail *f*

boiter [bwate] <1> *vi* hinken

boiteux, -euse *adj* hinkend ▪ *nm/f* Hinkende(r) *m/f*

boîtier [bwatje] *nm* Gehäuse *nt*

bol [bɔl] *nm* Trinkschale *f*; **un** ~ **d'air** ein bisschen frische Luft

bolet [bɔlɛ] *nm* Röhrling *m*

bolide [bɔlid] *nm* Rennwagen *m*; **comme un** ~ rasend schnell

Bolivie [bɔlivi] *nf*: **la** ~ Bolivien *nt*

bolivien, ne [bɔlivjɛ̃, ɛn] *adj* bolivianisch

Bolivien, ne [bɔlivjɛ̃, ɛn] *nm/f* Bolivianer(in) *m(f)*

bombance [bɔ̃bɑ̃s] *nf*: **faire** ~ schlemmen

bombardement [bɔ̃baʀdəmɑ̃] *nm* Bombardierung *f*

bombarder <1> *vt* bombardieren; ~ **qn de cailloux** jdn mit Steinen bewerfen; ~ **qn de lettres** jdn mit Briefen überhäufen; ~ **qn directeur** *(fam)* jdn auf den Posten des Direktors katapultieren

bombe [bɔ̃b] *nf* Bombe *f*; *(atomiseur)* Spraydose *f*; **faire la** ~ *(fam)* auf Sauftour gehen; ~ **à neutrons** Neutronenbombe; ~ **à retardement** Zeitzünderbombe; ~ **atomique** Atombombe *f*

bombé, e [bɔ̃be] *adj* gewölbt

bomber [bɔ̃be] <1> *vt (graffiti)* sprühen ▪ *vi* sich wölben

bon, ne [bɔ̃, bɔn] *adj* gut; **c'est le ~ numéro/moment** *(juste)* das ist die richtige Nummer/der richtige Moment; **un ~ nombre de** eine beträchtliche Zahl von; **une ~ne distance** ein gutes Stück; ~ **à** *(adopté, approprié)* gut zu; ~ **à être imprimé(e)** druckreif sein; ~ **pour** gut für; ~ **anniversaire!** herzlichen Glückwunsch zum Geburtstag!; ~ **voyage!** gute Reise!; ~**ne route!** gute Fahrt!; ~**ne chance!** viel Glück!; ~**ne année!** ein gutes neues Jahr!; ~**ne nuit!** gute Nacht!; ~**ne femme** *(pej)* Tante *f*; ~**nes œuvres** *fpl* wohltätige Werke *pl*; **avoir** ~ **dos** einen breiten Rücken haben; ~ **marché** billig, preiswert; ~ **sens** gesunder Menschenverstand; ~ **vivant** Lebenskünstler(in) *m(f)* ▪ *adv*: **il fait** ~ es ist schönes Wetter; **sentir** ~ gut riechen; **tenir** ~ aushalten; **pour de** ~ wirklich ▪ *interj*: ~**! gut!**; **ah ~?** ach wirklich? ▪ *nm (billet)* Bon *m*; *(de rationnement)* Marke *f*; **il y a du** ~ **dans cela/ce qu'il dit** das hat etwas Gutes für sich/es ist gar nicht so schlecht, was er sagt; ~ **d'achat** Einkaufsgutschein *m*; ~ **(cadeau)** Geschenkgutschein *m*; ~ **de commande** *(Com)* Bestellschein *m*; ~ **d'essence** Benzingutschein *m*; *voir aussi* **bonne**

bonasse [bɔnas] *adj* gutmütig

bonbon [bɔ̃bɔ̃] *nm* Bonbon *nt*

bonbonne [bɔ̃bɔn] *nf* Korbflasche *f*

bond [bɔ̃] *nm* Sprung *m*; **faire un** ~ einen Sprung machen; **d'un seul** ~ mit einem Satz

bonde [bɔ̃d] *nf (d'évier, etc)* Stöpsel *m*; *(de tonneau)* Spund *m*

bondé, e [bɔ̃de] *adj* überfüllt

bondir [bɔ̃diʀ] <8> *vi* springen, einen Satz machen

bonheur [bɔnœʀ] *nm* Glück *nt*; **avoir le ~ de …** das Glück haben zu …; **porter** ~ **(à qn)** (jdm) Glück bringen; **au petit** ~ aufs Geratewohl; **par** ~ glücklicherweise

bonhomie [bɔnɔmi] *nf* Gutmütigkeit *f*
bonhomme (*pl* **bonshommes**) [bɔnɔm]
nm Mensch *m*, Typ *m*; **aller son ~ de
chemin** (*fig*) unbeirrrbar seinen Weg
gehen; **~ de neige** Schneemann *m* ■ *adj*
gutmütig
boni [bɔni] *nm* Profit *m*
bonification [bɔnifikasjɔ̃] *nf* (*somme*)
Bonus *m*
bonifier [bɔnifje] <1> *vt* verbessern
bonjour [bɔ̃ʒuʀ] *nm*: **~!** guten Tag!;
~ Monsieur! guten Tag!; **donner** [*ou*
souhaiter] **le ~ à qn** jdm Guten Tag sagen;
dire ~ à qn jdn grüßen
bonne [bɔn] *adj voir* **bon** ■ *nf* (*domestique*)
Hausgehilfin *f*; **~ d'enfant** Kindermädchen
nt; **~ à tout faire** Mädchen *nt* für alles
bonne-maman (*pl* **bonnes-mamans**)
[bɔnmamɑ̃] *nf* Oma *f*
bonnement [bɔnmɑ̃] *adv*: **tout ~** ganz
einfach
bonnet [bɔnɛ] *nm* Mütze *f*; (*de soutien-
gorge*) Körbchen *nt*; **~ d'âne** Papierhut für
den schlechtesten Schüler; **~ de bain**
Badekappe *f*, Bademütze; **~ de nuit**
Nachtmütze
bon-papa (*pl* **bons-papas**) [bɔ̃papa] *nm*
Opa *m*
bonsaï [bɔ̃zaj] *nm* Bonsai *m*
bonsoir [bɔ̃swaʀ] *interj* guten Abend
bonté [bɔ̃te] *nf* Güte *f*; **avoir la ~ de ... so**
gut sein und ...
bonus [bɔnys] *nm* Bonus *m*,
Schadenfreiheitsrabatt *m*
boom [bum] *nm* Boom *m*; (*Econ*)
Hochkonjunktur *f*; **~ de la demande** (*Econ*)
Nachfrageboom; **~ démographique**
Bevölkerungsexplosion *f*
boomerang [bumʀɑ̃g] *nm* Bumerang *m*
booter [bute] <1> *vt* (*Inform*) booten
boots [buts] *nmpl* Boots *pl*
bord [bɔʀ] *nm* Rand *m*; (*de rivière, lac*) Ufer
nt; **à ~** an Bord; **de tous ~s** jedweder
Couleur; **monter à ~** an Bord gehen; **jeter
par-dessus ~** über Bord werfen; **du même
~** der gleichen Meinung; **au ~ de la mer**
am Meer; **au ~ de la route** an Straßenrand;
être au ~ des larmes den Tränen nahe sein
bordeaux [bɔʀdo] *nm* (*vin*)
Bordeaux(wein) *m* ■ *adj inv* (*couleur*)
weinrot
bordel [bɔʀdɛl] *nm* (*fam*) Puff *m*; (*fam*:
désordre) heilloses Durcheinander
bordélique [bɔʀdelik] *adj* (*fam*)
chaotisch, unordentlich
border [bɔʀde] <1> *vt* (*être le long de*)
säumen; (*garnir*) einfassen (*de* mit);
bordé(e) de gesäumt von
bordereau (*pl* **x**) [bɔʀdəʀo] *nm*
Aufstellung *f*; (*facture*) Rechnung *f*

bordure [bɔʀdyʀ] *nf* Umrandung *f*; (*sur un
vêtement*) Bordüre *f*; **en ~ de** entlang +*dat*
borgne [bɔʀɲ] *adj* einäugig; (*fenêtre*)
blind; **hôtel ~** schäbiges Hotel
borne [bɔʀn] *nf* (*pour délimiter*) Grenzstein
m, Markstein *m*; **~ kilométrique**
Kilometerstein *m*; **bornes** *nfpl* (*limites*)
Grenzen *pl*; **dépasser les ~s** zu weit
gehen; **sans ~(s)** grenzenlos
borné, e [bɔʀne] *adj* engstirnig
borner [bɔʀne] <1> *vt* (*terrain, horizon*)
begrenzen, eingrenzen; (*désirs, ambition*)
zurückschrauben ■ *vpr*: **se ~ à qch** sich
mit etw begnügen; **se ~ à faire qch** sich
damit begnügen, etw zu tun
bosniaque [bɔznjak] *adj* bosnisch
Bosniaque *nmf* Bosnier(in) *m(f)*
Bosnie [bɔzni] *nf*: **la ~** Bosnien *nt*
Bosnie-Herzégovine [bɔzniɛʀzegɔvin]
nf Bosnien und Herzegowina *nt*
Bosphore [bɔsfɔʀ] *nm*: **le ~** der Bosporus
bosquet [bɔskɛ] *nm* Wäldchen *nt*
bosse [bɔs] *nf* (*de terrain, sur un objet*)
Unebenheit *f*; (*enflure*) Beule *f*; (*du bossu*)
Buckel *m*; (*du chameau, etc*) Höcker *m*;
avoir la ~ des maths ein Talent für Mathe
haben; **rouler sa ~** (viel) herumkommen
bosseler [bɔsle] <1> *vt* (*ouvrer*) treiben;
(*abîmer*) verbeulen
bosser [bɔse] *vi* (*fam: travailler*)
arbeiten; (*travailler dur*) schuften
bosseur, -euse [bɔsœʀ, øz] *nm/f*
Arbeitstier *nt*
bossu, e [bɔsy] *adj* bucklig ■ *nm/f*
Bucklige(r) *mf*
botanique [bɔtanik] *nf* Botanik *f* ■ *adj*
botanisch
Botswana [bɔtswana] *nm*: **le ~**
Botsuana *nt*
botte [bɔt] *nf* (*soulier*) Stiefel *m*; (*escrime*:
coup) Stoß *m*; **~ d'asperges** Bündel *nt*
Spargel; **~ de paille** Strohbündel *nt*;
~ de radis Rettichbund *m*
botter <1> *vt* Stiefel anziehen +*dat*;
(*donner un coup de pied dans*) einen Tritt
versetzen +*dat*; **ça me botte** (*fam*) das
reizt mich
bottier [bɔtje] *nm* Schuhmacher(in) *m(f)*
bottin [bɔtɛ̃] *nm* Telefonbuch *nt*
bottine [bɔtin] *nf* Stiefelette *f*
botulisme [bɔtylism] *nm*
Fleischvergiftung *f*
bouc [buk] *nm* (*animal*) Ziegenbock *m*;
(*barbe*) Spitzbart *m*; **~ émissaire**
Sündenbock
boucan [bukɑ̃] *nm* (*bruit*) Lärm *m*,
Getöse *nt*
bouche [buʃ] *nf* Mund *m*; (*de volcan*)
Schlund *m*; (*de four*) Öffnung *f*; **une ~
inutile** ein unnützer Esser; **ouvrir la ~** (*fig*)

den Mund aufmachen; **~ cousue!** nicht weitersagen!; **~ de chaleur** Heißluftöffnung f; **~ d'égout** Kanalschacht m; **~ d'incendie** Hydrant m; **~ de métro** Metroeingang m; **le ~ à oreille** die Mundpropaganda

bouché, e [buʃe] adj verstopft; (vin, cidre) verkorkt; (temps, ciel) bewölkt; (pej: personne) blöd(e); **avoir le nez ~** eine verstopfte Nase haben

bouche-à-bouche nm Mund-zu-Mund-Beatmung f

bouchée [buʃe] nf Bissen m; **ne faire qu'une ~ de** schnell fertig werden mit; **pour une ~ de pain** für ein Butterbrot; **bouchées** fpl **à la reine** Königinpastetchen pl

boucher [buʃe] <1> vt verstopfen; (passage, vue) versperren; **se boucher** vpr sich verstopfen; **se ~ le nez/les oreilles** sich dat die Nase/Ohren zuhalten

boucher, -ère [buʃe, ɛʀ] nm Metzger(in) m(f)

boucherie [buʃʀi] nf Metzgerei f; (fig) Gemetzel nt

bouche-trou (pl **~s**) [buʃtʀu] nm (personne) Lückenbüßer(in) m(f); (chose) Notbehelf m

bouchon [buʃõ] nm (en liège) Korken m; (en d'autre matière) Stöpsel m; (Auto) Stau m

bouchonner <1> vi sich stauen

bouchot [buʃo] nm Muschelbank f

boucle [bukl] nf (forme, figure: Inform) Schleife f; (objet) Schnalle f, Spange f; **~ (de cheveux)** Locke f; **~ d'oreille** Ohrring m

bouclé, e [bukle] adj lockig

boucler [bukle] <1> vt (fermer) zumachen, abriegeln; (enfermer) einschließen; (terminer) abschließen; **~ son budget** sein Budget ausgleichen ▪ vi: **faire ~** (cheveux) Locken machen in +akk

bouclier [buklije] nm Schild m

bouddha [buda] nm Buddha m

bouddhisme [budism] nm Buddhismus m

bouddhiste [budist] nmf Buddhist(in) m(f)

bouder [bude] <1> vi schmollen

boudeur, -euse adj schmollend

boudin [budɛ̃] nm (charcuterie) Blutwurst f

boue [bu] nf Schlamm m

bouée [bwe] nf Boje f; **~ (de sauvetage)** Rettungsring m

boueux, -euse [bwø, øz] adj schlammig ▪ nm Müllmann m ▪ nmpl Müllabfuhr f

bouffant, e [bufã, ãt] adj bauschig

bouffe [buf] nf (fam) Essen nt; **se faire une ~** gemütlich zusammen essen; **~ industrielle** Junkfood m

bouffée [bufe] nf (de fumée) Stoß m; (d'air) Hauch m; (de pipe) Wolke f, Schwade f; **~ de chaleur** Hitzewallung f; **~ d'orgueil/ de honte** Anfall m von Stolz/Scham

bouffer [bufe] <1> vt (fam) essen

bouffi, e [bufi] adj geschwollen

bougeoir [buʒwaʀ] nm Kerzenhalter m

bougeotte [buʒɔt] nf: **avoir la ~** (fam) kein Sitzfleisch haben

bouger [buʒe] <2> vi (remuer) sich bewegen; (voyager) (herum)reisen; (changer) sich ändern; (agir) sich regen ▪ vt bewegen

bougie [buʒi] nf Kerze f; (Auto) Zündkerze f

bougon, ne [bugõ, ɔn] adj mürrisch, grantig

bougonner <1> vi murren

bougre [bugʀ] nm Kerl m; **ce ~ de ...** dieser verfluchte Kerl von ...

bouillabaisse [bujabɛs] nf Bouillabaisse f (Fischsuppe)

bouillant, e [bujã, ãt] adj (qui bout) kochend; (très chaud) siedend heiß

bouille [buj] nf (fam) Birne f, Rübe f

bouilli, e [buji] adj gekocht

bouillie nf Brei m; **en ~** (fig) zerquetscht

bouillir [bujiʀ] irr vi kochen; **faire ~** (Gastr) kochen; (pour stériliser) auskochen

bouilloire [bujwaʀ] nf Kessel m

bouillon [bujõ] nm (Gastr) Bouillon f; (bulle) Blase f

bouillonner [bujɔne] <1> vi sprudeln; (fig: de colère) schäumen

bouillotte [bujɔt] nf Wärmflasche f

boulanger, -ère [bulãʒe, ɛʀ] nm/f Bäcker(in) m(f)

boulangerie [bulãʒʀi] nf (boutique) Bäckerei f; (commerce, branche) Bäckerhandwerk nt

boulangerie-pâtisserie (pl **boulangeries-pâtisseries**) nf Bäckerei und Konditorei f

boule [bul] nf Kugel f; (de machine à écrire) Kugelkopf m; **roulé(e) en ~** zusammengerollt; **se mettre en ~** (fig) wütend werden; **perdre la ~** (fam) verrückt werden; **~ de neige** Schneeball m

bouleau (pl **x**) [bulo] nm Birke f

bouledogue [buldɔg] nm Bulldogge f

boulet [bulɛ] nm (boulet de canon) (Kanonen)kugel f; (charbon) Eierbrikett nt

boulette [bulɛt] nf Bällchen nt; (mets) Kloß m

boulevard [bulvaʀ] nm Boulevard m

bouleversement [bulvɛʀsəmã] nm (politique, social) Aufruhr m

bouleverser <1> vt erschüttern; (pays, vie, objets) durcheinanderbringen

boulier [bulje] nm Abakus m; (Sport) Anzeigetafel f

boulimie [bulimi] nf Heißhunger m; (maladie) Bulimie f

boulimique [bulimik] adj bulimisch, bulimiekrank

boulon [bulõ] *nm* Bolzen *m*
boulonner <1> *vt* festschrauben
boulot [bulo] *nm* (*fam: travail*) Arbeit *f*; petit ~ Gelegenheitsarbeit
boulot, te [bulo, ɔt] *adj* stämmig
boum [bum] *nf* (*fam*) Fete *f*
bouquet [bukɛ] *nm* (*de fleurs*) (Blumen)strauß *m*; (*de persil, etc*) Bund *nt*; (*parfum*) Bukett *nt*; **c'est le ~!** das ist der Abschluss!
bouquetin [buk(ə)tɛ̃] *nm* Steinbock *m*
bouquin [bukɛ̃] *nm* (*fam*) Buch *nt*
bouquiner <1> *vi* (*fam*) lesen
bourbeux, -euse [buʁbø, øz] *adj* schlammig
bourbier [buʁbje] *nm* Morast *m*
bourdon [buʁdõ] *nm* Hummel *f*
bourdonnement [buʁdɔnmã] *nm* Summen *nt*
bourdonner <1> *vi* (*abeilles, etc*) summen; (*oreilles*) dröhnen
bourg [buʁ] *nm* Marktstadt *f*
bourgade [buʁgad] *nf* Marktflecken *m*
bourgeois, e [buʁʒwa, az] *adj* bürgerlich; (*pej: petit bourgeois*) spießig ▪ *nm/f* Bürger(in) *m(f)*; (*pej*) Spießer(in) *m(f)*
bourgeoisie *nf* Bürgertum *nt*; **haute/petite** ~ Groß-/Kleinbürgertum
bourgeon [buʁʒõ] *nm* Knospe *f*
bourgeonner <1> *vi* knospen
bourgogne [buʁgɔɲ] *nm* (*vin*) Burgunder(wein) *m*
Bourgogne *nf*: **la** ~ Burgund *nt*
bourguignon, ne [buʁgiɲõ, ɔn] *adj* burgundisch; **bœuf** ~ Rindfleisch in Rotwein; **fondue** ~**ne** Fleischfondue *nt*
bourlinguer [buʁlɛ̃ge] <1> *vi* (*fam*) herumziehen
bourrade [buʁad] *nf* Schubs *m*
bourrage [buʁaʒ] *nm*: ~ **de crâne** ≈ Stimmungsmache *f*; ~ **papier** Papierstau *m*
bourrasque [buʁask] *nf* Bö *f*
bourratif, -ive [buʁatif, iv] *adj* (*aliment*) stopfend
bourré, e [buʁe] *adj*: ~ **de** vollgestopft mit
bourreau (*pl* x) [buʁo] *nm* (*exécuteur*) Henker *m*; (*qui maltraite, torture*) Folterknecht *m*; ~ **de travail** Arbeitstier *nt*
bourrelet [buʁlɛ] *nm* Filzstreifen *m*; (*isolant*) Dichtungsmaterial *nt*; (*renflement*) Wulst *m*
bourrer [buʁe] <1> *vt* vollstopfen; (*pipe*) stopfen; ~ **qn de coups** auf jdn einschlagen
bourrique [buʁik] *nf* (*âne*) Esel *m*
bourru, e [buʁy] *adj* mürrisch, missmutig
bourse [buʁs] *nf* (*pension*) Stipendium *nt*; (*petit sac*) Geldbeutel *m*; **la B**~ die Börse;

B~ **des valeurs** Effektenbörse *f*; **cote en** ~ Börsennotierung *f*; **opération de** ~ Börsengeschäft *nt*; **sans** ~ **délier** ohne Geld auszugeben
boursier, -ière [buʁsje, ɛʁ] *nm/f* Stipendiat(in) *m(f)*
boursouflé, e [buʁsufle] *adj* geschwollen
boursoufler <1> *vt* anschwellen lassen; **se boursoufler** *vpr* (*visage*) anschwellen
bousculade [buskylad] *nf* (*remous*) Gedränge *nt*; (*hâte*) Hast *f*
bousculer <1> *vt* überrennen; (*heurter*) anrempeln; (*objet*) umwerfen; (*fig*) einen Stoß geben +*dat*; **être bousculé(e)** (*pressé*) unter Zeitdruck stehen
bouse [buz] *nf*: ~ **de vache** Kuhmist *m*, Kuhfladen *m*
boussole [busɔl] *nf* Kompass *m*
bout [bu] *nm* (*morceau*) Stück *nt*; (*extrémité*) Ende *nt*; (*de pied, bâton*) Spitze *f*; **au** ~ **de** (*après*) nach; **être à** ~ am Ende sein; **pousser qn à** ~ jdn zur Weißglut bringen; **venir à** ~ **de qch** etw zu Ende bringen; **venir à** ~ **de qn** mit jdm fertig werden; ~ **à** ~ aneinander; **d'un** ~ **à l'autre, de** ~ **en** ~ von Anfang bis Ende; ~ **filtre** Filtermundstück
boutade [butad] *nf* witzige Bemerkung
boute-en-train [butãtʁɛ̃] *nm inv* Betriebsnudel *f*
bouteille [butɛj] *nf* Flasche *f*; ~ **consignée** Pfandflasche; ~ **jetable** [*ou* **perdue**] Einwegflasche
boutique [butik] *nf* Laden *m*; ~ **hors taxes** Dutyfreeshop *m*
boutiquier, -ière [butikje, ɛʁ] *nm/f* (*pej*) Krämer(in) *m(f)*
bouton [butõ] *nm* Knopf *m*; (*Bot*) Knospe *f*; (*Med*) Pickel *m*; (*Inform*) Schaltfläche *f*; ~ **de commande** (*Inform*) Befehlsschaltfläche; ~ **d'or** Butterblume *f*
boutonner [butɔne] <1> *vt* zuknöpfen
boutonnière [butɔnjɛʁ] *nf* Knopfloch *nt*
bouton-pression (*pl* **boutons-pression**) *nm* Druckknopf *m*
bouvreuil [buvʁœj] *nm* Dompfaff *m*
bovin, e [bɔvɛ̃, in] *adj* (*élevage, race*) Rinder-; (*fig: air*) blöd
box [bɔks] *nm* (*Jur*) Anklagebank *f*; (*pour cheval*) Box *f*
boxe [bɔks] *nf* Boxen *nt*
boxer <1> *vi* boxen
boxeur, -euse *nm/f* Boxer(in) *m(f)*
boyau (*pl* x) [bwajo] *nm* (*viscère*) Eingeweide *pl*; (*galerie*) Gang *m*; (*tuyau*) Schlauch *m*
boycottage [bɔjkɔtaʒ] *nm* Boykott *m*
boycotter [bɔjkɔte] <1> *vt* boykottieren
B.P. *nf abr* = **boîte postale** Postfach *nt*

bracelet [bʀaslɛ] *nm* Armband *nt*
bracelet-montre (*pl* **bracelets-montres**)
 nm Armbanduhr *f*
braconnage [bʀakɔnaʒ] *nm* Wilderei *f*
braconner <1> *vt* wildern
braconnier *nm* Wilderer *m*
brader [bʀade] <1> *vt* verschleudern
braderie [bʀadʀi] *nf* Trödelmarkt *m*;
 (*soldes*) Ausverkauf *m*
braguette [bʀagɛt] *nf* Hosenschlitz *m*
braillard, e [bʀajaʀ, d] *adj* brüllend
braille [bʀaj] *nm* Blindenschrift *f*
braillement [bʀajmã] *nm* Geschrei *nt*
brailler [bʀaje] <1> *vi* grölen, schreien
 ▪ *vt* brüllen
braire [bʀɛʀ] *irr comme traire* *vi* schreien;
 (*âne*) iahen
braise [bʀɛz] *nf* Glut *f*
braiser [bʀeze] <1> *vt* schmoren;
 bœuf braisé geschmortes Rindfleisch
bramer [bʀame] <1> *vi* (*cerf*) röhren
brancard [bʀãkaʀ] *nm* (*pour blessé*)
 Tragbahre *f*; (*pour cheval*) Deichsel *f*
brancardier, -ière *nm/f*
 Krankenträger(in) *m(f)*
branche [bʀãʃ] *nf* Ast *m*; (*de lunettes*)
 Bügel *m*; (*d'enseignement, de science*)
 Zweig *m*
branché, e [bʀãʃe] *adj*: **être ~** (*fam*) im
 Trend liegen, in sein
branchement [bʀãʃmã] *nm* Anschluss *m*;
 ~ Internet Internetanschluss
brancher <1> *vt* anschließen
branchie [bʀãʃi] *nf* Kieme *f*
brandir [bʀãdiʀ] <8> *vt* schwingen,
 fuchteln mit
branlant, e [bʀãlã, ãt] *adj* wacklig
branle [bʀãl] *nm*: **mettre en ~** in Gang
 bringen; **donner le ~ à qch** etw in
 Bewegung setzen
branle-bas *nm inv* Aufregung *f*,
 Durcheinander *nt*
branler [bʀãle] <1> *vi* wackeln ▪ *vt*:
 ~ la tête mit dem Kopf wackeln
braquer [bʀake] <1> *vi* (*Auto*) einschlagen
 ▪ *vt* (*mettre en colère*) aufbringen; **~ qch
 sur qn** etw auf jdn richten ▪ *vpr*: **se ~**
 (*contre*) sich widersetzen +*dat*
bras [bʀa] *nm* Arm *m* ▪ *nmpl* (*fig:
 travailleurs*) Arbeitskräfte *pl*; **avoir le ~
 long** viel Einfluss haben; **à ~-le-corps**
 (*saisir*) um die Hüfte; **à ~ raccourcis** mit
 aller Gewalt; **le ~ droit** (*fig*) die rechte
 Hand; **~ de mer** Meeresarm
brassage [bʀasaʒ] *nm* (*fig: des races,
 des populations*) Gemisch *nt*
brassard [bʀasaʀ] *nm* Armbinde *f*; **~ noir,
 ~ de deuil** schwarze Armbinde, Trauerflor *m*
brasse [bʀas] *nf* (*nage*) Brustschwimmen
 nt; **~ papillon** Schmetterlingsstil *m*

brasser [bʀase] <1> *vt*
 durcheinanderkneten; **~ de l'argent** viel
 Geld in Umlauf bringen; **~ des affaires**
 viele Geschäfte tätigen
brasserie [bʀasʀi] *nf* (*restaurant*)
 Gaststätte *f*; (*usine*) Brauerei *f*
brasseur, -euse [bʀasœʀ, øz] *nm/f*
 (*de bière*) Brauer(in) *m(f)*; **~ d'affaires**
 großer Geschäftsmann
brassière [bʀasjɛʀ] *nf* (*de bébé*)
 Babyjäckchen *nt*
bravade [bʀavad] *nf*: **par ~** aus Übermut;
 (*pour provoquer*) zur Provokation
brave [bʀav] *adj* (*courageux*) mutig;
 (*bon, gentil*) lieb; (*pej*) bieder
braver [bʀave] <1> *vt* trotzen +*dat*
bravo [bʀavo] *interj* bravo ▪ *nm*
 Bravoruf *m*
bravoure [bʀavuʀ] *nf* Wagemut *m*
break [bʀɛk] *nm* Kombiwagen *m*; (*fam:
 pause*) Pause *f*
brebis [bʀəbi] *nf* Mutterschaf *nt*;
 ~ galeuse (*fig*) schwarzes Schaf
brèche [bʀɛʃ] *nf* Öffnung *f*; **être sur la ~**
 (*fig*) immer auf Trab sein; **battre en ~** (*fig*)
 Punkt für Punkt widerlegen
bredouille [bʀəduj] *adj* mit leeren
 Händen
bredouiller [bʀəduje] <1> *vt, vi* murmeln,
 stammeln
bref, brève [bʀɛf, bʀɛv] *adj* kurz; **d'un
 ton ~** kurz angebunden; **(voyelle) brève**
 kurzer Vokal ▪ *adv* kurz gesagt; **en ~** kurz
 (gesagt)
breloque [bʀəlɔk] *nf* (*bijou*) Anhänger *m*
brème [bʀɛm] *nf* (*poisson*) Brasse *f*
Brême [bʀɛm] Bremen *nt*
Brésil [bʀezil] *nm*: **le ~** Brasilien *nt*
brésilien, ne [bʀeziljɛ̃, ɛn] *adj*
 brasilianisch
Brésilien, ne *nm/f* Brasilianer(in) *m(f)*
Bretagne [bʀətaɲ] *nf*: **la ~** die Bretagne
bretelle [bʀətɛl] *nf* (*de fusil, etc*)
 Tragriemen *m*; (*de soutien-gorge*) Träger *m*;
 (*d'autoroute*) Zubringer *m*; **bretelles** *nfpl*
 (*pour pantalons*) Hosenträger *m*
breton, ne [bʀətõ, ɔn] *adj* bretonisch
Breton, ne *nm/f* Bretone (Bretonin) *m/f*
brève [bʀɛv] *adj voir* **bref**
brevet [bʀəvɛ] *nm* Diplom *nt*;
 ~ (d'invention) Patent *nt*;
 ~ d'apprentissage Gesellenbrief *m*
breveté, e *adj* (*invention*) patentiert;
 (*diplômé*) qualifiziert
breveter [bʀəv(ə)te] <3> *vt* patentieren
bréviaire [bʀevjɛʀ] *nm* Brevier *nt*
bribes [bʀib] *nfpl* (*de conversation*)
 Bruchstücke *pl*, Fetzen *pl*; **par ~**
 stückweise
bric-à-brac [bʀikabʀak] *nm inv* Trödel *m*

bricolage | 42

bricolage [bʀikɔlaʒ] *nm* Basteln *nt*
bricole [bʀikɔl] *nf* Bagatelle *f*
bricoler [bʀikɔle] <1> *vi* herumwerkeln
 ■ *vt* herumbasteln an +*dat*; (*faire*) basteln
bricoleur, -euse *nm/f* Bastler(in) *m(f)*,
 Heimwerker(in) *m(f)* ■ *adj* Bastler-
bride [bʀid] *nf* Zaum *m*; (*d'un bonnet*) Band
 nt; à ~ **abattue** in Windeseile; **tenir en** ~
 im Zaum halten
bridé, e [bʀide] *adj*: **yeux ~s** *mpl*
 Schlitzaugen *pl*
brider [bʀide] <1> *vt* (*réprimer*) zügeln;
 (*cheval*) aufzäumen; (*Gastr*) dressieren
bridge [bʀidʒ] *nm* (*jeu*) Bridge *nt*;
 (*dentaire*) Brücke *f*
brièvement [bʀijɛvmã] *adv* kurz
brièveté [bʀijevte] *nf* Kürze *f*
brigade [bʀigad] *nf* (*Mil: petit
 détachement*) Trupp *m*; (*d'infanterie, etc*)
 Brigade *f*; (*de police*) Dezernat *nt*; ~ **des
 stupéfiants** Rauschgiftdezernat
brigadier [bʀigadje] *nm* Gefreite(r) *mf*
brigand [bʀigã] *nm* Räuber(in) *m(f)*
brillamment [bʀijamã] *adv* großartig,
 glänzend
brillant, e [bʀijã, ãt] *adj* strahlend; (*fig*)
 großartig ■ *nm* (*diamant*) Brillant *m*
brillantine [bʀijãtin] *nf* Pomade *f*
briller [bʀije] <1> *vi* leuchten, glänzen
brimade [bʀimad] *nf* (*vexation*) Schikane *f*
brimer <1> *vt* schikanieren
brin [bʀɛ̃] *nm* (*de laine, ficelle, etc*) Faden *m*;
 un ~ de (*fig: un peu*) ein bisschen;
 ~ **d'herbe** Grashalm *m*; ~ **de muguet**
 Maiglöckchensträußchen *nt*; ~ **de paille**
 Strohhalm *m*
brindille [bʀɛ̃dij] *nf* Zweig *m*
brio [bʀijo] *nm*: **avec** ~ großartig
brioche [bʀijɔʃ] *nf* Brioche *f* (*rundes
 Hefegebäck*); (*fam: ventre*) Bauch *m*
brique [bʀik] *nf* Ziegelstein *m* ■ *adj inv*
 (*couleur*) ziegelrot
briquet [bʀikɛ] *nm* Feuerzeug *nt*;
 ~ **jetable** Wegwerffeuerzeug
brise [bʀiz] *nf* Brise *f*
brisé, e [bʀize] *adj* (*ligne, arc*) gebrochen
brisées [bʀize] *nfpl*: **marcher sur les ~ de
 qn** jdm ins Gehege kommen
brise-glace(s) [bʀizglas] *nm inv*
 Eisbrecher *m*
brise-lames [bʀizlam] *nm inv*
 Wellenbrecher *m*
briser [bʀize] <1> *vt* (*casser: objet*)
 zerbrechen; (*fig: carrière, vie, amitié*)
 zerstören; (*volonté, résistance, personne*)
 brechen; (*fatiguer*) erschöpfen; **brisé(e)
 de fatigue** erschöpft vor Müdigkeit; **d'une
 voix brisée** mit gebrochener Stimme; **se
 briser** *vpr* brechen; (*fig*) sich zerschlagen
brise-tout [bʀiztu] *nm inv* Raubein *nt*

briseur, -euse [bʀizœʀ, øz] *nm/f*:
 ~ **de grève** Streikbrecher(in) *m(f)*
brise-vent [bʀizvã] *nm inv* Wandschirm *m*
bristol [bʀistɔl] *nm* (*carte de visite*)
 Visitenkarte *f*
britannique [bʀitanik] *adj* britisch
Britannique *nmf* Brite (Britin) *m/f*
broc [bʀo] *nm* Krug *m*
brocante [bʀɔkãt] *nf* Trödelladen *m*
brocanteur, -euse *nm/f* Trödler(in) *m(f)*
brocart [bʀɔkaʀ] *nm* Brokat *m*
broche [bʀɔʃ] *nf* Brosche *f*; (*Gastr*) Spieß *m*;
 à la ~ am Spieß
broché, e [bʀɔʃe] *adj* (*livre*) broschiert
brochet [bʀɔʃɛ] *nm* Hecht *m*
brochette [bʀɔʃɛt] *nf* (*Gastr*) Spieß *m*
brochure [bʀɔʃyʀ] *nf* Broschüre *f*
brocoli [bʀɔkɔli] *nm* Brokkoli *pl*
broder [bʀɔde] <1> *vt* sticken ■ *vi*: ~ **sur
 des faits/une histoire** die Tatsachen/eine
 Geschichte ausschmücken
broderie *nf* Stickerei *f*
broncher [bʀɔ̃ʃe] <1> *vi*: **sans** ~ ohne zu
 protestieren
bronches [bʀɔ̃ʃ] *nfpl* Bronchien *pl*
bronchite [bʀɔ̃ʃit] *nf* Bronchitis *f*
broncho-pneumonie (*pl* ~**s**)
 [bʀɔ̃kopnømɔni] *nf* schwere Bronchitis
bronzage [bʀɔ̃zaʒ] *nm* Sonnenbräune *f*
bronze [bʀɔ̃z] *nm* Bronze *f*
bronzé, e [bʀɔ̃ze] *adj* gebräunt, braun
bronzer <1> *vt* bräunen ■ *vi* braun
 werden; **se bronzer** *vpr* sonnenbaden
brosse [bʀɔs] *nf* (*ustensile*) Bürste *f*;
 donner un coup de ~ **à qch** etw
 abbürsten; **coupe en** ~ Bürstenschnitt *m*;
 ~ **à cheveux** Haarbürste; ~ **à dents**
 Zahnbürste; ~ **à ongles** Nagelbürste
brosser <1> *vt* (*nettoyer*) bürsten; (*fig:
 tableau, bilan, etc*) in groben Zügen
 darlegen; **se brosser** *vpr* sich bürsten;
 se ~ **les dents/cheveux** sich *dat* die Zähne
 putzen/die Haare bürsten
brouette [bʀuɛt] *nf* Schubkarren *m*
brouhaha [bʀuaa] *nm* Stimmengewirr *nt*,
 Geräuschkulisse *f*
brouillard [bʀujaʀ] *nm* Nebel *m*
brouille [bʀuj] *nf* Streit *m*
brouillé, e *adj* (*fâché*) verkracht; (*teint*) unrein
brouiller [bʀuje] <1> *vt*
 durcheinanderbringen; (*embrouiller*)
 vermischen; (*Radio*) stören; (*rendre trouble,
 confus*) trüben; (*amis*) entzweien;
 se brouiller *vpr* (*ciel, temps*) sich
 bewölken; (*vitres, vue*) beschlagen;
 (*détails*) durcheinandergeraten; (*amis*)
 sich überwerfen
brouillon, ne [bʀujɔ̃, ɔn] *adj* konfus,
 unordentlich ■ *nm* (*écrit*) Konzept *nt*;
 cahier de ~(**s**) Konzeptheft *nt*

broussailles [bʀusaj] *nfpl* Gestrüpp *nt*,
Gebüsch *nt*
broussailleux, -euse *adj* buschig
brousse [bʀus] *nf*: **la** ~ der Busch
brouter [bʀute] <1> *vt* abgrasen ▪ *vi*
grasen
broutille [bʀutij] *nf* Lappalie *f*
broyer [bʀwaje] <6> *vt* zerkleinern;
~ **du noir** deprimiert sein
brugnon [bʀyɲõ] *nm* Nektarine *f*
bruine [bʀɥin] *nf* Nieselregen *m*
bruiner <1> *vb impers*: **il bruine** es nieselt
bruissement [bʀɥismã] *nm* Rascheln *nt*
bruit [bʀɥi] *nm*: **un** ~ ein Geräusch *nt*;
(fig: rumeur) ein Gerücht *nt*; **le** ~ der
Lärm; **pas/trop de** ~ kein/zu viel Lärm;
sans ~ geräuschlos; **faire grand** ~ *(fig)*
Aufsehen erregen; ~ **de fond**
Hintergrundgeräusch
bruitage [bʀɥitaʒ] *nm* Toneffekte *pl*
brûlant, e [bʀylɑ̃, ɑ̃t] *adj* siedend heiß;
(regard) feurig; *(sujet)* heiß
brûlé, e *adj (fig: démasqué)* entlarvt
▪ *nm*: **odeur de** ~ Brandgeruch *m*
brûle-pourpoint [bʀylpuʀpwɛ̃] *adv*:
à ~ unvermittelt
brûler [bʀyle] <1> *vt* verbrennen; *(gaz)*
abfackeln; *(eau bouillante)* verbrühen;
(consommer: charbon, électricité)
verbrauchen; *(fig: enfiévrer)* verzehren;
~ **un feu rouge** bei Rot über die Ampel
fahren; ~ **les étapes** eine Stufe
überspringen ▪ *vi* brennen; *(être brûlant,
ardent)* glühen; ~ **de fièvre** vor Fieber
glühen; **se brûler** *vpr (accidentellement)*
sich verbrennen; *(avec de l'eau bouillante)*
sich verbrühen; **se** ~ **la cervelle** sich *dat*
eine Kugel durch den Kopf jagen
brûleur *nm (Tech)* Brenner *m*
brûlure *nf (lésion)* Verbrennung *f*;
(sensation) Brennen *nt*; ~**s d'estomac**
Sodbrennen
brume [bʀym] *nf* Nebel *m*
brumeux, -euse [bʀymø, øz] *adj* neblig;
(fig) unklar, verschwommen
brumisateur® *nm* Zerstäuber *m*
brun, e [bʀœ̃, yn] *adj* braun ▪ *nm*
(couleur) Braun *nt*
brunch [bʀɑ̃ʃ] *nm* Brunch *m*
Brunéi [bʀynɛj] *nm*: **le** ~ Brunei *nt*
brunir <8> *vi* braun werden ▪ *vt* bräunen
brushing [bʀœʃiŋ] *nm (coiffeur)* Fönen *nt*
brusque [bʀysk] *adj (soudain)* plötzlich;
(rude) schroff
brusquement *adv (soudainement)*
plötzlich, unvermittelt
brusquer [bʀyske] <1> *vt (personne)*
hetzen, drängen
brusquerie [bʀyskəʀi] *nf (rudesse)*
Barschheit *f*

brut, e [bʀyt] *adj (sauvage)* roh; *(bénéfice,
salaire, poids)* brutto; **(champagne)** ~
trockener Champagner
brutal, e *(pl* -**aux**) [bʀytal, o] *adj* brutal
brutaliser <1> *vt* grob behandeln
brutalité *nf* Brutalität *f*
brute *nf* Rohling *m*
Bruxelles [bʀysɛl] Brüssel *nt*
bruyamment [bʀɥijamɑ̃] *adv* laut
bruyant, e [bʀɥijɑ̃, ɑ̃t] *adj* laut
bruyère [bʀyjɛʀ] *nf* Heidekraut *nt*
Bt. *abr* = **bâtiment** Wohnblock *m*
BT *nm abr* = **Brevet de technicien** Zeugnis
einer technischen Schule
BTA *nm abr* = **Brevet de technicien
agricole** Zeugnis einer Landwirtschaftsschule
BTP *nmpl abr* = **bâtiments et travaux
publics** ≈ öffentliches Bauwesen
B.T.S. *nm* = **Brevet de technicien supérieur**
Diplom nach zweijähriger Berufsausbildung
bu, e [by] *pp de* **boire**
B.U. *nf abr* = **bibliothèque universitaire**
UB *f*
buanderie [bɥɑ̃dʀi] *nf* Waschküche *f*
buccal, e *(pl* -**aux**) [bykal, o] *adj*: **par voie**
~**e** oral
bûche [byʃ] *nf* Holzscheit *m*; **prendre** [*ou*
ramasser] **une** ~ *(fam)* hinfallen; ~ **de
Noël** Weihnachtskuchen in Form eines
Holzscheits
bûcher [byʃe] <1> *vt, vi (fam)* büffeln
bûcheron, ne [byʃʀõ, ɔn] *nm/f*
Holzfäller(in) *m(f)*
budget [bydʒɛ] *nm* Budget *nt*
budgétaire *adj* Budget-
budgétiser [bydʒetize] <1> *vt*
veranschlagen
buée [bɥe] *nf (sur une vitre)* Beschlag *m*;
(de l'haleine) Dampf *m*
buffet [byfɛ] *nm (meuble)* Anrichte *f*;
(de réception) Büfett *nt*; ~ **(de gare)**
Bahnhofsgaststätte *f*
buffle [byfl] *nm* Büffel *m*
buisson [bɥisõ] *nm* Busch *m*
buissonnière [bɥisɔnjɛʀ] *adj*: **faire
l'école** ~ die Schule schwänzen
bulbe [bylb] *nm (Bot)* Zwiebel *f*; *(Anat)*
Knoten *m*; *(coupole)* Zwiebelturm *m*
bulgare [bylgaʀ] *adj* bulgarisch
Bulgare *nmf* Bulgare (Bulgarin) *m/f*
Bulgarie [bylgaʀi] *nf*: **la** ~ Bulgarien *nt*
bulldozer [buldozœʀ] *nm* Bulldozer *m*
bulle [byl] *nf* Blase *f*; *(papale)* Bulle *f*;
~ **de savon** Seifenblase
bulletin [byltɛ̃] *nm (Radio, TV)* Sendung *f*;
(Scol) Zeugnis *nt*; ~ **officiel** Amtsblatt *nt*;
~ **de vote** Stimmzettel *m*; ~ **de salaire**
Gehaltsabrechnung *f*; ~ **de santé**
Krankheitsbericht *m*; ~ **météorologique**
Wetterbericht *m*

buraliste [byʀalist] *nmf*
Tabakwarenhändler(in) *m(f)*
bureau (*pl* x) [byʀo] *nm* Büro *nt*; (*meuble*)
Schreibtisch *m*; ~ **de change**
Wechselstube *f*; ~ **de poste** Postamt *nt*;
~ **de tabac** Tabakladen *m*; ~ **de vote**
Wahllokal *nt*
bureaucrate [byʀokʀat] *nmf*
Bürokrat(in) *m(f)*
bureaucratie [byʀokʀasi] *nf*
Bürokratie *f*
bureaucratique [byʀokʀatik] *adj*
bürokratisch
bureautique *nf* Büroautomation *f*,
Bürokommunikation *f*
Burkina-Faso [byʀkinafaso] *nm*:
le ~ Burkina Faso *nt*
burlesque [byʀlɛsk] *adj* lächerlich;
(*littérature*) burlesk
burnous [byʀnu(s)] *nm* Burnus *m*
Burundi [buʀundi] *nm*: **le** ~ Burundi *nt*
bus [bys] *nm* (Stadt)bus *m*; (*Inform*) Bus *m*
buse [byz] *nf* Bussard *m*
busqué, e [byske] *adj*: **nez** ~ Hakennase *f*
buste [byst] *nm* (*Anat*) Brustkorb *m*;
(*sculpture*) Büste *f*
bustier [bystje] *nm* Mieder *nt*; ~ **à fines
bretelles** Trägertop *nt*
but [by(t)] *nm* (*cible*) Zielscheibe *f*; (*fig*) Ziel
nt; (*Sport*) Tor *nt*; **de ~ en blanc**
geradeheraus; **il a pour ~ de faire qch** es
ist sein Ziel, etw zu tun; **dans le ~ de** in der
Absicht zu; **à ~ non lucratif** (*Jur*:
association) gemeinnützig; **gagner par
3 ~s à 2** 3 : 2 gewinnen
butane [bytan] *nm* Butan *nt*; **une
bouteille de** ~ eine Butangasflasche
buté, e [byte] *adj* stur
buter [byte] <1> *vi*: ~ **contre/sur qch**
gegen/auf etw *akk* stoßen ■ *vt*
(*contrecarrer*) aufbringen; **se buter** *vpr*
sich versteifen
buteur [bytœʀ] *nm* Torjäger *m*
butin [bytɛ̃] *nm* Beute *f*
butiner [bytine] <1> *vi* (*abeille*) Pollen
sammeln
butor [bytoʀ] *nm* (*fam*) Trampel *m* o *nt*,
Tölpel *m*
butte [byt] *nf* (*éminence*) Hügel *m*; **être
en ~ à** ausgesetzt sein +*dat*
buvable [byvabl] *adj* trinkbar
buvard [byvaʀ] *nm* Löschpapier *nt*
buvette [byvɛt] *nf* Erfrischungsraum *m*
buveur, -euse [byvœʀ, øz] *nm/f* (*pej*)
Säufer(in) *m(f)*; ~ **de bière/vin** Bier-/
Weintrinker(in) *m(f)*
B.V.P. *nm abr* = **Bureau de la vérification
de la publicité** Werbeaufsichtsamt *nt*,
Werberat *m*
BZH *abr* = **Breizh** Bretagne *f*

C

C, c [se] *nm* C, c *nt*
ça [sa] *pron* das; **ça va?** wie geht's?;
(*d'accord*) in Ordnung?; **ça alors!** na so
was!; **c'est ça** richtig!
çà [sa] *adv*: **çà et là** hier und da
C.A. *nm abr* = **chiffre d'affaires** Umsatz *m*
cabane [kaban] *nf* Hütte *f*
cabaret [kabaʀɛ] *nm* Kabarett *nt*
cabillaud [kabijo] *nm* Kabeljau *m*
cabine [kabin] *nf* (*de bateau, de plage*)
Kabine *f*; (*de camion*) Führerhaus *nt*;
(*d'avion*) Cockpit *nt*; ~ **(téléphonique)**
Telefonzelle *f*
cabinet [kabinɛ] *nm* (*petite pièce*) Kammer
f; (*de médecin*) Sprechzimmer *nt*; (*d'avocat*)
Kanzlei *f*; (*clientèle*) Praxis *f*; (*Pol*) Kabinett
nt; **cabinets** *nmpl* Toiletten *pl*
câble [kɑbl] *nm* Kabel *nt*; ~ **optique**
Glasfaserkabel; ~ **de remorque**
Abschleppseil *nt*
câblé, e [kable] *adj* (*TV*) verkabelt;
(*branché*) mega-in
câbler <1> *vt* (*message*) telegrafieren;
(*pays*) verkabeln
câblodistribution [kablɔdistʀibysjɔ̃] *nf*
Kabelfernsehen *nt*
cabrer [kabʀe] <1>; **se cabrer** *vpr* (*cheval*)
sich aufbäumen; (*personne*) sich auflehnen
vt (*cheval*) steigen lassen; (*avion*)
hochziehen

cabriolet [kabʀijɔlɛ] *nm* Kabriolett *nt*

caca [kaka] *nm* (*langage enfantin*) Aa *nt*

cacahuète [kakawɛt] *nf* Erdnuss *f*

cacao [kakao] *nm* Kakao *m*

cache [kaʃ] *nm* (*Foto*) Maske *f* ✳ *nf* Versteck *nt*

caché, e *adj* (*a. Inform*) versteckt, verborgen

cache-cache *nm*: **jouer à ~** Verstecken spielen

cacher <1> *vt* verstecken; (*intentions, sentiments*) verbergen; (*empêcher de voir*) verdecken; (*vérité, nouvelle*) verheimlichen; **je ne vous cache pas que** ich verhehle nicht, dass; **se cacher** *vpr* sich verstecken

cache-sexe [kaʃsɛks] *nm inv* Minislip *m*

cachet [kaʃɛ] *nm* (*comprimé*) Tablette *f*; (*sceau*) Siegel *nt*; (*rétribution*) Gage *f*; (*fig*) Stil *m*

cacheter <3> *vt* versiegeln

cachette [kaʃɛt] *nf* Versteck *nt*; **en ~** heimlich

cachot [kaʃo] *nm* Verlies *nt*

cacophonie [kakɔfɔni] *nf*: **~ des médias** Mediengetümmel *nt*

cactus [kaktys] *nm* Kaktus *m*

c.-à-d. *abr* = **c'est-à-dire** d. h.

cadavre [kadavʀ] *nm* Leiche *f*

caddie [kadi] *nm* (*de golf*) Caddie *m*; (®: *chariot*) Einkaufswagen *m*

cadeau (*pl* **x**) [kado] *nm* Geschenk *nt*; **faire ~ de qch à qn** jdm etw schenken; **faire un ~ à qn** jdm etwas schenken

cadenas [kadnɑ] *nm* Vorhängeschloss *nt*

cadenasser <1> *vt* verschließen

cadence [kadɑ̃s] *nf* (*Mus*) Kadenz *f*; (*de travail*) Tempo *nt*; **en ~** im Rhythmus

cadencé, e *adj* (*Mus*) rhythmisch

cadet, te [kadɛ, ɛt] *adj* jünger ✳ *nm/f* Jüngste(r) *mf*

cadran [kadʀɑ̃] *nm* Zifferblatt *nt*; (*du téléphone*) Wählscheibe *f*; **~ solaire** Sonnenuhr *f*

cadre [kadʀ] *nm* Rahmen *m*; (*paysage*) Umgebung *f*; (*Admin*) Führungskraft *f*; **dans le ~ de** im Rahmen von; **~ d'un réseau cyberrelié** Netzverbund *m*; **rayer qn des ~s** jdn entlassen; **~ moyen/supérieur** mittlerer/höherer Angestellter

cadrer [kadʀe] <1> *vi*: **~ avec qch** einer Sache *dat* entsprechen ✳ *vt* (*Cine*) zentrieren

caduc, caduque [kadyk] *adj* veraltet; (*annulé*) hinfällig; **arbre à feuilles caduques** Laubbaum *m*

C.A.F. [kaf] *nf acr* = **Caisse d'allocations familiales** Familienausgleichskasse *f*

cafard [kafaʀ] *nm* Schabe *f*; **avoir le ~** deprimiert sein

cafardeux, -euse [kafaʀdø, øz] *adj* (*personne*) deprimiert; (*ambiance*) deprimierend

café [kafe] *nm* Kaffee *m*; (*bistro*) Kneipe *f*; **~ au lait** Milchkaffee; **~ noir** schwarzer Kaffee

café-concert (*pl* **cafés-concerts**) [kafekɔ̃sɛʀ] *nm* ≈ Varieté *nt*

caféine [kafein] *nf* Koffein *nt*

cafétéria [kafeteʀja] *nf* Cafeteria *f*

café-théâtre (*pl* **cafés-théâtres**) *nm* Kleinkunstbühne *f*

cafetier, -ière [kaftje, ɛʀ] *nm/f* Kneipeninhaber(in) *m(f)* ✳ *nf* (*pot*) Kaffeekanne *f*; (*machine*) Kaffeemaschine *f*

cafouillage [kafujaʒ] *nm* (*fam*) Durcheinander *nt*, Chaos *nt*

cage [kaʒ] *nf* Käfig *m*; **~ (des buts)** Tor *nt*; **~ d'escalier** Treppenhaus *nt*; **~ thoracique** Brustkorb *m*

cagibi [kaʒibi] *nm* (*fam*) Kämmerchen *nt*

cagnotte [kaɲɔt] *nf* gemeinsame Kasse

cagoule [kagul] *nf* Kapuze *f*; (*Ski*) Kapuzenmütze *f*

cahier [kaje] *nm* (*Schul*)heft *nt*; **~ de brouillon** Schmierheft; **~ des charges** Pflichtenheft

cahot [kao] *nm* Ruck *m*

cahoter <1> *vi* holpern

caille [kaj] *nf* Wachtel *f*

caillé, e [kaje] *adj*: **lait ~** geronnene Milch

cailler [kaje] <1> *vi* gerinnen; (*fam*) frieren

caillou (*pl* **x**) [kaju] *nm* Stein *m*; (*galet*) Kieselstein *m*

caillouteux, -euse *adj* steinig

caïman [kaimɑ̃] *nm* Kaiman *m*

Caire [kɛʀ] *nm*: **Le ~** Kairo *nt*

caisse [kɛs] *nf* Kasse *f*; (*boîte*) Kiste *f*; **grosse ~** (*Mus*) Pauke *f*; **à fond la ~** (*fam*) mit voller Pulle; **~ enregistreuse** Registrierkasse; **~ d'épargne/de retraite** Spar-/Pensionskasse

caissier, -ière *nm/f* Kassierer(in) *m(f)*

caisson [kɛsɔ̃] *nm* Kiste *f*; **~ de décompression** Dekompressionskammer *f*

cajoler [kaʒole] <1> *vt* ganz lieb sein zu

cajoleries [kaʒolʀi] *nfpl* Schmeicheleien *pl*; (*manières*) Zärtlichkeiten *pl*

cajou [kaʒu] *nm*: **(noix de) ~** Cashewnuss *f*

cake [kɛk] *nm* Früchtekuchen *m*

cal. *abr* = **calorie(s)** cal.

calaminé, e [kalamine] *adj* (*Auto*) verrußt

calamité [kalamite] *nf* Katastrophe *f*

calandre [kalɑ̃dʀ] *nf* (*Auto*) Kühlergrill *m*

calanque [kalɑ̃k] *nf* kleine Felsenbucht am Mittelmeer

calcaire [kalkɛʀ] *nm* Kalkstein *m* ✳ *adj* (*eau*) kalkhaltig; (*terrain*) kalkig

calcium [kalsjɔm] *nm* Kalzium *nt*

calcul [kalkyl] *nm* Berechnung *f*; **le ~** (*Scol*) das Rechnen; **~ biliaire/rénal** Gallen-/Nierenstein *m*; **~ mental** Kopfrechnen *nt*

calculateur, -trice *adj* berechnend ▪ *nm/f* Rechner(in) *m(f)* ▪ *nm* Rechner *m*; **~ de table** Tischrechner ▪ *nf* Rechner *m*; **calculatrice de poche** Taschenrechner

calculer <1> *vt* berechnen; (*combiner*) kalkulieren ▪ *vi* rechnen

calculette *nf* Taschenrechner *m*

cale [kal] *nf* (*de bateau*) Laderaum *m*; (*en bois*) Keil *m*; **~ sèche** Trockendock *nt*

calé, e *adj* (*fixé*) verkeilt; (*fam*) bewandert

caleçon [kalsõ] *nm* (*sous-vêtement*) Unterhose *f*; (*pantalon moulant*) Leggings *f o pl*

calembour [kalãbuʀ] *nm* Wortspiel *nt*

calendes [kalãd] *nfpl*: **renvoyer aux ~ grecques** auf den St. Nimmerleinstag verschieben

calendrier [kalãdʀije] *nm* Kalender *m*; (*programme*) Zeitplan *m*

calepin [kalpɛ̃] *nm* Notizbuch *nt*

caler [kale] <1> *vt* (*fixer*) festmachen ▪ *vi* (*voiture*) stehen bleiben

calfeutrer [kalføtʀe] <1> *vt* abdichten

calibre [kalibʀ] *nm* (*d'un fruit*) Größe *f*; (*d'une arme*) Kaliber *nt*; (*fig*) Format *nt*

calice [kalis] *nm* Kelch *m*

calife [kalif] *nm* Kalif *m*

Californie [kalifɔʀni] *nf*: **la ~** Kalifornien *nt*

califourchon [kalifuʀʃõ] *adv*: **à ~** rittlings

câlin, e [kalɛ̃, in] *adj* anschmiegsam

câliner [kaline] <1> *vt* schmusen mit

calleux, -euse [kalø, øz] *adj* schwielig

callosité [kalozite] *nf* Schwiele *f*

calmant [kalmã] *nm* Beruhigungsmittel *nt*

calmar [kalmaʀ] *nm* Tintenfisch *m*

calme [kalm] *adj* ruhig ▪ *nm* (*d'un lieu*) Stille *f*

calmer [kalme] <1> *vt* (*personne*) beruhigen; (*douleur, colère*) mildern, lindern; **se calmer** *vpr* (*personne, mer*) sich beruhigen; (*vent*) sich legen

calomnie [kalɔmni] *nf* Verleumdung *f*

calomnier <1> *vt* verleumden

calorie [kalɔʀi] *nf* Kalorie *f*

calorifère [kalɔʀifɛʀ] *nm* (Warmluft)heizung *f*

calorifique [kalɔʀifik] *adj* Wärme erzeugend

calorifuge [kalɔʀifyʒ] *adj* wärmedämmend ▪ *nm* (*isolant*) Wärmeisolierung *f*

calque [kalk] *nm* (*copie*) Pause *f*; (*fig*) Nachahmung *f*; **le papier-~** das Pauspapier

calquer <1> *vt* durchpausen; (*fig*) nachahmen

calvados [kalvados] *nm* Calvados *m*

calvaire [kalvɛʀ] *nm* Kalvarienberg *m* (*in der Bretagne*); (*souffrances*) Martyrium *nt*, Leidensweg *m*

calvitie [kalvisi] *nf* Kahlköpfigkeit *f*

camarade [kamaʀad] *nmf* Kumpel *m*; (*Pol*) Genosse (Genossin) *m/f*

camaraderie *nf* Freundschaft *f*

Camargue [kamaʀg] *nf*: **la ~** die Camargue

cambiste [kãbist] *nm* Devisenhändler(in) *m(f)*; (*pour touristes*) Geldwechsler(in) *m(f)*

Cambodge [kãbɔdʒ] *nm*: **le ~** Kambodscha *nt*

cambouis [kãbwi] *nm* Motorenöl *nt*

cambrer [kãbʀe] <1> *vt* krümmen

cambriolage [kãbʀijɔlaʒ] *nm* Einbruch *m*

cambrioler <1> *vt* einbrechen

cambrioleur, -euse *nm/f* Einbrecher(in) *m(f)*

came [kam] *nf* (*fam: drogue*) Stoff *m*; **arbre à ~s** Nockenwelle *f*

camé, e *nm/f* (*fam: drogué*) Junkie *mf*

caméléon [kameleõ] *nm* Chamäleon *nt*

camélia [kamelja] *nm* Kamelie *f*

camelot [kamlo] *nm* fliegender Händler

camelote [kamlɔt] *nf* Ramsch *m*

camembert [kamãbɛʀ] *nm* (*fromage*) Camembert *m*; (*Inform*) Tortendiagramm *nt*

camer [kame] <1> *vpr*: **se camer** (*fam*) sich bekiffen

caméra [kameʀa] *nf* Kamera *f*; **~ à miroir réflecteur** Spiegelreflexkamera; **~ vidéo** Videokamera

caméraman [kameʀaman] *nm* Kameramann *m*

Cameroun [kamʀun] *nm*: **le ~** Kamerun *m*

caméscope [kameskɔp] *nm* Videokamera *f*

camion [kamjõ] *nm* Lastwagen *m*

camion-citerne (*pl* camions-citernes) *nm* Tankwagen *m*

camionnage [kamjɔnaʒ] *nm*: **frais de ~** Transportkosten *pl*; **entreprise de ~** Spedition *f*

camionnette *nf* Lieferwagen *m*

camionneur *nm* Lkw-Fahrer *m*

camisole [kamizɔl] *nf*: **~ de force** Zwangsjacke *f*

camomille [kamɔmij] *nf* Kamille *f*

camouflage [kamuflaʒ] *nm* Tarnung *f*

camoufler [kamufle] <1> *vt* tarnen

camp [kã] *nm* Lager *nt*; (*groupe*) Seite *f*; **~ d'accueil** Auffanglager; **~ de concentration** Konzentrationslager; **~ de rétention** Auffanglager für Immigranten; **~ de vacances** Ferienlager

campagnard, e [kãpaɲaʀ, d] *adj* Land-; (*mœurs*) ländlich

campagne [kãpaɲ] *nf* Land *nt*; (*Mil, Pol, Com*) Kampagne *f*; **à la ~** auf dem Land;

(*mouvement*) aufs Land; **~ de relations publiques** Öffentlichkeitskampagne
campement [kɑ̃pmɑ̃] *nm* Lager *nt*
camper [kɑ̃pe] **<1>** *vi* zelten ▪ *vt* (*chapeau*) (kess) aufsetzen ▪ *vpr*: **se ~ devant qn** sich vor jdm aufbauen
campeur, -euse *nm/f* Camper(in) *m(f)*
camphre [kɑ̃fʀ] *nm* Kampfer *m*
camping [kɑ̃piŋ] *nm* Zelten *nt*, Camping *nt*; **faire du ~** zelten; **(terrain de) ~** Campingplatz *m*
camping-car (*pl* **~s**) *nm* Wohnmobil *nt*
camping-gaz® *nm* Campingkocher *m*
campus [kɑ̃pys] *nm* Universitätsgelände *nt*
Canada [kanada] *nm*: **le ~** Kanada *nt*
canadien, ne [kanadjɛ̃, ɛn] *adj* kanadisch
Canadien, ne *nm/f* Kanadier(in) *m(f)*
canadienne *nf* (*veste*) gefütterte Schafslederjacke; (*tente*) Zweimannzelt *nt*
canaille [kanɑj] *nf* Schurke *m*
canal (*pl* **-aux**) [kanal, o] *nm* Kanal *m*; **~ spécialisé** (*TV*) Spartenkanal
canalisation *nf* (*tuyauterie*) Leitungsnetz *nt*; (*pour vidanges*) Kanalisation *f*; (*d'eau, de gaz*) Leitung *f*
canaliser [kanalize] **<1>** *vt* kanalisieren
canapé [kanape] *nm* Sofa *nt*; (*Gastr*) Kanapee *nt*
canapé-lit (*pl* **canapés-lits**) [kanapeli] *nm* Schlafsofa *nt*
canaque [kanak] *adj* kanakisch ▪ *nmf* Kanake (Kanakin) *m(f)*
canard [kanaʀ] *nm* Ente *f*; (*mâle*) Enterich *m*; (*fam: journal*) Blatt *nt*; **~ boiteux** (*fam: entreprise en difficulté*) marodes Unternehmen
canari [kanaʀi] *nm* Kanarienvogel *m*
Canaries [kanaʀi] *nfpl*: **les (îles) ~** die Kanarischen Inseln *pl*
cancaner [kɑ̃kane] **<1>** *vi* tratschen; (*canard*) quaken
cancans [kɑ̃kɑ̃] *nmpl* Tratsch *m*
cancer [kɑ̃sɛʀ] *nm* Krebs *m*; **C~** (*Astr*) Krebs
cancéreux, -euse [kɑ̃seʀø, øz] *adj* krebsartig
cancérigène, cancérogène [kɑ̃seʀiʒɛn, kɑ̃seʀɔʒɛn] *adj* Krebs erzeugend, karzinogen
cancérologue [kɑ̃seʀɔlɔg] *nmf* Krebsspezialist(in) *m(f)*
cancre [kɑ̃kʀ] *nm* (*fam: élève*) Faulpelz *m*
candélabre [kɑ̃delɑbʀ] *nm* Kandelaber *m*; (*lampadaire*) Straßenlaterne *f*
candeur [kɑ̃dœʀ] *nf* Naivität *f*
candi [kɑ̃di] *adj inv*: **sucre ~** Kandiszucker *m*
candidat, e [kɑ̃dida, at] *nm/f* Kandidat(in) *m(f)*; **~ au départ** Ausreisewillige(r) *m*

candidature [kɑ̃didatyʀ] *nf* (*Pol*) Kandidatur *f*; (*à un poste*) Bewerbung *f*; **poser sa ~** (*à un poste*) sich bewerben
candide [kɑ̃did] *adj* naiv, unbefangen
cane [kan] *nf* (*weibliche*) Ente
caneton [kantɔ̃] *nm* Entchen *nt*, Entenküken *nt*
canette [kanɛt] *nf* (*de bière*) Bierflasche *f*; (*à bouchon mécanique*) Bügelflasche *f*; (*en métal*) Getränkedose *f*
canevas [kanva] *nm* (*en couture*) Leinwand *f*
caniche [kaniʃ] *nm* Pudel *m*
canicule [kanikyl] *nf* Hundstage *pl*
canif [kanif] *nm* Taschenmesser *nt*
canin, e [kanɛ̃, in] *adj* Hunde- ▪ *nf* Eckzahn *m*
caninette [kaninɛt] *nf* Motorrad, mit dem man Hundekot von der Straße aufsaugen kann
caniveau (*pl* **x**) [kanivo] *nm* Rinnstein *m*
cannabis [kanabis] *nm* Cannabis *nt*
canne [kan] *nf* Stock *m*; **~ à pêche** Angelrute *f*; **~ à sucre** Zuckerrohr *nt*
cannelle [kanɛl] *nf* Zimt *m*
cannibale [kanibal] *adj* kannibalisch ▪ *nmf* Kannibale (Kannibalin) *m/f*
cannibalisme [kanibalism] *nm* Kannibalismus *m*
canoë [kanɔe] *nm* Kanu *nt*
canon [kanɔ̃] *nm* Kanone *f*; (*d'une arme: tube*) Lauf *m*; (*norme*) Regel *f*; (*Mus*) Kanon *m*; **~ à eau** Wasserwerfer *m*; **être ~** (*fam*) super sein
canoniser [kanɔnize] **<1>** *vt* heilig sprechen
canot [kano] *nm* Boot *nt*; **~ pneumatique** Schlauchboot; **~ de sauvetage** Rettungsboot
canotier [kanɔtje] *nm* (*chapeau*) Kreissäge *f*
Canson® [kɑ̃sɔ̃] *nm*: **papier ~** Zeichenpapier *nt*
cantatrice [kɑ̃tatʀis] *nf* Sängerin *f*
cantine [kɑ̃tin] *nf* (*réfectoire*) Kantine *f*
cantique [kɑ̃tik] *nm* Kirchenlied *nt*, Hymne *f*
canton [kɑ̃tɔ̃] *nm* (*en France*) *Verwaltungseinheit mehrerer Gemeinden*; (*en Suisse*) Kanton *m*

> ### CANTON
>
> Ein *canton* ist in Frankreich die Verwaltungseinheit, die von einem Abgeordneten in dem "Conseil général" vertreten wird. Der "canton" umfasst eine Anzahl von "communes" und ist wiederum eine Unterabteilung des "arrondissement". In der Schweiz sind

die Kantone die 23 selbstständigen
politischen Einheiten, die die
schweizerische Eidgenossenschaft
ausmachen.

cantonal, e (*pl* **-aux**) [kɑ̃tɔnal, o] *adj*
(*en France*) Bezirks-; (*en Suisse*) kantonal
cantonner [kɑ̃tɔne] <1> *vpr*: **se ~ dans**
sich beschränken auf +*akk*; (*dans la
maison*) sich zurückziehen in +*akk*
cantonnier [kɑ̃tɔnje] *nm*
Straßenwärter(in) *m(f)*
canyoning [kanjɔniŋ] *nm* Canyoning *nt*
C.A.O. *nf abr* = **conception assistée par
ordinateur** CAD *nt*
caoutchouc [kautʃu] *nm* Kautschuk *m*; **en
~ aus** Gummi; **~ mousse** Schaumgummi *m*
cap [kap] *nm* Kap *nt*; **mettre le ~ sur** Kurs
nehmen auf +*akk*
C.A.P. *nm abr* = **Certificat d'aptitude
professionnelle** berufsspezifisches
Abschlusszeugnis
capable [kapabl] *adj* fähig; **~ de faire**
fähig zu tun; **un livre ~ d'intéresser** ein
möglicherweise interessantes Buch
capacité [kapasite] *nf* (*compétence*)
Fähigkeit *f*; (*contenance*) Kapazität *f*;
~ de mémoire (*Inform*) Speicherkapazität *f*
cape [kap] *nf* Cape *nt*; **rire sous ~** sich
dat ins Fäustchen lachen
C.A.P.E.S. [kapɛs] *nm acr* = **Certificat
d'aptitude au professorat de
l'enseignement secondaire**
Lehrbefähigung *f* für höhere Schulen

⬤ **C.A.P.E.S.**
⬤
⬤ Die *C.A.P.E.S.* ist eine Prüfung für
⬤ zukünftige französische
⬤ Gymnasiallehrer. Sie wird nach
⬤ der "licence" abgelegt. Erfolgreiche
⬤ Kandidaten werden dann "professeurs
⬤ certifiés".

C.A.P.E.T. [kapɛt] *nm acr* = **Certificat
d'aptitude au professorat de
l'enseignement technique**
Lehrbefähigung *f* für Fachschulen
capharnaüm [kafarnaɔm] *nm* (*fam*:
désordre) Durcheinander *nt*
capillaire [kapilɛr] *adj* (*soins, lotion*)
Haar-; (*vaisseau, etc*) Kapillar-
capitaine [kapitɛn] *nm* Kapitän *m*; (*Mil*)
Feldherr *m*; (*de gendarmerie, pompiers*)
Hauptmann *m*
capital, aux [kapital, o] *adj*
wesentliche(r, s); **peine ~e** Todesstrafe *f*
⬛ *nm* Kapital *nt*; **augmentation de ~**
(*société*) Kapitalerhöhung; **~ génétique**
Erbgut *nt* ⬛ *nf* (*ville*) Hauptstadt *f*; (*lettre*)

Großbuchstabe *m* ⬛ *nmpl* (*fonds*)
Vermögen *nt*; **évasion des capitaux**
Kapitalflucht *f*
capitaliser <1> *vt* (*amasser*) anhäufen
capitalisme *nm* Kapitalismus *m*
capitaliste *adj* kapitalistisch
capiteux, -euse [kapitø, øz] *adj*
berauschend
capitonner [kapitɔne] <1> *vt* polstern
capitulation [kapitylasjɔ̃] *nf*
Kapitulation *f*
capituler [kapityle] <1> *vi* kapitulieren
caporal (*pl* **-aux**) [kapɔral, o] *nm*
Obergefreite(r) *mf*
capot [kapo] *nm* (*Auto*) Kühlerhaube *f*
capote [kapɔt] *nf* (*de voiture*) Verdeck *nt*;
(*de soldat*) Überziehmantel *m*; **~ anglaise**
(*fam*) Pariser *m*
capoter [kapɔte] <1> *vi* (*véhicule*) sich
überschlagen
câpre [kɑpʀ] *nf* Kaper *f*
caprice [kapʀis] *nm* Laune *f*
capricieux, -euse *adj* launisch
Capricorne [kapʀikɔʀn] *nm* (*Astr*)
Steinbock *m*
capsule [kapsyl] *nf* (*de bouteille*)
Verschluss *m*; (*spatiale*) Kapsel *f*
capter [kapte] <1> *vt* auffangen; (*intérêt*)
erregen
capteur *nm*: **~ solaire** Sonnenkollektor *m*
captieux, -euse [kapsjø, øz] *adj*
fadenscheinig
captif, -ive [kaptif, iv] *adj* gefangen
captivant, e [kaptivɑ̃, ɑ̃t] *adj* fesselnd,
faszinierend
captiver [kaptive] <1> *vt* fesseln,
faszinieren
captivité [kaptivite] *nf* Gefangenschaft *f*
capturer [kaptyʀe] <1> *vt* einfangen
capuche [kapyʃ] *nf* (*de manteau*) Kapuze *f*
capuchon [kapyʃɔ̃] *nm* Kapuze *f*; (*de stylo*)
Kappe *f*
capucine [kapysin] *nf* Kapuzinerkresse *f*
Cap-vert [kapvɛʀ] *nm*: **le ~** Kap Verde *nt*
caquelon [kaklɔ̃] *nm* Fonduetopf *m*
caqueter [kakte] <3> *vi* (*poule*) gackern;
(*fig*) plappern
car [kaʀ] *nm* (Reise)bus *m* ⬛ *conj* weil, da
caractère [kaʀaktɛʀ] *nm* Charakter *m*;
(*lettre, signe*) Schriftzeichen *nt*; **avoir bon
~** gutmütig sein; **avoir mauvais ~** ein
übles Wesen haben; **en ~s gras** fett
gedruckt; **~ de contrôle** [*ou de*
commande] (*Inform*) Steuerzeichen *nt*;
~s mpl d'imprimerie Druckbuchstaben *pl*;
~s mpl OCR OCR-Schrift *f*; **~ underscore**
Underscore *m*, Unterstrich *m*
caractériel, le [kaʀakteʀjɛl] *adj* (*enfant*)
gestört; **troubles ~s** Verhaltensstörungen
pl ⬛ *nmf* Problemkind *nt*

caractérisé, e [kaʀakteʀize] *adj* ausgeprägt

caractériser [kaʀakteʀize] <1> *vt* charakterisieren

caractéristique [kaʀakteʀistik] *adj* charakteristisch ▪ *nf* typisches Merkmal

carafe [kaʀaf] *nf* Karaffe *f*

caraïbe [kaʀaib] *nf*: **la mer des C~s** die Karibik

carambolage [kaʀɑ̃bɔlaʒ] *nm* (*Auto*) Auffahrunfall *m*

caramel [kaʀamɛl] *nm* (*bonbon*) Karamellbonbon *nt*; (*substance*) Karamell *m*

carapace [kaʀapas] *nf* (*Zool: fig*) Panzer *m*

caravane [kaʀavan] *nf* (*de chameaux*) Karawane *f*; (*de camping*) Wohnwagen *m*

caravaning [kaʀavaniŋ] *nm* (*camping*) Urlaub *m* mit dem Wohnwagen; (*terrain*) Campingplatz *m* für Wohnwagen

carbonade [kaʀbɔnad] *nf* geschmortes Rind mit Zwiebeln in Biersoße

carbone [kaʀbɔn] *nm* Kohlenstoff *m*; (*feuille*) Kohlepapier *nt*; (*double*) Durchschlag *m*

carbonique [kaʀbɔnik] *adj*: **gaz ~** Kohlensäure *f*; **neige ~** Trockeneis *nt*

carboniser [kaʀbɔnize] <1> *vt* karbonisieren

carburant [kaʀbyʀɑ̃] *nm* Kraftstoff *m*; **~ vert** Biotreibstoff *m*

carburateur [kaʀbyʀatœʀ] *nm* Vergaser *m*

carcasse [kaʀkas] *nf* (*d'animal*) Kadaver *m*; (*chez le boucher*) Rumpf *m*; (*de voiture*) Karosserie *f*

carcinogène [kaʀsinɔʒɛn] *adj* krebserregend

carcinome [kaʀsinom] *nm* Karzinom *nt*, Krebsgeschwulst *f*

cardiaque [kaʀdjak] *adj* Herz-

cardigan [kaʀdigɑ̃] *nm* Strickjacke *f*

cardinal (*pl* **-aux**) [kaʀdinal, o] *nm* Kardinal *m*

cardiologie [kaʀdjɔlɔʒi] *nf* Kardiologie *f*

cardiologue [kaʀdjɔlɔg] *nmf* Kardiologe(-login) *m/f*

carême [kaʀɛm] *nm*: **le C~** die Fastenzeit

carence [kaʀɑ̃s] *nf* (*incompétence*) Unfähigkeit *f*; (*manque*) Mangel *m*

caresse [kaʀɛs] *nf* Zärtlichkeit *f*

caresser <1> *vt* streicheln; (*fig: projet, espoir*) spielen mit

cargaison [kaʀgɛzõ] *nf* Schiffsfracht *f*

cargo [kaʀgo] *nm* Frachter *m*

caricature [kaʀikatyʀ] *nf* Karikatur *f*

caricaturiste [kaʀikatyʀist] *nmf* Karikaturist(in) *m(f)*

carie [kaʀi] *nf*: **la ~ (dentaire)** Karies *f*; **une ~** ein Loch *nt* im Zahn

carié, e [kaʀje] *adj* kariös

carillon [kaʀijõ] *nm* Glockenspiel *nt*; **~ (électrique)** (*de porte*) Türklingel *f*

carlingue [kaʀlɛ̃g] *nf* (*Aviat*) Cockpit *nt*

carnage [kaʀnaʒ] *nm* Gemetzel *nt*, Blutbad *nt*

carnassier, -ière [kaʀnasje, ɛʀ] *adj* fleischfressend

carnaval [kaʀnaval] *nm* Karneval *m*

carnet [kaʀnɛ] *nm* Heft *nt*; **~ de chèques** Scheckheft

carnivore [kaʀnivɔʀ] *adj* fleischfressend

carotide [kaʀɔtid] *nf* Halsschlagader *f*

carotte [kaʀɔt] *nf* Möhre *f*

Carpates [kaʀpat] *nfpl*: **les ~** die Karpaten *pl*

carpe [kaʀp] *nf* Karpfen *m*

carquois [kaʀkwa] *nm* Köcher *m*

carré, e [kaʀe] *adj* quadratisch; (*visage, épaules*) eckig; (*franc*) aufrichtig, geradeaus; **mètre/kilomètre ~** Quadratmeter *m*/-kilometer *m* ▪ *nm* (*a. Math*) Quadrat *nt*; (*de terrain, jardin*) Stück *nt*; **élever un nombre au ~** eine Zahl ins Quadrat erheben

carreau (*pl* **x**) [kaʀo] *nm* (*en faience, etc*) Fliese *f*; (*de fenêtre*) Glasscheibe *f*; (*motif*) Karomuster *nt*; (*Cartes*) Karo *nt*; **à ~x** kariert

carrefour [kaʀfuʀ] *nm* Kreuzung *f*

carrelage [kaʀlaʒ] *nm* Fliesen *pl*

carreler <3> *vt* fliesen, kacheln

carrelet [kaʀlɛ] *nm* (*poisson*) Scholle *f*

carreleur [kaʀlœʀ] *nm* Fliesenleger *m*

carrément [kaʀemɑ̃] *adv* wirklich, echt

carrière [kaʀjɛʀ] *nf* (*de craie, sable*) Steinbruch *m*; (*métier*) Karriere *f*; **militaire de ~** Berufssoldat(in) *m(f)*

carriériste [kaʀjeʀist] *adj* karrieresüchtig ▪ *nmf* Karrierist(in) *m(f)*

carrossable [kaʀosabl] *adj* befahrbar

carrosse [kaʀos] *nm* Kutsche *f*

carrosserie [kaʀosʀi] *nf* Karosserie *f*

carrossier [kaʀosje] *nm* Karosseriebauer(in) *m(f)*

carrousel [kaʀuzɛl] *nm* Karussell *nt*

carrure [kaʀyʀ] *nf* Statur *f*

cartable [kaʀtabl] *nm* Schultasche *f*

carte [kaʀt] *nf* Karte *f*; (*d'électeur, de parti, d'abonnement, etc*) Ausweis *m*; (*au restaurant*) Speisekarte *f*; **avoir/ donner ~ blanche** freie Hand haben/ lassen; **C~ Bleue®** Kundenkarte *f*; **~ de crédit** Kreditkarte; **~ de crédit des télécommunications** (Telefon)buchungskarte; **~ d'embarquement** (*Aviat*) Bordkarte, Einsteigekarte; **~ enfichable** Steckkarte; **~ d'étudiant** (*Scol*) Studentenausweis *m*; **la ~ grise** (*Auto*) der Kraftfahrzeugschein;

~ (d'identité) bancaire Scheckkarte;
~ Inter-Rail Interrailkarte; **~ jeune**
Juniorpass m; **~ météorologique** (Meteo)
Wetterkarte; **~ (postale)** Postkarte; **~ à
puce** Prozessorchipkarte; **~ de réduction
pour trajets en train** BahnCard f;
~ routière Straßenkarte; **~ de séjour**
Aufenthaltsgenehmigung f; **~ SIM** SIM-
Karte f; **~ son(ore)** Soundkarte; **~ de
télécommunication** Telefonkarte;
~ téléphonique Telefonkarte f;
~ vermeil Seniorenpass m; **~ verte**
Versicherungsdoppelkarte, grüne
Versicherungskarte; **~ (de visite)**
Visitenkarte

cartel [kaʀtɛl] nm Kartell nt

carte-lettre (pl **cartes-lettres**) [kaʀtə
lɛtʀ] nf Briefkarte f

carter [kaʀtɛʀ] nm (Tech) Gehäuse nt;
(Auto: carter d'huile) Ölwanne f

carte-réponse (pl **cartes-réponse**)
[kaʀt(ə)ʀepõs] nf Antwortkarte f

cartilage [kaʀtilaʒ] nm Knorpel m

cartilagineux, -euse [kaʀtilaʒinø, øz]
adj knorpelig

cartographe [kaʀtɔgʀaf] nmf
Kartograf(in) m(f)

cartographie [kaʀtɔgʀafi] nf
Kartografie f

cartomancie [kaʀtɔmãsi] nf
Kartenlegen nt

cartomancien, ne [kaʀtɔmãsjẽ, ɛn]
nm/f Kartenleger(in) m(f)

carton [kaʀtõ] nm (matériau) Pappe f;
(boîte) Karton m; **faire un ~** (au tir) einen
Treffer landen; **~ (à dessin)** Mappe f

cartonnage [kaʀtɔnaʒ] nm
Verpackungskarton m

cartonné, e adj (livre) kartoniert

cartouche [kaʀtuʃ] nf Patrone f; (de film,
de ruban encreur) Kassette f; **~ d'encre,
~ de toner** Tonerkassette

cas [kɑ] nm Fall m; **au ~ où** falls; **en ~ de**
bei, im … Fall; **en ~ de besoin** notfalls;
en aucun ~ unter keinen Umständen; **en
tout ~** auf jeden Fall, in jedem Fall; **faire
peu de/grand ~ de** viel/wenig Aufhebens
machen um

casanier, -ière [kazanje, ɛʀ] adj häuslich

cascade [kaskad] nf Wasserfall m; (fig)
Flut f

cascadeur, -euse [kaskadœʀ, øz] nm
Stuntman(-woman) m/f

case [kɑz] nf (hutte) Hütte f;
(compartiment) Fach nt; (sur un formulaire,
de mots-croisés, d'échiquier) Kästchen nt

caser <1> vt (fam) unterbringen; **se caser**
vpr (fam) sich verheiraten, einen
Hausstand gründen

caserne [kazɛʀn] nf Kaserne f

cash [kaʃ] adv: **payer ~** (fam) bar bezahlen

casier [kazje] nm (à bouteilles, journaux)
Ständer m; (pour le courrier) Fach nt;
~ judiciaire Strafregister nt

casino [kazino] nm Kasino nt

casque [kask] nm Helm m; (chez le coiffeur)
Trockenhaube f; (pour audition) Kopfhörer
m; **C~s bleus** Blauhelme pl; **~ intégral**
Integralhelm

casquette [kaskɛt] nf Kappe f

cassant, e [kasɑ̃, ɑ̃t] adj zerbrechlich;
(fig) schroff

cassation [kasasjõ] nf: **recours en ~**
Berufung f; **cour de ~** Berufungsgericht nt

casse [kɑs] nf: **mettre à la ~** (Auto)
verschrotten lassen; **il y a eu de la ~**
(dégâts) es gab viel Bruch

casse-cou [kasku] adj inv waghalsig

casse-croûte [kaskʀut] nm inv Imbiss m

casse-noisette(s), casse-noix nm inv
Nussknacker m

casse-pieds [kaspje] adj inv (fam)
unterträglich

casser [kase] <1> vt brechen; (œuf)
aufschlagen; (gradé) degradieren; (Jur)
aufheben ■ vi (lacet, etc) reißen;
se casser vpr brechen

casserole [kasʀɔl] nf (Stiel)kasserolle f

casse-tête [kastɛt] nm inv (fig) harte
Nuss

cassette [kasɛt] nf (bande magnétique)
Kassette f; (coffret) Schatulle f; **~ vidéo**
Videokassette

casseur, -euse [kasœʀ, øz] nm/f
(vandale) Randalierer(in) m(f); (épaviste)
Schrotthändler(in) m(f)

cassis [kasis] nm (Bot) Schwarze
Johannisbeere; (de la route) Unebenheit f

cassoulet [kasulɛ] nm Ragout mit weißen
Bohnen u. Gänse-, Hammel- oder
Schweinefleisch

caste [kast] nf Kaste f

castor [kastɔʀ] nm Biber m

castrer [kastʀe] <1> vt kastrieren

cat. abr = **catégorie** Kategorie f

catadioptre [katadjɔptʀ] nm
Katzenauge nt

catalogue [katalɔg] nm Katalog m

cataloguer <1> vt katalogisieren; (pej)
einordnen, etikettieren

catalyseur [katalizœʀ] nm Katalysator m

catalytique adj katalytisch; **pot ~** (Auto)
Auspuff m mit (eingebautem) Katalysator

catamaran [katamaʀã] nm Katamaran m

cataphote [katafɔt] nm Katzenauge nt

cataplasme [kataplasm] nm (Med)
Umschlag m

catapulter [katapylte] <1> vt
katapultieren

cataracte [kataʀakt] nf grauer Star

catarrhe [kataʀ] nm Katarrh m
catastrophe [katastʀɔf] nf Katastrophe f
catastrophé, e adj (fam) fix und fertig
catastrophique adj katastrophal
catch [katʃ] nm Catchen nt
catéchisme [kateʃism] nm
≈ Religionsunterricht m
catégorie [kategɔʀi] nf Kategorie f;
(Sport) Klasse f
catégorique [kategɔʀik] adj kategorisch
catégoriser [kategɔʀize] <1> vt in
Kategorien einordnen
cathédrale [katedʀal] nf Kathedrale f
cathode [katɔd] nf Kathode f
catholicisme [katɔlisism] nm
Katholizismus m
catholique [katɔlik] adj katholisch; **pas
très ~** (fam) zweifelhaft, nicht ganz sauber
catimini [katimini] adv: **en ~** still und
leise
catogan [katɔgɑ̃] nm Pferdeschwanz m
Caucase [kokɑz] nm: **le ~** der Kaukasus
cauchemar [koʃmaʀ] nm Albtraum m
cauchemardesque [koʃmaʀdɛsk] adj
grauenvoll
cause [koz] nf Grund m; (d'un événement,
phénomène, accident) Ursache f; (Jur) Fall m;
à ~ de, pour ~ de wegen; **(et) pour ~** zu
Recht; **faire ~ commune avec qn** mit jdm
gemeinsame Sache machen; **mettre en ~**
verwickeln; **qch est en ~** es geht um etw;
remettre en ~ infrage stellen
causer <1> vt verursachen ■ vi plaudern
causerie [kozʀi] nf Plauderei f
caustique [kostik] adj (fig) bissig
caution [kosjɔ̃] nf Kaution f; (fig)
Unterstützung f; **libéré(e) sous ~** gegen
Kaution freigelassen
cautionner <1> vt (soutenir) unterstützen
cavale [kaval] nf: **être en ~** (fam) auf der
Flucht sein
cavalier, -ière [kavalje, ɛʀ] adj
(désinvolte) unbekümmert ■ nm/f
Reiter(in) m(f); (au bal) Partner(in) m(f)
■ nm (Echecs) Springer m
cave [kav] nf Keller m
caveau (pl x) [kavo] nm Gruft f
caverne [kavɛʀn] nf Höhle f
caverneux, -euse [kavɛʀnø, øz] adj:
voix caverneuse hohle Stimme
caviar [kavjaʀ] nm Kaviar m
cavité [kavite] nf Hohlraum m
CB [sibi] nf abr = **citizens' band, canaux
banalisés** CB nt
c.c. abr = **compte courant** Girokonto nt
CC nf abr = **corps consulaire** CC
C.C.I. nf abr = **Chambre de commerce et
d'industrie** IHK f
C.C.P. nm abr = **Compte Chèques
Postaux** Postgiroamt nt ■ nm abr

= **compte courant postal, compte
chèque postal** Postgirokonto nt
C.D. nm abr = **corps diplomatique** CD
CD nm abr = **compact disc** CD f; **CD photo**
Foto-CD
CDD nm abr = **contrat à durée déterminé**
Zeitvertrag m
CDI nm abr = **contrat à durée
indéterminé** unbefristeter Vertrag
C.D.I. nm abr = **Centre de documentation
et d'information** Schulbibliothek f
CD-ROM [sedeʀɔm] nf inv abr = **compact
disc read only memory** CD-ROM f;
~ multimédia Multimedia-CD-ROM
CDS nf abr = **Centre des démocrates
sociaux** politische Partei
ce, cet, cette (pl ces) [sə, sɛt, se] adj
diese(r, s); (pl) diese ■ pron: **ce qui/que**
(das,) was; **il est bête, ce qui me
chagrine** er ist dumm, und das macht mir
Kummer; **ce dont j'ai parlé** (das,) wovon
ich gesprochen habe; **ce que c'est grand!**
(fam) das ist aber groß!; **c'est petit/grand**
es ist klein/groß; **c'est un brave homme**
er ist ein guter Mensch; **c'est une girafe**
das ist eine Giraffe; **qui est-ce? -- c'est le
médecin** wer ist das? -- der Arzt; (à la
porte) wer ist da? -- der Arzt; voir aussi **est-
ce que, n'est-ce pas, c'est-à-dire**
C.E. nf abr = **Caisse d'épargne** Sparkasse f
■ nf abr = **Communauté européenne**
(Hist) EG f
ceci [səsi] pron dies(es), das
cécité [sesite] nf Blindheit f
céder [sede] <5> vt abtreten;
~ le passage/VORFAHRT ■ vi
nachgeben; **~ à** erliegen +dat
Cedex [sedɛks] nm acr = **Courrier
d'entreprise à distribution
exceptionnelle** Poststelle f
für Selbstabholer
cédille [sedij] nf Cedille f
cèdre [sɛdʀ] nm Zeder f
C.E.E. nf abr = **Communauté
économique européenne** (Hist) E(W)G f
C.E.I. nf abr = **Communauté d'États
indépandants** GUS f
ceindre [sɛ̃dʀ] irr comme peindre vt:
~ sa tête/ses épaules de qch etw um
den Kopf/die Schultern schlingen
ceinture [sɛ̃tyʀ] nf Gürtel m;
~ à enrouleur Automatikgurt m;
~ d'ozone Ozonschild m; **~ de sécurité**
Sicherheitsgurt m
ceinturer <1> vt (Sport) um die Taille
fassen, umklammern
ceinturon [sɛ̃tyʀɔ̃] nm Gürtel m
cela [s(ə)la] pron das, jene(r, s)
célébration [selebʀasjɔ̃] nf Feier f;
(de messe) Zelebrieren nt

célèbre [selɛbʀ] *adj* berühmt
célébrer [selebʀe] <5> *vt* (*anniversaire, etc*) feiern; (*cérémonie*) feierlich begehen
célébrité [selebʀite] *nf* Berühmtheit *f*
céleri [sɛlʀi] *nm*: ~ **en branche** Stangensellerie *m o f*; ~**(-rave)** (Knollen)sellerie *m o f*
céleste [selɛst] *adj* himmlisch
célibat [seliba] *nm* Ehelosigkeit *f*; (*de prêtre*) Zölibat *nt o m*
célibataire [selibatɛʀ] *adj* unverheiratet, ledig ■ *nmf* Junggeselle(-gesellin) *m/f*
celle, celles [sɛl] *pron voir* **celui**
cellophane® [selɔfan] *nf* Cellophan® *nt*
cellulaire [selylɛʀ] *adj*: **voiture [ou fourgon] ~** grüne Minna
cellule [selyl] *nf* Zelle *f*; ~ **(photoélectrique)** Photozelle
cellulite [selylit] *nf* Cellulitis *f*
cellulose [selyloz] *nf* Zellulose *f*; ~ **végétale** Ballaststoffe *pl*
celte [sɛlt], **celtique** [sɛltik] *adj* keltisch
celui, celle (*pl* **ceux, celles**) [səlɥi, sɛl, sø] *pron* der/die/das; ~ **qui bouge** der(jenige), der/die(jenige), die/das(jenige), das sich bewegt; ~ **dont je parle** der/die/das, von dem/der/dem ich spreche; ~ **qui veut** wer will; ~ **du salon** der/die/das aus dem Wohnzimmer; ~**-ci/-là, celle-ci/-là** diese(r, s) (hier/da); **ceux-ci/-là, celles-ci/-là** diese (hier/da)
cendre [sɑ̃dʀ] *nf* Asche *f*; **sous la ~** (*Gastr*) in der Glut
cendré, e *adj* (*couleur*) aschfarben
cendrier *nm* Aschenbecher *m*
censé, e [sɑ̃se] *adj*: **être ~ faire qch** etw eigentlich tun sollen
censure [sɑ̃syʀ] *nf* Zensur *f*
censurer <1> *vt* zensieren
cent [sɑ̃] *num* (ein)hundert; **trois ~(s)** dreihundert
centaine *nf*: **une ~ (de)** etwa hundert
centenaire *adj* hundertjährig ■ *nmf* Hundertjährige(r) *mf* ■ *nm* (*anniversaire*) hundertster Geburtstag
centième *adj* hundertste(r, s)
centigrade *nm* Grad *m* Celsius
centigramme [sɑ̃tigʀam] *nm* Zentigramm *nt*
centilitre [sɑ̃tilitʀ] *nm* Zentiliter *m*
centime [sɑ̃tim] *nm* Centime *m*; (*suisse*) Rappen *m*; ~ **d'euro** (Euro)cent *m*
centimètre *nm* Zentimeter *m*; (*ruban*) Maßband *nt*
central, e (*pl* **-aux**) [sɑ̃tʀal, o] *adj* zentral ■ *nm*: ~ **(téléphonique)** Telefonzentrale *f* ■ *nf* Kraftwerk *nt*; ~**e atomique [ou nucléaire]** Atomkraftwerk, Kernkraftwerk; ~**e de données** Datenzentrum *nt*; ~**e électrique**

Elektrizitätswerk *nt*; ~**e marémotrice** Gezeitenkraftwerk; ~**e de retraitement des combustibles irradiés** Wiederaufbereitungsanlage *f* (für abgebrannte Brennelemente)
centralisation [sɑ̃tʀalizasjõ] *nf* Zentralisierung *f*
centraliser [sɑ̃tʀalize] <1> *vt* zentralisieren
centre [sɑ̃tʀ] *nm* Zentrum *nt*; (*milieu*) Mitte *f*; ~ **d'accueil pour toxicomanes** Drogenberatungsstelle *f*; ~ **d'appels** Callcenter *nt*; ~ **d'apprentissage** Ausbildungszentrum; ~ **de calcul** Rechenzentrum; ~ **commercial/sportif/culturel** Einkaufs-/Sport-/Kulturzentrum; ~ **de culturisme** Fitnesscenter *nt*, Fitnessstudio *nt*; ~ **de gravité** Schwerpunkt *m*; ~ **d'hébergement pour femmes battues** Frauenhaus *nt*; ~ **hospitalier régional/universitaire** Kreiskrankenhaus *f*/Universitätsklinik; ~ **de rééducation** Rehabilitationszentrum; ~ **de stockage définitif** Endlager *nt*; ~ **technologique** Technologiezentrum; ~ **de transfusion sanguine** Blutspendezentrale *f*
centrer [sɑ̃tʀe] <1> *vt* (*Typo, Inform*) zentrieren
centre-ville (*pl* **centres-villes**) [sɑ̃tʀəvil] *nm* Innenstadt *f*, Zentrum *nt*
centriste [sɑ̃tʀist] *adj* Zentrums-
centuple [sɑ̃typl] *nm* Hundertfache(s) *nt*
cep [sɛp] *nm* (Wein)stock *m*
C.E.P. *nm abr* = **Certificat des études primaires** *Abschlusszeugnis der Grundschule*
cépage [sepaʒ] *nm* (*vin*) Rebsorte *f*
cèpe [sɛp] *nm* Steinpilz *m*
cependant [s(ə)pɑ̃dɑ̃] *adv* jedoch
céramique [seramik] *nf* Keramik *f*
cercle [sɛʀkl] *nm* Kreis *m*; (*objet*) Reifen *m*
cercueil [sɛʀkœj] *nm* Sarg *m*
céréale [seʀeal] *nf* Getreide *nt*
cérébral, e (*pl* **-aux**) [seʀebʀal, o] *adj* Hirn-
cérémonie [seʀemɔni] *nf* Feierlichkeiten *pl*; **cérémonies** *nfpl* (*pej*) Theater *nt*, Umstände *pl*
cerf [sɛʀ] *nm* Hirsch *m*
cerfeuil [sɛʀfœj] *nm* Kerbel *m*
cerf-volant (*pl* **cerfs-volants**) [sɛʀvɔlɑ̃] *nm* (*jouet*) Drachen *m*
cerise [s(ə)ʀiz] *nf* Kirsche *f*
cerisier *nm* Kirschbaum *m*
cerné, e [sɛʀne] *adj* (*assiégé*) umzingelt; (*yeux*) mit dunklen Ringen
cerner [sɛʀne] <1> *vt* umzingeln; (*problème*) einkreisen
certain, e [sɛʀtɛ̃, ɛn] *adj* bestimmt, gewiss; **un ~ courage/talent** eine ordentliche Portion Mut/ein gewisses

Talent; **un ~ Georges/dimanche** ein gewisser Georges/bestimmter Sonntag; **~s cas** gewisse Fälle; **~ (de/que)** *(sûr)* sicher *(+gen/dass)*
certainement *adv (probablement)* höchstwahrscheinlich; *(bien sûr)* sicherlich
certains *pron* manche
certes [sɛʀt] *adv* sicherlich
certificat [sɛʀtifika] *nm* Zeugnis *nt*, Bescheinigung *f*; **~ de concubinage** Bescheinigung über eine eheähnliche Gemeinschaft; **le ~ d'études** ≈ Grundschulabschluss
certifié, e [sɛʀtifje] *adj*: **professeur ~** staatlich geprüfter Lehrer; **copie ~e conforme (à l'original)** beglaubigte Kopie
certifier [sɛʀtifje] <1> *vt* bescheinigen; **~ que** bestätigen, dass
certitude [sɛʀtityd] *nf* Gewissheit *f*
cérumen [seʀymɛn] *nm* Ohrenschmalz *nt*
cerveau *(pl x)* [sɛʀvo] *nm* Gehirn *nt*
cervelle [sɛʀvɛl] *nf* Hirn *nt*
cervical, e *(pl -aux)* [sɛʀvikal, o] *adj* Hals-
Cervin [sɛʀvɛ̃] *nm*: **le ~** das Matterhorn
ces [se] *adj voir* **ce**
C.E.S. *nm abr* = **Collège d'enseignement secondaire** Sekundarstufe I *f*
césarienne [sezaʀjɛn] *nf* Kaiserschnitt *m*
césium [sezjɔm] *nm* Cäsium *nt*
cesse [sɛs] *adv*: **sans ~** unaufhörlich
cesser [sese] <1> *vt* aufhören mit
cessez-le-feu [seselfø] *nm inv* Feuerpause *f*; *(plus long)* Waffenruhe *f*
c'est-à-dire [setadiʀ] *adv* das heißt
C.E.T. *nm abr* = **collège d'enseignement technique** Berufsfachschule *f*
cétacé [setase] *nm* Wal *m*
cette [sɛt] *pron voir* **ce**
ceux [sø] *pron voir* **celui**
Cévennes [sevɛn] *nfpl*: **les ~** die Cevennen
cf *abr* = **confer** *(se reporter à)* vgl.
CFAO *nf abr* = **conception et fabrication assistées par ordinateur** CAM *nt*
CFC *nm abr* = **chlorofluorocarbone** FCKW *nt*
C.F.D.T. *nf abr* = **Confédération française démocratique du travail** demokratische Gewerkschaft
C.F.P. *nf abr* = **centre de formation professionnelle** Berufsausbildungszentrum *nt*
C.F.T.C. *nf abr* = **Confédération française des travailleurs chrétien** christliche Arbeitnehmergewerkschaft
C.G.C. *nf abr* = **Confédération générale des cadres** Verband der leitenden Angestellten
C.G.E. *nf abr* = **Compagnie générale d'électricité** Allgemeine Elektrizitätsgesellschaft *f*

C.G.T. *nf abr* = **Confédération générale du travail** kommunistische Gewerkschaft
ch. *abr* = **cherche** suche
chacal [ʃakal] *nm* Schakal *m*
chacun, e [ʃakœ̃, yn] *pron* jede(r, s)
chagrin [ʃagʀɛ̃, in] *adj* missmutig
■ *nm* Kummer *m*, Leid *nt*
chahut [ʃay] *nm (Scol)* Rabatz *m*
chahuter <1> *vt, vi (élèves pendant le cours)* Unfug treiben, Rabatz machen
chai [ʃɛ] *nm* Wein- und Spirituosenlager *nt*
chaîne [ʃɛn] *nf* Kette *f*; **faire la ~** eine Kette bilden; **sur la 2ième ~** *(Radio, TV)* im 2. Programm; **~ alimentaire** Nahrungskette; **~ câblée** Kabelkanal *m*; **~ humaine** Menschenkette; **~ (de montage), ~ de fabrication** Fließband *nt*; **~ à péage** Bezahlfernsehen *nt*, Pay-TV *nt*; **~ privée** Privatsender *m*; **~ (stéréo)** Stereoanlage *f*; **travail à la ~** Fließbandarbeit *f*
chair [ʃɛʀ] *nf* Fleisch *nt*; **avoir la ~ de poule** eine Gänsehaut haben; **(couleur) ~** fleischfarben; **en ~ et en os** leibhaftig; **être bien en ~** gut beieinander sein
chaire [ʃɛʀ] *nf (d'église)* Kanzel *f*; *(d'université)* Lehrstuhl *m*
chaise [ʃɛz] *nf* Stuhl *m*; **~ longue** Liegestuhl
châle [ʃal] *nm* Umhängetuch *nt*
chalet [ʃalɛ] *nm* Chalet *nt*
chaleur [ʃalœʀ] *nf* Hitze *f*; *(modérée: fig)* Wärme *f*; **les grandes ~s** die heißen Tage; **récupération de la ~** *(Tech)* Wärmerückgewinnung *f*
chaleureux, -euse [ʃalœʀø, øz] *adj* warm(herzig), herzlich
challenge [ʃalɑ̃ʒ] *nm* Wettkampf *m*
challenger [ʃalɑ̃ʒœʀ] *nm* Herausforderer *m*
chaloupe [ʃalup] *nf* Boot *nt*; **~ de sauvetage** Rettungsboot
chalumeau *(pl x)* [ʃalymo] *nm* Schweißbrenner *m*; *(pour découper)* Schneidbrenner *m*
chalut [ʃaly] *nm* Schleppnetz *nt*
chalutier [ʃalytje] *nm (bateau)* Fischdampfer *m*
chamailler [ʃamaje] <1> *vpr*: **se chamailler** *(fam)* sich streiten
chambouler [ʃɑ̃bule] <1> *vt* umwerfen, durcheinanderbringen
chambre [ʃɑ̃bʀ] *nf* Zimmer *nt*; *(Jur, Pol)* Kammer *f*; **~ à air** *(pneu)* Schlauch *m*; **~ de commerce/de l'industrie** Handels-/Industriekammer *f*; **~ à coucher** Schlafzimmer; **~ à un lit/deux lits** *(à l'hôtel)* Einzel-/Doppelzimmer; **~ froide** Kühlraum *m*; **~ noire** *(Foto)* Dunkelkammer *f*
chambrer [ʃɑ̃bʀe] <1> *vt (vin)* auf Zimmertemperatur bringen

chameau (pl **x**) [ʃamo] nm Kamel nt
chamois [ʃamwa] nm Gämse f
champ [ʃɑ̃] nm Feld nt; (fig: domaine) Gebiet nt; **~ de bataille** Schlachtfeld
champagne [ʃɑ̃paɲ] nm Champagner m
Champagne [ʃɑ̃paɲ] nf: **la ~** die Champagne
champêtre [ʃɑ̃pɛtʀ] adj ländlich
champignon [ʃɑ̃piɲɔ̃] nm Pilz m; **~ atomique** Atompilz; **~ de Paris** Champignon m
champion, ne [ʃɑ̃pjɔ̃, ɔn] nm/f (Sport) Champion m, Meister(in) m(f); (d'une cause) Verfechter(in) m(f); **~ d'Europe** Europameister
championnat [ʃɑ̃pjɔna] nm Meisterschaft f
chance [ʃɑ̃s] nf: **bonne ~!** viel Glück!; **chances** nfpl Chancen pl, Aussichten pl; **la ~** der Zufall; **une ~** ein Glück; **par ~** zufälligerweise; glücklicherweise; **tu as de la ~** du hast Glück; **~s du marché** Marktchancen pl
chanceler [ʃɑ̃s(ə)le] <3> vi (personne) taumeln; (meuble, mur) wackeln
chancelier [ʃɑ̃səlje] nm (allemand) Kanzler(in) m(f); (d'ambassade) Sekretär(in) m(f)
chanceux, -euse [ʃɑ̃sø, øz] adj glücklich; **être ~** Glück haben
chandail [ʃɑ̃daj] nm (dicker) Pullover
Chandeleur [ʃɑ̃dlœʀ] nf: **la ~** Mariä Lichtmess
chandelier [ʃɑ̃dəlje] nm Kerzenhalter m
chandelle [ʃɑ̃dɛl] nf Kerze f
change [ʃɑ̃ʒ] nm (Com) Wechseln nt; **contrôle des ~s** Devisenkontrolle f; **le taux du ~** der Wechselkurs
changement [ʃɑ̃ʒmɑ̃] nm Wechsel m, Änderung f
changer [ʃɑ̃ʒe] <2> vt wechseln; (modifier) abändern; (rhabiller) umziehen ■ vi sich ändern; **~ de** wechseln; (modifier) ändern; **~ de domicile** umziehen; **~ d'idée** es sich dat anders überlegen; **~ de place avec qn** mit jdm (den Platz) tauschen; **~ (de train)** umsteigen; **~ de vitesse** (Auto) schalten; **se changer** vpr sich umziehen
chanson [ʃɑ̃sɔ̃] nf Lied nt
chansonnier [ʃɑ̃sɔnje] nm (personne) Chansonsänger m; (livre) Liederbuch nt
chant [ʃɑ̃] nm Gesang m; (d'église, folklorique) Lied nt
chantage [ʃɑ̃taʒ] nm Erpressung f
chanter [ʃɑ̃te] <1> vt singen; (vanter) besingen ■ vi singen; **si cela lui chante** (fam) wenn es ihm gefällt
chanterelle [ʃɑ̃tʀɛl] nf Pfifferling m
chanteur, -euse [ʃɑ̃tœʀ, øz] nm/f Sänger(in) m(f)

chantier [ʃɑ̃tje] nm Baustelle f; **être/ mettre en ~** im Entstehen sein/in die Wege leiten; **~ naval** Werft f
chantilly [ʃɑ̃tiji] nf: **(crème) ~** Schlagsahne f
chanvre [ʃɑ̃vʀ] nm Hanf m
chaos [kao] nm Chaos nt
chaotique [kaɔtik] adj chaotisch
chap. abr = **chapitre** Kapitel nt
chaparder [ʃapaʀde] <1> vt (fam) klauen
chapeau (pl **x**) [ʃapo] nm Hut m; **~ de paille/de soleil** Stroh-/Sonnenhut
chapelet [ʃaplɛ] nm Rosenkranz m
chapelle [ʃapɛl] nf Kapelle f; **~ ardente** Leichenhalle f
chapelure [ʃaplyʀ] nf Paniermehl nt
chaperon [ʃapʀɔ̃] nm Anstandsdame f; **le Petit C~ rouge** (das) Rotkäppchen
chaperonner [ʃapʀɔne] <1> vt (als Anstandsdame) begleiten
chapiteau (pl **x**) [ʃapito] nm (de cirque) Zelt nt
chapitrage [ʃapitʀaʒ] nm (de DVD) Szenenauswahl f
chapitre [ʃapitʀ] nm (d'un livre) Kapitel nt; (fig) Thema nt; **avoir voix au ~** ein Wörtchen mitzureden haben
chaque [ʃak] adj jede(r, s)
char [ʃaʀ] nm (à foin, etc) Wagen m, Karren m; **~ (d'assaut)** (Mil) Panzer m
charabia [ʃaʀabja] nm Kauderwelsch nt
charbon [ʃaʀbɔ̃] nm Kohle f
charcuterie [ʃaʀkytʀi] nf (magasin) Schweinemetzgerei f; (produit) Wurstwaren pl aus Schweinefleisch
charcutier, -ière [ʃaʀkytje, ɛʀ] nm/f Schweinemetzger(in) m(f); (traiteur) Delikatessenhändler(in) m(f)
chardon [ʃaʀdɔ̃] nm Distel f
charge [ʃaʀʒ] nf (fardeau) Last f; (explosif: Elec) Ladung f; (rôle, mission) Aufgabe f; (Mil) Angriff m; (Jur) Anklagepunkt m; **charges** nfpl (du loyer) Nebenkosten pl; **être à la ~ de qn** (dépendant de) jdm (finanziell) zur Last fallen; (aux frais de) zulasten von jdm gehen; **avoir deux enfants à ~** zwei Kinder zu versorgen haben; **prendre qch en ~** etw übernehmen; **~s sociales** Sozialabgaben pl
chargement nm (objets) Last f, Ladung f
charger <2> vt beladen; (fusil, batterie, caméra) laden; (portrait, description) übertreiben, überziehen; (Inform) laden; **~ qn de qch/faire qch** jdn mit etw beauftragen/beauftragen, etw zu tun ■ vi (éléphant, soldat) stürmen ■ vpr: **se ~ de** (tâche) sich kümmern um
chargeur [ʃaʀʒœʀ] nm (d'arme à feu) Magazin nt; (Foto) Kassette f; **~ de batterie** Ladegerät nt

chariot [ʃaʁjo] nm (*table roulante*)
Teewagen m; (*à bagages*) Kofferkuli m;
(*à provisions*) Einkaufswagen m; (*charrette*)
Karren m; (*de machine à écrire*) Wagen m
charisme [kaʁism] nm Charisma nt
charitable [ʃaʁitabl] adj karitativ,
wohltätig
charité [ʃaʁite] nf (*vertu*) Nächstenliebe f;
faire la ~ à qn jdm ein Almosen geben;
fête de ~ Wohltätigkeitsfest nt
charlotte [ʃaʁlɔt] nf Süßspeise aus
Löffelbiskuits, Früchten und Sahne
charmant, e [ʃaʁmã, ãt] adj reizend
charme [ʃaʁm] nm (*d'une personne*)
Charme m; (*d'un endroit, d'une activité*) Reiz
m; (*envoûtement*) Anziehungskraft f; **faire
du ~** seinen Charme spielen lassen
charmer <1> vt (*séduire, plaire*) bezaubern
charmeur, -euse [ʃaʁmœʁ, øz] adj
(*sourire, manières*) verführerisch ■ nm/f
Charmeur m; **~ de serpents**
Schlangenbeschwörer
charnier [ʃaʁnje] nm Massengrab nt
charnière [ʃaʁnjɛʁ] nf (*de porte*) Türangel f
charnu, e [ʃaʁny] adj fleischig
charogne [ʃaʁɔɲ] nf Aas nt, Kadaver m
charpente [ʃaʁpãt] nf (*d'un bâti*) Gerüst
nt; (*de maison*) Gebälk nt
charpentier [ʃaʁpãtje] nm
Zimmermann m
charrette [ʃaʁɛt] nf Karren m; **être ~**
(*fam*) unter großem Zeitdruck arbeiten
charrier [ʃaʁje] <1> vt (*camion*)
transportieren; (*fleuve*) mit sich führen;
(*fam*) verspotten ■ vi (*fam*) wild
übertreiben
charrue [ʃaʁy] nf Pflug m
charte [ʃaʁt] nf Charta f; **C~ internationale
des Droits de l'homme** Internationale
Charta der Menschenrechte
charter [ʃaʁtɛʁ] nm (*vol*) Charterflug m;
(*avion*) Charterflugzeug nt
chas [ʃɑ] nm Öhr nt
chasse [ʃas] nf (*Sport*) Jagd f; (*poursuite*)
Verfolgung f; **prendre en ~** verfolgen;
~ (d'eau) (Toiletten)spülung f; **tirer la ~
(d'eau)** die Spülung betätigen
châsse [ʃas] nf Reliquienschrein m
chasse-neige [ʃasnɛʒ] nm inv
Schneepflug m
chasser [ʃase] <1> vt (*gibier, voleur*) jagen;
(*expulser*) vertreiben; (*employé*)
hinauswerfen; (*dissiper*) zerstreuen
chasseur, -euse nm/f Jäger(in) m(f)
■ nm (*avion*) Jagdflugzeug nt; (*domestique*)
Page m; **~ à réaction** Düsenjäger m
châssis [ʃasi] nm (*Auto*) Chassis nt; (*cadre*)
Rahmen m; (*de jardin*) Frühbeet nt
chaste [ʃast] adj keusch
chasuble [ʃazybl] nf Messgewand nt

chat, te [ʃa, at] nm/f Katze f
chat [tʃat] nm (*Inform*) Chat m
châtaigne [ʃatɛɲ] nf Kastanie f
châtaignier [ʃatɛɲe] nm Kastanienbaum m
châtain [ʃatɛ̃] adj inv kastanienbraun
château (*pl* x) [ʃato] nm Schloss nt;
~ (fort) Burg f
châtier [ʃatje] <1> vt bestrafen; (*style*)
den letzten Schliff geben +dat
châtiment nm Bestrafung f
chaton [ʃatõ] nm (*Zool*) Kätzchen nt;
(*de bague*) Fassung f
chatonner [ʃatɔne] <1> vt, vi summen
chatouillement [ʃatujmã] nm Kitzeln nt
chatouiller [ʃatuje] <1> vt kitzeln;
(*l'odorat, le palais*) anregen
chatouilleux, -euse adj kitzelig; (*fig*)
empfindlich
chatoyer [ʃatwaje] <6> vi schillern
châtrer [ʃatʁe] <1> vt kastrieren
chatte [ʃat] nf voir **chat**
chatter [tʃate] vi (*Inform*) chatten
chatterton [ʃatɛʁtɔn] nm Isolierband nt
chaud, e [ʃo, od] adj warm; (*très chaud*)
heiß; **il fait ~** es ist warm/heiß; **j'ai ~** mir
ist warm/heiß; **tenir ~** (*vêtement*) warm
sein; (*repas*) warm halten
chaudière [ʃodjɛʁ] nf (*de chauffage central*)
Boiler m; (*de bateau*) Dampfkessel m
chaudron [ʃodʁõ] nm großer Kessel
chauffage [ʃofaʒ] nm Heizung f; **~ central**
Zentralheizung; **~ au gaz/à l'électricité**
Gasheizung/elektrische Heizung
chauffant, e [ʃofã, ãt] adj: **couverture/
plaque ~e** Heizdecke f/-platte f
chauffard [ʃofaʁ] nm (*pej*)
Verkehrsrowdy m
chauffe-biberon (*pl* ~s) [ʃofbibʁõ] nm
Fläschchenwärmer m
chauffe-eau [ʃofo] nm inv
Warmwasserbereiter m
chauffe-plats [ʃofpla] nm inv
Warmhalteplatte f
chauffer [ʃofe] <1> vt (*eau*) erhitzen;
(*appartement*) heizen ■ vi (*soleil, four*) sich
erwärmen; (*moteur*) heiß laufen;
se chauffer vpr (*se mettre en train*) warm
werden; (*au soleil*) heiß werden
chauffeur [ʃofœʁ] nm/f Fahrer(in) m(f);
(*professionnel*) Chauffeur(in) m(f)
chaume [ʃom] nm (*du toit*) Stroh nt; (*tiges*)
Stoppeln pl
chaumière [ʃomjɛʁ] nf strohgedecktes
Haus
chaussée [ʃose] nf Fahrbahn f
chausse-pied (*pl* ~s) [ʃospje] nm
Schuhlöffel m
chausser [ʃose] <1> vt (*bottes, skis*)
anziehen; (*enfant*) die Schuhe anziehen
+dat; **~ du 38** Schuhgröße 38 haben

chaussette [ʃosɛt] nf Socke f

chausson [ʃosõ] nm Hausschuh m; ~ **(de bébé)** Babyschuh m; ~ **(aux pommes)** (pâtisserie) Apfeltasche f

chaussure [ʃosyʀ] nf Schuh m; ~**s basses** Halbschuhe pl

chauve [ʃov] adj kahl(köpfig)

chauve-souris (pl chauves-souris) nf Fledermaus f

chauvin, e [ʃovɛ̃, in] adj chauvinistisch

chaux [ʃo] nf Kalk m

chef [ʃɛf] nmf Führer(in) m(f); (patron) Chef(in) m(f); ~ nm (de tribu) Häuptling m; (de cuisine) Koch m; ~ **d'accusation** (Vertreter der) Anklage f; ~ **de l'État** Staatschef(in) m(f); ~ **d'orchestre** Dirigent(in) m(f)

chef-d'œuvre (pl chefs-d'œuvre) [ʃɛdœvʀ] nm Meisterwerk nt

chef-lieu (pl chefs-lieux) [ʃɛfljø] nm Hauptstadt eines französischen Departements

cheikh [ʃɛk] nm Scheich m

chemin [ʃ(ə)mɛ̃] nm Weg m; (Inform) Pfad m; **en** ~ unterwegs; ~ **de fer** Eisenbahn f

cheminée [ʃ(ə)mine] nf Kamin m; (sur le toit) Schornstein m

cheminer [ʃ(ə)mine] <1> vi (marcher) (langsam) gehen; (avancer) sich vorwärtsbewegen

cheminot [ʃ(ə)mino] nm Eisenbahner m

chemise [ʃ(ə)miz] nf Hemd nt; (dossier) Aktendeckel m; ~ **en jean** Jeanshemd

chemisier [ʃ(ə)mizje] nm Bluse f

chenal (pl -aux) [ʃənal, o] nm Kanal m

chêne [ʃɛn] nm Eiche f

chenille [ʃ(ə)nij] nf (Zool) Raupe f; (Auto) Raupenkette f

chèque [ʃɛk] nm Scheck m; ~ **barré/sans provision/au porteur** Verrechnungsscheck/ungedeckter Scheck/Inhaberscheck; ~ **non barré** Barscheck; ~ **de voyage** Reisescheck; **encaisser un** ~ einen Scheck einlösen

chèque-cadeau (pl chèques-cadeaux) nm Geschenkgutschein m

chèque-repas (pl chèques-repas) nm, **chèque-restaurant** (pl chèques-restaurant) ~ nm Essensbon m

chéquier nm Scheckheft nt

cher, chère [ʃɛʀ] adj (aimé) lieb; (coûteux) teuer ~ adv: **coûter/payer** ~ teuer sein/bezahlen

chercher [ʃɛʀʃe] <1> vt suchen; **aller** ~ holen

chercheur, -euse nm/f (scientifique) Forscher(in) m(f)

chéri, e [ʃeʀi] adj geliebt; **(mon)** ~ Liebling m

chérir <8> vt lieben

chétif, -ive [ʃetif, iv] adj schwächlich

cheval (pl -aux) [ʃ(ə)val, o] nm Pferd nt; **à** ~ **sur** rittlings auf +dat; **faire du** ~ reiten; ~**(-vapeur)** (Auto) Pferdestärke f; ~ **de Troie** (Inform) trojanisches Pferd

chevalerie nf Rittertum nt

chevalet [ʃ(ə)valɛ] nm Staffelei f

chevalier [ʃ(ə)valje] nm Ritter m

chevalière [ʃ(ə)valjɛʀ] nf Siegelring m

chevalin, e [ʃ(ə)valɛ̃, in] adj: **boucherie** ~**e** Pferdemetzgerei f

cheval-vapeur (pl chevaux-vapeur) [ʃəvalvapœʀ] nm Pferdestärke f

chevaucher [ʃ(ə)voʃe] <1> vi, vpr: **se chevaucher** sich überlappen ~ vt rittlings sitzen auf +dat

chevelu, e [ʃəv(ə)ly] adj haarig; **cuir** ~ Kopfhaut f

chevelure nf Haar nt

chevet [ʃ(ə)vɛ] nm: **au** ~ **de qn** an jds Bett; **table de** ~ Nachttisch m

cheveu (pl x) [ʃ(ə)vø] nm Haar nt; **avoir les** ~**x courts** kurze Haare haben

cheville [ʃ(ə)vij] nf (Anat) (Fuß)knöchel m; (de bois) Stift m

chèvre [ʃɛvʀ] nf Ziege f

chèvrefeuille [ʃɛvʀəfœj] nm Geißblatt nt

chevreuil [ʃəvʀœj] nm Reh nt; (viande) Rehfleisch nt

chevron [ʃəvʀõ] nm (poutre) Sparren m; **à** ~**s** im Fischgrät(en)muster

chevronné, e [ʃəvʀɔne] adj erfahren

chevrotant, e [ʃəvʀɔtɑ̃, ɑ̃t] adj (voix) bebend, zitternd

chewing-gum (pl ~s) [ʃwiŋgɔm] nm Kaugummi m

chez [ʃe] prép bei +dat; ~ **moi/nous** bei mir/uns

chez-soi nm inv Zuhause nt

chiant, e [ʃjɑ̃, ɑ̃t] adj (vulg) ätzend

chic [ʃik] adj inv chic; (fam: généreux) anständig; ~! klasse! ~ nm inv Chic m; **avoir le** ~ **de** das Talent haben zu

chicane [ʃikan] nf (obstacle) Schikane f; (querelle) Streiterei f

chiche [ʃiʃ] adj knauserig; ~! wetten, dass!; (en réponse) die Wette gilt

chichis [ʃiʃi] nmpl (fam): **ne fais pas de** ~! stell dich nicht so an!

chicorée [ʃikɔʀe] nf (à café) Zichorie f

chien, ne [ʃjɛ̃, ɛn] nm/f Hund (Hündin) m/f ~ nm (de pistolet) Hahn m

chiendent [ʃjɛ̃dɑ̃] nm Quecke f

chier [ʃje] <1> vi (vulg) scheißen; **faire** ~ **qn** (importuner) jdm auf den Wecker gehen; (causer des ennuis à) jdn herumschikanieren; **se faire** ~ (s'ennuyer) sich tödlich langweilen

chiffon [ʃifõ] nm Lappen m, Lumpen m

chiffonner [ʃifɔne] <1> vt zerknittern

chiffonnier, -ière [ʃifɔnje, ɛʀ] nm/f Lumpensammler(in) m(f)

chiffre [ʃifʀ] *nm* Ziffer *f*; (*montant, total*) Summe *f*; **en ~s ronds** (auf-/ab)gerundet; **~ d'affaires** Umsatz *m*

chiffrement *nm* Verschlüsselung *f*

chiffrer <1> *vt* (*dépense*) beziffern; (*coder*) verschlüsseln

chignon [ʃiɲõ] *nm* (Haar)knoten *m*

chiite [ʃiit] *adj* schiitisch

Chili [ʃili] *nm*: **le ~** Chile *nt*

chilien, ne [ʃiljɛ̃, ɛn] *adj* chilenisch

Chilien, ne *nm/f* Chilene (Chilenin) *m/f*

chimie [ʃimi] *nf* Chemie *f*

chimiothérapie [ʃimjɔteʀapi] *nf* Chemotherapie *f*

chimique *adj* chemisch

chimiste *nmf* Chemiker(in) *m(f)*

chimpanzé [ʃɛ̃pɑ̃ze] *nm* Schimpanse *m*

Chine [ʃin] *nf*: **la ~** China *nt*

chinois, e [ʃinwa, az] *adj* chinesisch ■ *nm* (*langue*) Chinesisch *nt*

Chinois, e *nm/f* Chinese (Chinesin) *m/f*

chips [ʃip(s)] *nfpl* (Kartoffel)chips *pl*

chiquer [ʃike] <1> *vi* Tabak kauen ■ *vt* kauen

chiromancie [kiʀɔmɑ̃si] *nf* Handlesen *nt*

chiropraticien, ne [kiʀɔpratisjɛ̃, ɛn] *nm/f* Chiropraktiker(in) *m(f)*

chirurgical, e (*pl* -**aux**) [ʃiʀyʀʒikal, o] *adj* chirurgisch

chirurgie *nf* Chirurgie *f*; **~ esthétique** plastische Chirurgie

chirurgien, ne *nm/f* Chirurg(in) *m(f)*

chlore [klɔʀ] *nm* Chlor *nt*

chlorofluorocarbone [klɔʀoflyɔʀokaʀbɔn] *nm* Fluorchlorkohlenwasserstoff *m*

chloroforme [klɔʀofɔʀm] *nm* Chloroform *nt*

chlorophylle [klɔʀofil] *nf* Chlorophyll *nt*

choc [ʃɔk] *nm* Stoß *m*; (*traumatisme*) Schock *m*; **troupes de ~** Kampftruppen *pl*

chocolat [ʃɔkɔla] *nm* Schokolade *f*; **~ au lait** Milchschokolade; **~ noir** Bitterschokolade

chœur [kœʀ] *nm* Chor *m*; (*Archit*) Chor(raum) *m*; **en ~** im Chor

choisir [ʃwaziʀ] <8> *vt* auswählen; (*nommer*) wählen; (*décider de*) sich entscheiden für

choix [ʃwa] *nm* Wahl *f*; (*décision*) Entscheidung *f*; (*assortiment*) Auswahl *f* (*de an +dat*); **au ~** nach Wahl; **avoir le ~** die Wahl haben; **premier ~** erste Wahl

choléra [kɔleʀa] *nm* Cholera *f*

cholestérol [kɔlesteʀɔl] *nm* Cholesterin *nt*

chômage [ʃomaʒ] *nm* Arbeitslosigkeit *f*; **être au ~** arbeitslos sein

chômer [ʃome] <1> *vi* (*travailleur*) arbeitslos sein; (*équipements*) stillstehen

chômeur, -euse [ʃomœʀ, øz] *nm/f* Arbeitslose(r) *mf*

chope [ʃɔp] *nf* Seidel *nt*

choquant, e [ʃɔkɑ̃, ɑ̃t] *adj* schockierend; (*injustice, contraste*) schreiend

choquer <1> *vt* schockieren; (*commotionner*) erschüttern

chorégraphe [kɔʀegʀaf] *nmf* Choreograf(in) *m(f)*

chorégraphie [kɔʀegʀafi] *nf* Choreografie *f*

choriste [kɔʀist] *nmf* Chorsänger(in) *m(f)*

chose [ʃoz] *nf* Ding *nt*; (*événement, histoire*) Ereignis *nt*; (*sujet, matière*) Sache *f*; **les ~s** (*la situation*) die Lage, die Dinge; **c'est peu de ~** das ist nicht der Rede wert

chou (*pl* **x**) [ʃu] *nm* Kohl *m*; **mon petit ~** mein Süßer, meine Süße; **~ (à la crème)** Windbeutel *m*

chouchou, te [ʃuʃu, ut] *nm/f* (*fam*) Liebling *m*, Hätschelkind *nt*

chouchouter [ʃuʃute] <1> *vt* (*fam*) vorziehen

choucroute [ʃukʀut] *nf* Sauerkraut *nt*

chouette [ʃwɛt] *nf* Eule *f* ■ *adj*: **c'est ~!** (*fam*) das ist toll!

chou-fleur (*pl* **choux-fleurs**) [ʃuflœʀ] *nm* Blumenkohl *m*

chou-navet (*pl* **choux-navets**) [ʃunavɛ] *nm* Kohlrübe *f*

chou-rave (*pl* **choux-raves**) [ʃuʀav] *nm* Kohlrabi *m*

choyer [ʃwaje] <6> *vt* (ver)hätscheln, verwöhnen

C.H.R. *nm abr* = **Centre hospitalier régional** Kreiskrankenhaus *nt*

chrétien, ne [kʀetjɛ̃, ɛn] *adj* christlich

Christ [kʀist] *nm*: **le ~** Christus *m*

christianisme *nm* Christentum *nt*

chrome [kʀom] *nm* Chrom *nt*

chromé, e *adj* verchromt

chromosome [kʀomozom] *nm* Chromosom *nt*

chronique [kʀɔnik] *adj* (*Med*) chronisch; (*problème, difficultés*) andauernd ■ *nf* (*de journal*) Kolumne *f*; (*historique*) Chronik *f*; **la ~ locale** die Lokalnachrichten *pl*; **~ sportive/théâtrale** (*Radio, TV*) Sportbericht *m*/Theaterübersicht *f*

chrono *nm voir* **chronomètre**

chronologie [kʀɔnɔlɔʒi] *nf* zeitliche Reihenfolge

chronologique [kʀɔnɔlɔʒik] *adj* chronologisch

chronomètre [kʀɔnɔ(mɛtʀ)] *nm* Stoppuhr *f*

chronométrer <5> *vt* stoppen

chrysalide [kʀizalid] *nf* Puppe *f*

chrysanthème [kʀizɑ̃tɛm] *nm* Chrysantheme *f*

chtarbé, e [ʃtaʀbe] *adj (fam)* verrückt;
elle est ~e die hat einen Sprung in der
Schüssel

C.H.U. *nm abr* = **Centre hospitalier
universitaire** Universitätsklinik *f*

chuchoter [ʃyʃɔte] <1> *vt, vi* flüstern

chut [ʃyt] *interj* pst

chute [ʃyt] *nf* Sturz *m*; *(des feuilles)* Fallen
nt; *(de bois, papier: déchet)* Stückchen *nt*;
la ~ des cheveux der Haarausfall; **~ des
cotations** Kursverfall *m*; **~ (d'eau)**
Wasserfall *m*; **~ libre** freier Fall; **~s** *fpl*
de pluie/neige Regen-/Schneefälle *pl*

Chypre [ʃipʀ] *nf*: **(l'île *f* de) ~** Zypern *nt*

-ci, ci- [si] *adv* = *par*, ci-contre, ci-joint;
ce garçon-ci/-là dieser/jener Junge;
ces femmes-ci/-là diese/jene Frauen

ci-après *adv* im Folgenden

cibiste [sibist] *nmf* CB-Funker(in) *m(f)*;
~ amateur Amateurfunker(in) *m(f)*

cible [sibl] *nf* Zielscheibe *f*

ciboule [sibul] *nf* Winterlauch *m*

ciboulette [sibulɛt] *nf* Schnittlauch *m*

cicatrice [sikatʀis] *nf* Narbe *f*

cicatriser <1> *vpr*: **se cicatriser** (ver)heilen

ci-contre [sikɔ̃tʀ] *adv (texte écrit)*
gegenüber

ci-dessous *adv* (weiter) unten

ci-dessus *adv* (weiter) oben

cidre [sidʀ] *nm* Apfelwein *m*

Cie *abr* = **Compagnie** Ges.

ciel *(pl* cieux) [sjɛl, sjø] *nm* Himmel *m*

cierge [sjɛʀʒ] *nm* Kerze *f*

cigale [sigal] *nf* Zikade *f*

cigare [sigaʀ] *nm* Zigarre *f*

cigarette [sigaʀɛt] *nf* Zigarette *f*

ci-gît [siʒi] *vi* hier ruht

cigogne [sigɔɲ] *nf* Storch *m*

ci-inclus, e [siɛ̃kly, yz], **ci-joint, e**
[siʒwɛ̃, ɛt] *adj, adv* beiliegend

cil [sil] *nm* (Augen)wimper *f*

cime [sim] *nf (d'arbre)* Krone *f*; *(de montagne)*
Gipfel *m*

ciment [simɑ̃] *nm* Zement *m*; **~ armé**
Stahlbeton *m*

cimetière [simtjɛʀ] *nm* Friedhof *m*

cinéaste [sineast] *nmf* Filmemacher(in)
m(f)

ciné-club *(pl* ~s) [sineklœb] *nm*
Filmklub *m*

cinéma [sinema] *nm* Film *m*; *(local)* Kino
nt; **faire du ~** *(fam)* ein Theater machen;
c'est du ~ *(fam)* das ist alles Theater *[ou*
Schau]

cinémascope® [sinemaskɔp] *nm*
Breitwand *f*

cinémathèque [sinematɛk] *nf*
Filmarchiv *nt*, Kinemathek *f*

cinématographie [sinematɔgʀafi] *nf*
Filmkunst *f*

ciné-parc *(pl* ~s) *nm* Autokino *nt*

cinéphile [sinefil] *nmf* Kinofan *m*,
Filmfan *m*

cinétique [sinetik] *adj* kinetisch

cinglé, e [sɛ̃gle] *adj (fam)* verrückt

cingler [sɛ̃gle] <1> *vt* peitschen; *(vent,
pluie)* peitschen gegen **▪** *vi*: **~ vers** *(Naut)*
Kurs halten auf +*akk*

cinq [sɛ̃k] *num* fünf; **le ~ août** der fünfte
August; **~ fois** fünfmal; **de ~ ans**
fünfjährig; **~ cents** fünfhundert

cinquantaine [sɛ̃kɑ̃tɛn] *nf*: **une ~ (de)**
etwa fünfzig

cinquante [sɛ̃kɑ̃t] *num* fünfzig

cinquième [sɛ̃kjɛm] *adj* fünfte(r, s)
▪ *nm (fraction)* Fünftel *nt* **▪** *nmf (personne)*
Fünfte(r) *mf*

cinquièmement *adv* fünftens

cintre [sɛ̃tʀ] *nm* Kleiderbügel *m*; *(Archit)*
Bogen *m*

cintré, e [sɛ̃tʀe] *adj (bois)* gewölbt;
(chemise) tailliert

C.I.O. *nm abr* = **Comité international
olympique** IOK *nt* **▪** *nm abr* = **Centre
d'information et d'orientation**
Berufsberatung(sstelle) *f*

cirage [siʀaʒ] *nm (pour parquet)*
Bohnerwachs *nt*; *(pour chaussures)*
Schuhcreme *f*

circoncire *(irr comme suffire, pp* **circoncis)**
[siʀkɔ̃siʀ] *vt* beschneiden

circoncision [siʀkɔ̃sizjɔ̃] *nf*
Beschneidung *f*

circonférence [siʀkɔ̃feʀɑ̃s] *nf* Umfang *m*

circonflexe [siʀkɔ̃flɛks] *adj*: **accent ~**
Zirkumflex *m*

circonscription [siʀkɔ̃skʀipsjɔ̃] *nf*:
~ électorale/militaire Wahlkreis
m/Wehrerfassungsbereich *m*

circonscrire [siʀkɔ̃skʀiʀ] *irr comme écrire*
vt abstecken; *(incendie)* eindämmen

circonstance [siʀkɔ̃stɑ̃s] *nf* Umstand *m*;
circonstances *nfpl (contexte)* Umstände
pl, Verhältnisse *pl*; **~s atténuantes**
mildernde Umstände *pl*

circonstancié, e [siʀkɔ̃stɑ̃sje] *adj*
ausführlich

circuit [siʀkɥi] *nm (trajet)* Rundgang *m*;
(Elec) Stromkreis *m*; **~ intégré** integrierte
Schaltung

circulaire [siʀkylɛʀ] *adj* kreisförmig;
(mouvement) Kreis-; *(regard)*
umherschweifend **▪** *nf* Rundschreiben *nt*

circulation [siʀkylasjɔ̃] *nf (Med)* Kreislauf
m; *(Auto)* Verkehr *m*; **mettre en ~** in
Umlauf bringen; **libre ~ des capitaux**
freier Kapitalverkehr

circuler [siʀkyle] <1> *vi (personne)* gehen;
(voiture) fahren; *(sang, électricité, etc)*
fließen, zirkulieren; *(devises, capitaux)* in

Umlauf sein; **faire ~** *(nouvelle)* verbreiten; *(badauds)* zum Weitergehen auffordern

cire [siʀ] *nf* Wachs *nt*

ciré [siʀe] *nm (contre la pluie)* Regenmantel *m; (pour le bateau)* Ölzeug *nt*

cirer <1> *vt (parquet)* (ein)wachsen; *(souliers)* putzen

cirque [siʀk] *nm* Zirkus *m; (Geo)* Kar *nt*

cirrhose [siʀoz] *nf:* **~ du foie** Leberzirrhose *f*

cisaille(s) [sizaj] *nf(pl)* (Garten)schere *f*

ciseau *(pl* x*)* [sizo] *nm:* **~ (à bois)** Meißel *m* ■ *nmpl* Schere *f*

citadelle [sitadɛl] *nf* Zitadelle *f*

citadin, e [sitadɛ̃, in] *nm/f* Städter(in) *m(f)*

citation [sitasjõ] *nf (d'auteur)* Zitat *nt; (Jur)* Vorladung *f*

cité [site] *nf* Stadt *f;* **~ satellite** Satellitenstadt, Trabantenstadt; **~ universitaire** Studentenwohnheim *nt*

cité-dortoir *(pl* **cités-dortoirs***) nf* Schlafstadt *f*

citer [site] <1> *vt (un auteur)* zitieren; *(Jur)* vorladen

citerne [sitɛʀn] *nf* Zisterne *f*

citoyen, ne [sitwajɛ̃, ɛn] *nm/f* Bürger(in) *m(f)*

citron [sitʀõ] *nm* Zitrone *f*

citronnade [sitʀɔnad] *nf* Zitronenlimonade *f*

citronnelle [sitʀɔnɛl] *nf* Zitronenmelisse *f*

citronnier [sitʀɔnje] *nm* Zitronenbaum *m*

citrouille [sitʀuj] *nf* Kürbis *m*

cive [siv] *nf* Schnittlauch *m*

civet [sivɛ] *nm* in Rotwein geschmortes Wild

civette [sivɛt] *nf* Schnittlauch *m*

civière [sivjɛʀ] *nf* Bahre *f*

civil, e [sivil] *adj* (staats)bürgerlich; *(institution)* staatlich; *(non militaire: Jur)* Zivil-, zivil; *(guerre)* Bürger-; *(poli)* höflich; **habillé(e) en ~** in Zivil; **mariage/ enterrement ~** standesamtliche Trauung/nichtkirchliche Bestattung ■ *nm* Zivilist(in) *m(f)*

civilisation [sivilizasjõ] *nf* Zivilisation *f*

civilisé, e [sivilize] *adj* zivilisiert

civiliser [sivilize] <1> *vt* zivilisieren

civilité [sivilite] *nf* Höflichkeit *f*

civique [sivik] *adj* staatsbürgerlich; **instruction ~** Staatsbürgerkunde *f*

civisme [sivism] *nm* vorbildliches staatsbürgerliches Verhalten

clair, e [klɛʀ] *adj* klar; *(couleur, teint, local)* hell; **bleu/rouge ~** hellblau/-rot; **le plus ~ de son temps** die meiste Zeit ■ *adv:* **voir ~** deutlich sehen ■ *nm:* **~ de lune** Mondschein *m;* **mettre au ~** in Ordnung bringen; **tirer qch au ~** etw klären

clairière [klɛʀjɛʀ] *nf* Lichtung *f*

clairsemé, e [klɛʀsəme] *adj* dünn gesät

clairvoyant, e [klɛʀvwajã, ãt] *adj* weitblickend

clam [klam] *nm* Venusmuschel *f*

clameur [klamœʀ] *nf* Geschrei *nt*

clandestin, e [klãdɛstɛ̃, in] *adj* geheim; *(passager)* blind; *(commerce)* Schleich- ■ *nm/f* illegaler Einwanderer, illegale Einwanderin

clapoter [klapɔte] <1> *vi (eau)* schlagen, plätschern

claque [klak] *nf (gifle)* Klaps *m,* Schlag *m*

claqué, e [klake] *adj (fam)* abgeschlafft

claquer [klake] <1> *vi (drapeau)* flattern; *(coup de feu)* krachen; **faire ~ ses doigts** mit den Fingern knacken ■ *vt (porte)* zuschlagen

clarifier [klaʀifje] <1> *vt (fig)* klären

clarinette [klaʀinɛt] *nf* Klarinette *f*

clarté [klaʀte] *nf* Helligkeit *f; (netteté)* Klarheit *f*

classe [klɑs] *nf* Klasse *f; (local)* Klassenzimmer *nt;* **faire la ~** unterrichten; **un (soldat de) deuxième ~** ein gemeiner Soldat; **~ sociale** soziale Klasse, soziale Schicht

- ● **CLASSES PRÉPARATOIRES**
- ●
- ● *Classes préparatoires* sind zweijährige
- ● Kurse, in denen intensiv gelernt wird,
- ● um die Aufnahmeprüfungen für die
- ● "grandes écoles" zu bestehen.
- ● Es handelt sich dabei um äußerst
- ● anstrengende Kurse, die man nach
- ● dem bestandenen "baccalauréat"
- ● im "lycée" belegt. Schulen, die solche
- ● Kurse anbieten, sind besonders hoch
- ● angesehen.

classement [klɑsmã] *nm (liste)* (An)ordnung *f; (rang)* Einstufung *f*

classer [klɑse] <1> *vt (papiers, idées)* ordnen; *(candidat, concurrent)* einstufen; *(Inform)* sortieren; *(Jur: affaire)* abschließen ■ *vpr:* **se ~ premier(-ière)/dernier(-ière)** als Erste(r)/Letzte(r) kommen

classeur [klɑsœʀ] *nm (cahier)* Aktenordner *m; (meuble)* Aktenschrank *m*

classifier [klɑsifje] <1> *vt* klassifizieren

classique [klɑsik] *adj* klassisch; *(traditionnel)* herkömmlich; *(habituel)* üblich

clause [kloz] *nf* Klausel *f*

claustrophobie [klostʀɔfɔbi] *nf* Klaustrophobie *f*

clavecin [klavsɛ̃] *nm* Cembalo *nt*

clavicule [klavikyl] *nf* Schlüsselbein *nt*

clavier [klavje] *nm (de piano)* Klaviatur *f; (de machine)* Tastatur *f*

clé [kle] *nf* = **clef**

clef [kle] *nf* Schlüssel *m; (de boîte de conserves)* (Dosen)öffner *m; (de mécanicien)*

Schraubenschlüssel *m*; *(fig: solution)* Lösung *f*; **~ anglaise** Engländer *m*; **~ de contact** Zündschlüssel; **~ en croix** Kreuzschlüssel; **~ de sol/de fa/d'ut** *(Mus)* Violin-/Bass-/C-Schlüssel *m*; **~ de voûte** Schlussstein *m*; **~ USB** USB-Stick *m*; **mettre la ~ sous la porte** *(fig)* heimlich verschwinden; *(commerce)* dichtmachen ■ *adj inv*: **problème/position ~** Hauptproblem *nt*/Schlüsselstellung *f*
clément, e [klemɑ̃, ɑ̃t] *adj* mild
clémentine [klemɑ̃tin] *nf* Klementine *f*
cleptomane [klɛptɔman] *nmf voir* **kleptomane**
cleptomanie *nf* Kleptomanie *f*
clerc [klɛʀ] *nm*: **~ de notaire/d'avoué** Notariats-/Anwaltsangestellte(r) *mf*
clergé [klɛʀʒe] *nm* Klerus *m*
clérical, e *(pl* **-aux)** [kleʀikal, o] *adj* geistlich
clic-clac® [klikklak] *nm inv* Bettcouch *f*
cliché [kliʃe] *nm* *(Foto)* Negativ *nt*; *(Ling)* Klischee *nt*
cliché-mémoire *(pl* **clichés-mémoire)** *nm (Inform)* Speicherauszug *m*
client, e [klijɑ̃, ɑ̃t] *nm/f (acheteur)* Kunde (Kundin) *m/f*; *(du docteur)* Patient(in) *m(f)*; *(de l'avocat)* Klient(in) *m(f)*
clientèle *nf (du magasin)* Kundschaft *f*; *(du docteur, de l'avocat)* Klientel *f*
cligner [kliɲe] <1> *vi*: **~ de l'œil** zwinkern; **~ des yeux** mit den Augen zwinkern
clignotant [kliɲɔtɑ̃] *nm (Auto)* Blinker *m*
clignoter [kliɲɔte] <1> *vi (yeux)* zwinkern; *(lumière)* blinken; *(vaciller)* flackern; *(étoile)* funkeln
climat [klima] *nm* Klima *nt*
climatique [klimatik] *adj* klimatisch, Klima-
climatisation [klimatizasjɔ̃] *nf* Klimaanlage *f*
climatisé, e [klimatize] *adj* klimatisiert
climatologie [klimatɔlɔʒi] *nf* Klimatologie *f*, Klimaforschung *f*
clin d'œil *(pl* **clins d'œil)** [klɛ̃dœj] *nm* Augenzwinkern *nt*; **en un ~** im Nu
clinique [klinik] *nf* Klinik *f*
clip [klip] *nm* Videoclip *m*
cliquer [klike] <1> *vt (Inform)* klicken; **~ deux fois/double ~** doppelklicken
cliqueter [klik(ə)te] <3> *vi* klappern; *(chaîne)* rasseln
clitoris [klitɔʀis] *nm* Klitoris *f*
clivage [klivaʒ] *nm (fig)* Kluft *f*
clochard, e [klɔʃaʀ, d] *nm/f* Stadtstreicher(in) *m(f)*, Penner(in) *m(f)*
cloche [klɔʃ] *nf* Glocke *f*; *(fam)* Trottel *m*; **~ à fromage** Käseglocke
cloche-pied *adv*: **aller** *[ou* **sauter]** **à ~** auf einem Bein hüpfen

clocher [klɔʃe] *nm* Kirchturm *m* <1> ■ *vi* *(fam)* nicht hinhauen
clochette [klɔʃɛt] *nf* Glöckchen *nt*
cloison [klwazɔ̃] *nf* Trennwand *f*
cloître [klwatʀ] *nm* Kreuzgang *m*
cloîtrer [klwatʀe] <1> *vpr*: **se cloîtrer** *(fig)* sich einschließen, zurückgezogen leben
clonage [klɔnaʒ] *nm* Klonen *nt*
clone [klɔn] *nm* Klon *m*
clope [klɔp] *nf (fam)* Kippe *f*
cloque [klɔk] *nf* Blase *f*
clore [klɔʀ] *irr vt (ab)schließen
clos, e [klo, oz] *pp de* **clore** *adj (fermé)* geschlossen; *(achevé)* beendet
clôture [klotyʀ] *nf* Abschluss *m*; *(action)* Schließen *nt*; *(barrière)* Einfriedung *f*, Zaun *m*
clou [klu] *nm* Nagel *m*; **clous** *nmpl (passage clouté)* Fußgängerüberweg *m*; **pneus à ~s** Spikes *pl*; **le ~ du spectacle/de la soirée** der Höhepunkt der Veranstaltung/des Abends; **~ de girofle** Gewürznelke *f*
clouer <1> *vt* festnageln, zunageln
clown [klun] *nm* Clown *m*
club [klœb] *nm* Klub *m*
cm *abr* = **centimètre** cm
CMU *nf abr* = **couverture maladie universelle** kostenlose medizinische Versorgung für sozial Schwache
C.N.C. *nm abr* = **Centre national de la cinématographie** Filmförderungsanstalt *f*
C.N.P.F. *nm abr* = **Conseil national du patronat français** französischer Arbeitgeberverband
C.N.R.S. *nm abr* = **Centre national de la recherche scientifique** nationales Zentrum für wissenschaftliche Forschung
c/o *abr* = **care of** (wohnhaft) bei
coaching [kotʃiŋ] *nm* Coaching *nt*
coaguler [kɔagyle] <1> *vpr*: **se coaguler** gerinnen
coaliser [kɔalize] <1> *vi* koalieren
coalition [kɔalisjɔ̃] *nf* Koalition *f*
coaxial, e *(pl* **-aux)** [koaksjal, o] *adj* Koaxial-
C.O.B. [kɔb] *nf acr* = **Commission des opérations de Bourse** Börsenaufsichtsamt *nt*
cobalt [kɔbalt] *nm* Kobalt *nt*
cobaye [kɔbaj] *nm* Meerschweinchen *nt*; *(fig)* Versuchskaninchen *nt*
cobra [kɔbʀa] *nm* Kobra *f*
coca [kɔka] *nm* Cola *f*
cocagne [kɔkaɲ] *nf*: **pays de ~** Schlaraffenland *nt*
cocaïne [kɔkain] *nf* Kokain *nt*
cocasse [kɔkas] *adj* komisch, spaßig
coccinelle [kɔksinɛl] *nf* Marienkäfer *m*; *(Auto)* VW-Käfer *m*

cocher [kɔʃe] nm Kutscher(in) m(f)
<1> ■ vt abhaken; (marquer d'une croix)
ankreuzen

cochère [kɔʃɛʀ] adj: **porte ~** Hoftor nt

cochon, ne [kɔʃɔ̃, ɔn] nm Schwein nt
■ nmf (pej) Schwein nt ■ adj (fam)
schmutzig, schweinisch

cochonnerie nf (fam: obscénité)
Schweinerei f

cochonnet [kɔʃɔnɛ] nm Zielkugel f

cocker [kɔkɛʀ] nm Cocker(spaniel) m

cocktail [kɔktɛl] nm Cocktail m;
(réception) Cocktailparty f

coco [kɔko] nm (fam) Typ m; **noix de ~**
Kokosnuss f

cocon [kɔkɔ̃] nm Kokon m

cocooning [kɔkuniŋ] nm Cocooning nt
(neue Häuslichkeit)

cocorico [kɔkɔʀiko] interj kikeriki

cocotier [kɔkɔtje] nm Kokospalme f

cocotte [kɔkɔt] nf (en fonte) Kasserolle f;
ma ~ (fam) meine Süße; **~(-minute)®**
Dampfkochtopf m

cocu [kɔky] nm betrogener Ehemann

code [kɔd] nm Kodex m; (Jur) Gesetzbuch
nt; **~ d'accès** Zugriffscode m; **~ ASCII**;
~ d'accès Zugriffscode m, ASCII-Code m;
~ banque Bankleitzahl f; **~ (à) barres**
Strichcode m; **~ civil/pénal** Zivil-/
Strafgesetzbuch; **~ de la nationalité**
Staatsbürgerschaftsrecht nt; **~ postal**
Postleitzahl f; **~ de la route**
Straßenverkehrsordnung f; **~ source**
(Inform) Quellcode m ■ adj: **phares ~**
Abblendlicht nt

code-barre (pl **codes-barres**) nm
Strichcode m

codéine [kɔdein] nf Codein nt

coder [kɔde] <1> vt codieren

codétenu, e [kɔdet(ə)ny] nm/f
Mitgefangene(r) mf

coefficient [kɔefisjɑ̃] nm Koeffizient m

coeliochirurgie [seljɔʃiʀyʀʒi] nf
Schlüssellochchirurgie f

cœur [kœʀ] nm Herz nt; **apprendre/
savoir par ~** auswendig lernen/wissen;
avoir bon/du ~ gutherzig sein; **avoir à ~
de faire qch** Wert darauf legen, etw zu
tun; **de bon** [ou **grand**] **~** bereitwillig,
gern; **cela lui tient à ~** das liegt ihm am
Herzen; **j'ai mal au ~** mir ist schlecht; **~
du réacteur** Reaktorkern m

coexistence [kɔɛgzistɑ̃s] nf (religion)
Koexistenz f; (personne) Zusammenleben
nt; **~ pacifique** friedliches
Zusammenleben

coffre [kɔfʀ] nm (meuble) Truhe f; (d'auto)
Kofferraum m; **avoir du ~** (fam) Puste
haben

coffre-fort (pl **coffres-forts**) nm Tresor m

coffret [kɔfʀɛ] nm Schatulle f

cogner [kɔɲe] <1> vi stoßen, schlagen;
~ à la porte/fenêtre an die Tür/ans
Fenster klopfen; **~ sur/contre** schlagen
auf/gegen +akk

cohabitation [kɔabitasjɔ̃] nf
Zusammenleben nt; (Pol) Kohabitation f

cohabiter [kɔabite] <1> vi
zusammenleben

cohérence [kɔeʀɑ̃s] nf Zusammenhang m

cohérent, e [kɔeʀɑ̃, ɑ̃t] adj
zusammenhängend; (politique, équipe)
einheitlich

coi, te [kwa, kwat] adj: **rester** [ou **se
tenir**] **~** ruhig bleiben, sich ruhig verhalten

coiffe [kwaf] nf (bonnet) Haube f

coiffé, e adj: **bien/mal ~** frisiert/nicht
frisiert; **être ~ en arrière/en brosse**
zurückgekämmtes Haar/einen
Bürstenschnitt haben; **être ~ d'un béret**
eine Baskenmütze tragen

coiffer [kwafe] <1> vt frisieren;
(surmonter) bedecken; **~ qn de qch** jdm
etw aufsetzen; **se coiffer** vpr (se peigner)
sich frisieren

coiffeur, -euse nm/f Friseur(in) m(f) ■ nf
(table) Frisiertisch m

coiffure nf (cheveux) Frisur f; (chapeau)
Kopfbedeckung f

coin [kwɛ̃] nm Ecke f; (outil) Keil m;
(endroit) Winkel m; **au ~ du feu** am Kamin;
dans le ~ (les alentours) in der Umgebung;
l'épicerie du ~ der Lebensmittelladen
gleich um die Ecke; **~ cuisine** Kochecke f,
Kochnische f

coincé, e [kwɛ̃se] adj verklemmt

coincer [kwɛ̃se] <2> vt klemmen; (fam) in
die Enge treiben

coïncidence [kɔɛ̃sidɑ̃s] nf Zufall m

coïncider <1> vi: **~ (avec)**
zusammenfallen (mit)

coing [kwɛ̃] nm Quitte f

coït [kɔit] nm Koitus m

coke [kɔk] nf (fam) Koks m

col [kɔl] nm Kragen m; (encolure, cou) Hals
m; (de montagne) Pass m

coléoptère [kɔleɔptɛʀ] nm Käfer m

colère [kɔlɛʀ] nf Wut f; **en ~** wütend;
se mettre en ~ wütend werden

coléreux, -euse [kɔleʀø, øz] adj
jähzornig

colibacille [kɔlibasil] nm Kolibakterie f

colimaçon [kɔlimasɔ̃] nm: **escalier en ~**
Wendeltreppe f

colin [kɔlɛ̃] nm Seehecht m

colique [kɔlik] nf Kolik f

colis [kɔli] nm Paket nt

collaborateur, -trice [kɔlabɔʀatœʀ,
tʀis] nm/f Mitarbeiter(in) m(f); (Pol)
Kollaborateur(in) m(f)

collaboration [kɔ(l)labɔRasjõ] nf
Mitarbeit f; (Pol: pej) Kollaboration f;
en ~ avec in Zusammenarbeit mit
collaborer <1> vi zusammenarbeiten;
(Pol) kollaborieren; **~ à** mitarbeiten an
+dat
collant, e [kɔlã, ãt] adj klebrig; (robe) eng
anliegend; (pej) aufdringlich ■ nm (bas)
Strumpfhose f; (de danseur)
Gymnastikanzug m, Trikot nt
collation [kɔlasjõ] nf Imbiss m
colle [kɔl] nf Klebstoff m; (devinette) harte
Nuss; (Scol) Nachsitzen nt; **~ superglu®**
Sekundenkleber m
collecte [kɔlɛkt] nf Sammlung f
collecteur, -trice [kɔlɛktœR, tRis] adj
Sammel-
collectif, -ive [kɔlɛktif, iv] adj kollektiv;
(Ling) Sammel-
collection [kɔlɛksjõ] nf Sammlung f;
~ (de mode) Kollektion f
collectionner [kɔlɛksjɔne] <1> vt
sammeln
collectionneur, -euse nm/f Sammler(in)
m(f)
collectivité [kɔlɛktivite] nf
Gemeinschaft f
collège [kɔlɛʒ] nm (école) höhere Schule;
(assemblée) Kollegium nt

◈ **LE COLLÈGE**
◈
◈ Le collège ist eine staatliche Schule für
◈ Kinder im Alter von 11 bis 15 Jahren.
◈ Schüler werden nach einem
◈ vorgeschriebenen nationalen
◈ Lehrplan, der Pflicht- und Wahlfächer
◈ enthält, unterrichtet. Ein "collège"
◈ kann seinen eigenen Stundenplan
◈ aufstellen und seine eigenen
◈ Unterrichtsmethoden auswählen.
◈ Das brevet des collèges ist das
◈ Abschlusszeugnis, das die Schüler
◈ nach ihren bestandenen Prüfungen
◈ erhalten.

collégien, ne [kɔleʒjɛ̃, ɛn] nm/f
Gymnasiast(in) m(f)
collègue [kɔlɛg] nmf Kollege (Kollegin) m/f
coller [kɔle] <1> vt kleben; (morceaux)
zusammenkleben; (Scol: fam) nachsitzen
lassen ■ vi (être collant) kleben; (fam)
hinhauen, klappen; **~ à** kleben an +dat
collet [kɔlɛ] nm (piège) Schlinge f; **prendre
qn au ~** jdn am Kragen packen
collier [kɔlje] nm (bijou) Halskette f; (de
chien) Halsband nt
colline [kɔlin] nf Hügel m
collision [kɔlizjõ] nf Zusammenstoß m;
entrer en ~ (avec) zusammenstoßen (mit)

collyre [kɔliR] nm Augentropfen pl
colo [kɔlo] nf abr = **colonie de vacances**
Ferienlager nt
colocataire [kɔlɔkatɛR] nmf
Mitbewohner(in) m(f)
Cologne [kɔlɔɲ] Köln nt
colombage [kɔlõbaʒ] nm Fachwerk nt
colombe [kɔlõb] nf (weiße) Taube
Colombie [kɔlõbi] nf: **la ~** Kolumbien nt
colombien, ne [kɔlõbjɛ̃, ɛn] adj
kolumbianisch
Colombien, ne nm/f Kolumbianer(in) m(f)
colon [kɔlõ] nm Siedler(in) m(f)
colonel [kɔlɔnɛl] nm Oberst m
colonie [kɔlɔni] nf Kolonie f; **~ (de
vacances)** Ferienlager nt
colonne [kɔlɔn] nf Säule f; (dans un
registre; de chiffres, de journal) Spalte f;
(de soldats, camions) Kolonne f; **~ Morris**
Litfaßsäule f; **~ de secours** Suchtrupp m;
~ vertébrale Wirbelsäule
colorant [kɔlɔRã] nm Farbstoff m
coloration nf Färbung f
colorer <1> vt färben
coloris [kɔlɔRi] nm Farbe f
colporter [kɔlpɔRte] <1> vt hausieren
mit; (nouvelle) verbreiten
colporteur, -euse nm/f Hausierer(in) m(f)
colza [kɔlza] nm Raps m
coma [kɔma] nm Koma nt
combat [kõba] nm Kampf m
combattant, e [kõbatã, ãt] nm/f
Kampfteilnehmer(in) m(f); **ancien ~**
Kriegsveteran m
combattre [kõbatR] irr comme battre vt
bekämpfen
combien [kõbjɛ̃] adv (quantité) wie viel;
(avec pl) wie viele; (exclamatif) wie;
~ coûte/mesure ceci? wie viel kostet/
misst das?; **~ de personnes** wie viele
Menschen
combinaison [kõbinɛzõ] nf
Zusammenstellung f, Kombination f;
(de femme) Unterrock m; (spatiale, de
scaphandrier) Anzug m; (de cadenas, de
coffre-fort) Kombination f
combine [kõbin] nf Trick m
combiné [kõbine] nm (de téléphone)
Hörer m
combiner [kõbine] <1> vt kombinieren,
zusammenstellen; (plan, horaire, rencontre)
planen
comble [kõbl] adj brechend voll ■ nm (du
bonheur, plaisir) Höhepunkt m; **combles**
nmpl Dachboden m; **de fond en ~** von
oben bis unten; **c'est le ~!** das ist die Höhe!
combler <1> vt (trou) zumachen; (fig:
lacune, déficit) ausgleichen; (satisfaire)
zufriedenstellen, vollkommen glücklich
machen

combustible [kɔ̃bystibl] *nm* Brennstoff *m*
combustion [kɔ̃bystjɔ̃] *nf* Verbrennung *f*
comédie [kɔmedi] *nf* Komödie *f*; *(fig)*
Theater *nt*

LA COMÉDIE FRANÇAISE

La Comédie française, die 1680 von
Louis XIV. gegründet wurde, ist das
französische Nationaltheater. Das
staatlich subventionierte Ensemble
tritt meist im "Palais-Royal" in Paris
auf und führt in erster Linie klassische
französische Stücke auf.

comédien, ne [kɔmedjɛ̃, ɛn] *nm/f*
Schauspieler(in) *m(f)*
comédon [kɔmedɔ̃] *nm* Mitesser *m*
comestible [kɔmɛstibl] *adj* essbar
comète [kɔmɛt] *nf* Komet *m*
comique [kɔmik] *adj* komisch ■ *nm*
(artiste) Komiker(in) *m(f)*
comité [kɔmite] *nm* Komitee *nt*,
Ausschuss *m*; ~ **de défense** Bürgerinitiative
f; ~ **d'entreprise** ≈ Betriebsrat *m*;
~ **d'experts** Sachverständigengremium
nt; **C~ international olympique**
Internationales Olympisches Komitee;
~ **de surveillance** Aufsichtsgremium *nt*
commandant, e [kɔmɑ̃dɑ̃, ɑ̃t] *nm/f*
Kommandant(in) *m(f)*; *(Naut)*
Fregattenkapitän *m*; ~ **(de bord)** *(Aviat)*
(Flug)kapitän *m*
commande [kɔmɑ̃d] *nf* *(Com)* Bestellung
f; **commandes** *nfpl* *(Aviat)* Steuerung *f*;
sur ~ auf Befehl; ~ **Copie** Kopierbefehl *m*;
~ **de menu** Menübefehl *m*
commandement [kɔmɑ̃dmɑ̃] *nm (ordre)*
Befehl *m*; *(Rel)* Gebot *nt*
commander [kɔmɑ̃de] <1> *vt (Com)*
bestellen; *(armée, bateau)* befehligen;
(avion) fliegen, führen; ~ **à qn de faire qch**
jdm befehlen, etw zu tun
commanditaire [kɔmɑ̃ditɛʀ] *nmf*
Sponsor(in) *m(f)*
commanditer <1> *vt* finanzieren;
(sponsoriser) sponsern
comme [kɔm] *prép* wie; *(en tant que)* als
■ *adv*: ~ **il est fort/c'est bon** wie stark er
ist/gut das ist ■ *conj (ainsi que)* wie; *(parce
que, puisque)* da; *(au moment où, alors que)*
als; ~ **cela**, ~ **ça** so; ~ **ci** ~ **ça** so lala; **joli/
bête** ~ **tout** *(fam)* unheimlich hübsch/
dumm
commémorer [kɔmemɔʀe] <1> *vt*
gedenken +*gen*
commencement [kɔmɑ̃smɑ̃] *nm* Anfang
m, Beginn *m*
commencer <2> *vt* anfangen; *(être placé
au début de)* beginnen ■ *vi* anfangen,

beginnen; ~ **à faire qch** anfangen
[*ou* beginnen], etw zu tun; ~ **par faire qch**
mit etw anfangen, etw zuerst tun
comment [kɔmɑ̃] *adv* wie; ~**?** *(que dites-
vous)* wie bitte?; **le** ~ **et le pourquoi**
das Wie und Warum
commentaire [kɔmɑ̃tɛʀ] *nm*
Kommentar *m*
commenter <1> *vt* kommentieren
commérages [kɔmeʀaʒ] *nmpl* Klatsch *m*
commerçant, e [kɔmɛʀsɑ̃, ɑ̃t] *adj (ville)*
Handels-; *(rue)* Geschäfts- ■ *nm/f*
Kaufmann(-frau) *m/f*, Händler(in) *m(f)*
commerce *nm (activité)* Handel *m*;
(boutique) Geschäft *nt*, Laden *m*; *(fig:
rapports)* Umgang *m*; ~ **électronique**
E-Commerce *m*; ~ **équitable** Fairer
Handel; ~ **extérieur** Außenhandel
commercial, e [kɔmɛʀsjal] *adj* Handels-,
geschäftlich; **relations ~es**
Geschäftsbeziehungen *pl*
commercialiser <1> *vt* auf den Markt
bringen
commère [kɔmɛʀ] *nf* Klatschbase *f*
commettre [kɔmɛtʀ] *irr comme mettre* *vt*
begehen
commis [kɔmi] *nm (de magasin)*
Verkäufer(in) *m(f)*; *(de bureau)*
Angestellte(r) *mf*; ~ **voyageur**
Handelsreisende(r) *mf*
commisération [kɔmizeʀasjɔ̃] *nf*
Mitleid *nt*
commissaire [kɔmisɛʀ] *nm (de police)*
Kommissar(in) *m(f)*
commissaire-priseur *(pl* **commissaires-
priseurs)** *nm* Versteigerer *m*
commissariat [kɔmisaʀja] *nm (de police)*
Polizeiwache *f*; **C~ à l'énergie atomique**
Atomenergiebehörde *f*
commission [kɔmisjɔ̃] *nf* Kommission *f*;
(message) Auftrag *m*, Botschaft *f*;
commissions *nfpl (achats)* Einkäufe *pl*
commode [kɔmɔd] *adj (pratique)*
praktisch; *(facile)* leicht, bequem;
(personne) umgänglich ■ *nf* Kommode *f*
commotion [kɔmosjɔ̃] *nf*: ~ **(cérébrale)**
Gehirnerschütterung *f*
commuer [kɔmɥe] <1> *vt (peine)*
umwandeln
commun, e [kɔmœ̃, yn] *adj*
gemeinsam; *(habituel)* gewöhnlich;
en ~ *(faire)* gemeinsam; *(mettre)*
zusammen ■ *nf (Admin)* Gemeinde *f*;
communs *nmpl (bâtiments)*
Nebengebäude *pl*
communal, e *(pl* -**aux)** *adj (Admin)*
Gemeinde-
communautaire [kɔmynotɛʀ] *adj*
Gemeinschafts-; *(de la Union européenne)*
EU-

communauté [kɔmynote] nf Gemeinde f; (monastère) (Ordens)gemeinschaft f; **régime de la ~** (Jur) Gütergemeinschaft; **C~ économique européenne** (Hist) Europäische Wirtschaftsgemeinschaft; **C~ européenne** (Hist) Europäische Gemeinschaft; **C~ d'États indépendants** Gemeinschaft f Unabhängiger Staaten

commune [kɔmyn] nf Gemeinde f; (urbaine) Stadtbezirk m

communication [kɔmynikasjō] nf Kommunikation f, Verständigung f; (message) Mitteilung f; (téléphonique) Verbindung f, (Telefon)gespräch nt; **communications** nfpl (routes, téléphone, etc) Verbindungen pl, Verkehr m

communier [kɔmynje] <1> vi (Rel) die Kommunion empfangen

communion [kɔmynjō] nf (Rel: catholique) Kommunion f; (protestant) Abendmahl nt; (fig) Verbundenheit f

communiqué [kɔmynike] nm Kommuniqué nt, (amtliche) Verlautbarung f

communiquer [kɔmynike] <1> vt (nouvelle) mitteilen; (demande) übermitteln; (dossier) übergeben; (chaleur) übertragen; **~ qch à qn** (maladie, peur, etc) jdn mit etw anstecken ■ vi (salles) verbunden sein; **~ avec** (salle) verbunden sein mit ■ vpr: **se ~ à** übergreifen auf +akk

communisme [kɔmynism] nm Kommunismus m

communiste nmf Kommunist(in) m(f)

commutable [kɔmytabl] adj umschaltbar

commutateur [kɔmytatœʀ] nm (Elec) Schalter m

Comores [kɔmɔʀ] nfpl: **les ~** die Komoren pl

compact, e [kɔ̃pakt] adj kompakt, dicht, fest

compactable [kɔ̃paktablə] adj: **bouteille ~** Tetrapakflasche® f

compact disc [kɔ̃paktdisk] nm Compact Disc f, CD f

compagne [kɔ̃paɲ] nf voir **compagnon**

compagnie [kɔ̃paɲi] nf Gesellschaft f; (Mil) Kompanie f; **en ~ de** in Gesellschaft [ou Begleitung] von; **fausser ~ à qn** jdm entwischen; **tenir ~ à qn** jdm Gesellschaft leisten; **C~ républicaine de sécurité** Bereitschaftspolizei f

compagnon, compagne [kɔ̃paɲɔ̃, kɔ̃paɲ] nmf (de voyage) Gefährte (Gefährtin) m/f, Begleiter(in) m(f); (de classe) Kamerad(in) m(f); (partenaire) Partner(in) m(f); **~ d'infortune** Leidensgefährte

comparable [kɔ̃paʀabl] adj: **~ (à)** vergleichbar (mit)

comparaison [kɔ̃paʀɛzō] nf Vergleich m

comparatif, -ive [kɔ̃paʀatif, iv] adj vergleichend ■ nm Komparativ m

comparer [kɔ̃paʀe] <1> vt vergleichen (à, et mit)

compartiment [kɔ̃paʀtimā] nm (de train) Abteil nt; (case) Fach nt

comparution [kɔ̃paʀysjō] nf Erscheinen nt (vor Gericht)

compas [kɔ̃pa] nm (Math) Zirkel m; (Naut) Kompass m

compassion [kɔ̃pasjō] nf Mitgefühl nt

compatibilité [kɔ̃patibilite] nf Kompatibilität f

compatible adj (a. Inform) kompatibel; **~ (avec)** vereinbar (mit)

compatriote [kɔ̃patʀijɔt] nmf Landsmann(-männin) m/f

compenser [kɔ̃pāse] <1> vt ausgleichen

compère [kɔ̃pɛʀ] nm Komplize m

compétence [kɔ̃petās] nf Kompetenz f

compétent, e [kɔ̃petā, āt] adj (apte) fähig; (expert) kompetent, sachverständig; (Jur) zuständig

compétitif, -ive [kɔ̃petitif, iv] adj wettbewerbsfähig; (prix) konkurrenzfähig

compétition nf Konkurrenz f, Wettbewerb m; (Sport) Wettkampf m

compétitivité [kɔ̃petitivite] nf Wettbewerbsfähigkeit f

compil [kɔ̃pil] nf Sampler m

compilateur [kɔ̃pilatœʀ] nm (Inform) Compiler m

compiler [kɔ̃pile] <1> vt zusammenstellen

complainte [kɔ̃plɛ̃t] nf Klagelied nt

complaire [kɔ̃plɛʀ] irr comme plaire vpr: **se ~ dans** Gefallen finden an +dat; **se ~ parmi** sich wohlfühlen bei

complaisance [kɔ̃plɛzās] nf Zuvorkommenheit f, Gefälligkeit f; (pej) (zu große) Nachsicht; **certificat de ~** aus Gefälligkeit ausgestellte Bescheinigung

complaisant, e adj gefällig, zuvorkommend; (pej) nachsichtig

complément [kɔ̃plemā] nm Ergänzung f

complet, -ète [kɔ̃plɛ, ɛt] adj (plein) voll; (total) völlig, total; (entier) vollständig, komplett ■ nm (costume) Anzug m

complètement adv völlig

compléter <5> vt (série, collection) vervollständigen; (études) abschließen; (former le pendant de) ergänzen

complexe [kɔ̃plɛks] adj kompliziert, komplex ■ nm Komplex m

complication [kɔ̃plikasjō] nf (d'une situation) Kompliziertheit f; (difficulté, ennui) Komplikation f; **complications** nfpl (Med) Komplikationen pl

complice [kɔ̃plis] nm Komplize (Komplizin) m/f, Mittäter(in) m(f)

complicité [kɔ̃plisite] *nf* Mittäterschaft *f*
compliment [kɔ̃plimɑ̃] *nm* Kompliment
nt; **compliments** *nmpl* Glückwünsche *pl*
complimenter [kɔ̃plimɑ̃te] <1> *vt*: ~ **qn**
de [ou sur] **qch** jdm zu etw Komplimente
machen
compliqué, e [kɔ̃plike] *adj* kompliziert
compliquer [kɔ̃plike] <1> *vt*
komplizieren
complot [kɔ̃plo] *nm* Komplott *nt*,
Verschwörung *f*
comportement [kɔ̃pɔʀtəmɑ̃] *nm*
Verhalten *nt*
comporter [kɔ̃pɔʀte] <1> *vt* sich
zusammensetzen aus, haben;
se comporter *vpr* sich verhalten
composante [kɔ̃pozɑ̃t] *nf* Komponente *f*
composé, e [kɔ̃poze] *adj*
zusammengesetzt; (*visage, air*)
einstudiert, affektiert; ~ **de**
zusammengesetzt aus, bestehend aus
■ *nm* Mischung *f*, Verbindung *f*
composer [kɔ̃poze] <1> *vt* (*musique*)
komponieren; (*mélange, équipe*)
zusammenstellen, bilden; (*texte*)
abfassen; (*faire partie de*) bilden,
ausmachen; ~ **un numéro** (*Tel*) eine
Nummer wählen ■ *vi* (*transiger*) sich
abfinden ■ *vpr*: **se ~ de** sich
zusammensetzen aus, bestehen aus
composite [kɔ̃pozit] *adj* verschiedenartig
compositeur, -trice [kɔ̃pozitœʀ, tʀis]
nm/f (*Mus*) Komponist(in) *m(f)*; (*Typo*)
Setzer(in) *m(f)*
composition [kɔ̃pozisjɔ̃] *nf*
Zusammensetzung *f*, Aufbau *m*; (*style,
arrangement*) Stil *m*, Komposition *f*; (*Scol*)
Schulaufgabe *f*; (*Mus*) Komposition *f*,
(*Typo*) Setzen *nt*; **de bonne ~**
(*accommodant*) verträglich
compost [kɔ̃pɔst] *nm* Kompost *m*
compostage [kɔ̃pɔstaʒ] *nm* (*de billet*)
Entwerten *nt*; (*de terre*) Kompostierung *f*
composter <1> *vt* (*billet*) entwerten
composteur *nm* Entwerter *m*
compote [kɔ̃pɔt] *nf* Kompott *nt*
compotier *nm* Kompottschale *f*
compréhensible [kɔ̃pʀeɑ̃sibl] *adj*
verständlich
compréhensif, -ive *adj* verständnisvoll
compréhension *nf* Verständnis *nt*
comprendre [kɔ̃pʀɑ̃dʀ] <13> *vt*
verstehen; (*se composer de*) umfassen,
enthalten
compresse [kɔ̃pʀɛs] *nf* Kompresse *f*,
Umschlag *m*
compresser [kɔ̃pʀese] *vt* (*Inform*)
komprimieren
compression [kɔ̃pʀesjɔ̃] *nf* (*a. Inform*)
Kompression *f*; (*de substance*)

Zusammenpressen *nt*; (*de crédit*) Kürzung
f; (*des effectifs*) Verringerung *f*
comprimé, e [kɔ̃pʀime] *adj*: **air ~**
Pressluft *f* ■ *nm* Tablette *f*; ~ **effervescent**
Brausetablette
comprimer [kɔ̃pʀime] <1> *vt* (*air*)
komprimieren, verdichten; (*substance*)
zusammenpressen; (*crédit*) kürzen,
einschränken; (*effectifs*) verringern
compris, e [kɔ̃pʀi, iz] *pp de* **comprendre**
■ *adj* (*inclus*) enthalten, einbezogen;
(*Com*) inklusive; ~ **entre** gelegen
zwischen; **la maison ~e, y ~ la maison**
einschließlich des Hauses, mit(samt) dem
Haus; **la maison non ~e** das Haus nicht
mitgerechnet, ohne das Haus
compromettre [kɔ̃pʀɔmɛtʀ] *irr comme*
mettre *vt* (*personne*) kompromittieren;
(*plan, chances*) gefährden
compromis [kɔ̃pʀɔmi] *nm* Kompromiss *m*
comptabiliser [kɔ̃tabilize] <1> *vt*
verbuchen
comptabilité [kɔ̃tabilite] *nf* (*activité,
technique*) Buchführung *f*, Buchhaltung *f*;
(*comptes*) Geschäftsbücher *pl*; (*service*)
Buchhaltung *f*
comptable [kɔ̃tabl] *nmf* Buchhalter(in) *m(f)*
comptant [kɔ̃tɑ̃] *adv*: **acheter ~** gegen
bar kaufen; **payer ~** bar (be)zahlen
compte [kɔ̃t] *nm* Zählung *f*; (*total,
montant*) Betrag *m*, Summe *f*; (*bancaire*)
Konto *nt*; (*facture*) Rechnung *f*; **comptes**
nmpl Geschäftsbücher *pl*; **à bon ~** günstig;
avoir son ~ genug haben; **en fin de ~**
letztlich; **pour le ~ de qn** für jdn; **rendre**
~ (à qn) de qch (jdm) über etw *akk*
Rechenschaft ablegen; **travailler à son**
~ selbstständig sein; ~ **chèque postal**
Postscheckkonto, ~ **Postgirokonto**;
~ courant Girokonto; ~ **de dépôt**
Sparkonto; ~ **à rebours** Countdown *nt o m*
compter [kɔ̃te] <1> *vt* zählen; (*facturer*)
berechnen; (*avoir à son actif*) (für sich)
verbuchen; (*comporter*) haben ■ *vi*
(*calculer*) zählen, rechnen; (*être économe*)
rechnen, haushalten; (*être non négligeable*)
zählen, wichtig sein; ~ **avec/sans qch/qn**
mit etw/jdm rechnen/nicht rechnen;
~ **parmi** (*figurer*) zählen zu; ~ **pour rien**
(*valoir*) nichts gelten; ~ **réussir/revenir**
(*espérer*) hoffen [ou damit rechnen] Erfolg
zu haben/wiederzukehren; ~ **sur** rechnen
mit, sich verlassen auf +*akk*; **sans ~ que**
abgesehen davon, dass
compte-rendu (*pl* **comptes-rendus**) *nm*
(Rechenschafts)bericht *m*
compte-tours *nm inv* Drehzahlmesser *m*,
Tourenzähler *m*
compteur *nm* Zähler *m*; ~ **Geiger**
Geigerzähler

comptine [kɔ̃tin] *nf* Abzählvers *m*

comptoir [kɔ̃twaʀ] *nm* (*de magasin*) Ladentisch *m*; (*de café*) Theke *f*

compulser [kɔ̃pylse] <1> *vt* (*livre, notes, etc*) konsultieren

comte, comtesse [kɔ̃t, kɔ̃tɛs] *nm/f* Graf (Gräfin) *m/f*

con, ne [kɔ̃, kɔn] *adj* (*fam*) bescheuert, doof; **c'est trop ~!** zu dumm! ▣ *nm/f* Idiot(in) *m(f)*

concave [kɔ̃kav] *adj* konkav

concéder [kɔ̃sede] <5> *vt*: **~ qch à qn** jdm etw zugestehen; **~ que** zugeben, dass

concentration [kɔ̃sãtʀasjɔ̃] *nf* Konzentration *f*

concentré, e [kɔ̃sãtʀe] *adj* konzentriert ▣ *nm* (*de tomate*) Püree *nt*; (*d'orange*) Konzentrat *nt*

concentrer [kɔ̃sãtʀe] <1> *vt* konzentrieren; (*pouvoirs*) vereinigen, vereinen; (*population*) versammeln; **se concentrer** *vpr* sich konzentrieren

concept [kɔ̃sɛpt] *nm* Begriff *m*

concepteur, trice [kɔ̃sɛptœʀ, tʀis] *nm/f*: **~ Web** Webdesigner(in) *m(f)*

conception [kɔ̃sɛpsjɔ̃] *nf* Konzeption *f*; (*création*) Gestaltung *f*, Design *nt*; (*d'un enfant*) Empfängnis *f*; **~ assistée par ordinateur** (*Inform*) computer-aided design *nt*, computerunterstützter Entwurf

concernant [kɔ̃sɛʀnã] *prép* betreffend *+akk*

concerner [kɔ̃sɛʀne] <1> *vt* angehen, betreffen; **en ce qui concerne** bezüglich [*ou* hinsichtlich] *+gen*

concert [kɔ̃sɛʀ] *nm* Konzert *nt*; **de ~** in Übereinstimmung, gemeinsam

concertation [kɔ̃sɛʀtasjɔ̃] *nf* Meinungsaustausch *m*; (*rencontre*) Treffen *nt*

concerter [kɔ̃sɛʀte] <1> *vpr*: **se concerter** sich absprechen

concerto [kɔ̃sɛʀto] *nm* Konzert *nt*

concession [kɔ̃sesjɔ̃] *nf* Zugeständnis *nt*; (*de terrain, d'exploitation*) Konzession *f*

concessionnaire [kɔ̃sesjɔnɛʀ] *nmf* Inhaber(in) *m(f)* einer Konzession

concevable [kɔ̃s(ə)vabl] *adj* denkbar

concevoir [kɔ̃s(ə)vwaʀ] <12> *vt* sich *dat* ausdenken, konzipieren; (*enfant*) empfangen

concierge [kɔ̃sjɛʀʒ] *nmf* Hausmeister(in) *m(f)*

concile [kɔ̃sil] *nm* Konzil *nt*

conciliabule [kɔ̃siljabyl] *nm* vertrauliche Unterredung

concilier [kɔ̃silje] <1> *vt* in Einklang bringen, miteinander vereinbaren

concis, e [kɔ̃si, iz] *adj* kurz, knapp, präzis(e)

concitoyen, ne [kɔ̃sitwajɛ̃, ɛn] *nm/f* Mitbürger(in) *m(f)*

concluant, e [kɔ̃klyã, ãt] *adj* schlüssig, überzeugend

conclure [kɔ̃klyʀ] *irr vt* schließen; **~ qch de qch** (*déduire*) etw aus etw schließen [*ou* folgern] ▣ *vi*: **~ à** (*Jur*) sich aussprechen für

conclusion [kɔ̃klyzjɔ̃] *nf* (*raisonnement*) Schluss *m*

concocter [kɔ̃kɔkte] <1> *vt* zusammenbrauen

concombre [kɔ̃kɔ̃bʀ] *nm* (Salat)gurke *f*

concordance [kɔ̃kɔʀdãs] *nf* Übereinstimmung *f*; **la ~ des temps** (*Ling*) die Zeitenfolge

concorde [kɔ̃kɔʀd] *nf* Eintracht *f*

concorder [kɔ̃kɔʀde] <1> *vi* übereinstimmen

concourir [kɔ̃kuʀiʀ] *irr comme courir vi, vt*: **~ à** beitragen zu

concours [kɔ̃kuʀ] *nm* (*Sport*) Wettkampf *m*; (*Scol*) (Auswahl)prüfung *f*; (*assistance*) Hilfe *f*, Unterstützung *f*; **apporter son ~ à** beitragen zu; **~ de circonstances** Zusammentreffen *nt* von Umständen

concret, -ète [kɔ̃kʀɛ, ɛt] *adj* konkret

conçu, e [kɔ̃sy] *pp de* **concevoir**

concubinage [kɔ̃kybinaʒ] *nm* eheähnliche Gemeinschaft

concurremment [kɔ̃kyʀamã] *adv* gleichzeitig

concurrence [kɔ̃kyʀãs] *nf* Konkurrenz *f*; **jusqu'à ~ de** bis zur Höhe von; **~ déloyale** unlauterer Wettbewerb

concurrencer [kɔ̃kyʀãse] <2> *vt* Konkurrenz machen *+dat*

concurrent, e [kɔ̃kyʀã, ãt] *nm/f* (*Sport*) Teilnehmer(in) *m(f)*; (*Econ*) Konkurrent(in) *m(f)*

condamnation [kɔ̃danasjɔ̃] *nf* Verurteilung *f*

condamné, e [kɔ̃dane] *nm/f* Verurteilte(r) *mf*

condamner [kɔ̃dane] <1> *vt* verurteilen; (*porte, ouverture*) (auf Dauer) versperren; (*malade*) aufgeben; **~ qn à 2 ans de prison** jdn zu 2 Jahren Freiheitsstrafe verurteilen; **~ qn à faire qch** jdn dazu verurteilen [*ou* verdammen], etw zu tun; **~ qn à qch** (*obliger*) jdn zu etw verurteilen

condensateur [kɔ̃dãsatœʀ] *nm* Kondensator *m*

condensation [kɔ̃dãsasjɔ̃] *nf* Kondensation *f*

condenser [kɔ̃dãse] <1> *vt* (*discours, texte*) zusammenfassen, komprimieren; (*gaz, etc*) kondensieren; **se condenser** *vpr* kondensieren

condescendre [kɔ̃desãdʀ] <14> *vi*: **~ à qch** sich zu etw herablassen

condiment [kɔ̃dimɑ̃] *nm* Gewürz *nt*
condisciple [kɔ̃disipl] *nmf* *(d'école)*
Schulkamerad(in) *m(f)*; *(d'université, etc)*
Kommilitone(-tonin) *m/f*
condition [kɔ̃disjɔ̃] *nf* Bedingung *f*; *(rang social)* Stand *m*, Rang *m*; *(Inform)* Zustand *m*; **conditions** *nfpl* Bedingungen *pl*; **à ~ de/que** vorausgesetzt, dass; **sans ~** bedingungslos; **sous ~ de/que** unter dem Vorbehalt, dass; **~ sine qua non** unerlässliche Voraussetzung
conditionné, e [kɔ̃disjɔne] *adj*: **air ~** Klimaanlage *f*
conditionnel, le [kɔ̃disjɔnɛl] *adj* bedingt ◼ *nm* *(Ling)* Konditional *nt*
conditionnement [kɔ̃disjɔnmɑ̃] *nm* *(emballage)* Verpackung *f*, Präsentation *f*
conditionner [kɔ̃disjɔne] <1> *vt* *(déterminer)* bestimmen; *(Com)* verpacken, präsentieren
condoléances [kɔ̃dɔleɑ̃s] *nfpl* Beileid *nt*
conducteur, -trice [kɔ̃dyktœʀ, tʀis] *adj* *(Elec)* leitend ◼ *nm/f* *(de véhicule)* Fahrer(in) *m(f)*
conduire [kɔ̃dɥiʀ] *irr vt* führen; *(véhicule)* fahren; **se conduire** *vpr* sich benehmen, sich betragen ◼ *vi*: **~ à** *(fig)* führen zu
conduit [kɔ̃dɥi] *nm* *(Tech)* Leitung *f*, Rohr *nt*; *(Anat)* Gang *m*, Kanal *m*
conduite [kɔ̃dɥit] *nf* *(comportement)* Verhalten *nt*, Benehmen *nt*; *(d'eau, gaz)* Rohr *nt*; **~ à gauche** *(Auto)* Linkssteuerung *f*; **~ intérieure** Limousine *f*
cône [kon] *nm* Kegel *m*
confection [kɔ̃fɛksjɔ̃] *nf* *(fabrication)* Herstellung *f*; **la ~** *(en couture)* die Konfektion, die Bekleidungsindustrie
confectionner [kɔ̃fɛksjɔne] <1> *vt* herstellen
confédération [kɔ̃fedeʀasjɔ̃] *nf* *(Pol)* Bündnis *nt*, Bund *m*, Konföderation *f*
conférence [kɔ̃feʀɑ̃s] *nf* *(exposé)* Vortrag *m*; *(pourparlers)* Konferenz *f*; **~ de presse** Pressekonferenz
conférencier, -ière [kɔ̃feʀɑ̃sje, ɛʀ] *nm* Redner(in) *m(f)*
conférer [kɔ̃feʀe] <5> *vt*: **~ qch à qn/qch** jdm/einer Sache etw verleihen
confesser [kɔ̃fese] <1> *vt* gestehen, zugeben; *(Rel)* beichten; **se confesser** *vpr* *(Rel)* beichten
confesseur *nm* Beichtvater *m*
confession *nf* *(Rel)* Beichte *f*; *(culte)* Konfession *f*, (Glaubens)bekenntnis *nt*
confessionnal *(pl* **-aux)** [kɔ̃fesjɔnal, o] *nm* Beichtstuhl *m*
confessionnel, le [kɔ̃fesjɔnɛl] *adj* kirchlich
confetti [kɔ̃feti] *nm* Konfetti *nt*
confiance [kɔ̃fjɑ̃s] *nf* Vertrauen *nt*; **avoir ~ en** Vertrauen haben zu, vertrauen +*dat*;

question/vote de ~ Vertrauensfrage *f*/-votum *nt*
confiant, e [kɔ̃fjɑ̃, ɑ̃t] *adj* vertrauensvoll
confidence [kɔ̃fidɑ̃s] *nf*: **une ~** eine vertrauliche Mitteilung
confident, e *nm/f* Vertrauter(r) *mf*
confidentiel, le [kɔ̃fidɑ̃sjɛl] *adj* vertraulich
confier [kɔ̃fje] <1> *vt*: **~ qch à qn** *(en dépôt, garde)* jdm etw anvertrauen; *(travail, responsabilité)* jdn mit etw betrauen ◼ *vpr*: **se ~ à qn** sich jdm anvertrauen
configuration [kɔ̃figyʀasjɔ̃] *nf* Beschaffenheit *f*; *(Inform)* Konfiguration *f*
confiner [kɔ̃fine] <1> *vi*: **~ à** grenzen an +*akk* ◼ *vpr*: **se ~ dans/à** sich zurückziehen in +*akk*/sich beschränken auf +*akk*
confins [kɔ̃fɛ̃] *nmpl*: **aux ~ de** *(région)* am äußersten Ende von
confirmation [kɔ̃fiʀmasjɔ̃] *nf* Bestätigung *f*; *(catholique)* Firmung *f*; *(protestante)* Konfirmation *f*
confirmer [kɔ̃fiʀme] <1> *vt* bestätigen
confiserie [kɔ̃fizʀi] *nf* *(magasin)* Süßwarenladen *m*; *(bonbon)* Süßigkeit *f*
confiseur, -euse [kɔ̃fizœʀ, øz] *nm/f* Konditor(in) *m(f)*
confisquer [kɔ̃fiske] <1> *vt* beschlagnahmen, konfiszieren
confit, e [kɔ̃fi, it] *adj*: **fruits ~s** kandierte Früchte *pl* ◼ *nm*: **~ d'oie** eingemachte *[ou* eingelegte] Gans
confiture [kɔ̃fityʀ] *nf* Marmelade *f*
conflit [kɔ̃fli] *nm* Konflikt *m*
confluent [kɔ̃flyɑ̃] *nm* Zusammenfluss *m*
confondre [kɔ̃fɔ̃dʀ] <14> *vt* verwechseln; *(dates, faits)* durcheinanderbringen; *(témoin)* verwirren, aus der Fassung bringen; *(menteur)* der Lüge überführen
conforme [kɔ̃fɔʀm] *adj*: **~ à** entsprechend +*dat*, übereinstimmend mit; **copie certifiée ~** beglaubigte Abschrift
conformément *adv*: **~ à** entsprechend +*dat*, gemäß +*dat*
conformer [kɔ̃fɔʀme] <1> *vt*: **~ qch à** etw anpassen an +*akk* ◼ *vpr*: **se ~ à** sich anpassen an +*akk*, sich richten nach
conformisme *nm* Konformismus *m*
conformité *nf* Übereinstimmung *f*
confort [kɔ̃fɔʀ] *nm* Komfort *m*; **tout ~** *(Com)* mit allem Komfort
confortable *adj* *(fauteuil, etc)* bequem; *(hôtel)* komfortabel; *(somme)* ausreichend
conforter [kɔ̃fɔʀte] <1> *vt* bestärken
confrère [kɔ̃fʀɛʀ] *nm* *(Berufs)*kollege *m*
confrontation [kɔ̃fʀɔ̃tasjɔ̃] *nf* Konfrontation *f*
confronter [kɔ̃fʀɔ̃te] <1> *vt* gegenüberstellen

confus, e [kɔ̃fy, yz] *adj (vague)* wirr, verworren; *(embarrassé)* verwirrt, verlegen

confusion [kɔ̃fyzjɔ̃] *nf (caractère confus)* Verworrenheit *f*; *(erreur)* Verwechslung *f*; *(embarras)* Verlegenheit *f*

congé [kɔ̃ʒe] *nm (vacances)* Urlaub *m*; *(avis de départ)* Kündigung *f*; **donner son ~ à qn** jdm kündigen; **en ~** im Urlaub; **être en ~ de maladie** krankgeschrieben sein; **j'ai deux semaines/un jour de ~** ich habe zwei Wochen Urlaub/einen Tag frei; **prendre ~ de qn** sich von jdm verabschieden; **~ de maternité** Mutterschaftsurlaub; **~s payés** bezahlter Urlaub

congédier [kɔ̃ʒedje] <1> *vt* entlassen

congélateur [kɔ̃ʒelatœʀ] *nm* Gefriertruhe *f*; *(compartiment)* Tiefkühlfach *nt*

congélation [kɔ̃ʒelasjɔ̃] *nf (de l'eau)* Gefrieren *nt*; *(d'aliments)* Einfrieren *nt*

congeler [kɔ̃ʒ(ə)le] <4> *vt* einfrieren

congénital, e *(pl* **-aux)** [kɔ̃ʒenital, o] *adj* angeboren

congère [kɔ̃ʒɛʀ] *nf* Schneewehe *f*

congestion [kɔ̃ʒɛstjɔ̃] *nf* Stau *m*; **~ pulmonaire/cérébrale** Lungenentzündung *f*/Schlaganfall *m*

congestionner <1> *vt (rue)* verstopfen; **avoir le visage congestionné** ein rotes Gesicht haben

Congo [kɔ̃go] *nm*: **le ~** der Kongo

congrégation [kɔ̃gʀegasjɔ̃] *nf (Rel)* Bruderschaft *f*

congrès [kɔ̃gʀɛ] *nm* Kongress *m*, Tagung *f*

conifère [kɔnifɛʀ] *nm* Nadelbaum *m*

conique [kɔnik] *adj* konisch, kegelförmig

conjecture [kɔ̃ʒɛktyʀ] *nf* Vermutung *f*

conjoint, e [kɔ̃ʒwɛ̃, ɛ̃t] *adj* gemeinsam ▪ *nm* Ehegatte(-gattin) *m/f*

conjonctif, -ive [kɔ̃ʒɔ̃ktif, iv] *adj*: **tissu ~** Bindegewebe *nt*

conjonction [kɔ̃ʒɔ̃ksjɔ̃] *nf (Ling)* Konjunktion *f*, Bindewort *nt*

conjonctivite [kɔ̃ʒɔ̃ktivit] *nf* Bindehautentzündung *f*

conjoncture [kɔ̃ʒɔ̃ktyʀ] *nf* Umstände *pl*, Lage *f*; *(Econ)* Konjunktur *f*

conjoncturel, le [kɔ̃ʒɔ̃ktyʀɛl] *adj* Konjunktur-

conjugaison [kɔ̃ʒygɛzɔ̃] *nf (Ling)* Konjugation *f*

conjugal, e *(pl* **-aux)** [kɔ̃ʒygal, o] *adj* ehelich

conjuguer [kɔ̃ʒyge] <1> *vt (Ling)* konjugieren, beugen; *(efforts, etc)* vereinigen

conjuré, e [kɔ̃ʒyʀe] *nm/f* Verschwörer(in) *m(f)*

conjurer [kɔ̃ʒyʀe] <1> *vt (sort, maladie)* abwenden; **~ qn de faire qch** jdn beschwören, etw zu tun

connaissance [kɔnɛsɑ̃s] *nf (personne connue)* Bekanntschaft *f*, Bekannte(r) *mf*; **connaissances** *nfpl* Wissen *nt*, Kenntnisse *pl*; **à ma ~** meines Wissens, soviel ich weiß; **avoir ~ de** *(fait, document)* Kenntnis haben von; **en ~ de cause** in Kenntnis der Sachlage; **être sans/perdre ~** bewusstlos sein/werden; **prendre ~ de qch** *(fait)* etw zur Kenntnis nehmen; *(document)* etw durchlesen; **~s stockées** gespeichertes Wissen

connaisseur, -euse [kɔnɛsœʀ, øz] *nm/f* Kenner(in) *m(f)*

connaître [kɔnɛtʀ] *irr vt* kennen; **~ le succès/une fin tragique** Erfolg haben/ ein tragisches Ende nehmen; **~ qn de nom/vue** jdn dem Namen nach/vom Sehen kennen ▪ *vpr*: **ils se sont connus à Heidelberg** sie haben sich in Heidelberg kennengelernt

connard, connasse [kɔnaʀ, as] *nm/f (vulg)* blöde Sau

connecté, e [kɔnɛkte] *adj (Inform)* angeschlossen; *(en ligne)* online, Online-

connecter <1> *vt* anschließen; **~ en réseau** *(Inform)* vernetzen

connecteur *nm (Inform)* Steckplatz *m*

connerie [kɔnʀi] *nf (fam)* Blödsinn *m*

connu, e [kɔny] *pp de* **connaître** ▪ *adj* bekannt

conquérir [kɔ̃keʀiʀ] *irr comme* acquérir *vt* erobern; *(droit)* erwerben, erkämpfen

conquête [kɔ̃kɛt] *nf* Eroberung *f*

consacré, e [kɔ̃sakʀe] *adj (Rel)* geweiht; *(terme)* üblich

consacrer [kɔ̃sakʀe] <1> *vt (Rel)* weihen; *(usage, etc)* sanktionieren; **~ qch à qch** *(employer)* etw einer Sache *dat* widmen; **~ son temps/argent à faire qch** seine Zeit darauf/sein Geld dazu verwenden, etw zu tun ▪ *vpr*: **se ~ à qch** sich einer Sache *dat* widmen

consanguin, e [kɔ̃sɑ̃gɛ̃, in] *adj* blutsverwandt

conscience [kɔ̃sjɑ̃s] *nf (sentiment, perception)* Bewusstsein *nt*; *(siège du jugement moral)* Gewissen *nt*; **avoir bonne/mauvaise ~** ein gutes/schlechtes Gewissen haben; **avoir/prendre ~ de qch** sich *dat* einer Sache *gen* bewusst sein/ werden; **perdre ~** das Bewusstsein verlieren, ohnmächtig werden; **~ professionnelle** Berufsethos *nt*

consciencieux, -euse [kɔ̃sjɑ̃sjø, øz] *adj* gewissenhaft

conscient, e *adj (Med)* bei Bewusstsein; **~ de qch** einer Sache *gen* bewusst

conscrit [kõskʀi] nm Wehrpflichtige(r) m,
Rekrut m

consécutif, -ive [kõsekytif, iv] adj
aufeinanderfolgend; **~ à qch** nach etw

conseil [kõsεj] nm (avis) Rat m, Ratschlag
m; (assemblée) Rat m, Versammlung f;
prendre ~ (auprès de qn) sich dat (bei
jdm) Rat holen; **tenir ~** sich beraten;
(se réunir) eine Sitzung abhalten;
~ d'administration Aufsichtsrat;
~ cantonal Kantonsrat; **C~ de l'Europe**
Europarat; **~ des ministres** Ministerrat;
~ municipal Stadtrat/Gemeinderat

⚫ **CONSEIL GÉNÉRAL**
⚫
⚫ Ein Conseil général ist eine gewählte
⚫ Versammlung in jedem "département"
⚫ und besteht aus conseillers généraux,
⚫ die wiederum jeweils einen "canton"
⚫ vertreten. Ein Conseil ist für sechs
⚫ Jahre gewählt und die Hälfte der
⚫ Ratsmitglieder werden alle drei
⚫ Jahre neu gewählt. Die Aufgaben
⚫ des Conseil général umfassen
⚫ Verwaltungsangelegenheiten, wie
⚫ Personalfragen, Infrastruktur,
⚫ Wohnungsbau und wirtschaftliches
⚫ Wachstum.

conseiller <1> vt: **~ qn** jdn beraten,
jdm einen Rat geben; **~ qch à qn** jdm
etw raten [ou empfehlen], jdm zu etw
raten

conseiller, -ère [kõsεje, εʀ] nm/f
Ratgeber(in) m(f), Berater(in) m(f);
~ en entreprise Unternehmensberater;
~ municipal Stadtrat m; **~ d'orientation**
Berufsberater

consentement [kõsãtmã] nm
Zustimmung f, Einwilligung f

consentir [kõsãtiʀ] <8> vt: **~ à faire qch**
sich einverstanden erklären, etw zu tun;
~ à qch einer Sache dat zustimmen, in etw
akk einwilligen

conséquence [kõsekãs] nf Folge f,
Konsequenz f; **en ~** (donc) folglich; (de
façon appropriée) entsprechend; **tirer/ne
pas tirer à ~** Folgen/keine Folgen haben

conséquent, e adj konsequent; **par ~**
folglich

conservateur, -trice [kõsεʀvatœʀ,
tʀis] adj (traditionaliste) konservativ
◼ nm (de musée) Kustos m

conservation [kõsεʀvasjõ] nf
(préservation) Erhaltung f; (d'aliments)
Konservierung f; (à la maison)
Einmachen nt

conservatoire [kõsεʀvatwaʀ] nm
(de musique) Konservatorium nt

conserve [kõsεʀv] nf Konserve f;
en ~ Dosen-, Büchsen-; **de ~** (ensemble)
gemeinsam

conserver [kõsεʀve] <1> vt (aliments)
konservieren; (à la maison) einmachen;
(amis, espoir) behalten; (habitude)
beibehalten; **bien conservé(e)** gut
erhalten

considérable [kõsideʀabl] adj
beträchtlich

considération [kõsideʀasjõ] nf
Überlegung f; (idée) Gedanke m; (estime)
Achtung f; **prendre en ~** in Erwägung
ziehen, bedenken

considérer [kõsideʀe] <5> vt (étudier,
regarder) betrachten; (tenir compte de)
bedenken, berücksichtigen; **~ qch
comme** (juger) etw halten für; **~ que**
(estimer) meinen, dass

consigne [kõsiɲ] nf (de bouteilles,
d'emballages) Pfand nt; (de gare)
Gepäckaufbewahrung f; (Scol, Mil) Arrest
m; **~ (automatique)** Schließfach nt

consigné, e [kõsiɲe] adj (bouteille) Pfand-;
(emballage) mit Pfand; **non ~** Einweg-

consigner [kõsiɲe] <1> vt (noter)
notieren; (soldat, élève) Arrest geben +dat;
(emballage) ein Pfand berechnen für

consistance [kõsistãs] nf (d'une
substance) Konsistenz f

consistant, e [kõsistã, ãt] adj fest

consister [kõsiste] <1> vi: **~ à faire qch** darin
bestehen, etw zu tun; **~ en** bestehen aus

consœur [kõsœʀ] nf (Berufs)kollegin f

consolation [kõsɔlasjõ] nf Trost m

console [kõsɔl] nf (d'ordinateur)
Kontrollpult nt; (meuble) Konsole f;
~ de jeux Spielekonsole f; **~ de mixage**
Mischpult

consoler [kõsɔle] <1> vt (personne)
trösten ◼ vpr: **se ~ (de qch)** (über etw akk)
hinwegkommen

consolider [kõsɔlide] <1> vt (maison)
befestigen; (meuble) verstärken

consommateur, -trice [kõsɔmatœʀ,
tʀis] nm/f Verbraucher(in) m(f); (dans un
café) Gast m

consommation [kõsɔmasjõ] nf (boisson)
Verzehr m, Getränk nt; **~ de 10 litres aux
100 km** (Treibstoff)verbrauch m von
10 l auf 100 km

consommé, e [kõsɔme] adj vollendet,
vollkommen ◼ nm (potage) Kraftbrühe f

consommer [kõsɔme] <1> vt
verbrauchen ◼ vi (dans un café) etwas
verzehren, etwas zu sich nehmen

consonne [kõsɔn] nf Konsonant m,
Mitlaut m

consortium [kõsɔʀsjɔm] nm Konsortium
nt; **~ industriel** Industriekonzern m

conspirateur, -trice [kõspiʀatœʀ, tʀis] nm/f Verschwörer(in) m(f)

conspiration [kõspiʀasjõ] nf Verschwörung f

conspirer [kõspiʀe] <1> vi sich verschwören; **tout conspire à faire qch** alles kommt zusammen, um etw zu tun

constamment [kõstamã] adv andauernd

constant, e [kõstã, ãt] adj (personne) standhaft; (efforts) beständig; (température) gleichbleibend; (augmentation) konstant

constat [kõsta] nm Bericht m; (procès-verbal) Protokoll nt

constatation [kõstatasjõ] nf Feststellung f

constater [kõstate] <1> vt feststellen

constellation [kõstelasjõ] nf (Astr) Konstellation f

consternant, e [kõstεʀnã, ãt] adj bestürzend

consternation [kõstεʀnasjõ] nf Bestürzung f

consterner <1> vt bestürzen

constipation [kõstipasjõ] nf Verstopfung f

constipé, e adj verstopft

constiper [kõstipe] <1> vt verstopfen

constitué, e [kõstitɥe] adj: **être ~ de** bestehen aus

constituer [kõstitɥe] <1> vt (comité, équipe) bilden, aufstellen; (dossier, collection) zusammenstellen; (éléments, parties) bilden, ausmachen; **~ une menace/un début** eine Bedrohung/ein Anfang sein ■ vpr: **se ~ prisonnier** sich stellen

constitution [kõstitysjõ] nf (composition) Zusammensetzung f; (santé) Konstitution f, Gesundheit f; (Pol) Verfassung f

constructeur [kõstʀyktœʀ] nm (de voitures) Hersteller(in) m(f); (de bateaux) Schiffsbauer(in) m(f)

construction [kõstʀyksjõ] nf Bau m

construire [kõstʀɥiʀ] irr comme conduire vt (bâtiment, pont, navire) bauen; (phrase) konstruieren; (théorie) entwickeln; (histoire) sich dat ausdenken

consul [kõsyl] nm Konsul m

consulat [kõsyla] nm Konsulat nt

consultant, e [kõsyltã, ãt] nm/f Berater(in) m(f)

consultation [kõsyltasjõ] nf Konsultation f; (juridique, astrologique) Beratung f; (Med) Untersuchung f; (Inform) Abfrage f; **consultations** nfpl (Pol) Gespräche pl; **heures de ~** (Med) Sprechstunde f; **~ à distance** Fernabfrage

consulter [kõsylte] <1> vt (médecin, avocat, conseiller) konsultieren, zurate ziehen; (dictionnaire, annuaire) nachschlagen in +dat; (plan) nachsehen auf +dat; (baromètre, montre) sehen auf +akk ■ vi (médecin) Sprechstunde haben; **se consulter** vpr miteinander beraten

consumer [kõsyme] <1> vt (brûler) verbrennen ■ vpr: **se ~ de chagrin/douleur** sich vor Kummer/Schmerz verzehren

consumérisme [kõsymeʀism] nm Konsum m

contact [kõtakt] nm (physique) Kontakt m, Berührung f; (pl: rencontres, rapports) Kontakte pl, Beziehungen pl; **entrer en ~ (avec)** sich in Verbindung setzen (mit); **mettre/couper le ~** (Auto) den Motor anlassen/ausschalten; **prendre [ou se mettre en] ~ avec qn** sich mit jdm in Verbindung setzen; **~ intime** Intimkontakt

contacter <1> vt sich in Verbindung setzen mit

contagieux, -euse [kõtaʒjø, øz] adj ansteckend

container [kõtεnεʀ] nm Container m

contamination [kõtaminasjõ] nf Infektion f; (de l'eau, etc) Verseuchung f

contaminer [kõtamine] <1> vt (Med) anstecken; (eau, etc) verseuchen

conte [kõt] nm: **~ de fées** Märchen nt

contempler [kõtãple] <1> vt betrachten

contemporain, e [kõtãpɔʀε̃, εn] adj (de la même époque) zeitgenössisch; (actuel) heutig ■ nm/f Zeitgenosse(-genossin) m/f

contenance [kõt(ə)nãs] nf (d'un récipient) Fassungsvermögen nt; (attitude) Haltung f; **perdre ~** die Fassung verlieren; **se donner une ~** die Haltung bewahren

conteneur [kõt(ə)nœʀ] nm Container m; (pour plantes) Pflanztrog m, Blumencontainer m; **~ à papier** Papiertonne f; **~ à verre** (Alt)glascontainer

contenir [kõt(ə)niʀ] <9> vt enthalten; (capacité) fassen; **se contenir** vpr sich beherrschen

content, e [kõtã, ãt] adj zufrieden; (heureux) froh; **~ de qn/qch** mit jdm/etw zufrieden

contenter <1> vt (personne) zufriedenstellen ■ vpr: **se ~ de** sich begnügen mit

contenu [kõt(ə)ny] nm Inhalt m

conter [kõte] <1> vt: **en ~ à qn** jdn täuschen, jdm Lügengeschichten auftischen

contestation [kõtεstasjõ] nf: **la ~** (Pol) der Protest

conteste [kõtεst] adv: **sans ~** unbestreitbar

contester [kɔ̃tɛste] <1> vt infrage stellen; (droit) abstreiten (à qn jdm) ▪ vi protestieren; ~ **que** bestreiten, dass

contexte [kɔ̃tɛkst] nm Zusammenhang m

contigu, ë [kɔ̃tigy] adj aneinander grenzend, benachbart

continent [kɔ̃tinɑ̃] nm (Geo) Kontinent m

contingences [kɔ̃tɛ̃ʒɑ̃s] nfpl Eventualitäten pl

continu, e [kɔ̃tiny] adj ständig, dauernd; (ligne) durchgezogen ▪ nm: **(courant) ~** Gleichstrom m

continuation [kɔ̃tinɥasjɔ̃] nf Fortsetzung f

continuel, le [kɔ̃tinɥɛl] adj ständig, dauernd

continuer [kɔ̃tinɥe] <1> vt (travail) weitermachen mit; (voyage) fortsetzen; (prolonger) verlängern ▪ vi nicht aufhören; (personne) weitermachen; (pluie, etc) andauern; (vie) weitergehen; ~ **à** [ou **de**] **faire qch** etw weiter tun

contorsion [kɔ̃tɔʀsjɔ̃] nf Verrenkung f

contour [kɔ̃tuʀ] nm (limite) Kontur f, Umriss m

contourner <1> vt umgehen

contraceptif [kɔ̃tʀasɛptif] nm Verhütungsmittel nt

contraception nf Empfängnisverhütung f

contractant, e [kɔ̃tʀaktɑ̃, ɑ̃t] nm/f Vertragspartner(in) m(f)

contracter [kɔ̃tʀakte] <1> vt (muscle) zusammenziehen; (visage) verzerren; (maladie) sich dat zuziehen; (habitude) annehmen; (personne) weitermachen; (dette) machen; (obligation) eingehen; (assurance) abschließen; **se contracter** vpr sich zusammenziehen

contraction [kɔ̃tʀaksjɔ̃] nf (spasme) Krampf m; **~s** fpl **(de l'accouchement)** Wehen pl

contractuel, le [kɔ̃tʀaktɥɛl] adj vertraglich ▪ nm (agent) Verkehrspolizist (Politesse) m/f

contradiction [kɔ̃tʀadiksjɔ̃] nf Widerspruch m

contradictoire [kɔ̃tʀadiktwaʀ] adj widersprüchlich; **débat ~** Debatte f, Streitgespräch nt

contraindre [kɔ̃tʀɛ̃dʀ] irr comme craindre vt: ~ **qn à faire qch** jdn dazu zwingen, etw zu tun; ~ **qn à qch** jdn zu etw zwingen

contrainte nf Zwang m; **sans ~** zwanglos

contraire [kɔ̃tʀɛʀ] adj (opposé) entgegengesetzt; ~ **à** (loi, raison) gegen +akk, wider +akk ▪ nm Gegenteil nt; **au ~** im Gegenteil

contralto [kɔ̃tʀalto] nm (voix) Alt m; (personne) Altistin f

contrariant, e [kɔ̃tʀaʀjɑ̃, ɑ̃t] adj (personne) widerborstig; (incident) ärgerlich

contrarier [kɔ̃tʀaʀje] <1> vt (personne) ärgern; (mouvement, action) stören, behindern; (projets) durchkreuzen

contrariété [kɔ̃tʀaʀjete] nf Unannehmlichkeit f, Widrigkeit f

contraste [kɔ̃tʀast] nm Kontrast m, Gegensatz m

contraster <1> vi: ~ **(avec)** kontrastieren (mit), im Gegensatz stehen zu

contrat [kɔ̃tʀa] nm Vertrag m; ~ **à durée déterminé/indéterminé** Zeitvertrag/ unbefristeter Vertrag; ~ **social** Sozialpakt m

contravention [kɔ̃tʀavɑ̃sjɔ̃] nf (infraction) Verstoß m, Übertretung f; (amende) Bußgeld nt; (procès-verbal) (gebührenpflichtige) Verwarnung, Strafzettel m

contre [kɔ̃tʀ] prép gegen +akk; **par ~** andererseits

contre-attaquer <1> vi zurückschlagen

contrebande [kɔ̃tʀabɑ̃d] nf (trafic) Schmuggel m; (marchandise) Schmuggelware f; **faire la ~ de qch** etw schmuggeln

contrebas [kɔ̃tʀaba] adv: **en ~** (weiter) unten

contrebasse [kɔ̃tʀabas] nf Kontrabass m

contrecarrer [kɔ̃tʀakaʀe] <1> vt (projet) vereiteln, durchkreuzen

contrecœur adv: **à ~** widerwillig

contrecoup nm (répercussion) indirekte Auswirkung

contre-courant adv: **à ~** gegen den Strom

contredire [kɔ̃tʀadiʀ] irr comme dire vt widersprechen +dat; (faits, réalité) im Widerspruch stehen zu; **se contredire** vpr sich widersprechen

contre-espionnage [kɔ̃tʀɛspiɔnaʒ] nm Spionageabwehr f

contre-expertise (pl ~s) nf zweites Sachverständigengutachten

contrefaçon [kɔ̃tʀafasɔ̃] nf Fälschung f; (d'article de marque) Produktpiraterie f

contrefaire irr comme faire vt fälschen; (personne, démarche) nachahmen, nachmachen; (dénaturer) entstellen

contrefort [kɔ̃tʀafɔʀ] nm (Archit) Strebebogen m; (Geo) (Gebirgs)ausläufer pl

contre-indication (pl ~s) [kɔ̃tʀɛ̃dikasjɔ̃] nf (Med) Kontraindikation f, Gegenanzeige f

contre-jour [kɔ̃tʀaʒuʀ] adv: **à ~** im Gegenlicht

contremaître [kɔ̃tʀamɛtʀ] nmf Vorarbeiter(in) m(f)

contremarque [kɔ̃tʀamaʀk] nf (ticket) Kontrollkarte f

contre-offensive (pl ~s) [kɔ̃tʀɔfɑ̃siv] nf (Mil) Gegenoffensive f, Gegenangriff m

contrepartie [kɔ̃tʀapaʀti] nf: **en ~** zum Ausgleich

contrepèterie [kɔ̃tʀəpetʀi] nf
Schüttelreim m

contre-pied [kɔ̃tʀəpje] nm: **prendre le ~
de** das Gegenteil tun/sagen von

contreplaqué [kɔ̃tʀəplake] nm
Sperrholz nt

contrepoids nm Gegengewicht nt; **faire ~
à qch** etw ausgleichen, etw kompensieren

contrepoint [kɔ̃tʀəpwɛ̃] nm
Kontrapunkt m

contreproductif, -ive [kɔ̃tʀəpʀɔdyktif,
iv] adj kontraproduktiv

contrer [kɔ̃tʀe] <1> vt (adversaire) sich
widersetzen +dat; (Cartes) Kontra bieten
+dat

contresens [kɔ̃tʀəsɑ̃s] nm (interprétation)
Fehldeutung f; (erreur) Unsinn m; **à ~**
verkehrt; in falscher Richtung

contresigner <1> vt gegenzeichnen

contretemps nm (complication, ennui)
Zwischenfall m; **à ~** (Mus) in falschem
Takt; (fig) zur Unzeit

contrevenir [kɔ̃tʀəvniʀ] <9> vi:
~ à verstoßen gegen

contribuable [kɔ̃tʀibɥabl] nmf
Steuerzahler(in) m(f)

contribuer [kɔ̃tʀibɥe] <1> vt: **~ à**
beitragen zu; (aux dépenses, frais)
beisteuern zu

contribution nf Beitrag m; **~s directes/
indirectes** direkte/indirekte Steuern pl;
mettre qn à ~ jds Dienste in Anspruch
nehmen; **~ de solidarité**
Solidaritätszuschlag m

contrôle [kɔ̃tʀol] nm (vérification)
Kontrolle f, Überprüfung f; (surveillance)
Überwachung f; **perdre le ~ de son
véhicule** die Kontrolle [ou Herrschaft] über
sein Fahrzeug verlieren; **~ antipollution**
(Auto) Abgassonderuntersuchung f; **~ de
la concurrence** Wettbewerbskontrolle;
~ d'identité Ausweiskontrolle; **~ de
luminosité** Helligkeitsregler m; **~ des
naissances** Geburtenkontrolle; **~ radar**
Radarkontrolle; **~ technique** (de voiture)
≈ TÜV m; **~ de vraisemblance**
Plausibilitätskontrolle

contrôler [kɔ̃tʀole] <1> vt kontrollieren,
überprüfen; (surveiller) beaufsichtigen;
(Com) kontrollieren; **se contrôler** vpr sich
beherrschen

contrôleur, -euse [kɔ̃tʀolœʀ, øz] nm/f
(de train) Schaffner(in) m(f) ■ nm (Inform)
Steuergerät nt

contrordre [kɔ̃tʀɔʀdʀ] nm Gegenbefehl
m; **sauf ~** bis auf Weiteres

controversé, e [kɔ̃tʀɔvɛʀse] adj
umstritten

contusion [kɔ̃tyzjɔ̃] nf Quetschung f,
Prellung f

conurbation [kɔnyʀbasjɔ̃] nf
Ballungsgebiet nt

convaincant, e [kɔ̃vɛ̃kɑ̃, ɑ̃t] adj
überzeugend

convaincre [kɔ̃vɛ̃kʀ] irr comme vaincre vt:
~ qn de qch jdn von etw überzeugen; (Jur)
jdn einer Sache gen überführen

convaincu, e [kɔ̃vɛ̃ky] pp de **convaincre**
■ adj überzeugt

convalescence [kɔ̃valesɑ̃s] nf Genesung
f, Rekonvaleszenz f; **maison de ~**
Erholungsheim nt

convenable [kɔ̃vnabl] adj anständig

convenablement [kɔ̃vnabləmɑ̃] adv
(placé, choisi) gut; (s'habiller, s'exprimer)
passend; (payé, logé) anständig

convenance [kɔ̃vnɑ̃s] nf: **à votre ~** nach
Ihrem Belieben; **convenances** nfpl
Anstand m

convenir [kɔ̃vniʀ] <9> vi: **~ à** (être
approprié à) passen +dat, geeignet sein für;
~ de (admettre) zugeben; (fixer)
vereinbaren; **~ de faire qch**
übereinkommen, etw zu tun; **il convient
de faire qch** es empfiehlt sich, etw zu tun;
il a été convenu que/de faire qch es
wurde vereinbart, dass/etw zu tun;
comme convenu wie vereinbart

convention [kɔ̃vɑ̃sjɔ̃] nf Abkommen nt,
Vereinbarung f; (assemblée) Konvent m;
conventions nfpl (gesellschaftliche)
Konventionen pl; **de ~** konventionell;
~ collective Tarifvertrag m; **~ de
Schengen** Schengener Abkommen;
~ type (Jur) Rahmenabkommen

conventionné, e [kɔ̃vɑ̃sjɔne] adj:
médecin ~ Kassenarzt(-ärztin) m/f

convenu, e [kɔ̃vny] pp de **convenir**
■ adj vereinbart, festgesetzt

converger [kɔ̃vɛʀʒe] <2> vi
konvergieren; (efforts, idées)
übereinstimmen; **~ vers** zustreben
+dat

conversation [kɔ̃vɛʀsasjɔ̃] nf
Unterhaltung f; (Inform) Dialog m; **il a de
la ~** er ist ein guter Gesprächspartner

converser <1> vi sich unterhalten

conversion [kɔ̃vɛʀsjɔ̃] nf Umwandlung f;
(Pol) Umbildung f; (Rel) Bekehrung f;
(Com, Inform) Konvertierung f; (Scol)
Umschulung f

convertir [kɔ̃vɛʀtiʀ] <8> vt (données)
konvertieren; **~ qch en** etw umwandeln
in; **~ qn (à)** jdn bekehren (zu) +akk ■ vpr:
se ~ (à) konvertieren (zu)

conviction [kɔ̃viksjɔ̃] nf Überzeugung f

convier [kɔ̃vje] <1> vt: **~ qn à** jdn einladen
zu; **~ qn à faire qch** jdn auffordern, etw
zu tun

convive [kɔ̃viv] nmf Gast m (bei Tisch)

convivial, e (pl -aux) [kõvivjal, o] adj (Inform) benutzerfreundlich; (personne, réunion) gesellig

convocation [kõvɔkasjõ] nf (assemblée) Einberufung f; (Jur) Vorladung f

convoi [kõvwa] nm Konvoi m, Kolonne f; (train) Zug m; ~ **funèbre** Leichenzug m

convoquer [kõvɔke] <1> vt (assemblée) einberufen; (candidat) bestellen; (Jur) laden

convoyeur [kõvwajœʀ] nm (Naut) Begleitschiff nt; ~ **de fonds** Sicherheitsbeamte(r) m

convulsions [kõvylsjõ] nfpl (Med) Zuckungen pl, Krämpfe pl

cookie [kuki] nm Cookie nt

coopérant, e [kɔɔpeʀɑ̃, ɑ̃t] nm/f Entwicklungshelfer(in) m(f)

coopération [kɔɔpeʀasjõ] nf (aide) Kooperation f, Unterstützung f; **la C~ militaire** (Pol) die Entwicklungshilfe auf militärischem Gebiet

coopérer [kɔɔpeʀe] <5> vi zusammenarbeiten; ~ **à** mitarbeiten an +dat, beitragen zu

coordonné, e [kɔɔʀdɔne] adj koordiniert; **coordonnés** nmpl Kleidung f zum Kombinieren ■ nf (Ling) Nebensatz m; ~**es** Koordinaten pl; (détails personnels) Angaben pl zur Person, Personalien pl

copain, copine [kɔpɛ̃, kɔpin] nm/f Freund(in) m(f), Kamerad(in) m(f) ■ adj: **être ~ avec qn** mit jdm gut befreundet sein

coparentalité [kɔpaʀɑ̃talite] nf gemeinsames Sorgerecht nt (bei getrennt lebenden Eltern)

copeaux [kɔpo] nmpl Hobelspäne pl

copie [kɔpi] nf Kopie f; (feuille d'examen) Blatt nt, Bogen m; (devoir) (Schul)arbeit f; **pour ~ conforme** beglaubigte Kopie

copier [kɔpje] <1> vt (a. Inform) kopieren ■ vi (Scol) abschreiben

copieur nm Kopierer m, Kopiergerät nt

copieux, -euse [kɔpjø, øz] adj (repas) reichlich

copilote [kopilɔt] nmf Kopilot(in) m(f); (Auto) Beifahrer(in) m(f)

copine [kɔpin] nf voir **copain**

coproduction [kopʀɔdyksjõ] nf Koproduktion f

copropriété [kopʀɔpʀijete] nf Miteigentum nt, Mitbesitz m; **acheter un appartement en ~** eine Eigentumswohnung erwerben

copyright [kɔpiʀajt] nm Copyright nt

copyshop [kɔpiʃɔp] nm Copyshop m

coq [kɔk] nm Hahn m; **passer du ~ à l'âne** abrupt das Thema wechseln

coq-à-l'âne [kɔkalɑn] nm inv abrupter Themawechsel

coque [kɔk] nf (de noix) Schale f; (de bateau) Rumpf m; (mollusque) Muschel f; **à la ~** (œuf) weich (gekocht)

coquelicot [kɔkliko] nm (Klatsch)mohn m

coqueluche [kɔklyʃ] nf (Med) Keuchhusten m

coquet, te [kɔke, ɛt] adj (personne) kokett; (joli) hübsch, nett

coquetier [kɔk(ə)tje] nm Eierbecher m

coquillage [kɔkijaʒ] nm Muschel f

coquille [kɔkij] nf (de noix, d'œuf) Schale f; (Typo) Druckfehler m; ~ **Saint-Jacques** Jakobsmuschel f

coquin, e [kɔkɛ̃, in] adj schelmisch, spitzbübisch

cor [kɔʀ] nm (Mus) Horn nt; **à ~ et à cri** (fig) lautstark; ~ **(au pied)** (Med) Hühnerauge nt; ~ **de chasse** Waldhorn, Jagdhorn

corail (pl -aux) [kɔʀaj, o] nm Koralle f

Coran [kɔʀɑ̃] nm: **le ~** der Koran

corbeau (pl x) [kɔʀbo] nm Rabe m; (lettre anonyme) Verfasser m anonymer Briefe

corbeille [kɔʀbɛj] nf Korb m; (à la Bourse) Maklerbereich m; (Inform) Papierkorb m; ~ **de mariage** Hochzeitsgeschenke pl; ~ **à pain** Brotkorb; ~ **à papier** Papierkorb

corbillard [kɔʀbijaʀ] nm Leichenwagen m

corde [kɔʀd] nf Seil nt, Strick m; (de violon, raquette) Saite f; (d'arc) Sehne f; (Sport, Auto) Innenseite f; **la ~** (trame) der Faden; **les ~s** (Mus) die Streichinstrumente pl; ~**s vocales** Stimmbänder pl

cordeau (pl x) [kɔʀdo] nm Richtschnur f

cordée [kɔʀde] nf (d'alpinistes) Seilschaft f

cordial, e (pl -aux) [kɔʀdjal, o] adj herzlich

cordialement [kɔʀdjalmɑ̃] adv herzlich; (formule épistolaire) mit herzlichen [ou lieben] Grüßen

cordon [kɔʀdõ] nm Schnur f, ~ **ombilical** Nabelschnur; ~ **de police** Postenkette f, Polizeikordon m; ~ **sanitaire** Sperrgürtel m (um ein Seuchengebiet)

cordon-bleu (pl **cordons-bleus**) [kɔʀdõblø] nm ausgezeichneter Koch, ausgezeichnete Köchin

cordonnier, -ière [kɔʀdɔnje, ɛʀ] nm/f Schuster(in) m(f), Schuhmacher(in) m(f)

Corée [kɔʀe] nf: **la ~** Korea nt

coréen, ne [kɔʀeɛ̃, ɛn] adj koreanisch

Coréen, ne nm/f Koreaner(in) m(f)

Corfou [kɔʀfu]: **(l'île f de)** ~ Korfu nt

coriace [kɔʀjas] adj (viande) zäh; (fig) hartnäckig

coriandre [kɔʀjɑ̃dʀ] nf Koriander m

cormoran [kɔʀmɔʀɑ̃] nm Kormoran m

corne [kɔʀn] nf Horn nt

cornée [kɔʀne] nf Hornhaut f

corneille [kɔʀnɛj] nf Krähe f

cornélien, ne [kɔʀneljɛ̃, ɛn] adj: **un débat ~** ein innerer Zwiespalt

cornemuse [kɔrnəmyz] *nf* Dudelsack *m*

corner [kɔrnɛr] *nm* (Foot) Eckball *m*
[kɔrne] <1> ◼ *vt* (*livre*) die Seitenecke (als
Lesezeichen) umknicken

cornet [kɔrnɛ] *nm* Tüte *f*; (*de glace*)
Eistüte *f*; ~ **à piston** Kornett *nt*

cornette [kɔrnɛt] *nf* (*coiffure*)
Schwesternhaube *f*

corniche [kɔrniʃ] *nf* Straße *f* im
Küstengebirge

cornichon [kɔrniʃō] *nm*
Gewürzgürkchen *nt*

Cornouailles [kɔrnwaj] *nfpl*: **les ~**
Cornwall *nt*

corporation [kɔrpɔrasjō] *nf* Innung *f*,
Zunft *f*

corporel, le [kɔrpɔrɛl] *adj* Körper-;
(*douleurs*) körperlich

corps [kɔr] *nm* Körper *m*; (*cadavre*) Leiche
f; (*fig: d'un texte, discours*) Hauptteil *m*; **à ~
perdu** blindlings, Hals über Kopf; **perdu ~
et biens** (*bateau*) mit Mann und Maus
gesunken; **à son ~ défendant** widerwillig,
ungern; **faire ~ avec** eine Einheit bilden
mit; **le ~ du délit** die Tatwaffe; **le ~
diplomatique** das diplomatische Korps;
le ~ enseignant der Lehrkörper; **le ~
électoral** die Wählerschaft; **prendre ~**
Gestalt annehmen; **~ à ~** Handgemenge
nt; (*Mil*) Nahkampf *m*; **~ d'armée**
Armeekorps *nt*; **~ de ballet** Balletttruppe
f; **~ étranger** Fremdkörper

corpulent, e [kɔrpylã, ãt] *adj* korpulent

correct, e [kɔrɛkt] *adj* korrekt; (*exact*)
richtig; (*passable*) ausreichend

correctement *adv* richtig

correcteur *nm*: **~ orthographique**
Rechtschreibhilfe *f*

correction [kɔrɛksjō] *nf* Korrektur *f*,
Verbesserung *f*; (*qualité*) Richtigkeit *f*,
Korrektheit *f*; (*rature, surcharge*) Korrektur
f; (*coups*) Züchtigung *f*, Hiebe *pl*

correctionnelle [kɔrɛksjɔnɛl] *nf*:
la ~ die Strafkammer

corrélation [kɔrelasjō] *nf*
Wechselbeziehung *f*, direkter
Zusammenhang

correspondance [kɔrɛspōdãs] *nf*
(*analogie, rapport*) Entsprechung *f*; (*lettres*)
Korrespondenz *f*; (*de train, d'avion*)
Anschluss *m*, Verbindung *f*; **ce train
assure la ~ avec l'avion de 10h** mit diesem
Zug hat man Anschluss an die 10-Uhr-
Maschine; **~ commerciale**
Handelskorrespondenz

correspondant, e *nm/f* (*épistolaire*)
Brieffreund(in) *m(f)*; (*journaliste*)
Korrespondent(in) *m(f)*

correspondre [kɔrɛspōdr] <14> *vi*
(*données*) übereinstimmen; (*chambres*)

miteinander verbunden sein; **~ à**
(*être en conformité avec*) entsprechen +*dat*;
~ avec qn mit jdm in Briefwechsel stehen

corrida [kɔrida] *nf* Stierkampf *m*

corridor [kɔridɔr] *nm* Korridor *m*, Gang *m*

corriger [kɔriʒe] <2> *vt* korrigieren;
(*erreur, défaut*) verbessern; (*idée*)
richtigstellen; (*punir*) züchtigen

corroborer [kɔrɔbɔre] <1> *vt*
bekräftigen

corroder [kɔrɔde] <1> *vt* (*acide*)
zerfressen

corrompre [kɔrōpr] <14> *vt* (*soudoyer*)
bestechen; (*dépraver*) verderben,
korrumpieren

corrosion [kɔrozjō] *nf* Korrosion *f*

corruption [kɔrypsjō] *nf* Korruption *f*

corsage [kɔrsaʒ] *nm* Bluse *f*

corse [kɔrs] *adj* korsisch

Corse *nf*: **la ~** Korsika *nt* ◼ *nmf* Korse
(Korsin) *m/f*

corsé, e [kɔrse] *adj* (*vin, café*) würzig;
(*affaire, problème*) pikant, heikel

corset [kɔrsɛ] *nm* Korsett *nt*

cortège [kɔrtɛʒ] *nm* (*escorte*) Gefolge *nt*;
(*défilé*) Zug *m*

cortisone [kɔrtizɔn] *nf* Kortison *nt*

corvée [kɔrve] *nf* lästige [*ou* undankbare]
Aufgabe; (*Mil*) Arbeitsdienst *m*

cosmétique [kɔsmetik] *nm*
Kosmetikartikel *m*

cosmétologie [kɔsmetɔlɔʒi] *nf*
Schönheitspflege *f*

cosmique [kɔsmik] *adj* kosmisch

cosmonaute [kɔsmɔnɔt] *nmf*
Kosmonaut(in) *m(f)*

cosmopolite [kɔsmɔpɔlit] *adj*
multikulturell; (*personne*) kosmopolitisch

cosmos [kɔsmos] *nm* Kosmos *m*, Weltall *nt*

cosse [kɔs] *nf* (Bot) Hülse *f*, Schote *f*

cossu, e [kɔsy] *adj* (*maison*) prunkvoll,
stattlich; (*personne*) wohlhabend

Costa Rica [kɔstarika] *nm*: **le ~** Costa
Rica *nt*

costaricien, ne [kɔstarisjē, ɛn] *adj*
costa-ricanisch

Costaricien, ne [kɔstarisjē, ɛn] *nm/f*
Costa Ricaner(in) *m(f)*

costaud, e [kɔsto, od] *adj* (*fam: personne*)
stämmig, kräftig; (*chose*) unverwüstlich

costume [kɔstym] *nm* (*d'homme*) Anzug
m; (*de théâtre*) Kostüm *nt*

cotation [kɔtasjō] *nf* Notierung *f*

cote [kɔt] *nf* (*en Bourse*) (Börsen)notierung
f, Kursnotierung *f*; (*d'un cheval*)
Gewinnchance *f*; (*d'un candidat*) Chance *f*;
(*altitude*) Höhe *f*; **~ d'alerte**
Hochwassermarke *f*

côte [kot] *nf* (*pente*) Abhang *m*; (*rivage*)
Küste *f*; (*d'un tricot: Anat*) Rippe *f*;

~ à ~ Seite an Seite; **la C~ d'Azur** die Côte d'Azur (französische Riviera); **la ~ d'Ivoire** die Elfenbeinküste

côté [kote] nm Seite f; **à ~** daneben, nebenan; **à ~ de** neben +dat; **de ~** (marcher, se tourner) zur Seite, seitwärts; (regarder) von der Seite; **de ce/de l'autre ~** auf dieser/auf der anderen Seite; (mouvement) in diese/in die andere Richtung; **du ~ de** (nahe) bei +dat; in Richtung auf +akk ... zu; von ... her; **du ~ paternel** väterlicherseits; **de quel ~ est-il parti?** in welche Richtung [ou wohin] ist er gefahren/gegangen?; **de tous les ~s** von allen Seiten; **être aux ~s de qn** bei jdm sein, jdm beistehen; **laisser de ~** beiseitelassen; **mettre de ~** (argent) auf die Seite legen; (marchandise) zurücklegen

coteau (pl x) [kɔto] nm Hügel m, Anhöhe f

côtelé, e [kotle] adj gerippt; **velours ~** Cordsamt m

côtelette [kotlɛt] nf Kotelett nt

coter [kɔte] <1> vt (en Bourse) notieren

côtier, -ière [kotje, ɛʀ] adj Küsten-

cotisant, e [kotizã, ãt] nm/f Beitragszahler(in) m(f)

cotisation [kɔtizasjõ] nf (argent) Beitrag m; (action) Beitragszahlung f

cotiser [kɔtize] <1> vi (à une assurance, etc) seinen Beitrag zahlen; **se cotiser** vpr zusammenlegen

coton [kɔtõ] nm Baumwolle f; **~ hydrophile** (Verband)watte f

coton-tige® (pl **cotons-tiges**) [kɔtõtiʒ] nm Wattestäbchen nt

côtoyer [kotwaje] <6> vt (personne) zusammenkommen mit, frequentieren; (précipice, rivière) entlangfahren/-gehen; (indécence) grenzen an +akk; (misère) nahe sein +dat

cou [ku] nm Hals m

couche [kuʃ] nf Schicht f; (de bébé) Windel f; **couches** nfpl (Med) Entbindung f; **~s sociales** Gesellschaftsschichten pl; **être en ~s** im Wochenbett liegen; **~ d'ozone** Ozonschicht; **trou dans la ~ d'ozone** Ozonloch nt

couche-culotte (pl **couches-culottes**) nf Windelhöschen nt

coucher [kuʃe] <1> vt (personne) zu Bett bringen; (écrire: idées) niederschreiben ▪ vi die Nacht verbringen; **~ avec qn** (fam) mit jdm schlafen; **se coucher** vpr (pour dormir) schlafen gehen; (s'étendre) sich hinlegen ▪ nm (du soleil) Untergang m

couche-tard [kuʃtaʀ] nmf inv Nachtmensch m

couchette [kuʃet] nf (de bateau) Koje f; (de train) Liegewagenplatz m

couci-couça [kusikusa] adv (fam) so lala

coucou [kuku] nm Kuckuck m

coude [kud] nm (Anat) Ellbogen m; (de tuyau) Knie nt; (de la route) Kurve f; **~ à ~** Seite an Seite

cou-de-pied (pl **cous-de-pied**) [kudpje] nm Spann m, Rist m

coudre [kudʀ] irr vt (robe) nähen; (bouton) annähen ▪ vi nähen

couenne [kwan] nf (porc) Schwarte f

couette [kwet] nf Steppdecke f

couffin [kufẽ] nm Babytragetasche f

coulant, e [kulã, ãt] adj (fam: indulgent) großzügig, kulant

couler [kule] <1> vi fließen; (fuir: stylo) auslaufen; (récipient) lecken; (sombrer) sinken, untergehen ▪ vt (cloche, sculpture) gießen; (bateau) versenken; (magasin, entreprise) zugrunde richten, ruinieren; (candidat) durchfallen lassen ▪ vpr: **se ~ dans** (se glisser) hineinschlüpfen in +akk; (se conformer) sich richten nach

couleur [kulœʀ] nf Farbe f; **couleurs** nfpl (du teint) (Gesichts)farbe f; **les ~s** (Mil) die Nationalfarben pl; **film/télévision en ~s** Farbfilm m/-fernsehen nt

couleuvre [kulœvʀ] nf Ringelnatter f

coulisse [kulis] nf (Tech) Führungsschiene f; **coulisses** nfpl (Theat) Kulisse f; (fig) Hintergründe pl; **dans la ~** hinter den Kulissen

couloir [kulwaʀ] nm (de maison) Gang m, Flur m; (de train, bus) Gang m; **~ aérien** Luftkorridor m

coup [ku] nm Schlag m; (de fusil) Schuss m; (fois) Mal nt; **à ~ de hache/marteau** mit der Axt/dem Hammer; **à ~ sûr** bestimmt, ganz sicher; **après ~** hinterher; **avoir le ~** den Dreh heraushaben; **boire un ~** einen trinken; **~ sur ~** Schlag auf Schlag; **donner un ~ de balai/chiffon** fegen/Staub wischen; **donner un ~ de frein** scharf bremsen; **donner un ~ de main à qn** jdm behilflich sein; **donner un ~ de téléphone à qn** jdn anrufen; **du même ~** gleichzeitig; **d'un seul ~** auf einmal; **être dans le ~** auf dem Laufenden sein; **sur le ~** auf der Stelle; **sous le ~ de** unter dem Eindruck +gen; (Jur) bedroht von; **~ de coude/genou** Stoß m mit dem Ellbogen/Knie; **~ de chance** Glücksfall m; **~ de couteau** Messerstich m; **~ de crayon/pinceau** Bleistift-/Pinselstrich m; **~ dur** harter [ou schwerer] Schlag; **~ d'essai** erster Versuch; **~ d'État** Staatsstreich m; **~ de feu** Schuss; **~ de filet** Fang m; **~ de grâce** Gnadenstoß m; **~ d'œil** Blick m; **~ de main** (aide) Hilfe f; (raid) Handstreich m; **~ de pied** Fußtritt m; **~ de poing** Faustschlag m; **~ de soleil** Sonnenbrand m; **~ de téléphone** Anruf m; **~ de tête** (fig) impulsive, unüberlegte Entscheidung; **~ de théâtre** Knalleffekt *m*; **~ de sonnette** Läuten *nt*; **~ de tonnerre** Donnerschlag; **~ de vent** Windstoß *m*, Bö *f*; **en ~ de vent** *(arriver, partir)* im Sturmschritt

coupable [kupabl] *adj* schuldig *(de gen, de an +dat)* ■ *nmf* Schuldige(r) *mf*; *(Jur)* Täter(in) *m(f)*

coupe [kup] *nf (verre)* (Sekt)schale *f*, Kelch *m*; *(à fruits)* Schale *f*; *(Sport)* Pokal *m*; *(de cheveux, de vêtement)* Schnitt *m*; **être sous la ~ de qn** unter jds Fuchtel *dat* stehen; **vu en ~** im Querschnitt

coupe-faim *(pl* **~(s))** [kupfɛ̃] *nm* Appetitzügler *m*

coupe-gorge *(pl* **~(s))** *nm* übler Ort

coupe-ongles *nm inv* Nagelknipser *m*; *(ciseaux)* Nagelschere *f*

coupe-papier *nm inv* Brieföffner *m*

couper [kupe] **<1>** *vt* schneiden; *(tissu)* zuschneiden; *(tranche, morceau; passage)* abschneiden; *(communication)* unterbrechen; *(eau, courant)* sperren, abstellen; *(appétit)* nehmen; *(fièvre)* senken; *(vin, cidre)* verdünnen; **~ la parole à qn** jdm ins Wort fallen; **~ les vivres à qn** nicht mehr für jds Unterhalt aufkommen; **~ le contact, ~ l'allumage** *(Auto)* die Zündung ausschalten ■ *vi (verre, couteau)* schneiden; *(prendre un raccourci)* den Weg abkürzen; *(Cartes)* abheben; *(Cartes: avec l'atout)* stechen; **se couper** *vpr (se blesser)* sich schneiden; *(en témoignant, etc)* sich verraten, sich versprechen

coupe-vent *(pl* **~(s))** [kupvã] *nm* Windjacke *f*

couple [kupl] *nm* (Ehe)paar *nt*

coupler [kuple] **<1>** *vt* koppeln

couplet [kuplɛ] *nm (d'une chanson)* Strophe *f*

coupole [kupɔl] *nf* Kuppel *f*

coupon [kupõ] *nm (ticket)* Abschnitt *m*

coupon-réponse *(pl* **coupons-réponse)** [kupõrepõs] *nm* Antwortschein *m*

coupure [kupyr] *nf (blessure)* Schnitt *m*, Schnittwunde *f*; *(billet de banque)* Banknote *f*; *(de journal)* Zeitungsausschnitt *m*; **~ de courant** Stromsperre *f*; **~ d'eau** Abstellen *nt* des Wassers

cour [kur] *nf* Hof *m*; *(Jur)* Gericht *nt*; **faire la ~ à qn** jdm den Hof machen; **~ d'assises** Schwurgericht; **~ martiale** Kriegsgericht

courage [kuraʒ] *nm* Mut *m*; **bon ~!** frohes Schaffen!; na, dann viel Spaß!

courageux, -euse *adj* mutig, tapfer

couramment [kuramã] *adv (souvent)* oft, häufig; *(parler)* fließend

courant, e [kurã, ãt] *adj (usuel)* gebräuchlich, üblich; **eau ~e** fließendes Wasser ■ *nm (d'eau)* Strömung *f*; *(Elec)* Strom *m*; **il y a un ~ d'air** es zieht; **être au ~ (de)** Bescheid wissen (über *+akk*); **mettre au ~ (de)** auf dem Laufenden halten (über *+akk*); **se tenir au ~ (de)** sich auf dem Laufenden halten (über *+akk*); **~ d'air** (Luft)zug *m*; **~ (électrique)** Strom; **~ faible/fort** Schwach-/Starkstrom

courbatures [kurbatyr] *nfpl* Muskelkater *m*

courbe [kurb] *adj* gebogen, gekrümmt ■ *nf* Kurve *f*

courber **<1>** *vt (plier, arrondir)* biegen; **~ la tête** den Kopf senken

coureur, -euse [kurœr, øz] *nm/f (cycliste)* Radrennfahrer(in) *m(f)*; *(automobile)* Rennfahrer(in) *m(f)*; *(à pied)* Läufer(in) *m(f)* ■ *nm (pej)* Schürzenjäger *m* ■ *nf*: **c'est une coureuse** *(pej)* sie ist dauernd auf Männerfang

courge [kurʒ] *nf* Kürbis *m*

courgette [kurʒet] *nf* Zucchini *pl*

courir [kurir] *irr vi* laufen, rennen; **le bruit court que** es geht das Gerücht, dass ■ *vt (Sport)* laufen; **~ les cafés/bals** sich (ständig) in Kneipen/auf Bällen herumtreiben; **~ un danger** sich einer Gefahr aussetzen; **~ un risque** ein Risiko eingehen

couronne [kurɔn] *nf* Krone *f*; *(de fleurs)* Kranz *m*

couronner **<1>** *vt* krönen; *(carrière)* der Höhepunkt *[ou* die Krönung] sein von; *(ouvrage, auteur)* auszeichnen

courriel [kurjɛl] *nm* E-Mail *f*; **envoyer qch par ~** etw per E-Mail schicken

courrier [kurje] *nm (lettres)* Post *f*, Briefe *pl*; **~ électronique** E-Mail *f*

courroie [kurwa] *nf* Riemen *m*, Gurt *m*

cours [kur] *nm (Unterrichts)stunde f*; *(à l'université)* Vorlesung *f*; *(classes pour adultes: Econ)* Kurs *m*; *(d'une rivière)* Lauf *m*; **au ~ de** im Verlauf *+gen*, während *+gen*; **avoir ~** *(argent)* gesetzliches Zahlungsmittel sein; *(être usuel)* gebräuchlich sein; *(à l'école)* Unterricht haben; **donner libre ~ à** freien Lauf lassen *+dat*; **en ~** laufend; **en ~ de route** unterwegs; **~ du change** Devisenkurs, Wechselkurs; **~ du jour** *(bourse)* Tageskurs; **~ magistral** *(Univ)* Vorlesung; **~ du soir** Abendkurs

course [kurs] *nf (à pied)* (Wett)lauf *m*; *(automobile, de chevaux, cycliste)* Rennen *nt*; *(du soleil)* Lauf *m*; *(d'un projectile)* Flugbahn *f*; *(d'un piston)* Hub *m*; *(excursion en montagne)* Bergtour *f*; *(d'un taxi, d'autocar)* Fahrt *f*; *(petite mission)* Besorgung *f*; **courses** *nfpl (achats)* Einkäufe *pl*, Besorgungen *pl*; **faire les/ses ~s** einkaufen (gehen); **~ aux armements**

Rüstungswettlauf m; **~ de haies** Hürdenlauf m; **~ en sac** Sackhüpfen nt

court, e [kuʀ, kuʀt] adj kurz ■ adv: **tourner ~** plötzlich die Richtung ändern; **couper ~ à qch** etw abbrechen; **être à ~ d'argent/de papier** kein Geld/Papier mehr haben; **prendre qn de ~** jdn überraschen ■ nm (de tennis) (Tennis)platz m

court-bouillon (pl **courts-bouillons**) nm würzige Fischbrühe

court-circuit (pl **courts-circuits**) nm Kurzschluss m

court-circuiter [kuʀsiʀkɥite] <1> vt (fig) umgehen

courtier, -ière [kuʀtje, ɛʀ] nm/f (Com) Makler(in) m(f)

courtiser [kuʀtize] <1> vt den Hof machen +dat

courtois, e [kuʀtwa, az] adj höflich

courtoisie [kuʀtwazi] nf Höflichkeit f

couscous [kuskus] nm Kuskus m o nt

cousin, e [kuzɛ̃, in] nm/f Cousin(e) m(f), Vetter (Cousine) m/f; **~ germain** Vetter ersten Grades

coussin [kusɛ̃] nm Kissen nt; **~ d'air** Luftkissen; **~ gonflable de sécurité** Airbag m

cousu, e [kuzy] pp de **coudre**

coût [ku] nm Kosten pl; **le ~ de la vie** die Lebenshaltungskosten pl; **~ unitaire de salaire** Lohnstückkosten pl

coûtant [kutã] adj: **au prix ~** zum Selbstkostenpreis

couteau (pl **x**) [kuto] nm Messer nt; **~ à cran d'arrêt** Klappmesser

couteau-scie (pl **couteaux-scies**) [kutosi] nm Sägemesser nt

coûter [kute] <1> vt kosten ■ vi: **~ à qn** (décision, etc) jdm schwerfallen; **~ cher** teuer sein; **combien ça coûte?** was [ou wie viel] kostet das?; **coûte que coûte** koste es, was es wolle

coûteux, -euse adj teuer

coutume [kutym] nf Sitte f, Brauch m; (habitude) Gewohnheit f; **la ~** (Jur) das Gewohnheitsrecht

couture [kutyʀ] nf (activité) Nähen nt, Schneidern nt; (ouvrage) Näharbeit f; (art) Schneiderhandwerk nt; (points) Naht f

couturier nm Couturier m, Modeschöpfer(in) m(f)

couturière nf Schneiderin f; (Theat) Kostümprobe f

couvée [kuve] nf (œufs) Gelege nt; (oiseaux) Brut f

couvent [kuvã] nm Kloster nt

couver [kuve] <1> vt ausbrüten ■ vi (feu) schwelen; (révolte) sich zusammenbrauen

couvercle [kuvɛʀkl] nm Deckel m

couvert, e [kuvɛʀ, t] pp de **couvrir** ■ nm (cuillère ou fourchette) Besteck nt; (place à table) Gedeck nt; **à ~** geschützt; **mettre le ~** den Tisch decken; **sous le ~ de** im Schutze +gen, unter dem Deckmantel +gen ■ adj (ciel, temps) bedeckt, bewölkt; **~ de** bedeckt mit; **être ~** (d'un chapeau) einen Hut aufhaben

couverture [kuvɛʀtyʀ] nf (de lit) (Bett)decke f; (de livre) Einband m; (de cahier) Umschlag m, Deckung f; (des médias) Berichterstattung f

couveuse [kuvøz] nf (de maternité) Brutkasten m

couvre-chef (pl **couvres-chef**) [kuvʀəʃɛf] nm Kopfbedeckung f

couvre-feu (pl **~x**) [kuvʀəfø] nm (interdiction) Ausgangssperre f

couvre-lit (pl **~s**) nm Tagesdecke f

couvre-pieds [kuvʀəpje] nm inv Steppdecke f

couvrir [kuvʀiʀ] <11> vt (recouvrir) bedecken; (d'ornements, d'éloges) überhäufen; (protéger) decken; (parcourir) zurücklegen; **se couvrir** vpr (s'habiller) sich anziehen; (se coiffer) seinen Hut aufsetzen; (par une assurance) sich absichern; (temps, ciel) sich bewölken, sich bedecken

covoiturage [kovwatyraʒ] nm (déplacement en commun) Fahrgemeinschaft f; (voiture en commun) Carsharing m

cow-boy (pl **~s**) [koboj] nm Cowboy m

coyote [kɔjɔt] nm Kojote m

C.Q.F.D. abr = **ce qu'il fallait démontrer** q.e.d.

crabe [kʀab] nm Krabbe f

cracher [kʀaʃe] <1> vi spucken ■ vt ausspucken; (lave) speien; (injures) ausstoßen

crachin [kʀaʃɛ̃] nm Sprühregen m

crachiner [kʀaʃine] <1> vi nieseln

crack [kʀak] nm (drogue) Crack nt

crade [kʀad] adj (fam) dreckig, eklig

cradingue [kʀadɛ̃g] adj (fam) dreckig

craie [kʀɛ] nf Kreide f

craindre [kʀɛ̃dʀ] irr vt (avoir peur de) fürchten, sich fürchten vor +dat; (chaleur, froid) nicht vertragen; **~ que** (be)fürchten, dass

crainte [kʀɛ̃t] nf Furcht f; **soyez sans ~** nur keine Angst; **de ~ de** aus Furcht vor +dat; **de ~ que** aus Furcht, dass

craintif, -ive [kʀɛ̃tif, iv] adj furchtsam, ängstlich

cramoisi, e [kʀamwazi] adj puterrot

crampe [kʀãp] nf Krampf m

crampon [kʀãpõ] nm Steigeisen nt; (de chaussure) Stollen m

cramponner [kʀɑ̃pɔne] <1> vpr: se ~ à sich klammern an +akk

cran [kʀɑ̃] nm Einkerbung f; (fam: courage) Schneid m, Mumm m

crâne [kʀɑn] nm Schädel m; **avoir mal au ~** (fam) Kopfschmerzen haben

crâner [kʀɑne] <1> vi (fam) angeben

crapaud [kʀapo] nm (Zool) Kröte f

crapule [kʀapyl] nf Schuft m

crapuleux, -euse [kʀapylø, øz] adj: **crime ~** scheußliches Verbrechen

craquelure [kʀaklyʀ] nf Riss m, Sprung m

craquement [kʀakmɑ̃] nm Krachen nt, Knacks m

craquer [kʀake] <1> vi (bruit) knacken, knarren; (fil, couture) (zer)reißen; (planche) entzweibrechen, zerbrechen; (s'effondrer) zusammenbrechen ■ vt: **~ une allumette** ein Streichholz anzünden

crasse [kʀas] nf (saleté) Schmutz m, Dreck m

crasseux, -euse [kʀasø, øz] adj dreckig, schmutzig

cratère [kʀatɛʀ] nm Krater m

cravate [kʀavat] nf Krawatte f

crawl [kʀol] nm Kraul(schwimmen) nt

crayon [kʀejɔ̃] nm Bleistift m; **~ à bille** Kugelschreiber m; **~ de couleur** Farbstift m; **~ optique** (Inform) Lichtgriffel m, Lichtstift m

crayon-feutre (pl **crayons-feutres**) [kʀejɔ̃føtʀ] nm Filzstift m

créancier, -ière [kʀeɑ̃sje, ɛʀ] nm/f Gläubiger(in) m(f)

créateur, -trice [kʀeatœʀ, tʀis] nm/f Schöpfer(in) m(f); **~ d'entreprise** Existenzgründer(in) m(f)

créatif, -ive [kʀeatif, iv] adj kreativ

création [kʀeasjɔ̃] nf Schaffung f; (Rel) Erschaffung f; (Theat) Uraufführung f; (de l'univers) Schöpfung f; (de nouvelle robe, de voiture, etc) Kreation f; **~ de valeur** Wertschöpfung f

créativité [kʀeativite] nf Kreativität f

créature [kʀeatyʀ] nf Geschöpf nt, Lebewesen nt

crèche [kʀɛʃ] nf Krippe f

crédibilité [kʀedibilite] nf Glaubwürdigkeit f

crédible [kʀedibl] adj glaubwürdig

crédit [kʀedi] nm (confiance) Glaube m; (autorité) Ansehen nt; (prêt) Kredit m; (d'un compte bancaire) Guthaben nt; **crédits** nmpl (fonds) Mittel pl, Gelder pl; **acheter à ~** auf Kredit kaufen; **faire ~ à qn** jdm Kredit geben, jdm einen Kredit gewähren; **payer à ~** in Raten zahlen

crédit-bail (pl **crédits-bails**) [kʀedibaj] nm Leasing nt

créditer <1> vt: **~ un compte d'une somme** einen Betrag einem Konto gutschreiben

créditeur, -trice [kʀeditœʀ, tʀis] adj (personne) Kredit habend; (compte, solde) Kredit- ■ nm/f Schuldner(in) m(f)

credo [kʀedo] nm Glaubensbekenntnis nt

crédule [kʀedyl] adj leichtgläubig

crédulité [kʀedylite] nf Leichtgläubigkeit f

créer [kʀee] <1> vt (inventer, concevoir) schaffen; (Rel) erschaffen; (Com) herausbringen; (embouteillage) verursachen; (problème) schaffen; (besoins) entstehen lassen; (Theat: spectacle) (ur)aufführen

crémaillère [kʀemajɛʀ] nf (tige crantée) Zahnstange f; **pendre la ~** den Einzug feiern; **chemin de fer à ~** Zahnradbahn f

crémation [kʀemasjɔ̃] nf Einäscherung f

crématoire [kʀematwaʀ] adj: **four ~** Krematorium nt

crématorium [kʀematɔʀjɔm] nm Krematorium nt

crème [kʀɛm] nf (du lait) Sahne f, Rahm m; (de beauté; entremets) Creme f; **un (café) ~** ein Kaffee mit Milch [ou Sahne]; **~ fouettée, ~ Chantilly** Schlagsahne ■ adj inv creme(farben)

crémerie [kʀemʀi] nf Milchgeschäft nt

crémeux, -euse [kʀemø, øz] adj sahnig

créneau (pl **x**) [kʀeno] nm (de fortification) Zinne f; (Com) Marktlücke f; (TV) Sendeplatz m; **faire un ~** einparken

créole [kʀeɔl] adj kreolisch

Créole nmf Kreole (Kreolin) m/f

crêpe [kʀɛp] nf (galette) Pfannkuchen m, Crêpe f ■ nm (tissu) Krepp m; (de deuil) Trauerflor m; **semelle (de) ~** Kreppsohle f

crêpé, e [kʀepe] adj (cheveux) toupiert

crêperie [kʀepʀi] nf Crêperie f

crépi [kʀepi] nm (Ver)putz m

crépitement [kʀepitmɑ̃] nm (du feu) Prasseln nt; (d'une mitrailleuse) Knattern nt

crépiter [kʀepite] <1> vi (feu) prasseln, knistern; (mitrailleuse) knattern; (huile) zischen, brutzeln

crépon [kʀepɔ̃] nm Kräuselkrepp m; **papier ~** Krepppapier nt

crépu, e [kʀepy] adj (cheveux) gekräuselt, Kraus-

crépuscule [kʀepyskyl] nm (Abend)dämmerung f

cresson [kʀesɔ̃] nm Kresse f

crête [kʀɛt] nf (de coq) Kamm m; (d'oiseau) Haube f; (de montagne) (Berg)kamm m

Crète [kʀɛt] nf: **la ~** Kreta nt

crétin, e [kʀetɛ̃, in] nm/f (fam) Schwachkopf m

creuser [kʀøze] <1> vt (trou, tunnel) graben; (sol) graben in +dat; (bois)

aushöhlen; *(fig: approfondir)* vertiefen
■ *vpr:* **se ~ la cervelle [ou la tête]** sich *dat*
den Kopf zerbrechen

creux, creuse [kRø, øz] *adj* hohl;
(assiette) tief; *(yeux)* tief liegend; **heures
creuses** stille Zeit, ruhige Zeit, Flaute *f*
■ *nm* Loch *nt*; *(dépression)* Vertiefung *f*,
Senke *f*; **le ~ de la main** die hohle Hand;
le ~ des reins das Kreuz

crevaison [kRəvɛzõ] *nf* Reifenpanne *f*

crevant, e [kRəvã, ãt] *adj (fatigant)*
ermüdend; *(amusant)* umwerfend
komisch

crevasse [kRəvas] *nf* (Geo) Spalte *f*; (Med)
Schrunde *f*, Riss *m*

crevé, e [kRəve] *adj (pneu)* platt; **je suis ~**
(fam) ich bin fix und fertig

crever [kRəve] <4> *vt (papier, tambour)*
zerreißen; *(ballon)* platzen lassen ■ *vi*
(pneu) platzen; *(automobiliste)* eine
Reifenpanne haben; *(abcès)* aufplatzen;
(outre) platzen; *(fam)* krepieren

crevette [kRəvɛt] *nf:* **~ rose** Garnele *f*,
Krabbe *f*; **~ grise** Garnele *f*, Krevette *f*

cri [kRi] *nm* Schrei *m*; *(appel)* Ruf *m*; **~s**
d'enthousiasme Begeisterungsrufe *pl*;
~s mpl de protestation Protestgeschrei
nt; **le dernier ~** *(fig: mode)* der letzte Schrei

criard, e [kRijaR, d] *adj (couleur)* grell;
(voix) kreischend

crible [kRibl] *nm* Sieb *nt*; **passer qch au**
~ etw durchsieben

criblé, e *adj:* **~ de balles** von Kugeln
durchsiebt; **être ~ de dettes** bis über die
Ohren in Schulden stecken

cric [kRik] *nm* (Auto) Wagenheber *m*

crier [kRije] <1> *vi* schreien ■ *vt (ordre)*
brüllen

crime [kRim] *nm* Verbrechen *nt*; *(meurtre)*
Mord *m*; **~ passionnel** Verbrechen aus
Leidenschaft

Crimée [kRime] *nf:* **la ~** die Krim

criminalité [kRiminalite] *nf* Kriminalität
f; **~ économique** Wirtschaftskriminalität

criminel, le [kRiminɛl] *nm/f*
Verbrecher(in) *m(f)*; **~ de guerre**
Kriegsverbrecher

criminologie [kRiminɔlɔʒi] *nf*
Kriminologie *f*

criminologue [kRiminɔlɔg] *nmf*
Kriminologe(-login) *m/f*

crin [kRɛ̃] *nm (de queue)* Schwanzhaar *nt*;
(comme fibre) Rosshaar *nt*; **à tous ~s,**
à tout ~ durch und durch

crinière [kRinjɛR] *nf* Mähne *f*

crique [kRik] *nf* kleine Bucht

criquet [kRikɛ] *nm* Heuschrecke *f*

crise [kRiz] *nf* Krise *f*; **avoir une ~**
de nerfs mit den Nerven am Ende sein;
~ cardiaque Herzanfall *m*; **~ conjugale**

Ehekrise; **~ existentielle** Sinnkrise;
~ de foie Magenverstimmung *f*

crispant, e [kRispã, ãt] *adj* ärgerlich

crispé, e [kRispe] *adj* angespannt

crisper [kRispe] <1> *vt (muscle)*
anspannen; *(visage)* verzerren; **se crisper**
vpr sich verkrampfen

crisser [kRise] <1> *vi (neige, gravier)*
knirschen; *(pneu)* quietschen

cristal *(pl -aux)* [kRistal, o] *nm* Kristall *m*;
(verre) Kristall(glas) *nt*; **~ de roche**
Bergkristall *m*

cristallin, e [kRistalɛ̃, in] *adj (voix, eau)*
kristallklar ■ *nm* (Augen)linse *f*

cristalliser <1> *vi, vpr:* **se cristalliser**
(sich) kristallisieren

critère [kRitɛR] *nm* Kriterium *nt*

critérium [kRiterjɔm] *nm*
Ausscheidungswettkampf *m*

critiquable [kRitikabl] *adj* tadelnswert

critique [kRitik] *adj* kritisch ■ *nf* Kritik *f*
■ *nm* Kritiker(in) *m(f)*

critiquer <1> *vt* kritisieren

croasser [kRɔase] <1> *vi (corbeau)*
krächzen

croate [kRɔat] *adj* kroatisch

Croate *nmf* Kroate (Kroatin) *m/f*

Croatie [kRɔasi] *nf:* **la ~** Kroatien *nt*

croc [kRo] *nm (de chien, etc)* (Fang)zahn *m*;
(de boucher) Haken *m*

croc-en-jambe *(pl crocs-en-jambe)* *nm*
Beinstellen *f*

croche [kRɔʃ] *nf* Achtelnote *f*; **double/**
triple ~ Sechzehntel-/
Zweiunddreißigstelnote *f*

crochet [kRɔʃɛ] *nm* Haken *m*; *(clé)* Dietrich
m; *(détour)* Abstecher *m*; *(aiguille)*
Häkelnadel *f*, *(tricot)* Häkelarbeit *f*;
crochets *nmpl (Typo)* eckige Klammern *pl*;
faire du ~ häkeln; **vivre aux ~s de qn**
(fam) auf jds Kosten *akk* leben;
~ d'attelage pour remorque
Anhängerkupplung *f*

crocheter [kRɔʃte] <4> *vt* mit einem
Dietrich öffnen

crochu, e [kRɔʃy] *adj* krumm

crocodile [kRɔkɔdil] *nm* Krokodil *nt*;
(peau) Krokodilleder *nt*

crocus [kRɔkys] *nm* Krokus *m*

croire [kRwaR] *irr vt* glauben; *(personne)*
glauben +*dat*; **~ à** glauben an *akk*; **~ en**
Dieu an Gott glauben; **~ qn honnête** jdn
für ehrlich halten; **~ que** glauben, dass

croisade [kRwazad] *nf* Kreuzzug *m*

croisé, e [kRwaze] *adj (veste)* zweireihig;
mots ~s Kreuzworträtsel *nt* ■ *nm*
(guerrier) Kreuzritter *m* ■ *nf:* **~ e d'ogives**
Spitzbogenkreuz *nt*; **être à la ~e des**
chemins am Scheideweg stehen

croisement [kRwazmã] *nm* Kreuzung *f*

croiser [kʀwaze] <1> vt (personne, voiture) begegnen +dat; (route) kreuzen; (jambes) übereinanderschlagen; (bras) verschränken; (Bio) kreuzen ◼ vi (Naut) kreuzen; **se croiser** vpr (personnes, véhicules) einander begegnen; (routes, lettres) sich kreuzen; (regards) sich begegnen; **se ~ les bras** (fig) die Hände in den Schoß legen

croiseur nm Kreuzer m

croisière [kʀwazjɛʀ] nf Kreuzfahrt f; **vitesse de ~** Reisegeschwindigkeit f

croissance [kʀwasɑ̃s] nf Wachsen nt, Wachstum nt; **~ économique** Wirtschaftswachstum

croissant [kʀwasɑ̃] nm (à manger) Hörnchen nt; **~ de lune** Mondsichel f

croître [kʀwatʀ] irr vi wachsen; (fig) zunehmen

croix [kʀwa] nf Kreuz nt; **en ~** über Kreuz, kreuzweise; **c'est la ~** es ist verdammt schwierig; **la C~-Rouge** das Rote Kreuz

croquant, e [kʀɔkɑ̃, ɑ̃t] adj (pomme, légumes) knackig

croque-madame [kʀɔkmadam] nm inv überbackener Käsetoast mit Schinken und Spiegelei

croque-mitaine (pl **~s**) [kʀɔkmitɛn] nm Buhmann m

croque-monsieur [kʀɔkməsjø] nm inv überbackener Käsetoast mit Schinken

croque-mort (pl **~s**) [kʀɔkmɔʀ] nm (fam) Leichenträger m

croquer <1> vt (manger) knabbern; (dessiner) skizzieren ◼ vi knacken

croquette [kʀɔkɛt] nf Krokette f

croquis [kʀɔki] nm Skizze f

cross [kʀɔs] nm, **cross-country** (pl **~- countries**) [kʀɔs(kuntʀi)] ◼ nm Geländelauf m, Querfeldeinrennen nt

crotale [kʀɔtal] nm Klapperschlange f

crotte [kʀɔt] nf Kot m; **~ de chèvre/lapin** Ziegen-/Hasenkötel pl ◼ interj (fam) Mist

crotté, e adj (sale) dreckig

crottin [kʀɔtɛ̃] nm (Gastr) kleiner rundlicher Ziegenkäse; **~ (de cheval)** (Pferde)apfel m

croulant, e [kʀulɑ̃, ɑ̃t] nm/f (fam) Grufti m

crouler [kʀule] <1> vi (s'effondrer) einstürzen; (être délabré) zerfallen, verfallen; **~ sous (le poids de) qch** unter dem Gewicht von etw zusammenbrechen

croupe [kʀup] nf Kruppe f; **monter en ~** hinten aufsitzen

croupier, -ière [kʀupje, ɛʀ] nm/f Croupier m

croupir [kʀupiʀ] <8> vi (eau) faulen; (personne) vegetieren (dans in +dat)

C.R.O.U.S. [kʀus] nm acr = **Centre régional des œuvres universitaires** Studentenwerk auf regionaler Ebene

croustade [kʀustad] nf Überbackene(s) nt

croustillant, e [kʀustijɑ̃, ɑ̃t] adj knusprig; (histoire) pikant

croustiller [kʀustije] <1> vi knusprig sein

croûte [kʀut] nf (du pain) Kruste f; (du fromage) Rinde f; (Med) Schorf m; (de tartre, de peinture, etc) Schicht f; **en ~** (Gastr) in einer Teighülle; **~ au fromage/aux champignons** Käse-/Champignontoast m

croûton nm (Gastr) gerösteter Brotwürfel; (extrémité du pain) Brotkanten m

croyable [kʀwajabl] adj: **ce n'est pas ~** das ist unglaublich

croyant, e [kʀwajɑ̃, ɑ̃t] nm/f Gläubige(r) mf

C.R.S. nm abr = **Compagnie républicaine de sécurité** (membre C.R.S.) Bereitschaftspolizist m; **les ~** die Bereitschaftspolizei

cru, e [kʀy] pp de **croire** ◼ adj (non cuit) roh; (lumière, couleur) grell; (paroles, langage) derb ◼ nm (vignoble) Weingegend f, Weinbaugebiet nt, Weinlage f; (vin) Wein m, Sorte f ◼ nf (d'un cours d'eau) Hochwasser nt; **être en ~e** Hochwasser führen

crû, e [kʀy] pp de **croître**

cruauté [kʀyote] nf Grausamkeit f

cruche [kʀyʃ] nf Krug m

crucial, e (pl **-aux**) [kʀysjal, o] adj entscheidend, sehr wichtig; **point ~** heikler Punkt

crucifier [kʀysifje] <1> vt kreuzigen

crucifix [kʀysifi] nm Kruzifix nt

crudité [kʀydite] nf (d'un éclairage, d'une couleur) Grelligkeit f; **crudités** nfpl Rohkostplatte f

cruel, le [kʀyɛl] adj grausam

crustacés [kʀystase] nmpl (Gastr) Meeresfrüchte pl

crypte [kʀipt] nf Krypta f

crypté, e [kʀipte] adj (chaîne de TV) codiert; (message) verschlüsselt

CSA nm abr = **Conseil supérieur de l'audiovisuel** Medienkontrolldienst m

CSCE nf abr = **Conférence sur la sécurité et la coopération en Europe** KSZE f

C.S.G. nf abr = **Contribution sociale généralisée** Sozialabgaben pl (Sozialsteuer zum Ausgleich des Defizits der Sécurité sociale)

Cuba [kyba] (**l'île f de**) **~** Kuba nt

cubage [kyba3] nm Rauminhalt m

cube [kyb] nm Würfel m; (jouet) Bauklotz m; (d'un nombre) Kubikzahl f; **élever au ~** in die dritte Potenz erheben; **mètre ~** Kubikmeter m o nt

cube-flash (pl **cubes-flashes**) [kybflaʃ] nm Blitzlichtwürfel m

cubique [kybik] adj kubisch, würfelförmig

cubisme [kybism] nm Kubismus m

cubitus [kybitys] nm Elle f

cueillette [kœjɛt] nf (Obst)ernte f
cueillir [kœjiʀ] irr vt pflücken
cuiller, cuillère [kɥijɛʀ] nf Löffel m;
~ **à soupe/café** Suppen-/Kaffeelöffel
cuillerée nf: **une ~ de** ein Löffel(voll)
cuir [kɥiʀ] nm Leder nt
cuire [kɥiʀ] irr comme conduire vt, vi
(aliments) kochen; (au four) backen
cuisant, e [kɥizɑ̃, ɑ̃t] adj (douleur,
sensation) brennend, stechend; (souvenir,
échec, défaite) schmerzlich
cuisiné, e [kɥizine] adj: **plat ~**
Fertiggericht nt
cuisine [kɥizin] nf Küche f; (nourriture)
Kost f, Essen nt; **faire la ~** kochen
cuisiner <1> vt zubereiten; (fam:
interroger) ins Verhör nehmen ■ vi kochen
cuisinette [kɥizinɛt] nf Kochnische f
cuisinier, -ière [kɥizinje, ɛʀ] nm/f Koch
(Köchin) m/f ■ nf (Küchen)herd m
cuissard [kɥisaʀ] nm Radlerhose f
cuisse [kɥis] nf (Anat) (Ober)schenkel m;
(Gastr) Keule f; (de poulet) Schlegel m
cuit, e [kɥi, kɥit] pp de cuire ■ adj
(légumes) gekocht; (pain) gebacken;
bien ~(e) (viande) gut durchgebraten
cuivre [kɥivʀ] nm Kupfer nt; **les ~s** die
Blechblasinstrumente pl
cul [ky] nm (fam) Hintern m; ~ **de bouteille**
Flaschenboden m
culasse [kylas] nf (Auto) Zylinderkopf m;
(de fusil) Verschluss m
culbute [kylbyt] nf (en jouant) Purzelbaum
m; (accidentelle) Sturz m
culbuter <1> vi hinfallen
culbuteur nm (Auto) Kipphebel m
cul-de-sac (pl **culs-de-sac**) [kydsak] nm
Sackgasse f
culinaire [kylinɛʀ] adj kulinarisch, Koch-
culminant, e [kylminɑ̃, ɑ̃t] adj: **point ~**
höchster Punkt; (fig) Höhepunkt m
culminer <1> vi den höchsten Punkt
erreichen
culot [kylo] nm (d'ampoule) Sockel m;
(fam: effronterie) Frechheit f
culotte [kylɔt] nf (pantalon) Kniehose f;
(petite) ~ (de femme) Schlüpfer m; ~ **de**
cheval Reithose f
culotté, e [kylɔte] adj (cuir) abgegriffen;
(pipe) geschwärzt; (fam: effronté) frech
culpabiliser [kylpabilize] <1> vt: ~ **qn**
jdm Schuldgefühle geben
culpabilité [kylpabilite] nf Schuld f
culte [kylt] nm (religion) Religion f;
(hommage, vénération) Verehrung f, Kult m;
(office protestant) Gottesdienst m
cultivateur, -trice [kyltivatœʀ, tʀis]
nm/f Landwirt(in) m(f)
cultivé, e [kyltive] adj (terre) bebaut;
(personne) kultiviert, gebildet

cultiver [kyltive] <1> vt (terre) bebauen,
bestellen; (légumes) anbauen, anpflanzen;
(esprit, mémoire) entwickeln
culture [kyltyʀ] nf Kultur f; (agriculture)
Ackerbau m; (de plantes) Anbau m;
~ **physique** Leibesübungen pl
culturel, le [kyltyʀɛl] adj kulturell
culturisme [kyltyʀism] nm
Bodybuilding nt
culturiste [kyltyʀist] nmf
Bodybuilder(in) m(f)
cumin [kymɛ̃] nm Kümmel m
cumuler [kymyle] <1> vt (fonctions)
gleichzeitig innehaben; (salaires)
gleichzeitig beziehen
cupide [kypid] adj (hab)gierig
cure [kyʀ] nf (Med) Kur f; (Rel) Pfarrei f;
n'avoir ~ de sich nicht kümmern um;
faire une ~ de fruits/légumes eine
Obst-/Gemüsekur machen; ~ **de**
désintoxication Entziehungskur;
~ **thermale** Badekur
curé [kyʀe] nm Pfarrer(in) m(f)
cure-dent(s) [kyʀdɑ̃] nm inv Zahnstocher m
cure-ongles [kyʀõgl] nm inv
Nagelreiniger m
cure-pipe (pl **~s**) [kyʀpip] nm
Pfeifenreiniger m
curer [kyʀe] <1> vt (fossé, puits) säubern
curetage [kyʀtaʒ] nm Ausschabung f
curieusement [kyʀjøzmɑ̃] adv
merkwürdigerweise
curieux, -euse [kyʀjø, øz] adj
(étrange) eigenartig, seltsam; (indiscret,
intéressé) neugierig ■ nmpl (badauds)
Schaulustige pl
curiosité [kyʀjozite] nf Neugier(de) f;
(objet) Kuriosität f, (lieu)
Sehenswürdigkeit f
curiste [kyʀist] nmf Kurgast m
curling [kœʀliŋ] nm Eisschießen nt
curriculum vitae [kyʀikylɔmvite] nm
inv Lebenslauf m
curry [kyʀi] nm Curry m o nt
curseur [kyʀsœʀ] nm (Inform) Cursor m
cursif, -ive [kyʀsif, iv] adj: **écriture**
cursive kursive Schrift
cursus [kyʀsys] nm Studiengang m
cuticule [kytikyl] nf Nagelhaut f
cutiréaction [kytiʀeaksjõ] nf (Med)
Hauttest m
cuve [kyv] nf Bottich m
cuvée [kyve] nf (de vignoble) Ertrag m eines
Weinbergs
cuvette [kyvɛt] nf (récipient)
(Wasch)schüssel f; (Geo) Becken nt
C.V. nm abr = **cheval-vapeur** PS nt ■ nm
abr = **curriculum vitae** Lebenslauf m
cybercafé [sibɛʀkafe] nm Cybercafé nt
cybercommerce nm Internethandel m

cyberconsommateur, -trice nm/f
Internetkäufer(in) m(f)
cybercriminalité nf Internetkriminalität f
cyberespace nm Cyberspace m
cyberjournal (pl **-aux**) nm Onlinezeitung f
cybermonde nm Cyberwelt f
cybernétique [sibɛʀnetik] nf Kybernetik f
cybershopping [sibɛʀʃɔpiŋ] nm
Onlineshopping nt
cyberspace nm Cyberspace m
cyclable [siklabl] adj: **piste ~** Radweg m
cyclamen [siklamɛn] nm Alpenveilchen nt
cycle [sikl] nm Zyklus m, Kreislauf m;
~ des générations Generationenfolge f
cyclisme [siklism] nm Radfahren nt;
(Sport) Radrennfahren nt
cycliste [siklist] nmf Radfahrer(in) m(f)
cyclomoteur [siklɔmɔtœʀ] nm Moped
nt, Mofa nt
cyclomotoriste nmf Mopedfahrer(in)
m(f), Mofafahrer(in) m(f)
cyclone [siklon] nm Wirbelsturm m
cyclotourisme [sikloturism] nm
Fahrradtourismus m
cygne [siɲ] nm Schwan m
cylindre [silɛ̃dʀ] nm Zylinder m
cylindrée [silɛ̃dʀe] nf Hubraum m
cymbale [sɛ̃bal] nf (Mus) Becken nt
cynique [sinik] adj zynisch
cynisme [sinism] nm Zynismus m
cyprès [sipʀɛ] nm Zypresse f
cypriote [sipʀijɔt] adj zypriotisch,
zyprisch
cyrillique [siʀilik] adj kyrillisch
cystite [sistit] nf Blasenentzündung f
cytise [sitiz] nm Goldregen m

d

D, d [de] nm D, d nt
d' prép voir **de**
dactylo [daktilo] nf Stenotypist(in) m(f)
dactylographier [daktilogʀafje]
<1> vt mit der Maschine schreiben
dada [dada] nm Lieblingsthema nt
dahlia [dalja] nm Dahlie f
daigner [deɲe] <1> vt: **~ faire qch**
sich dazu herablassen, etw zu
tun
daim [dɛ̃] nm Damhirsch m; (peau)
Wildleder nt
dalle [dal] nf (Stein)platte f
Dalmatie [dalmasi] nf: **la ~** Dalmatien nt
dalmatien [dalmasjɛ̃] nm (chien)
Dalmatiner m
daltonien, ne [daltɔnjɛ̃, ɛn] adj
farbenblind
daltonisme [daltɔnism] nm
Farbenblindheit f
dame [dam] nf Dame f; **dames** nfpl (jeu)
Damespiel nt
dame-jeanne (pl **dames-jeannes**)
[damʒɑn] nf Korbflasche f
damier [damje] nm Damebrett nt;
(dessin) Karomuster nt
damner [dane] <1> vt verdammen
dancing [dɑ̃siŋ] nm Tanzlokal nt
Danemark [danmaʀk] nm: **le ~**
Dänemark nt

danger [dɑ̃ʒe] *nm* Gefahr *f*; **~ d'accident** Unfallgefahr; **~ d'épidémie** Seuchengefahr

dangereux, -euse [dɑ̃ʒRØ, Øz] *adj* gefährlich

danois, e [danwa, az] *adj* dänisch

Danois, e *nm/f* Däne (Dänin) *m/f*

dans [dɑ̃] *prép* in +*dat*; (*direction*) in +*akk*; **je l'ai pris ~ le tiroir** ich habe es aus der Schublade genommen; **boire ~ un verre** aus einem Glas trinken; **~ deux mois** in zwei Monaten

danse [dɑ̃s] *nf* Tanz *m*; (*action*) Tanzen *nt*; **la ~ (classique)** das Ballett

danser <1> *vt, vi* tanzen

danseur, -euse [dɑ̃sœR, Øz] *nm/f* Tänzer(in) *m(f)*

Danube [danyb] *nm.* **le ~** die Donau

d'après *prép voir* **après**

dard [daR] *nm* Stachel *m*

dare-dare [daRdaR] *adv* (*fam*) auf die Schnelle

darne [daRn] *nf* Fischsteak *nt*; **~ de saumon** Lachssteak

date [dat] *nf* Datum *nt*; **de longue ~** langjährig; **~ de naissance** Geburtsdatum *nt*

date limite (*pl* **dates limite**) *nf* letzter Termin; **~ de conservation** Haltbarkeitsdatum *nt*

dater <1> *vt* datieren ■ *vi* veraltet sein; **~ du XVIᵉ s.** aus dem 16. Jh. stammen; **à ~ de** von … an

datif [datif] *nm* Dativ *m*

datte [dat] *nf* Dattel *f*

dattier [datje] *nm* Dattelpalme *f*

dauber [dobe] <1> *vi* (*fam*) stinken, miefen; **ça daube ici!** hier mieft's!

dauphin [dofɛ̃] *nm* Delfin *m*; (*Hist*) Dauphin *m*

davantage [davɑ̃taʒ] *adv* mehr; (*plus longtemps*) länger; **~ de** mehr

D.D.A.S.S. [das] *nf acr* = **Direction départementale de l'action sanitaire et sociale** Sozial- und Gesundheitsamt *nt*

de (*de* + *le* = **du**, *de* + *les* = **des**) [də, dy, de] *prép* von +*dat*; (*d'un pays, d'une ville, d'une matière*) aus +*dat*; (*moyen*) mit +*dat*; **pendant des mois** monatelang; **la voiture de Claire/mes parents** Claires Auto/das Auto meiner Eltern; **une pièce de 2 m de large** ein 2 m breites Zimmer; **un bébé de dix mois** ein zehn Monate altes Baby; **douze mois de crédit** zwölf Monate Kredit ■ *art*: **du vin/de l'eau/des pommes** Wein/Wasser/Äpfel; **il ne veut pas de pommes** er will keine Äpfel

dé [de] *nm* (*à jouer*) Würfel *m*; **dé à coudre** Fingerhut *m*

dealer [dilœR] *nm* (*fam*) Dealer *m*

dealer [dile] <1> *vt* (*fam*) dealen mit

débâcle [debɑkl] *nf* Eisschmelze *f*; (*d'une armée*) Flucht *f*, ungeordneter Rückzug

déballer [debale] <1> *vt* auspacken

débandade [debɑ̃dad] *nf* Flucht *f*

débarbouiller [debaRbuje] <1> *vpr*: **se débarbouiller** sich (das Gesicht) waschen

débarcadère [debaRkadɛR] *nm* Landungssteg *m*

débardeur [debaRdœR] *nm* Docker *m*; (*maillot*) Top *nt*

débarquement [debaRkəmɑ̃] *nm* (*de personnes*) Aussteigen *nt*; (*arrivée*) Ankunft *f*; (*de marchandises*) Ausladen *nt*; (*Mil*) Landung *f*

débarquer [debaRke] <1> *vt* ausladen ■ *vi* von Bord gehen; (*fam*) plötzlich ankommen; (*fig: fam*) nicht wissen, was läuft

débarras [debaRa] *nm* Rumpelkammer *f*; **bon ~!** den/die/das sind wir zum Glück los!

débarrasser [debaRase] <1> *vt* (*local*) räumen; (*la table*) abräumen; **~ qn de qch** (*dégager*) jdm etw abnehmen ■ *vpr*: **se ~ de qn/qch** jdn/etw loswerden

débat [deba] *nm* Debatte *f*; **~ télévisé** Fernsehdebatte

débattre [debatR] *irr comme* **battre** *vt* diskutieren; **se débattre** *vpr* sich wehren

débauche [deboʃ] *nf* Ausschweifung *f*

débaucher [deboʃe] <1> *vt* (*licencier*) entlassen; (*fam*) von der Arbeit abhalten

débile [debil] *adj* schwach; (*fam: idiot*) hirnrissig; **il est complètement ~** (*fam*) bei dem tickt es nicht richtig; **~ mental(e)** Geistesgestörte(r) *mf*

débit [debi] *nm* (*d'eau*) Durchflussmenge *f*; (*élocution*) Redefluss *m*; (*d'un magasin*) Umsatz *m*; (*à la banque*) Soll *nt*; **~ en bauds** Baudrate *f*; **~ de boisson** Ausschank *m*; **~ de tabac** Tabakladen *m*; **modem de haut ~** Breitbandmodem *nt*

débiter <1> *vt* (*compte*) belasten; (*liquide, gaz*) ausstoßen; (*bois*) zerkleinern; (*bœuf, mouton*) zerteilen; (*Com*) produzieren, ausstoßen

débiteur, -trice *nm/f* Schuldner(in) *m(f)*

déblayer [debleje] <7> *vt* räumen

débloquer [debloke] <1> *vt* losmachen; (*prix, salaires*) freigeben; (*crédit*) bewilligen ■ *vi* (*fam*) überschnappen

déboguer [deboge] <1> *vt* (*Inform*) debuggen

déboires [debwaR] *nmpl* Enttäuschungen *pl*

déboisement [debwaz(ə)mɑ̃] *nm* Abholzung *f*

déboiser <1> *vt* abholzen

déboîter [debwate] <1> *vi* (*Auto*) ausscheren ■ *vpr*: **se ~ l'épaule** sich *dat* die Schulter verrenken

débonnaire [debɔnɛʀ] *adj* gutmütig
débordé, e *adj*: **être ~** überlastet sein (*de* mit)
déborder [debɔʀde] <1> *vi* (*rivière*) über die Ufer treten; (*eau, lait*) überlaufen; **~ (de) qch** über etw *akk* hinausgehen; **~ de joie/zèle** sich vor Freude/Eifer überschlagen
débouché [debuʃe] *nm* (*gén pl*: *marché*) Absatzmarkt *m*; (*perspectives d'emploi*) (Berufs)aussichten *pl*; **au ~ de la vallée** am Ausgang des Tals
déboucher [debuʃe] <1> *vt* frei machen; (*bouteille*) entkorken **■** *vi* herauskommen (*de* aus); **~ sur** (*voie*) einmünden in +*akk*
débourser [debuʀse] <1> *vt* ausgeben
debout [dəbu] *adj*: **être ~** stehen; (*éveillé*) auf sein; **être encore ~** (*fig*) noch intakt sein; **se mettre ~** aufstehen; **~!** aufstehen!; **ça ne tient pas ~** das ist doch nicht stichhaltig
déboutonner [debutɔne] <1> *vt* aufknöpfen
débraillé, e [debʀaje] *adj* schlampig
débrancher [debʀãʃe] <1> *vt* (*appareil électrique*) ausstecken
débrayage [debʀejaʒ] *nm* (*Auto*) Kupplung *f*
débrayer <7> *vi* (*Auto*) (aus)kuppeln; (*cesser le travail*) die Arbeit niederlegen
débris [debʀi] *nm* (*fragment*) Scherbe *f*; (*déchet*) Überrest *m*; (*d'un bâtiment*: *fig*) Trümmer *pl*
débrouillard, e [debʀujaʀ, d] *adj* (*fam*) einfallsreich, findig
débrouiller <1> *vt* klären; **se débrouiller** *vpr* (*fam*) zurechtkommen
début [deby] *nm* Anfang *m*, Beginn *m*; **débuts** *nmpl* (*Cine, Sport*) Debüt *nt*
débutant, e *nm/f* Anfänger(in) *m(f)*
débuter [debyte] <1> *vi* anfangen
décade [dekad] *nf* (*10 jours*) zehn Tage; (*10 ans*) Dekade *f*
décadence [dekadãs] *nf* Dekadenz *f*
décaféiné, e [dekafeine] *adj* koffeinfrei
décalage [dekalaʒ] *nm* Abstand *m*; (*écart*) Unterschied *m*; **~ horaire** Zeitunterschied *m*
décalcification [dekalsifikasjɔ̃] *nf* Kalkmangel *m*
décalcomanie [dekalkɔmani] *nf* Abziehbild *nt*
décaler [dekale] <1> *vt* verrücken; (*dans le temps*) verschieben; **~ de 10 cm** um 10 cm verschieben
décalitre [dekalitʀ] *nm* zehn Liter
décalquer [dekalke] <1> *vt* abpausen; (*par pression*) durchpausen
décamètre [dekamɛtʀ] *nm* zehn Meter; (*chaîne ou ruban d'acier*) Metermaß *nt* (*von zehn Meter Länge*)

décamper [dekãpe] <1> *vi* abziehen
décanter [dekãte] <1> *vt* sich setzen lassen
décapiter [dekapite] <1> *vt* enthaupten; (*par accident*) köpfen
décapotable [dekapɔtabl] *adj*: **voiture ~** Kabriolett *nt*
décapsuler [dekapsyle] <1> *vt* den Deckel abnehmen von
décapsuleur *nm* Flaschenöffner *m*
décathlon [dekatlɔ̃] *nm* Zehnkampf *m*
décédé, e [desede] *adj* verstorben
décéder [desede] <5> *vi* (*avec être*) sterben
déceler [des(ə)le] <4> *vt* entdecken; (*indice, etc*) erkennen lassen
décélérer [deseleʀe] <5> *vi* (sich) verlangsamen
décembre [desãbʀ] *nm* Dezember *m*; **en ~** im Dezember; **le 18 ~** am 18. Dezember; **le 18 ~ 2015** der 18. Dezember 2015
décemment [desamã] *adv* anständig; (*raisonnablement*) vernünftig
décence [desãs] *nf* Anstand *m*
décennie [deseni] *nf* Jahrzehnt *nt*
décent, e [desã, ãt] *adj* anständig
décentralisation [desãtʀalizasjɔ̃] *nf* Dezentralisierung *f*
décentralisé, e *adj* dezentralisiert
décentraliser [desãtʀalize] <1> *vt* dezentralisieren
déception [desɛpsjɔ̃] *nf* Enttäuschung *f*
décerner [desɛʀne] <1> *vt* (*prix*) verleihen
décès [desɛ] *nm* Ableben *nt*
décevant, e [des(ə)vã, ãt] *adj* enttäuschend
décevoir [des(ə)vwaʀ] <12> *vt* enttäuschen
déchaîner [deʃene] <1> *vt* auslösen; **se déchaîner** *vpr* (*tempête*) losbrechen; (*mer*) toben; (*passions, colère, etc*) ausbrechen; (*se mettre en colère*) wütend werden
décharge [deʃaʀʒ] *nf* (*dépôt d'ordures*) Müllabladeplatz *m*; (*décharge électrique*) Schlag *m*; **~ de produits toxiques** Giftmülldeponie *f*; **à la ~ de** zur Entlastung von
décharger <2> *vt* abladen; (*arme*: *Elec*) entladen; (*faire feu*) abfeuern; **~ qn de** (*fig*) jdn befreien von
décharné, e [deʃaʀne] *adj* hager
déchausser [deʃose] <1> *vt* die Schuhe ausziehen +*dat*; (*ski*) ausziehen; **se déchausser** *vpr* die Schuhe ausziehen; (*dent*) wackeln
dèche [dɛʃ] *nf*: **être dans la ~** (*fam*) völlig abgebrannt sein
déchéance [deʃeãs] *nf* Verfall *m*
déchet [deʃɛ] *nm* Abfall *m*; **usine de traitement des ~s** Entsorgungsbetrieb *m*; **~s** *mpl* **toxiques** Giftmüll *m*

déchetterie [deʃɛtʀi] *nf*
Müllverwertungsanlage *f*
déchiffrer [deʃifʀe] <1> *vt* entziffern;
(*musique, partition*) lesen
déchiqueter [deʃikte] <3> *vt* zerreißen,
zerfetzen
déchirant, e [deʃiʀɑ̃, ɑ̃t] *adj*
herzzerreißend
déchirer [deʃiʀe] <1> *vt* zerreißen;
se déchirer *vpr* reißen; **se ~ un muscle/**
tendon sich *dat* einen Muskelriss/einen
Sehnenriss zuziehen
décibel [desibɛl] *nm* Dezibel *nt*
décidé, e [deside] *adj* entschlossen;
c'est ~ es ist beschlossen
décidément [desidemɑ̃] *adv* wirklich,
tatsächlich
décider [deside] <1> *vt* beschließen; **~ qn**
(à faire qch) jdn überreden(, etw zu tun)
■ *vi* entscheiden (*de qch* etw) ■ *vpr*: **se ~**
pour/à sich entscheiden für/sich
entschließen zu
décideur, -euse *nm/f*
Entscheidungsträger(in) *m(f)*
décilitre [desilitʀ] *nm* Deziliter *m*
décimal, e (*pl* **-aux**) [desimal, o] *adj*
dezimal ■ *nf* Dezimalstelle *f*
décimètre [desimɛtʀ] *nm* Dezimeter *m*;
double ~ Lineal *nt* (*von 20 cm*)
décisif, -ive [desizif, iv] *adj* entscheidend
décision [desizjɔ̃] *nf* Entscheidung *f*;
(*fermeté*) Entschlossenheit *f*
déclaration [deklaʀasjɔ̃] *nf* Erklärung *f*;
~ (d'amour) Liebeserklärung; **~ de décès/**
naissance Anmeldung *f* eines Todesfalles/
einer Geburt; **~ (de sinistre)** Meldung *f*;
~ obligatoire (*Med*) Meldepflicht *f*
déclarer [deklaʀe] <1> *vt* erklären;
(*revenus*) angeben; (*employés, décès*)
anmelden; (*marchandises*) verzollen;
se déclarer *vpr* (*feu, maladie*) ausbrechen;
(*amoureux*) eine Liebeserklärung machen;
se ~ prêt(e) à sich bereit erklären zu
déclasser [deklase] <1> *vt* niedriger
einstufen
déclencher [deklɑ̃ʃe] <1> *vt* auslösen;
(*Inform*) starten; **se déclencher** *vpr*
losgehen
déclic [deklik] *nm* Auslösevorrichtung *f*;
(*bruit*) Klicken *nt*; (*fam*) Aha-Erlebnis *nt*
déclin [deklɛ̃] *nm* Niedergang *m*; **être sur**
son ~ sich verschlechtern
déclinaison [deklinɛzɔ̃] *nf* Deklination *f*
décliner [dekline] <1> *vi* (*empire*)
verfallen; (*acteur*) nachlassen; (*santé*) sich
verschlechtern; (*jour, soleil*) abnehmen
■ *vt* (*invitation, etc*) ablehnen; (*nom,*
adresse) angeben; (*Ling*) deklinieren
décocher [dekɔʃe] <1> *vt* (*flèche*)
abschießen; (*regard*) zuwerfen

décodage [dekɔdaʒ] *nm* Decodierung *f*,
Entschlüsselung *f*
décoder [dekɔde] <1> *vt* decodieren
décodeur *nm* Decoder *m*
décoiffer [dekwafe] <1> *vt* zerzausen;
se décoiffer *vpr* den Hut abnehmen
décoincer [dekwɛ̃se] <2> *vt* (*fam*)
entspannen
décollage [dekɔlaʒ] *nm* (*Aviat*) Abflug *m*
décoller [dekɔle] <1> *vt* lösen ■ *vi* (*avion*)
abheben; **se décoller** *vpr* sich lösen
décolleté, e [dekɔlte] *adj* ausgeschnitten
■ *nm* (*Hals*)ausschnitt *m*
décoloniser [dekɔlɔnize] <1> *vt*
entkolonialisieren
décolorer [dekɔlɔʀe] <1> *vt* bleichen;
(*cheveux*) entfärben; **se décolorer** *vpr*
verblassen
décombres [dekɔ̃bʀ] *nmpl* Ruinen *pl*,
Trümmer *pl*
décommander [dekɔmɑ̃de] <1> *vt*
abbestellen; (*réception*) absagen;
se décommander *vpr* absagen
décompacter [dekɔ̃pakte] <1> *vt*
(*Inform*) entpacken
décomposé, e [dekɔ̃poze] *adj*: **un visage**
~ ein verzerrtes Gesicht
décomposer [dekɔ̃poze] <1> *vt* zerlegen;
se décomposer *vpr* sich zersetzen,
verwesen
décompresser [dekɔ̃pʀese] <1> *vt*
(*fichier*) dekomprimieren
décompte [dekɔ̃t] *nm* (*déduction*) Abzug
m; (*facture détaillée*) (aufgeschlüsselte)
Rechnung *f*; **~ final** Abschlussrechnung *f*
décompter <1> *vt* abziehen
déconcerter [dekɔ̃sɛʀte] <1> *vt* aus der
Fassung bringen
décongeler [dekɔ̃ʒ(ə)le] <4> *vt* auftauen
décongestionner [dekɔ̃ʒɛstjɔne] <1> *vt*
(*Med*) abschwellen lassen; (*rue*) entlasten
déconnecté, e [dekɔnɛkte] *adj* (*Inform*)
offline, Offline-
déconnecter <1> *vpr*: **se déconnecter**
sich ausloggen
déconner [dekɔne] <1> *vi* (*fam*: *chose*)
verrücktspielen; (*personne*) Scheiße
bauen; (*en parlant*) Mist reden; (*être*
détraqué) durchdrehen
déconseiller [dekɔ̃seje] <1> *vt*: **~ qch**
(à qn) (*jdm*) von etw abraten
déconsidérer [dekɔ̃sidere] <5> *vt* in
Misskredit bringen
décontamination [dekɔtaminasjɔ̃] *nf*
Entseuchung *f*; **~ d'un terrain**
Altlastsanierung *f*
décontenancer [dekɔ̃t(ə)nɑ̃se] <2> *vt*
aus der Fassung bringen
décontracté, e [dekɔ̃tʀakte] *adj* locker,
entspannt

décontracter [dekõtʀakte] <1> vt
entspannen; **se décontracter** vpr sich
entspannen
déconvenue [dekõv(ə)ny] nf
Enttäuschung f
décor [dekɔʀ] nm Dekor m, Ausstattung f;
(gén pl: Theat) Bühnenbild nt; (Cine)
Szenenaufbau m; **aller dans le ~** (fam)
(mit dem Auto) von der Straße abkommen
décorateur, -trice nm/f Dekorateur(in)
m(f); (Cine) Bühnenbildner(in) m(f)
décoratif, -ive adj dekorativ
décoration [dekɔʀasjõ] nf (ornement)
Schmuck m; (médaille) Orden f
décorer <1> vt schmücken; (médailler)
auszeichnen
décortiquer [dekɔʀtike] <1> vt (graine)
enthülsen; (crustacé) herausschälen; (fig:
texte) zerlegen
découcher [dekuʃe] <1> vi auswärts
schlafen
découdre [dekudʀ] irr comme coudre vt
auftrennen; **se découdre** vpr aufgehen
découler [dekule] <1> vi: **~ de** folgen aus
découper [dekupe] <1> vt (volaille, viande)
zerteilen; (article) ausschneiden ▪ vpr:
se ~ sur le ciel/l'horizon sich gegen den
Himmel/Horizont abheben
découplé, e [dekuple] adj: **bien ~**
wohlproportioniert
décourageant, e [dekuʀaʒã, ãt] adj
entmutigend
découragement [dekuʀaʒmã] nm
Entmutigung f
décourager [dekuʀaʒe] <2> vt
entmutigen; (dissuader) abhalten;
se décourager vpr entmutigt werden
découvert, e [dekuvɛʀ, ɛʀt] adj bloß;
(lieu) kahl, nackt ▪ nm (bancaire)
Kontoüberziehung f; **à ~** (Mil)
ungeschützt; (compte) überzogen ▪ nf
Entdeckung f
découvrir [dekuvʀiʀ] <11> vt aufdecken;
(trouver) entdecken; **~ que** herausfinden,
dass; **se découvrir** vpr (ôter son chapeau)
den Hut lüften; (ses vêtements) sich
ausziehen; (au lit) sich aufdecken; (ciel)
sich aufklären
décret [dekʀɛ] nm Verordnung f
décréter <5> vt verordnen, anordnen
décrire [dekʀiʀ] irr comme écrire vt
beschreiben
décrocher [dekʀɔʃe] <1> vt
herunternehmen; (Tel) abnehmen; (fam)
ergattern ▪ vi (fam) ausscheiden
décroître [dekʀwatʀ] irr comme croître vi
abnehmen, zurückgehen
décrypter [dekʀipte] <1> vt
entschlüsseln
déçu, e [desy] pp de **décevoir**

déculpabiliser [dekylpabilize] <1> vt
von Schuldgefühlen befreien
décupler [dekyple] <1> vt verzehnfachen
▪ vi sich verzehnfachen
dédaigner [dedɛɲe] <1> vt verachten;
~ de faire sich nicht herablassen zu tun
dédaigneux, -euse [dedɛɲø, øz] adj
verächtlich
dédain [dedɛ̃] nm Verachtung f
dédale [dedal] nm Labyrinth nt
dedans [d(ə)dã] adv innen; **là-~** dort
drinnen ▪ nm Innere(s) nt; **au ~** innen
dédicace [dedikas] nf Widmung f
dédicacer [dedikase] <2> vt mit einer
Widmung versehen
dédier [dedje] <1> vt widmen
dédire [dediʀ] irr comme dire vpr: **se dédire**
sein Wort zurücknehmen
dédommagement [dedɔmaʒmã] nm
Entschädigung f
dédommager <2> vt entschädigen
dédouaner [dedwane] <1> vt zollamtlich
abfertigen
dédoubler [deduble] <1> vt (classe,
effectifs) halbieren
dédramatiser [dedʀamatize] <1> vt
(situation, événement) entschärfen
déductible [dedyktibl] adj (impôts)
absetzbar
déduction [dedyksjõ] nf (d'argent) Abzug
m, Nachlass m; (raisonnement) Folgerung f
déduire [deduiʀ] irr comme conduire vt
abziehen; (conclure) folgern, schließen
déesse [deɛs] nf Göttin f
défaillance [defajãs] nf
Ohnmachtsanfall m; (technique,
intellectuelle) Versagen nt, Ausfall m
défaillir [defajiʀ] irr vi ohnmächtig
werden
défaire [defɛʀ] irr comme faire vt
(installation, échafaudage) abmontieren;
(paquet, etc) auspacken; (nœud, vêtement)
aufmachen; **se défaire** vpr aufgehen;
(fig) zerbrechen; **se ~ de** sich entledigen
+gen
défait, e [defɛ, ɛt] pp de **défaire** ▪ adj
(visage) abgespannt ▪ nf Niederlage f
défaitisme [defetism] nm Defätismus m
défaut [defo] nm Fehler m; (moral)
Schwäche f; (carence) Mangel m; (Inform)
Voreinstellung f; **faire ~** fehlen; **à ~ (de)**
mangels +gen; **en ~** im Unrecht; **par ~** in
Abwesenheit
défaveur [defavœʀ] nf Ungnade f
défavorable [defavɔʀabl] adj ungünstig
défavoriser [defavɔʀize] <1> vt
benachteiligen
défection [defɛksjõ] nf Abtrünnigkeit f,
Abfall m; (absence) Nichterscheinen nt;
faire ~ abtrünnig werden

défectueux, -euse [defɛktɥø, øz] *adj*
fehlerhaft, defekt
défendre [defɑ̃dʀ] <14> *vt* verteidigen;
(*opinion, etc*) vertreten; (*interdire*)
untersagen; **~ à qn de faire** jdm
untersagen zu tun; **se défendre** *vpr* sich
verteidigen; **se ~ de** (*se garder de*) sich
enthalten +*gen*; **se ~ de/contre** (*se
protéger*) sich schützen vor/gegen
défense [defɑ̃s] *nf* Verteidigung *f*; (*fig:
Psych*) Schutz *m*; (*d'éléphant, etc*) Stoßzahn
m; **~ de fumer** Rauchen verboten
défenseur [defɑ̃sœʀ] *nm* Verteidiger(in)
m(f); (*partisan*) Anhänger(in) *m(f)*; **~ de
valeurs conservatrices** wertkonservativ
défensif, -ive [defɑ̃sif, iv] *adj* (*arme,
système*) Verteidigungs-; (*attitude*)
defensiv ◼ *nf*: **être sur la défensive** in
der Defensive sein
déférer [defeʀe] <5> *vi, vt*: **~ à** sich
beugen +*dat*; **~ qn à la justice** jdn vor
Gericht bringen
déferler [defɛʀle] <1> *vi* (*vagues*) sich
brechen; (*enfants*) strömen
défi [defi] *nm* Herausforderung *f*; (*refus*)
Trotz *m*
défiance [defjɑ̃s] *nf* Misstrauen *nt*
déficeler [defis(ə)le] <3> *vt* aufschnüren
déficience [defisjɑ̃s] *nf* Schwäche *f*;
~ immunitaire Immunschwäche
déficient, e [defisjɑ̃, ɑ̃t] *adj* (*organisme,
intelligence*) schwach; (*argumentation*)
mangelhaft
déficit [defisit] *nm* Defizit *nt*
déficitaire [defisitɛʀ] *adj* Verlust-;
(*année, récolte*) schlecht
défier [defje] <1> *vt* herausfordern; (*fig*)
trotzen +*dat* ◼ *vpr*: **se ~ de** (*se méfier*)
misstrauen +*dat*
défigurer [defigyʀe] <1> *vt* entstellen
défilé [defile] *nm* Engpass *m*; (*Geo*)
(Meer)enge *f*; (*de soldats, manifestants*)
Vorbeimarsch *m*
défiler <1> *vi* vorbeimarschieren,
vorbeiziehen; **se défiler** *vpr* (*fam*) sich
verdrücken
définir [definiʀ] <8> *vt* definieren
définitif, -ive [definitif, iv] *adj* definitiv,
entschieden ◼ *nf*: **en définitive**
eigentlich, letztendlich
définition [definisjɔ̃] *nf* Definition *f*; (*de
mots croisés*) Frage *f*; (*TV*) Bildauflösung *f*;
(*caractérisation*) Beschreibung *f*
définitivement [definitivmɑ̃] *adv*
endgültig
déflorer [deflɔʀe] <1> *vt* entjungfern
défoliant [defɔljɑ̃] *nm*
Entlaubungsmittel *nt*
défoncer [defɔ̃se] <2> *vt* (*porte*)
einbrechen; (*caisse*) den Boden +*gen*

ausschlagen; **se défoncer** *vpr* (*fam:
travailler*) sich reinknien; **on se défonce**
(*fam: s'amuse*) es geht ab
déforestation [defɔʀɛstasjɔ̃] *nf*
Raubbau *m* am Wald
déformation [defɔʀmasjɔ̃] *nf*
Verformung *f*; (*Med*) Missbildung *f*;
~ professionnelle (*fig*) Berufskrankheit *f*
déformer [defɔʀme] <1> *vt* aus der Form
bringen; (*pensée, fait*) verdrehen;
se déformer *vpr* sich verformen
défoulement [defulmɑ̃] *nm*
Abreagieren *nt*
défouler [defule] <1> *vpr*: **se défouler**
sich abreagieren
défragmenter [defʀagmɑ̃te]
<1> *vt* (*Inform*) defragmentieren
défraîchir [defʀeʃiʀ] <8> *vpr*: **se
défraîchir** verbleichen, verschießen
défunt, e [defœ̃, œ̃t] *adj* verstorben
dégagé, e [degaʒe] *adj* klar; (*ton, air*)
lässig, ungezwungen
dégagement [degaʒmɑ̃] *nm*: **voie de
~** Zufahrtsstraße *f*; **itinéraire de ~**
Entlastungsroute *f*
dégager [degaʒe] <2> *vt* (*exhaler*)
aussenden, ausströmen; (*délivrer*)
befreien; (*désencombrer*) räumen; (*isoler*)
hervorheben; **se dégager** *vpr* sich
befreien; (*odeur*) ausströmen; (*passage
bloqué*) frei werden; (*ciel*) sich aufklären
dégarnir [degaʀniʀ] <8> *vt* (*vider*) leeren;
se dégarnir *vpr* (*salle, rayons*) sich leeren;
(*tempe, crâne*) sich lichten
dégâts [dega] *nmpl* Schaden *m*;
~ collatéraux Kollateralschäden *pl*
dégel [deʒɛl] *nm* Tauwetter *nt*
dégeler [deʒ(ə)le] <4> *vt* auftauen lassen;
(*fig: prix*) freigeben; (*atmosphère*)
entspannen ◼ *vi* auftauen
dégénéré, e [deʒeneʀe] *adj* degeneriert
dégénérer [deʒeneʀe] <5> *vi*
degenerieren; (*empirer*) ausarten
dégivrage [deʒivʀaʒ] *nm* Abtauen *nt*
dégivrer [deʒivʀe] <1> *vt* entfrosten,
abtauen
dégivreur [deʒivʀœʀ] *nm* Entfroster *m*
déglutir [deglytiʀ] <8> *vt*
hinunterschlucken
dégonflé, e [degɔ̃fle] *adj* (*pneu*) platt
dégonfler [degɔ̃fle] <1> *vt* die Luft
ablassen aus; **se dégonfler** *vpr* (*fam*)
kneifen
dégorger [degɔʀʒe] <2> *vi*: **faire ~** (*Gastr*)
entwässern
dégoter [degɔte] <1> *vt* (*fam*) auftreiben
dégouliner [deguline] <1> *vi* tropfen
dégourdi, e [deguʀdi] *adj* schlau, geschickt
dégourdir [deguʀdiʀ] <8> *vpr*: **se ~ (les
jambes)** sich *dat* die Beine vertreten

dégoût [degu] *nm* Ekel *m*, Abneigung *f*, Abscheu *m*

dégoûtant, e *adj* widerlich; *(injuste)* empörend, gemein

dégoûté, e [degute] *adj* angewidert *(de* von)

dégoûter <1> *vt* anekeln, anwidern; *(fig)* empören; **~ qn de qch** jdm etw verleiden ▪ *vpr*: **se ~ de** überdrüssig werden +*gen*

dégradé [degʀade] *nm* Abstufung *f*; **coupe en ~** *(cheveux)* Stufenschnitt *m*

dégrader [degʀade] <1> *vt (Mil)* degradieren; *(abîmer)* verunstalten; *(fig)* erniedrigen; **se dégrader** *vpr (relations)* sich verschlechtern; *(s'avilir)* sich erniedrigen

dégraisser [degʀese] <1> *vt (soupe)* das Fett abschöpfen von

degré [dəgʀe] *nm* Grad *m*; *(échelon)* Stufe *f*; *(de méchanceté, de courage)* Ausmaß *nt*; **équation du 1er/2ème ~** lineare/ quadratische Gleichung; **alcool à 90 ~** 90-prozentiger Alkohol; **par ~(s)** nach und nach

dégringoler [degʀɛ̃gɔle] <1> *vi* herunterpurzeln

dégriser [degʀize] <1> *vt* nüchtern machen

déguerpir [degɛʀpiʀ] <8> *vi* sich aus dem Staub machen

dégueulasse [degœlas] *adj (fam: sale, répugnant)* widerlich, ekelhaft; **un temps ~** *(fam)* ein abscheuliches Wetter

dégueuler [degœle] <1> *vi (vulg)* kotzen

déguisement [degizmã] *nm* Verkleidung *f*; *(fig)* Verschleierung *f*

déguiser [degize] <1> *vt* verkleiden; *(fig)* verschleiern; **se déguiser** *vpr* sich verkleiden

dégustation [degystasjõ] *nf*: **~ de vin(s)** Weinprobe *f*

déguster [degyste] <1> *vt (vin)* probieren; *(aliment, boisson)* genießen

dehors [dəɔʀ] *adv* (dr)außen; **au ~** draußen; **en ~** nach außen; **en ~ de** *(hormis)* mit Ausnahme von; **mettre ~**, **jeter ~** hinauswerfen ▪ *nmpl* Äußere(s) *nt*

déjà [deʒa] *adv* schon; *(auparavant)* bereits; **c'est où, ~?** wo ist das gleich?

déjanté, e [deʒɑ̃te] *adj (fam)* ausgeflippt

déjeuner [deʒœne] <1> *vi (le matin)* frühstücken; *(à midi)* zu Mittag essen ▪ *nm* Mittagessen *nt*; *voir aussi* **petit-déjeuner**

déjouer [deʒwe] <1> *vt* ausweichen +*dat*; *(plan)* durchkreuzen

delà [dəla] *adj*: **par ~, en ~ (de), au ~ (de)** über +*dat*, jenseits +*gen*

délabré, e [delabʀe] *adj (maison, mur)* verfallen, baufällig; *(mobilier)* klapprig; *(matériel)* brüchig

délabrement [delabʀəmã] *nm* Baufälligkeit *f*

délabrer [delabʀe] <1> *vpr*: **se délabrer** verfallen, herunterkommen

délai [delɛ] *nm* Frist *f*; **à bref ~** kurzfristig; **dans les ~s** innerhalb der Frist; **respecter un ~** eine Frist einhalten; **sans ~** unverzüglich

délaisser [delese] <1> *vt* im Stich lassen

délasser [delase] <1> *vt* entspannen

délavé, e [delave] *adj* verwaschen

délayer [deleje] <7> *vt (Gastr)* mit Wasser verrühren; *(peinture)* verdünnen; *(fig)* ausdehnen, strecken

delco [dɛlko] *nm (Auto)* Verteiler *m*

délégation [delegasjõ] *nf (groupe)* Delegation *f*, Abordnung *f*; *(de pouvoirs, d'autorité)* Übertragung *f*; **~ de pouvoir** *(document)* Vollmacht *f*

délégué, e [delege] *nm/f* Abgeordnete(r) *mf*, Vertreter(in) *m(f)*; **~(e) à la condition féminine** Frauenbeauftragte(r) *mf*; **~(e) à l'environnement** Umweltbeauftragte(r) *mf*; **~(e) aux droits de l'homme** Menschenrechtsbeauftragte(r) *mf*

déléguer <1> *vt* delegieren

délibération [deliberasjõ] *nf* Beratung *f*; *(réflexion)* Überlegung *f*

délibéré, e [delibere] *adj (conscient)* absichtlich

délibérément *adv* mit Absicht, bewusst

délibérer [delibere] <5> *vi* sich beraten

délicat, e [delika, at] *adj (fin)* fein; *(fragile)* empfindlich; *(enfant, santé)* zart; *(manipulation, problème)* delikat, heikel; *(embarrassant)* peinlich; *(plein de tact, d'attention)* taktvoll

délicatesse *nf (tact)* Fingerspitzengefühl *nt*

délice [delis] *nm* Freude *f*; **délices** *nfpl* Genüsse *pl*

délicieusement [delisjøzmã] *adv* wunderbar

délicieux, -euse [delisjø, øz] *adj* köstlich; *(sensation)* wunderbar

délimiter [delimite] <1> *vt* abgrenzen

délinquance [delɛ̃kɑ̃s] *nf* Kriminalität *f*; **~ juvénile** Jugendkriminalität

délinquant, e *adj* straffällig ▪ *nm/f* Delinquent(in) *m(f)*

délire [deliʀ] *nm (fièvre)* Delirium *nt*

délirer <1> *vi (fam)* Blödsinn erzählen

délit [deli] *nm* Delikt *nt*, Vergehen *nt*; **~ de fuite** Fahrerflucht *f*; **~ d'imprudence** Fahrlässigkeit *f*; **~ informatique** *(Inform)* Computerkriminalität *f*

délivrer [delivʀe] <1> *vt* entlassen; *(passeport, certificat)* ausstellen; **~ qn de** jdn befreien von

délocalisation [delɔkalizasjõ] *nf* Verlagerung *f* ins Ausland, Auslagerung *f*; **~ de la production** Produktionsverlagerung

délocaliser [delɔkalize] <1> vt ins
Ausland verlagern ■ vi auslagern
déloger [delɔʒe] <2> vt (ennemi)
vertreiben; (locataire) ausquartieren
deltaplane [dɛltaplan] nm (Sport)
(Flug)drachen m; **faire du ~** Drachen
fliegen
déluge [delyʒ] nm (biblique) Sintflut f;
un ~ de eine Flut von
déluré, e [delyʀe] adj clever; (pej) dreist
demain [d(ə)mɛ̃] adv morgen; **~ matin/
soir** morgen früh/Abend; **à ~** bis morgen
demande [d(ə)mɑ̃d] nf Forderung f;
(Admin: formulaire) Antrag m, Gesuch nt;
la ~ (Econ) die Nachfrage; **~ de capital**
Kapitalnachfrage f; **~ d'emploi**
Stellengesuch nt; **~ d'extradition** (Jur)
Auslieferungsantrag; **~ de recherche**
(Inform) Suchanfrage f
demandé, e adj gefragt
demander <1> vt (vouloir savoir) fragen
nach; (question) stellen; (désirer) bitten
um; (vouloir avoir) verlangen; (vouloir
engager) suchen; (requérir, nécessiter)
erfordern (à qn von jdm); **~ la main de qn**
um jds Hand anhalten; **~ qch à qn** jdn
(nach) etw fragen; jdn um etw bitten;
~ à qn de faire jdn bitten zu tun; **~ que**
verlangen, dass; **~ pourquoi/si** fragen,
warum/ob; **se ~ pourquoi/si** sich fragen,
warum/ob; **on vous demande au
téléphone** Sie werden am Telefon verlangt
demandeur, -euse nm/f Antragsteller(in)
m(f), Bewerber(in) m(f); **~ d'asile**
Asylbewerber; **~ d'emploi**
Arbeitsuchende(r) m
démangeaison [demɑ̃ʒɛzɔ̃] nf Jucken nt
démanger <2> vi jucken
démanteler [demɑ̃tle] <4> vt zerstören;
~ un réseau de drogue einen Drogenring
ausheben
démaquillant, e [demakijɑ̃, ɑ̃t] adj
Abschmink-
démaquiller <1> vpr: **se démaquiller**
sich abschminken
démarchage [demaʀʃaʒ] nm (vente)
Hausieren nt; **~ électoral** Wahlwerbung f;
~ téléphonique Telefonmarketing nt
démarche [demaʀʃ] nf (allure) Gang m;
(raisonnement) Vorgehen nt; **faire des ~s
auprès de** vorsprechen bei
démarquer [demaʀke] <1> vt (Com)
heruntersetzen; (Sport) freispielen
démarrage [demaʀaʒ] nm Starten nt,
Anfahren nt; (Sport) Start m; **~ à froid**
(Inform) Kaltstart m
démarrer <1> vi (Auto, Sport) starten
■ vt (voiture) anlassen; (Inform, Tech)
hochfahren; (travail) in die Wege leiten
démarreur nm Anlasser m

démasquer [demaske] <1> vt entlarven
démêler [demele] <1> vt entwirren
démêlés [demele] nmpl
Auseinandersetzung f
déménagement [demenaʒmɑ̃] nm
Umzug m; **camion de ~** Möbelwagen m
déménager [demenaʒe] <2> vi
umziehen ■ vt umziehen mit
déménageur [demenaʒœʀ] nm
Möbelpacker m; (entrepreneur)
Möbelspedition f
démener [dem(ə)ne] <4> vpr:
se démener um sich schlagen
dément, e [demɑ̃, ɑ̃t] adj verrückt
démentir [demɑ̃tiʀ] <10> vt (nier)
dementieren; (contredire) widerlegen
démerder [demɛʀde] <1> vpr:
se démerder (fam) klarkommen
démesure [deməzyʀ] nf Maßlosigkeit f
démettre [demɛtʀ] irr comme mettre vt:
~ qn de jdn entheben +gen; **se démettre**
vpr (membre) sich dat ausrenken; **se ~ de
ses fonctions** sein Amt niederlegen
demeurant [dəmœʀɑ̃] adv: **au ~** im Übrigen
demeure [dəmœʀ] nf Wohnung f,
Wohnsitz m; **mettre qn en ~ de faire ...**
jdn auffordern ... zu tun
demeurer <1> vi (habiter) wohnen; (rester)
bleiben
demi, e [d(ə)mi] adj halb; **à ~** halb; **trois
heures/bouteilles et ~e** dreieinhalb
Stunden/Flaschen; **il est 2 heures et ~e/
midi et ~** es ist halb drei/halb eins ■ nm
(Glas) Bier nt (0,25 l) ■ nf: **à la ~e** (heure)
um halb
demi- [d(ə)mi] préf Halb-
demi-cercle (pl ~s) nm Halbkreis m
demi-douzaine (pl ~s) nf halbes Dutzend
demi-finale (pl ~s) nf Halbfinalspiel nt
demi-frère (pl ~s) nm Halbbruder m
demi-heure (pl ~s) nf halbe Stunde
demi-jour nm inv Zwielicht nt
demi-journée (pl ~s) nf halber Tag
démilitariser [demilitaʀize] <1> vt
entmilitarisieren
demi-litre (pl ~s) [d(ə)militʀ] nm halber
Liter
demi-mot [d(ə)mimo] adv: **à ~**
andeutungsweise
demi-pension (pl ~s) nf Halbpension f
demi-quintal (pl **demi-quintaux**) nm
50 Kilo; (en Allemagne) Zentner m
démis, e [demi, iz] adj ausgerenkt
demi-saison (pl ~s) [d(ə)misɛzɔ̃] nf:
vêtements de ~ Übergangskleidung f
demi-sec adj (vin) halbtrocken
demi-sel adj inv (beurre) leicht gesalzen
démission [demisjɔ̃] nf Kündigung f;
(de ministre) Demission f; **donner sa ~**
kündigen; seinen Rücktritt erklären

démissionner [demisjɔne] <1> vi
zurücktreten

demi-tarif (pl **demi-taris**) [d(ə)mitaʀif]
nm halber Preis

demi-tour (pl **~s**) nm Kehrtwendung f;
faire ~ kehrtmachen

démocrate [demɔkʀat] adj
demokratisch ■ nmf Demokrat(in) m(f)

démocratie [demɔkʀasi] nf
Demokratie f

démocratique [demɔkʀatik] adj
demokratisch

démocratiser, -trice [demɔkʀatize] <1> vt
demokratisieren

démodé, e [demɔde] adj altmodisch

démographique [demɔgʀafik] adj
demografisch; **poussée ~**
Bevölkerungszuwachs m

demoiselle [d(ə)mwazɛl] nf Fräulein nt;
~ d'honneur Brautjungfer f

démolir [demɔliʀ] <8> vt abreißen,
einreißen; (fig) vernichten

démolition [demɔlisjɔ̃] nf (de bâtiment)
Abbruch m; **entreprise de ~**
Abbruchunternehmen nt

démon [demɔ̃] nm Dämon m; (enfant)
Teufel m

démoniaque [demɔnjak] adj teuflisch

démonstrateur, -trice [demɔ̃stʀatœʀ,
tʀis] nm/f Vorführer(in) m(f)

démonstration [demɔ̃stʀasjɔ̃] nf
Demonstration f, Vorführung f

démonté, e [demɔ̃te] adj (mer) tobend;
(personne) rasend

démonter [demɔ̃te] <1> vt
auseinandernehmen; **se démonter** vpr
(personne) die Fassung verlieren

démontrer [demɔ̃tʀe] <1> vt beweisen;
ce qu'il fallait ~ was zu beweisen war

démoralisant, e [demɔʀalizɑ̃, ɑ̃t] adj
entmutigend

démoraliser [demɔʀalize] <1> vt
entmutigen

démordre [demɔʀdʀ] <14> vi: **ne pas ~
de** beharren auf +dat

démouler [demule] <1> vt (gâteau) aus
der Form nehmen

démuni, e [demyni] adj mittellos

démunir [demyniʀ] <8> vt: **~ qn de qch**
jdn einer Sache gen berauben

dénazification [denazifikasjɔ̃] nf
Entnazifizierung f

dénazifier [denazifje] <1> vt
entnazifizieren

dénégation [denegasjɔ̃] nf Leugnen nt

dénicher [deniʃe] <1> vt auftreiben,
ausfindig machen

denier [dənje] nm: **~s publics** mpl
öffentliche Mittel pl; **de ses (propres) ~s**
mit seinem eigenen Geld

dénier [denje] <1> vt leugnen; **~ qch à qn**
jdm etw verweigern

dénigrement [denigʀəmɑ̃] nm
Verunglimpfung f; **campagne de ~**
Hetzkampagne f

dénombrer [denɔ̃bʀe] <1> vt zählen;
(énumérer) aufzählen

dénominateur [denɔminatœʀ] nm
Nenner m

dénomination [denɔminasjɔ̃] nf
Bezeichnung f

dénommer [denɔme] <1> vt benennen

dénoncer [denɔ̃se] <2> vt (personne)
anzeigen; (abus, erreur) brandmarken;
se dénoncer vpr sich stellen

dénonciation nf Denunziation f

dénoter [denɔte] <1> vt verraten,
erkennen lassen

dénouement [denumɑ̃] nm (fin, solution)
Ausgang m

dénouer [denwe] <1> vt aufknoten

dénoyauter [denwajote] <1> vt (fruit)
entsteinen

denrée [dɑ̃ʀe] nf: **~s** Nahrungsmittel pl

dense [dɑ̃s] adj dicht

densité nf Dichte f; **~ de la circulation**
Verkehrsaufkommen nt

dent [dɑ̃] nf Zahn m; **mordre à belles ~s**
mit Genuss hineinbeißen; **~ de lait**
Milchzahn; **~ de sagesse** Weisheitszahn

dentaire adj Zahn-

denté, e adj: **roue ~e** Zahnrad nt

dentelé, e [dɑ̃t(ə)le] adj gezackt

dentelle [dɑ̃tɛl] nf (tissu) Spitze f

dentier [dɑ̃tje] nm (künstliches) Gebiss

dentifrice [dɑ̃tifʀis] nm Zahnpasta f

dentiste [dɑ̃tist] nmf Zahnarzt(-ärztin) m/f

dentition [dɑ̃tisjɔ̃] nf (natürliches) Gebiss

dénucléarisé, e [denykleaʀize] adj
atomwaffenfrei

dénudé, e [denyde] adj bloß

dénuder [denyde] <1> vt (corps) entblößen

dénué, e [denye] adj: **~ de** ohne +akk

dénuement [denymɑ̃] nm bittere Not,
Elend nt

déodorant [deɔdɔʀɑ̃] nm Deo(dorant) nt;
~ à bille Deoroller m; **~ en aérosol**
Deospray m

déontologie [deɔ̃tɔlɔʒi] nf Berufsethos nt

dépannage [depanaʒ] nm Reparatur f;
service de ~ Pannendienst m

dépanner [depane] <1> vt reparieren;
(fam) aus der Patsche helfen +dat

dépanneur [depanœʀ] nm Pannenhelfer
m; (TV) Fernsehmechaniker m

dépanneuse nf Abschleppwagen m

déparer [depaʀe] <1> vt (visage)
entstellen; (paysage) verschandeln

départ [depaʀ] nm Abreise f; (Sport) Start
m; (sur un horaire) Abfahrt f; **au ~** zu Beginn

départager [depaʀtaʒe] <2> vt
entscheiden zwischen

département [depaʀtəmã] nm
Abteilung f; (en France) Departement nt;
D~s d'outre-mer überseeische
Departements

⊛ **LES DÉPARTEMENTS**
⊛
⊛ Les départements sind die 96
⊛ Verwaltungseinheiten, in die
⊛ Frankreich aufgeteilt ist. Diese
⊛ départements werden von ernannten
⊛ "préfets" geleitet und von einem
⊛ gewählten "Conseil général" verwaltet.
⊛ Die départements werden meistens
⊛ nach geografischen Besonderheiten,
⊛ wie einem Fluss oder einer
⊛ Gebirgskette benannt.

départir [depaʀtiʀ] <10> vpr: se ~ de
qch etw aufgeben

dépassé, e [depɑse] adj veraltet,
überholt; (affolé) überfordert

dépassement [depɑsmã] nm
Überschreitung f; ~ de compétence
Kompetenzüberschreitung

dépasser [depɑse] <1> vt überholen;
(endroit) vorübergehen an +dat; (limite fixée,
prévisions) überschreiten; (en intelligence)
übertreffen; ça me dépasse das ist mir
zu hoch ▪ vi (ourlet, jupon) vorsehen

dépaysé, e [depeize] adj verloren, nicht
heimisch

dépaysement [depeizmã] nm
Verwirrung f

dépayser [depeize] <1> vt verwirren

dépecer [depəse] <4> vt (animal) zerlegen

dépêcher [depeʃe] <1> vt senden,
schicken; se dépêcher vpr sich beeilen

dépeindre [depɛ̃dʀ] irr comme peindre vt
beschreiben

dépénalisation [depenalizasjõ] nf
Entkriminalisierung f

dépendre [depɑ̃dʀ] <14> vt (objet)
abnehmen, abhängen ▪ vi: ~ de
(personne, pays) abhängig sein von;
(résultat, situation) abhängen von;
ça dépend das kommt darauf an

dépens [depɑ̃] nmpl: aux ~ de auf
Kosten von

dépense [depɑ̃s] nf Ausgabe f

dépenser <1> vt ausgeben; se dépenser
vpr sich anstrengen

dépensier, -ière adj verschwenderisch

dépérir [depeʀiʀ] <8> vi verkümmern

dépérissement nm: ~ des forêts
Waldsterben nt

dépeupler [depœple] <1> vt entvölkern;
se dépeupler vpr sich entvölkern

déphasé, e [defɑze] adj
phasenverschoben; (fam: personne)
desorientiert

dépilatoire [depilatwaʀ] adj: crème ~
Enthaarungscreme f

dépistage [depistaʒ] nm (Med)
Reihenuntersuchung f, Früherkennung f;
~ du cancer Krebsvorsorge f

dépister [depiste] <1> vt (maladie)
erkennen; (voleur) finden

dépit [depi] nm Trotz m; en ~ de trotz +gen;
en ~ du bon sens gegen alle Vernunft

dépité, e adj verärgert

déplacé, e [deplɑse] adj (propos)
unangebracht, deplatziert

déplacement [deplɑsmã] nm (voyage)
Reise f

déplacer [deplɑse] <2> vt umstellen,
verschieben; (employé) versetzen;
(groupe de personnes) umsiedeln; (Inform)
verschieben; se déplacer vpr (voyager)
verreisen

déplaire [deplɛʀ] irr comme plaire vi:
~ à qn jdm nicht gefallen

dépliant [deplijã] nm Faltblatt nt

déplier [deplije] <1> vt
auseinanderfalten; se déplier vpr
(parachute) sich entfalten

déploiement [deplwamã] nm
Ausbreiten nt; (Mil) Einsatz m

déplomber [deplõbe] <1> vt (véhicule,
colis) die Plombe entfernen von; (dent) die
Plombe entfernen aus; (Inform) knacken

déplorable [deplɔʀabl] adj (triste)
beklagenswert; (blâmable) bedauerlich

déplorer [deplɔʀe] <1> vt bedauern

déployer [deplwaje] <6> vt (troupes)
einsetzen; (aile, voile, carte) ausbreiten

dépolluer [depolɥe] <1> vt reinigen

déporter [depɔʀte] <1> vt (Pol)
deportieren; (dévier) vom Weg abbringen

déposer [depoze] <1> vt (mettre, poser)
legen, stellen; (à la consigne) abgeben;
(à la banque) einzahlen; (passager, roi)
absetzen; (réclamation, dossier) einreichen
▪ vi (vin, etc) sich absetzen; ~ contre (Jur)
aussagen gegen; se déposer vpr
(calcaire, poussière) sich ablagern

déposition nf Aussage f

déposséder [deposede] <5> vt
wegnehmen (qn de qch jdm etw)

dépôt [depo] nm (de sable, de poussière)
Ablagerung f; (entrepôt, réserve)
(Waren)lager nt; (d'un brevet) Anmeldung
f; (d'une déclaration) Abgabe f; ~ de bilan
(Econ) Konkursanmeldung f

dépotoir [depotwaʀ] nm
Müllablageplatz m

dépouille [depuj] nf abgezogene Haut;
la ~ (mortelle) die sterblichen Überreste pl

dépouillé, e adj (style) nüchtern
dépouiller <1> vt die Haut abziehen +dat; (fig: personne) berauben; (résultats, documents) sorgfältig durchlesen
dépourvu, e [depuʀvy] adj: ~ **de** ohne; **au ~** unvorbereitet
dépraver [depʀave] <1> vt verderben
déprécier [depʀesje] <1> vt (personne) herabsetzen; (chose) entwerten; **se déprécier** vpr an Wert verlieren
dépressif, -ive [depʀesif, iv] adj depressiv
dépression [depʀesjɔ̃] nf (creux) Vertiefung f, Mulde f; (Econ) Flaute f; (Meteo) Tief nt; **faire une ~ (nerveuse)** unter Depressionen leiden
déprimant, e [depʀimɑ̃, ɑ̃t] adj deprimierend
déprime [depʀim] nf: **faire de la ~** ein Tief haben
déprimé, e [depʀime] adj deprimiert
déprimer [depʀime] <1> vt deprimieren
dépt. abr = **département** Departement nt
depuis [dəpɥi] prép seit; (espace) von ... an; (quantité, rang) von, ab ■ adv seitdem; **~ que** seit
député, e [depyte] nm/f Abgeordnete(r) mf; **~ au Parlement européen** Europaabgeordnete(r) mf
déraciner [deʀasine] <1> vt entwurzeln
dérailler [deʀaje] <1> vi entgleisen
dérailleur [deʀajœʀ] nm Kettenschaltung f
déraisonner [deʀɛzɔne] <1> vi Unsinn reden
dérangement [deʀɑ̃ʒmɑ̃] nm Störung f; **en ~** (téléphone) gestört
déranger [deʀɑ̃ʒe] <2> vt durcheinanderbringen; (personne) stören
déraper [deʀape] <1> vi (voiture) schleudern; (personne) ausrutschen
déréglé, e [deʀegle] adj (mœurs, vie) ausschweifend, zügellos
déréglementation nf Deregulierung f
dérégler [deʀegle] <5> vt (mécanisme) aus dem Rhythmus bringen
déréguler [deʀegyle] <1> vt deregulieren
dérider [deʀide] <1> vpr: **se dérider** fröhlicher werden
dérision [deʀizjɔ̃] nf Spott m; **tourner en ~** verspotten
dérisoire [deʀizwaʀ] adj lächerlich
dérivatif [deʀivatif] nm Ablenkung f
dérive [deʀiv] nf (Naut) Abdrift f; **aller à la ~** sich treiben lassen
dérivé, e [deʀive] adj (Ling) derivativ ■ nm Derivat nt ■ nf (Math) Ableitung f
dériver <1> vt (Math, Ling) ableiten; (cours d'eau, etc) umleiten ■ vi (bateau, avion) abgetrieben werden; **~ de** stammen von; (Ling) sich ableiten von

dermatite [dɛʀmatit] nf Hautentzündung f
dermatologue [dɛʀmatɔlɔg] nmf Hautarzt(-ärztin) m/f
dermatose [dɛʀmatoz] nf Hautkrankheit f
dernier, -ière [dɛʀnje, ɛʀ] adj letzte(r, s); **ce ~** der/die/das Letztere; **du ~ chic** äußerst chic; **en ~** zuletzt; **lundi/le mois ~** letzten Montag/Monat
dernièrement adv kürzlich
dérobé, e [deʀɔbe] adj (porte, escalier) geheim, versteckt ■ nf: **à la ~e** verstohlen, heimlich
dérober [deʀɔbe] <1> vt stehlen; **~ qch à (la vue de) qn** etw (vor jdm) verbergen; **se dérober** vpr sich wegstehlen; **se ~ à** (aux regards, à une obligation) ausweichen +dat; (à la justice) sich entziehen +dat
déroger [deʀɔʒe] <2> vi: **~ à** abweichen von
dérouler [deʀule] <1> vt aufrollen; **se dérouler** vpr stattfinden
déroutant, e [deʀutɑ̃, ɑ̃t] adj verwirrend
déroute [deʀut] nf Debakel nt
dérouter [deʀute] <1> vt umleiten; (étonner) aus der Fassung bringen
derrick [deʀik] nm Bohrturm m
derrière [deʀjɛʀ] prép hinter +dat; (direction) hinter +akk ■ adv hinten; dahinter; **par ~** von hinten ■ nm Rückseite f; (Anat) Hinterteil nt; **les pattes/roues de ~** die Hinterbeine/-räder pl
des [de] prép voir **de**
dès [dɛ] prép von ... an; **~ lors** von da an; **~ que** sobald; **~ son retour** gleich bei/nach seiner Rückkehr
désabusé, e [dezabyze] adj desillusioniert
désaccord [dezakɔʀ] nm Meinungsverschiedenheit f; (contraste) Diskrepanz f
désaccordé, e adj verstimmt
désactiver [dezaktive] <1> vt (Inform) deaktivieren
désaffecté, e [dezafɛkte] adj (abandonné) nicht mehr benutzt; (nouvelle affectation) zweckentfremdet
désagréable [dezagʀeabl] adj unangenehm; (personne) unfreundlich
désagréger [dezagʀeʒe] <5> vpr: **se désagréger** auseinanderbröckeln
désagrément [dezagʀemɑ̃] nm Unannehmlichkeit f
désaltérer [dezalteʀe] <5> vt: **~ qn** jds Durst löschen ■ vi den Durst stillen
désamorcer [dezamɔʀse] <2> vt (bombe: a. fig) entschärfen
désappointé, e [dezapwɛ̃te] adj enttäuscht
désapprouver [dezapʀuve] <1> vt missbilligen

désarmement [dezaʀməmɑ̃] nm (Mil)
Abrüstung f

désarmer [dezaʀme] <1> vt (personne)
entwaffnen; (pays) abrüsten

désarroi [dezaʀwa] nm Ratlosigkeit f

désarticuler [dezaʀtikyle] <1> vpr:
se désarticuler sich verrenken

désastre [dezastʀ] nm Katastrophe f

désastreux, -euse [dezastʀø, øz] adj
katastrophal

désavantage [dezavɑ̃taʒ] nm Nachteil m

désavantager [dezavɑ̃taʒe] <2> vt
benachteiligen

désavantageux, -euse [dezavɑ̃taʒø,
øz] adj nachteilig

désaxé, e [dezakse] adj (fig) verrückt

descendant, e [desɑ̃dɑ̃, ɑ̃t] nm/f
Nachkomme m

descendre [desɑ̃dʀ] <14> vt (avec avoir)
(escalier, rue) hinuntergehen; (montagne)
hinuntersteigen von; (rivière)
hinunterfahren; (valise, paquet)
hinuntertragen/-bringen; (fam: abattre)
umlegen, abknallen; **~ en flammes**
(critique) verreißen ■ vi (avec être)
hinuntergehen; (ascenseur, etc) nach
unten fahren; (passager: s'arrêter)
aussteigen; (avion) absteigen; (voiture)
herunterfahren; (route, chemin)
herunterführen; (niveau, température)
fallen, sinken; **~ à l'hôtel** im Hotel
absteigen; **~ de** (famille) abstammen von;
~ de cheval vom Pferd steigen; **~ du train**
aus dem Zug steigen

descente nf (route) Abstieg m; (Ski)
Abfahrt f; **~ de lit** Bettvorleger m;
~ (de police) Razzia f

description [dɛskʀipsjɔ̃] nf
Beschreibung f

désemparé, e [dezɑ̃paʀe] adj ratlos

désemparer [dezɑ̃paʀe] <1> vi: **sans ~**
ununterbrochen

désemplir [dezɑ̃pliʀ] <8> vi: **ne pas ~**
immer voll sein

déséquilibre [dezekilibʀ] nm
Ungleichgewicht nt; (fig: Psych)
Unausgeglichenheit f

déséquilibrer <1> vt aus dem
Gleichgewicht bringen

désert [dezɛʀ] nm Wüste f

déserter [dezɛʀte] <1> vi (Mil)
desertieren ■ vt verlassen

déserteur, -euse [dezɛʀtœʀ, øz] nm/f
Deserteur(in) m(f)

désertification [dezɛʀtifikasjɔ̃] nf (Geo)
Desertifikation f, Verödung f

désespéré, e [dezɛspeʀe] adj verzweifelt

désespérément adv verzweifelt

désespérer <5> vt zur Verzweiflung
bringen ■ vi: **~ de** verzweifeln an +dat

désespoir nm Verzweiflung f

déshabillé, e [dezabije] adj unbekleidet
■ nm Negligé nt

déshabiller <1> vt ausziehen;
se déshabiller vpr sich ausziehen

déshabituer [dezabitɥe] <1> vpr:
se ~ de qch sich daf etw abgewöhnen

désherbant [dezɛʀbɑ̃] nm
Unkrautvernichtungsmittel nt

déshériter [dezeʀite] <1> vt enterben

déshonorer [dezɔnɔʀe] <1> vt Schande
machen +dat

déshydraté, e [dezidʀate] adj sehr
durstig; (Med) dehydriert; (aliment)
Trocken-

désigner [dezine] <1> vt (montrer) zeigen
[ou deuten] auf +akk; (symbole, signe)
bezeichnen; (nommer) ernennen

designer [dezaincœʀ] nmf Designer(in)
m(f); **~ Web** Webdesigner(in)

désinence [dezinɑ̃s] nf Endung f

désinfectant [dezɛ̃fɛktɑ̃] nm
Desinfektionsmittel nt

désinfecter [dezɛ̃fɛkte] <1> vt
desinfizieren

désinstaller [dezɛ̃stale] <1> vt
(programme) deinstallieren

désintégrer [dezɛ̃tegʀe] <5> vt spalten;
se désintégrer vpr zerfallen

désintéressé, e [dezɛ̃teʀese] adj
selbstlos, uneigennützig

désintéresser [dezɛ̃teʀese] <1> vpr:
se ~ de (de qn/qch) das Interesse (an jdm/
etw) verlieren

désintoxication [dezɛ̃tɔksikasjɔ̃] nf
Entgiftung f; **cure de ~** Entziehungskur f

désinvolte [dezɛ̃vɔlt] adj (dégagé)
ungezwungen, nonchalant; (sans-gêne)
hemdsärmelig

désir [deziʀ] nm Verlangen nt, Sehnsucht
f; **exprimer le ~ de** den Wunsch äußern zu

désirable adj wünschenswert; (excitant)
begehrenswert

désirer <1> vt wünschen; (sexuellement)
begehren; **~ faire qch** etw gerne tun
wollen; **je désire ...** ich möchte gerne ...

désister [deziste] <1> vpr: **se désister**
zurücktreten

désobéir [dezɔbeiʀ] <8> vi: **~ (à qn/qch)**
(jdm/einer Sache) nicht gehorchen

désobéissance [dezɔbeisɑ̃s] nf
Ungehorsam m

désobéissant, e [dezɔbeisɑ̃, ɑ̃t] adj
ungehorsam

désobligeant, e [dezɔbliʒɑ̃, ɑ̃t] adj
unfreundlich

désodorisant [dezɔdɔʀizɑ̃] nm
Deodorant nt; (d'appartement) Raumspray
nt o m

désodoriser <1> vi desodorieren

désœuvré, e [dezœvʀe] *adj* müßig
désolé, e [dezɔle] *adj*: **je suis ~** es tut mir
leid; **~!** sorry!
désoler [dezɔle] <1> *vt* Kummer machen
+*dat*
désopilant, e [dezɔpilɑ̃, ɑ̃t] *adj*
urkomisch
désordre [dezɔʀdʀ] *nm* Unordnung *f*;
désordres *nmpl* (*Pol*) Unruhen *pl*; **en ~**
unordentlich
désorganiser [dezɔʀganize] <1> *vt*
durcheinanderbringen
désorienté, e [dezɔʀjɑ̃te] *adj* verwirrt
désorienter [dezɔʀjɑ̃te] <1> *vt* die
Orientierung verlieren lassen
désormais [dezɔʀmɛ] *adv* von jetzt an,
in Zukunft
désosser [dezɔse] <1> *vt* entbeinen
dessaisir [deseziʀ] <8> *vpr*: **se ~ de** sich
entledigen +*gen*
dessécher [deseʃe] <5> *vt* austrocknen
dessein [desɛ̃] *nm* Absicht *f*; **à ~**
absichtlich; **dans le ~ de faire** mit der
Absicht zu tun
desserrer [deseʀe] <1> *vt* lösen
dessert [desɛʀ] *nm* Nachtisch *m*
desservir [desɛʀviʀ] <10> *vt* abräumen;
(*bus, train*) anfahren; (*nuire*) einen
schlechten Dienst erweisen +*dat*
dessin [desɛ̃] *nm* Zeichnung *f*; (*motif*)
Muster *nt*; **le ~** (*Art*) das Zeichnen;
~ animé Zeichentrickfilm *m*
dessinateur, -trice [desinatœʀ, tʀis]
nm/f Zeichner(in) *m(f)*
dessiner [desine] <1> *vt* zeichnen
dessoûler [desule] <1> *vi* nüchtern werden
dessous [d(ə)su] *adj*: **en ~, au ~** darunter;
regarder (par) en ~ verstohlen ansehen;
au ~ de unter +*dat*; **par ~** unter +*dat*; **au ~**
de tout unter aller Kritik ▨ *nm* Unterseite
f; **avoir le ~** unterlegen sein ▨ *nmpl* (*fig*)
Hintergründe *pl*; (*sous-vêtements*)
Unterwäsche *f*
dessous-de-plat *nm inv* Untersetzer *m*
dessus [d(ə)sy] *adj*: **en ~, par ~, au ~**
darüber; **au ~ de** über +*dat* ▨ *nm* Oberseite
f; **avoir le ~** die Oberhand haben
dessus-de-lit *nm inv* Bettüberwurf *m*
destin [destɛ̃] *nm* Schicksal *nt*
destinataire [destinatɛʀ] *nmf*
Empfänger(in) *m(f)*
destination [destinasjɔ̃] *nf* Bestimmung
f; (*fig*) Zweck *m*; (*d'un envoi*)
(Bestimmungs)ort *m*; (*du voyageur*)
Reiseziel *nt*; **passagers à ~ de Londres**
Reisende nach London
destinée [destine] *nf* Schicksal *nt*
destiner [destine] <1> *vt*: **~ qch à qn** etw
für jdn bestimmen; **~ qn/qch à qch** jdn/
etw für etw ausersehen

destituer [destitɥe] <1> *vt* absetzen
destructeur [destʀyktœʀ] *nm* Zerstörer
m; **~ de documents** Schredder *m*
destructif, -ive [destʀyktif, iv] *adj*
zerstörerisch
destruction [destʀyksjɔ̃] *nf* Zerstörung *f*
désuet, -ète [dezɥɛ, ɛt] *adj* altmodisch
désuétude *nf*: **tomber en ~** außer
Gebrauch kommen
désunir [dezyniʀ] <8> *vt* entzweien
détaché, e [detaʃe] *adj* (*fig*) gleichgültig
détacher [detaʃe] <1> *vt* (*délier*) lösen;
(*représentant, envoyé*) abordnen; (*nettoyer*)
die Flecken entfernen aus; **se détacher**
vpr (*tomber*) abgehen; (*se défaire*)
aufgehen; **se ~ de (qn/qch)** sich innerlich
(von jdm/etw) entfernen [*ou* lösen]
détail [detaj] *nm* Einzelheit *f*; **en ~** im
Einzelnen; **le ~** (*Com*) der Einzelhandel
détaillant, e [detajɑ̃, ɑ̃t] *nm/f*
Einzelhändler(in) *m(f)*
détartrer [detaʀtʀe] <1> *vt* entkalken
détecter [detɛkte] <1> *vt* entdecken
détecteur *nm* Detektor *m*, Sensor *m*; **~ de**
fumée Rauchmelder *m*; **~ de mouvement**
Bewegungsmelder *m*
détective [detɛktiv] *nmf*: **~ (privé(e))**
(Privat)detektiv(in) *m(f)*
déteindre [detɛ̃dʀ] *irr comme peindre vi*
verblassen; **~ sur** abfärben auf +*akk*
dételer [det(ə)le] <3> *vt* (*cheval*) abschirren
détendre [detɑ̃dʀ] <14> *vpr*: **se détendre**
sich lockern; (*se reposer, se décontracter*)
sich entspannen
détendu, e [detɑ̃dy] *adj* entspannt
détenir [det(ə)niʀ] <9> *vt* besitzen;
(*prisonnier*) in Haft halten
détente [detɑ̃t] *nf* (*relaxation: Mil*)
Entspannung *f*; (*d'une arme*) Abzug *m*; **être**
dur(e) à la ~ (*fam: avare*) geizig sein; (*fam:*
lent à comprendre) schwer von Begriff sein;
politique de ~ Entspannungspolitik *f*
détenteur, -trice [detɑ̃tœʀ, tʀis] *nm/f*
Inhaber(in) *m(f)*
détention [detɑ̃sjɔ̃] *nf*: **~ préventive**
Untersuchungshaft *f*
détenu, e [det(ə)ny] *nm/f* Häftling *m*
détergent [detɛʀʒɑ̃] *nm*
Reinigungsmittel *nt*
détériorer [deteʀjɔʀe] <1> *vt*
beschädigen; **se détériorer** *vpr* (*fig:*
santé) sich verschlechtern
déterminant, e [detɛʀminɑ̃, ɑ̃t] *adj*
ausschlaggebend
détermination [detɛʀminasjɔ̃] *nf*
(*résolution*) Entschlossenheit *f*
déterminé, e *adj* entschlossen; (*fixé*) fest,
bestimmt
déterminer <1> *vt* bestimmen; (*décider*)
veranlassen

déterrer [detere] <1> *vt* ausgraben

détester [detɛste] <1> *vt* verabscheuen

détonateur [detɔnatœʀ] *nm* Sprengkapsel *f*, Zünder *m*

détonner [detɔne] <1> *vi* (*Mus*) falsch singen/spielen; (*fig*) nicht dazu passen

détour [detuʀ] *nm* Umweg *m*; (*tournant*) Kurve *f*; **sans ~** ohne Umschweife

détourné, e [deturne] *adj*: **par des moyens ~s** auf Umwegen

détournement [deturnəmɑ̃] *nm*: **~ d'avion** Flugzeugentführung *f*; **~ (de fonds)** Unterschlagung *f* von Geldern; **~ de mineur** Verführung *f* Minderjähriger

détourner [deturne] <1> *vt* (*rivière*, *trafic*) umleiten; (*yeux*, *tête*) abwenden; (*argent*) unterschlagen; (*avion*) entführen; **se détourner** *vpr* sich abwenden

détracteur, -trice [detraktœr, tris] *nm/f* scharfer Gegner, scharfe Gegnerin

détraquer [detrake] <1> *vpr*: **se détraquer** (*montre*) falsch gehen; (*temps*) schlechter werden

détresse [detrɛs] *nf* Verzweiflung *f*; (*misère*) Kummer *m*; **en ~** in Not; **feux de ~** (*Auto*) Warnblinkanlage *f*

détriment [detrimɑ̃] *nm*: **au ~ de** zum Schaden von

détroit [detrwa] *nm* Meerenge *f*; **~ de Bering** Beringstraße *f*

détromper [detrɔ̃pe] <1> *vt* eines Besseren belehren

détruire [detʀɥiʀ] *irr comme conduire vt* zerstören

dette [dɛt] *nf* Schuld *f*

D.E.U.G. [dœg] *nm acr* = **Diplôme d'études universitaires générales** *Diplom nach 2 Jahren an der Universität*

⬤
⬤ **D.E.U.G.**
⬤
⬤ *Le D.E.U.G.* ist eine Abschlussprüfung,
⬤ die Studenten nach zwei Jahren
⬤ Universitätsstudium ablegen.
⬤ Studenten können nach dem *D.E.U.G.*
⬤ die Universität verlassen, oder sie
⬤ können mit der "licence" weitermachen.

deuil [dœj] *nm* Trauer *f*; (*mort*) Todesfall *m*; (*période*) Trauern *nt*; **être en ~** trauern; **porter le ~** Trauer tragen

deux [dø] *num* zwei; **le ~ août** der zweite August; **~ fois** zweimal; zweifach; **~ cents** zweihundert; **de ~ ans** zweijährig

deuxième *adj* zweite(r, s) ■ *nmf* (*personne*) Zweite(r) *mf*

deuxièmement *adv* zweitens

deux-pièces *nm inv* (*maillot de bain*) Bikini *m*; (*logement*) Zweizimmerwohnung *f*; (*ensemble féminin*) Zweiteiler *m*

deux-temps *adj* Zweitakt-

dévaler [devale] <1> *vt* hinunterrennen

dévaliser [devalize] <1> *vt* ausrauben

dévalorisation [devalɔrizasjɔ̃] *nf* Erniedrigung *f*; (*de monnaie*) Entwertung *f*

dévaloriser [devalɔrize] <1> *vt* (*fig*) mindern, herabsetzen; **se dévaloriser** *vpr* (*monnaie*) an Kaufkraft verlieren

dévaluation [devalɥasjɔ̃] *nf* Geldentwertung *f*; (*Fin*) Abwertung *f*

dévaluer [devalɥe] <1> *vt* abwerten

devancer [dəvɑ̃se] <2> *vt* vorangehen +*dat*; (*arriver avant*) kommen vor +*dat*; (*prévenir*) zuvorkommen +*dat*

devant [d(ə)vɑ̃] *adv* vorn; (*dans un véhicule*) vorne; **par ~** vorne ■ *prép* vor +*dat*; (*direction*) vor +*akk* ■ *nm* Vorderseite *f*; **aller au-~ de qn** jdm entgegengehen; **aller au-~ de qch** einer Sache zuvorkommen; **pattes de ~** Vorderbeine *pl*

devanture [d(ə)vɑ̃tyr] *nf* (*étalage*) Auslage *f*

dévastateur, -trice [devastatœr, tris] *adj* verheerend

dévastation [devastasjɔ̃] *nf* Verwüstung *f*

dévaster [devaste] <1> *vt* verwüsten

développement [dev(ə)lɔpmɑ̃] *nm* Entwicklung *f*

développer [dev(ə)lɔpe] <1> *vt* entwickeln; **se développer** *vpr* sich entwickeln

devenir [dəv(ə)nir] <9> *vi* (*avec être*) werden

dévergondé, e [devɛrgɔ̃de] *adj* schamlos

déverser [devɛrse] <1> *vt* ausgießen, ausschütten

dévêtir [devetir] *irr comme vêtir vt* ausziehen; **se dévêtir** *vpr* sich ausziehen, ablegen

déviation [devjasjɔ̃] *nf* (*Auto*) Umleitung *f*

déviationniste *nmf* Abweichler(in) *m(f)*

dévider [devide] <1> *vt* abwickeln, abspulen

dévier [devje] <1> *vt* umleiten ■ *vi* (*balle*) vom Kurs abkommen; (*conversation*) vom Thema abkommen

deviner [d(ə)vine] <1> *vt* (er)raten; (*prédire*) vorhersagen; (*prévoir*) vorhersehen; **devine!** rat mal!

devinette *nf* Rätsel *nt*

devis [d(ə)vi] *nm* Voranschlag *m*

dévisager [devizaʒe] <2> *vt* mustern

devise [d(ə)viz] *nf* (*formule*) Motto *nt*, Devise *f*; (*monnaie*) Währung *f*; **devises** *nfpl* Devisen *pl*

deviser [dəvize] <1> *vi* plaudern

dévisser [devise] <1> *vt* abschrauben

dévoiler [devwale] <1> *vt* (*statue*) enthüllen; (*secret*) aufdecken

devoir [d(ə)vwaʀ] *irr vt (argent)* schulden; *(suivi de l'infinitif)* müssen ∎ *nm (Scol)* Aufgabe *f*; **le ~/un ~** *(obligation)* die Pflicht/eine Verpflichtung; **~ de mémoire** Erinnerungspflicht *f*

dévorer [devɔʀe] <1> *vt* verschlingen; *(feu, soucis)* verzehren

dévot, e [devo, ɔt] *adj* fromm; frömmelnd

dévoué, e [devwe] *adj* ergeben

dévouement *nm* Hingabe *f*

dévouer <1> *vpr*: **se ~ à** *(se consacrer)* sich widmen +*dat*; **se ~ (pour)** sich opfern (für)

dextérité [dɛksteʀite] *nf* Geschicklichkeit *f*

D.G. *nm abr* = **directeur général** Geschäftsführer(in) *m(f)* ∎ *nf abr* = **direction générale** Geschäftsleitung *f*

diabète [djabɛt] *nm* Zuckerkrankheit *f*, Diabetes *m*

diabétique *nmf* Diabetiker(in) *m(f)*

diable [djɑbl] *nm* Teufel *m*

diabolique *adj* teuflisch

diabolo [djabɔlo] *nm (boisson)* Limonade *f* mit Sirup

diacre [djakʀ] *nm* Diakon *m*

diagnostic [djagnɔstik] *nm* Diagnose *f*

diagnostiquer <1> *vt* diagnostizieren

diagonal, e *(pl* **-aux)** [djagɔnal, o] *adj* diagonal ∎ *nf* Diagonale *f*; **en ~e** diagonal; **lire en ~e** überfliegen

diagramme [djagʀam] *nm* Diagramm *nt*

dialecte [djalɛkt] *nm* Dialekt *m*

dialogue [djalɔg] *nm (a. Inform)* Dialog *m*

dialoguer <1> *vi (Pol)* im Dialog stehen

dialyse [djaliz] *nf (Med)* Dialyse *f*

diamant [djamã] *nm* Diamant *m*

diamètre [djamɛtʀ] *nm* Durchmesser *m*

diapason [djapazõ] *nm* Stimmgabel *f*

diaphragme [djafʀagm] *nm (Anat)* Zwerchfell *nt*; *(Foto)* Blende *f*; *(contraceptif)* Pessar *nt*

diapo [djapo] *nf (fam)* Dia *nt*

diaporama [djapɔʀama] *nm* Diavortrag *m*

diapositive [djapozitiv] *nf* Dia *nt*, Lichtbild *nt*

diarrhée [djaʀe] *nf* Durchfall *m*

dictateur, -trice [diktatœʀ, tʀis] *nm* Diktator(in) *m(f)*

dictatorial, e *(pl* **-aux)** *adj* diktatorisch

dictature *nf* Diktatur *f*

dictée [dikte] *nf* Diktat *nt*

dicter [dikte] <1> *vt* diktieren; *(fig)* aufzwingen *(qch à qn* jdm etw)

diction [diksjõ] *nf* Diktion *f*; **cours de ~** Sprecherziehung *f*

dictionnaire [diksjɔnɛʀ] *nm* Wörterbuch *nt*

dicton [diktõ] *nm* Redensart *f*

didacticiel [didaktisjɛl] *nm (Inform)* Lernprogramm *nt*, Lernsoftware *f*

dièse [djɛz] *nm (Mus)* Kreuz *nt*

diesel [djezɛl] *nm* Dieselöl *nt*; **un (véhicule/moteur) ~** ein Diesel *m*

diète [djɛt] *nf* Diät *f*

diététicien, ne [djetetisjɛ̃, ɛn] *nm/f* Diätist(in) *m(f)*

diététique *adj* diätetisch ∎ *nf* Ernährungswissenschaft *f*

dieu *(pl* **x)** [djø] *nm* Gott *m*

diffamation [difamasjõ] *nf* Verleumdung *f*

diffamer [difame] <1> *vt* verleumden

différé [difeʀe] *nm*: **en ~** *(TV)* aufgezeichnet

différence [difeʀãs] *nf* Unterschied *m*; *(Math)* Differenz *f*; **à la ~ de** im Unterschied zu

différencier [difeʀãsje] <1> *vt* unterscheiden

différent, e [difeʀã, ãt] *adj* verschieden; **~s objets** mehrere Gegenstände

différentiel, le [difeʀãsjɛl] *adj (tarif, droit)* unterschiedlich ∎ *nm (Auto)* Differenzial *nt*

différer [difeʀe] <5> *vt* aufschieben, verschieben ∎ *vi*: **~ (de)** sich unterscheiden (von)

difficile [difisil] *adj* schwierig

difficilement *adv* mit Schwierigkeiten; **~ lisible** schwer leserlich

difficulté [difikylte] *nf* Schwierigkeit *f*; **en ~** *(bateau)* in Seenot; *(alpiniste)* in Schwierigkeiten

difforme [difɔʀm] *adj* deformiert

diffus, e [dify, yz] *adj* diffus

diffuser [difyze] <1> *vt* verbreiten; *(émission, musique)* ausstrahlen

diffusion *nf* Verbreitung *f*, Ausstrahlung *f*

digérer [diʒeʀe] <5> *vt* verdauen

digestif, -ive *adj* Verdauungs- ∎ *nm* Verdauungsschnaps *m*

digestion *nf* Verdauung *f*

digicode® [diʒikɔd] *nm* Türcode *m*

digital, e *(pl* **-aux)** [diʒital, o] *adj* digital; **montre ~e** Digitaluhr *f*

digne [diɲ] *adj (respectable)* würdig; **~ de foi** vertrauenswürdig; **~ d'intérêt** beachtenswert; **~ de qch** einer Sache *gen* wert; **~ de qn** jds würdig

dignitaire [diɲitɛʀ] *nm* Würdenträger(in) *m(f)*

dignité *nf* Würde *f*; *(fierté, honneur)* Ehre *f*

digue [dig] *nf* Deich *m*, Damm *m*

dilapider [dilapide] <1> *vt (argent)* durchbringen

dilater [dilate] <1> *vt (joues, ballon)* aufblasen; *(narines)* blähen; **se dilater** *vpr* sich dehnen

dilemme [dilɛm] *nm* Dilemma *nt*

diligence [diliʒãs] *nf* Postkutsche *f*; *(empressement)* Eifer *m*

diluer [dilɥe] <1> vt (substance) auflösen; (liquide) verdünnen

diluvien, ne [dilyvjɛ̃, ɛn] adj: **pluie ~ne** Wolkenbruch m

dimanche [dimɑ̃ʃ] nm Sonntag m; **tous les ~** sonntags; **conducteur du ~** (fam) Sonntagsfahrer m

dimension [dimɑ̃sjõ] nf Dimension f; (taille, grandeur) Größe f

diminuer [diminɥe] <1> vt (hauteur, quantité, nombre) verringern, reduzieren; (enthousiasme, ardeur) abschwächen; (personne: physiquement) angreifen; (moralement) unterminieren ■ vi (quantité) abnehmen, sich verringern; (intensité) sich vermindern; (fréquence) abnehmen

diminutif nm (Ling) Verkleinerungsform f; (surnom) Kosename m

diminution nf Abnahme f, Rückgang m

dinde [dɛ̃d] nf Truthahn m

dindon [dɛ̃dõ] nm Puter m

dîner [dine] <1> vi zu Abend essen ■ nm Abendessen nt; **~ d'affaires** Arbeitsessen

dingue [dɛ̃g] adj (fam) verrückt

dinosaure [dinɔzɔʀ] nm Dinosaurier m

diode [djɔd] nf Diode f; **~ électroluminescente** Leuchtdiode

dioxine [djɔksin] nf Dioxin nt

diphtérie [difteʀi] nf Diphterie f

diplomate [diplɔmat] adj diplomatisch ■ nm Diplomat(in) m(f)

diplomatie [diplɔmasi] nf Diplomatie f

diplomatique adj diplomatisch

diplôme [diplom] nm Diplom nt

diplômé, e adj Diplom-

dircom nmf PR-Manager(in) m(f)

dire [diʀ] irr vt sagen; (secret, mensonge) erzählen; (poème, etc) aufsagen; **vouloir ~ (que)** bedeuten (dass); **cela me dit (de faire)** (fam) ich hätte Lust (zu tun); **on dirait que** man könnte meinen, dass; **on dirait un chat** wie eine Katze; **à vrai ~** offen gestanden; **dites donc!** (agressif) na hören Sie mal!; **et ~ que** wenn man bedenkt, dass ■ nm: **au ~ des témoins** den Aussagen der Zeugen zufolge

direct, e [diʀɛkt] adj direkt

directement adv direkt

directeur, -trice [diʀɛktœʀ, tʀis] adj Haupt- ■ nm/f Direktor(in) m(f); (d'école primaire) Rektor(in) m(f); **~ général** Geschäftsführer m; **~ de thèse** Doktorvater m

direction [diʀɛksjõ] nf Leitung f, Führung f; (Auto) Lenkung f; (sens) Richtung f; (directeurs, bureaux) Geschäftsleitung f; **sous la ~ de** unter Leitung von; **toutes ~s** alle Richtungen; **~ assistée** (Auto) Servolenkung f; **~ générale** Geschäftsleitung

directive [diʀɛktiv] nf Direktive f, Anweisung f; (de l'UE) Richtlinie f

dirigeable [diʀiʒabl] nm Luftschiff nt, Zeppelin m

diriger [diʀiʒe] <2> vt leiten; (personnes) führen; (véhicule) lenken; (orchestre) dirigieren; **~ sur** (regard, arme) richten auf +akk ■ vpr: **se ~ vers** zugehen [ou zufahren] auf +akk

discernement [disɛʀnəmɑ̃] nm feines Gespür

discerner [disɛʀne] <1> vt wahrnehmen

disciple [disipl] nmf (Rel) Jünger m; **un ~ de** ein Schüler von

discipline [disiplin] nf Disziplin f

disc-jockey (pl ~s) [diskʒɔki] nm Discjockey m

discontinu, e [diskõtiny] adj periodisch, mit Unterbrechungen

discordant, e [diskɔʀdɑ̃, ɑ̃t] adj nicht miteinander harmonierend

discorde nf Zwist m

discothèque [diskɔtɛk] nf (disques) Plattensammlung f; (dans une bibliothèque) Schallplattenarchiv nt; (boîte de nuit) Diskothek f

discours [diskuʀ] nm Rede f

discréditer [diskʀedite] <1> vt in Misskredit bringen

discret, -ète [diskʀɛ, ɛt] adj (réservé, modéré) zurückhaltend; (pas indiscret) diskret; **un endroit ~** ein stilles Plätzchen

discrètement adv diskret; dezent, zurückhaltend

discrétion [diskʀesjõ] nf Diskretion f, Zurückhaltung f; **à ~** nach Belieben; **à la ~ de qn** nach jds Gutdünken

discrimination [diskʀiminasjõ] nf Diskriminierung f; (discernement) Unterscheidung f

disculper [diskylpe] <1> vt entlasten

discussion [diskysjõ] nf Diskussion f; **~ au sommet** Gipfelgespräch nt; **~ tarifaire** Tarifauseinandersetzung f; **discussions** nfpl (négociations) Verhandlungen pl

discutable adj diskutabel; (contestable) anfechtbar

discuté, e adj umstritten

discuter [diskyte] <1> vt (contester) infrage stellen; **~ (de)** (négocier) verhandeln über +akk; **~ de** (parler) diskutieren +akk

disette [dizɛt] nf Hungersnot f

diseur, -euse [dizœʀ, øz] nm/f: **~ de bonne aventure** Wahrsager(in) m(f)

disgrâce [disgʀɑs] nf: **être en ~** in Ungnade sein

disgracieux, -euse [disgʀasjø, øz] adj linkisch

disjoindre [disʒwɛ̃dʀ] *irr comme joindre vt*
auseinandernehmen; **se disjoindre** *vpr*
sich trennen
dislocation [dislɔkasjɔ̃] *nf* Auskugeln *nt*
disloquer [dislɔke] <1> *vt* (*membre*)
ausrenken; (*chaise*) auseinandernehmen;
se disloquer *vpr* (*parti, empire*)
auseinanderfallen; **se ~ l'épaule** sich *dat*
den Arm auskugeln
disparaître [dispaʀɛtʀ] *irr comme*
connaître vi verschwinden; (*mourir*) sterben
disparité [dispaʀite] *nf* Ungleichheit *f*;
(*de salaires*) Gefälle *nt*; **~ économique**
(*Econ*) wirtschaftliches Gefälle
disparition [dispaʀisjɔ̃] *nf* Verschwinden
nt; (*mort*) Sterben *nt*; **~ des espèces**
Artensterben
disparu, e [dispaʀy] *nm/f* (*défunt*)
Verstorbene(r) *mf*
dispatcher [dispatʃe] <1> *vt* verteilen
dispensaire [dispɑ̃sɛʀ] *nm* (soziale)
Krankenstation
dispenser [dispɑ̃se] <1> *vt* (*donner*)
schenken, gewähren; **~ qn de faire qch**
jdn davon befreien, etw zu tun ■ *vpr*:
se ~ de qch sich einer Sache *dat* entziehen
disperser [dispɛʀse] <1> *vt* verstreuen;
(*chasser*) auseinandertreiben; (*son*
attention, ses efforts) verschwenden;
se disperser *vpr* (*foule*) sich zerstreuen
disponibilité [dispɔnibilite] *nf*
Verfügbarkeit *f*
disponible *adj* verfügbar
dispos, e [dispo, oz] *adj*: **(frais et) ~** frisch
und munter
disposé, e [dispoze] *adj* (*fleurs*)
arrangiert; **~ à** bereit zu
disposer [dispoze] <1> *vt* (*arranger, placer*)
anordnen; **~ qn à qch** jdn für etw
gewinnen; **~ qn à faire qch** jdn dafür
gewinnen, etw zu tun ■ *vi*: **~ de** (*avoir*)
verfügen über *+akk*; **vous pouvez ~** Sie
können gehen ■ *vpr*: **se ~ à faire qch** sich
darauf vorbereiten, etw zu tun
dispositif [dispozitif] *nm* Vorrichtung *f*,
Anlage *f*; (*fig*) Einsatzplan *m*; **~ antivol**
Diebstahlsicherungsanlage
disposition [dispozisjɔ̃] *nf* (*arrangement*)
Anordnung *f*; (*loi, testament*) Verfügung *f*;
(*humeur*) Veranlagung *f*, Neigung *f*; (*pl:*
mesure, décision) Maßnahme *f*; **être à la ~**
de qn jdm zur Verfügung stehen
disproportion [dispʀɔpɔʀsjɔ̃] *nf*
Missverhältnis *nt*
disproportionné, e *adj* in keinem
Verhältnis stehend (*à à u*), unangepasst
dispute [dispyt] *nf* Streit *m*
disputer <1> *vt* (*match*) austragen;
~ qch à qn mit jdm um etw kämpfen;
se disputer *vpr* sich streiten

disquaire [diskɛʀ] *nmf* Schallplattenverk
äufer(in) *m(f)*
disqualification [diskalifikasjɔ̃] *nf*
Disqualifizierung *f*
disqualifier [diskalifje] <1> *vt*
disqualifizieren
disque [disk] *nm* Scheibe *f*; (*Inform*)
Platte *f*; (*Mus*) Schallplatte *f*; (*Sport*)
Diskus *m*; **~ audionumérique**,
~ compact CD *f*, Compact Disc *f*;
~ dur (*Inform*) Festplatte; **~ à démaquiller**
Wattepad *m*
disquette [diskɛt] *nf* (*Inform*) Diskette *f*;
~ Zip® ZIP-Diskette®
disséminer [disemine] <1> *vt* ausstreuen,
verstreuen
dissension [disɑ̃sjɔ̃] *nf*
Meinungsverschiedenheit *f*
dissertation [disɛʀtasjɔ̃] *nf* (*Scol*)
Aufsatz *m*
dissident, e [disidɑ̃, ɑ̃t] *nm/f*
Dissident(in) *m(f)*, Regimekritiker(in) *m(f)*
dissimuler [disimyle] <1> *vt* (*taire*)
verheimlichen; (*cacher à la vue*) verbergen;
se dissimuler *vpr* sich verbergen
dissiper [disipe] <1> *vt* (*doutes*)
zerstreuen; (*fortune*) vergeuden,
verschwenden; **se dissiper** *vpr*
(*brouillard*) sich auflösen; (*doutes*) sich
zerstreuen; (*perdre sa concentration*) sich
zerstreuen lassen; (*se dévergonder*) sich
Ausschweifungen hingeben
dissolu, e [disɔly] *adj* zügellos
dissolution [disɔlysjɔ̃] *nf* Auflösung *f*
dissolvant [disɔlvɑ̃] *nm* (*Chim*)
Lösungsmittel *nt*; **~ (gras)**
Nagellackentferner *m*
dissonant, e [disɔnɑ̃, ɑ̃t] *adj*
disharmonisch
dissoudre [disudʀ] *irr vt* auflösen;
se dissoudre *vpr* sich auflösen
dissuader [disɥade] <1> *vt*: **~ qn de faire**
qch jdn davon abbringen, etw zu tun; **~ qn**
de qch jdn von etw abbringen
dissuasion [disɥazjɔ̃] *nf* (*Mil*)
Abschreckung *f*; **politique de ~**
Abschreckungspolitik *f*
distance [distɑ̃s] *nf* Entfernung *f*, Distanz
f; (*fig*) Abstand *m*; **à ~** aus der Entfernung;
tenir la ~ (*Sport*) durchhalten; **tenir qn à ~**
jdn auf Distanz halten; **~ de freinage**
(*Auto*) Bremsweg *m*
distancer <2> *vt* hinter sich *dat* lassen,
abhängen
distant, e *adj* (*réservé*) distanziert,
reserviert; **~ d'un lieu** (*éloigné*) von einem
Ort entfernt; **~ de 5 km** 5 km entfernt
distiller [distile] <1> *vt* destillieren;
(*venin, suc*) tropfenweise aussondern
distillerie *nf* Brennerei *f*

distinct, e [distẽ(kt), distẽkt] *adj*
(*différent*) verschieden; (*clair, net*)
deutlich, klar
distinctement *adv* deutlich
distinction [distẽksjõ] *nf* (*bonnes
manières*) Vornehmheit *f*; (*médaille*)
Auszeichnung *f*; (*différence*) Unterschied *m*
distingué, e [distẽge] *adj* (*éminent*)
von hohem Rang; (*raffiné, élégant*)
distinguiert, vornehm
distinguer [distẽge] <1> *vt* (*apercevoir*)
erkennen; (*différencier*) unterscheiden;
se distinguer *vpr* sich auszeichnen; **se ~
(de)** (*différer*) sich unterscheiden (von)
distraction [distraksjõ] *nf* Zerstreutheit
f; (*détente, passe-temps*) Zerstreuung *f*
distraire [distrɛr] *irr comme traire vt*
(*déranger*) ablenken; (*divertir*)
unterhalten; **se distraire** *vpr* sich
zerstreuen
distrait, e [distrɛ, ɛt] *adj* zerstreut
distribuer [distribɥe] <1> *vt* verteilen;
(*gifles, coups*) austeilen; (*Com*) vertreiben
distributeur *nm*: **~ (automatique)**
Münzautomat *m*; **~ automatique de
billets** Geldautomat *m*; **~ automatique
de timbres** Briefmarkenautomat *m*; **~ de
tickets, ~ de billets** Fahrkartenautomat *m*
distribution *nf* Verteilung *f*; (*Com*)
Vertrieb *m*; (*choix d'acteurs*)
Rollenverteilung *f*
district [distrikt] *nm* Bezirk *m*
dit, e [di, dit] *pp de* **dire** ■ *adj* (*fixé*)
vereinbart; **X, ~ Pierrot** (*surnommé*) X,
genannt Pierrot
diurétique [djyretik] *adj* harntreibend
divaguer [divage] <1> *vi*
unzusammenhängendes Zeug faseln
divan [divã] *nm* Diwan *m*
divergence [divɛrʒãs] *nf*
Meinungsverschiedenheit *f*
diverger [divɛrʒe] <2> *vi* (*personnes,
idées*) voneinander abweichen; (*rayons,
lignes*) divergieren
divers, e [divɛr, ɛrs] *adj* (*varié, différent*)
unterschiedlich; (*adj indéfini*) mehrere
diversifier <1> *vt* abwechslungsreicher
gestalten
diversion [divɛrsjõ] *nf* Ablenkung *f*;
faire ~ (à) ablenken (von)
diversité [divɛrsite] *nf* Vielfalt *f*
divertir [divɛrtir] <8> *vt* unterhalten;
se divertir *vpr* sich amüsieren
divertissement [divɛrtismã] *nm*
Unterhaltung *f*; (*passe-temps*)
Zeitvertreib *m*
dividende [dividãd] *nm* (*Math*) Zähler *m*;
(*Fin*) Dividende *f*
divin, e [divẽ, in] *adj* göttlich
divinité *nf* Gottheit *f*

diviser [divize] <1> *vt* (*Math*) dividieren,
teilen; (*somme, terrain*) aufteilen; (*ouvrage,
ensemble*) unterteilen ■ *vpr*: **se ~ en** sich
teilen in +*akk*
diviseur [divizœr] *nm* Teiler *m*, Nenner *m*
divisible [divizibl] *adj* teilbar
division *nf* Teilung *f*, Division *f*, Aufteilung
f; (*secteur*) Abteilung *f*; (*Mil*) Division *f*;
(*Sport*) Liga *f*
divorce [divɔrs] *nm* Scheidung *f*
divorcé, e *nm/f* Geschiedene(r) *mf*
divorcer <2> *vi* sich scheiden lassen
(*de* von)
divulgation [divylgasjõ] *nf*
Veröffentlichung *f*
divulguer [divylge] <1> *vt*
veröffentlichen
dix [dis] *num* zehn; **le ~ juin** der zehnte
Juni; **~ fois** zehnmal; zehnfach; **de ~ ans**
zehnjährig
dix-huit [dizɥit] *num* achtzehn
dixième *adj* zehnte(r, s) ■ *nm* (*fraction*)
Zehntel *nt* ■ *nmf* (*personne*) Zehnte(r) *mf*
dixièmement *adv* zehntens
dix-neuf *num* neunzehn
dix-sept *num* siebzehn
dizaine [dizɛn] *nf*: **une ~ (de)** etwa zehn
dl *abr* = **décilitre** dl
dm *abr* = **décimètre** dm
do [do] *nm* (*Mus*) C *nt*
doberman [dɔbɛrman] *nm* Dobermann *m*
doc. *abr* = **document, documentation**
Dok.
docile [dɔsil] *adj* gefügig
docker [dɔkɛr] *nm* Hafenarbeiter(in) *m(f)*
docteur [dɔktœr] *nm* Arzt (Ärztin) *m/f*;
(*d'université*) Doktor *m*
doctorat [dɔktɔra] *nm* Doktorwürde *f*
doctrine [dɔktrin] *nf* Doktrin *f*
document [dɔkymã] *nm* Dokument *nt*
documentaire *nm*: (*film*) **~**
Dokumentarfilm *m*
documentation [dɔkymãtasjõ] *nf*
(*documents*) Dokumentation *f*
documenter <1> *vt* (*Inform*)
dokumentieren; **se documenter** *vpr*
sich *dat* Informationsmaterial beschaffen
(*sur* über +*akk*)
dodo [dodo] *nm*: **faire ~** (*fam*) schlafen
dodu, e [dody] *adj* rundlich
dogmatique [dɔgmatik] *adj* dogmatisch
dogme *nm* Dogma *nt*
dogue [dɔg] *nm* Dogge *f*
doigt [dwa] *nm* Finger *m*; **il a été à deux
~s de la mort** er ist nur knapp dem Tod
entronnen; **~ de pied** Zehe *f*
doléances [dɔleãs] *nfpl* Beschwerde *f*
dollar [dɔlar] *nm* Dollar *m*
Dolomites [dɔlɔmit] *nfpl*: **les ~** die
Dolomiten

DOM-ROM [dɔmʀɔm], **DOM-TOM** [dɔmtɔm] *sigle m ou mpl* = **département(s) et région(s)/territoire(s) d'outre-mer** *überseeische Departemente*

⬦ **DOM-TOM, ROM, COM**

⬦ Es gibt vier *Départements d'outre-mer*: Guadeloupe, Martinique, Réunion and Französisch-Guayana. Diese werden in gleicher Weise wie die *départements* geleitet und ihre Bewohner sind französische Staatsbürger. Verwaltungsmäßig zählen sie als *Régions* und werden als solche ebenfalls als *ROM* (Régions d'outre-mer") bezeichnet.

⬦ Der Begriff *DOM-TOM* ist ebenfalls noch gebräuchlich, aber der Begriff *Territoire d'outre-mer* wurde ersetzt durch *Collectivité d'outre-mer* (COM). *COM* umfasst Französisch-Polynesien, Wallis und Futuna, Neukaledonien sowie Polargebiete. Sie sind unabhängig, befinden sich jedoch unter Aufsicht eines Repräsentanten der französischen Regierung.

domaine [dɔmɛn] *nm* Grundbesitz *m*; (*Inform*) Domäne *f*, Domain *nt*; (*fig*) Gebiet *nt*

domanial, e (*pl -aux*) [dɔmanjal, o] *adj* zu den Staatsgütern gehörend

dôme [dom] *nm* Kuppel *f*

domesticité [dɔmɛstisite] *nf* Hauspersonal *nt*

domestique [dɔmɛstik] *adj* (*animal*) Haus-; (*de la maison, du ménage*) häuslich, Haus- ■ *nmf* Hausgestellte(r) *mf*

domestiquer <1> *vt* (*animal*) domestizieren

domicile [dɔmisil] *nm* Wohnsitz *m*; **à ~** zu Hause; (*livrer*) ins Haus; **sans ~ fixe** ohne festen Wohnsitz

domicilié, e *adj*: **être ~ à** den Wohnsitz haben in +*dat*

dominant, e [dɔminɑ̃, ɑ̃t] *adj* dominierend; (*principal*) Haupt-

dominateur, -trice [dɔminatœʀ, tʀis] *adj* beherrschend, dominierend

dominer [dɔmine] <1> *vt* beherrschen; (*surpasser*) übertreffen ■ *vi* (*Sport*) dominieren; **se dominer** *vpr* sich beherrschen

dominical, e (*pl -aux*) [dɔminikal, o] *adj* Sonntags-

domino [dɔmino] *nm* Dominostein *m*; **dominos** *nmpl* (*jeu*) Domino(spiel) *nt*

dommage [dɔmaʒ] *nm* (*dégâts, pertes*) Schaden *m*; **c'est ~ que** es ist schade, dass

dommages-intérêts *nmpl* Schaden(s)ersatz *m*

dompter [dɔ̃(p)te] <1> *vt* bändigen

don [dɔ̃] *nm* (*cadeau*) Geschenk *nt*; (*charité*) Spende *f*; (*aptitude*) Gabe *f*, Talent *nt*

donation [dɔnasjɔ̃] *nf* Schenkung *f*

donc [dɔ̃k] *conj* deshalb, daher; (*après une digression*) also

donjon [dɔ̃ʒɔ̃] *nm* Bergfried *m*

donné, e [dɔne] *adj*: **à un moment ~** zu einem bestimmten Zeitpunkt ■ *nf* (*Math*) bekannte Größe; (*d'un problème*) Gegebenheit *f*; **données** *nfpl* (*Inform*) Daten *pl*; **ce n'est pas ~** das ist nicht gerade billig; **étant ~ que** aufgrund der Tatsache, dass; **~es permanentes** Stammdaten *pl*

donner [dɔne] <1> *vt* geben; (*en cadeau*) schenken; (*nom*) angeben; (*film, spectacle*) zeigen ■ *vi* geben; **~ sur** blicken auf +*akk* ■ *vpr*: **se ~ à fond** (*à son travail*) sich (seiner Arbeit) vollständig widmen; **se ~ de la peine** sich *dat* Mühe geben; **s'en ~ (à cœur joie)** (*fam*) sich toll amüsieren

donneur, -euse [dɔnœʀ, øz] *nm/f* (*Med*) Spender(in) *m(f)*; (*de cartes*) Geber(in) *m(f)*

dont [dɔ̃] *pron* (*relatif*) wovon; **la maison ~ je vois le toit** das Haus, dessen Dach ich sehe; **l'homme ~ je connais la sœur** der Mann, dessen Schwester ich kenne; **dix blessés ~ deux grièvement** zehn Verletzte, zwei davon schwer verletzt; **deux livres ~ l'un est gros** zwei Bücher, wovon eins dick ist; **il y avait plusieurs personnes, ~ Simon** es waren mehrere da, (unter anderem) auch Simon; **le fils/livre ~ il est si fier** der Sohn, auf den/das Buch, worauf er so stolz ist

dopage [dɔpaʒ] *nm* Doping *nt*

dopant [dɔpɑ̃] *nm* Dopingmittel *nt*

doper [dɔpe] <1> *vt* dopen

doping [dɔpiŋ] *nm* Doping *nt*

doré, e [dɔʀe] *adj* golden; (*montre, bijou*) vergoldet

dorénavant [dɔʀenavɑ̃] *adv* von nun an

dorer [dɔʀe] <1> *vt* vergolden; (*cadre*) (*faire*) ~ (*Gastr*) (goldbraun) braten

dorloter [dɔʀlɔte] <1> *vt* verhätscheln

dormeur, -euse [dɔʀmœʀ, øz] *nm/f* Schläfer(in) *m(f)*

dormir [dɔʀmiʀ] *irr vi* schlafen

dorsal, e (*pl -aux*) [dɔʀsal, o] *adj* Rücken-

dortoir [dɔʀtwaʀ] *nm* Schlafsaal *m*

dorure [dɔʀyʀ] *nf* Vergoldung *f*

doryphore [dɔʀifɔʀ] *nm* Kartoffelkäfer *m*

dos [do] *nm* Rücken *m*; **à ~ de mulet** auf einem Maulesel (reitend); **de ~** von hinten; **voir au ~** siehe Rückseite

DOS [dɔs] *nm acr* = **disk operating system** DOS *nt*

dosage [doza3] nm Dosierung f
dose [doz] nf (Med) Dosis f; (fig) Ration f
doser [doze] <1> vt dosieren
dosimètre [dozimɛtR] nm Dosimeter nt,
Strahlenmessgerät nt
dossier [dosje] nm Akte f; (de chaise)
Rückenlehne f; (classeur) (Akten)mappe f;
(de presse) aktuelles Thema; (Inform)
Ordner m
dot [dɔt] nf Mitgift f
doter [dɔte] <1> vt: ~ qn/qch de jdn/etw
ausstatten mit
douane [dwan] nf Zoll m
douanier, -ière adj Zoll- ▪ nm/f
Zollbeamte(r)(-beamtin) m/f
double [dubl] adj, adv doppelt; ~ **ménage**
Doppelhaushalt m ▪ nm (autre exemplaire)
Duplikat nt; (sosie) Doppelgänger(in) m(f);
(Tennis) Doppel nt; **le ~** (2 fois plus) doppelt
so viel, **~ messieurs** Herrendoppel;
~ mixte gemischtes Doppel
double-cliquer <1> vt, vi doppelklicken;
~ sur un dossier einen Ordner
doppelklicken
doubler <1> vt (multiplier par 2)
verdoppeln; (vêtement) füttern; (dépasser)
überholen; (film) synchronisieren; (acteur)
doubeln; **~ (la classe)** (Scol) sitzen bleiben
▪ vi sich verdoppeln
doublure [dublyR] nf (vêtement) Futter nt;
(Cine) Double nt
douce [dus] adj voir **doux**
douceâtre [dusɑtR] adj süßlich
doucement adv behutsam; (lentement)
langsam
doucereux, -euse adj süßlich
douceur nf (d'une personne) Sanftheit f;
(d'une couleur) Zartheit f; (du climat) Milde f,
douceurs nfpl (friandises) Süßigkeiten pl
douche [duʃ] nf Dusche f; **douches** nfpl
(salle) Duschraum m; **prendre une ~** (sich)
duschen
doucher <1> vpr: **se doucher** (sich) duschen
doudoune [dudun] nf Daunenjacke f
doué, e [dwe] adj begabt; **être ~ de qch**
etw besitzen
douillet, te [dujɛ, ɛt] adj (personne)
empfindlich; (lit, maison) gemütlich,
behaglich
douleur [dulœR] nf Schmerz m; (chagrin)
Leid nt, Kummer m
douloureux, -euse adj schmerzhaft;
(membre) schmerzend; (séparation, perte)
schmerzlich
doute [dut] nm: **le ~** der Zweifel; **un ~** ein
Verdacht m; **sans nul ~, sans aucun ~**
zweifellos
douter <1> vi: **~ de** (allié) Zweifel haben
an +dat; (résultat) anzweifeln +akk ▪ vpr:
se ~ de qch/que etw ahnen/ahnen, dass

douteux, -euse [dutø, øz] adj
zweifelhaft; (pej) fragwürdig
doux, douce [du, dus] adj süß; (personne)
sanft; (couleur) zart; (climat, région) mild
douzaine [duzɛn] nf Dutzend nt
douze [duz] num zwölf
doyen, ne [dwajɛ̃, ɛn] nm/f (en âge)
Älteste(r) mf; (de faculté) Dekan m
Dr abr = **docteur** Dr.
dragée [dRaʒe] nf Mandel f mit
Zuckerüberzug; (Med) Dragee nt
dragon [dRagõ] nm Drache m
draguer [dRage] <1> vt (rivière)
ausbaggern; (fam) aufreißen, anbaggern
dragueur nm: **~ de mines** Minensuchboot nt
drainage [dRena3] nm
Entwässerungssystem nt
drainer [dRene] <1> vt entwässern
dramatique [dRamatik] adj dramatisch;
(tragique) tragisch ▪ nf (TV)
Fernsehdrama nt
dramatiser [dRamatize] <1> vt
dramatisieren
dramaturge [dRamatyR3] nmf
Dramatiker(in) m(f)
drame [dRam] nm Drama nt
drap [dRa] nm (de lit) Laken nt; (tissu)
(Woll)stoff m
drapeau (pl x) [dRapo] nm Fahne f; **être
sous les ~x** Soldat sein
drap-housse (pl **draps-housses**) [dRaus]
nm Spannbetttuch nt
Dresde [dRɛzd] Dresden nt
dresser [dRese] <1> vt aufstellen; (animal)
dressieren; **~ l'oreille** die Ohren spitzen;
~ la table den Tisch decken; **~ qn contre
qn** jdn gegen jdn aufbringen; **se dresser**
vpr (église, falaise, obstacle) emporragen
dressoir [dRɛswaR] nm Anrichte f
driver [dRajvœR] nm (Drucker)treiber m
drogue [dRɔg] nf Droge f; **~ design**
Designerdroge
drogué, e nm/f Drogensüchtige(r) mf;
~(e) du travail Workaholic m
droguer [dRɔge] <1> vt betäuben;
(malade) Betäubungsmittel geben +dat;
se droguer vpr Drogen nehmen
droguerie [dRɔgRi] nf Drogerie f
droguiste [dRɔgist] nmf Drogist(in) m(f)
droit, e [dRwa, at] adj (non courbe) gerade;
(vertical) senkrecht; (loyal, franc) aufrecht;
(opposé à gauche) rechte(r, s) ▪ adv gerade;
aller ~ au fait/cœur (fig) gleich zu den
Tatsachen kommen/zutiefst bewegen
▪ nm Recht nt; **à qui de ~** an die
zuständige Person; **être en ~ de**
berechtigt sein zu; **~ civil/international/
privé** Zivil-/Völker-/Privatrecht; **~ de
séjour** Bleiberecht; **~ du travail**
Arbeitsrecht; **les ~s de l'homme** die

Menschenrechte; **~s d'auteur**
Autorenhonorar *nt*; **~s de douane**
Zollgebühren *pl*; **~s d'inscription**
Einschreibegebühr *f*; *(Univ)*
Immatrikulationsgebühr *f*; **~s de**
succession Erbschaftsteuer *f*; **exempt(e)**
de ~s gebührenfrei ■ *nf (direction)* rechte
Seite; **la ~e** *(Pol)* die Rechte; **à ~e** rechts
droitier, -ière [dʀwatje, ɛʀ] *nm/f*
Rechtshänder(in) *m(f)*
droiture [dʀwatyʀ] *nf* Aufrichtigkeit *f*
drôle [dʀol] *adj* komisch
drôlement *adv* komisch; **il fait ~ froid**
es ist echt kalt
dromadaire [dʀɔmadɛʀ] *nm* Dromedar *nt*
druide [dʀɥid] *nm* Druide *m*
D.S.T. *nf abr* = **Direction de la**
surveillance du territoire
≈ Verfassungsschutz *m*
du [dy] *prép voir* **de**
dû, e [dy] *pp de* **devoir** *adj (somme)*
schuldig; *(venant à échéance)* fällig
■ *nm (somme)* Schuld *f*
dubitatif, -ive [dybitatif, iv] *adj*
zweifelnd
duc [dyk] *nm* Herzog *m*
ducal, e *(pl* **-aux)** *adj* herzoglich
duchesse [dyʃɛs] *nf* Herzogin *f*
duel [dɥɛl] *nm* Duell *nt*
dûment [dymɑ̃] *adv* ordnungsgemäß;
(fam) ordentlich
dumping [dœmpiŋ] *nm*: **~ salarial**
Lohndumping *nt*
dune [dyn] *nf* Düne *f*
Dunkerque [dœ̃kɛʀk] Dünkirchen *nt*
dupe [dyp] *adj*: **être ~ de** hereinfallen
auf +*akk*
duper <1> *vt* betrügen
duplex [dyplɛks] *nm (appartement)*
Maisonettewohnung *f*
duplicata [dyplikata] *nm* Duplikat *nt*
duplicité [dyplisite] *nf* Doppelspiel *nt*
dur, e [dyʀ] *adj* hart; *(difficile)* schwierig;
(climat) rau; *(viande)* zäh; *(col)* steif;
(sévère) streng; **~ d'oreille** schwerhörig;
mener la vie ~e à qn jdm das Leben
schwer machen ■ *adv (travailler)* schwer;
(taper) hart
durable [dyʀabl] *adj* dauerhaft
durant [dyʀɑ̃] *prép* während +*gen*;
~ des mois, des mois ~ monatelang
durcir [dyʀsiʀ] <8> *vt* härten; *(fig)*
verhärten ■ *vi (colle)* hart werden;
se durcir *vpr* hart werden, sich verhärten
durcissement [dyʀsismɑ̃] *nm* (Er)härten
nt, Verhärtung *f*
durée [dyʀe] *nf* Dauer *f*; **à ~ déterminée/**
indéterminée befristet/unbefristet
durement [dyʀmɑ̃] *adv* hart; *(sévèrement)*
streng

durer [dyʀe] <1> *vi (se prolonger)* dauern;
(résister à l'usure) halten
dureté [dyʀte] *nf* Härte *f*; *(difficulté)*
Schwierigkeit *f*; *(sévérité)* Strenge *f*;
(résistance) Zähigkeit *f*
durit® [dyʀit] *nm* Kühlschlauch *m*
D.U.T. *nm abr* = **Diplôme universitaire**
de technologie Abschlussdiplom einer
Fachhochschule
duvet [dyvɛ] *nm* Daunen *pl*; *(poils)*
Flaum *m*
DVD *nm abr* = **digital versatile disk** DVD *f*,
digitale Videodisk; **lecteur ~** DVD-
Laufwerk *nt*
DVD-ROM *nm* DVD-ROM *f*
dynamique [dinamik] *adj* dynamisch
dynamisme [dinamism] *nm* Dynamik *f*;
(d'une personne) Tatkraft *f*
dynamite [dinamit] *nf* Dynamit *nt*
dynamiter <1> *vt* sprengen
dynamo [dinamo] *nf (Auto)*
Lichtmaschine *f*
dysenterie [disɑ̃tʀi] *nf* Ruhr *f*
dyslexie [dislɛksi] *nf* Legasthenie *f*
dyslexique [dislɛksik] *adj* legasthenisch
Dysneyland® [disnɛlɑ̃d] *nm*
Disneyland® *nt*
dyspepsie [dispɛpsi] *nf*
Verdauungsstörung *f*

e

E, e [ə] *nm* E, e *nt*

eau (*pl* x) [o] *nf* Wasser *nt*; **eaux** *nfpl* Gewässer *pl*; **se jeter à l'~** (*fig*) den Stier bei den Hörnern packen; **prendre l'~** undicht sein; **~ de Cologne** Kölnischwasser; **~ courante** fließendes Wasser; **~ gazeuse** kohlensäurehaltiges Wasser; **~ de Javel** *chlorhaltiges Reinigungs- und Desinfektionsmittel*; **~ minérale** Mineralwasser; **~ plate** stilles Wasser *nt*; **~x territoriales** (*Jur*) Hoheitsgewässer *pl*; **~x usées** *fpl* Abwasser *nt*

eau-de-vie (*pl* **eaux-de-vie**) *nf* Schnaps *m*

ébattre [ebatʀ] *irr comme* battre *vpr*: **s'ébattre** sich tummeln

ébauche [eboʃ] *nf* Entwurf *m*

ébaucher <1> *vt* entwerfen; **~ un sourire** ein Lächeln andeuten; **s'ébaucher** *vpr* sich andeuten

ébène [ebɛn] *nf* Ebenholz *nt*

ébéniste [ebenist] *nmf* Kunsttischler(in) *m(f)*

éberlué, e [ebɛʀlɥe] *adj* (*fam*) verblüfft

éblouir [ebluiʀ] <8> *vt* blenden

éboueur [ebwœʀ] *nm* Müllmann *m*

ébouillanter [ebujɑ̃te] <1> *vt* (*Gastr*) abbrühen, überbrühen

éboulis [ebuli] *nmpl* Geröll *nt*

ébouriffé, e [ebuʀife] *adj* zerzaust

ébranler [ebʀɑ̃le] <1> *vt* erschüttern; (*fig*) ins Wanken bringen; **s'ébranler** *vpr* (*partir*) sich in Bewegung setzen

ébrécher [ebʀeʃe] <5> *vt* anschlagen

ébriété [ebʀijete] *nf*: **en état d'~** (*Admin*) in betrunkenem Zustand

ébrouer [ebʀue] <1> *vpr*: **s'ébrouer** sich schütteln; (*souffler*) schnauben

ébruiter [ebʀɥite] <1> *vt* verbreiten

ébullition [ebylisjɔ̃] *nf*: **être en ~** sieden

écaille [ekaj] *nf* (*de poisson*) Schuppe *f*; (*de coquillage*) Muschelschale *f*; (*matière*) Schildpatt *nt*

écailler <1> *vt* (*poisson*) abschuppen; (*huître*) aufmachen; **s'écailler** *vpr* abblättern

écarlate [ekaʀlat] *adj* knallrot

écarquiller [ekaʀkije] <1> *vt*: **~ les yeux** die Augen aufreißen

écart [ekaʀ] *nm* Abstand *m*; (*de prix, etc*) Differenz *f*; (*embardée*) Schlenker *m*; (*fig*) Verstoß *m* (*de* gegen); **à l'~ (de)** abseits (von); **faire un ~ à droite** nach rechts ausweichen

écarteler [ekaʀtəle] <4> *vt* vierteilen; (*fig*) hin- und herreißen

écartement [ekaʀtəmɑ̃] *nm* Abstand *m*; (*Chemin de Fer*) Achsabstand *m*

écarter [ekaʀte] <1> *vt* (*éloigner*) fernhalten; (*séparer*) trennen; (*jambes*) spreizen; (*bras*) aufhalten; (*possibilité*) verwerfen; (*rideau*) öffnen; **s'écarter** *vpr* sich öffnen; **s'~ de** sich entfernen von

ecclésiastique [eklezjastik] *adj* kirchlich

écervelé, e [esɛʀvəle] *adj* leichtsinnig

échafaudage [eʃafodaʒ] *nm* Gerüst *nt*

échafauder [eʃafode] <1> *vt* (*plan*) entwerfen

échalas [eʃala] *nm* (*pieu*) Pfahl *m*; **un grand ~** (*fam: personne*) eine Bohnenstange

échalote [eʃalɔt] *nf* Schalotte *f*

échancrure [eʃɑ̃kʀyʀ] *nf* (*de robe*) Ausschnitt *m*; (*de côte, d'arête rocheuse*) Einbuchtung *f*

échange [eʃɑ̃ʒ] *nm* Austausch *m*; **en ~** dafür; **en ~ de** für; **~ de lettres** Briefwechsel *m*

échanger <2> *vt* austauschen; **~ qch (contre qch)** etw (gegen etw) tauschen; **~ qch avec qn** (*clin d'œil, lettres, etc*) etw mit jdm wechseln

échangeur *nm* (*Auto*) Autobahnkreuz *nt*; **~ de chaleur** Wärmetauscher *m*

échangisme *nm* Partnertausch *m*

échantillon [eʃɑ̃tijɔ̃] *nm* Muster *nt*; (*fig*) Probe *f*

échappée [eʃape] *nf* (*vue*) Ausblick *m*; (*en cyclisme*) Ausbruch *m*

échappement [eʃapmɑ̃] nm: **pot d'~** (Auto) Auspuff m

échapper [eʃape] <1> vi: **~ à** (gardien) entkommen +dat; (punition, péril) entgehen +dat; **~ à qn** (détail, sens) jdm entgehen; (objet qu'on tient) jdm entgleiten; (mot) jdm entfallen; **s'échapper** vpr fliehen ▪ vt: **l'~ belle** mit knapper Not davonkommen

écharpe [eʃaʁp] nf Schal m; (de maire) Schärpe f

échauffer [eʃofe] <1> vt erwärmen; (plus chaud) erhitzen; (moteur) überhitzen; **s'échauffer** vpr (Sport) sich warm laufen; (s'animer) sich erhitzen

échauffourée [eʃofuʁe] nf Schlägerei f; (Mil) Scharmützel nt

échéance [eʃeɑ̃s] nf (d'un paiement) Frist f, Fälligkeit f; **à brève/longue ~** auf kurze/lange Sicht

échéant [eʃeɑ̃] adv: **le cas ~** gegebenenfalls

échec [eʃɛk] nm Misserfolg m; **échecs** nmpl (jeu) Schach nt; **~ et mat/au roi** schachmatt/Schach dem König; **tenir en ~** in Schach halten; **~ politique** Politikversagen nt; **~ scolaire** schulisches Versagen

échelle [eʃɛl] nf Leiter f; (de valeurs, sociale) Ordnung f; (d'une carte) Maßstab m; **~ de Richter** Richterskala f

échelon [eʃ(ə)lɔ̃] nm (d'échelle) Sprosse f; (Admin, Sport) Rang m

échelonner [eʃ(ə)lɔne] <1> vt staffeln

échevelé, e [eʃəv(ə)le] adj zerzaust

échine [eʃin] nf Rückgrat nt

échiquier [eʃikje] nm Schachbrett nt

écho [eko] nm Echo nt

échographie [ekɔgʁafi] nf Ultraschallaufnahme f; (examen) Ultraschalluntersuchung f

échouer [eʃwe] <1> vi scheitern; **s'échouer** vpr auf Grund laufen

échu, e [eʃy] adj (délais) abgelaufen

éclabousser [eklabuse] <1> vt bespritzen

éclair [eklɛʁ] nm (d'orage) Blitz m; (gâteau) Eclair nt

éclairage [eklɛʁaʒ] nm Beleuchtung f

éclaircie [eklɛʁsi] nf Aufheiterung f

éclaircir [eklɛʁsiʁ] <8> vt (fig) erhellen, aufklären; (Gastr) verdünnen; **s'éclaircir** vpr (ciel) sich aufklaren; **s'~ la voix** sich räuspern

éclaircissement nm Erklärung f

éclairer [eklɛʁe] <1> vt beleuchten; (fig) aufklären ▪ vi leuchten; **~ bien/mal** gutes/schlechtes Licht geben ▪ vpr: **s'~ à l'électricité** elektrische Beleuchtung haben

éclat [ekla] nm (de bombe, de verre) Splitter m; (du soleil, d'une couleur) Helligkeit f; (d'une cérémonie) Pracht f; **faire un ~** (scandale) Aufsehen erregen; **~ de rire** schallendes Gelächter; **~s mpl de voix** schallende Stimmen pl

éclatant, e adj hell; (fig) offensichtlich

éclater [eklate] <1> vi (zer)platzen; (se déclarer) ausbrechen; **~ de rire/en sanglots** laut auflachen/schluchzen

éclipse [eklips] nf (Astr) Finsternis f

éclipser <1> vt (fig) in den Schatten stellen; **s'éclipser** vpr (fam) verschwinden

écluse [eklyz] nf Schleuse f

écœurant, e [ekœʁɑ̃, ɑ̃t] adj widerlich, ekelhaft

écœurer <1> vt anwidern

école [ekɔl] nf Schule f; **aller à l'~** zur Schule gehen; **~ coranique** Koranschule; **~ maternelle** ≈ Vorschule; **~ normale** Pädagogische Hochschule; **~ primaire** Grundschule; **~ privée** Privatschule; **~ secondaire** weiterführende Schule; **~ de ski** Skischule

écolier, -ière nm/f Schüler(in) m(f)

écolo [ekɔlo] nmf (fam) Umweltschützer(in) m(f)

écologie nf Ökologie f; (protection de l'environnement) Umweltschutz m

écologique adj ökologisch, Umwelt-

écologiste nmf Umweltschützer(in) m(f)

éconduire [ekɔ̃dɥiʁ] irr comme conduire vt abweisen

économe [ekɔnɔm] adj sparsam ▪ nmf Verwalter(in) m(f)

économie [ekɔnɔmi] nf (vertu) Sparsamkeit f; (gain) Ersparnis f; (science) Wirtschaftswissenschaft f; (situation économique) Wirtschaft f; **économies** nfpl (pécule) Ersparnisse pl; **~ de pénurie** Mangelwirtschaft

économique adj wirtschaftlich, Wirtschafts-; **~ d'énergie** sparsam im Energieverbrauch

économiser [ekɔnɔmize] <1> vt, vi sparen

économiseur [ekɔnɔmizœʁ] nm: **~ d'écran** Bildschirmschoner m

écoper [ekɔpe] <1> vt (bateau) ausschöpfen; **~ (de) qch** (fam) etw verabreicht bekommen ▪ vi (fig) bestraft werden

écoproduit [ekopʁɔdɥi] nm Bioprodukt nt

écorce [ekɔʁs] nf (d'un arbre) Rinde f; (de fruit) Schale f

écorcher [ekɔʁʃe] <1> vt (animal) häuten; (égratigner) aufschürfen

éco-recharge (pl ~s) [ekoʁəʃaʁʒ] nf Nachfüllpackung f

écossais, e [ekɔsɛ, ɛz] *adj* schottisch
Ecossais, e *nm/f* Schotte (Schottin) *m/f*
Écosse *nf*: l'~ Schottland *nt*
écosser [ekɔse] <1> *vt* enthülsen
écosystème [ekosistɛm] *nm*
Ökosystem *nt*
écotaxe [ekɔtaks] *nf* Ökosteuer *f*
écouler [ekule] <1> *vt* (*marchandise*)
absetzen; **s'écouler** *vpr* (*eau*)
(heraus)fließen; (*jours, temps*) vergehen
écourter [ekurte] <1> *vt* abkürzen
écouter [ekute] <1> *vt* hören; (*personne,
conversation*) zuhören +*dat*; (*suivre les
conseils de*) hören auf +*akk*
écouteur *nm* (Telefon)hörer *m*
écoutille [ekutij] *nf* (*Naut*) Luke *f*
écran [ekʀã] *nm* Bildschirm *m*; (*de cinéma*)
Leinwand *f*; **le petit ~** das Fernsehen;
~ antibruit Lärmschutzwall *m*; **~ d'eau**
Wasserwand *f*; **~ graphique**
Grafikbildschirm; **~ plat** Flachbildschirm;
~ tactile Berührungsschirm,
Touchscreen *m*
écrasant, e [ekʀazã, ãt] *adj* überwältigend
écraser [ekʀaze] <1> *vt* zerquetschen,
zerdrücken; (*voiture, train, etc*) überfahren;
(*ennemi, armée, équipe adverse*) vernichten;
~ qn d'impôts/de responsabilités jdn mit
Steuern/Verantwortung über Gebühr
belasten ■ *vpr*: **s'~ (au sol)** (am Boden)
zerschellen; **s'~ contre/sur** knallen
gegen/auf +*akk*
écrémer [ekʀeme] <5> *vt* entrahmen
écrevisse [ekʀəvis] *nf* Flusskrebs *m*
écrier [ekʀije] <1> *vpr*: **s'écrier** ausrufen
écrire [ekʀiʀ] *irr vt* schreiben; **s'écrire** *vpr*
sich schreiben
écrit *nm* Schriftstück *nt*; (*examen*)
schriftliche Prüfung; **par ~** schriftlich
écriteau (*pl* **x**) [ekʀito] *nm* Schild *nt*
écriture [ekʀityʀ] *nf* Schrift *f*; (*Com*)
Eintrag *m*; **écritures** *nfpl* (*Com*) Konten
pl; **l'Écriture** die Heilige Schrift
écrivain [ekʀivɛ̃] *nm* Schriftsteller(in) *m(f)*
écrou [ekʀu] *nm* (*Tech*) Mutter *f*
écrouer [ekʀue] <1> *vt* inhaftieren
écrouler [ekʀule] <1> *vpr*: **s'écrouler**
(*mur*) einstürzen; (*personne, animal*)
zusammenbrechen
écru, e [ekʀy] *adj* ungebleicht
ecstasy [ekstazi] *nf* Ecstasy *nt*
écueil [ekœj] *nm* Riff *nt*; (*fig*) Falle *f*,
Fallstrick *m*
éculé, e [ekyle] *adj* (*chaussure*)
abgelaufen; (*fig*) abgedroschen
écume [ekym] *nf* Schaum *m*
écumer <1> *vt* (*Gastr*) abschöpfen; (*fig*)
ausplündern ■ *vi* (*mer: fig: personne*)
schäumen
écureuil [ekyʀœj] *nm* Eichhörnchen *nt*

écurie [ekyʀi] *nf* Pferdestall *m*
écusson [ekysõ] *nm* Wappen *nt*
eczéma [egzema] *nm* Ekzem *nt*
éd. *abr* = **édition** Verlag *m*
E.D.F. *nf abr* = **Électricité de France**
französische Elektrizitätsgesellschaft
édifice [edifis] *nm* Gebäude *nt*
édifier [edifje] <1> *vt* erbauen; (*fig*)
aufstellen
édit [edi] *nm* Erlass *m*
éditer [edite] <1> *vt* (*publier*)
herausbringen; (*Inform*) editieren
éditeur, -trice *nm/f* Verleger(in) *m(f)*,
Herausgeber(in) *m(f)* ■ *nm* (*Inform*)
Editor *m*
édition *nf* (*tirage*) Auflage *f*; (*version d'un
texte*) Ausgabe *f*; (*industrie*) Verlagswesen
nt; **~ spéciale** Sonderausgabe
éditorial (*pl* **-aux**) [editɔʀjal, o] *nm*
Leitartikel *m*
édredon [edʀədõ] *nm* Federbett *nt*
éducateur, -trice [edykatœʀ, tʀis]
nm/f Erzieher(in) *m(f)*; **~(-trice) de rue**
Streetworker(in) *m(f)*
éducation [edykasjõ] *nf* Erziehung *f*;
(*culture*) Bildung *f*; (*formation*) Ausbildung
f; (*manières*) Manieren *pl*; **~ physique**
Sport *m*; **~ et information par le
divertissement** Edutainment *nt*
éduquer [edyke] <1> *vt* erziehen;
(*instruire*) bilden; (*faculté*) schulen
E.E.E. *nm abr* = **Espace économique
européen** EWR *m*
effacé, e [efase] *adj* (*couleur*) verblasst;
(*personne*) farblos, unscheinbar;
(*comportement*) zurückhaltend; (*menton*)
zurückweichend; (*poitrine*) flach
effacement *nm* Ausradieren *nt*; (*Inform*)
Löschen *nt*; (*fig*) Ausloschen *nt*
effacer <2> *vt* (*gommer*) ausradieren;
(*fig*) auslöschen; (*Inform*) löschen;
s'effacer *vpr* (*inscription, etc*) sich
verlieren; (*pour laisser passer*) zurücktreten
effarer [efaʀe] <1> *vt* erschrecken
effaroucher [efaʀuʃe] <1> *vt* in
Schrecken versetzen
effectif, -ive [efɛktif, iv] *adj* effektiv;
devenir ~ in Kraft treten ■ *nm* Bestand *m*
effectivement *adv* tatsächlich
effectuer [efɛktɥe] <1> *vt* ausführen
efféminé, e [efemine] *adj* weibisch
effervescent, e [efɛʀvesã, ãt] *adj*
(*cachet, boisson*) sprudelnd
effet [efɛ] *nm* Wirkung *f*; **en ~** tatsächlich;
faire de l'~ wirken; **sous l'~ de** unter dem
Einfluss von; **~s secondaires** (*Med*)
Nebenwirkungen *pl*; **~ de serre**
Treibhauseffekt *m*
efficace [efikas] *adj* wirksam; (*personne*)
fähig

efficacité nf Wirksamkeit f
effigie [efiʒi] nf Bildnis nt
effilé, e [efile] adj dünn, zugespitzt
effiler [efile] <1> vpr: **s'effiler** (tissu)
ausfransen
efflanqué, e [eflãke] adj ausgezehrt
effleurer [eflœre] <1> vt streifen
effluves [eflyv] nmpl Gerüche pl
effondrement [efõdRǝmã] nm Einsturz
m; ~ **du/des cours** Kurseinbruch m
effondrer [efõdRe] <1> vpr: **s'effondrer**
einstürzen; (prix) verfallen; (cours)
einbrechen; (personne) zusammenbrechen
efforcer [efɔRse] <2> vpr: **s'~ de faire** sich
bemühen zu tun
effort [efɔR] nm Anstrengung f; **faire un ~**
sich anstrengen; **~s en faveur de la paix**
Friedensbemühungen pl
effrayant, e [efRɛjã, ãt] adj schrecklich
effrayer [efRɛje] <7> vt erschrecken;
s'effrayer vpr (sich) erschrecken
effréné, e [efRene] adj wild, zügellos
effriter [efRite] <1> vpr: **s'effriter**
bröckeln
effroi [efRwa] nm panische Angst
effronté, e [efRõte] adj unverschämt
effronterie [efRõtRi] nf Unverschämtheit f
effroyable [efRwajabl] adj grauenvoll
effusion [efyzjõ] nf Gefühlsausbruch m;
sans ~ de sang ohne Blutvergießen
égal, e (pl **-aux**) [egal, o] adj gleich;
(surface) eben; (vitesse) gleichmäßig;
être ~ à gleich sein wie; **ça lui est ~** das ist
ihm egal ■ nm/f Gleichgestellte(r) mf;
sans ~ unvergleichlich
également adv gleichermaßen; (aussi)
auch, ebenfalls
égaler <1> vt (personne) gleichkommen
+dat; (record) einstellen
égalisateur, -trice [egalizatœR, tRis]
adj: **but ~** Ausgleichstor nt
égalisation [egalizasjõ] nf Ausgleich m
égaliser <1> vt ausgleichen; (sol) ebnen
■ vi (Sport) ausgleichen
égalitaire adj Gleichheits-
égalité nf Gleichheit f; **être à ~ (de points)**
(punkte) gleich sein; **~ des chances**
Chancengleichheit; **~ de droits**
Gleichberechtigung f; **~ d'humeur**
Ausgeglichenheit f
égard [egaR] nm: **à cet ~** in dieser
Beziehung; **égards** nmpl Rücksicht f;
à certains/tous (les) ~s in mancher/jeder
Hinsicht; **à l'~ de** gegenüber +dat; **en ~ à**
angesichts +gen; **par ~ pour** aus Rücksicht
auf +akk
égaré, e [egaRe] adj (personne, animal)
verirrt; (air, regard) verwirrt
égarer [egaRe] <1> vt (objet) verlegen;
(personne) irreleiten; **s'égarer** vpr sich

verirren; (dans une discussion) (vom
Thema) abkommen
égayer [egeje] <7> vt erheitern,
belustigen; (récit, endroit)
aufheitern
Égée [eʒe] nf: **la mer ~** die Ägäis
églantier [eglãtje] nm
Heckenrose(nstrauch m) f
églantine [eglãtin] nf Heckenrose f
églefin [eglǝfɛ̃] nm Schellfisch m
église [egliz] nf Kirche f
égocentrique [egosãtRik] adj
egozentrisch
égoïsme [egɔism] nm Egoismus m
égoïste adj egoistisch
égorger [egɔRʒe] <2> vt die Kehle
durchschneiden +dat
égosiller [egozije] <1> vpr:
s'égosiller sich heiser schreien
égout [egu] nm Abwasserkanal m
égoutter [egute] <1> vt (vaisselle)
abtropfen lassen
égratigner [egRatiɲe] <1> vt
(zer)kratzen; **s'égratigner** vpr sich
aufkratzen
égratignure nf Kratzer m
égrener [egRǝne] <4> vt entkörnen;
(raisin) abzupfen; (chapelet) beten
Égypte [eʒipt] nf: l'~ Ägypten nt
égyptien, ne [eʒipsjɛ̃, ɛn] adj
ägyptisch
eh [e] interj he; **eh bien!** na so was!;
eh bien? nun?, also?
éhonté, e [eõte] adj unverschämt
éjaculation [eʒakylasjõ] nf Ejakulation f,
Samenerguss m
éjaculer [eʒakyle] <1> vi ejakulieren
éjectable [eʒɛktabl] adj: **siège ~**
Schleudersitz m
éjecter [eʒɛkte] <1> vt (Tech) ausstoßen;
(fam) rausschmeißen
élaborer [elabɔRe] <1> vt ausarbeiten
élan [elã] nm (Zool) Elch m; (Sport) Anlauf
m; (mouvement, ardeur) Schwung m;
(de tendresse, etc) Anwandlung f; **prendre
son ~** Anlauf nehmen
élancé, e [elãse] adj schlank
élancement [elãsmã] nm stechender
Schmerz
élancer [elãse] <2> vpr: **s'élancer** sich
stürzen (sur, vers qn auf jdn, zu jdm);
(arbre, clocher) hochragen
élargir [elaRʒiR] <8> vt verbreitern;
(vêtement) weiter machen; (groupe)
vergrößern; (débat) ausdehnen; (Jur)
freilassen; **s'élargir** vpr sich verbreitern;
(vêtement) sich dehnen
élargissement nm Verbreiterung f;
(de groupe) Vergrößerung f; **~ de l'UE**
EU-Erweiterung f

élastique [elastik] *adj* elastisch
■ *nm* Gummiband *nt*
électeur, -trice [elɛktœʀ, tʀis] *nm/f*
Wähler(in) *m(f)*
élection [elɛksjɔ̃] *nf* Wahl *f*

électoralisme [elɛktɔʀalism] *nm*
Wahlpropaganda *f*
électorat [elɛktɔʀa] *nm* Wählerschaft *f*
électricien, ne [elɛktʀisjɛ̃, ɛn] *nm/f*
Elektriker(in) *m(f)*
électricité [elɛktʀisite] *nf* Elektrizität *f*
électrifier [elɛktʀifje] <1> *vt*
elektrifizieren
électrique [elɛktʀik] *adj* elektrisch
électro- [elɛktʀo] *préf* Elektro-
électroaimant *nm* Elektromagnet *m*
électrocardiogramme *nm*
Elektrokardiogramm *nt*
électrochoc *nm*
Elektroschock(behandlung *f*) *m*
électrocuter [elɛktʀɔkyte] <1> *vt* durch
einen Stromschlag töten
électrocution [elɛktʀɔkysjɔ̃] *nf*
Stromschlag *m*
électrode [elɛktʀɔd] *nf* Elektrode *f*
électroencéphalogramme
[elɛktʀoɑ̃sefalɔgʀam] *nm*
Elektroenzephalogramm *nt*
électromagnétique *adj*
elektromagnetisch
électroménager *adj*: **appareils ~s**
elektrische Haushaltsgeräte *pl*
électron [elɛktʀɔ̃] *nm* Elektron *nt*
électronicien, ne [elɛktʀɔnisjɛ̃, ɛn]
nm/f Elektroniker(in) *m(f)*
électronique [elɛktʀɔnik] *adj*
elektronisch; *(flash, microscope,*
calculateur) Elektronen- ■ *nf* Elektronik *f*;
~ de commande Steuerungselektronik;
~ de divertissement
Unterhaltungselektronik
élégance [elegɑ̃s] *nf* Eleganz *f*
élégant, e *adj* elegant
élément [elemɑ̃] *nm* Element *nt*;
(composante) Bestandteil *m*;

éléments *nmpl (eau, air, etc)* Elemente *pl*;
(rudiments) Grundbegriffe *pl*;
~ combustible Brennelement
élémentaire *adj* einfach, simpel
éléphant [elefɑ̃] *nm* Elefant *m*
élevage [ɛl(ə)vaʒ] *nm* Zucht *f*; **l'~** *(activité)*
die Aufzucht
élévateur [elevatœʀ] *nm* Fahrstuhl *m*
élévation [elevasjɔ̃] *nf* Erhöhung *f*;
(de niveau) Anstieg *m*; *(Archit)* Aufriss *m*
élève [elɛv] *nmf* Schüler(in) *m(f)*
élevé, e [ɛl(ə)ve] *adj (prix, sommet)* hoch;
(fig) erhaben; **bien/mal ~** gut/schlecht
erzogen
élever [ɛl(ə)ve] <4> *vt (enfant)* aufziehen;
(animal) züchten; *(immeuble, niveau)*
erhöhen; *(âme, esprit)* erbauen; **~ la voix**
die Stimme heben; **s'élever** *vpr (avion,*
alpiniste) hochsteigen; *(clocher, cri)* sich
erheben; *(niveau, température)* ansteigen;
(difficultés) auftreten; **s'~ à** *(frais, dégâts)*
sich belaufen auf +*akk*; **s'~ contre qch** sich
gegen etw erheben
éleveur, -euse *nm/f* Viehzüchter(in) *m(f)*
éligibilité [eliʒibilite] *nf* Wählbarkeit *f*
éligible [eliʒibl] *adj* wählbar
élimé, e [elime] *adj (partie d'un vêtement)*
abgewetzt, fadenscheinig
élimination [eliminasjɔ̃] *nf* Ausscheiden
nt; **~ des déchets** (Abfall)entsorgung *f*
éliminatoire [eliminatwaʀ] *nf (Sport)*
Ausscheidungskampf *m*
éliminer [elimine] <1> *vt (Anat)*
ausscheiden; *(Sport)* ausscheiden lassen
élire [eliʀ] *irr comme lire vt* wählen
élite [elit] *nf* Elite *f*; **tireur/chercheur**
d'~ Scharfschütze *m*/Spitzenforscher *m*
élitisme *nm* Elitedenken *nt*
élitiste [elitist] *adj* elitär
élixir [eliksiʀ] *nm* Elixier *nt*
elle [ɛl] *pron (sujet)* sie; *(pl)* sie; *(autrement:*
selon le genre du mot allemand) er, es; *(pl)* sie;
(complément indirect) ihr; *(pl)* ihnen; ihm;
(pl) ihnen; **c'est ~ qui me l'a dit** sie war es,
die es mir gesagt hat; **Marie est-~**
grande? ist Marie groß?
ellipse [elips] *nf* Ellipse *f*
el Niño [ɛlniɲo] *nm* El Niño *m*
élocution [elɔkysjɔ̃] *nf* Vortragsweise *f*
éloge [elɔʒ] *nm* Lob *nt*; **faire l'~ de qn/qch**
jdn loben/etw preisen
éloigné, e [elwaɲe] *adj* entfernt
éloignement *nm* Entfernung *f*
éloigner [elwaɲe] <1> *vt* entfernen;
(soupçons) zerstreuen; *(danger)* abwenden;
s'éloigner *vpr (personne)* sich entfernen;
(affectivement) sich entfremden; *(véhicule,*
etc) wegfahren; **s'~ de** sich entfernen von
élongation [elɔ̃gasjɔ̃] *nf (Med)*
Überdehnung *f*

éloquence [elɔkɑ̃s] *nf* Wortgewandtheit *f*
éloquent, e *adj* wortgewandt;
(*significatif*) vielsagend
élu, e [ely] *pp de* **élire** ■ *nm/f (Pol)*
Abgeordnete(r) *mf*
élucider [elyside] <1> *vt* aufklären
élucubrations [elykybʀasjɔ̃] *nfpl*
Hirngespinste *pl*
éluder [elyde] <1> *vt* ausweichen +*dat*
Élysée [elize] *nm* Elysee-Palast *m* (*Sitz des
französischen Staatspräsidenten in Paris*)

⬤ **LE PALAIS DE L'ÉLYSÉE**
⬤
⬤ *Le palais de l'Élysée*, im Herzen von Paris
⬤ nicht weit von der Champs-Élysées
⬤ gelegen, ist der offizielle Wohnsitz
⬤ des französischen Präsidenten.
⬤ Der im 18. Jh. erbaute Palast dient seit
⬤ 1876 diesem Zweck. Der Begriff *l'Élysée*
⬤ wird oft für das Präsidentenamt
⬤ verwendet.

émacié, e [emasje] *adj* ausgezehrt
e-mail [imel] *nm* E-Mail *f*
émail (*pl* **-aux**) [emaj, o] *nm* Email *nt*;
(*des dents*) Zahnschmelz *m*
émaillé, e *adj* emailliert
émancipation [emɑ̃sipasjɔ̃] *nf* (*de
mineur*) Mündigsprechung *f*; (*de femme*)
Emanzipation *f*
émanciper [emɑ̃sipe] <1> *vt* befreien;
(*Jur*) mündig sprechen; **s'émanciper** *vpr*
sich frei machen; (*du rôle social*) sich
emanzipieren
émaner [emane] <1> *vt*: ~ **de** herrühren
von; (*Admin*) stammen von
emballage [ɑ̃balaʒ] *nm* Verpackung *f*;
~ **d'origine** Originalverpackung; ~ **sous
vide** Vakuumverpackung; **d'~ minimal**
verpackungsarm
emballer [ɑ̃bale] <1> *vt* einpacken,
verpacken; (*fig: fam*) begeistern;
s'emballer *vpr* (*cheval*) durchgehen;
(*moteur*) hochdrehen
embarcadère [ɑ̃baʀkadɛʀ] *nm*
Anlegestelle *f*
embarcation [ɑ̃baʀkasjɔ̃] *nf* Boot *nt*
embardée [ɑ̃baʀde] *nf* Schlenker *m*
embargo [ɑ̃baʀgo] *nm* Embargo *nt*
embarquement [ɑ̃baʀkəmɑ̃] *nm*
Einsteigen *nt*; **vol AF 321: ~ immédiat,
porte 30** Aufruf an alle Passagiere des
Flugs AF 321, sich zum Flugsteig 30 zu
begeben
embarquer [ɑ̃baʀke] <1> *vt* einschiffen;
(*fam*) mitgehen lassen ■ *vi* (*passager*) an
Bord gehen; **s'embarquer** *vpr* an Bord
gehen; **s'~ dans** (*affaire, aventure*) sich
einlassen auf +*akk*

embarras [ɑ̃baʀa] *nm* Hemmnis *nt*;
(*confusion*) Verlegenheit *f*
embarrassant, e *adj* peinlich
embarrassé, e [ɑ̃baʀase] *adj* (*encombré*)
behindert; (*gêné*) verlegen; (*explication*)
peinlich
embarrasser <1> *vt* (*personne*) behindern;
(*gêner*) in Verlegenheit bringen; (*lieu*)
vollstopfen
embaucher [ɑ̃boʃe] <1> *vt* einstellen
embauchoir [ɑ̃boʃwaʀ] *nm*
Schuhspanner *m*
embaumer [ɑ̃bome] <1> *vt* (*lieu*) mit Duft
erfüllen
embellie [ɑ̃beli] *nf* (*Meteo*) Aufheiterung *f*
embellir [ɑ̃beliʀ] <8> *vt* verschönern
■ *vi* schöner werden
embêtant, e [ɑ̃betɑ̃, ɑ̃t] *adj* ärgerlich
embêtement [ɑ̃betmɑ̃] *nm* (*fam*)
Unannehmlichkeit *f*
embêter [ɑ̃bete] <1> *vt* (*fam: importuner*)
ärgern; **s'embêter** *vpr* (*fam*) sich
langweilen
emblée [ɑ̃ble] *adv*: **d'~** auf Anhieb
emboîter [ɑ̃bwate] <1> *vt* zusammenfügen;
~ **le pas à qn** jdm auf den Fersen folgen
■ *vpr*: **s'~ dans** passen in +*akk*
embonpoint [ɑ̃bɔ̃pwɛ̃] *nm* Korpulenz *f*,
Fülligkeit *f*
embouchure [ɑ̃buʃyʀ] *nf* (*Geo*) Mündung
f; (*Mus*) Mundstück *nt*
embouteillage [ɑ̃butejaʒ] *nm*
Verkehrsstau *m*
embouteiller [ɑ̃buteje] <1> *vt* (*route*)
verstopfen
emboutir [ɑ̃butiʀ] <8> *vt* (*heurter*)
krachen gegen
embranchement [ɑ̃bʀɑ̃ʃmɑ̃] *nm* (*routier*)
Kreuzung *f*
embrasser [ɑ̃bʀase] <1> *vt* küssen; (*sujet,
période*) umfassen; (*carrière, métier*)
einschlagen, ergreifen; **s'embrasser** *vpr*
sich küssen
embrasure [ɑ̃bʀazyʀ] *nf* (Tür)öffnung *f*,
(Fenster)öffnung *f*
embrayage [ɑ̃bʀejaʒ] *nm* (*mécanisme*)
Kupplung *f*
embrocher [ɑ̃bʀoʃe] <1> *vt* aufspießen
embrouiller [ɑ̃bʀuje] <1> *vt*
durcheinanderbringen; (*personne*)
verwirren; **s'embrouiller** *vpr* (*personne*)
konfus werden
embryon [ɑ̃bʀijɔ̃] *nm* Embryo *m*
embûches [ɑ̃byʃ] *nfpl* Falle *f*
embué, e [ɑ̃bɥe] *adj* beschlagen
embuscade [ɑ̃byskad] *nf* Hinterhalt *m*
éméché, e [emeʃe] *adj* (*fam*) beschwipst
émeraude [ɛm(ə)ʀod] *nf* Smaragd *m*
émergence [emɛʀʒɑ̃s] *nf* (*source*) Quelle
f; (*fig: idée*) Entstehung *f*

émerger <2> vi auftauchen
émeri [ɛm(ə)ʀi] nm: **toile ~, papier ~** Schmirgelpapier nt; **être bouché(e) à l'~** besonders engstirnig sein
émerveillement [emɛʀvejmɑ̃] nm Staunen nt; (vision) wunderschöner Anblick
émerveiller [emɛʀveje] <1> vt in Bewunderung versetzen ■ vpr: **s'~ de qch** über etw akk staunen, von etw entzückt sein
émetteur [emetœʀ] nm: **(poste) ~** Sender m
émettre [emɛtʀ] irr comme mettre vt (son, lumière) ausstrahlen; (Radio) senden; (billet, emprunt) ausgeben; (hypothèse, avis) zum Ausdruck bringen ■ vi: **~ sur ondes courtes** auf Kurzwelle senden
émeute [emøt] nf Aufruhr m
émietter [emjete] <1> vt zerkrümeln
émigrant, e [emigʀɑ̃, ɑ̃t] nm/f Emigrant(in) m(f)
émigration [emigʀasjɔ̃] nf Emigration f
émigré, e [emigʀe] nm/f Emigrant(in) m(f)
émigrer <1> vi auswandern
éminence [eminɑ̃s] nf (colline) Anhöhe f; **Son/Votre Éminence** Seine/Eure Eminenz
éminent, e adj ausgezeichnet
émir [emiʀ] nm Emir m
émirat [emiʀa] nm Emirat nt
émission [emisjɔ̃] nf Ausstrahlen nt; (Radio: action) Senden nt; (Radio, TV) Sendung f; **~ d'actions** Aktienemission f; **~ de gaz carbonique** Kohlendioxidausstoß m; **~ de rayons par l'ordinateur** Computerstrahlung f; **~s polluantes** Schadstoffemission f
emmagasiner [ɑ̃magazine] <1> vt (marchandises) einlagern
emmanchure [ɑ̃mɑ̃ʃyʀ] nf Armloch nt
emménager [ɑ̃menaʒe] <2> vi: **~ dans** einziehen in +akk
emmener [ɑ̃m(ə)ne] <4> vt mitnehmen
emmerder [ɑ̃mɛʀde] <1> vt (fam) nerven, auf den Geist gehen +dat
emmitoufler [ɑ̃mitufle] <1> vt (fam) warm einpacken
émoi [emwa] nm Aufregung f
émoluments [emolymɑ̃] nmpl Vergütung f
émotif, -ive [emɔtif, iv] adj emotional; (personne) gefühlsbetont
émotion [emosjɔ̃] nf Gefühlsregung f, Emotion f; (attendrissement) Bewegtheit f
émotionnel, le [emosjɔnɛl] adj emotional
émotionner [emosjɔne] <1> vt aufwühlen, aufregen

émousser [emuse] <1> vt stumpf machen; (fig) abstumpfen
émouvant, e [emuvɑ̃, ɑ̃t] adj rührend, bewegend
émouvoir [emuvwaʀ] irr comme mouvoir vt (troubler) aufwühlen, bewegen; (attendrir) rühren; (indigner) erregen; **s'émouvoir** vpr aufgewühlt/gerührt/erregt sein
empailler [ɑ̃paje] <1> vt ausstopfen
empaler [ɑ̃pale] <1> vpr: **s'~ sur** sich aufspießen auf +dat
empaquetage [ɑ̃paktaʒ] nm Verpackung f
empaqueter [ɑ̃pakte] <3> vt verpacken
emparer [ɑ̃paʀe] <1> vpr: **s'~ de** (objet) ergreifen; (Mil) einnehmen; (peur, doute) überkommen
empâter [ɑ̃pate] <1> vpr: **s'empâter** dicker werden
empattement [ɑ̃patmɑ̃] nm (Auto) Radstand m
empêchement [ɑ̃pɛʃmɑ̃] nm Verhinderung f
empêcher [ɑ̃pɛʃe] <1> vt verhindern; **~ qn de faire qch** jdn (davon) abhalten, etw zu tun; **il n'empêche que** trotzdem; **ne pas pouvoir s'~ de** nicht anders können als
empereur [ɑ̃pʀœʀ] nm Kaiser m
empeser [ɑ̃paze] <4> vt (linge) stärken
empester [ɑ̃pɛste] <1> vt (lieu) verstänkern ■ vi stinken
empêtrer [ɑ̃petʀe] <1> vpr: **s'~ dans** sich verheddern in +dat; (fig) sich verstricken in +dat
emphase [ɑ̃faz] nf Pathos m
empiéter [ɑ̃pjete] <5> vt: **~ sur** vordringen in +akk
empiffrer [ɑ̃pifʀe] <1> vpr: **s'empiffrer** sich vollstopfen
empiler [ɑ̃pile] <1> vt aufstapeln
empire [ɑ̃piʀ] nm Kaiserreich nt, Imperium nt; (fig) Einfluss m
empirer [ɑ̃piʀe] <1> vi sich verschlechtern
empirique [ɑ̃piʀik] adj empirisch
emplacement [ɑ̃plasmɑ̃] nm Platz m, Stelle f
emplette [ɑ̃plɛt] nf: **faire des ~s** einkaufen
emplir [ɑ̃pliʀ] <8> vt füllen; (fig) erfüllen ■ vpr: **s'~ (de)** sich füllen (mit)
emploi [ɑ̃plwa] nm (utilisation) Gebrauch m; (poste) Stelle f; **~ à domicile** Telearbeitsplatz m; **d'~ facile** leicht zu benutzen, benutzerfreundlich; **~ jeune** Arbeitsbeschaffungsprogramm nt für Jugendliche; **~ du temps** Zeitplan m; (Scol) Stundenplan m
employé, e nm/f Angestellte(r) mf

employer [ãplwaje] <6> vt verwenden,
gebrauchen; (personne) beschäftigen
▪ vpr: **s'~ à faire qch** sich bemühen, etw
zu tun
employeur, -euse nm/f Arbeitgeber(in)
m(f)
empocher [ãpɔʃe] <1> vt (argent)
einstecken
empoignade [ãpwaɲad] nf Rauferei f
empoigner [ãpwaɲe] <1> vt packen
empoisonner [ãpwazɔne] <1> vt
vergiften; (empester) verpesten; (fam)
verrückt machen
emporter [ãpɔʀte] <1> vt mitnehmen;
(blessés, voyageurs) wegbringen; (entraîner)
mitreißen; (arracher) fortreißen; (Mil:
position) einnehmen; (avantage) erzielen;
(décision, approbation) gewinnen; **l'~ (sur)**
die Oberhand gewinnen (über +akk);
(méthode, etc) sich durchsetzen
(gegenüber); **s'emporter** vpr (de colère)
aufbrausen
empreint, e [ãpʀɛ̃, ɛ̃t] adj: **~ de** voll von
empreinte [ãpʀɛ̃t] nf Abdruck m; (fig)
Spuren pl; **~s digitales** Fingerabdrücke pl;
~ écologique ökologischer Fußabdruck;
~ génétique genetischer Fingerabdruck
empressé, e [ãpʀese] adj aufmerksam,
beflissen
empressement [ãpʀɛsmã] nm Eifer m;
(hâte) Eile f
empresser [ãpʀese] <1> vpr:
s'empresser geschäftig hin und her eilen;
s'~ auprès de qn sich um jdn bemühen;
s'~ de faire sich beeilen zu tun
emprise [ãpʀiz] nf Einfluss m
emprisonnement [ãpʀizɔnmã] nm
Haft f
emprisonner [ãpʀizɔne] <1> vt einsperren
emprunt [ãpʀœ̃] nm Anleihe f; (Fin)
Darlehen nt; (Ling) Entlehnung f
emprunter [ãpʀœ̃te] <1> vt sich dat
leihen, ausleihen; (itinéraire) einschlagen
emprunteur, -euse [ãpʀœ̃tœʀ, øz]
nm/f Kreditnehmer(in) m(f)
ému, e [emy] pp de **émouvoir**
émulation [emylasjõ] nf Wetteifer m
en [ã] prép in +dat; (avec direction) in +akk;
(pays) nach; **en avion/taxi** im Flugzeug/
Taxi; **en bois/verre** aus Holz/Glas;
en dormant beim Schlafen; **en sortant,
il a ...** als er hinausging, hat er ...; **en
travaillant** bei der Arbeit; **le même en
plus grand** das gleiche, aber größer
▪ pron: **j'en ai/veux** ich habe/möchte
davon; **j'en ai assez** ich habe genug;
j'en connais les dangers ich kenne die
Gefahren (dieser Sache); **j'en viens**
(provenance) ich komme von dort; **il en
est mort/perd le sommeil** er ist daran

gestorben/kann deswegen nicht
schlafen; **où en étais-je?** wo war ich
stehen geblieben?; **ne pas s'en faire** sich
dat nichts daraus machen
E.N.A. [ena] nf acr = **École nationale
d'administration** Schule für die Ausbildung
von Beamten im höheren Dienst
énarque [enaʀk] nmf Absolvent(in) m(f)
der E.N.A.
encadrement [ãkadʀəmã] nm Rahmen
nt; (de personnel) Einarbeitung f; (de porte)
Rahmen m
encadrer [ãkadʀe] <1> vt (tableau, image)
(ein)rahmen; (fig: entourer) umgeben;
(flanquer) begleiten; (personnel)
einarbeiten; (soldats) drillen
encadreur, -euse nm/f (Bilder)rahmer(in)
m(f)
encaisse [ãkɛs] nf Kassenbestand m;
~ métallique Gold- und Silberreserve f
encaisser [ãkese] <1> vt (chèque)
einlösen; (argent) bekommen,
einnehmen; (fig: coup, défaite) einstecken
encanailler [ãkanaje] <1> vpr:
s'encanailler ins Ordinäre abgleiten
encart [ãkaʀ] nm Beilage f, Beiblatt nt
en-cas [ãka] nm inv Imbiss m
encastrer [ãkastʀe] <1> vt einpassen;
(dans le mur) einlassen ▪ vpr: **s'~ dans**
passen in +akk; (heurter) aufprallen auf +akk
encaustique [ãkostik] nf Politur f,
Wachs nt
encaustiquer <1> vt einwachsen
enceinte [ãsɛ̃t] adj schwanger; **~ de 6
mois** im 6. Monat schwanger ▪ nf (mur)
Mauer f, Wall m; (espace) Raum m, Bereich
m; **~ (acoustique)** Lautsprecherbox f;
~ de confinement Sicherheitsbehälter m
encens [ãsã] nm Weihrauch m
encenser <1> vt beweihräuchern; (fig) in
den Himmel loben
encensoir nm Weihrauchgefäß nt
encéphalogramme [ãsefalɔgʀam] nm
Enzephalogramm nt
encercler [ãseʀkle] <1> vt umzingeln
enchaîner [ãʃene] <1> vt fesseln;
(mouvements, séquences) verbinden
▪ vi weitermachen
enchanté, e [ãʃãte] adj hocherfreut,
entzückt; **~ (de faire votre
connaissance)** (sehr) angenehm!
enchantement [ãʃãtmã] nm große Freude,
Entzücken nt; (magie) Zauber m; **comme
par ~** wie durch Zauberei
enchanter <1> vt erfreuen
enchanteur, -eresse [ãʃãtœʀ, tʀɛs] adj
zauberhaft
enchère [ãʃɛʀ] nf: **vendre aux ~s**
versteigern
enclencher [ãklãʃe] <1> vt auslösen

enclin, e [ãklɛ̃, in] *adj*: **être ~(e) à qch/ faire qch** zu etw neigen/dazu neigen, etw zu tun

enclos [ãklo] *nm* eingezäuntes Grundstück

enclume [ãklym] *nf* Amboss *m*

encoche [ãkɔʃ] *nf* Kerbe *f*

encoder [ãkɔde] <1> *vt* verschlüsseln, codieren

encodeur [ãkɔdœʀ] *nm* Codierer *m*

encolure [ãkɔlyʀ] *nf* Hals *m*; (*tour de cou*) Kragenweite *f*

encombrant, e [ãkõbʀã, ãt] *adj* behindernd, sperrig

encombre [ãkõbʀ] *adv*: **sans ~** ohne Zwischenfälle

encombrer [ãkõbʀe] <1> *vt* behindern ▪ *vpr*: **s'~ de** sich beladen mit

encontre [ãkõtʀ] *prép*: **aller à l'~ de** zuwiderlaufen +*dat*

encorbellement [ãkɔʀbɛlmã] *nm* Mauervorsprung *m*; **en ~** Erker-

encorder [ãkɔʀde] <1> *vpr*: **s'encorder** sich anseilen

encore [ãkɔʀ] *adv* (*continuation*) noch; (*de nouveau*) wieder, aufs neue; (*restriction*) freilich, allerdings; **pas ~** noch nicht; **~ plus fort/mieux** noch lauter/besser; **~ que** obwohl; **~ une fois/deux jours** noch einmal/zwei Tage

encourageant, e [ãkuʀaʒã, ãt] *adj* ermutigend

encouragement [ãkuʀaʒmã] *nm* Förderung *f*; **~ à la construction** Wohnungsbauförderung

encourager [ãkuʀaʒe] <2> *vt* ermutigen; (*activité, tendance*) fördern

encourir [ãkuʀiʀ] *irr comme courir vt* sich *dat* zuziehen

encre [ãkʀ] *nf* Tinte *f*; **~ de Chine** Tusche *f*

encrier *nm* Tintenfass *nt*

encroûter [ãkʀute] <1> *vpr*: **s'encroûter** (*fig*) in einen Trott geraten

encyclopédie [ãsiklɔpedi] *nf* Enzyklopädie *f*

endetté, e [ãdete] *adj* verschuldet

endettement [ãdɛtmã] *nm* Verschuldung *f*, Schulden *pl*

endetter [ãdete] <1> *vpr*: **s'endetter** sich verschulden

endiablé, e [ãdjable] *adj* leidenschaftlich

endimancher [ãdimãʃe] <1> *vpr*: **s'endimancher** sich herausputzen

endive [ãdiv] *nf* Chicorée *m* o *f*

endoctriner [ãdɔktʀine] <1> *vt* indoktrinieren

endommager [ãdɔmaʒe] <2> *vt* beschädigen

endormir [ãdɔʀmiʀ] *irr comme dormir vt* (*enfant*) zum Schlafen bringen; (*chaleur*) schläfrig machen; (*soupçons*) einschläfern;

(*ennuyer*) langweilen; (*Med*) betäuben; **s'endormir** *vpr* einschlafen

endoscope [ãdɔskɔp] *nm* Endoskop *nt*

endoscopie [ãdɔskɔpi] *nf* Endoskopie *f*

endosser [ãdose] <1> *vt* (*responsabilité*) übernehmen; (*chèque*) indossieren; (*uniforme*) anlegen

endroit [ãdʀwa] *nm* Platz *m*, Ort *m*; (*emplacement*) Stelle *f*; (*opposé à l'envers*) rechte Seite; **à l'~ de** gegenüber

enduire [ãduiʀ] *irr comme conduire vt* überziehen; **~ qch de** etw einreiben mit

enduit *nm* Überzug *m*

endurance [ãdyʀãs] *nf* Durchhaltevermögen *nt*

endurant, e [ãdyʀã, ãt] *adj* ausdauernd

endurci, e [ãdyʀsi] *adj* hart; (*célibataire*) eingefleischt; (*joueur*) leidenschaftlich; (*buveur, fumeur*) unverbesserlich

endurcir [ãdyʀsiʀ] <8> *vt* abhärten; **s'endurcir** *vpr* hart/zäh werden

endurer [ãdyʀe] <1> *vt* ertragen

énergétique [enɛʀʒetik] *adj* Energie-

énergie [enɛʀʒi] *nf* Energie *f*; **~ nucléaire**, **~ atomique** Kernkraft *f*, Atomkraft *f*

énergique *adj* energisch

énergisant, e [enɛʀʒizã, ãt] *adj* Energie spendend

énergumène [enɛʀgymɛn] *nmf* Spinner(in) *m(f)*

énervant, e [enɛʀvã, ãt] *adj* nervtötend

énervé, e [enɛʀve] *adj* verärgert; (*agité*) aufgeregt; (*nerveux*) nervös

énervement [enɛʀvəmã] *nm* Verärgerung *f*; (*surexitation*) Unruhe *f*; (*nervosité*) Nervosität *f*

énerver [enɛʀve] <1> *vt* aufregen; **s'énerver** *vpr* sich aufregen

enfance [ãfãs] *nf* Kindheit *f*; (*enfants*) Kinder *pl*

enfant [ãfã] *nmf* Kind *nt*

enfanter <1> *vt, vi* gebären

enfantillage *nm* (*pej*) Kinderei *f*

enfantin, e *adj* kindlich, Kinder-; (*pej*) kindisch; (*simple*) kinderleicht

enfer [ãfɛʀ] *nm* Hölle *f*

enfermer [ãfɛʀme] <1> *vt* einschließen; (*interner*) einsperren; **s'enfermer** *vpr* sich einschließen

enfiévré, e [ãfjevʀe] *adj* (*fig*) fiebrig, fieberhaft

enfiler [ãfile] <1> *vt* (*perles, etc*) aufreihen; (*aiguille*) einfädeln; (*vêtement*) (hinein)schlüpfen in +*akk*; (*rue, couloir*) einbiegen in +*akk*

enfin [ãfɛ̃] *adv* endlich; (*pour conclure*) schließlich; (*restriction, concession*) doch

enflammé, e [ãflame] *adj* (*Med*) entzündet; (*allumette*) brennend; (*nature*) feurig; (*discours, déclaration*) flammend

enflammer [ɑ̃flame] <1> vt in Brand setzen; (Med) entzünden; **s'enflammer** vpr Feuer fangen; (Med) sich entzünden

enflé, e [ɑ̃fle] adj geschwollen

enfler [ɑ̃fle] <1> vi anschwellen

enfoncer [ɑ̃fɔ̃se] <2> vt einschlagen; (forcer) einbrechen ■ vi (dans la vase, etc) einsinken; (sol, surface porteuse) nachgeben ■ vpr: **s'~ dans** einsinken in +akk; (dans la forêt, ville) verschwinden in +dat; (dans le mensonge, dans une erreur) sich verstricken in +dat

enfouir [ɑ̃fwiʀ] <8> vt (dans le sol) vergraben; (dans un tiroir, etc) wegstecken ■ vpr: **s'~ dans/sous** sich vergraben in +dat/unter +dat

enfourcher [ɑ̃fuʀʃe] <1> vt (cheval, vélo) besteigen

enfourner [ɑ̃fuʀne] <1> vt: ~ qch etw in den Ofen schieben

enfuir [ɑ̃fɥiʀ] irr comme fuir vpr: **s'enfuir** fliehen

enfumer [ɑ̃fyme] <1> vt einräuchern

engagé, e [ɑ̃ɡaʒe] adj (littérature, etc) engagiert

engagement [ɑ̃ɡaʒmɑ̃] nm (promesse) Versprechen nt; (professionnel) Verabredung f; (Mil: combat) Gefecht nt

engager [ɑ̃ɡaʒe] <2> vt (embaucher) anstellen, einstellen; (commencer) beginnen; (impliquer, troupes) verwickeln; (investir) investieren; ~ **qn à faire** (inciter) jdn drängen zu tun; ~ **qch dans** (faire pénétrer) etw hineinstecken in +akk; **s'engager** vpr (s'embaucher) eingestellt werden; (Mil) sich verpflichten; **s'~ (à faire)** (promettre) sich verpflichten zu tun; **s'~ dans** einbiegen in +akk

engelure [ɑ̃ʒ(ə)lyʀ] nf Frostbeule f

engendrer [ɑ̃ʒɑ̃dʀe] <1> vt (enfant) zeugen; (fig) erzeugen

engin [ɑ̃ʒɛ̃] nm Gerät nt; (Mil) Rakete f; (fam) Ding nt

englober [ɑ̃ɡlɔbe] <1> vt umfassen

engloutir [ɑ̃ɡlutiʀ] <8> vt verschlingen; **s'engloutir** vpr verschlungen werden

engorger [ɑ̃ɡɔʀʒe] <2> vt verstopfen

engouement [ɑ̃ɡumɑ̃] nm Begeisterung f, Schwärmerei f

engouffrer [ɑ̃ɡufʀe] <1> vt verschlingen ■ vpr: **s'~ dans** (vent, eau) hineinströmen in +akk; (personne) sich stürzen in +akk

engourdi, e [ɑ̃ɡuʀdi] adj gefühllos, taub

engourdir [ɑ̃ɡuʀdiʀ] <8> vt gefühllos werden lassen; **s'engourdir** vpr gefühllos werden

engrais [ɑ̃ɡʀɛ] nm Dünger m

engraisser [ɑ̃ɡʀese] <1> vt (animal) mästen

engrenage [ɑ̃ɡʀənaʒ] nm Getriebe nt

engueuler [ɑ̃ɡœle] <1> vt (fam) ausschimpfen

énigmatique [enigmatik] adj rätselhaft

énigme [enigm] nf Rätsel nt

enivrant, e [ɑ̃nivʀɑ̃, ɑ̃t] adj berauschend

enivrer [ɑ̃nivʀe, enivʀe] <1> vt betrunken machen; (fig) berauschen; **s'enivrer** vpr sich betrinken

enjambée [ɑ̃ʒɑ̃be] nf Schritt m

enjamber [ɑ̃ʒɑ̃be] <1> vt überschreiten; (pont, etc) überspannen

enjeu (pl x) [ɑ̃ʒø] nm (fig) Einsatz m

enjoliver [ɑ̃ʒɔlive] <1> vt ausschmücken

enjoliveur nm (Auto) Radkappe f

enjoué, e [ɑ̃ʒwe] adj fröhlich

enlacer [ɑ̃lase] <2> vt (étreindre) umarmen

enlèvement [ɑ̃lɛvmɑ̃] nm (rapt) Entführung f

enlever [ɑ̃l(ə)ve] <4> vt (vêtement) ausziehen; (lunettes) abnehmen; (faire disparaître) entfernen; (ordures) mitnehmen; (kidnapper) entführen; (prix, contrat) erhalten; ~ **qch à qn** (prendre) jdm etw nehmen

enneigé, e [ɑ̃neʒe] adj verschneit

ennemi, e [ɛn(ə)mi] adj feindlich ■ nm/f Feind(in) m(f)

ennoblir [ɑ̃nɔbliʀ] <8> vt adeln

ennui [ɑ̃nɥi] nm (lassitude) Langeweile f; (difficulté) Schwierigkeit f

ennuyer <6> vt ärgern; (lasser) langweilen; **si cela ne vous ennuie pas** wenn es Ihnen keine Umstände macht; **s'ennuyer** vpr sich langweilen

ennuyeux, -euse adj langweilig; (fâcheux) ärgerlich

énoncé [enɔ̃se] nm Wortlaut m; (Ling) Aussage f

énoncer [enɔ̃se] <2> vt ausdrücken

enorgueillir [ɑ̃nɔʀɡœjiʀ] <8> vpr: **s'~ de** sich rühmen +gen

énorme [enɔʀm] adj gewaltig, enorm

énormément adv: ~ **de neige/gens** ungeheuer viel Schnee/viele Menschen

enquérir [ɑ̃keʀiʀ] irr comme acquérir vpr: **s'~ de** sich erkundigen nach

enquête [ɑ̃kɛt] nf (de police, judiciaire) Untersuchung f, Ermittlung f; (de journaliste) Nachforschung f; (sondage d'opinion) Umfrage f

enquêter [ɑ̃kɛte] <1> vi untersuchen; ermitteln

enquêteur, -euse [ɑ̃kɛtœʀ, øz] nm/f Ermittler(in) m(f); (de sondage) Meinungsforscher(in) m(f)

enquiquiner [ɑ̃kikine] <1> vt (fam) nerven

enraciné, e [ɑ̃ʀasine] adj tief verwurzelt

enragé, e [ɑ̃ʀaʒe] adj (Med) tollwütig; (fig) fanatisch ■ nm/f Freak m

enrager [ɑ̃ʀaʒe] <2> vi rasend sein

enrayer [ɑ̃ʀeje] <7> vt aufhalten, stoppen; **s'enrayer** vpr klemmen

enregistrement [ɑ̃ʀ(ə)ʒistʀəmɑ̃] nm Aufnahme f, (Admin) Eintragung f, Registrierung f; (à l'hôtel: Aviat) Einchecken nt; (Inform) (Ab)speichern nt; (de bagages) Aufgabe f; **guichet d'~, comptoir d'~** Abfertigungsschalter m

enregistrer [ɑ̃ʀ(ə)ʒistʀe] <1> vt (à l'hôtel: Aviat) einchecken; (Inform) (ab)speichern; (Mus) vermerken; (Admin) eintragen, registrieren; (mémoriser) sich dat merken; (bagages) aufgeben

enrhumé, e [ɑ̃ʀyme] adj erkältet

enrhumer [ɑ̃ʀyme] <1> vpr: **s'enrhumer** sich erkälten

enrichi, e [ɑ̃ʀiʃi] adj (Chim) angereichert

enrichir [ɑ̃ʀiʃiʀ] <8> vt reich machen; (moralement) bereichern; **s'enrichir** vpr reich werden

enrober [ɑ̃ʀɔbe] <1> vt: ~ **qch de** etw umhüllen mit

enrôler [ɑ̃ʀole] <1> vt aufnehmen ■ vpr: **s'~ (dans)** sich melden (zu)

enrouer [ɑ̃ʀwe] <1> vpr: **s'enrouer** heiser werden

enrouler [ɑ̃ʀule] <1> vt (fil, corde) aufwickeln; ~ **qch autour de** etw wickeln um

enrouleur nm (de tuyau) Trommel f; (de câble) (Kabel)rolle f; **ceinture de sécurité à ~** (Auto) Automatikgurt m

ensanglanté, e [ɑ̃sɑ̃glɑ̃te] adj blutbefleckt

enseignant, e [ɑ̃sɛɲɑ̃, ɑ̃t] nm/f Lehrer(in) m(f)

enseigne [ɑ̃sɛɲ] nf Geschäftsschild nt; **à telle ~ que** dergestalt, dass; **être logés à la même ~** im gleichen Boot sitzen; **~ lumineuse** Lichtreklame f

enseignement [ɑ̃sɛɲmɑ̃] nm Unterrichten nt, Unterricht m; (leçon, conclusion) Lehre f; (profession) Lehrberuf m

enseigner [ɑ̃sɛɲe] <1> vt lehren, unterrichten; (choses) lehren, beibringen; ~ **qch à qn** jdm etw beibringen ■ vi unterrichten

ensemble [ɑ̃sɑ̃bl] adv zusammen; **aller ~** zusammenpassen ■ nm (groupe, assemblage) Komplex m; (recueil) Sammlung f; (Math) Menge f; (unité, harmonie) Einheit f; **dans l'~** im Ganzen; **l'~ de** (totalité) der/die/das ganze; **impression d'~** Gesamteindruck m; **vue d'~** Überblick m

ensoleillé, e [ɑ̃sɔleje] adj sonnig

ensommeillé, e [ɑ̃sɔmeje] adj verschlafen, schläfrig

ensorceler [ɑ̃sɔʀsəle] <3> vt bezaubern

ensuite [ɑ̃sɥit] adv dann; (plus tard) später

ensuivre [ɑ̃sɥivʀ] irr comme suivre vpr: **s'ensuivre** folgen; **il s'ensuit que** daraus folgt, dass

Ent. abr = **entreprise** Fa.

entailler [ɑ̃taje] <1> vt einkerben

entamer [ɑ̃tame] <1> vt (pain) anschneiden; (bouteille) anbrechen; (hostilités, pourparlers) eröffnen; (altérer) beeinträchtigen

entasser [ɑ̃tase] <1> vt (empiler) anhäufen, aufhäufen; (tenir à l'étroit) zusammenpferchen; **s'entasser** vpr sich anhäufen

entendre [ɑ̃tɑ̃dʀ] <14> vt hören; (Jur: accusé, témoin) vernehmen; (comprendre) verstehen, (vouloir dire) meinen, ~ **que** (vouloir) wollen, dass; **s'entendre** vpr (sympathiser) sich verstehen; (se mettre d'accord) übereinkommen

entendu, e [ɑ̃tɑ̃dy] pp de **entendre** ■ adj (réglé) abgemacht; (air) wissend; **bien ~** selbstverständlich

entente [ɑ̃tɑ̃t] nf Einvernehmen nt; (traité) Vertrag m; **à double ~** doppeldeutig

entériner [ɑ̃teʀine] <1> vt bestätigen

enterrement [ɑ̃tɛʀmɑ̃] nm (cérémonie) Begräbnis nt

enterrer [ɑ̃teʀe] <1> vt (défunt) begraben; (trésor, etc) vergraben

en-tête [ɑ̃tɛt] nm: **papier à ~** (Brief)papier mit Briefkopf

entêter [ɑ̃tete] <1> vpr: **s'~ (à faire)** sich versteifen (zu tun)

enthousiasme [ɑ̃tuzjasm] nm Begeisterung f, Enthusiasmus m

enthousiasmer <1> vt begeistern ■ vpr: **s'~ (pour qch)** sich (für etw) begeistern

entier, -ière [ɑ̃tje, ɛʀ] adj vollständig, ganz; (caractère) geradlinig; **lait ~** Vollmilch f ■ nm (Math) Ganze(s) nt; **en ~** vollständig

entièrement adv ganz

entité [ɑ̃tite] nf Wesen nt

entonner [ɑ̃tɔne] <1> vt (chanson) anstimmen

entonnoir [ɑ̃tɔnwaʀ] nm Trichter m

entorse [ɑ̃tɔʀs] nf (Med) Verstauchung f; **~ au règlement** Regelverstoß m

entortiller [ɑ̃tɔʀtije] <1> vt (envelopper) einwickeln; ~ **qch autour de** etw schlingen um

entourage [ɑ̃tuʀaʒ] nm Umgebung f; (ce qui enclôt) Umrandung f

entourer [ɑ̃tuʀe] <1> vt umgeben; (cerner) umzingeln; ~ **qn** jdn umsorgen

entourloupette [ɑ̃tuʀlupɛt] nf (fam) böser Streich

entracte [ɑ̃tʀakt] nm (Theat) Pause f

entraide [ɑ̃tʀɛd] nf gegenseitige Hilfe
entrailles [ɑ̃tʀaj] nfpl Eingeweide pl; (fig)
Innere(s) nt
entrain [ɑ̃tʀɛ̃] nm Elan m
entraînement [ɑ̃tʀɛnmɑ̃] nm Training
nt; (Tech) Antrieb m
entraîner [ɑ̃tʀene] <1> vt (tirer) ziehen;
(emmener, charrier) mitschleppen; (Tech)
antreiben; (Sport) trainieren; (impliquer)
mit sich bringen; ~ qn à faire qch jdn dazu
bringen, etw zu tun; **s'entraîner** vpr
trainieren; **s'~ à qch** sich in etw dat üben
entraîneur, -euse nm (Sport) Trainer(in)
m(f) ■ nf (de bar) Hostess f, Animierdame f
entraver [ɑ̃tʀave] <1> vt behindern
entre [ɑ̃tʀ] prép zwischen +dat;
(mouvement) zwischen +akk; (parmi) unter
+dat; ~ autres (choses) unter anderem;
l'un d'~ eux/nous einer von ihnen/uns;
~ nous unter uns gesagt
entrebâillé, e [ɑ̃tʀəbaje] adj (porte,
fenêtre) angelehnt
entrechoquer [ɑ̃tʀəʃɔke] <1> vpr:
s'entrechoquer aneinanderstoßen
entrecôte nf Entrecote nt (Rippenstück
vom Rind)
entrée [ɑ̃tʀe] nf Eintreten nt; (accès: au
cinéma, etc) Eintritt m; (billet) Eintrittskarte
f; (lieu d'accès) Eingang m; (Gastr)
Vorspeise f; (Inform) Eingabe f; d'~ von
Anfang an; ~ **en matière** Einführung f
entrefilet [ɑ̃tʀəfile] nm (Zeitungs)notiz f
entrejambe [ɑ̃tʀəʒɑ̃b] nm inv Schritt m
entrelacer [ɑ̃tʀəlase] <2> vt (ineinander)
verschlingen
entrelarder [ɑ̃tʀəlaʀde] <1> vt (viande)
spicken
entremêler [ɑ̃tʀəmele] <1> vt: ~ **qch de**
etw vermischen mit
entremets [ɑ̃tʀəmɛ] nm Nachspeise f
entremetteur, -euse [ɑ̃tʀəmɛtœʀ, øz]
nm/f: (pej) Kuppler(in) m(f)
entremettre irr comme mettre vpr:
s'entremettre intervenieren
entremise [ɑ̃tʀəmiz] nf: par l'~ de
mittels +gen
entreposer [ɑ̃tʀəpoze] <1> vt lagern
entrepôt [ɑ̃tʀəpo] nm Lager(haus) nt
entreprenant, e [ɑ̃tʀəpʀənɑ̃, ɑ̃t] adj
(actif) unternehmungslustig; (trop galant)
dreist
entreprendre [ɑ̃tʀəpʀɑ̃dʀ] <13> vt
machen; (commencer) anfangen;
(personne) angehen
entrepreneur, -euse [ɑ̃tʀəpʀənœʀ, øz]
nm/f: ~ **(en bâtiment)** Bauunternehmer(in)
m(f)
entreprise [ɑ̃tʀəpʀiz] nf Unternehmen
nt; **petites et moyennes ~s**
mittelständische Unternehmen

entrer [ɑ̃tʀe] <1> vi (avec être)
hereinkommen; (véhicule) hereinfahren;
(objet) eindringen; (être une composante de)
ein Teil sein von; ~ **dans** eintreten in +akk;
(véhicule) hineinfahren in +akk; (dans un
trou, espace, etc) eindringen in +akk; (dans
une phase, période) eintreten in +akk; **faire
~** (visiteur) hereinbitten ■ vt (avec avoir)
(Inform) eingeben; **(faire) ~ qch dans** etw
hineintun in +akk
entre-temps [ɑ̃tʀətɑ̃] adv in der
Zwischenzeit
entretenir [ɑ̃tʀətniʀ] <9> vt
unterhalten; (feu, humidité, etc) erhalten;
(amitié, relations) aufrechterhalten ■ vpr:
s'~ (de) sich unterhalten (über +akk)
entretien [ɑ̃tʀətjɛ̃] nm Unterhalt m;
(discussion) Unterhaltung f; (audience)
Unterredung f; (pour un travail)
Vorstellungsgespräch nt
entrevoir [ɑ̃tʀəvwaʀ] irr comme voir vt (à
peine) ausmachen; (brièvement) kurz sehen
entrevue [ɑ̃tʀəvy] nf Gespräch nt; (pour
un travail) Vorstellungsgespräch nt
entrouvert, e [ɑ̃tʀuvɛʀ, ɛʀt] adj halb
geöffnet
énumérer [enymeʀe] <5> vt aufzählen
envahir [ɑ̃vaiʀ] <8> vt überfallen; (foule)
besetzen; (eaux, marchandises)
überschwemmen; (inquiétude, peur)
überkommen
envahissant, e adj (personne) sich ständig
einmischend
enveloppe [ɑ̃v(ə)lɔp] nf Hülle f; (de lettre)
Umschlag m
envelopper <1> vt einpacken; (fig)
einhüllen ■ vpr: **s'~ dans qch** sich in etw
akk hüllen
envergure [ɑ̃vɛʀgyʀ] nf Spannweite f;
(fig) Ausmaß nt, Umfang m
envers [ɑ̃vɛʀ] prép gegenüber +dat ■ nm
(d'une feuille) Rückseite f; (d'une étoffe, d'un
vêtement) linke Seite; **à l'~** verkehrt herum
enviable [ɑ̃vjabl] adj beneidenswert
envie [ɑ̃vi] nf (sentiment) Neid m; (souhait)
Verlangen nt; **avoir ~ de faire qch** Lust
haben, etw zu tun; **avoir ~ de qch** Lust auf
etw akk haben
envier <1> vt beneiden
envieux, -euse adj neidisch
environ [ɑ̃viʀɔ̃] adv: ~ **3 h/2 km** ungefähr
3 Stunden/2 km
environnement [ɑ̃viʀɔnmɑ̃] nm
Umwelt f; **politique de l'~** Umweltpolitik f
environner [ɑ̃viʀɔne] <1> vt umgeben
■ vpr: **s'~ de** sich umgeben mit
environs nmpl Umgebung f
envisageable [ɑ̃vizaʒabl] adj vorstellbar
envisager [ɑ̃vizaʒe] <2> vt (considérer)
betrachten; (avoir en vue) beabsichtigen

envoi [ãvwa] nm (paquet) Sendung f
envoler [ãvɔle] <1> vpr: **s'envoler**
wegfliegen; (avion) abfliegen
envoûter [ãvute] <1> vt verzaubern
envoyé, e [ãvwaje] nm/f (Pol) Gesandte(r)
(Gesandtin) m/f; **~ spécial**
Sonderberichterstatter m
envoyer [ãvwaje] <6> vt schicken;
(projectile, ballon) werfen; (fusée) schießen;
~ des e-mails mailen
enzyme [ãzim] nm o f Enzym nt
éolien, ne [eɔljɛ̃, ɛn] adj Wind-
épagneul, e [epaɲœl] nm/f Spaniel m
épais, se [epɛ, ɛs] adj dick; (sauce, liquide)
dickflüssig; (fumée, forêt, foule) dicht
épaisseur nf Dicke f, Dickflüssigkeit f
épancher [epãʃe] <1> vpr: **s'épancher**
sich aussprechen; (liquide) herausströmen
épanouir [epanwiʀ] <8> vpr: **s'épanouir**
(fleur) sich öffnen; (fig) aufblühen
épargne [epaʀɲ] nf Sparen nt;
l'~-logement das Bausparen
épargner [epaʀɲe] <1> vt sparen;
(ne pas tuer ou endommager) verschonen;
~ qch à qn jdm etw ersparen ■ vi sparen
éparpiller [epaʀpije] <1> vt verstreuen;
(pour répartir) zerstreuen; **s'éparpiller** vpr
sich verzetteln
épars, e [epaʀ, aʀs] adj verstreut
épatant, e [epatã, ãt] adj (fam) super
épaté, e [epate] adj: **nez ~** platte Nase
épater [epate] <1> vt (fam) beeindrucken
épaule [epol] nf Schulter f
épauler [epole] <1> vt (aider) unterstützen; (arme)
anlegen ■ vi zielen
épave [epav] nf Wrack nt
épée [epe] nf Schwert nt
épeler [ep(ə)le] <3> vt buchstabieren
éperdu, e [epɛʀdy] adj verzweifelt;
(amour, gratitude) überschwänglich
éperdument [epɛʀdymã] adv:
~ amoureux(-euse) unsterblich verliebt;
s'en ficher ~ (fam) sich einen Dreck darum
scheren
épervier [epɛʀvje] nm (Zool) Sperber m;
(pour la pêche) Auswurfnetz nt
éphémère [efemɛʀ] adj kurz(lebig)
éphéméride [efemeʀid] nf
Abreißkalender m
épi [epi] nm Ähre f; **~ de cheveux**
(Haar)wirbel m; **~ de maïs** Maiskolben m
épice [epis] nf Gewürz nt
épicéa [episea] nm Fichte f
épicentre [episãtʀ] nm Epizentrum nt
épicer [epise] <2> vt würzen
épicerie [episʀi] nf (magasin)
Lebensmittelgeschäft nt; **~ fine**
Feinkostgeschäft
épicier, -ière nm/f
Lebensmittelhändler(in) m(f)

épidémie [epidemi] nf Epidemie f
épidémiologie [epidemjɔlɔʒi] nf
Epidemiologie f
épidémiologique adj epidemiologisch
épidémiologiste nmf
Epidemiologe(-login) m/f
épiderme [epidɛʀm] nm Haut f
épier [epje] <1> vt belauern; (occasion)
Ausschau halten nach
épieu (pl x) [epjø] nm Speer m
épilepsie [epilɛpsi] nf Epilepsie f
épiler [epile] <1> vt enthaaren ■ vpr:
s'~ les jambes/sourcils die Beine
enthaaren/Augenbrauen zupfen
épilogue [epilɔg] nm (fig) Ausgang m
épiloguer <1> vi: **~ (sur)** sich auslassen
über +akk
épinards [epinaʀ] nmpl Spinat m
épine [epin] nf (de rose) Dorne f; (d'oursin)
Stachel m; **~ dorsale** Rückgrat nt
épingle [epɛ̃gl] nf Nadel f; **tiré(e) à
quatre ~s** wie aus dem Ei gepellt; **tirer
son ~ du jeu** sich (rechtzeitig) aus der
Affäre ziehen; **~ de nourrice, ~ de sûreté**
Sicherheitsnadel
épingler <1> vt: **~ qch sur** etw feststecken
an/auf +dat; **se faire ~** (fam) sich
erwischen lassen
Épiphanie [epifani] nf Dreikönigsfest nt
épique [epik] adj episch
épiscopal, e (pl -aux) [episkɔpal, o] adj
bischöflich
épisode [epizɔd] nm Episode f; (de récit,
film) Fortsetzung f
épistolaire [epistɔlɛʀ] adj Brief-
épithète [epitɛt] adj: **adjectif ~**
attributives Adjektiv
épluche-légumes [eplyʃlegym] nm inv
Kartoffelschäler m
éplucher [eplyʃe] <1> vt schälen; (fig)
genau unter die Lupe nehmen
épluchures nfpl Schalen pl
éponge [epɔ̃ʒ] nf Schwamm m; **jeter
l'~** das Handtuch werfen
éponger <2> vt (liquide) aufsaugen;
(surface) abwischen; (déficit) absorbieren
■ vpr: **s'~ le front** sich dat die Stirn
abwischen
épopée [epɔpe] nf Epos nt
époque [epɔk] nf (de l'histoire) Epoche f,
Ära f; (de l'année, de la vie) Zeit f; **à l'~ où/
de** zur Zeit als/von; **d'~** (meuble) Stil-
époumoner [epumɔne] <1> vpr:
s'époumoner sich heiser schreien
épouse [epuz] nf Ehefrau f
épouser <1> vt heiraten; (fig: idées)
eintreten für; (forme) annehmen
épousseter [epuste] <3> vt abstauben
époustouflant, e [epustuflã, ãt] adj
(fam) umwerfend

épouvantable [epuvãtabl] *adj* entsetzlich, schrecklich

épouvantail [epuvãtaj] *nm* Vogelscheuche *f*

épouvante [epuvãt] *nf*: **film/livre d'~** Horrorfilm *m*/-buch *nt*

épouvanter <1> *vt* entsetzen

époux [epu] *nm* Ehemann *m* ■ *nmpl* Ehepaar *nt*

éprendre [epRãdR] <13> *vpr*: **s'~ de** sich verlieben in *+akk*

épreuve [epRœv] *nf* Prüfung *f*; (*Sport*) Wettkampf *m*; (*Foto*) Abzug *m*; (*d'imprimerie*) Fahne *f*; **à l'~ de** resistent gegenüber; **à toute ~** unfehlbar; **mettre qn/qch à l'~** jdn/etw einer Prüfung unterziehen

épris, e [epRi, iz] *pp de* **éprendre**

éprouver [epRuve] <1> *vt* (*tester*) testen; (*difficultés, etc*) begegnen *+dat*; (*ressentir*) spüren, empfinden; (*mettre à l'épreuve*) prüfen; **~ qn** (*faire souffrir*) jdm Leid zufügen

éprouvette [epRuvet] *nf* Reagenzglas *nt*

épuisant, e [epɥizã, ãt] *adj* erschöpfend

épuisé, e [epɥize] *adj* erschöpft; (*livre*) vergriffen

épuisement *nm* Erschöpfung *f*; **~ professionnel** Burn-out *m*; **jusqu'à ~ du stock** solange der Vorrat reicht

épuiser [epɥize] <1> *vt* erschöpfen; **s'épuiser** *vpr* müde werden; (*stock*) ausgehen, zu Ende gehen

épurer [epyRe] <1> *vt* reinigen

équateur [ekwatœR] *nm* Äquator *m*

Équateur [ekwatœR] *nm*: **l'~** Ecuador *nt*

équation [ekwasjõ] *nf* Gleichung *f*

équatorien, ne [ekwatɔRjẽ, ɛn] *adj* ecuadorianisch

Équatorien, ne *nm/f* Ecuadorianer(in) *m(f)*

équerre [ekeR] *nf* (*à dessin*) Zeichendreieck *nt*; (*de maçon*) Winkel *m*; (*pour fixer*) Winkeleisen *nt*

équestre [ekɛstR] *adj*: **statue ~** Reiterstandbild *nt*

équilibre [ekilibR] *nm* Gleichgewicht *nt*

équilibré, e *adj* (*fig*) ausgeglichen

équilibrer <1> *vt* ausgleichen; **s'équilibrer** *vpr* (*poids*) sich ausbalancieren; (*fig*) sich ausgleichen

équilibriste [ekilibRist] *nmf* Seiltänzer(in) *m(f)*

équinoxe [ekinɔks] *nm* Tagundnachtgleiche *f*

équipage [ekipaʒ] *nm* Mannschaft *f*, Besatzung *f*

équipe [ekip] *nf* (*de joueurs*) Mannschaft *f*; (*de travailleurs*) Team *nt*

équipement [ekipmã] *nm* Ausrüstung *f*, Ausstattung *f*; **équipements** *nmpl* Anlagen *pl*

équiper [ekipe] <1> *vt* ausrüsten; (*voiture, cuisine*) ausstatten (*de* mit)

équitable [ekitabl] *adj* gerecht

équitation [ekitasjõ] *nf* Reiten *nt*, Reitsport *m*

équité [ekite] *nf* Fairness *f*; **~ fiscale** Steuergerechtigkeit *f*

équivalence [ekivalãs] *nf* Äquivalenz *f*

équivalent, e [ekivalã, ãt] *adj* gleichwertig ■ *nm* Gegenstück *nt*

équivaloir [ekivalwaR] *irr comme* **valoir** *vi*: **~ à** entsprechen *+dat*; (*représenter*) gleichkommen *+dat*

équivoque [ekivɔk] *adj* doppeldeutig; (*louche*) zweideutig

érable [eRabl] *nm* Ahorn *m*

érafler [eRafle] <1> *vpr*: **s'~ la main/les jambes** sich *dat* die Hand/Beine zerkratzen

éraillé, e [eRaje] *adj* (*voix*) heiser

ère [ɛR] *nf* Ära *f*, Epoche *f*; **~ du solaire** Solarzeitalter *nt*; **~ numérique** Digitalzeitalter *nt*; **en l'an 1050 de notre ~** im Jahre 1050 unserer Zeitrechnung

érection [eRɛksjõ] *nf* (*Anat*) Erektion *f*

éreinter [eRẽte] <1> *vt* erschöpfen

érémiste [eRemist] *nmf* (*bénéficiaire du R.M.I.*) Sozialhilfeempfänger(in) *m(f)*

ergonomie [ɛRgɔnɔmi] *nf* Ergonomie *f*

ergonomique *adj* ergonomisch

ergot [ɛRgo] *nm* (*de coq*) Sporn *m*

ergoter [ɛRgɔte] <1> *vi* Haare spalten

ergothérapeute [ɛRgoteRapøt] *nmf* Ergotherapeut(in) *m(f)*

ergothérapeutique *adj* ergotherapeutisch

ergothérapie *nf* Ergotherapie *f*, Beschäftigungstherapie *f*

ériger [eRiʒe] <2> *vt* (*monument*) errichten ■ *vpr*: **s'~ en juge** sich als Richter aufspielen

ermite [ɛRmit] *nm* Einsiedler(in) *m(f)*

éroder [eRɔde] <1> *vt* erodieren

érogène [eRɔʒɛn] *adj* erogen

érotique [eRɔtik] *adj* erotisch

érotisme *nm* Erotik *f*

errer [eRe] <1> *vi* umherirren; (*pensées*) schweifen

erreur [eRœR] *nf* (*de calcul*) Fehler *m*; (*de jugement*) Irrtum *m*; **induire qn en ~** jdn irreführen; **par ~** fälschlicherweise; **~ disquette** Diskettenfehler; **~ médicale** (*Med*) Kunstfehler; **~ de système** (*Inform*) Systemfehler

erroné, e [eRɔne] *adj* falsch, irrig

érudit, e [eRydi, it] *adj* gelehrt, gebildet ■ *nm/f* Gelehrte(r) *mf*

érudition *nf* Gelehrsamkeit *f*

éruption [eRypsjõ] *nf* Ausbruch *m*

Érythrée [eRitRe] *nf*: **l'~** Eritrea *nt*

ès [ɛs] *prép*: **docteur ès lettres** Dr. phil.

ESB *nf abr* = **encéphalite spongiforme bovine** BSE *f*

escabeau (*pl* **x**) [ɛskabo] *nm* Hocker *m*

escadre [ɛskadʀ] *nf* (*Naut*) Geschwader *nt*; (*Aviat*) Staffel *f*

escadrille [ɛskadʀij] *nf* (*Aviat*) Formation *f*

escadron [ɛskadʀɔ̃] *nm* Schwadron *f*

escalade [ɛskalad] *nf* Bergsteigen *nt*; (*Pol*: *fig*) Eskalation *f*

escalader <1> *vt* klettern auf +*akk*

escalator [ɛskalatɔʀ] *nm* Rolltreppe *f*

escale [ɛskal] *nf* Zwischenstation *f*; **faire ~ (à)** anlaufen +*akk*; (*Aviat*) zwischenlanden (in +*dat*)

escalier [ɛskalje] *nm* Treppe *f*; **dans l'~** [*ou* **les ~s**] auf der Treppe; **~ mécanique** Rolltreppe

escalope [ɛskalɔp] *nf* Schnitzel *nt*

escamoter [ɛskamɔte] <1> *vt* (*esquiver*) umgehen, ausweichen +*dat*; (*faire disparaître*) wegzaubern

escapade [ɛskapad] *nf*: **faire une ~** (aus dem Alltag) ausbrechen

escargot [ɛskaʀɡo] *nm* Schnecke *f*

escarmouche [ɛskaʀmuʃ] *nf* Gefecht *nt*, Plänkelei *f*

escarpé, e [ɛskaʀpe] *adj* steil

escarpin [ɛskaʀpɛ̃] *nm* (*chaussure*) Pumps *m*

Escaut [ɛsko] *nm*: **l'~** die Schelde

escient [ɛsjɑ̃] *nm*: **à bon ~** überlegt

esclaffer [ɛsklafe] <1> *vpr*: **s'esclaffer** schallend loslachen

esclandre [ɛsklɑ̃dʀ] *nm* Skandal *m*

esclavage [ɛsklavaʒ] *nm* Sklaverei *f*

esclave *nmf* Sklave (Sklavin) *m/f*

escompte [ɛskɔ̃t] *nm* (*Fin*) Skonto *nt*; (*Com*) Rabatt *m*

escompter <1> *vt* (*Fin*) nachlassen; (*espérer*) erwarten

escorte [ɛskɔʀt] *nf* Eskorte *f*

escorter <1> *vt* eskortieren

escrime [ɛskʀim] *nf* Fechten *nt*

escrimer [ɛskʀime] <1> *vpr*: **s'~ à faire qch** sich *dat* große Mühe geben, etw zu tun

escroc [ɛskʀo] *nm* Betrüger(in) *m(f)*

escroquer [ɛskʀɔke] <1> *vt*: **~ qn de qch** jdm etw abschwindeln

escroquerie *nf* Schwindel *m*, Betrug *m*

ésotérique [ezɔteʀik] *adj* esoterisch

ésotérisme [ezɔteʀism] *nm* Esoterik *f*

espace [ɛspas] *nm* Raum *m*; (*écartement*) Abstand *m*; **E~ économique européen** Europäischer Wirtschaftsraum; **~ sur disque dur** (*Inform*) Plattenspeicher *m*; **~ de stockage** (*Inform*) Speicherbereich *m*

espace-disque *nm* (*Inform*) Speicherplatz *m*

espacement *nm* Verteilung *f*, Aufteilung *f*; (*temporel*) Abstand *m*

espacer <2> *vt* in Abständen verteilen; **s'espacer** *vpr* weniger häufig auftreten

espadon [ɛspadɔ̃] *nm* Schwertfisch *m*

espadrille [ɛspadʀij] *nf* Espadrille *f*, Leinenschuh *m*

Espagne [ɛspaɲ] *nf*: **l'~** Spanien *nt*

espagnol, e [ɛspaɲɔl] *adj* spanisch

Espagnol, e *nm/f* Spanier(in) *m(f)*

espèce [ɛspɛs] *nf* Art *f*; **espèces** *nfpl* (*Com*) Bargeld *nt*; **en ~s** (in) bar; **en l'~** im vorliegenden Fall; **une ~ de maison** eine Art Haus

espérance [ɛspeʀɑ̃s] *nf* Hoffnung *f*; **~ de vie** Lebenserwartung *f*

espérer [ɛspeʀe] <5> *vt* hoffen auf +*akk*, erwarten; **~ en l'avenir** auf die Zukunft vertrauen; **~ que/faire qch** hoffen, dass/etw zu tun; **oui, j'espère bien** hoffentlich

espiègle [ɛspjɛɡl] *adj* schelmisch

espion, ne [ɛspjɔ̃, ɔn] *nm/f* Spion(in) *m(f)*

espionnage [ɛspjɔnaʒ] *nm* Spionage *f*

espionner [ɛspjɔne] <1> *vt* ausspionieren

espoir [ɛspwaʀ] *nm* Hoffnung *f* (*de* auf +*akk*)

esprit [ɛspʀi] *nm* Geist *m*; (*pensée*, *intellect*) Geist *m*, Verstand *m*; **faire de l'~** witzig sein; **reprendre ses ~s** wieder zu sich kommen

esquimau, de (*pl* **-aux**) [ɛskimo, od] *nm/f* Eskimo (Eskimofrau) *m/f* ▪ *nm* (®: *glace*) Eis *nt* mit Schokoladenglasur

esquinter [ɛskɛ̃te] <1> *vt* (*fam*) kaputtmachen, ruinieren

esquisse [ɛskis] *nf* Skizze *f*; (*ébauche*) Andeutung *f*

esquisser <1> *vt* entwerfen; andeuten

esquiver [ɛskive] <1> *vt* ausweichen +*dat*; **s'esquiver** *vpr* (aus) wegstehlen

essai [ɛse] *nm* Probe *f*; (*tentative*: *Sport*) Versuch *m*; (*écrit*) Essay *m o nt*; **à l'~** versuchsweise, auf Probe; **~ nucléaire** Atomversuch

essaim [ɛsɛ̃] *nm* (*d'abeilles*: *fig*) Schwarm *m*

essayage [ɛsejaʒ] *nm* Anprobe *f*

essayer [ɛseje] <7> *vt* (aus)probieren; (*vêtement*, *chaussures*) anprobieren; **~ de faire qch** versuchen, etw zu tun

essence [ɛsɑ̃s] *nf* (*carburant*) Benzin *nt*; (*extrait de plante*) Essenz *f*; (*en philosophie*: *fig*) Wesen *nt*; (*d'arbre*) Art *f*, Spezies *f*; **~ sans plomb** bleifreies Benzin

essentiel, le [ɛsɑ̃sjɛl] *adj* (*indispensable*) erforderlich, notwendig; (*de base*, *fondamental*) wesentlich, essenziell; **c'est l'~** das ist die Hauptsache; **l'~ de** der Hauptteil von

essentiellement *adv* im Wesentlichen

essieu (*pl* **x**) [esjø] *nm* Achse *f*

essor [esɔʀ] nm (de l'économie, etc)
Aufschwung m; ~ de la conjoncture
économique Konjunkturaufschwung
essorer [esɔʀe] <1> vt auswringen;
(à la machine) schleudern
essoreuse nf Schleuder f
essouffler [esufle] <1> vt außer Atem
bringen; s'essouffler vpr außer Atem
geraten; (fig) sich verausgaben
essuie-glace [esɥiglas] nm inv
Scheibenwischer m; ~ de la vitre arrière
Heckscheibenwischer
essuie-mains nm inv Handtuch nt
essui-tout nm inv Küchenrolle f
essuyer [esɥije] <6> vt abtrocknen;
(épousseter) abwischen; (fig: subir)
erleiden; s'essuyer vpr sich abtrocknen
est [est] nm: l'~ der Osten; les pays de
l'E~ Osteuropa nt; à l'~ östlich von,
im Osten von ■ adj inv Ost-, östlich
estafette [estafet] nf Kurier m
estampe [estãp] nf (gravure) Stich m
est-ce que adv: ~ c'est cher?: ist es teuer?;
~ c'était bon? war es gut?; quand est-ce
qu'il part? wann reist er ab?; où est-ce
qu'il va? wohin geht er?; qui est-ce qui
a fait ça? wer hat das gemacht?
esthéticien, ne [estetisjɛ̃, ɛn] nf
Kosmetiker(in) m(f)
esthétique [estetik] adj (beau)
ästhetisch; (cosmétiques) Schönheits-
estimation [estimasjɔ̃] nf Schätzung f
estime [estim] nf Wertschätzung f
estimer [estime] <1> vt schätzen; ~ que
(penser) meinen, dass ■ vpr: s'~ heureux
sich glücklich schätzen
estival, e (pl -aux) [estival, o] adj
sommerlich
estivant, e [estivã, ãt] nm/f
Sommerfrischler(in) m(f)
estomac [estɔma] nm Magen m; avoir
mal à l'~ Magenschmerzen haben
estomaqué, e [estɔmake] adj (fam) platt,
perplex
estomper [estɔ̃pe] <1> vt (fig) trüben,
verwischen; s'estomper vpr undeutlich
werden
Estonie [estɔni] nf: l'~ Estland nt
estrade [estʀad] nf Podium nt
estragon [estʀagɔ̃] nm Estragon nt
estuaire [estɥɛʀ] nm Mündung f
estudiantin, e [estydjãtɛ̃, in] adj
studentisch
esturgeon [estyʀʒɔ̃] nm Stör m
et [e] conj und; et alors?, et puis après?
na und?; et puis und dann
ETA [atea] nm ETA f (baskische
Befreiungsorganisation)
étable [etabl] nf Kuhstall m
établi [etabli] nm Werkbank f

établir [etabliʀ] <8> vt (papiers d'identité,
facture) ausstellen; (liste, programme;
gouvernement) aufstellen; (entreprise)
gründen; (atelier) einrichten; (camp)
errichten; (fait, culpabilité) beweisen;
s'établir vpr sich einstellen; s'~ (à son
compte) sich selbstständig machen;
s'~ quelque part sich irgendwo
niederlassen
établissement [etablismã] nm
Ausstellung f, Aufstellung f; (entreprise)
Unternehmen nt; ~ de crédit
Kreditinstitut nt; ~ d'un protocole de
transfert Quittungsaustausch m,
Handshake m; ~ scolaire Schule f
étage [etaʒ] nm (d'immeuble) Stockwerk
nt; (de fusée; de culture) Stufe f; de bas ~
niedrig
étager [etaʒe] <2> vt (prix) staffeln; (cultures)
stufenförmig anlegen
étagère [etaʒɛʀ] nf (rayon) Brett nt;
(meuble) Regal nt
étai [etɛ] nm Stütze f
étain [etɛ̃] nm Zinn nt
étal [etal] nm Stand m
étalage [etalaʒ] nm Auslage f; faire ~ de
zur Schau stellen
étalagiste [etalaʒist] nmf Dekorateur(in)
m(f)
étaler [etale] <1> vt ausbreiten; (peinture)
(ver)streichen; (paiements, vacances)
staffeln, verteilen; (marchandises)
ausstellen; s'étaler vpr (liquide) sich
ausbreiten; (travaux, paiements) sich
verteilen; (fam) auf die Nase fallen
étalon [etalɔ̃] nm (mesure) Eichmaß nt;
(cheval) Zuchthengst m
étalonnage nm Eichung f
étamine [etamin] nf (Bot) Staubgefäß nt
étanche [etãʃ] adj wasserdicht
étancher <1> vt aufsaugen; ~ la soif den
Durst löschen
étang [etã] nm Teich m
étant [etã] vb voir être, donné
étape [etap] nf Etappe f; (lieu d'arrivée)
Rastplatz m; faire ~ à anhalten in +dat
état [eta] nm: État Staat m; État membre
Mitglied(s)staat ■ nm (liste)
Bestandsaufnahme f; (condition: Inform)
Zustand m; en tout ~ de cause auf alle
Fälle; être dans tous ses ~s aufgeregt
sein; être en ~/hors d'~ de faire qch in
der Lage/außerstande sein, etw zu tun;
faire ~ de vorbringen; hors d'~ (machine,
ascenseur, etc) außer Betrieb; ~s mpl d'âme
Verfassung f, Stimmung f; (pej) Skrupel m,
Sentimentalitäten pl; ~ d'âme
Gemütszustand m; ~ civil Personenstand m;
~ général (Med) Allgemeinzustand m;
~ des lieux (immeuble, etc) Bestandsaufnahme f

(des Erhaltungszustandes); **État de Palestine** Palästinenserstaat m; **~ permanent** Dauerzustand; **~ d'urgence** Notstand m

étatiser <1> vt verstaatlichen

état-major (pl **états-majors**) [etamaʒɔʀ] nm (Mil) Stab m

État-providence nm Wohlfahrtsstaat m, Sozialstaat m; (pej) Versorgerstaat m

États-Unis [etazyni] nmpl: **les ~** die Vereinigten Staaten pl

étayer [eteje] <7> vt abstützen; (fig) unterstützen

etc. abr = **et cetera** etc., usw.

et cetera [ɛtsetera] adv etc., und so weiter

été [ete] pp de **être** ■ nm Sommer m; **en ~** im Sommer

éteignoir [etɛɲwaʀ] nm Kerzenlöscher m; (pej) Spielverderber(in) m(f)

éteindre [etɛ̃dʀ] irr comme peindre vt ausmachen; (incendie: fig) löschen; **s'éteindre** vpr ausgehen; (mourir) verscheiden

éteint, e [etɛ̃, ɛ̃t] pp de **éteindre** ■ adj (fig) matt, stumpf; (volcan) erloschen

étendre [etɑ̃dʀ] <14> vt (pâte, liquide) streichen; (carte, etc) ausbreiten; (linge) aufhängen; (bras, jambes) ausstrecken; (blessé, malade) hinlegen; (diluer) strecken; **s'étendre** vpr sich ausdehnen; (terrain, forêt) sich erstrecken; (s'allonger) sich hinlegen; (expliquer) sich ausdehnen (sur auf +akk)

étendue [etɑ̃dy] nf Ausmaß nt; (surface) Fläche f

éternel, le [etɛʀnɛl] adj ewig

éterniser [etɛʀnize] <1> vpr: **s'éterniser** ewig dauern; (fam: demeurer) ewig bleiben

éternité [etɛʀnite] nf Ewigkeit f

éternuer [etɛʀnɥe] <1> vi niesen

éther [etɛʀ] nm Äther m

Éthiopie [etjɔpi] nf: **l'~** Äthiopien nt

ethnie [ɛtni] nf ethnische Gruppe

ethnique [ɛtnik] adj ethnisch

ethnologie [ɛtnɔlɔʒi] nf Ethnologie f, Völkerkunde f

éthologie [etɔlɔʒi] nf Verhaltensforschung f

étinceler [etɛ̃sle] <3> vi funkeln

étincelle [etɛ̃sɛl] nf Funke m

étiqueter [etikte] <3> vt beschriften; (pej) abstempeln

étiquette [etikɛt] nf (de paquet) Aufschrift f; (à coller) Aufkleber m; (dans un vêtement: fig) Etikett nt; **l'~** (protocole) die Etikette

étirer [etiʀe] <1> vt ausdehnen; (bras, jambes) ausstrecken; **s'étirer** vpr (personne) sich strecken; **s'~ sur** (convoi, route) sich ausdehnen auf +akk

étoffe [etɔf] nf Stoff m

étoffer [etɔfe] <1> vt anreichern; **s'étoffer** vpr füllig werden

étoile [etwal] nf Stern m; (vedette) Star m; **dormir à la belle ~** unter freiem Himmel übernachten; **~ filante** Sternschnuppe f; **~ de mer** Seestern ■ adj: **danseuse ~** Primaballerina f

étonnant, e [etɔnɑ̃, ɑ̃t] adj erstaunlich

étonnement [etɔnmɑ̃] nm Erstaunen nt; **à mon grand ~** zu meinem großen Erstaunen

étonner [etɔne] <1> vt erstaunen; **cela m'étonnerait (que)** es würde mich wundern (wenn) ■ vpr: **s'~ de** erstaunt sein über +akk

étouffant, e [etufɑ̃, ɑ̃t] adj erstickend, bedrückend

étouffée [etufe] adv: **à l'~** (Gastr) gedämpft, gedünstet

étouffer [etufe] <1> vt ersticken; (bruit) dämpfen; (scandale) vertuschen ■ vi ersticken; **s'étouffer** vpr (en mangeant, etc) sich verschlucken

étourderie [etuʀdəʀi] nf Schusslichkeit f

étourdi, e adj schusslig

étourdiment [etuʀdimɑ̃] adv unüberlegt

étourdir [etuʀdiʀ] <8> vt betäuben; (griser) schwindlig machen

étourdissement nm Schwindelanfall m

étrange [etʀɑ̃ʒ] adj seltsam, sonderbar; (surprenant) eigenartig

étranger, -ère [etʀɑ̃ʒe, ɛʀ] adj fremd; (d'un autre pays) ausländisch ■ nm/f Fremde(r) mf, Ausländer(in) m(f) ■ nm: **à l'~** im Ausland

étranglement [etʀɑ̃gləmɑ̃] nm (d'une vallée, etc) Verengung f

étrangler [etʀɑ̃gle] <1> vt erwürgen; (fig) ersticken; **s'étrangler** vpr sich verschlucken

étrave [etʀav] nf Vordersteven m

être [ɛtʀ] nm Wesen nt; **~ humain** Mensch m irr ■ vi (avec attribut) sein; **~ à qn** jdm gehören; **c'est à faire** das muss getan werden; **c'est à lui de le faire** es liegt bei ihm, das zu tun; **il est 10 heures** es ist 10 Uhr; **nous sommes le 10 janvier** es ist der 10. Januar ■ vb aux sein; (avec verbes pronominaux) haben; voir aussi **est-ce que, n'est-ce pas, c'est-à-dire, ce**

étreindre [etʀɛ̃dʀ] irr comme peindre vt festhalten, umklammern; (amoureusement, amicalement) umarmen; (douleur, peur) ergreifen; **s'étreindre** vpr sich umarmen

étreinte [etʀɛ̃t] nf Griff m; (amicale) Umarmung f

étrenner [etʀene] <1> vt zum ersten Mal tragen

étrennes [etʁɛn] nfpl
Neujahrsgeschenke pl
étrier [etʁije] nm Steigbügel m
étriper [etʁipe] <1> vpr: **s'étriper** (fam)
sich gegenseitig abmurksen
étriqué, e [etʁike] adj (vêtement) knapp
étroit, e [etʁwa, at] adj eng; **à l'~** beengt
étroitesse nf: **~ d'esprit** Engstirnigkeit f
Ets. abr = **établissements** Fa.
étude [etyd] nf Studium nt; (ouvrage)
Studie f; (de notaire) Büro nt, Kanzlei f;
(salle de travail) Studierzimmer nt;
études nfpl Studium nt; **Hautes ~s
commerciales** ≈ Höhere Handelsschule;
~ de l'impact sur l'environnement
Umweltverträglichkeitsprüfung f;
~ de marché Marktstudie; **faire des ~s
de droit/médecine** Jura/Medizin
studieren; **être à l'~** geprüft werden
étudiant, e [etydjã, ãt] nm/f
Student(in) m(f)
étudié, e adj (air) gespielt; (démarche,
système) wohldurchdacht; (prix) scharf
kalkuliert
étudier [etydje] <1> vt studieren; (élève)
lernen; (analyser) untersuchen ⬛ vi
studieren
étui [etɥi] nm Etui nt
étuvée [etyve] adv: **à l'~** (Gastr) gedämpft
étymologie [etimɔlɔʒi] nf Etymologie f
eu, e [y] pp de **avoir**
euphémisme [øfemism] nm (expression)
beschönigender Ausdruck, Euphemismus m
euphorie [øfɔʁi] nf Euphorie f
euro [øʁo] nm Euro m
eurobanque [øʁobãk] nf Eurobank f
eurochèque nm Eurocheque m
eurocommunisme nm
Eurokommunismus m
eurocrate [øʁokʁat] nmf Eurokrat(in) m(f)
eurodollar nm Eurodollar m
Euroland [øʁolãd] nm Euroland nt,
Eurozone f
Europe [øʁɔp] nf: **l'~** Europa nt
européanisation [øʁopeanizasjõ] nf
(Pol) Europäisierung f
européen, ne [øʁopeẽ, ɛn] adj
europäisch
Européen, ne nm/f Europäer(in) m(f)
Europol [øʁopol] nm Europol f
eurosceptique [øʁosɛptik] nmf
Euroskeptiker(in) m(f)
Eurovision [øʁovizjõ] nf Eurovision f
euthanasie [øtanazi] nf Euthanasie f;
(d'un malade incurable) Sterbehilfe f
eux [ø] pron (sujet) sie; (objet) ihnen
évacuation [evakɥasjõ] nf Evakuierung f
évacuer [evakɥe] <1> vt räumen;
(population, occupants) evakuieren;
(déchets) leeren

évadé, e [evade] nm/f entwichener
Häftling
évader [evade] <1> vpr: **s'évader** flüchten
évaluation [evalɥasjõ] nf Einschätzung
f; **~ finale** Endauswertung f
évaluer [evalɥe] <1> vt schätzen
Évangile [evãʒil] nm Evangelium nt
évanouir [evanwiʁ] <8> vpr: **s'évanouir**
ohnmächtig werden; (fig) schwinden
évanouissement nm
Ohnmacht(sanfall m) f
évaporer [evapɔʁe] <1> vpr: **s'évaporer**
sich verflüchtigen
évasif, -ive [evazif, iv] adj ausweichend
évasion [evazjõ] nf Flucht f; **~ fiscale**
Steuerflucht
évêché [eveʃe] nm Bistum nt; (édifice)
Bischofssitz m
éveil [evɛj] nm Erwachen nt; **rester en
~** wachsam bleiben
éveillé, e adj wach
éveiller <1> vt wecken; **s'éveiller** vpr
(se réveiller) aufwachen
événement, évènement [evɛnmã] nm
Ereignis nt
éventail [evãtaj] nm Fächer m; (choix)
Spektrum nt; (d'opinions) Bandbreite f
éventer [evãte] <1> vt fächeln +dat;
(secret) aufdecken
éventrer [evãtʁe] <1> vt den Bauch
aufschlitzen +dat; (fig) aufreißen
éventualité [evãtɥalite] nf Eventualität
f; **dans l'~ de** im Falle +gen
éventuel, le [evãtɥel] adj möglich
évêque [evɛk] nm Bischof m
évertuer [evɛʁtɥe] <1> vpr: **s'~ à faire**
sich abmühen zu tun
éviction [eviksjõ] nf Ausschaltung f;
(d'un membre) Ausschluss m
évidemment [evidamã] adv (bien sûr)
natürlich; (de toute évidence) offensichtlich
évidence [evidãs] nf Offensichtlichkeit f;
(fait) eindeutige Tatsache; **mettre en ~**
aufzeigen
évident, e adj offensichtlich
évider [evide] <1> vt aushöhlen
évier [evje] nm Spülbecken nt
éviter [evite] <1> vt meiden; (problème,
question) vermeiden; (coup, projectile)
ausweichen +dat; (catastrophe) verhüten;
~ de faire/que vermeiden zu tun/, dass;
~ qch à qn jdm etw ersparen
évocation [evɔkasjõ] nf
Heraufbeschwörung f
évolué, e [evolɥe] adj hoch entwickelt
évoluer [evolɥe] <1> vi sich entwickeln;
(danseur) Schritte ausführen; (avion)
kreisen
évolution nf Entwicklung f
évoquer [evɔke] <1> vt heraufbeschwören

ex. *abr* = **exemple** Bsp.

ex- [ɛks] *préf* Ex-

exacerber [ɛgzasɛʀbe] <1> *vt* (*douleur*) verschlimmern; (*passion*) anstacheln

exact, e [ɛgzakt] *adj* exakt; (*précis*) genau; **l'heure ~e** die genaue Uhrzeit

exactement *adv* genau

exactitude [ɛgzaktityd] *nf* (*ponctualité*) Pünktlichkeit *f*; (*précision*) Genauigkeit *f*

ex aequo [ɛgzeko] *adj* gleichrangig

exagération [ɛgzaʒeʀasjõ] *nf* Übertreibung *f*

exagérer [ɛgzaʒeʀe] <5> *vt, vi* übertreiben

exalter [ɛgzalte] <1> *vt* (*enthousiasmer*) begeistern; (*glorifier*) preisen

examen [ɛgzamɛ̃] *nm* Prüfung *f*; (*investigation: Med*) Untersuchung *f*; **à l'~** (*Com*) auf Probe

examinateur, -trice [ɛgzaminatœʀ, tʀis] *nm/f* Prüfer(in) *m(f)*

examiner [ɛgzamine] <1> *vt* prüfen; (*étudier: Med*) untersuchen

exaspérant, e [ɛgzaspeʀɑ̃, ɑ̃t] *adj* überaus ärgerlich

exaspération [ɛgzaspeʀasjõ] *nf* Ärger *m*

exaspérer [ɛgzaspeʀe] <5> *vt* zur Verzweiflung bringen

exaucer [ɛgzose] <2> *vt* (*vœu*) erfüllen; **~ qn** jdn erhören

excavateur [ɛkskavatœʀ] *nm* Bagger *m*

excavation [ɛkskavasjõ] *nf* Ausgrabung *f*

excédent [ɛksedã] *nm* Überschuss *m*; **~ de bagages** Übergepäck *nt*

excéder [ɛksede] <5> *vt* (*dépasser*) überschreiten; (*agacer*) zur Verzweiflung bringen

excellence [ɛksɛlãs] *nf* hervorragende Qualität; (*titre*) Exzellenz *f*

excellent, e *adj* ausgezeichnet, hervorragend

exceller [ɛksɛle] <1> *vi* sich auszeichnen (*en* in +*dat*)

excentrique [ɛksãtʀik] *adj* exzentrisch; (*quartier*) Außen-, umliegend

excepté, e [ɛksɛpte] *adj*: **les élèves ~s** die Schüler ausgenommen; *prép* außer +*dat*; **~ si/quand** es sei denn, dass/außer, wenn

excepter [ɛksɛpte] <1> *vt* ausnehmen

exception [ɛksɛpsjõ] *nf* Ausnahme *f*; **à l'~ de** mit Ausnahme von; **d'~** Ausnahme-; **sans ~** ausnahmslos; **~ culturelle** kulturelle Sonderwünsche Frankreichs

exceptionnel, le [ɛksɛpsjɔnɛl] *adj* außergewöhnlich

exceptionnellement [ɛksɛpsjɔnɛlmã] *adv* ausnahmsweise

excès [ɛksɛ] *nm* Überschuss *m*; **à l'~** übertrieben; **~ de vitesse** Geschwindigkeitsüberschreitung *f*;

~ de zèle Übereifer *m* ◼ *nmpl* Ausschweifungen *pl*

excessif, -ive *adj* übertrieben

excitant [ɛksitã] *nm* Aufputschmittel *nt*

excitation [ɛksitasjõ] *nf* (*état*) Aufregung *f*

exciter [ɛksite] <1> *vt* erregen; (*personne: agiter*) aufregen; (*café, etc*) anregen; **~ qn à** jdn anstacheln [*ou* aufhetzen] zu; **s'exciter** *vpr* sich erregen; sich aufregen

exclamation [ɛksklamasjõ] *nf* Ausruf *m*

exclamer <1> *vpr*: **s'exclamer** rufen

exclure [ɛksklyʀ] *irr comme* conclure *vt* ausschließen; (*faire sortir*) hinausweisen

exclusif, -ive [ɛksklysif, iv] *adj* exklusiv; (*intérêt, mission*) ausschließlich

exclusion *nf*: **à l'~ de** mit Ausnahme von; **~ sociale** soziale Ausgrenzung

exclusivement *adv* ausschließlich

exclusivité *nf* (*Com*) Alleinvertrieb *m*; **en ~** Exklusiv-

excommunier [ɛkskɔmynje] <1> *vt* exkommunizieren

excréments [ɛkskʀemã] *nmpl* Exkremente *pl*

excroissance [ɛkskʀwasãs] *nf* Wucherung *f*

excursion [ɛkskyʀsjõ] *nf* Ausflug *m*

excursionniste [ɛkskyʀsjɔnist] *nmf* Ausflügler(in) *m(f)*

excusable [ɛkskyzabl] *adj* verzeihlich

excuse [ɛkskyz] *nf* Entschuldigung *f*; (*prétexte*) Ausrede *f*

excuser <1> *vt* entschuldigen; **excusez-moi** Entschuldigung; **s'excuser** *vpr* sich entschuldigen

exécrable [ɛgzekʀabl] *adj* scheußlich

exécrer [ɛgzekʀe] <1> *vt* verabscheuen

exécuter [ɛgzekyte] <1> *vt* (*prisonnier*) hinrichten; (*ordre, mission: Inform*) ausführen; (*opération, mouvement*) durchführen; (*Mus: jouer*) vortragen; **s'exécuter** *vpr* einwilligen

exécutif, -ive *adj* exekutiv ◼ *nm* Exekutive *f*

exécution *nf* Hinrichtung *f*, Ausführung *f*, Durchführung *f*; **mettre à ~** ausführen

exemplaire [ɛgzãplɛʀ] *adj* vorbildlich, beispielhaft; (*châtiment*) exemplarisch ◼ *nm* Exemplar *nt*; **en double/triple ~** in doppelter/dreifacher Ausfertigung

exemple [ɛgzãpl] *nm* Beispiel *nt*; **à l'~ de** genau wie; **par ~** zum Beispiel; **montrer l'~** mit gutem Beispiel vorangehen; **prendre ~ sur** sich *dat* ein Beispiel nehmen an +*dat*

exempt, e [ɛgzã(pt), ã(p)t] *adj*: **~ de** befreit von; (*sans*) frei von

exempter [ɛgzã(p)te] <1> *vt*: **~ de** freistellen von

exercer [ɛgzɛʀse] <2> *vt* ausüben; (*faculté, partie du corps*) üben, trainieren;

s'exercer vpr (sportif, musicien) üben; (pression, etc) sich auswirken

exercice [ɛgzɛʀsis] nm Übung f; (Com) Geschäftsjahr nt; (activité sportive, physique) Bewegung f; **en ~** im Amt

exhaler [ɛgzale] <1> vt ausströmen

exhaustif, -ive [ɛgzostif, iv] adj erschöpfend

exhiber [ɛgzibe] <1> vt vorzeigen; **s'exhiber** vpr sich zur Schau stellen

exhibitionnisme [ɛgzibisjɔnism] nm Exhibitionismus m

exhibitionniste [ɛgzibisjɔnist] nmf Exhibitionist(in) m(f)

exhortation [ɛgzɔrtasjɔ̃] nf Flehen nt

exhorter [ɛgzɔrte] <1> vt eindringlich bitten

exhumer [ɛgzyme] <1> vt ausgraben

exigeant, e [ɛgziʒã, ãt] adj anspruchsvoll

exigence nf Forderung f

exiger [ɛgziʒe] <2> vt fordern; (chose) erfordern, verlangen

exigible [ɛgziʒibl] adj fällig

exigu, ë [ɛgzigy] adj (lieu) eng

exil [ɛgzil] nm Exil nt

exiler <1> vt verbannen; **s'exiler** vpr ins Exil gehen

existence [ɛgzistãs] nf Existenz f; (vie) Leben nt, Dasein nt

exister [ɛgziste] <1> vi (vivre) existieren, bestehen; **il existe** es gibt

exode [ɛgzɔd] nm Exodus m; **~ rural** Landflucht f; **~ urbain** Stadtflucht f

exonérer [ɛgzɔneʀe] <5> vt: **~ de** (d'impôts, etc) befreien von

exorbitant, e [ɛgzɔrbitã, ãt] adj (somme) astronomisch

exorbité, e [ɛgzɔrbite] adj: **yeux ~s** hervorquellende Augen

exorciser [ɛgzɔrsize] <1> vt exorzieren

exotique [ɛgzɔtik] adj exotisch

exp. abr = **expéditeur** Abs.

expansif, -ive [ɛkspãsif, iv] adj mitteilsam

expansion [ɛkspãsjɔ̃] nf Expansion f; **~ économique** wirtschaftliche Expansion

expatrié, e [ɛkspatrije] nm/f im Ausland Lebende(r) mf

expatrier [ɛkspatrije] <1> vt (argent) ins Ausland überführen; **s'expatrier** vpr auswandern

expectative [ɛkspɛktativ] nf: **être dans l'~** abwarten

expédient [ɛkspedjã] nm: **vivre d'~s** sich schlau durchs Leben schlagen

expédier [ɛkspedje] <1> vt abschicken; (troupes) entsenden; (pej: travail, etc) hinschludern

expéditeur, -trice nm/f Absender(in) m(f)

expéditif, -ive [ɛkspeditif, iv] adj schnell, prompt

expédition [ɛkspedisjɔ̃] nf Abschicken nt; (voyage) Expedition f

expérience [ɛkspeʀjãs] nf Erfahrung f; (scientifique) Experiment nt

expérimenter [ɛkspeʀimãte] <1> vt erproben

expert, e [ɛkspɛʀ, ɛʀt] adj: **être ~ en** gut Bescheid wissen über +akk ■ nm Experte (Expertin) m/f

expert-comptable, experte-comptable (pl **experts-comptables**) nm/f Wirtschaftsprüfer(in) m(f)

expertise nf Gutachten nt

expertiser <1> vt (objet de valeur) schätzen; (voiture accidentée, etc) die Schadenshöhe +gen festsetzen

expirer [ɛkspiʀe] <1> vi (venir à échéance) ablaufen; (respirer) ausatmen; (mourir) verscheiden

explication [ɛksplikasjɔ̃] nf Erklärung f; (justification) Rechtfertigung f; (discussion) Aussprache f; **~ de texte** (Scol) Textanalyse f

explicite [ɛksplisit] adj ausdrücklich

expliquer [ɛksplike] <1> vt erklären; (justifier) rechtfertigen; **s'expliquer** vpr (se comprendre) verständlich sein; (discuter) sich aussprechen; (fam: se disputer) seine Streitigkeiten regeln

exploit [ɛksplwa] nm große Tat, Leistung f

exploitation [ɛksplwatasjɔ̃] nf Ausbeutung f; (d'une ferme, etc) Bewirtschaftung f; **~ agricole** landwirtschaftlicher Betrieb

exploiter [ɛksplwate] <1> vt (mine: pej) ausbeuten; (entreprise, ferme) betreiben; (dons, faiblesse) ausnützen

explorateur, -trice [ɛksplɔʀatœʀ, tʀis] nm/f Forscher(in) m(f)

exploration [ɛksplɔʀasjɔ̃] nf Erforschung f

explorer [ɛksplɔʀe] <1> vt erforschen

exploser [ɛksploze] <1> vi explodieren; (joie, colère) ausbrechen

explosif, -ive adj explosiv ■ nm Sprengstoff m

explosion [ɛksplozjɔ̃] nf Explosion f; **~ de colère** Wutausbruch m; **~ démographique** Bevölkerungsexplosion

exportateur, -trice [ɛkspɔrtatœʀ, tʀis] nm/f Exporteur(in) m(f) ■ adj Export-

exportation [ɛkspɔrtasjɔ̃] nf Export m

exporter [ɛkspɔrte] <1> vt exportieren

exposant [ɛkspozã] nm Aussteller(in) m(f); (Math) Exponent m

exposé, e [ɛkspoze] adj: **être ~ au sud** nach Süden gehen ■ nm Exposé nt

exposer [ɛkspoze] <1> vt ausstellen; (décrire) darlegen; (Foto) belichten;

~ qn/qch à qch jdn/etw einer Sache
dat aussetzen
exposition nf Ausstellung f; (*Foto*)
Belichtung f
exprès [ɛkspʀɛ] adv absichtlich
exprès, -esse [ɛkspʀɛs] adj ausdrücklich
■ adj inv: **lettre/colis ~** Expressbrief
m/-päckchen nt ■ adv per Eilboten
express [ɛkspʀɛs] adj: (*café*) **~** Espresso m
expressément [ɛkspʀɛsemã] adv
ausdrücklich
expressif, -ive [ɛkspʀesif, iv] adj
ausdrucksvoll
expression [ɛkspʀɛsjõ] nf Ausdruck m
exprimer [ɛkspʀime] <1> vt ausdrücken;
s'exprimer vpr sich ausdrücken
exproprier [ɛkspʀɔpʀije] <1> vt
enteignen
expulser [ɛkspylse] <1> vt verweisen;
(*locataire*) ausweisen
expulsion nf Ausweisung f
exquis, e [ɛkski, iz] adj (*plat*) exquisit,
köstlich; (*goût, manières, parfum*) erlesen;
(*personne*) reizend
exsangue [ɛgsãg, ɛksãg] adj blutleer
extasier [ɛkstazje] <1> vpr: **s'~ sur** in
Extase geraten über +akk
extenseur [ɛkstãsœʀ] nm (*Sport*)
Expander m
extensible [ɛkstãsibl] adj ausziehbar
extensif, -ive [ɛkstãsif, iv] adj extensiv
extension [ɛkstãsjõ] nf Strecken nt; (*fig*)
Expansion f; **~ de mémoire** (*Inform*)
Speichererweiterung f; **~ de fichier**
Dateierweiterung f, Dateiendung f,
Extension f
exténuer [ɛkstenɥe] <1> vt erschöpfen
extérieur, e [ɛksteʀjœʀ] adj außere(r, s);
(*commerce, escalier*) Außen-; (*calme, gaieté,
etc*) äußerlich ■ nm (*d'une maison, d'un
récipient, etc*) Außenseite f; **l'~** (*d'un pays*)
die Außenwelt; **à l'~** (*dehors*) außen
extérioriser [ǝksteʀjɔʀize] <1> vt nach
außen zeigen
exterminer [ɛkstɛʀmine] <1> vt
ausrotten
externat [ɛkstɛʀna] nm Tagesschule f
externe [ɛkstɛʀn] adj extern
extincteur [ɛkstẽktœʀ] nm
Feuerlöscher m
extinction [ɛkstẽksjõ] nf (*d'une race*)
Aussterben nt; **~ des feux** (*dortoir*)
Lichtausmachen nt
extirper [ɛkstiʀpe] <1> vt (*tumeur*)
entfernen; (*plante*) ausreißen
extorquer [ɛkstɔʀke] <1> vt: **~ qch à qn**
etw von jdm erpressen
extra [ɛkstʀa] adj inv (*aliment*) von
erster Güte; **c'est ~** (*fam*) das ist toll
[ou irre]

extraconjugal, e (pl -aux)
[ɛkstʀakõʒygal, o] adj außerehelich;
relations ~es außereheliche Beziehungen
extraction [ɛkstʀaksjõ] nf Gewinnung f;
(*de dent*) Ziehen nt
extradition [ɛkstʀadisjõ] nf Auslieferung f
extraire [ɛkstʀɛʀ] irr comme traire vt
(*minerai*) gewinnen; (*dent: Math: racine*)
ziehen; **~ qch de** (*corps étranger, citation*)
etw herausziehen aus
extrait [ɛkstʀɛ] nm (*de plante*) Extrakt m;
(*de film, de livre*) Auszug m
extraordinaire [ɛkstʀaɔʀdinɛʀ] adj
außergewöhnlich; (*mission, assemblée*)
Sonder-
extra-terrestre (pl ~s) [ɛkstʀatɛʀɛstʀ]
nmf Außerirdische(r) mf
extravagance [ɛkstʀavagãs] nf
Extravaganz f
extravagant, e adj extravagant
extraverti, e [ɛkstʀavɛʀti] adj
extrovertiert
extrême [ɛkstʀɛm] adj (*chaleur*) extrem;
(*limite*) äußerste(r, s); (*solution, opinions*)
maßlos ■ nm Extrem nt
extrême-onction (pl ~s) [ɛkstʀɛmõksjõ]
nf Letzte Ölung
Extrême-Orient [ɛkstʀɛmɔʀjã] nm:
l'~ der Ferne Osten
extrémiste nmf Extremist(in) m(f)
extrémité [ɛkstʀemite] nf äußerstes
Ende; (*situation, geste désespéré*) äußerste
Not; **extrémités** nfpl (*pieds et mains*)
Extremitäten pl; **dans cette ~** in dieser
Notlage
exubérant, e [ɛgzybeʀã, ãt] adj
überschwänglich
exulter [ɛgzylte] <1> vi frohlocken
ex-voto [ɛksvɔto] nm inv Votivbild nt
eye-liner (pl ~s) [ajlajnœʀ] nm Eyeliner m

F, f [ɛf] *nm* F, f *nt*

fa [fa] *nm inv (Mus)* F *nt*

F.A.B. *adj inv abr* = **franco à bord** frei an Bord

fable [fabl] *nf* Fabel *f*

fabricant, e [fabʀikɑ̃, ɑ̃t] *nm/f* Hersteller(in) *m(f)*

fabrication [fabʀikasjɔ̃] *nf* Herstellung *f*, Produktion *f*

fabrique [fabʀik] *nf* Fabrik *f*

fabriquer <1> *vt (produire)* herstellen; *(fam)* machen, treiben

fabuleux, -euse [fabylø, øz] *adj* legendär; *(incroyable)* märchenhaft

fac [fak] *nf (fam)* Uni *f*

façade [fasad] *nf* Fassade *f*

face [fas] *nf (visage)* Gesicht *nt*; *(d'un objet)* Seite *f*; **de ~** von vorn; **en ~ de** gegenüber +*dat*; *(fig)* vor +*dat*; **~ à** gegenüber +*dat*; *(fig)* angesichts +*gen*; **~ à ~** einander gegenüber; **faire ~ à** gegenüberstehen +*dat*; *(une obligation)* nachkommen +*dat*

facette [faset] *nf* Facette *f*; *(fig)* Seite *f*

fâché, e [faʃe] *adj* böse, verärgert; **être ~(e) contre qn** auf jdn böse sein; **être ~(e) avec qn** mit jdm zerstritten sein

fâcher [faʃe] <1> *vt* ärgern; **se fâcher** *vpr* sich ärgern; **se ~ avec qn** *(se brouiller)* sich mit jdm überwerfen

fâcheux, -euse [faʃø, øz] *adj* ärgerlich; *(regrettable)* bedauerlich

facial, e *(pl* -**aux**) [fasjal, o] *adj* Gesichts-

facile [fasil] *adj* leicht; *(littérature)* oberflächlich; *(effets)* billig; **~ à faire** leicht zu machen

facilement *adv* leicht

facilité *nf (aisance)* Leichtigkeit *f*, Gewandtheit *f*; **~s** *fpl* **de crédit/paiement** günstige Kredit-/Zahlungsbedingungen *pl*

faciliter <1> *vt* erleichtern

façon [fasɔ̃] *nf (manière)* Art *f*, Weise *f*; *(d'un vêtement: exécution)* Verarbeitung *f*; *(coupe)* Schnitt *m*; **façons** *nfpl (pej)* Umstände *pl*; **à la ~ de** nach Art +*gen*; **de ~ agréable/agressive** angenehm/ aggressiv; **de ~ à faire qch/à ce que** etw zu tun/sodass; **de quelle ~ l'a-t-il fait?** auf welche Art und Weise hat er es getan?; **de telle ~ que** so, dass; **de toute ~** auf jeden Fall; **d'une autre ~** anders; **~ de penser** Denkweise; **~ de voir** Sichtweise

façonner [fasɔne] <1> *vt (fabriquer)* herstellen; *(travailler)* bearbeiten; *(fig)* formen

facteur, -trice [faktœʀ, tʀis] *nm/f (postier)* Briefträger(in) *m(f)* ◼ *nm (Math: fig)* Faktor *m*; **~ cancérogène** *(Med)* Krebserreger *m*; **~ de pianos/d'orgues** Klavier-/Orgelbauer *m*; **~ de risque** Risikofaktor; **~ de stress** Stressfaktor

factice [faktis] *adj* künstlich, nachgemacht; *(situation, sourire)* gekünstelt, unnatürlich

faction [faksjɔ̃] *nf (groupe)* Splittergruppe *f*; *(garde)* Wache *f*

facture [faktyʀ] *nf* Rechnung *f*; *(d'un artisan, d'un artiste)* Stil *m*; **~ d'électricité** Stromrechnung

facturer <1> *vt* berechnen

facultatif, -ive [fakyltatif, iv] *adj* fakultativ

faculté [fakylte] *nf (possibilité)* Vermögen *nt*; *(faculté intellectuelle)* Fähigkeit *f*; *(Scol)* Fakultät *f*; **s'inscrire en ~** sich an der Universität einschreiben

fade [fad] *adj* fad(e)

fading [fadiŋ] *nm (Radio)* Fading *nt*

fagot [fago] *nm (de bois)* Reisigbündel *nt*

faible [fɛbl] *adj* schwach; *(sans volonté)* willensschwach ◼ *nm*: **le ~ de qn/qch** die schwache Stelle von jdm/etw; **avoir un ~ pour qn/qch** eine Schwäche für jdn/etw haben

faiblesse *nf* Schwäche *f*

faiblir <8> *vi (diminuer)* schwächer werden

faïence [fajɑ̃s] *nf* Keramik *f*, Fayence *f*

faille [faj] *nf* Bruch *m*; *(dans un rocher)* Spalte *f*; *(fig)* Schwachstelle *f*

faillible [fajibl] *adj* fehlbar

faillir [fajiʀ] *irr vi*: **j'ai failli tomber** ich bin [*ou* wäre] beinahe gefallen

faillite [fajit] *nf* Bankrott *m*

faim [fɛ̃] *nf* Hunger *m*; **la ~** die Hungersnot; **avoir ~** Hunger haben; **rester sur sa ~** (*fig*) unbefriedigt bleiben

fainéant, e [feneã, ãt] *nm/f* Faulenzer(in) *m(f)*

fainéantise [feneãtiz] *nf* Faulenzerei *f*

faire [fɛʀ] *irr vt* machen; (*fabriquer*) herstellen; (*Agr: produire*) erzeugen; (*discours*) halten; (*former, constituer*) darstellen, sein; **ne t'en fais pas** mach dir keine Gedanken; **~ chauffer de l'eau** Wasser aufsetzen; **~ démarrer un moteur** einen Motor anlassen; **~ des dégâts** Schaden anrichten; **~ du diabète** (*fam*) zuckerkrank sein, Diabetes haben; **~ du ski/rugby** Ski laufen/Rugby spielen; **~ du violon/piano** Geige/Klavier spielen; **~ la cuisine** kochen; **~ le malade/l'ignorant** den Kranken/Unwissenden spielen; **~ réparer/vérifier qch** etw richten/überprüfen lassen; **~ vieux/démodé** alt/altmodisch aussehen (lassen); **fait à la main** Handarbeit; **cela ne me fait rien** das ist mir egal; **cela ne fait rien** das macht nichts; **je vous le fais 10 euros** (*fam*) ich gebe es Ihnen für 10 Euro; **qu'allons-nous ~ dans ce cas?** was sollen wir in diesem Fall tun?; **que ~?** was tun?; **2 et 2 font 4** 2 und 2 sind 4; **9 divisé par 3 fait 3** 9 geteilt durch 3 ist 3; **n'avoir que ~ de qch** sich nicht um etw sorgen; **faites!** bitte!, nur zu!; **il ne fait que critiquer** er kritisiert immer nur; **cela fait tomber la fièvre/dormir** das bringt das Fieber zum Sinken/fördert den Schlaf; **cela a fait tomber le tableau/trembler les murs** das hat das Bild herunterfallen/die Mauern erzittern lassen; **il m'a fait ouvrir la porte** er hat mich gezwungen, die Tür zu öffnen; **il m'a fait traverser la rue** er war mir beim Überqueren der Straße behilflich; **je vais me ~ punir/gronder** ich werde bestraft/ausgeschimpft werden; **il va se ~ tuer/renverser** er wird noch umkommen/überfahren werden; **~ flasher** (*fam*) antörnen ▪ *vb* (*substitut*): **ne la casse pas comme je l'ai fait** zerbrich es nicht so wie ich ▪ *vb impers*: **il fait jour/froid** es ist Tag/kalt; **ça fait 2 ans/heures que** es ist 2 Jahre/Stunden her, dass; **se faire** *vpr* (*fromage, vin*) reifen; **se ~ à qch** (*s'habituer*) sich an etw *akk* gewöhnen; **se ~ des amis** Freunde gewinnen; **se ~ une robe** sich *dat* ein Kleid anfertigen lassen; **se ~ vieux(vieille)** (allmählich) alt werden; **il se fait tard** es ist schon spät; **cela se fait**

beaucoup/ne se fait pas das kommt häufig vor/macht man nicht; **comment se fait-il que** wie kommt es, dass

faire-part [fɛʀpaʀ] *nm inv*: **~ de mariage/décès** Hochzeits-/Todesanzeige *f*

fair-play [fɛʀplɛ] *nm inv* Fairness *f*

faisabilité [fəzabilite] *nf* Durchführbarkeit *f*; **étude de ~** (*Com*) Machbarkeitsstudie *f*, Feasability-Studie *f*

faisable [fəzabl] *adj* machbar

faisan, e [fəzã, an] *nm/f* Fasan *m*

faisandé, e [fəzãde] *adj* (*viande*) mit einem Stich; (*fig*) verdorben

faisceau (*pl* x) [fɛso] *nm* Bündel *nt*; **~ lumineux** Lichtkegel *m*

fait [fɛ] *nm* Tatsache *f*; (*événement*) Ereignis *nt*; **aller droit au ~** sofort zur Sache kommen; **au ~** (ach), übrigens; **de ce ~** somit; **de ~** tatsächlich; **du ~ que/de** weil/wegen +*gen*; **en ~** tatsächlich; **en ~ de repas, il n'a eu qu'un morceau de pain** als Mahlzeit bekam er nur ein Stück Brot; **être au ~ de** Beischeid wissen über; **être le ~ de** (*typique de*) typisch sein für; (*causé par*) verursacht sein von; **prendre ~ et cause pour qn** für jdn Partei ergreifen; **~ accompli** vollendete Tatsache; **~s** *mpl divers* (*dans un journal*) Verschiedenes *nt*

fait, e [fɛ, fɛt] *pp de* **faire** ▪ *adj* (*personne*) reif; (*fromage*) durch; **être ~ pour** (wie) geschaffen sein für; **c'en est ~ de lui/notre tranquillité** um ihn/unsere Ruhe ist es geschehen; **c'est bien ~ pour lui** das geschieht ihm recht

faitout, fait-tout [fɛtu] *nm inv* großer Kochtopf

falaise [falɛz] *nf* Klippe *f*, Kliff *nt*

fallacieux, -euse [falasjø, øz] *adj* trügerisch

falloir [falwaʀ] *irr vb impers*: **il va ~ l'opérer** man wird ihn operieren müssen; **il me faut/faudrait 100 euros/de l'aide** ich brauche/bräuchte 100 Euro/Hilfe; **il vous faut tourner à gauche après l'église** nach der Kirche müssen Sie links abbiegen; **nous avons ce qu'il (nous) faut** wir haben, was wir brauchen; **il faut absolument le faire/qu'il y aille** (*obligation*) das muss unbedingt gemacht werden/er muss unbedingt hingehen; **il a fallu que je parte** ich musste weggehen; **il faut qu'il ait oublié/qu'il soit malade** (*hypothèse*) er muss es vergessen haben/krank sein; **il a fallu qu'il l'apprenne** (*fatalité*) er hat es erfahren müssen; **il faut toujours qu'il s'en mêle** er muss sich immer einmischen ▪ *vpr*: **il s'en faut/s'en est fallu de 5 minutes/10 euros (pour que)** es fehlen/fehlten 5 Minuten/10 Euro (damit ...); **il s'en faut de beaucoup**

qu'elle soit riche sie ist wahrhaftig nicht reich; **il s'en est fallu de peu que je devienne riche** beinahe wäre ich reich geworden; **... ou peut s'en faut** ... oder beinahe

falsifier [falsifje] <1> vt (ver)fälschen

famé, e [fame] adj: **être mal ~** einen schlechten Ruf haben

famélique [famelik] adj ausgehungert

fameux, -euse [famø, øz] adj berühmt; (bon) ausgezeichnet; (valeur intensive) außergewöhnlich

familial, e (pl -aux) [familjal, o] adj Familien- ■ nf (Auto) Kombi(wagen) m

familiariser [familjarize] <1> vt: **~ qn avec** jdn vertraut machen mit ■ vpr: **se ~ avec** sich vertraut machen mit

familiarité nf Vertraulichkeit f; (dénotant l'intimité) Ungezwungenheit f; (impertinence) plumpe Vertraulichkeit; **~ avec** (connaissance) Vertrautheit f mit

familier, -ière [familje, ɛR] adj (connu) vertraut; (dénotant l'intimité) vertraulich, ungezwungen; (Ling) umgangssprachlich; (impertinent) plumpvertraulich ■ nm Freund(in) m(f), Vertraute(r) mf

famille [famij] nf Familie f; **avoir de la ~** Verwandte haben; **j'ai une ~** ich habe Familie; **~ monoparentale** Einelternfamilie

famine [famin] nf Hungersnot f

fana [fana] nmf (fam) Fan m

fanatique [fanatik] adj fanatisch ■ nmf Fanatiker(in) m(f); **~ du rugby/de la voile** Rugby-/Segelfan m

fanatisme [fanatism] nm Fanatismus m

faner [fane] <1> vpr: **se faner** (fleur) verwelken, verblühen; (couleur, tissu) verblassen

fanfare [fɑ̃faR] nf (orchestre) Blaskapelle f; (morceau) Fanfare f

fanfaron, ne [fɑ̃farõ, ɔn] nm/f Angeber(in) m(f)

fanion [fanjõ] nm Wimpel m

fantaisie [fɑ̃tezi] nf (caprice) Laune f; (imagination) Einfallsreichtum m; **elle est pleine de ~** sie ist sehr originell; **bijou ~** Modeschmuck m; **agir selon sa ~** tun, was einem gerade einfällt

fantaisiste adj (personne) unkonventionell; (information) frei erfunden ■ nmf Luftikus m; (anticonformiste) unkonventioneller Mensch

fantasme [fɑ̃tasm] nm Hirngespinst nt

fantasque adj seltsam

fantastique [fɑ̃tastik] adj fantastisch

fantomatique [fɑ̃tomatik] adj gespensterhaft

fantôme [fɑ̃tom] nm Gespenst nt

faon [fɑ̃] nm Hirschkalb nt, Rehkitz nt

FAQ [fak] sigle f = **foire aux questions** (Inform) FAQ pl

farce [faRs] nf (hachis) Füllung f; (Theat) Possenspiel nt; (blague) Streich m

farceur, -euse nm/f Spaßvogel m

farcir <8> vt (Gastr) füllen; **~ qch de** (fig) etw spicken mit ■ vpr: **je me suis farci la vaisselle** (fam) ich hatte das Vergnügen, das Geschirr spülen zu dürfen

fard [faR] nm Schminke f

fardeau (pl x) [faRdo] nm Last f

farder [faRde] <1> vt schminken

farfelu, e [faRfəly] adj versponnen

farfouiller [faRfuje] <1> vi (herum)wühlen

farine [faRin] nf Mehl nt

farineux, -euse adj (sauce, pomme) mehlig ■ nmpl (catégorie d'aliments) stärkehaltige Nahrungsmittel pl

farouche [faRuʃ] adj (timide) scheu; (brutal, indompté) wild; (volonté, haine, résistance) stark, heftig

fart [faRt] nm Skiwachs nt

farter [faRte] <1> vt wachsen

fascicule [fasikyl] nm Heft nt, Lieferung f

fascinant, e [fasinɑ̃, ɑ̃t] adj faszinierend

fasciner [fasine] <1> vt faszinieren

fascisme [faʃism] nm Faschismus m

fasciste adj faschistisch ■ nmf Faschist(in) m(f)

fast-food (pl -s) [fastfud] nm Fast Food nt; (restaurant) Schnellimbiss m

fastidieux, -euse [fastidjø, øz] adj nervtötend; (travail) mühsam; (sans intérêt) stumpfsinnig

fastueux, -euse [fastɥø, øz] adj prunkvoll, prachtvoll

fat [fa(t)] adj selbstgefällig

fatal, e [fatal] adj tödlich; (erreur) fatal; (inévitable) unvermeidbar

fatalité nf Unglück nt, Verhängnis nt, Schicksal nt

fatigant, e [fatigɑ̃, ɑ̃t] adj ermüdend

fatigue [fatig] nf Müdigkeit f; **~ du matériau** Materialermüdung f

fatigué, e adj müde

fatiguer [fatige] <1> vt müde machen, ermüden; (importuner) belästigen ■ vi (moteur) überlastet sein; **se fatiguer** vpr (personne) ermüden, müde werden

fatras [fatRa] nm Durcheinander nt

fatuité [fatɥite] nf Selbstgefälligkeit f, Einbildung f

faubourg [fobuR] nm Vorstadt f

fauché, e [foʃe] adj (fam) abgebrannt, blank

faucher [foʃe] <1> vt (Agr) mähen; (véhicule, maladie) niedermähen; (fam) klauen

faucheur, -euse nm/f Mäher(in) m(f), Schnitter(in) m(f) ■ nf (Tech) Mähmaschine f

faucille [fosij] *nf* Sichel *f*

faucon [fokõ] *nm* (Zool) Falke *m*

faufiler [fofile] <1> *vt* heften ■ *vpr*: **se ~ dans/parmi/entre** sich einschleichen in +akk, hindurchschlüpfen durch

faune [fon] *nf* Fauna *f*, Tierwelt *f*; (fig) buntes Völkchen ■ *nm* Faun *m*

faussaire [fosɛʀ] *nmf* Fälscher(in) *m(f)*

faussement *adv* fälschlich

fausser <1> *vt* (serrure, objet) verbiegen; (résultat, données) (ver)fälschen

fausseté [foste] *nf* Falschheit *f*

faut [fo] *voir* **falloir**

faute [fot] *nf* (erreur) Fehler *m*; (manquement) Verstoß *m*; **par sa ~, nous ...** er ist schuld daran, dass wir ...; **c'est (de) sa/ma ~** das ist seine/meine Schuld; **prendre qn en ~** jdn ertappen; **~ de temps/d'argent** mangels [ou aus Mangel an] Zeit/Geld; **sans ~** ganz bestimmt; **~ de goût** Geschmacklosigkeit *f*; **~ professionnelle** berufliches Fehlverhalten

fauteuil [fotœj] *nm* (de salon) Sessel *m*; **~ d'orchestre** Sperrsitz *m*; **~ roulant** Rollstuhl *m*

fauteur, -trice [fotœʀ, tʀis] *nm/f*: **~ de troubles** Unruhestifter(in) *m(f)*

fautif, -ive [fotif, iv] *adj* (incorrect) fehlerhaft; (responsable) schuldig

fauve [fov] *nm* Raubkatze *f* ■ *adj* (couleur) falb

fauvette [fovɛt] *nf* Grasmücke *f*

faux [fo] *nf* (Agr) Sense *f*

faux, fausse [fo, fos] *adj* falsch; (falsifié) gefälscht; **faire ~ bond à qn** jdn versetzen; **~ col** abnehmbarer Kragen; **~ frais** Nebenausgaben *pl*; **~ pas** Stolpern *nt*; (fig) Fauxpas *m*; **fausse clé** Dietrich *m*; **fausse couche** Fehlgeburt *f* ■ *adv*: **jouer ~** falschspielen; **chanter ~** falsch singen ■ *nm* (copie) Fälschung *f*; **le ~** (opposé au vrai) die Unwahrheit

faux-filet (pl ~s) *nm* (Gastr) Lendenstück *nt*

faux-monnayeur (pl ~s) [fomɔnɛjœʀ] *nm* Falschmünzer(in) *m(f)*

faveur [favœʀ] *nf* Gunst *f*; (service) Gefallen *m*; **avoir la ~ de qn** sich jds Gunst erfreuen; **demander une ~ (à qn)** (jdn) um einen Gefallen bitten; **en ~ de qn/qch** zugunsten jds/einer Sache; **régime/ traitement de ~** Bevorzugung *f*

favorable [favɔʀabl] *adj* (propice) günstig; (bien disposé) wohlwollend; **être ~ à qch/ qn** einer Sache/jdm geneigt sein

favori, te [favɔʀi, it] *adj* Lieblings- ■ *nm* (Sport) Favorit(in) *m(f)*; **favoris** *nmpl* (barbe) Koteletten *pl*

favoriser [favɔʀize] <1> *vt* (personne) bevorzugen; (activité) fördern; (chance, événements) begünstigen; **favorisant la compétitivité** wettbewerbsfördernd

favoritisme *nm* Günstlingswirtschaft *f*

fax [faks] *nm* Fax *nt*

fébrifuge [febʀify3] *adj* fiebersenkend

fébrile [febʀil] *adj* (activité) fieberhaft; (personne) aufgeregt

fécond, e [fekõ, õd] *adj* fruchtbar; (imagination, etc) reich; (auteur) produktiv

fécondation *nf* Befruchtung *f*; **~ in vitro** (Med) In-vitro-Fertilisation *f*, künstliche Befruchtung

féconder <1> *vt* befruchten

fécondité *nf* Fruchtbarkeit *f*; (d'un auteur) Produktivität *f*

fécule [fekyl] *nf* (Gastr) Stärke *f*

F.E.D. *nm abr* = **Fonds européen de développement** europäischer Entwicklungsfonds

fédéral, e (pl -aux) [fedeʀal, o] *adj* Bundes-

fédération [fedeʀasjõ] *nf* Verband *m*; (Pol) Staatenbund *m*

fée [fe] *nf* Fee *f*

féerique [fe(e)ʀik] *adj* zauberhaft

feindre [fɛ̃dʀ] *irr comme* **peindre** *vt* (simuler) vortäuschen ■ *vi*: **~ de faire qch** vorgeben, [ou vortäuschen] etw zu tun

feint, e [fɛ̃, fɛ̃t] *pp de* **feindre**

feinte *nf* (fam) Finte *f*

fêler [fele] <1> *vt* (verre, assiette) einen Sprung machen in +akk

félicitations [felisitasjõ] *nfpl* Glückwünsche *pl*

féliciter <1> *vt* beglückwünschen, gratulieren +dat ■ *vpr*: **se ~ de qch/ d'avoir fait qch** froh sein über etw akk/, etw getan zu haben

félin, e [felɛ̃, in] *adj* Katzen-, katzenhaft ■ *nm* (Zool) Katze *f*, Raubkatze *f*

fêlure [felyʀ] *nf* (de vase, verre) Sprung *m*

femelle [fəmɛl] *nf* (d'un animal) Weibchen *nt* ■ *adj* weiblich

féminin, e [feminɛ̃, in] *adj* weiblich; (équipe, vêtements, etc) Frauen- ■ *nm* (Ling) Femininum *nt*

féminisme [feminism] *nm* Feminismus *m*

féministe [feminist] *nmf* Feminist(in) *m(f)* ■ *adj* feministisch

féminité [feminite] *nf* Weiblichkeit *f*

femme [fam] *nf* Frau *f*; **~ de chambre** Zimmermädchen *nt*; **~ de ménage** Putzfrau

fémur [femyʀ] *nm* Oberschenkelknochen *m*

F.E.N. [fɛn] *nf acr* = **Fédération de l'éducation nationale** französische Lehrergewerkschaft, ≈ GEW *f*

fendre [fɑ̃dʀ] <14> *vt* spalten; (foule) sich dat einen Weg bahnen durch; (flots)

durchpflügen; **se fendre** vpr (objet)
bersten, zerspringen
fendu, e [fãdy] pp de **fendre** ■ adj (sol,
mur) rissig
fenêtre [f(ə)nɛtʀ] nf (a. Inform) Fenster nt;
~ **à croisillons** Sprossenfenster; ~ **de
dialogue** (Inform) Dialogfeld nt
Feng-shui [fɛ̃gʃyi] nm Feng-Shui nt
fenouil [fənuj] nm Fenchel m
fente [fãt] nf (fissure) Riss m, Sprung m,
Spalt m; (ménagée intentionnelement)
Schlitz m
féodal, e (pl -aux) [feɔdal, o] adj
Lehens-
fer [fɛʀ] nm Eisen nt; **de/en** ~ eisern;
en ~ **à cheval** hufeisenförmig; ~ **à cheval**
Hufeisen; ~ **à repasser** Bügeleisen;
~ **à vapeur** Dampfbügeleisen; ~ **à souder**
Lötkolben m; ~ **forgé** Schmiedeeisen
fer-blanc (pl **fers-blancs**) nm Blech nt
ferblanterie nf Klempnerei f
ferblantier nm Klempner m
férié, e [feʀje] adj: **jour** ~ Feiertag m
ferme [fɛʀm] adj fest; (personne)
standhaft; (catégorique) entschieden
■ adv: **discuter/s'ennuyer** ~ heftig
diskutieren/sich schrecklich langweilen;
acheter/vendre ~ fest kaufen/verkaufen
■ nf Bauernhof m; (maison) Bauernhaus
nt; ~ **éolienne** Windfarm f
fermé, e [fɛʀme] adj geschlossen;
(personne, visage) verschlossen
fermement [fɛʀməmã] adv fest;
bestimmt, entschieden
fermentation [fɛʀmãtasjõ] nf Gärung f
fermenter [fɛʀmãte] <1> vi gären
fermer [fɛʀme] <1> vt schließen,
zumachen; (cesser l'exploitation) stilllegen;
(eau, robinet) zudrehen; (électricité, radio)
abschalten; (aéroport, route) sperren;
~ **les yeux sur qch** die Augen vor etw dat
verschließen ■ vi (porte, valise) zugehen;
(entreprise) schließen; **se fermer** vpr sich
schließen
fermeté [fɛʀməte] nf Festigkeit f;
(d'une personne) Entschiedenheit f
fermeture [fɛʀmətyʀ] nf Schließen nt;
(d'une mine, etc) Stilllegung f; (d'une
entreprise) Schließung f; (serrure, bouton)
Verschluss m; **heure de** ~
Geschäftsschluss m; ~ **annuelle**
Betriebsferien pl; ~ **hebdomadaire**
(d'un restaurant) Ruhetag m; ~ **éclair®**,
~ **à glissière** Reißverschluss; ~ **velcro®**
Klettverschluss
fermier, -ière [fɛʀmje, ɛʀ] nm/f
(locataire) Pächter(in) m(f); (propriétaire)
Bauer (Bäuerin) m/f, Landwirt(in) m(f)
fermoir [fɛʀmwaʀ] nm Verschluss m,
Schließe f

féroce [feʀɔs] adj (animal) wild; (guerrier)
unbarmherzig, grausam; (appétit, désir)
unbändig
férocité nf Wildheit f, Grausamkeit f
ferraille [feʀaj] nf Schrott m, Alteisen nt;
(fam) Kleingeld nt; **mettre à la** ~
verschrotten
ferré, e [fɛʀe] adj (souliers) genagelt;
(bout) mit Eisen beschlagen; ~ **en** (savant)
beschlagen [ou bewandert] in +dat
ferreux, -euse [feʀø, øz] adj eisenhaltig
ferronnerie [feʀɔnʀi] nf (objets)
Schmiedeeisen nt; ~ **d'art**
Kunstschmiedearbeit f
ferroviaire [feʀɔvjeʀ] adj Eisenbahn-
ferrugineux, -euse [feʀyʒinø, øz] adj
eisenhaltig
ferrure [feʀyʀ] nf (objet) Eisenbeschlag m
ferry-boat (pl ~s) [feʀibot] nm
Eisenbahnfähre f
fertile [fɛʀtil] adj (terre) fruchtbar;
~ **en incidents** ereignisreich
fertiliser <1> vt (terre) düngen
fertilité nf Fruchtbarkeit f
féru, e [feʀy] adj: ~ **de** begeistert von
férule [feʀyl] nf: **être sous la** ~ **de qn**
unter jds Fuchtel dat stehen
fervent, e [fɛʀvã, ãt] adj (prière)
inbrünstig; (admirateur) glühend
ferveur nf Inbrunst f, Glut f, Eifer m
fesse [fɛs] nf Hinterbacke f; **les** ~**s** der Po
fessée nf Schläge pl (auf den Hintern)
festin [fɛstɛ̃] nm Festmahl nt
festival [fɛstival] nm Festival nt;
(classique) Festspiele pl
festivalier [fɛstivalje] nm
Festivalbesucher m
festivités [fɛstivite] nfpl Festlichkeiten pl
festoyer [fɛstwaje] <6> vi schmausen
fêtard, e [fɛtaʀ, d] nm/f Lebemann m,
leichtlebige Person
fête [fɛt] nf (publique) Feiertag m, Festtag
m; (en famille) Feier f, Fest nt; (d'une
personne) Namenstag m; **faire la** ~ es sich
dat gut gehen lassen; **faire** ~ **à qn** jdn
herzlich empfangen; **jour de** ~ Festtag,
Feiertag; **les** ~**s** (Noël et Nouvel An) die
Feiertage pl; **salle/comité des** ~**s** Festsaal
m/-komitee nt; ~ **d'adieu(x)**
Abschiedsfeier; ~ **foraine** Jahrmarkt m,
Volksfest nt; ~ **mobile** beweglicher
Feiertag; ~ **nationale** Nationalfeiertag

◉ **LA FÊTE NATIONALE BELGE**

◉
◉ La fête nationale belge am 21. Juli ist in
◉ Belgien ein Feiertag zur Erinnerung
◉ an den 21. Juli 1831, an dem Leopold
◉ von Sachsen-Coburg Gotha König
◉ Leopold I wurde.

Fête-Dieu (pl **Fêtes-Dieu**) nf Fronleichnam nt

fêter <1> vt feiern

fétichisme [fetiʃism] nm Fetischismus m

fétide [fetid] adj (odeur, haleine) übel riechend

fétu [fety] nm: ~ **de paille** Strohhalm m

feu [fø] adj inv verstorben

feu (pl x) [fø] nm Feuer nt; (Naut) Leuchtfeuer nt; (de voiture) Scheinwerfer m; (de circulation) Ampel f; (ardeur) Begeisterung f; (sensation de brûlure) Brennen nt; **feux** nmpl (éclat) Licht nt; **à ~ doux/vif** (Gastr) bei schwacher/starker Hitze; **à petit ~** (Gastr) auf kleiner Flamme; **au ~!** Feuer!, es brennt!; **s'arrêter au ~ rouge** an der (roten) Ampel anhalten; **griller un ~ rouge** bei Rot über die Ampel fahren; **faire ~** (avec arme) feuern; **mettre le ~ à qch** etw in Brand stecken; **prendre ~** Feuer fangen; **avez-vous du ~?** (pour cigarette) haben Sie Feuer?; ~ **arrière** (Auto) Rücklicht nt; ~ **arrière de brouillard** Nebelschlussleuchte f; ~ **d'artifice** Feuerwerk nt; ~x **de croisement** (Auto) Abblendlicht nt; ~x **de détresse** Warnblinkanlage f; ~ **de position** (Auto) Standlicht nt; ~ **rouge/vert** rotes/grünes Licht; (en trafic) rote/grüne Ampel; ~ **de route** (Auto) Fernlicht nt; **tous ~x éteints** (Naut, Auto) ohne Licht

feuillage [fœjaʒ] nm (feuilles) Blätter pl

feuille [fœj] nf (d'arbre) Blatt nt; ~ **d'impôts** Steuerbescheid m; ~ **d'or/de métal** Gold-/Metallblättchen nt; ~ **morte** welkes Blatt; ~ **de paye** Lohnzettel m, Gehaltszettel m; ~ **(de papier)** Blatt (Papier); ~ **de vigne** Weinblatt; (sur statue) Feigenblatt; ~ **volante** loses Blatt

feuillet [fœje] nm (livre) Blatt nt, Seite f

feuilleté, e [fœjte] adj: **pâte ~e** Blätterteig m

feuilleter [fœjte] <3> vt durchblättern

feuilleton [fœjtõ] nm (dans un journal) Fortsetzungsroman m; (Radio, TV) Sendefolge f; (partie) Fortsetzung f; ~ **télévisé** Fernsehserie f

feuillu, e [fœjy] adj belaubt; **arbres ~s** Laubbäume pl

feutre [føtr] nm (matière) Filz m; (chapeau) Filzhut m; **(stylo-)~** Filzstift m, Filzschreiber m

feutré, e adj (tissu) filzartig; (après usure) verfilzt; (pas, voix, sons) gedämpft

feutrer <1> vt (revêtir de feutre) mit Filz auslegen; (bruits) dämpfen; **se feutrer** vpr (tissu) verfilzen

fève [fɛv] nf (dicke) Bohne f

février [fevrije] nm Februar m; **en ~** im Februar; **le 14 ~** am 14. Februar; **le 14 ~ 2008** der 14. Februar 2008

fez [fɛz] nm Fes m

F.F. nf abr = **Fédération française ...** französische Vereinigung ...

F.F.F. nf abr = **Fédération française de football** französischer Fußballbund

F.F.N. nf abr = **Fédération française de natation** französische Schwimmsportvereinigung

F.F.T. nf abr = **Fédération française de tennis** französischer Tennisbund

fi [fi] adj: **faire fi de qch** etw nicht beachten, etw in den Wind schlagen

fiabilité [fjabilite] nf Zuverlässigkeit f

fiable [fjabl] adj zuverlässig

fiançailles [fjɑ̃saj] nfpl Verlobung f; (période) Verlobungszeit f

fiancé, e nm/f Verlobte(r) mf ■ adj: **être ~ à** verlobt sein mit

fiancer [fjɑ̃se] <2> vpr: **se fiancer** sich verloben

fibre [fibr] nf Faser f; **avoir la ~ paternelle** der geborene Vater sein; ~ **de bois** Holzwolle f, ~ **optique** (Tel) Glasfaser; ~ **végétale** Pflanzenfaser; ~ **de verre** Glasfaser

fibreux, -euse [fibrø, øz] adj faserig

ficeler [fis(ə)le] <3> vt (paquet) verschnüren

ficelle [fisɛl] nf Schnur f, Bindfaden m

fichage [fiʃaʒ] nm Registrierung f (in einer Kartei)

fiche [fiʃ] nf (pour fichier) Karteikarte f; ~ **(mâle)** (Elec) Stecker m; ~ **horaires** Fahrplanauszug m

ficher (pp 1, **fichu**) [fiʃe] vt: **il ne fiche rien** (fam: faire) er macht [ou tut] nichts; **cela me fiche la trouille** (fam) das macht mir Angst; **fiche-le dans un coin** (fam) schmeiß es in eine Ecke; **fiche le camp!** (fam) hau ab!; **fiche-moi la paix!** (fam) lass mich in Frieden!; **je m'en fiche** (fam) das ist mir egal; **tu te fiches de moi** (fam) du machst dich über mich lustig

fichier [fiʃje] nm Kartei f; (Inform) Datei f; **nom de ~** Dateiname m; ~ **cible** Zieldatei; ~ **d'installation** Setup-Datei; ~ **de programme** Programmdatei; ~ **source** Quelldatei; ~ **de témoins** Cookie nt; ~ **de travail** Hilfsdatei

fichu, e [fiʃy] pp de **ficher** ■ adj (fam: fini, inutilisable) kaputt; **être mal ~** (fam: santé) sich miserabel fühlen; (objet) schlecht gemacht sein; **n'être pas ~ de faire qch** (fam) nicht imstande sein, etw zu tun; ~ **temps/caractère** scheußliches Wetter/schwieriger Charakter ■ nm (foulard) Halstuch nt

fictif, -ive [fiktif, iv] *adj* fiktiv, erfunden
fiction [fiksjɔ̃] *nf* Fiktion *f*
fidèle [fidɛl] *adj* treu; *(précis)* zuverlässig,
genau; **être ~ à** treu sein *+dat*; *(à sa parole
donnée, aux habitudes)* festhalten an *+dat*
⬛ *nmf, (Rel)* Gläubige(r) *mf*; *(fig)*
Getreue(r) *mf*
fidéliser [fidelize] **<4>** *vt (Com)* als
Stammkunde gewinnen
fidélité [fidelite] *nf* Treue *f*,
Zuverlässigkeit *f*, Genauigkeit *f*
Fidji [fidʒi] *nfpl*: **les îles ~** die Fidschiinseln *pl*
fiduciaire [fidysjɛʀ] *adj* treuhänderisch
fief [fjɛf] *nm (Hist)* Lehen *nt*; *(fig)*
Spezialgebiet *nt*; *(Pol)* Hochburg *f*
fiel [fjɛl] *nm* Galle *f*; *(fig)* Bitterkeit *f*
fiente [fjɑ̃t] *nf* Vogelmist *m*
fier [fje] **<1>** *vpr*: **se ~ à** vertrauen *[ou* sich
verlassen] auf *+akk*
fier, fière [fjɛʀ] *adj* stolz *(de* auf *+akk)*;
avoir fière allure eine gute Figur machen
fierté [fjɛʀte] *nf* Stolz *m*
fièvre [fjɛvʀ] *nf* Fieber *nt*
fiévreux, -euse [fjevʀø, øz] *adj* fiebrig;
(fig) fieberhaft
FIFA [fifa] *nf acr* = **Fédération
internationale de football association**
FIFA *f*
figer [fiʒe] **<2>** *vt (sang)* gerinnen lassen;
(sauce) dick werden lassen; *(personne)*
erstarren lassen, lähmen
figue [fig] *nf (Bot)* Feige *f*
figuier [fiɡje] *nm* Feigenbaum *m*
figurant, e [fiɡyʀɑ̃, ɑ̃t] *nm/f* Statist(in)
m(f)
figuratif, -ive [fiɡyʀatif, iv] *adj (Art)*
gegenständlich
figure [fiɡyʀ] *nf (visage)* Gesicht *nt*;
(Math: forme) Figur *f*; *(illustration, dessin)*
Abbildung *f*; *(aspect)* Aussehen *nt*;
(personnage) Gestalt *f*; **se casser la ~**
(fam: personne) hinfallen; *(fam: objet)*
herunterfallen
figuré, e [fiɡyʀe] *adj (Ling)* übertragen
figurer [fiɡyʀe] **<1>** *vi (apparaître)*
erscheinen ⬛ *vt (représenter)* darstellen
⬛ *vpr*: **se ~ qch/que** sich *dat* etw
vorstellen/sich *dat* vorstellen, dass
fil [fil] *nm* Faden *m*; *(Elec)* Leitung *f*;
(tranchant) Schneide *f*; **au ~ des heures/
années** im Laufe der Stunden/Jahre; **au ~
de l'eau** mit dem Strom; **donner/recevoir
un coup de ~** anrufen/angerufen werden;
perdre le ~ den Faden verlieren; **~ à
coudre** Garn *nt*, Nähfaden; **~ à pêche**
Angelschnur *f*; **~ à plomb** Lot *nt*, Senkblei
nt; **~ de fer** (Eisen)draht *m*; **~ de fer
barbelé** Stacheldraht *m*
filament [filamɑ̃] *nm (Elec)* Glühfaden *m*;
(de liquide) Faden *m*

filandreux, -euse [filɑ̃dʀø, øz] *adj*
(viande) faserig
filant, e [filɑ̃, ɑ̃t] *adj*: **étoile ~e**
Sternschnuppe *f*
filasse [filas] *adj inv* flachsblond,
strohblond
filature [filatyʀ] *nf (fabrique)* Spinnerei *f*;
(d'un suspect) Beschattung *f*
file [fil] *nf* Reihe *f*, Schlange *f*; **à la [ou en]
~ indienne** im Gänsemarsch; **à la ~**
(d'affilée) hintereinander; **stationner
en double ~** in zweiter Reihe parken;
~ d'attente Warteschlange
filer [file] **<1>** *vt (tissu, toile)* spinnen;
(Naut) abwickeln, abrollen; *(prendre en
filature)* beschatten; **~ qch à qn** *(fam:
donner)* jdm etw geben; **il file un mauvais
coton** es geht bergab mit ihm ⬛ *vi (aller
vite)* flitzen; *(fam: partir)* sich aus dem
Staub machen; **~ doux** spuren, sich fügen;
une maille qui file eine Laufmasche
filet [filɛ] *nm* Netz *nt*; *(Gastr)* Filet *nt*;
(de liquide) Rinnsal *nt*; **~ de lumière**
Lichtstreifen *m*; **~ (à provisions)**
Einkaufsnetz
filial, e [filjal, o] *adj* Kindes-
⬛ *nf* Filiale *f*; **~e d'un consortium**
Konzerntochter *f*
filiation [filjasjɔ̃] *nf* Abstammung *f*; *(fig)*
Zusammenhänge *pl*
filière [filjɛʀ] *nf*: **passer par la ~** den
Dienstweg gehen; **suivre la ~** von der Pike
auf dienen
filiforme [filifɔʀm] *adj* fadenförmig, dünn
filigrane [filiɡʀan] *nm (dessin imprimé)*
Wasserzeichen *nt*; **en ~** *(fig)* zwischen
den Zeilen
fille [fij] *nf (opposé à garçon)* Mädchen *nt*;
(opposé à fils) Tochter *f*; **vieille ~** (alte)
Jungfer *f*; **jouer la ~ de l'air** *(fam)* sich
verdrücken
fillette [fijɛt] *nf* kleines Mädchen
filleul, e [fijœl] *nm/f* Patenkind *nt*
film [film] *nm* Film *m*; **~ muet/parlant**
Stumm-/Tonfilm
filmer **<1>** *vt* filmen
filou [filu] *nm* Gauner *m*
fils [fis] *nm* Sohn *m*; **~ à papa** verzogenes
Kind reicher Eltern; **~ de famille** junger
Mann aus gutem Hause
filtrage [filtʀaʒ] *nm* Filtern *nt*;
(de visiteurs) Überprüfung *f*
filtrant, e [filtʀɑ̃, ɑ̃t] *adj (huile solaire)* mit
Schutzfaktor
filtre [filtʀ] *nm* Filter *m*; **~ à huile** Ölfilter
filtrer **<1>** *vt (café, air, eau)* filtern;
(candidats, visiteurs) sieben ⬛ *vi (lumière)*
durchschimmern, durchscheinen; *(odeur)*
durchdringen; *(liquide, bruit, information)*
durchsickern

fin [fɛ̃] *nf* Ende *nt*; **fins** *nfpl* (*objectif, but*) Zweck *m*; **à cette ~** zu diesem Zweck; **à la ~** schließlich, am Ende; **à (la) ~ mai/juin** Ende Mai/Juni; **en ~ de journée/semaine** am Ende des Tages/der Woche; **mettre ~ à qch** etw beenden; **mettre ~ à ses jours** Hand an sich *akk* legen; **toucher à sa ~** sich seinem Ende nähern; **~ de non-recevoir** (*Jur*) Abweisung *f*; (*Admin*) abschlägiger Bescheid

fin, e [fɛ̃, fin] *adj* fein; (*taille*) schmal, zierlich; (*visage*) fein geschnitten; (*pointe*) dünn, spitz; (*subtil*) feinsinnig; **la ~e fleur de** die Creme +*gen*, der feinste Teil +*gen*; **le ~ fond de** der hinterste Winkel von; **le ~ mot de l'histoire** die Erklärung für das Ganze; **un ~ gourmet/tireur** ein großer Feinschmecker/ein Meisterschütze; **une ~e mouche** eine raffinierte Person; **~es herbes** (fein gehackte) Kräuter *pl*; **vin ~** erlesener Wein ▪ *adv* fein; **~ soûl** vollkommen betrunken ▪ *nm*: **vouloir jouer au plus ~ avec qn** jdn zu überlisten suchen ▪ *nf* (*alcool*) erlesener Branntwein

final, e [final] *adj* letzte(r, s); Schluss-; End-; **cause ~** Urgrund *m* ▪ *nm* (*Mus*) Finale *nt* ▪ *nf* (*Sport*) Finale *nt*, Endspiel *nt*; **quart/huitième de ~e** Viertel-/Achtelfinale

finalement *adv* schließlich

finaliste [finalist] *nmf* Endrundenteilnehmer(in) *m(f)*

finance [finɑ̃s] *nf*: **la ~** die Finanzwelt; **finances** *nfpl* Finanzen *pl*; **moyennant ~** gegen Zahlung [*ou* Entgelt]

financement [finɑ̃smɑ̃] *nm* Finanzierung *f*; **~ du prix de revient** Selbstkostendeckung *f*

financer [finɑ̃se] <2> *vt* finanzieren

financier, -ière [finɑ̃sje, ɛʀ] *adj* Finanz-; finanziell ▪ *nm* Finanzier *m*

finasser [finase] <1> *vi* Tricks anwenden

finaud, e [fino, od] *adj* listig, schlau

finement [finmɑ̃] *adv* fein; dünn

finesse [fines] *nf* Feinheit *f*; (*de taille*) Zierlichkeit *f*; (*subtilité*) Feinsinnigkeit *f*

fini, e [fini] *adj* (*terminé*) fertig; (*disparu*) vorbei; (*personne*) erledigt; (*machine*) kaputt; (*limité: Math*) endlich; **bien/mal ~ (fait)** gut/schlecht gemacht; **un égoïste/ artiste ~** ein ausgemachter Egoist/ein vollendeter Künstler ▪ *nm* Vollendung *f*, (letzter) Schliff *m*

finir <8> *vt* beenden; (*travail*) fertig machen; (*repas, paquet de bonbons*) aufessen ▪ *vi* zu Ende gehen, enden, aufhören; **~ de faire qch** (*terminer*) etw zu Ende machen, etw fertig machen; (*cesser*) aufhören, etw zu tun; **~ en pointe/ tragédie** spitz auslaufen/in einer Tragödie enden; **~ par qch** mit etw enden; **~ par**

faire qch schließlich etw tun; **il finit par m'agacer** er geht mir allmählich auf die Nerven; **en ~ (avec qn/qch)** mit jdm/etw fertig werden; **il finit de manger** er ist noch am Essen; **il/cela va mal ~** mit ihm wird es/das wird ein schlimmes Ende nehmen

finissage *nm* Fertigstellung *f*, letzter Schliff

finition *nf* Fertigstellung *f*

finlandais, e [fɛ̃lɑ̃dɛ, ɛz] *adj* finnisch

Finlandais, e *nm/f* Finne (Finnin) *m/f*

Finlande *nf*: **la ~** Finnland *nt*

finnois, e [finwa, az] *adj* finnisch

fiole [fjɔl] *nf* Fläschchen *nt*

firme [fiʀm] *nf* Firma *f*

fisc [fisk] *nm*: **le ~** der Fiskus, die Steuerbehörde

fiscal, e (*pl* -aux) [fiskal, o] *adj* Steuer-; **réforme ~e** Steuerreform *f*

fiscaliser [fiskalize] <1> *vt* besteuern

fiscalité *nf* (*système*) Steuerwesen *nt*; (*charges*) Steuerlast *f*

fissible [fisibl] *adj* spaltbar

fission [fisjɔ̃] *nf* Spaltung *f*

fissure [fisyʀ] *nf* (*craquelure*) Sprung *m*; (*crevasse*) Riss *m*

fissurer <1> *vpr*: **se fissurer** Risse bekommen, rissig werden

fiston [fistɔ̃] *nm* (*fam*) Sohnemann *m*

FIV *nf abr* = **fécondation in vitro** In-vitro-Fertilisation *f*

fixateur [fiksatœʀ] *nm* (*Foto*) Fixiermittel *nt*; (*pour cheveux*) Festiger *m*

fixation [fiksasjɔ̃] *nf* Befestigung *f*; (*de ski*) (Ski)bindung *f*; (*Psych*) Fixierung *f*; **~ du cours** Kursfixierung *f*; **~ de sécurité** (*Ski*) Sicherheitsbindung

fixe [fiks] *adj* fest; (*regard*) starr; **à date/ heure ~** zu einem bestimmten Datum/zur bestimmten Stunde; **menu à prix ~** Menü *nt* zu festem Preis ▪ *nm* (*salaire de base*) Festgehalt *nt*, Grundgehalt *nt*

fixé, e [fikse] *adj*: **être ~ (sur)** (*savoir à quoi s'en tenir*) genau Bescheid wissen (über +*akk*)

fixer [fikse] <1> *vt* befestigen, festmachen, anbringen (*à* an +*dat*); (*déterminer*) festsetzen, bestimmen; (*Chim, Foto*) fixieren; (*regarder*) fixieren, anstarren; **~ son attention sur** seine Aufmerksamkeit richten auf +*akk*; **~ son regard sur** seinen Blick heften auf +*akk* ▪ *vpr*: **se ~ quelque part** (*s'établir*) sich irgendwo niederlassen; **se ~ sur** (*regard, attention*) verweilen bei

flacon [flakɔ̃] *nm* Fläschchen *nt*

flagada [flagada] *adj* (*fam*) schlapp

flageller [flaʒele] <1> *vt* geißeln; peitschen

flageoler [flaʒɔle] <1> vi schlottern
flageolet [flaʒɔle] nm (Gastr) Zwergbohne f
flagrant, e [flagʀɑ̃, ɑ̃t] adj offenkundig; **prendre qn en ~ délit** jdn auf frischer Tat ertappen
flair [flɛʀ] nm (du chien) Geruchssinn m; (fig) Spürsinn m
flairer <1> vt (chien, etc: fig) wittern
flamand, e [flamɑ̃, ɑ̃d] adj flämisch ▪ nm (Ling) Flämisch nt
Flamand, e nm/f Flame (Flamin) m/f
flamant [flamɑ̃] nm Flamingo m
flambant [flɑ̃bɑ̃] adv: **~ neuf** funkelnagelneu
flambé, e [flɑ̃be] adj (Gastr) flambiert ▪ nf (feu) (hell aufloderndes) Feuer; **~ de violence/des prix** (fig) Aufflackern nt von Gewalt/Emporschießen nt der Preise
flambeau (pl x) [flɑ̃bo] nm Fackel f
flamber [flɑ̃be] <1> vi aufflammen, auflodern ▪ vt (poulet) absengen; (aiguille) keimfrei machen
flamboyant, e [flɑ̃bwajɑ̃, ɑ̃t] adj: **gothique ~** Spätgotik f
flamboyer [flɑ̃bwaje] <6> vi (feu) (auf)lodern
flamingant, e [flamɛ̃gɑ̃, ɑ̃t] adj Flämisch sprechend
flamme [flam] nf Flamme f; (fig) Glut f, Leidenschaft f
flan [flɑ̃] nm (Gastr) puddingartige Süßspeise
flanc [flɑ̃] nm (Anat) Seite f; (d'une armée) Flanke f; **à ~ de montagne/colline** am Abhang; **prêter le ~ à** sich aussetzen +dat
Flandre(s) [flɑ̃dʀ] nf(pl): **la Flandre, les ~** Flandern nt
flanelle [flanɛl] nf Flanell m
flâner [flɑne] <1> vi bummeln, umherschlendern
flanquer [flɑ̃ke] <1> vt flankieren; **~ à la porte** (fam) hinauswerfen; **la frousse à qn** (fam) jdm Angst einjagen; **~ qch sur/dans** (fam) etw schmeißen auf +akk/in +akk
flapi, e [flapi] adj hundemüde
flaque [flak] nf Lache f, Pfütze f
flash (pl -es) [flaʃ] nm (Foto) Blitz m, Blitzlicht nt; **~ d'information** Kurznachrichten pl; **~ électronique** Elektronenblitz
flash-back (pl flashes-back) [flaʃbak] nm Rückblende f
flasque [flask] adj schlaff
flatter [flate] <1> vt (personne) schmeicheln +dat ▪ vpr: **se ~ de qch/de pouvoir faire qch** sich einer Sache gen rühmen/sich rühmen, etw tun zu können
flatterie nf Schmeichelei f
flatteur, -euse adj schmeichelhaft ▪ nm/f Schmeichler(in) m(f)

flatulence [flatylɑ̃s] nf Blähungen pl
fléau (pl x) [fleo] nm (calamité) Geißel f, Plage f; (Agr) Dreschflegel m
fléchage [fleʃaʒ] nm Ausschilderung f
flèche [flɛʃ] nf Pfeil m; (de clocher) Turmspitze f; (de grue) Arm m; **monter en ~** blitzschnell ansteigen; **filer comme une ~** wie ein Pfeil dahinsausen
flécher [fleʃe] <5> vt ausschildern
fléchette nf kleiner Pfeil, Wurfpfeil m
fléchir [fleʃiʀ] <8> vt beugen; (détermination de qn) schwächen ▪ vi (poutre) sich durchbiegen; (courage, enthousiasme) nachlassen; (personne) schwach werden
flegmatique [flɛgmatik] adj phlegmatisch
flemmard, e [flemaʀ, aʀd] adj stinkfaul ▪ nm/f Faulpelz m
flemme [flɛm] nf: **avoir la ~** (fam) faulenzen, faul sein; **avoir la ~ de faire qch** (fam) keinen Bock haben, etw zu tun
flétan [fletɑ̃] nm Heilbutt m
flétri, e [fletʀi] adj (feuilles, fleur) verwelkt; (fruit, peau, visage) runzlig
flétrir [fletʀiʀ] <8> vt (fleur) verwelken lassen; (peau, visage) runzlig werden lassen; (stigmatiser) brandmarken; **se flétrir** vpr verwelken
fleur [flœʀ] nf Blume f; (d'un arbre) Blüte f; **~ de lys** bourbonische Lilie; **être ~ bleue** sehr sentimental sein; **être en ~(s)** in Blüte stehen
fleurette [flœʀɛt] nf: **conter ~ à qn** jdm den Hof machen
fleuri, e [flœʀi] adj (jardin) blühend, in voller Blüte; (maison) blumengeschmückt; (style) blumig; (teint) gerötet
fleurir [flœʀiʀ] <8> vi blühen; (fig) seine Blütezeit haben ▪ vt (tombe, chambre) mit Blumen schmücken
fleuriste [flœʀist] nmf Florist(in) m(f)
fleuve [flœv] nm Fluss m; **~ de boue** Strom m von Schlamm
flexibilité [flɛksibilite] nf Flexibilität f
flexible [flɛksibl] adj (objet) biegsam; (matériau) elastisch; (personne, caractère) flexibel
flexion [flɛksjɔ̃] nf (mouvement) Biegung f, Beugung f; (Ling) Flexion f, Beugung f
flic [flik] nm (fam) Polizist m, Bulle m
flingue [flɛ̃g] nf (fam) Knarre f
flinguer [flɛ̃ge] <1> vt (fam) abknallen
flipper [flipe] <1> vi (fam) ausflippen
flipper [flipœʀ] nm (billard électrique) Flipper(automat) m
flirter [flœʀte] <1> vi flirten
FLN nm abr = **Front de libération nationale** nationale Befreiungsbewegung
flocon [flɔkɔ̃] nm Flocke f; **~s d'avoine** Haferflocken pl

floconneux, -euse [flɔkɔnø, øz] adj
flockig

floraison [flɔʀɛzõ] nf Blüte f; (fig)
Blütezeit f

floral, e (pl -aux) [flɔʀal, o] adj Blumen-

flore [flɔʀ] nf Flora f

floriculture [flɔʀikyltyʀ] nf
Blumenzucht f

florissant, e [flɔʀisã, ãt] adj (entreprise,
commerce) blühend

flot [flo] nm (fig) Flut f; **flots** nmpl (de la
mer) Wellen pl; **à ~s** in Strömen;
(re)mettre à ~ (Naut) flottmachen; (fig)
(finanziell) unter die Arme greifen +dat;
être à ~ (Naut) flott sein; (fig) bei Kasse
sein

flotte [flɔt] nf (Naut) Flotte f; (fam: eau)
Wasser nt

flottement [flɔtmã] nm (hésitation)
Schwanken nt, Zögern nt; **~ de monnaie**
Floating nt

flotter [flɔte] <1> vi (bateau, bois)
schwimmen; (odeur) schweben; (drapeau,
cheveux) wehen, flattern; (vêtements) lose
hängen, wallen; (monnaie) floaten
■ vb impers (fam: pleuvoir) regnen, gießen
■ vt flößen

flotteur nm (d'hydravion, etc)
Schwimmkörper m; (de canne à pêche)
Schwimmer m

flou, e [flu] adj verschwommen; (photo)
unscharf ■ nm Verschwommenheit f;
~ juridique (Jur) Rechtsunsicherheit f

fluctuation [flyktɥasjõ] nf (du marché)
Schwankung f; (de l'opinion publique)
Schwanken nt

fluet, te [flɥɛ, ɛt] adj zart, zerbrechlich

fluide [flɥid] adj flüssig ■ nm (Phys)
Flüssigkeit f

fluor [flyɔʀ] nm Fluor m

fluorescent, e [flyɔʀesã, ãt] adj
fluoreszierend; **tube ~** Neonröhre f;
feutre ~ Leuchtstift m, Textmarker m

flûte [flyt] nf (Mus) Flöte f; (verre)
Kelchglas nt; (pain) Stangenbrot nt;
~! verflixt!; **~ à bec** Blockflöte;
~ traversière Querflöte

flûtiste [flytist] nmf Flötist(in) m(f)

fluvial, e (pl -aux) [flyvjal, o] adj Fluss-

flux [fly] nm (marée) Flut f; **le ~ et le reflux**
Ebbe f und Flut f; (fig) das Auf und Ab;
~ d'informations Informationsfluss m

F.M. abr = **modulation de fréquence**
FM, UKW

F.M.I. nm abr = **Fonds monétaire
international** IWF m

F.N. nm abr = **Front national** rechtsextreme
Partei

F.N.S.E.A. nf abr = **Fédération nationale
des syndicats d'exploitants agricoles**
Nationalverband der Gewerkschaften von
Landwirten

F.O. abr = **Force ouvrière** linksorientierte
Gewerkschaft

fœtus [fetys] nm Fötus m

foi [fwa] nf (Rel) Glaube m; **ajouter ~
à** Glauben schenken +dat; **avoir ~ en**
glauben an +akk, vertrauen auf +akk;
digne de ~ glaubwürdig; **être de bonne/
mauvaise ~** aufrichtig/unaufrichtig sein;
ma ~! wahrhaftig!; **sur la ~ de** aufgrund
+gen; **sous la ~ du serment** unter Eid

foie [fwa] nm Leber f

foin [fwɛ̃] nm Heu nt; **faire du ~** (fam)
Krach schlagen

foire [fwaʀ] nf Markt m; (fête foraine)
Jahrmarkt m; (exposition) Messe f; **faire
la ~** (fam) auf die Pauke hauen; **~ aux
questions** FAQ pl

fois [fwa] nf Mal nt; **à la ~** zugleich; **cette
~** dieses Mal; **2 ~ 2** zwei mal zwei; **encore
une ~** noch einmal; **il était une ~** es war
einmal; **la ~ suivante** das nächste Mal,
nächstes Mal; **non mais des ~!** (fam) was
glauben Sie denn eigentlich!; **si des ~**
(fam) wenn (zufällig); **trois ~ plus grand
(que)** dreimal so groß (wie); **une ~** einmal;
une ~ pour toutes ein für alle Mal; **une ~
que** nachdem; **vingt ~** zwanzigmal

foison [fwazõ] nf: **à ~** in Hülle und Fülle;
une ~ de eine Fülle von

foisonner [fwazɔne] <1> vi: **~ en** [ou de]
reich sein an +dat

folâtre [fɔlɑtʀ] adj ausgelassen

folichon, ne [fɔliʃõ, ɔn] adj: **ça n'a rien
de ~** das ist nicht gerade umwerfend

folie [fɔli] nf Verrücktheit f; (état)
Wahnsinn m; **la ~ des grandeurs** der
Größenwahn(sinn); **faire des ~s** das Geld
mit vollen Händen ausgeben

folklore [fɔlklɔʀ] nm Volksgut nt,
Folklore f

folklorique adj Volks-, volkstümlich;
(fig: fam) kurios

folle [fɔl] adj voir **fou**

follement adv (très) wahnsinnig

fomenter [fɔmãte] <1> vt schüren

foncé, e [fõse] adj dunkel; **bleu/rouge ~**
dunkelblau/-rot

foncer [fõse] <2> vi (tissu, teinte) dunkler
werden; (fam: aller vite) rasen; **~ sur** (fam)
sich stürzen auf +akk

fonceur, -euse [fõsœʀ, øz] nm/f
Tatmensch m

foncier, -ière [fõsje, ɛʀ] adj grundlegend,
fundamental; (Econ) Grund-

fonction [fõksjõ] nf Funktion f;
(profession) Beruf m, Tätigkeit f; (poste)
Posten m; **fonctions** nfpl (activité,
pouvoirs) Aufgaben pl; (corporelles,

biologiques) Funktionen *pl*; **entrer en/ reprendre ses ~s** sein Amt antreten/seine Tätigkeit wiederaufnehmen; **voiture/ maison de ~** Dienstwagen *m*/-wohnung *f*; **en ~ de** entsprechend +*dat*; **être ~ de** abhängen von; **faire ~ de** *(personne)* fungieren als; *(objet)* dienen als; **la ~ publique** der öffentliche Dienst; **~ d'aide** *(Inform)* Hilfefunktion; **~ de mémoire** *(Inform)* Speicherfunktion; **~ veille** Standby-Betrieb *m*

fonctionnaire *nmf* Beamte(r) (Beamtin) *m/f*

fonctionnel, le *adj* Funktions-; *(pratique)* funktionell

fonctionner [fõksjɔne] <1> *vi* funktionieren

fond [fõ] *nm (d'un récipient, d'un trou)* Boden *m*; *(d'une salle, d'un tableau)* Hintergrund *m*; *(opposé à la forme)* Inhalt *m*; **à ~** *(connaître)* gründlich; *(appuyer, etc)* kräftig, fest; **à ~ (de train)** *(fam)* mit Höchstgeschwindigkeit; **aller au ~ des choses/du problème** den Dingen/dem Problem auf den Grund gehen; **au ~ de** *(salle)* im hinteren Teil +*gen*; **dans le ~, au ~** im Grunde; **de ~ en comble** ganz und gar; **le ~** *(Sport)* der Langstreckenlauf; **sans ~** bodenlos; **un ~ de bouteille** *(petite quantité)* der letzte Rest in der Flasche; **~ de teint** Make-up *nt*; **~ sonore** Geräuschkulisse *f*

fondamental, e *(pl* **-aux)** [fõdamãtal, o] *adj* grundlegend, fundamental

fondamentalisme *nm (Rel)* Fundamentalismus *m*

fondant, e [fõdã, ãt] *adj* schmelzend; *(au goût)* auf der Zunge zergehend

fondateur, -trice [fõdatœʀ, tʀis] *nm/f* Gründer(in) *m(f)*

fondation [fõdasjõ] *nf* Gründung *f*; *(établissement)* Stiftung *f*; **fondations** *nfpl (d'une maison)* Fundament *nt*

fondé, e [fõde] *adj (accusation)* begründet; *(récit)* fundiert; **être ~ à croire** Grund zur Annahme haben ■ *nm/f*: **~(e) de pouvoir** Prokurist(in) *m(f)*

fondement [fõdmã] *nm (fam: derrière)* Hintern *m*; **fondements** *nmpl (fig)* Grundlagen *pl*; **sans ~** unbegründet

fonder [fõde] <1> *vt* gründen; **~ qch sur** *(baser)* etw stützen auf +*akk* ■ *vpr:* **se ~ sur qch** sich stützen auf +*akk*

fonderie [fõdʀi] *nf (usine)* Gießerei *f*

fondre [fõdʀ] <14> *vt (métal)* schmelzen; *(neige, etc)* schmelzen lassen; *(dans l'eau)* auflösen; *(mélanger: couleurs)* vermischen; *(fig)* verschmelzen ■ *vi* schmelzen; *(dans l'eau)* sich auflösen; *(fig: argent)* zerrinnen; *(courage)* verfliegen; **faire ~** schmelzen,

schmelzen lassen; auflösen; *(beurre)* zergehen lassen; **~ en larmes** in Tränen ausbrechen; **~ sur** *(se précipiter)* herfallen über +*akk*

fondrière [fõdʀijeʀ] *nf* Schlagloch *nt*

fonds [fõ] *nm (de bibliothèque, collectionneur)* Bestand *m*; **prêter à ~ perdu** *(fam)* auf Nimmerwiedersehen verleihen; **~ (de commerce)** *(Com)* Geschäft *nt*; **F~ monétaire international** Internationaler Währungsfonds; **~ social** Aktienfonds *m* ■ *nmpl (argent)* Kapital *nt*, Gelder *pl*; **~ publics** öffentliche Gelder

fondu, e [fõdy] *pp de* **fondre** ■ *adj* geschmolzen; *(couleurs)* abgestuft, ineinander übergehend ■ *nm (Cine)*: **ouverture/fermeture en ~** allmähliches Aufblenden/Abblenden des Bildes ■ *nf:* **~e (savoyarde)** *(Gastr)* (Käse)fondue *nt*; **~e bourguignonne** Fleischfondue *nt*

fongicide [fõʒisid] *nm* Pilzbekämpfungsmittel *nt*; *(Med)* Hautpilzmittel *nt*

fontaine [fõtɛn] *nf* Quelle *f*; *(construction)* Brunnen *m*

fonte [fõt] *nf* Schmelze *f*, Schmelzen *nt*; *(métal)* Gusseisen *nt*; **en ~ émaillée** gusseisern; **la ~ des neiges** die Schneeschmelze

fonts baptismaux [fõbatismo] *nmpl* Taufbecken *nt*

foot [fut] *nm (fam)* Fußball *m*

football [futbol] *nm* Fußball *m*

footballeur, -euse *nm/f* Fußballspieler(in) *m(f)*

footing [futiŋ] *nm:* **faire du ~** joggen

for [fɔʀ] *nm:* **dans mon/son ~ intérieur** in meinem/seinem Innersten

forain, e [fɔʀɛ, ɛn] *adj* Jahrmarkt- ■ *nm/f* Schausteller(in) *m(f)*

forçat [fɔʀsa] *nm* Sträfling *m*

force [fɔʀs] *nf (d'une armée, du vent, d'un coup, intellectuelle)* Stärke *f*; **forces** *nfpl (Mil)* Streitkräfte *pl*; **les ~s de l'ordre** die Polizei; **à ~ de critiques/de le critiquer** durch wiederholte Kritik/wenn man ihn fortwährend kritisiert; **arriver en ~** *(nombreux)* in großer Zahl kommen; **de ~** mit Gewalt; **de première ~** erstklassig; **de toutes mes/ses ~s** aus Leibeskräften; **être de ~ à** imstande sein zu; **ménager ses/reprendre des ~s** mit seinen Kräften Haus halten/wieder zu Kräften kommen; **par la ~ des choses** zwangsläufig; **la ~ de l'habitude** die Macht der Gewohnheit; **~ de caractère** Charakterstärke; **~ de frappe** Schlagkraft *f*; **~ de frappe [ou de dissuasion]** Atomstreitmacht *f*; **~ d'inertie** Beharrungsvermögen *nt*, Trägheit *f*; **~ majeure** höhere Gewalt;

~ d'occupation (Mil) Besatzungstruppen pl; **F~ d'urgence des Nations unies** schnelle Eingreiftruppe der UNO

forcé, e [fɔʀse] adj (rire, attitude) gezwungen, steif; **atterrissage ~** Notlandung f; **un bain ~** ein unfreiwilliges Bad; **c'est ~!** das musste ja so kommen!

forcément adv (obligatoirement) gezwungenermaßen, notgedrungen; (bien sûr) natürlich; **pas ~** nicht unbedingt

forcené, e [fɔʀsəne] nm/f Wahnsinnige(r) mf

forceps [fɔʀsɛps] nm Geburtszange f

forcer [fɔʀse] <2> vt (porte, serrure) aufbrechen; (moteur) überfordern; (contraindre) zwingen; **~ l'allure** schneller gehen/fahren; **~ la dose** (fam) übertreiben; **~ la main à qn** jdn zum Handeln zwingen ■ vi (se donner à fond) sich verausgaben ■ vpr: **se ~ à qch/faire qch** sich zu etw zwingen/sich dazu zwingen, etw zu tun

forcing [fɔʀsiŋ] nm Kraftakt m; **~ diplomatique** energisches diplomatisches Auftreten

forer [fɔʀe] <1> vt (objet, rocher) durchbohren; (trou, puits) bohren

forestier, -ière [fɔʀɛstje, ɛʀ] adj Forst-, Wald-; forstwirtschaftlich

foret [fɔʀe] nm Bohrer m

forêt [fɔʀe] nf Wald m; **la F~-Noire** der Schwarzwald; **~-noire** (Gastr) Schwarzwälder Kirschtorte

foreuse [fɔʀøz] nf Bohrmaschine f

forfait [fɔʀfɛ] nm (Com) Pauschale f; (crime) Verbrechen nt, Schandtat f; **~ vacances** Pauschalreise f; **déclarer ~** zurücktreten, nicht antreten; **travailler à ~** für eine Pauschale arbeiten

forfaitaire adj Pauschal-

forge [fɔʀ3] nf Schmiede f

forgé, e adj: **~ de toutes pièces** von A bis Z erfunden

forger <2> vt (métal, grille) schmieden; (personnalité, moral) formen; (prétexte, alibi) erfinden

forgeron [fɔʀ3ərõ] nm Schmied(in) m(f)

formaldéhyde [fɔʀmaldeid] nm Formaldehyd nt

formaliser [fɔʀmalize] <1> vpr: **se formaliser** gekränkt sein; **se ~ de qch** an etw dat Anstoß nehmen

formalité [fɔʀmalite] nf Formalität f

format [fɔʀma] nm Format nt; **~ papier** Papierformat; **~ unicode** (Inform) Unicode-Format

formater <1> vt (Inform) formatieren

formation [fɔʀmasjõ] nf Bildung f; (éducation, apprentissage) Ausbildung f; (de caractère) Formung f; (développement)

Entwicklung f; (groupe) Gruppe f; (Geo) Formation f; **la ~ professionnelle** die berufliche Ausbildung

forme [fɔʀm] nf Form f; (condition physique, intellectuelle) Form f, Verfassung f; **les ~s** fpl (bonnes manières) die Umgangsformen pl; (d'une femme) die Kurven pl; **être en ~;** **avoir la ~** (fam) gut in Form sein; **en bonne et due ~** in gebührender Form; **prendre ~** Gestalt annehmen

formel, le [fɔʀmɛl] adj (catégorique) eindeutig, klar; (logique) formal; (extérieur) formal, Form-

formellement adv (absolument) ausdrücklich

former [fɔʀme] <1> vt bilden; (projet, idée) entwickeln; (travailler; sportif) ausbilden; (caractère) formen; (intelligence, goût) ausbilden, entwickeln; (donner une certaine forme) gestalten; **se former** vpr (apparaître) sich bilden, entstehen; (se développer) sich entwickeln

formica® [fɔʀmika] nm Resopal® nt

formidable [fɔʀmidabl] adj gewaltig, ungeheuer; (fam: excellent) klasse, prima, toll

formulaire [fɔʀmylɛʀ] nm Formular nt, Vordruck m

formule [fɔʀmyl] nf (scientifique) Formel f; (système) System nt; **~ de politesse** Höflichkeitsfloskel f

formuler [fɔʀmyle] <1> vt ausdrücken, formulieren

forniquer [fɔʀnike] <1> vi Unzucht treiben

forsythia [fɔʀsisja] nm Forsythie f

fort, e [fɔʀ, fɔʀt] adj stark; (doué) begabt, fähig; (important) bedeutend, beträchtlich; (sauce) scharf ■ adv: **sonner/frapper/serrer ~** kräftig [ou fest] klingeln/klopfen/drücken ■ nm (construction) Fort nt; **au ~ de** mitten in +dat

forteresse [fɔʀtəʀɛs] nf Festung f

fortifiant [fɔʀtifjã] nm Stärkungsmittel nt

fortifications [fɔʀtifikasjõ] nfpl Befestigungsanlagen pl

fortifier [fɔʀtifje] <1> vt stärken; (ville, château) befestigen

fortiori [fɔʀsjɔʀi] adv: **à ~** umso mehr

fortuit, e [fɔʀtɥi, ɥit] adj zufällig, unvorhergesehen

fortune [fɔʀtyn] nf (richesse) Vermögen nt; **la ~** (destin) das Schicksal; **faire ~** reich werden; **de ~** improvisiert; **faire contre mauvaise ~ bon cœur** gute Miene zum bösen Spiel machen

fortuné, e adj (riche) wohlhabend

forum [fɔʀɔm] nm Forum nt; **~ de discussion** Diskussionsforum

fosse [fos] nf (grand trou) Grube f; (Geo) Graben m; (tombe) Gruft f, Grab nt; ~ **commune** Sammelgrab; ~ **(d'orchestre)** Orchestergraben; ~ **septique** Klärgrube; ~**s** fpl **nasales** Nasenhöhlen pl

fossé [fose] nm Graben m; (fig) Kluft f

fossile [fosil] nm Fossil nt ▪ adj versteinert; (fuel) fossil

fossoyeur [foswajœʀ] nm Totengräber m

fou, folle [fu, fɔl] adj verrückt; (regard) irr; (extrême) wahnsinnig; **être ~ de** (d'une chose) verrückt sein auf +akk; (d'une personne) verrückt sein nach ▪ nm/f Irre(r) mf, Verrückte(r) mf; (d'un roi) (Hof)narr m; (Echecs) Läufer m

foudre [fudʀ] nf: **la ~** der Blitz; **il a eu le coup de ~** er hat sich über beide Ohren [ou unsterblich] verliebt; **s'attirer les ~s de qn** jds Zorn auf sich akk ziehen

foudroyant, e [fudʀwajã, ãt] adj (rapidité, succès) überwältigend; (maladie, poison) tödlich

foudroyer [fudʀwaje] <6> vt erschlagen; ~ **qn du regard** jdm einen vernichtenden Blick zuwerfen

fouet [fwe] nm Peitsche f; (Gastr) Schneebesen m; **de plein ~** (heurter) frontal

fouetter [fwete] <1> vt peitschen; (personne) auspeitschen; (Gastr) schlagen

fougère [fuʒɛʀ] nf Farn m

fouille [fuj] nf (de police, de douane) Durchsuchung f; ~**s** fpl **(archéologiques)** Ausgrabungen pl

fouiller <1> vt (police) durchsuchen; (animal) wühlen in +akk; (archéologue) graben in +dat ▪ vi graben, wühlen; (archéologue) Ausgrabungen machen; ~ **dans/parmi** herumwühlen in/ zwischen +dat

fouillis [fuji] nm Durcheinander nt

fouiner [fwine] <1> vi herumschnüffeln

foulard [fulaʀ] nm (Hals)tuch nt, (Kopf)tuch nt

foule [ful] nf: **la ~** die Masse; das Volk; **une ~ de** eine Masse [ou Menge] von; **une ~ énorme/émue** eine große/aufgebrachte (Menschen)menge

fouler [fule] <1> vt pressen, kneten; ~ **aux pieds** mit Füßen treten; **se fouler** vpr (la cheville, le pied) sich dat verstauchen; **ne pas se ~** (fam) sich dat kein Bein ausreißen

foulure [fulyʀ] nf Verstauchung f

four [fuʀ] nm (Back)ofen m; (échec) Misserfolg m, Reinfall m; ~ **à micro-ondes** Mikrowellenherd m

fourbe [fuʀb] adj (personne) betrügerisch; (regard) verschlagen

fourbi [fuʀbi] nm (fam) Krempel m

fourbu, e [fuʀby] adj erschöpft

fourche [fuʀʃ] nf (à foin) Heugabel f; (à fumier) Mistgabel f; (de bicyclette) Gabel f; (de cheveux) (Haar)spliss m

fourchette nf Gabel f; (Econ) Spanne f; (des salaires) Bandbreite f; ~ **à dessert** Kuchengabel

fourgon [fuʀgõ] nm (Auto) Lieferwagen m; (camion) Lastwagen m; ~ **mortuaire** Leichenwagen m

fourgonnette [fuʀgɔnɛt] nf Lieferwagen m

fourmi [fuʀmi] nf Ameise f; **j'ai des ~s dans les jambes** mir sind die Beine eingeschlafen

fourmilière [fuʀmiljɛʀ] nf Ameisenhaufen m

fourmillement [fuʀmijmã] nm (démangeaison) Kribbeln nt; (grouillement) Wimmeln nt

fourmiller [fuʀmije] <1> vi wimmeln; **ce texte fourmille de fautes** in diesem Text wimmelt es von Fehlern

fournaise [fuʀnɛz] nf Feuersbrunst f; (fig) Treibhaus nt

fourneau (pl x) [fuʀno] nm (de cuisine) Ofen m, Herd m

fournée [fuʀne] nf (de pain) Schub m; (de gens) Schwung m

fourni, e [fuʀni] adj (barbe, cheveux) dicht; **bien/mal ~ en** (magasin) gut/schlecht ausgestattet mit

fournir [fuʀniʀ] <8> vt liefern; ~ **un effort** sich anstrengen; ~ **un exemple** ein Beispiel anführen; ~ **un renseignement** eine Auskunft erteilen; ~ **en** (Com) beliefern mit ▪ vpr: **se ~ chez** einkaufen bei

fournisseur, -euse nm/f Lieferant(in) m(f); ~ **d'accès** Netzbetreiber m

fourniture nf Lieferung f; **fournitures** nfpl (matériel, équipement) Ausstattung f

fourrage [fuʀaʒ] nm (Vieh)futter nt

fourrager <2> vi: ~ **dans/parmi** herumwühlen in +dat/zwischen +dat

fourré, e [fuʀe] adj (bonbon, chocolat) gefüllt; (manteau, botte) gefüttert ▪ nm Dickicht nt

fourreau (pl x) [fuʀo] nm (d'épée) Scheide f

fourrer [fuʀe] <1> vt: ~ **qch dans** (fam: mettre) etw hineinstecken in +akk ▪ vpr: **se ~ dans/sous** sich verkriechen in +akk/ unter +dat; (dans une mauvaise situation) hineingeraten in +akk

fourre-tout nm inv (sac) Reisetasche f; (fam: endroit, meuble) Rumpelkammer f

fourreur, -euse [fuʀœʀ, øz] nm/f Kürschner(in) m(f)

fourrière [fuʀjɛʀ] nf (pour chiens) städtischer Hundezwinger; (pour voitures) Abstellplatz m für abgeschleppte Fahrzeuge

fourrure [fuʀyʀ] nf (poil) Fell nt; (vêtement, etc) Pelz m; **manteau/col de ~** Pelzmantel m/-kragen m

fourvoyer [fuʀvwaje] <6> vpr: **se fourvoyer** sich irren, einen falschen Weg einschlagen

foutu, e [futy] adj (vulg) voir **fichu**

foyer [fwaje] nm (d'une cheminée, d'un four) Feuerstelle f; (point d'origine) Herd m; (famille, domicile, local) Heim nt; (Theat) Foyer nt; (foyer optique: Foto) Brennpunkt m; **lunettes à double ~** Bifokalbrille f; **~ de crise** (fig) Krisenherd

fracas [fʀaka] nm (bruit) Krach m, Getöse nt

fracasser [fʀakase] <1> vt zertrümmern; (verre) zerschlagen; **se fracasser** vpr zerschellen (sur an +dat)

fraction [fʀaksjõ] nf (Math) Bruch m; (partie) (Bruch)teil m; **une ~ de seconde** ein Sekundenbruchteil

fractionner [fʀaksjɔne] <1> vt aufteilen; **se fractionner** vpr sich spalten

fracture [fʀaktyʀ] nf (Med) Bruch m; **~ du crâne** Schädelbruch; **~ sociale** Wohlstandsschere f

fracturer vt (coffre, serrure) aufbrechen; (os, membre) brechen ■ vpr: **se ~ la jambe/le crâne** sich dat das Bein brechen/einen Schädelbruch erleiden

fragile [fʀaʒil] adj (objet) zerbrechlich; (estomac) empfindlich; (santé) schwach, zart; (personne) zart, zerbrechlich; (équilibre, situation) unsicher

fragilisé, e adj (personne) angegriffen

fragilité nf Zerbrechlichkeit f, Zartheit f, Unsicherheit f

fragment [fʀagmã] nm (d'un objet) (Bruch)stück nt, Teil m; (extrait) Auszug m

fragmentaire adj bruchstückhaft, unvollständig

fragmenter <1> vt aufteilen; (roches) spalten; **se fragmenter** vpr zerbrechen

fraîchement [fʀeʃmã] adv (sans enthousiasme) kühl, zurückhaltend; (récemment) neulich, vor Kurzem

fraîcheur [fʀeʃœʀ] nf Frische f; (froideur) Kühle f

fraîchir [fʀeʃiʀ] <8> vi (temps) abkühlen; (vent) auffrischen

frais, fraîche [fʀe, fʀeʃ] adj frisch; (froid) kühl; **le voilà ~!** (fam: dans le pétrin) jetzt sitzt er schön in der Patsche! ■ adv: **il fait ~** es ist kühl; **boire/servir ~** kalt trinken/ servieren ■ nm: **mettre au ~** kühl lagern; **prendre le ~** frische Luft schöpfen

frais [fʀe] nmpl (dépenses) Ausgaben pl, Kosten pl; **faire des ~** Ausgaben haben, Geld ausgeben; **faire les ~ de** das Opfer sein von; **~ de déplacement** Fahrtkosten pl; **~ généraux** allgemeine Unkosten pl

fraise [fʀez] nf (Bot) Erdbeere f; (de dentiste: Tech) Bohrer m; **~ des bois** Walderdbeere

fraiser [fʀeze] <1> vt fräsen

fraiseuse nf Fräsmaschine f

fraisier [fʀezje] nm Erdbeerpflanze f

framboise [fʀãbwaz] nf (Bot) Himbeere f

franc, franche [fʀã, fʀãʃ] adj (personne) offen, aufrichtig; (visage) offen; (refus, couleur) klar; (coupure) sauber; **~ de port** (exempt) portofrei, gebührenfrei; **port ~/ zone franche** Freihafen m/Freizone f ■ adv: **parler ~** freimütig [ou offen] sprechen ■ nm (Hist: monnaie) Franc m; **~ suisse** Schweizer Franken m

français, e [fʀãse, ez] adj französisch ■ nm (Ling) Französisch nt; **apprendre le ~** Französisch lernen; **parler ~** Französisch sprechen; **traduire en ~** ins Französische übersetzen

Français, e nm/f Franzose (Französin) m/f

France [fʀãs] nf: **la ~** Frankreich nt; **en ~** in Frankreich; **aller en ~** nach Frankreich fahren

franchement [fʀãʃmã] adv ehrlich; (tout à fait) ausgesprochen

franchir [fʀãʃiʀ] <8> vt überschreiten; (obstacle) überwinden

franchise [fʀãʃiz] nf Offenheit f, Aufrichtigkeit f; (exemption) (Gebühren)freiheit f

franciser [fʀãsize] <1> vt französisieren

franc-jeu (pl **francs-jeux**) [fʀãʒø] nm: **jouer ~** fair sein

franc-maçon (pl **francs-maçons**) [fʀãmasõ] nm Freimaurer m

franco [fʀãko] adv (Com) franko, gebührenfrei; **~ à bord** frei an Bord

franco- [fʀãko] préf französisch-

franco-canadien [fʀãkokanadjẽ] nm kanadisches Französisch

francophile [fʀãkɔfil] adj frankophil

francophone [fʀãkɔfɔn] adj Französisch sprechend

francophonie nf Gesamtheit der Französisch sprechenden Bevölkerungsgruppen

franc-parler (pl **francs-parlers**) [fʀãpaʀle] nm Freimütigkeit f, Unverblümtheit f

franc-tireur (pl **francs-tireurs**) nm Partisan(in) m(f); (fig) Einzelgänger(in) m(f)

frange [fʀãʒ] nf (de tissu) Franse f; (de cheveux) Pony m; (zone) Rand m

frangipane [fʀãʒipan] nf Mandelcreme f

franglais [fʀãgle] nm (Ling) mit englischen Ausdrücken durchsetztes Französisch

franquette [fʀãket] adv: **à la bonne ~** ohne Umstände, ganz zwanglos

frappe [fʀap] nf (d'une dactylo) Anschlag m; (en boxe) Schlag m

frapper <1> vt schlagen; (monnaie)
prägen; (malheur) treffen; (impôt)
betreffen; ~ qn jdm auffallen; (étonner) jdn
beeindrucken ■ vi schlagen; ~ à la porte
an die Tür klopfen; se frapper vpr
(s'inquiéter) sich aufregen

frasques [fʀask] nfpl Eskapaden pl

fraternel, le [fʀatɛʀnɛl] adj brüderlich;
amour ~ Bruderliebe f

fraterniser [fʀatɛʀnize] <1> vi
freundschaftlichen Umgang haben

fraternité [fʀatɛʀnite] nf (solidarité)
Brüderlichkeit f, Verbundenheit f

fraude [fʀod] nf Betrug m; ~ fiscale
Steuerhinterziehung f

frauder <1> vi betrügen

frauduleux, -euse adj betrügerisch;
(concurrence) unlauter

frayer [fʀeje] <7> vt (passage) bahnen,
schaffen; (voie) erschließen, auftun ■ vi
(poisson) laichen; ~ avec verkehren mit
■ vpr: se ~ un passage/chemin dans sich
dat einen Weg bahnen durch

frayeur [fʀejœʀ] nf Schrecken m

fredonner [fʀədɔne] <1> vt summen

free-lance [fʀilɑ̃s] adj freiberuflich
(tätig); journaliste ~ freier Journalist,
freie Journalistin ■ nm freiberufliche
Tätigkeit f

freezer [fʀizœʀ] nm Gefrierfach nt

frégate [fʀegat] nf Fregatte f

frein [fʀɛ̃] nm Bremse f; mettre un ~ à
(fig) bremsen; liquide de ~ (Auto)
Bremsflüssigkeit f; ~ à main (Auto)
Handbremse f; ~s mpl à tambour/disques
Trommel-/Scheibenbremsen pl

freinage [fʀena3] nm Bremsen nt;
distance de ~ Bremsweg m

freiner [fʀene] <1> vi, vt bremsen

frelaté, e [fʀəlate] adj (vin) gepanscht;
(produit) verfälscht

frêle [fʀɛl] adj zart, zerbrechlich

frelon [fʀəlɔ̃] nm Hornisse f

frémir [fʀemiʀ] <8> vi (personne) zittern;
(eau) kochen, sieden

frêne [fʀɛn] nm Esche f

frénétique [fʀenetik] adj (passion)
rasend; (musique, applaudissements)
frenetisch, rasend

fréquemment [fʀekamɑ̃] adv oft

fréquence [fʀekɑ̃s] nf Häufigkeit f; (Phys)
Frequenz f; haute/basse ~ (Radio) Hoch-/
Niederfrequenz

fréquent, e adj häufig

fréquentation nf (d'un lieu) (häufiger)
Besuch; de bonnes ~s gute Beziehungen
pl; une mauvaise ~ ein schlechter
Umgang

fréquenté, e adj (rue, plage) belebt;
(établissement) gut besucht

fréquenter [fʀekɑ̃te] <1> vt oft [ou häufig]
besuchen

frère [fʀɛʀ] nm Bruder m

fresque [fʀɛsk] nf Fresko nt

fret [fʀɛ] nm (cargaison) Fracht f

fréter [fʀete] <5> vt chartern

frétiller [fʀetije] <1> vi (poisson, etc)
zappeln; (de joie) springen, hüpfen;
~ de la queue (mit dem Schwanz) wedeln

fretin [fʀətɛ̃] nm: menu ~ kleine Fische

friable [fʀijabl] adj bröckelig, brüchig

friand, e [fʀijɑ̃, ɑ̃d] adj: être ~ de qch
etw sehr gern mögen ■ nm (Gastr)
Pastetchen nt

friandise [fʀijɑ̃diz] nf Leckerei f

Fribourg [fʀibuʀ] (ville et canton)
Freiburg nt

fric [fʀik] nm (fam) Kohle f, Geld nt

fric-frac [fʀikfʀak] nm inv (fam)
Einbruch m

friche [fʀiʃ] adj, adv: en ~ brach(liegend)

friction [fʀiksjɔ̃] nf Reiben nt; (chez le
coiffeur) Massage f; (Tech) Reibung f; (fig)
Reiberei f

frictionner [fʀiksjɔne] <1> vt (ab)reiben;
(avec serviette) frottieren, massieren

frigidaire® [fʀiʒidɛʀ] nm Kühlschrank m

frigide [fʀiʒid] adj frigide

frigo [fʀigo] nm (fam) Kühlschrank m

frigorifier [fʀigɔʀifje] <1> vt (produit)
tiefkühlen; einfrieren; frigorifié(e) (fam:
personne) durchgefroren

frigorifique adj Kühl-

frileux, -euse [fʀilø, øz] adj verfroren;
(fig) zögerlich

frimas [fʀimɑ] nmpl Raureif m

frime [fʀim] nf: c'est pour la ~ (fam) das
ist alles nur Schau

frimer <1> vi (fam) eine Schau abziehen

frimeur, -euse [fʀimœʀ, øz] nm/f
Angeber(in) m(f)

frimousse [fʀimus] nf (fam)
Gesichtchen nt

fringale [fʀɛ̃gal] nf: avoir la ~ einen
Heißhunger haben

fringant, e [fʀɛ̃gɑ̃, ɑ̃t] adj (personne)
munter, flott

fringues [fʀɛ̃g] nfpl (fam) Klamotten pl

fripé, e [fʀipe] adj zerknittert

friperie [fʀipʀi] nf Secondhandladen m;
(vêtements) Kleider pl aus zweiter Hand

fripes [fʀip] nfpl Klamotten pl

fripier, -ère [fʀipje, ɛʀ] nm/f Trödler(in)
m(f)

fripon, ne [fʀipɔ̃, ɔn] adj spitzbübisch,
schelmisch ■ nm/f Schlingel m

fripouille [fʀipuj] nf (fam) Schurke m

frire [fʀiʀ] irr vt, vi braten

Frisbee® [fʀizbi] nm Frisbee® nt; (disque)
Frisbeescheibe f

frise [fʀiz] *nf (Archit)* Fries *m*

frisé, e [fʀize] *adj* lockig; kraus

frisée *nf* Endiviensalat *m*

friser [fʀize] <1> *vt (cheveux)* Locken machen in +*akk* ▪ *vi (cheveux)* sich locken; sich kräuseln

frisson [fʀisõ] *nm (de peur)* Schauder *m*; *(de froid)* Schauer *m*; *(de douleur)* Erbeben *nt*

frissonner <1> *vi (personne)* schaudern, schauern; *(trembler)* beben, zittern; *(eau, feuillage)* rauschen

frit, e [fʀi, fʀit] *pp de* **frire**; **frites** *nfpl* Pommes frites *pl*

friterie [fʀitʀi] *nf* Pommes-frites-Bude *f*

friteuse [fʀitøz] *nf* Fritteuse *f*

friture *nf (huile)* Bratfett *nt*; *(Radio)* Nebengeräusch *nt*, Rauschen *nt*; **~ (de poissons)** *(Gastr)* frittierte Fische

frivole [fʀivɔl] *adj* oberflächlich

froid, e [fʀwa, fʀwad] *adj* kalt; *(personne, accueil)* kühl ▪ *nm*: **le ~ die** Kälte; **les grands ~s** die kalte Jahreszeit; **à ~** *(Tech)* kalt; *(fig)* ohne Vorbereitung; **être en ~ avec** ein unterkühltes Verhältnis haben zu; **jeter un ~** *(fig)* wie eine kalte Dusche wirken; **il fait ~** es ist kalt; **j'ai ~** mir ist kalt, ich friere

froidement *adv* kühl; *(lucidement)* mit kühlem Kopf

froideur [fʀwadœʀ] *nf* Kälte *f*

froisser [fʀwase] <1> *vt* zerknittern; *(personne)* kränken; **se froisser** *vpr* knittern; *(personne)* gekränkt [*ou* beleidigt] sein; **se ~ un muscle** sich *dat* einen Muskel quetschen

frôler [fʀole] <1> *vt* streifen, leicht berühren; *(catastrophe, échec)* nahe sein an +*dat*

fromage [fʀɔmaʒ] *nm* Käse *m*; **~ blanc** ≈ Quark *m*; **faire de qch un ~** *(fam)* etw aufbauschen

fromager, -ère [fʀɔmaʒe, ɛʀ] *nm/f (marchand)* Käsehändler(in) *m(f)*

fromagerie [fʀɔmaʒʀi] *nf* Käserei *f*; *(boutique)* Käseladen *m*

froment [fʀɔmã] *nm* Weizen *m*

fronce [fʀõs] *nf* (kleine, geraffte) Falte *f*

frondeur, -euse [fʀõdœʀ, øz] *adj* aufrührerisch

front [fʀõ] *nm (Anat)* Stirn *f*; *(Mil: fig)* Front *f*; **avoir le ~ de faire qch** die Stirn haben, etw zu tun; **de ~** *(par devant)* frontal; *(rouler)* nebeneinander; *(simultanément)* gleichzeitig, zugleich; **~ froid** *(Meteo)* Kaltfront; **F~ de libération** Befreiungsfront; **~ de mer** Küstenstrich *m*, Küstenlinie *f*

frontal, e *(pl -aux)* [fʀõtal, o] *adj (Anat)* Stirn-; *(choc, attaque)* frontal

frontalier, -ière [fʀõtalje, ɛʀ] *adj* Grenz- ▪ *nm/f (travailleur)* Grenzgänger(in) *m(f)*

frontière [fʀõtjɛʀ] *nf* Grenze *f*; **à la ~** an der Grenze; **poste/ville ~** Grenzposten *m*/-stadt *f*

frontispice [fʀõtispis] *nm (Typo)* illustrierte Titelseite, Frontispiz *nt*

fronton [fʀõtõ] *nm* Giebel *m*

frottement [fʀɔtmã] *nm (friction)* Reiben *nt*

frotter [fʀɔte] <1> *vi* reiben ▪ *vt* abreiben; einreiben; *(sol: pour nettoyer)* scheuern; *(meuble)* polieren ▪ *vpr*: **se ~ à qn/qch** *(fig)* sich einlassen mit jdm/auf etw *akk*

frottis [fʀɔti] *nm (Med)* Abstrich *m*

frousse [fʀus] *nf (fam)* Muffe *f*; **avoir la ~** Muffensausen haben

fructifier [fʀyktifje] <1> *vi (arbre)* Früchte tragen; *(argent)* Zinsen abwerfen; *(propriété)* an Wert gewinnen; **faire ~** gut [*ou* gewinnbringend] anlegen

fructueux, -euse [fʀyktɥø, øz] *adj* einträglich, gewinnbringend

frugal, e *(pl -aux)* [fʀygal, o] *adj (repas)* frugal, einfach; *(vie, personne)* genügsam, schlicht

fruit [fʀɥi] *nm (Bot)* Frucht *f*; *(fig)* Früchte *pl*; **~s Obst** *nt*; **~s de mer Meeresfrüchte** *pl*; **~s secs** *mpl* Dörrobst *nt*

fruité, e [fʀɥite] *adj (vin)* fruchtig

fruiterie [fʀɥitʀi] *nf* Obstgeschäft *nt*

fruitier, -ière [fʀɥitje, ɛʀ] *adj*: **arbre ~** Obstbaum *m* ▪ *nm/f (marchand)* Obsthändler(in) *m(f)*

fruste [fʀyst] *adj* ungeschliffen, roh

frustrant, e [fʀystʀã, ãt] *adj* frustrierend

frustration [fʀystʀasjõ] *nf* Frustration *f*

frustré, e [fʀystʀe] *adj* enttäuscht, frustriert

frustrer [fʀystʀe] <1> *vt (Psych)* frustrieren; *(espoirs, etc)* enttäuschen; **~ qn de qch** *(priver)* jdn um etw bringen

fuchsia [fyʃja] *nm* Fuchsie *f*

fuel [fjul] *nm* Heizöl *nt*

fugace [fygas] *adj* flüchtig

fugitif, -ive [fyʒitif, iv] *adj* flüchtig ▪ *nm/f* Ausbrecher(in) *m(f)*

fugue [fyg] *nf (d'un enfant)* Ausreißen *nt*; *(Mus)* Fuge *f*; **faire une ~** ausreißen

fuir [fɥiʀ] *irr vt*: **~ qch** vor etw *dat* fliehen [*ou* flüchten]; *(fam)* sich einer Sache *dat* entziehen ▪ *vi (personne)* fliehen; *(eau)* auslaufen; *(robinet)* tropfen; *(tuyau)* lecken, undicht sein

fuite [fɥit] *nf* Flucht *f*; *(écoulement)* Auslaufen *nt*; *(divulgation)* Durchsickern *nt*; **être en ~** auf der Flucht sein; **mettre en ~** in die Flucht schlagen; **prendre la ~** die Flucht ergreifen; **~ de gaz** undichte Stelle in der Gasleitung

fulgurant, e [fylgyʀɑ̃, ɑ̃t] *adj*
blitzschnell; **idée ~e** Geistesblitz *m*

fulminant, e [fylminɑ̃, ɑ̃t] *adj* (*lettre*)
Protest-; (*regard*) drohend; **~ de colère**
wutschnaubend

fulminer [fylmine] <1> *vi*: **~ (contre)**
wettern (gegen)

fumé, e [fyme] *adj* (*Gastr*) geräuchert;
(*verres*) getönt ■ *nf* Rauch *m*

fume-cigarette [fymsigaʀɛt] *nm inv*
Zigarettenspitze *f*

fumer [fyme] <1> *vi* (*personne*) rauchen;
(*liquide*) dampfen ■ *vt* (*cigarette, pipe*)
rauchen; (*Gastr*) räuchern; (*terre, champ*)
düngen

fumet [fymɛ] *nm* (*Gastr*) Aroma *nt*, Duft *m*

fumeur, -euse [fymœʀ, øz] *nm/f*
Raucher(in) *m(f)*; **compartiment ~s/**
non ~s Raucher-/Nichtraucherabteil *nt*;
~ passif Passivraucher

fumeux, -euse [fymø, øz] *adj* (*pej*)
verschwommen, verworren

fumier [fymje] *nm* (*engrais*) Dung *m*,
Dünger *m*

fumigation [fymigasjõ] *nf* (*Med*)
Dampfbad *nt*

fumiste [fymist] *nmf* (*pej*) Taugenichts *m*

fumisterie *nf* (*pej*) Schwindel *m*

fumoir [fymwaʀ] *nm* Rauchzimmer *nt*

funambule [fynãbyl] *nmf* Seiltänzer(in)
m(f)

funèbre [fynɛbʀ] *adj* (*relatif aux funérailles*)
Trauer-; (*lugubre*) düster, finster

funérailles [fyneʀɑj] *nfpl* Begräbnis *nt*,
Beerdigung *f*; **~ nationales**
Staatsbegräbnis

funéraire *adj* Bestattungs-

funeste [fynɛst] *adj* unheilvoll; (*fatal*)
tödlich

funiculaire [fynikylɛʀ] *nm* Seilbahn *f*

FUNU [fyny] *nf acr* = **Force d'urgence**
des Nations unies schnelle
Eingreiftruppe der UNO

fur [fyʀ] *adv*: **au ~ et à mesure** nach und
nach; **au ~ et à mesure que/de** sobald,
während

furax [fyʀaks] *adj inv* (*fam*)
fuchsteufelswild

fureur [fyʀœʀ] *nf* (*colère*) Wut *f*; **faire ~**
(*être à la mode*) in sein, Furore machen

furibond, e [fyʀibõ, õd] *adj* wütend

furie [fyʀi] *nf* (*blinde*) Wut *f*; (*femme*)
Furie *f*; **en ~** tobend

furieux, -euse [fyʀjø, øz] *adj* (*en colère*)
wütend; (*combat*) wild, erbittert; (*vent*)
heftig

furoncle [fyʀõkl] *nm* Furunkel *m*

furtif, -ive [fyʀtif, iv] *adj* verstohlen

fusain [fyzɛ̃] *nm* Zeichenkohle *f*; (*dessin*)
Kohlezeichnung *f*

fuseau (*pl* **x**) [fyzo] *nm* (*pantalon*) Keilhose
f; (*pour filer*) Spindel *f*; **en ~** spindelförmig;
~ horaire Zeitzone *f*

fusée [fyze] *nf* Rakete *f*; **~ éclairante**
Leuchtrakete, Leuchtkugel *f*

fuselage [fyz(ə)laʒ] *nm* (Flugzeug)rumpf *m*

fuselé, e [fyz(ə)le] *adj* schlank,
spindelförmig

fusible [fyzibl] *nm* Schmelzdraht *m*;
(*fiche*) Sicherung *f*

fusil [fyzi] *nm* (*arme*) Gewehr *nt*; **~ de**
chasse Jagdflinte *f*, Büchse *f*

fusillade [fyzijad] *nf* Gewehrfeuer *nt*

fusiller [fyzije] <1> *vt* (*exécuter*)
erschießen

fusil-mitrailleur (*pl* **fusils-mitrailleurs**)
[fyzimitʀajœʀ] *nm* (leichtes)
Maschinengewehr *nt*

fusion [fyzjõ] *nf* (*d'un métal*) Schmelzen *nt*;
(*Com: de compagnies*) Fusion *f*; **entrer en ~**
schmelzen, flüssig werden

fusionner [fyzjɔne] <1> *vi* sich
zusammenschließen

fustiger [fystiʒe] <2> *vt* (*critiquer*) tadeln,
schelten

fût [fy] *nm* (*tonneau*) Fass *nt*; (*de canon*,
de colonne, d'arbre) Schaft *m*, Stamm *m*

futaie [fytɛ] *nf* Hochwald *m*

futé, e [fyte] *adj* schlau, gerissen

futile [fytil] *adj* (*idée, activité*)
unbedeutend, unnütz

futilité [fytilite] *nf* Nebensächlichkeit *f*;
(*de personne*) Oberflächlichkeit *f*

futon [fytõ] *nm* Futon *m*

futur, e [fytyʀ] *adj* zukünftig ■ *nm*:
le ~ (*Ling*) das Futur(um); (*avenir*) die
Zukunft; **au ~** (*Ling*) im Futur; **~ antérieur**
vollendete Zukunft; **les temps ~s** die
Zukunft

futuriste [fytyʀist] *adj* futuristisch

futurologie [fytyʀɔlɔʒi] *nf* Futurologie *f*,
Zukunftsforschung *f*

fuyant, e [fɥijɑ̃, ɑ̃t] *adj* (*regard*)
ausweichend; (*personne*) schwer fassbar;
front ~ fliehende Stirn

g

G, g [ʒe] *nm* G, g *nt*

gabegie [gabʒi] *nf (pej)* Chaos *nt*

Gabon [gabɔ̃] *nm:* **le ~** Gabun *nt*

gâcher [gɑʃe] <1> *vt (plâtre)* anrühren; *(saboter)* verderben; *(gaspiller)* verschwenden

gâchette [gɑʃɛt] *nf (d'arme)* Abzug *m*

gâchis [gɑʃi] *nm (gaspillage)* Verschwendung *f*

gadget [gadʒɛt] *nm* Spielerei *f*

gadoue [gadu] *nf (boue)* Schlamm *m*

gaffe [gaf] *nf (instrument)* Bootshaken *m*; *(fam: bévue)* Schnitzer *m*; **faire ~** *(fam)* aufpassen

gaffer <1> *vi* einen Schnitzer machen

gage [gaʒ] *nm* Pfand *nt*; *(assurance)* Zeichen *nt*; **gages** *nmpl (salaire)* Lohn *m*; **mettre en ~** verpfänden

gager <2> *vt:* **~ que** wetten, dass

gageure [gaʒyʀ] *nf* Herausforderung *f*, Wagnis *nt*

gagnant, e [gaɲɑ̃, ɑ̃t] *nm/f* Gewinner(in) *m(f)*

gagne-pain *nm inv* Broterwerb *m*

gagner [gaɲe] <1> *vt* gewinnen; *(salaire)* verdienen; *(aller vers)* erreichen; *(s'emparer de)* angreifen, ergreifen; *(feu)* übergreifen auf +*akk*; **~ de la place** Platz sparen; **~ du terrain** an Boden gewinnen; **~ sa vie** seinen Lebensunterhalt verdienen ■ *vi* gewinnen, siegen

gai, e [ge, gɛ] *adj* fröhlich, lustig; *(un peu ivre)* angeheitert

gaieté [gete] *nf* Fröhlichkeit *f*; **de ~ de cœur** gerne

gaillard, e [gajaʀ, d] *adj (robuste)* kräftig; *(grivois)* derb ■ *nm (fam: gars)* Kerl *m*

gain [gɛ̃] *nm (pl: bénéfice)* Gewinn *m*; *(pl: revenu)* Einkünfte *pl*; *(au jeu)* Gewinn *m*; **obtenir ~ de cause** etwas erreichen; **~ potentiel** Gewinnpotenzial *nt*

gaine [gɛn] *nf (sous-vêtement)* Hüfthalter *m*; *(fourreau)* Scheide *f*

gaine-culotte *(pl* **gaines-culottes)** *nf* Miederhöschen *nt*

gala [gala] *nm* Gala *f*

galant, e [galɑ̃, ɑ̃t] *adj* galant; **en ~e compagnie** in Damenbegleitung

galanterie [galɑ̃tʀi] *nf* Höflichkeit *f*, Galanterie *f*

galantine [galɑ̃tin] *nf (Gastr)* Sülze *f*

galbe [galb] *nm* Rundung *f*

galbé, e *adj (jambes)* wohlproportioniert

gale [gal] *nf* Krätze *f*; *(du chien)* Räude *f*

galère [galɛʀ] *nf* Galere *f*; **c'est la ~** *(fam)* das ist echt ätzend; **quelle ~!** so ein Mist!

galérer [galeʀe] <5> *vi (fam)* sich abmühen, sich abplagen

galerie [galʀi] *nf* Galerie *f*; *(Theat)* oberster Rang; *(souterrain)* Stollen *m*; *(Auto)* (Dach)gepäckträger *m*

galet [galɛ] *nm* Kieselstein *m*; *(Tech)* Rad *nt*

galette [galɛt] *nf* Pfannkuchen *m (aus Buchweizen oder Mais)*; *(biscuit)* (Butter)keks *m*; **~ des Rois** Blätterteigkuchen mit Marzipanfüllung zum Dreikönigsfest

galeux, -euse [galø, øz] *adj:* **un chien ~** ein räudiger Hund

galimatias [galimatja] *nm* Kauderwelsch *nt*

galipette [galipɛt] *nf:* **faire des ~s** *(fam)* Purzelbäume schlagen

Galles [gal]: **le Pays de ~** Wales *nt*

gallicisme [ga(l)lisism] *nm* idiomatische Redewendung; *(dans une langue étrangère)* Gallizismus *m*

gallois, e [galwa, az] *adj* walisisch

Gallois, e *nm/f* Waliser(in) *m(f)*

galop [galo] *nm* Galopp *m*; **au ~** im Galopp

galoper [galɔpe] <1> *vi* galoppieren

galopin [galɔpɛ̃] *nm (fam)* Lausejunge *m*

gambader [gɑ̃bade] <1> *vi* herumspringen

gamberger [gɑ̃bɛʀʒe] <2> *vi, vt (fam)* überlegen

Gambie [gɑ̃bi] *nf:* **la ~** Gambia *f*

gamelle [gamɛl] *nf* Blechnapf *m*; **ramasser une ~** *(fam)* auf die Nase fallen

gamin, e [gamɛ̃, in] nm/f Kind nt ■ adj schelmisch; (enfantin) kindlich
gaminerie [gaminʀi] nf Kinderei f
gamme [gam] nf Skala f; (Mus) Tonleiter f; **haut de ~** (produit) der Luxusklasse
gammé, e [game] adj: **croix ~e** Hakenkreuz nt
G.A.N. [gan] nm acr = **Groupement des assurances nationales** nationaler Versicherungsverein
Gange [gɑ̃ʒ] nm: **le ~** der Ganges
ganglion [gɑ̃glijɔ̃] nm Lymphknoten m; **avoir des ~s** geschwollene Drüsen haben
gangrène [gɑ̃gʀɛn] nf (Med) Brand m
gangstérisme [gɑ̃gsteʀism] nm Gangsterunwesen nt
gant [gɑ̃] nm Handschuh m; **prendre des ~s avec qn** jdn mit Samthandschuhen anfassen; **~ de toilette** Waschlappen m; **~s de caoutchouc** Gummihandschuhe pl
garage [gaʀaʒ] nm (abri) Garage f; (entreprise) Werkstatt f; **~ à vélos** Fahrradunterstand m
garagiste nmf (propriétaire) Werkstattbesitzer(in) m(f); (mécanicien) (Auto)mechaniker(in) m(f)
garant, e [gaʀɑ̃, ɑ̃t] nm/f Bürge (Bürgin) m/f; **se porter ~ de qch** für etw bürgen
garantie [gaʀɑ̃ti] nf Garantie f; **~ de qualité** Qualitätssicherung f
garantir <8> vt garantieren; (Com) eine Garantie geben für; (attester) versichern; **~ de qch** (protéger) vor etw dat schützen
garce [gaʀs] nf (pej) Schlampe f; **sale ~** Miststück nt
garçon [gaʀsɔ̃] nm Junge m; (jeune homme) junger Mann; (serveur) Kellner m; **vieux ~** älterer Junggeselle; **~ de courses** Laufbursche m, Bote m
garçonnière [gaʀsɔnjɛʀ] nf Junggesellenbude f
garde [gaʀd] nmf Aufseher(in) m(f); (d'un prisonnier) Wache f; (Mil) Wachtposten m; **~ champêtre** Feldschütz m; **~ du corps** Leibwächter(in) m(f); **~ forestier(-ière)** Förster(in) m(f); **~ des Sceaux** Justizminister(in) m(f) ■ nf Bewachung f; (Mil) Wache f; (position de défense) Deckung f; **~ à vue** Polizeigewahrsam m; **~ des enfants** (Jur) Sorgerecht nt; **~ d'honneur** Ehrengarde f; **de ~** (médecin, pharmacie) im Dienst; **être sur ses ~s** auf der Hut sein; **mettre en ~** warnen; **monter la ~** Wache stehen; **prendre ~** vorsichtig sein; **page de ~, feuille de ~** Vorsatzblatt nt
garde-à-vous nm: **~!** stillgestanden!
garde-barrière (pl **gardes-barrière(s)**) nmf Bahnwärter(in) m(f)
garde-boue nm inv Schutzblech nt

garde-chasse (pl **gardes-chasse(s)**) nm Jagdaufseher(in) m(f)
garde-fou (pl **~s**) nm Geländer nt
garde-malade (pl **gardes-malade(s)**) nmf Krankenwache f
garde-manger nm inv Speisekammer f
garden-party (pl **~s**) [gaʀdɛnpaʀti] nf Gartenfest nt
garder [gaʀde] <1> vt behalten; (surveiller) bewachen; (enfant, animal) hüten; (séquestrer) einsperren; (réserver) reservieren; **~ le lit** das Bett hüten; **chasse gardée** privates Jagdgebiet; (fig) Revier nt; **se garder** vpr (se conserver) sich halten; **se ~ de faire qch** sich hüten, etw zu tun
garderie [gaʀdəʀi] nf (pour enfants) (Kinder)krippe f
gardien, ne [gaʀdjɛ̃, ɛn] nm/f (garde) Wächter(in) m(f); (de prison) Wärter(in) m(f); (de musée) Aufseher(in) m(f); (fig) Hüter(in) m(f); **~ de but** Torwart(in) m(f); **~ (d'immeuble)** Hausmeister(in) m(f); **~ de nuit** Nachtwächter m; **~ de la paix** Polizist(in) m(f)
gardon [gaʀdɔ̃] nm Plötze f
gare [gaʀ] nf Bahnhof m; **~ routière** Busstation f; **~ de triage** Rangierbahnhof ■ interj: **~ à toi** Achtung
garer [gaʀe] <1> vt (véhicule) parken; **se garer** vpr parken; (pour laisser passer) ausweichen
gargariser [gaʀgaʀize] <1> vpr: **se gargariser** gurgeln; **se ~ de** (fig) seine helle Freude haben an +dat
gargarisme [gaʀgaʀism] nm Gurgeln nt; (produit) Gurgelwasser nt
gargote [gaʀgɔt] nf billige Kneipe
gargouille [gaʀguj] nf (Archit) Wasserspeier m
gargouiller [gaʀguje] <1> vi (estomac) knurren; (eau) plätschern
garnement [gaʀnəmɑ̃] nm Schlingel m
garni, e [gaʀni] adj (plat) mit Beilage
garnir [gaʀniʀ] <8> vt (orner) schmücken; (pourvoir) ausstatten; (renforcer) versehen; **se garnir** vpr (salle) sich füllen
garniture [gaʀnityʀ] nf Verzierung f; (Gastr) Beilage f; (farce) Füllung f; (protection) Beschlag m; **~ de frein** Bremsbelag m
Garonne [gaʀɔn] nf: **la ~** die Garonne
garrot [gaʀo] nm (Med) Aderpresse f; **faire un ~ à qn** jdm den Arm abbinden
garrotter <1> vt fesseln
gars [gɑ] nm Bursche m
Gascogne [gaskɔɲ] nf: **le golfe de ~** der Golf von Biskaya
gaspillage [gaspijaʒ] nm Verschwendung f
gaspiller [gaspije] <1> vt verschwenden

gaspilleur, -euse [gaspijœr, øz] adj
verschwenderisch

gastrique [gastʀik] adj Magen-

gastro-entérite (pl **~s**) [gastʀoãteʀit] nf
Gastroenteritis f, Magen-Darm-
Entzündung f

gastro-intestinal, e (pl **-aux**)
[gastʀoɛ̃testinal, o] adj Magen-Darm-

gastronomie [gastʀɔnɔmi] nf
Gastronomie f

gastronomique adj gastronomisch

gâteau (pl x) [gato] nm Kuchen m; **~ sec**
Keks m

gâter [gate] <1> vt verderben; (personne)
verwöhnen; **se gâter** vpr (s'abîmer)
schlecht werden; (temps, situation)
schlechter werden

gâterie [gatʀi] nf (objet) Aufmerksamkeit f

gâteux, -euse [gatø, øz] adj senil

gâtisme [gatism] nm Senilität f

gauche [goʃ] adj linke(r, s); (maladroit)
unbeholfen ▪ nf: **la ~** (Pol) die Linke; **à ~**
links; (mouvement) nach links; **à ~ de** links
von

gaucher, -ère [goʃe, ɛʀ] adj linkshändig
▪ nm/f Linkshänder(in) m(f)

gaucherie [goʃʀi] nf Ungeschicklichkeit f

gauchir [goʃiʀ] <8> vt verbiegen; (fig)
verdrehen

gauchiste [goʃist] nmf Linke(r) mf

gaufre [gofʀ] nf Waffel f

gaufrette [gofʀɛt] nf Waffel f

gaufrier [gofʀije] nm Waffeleisen nt

Gaule [gol] nf: **la ~** (Hist) Gallien nt

gaullisme [golism] nm Gaullismus m

gaulois, e [golwa, az] adj gallisch;
(grivois) derb

Gaulois, e nm/f Gallier(in) m(f)

gausser [gose] <1> vpr: **se ~ de** sich lustig
machen über +akk

gaver [gave] <1> vt (animal) mästen; (fig)
vollstopfen (de mit) ▪ vpr: **se ~ de** sich
vollstopfen mit

gay [gɛ] adj inv schwul

gaz [gaz] nm inv Gas nt; **~ carburant**
Treibgas; **~ C.S.** CS-Gas; **~ d'échappement**
(Auto) Autoabgase pl; **~ irritant** Reizgas;
~ lacrymogène Tränengas; **~ naturel**
Erdgas; **~ de pétrole liquéfié** Flüssiggas;
~ toxique Giftgas

gaze [gaz] nf (étoffe) Gaze f; (pansement)
Verbandsmull m

gazéifié, e [gazeifje] adj: **eau ~e**
Mineralwasser nt (mit Kohlensäure)

gazelle [gazɛl] nf Gazelle f

gazer [gaze] <1> vt vergasen ▪ vi (fam)
wie geschmiert laufen

gazeux, -euse [gazø, øz] adj gasförmig;
eau/boisson gazeuse
kohlensäurehaltiges Wasser/Getränk

gazoduc [gazɔdyk] nm (Erd)gasleitung f

gazole [gazɔl] nm Diesel(kraftstoff) m

gazomètre [gazɔmɛtʀ] nm Gaszähler m

gazon [gazõ] nm (pelouse) Rasen m

gazouiller [gazuje] <1> vi (oiseau)
zwitschern; (enfant) plappern

geai [ʒɛ] nm Eichelhäher m

géant, e [ʒeã, ãt] adj riesig; **c'est ~**
(fam: extraordinaire) das ist geil, das ist
super ▪ nm/f Riese (Riesin) m/f

geindre [ʒɛ̃dʀ] irr comme peindre vi
wimmern

gel [ʒɛl] nm Frost m; (de l'eau) Gefrieren nt;
(des salaires, des prix) Einfrieren nt;
(substance cosmétique) Gel nt; **~ douche**
Duschgel nt

gélatine [ʒelatin] nf Gelatine f

gelé, e [ʒ(ə)le] adj (personne, doigt) erfroren

gelée [ʒ(ə)le] nf (Gastr) Gelée nt; (Meteo)
Frost m; **viande en ~** Fleisch in Aspik;
~ blanche (Rau)reif m

geler [ʒ(ə)le] <4> vt gefrieren lassen; (prix,
salaires) einfrieren ▪ vi (sol, eau) gefrieren;
(lac) zufrieren; (personne) frieren; **il gèle**
es friert

gélule [ʒelyl] nf (Med) Kapsel f

Gémeaux [ʒemo] nmpl (Astr) Zwillinge pl;
être (du signe des) ~ (ein) Zwilling sein

gémir [ʒemiʀ] <8> vi stöhnen

gênant, e [ʒɛnã, ãt] adj (meuble, objet)
hinderlich; (histoire) peinlich

gencive [ʒãsiv] nf Zahnfleisch nt

gendarme [ʒãdaʀm] nmf Polizist(in) m(f)

gendarmerie nf Polizei in ländlichen
Bezirken; **~ nationale** französische
Vollzugspolizei

gendre [ʒãdʀ] nm Schwiegersohn m

gène [ʒɛn] nm Gen nt

gêne [ʒɛn] nf (physique) Schwierigkeit f;
(dérangement) Störung f; (manque d'argent)
Geldverlegenheit f; (embarras)
Verlegenheit f

gêné, e [ʒene] adj (embarrassé) verlegen

gêner [ʒene] <1> vt stören; (encombrer)
behindern; **~ qn** (embarrasser) jdn in
Verlegenheit bringen; **se gêner** vpr sich
dat Zwang antun

général, e [ʒeneʀal, o] adj
allgemein; **en ~** im Allgemeinen;
assemblée/grève ~e
Generalversammlung f/-streik m;
médecine ~e Allgemeinmedizin f ▪ nf
(répétition) Generalprobe f ▪ nm/f
General(in) m(f)

généralement adv im Allgemeinen

généralisation [ʒeneʀalizasjõ] nf
Verallgemeinerung f

généraliser [ʒeneʀalize] <1> vt, vi
verallgemeinern; **se généraliser** vpr
sich verbreiten

généraliste [ʒeneʀalist] nmf Arzt (Ärztin) m/f für Allgemeinmedizin

générateur, -trice [ʒeneʀatœʀ, tʀis] adj: **être ~ de qch** etw zur Folge haben ▨ nf Generator m; **~ de nombres aléatoires** Zufallsgenerator

génération [ʒeneʀasjõ] nf Generation f; **~ je-m'en-foutiste** Null-Bock-Generation

généreux, -euse [ʒeneʀø, øz] adj großzügig

générique [ʒeneʀik] adj artmäßig ▨ nm (Cine) Vor-/Nachspann m

générosité [ʒeneʀozite] nf Großzügigkeit f

genèse [ʒənɛz] nf Entstehung f

genêt [ʒ(ə)nɛ] nm Ginster m; **~ épineux** Stechginster

généticien, ne [ʒenetisjɛ̃, ɛn] nm/f Genetiker(in) m(f)

génétique [ʒenetik] adj genetisch

génétiquement adv genetisch

Genève [ʒ(ə)nɛv] (ville et canton) Genf nt

genévrier [ʒənevʀije] nm Wacholder m

génial, e (pl -aux) [ʒenjal, o] adj genial; (fam) super

génie [ʒeni] nm Genie nt; **de ~** genial; **~ automobile** Automobiltechnik f; **le ~ (militaire)** die Pioniere pl; **~ civil** Hoch- und Tiefbau m, Bauingenieurwesen nt

genièvre [ʒənjɛvʀ] nm Wacholder m; (boisson) Wacholderschnaps m

génital, e (pl -aux) [ʒenital, o] adj genital

génitif [ʒenitif] nm Genitiv m

génocide [ʒenɔsid] nm Völkermord m

génoise [ʒenwaz] nf Biskuit m o nt

genou (pl x) [ʒ(ə)nu] nm Knie nt; **à ~x** auf den Knien; **se mettre à ~x** sich niederknien; **sur les ~x** auf dem Schoß

genouillère nf Knieschützer m

genre [ʒãʀ] nm Art f; (Zool) Gattung f; (Ling) Genus nt; (Art) Genre nt

gens [ʒã] nmpl Menschen pl, Leute pl

gentiane [ʒãsjan] nf Enzian m

gentil, le [ʒãti, ij] adj lieb, nett

gentillesse [ʒãtijɛs] nf Liebenswürdigkeit f, Nettigkeit f

gentiment adv nett, lieb

géographe [ʒeɔgʀaf] nmf Geograf(in) m(f)

géographie [ʒeɔgʀafi] nf Geografie f, Erdkunde f

géographique [ʒeɔgʀafik] adj geografisch

géologie [ʒeɔlɔʒi] nf Geologie f

géologique [ʒeɔlɔʒik] adj geologisch

géologue [ʒeɔlɔg] nmf Geologe(-login) m/f

géomètre [ʒeɔmɛtʀ] nmf (arpenteur) Landvermesser(in) m(f)

géométrie [ʒeɔmetʀi] nf Geometrie f

géométrique adj geometrisch

Géorgie [ʒeɔʀʒi] nf: **la ~** Georgien nt

géostationnaire [ʒeostasjɔnɛʀ] adj geostationär

géothermique [ʒeotɛʀmik] adj: **énergie ~** Erdwärme f

gérance [ʒeʀãs] nf Verwaltung f; (d'une entreprise) Leitung f; **mettre en ~** verwalten lassen; **prendre en ~** verwalten

géranium [ʒeʀanjɔm] nm Geranie f

gérant, e [ʒeʀã, ãt] nm/f Verwalter(in) m(f); (de magasin) Geschäftsführer(in) m(f)

gerbe [ʒɛʀb] nf (de fleurs) Strauß m; (de blé) Garbe f

gercé, e [ʒɛʀse] adj (mains, lèvres) aufgesprungen

gerçure [ʒɛʀsyʀ] nf Riss m

gérer [ʒeʀe] <5> vt verwalten; (Inform) steuern

gériatrie [ʒeʀjatʀi] nf Altersheilkunde f

gériatrique [ʒeʀjatʀik] adj geriatrisch

germanique [ʒɛʀmanik] adj germanisch

germaniste [ʒɛʀmanist] nmf Germanist(in) m(f)

germanophone [ʒɛʀmanɔfɔn] adj deutschsprachig

germe [ʒɛʀm] nm Keim m; **le ~ de discorde** (fig) der Keim der Zwietracht

germer <1> vi keimen

gérondif [ʒeʀõdif] nm Gerundium nt

gérontologie [ʒeʀõtɔlɔʒi] nf Gerontologie f, Altersforschung f

gérontologue [ʒeʀõtɔlɔg] nmf Gerontologe(-login) m/f

gestation [ʒɛstasjõ] nf (Zool) Trächtigkeit f; (fig) Reifungsprozess m

geste [ʒɛst] nm Geste f; **un ~ de refus** eine ablehnende Geste; **~ de la main** Handbewegung f; **~ de réconciliation** Versöhnungsgeste; **~ professionnel** professionelles Auftreten

gesticuler [ʒɛstikyle] <1> vi gestikulieren

gestion [ʒɛstjõ] nf Verwaltung f; (Inform) Steuerung f; **~ des coûts** Kostenmanagement nt; **~ de données** Datenverwaltung

gestionnaire nmf Geschäftsführer(in) m(f); **~ de fichiers** Dateienverwaltungsprogramm nt, Dateimanager m

geyser [ʒɛzɛʀ] nm Geysir m

Ghana [gana] nm: **le ~** Ghana nt

ghetto [geto] nm Getto nt

gibelotte [ʒiblɔt] nf Hasenpfeffer m (in Weißwein)

gibet [ʒibɛ] nm Galgen m

gibier [ʒibje] nm (animaux) Wild nt; (fig) Beute f

giboulée [ʒibule] nf Regenschauer m

Gibraltar [ʒibʀaltaʀ] nm: **le ~** Gibraltar nt; **le détroit de ~** die Straße von Gibraltar

gicler [ʒikle] <1> vi (heraus)spritzen

gicleur nm Düse f
gifle [ʒifl] nf Ohrfeige f
gifler <1> vt ohrfeigen
gigantesque [ʒigɑ̃tɛsk] adj riesig; (fig) gewaltig
gigantisme [ʒigɑ̃tism] nm Riesenwuchs m
G.I.G.N. nm abr = **Groupe d'intervention de la gendarmerie nationale** Spezialzweig der Polizei zur Verbrechensbekämpfung
gigot [ʒigo] nm (Gastr) Lammkeule f, Hammelkeule f
gigoter [ʒigɔte] <1> vi zappeln
gilet [ʒilɛ] nm (de costume) Weste f; (pull) Strickjacke f; (sous-vêtement) Unterhemd nt; ~ **pare-balles** kugelsichere Weste; ~ **de sauvetage** Schwimmweste
gingembre [ʒɛ̃ʒɑ̃bʀ] nm Ingwer m
gingivite [ʒɛ̃ʒivit] nf Zahnfleischentzündung f
girafe [ʒiʀaf] nf Giraffe f
giratoire [ʒiʀatwaʀ] adj: **sens ~** Kreisverkehr m
girofle [ʒiʀɔfl] nf: **clou de ~** (Gewürz)nelke f
giroflée [ʒiʀɔfle] nf Goldlack m
girolle [ʒiʀɔl] nf Pfifferling m
Gironde [ʒiʀɔ̃d] nf: **la ~** die Gironde
girouette [ʒiʀwɛt] nf Wetterhahn m
gisement [ʒizmɑ̃] nm Ablagerung f
gitan, e [ʒitɑ̃, an] nm/f Zigeuner(in) m(f)
gîte [ʒit] nm (abri, logement) Unterkunft f; (du lièvre) Bau m; ~ **rural** Ferienunterkunft f auf dem Lande
givre [ʒivʀ] nm Reif m
glabre [glɑbʀ] adj bartlos
glace [glas] nf Eis nt; (miroir) Spiegel m; (de voiture) Fenster nt; **rompre la ~** das Eis brechen
glacé, e adj (gelé) vereist; (boisson) eisgekühlt; (main) gefroren; (accueil) eisig
glacer [glase] <2> vt (main, visage) eiskalt werden lassen; (intimider) erstarren lassen; (gâteau) glasieren; (papier, tissu) appretieren
glaciaire [glasjɛʀ] adj Gletscher-; **l'ère f ~** die Eiszeit
glacial, e [glasjal] adj eiskalt
glacier [glasje] nm Gletscher m; (fabricant de glaces) Eiskonditor m; (marchant de glaces) Eisverkäufer(in) m(f)
glacière [glasjɛʀ] nf Kühlbox f
glaçon [glasɔ̃] nm Eiszapfen m; (artificiel) Eiswürfel m
glaïeul [glajœl] nm Gladiole f
glaire [glɛʀ] nf (Med) Schleim m
glaise [glɛz] nf Lehm m
gland [glɑ̃] nm Eichel f; (décoration) Quaste f
glande [glɑ̃d] nf Drüse f

glander [glɑ̃de] <1> vi (fam) herumhängen
glaner [glane] <1> vi nachlesen ◼ vt (fig) sammeln
glapir [glapiʀ] <8> vi (chien) kläffen
Glaris [glaʀis] Glarus nt
glauque [glok] adj meergrün; (fam: atmosphère) düster, ungemütlich; **un endroit ~** ein zwielichtiger Ort
glissant, e [glisɑ̃, ɑ̃t] adj rutschig
glisse nf Rutschen nt; **sports de ~** Gleitsportarten pl (z. B. Skifahren, Surfen, Rodeln)
glissement [glismɑ̃] nm: ~ **de terrain** Erdrutsch m
glisser [glise] <1> vi (avancer) rutschen, gleiten; (déraper) ausrutschen; (être glissant) rutschig sein, glatt sein ◼ vt schieben (sous, dans unter, in +akk); (chuchoter) zuflüstern
glissière [glisjɛʀ] nf Gleitschiene f; ~ **de sécurité** (Auto) Leitplanke f
global, e (pl -aux) [glɔbal, o] adj global, Gesamt-
globalement [glɔbalmɑ̃] adv insgesamt
globe [glɔb] nm (Geo) Globus m; ~ **oculaire** Augapfel m
globulaire [glɔbylɛʀ] adj: **numération ~** Blutbild nt
globule [glɔbyl] nm (du sang) Blutkörperchen nt
globuleux, -euse [glɔbylø, øz] adj: **yeux ~** hervorstehende Augen pl
gloire [glwaʀ] nf Ruhm m; (mérite) Verdienst nt; (personne) Berühmtheit f
glorieux, -euse [glɔʀjø, øz] adj glorreich, ruhmvoll
glorifier [glɔʀifje] <1> vt rühmen
gloriole [glɔʀjɔl] nf Eitelkeit f
glossaire [glɔsɛʀ] nm Glossar nt
glotte [glɔt] nf Stimmritze f
glouglouter [gluglute] <1> vi gluckern
glousser [gluse] <1> vi gackern; (rire) kichern
glouton, ne [glutɔ̃, ɔn] adj gefräßig
gloutonnerie [glutɔnʀi] nf Gefräßigkeit f
glu [gly] nf Klebstoff m
gluant, e [glyɑ̃, ɑ̃t] adj klebrig
glucide [glysid] nm Kohle(n)hydrat nt
glucose [glykoz] nm Glukose f
glycérine [gliseʀin] nf Glyzerin nt
glycine [glisin] nf Glyzinie f
G.N. abr = **gendarmerie nationale** französische Vollzugspolizei
gnangnan [ŋãŋã] adj inv (fam) quengelig
gnome [gnom] nm Gnom m
go [go] adv: **tout de go** direkt, ohne Umschweife
G.O. abr = **grandes ondes** LW
goal [gol] nm Torwart m
gobelet [gɔblɛ] nm Becher m

gober [gɔbe] <1> vt roh essen; (fam: croire) schlucken

goberger [gɔbɛRʒe] <2> vpr: **se goberger** es sich dat gut gehen lassen

Gobi [gɔbi]: **le désert de ~** die Wüste Gobi

godasse [gɔdas] nf (fam) Schuh m

godet [gɔdɛ] nm (récipient) Becher m

godiller [gɔdije] <1> vi (skieur) wedeln

goéland [gɔelɑ̃] nm Seemöwe f

goémon [gɔemɔ̃] nm Tang m

gogo [gogo] nm: **à ~** (fam) in Hülle und Fülle; **champagne à ~** Champagner bis zum Abwinken

goguenard, e [gɔgnaR, d] adj spöttisch

goguette [gɔgɛt] nf: **en ~** (fam) angesäuselt

goinfre [gwɛ̃fR] nm Vielfraß m

goinfrer [gwɛ̃fRe] <1> vpr: **se goinfrer** sich vollfressen; **se ~ de** sich vollstopfen mit

goitre [gwatR] nm Kropf m

golf [gɔlf] nm Golf nt; (terrain) Golfplatz m

golfe [gɔlf] nm (Geo) Golf m, Meerbusen m; **les États du G~** die Golfstaaten pl; **le ~ de Gascogne** der Golf von Biskaya; **le ~ du Lion** der Golf du Lion

golfeur, -euse [gɔlfœR, øz] nm/f Golfspieler(in) m(f)

gommage [gɔmaʒ] nm (de la peau) Peeling nt

gomme [gɔm] nf (à effacer) Radiergummi m; **boule de ~** Gummibonbon nt

gommer <1> vt (effacer) ausradieren

gond [gɔ̃] nm (porte, fenêtre) Angel f; **sortir de ses ~s** (fig) in Rage geraten

gondole [gɔ̃dɔl] nf Gondel f; (Com) Regal nt (in einem Supermarkt)

gondoler [gɔ̃dɔle] <1> vi sich wellen, sich verziehen; **se gondoler** vpr sich wellen, sich verziehen; (fam) sich kaputtlachen

gonflable [gɔ̃flabl] adj (bateau) Gummi-; (matelas) Luft-

gonflage [gɔ̃flaʒ] nm (de pneus) Aufpumpen nt

gonflé, e [gɔ̃fle] adj (yeux, visage) geschwollen; **il est vraiment ~** (fam) der hat vielleicht Nerven

gonflement [gɔ̃fləmɑ̃] nm Aufpumpen nt; (de nombre) Vergrößerung f; (Med) Schwellung f

gonfler [gɔ̃fle] <1> vt (pneu, ballon) aufpumpen; (exagérer) übertreiben; (fam: agacer) auf den Keks gehen +dat ■ vi (enfler) anschwellen; (pâte) aufgehen

gonfleur [gɔ̃flœR] nm Luftpumpe f

gonzesse [gɔ̃zɛs] nf (fam) Tussi f

goret [gɔRɛ] nm Ferkel nt

Goretex® [gɔRtɛks] nm Goretex® nt (wasserdichte Kunstfaser)

gorge [gɔRʒ] nf (Anat) Kehle f; (poitrine) Brust f; (Geo) Schlucht f; (rainure) Rille f; **avoir la ~ serrée** einen Kloß im Hals haben; **rester en travers de la ~** (fig) im Hals stecken bleiben

gorgé, e adj: **~ de** gefüllt mit; (d'eau) durchtränkt mit ■ nf Schluck m

gorille [gɔRij] nm Gorilla m

gosier [gozje] nm Kehle f

gosse [gɔs] nmf (fam) Kind nt

gothique [gɔtik] adj gotisch

goudron [gudRɔ̃] nm Teer m

goudronner [gudRɔne] <1> vt asphaltieren

gouffre [gufR] nm Abgrund m

goujat [guʒa] nm Rüpel m

goulot [gulo] nm Flaschenhals m; **boire au ~** aus der Flasche trinken

goulu, e [guly] adj gierig

gourd, e [guR, d] adj (doigts) steif (gefroren), taub

gourde [guRd] nf (récipient) Feldflasche f

gourdin [guRdɛ̃] nm Knüppel m

gourmand, e [guRmɑ̃, ɑ̃d] adj (de sucreries) naschhaft; **être ~** ein Schlemmer sein

gourmandise nf Schlemmerei f; (mets) Leckerbissen m

gourmet [guRmɛ] nm Feinschmecker(in) m(f)

gourmette [guRmɛt] nf Uhrkette f; (bracelet) Armkettchen nt

gourou [guRu] nm Guru m

gousse [gus] nf: **~ d'ail** Knoblauchzehe f; **~ de vanille** Vanilleschote f

goût [gu] nm Geschmack m; **avoir du/manquer de ~** Geschmack/keinen Geschmack haben; **de bon/mauvais ~** geschmackvoll/-los; **prendre ~ à qch** an etw dat Gefallen finden

goûter [gute] <1> vt (essayer) versuchen; (savourer) genießen ■ vi (prendre une collation) nachmittags vespern; **~ à qch** etw versuchen, etw kosten ■ nm Vesper f o nt (kleine Zwischenmahlzeit am Nachmittag)

goutte [gut] nf Tropfen m; (Med) Gicht f; **~ à ~** tropfenweise

goutte-à-goutte nm inv Tropf m

gouttière [gutjɛR] nf (du toit) Dachrinne f; (Med) Schiene f

gouvernail [guvɛRnaj] nm Ruder nt, Steuer nt

gouverne [guvɛRn] nf: **pour votre ~** zu Ihrer Orientierung

gouvernement [guvɛRnəmɑ̃] nm Regierung f

gouvernemental, e (pl -aux) adj Regierungs-

gouverner [guvɛRne] <1> vt (pays, peuple) regieren; (diriger) lenken, steuern; (conduite de qn) beherrschen

goyave [gɔjav] nf Guave f

GPL *nm abr* = **gaz de pétrole liquéfié**
Flüssiggas *nt*; (*véhicule*)
Flüssiggasfahrzeug *nt*
GPS *nm abr* = **global positionaing system**
GPS *nt*
G.R. *nf abr* = **Grande Randonnée**
Wanderung *f*
grâce [gʀas] *nf* (*bienveillance*) Gunst *f*;
(*bienfait*) Gefallen *m*; (*Rel*) Gnade *f*;
(*charme*) Anmut *f*; (*Jur*) Begnadigung *f*;
grâces *nfpl* (*Rel*) Dankgebet *nt*; **~ à** dank
+*dat*; **de bonne/mauvaise ~**
(*bereit*) willig/ungern; **demander ~** um
Gnade bitten; **faire ~ à qn de qch** jdm etw
erlassen; **rendre ~ à qn** jdm danken;
recours en ~ Gnadengesuch *nt*
gracier [gʀasje] <1> *vt* begnadigen
gracieux, -euse [gʀasjø, øz] *adj* graziös,
anmutig; **à titre ~** kostenlos
gradation [gʀadasjõ] *nf* Abstufung *f*
grade [gʀad] *nm* Rang *m*
gradé, e [gʀade] *nm/f* Unteroffizier(in) *m(f)*
gradin [gʀadɛ̃] *nm* Rang *m*; **en ~s** (*terrain*)
terrassenförmig
graduel, le [gʀadɥɛl] *adj* allmählich
graduellement [gʀadɥɛlmã] *adv*
allmählich
graduer [gʀadɥe] <1> *vt* (*augmenter*
graduellement) allmählich steigern; (*règle,*
verre) gradieren, einteilen; **exercices**
gradués nach Schwierigkeitsgrad
gestaffelte Übungen
graffiti (*pl* **~(s)**) [gʀafiti] *nm*
Wandschmiererei *f*, Graffiti *nt*
grain [gʀɛ̃] *nm* Korn *nt*; (*du bois*) Maserung
f; (*Naut*) Bö *f*; **~ de beauté** Schönheitsfleck
m; **~ de café** Kaffeebohne *f*; **~ de raisin**
Traube *f*
graine [gʀɛn] *nf* Samen *m*
graissage [gʀesaʒ] *nm* Ölen *nt*; (*Auto*)
Abschmieren *nt*
graisse [gʀɛs] *nf* Fett *nt*; (*lubrifiant*)
Schmiermittel *nt*
graisser [gʀese] <1> *vt* (*machine*)
schmieren, ölen; (*Auto*) abschmieren;
(*tacher*) fettig machen; **~ la patte à qn**
jdn schmieren, jdn bestechen
grammaire [gʀamɛʀ] *nf* Grammatik *f*
grammatical, e (*pl* **-aux**) [gʀamatikal,
o] *adj* grammatisch
gramme [gʀam] *nm* Gramm *nt*
grand, e [gʀã, gʀãd] *adj* groß; (*voyage*)
lang; **au ~ air** im Freien; **avoir ~ besoin**
de qch etw dringend benötigen; **il est ~**
temps es ist höchste Zeit; **un ~ artiste**
ein bedeutender Künstler; **un ~ blessé**
ein Schwerverletzter; **un ~ buveur** ein
starker Trinker; **~ ensemble** Siedlung *f*;
~ magasin Kaufhaus *nt*; **~e personne**
Erwachsene(r) *mf*; **~e randonnée**
Wanderung *f*; **sentier de ~e randonnée**
markierter französischer Wanderweg;
~e surface Einkaufszentrum *nt* ◼ *adv*
(*ouvert*) weit

grand-angle (*pl* **grands-angles**)
[gʀãtãgl] *nm* Weitwinkelobjektiv *nt*
grand-chose [gʀãʃoz]: **pas ~** nicht viel
Grande-Bretagne [gʀãdbʀətaɲ]
nf: **la ~** Großbritannien *nt*
grandement [gʀãdmã] *adv* (*tout à fait*)
völlig; (*largement*) sehr; (*généreusement*)
großzügig
grandeur [gʀãdœʀ] *nf* Größe *f*; **~ nature**
in Lebensgröße
grandiloquence [gʀãdilɔkãs] *nf*
geschwollene Ausdrucksweise
grandiloquent, e [gʀãdilɔkã, ãt] *adj*
hochtrabend
grandiose [gʀãdjoz] *adj* grandios,
großartig
grandir [gʀãdiʀ] <8> *vi* wachsen;
(*augmenter*) zunehmen ◼ *vt*: **~ qn** jdn
größer erscheinen lassen
grand-mère (*pl* **grands-mères**)
[gʀãmɛʀ] *nf* Großmutter *f*
grand-messe (*pl* **~s**) *nf* Hochamt *nt*
grand-peine *adv*: **à ~** mühsam
grand-père (*pl* **grands-pères**) *nm*
Großvater *m*
grand-route (*pl* **~s**) *nf*, **grand-rue** (*pl*
grand-rues) ◼ *nf* Hauptstraße *f*
grands-parents *nmpl* Großeltern *pl*
grange [gʀãʒ] *nf* Scheune *f*
granit [gʀanit] *nm* Granit *m*
grapheur [gʀafœʀ] *nm* (*Inform*)
Grafikprogramm *nt*
graphie [gʀafi] *nf* Schreibung *f*
graphique [gʀafik] *adj* grafisch ◼ *nm*
Schaubild *nt*
graphiste [gʀafist] *nmf* Grafiker(in) *m(f)*
graphite [gʀafit] *nm* Grafit *m*
grappe [gʀap] *nf* Traube *f*; (*multitude*)
Ansammlung *f*; **~ de raisin** Traube

grappin [gʀapē] nm: **mettre le ~ sur qn** jdn in die Finger bekommen

gras, se [gʀɑ, gʀɑs] adj fettig; (*personne*) fett; (*plaisanterie*) derb; **faire la ~se matinée** (sich) ausschlafen ▪ nm (*Gastr*) Fett nt

grassement adv: **payer ~** sehr gut bezahlen

grassouillet, te [gʀɑsujɛ, ɛt] adj rundlich, dicklich

gratifier [gʀatifje] <1> vt: **~ qn de qch** jdm etw gewähren

gratin [gʀatē] nm (*Gastr*) überbackenes Käsegericht; **au ~** mit Käse überbacken; **le ~** die besseren Kreise

gratiné, e [gʀatine] adj (*Gastr*) gratiniert

gratis [gʀatis] adv gratis, umsonst

gratitude [gʀatityd] nf Dankbarkeit f

gratte-ciel [gʀatsjɛl] nm inv Wolkenkratzer m

gratte-papier [gʀat-] nm inv Schreiberling m

gratter [gʀate] <1> vt kratzen; (*enlever*) abkratzen; **se gratter** vpr sich kratzen

gratuit, e [gʀatɥi, ɥit] adj kostenlos; (*hypothèse, idée*) ungerechtfertigt

gratuitement [gʀatɥitmā] adv gratis, kostenlos; (*sans preuve, motif*) unbegründet

gravats [gʀava] nmpl (*décombres*) Trümmer pl

grave [gʀav] adj (*sérieux*) ernst; (*maladie, accident*) schwer; (*son, voix*) tief

gravement adv schwer

graver [gʀave] <1> vt (*plaque*) gravieren; (*nom*) eingravieren; **~ qch dans son esprit/sa mémoire** sich dat etw einprägen

graveur [gʀavœʀ] nm: **~ de CD/DVD** CD/DVD-Brenner m

gravier [gʀavje] nm Kies m

gravillons [gʀavijō] nmpl (Roll)splitt m

gravir [gʀaviʀ] <8> vt hinaufklettern, erklimmen

gravitation [gʀavitasjō] nf Schwerkraft f

gravité [gʀavite] nf Ernst m; (*d'une maladie, d'un accident*) Schwere f; (*Phys*) Schwerkraft f

graviter [gʀavite] <1> vi: **~ autour de** umkreisen +akk

gravure [gʀavyʀ] nf (*action*) Gravieren nt; (*inscription*) Gravur f; (*art*) Gravierkunst f; (*estampe*) Stich m

gré [gʀe] nm: **à son ~** nach seinem Geschmack; **au ~ de** gemäß +gen; **bon ~ mal ~** notgedrungen; **contre le ~ de qn** gegen jds Willen; **de ~ ou de force** wohl oder übel; **de son (plein) ~** aus freiem Willen; **savoir ~ à qn de qch** jdm wegen etw dankbar sein

grec, grecque [gʀɛk] adj griechisch

Grec, Grecque nm/f Grieche (Griechin) m/f

Grèce [gʀɛs] nf: **la ~** Griechenland nt

greffe [gʀɛf] nf Pfropfreis nt; (*action*) Pfropfen nt; (*Med*) Transplantation f; (*organe*) Transplantat nt

greffer [gʀefe] <1> vt (*Agr*) pfropfen; (*Med*) transplantieren

greffier, -ière [gʀefje, ɛʀ] nm/f Gerichtsschreiber(in) m(f)

greffon nm Bypass m

grégaire [gʀegɛʀ] adj: **instinct ~** Herdentrieb m

grêle [gʀɛl] adj (lang und) dünn; **intestin ~** Dünndarm m ▪ nf Hagel m

grêler <1> vb impers: **il grêle** es hagelt

grêlon [gʀɛlō] nm Hagelkorn nt

grelotter [gʀələte] <1> vi vor Kälte zittern

grenade [gʀənad] nf (*explosif*) Granate f; (*Bot*) Granatapfel m

grenat [gʀəna] nm Granat m ▪ adj inv (*couleur*) granatfarben

grenier [gʀənje] nm Speicher m

grenouille [gʀənuj] nf Frosch m

grès [gʀɛ] nm (*Geo*) Sandstein m; (*poterie*) Steingut nt

grésillement [gʀezijmā] nm (*Gastr*) Brutzeln nt; (*Radio*) Rauschen nt

grésiller [gʀezije] <1> vi (*Gastr*) brutzeln; (*Radio*) knacken, rauschen

grève [gʀɛv] nf (*plage*) Ufer nt; (*arrêt de travail*) Streik m; **se mettre en/faire (la) ~** streiken; **~ de la faim** Hungerstreik; **~ sur le tas** Sitzstreik; **~ du zèle** Dienst m nach Vorschrift

grever [gʀəve] <4> vt belasten

gréviste [gʀevist] nmf Streikende(r) mf

gribouiller [gʀibuje] <1> vt, vi kritzeln

grief [gʀijɛf] nm: **faire ~ à qn de qch** jdm etw vorwerfen

grièvement [gʀijɛvmā] adv: **~ blessé(e)** schwer verletzt

griffe [gʀif] nf (*d'animal*) Kralle f

griffer <1> vt kratzen

griffonner [gʀifɔne] <1> vt hinkritzeln

grignoter [gʀiɲɔte] <1> vt herumnagen an +dat

gril [gʀil] nm Grill m

grillade [gʀijad] nf Grillgericht nt, Grillplatte f

grillage [gʀijaʒ] nm Gitter nt

grille [gʀij] nf Gitter nt, Rost m; (*porte*) Tor nt

grille-pain [gʀijpē] nm inv Toaster m

griller [gʀije] <1> vt (*pain*) toasten; (*viande*) grillen; (*ampoule, résistance*) durchbrennen lassen ▪ vi (*brûler*) verbrennen

grillon [gʀijō] nm Grille f

grimace [gʀimas] nf Grimasse f; **faire des ~s** Grimassen schneiden

grimper [gʀɛ̃pe] <1> vi (route, terrain) ansteigen; (prix, nombre) steigen; ~ à/sur klettern auf +akk ■ vt hinaufsteigen

grimpeur, -euse [gʀɛ̃pœʀ, øz] nm/f Bergsteiger(in) m(f); (cycliste) Bergspezialist(in) m(f)

grinçant, e [gʀɛ̃sɑ̃, ɑ̃t] adj beißend, ätzend

grincement [gʀɛ̃smɑ̃] nm (de porte) Quietschen nt; (de plancher) Knarren nt; (de dents) Knirschen nt

grincer [gʀɛ̃se] <2> vi quietschen; (plancher) knarren; ~ des dents mit den Zähnen knirschen

grincheux, -euse [gʀɛ̃ʃø, øz] adj mürrisch

gringalet [gʀɛ̃galɛ] adj (seulement m) mickrig

griotte [gʀijɔt] nf Sauerkirsche f

grippe [gʀip] nf Grippe f; ~ aviaire Vogelgrippe f

grippé, e adj: **être ~** die Grippe haben

grippe-sou (pl ~s) [gʀipsu] nmf Pfennigfuchser(in) m(f)

gris, e [gʀi, gʀiz] adj grau; (ivre) beschwipst; ~-vert graugrün

grisaille [gʀizaj] nf (monotonie) Trübheit f

grisant, e [gʀizɑ̃, ɑ̃t] adj berauschend

grisâtre [gʀizɑtʀ] adj (temps, ciel, jour) trüb

griser [gʀize] <1> vt (fig) berauschen

griserie [gʀizʀi] nf Rausch m

grisonner [gʀizɔne] <1> vi grau werden

Grisons [gʀizɔ̃] nmpl: **les ~** Graubünden nt

grisou [gʀizu] nm Grubengas nt

grive [gʀiv] nf Drossel f

grivois, e [gʀivwa, az] adj derb

grivoiserie [gʀivwazʀi] nf Zote f

Groenland [gʀɔɛnlɑ̃d] nm: **le ~** Grönland nt

grogne [gʀɔɲ] nf Unruhe f, Unzufriedenheit f

grogner [gʀɔɲe] <1> vi (animal) knurren; (personne) murren

grognon, ne [gʀɔɲɔ̃, ɔn] adj mürrisch

groin [gʀwɛ̃] nm (Schweine)rüssel m

grommeler [gʀɔm(ə)le] <3> vi brummeln

grondement [gʀɔ̃dmɑ̃] nm (de tonnerre) Grollen nt

gronder [gʀɔ̃de] <1> vi (animal) knurren; (tonnerre) grollen; (révolte, mécontentement) gären ■ vt schimpfen mit

groover [gʀuve] vi grooven

gros, se [gʀo, gʀos] adj groß; (personne, trait, fil) dick; (travaux) umfangreich; (orage, bruit) gewaltig; **le ~ œuvre** der Rohbau; **par ~ temps/~se mer** bei rauem Wetter/stürmischem Meer; **prix de ~** Großhandelspreis m; **~ intestin** Dickdarm m; **~ lot** Hauptgewinn m; **~ mot** Schimpfwort nt ■ adv: **risquer/gagner ~** viel riskieren/verdienen ■ nm: **le ~** (Com) der Großhandel; **en ~** (Com) en gros; (en substance) grosso modo; **le ~ de** der Großteil von

groseille [gʀozɛj] nf: ~ rouge/blanche Rote/Weiße Johannisbeere; ~ à maquereau Stachelbeere f

grossesse [gʀosɛs] nf Schwangerschaft f

grosseur [gʀosœʀ] nf (volume) Größe f; (corpulence) Dicke f

grossier, -ière [gʀosje, ɛʀ] adj (vulgaire) derb; (brut) grob; (erreur, faute) krass

grossièrement [gʀosjɛʀmɑ̃] adv derb; grob; (à peu près) ungefähr

grossièreté [gʀosjɛʀte] nf Derbheit f; (mot, propos) Grobheit f

grossir [gʀosiʀ] <8> vi zunehmen; (rivière) steigen ■ vt (personne) dicker erscheinen lassen; (augmenter) erhöhen; (exagérer) übertreiben; (microscope, jumelles) vergrößern

grossiste [gʀosist] nmf Großhändler(in) m(f)

grosso modo [gʀosomɔdo] adv ungefähr

grotesque [gʀɔtɛsk] adj grotesk

grotte [gʀɔt] nf Höhle f, Grotte f

groupe [gʀup] nm Gruppe f; ~ parlementaire (Pol) Parlamentsfraktion f; ~ à risque(s) Risikogruppe; ~ (de) rock Rockband f, Rockgruppe; ~ sanguin Blutgruppe

groupement nm (association) Vereinigung f

grouper [gʀupe] <1> vt gruppieren; **se grouper** vpr sich versammeln

grue [gʀy] nf (Tech) Kran m; (Zool) Kranich m

grumeaux [gʀymo] nmpl (Gastr) Klumpen pl

gruyère [gʀyjɛʀ] nm Gruyère m, Greyerzerkäse m

Guadeloupe [gwadəlup] nf: **la ~** Guadeloupe f

Guatemala [gwatemala] nm: **le ~** Guatemala nt

guatémaltèque [gwatemaltɛk] adj guatemaltekisch

Guatémaltèque nmf Guatemalteke (Guatemaltekin) m/f

gué [ge] nm Furt f

guenilles [gənij] nfpl Lumpen pl

guenon [gənɔ̃] nf Äffin f

guépard [gepaʀ] nm Gepard m

guêpe [gɛp] nf Wespe f

guêpier [gepje] nm (a. fig) Wespennest nt

guère [gɛʀ] adv: **ne ~** nicht sehr; **ne ~ mieux** nicht viel besser; **il n'a ~ de courage** er ist nicht sehr mutig; **il n'y a ~ que lui qui ...** es gibt kaum jemand außer ihm, der ...

guérilla [geʀija] nf Guerilla f

guérir [geʀiʀ] <8> vt heilen (de von)
■ vi heilen; (personne) gesund werden
guérison [geʀizõ] nf Genesung f
guérissable [geʀisabl] adj heilbar
guérisseur, -euse [geʀisœʀ, øz] nm/f
Heiler(in) m(f)
Guernesey [gɛʀn(ə)zɛ]: (l'île f de) ~
Guernsey nt
guerre [gɛʀ] nf Krieg m; **en ~** im
Krieg(szustand); **de ~ lasse** resigniert,
kampfesmüde; **faire la ~ à** Krieg führen
mit; **~ atomique/civile** Atom-/
Bürgerkrieg; **~ bactériologique**
Kriegsführung f mit bakteriologischen
Waffen
guerrier, -ière [geʀje, ɛʀ] adj kriegerisch
■ nm Krieger(in) m(f)
guet [gɛ] nm: **faire le ~** auf der Lauer
liegen, lauern
guet-apens [gɛtapã] nm inv Hinterhalt m
guetter [gete] <1> vt lauern auf +akk
gueule [gœl] nf (d'animal) Maul nt;
(ouverture) Öffnung f; (fam: bouche)
Klappe f
gueule-de-loup (pl **gueules-de-loup**)
[gœldəlu] nf Löwenmäulchen nt
gueuler <1> vi (fam) schreien; plärren
gueuleton [gœltõ] nm (fam) Fresserei f
gui [gi] nm Mistel f
guichet [giʃɛ] nm Schalter m; (Theat)
Kasse f; **jouer à ~s fermés** (Theat) vor
ausverkauftem Haus spielen;
~ automatique Geldautomat m
guide [gid] nm Führer(in) m(f);
guides nfpl (rênes) Zügel pl; **~ de
montagne** Bergführer(in)
guider <1> vt (personne) führen; (fig)
beraten ■ vpr: **se ~ sur** sich richten nach
guidon nm (de vélo) Lenkstange f
guigne [giɲ] nf: **avoir la ~** (fam) Pech
haben
guignol [giɲɔl] nm (marionnette: fig)
Kasper m; (théâtre) Kasperletheater nt
guillemets [gijmɛ] nmpl: **entre ~** in
Anführungszeichen
guillotine [gijɔtin] nf Guillotine f
guillotiner [gijɔtine] <1> vt mit der
Guillotine hinrichten
guindé, e [gɛ̃de] adj gekünstelt
Guinée [gine] nf: **la ~** Guinea nt
Guinée-Bissau [ginebiso] nf:
la ~ Guinea-Bissau nt
guirlande [giʀlãd] nf Girlande f
guise [giz] nf: **à sa ~** wie er/sie will;
en ~ de (comme) als; (à la place de) statt
guitare [gitaʀ] nf Gitarre f
Gulf Stream [gɔlfstʀim] nm Golfstrom m
gustatif, -ive [gystatif, iv] adj
Geschmacks-
Guyane [gɥian] nf: **la ~** Guyana nt

gymkhana [ʒimkana] nm Sportfest nt;
~ motocycliste
Geschicklichkeitswettbewerb m für
Motorradfahrer
gymnase [ʒimnɑz] nm (Sport) Turnhalle f
gymnaste [ʒimnast] nmf Turner(in) m(f)
gymnastique [ʒimnastik] nf Gymnastik
f, Turnen nt
gynécologie [ʒinekɔlɔʒi] nf Gynäkologie f
gynécologique [ʒinekɔlɔʒik] adj
gynäkologisch
gynécologue [ʒinekɔlɔg] nmf
Gynäkologe(-login) m/f
gypse [ʒips] nm Gips m
gyrocompas [ʒiʀokõpa] nm
Kreiselkompass m
gyrophare [ʒiʀofaʀ] nm (de police, etc)
Blaulicht nt

H, h [aʃ] nm H, h nt

h. abr = **heure(s)** Std.

habile [abil] adj geschickt; (rusé) gerissen

habileté [abilte] nf Geschicklichkeit f, Gerissenheit f

habilité, e [abilite] adj: ~ à faire qch ermächtigt, etw zu tun

habillé, e [abije] adj gekleidet; (vêtement) elegant

habillement nm Kleidung f

habiller [abije] <1> vt anziehen, kleiden; (fournir en vêtements) einkleiden; (objet) verkleiden; (vêtement: convenir) chic aussehen in +dat; **s'habiller** vpr sich anziehen; (élégamment) sich elegant kleiden

habit [abi] nm Frack m; **habits** nmpl (vêtements) Kleider pl; ~ **de deuil/de travail** Trauer-/Arbeitskleidung f

habitable [abitabl] adj bewohnbar

habitacle [abitakl] nm (Aviat) Cockpit nt; (Auto) Fahrzeuginnenraum m

habitant, e [abitã, ãt] nm/f (d'un lieu) Einwohner(in) m(f); (d'une maison) Bewohner(in) m(f)

habitat [abita] nm (Bot, Zool) Lebensraum m

habitation [abitasjõ] nf (domicile) Wohnsitz m; (bâtiment) Wohngebäude nt; ~ **à loyer modéré** Wohnblock m des sozialen Wohnungsbaus

habiter [abite] <1> vt bewohnen; (fig) innewohnen +dat; ~ **rue Montmartre** in der Rue Montmartre wohnen ▪ vi wohnen

habitude [abityd] nf Gewohnheit f; (expérience) Vertrautheit f; **avoir l'~ de faire qch** etw gewöhnlich tun; (par expérience) es gewohnt sein, etw zu tun; **comme d'~** wie gewöhnlich, wie immer; **d'~** gewöhnlich, normalerweise

habitué, e [abitye] adj: **être ~ à** etw gewöhnt sein ▪ nm/f (d'un café, etc) Stammgast m

habituel, le [abityɛl] adj üblich

habituer [abitye] <1> vt: ~ **qn à qch** jdn an etw akk gewöhnen ▪ vpr: **s'~ à** sich gewöhnen an +akk

hâbleur, -euse ['ablœʀ, øz] adj prahlerisch

hache ['aʃ] nf Axt f, Beil nt

haché, e ['aʃe] adj (Gastr) gehackt; (phrases, style) abgehackt; **viande ~e** Hackfleisch nt

hache-légumes ['aʃlegym] nm inv Gemüsezerkleinerer m

hacher ['aʃe] <1> vt (Gastr) (zer)hacken

hache-viande ['aʃvjãd] nm inv Fleischwolf m; (couteau) Hackmesser nt

hachis ['aʃi] nm: ~ **de viande** fein gehacktes Fleisch

hachisch ['aʃiʃ] nm Haschisch nt

hachoir ['aʃwaʀ] nm (appareil) Fleischwolf m; (planche) Hackbrett nt

hachurer ['aʃyʀe] <1> vt schraffieren

hagard, e ['agaʀ, d] adj verstört

haie ['ɛ] nf Hecke f; (Sport) Hürde f; (de personnes) Reihe f, Spalier nt; **course de ~s** (équitation) Hindernisrennen nt; (athlétisme) Hürdenlauf m; ~ **d'honneur** (Ehren)spalier

haine ['ɛn] nf Hass m

haïr ['aiʀ] irr vt hassen

Haïti [aiti] (l'île f de) ~ Haiti nt

hâlé, e ['ale] adj gebräunt

haleine [alɛn] nf Atem m; **de longue ~** langwierig; **hors d'~** außer Atem

hâler ['ale] vt bräunen

haleter ['alte] <4> vi keuchen

hall ['ol] nm (Eingangs-/Empfangs)halle f

halle ['al] nf Markthalle f; **halles** nfpl städtische Markthallen pl

hallucinant, e [alysinã, ãt] adj verblüffend

hallucination [alysinasjõ] nf Halluzination f, Sinnestäuschung f

halo ['alo] nm (de lune) Hof m

halogène [alɔʒɛn] nm Halogen nt; **lampe (à) ~** Halogenlampe f

halte ['alt] nf Rast f; (de train) Haltestelle f; **faire ~** halten, haltmachen ▪ interj halt

halte-garderie (pl **haltes-garderies**)
['altgaʀdəʀi] nf Kinderkrippe f
haltère [altɛʀ] nm Hantel f; **poids et ~s**
Gewichtheben nt
haltérophile [alteʀɔfil] nm
Gewichtheber m
haltérophilie [alteʀɔfili] nf
Gewichtheben nt
hamac ['amak] nm Hängematte f
Hambourg ['ɑ̄buʀ] Hamburg nt
hamburger ['ɑ̄buʀgœʀ] nm
Hamburger m
hameau (pl x) ['amo] nm Weiler m
hameçon [amsõ] nm Angelhaken m
hamster ['amstɛʀ] nm Hamster m
hanche ['ɑ̄ʃ] nf Hüfte f
handball ['ɑ̄dbal] nm Handball m
handballeur, -euse ['ɑ̄dbalœʀ, øz] nm/f
Handballer(in) m(f)
handicap ['ɑ̄dikap] nm Handicap nt
handicapé, e ['ɑ̄dikape] adj behindert
■ nm/f Behinderte(r) m/f; **~ moteur**
Spastiker m; **~ physique/mental**
Körperbehinderte(r)/geistig
Behinderte(r)
handicaper ['ɑ̄dikape] <1> vt behindern,
benachteiligen
handisport ['ɑ̄dispɔʀ] nm
Behindertensport m
hangar ['ɑ̄gaʀ] nm Schuppen m; (Aviat)
Hangar m, Flugzeughalle f
hanneton ['antõ] nm Maikäfer m
Hanovre ['anɔvʀ] Hannover nt
hanter ['ɑ̄te] <1> vt (fantôme) spuken [ou
umgehen] in +dat; (poursuivre) verfolgen,
keine Ruhe lassen +dat
hantise ['ɑ̄tiz] nf (obsessive) Angst
happer ['ape] <1> vt schnappen; **être
happé(e) par un train** von einem Zug
erfasst werden
happy end (pl **~s**) ['apiɛnd] nm o f
Happy End nt
haranguer ['aʀɑ̄ge] <1> vt eine Rede
halten +dat
haras ['aʀɑ] nm Gestüt nt
harassant, e [aʀasɑ̄, ɑ̄t] adj (travail)
erschöpfend
harcèlement [aʀsɛlmɑ̄] nm Belästigung
f; **~ sexuel** sexuelle Belästigung; **~ moral**
Mobbing nt
harceler ['aʀsəle] <4> vt (importuner)
belästigen; **~ de questions** mit Fragen
bestürmen
hardi, e ['aʀdi] adj (courageux) kühn, tapfer
harem ['aʀɛm] nm Harem m
hareng ['aʀɑ̄] nm Hering m
hargne ['aʀɲ] nf Gereiztheit f,
Aggressivität f
haricot ['aʀiko] nm Bohne f; **~ vert/blanc**
grüne/dicke Bohne

harmonie [aʀmɔni] nf Harmonie f;
(théorie) Harmonielehre f
harmonieux, -euse [aʀmɔnjø, øz] adj
harmonisch
harmonisation nf Angleichung f;
~ juridique (Jur) Rechtsangleichung
harmoniser <1> vt aufeinander
abstimmen; (Mus, Fin) harmonisieren
harmonium [aʀmɔnjɔm] nm
Harmonium nt
harnacher ['aʀnaʃe] <1> vt anschirren
harnais ['aʀnɛ] nm Geschirr nt
harpe ['aʀp] nf Harfe f
harpiste ['aʀpist] nmf Harfenist(in) m(f)
harpon ['aʀpõ] nm Harpune f
harponner ['aʀpɔne] <1> vt harpunieren;
(fam) aufhalten
hasard ['azaʀ] nm Zufall m; **à tout ~** auf
gut Glück; **au ~** auf gut Glück, aufs
Geratewohl; **par ~** zufällig
hasarder ['azaʀde] <1> vt riskieren ■ vpr:
se ~ à faire qch es riskieren, etw zu tun
hasardeux, -euse ['azaʀdø, øz] adj
riskant; (hypothèse) gewagt
haschisch ['aʃiʃ] nm Haschisch nt
hâte ['ɑt] nf Eile f; **à la ~** hastig; **en ~** in
aller Eile; **avoir ~ de faire qch** es eilig
haben, etw zu tun
hâter <1> vt beschleunigen; **se hâter** vpr
sich beeilen
hâtif, -ive ['ɑtif, iv] adj (travail)
gepfuscht; (décision) übereilt, überstürzt;
(fruits, légumes) Früh-
hausse ['os] nf (de prix, de température)
Anstieg m; (de salaires) Erhöhung f;
en ~ (prix) steigend; (température)
ansteigend
hausser <1> vt erhöhen; (voix) erheben;
~ les épaules mit den Achseln zucken
■ vpr: **se ~ sur la pointe des pieds** sich
auf die Zehenspitzen stellen
haut, e ['o, 'ot] adj hoch; (voix) laut;
à ~e voix, tout ~ laut; **à ~e résolution**
[ou **définition**] hoch auflösend; **à ~s
risques** (job, etc) risikoreich; **en ~ lieu** an
höchster Stelle; **en ~e montagne** im
Hochgebirge; **~ de 2 m, 2 m de ~** 2 m hoch;
le ~ allemand (Ling) das Hochdeutsche
■ adv hoch; **de ~ en bas** von oben nach
unten; (regarder) von oben bis unten;
en ~ oben; (avec mouvement) nach oben;
en ~ de auf +akk; **plus ~** höher; (position)
weiter oben; (plus fort) lauter; **~ les
mains!** Hände hoch! ■ nm (partie
supérieure) oberer Teil, Oberteil nt;
(sommet) Gipfel m; **du ~ de ...** von ... herab;
des ~s et des bas Höhen und Tiefen pl
hautain, e [otɛ̃, ɛn] adj hochmütig
hautbois ['obwa] nm Oboe f
hautboïste ['oboist] nmf Oboist(in) m(f)

haut-débit ['odebi] *nm* (*Inform*) Breitband *nt*

haut-de-forme (*pl* **hauts-de-forme**) ['odfɔʀm] *nm* (*chapeau*) Zylinder *m*

hauteur ['otœʀ] *nf* Höhe *f*; (*arrogance*) Hochmut *m*, Überheblichkeit *f*; **être à la ~** den Dingen gewachsen sein

haut fourneau (*pl* **x**) ['ofuʀno] *nm* Hochofen *m*

haut-le-cœur *nm inv* Übelkeit *f*

haut-parleur (*pl* **~s**) *nm* Lautsprecher *m*

Hawaii [awaj]: **(l'île *f* de) ~** Hawaii *nt*

Haye ['ɛ]: **La ~** Den Haag

hayon ['ɛjõ] *nm* Hecktür *f*

hebdo [ɛbdo] *nm* (*fam*) (Wochen)zeitschrift *f*

hebdomadaire [ɛbdɔmadɛʀ] *adj* wöchentlich ▪ *nm* (wöchentlich erscheinende) Zeitschrift *f*

hébergement [ebɛʀʒəmɑ̃] *nm* Unterbringung *f*

héberger [ebɛʀʒe] <2> *vt* bei sich aufnehmen

hébergeur [ebɛʀʒœʀ] *nm* (*Internet*) Host *m*

hébété, e [ebete] *adj* benommen, wie betäubt

hébraïque [ebʀaik] *adj* hebräisch

hébreu (*pl* **x**) [ebʀø] *adj* (*seulement masculin*) hebräisch

Hébreu *nm* Hebräer *m*

H.E.C. *abr* = **Hautes études commerciales** ≈ Höhere Handelsschule

hécatombe [ekatõb] *nf* Blutbad *nt*

hectare [ɛktaʀ] *nm* Hektar *nt*

hectolitre [ɛktolitʀ] *nm* Hektoliter *m*

hédoniste [edɔnist] *adj* hedonistisch

hégémonie [eʒemɔni] *nf* Vorherrschaft *f*

hein ['ɛ̃] *interj* (*interrogation*) was; (*sollicitant approbation*) nicht wahr

hélas ['elɑs] *adv* leider ▪ *interj* ach

héler ['ele] <5> *vt* herbeirufen

hélice [elis] *nf* Schraube *f*, Propeller *m*

hélicoptère [elikɔptɛʀ] *nm* Hubschrauber *m*

héliport [elipɔʀ] *nm* Hubschrauberlandeplatz *m*

héliporté, e [elipɔʀte] *adj* per Hubschrauber transportiert

hélium [eljɔm] *nm* Helium *nt*

helvète [ɛlvɛt] *adj* helvetisch

Helvétie [ɛlvesi] *nf*: **l'~** Helvetien *nt*

helvétique [ɛlvetik] *adj* helvetisch, schweizerisch

hématome [ematom] *nm* Bluterguss *m*

hémicycle [emisikl] *nm* Halbkreis *m*; **l'~** (*Pol*) das Parlament

hémiplégie [emipleʒi] *nf* halbseitige Lähmung

hémisphère [emisfɛʀ] *nm*: **~ nord/sud** nördliche/südliche Hemisphäre

hémoglobine [emoglobin] *nf* Hämoglobin *nt*

hémophile [emofil] *adj* bluterkrank; **il est ~** er ist Bluter

hémophilie [emofili] *nf* Bluterkrankheit *f*

hémorragie [emoʀaʒi] *nf* starke Blutung; **~ cérébrale** Gehirnblutung *f*

hémorroïdes [emoʀoid] *nfpl* Hämorriden *pl*

hémostatique [emostatik] *adj* blutstillend

henné [ene] *nm* Henna *f o nt*

hennir ['eniʀ] <8> *vi* wiehern

hennissement ['enismã] *nm* Wiehern *nt*

hépatique [epatik] *adj* Leber-

hépatite [epatit] *nf* Hepatitis *f*

herbe [ɛʀb] *nf* Gras *nt*; (*Med*) (Heil)kraut *nt*; (*Gastr*) (Gewürz)kraut *nt*

herbicide [ɛʀbisid] *nm* Unkrautvernichtungsmittel *nt*

herbier [ɛʀbje] *nm* Herbarium *nt*

herbivore [ɛʀbivɔʀ] *adj* Pflanzen fressend

herboriste [ɛʀbɔʀist] *nmf* (Heil)kräuterhändler(in) *m(f)*

héréditaire [eʀeditɛʀ] *adj* erblich

hérédité [eʀedite] *nf* (*Bio*) Vererbung *f*; (*Bio: caractères*) Erbgut *nt*

hérésie [eʀezi] *nf* Ketzerei *f*

hérétique [eʀetik] *nmf* Ketzer(in) *m(f)* ▪ *adj* ketzerisch

hérisser ['eʀise] <1> *vt* (*personne*) aufbringen; **se hérisser** *vpr* (*poils*) sich sträuben

hérisson ['eʀisõ] *nm* Igel *m*

héritage [eʀitaʒ] *nm* Erbe *nt*, Erbschaft *f*

hériter [eʀite] <1> *vt, vi* erben; **~ de qch** etw erben

héritier, -ière [eʀitje, ɛʀ] *nm/f* Erbe (Erbin) *m/f*

hermétique [ɛʀmetik] *adj* hermetisch; (*visage*) verschlossen, starr; **être ~ à qch** (*personne*) für etw nicht zugänglich sein

hermine [ɛʀmin] *nf* Hermelin(pelz *m*) *nt*

hernie ['ɛʀni] *nf* (Eingeweide)bruch *m*

héroïne [eʀɔin] *nf* Heldin *f*; (*drogue*) Heroin *nt*

héroïnomane [eʀɔinɔman] *nmf* Heroinsüchtige(r) *mf*

héroïque [eʀɔik] *adj* heroisch, heldenhaft

héron ['eʀõ] *nm* Reiher *m*

héros ['eʀo] *nm* Held *m*

herpès [ɛʀpɛs] *nm* Herpes *m*

hésitation [ezitasjõ] *nf* Zögern *nt*

hésiter [ezite] <1> *vi* zögern

hétéroclite [eteʀoklit] *adj* (*ensemble*) eigenartig, heterogen; (*objets*) zusammengestückelt

hétérogène [eteʀoʒɛn] *adj* heterogen

hétérosexuel, le [eteʀɔsɛksɥɛl] *adj* heterosexuell

hêtre ['ɛtʀ] *nm* Buche *f*

heure [œʀ] *nf* Stunde *f*; (*point précis du jour*) Uhr *f*; **à l'~ actuelle** gegenwärtig; **à toute ~** jederzeit; **être à l'~** pünktlich ankommen; (*montre*) richtig gehen; **mettre à l'~** stellen; **quelle ~ est-il?** wie viel Uhr ist es?; **est-ce que vous avez l'~?** können Sie mir sagen, wie spät es ist?; **il est deux ~s et demie/moins le quart** es ist halb drei/Viertel vor zwei; **24 ~s sur 24** rund um die Uhr; **~ du départ** Abfahrtszeit *f*; (*en avion*) Abflugzeit *f*; **~ de diffusion** (*TV*) Sendezeit *f*; **~ locale/d'été** Orts-/Sommerzeit *f*; **~ de pointe** Stoßzeit *f*; **~s supplémentaires** Überstunden *pl*; **~s de visite** Besuchszeit *f*

heureusement [øʀøzmɑ̃] *adv* glücklicherweise

heureux, -euse [øʀø, øz] *adj* glücklich

heurt ['œʀ] *nm* (*choc*) (Zusammen)stoß *m*; **heurts** *nmpl* (*fig*) Reibereien *pl*

heurté, e *adj* sprunghaft

heurter ['œʀte] <1> *vt* stoßen gegen; (*fig*) verletzen; **se heurter** *vpr* zusammenstoßen; **se ~ à** zusammenstoßen mit; (*fig: obstacle*) treffen auf +*akk*

hexagonal, e (*pl* -aux) [ɛgzagɔnal, o] *adj* sechseckig; (*français*) französisch

hexagone [ɛgzagɔn] *nm* Sechseck *nt*; **l'H~** Frankreich *nt*

hibernation [ibɛʀnasjõ] *nf* Winterschlaf *m*

hiberner [ibɛʀne] <1> *vi* Winterschlaf halten

hibiscus [ibiskys] *nm* Hibiskus *m*

hibou (*pl* x) ['ibu] *nm* Eule *f*

hideux, -euse ['idø, øz] *adj* abscheulich

hier [jɛʀ] *adv* gestern

hiérarchie ['jeʀaʀʃi] *nf* Hierarchie *f*

hiéroglyphe ['jeʀɔglif] *nm* Hieroglyphe *f*

hi-fi ['ifi] *nf inv* Hi-Fi *nt*

high tech [ajtɛk] *nm* Hightech *nt*

hilarité [ilaʀite] *nf* Heiterkeit *f*

hindou, e [ɛ̃du] *adj* Hindu-; (*indien*) indisch

Hindou, e [ɛ̃du] *nm/f* Hindu *m*; (*indien*) Inder(in) *m(f)*

hindouisme [ɛ̃duism] *nm* Hinduismus *m*

hippique [ipik] *adj* Pferde-

hippisme *nm* Pferdesport *m*

hippocampe [ipɔkãp] *nm* Seepferdchen *nt*

hippodrome [ipodʀom] *nm* (Pferde)rennbahn *f*

hippopotame [ipɔpɔtam] *nm* Nilpferd *nt*

hirondelle [iʀõdɛl] *nf* Schwalbe *f*

hirsute [iʀsyt] *adj* strubbelig, struppig

hisser ['ise] <1> *vt* hissen ▪ *vpr*: **se ~ sur qch** sich auf etw *akk* hochziehen

histoire [istwaʀ] *nf* Geschichte *f*; **histoires** *nfpl* (*ennuis*) Ärger *m*; (*fam*) Scherereien *pl*; **l'~ sainte** die biblische Geschichte

historien, ne [istɔʀjɛ̃, ɛn] *nm/f* Historiker(in) *m(f)*

historique [istɔʀik] *adj* historisch

hit-parade (*pl* -s) ['itpaʀad] *nm* Hitparade *f*

HIV ['aʃive] *nm abr* = **Human Immunodeficiency Virus** HIV *m*

hiver [ivɛʀ] *nm* Winter *m*; **en ~** im Winter

hivernal, e (*pl* -aux) *adj* winterlich

hiverner <1> *vi* überwintern

hl *abr* = **hectolitre** hl

H.L.M. *nm o f abr* = **habitation à loyer modéré** Wohnblock *m* des sozialen Wohnungsbaus

hobby (*pl* **hobbies**) ['ɔbi] *nm* Hobby *nt*

hocher ['ɔʃe] <1> *vt*: **~ la tête** den Kopf schütteln; (*accord*) mit dem Kopf nicken

hochet ['ɔʃe] *nm* Rassel *f*

hockey ['ɔkɛ] *nm*: **~ (sur glace/gazon)** (Eis-/Feld)hockey *nt*

hockeyeur, -euse ['ɔkɛjœʀ, øz] *nm/f* Hockeyspieler(in) *m(f)*; (*sur glace*) Eishockeyspieler(in) *m(f)*

holding ['ɔldiŋ] *nm* Holdinggesellschaft *f*

hold-up ['ɔldœp] *nm inv* (Raub)überfall *m*

hollandais, e ['ɔlɑ̃dɛ, ɛz] *adj* holländisch

Hollandais, e *nm/f* Holländer(in) *m(f)*

Hollande *nf*: **la ~** Holland *nt*

holocauste [ɔlɔkost] *nm* Holocaust *m*

hologramme [ɔlɔgʀam] *nm* Hologramm *m*

homard ['ɔmaʀ] *nm* Hummer *m*

homélie [ɔmeli] *nf* Predigt *f*

homéopathe [ɔmeɔpat] *nmf* Homöopath(in) *m(f)*

homéopathie [ɔmeɔpati] *nf* Homöopathie *f*

homéopathique [ɔmeɔpatik] *adj* homöopathisch

homicide [ɔmisid] *nm* (*acte*) Totschlag *m*; **~ involontaire** fahrlässige Tötung

hommage [ɔmaʒ] *nm* Huldigung *f*; **présenter ses ~s à qn** jdn grüßen; **rendre ~ à qn** jdm huldigen, jdn ehren

homme [ɔm] *nm* (*humain*) Mensch *m*; (*masculin*) Mann *m*; **~ au foyer** Hausmann; **~ d'affaires** Geschäftsmann; **~ des cavernes** Höhlenmensch; **~ d'État** Staatsmann; **~ de paille** Strohmann; **l'~ de la rue** der Mann auf der Straße

homme-grenouille (*pl* **hommes-grenouilles**) *nm* Froschmann *m*

homme-orchestre (*pl* **hommes-orchestres**) [ɔmɔʀkɛstʀ] *nm* Einmannband *f*

homme-sandwich (*pl* **hommes-sandwiches**) *nm* Plakatträger *m*

homogène [ɔmɔʒɛn] *adj* homogen

homogénéisé, e [ɔmɔʒeneize] *adj* homogenisiert

homologue [ɔmɔlɔg] *nm* Gegenstück *nt*, Pendant *nt*; (*politique étrangère*) Amtskollege (-kollegin) *m/f*

homologué, e [ɔmɔlɔge] *adj* (*Sport*) offiziell anerkannt; (*tarif*) genehmigt

homonyme [ɔmɔnim] *nm* (*Ling*) Homonym *nt*

homoparentalité [ɔmɔpaRãtalite] *nf* Erziehung *f* durch gleichgeschlechtliche Eltern

homosexualité [ɔmɔsɛksyalite] *nf* Homosexualität *f*

homosexuel, le [ɔmɔsɛksyɛl] *adj* homosexuell ■ *nm/f* Homosexuelle(r) *mf*

Honduras [ɔ̃dyRas] *nm*: **le ~** Honduras *nt*

Hongrie [ɔ̃gRi] *nf*: **la ~** Ungarn *nt*

hongrois, e [ˈɔgRwa, az] *adj* ungarisch

Hongrois, e *nm/f* Ungar(in) *m(f)*

honnête [ɔnɛt] *adj* ehrlich, anständig; (*suffisant*) zufriedenstellend

honnêteté *adv* ehrlich

honnêteté *nf* Ehrlichkeit *f*

honneur [ɔnœR] *nm* Ehre *f*; **en l'~ de** zu Ehren von; **faire ~ à qch** (*engagements*) etw ehren; (*famille*) einer Sache *dat* Ehre machen; (*fam: repas*) kräftig zulangen

honorable [ɔnɔRabl] *adj* ehrenhaft; (*suffisant*) zufriedenstellend

honoraire [ɔnɔRɛR] *adj* ehrenamtlich; **membre ~** Ehrenmitglied *nt*

honoraires *nmpl* Honorar *nt*

honorer [ɔnɔRe] <1> *vt* ehren; (*Com*) bezahlen; **~ qn de** jdn beehren mit ■ *vpr*: **s'~ de** sich einer Sache *gen* rühmen

honorifique [ɔnɔRifik] *adj* Ehren-

honte [ˈɔt] *nf* Schande *f*; **avoir ~ de** sich schämen +*gen*; **faire ~ à qn** jdm Schande machen

honteux, -euse [ˈɔtø, øz] *adj* schändlich; (*personne*) beschämt; **être ~** (*personne*) sich schämen

hôpital (*pl* **-aux**) [ɔpital, o] *nm* Krankenhaus *nt*

hoquet [ˈɔkɛ] *nm* Schluckauf *m*; **avoir le ~** den Schluckauf haben

hoqueter [ˈɔk(ə)te] <3> *vi* hicksen, den Schluckauf haben

horaire [ɔRɛR] *adj* stündlich ■ *nm* Programm *nt*; (*emploi du temps*) Zeitplan *m*; (*Scol*) Stundenplan *m*; (*de transports*) Fahrplan *m*; (*Aviat*) Flugplan *m*; **~ souple** gleitende Arbeitszeit, Gleitzeit *f*; **~ des trains** Fahrplan; (*dépliant*) Fahrplanauszug *m*

horizon [ɔRizɔ̃] *nm* Horizont *m*

horizontal, e (*pl* **-aux**) [ɔRizɔ̃tal, o] *adj* horizontal

horizontalement *adv* horizontal

horloge [ɔRlɔʒ] *nf* Uhr *f*; **l'~ parlante** die Zeitansage

horloger, -ère [ɔRlɔʒe, ɛR] *nm/f* Uhrmacher(in) *m(f)*

horlogerie [ɔRlɔʒRi] *nf* Uhrenindustrie *f*; **pièces d'~** Uhrteile *pl*

hormis [ɔRmi] *prép* außer +*dat*

hormonal, e (*pl* **-aux**) [ɔRmɔnal, o] *adj* hormonell

hormone [ɔRmɔn] *nf* Hormon *nt*

horodatage [ɔRɔdataʒ] *nm* Zeitangabe *f*

horodateur [ɔRɔdatœR] *nm* Parkscheinautomat *m*

horoscope [ɔRɔskɔp] *nm* Horoskop *nt*

horreur [ɔRœR] *nf* Abscheulichkeit *f*, Entsetzlichkeit *f*; (*épouvante*) Entsetzen *nt*; **avoir ~ de qch** etw verabscheuen; **faire ~ à qn** jdn anwidern; **quelle ~!** (*fam*) wie grässlich!

horrible [ɔRibl] *adj* fürchterlich, grauenhaft, schrecklich

horrifier [ɔRifje] <1> *vt* entsetzen

horrifique [ɔRifik] *adj* entsetzlich

horripilant, e [ɔRipilã, ãt] *adj* nervtötend

horripiler [ɔRipile] <1> *vt* zur Verzweiflung bringen

hors [ˈɔR] *prép* außer +*dat*; **~ de** außer +*dat*, außerhalb +*gen*; **~ de propos** unpassend; **~ pair** außergewöhnlich; **être ~ de soi** außer sich sein; **~ d'usage** defekt

hors-bord *nm inv* Außenbordmotor *m*

hors-concours *adj* außer Konkurrenz

hors-d'œuvre *nm inv* Hors d'œuvre *nt*, Vorspeise *f*

hors-jeu *nm inv* Abseits *nt*

hors-la-loi *nm inv* Geächtete(r) *mf*, Verbrecher(in) *m(f)*

hors-piste(s) [ˈɔRpist] *nm inv* Skilaufen *nt* außerhalb der Pisten

hors taxe *adj* zollfrei

hors-texte *nm inv* Tafel *f*

hortensia [ɔRtãsja] *nm* Hortensie *f*

horticulteur, -trice [ɔRtikyltœR, tRis] *nm/f* Gärtner(in) *m(f)*

horticulture *nf* Gartenbau *m*

hospice [ɔspis] *nm*: **~ de vieillards** Altenheim *nt* (*für mittellose Personen*)

hospitalier, -ière [ɔspitalje, ɛR] *adj* (*accueillant*) gastfreundlich; (*Med*) Krankenhaus-

hospitalisation [ɔspitalizasjɔ̃] *nf* Einweisung *f* ins Krankenhaus

hospitaliser [ɔspitalize] <1> *vt* ins Krankenhaus einweisen

hospitalité [ɔspitalite] *nf* Gastfreundlichkeit *f*

hostie [ɔsti] *nf* Hostie *f*

hostile [ɔstil] *adj* feindlich; **être ~ à qch** gegen etw sein

hostilité *nf* Feindseligkeit *f*; **hostilités** *nfpl* Feindseligkeiten *pl*

hot-dog (*pl* **~s**) ['ɔtdɔg] *nm* Hotdog *m o nt*

hôte [ot] *nm* (*maître de maison*) Gastgeber *m*; (*invité*) Gast *m*; (*Inform*) Hostrechner *m*

hôtel [otɛl] *nm* Hotel *nt*; **~ (particulier)** Villa *f*; **~ Matignon** *Amtssitz des französischen Premierministers in Paris*; **~ de ville** Rathaus *nt*

hôtelier, -ière [otəlje, ɛR] *adj* Hotel- ▪ *nm/f* Hotelbesitzer(in) *m(f)*

hôtellerie [otɛlRi] *nf* (*profession*) Hotelgewerbe *nt*; (*auberge*) Gasthaus *nt*

hôtesse [otɛs] *nf* (*maîtresse de maison*) Gastgeberin *f*; (*hôtesse d'accueil*) Hostess *f*; **~ de l'air** Stewardess *f*

hotline ['ɔtlajn] *nf* Hotline *f*

hotte ['ɔt] *nf* (*de cheminée, d'aération*) Abzugshaube *f*

houblon ['ublɔ̃] *nm* Hopfen *m*

houille ['uj] *nf* (Stein)kohle *f*; **~ blanche** Wasserkraft *f*

houlette ['ulɛt] *nf*: **sous la ~ de** unter der Führung von

houleux, -euse ['ulø, øz] *adj* (*mer*) wogend, unruhig; (*fig*) erregt

houspiller ['uspije] **<1>** *vt* ausschimpfen

housse ['us] *nf* (*de protection*) Bezug *m*

houx ['u] *nm* Stechpalme *f*

H.R. *abr* = **heures repas** *erreichbar während der Essenszeiten*

H.S. *abr* = **hors service** außer Betrieb **être ~** (*fam*) völlig geschafft sein

hublot ['yblo] *nm* Bullauge *nt*

huées ['ɥe] *nfpl* Buhrufe *pl*

huer **<1>** *vt* ausbuhen

huile [ɥil] *nf* Öl *nt*; **~ d'arachide** Erdnussöl; **~ de foie de morue** Lebertran *m*; **~ multigrade** Mehrbereichsöl

huiler **<1>** *vt* ölen

huis [ɥi] *nm*: **à ~ clos** unter Ausschluss der Öffentlichkeit

huissier [ɥisje] *nm* Amtsdiener *m*; (*Jur*) Gerichtsvollzieher(in) *m(f)*

huit [ɥi(t)] *num* acht; **le ~ mai** der achte Mai; **~ fois** achtmal; achtfach; **~ cents** achthundert; **de ~ ans** achtjährig; **samedi en ~** Samstag in acht Tagen

huitaine [ɥitɛn] *nf*: **une ~ de jours** ungefähr eine Woche

huitante ['ɥitãt] *num* (*suisse*) achtzig

huitième *adj* achte(r, s) ▪ *nm* (*fraction*) Achtel *nt* ▪ *nmf* (*personne*) Achte(r) *mf*

huitièmement *adv* achtens

huître [ɥitR] *nf* Auster *f*

hululement ['ylylmã] *nm* Schreien *nt*

humain, e [ymɛ̃, ɛn] *adj* menschlich; **l'être ~** der Mensch

humainement [ymɛnmã] *adv* menschlich; **faire tout ce qui est ~ possible** alles Menschenmögliche tun

humaniser [ymanize] **<1>** *vt* menschlicher machen

humanitaire [ymanitɛR] *adj* humanitär

humanité [ymanite] *nf* (*sensibilité*) Menschlichkeit *f*; **l'~ (genre humain)** die Menschheit

humanoïde [ymanɔid] *nm* menschenähnliches Wesen

humble [œ̃bl] *adj* bescheiden; (*soumis*) unterwürfig

humecter [ymɛkte] **<1>** *vt* befeuchten

humer ['yme] **<1>** *vt* einatmen

humérus [ymeRys] *nm* Oberarmknochen *m*

humeur [ymœR] *nf* (*momentanée*) Stimmung *f*, Laune *f*; (*tempérament*) Wesen *nt*; (*irritation*) Wut *f*; **être de bonne/mauvaise ~** gut/schlecht gelaunt sein

humide [ymid] *adj* feucht; (*route*) nass; (*saison*) regnerisch

humidificateur [ymidifikatœR] *nm* Verdunster *m*, Luftbefeuchter *m*

humidifier [ymidifje] **<1>** *vt* befeuchten

humidité [ymidite] *nf* Feuchtigkeit *f*

humiliant, e [ymiljã, ãt] *adj* demütigend

humiliation [ymiljasjɔ̃] *nf* Demütigung *f*

humilier [ymilje] **<1>** *vt* demütigen

humilité [ymilite] *nf* Bescheidenheit *f*, Demut *f*

humoriste [ymɔRist] *nmf* Humorist(in) *m(f)*

humoristique [ymɔRistik] *adj* humoristisch, humorvoll

humour [ymuR] *nm* Humor *m*

huppé, e ['ype] *adj* (*fam*) vornehm

hurlement ['yRləmã] *nm* Heulen *nt*; (*humain*) Geschrei *nt*, Schrei *m*

hurler **<1>** *vi* heulen; (*personne*) schreien; (*brailler*) brüllen

hurluberlu [yRlybɛRly] *nm* Spinner(in) *m(f)*

hutte ['yt] *nf* Hütte *f*

hydratant, e [idRatã, ãt] *adj* Feuchtigkeits-

hydrate [idRat] *nm*: **~s de carbone** Kohle(n)hydrate *pl*

hydrater [idRate] **<1>** *vt* Feuchtigkeit verleihen +*dat*

hydraulique [idRolik] *adj* hydraulisch

hydravion [idRavjɔ̃] *nm* Wasserflugzeug *nt*

hydrocarbure [idRokaRbyR] *nm* Kohlenwasserstoff *m*

hydrogène [idRɔʒɛn] *nm* Wasserstoff *m*

hydroglisseur [idRoglisœR] *nm* Gleitboot *nt*

hydroptère [idRɔptɛR] *nm* Tragflächenboot *nt*

hydropulseur [idʀopylsœʀ] *nm*
Mundduschef

hyène [jɛn] *nf* Hyänef

hygiène [iʒjɛn] *nf* Hygienef;
~ **corporelle/intime** Körper-/
Intimpflegef

hygiénique [iʒjenik] *adj* hygienisch

hymne [imn] *nm* Hymnef; ~ **national**
Nationalhymne

hypercorrect, e [ipɛʀkɔʀɛkt] *adj*
hyperkorrekt

hypercritique *adj* hyperkritisch

hyperlien [ipɛʀljɛ̃] *nm* Hyperlink *m*

hypermarché *nm* (sehr großer)
Supermarkt

hypermédia *nm* Hypermedia *pl*

hypermétrope [ipɛʀmetʀɔp] *adj*
weitsichtig

hypernerveux, -euse *adj* hypernervös

hypersensible *adj* hypersensibel

hypertendu, e [ipɛʀtɑ̃dy] *adj* mit zu
hohem Blutdruck

hypertension *nf* hoher Blutdruck

hypertexte *nm* Hypertext *m*

hypertrophié, e [ipɛʀtʀɔfje] *adj*
vergrößert

hypnose [ipnoz] *nf* Hypnosef

hypnotique [ipnɔtik] *adj* hypnotisch

hypnotiser [ipnɔtize] <1> *vt*
hypnotisieren

hypnotiseur [ipnɔtizœʀ] *nm*
Hypnotiseur *m*

hypo-allergénique [ipoalɛʀʒenik] *adj*
frei von Allergenen

hypocondriaque [ipɔkɔ̃dʀijak] *adj*
hypochondrisch ◼ *nmf* Hypochonder(in)
m(f)

hypocrisie [ipɔkʀizi] *nf* Heucheleif

hypocrite *adj* heuchlerisch ◼ *nmf*
Heuchler(in) *m(f)*

hypotendu, e [ipɔtɑ̃dy] *adj* mit zu
niedrigem Blutdruck

hypotension [ipotɑ̃sjɔ̃] *nf* niedriger
Blutdruck

hypoténuse [ipɔtenyz] *nf* Hypotenusef

hypothèque [ipɔtɛk] *nf* Hypothekf

hypothéquer [ipɔteke] <5> *vt* mit einer
Hypothek belasten

hypothermie [ipɔtɛʀmi] *nf*
Unterkühlungf

hypothèse [ipɔtɛz] *nf* Hypothesef;
dans l'~ où ... gesetzt den Fall, dass ...

hypothétique [ipɔtetik] *adj*
hypothetisch

hypothétiquement *adv* hypothetisch

hystérectomie [isteʀɛktɔmi] *nf*
Totaloperationf

hystérie [isteʀi] *nf* Hysterief

hystérique [isteʀik] *adj* hysterisch

I, i [i] *nm* I, i *nt*

ibère [ibɛʀ] *adj* iberisch

ibérique [ibeʀik] *adj*: **la péninsule ~** die
Iberische Halbinsel

iceberg [isbɛʀg] *nm* Eisberg *m*

ici [isi] *adv* hier

icône [ikon] *nf* Ikonef; (*Inform*) Icon *nt*;
~ **émotive** Emoticon *nt*, Smiley *m*

iconographie [ikɔnɔgʀafi] *nf* (*ensemble
d'images*) Illustrationen *pl*

id. *abr* = **idem** id.

idéal, e (*pl* **-aux**) [ideal, o] *adj* ideal ◼ *nm*
(*modèle*) Ideal *nt*

idéaliser [idealize] <1> *vt* idealisieren

idéalisme [idealism] *nm* Idealismus *m*

idéaliste [idealist] *adj* idealistisch ◼ *nmf*
Idealist(in) *m(f)*

idée [ide] *nf* Ideef; **idées** *nfpl* (*opinions*)
Denkweisef, Vorstellungen *pl*; **à l'~ que**
wenn ich daran denke, dass; **avoir dans
l'~ que** das Gefühl haben, dass; **cela ne
me viendrait même pas à l'~** das käme
mir überhaupt nicht in den Sinn; ~**s noires**
trübe Gedanken *pl*; ~**s toutes faites**
Denkschablonen *pl*

identifiant [idɑ̃tifjɑ̃] *nm* (*Inform*) Log-in
nt, Benutzername *m*

identifier [idɑ̃tifje] <1> *vt* (*reconnaître*)
identifizieren; ~ **qch avec** [*ou* **à**] **qch**
(*assimiler*) etw mit etw gleichsetzen ◼ *vpr*:

s'~ avec [*ou* **à**] **qch/qn** sich mit etw/jdm identifizieren

identique [idãtik] *adj:* **~ (à)** identisch (mit)

identité [idãtite] *nf* (*de vues, de goûts*) Übereinstimmung *f*; (*d'une personne*) Identität *f*; **~ bancaire** Bankverbindung *f*

idéologie [ideɔlɔʒi] *nf* Ideologie *f*

idéologique [ideɔlɔʒik] *adj* ideologisch

idiomatique [idjɔmatik] *adj* idiomatisch

idiot, e [idjo, idjɔt] *adj* idiotisch ◼ *nm/f* Idiot(in) *m(f)*

idiotie [idjɔsi] *nf* (*remarque*) Dummheit *f*

idolâtrer [idɔlɑtʀe] <1> *vt* vergöttern

idole [idɔl] *nf* Götzenbild *nt*; (*vedette*) Idol *nt*

idylle [idil] *nf* (*amourette*) Romanze *f*

idyllique [idilik] *adj* idyllisch

I.E.P. *nm abr* = **Institut d'études politiques** *französische Fachhochschule für Politologie*

igloo [iglu] *nm* Iglu *m o nt*

I.G.N. *nm abr* = **Institut géographique national** *staatliches geografisches Institut*

ignare [iɲaʀ] *adj* ungebildet, unwissend

ignoble [iɲɔbl] *adj* niederträchtig

ignominie [iɲɔmini] *nf* (*déshonneur*) Schmach *f*, Schande *f*; (*action*) Schandtat *f*

ignorance [iɲɔʀɑ̃s] *nf* Unwissenheit *f*, Unkenntnis *f*; **tenir qn dans l'~ de qch** jdn in Unkenntnis über etw *akk* lassen

ignorant, e *adj* unwissend ◼ *nm/f* Ignorant(in) *m(f)*

ignorer <1> *vt* nicht kennen; (*bouder: personne*) ignorieren; **j'ignore comment/si** ich weiß nicht, wie/ob

iguane [igwan] *nm* Leguan *m*

il [il] *pron* er, sie, es; (*pl*) sie; (*tournure impers*) es; **il pleut** es regnet; **Pierre est-il arrivé?** (*interrogation: non traduit*) ist Pierre angekommen?

île [il] *nf* Insel *f*; **les ~s Anglo-Normandes** die Kanalinseln *pl*; **les ~s Britanniques** die Britischen Inseln *pl*; **l'~ de Cuba** die Insel Kuba; **l'~ d'Elbe** Elba *nt*; **les ~s Fidji** die Fidjiinseln; **l'~ Maurice** Mauritius *nt*

Île-de-France *nf* Île-de-France *f* (*französische Region*)

illégal, e (*pl* **-aux**) [i(l)legal, o] *adj* illegal

illégalité *nf* Illegalität *f*

illégitime [i(l)leʒitim] *adj* (*enfant*) unehelich; (*pouvoir*) unrechtmäßig

illettré, e [i(l)letʀe] *nm/f* (*analphabète*) Analphabet(in) *m(f)*

illicite [i(l)lisit] *adj* verboten, illegal

illico [i(l)liko] *adv* (*fam*) auf der Stelle

illimité, e [i(l)limite] *adj* unbegrenzt

illisible [i(l)lizibl] *adj* (*indéchiffrable*) unleserlich; (*roman*) nicht lesbar

illisiblement *adv* unleserlich

illogique [i(l)lɔʒik] *adj* unlogisch

illumination [i(l)lyminasjɔ̃] *nf* Beleuchtung *f*; (*inspiration*) Erleuchtung *f*

illuminer [i(l)lymine] <1> *vt* beleuchten; (*ciel*) erhellen; **s'illuminer** *vpr* (*visage, ciel*) sich erhellen

illusion [i(l)lyzjɔ̃] *nf* Illusion *f*; (*d'un prestidigitateur*) Täuschung *f*; **faire ~** täuschen, irreführen; **se faire des ~s** sich *dat* Illusionen machen; **~ d'optique** optische Täuschung

illusionniste [i(l)lyzjɔnist] *nmf* Zauberkünstler(in) *m(f)*

illusoire [i(l)lyzwaʀ] *adj* illusorisch

illustratif, -ive [i(l)lystʀatif, iv] *adj* erläuternd

illustration [i(l)lystʀasjɔ̃] *nf* Illustration *f*; (*explication*) Erläuterung *f*, Erklärung *f*

illustre [i(l)lystʀ] *adj* berühmt

illustré, e [i(l)lystʀe] *adj* illustriert ◼ *nm* Illustrierte *f*

illustrer [i(l)lystʀe] <1> *vt* illustrieren

îlot [ilo] *nm* kleine Insel; (*bloc de maisons*) (Häuser)block *m*

îlotier, -ière [ilotje, ɛʀ] *nm/f* Kontaktber eichspolizist(in) *m(f)* (*für einen bestimmten Häuserblock zuständiger Polizist*)

image [imaʒ] *nf* Bild *nt*; (*dans un miroir, dans l'eau*) Spiegelbild *nt*; (*personne ressemblante*) Ebenbild *nt*; (*représentation*) Darstellung *f*; **~ (de marque)** (*fig*) Image *nt*

imaginable [imaʒinabl] *adj* vorstellbar

imaginaire [imaʒinɛʀ] *adj* imaginär

imaginatif, -ive [imaʒinatif, iv] *adj* fantasievoll

imagination [imaʒinasjɔ̃] *nf* Fantasie *f*; (*idée*) Einbildung *f*

imaginer [imaʒine] <1> *vt* sich *dat* vorstellen; (*inventer*) sich *dat* ausdenken; **j'imagine qu'il a voulu plaisanter** (*supposer*) ich nehme an, er wollte nur Spaß machen; **s'imaginer** *vpr* (*se représenter*) sich *dat* vorstellen; **s'~ que** (*croire*) meinen, dass

imbattable [ɛ̃batabl] *adj* unschlagbar

imbécile [ɛ̃besil] *adj* blödsinnig, dumm

imbécillité [ɛ̃besilite] *nf* Blödsinnigkeit *f*; (*action, propos, film*) Idiotie *f*

imbiber [ɛ̃bibe] <1> *vt:* **~ qch de** etw tränken mit ◼ *vpr:* **s'~ de** sich vollsaugen mit

imitateur, -trice [imitatœʀ, tʀis] *nm/f* Nachahmer(in) *m(f)*; (*professionnel*) Imitator(in) *m(f)*

imitation [imitasjɔ̃] *nf* Imitation *f*, Nachahmung *f*; **un sac ~ cuir** eine Tasche aus Lederimitation

imiter [imite] <1> *vt* imitieren, nachmachen; (*contrefaire*) fälschen;

il s'est levé et je l'ai imité er erhob sich, und ich folgte seinem Beispiel
immaculé, e [imakyle] *adj* (nappe) tadellos; (linge) blütenweiß; (neige) jungfräulich
immatriculation [imatrikylasjɔ̃] *nf* Einschreibung f
immatriculer [imatrikyle] <1> *vt* (étudiant) einschreiben; (voiture) anmelden; **se faire ~** sich einschreiben; **voiture immatriculée dans le Val-d'Oise** ein im Departement Val-d'Oise registriertes Auto
immature [imatyr] *adj* unreif
immédiat, e [imedja, at] *adj* unmittelbar ■ *nm:* **dans l'~** momentan
immédiatement *adv* (aussitôt) sofort; (précéder, suivre) direkt, unmittelbar
immense [i(m)mɑ̃s] *adj* riesig; (fig) ungeheuer
immensité [i(m)mɑ̃site] *nf* ungeheure Größe; (de la mer) Weite f
immergé, e [imɛrʒe] *adj* unter Wasser
immerger [imɛrʒe] <2> *vt* eintauchen; (déchets) versenken; **s'immerger** *vpr* (sous-marin) tauchen
immeuble [imœbl] *nm* (bâtiment) Gebäude nt; **~ à usage locatif** großes Mietshaus ■ *adj* (Jur) unbeweglich
immigrant, e [imigrɑ̃, ɑ̃t] *nm/f* Einwanderer(-wanderin) m/f
immigration [imigrasjɔ̃] *nf* Einwanderung f
immigré, e *nm/f* Immigrant(in) m(f)
immigrer [imigre] <1> *vi* einwandern
imminent, e [iminɑ̃, ɑ̃t] *adj* unmittelbar, nahe bevorstehend
immiscer [imise] <2> *vpr:* **s'~ dans** sich einmischen in +akk
immobile [i(m)mɔbil] *adj* bewegungslos; **rester/se tenir ~** sich nicht bewegen
immobilier, -ière [imɔbilje, ɛr] *adj* (Jur) unbeweglich; (Com) Immobilien- ■ *nm:* **l'~** der Immobilienhandel
immobiliser [imɔbilize] <1> *vt* bewegungsunfähig machen, lahmlegen; (stopper) anhalten; (membre blessé) ruhig stellen; **s'immobiliser** *vpr* stehen bleiben
immodéré, e [imɔdere] *adj* übermäßig, übertrieben
immonde [i(m)mɔ̃d] *adj* ekelhaft; (personne) hässlich, unmöglich
immondices [imɔ̃dis] *nfpl* (ordures) Müll m, Abfall m
immoral, e (pl -aux) [i(m)mɔral, o] *adj* unmoralisch
immortaliser [imɔrtalize] <1> *vt* verewigen

immortel, le [imɔrtɛl] *adj* unsterblich
immuable [imɥabl] *adj* unveränderlich
immunisation [imynizasjɔ̃] *nf* Immunisierung f
immuniser [imynize] <1> *vt* immunisieren
immunité [imynite] *nf* (a. Pol) Immunität f
impact [ɛ̃pakt] *nm* (effet) (Aus)wirkung f, Einfluss m; (Inform) Hit m; **point d'~** (d'un projectile) Einschlag(stelle f) m
impair, e [ɛ̃pɛr] *adj* (Math) ungerade
impardonnable [ɛ̃pardɔnabl] *adj* unverzeihlich; **vous êtes ~ d'avoir fait cela** es ist unverzeihlich, dass Sie das getan haben
imparfait, e [ɛ̃parfɛ, ɛt] *adj* (inachevé) unvollkommen; (défectueux) mangelhaft ■ *nm* (Ling) Imperfekt nt
impartial, e (pl -aux) [ɛ̃parsjal, o] *adj* unparteiisch, unvoreingenommen
impartialité [ɛ̃parsjalite] *nf* Unparteilichkeit f
impartir [ɛ̃partir] <8> *vt* gewähren (à qn jdm)
impasse [ɛ̃pas] *nf* (a. fig) Sackgasse f; **être dans une ~** (négociations) festgefahren sein
impassibilité [ɛ̃pasibilite] *nf* Gelassenheit f, Unbewegtheit f
impassible [ɛ̃pasibl] *adj* gelassen; (visage) undurchdringlich; (fermé, impénétrable) unbewegt
impatiemment [ɛ̃pasjamɑ̃] *adv* ungeduldig
impatience [ɛ̃pasjɑ̃s] *nf* Ungeduld f
impatient, e *adj* ungeduldig
impatienter <1> *vpr:* **s'impatienter** ungeduldig werden
impeccable *adj* tadellos
impeccablement [ɛ̃pekabləmɑ̃] *adv* tadellos
impénétrable [ɛ̃penetrabl] *adj* (forêt) undurchdringlich; (secret) unergründlich
impénitent, e [ɛ̃penitɑ̃, ɑ̃t] *adj* unverbesserlich
impensable [ɛ̃pɑ̃sabl] *adj* (inconcevable) undenkbar; (incroyable) unglaublich
imper [ɛ̃pɛr] *nm* (fam) Regenmantel m
impératif, -ive [ɛ̃peratif, iv] *adj* unabdingbar, unerlässlich ■ *nm* (prescription) Voraussetzung f, Erfordernis nt; **l'~** (Ling) der Imperativ
impératrice [ɛ̃peratris] *nf* Kaiserin f
imperceptible [ɛ̃pɛrsɛptibl] *adj* nicht wahrnehmbar; kaum wahrnehmbar
imperfection [ɛ̃pɛrfɛksjɔ̃] *nf* Unvollkommenheit f
impérial, e (pl -aux) [ɛ̃perjal, o] *adj* kaiserlich

impériale [ɛ̃peʀjal] *nf*: **autobus à ~**
Doppeldeckerbus *m*
impérialisme [ɛ̃peʀjalism] *nm*
Imperialismus *m*
impérieux, -euse [ɛ̃peʀjø, øz] *adj*
(*personne*) herrisch, gebieterisch; (*chose*)
dringend
impérissable [ɛ̃peʀisabl] *adj*
unvergänglich
imperméabiliser [ɛ̃pɛʀmeabilize]
<1> *vt* imprägnieren
imperméable [ɛ̃pɛʀmeabl] *adj* (Geo)
undurchlässig; (*toile, tissu*) wasserdicht
■ *nm* Regenmantel *m*
impersonnel, le [ɛ̃pɛʀsɔnɛl] *adj*
unpersönlich
impertinence [ɛ̃pɛʀtinɑ̃s] *nf*
Unverschämtheit *f*
impertinent, e [ɛ̃pɛʀtinɑ̃, ɑ̃t] *adj*
(*insolent*) unverschämt
imperturbable [ɛ̃pɛʀtyʀbabl] *adj*
unerschütterlich
impétueux, -euse [ɛ̃petɥø, øz] *adj*
(*fougueux*) feurig, ungestüm
impétuosité [ɛ̃petɥozite] *nf* Ungestüm *nt*
impie [ɛ̃pi] *adj* gottlos
impitoyable [ɛ̃pitwajabl] *adj*
erbarmungslos
implacable [ɛ̃plakabl] *adj* (*ennemi, juge*)
unerbittlich; (*haine*) unversöhnlich
implantation [ɛ̃plɑ̃tasjɔ̃] *nf* Ansiedlung
f; ~ **industrielle** Industrieansiedlung *f*
implanter [ɛ̃plɑ̃te] <1> *vt* (*usage, mode*)
einführen; (*idée, préjugé*) einpflanzen;
s'implanter *vpr* sich niederlassen
implicite [ɛ̃plisit] *adj* implizit
impliquer [ɛ̃plike] <1> *vt* (*supposer*)
erfordern; ~ **qn dans** jdn verwickeln in +*akk*
implorer [ɛ̃plɔʀe] <1> *vt* (*personne, dieu*)
anflehen; (*qch*) bitten um
impoli, e [ɛ̃pɔli] *adj* unhöflich
impolitesse *nf* Unhöflichkeit *f*
impopulaire [ɛ̃pɔpylɛʀ] *adj* unbeliebt;
(*Pol*) unpopulär
impopularité [ɛ̃pɔpylaʀite] *nf*
Unbeliebtheit *f*
importance [ɛ̃pɔʀtɑ̃s] *nf* Wichtigkeit *f*,
Bedeutung *f*; (*quantitative*) Größe *f*;
sans ~ unbedeutend, unwichtig
important, e *adj* wichtig, bedeutend;
(*quantitativement*) bedeutend, beträchtlich;
(*pej*) dünkelhaft, wichtigtuerisch ■ *nm*:
l'~ est que das Wichtigste ist, dass
importateur, -trice [ɛ̃pɔʀtatœʀ, tʀis]
adj Import- ■ *nm/f* Importeur(in) *m(f)*
importation [ɛ̃pɔʀtasjɔ̃] *nf* Einfuhr *f*,
Import *m*; **réglementation d'~** (Com)
Einfuhrbestimmungen *pl*
importer [ɛ̃pɔʀte] <1> *vi* (*être important*)
von Bedeutung sein; ~ **à qn** für jdn wichtig

sein; **il importe de** es ist wichtig zu;
n'importe lequel/laquelle d'entre nous
irgendeine(r) von uns; **n'importe quel/**
quelle irgendein(e); **n'importe qui/quoi**
irgendwer/irgendwas; (*c'est*) **n'importe**
quoi! so ein Quatsch!; **n'importe où/**
quand irgendwo(hin)/irgendwann
■ *vt* importieren
importun, e [ɛ̃pɔʀtœ̃, yn] *adj* (*curiosité,*
présence) aufdringlich; (*arrivée, visite*)
ungelegen ■ *nm* Eindringling *m*
importuner [ɛ̃pɔʀtyne] <1> *vt* belästigen
imposable [ɛ̃pozabl] *adj* steuerpflichtig
imposant, e [ɛ̃pozɑ̃, ɑ̃t] *adj*
beeindruckend
imposer [ɛ̃poze] <1> *vt* (*taxer*) besteuern;
en ~ à qn auf jdn Eindruck machen; ~ **qch**
à qn jdm etw aufzwingen; **s'imposer** *vpr*
(*ne pouvoir être rejeté*) erforderlich sein;
(*se faire reconnaître*) sich hervorheben;
(*imposer sa présence*) sich aufdrängen
imposition [ɛ̃pozisjɔ̃] *nf* (*taxation*)
Besteuerung *f*
impossibilité [ɛ̃pɔsibilite] *nf*: **être dans**
l'~ de faire qch nicht in der Lage sein, etw
zu tun
impossible *adj* unmöglich; **il m'est ~ de**
es ist mir nicht möglich zu ■ *nm*: **faire**
l'~ sein Möglichstes tun
imposteur [ɛ̃pɔstœʀ] *nm* Betrüger(in)
m(f)
impôt [ɛ̃po] *nm* Steuer *f*, Abgabe *f*; **payer**
1.000 euros d'~s 1.000 Euro Steuern
zahlen; ~ **foncier** Grundsteuer; ~ **sur le**
revenu (des personnes physiques)
Einkommensteuer; ~ **sur l'énergie**
Energiesteuer; ~ **sur l'environnement**
Umweltsteuer; ~ **sur les capitaux des**
entreprises Gewerbekapitalsteuer;
~ **sur les produits (bénéfices) des**
entreprises Gewerbeertragssteuer
impotence [ɛ̃potɑ̃s] *nf* Behinderung *f*
impotent, e [ɛ̃potɑ̃, ɑ̃t] *adj* behindert
impraticable [ɛ̃pʀatikabl] *adj*
(*irréalisable*) nicht machbar; (*piste*)
unpassierbar; (*rue*) nicht befahrbar
imprécis, e [ɛ̃pʀesi, iz] *adj* ungenau
imprécision [ɛ̃pʀesizjɔ̃] *nf*
Ungenauigkeit *f*
imprégner [ɛ̃pʀeɲe] <5> *vt*: ~ **(de)** (*de*
liquide) tränken (mit); (*lieu*) erfüllen (mit);
(*paroles, écrit*) durchziehen ■ *vpr*: **s'~ de**
qch (*de liquide*) sich mit etw vollsaugen
imprésario [ɛ̃pʀesaʀjo] *nm* Impresario *m*
impression [ɛ̃pʀesjɔ̃] *nf* (*sensation*)
Eindruck *m*; (*action d'imprimer*) Druck *m*;
avoir l'~ que das Gefühl [*ou* den Eindruck]
haben, dass; **faire bonne/mauvaise ~**
einen guten/schlechten Eindruck
machen; ~ **en offset** Offsetdruck *m*

impressionnable [ɛ̃pʀesjɔnabl] *adj*
leicht zu beeindrucken; (*Foto*)
lichtempfindlich

impressionnant, e *adj* beeindruckend,
eindrucksvoll

impressionner <1> *vt* (*émouvoir*)
beeindrucken; (*Foto*) belichten

impressionnisme [ɛ̃pʀesjɔnism] *nm*
Impressionismus *m*

impressionniste *nmf* Impressionist(in)
m(f)

imprévisible [ɛ̃pʀevizibl] *adj*
unvorhersehbar

imprévoyance [ɛ̃pʀevwajɑ̃s] *nf*
Sorglosigkeit *f*

imprévoyant, e [ɛ̃pʀevwajɑ̃, ɑ̃t] *adj*
sorglos

imprévu, e [ɛ̃pʀevy] *adj*
unvorhergesehen, unerwartet ■ *nm*:
un ~ ein unvorhergesehenes Ereignis;
en cas d'~ falls etwas dazwischenkommt

imprimante [ɛ̃pʀimɑ̃t] *nf* Drucker *m*;
~ à aiguilles Nadeldrucker; **~ à jet d'encre**
Tintenstrahldrucker; **~ (à) laser**
Laserdrucker; **~ matricielle**
Matrixdrucker; **~ rapide** Schnelldrucker;
~ thermique Thermodrucker

imprimé [ɛ̃pʀime] *nm* (*formulaire*)
Vordruck *m*; (*en postes*) Drucksache *f*

imprimer [ɛ̃pʀime] <1> *vt* drucken;
(*papier, tissu*) bedrucken; (*Inform*)
(aus)drucken; (*empreinte*) hinterlassen;
(*publier*) veröffentlichen; (*mouvement,
impulsion*) übermitteln

imprimerie *nf* (*technique*) Drucken *nt*,
Druck *m*; (*établissement*) Druckerei *f*

imprimeur *nm* Drucker *m*

improbable [ɛ̃pʀɔbabl] *adj*
unwahrscheinlich

improductif, -ive [ɛ̃pʀɔdyktif, iv] *adj*
(*capital*) nicht gewinnbringend; (*travail,
personne*) unproduktiv; (*terre*) unfruchtbar

impromptu, e [ɛ̃pʀɔ̃pty] *adj* improvisiert
■ *nm* (*Mus, Theat*) Stegreifstück *nt*

imprononçable [ɛ̃pʀɔnɔ̃sabl] *adj*
unaussprechlich

impropre [ɛ̃pʀɔpʀ] *adj* (*incorrect*) nicht
zutreffend, ungenau; **~ à** ungeeignet für

improvisation [ɛ̃pʀɔvizasjɔ̃] *nf*
Improvisation *f*

improvisé, e [ɛ̃pʀɔvize] *adj* improvisiert

improviser [ɛ̃pʀɔvize] <1> *vt, vi*
improvisieren; **on l'avait improvisé
cuisinier** er fungierte als Koch

improviste [ɛ̃pʀɔvist] *adv*: **à l'~**
unerwartet, unversehens

imprudence [ɛ̃pʀydɑ̃s] *nf* Leichtsinn *m*

imprudent, e [ɛ̃pʀydɑ̃, ɑ̃t] *adj*
leichtsinnig; (*remarque*) unklug; (*projet*)
tollkühn

impudence [ɛ̃pydɑ̃s] *nf*
Unverschämtheit *f*

impudent, e [ɛ̃pydɑ̃, ɑ̃t] *adj*
unverschämt

impudeur [ɛ̃pydœʀ] *nf* Schamlosigkeit *f*

impudique [ɛ̃pydik] *adj* schamlos

impuissance [ɛ̃pɥisɑ̃s] *nf* Hilflosigkeit *f*;
(*manque d'effet*) Wirkungslosigkeit *f*;
(*sexuelle*) Impotenz *f*

impuissant, e [ɛ̃pɥisɑ̃, ɑ̃t] *adj* (*désarmé*)
hilflos, schwach; (*sans effet*) ineffektiv;
(*sexuellement*) impotent; **~ à faire qch**
außerstande, etw zu tun

impulsif, -ive [ɛ̃pylsif, iv] *adj* impulsiv

impulsion [ɛ̃pylsjɔ̃] *nf* (*Phys*) Antrieb *m*;
~ donnée aux affaires/au commerce
wirtschaftlicher Auftrieb

impunément [ɛ̃pynemɑ̃] *adv* ungestraft

impuni, e [ɛ̃pyni] *adj* unbestraft

impunité [ɛ̃pynite] *nf* Straffreiheit *f*

impur, e [ɛ̃pyʀ] *adj* unrein, verunreinigt

impureté *nf* (*saleté*) Unreinheit *f*

imputer [ɛ̃pyte] <1> *vt*: **~ à** (*Com*)
verrechnen mit

inabordable [inabɔʀdabl] *adj* (*lieu*)
unerreichbar; (*cher*) unerschwinglich

inacceptable [inaksɛptabl] *adj*
unannehmbar

inaccessible [inaksesibl] *adj*: **~ (à)**
(*endroit*) unerreichbar (für); **~ à** (*insensible*)
unzugänglich für

inaccoutumé, e [inakutyme] *adj*
ungewohnt

inachevé, e [inaʃ(ə)ve] *adj* unvollendet

inactif, -ive [inaktif, iv] *adj* (*sans activité*)
untätig; (*inefficace*) wirkungslos

inaction [inaksjɔ̃] *nf* Untätigkeit *f*; (*pej*)
Trägheit *f*

inactivité [inaktivite] *nf*: **être en ~** im
zeitweiligen Ruhestand sein; **se faire
mettre en ~** sich in den zeitweiligen
Ruhestand versetzen lassen

inadapté, e [inadapte] *adj* (*enfant*)
verhaltensgestört; **~ à** nicht geeignet für

inadéquat, e [inadekwa(t), kwat] *adj*
unangemessen

inadmissible [inadmisibl] *adj*
unzulässig; (*attitude, conditions*) nicht
tragbar

inadvertance [inadvɛʀtɑ̃s] *nf*:
par ~ versehentlich

inaliénable [inaljenabl] *adj*
unveräußerlich

inaltérable [inalteʀabl] *adj* beständig;
(*fig*) unveränderlich; **couleur ~ au lavage/
à la lumière** waschechte/lichtechte
Farbe

inanimé, e [inanime] *adj* leblos

inanition [inanisjɔ̃] *nf*
Erschöpfungszustand *m*

inaperçu, e [inapɛʀsy] adj: **passer ~**
unbemerkt bleiben
inapplicable [inaplikabl] adj nicht
anwendbar
inappréciable [inapʀesjabl] adj
(précieux) unschätzbar; (difficilement
décelable) kaum merklich
inapproprié, e [inapʀɔpʀije] adj
ungeeignet
inapte [inapt] adj (Mil) untauglich; **~ à
qch/faire qch** unfähig zu etw/, etw zu tun
inaptitude [inaptityd] nf Unfähigkeit f;
(Mil) Untauglichkeit f
inassouvi, e [inasuvi] adj (désir)
unbefriedigt
inattaquable [inatakabl] adj (Mil: poste,
position) uneinnehmbar; (argument,
preuve) unwiderlegbar, unbestreitbar
inattendu, e [inatɑ̃dy] adj (imprévu)
unerwartet; (surprenant)
unvorhergesehen; (inespéré) unverhofft
inattentif, -ive [inatɑ̃tif, iv] adj
unaufmerksam; **~ à qch** ohne auf etw
zu achten
inattention nf: **une minute d'~** eine
Minute der Unaufmerksamkeit; **faute/
erreur d'~** Flüchtigkeitsfehler m
inaudible [inodibl] adj unhörbar;
(murmure) kaum hörbar
inaugural, e (pl -aux) [inogyʀal, o] adj
Eröffnungs-; **discours ~** Antrittsrede f
inauguration nf Einweihung f,
Einführung f
inaugurer <1> vt einweihen; (nouvelle
politique) einführen
inavouable [inavwabl] adj unerhört
inavoué, e [inavwe] adj uneingestanden
I.N.C. nm abr = **Institut national de la
consommation** französisches Institut für
Verbraucherforschung
inca [ɛ̃ka] adj Inka-; **l'Empire ~** das Reich
der Inkas
incalculable [ɛ̃kalkylabl] adj
unberechenbar; (conséquences)
unabsehbar
incandescence [ɛ̃kɑ̃desɑ̃s] nf Weißglut f;
porter qch à ~ etw bis zur Weißglut
erhitzen
incapable [ɛ̃kapabl] adj unfähig; **être ~
de faire qch** unfähig [ou nicht imstande]
sein, etw zu tun
incapacité [ɛ̃kapasite] nf (incompétence)
Unfähigkeit f; **être dans l'~ de faire qch**
unfähig sein, etw zu tun; **~ de travail**
Arbeitsunfähigkeit f
incarcérer [ɛ̃kaʀseʀe] <5> vt inhaftieren
incarner [ɛ̃kaʀne] <1> vt (représenter en
soi) verkörpern; (Theat) darstellen ■ vpr:
s'~ dans (Rel) sich inkarnieren in +dat
Incas nmpl Inkas pl

incassable [ɛ̃kɑsabl] adj (verre)
unzerbrechlich; (fil) nicht reißend
incendiaire [ɛ̃sɑ̃djɛʀ] adj Brand-; (propos)
aufwiegelnd ■ nmf Brandstifter(in) m(f)
incendie nm Feuer nt, Brand m; **~ criminel**
Brandstiftung f
incendier <1> vt (mettre le feu à) in Brand
setzen; (détruire) abbrennen
incertain, e [ɛ̃sɛʀtɛ̃, ɛn] adj (indéterminé)
unbestimmt; (temps) unbeständig;
(origine, date) ungewiss; (personne)
unsicher, unschlüssig
incertitude [ɛ̃sɛʀtityd] nf Ungewissheit f
incessamment [ɛ̃sɛsamɑ̃] adv (bientôt)
in Kürze
incessant, e [ɛ̃sɛsɑ̃, ɑ̃t] adj unaufhörlich
inceste [ɛ̃sɛst] nm Inzest m
inchangé, e [ɛ̃ʃɑ̃ʒe] adj unverändert
incidence [ɛ̃sidɑ̃s] nf Effekt m, Wirkung f;
(Phys) Einfall m
incident [ɛ̃sidɑ̃] nm Zwischenfall m,
Vorkommnis nt; (Pol) Vorfall m
incinérateur [ɛ̃sineʀatœʀ] nm
Müllverbrennungsanlage f
incinération [ɛ̃sineʀasjõ] nf (d'ordures)
Verbrennung f; (crémation) Einäscherung f
incinérer <5> vt verbrennen
incisif, -ive [ɛ̃sizif, iv] adj (ironie, style,
etc) scharf, beißend
incision nf (d'un arbre) Schnitt m; (Med)
Einschnitt m
incisive nf Schneidezahn m
inciter [ɛ̃site] <1> vt: **~ qn à qch** jdn zu
etw veranlassen
incivil, e [ɛ̃sivil] adj unhöflich
inclassable [ɛ̃klɑsabl] adj nicht
einzuordnen
inclinaison [ɛ̃klinɛzõ] nf (Math) Neigung f
inclination [ɛ̃klinasjõ] nf (penchant)
Neigung f; **montrer de l'~ pour les
sciences** wissenschaftliche Neigungen
haben; **~ de (la) tête** Kopfnicken nt
incliner [ɛ̃kline] <1> vt neigen ■ vi:
~ à neigen zu; **s'incliner** vpr (se courber)
sich beugen; **s'~ devant qn/qch** (rendre
hommage) sich vor jdm/etw verbeugen;
s'~ (devant qch) (céder) sich (einer Sache
dat) beugen
inclure [ɛ̃klyʀ] irr comme conclure vt
einschließen; (dans un envoi) beilegen
inclus, e [ɛ̃kly, yz] pp de **inclure** ■ adj
(dans un envoi) beiliegend; (frais, dépense)
inklusiv; **jusqu'au 10 mars ~** bis
einschließlich 10. März
inclusivement [ɛ̃klyzivmɑ̃] adv inklusive
incoercible [ɛ̃kɔɛʀsibl] adj nicht zu
unterdrücken
incognito [ɛ̃kɔɲito] adv inkognito
incohérence [ɛ̃kɔeʀɑ̃s] nf
Zusammenhanglosigkeit f

incohérent, e [ɛ̃kɔeʀɑ̃, ɑ̃t] *adj (discours, ouvrage)* unzusammenhängend; *(comportement)* inkonsequent
incollable [ɛ̃kɔlabl] *adj (riz)* nicht klebend; *(fam: élève, candidat)* unschlagbar
incolore [ɛ̃kɔlɔʀ] *adj* farblos
incomber [ɛ̃kɔbe] <1> *vi*: ~ **à qn** jdm obliegen
incombustible [ɛ̃kɔbystibl] *adj* unbrennbar
incommensurable [ɛ̃kɔmɑ̃syʀabl] *adj* unermesslich
incommode [ɛ̃kɔmɔd] *adj* unpraktisch; *(inconfortable)* unbequem
incommoder <1> *vt* stören
incommodité [ɛ̃kɔmɔdite] *nf* Unbequemlichkeit f
incomparable [ɛ̃kɔpaʀabl] *adj (inégalable)* unvergleichlich
incompatibilité [ɛ̃kɔpatibilite] *nf* Unvereinbarkeit f; *(Inform)* Inkompatibilität f
incompatible *adj (inconciliable)* unvereinbar; *(Inform)* inkompatibel
incompétence [ɛ̃kɔpetɑ̃s] *nf* Inkompetenz f; *(Jur)* mangelnde Zuständigkeit
incompétent, e [ɛ̃kɔpetɑ̃, ɑ̃t] *adj* inkompetent
incomplet, -ète [ɛ̃kɔplɛ, ɛt] *adj* unvollkommen, unvollständig
incompréhensible [ɛ̃kɔpʀeɑ̃sibl] *adj (inintelligible)* unverständlich; *(mystérieux)* unbegreiflich
incompréhensif, -ive [ɛ̃kpʀeɑ̃sif, iv] *adj* wenig verständnisvoll
incompréhension [ɛ̃kɔpʀeɑ̃sjɔ̃] *nf* Sturheit f
incompris, e [ɛ̃kpʀi, iz] *adj* unverstanden; *(personne)* verkannt
inconcevable [ɛ̃kɔsvabl] *adj (incroyable)* unvorstellbar; *(comportement)* unfassbar
inconciliable [ɛ̃kɔsiljabl] *adj* unvereinbar
inconditionnel, le [ɛ̃kɔdisjɔnɛl] *adj* bedingungslos
inconduite [ɛ̃kɔdɥit] *nf* liederlicher Lebenswandel
inconfortable [ɛ̃kɔfɔʀtabl] *adj* unbequem
incongru, e [ɛ̃kɔgʀy] *adj* unschicklich
inconnu, e [ɛ̃kɔny] *adj* unbekannt ▥ *nm/f (étranger)* Fremde(r) *mf* ▥ *nm*: **l'~** das Unbekannte ▥ *nf (Math)* Unbekannte f
inconscience [ɛ̃kɔsjɑ̃s] *nf (physique)* Bewusstlosigkeit f; *(morale)* Gedankenlosigkeit f
inconscient, e *adj (évanoui)* bewusstlos; *(irréfléchi)* gedankenlos; *(qui échappe à la*

conscience) unbewusst ▥ *nm*: **l'~** *(Psych)* das Unbewusste
inconséquent, e [ɛ̃kɔsekɑ̃, ɑ̃t] *adj* inkonsequent; *(irréfléchi)* gedankenlos
inconsidéré, e [ɛ̃kɔsideʀe] *adj* unüberlegt, unbedacht
inconsistant, e [ɛ̃kɔsistɑ̃, ɑ̃t] *adj (raisonnement)* nicht stimmig; *(crème, bouillie)* (zu) flüssig
inconsolable [ɛ̃kɔsɔlabl] *adj* untröstlich
inconstance [ɛ̃kɔstɑ̃s] *nf* Unbeständigkeit f
inconstant, e [ɛ̃kɔstɑ̃, ɑ̃t] *adj* unbeständig, wankelmütig
incontestable [ɛ̃kɔtɛstabl] *adj* unbestreitbar
incontestablement [ɛ̃kɔtɛstabləmɑ̃] *adv* unbestreitbar
incontesté, e [ɛ̃kɔtɛste] *adj* unbestritten, unangefochten
incontinent, e [ɛ̃kɔtinɑ̃, ɑ̃t] *adj (enfant, vessie)* unfähig Harn zurückzuhalten
incontournable [ɛ̃kɔtuʀnabl] *adj* unumgänglich
incontrôlable [ɛ̃kɔtʀolabl] *adj* nicht verifizierbar
inconvenant, e [ɛ̃kɔvnɑ̃, ɑ̃t] *adj* unschicklich, unpassend
inconvénient [ɛ̃kɔvenjɑ̃] *nm* Nachteil *m*; **si vous n'y voyez pas d'~** wenn Sie dagegen nichts einzuwenden haben
incorporer [ɛ̃kɔʀpɔʀe] <1> *vt*: ~ **(à)** *(Gastr)* verrühren (mit); *(insérer, joindre)* eingliedern (in +*akk*); *(Mil)* einziehen (zu)
incorrect, e [ɛ̃kɔʀɛkt] *adj* falsch; *(inconvenant)* unangebracht, unpassend
incorrigible [ɛ̃kɔʀiʒibl] *adj* unverbesserlich
incorruptible [ɛ̃kɔʀyptibl] *adj* unbestechlich
incrédule [ɛ̃kʀedyl] *adj* skeptisch; *(Rel)* ungläubig
incriminer [ɛ̃kʀimine] <1> *vt (personne)* belasten, beschuldigen
incrochetable [ɛ̃kʀɔʃ(ə)tabl] *adj* einbruchssicher
incroyable [ɛ̃kʀwajabl] *adj* unglaublich
incroyablement [ɛ̃kʀwajabləmɑ̃] *adv* unglaublich
incrustation [ɛ̃kʀystasjɔ̃] *nf (Art)* Intarsie f; *(dépôt)* Belag *m*; *(tartre)* Kesselstein *m*
incruster [ɛ̃kʀyste] <1> *vt (Art)* einlegen; **s'incruster** *vpr (invité)* sich einnisten
incubation [ɛ̃kybasjɔ̃] *nf (Med)* Inkubation f; *(d'un œuf)* Ausbrüten *nt*
inculpation [ɛ̃kylpasjɔ̃] *nf* Anschuldigung f, Anklage f
inculpé, e *nm/f* Beschuldigte(r) *mf*, Angeklagte(r) *mf*

inculper <1> vt beschuldigen +gen
inculquer [ɛ̃kylke] <1> vt: ~ **qch à qn** jdm etw einprägen
incurable [ɛ̃kyRabl] adj unheilbar
incursion [ɛ̃kyRsjõ] nf (Mil) Einfall m
Inde [ɛ̃d] nf: l'~ Indien nt
indécent, e [ɛ̃desã, ãt] adj unanständig, anstößig
indécis, e [ɛ̃desi, iz] adj (qui n'est pas décidé) nicht entschieden; (imprécis) angedeutet, vage; (personne) unentschlossen
indécision nf Unentschlossenheit f
indéfini, e [ɛ̃defini] adj (imprécis) undefiniert; (illimité: Ling) unbestimmt
indéfiniment adv unbegrenzt lange
indélicat, e [ɛ̃delika, at] adj (grossier) taktlos; (malhonnête) unredlich
indemne [ɛ̃dɛmn] adj unverletzt, unversehrt
indemnisation [ɛ̃dɛmnizasjõ] nf Entschädigung f
indemniser <1> vt: ~ **qn de qch** jdn für etw entschädigen
indemnité nf (dédommagement) Entschädigung f; ~ **de licenciement** Abfindung f; ~ **de logement** Wohnungsgeld nt
indéniable [ɛ̃denjabl] adj unbestreitbar
indépendamment [ɛ̃depãdamã] adv unabhängig; ~ **de qch** (en plus) über etw akk hinaus
indépendance nf Unabhängigkeit f, Selbstständigkeit f
indépendant, e adj unabhängig; (position, emploi, vie) selbstständig; (entrée) separat
indescriptible [ɛ̃dɛskRiptibl] adj unbeschreiblich
indésirable [ɛ̃dezirabl] adj unerwünscht
indétermination [ɛ̃detɛRminasjõ] nf Unentschlossenheit f
indéterminé, e [ɛ̃detɛRmine] adj (incertain) ungewiss; (imprécis) unbestimmt
index [ɛ̃dɛks] nm (Anat) Zeigefinger m; (d'un livre) Index m
indexation [ɛ̃dɛksasjõ] nf Anpassung f
indexer <1> vt: ~ **sur** (Econ) angleichen +dat
indicateur, -trice [ɛ̃dikatœR, tRis] nm/f (de la police) Informant(in) m(f), Spitzel m; ~ **des chemins de fer** (livre) Kursbuch nt; ~ **de pression/de niveau** (instrument) Druckmesser m/Höhenmesser m; ~ **de transfert** (Inform) Übertragungsanzeige f
indicatif, -ive [ɛ̃dikatif, iv] nm (Ling) Indikativ m; (Radio) Erkennungsmelodie f; (Tel) Vorwahl f ▪ adj: **à titre ~** zur Information

indication [ɛ̃dikasjõ] nf Angabe f; (indice) Zeichen nt; (directive, mode d'emploi) Anweisung f; (renseignement) Auskunft f; (Med) Indikation f
indice [ɛ̃dis] nm (marque, signe) Zeichen nt, Anzeichen nt; (Jur) Indiz nt; ~ **d'octane** Oktanzahl f; ~ **des prix** Preisindex m; ~ **de protection** Lichtschutzfaktor m; ~ **de réponse** Rücklaufquote f
indicible [ɛ̃disibl] adj unsagbar
indien, ne [ɛ̃djɛ̃, ɛn] adj (d'Amérique) indianisch; (de l'Inde) indisch
Indien, ne nm/f Indianer(in) m(f), Inder(in) m(f)
indifféremment [ɛ̃difeRamã] adv gleichermaßen
indifférence nf Gleichgültigkeit f
indifférent, e adj gleichgültig; (insensible) ungerührt; **il est ~ à mes soucis/à l'argent** meine Sorgen sind/Geld ist ihm gleichgültig
indigence [ɛ̃diʒãs] nf (matérielle) Armut f; (intellectuelle) geistige Armut
indigène [ɛ̃diʒɛn] adj einheimisch ▪ nmf Einheimische(r) mf
indigeste [ɛ̃diʒɛst] adj unverdaulich
indigestion nf Magenverstimmung f, Verdauungsstörung f
indignation [ɛ̃diɲasjõ] nf Entrüstung f
indigne [ɛ̃diɲ] adj unwürdig
indigner [ɛ̃diɲe] <1> vt aufbringen, entrüsten ▪ vpr: **s'~ (de qch/contre qn)** sich (über etw/jdn) entrüsten
indiqué, e [ɛ̃dike] adj (adéquat) angemessen; **ce n'est pas ~** das ist nicht ratsam
indiquer [ɛ̃dike] <1> vt zeigen; (pendule) anzeigen; (recommander) empfehlen; (signaler) mitteilen
indirect, e [ɛ̃diRɛkt] adj indirekt
indiscipline [ɛ̃disiplin] nf Disziplinlosigkeit f
indiscret, -ète [ɛ̃diskRɛ, ɛt] adj indiskret
indiscrétion [ɛ̃diskResjõ] nf Indiskretion f
indiscutable [ɛ̃diskytabl] adj unbestreitbar
indispensable [ɛ̃dispãsabl] adj (essentiel) unerlässlich; (de première nécessité) unbedingt erforderlich
indisponible [ɛ̃dispɔnibl] adj (local) nicht frei; (personne) unabkömmlich; (capitaux) gebunden
indisposé, e [ɛ̃dispoze] adj unpässlich
indisposer [ɛ̃dispoze] <1> vt: ~ **qn** (rendre malade) jdm nicht bekommen; (désobliger) jdn verärgern
indisposition [ɛ̃dispozisjõ] nf Unpässlichkeit f

indistinct, e [ɛ̃distɛ̃(kt), ɛ̃kt] *adj*
verschwommen; (*bruit*) schwach
indistinctement *adv* undeutlich;
(*sans distinction*) unterschiedslos
individu [ɛ̃dividy] *nm* Individuum *nt*
individualiser [ɛ̃dividɥalize] <1> *vt*
individualisieren; (*personnaliser*)
individuell gestalten; **s'individualiser**
vpr sich individuell entwickeln
individualiste [ɛ̃dividɥalist] *nmf*
Individualist(in) *m(f)*
individualité [ɛ̃dividɥalite] *nf*
Individualität *f*
individuel, le [ɛ̃dividɥɛl] *adj* (*distinct,*
propre) individuell; (*particulier, personnel*)
persönlich; (*isolé*) einzeln
indivisible [ɛ̃divizibl] *adj* unteilbar
Indochine [ɛ̃dɔʃin] *nf*: l'~ Indochina *nt*
indochinois, e [ɛ̃dɔʃinwa, waz] *adj*
indochinesisch
indocile [ɛ̃dɔsil] *adj* widerspenstig
indolent, e [ɛ̃dɔlɑ̃, ɑ̃t] *adj* (*apathique*)
träge; (*nonchalant*) lässig
indomptable [ɛ̃dõ(p)tabl] *adj*
unzähmbar; (*fig*) unbezähmbar
Indonésie [ɛ̃dɔnezi] *nf*: l'~ Indonesien *nt*
indonésien, ne [ɛ̃dɔnezjɛ̃, ɛn] *adj*
indonesisch
Indonésien, ne *nm/f* Indonesier(in) *m(f)*
indu, e [ɛ̃dy] *adj*: **à des heures ~es** zu
einer unchristlichen Zeit
indubitable [ɛ̃dybitabl] *adj*
unzweifelhaft
indubitablement [ɛ̃dybitabləmɑ̃] *adv*
zweifellos
induire [ɛ̃dɥiʀ] *irr comme conduire vt*:
~ **qn en erreur** jdn irreführen
indulgent, e [ɛ̃dylʒɑ̃, ɑ̃t] *adj* nachsichtig;
(*juge, jury*) milde
indûment [ɛ̃dymɑ̃] *adv* (*à tort*)
ungerechtfertigterweise
industrialisation [ɛ̃dystʀijalizasjõ] *nf*
Industrialisierung *f*
industrialiser [ɛ̃dystʀijalize] <1> *vt*
industrialisieren
industrie [ɛ̃dystʀi] *nf* Industrie *f*;
~ **automobile/textile** Auto-/
Textilindustrie; ~ **de communication**
Kommunikationsindustrie; **petites et**
moyennes ~s mittelständische Industrie
industriel, le [ɛ̃dystʀijel] *adj* industriell,
Industrie- ■ *nm* Industrielle(r) *mf*
industrieux, -euse [ɛ̃dystʀijø, øz] *adj*
fleißig
inébranlable [inebʀɑ̃labl] *adj* solide,
fest; (*stoïque*) unerschütterlich
inédit, e [inedi, it] *adj* unveröffentlicht;
(*nouveau*) neuartig
ineffaçable [inefasabl] *adj*
unauslöschlich

inefficace [inefikas] *adj* wirkungslos;
(*personne*) wenig effizient
inefficacité [inefikasite] *nf*
Wirkungslosigkeit *f*; (*d'une machine,*
personne) Ineffizienz *f*, mangelnde
Leistungsfähigkeit
inégal, e (*pl* -**aux**) [inegal, o] *adj*
ungleich, unterschiedlich; (*surface*)
uneben; (*rythme*) unregelmäßig
inégalable [inegalabl] *adj* einzigartig
inégalité [inegalite] *nf* Ungleichheit *f*,
Unterschiedlichkeit *f*; (*de surface*)
Unebenheit *f*; (*de rythme*)
Unregelmäßigkeit *f*
inéligible [inelɛʒibl] *adj* nicht wählbar
inéluctable [inelyktabl] *adj*
unausweichlich
inepte [inɛpt] *adj* (*stupide*) unsinnig;
(*personne*) dumm
ineptie [inɛpsi] *nf* Dummheit *f*
inépuisable [inepɥizabl] *adj*
unerschöpflich
inerte [inɛʀt] *adj* unbeweglich;
(*apathique*) apathisch; (*Phys*) träge
inestimable [inɛstimabl] *adj*
unschätzbar; (*service, bienfait*)
unbezahlbar
inévitable [inevitabl] *adj* unvermeidbar,
zwangsläufig
inévitablement [inevitabləmɑ̃] *adv*
zwangsläufig
inexact, e [inɛgza(kt), akt] *adj* (*peu exact*)
ungenau; (*faux*) falsch; (*non ponctuel*)
unpünktlich
inexactement [inɛgzaktəmɑ̃] *adv*
ungenau
inexactitude [inɛgzaktityd] *nf*
Ungenauigkeit *f*, (*d'un calcul*)
Fehlerhaftigkeit *f*; (*manque de ponctualité*)
Unpünktlichkeit *f*; (*erreur*) Fehler *m*
inexcusable [inɛkskyzabl] *adj*
unverzeihlich
inexistant, e [inɛgzistɑ̃, ɑ̃t] *adj* nicht
vorhanden; (*nul*) bedeutungslos; (*aide*)
unnütz
inexorable [inɛgzɔʀabl] *adj* unerbittlich
inexpérience [inɛkspeʀjɑ̃s] *nf*
Unerfahrenheit *f*
inexpérimenté, e [inɛkspeʀimɑ̃te] *adj*
(*personne*) unerfahren, ungeübt; (*objet*)
unerprobt
inexplicable [inɛksplikabl] *adj*
unerklärlich
inexplicablement *adv* auf unerklärliche
Weise
inexpressif, -ive [inɛkspʀesif, iv] *adj*
(*mot, style*) nichtssagend; (*regard, visage*)
ausdruckslos
inexprimable [inɛkspʀimabl] *adj*
unbeschreiblich

in extenso | 166

in extenso [inɛkstēso] *adv* ganz,
vollständig
in extremis [inɛkstremis] *adj, adv*
(*à l'article de la mort*) auf dem Sterbebett;
(*fig*) in letzter Minute
inextricable [inɛkstrikabl] *adj*
unentwirrbar; (*fig*) verwickelt
infaillible [ɛ̃fajibl] *adj* unfehlbar
infaisable [ɛ̃fəzabl] *adj* unmöglich
infalsifiable [ɛ̃falsifjabl] *adj* (*carte
d'identité*) fälschungssicher
infâme [ɛ̃fɑm] *adj* niederträchtig,
gemein; (*odeur, logis*) übel
infamie [ɛ̃fami] *nf* Gemeinheit *f*
infanterie [ɛ̃fɑ̃tri] *nf* Infanterie *f*
infanticide [ɛ̃fɑ̃tisid] *nmf*
Kindesmörder(in) *m(f)* ■ *nm* (*meurtre*)
Kindesmord *m*
infantile [ɛ̃fɑ̃til] *adj* kindisch, infantil;
maladie ~ Kinderkrankheit *f*
infarctus [ɛ̃farktys] *nm*: **~ (du myocarde)**
Herzinfarkt *m*
infatigable [ɛ̃fatigabl] *adj*
unermüdlich
infatué, e [ɛ̃fatɥe] *adj* eingebildet;
être ~ de son importance sehr von sich
eingenommen sein
infécond, e [ɛ̃fekō, ōd] *adj* unfruchtbar
infect, e [ɛ̃fɛkt, ɛkt] *adj* übel, ekelhaft
infecter [ɛ̃fɛkte] <1> *vt* (*atmosphère, eau*)
verunreinigen; (*Med*) infizieren;
s'infecter *vpr* sich entzünden
infectieux, -euse [ɛ̃fɛksjø, øz] *adj*
ansteckend, infektiös
infection [ɛ̃fɛksjō] *nf* Infektion *f*,
Entzündung *f*
inférieur, e [ɛ̃ferjœr] *adj* Unter-,
untere(r, s); (*qualité*) minderwertig;
(*nombre*) niedriger; (*intelligence, esprit*)
geringer; **~ à** kleiner als; (*moins bien que*)
schlechter als
infériorité [ɛ̃ferjɔrite] *nf*
Minderwertigkeit *f*; **~ en nombre**
zahlenmäßige Unterlegenheit
infernal, e (*pl* -**aux**) [ɛ̃fɛrnal, o] *adj*
höllisch; (*méchanceté, machination*)
teuflisch
infester [ɛ̃fɛste] <1> *vt* (*envahir*) herfallen
über +*akk*
infidèle [ɛ̃fidɛl] *adj* untreu
infidélité [ɛ̃fidelite] *nf* Untreue *f*
infiltrer [ɛ̃filtre] <1> *vpr*: **s'infiltrer**
(*liquide*) (hin)einsickern; (*personne, idées*)
sich einschleichen
infime [ɛ̃fim] *adj* niedrigste(r, s);
(*minuscule*) winzig
infini, e [ɛ̃fini] *adj* unendlich; (*extrême*)
grenzenlos ■ *nm* Unendlichkeit *f*;
à l'~ (*Math*) bis unendlich; (*discourir*)
endlos; (*agrandir, varier*) unendlich

infiniment *adv* (*sans bornes*) grenzenlos;
(*beaucoup*) ungeheuer; **~ grand/petit**
(*Math*) unendlich groß/klein
infinité *nf*: **une ~ de** (*quantité infinie*) eine
unendliche Anzahl von
infinitif [ɛ̃finitif] *nm* (*Ling*) Infinitiv *m*
infirme [ɛ̃firm] *adj* behindert ■ *nmf*
Behinderte(r) *mf*
infirmer <1> *vt* entkräften
infirmerie *nf* Krankenrevier *nt*
infirmier, -ière [ɛ̃firmje, ɛr] *nm/f*
Krankenpfleger (Krankenschwester) *m/f*
infirmité *nf* Behinderung *f*
inflammable [ɛ̃flamabl] *adj* entzündbar
inflammation [ɛ̃flamasjō] *nf*
Entzündung *f*
inflation [ɛ̃flasjō] *nf* Inflation *f*
inflexible [ɛ̃flɛksibl] *adj* unbeugsam,
unerbittlich
inflexion [ɛ̃flɛksjō] *nf* (*de la voix*) Tonfall *m*;
~ de la tête (*mouvement*) Kopfnicken *nt*
infliger [ɛ̃fliʒe] <2> *vt* verhängen,
auferlegen
influençable [ɛ̃flyɑ̃sabl] *adj* beeinflussbar
influence *nf* Einfluss *m*
influencer <2> *vt* beeinflussen
info [ɛ̃fo] *nf* (*fam*) Nachricht *f*
infographie [ɛ̃fografi] *nf* Computergrafik *f*
infographiste [ɛ̃fografist] *nmf*
Computergrafiker(in) *m(f)*
informaticien, ne [ɛ̃fɔrmatisjɛ̃, ɛn]
nm/f Informatiker(in) *m(f)*
information [ɛ̃fɔrmasjō] *nf* Information *f*;
(*renseignement*) Auskunft *f*; **~s politiques/
sportives** politische Nachrichten/
Sportnachrichten *pl*; **agence d'~**
Nachrichtenagentur *f*; **~s sur le système**
(*Inform*) Systeminformationen *pl*
informatique [ɛ̃fɔrmatik] *nf* (*techniques*)
Datenverarbeitung *f*; (*science*) Informatik *f*
informatisation [ɛ̃fɔrmatizasjō] *nf*
Umstellung *f* auf Computer
informatiser [ɛ̃fɔrmatize] <1> *vt* auf
Computer umstellen
informe [ɛ̃fɔrm] *adj* formlos; (*ébauché*)
grob; (*laid*) unförmig
informer [ɛ̃fɔrme] <1> *vt* informieren
(*de* über +*akk*) ■ *vi*: **~ contre qn/sur qch**
(*Jur*) Ermittlungen einleiten gegen jdn/
über etw *akk*; **s'informer** *vpr* sich
informieren, sich erkundigen
info-route (*pl* **infos-route**) [ɛ̃forut] *nf*
(*fam*) Verkehrsfunk *m*
infortune [ɛ̃fɔrtyn] *nf* Pech *nt*,
Missgeschick *nt*
infraction [ɛ̃fraksjō] *nf*: **~** Verstoß *m* (*à*
gegen); **être en ~** gegen eine Verordnung
verstoßen
infranchissable [ɛ̃frɑ̃ʃisabl] *adj*
unüberwindlich

infrarouge [ɛ̃fʀaʀuʒ] adj infrarot
infrason [ɛ̃fʀasɔ̃] nm Ultraschall m
infrastructure [ɛ̃fʀastʀyktyʀ] nf
  (fondation) Unterbau m; (Aviat)
  Bodenanlagen pl; (Econ, Mil)
  Infrastruktur f; **~ de transport**
  Verkehrsinfrastruktur
infructueux, -euse [ɛ̃fʀyktɥø, øz] adj
  ergebnislos, erfolglos
infuser [ɛ̃fyze] <1> vt: **faire ~** (tisane)
  ziehen lassen
infusion [ɛ̃fyzjɔ̃] nf (tisane) Kräutertee m
ingénier [ɛ̃ʒenje] <1> vpr: **s'~ à faire qch**
  bemüht sein, etw zu tun
ingénierie [ɛ̃ʒeniʀi] nf Technik f
ingénieur [ɛ̃ʒenjœʀ] nm Ingenieur(in)
  m(f); **~ agronome/chimiste** Agronom(in)
  m(f)/Chemiker(in) m(f); **~ du son**
  Toningenieur(in)
ingénieux, -euse [ɛ̃ʒenjø, øz] adj genial;
  (personne) erfinderisch
ingénu, e [ɛ̃ʒeny] adj naiv
ingérence [ɛ̃ʒeʀɑ̃s] nf Einmischung f
ingérer [ɛ̃ʒeʀe] <5> vpr: **s'~ dans** sich
  einmischen in +akk
ingrat, e [ɛ̃gʀa, at] adj undankbar
ingratitude [ɛ̃gʀatityd] nf
  Undankbarkeit f
ingrédient [ɛ̃gʀedjɑ̃] nm (Gastr) Zutat f;
  (d'un médicament) Bestandteil m
inguérissable [ɛ̃geʀisabl] adj unheilbar
inhabitable [inabitabl] adj
  unbewohnbar
inhalation [inalasjɔ̃] nf Inhalation f;
  faire une ~/des ~s de qch etw inhalieren
inhérent, e [ineʀɑ̃, ɑ̃t] adj: **~ à**
  innewohnend +dat, inhärent +dat
inhibition [inibisjɔ̃] nf Hemmung f
inhumain, e [inymɛ̃, ɛn] adj
  unmenschlich
inhumer [inyme] <1> vt bestatten
inimaginable [inimaʒinabl] adj
  unvorstellbar
inimitable [inimitabl] adj
  unnachahmlich; (qualité) unnachahmbar
iniquité [inikite] nf Ungerechtigkeit f
initial, e (pl -aux) [inisjal, o] adj
  anfänglich; (qui commence un mot)
  Anfangs-
initialiser [inisjalize] <1> vt (Inform)
  initialisieren
initiateur, -trice [inisjatœʀ, tʀis]
  nm/f Initiator(in) m(f); **l'~ d'une mode/
  technique** jd, der eine Mode/Technik
  einführt
initiative [inisjativ] nf Initiative f;
  prendre l'~ de faire qch die Initiative
  ergreifen, etw zu tun; **~ de défense
  stratégique** strategische
  Verteidigungsinitiative

initier [inisje] <1> vt (Rel) feierlich
  aufnehmen; (instruire) einführen,
  einweihen (à in +akk) ■ vpr: **s'~ à qch** etw
  erlernen
injecté, e [ɛ̃ʒɛkte] adj: **yeux ~s de sang**
  blutunterlaufene Augen
injecter [ɛ̃ʒɛkte] <1> vt einspritzen
injection [ɛ̃ʒɛksjɔ̃] nf: **~ intraveineuse/
  sous-cutanée** (Med) intravenöse/
  subkutane Injektion; **à ~** (Tech) Einspritz-;
  ~ de capitaux Finanzspritze f
injonction [ɛ̃ʒɔ̃ksjɔ̃] nf Anordnung f
injure [ɛ̃ʒyʀ] nf (insulte) Schimpfwort nt;
  (Jur) Beleidigung f
injurier [ɛ̃ʒyʀje] <1> vt beschimpfen
injurieux, -euse adj beleidigend
injuste [ɛ̃ʒyst] adj ungerecht
injustice nf Ungerechtigkeit f; (acte
  injuste) Unrecht nt
inlassable [ɛ̃lasabl] adj unermüdlich
inné, e [i(n)ne] adj angeboren
innocence [inɔsɑ̃s] nf Unschuld f
innocent, e [inɔsɑ̃, ɑ̃t] adj unschuldig;
  ~ de qch einer Sache gen nicht schuldig
  ■ nm/f Unschuldige(r) mf
innocenter <1> vt: **~ qn** (déclarer) jdn für
  unschuldig erklären; (par une preuve) jds
  Unschuld beweisen
innovateur, -trice [inɔvatœʀ, tʀis] adj
  innovativ
innovation nf Innovation f, Neuerung f
innover <1> vi Neuerungen einführen
inoccupé, e [inɔkype] adj (logement)
  unbewohnt, leer stehend; (siège) nicht
  besetzt; (désœuvré) untätig
inoculer [inɔkyle] <1> vt einimpfen
inodore [inɔdɔʀ] adj geruchlos
inoffensif, -ive [inɔfɑ̃sif, iv] adj harmlos
inondation [inɔ̃dasjɔ̃] nf
  Überschwemmung f; (fig) Flut f
inonder <1> vt überschwemmen;
  (envahir) strömen in +akk
inopérable [inɔpeʀabl] adj inoperabel
inopérant, e [inɔpeʀɑ̃, ɑ̃t] adj
  wirkungslos
inopiné, e [inɔpine] adj unerwartet
inopportun, e [inɔpɔʀtœ̃, yn] adj
  ungelegen
inoubliable [inublijabl] adj
  unvergesslich
inouï, e [inwi] adj einmalig; (incroyable)
  unglaublich
inox [inɔks] nm Nirosta® nt
inoxydable [inɔksidabl] adj rostfrei
inqualifiable [ɛ̃kalifjabl] adj
  unbeschreiblich, abscheulich
inquiet, -ète [ɛ̃kjɛ, ɛt] adj unruhig,
  besorgt
inquiétant, e [ɛ̃kjetɑ̃, ɑ̃t] adj
  beunruhigend; (sinistre) finster

inquiéter [ɛ̃kjete] **<5>** vt beunruhigen, Sorgen machen +dat; (police) schikanieren ■ vpr: **s'~ (de qch)** sich (um etw) Sorgen [ou Gedanken] machen

inquiétude [ɛ̃kjetyd] nf Besorgnis f; **avoir des ~s au sujet de** besorgt sein wegen

inquisition [ɛ̃kizisjɔ̃] nf Untersuchung f; **l'I~** (Rel) die Inquisition

insaisissable [ɛ̃sezizabl] adj (fugitif) nicht zu fassen; (nuance) schwer fassbar

insalubre [ɛ̃salybʀ] adj (climat) ungesund

insanité [ɛ̃sanite] nf Blödsinn m

insatiable [ɛ̃sasjabl] adj (fig) unersättlich

insatisfaction [ɛ̃satisfaksjɔ̃] nf Unzufriedenheit f

insatisfait, e [ɛ̃satisfɛ, ɛt] adj unzufrieden; (désir) unbefriedigt

inscription [ɛ̃skʀipsjɔ̃] nf Inschrift f; (sur mur, écriteau) Aufschrift f; (immatriculation) Immatrikulation f, Anmeldung f

inscrire [ɛ̃skʀiʀ] irr comme écrire vt (noter) aufschreiben; (graver) einmeißeln; (personne) eintragen; (immatriculer) einschreiben; (à un examen, à un concours) anmelden (à für); **s'inscrire** vpr (à un club, à un parti) beitreten (à dat); (à l'université) sich immatrikulieren; (à un examen, à un concours) sich anmelden (à für); **s'~ en faux contre qch** etw anfechten, etw infrage stellen

insecte [ɛ̃sɛkt] nm Insekt nt

insecticide [ɛ̃sɛktisid] nm Insektenbekämpfungsmittel nt

insécurité [ɛ̃sekyʀite] nf Unsicherheit f

I.N.S.E.E. [inse] nm acr = **Institut national de la statistique et des études économiques** ≈ statistisches Bundesamt

insémination [ɛ̃seminasjɔ̃] nf: **~ artificielle** künstliche Befruchtung

insensé, e [ɛ̃sɑ̃se] adj wahnsinnig, unsinnig

insensibiliser [ɛ̃sɑ̃sibilize] **<1>** vt betäuben

insensible [ɛ̃sɑ̃sibl] adj (nerf, membre) taub, empfindungslos; (personne: dur) gefühllos; (imperceptible) nicht/kaum wahrnehmbar; **~ aux compliments/ à la poésie** (indifférent) unempfänglich für Komplimente/ohne Sinn für Poesie; **~ au froid/à la chaleur** gegen Kälte/ Hitze unempfindlich

inséparable [ɛ̃sepaʀabl] adj (personnes) unzertrennlich

insérer [ɛ̃seʀe] **<5>** vt (intercaler) einlegen; (dans un journal: texte, article) bringen; (annonce) aufgeben ■ vpr: **s'~ dans qch** (fig) im Rahmen von etw geschehen

insertion [ɛ̃sɛʀsjɔ̃] nf (d'une personne) Integration f

insidieux, -euse [ɛ̃sidjø, øz] adj heimtückisch

insigne [ɛ̃siɲ] nm (d'une dignité) Merkmal nt; (badge) Abzeichen nt ■ adj hervorragend

insignifiant, e [ɛ̃siɲifjɑ̃, ɑ̃t] adj unbedeutend; (roman) nichtssagend

insinuation [ɛ̃sinɥasjɔ̃] nf Andeutung f

insinuer [ɛ̃sinɥe] **<1>** vt: **que voulez-vous ~?** (suggérer) was wollen Sie damit andeuten? ■ vpr: **s'~ dans** sich einschleichen in +akk

insipide [ɛ̃sipid] adj fade; (fig) nichtssagend, geistlos

insistance [ɛ̃sistɑ̃s] nf Bestehen nt, Beharren nt

insister [ɛ̃siste] **<1>** vi bestehen, beharren (sur auf +dat); **~ sur qch** (s'appesantir sur) etw betonen

insolation [ɛ̃sɔlasjɔ̃] nf (Med) Sonnenstich m

insolence [ɛ̃sɔlɑ̃s] nf Unverschämtheit f

insolent, e [ɛ̃sɔlɑ̃] adj unverschämt, frech

insolite [ɛ̃sɔlit] adj ungewöhnlich; (bizarre) ausgefallen

insoluble [ɛ̃sɔlybl] adj (problème) unlösbar; (substance) unlöslich

insolvable [ɛ̃sɔlvabl] adj zahlungsunfähig

insomniaque [ɛ̃sɔmnjak] adj an Schlaflosigkeit leidend; **être ~** an Schlaflosigkeit leiden

insomnie [ɛ̃sɔmni] nf Schlaflosigkeit f

insondable [ɛ̃sɔ̃dabl] adj abgründig

insonorisation [ɛ̃sɔnɔʀizasjɔ̃] nf Schalldämmung f

insonoriser [ɛ̃sɔnɔʀize] **<1>** vt schalldicht machen

insouciance [ɛ̃susjɑ̃s] nf Sorglosigkeit f

insoumis, e [ɛ̃sumi, iz] adj (caractère, enfant) widerspenstig, rebellisch; (contrée, tribu) unbezwungen

insoupçonnable [ɛ̃supsɔnabl] adj über jeden Verdacht erhaben

insoupçonné, e adj ungeahnt, unvermutet

insoutenable [ɛ̃sut(ə)nabl] adj (inadmissible) unhaltbar; (insupportable) unerträglich

inspecter [ɛ̃spɛkte] **<1>** vt kontrollieren

inspecteur, -trice nm/f Inspektor(in) m(f), Aufsichtsbeamte(r)(-beamtin) m/f; **~ (de l'enseignement) primaire** Schulrat(-rätin) m/f; **~ des finances** Steuerprüfer(in) m(f); **~ (de police)** (Polizei)inspektor

inspection nf (examen) Kontrolle f, Prüfung f

inspiration [ɛ̃spiʀasjɔ̃] nf Inspiration f, Eingebung f; (divine) Erleuchtung f

inspirer [ɛ̃spiʀe] <1> vt (prophète) erleuchten; (poète) inspirieren; (propos, acte) beeinflussen ■ vi (aspirer) einatmen

instable [ɛ̃stabl] adj unbeständig; (meuble) wackelig

installateur [ɛ̃stalatœʀ] nm Installateur m

installation [ɛ̃stalasjɔ̃] nf (de l'électricité, du téléphone) Anschließen nt; (Tech) Anlage f, Vorrichtung f; (Inform: logiciel) Installation f; (Inform: matériel) Anlage f; **~s électriques/sanitaires** elektrische/ sanitäre Anlagen pl; **~s portuaires/ industrielles** Hafenanlagen pl/ Industrieanlage f

installer [ɛ̃stale] <1> vt (loger) unterbringen; (asseoir) setzen; (coucher) legen; (chose) stellen; (rideaux, etc) anbringen; (gaz, électricité, téléphone) anschließen; (appartement) einrichten; (fonctionnaire) einsetzen; (Inform) installieren; **s'installer** vpr (s'établir) sich niederlassen; **s'~ chez qn** (se loger) bei jdm wohnen; (fig) sich bei jdm einnisten

instamment [ɛ̃stamɑ̃] adv eindringlich

instance [ɛ̃stɑ̃s] nf (Jur: procédure, procès) Verfahren nt; (autorité) Instanz f; **instances** nfpl (sollicitations) inständiges Bitten; **être en ~ de divorce** in Scheidung leben

instant [ɛ̃stɑ̃] nm Moment m, Augenblick m; **à chaque ~, à tout ~** jederzeit; **à l'~ où** in dem Moment, als; **dans un ~** gleich; **de tous les ~s** ständig, fortwährend; **pour l'~** im Augenblick

instantané, e [ɛ̃stɑ̃tane] adj (explosion, mort) unmittelbar, sofortig

instar [ɛ̃staʀ] prép: **à l'~ de** nach dem Beispiel von

instaurer [ɛ̃stoʀe] <1> vt einführen

instigateur, -trice [ɛ̃stigatœʀ, tʀis] nm/f Initiator(in) m(f), Anstifter(in) m(f)

instigation [ɛ̃stigasjɔ̃] nf: **à l'~ de qn** auf jds Betreiben akk (hin)

instinct [ɛ̃stɛ̃] nm Instinkt m; **d'~** instinktiv; **~ de conservation** Selbsterhaltungstrieb m

instinctif, -ive [ɛ̃stɛ̃ktif, iv] adj instinktiv

instituer [ɛ̃stitɥe] <1> vt einführen

institut [ɛ̃stity] nm Institut nt; **~ de beauté** Schönheitssalon m; **~ de la consommation** Verbraucherzentrale f; **I~ universitaire de technologie** technische Fachhochschule

instituteur, -trice [ɛ̃stitytœʀ, tʀis] nm/f (Grund- und Haupt)schullehrer(in) m(f)

institution [ɛ̃stitysjɔ̃] nf (personne, groupement) Institution f, Einrichtung f;

(école privée) Privatschule f; **institutions** nfpl (formes, structures sociales) Institutionen pl

institutionnaliser [ɛ̃stitysjɔnalize] <1> vt institutionalisieren

instructeur [ɛ̃stʀyktœʀ] nm Lehrer m; **juge ~** Untersuchungsrichter m

instructif, -ive [ɛ̃stʀyktif, iv] adj instruktiv, aufschlussreich

instruction [ɛ̃stʀyksjɔ̃] nf Ausbildung f; (enseignement) Unterricht m; (connaissances) Bildung f; (Jur) Ermittlungen pl; **instructions** nfpl (directives) Anweisungen pl; (mode d'emploi) Gebrauchsanweisung f; **~ civique/religieuse** Staatsbürgerkunde f/Religionsunterricht m

instruire [ɛ̃stʀɥiʀ] irr comme conduire vt (enseigner) unterrichten; (Jur) ermitteln in +dat; **~ qn de qch** (informer) jdn über etw akk informieren; **s'instruire** vpr sich bilden

instruit, e [ɛ̃stʀɥi, it] adj gebildet

instrument [ɛ̃stʀymɑ̃] nm Instrument nt; **~ de mesure** Messinstrument; **~ de musique** Musikinstrument; **~ de navigation sur vidéo** Videobrowser m; **~ de travail** Arbeitsmaterial nt; **~ à vent/ à percussion** Blas-/Schlaginstrument

insu [ɛ̃sy] nm: **à l'~ de qn** ohne jds Wissen

insubordination [ɛ̃sybɔʀdinasjɔ̃] nf (d'un élève) Aufsässigkeit f; (Mil) Gehorsamsverweigerung f

insuffisamment [ɛ̃syfizamɑ̃] adv unzureichend

insuffisance [ɛ̃syfizɑ̃s] nf Unzulänglichkeit f; (quantité) unzureichende Menge; **insuffisances** nfpl (déficiences) Unzulänglichkeiten pl, Mängel pl; **~ cardiaque** Herzinsuffizienz f, Herzschwäche f

insuffisant, e adj (en nombre) ungenügend, nicht genügend; (en qualité) unzulänglich, mangelhaft

insuffler [ɛ̃syfle] <1> vt einblasen

insulaire [ɛ̃sylɛʀ] adj Insel-

insuline [ɛ̃sylin] nf Insulin nt

insulte [ɛ̃sylt] nf (injure) Beleidigung f

insulter <1> vt (injurier) beschimpfen

insupportable [ɛ̃sypɔʀtabl] adj unerträglich

insurgé, e [ɛ̃syʀʒe] nm/f Aufständische(r) mf

insurger <2> vpr: **s'~ contre** sich auflehnen gegen

insurmontable [ɛ̃syʀmɔ̃tabl] adj (obstacle) unüberwindbar; (angoisse) unüberwindlich

insurrection [ɛ̃syʀɛksjɔ̃] nf Aufstand m

intact, e [ɛ̃takt] adj unversehrt, intakt

intangible [ɛ̃taʒibl] adj (impalpable) nicht greifbar; (inviolable) unantastbar

intarissable [ɛ̃taʁisabl] adj unerschöpflich

intégral, e (pl -aux) [ɛ̃tegʁal, o] adj vollständig; **casque ~** (moto) Integralhelm m

intégrant, e [ɛ̃tegʁã, ãt] adj: **faire partie ~e de qch** ein fester Bestandteil von etw sein

intégration [ɛ̃tegʁasjõ] nf Integration f

intégrationniste [ɛ̃tegʁasjɔnist] adj (manifestation) für die Rassenintegration; (politique) (Rassen)integrations-

intègre [ɛ̃tegʁ] adj aufrecht, rechtschaffen

intégrer [ɛ̃tegʁe] <5> vt integrieren ■ vpr: **s'~ dans qch** sich in etw akk eingliedern

intégrisme [ɛ̃tegʁism] nm (Rel, Pol) Fundamentalismus m

intégriste adj fundamentalistisch ■ nmf Fundamentalist(in) m(f)

intellectuel, -elle [ɛ̃telektɥel] adj intellektuell ■ nm/f Intellektuelle(r) mf

intelligence [ɛ̃teliʒãs] nf Intelligenz f; (jugement) Verstand m; **~ artificielle** künstliche Intelligenz; **vivre en bonne ~ avec qn** (accord) in gutem Einvernehmen mit jdm leben

intelligent, e adj intelligent, gescheit

intelligible [ɛ̃teliʒibl] adj verständlich

intello [ɛ̃telo] adj (fam) schrecklich intellektuell ■ nmf (fam) Intelligenzbestie f

intempérant, e [ɛ̃tãpeʁã, ãt] adj (excessif) maßlos, unmäßig

intempéries [ɛ̃tãpeʁi] nfpl schlechtes Wetter; **indemnités d'~** Schlechtwettergeld nt

intempestif, -ive [ɛ̃tãpestif, iv] adj unpassend, ungelegen

intenable [ɛ̃tnabl] adj (intolérable) unerträglich

intendant, e [ɛ̃tãdã, ãt] nm/f Verwalter(in) m(f)

intense [ɛ̃tãs] adj stark, intensiv; (lumière) hell; (froid, chaleur) groß

intensif, -ive adj intensiv

intensité nf (du son, de la lumière) Intensität f; (Elec) Stärke f; (véhémence) Heftigkeit f

intenter [ɛ̃tãte] <1> vt: **~ un procès contre [ou à] qn** einen Prozess gegen jdn anstrengen

intention [ɛ̃tãsjõ] nf Absicht f; **à l'~ de** für; **à cette ~** zu diesem Zweck; **avoir l'~ de faire qch** beabsichtigen, etw zu tun

intentionné, e adj: **bien/mal ~** wohlgesinnt/nicht wohlgesinnt

intentionnel, le adj absichtlich; (Jur) vorsätzlich

inter [ɛ̃teʁ] nm (Tel) voir **interurbain**

interactif, -ive [ɛ̃teʁaktif, iv] adj interaktiv

interaction [ɛ̃teʁaksjõ] nf Wechselwirkung f

intercalaire [ɛ̃teʁkaleʁ] nm (feuille) Einlegeblatt nt

intercaler [ɛ̃teʁkale] <1> vt einfügen

intercéder [ɛ̃teʁsede] <5> vi: **~ (pour qn)** sich (für jdn) verwenden

intercepter [ɛ̃teʁsepte] <1> vt abfangen

intercepteur [ɛ̃teʁseptœʁ] nm Abfangjäger m

interchangeable [ɛ̃teʁʃãʒabl] adj austauschbar

Intercité [ɛ̃teʁsite] nm Intercity(zug) m

interclasse [ɛ̃teʁklɑs] nm (Scol) kleine Pause

interconnecter [ɛ̃teʁkɔnekte] <1> vt (Inform) miteinander verbinden

interconnexion [ɛ̃teʁkɔneksjõ] nf Schaltstelle f; **~ en réseau des noeuds** Schaltstelle f im Netzwerk

interdépendance [ɛ̃teʁdepãdãs] nf wechselseitige Abhängigkeit

interdiction [ɛ̃teʁdiksjõ] nf Verbot nt; **~ de séjour** Aufenthaltsverbot

interdire [ɛ̃teʁdiʁ] irr comme dire vt verbieten; **~ à qn de faire qch** jdm verbieten, etw zu tun; (empêcher) jdn daran hindern, etw zu tun ■ vpr: **s'~ qch** sich dat etw versagen

interdit, e adj (illicite) verboten; (étonné) erstaunt, verblüfft; **stationnement ~** Parken verboten

intéressant, e [ɛ̃teʁesã, ãt] adj interessant

intéressé, e [ɛ̃teʁese] adj interessiert; (concerné) betroffen; (cupide) eigennützig

intéresser [ɛ̃teʁese] <1> vt interessieren; (concerner) betreffen; (aux bénéfices) beteiligen ■ vpr: **s'~ à qn/qch** sich für jdn/etw interessieren

intérêt [ɛ̃teʁe] nm Interesse nt; (Fin) Zins m; (importance) Bedeutung f; (égoïsme) Eigennutz m; **~s composés** Zinseszins; **à ~ fixe** (Fin) festverzinslich; **~s à taux fixes** Zinsfestschreibung f; **avoir ~ à faire qch** besser daran tun, etw zu tun

interface [ɛ̃teʁfas] nf (Inform) Schnittstelle f, Interface nt

interférer [ɛ̃teʁfeʁe] <5> vt sich überschneiden; **~ avec qch** mit etw in Konflikt geraten; **~ dans qch** in etw akk eingreifen; **~ sur qch** sich auf etw akk auswirken

interféron [ɛ̃teʁfeʁõ] nm (Med) Interferon nt

intérieur, e [ɛ̃teʀjœʀ] adj innere(r, s); (Pol) Innen- ■ nm (décor, mobilier) Innenausstattung f; **l'~** das Innere; **à l'~** innen; (avec mouvement) nach innen; **à l'~ de** in +dat; **en ~** (Cine) im Studio; **ministère de l'~** Innenministerium nt

intérim [ɛ̃teʀim] nm Zwischenzeit f; **assurer l'~ (de qn)** (remplacement) die Vertretung (für jdn) übernehmen; **par ~** (provisoirement) vorläufig

intérimaire nmf Zeitarbeiter(in) m(f); (remplaçant) Vertretung f

intérioriser [ɛ̃teʀjɔʀize] <1> vt (Psych) verinnerlichen

interjection [ɛ̃teʀʒɛksjɔ̃] nf Ausruf m

interligne [ɛ̃teʀliɲ] nm Zeilenabstand m

interlocuteur, -trice [ɛ̃teʀlɔkytœʀ, tʀis] nm/f Gesprächspartner(in) m(f)

interloquer [ɛ̃teʀlɔke] <1> vt sprachlos machen

interlude [ɛ̃teʀlyd] nm (TV) Pausenfüller m

intermédiaire [ɛ̃teʀmedjɛʀ] adj Zwischen- ■ nmf (médiateur) Vermittler(in) m(f); (Com) Mittelsmann m ■ nm: **sans ~** direkt, **par l'~ de** durch Vermittlung von, durch

interminable [ɛ̃teʀminabl] adj endlos

intermittence [ɛ̃teʀmitɑ̃s] nf: **par ~** gelegentlich, zeitweilig

internat [ɛ̃teʀna] nm (établissement) Internat nt

international, e (pl -aux) [ɛ̃teʀnasjɔnal, o] adj international ■ nm/f (Sport) Nationalspieler(in) m(f)

internaute [ɛ̃teʀnot] nmf Internetsurfer(in) m(f), Websurfer(in) m(f)

interne [ɛ̃teʀn] adj innere(r, s) ■ nmf (élève) Internatsschüler(in) m(f); (Med) Arzt (Ärztin) m/f im Praktikum

interner [ɛ̃teʀne] <1> vt (Pol) internieren; (Med) in eine Anstalt einweisen

Internet, internet [ɛ̃teʀnɛt] nm Internet nt

interpeller [ɛ̃teʀpəle] <1> vt (appeler) zurufen +dat, ansprechen; (arrêter) festnehmen; (Pol) befragen

interphone® [ɛ̃teʀfɔn] nm (Gegen)sprechanlage f

Interpol [ɛ̃teʀpɔl] nm Interpol f

interposer [ɛ̃teʀpoze] <1> vt dazwischentun; **par personnes interposées** durch Mittelsmänner; **s'interposer** vpr dazwischentreten

interprétation [ɛ̃teʀpʀetasjɔ̃] nf Interpretation f

interprète [ɛ̃teʀpʀɛt] nmf Interpret(in) m(f); (traducteur) Dolmetscher(in) m(f); (porte-parole) (Für)sprecher(in) m(f)

interpréter <5> vt interpretieren; (traduire) übersetzen; (rêves) deuten

interrogateur, -trice [ɛ̃teʀɔgatœʀ, tʀis] adj fragend

interrogatif, -ive adj fragend; (Ling) Frage-, Interrogativ-

interrogation [ɛ̃teʀɔgasjɔ̃] nf (action) Befragen nt; (question) Frage f; **~ écrite/ orale** (Scol) schriftliche/mündliche Prüfung; **~ à distance** (répondeur) Fernabfrage f

interrogatoire [ɛ̃teʀɔgatwaʀ] nm (de police) Verhör nt; (au tribunal) Vernehmung f

interroger [ɛ̃teʀɔʒe] <2> vt befragen; (inculpé) verhören, vernehmen; (Inform: système) abfragen; **~ à distance un répondeur** einen Anrufbeantworter abfragen

interrompre [ɛ̃teʀɔ̃pʀ] <14> vt unterbrechen; **s'interrompre** vpr (personne) aufhören

interrupteur [ɛ̃teʀyptœʀ] nm Schalter m

interruption nf Unterbrechung f; **~ volontaire de grossesse** Schwangerschaftsabbruch m

intersection [ɛ̃teʀsɛksjɔ̃] nf Schnittpunkt m; (croisement) Kreuzung f

interstice [ɛ̃teʀstis] nm Zwischenraum m

intersyndicale [ɛ̃teʀsɛ̃dikal] nf Gewerkschaftsbund m

interurbain, e [ɛ̃teʀyʀbɛ̃, ɛn] adj: **communication ~e** Ferngespräch nt

intervalle [ɛ̃teʀval] nm Zwischenraum m; **à deux mois d'~** im Abstand von zwei Monaten; **dans l'~** in der Zwischenzeit

intervenir [ɛ̃teʀvəniʀ] <9> vi (avec être) eingreifen, intervenieren (dans in +akk); (se produire) sich ereignen; **~ auprès de qn/en faveur de qn** (intercéder) sich bei jdm/für jdn verwenden

intervention [ɛ̃teʀvɑ̃sjɔ̃] nf Eingreifen nt, Intervention f; (discussion) Wortmeldung f; (Med) Eingriff m

interventionnisme [ɛ̃teʀvɑ̃sjɔnism] nm (Pol) Interventionismus m

intervertir [ɛ̃teʀveʀtiʀ] <8> vt umkehren

interview [ɛ̃teʀvju] nf Interview nt

interviewer [ɛ̃teʀvjuve] <1> vt interviewen

intestin, e [ɛ̃tɛstɛ̃, in] adj: **querelles/ luttes ~es** innere Kämpfe pl ■ nm Darm m

intestinal, e (pl -aux) adj Darm-

intime [ɛ̃tim] adj intim ■ nmf enger Freund, enge Freundin, Vertraute(r) mf

intimer [ɛ̃time] <1> vt (citer) vorladen; **~ un ordre à qn** jdm einen Befehl zukommen lassen

intimidation [ɛ̃timidasjɔ̃] nf Einschüchterung f

intimider [ɛ̃timide] <1> vt einschüchtern

intimité [ɛ̃timite] nf: **dans la plus stricte ~** im privaten Kreis, im engsten Familienkreis

intituler [ɛ̃tityle] <1> vt betiteln;
s'intituler vpr (ouvrage) den Titel tragen
intolérable [ɛ̃tɔleʀabl] adj unerträglich
intolérance [ɛ̃tɔleʀɑ̃s] nf Intoleranz f
intolérant, e adj unduldsam, intolerant
intoxication [ɛ̃tɔksikasjɔ̃] nf Vergiftung
f; (Pol) Indoktrination f; **~ alimentaire**
Lebensmittelvergiftung
intoxiqué, e [ɛ̃tɔksike] adj süchtig
⬛ nm/f Süchtige(r) mf
intoxiquer <1> vt vergiften; (Pol)
indoktrinieren
intraduisible [ɛ̃tʀadɥizibl] adj
unübersetzbar
intraitable [ɛ̃tʀɛtabl] adj unnachgiebig
(sur in Bezug auf +akk); **demeurer ~** nicht
nachgeben
intranet [ɛ̃tʀanɛt] nm Intranet nt
intransigeant, e [ɛ̃tʀɑ̃ziʒɑ̃, ɑ̃t] adj
unnachgiebig, stur; (morale, passion)
kompromisslos
intransitif, -ive [ɛ̃tʀɑ̃zitif, iv] adj (Ling)
intransitiv
intraveineux, -euse [ɛ̃tʀavɛnø, øz] adj
intravenös
intrépide [ɛ̃tʀepid] adj (courageux) mutig,
beherzt
intrigue [ɛ̃tʀig] nf (manœuvre) Intrige f;
(scénario) Handlung f
intriguer <1> vi intrigieren ⬛ vt neugierig
machen
introduction [ɛ̃tʀɔdyksjɔ̃] nf Einführung
f; (d'un visiteur) Hereinführen nt; (de
marchandises) Einfuhr f; (d'un ouvrage)
Einleitung f
introduire [ɛ̃tʀɔdɥiʀ] irr comme conduire
vt einführen; (visiteur) hereinführen;
~ dans (objet) stecken in +akk ⬛ vpr:
s'~ dans (se glisser) eindringen in +akk;
(se faire admettre) sich dat Zutritt
verschaffen zu
introspection [ɛ̃tʀɔspɛksjɔ̃] nf
Selbstbeobachtung f
introuvable [ɛ̃tʀuvabl] adj unauffindbar;
(très rare) nicht erhältlich
introverti, e [ɛ̃tʀɔvɛʀti] nm/f
Introvertierte(r) mf
intrus, e [ɛ̃tʀy, yz] nm/f Eindringling m
intrusion [ɛ̃tʀyzjɔ̃] nf Eindringen nt;
(ingérence) Einmischung f
intuitif, -ive [ɛ̃tɥitif, iv] adj intuitiv
intuition [ɛ̃tɥisjɔ̃] nf Intuition f;
(pressentiment) Vorgefühl nt; **avoir une ~**
eine Ahnung haben
inusable [inyzabl] adj unverwüstlich
inusité, e [inyzite] adj (Ling)
ungebräuchlich
inutile [inytil] adj (qui ne sert pas) nutzlos;
(superflu) unnötig
inutilisable [inytilizabl] adj unbrauchbar

invalide [ɛ̃valid] adj körperbehindert;
(vieillard) gebrechlich ⬛ nmf (Mil) Invalide
(Invalidin) m/f; **~ du travail**
Arbeitsunfähige(r) mf
invalider [ɛ̃valide] <1> vt (annuler)
ungültig machen
invariable [ɛ̃vaʀjabl] adj unveränderlich
invasion [ɛ̃vazjɔ̃] nf Invasion f
invectiver [ɛ̃vɛktive] <1> vt beschimpfen
invendable [ɛ̃vɑ̃dabl] adj unverkäuflich
invendu, e [ɛ̃vɑ̃dy] adj unverkauft
inventaire [ɛ̃vɑ̃tɛʀ] nm Inventar nt;
(Com: liste) Warenliste f; (opération)
Inventur f; (fig) Bestandsaufnahme f
inventer [ɛ̃vɑ̃te] <1> vt erfinden
inventeur, -trice nm/f Erfinder(in) m(f)
inventif, -ive adj schöpferisch; (ingénieux)
einfallsreich
invention [ɛ̃vɑ̃sjɔ̃] nf Erfindung f;
(découverte) Entdeckung f
inventorier [ɛ̃vɑ̃tɔʀje] <1> vt eine
Aufstellung machen von
inverse [ɛ̃vɛʀs] adj umgekehrt;
(mouvement) entgegengesetzt
⬛ nm: **l'~** das Gegenteil
inverser <1> vt umkehren
inversion [ɛ̃vɛʀsjɔ̃] nf Umkehrung f;
(d'un groupe de mots) Inversion f
invertébré, e [ɛ̃vɛʀtebʀe] adj wirbellos
⬛ nm wirbelloses Tier
investigation [ɛ̃vɛstigasjɔ̃] nf
Untersuchung f
investir [ɛ̃vɛstiʀ] <8> vt (argent) anlegen
(dans in +akk); (Fin) investieren; (police)
umstellen; **~ qn de qch** jdm etw verleihen;
(d'une fonction) jdn in etw akk einsetzen;
s'investir vpr (fam) sich einbringen
investissement [ɛ̃vɛstismɑ̃] nm Anlage
f, Investition f; **conseiller en ~** (Fin)
Steuerberater(in) m(f)
investiture [ɛ̃vɛstityʀ] nf Einsetzung f;
(d'un candidat) Nominierung f
invincible [ɛ̃vɛ̃sibl] adj unbesiegbar,
unschlagbar; (charme) unwiderstehlich
inviolable [ɛ̃vjɔlabl] adj unverletzbar,
unantastbar
invisible [ɛ̃vizibl] adj unsichtbar
invitation [ɛ̃vitasjɔ̃] nf Einladung f;
à/sur l'~ de qn (exhortation) auf jds
Aufforderung akk hin
invité, e nm/f Gast m
inviter [ɛ̃vite] <1> vt einladen (à zu);
~ qn à faire qch (exhorter) jdn auffordern,
etw zu tun
involontaire [ɛ̃vɔlɔ̃tɛʀ] adj
unabsichtlich; (réaction) unwillkürlich;
(témoin, complice) unfreiwillig
invoquer [ɛ̃vɔke] <1> vt (prier) anrufen;
(excuse, argument) anbringen; (loi, texte)
sich berufen auf +akk

invraisemblable [ɛ̃vʀɛsãblabl] adj
unwahrscheinlich; (étonnant) unglaublich
invulnérable [ɛ̃vylnɛʀabl] adj
unverletzbar; (position) unangreifbar
iode [jɔd] nm Jod nt
iodler [jɔdle] <1> vi jodeln
ion [jɔ̃] nm Ion nt
ionique [jɔnik] adj (Archit) ionisch;
(Phys) Ionen-
Irak [iʀak] nm: l'~ (der) Irak
irakien, ne [iʀakjɛ̃, ɛn] adj irakisch
Irakien, ne nm/f Iraker(in) m(f)
Iran [iʀã] nm: l'~ (der) Iran
iranien, ne [iʀanjɛ̃, ɛn] adj iranisch
Iranien, ne nm/f Iraner(in) m(f)
Iraq nm voir **Irak**
iraquien, ne [iʀakjɛ̃, ɛn] adj voir **irakien**
irascible [iʀasibl] adj jähzornig
iris [iʀis] nm Iris f
irisé, e [iʀize] adj regenbogenfarben,
irisierend
irlandais, e [iʀlãdɛ, ɛz] adj irisch
Irlandais, e nm/f Ire (Irin) m/f
Irlande nf: l'~ Irland nt; l'~ du Nord
Nordirland
ironie [iʀɔni] nf Ironie f
ironique adj ironisch, spöttisch
ironiser [iʀɔnize] <1> vi spotten
IRPP nm abr = **impôt sur le revenu
des personnes physiques**
Einkommensteuer f
irradiation [iʀadjasjɔ̃] nf Bestrahlung f
irradier [iʀadje] <1> vi (lumière)
ausstrahlen ▪ vt (contaminer) verstrahlen;
irradié(e) strahlenverseucht, verstrahlt
irraisonné, e [iʀezɔne] adj (geste, acte)
unüberlegt; (crainte) unsinnig
irréalisable [iʀealizabl] adj unerfüllbar;
(projet) nicht machbar
irrecevable [iʀəs(ə)vabl] adj unannehmbar
irréconciliable [iʀekɔ̃siljabl] adj
unversöhnlich
irrécupérable [iʀekypeʀabl] adj nicht
wiederverwertbar; (personne) nicht mehr
zu retten; **un menteur ~** ein
unverbesserlicher Lügner
irrécusable [iʀekyzabl] adj (témoin)
glaubwürdig; (témoignage, preuve)
unanfechtbar
irréductible [iʀedyktibl] adj (obstacle)
unbezwingbar; (ennemi) unversöhnlich
irréel, le [iʀeɛl] adj unwirklich
irréfléchi, e [iʀefleʃi] adj unüberlegt,
gedankenlos
irréfutable [iʀefytabl] adj unwiderlegbar
irrégularité [iʀegylaʀite] nf
Unregelmäßigkeit f; (de surface)
Unebenheit f; (inconstance)
Unbeständigkeit f; (illégalité)
Ungesetzlichkeit f

irrégulier, -ière [iʀegylje, ɛʀ] adj
unregelmäßig; (surface, terrain) uneben;
(travailleur, travail) unbeständig,
wechselhaft; (illégal) rechtswidrig,
ungesetzlich; (peu honnête) zwielichtig
irrémédiable [iʀemedjabl] adj nicht
wiedergutzumachen
irremplaçable [iʀãplasabl] adj
unersetzlich
irrépressible [iʀepʀesibl] adj
unbezähmbar
irréprochable [iʀepʀɔʃabl] adj
einwandfrei, tadellos
irrésistible [iʀezistibl] adj
unwiderstehlich; (preuve, logique)
zwingend
irrésolu, e [iʀezɔly] adj unentschlossen
irrespectueux, -euse [iʀɛspɛktɥø, øz]
adj respektlos
irresponsable [iʀɛspõsabl] adj
unverantwortlich; (Jur) unmündig;
(politique, morale) verantwortungslos
irrévérencieux, -euse [iʀeveʀãsjø, øz]
adj respektlos
irréversible [iʀevɛʀsibl] adj nicht
rückgängig zu machen, nicht umkehrbar
irrévocable [iʀevɔkabl] adj
unwiderruflich
irrigation [iʀigasjɔ̃] nf Bewässerung f
irriguer [iʀige] <1> vt bewässern
irritabilité [iʀitabilite] nf Reizbarkeit f
irritable [iʀitabl] adj reizbar
irritant, e [iʀitã, ãt] adj irritierend;
(Med) Reiz-
irritation [iʀitasjɔ̃] nf (exaspération)
Gereiztheit f; (inflammation) Reizung f
irriter [iʀite] <1> vt reizen
irruption [iʀypsjɔ̃] nf Eindringen nt,
Hereinstürzen nt; **faire ~ chez qn**
plötzlich bei jdm erscheinen
Islam [islam] nm Islam m
islamique adj islamisch
islamisation nf Islamisierung f
islamiste nmf Islamist(in) m(f),
islamischer Fundamentalist
islandais, e [islãdɛ, ɛz] adj isländisch
Islandais, e nm/f Isländer(in) m(f)
Islande nf: l'~ Island nt
isocèle [izɔsɛl] adj gleichseitig
isolant, e [izɔlã, ãt] adj isolierend
▪ nm Isolator m
isolation [izɔlasjɔ̃] nf: ~ acoustique/
thermique Schall-/Wärmedämmung f;
~ électrique Isolierung f
isolé, e [izɔle] adj isoliert; (maison)
einzeln; (cas, fait) vereinzelt
isoler [izɔle] <1> vt isolieren
isoloir [izɔlwaʀ] nm Wahlkabine f
isorel® [izɔʀɛl] nm Pressspanplatte f
isotope [izɔtɔp] nm Isotop nt

Israël [israɛl] *nm* Israel *nt*
israélien, ne [israeljɛ̃, ɛn] *adj* israelisch
Israélien, ne *nm/f* Israeli *mf*
israélite [israelit] *adj* jüdisch
Israélite *nmf* Jude (Jüdin) *m/f*
issu, e [isy] *adj*: **être ~ de** abstammen von;
   (fig) entstanden sein aus
issue [isy] *nf* Ausgang *m*; *(résultat)*
   Ergebnis *nt*; **à l'~e de** am Ende von;
   rue sans ~e Sackgasse *f*
isthme [ism] *nm* Landenge *f*
Italie [itali] *nf*: **l'~** Italien *nt*
italien, ne [italjɛ̃, ɛn] *adj* italienisch
Italien, ne *nm/f* Italiener(in) *m(f)*
italique [italik] *nm*: **en ~** kursiv
item [itɛm] *adv* dito
itinéraire [itinerɛr] *nm* Route *f*;
   ~ de délestage Umleitung *f*
itinérant, e [itinerɑ̃, ɑ̃t] *adj* Wander-,
   wandernd
IUFM *nm abr* = **Institut universitaire de
   formation des maîtres** ≈ pädagogische
   Hochschule
I.U.T. *nm abr* = **Institut universitaire de
   technologie** technische Fachhochschule
I.V.G. *nf abr* = **interruption volontaire de
   grossesse** Schwangerschaftsabbruch *m*
ivoire [ivwar] *nm* Elfenbein *nt*
ivoirien, ne [ivwarjɛ̃, ɛn] *adj* der
   Elfenbeinküste
Ivoirien, ne *nm/f* Bewohner(in) *m(f)* der
   Elfenbeinküste
ivraie [ivrɛ] *nf*: **séparer l'~ du bon grain**
   die Spreu vom Weizen trennen
ivre [ivr] *adj* betrunken; **~ de colère/
   de bonheur** außer sich vor Wut/Glück
ivresse [ivrɛs] *nf* Betrunkenheit *f*;
   (a. fig) Rausch *m*
ivrogne [ivrɔɲ] *nmf* Trinker(in) *m(f)*

J

J, j [ʒi] *nm* J, j *nt*
jacasser [ʒakase] <1> *vi* schwatzen
jachère [ʒaʃɛr] *nf*: **(être) en ~**
   brach(liegen)
jacinthe [ʒasɛ̃t] *nf* Hyazinthe *f*
jacuzzi® [ʒakuzi] *nm* Whirlpool® *m*
jadis [ʒadis] *adv* einst(mals)
jaillir [ʒajir] <8> *vi* herausspritzen,
   hervorsprudeln; *(cri)* ertönen
jalon [ʒalɔ̃] *nm* Markierungspfosten *m*
jalousie [ʒaluzi] *nf* Eifersucht *f*; *(store)*
   Jalousie *f*
jaloux, -ouse *adj* eifersüchtig
Jamaïque [ʒamaik] *nf*: **la ~** Jamaika *nt*
jamais [ʒamɛ] *adv* nie, niemals;
   (non négatif) je(mals); **ne ... ~** nie,
   niemals
jambe [ʒɑ̃b] *nf* Bein *nt*
jambon [ʒɑ̃bɔ̃] *nm* Schinken *m*
jambonneau *(pl* **x)** [ʒɑ̃bɔno] *nm*
   (gekochtes) Eisbein
jante [ʒɑ̃t] *nf* Felge *f*
janvier [ʒɑ̃vje] *nm* Januar *m*; **en ~** im
   Januar; **le 17 ~** am 17. Januar; **le 17 ~ 2015**
   der 17. Januar 2015
Japon [ʒapɔ̃] *nm*: **le ~** Japan *nt*
japonais, e [ʒaponɛ, ɛz] *adj* japanisch
Japonais, e *nm/f* Japaner(in) *m(f)*
jaquette [ʒakɛt] *nf* *(de livre)*
   Schutzumschlag *m*

jardin [ʒaʀdɛ̃] nm Garten m; **~ d'enfants** Kindergarten
jardinage [ʒaʀdinaʒ] nm Gartenarbeit f; (professionnel) Gartenbau m
jardiner [ʒaʀdine] <1> vi gärtnern
jardinier, -ière [ʒaʀdinje, ɛʀ] nm/f Gärtner(in) m(f); **~ d'enfants** Kindergärtner ■ nf (caisse) Blumenkasten m; **jardinière de légumes** gemischtes Gemüse, Leipziger Allerlei nt
jarret [ʒaʀɛ] nm (Anat) Kniekehle f; (Gastr) Hachse f, Haxe f
jarretelle [ʒaʀtɛl] nf Strumpfhalter m
jarretière [ʒaʀtjɛʀ] nf Strumpfband nt
jaser [ʒaze] <1> vi schwatzen; (indiscrètement) tratschen
jasmin [ʒasmɛ̃] nm Jasmin m
jatte [ʒat] nf Napf m, Schale f
jauger [ʒoʒe] <2> vt (mesurer) messen; (juger) abschätzen, beurteilen
jaune [ʒon] adj gelb; **rire ~** gezwungen lachen ■ nm Gelb nt; **~ d'œuf** Eigelb, Dotter m
java [ʒava] nf: **faire la ~** (fam) einen draufmachen
javel [ʒavɛl] nf: **eau f de ~** chlorhaltiges Bleich- und Reinigungsmittel
javelot [ʒavlo] nm Speer m
jazz [dʒaz] nm Jazz m
J.-C. nm abr = **Jésus-Christ**
je [ʒ] pron ich
jean [dʒin] nm Jeans f o pl
jeep® [(d)ʒip] nf Jeep® m
je-ne-sais-quoi [ʒən(ə)sɛkwa] nm inv: **un ~** ein gewisses Etwas
jérémiades [ʒeʀemjad] nfpl Gejammer nt
jerrycan [dʒeʀikan] nm (Benzin)kanister m
jersey [ʒɛʀze] nm (tissu) Jersey m
Jersey [ʒɛʀze] (**l'île f de) ~** Jersey nt
jésuite [ʒezɥit] nm Jesuit m; (pej) Heuchler m
Jésus-Christ [ʒezykʀi(st)] nm Jesus Christus m; **800 avant/après ~** 800 vor/ nach Christus
jet [ʒɛ] nm (lancer) Wurf m; (action) Werfen nt; (jaillissement) Strahl m; (tuyau) Düse f; **du premier ~** auf Anhieb; **~ d'eau** Wasserstrahl m [dʒɛt] ■ nm (avion) Jet m
jetable [ʒətabl] adj Wegwerf-
jetée [ʒ(ə)te] nf Mole f
jeter [ʒ(ə)te] <3> vt werfen; (agressivement) schleudern; (se défaire de) wegwerfen; (cri, insultes) ausstoßen
jeton [ʒ(ə)tɔ̃] nm (au jeu) Spielmarke f; (de téléphone) Telefonmarke f; **avoir les ~s** (vulg) Muffe haben
jeu (pl **x**) [ʒø] nm Spiel nt; (fonctionnement) Funktionieren nt; (fig) Zusammenspiel nt; **entrer dans le ~** (fig) mitspielen; **être en ~** (fig) auf dem Spiel stehen; **mettre en ~**

aufs Spiel setzen; **remettre en ~** (Foot) einwerfen; **les ~x de hasard** die Glücksspiele pl; **un ~ de clés/d'aiguilles** ein Satz m Schlüssel/ein Spiel Nadeln; **~x olympiques** Olympische Spiele; **~ vidéo** Videospiel
jeu-concours (pl **jeux-concours**) [ʒøkɔ̃kuʀ] nm Preisausschreiben nt
jeudi [ʒødi] nm Donnerstag m; **le ~, tous les ~s** donnerstags
jeun [ʒœ̃] adv: **à ~** nüchtern, mit nüchternem Magen
jeune [ʒœn] adj jung; **les ~s** die jungen Leute pl, die Jugend f; **~ fille** (junges) Mädchen; **~ homme** junger Mann ■ adv: **faire ~** jugendlich aussehen, jung aussehen
jeûne [ʒøn] nm Fasten nt
jeûner [ʒøne] <1> vi fasten
jeunesse [ʒœnɛs] nf Jugend f; (apparence) Jugendlichkeit f
J.O. nmpl = **jeux olympiques** Olympische Spiele pl ■ nm = **journal officiel** Amtsblatt nt
joaillerie [ʒɔajʀi] nf (Com) Juweliergeschäft nt; (articles) Schmuck m
joaillier, -ière [ʒɔaje, ɛʀ] nm/f Juwelier(in) m(f)
job [dʒɔb] nm (fam) Job m, Gelegenheitsarbeit f
jockey [ʒɔkɛ] nm Jockey m
jogging [dʒɔgiŋ] nm Jogging nt; (vêtement) Jogginganzug m; **faire du ~** joggen
joie [ʒwa] nf Freude f
joindre [ʒwɛ̃dʀ] irr vt (relier) verbinden (à mit); (ajouter) beifügen, hinzufügen (à zu); (contacter) erreichen; **~ les deux bouts** gerade (mit seinem Geld) auskommen; **~ un fichier à un mail** (Inform) eine Datei an eine E-mail anhängen; **~ les mains** die Hände falten ■ vpr: **se ~ à qn** sich jdm anschließen
joint [ʒwɛ̃] nm (de suture, de soudage) Naht f; (de robinet) Dichtung f; **~ de culasse** Zylinderkopfdichtung
joker [(d)ʒɔkɛʀ] nm Joker m
joli, e [ʒɔli] adj hübsch; **c'est du ~!** (pej) das ist ja reizend!; **un ~ gâchis** ein schöner Schlamassel
jonc [ʒɔ̃] nm Binse f
joncher [ʒɔ̃ʃe] <1> vt verstreut liegen auf +dat, bedecken; **jonché(e) de** übersät mit
jonction [ʒɔ̃ksjɔ̃] nf (action) Verbindung f; (de routes) Kreuzung f; (de fleuves) Zusammenfluss m; (Inform. fig) Schnittstelle f
jongleur, -euse [ʒɔ̃glœʀ, øz] nm/f Jongleur(in) m(f)
jonquille [ʒɔ̃kij] nf Osterglocke f, Narzisse f

Jordanie [ʒɔʀdani] *nf*: **la ~** Jordanien *nt*

jordanien, ne [ʒɔʀdanjɛ̃, ɛn] *adj* jordanisch

joue [ʒu] *nf* Backe *f*, Wange *f*

jouer [ʒwe] <1> *vt* spielen; (*argent*) setzen, spielen um; (*réputation*) aufs Spiel setzen; (*simuler*) vorspielen, vortäuschen; **~ un tour à qn** jdm einen Streich spielen ▪ *vi* spielen; (*bois*) sich verziehen, arbeiten; **~ à qch** etw spielen; **~ avec sa santé** seine Gesundheit aufs Spiel setzen; **~ des coudes** die Ellbogen gebrauchen; **~ de malchance** vom Pech verfolgt sein ▪ *vpr*: **se ~ des obstacles** spielend mit Hindernissen fertig werden; **se ~ de qn** jdn zum Narren halten

jouet [ʒwɛ] *nm* Spielzeug *nt*; **être le ~ de** das Opfer +*gen* sein

joueur, -euse *nm/f* Spieler(in) *m(f)*

joufflu, e [ʒufly] *adj* pausbäckig

jouir [ʒwiʀ] <8> *vi*: **~ de qch** (*savourer*) etw genießen, sich einer Sache *gen* erfreuen; (*avoir*) etw haben

jouissance [ʒwisɑ̃s] *nf* (*plaisir*) Freude *f*, Vergnügen *nt*; (*volupté*) Wollust *f*; **la ~ de qch** (*usage*) die Nutznießung einer Sache *gen*

jour [ʒuʀ] *nm* Tag *m*; (*aspect*) Licht *nt*; (*ouverture*) Öffnung *f*, Durchbruch *m*; **au grand ~** offen, in aller Öffentlichkeit; **au ~ le ~** von einem Tag auf den anderen; **du ~ au lendemain** von heute auf morgen, von einem Moment auf den anderen; **il fait ~** es ist Tag, es ist hell; **mettre à ~** auf den neuesten Stand bringen; **sous un ~ favorable/nouveau** in einem günstigen/neuen Licht; **tenir à ~** (*Inform*) pflegen; **~ férié** Feiertag; **~ ouvrable** Arbeitstag *m*

Jourdain [ʒuʀdɛ̃] *nm*: **le ~** der Jordan

journal (*pl* **-aux**) [ʒuʀnal, o] *nm* Zeitung *f*; (*intime*) Tagebuch *nt*; **~ officiel** Amtsblatt *nt*; **~ télévisé** (Fernseh)nachrichten *pl*

journalisme *nm* Journalismus *m*

journaliste *nmf* Journalist(in) *m(f)*

journalistique [ʒuʀnalistik] *adj* journalistisch

journée [ʒuʀne] *nf* Tag *m*; **la ~ continue** durchgehende Arbeitszeit (*ohne Mittagspause*); **~ porte ouverte** Tag *m* der offenen Tür

jovial, e (*pl* **-aux**) [ʒɔvjal, o] *adj* jovial

joyau (*pl* **x**) [ʒwajo] *nm* Juwel *nt*

joyeux, -euse [ʒwajø, øz] *adj* fröhlich, vergnügt; (*qui apporte la joie*) freudig

JT *nm abr* = **journal télévisé** (Fernseh)nachrichten *pl*, Tagesschau *f*

jubilé [ʒybile] *nm* Jubiläum *nt*

jubiler [ʒybile] <1> *vi* jubeln, jauchzen

jucher [ʒyʃe] <1> *vt*: **~ qch sur** etw (hoch)(hinauf)legen/stellen/setzen auf +*akk* ▪ *vi* (*oiseaux*) hocken, sitzen

judaïque [ʒydaik] *adj* jüdisch

judaïsme [ʒydaism] *nm* Judentum *nt*

judas [ʒyda] *nm* (*trou*) Guckloch *nt*

judiciaire [ʒydisjɛʀ] *adj* gerichtlich; Justiz-; richterlich

judicieux, -euse [ʒydisjø, øz] *adj* klug, gescheit

judo [ʒydo] *nm* Judo *nt*

judoka [ʒydɔka] *nmf* Judokämpfer(in) *m(f)*

juge [ʒyʒ] *nmf* (*magistrat*) Richter(in) *m(f)*; (*de concours*) Preisrichter(in) *m(f)*; (*de combat*) Kampfrichter(in) *m(f)*; **~ d'instruction** Untersuchungsrichter

jugement [ʒyʒmɑ̃] *nm* Urteil *nt*; (*perspicacité*) Urteilsvermögen *nt*; **~ de valeur** Werturteil

jugeote [ʒyʒɔt] *nf* (*fam*) Grips *m*

juger [ʒyʒe] <2> *vt* entscheiden über +*akk*; (*évaluer*) beurteilen; **~ bon de faire qch** es für gut halten, etw zu tun; **~ qn/qch satisfaisant(e)** jdn/etw für zufriedenstellend halten; **~ que** meinen dass, der Ansicht sein, dass

jugulaire [ʒygylɛʀ] *nf* Halsschlagader *f*

juguler [ʒygyle] <1> *vt* (*maladie*) zum Stillstand bringen; (*envie, désirs, personne*) unterdrücken; (*inflation*) bekämpfen

juif, -ive [ʒɥif, iv] *adj* jüdisch ▪ *nm/f* Jude (Jüdin) *m/f*

juillet [ʒɥijɛ] *nm* Juli *m*; **en ~** im Juli; **le 31 ~** am 31. Juli; **le 31 ~ 2009** der 31. Juli 2009

⚫ LE 14 JUILLET

Le 14 juillet ist der französische Nationalfeiertag zum Gedenken an den Sturm auf die Bastille während der französischen Revolution. Im ganzen Land gibt es Feste, Paraden, Musik- und Tanzaufführungen und Feuerwerk. In Paris findet entlang der Champs-Élysée eine Militärparade, der der Präsident beiwohnt, statt.

juin [ʒɥɛ̃] *nm* Juni *m*; **en ~** im Juni; **le 17 ~** am 17. Juni; **le 17 ~ 2010** der 17. Juni 2010

juke-box [dʒukbɔks] *nm inv* Musikbox *f*

jumeau, jumelle (*pl* **x**) [ʒymo, ʒymɛl] *adj* Doppel- ▪ *nm/f* Zwilling *m*; (*frère*) Zwillingsbruder *m*; (*sœur*) Zwillingsschwester *f*

jumelage [ʒym(ə)laʒ] *nm* Städtepartnerschaft *f*

jumeler <3> *vt* (*Tech*) koppeln, miteinander verbinden; (*villes*) zu Partnerstädten machen

jumelle [ʒymɛl] *nf voir* **jumeau**

jumelles *nfpl* Fernglas *nt*, Feldstecher *m*

jument [ʒymɑ̃] *nf* Stute *f*

jungle [ʒœ̃gl] *nf* Dschungel *m*
junkie [dʒœŋki] *nmf (fam)* Junkie *m*
junte [ʒœ̃t] *nf* Junta *f*
jupe [ʒyp] *nf* Rock *m*
jupe-culotte (*pl* jupes-culottes)
[ʒypkylɔt] *nf* Hosenrock *m*
jupon [ʒypõ] *nm* Unterrock *m*
Jura [ʒyRa] *nm (canton: Geo)* Jura *m*
jurassien, ne [ʒyRasjɛ̃, ɛn] *adj* aus
dem Jura
juré, e [ʒyRe] *nm/f* Geschworene(r) *mf*
jurer [ʒyRe] <1> *vt* schwören, geloben;
il a juré de faire qch (*s'engager*) er schwor,
etw zu tun; ~ **que** (*affirmer*) schwören
[*ou* versichern], dass ■ *vi* (*dire des jurons*)
fluchen; ~ **avec** (*couleurs*) sich beißen
juridique [ʒyRidik] *adj* juristisch;
rechtlich; Rechts-
juron [ʒyRõ] *nm* Fluch *m*
jury [ʒyRi] *nm* Geschworene *pl*; (*Scol*)
Prüfungsausschuss *m*
jus [ʒy] *nm* Saft *m*; (*de viande*) Bratensaft *m*;
~ **de pommes** Apfelsaft
jusqu'au-boutiste [ʒyskobutist] *adj*
extremistisch; **politique** ~
Durchhaltepolitik *f* ■ *nmf* Vertreter(in)
m(f) der harten Linie
jusque [ʒysk] *prép*: **jusqu'à** (*endroit*) bis;
bis an +*akk*, bis nach +*dat*; (*moment*) bis;
bis zu +*dat*; (*quantité, limite*) bis zu +*dat*;
jusqu'à ce que bis; **jusqu'à présent** bis
jetzt; ~-**là** (*temps*) bis dahin; ~ **sur/dans/
vers** bis (hinauf) zu/bis in/bis (hin) zu
justaucorps [ʒystokɔR] *nm* Trikot *nt*
juste [ʒyst] *adj* (*équitable*) gerecht;
(*légitime*) gerechtfertigt, berechtigt;
(*précis*) genau; (*correct*) richtig; (*étroit,
insuffisant*) knapp; **à ~ titre** mit vollem
[*ou* gutem] Recht ■ *adv* (*exactement*)
genau, richtig; (*seulement*) nur, bloß;
~ **assez/au-dessus** gerade genug/gerade
[*ou* genau] darüber; **au ~** genau
justement *adv* (*avec raison*) zu Recht, mit
Recht; **c'est ~ ce qu'il fallait éviter**
(*précisément*) genau [*ou* gerade] das hätte
vermieden werden sollen
justesse [ʒystɛs] *nf* (*exactitude*)
Richtigkeit *f*; (*précision*) Genauigkeit *f*;
de ~ mit knapper Not, gerade noch
justice [ʒystis] *nf* (*équité*) Gerechtigkeit *f*;
(*Admin*) Justiz *f*; **obtenir ~** sein Recht
bekommen; **rendre la ~** Recht sprechen;
rendre ~ à qn jdm Recht [*ou*
Gerechtigkeit] widerfahren lassen
justiciable [ʒystisjabl] *adj*: **être ~ des
tribunaux français** der französischen
Gerichtsbarkeit unterliegen; **être ~ de**
(*fig*) sich verantworten müssen vor +*dat*
justifiable [ʒystifjabl] *adj* zu
rechtfertigen, vertretbar

justificatif [ʒystifikatif] *nm* Beleg *m*
justification [ʒystifikasjõ] *nf*
Rechtfertigung *f*
justifier [ʒystifje] <1> *vt* (*expliquer*)
rechtfertigen
jute [ʒyt] *nm* Jute *f*
juteux, -euse [ʒytø, øz] *adj* saftig
juvénile [ʒyvenil] *adj* jugendlich
juxtaposer [ʒykstapoze] <1> *vt*
nebeneinanderstellen

K

K, k [kɑ] nm K, k nt
kaki [kaki] adj inv kaki(farben) ■ nm (fruit) Kaki(pflaume) f
kaléidoscope [kaleidɔskɔp] nm Kaleidoskop nt
kangourou [kɑ̃guʀu] nm Känguru nt
karaoké [kaʀaoke] nm Karaoke nt
karaté [kaʀate] nm Karate nt
kart [kaʀt] nm Gokart m
karting [kaʀtiŋ] nm: **faire du ~** Gokart fahren
kascher [kaʃɛʀ] adj koscher
kayak [kajak] nm Kajak m o nt
Kazakhstan [kazakstɑ̃] nm: **le ~** Kasachstan nt
kcal. abr = **kilocalorie(s)** kcal
kebab [kebab] nm Kebab m
Kenya [kenja] nm: **le ~** Kenia nt
képi [kepi] nm Käppi nt
kermesse [kɛʀmɛs] nf (de bienfaisance) Wohltätigkeitsbasar m; (foire) Kirmes f
kérosène [keʀozɛn] nm Kerosin nt
keuf nm (fam) Bulle m
kg abr = **kilogramme** kg
khmer, -ère [kmɛʀ] adj Khmer-
Khmer, -ère nm/f Khmer mf
khôl [kol] nm Kajalstift m
kidnapper [kidnape] <1> vt kidnappen
kidnappeur, -euse [kidnapœʀ, øz] nm/f Kidnapper(in) m(f)
kidnapping [kidnapiŋ] nm Kindesentführung f
kilo [kilo] nm Kilo nt
kilocalorie nf Kilokalorie f
kilogramme nm Kilogramm nt
kilojoule [kiloʒul] nm Kilojoule nt
kilométrage [kilɔmetʀaʒ] nm (au compteur) Kilometerstand m
kilomètre [kilɔmɛtʀ] nm Kilometer m
kilomètre-heure (pl **kilomètres-heures**) nm Stundenkilometer m
kilométrique adj (borne, compteur) Kilometer-; (distance) in Kilometern
kilooctet [kilooktɛ] nm Kilobyte nt
kilowatt [kilowat] nm Kilowatt nt; **~ heure** Kilowattstunde f
kimono [kimɔno] nm Kimono m
kinésithérapeute [kineziteʀapøt] nmf Krankengymnast(in) m(f)
kinésithérapie nf Krankengymnastik f
kiosque [kjɔsk] nm Kiosk m, Stand m; (dans un jardin public) Musikpavillon m
Kirghizistan [kiʀgizistɑ̃] nm: **le ~** Kirgistan nt, Kirgisien nt, Kirgisistan nt
Kiribati [kiribas] nm: **le ~** Kiribati nt
kirsch [kiʀʃ] nm Kirsch(wasser nt) m
kit [kit] nm Bastelsatz m; (pour entretien) Set nt; **~ mains libres** Freisprechanlage f
kitchenette [kitʃ(ə)nɛt] nf Kochnische f
kiwi [kiwi] nm (oiseau) Kiwi m; (fruit) Kiwi f
klaxon [klaksɔn] nm Hupe f
klaxonner [klaksɔne] <1> vi hupen ■ vt (fam) anhupen
kleenex® [klinɛks] nm Papiertaschentuch nt
kleptomane [klɛptɔman] nmf Kleptomane (Kleptomanin) m/f
km abr = **kilomètre** km
km/h abr = **kilomètre-heure** km/h
knock-out [nɔkaut] nm inv Knock-out m
Ko nm abr = **kilooctet** KB nt
K.-O. [kao] adj inv k. o.
koala [kɔala] nm Koala m
kohol [kɔɔl] nm Kajalstift m
kosovar [kɔsɔvaʀ] adj kosovarisch
Kosovar nmf Kosovare (Kosovarin) m/f
Kosovo [kɔsɔvo] nm: **le ~** der Kosovo
Koweit [kɔwɛt] nm: **le ~** Kuwait nt
krach [kʀak] nm Börsenkrach m
kraft [kʀaft] nm: **papier ~** Packpapier nt
Kremlin [kʀɛmlɛ̃] nm Kreml m
kurde [kyʀd] adj kurdisch
Kurde nmf Kurde (Kurdin) m/f
kW nm abr = **kilowatt** kW nt
K-way [kawɛ] nm Windhemd nt
kW/h nm abr = **kilowatt heure** kWh nt
kyrielle [kiʀjɛl] nf: **une ~ de** ein Strom von
kyste [kist] nm Zyste f

L, l [ɛl] nm L, l nt

l abr = **litre** l

l' art voir **le**

la [la] art voir **le**

là [la] adv dort; (ici) da, hier; (dans le temps) dann; **c'est là que** das ist, wo; **elle n'est pas là** sie ist nicht da; **de là** (fig) daher; **par là** (fig) dadurch

là-bas [labɑ] adv dort

label [label] nm (marque) Marke f; **~ de qualité** Gütezeichen nt

labeur [labœʀ] nm Mühe f, Arbeit f

labo [labo] nm voir **laboratoire**

laborantin, e [laboʀɑ̃tɛ̃, in] nm/f Laborant(in) m(f)

laboratoire [laboʀatwaʀ] nm Labor(atorium) nt, Forschungslabor nt; **~ de langues/d'analyses** Sprach-/ Untersuchungslabor; **~ spatial** Raumlabor

laborieux, -euse [laboʀjø, øz] adj (difficile: tâche) mühsam, mühselig; (personne) fleißig

labour [labuʀ] nm Pflügen nt; **cheval/ bœuf de ~** Arbeitspferd nt/-ochse m

labourer <1> vt pflügen; (fig: visage) zerfurchen

laboureur nm Bauer m

labrador [labʀadɔʀ] nm (chien) Labrador m

labyrinthe [labiʀɛ̃t] nm Labyrinth nt

lac [lak] nm See m

lacer [lase] <2> vt (chaussures) zubinden, zuschnüren

lacérer [laseʀe] <5> vt zerreißen, zerfetzen

lacet [lasε] nm (de chaussure) Schnürsenkel m; (de route) scharfe Kurve; (piège) Schlinge f

lâche [lɑʃ] adj locker; (personne) feige ■ nm Feigling m

lâcher [lɑʃe] <1> vt (volant, poignée) loslassen; (libérer) freilassen; (chien) loslassen; (mot, remarque) fallen lassen; (Sport: distancer) hinter sich dat lassen; (abandonner) im Stich lassen; **~ les amarres** (Naut) losmachen ■ vi (fil, amarres) reißen; (freins) versagen

lâcheté [lɑʃte] nf Feigheit f

lacrymal, e (pl -aux) [lakʀimal, o] adj Tränen-

lacrymogène [lakʀimɔʒεn] adj (bombe) Tränengas-

lacté, e [lakte] adj (produit, régime) Milch-

lactose [laktoz] nm Milchzucker m

lacune [lakyn] nf (de texte, de mémoire) Lücke f

là-dedans [lad(ə)dɑ̃] adv drinnen

là-derrière [ladεʀjεʀ] adv dahinter

là-dessous [lad(ə)su] adv (sous un objet: fig) dahinter

là-dessus adv (sur un objet: fig) darüber, darauf

là-devant [ladvɑ̃] adv davor

lagon [lagɔ̃] nm Lagune f (hinter einem Korallenriff)

lagune [lagyn] nf Lagune f

là-haut adv da oben

laid, e [lε, lεd] adj hässlich

laideron [lεdʀɔ̃] nm hässliches Mädchen

laideur [lεdœʀ] nf Hässlichkeit f; (fig: bassesse) Gemeinheit f

lainage [lεnaʒ] nm (vêtement) Wolljacke f; (pullover) Wollpullover m; (linge) Wollwäsche f

laine [lεn] nf Wolle f; **~ de verre** Glaswolle

laineux, -euse [lεnø, øz] adj (étoffe) Woll-

laïque [laik] adj Laien-; (école, enseignement) staatlich ■ nmf (Rel) Laie m

laisse [lεs] nf Leine f; **tenir en ~** an der Leine führen

laisser [lese] <1> vt lassen ■ vb aux: **~ qn faire** jdn tun lassen ■ vpr: **se ~ aller** sich gehen lassen

laisser-aller nm inv Nachlässigkeit f, Unbekümmertheit f

laissez-passer nm inv Passierschein m

lait [lε] nm Milch f; **~ démaquillant/de beauté** Reinigungs-/Schönheitsmilch; **~ écrémé/concentré** Mager-/ Kondensmilch

laitage [lɛtaʒ] nm Milchprodukt nt
laiterie [lɛtʀi] nf (usine) Molkerei f
laitier, -ière [letje, ɛʀ] adj (produit, vache) Milch- ■ nm/f Milchmann(-frau) m/f
laiton [lɛtõ] nm Messing nt
laitue [lety] nf Lattich m; (salade) (grüner) Salat
laïus [lajys] nm (pej) Sermon m
lama [lama] nm Lama nt
lambda [lãbda] adj: **le lecteur ~** (fam) der Durchschnittsleser
lambeau (pl x) [lãbo] nm (de tissu, de chair) Fetzen m; **en ~x** in Fetzen
lambiner [lãbine] <1> vi trödeln
lame [lam] nf Klinge f; (vague) Welle f; **~ de rasoir** Rasierklinge
lamelle [lamɛl] nf Lamelle f; (en métal, en plastique) kleiner Streifen, Blättchen nt
lamentable [lamãtabl] adj traurig, erbärmlich
lamentablement [lamãtabləmã] adv erbärmlich
lamentation [lamãtasjõ] nf (gémissement) Klagen nt, Jammern nt
lamenter <1> vpr: **se ~ (sur)** klagen (über +akk)
lamifié [lamifje] nm Laminat nt
laminer [lamine] <1> vt walzen; (fig) niederwalzen
laminoir [laminwaʀ] nm Walzmaschine f
lampadaire [lãpadɛʀ] nm (de salon) Stehlampe f; (dans la rue) Straßenlaterne f
lampe [lãp] nf Lampe f; **~ (à) halogène** Halogenlampe; **~ de poche** Taschenlampe
lampée [lãpe] nf (fam) Schluck m
lampe-tempête (pl **lampes-tempêtes**) [lãptãpɛt] nf Sturmlampe f
lampion [lãpjõ] nm Lampion m
lamproie [lãpʀwa] nf Neunauge nt
lance [lãs] nf (arme) Speer m, Lanze f; **~ d'incendie** Feuerwehrschlauch m
lance-flammes nm inv Flammenwerfer m
lance-fusées [lãsfyze] nm inv Raketenwerfer m
lancement [lãsmã] nm (Com) Einführung f; (d'un bateau) Stapellauf m; (d'une fusée) Abschuss m
lance-missiles [lãsmisil] nm inv Raketenwerfer m
lance-pierres [lãspjɛʀ] nm inv Steinschleuder f
lancer [lãse] <2> vt (ballon, pierre) werfen; (flamme, éclair) aussenden; (bateau) vom Stapel lassen; (fusée) abschießen; (Inform) starten; (produit, voiture) auf den Markt bringen; (artiste) herausbringen; lancieren; (mot, injure) schleudern; **~ qch à qn** jdm etw zuwerfen; (avec agression) jdm etw entgegenschleudern;

se lancer vpr (prendre de l'élan) losstürmen ■ nm (Sport) Wurf m; (pêche) Angeln nt; **se ~ sur/contre** (se précipiter) losstürzen auf +akk
lance-roquettes [lãsʀɔkɛt] nm inv Raketenwerfer m
lance-torpilles [lãstɔʀpij] nm inv Torpedorohr nt
lanceur [lãsœʀ] nm Trägerrakete f
lancinant, e [lãsinã, ãt] adj (regrets) quälend; (douleur) stechend
lanciner [lãsine] <1> vi (douleur) stechen; (fig) quälen
landau [lãdo] nm (pour bébé) Kinderwagen m
lande [lãd] nf Heide f
langage [lãgaʒ] nm Sprache f; (usage) Redeweise f; **~ de programmation** Programmiersprache f
lange [lãʒ] nm Windel f
langer <2> vt die Windeln wechseln +dat
langoureux, -euse [lãguʀø, øz] adj (regard, ton, air) schmachtend; (propos) verliebt; **un tango ~** ein wehmütiger Tango
langouste [lãgust] nf Languste f
langoustine [lãgustin] nf Kaisergranat m
langue [lãg] nf (Anat, Gastr) Zunge f; (Ling) Sprache f; **~s étrangères appliquées** angewandte Fremdsprachen pl; **de ~ française** Französisch sprechend; **la ~ d'oc** das Okzitanische; **tirer la ~ (à)** die Zunge herausstrecken +dat; **~ maternelle** Muttersprache; **~ officielle** Amtssprache; **~ de terre** Landzunge; **~ verte** Argot m; **~ vivante** lebende Sprache
langue-de-chat (pl **langues-de-chat**) nf Katzenzunge f
Languedoc [lãgdɔk] nm: **le ~** Languedoc m
languette [lãgɛt] nf (de chaussure) Zunge f, Lasche f
langueur [lãgœʀ] nf (mélancolie) Wehmut f
languir [lãgiʀ] <8> vi (être oisif) apathisch sein, verkümmern; (d'amour) schmachten; (émission, conversation) erlahmen
lanière [lanjɛʀ] nf Riemen m
la Niña [lanina] nf La Niña f
lanterne [lãtɛʀn] nf Laterne f
Laos [laos] nm: **le ~** Laos nt
laotien, ne [laɔsjẽ, ɛn] adj laotisch
lapalissade [lapalisad] nf Binsenweisheit f
lapidaire [lapidɛʀ] adj (fig) knapp
lapider [lapide] <1> vt (attaquer) mit Steinen bewerfen; (tuer) steinigen
lapin [lapẽ] nm Kaninchen nt
lapis(-lazuli) [lapis(lazyli)] nm inv Lapislazuli m

lapon, ne [lapõ, ɔn] *adj* lappländisch
Lapon, ne *nm/f* Lappe (Lappin) *m/f*
Laponie [lapɔni] *nf*: **la ~** Lappland *nt*
laps [laps] *nm*: **~ de temps** Zeitraum *m*
lapsus [lapsys] *nm* Versprecher *m*; (*écrit*) Lapsus *m*
laquais [lakɛ] *nm* Lakai *m*
laque [lak] *nf* (*peinture*) Lack *m*; (*pour cheveux*) Haarspray *m* o *nt*
laquelle [lakɛl] *pron voir* **lequel**
larcin [laʀsɛ̃] *nm* (kleiner) Diebstahl
lard [laʀ] *nm* Speck *m*
larder [laʀde] <1> *vt* (*Gastr*) spicken
lardon [laʀdõ] *nm* (*Gastr*) Speckstreifen *m*; (*fam: enfant*) kleines Kind
large [laʀʒ] *adj* breit; (*fig: généreux*) großzügig; **~ d'esprit** weitherzig, liberal ⬛ *nm*: **5 m de ~** (*largeur*) 5 m breit; **le ~** (*mer*) das offene Meer; **au ~ de** in Höhe von, im Umkreis von
largement *adv* weit; (*généreusement*) großzügig; **il a ~ le temps** er hat reichlich Zeit; **il a ~ de quoi vivre** er hat sein gutes Auskommen
largesse [laʀʒɛs] *nf* (*générosité*) Großzügigkeit *f*
largeur [laʀʒœʀ] *nf* Breite *f*, Weite *f*; (*fig*) Liberalität *f*; **~ de bande** (*Radio*) Bandbreite
larguer [laʀge] <1> *vt* abwerfen
larme [laʀm] *nf* Träne *f*; **une ~ de** (*fig*) ein Tropfen ...; **en ~s** in Tränen aufgelöst
larmoyant, e [laʀmwajɑ̃, ɑ̃t] *adj* weinerlich
larmoyer [laʀmwaje] <6> *vi* (*yeux*) tränen; (*se plaindre*) klagen
larron [laʀõ] *nm* Spitzbube *m*
larve [laʀv] *nf* Larve *f*
laryngite [laʀɛ̃ʒit] *nf* Kehlkopfentzündung *f*
larynx [laʀɛ̃ks] *nm* Kehlkopf *m*
las, se [lɑ, lɑs] *adj* müde, matt
lasagne [lazaɲ] *nf* Lasagne *f*
lascif, -ive [lasif, iv] *adj* lasziv, sinnlich
laser [lazɛʀ] *nm* Laser *m* ⬛ *adj inv* Laser-; **rayon ~** Laserstrahl *m*
lasser [lase] <1> *vt* erschöpfen ⬛ *vpr*: **se ~ de qch** etw leid werden
lassitude [lasityd] *nf* Müdigkeit *f*; (*fig*) Überdruss *m*
lasso [laso] *nm* Lasso *nt*
latent, e [latɑ̃, ɑ̃t] *adj* latent
latéral, e [lateʀal] (*pl -aux*) [lateʀal, o] *adj* seitlich
latéralement [lateʀalmɑ̃] *adv* seitlich; (*arriver*) von der Seite
latex [latɛks] *nm inv* Latex *m*
latin, e [latɛ̃, in] *adj* lateinisch
latino-américain, e (*pl -s*) [latinoameʀikɛ̃, ɛn] *adj* lateinamerikanisch

latitude [latityd] *nf* (*Geo*) Breite *f*; **avoir la ~ de faire qch** (*fig*) völlig freie Hand haben, etw zu tun; **à 48° de ~ nord** 48° nördlicher Breite
latte [lat] *nf* Latte *f*; (*de plancher*) Leiste *f*
lauréat, e [lɔʀea, at] *nm/f* Preisträger(in) *m(f)*
laurier [lɔʀje] *nm* Lorbeer *m*; (*Gastr*) Lorbeerblatt *nt*
laurier-rose (*pl* **lauriers-roses**) [lɔʀjeʀoz] *nm* Oleander *m*
lavabo [lavabo] *nm* (*de salle de bains*) Waschbecken *nt*; **lavabos** *nmpl* (*toilettes*) Toilette *f*
lavage [lavaʒ] *nm* Waschen *nt*; **~ de cerveau** Gehirnwäsche *f*; **~ d'estomac/ d'intestin** Magen-/Darmspülung *f*
lavande [lavɑ̃d] *nf* Lavendel *m*
lave [lav] *nf* Lava *f*
lave-glace (*pl* **~s**) [lavglas] *nm* (*Auto*) Scheibenwaschanlage *f*
lave-linge [lavlɛ̃ʒ] *nm inv* Waschmaschine *f*
laver [lave] <1> *vt* waschen; (*tache*) abwaschen; (*baigner: enfant*) baden; **se laver** *vpr* sich waschen; **se ~ les mains** sich *dat* die Hände waschen; **se ~ les dents** sich *dat* die Zähne putzen
laverie [lavʀi] *nf*: **~ (automatique)** Waschsalon *m*
lavette [lavɛt] *nf* (*chiffon*) Abwaschlappen *m*; (*brosse*) Spülbürste *f*; (*pej*) Waschlappen *m*
laveur, -euse [lavœʀ, øz] *nm/f* (*de carreaux*) Fensterputzer(in) *m(f)*; (*de voitures*) Wagenwäscher(in) *m(f)*
lave-vaisselle *nm inv* Geschirrspülmaschine *f*
lavoir [lavwaʀ] *nm* (*bac*) Spülbecken *nt*; (*édifice*) Waschhaus *nt*
laxatif, -ive [laksatif, iv] *adj* abführend ⬛ *nm* Abführmittel *nt*
laxisme [laksism] *nm* (*travail*) Nachlässigkeit *f*
laxiste [laksist] *adj* lax
layette [lɛjɛt] *nf* Babyausstattung *f*
le, l', la (*pl* **les**) [lə, l, la, le] (*à + le* = **au**, *à + les* = **aux**; *de + le* = **du**, *de + les* = **des**) *art* der, die, das; (*pl*) die; **le jeudi** (*d'habitude*) donnerstags; (*ce jeudi-là*) am Donnerstag; **le matin/soir** am Morgen/Abend; **le tiers/quart** ein Drittel/Viertel; **10 euros le mètre/kilo** 10 Euro pro Meter/Kilo ⬛ *pron* (*objet direct*) ihn, sie, es; (*objet indirect*) ihm, sie, ihm; (*remplaçant une phrase*) es, das
L.E. *nf* = **licence d'exportation** Ausfuhrlizenz *f*
L.E.A. *abr* = **langues étrangères appliquées** angewandte Fremdsprachen *pl*

leader [lidœʀ] nm Marktführer m;
~ **de marché mondial** Weltmarktführer
leasing [liziŋ] nm Leasing nt; **acheter**
en ~ leasen
lèche-bottes [lɛʃbɔt] nmf inv
Speichellecker m
lèche-cul (pl ~s) nmf Arschkriecher(in)
m(f)
lécher [leʃe] <5> vt lecken; ~ **les**
vitrines einen Schaufensterbummel
machen
lèche-vitrines [lɛʃvitʀin] nm inv:
faire du ~ einen Schaufensterbummel
machen
leçon [l(ə)sõ] nf (Scol: heure de classe)
Stunde f; (devoir) Lektion f; (fig:
avertissement) Lehre f; **donneur de ~s** (pej)
Besserwisser m; **faire la** ~ unterrichten;
faire la ~ **à qn** (fig) jdm einen langen
Vortrag halten; ~**s** Fahrstunden pl; ~**s particulières**
Privatstunden pl, Nachhilfestunden pl
lecteur, -trice [lɛktœʀ, tʀis] nm/f
(de journal, de livre) Leser(in) m(f);
(d'université) Lektor(in) m(f) ■ nm
(Inform) Laufwerk nt; ~ **de cassettes**
audio Rekorder m; ~ **cible** (Inform)
Ziellaufwerk; ~ **de CD-ROM** CD-ROM
Laufwerk; ~ **de disques compacts**
CD-Player m; ~ **de CD portable** tragbarer
CD-Player; ~ **MP3** MP3-Spieler m;
~ **source** (Inform) Quelllaufwerk;
~ **Zip®** ZIP-Laufwerk®
lecture [lɛktyʀ] nf Lesen nt, Lektüre f
légal, e (pl -aux) [legal, o] adj (Jur: âge,
formalité) gesetzlich
légalisation [legalizasjõ] nf
Legalisierung f
légaliser [legalize] <1> vt (situation, fait,
papier) legalisieren
légalité nf Legalität f
légataire [legatɛʀ] nmf: ~ **universel(le)**
Alleinerbe(-erbin) m/f
légendaire [leʒãdɛʀ] adj (héros, histoire)
legendär; (fig) berühmt
légende [leʒãd] nf Legende f
léger, -ère [leʒe, ɛʀ] adj (poids, vent)
leicht; (erreur, retard) klein, geringfügig;
(superficiel) leichtfertig; (volage) locker,
lose; **à la légère** (parler, agir) unbesonnen,
gedankenlos
légèrement adv leicht, locker;
(parler, agir) unbesonnen; ~ **plus**
grand/en retard etwas größer/leicht
verspätet
légèreté [leʒɛʀte] nf Leichtigkeit f;
(d'étoffe) Duftigkeit f; (pej)
Leichtfertigkeit f
légion [leʒjõ] nf Legion f; ~ **étrangère**
Fremdenlegion

● **LA LÉGION D'HONNEUR**
●
● La Légion d'honneur, die 1802 von
● Napoleon geschaffen wurde, ist ein
● hoch angesehener französischer
● Orden. Der Präsident der Republik,
● der "Grand Maître", ist das Oberhaupt
● dieses Ordens. Mitglieder erhalten
● jedes Jahr eine nominelle steuerfreie
● Bezahlung.

légionnaire [leʒjɔnɛʀ] nm Legionär m
législateur [leʒislatœʀ] nm Gesetzgeber m
législatif, -ive [leʒislatif, iv] adj
gesetzgebend
législation [leʒislasjõ] nf Gesetzgebung f
législatives [leʒislativ] nfpl (allgemeine)
Parlamentswahlen pl
législature [leʒislatyʀ] nf Legislative f
légitime [leʒitim] adj (Jur: droit) legitim;
(parent) gesetzmäßig; (enfant) ehelich;
(fig) berechtigt; ~ **défense** Notwehr f
legs [lɛg] nm Erbschaft f
léguer [lege] <5> vt: ~ **qch à qn** (Jur) jdm
etw vermachen; (fig) jdm etw vererben
légume [legym] nm Gemüse nt ■ nf:
grosse ~ (fam) Oberboss m
légumier [legymje] nm (plat)
Gemüseschüssel f
légumineuses [legyminøz] nfpl
Hülsenfrüchte pl
Léman [lemã] nm: **le lac** ~ der Genfer See
lendemain [lãdmɛ̃] nm: **le** ~ der nächste
Tag; **le** ~ **matin/soir** am nächsten
Morgen/Abend; **le** ~ **de** am Tag nach;
au ~ **de** (fig) nach; **sans** ~ kurzlebig, ohne
Zukunft; **remettre au** ~ (immer wieder)
verschieben; **la pilule du** ~ die Pille danach
léninisme [leninism] nm Leninismus m
lent, e [lã, lãt] adj langsam
lentement adv langsam
lenteur [lãtœʀ] nf Langsamkeit f;
lenteurs nfpl Schwerfälligkeit f
lentille [lãtij] nf Linse f; ~ **de contact**
Kontaktlinse
léopard [leɔpaʀ] nm Leopard m
lèpre [lɛpʀ] nf Lepra f
lépreux, -euse [lepʀø, øz] nm/f
Leprakranke(r) mf ■ adj (mur)
abbröckelnd
lequel, laquelle (pl **lesquels, lesquelles**)
[ləkɛl, lakɛl, lekɛl] (à + lequel = **auquel**,
à + lesquels = **auxquels**, à + lesquelles =
auxquelles; de + lequel = **duquel**,
de + lesquels = **desquels**, de + lesquelles =
desquelles) pron (interrogatif) welche(r, s);
(pl) welche; (relatif) welche(r, s); (pl)
welche; der, die, das; (pl) die ■ adj:
auquel cas in diesem Fall
les [le] art voir **le**

lesbienne [lɛsbjɛn] nf Lesbierin f
lésiner [lezine] <1> vi: ~ **(sur)** sparen (an +dat)
lésion [lezjõ] nf Verletzung f; **~s cérébrales** Gehirnschädigung f
Lesotho [lezɔto] nm: **le ~** Lesotho nt
lesquels, lesquelles pron voir **lequel**
lessive [lesiv] nf Waschpulver nt; (linge) Wäsche f; **faire la ~** waschen
lessiver <1> vt (sol) aufwischen; (mur) abwaschen
leste [lɛst] adj flink, behende
lester [leste] <1> vt mit Ballast beladen
léthargie [letaʀʒi] nf Lethargie f
léthargique [letaʀʒik] adj lethargisch
letton, ne adj lettisch
Letton, ne [letõ, ɔn] nm/f Lette (Lettin) m/f
Lettonie [letɔni] nf: **la ~** Lettland nt
lettre [lɛtʀ] nf Brief m; (de l'alphabet) Buchstabe m; **lettres** nfpl (littérature) Literatur f; **à la ~** (fig: prendre) wörtlich; (obéir) aufs Wort; **en toutes ~s** ausgeschrieben; **~ d'adieu** Abschiedsbrief; **~ de change** Wechsel m; **~ de démission** (travail) Kündigungsschreiben nt; **~ piégée** Briefbombe f; **~ recommandée** Einschreibebrief
lettré, e [letʀe] adj gebildet, belesen
leucémie [løsemi] nf Leukämie f
leucémique [løsemik] adj leukämisch
leur [lœʀ] adj ihr, ihre, ihr; **à ~ approche** als sie näher kamen; **à ~ vue** bei ihrem Anblick ■ pron ihnen; **le (la) ~, les ~s** ihre(r, s); (pl) ihre
leurre [lœʀ] nm (appât) Köder m; (fig) Blendwerk nt
leurrer <1> vt irreführen, ködern
levain [ləvɛ̃] nm (de boulanger) Sauerteig m
levant [ləvɑ̃] adj: **soleil ~** aufgehende Sonne
levé, e [l(ə)ve] adj: **être ~** auf sein
levée [l(ə)ve] nf (de poste) Leerung f; (Cartes) Stich m; **~ de boucliers** (fig) Welle f des Protestes; **~ de troupes** Truppenaushebung f
lever [l(ə)ve] <4> vt aufheben; (bras, poids) hochheben; (tête, yeux) erheben; (difficulté) beseitigen; (impôts) erheben; (armée) ausheben; (en chasse) aufjagen ■ vi (Gastr) aufgehen; **se lever** vpr aufstehen; (soleil) aufgehen; (jour) anbrechen; (temps) sich aufklären ■ nm: **au ~** beim Aufstehen; **~ du jour** Tagesanbruch m; **~ du rideau** Beginn m der Vorstellung; **~ du soleil** Sonnenaufgang m
lève-tard [lɛvtaʀ] nmf inv (fam: personne) Langschläfer(in) m(f)

lève-tôt nmf inv (fam: personne) Frühaufsteher(in) m(f)
levier [ləvje] nm Hebel m; **~ (de changement) de vitesse** (Auto) Schalthebel
lèvre [lɛvʀ] nf Lippe f
lévrier [levʀije] nm Windhund m
levure [l(ə)vyʀ] nf Hefe f; **~ chimique** Backpulver nt
lexique [lɛksik] nm Wortschatz m; (index) Glossar nt
lézard [lezaʀ] nm Eidechse f
lézarder [lezaʀde] <1> vi (fam) (in der Sonne) faulenzen
liaison [ljezõ] nf (Chemin de Fer, Aviat) Verbindung f; (Inform) Verknüpfung f; (amoureuse) Liaison f; (en phonétique) Bindung f; **entrer/être en ~ avec** in Kontakt treten/sein mit
liane [ljan] nf Liane f
liasse [ljas] nf (de billets, de lettres) Stoß m, Bündel nt
Liban [libã] nm: **le ~** der Libanon
libanais, e [libanɛ, ɛz] adj libanesisch
Libanais, e nm/f Libanese (Libanesin) m/f
libeller [libele] <1> vt (lettre, rapport) formulieren; **~ (au nom de qn)** (chèque, mandat) (auf jdn) ausstellen
libellule [libelyl] nf Libelle f
libéral, e [liberal, o] adj (généreux) großzügig; (économie, politique) liberal
libéraliser [liberalize] <1> vt liberalisieren
libéralisme [liberalism] nm Liberalismus m; (tolérance) Großzügigkeit f
libéralité nf Großzügigkeit f
libérateur, -trice [liberatœr, tris] nm/f Befreier(in) m(f)
libération [liberasjõ] nf Befreiung f; **la L~** die Befreiung Frankreichs durch die Alliierten 1944
libéré, e [libere] adj emanzipiert
libérer [libere] <5> vt befreien; (relâcher) freilassen; (dégager: gaz) freisetzen; **se libérer** vpr (de rendez-vous) sich freimachen
Libéria [liberja] nm: **le ~** Liberia nt
liberté [libɛʀte] nf Freiheit f; **libertés** nfpl (privautés) Freiheiten pl; **en ~ provisoire/surveillée/conditionnelle** auf Kaution/mit Meldeverpflichtung/auf Bewährung freigelassen; **mettre/être en ~** freilassen/frei sein; **~ d'établissement** Niederlassungsfreiheit; **~ de la presse/ d'opinion** Presse-/Meinungsfreiheit
libertin, e [libɛʀtɛ̃, in] adj ein ausschweifendes Leben führend
libidineux, -euse [libidinø, øz] adj lüstern

libido [libido] nf Libido f
libraire [librɛr] nmf Buchhändler(in) m(f)
librairie nf Buchhandlung f
libre [libr] adj frei; (Scol) Privat-; **~ de** frei
von; **~ de faire qch** frei, etw zun tun;
être ~ verfügbar sein, keine (sonstige)
Verabredung haben; **~ arbitre** freier Wille
libre-échange (pl **libres-échanges**) nm
Freihandel m
libre-service (pl **libres-services**) nm
Selbstbedienung f; (magasin)
Selbstbedienungsladen m
librettiste [librɛtist] nmf Librettist(in) m(f)
Libye [libi] nf: **la ~** Libyen nt
libyen, ne [libjɛ̃, ɛn] adj libysch
Libyen, ne [libjɛ̃, ɛn] nm(f) Libyer(in) m(f)
licence [lisɑ̃s] nf (permis) Befugnis f,
Erlaubnis f; (diplôme) Lizenz f, Diplom nt;
(Univ) Licence f, ≈ universitäre
Zwischenprüfung f; (liberté des mœurs)
Zügellosigkeit f; **~ d'exportation**
Ausfuhrlizenz

licencié, e [lisɑ̃sje] nm/f (Sport)
Teilnahmeberechtigte(r) mf; **~ ès lettres**
(Scol) Lizenziat m der philosophischen
Fakultät
licenciement [lisɑ̃simɑ̃] nm Entlassung f
licencier [lisɑ̃sje] <1> vt (renvoyer)
entlassen; (débaucher) entlassen,
kündigen +dat
lichen [likɛn] nm Flechte f
licorne [likɔrn] nf Einhorn nt
licou [liku] nm Halfter nt o m
lie [li] nf (du vin, du cidre) Bodensatz m
lié, e [lje] adj: **être ~ par** verpflichtet sein
durch; **être très ~ avec qn** (fig) mit jdm
sehr eng befreundet sein
Liechtenstein [liʃtənʃtain] nm:
le ~ Liechtenstein nt
liège [ljɛʒ] nm Kork m
Liège [ljɛʒ] nt Lüttich nt
lien [ljɛ̃] nm (corde: fig: analogie) Band nt;
(rapport affectif, culturel) Bande pl,
Verbindung f; **~s hypertextes** Hyperlinks
pl; **~ de parenté/famille** Familienbande pl
lier [lje] <1> vt (cheveux, fleurs, etc)
zusammenbinden; (paquet) zubinden;
(prisonnier, mains) binden, fesseln; (fig:
unir) verbinden; (conversation,
connaissance) anknüpfen; (Gastr) binden;
~ qch à etw verbinden mit; (attacher) etw
binden an/auf +akk ▪ vpr: **se ~ avec qn**
mit jdm Freundschaft schließen

lierre [ljɛr] nm Efeu m
lieu (pl **x**) [ljø] nm Ort m, Platz m; **au ~
de** anstelle von, statt +gen; **avoir ~**
stattfinden; **avoir ~ de** (se demander,
s'inquiéter) Grund haben zu; **arriver/être
sur les ~x** (d'un accident, de manifestation)
am Schauplatz ankommen/sein, vor Ort
sein; **donner ~ à** Veranlassung geben zu;
en haut ~ an maßgeblicher Stelle; **en
premier/dernier ~** erstens/letztens;
tenir ~ de qch als etw fungieren, zu etw
dienen; **vider/quitter les ~x** eine
Wohnung räumen/verlassen
lieu-dit (pl **lieux-dits**) nm Ort m,
Örtlichkeit f
lieutenant [ljøt(ə)nɑ̃] nm Oberleutnant m
lièvre [ljɛvr] nm (Feld)hase m
liftier [liftje] nm Liftboy m
lifting [liftiŋ] nm (Face)lift m; **se faire
faire un ~** sich liften lassen
ligament [ligamɑ̃] nm (Anat) Band nt
ligaturer [ligatyre] <1> vt abbinden
ligne [liɲ] nf Linie f; (liaison) Verbindung f;
(trajet) Strecke f, Linie f; **à la ~** neue Zeile;
entrer en ~ de compte in Betracht
gezogen werden; **garder la ~** die Figur
halten; **en/hors ~** (Inform) on-/offline;
~ de but/médiane Tor-/Mittellinie
lignée [liɲe] nf (postérité) Linie f
ligneur [liɲœr] nm Eyeliner m
lignite [liɲit] nm Braunkohle f
ligoter [ligɔte] <1> vt binden, fesseln
ligue [lig] nf (association) Bund m, Liga f;
~ des champions Champions League f
liguer [lige] <1> vpr: **se ~ contre** sich
verbünden gegen
lilas [lila] nm Flieder m
limace [limas] nf Nacktschnecke f
limaille [limɑj] nf: **~ de fer** Eisenspäne pl
limande [limɑ̃d] nf Kliesche f (Schollenart)
lime [lim] nf (Tech) Feile f; **~ à ongles**
Nagelfeile
limer <1> vt feilen
limier [limje] nm Spürhund m
limitation [limitasjɔ̃] nf Begrenzung f,
Beschränkung f; **~ de vitesse**
Geschwindigkeitsbegrenzung; (générale)
Tempolimit nt
limite [limit] nf Grenze f; (Tech)
Grenzwert m; **sans ~s** grenzlos;
être ~ (fam) gerade so an der Grenze sein;
c'est ~ (fam) das ist gerade so an der
Grenze; **cas ~** Grenzfall m; **date ~** letzter
Termin; **vitesse/charge ~**
Höchstgeschwindigkeit f/-ladung f, -last f
limiter [limite] <1> vt (délimiter) begrenzen;
~ qch (à) (restreindre) etw beschränken
(auf +akk)
limitrophe [limitrɔf] adj angrenzend,
Nachbar-

limoger [limɔʒe] <**2**> vt (Pol) kaltstellen
limon [limõ] nm Schlick m
limonade [limɔnad] nf Limonade f
limpide [lɛ̃pid] adj klar
lin [lɛ̃] nm Lein m, Flachs m; (tissu) Leinen nt
linceul [lɛ̃sœl] nm Leichentuch nt
linge [lɛ̃ʒ] nm Wäsche f; (pièce de tissu) Tuch nt; ~ **de corps** Unterwäsche; ~ **sale** schmutzige Wäsche; ~ **de toilette** Handtücher pl
lingerie [lɛ̃ʒʀi] nf (vêtements) Damenwäsche f
lingot [lɛ̃go] nm Barren m
linguiste [lɛ̃gɥist] nmf Linguist(in) m(f)
linguistique nf Linguistik f
linoléum [linɔleɔm] nm Linoleum nt
linotte [linɔt] nf: **tête de ~** Trottel m
Linux® [linyks] nm (Inform) Linux® nt
lion, ne [ljõ, ljɔn] nm/f Löwe (Löwin) m/f; **L~** (Astr) Löwe m
liquéfier [likefje] <**1**> vt verflüssigen
liqueur [likœʀ] nf (digestif) Likör m
liquidation [likidasjõ] nf (vente) Verkauf m; (règlement) Regelung f, Erledigung f; (Com) Ausverkauf m; (fam: meurtre) Beseitigung f
liquide [likid] adj flüssig ■ nm Flüssigkeit f; **en ~** (Com) in bar
liquider [likide] <**1**> vt (société, biens) verkaufen; (compte, dettes) regeln, bezahlen; (Com: stock, articles) ausverkaufen; (fam: affaire, travail, problème) erledigen; (fam: témoin gênant) beseitigen, liquidieren
lire [liʀ] irr vi, vt lesen
lis [lis] nm Lilie f
Lisbonne [lisbɔn] Lissabon f
lisible [lizibl] adj lesbar
lisiblement [lizibləmã] adv leserlich
lisière [lizjɛʀ] nf (de forêt) Rand m; (de tissu) Kante f, Saum m
lisse [lis] adj glatt
lisser <**1**> vt glätten
listage [listaʒ] nm Auflistung f; (Inform) Ausdruck m
liste [list] nf Liste f; **être sur (la) ~ rouge** eine Geheimnummer haben; **faire la ~ de** eine Liste machen von; ~ **électorale** Wählerliste
lister [liste] <**1**> vt auflisten
listing [listiŋ] nm Ausdruck m; **un ~ des abonnés** eine Abonnentenliste
lit [li] nm Bett nt; **aller au ~, se mettre au ~** ins Bett gehen; **faire son ~** das Bett machen; ~ **de camp** Feldbett
litanie [litani] nf Litanei f
litchi [litʃi] nm Litschi f
literie [litʀi] nf Bettzeug nt
litière [litjɛʀ] nf Streu f
litige [litiʒ] nm Rechtsstreit m

litigieux, -euse [litiʒjø, øz] adj (sujet) umstritten, strittig
litote [litɔt] nf Untertreibung f, Litotes f
litre [litʀ] nm Liter m o nt; **un ~ de vin/ bière** ein Liter Wein/Bier
litschi [litʃi] nm Litschi f
littéraire [liteʀɛʀ] adj literarisch
littéral, e (pl -aux) [literal, o] adj wörtlich
littéralement adv (textuellement) wörtlich; (au sens propre) buchstäblich
littérature [literatyʀ] nf Literatur f
littoral (pl -aux) [litɔʀal, o] nm Küste f
Lituanie [lityani] nf: **la ~** Litauen nt
lituanien, ne [lityanjɛ̃, ɛn] adj litauisch
Lituanien, ne nm/f Litauer(in) m(f)
liturgie [lityʀʒi] nf Liturgie f
livable [livʀabl] adj lieferbar
livraison [livʀɛzõ] nf Lieferung f, **date de ~** Liefertermin m; **délai de ~** Lieferfrist f
livre [livʀ] nm Buch nt; ~ **de bord** Logbuch; ~ **électronique** elektronisches Buch; ~ **de poche** Taschenbuch ■ nf (poids, monnaie) Pfund nt
livré, e [livʀe] adj: ~(e) **à soi-même** sich dat selbst überlassen ■ nf Livree f
livre-cassette (pl **livres-cassettes**) [livʀəkaset] nm Hörbuch nt
livrer [livʀe] <**1**> vt (Com) liefern; (fig: otage, coupable) ausliefern; (secret, information) verraten, preisgeben ■ vpr: **se ~ à** (se confier à) sich anvertrauen +dat; (se rendre) sich stellen +dat; (faire) sich widmen +dat
livret [livʀɛ] nm (petit livre) Broschüre f; (d'opéra) Libretto nt; ~ **de caisse d'épargne** Sparbuch nt; ~ **de famille** Stammbuch nt; ~ **scolaire** Zeugnisheft nt
livreur, -euse [livʀœʀ, øz] nm/f Lieferant(in) m(f)
lob [lɔb] nm (Tennis) Lob m
lobe [lɔb] nm: ~ **de l'oreille** Ohrläppchen nt
lober [lɔbe] <**1**> vt (Foot) steil anspielen; (Tennis) im Lob spielen
local, e (pl -aux) [lɔkal, o] adj lokal, örtlich ■ nm (salle) Raum m ■ nmpl Räumlichkeiten pl
localiser [lɔkalize] <**1**> vt lokalisieren; (dans le temps) datieren; (limiter) einschränken
localité [lɔkalite] nf (Admin) Örtlichkeit f, Ortschaft f
locataire [lɔkatɛʀ] nmf Pächter(in) m(f), Mieter(in) m(f)
location [lɔkasjõ] nf (par le locataire) Miete f, Mieten nt; (par l'usager) Mieten nt; (par le propriétaire) Vermieten nt; ~ **de voitures** Autoverleih m

location-vente (*pl* **locations-ventes**) [lɔkasjɔ̃vɑ̃t] *nf* Leasing *nt*
lock-out [lɔkaut] *nm inv* Aussperrung *f*
lock-outer <1> *vt* aussperren
locomotion [lɔkɔmosjɔ̃] *nf* Fortbewegung *f*
locomotive [lɔkɔmɔtiv] *nf* Lokomotive *f*; (*fig*) Schrittmacher *m*
locuteur, -trice [lɔkytœʀ, tʀis] *nm/f* Sprecher(in) *m(f)*; ~ **natif** Muttersprachler *m*
locution [lɔkysjɔ̃] *nf* Ausdruck *m*, (Rede)wendung *f*
logarithme [lɔgaʀitm] *nm* Logarithmus *m*
loge [lɔʒ] *nf* Loge *f*
logement [lɔʒmɑ̃] *nm* Unterkunft *f*; (*appartement*) Wohnung *f*; (*Inform*) Speicherplatz *m*; ~ **de fonction** Dienstwohnung
loger [lɔʒe] <2> *vt* unterbringen, beherbergen ■ *vi* (*habiter*) wohnen ■ *vpr*: **se ~ dans** (*balle, flèche*) stecken bleiben in +*dat*; **trouver à se ~** Unterkunft finden
logeur, -euse *nm/f* Vermieter(in) *m(f)*
logiciel [lɔʒisjɛl] *nm* Software *f*; ~ **de dessin** Zeichenprogramm *nt*
logique [lɔʒik] *adj* logisch ■ *nf* Logik *f*
logiquement *adv* logischerweise; (*de façon cohérente*) logisch; (*normalement*) eigentlich
logis [lɔʒi] *nm* Wohnung *f*
logistique [lɔʒistik] *nf* Logistik *f*
logo [lɔgo] *nm* Logo *nt*
loi [lwa] *nf* Gesetz *nt*; **faire la ~** bestimmen, das Sagen haben
loin [lwɛ̃] *adv* (*dans l'espace*) weit; (*dans le temps: passé*) weit zurück; (*futur*) fern; ~ **de** weit von; **au ~** in der Ferne; **de ~** von Weitem; (*fig: de beaucoup*) bei Weitem; **moins ~ (que)** nicht so weit (wie); **plus ~** weiter
lointain, e [lwɛ̃tɛ̃, ɛn] *adj* entfernt; (*dans le passé*) weit zurückliegend; (*dans le futur*) entfernt; (*fig: cause, parent*) entfernt
Loire [lwaʀ] *nf*: **la ~** die Loire
loisir [lwaziʀ] *nm*: **heures de ~** Mußestunden *pl*; **loisirs** *nmpl* (*temps libre*) Freizeit *f*; (*activités*) Freizeitgestaltung *f*; **prendre/avoir le ~ de faire qch** sich *dat* die Zeit nehmen/Zeit haben, etw zu tun
lollo rosso [lɔlɔʀɔso] *nf* Lollo rosso *m*
Londres [lɔ̃dʀ] London *nt*
long, longue [lɔ̃, lɔ̃g] *adj* lang; **se connaître de longue date** sich schon (sehr) lange kennen; **de ~ en large** (*marcher*) hin und her; **en ~** längs; **être long(ue) à faire qch** lange zu etw

brauchen; **(tout) le ~ de** entlang +*dat* ■ *nm*: **un lit de 2 m de ~** ein 2 m langes Bett ■ *nf*: **à la longue** auf die Dauer
long-courrier (*pl* ~**s**) [lɔ̃kuʀje] *nm* Langstreckenflugzeug *nt*
longe [lɔ̃ʒ] *nf* (*corde*) Strick *m*, Longe *f*; (*Gastr*) Lende *f*
longer [lɔ̃ʒe] <2> *vt* entlanggehen; (*en voiture*) entlangfahren; (*mur, route*) entlangführen
longévité [lɔ̃ʒevite] *nf* Langlebigkeit *f*
longitude [lɔ̃ʒityd] *nf* (*Geo*) Länge *f*; **45° de ~ nord/ouest** 45° nördlicher/ westlicher Länge
longitudinal, e (*pl* -**aux**) [lɔ̃ʒitydinal, o] *adj* Längen-
longtemps [lɔ̃tɑ̃] *adv* lange; **avant ~** bald; **pour/pendant ~** lange; **il y a ~ que je travaille/l'ai connu** ich arbeite/kenne ihn schon lange; **il y a ~ que je n'ai pas dansé** ich habe schon lange nicht mehr getanzt
longuement [lɔ̃gmɑ̃] *adv* lange
longueur [lɔ̃gœʀ] *nf* Länge *f*; **longueurs** *nfpl* (*fig: d'un film, d'un livre*) Längen *pl*; **en ~** (*être*) in der Länge; (*mettre*) der Länge nach; **sur une ~ de 10 km** auf einer Länge von 10 km
longue-vue (*pl* **longues-vues**) [lɔ̃gvy] *nf* Fernrohr *nt*
lopin [lɔpɛ̃] *nm*: ~ **de terre** Stück *nt* Land
loquace [lɔkas] *adj* redselig
loquacité *nf* Gesprächigkeit *f*, Redseligkeit *f*
loquet [lɔkɛ] *nm* (*de porte*) Riegel *m*
lorgner [lɔʀɲe] <1> *vt* (*regarder*) schielen nach; (*convoiter*) liebäugeln mit
lorrain, e [lɔʀɛ̃, ɛn] *adj* lothringisch; **quiche ~e** Quiche lorraine *f*
Lorrain, e *nm/f* Lothringer(in) *m(f)*
Lorraine [lɔʀɛn] *nf*: **la ~** Lothringen *nt*
lors [lɔʀ] *prép*: ~ **de** während +*gen*, anlässlich +*gen*
lorsque [lɔʀsk] *conj* als, wenn
losange [lɔzɑ̃ʒ] *nm* Raute *f*
lot [lo] *nm* (*en loterie: fig*) Los *nt*; (*portion*) (An)teil *m*; (*Com*) Posten *m*; (*Inform*) Batch *m*, Job *m*; **gagner le gros ~** (*loterie*) den Hauptgewinn machen; **tirer le gros ~** (*fig*) das große Los ziehen
loterie [lɔtʀi] *nf* Lotterie *f*
loti, e [lɔti] *adj*: **être bien/mal ~** es gut/ schlecht getroffen haben
lotion [losjɔ̃] *nf* Lotion *f*
lotir [lɔtiʀ] <8> *vt* (*diviser*) parzellieren; (*vendre*) parzellenweise verkaufen
lotissement [lɔtismɑ̃] *nm* Siedlung *f*; (*parcelle*) Parzelle *f*
loto [lɔto] *nm* Lotto *nt*
lotte [lɔt] *nf*: ~ **de mer** Seeteufel *m*

louage [lwaʒ] nm: **voiture de ~** Mietwagen m

louanges [lwãʒ] nfpl Lob nt

loubard, e [lubaʀ, aʀd] nm/f Rowdy m, Halbstarke(r) mf

louche [luʃ] adj zwielichtig, dubios ◼ nf Schöpflöffel m

loucher [luʃe] <1> vi schielen

louer [lwe] <1> vt (propriétaire) vermieten; (locataire) mieten; (réserver) buchen; (faire l'éloge de) loben; **à ~** zu vermieten

loufoque [lufɔk] adj (fam) verrückt

loup [lu] nm (Zool) Wolf m

loupe [lup] nf Lupe f

louper [lupe] <1> vt (fam: manquer) verfehlen

lourd, e [luʀ, luʀd] adj schwer; (démarche, gestes) schwerfällig; (Meteo) drückend; **~ de conséquences** folgenschwer

lourdaud, e [luʀdo, od] adj (pej: au physique) schwerfällig; (au moral) flegelhaft

lourdeur [luʀdœʀ] nf Schwere f; (de gestes) Schwerfälligkeit f; **~ d'estomac** Magendrücken nt

loutre [lutʀ] nf Otter m

louve [luv] nf (Zool) Wölfin f

louvoyer [luvwaje] <6> vi (Naut) kreuzen; (fig) geschickt taktieren, lavieren

loyal, e (pl -aux) [lwajal, o] adj (fidèle) loyal, treu; (fair-play) fair

loyauté [lwajote] nf Loyalität f, Treue f, Fairness f

loyer [lwaje] nm Miete f

LR abr = **lettre recommandée** Einschreibebrief m

lu, e [ly] pp de **lire**

lubie [lybi] nf Marotte f

lubrifiant [lybʀifjã] nm Schmiermittel nt

lubrifier <1> vt (Tech) schmieren

lucarne [lykaʀn] nf (de toit) Dachluke f

Lucerne [lysɛʀn] (ville et canton) Luzern nt

lucide [lysid] adj (esprit) klar; (personne) bei klarem Verstand, scharfsichtig

luciole [lysjɔl] nf Glühwürmchen nt

lucratif, -ive [lykʀatif, iv] adj lukrativ; **à but non ~** nicht auf Gewinn ausgerichtet

ludique [lydik] adj Spiel-

ludothèque [lydɔtɛk] nf Spieleverleih m

lueur [lɥœʀ] nf (Licht)schein m

luge [lyʒ] nf Schlitten m; **faire de la ~** Schlitten fahren

lugubre [lygybʀ] adj (voix, musique) düster; (air, personne) gedrückt, trübsinnig; (maison, endroit) finster

lui [lɥi] pron (objet indirect: féminin) ihr; (masculin) ihm; (chose) ihm, ihr, ihm; (avec préposition) ihn, sie, es; ihm, ihr, ihm; (forme emphatique) er; **~, il n'a pas ouvert**

la bouche de la soirée er hat den ganzen Abend den Mund nicht aufgemacht

luire [lɥiʀ] irr vi scheinen, glänzen; (étoiles, lune, yeux) leuchten

lumbago [lœbago] nm Hexenschuss m

lumière [lymjɛʀ] nf Licht nt; **lumières** nfpl (18ᵉ siècle) Aufklärung f; **à la ~ de** (fig) angesichts +gen; **à la ~ du jour** bei Tageslicht; **faire de la ~** Licht geben; **faire (toute) la ~ sur** (fig) gänzlich aufklären +akk; **~ halogène** Halogenlicht

luminaire [lyminɛʀ] nm (appareil) Leuchtkörper m

luminescent, e [lyminesã, ãt] adj (tube) Leuchtstoff-

lumineux, -euse [lyminø, øz] adj (émettant de la lumière) leuchtend; (éclairé) erhellt; (ciel, journée, couleur) hell; (relatif à la lumière: rayon, etc) Licht-

luminosité [lyminozite] nf (Tech) Lichtstärke f

lunaire [lynɛʀ] adj Mond-

lunatique [lynatik] adj launisch, wunderlich, schrullig

lundi [lœdi] nm Montag m; **le ~, tous les ~s** montags; **le ~ 20 août** Montag, den 20. August; **~ de Pâques** Ostermontag

lune [lyn] nf Mond m; **~ de miel** Flitterwochen pl

luné, e [lyne] adj: **bien/mal ~** gut/ schlecht gelaunt

lunette [lynɛt] nf: **~s** (fpl) Brille f; **~ d'approche** Teleskop nt; **~ arrière** (Auto) Heckscheibe f; **~s protectrices** Schutzbrille f; **~s de ski** Skibrille f; **~s de soleil** Sonnenbrille f

lupin [lypɛ̃] nm Lupine f

lustre [lystʀ] nm (lampe) Kronleuchter m, (fig: éclat) Glanz m

lustrer [lystʀe] <1> vt (blank) polieren, wienern; (poil d'un animal) zum Glänzen bringen

luth [lyt] nm Laute f

luthier, -ière [lytje, ɛʀ] nm/f Saiteninstrumentebauer(in) m(f)

lutin [lytɛ̃] nm Kobold m

lutte [lyt] nf Kampf m; (sport) Ringen nt

lutter <1> vi kämpfen; (Sport) ringen

luxation [lyksasjɔ] nf Ausrenken nt

luxe [lyks] nm Luxus m; **de ~** Luxus-

Luxembourg [lyksãbuʀ] nm: **le ~** Luxemburg nt

luxembourgeois, e [lyksãbuʀʒwa, az] adj luxemburgisch

luxer [lykse] <1> vpr: **se ~ l'épaule/le genou** sich dat die Schulter/das Knie ausrenken

luxueux, -euse [lyksɥø, øz] adj luxuriös

luzerne [lyzɛʀn] nf Luzerne f

lycée [lise] nm Gymnasium nt

lycéen, ne [liseɛ̃, ɛn] *nm/f*
Gymnasiast(in) *m(f)*
lymphatique [lɛ̃fatik] *adj* apathisch
lymphe [lɛ̃f] *nf* Lymphe *f*
lyncher [lɛ̃ʃe] <1> *vt* lynchen
lynx [lɛ̃ks] *nm* Luchs *m*
lyophilisé, e [ljɔfilize] *adj*
gefriergetrocknet
lyophiliser [lijɔfilize] <1> *vt*
gefriertrocknen
lyre [liʀ] *nf* Leier *f*
lyrique [liʀik] *adj* lyrisch; **comédie ~**
komische Oper; **soirée ~** Liederabend *m*;
théâtre ~ Opernhaus *nt*
lys [lis] *nm voir* **lis**

M, m [ɛm] *nm* M, m *nt*
m *abr* = **mètre** m
m' *pron voir* **me**
M. *abr* = **Monsieur** Hr.
m² *abr* = **mètre carré** m²
m³ *abr* = **mètre cube** m³
ma [ma] *adj voir* **mon**
M.A. *nm abr* = **Moyen-Âge** MA.
macaron [makaʀɔ̃] *nm* (*gâteau*) Makrone
f; (*fam: insigne*) Plakette *f*
macaroni [makaʀɔni] *nm* Makkaroni *pl*;
~s au fromage Käsemakkaroni *pl*; **~s au
gratin** Makkaroniauflauf *m*
macédoine [masedwan] *nf*: **~ de fruits**
Obstsalat *m*; **~ de légumes** gemischtes
Gemüse
Macédoine [masedwan] *nf*: **la ~**
Mazedonien *nt*
macédonien, ne [masedonjɛ̃, ɛn] *adj*
mazedonisch
Macédonien, ne *nm* Mazedonier(in) *m(f)*
macérer [maseʀe] <5> *vi*: **faire ~** (*Gastr*)
einlegen
mâché, e [mɑʃe] *adj*: **papier ~**
Pappmaschee *nt*, Papiermaschee *nt*
mâcher [mɑʃe] <1> *vt* kauen; **le travail
à qn** jdm die Arbeit vorkauen; **ne pas ~ ses
mots** kein Blatt vor den Mund nehmen
machin [maʃɛ̃] *nm* (*fam*) Ding(s) *nt*,
Dingsda *nt*

machinal, e (*pl* -**aux**) [maʃinal, o] *adj*
(*geste, etc*) mechanisch
machination [maʃinasjõ] *nf* Intrige *f*;
~**s** Machenschaften *pl*
machine [maʃin] *nf* Maschine *f*; (*d'un
navire, etc*) Motor *m*; **la ~ administrative/
économique** der Verwaltungs-/
Wirtschaftsapparat; ~ **à écrire**
Schreibmaschine; ~ **à écrire à marguerite**
Typenradschreibmaschine; ~ **à écrire à
mémoire** Speicherschreibmaschine;
~ **à laver/coudre** Wasch-/Nähmaschine
machine-outil (*pl* **machines-outils**)
[maʃinuti] *nf* Werkzeugmaschine *f*
machinerie [maʃinʀi] *nf* (*d'une usine*)
Maschinen *pl*; (*d'un navire*)
Maschinenraum *m*
machinisme [maʃinism] *nm*: **le ~** die
Mechanisierung
machiniste [maʃinist] *nmf* (*Theat*)
Bühnenarbeiter(in) *m(f)*; (*conducteur,
mécanicien*) Maschinist(in) *m(f)*
machisme [matʃism] *nm* männlicher
Chauvinismus
macho [matʃo] *nm* (*fam*) Macho *m*
▪ *adj* Macho-
mâchoire [maʃwaʀ] *nf* (*Anat*) Kiefer *m*;
(*Tech: d'un étau, d'une clé*) Backen *pl*;
~ **de frein** Bremsbacken *pl*
maçon [masõ] *nm* Maurer(in) *m(f)*
maçonnerie [masɔnʀi] *nf* (*partie des
travaux de construction*) Maurerarbeit *f*;
~ **de briques/de béton** (*construction*)
Backstein-/Betonmauerwerk *nt*
macramé [makʀame] *nm* Makramee *nt*
macro [makʀo] *nf* (*Inform*) Makro *nt*
macrobiotique [makʀɔbjɔtik] *adj*
makrobiotisch
macroéconomique [makʀɔekɔnɔmik]
adj gesamtwirtschaftlich
maculer [makyle] <1> *vt* beschmutzen;
(*Typo*) verschmieren
Madagascar [madagaskaʀ]. (**l'île** *f* **de**) ~
Madagaskar *nt*
Madame (*pl* **Mesdames**) [madam,
medam] *nf*: ~ **X** Frau X; **occupez-vous
de ~/Mademoiselle/Monsieur** würden
Sie bitte die Dame/den Herrn bedienen;
bonjour ~/Mademoiselle/Monsieur
guten Tag; (*si le nom est connu*) guten Tag
Frau/Fräulein/Herr X; ~**/Mademoiselle/
Monsieur!** (*pour appeler*) hallo!,
Entschuldigung!; ~**/Mademoiselle/
Monsieur** (*sur lettre*) sehr geehrte Dame/
sehr geehrter Herr; **chère ~/
Mademoiselle/cher Monsieur X** sehr
geehrte Frau/sehr geehrter Herr X;
(*plus familier*) liebe Frau/liebes Fräulein/
lieber Herr X; **Mesdames** meine Damen;
~ **la Directrice** Frau Direktor(in)

madeleine [madlɛn] *nf* (*gâteau*) kleines,
ovales Gebäck aus Biskuitteig
mademoiselle (*pl* **mesdemoiselles**)
[madmwazɛl, medmwazɛl] *nf* Fräulein
nt; *voir aussi* **Madame**
madère [madɛʀ] *nm* (*vin*) Madeira *m*
madone [madɔn] *nf* Madonna *f*
madré, e [madʀe] *adj* schlau
Maf(f)ia [mafja] *nf* Mafia *f*
maf(f)ioso (*pl* -**i**) [mafjozo, i] *nm*
Mafioso *m*
magasin [magazɛ̃] *nm* (*boutique*)
Geschäft *nt*, Laden *m*; (*entrepôt*) Lager *nt*;
(*d'une arme*) Magazin *nt*; **grand ~** Kaufhaus
nt; ~ **de chaussures** Schuhgeschäft
magasinage [magazinaʒ] *nm* Lagern *nt*
magazine [magazin] *nm* Zeitschrift *f*
mage [maʒ] *nm*: **les Rois ~s** die Heiligen
Drei Könige
Maghreb [magʀɛb] *nm*: **le ~** der Maghreb
maghrébin, e [magʀebɛ̃, in] *adj*
maghrebinisch
magicien, ne [maʒisjɛ̃, ɛn] *nm/f*
Zauberer (Zauberin) *m/f*
magie [maʒi] *nf* (*sorcellerie*) Magie *f*;
(*charme, séduction*) Zauber *m*
magique [maʒik] *adj* (*occulte*) magisch;
(*étonnant*) erstaunlich; **baguette ~**
Zauberstab *m*
magistral, e (*pl* -**aux**) [maʒistʀal, o] *adj*
(*œuvre, adresse*) meisterhaft; (*ton*)
herrisch; **cours ~** Vorlesung *f*
magistrat [maʒistʀa] *nm* (*Jur*)
Magistrat *m*
magistrature [maʒistʀatyʀ] *nf* (*charge*)
Richteramt *nt*; (*corps*) Gerichtswesen *nt*
magma [magma] *nm* Magma *nt*; (*fig*)
Durcheinander *nt*
magnanime [maɲanim] *adj* großmütig
magnat [maɲa] *nm* Magnat *m*; ~ **de la
presse** Pressezar *m*
magnésium [maɲezjɔm] *nm*
Magnesium *nt*
magnétique [maɲetik] *adj* magnetisch;
(*champ, ruban*) Magnet-
magnétiser [maɲetize] <1> *vt*
magnetisieren; (*fig*) faszinieren, fesseln
magnétisme [maɲetism] *nm* (*Phys*)
Magnetismus *m*
magnéto [maɲeto] *nm* Magnetzünder *m*
magnétocassette [maɲetokasɛt] *nm*
Kassettenrekorder *m*
magnétophone [maɲetɔfɔn] *nm*
Kassettenrekorder *m*
magnétoscope *nm* Videogerät *nt*,
Videorekorder *m*
magnifier [maɲifje] <1> *vt* verherrlichen
magnifique [maɲifik] *adj* großartig;
(*paysage, temps*) herrlich
magnolia [maɲɔlja] *nm* Magnolie *f*

magnum [magnɔm] *nm* große Flasche, Magnumflasche *f*

magot [mago] *nm* (*fam: argent*) Knete *f*; (*économies*) Ersparnisse *pl*; (*butin*) Beute *f*

magouille [maguj] *nf* (*fam*) Intrigen *pl*, Manipulation *f*

mai [mɛ] *nm* Mai *m*; **en ~** im Mai; **le 6 ~** am 6. Mai; **le 6 ~ 2010** der 6. Mai 2010

⬤ **LE PREMIER MAI**

⬤ *Le premier mai* ist ein gesetzlicher
⬤ Feiertag in Frankreich, an dem an die
⬤ Demonstrationen der Gewerkschaften
⬤ für einen Achtstundentag in den USA
⬤ im Jahre 1886 erinnert wird. Es ist
⬤ Tradition an diesem Tag Maiglöckchen
⬤ auszutauschen. *Le 8 mai* ist ebenfalls
⬤ ein gesetzlicher Feiertag in Frankreich,
⬤ zur Erinnerung an das Ende des
⬤ Zweiten Weltkriegs im Mai 1945.

maigre [mɛgʀ] *adj* (*après nom: personne, animal*) mager, dürr; (*viande, fromage*) mager; (*avant nom*) dürftig, spärlich; **jours ~s** Fastentage *pl* ▪ *adv*: **faire ~** fasten

maigreur *nf* Magerkeit *f*, Magerheit *f*, Spärlichkeit *f*, Dürftigkeit *f*

maigrir <8> *vi* abnehmen

mail [mɛl] *nm* E-mail *f*

mailing [meliŋ] *nm* Postwurfsendung *f*, Mailing *nt*

maille [maj] *nf* Masche *f*; **monter des ~s** Maschen aufnehmen; **~ à l'endroit/à l'envers** rechte/linke Masche

maillon [majõ] *nm* (*d'une chaîne*) Glied *nt*

maillot [majo] *nm* Trikot *nt*; **~ de bain** Badeanzug *m*; **~ de corps** Unterhemd *nt*

main [mɛ̃] *nf* Hand *f*; **à deux ~s/d'une ~** zwei-/einhändig; **à ~ droite/gauche** rechts/links; **avoir qch sous la ~** etw zur Hand haben; **battre des ~s** klatschen; **donner un coup de ~ à qn** jdm helfen; **en ~(s) propre(s)** persönlich; **fait à la ~** von Hand gemacht, handgearbeitet; **forcer la ~ à qn** jdn zwingen; **haut les ~s!** Hände hoch!; **la ~ dans la ~** Hand in Hand; **prendre qch en ~** (*fig*) etw in die Hand nehmen; **tenir qch à la ~** etw in der Hand halten; **attaque à ~ ~ armée** bewaffneter Überfall; **kit** *m* [*ou* **pack** *m*] **~s libres** Freisprechanlage *f*; **coup de ~** (*fig: attaque*) Schlag *m*; **voiture de première/seconde ~** Auto aus erster/zweiter Hand

main-d'œuvre (*pl* **mains-d'œuvre**) [mɛ̃dœvʀ] *nf* Arbeit *f*; (*ouvriers*) Arbeitskräfte *pl*; **~ bon marché** Billigarbeiter *m*

main-forte *nf*: **donner/prêter ~ à qn** jdm beistehen

maint, e [mɛ̃, ɛ̃t] *adj*: **à ~es reprises** wiederholte Male; **~es fois** oft; **~es et ~es fois** immer wieder

maintenance [mɛ̃t(ə)nɑ̃s] *nf* Wartung *f*

maintenant [mɛ̃t(ə)nɑ̃] *adv* jetzt; **~ que** jetzt da, jetzt wo

maintenir [mɛ̃t(ə)niʀ] <9> *vt* (*soutenir*) (fest)halten; (*conserver*) aufrechterhalten; (*affirmer*) (weiterhin) behaupten; **se maintenir** *vpr* (*paix*) anhalten, andauern; (*santé*) gleich bleiben; (*temps*) sich halten

maintien [mɛ̃tjɛ̃] *nm* Aufrechterhaltung *f*; (*allure*) Haltung *f*

maire [mɛʀ] *nm* Bürgermeister(in) *m(f)*

mairie [meʀi] *nf* Rathaus *nt*; (*administration*) Stadtverwaltung *f*

mais [mɛ] *conj* aber

maïs [mais] *nm* Mais *m*

maison [mɛzõ] *nf* Haus *nt*; (*chez-soi*) Zuhause *nt*; (*Com*) Firma *f*; **à la ~** zu/nach Hause; **~ de campagne** Landhaus; **~ close, ~ de passe** Bordell *nt*; **~ de correction** Besserungsanstalt *f*; **~ de détail/de gros** Einzel-/Großhandelfirma; **~ des jeunes et de la culture** Jugend- und Kulturzentrum *nt*; **~ mère** Stammhaus; **~ de repos** Erholungsheim *nt*; **~ de retraite** Altersheim *nt*; **~ de santé** Heilanstalt *f* ▪ *adj inv*: **pâté/tarte ~** Pastete *f*/Torte *f* nach Art des Hauses

⬤ **LES MAISONS DES JEUNES ET DE**
⬤ **LA CULTURE**
⬤
⬤ *Les maisons des jeunes et de la culture* sind
⬤ Jugendzentren, die gleichzeitig als
⬤ Kunstzentren dienen. Es werden dort
⬤ eine Vielzahl von Sport- und
⬤ Kulturveranstaltungen, wie Theater,
⬤ Konzerte und Ausstellungen,
⬤ organisiert. Die Zentren werden zum
⬤ Teil staatlich finanziert.

maître, -esse [mɛtʀ(ə), metʀɛs] *nm/f* Herr(in) *m(f)*; (*chef*) Chef(in) *m(f)*; (*propriétaire*) Eigentümer(in) *m(f)*; (*d'un chien*) Herrchen *nt*, Frauchen *nt*; (*instituteur, professeur*) Lehrer(in) *m(f)*; **~ de conférences** ≈ Dozent *m*; **~ d'école** Lehrer *m*; **~ d'hôtel** Oberkellner *m*; **~ de maison** Hausherr *m* ▪ *nm* (*peintre, sculpteur, écrivain*) Meister *m*; **M~** (*titre*) Meister, Herr/Frau Rechtsanwalt/-anwältin; **passer ~ dans l'art de qch** etw meisterhaft beherrschen; **rester ~ de la situation** Herr der Lage bleiben; **maison de ~** Herrenhaus *nt*; **tableau de ~** Meisterwerk *nt*

maîtrise [metʀiz] nf (calme)
Selbstbeherrschung f; (habileté) Können
nt; (langue) Beherrschung f; (domination)
Herrschaft f (de über +akk); (diplôme)
Magister(abschluss) m

* **LA MAÎTRISE**

* La maîtrise ist ein französischer
* Universitätsabschluss nach einem
* erfolgreichen zweijährigen Studium
* und dem "D.E.U.G.". Studenten, die
* eine Doktorarbeit schreiben wollen,
* brauchen dazu einen maîtrise.

maîtriser <1> vt (cheval) zähmen,
bändigen; (incendie) unter Kontrolle
bringen; (émotion, langue) beherrschen;
se maîtriser vpr sich beherrschen
majesté [maʒɛste] nf Majestät f;
Sa/Votre M~ Seine/Eure Majestät
majestueux, -euse [maʒɛstɥø, øz] adj
majestätisch
majeur, e [maʒœʀ] adj (important)
wichtig; (Jur) volljährig; **en ~e partie**
größtenteils; **la ~e partie** der größte Teil
major [maʒɔʀ] nmf Jahrgangsbeste(r) einer
französischen Elitehochschule
majoration [maʒɔʀasjõ] nf Erhöhung f
majorer [maʒɔʀe] <1> vt erhöhen
majoritaire [maʒɔʀitɛʀ] adj Mehrheits-;
système/scrutin ~ Mehrheitssystem
nt/-beschluss m
majorité [maʒɔʀite] nf Mehrheit f; (Jur)
Volljährigkeit f; **~ absolue/relative**
absolute/relative Mehrheit; **~ civile,
~ électorale** Wahlalter nt; **la ~ silencieuse**
die schweigende Mehrheit
Majorque [maʒɔʀk] Mallorca nt
majuscule [maʒyskyl] nf Großbuchstabe
m ■ adj: **un A ~** ein großes A
mal (pl **maux**) [mal, mo] nm Böse(s) nt;
(malheur) Übel nt; (douleur physique)
Schmerz m; (maladie) Krankheit f;
(difficulté) Schwierigkeit f, Mühe f;
(souffrance morale) Leiden nt;
~ diplomatique vorgeschobene
Krankheit; **~ héréditaire** Erbkrankheit f;
le ~ (péché) das Böse; **avoir du ~ à faire
qch** Mühe haben, etw zu tun; **avoir le ~
du pays** Heimweh haben; **j'ai ~ au cœur**
mir ist (es) schlecht; **avoir ~ à la gorge**
Halsschmerzen haben; **dire du ~ des
autres** schlecht von anderen reden; **faire
du ~ à qn** jdm wehtun; (nuire) jdm
schaden; **penser du ~ de qn** über jdn
schlecht denken; **ne voir aucun ~ à** nichts
finden bei; **ne vouloir de ~ à personne**
niemandem übelwollen ■ adv schlecht;
faire ~ wehtun; **se faire ~** sich verletzen;

pas ~ nicht schlecht; **pas ~ de** (beaucoup
de) viel(e); **se sentir ~, se trouver ~** sich
elend fühlen; **tourner ~** sich zum
Schlechten wenden ■ adj schlecht, übel,
schlimm; **être ~** sich nicht wohlfühlen;
être au plus ~ (brouillé) sich schlecht
verstehen; **il est au plus ~** (malade) es
geht ihm sehr schlecht
malabar [malabaʀ] nm (fam)
Muskelprotz m
malade [malad] adj krank; **être ~ du
cœur** herzleidend sein; **tomber ~** krank
werden; **j'en suis ~** das macht mich ganz
krank ■ nmf Kranke(r) mf; **~ mental**
Geisteskranke(r) m; **grand(e) ~**
Schwerkranke(r) mf
maladie nf Krankheit f; **~ diplomatique**
vorgeschobene Krankheit; **~ d'Alzheimer**
Alzheimerkrankheit; **~ héréditaire** (Med)
Erbkrankheit f; **~ professionnelle**
Berufskrankheit; **~ sexuellement
transmissible** Geschlechtskrankheit
maladif, -ive adj (personne) kränkelnd;
(pâleur) kränklich; (curiosité, etc) krankhaft
maladresse [maladʀɛs] nf
Ungeschicklichkeit f
maladroit, e [maladʀwa, at] adj
ungeschickt
mal-aimé, e [maleme] adj ungeliebt
■ nm/f ungeliebter Mensch
malaise [malɛz] nm Unbehagen nt; (Med)
Unwohlsein n
Malaisie [malɛzi] nf: **la ~** Malaysia nt
malaria [malaʀja] nf Malaria f
malavisé, e [malavize] adj unbedacht
Malawi [malawi] nm: **le ~** Malawi nt
malbouffe [malbuf] nf verseuchte
Nahrungsmittel pl (aus Agrofabriken)
malchance [malʃãs] nf Pech nt;
par ~ unglücklicherweise; **série de ~s**
Pechsträhne f
malcommode [malkɔmɔd] adj
unpraktisch
Maldives [maldiv] nfpl: **les ~** die
Malediven
mâle [mɑl] nm (animal) Männchen nt;
(fam) männliches Wesen ■ adj männlich;
prise ~ (Elec) Stecker m
malédiction [malediksjõ] nf Fluch m
malentendant, e [malãtãdã, ãt] adj
schwerhörig ■ nm/f Schwerhörige(r) mf
malentendu [malãtãdy] nm
Missverständnis nt
malfaisant, e [malfəzã, ãt] adj böse;
(idées) schädlich
malfaiteur, -trice [malfɛtœʀ, tʀis] nm
Übeltäter(in) m(f)
malfamé, e [malfame] adj verrufen
malformation [malfɔʀmasjõ] nf
(angeborene) Missbildung

malfrat [malfʀa] nm (fam) Gauner m
malgache [malgaʃ] adj madagassisch
Malgache nmf Madagasse (Madagassin)
m/f
malgré [malgʀe] prép trotz +gen;
~ **soi/lui** gegen seinen Willen;
unwillkürlich; ~ **tout** trotz allem
malheur [malœʀ] nm Unglück nt;
(inconvénient) Missgeschick nt
malheureusement [maløʀøzmɑ̃] adv
leider
malheureux, -euse adj unglücklich;
(triste) traurig; **une malheureuse petite
erreur** ein bedauerlicher kleiner Irrtum;
la malheureuse femme die arme Frau
■ nm/f Arme(r) mf
malhonnête [malɔnɛt] adj unehrlich
malhonnêteté nf Unehrlichkeit f
Mali [mali] nm: **le ~** Mali nt
malice [malis] nf Schalkhaftigkeit f;
sans ~ arglos
malicieux, -euse adj schelmisch
malien, ne [maljɛ̃, ɛn] adj aus Mali
Malien, ne nm/f Einwohner(in) m(f) Malis
malin, -igne [malɛ̃, iɲ] adj (personne)
clever, schlau; (influence) böse; (tumeur)
bösartig
malle [mal] nf Überseekoffer m
malléable [maleabl] adj formbar
mallette [malɛt] nf (valise) Köfferchen nt
malmener [malmәne] <4> vt grob
behandeln; (fig) hart angreifen
malnutrition [malnytʀisjɔ̃] nf (fausse
alimentation) schlechte Ernährung;
(mauvaise alimentation) Unterernährung f
malodorant, e [malɔdɔʀɑ̃, ɑ̃t] adj übel
riechend
malotru, e [malɔtʀy] nm/f Lümmel m,
Flegel m
malpoli, e [malpɔli] adj unhöflich, grob
malpropre [malpʀɔpʀ] adj schmutzig;
(travail) gepfuscht; (malhonnête)
unanständig
malsain, e [malsɛ̃, ɛn] adj ungesund;
(esprit) krankhaft
malséant, e [malseɑ̃, ɑ̃t] adj unschicklich
malt [malt] nm Malz nt
maltais, e [maltɛ, ɛz] adj maltesisch
Malte [malt]: (l'île f de) ~ Malta nt
maltraiter [maltʀete] <1> vt
misshandeln; (fig) hart angreifen
malus [malys] nm Erhöhung der
Autoversicherung nach Unfall
malveillance [malvejɑ̃s] nf (hostilité)
Feindseligkeit f; (intention de nuire)
Böswilligkeit f
malveillant, e [malvejɑ̃, ɑ̃t] adj feindselig
malvenu, e [malvәny] adj: **être ~ de/
à faire qch** nicht das Recht haben, etw
zu tun

maman [mamɑ̃] nf Mama f
mamelle [mamɛl] nf Zitze f
mamelon [mam(ә)lɔ̃] nm (Anat)
Brustwarze f; (petite colline) Hügel m
mamie [mami] nf Oma f, Omi f
mammifère [mamifɛʀ] nm Säugetier nt
mammouth [mamut] nm Mammut nt
management [manadʒmɑ̃] nm
Management nt; ~ **de la qualité**
Qualitätsmanagement
manche [mɑ̃ʃ] nf Ärmel m; (d'un jeu)
Runde f; **la M~** der Ärmelkanal; ~ **à air**
Windsack m ■ nm Griff m; (de violon, etc)
Hals; ~ (**à balai**) (avion) Steuerknüppel m;
(Inform) Joystick m
manchette [mɑ̃ʃɛt] nf Manschette f;
(titre large) Schlagzeile f; **boutons de ~**
Manschettenknöpfe pl
manchon [mɑ̃ʃɔ̃] nm (de fourrure) Muff m;
~ **à incandescence** Glühstrumpf m
manchot, e [mɑ̃ʃo, ɔt] adj einarmig
■ nm (Zool) Pinguin m
mandarine [mɑ̃daʀin] nf Mandarine f
mandat [mɑ̃da] nm (procuration)
Vollmacht f; (d'un député, etc) Mandat nt;
(de poste) Postanweisung f; **toucher
un ~** eine Postanweisung erhalten;
~ **d'amener** Vorladung f; ~ **d'arrêt**
Haftbefehl m; ~ **de perquisition**
Durchsuchungsbefehl m;
~ **de virement** Überweisungsauftrag m
mandataire [mɑ̃datɛʀ] nmf
Bevollmächtigte(r) mf
mandat-carte (pl **mandats-cartes**)
[mɑ̃dakaʀt] nm Anweisung f als
Postkarte
mandater [mɑ̃date] <1> vt
bevollmächtigen; (député) ein Mandat
geben +dat
mandat-lettre (pl **mandats-lettres**) nm
Anweisung f als Brief
manège [manɛʒ] nm Manege f;
(attraction foraine) Karussell nt; (fig)
Schliche pl; **faire un tour de ~** Karussell
fahren; ~ **de chevaux de bois**
(Pferde)karussell
manette [manɛt] nf Hebel m; ~ (**de jeu**)
(Inform) Joystick m
mangeable [mɑ̃ʒabl] adj essbar
mangeoire [mɑ̃ʒwaʀ] nf Futtertrog m,
Krippe f
manger [mɑ̃ʒe] <2> vt essen; (animal)
fressen; (ronger, attaquer) zerfressen
■ vi essen
mange-tout [mɑ̃ʒtu] nm inv: **pois ~**
Zuckererbse f; **haricot ~** Gartenbohne f
mangue [mɑ̃g] nf Mango f
maniable [manjabl] adj handlich;
(voiture, voilier) wendig; (personne)
lenksam, gefügig

maniaque [manjak] *adj* pingelig; *(fou)*
wahnsinnig ■ *nmf* Verrückte(r) *mf*,
Besessene(r) *mf*; **~ sexuel** *(Jur)* Triebtäter *m*
manie [mani] *nf* Manie *f*; *(Med)* Wahn *m*
maniement [manimã] *nm* Umgang *m*
(de mit), Umgehen *nt (de* mit); *(d'un
appareil)* Handhabung *f*; *(d'affaires)*
Verwaltung *f*; **~ d'armes** Waffenübung *f*
manier [manje] <1> *vt* umgehen mit;
(art, langue) (gut) beherrschen
manière [manjɛʀ] *nf* Art *f*, Weise *f*; *(style)*
Stil *m*; **manières** *nfpl (attitude)*
Benehmen *nt*; *(chichis)* Theater *nt*; **de ~ à**
sodass, damit; **de cette ~** auf diese Art
und Weise; **de telle ~ que** sodass; **de
toute ~** auf alle Fälle; **d'une ~ générale**
ganz allgemein; **d'une certaine ~** in
gewisser Hinsicht; **faire des ~s** sich
affektiert benehmen, Theater machen;
manquer de ~s kein Benehmen haben,
sans ~s zwanglos; **complément/
adverbe de ~** Umstandsbestimmung *f*
maniéré, e [manjeʀe] *adj* geziert,
affektiert
manif [manif] *nf (fam)* Demo *f*
manifestant, e [manifɛstã, ãt] *nm/f*
Demonstrant(in) *m(f)*
manifestation [manifɛstasjõ] *nf*
Manifestation *f*; *(de joie, etc)* Ausdruck *m*,
Äußerung *f*; *(rassemblement)*
Demonstration *f*
manifeste [manifɛst] *adj* offenbar
■ *nm (déclaration)* Manifest *nt*
manifester <1> *vt (volonté, intentions)*
kundtun; *(inquiétude, étonnement)* zeigen
■ *vi* demonstrieren; **se manifester** *vpr*
sich zeigen; *(difficultés)* auftauchen;
(témoin, etc) sich melden
manipulateur, -trice [manipylatœʀ,
tʀis] *nm/f (technicien)* Techniker(in) *m(f)*;
(prestidigitateur) Zauberkünstler(in) *m(f)*;
(pej) Manipulator(in) *m(f)*
manipulation [manipylasjõ] *nf (Tech)*
Handhabung *f*; *(Phys, Chim)* Versuch *m*;
(fig) Manipulation *f*; **~ génétique** *(Bio)*
Genmanipulation
manipuler <1> *vt (Tech)* handhaben;
(colis) transportieren; *(transformer: fig)*
manipulieren
manivelle [manivɛl] *nf* Kurbel *f*
mannequin [mankɛ̃] *nm (de couture)*
Schneiderpuppe *f*; *(en vitrine)*
Schaufensterpuppe *f*; *(femme)* Modell *nt*,
Mannequin *nt*
manœuvre [manœvʀ] *nf* Steuerung *f*;
(action) Führen *nt*, Bedienung *f*; *(Mil: fig)*
Manöver *nt* ■ *nm (ouvrier)*
Hilfsarbeiter(in) *m(f)*
manœuvrer <1> *vt (bateau, voiture)*
steuern; *(cordage)* führen; *(levier, machine)*

bedienen; *(personne)* manipulieren
■ *vi* manövrieren
manoir [manwaʀ] *nm* Landsitz *m*
manque [mãk] *nm (insuffisance)* Mangel
m; **manques** *nmpl* Mängel *pl*; **être en ~**
(fam) Entzugserscheinungen haben;
par ~ de aus Mangel an +*dat*
manqué, e [mãke] *adj*: **elle est un vrai
garçon ~** an ihr ist ein Junge verloren
gegangen
manquement [mãkmã] *nm*: **~ à** Verstoß
m gegen
manquer [mãke] <1> *vi* fehlen; **~ à qn**
jdm fehlen; **~ à qch** *(être en moins)* zu
[*ou* bei] etw fehlen; *(ne pas se conformer à)*
verstoßen gegen; **elle a manqué (de)**
se faire écraser sie wäre fast überfahren
worden; **elle manque d'argent/de
patience** es fehlt ihr das Geld/die Geduld
■ *vt* verfehlen, verpassen; *(ne pas réussir)*
verderben ■ *vb impers*: **il manque des
pages** es fehlen Seiten
mansarde [mãsaʀd] *nf* Mansarde *f*
manteau *(pl* **x**) [mãto] *nm* Mantel *m*;
sous le ~ in aller Heimlichkeit
manucure [manykyʀ] *nf* Maniküre *f*
manuel, le [manɥɛl] *adj* manuell;
(commande) Hand-; **travailleur ~** Arbeiter
m ■ *nm* Handbuch *nt*
manuellement [manɥɛlmã] *adv*
von Hand
manufacture [manyfaktyʀ] *nf*
Manufakturbetrieb *m*
manufacturé, e [manyfaktyʀe] *adj*:
produit/article ~ Fertigerzeugnis *nt*
manuscrit, e [manyskʀi, it] *adj*
handschriftlich ■ *nm* Manuskript *nt*
manutention [manytãsjõ] *nf*
(marchandises) Verladen *nt*; *(local)*
Umschlagplatz *m*
mappemonde [mapmõd] *nf (carte plane)*
Erdkarte *f*; *(sphère)* Globus *m*
maquereau, -elle *(pl* **x**) [makʀo, ɛl]
nm/f (fam: souteneur) Zuhälter *m*; *(femme)*
Puffmutter *f* ■ *nm (Zool)* Makrele *f*
maquette [makɛt] *nf* Skizze *f*; *(à trois
dimensions)* Modell *nt*; *(Typo)* Umbruch *m*
maquillage [makijaʒ] *nm* Schminke *f*,
Make-up *nt*; *(d'un objet volé)*
Unkenntlichmachung *f*, Tarnung *f*
maquiller [makije] <1> *vt (visage)*
schminken; *(falsifier)* fälschen; *(dénaturer,
fausser)* frisieren, verfälschen;
se maquiller *vpr* sich schminken
maquis [maki] *nm* Dickicht *nt*; *(résistance)*
Widerstandsbewegung *f*
maquisard, e [makizaʀ, aʀd] *nm/f*
französischer Widerstandskämpfer,
französische Widerstandskämpferin
marabout [maʀabu] *nm* Marabu *m*

maraîcher, -ère [maʀeʃe, ɛʀ] adj
(culture) Gemüse- ■ nm/f
Gemüsegärtner(in) m(f)
marais [maʀɛ] nm (marécage) Sumpf m,
Moor nt
marasme [maʀasm] nm (Econ)
Stagnation f
marathon [maʀatõ] nm Marathon(lauf) m
maraudeur, -euse [maʀodœʀ, øz] nm/f
Strauchdieb(in) m(f)
marbre [maʀbʀ] nm Marmor m
marbrer <1> vt (surface) marmorieren
marc [maʀ] nm (de raisin, de pommes)
Treber pl; **~ de café** Kaffeesatz m
marchand, e [maʀʃã, ãd] nm/f
Händler(in) m(f); **~(e) de couleurs**
Drogist(in) m(f); **~(e) en gros/au détail**
Groß-/Einzelhändler(in); **~(e) de(s)**
quatre-saisons Obst- und
Gemüsehändler(in) m(f) ■ adj: **prix**
~/valeur ~ Handelspreis m/-wert m
marchandage [maʀʃãdaʒ] nm Handeln
nt, Feilschen nt
marchander <1> vt (article) handeln um,
feilschen um ■ vi handeln, feilschen
marchandise [maʀʃãdiz] nf (Com) Ware f
marche [maʀʃ] nf (promenade)
Spaziergang m; (activité) Gehen nt;
(démarche) Gang m; (d'un train, d'un navire)
Fahrt f; (d'une horloge) Gang m; (du temps,
du progrès, d'une affaire) Lauf m; (d'un
service) Verlauf m; (Mus, Mil) Marsch m;
(d'un escalier) Stufe f; **à une heure de ~** zu
Fuß eine Stunde entfernt; **faire ~ arrière**
rückwärtsfahren/-gehen; **mettre en ~** in
Gang setzen; **monter/prendre en ~**
aufspringen; **~ à suivre** Vorgehen nt
marché [maʀʃe] nm Markt m; (affaire)
Geschäft nt; **(à) bon ~** billig; **par dessus**
le ~ obendrein, noch dazu; **pénétrer de**
nouveaux ~s (Com) neue Märkte
erschließen; **évolution du ~**
Marktentwicklung f; **part de ~**
Marktanteil m; **perspectives du ~ du**
travail Arbeitsmarktprognose f; **~ noir**
Schwarzmarkt; **~ aux puces** Flohmarkt;
~ de la télécommunication
Telekommunikationsmarkt; **~ des**
changes Devisenhandel m; **~ en**
croissance Wachstumsmarkt; **~ du**
travail Arbeitsmarkt
marchepied [maʀʃəpje] nm Trittbrett nt;
servir de ~ à qn jdm als Sprungbrett
dienen
marcher [maʀʃe] <1> vi (personne) gehen,
laufen; (Mil) marschieren; (rouler) fahren;
(fonctionner, réussir) laufen, gehen; (fam:
consentir) mitmachen; (fam: croire
naïvement) darauf hereinfallen; **~ dans**
(l'herbe, etc) gehen auf +dat; (une flaque)

treten in +akk; **~ sur** gehen auf +dat;
(mettre le pied sur) treten auf +akk; (Mil)
zumarschieren auf +akk; **faire ~ qn**
jdn auf den Arm nehmen
marcheur, -euse nm/f Wanderer
(Wanderin) m/f
mardi [maʀdi] nm Dienstag m; **le ~,**
tous les ~s dienstags; **M~ gras**
Fastnachtsdienstag
mare [maʀ] nf Tümpel m; **~ de sang**
Blutlache f
marécage [maʀekaʒ] nm Sumpf m,
Moor nt
marécageux, -euse [maʀekaʒø, øz] adj
sumpfig
maréchal (pl -aux) [maʀeʃal, o] nm
Marschall(in) m(f)
marée [maʀe] nf Gezeiten pl; (poissons)
frische Seefische pl; **~ haute/basse** Hoch-
/Niedrigwasser nt, Flut f/Ebbe f; **~ noire**
Ölpest f
marelle [maʀɛl] nf: **jouer à la ~** Himmel
und Hölle spielen
marémotrice [maʀemɔtʀis] adj: **usine/**
énergie ~ Gezeitenkraftwerk nt/-energie f
margarine [maʀgaʀin] nf Margarine f
marge [maʀʒ] nf Rand m; (fig) Spielraum
m; (de salaires, de prix) Bandbreite f;
en ~ (de) am Rande (von); **~ bénéficiaire**
Gewinnspanne f
marginal, e (pl -aux) [maʀʒinal, o] adj
am Rande befindlich, Rand-; (secondaire)
nebensächlich ■ nm/f Aussteiger(in)
m(f); **les marginaux** die Randgruppen
(der Gesellschaft)
marguerite [maʀgəʀit] nf Margerite f;
(de la machine à écrire) Typenrad nt
mari [maʀi] nm (Ehe)mann m
mariage [maʀjaʒ] nm Heirat f; (noce)
Hochzeit f; (état) Ehe f; (fig) Verbindung f;
~ blanc Scheinehe; **~ civil/religieux**
standesamtliche/kirchliche Trauung
marié, e [maʀje] adj verheiratet ■ nm/f
Bräutigam (Braut) m/f; **jeunes ~s**
Frischvermählte pl
marier [maʀje] <1> vt (prêtre, maire)
trauen; (parents) verheiraten; (fig)
verbinden, vereinigen; **se marier** vpr
heiraten; **se ~ avec qn** jdn heiraten
marijuana [maʀiwana] nf Marihuana nt
marin, e [maʀɛ̃, in] adj See-, Meeres-
■ nm (navigateur) Seemann m; (matelot)
Matrose m ■ nf Marine f; **~e de guerre/**
marchande Kriegs-/Handelsmarine
■ adj: **(bleu) ~** marineblau; **avoir le**
pied ~ seefest sein
marina [maʀina] nf Jachthafen m
marinade [maʀinad] nf Marinade f
mariner [maʀine] <1> vt: **faire ~** (Gastr)
marinieren

marionnette [maʀjɔnɛt] nf: ~ (à fils)
Marionette f; ~ (à gaine) Handpuppe f
maritime [maʀitim] adj See-
marjolaine [maʀʒɔlɛn] nf Majoran m
mark [maʀk] nm inv (Hist) Mark f
marketing [maʀketiŋ] nm Marketing nt
marmelade [maʀməlad] nf (confiture)
Marmelade f; (compote) Kompott nt
marmite [maʀmit] nf (Koch)topf m
marmonner [maʀmɔne] <1> vt
murmeln
marmot [maʀmo] nm (fam) Kind nt
marmotte [maʀmɔt] nf Murmeltier nt
Maroc [maʀɔk] nm: le ~ Marokko nt
marocain, e [maʀɔkɛ̃, ɛn] adj
marokkanisch
Marocain, e nm/f Marokkaner(in) m(f)
maroquinerie [maʀɔkinʀi] nf (industrie)
Lederverarbeitung f; (commerce)
Lederwarenhandel m; (articles)
Lederwaren pl
marotte [maʀɔt] nf Marotte f
marquant, e [maʀkɑ̃, ɑ̃t] adj markant
marque [maʀk] nf Zeichen nt; (trace)
Abdruck m; (décompte des points)
(Spiel)stand m; (Com: cachet, contrôle)
Warenzeichen nt; (produit) Marke f; à vos
~s! auf die Plätze!; de ~ (Com) Marken-;
(fig) bedeutend; ~ déposée eingetragenes
Warenzeichen; ~ euro Eurozeichen; ~ de
fabrique Marken-/Firmenzeichen; ~ du
pluriel (Ling) Pluralzeichen; ~ de voiture
Automarke
marqué, e [maʀke] adj (linge, drap)
ausgezeichnet, markiert; (visage)
gezeichnet; (taille) betont; (fig: différence,
etc) deutlich
marquer [maʀke] <1> vt (inscrire, noter)
· aufschreiben; (frontières) einzeichnen;
(fautes, place) anzeichnen, anstreichen;
(linge, drap) zeichnen; (bétail)
brandmarken; (indiquer) anzeigen;
(célébrer) feiern; (laisser une trace sur)
zeichnen; (endommager) beschädigen;
(points) machen; (Sport: but, etc) schießen;
(joueur) decken; (accentuer: taille, etc)
hervorheben, betonen; (temps d'arrêt)
angeben; (différences) aufzeigen;
(manifester: refus, etc) ausdrücken, zeigen;
~ la mesure den Takt schlagen ▪ vi (coup)
sitzen; (tampon) stempeln; (événement,
personnalité) von Bedeutung sein; (Sport)
ein Tor schießen
marqueterie [maʀkətʀi] nf
Einlegearbeit f, Intarsien pl
marqueur [maʀkœʀ] nm dicker Filzstift
marquis, e [maʀki, iz] nm/f Marquis(e)
m(f) ▪ nf (auvent) Markise f
marraine [maʀɛn] nf Patentante f
marrant, e [maʀɑ̃, ɑ̃t] adj (fam) lustig

marre [maʀ] adv: en avoir ~ (fam) die
Nase vollhaben
marrer [maʀe] <1> vpr: se marrer (fam)
sich amüsieren
marron [maʀõ] nm Esskastanie f ▪ adj inv
(kastanien)braun
marronnier [maʀɔnje] nm
Esskastanienbaum m
mars [maʀs] nm März m; en ~ im März;
le 16 ~ am 16. März; le 16 ~ 2013 der 16.
März 2013
Mars [maʀs] nm of Mars m
Marseillaise [maʀsɛjɛz] nf: la ~ die
Marseillaise

<table>
<tr><td>⬦</td><td>**LA MARSEILLAISE**</td></tr>
<tr><td>⬦</td><td></td></tr>
<tr><td>⬦</td><td>La Marseillaise ist seit 1879 die</td></tr>
<tr><td>⬦</td><td>Nationalhymne Frankreichs. Der Text</td></tr>
<tr><td>⬦</td><td>des "Chant de guerre de l'armée du</td></tr>
<tr><td>⬦</td><td>Rhin", wie das Lied ursprünglich hieß,</td></tr>
<tr><td>⬦</td><td>wurde zu einer anonymen Melodie von</td></tr>
<tr><td>⬦</td><td>dem Hauptmann Rouget de Lisle 1792</td></tr>
<tr><td>⬦</td><td>geschrieben. Es wurde von dem</td></tr>
<tr><td>⬦</td><td>Bataillon von Marseille als Marschlied</td></tr>
<tr><td>⬦</td><td>benutzt und wurde schließlich als die</td></tr>
<tr><td>⬦</td><td>Marseillaise bekannt.</td></tr>
</table>

marsupiaux [maʀsypjo] nmpl
Beuteltiere pl
marteau (pl x) [maʀto] nm Hammer m;
(de porte) Klopfer m
marteau-piqueur (pl marteaux-
piqueurs) nm Presslufthammer m
marteler [maʀtəle] <4> vt hämmern
martial, e (pl -aux) [maʀsjal, o] adj
kriegerisch; cour ~e Kriegsgericht nt;
loi ~e Kriegsgesetz nt
martien, ne [maʀsjẽ, ɛn] adj Mars
▪ nm/f Marsmensch m
martinet [maʀtinɛ] nm (marteau)
Schmiedehammer m; (Zool)
Mauersegler m
Martinique [maʀtinik] nf: la ~
Martinique nt
martin-pêcheur (pl martins-pêcheurs)
[maʀtẽpɛʃœʀ] nm Eisvogel m
martre [maʀtʀ] nf Marder m
martyr [maʀtiʀ] nm Martyrium nt;
souffrir le ~ Höllenqualen erleiden
martyr, e [maʀtiʀ] nm/f Märtyrer(in) m(f)
martyriser [maʀtiʀize] <1> vt martern;
(fig) peinigen
marxisme [maʀksism] nm Marxismus m
marxiste [maʀksist] adj marxistisch
▪ nmf Marxist(in) m(f)
mascara [maskaʀa] nm Wimperntusche f
mascarade [maskaʀad] nf Maskerade f;
(hypocrisie) Heuchelei f, Theater nt
mascotte [maskɔt] nf Maskottchen nt

masculin, e [maskylɛ̃, in] adj männlich; (métier, vêtements, équipe) Männer- ▪ nm (Ling) Maskulinum nt
masochisme [mazɔʃism] nm Masochismus m
masochiste [mazɔʃist] adj masochistisch ▪ nmf Masochist(in) m(f)
masque [mask] nm (a. Inform) Maske f; ~ à gaz Gasmaske
masquer <1> vt (paysage, porte) verdecken; (vérité, projet) verschleiern; (goût, odeur) verhüllen; **bal masqué** Maskenball m
massacre [masakʀ] nm Massaker nt; **jeu de ~** Ballwurfspiel nt
massacrer <1> vt massakrieren; (fig) verschandeln
massage [masaʒ] nm Massage f
masse [mas] nf Masse f; (quantité) Menge f; **en ~** (en bloc, en foule) en masse; **la ~** die Masse; **la grande ~ des** die Masse +gen; **une ~ de** jede Menge
massepain [maspɛ̃] nm Marzipan nt
masser [mase] <1> vt (assembler) versammeln; (personne, jambe) massieren; **se masser** vpr sich versammeln; sich massieren
masseur, -euse [masœʀ, øz] nm/f Masseur(in) m(f)
massif, -ive [masif, iv] adj massiv; (silhouette) massig ▪ nm (Geo) Massiv nt; (de fleurs) Blumenbeet nt, Rondell nt; **le M~ central** das Zentralmassiv
mass média [masmedja] nmpl Massenmedien pl
massue [masy] nf Keule f; **argument ~** schlagendes Argument
mastic [mastik] nm (pour vitres) Kitt m; (pour fentes) Spachtelmasse f
mastiquer [mastike] <1> vt (aliment) kauen; (vitre) verkitten
mastoc [mastɔk] adj (fam) feist
mastodonte [mastɔdɔ̃t] nm (personne) Koloss m; (machine, véhicule) Monstrum nt
masturbation [mastyʀbasjɔ̃] nf Masturbation f
masturber [mastyʀbe] <1> vpr: **se masturber** masturbieren, sich selbst befriedigen
m'as-tu-vu [matyvy] nmf inv Wichtigtuer(in) m(f)
masure [mazyʀ] nf Bruchbude f
mat, e [mat] adj matt; (son) dumpf ▪ adj inv (Echecs) (schach)matt
mât [mɑ] nm Mast m
match [matʃ] nm Spiel nt; **faire ~ nul** o : o spielen, unentschieden spielen; **~ aller/retour** Hin-/Rückspiel; **~ à l'extérieur** Auswärtsspiel

matelas [matla] nm Matratze f; **~ d'air** Luftkissen nt; **~ pneumatique** Luftmatraze
matelot [mat(ə)lo] nm (marin) Matrose m
mater [mate] <1> vt (personne) bändigen; (révolte, etc) unter Kontrolle bringen
matérialisme nm Materialismus m
matérialiste [mateʀjalist] adj materialistisch ▪ nmf Materialist(in) m(f)
matériau (pl x) [mateʀjo] nm (Tech) Material nt; **matériaux** nmpl (de construction) Baumaterial; **~ de fission** Spaltmaterial
matériel, le [mateʀjɛl] adj materiell; (impossibilité) praktisch; (preuve) greifbar ▪ nm (équipement) Material nt; (Inform) Hardware f; (de camping, pêche) Ausrüstung f
maternel, le [mateʀnɛl] adj mütterlich; (grand-père, oncle) mütterlicherseits; (qualité, protection) Mutter-; **(école) ~le** Vorschule f; **langue ~le** Muttersprache f
maternité [mateʀnite] nf (grossesse) Schwangerschaft f; (établissement) Entbindungsklinik f, -station f; **la ~** (état) die Mutterschaft
mathématicien, ne [matematisjɛ̃, ɛn] nm/f Mathematiker(in) m(f)
mathématique [matematik] adj mathematisch ▪ nfpl Mathematik f
matière [matjɛʀ] nf Stoff m, Materie f
Matignon [matiɲɔ̃] nm Amtssitz des französischen Premierministers

 ⊛ **L'HÔTEL MATIGNON**
 ⊛
 ⊛ L'hôtel Matignon ist das Pariser Büro
 ⊛ und der Wohnsitz des französischen
 ⊛ Premierministers. Der Begriff Matignon
 ⊛ wird oft für den Premierminister oder
 ⊛ seinen Stab verwendet.

matin [matɛ̃] nm Morgen m, Vormittag m; **de grand/bon ~** am frühen Morgen; **dimanche ~** Sonntagvormittag; **du ~ au soir** von morgens bis abends; **hier ~** gestern Morgen; **jusqu'au ~** bis frühmorgens; **le ~** (chaque matin) morgens; **le lendemain ~** am nächsten Morgen; **~ et soir** morgens und abends; **par un ~ de décembre** an einem Dezembermorgen; **tous les ~s** jeden Morgen; **un beau ~** ein schöner Morgen; eines schönen Morgens; **une heure du ~** ein Uhr nachts
matinal, e (pl -aux) [matinal, o] adj morgendlich; **être ~** (personne) ein Morgenmensch sein
matinée [matine] nf Morgen m, Vormittag m; (spectacle) Matinee f, Frühvorstellung f; **faire la grasse ~** (sich) ausschlafen

matois, e [matwa, waz] *adj* schlau
matou [matu] *nm* Kater *m*
matraquage [matʀakaʒ] *nm*
Schlagstockeinsatz *m*; **~ publicitaire**
Werberummel *m*
matraque [matʀak] *nf* Knüppel *m*
matraquer [matʀake] <1> *vt*
niederknüppeln; (*touristes*) ausnehmen;
(*disque*) immer wieder spielen
matricule [matʀikyl] *nf* (*registre, liste*)
Matrikel *f* ◼ *adj*: **registre/numéro/**
livret ~ Stammregister *m*/-nummer *f*/
-buch *nt*
matrimonial, e (*pl* **-aux**) [matʀimɔnjal,
o] *adj*: **agence ~e** Heiratsvermittlung *f*;
régime ~ (*ehelicher*) Güterstand *m*
matrone [matʀɔn] *nf* Matrone *f*
mature [matyʀ] *adj* reif
maturité [matyʀite] *nf* Reife *f*
maudire [modiʀ] <8> *vt* verfluchen,
verwünschen
maudit, e [modi, it] *adj* verflucht
mauresque [mɔʀɛsk] *adj* maurisch
Maurice [mɔʀis] *nf*: **l'île ~** Mauritius *nt*
mauricien, ne [mɔʀisjɛ̃, ɛn] *adj*
mauritisch
Mauritanie [mɔʀitani] *nf*: **la ~**
Mauretanien *nt*
mausolée [mozole] *nm* Mausoleum *nt*
maussade [mosad] *adj* mürrisch;
(*ciel, temps*) unfreundlich
mauvais, e [mɔvɛ, ɛz] *adj* schlecht;
(*faux*) falsch; (*malveillant*) böse; **un ~**
rhume ein starker Schnupfen; **la mer est**
~e das Meer ist stürmisch ◼ *adv*: **il fait ~**
es ist schlechtes Wetter
mauve [mov] *nm* (*Bot*) Malve *f* ◼ *adj*
malvenfarbig, mauve
maximal, e (*pl* **-aux**) [maksimal, o] *adj*
maximal, Höchst-
maxime [maksim] *nf* Maxime *f*
maximiser [maksimize] <1> *vt* (*Com,*
Inform) maximieren
maximum [maksimɔm] *adj* Höchst-
◼ *nm* (*de vitesse, de force*) Maximum *nt*;
atteindre un/son ~ ein/sein Höchstmaß
erreichen; **au ~** (*pousser, utiliser*) bis zum
Äußersten; (*tout au plus*) höchstens,
maximal
Mayence [majɑ̃s] Mainz *nt*
mayonnaise [majɔnɛz] *nf* Mayonnaise *f*,
Mayonnaise *f*
mazout [mazut] *nm* Heizöl *nt*
mazouté, e [mazute] *adj* ölverschmiert
me, m' [mə, m] *pron* mich; (*dat*) mir
Me *abr* = **Maître** *Titel eines Rechtsanwalts*
o Notars
mec [mɛk] *nm* (*fam*) Typ *m*
mécanicien, ne [mekanisjɛ̃, ɛn] *nm/f*
Mechaniker(in) *m(f)*

mécanique [mekanik] *adj* mechanisch;
ennui ~ Motorschaden *m* ◼ *nf* Mechanik
f; **~ de précision** (*Tech*) Feinmechanik
mécanisation [mekanizasjõ] *nf*
Mechanisierung *f*
mécaniser <1> *vt* mechanisieren
mécanisme [mekanism] *nm*
Mechanismus *m*
mécanographie [mekanɔgʀafi] *nf*
maschinelle Datenverarbeitung
mécanographique [mekanɔgʀafik] *adj*
(*fiche*) Buchungs-
mécène [mesɛn] *nm* Mäzen *m*
méchamment [meʃamɑ̃] *adv* böse; (*fam*)
unheimlich; **tu es ~ en retard** du bist aber
ganz schön spät dran
méchanceté [meʃɑ̃ste] *nf* (*d'une personne,*
d'une parole) Boshaftigkeit *f*; (*parole, action*)
Gemeinheit *f*
méchant, e *adj* boshaft, gemein; (*enfant:*
turbulent) böse, unartig; (*animal*) bissig;
(*avant le nom: désagréable*) übel
mèche [mɛʃ] *nf* (*d'une lampe, d'une bougie*)
Docht *m*; (*d'un explosif*) Zündschnur *f*;
(*d'une perceuse, de dentiste*) Bohrer *m*; (*de*
cheveux coupés) Locke *f*; (*d'une autre couleur*)
Strähne *f*
Mecklembourg-Poméranie
(occidentale) [meklãbuʀpɔmeʀani
(ɔksidãtal)] *nm*: **le Mecklembourg-**
Poméranie (occidentale) Mecklenburg-
Vorpommern *nt*
méconnaissable [mekɔnɛsabl] *adj*
unkenntlich
méconnaître [mekɔnɛtʀ] *irr comme*
connaître *vt* verkennen
mécontent, e [mekõtã, ãt] *adj*
unzufrieden
Mecque [mɛk] *nf*: **la ~** Mekka *nt*
médaille [medaj] *nf* Medaille *f*
médaillon [medajõ] *nm* Medaillon *nt*
médecin [medsɛ̃] *nm* Arzt (Ärztin) *m/f*;
~ de famille Hausarzt(-ärztin);
~ généraliste praktischer Arzt, praktische
Ärztin; **~ traitant** behandelnder Arzt,
behandelnde Ärztin
médecine [medsin] *nf* Medizin *f*; **~ douce**
Naturheilkunde *f*; **~ intensive**
Intensivmedizin *f*
Medef *nm acr* = **mouvement des**
entreprises de France *französischer*
Arbeitgeberverband
médias [medja] *nmpl* Massenmedien *pl*
médiateur, -trice [medjatœʀ, tʀis]
nm/f Vermittler(in) *m(f)*
médiathèque [medjatɛk] *nf*
Mediothek *f*
médiation [medjasjõ] *nf* Schlichtung *f*
médiatique [medjatik] *adj* Medien-;
(*efficace*) medienwirksam

médiatisation nf Vermarktung f durch
die Medien
médiatiser <1> vt in den Medien
vermarkten
médical, e (pl **-aux**) [medikal, o] adj
ärztlich
médicament [medikamɑ̃] nm
Medikament nt
médication [medikasjɔ̃] nf
medikamentöse Behandlung
médicinal, e (pl **-aux**) [medisinal, o] adj
Heil-
médico-légal, e (pl **médico-légaux**)
[medikɔlegal, o] adj gerichtsmedizinisch
médiéval, e (pl **-aux**) [medjeval, o] adj
mittelalterlich
médiocre [medjɔkʀ] adj mittelmäßig
médiocrité nf Mittelmäßigkeit f
médire [mediʀ] irr comme dire vi: ~ **de**
schlecht reden von
médisance [medizɑ̃s] nf üble Nachrede,
Klatsch m
méditatif, -ive [meditatif, iv] adj
nachdenklich
méditation [meditasjɔ̃] nf
Nachdenken nt
méditer [medite] <1> vt nachdenken
über +akk; (combiner) planen ■ vi
nachdenken; (Rel) meditieren
Méditerranée [mediteʀane] nf: **la** ~ das
Mittelmeer
méditerranéen, ne [mediteʀaneɛ̃, ɛn]
adj Mittelmeer-
médium [medjɔm] nm (spirite)
Medium nt
méduse [medyz] nf Qualle f
méduser [medyze] <1> vt sprachlos
machen
meeting [mitiŋ] nm Treffen nt,
Veranstaltung f
méfait [mefɛ] nm (faute) Missetat f;
méfaits nmpl (résultats désastreux)
Schäden pl, Auswirkungen pl
méfiance [mefjɑ̃s] nf Misstrauen nt
méfiant, e adj misstrauisch
méfier [mefje] <1> vpr: **se méfier** sich in
Acht nehmen; **se ~ de** misstrauen +dat
mégahertz [megaɛʀts] nm Megahertz nt
mégalomane [megalɔman] adj
größenwahnsinnig
mégalomanie [megalɔmani] nf
Größenwahn m
mégalopole [megalɔpɔl] nf Riesenstadt f
méga-octet (pl **~s**) [megaɔktɛ] nm
Megabyte nt
mégarde [megaʀd] nf: **par ~** aus
Versehen
mégatonne [megatɔn] nf Megatonne f
mégot [mego] nm (fam) Kippe f
mégoter [megɔte] <1> vi kleinlich sein

meilleur, e [mɛjœʀ] adj, adv comp, superl
de **bon** besser; **le ~ de** (superlatif) der/die/
das beste; **~ marché** billiger ■ nm:
le ~ (personne) der Beste; (chose) das Beste
méjuger [meʒyʒe] <2> vt falsch
beurteilen
mél [mɛjl] nm E-Mail
mélancolie [melɑ̃kɔli] nf Melancholie f
mélancolique adj melancholisch
Mélanésie [melanezi] nf: **la ~**
Melanesien nt
mélange [melɑ̃ʒ] nm Mischung f
mélanger <2> vt (substances) mischen;
(mettre en désordre) durcheinanderbringen;
vous mélangez tout! (confondre) Sie
bringen alles durcheinander!
mélasse [melas] nf Melasse f
mêlée [mele] nf (bataille) Kampf m;
(en rugby) offenes Gedränge
mêler [mele] <1> vt (ver)mischen;
(embrouiller) verwirren; **~ à** mischen zu;
~ avec/de vermischen mit; **~ qn à une
affaire** jdn in eine Sache verwickeln;
se mêler vpr sich vermischen; **se ~ à/
avec/de** (chose) sich vermischen mit;
se ~ à (personne) sich mischen unter +akk;
se ~ de (personne) sich mischen in +akk;
de quoi tu te mêles? was geht dich
das an?
mélo [melo] adj (fam) theatralisch
mélodie [melɔdi] nf Melodie f;
(composition vocale) Lied nt
mélodieux, -euse [melɔdjø, øz] adj
melodisch
mélodramatique [melɔdʀamatik] adj
melodramatisch
mélodrame [melɔdʀam] nm
Melodrama nt
melon [m(ə)lɔ̃] nm (Honig)melone f;
(chapeau) ~ Melone
membrane [mɑ̃bʀan] nf Membran f
membre [mɑ̃bʀ] nm (Anat) Glied nt;
(personne, pays) Mitglied nt; **~ à part
entière** Vollmitglied; **~ de phrase** (Ling)
Satzteil m ■ adj Mitglieds-
mémé [meme] nf (fam) Oma f
même [mɛm] adj gleich; **de lui-~** von
selbst; **en ~ temps** zur gleichen Zeit,
gleichzeitig; **il est la loyauté ~** er ist die
Treue selbst; **ils ont les ~s goûts** sie haben
den gleichen [ou denselben] Geschmack;
~ lui a ... selbst er hat ...; **nous-~s/moi-~**
wir selbst/ich selbst ■ adv selbst, selber;
ici ~ genau hier; **cela revient au ~** das
kommt auf dasselbe [ou das Gleiche]
heraus; **de ~** ebenso; **de ~ que** wie; **je ne
me rappelle ~ plus** ich erinnere mich nicht
einmal mehr; **~ pas** nicht einmal; **réservé
~ timide** reserviert, ja sogar schüchtern
mémento [memɛ̃to] nm (note) Notiz f

mémoire [memwaʀ] nf Gedächtnis nt; (d'ordinateur) Speicher m; (souvenir) Erinnerung f; **à la ~ de** im Gedenken an +akk; **avoir de la ~** ein gutes Gedächtnis haben; **avoir la ~ des visages/chiffres** ein gutes Personen-/Zahlengedächtnis haben; **de ~** auswendig; **pour ~** zur Erinnerung; **~ centrale**, **~ principale** (Inform) Hauptspeicher, Zentralspeicher; **~ disponible** Speicherplatz m; **~ f morte/ vive** Lesespeicher, ROM nt/ Direktzugriffsspeicher, RAM nt; **~ tampon** Puffer m; **~ à tores** Kernspeicher; **~ de travail** Arbeitsspeicher ■ nm (exposé) Memorandum nt; **~ de maîtrise** (Scol) ≈ Magisterarbeit f; **mémoires** nmpl (écrit) Memoiren pl

mémorable [memɔʀabl] adj denkwürdig

mémorandum [memɔʀãdɔm] nm Memorandum nt

mémorial (pl -aux) [memɔʀjal, o] nm Denkmal nt, Ehrenmal nt

mémoriser [memɔʀize] <1> vt sich dat einprägen; (Inform) (ab)speichern

menaçant, e [mənasã, ãt] adj drohend; (temps) bedrohlich

menace [mənas] nf Drohung f; (danger) Bedrohung f

menacer <2> vt drohen +dat

ménage [menaʒ] nm (entretien) Haushalt m; (couple) Paar nt; (famille: Admin) Haushalt m; **faire le ~** den Haushalt machen

ménagement [menaʒmã] nm (respect) Rücksicht f; **ménagements** nmpl (égards) Umsicht f

ménager [menaʒe] <2> vt (personne) schonend behandeln; (traiter avec mesure) schonen; (économiser: vêtements, santé) schonen; (temps, argent) sparen; (arranger) sorgen für; (installer) anbringen

ménager, -ère [menaʒe, ɛʀ] adj Haushalts- ■ nf Hausfrau f

ménagerie [menaʒʀi] nf (lieu) Tierpark m; (animaux) Menagerie f

mendiant, e [mãdjã, ãt] nm/f Bettler(in) m(f)

mendicité [mãdisite] nf Bettelei f

mendier <1> vi betteln ■ vt betteln um

mener [məne] <4> vt führen; (enquête) durchführen; (affaires) leiten; **~ promener** spazieren führen; **~ qn à/dans** (personne, métier) jdn führen nach, jdn führen zu/in +akk; (train, etc) jdn bringen nach/in +akk ■ vi (gagner) führen; **~ à rien/à tout** zu nichts/allem führen

meneur, -euse nm/f Führer(in) m(f); (pej: agitateur) Drahtzieher(in) m(f); **~ de jeu** Showmaster m

menhir [meniʀ] nm Hinkelstein m, Menhir m

méningite [menẽʒit] nf Hirnhautentzündung f

ménisque [menisk] nm Meniskus m

ménopause [menopoz] nf Wechseljahre pl

menotte [mənɔt] nf (main) Händchen nt

menottes [mənɔt] nfpl Handschellen pl

mensonge [mãsõʒ] nm Lüge f

mensonger, -ère [mãsõʒe, ɛʀ] adj verlogen

menstruation [mãstʀyasjõ] nf Menstruation f, Monatsblutung f

mensualiser [mãsyalize] <1> vt (salaire) monatlich zahlen; (personne) monatlich bezahlen

mensualité [mãsyalite] nf Monatsrate f; (d'ouvrier) Monatslohn m; (de salarié) Monatsgehalt nt

mensuel, le [mãsyɛl] adj monatlich ■ nm Monatszeitschrift f

mensuellement adv monatlich

mental, e (pl -aux) [mãtal, o] adj (maladie) Geistes-; (âge) geistig; (restriction) innerlich; **calcul ~** Kopfrechnen nt

mentalement adv (réciter) auswendig; (compter) im Kopf

mentalité [mãtalite] nf (manière de penser) Denkweise f; (état d'esprit) Mentalität f; (comportement moral) Moral f

menteur, -euse [mãtœʀ, øz] nm/f Lügner(in) m(f)

menthe [mãt] nf (Bot) Minze f

mention [mãsjõ] nf (note) Vermerk m; (Scol) Note f; **~ passable/bien/très bien** ausreichend/gut/sehr gut; **rayer les ~s inutiles** Nichtzutreffendes streichen

mentionner [mãsjɔne] <1> vt erwähnen

mentir [mãtiʀ] <10> vi lügen; **~ à qn** jdn belügen

menton [mãtõ] nm Kinn nt; **double ~** Doppelkinn

menu, e [məny] adj dünn, winzig; (peu important) gering; **la ~e monnaie** das Kleingeld ■ adv: **hacher ~** fein hacken ■ nm (mets: Inform) Menü nt; (liste) Speisekarte f; **~ déroulant** Pull-down-Menü; **~ enfant** Kinderteller m; **~ de démarrage** Startmenü

menuiserie [mənyizʀi] nf (travail) Schreinerei f; **plafond en ~** (ouvrage) Holzdecke f

menuisier [mənyizje] nm Schreiner m

méprendre [mepʀãdʀ] <13> vpr: **se méprendre** sich täuschen (sur in +dat)

mépris [mepʀi] nm Verachtung f; **au ~ de** ohne Rücksicht auf +akk

méprisable [mepʀizabl] adj (honteux) schändlich, verachtenswert

méprise [mepʀiz] nf Irrtum m, Verwechslung f

mépriser [meprize] <1> vt missachten;
(*personne*) verachten
mer [mɛʀ] nf Meer nt; **la ~ du Nord** die
Nordsee; **en haute/pleine ~** áuf hoher
See/mitten auf See; **la ~ est haute/basse**
es ist Flut/Ebbe; **mal de ~** Seekrankheit f;
~ fermée Binnenmeer nt; **~
intercontinentale** Ozean m; **~ de sable/
feu** (*fig*) Sand-/Flammenmeer
mercantilisme [mɛʀkɑ̃tilism] nm
Gewinnsucht f
mercatique [mɛʀkatik] nf Marketing nt
mercenaire [mɛʀsənɛʀ] nm Söldner m
mercerie [mɛʀsəʀi] nf (*boutique*)
Kurzwarengeschäft nt; **articles de ~**
Kurzwaren pl
merci [mɛʀsi] interj danke; **~ de, ~ pour**
vielen Dank für ◼ nf: **à la ~ de qn/qch**
jdm/einer Sache ausgeliefert
mercredi [mɛʀkʀədi] nm Mittwoch m;
le ~, tous les ~s mittwochs
mercure [mɛʀkyʀ] nm Quecksilber nt
merde [mɛʀd] nf (*vulg*) Scheiße f ◼ interj
(*vulg*) Scheiße
merder <1> vi (*vulg*) in die Hose gehen
merdeux, -euse [mɛʀdø, øz] nm/f (*fam*)
kleiner Scheißer
mère [mɛʀ] nf Mutter f; **maison ~** (*Com*)
Stammhaus nt; **~ adoptive**
Adoptivmutter; **~ célibataire** ledige
Mutter; **~ porteuse** Leihmutter
merguez [mɛʀgɛz] nf pikante
nordafrikanische Wurst
méridional, e (*pl* -aux) [meʀidjɔnal, o]
adj südlich; (*français*) südfranzösisch
Méridional, e nm/f Südländer(in) m(f);
(*Français*) Südfranzose(-französin) m/f
meringue [məʀɛ̃g] nf Baiser nt
mérinos [meʀinos] nm (*animal*)
Merinoschaf nt; (*laine*) Merinowolle f
mérite [meʀit] nm Verdienst nt
mériter <1> vt verdienen; **~ de/que**
es verdienen zu/, dass
méritocratie [meʀitɔkʀasi] nf
Leistungsgesellschaft f
merlan [mɛʀlɑ̃] nm (*Zool*) Merlan m
merle [mɛʀl] nm Amsel f
merluche [mɛʀlyʃ] nf Meerhecht m
mérou [meʀu] nm Riesenbarsch m
merveille [mɛʀvɛj] nf Wunder nt;
faire ~/des ~s Wunder vollbringen;
les Sept M~s du monde die sieben
Weltwunder
merveilleux, -euse [mɛʀvejø, øz] adj
herrlich, wunderbar
mes [me] adj voir **mon**
mésange [mezɑ̃ʒ] nf Meise f
mésaventure [mezavɑ̃tyʀ] nf
Missgeschick nt
mesdames nfpl voir **madame**

mesdemoiselles nfpl voir **mademoiselle**
mésentente [mezɑ̃tɑ̃t] nf
Unstimmigkeit f
mesquin, e [mɛskɛ̃, in] adj kleinlich;
esprit ~/personne ~e Kleingeist m
mesquinerie [mɛskinʀi] nf Kleinlichkeit f
mess [mɛs] nm Offizierskasino nt
message [mesaʒ] nm (*communication*)
Nachricht f; (*d'un écrivain, d'un livre*)
Botschaft f; **~ d'avertissement** (*Inform*)
Warnmeldung f; **~ électronique** E-Mail;
~ publicitaire Werbespot m
messager, -ère [mesaʒe, ɛʀ] nm/f Bote
(Botin) m/f
messagerie [mesaʒʀi] nf (*Inform*)
Mailsystem nt; (*sur Internet*) Bulletinboard
nt; **service de ~** Paketdienst m;
~ électronique elektronische Post;
~ rose elektronischer Briefkasten für
Kontaktanzeigen; **~ vocale** Voicemail f
messe [mɛs] nf (*Rel*) Messe f; **~ de minuit**
Mitternachtsmesse; **~ noire** schwarze
Messe
Messie [mesi] nm: **le ~** der Messias
messieurs nmpl voir **monsieur**
mesure [m(ə)zyʀ] nf Maß nt; (*évaluation*)
Messen nt; (*Mus*) Takt m; (*disposition, acte*)
Maßnahme f; **à la ~ de qn** jdm
entsprechend; **à ~ qu'ils avançaient,
...** je weiter sie kamen ...; **dans la ~ de/où**
soweit; **être en ~ de** imstande sein zu;
il n'y a pas de commune ~ entre eux
man kann sie nicht vergleichen; **sur ~**
nach Maß; **unité/système de ~**
Maßeinheit f/-system nt; **~ d'austérité**
(*Econ*) Sparmaßnahme; **~ pour l'emploi**
Beschäftigungsmaßnahme; **~ de
longueur/capacité** (*étalon*) Längen-/
Hohlmaß; **~ de sécurité**
Sicherheitsmaßnahme
mesuré, e adj (*ton*) gleichmäßig; (*effort*)
mäßig; (*personne*) gemäßigt
mesurer <1> vt messen; (*risque, portée d'un
acte*) ermessen, einschätzen; (*limiter*)
bemessen ◼ vpr: **se ~ avec** [*ou* **à**] **qn** sich
mit jdm messen
métabolisme [metabɔlism] nm (*Bio,
Med*) Stoffwechsel m
métal (*pl* -aux) [metal, o] nm Metall nt
métallique adj Metall-, metallen; (*éclat,
son*) metallisch
métallisé, e adj: **peinture ~e**
Metalliclackierung f
métallurgiste [metalyʀʒist] nmf
Metallarbeiter(in) m(f)
métamorphose [metamɔʀfoz] nf
Metamorphose f; (*fig*) Verwandlung f
métaphore [metafɔʀ] nf Metapher f
métaphorique [metafɔʀik] adj
metaphorisch, bildlich

métaphysique [metafizik] *nf*
Metaphysik *f*

métastase [metastaz] *nf* (*Med*)
Metastase *f*

métempsycose [metãpsikoz] *nf*
Seelenwanderung *f*

météo [meteo] *nf* Wetterbericht *m*

météore [meteɔʀ] *nm* Meteor *m*

météorite [meteɔʀit] *nm o f* Meteorit *m*

météorologie [meteɔʀɔlɔʒi] *nf* (*étude*)
Wetterkunde *f*, Meteorologie *f*; (*service*)
Wetterdienst *m*

météorologique *adj* meteorologisch,
Wetter-

météorologiste [meteɔʀɔlɔʒist],
météorologue [meteɔʀɔlɔg] *nmf*
Meteorologe(-login) *m/f*

métèque [metɛk] *nm* (*pej*) Kanake *m*

méthadone [metadɔn] *nf* Methadon *nt*

méthane [metan] *nm* Methan *nt*

méthode [metɔd] *nf* Methode *f*; (*livre*)
Lehrbuch *nt*; ~ **de tri** (*des déchets*)
Sortiermethode

méthodique *adj* methodisch

méthodiquement [metɔdikmã] *adv*
methodisch

méthodiste [metɔdist] *nmf*
Methodist(in) *m(f)*

méticuleux, -euse [metikylø, øz] *adj*
gewissenhaft

métier [metje] *nm* (*profession*) Beruf *m*;
(*expérience*) Erfahrung *f*; (*machine*)
Webstuhl *m*; **du ~** fachkundig

métis, se [metis] *adj* (*enfant*) Mischlings-
■ *nm/f* Mischling *m*

métisser <1> *vt* (*animaux, plantes*) kreuzen

métrage [metʀaʒ] *nm* (*mesurer*)
Vermessen *nt*; (*longueur de tissu, de film*)
Länge *f*; **long ~** (*Cine*) Spielfilm *m*;
moyen ~ Film *m* mittlerer Länge; **court ~**
Kurzfilm *m*

mètre [mɛtʀ] *nm* (*unité*) Meter *m o nt*;
(*règle*) Metermaß *nt*; ~ **carré/cube**
Quadratmeter/Kubikmeter; **un cent/**
huit cents ~s (*Sport*) ein Hundert-/
Achthundertmeterlauf *m*

métrer [metʀe] <5> *vt* vermessen

métrique [metʀik] *adj*: **système ~**
metrisches System

métro [metʀo] *nm* U-Bahn *f*; (*à Paris*)
Metro *f*

métronome [metʀɔnɔm] *nm*
Metronom *nt*

métropole [metʀɔpɔl] *nf* (*capitale*)
Hauptstadt *f*; (*pays*) Mutterland *nt*

métropolitain, e [metʀɔpɔlitɛ̃, ɛn] *adj*
(*territoire, troupe*) französisch

mets [mɛ] *nm* Gericht *nt*

metteur, -euse [metœʀ, øz] *nm/f*:
~ **en scène/en ondes** Regisseur(in) *m(f)*

mettre [mɛtʀ] *irr vt* (*placer*) legen, stellen,
setzen; (*ajouter: sucre, etc*) tun; (*vêtement*)
anziehen; (*consacrer*) brauchen (*à für*);
(*énergie*) aufwenden; (*espoirs*) setzen (*dans*
in +akk); (*chauffage, radio, etc*) anmachen,
(*réveil*) stellen (*à auf +akk*); (*installer: gaz,*
électricité) anschließen; (*écrire*) schreiben;
(*dépenser*) zahlen; (*pari*) setzen; (*dans une*
affaire) stecken (*dans in +akk*); ~ **au point**
klarstellen; ~ **en bouteille/en sac** in
Flaschen/Säcke füllen; ~ **à la**
poste zur Post bringen; **y ~ du sien** das
Seine tun; ~ **du temps à faire qch** lange
brauchen, um etw zu tun; **mettons que**
angenommen, dass; **se mettre** *vpr*
(*se placer*) sich setzen; (*debout*) sich
hinstellen; (*dans une situation*) sich
bringen; **se ~ à faire qch** anfangen,
etw zu tun; **se ~ à genoux** sich hinknien;
se ~ avec qn sich mit jdm zusammentun;
se ~ au travail sich an die Arbeit machen;
se ~ bien avec qn sich gut mit jdm stellen

meuble [mœbl] *nm* Möbelstück *nt*;
~**s** Möbel *pl* ■ *adj* (*terre*) locker; (*Jur*)
beweglich

meublé, e *adj*: **chambre ~e** möbliertes
Zimmer

meubler <1> *vt* möblieren; (*fig*) gestalten

meuf [mœf] *nf* (*fam*) Tussi *f*

meunier, -ière [mønje, ɛʀ] *nm/f*
Müller(in) *m(f)*; **truite meunière** (*Gastr*)
Forelle (*nach*) Müllerinart

meurtre [mœʀtʀ] *nm* Mord *m*

meurtrier, -ière [mœʀtʀije, ɛʀ] *nm/f*
Mörder(in) *m(f)* ■ *nf* (*ouverture*)
Schießscharte *f* ■ *adj* mörderisch; (*arme*)
Mord-

meurtrir [mœʀtʀiʀ] <8> *vt* quetschen;
(*fig*) verletzen

meurtrissure [mœʀtʀisyʀ] *nf* blauer
Fleck; (*tache: d'un fruit, d'un légume*)
Druckstelle *f*

Meuse [møz] *nf*: **la ~** die Maas

meute [møt] *nf* Meute *f*

mexicain, e [mɛksikɛ̃, ɛn] *adj*
mexikanisch

Mexicain, e *nm/f* Mexikaner(in) *m(f)*

Mexique [mɛksik] *nm*: **le ~** Mexiko *nt*

mi [mi] *nm* (*Mus*) E *nt*

mi- [mi] *préf* halb-; **à ~hauteur** auf halber
Höhe; **à la ~janvier** Mitte Januar

miauler [mjole] <1> *vi* miauen

miche [miʃ] *nf* Laib *m*

mi-chemin [miʃəmɛ̃] *adv*: **à ~** auf halbem
Wege

mi-clos, e *adj* halb geschlossen

micmac [mikmak] *nm* (*fam*) Tricks *pl*

micro [mikʀo] nm (fam: microphone)
Mikro nt

microbe [mikʀɔb] nm Mikrobe f

microbiologie [mikʀobjɔlɔʒi] nf
Mikrobiologie f

microchirurgie [mikʀoʃiʀyʀʒi] nf (Med)
Mikrochirurgie f

microcosme [mikʀɔkɔsm] nm
Mikrokosmos m

micro-édition [mikʀoedisjō] nf
Desktop-Publishing nt

microélectronique nf Mikroelektronik f

microfibre [mikʀofibʀə] nf Mikrofaser f

microfiche [mikʀofiʃ] nf Mikrofiche m o nt

microfilm nm Mikrofilm m

Micronésie [mikʀonezi] nf: la ~
Mikronesien nt

micro-onde (pl ~s) [mikʀoōd] nf
Mikrowelle f; **four à ~s** Mikrowellenherd m

micro-organisme (pl ~s)
[mikʀoɔʀganism] nm Mikroorganismus m

microphone [mikʀɔfɔn] nm Mikrofon nt

microplaquette [mikʀoplakɛt] nf
Mikrochip m

microprocesseur [mikʀopʀɔsesœʀ] nm
Mikroprozessor m

microscope [mikʀɔskɔp] nm Mikroskop
nt; **examiner au ~** mikroskopisch
untersuchen; **~ électronique**
Elektronenmikroskop

microsillon [mikʀosijō] nm
Langspielplatte f

midi [midi] nm (milieu du jour) Mittag m;
(heure) 12 Uhr; (sud) Süden m; **le M~**
(de la France) Südfrankreich nt; **tous les
~s** jeden Mittag; **chercher ~ à quatorze
heures** die Dinge unnötig verkomplizieren

midinette [midinɛt] nf dummes
Gänschen

mie [mi] nf Krume f

miel [mjɛl] nm Honig m

mielleux, -euse [mjɛlø, øz] adj (pej)
zuckersüß

mien, ne [mjɛ̃, ɛn] adj mein, meine, mein
■ pron: **le/la ~(ne)** meine(r, s)

miette [mjɛt] nf Krümel m

mieux [mjø] adj, adv comp, superl de **bien**
besser; **aimer ~** lieber mögen; **aller ~**
besser gehen; **au ~** bestenfalls; **de ~ en ~**
immer besser; **valoir ~** besser sein
■ nmf: **le/la ~** (superlatif) der/die/das
Beste ■ nm (amélioration, progrès)
Verbesserung f; **pour le ~** zum Besten;
faire de son ~ sein Bestes tun

mieux-être [mjøzetʀ] nm inv höherer
Lebensstandard

mièvre [mjevʀ] adj geziert

mignon, ne [miɲō, ɔn] adj (joli) niedlich,
süß; (gentil) nett

migraine [migʀɛn] nf Migräne f

migrant, e [migʀā, āt] nm/f
Wanderarbeiter(in) m(f)

migration [migʀasjō] nf (du peuple)
(Völker)wanderung f; (d'oiseaux, etc) Zug m

mijoter [miʒote] <1> vt (plat) schmoren;
(préparer avec soin) liebevoll zubereiten;
(fam) aushecken ■ vi schmoren

milieu (pl x) [miljø] nm (centre) Mitte f;
(environnement biologique) Lebensraum m;
(environnement social) Milieu nt; **le ~** die
Unterwelt; **au ~ de** mitten in +dat; (table,
etc) mitten auf +dat; **au beau ~, en plein ~
(de)** mitten unter +dat; **il y a un ~ entre**
(fig) es gibt ein Mittelding zwischen +dat;
le juste ~ der goldene Mittelweg

militaire [militɛʀ] adj Militär-;
aviation ~ Luftwaffe f; **marine ~**
Marine f; **service ~** Militärdienst m
■ nm (Berufs)soldat(in) m(f)

militant, e [militā, āt] adj militant

militariser [militaʀize] <1> vt
militarisieren

militarisme [militaʀism] nm
Militarismus m

militariste [militaʀist] adj militaristisch

militer [milite] <1> vi kämpfen; **~ pour/
contre** sich einsetzen für/gegen

milk-shake (pl ~s) [milkʃɛk] nm
Milchshake m

mille [mil] num (ein)tausend ■ nm
(nombre) Tausend f; **mettre dans le ~** ins
Schwarze treffen; **~ marin** (mesure de
longueur) Seemeile f

millefeuille [milfœj] nm (Gastr)
Cremeschnitte aus Blätterteig

millénaire [milenɛʀ] nm Jahrtausend nt
■ adj tausendjährig

mille-pattes [milpat] nm inv
Tausendfüßler m

millésime [milezim] nm (d'une médaille)
Jahreszahl f; (d'un vin) Jahrgang m

millet [mijɛ] nm Hirse f

milliard [miljaʀ] nm Milliarde f

milliardaire nmf Milliardär(in) m(f)

millier [milje] nm Tausend nt; **par ~s**
zu Tausenden

milligramme [miligʀam] nm
Milligramm nt

millilitre nm Milliliter m

millimètre nm Millimeter m o nt

millimétré, e [milimetʀe] adj:
papier ~ Millimeterpapier nt

million [miljō] nm Million f

millionnaire nmf Millionär(in) m(f)

mime [mim] nm (acteur)
Pantomime(-mimin) m/f; (art)
Pantomime f

mimer <1> vt pantomimisch darstellen; (*imiter*) nachmachen

mimique [mimik] nf Mimik f

mimosa [mimoza] nm Mimose f

minable [minabl] adj miserabel, jämmerlich

minaret [minaʀɛ] nm Minarett nt

minauder [minode] <1> vi sich geziert benehmen

minauderies [minodʀi] nfpl Getue nt

mince [mɛ̃s] adj dünn; (*personne, taille*) schlank; (*profit, connaissances*) gering; (*prétexte*) fadenscheinig; ~! (*fam*) verflixt!

minceur nf Dünne f, Schlankheit f

mincir [mɛ̃siʀ] <8> vi abnehmen

mine [min] nf (*physionomie*) Miene f; (*extérieur*) Aussehen nt; (*d'un crayon, d'un explosif, d'un gisement*) Mine f; (*cavité*) Bergwerk nt, Stollen m; ~ **antipersonnel** Landmine; **avoir bonne/mauvaise ~** gut/schlecht aussehen; **faire ~ de** so tun, als ob; **une ~ de** (*fig*) eine Fundgrube an +dat; ~ **de rien** (*fam*) mit Unschuldsmiene, unauffällig

miner [mine] <1> vt (*saper, ronger*) aushöhlen; (*Mil*) verminen; (*fig*) unterminieren

minerai [minʀɛ] nm Erz nt

minéral, e (*pl -aux*) [mineral, o] adj Mineral-; **eau ~e** Mineralwasser nt ◼ nm Mineral nt

minéralogique [mineralɔʒik] adj: **plaque/numéro ~** Nummernschild nt/ Kennzeichen nt

minet, te [minɛ, ɛt] nm/f (*chat*) Kätzchen nt; (*pej*) Püppchen nt

mineur, e [minœʀ] adj zweitrangig ◼ nm/f (*Jur*) Minderjährige(r) mf ◼ nm (*ouvrier*) Bergmann m

miniature [minjatyʀ] nf (*tableau*) Miniatur f; **en ~** (*fig*) im Kleinformat

minibus [minibys] nm Minibus m

minicassette nf Minikassette f (*für Diktiergerät*)

minichaîne nf Kompaktanlage f

minier, -ière [minje, ɛʀ] adj Bergwerks-, Bergbau-; (*bassin, pays*) Gruben-

minijupe [miniʒyp] nf Minirock m

minimal, e (*pl -aux*) [minimal, o] adj minimal, Mindest-, Tiefst-

minime [minim] adj sehr klein ◼ nmf (*Sport*) Junior(in) m(f)

minimessage [minimesaʒ] nm SMS f, Textnachricht f

minimiser [minimize] <1> vt bagatellisieren; (*Inform*) minimieren

minimum [minimɔm] adj Mindest- ◼ nm Minimum nt; **au ~** (*au moins*) mindestens; **un ~ de** ein Minimum an +dat; ~ **vital** Existenzminimum

ministère [ministɛʀ] nm Ministerium nt; (*gouvernement*) Regierung f; (*portefeuille*) Ministeramt nt; (*Rel*) Priesteramt nt; ~ **des Affaires étrangères** Außenministerium; ~ **public** Staatsanwaltschaft f

ministériel, le [ministeʀjɛl] adj Regierungs-, Minister-

ministre [ministʀ] nmf Minister(in) m(f); (*Rel*) Pfarrer(in) m(f); ~ **d'État** Staatsminister(in)

Minitel® [minitɛl] nm ≈ Bildschirmtext m; (*appareil*) ≈ Btx-Gerät nt

⬦ **MINITEL**
⬦
⬦ *Minitel* ist ein PC, den die "France-
⬦ Télécom" ihren Telefonkunden zur
⬦ Verfügung stellt. Er dient als ein
⬦ elektronisches Telefonbuch und bietet
⬦ auch eine Vielzahl von Dienstleistungen
⬦ an, wie Informationen zum
⬦ Zugfahrplan, über die Börse und über
⬦ Stellenangebote. Zugang zu diesen
⬦ Angeboten erhält man über das
⬦ Telefon, indem man die entsprechende
⬦ Nummer wählt. Die Kosten für diese
⬦ Dienstleistungen werden über die
⬦ Telefonrechnung abgerechnet.

minoritaire [minɔʀitɛʀ] adj Minderheits-; (*en sociologie*) Minderheiten-

minorité [minɔʀite] nf Minderheit f; (*âge*) Minderjährigkeit f; **dans la ~ des cas** in den seltensten Fällen; **être en ~** in der Minderheit sein

Minorque [minɔʀk] nf: **(l'île f de) ~** Menorca nt

minuit [minɥi] nm Mitternacht f

minuscule [minyskyl] adj winzig, sehr klein; **un a ~** ein kleines a ◼ nf: (*lettre*) ~ Kleinbuchstabe m

minute [minyt] nf Minute f; (*Jur*) Urschrift f; **à la ~** auf die Minute; **d'une ~ à l'autre** jede Minute; **entrecôte/steak ~** Minutensteak nt

minuter [minyte] <1> vt timen

minuterie [minytʀi] nf Schaltuhr f; (*éclairage*) Minutenlicht nt

minutie [minysi] nf Gewissenhaftigkeit f

minutieusement [minysjøzmã] adv peinlichst genau

minutieux, -euse [minysjø, øz] adj gewissenhaft, äußerst genau

mirabelle [miʀabɛl] nf (*fruit*) Mirabelle f

miracle [miʀakl] nm Wunder nt; ~ **économique** Wirtschaftswunder

miraculeux, -euse [miʀakylø, øz] adj wunderbar

mirage [miʀaʒ] nm Fata Morgana f

mire [miʀ] nf (TV: de réglage) Testbild nt;
être le point de ~ (fig) der Mittelpunkt
sein

miroir [miʀwaʀ] nm Spiegel m

miroiter [miʀwate] <1> vi spiegeln;
faire ~ qch à qn jdm etw in glänzenden
Farben schildern

miroiterie [miʀwatʀi] nf Glaserei f

mis, e [mi, miz] pp de **mettre** ▪ adj
(table) gedeckt; **bien/mal ~(e)** (personne)
gut/schlecht angezogen

misanthrope [mizɑ̃tʀɔp] nmf
Menschenfeind(in) m(f)

mise [miz] nf (argent) Einsatz m;
(habillement) Kleidung f; **~ en bouteilles**
Flaschenabfüllung f; **~ de fonds**
Investition f; **~ à jour** (Inform) Update nt;
~ en plis (coiffeur) Wasserwelle f; **~ en
scène** Inszenierung f

miser [mize] <1> vt (argent) setzen;
~ sur setzen auf +akk; (fig) rechnen mit

misérable [mizeʀabl] adj kläglich, elend;
(personne) bedauernswert; (mesquin: acte,
argumentation) miserabel; (avant le nom:
insignifiant) kümmerlich; (querelle) nichtig
▪ nmf Elende(r) mf

misère [mizeʀ] nf: **la ~** (pauvreté) die
Armut; **misères** nfpl (malheurs) Kummer
m; **faire des ~s à qn** jdn quälen, jdn
schikanieren; **salaire de ~** Hungerlohn m

miséricorde [mizeʀikɔʀd] nf
Barmherzigkeit f

misogyne [mizɔʒin] nm Frauenfeind m

missel [misɛl] nm Messbuch nt

missile [misil] nm Rakete f; **~ à courte
portée** Kurzstreckenrakete; **~ de
croisière** Marschflugkörper m; **~ de
portée intermédiaire**
Mittelstreckenrakete; **~ téléguidé**
Lenkflugkörper m

mission [misjɔ̃] nf Mission f; **~ de
reconnaissance** Aufklärungsmission

missionnaire [misjɔneʀ] nm
Missionar(in) m(f)

missive [misiv] nf Schreiben nt

mistral [mistʀal] nm Mistral m

mite [mit] nf Motte f

mité, e [mite] adj mottenzerfressen

mi-temps [mitɑ̃] nf inv (Sport) Halbzeit f
▪ nm inv Halbtagsarbeit f; **travailler à ~**
halbtags arbeiten

mitigation [mitigasjɔ̃] nf: **~ des peines**
Strafmilderung f

mitraille [mitʀaj] nf (décharge d'obus, etc)
Geschützfeuer nt

mitrailler <1> vt mit MG-Feuer
beschießen; (fig) bombardieren;
(fam: photographier) knipsen

mitraillette nf Maschinenpistole f

mitrailleur nm MG-Schütze m

mitrailleuse nf Maschinengewehr nt

mi-voix [mivwa] adv: **à ~** halblaut

mixage [miksaʒ] nm Tonmischung f

mixeur [miksœʀ] nm (appareil) Mixer m

mixte [mikst] adj gemischt; **double ~**
gemischtes Doppel; **mariage ~**
Mischehe f

mixture [mikstyʀ] nf (Chim) Mixtur f;
(boisson) Gebräu nt

M.J.C. nf abr = **Maison des jeunes et de
la culture** Jugend- und Kulturzentrum

ml abr = **millilitre** ml

M.L.F. nf abr = **Mouvement de libération
de la femme/des femmes**
Frauenbewegung f

Mlle (pl ~s) nf abr = **Mademoiselle/
Mesdemoiselles** Frl.

mm abr = **millimètre** mm

MM abr = **Messieurs** Herren

Mme (pl ~s) abr = **Madame/Mesdames** Fr.

mn abr = **minute** Min.

Mo abr = **méga-octet** MB

mobile [mɔbil] adj beweglich; (nomade)
wandernd, Wander-, mobil ▪ nm (motif)
Beweggrund m; (Tel) Handy nt

mobilier, -ière [mɔbilje, ɛʀ] adj
(propriété) beweglich; **effets ~s/valeurs
mobilières** übertragbare Effekten/Werte
pl; **vente/saisie mobilière**
Eigentumsverkauf m/-pfändung f
▪ nm (meubles) Mobiliar nt

mobilisation [mɔbilizasjɔ̃] nf
Mobilisieren nt; **~ générale** allgemeine
Mobilmachung

mobiliser [mɔbilize] <1> vt mobilisieren;
(fig: enthousiasme, courage) wecken

mobilité [mɔbilite] nf Beweglichkeit f,
Mobilität f

mobylette [mɔbilɛt] nf Mofa nt

mocassin [mɔkasɛ̃] nm Mokassin m

moche [mɔʃ] adj (fam) hässlich

modalité [mɔdalite] nf Modalität f;
adverbe de ~ Modaladverb nt

mode [mɔd] nf Mode f; **à la ~** modisch
▪ nm Art f, Weise f; (Ling, Inform) Modus m;
~ autonome (Inform) Offline-Betrieb m;
~ connecté (Inform) Online-Betrieb m;
~ d'emploi Gebrauchsanweisung f;
~ de paiement Zahlungsweise f

modèle [mɔdɛl] nm Modell nt; (exemple)
Beispiel nt; (Inform) Formatvorlage f; **les
divers ~s d'entreprises** die verschiedenen
Unternehmensformen; **~ déposé** (Com)
Gebrauchsmuster nt; **(avion/voiture) ~
réduit** Modellflugzeug nt/Modellauto nt
▪ adj mustergültig, Muster-

modeler [mɔd(ə)le] <4> vt modellieren;
~ sa conduite sur celle de qn (d'autre)
sich dat an jds Verhalten dat ein Beispiel
nehmen

modem [mɔdɛm] *nm* Modem *nt o m*

modérateur, -trice [mɔdeʀatœʀ, tʀis] *nm/f* Schlichter(in) *m(f)*

modération [mɔdeʀasjõ] *nf (qualité)* Mäßigung *f*, Einschränkung *f*; *(action)* Drosselung *f*

modéré, e *adj (mesuré)* maßvoll, gemäßigt; *(faible)* mäßig ▪ *nm/f* Gemäßigte(r) *mf*

modérément [mɔdeʀemã] *adv* in Maßen

modérer [mɔdeʀe] <5> *vt* mäßigen; *(dépenses)* einschränken; *(vitesse)* drosseln; **se modérer** *vpr* sich mäßigen

moderne [mɔdɛʀn] *adj* modern; *(vie)* heutig; *(langues, histoire)* neuere(r, s)

modernisation [mɔdɛʀnizasjõ] *nf* Modernisierung *f*

moderniser [mɔdɛʀnize] <1> *vt* modernisieren

modeste [mɔdɛst] *adj* bescheiden; *(petit· employé, commerçant)* klein

modestement [mɔdɛstəmã] *adv* bescheiden

modestie *nf* Bescheidenheit *f*

modification [mɔdifikasjõ] *nf* Änderung *f*, Modifikation *f*; **~ climatique** Klimaveränderung *f*

modifier [mɔdifje] <1> *vt* ändern, modifizieren; **se modifier** *vpr* sich ändern, sich wandeln

modique [mɔdik] *adj (somme d'argent)* gering

modulation [mɔdylasjõ] *nf*: **~ de fréquence** Ultrakurzwelle *f*

module [mɔdyl] *nm* Modul *nt*; **~ de commande** Kommandokapsel *f*; **~ lunaire** Mondfähre *f*

moduler [mɔdyle] <1> *vt* modulieren

moelle [mwal] *nf* Mark *nt*

moelleux, -euse [mwalø, øz] *adj* weich; *(chocolat)* cremig

mœurs [mœʀ(s)] *nfpl (morale)* Sitten *pl*; *(coutumes)* Bräuche *pl*; **des ~ simples** *(mode de vie)* ein einfaches Leben; **contraire aux bonnes ~** wider die guten Sitten; **police des ~** Sittenpolizei *f*

moi [mwa] *pron* ich; *(objet)* mich; mir; **c'est ~** ich bins

moignon [mwaɲõ] *nm* Stumpf *m*

moindre [mwɛ̃dʀ] *adj* geringere(r, s); **le/la ~** der/die/das kleinste

moine [mwan] *nm* Mönch *m*

moineau [mwano] *nm* Spatz *m*

moins [mwɛ̃] *adv* weniger; **du ~** wenigstens; **le/la ~ doué(e)** der/die Unbegabteste; **le/la ~ riche** der/die am wenigsten Reiche; **~ d'eau/de fautes** weniger Wasser/Fehler; **~ grand/riche que** kleiner/weniger reich als; **trois jours de ~** drei Tage weniger; **2 livres en ~**
2 Pfund weniger/zu wenig; **il est ~ cinq** es ist fünf vor; **il fait ~ cinq** es ist minus fünf (Grad); **~ je le vois, mieux je me porte** je weniger ich ihn sehe, desto besser geht es mir ▪ *nm* das Wenigste, das Geringste; **pour le ~** wenigstens ▪ *prép (calcul)* weniger, minus; *(heure)* vor; **à ~ de** außer dass, außer wenn; **à ~ que** es sei denn, dass/wenn

mois [mwa] *nm* Monat *m*; *(salaire)* Monatsgehalt *nt*

moisi, e [mwazi] *adj* schimm(e)lig ▪ *nm* Schimmel *m*

moisir <8> *vi* schimmeln; *(fig)* gammeln

moisissure [mwazisyʀ] *nf* Schimmel *m*

moisson [mwasõ] *nf* (Getreide)ernte *f*

moissonner [mwasɔne] <1> *vt (céréales)* ernten; *(champ)* abernten

moissonneur, -euse *nm/f* Schnitter(in) *m(f)* ▪ *nf (machine)* Mähmaschine *f*

moite [mwat] *adj* feucht

moitié [mwatje] *nf* Hälfte *f*; *(fam: épouse)* bessere Hälfte

molaire [mɔlɛʀ] *nf* Backenzahn *m*

Moldavie [mɔldavi] *nf*: **la ~** Moldawien *nt*

môle [mol] *nm* Mole *f*

moléculaire [mɔlekylɛʀ] *adj* molekular

molécule [mɔlekyl] *nf* Molekül *nt*

molester [mɔlɛste] <1> *vt* misshandeln

molle [mɔl] *adj voir* **mou**

mollement [mɔlmã] *adv (faiblement)* schwach; *(nonchalamment)* lässig

mollet, te [mɔlɛ, ɛt] *nm* Wade *f* ▪ *adj*: **œuf ~** weich gekochtes Ei

molleton [mɔltõ] *nm* Molton *m*

molletonné, e [mɔltɔne] *adj*: **gants ~s** gefütterte Handschuhe *pl*

mollir [mɔliʀ] <8> *vi* weich werden; *(vent)* abflauen; *(fig: résolution)* nachlassen; *(personne)* weich werden

mollusque [mɔlysk] *nm* Weichtier *nt*

môme [mom] *nmf (fam: enfant)* Gör *nt*

moment [mɔmã] *nm (instant)* Moment *m*, Augenblick *m*; **au ~ de** zu der Zeit, als; **au ~ où** in dem Moment, als; **à tout ~** jederzeit; **à un ~ donné** zu einem bestimmten Zeitpunkt; *(soudain)* plötzlich; **du ~ où, du ~ que** da; **d'un ~ à l'autre** jeden Augenblick; **en ce ~** in diesem Moment, gerade jetzt; **les grands ~s de l'histoire** die großen Momente in der Geschichte; **~ de gêne/bonheur** peinlicher/glücklicher Moment; **pour le ~** im Moment; **par ~s** ab und zu; **pour un bon ~** eine ganze Zeit lang; **profiter du ~** die Gelegenheit beim Schopf ergreifen; **sur le ~** im ersten Augenblick; **ce n'est pas le ~** das ist nicht der richtige Zeitpunkt

momentané, e [mɔmãtane] *adj* momentan, augenblicklich

momie [mɔmi] nf Mumie f
mon, ma (pl **mes**) [mõ, ma, me] adj
mein, meine, mein; (pl) meine
Monaco [mɔnako]: **la principauté de ~**
(das Fürstentum) Monaco nt
monarchie [mɔnaʁʃi] nf Monarchie f
monarque [mɔnaʁk] nm Monarch(in) m(f)
monastère [mɔnastɛʁ] nm Kloster nt
monceau (pl **x**) [mõso] nm Haufen m
mondain, e [mõdɛ̃, ɛn] adj
gesellschaftlich; (peintre, soirée)
Gesellschafts-; (personne) mondän, der
besseren Gesellschaft; **carnet ~**
Klatschblatt nt
monde [mõd] nm Welt f; (cosmos) Weltall
nt; (personnes mondaines) Gesellschaft f,
High Society f; **l'autre ~** das Jenseits;
homme/femme du ~ Mann/Frau von
Welt; **le ~ capitaliste/végétal/du**
spectacle die kapitalistische Welt/die
Pflanzenwelt/die Welt des Theaters;
il y a du ~ es sind viele Leute da; **le**
meilleur homme du ~ der beste Mensch
der Welt; **pas le moins du ~** nicht im
Geringsten; **tout le ~** alle, jedermann;
tour du ~ Reise f um die Welt
mondial, e (pl **-aux**) [mõdjal, o] adj
Welt-; **à l'échelon ~** weltweit
mondialement adv weltweit
mondialisation [mõdjalizasjõ] nf
Globalisierung f
mondovision [mõdɔvizjõ] nf
Satellitenfernsehen nt; **qch est**
retransmis(e) en ~ etw wird weltweit
ausgestrahlt
monégasque [mɔnegask] adj
monegassisch
monétaire [mɔnetɛʁ] adj (unité)
Währungs-; (circulation) Geld-
monétique [mɔnetik] nf Plastikgeld nt
mongol, e adj mongolisch
Mongol, e [mõgɔl] nmf Mongole
(Mongolin) m/f
Mongolie [mõgɔli] nf: **la ~** die Mongolei
mongolien, ne [mõgɔljɛ̃, ɛn] adj
mongoloid ■ nm/f Mongoloide
(Mongoloidin) m/f
moniteur, -trice [mɔnitœʁ, tʁis] nm/f
(Sport: de ski) Skilehrer(in) m(f); (d'éducation
physique) Sportlehrer(in) m(f); (de colonie
de vacances) Animateur(in) m(f) ■ nm
(Inform) Monitor m, Bildschirm m
monnaie [mɔnɛ] nf (pièce) Münze f;
(Econ: moyen d'échange) Währung f; **avoir**
de la ~ (petites pièces) Kleingeld nt haben;
faire de la ~ à qn jdm einen (Geld)schein
kleinmachen; **rendre à qn la ~** (sur **20**
euros) jdm (auf 20 Euro) herausgeben;
~ électronique Cybergeld nt, elektronisches
Geld; **~ étrangère** Fremdwährung

monnayeur nm Geldwechselautomat m
monochrome [mɔnokʁom] adj
einfarbig; (écran) monochrom
monocle [mɔnɔkl] nm Monokel nt
monocorde [mɔnɔkɔʁd] adj monoton
monoculture [mɔnɔkyltyʁ] nf
Monokultur f
monogamie [mɔnɔgami] nf
Monogamie f
monogramme [mɔnɔgʁam] nm
Monogramm nt
monolingue [mɔnɔlɛ̃g] adj einsprachig
monologue [mɔnɔlɔg] nm Monolog m,
Selbstgespräch nt
monologuer <1> vi Selbstgespräche
führen
monoparental, e (pl **-aux**) [mɔnoparɑ̃tal,
o] adj mit nur einem Elternteil
monoplace [mɔnɔplas] adj (avion, etc)
einsitzig ■ nm (avion, etc) Einsitzer m
monopole [mɔnɔpɔl] nm Monopol nt
monopoliser <1> vt monopolisieren; (fig)
für sich allein beanspruchen
monoski [mɔnoski] nm Monoski m
monospace [mɔnɔspas] nm Van m
monosyllabe [mɔnɔsilab] adj einsilbig
■ nm einsilbiges Wort
monotone [mɔnɔtɔn] adj monoton
monotonie [mɔnɔtɔni] nf Monotonie f,
Eintönigkeit f
monseigneur [mõsɛɲœʁ] nm Seine
Exzellenz
monsieur (pl **messieurs**) [məsjø, mesjø]
nm Herr m; voir aussi **Madame**
monstre [mõstʁ] nm Monstrum nt;
(en mythologie) Ungeheuer nt; **les ~s**
sacrés (Theat) die Großen der Bühne
■ adj kolossal
monstrueux, -euse adj (difforme)
missgebildet; (colossal) Riesen-;
(abominable) ungeheuerlich, grauenhaft
monstruosité [mõstʁyozite] nf
Ungeheuerlichkeit f, Grausamkeit f; (Med)
Missbildung f; (atrocité) Gräuel m
mont [mõ] nm Berg m; **par ~s et par vaux**
durchs ganze Land
montage [mõtaʒ] nm Aufbau m,
Errichtung f; (d'un bijou) Fassen nt; (d'une
tente) Aufbauen nt; (assemblage: Cine)
Montage f; (photomontage)
Fotomontage f
montagnard, e [mõtaɲaʁ, d] adj Berg-,
Gebirgs- ■ nm/f Gebirgsbewohner(in)
m(f)
montagne [mõtaɲ] nf Berg m;
la ~ (région) das Gebirge, die Berge pl;
la haute/moyenne ~ das Hoch-/
Mittelgebirge; **route/station de ~**
Bergstraße f/-station f; **~s russes**
Achterbahn f

montagneux, -euse adj bergig,
gebirgig

montant, e [mõtã, ãt] adj (mouvement)
aufwärts; (marée) auflaufend, steigend;
(chemin) ansteigend; (robe, col)
hochgeschlossen ■ nm (d'une fenêtre,
d'un lit) Pfosten m; (d'une échelle) Holm m;
(fig: somme) Betrag m; ~ **des fonds
(monétaires)** Fondsvolumen nt; ~ **net**
Nettobetrag m

mont-de-piété (pl monts-de-piété)
[mõdpjete] nm Pfandleihanstalt f

monte-charge (pl ~s) [mõtʃaʀʒ] nm
Lastenaufzug m

montée [mõte] nf (action de monter)
Aufstieg m; (en voiture) Auffahrt f; (pente)
Anstieg m

monte-plats [mõtpla] nm inv
Speisenaufzug m

monter [mõte] <1> vi (avec être) steigen;
(avion) aufsteigen; (voiture) hochfahren;
(route) ansteigen; (température, voix, prix)
ansteigen; (bruit) anschwellen; ~ **à
bicyclette** Fahrrad fahren; ~ **(à cheval)**
reiten; ~ **à bord** an Bord gehen; ~ **dans**
(passager) einsteigen in +akk; ~ **sur** [ou **à**]
un arbre/une échelle auf einen Baum/
eine Leiter steigen ■ vt (avec avoir)
(escalier, côte) hinaufgehen, hinauffahren;
(jument) decken; (valise, courrier)
hinauftragen; (tente) aufschlagen; (bijou)
fassen; (échafaudage, étagère) aufstellen;
(coudre) annähen; (film) schneiden; (fig:
pièce de théâtre) inszenieren; (entreprise)
auf die Beine stellen ■ vpr: **se ~ à** (frais)
sich belaufen auf +akk

monteur, -euse [mõtœʀ, øz] nm/f (Tech)
Monteur(in) m(f); (Ciné) Cutter(in) m(f)

monticule [mõtikyl] nm Hügel m; (tas)
Haufen m

montre [mõtʀ] nf Uhr f; **faire ~ de qch**
(exhiber) etw zur Schau tragen; (faire
preuve de) etw unter Beweis stellen

montre-bracelet (pl montres-bracelets)
nf Armbanduhr f

montrer [mõtʀe] <1> vt zeigen; ~ **qch à
qn** jdm etw zeigen; **se montrer** vpr
(paraître) erscheinen; **se ~ habile/à la
hauteur de** sich geschickt/gewachsen
+dat zeigen

montreur, -euse [mõtʀœʀ, øz]
nm/f: ~ **de marionnettes**
Marionettenspieler(in) m(f)

monture [mõtyʀ] nf (animal) Reittier nt;
(d'une bague) Fassung f; (de lunettes)
Gestell nt

monument [mɔnymã] nm Monument
nt; (pour commémorer) Denkmal nt;
protection des ~s Denkmalschutz m;
~ **aux morts** Kriegerdenkmal

monumental, e (pl -aux) [mɔnymãtal,
o] adj monumental; (énorme) gewaltig

moquer [mɔke] <1> vpr: **se ~ de** (railler)
sich lustig machen über +akk; (se
désintéresser de) sich nicht kümmern um;
(tromper) auf den Arm nehmen +akk

moquerie [mɔkʀi] nf Spott m

moquette [mɔkɛt] nf Teppichboden m

moqueur, -euse [mɔkœʀ, øz] adj
spöttisch

moraine [mɔʀɛn] nf Moräne f

moral, e (pl -aux) [mɔʀal, o] adj
moralisch; (force, douleur) seelisch
■ nm (état d'esprit) Stimmung f; **avoir le ~
à zéro** überhaupt nicht in Stimmung sein;
au ~ seelisch ■ nf Moral f; **faire la ~ e à qn**
jdm eine Strafpredigt halten

moraliser [mɔʀalize] <1> vi
Moralpredigten halten

moraliste [mɔʀalist] nmf (auteur)
Moralist(in) m(f); (moralisateur)
Moralprediger(in) m(f)

moralité [mɔʀalite] nf Moral f

moratoire [mɔʀatwaʀ] adj: **intérêts ~s**
Verzugszinsen pl

morceau (pl -x) [mɔʀso] nm Stück nt;
recoller les ~x (fig) kitten

mordant, e [mɔʀdã, ãt] adj (article,
écrivain, ironie) ätzend; (froid) beißend

mordicus [mɔʀdikys] adv (fam) steif und
fest

mordiller [mɔʀdije] <1> vt knabbern an
+dat

mordre [mɔʀdʀ] <14> vt beißen; (insecte)
stechen; (lime, ancre, vis) fassen; (froid)
beißen ■ vi (poisson) anbeißen; ~ **à**
(appât) anbeißen an +dat; (fig) Geschmack
finden an +dat, ~ **dans** (gâteau) beißen in
+akk; ~ **sur** (marge) übertreten

mordu, e [mɔʀdy] nm/f: **un ~ de** (fam) ein
Fan m von

morfondre [mɔʀfõdʀ] <14> vpr:
se morfondre sich zu Tode langweilen;
(de soucis) bedrückt sein

morgue [mɔʀg] nf Leichenschauhaus nt

morille [mɔʀij] nf Morchel f

mormon, e [mɔʀmõ, ɔn] nm/f Mormone
(Mormonin) m/f

morne [mɔʀn] adj trübsinnig

morose [mɔʀoz] adj mürrisch; (bourse)
lustlos

morphine [mɔʀfin] nf Morphium nt

morse [mɔʀs] nm (Zool) Walross nt; (Tel)
Morsealphabet nt; (action) Morsen nt

morsure [mɔʀsyʀ] nf Biss m; (d'insecte)
Stich m

mort, e [mɔʀ, mɔʀt] adj tot; **à ~** (fam)
total; **être ~ de peur** sich zu Tode
ängstigen; ~ **de fatigue** todmüde; ~ **ou
vif** tot oder lebendig ■ nm/f Tote(r) mf;

faire le ~ sich tot stellen; **la place du ~**
(fam) Beifahrersitz m ■ nf Tod m; (fig: fin)
Untergang m; **à la ~ de qn** bei jds Tod;
à la vie, à la ~ für ewig; **~ apparente**
Scheintod; **~ clinique** klinischer Tod
mortalité [mɔʀtalite] nf Sterblichkeit f;
(chiffre) Sterblichkeitsziffer f
mort-aux-rats [mɔʀ(t)oʀa] nf inv
Rattengift nt
mortel, le [mɔʀtɛl] adj tödlich; (personne)
sterblich
mortellement adv (blessé) tödlich;
(pâle) leichen-; (ennuyeux) sterbens-
morte-saison (pl **mortes-saisons**)
[mɔʀtəsezõ] nf Saure-Gurken-Zeit f
mortier [mɔʀtje] nm (mélange) Mörtel m;
(récipient, canon) Mörser m
mortifier [mɔʀtifje] <1> vt zutiefst
treffen
mort-né, e (pl **~s**) [mɔʀne] adj tot geboren
mortuaire [mɔʀtɥɛʀ] adj Toten-;
cérémonie ~ Totenfeier f; **drap ~**
Leichentuch m
morue [mɔʀy] nf Kabeljau m
morveux, -euse [mɔʀvø, øz] adj (fam)
rotznäsig
mosaïque [mɔzaik] nf Mosaik nt
Moscou [mɔsku] Moskau nt
mosquée [mɔske] nf Moschee f
mot [mo] nm Wort nt; **avoir le dernier ~**
das letzte Wort haben; **~ pour ~**
wortgetreu; **(au) ~ à ~** (traduire)
wortwörtlich; **au bas ~** mindestens; **bon
~** geistreiches Wort; **en un ~** mit einem
Wort; **écrire/recevoir un ~** ein paar Zeilen
schreiben/erhalten; **sur/à ces ~s** mit/bei
diesen Worten; **prendre qn au ~** jdn beim
Wort nehmen; **~s croisés** Kreuzworträtsel
nt; **~ de la fin** Schlusswort; **~ de passe**
Kennwort, Passwort
motard, e [mɔtaʀ, aʀd] nm/f (fam:
motocycliste) Motorradfahrer(in) m(f);
(policier) Motorradpolizist(in) m(f)
motel [mɔtɛl] nm Motel nt
moteur, -trice [mɔtœʀ, tʀis] adj
(force, roue) treibend; (nerf) motorisch
■ nm Motor m; **à ~** Motor-; **~ à deux/
quatre temps** Zweitakt-/Viertaktmotor;
~ à explosion Verbrennungsmotor;
~ hors-bord Außenbordmotor; **~ à
injection** Einspritzmotor; **~ de rechange**
Austauschmotor; **~ de recherche** (Inform)
Suchmaschine f
motif [mɔtif] nm (Beweg)grund m;
motifs nmpl (Jur) (Urteils)begründung f;
sans ~ grundlos
motion [mosjõ] nf Antrag m; **~ de
censure** Misstrauensantrag
motivation [mɔtivasjõ] nf Begründung
f; (Psych) Motivation f

motivé, e [mɔtive] adj (personne)
motiviert
motiver [mɔtive] <1> vt (personne)
motivieren; (chose) veranlassen
moto [mɔto] nf Motorrad nt
moto-cross [mɔtɔkʀɔs] nm inv
Motocross nt
motocyclette [mɔtɔsiklɛt] nf
Motorrad nt
motocyclisme [mɔtɔsiklism] nm
Motorradsport m
motocycliste [mɔtɔsiklist] nmf
Motorradfahrer(in) m(f)
motoneige [mɔtɔnɛʒ] nf Motorbob m
motorisé, e [mɔtɔʀize] adj motorisiert
motoriser [mɔtɔʀize] <1> vt
motorisieren
motus [mɔtys] interj: **~ et bouche cousue**
nur nichts verraten
mou, mol, molle [mu, mɔl] adj weich;
(bruit) schwach; (fig: geste, personne)
lässig, schlaff; (pej: résistance) schwach;
avoir les jambes molles weiche Knie
haben; **chapeau ~** Schlapphut m
■ nm (fam: homme faible) Schwächling m,
Weichling m; (abats) Lunge f
mouchard, e [muʃaʀ, aʀd] nm/f
Spion(in) m(f); (Scol) Petze f; (de police)
Spitzel m
mouche [muʃ] nf (Zool) Fliege f; (en
cosmétique) Schönheitspflästerchen nt
moucher [muʃe] <1> vt (nez, personne)
schnäuzen; (chandelle) putzen ■ vi
schniefen; **se moucher** vpr sich dat die
Nase putzen, sich schnäuzen
moucheron [muʃʀõ] nm Mücke f
moucheté, e [muʃ(ə)te] adj gesprenkelt,
gescheckt
mouchoir [muʃwaʀ] nm Taschentuch nt;
~ en papier Papiertaschentuch; (pour
démaquillage) Kosmetiktuch nt
moudre [mudʀ] irr vt mahlen
moue [mu] nf: **faire la ~** einen Flunsch
ziehen
mouette [mwɛt] nf Möwe f
moufle [mufl] nf (gant)
Fausthandschuh m
mouillage [mujaʒ] nm (Naut)
Liegeplatz m
mouillé, e [muje] adj feucht
mouiller [muje] <1> vt nass machen,
anfeuchten; (Gastr: ragoût) verdünnen,
Wasser/Wein zugeben zu; (couper)
verdünnen; (Naut: mine) legen; (ancre)
auswerfen ■ vi ankern
moule [mul] nf (Mies)muschel f ■ nm
(Back)form f
mouler [mule] <1> vt formen; **~ qch sur
qch** (fig) etw nach dem Vorbild von etw
machen

moulin [mulɛ̃] *nm* Mühle *f*; **~ à café/
à poivre** Kaffee-/Pfeffermühle; **~ à
légumes** Küchenmaschine *f*; **~ à vent**
Windmühle

moulinet [mulinɛ] *nm*: **faire des ~s avec
qch** (*mouvement*) etw herumwirbeln

moulinette® [mulinɛt] *nf*
Küchenmaschine *f*

moulu, e [muly] *pp de* **moudre**

moulure [mulyʀ] *nf* Stuckverzierung *f*

mourant, e [muʀɑ̃, ɑ̃t] *adj* sterbend;
(*son*) ersterbend

mourir [muʀiʀ] *irr vi* (*avec être*) sterben;
(*civilisation*) untergehen; (*flamme*)
erlöschen; **~ d'ennui** sich zu Tode
langweilen; **~ d'envie de faire qch** darauf
brennen, etw zu tun; **~ de faim**
verhungern; (*fig*) fast verhungern;
~ de froid erfrieren

mousquetaire [muskɔtɛʀ] *nm*
Musketier *m*

moussant, e [musɑ̃, ɑ̃t] *adj*: **bain ~**
Schaumbad *nt*

mousse [mus] *nf* Schaum *m*; (*Bot*) Moos
nt; (*dessert*) Creme *f*; **une ~** (*fam*) ein Bier;
~ carbonique Feuerlöschschaum; **~ de
coiffage** [*ou* **coiffante**] Schaumfestiger *m*;
~ de foie gras Mousse *nt* von
Geflügelstopfleber; **~ à raser**
Rasierschaum ■ *nm* Schiffsjunge *m*

mousseline [muslin] *nf* Musselin *m*;
(pommes) ~ Kartoffelpüree *nt*

mousser [muse] <1> *vi* schäumen

mousseux, -euse [musø, øz] *adj*
schaumig ■ *nm* Schaumwein *m*

mousson [musɔ̃] *nf* Monsun *m*

moustache [mustaʃ] *nf* Schnurrbart *m*

moustiquaire [mustikɛʀ] *nf* (*rideau*)
Moskitonetz *nt*; (*châssis*) Fliegenfenster
nt/-gitter *nt*

moustique [mustik] *nm* Stechmücke *f*,
Moskito *m*

moutarde [mutaʀd] *nf* Senf *m*

moutardier [mutaʀdje] *nm* Senftopf *m*

mouton [mutɔ̃] *nm* Schaf *nt*; (*cuir*)
Schafsleder *nt*; (*fourrure*) Schaffell *nt*;
(*viande*) Schaf-/Hammelfleisch *nt*;
(*poussière*) Staubflocke *f*; (*sur un pull*)
Fussel *f*

mouvement [muvmɑ̃] *nm* (*déplacement,
activité*) Bewegung *f*; (*trafic*) Betrieb *m*;
(*d'une phrase, d'un récit*) Lebendigkeit *f*;
(*variation*) Schwankung *f*, Bewegung *f*;
(*Mus: rythme*) Tempo *nt*; (*Mus: partie*) Satz
m; (*d'un terrain, du sol*) Unebenheit *f*;
(*mécanisme*) Mechanismus *m*; (*de montre*)
Uhrwerk *nt*; **en ~** in Bewegung; **~ pour la
paix** Friedensbewegung

mouvementé, e [muvmɑ̃te] *adj* (*terrain*)
uneben; (*récit*) lebhaft; (*agité*) turbulent

mouvoir [muvwaʀ] *irr vt* bewegen;
(*fig: personne*) antreiben, animieren;
se mouvoir *vpr* sich bewegen

moyen, ne [mwajɛ̃, ɛn] *adj* (*taille,
température, classe*) mittlere(r, s); (*lecteur,
spectateur*) Durchschnitts-; (*passable*)
durchschnittlich ■ *nm* (*procédé, façon*)
Mittel *nt*; **moyens** *nmpl* (*intellectuels,
physiques*) Fähigkeiten *pl*; (*pécuniaires*)
Mittel *pl*; **au ~ de** mithilfe von; **employer
les grands ~s** (*fig*) schwere Geschütze
auffahren; **par ses propres ~s** allein,
selbst; **par tous les ~s** auf Biegen und
Brechen; **vivre au-dessus de ses ~s** über
seine Verhältnisse leben; **~ de transport**
Transportmittel ■ *nf* Durchschnitt *m*;
en ~ne durchschnittlich; **faire la ~ne** den
Durchschnitt errechnen; **~ne d'âge**
Durchschnittsalter *nt*

Moyen(-)Âge *nm* Mittelalter *nt*

moyenâgeux, -euse [mwajɛnɑʒø, øz]
adj mittelalterlich

moyen-courrier (*pl* **moyens-courriers**)
nm Mittelstreckenflugzeug *nt*

moyennant [mwajɛnɑ̃] *prép* (*prix*) für;
(*travail, effort*) durch

Moyen-Orient [mwajɛnɔʀjɑ̃]
nm: **le ~** der Mittlere Osten

Mozambique [mɔzabik] *nm*: **le ~**
Mosambik *nt*

MP3 *nm* MP3 *nt*

M.S.T. *nf abr* = **maladie sexuellement
transmissible** Geschlechtskrankheit *f*

mû, e [my] *pp de* **mouvoir**

mucosité [mykozite] *nf* Schleim *m*

mucus [mykys] *nm* Schleim *m*

muer [mɥe] <1> *vi* (*serpent*) sich häuten;
(*oiseau*) sich mausern; (*voix, garçon*) im
Stimmbruch sein ■ *vpr*: **se ~ en** sich
verwandeln in +*akk*

muet, te [mɥe, ɛt] *adj* stumm ■ *nm/f*
Stumme(r) *mf* ■ *nm*: **le ~** (*Cine*) der
Stummfilm

mufle [myfl] *nm* Maul *nt*; (*fam: goujat*)
Flegel *m*

mugir [myʒiʀ] <8> *vi* brüllen; (*fig: vent,
sirène*) heulen

muguet [mygɛ] *nm* (*Bot*) Maiglöckchen *nt*

mulâtre, -esse [mylɑtʀ(ə), ɛs] *nm/f*
Mulatte (Mulattin) *m/f*

mule [myl] *nf* (*Zool*) Mauleselin *f*;
(*pantoufle*) Pantoffel *m*

mulet [mylɛ] *nm* Maulesel *m*; (*poisson*)
Meerbarbe *f*

multicolore [myltikɔlɔʀ] *adj* bunt

multiculturel, le [myltikyltyʀɛl] *adj*
multikulturell

multidisciplinaire [myltidisiplinɛʀ]
adj: **enseignement ~** fachübergreifender
Unterricht

multifenêtrage [myltifǝnɛtʀaʒ]
nm: **technique de** ~ (*Inform*)
Fenstertechnik *f*

multifenêtre [myltif(ǝ)nɛtʀ] *adj* mit
mehreren Bildschirmfenstern

multifonctionnel, le [myltifõksjɔnɛl]
adj multifunktional

multilatéral, e (*pl* -**aux**) [myltilateʀal,
o] *adj* multilateral, mehrseitig

multimédia [myltimedja] *adj*
Multimedia-, multimedial

multimillionnaire [myltimiljɔnɛʀ] *nmf*
Multimillionär(in) *m(f)*

multinational, e (*pl* -**aux**)
[myltinasjɔnal, o] *adj* multinational

multiple [myltipl] *adj* vielfältig; (*nombre*)
vielfach, mehrfach ■ *nm* Vielfache(s) *nt*

multiplex [myltiplɛks] *nm* (*Tel*)
Konferenzschaltung *f*

multiplexe [myltiplɛks] *nm* (*cinéma*)
Multiplexkino *nt*

multiplicateur [myltiplikatœʀ] *nm*
Multiplikator *m*

multiplication [myltiplikasjõ] *nf*
(*augmentation*) Zunahme *f*, Vermehrung *f*;
(*Math*) Multiplikation *f*

multiplicité [myltiplisite] *nf* Vielfalt *f*

multiplier [myltiplije] <1> *vt*
vermehren; (*exemplaires*) vervielfältigen;
(*Math*) multiplizieren; **se multiplier** *vpr*
(*ouvrages, accidents*) zunehmen; (*êtres
vivants, partis*) sich vermehren

multiprogrammation
[myltipʀɔgʀamasjõ] *nf* (*Inform*)
Multitasking *nt*

multipropriété [myltipʀɔpʀijete] *nf*
Timesharing *nt*

multitraitement [myltitʀɛtmã] *nm*
(*Inform*) Parallelverarbeitung *f*

multitude [myltityd] *nf* Menge *f*

Munich [munik] München *nt*

municipal, e (*pl* -**aux**) [mynisipal, o] *adj*
Stadt-, Gemeinde-

municipalité *nf* (*corps municipal*)
Gemeinderat *m*; (*commune*) Gemeinde *f*

munir [myniʀ] <8> *vt*: ~ **qn/qch de**
jdn/etw ausstatten [*ou* versehen] mit

munitions [mynisjõ] *nfpl* Munition *f*

muqueuse [mykøz] *nf* Schleimhaut *f*

mur [myʀ] *nm* Mauer *f*; (*à l'intérieur*) Wand
f; **le** ~ **de Berlin** die Berliner Mauer;
~ **d'escalade** Kletterwand; ~ **par-feu**
(*Inform*) Firewall *f*; ~ **du son**
Schallmauer

mûr, e [myʀ] *adj* reif ■ *nf* (*du mûrier*)
Maulbeere *f*; (*de la ronce*) Brombeere *f*

muraille [myʀaj] *nf* Mauerwerk *nt*;
(*fortification*) Festungsmauer *f*;
la Grande M~ (**de Chine**) die Chinesische
Mauer

mural, e (*pl* -**aux**) [myʀal, o] *adj* Mauer-,
Wand-

mûre [myʀ] *nf* (*de la ronce*) Brombeere *f*;
(*du mûrier*) Maulbeere *f*

mûrement [myʀmã] *adv*: **ayant** ~
réfléchi nach reiflicher Überlegung

murène [myʀɛn] *nf* Muräne *f*

murer [myʀe] <1> *vt* (*enclos*)
ummauern; (*issue*) zumauern;
(*personne*) einmauern

muret [myʀɛ] *nm* Mäuerchen *nt*

mûrier [myʀje] *nm* Maulbeerbaum *m*;
(*ronce*) Brombeerstrauch *m*

mûrir [myʀiʀ] <8> *vi* reifen ■ *vt* reifen
(lassen)

murmure [myʀmyʀ] *nm* (*d'un ruisseau*)
Plätschern *nt*; **murmures** *nmpl* Murren
nt; **sans** ~ ohne Murren;
~ **d'approbation/d'admiration**
beifälliges/bewunderndes Murmeln;
~ **de protestation** Protestgemurmel *nt*

murmurer <1> *vi* (*chuchoter*) murmeln;
(*se plaindre*) murren; (*ruisseau, arbre*)
plätschern

musaraigne [myzaʀɛɲ] *nf* Spitzmaus *f*

musarder [myzaʀde] <1> *vi* die Zeit
vertrödeln; (*en marchant*) herumtrödeln

musc [mysk] *nm* Moschus *m*

muscade [myskad] *nf* Muskat *m*;
(**noix** *f* **de**) ~ Muskatnuss *f*

muscat [myska] *nm* (*raisin*)
Muskatellertraube *f*; (*vin*)
Muskateller(wein) *m*

muscle [myskl] *nm* Muskel *m*

musclé, e [myskle] *adj* muskulös;
(*fig: discussion*) scharf

musculaire [myskylɛʀ] *adj* Muskel-

musculation [myskylasjõ] *nf*
Bodybuilding *nt*

musculature [myskylatyʀ] *nf*
Muskulatur *f*

muse [myz] *nf* Muse *f*

museau (*pl* **x**) [myzo] *nm* (*d'un animal*)
Schnauze *f*

musée [myze] *nm* Museum *nt*

museler [myz(ǝ)le] <4> *vt* einen
Maulkorb anlegen +*dat*

muselière [myzǝljɛʀ] *nf* Maulkorb *m*

musette [myzɛt] *nf* (*sac*) Proviantbeutel
m ■ *adj inv* (*orchestre, etc*) Akkordeon-

musical, e (*pl* -**aux**) [myzikal, o] *adj*
musikalisch, Musik-; (*voix*) klangvoll

music-hall (*pl* ~**s**) [myzikol] *nm*
Varieté *nt*

musicien, ne [myzisjẽ, ɛn] *nm/f*
Musiker(in) *m(f)* ■ *adj* musikalisch

musique [myzik] *nf* Musik *f*;
(*notation écrite*) Noten *pl*; (*d'une phrase*)
Melodie *f*; ~ **de chambre** Kammermusik;
~ **de film/militaire** Film-/Militärmusik

must [mœst] *nm* (*fam*) Muss *nt*
musulman, e [myzylmã, an] *adj*
moslemisch ▪ *nm/f* Moslem (Moslime)
m/f
mutation [mytasjõ] *nf* (*d'un fonctionnaire*)
Versetzung *f*; (*Bio*) Mutation *f*;
~ **génétique** Genmutation
muter <1> *vt* (*emploi*) versetzen; ~ **qn par**
mesure disciplinaire (*fonctionnaire*) jdn
strafversetzen
mutilation [mytilasjõ] *nf* Verstümmelung *f*
mutilé, e [mytile] *adj* verstümmelt
▪ *nm/f* Krüppel *m*; ~ **de guerre/du travail**
Kriegs-/Berufsbeschädigte(r) *mf*
mutiler [mytile] <1> *vt* verstümmeln
mutin, e [mytẽ, in] *adj* verschmitzt
▪ *nm/f* Meuterer (Meuterin) *m/f*
mutiner [mytine] <1> *vpr*: **se mutiner**
meutern
mutinerie [mytinʀi] *nf* Meuterei *f*
mutisme [mytism] *nm* Stummheit *f*
mutuel, le [mytɥɛl] *adj* gegenseitig
▪ *nf* Versicherungsverein *m* auf
Gegenseitigkeit
Myanmar [mianmaʀ] *nm*: **le ~**
Myanmar *nt*
myope [mjɔp] *adj* kurzsichtig
▪ *nmf* Kurzsichtige(r) *mf*
myopie *nf* Kurzsichtigkeit *f*
myosotis [mjɔzɔtis] *nm*
Vergissmeinnicht *nt*
myriade [miʀjad] *nf* Unzahl *f*
myrtille [miʀtij] *nf* Heidelbeere *f*
mystère [mistɛʀ] *nm* Geheimnis *nt*;
(*énigme*) Rätsel *nt*
mystérieusement [misteʀjøzmã] *adv*
auf geheimnisvolle Weise
mystérieux, -euse [misteʀjø, øz] *adj*
geheimnisvoll; (*inexplicable*) rätselhaft;
(*secret*) geheim
mysticisme [mistisism] *nm* Mystik *f*
mystificateur, -trice [mistifikatœʀ,
tʀis] *nm/f* Schwindler(in) *m(f)*
mystification [mistifikasjõ] *nf*
(*tromperie*) Täuschung *f*; (*mythe*) Mythos *m*
mystifier [mistifje] <1> *vt* täuschen,
narren, irreführen
mystique [mistik] *adj* mystisch ▪ *nmf*
Mystiker(in) *m(f)*
mythe [mit] *nm* Mythos *m*; (*légende*)
Sage *f*

mythique *adj* mythisch
mythologie [mitɔlɔʒi] *nf* Mythologie *f*
mythologique *adj* mythologisch
mythomane [mitɔman] *nmf*
krankhafter Lügner, krankhafte Lügnerin

n

N, n [ɛn] *nm* N, n *nt*
n' *adv voir* **ne**
nabot [nabo] *nm (pej: personne)* Knirps *m*, Zwerg *m*
nacelle [nasɛl] *nf (de ballon)* Korb *m*
nacre [nakʁ] *nf* Perlmutt *nt*
nacré, e *adj* perlmutterfarben, schimmernd
nage [naʒ] *nf (action)* Schwimmen *nt*; *(style)* Schwimmstil *m*; **en ~** schweißgebadet; **s'éloigner à la ~** wegschwimmen; **traverser à la ~** durchschwimmen; **~ libre/papillon** Frei-/Schmetterlingsstil *m*
nageoire [naʒwaʁ] *nf* Flosse *f*
nager [naʒe] <2> *vi* Schwimmen
nageur, -euse *nm/f* Schwimmer(in) *m(f)*
naguère [nagɛʁ] *adv* unlängst
naïf, -ïve [naif, iv] *adj* naiv
nain, e [nɛ̃, nɛn] *nm/f* Zwerg(in) *m(f)*
naissance [nɛsɑ̃s] *nf* Geburt *f*; *(fig)* Entstehung *f*; **donner ~ à** gebären; *(fig)* entstehen lassen
naître [nɛtʁ] *irr vi (avec être)* geboren werden; *(fig)* entstehen; **~ de** geboren werden von; entstehen aus; **faire ~** erwecken; **elle est née en 1991** er ist 1991 geboren
naïveté [naivte] *nf* Naivität *f*
Namibie [namibi] *nf*: **la ~** Namibia *nt*

nana [nana] *nf (fam: fille)* Tussi *f*
nanotechnologie [nanotɛknɔlɔʒi] *nf* Nanotechnologie *f*
napalm [napalm] *nm* Napalm *nt*
naphtaline [naftalin] *nf*: **boules de ~** Mottenkugeln *pl*
Naples [napl] Neapel *nt*
nappe [nap] *nf* Tischdecke *f*; **~ d'eau** große Wasserfläche; **~ phréatique** Grundwasser *nt*
napperon [napʁɔ̃] *nm* Deckchen *nt*
narcisse [naʁsis] *nm* Narzisse *f*
narcissisme [naʁsisism] *nm* Narzissmus *m*
narcodollars [naʁkɔdɔlaʁ] *nmpl* Drogendollars *pl*
narcotique [naʁkɔtik] *nm* Betäubungsmittel *nt*
narcotrafic *nm* Rauschgifthandel *m*
narguer [naʁge] <1> *vt* verspotten
narine [naʁin] *nf* Nasenloch *nt*
narquois, e [naʁkwa, az] *adj* spöttisch
narrateur, -trice [naʁatœʁ, tʁis] *nm/f* Erzähler(in) *m(f)*
narration [naʁasjɔ̃] *nf* Erzählung *f*
nasal, e *(pl* -**aux**) [nazal, o] *adj (Anat)* Nasen-; *(Ling)* nasal
naseau *(pl* **x**) [nazo] *nm* Nüster *f*
natal, e [natal] *adj* Geburts-, Heimat-
natalité *nf* Geburtsrate *f*
natation [natasjɔ̃] *nf* Schwimmen *nt*; **faire de la ~** Schwimmsport *m* betreiben
natif, -ive [natif, iv] *adj*: **~ de Paris** *(originaire)* gebürtiger Pariser
nation [nasjɔ̃] *nf* Nation *f*, Volk *nt*; **les N~s Unies** *(Pol)* die Vereinten Nationen
national, e *(pl* -**aux**) [nasjɔnal, o] *adj* national ■ *nf*: **(route) ~e** ≈ Bundesstraße *f*
nationalisation [nasjɔnalizasjɔ̃] *nf* Verstaatlichung *f*
nationaliser <1> *vt* verstaatlichen
nationalisme [nasjɔnalism] *nm* Nationalismus *m*
nationaliste *adj* nationalistisch ■ *nmf* Nationalist(in) *m(f)*
nationalité [nasjɔnalite] *nf* Nationalität *f*, Staatsbürgerschaft *f*; **il est de ~ française** er ist französischer Staatsbürger
natte [nat] *nf (tapis)* Matte *f*; *(cheveux)* Zopf *m*
natter [nate] <1> *vt* flechten
naturalisation [natyʁalizasjɔ̃] *nf (de personne)* Einbürgerung *f*
naturaliser [natyʁalize] <1> *vt* naturalisieren, einbürgern
naturaliste [natyʁalist] *nmf* Naturkundler(in) *m(f)*
nature [natyʁ] *nf* Natur *f*; *(d'un terrain)* Beschaffenheit *f*; **payer en ~** in Naturalien

zahlen; **~ morte** Stillleben nt ■ adj, adv (Gastr) nature

naturel, le [natyrɛl] adj natürlich; (phénomène, sciences) Natur-; (inné) angeboren ■ nm (caractère) Art f; (aisance) Natürlichkeit f

naturellement adv natürlich

naturisme [natyrism] nm Freikörperkultur f, FKK nt

naturiste [natyrist] nmf FKK-Anhänger(in) m(f)

naufrage [nofraʒ] nm Schiffbruch m; **faire ~** Schiffbruch erleiden

naufragé, e adj schiffbrüchig ■ nm/f Schiffbrüchige(r) mf

nauséabond, e [nozeabõ, õd] adj widerlich

nausée [noze] nf Übelkeit f; (fig) Ekel m

nautique [notik] adj nautisch

nautisme [notism] nm Wassersport m

navet [navɛ] nm (Bot) (Steck)rübe f; (fam) sehr schwacher Film

navette [navɛt] nf (objet) (Weber)schiffchen nt; (transport) Pendelverkehr m; **faire la ~** pendeln; **~ spatiale** Raumfähre f

navetteur, -euse nm (en Belgique) Pendler(in) m(f)

navigable [navigabl] adj schiffbar

navigateur [navigatœr] nm (Aviat) Navigator m(f); (Naut) Seefahrer(in) m(f)

navigation [navigasjõ] nf Schifffahrt f; **~ par satellite** Satellitennavigation f

naviguer [navige] <1> vi (bateau) fahren; **~ sur Internet** [ou **sur le Net**] im Internet surfen

navire [navir] nm Schiff nt

navire-citerne (pl **navires-citernes**) [navirsitern] nm Tanker m

navrant, e [navrã, ãt] adj (affligeant) betrüblich; (consternant) bestürzend

navrer [navre] <1> vt betrüben; **je suis navré(e)** es tut mir leid; **c'est navrant** es ist bedauerlich

N.B. abr = **nota bene** NB

ne, n' [nə, n] adv nicht; (explétif) wird nicht übersetzt

né, e [ne] adj: **née Durant** geborene Durant; **né(e) en 1991** 1991 geboren; **un comédien né** der geborene Komiker

néanmoins [neãmwɛ̃] adv trotzdem, dennoch

néant [neã] nm Nichts nt; **réduire à ~** zerstören

nébuleux, -euse [nebylø, øz] adj neblig

nébuliseur [nebylizœr] nm Zerstäuber m

nécessaire [nesesɛr] adj notwendig; (indispensable) unersetzlich; (effet) unvermeidlich ■ nm: **~ de couture**

Nähtäschchen nt; **~ de toilette** Kulturbeutel m; **faire le ~** das Notwendige tun; **n'emporter que le strict ~** nur das Notwendigste mitnehmen

nécessairement [nesesɛrmã] adv zwangsläufig; **pas ~** nicht unbedingt

nécessité [nesesite] nf Notwendigkeit f; (besoin) Bedürfnis nt; **par ~** notgedrungen; **se trouver dans la ~ de faire qch** sich gezwungen sehen, etw zu tun

nécessiter <1> vt erfordern

nécessiteux, -euse [nesesitø, øz] adj bedürftig

nectar [nɛktar] nm Nektar m

nectarine [nɛktarin] nf Nektarine f

néerlandais, e [neɛrlãdɛ, ɛz] adj niederländisch

nef [nɛf] nf Kirchenschiff nt

néfaste [nefast] adj (influence) schlecht; (jour) unglückselig

négatif, -ive [negatif, iv] adj negativ ■ nm (Foto) Negativ nt ■ nf: **répondre par la négative** mit Nein antworten

négation [negasjõ] nf Negieren nt; (Ling) Verneinung f

négligé, e [negliʒe] adj (en désordre) schlampig ■ nm (déshabillé) Negligé nt

négligeable [negliʒabl] adj minimal, bedeutungslos

négligence [negliʒãs] nf Nachlässigkeit f; (faute, erreur) Versehen nt

négligent, e [negliʒã, ãt] adj nachlässig

négliger [negliʒe] vt vernachlässigen; (ne pas tenir compte) nicht beachten; **~ de faire qch** versäumen, etw zu tun

négoce [negɔs] nm Handel m

négociable [negɔsjabl] adj übertragbar

négociant, e nm Händler(in) m(f)

négociateur, -trice nm/f Unterhändler(in) m(f)

négociation [negɔsjasjõ] nf Verhandlung f

négocier <1> vt aushandeln; (virage) nehmen ■ vi (Pol) verhandeln

nègre [nɛgr] nm (pej) Neger m; (écrivain) Ghostwriter m

négresse [negrɛs] nf (pej) Negerin f

neige [nɛʒ] nf Schnee m; **battre les œufs en ~** Eiweiß zu Schnee schlagen; **~ carbonique** Trockenschnee m

neiger [neʒe] <2> vb impers: **il neige** es schneit

nem [nɛm] nm kleine Frühlingsrolle

nénuphar [nenyfar] nm Seerose f

néologisme [neɔlɔʒism] nm Neologismus m

néon [neõ] nm Neon nt

néonazi [neonazi] adj neonazistisch ■ nmf Neonazi m

néophyte [neɔfit] *nmf* Neuling *m*
néo-zélandais, e [neozelɑ̃dɛ, ɛz] *adj* neuseeländisch
Néo-Zélandais, e *nm/f* Neuseeländer(in) *m(f)*
Népal [nepal] *nm:* **le ~** Nepal *nt*
népalais, e [nepalɛ, ɛz] *adj* nepalesisch
Népalais, e *nm/f* Nepalese (Nepalesin) *m/f*
néphrétique [nefʀetik] *adj (colique)* Nieren-
néphrite [nefʀit] *nf* Nierenentzündung *f*
népotisme [nepɔtism] *nm* Vetternwirtschaft *f*
nerf [nɛʀ] *nm* Nerv *m*; *(vigueur)* Elan *m*, Schwung *m*; **le ~ de la guerre** das Geld(, das alles möglich macht)
nerveux, -euse [nɛʀvø, øz] *adj* nervös; *(Med)* Nerven-; *(cheval)* unruhig; *(voiture)* spritzig; *(viande)* sehnig
nervosité [nɛʀvozite] *nf* Nervosität *f*
n'est-ce pas [nɛspɑ] *adv* nicht wahr
net, te [nɛt] *adj* deutlich; *(propre)* sauber, rein; *(sans équivoque)* eindeutig; *(Com)* Netto-; **je veux en avoir le cœur ~** ich möchte mir Klarheit verschaffen ■ *adv (refuser)* glatt; *(s'arrêter)* plötzlich, sofort ■ *nm:* **mettre au ~** ins Reine schreiben
Net [nɛt] *nm* Internet *nt*; **surfer sur le ~** im Internet surfen
nettement [nɛtmɑ̃] *adv* klar; *(distinctement)* deutlich; **~ mieux/meilleur(e)** deutlich besser; **~ plus grand(e)** deutlich größer
netteté [nɛtte] *nf* Klarheit *f*
nettoyage [nɛtwajaʒ] *nm* Reinigung *f*, Säuberung *f*; **~ à sec** chemische Reinigung
nettoyer [nɛtwaje] <6> *vt* reinigen, säubern
Neuchâtel [nøʃatɛl] *(ville et canton)* Neuenburg *nt*
neuf [nœf] *num* neun; **le ~ juin** der neunte Juni; **~ fois** neunmal; neunfach; **~ cents** neunhundert; **de ~ ans** neunjährig
neuf, neuve [nœf, nœv] *adj* neu; *(original)* neuartig ■ *nm:* **faire du ~ avec du vieux** *(fam)* aus Altem Neues machen; **remettre à ~** renovieren; **repeindre à ~** neu streichen; **quoi de ~?** was gibt's Neues?
neurologique [nøʀɔlɔʒik] *adj* neurologisch
neurologue [nøʀɔlɔg] *nmf* Neurologe(-login) *m/f*
neutraliser [nøtʀalize] <1> *vt (adversaire)* lähmen; *(Chim)* neutralisieren
neutralité [nøtʀalite] *nf* Neutralität *f*
neutre [nøtʀ] *adj* neutral; *(Ling)* sächlich ■ *nm (Ling)* Neutrum *nt*
neutron [nøtʀɔ̃] *nm* Neutron *nt*

neuvième [nœvjɛm] *adj* neunte(r, s) ■ *nm (fraction)* Neuntel *nt* ■ *nmf (personne)* Neunte(r) *mf*
neuvièmement *adv* neuntens
neveu *(pl* **x)** [n(ə)vø] *nm* Neffe *m*
névralgie [nevʀalʒi] *nf* Neuralgie *f*
névralgique [nevʀalʒik] *adj* neuralgisch; **centre ~** Nervenzentrum *nt*
névrite [nevʀit] *nf* Nervenentzündung *f*
névrose [nevʀoz] *nf* Neurose *f*
névrosé, e *adj* neurotisch
névrotique [nevʀɔtik] *adj* neurotisch
nez [ne] *nm* Nase *f*; **~ à ~ avec** gegenüber +*dat*; **rire au ~ de qn** jdm ins Gesicht lachen
NF *abr* = **Norme française** *französische Industrienorm,* ≈ DIN
ni [ni] *adj:* **ni l'un ni l'autre ne sont ...** weder der eine noch der andere ist ...; **il n'a rien dit ni fait** er hat weder etwas gesagt, noch etwas getan
niais, e [njɛ, ɛz] *adj* dümmlich
niaiserie [njɛzʀi] *nf* Einfältigkeit *f*; *(action, parole)* Dummheit *f*; *(futilité)* Albernheit *f*
Nicaragua [nikaʀagwa] *nm:* **le ~** Nicaragua *nt*
Nice [nis] Nizza *nt*
niche [niʃ] *nf (de chien)* (Hunde)hütte *f*; *(dans un mur)* Nische *f*
nicher [niʃe] <1> *vi* brüten ■ *vpr:* **se ~ dans** ein Nest bauen in +*dat*; *(se blottir)* sich kuscheln in +*akk*; *(se cacher)* sich verstecken in +*dat*
nichon [niʃɔ̃] *nm (fam)* Brust *f*
nickel [nikɛl] *nm* Nickel *nt*
niçois, e [niswa, waz] *adj* aus Nizza
nicotine [nikɔtin] *nf* Nikotin *nt*
nid [ni] *nm* Nest *nt*
nid-de-poule *(pl* **nids-de-poule)** *nm* Schlagloch *nt*
Nidwald [nidwald] Nidwalden *nt*
nièce [njɛs] *nf* Nichte *f*
nième [ɛnjɛm] *adj:* **la ~ fois** das x-te Mal
nier [nje] <1> *vt* leugnen
Niger [niʒɛʀ] *nm:* **le ~** Niger *nt*; *(fleuve)* der Niger
Nigéria [niʒeʀja] *nm:* **le ~** Nigeria *nt*
nigérian, e [niʒeʀjɑ̃, an] *adj* nigerianisch
nigérien, ne [niʒeʀjɛ̃, ɛn] *adj* aus Niger, nigrisch
night-club *(pl* **~s)** [najtklœb] *nm* Nachtklub *m*
nihilisme [niilism] *nm* Nihilismus *m*
nihiliste [niilist] *adj* nihilistisch ■ *nmf* Nihilist(in) *m(f)*
Nil [nil] *nm:* **le ~** der Nil
n'importe [nɛ̃pɔʀt] *adj* irgend-; **~ qui** irgendwer; **~ quoi** irgendetwas
nippes [nip] *nfpl* Klamotten *pl*

nippon, (n)e [nipõ, ɔn] *adj* japanisch
nique [nik] *nf*: **faire la ~ à** auslachen
nitouche [nituʃ] *nf*: **qn fait la sainte ~** jd tut scheinheilig
nitrate [nitʀat] *nm* Nitrat *nt*
nitroglycérine [nitʀogliseʀin] *nf* Nitroglyzerin *nt*
niveau (*pl* **x**) [nivo] *nm* Niveau *nt*; (*hauteur*) Höhe *f*; **atteindre le ~ le plus bas** (*fleuve*) den Tiefststand erreichen; **au ~ de** auf gleicher Höhe mit; **de ~ (avec)** gleich hoch (wie); **~ d'eau** Wasserwaage *f*; **le ~ de la mer** die Meereshöhe; **~ de rendement** Ertragslage *f*; **~ de vie** Lebensstandard *m*
niveler [niv(ə)le] <3> *vt* einebnen; (*fig*) angleichen
no, n° *abr* = **numéro** Nr.
noble [nɔbl] *adj* edel, nobel ◼ *nmf* Adlige(r) *mf*
noblesse [nɔblɛs] *nf* Adel *m*; (*d'une action*) Großmut *f*
noce [nɔs] *nf*: **les ~s** die Hochzeit; **en secondes ~s** in zweiter Ehe; **faire la ~** (*fam*) (wild) feiern; **~s d'or/d'argent** goldene Hochzeit/Silberhochzeit
nocif, -ive [nɔsif, iv] *adj* schädlich
nocivité [nɔsivite] *nf* Schädlichkeit *f*
nocturne [nɔktyʀn] *adj* nächtlich
Noël [nɔɛl] *nm* Name *m*; (*Ling*) Weihnachten *nt*
nœud [nø] *nm* Knoten *m*; (*ruban*) Schleife *f*; (*d'une question*) Kernpunkt *m*; **~-papillon** (*cravate*) Fliege *f*
noir, e [nwaʀ] *adj* schwarz; (*sombre*) dunkel; (*fam*: ivre) besoffen; **être ~(e) de monde** (*endroit*) schwarz vor Menschen, voller Menschen sein ◼ *nf* (*Mus*) Viertelnote *f* ◼ *nmf*: **N~, e** Schwarze(r) *mf* ◼ *nm*: **dans le ~** im Dunkeln; **travail au ~** Schwarzarbeit *f*
noirceur [nwaʀsœʀ] *nf* Dunkelheit *f*, Schwärze *f*
noircir <8> *vt* schwärzen
noisetier [nwaz(ə)tje] *nm* Haselnussstrauch *m*
noisette [nwazɛt] *nf* Haselnuss *f* ◼ *adj inv* (*yeux*) nussbraun
noix [nwa] *nf* Walnuss *f*; **à la ~** (*fam*) wertlos; **une ~ de beurre** ein kleines Stück Butter; **~ de cajou** Cashewnuss *f*; **~ de coco** Kokosnuss *f*; **~ de muscade** Muskatnuss *f*; **~ de veau** Kalbsnuss *f*
nom [nõ] *nm* Name *m*; (*Ling*) Substantiv *nt*; **au ~ de** im Namen von; **~ d'une pipe** [*ou* **d'un chien**] (*fam*) verflucht!, Mensch!; **~ de domaine** Domain-Name; **~ de famille** Familienname; **~ de jeune fille** Mädchenname
nomade [nɔmad] *adj* nomadisch ◼ *nmf* Nomade (Nomadin) *m/f*

nombre [nõbʀ] *nm* Zahl *f*; (*Ling*) Numerus *m*; **au ~ de mes amis** unter meinen Freunden; **~ d'années/de gens** viele Jahre/Leute; **le ~ considérable de gens qui ...** die beträchtliche Anzahl von Menschen, die ...; **ils sont au ~ de 3** sie sind zu dritt; **sans ~** zahllos
nombreux, -euse *adj* (*avec pl*) viele; (*avec sing*) groß, riesig; **peu ~** wenig(e)
nombril [nõbʀi(l)] *nm* Nabel *m*
nominal, e (*pl* **-aux**) [nɔminal, o] *adj* (*autorité, valeur*) nominal; (*appel, liste*) namentlich; (*Ling*) Nominal-
nominatif [nɔminatif] *nm* Nominativ *m*
nomination [nɔminasjõ] *nf* Ernennung *f*
nommer <1> *vt* nennen, benennen; (*qualifier*) bezeichnen; (*élire*) ernennen
non [nõ] *adv* nicht; (*réponse*) nein; **moi ~ plus** ich auch nicht ◼ *nm* Nein *nt* ◼ *préf* nicht
nonagénaire [nɔnaʒenɛʀ] *nmf* Neunzigjährige(r) *mf*
non-agression (*pl* **~s**) [nɔnagʀesjõ] *nf*: **pacte de ~** Nichtangriffspakt *m*
non alcoolisé, e [nɔnalkɔlize] *adj* alkoholfrei
non aligné, e [nɔnaliɲe] *adj* blockfrei
non-alignement (*pl* **~s**) [nɔnaliɲmã] *nm* Blockfreiheit *f*
nonante [nɔnãt] *num* (*belge, suisse*) neunzig
non-assistance (*pl* **~s**) [nɔnasistãs] *nf*: **~ à personne en danger** unterlassene Hilfeleistung
nonchalance [nõʃalãs] *nf* Lässigkeit *f*
nonchalant, e [nõʃalã, ãt] *adj* lässig
non-conformisme (*pl* **~s**) [nõkõfɔʀmism] *nm* Nonkonformismus *m*
non-conformité (*pl* **~s**) [nõkõfɔʀmite] *nf* mangelnde Übereinstimmung
non-croyant, e (*pl* **~s**) [nõkʀwajã, ãt] *nm/f* Ungläubige(r) *mf*
non-européen, e (*pl* **~s**) [nõnøʀɔpeɛ̃, ɛn] *nm* Nichteuropäer(in) *m(f)*
non-fumeur, -euse (*pl* **~s**) [nõfymœʀ, øz] *nm/f* Nichtraucher(in) *m(f)*
non-ingérence (*pl* **~s**) [nõnɛ̃ʒeʀãs] *nf* (*Pol, Mil*) Nichteinmischung *f*
non-initié, e (*pl* **~s**) [nõninisje] *adj* laienhaft ◼ *nm/f* Uneingeweihte(r) *mf*
non-inscrit, e (*pl* **~s**) [nõnɛ̃skʀi, it] *nm/f* (*Pol*) Unabhängige(r) *mf*
non-intervention (*pl* **~s**) [nõnɛ̃tɛʀvãsjõ] *nf* Nichteinmischung *f*
non-lieu (*pl* **x**) [nõljø] *nm* (*Jur*) Einstellung *f*; **il y a eu ~** das Verfahren ist eingestellt worden
nonne [nɔn] *nf* Nonne *f*
nonobstant [nɔnɔpstã] *prép* trotz ◼ *adv* trotzdem

non-paiement (pl ~s) [nɔ̃pɛmɑ̃] nm
Nichtzahlung f
non-prolifération (pl ~s)
[nɔ̃pʀɔlifeʀasjɔ̃] nf Nichtweitergabe f
von Atomwaffen; **traité de ~ nucléaire**
Atomsperrvertrag m
non-résident, e (pl ~s) [nɔ̃ʀezidɑ̃] nm/f
Nichtansässige(r) mf
non-retour [nɔ̃ʀətuʀ] nm: **atteindre
le point de ~** den Punkt erreichen,
an dem es kein Zurück gibt
non-sens [nɔ̃sɑ̃s] nm Unsinn m
non-spécialiste (pl ~s) [nɔ̃spesjalist]
nmf Laie m
non-stop [nɔnstɔp] adj inv nonstop
non-syndiqué, e (pl ~s) [nɔ̃sɛ̃dike] nm/f
nicht gewerkschaftlich organisierter
Arbeitnehmer (organisierte
Arbeitnehmerin)
non-violence (pl ~s) [nɔ̃vjɔlɑ̃s] nf
Gewaltlosigkeit f
non-violent, e adj gewaltfrei
non-voyant, e (pl ~s) [nɔ̃vwajɑ̃, ɑ̃t] adj
blind
nord [nɔʀ] nm: **le ~** der Norden m; **au ~ de**
nördlich von, im Norden von ■ adj inv
Nord-, nördlich
nord-africain, e (pl ~s) adj
nordafrikanisch
Nord-Africain, e nm/f Nordafrikaner(in)
m(f)
nord-américain, e (pl ~s) adj
nordamerikanisch
nord-coréen, ne (pl ~s) adj nordkoreanisch
nord-est [nɔʀɛst] nm Nordosten m
nordique [nɔʀdik] adj nordisch
nord-ouest [nɔʀwɛst] nm Nordwesten m
normal, e (pl -aux) [nɔʀmal, o] adj
normal ■ nf: **la ~e** die Norm, der
Durchschnitt
normalement adv normalerweise
normaliser [nɔʀmalize] <1> vt normen;
(Pol) normalisieren
normand, e [nɔʀmɑ̃, ɑ̃d] adj aus der
Normandie
Normand, e nm/f Bewohner(in) m(f)
der Normandie; **une réponse de ~** eine
unklare Antwort
Normandie [nɔʀmɑ̃di] nf: **la ~** die
Normandie
norme [nɔʀm] nf Norm f; **N~ française**
französische Industrienorm; **~ de pureté**
Reinheitsgebot nt
Norvège [nɔʀvɛʒ] nf: **la ~** Norwegen nt
norvégien, ne [nɔʀveʒjɛ̃, ɛn] adj
norwegisch
Norvégien, ne nm/f Norweger(in) m(f)
nos [no] adj voir **notre**
nostalgie [nɔstalʒi] nf Nostalgie f
nostalgique [nɔstalʒik] adj nostalgisch

notable [nɔtabl] adj bedeutend; (sensible)
beachtlich ■ nmf angesehene
Persönlichkeit; (pl) Honoratioren pl
notaire [nɔtɛʀ] nm Notar(in) m(f)
notamment [nɔtamɑ̃] adv besonders
notariat [nɔtaʀja] nm Notariat nt
notarié, e [nɔtaʀje] adj: **acte ~** notariell
beglaubigte Urkunde
notation [nɔtasjɔ̃] nf Zeichen pl; (note)
Notiz f; (Scol) Zensierung f
note [nɔt] nf Note f; (facture) Rechnung f;
(billet) Zettel m, Notiz f; (annotation)
Erläuterung f; **~ de bas de page** Fußnote;
prendre ~ de qch sich dat etw merken;
prendre des ~s (Scol) mitschreiben, sich
dat Notizen machen
noté, e [nɔte] adj: **être bien/mal ~** gut/
schlecht bewertet werden
notebook [nɔtbuk] nm Notebook nt
noter [nɔte] <1> vt notieren; (remarquer)
bemerken; (évaluer) bewerten; **notez
(bien) que** beachten Sie bitte, dass
notice [nɔtis] nf Notiz f; **~ explicative**
Erläuterung f
notification [nɔtifikasjɔ̃] nf
Benachrichtigung f; (acte) Bekanntgabe f
notifier [nɔtifje] <1> vt: **~ qch à qn** jdn
von etw benachrichtigen
notion [nosjɔ̃] nf Vorstellung f, Idee f;
notions nfpl (rudiments)
Grundkenntnisse pl
notoire [nɔtwaʀ] adj bekannt; (en mal)
notorisch
notoirement adv bekanntlich
notoriété [nɔtɔʀjete] nf allgemeine
Bekanntheit; **c'est de ~ publique** das ist
ja allgemein bekannt
notre (pl **nos**) [nɔtʀ(ə), no] adj unser,
unsere, unser; (pl) unsere
nôtre [notʀ] pron: **le/la ~** der/die/das
Unsere; **les ~s** (famille) die Unsrigen pl;
soyez des ~s! schließen Sie sich uns an!
nouba [nuba] nf: **faire la ~** einen
draufmachen
nouer [nwe] <1> vt binden, schnüren;
(alliance, amitié) schließen
nougat [nuga] nm ≈ türkischer Honig
nougatine [nugatin] nf Krokant m
nouille [nuj] nf Nudel f; (fam) Blödmann m
nounours [nunuʀs] nm (fam) Teddybär m
nourrice [nuʀis] nf Amme f; (sens
moderne) Tagesmutter f
nourrir [nuʀiʀ] <8> vt (alimenter) füttern;
(entretenir) ernähren; (espoir, haine)
nähren; **~ au sein** stillen; **logé, nourri** mit
Übernachtung und Verpflegung; **bien/
mal nourri(e)** gut genährt/schlecht
ernährt ■ vpr: **se ~ de légumes** nichts als
Gemüse essen
nourrissant, e [nuʀisɑ̃, ɑ̃t] adj nahrhaft

nourrisson [nuʀisõ] *nm* Säugling *m*
nourriture [nuʀityʀ] *nf* Nahrung *f*
nous [nu] *pron* (*sujet*) wir; (*objet*) uns
nouveau, nouvel, -elle (*pl* -aux) [nuvo, ɛl] *adj* neu; **de ~, à ~** aufs Neue, wieder; **le nouvel an** Neujahr *nt*; **~ riche** neureich; **~ venu, nouvelle venue** Neuankömmling *m* ▪ *nm/f* (*personne*) Neue(r) *mf* ▪ *nm*: **il y a du ~** es gibt Neues ▪ *nf* Nachricht *f*; (*récit*) Novelle *f*; **je suis sans nouvelles de lui** ich habe nichts von ihm gehört
nouveau-né, e (*pl* -s) *adj* neugeboren ▪ *nm/f* Neugeborene(s) *nt*
nouveauté *nf* Neuheit *f*
Nouvelle-Calédonie [nuvɛlkaledɔni] *nf*: **la ~** Neukaledonien *nt*
Nouvelle-Guinée [nuvɛlɡine] *nf*: **la ~** Neuguinea *nt*
Nouvelle-Zélande [nuvɛlzelɑ̃d] *nf*: **la ~** Neuseeland *nt*
novembre [nɔvɑ̃bʀ] *nm* November *m*; **en ~** im November; **le 16 ~** am 16. November; **le 9 ~ 2009** der 9. November 2009

novice [nɔvis] *adj* unerfahren ▪ *nmf* Neuling *m*
noyau (*pl* x) [nwajo] *nm* Kern *m*
noyauter <1> *vt* (*Pol*) unterwandern
noyer [nwaje] <6> *vt* ertränken, ersäufen; (*submerger*) überschwemmen; **~ son moteur** den Motor absaufen lassen; **se noyer** *vpr* ertrinken; (*se suicider*) sich ertränken ▪ *nm* Walnussbaum *m*
N/Réf. *abr* = **notre référence** unser Zeichen
nu, e [ny] *adj* nackt; (*fig*) leer; **à mains nues** mit bloßen Händen; **à l'œil nu** mit bloßem Auge; **nu-pieds, (les) pieds nus** barfuß; **mettre à nu** entblößen; **se mettre nu** sich ausziehen ▪ *nm* Akt *m*
nuage [nɥaʒ] *nm* Wolke *f*
nuageux, -euse *adj* wolkig, bewölkt
nuance [nɥɑ̃s] *nf* Nuance *f*; **il y a une ~ (entre)** es gibt einen feinen Unterschied (zwischen +*dat*)
nuancer <2> *vt* nuancieren
nubuck [nybyk] *nm* Nubukleder *nt*
nucléaire [nykleɛʀ] *adj* nuklear, Kern-
nudisme [nydism] *nm* Freikörperkultur *f*
nudiste [nydist] *nmf* Nudist(in) *m(f)*
nudité [nydite] *nf* Nacktheit *f*, Blöße *f*

nuée [nɥe] *nf*: **une ~ de** eine Wolke/ein Schwarm von
nues [ny] *nfpl*: **porter qn aux ~** jdn in den Himmel heben; **tomber des ~** aus allen Wolken fallen
nuire [nɥiʀ] *irr comme luire* *vi* schädlich sein; **~ à qn/qch** jdm/einer Sache schaden
nuisible [nɥizibl] *adj* schädlich
nuit [nɥi] *nf* Nacht *f*; **cette ~** heute Nacht; **il fait ~** es ist Nacht; **~ blanche** schlaflose Nacht; **~ bleue** Nacht, in der gleichzeitig mehrere Attentate verübt werden; **~ de noces** Hochzeitsnacht; **service/vol de ~** Nachtdienst *m*/-flug *m*
nul, le [nyl] *adj* kein; (*non valable*) ungültig; **c'est ~** (*fam*) das bringt's nicht, das ist geschenkt; **il est ~** er ist eine Niete; **~le part** nirgendwo; **match ~** (*football, etc*) unentschieden ▪ *pron* niemand, keiner
nullement *adv* keineswegs
nullité [nylite] *nf* (*de document*) Ungültigkeit *f*; (*péj: personne*) Null *f*
numéraire [nymeʀɛʀ] *nm* Bargeld *nt*
numérateur [nymeʀatœʀ] *nm* Zähler *m*
numération [nymeʀasjõ] *nf*: **~ décimale/binaire** Dezimal-/Binärsystem *nt*
numérique [nymeʀik] *adj* numerisch; **montre ~** Digitaluhr *f*
numériquement *adv* zahlenmäßig
numérisation [nymeʀizasjõ] *nf* Digitalisierung *f*
numériser [nymeʀize] <1> *vt* digitalisieren
numéro [nymeʀo] *nm* Nummer *f*; **~ d'identification fiscale** Steuernummer
numéroter [nymeʀote] <1> *vt* nummerieren
nuque [nyk] *nf* Nacken *m*, Genick *nt*
nutritif, -ive [nytʀitif, iv] *adj* nahrhaft; (*fonction*) Nähr-
nutrition [nytʀisjõ] *nf* Ernährung *f*
nutritionniste [nytʀisjɔnist] *nmf* Ernährungswissenschaftler(in) *m(f)*; (*conseiller*) Ernährungsberater(in) *m(f)*
nylon® [nilõ] *nm* Nylon® *nt*
nymphe [nɛ̃f] *nf* Nymphe *f*
nymphomane [nɛ̃fɔman] *nf* Nymphomanin *f*

O, o [o] *nm* O, o *nt*

oasis [ɔazis] *nf* Oase *f*

obéir [ɔbeiʀ] <8> *vi*: ~ **à** (**qn**) (jdm) gehorchen; ~ **à qch** (*ordre, loi*) etw befolgen; (*à une impulsion, a la loi naturelle*) einer Sache *dat* folgen; (*à la force*) einer Sache *dat* nachgeben

obéissance [ɔbeisãs] *nf* Gehorsam *m*

obéissant, e [ɔbeisã, ãt] *adj* gehorsam

obélisque [ɔbelisk] *nm* Obelisk *m*

obèse [ɔbɛz] *adj* fett(leibig)

obésité [ɔbezite] *nf* Fettleibigkeit *f*

objecter [ɔbʒɛkte] <1> *vt* (*prétexter: fatigue*) vorgeben; ~ **qch à** (*argument*) etw einwenden gegen; (*personne*) etw entgegenhalten +*dat*

objecteur *nm*: ~ **de conscience** Wehrdienstverweigerer *m*, Kriegsdienstverweigerer *m*

objectif, -ive [ɔbʒɛktif, iv] *adj* objektiv ■ *nm* (*Foto*) Objektiv *nt*; (*Mil: fig*) Ziel *nt*; ~ **grand angle/à focale variable** Weitwinkel-/Zoomobjektiv

objection [ɔbʒɛksjõ] *nf* Einwand *m*, Widerspruch *m*

objectivement [ɔbʒɛktivmã] *adv* objektiv

objectivité [ɔbʒɛktivite] *nf* Objektivität *f*

objet [ɔbʒɛ] *nm* (*chose*) Gegenstand *m*; (*sujet, but*) Objekt *nt*; **être [***ou* **faire] l'~**

de qch Gegenstand einer Sache *gen* sein; **sans ~** nichtig, gegenstandslos; ~ **d'art** Kunstgegenstand; (**bureau des**) ~**s trouvés** Fundbüro *nt*; ~**s personnels** persönliche Dinge *pl*; ~**s de toilette** Toilettenartikel *pl*; ~ **volant non identifé** unbekanntes Flugobjekt

obligation [ɔbligasjõ] *nf* Pflicht *f*; (*Fin*) Obligation *f*; **être dans l'~ de faire qch, avoir l'~ de faire qch** verpflichtet sein, etw zu tun; **sans ~ d'achat/de votre part** unverbindlich

obligatoire [ɔbligatwaʀ] *adj* obligatorisch

obligatoirement [ɔbligatwarmã] *adj* (*nécessairement*) unbedingt; (*fatalement*) zwangsläufig

obligé, e [ɔbliʒe] *adj* verpflichtet; (*reconnaissant*) dankbar

obliger [ɔbliʒe] <2> *vt*: ~ **qn** (*rendre service à*) jdm einen Gefallen tun; ~ **qn à faire qch** jdn zwingen, etw zu tun; (*Jur: engager*) jdn verpflichten, etw zu tun; ~ **qn à qch** (*contraindre*) jdn zu etw zwingen

oblique [ɔblik] *adj* schief, schräg; **en ~** diagonal

oblitération [ɔbliterasjõ] *nf* (*de timbre*) Entwerten *nt*

oblitérer [ɔblitere] <5> *vt* stempeln; (*Med*) verschließen

oblong, -gue [ɔblõ, õg] *adj* länglich

obscène [ɔpsɛn] *adj* obszön

obscénité [ɔpsenite] *nf* Obszönität *f*

obscur, e [ɔpskyr] *adj* (*sombre*) finster, dunkel; (*raisons, exposé*) obskur; (*sentiment*) dunkel; (*médiocre*) unscheinbar; (*inconnu*) unbekannt, obskur

obscurcir [ɔpskyrsir] <8> *vt* (*assombrir*) verdunkeln; (*fig*) unklar machen; **s'obscurcir** *vpr* (*temps*) dunkel werden

obscurité *nf* Dunkelheit *f*; **dans l'~** im Dunkeln

obsédé, e [ɔpsede] *nm/f*: ~(**e**) **sexuel(le)** Sexbesessene(r) *mf*

obséder [ɔpsede] <5> *vt* verfolgen; **être obsédé(e) par** besessen sein von

obsèques [ɔpsɛk] *nfpl* Begräbnis *nt*; ~ **nationales** Staatsbegräbnis

observateur, -trice [ɔpsɛrvatœr, tris] *adj* aufmerksam ■ *nm/f* Beobachter(in) *m(f)*; (*scientifique*) Forscher(in) *m(f)*

observation [ɔpsɛrvasjõ] *nf* Beobachtung *f*; (*commentaire, reproche*) Bemerkung *f*; (*scientifique*) Forschung *f*

observatoire [ɔpsɛrvatwar] *nm* Observatorium *nt*; (*lieu élevé*) Beobachtungsstand *m*

observer [ɔpsɛrve] <1> *vt* beobachten; (*scientifiquement*) untersuchen; (*remarquer,*

noter) bemerken; (*se conformer à*) befolgen;
faire ~ qch à qn (*le lui dire*) jdn auf etw *akk*
aufmerksam machen
obsession [ɔpsesjɔ̃] *nf* Besessenheit *f*,
fixe Idee
obsolète [ɔpsɔlɛt] *adj* veraltet
obstacle [ɔpstakl] *nm* Hindernis *nt*;
(*Sport*) Hindernis *nt*, Hürde *f*; **faire ~ à qch**
sich einer Sache *dat* entgegenstellen
obstétricien, ne [ɔpstetʀisjɛ̃, ɛn] *nm/f*
Geburtshelfer(in) *m(f)*
obstétrique [ɔpstetʀik] *nf* Geburtshilfe *f*
obstination [ɔpstinasjɔ̃] *nf* Eigensinn *m*
obstiné, e *adj* eigensinnig; (*effort,*
résistance) stur
obstiner <1> *vpr*: **s'obstiner** nicht
nachgeben, stur bleiben; **s'~ à faire qch**
(hartnäckig) darauf bestehen, etw zu tun;
s'~ dans qch sich auf etw *akk* versteifen
obstruction [ɔpstʀyksjɔ̃] *nf* (*Sport*)
Behindern *nt*; (*Med*) Verschluss *m*; (*Pol*)
Obstruktion *f*; **faire de l'~** (*fig*) sich
querstellen
obstructionnisme [ɔpstʀyksjɔnism]
nm Obstruktionspolitik *f*,
Verzögerungstaktik *f*
obstruer [ɔpstʀye] <1> *vt* verstopfen
obtenir [ɔptəniʀ] <9> *vt* bekommen,
erhalten; (*total, résultat*) erreichen;
~ de qn que von jdm erreichen, dass;
~ satisfaction Genugtuung erhalten
obturateur [ɔptyʀatœʀ] *nm* (*Foto*)
Verschluss *m*
obturation [ɔptyʀasjɔ̃] *nf* Verschließen
nt; **~ dentaire** Zahnfüllung *f*
obturer [ɔptyʀe] <1> *vt* zustopfen; (*dent*)
plombieren
obtus, e [ɔpty, yz] *adj* (*angle*) stumpf; (*fig*)
abgestumpft
obus [ɔby] *nm* Granate *f*
Obwald [ɔbwald] Obwalden *nt*
occasion [ɔkazjɔ̃] *nf* Gelegenheit *f*;
(*acquisition avantageuse*) Schnäppchen *nt*;
à l'~ gelegentlich; **à l'~ de son**
anniversaire zu seinem Geburtstag;
à cette/la première ~ bei dieser/bei der
ersten Gelegenheit; **à plusieurs ~s** bei/zu
mehreren Gelegenheiten; **d'~** gebraucht;
être l'~ de qch der Anlass für etw sein
occasionnel, le [ɔkazjɔnɛl] *adj* (*fortuit*)
zufällig; (*non régulier*) gelegentlich
occasionnellement *adv* gelegentlich
occasionner [ɔkazjɔne] <1> *vt*
verursachen; **~ des frais/du**
dérangement à qn jdm Kosten/
Unannehmlichkeiten verursachen
occident [ɔksidɑ̃] *nm*: **l'~** der Westen;
l'O~ (*Pol*) die Westmächte *pl*
occidental, e (*pl* -aux) *adj* westlich, West-
occiput [ɔksipyt] *nm* Hinterkopf *m*

occlusion [ɔklyzjɔ̃] *nf*: **~ intestinale**
Darmverschluss *m*
occulte [ɔkylt] *adj* okkult
occulter <1> *vt* vernebeln, verschleiern
occultisme [ɔkyltism] *nm* Okkultismus *m*
occupant, e [ɔkypɑ̃, ɑ̃t] *adj* (*armée,*
autorité) Besatzungs- ▪ *nm/f* (*d'un*
appartement) Bewohner(in) *m(f)*
occupation [ɔkypasjɔ̃] *nf* (*Mil*) Besetzung
f; (*d'un logement*) Bewohnen *nt*; (*passe-temps,*
emploi) Beschäftigung *f*; **l'O~** (1941-1944) die
Besatzung Frankreichs durch Deutschland;
~ des caractères (*Inform*) Zeichenbelegung *f*
occupé, e [ɔkype] *adj* besetzt; (*personne*)
beschäftigt; (*esprit: absorbé*) total in
Anspruch genommen
occuper [ɔkype] <1> *vt* (*appartement*)
bewohnen; (*chose: place*) einnehmen,
brauchen; (*personne: place: Mil, Pol*)
besetzen; (*remplir, couvrir: surface, période*)
ausfüllen; (*heure, loisirs*) in Anspruch
nehmen; (*fonction*) innehaben; (*main*
d'œuvre, personnel) beschäftigen;
s'occuper *vpr* sich beschäftigen;
s'~ de sich kümmern um; (*s'intéresser à,*
pratiquer) sich beschäftigen mit
O.C.D.E. *nf abr* = **Organisation de**
coopération et de développement
économique OECD *f*
océan [ɔseɑ̃] *nm* Ozean *m*
Océanie [ɔseani] *nf*: **l'~** Ozeanien *nt*
océanique [ɔseanik] *adj* Meeres-;
(*climat*) See-
océanographe [ɔseanɔgʀaf] *nmf*
Meeresforscher(in) *m(f)*
océanographie [ɔseanɔgʀafi] *nf*
Meeresforschung *f*
océanographique [ɔseanɔgʀafik] *adj*
meereskundlich
ocelot [ɔs(ə)lo] *nm* Ozelot *m*
ocre [ɔkʀ] *adj inv* ocker(farben)
octane [ɔktan] *nm* Oktan *nt*
octante [ɔktɑ̃t] *num* (*suisse*) achtzig
octave [ɔktav] *nf* (*Mus*) Oktave *f*
octet [ɔktɛ] *nm* (*Inform*) Byte *nt*
octobre [ɔktɔbʀ] *nm* Oktober *m*;
en ~ im Oktober; **le 3 ~** am 3. Oktober;
le 3 ~ 2010 der 3. Oktober 2010
octogénaire [ɔktɔʒenɛʀ] *adj*
achtzigjährig ▪ *nmf* Achtzigjährige(r) *mf*
octogone [ɔktɔgɔn] *nm* Achteck *nt*
oculaire [ɔkylɛʀ] *adj* Augen- ▪ *nm*
Okular *nt*
oculiste [ɔkylist] *nmf* Augenarzt(-ärztin)
m/f
odeur [ɔdœʀ] *nf* Geruch *m*; **mauvaise ~**
Gestank *m*
odieux, -euse [ɔdjø, øz] *adj* (*personne,*
crime) widerlich, ekelhaft; (*enfant:*
insupportable) unerträglich

odontologie [ɔdɔ̃tɔlɔʒi] *nf*
Zahnheilkunde *f*
odorant, e [ɔdɔʀɑ̃, ɑ̃t] *adj* duftend
odorat [ɔdɔʀa] *nm* Geruchssinn *m*;
avoir l'~ fin eine feine Nase haben
œcuménique [ekymenik] *adj*
ökumenisch
œil *(pl* yeux) [œj, jø] *nm (Anat)* Auge *nt*;
(d'une aiguille) Öse *f*; à l'~ *(fam: gratuitement)*
umsonst; avoir l'~ (à) *(être vigilant)*
aufpassen (auf +*akk*); avoir un ~ au beurre
noir ein blaues Auge haben; fermer
les yeux (sur qch) (bei etw) ein Auge
zudrücken; tenir qn à l'~ jdn im Auge
behalten; voir qch d'un bon/mauvais
~ etw gut finden/etw nicht gern sehen;
à mes/ses yeux in meinen/seinen Augen;
de ses propres yeux mit eigenen Augen
œillade [œjad] *nf*: faire des ~s à qn jdm
schöne Augen machen; lancer une ~ à qn
jdm zublinzeln
œillères [œjɛʀ] *nfpl* Scheuklappen *pl*
œillet [œjɛ] *nm* Nelke *f*; *(trou)* Öse *f*
œstrogène [ɛstʀɔʒɛn] *adj*: hormone ~
Östrogen *nt*
œuf *(pl* -s) [œf, ø] *nm* Ei *nt*; ~s brouillés
Rührei; ~ à la coque/dur/mollet
weiches/hart gekochtes/wachsweiches
Ei; ~s à la neige Eischnee *m*; ~ de Pâques
Osterei; ~ au plat Spiegelei; ~ poché
pochiertes Ei
œuvre [œvʀ] *nf* Werk *nt*; *(organisation*
charitable) Stiftung *f*; œuvres *nfpl (Rel:*
actions, actes) Werke *pl*; bonnes ~s, ~s de
bienfaisance gute Werke *pl*; être/se
mettre à l'~ arbeiten/sich an die Arbeit
machen; mettre en ~ *(moyens)* einsetzen,
Gebrauch machen von; ~ d'art Kunstwerk
■ *nm (d'un artiste)* Werk *m*; le gros ~
(Archit) der Rohbau
œuvrer <1> *vi* arbeiten; ~ dans ce sens
in diese Richtung hinarbeiten
O.F.A.J. [ɔfaʒ] *nm acr* = Office franco-
allemand pour la jeunesse DFJW *nt*
(deutsch-französisches Jugendwerk)
offense [ɔfɑ̃s] *nf (affront)* Beleidigung *f*;
(péché) Sünde *f*
offenser <1> *vt (personne)* beleidigen;
(bon goût, principes) verletzen; *(Dieu)*
sündigen gegen ■ *vpr*: s'~ de qch an etw
dat Anstoß nehmen
offensif, -ive [ɔfɑ̃sif, iv] *adj* Offensiv-
■ *nf* Offensive *f*; offensive de grande
envergure Großoffensive
office [ɔfis] *nm (charge)* Amt *nt*; *(agence)*
Büro *nt*; *(messe)* Gottesdienst *m*;
d'~ automatisch; faire ~ de fungieren als;
bons ~s Vermittlung *f*; ~ du tourisme
Fremdenverkehrsamt ■ *nm o f (pièce)*
Vorratskammer *f*

officiel, le [ɔfisjɛl] *adj* offiziell ■ *nm/f*
(Sport) Funktionär(in) *m(f)*
officier [ɔfisje] <1> *vi* den Gottesdienst
abhalten
officier, -ière [ɔfisje, ɛʀ] *nm/f*
Offizier(in) *m(f)*
officieux, -euse [ɔfisjø, øz] *adj* offiziös,
halbamtlich
officinal, e *(pl* -aux) [ɔfisinal, o] *adj*:
plantes ~es Heilpflanzen *pl*
offrande [ɔfʀɑ̃d] *nf (don)* Gabe *f*; *(Rel)*
Opfergabe *f*
offre [ɔfʀ] *nf* Angebot *nt*; *(aux enchères)*
Gebot *nt*; ~ d'emploi Stellenangebot;
~s d'emploi Stellenmarkt *m*; ~ publique
d'achat Übernahmeangebot
offrir [ɔfʀiʀ] <11> *vt* schenken; *(choix,*
avantage, etc) bieten; *(aspect, spectacle)*
darbieten; ~ à boire à qn jdm etwas zu
trinken anbieten; ~ (à qn) de faire qch
(jdm) anbieten, etw zu tun; s'offrir *vpr*
(se payer) sich dat leisten, sich dat
genehmigen; s'~ à faire qch sich
anbieten, etw zu tun; s'~ comme guide/
en otage sich als Führer/Geisel anbieten
offset [ɔfsɛt] *nm* Offsetdruck *m*
ogive [ɔʒiv] *nf (Mil)* Gefechtskopf *m*,
Sprengkopf *m*; *(Archit)* Spitzbogen *m*
O.G.M. *nm abr* = organisme
génétiquement modifié
genmanipulierter Organismus
ogre, -esse [ɔgʀ, ɔgʀɛs] *nm/f*
Menschenfresser(in) *m(f)*
oie [wa] *nf* Gans *f*
oignon [ɔɲɔ̃] *nm* Zwiebel *f*
oiseau *(pl* x) [wazo] *nm* Vogel *m*; ~ de nuit
Nachtvogel; ~ de paradis Paradiesvogel;
~ de proie Raubvogel
oiseau-mouche *(pl* oiseaux-mouches)
[wazomuʃ] *nm* Kolibri *m*
oisif, -ive [wazif, iv] *adj* müßig, untätig
■ *nm/f (péj)* Müßiggänger(in) *m(f)*
oisiveté [wazivte] *nf* Müßiggang *m*
ola [ɔla] *nf (Sport)* La-Ola-Welle *f*
oléiculture [ɔleikyltyʀ] *nf*
Olivenanbau *m*
oléoduc [ɔleɔdyk] *nm* Pipeline *f*
oligoélément [ɔligoelemɑ̃] *nm (Chim)*
Spurenelement *nt*
olive [ɔliv] *nf* Olive *f* ■ *adj inv* olivgrün
oliveraie [ɔlivʀɛ] *nf* Olivenhain *m*
olivier [ɔlivje] *nm (arbre)* Olivenbaum *m*;
(bois) Olivenholz *nt*
O.L.P. *nf abr* = Organisation de
libération de la Palestine PLO *f*
olympique [ɔlɛ̃pik] *adj* olympisch
Oman [ɔman]: le sultanat d'~ das
Sultanat Oman
ombilical, e *(pl* -aux) [ɔ̃bilikal, o] *adj*
Nabel-

ombrage [ɔ̃bʀaʒ] nm (ombre) Schatten m;
ombrages nmpl (feuillage) schattiges
Laubwerk

ombragé, e adj schattig

ombrageux, -euse adj (cheval, etc)
schreckhaft; (caractère, personne)
empfindlich

ombre [ɔ̃bʀ] nf Schatten m; **à l'~** im
Schatten; **à l'~ de** im Schatten +gen; (fig)
beschützt von; **dans l'~** im Dunkeln;
donner/faire de l'~ Schatten geben/
werfen; **~ à paupières** Lidschatten

ombrelle [ɔ̃bʀɛl] nf kleiner Sonnenschirm

O.M.C. nf abr = **Organisation mondiale
du commerce** Welthandelsorganisation f

omelette [ɔmlɛt] nf Omelett nt;
~ aux herbes/au fromage/au jambon
Kräuter-/Käse-/Schinkenomelett

omettre [ɔmɛtʀ] irr comme mettre vt
unterlassen; (oublier) vergessen; (de liste)
auslassen; **~ de faire qch** etw nicht tun

omission [ɔmisjɔ̃] nf Unterlassen nt,
Vergessen nt, Auslassen nt, Unterlassung f

omnibus [ɔmnibys] nm: **(train) ~**
Personenzug m

omnipotent, e [ɔmnipɔtɑ̃, ɑ̃t] adj
allmächtig

omnipraticien, ne [ɔmnipʀatisjɛ̃, ɛn]
nm/f Allgemeinmediziner(in) m(f)

omniprésent, e [ɔmnipʀezɑ̃, ɑ̃t] adj
allgegenwärtig

omniscient, e [ɔmnisjɑ̃, ɑ̃t] adj
allwissend

omnisports [ɔmnispɔʀ] adj inv Sport-

omnivore [ɔmnivɔʀ] adj allesfressend

omoplate [ɔmɔplat] nf Schulterblatt nt

O.M.S. nf abr = **Organisation mondiale
de la santé** WHO f
(Weltgesundheitsorganisation)

on [ɔ̃] pron: **on peut le faire ainsi**
(indéterminé) man kann es so machen; **on
frappe à la porte** (quelqu'un) es klopft an
der Tür; **on va y aller demain** (nous) wir
gehen morgen hin; **autrefois on croyait
aux fantômes** früher glaubte man an
Geister; **avec Jean on y est allé** (fam: moi)
Jean und ich sind hingegangen, ich bin mit
Jean hingegangen; **on ne peut plus
stupide/heureux** so dumm/glücklich
wie sonst was; **on vous demande au
téléphone** Sie werden am Telefon verlangt

oncle [ɔ̃kl] nm Onkel m

onction [ɔ̃ksjɔ̃] nf voir **extrême-onction**

onctueux, -euse [ɔ̃ktɥø, øz] adj cremig;
(fig: manières) salbungsvoll

onde [ɔ̃d] nf Welle f; **mettre en ~s** (texte,
etc) für den Rundfunk bearbeiten; **sur les
~s** (Radio) über den Äther; **~s courtes/
moyennes** Kurz-/Mittelwelle f; **grandes
~s** Langwelle

ondée [ɔ̃de] nf Regenguss m

on-dit [ɔ̃di] nm inv Gerücht nt

ondulation [ɔ̃dylasjɔ̃] nf (de cheveux)
Welle f; **~ du sol/terrain** Boden-/Erdwelle

ondulé, e [ɔ̃dyle] adj wellig

onduler [ɔ̃dyle] <1> vi (vagues, blés)
wogen; (route, cheveux) sich wellen

onéreux, -euse [ɔneʀø, øz] adj
kostspielig; **à titre ~** gegen Entgelt

ongle [ɔ̃gl] nm Nagel m; **faire ses
[ou se faire les] ~s** seine Nägel maniküren;
manger [ou ronger] ses ~s an den Nägeln
kauen

onguent [ɔ̃gɑ̃] nm Salbe f

O.N.I.S.E.P. [ɔnisɛp] nm acr = **Office
national d'information sur les
enseignements et les professions**
Informationsstelle über Berufe und
Berufsausbildung

on line [ɔnlajn] adj Online-

O.N.U. [ɔny] nf acr = **Organisation des
Nations Unies** UNO f

onyx [ɔniks] nm Onyx m

onze [ɔ̃z] num elf

onzième [ɔ̃zjɛm] adj elfte(r, s) ▪ nm
(fraction) Elftel nt ▪ nmf Elfte(r) mf

O.P.A. nf abr = **offre publique d'achat**
Übernahmeangebot nt

opale [ɔpal] nf Opal m

opaque [ɔpak] adj undurchsichtig

O.P.E.P. [ɔpɛp] nf acr = **Organisation
des pays exportateurs de pétrole**
OPEC f (Organisation der Erdöl
exportierenden Länder)

opéra [ɔpeʀa] nm Oper f

opéra-comique (pl **opéras-comiques**)
nm komische Oper, Opera f buffa

opérateur, -trice [ɔpeʀatœʀ, tʀis]
nm/f (manipulateur) Operator(in) m(f),
Bediener(in) m(f); **~ (de prise de vues)**
Kameramann(-frau) m/f

opération [ɔpeʀasjɔ̃] nf Operation f;
(processus) Vorgang m; **~s bancaires par
téléphone** Telefonbanking nt; **~s de
bourse** Börsengeschäfte pl; **~
immobilière** Immobiliengeschäft nt;
~ porte ouverte Tag m der offenen Tür;
~ de sauvetage Rettungsaktion f

opérationnel, le [ɔpeʀasjɔnɛl] adj
(organisation, usine) funktionsfähig; (Mil)
einsatzfähig

opératoire [ɔpeʀatwaʀ] adj operativ;
bloc ~ Operationsstation f

opérer [ɔpeʀe] <5> vt (Med) operieren;
(faire, exécuter) durchführen; (choix)
treffen; **~ qn des amygdales/du cœur** jdn
an den Mandeln/am Herzen operieren; **se
faire ~ (de qch)** sich (an etw dat) operieren
lassen, (an etw dat) operiert werden ▪ vi
(faire effet) wirken; (procéder) vorgehen;

s'opérer vpr (avoir lieu) stattfinden,
sich ereignen
opérette [ɔpeʀɛt] nf Operette f
ophtalmique [ɔftalmik] adj (nerf) Seh-;
(migraine) Augen-
ophtalmologie [ɔftalmɔlɔʒi] nf
Augenheilkunde f
ophtalmologue [ɔftalmɔlɔg] nmf
Augenarzt(-ärztin) m/f
opiner [ɔpine] <1> vi: ~ de la tête
zustimmend mit dem Kopf nicken
opiniâtre [ɔpinjɑtʀ] adj hartnäckig
opinion [ɔpinjɔ̃] nf Meinung f; **opinions**
nfpl (philosophiques, etc) Anschauungen pl;
avoir bonne/mauvaise ~ de eine gute/
schlechte Meinung haben von;
l'~ publique die öffentliche Meinung
opium [ɔpjɔm] nm Opium nt
opportun, e [ɔpɔʀtœ̃, yn] adj günstig
opportunisme [ɔpɔʀtynism] nm
Opportunismus m
opportuniste [ɔpɔʀtynist] nmf
Opportunist(in) m(f) ■ adj
opportunistisch
opposant, e [ɔpozɑ̃, ɑ̃t] adj (parti,
minorité) oppositionell ■ nm/f Gegner(in)
m(f); **opposants** nmpl (à un régime, à un
projet) Gegner pl; (membres de l'opposition)
Opposition f; **~ à l'avortement**
Abtreibungsgegner
opposé, e [ɔpoze] adj (situation)
gegenüberliegend; (couleurs)
kontrastierend; (goûts, opinions)
entgegengesetzt; (personne, faction)
gegnerisch; **être ~(e) à qch** (personne)
gegen etw sein ■ nm (côté, sens opposé)
entgegengesetzte Richtung; (contraire)
Gegenteil nt; **à l'~** dagegen, andererseits;
à l'~ de (du côté opposé à) gegenüber von;
(en contradiction avec) im Gegensatz zu;
il est tout l'~ de son frère er ist genau
das Gegenteil von seinem Bruder
opposer [ɔpoze] <1> vt einander
gegenüberstellen; **~ qch à qch** (comparer)
etw einer Sache dat gegenüberstellen;
~ qch à qn (comme obstacle) jdm etw
entgegensetzen; (arguments) jdm etw
entgegenhalten; (objecter) etw
einwenden; **s'opposer** vpr
entgegengesetzt sein; (couleurs)
kontrastieren; **s'~ à ce que** dagegen sein,
dass; **s'~ à qch/qn** (personne) sich einer
Sache/jdm widersetzen; (préjugés, etc)
gegen etw/jdn sein; (tenir tête à) sich
gegen jdn stellen [ou auflehnen]
opposition [ɔpozisjɔ̃] nf Opposition f;
(contraste) Gegensatz m; (d'intérêts)
Konflikt m; (objection) Widerspruch m;
entrer en ~ avec qn mit jdm in Konflikt
kommen; **être en ~ avec** (parents,

directeur) sich widersetzen +dat; (idées,
conduite) im Widerspruch stehen zu; **faire
de l'~** dagegen sein; **faire ~ à un chèque**
einen Scheck sperren (lassen); **par ~ à** im
Gegensatz zu
oppressant, e [ɔpʀesɑ̃, ɑ̃t] adj (chaleur)
drückend; (atmosphère) bedrückend
oppresser [ɔpʀese] <1> vt (vêtement)
beengen; (chaleur, angoisse) bedrücken;
se sentir oppressé(e) sich beklommen
fühlen
oppressif, -ive [ɔpʀesif, iv] adj drückend
oppression [ɔpʀesjɔ̃] nf (malaise)
Beklemmung f; **l'~** (asservissement,
sujétion) die Unterdrückung
opprimer [ɔpʀime] <1> vt unterdrücken
opprobre [ɔpʀɔbʀ] nm Schande f;
vivre dans l'~ in Schande leben
opter [ɔpte] <1> vi: **~ pour** sich
entscheiden für
opticien, ne [ɔptisjɛ̃, ɛn] nm/f
Optiker(in) m(f)
optimal, e (pl -aux) [ɔptimal, o] adj
optimal
optimisation [ɔptimizasjɔ̃] nf
Optimierung f
optimiser [ɔptimize] <1> vt optimieren;
(ressource) optimal nutzen
optimisme [ɔptimism] nm Optimismus m
optimiste [ɔptimist] nmf Optimist(in) m(f)
optimum [ɔptimɔm] nm Optimum nt
■ adj beste(r, s), optimal
option [ɔpsjɔ̃] nf Wahl f; (Scol) Wahlfach
nt; (Jur) Option f; **à ~** wahlweise
optionnel, le [ɔpsjɔnɛl] adj (matière)
Wahl-; (accessoire) zusätzlich
optique [ɔptik] adj optisch ■ nf Optik f;
(fig) Blickwinkel m
opulence [ɔpylɑ̃s] nf Reichtum m;
vivre dans l'~ im Überfluss leben
opulent, e [ɔpylɑ̃, ɑ̃t] adj üppig; (riche)
reich, wohlhabend
or [ɔʀ] nm Gold nt; **en or** aus Gold, golden;
(fam) Gold wert; **plaqué or** vergoldet;
or jaune/blanc Gelb-/Weißgold; **or noir**
(pétrole) flüssiges Gold ■ conj nun, aber
oracle [ɔʀakl] nm Orakel nt
orage [ɔʀaʒ] nm Gewitter nt; (durant plus
longtemps) Unwetter nt; (fig) Sturm m
orageux, -euse [ɔʀaʒø, øz] adj gewittrig, Gewitter-;
(fig) stürmisch
oraison [ɔʀɛzɔ̃] nf Gebet nt
oral, e (pl -aux) [ɔʀal, o] adj mündlich;
(Ling) oral; **par voie ~e** (Med) oral
■ nm (Scol) mündliche Prüfung; **l'~** (Ling)
die gesprochene Sprache
oralement adv mündlich
orange [ɔʀɑ̃ʒ] nf Orange f, Apfelsine f;
~ navel Navelorange; **~ pressée** frisch
gepresster Orangensaft; **~ sanguine**

Blutorange ▩ *adj inv* orange
▩ *nm* Orange *nt*
orangé, e *adj* mit einem Stich ins
Orange(farbene)
orangeade [ɔʀɑ̃ʒad] *nf* Orangeade *f*
oranger [ɔʀɑ̃ʒe] *nm* Orangenbaum *m*
orangeraie [ɔʀɑ̃ʒʀɛ] *nf* Orangenhain *m*
orangerie [ɔʀɑ̃ʒʀi] *nf* Orangerie *f*
orang-outan(g) (*pl* **orangs-outan(g)s**)
[ɔʀɑ̃utɑ̃] *nm* Orang-Utan *m*
orateur, -trice [ɔʀatœʀ, tʀis] *nm/f*
Redner(in) *m(f)*
orbital, e (*pl* -**aux**) [ɔʀbital, o] *adj*:
station ~ Raum(fahrt)station *f*
orbite [ɔʀbit] *nf* (*Anat*) Augenhöhle *f*;
(*Astr*) Umlaufbahn *f*; **placer/mettre
un satellite sur son/en ~** einen Satelliten
in seine/die Umlaufbahn bringen;
~ terrestre Erdumlaufbahn
orchestre [ɔʀkɛstʀ] *nm* (*Mus*) Orchester
nt; (*Theat*) Parkett *nt*
orchestrer <1> *vt* (*Mus*) instrumentieren;
(*fig*) inszenieren
orchidée [ɔʀkide] *nf* Orchidee *f*
ordi [ɔʀdi] *nm* (*fam*) Computer *m*, Kiste *f*
ordinaire [ɔʀdinɛʀ] *adj* (*habituel*)
gewöhnlich; (*banal*) einfach ▩ *nm*
(*essence*) Normalbenzin *nt*; **d'~, à l'~**
gewöhnlich; **intelligence au-dessus
de l'~** überdurchschnittliche Intelligenz
ordinal, e (*pl* -**aux**) [ɔʀdinal, o] *adj*:
adjectif/nombre ~ Ordinalzahl *f*
ordinateur [ɔʀdinatœʀ] *nm* Computer
m; **travailler sur ~** am [*ou* mit dem]
Computer arbeiten; **~ de poche**
Handheld-PC *m*; **~ de poche** Palm
Palm-PC *m*, Palmtop *m*
ordonnance [ɔʀdɔnɑ̃s] *nf* (*Mil*)
Ordonnanz *f*; (*Med*) Rezept *nt*; **l'~ d'un
appartement** (*Archit*) die Gestaltung
einer Wohnung
ordonné, e [ɔʀdɔne] *adj* geordnet;
(*personne*) ordentlich
ordonner [ɔʀdɔne] <1> *vt* (*arranger,
agencer*) (an)ordnen; (*Rel*) weihen; (*Med*)
verschreiben; **~ qch à qn** (*donner un ordre*)
jdm etw befehlen
ordre [ɔʀdʀ] *nm* Ordnung *f*; (*disposition*)
Anordnung *f*, Reihenfolge *f*; (*directive*)
Befehl *m*; (*association*) Verband *m*; (*Rel*)
Orden *m*; (*Archit*) Ordnung *f*; **à l'~ du jour**
(*fig*) auf der Tagesordnung; **dans l'~** in der
richtigen Reihenfolge; **de l'~ de** in der
Größenordnung von; **de premier/second
~** erst-/zweitklassig; **donner l'~ de** Befehl
geben zu; **en ~** in Ordnung; **être aux ~s de
qn** jdm unterstellt sein; **être/entrer dans
les ~s** ordiniert sein/werden; **jusqu'à
nouvel ~** bis auf Weiteres; **mettre en ~** in
Ordnung bringen; **par ~** (*Com*) im Auftrag;

par ~ d'entrée en scène in der
Reihenfolge des Auftritts; **libeller à l'~ de**
(*chèque*) ausstellen auf +*akk*; **procéder par
~** systematisch vorgehen; **rappeler qn à
l'~** jdn zur Ordnung rufen; **rentrer dans
l'~** sich normalisieren; **~ de grandeur**
Größenordnung; **~ du jour** Tagesordnung;
(*Mil*) Tagesbefehl
ordure [ɔʀdyʀ] *nf* Unrat *m*; (*excrément
d'animal*) Kot *m*; **ordures** *nfpl* (*déchets*)
Abfall *m*; **~s ménagères** Müll *m*
ordurier, -ière [ɔʀdyʀje, ɛʀ] *adj* unflätig
oreille [ɔʀɛj] *nf* (*Anat*) Ohr *nt*; (*Tech*) Öhr
nt; (*d'une marmite, d'une tasse*) Henkel *m*;
avoir de l'~ ein gutes Gehör haben;
parler/dire qch à l'~ de qn jdm etw ins
Ohr sagen
oreiller [ɔʀɛje] *nm* Kopfkissen *nt*
oreillons [ɔʀɛjɔ̃] *nmpl* Ziegenpeter *m*,
Mumps *m*
orfèvre [ɔʀfɛvʀ] *nmf* Goldschmied(in)
m(f)
orfèvrerie [ɔʀfɛvʀəʀi] *nf*
Goldschmiedekunst *f*
organe [ɔʀgan] *nm* Organ *nt*; (*fig*)
Sprachrohr *nt*
organigramme [ɔʀganigʀam] *nm*
Organigramm *nt*; (*Inform*)
Flussdiagramm *nt*
organique [ɔʀganik] *adj* organisch
organisateur, -trice [ɔʀganizatœʀ,
tʀis] *nm/f* Organisator(in) *m(f)*
organisation [ɔʀganizasjɔ̃] *nf*
Organisation *f*; **O~ mondiale du
commerce** Welthandelsorganisation;
O~ mondiale de la santé
Weltgesundheitsorganisation; **l'O~ des
Nations Unies** die Vereinten Nationen *pl*;
~ syndicale Gewerkschaft *f*; **O~ du traité
de l'Atlantique Nord** NATO *f*,
Nordatlantisches Verteidigungsbündnis
organiser [ɔʀganize] <1> *vt* organisieren;
(*mettre sur pied*) veranstalten
organisme [ɔʀganism] *nm*
Organismus *m*; (*ensemble organisé*)
Organ *nt*; (*association*) Vereinigung *f*;
~ génétiquement modifié
genmanipulierter Organismus
organiste [ɔʀganist] *nmf* Organist(in)
m(f)
orgasme [ɔʀgasm] *nm* Orgasmus *m*
orge [ɔʀʒ] *nf* (*plante*) Gerste *f* ▩ *nm* (*grain*)
Gerste *f*
orgeat [ɔʀʒa] *nm*: **sirop d'~** Mandelmilch *f*
orgelet [ɔʀʒəlɛ] *nm* (*Med*) Gerstenkorn *nt*
orgie [ɔʀʒi] *nf* Orgie *f*
orgue [ɔʀg] *nm* Orgel *f*; **~ de Barbarie**
Leierkasten *m*; **~ électrique/électronique**
elektrische/elektronische Orgel,
Keyboard *nt*

orgueil [ɔRɡœj] nm Stolz m; (arrogance) Hochmut m

orgueilleux, -euse adj stolz; hochmütig, überheblich

oriel [ɔRjɛl] nm Erkerfenster nt

Orient [ɔRjã] nm: **l'~** der Orient; **le Proche-/le Moyen-/l'Extrême-~** der Nahe/Mittlere/Ferne Osten

oriental, e (pl -aux) [ɔRjãtal, o] adj orientalisch

Oriental, e nm/f Orientale (Orientalin) m/f

orientation [ɔRjãtasjõ] nf Orientierung f; (tendance) Kurs m; (fig: étudiant) Beratung f; **avoir le sens de l'~** einen guten Orientierungssinn haben; **~ professionnelle** Berufsberatung

orienté, e [ɔRjãte] adj (Pol) gefärbt, tendenziös; **appartement bien/mal ~** Wohnung in guter/schlechter Lage; **la chambre est ~e à l'est** das Zimmer liegt nach Osten

orienter [ɔRjãte] <1> vt (diriger) stellen; (maison) legen; (carte, plan) ausrichten (vers nach); (touriste) die Richtung weisen +dat; (fig: élève) beraten; **~ vers** (recherches) richten (auf +akk); **s'orienter** vpr (se repérer) sich orientieren; **s'~ vers** (fig: recherches, études) sich (aus)richten auf +akk, sich orientieren nach

orifice [ɔRifis] nm Öffnung f

origan [ɔRiɡã] nm wilder Majoran, Oregano m

originaire [ɔRiʒinɛR] adj: **être ~ d'un pays/lieu** aus einem Land/von einem Ort stammen

original, e (pl -aux) [ɔRiʒinal, o] adj (pièce, document) original, echt; (idée) ursprünglich; (bizarre) originell ■ nm/f (fantaisiste) Sonderling m; (fam) Original nt ■ nm (d'une reproduction) Original nt

originalité nf Originalität f; (d'un nouveau modèle) Besonderheit f, Neuheit f

origine [ɔRiʒin] nf (d'une personne) Herkunft f; (d'un animal) Abstammung f; (du monde, des temps) Entstehung f, Anfang m; (d'un mot) Ursprung m; (d'un message, d'un vin) Herkunft f; **à l'~** am Anfang, anfänglich; **avoir son ~ dans qch** seinen Ursprung in etw dat haben; **dès l'~** von Anfang an; **être à l'~ de qch** die Ursache von etw sein; **pays d'~** Herkunftsland nt

originel, le [ɔRiʒinɛl] adj ursprünglich; **péché ~** Erbsünde f

O.R.L. nmf abr = **oto-rhino-laryngologiste** HNO-Arzt(-Ärztin) m/f

orme [ɔRm] nm Ulme f

ornement [ɔRnəmã] nm Verzierung f; **~s sacerdotaux** Priestergewänder pl

ornementer [ɔRnəmãte] <1> vt verzieren

orner [ɔRne] <1> vt schmücken

ornithologie [ɔRnitɔlɔʒi] nf Vogelkunde f

ornithologique [ɔRnitɔlɔʒik] adj vogelkundlich

ornithologue [ɔRnitɔlɔɡ] nmf Vogelkundler(in) m(f)

orphelin, e [ɔRfəlɛ̃, in] adj verwaist ■ nm/f Waisenkind nt; **~(e) de père/mère** Halbwaise f

orphelinat [ɔRfəlina] nm Waisenhaus nt

ORSEC [ɔRsɛk] acr = **Organisation des secours:** plan m ~ Katastrophenschutz m

orteil [ɔRtɛj] nm Zehe f; **gros ~** große Zehe

orthodontiste [ɔRtodõtist] nmf Kieferorthopäde(-orthopädin) m/f

orthodoxe [ɔRtɔdɔks] adj orthodox

orthographe [ɔRtɔɡRaf] nf Rechtschreibung f, Orthografie f

orthographier [ɔRtɔɡRafje] <1> vt (richtig) schreiben

orthographique adj orthografisch

orthopédie [ɔRtɔpedi] nf Orthopädie f

orthopédique [ɔRtɔpedik] adj orthopädisch

orthopédiste [ɔRtɔpedist] nmf Orthopäde(-pädin) m/f

orthophonie [ɔRtɔfɔni] nf Logopädie f

orthophoniste [ɔRtɔfɔnist] nmf (Med) Logopäde(-pädin) m/f

ortie [ɔRti] nf Brennnessel f

os [ɔs] nm Knochen m

O.S. nm abr = **ouvrier spécialisé** Hilfsarbeiter m

oscar [ɔskaR] nm Oscar m; **~ de la publicité** Preis m für Werbung

OSCE nf abr = **Organisation de sécurité et de coopération européenne** OSZE f

osciller [ɔsile] <1> vi (mât) schwingen; (aiguille) ausschlagen; **~ entre** (fig) schwanken zwischen +dat

osé, e [oze] adj gewagt

oseille [ozɛj] nf (Bot) Sauerampfer m

oser [oze] <1> vt: **~ faire qch** es wagen, etw zu tun ■ vi es wagen; **je n'ose pas** ich ge(traue) mich nicht

osier [ozje] nm Korbweide f; **d'~, en ~** aus Korb

osmose [ɔsmoz] nf Osmose f

ossature [ɔsatyR] nf (Squelett nt; (Archit) Gerippe nt; (fig) Struktur f

osseux, -euse [ɔsø, øz] adj knochig; (tissu, maladie, greffe) Knochen-

ostensible [ɔstãsibl] adj ostentativ

ostentation [ɔstãtasjõ] nf Zurschaustellung f

ostraciser [ɔstRasize] <1> vt ächten

ostracisme [ɔstRasism] nm Ausschluss m (aus einer Gruppe)

ostréicole [ɔstReikɔl] adj Austern-

ostréiculteur, -trice [ɔstʀeikyltœʀ, tʀis] *nm/f* Austernzüchter(in) *m(f)*

ostréiculture [ɔstʀeikyltyʀ] *nf* Austernzucht *f*

otage [ɔtaʒ] *nm* Geisel *f*

O.T.A.N. [ɔtã] *nf acr* = **Organisation du traité de l'Atlantique Nord** NATO *f*

otarie [ɔtaʀi] *nf* Seelöwe *m*

ôter [ote] <1> *vt* (*vêtement*) ausziehen; (*tache, noyau*) herausmachen; (*arête*) herausziehen; **~ qch de** etw wegnehmen von; **~ qch à qn** jdm etw nehmen; **~ une somme/un nombre de** eine Summe/Zahl abziehen von; **6 ôté de 10 égal 4** 10 weniger 6 gleich 4

otite [ɔtit] *nf* Mittelohrentzündung *f*

oto-rhino [ɔtɔʀino] (*fam*), **oto-rhinolaryngologiste** [ɔtɔʀinolaʀɛ̃gɔlɔʒist] *nmf* Hals-Nasen-Ohren-Arzt(-Ärztin) *m/f*

ou [u] *conj* oder; **ou ... ou** entweder ..., oder; **ou bien** oder aber

où [u] *adv* wo; (*direction*) wohin; **d'où vient que ...?** wie kommt es, dass ...; **par où passer?** wo entlang? ■ *pron* wo; wohin; (*dans lequel*) worin; (*hors duquel, duquel*) woraus; (*sur lequel*) worauf; **la chambre où il était** das Zimmer, in dem er war; **le jour où il est parti** am Tag, als er abgereist ist; **au train où ça va** bei dem Tempo; **le village d'où je viens** das Dorf, aus dem ich komme; **les villes par où il est passé** die Städte, durch die er gefahren ist

ouate [wat] *nf* Watte *f*; **tampon d'~** Wattebausch *m*; **~ de verre** Glaswolle *f*

oubli [ubli] *nm* Vergesslichkeit *f*; **l'~** (*absence de souvenirs*) das Vergessen; **tomber dans l'~** in Vergessenheit geraten

oublier [ublije] <1> *vt* vergessen; **~ l'heure** die Zeit vergessen; **s'oublier** *vpr* sich vergessen

oubliettes [ublijɛt] *nfpl* Verlies *nt*

ouest [wɛst] *nm*: **l'~** der Westen; **l'O~** (*région de France*) Westfrankreich *nt*; (*Pol: l'Occident*) der Westen; **à l'~ de** im Westen von ■ *adj inv* West-, westlich

Ouganda [ugãda] *nm*: **l'~** Uganda *nt*

ougandais, e [ugãdɛ, ɛz] *adj* ugandisch

Ougandais, e [ugãdɛ] *nm/f* Ugander(in) *m(f)*

oui [wi] *adv* ja; **répondre (par) ~** mit Ja antworten

ouï-dire [widiʀ] *nm inv*: **par ~** vom Hörensagen

ouïe [wi] *nf* Gehör(sinn *m*) *nt*; **ouïes** *nfpl* (*de poisson*) Kiemen *pl*; **je suis tout ~** ich bin ganz Ohr

ouragan [uʀagã] *nm* Orkan *m*

ourler [uʀle] <1> *vt* säumen

ourlet [uʀlɛ] *nm* Saum *m*

ours, e [uʀs] *nm,f* (*Zool*) Bär(in) *m(f)*; **~ (en peluche)** (*jouet*) Teddybär; **~ brun/blanc** Braun-/Eisbär

oursin [uʀsɛ̃] *nm* Seeigel *m*

ourson [uʀsõ] *nm* Bärenjunge(s) *nt*

ouste [ust] *interj* raus

outil [uti] *nm* Werkzeug *nt*; **~ de recherche** (*Inform*) Suchhilfe *f*; **~ de travail** Arbeitsgerät *nt*

outillage [utijaʒ] *nm* Ausrüstung *m*

outiller [utije] <1> *vt* ausrüsten

outrage [utʀaʒ] *nm* Beleidigung *f*; **~ par paroles/écrits** mündliche/schriftliche Beleidigung

outragé, e [utʀaʒe] *adj* empört

outrager <2> *vt* beleidigen, zutiefst kränken

outrageusement [utʀaʒøzmã] *adv* (*excessivement*) übertrieben

outrance [utʀãs] *nf*: **à ~** bis zum Exzess

outre [utʀ] *nf* (Leder)schlauch *m* ■ *prép* außer +*dat* ■ *adv*: **passer ~** weitergehen; **passer ~ à** hinweggehen über +*akk*; **en ~** außerdem; **en ~ de** über +*akk* hinaus; **~ mesure** über die Maßen; **~ que** außer, dass

outré, e [utʀe] *adj* (*excessif*) übertrieben; (*indigné*) empört

outremer [utʀəmɛʀ] *adj* ultramarin(blau)

outre-mer *adv*: **d'~** überseeisch; **départements d'~** Überseedepartements *pl*

outrepasser <1> *vt* überschreiten

outrer [utʀe] <1> *vt* übertreiben; (*indigner*) empören

outre-Rhin [utʀəʀɛ̃] *adv* in Deutschland (*von Frankreich aus gesehen*)

ouvert, e [uvɛʀ, t] *pp de* **ouvrir** ■ *adj* offen; (*robinet, gaz*) aufgedreht; **à ciel ~** im Freien; **à cœur ~** (*Med*) am offenen Herzen; **lettre ~e** (*journal*) offener Brief

ouvertement *adv* freiheraus, offen

ouverture [uvɛʀtyʀ] *nf* (*action*) Öffnen *nt*; (*fondation*) Eröffnung *f*; (*orifice*) Öffnung *f*; (*Foto*) Blende *f*; (*Mus*) Ouvertüre *f*

ouvrable [uvʀabl] *adj*: **jour ~** Werktag *m*

ouvrage [uvʀaʒ] *nm* Arbeit *f*; (*livre*) Werk *nt*; **panier** [*ou* **corbeille**] **à ~** Handarbeitskorb *m*; **~ au crochet** Häkelarbeit *f*

ouvragé, e [uvʀaʒe] *adj* verziert

ouvrant, e [uvʀã, ãt] *adj*: **toit ~** (*Auto*) Schiebedach *nt*

ouvre-boîte (*pl* **~s**) [uvʀəbwat] *nm* Büchsenöffner *m*

ouvre-bouteille (*pl* **~s**) *nm* Flaschenöffner *m*

ouvrier, -ière [uvʀije, ɛʀ] nm/f
Arbeiter(in) m(f); **~ spécialisé**
Hilfsarbeiter ■ adj Arbeiter-
ouvrir [uvʀiʀ] <11> vt öffnen, aufmachen;
(compte) eröffnen; (robinet) aufdrehen;
(chauffage, etc) anmachen; (exposition,
débat) eröffnen; **~ le bal/la marche** den
Ball eröffnen/den Marsch anführen;
~ des horizons/perspectives Horizonte/
Perspektiven (er)öffnen; **~ l'œil** (fig) die
Augen aufmachen ■ vi (magasin, théâtre)
aufmachen, öffnen; **~ à cœur/trèfle**
(Cartes) mit Herz/Kreuz herauskommen;
~ à qn (rendre accessible à) jdm öffnen;
s'ouvrir vpr aufgehen, sich öffnen;
(procès) anfangen; **s'~ à qn** sich jdm
eröffnen; **s'~ sur** sich öffnen nach
Ouzbékistan [uzbekistɑ̃] nm:
l'~ Usbekistan nt
ovaire [ɔvɛʀ] nm Eierstock m
ovale [ɔval] adj oval
ovation [ɔvasjɔ̃] nf Ovation f
ovationner [ɔvasjɔne] <1> vt zujubeln
+dat
overdose [ɔvœʀdoz] nf Überdosis f
ovni [ɔvni] nm acr = **objet volant non
identifié** UFO nt
ovulation [ɔvylasjɔ̃] nf Eisprung m
ovule [ɔvyl] nm Ei nt, Eizelle f; (Med)
Zäpfchen nt
oxyde [ɔksid] nm Oxid nt; **~ de carbone**
Kohlenmonoxid
oxyder [ɔkside] <1> vpr: **s'oxyder**
oxidieren
oxygène [ɔksiʒɛn] nm Sauerstoff m;
cure d'~ (air pur) Frischluftkur f
oxygéné, e [ɔksiʒene] adj
sauerstoffhaltig
ozone [ozɔn] nm Ozon nt; **couche
d'~** Ozonschicht f; **trou (dans la couche)
d'~** Ozonloch nt

P

P, p [pe] nm P, p nt
p. abr = **page** S.
pacemaker [pɛsmɛkœʀ] nm
(Herz)schrittmacher m
pachyderme [paʃidɛʀm] nm
Dickhäuter m
pacifier [pasifje] <1> vt (pays) Ruhe und
Frieden herstellen in +dat; (fig) beruhigen
pacifique [pasifik] adj friedlich;
(personne) friedfertig ■ nm: **le P~** der
Pazifische Ozean
pacifisme [pasifism] nm Pazifismus m
pacifiste [pasifist] adj konfliktverhütend;
(Pol) pazifistisch ■ nmf Pazifist(in) m(f)
pacotille [pakɔtij] nf Billigware f
Pacs [paks] nm acr = **Pacte civil de
solidarité** (standesamtlich) eingetragene
Lebensgemeinschaft
pacsé, e [pakse] nm/f Partner(in) m(f)
einer eingetragenen Lebensgemeinschaft
pacser [pakse] <1> vpr: **se pacser** eine
eingetragene Lebensgemeinschaft
eingehen
pacte [pakt] nm Pakt m; **~ d'alliance**
Bündnis nt; **P~ civil de solidarité**
(standesamtlich) eingetragene
Lebensgemeinschaft; **~ de non-
agression** Nichtangriffspakt
pactiser [paktize] <1> vi: **~ avec** (accord)
sich einigen mit

P.A.E. nm abr = **projet d'action éducative** fachübergreifendes Projekt

P.A.F. [paf] nm acr = **paysage audiovisuel français** Medienlandschaft in Frankreich

pagaie [pagɛ] nf Paddel nt

pagaille [pagaj] nf (fam: désordre) Durcheinander nt, Unordnung f

paganisme [paganism] nm Heidentum nt

pagayer [pageje] <7> vi paddeln

page [paʒ] nf Seite f; **être à la ~** auf dem Laufenden sein; **~ d'annonces** Anzeigenseite; **~ de démarrage** (Inform) Startseite; **~ Web** Internetseite f, Webseite f ■ nm Page m

page-écran (pl **pages-écrans**) nf Bildschirmseite f

pagination [paʒinasjõ] nf (a. Inform) Paginierung f

pagode [pagɔd] nf Pagode f

paie [pɛ] nf voir **paye**

paiement [pɛmã] nm Bezahlung f; (somme) Zahlung f

païen, ne [pajɛ̃, ɛn] adj heidnisch ■ nm/f Heide (Heidin) m/f

paillard, e [pajaʀ, d] adj derb, deftig

paillasse [pajas] nf (matelas) Strohsack m

paillasson [pajasõ] nm (tapis-brosse) Fußmatte f

paille [paj] nf Stroh nt; (pour boire) Strohhalm m; (d'un métal, du verre) Fehler m; **~ de fer** Stahlwolle f

paillette [pajɛt] nf Paillette f; **lessive en ~s** Seifenflocken pl

pain [pɛ̃] nm Brot nt; **~ au chocolat** mit Schokolade gefülltes Gebäckstück; **~ bis** Mischbrot; **~ complet** Vollkornbrot; **~ d'épice(s)** Lebkuchen m; **~ grillé** getoastetes Brot; **~ de mie** (ungetoastetes) Toastbrot; **~ de seigle** Roggenbrot; **~ de sucre** (morceau) Zuckerhut m; **je ne mange pas de ce ~-là** (fig) da mache ich nicht mit, das ist nicht meine Art

pair, e [pɛʀ] adj gerade; **aller de ~** (fig) Hand in Hand gehen; **au ~** (Fin: valeurs) zum Nennwert; **hors (de) ~** ohnegleichen; **jeune fille au ~** Aupairmädchen nt

paire [pɛʀ] nf (deux objets assortis) Paar nt; **une ~ de lunettes/tenailles** eine Brille/ Beißzange

paisible [pezibl] adj ruhig; (personne) friedlich

paisiblement [pezibləmã] adv friedlich

paître [pɛtʀ] irr vi weiden, grasen

paix [pɛ] nf Frieden m; (tranquillité) Ruhe f; **avoir la ~** Ruhe haben; **faire la ~ avec** sich versöhnen mit

Pakistan [pakistã] nm: **le ~** Pakistan nt

pakistanais, e [pakistanɛ, ɛz] adj pakistanisch

Pakistanais, e nm/f Pakistaner(in) m(f), Pakistani mf

palabrer [palabʀe] <1> vi (fam) palavern

palace [palas] nm (hôtel) Luxushotel nt

palais [palɛ] nm Palast m; (Anat) Gaumen m; **le ~ de l'Élysée** der Elyseepalast (Sitz des französischen Staatspräsidenten in Paris); **le P~ de Justice** der Gerichtshof

palan [palã] nm Flaschenzug m

Palatinat [palatina] nm: **le ~** die Pfalz

pâle [pɑl] adj blass; (personne, teint) blass, bleich; **bleu/vert ~** blassblau/-grün

Palestine [palɛstin] nf: **la ~** Palästina nt

palestinien, ne [palɛstinjɛ̃, ɛn] adj palästinensisch

Palestinien, ne nm/f Palästineser(in) m(f)

palet [palɛ] nm Scheibe f; (en hockey) Puck m

paletot [palto] nm (kurzer) Mantel m

palette [palɛt] nf (de peintre) Palette f; **~ de produits** Produktpalette

pâleur [pɑlœʀ] nf Blässe f

palier [palje] nm (plate-forme) Treppenabsatz m; (Tech) Lager nt; **par ~s** in Stufen, in Etappen; **les prix ont atteint un nouveau ~** die Preise haben sich (auf einem Niveau) eingependelt

pâlir [pɑliʀ] <8> vi (personne) blass werden; (couleur) verblassen; **~ de colère** vor Wut bleich werden

palissade [palisad] nf Zaun m

palissandre [palisɑ̃dʀ] nm Palisander m

palliatif, -ive [paljatif, iv] adj lindernd ■ nm Überbrückungsmaßnahme f

pallier [palje] vt (atténuer) ausgleichen

palmarès [palmaʀɛs] nm Preisträgerliste f

palme [palm] nf (Bot) Palmzweig m; (symbole de la victoire) Siegespalme f; (nageoire en caoutchouc) Schwimmflosse f; **remporter la ~** (fig) den Sieg davontragen

palmeraie [palməʀɛ] nf Palmenhain m

palmier [palmje] nm Palme f

palmipède [palmipɛd] nm (oiseau) Schwimmvogel m

palombe [palõb] nf Ringeltaube f

pâlot, te [pɑlo, ɔt] adj blass, blässlich

palourde [paluʀd] nf Venusmuschel f

palper [palpe] <1> vt befühlen, (ab)tasten

palpitant, e [palpitã, ãt] adj (saisissant) spannend, aufregend

palpitation [palpitasjõ] nf: **avoir des ~s** Herzklopfen haben

palpiter [palpite] <1> vi (cœur) schlagen; (paupières) zucken; **~ de peur/convoitise** vor Angst/Lust zittern

paludisme [palydism] nm Malaria f

pâmer [pɑme] <1> vpr: **se ~ d'amour/ d'admiration** vor Liebe/Bewunderung ganz hingerissen sein

pampa [pãpa] *nf* Pampa *f*
pamphlet [pãflɛ] *nm* Spott-/
Schmähschrift *f*
pamplemousse [pãpləmus] *nm*
Grapefruit *f*, Pampelmuse *f*
pan [pã] *nm* (*de vêtement*) Schoß *m*
⬛ *interj* peng
panacée [panase] *nf* Allheilmittel *nt*
panache [panaʃ] *nm* (*de plumes*)
Federbusch *m*; **avoir du ~** sich bravourös
verhalten, mit Grandezza auftreten;
~ de fumée Rauchwolke *f*
panaché, e [panaʃe] *adj*: **glace ~e**
gemischtes Eis **⬛** *nm* (*mélange de bière
et de limonade*) Radler *nt*, Alsterwasser *nt*
Panama [panama] *nm*: **le ~** Panama *nt*
panaméen, ne [panameɛ̃, ɛn] *adj*
panamaisch
panaris [panaʀi] *nm*:
Nagelbettentzündung *f*
pancarte [pãkaʀt] *nf* (*écriteau*) Schild *nt*;
(*dans un défilé*) Transparent *nt*
pancréas [pãkʀeas] *nm*
Bauchspeicheldrüse *f*
panda [pãda] *nm* Panda *m*
pané, e [pane] *adj* paniert
panier [panje] *nm* Korb *m*; **mettre au ~**
wegwerfen; **~ de crabes** (*fig*) Wespennest
nt; **~ à linge** Wäschekorb; **~ à provisions**
Einkaufskorb
panier-repas (*pl* **paniers-repas**)
[panje(ə)pa] *nm* Lunchpaket *nt*
panique [panik] *nf* Panik *f* **⬛** *adj* panisch
paniquer <1> *vt* in Panik geraten
panne [pan] *nf* Panne *f*; **être/tomber en
~** eine Panne haben; **être en ~ d'essence
[ou sèche]** kein Benzin mehr haben;
~ d'électricité [ou de courant]
Stromausfall *m*
panneau (*pl* **x**) [pano] *nm* (*de boiserie,
de tapisserie*) Tafel *f*; (*Archit*) Platte *f*;
(*écriteau*) Tafel *f*, Schild *nt*; **~ de
configuration** Systemsteuerung *f*;
~ publicitaire Werbetafel, -schild;
~ de signalisation Straßenschild *nt*
panonceau (*pl* **x**) [panõso] *nm* (*panneau*)
Schild *nt*
panoplie [panɔpli] *nf* (*d'armes*)
Waffensammlung *f*; (*fig: d'arguments, etc*)
Reihe *f*; **~ de pompier/d'infirmière** (*jouet*)
Feuerwehrmann-/
Krankenschwesterkostüm *nt*
panorama [panɔʀama] *nm* (*vue*)
Panorama *nt*; (*fig: étude complète*)
Übersicht *f*
panoramique *adj* Panorama-
pansement [pãsmã] *nm* (*action*)
Verbinden *nt*; (*bandage*) Verband *m*
panser [pãse] <1> *vt* (*cheval*) striegeln;
(*plaie, blessé*) verbinden

pantalon [pãtalõ] *nm* Hose *f*; **~ à pinces**
Bundfaltenhose; **~ de pyjama**
Schlafanzughose; **~ de ski/de golf**
Ski-/Golfhose
pantelant, e [pãt(ə)lã, ãt] *adj* (*haletant*)
keuchend
panthère [pãtɛʀ] *nf* Panther *m*
pantin [pãtɛ̃] *nm* Hampelmann *m*
pantois, e [pãtwa, az] *adj*: **rester/
demeurer ~** verblüfft sein
pantomime [pãtɔmim] *nf* Pantomime *f*
pantouflard, e [pãtuflaʀ, aʀd] *adj*
stubenhockerisch
pantoufle [pãtufl] *nf* Pantoffel *m*
panure [panyʀ] *nf* Paniermehl *nt*
P.A.O. *nf abr* = **publication assistée par
ordinateur** DTP *nt*
paon [pã] *nm* Pfau *m*
papa [papa] *nm* Papa *m*
papamobile [papamɔbil] *nf*
Papstmobil *nt*
paparazzi [papaʀadzi] *nmpl* Paparazzi *pl*
papauté [papote] *nf* Papsttum *nt*
papaye [papaj] *nf* Papaya *f*
pape [pap] *nm*: **le ~** der Papst
paperasse [papʀas] *nf* (*fig*) Papierkram *m*
paperasserie [papʀasʀi] *nf* Papierwust *m*
paperasses *nfpl* Papierkram *m*
papeterie [papetʀi] *nf* (*magasin*)
Schreibwarenladen *m*
papetier, -ière [pap(ə)tje, ɛʀ] *nm/f*:
~-libraire Schreibwaren- und
Buchhändler(in) *m(f)*
papi, papy [papi] *nm* (*fam*) Opa *m*
papier [papje] *nm* Papier *nt*; (*feuille*) Blatt
nt; (*article*) Artikel *m*; **papiers** (*nmpl:
documents, notes*) Dokumente *pl*, Papiere
pl; (*papiers d'identité*) Ausweis *m*; **sur le ~**
auf dem Papier; **~ buvard** Löschblatt;
~ carbone Kohlepapier; **~ collant**
Klebstreifen *m*; **~ en continu** (*Inform*)
Endlospapier; **~ d'emballage, ~ kraft**
Packpapier; **~ émeri** Schmirgelpapier;
~ hygiénique Toilettenpapier; **~ journal**
Zeitungspapier; **~ à lettres** Briefpapier;
~ peint Tapete *f*; **~ recyclé**
Recyclingpapier; **~ de verre** Sandpapier
papier-filtre (*pl* **papiers-filtres**)
[papjefiltʀ] *nm* Filterpapier *nt*
papier-monnaie (*pl* **papiers-monnaies**)
[papjemɔnɛ] *nm* Papiergeld *nt*
papillon [papijõ] *nm* (*Zool*) Schmetterling
m; (*contravention*) Strafzettel *m*; (*écrou*)
Flügelmutter *f*
papilloter [papijote] <1> *vi* (*yeux*)
blinzeln; (*lumière, soleil*) funkeln
papoter [papote] <1> *vi* schwatzen
Papouasie-Nouvelle-Guinée
[papwazinuvɛlɡine] *nf*: **la ~** Papua-
Neuguinea *nt*

paprika [paprika] nm (edelsüßer) Paprika

papyrus [papirys] nm Papyrus m

paquebot [pakbo] nm Passagierschiff nt

pâquerette [pakrɛt] nf Gänseblümchen nt

Pâques [pak] nfpl Ostern nt

paquet [pakɛ] nm Paket nt; (de sucre, de cigarettes, etc) Päckchen nt; **mettre le ~** (fam) das Letzte hergeben

paquet-cadeau (pl **paquets-cadeaux**) [pakɛkado] nm: **pourriez-vous me faire un ~?** könnten Sie es mir als Geschenk verpacken?

par [par] prép durch; **~ amour** aus Liebe; **finir/commencer ~ dire** schließlich/ anfangs sagen; **passer ~ Lyon/la côte** über Lyon/an der Küste entlang fahren; **3 ~ jour/personne** 3 pro Tag/Person; **2 ~ 2** zu zweit; jeweils zwei; **~-ci, ~-là** hier und da; **~ ici** hier; hierher; **~ où?** wo?

parabole [parabɔl] nf (Rel) Gleichnis nt; (Math) Parabel f

parabolique [parabɔlik] adj (Phys) Parabol-; **antenne ~** Parabolantenne f

parachever [paraʃ(ə)ve] <4> vt vollenden, fertigstellen

parachutage [paraʃytaʒ] nm Fallschirmabsprung m

parachute [paraʃyt] nm Fallschirm m

parachuter [paraʃyte] <1> vt mit dem Fallschirm absetzen; (fam) hineinkatapultieren

parachutisme [paraʃytism] nm Fallschirmspringen nt

parachutiste [paraʃytist] nmf Fallschirmspringer(in) m(f)

parade [parad] nf Parade f; (de boxeur) Abwehr f

parader [parade] <1> vi herumstolzieren

paradis [paradi] nm Paradies nt; (de sucre, de ~ fiscal Steuerparadies nt; **vous ne l'emporterez pas au ~!** das werden Sie mir büßen!

paradisiaque [paradizjak] adj paradiesisch

paradoxal, e (pl **-aux**) [paradɔksal, o] adj paradox

paradoxe [paradɔks] nm Paradox nt

parafer [parafe] <1> vt voir **parapher**

paraffine [parafin] nf Paraffin nt

parages [paraʒ] nmpl (Naut) Gewässer nt; **dans les ~ (de)** in der Nähe (von)

paragraphe [paragraf] nm Absatz m, Abschnitt m

Paraguay [paragwɛ] nm: **le ~** Paraguay nt

paraître [parɛtr] irr comme connaître vi (avec attribut) scheinen; **il paraît préférable/absurde de** es (er)scheint besser zu sein/absurd zu; **il ne paraît pas son âge** man sieht ihm sein Alter nicht an ■ vi (apparaître, se montrer) erscheinen;

(soleil) herauskommen; (publication) erscheinen; **aimer ~, vouloir ~** Aufmerksamkeit erregen wollen; **laisser ~** zeigen; **~ en public/justice** in der Öffentlichkeit/vor Gericht erscheinen; **il (me) paraît/paraîtrait que** es scheint (mir), dass

parallèle [paralɛl] adj (Math) parallel; (fig: difficultés, expériences) vergleichbar ■ nm: **faire un ~ entre** (comparaison) eine Parallele ziehen zwischen +dat ■ nf Parallele f; **~ de latitude** (Geo) Breitengrad m

parallélogramme [paralelɔgram] nm Parallelogramm nt

paralyser [paralize] <1> vt lähmen; (grève) lahmlegen

paralysie nf Lähmung f

paramédical, e (pl **-aux**) [paramedikal, o] adj: **personnel ~** nicht medizinisches Personal

paramètre [parametr] nm Parameter m

paramilitaire [paramiliter] adj paramilitärisch

paranoïa [paranɔja] nf Verfolgungswahn m

paranoïaque [paranɔjak] nmf Paranoiker(in) m(f)

parapente [parapãt] nm Gleitschirm m; (sport) Gleitschirmfliegen nt

parapet [parapɛ] nm (garde-fou) Brüstung f

parapher [parafe] <1> vt unterzeichnen, signieren

paraphrase [parafraz] nf Umschreibung f, Paraphrasierung f

paraphraser <1> vt paraphrasieren, umschreiben

paraplégie [parapleʒi] nf doppelseitige Lähmung

parapluie [paraplɥi] nm Regenschirm m

parapsychique [parapsiʃik] adj parapsychologisch

parapsychologie [parapsikɔlɔʒi] nf Parapsychologie f

parascolaire [paraskɔler] adj außerschulisch

parasite [parazit] nm Parasit m, Schmarotzer m; (Radio) Störung f

parasol [parasɔl] nm Sonnenschirm m; **~ de plage** Strandschirm m

paratonnerre [paratɔner] nm Blitzableiter m

paravent [paravã] nm (meuble) spanische Wand

parc [park] nm (d'une demeure) Park m; (enclos pour le bétail) Pferch m; (d'enfant) Laufstall m; **~ d'aérogénérateurs** Windpark m; **~ d'artillerie/de munitions** (Mil) Artillerie-/Munitionsdepot nt;

~ d'attractions Vergnügungspark; **~ des expositions** Messegelände nt; **~ à huîtres** Austernbank f; **~ de loisirs** Freizeitpark; **~ national** Nationalpark; **~ zoologique** zoologischer Garten

parcelle [paʀsɛl] nf Bruchstück nt, Stückchen nt; (de terrain) Parzelle f

parce que [paʀskə] conj weil

parchemin [paʀʃəmɛ̃] nm Pergament nt

parcimonie [paʀsimɔni] nf Sparsamkeit f

parcimonieux, -euse [paʀsimɔnjø, øz] adj äußerst sparsam

parcmètre [paʀkmɛtʀ] nm Parkuhr f

parcourir [paʀkuʀiʀ] irr comme courir vt gehen durch; (trajet déterminé) zurücklegen; (journal, livre) überfliegen

parcours [paʀkuʀ] nm (trajet) Strecke f, Route f; (Sport) Parcours m; (tour) Runde f; **~ de santé** Trimm-dich-Pfad m

par-dessous [paʀd(ə)su] prép unter +dat; (avec mouvement) unter +akk ■ adv darunter

pardessus [paʀdəsy] nm (Herren)wollmantel m

par-dessus prép über +dat; (avec mouvement) über +akk ■ adv darüber

par-devant prép vor +dat; (avec mouvement) vor +akk ■ adv vorne

pardon [paʀdɔ̃] nm Verzeihung f; **demander ~ à qn (de qch/d'avoir fait qch)** jdn um Verzeihung bitten (wegen etw/, etw getan zu haben); **je vous demande ~** verzeihen Sie ■ interj (politesse) Verzeihung, Entschuldigung; (contradiction) verzeihen Sie, aber ...

pardonnable [paʀdɔnabl] adj verzeihlich

pardonner <1> vt verzeihen, vergeben +dat

pare-balles [paʀbal] adj inv (gilet) kugelsicher

pare-brise [paʀbʀiz] nm inv Windschutzscheibe f

pare-chocs [paʀʃɔk] nm inv Stoßstange f

pare-étincelles [paʀetɛ̃sɛl] nm inv Schutzgitter nt

pare-feu [paʀfø] nm inv Feuerschneise f

pareil, le [paʀɛj] adj (similaire) gleich; **~ à** gleich, ähnlich +dat; **en ~ cas** in einem solchen Fall ■ adv: **habillé(e)s ~** gleich angezogen ■ nm/f: **le/la ~(le)** (chose) der/die/das Gleiche; **vos ~s** (personne) euresgleichen; **sans ~(le)** ohnegleichen; **c'est du ~ au même** (fam) das ist Jacke wie Hose

pareillement adv ebenso

parent, e [paʀɑ̃, ɑ̃t] nm/f Verwandte(r) mf ■ adj verwandt (de mit); **nous sommes ~(e)s** wir sind (miteinander) verwandt

parental, e (pl -aux) [paʀɑ̃tal, o] adj elterlich

parenté nf Verwandtschaft f

parenthèse [paʀɑ̃tɛz] nf (ponctuation) Klammer f; (fig) Einschub m; **entre ~s** in Klammern

parents nmpl (père et mère) Eltern pl

parer [paʀe] <1> vt schmücken, zieren; (Gastr) (für die Weiterverarbeitung) vorbereiten; (coup, manœuvre) abwehren; **~ à** abwenden

pare-soleil [paʀsɔlɛj] nm inv Sonnenblende f

paresse [paʀɛs] nf Faulheit f

paresser [paʀese] <1> vi faulenzen

paresseux, -euse adj (personne) faul; (lourdaud) träge; (attitude) schwerfällig ■ nm (Zool) Faultier nt

parfaire [paʀfɛʀ] irr comme faire vt vervollkommnen

parfait, e [paʀfɛ, ɛt] adj (exemplaire) perfekt, vollkommen; (accompli, achevé) völlig, total ■ nm (Ling) Perfekt nt; (glace) Parfait nt ■ interj fein, toll

parfaitement adv (très bien) perfekt, ausgezeichnet; (complètement) völlig, vollkommen ■ interj genau

parfois [paʀfwa] adv manchmal

parfum [paʀfœ̃] nm (de fleur, d'un tabac, d'un vin) Duft m, Aroma nt; (essence) Parfüm nt; (d'une glace) Geschmack(srichtung f) m

parfumé, e adj (fleur, fruit) duftend, wohlriechend; (femme) parfümiert; **glace ~e au café** Eis mit Kaffeegeschmack

parfumer [paʀfyme] <1> vt parfümieren; (aromatiser) Geschmack verleihen +dat; **se parfumer** vpr sich parfümieren

parfumerie [paʀfymʀi] nf (produits) Toilettenartikel pl; (boutique) Parfümerie f

pari [paʀi] nm Wette f; **~ mutuel urbain** Wettannahmestelle f

parier [paʀje] <1> vt, vi wetten

Paris [paʀi] nm Paris nt

parisien, ne [paʀizjɛ̃, ɛn] adj Pariser

Parisien, ne nm/f Pariser(in) m(f)

paritaire [paʀitɛʀ] adj: **commission ~** paritätischer Ausschuss

parité [paʀite] nf Gleichheit f; (Inform) Parität f; **~ de change** Wechselkursparität f

parjure [paʀʒyʀ] nm Meineid m

parjurer <1> vpr: **se parjurer** einen Meineid leisten

parka [paʀka] nm o f Parka m

parking [paʀkiŋ] nm Parkplatz m; (édifice) Park(hoch)haus nt; (souterrain) Tiefgarage f

parlant, e [paʀlɑ̃, ɑ̃t] adj (expressif) ausdrucksvoll; (fig: comparaison, preuve) beredt, eindeutig; (chiffres, résultats)

vielsagend; (*bavard*) gesprächig; **cinéma/
film ~** Tonfilm *m* ■ *adv*: **généralement ~**
allgemein gesprochen; **humainement ~**
vom menschlichen Standpunkt aus
(betrachtet)
parlé, e [paʀle] *adj*: **langue ~e**
gesprochene Sprache
parlement [paʀləmɑ̃] *nm* Parlament *nt*
parlementaire [paʀləmɑ̃tɛʀ] *adj*
parlamentarisch
parlementer [paʀləmɑ̃te] <1> *vi*
verhandeln
parler [paʀle] <1> *vi* sprechen, reden;
(*malfaiteur, complice*) aussagen, reden;
~ affaires/politique über Geschäfte/
Politik reden; **~ à qn (de qch/qn)** mit jdm
(über etw/jdn) sprechen; **~ de faire qch**
davon reden, etw zu tun; **~ de qn/qch**
von jdm/etw sprechen; **~ en dormant**
im Schlaf sprechen; **~ le/en français**
Französisch/französisch sprechen;
~ par gestes (*s'exprimer*) mit Gesten reden;
les faits parlent d'eux-mêmes die Fakten
sprechen für sich; **sans ~ de** abgesehen
von; **tu parles!** (*fam*) von wegen!
parloir [paʀlwaʀ] *nm* (*d'une école, d'une
prison, etc*) Sprechzimmer *nt*
parmesan [paʀməzɑ̃] *nm* Parmesan *m*
parmi [paʀmi] *prép* (mitten) unter +*dat*,
bei +*dat*
parodie [paʀɔdi] *nf* Parodie *f*
parodier [paʀɔdje] <1> *vt* parodieren
paroi [paʀwa] *nf* Wand *f*; (*cloison*)
Trennwand *f*; **~ rocheuse** Felswand
paroisse [paʀwas] *nf* Pfarrei *f*
parole [paʀɔl] *nf* (*débit de voix*) Stimme *f*,
Tonfall *m*; (*engagement formel*) Wort *nt*;
paroles *nfpl* (*promesses*) Versprechungen
pl; (*Mus: d'une chanson*) Text *m*; **la ~** (*faculté
de parler*) die Sprache; **croire qn sur ~** jdm
aufs Wort glauben; **demander/obtenir
la ~** (*droit de parler*) ums Wort bitten/das
Wort erhalten
parquer [paʀke] <1> *vt* (*voiture*)
(ein)parken; (*animaux*) einsperren,
einpferchen; (*pej: personnes*)
zusammenpferchen
parquet [paʀke] *nm* (*plancher*) Parkett *nt*;
le ~ (*magistrats*) die Staatsanwaltschaft
parrain [paʀɛ̃] *nm* Pate *m*; (*d'un nouvel
adhérent*) Bürge (Bürgin) *m/f*; (*sponsor*)
Sponsor(in) *m(f)*
parrainage [paʀɛnaʒ] *nm* (*d'un enfant*)
Patenschaft *f*; (*patronage*)
Schirmherrschaft *f*; (*financier*) Förderung *f*,
Sponsering *nt*
parrainer [paʀɛne] <1> *vt* sponsern
parsemer [paʀsəme] <4> *vt* verstreut
sein über +*dat*; **~ qch de** etw bestreuen
mit

part [paʀ] *nf* Teil *m*; (*d'efforts, de peines*)
Anteil *m*; **à ~** beiseite; **à ~ cela** abgesehen
davon; **(c'est) de la ~ de qui?** (*Tel*) mit
wem spreche ich?; **de ~ et d'autre** auf
beiden Seiten; **de ~ en ~** durch und durch;
de toute(s) ~(s) von allen Seiten; **d'une ~
... d'autre ~** einerseits ... andererseits;
faire ~ de qch à qn jdm etw mitteilen;
faire la ~ des choses die Umstände
berücksichtigen; **mettre à ~**
beiseitelegen; **nulle/autre/quelque ~**
nirgends/anderswo/irgendwo; **pour ma
~** was mich betrifft; **prendre ~ à qch** an
etw *dat* teilnehmen; **prendre qn à ~** jdn
beiseitenehmen
part. *abr* = **particulier** priv.
partage [paʀtaʒ] *nm* Aufteilung *f*,
recevoir en ~ anteilmäßig erhalten
partager <2> *vt* teilen; **se partager** *vpr*
sich aufteilen
partance [paʀtɑ̃s] *adv*: **le train en ~ pour
Poitiers** der Zug nach Poitiers
partant, e [paʀtɑ̃, ɑ̃t] *nm/f* (*d'une course*)
Teilnehmer(in) *m(f)*; (*cheval*) Pferd *nt* am
Start; **être ~(e) pour** (*fam*) bereit sein
mitzumachen bei
partenaire [paʀtənɛʀ] *nm/f* Partner(in)
m(f); **~ commercial** Handelspartner;
~s sociaux Sozialpartner *pl*
parterre [paʀtɛʀ] *nm* (*de fleurs*)
Blumenbeet *nt*; (*Theat*) Parkett *nt*
parti [paʀti] *nm* Partei *f*; **prendre le ~
(de faire qch/de qn)** sich entschließen
(etw zu tun/für jdn); **prendre ~ (pour/
contre qn)** Partei ergreifen (für/gegen
jdn); **prendre son ~ (de qch)** sich (mit
etw) abfinden; **tirer ~ de** Nutzen ziehen
aus; **un beau/riche ~** (*personne à marier*)
eine schöne/reiche Partie; **~ pris**
Voreingenommenheit *f*; **~ unique** (*Pol*)
Einheitspartei
partial, e (*pl* **-aux**) [paʀsjal, o] *adj*
voreingenommen, parteiisch
partialité [paʀsjalite] *nf*
Voreingenommenheit *f*
participant, e [paʀtisipɑ̃, ɑ̃t] *nm/f*
Teilnehmer(in) *m(f)*
participation [paʀtisipasjɔ̃] *nf*
Teilnahme *f*, Beteiligung *f*; (*collaboration*)
Mitarbeit *f*; **~ électorale** (*Pol*)
Wahlbeteiligung; **~ aux frais/bénéfices**
Kosten-/Gewinnbeteiligung; **~ ouvrière**
Mitbestimmung *f*
participe [paʀtisip] *nm* Partizip *nt*
participer [paʀtisipe] <1> *vi*: **~ à** (*à un jeu,
à une réunion*) teilnehmen an +*dat*; (*aux
frais, bénéfices*) sich beteiligen an +*dat*;
(*élève*) sich beteiligen, mitarbeiten
particularité [paʀtikylaʀite] *nf*
Besonderheit *f*, Eigenheit *f*

particule [paʀtikyl] *nf* Teilchen *nt*; (*Ling*) Partikel *f*

particulier, -ière [paʀtikylje, ɛʀ] *adj* besondere(r, s); (*personnel, privé*) privat, Privat-; (*cas*) Sonder-; (*intérêt, raison*) eigen; **en ~** (*à part*) getrennt, gesondert; (*en privé*) vertraulich; (*parler*) unter vier Augen; (*surtout*) besonders, vor allem; **être ~ de qch** eine Besonderheit von etw sein; **être ~ à qn** jdm eigen sein ■ *nm/f*: **un ~** (*citoyen*) ein Privatmann *m*

particulièrement *adv* besonders

partie [paʀti] *nf* Teil *m*; (*profession, spécialité*) Gebiet *nt*; (*Mus*) Partie *f*; (*Jur: adversaire*) Partei *f*; (*de cartes, de tennis*) Spiel *nt*, Partie *f*; (*lutte, combat*) Kampf *m*; **en ~** teilweise; **en grande/majeure ~** zu einem großen Teil/hauptsächlich; **faire ~ de qch** zu etw gehören; **prendre qn à ~** jdn ins Gebet nehmen; **ce n'est pas une ~ de plaisir** das ist kein Honiglecken; **~ de campagne/de pêche** (*divertissement*) Landpartie *f*/Angeltour *f*; **~ civile** Privatkläger(in) *m(f)*, Nebenkläger(in) *m(f)*; **~ publique** Staatsanwalt(-anwältin) *m/f*

partiel, le [paʀsjɛl] *adj* Teil-, teilweise, partiell ■ *nm* (*Scol*) (Teil)klausur *f*

partir [paʀtiʀ] ‹10› *vi* (*avec être*) (*personne*) gehen, weggehen; (*en voiture, train, etc*) wegfahren; (*avion*) abfliegen; (*train, bus, voiture*) abfahren; (*lettre*) abgehen; (*pétard, fusil*) losgehen; (*tache*) herausgehen; (*moteur*) anspringen; (*se détacher: bouton*) abgehen; **à ~ de** von ... an; **~ de** (*commencer: personne*) anfangen mit; (*route*) anfangen in +*dat*, ausgehen von; (*abonnement*) anfangen in +*dat*/am; (*proposition*) ausgehen von; **~ d'un endroit/de chez soi** von einem Ort aus/ von zu Hause losgehen [*ou* losfahren]; **~ en voyage** verreisen

partisan, e [paʀtizɑ̃, an] *nm/f* Anhänger(in) *m(f)*; (*Mil*) Partisan(in) *m(f)*; **~ de l'avortement** Abtreibungsbefürworter *m* ■ *adj*: **être ~ de qch/faire qch** für etw sein/dafür sein, etw zu tun; **~ du moindre effort** Faulpelz *m*

partitif, -ive [paʀtitif, iv] *adj*: **article ~** Teilungsartikel *m*

partition [paʀtisjɔ̃] *nf* (*Mus*) Noten *pl*, Partitur *f*

partout [paʀtu] *adv* überall; **de ~** von überallher; **trente ~** (*Tennis*) dreißig beide

paru, e [paʀy] *pp de* **paraître**

parure [paʀyʀ] *nf* (*vêtements, ornements, bijoux*) Staat *m*, Aufmachung *f*; (*de table, de sous-vêtements*) Wäsche *f*; **~ de diamants** (*bijoux assortis*) Diamantschmuck *m*

parution [paʀysjɔ̃] *nf* Erscheinen *nt*, Veröffentlichung *f*

parvenir [paʀvəniʀ] ‹9› *vi* (*avec être*): **~ à** (jdn/einen Ort) erreichen; **~ à un âge avancé** ein fortgeschrittenes Alter erreichen; **~ à faire qch** es schaffen, etw zu tun; **~ à la fortune** zu Reichtum kommen; **~ à ses fins** (*arriver*) zu seinem Ziel gelangen

parvenu, e [paʀvəny] *nm/f* (*pej*) Emporkömmling *m*

parvis [paʀvi] *nm* Vorplatz *m*

pas [pɑ] *adv*: **ne ... ~** (*avec verbe*) nicht; **~ de** (*avec nom*) kein, keine, kein; **~ de sitôt** so schnell nicht; **~ du tout** überhaupt nicht; **~ encore** noch nicht; **~ plus tard qu'hier** erst gestern; **ce n'est ~ sans peine/hésitation que je ...** nicht ohne Mühe/Zögern ... ich; **elle travaille, (mais) lui ~** sie arbeitet, er (aber) nicht; **ils ont ~ mal d'argent/d'enfants** sie haben nicht (gerade) wenig Geld/wenige Kinder; **je ne mange ~ de pain** ich esse kein Brot; **je ne vais ~ à l'école** ich gehe nicht zur Schule; **je n'en sais ~ plus** ich weiß nicht mehr; **~ cool** (*fam*) uncool

pas [pɑ] *nm* Schritt *m*; (*trace*) Tritt *m*, Spur *f*; (*fig: étape*) Etappe *f*; (*d'un cheval*) Gang *m*; (*Tech: de vis, d'écrou, d'hélice*) Gewinde *nt*; **au ~** im Schritttempo; **à ~ de loup** auf leisen Sohlen; **~ à ~** Schritt für Schritt; **un ~ de tango/de deux** ein Tangoschritt/Pas de deux *m*; **~ de la porte** Türschwelle *f*

Pas-de-Calais [pɑd(ə)kalɛ] *nm*: **le ~** Pas-de-Calais *nt* (*französisches Departement*)

passablement [pɑsabləmɑ̃] *adv* (*pas trop mal*) ganz passabel; **~ de** ziemlich viele

passage [pɑsaʒ] *nm* (*petite rue couverte*) Passage *f*; (*Naut: traversée*) Überfahrt *f*; (*lieu: trouée, col*) Übergang *m*; (*d'un livre, d'une symphonie*) Passage *f*; (*itinéraire*) Weg *m*; **laissez/n'obstruez pas le ~** (*chemin*) lassen Sie Platz/behindern Sie nicht den Durchgang; **~ interdit** Durchfahrt verboten; **~ à niveau** (ebenerdiger) Bahnübergang; **~ protégé** vorfahrtsberechtigte Straße; **~ de tri** (*Inform*) Sortierlauf *m*

passager, -ère [pɑsaʒe, ɛʀ] *adj* vorübergehend ■ *nm/f* Passagier *m*; **~ clandestin** blinder Passagier

passant, e [pɑsɑ̃, ɑ̃t] *adj* (*rue*) belebt; **remarquer qch en ~** etw beiläufig [*ou* en passant] bemerken ■ *nm/f* Passant(in) *m(f)*

passe [pɑs] *nf* (*Sport*) Pass *m* ■ *nm* (*fam: passe-partout*) Hauptschlüssel *m*

passé, e *adj* vergangen; (*fané*) verblasst; **midi ~** nach Mittag; **~ 10 heures**

nach 10 Uhr ■ *nm* Vergangenheit *f*;
~ **simple/composé** Passé simple *nt*/Passé composé *nt*
passe-montagne (*pl* ~**s**) [pɑsmõtaɲ] *nm*
Kapuzenmütze *f*
passe-partout [pɑspartu] *nm inv* (*clé*)
Hauptschlüssel *m*; (*carton*) Passepartout
nt ■ *adj inv* Allzweck-
passe-passe [pɑspɑs] *nm inv*: **tour de** ~
Taschenspielertrick *m*; (*fig*) Trick *m*
passe-plat (*pl* ~**s**) [pɑspla] *nm*
Durchreiche *f*
passeport [pɑspɔr] *nm* Reisepass *m*;
~ **diplomatique** Diplomatenpass *m*
passer [pɑse] <1> *vi* (*avec être*)
vorbeigehen; (*véhicule*) vorbeifahren;
(*faire une halte rapide: livreur*)
vorbeikommen; (*courant électrique, air,
lumière*) durchkommen; (*franchir un
obstacle*) durchkommen; (*temps, jours*)
vorbeigehen; (*liquide*) durchlaufen; (*projet
de loi*) durchkommen; (*film*) laufen;
(*émission*) kommen; (*pièce de théâtre*)
gegeben werden, spielen; (*couleur, papier*)
verblassen; (*mode*) vorbeigehen; (*douleur,
maladie*) vergehen; (*Cartes*) passen;
~ (**chez qn**) (*pour rendre visite*)
vorbeikommen, (bei jdm) hereinschauen;
~ **d'un pays dans un autre** von einem
Land ins andere gehen; ~ **à la radio/
télévision** im Radio/Fernsehen kommen;
~ **par** gehen durch/über +*akk*; (*voiture*)
fahren durch/über +*akk*; (*intermédiaire*)
gehen über +*akk*; (*organisme*) gehen
durch; (*expérience*) durchmachen; ~ **sur**
übergehen; ~ **au travers d'une corvée/
punition** von einer lästigen Pflicht/einer
Strafe befreit werden; ~ **avant qch/qn**
(*être plus important que*) vor etw/jdm
kommen; ~ **devant/derrière qn/qch** vor/
hinter jdm/etw vorbeigehen; **laisser** ~
(*lumière, personne*) durchlassen; (*affaire,
erreur*) durchgehen lassen; ~ **dans la
classe supérieure** in die nächste Klasse
kommen; ~ **à la radio** (*fam*) geröntgt
werden; ~ **à la visite médicale**
medizinisch untersucht werden;
~ **inaperçu(e)** unerkannt bleiben; **j'en
passe et des meilleures** und so weiter
und so fort; ~ **pour riche/un imbécile** für
reich/einen Dummkopf gehalten werden;
~ **à table/au salon/à côté** zu Tisch/ins
Wohnzimmer/nach nebenan gehen; ~ **à
l'étranger/à l'opposition** ins Ausland/in
die Opposition gehen ■ *vt* (*avec avoir*)
(*franchir*) überqueren; (*examen*) ablegen;
(*journée, temps*) verbringen; (*enfiler*)
anziehen; (*dépasser: gare, maison*)
vorbeigehen/-fahren an +*dat*; (*café, thé,
soupe*) durchseihen, filtern; (*film, pièce*)

geben; (*disque*) spielen; (*effacer*)
ausbleichen; ~ **qch (à qn)** (*permettre*)
(jdm) etw durchlassen; ~ **qch à qn** (*objet*)
jdm etw geben; (*message*) jdm etw
übermitteln; (*maladie*) jdn (mit etw)
anstecken; ~ **la seconde/troisième**
(*Auto*) in den zweiten/dritten Gang
schalten; ~ **l'oral** eine/die mündliche
Prüfung ablegen; ~ **qch en fraude** etw
schmuggeln; ~ **la tête/la main par la
portière** den Kopf/die Hand durch die Tür
strecken; ~ **le balai/l'aspirateur** fegen/
staubsaugen; **je vous passe M. X**
(*au téléphone*) ich gebe Ihnen Herrn X;
~ **un marché/accord** einen Vertrag/ein
Abkommen schließen; **se passer** *vpr*
(*avoir lieu*) sich abspielen, stattfinden;
se ~ **de qch** auf etw *akk* verzichten;
se ~ **les mains sous l'eau** sich *dat* die
Hände waschen; **que s'est-il passé?**
was ist passiert?; **ça ne se passera pas
comme ça** (*fam*) so nicht, so haben wir
nicht gewettet
passereau (*pl* **x**) [pɑsro] *nm* Spatz *m*
passerelle [pɑsrɛl] *nf* (*pont étroit*)
Fußgängerüberführung *f*; (*d'un navire,
d'un avion*) Gangway *f*
passe-temps [pɑstã] *nm inv* Zeitvertreib *m*
passette [pɑsɛt] *nf* Teesieb *nt*
passeur, -euse [pɑsœr, øz] *nm/f*
Fährmann *m*; (*fig*) Fluchthelfer(in) *m(f)*
passif, -ive [pasif, iv] *adj* passiv ■ *nm*
(*Ling*) Passiv *nt*; (*Com*) Passiva *pl*,
Schulden *pl*
passion [pasjõ] *nf* Leidenschaft *f*; **la** ~
du jeu/de l'argent die Spielleidenschaft/
die Faszination des Geldes
passionnant, e [pasjɔnã, ãt] *adj*
spannend
passionné, e *adj* leidenschaftlich
passionnément [pasjɔnemã] *adv*
leidenschaftlich
passionner [pasjɔne] <1> *vt* faszinieren,
fesseln; (*débat, discussion*) begeistern
■ *vpr*: **se** ~ **pour qch** sich leidenschaftlich
für etw interessieren
passivement [pasivmã] *adv* passiv
passivité [pasivite] *nf* Passivität *f*
passoire [pɑswar] *nf* Sieb *nt*
pastèque [pastɛk] *nf* Wassermelone *f*
pasteur [pastœr] *nmf* Pfarrer(in) *m(f)*
pasteuriser [pastœrize] <1> *vt*
pasteurisieren
pastiche [pastiʃ] *nm* Persiflage *f*
pastille [pastij] *nf* Pastille *f*
pastis [pastis] *nm* Pastis *m* (*Anisaperitif*)
patate [patat] *nf* (*fam*) Kartoffel *f*
patauger [patoʒe] <2> *vi* planschen;
(*fig*) ins Schwimmen geraten; ~ **dans**
(*en marchant*) waten durch

pâte [pɑt] nf Teig m; (d'un fromage) Masse f; (substance molle) Brei m, Paste f; **pâtes** nfpl (macaroni, etc) Teigwaren pl; ~ **d'amandes** Marzipan nt; ~ **brisée/ feuilletée** Mürb-/Blätterteig; ~ **de fruits** Fruchtgelee nt; ~ **à modeler** Plastilin nt, Knetmasse f; ~ **à papier** Papierbrei

pâté [pɑte] nm (charcuterie) Pastete f; (tache d'encre) Tintenfleck m; ~ **en croûte** Fleischpastete; ~ **de foie/de lapin** Leber-/ Kaninchenpastete; ~ **impérial** (Gastr) Frühlingsrolle f

pâtée [pɑte] nf (pour chien, chat) Futter nt

paternel, le [patɛrnɛl] adj väterlich

paternité [patɛrnite] nf Vaterschaft f

pâteux, -euse [pɑtø, øz] adj zähflüssig

pathétique [patetik] adj ergreifend

pathologie [patɔlɔʒi] nf Pathologie f

pathologique [patɔlɔʒik] adj pathologisch

patiemment [pasjamɑ̃] adv geduldig

patience [pasjɑ̃s] nf Geduld f; **perdre ~** die Geduld verlieren

patient, e adj geduldig ■ nm/f Patient(in) m(f)

patienter [pasjɑ̃te] <1> vi sich gedulden, warten

patin [patɛ̃] nm: ~**s (à glace)** Schlittschuhe pl; ~**s en ligne** Inlineskates pl; ~**s à roulettes** Rollschuhe pl

patinage [patinaʒ] nm Schlittschuhlaufen nt; ~ **artistique/ de vitesse** (Eis)kunstlaufen nt/ Eisschnelllaufen nt

patine [patin] nf Patina f

patiner [patine] <1> vi (personne) Schlittschuh laufen; (embrayage) schleifen; (roue) durchdrehen

patineur, -euse nm/f Schlittschuhläufer(in) m(f)

patinoire [patinwar] nf Eisbahn f

pâtisserie [pɑtisri] nf (boutique) Konditorei f; **la ~** das Gebäck, das Backwerk; **pâtisseries** nfpl (gâteaux) feine Kuchen, Backwaren pl

pâtissier, -ière [pɑtisje, ɛr] nm/f Konditor(in) m(f)

patois [patwa] nm Mundart f

patriarche [patrijarʃ] nm (Rel) Patriarch m

patrie [patri] nf Vaterland nt, Heimat f

patrimoine [patrimwan] nm Erbe nt; (culturel) Kulturgut nt; ~ **héréditaire** Erbgut nt

patriote [patrijɔt] adj patriotisch ■ nmf Patriot(in) m(f)

patriotique adj patriotisch

patriotisme [patrijɔtism] nm Patriotismus m

patron, ne [patrɔ̃, ɔn] nm/f (saint) Patron(in) m(f); (d'un café, d'un hôtel, d'une usine) Chef(in) m(f), Besitzer(in) m(f); ~ **et employés** Arbeitgeber und Arbeitnehmer pl ■ nm (en couture) (Schnitt)muster nt

patronage [patrɔnaʒ] nm Schirmherrschaft f; (club) Jugendklub m

patronal, e (pl -aux) [patrɔnal, o] adj (syndicat, intérêts) Arbeitgeber-

patronat [patrɔna] nm Arbeitgeber pl

patronner [patrɔne] <1> vt (protéger) protegieren, sponsern

patronyme [patrɔnim] nm Familienname m

patrouille [patruj] nf Patrouille f, Streife f

patrouiller <1> vi patrouillieren

patte [pat] nf (d'un animal) Bein nt, Pfote f; (fam: jambe d'une personne) Bein nt; (fam: main d'une personne) Pfote f, Flosse f

pâturage [pɑtyraʒ] nm Weide f

paume [pom] nf (Anat) Handfläche f, Handteller m

paumé, e adj: **être ~(e)** (fam) nicht durchblicken, es nicht blicken; (désorienté) sich verirrt haben; **habiter dans un coin complètement ~** (fam) am Ende der Welt wohnen

paumer <1> vt (fam: perdre) verlieren

paupière [popjɛr] nf Lid nt

paupiette [popjɛt] nf: ~ **de veau** Kalbsroulade f

pause [poz] nf Pause f

pause-café (pl pauses-café) [pozkafe] nf Kaffeepause f

pauvre [povr] adj arm

pauvrement adv ärmlich

pauvreté [povrəte] nf Armut f

pavaner [pavane] <1> vpr: **se pavaner** herumstolzieren

pavé, e [pave] adj gepflastert ■ nm (bloc de pierre) Pflasterstein m; (fam: livre épais) Schinken m

paver [pave] <1> vt pflastern

pavillon [pavijɔ̃] nm Pavillon m; (maisonnette, villa) Häuschen nt; (Naut) Flagge f

pavot [pavo] nm Mohn m

payable [pɛjabl] adj zahlbar

payant, e [pɛjɑ̃, ɑ̃t] adj (hôte, spectateur) zahlend; (parking) gebührenpflichtig; (entreprise, coup) gewinnbringend, rentabel; **l'entrée est ~e** der Eintritt ist nicht frei

paye [pɛj] nf (d'un employé) Lohn m

payement [pɛjmɑ̃] nm voir **paiement**

payer [peje] <7> vt bezahlen, zahlen; (fig: faute, crime) bezahlen für; ~ **comptant [ou en espèces]/par chèque** bar/mit Scheck bezahlen; ~ **qch à qn** jdm etw zahlen; ~ **qn de** jdn bezahlen für ■ vi sich auszahlen, sich lohnen

pays [pei] *nm* Land *nt*; ~ **d'accueil**
Gastland; **le P~ basque** das Baskenland;
~ **exportateur** Exportland;
~ **exportateur/producteur de pétrole**
Erdöl exportierendes Land/Ölförderland;
le ~ de Galles Wales *nt*; ~ **en voie de**
développement Entwicklungsland
paysage [peizaʒ] *nm* Landschaft *f*
paysagiste *nmf* (*peintre*)
Landschaftsmaler(in) *m(f)*; (*jardinier*)
Landschaftsgärtner(in) *m(f)*
paysan, ne [peizã, an] *nm/f* Bauer
(Bäuerin) *m/f* ■ *adj* (*mœurs, revendications*)
Bauern-, bäuerlich; (*air*) Land-
Pays-Bas [peiba] *nmpl*: **les ~** die
Niederlande *pl*
PC *nm abr* = **personal computer** PC *m*
p.c.c. *abr* = **pour copie conforme**
beglaubigte Kopie
P.C.F. *nm abr* = **Parti communiste**
français *kommunistische Partei Frankreichs*
P.C.V. *nm abr* = **PerCeVoir** R-Gespräch *nt*
PDA *sigle m* = **personal digital assistant**
PDA *m*
P.-D.G. *nm abr* = **Président-directeur**
général Generaldirektor(in) *m(f)*,
Geschäftsführer(in) *m(f)*
péage [peaʒ] *nm* (*sur autoroute*)
Autobahngebühr *f*; (*sur pont*)
Brückengebühr *f*; (*endroit*) Maut(stelle) *f*;
autoroute/pont à ~ gebührenpflichtige
Straße/Brücke
peau (*pl* **x**) [po] *nf* Haut *f*; ~ **de banane**
Bananenschale *f*; ~ **de chamois** (*chiffon*)
Fensterleder *nt*; ~ **du saucisson**
(Wurst)pelle *f*
peccadille [pekadij] *nf* kleine Sünde
pêche [pɛʃ] *nf* (*poissons pêchés*) Fang *m*;
(*fruit*) Pfirsich *m*; **avoir la ~** (*fam*) voller
Energie sein; **la ~** das Fischen; (*à la*
ligne) das Angeln; ~ **au filet dérivant**
Treibnetzfischerei *f*
péché [peʃe] *nm* Sünde *f*
pécher <5> *vi* (*Rel*) sündigen
pêcher [peʃe] <1> *vt* fischen; angeln;
~ **au filet** mit dem Netz fischen; ~ **à la**
ligne angeln ■ *nm* Pfirsichbaum *m*
pécheur, -eresse [peʃœr, peʃres] *nm/f*
Sünder(in) *m(f)*
pêcheur, -euse [peʃœr, øz] *nm/f*
Fischer(in) *m(f)*, Angler(in) *m(f)*
pécule [pekyl] *nm* Ersparnisse *pl*
pécuniaire [pekynjɛr] *adj* finanziell
pédagogie [pedagoʒi] *nf* Pädagogik *f*
pédagogique *adj* pädagogisch
pédagogue [pedagog] *nmf*
Pädagoge(-gogin) *m/f*
pédale [pedal] *nf* Pedal *nt*
pédaler <1> *vi* (in die Pedale) treten;
~ **dans la semoule** (*fam*) sich abstrampeln

pédalo [pedalo] *nm* Tretboot *nt*
pédant, e [pedã, ãt] *adj* besserwisserisch
pédé [pede] *nm* (*fam*) Schwule(r) *m*
pédéraste [pederast] *nm* Päderast *m*
pédestre [pedɛstr] *adj*: **randonnée ~**
Wanderung *f*
pédiatre [pedjatr] *nmf*
Kinderarzt(-ärztin) *m/f*
pédiatrie *nf* Kinderheilkunde *f*
pédicure [pedikyr] *nmf* Fußpfleger(in) *m(f)*
pédophile [pedɔfil] *adj* pädophil ■ *nmf*
Pädophile(r) *mf*
peeling [piliŋ] *nm* Peeling *nt*
pègre [pɛgr] *nf* Unterwelt *f*
peigne [pɛɲ] *nm* Kamm *m*
peigner [peɲe] <1> *vt* kämmen;
se peigner *vpr* sich kämmen
peignoir [peɲwar] *nm* (*de sportif,*
sortie de bain) Bademantel *m*; (*déshabillé*)
Morgenmantel *m*
peinard, e [penar, ard] *adj* gemütlich,
geruhsam; **on est ~ ici** hier geht es
gemütlich zu
peindre [pɛ̃dr] *irr vt* malen; (*mur,*
carrosserie) streichen
peine [pen] *nf* (*affliction, chagrin*) Kummer
m; (*mal, effort, difficulté*) Mühe *f*; (*punition:*
Jur) Strafe *f*; **à ~** (*presque, très peu*) kaum;
faire de la ~ à qn jdm wehtun; **prendre**
la ~ de sich *dat* die Mühe machen zu;
se donner de la ~ sich bemühen; **ce n'est**
pas la ~ das ist nicht nötig; **ça ne vaut pas**
la ~ es lohnt sich nicht; **il y a à ~ huit jours**
es ist kaum acht Tage her; **sous ~ d'amende**
bei Strafe; ~ **de mort/capitale** Todesstrafe
peiner [pene] <1> *vi* (*se fatiguer*) sich
abmühen ■ *vt* betrüben
peintre [pɛ̃tr] *nmf* Maler(in) *m(f)*;
~ **en bâtiment** Anstreicher(in) *m(f)*
peinture [pɛ̃tyr] *nf* Malen *nt*,
(An)streichen *nt*; (*tableau*) Bild *nt*; (*couleur*)
Farbe *f*; **la ~** (*Art*) die Malerei; ~ **fraîche!**
frisch gestrichen!; ~ **mate/brillante**
Matt-/Glanzlack *m*
péjoratif, -ive [peʒɔratif, iv] *adj*
pejorativ, abwertend
Pékin [pekɛ̃] Peking *nt*
pelage [pəlaʒ] *nm* Fell *nt*
pêle-mêle [pɛlmɛl] *adv* durcheinander
peler [pəle] <4> *vt* schälen ■ *vi* sich
schälen
pèlerin [pɛlrɛ̃] *nm* (*Rel*) Pilger(in) *m(f)*
pèlerinage [pɛlrinaʒ] *nm* Wallfahrt *f*
pélican [pelikã] *nm* Pelikan *m*
pelle [pɛl] *nf* Schaufel *f*; ~ **mécanique**
(Löffel)bagger *m*; ~ **à tarte,** ~ **à gâteau**
Tortenheber *m*
pellicule [pelikyl] *nf* (*couche fine*)
Häutchen *nt*; (*Foto*) Film *m*;
pellicules *nfpl* Schuppen *pl*

pelote [p(ə)lɔt] nf (de fil, de laine) Knäuel m o nt; (d'épingles, d'aiguilles) Nadelkissen nt; ~ **(basque)** (jeu) Pelota f (baskisches Ballspiel)

peloter [p(ə)lɔte] <1> vt (fam) begrapschen; **se peloter** vpr Petting machen, fummeln

peloton [p(ə)lɔtõ] nm (Sport) (Haupt)feld nt; ~ **d'exécution** Hinrichtungskommando nt

pelotonner [p(ə)lɔtɔne] <1> vpr: **se pelotonner** sich zusammenrollen

pelouse [p(ə)luz] nf Rasen m

peluche [p(ə)lyʃ] nf: **animal en ~** Stofftier nt

pelure [p(ə)lyʀ] nf (épluchure) Schale f

pénal, e (pl -aux) [penal, o] adj Straf-

pénalisation [penalizasjõ] nf (Sport) Bestrafung f

pénaliser [penalize] <1> vt bestrafen

pénalité [penalite] nf (sanction) Strafe f; (Sport) Strafstoß m

penalty (pl penalties) [penalti] nm Elfmeter m

penchant [pãʃã] nm Neigung f, Vorliebe f; **avoir un ~ pour qch** eine Vorliebe für etw haben

pencher [pãʃe] <1> vi sich neigen; ~ **pour** neigen zu ■ vt neigen; **se pencher** vpr sich vorbeugen; **se ~ sur** sich beugen über +akk; (fig) sich vertiefen in +akk

pendant [pãdã] prép während +gen

pendant, e [pãdã, ãt] adj (Jur, Admin) schwebend

pendentif [pãdãtif] nm (bijou) Anhänger m

penderie [pãdʀi] nf (placard) Kleiderschrank m

pendre [pãdʀ] <14> vt aufhängen; (personne) hängen ■ vi hängen; **se pendre** vpr sich aufhängen; **se ~ à qch** hängen an +dat

pendu, e [pãdy] pp de pendre nm/f Gehängte(r) mf

pendule [pãdyl] nf (horloge) (Wand)uhr f ■ nm Pendel nt

pénétrer [penetʀe] <5> vi: ~ **dans/à l'intérieur de** herein-/hineinkommen in +akk; (de force) eindringen in +akk; (en voiture, etc) herein-/hineinfahren in +akk ■ vt eindringen in +akk; (mystère, secret) herausfinden; (pluie) durchdringen

pénible [penibl] adj (astreignant, difficile) mühsam, schwierig; (douloureux, affligeant) schmerzhaft; (personne, caractère) lästig

péniblement adv mit Schwierigkeit; schmerzlich

péniche [peniʃ] nf Lastkahn m, Frachtkahn m

pénicilline [penisilin] nf Penizillin nt

péninsule [penẽsyl] nf Halbinsel f

pénis [penis] nm Penis m

pénitence [penitãs] nf (repentir) Reue f; (Rel) Buße f; (punition) Strafe f

pénitencier [penitãsje] nm (prison) Zuchthaus nt

pénombre [penõbʀ] nf Halbdunkel nt

pense-bête (pl ~s) [pãsbɛt] nm Gedächtnisstütze f; (feuille) Notizzettel m; (signe) Merkzeichen nt

pensée [pãse] nf Gedanke m; (doctrine) Lehre f; (Bot) Stiefmütterchen nt; **la ~** (faculté, fait de penser) das Denken; **en ~** im Geist

penser [pãse] <1> vi denken; ~ **à** denken an +akk; (réfléchir à) nachdenken über +akk ■ vt denken; (imaginer, concevoir) sich dat denken; ~ **faire qch** vorhaben, etw zu tun; ~ **du bien/du mal de qn/qch** gut/ schlecht über jdn/etw denken

penseur, -euse nm Denker(in) m(f)

pensif, -ive adj nachdenklich

pension [pãsjõ] nf (allocation) Rente f; (somme, prix payé) Pension f; (hôtel, maison particulière) Pension f; (Scol) Internat nt; **chambre sans/avec ~ (complète)** Zimmer mit/ohne Vollpension; **envoyer un enfant en ~** ein Kind in ein Internat geben; **prendre ~ chez qn/dans un hôtel** bei jdm/in einem Hotel in Pension sein; **prendre qn chez soi en ~** jdn beköstigen, jdm (gegen Bezahlung) Kost und Logis bieten; ~ **alimentaire** Unterhaltszahlung f; ~ **de famille** Pension

pensionnaire [pãsjɔnɛʀ] nmf Pensionsgast m, Internatsschüler(in) m(f)

pensionnat [pãsjɔna] nm Internat nt

pensum [pɛsɔm] nm (Scol) Strafarbeit f; (fig) lästige Arbeit

pentagone [pɛtagɔn] nm Fünfeck nt; **le P~** das Pentagon

pentathlon [pɛtatlõ] nm Fünfkampf m

pente [pãt] nf (d'un terrain, d'une surface) Gefälle nt; **une ~** (surface oblique) ein Abhang m; **en ~** schräg, abfallend

Pentecôte [pãtkot] nf: **la ~** das Pfingstfest, Pfingsten nt

pénurie [penyʀi] nf Mangel m

pépé [pepe] nm (fam) Opa m

pépier [pepje] <1> vi zwitschern

pépin [pepɛ] nm (Bot) Kern m; (fam) Haken m, Schwierigkeit f

pépinière [pepinjɛʀ] nf Baumschule f

perçant, e [pɛʀsã, ãt] adj (vue) scharf; (voix) durchdringend

percée [pɛʀse] nf (chemin, trouée) Öffnung f; (Sport) Durchbruch m

perce-neige [pɛʀsənɛʒ] nm o f inv Schneeglöckchen nt

percepteur [pɛʀsɛptœʀ] nm Steuereinnehmer(in) m(f)

perceptible [pɛʀsɛptibl] *adj*
wahrnehmbar
perception [pɛʀsɛpsjõ] *nf*
Wahrnehmung *f*; (*bureau*) Finanzamt *nt*
percer [pɛʀse] <2> *vt* ein Loch machen
in +*akk*; (*oreilles*) durchstechen; (*parts du
corps*) piercen; (*abcès*) aufschneiden;
(*trou, tunnel*) bohren; (*fenêtre*) ausbrechen;
(*avenue*) anlegen; (*lumière, soleil, bruit*)
durchdringen; (*mystère, énigme*) auflösen;
~ une dent (*bébé*) zahnen ⊛ *vi*
durchkommen; (*aube*) anbrechen;
(*réussir: artiste*) den Durchbruch schaffen
perceuse *nf* (*outil*) Bohrer *m*; **~ à
percussion** Schlagbohrmaschine *f*
percevable [pɛʀsəvabl] *adj* zu zahlen,
zahlbar
percevoir [pɛʀsəvwaʀ] <12> *vt* (*discerner*)
wahrnehmen, erkennen; (*somme d'argent*)
einnehmen
perche [pɛʀʃ] *nf* (*Zool*) (Fluss)barsch *m*;
(*pièce de bois, métal*) Stange *f*
percher <1> *vpr*: **se percher** (*oiseau*)
hocken, sitzen
perchiste [pɛʀʃist] *nmf*
Stabhochspringer(in) *m(f)*; (*TV, Cine*)
Tontechniker(in) *m(f)*
perchoir [pɛʀʃwaʀ] *nm* (*Vogel*)stange *f*
percolateur [pɛʀkɔlatœʀ] *nm*
Kaffeemaschine *f*
percussion [pɛʀkysjõ] *nf*: **instrument
à ~** Schlaginstrument *nt*
percussionniste [pɛʀkysjɔnist] *nmf*
Schlagzeuger(in) *m(f)*
percuter [pɛʀkyte] <1> *vt* stoßen,
schlagen ⊛ *vi*: **~ contre** knallen gegen
perdant, e [pɛʀdã, ãt] *nm/f* (*jeu,
compétition*) Verlierer(in) *m(f)*; (*fig*) ewiger
Verlierer, ewige Verliererin
perdre [pɛʀdʀ] <14> *vt* verlieren;
(*gaspiller*) verschwenden, vergeuden;
(*occasion*) verpassen; (*moralement*)
ruinieren; **~ son chemin** sich verirren;
~ connaissance/l'équilibre das
Bewusstsein/Gleichgewicht verlieren;
~ pied (*dans l'eau*) den Boden unter den
Füßen verlieren; (*fig*) den Halt verlieren;
~ qch/qn de vue etw/jdn aus den Augen
verlieren; **~ la raison/la parole/la vue**
den Verstand/die Sprache/das Augenlicht
verlieren ⊛ *vi* (*personne*) verlieren;
(*récipient*) undicht sein, lecken; **se perdre**
vpr (*personne*) sich verirren; (*rester inutilisé:
chose*) verkümmern, brachliegen;
(*disparaître*) sich verlieren
perdreau (*pl* **x**) [pɛʀdʀo] *nm*
Rebhuhnjunge(s) *nt*
perdrix [pɛʀdʀi] *nf* Rebhuhn *nt*
perdu, e [pɛʀdy] *pp de* **perdre** *adj* (*objet*)
verloren; (*égaré*) verlaufen; (*balle*) verirrt;

(*isolé*) abgelegen, gottverlassen;
(*emballage, verre*) Einweg-; (*occasion*)
vertan; (*malade, blessé*) unheilbar
père [pɛʀ] *nm* Vater *m*; **de ~ en fils** vom
Vater auf den Sohn; **nos/vos ~s** (*ancêtres*)
unsere/Ihre Vorfahren; **~ de famille**
Familienvater; **le ~ Noël** der
Weihnachtsmann
péremption [peʀãpsjõ] *nf*: **date de ~**
Verfallsdatum *nt*
péremptoire [peʀãptwaʀ] *adj*
kategorisch
perfection [pɛʀfɛksjõ] *nf*
Vollkommenheit *f*; **à la ~** tadellos
perfectionner [pɛʀfɛksjɔne] <1> *vt*
vervollkommnen ⊛ *vpr*: **se ~ en anglais/
allemand** sein Englisch/Deutsch
verbessern
perfectionniste [pɛʀfɛksjɔnist] *nmf*
Perfektionist(in) *m(f)*
perfide [pɛʀfid] *adj* heimtückisch
perforatrice [pɛʀfɔʀatʀis] *nf* (*outil: pour
cartes*) Locher *m*; (*pour tickets*) Lochzange *f*
perforer [pɛʀfɔʀe] <1> *vt* (*ticket*) lochen;
(*Tech*) perforieren
perforeuse *nf* Bohrer *m*
performance [pɛʀfɔʀmãs] *nf* Leistung *f*
performant, e *adj* leistungsstark, effektiv
perfusion [pɛʀfyzjõ] *nf* Infusion *f*
péridurale [peʀidyʀal] *nf*
Epiduralanästhesie *f*
périf [peʀif] *nm* (*fam*) *voir* **périphérique**
péri-informatique (*pl* **~s**)
[peʀiẽfɔʀmatik] *nf* Peripheriegerät *nt*
péril [peʀil] *nm* Gefahr *f*; **à ses risques et
~s** auf eigenes Risiko
périlleux, -euse [peʀijø, øz] *adj*
gefährlich
périmé, e [peʀime] *adj* (*conception*)
überholt; (*passeport, etc*) abgelaufen
périmètre [peʀimɛtʀ] *nm* (*Math*)
Umfang *m*; (*ligne*) Grenze *f*; (*zone*)
Umkreis *m*
période [peʀjɔd] *nf* (*époque*) Zeit *f*; (*durée*)
Zeitraum *m*, Zeit *f*; **~ d'essai** (*d'un emploi*)
Probezeit; **~ radioactive** Halbwertzeit;
~ de transition Übergangsphase *f*
périodique *adj* periodisch, regelmäßig
⊛ *nm* (*magazine, revue*) Zeitschrift *f*
péripéties [peʀipesi] *nfpl* Ereignisse *pl*,
Vorfälle *pl*
périphérie [peʀifeʀi] *nf* Peripherie *f*;
(*d'une ville*) Stadtrand *m*
périphérique [peʀifeʀik] *nm* Ringstraße
f; (*Inform*) Peripheriegerät *nt* ⊛ *adj*: **le
boulevard ~** die Ringstraße um Paris
périphrase [peʀifʀɑz] *nf* Umschreibung *f*
périple [peʀipl] *nm* (*Rund*)reise *f*
périr [peʀiʀ] <8> *vi* (*personne*)
umkommen, sterben; (*navire*) untergehen

périscolaire [peʀiskɔlɛʀ] *adj*
außerschulisch

périscope [peʀiskɔp] *nm* Periskop *nt*

périssable [peʀisabl] *adj* (*denrée*)
verderblich

perle [peʀl] *nf* Perle *f*; (*de sang, rosée*)
Tropfen *m*

perler <1> *vi* (*sueur*) abperlen, abtropfen

permanence [pɛʀmanɑ̃s] *nf*
Dauerhaftigkeit *f*; (*Admin, Med*)
Bereitschaftsdienst *m*; (*lieu*)
Bereitschaftszentrale *f*; **en ~** permanent,
ständig

permanent, e *adj* ständig; (*constant,
stable*) beständig, dauerhaft ■ *nf*
Dauerwelle *f*

perméable [pɛʀmeabl] *adj* (*roche, terrain*)
durchlässig; **~ à** (*fig*) offen für

permettre [pɛʀmɛtʀ] *irr comme mettre vt*
erlauben; **~ qch à qn** jdm etw erlauben
■ *vpr*: **se ~ de faire qch** sich *dat* erlauben,
etw zu tun

permis [pɛʀmi] *nm* Genehmigung *f*;
~ de chasse/pêche Jagd-/Angelschein *m*;
~ de conduire Führerschein *m*;
~ de construire Baugenehmigung;
~ d'inhumer Totenschein *m*; **~ poids
lourds** Lkw-Führerschein *m*; **~ de séjour**
Aufenthaltserlaubnis *f*

permissif, -ive [pɛʀmisif, iv] *adj*
freizügig

permission [pɛʀmisjɔ̃] *nf* Erlaubnis *f*;
(*Mil*) Urlaub *m*; **avoir la ~ de faire qch**
die Erlaubnis haben, etw zu tun

permissivité [pɛʀmisivite] *nf*
Permissivität *f*, sexuelle Freizügigkeit

permuter [pɛʀmyte] <1> *vt* umstellen
■ *vi* (*personnes*) die Stelle tauschen

pernicieux, -euse [pɛʀnisjø, øz] *adj*
(*Med*) bösartig; (*fig*) gefährlich

Pérou [peʀu] *nm*: **le ~** Peru *nt*; **ce n'est
pas le ~** (*fam: salaire, etc*) das ist (zwar)
nicht die Welt …

perpendiculaire [pɛʀpɑ̃dikylɛʀ] *adj*
senkrecht; **~ à** senkrecht zu ■ *nf*
Senkrechte *f*

perpète [pɛʀpɛt] *nf*: **à ~** (*fam*) ewig weit
weg; (*longtemps*) ewig; **être
condamné(e) à ~** lebenslänglich
bekommen

perpétrer [pɛʀpetʀe] <5> *vt* (*crime*)
begehen, verüben

perpétuel, le [pɛʀpetɥɛl] *adj* (*continuel*)
ständig, fortwährend; (*fonction*)
dauerhaft, lebenslang

perpétuellement *adv* ständig

perpétuité [pɛʀpetɥite] *nf*: **à ~** für
immer, auf unbegrenzte Dauer; **être
condamné(e) à ~** zu lebenslänglicher
Strafe verurteilt sein

perplexe [pɛʀplɛks] *adj* verblüfft, perplex

perplexité [pɛʀplɛksite] *nf* Ratlosigkeit *f*

perquisition [pɛʀkizisjɔ̃] *nf*
Haussuchung *f*

perquisitionner [pɛʀkizisjɔne]
<1> *vi* eine Haussuchung vornehmen

perron [pɛʀɔ̃] *nm* Freitreppe *f*

perroquet [pɛʀɔkɛ] *nm* Papagei *m*

perruche [pɛʀyʃ] *nf* Wellensittich *m*

perruque [pɛʀyk] *nf* Perücke *f*

persan, e [pɛʀsɑ̃, an] *adj* Perser-; persisch

Perse [pɛʀs] *nf*: **la ~** Persien *nt*

persécuter [pɛʀsekyte] <1> *vt* verfolgen

persécution [pɛʀsekysjɔ̃] *nf* Verfolgung *f*

persévérance [pɛʀseveʀɑ̃s] *nf* Ausdauer *f*

persévérant, e [pɛʀseveʀɑ̃, ɑ̃t] *adj*
ausdauernd, beharrlich

persévérer [pɛʀseveʀe] <5> *vi* nicht
aufgeben; **~ dans qch** etw nicht aufgeben;
(*dans une erreur*) in etw *dat* verharren

persiennes [pɛʀsjɛn] *nfpl* Fensterläden *pl*

persiflage [pɛʀsiflaʒ] *nm* Spott *m*

persil [pɛʀsi(l)] *nm* Petersilie *f*

persistant, e [pɛʀsistɑ̃, ɑ̃t] *adj*
anhaltend; (*feuillage*) immergrün; **arbre à
feuillage ~** immergrüner Baum

persister [pɛʀsiste] <1> *vi* fortdauern;
(*personne*) nicht aufhören; **~ à faire qch**
etw weiterhin tun; **~ dans qch** auf etw
akk beharren

personnage [pɛʀsɔnaʒ] *nm* Person *f*;
(*de roman, théâtre*) Figur *f*; (*notable*) ■
Persönlichkeit *f*

personnaliser [pɛʀsɔnalize] <1> *vt*
(*voiture, appartement*) eine persönliche
Note geben +*dat*; (*impôt, assurance*) auf
den Einzelnen abstimmen

personnalité [pɛʀsɔnalite] *nf*
Persönlichkeit *f*

personne [pɛʀsɔn] *pron* niemand;
(*quelqu'un*) (irgend)jemand ■ *nf* (*être
humain, individu*) Person *f*, Mensch *m*;
en ~ persönlich; **dix euros par ~** 10 Euro
pro Person; **première/troisième ~** (*Ling*)
erste/dritte Person; **~ âgée** älterer
Mensch; **grande ~** Erwachsene(r) *mf*;
~ à charge (*Jur*) Unterhaltsberechtigte(r)
mf; **~ morale/physique** (*Jur*) juristische/
natürliche Person

personnel, le [pɛʀsɔnɛl] *adj* persönlich,
Privat- ■ *nm* (*employés*) Personal *nt*;
~ de service Servicepersonal

personnellement *adv* persönlich

personnification [pɛʀsɔnifikasjɔ̃] *nf*
Verkörperung *f*

personnifier [pɛʀsɔnifje] <1> *vt*
personifizieren

perspective [pɛʀspɛktiv] *nf* (*Art: fig*)
Perspektive *f*; (*vue, coup d'œil*) Ausblick *m*;
(*angle, optique*) Blickwinkel *m*;

perspectives nfpl (horizons) Aussichten pl; **en ~** in Aussicht; **~ d'avenir** Zukunftsaussichten pl

perspicace [pɛʀspikas] adj scharfsichtig

perspicacité [pɛʀspikasite] nf Scharfsinn m

persuader [pɛʀsɥade] <1> vt überzeugen; **~ qn de faire qch** jdn überreden, etw zu tun; **~ qn de qch** jdn von etw überzeugen

persuasif, -ive [pɛʀsɥazif, iv] adj überzeugend

persuasion [pɛʀsɥazjõ] nf Überzeugung f

perte [pɛʀt] nf Verlust m; (fig) Ruin m; **à ~** mit Verlust; **~ de l'emploi** Jobverlust; **à ~ de vue** so weit das Auge reicht; (fig) endlos; **~s blanches** (Med) Ausfluss m; **~ de confiance** Vertrauensverlust; **~ sèche** Verlustgeschäft nt

pertinemment [pɛʀtinamã] adv treffend; (savoir) genau

pertinence [pɛʀtinãs] nf Genauigkeit f

pertinent, e [pɛʀtinã, ãt] adj (remarque, analyse) treffend

perturbation [pɛʀtyʀbasjõ] nf (agitation, trouble) Unruhe f; **~ atmosphérique** atmosphärische Störungen pl

perturber [pɛʀtyʀbe] <1> vt stören; (personne) beunruhigen

péruvien, ne [peʀyvjẽ, ɛn] adj peruanisch

Péruvien, ne nm/f Peruaner(in) m(f)

pervers, e [pɛʀvɛʀ, s] adj (vicieux, dépravé) pervers; (machination, conseil) teuflisch ■ nm/f perverser Mensch

perversion [pɛʀvɛʀsjõ] nf Perversion f

perversité [pɛʀvɛʀsite] nf Perversität f

perverti, e [pɛʀvɛʀti] nm/f perverser Mensch

pervertir [pɛʀvɛʀtiʀ] <8> vt verderben

pesage [pəzaʒ] nm Wiegen nt; (à l'hippodrome) Wiegeplatz m, Waage f

pesamment [pəzamã] adv schwerfällig

pesant, e [pəzã, ãt] adj schwer; (présence) lästig; (sommeil) tief; (architecture, marche) schwerfällig

pesanteur [pəzãtœʀ] nf: **la ~** (Phys) die Schwerkraft

pèse-bébé (pl **~s**) [pɛzbebe] nm Säuglingswaage f

pèse-lettre (pl **~s**) nm Briefwaage f

pèse-personne (pl **~(s)**) nm Personenwaage f

peser [pəze] <4> vt wiegen; (considérer, comparer) abwägen; **~ cent kilos/peu** 100 Kilo/wenig wiegen ■ vi (avoir un certain poids) schwer wiegen; **~ sur** lasten auf +dat; (influencer) beeinflussen

pessimisme [pesimism] nm Pessimismus m

pessimiste [pesimist] adj pessimistisch ■ nmf Pessimist(in) m(f)

peste [pɛst] nf Pest f

pester [pɛste] <1> vi: **~ contre** schimpfen auf +akk

pesticide [pɛstisid] nm Schädlingsbekämpfungsmittel nt, Pestizid nt

pet [pɛ] nm (fam) Furz m

pétale [petal] nf (Bot) Blütenblatt nt

pétanque [petãk] nf in Südfrankreich gespielte Variante des Boulespiels

pétarade [petaʀad] nf Fehlzündungen pl

pétarader [petaʀade] <1> vi Fehlzündungen haben

pétard [petaʀ] nm Knallkörper m; (fam: drogue) Joint m

péter [pete] <5> vi (fam) furzen

pétiller [petije] <1> vi (feu) knistern; (mousse, champagne) perlen; (yeux) funkeln

petit, e [p(ə)ti, it] adj klein; (pluie) fein; (promenade, voyage) kurz; (bruit, cri) schwach; **les ~s** mpl (dans une collectivité, école) die Kleinen pl; (d'un animal) die Jungen pl; **les tout-~s** die ganz Kleinen pl; **~(e) ami(e)** Freund(in) m(f); **~ pois** Erbse f ■ adv: **~ à ~** nach und nach

petit-bourgeois, petite-bourgeoise (pl **petits-bourgeois**) adj kleinbürgerlich, spießig ■ nm/f Kleinbürger(in) m(f), Spießer(in) m(f)

petit-déjeuner (pl **petits-déjeuners**) nm Frühstück nt

petite-fille (pl **petites-filles**) [pətitfij] nf Enkelin f

petitesse nf Kleinheit f; (d'un salaire) Geringfügigkeit f; (d'une existence) Bescheidenheit f; (de procédés) Kleinlichkeit f

petit-fils (pl **petits-fils**) [pətifis] nm Enkel m

pétition [petisjõ] nf Petition f

pétitionnaire [petisjɔnɛʀ] nmf Bittsteller(in) m(f)

petit-lait (pl **petits-laits**) [pətilɛ] nm Molke f; **boire du ~** (fig) Genugtuung empfinden

petit-nègre [p(ə)tinɛgʀ] nm (pej) Kauderwelsch nt

petits-enfants [pətizãfã] nmpl Enkel pl

petit-suisse (pl **petits-suisses**) [p(ə)tisɥis] nm Frischkäse in Portionstöpfchen

pétoche [petɔʃ] nf: **avoir la ~** (fam) Muffensausen haben

pétrifier [petʀifje] <1> vt versteinern

pétrin [petʀẽ] nm Backtrog m; **être dans le ~** (fam) in der Klemme stecken

pétrir [petʀiʀ] <8> vt kneten

pétrochimie [petʀoʃimi] nf Petrochemie f

pétrodollar [petrodɔlar] *nm*
Petrodollar *m*
pétrole [petrɔl] *nm* Erdöl *nt*; *(de lampe)*
Petroleum *nt*
pétrolier, -ière [petrɔlje, ɛr] *adj*
Öl- ∎ *nm (navire)* Öltanker *m*
pétrolifère [petrɔlifɛr] *adj* ölhaltig,
Öl führend
pétulant, e [petylɑ̃, ɑ̃t] *adj* ausgelassen
pétunia [petynja] *nm* Petunie *f*
peu [pø] *adv* wenig; *(avec adjectif, adverbe)*
nicht sehr; ~ à ~ nach und nach; ~ avant/
après kurz davor/bald danach; ~ de
wenig; à ~ près ungefähr; sous ~, avant ~
bald; de ~ knapp; depuis ~ seit Kurzem;
c'est ~ de chose das ist eine Kleinigkeit
∎ *pron mpl* wenige *pl* ∎ *nm*: le ~ de
courage qui nous restait das bisschen
Mut, das wir noch hatten; un (petit) ~
(de) etwas, ein wenig, ein bisschen
peuple [pœpl] *nm* Volk *nt*
peupler <1> *vt (pourvoir d'une population)*
bevölkern; *(habiter)* bewohnen +*akk*;
(hanter, remplir) erfüllen
peuplier [pøplije] *nm* Pappel *f*
peur [pœr] *nf* Angst *f*; avoir ~ (de qn/
qch/faire qch) Angst haben (vor jdm/
etw/, etw zu tun); avoir ~ que
befürchten, dass; de ~ de/que aus Angst,
dass; faire ~ à qn jdm Angst machen;
~ bleue Heidenangst
peureux, -euse [pørø, øz] *adj* ängstlich
peut-être [pøtɛtr] *adv* vielleicht; ~ bien
es kann gut sein; ~ que vielleicht
p. ex. *abr* = par exemple z. B.
pH *nm abr* = potentiel d'hydrogène
pH-Wert *m*
phalange [falɑ̃ʒ] *nf (des doigts)*
Fingerglied *nt*; *(des orteils)* Zehenglied *nt*;
(Pol) Phalanx *f*
phallique [falik] *adj* phallisch
phallocrate [falɔkrat] *nm* Macho *m*
phallocratie [falɔkrasi] *nf* Phallokratie *f*
phallus [falys] *nm (Anat)* Phallus *m*
phare [far] *nm (tour)* Leuchtturm *m*;
(d'un aéroport) Leuchtfeuer *nt*; *(Auto)*
Scheinwerfer *m*; se mettre en ~s das
Fernlicht einschalten; ~ antibrouillard
(Auto) Nebelscheinwerfer
pharmaceutique [farmasøtik] *adj*
pharmazeutisch
pharmacie [farmasi] *nf (science)*
Pharmazie *f*; *(local)* Apotheke *f*; *(produits)*
Arzneimittel *nt o pl*
pharmacien, ne [farmasjɛ̃, ɛn] *nm/f*
Apotheker(in) *m(f)*
pharmacologie [farmakɔlɔʒi] *nf*
Arzneimittelkunde *f*
pharyngite [farɛ̃ʒit] *nf* Rachenkatarrh *m*
pharynx [farɛ̃ks] *nm* Rachen *m*

phase [faz] *nf* Phase *f*; être en ~ avec qn
mit jdm auf gleicher Wellenlinie liegen;
~ finale *(expérience)* Endphase; *(d'une
maladie)* Endstadium *nt*
phénoménal, e *(pl -aux)* [fenɔmenal, o]
adj phänomenal
phénomène [fenɔmɛn] *nm* Phänomen
nt; *(excentrique, original)* Kauz *m*
philanthrope [filɑ̃trɔp] *nmf*
Menschenfreund(in) *m(f)*
philanthropie [filɑ̃trɔpi] *nf*
Menschenfreundlichkeit *f*
philatélie [filateli] *nf*
Briefmarkensammeln *nt*
philharmonique [filarmɔnik] *adj*
philharmonisch
philippin, e [filipɛ̃, in] *adj* philippinisch
Philippin, e *nm/f* Filipino (Filipina) *m/f*
Philippines [filipin] *nfpl*: les ~ die
Philippinen *pl*
philistin [filistɛ̃] *nm* Banause *m*
philosophe [filɔzɔf] *nmf* Philosoph(in)
m(f) ∎ *adj* philosophisch
philosophie *nf* Philosophie *f*; *(calme,
résignation)* Gelassenheit *f*
philosophique *adj* philosophisch
phlébite [flebit] *nf* Venenentzündung *f*
phobie [fɔbi] *nf* Phobie *f*; *(horreur)*
Abscheu *m*
phonétique [fɔnetik] *adj* phonetisch
∎ *nf*: la ~ die Phonetik
phoque [fɔk] *nm* Seehund *m*; *(fourrure)*
Seal *m*
phosphate [fɔsfat] *nm* Phosphat *nt*;
sans ~s phosphatfrei
phosphore [fɔsfɔr] *nm* Phosphor *m*
phosphorer <1> *vi (fam)* mit dem Kopf
arbeiten
photo [fɔto] *nf* Foto *nt*; faire de la ~
fotografieren, Fotos machen; prendre
qn/qch en ~ von jdm/etw ein Foto
machen; tu veux ma ~? *(fam)* was starrst
du mich so an?; ~ d'identité Passfoto;
~ satellite Satellitenfoto
photocopie [fɔtɔkɔpi] *nf* Fotokopie *f*
photocopier [fɔtɔkɔpje] <1> *vt*
fotokopieren
photocopieur *nm*, **photocopieuse** *nf*
Fotokopierer *m*, Kopiergerät *nt*; ~ couleur
Farbkopierer
photo-finish *(pl photos-finish)*
[fɔtofiniʃ] *nf (appareil)* Zielkamera *f*;
(photo) Zielfoto *nt*
photogénique [fɔtɔʒenik] *adj* fotogen
photographe [fɔtɔgraf] *nmf*
Fotograf(in) *m(f)*
photographie *nf* Fotografie *f*
photographier [fɔtɔgrafje] <1> *vt*
fotografieren
photographique *adj* fotografisch

photomontage [fɔtomɔ̃taʒ] *nm*
Fotomontage *f*

photo-robot (*pl* **photos-robots**)
[fɔtɔʀɔbo] *nf* Phantombild *nt*

photosensible [fɔtosɑ̃sibl] *adj*
lichtempfindlich

photostat [fɔtɔsta] *nm* Fotokopie *f*

photostyle *nm* (*Inform*) Lichtgriffel *m*

phrase [fʀɑz] *nf* Satz *m*

phraseur, -euse [fʀɑzœʀ, øz] *nm/f*
Schwätzer(in) *m(f)*

physicien, ne [fizisjɛ̃, ɛn] *nm/f*
Physiker(in) *m(f)*

physiologique [fizjɔlɔʒik] *adj*
physiologisch

physionomie [fizjɔnɔmi] *nf*
Gesichtsausdruck *m*; (*fig*) Geprage *nt*

physiothérapie [fizjoteʀapi] *nf*
Physiotherapie *f*

physique [fizik] *adj* (*de la nature*)
physisch; (*du corps*) physisch, körperlich;
(*Phys*) physikalisch ▪ *nm* (*d'une personne*)
äußere Erscheinung; **au ~** körperlich
▪ *nf*: **la ~** die Physik

physiquement *adv* körperlich, physisch

phytothérapie [fitoteʀapi] *nf*
Pflanzenheilkunde *f*

piailler [pjaje] <1> *vi* (*oiseau*) piepsen

pianiste [pjanist] *nmf* Pianist(in) *m(f)*

piano [pjano] *nm* Klavier *m*

pianoter [pjanɔte] <1> *vi* (*jouer du piano*)
auf dem Klavier klimpern; **~ sur une
table/vitre** (*tapoter*) mit den Fingern auf
den Tisch/ans Fenster trommeln

P.I.B. *nm abr* = **produit intérieur brut**
Bruttoinlandsprodukt *nt*

pic [pik] *nm* (*instrument*) Spitzhacke *f*;
(*montagne, cime*) Gipfel *m*; **à ~**
(*verticalement*) senkrecht; **arriver à ~** (*fam*)
wie gerufen kommen; **ça tombe à ~** (*fam*)
das trifft sich gut

Picardie [pikaʀdi] *nf*: **la ~** die Picardie

pichet [piʃɛ] *nm* kleiner Krug

pickpocket [pikpɔkɛt] *nm*
Taschendieb(in) *m(f)*

picorer [pikɔʀe] <1> *vt* picken

picoter [pikɔte] <1> *vt* (*oiseau, poule*)
picken; (*piquer, irriter*) stechen, prickeln

pictogramme [piktɔgʀam] *nm*
Piktogramm *nt*

pie [pi] *nf* Elster *f*

pièce [pjɛs] *nf* (*d'un logement*) Zimmer *nt*;
(*Theat: morceau*) Stück *nt*; (*d'un mécanisme*)
Teil *nt*; (*de monnaie*) Münze *f*; (*en couture*)
Teil *nt*, Einsatz *m*; (*d'un jeu d'échecs*) Figur *f*;
(*d'une collection*) Einzelteil *nt*; **payer à la ~**
Stücklohn zahlen; **travailler à la ~**
Akkord arbeiten; **un trois-~s** eine
Dreizimmerwohnung; **vendre à la ~**
einzeln [*ou* stückweise] verkaufen;

~s détachées Ersatzteile *pl*; **~ d'eau**
(*dans un parc*) Bassin *nt*, (künstlicher)
Teich; **~ d'identité** (*document*) Ausweis *m*;
~ jointe Anlage *f*; (*Inform*) Attachment *nt*;
~ justificative Nachweis *m*; **~ montée**
mehrstöckige (Hochzeits)torte; **~ de
rechange** Ersatzteil

pied [pje] *nm* Fuß *m*; (*d'un meuble*) Bein *nt*;
(*d'un verre*) Stiel *m*; (*en poésie*) Versfuß *m*;
à ~ zu Fuß; **au ~ de la lettre**
buchstabengetreu; **avoir ~** Boden unter
den Füßen haben; **avoir bon ~ bon œil**
(*fig*) rüstig sein; **avoir le ~ marin** seefest
sein; **avoir un ~ dans la tombe** (*fig*) mit
einem Bein im Grab stehen; **de ~ en cap**
von Kopf bis Fuß; **être ~s nus** barfuß sein/
gehen; **être à ~ d'œuvre** (*fig*) am Werk
sein; **être sur ~** auf den Beinen sein; **être
sur le ~ de guerre** (*fig*) auf (dem) Kriegsfuß
stehen; **s'être levé(e) du ~ gauche** mit
dem linken Fuß zuerst aufgestanden sein;
faire le ~ de grue (*fig*) sich *dat* die Beine in
den Bauch stehen; **mettre qn au ~ du
mur** jdn in die Enge treiben; **mettre sur ~**
auf die Beine stellen; **~ de salade**
Salatkopf *m*; **~ de vigne** Weinrebe *f*

pied-à-terre [pjetateʀ] *nm inv*
Zweitwohnung *f*

pied-de-biche (*pl* **pieds-de-biche**)
[pjed(ə)biʃ] *nm* Steppfuß *m*

piédestal (*pl* **-aux**) [pjedɛstal, o] *nm*
Sockel *m*

pied-noir (*pl* **pieds-noirs**) [pjenwaʀ] *nmf*
*Franzose, der/Französin, die in Algerien
geboren wurde*

piège [pjɛʒ] *nm* Falle *f*; **prendre au ~** mit
einer Falle fangen; **tomber dans le ~** in die
Falle gehen

piéger [pjeʒe] <2, 5> *vt* (*avec une mine*)
verminen; **se faire ~** (*fam*) reinfallen;
lettre piégée Briefbombe *f*; **voiture
piégée** Autobombe *f*

piercing [pirsiŋ] *nm* Piercing *nt*

pierrade [pjeʀad] *nf* Tischgrill *m*

pierre [pjɛʀ] *nf* Stein *m*; **~ à bâtir** Baustein;
~ à briquet Feuerstein; **~ ponce** Bimsstein;
~ précieuse Edelstein; **première ~**
(*d'un édifice*) Grundstein; **~ de taille**
Quaderstein; **~ tombale** Grabplatte

pierreries [pjeʀʀi] *nfpl* (*ornement*)
Edelsteine *pl*

piété [pjete] *nf* Frömmigkeit *f*

piétiner [pjetine] <1> *vi* auf der Stelle
treten; (*fig*) stocken ▪ *vt* herumtreten
auf +*dat*; (*fig*) mit Füßen treten

piéton, ne [pjetɔ̃, ɔn] *nm/f*
Fußgänger(in) *m(f)*

piétonnier, -ière [pjetɔnje, ɛʀ] *adj*:
rue/zone piétonnière Fußgängerstraße
f/-zone *f*

pieu (pl **x**) [pjø] nm (piquet) Pfahl m

pieuvre [pjœvʀ] nf Tintenfisch m, Krake m

pieux, -euse [pjø, øz] adj fromm

pif [pif] nm (fam) Riecher m; **au ~** nach (dem) Gefühl

piffer [pife] <1> vt: **je ne peux pas la ~** (fam) ich kann sie nicht riechen

pifomètre [pifɔmɛtʀ] nm (fam) Gefühl nt; **au ~** nach (dem) Gefühl

pigeon [piʒɔ̃] nm Taube f

pigeonnier [piʒɔnje] nm Taubenschlag m

piger [piʒe] <2> vt (fam) kapieren

pigiste [piʒist] nmf Schriftsetzer(in) m(f); (journaliste) freier Journalist, freie Journalistin

pigment [pigmã] nm Pigment nt

pignon [piɲɔ̃] nm (d'un toit) Giebel m; (d'un engrenage) Zahnrad nt; **avoir ~ sur rue** (attitude, opinion) im Schwange sein

pile [pil] nf (tas) Stapel m, Stoß m; (Elec) Batterie f; **jouer à ~ ou face** knobeln; **~ atomique** Kernreaktor m; **~ à combustible** Brennstoffzelle f; **~ solaire** Solarzelle f ▪ adv (brusquement) plötzlich, abrupt; **9 heures ~** Punkt 9 Uhr

piler [pile] <1> vt (pilon) zerdrücken

pileux, -euse [pilø, øz] adj: **système ~** (Körper)haare pl

pilier [pilje] nm Pfeiler m; (personne) Stütze f

piller [pije] <1> vt plündern

pilon [pilɔ̃] nm (instrument) Stößel m

pilori [pilɔʀi] nm: **mettre qn au ~** jdn an den Pranger stellen

pilotage [pilɔtaʒ] nm (Aviat) Steuerung f

pilote [pilɔt] nm (Naut) Lotse m; **~ automatique** (Aviat) Autopilot m ▪ nmf (Aviat) Pilot(in) m(f); (d'une voiture de course) Fahrer(in) m(f); **~ de ligne/d'essai/ de chasse** Linien-/Test-/Jagdpilot(in) m(f)

piloter <1> vt (avion) fliegen; (navire) lotsen; (automobile) fahren

pilule [pilyl] nf Pille f; **la ~ (anticonceptionnelle)** die (Antibaby)pille; **~ contragestive** Abtreibungspille

pimbêche [pɛ̃bɛʃ] nf (fam) Ziege f, Pute f

piment [pimã] nm Peperoni pl; (fig) Würze f

pin [pɛ̃] nm Kiefer f; (bois) Kiefernholz nt; **~ nain** Latsche f

pinard [pinaʀ] nm (fam) billiger Wein

pince [pɛ̃s] nf (outil) Zange f; (d'un homard, d'un crabe) Schere f; (pli) Abnäher m; **~s de cycliste** Fahrradklammern pl; **~ à épiler** Pinzette f; **~ à linge** Wäscheklammer f; **~ à sucre/glace** Zucker-/Eiszange f

pincé, e [pɛ̃se] adj (air, sourire) gezwungen ▪ nf: **une ~e de sel** eine Prise Salz

pinceau (pl **x**) [pɛ̃so] nm (instrument) Pinsel m

pince-monseigneur (pl **pinces-monseigneur**) [pɛ̃smõsɛɲœʀ] nf Brechstange f

pincer [pɛ̃se] <2> vt kneifen; (Mus) zupfen; (coincer) (ein)klemmen; (vêtement) abnähen; (fam: malfaiteur) schnappen ▪ vpr: **se ~ le nez** sich dat die Nase zuhalten

pince-sans-rire [pɛ̃ssɑ̃ʀiʀ] nmf Mensch m mit trockenem Humor

pincettes [pɛ̃sɛt] nfpl Pinzette f; (pour le feu) Feuerzange f; **il n'est pas à prendre avec des ~** er ist (heute) ungenießbar

pingouin [pɛ̃gwɛ̃] nm Pinguin m

ping-pong [piŋpɔ̃g] nm Tischtennis nt

pingre [pɛ̃gʀ] adj knauserig

pin's [pins] nm Pin m, Anstecker m

pinson [pɛ̃sɔ̃] nm Buchfink m

pintade [pɛ̃tad] nf Perlhuhn nt

pin up [pinœp] nf inv Pin-up-Girl nt

pioche [pjɔʃ] nf (outil) Spitzhacke f

piocher <1> vt (terre, sol) aufhacken; (fam) büffeln

pion, ne [pjɔ̃, ɔn] nm/f (Scol: fam) Aufsicht f ▪ nm (de jeu) Stein m; (Echecs) Bauer m

pionnier, -ière [pjɔnje, ɛʀ] nm/f (défricheur) Pionier(in) m(f); (fig) Wegbereiter(in) m(f)

pipe [pip] nf Pfeife f; **fumer la/une ~** Pfeife/eine Pfeife rauchen; **casser sa ~** (fig) sterben

pipeau (pl **x**) [pipo] nm (flûte) Lockflöte f; **c'est du ~** (fam) das ist der reinste Schwindel

pipeline [piplin, pajplajn] nm Pipeline f

piper [pipe] <1> vt, vi: **ne pas ~ (mot)** kein Sterbenswörtchen sagen; **le dés sont pipés** man spielt mit den gezinkten Karten

pipérade [pipeʀad] nf Omelett nt mit Tomaten und Paprika

pipette [pipɛt] nf Pipette f

pipi [pipi] nm: **faire ~** (fam) Pipi machen

piquant, e [pikã, ãt] adj (barbe) kratzig; (plante) stachelig; (saveur: fig) scharf ▪ nm (épine) Dorn m; (fig) Würze f

pique [pik] nf Pike f, Spieß m; **envoyer [ou lancer] des ~s à qn** (fig) Spitzen gegen jdn verteilen ▪ nm Pik nt

piqué, e [pike] adj (tissu) gesteppt; (livre, glace) fleckig; (vin) sauer

pique-assiette [pikasjɛt] nmf inv (pej) Schmarotzer(in) m(f)

pique-fleurs [pikflœʀ] nm inv Blumenigel m

pique-nique (pl **~s**) [piknik] nm Picknick nt

pique-niquer <1> vi ein Picknick machen

pique-olives [pikɔliv] *nm inv* Partyspießchen *nt*

piquer [pike] <1> *vt* (*percer de trous*) stechen; (*Med*) spritzen; (*insecte*) stechen; (*fourmi, serpent, fumée, froid*) beißen; (*barbe*) kratzen; (*poivre, ortie*) brennen; (*en couture*) steppen; (*fam: voler*) klauen; (*fam: arrêter*) schnappen; **n'être pas piqué(e) des hannetons [ou vers]** (*fam*) es in sich haben; **~ une aiguille/ fourchette dans qch** eine Nadel/Gabel in etw *akk* stechen; **faire ~** (*un animal*) einschläfern lassen; **~ sa crise** (*fam*) einen Wutanfall kriegen; **~ un galop/un cent mètres** (*fam*) losgaloppieren/lossprinten ◼ *vi* (*oiseau, avion*) einen Sturzflug machen; **se piquer** *vpr* (*avec une aiguille*) sich stechen; (*se faire une piqûre*) sich spritzen; (*à l'héroïne*) fixen; **se ~ de qch** sich *dat* etwas auf etw *akk* einbilden

piquet [pikɛ] *nm* (*pieu*) Pflock *m*; **mettre un élève au ~** einen Schüler in die Ecke stellen; **~ de grève** Streikposten *m*

piquette [pikɛt] *nf* (*vin*) (billiger) Wein; (*fam: défaite*) Schlappe *f*

piqûre [pikyʀ] *nf* (*d'épingle, de moustique*) Stich *m*; (*d'ortie*) Brennen *nt*; (*en couture*) Stich *m*; (*succession de points*) Naht *f*; **faire une ~ à qn** jdm eine Spritze geben

piranha [piʀana] *nm* Piranha *m*

piratage [piʀataʒ] *nm*: **~ informatique** Hacken *nt*

pirate [piʀat] *nmf* Pirat(in) *m(f)*; **~ de l'air** Luftpirat(in); **~ (de l'informatique)** Hacker(in) *m(f)*; (*sur Internet*) Netzpirat(in) ◼ *adj*: **édition ~** Raubdruck *m*; **émetteur ~, station ~** (*clandestin*) Piratensender *m*

pirater [piʀate] <1> *vt* eine Raubkopie machen von

pire [piʀ] *adj comp, superl de* **mauvais** (*comparatif*) schlimmer, schlechter; (*superlatif*) schlechteste(r, s), schlimmste(r, s) ◼ *nm*: **le ~** das Schlimmste

pirogue [piʀɔg] *nf* Einbaum *m*

pirouette [piʀwɛt] *nf* Pirouette *f*; **répondre par une ~** geschickt ausweichen

pis [pi] *adv comp, superl de* **mal, mauvais: aller de mal en ~** immer schlechter werden; **au ~** schlimmstenfalls ◼ *nm*: **le ~** das Euter

pis-aller [pizale] *nm inv* Notlösung *f*, Notbehelf *m*

pisciculteur, -trice [pisikyltœʀ, tʀis] *nm* Fischzüchter(in) *m(f)*

pisciculture [pisikyltyʀ] *nf* Fischzucht *f*

piscine [pisin] *nf* Schwimmbad *nt*; **~ en plein air/couverte** Frei-/Hallenbad *nt*

pissenlit [pisɑ̃li] *nm* Löwenzahn *m*; **manger les ~s par la racine** (*fam*) sich *dat* die Radieschen von unten ansehen

pisser [pise] <1> *vi* (*fam*) pinkeln; **laisser ~ les mérinos** (*fam*) in Ruhe abwarten

pistache [pistaʃ] *nf* Pistazie *f*

piste [pist] *nf* (*d'un animal; fig*) Spur *f*, Fährte *f*; (*Sport*) Bahn *f*; (*de cirque*) Ring *m*; (*de danse*) Tanzfläche *f*; (*Aviat*) Start-und-Lande-Bahn *f*; (*d'un magnétophone*) Spur *f*; **être sur la ~ de qn** jdm auf der Spur sein; **~ cyclable** Radweg *m*; **~ d'essai** (*Auto*) Teststrecke *f*; **~ de ski** Skipiste *f*; **~ de ski de fond** (Langlauf)loipe *f*

pistolet [pistɔlɛ] *nm* Pistole *f*; (*de peinture, de vernis*) Spritzpistole *f*; **~ à air comprimé** Luftgewehr *nt*

pistolet-mitrailleur (*pl* **pistolets-mitrailleurs**) [pistɔlɛmitʀajœʀ] *nm* Maschinenpistole *f*

piston [pistɔ̃] *nm* (*Tech*) Kolben *m*

pistonner [pistɔne] <1> *vt* protegieren

piteux, -euse [pitø, øz] *adj* jämmerlich

pitié [pitje] *nf* Mitleid *nt*; **avoir ~ de qn** mit jdm Mitleid haben; **faire ~** Mitleid erregen

piton [pitɔ̃] *nm* (*en alpinisme*) Haken *m*

pitoyable [pitwajabl] *adj* erbärmlich

pitre [pitʀ] *nm* (*fig*) Kasper *m*

pitrerie [pitʀəʀi] *nf* Unsinn *m*

pittoresque [pitɔʀɛsk] *adj* (*quartier*) malerisch, pittoresk; (*expression, détail*) anschaulich, bildhaft

pivert [piveʀ] *nm* Specht *m*

pivoine [pivwan] *nf* Pfingstrose *f*

pivot [pivo] *nm* (*axe*) Lagerzapfen *m*, Drehzapfen *m*; (*fig*) Dreh- und Angelpunkt *m*

pivoter [pivote] <1> *vi* sich (um eine Achse) drehen

pixel [piksɛl] *nm* (*Inform*) Pixel *m*, Bildpunkt *m*

pizza [pidza] *nf* Pizza *f*

P.J. *nf abr* = **police judiciaire** Kripo *f*, Kriminalpolizei *f*; = **Pièce(s) jointe(s)** Anl.

PKK *nm* PKK *f*

pl. *abr* = **place** Platz *m*

placard [plakaʀ] *nm* (*armoire*) (Wand)schrank *m*; (*affiche*) Plakat *nt*; **~ publicitaire** Großanzeige *f*

place [plas] *nf* Platz *m*; (*emplacement, lieu*) Ort *m*, Platz *m*; (*situation*) Lage *f*; (*emploi*) Stelle *f*; **à la ~ de** anstelle von +*dat*; **en ~** am vorgesehenen Platz; **faire ~ à qch** einer Sache *dat* weichen; **sur ~** an Ort und Stelle; **sur la ~ publique** (*fig*) in aller Öffentlichkeit; **~ assise/debout** Sitz-/ Stehplatz; **~ d'honneur** Ehrenplatz

placé, e [plase] *adj*: **personnage haut ~** Persönlichkeit *f* von hohem Rang; **être bien ~(e) pour le savoir** es wissen müssen

placebo [plasebo] *nm* Placebo *nt*

placement [plasmɑ̃] nm (investissement) Anlage f

placenta [plasɛ̃ta] nm Plazenta f

placer [plase] <2> vt setzen, stellen, legen; (convive, spectateur) setzen; (procurer un emploi, un logement à) unterbringen; (Com) absetzen, verkaufen; (capital) anlegen, investieren; (mot, histoire) anbringen; (localiser, situer) legen

placide [plasid] adj ruhig, gelassen

plafond [plafɔ̃] nm (d'une pièce) Decke f; (Aviat) Steig-/Gipfelhöhe f; ~ de nuages (Meteo) Wolkendecke

plafonner [plafɔne] <1> vi (Aviat) die Gipfelhöhe erreichen; (fig: industrie, salaire) die obere Grenze erreichen

plage [plaʒ] nf Strand m; (d'un lac, d'un fleuve) Ufer nt; ~ arrière (Auto) Ablage f; ~ fixe (de l'horaire souple) Kern(arbeits)zeit f; ~ musicale (Radio) Zwischenmusik f

plagier [plaʒje] <1> vt plagiieren

plaider [plede] <1> vi das Plädoyer halten; ~ pour qn, ~ en faveur de qn (fig) für jdn sprechen ▪ vt (cause) verteidigen, vertreten; ~ coupable/non coupable schuldig/unschuldig plädieren

plaie [plɛ] nf Wunde f

plaignant, e [plɛɲɑ̃, ɑ̃t] adj klagend ▪ nm/f Kläger(in) m(f)

plaindre [plɛ̃dʀ] irr comme craindre vt (personne) bedauern ▪ vpr: se ~ à qn sich bei jdm beklagen; se ~ (de qn/qch) sich (über jdn/etw) beklagen; se ~ que sich beklagen, dass

plaine [plɛn] nf Ebene f

plain-pied [plɛ̃pje] adv: de ~ (au même niveau) auf gleicher Höhe

plainte [plɛ̃t] nf Klage f; porter ~ (Jur) klagen

plaire [plɛʀ] irr vi gefallen, Anklang finden; ~ à gefallen +dat; il se plaît ici ihm gefällt es hier; tant qu'il vous plaira so viel Sie wollen; s'il vous plaît bitte

plaisance [plɛzɑ̃s] nf: (navigation de) ~ Bootfahren nt, Segeln nt

plaisant, e [plɛzɑ̃, ɑ̃t] adj (maison, décor, site) schön; (personne) angenehm; (histoire, anecdote) amüsant, unterhaltsam

plaisanter <1> vi Spaß machen, scherzen

plaisanterie [plɛzɑ̃tʀi] nf Scherz m, Spaß m; une ~ de mauvais goût ein schlechter Scherz

plaisir [pleziʀ] nm Vergnügen nt; (joie) Freude f; **plaisirs** nmpl Freuden pl; à ~ nach Lust und Laune; boire/manger avec ~ mit Genuss trinken/essen; faire ~ à qn jdm (eine) Freude machen; prendre ~ à qch/faire qch an etw dat Gefallen finden/Gefallen daran finden, etw zu tun; j'ai le ~ de ... es ist mir eine Freude zu ...; M. et

Mme X ont le ~ de vous faire part de ... Herr und Frau X geben sich die Ehre Ihnen ... mitzuteilen; se faire un ~ de faire qch etw sehr gern(e) [ou mit Vergnügen] tun; pour le ~, par ~, pour son ~ zum reinen Vergnügen

plan, e [plɑ̃, plan] adj eben ▪ nm Plan m; (Math) Ebene f; au premier ~ im Vordergrund; de premier/second ~ (personnage, personnalité) erst-/zweitrangig; mettre qch au premier ~ einer Sache dat den Vorrang geben; sur le ~ sexuel was das Sexuelle betrifft; sur tous les ~s in jeder Hinsicht; ~ d'action Aktionsplan m; ~ d'eau Wasserfläche f; ~ d'occupation des sols Flächennutzungsplan; ~ de vol Flugplan

planche [plɑ̃ʃ] nf (pièce de bois) Brett nt; (d'illustrations) Abbildung f; (dans jardin) Beet nt; ~ à dessin Reißbrett nt; ~ à repasser Bügelbrett nt; ~ à roulettes Skateboard nt; ~ de salut (fig) Rettungsanker m; ~ à voile (Wind)surfbrett; (sport) (Wind)surfen nt; faire de la ~ à voile (wind)surfen

plancher [plɑ̃ʃe] nm (Fuß)boden m

planchiste [plɑ̃ʃist] nmf Surfer(in) m(f)

plancton [plɑ̃ktɔ̃] nm Plankton nt

planer [plane] <1> vi (oiseau, avion) gleiten; (danger, mystère, paix) bestehen; (fam) über den Wolken schweben

planétaire [planetɛʀ] adj Planeten-

planétarium [planetaʀjɔm] nm Planetarium nt

planète [planɛt] nf Planet m

planeur [planœʀ] nm (Aviat) Segelflugzeug nt

planification [planifikasjɔ̃] nf Planung f

planifier [planifje] <1> vt planen

planning [planiŋ] nm (plan de travail) Planung f; ~ familial Familienplanung

planque [plɑ̃k] nf (fam: combine) ruhiger Posten; (fam: cachette) Versteck nt

plantage [plɑ̃taʒ] nm (Inform) Systemabsturz m

plantation [plɑ̃tasjɔ̃] nf Pflanzung f, Plantage f

plante [plɑ̃t] nf Pflanze f; ~ des pieds (Anat) Fußsohle f

planter <1> vt pflanzen; (clou, etc) einschlagen; (tente) aufstellen; ~ de [ou en] vignes/arbres (lieu) mit Weinreben/Bäumen bepflanzen; se planter vpr (fam) sich irren; (ordinateur) abstürzen

planteur, -euse nm Pflanzer(in) m(f)

plantureux, -euse [plɑ̃tyʀø, øz] adj (repas) reichlich; (femme, poitrine) üppig

plaque [plak] nf (d'ardoise, de verre, de revêtement) Platte f; (avec inscription) Schild nt; avoir des ~s rouges sur le

visage rote Flecken im Gesicht haben; **~ de chocolat** Schokoladentafel f; **~ électrique** Kochplatte f; **~ d'identité** Erkennungsmarke f; **~ d'immatriculation** [ou **minéralogique**] (Auto) Nummernschild

plaquer [plake] <1> vt (bijou) vergolden; versilbern; (fam: femme, mari) sitzen lassen

plasma [plasma] nm Plasma nt

plastic [plastik] nm Plastiksprengstoff m

plastifié, e [plastifje] adj plastiküberzogen

plastique [plastik] adj (arts, qualité, beauté) plastisch ▪ nm (matière synthétique) Plastik nt; **objet/bouteille en ~** Plastikgegenstand m/-flasche f

plastiquer [plastike] <1> vt (in die Luft) sprengen

plat, e [pla, plat] adj flach; (cheveux) glatt; (livre) langweilig; **à ~** (horizontalement) horizontal; **à ~ ventre** bäuchlings; **batterie à ~** leere Batterie; **pneu à ~** Plattfuß m ▪ nm (récipient) Schale f, Schüssel f; (contenu) Gericht nt; **le premier/deuxième ~** (mets d'un repas) der erste/zweite Gang; **le ~ de la main** die Handfläche; **~ cuisiné** warmes Gericht; **~ du jour** Tagesgericht; **~ de résistance** Hauptgericht

platane [platan] nm Platane f

plateau (pl **x**) [plato] nm (à fromages, de bois, d'une table) Platte f; (d'une balance) Waagschale f; (Geo) Plateau nt; (Radio, TV) Studiobühne f

plate-bande (pl **plates-bandes**) [platbãd] nf (de terre) Rabatte f, Beet nt

plate-forme (pl **plates-formes**) nf Plattform f; **~ de forage/pétrolière** Bohr-/Ölinsel f

platine [platin] nm (métal) Platin nt ▪ nf Plattenspieler m; (d'un tourne-disque) Plattenteller m; **~ à cassettes** Kassettendeck nt; **~ de disques compacts** CD-Player m

platonique [platonik] adj platonisch

plâtre [platr] nm (matériau) Gips m; (statue) Gipsstatue f; (motif décoratif) Stuck m; (Med) Gips(verband) m; **avoir la jambe dans le ~** das Bein in Gips haben; **essuyer les ~s** als Erster den Kopf hinhalten

plâtrer <1> vt gipsen

plausibilité [plozibilite] nf Plausibilität f

plausible [plozibl] adj plausibel

play-back [plɛbak] nm inv Play-back nt

play-boy (pl **~s**) [plɛbɔj] nm Playboy m

plébiscite [plebisit] nm Volksentscheid m

plein, e [plɛ̃, plɛn] adj voll; (porte, roue) massiv; (joues, visage, formes) voll, rund; (chienne, jument) trächtig; **à ~ régime** mit Vollgas; **à ~ temps, à temps ~** (travailler) ganztags; **~ de** voll von; **en ~ air** im Freien;

en ~ jour am helllichten Tag; **en ~e mer** auf hoher See; **en ~ milieu** genau in der Mitte; **en ~e nuit** mitten in der Nacht; **en ~e rue** mitten auf der Straße; **en ~ sur** (juste, exactement sur) genau auf +dat; **la ~e lune** der Vollmond; **le ~ air** (l'extérieur) draußen; **~s pouvoirs** Vollmacht f ▪ prép: **avoir de l'argent ~ les poches** viel Geld haben ▪ nm: **faire le ~** (d'eau) vollmachen; (d'essence) volltanken

plein-emploi [plɛ̃ɑ̃plwa] nm Vollbeschäftigung f

plénière [plenjɛr] adj: **assemblée ~** Plenum nt

plénitude [plenityd] nf (d'un son, des formes) Fülle f

pleurer [plœre] <1> vi weinen; (yeux) tränen; **~ de rire** vor Lachen weinen; **~ sur qch** etw beklagen ▪ vt (regretter) nachtrauern +dat

pleurésie [plœrezi] nf Rippenfellentzündung f

pleurnicher [plœrniʃe] <1> vi flennen

pleuvoir [pløvwar] irr vb impers: **il pleut** es regnet; **il pleut des cordes** [ou **à verse**] es regnet in Strömen, es gießt ▪ vi: **les coups/critiques pleuvaient** es hagelte Schläge/Kritik; **les lettres/invitations pleuvaient** es kam eine Flut von Briefen/Einladungen

pli [pli] nm Falte f; (dans un papier) Kniff m; (du cou, du menton) Runzel f; (enveloppe) Umschlag m; (Admin: lettre) Schreiben nt; (Cartes) Stich m; **faux ~** (Knitter)falte

pliable [plijabl] adj faltbar

pliant, e [plijɑ̃, ɑ̃t] adj (table, lit, vélo) Klapp-; (mètre) zusammenklappbar ▪ nm Klappstuhl m

plier [plije] <1> vt (zusammen)falten; (genou, bras) beugen, biegen; (table pliante) zusammenklappen; **~ qn à une discipline/un exercice** jdn einer Disziplin/Übung unterwerfen ▪ vi (branche, arbre) sich biegen ▪ vpr: **se ~ à** (se soumettre à) sich beugen +dat

plissé, e [plise] adj (Geo) mit Bodenfalten ▪ nm (d'une jupe, d'une robe) Plissee nt

plisser [plise] <1> vt (papier, jupe) fälteln; (front) runzeln; (bouche) verziehen; **se plisser** vpr (se froisser) Falten bekommen

plomb [plõ] nm (d'une cartouche) Schrot m o nt; (en pêche) Senker m; (sceau) Plombe f; (Elec) Sicherung f; **à ~** senkrecht; **le ~** (métal) das Blei; **sans ~** (essence) bleifrei, unverbleit

plomber [plõbe] <1> vt (en pêche) mit Blei beschweren; (sceller) verplomben; (mur) loten; (dent) plombieren

plomberie [plõbri] nf (canalisations) Rohre und Leitungen pl

plombier [plɔ̃bje] nm Installateur(in) m(f), Klempner(in) m(f)

plombifère [plɔ̃bifɛʀ] adj bleihaltig

plonge [plɔ̃ʒ] nf: **faire la ~** das Geschirr spülen

plongeant, e [plɔ̃ʒɑ̃, ɑ̃t] adj (décolleté) tief ausgeschnitten; (vue, tir) von oben

plongée [plɔ̃ʒe] nf (prise de vue) Aufnahme f nach unten; **sous-marin en ~** U-Boot auf Tauchstation; **la ~ (sous-marine)** (Sport) das Tauchen

plongeoir [plɔ̃ʒwaʀ] nm Sprungbrett nt

plongeon [plɔ̃ʒɔ̃] nm Kopfsprung m

plonger [plɔ̃ʒe] **<2>** vi (personne, sous-marin) tauchen; (avion, oiseau) einen Sturzflug machen; (gardien de but) hechten ▪ vt (immerger) (hinein)tauchen; **~ qn dans l'embarras** jdn in Verlegenheit bringen ▪ vpr: **se ~ dans un livre** sich in ein Buch vertiefen

plongeur, -euse [plɔ̃ʒœʀ, øz] nm/f Taucher(in) m(f); (de restaurant) Tellerwäscher(in) m(f)

plouc [pluk] adj (fam) prollig ▪ nm (fam) Proll m

ployer [plwaje] **<6>** vi sich biegen, nachgeben

plu [ply] pp de **plaire, pleuvoir**

pluie [plɥi] nf Regen m; (de pierres, de coups) Hagel m; (de cadeaux, de baisers) Flut f; **tomber en ~** niederprasseln; **~ de balles** Kugelhagel; **une ~ de cendres/ d'étincelles** ein Aschen-/Funkenregen; **~s acides** saurer Regen

plumage [plymaʒ] nm Gefieder nt

plume [plym] nf Feder f

plumeau (pl x) [plymo] nm Staubwedel m

plumer **<1>** vt (oiseau) rupfen

plupart [plypaʀ] pron: **la ~** die Mehrheit, die meisten; **dans la ~ des cas** in den meisten Fällen; **la ~ d'entre-nous** die meisten von uns; **la ~ des hommes** die meisten Menschen; **la ~ du temps** meistens; **pour la ~** meistens

pluralisme [plyʀalism] nm Pluralismus m

pluriel [plyʀjɛl] nm Plural m

plus [ply(s)] adv: **3 ~ 4** (calcul) 3 und 4; **~ de 3 heures/4 kilos** mehr als 3 Stunden/ 4 Kilo; **~ intelligent/grand (que)** (comparaison) intelligenter/größer (als); **~ ou moins** mehr oder weniger; **d'autant ~ que** umso mehr als; **de ~ en ~** immer mehr; **en ~** dazu, zusätzlich; **le ~ intelligent/grand** (superlatif) der Intelligenteste/Größte; **3 heures/4 kilos de ~ que** 3 Stunden/4 Kilo mehr als; **manger/en faire ~ que** mehr essen/tun als; **(tout) au ~** höchstens

plusieurs [plyzjœʀ] pron mpl mehrere, einige ▪ adj inv mehrere, einige

plus-que-parfait (pl ~s) [plyskəpaʀfɛ] nm Plusquamperfekt nt

plus-value (pl ~s) [plyvaly] nf (Econ) Mehrwert m; (Fin) Gewinn m

plutonium [plytɔnjɔm] nm Plutonium nt

plutôt [plyto] adv eher, vielmehr; **faire ~ qch** lieber etw tun; **~ grand(e)/rouge** eher groß/rot; **~ que (de) faire qch** statt etw zu tun

pluvieux, -euse [plyvjø, øz] adj regnerisch

P.M.E. nfpl abr = **petites et moyennes entreprises** mittelständische Unternehmen pl

P.M.I. nfpl abr = **petites et moyennes industries** mittelständische Industrie

P.M.U. nm abr = **pari mutuel urbain** Wettannahmestelle f

P.N.B. nm abr = **produit national brut** Bruttosozialprodukt nt

pneu [pnø] nm Reifen m; **~s neige** Winterreifen pl

pneumonie [pnømɔni] nf Lungenentzündung f

p.o. abr = **par ordre** i. A.

P.O. abr = **petites ondes, ondes courtes** KW

poche [pɔʃ] nf Tasche f; **faire une ~/des ~s** (déformation d'un vêtement) sich ausbeulen; **connaître qch comme sa ~** etw wie seine Westentasche kennen; **couteau/lampe/ livre de ~** Taschenmesser nt/-lampe f/- buch nt; **paru en ~** (fam) als Taschenbuch erschienen

poché, e [pɔʃe] adj: **œil ~** blaues Auge

pocher [pɔʃe] **<1>** vt (Gastr) pochieren

poche-revolver (pl **poches-revolver**) [pɔʃʀəvɔlvɛʀ] nf Gesäßtasche f

pochette [pɔʃɛt] nf (enveloppe) kleiner Umschlag; (mouchoir) Ziertaschentuch nt; **~ d'allumettes** Streichholzheftchen nt; **~ de disque** Plattenhülle f

podcast [pɔdkast] nm Podcast m

podcaster [pɔdkaste] vi podcasten

podium [pɔdjɔm] nm (estrade) Podium nt; (en compétition) (Sieger)podest nt; **monter sur le ~** (Sport) eine Medaille gewonnen haben

poêle [pwal] nm (appareil de chauffage) Ofen m; **~ à accumulation** Speicherofen ▪ nf (ustensile) Pfanne f; **~ à frire** Bratpfanne

poêlon [pwalɔ̃] nm Schmortopf m

poème [pɔɛm] nm Gedicht nt

poésie [pɔezi] nf Gedicht nt; **la ~ (art)** die Dichtung

poète [pɔɛt] nmf Dichter(in) m(f)

poétique [pɔetik] adj poetisch; (œuvres, talent, licence) dichterisch

pognon [pɔɲõ] nm (fam: argent) Kohle f, Kies m

poids [pwa] nm Gewicht nt; (fardeau, charge) Last f; (fig) Belastung f; (importance, valeur) Bedeutung f; (objet pour peser) Gewicht nt; **prendre/perdre du ~** zu-/abnehmen; **vendre qch au ~** etw nach Gewicht verkaufen; **~ et haltères** Gewichtheben nt; **lancer du ~** Kugelstoßen nt; **~ lourd** (camion) Lastkraftwagen m; **~ mort** Leergewicht; **~ net** Nettogewicht

poignant, e [pwaɲã, ãt] adj (émotion, souvenir) schmerzlich; (lecture) ergreifend

poignard [pwaɲaʀ] nm Dolch m

poignarder [pwaɲaʀde] <1> vt erdolchen

poignée [pwaɲe] nf (quantité) Handvoll f; (pour tenir) Griff m; **~ de main** Händedruck m

poignet [pwaɲɛ] nm Handgelenk nt; (d'une chemise) Manschette f

poil [pwal] nm (Körper)haar nt; (d'un tissu, d'un tapis) Flor m; (d'un animal) Fell nt; (ensemble des poils) Haare pl

poilu, e [pwaly] adj behaart

poinçon [pwɛ̃sõ] nm (outil) Ahle f; (marque de contrôle) Stempel m

poinçonner [pwɛ̃sɔne] <1> vt (marchandise, bijou) stempeln; (billet, ticket) knipsen

poing [pwɛ̃] nm Faust f; **taper du ~ sur la table** (fig) mit der Faust auf den Tisch hauen

point [pwɛ̃] nm Punkt m; (endroit, lieu) Stelle f, Ort m; (moment, stade) Zeitpunkt m; (en couture) Stich m; (en tricot) Masche f; **à ~** nommé zur rechten Zeit; **au ~ de vue scientifique** wissenschaftlich gesehen; **au ~ que, à tel ~ que** so sehr, dass; **du ~ de vue de qch** was etw anbelangt; **au ~ mort** im Leerlauf; **en tous ~s** in jeder Hinsicht; **être sur le ~ de faire qch** im Begriff sein, etw zu tun; **faire le ~** (Naut) die Position bestimmen; (fig) die Lage klären; **mettre au ~** (mécanisme, procédé) entwickeln; (Foto) scharf einstellen; (fig) auf den Punkt bringen; **mettre les ~s sur les i** (fig) alles klarmachen; **ne ... ~** (négation) nicht; **les ~s cardinaux** die vier Himmelsrichtungen; **~ chaud** (Pol) Krisenherd m; **~ de chute** (fig) Bleibe f; **~ de côté** Seitenstechen nt; **~ culminant** Scheitelpunkt m; (fig) Höhepunkt m; **~ de croix** Kreuzstich; **~ d'eau** Wasserstelle; **~ faible** Schwachstelle; **~ d'intersection** Schnittpunkt m; **~ d'interrogation/ d'exclamation** Frage-/Ausrufezeichen nt; **~ de jonction** (Tech) Verbindungsstelle; **~ noir** (sur le visage) Mitesser m;

(circulation) neuralgischer Punkt, Stauschwerpunkt; **~ de repère** Orientierungspunkt; **~ de suspension/final** Auslassungs-/Schlusspunkt; **~ de vue** (paysage) Aussicht(spunkt m) f; (conception) Meinung f, Gesichtspunkt

pointe [pwɛ̃t] nf Spitze f; **en ~** spitz; **être à la ~ de qch** (personne) an der Spitze von etw sein; **faire [ou pousser] une ~ jusqu'à ...** (noch) weiter vordringen bis ...; **une ~ d'ail/d'ironie** (petite quantité) eine Spur Knoblauch/Ironie; **sur la ~ des pieds** auf Zehenspitzen; (fig) behutsam und vorsichtig; **industries de ~** Spitzenindustrien pl; **~s fourchues** (Haar)spliss m

pointer [pwɛ̃te] <1> vt (cocher) abhaken; (employés, ouvriers) kontrollieren; (diriger: canon, longue-vue) richten (vers auf +akk); **~ le doigt vers qch** mit dem Finger auf etw akk zeigen; **~ les oreilles** die Ohren spitzen ▪ vi (ouvriers, employés) stempeln

pointeur, -euse [pwɛ̃tœʀ, øz] nm/f (personne) Aufsicht f; (Sport) Zeitnehmer(in) m(f) ▪ nf Stechuhr f

pointeur [pwɛ̃tœʀ] nm (Inform) Cursor m

pointillé [pwɛ̃tije] nm (trait discontinu) punktierte Linie

pointilleux, -euse [pwɛ̃tijø, øz] adj pingelig

pointu, e [pwɛ̃ty] adj spitz; (objet, question) hoch spezialisiert

pointure [pwɛ̃tyʀ] nf Größe f

point-virgule (pl points-virgules) [pwɛ̃viʀgyl] nm Strichpunkt m

poire [pwaʀ] nf (Bot) Birne f

poireau (pl x) [pwaʀo] nm Lauch m

poirier [pwaʀje] nm (Bot) Birnbaum m

pois [pwa] nm: **à ~** (étoffe) gepunktet; **petit ~** Erbse f; **~ chiche** Kichererbse f

poison [pwazõ] nm Gift nt

poisse [pwas] nf (fam) Pech nt

poisson [pwasõ] nm Fisch m; **P~s** (Astr) Fische pl; **il est P~s** er ist (ein) Fisch; **pêcher [ou prendre] des ~s** Fische fangen; **~ d'avril!** April, April!; (blague) Aprilscherz m

poisson-chat (pl poissons-chats) [pwasõʃa] nm Wels m

poisson-épée (pl poissons-épées) nm Schwertfisch m

poissonnerie [pwasɔnʀi] nf Fischladen m

poisson-scie (pl poissons-scies) [pwasõsi] nm Sägefisch m

poitrine [pwatʀin] nf (Anat) Brustkorb m; (de veau, de mouton) Brust f; (d'une femme) Busen m

poivre [pwavʀ] nm Pfeffer m; **~ et sel** (cheveux) grau meliert; **~ de cayenne** Cayennepfeffer; **~ en grains** Pfefferkörner

pl; **~ noir/blanc/vert** schwarzer/weißer/
grüner Pfeffer; **~ moulu** gemahlener
Pfeffer

poivré, e *adj* gepfeffert

poivrer [pwavʀe] <1> *vt* pfeffern

poivrier [pwavʀije] *nm* (*ustensile*)
Pfefferstreuer *m*

poivrière [pwavʀijɛʀ] *nf* Pfefferstreuer *m*

poivron [pwavʀõ] *nm* (*Bot*)
Paprika(schote) *f*

poix [pwɑ] *nf* Pech *nt*

polaire [pɔlɛʀ] *adj* Polar-; (*froid*) Eises-

polar [pɔlaʀ] *nm* (*fam*) Krimi *m*

polariser [pɔlaʀize] <1> *vt* (*Elec*)
polarisieren

pôle [pol] *nm* (*Geo*) Pol *m*; (*chose en
opposition*) entgegengesetzte Seite;
~ positif/négatif (*Elec*) Plus-/Minuspol;
le ~ Nord/Sud der Nord-/Südpol;
~ d'attraction Anziehungspunkt *m*

polémique [pɔlemik] *adj* polemisch
▪ *nf* (*controverse*) Streit *m*

poli, e [pɔli] *adj* (*civil*) höflich; (*caillou,
surface*) glatt, poliert

police [pɔlis] *nf* Polizei *f*; **être dans la ~**
bei der Polizei sein; **~ d'assurance**
Versicherungspolice *f*; **~ judiciaire**
Kriminalpolizei; **~ de proximité**
Kontaktbereichspolizei; **~ secours**
Notdienst *m*; **~ secrète** Geheimpolizei

polichinelle [pɔliʃinɛl] *nm* (*marionnette*)
Kasper *m*

policier, -ière [pɔlisje, ɛʀ] *adj* Polizei-;
(*mesures*) polizeilich ▪ *nm/f* Polizist(in)
m(f) ▪ *nm* (*roman, film*) Krimi *m*

policlinique [pɔliklinik] *nf* Poliklinik *f*

poliment [pɔlimɑ̃] *adv* höflich

polio(myélite) [pɔljo(mjelit)] *nf*
Kinderlähmung *f*, Polio *f*

polir [pɔliʀ] <8> *vt* polieren

polisson, ne [pɔlisõ, ɔn] *adj* (*enfant*)
frech; (*regard*) anzüglich

politesse [pɔlitɛs] *nf* Höflichkeit *f*

politicien, ne [pɔlitisjɛ̃, ɛn] *nm/f*
Politiker(in) *m(f)*

politique [pɔlitik] *adj* politisch; **homme/
femme ~** Politiker(in) *m(f)* ▪ *nf* Politik *f*
▪ *nm* Politiker *m*

politiser [pɔlitize] <1> *vt* politisieren

pollen [pɔlɛn] *nm* Blütenstaub *m*

polluant, e [pɔlɥɑ̃] *adj* umweltbelastend;
le/la moins ~ umweltschonend ▪ *nm*
Schadstoff *m*; **~s atmosphériques**
Luftschadstoffe *pl*

polluer [pɔlɥe] <1> *vt* verschmutzen

pollueur, -euse [pɔlɥœʀ, øz] *nm/f*
Umweltverschmutzer(in) *m(f)*

pollution [pɔlysjõ] *nf*
(Umwelt)verschmutzung *f*;
~ atmosphérique Luftverschmutzung;

~ atmosphérique en été Sommersmog *m*;
~ sonore Lärmbelastung *f*

polo [pɔlo] *nm* (*sport*) Polo *nt*; (*tricot*)
Polohemd *nt*

Pologne [pɔlɔɲ] *nf*: **la ~** Polen *nt*

polonais, e [pɔlɔnɛ, ɛz] *adj* polnisch

Polonais, e *nm/f* Pole (Polin) *m/f*

poltron, ne [pɔltʀõ, ɔn] *adj* feige

polyamide [pɔljamid] *nf* Polyamid *nt*

polyclinique [pɔliklinik] *nf* Poliklinik *f*

polycopié, e [pɔlikɔpje] *nm* Handout *nt*;
(*Univ*) Vorlesungsskript *nt*

polycopier [pɔlikɔpje] <1> *vt*
vervielfältigen

polyester [pɔliɛstɛʀ] *nm* Polyester *m*

polygamie [pɔligami] *nf* Polygamie *f*

polyglotte [pɔliglɔt] *adj* vielsprachig

Polynésie [pɔlinezi] *nf*: **la ~** Polynesien *nt*

polynésien, ne [pɔlinezjɛ̃, ɛn] *adj*
polynesisch

polype [pɔlip] *nm* (*Zool*) Polyp *m*; (*Med*)
Polypen *pl*

polystyrène [pɔlistiʀɛn] *nm*
Styropor® *nt*

polyvalent, e [pɔlivalɑ̃, ɑ̃t] *adj* (*Med*)
Breitband-; (*Chim*) mehrwertig; (*Inform*)
multifunktional; **salle ~e** Mehrzweckhalle *f*

pomélo [pɔmelo] *nm* Pomelo *m*

Poméranie [pɔmeʀani] *nf*: **la ~**
Pommern *nt*

pommade [pɔmad] *nf* Salbe *f*

pomme [pɔm] *nf* (*fruit*) Apfel *m*; **~ d'Adam**
Adamsapfel; **~ de pin** Tannenzapfen *m*;
~ de terre Kartoffel *f*; **~ de terre au four**
Ofenkartoffel *f*

pommeau (*pl* **x**) [pɔmo] *nm* (*d'une canne*)
Knauf *m*; (*de douche*) Brausekopf *m*

pommette [pɔmɛt] *nf* (*Anat*)
Backenknochen *m*

pommier [pɔmje] *nm* Apfelbaum *m*

pompe [põp] *nf* (*appareil*) Pumpe *f*; (*faste*)
Pomp *m*; **avoir le coup de ~** (*fam*) einen
Durchhänger haben; **~ de bicyclette**
Fahrradpumpe; **~ à chaleur**
Wärmepumpe; **~ (à essence)** Zapfsäule *f*;
~s funèbres Beerdigungsinstitut *nt*;
~ à huile/eau Öl-/Wasserpumpe;
~ à incendie Feuerspritze *f*

pomper <1> *vt* pumpen

pompeux, -euse [põpø, øz] *adj*
bombastisch, schwülstig

pompier [põpje] *nm* Feuerwehrmann *m*

pompiste [põpist] *nmf* Tankwart(in) *m(f)*

ponce [põs] *nf*: **pierre ~** Bimsstein *m*

poncer [põse] <2> *vt* schleifen

ponceuse [põsøz] *nf* Schleifmaschine *f*

ponctionner [põksjɔne] <1> *vt* (*Med*)
punktieren

ponctualité [põktɥalite] *nf*
Pünktlichkeit *f*

ponctuation [põktɥasjõ] *nf*
Interpunktion *f*

ponctuel, le [põktɥɛl] *adj* pünktlich;
(*assidu*) gewissenhaft; (*image, source
lumineuse*) punktförmig

ponctuellement [põktɥɛlmã] *adv*
pünktlich

ponctuer [põktɥe] <1> *vt* (*texte, lettre*)
mit Satzzeichen versehen

pondéré, e [põdeRe] *adj* (*personne*)
ausgeglichen

pondre [põdR] <14> *vt* (*œufs*) legen

poney [pɔnɛ] *nm* Pony *nt*

pongiste [põʒist] *nmf*
Tischtennisspieler(in) *m(f)*

pont [põ] *nm* Brücke *f*; (*Naut*) Deck *nt*;
faire le ~ (*entre deux jours fériés*)
einen Brückentag nehmen; **faire un
~ d'or à qn** jdm ein lukratives Gehalt
anbieten (um ihn für einen Posten
zu gewinnen); **~ arrière/avant**
(*Auto*) Hinter-/Vorderachse *f*;
P~s et Chaussées Verwaltung *f*
für Brücken- und Wegebau

pontage [põtaʒ] *nm* Bypassoperation *f*

pontifier [põtifje] <1> *vi* dozieren

pont-levis (*pl* **ponts-levis**) [põl(ə)vi] *nm*
Zugbrücke *f*

ponton [põtõ] *nm* Ponton *m*

pop [pɔp] *adj inv* Pop- ■ *nm* Popmusik *f*

pop-corn [pɔpkɔrn] *nm inv* Popcorn *nt*

populace [pɔpylas] *nf* (*pej*) Pöbel *m*

populaire [pɔpylɛR] *adj* Volks-; (*croyances,
traditions, bon sens*) volkstümlich; (*Ling*)
umgangssprachlich; (*milieux, classes*)
Arbeiter-; (*mesure, écrivain*) populär

populariser [pɔpylaRize] <1> *vt* populär
machen

popularité [pɔpylaRite] *nf* Beliebtheit *f*,
Popularität *f*

population [pɔpylasjõ] *nf* (*du globe,
de la France*) Bevölkerung *f*; (*d'une ville*)
Einwohner *pl*; (*Bio*) Population *f*;
~ civile Zivilbevölkerung; **~ ouvrière**
Arbeiterschaft *f*

populeux, -euse [pɔpylø, øz] *adj* dicht
bevölkert

porc [pɔR] *nm* (*Zool*) Schwein *nt*; (*viande*)
Schweinefleisch *nt*

porcelaine [pɔRsəlɛn] *nf* Porzellan *nt*

porcelet [pɔRsəlɛ] *nm* Ferkel *nt*

porc-épic (*pl* **porcs-épics**) [pɔRkepik] *nm*
Stachelschwein *nt*

porche [pɔRʃ] *nm* Vorhalle *f*

porcherie [pɔRʃəRi] *nf* Schweinestall *m*

pore [pɔR] *nm* Pore *f*

poreux, -euse [pɔRø, øz] *adj* porös

porno [pɔRno] *adj* (*fam*) Porno-

pornographie [pɔRnɔgRafi] *nf*
Pornografie *f*

pornographique [pɔRnɔgRafik] *adj*
pornografisch

port [pɔR] *nm* Hafen *m*; (*ville*) Hafenstadt
f; (*prix du transport*) Porto *nt*; **~ dû/payé**
(*Com*) unfrei/portofrei; **~ de commerce/
pétrolier/de pêche** Handels-/Öl-/
Fischereihafen; **~ franc** Freihafen;
~ de plaisance Jachthafen

portable [pɔRtabl] *adj*: **ordinateur ~**
Laptop *m* ■ *nm* (*téléphone*) Handy *nt*;
(*ordinateur*) Laptop *m*

portail [pɔRtaj] *nm* Portal *nt*

portant, e [pɔRtã, ãt] *adj* tragend;
être bien/mal ~ gesund/krank sein

portatif, -ive [pɔRtatif, iv] *adj* tragbar

porte [pɔRt] *nf* Tür *f*; (*d'une ville*: Ski) Tor *nt*;
entre deux ~s zwischen Tür und Angel;
mettre qn à la ~ jdn hinauswerfen;
journée ~s ouvertes Tag *m* der offenen
Tür; **~ d'entrée** Eingangstür

porte-avions [pɔRtavjõ] *nm inv*
Flugzeugträger *m*

porte-bagages *nm inv* (*d'un vélo,
d'une moto*) Gepäckträger *m*; (*filet*)
Gepäcknetz *nt*

porte-bébé (*pl* **~s**) *nm* Babytragetasche *f*

porte-bonheur *nm inv* Glücksbringer *m*

porte-bouteilles *nm inv* (*à anse*)
Flaschenkorb *m*; (*à casiers*) Flaschenregal *nt*

porte-cigarettes *nm inv* Zigarettenetui *nt*

porte-clés *nm inv* Schlüsselanhänger *m*

porte-conteneurs *nm inv*
Containerschiff *nt*

portée [pɔRte] *nf* (*d'une arme, d'une voix*)
Reichweite *f*; (*fig: importance*) Tragweite *f*;
(*d'un animal*) Wurf *m*; (*Mus*) Notenlinien *pl*;
à ~ de la main in Reichweite; **à la ~ (de
qn)** in (jds) Reichweite *dat*; (*fig*) auf jds
Niveau *dat*; **à la ~ de toutes les bourses**
für jeden erschwinglich; **hors de ~ (de qn)**
außer (jds) Reichweite

porte-fenêtre (*pl* **portes-fenêtres**)
[pɔRtfənɛtR] *nf* Verandatür *f*

portefeuille *nm* Brieftasche *f*; (*d'un
ministre*) Ministerposten *m*, Portefeuille *nt*

portemanteau (*pl* **x**) *nm* Kleiderhaken *m*,
Garderobenständer *m*

portemine *nm* Druckbleistift *m*

porte-monnaie *nm inv* Geldbeutel *m*

porte-parapluies *nm inv* Schirmständer *m*

porte-parole *nm inv* Wortführer(in) *m(f)*

porte-plume *nm inv* Federhalter *m*

porter [pɔRte] <1> *vt* tragen; (*apporter*)
bringen; **~ son attention/regard sur** die
Aufmerksamkeit/den Blick richten auf
+*akk*; **~ bonheur à qn** jdm Glück bringen;
ne pas ~ qn dans son cœur (*fig*) jdn nicht
leiden können; **~ un fait à la**

porte-savon | 250

connaissance de qn jdn von etw in Kenntnis setzen; **~ sa croix** (*fig*) seine Last tragen; **~ la culotte** (*fig: femme*) die Hosen anhaben; **~ qn disparu(e)** jdn als vermisst melden; **~ un jugement sur qn/qch** über jdn/etw ein Urteil fällen; **~ plainte (contre qn)** Strafanzeige (gegen jdn) erstatten; **~ secours à qn** jdm zu Hilfe kommen; **~ un toast à** einen Toast ausbringen auf +*akk*; **~ un verre à ses lèvres** ein Glas ansetzen; **la nuit porte conseil** (*proverbe*) kommt Zeit, kommt Rat ■ *vi* reichen; (*porter juste*) treffen; (*voix*) tragen; (*fig*) seine Wirkung erzielen; **~ sur qch** (*édifice*) getragen werden von; (*accent*) liegen auf +*dat*; (*fig: avoir pour objet*) sich drehen um ■ *vpr*: **se ~ bien/mal** (*se sentir*) sich gut/schlecht fühlen

porte-savon (*pl* **~s**) [pɔʁt(ə)savɔ̃] *nm* Seifenschale *f*

porte-serviettes *nm inv* Handtuchhalter *m*

porte-skis *nm inv* (*Auto*) Skiträger *m*

porteur, -euse [pɔʁtœʁ, øz] *nm/f* (*de message*) Überbringer(in) *m(f)*; (*Fin*) Inhaber(in) *m(f)* ■ *nm* (*de bagages*) Gepäckträger *m* ■ *adj* zukunftsträchtig; **créneau ~** (*Com*) Marktlücke *f*

porte-vélos [pɔʁtvelo] *nm inv* Fahrradträger *m*

porte-voix [pɔʁtəvwa] *nm inv* Megafon *nt*

portier [pɔʁtje] *nm* Portier *m*

portière [pɔʁtjɛʁ] *nf* (*Auto*)tür *f*

portillon [pɔʁtijɔ̃] *nm* Schwingtür *f*; (*du métro*) Sperre *f*

portion [pɔʁsjɔ̃] *nf* Teil *m*; (*de nourriture*) Portion *f*; (*d'héritage*) Anteil *m*

portique [pɔʁtik] *nm* (*Archit*) Säulenhalle *f*; (*Tech*) brückenförmiges Gerüst

porto [pɔʁto] *nm* Portwein *m*

portoricain, e [pɔʁtɔʁikɛ̃, ɛn] *adj* puerto-ricanisch

Porto Rico [pɔʁtɔʁiko] Puerto Rico *nt*

portrait [pɔʁtʁɛ] *nm* Porträt *nt*

portrait-robot (*pl* **portraits-robots**) *nm* Phantombild *nt*

portuaire [pɔʁtɥɛʁ] *adj*: **installation ~** Hafenanlage *f*

portugais, e [pɔʁtygɛ, ɛz] *adj* portugiesisch

Portugais, e *nm/f* Portugiese (Portugiesin) *m/f*

Portugal [pɔʁtygal] *nm*: **le ~** Portugal *nt*

P.O.S. *nm abr* = **plan d'occupation des sols** Flächennutzungsplan *m*

pose [poz] *nf* Legen *nt*, Anbringen *nt*; (*attitude*) Haltung *f*, Pose *f*; **(temps de) ~** (*Foto*) Belichtung(szeit) *f*

posé, e [poze] *adj* (*réfléchi*) gesetzt

posemètre [pozmɛtʁ] *nm* Belichtungsmesser *m*

poser [poze] <1> *vt* legen; (*debout*) stellen; (*qn*) absetzen; (*rideaux, serrure*) anbringen; (*principe, définition*) aufstellen; (*formuler*) formulieren; **~ son regard sur qn/qch** den Blick auf jdm/etw ruhen lassen; **~ une question à qn** jdm eine Frage stellen; **~ sa candidature** sich bewerben; (*Pol*) kandidieren; **posons que** nehmen wir (einmal) an, dass ■ *vi* (*prendre une pose*) posieren; **se poser** *vpr* (*oiseau, avion*) landen; (*question, problème*) sich stellen; **se ~ en artiste** sich als Künstler aufspielen

poseur, -euse [pozœʁ, øz] *nm/f* (*pédant*) Angeber(in) *m(f)*

positif, -ive [pozitif, iv] *adj* positiv; (*incontestable, réel*) sicher, bestimmt; (*pratique*) nüchtern; (*Elec*) Plus-

position [pozisjɔ̃] *nf* Stellung *f*; (*horizontale, couchée*) Lage *f*; (*attitude réglementaire*) Haltung *f*; (*emplacement, localisation*) Anordnung *f*, Stelle *f*; (*d'un navire, d'un avion*) Position *f*; (*d'un concurrent, d'un coureur*) Platz *m*; (*point de vue, attitude*) Meinung *f*, Haltung *f*; (*d'un compte en banque*) Stand *m*; **être dans une ~ difficile/délicate** in einer schwierigen/delikaten Lage sein; **prendre ~** (*fig*) Stellung beziehen, Stellung nehmen

positionnement *nm* (*Inform*) Positionierung *f*

positionner <1> *vt* (*navire, etc*) lokalisieren; (*Inform*) positionieren

posséder [posede] <5> *vt* besitzen; (*connaître, dominer*) beherrschen

possessif, -ive [posesif, iv] *adj* (*Ling*) possessiv; (*personne: abusif*) besitzergreifend ■ *nm* (*Ling*) Possessiv *nt*

possession [posesjɔ̃] *nf* Besitz *m*, Eigentum *nt*; **être en ~ de qch** im Besitz von etw sein

possibilité [posibilite] *nf* Möglichkeit *f*

possible [posibl] *adj* möglich; (*projet, entreprise*) durchführbar; **au ~** (*gentil, brave*) äußerst; **aussitôt/dès que ~** sobald wie möglich; **autant que ~** so viel wie möglich; **le plus/moins (de) ... ~** so viel/so wenig ... wie möglich; **(ne) ... pas ~** (*fam: supportable*) unmöglich ■ *nm*: **faire (tout) son ~** sein Möglichstes tun

postal, e (*pl* **-aux**) [postal, o] *adj* Post-

postdater [postdate] <1> *vt* (zu)rückdatieren

poste [post] *nf* Post *f*; (*bureau*) Post *f*, Postamt *nt*; **mettre à la ~** aufgeben; **agent** [*ou* **employé(e)**] **des ~s** Postbeamte(r)(-beamtin); **~ restante** postlagernd *m* ■ *nm* (*Mil: charge*) Posten *m*; **~ émetteur** Sender *m*; **~ à essence**

Tankstelle f; ~ **d'incendie** Feuerlöschstelle f; ~ **de pilotage** Cockpit nt; ~ **(de police)** (Polizei)station f; ~ **(de radio/télévision)** (Radio-/Fernseh)apparat m; ~ **de secours** Erste-Hilfe-Station f; ~ **de travail informatique** Computerarbeitsplatz m

poste-éclair adj: **service** ~ Eilzustelldienst m

poster [pɔste] <1> vt (lettre, colis) aufgeben; (personne) postieren

poster [pɔstɛʀ] nm Poster nt

postérieur, e [pɔsteʀjœʀ] adj (date, document) spätere(r, s); (partie) hintere(r, s) ■ nm (fam) Hintern m

postérité [pɔsteʀite] nf (générations futures) Nachkommenschaft f; (avenir) Nachwelt f

posthume [pɔstym] adj (œuvre, gloire) posthum

postiche [pɔstiʃ] nm Haarteil nt

postmoderne [pɔstmɔdɛʀn] adj postmodern

post-natal, e (pl ~s) [pɔstnatal] adj postnatal

post-scriptum [pɔstskʀiptɔm] nm inv Postskriptum nt

postulant, e [pɔstylɑ̃, ɑ̃t] nm/f (candidat) Bewerber(in) m(f)

postuler [pɔstyle] <1> vt (emploi) sich bewerben um

posture [pɔstyʀ] nf (attitude) Haltung f; **être en bonne/mauvaise** ~ in einer guten/schlechten Position sein

pot [po] nm (récipient) Topf m; (pour liquide) Kanne f, Krug m; **avoir du/un coup de** ~ (fam: chance) Schwein haben, Glück haben; **boire** [ou **prendre**] **un** ~ einen trinken; **plein** ~ (fam) volle Pulle; ~ **catalytique** Katalysator m; ~ **d'échappement** Auspufftopf; ~ **de fleurs** Blumentopf

potable [pɔtabl] adj (eau) trinkbar

potage [pɔtaʒ] nm Suppe f

potager, ère [pɔtaʒe, ɛʀ] adj Gemüse- ■ nm (jardin) Gemüsegarten m

potasser [pɔtase] <1> vt (fam: examen) büffeln für

potassium [pɔtasjɔm] nm Kalium nt

pot-au-feu [pɔtofø] nm inv Eintopfgericht aus Rindfleisch und Gemüse

pot-de-vin (pl **pots-de-vin**) [pod(ə)vɛ̃] nm Schmiergeld nt, Bestechungsgeld nt

pote [pɔt] nm (fam) Kumpel m

poteau (pl **x**) [pɔto] nm Pfosten m, Pfahl m; ~ **indicateur** Wegweiser m; ~ **télégraphique** Telegrafenmast m

potelé, e [pɔt(ə)le] adj rundlich, mollig

potentiel, le [pɔtɑ̃sjɛl] adj potenziell ■ nm Potenzial nt; ~ **électoral** Wählerpotenzial

poterie [pɔtʀi] nf (fabrication) Töpferei f; (objet) Töpferware f

potiche [pɔtiʃ] nf große Porzellanvase

potier, -ière [pɔtje, ɛʀ] nm/f Töpfer(in) m(f)

potion [pɔsjõ] nf: ~ **magique** Zaubertrank m; (fig) Wundermittel nt

potiron [pɔtiʀõ] nm Kürbis m

pot-pourri (pl **pots-pourris**) [popuʀi] nm (pétales, Mus) Potpourri m

pou (pl **x**) [pu] nm Laus f

poubelle [pubɛl] nf Mülleimer m; **les ~s** (fam) der Müllwagen

pouce [pus] nm Daumen m

poudre [pudʀ] nf Pulver nt; (fard) Puder m; (explosif) Schießpulver nt; **café en** ~ Pulverkaffee m; **savon/lait en** ~ Seifen-/ Milchpulver

poudrer [pudʀe] <1> vt pudern

poudreux, -euse [pudʀø, øz] adj (neige) pulvrig

poudrier [pudʀije] nm Puderdose f

pouffer [pufe] <1> vi: ~ **(de rire)** losprusten

pouilleux, -euse [pujø, øz] adj (personne) verlaust; (endroit) verkommen, schmutzig

poulailler [pulaje] nm Hühnerstall m; (Theat: fam) Galerie f

poulain [pulɛ̃] nm Fohlen nt

poularde [pulaʀd] nf Poularde f

poule [pul] nf (Zool) Henne f; (Gastr) Huhn nt; **quand les ~s auront des dents** am Sankt-Nimmerleins-Tag; ~ **pondeuse** Legehenne

poulet [pulɛ] nm (Gastr) Hühnchen nt; (fam: policier) Bulle m

poulie [puli] nf Flaschenzug m

poulpe [pulp] nm Tintenfisch m

pouls [pu] nm Puls m; **prendre le** ~ **de qn** jdm den Puls fühlen

poumon [pumõ] nm Lunge f; ~ **d'acier** eiserne Lunge

poupe [pup] nf (navire) Heck nt

poupée [pupe] nf Puppe f; **maison de** ~ Puppenhaus nt

poupin, e [pupɛ̃, in] adj pummelig

pour [puʀ] prép für +akk; (destination) nach +dat; (comme) als; (quant à) was ... betrifft; (avec infinitif) um zu; **c'est** ~ **cela que** deshalb; **ce n'est pas** ~ **dire, mais ...** (fam) ich will ja nichts sagen, aber ...; ~ **de bon** wirklich; **être** ~ **beaucoup dans qch** wesentlich zu etw beitragen; **fermé(e)** ~ **(cause de) travaux** wegen Umbau geschlossen; **il a parlé** ~ **moi** (à la place de) er hat für mich gesprochen; **je n'y suis** ~ **rien** es ist nicht meine Schuld; **jour** ~ **jour** auf den Tag; **mot** ~ **mot** Wort für Wort; ~ **le plaisir/ton anniversaire** zum Spaß/zu deinem Geburtstag; ~ **que**

+*subj* damit, sodass; ~ **quoi faire?** wozu?
■ *nm*: **le ~ et le contre** das Für und Wider
pourboire [puʀbwaʀ] *nm* Trinkgeld *nt*
pourcentage [puʀsɑ̃taʒ] *nm*
Prozentsatz *m*
pourlécher [puʀleʃe] **<5>** *vpr*:
se pourlécher sich *dat* die Lippen lecken
pourparlers [puʀpaʀle] *nmpl*
Verhandlungen *pl*
pourpre [puʀpʀ] *adj* purpurrot
pourquoi [puʀkwa] *adv* warum;
c'est ~... darum ... ■ *nm inv*: **le ~ (de)**
(*motif*) der Grund (für)
pourri, e [puʀi] *adj* faul, verfault; (*arbre,
bois*) morsch; (*été*) verregnet; (*fig:
corrompu*) verdorben; (*vénal*) bestechlich
pourriel [puʀjɛl] *nm* (*Internet*) Spam *nt*
pourrir [puʀiʀ] **<8>** *vi* (*fruit, cadavre*)
verfaulen; (*arbre*) morsch werden
poursuite [puʀsɥit] *nf* Verfolgung *f*;
poursuites *nfpl* (*Jur*) Strafverfahren *nt*
poursuivant, e [puʀsɥivɑ̃, ɑ̃t] *nm/f*
Verfolger(in) *m(f)*
poursuivre [puʀsɥivʀə] *irr comme suivre*
vt verfolgen; (*presser, relancer*) zusetzen
+*dat*; (*hanter, obséder*) quälen, verfolgen;
(*briguer, rechercher*) nachjagen +*dat*; (*but*)
verfolgen; (*continuer*) fortsetzen;
~ **qn en justice** jdn gerichtlich verfolgen;
se poursuivre *vpr* (*continuer*) weitergehen
pourtant [puʀtɑ̃] *adv* trotzdem; **et ~** aber
trotzdem
pourvoi [puʀvwa] *nm* (*Jur*) Gesuch *nt*,
Antrag *m*
pourvoir [puʀvwaʀ] *irr vt*: ~ **à qch** für etw
sorgen; ~ **qn/qch de** jdn/etw versehen
mit; ~ **à un emploi** eine Stelle besetzen
■ *vpr*: **se ~ de qch** sich mit etw versorgen;
se ~ en cassation Revision einlegen
pourvoyeur, -euse [puʀvwajœʀ, øz]
nm/f Lieferant(in) *m(f)*; (*de drogue*)
Dealer(in) *m(f)*
pourvu, e [puʀvy] *adj*: ~ **de** versehen mit
■ *conj*: ~ **que** +*subj* vorausgesetzt, dass;
(*espérons que*) hoffentlich
pousse [pus] *nf* Wachsen *nt*; (*bourgeon*)
Trieb *m*, Spross *m*
poussée [puse] *nf* (*pression*) Druck *m*;
(*attaque*) Ansturm *m*; (*Med*) Ausbruch *m*
pousse-pousse [puspus] *nm inv* Rikscha *f*
pousser [puse] **<1>** *vt* stoßen; (*porte*)
aufdrücken; (*faire avancer*) drängeln; (*cri*)
ausstoßen; (*pendant l'accouchement*)
pressen; (*moteur*) auf vollen Touren laufen
lassen; ~ **qn à qch/à faire qch** (*exhorter*)
jdn zu etw drängen/jdn drängen, etw zu
tun; **faut pas ~!** (*fam*) nun mach mal
halblang! ■ *vi* wachsen; ~ **à qch** zu etw
(an)treiben; ~ **jusqu'à un endroit/plus
loin** bis zu einem Ort/weiter vorstoßen

poussette [pusɛt] *nf* (*pour enfant*)
Sportwagen *m*
poussette-canne (*pl* **poussettes-
cannes**) [pusetkan] *nf* Buggy *m*
poussière [pusjɛʀ] *nf* Staub *m*; **une ~** ein
Staubkorn *nt*; **200 euros et des ~s** (*fam*)
200 Euro und ein paar Zerquetschte
poussiéreux, -euse [pusjeʀø, øz] *adj*
staubig
poussin [pusɛ̃] *nm* Küken *nt*
poutre [putʀ] *nf* (*en bois*) Balken *m*;
(*en fer, en ciment armé*) Träger *m*; (*Sport*)
Schwebebalken *m*
pouvoir [puvwaʀ] *irr vt* können; **on ne
peut plus** höchst; **je n'en peux plus** ich
kann nicht mehr ■ *vb impers*: **il peut
arriver que** es kann passieren, dass;
il se peut que es kann sein, dass
■ *nm* Macht *f*; (*capacité*) Fähigkeit *f*;
(*législatif, exécutif*) Gewalt *f*; (*Jur: d'un tuteur,
mandataire*) Befugnis *f*; **pouvoirs** *nmpl*
(*attributions*) Befugnisse *pl*; (*surnaturel*)
Kräfte *pl*; **le ~** (*Pol: des dirigeants*) die
Regierung; ~ **d'achat** Kaufkraft *f*;
~ **législatif/exécutif/judiciaire**
Legislative *f*/Exekutive *f*/Judikative *f*;
pleins ~s Vollmacht *f*; **les ~s publics**
die öffentliche Hand
pp. *abr* = **pages** S(S).
P.R. *nm abr* = **parti républicain**
republikanische Partei
pragmatique [pʀagmatik] *adj*
pragmatisch
Prague [pʀag] Prag *nt*
prairie [pʀeʀi] *nf* Wiese *f*
praline [pʀalin] *nf* gebrannte Mandel
praliné, e [pʀaline] *adj*: **du (chocolat) ~**
Nugat *m o nt*
praticable [pʀatikabl] *adj* (*route*)
befahrbar
praticien, ne [pʀatisjɛ̃, ɛn] *nm/f*
(*médecin*) praktischer Arzt, praktische Ärztin
pratiquant, e [pʀatikɑ̃, ɑ̃t] *adj* (*Rel*)
praktizierend
pratique [pʀatik] *nf* Ausübung *f*; (*d'un
sport, métier*) Betreiben *nt*; (*de football, golf*)
Spielen *nt*; (*d'une religion*) Praktizieren *nt*;
(*d'une méthode, d'un système*) Anwendung *f*;
(*coutume*) Brauch *m*; (*opposé à théorie*)
Praxis *f*; **mettre en ~** in die Praxis
umsetzen ■ *adj* praktisch
pratiquement [pʀatikmɑ̃] *adv* (*dans la
pratique*) in der Praxis; (*à peu près, pour ainsi
dire*) praktisch
pratiquer [pʀatike] **<1>** *vt* (*métier, art*)
ausüben; (*sport, métier*) betreiben;
(*football, golf, etc*) spielen; (*religion*)
praktizieren; (*intervention, opération*)
durchführen; (*méthode, système*)
anwenden; (*charité*) üben; (*chantage, bluff*)

anwenden; (*genre de vie*) leben, führen; (*ouverture, abri*) machen; **~ le bien** Gutes tun; **~ la photo/l'escrime** fotografieren/ fechten ⬛ *vi* (*Rel*) praktizieren

pré [pʀe] *nm* Wiese *f*

préado [pʀeado] *adj* heranwachsend ⬛ *nmf* Heranwachsende(r) *mf* (*vor der Pubertät*), Kid *nt*

préalable [pʀealabl] *adj* vorhergehend, Vor-; **sans avis ~** ohne Vorwarnung ⬛ *nm* (*conditions*) Voraussetzung *f*; **au ~** zunächst, zu(aller)erst

préalablement [pʀealabləmã] *adv* vorerst

Préalpes [pʀealp] *nfpl*: **les ~** das Alpenvorland

préambule [pʀeãbyl] *nm* Einleitung *f*; (*d'un texte de loi*) Präambel *f*

préau (*pl* **x**) [pʀeo] *nm* Schulhof *m*

préavis [pʀeavi] *nm* (*avertissement*) Kündigung *f*; (*délai*) Kündigungsfrist *f*; **sans ~** fristlos

précaution [pʀekosjõ] *nf* Vorsichtsmaßnahme *f*; **avec ~** vorsichtig; **prendre des ~s** (Sicherheits)vorkehrungen treffen; (*fam: rapports sexuels*) verhüten

précédemment [pʀesedamã] *adv* vorher, früher

précédent, e [pʀesedã, ãt] *adj* vorhergehend; **le jour ~** am Tag zuvor ⬛ *nm* Präzedenzfall *m*; **sans ~** erstmalig, einmalig

précéder [pʀesede] <5> *vt* vorangehen +*dat*; (*dans un véhicule*) vorausfahren +*dat*; (*selon l'ordre logique*) kommen vor +*dat*

précepte [pʀesɛpt] *nm* Grundsatz *m*

précepteur, -trice [pʀesɛptœʀ, tʀis] *nm/f* Hauslehrer(in) *m(f)*

préchauffer [pʀeʃofe] <1> *vt* (*Auto: diesel*) vorglühen

prêcher [pʀeʃe] <1> *vt* predigen

précieux, -euse [pʀesjø, øz] *adj* wertvoll, kostbar; (*style*) preziös

précipice [pʀesipis] *nm* Abgrund *m*

précipitamment [pʀesipitamã] *adv* überstürzt

précipitation [pʀesipitasjõ] *nf* Hast *f*, Überstürzung *f*; (*Chim*) Niederschlag *m*; **~s (atmosphériques)** (*Meteo*) Niederschläge *pl*

précipité, e [pʀesipite] *adj* (*respiration, pas*) schnell; (*départ, entreprise*) überstürzt

précipiter [pʀesipite] <1> *vt* (*hâter, accélérer*) beschleunigen; **~ qn/qch du haut de qch** (*faire tomber*) jdn/etw von etw hinabstürzen; **se précipiter** *vpr* (*battements du cœur, respiration*) schneller werden; (*événements*) sich überstürzen; **se ~ au devant de qn** jdm entgegenstürzen; **se ~ sur qn/qch** sich auf jdn/etw stürzen

précis, e [pʀesi, iz] *adj* genau; (*bruit, contours, point*) deutlich

précisément [pʀesizemã] *adv* genau

préciser [pʀesize] <1> *vt* präzisieren; **se préciser** *vpr* konkreter werden

précision [pʀesizjõ] *nf* Genauigkeit *f*

précoce [pʀekɔs] *adj* (*végétal*) früh; (*enfant, jeune fille*) frühreif

préconiser [pʀekɔnize] <1> *vt* (*recommander*) empfehlen, befürworten

précurseur [pʀekyʀsœʀ] *nm* Vorläufer(in) *m(f)*

prédateur [pʀedatœʀ] *nm* Raubtier *nt*

prédécesseur [pʀedesesœʀ] *nm* Vorgänger(in) *m(f)*

prédestiner [pʀedɛstine] <1> *vt*: **~ qn à faire qch** jdn prädestinieren, etw zu tun; **~ qn à qch** jdn zu etw vorbestimmen

prédiction [pʀediksjõ] *nf* Prophezeiung *f*

prédilection [pʀedilɛksjõ] *nf*: **avoir une ~ pour qn/qch** eine Vorliebe für jdn/etw haben; **de ~** Lieblings-

prédire [pʀediʀ] *irr comme dire vt* vorhersagen, voraussagen

prédisposition [pʀedispozisjõ] *nf* Veranlagung *f*

prédominance [pʀedɔminãs] *nf* Vorherrschaft *f*

prédominant, e [pʀedɔminã, ãt] *adj* vorherrschend

prédominer [pʀedɔmine] <1> *vi* vorherrschen

préfabriqué, e [pʀefabʀike] *adj*: **élément ~** Fertigteil *nt*; **maison ~e** Fertighaus *nt*

préface [pʀefas] *nf* Vorwort *nt*

préfecture [pʀefɛktyʀ] *nf* Präfektur *f*; **~ de police** Polizeipräfektur

⬛ **LA PRÉFECTURE**

La préfecture ist das Verwaltungszentrum eines "département". *Le préfet* ist ein hoher von der Regierung ernannter Beamter, der dafür verantwortlich ist, dass Regierungserlasse ausgeführt werden. Die 22 Regionen Frankreichs mit jeweils mehreren "départements" haben ebenfalls einen "préfet": *le préfet de région*.

préférable [pʀefeʀabl] *adj*: **cette solution est ~ à l'autre** diese Lösung ist der anderen vorzuziehen

préféré, e [pʀefeʀe] *adj* Lieblings-

préférence [pʀefeʀãs] *nf* Vorliebe *f*; **de ~** am liebsten; **donner la ~ à qn** jdm den Vorzug geben

préférentiel, le [pʀefeʀãsjɛl] *adj* Vorzugs-

préférer [pʀefeʀe] <5> vt vorziehen, lieber mögen; **~ faire qch** etw lieber tun; **~ qn/qch à qn/qch** jdn/etw jdm/einer Sache vorziehen, jdn/etw lieber mögen als jdn/etw

préfet, -ète [pʀefɛ, ɛt] nm/f Präfekt(in) m(f)

préfixe [pʀefiks] nm Präfix nt, Vorsilbe f

préhistoire [pʀeistwaʀ] nf: **la ~** die Urgeschichte

préhistorique [pʀeistɔʀik] adj prähistorisch

préjudice [pʀeʒydis] nm Nachteil m, Schaden m

préjugé [pʀeʒyʒe] nm Vorurteil nt

prélavage [pʀelavaʒ] nm Vorwäsche f

prélèvement [pʀelɛvmɑ̃] nm (d'un échantillon, de sang) Entnahme f; **~ automatique** (Fin) automatischer Bankeinzug, Dauerauftrag m; **~ à la source** (Fin) Quellensteuer f

prélever [pʀel(ə)ve] <4> vt (argent) (vom Konto) abheben; (Med: tissu, organe) entnehmen

préliminaire [pʀeliminɛʀ] adj Vor-, vorbereitend ■ nmpl vorbereitende Maßnahmen pl; (amoureux) Vorspiel nt

prématuré, e [pʀematyʀe] adj vorzeitig, verfrüht; (enfant) frühgeboren ■ nm Frühgeburt f

préméditation [pʀemeditasjɔ̃] nf: **avec ~** vorsätzlich

préméditer [pʀemedite] <1> vt vorsätzlich planen

premier, -ière [pʀəmje, ɛʀ] adj erste(r, s); (le plus bas) unterste(r, s); (après le nom: fondamental) grundlegend; **à la première occasion** bei der erstbesten Gelegenheit; **au ~ abord** auf den ersten Blick; **au [ou du] ~ coup** gleich, auf Anhieb; **de ~ ordre** erstklassig; **de ~ choix** erstklassig; **première nouvelle!** das ist mir ganz neu!; **de première qualité** von bester Qualität; **en ~ lieu** in erster Linie; **le ~ mai, le 1er mai** der 1. Mai; **le ~ venu** der erstbeste; **première communion** Erstkommunion f ■ nm/f (personne) Erste(r) mf ■ nf (Auto) erster Gang; (première classe) erste Klasse; (Theat) Premiere f

premièrement adv erstens; (d'abord) zunächst; (énumération) erstens; (introduisant une objection) zunächst einmal

prémonition [pʀemɔnisjɔ̃] nf Vorahnung f

prémonitoire [pʀemɔnitwaʀ] adj: **signe ~** warnendes Zeichen

prénatal, e [pʀenatal] adj vorgeburtlich, pränatal

prendre [pʀɑ̃dʀ] <13> vt nehmen; (aller chercher) holen; (emporter, emmener avec soi) mitnehmen; (attraper) fangen; (surprendre) erwischen; (aliment, boisson) zu sich nehmen; (médicament) einnehmen; (engagement, risques) eingehen; (mesures) ergreifen; (ton, attitude) annehmen; (dispositions, mesures, précautions) treffen; (nécessiter du temps) brauchen; (accrocher, coincer) einklemmen; **~ l'air** (fig) frische Luft schnappen, spazieren gehen; **~ de l'altitude** (Aviat) steigen; **~ congé de qn** sich von jdm verabschieden; **~ la défense de qn** jdn verteidigen; **~ feu** Feuer fangen; **~ du plaisir/de l'intérêt à qch** an etw dat Gefallen/Interesse finden; **~ qch au sérieux** (considérer) etw ernst nehmen; **~ qch à qn** jdm etw wegnehmen; **~ qn comme [ou pour] amant/associé** sich dat jdn zum Liebhaber/Partner nehmen; **~ qn par la main/dans ses bras** jdn bei der Hand/in die Arme nehmen; **~ qn pour qch/qn** jdn für etw/jdn halten; **~ sa retraite** in den Ruhestand gehen; **~ son temps** sich dat Zeit lassen; **à tout ~** insgesamt; **cette place est prise** dieser Platz ist besetzt ■ vi (liquide) fest werden; (bouture, greffe) anwachsen; (feu, allumette) brennen; **je prends!** (en bourse) ich kaufe!; **~ à gauche** (nach) links abbiegen; **s'en ~ à** angreifen; (passer sa colère sur) sich abreagieren an +dat; **il faudra s'y ~ à l'avance** man muss früh damit anfangen; **ça ne prend pas** das zieht nicht; **la mayonnaise prend** (fam) da könnte was draus werden

preneur, -euse [pʀənœʀ, øz] nm/f (acheteur) Käufer(in) m(f), Abnehmer(in) m(f)

prénom [pʀenɔ̃] nm Vorname m

préoccupation [pʀeɔkypasjɔ̃] nf Sorge f

préoccuper [pʀeɔkype] <1> vt (personne) Sorgen machen +dat; (esprit, attention) stark beschäftigen

préparatifs [pʀepaʀatif] nmpl Vorbereitungen pl

préparation [pʀepaʀasjɔ̃] nf Vorbereitung f; (Gastr) Zubereitung f; (Chim) Präparat nt; **~ latine/française** (devoir) lateinische/französische Hausaufgabe

préparatoire [pʀepaʀatwaʀ] adj vorbereitend

● **CLASSES PRÉPARATOIRES**
●
● Classes préparatoires sind zweijährige
● Kurse, in denen intensiv gelernt wird,
● um die Aufnahmeprüfungen für die
● "grandes écoles" zu bestehen.

⊛ Es handelt sich dabei um äußerst
⊛ anstrengende Kurse, die man nach
⊛ dem bestandenen "baccalauréat",
⊛ im "lycée" belegt. Schulen, die solche
⊛ Kurse anbieten, sind besonders hoch
⊛ angesehen.

préparer [pʀepaʀe] <1> vt vorbereiten;
(mets) zubereiten; **se préparer** vpr (orage,
tragédie) sich anbahnen; **se ~ à qch/faire
qch** sich auf etw akk vorbereiten/sich
darauf vorbereiten, etw zu tun

préposition [pʀepozisjɔ̃] nf Präposition f

préretraite [pʀeʀ(ə)tʀɛt] nf
Vorruhestand m

prérogative [pʀeʀɔgativ] nf Vorrecht nt

près [pʀɛ] adv nahe, in der Nähe; **~ de** bei
+dat; (environ) fast; **de ~** genau; **à cela ~
que** abgesehen davon, dass; **à 5 mm ~** auf
5 mm genau

présage [pʀezaʒ] nm Vorzeichen nt,
Omen nt

présager <2> vt (prévoir) voraussehen;
cela ne présage rien de bon das
verspricht nichts Gutes

presbyte [pʀɛsbit] adj weitsichtig

presbytère [pʀɛsbitɛʀ] nm Pfarrhaus nt

prescription [pʀɛskʀipsjɔ̃] nf Vorschrift
f; (Med) Rezept nt

prescrire [pʀɛskʀiʀ] irr comme écrire vt
vorschreiben; (Med) verschreiben

présence [pʀezɑ̃s] nf Gegenwart f,
Anwesenheit f; (d'un acteur, d'un écrivain)
Ausstrahlung f; **en ~ de qn** in jds
Gegenwart dat; **~ d'esprit**
Geistesgegenwart; **~ policière**
Polizeipräsenz f

présent, e adj anwesend; (dans le temps)
gegenwärtig; **~!** (à un contrôle) hier!; **à ~**
jetzt; **à ~ que** jetzt, wo; **dès à ~** von nun
an; **jusqu'à ~** bis jetzt ▪ nm Gegenwart f;
(Ling) Präsens nt; **les ~s** die Anwesenden pl
▪ nm (cadeau) Geschenk nt ▪ nf: **la (lettre)
~e** (Com) das vorliegende Schreiben

présentateur, -trice [pʀezɑ̃tatœʀ, tʀis]
nm/f (Radio, TV) Moderator(in) m(f),
(Nachrichten)sprecher(in) m(f)

présentation [pʀezɑ̃tasjɔ̃] nf (d'une
personne) Vorstellung f; (d'un spectacle)
Darbietung f; (annonce) Ankündigung f;
(d'un candidat) Anmeldung f; (d'une thèse)
Vorlegung f; **faire les ~s** jdn jdm vorstellen

présenter [pʀezɑ̃te] <1> vt (personne)
vorstellen; (offrir) anbieten; (spectacle,
vue) (dar)bieten; (introduire) ansagen,
ankündigen; (disposer) ausstellen;
(candidat) anmelden; (thèse, devis, projet)
vorlegen; (exprimer) aussprechen;
(défense, théorie) darlegen; (symptômes,
avantages) haben, aufweisen ▪ vi:

~ mal/bien (personne) einen schlechten/
guten Eindruck machen; **se présenter**
vpr (se proposer) sich bewerben; (se faire
connaître) sich vorstellen; (solution,
occasion) sich bieten; (difficultés)
auftauchen; **se ~ bien/mal** gut/schlecht
aussehen

préservatif [pʀezɛʀvatif] nm
Präservativ nt

préservation [pʀezɛʀvasjɔ̃] nf
Erhaltung f

préserver [pʀezɛʀve] <1> vt: **~ qn/qch
de** jdn/etw schützen vor +dat

président, e [pʀezidɑ̃, ɑ̃t] nm/f
Vorsitzende(r) mf; (Pol) Präsident(in) m(f);
premier ~ de la cour d'appel (Jur) erster
Vorsitzender des Berufungsgerichtes;
**~-directeur général, ~-e-directrice
générale** Generaldirektor(in) m(f); **le ~ de
la République française** der französische
Staatspräsident

présidentiel, le [pʀezidɑ̃sjɛl] adj
(élection, système) Präsidentschafts-;
régime ~ Präsidialsystem nt

présider [pʀezide] <1> vt leiten, den Vorsitz
führen von; (dîner) Ehrengast sein bei

présomption [pʀezɔ̃psjɔ̃] nf (supposition)
Vermutung f, Annahme f; (attitude)
übersteigertes Selbstbewusstsein

présomptueux, -euse [pʀezɔ̃ptɥø, øz]
adj anmaßend

presque [pʀɛsk] adv fast, beinahe

presqu'île [pʀɛskil] nf Halbinsel f

pressant, e [pʀesɑ̃, ɑ̃t] adj dringend

presse [pʀɛs] nf Presse f; **sous ~** (livre)
im Druck

pressé, e [pʀese] adj eilig; **orange ~e**
frisch gepresster Orangensaft ▪ nm: **aller
au plus ~** das Wichtigste zuerst erledigen

presse-citron (pl ~s) [pʀesitʀɔ̃] nm
Zitruspresse f

presse-fruits [pʀɛsfʀɥi] nm inv
Saftpresse f

pressentiment [pʀesɑ̃timɑ̃] nm
Vorgefühl nt, Vorahnung f

pressentir [pʀesɑ̃tiʀ] <10> vt ahnen

presse-papier [pʀespapje] nm (Inform)
Zwischenablage f

presse-papiers nm inv Briefbeschwerer m

presser [pʀese] <1> vt (fruit) auspressen;
(bouton) drücken auf +akk; **~ le pas/
l'allure** den Schritt/Gang beschleunigen;
~ qn entre [ou dans] **ses bras** jdn in den
Arm nehmen; **~ qn de questions/ses
débiteurs** (harceler) jdn mit Fragen
bedrängen/seine Schuldner drängen
▪ vi: **le temps presse** es eilt; **rien ne
presse** nur keine Hektik!; **se presser** vpr
(se hâter) sich beeilen; **se ~ contre qn** sich
an jdn pressen

pressing [pʀɛsiŋ] nm Dampfbügeln nt;
(magasin) Schnellreinigung f
pression [pʀɛsjɔ̃] nf Druck m; (bouton)
Druckknopf m; **faire ~ sur qn/qch**
Druck auf jdn/etw ausüben; **~ artérielle**
Blutdruck; **~ atmosphérique** Luftdruck
pressoir [pʀɛswaʀ] nm (machine) Presse f
prestataire [pʀɛstatɛʀ] nmf
Leistungsempfänger(in) m(f), Unterstütz
ungsempfänger(in) m(f)
prestation [pʀɛstasjɔ̃] nf Leistung f;
~s familiales Familienbeihilfe f;
~s sociales Sozialhilfeleistungen pl;
~s de vieillesse Altersversorgung f
prestidigitateur, -trice
[pʀɛstidiʒitatœʀ, tʀis] nm/f
Zauberkünstler(in) m(f)
prestige [pʀɛstiʒ] nm Prestige nt
prestigieux, -euse [pʀɛstiʒjø, øz] adj
(personne) hoch angesehen; (métier)
prestigeträchtig
présumer [pʀezyme] <1> vt (supposer)
annehmen, vermuten; **~ de qn/qch** jdn/
etw zu hoch einschätzen; **~ qn coupable/**
innocent jdn für schuldig/unschuldig
halten
présupposer [pʀesypoze] <1> vt
voraussetzen
prêt, e [pʀɛ, ɛt] adj fertig, bereit; **~(e) à**
faire qch bereit, etw zu tun; **~ à assumer**
un risque éventuel risikobereit; **~(e) à**
tout zu allem bereit; **~(e) à toute**
éventualité auf alles vorbereitet ■ nm
(Ver)leihen nt; (somme) Anleihe f; (avance)
Vorschuss m; **~ sur gages** Pfandleihe f
prêt-à-porter (pl **prêts-à-porter**)
[pʀɛtapɔʀte] nm Konfektion f
prétendant, e [pʀetɑ̃dɑ̃, ɑ̃t] nm (à un
trône) Prätendent(in) m(f); (à la main d'une
femme) Freier m
prétendre [pʀetɑ̃dʀ] <14> vt (soutenir)
behaupten; **~ à** Anspruch erheben auf
+akk; **~ faire qch** (vouloir) beabsichtigen,
etw zu tun
prétendu, e [pʀetɑ̃dy] adj (supposé: avant
le nom) angeblich
prête-nom [pʀɛtnɔ̃] nm inv Strohmann m
prétentieux, -euse [pʀetɑ̃sjø, øz] adj
anmaßend; (maison) protzig
prétention [pʀetɑ̃sjɔ̃] nf (exigence)
Anspruch m; (ambition, visée) Ambition f;
(arrogance) Überheblichkeit f; **sans ~**
bescheiden
prêter [pʀete] <1> vt (livres, argent)
(ver)leihen; **~ son assistance/appui à qn**
jdm helfen/jdn unterstützen; **~ attention**
Aufmerksamkeit schenken; **~ aux**
commentaires/à équivoque Anlass zu
Kommentaren/zu Missverständnissen
geben; **~ serment** einen Eid leisten;

~ à qn des propos/intentions (attribuer)
jdm Äußerungen/Absichten unterstellen
■ vpr: **~ à qch** (personne) bei etw
mitmachen; (chose) sich für etw eignen
prétexte [pʀetɛkst] nm Vorwand m;
donner qch pour ~ etw als Vorwand
nehmen; **sous aucun ~** keinesfalls
prêtre, -esse [pʀɛtʀ(ə), ɛs] nm/f
Priester(in) m(f)
preuve [pʀœv] nf Beweis m; **faire ~ de**
zeigen, beweisen; **faire ses ~s** seine
Fähigkeiten unter Beweis stellen; **jusqu'à**
~ du contraire bis nicht das Gegenteil
bewiesen ist
prévaloir [pʀevalwaʀ] irr comme valoir vi
siegen, sich durchsetzen ■ vpr: **se ~ de**
qch (tirer vanité de) sich dat etwas
einbilden auf +akk
prévenant, e [pʀev(ə)nɑ̃, ɑ̃t] adj
aufmerksam
prévenir [pʀev(ə)niʀ] <9> vt (empêcher)
verhindern; **~ qn (de qch)** (informer) jdn
(von etw) benachrichtigen; **~ qn contre**
qch/qn jdn gegen etw/jdn einnehmen;
~ les besoins/désirs de qn jds
Bedürfnissen/Wünschen dat zuvorkommen
préventif, -ive [pʀevɑ̃tif, iv] adj
vorbeugend; **détention préventive**
Untersuchungshaft f
prévention [pʀevɑ̃sjɔ̃] nf Verhütung f;
(incarcération) Untersuchungshaft f
prévenu, e [pʀev(ə)ny] nm/f
Angeklagte(r) mf
prévisible [pʀevizibl] adj vorhersehbar
prévision [pʀevizjɔ̃] nf: **en ~ de qch** in
Erwartung einer Sache gen; **~s**
météorologiques Wettervorhersage f
prévoir [pʀevwaʀ] irr comme voir vt
vorhersehen
prévoyance [pʀevwajɑ̃s] nf: **société/**
caisse de ~ Rentenversicherung f/-fonds m
prévoyant, e [pʀevwajɑ̃, ɑ̃t] adj
vorsorgend, vorausschauend
prier [pʀije] <1> vi beten ■ vt (Dieu)
beten zu; (personne) (inständig) bitten;
(terme de politesse) ersuchen, bitten;
~ qn de ne pas fumer jdn bitten, nicht zu
rauchen; **je vous en prie** bitte(schön)
prière [pʀijɛʀ] nf (Rel) Gebet nt; (demande
instante) Bitte f; **dire une/sa ~** beten;
~ de ne pas fumer bitte nicht rauchen
primaire [pʀimɛʀ] adj (Scol) Grundschul-;
(simpliste) simpel; **secteur ~** (Econ)
Primärsektor m ■ nm: **le ~** (enseignement)
die Grundschulausbildung
primauté [pʀimote] nf Vorrang m
prime [pʀim] nf Prämie f; (objet gratuit)
Werbegeschenk nt; **~ de risque**
Gefahrenzulage f ■ adj: **de ~ abord** auf
den ersten Blick

primer [pʀime] <1> vt (récompenser) prämieren ■ vi überwiegen; **~ sur qch** (l'emporter) wichtiger sein als etw (anderes)

primeur [pʀimœʀ] nf: **avoir la ~ de qch** der/die Erste sein, der/die etw erfährt; **primeurs** nfpl (fruits) Frühobst nt; (légumes) Frühgemüse nt; **marchand de ~s** Obst- und Gemüsehändler m

primevère [pʀimvɛʀ] nf Schlüsselblume f

primitif, -ive [pʀimitif, iv] adj Ur-, ursprünglich; (société; rudimentaire) primitiv; **couleurs primitives** Grundfarben pl

primo [pʀimo] adv erstens

primordial, e (pl -aux) [pʀimɔʀdjal, o] adj wesentlich, bedeutend

prince, -esse [pʀɛ̃s, ɛs] nm/f Prinz (Prinzessin) m/f, (souverain) Fürst(in) m(f)

principal, e (pl -aux) [pʀɛ̃sipal, o] adj Haupt- ■ nm/f (d'un collège) Rektor(in) m(f) ■ nm: **le ~** (essentiel) das Wesentliche

principalement adv hauptsächlich, vor allem

principauté [pʀɛ̃sipote] nf Fürstentum nt

principe [pʀɛ̃sip] nm Prinzip nt; (d'une discipline, d'une science) Grundsatz m; **de ~** prinzipiell; **en ~** im Prinzip; **partir du ~ que** davon ausgehen, dass; **pour le/par ~** aus Prinzip

printemps [pʀɛ̃tɑ̃] nm Frühling m, Frühjahr nt; **au ~** im Frühling

prioritaire [pʀijɔʀitɛʀ] adj (personne, industrie) bevorrechtigt; (véhicule) mit Vorfahrt; (Inform) mit Vorrang; (suisse: lettre) erster Klasse

priorité [pʀijɔʀite] nf: **avoir la ~** (Auto) Vorfahrt haben; **~ à droite** rechts vor links; **en ~** vorrangig, zuerst

pris, e [pʀi, iz] pp de **prendre** ■ adj (place) besetzt; (journée, mains) voll; (personne) beschäftigt; **avoir la gorge ~e** (Med) einen entzündeten Hals haben; **c'est toujours ça de ~** (fam) das ist immerhin etwas ■ nf (d'une ville) Einnahme f; (en pêche) Fang m; (Sport) Griff m; **~ (de courant)** (Elec) Steckdose f; **être aux ~es avec qn** sich in den Haaren liegen; **lâcher ~e** loslassen; **~ en charge** (par la sécurité sociale) Kostenübernahme f; **~e multiple** Mehrfachsteckdose f; **~e de sang** Blutabnahme f; **~e de son** Tonaufnahme f; **~e de terre** (Elec) Erdung f; **~e de vue** (Foto) Aufnahme f

priser [pʀize] <1> vt (tabac) schnupfen

prisme [pʀism] nm Prisma nt

prison [pʀizɔ̃] nf Gefängnis nt

prisonnier, -ière [pʀizɔnje, ɛʀ] nm/f (détenu) Häftling m; (soldat) Gefangene(r) mf ■ adj gefangen; **faire ~** gefangen nehmen

privations [pʀivasjɔ̃] nfpl Entbehrungen pl

privatisation [pʀivatizasjɔ̃] nf (Econ) Privatisierung f

privatiser [pʀivatize] <1> vt privatisieren

privautés [pʀivote] nfpl Freiheiten pl

privé, e [pʀive] adj privat, Privat-; (personnel, intime) persönlich; **en ~** privat

priver [pʀive] <1> vt: **~ qn de qch** jdm etw entziehen ■ vpr: **se ~ de qch/faire qch** sich dat etw versagen/sich dat versagen, etw zu tun

privilège [pʀivilɛʒ] nm Privileg nt

privilégié, e [pʀivileʒje] adj privilegiert; (favorisé) begünstigt

privilégier [pʀivileʒje] <1> vt (personne) bevorzugen; (méthode, chose) den Vorzug geben +dat

prix [pʀi] nm Preis m; **à aucun/tout ~** um keinen/jeden Preis; **au ~ fort** zum Höchstpreis; **hors de ~** sehr teuer; **~ de revient** Selbstkostenpreis

pro [pʀo] nmf (fam) Profi m

probabilité [pʀobabilite] nf Wahrscheinlichkeit f

probable adj wahrscheinlich

probablement adv wahrscheinlich

probant, e [pʀobɑ̃, ɑ̃t] adj beweiskräftig, überzeugend

probité [pʀobite] nf Redlichkeit f

problématique [pʀoblematik] adj problematisch ■ nf Problematik f

problème [pʀoblɛm] nm Problem nt; (Scol) Rechenaufgabe f

procédé [pʀosede] nm (méthode) Verfahren nt, Prozess m

procéder [pʀosede] <5> vi (agir) vorgehen; **~ à qch** etw durchführen

procédure [pʀosedyʀ] nf Verfahrensweise f; **le code de ~ civile/pénale** die Zivil-/Strafprozessordnung

procès [pʀosɛ] nm Prozess m; **être en ~ avec qn** mit jdm prozessieren; **~ d'intention** Unterstellung f

processeur [pʀosɛsœʀ] nm (Inform) Prozessor m

processus [pʀosesys] nm (évolution) Prozess m

procès-verbal (pl procès-verbaux) [pʀosevɛʀbal, o] nm Protokoll nt; (de contravention) Strafmandat nt

prochain, e [pʀoʃɛ̃, ɛn] adj nächste(r, s); **à la ~e fois!** bis zum nächsten Mal!; **la semaine ~e** (date) (die) nächste Woche

prochainement adv demnächst

proche [pʀoʃ] adj nahe (de bei); **de ~ en ~** schrittweise ■ nmpl (parents) nächste Verwandte pl

Proche-Orient [pʀɔʃɔʀjɑ̃] nm: **le ~** der
Nahe Osten
proclamation [pʀɔklamasjɔ̃] nf
Bekanntgabe f
proclamer [pʀɔklame] <1> vt (la
république, un roi) ausrufen, proklamieren;
(résultat d'un examen) bekannt geben;
(son innocence, etc) erklären, beteuern
procréer [pʀɔkʀee] <1> vt zeugen,
hervorbringen
procuration [pʀɔkyʀasjɔ̃] nf Vollmacht f
procurer [pʀɔkyʀe] <1> vt: **~ qch à qn**
(fournir) jdm etw verschaffen; (plaisir, joie)
jdm etw machen, jdm etw bereiten;
se procurer vpr sich dat verschaffen
procureur, -ratrice [pʀɔkyʀœʀ,
ʀatʀis] nm/f: **~(-ratrice) (de la
République)** Staatsanwalt(-anwältin)
m/f; **~(-ratrice) général(e)**
Generalstaatsanwalt(-anwältin) m/f
prodige [pʀɔdiʒ] nm Wunder nt;
enfant ~ Wunderkind nt
prodigieux, -euse [pʀɔdiʒjø, øz] adj
erstaunlich, fantastisch
prodigue [pʀɔdig] adj verschwenderisch;
l'enfant ~ der verlorene Sohn
prodiguer <1> vt (dilapider) vergeuden;
~ qch à qn jdn mit etw überhäufen
producteur, -trice [pʀɔdyktœʀ, tʀis]
adj: **pays ~ de blé/pétrole** Weizen/Erdöl
erzeugendes Land ■ nm/f (de biens)
Hersteller(in) m(f); (Cine) Produzent(in)
m(f)
productif, -ive [pʀɔdyktif, iv] adj
fruchtbar, ertragreich; (capital, personnel)
produktiv
production [pʀɔdyksjɔ̃] nf Erzeugung f,
Produktion f, Herstellung f; **~ maigre**
Lean Production f
productivité [pʀɔdyktivite] nf
Produktivität f
produire [pʀɔdɥiʀ] irr comme conduire vt
erzeugen; (entreprise) herstellen,
produzieren; (résultat, changement)
bewirken; (Cine, TV) produzieren;
(documents, témoins) liefern, beibringen
■ vi (rapporter) produzieren;
(investissement, argent) Gewinn abwerfen,
arbeiten; **se produire** vpr (acteur) sich
produzieren; (changement, événement)
sich ereignen
produit [pʀɔdɥi] nm Produkt nt; (d'un
investissement) Rendite f; **~ brut**
Roherzeugnis nt; **~ fini** Fertigprodukt;
~ intérieur brut Bruttoinlandsprodukt;
~ national brut Bruttosozialprodukt;
~ d'entretien Putzmittel nt; **~ sans nom**
No-Name(-Produkt) nt; **~ de protection
solaire** Sonnenschutzmittel nt
prof [pʀɔf] nmf (fam) Lehrer(in) m(f)

profane [pʀɔfan] adj (Rel) weltlich;
(ignorant, non initié) laienhaft
professer [pʀɔfese] <1> vt (déclarer
hautement) bekunden; (enseigner)
unterrichten
professeur [pʀɔfesœʀ] nmf Lehrer(in)
m(f); **~ d'université** (Universitäts)professor(in) m(f)
profession [pʀɔfesjɔ̃] nf Beruf m;
de ~ von Beruf
professionnel, le [pʀɔfesjɔnɛl] adj
Berufs-, beruflich ■ nm/f (sportif,
cambrioleur) Profi m; (ouvrier)
Facharbeiter(in) m(f)
professorat [pʀɔfesɔʀa] nm: **le ~** der
Lehrberuf
profil [pʀɔfil] nm (du visage) Profil nt;
(section, coupe) Längsschnitt m; **de ~** im
Profil
profiler <1> vt (Tech) Stromlinienform
geben +dat; **se profiler** vpr sich abheben
profit [pʀɔfi] nm (avantage) Nutzen m,
Vorteil m; (Com, Fin) Gewinn m, Profit m;
au ~ de qn zugunsten von jdm; **tirer ~ de
qch** Gewinn aus etw ziehen
profitable adj gewinnbringend, nützlich
profiter [pʀɔfite] <1> vi: **~ à qn/qch** jdm/einer Sache nützlich sein
profond, e [pʀɔfɔ̃, ɔ̃d] adj tief; (esprit,
écrivain) tiefsinnig; (silence, indifférence)
vollkommen; (erreur) schwer
profondément [pʀɔfɔ̃demɑ̃] adv (creuser,
pénétrer) tief; (choqué, convaincu)
vollkommen, zutiefst; **~ endormi(e)** fest
eingeschlafen
profondeur nf Tiefe f
profusément [pʀɔfyzemɑ̃] adv stark
profusion [pʀɔfyzjɔ̃] nf Fülle f; (fig)
Überfülle f; **à ~** in Hülle und Fülle
progéniture [pʀɔʒenityʀ] nf Nachwuchs m
progiciel [pʀɔʒisjɛl] nm Softwarepaket nt
programmable [pʀɔgʀamabl] adj
programmierbar
programmateur, -trice
[pʀɔgʀamatœʀ, tʀis] nm/f (Cine, TV)
Programmdirektor(in) m(f) ■ nm (de
machine à laver) Programmschalter m
programmation [pʀɔgʀamasjɔ̃] nf
(Cine, TV) Programm nt; (Inform)
Programmieren nt
programme [pʀɔgʀam] nm (a. Inform)
Programm nt; (Scol) Lehrplan m;
~ d'application, ~ utilisateur
Anwendungsprogramm; **~ de causeries
en ligne directe** Chatprogramm;
~ de compression de données
Kompressionsprogramm;
~ d'exploitation d'un système
Systemprogramm; **~ d'information**
Infotainment nt; **~ télé** Fernsehzeitschrift f

programmer <1> vt (émission) ins
Programm nehmen; (ordinateur)
programmieren
programmeur, -euse [prɔgramœr, øz]
nm/f Programmierer(in) m(f)
progrès [prɔgrɛ] nm Fortschritt m; (d'un
incendie, d'une épidémie) Fortschreiten nt
progresser [prɔgrese] <1> vi vorrücken,
vordringen; (élève) Fortschritte machen
progressif, -ive adj (impôt, taux)
progressiv; (développement)
fortschreitend; (difficulté) zunehmend
progression nf Entwicklung f; (d'une
armée) Vorrücken nt; (Math) Reihe f
prohiber [prɔibe] <1> vt verbieten
prohibitif, -ive [prɔibitif, iv] adj (prix)
unerschwinglich
proie [prwa] nf Beute f; être en ~ à leiden
unter +dat
projecteur [prɔʒɛktœr] nm Projektor m;
(spot) Scheinwerfer m
projectile [prɔʒɛktil] nm Geschoss nt
projection [prɔʒɛksjɔ̃] nf (d'un film)
Vorführen nt, Projektion f; **conférence
avec ~** Diavortrag m
projectionniste [prɔʒɛksjɔnist] nmf
(Film)vorführer(in) m(f)
projet [prɔʒɛ] nm Plan m; (ébauche)
Entwurf m; ~ **de loi** Gesetzentwurf;
~ **de loi de finances** (Pol)
Haushaltsentwurf; ~ **de recherches**
Forschungsvorhaben nt
projeter [prɔʒ(ə)te] <3> vt schleudern;
(envisager) planen, beabsichtigen; (film,
diapositives) vorführen, projizieren
prolétaire [prɔletɛr] nmf Proletarier(in)
m(f)
prolétariat [prɔletarja] nm
Proletariat nt
prolétarien, ne [prɔletarjɛ̃, ɛn] adj
proletarisch
prolifération [prɔliferasjɔ̃] nf (de
plantes, d'animaux) Vermehrung f; (de
crimes, de magasin) Ausbreitung f; (Med)
Wucherung f
proliférer [prɔlifere] <5> vi sich stark
vermehren
prolifique [prɔlifik] adj fruchtbar
prolo [prɔlo] nmf (fam) Prolo m
prolongation [prɔlɔ̃gasjɔ̃] nf
Verlängerung f; **jouer les ~s** (Sport) in die
Verlängerung gehen; (fig) ausdehnen
prolongement [prɔlɔ̃gmã] nm
Verlängerung f; **prolongements** nmpl
(conséquences) Auswirkungen pl, Folgen pl;
dans le ~ de weiterführend von
prolonger [prɔlɔ̃ʒe] <2> vt verlängern;
(chose) eine Verlängerung sein von;
se prolonger vpr (leçon, repas) andauern;
(route, chemin) weitergehen

promenade [prɔm(ə)nad] nf
Spaziergang m; ~ **à vélo** Fahrradtour f;
~ **en voiture** Spazierfahrt f
promener [prɔm(ə)ne] <4> vt (personne,
chien) spazieren führen; (doigts, main,
regards) gleiten lassen; **se promener** vpr
spazieren gehen; (en voiture) spazieren
fahren
promeneur, -euse [prɔm(ə)nœr, øz]
nm/f Spaziergänger(in) m(f)
promesse [prɔmɛs] nf Versprechen nt;
tenir sa ~ sein Versprechen halten
promettre [prɔmɛtr] irr comme mettre vt
versprechen; (annoncer) hindeuten auf
+akk ◼ vi (récolte, arbre) eine gute Ernte
versprechen; (enfant, musicien)
vielversprechend sein; **ça promet!** (fam)
das kann ja heiter werden! ◼ vpr: **se ~ qch**
sich dat etw versprechen
promiscuité [prɔmiskɥite] nf
drangvolle Enge
promo [prɔmo] nf (Scol: fam) Jahrgang m
promoteur, -trice [prɔmɔtœr, tris]
nm/f (instigateur) Initiator(in) m(f); ~ **de
construction** Bauträger m
promotion [prɔmosjɔ̃] nf (professionnelle)
Beförderung f; ~ **de la femme**
Frauenförderung f; ~ **des ventes** (Com)
Absatzförderung f; **être en ~** im
Sonderangebot sein
promotionnel, le [prɔmosjɔnɛl] adj
Werbe-
promouvoir [prɔmuvwar] irr comme
mouvoir vt (personne) befördern;
(encourager) fördern, sich einsetzen für
prompt, e [prɔ̃, prɔ̃t] adj schnell
prompteur [prɔ̃ptœr] nm Teleprompter m
promulguer [prɔmylge] <1> vt erlassen
pronom [prɔnɔ̃] nm Pronomen nt
pronominal, e (pl -aux) [prɔnɔminal, o]
adj: **verbe ~** (Ling) Pronominalverb nt
prononcé, e [prɔnɔ̃se] adj ausgeprägt
prononcer [prɔnɔ̃se] <2> vt aussprechen;
(proférer) hervorbringen; (jugement,
sentence) verkünden ◼ vi: ~ **bien/mal** eine
gute/schlechte Aussprache haben;
se prononcer vpr sich entscheiden;
se ~ en faveur de/contre qch/qn sich für/
gegen etw/jdn aussprechen; **se ~ sur qch**
seine Meinung über etw akk äußern
prononciation [prɔnɔ̃sjasjɔ̃] nf
Aussprache f
pronostic [prɔnɔstik] nm Prognose f,
Vorhersage f
pronostiquer [prɔnɔstike] <1> vt (Med)
prognostizieren; (annoncer) voraussagen
propagande [prɔpagãd] nf Propaganda f
propager [prɔpaʒe] <2> vt (répandre)
verbreiten; **se propager** vpr sich
ausbreiten

propane [pʁɔpan] nm Propan nt
prophète, prophétesse [pʁɔfɛt, pʁɔfetɛs] nm/f Prophet(in) m(f)
prophétie [pʁɔfesi] nf Prophezeiung f
prophétiser [pʁɔfetize] <1> vt prophezeien
prophylactique [pʁɔfilaktik] adj prophylaktisch, vorbeugend
prophylaxie [pʁɔfilaksi] nf Prophylaxe f
propice [pʁɔpis] adj günstig
proportion [pʁɔpɔʁsjɔ̃] nf (équilibre, harmonie) Proportionen pl; (relation) Verhältnis nt; (pourcentage) Prozentsatz m; **proportions** nfpl Proportionen pl; (taille, importance) Ausmaß nt; **en ~ de** im Verhältnis zu; **être sans ~ avec** in keinem Verhältnis stehen zu; **toute(s) ~(s) gardée(s)** im Verhältnis, verhältnismäßig
proportionnel, le [pʁɔpɔʁsjɔnɛl] adj proportional, anteilmäßig; **~ à** proportional zu; **représentation ~e** Verhältniswahlrecht nt
proportionner [pʁɔpɔʁsjɔne] <1> vt: **~ qch à qch** etw auf etw akk abstimmen
propos [pʁɔpo] nm (paroles) Worte pl; (intention) Absicht f; **à ~!** übrigens!; **à ~** im rechten Augenblick; **à ~ de** bezüglich +gen; **à quel ~?** (sujet) aus welchem Anlass?; **à tout ~** ständig, bei jeder Gelegenheit
proposer [pʁɔpoze] <1> vt vorschlagen; (offrir) anbieten; (loi, motion) einbringen; **~ de faire qch** (suggérer) vorschlagen, etw zu tun; (offrir) anbieten, etw zu tun; **se proposer** vpr sich anbieten; **se ~ de faire qch** sich dat vornehmen, etw zu tun
proposition [pʁɔpozisjɔ̃] nf (suggestion) Vorschlag m; (Pol) Antrag m; (offre) Angebot nt; (Ling) Satz m; **~ de loi** Gesetzentwurf m; **~ principale/ subordonnée** Haupt-/Nebensatz
propre [pʁɔpʁ] adj sauber; (personne, vêtement) ordentlich, gepflegt; (intensif possessif) eigen; **~ à** (spécifique) typisch für, eigen +dat; **~ à faire qch** (de nature à) geeignet, etw zu tun ■ nm: **mettre [ou recopier] au ~** ins Reine schreiben; **le ~ de** (particularité) eine Eigenschaft +gen; **au ~** (au sens propre) eigentlich
proprement adv sauber, ordentlich; **à ~ parler** streng genommen, eigentlich
propreté nf Sauberkeit f
propriétaire [pʁɔpʁijetɛʁ] nmf Besitzer(in) m(f), Eigentümer(in) m(f); (de terres, d'immeubles) Besitzer(in) m(f); (qui loue) Hausbesitzer(in) m(f), Vermieter(in) m(f)

propriété [pʁɔpʁijete] nf (Jur) Besitz m; (possession) Eigentum nt; (immeuble, maison) Grundbesitz m, Hausbesitz m; (qualité) Eigenschaft f; (d'un mot) Angemessenheit f
propulser [pʁɔpylse] <1> vt (missile, engin) antreiben; (projeter) schleudern
propulsion [pʁɔpylsjɔ̃] nf Antrieb m
prorata [pʁɔʁata] nm inv: **au ~ de** im Verhältnis zu
proroger [pʁɔʁɔʒe] <2> vt (renvoyer) aufschieben; (prolonger) verlängern; (Pol) vertagen
proscrire [pʁɔskʁiʁ] irr comme écrire vt (bannir) verbannen; (interdire) verbieten
prose [pʁoz] nf Prosa f
prospecter [pʁɔspɛkte] <1> vt (terrain) nach Bodenschätzen suchen in +dat; (Com) sondieren
prospecteur-placier (pl prospecteurs-placiers) [pʁɔspɛktœʁplasje] nm Arbeitsvermittler m
prospectus [pʁɔspɛktys] nm Prospekt m
prospère [pʁɔspɛʁ] adj (période) ertragreich; (finances, entreprise) florierend, gut gehend
prospérer [pʁɔspeʁe] <5> vi gut gedeihen; (entreprise, ville, science) blühen, florieren
prospérité [pʁɔspeʁite] nf Wohlstand m
prostate [pʁɔstat] nf Prostata f
prostitué, e [pʁɔstitɥe] nm/f Prostituierte(r) mf
prostitution [pʁɔstitysjɔ̃] nf Prostitution f
protagoniste [pʁɔtagɔnist] nmf Protagonist(in) m(f); (acteur) Hauptdarsteller(in) m(f)
protecteur, -trice [pʁɔtɛktœʁ, tʁis] adj beschützend; (régime, système) Schutz- ■ nm/f (défenseur) Beschützer(in) m(f)
protection [pʁɔtɛksjɔ̃] nf Schutz m; (patronage: Econ) Protektion f; **~ du climat** Klimaschutz; **~ de l'environnement** Umweltschutz; **~ contre l'incendie** Brandschutz; **~ du littoral** Küstenschutz; **~ des paysages naturels** Landschaftsschutz
protégé, e [pʁɔteʒe] nm/f Protegé m, Schützling m
protège-cahier (pl ~s) [pʁɔteʒkaje] nm Schutzhülle f
protéger [pʁɔteʒe] <2, 5> vt schützen; (physiquement) beschützen; (intérêt, liberté, institution) wahren; (Inform) sichern ■ vpr: **se ~ de qch/contre qch** sich vor etw dat/ gegen etw schützen
protège-slip (pl ~s) nm Slipeinlage f
protéine [pʁɔtein] nf Protein nt

protestant, e [pʀɔtɛstɑ̃, ãt] *adj* protestantisch ▪ *nm/f* Protestant(in) *m(f)*
protestation [pʀɔtɛstasjõ] *nf* (*plainte*) Protest *m*; (*déclaration*) Beteuerung *f*
protester [pʀɔtɛste] <1> *vi*: ~ **(contre qch)** (gegen etw) protestieren; ~ **de son innocence** seine Unschuld beteuern
prothèse [pʀɔtɛz] *nf* (*appareil*) Prothese *f*; ~ **dentaire** Zahnprothese, Gebiss *nt*
protocole [pʀɔtɔkɔl] *nm* (*étiquette*) Protokoll *nt*; ~ **d'accord** Vereinbarungsprotokoll; ~ **de transfert** (*Inform*) Übertragungsprotokoll; ~ **de transfert de fichier** FTP *nt*
prototype [pʀɔtɔtip] *nm* Prototyp *m*
protubérance [pʀɔtybeʀãs] *nf* (*saillie*) Beule *f*
protubérant, e *adj* vorstehend
proue [pʀu] *nf* Bug *m*
prouesse [pʀuɛs] *nf* (*acte de courage*) Heldentat *f*; (*exploit*) Kunststück *nt*, Meisterleistung *f*
prouver [pʀuve] <1> *vt* beweisen
provenance [pʀɔv(ə)nɑ̃s] *nf* Herkunft *f*, Ursprung *m*; **avion/train en ~ de** Flugzeug/Zug aus
provençal, e (*pl* -**aux**) [pʀɔvãsal, o] *adj* provenzalisch
Provence [pʀɔvãs] *nf*: **la ~** die Provence
provenir [pʀɔv(ə)niʀ] <9> *vi* (*avec être*): ~ **de** (*venir de*) (her)kommen aus; (*tirer son origine de*) stammen von; (*résulter de*) kommen von
proverbe [pʀɔvɛʀb] *nm* Sprichwort *nt*
proverbial, e (*pl* -**aux**) [pʀɔvɛʀbjal, o] *adj* sprichwörtlich
providence [pʀɔvidãs] *nf* Vorsehung *f*
providentiel, le [pʀɔvidãsjɛl] *adj* (*opportun*) unerwartet, glücklich
province [pʀɔvɛ̃s] *nf* (*région*) Provinz *f*; **la Belle P~** Quebec *nt*
provincial, e (*pl* -**aux**) [pʀɔvɛ̃sjal, o] *adj* Provinz-; (*pej*) provinzlerisch
proviseur [pʀɔvizœʀ] *nmf* (*de lycée*) Direktor(in) *m(f)*
provision [pʀɔvizjõ] *nf* Vorrat *m*; (*acompte, avance*) Anzahlung *f*, Vorschuss *m*; (*Com*) Deckung *f*; **provisions** *nfpl* (*ravitaillement*) Vorräte *pl*; **faire ~ de qch** einen Vorrat an etw *dat* anlegen
provisoire [pʀɔvizwaʀ] *adj* vorläufig; **mise en liberté ~** vorläufige Haftentlassung
provisoirement *adv* einstweilig
provocant, e [pʀɔvɔkã, ãt] *adj* herausfordernd, provozierend
provocation [pʀɔvɔkasjõ] *nf* Provokation *f*
provoquer [pʀɔvɔke] <1> *vt* (*défier*) herausfordern; (*causer: choses*)

hervorrufen; (*colère, curiosité*) verursachen; (*gaieté, rires*) hervorrufen; (*aveux, explications*) hervorlocken; ~ **qn à** (*inciter à*) jdn provozieren zu
proximité [pʀɔksimite] *nf* Nähe *f*; **à ~** in der Nähe
prude [pʀyd] *adj* prüde
prudence [pʀydãs] *nf* Umsicht *f*, Überlegtheit *f*, Vorsicht *f*; **avec ~** umsichtig; **par (mesure de) ~** als Vorsichtsmaßnahme
prudent, e *adj* (*circonspect*) umsichtig; (*sage*) klug, überlegt; (*réservé*) vorsichtig
prune [pʀyn] *nf* Pflaume *f*; **pour des ~s** (*fam: inutilement*) für nichts und wieder nichts; (*fam: aucunement*) nicht die Bohne
pruneau (*pl* **x**) [pʀyno] *nm* Backpflaume *f*
prunelle [pʀynɛl] *nf* (*Anat*) Pupille *f*; **comme la ~ de ses yeux** wie seinen Augapfel
prunier [pʀynje] *nm* Pflaumenbaum *m*
Prusse [pʀys] *nf*: **la ~** Preußen *nt*
P.S. *nm abr* = **parti socialiste** sozialistische Partei
P.-S. *nm abr* = **post-scriptum** PS *nt*
psaume [psom] *nm* Psalm *m*
pseudonyme [psødɔnim] *nm* Pseudonym *nt*
psychanalyse [psikanaliz] *nf* Psychoanalyse *f*
psychanalyser [psikanalize] <1> *vt* einer Psychoanalyse unterziehen
psychanalyste [psikanalist] *nmf* Psychoanalytiker(in) *m(f)*
psychanalytique [psikanalitik] *adj* psychoanalytisch
psychédélique [psikedelik] *adj* psychedelisch
psychiatre [psikjatʀ] *nmf* Psychiater(in) *m(f)*
psychiatrie [psikjatʀi] *nf* Psychiatrie *f*
psychiatrique [psikjatʀik] *adj*: **hôpital ~** psychiatrisches Krankenhaus
psychique [psifik] *adj* psychisch
psychologie [psikɔlɔʒi] *nf* (*science*) Psychologie *f*; (*intuition*) Menschenkenntnis *f*
psychologique *adj* psychologisch; (*psychique*) psychisch
psychologue [psikɔlɔg] *nmf* Psychologe(-login) *m/f*
psychopathe [psikɔpat] *nmf* Psychopath(in) *m(f)*
psychose [psikoz] *nf* Psychose *f*
psychosomatique [psikɔsɔmatik] *adj* psychosomatisch
psychothérapie *nf* Psychotherapie *f*
psychotique [psikɔtik] *adj* psychotisch

puanteur [pɥɑ̃tœʀ] nf Gestank m
pub [pyb] nf (fam: publicité) Werbung f
puberté [pybɛʀte] nf Pubertät f
pubis [pybis] nm Schambein nt
public, -ique [pyblik] adj öffentlich;
en ~ öffentlich ■ nm (population)
Öffentlichkeit f; (audience, lecteurs)
Publikum nt; **le grand ~** die breite
Öffentlichkeit; **interdit au ~** der
Öffentlichkeit nicht zugänglich
publication [pyblikasjɔ̃] nf
Veröffentlichung f; **~ assistée par
ordinateur** Desktop-Publishing nt
publicitaire [pyblisitɛʀ] adj Werbe-
publicité [pyblisite] nf (Com) Werbung f;
(annonce) (Werbe)anzeige f
publier [pyblije] <1> vt (auteur)
veröffentlichen; (éditeur) herausbringen;
(bans, décret, loi) verkünden; (nouvelle)
verbreiten
publiphone® [pyblifɔn] nm
Kartentelefon nt
publipostage [pyblipɔstaʒ] nm
Postwurfsendung f, Mailing nt
puce [pys] nf (Zool) Floh m; (Inform)
Chip m; **~ à haute performance**
Hochleistungschip; **les ~s, le marché aux
~s** der Flohmarkt; **mettre la ~ à l'oreille**
hellhörig werden lassen
pucelle [pysɛl] nf (fam) Jungfrau f
pudeur [pydœʀ] nf Schamhaftigkeit f
pudique [pydik] adj (chaste) schamhaft, sittsam;
(discret) dezent, diskret
puer [pɥe] <1> vi stinken
puériculteur, -trice [pɥeʀikyltœʀ, tʀis]
nm/f Betreuer(in) m(f) von Kleinkindern,
Säuglingsschwester f
puériculture [pɥeʀikyltyʀ] nf
Säuglingspflege f
puéril, e [pɥeʀil] adj kindisch
puis [pɥi] adv dann
puiser [pɥize] <1> vt (eau) schöpfen;
~ qch dans qch (fig: exemple,
renseignement) etw einer Sache dat
entnehmen
puisque [pɥisk] conj da; **~ je te le dis!**
(valeur intensive) und wenn ich es dir sage!
puissance [pɥisɑ̃s] nf Stärke f; (État)
Macht f; **deux (à la) ~ cinq** (Math)
2 hoch 5; **~ nucléaire** Atommacht; **les ~s
occultes** die übernatürlichen Mächte pl
puissant, e adj stark; (influent) mächtig,
einflussreich; (exemple, raisonnement)
überzeugend
puits [pɥi] nm (d'eau) Brunnen m;
(de pétrole) Bohrloch nt
pull [pyl] nm Pulli m
pull-over (pl ~s) [pylɔvɛʀ] nm Pullover m
pulluler [pylyle] <1> vi (grouiller)
wimmeln

pulmonaire [pylmɔnɛʀ] adj Lungen-
pulpe [pylp] nf (Frucht)fleisch nt
pulvérisateur [pylveʀizatœʀ] nm
Zerstäuber m
pulvériser [pylveʀize] <1> vt (solide)
pulverisieren; (liquide) sprühen,
spritzen; (argument) zerpflücken;
(record) brechen
puma [pyma] nm Puma m
punaise [pynɛz] nf (Zool) Wanze f; (clou)
Reißzwecke f
punch [pœnʃ] nm (d'un boxeur) Schlagkraft
f; (efficacité, dynamisme) Pfeffer m
punir [pyniʀ] <8> vt bestrafen; **~ qn de
qch** jdn für etw bestrafen
punition [pynisjɔ̃] nf Bestrafung f
pupille [pypij] nf (Anat) Pupille f; (enfant)
Mündel nt; **~ de l'État** Fürsorgekind nt
pupitre [pypitʀ] nm Pult nt; (Rel) Kanzel f;
(de chef d'orchestre) Dirigentenpult nt
pupitreur, -euse [pypitʀœʀ, øz] nm/f
(Inform) Operator(in) m(f)
pur, e [pyʀ] adj rein; (vin) unverdünnt;
(whisky, gin) pur; (air, ciel) klar; (intentions)
selbstlos; **~ et simple** ganz einfach;
en ~e perte vergeblich
purée [pyʀe] nf: **~ de marrons**
Maronenpüree nt; **~ de pois** (fam:
brouillard) Waschküche f; **~ (de pommes
de terre)** Kartoffelbrei m
pureté [pyʀte] nf Reinheit f; (de l'air,
du ciel) Klarheit f; (des intentions)
Selbstlosigkeit f
purgatif [pyʀgatif] nm Abführmittel
purgatoire [pyʀgatwaʀ] nm Fegefeuer nt
purge [pyʀʒ] nf (Pol) Säuberungsaktion f;
(Med) (starkes) Abführmittel nt
purger [pyʀʒe] <2> vt (radiateur, circuit
hydraulique, freins) entlüften; (Med)
entschlacken; (Jur: peine) verbüßen; (Pol)
säubern
purification [pyʀifikasjɔ̃] nf Reinigung f;
~ ethnique ethnische Säuberung
purifier [pyʀifje] <1> vt reinigen
puriste [pyʀist] nmf Purist(in) m(f)
pur-sang [pyʀsɑ̃] nm inv Vollblut nt
purulent, e [pyʀylɑ̃, ɑ̃t] adj eitrig
pus [py] nm Eiter m
pusillanime [pyzilanim] adj zaghaft,
ängstlich
pustule [pystyl] nf Pustel f
putain [pytɛ̃] nf (fam) Hure f
putois [pytwa] nm Iltis m
putréfier [pytʀefje] <1> vt verwesen
lassen; (fruit) faulen lassen; **se putréfier**
vpr verwesen; faulen
putsch [putʃ] nm Putsch m
puzzle [pœzl] nm Puzzle nt
p.-v. nm abr = **procès-verbal** Strafzettel m
pyjama [piʒama] nm Schlafanzug m

pylône [pilon] nm (d'un pont) Pfeiler m; (mât, poteau) Mast m
pyramide [piʀamid] nf Pyramide f
Pyrénées [piʀene] nfpl Pyrenäen pl
pyrex® [piʀɛks] nm Jenaer Glas®
pyrolyse [piʀɔliz] nf Pyrolyse f
pyromane [piʀɔman] nmf Pyromane (Pyromanin) m/f
python [pitõ] nm Pythonschlange f

q

Q, q [ky] nm Q, q nt
Qatar [kataʀ] nm: **le ~** Katar nt
QCM nm abr = **questionnaire à choix multiple** Multiple-Choice-Fragebogen m
Q.G. abr = **quartier général** Hauptquartier nt
Q.H.S. nm abr = **quartier de haute sécurité** Hochsicherheitstrakt m
Q.I. abr = **quotient intellectuel** IQ m
quadragénaire [k(w)adʀaʒenɛʀ] adj vierzigjährig; zwischen vierzig und fünfzig
quadrangulaire [k(w)adʀɑ̃gylɛʀ] adj viereckig
quadrichromie [k(w)adʀikʀɔmi] nf Vierfarbendruck m
quadrilatère [k(w)adʀilatɛʀ] nm Viereck nt
quadrillage [kadʀijaʒ] nm Aufteilung f in Quadrate; (de la police: Mil) Bewachung f; (dessin) Karomuster nt
quadripartite [kwadʀipaʀtit] adj (entre pays) Viermächte-; (entre partis) Vierer-
quadriphonie [k(w)adʀifɔni] nf Quadrofonie f
quadriréacteur [k(w)adʀiʀeaktœʀ] nm viermotoriger Jet
quadrupède [k(w)adʀypɛd] nm Vierfüßer m ▪ adj vierfüßig
quadruple [k(w)adʀypl] adj vierfach

quadrupler <1> vt vervierfachen ■ vi sich vervierfachen

quadruplés, -ées [k(w)adʀyple] nmpl, fpl Vierlinge pl

quai [ke] nm (d'un port) Kai m; (d'une gare) Bahnsteig m; (voie publique) Uferstraße f, Quai m; **être à ~** im Hafen liegen; **Q~ d'Orsay** Sitz des französischen Außenministeriums in Paris

qualificatif, -ive [kalifikatif, iv] adj (Ling) erläuternd ■ nm (terme) Bezeichnung f

qualification [kalifikasjõ] nf nähere Bestimmung f; (aptitude) Qualifikation f, Befähigung f; **~ professionnelle** berufliche Qualifikation

qualifier [kalifje] <1> vt näher bestimmen; (donner qualité à) berechtigen, qualifizieren; (Sport) qualifizieren; **~ qch/ qn de** (appeler) etw/jdn bezeichnen als; **se qualifier** vpr (Sport) sich qualifizieren

qualitatif, -ive [kalitatif, iv] adj qualitativ

qualité [kalite] nf Qualität f; (d'une personne) (gute) Eigenschaft; (titre, fonction) Funktion f; **en ~ de** in der Eigenschaft von [ou als]

quand [kã] conj wenn; **~ même** (cependant, pourtant) trotzdem; **~ même! tu exagères** da übertreibst du aber ■ adv: **~ pars-tu?** wann reist du ab?

quant [kã(t)] prép: **~ à ...** (pour ce qui est de) was ... betrifft; **il ne m'a rien dit ~ à ses projets** (au sujet de) er hat mir über seine Pläne nichts gesagt

quant-à-soi nm inv: **rester sur son ~** reserviert bleiben

quantitatif, -ive [kãtitatif, iv] adj quantitativ

quantité [kãtite] nf (somme, nombre) Menge f, Quantität f; **~ de** viele; **en grande/petite ~** in großen/kleinen Mengen; **une ~/des ~s de** (grand nombre) eine Unmenge/Unmengen von; **une ~ négligeable** eine zu vernachlässigende Größe

quarantaine [kaʀãten] nf (isolement) Quarantäne f; **une ~ (de)** (nombre) ungefähr vierzig; **approcher de la ~** auf die Vierzig zugehen; **avoir une ~ d'années** um die Vierzig sein; **mettre en ~** unter Quarantäne stellen; (fig) schneiden

quarante [kaʀãt] num vierzig

quarante-cinq-tours [kaʀãtsɛ̃ktuʀ] nm inv (disque) Single f

quart [kaʀ] nm Viertel nt; (Naut) Wache f; **un ~ de beurre** (d'un kilo) ein halbes Pfund Butter; **un ~ de litre** ein Viertelliter; **un ~ de vin** ein Viertel nt; **trois heures moins le ~/et ~** Viertel vor/nach drei;

4 h et [ou un] **~** Viertel nach 4; **1 h moins le ~** Viertel vor 1; **les trois ~s du temps** meistens; **être de/prendre le ~** die Wache schieben/übernehmen; **~s de finale** Viertelfinale nt; **~ d'heure** Viertelstunde f

quartier [kaʀtje] nm Viertel nt; **quartiers** nmpl (Mil) Quartier nt; **avoir ~ libre** Ausgang haben; **~ général** Hauptquartier; **~ de haute sécurité** Hochsicherheitstrakt m; **~ d'orange** Orangenspalte f

quartz [kwaʀts] nm Quarz m; **à ~** (montre, pendule) Quarz-

quasi [kazi] adv quasi- ■ préf: **la ~-totalité** fast alle

quasiment adv fast

quatorze [katɔʀz] num vierzehn

quatre [katʀ] num vier; **le ~ octobre** der vierte Oktober; **~ fois** viermal; **~ cents** vierhundert; **de ~ ans** vierjährig; **à ~ pattes** auf allen vieren; **se mettre en ~ pour qn** sich dat für jdn ein Bein ausreißen; **~ roues motrices** Allradantrieb m

quatre-vingt(s) num achtzig

quatre-vingt-dix num neunzig

quatrième [katʀijɛm] adj vierte(r, s) ■ nmf (personne) Vierte(r) mf

quatrièmement adv viertens

quatuor [kwatyɔʀ] nm Quartett nt

que [kə] conj (introduisant complétive) dass; (remplaçant: si, quand) wenn; (comme) da; (hypothèse) ob; (but) damit, dass; (après comparatif) als; **c'est une erreur ~ de croire ...** es ist ein Fehler zu glauben ...; **elle venait à peine de sortir qu'elle se mit à pleuvoir** sie war kaum aus dem Haus, da fing es an zu regnen; **il y a 2 ans qu'il est parti** er ist schon 2 Jahre weg; **qu'il fasse ce qu'il voudra** (subjonctif) er soll tun, was er will ■ adj: **(qu'est-ce) qu'il est bête!** so was von blöd!; **~ de difficultés!** was für Schwierigkeiten!; **je n'ai qu'un livre** (seulement) ich habe nur ein Buch ■ pron (relatif: personne) den, die, das; (temps) als; (interrogatif) was; **qu'est-ce ~ tu fais?** was machst du?

Québec [kebek] nm: **le ~** Quebec nt

québécois, e [kebekwa, az] adj aus Quebec

quel, le [kɛl] adj welche(r, s); **~le surprise!** was für eine Überraschung!; **~ dommage qu'il soit parti!** wie schade, dass er schon weg ist!; **~ que soit le coupable** wer auch immer der Schuldige ist, egal wer der Schuldige ist; **~ que soit votre avis** (egal) welcher Meinung Sie (auch) sind ■ pron (interrogatif) welche(r, s)

quelconque [kɛlkõk] adj irgendeine(r, s); (moindre) geringste(r, s); (médiocre) mittelmäßig; (sans attrait) gewöhnlich

quelque [kɛlk] *adj (sans pl)* einige(r, s); *(pl)*
ein paar; **~ chose** etwas; **~ chose d'autre**
etwas anderes; **puis-je faire ~ chose pour
vous?** kann ich etwas für Sie tun?; **les ~s
enfants/livres qui ...** *(pl avec article)* die
paar [*ou* wenigen] Kinder/Bücher, die ...;
200 euros et ~(s) etwas über 200 Euro;
~ part irgendwo; **~ peu** ziemlich; **en ~
sorte** gewissermaßen, beinahe; **~ temps
qu'il fasse** egal, wie das Wetter ist ◼ *adv:*
~ 100 mètres *(environ)* etwa [*ou* ungefähr]
100 Meter

quelquefois [kɛlkəfwa] *adv* manchmal
quelques-uns, -unes [kɛlkəzœ̃, yn] *pron
mpl, fpl* einige, manche; **~ des lecteurs**
einige Leser, manche Leser
quelqu'un, quelqu'une [kɛlkœ̃, yn]
pron jemand; **~ d'autre** jemand anders
quémander [kemɑ̃de] <1> *vt* betteln um
quenelle [kənɛl] *nf* Kloß *m*
querelle [kərɛl] *nf* Streit *m*
quereller <1> *vpr:* **se quereller** streiten
querelleur, -euse *adj* streitsüchtig
qu'est-ce que [kɛskə] *adv, pron voir* **que**
question [kɛstjɔ̃] *nf* Frage *f*; **en ~** fraglich;
c'est une ~ de temps/d'habitude das ist
eine Zeitfrage/eine Sache der
Gewohnheit; **de quoi est-il ~?** um was
geht es?; **hors de ~** (das) kommt nicht
infrage; **il a été ~ de** es ging um; **il n'en
est pas ~** das steht außer Frage;
(re)mettre en ~ infrage stellen
questionnaire [kɛstjɔnɛʀ] *nm*
Fragebogen *m*; **à choix multiple**
Multiple-Choice-Fragebogen
questionner [kɛstjɔne] <1> *vt (interroger)*
befragen, Fragen stellen *i dat (sur* über
+akk)
quête [kɛt] *nf (collecte)* (Geld)sammlung *f*;
(en église) Kollekte *f*; **en ~ de** *(fig)* auf der
Suche nach; **faire la ~** sammeln
quêter <1> *vi* sammeln ◼ *vt (argent)*
erbitten, bitten um; *(fig)* erflehen
quetsche [kwɛtʃ] *nf* Zwetschge *f*
queue [kø] *nf* Schwanz *m*; *(fin)* Ende *nt*;
(d'une casserole, d'un fruit) Stiel *m*; *(file de
personnes)* Schlange *f*; **faire la ~** Schlange
stehen; **histoire sans ~ ni tête** hirnrissige
Geschichte; **~ de cheval** *(coiffure)*
Pferdeschwanz
qui [ki] *pron (relatif: sujet)* der, die, das;
~ (est-ce ~) *(interrogatif: sujet)* wer;
~ (est-ce que) *(interrogatif: objet)* wen;
à ~ est sac? wem gehört die Tasche?;
l'ami de ~ je vous ai parlé der Freund,
von dem ich Ihnen erzählt habe; **amenez
~ vous voulez** bringen Sie mit, wen Sie
wollen; **~ que ce soit** egal wer
quiche [kiʃ] *nf:* **~ lorraine** Quiche
lorraine *f*

quiconque [kikɔ̃k] *pron (relatif)* der,
der [*ou* welcher]; *(indéfini)* irgendwer
quiétude [kjetyd] *nf* Ruhe *f*; **en toute ~**
in aller Ruhe
quille [kij] *nf* Kegel *m*; **(jeu de) ~s**
Kegeln *nt*
quincaillerie [kɛ̃kajʀi] *nf* Eisenwaren *pl*;
(magasin) Eisenwarenhandlung *f*
quinine [kinin] *nf* Chinin *nt*
quinquagénaire [kɛ̃kaʒenɛʀ] *adj*
fünfzigjährig; über fünfzig, in den
Fünfzigern
quinquennat [kɛ̃kəna] *nm* fünfjährige
Amtszeit des "*Président de la République*"
quintette [k(ɥ)ɛ̃tɛt] *nm* Quintett *nt*
quintuple [kɛ̃typl] *adj* fünffach
quintuplés, -ées [kɛ̃typle] *nmpl, fpl*
Fünflinge *pl*
quinzaine [kɛ̃zɛn] *nf:* **une ~ (de)** etwa
fünfzehn; **une ~ (de jours)** zwei Wochen
quinze [kɛ̃z] *num* fünfzehn; **dans ~ jours**
in vierzehn Tagen; **demain/lundi en ~**
morgen/Montag in vierzehn Tagen;
le ~ de France die französische
Rugbymannschaft
quiproquo [kipʀɔko] *nm*
Missverständnis *nt*
quittance [kitɑ̃s] *nf* Quittung *f*
quitte [kit] *adj:* **être ~ envers qn** mit jdm
quitt sein; **être ~ de qch** etw los sein;
~ à faire qch selbst wenn das bedeutet,
dass man etwas tun muss
quitter [kite] <1> *vt* verlassen; *(renoncer
à)* aufgeben; *(vêtement)* ausziehen; **ne
quittez pas** *(Tel)* bleiben Sie am Apparat;
se quitter *vpr* auseinandergehen
quitus [kitys] *nm:* **donner ~ à** entlasten
qui-vive [kiviv] *nm inv:* **être sur le ~** auf
der Hut sein
quoi [kwa] *pron (interrogatif)* was;
as-tu de ~ écrire? hast du etwas zum
Schreiben?; **~ qu'il arrive** was auch
geschieht, egal was geschieht; **~ qu'il en
soit** wie dem auch sei; **~ que ce soit** egal
was; **il n'y a pas de ~!** bitte!; **~ de neuf
[***ou* **de nouveau]?** was gibt's Neues?;
à ~ bon? wozu auch?
quoique [kwak] *conj +subj* obwohl
quolibet [kɔlibɛ] *nm* Spöttelei *f*
quorum [k(w)ɔʀɔm] *nm* beschlussfähige
Anzahl, Quorum *nt*
quota [kɔta] *nm* Quote *f*
quote-part *(pl* **quotes-parts)** [kɔtpaʀ] *nf*
Anteil *m*
quotidien, ne [kɔtidjɛ̃, ɛn] *adj* täglich;
(banal) alltäglich ◼ *nm (journal)*
Tageszeitung *f*
quotient [kɔsjɑ̃] *nm* Quotient *m*;
~ intellectuel Intelligenzquotient

r

R, r [ɛʀ] *nm* R, r *nt*

rab [ʀab] *nm* (*fam*) Extraportion *f*, Nachschlag *m*; **faire du ~** Mehrarbeit leisten

rabâcher [ʀabɑʃe] <1> *vt* dauernd wiederholen

rabais [ʀabɛ] *nm* Rabatt *m*; **au ~** reduziert; mit Rabatt

rabaisser [ʀabese] <1> *vt* (*fig*) herabsetzen, schmälern

rabat-joie [ʀabaʒwa] *nmf inv* Miesmacher(in) *m(f)*

rabattre [ʀabatʀ] *irr comme battre vt* (*couvercle, siège, col*) herunterklappen; (*gibier*) treiben; **~ le caquet à qn** jdm über den Mund fahren; **se rabattre** *vpr* (*couvercle*) zugehen; (*véhicule, coureur*) plötzlich einscheren; **se ~ sur qch/qn** mit etw/jdm vorliebnehmen

rabbin [ʀabɛ̃] *nm* Rabbiner *m*

rabiot [ʀabjo] *nm* (*fam*) Extraportion *f*, Nachschlag *m*

râble [ʀɑbl] *nm* (*Gastr: du lapin, du lièvre*) Rücken *m*

râblé, e [ʀɑble] *adj* stämmig

rabot [ʀabo] *nm* Hobel *m*

raboter [ʀabɔte] <1> *vt* hobeln

raboteux, -euse [ʀabɔtø, øz] *adj* holprig

rabougri, e [ʀabugʀi] *adj* (*plante*) verkümmert; (*personne*) mickrig

racaille [ʀakaj] *nf* Gesindel *nt*

raccommodage [ʀakɔmɔdaʒ] *nm* Flicken *nt*, Stopfen *nt*

raccommoder [ʀakɔmɔde] <1> *vt* flicken, stopfen; (*fam: réconcilier*) versöhnen

raccompagner [ʀakɔ̃paɲe] <1> *vt* zurückbegleiten

raccord [ʀakɔʀ] *nm* (*pièce*) Verbindungsstück *nt*; (*Cine*) Übergang *m*

raccordement [ʀakɔʀdəmɑ̃] *nm* Verbindung *f*

raccorder [ʀakɔʀde] <1> *vt* (*miteinander*) verbinden

raccourci [ʀakuʀsi] *nm* Abkürzung *f*; **~ clavier** (*Inform*) Tastenkombination *f*

raccourcir <8> *vt* (ver)kürzen, (ab)kürzen ■ *vi* (*vêtement*) einlaufen; (*jours*) kürzer werden

raccrocher [ʀakʀɔʃe] <1> *vt* wieder aufhängen; (*Tel*) auflegen ■ *vi* (*Tel*) auflegen ■ *vpr*: **se ~ à** sich klammern an +*akk*

race [ʀas] *nf* Rasse *f*; (*ascendance*) Geschlecht *nt*; (*fig: espèce*) Gruppe *f*; **de ~** Rasse-

rachat [ʀaʃa] *nm* Rückkauf *m*; (*fig*) Sühne *f*

racheter [ʀaʃ(ə)te] <4> *vt* (*de nouveau*) wieder kaufen, noch einmal kaufen; (*davantage*) nachkaufen; (*après avoir vendu*) zurückkaufen; (*d'occasion*) gebraucht kaufen; (*pension, rente*) ablösen; (*sauver*) erlösen; (*expier*) sühnen; (*réparer*) wiedergutmachen; (*compenser*) ausgleichen; **se racheter** *vpr* es wiedergutmachen

rachitisme [ʀaʃitism] *nm* Rachitis *f*

racial, e (*pl* **-aux**) [ʀasjal, o] *adj* Rassen-

racine [ʀasin] *nf* Wurzel *f*; **prendre ~** (*fig*) Wurzeln schlagen; **~ carrée/cubique** Quadrat-/Kubikwurzel

racisme [ʀasism] *nm* Rassismus *m*

raciste [ʀasist] *adj* rassistisch ■ *nmf* Rassist(in) *m(f)*

racket [ʀakɛt] *nm* Schutzgelderpressung *f*

racketteur, -euse [ʀakɛtœʀ, øz] *nm* Erpresser(in) *m(f)*

racler [ʀɑkle] <1> *vt* (*casserole, plat*) auskratzen, ausschaben; (*tache, boue*) abkratzen; (*frotter contre*) reiben an +*dat*; (*Mus: fig*) kratzen; **~ les (fonds de) tiroirs** (*fam*) das letzte Geld zusammenkratzen

racoler [ʀakɔle] <1> *vt* (*prostituée*) anlocken, ansprechen; (*fig*) (an)werben, anlocken

racontars [ʀakɔ̃taʀ] *nmpl* Geschichten *pl*, Klatsch *m*

raconter [ʀakɔ̃te] <1> *vt* (*fait vrai*) berichten; (*histoire*) erzählen; **se ~ des histoires** (*fam*) sich *dat* etwas vorgaukeln

radar [RadaR] *nm* Radar *m*

rade [Rad] *nf* (*bassin*) Reede *f*; **en ~** auf der Reede, im Hafen; **laisser/rester en ~** (*fam*) im Stich lassen/festsitzen

radeau (*pl* **x**) [Rado] *nm* Floß *nt*; **~ de sauvetage** Rettungsinsel *f*

radial, e (*pl* **-aux**) [Radjal, o] *adj*: **pneu à carcasse ~e** Gürtelreifen *m*

radiateur [RadjatœR] *nm* Heizkörper *m*; (*Auto*) Kühler *m*; **~ électrique/à gaz** elektrischer Ofen/Gasofen *m*

radiation [Radjasjõ] *nf* (*Phys*) Strahlung *f*

radical, e (*pl* **-aux**) [Radikal, o] *adj* radikal ■ *nm* (*Ling*) Stamm *m*; (*Math*) Wurzelzeichen *nt*

radicalisation *nf* (*Pol*) Radikalisierung *f*

radicaliser [Radikalize] <1> *vt* radikalisieren; **se radicaliser** *vpr* radikaler werden

radiesthésie [Radjɛstezi] *nf* Radiästhesie *f*

radieux, -euse [Radjø, øz] *adj* strahlend

radin, e [Radɛ̃, in] *adj* knauserig

radio [Radjo] *nf* (*appareil*) Radio(apparat *m*) *nt*; (*radiographie*) Röntgenaufnahme *f*; **la ~** der Rundfunk; **à la ~** im Radio; **passer à la ~** im Rundfunk kommen; (*Med*) geröntgt werden; **~ pirate** Piratensender *m* ■ *nm* (*radiotélégraphiste*) Bordfunker(in) *m(f)*; **~-téléphone portatif** Mobilfunk *m*

radioactif, -ive [Radjoaktif, iv] *adj* radioaktiv

radioactivité [Radjoaktivite] *nf* Radioaktivität *f*

radioamateur [RadjoamatœR] *nm* Amateurfunker(in) *m(f)*

radiobalise [Radjobaliz] *nf* Funkfeuer *nt*

radiocassette *nf* Radiorekorder *m*

radiodiffuser <1> *vt* senden, übertragen

radiodiffusion *nf* Rundfunk *m*

radiographie [Radjografi] *nf* (*procédé*) Röntgenaufnahme *f*; (*document*) Röntgenbild *nt*

radiographier <1> *vt* röntgen

radioguidage [Radjogida3] *nm* Funksteuerung *f*; (*diffusion d'information*) Verkehrsfunk *m*

radiologie [Radjolɔ3i] *nf* Radiologie *f*

radiologique [Radjolɔ3ik] *adj* radiologisch

radiologue [Radjolɔg] *nmf* Radiologe(-login) *m/f*

radiophare [Radjofar] *nm* Funkfeuer *nt*

radiophonique [Radjofɔnik] *adj*: **programme/émission/jeu ~** Radioprogramm *nt*/-sendung *f*/ Ratesendung *f* im Rundfunk

radioreportage [Radjoʀ(ə)pɔʀta3] *nm* Rundfunkreportage *f*

radio-réveil (*pl* **radios-réveils**) *nm* Radiowecker *m*

radioscopie [Radjoskɔpi] *nf* (*Med*) Durchleuchtung *f*

radio-taxi (*pl* **radios-taxis**) [Radjotaksi] *nm* Funktaxi *nt*

radiotéléphone *nm* Funktelefon *nt*

radiotélévisé, e *adj* in Funk und Fernsehen gesendet

radiothérapie [Radjoterapi] *nf* Radiotherapie *f*, Röntgentherapie *f*

radis [Radi] *nm* Rettich *m*; (*petit et rouge*) Radieschen *nt*

radium [Radjɔm] *nm* Radium *nt*

radoter [Radote] <1> *vi* faseln; schwätzen

radoucir [Radusir] <8> *vpr*: **se radoucir** (*se réchauffer*) wärmer werden; (*se calmer*) sich beruhigen

rafale [Rafal] *nf* (*de vent*) Windstoß *m*, Bö *f*; (*tir*) Salve *f*

raffermir [RafɛRmiR] <8> *vt* stärken, kräftigen; (*fig*) (ver)stärken

raffiné, e [Rafine] *adj* erlesen; (*personne*) kultiviert; (*sucre, pétrole*) raffiniert

raffinement [Rafinmã] *nm* Erlesenheit *f*, Vornehmheit *f*

raffiner [Rafine] <1> *vt* (*sucre, pétrole*) raffinieren

raffinerie [RafinRi] *nf* Raffinerie *f*

raffoler [Rafɔle] <1> *vi*: **~ de** versessen sein auf +*akk*

raffut [Rafy] *nm* (*fam*) Radau *m*

rafle [Rafl] *nf* (*de police*) Razzia *f*

rafler [Rafle] <1> *vt* (*fam*) an sich *akk* raffen

rafraîchir [RafReʃiR] <8> *vt* (*température*) abkühlen; (*boisson, dessert*) kühlen; (*visage, main, personne*) erfrischen; (*chapeau, peinture, tableau*) auffrischen ■ *vi*: **mettre du vin/une boisson à ~** Wein/ein Getränk kalt stellen; **se rafraîchir** *vpr* (*temps, température*) sich abkühlen

rafraîchissant, e *adj* erfrischend

rafraîchissement [RafReʃismã] *nm* (*de la température*) Abkühlung *f*; (*boisson*) Erfrischung *f*

rafting [Raftiŋ] *nm* Rafting *nt*

rage [Ra3] *nf* (*Med*) Tollwut *f*; (*fureur*) Wut *f*; **faire ~** wüten; **~ de dents** rasende Zahnschmerzen *pl*

rageur, -euse [Ra3œR, øz] *adj* (*enfant*) jähzornig; (*ton*) wütend

ragots [Rago] *nmpl* Klatsch *m*

ragoût [Ragu] *nm* Ragout *nt*

raid [Rɛd] *nm* (*Mil*) Überfall *m*; (*aérien*) Luftangriff *m*, Bombenangriff *m*

raide [Rɛd] *adj* steif; (*cheveux*) glatt; (*tendu*) straff; (*escarpé*) steil; (*fam: surprenant*) kaum zu glauben; (*osé*) gewagt ■ *adv*: **tomber ~ mort** (auf der Stelle) tot umfallen

raidir [Redir] <8> vt (muscles, membres) anspannen; (câble, fil de fer) straff anziehen; **se raidir** vpr sich anspannen; (personne) sich sträuben

raie [RE] nf (Zool) Rochen m; (rayure) Streifen m; (des cheveux) Scheitel m

raifort [REfɔR] nm Meerrettich m

rail [Raj] nm Schiene f; **le ~** (Chemin de Fer) die Eisenbahn

railler [Raje] <1> vt verspotten

raillerie nf Spott m

rail-route [RajRut] adj inv: transport ~ Schienen- und Straßenverkehr m

rainure [RenyR] nf Rille f

raisin [Rezɛ̃] nm Traube f; **~s blancs/noirs** weiße/blaue Trauben pl; **~s secs** Rosinen pl

raison [Rezɔ̃] nf Grund m; (faculté) Vernunft f, Verstand m; **avoir ~** recht haben; **à ~ de** (au taux de) in Höhe von; (à proportion de) entsprechend +dat; **donner ~ à qn** jdm recht geben; **en ~ de** wegen; **se faire une ~** sich damit abfinden; **à plus forte** umso mehr; **perdre la ~** den Verstand verlieren; **ramener qn à la ~** jdn zur Vernunft bringen; **sans ~** grundlos; **~ d'État** Staatsräson f; **~ d'être** Lebenssinn m; **~ sociale** Firmenname m

raisonnable [Rezɔnabl] adj vernünftig

raisonnement [Rezɔnmɑ̃] nm Überlegung f; (argumentation) Argumentation f

raisonner [Rezɔne] <1> vi (penser) überlegen, nachdenken; (argumenter) argumentieren; (répliquer, discuter) Einwände machen ■ vt: **~ qn** jdm gut zureden

rajeunir [RaʒœniR] <8> vt verjüngen; jünger machen; (rafraîchir) aufmöbeln; (moderniser) modernisieren ■ vi (personne) jünger werden/aussehen

rajouter [Raʒute] <1> vt hinzufügen; **en ~** (fam) übertreiben

rajustement [Raʒystəmɑ̃] nm Angleichung f

rajuster [Raʒyste] <1> vt (coiffure) wieder in Ordnung bringen; (cravate) zurechtrücken; (salaires, prix) anpassen; (machine) neu einstellen

ralenti [Ralɑ̃ti] nm (Cine) Zeitlupe f; **tourner au ~** (Auto) im Leerlauf sein

ralentir <8> vt (marche, allure) verlangsamen; (production, expansion) drosseln; **se ralentir** vpr langsamer werden

ralentissement nm Verlangsamung f, Nachlassen nt; **~ conjoncturel** (Econ) Konjunkturrückgang m

râler [Rale] <1> vi röcheln; (fam: protester) schimpfen

ralliement [Ralimɑ̃] nm (rassemblement) Versammlung f; (adhésion) Anschluss m (à an +akk)

rallier [Ralje] <1> vt (rassembler) versammeln; (rejoindre) sich wieder anschließen +dat; (gagner) für sich gewinnen ■ vpr: **se ~ à qn/une organisation** sich jdm/einer Organisation anschließen

rallonge [Ralɔ̃ʒ] nf (de table) Ausziehplatte f; (Elec) Verlängerungskabel nt

rallonger <2> vt verlängern

rallye [Rali] nm Rallye f

ramadan [Ramadɑ̃] nm (Rel) Ramadan m

ramassage [Ramasaʒ] nm: **car de ~** (scolaire) Schulbus m

ramassé, e [Ramase] adj (trapu) stämmig, gedrungen

ramasser [Ramase] <1> vt aufheben; (recueillir) einsammeln; (récolter) sammeln; (pommes de terre) ernten; **se ramasser** vpr (sur soi-même) sich zusammenkauern

ramasseur, -euse [RamasœR, øz] nm/f: **~ de balles** Balljunge m; **ramasseuse de balles** Ballmädchen nt

rambarde [RɑbaRd] nf Geländer nt

rame [Ram] nf (Aviat) Ruder nt; (de métro) Zug m; (de papier) Ries nt

rameau (pl **x**) [Ramo] nm Zweig m; **les R~x** Palmsonntag m

ramener [Ramne] <4> vt zurückbringen; (rabattre) herunterziehen; (rétablir) wiederherstellen; **~ qch à** (réduire) etw reduzieren auf +akk ■ vpr: **se ~ à** (se réduire) hinauslaufen auf +akk

ramer [Rame] <1> vi rudern; (fam) schuften

rameur, -euse [RamœR, øz] nm/f Ruderer (Ruderin) m/f ■ nm (appareil) Rudergerät nt

ramification [Ramifikasjɔ̃] nf Verzweigung f

ramollir [RamɔliR] <8> vt weich machen; **se ramollir** vpr weich werden; (os, tissus) sich erweichen

ramoneur, -euse [RamɔnœR, øz] nm/f Schornsteinfeger(in) m(f)

rampe [Rɑ̃p] nf (d'escalier) Treppengeländer nt; (dans un garage) Auffahrt f, Rampe f; **~ de lancement** Abschussrampe

ramper [Rɑ̃pe] <1> vi kriechen

rancard [RɑkaR] nm (fam: rendez-vous) Rendezvous nt, Treffen nt

rancart [RɑkaR] nm: **mettre au ~** (fam) ausrangieren

rance [Rɑs] adj ranzig

rancœur [RɑkœR] nf Groll m

rançon [Rɑsɔ̃] nf Lösegeld nt

rancune [ʀɑ̃kyn] nf Groll m; **garder ~ à qn
(de qch)** jdm (wegen etw) grollen; **sans ~!**
nichts für ungut!

randonnée [ʀɑ̃dɔne] nf Ausflug m,
Wanderung f; **sentier de grande ~**
markierter französischer Wanderweg

randonneur, -euse [ʀɑ̃dɔnœʀ, øz] nm/f
Wanderer (Wanderin) m/f

rang [ʀɑ̃] nm (rangée) Reihe f; (grade,
classement) Rang m; (condition sociale)
Schicht f, Stand m; **se mettre en ~s** sich in
einer Reihe aufstellen; **se mettre sur les
~s** (fig) sich bewerben; **au premier/
dernier ~** (rangée de sièges) in der ersten/
letzten Reihe

rangé, e [ʀɑ̃ʒe] adj (sérieux) solide,
ordentlich

rangée [ʀɑ̃ʒe] nf Reihe f

rangement [ʀɑ̃ʒmɑ̃] nm Aufräumen nt;
(classement) Ordnen nt; **faire du ~**
aufräumen

ranger [ʀɑ̃ʒe] <2> vt (classer) ordnen;
(mettre à sa place) wegräumen; (voiture)
parken; (mettre de l'ordre dans) aufräumen;
(disposer) aufstellen; (fig: au nombre de)
einordnen, zuordnen; **se ranger** vpr
(s'écarter) ausweichen; (se garer)
einparken; (fam: s'assagir) ruhiger werden

rangers [ʀɑ̃dʒœʀs] nmpl Springerstiefel pl

ranimer [ʀanime] <1> vt wiederbeleben;
(feu) schüren; (fig) wiederaufleben lassen

rap [ʀap] nm (Mus) Rap m

rapace [ʀapas] nm Raubvogel m ■ adj
(pej) raffgierig, habsüchtig

râpe [ʀɑp] nf (Gastr) Reibe f, Raspel f

râpé, e adj (élimé) abgetragen; (Gastr)
gerieben

râper <1> vt (Gastr) reiben, raspeln

rapetisser [ʀap(ə)tise] <1> vt (raccourcir)
verkürzen; (faire paraître plus petit) kleiner
wirken lassen

raphia [ʀafja] nm Bast m

rapide [ʀapid] adj schnell ■ nm (train)
Schnellzug m; (eau) Stromschnelle f

rapidement [ʀapidmɑ̃] adv schnell

rapidité nf Schnelligkeit f

rapiécer [ʀapjese] <2, 5> vt flicken

rappel [ʀapɛl] nm (d'un exilé, d'un
ambassadeur) Zurückberufung f; (Theat:
applaudissements) Vorhang m; (Mil)
Einberufung f; (de vaccin)
Wiederholungsimpfung f; (évocation)
Erinnerung f; (sur écriteau) Wiederholung f

rappeler [ʀap(ə)le] <3> vt zurückrufen;
~ qch (à qn) (jdn) an etw akk erinnern;
se rappeler vpr sich erinnern an +akk;
se ~ que sich (daran) erinnern, dass

rapper [ʀape] <1> vi (Mus) rappen

rapport [ʀapɔʀ] nm (compte rendu)
Bericht m; (d'expert) Gutachten nt; (profit)

Ertrag m; (sur investissements) Rendite f;
(lien) Zusammenhang m; (proportion)
Verhältnis nt; **rapports** nmpl (relations)
Beziehungen pl; **~s (sexuels)**
(Geschlechts)verkehr m; **~ annuel**
(comptabilité) Jahresbericht; **~ qualité-
prix** (Com) Preis-Leistungs-Verhältnis nt;
être en ~ avec (lien logique) im
Zusammenhang stehen mit; **être/se
mettre en ~ avec qn** mit jdm in
Verbindung stehen/sich mit jdm in
Verbindung setzen; **par ~ à** im Vergleich
zu; **sous le ~ de** hinsichtlich +gen

rapporter [ʀapɔʀte] <1> vt (rendre)
zurückbringen; (apporter davantage) noch
einmal bringen; (revenir avec) mitbringen;
(en couture) annähen, aufnähen; (produire)
abwerfen, einbringen; (relater) berichten;
~ qch à qn (rendre) jdm etw zurückgeben;
(relater) jdm etw berichten; (attribuer) jdm
etw zuschreiben ■ vi (investissement,
propriété) Gewinn abwerfen; (Scol:
moucharder) petzen ■ vpr: **se ~ à**
(correspondre à) sich beziehen auf +akk

rapporteur, -euse nm/f (Scol) Petze f
■ nm (d'un procès, d'une commission)
Berichterstatter(in) m(f); (Math)
Winkelmesser m

rapprochement [ʀapʀɔʃmɑ̃] nm
(réconciliation) Versöhnung f; (entre deux
pays) Annäherung f; (analogie) Vergleich m;
je n'ai pas fait le ~ entre ... et ... ich hatte
... und ... nicht miteinander in Verbindung
gebracht

rapprocher [ʀapʀɔʃe] <1> vt (chaise)
heranrücken; (deux objets)
zusammenrücken; (personnes) versöhnen;
(comparer) gegenüberstellen, vergleichen;
se rapprocher vpr sich nähern; (familles,
pays) sich annähern, sich verständigen;
se ~ de näher herankommen an +akk;
(présenter une analogie avec) vergleichbar
sein mit

rapt [ʀapt] nm Entführung f

raquette [ʀakɛt] nf (de tennis, de ping-
pong) Schläger m; (à neige) Schneeschuh
m; **~ de squash** Squashschläger m

rare [ʀaʀ] adj selten; (peu dense) dünn;
il est ~ que es kommt selten vor, dass

rarement [ʀaʀmɑ̃] adv selten

ras, e [ʀɑ, ʀɑz] adj kurz geschoren;
(herbe) kurz ■ prép: **au ~ de** (couper) auf
gleicher Höhe mit ■ nm: **~ du cou**
(vêtement) mit rundem Halsausschnitt

R.A.S. abr = **rien à signaler** (fam) keine
besonderen Vorkommnisse

raser [ʀɑze] <1> vt (barbe, cheveux)
abrasieren; (menton, personne) rasieren;
(fam: ennuyer) langweilen; (quartier) dem
Erdboden gleichmachen; (frôler) streifen;

se raser vpr sich rasieren; (fam: s'ennuyer) sich langweilen

ras-le-bol [ʀɑlbɔl] nm: **en avoir ~ (de qch)** (fam) (von etw) die Nase vollhaben

rasoir [ʀɑzwaʀ] nm: **~ électrique/ mécanique** Rasierapparat m/-messer nt

rassasié, e [ʀɑsazje] adj satt; (fig) überdrüssig

rassemblement [ʀɑsɑ̃bləmɑ̃] nm Versammlung f; (Mil) Sammeln nt

rassembler [ʀɑsɑ̃ble] <1> vt (réunir) versammeln; (troupes) zusammenziehen; (moutons, objets épars) sammeln; (accumuler) ansammeln; **se rassembler** vpr (s'assembler) sich versammeln

rassis, e [ʀɑsi, iz] adj: **pain ~** altbackenes Brot

rassurant, e [ʀɑsyʀɑ̃, ɑ̃t] adj beruhigend

rassurer [ʀɑsyʀe] <1> vt (tranquilliser) beruhigen; **se rassurer** vpr sich beruhigen; **rassure-toi** beruhige dich

rat [ʀa] nm Ratte f

ratatiné, e [ʀatatine] adj runzelig

rate [ʀat] nf (Anat) Milz f

raté, e [ʀate] nm/f (personne) Versager(in) m(f) ■ nm (Auto) Fehlzündung f ■ adj (tentative) fehlgeschlagen, missglückt; (gâteau) missraten

râteau (pl **x**) [ʀɑto] nm (de jardinage) Rechen m

rater [ʀate] <1> vi (échouer) fehlschlagen, schiefgehen ■ vt (cible) verfehlen; (train, occasion) verpassen; (devoir) verpfuschen; (examen) durchfallen durch; **il n'en rate pas une** (fam) er macht aber auch alles falsch

raticide [ʀatisid] nm Rattengift nt

ratification [ʀatifikasjɔ̃] nf Ratifizierung f

ratifier [ʀatifje] <1> vt ratifizieren

ratio [ʀasjo] nm Verhältnis nt

ration [ʀasjɔ̃] nf Ration f; (fig) Teil m o nt

rationalisation [ʀasjɔnalizasjɔ̃] nf Rationalisierung f; **mesures de ~** (entreprise) Rationalisierungsmaßnahmen pl

rationaliser [ʀasjɔnalize] <1> vt rationalisieren

rationnel, le [ʀasjɔnɛl] adj rational; (procédé, méthode) rationell

rationnement [ʀasjɔnmɑ̃] nm Rationierung f

rationner [ʀasjɔne] <1> vt (vivres) rationieren; (personne) auf feste Rationen setzen; **se rationner** vpr sich einteilen

raton [ʀatɔ̃] nm: **~ laveur** Waschbär m

R.A.T.P. nf abr = **Régie autonome des transports parisiens** Pariser Verkehrsbetrieb

rattacher [ʀataʃe] <1> vt (attacher de nouveau: animal) wieder anbinden;

(cheveux) wieder zusammenbinden; (incorporer) angliedern; (fig: relier) verknüpfen (à mit); (lier) binden (à an +akk) ■ vpr: **se ~ à** (avoir un lien avec) verbunden sein mit

rattraper [ʀatʀape] <1> vt (reprendre) wieder einfangen; (empêcher de tomber) auffangen; (rejoindre) einholen; (réparer) wiedergutmachen; **~ son retard/le temps perdu** die Verspätung/die verlorene Zeit aufholen; **se rattraper** vpr (compenser une perte de temps) aufholen

rature [ʀatyʀ] nf Korrektur f

raturer [ʀatyʀe] <1> vt ausstreichen

rauque [ʀok] adj heiser, rau

ravager [ʀavaʒe] <2> vt verwüsten; (tormenter) quälen

ravages [ʀavaʒ] nmpl Verwüstung f; (de la guerre) Verheerungen pl

ravaler [ʀavale] <1> vt (façade) renovieren; (déprécier) erniedrigen; (avaler de nouveau) (wieder) hinunterschlucken

rave [ʀav] nf Rübe f

rave [ʀɛiv] nf, **rave-party** nf Rave m

ravi, e [ʀavi] adj begeistert; **être ~ de/que** hocherfreut sein über +akk/dass

ravin [ʀavɛ̃] nm Schlucht f

raviolis [ʀavjɔli] nmpl Ravioli pl

ravir [ʀaviʀ] <8> vt (enchanter) hinreißen; (enlever) rauben; entführen

raviser [ʀavize] <1> vpr: **se raviser** seine Meinung ändern

ravissant, e [ʀavisɑ̃, ɑ̃t] adj entzückend, hinreißend

ravissement [ʀavismɑ̃] nm Entzücken nt

ravisseur, -euse [ʀavisœʀ, øz] nm/f Entführer(in) m(f)

ravitaillement [ʀavitajmɑ̃] nm Versorgung f; (provisions) Vorräte pl

ravitailler [ʀavitaje] <1> vt versorgen; (Aviat) auftanken; **se ravitailler** vpr (s'approvisionner) sich versorgen

raviver [ʀavive] <1> vt (feu) neu beleben; (couleurs) auffrischen

rayé, e [ʀeje] adj gestreift; (éraflé) zerkratzt

rayer [ʀeje] <7> vt streichen; (érafler) zerkratzen

rayon [ʀɛjɔ̃] nm Strahl m; (d'un cercle) Radius m; (d'une roue) Speiche f; (étagère) Regal nt; (de grand magasin) Abteilung f; (d'une ruche) Wabe f; **dans un ~ de** (périmètre) in einem Umkreis m von; **~ de braquage** Wendekreis m; **~ de soleil** Sonnenstrahl; **~s X** (Med) Röntgenstrahlen pl

rayonnage [ʀɛjɔnaʒ] nm Regal nt

rayonnement [ʀɛjɔnmɑ̃] nm Strahlung f; (fig) Einfluss m, Wirkung f

rayonner [ʀɛjɔne] <1> vi (chaleur, énergie) ausgestrahlt werden; (être radieux) strahlen; (excursionner) Ausflüge machen

rayure [ʀejyʀ] nf (motif) Streifen m; (éraflure) Schramme f, Kratzer m; (rainure) Rille f; **à ~s** gestreift

raz-de-marée [ʀɑdmaʀe] nm inv Flutwelle f; (fig) Flut f

razzia [ʀa(d)zja] nf Raubüberfall m

R.D.A. nf abr = **République démocratique allemande** (Hist) DDR f

RDS nm abr = **Radio Data System** RDS nt (Autoradiosystem mit automatischer Suchfunktionen)

ré [ʀe] nm (Mus) D nt

réacteur [ʀeaktœʀ] nm Reaktor m; (Aviat) Düsentriebwerk nt; **~ à eau légère [ou ordinaire]** Leichtwasserreaktor

réaction [ʀeaksjɔ̃] nf Reaktion f; **avion/moteur à ~** Düsenflugzeug nt/-triebwerk nt; **~ en chaîne** Kettenreaktion

réactionnaire [ʀeaksjɔnɛʀ] adj reaktionär

réadapter [ʀeadapte] <1> vt (wieder) anpassen; (Med) rehabilitieren

réagir [ʀeaʒiʀ] <8> vi reagieren; **~ à/contre** reagieren auf +akk; **~ sur** (se répercuter) sich auswirken auf +akk

réalisateur, -trice [ʀealizatœʀ, tʀis] nm/f Regisseur(in) m(f)

réalisation [ʀealizasjɔ̃] nf Verwirklichung f, Erfüllung f; (Com) Verkauf m; (œuvre) Werk nt

réaliser [ʀealize] <1> vt (projet) verwirklichen; (rêve, souhait) wahr machen, erfüllen; (exploit) vollbringen; (achat, vente) tätigen; (film) machen, produzieren; (bien, capital) zu Geld machen; (se rendre compte) begreifen; **se réaliser** vpr (prévision) in Erfüllung gehen; (projet) verwirklicht werden

réalisme [ʀealism] nm Realismus m

réaliste [ʀealist] adj realistisch ◼ nmf Realist(in) m(f)

réalité [ʀealite] nf (d'un fait) Realität f; **en ~** in Wirklichkeit; **la ~, les ~s** (le réel) die Wirklichkeit

réanimation [ʀeanimasjɔ̃] nf Wiederbelebung f; **service de ~** Intensivstation f

réanimer [ʀeanime] <1> vt wiederbeleben

réarmement [ʀeaʀməmɑ̃] nm Aufrüstung f

rébarbatif, -ive [ʀebaʀbatif, iv] adj abstoßend; (sujet) trocken

rebattu, e [ʀ(ə)baty] adj abgedroschen

rebelle [ʀəbɛl] nmf Rebell(in) m(f) ◼ adj rebellisch; (cheveux, etc) widerspenstig; **~ à** rebellisch [ou aufrührerisch] gegen; (à un art, un sujet) nicht empfänglich für

rebeller [ʀ(ə)bele] <1> vpr: **se rebeller** rebellieren

rébellion [ʀebeljɔ̃] nf (révolte) Aufruhr f; (insoumission) Rebellion f

rebiffer [ʀ(ə)bife] <1> vpr: **se rebiffer** (fam) sich sträuben

reboisement [ʀ(ə)bwazmɑ̃] nm Wiederaufforstung f

reboiser [ʀ(ə)bwaze] <1> vt aufforsten

rebord [ʀ(ə)bɔʀ] nm Rand m

rebours [ʀ(ə)buʀ] nm: **à ~** (fig) verkehrt (herum); **caresser un animal à ~** ein Tier gegen den Strich streicheln; **compte à ~** Countdown m

rebrousser [ʀ(ə)bʀuse] <1> vt: **~ chemin** kehrtmachen, umkehren

rebuter [ʀ(ə)byte] <1> vt (travail, matière) abschrecken; (attitude, manières) abstoßen

récalcitrant, e [ʀekalsitʀɑ̃, ɑ̃t] adj störrisch

recaler [ʀ(ə)kale] <1> vt (Scol) durchfallen lassen

récapituler [ʀekapityle] <1> vt rekapitulieren; (résumer) zusammenfassen

receleur, -euse [ʀ(ə)sələœʀ, øz] nm/f Hehler(in) m(f)

récemment [ʀesamɑ̃] adv kürzlich

recensement [ʀəsɑ̃smɑ̃] nm Volkszählung f; (Med) Registrierung f der Krankheitsfälle

recenser [ʀ(ə)sɑ̃se] <1> vt (population) zählen; (inventorier: ressources, possibilités) eine Liste machen von

récent, e [ʀesɑ̃, ɑ̃t] adj neu

récépissé [ʀesepise] nm Empfangsbescheinigung f

récepteur [ʀeseptœʀ] nm: **~ (de radio)** Empfänger m, (Radio)apparat m

réception [ʀesepsjɔ̃] nf Empfang m; **la ~** (d'un bureau, d'un hôtel) die Rezeption; **accuser ~ de qch** den Empfang einer Sache bestätigen; **heures de ~** (Med) Sprechstunden pl

réceptionniste [ʀesepsjɔnist] nmf Empfangschef(-dame) m/f

récession [ʀesesjɔ̃] nf Rezession f

recette [ʀ(ə)set] nf (Gastr: fig) Rezept nt; (bureau) Finanzkasse f; (Com) Ertrag m, Einnahme f

receveur, -euse [ʀ(ə)səvœʀ, øz] nm/f (des postes) Vorsteher(in) m(f); (d'autobus) Schaffner(in) m(f); (des contibutions) Finanzbeamte(r)(-beamtin) m/f

recevoir [ʀ(ə)səvwaʀ] <12> vt erhalten, bekommen; (personne) empfangen; (candidat) durchkommen lassen ◼ vi (inviter) Gäste empfangen

rechange [ʀ(ə)ʃãʒ] nm: **de** ~ Reserve-;
(*politique, plan*) Ausweich-, alternativ
rechaper [ʀ(ə)ʃape] <1> vt runderneuern
recharge [ʀ(ə)ʃaʀʒ] nf (*de stylo*)
(Tinten)patrone f; (*d'un produit*)
Nachfüllpackung f
recharger [ʀ(ə)ʃaʀʒe] <2> vt (*camion*)
wieder beladen; (*fusil*) wieder laden;
(*appareil de photo*) laden; (*briquet, stylo*)
nachfüllen; (*batterie*) wieder aufladen
réchaud [ʀeʃo] nm Rechaud m, Stövchen
nt; ~ **de camping** Campingkocher m
réchauffer [ʀeʃofe] <1> vt aufwärmen;
(*courage, zèle*) anfeuern; **se réchauffer**
vpr (*personne, pieds*) sich aufwärmen;
(*température*) wieder wärmer werden
recherche [ʀ(ə)ʃɛʀʃ] nf (*a. Inform*) Suche f;
(*raffinement*) Eleganz f; (*scientifiques*)
Forschung f; **recherches** nfpl (*de la police*)
Nachforschungen pl, Ermittlungen pl;
être/se mettre à la ~ **de** auf der Suche
sein nach/sich auf die Suche machen
nach; **opération de** ~ (*Inform*)
Suchlauf m
recherché, e [ʀ(ə)ʃɛʀʃe] adj begehrt,
gesucht; (*raffiné*) erlesen; (*pej*) affektiert
rechercher [ʀ(ə)ʃɛʀʃe] <1> vt (*a. Inform*)
suchen; (*objet égaré*) suchen nach
rechute [ʀ(ə)ʃyt] nf Rückfall m
récidive [ʀesidiv] nf Rückfall m
récidiver [ʀesidive] <1> vi (*Med*) einen
Rückfall erleiden; (*criminel*) rückfällig
werden
récidiviste [ʀesidivist] nmf
Rückfällige(r) mf
récif [ʀesif] nm Riff nt
récipient [ʀesipjã] nm Behälter m
réciproque [ʀesipʀɔk] adj gegenseitig;
(*verbe*) reflexiv-reziprok
récit [ʀesi] nm Erzählung f
récital [ʀesital] nm (Solo)konzert nt,
Recital nt
récitation [ʀesitasjõ] nf Aufsagen nt,
Rezitieren nt
réciter [ʀesite] <1> vt aufsagen; (*pej*)
deklamieren
réclamation [ʀeklamasjõ] nf
Reklamation f; **service des** ~**s**
Beschwerdeabteilung f
réclame [ʀeklam] nf: **article en** ~
Sonderangebot nt
réclamer [ʀeklame] <1> vt verlangen;
(*nécessiter*) erfordern ■ vi (*protester*)
reklamieren, sich beschweren
réclusion [ʀeklyzjõ] nf (*Jur*)
Freiheitsstrafe f
recoin [ʀəkwẽ] nm verborgener Winkel;
(*fig*) geheimer Winkel
récolte [ʀekɔlt] nf Ernte f
récolter <1> vt ernten

recommandation [ʀ(ə)kɔmãdasjõ] nf
Empfehlung f; **lettre de** ~
Empfehlungsschreiben nt
recommandé, e [ʀ(ə)kɔmãde] adj
empfohlen ■ nm Einschreiben nt: **(en)** ~
eingeschrieben
recommander [ʀ(ə)kɔmãde] <1> vt
empfehlen; (*lettre*) einschreiben lassen;
~ **qn auprès de qn/à qn** jdn jdm empfehlen
■ vpr: **se** ~ **par** sich auszeichen durch
recommencer [ʀ(ə)kɔmãse] <2> vt
(*reprendre*) wiederaufnehmen; (*refaire*)
noch einmal anfangen ■ vi wieder
anfangen
récompense [ʀekõpãs] nf Belohnung f
récompenser <1> vt belohnen
recomposé, e [ʀəkõpoze] adj: **famille** ~**e**
neue Familienkonstellation mit
Scheidungskindern
réconciliation [ʀekõsiljasjõ] nf
Versöhnung f
réconcilier [ʀekõsilje] <1> vt (*personnes*)
versöhnen, aussöhnen; (*opinions,
doctrines*) in Einklang bringen;
se réconcilier vpr sich versöhnen
reconduire [ʀ(ə)kõdɥiʀ] irr comme
conduire vt (*raccompagner*)
zurückbegleiten; (*renouveler*) verlängern
réconfort [ʀekõfɔʀ] nm Trost m
réconfortant, e [ʀekõfɔʀtã, ãt] adj
tröstlich
réconforter [ʀekõfɔʀte] <1> vt (*consoler*)
trösten
reconnaissance [ʀ(ə)kɔnɛsãs] nf
Anerkennung f; (*gratitude*) Dankbarkeit f;
(*Mil*) Aufklärung f
reconnaissant, e adj dankbar; **je vous
serais** ~**(e) de bien vouloir ...** ich wäre
Ihnen dankbar, wenn Sie ...
reconnaître [ʀ(ə)kɔnɛtʀ] irr comme
connaître vt anerkennen; (*se rappeler de*)
(wieder)erkennen; (*identifier*) erkennen;
(*distinguer*) auseinanderhalten; (*terrain,
positions*) auskundschaften
reconnu, e [ʀ(ə)kɔny] pp de **reconnaître**
■ adj anerkannt
reconsidérer [ʀ(ə)kõsideʀe] <5> vt noch
einmal überdenken
reconstituer [ʀ(ə)kõstitɥe] <1> vt
(*monument*) restaurieren; (*événement,
accident*) rekonstruieren; (*fortune,
patrimoine*) wiederherstellen; (*régénérer*)
erneuern
recontacter [ʀ(ə)kõtakte] <1> vt sich
wieder in Verbindung setzen mit
record [ʀ(ə)kɔʀ] nm Rekord m; **battre
tous les** ~**s** (*fig*) alle Rekorde schlagen;
~ **du monde** Weltrekord ■ adj inv Rekord-
recouper [ʀ(ə)kupe] <1> vpr: **se recouper**
(*informations*) übereinstimmen

recourbé, e [R(ə)kuRbe] adj gebogen, krumm

recourir [R(ə)kuRiR] irr comme courir vi: ~ à (ami, agence) sich wenden an +akk; (employer) zurückgreifen auf +akk

recours [R(ə)kuR] nm: avoir ~ à qn/qch sich an jdn wenden/auf etw akk zurückgreifen; **en dernier ~** als letzter Ausweg; **le ~ à la ruse/violence** List/Gewalt als letzter Ausweg

recouvrer [R(ə)kuvRe] <1> vt (retrouver) wiedererlangen; (impôts, créance) eintreiben, einziehen

recouvrir [R(ə)kuvRiR] <11> vt (couvrir à nouveau) wieder zudecken; (couvrir entièrement) zudecken; (cacher) verbergen; (embrasser) umfassen; **se recouvrir** vpr (se superposer) sich decken

récréatif, -ive [RekReatif, iv] adj unterhaltsam

récréation [RekReasjõ] nf (détente) Erholung f; (Scol) Pause f

récrier [RekRije] <1> vpr: **se récrier** (protester) protestieren

récrimination [RekRiminasjõ] nf Vorwurf m

recroqueviller [RəkRɔk(ə)vije] <1> vpr: **se recroqueviller** (plantes, papier) sich zusammenrollen; (personne) sich zusammenkauern

recruter [R(ə)kRyte] <1> vt (Mil) ausheben; (personnel) einstellen; (clients, adeptes) anwerben

rectal, e (pl -aux) [Rektal, o] adj: **par voie ~e** rektal

rectangle [Rektãgl] nm Rechteck nt

rectangulaire [RektãgylɛR] adj rechteckig

rectifier [Rektifje] <1> vt (rendre droit) begradigen; (corriger) berichtigen; (erreur, faute) richtigstellen

rectiligne [Rektiliɲ] adj gerade verlaufend; (Math) geradlinig

reçu, e [R(ə)sy] pp de **recevoir** ▨ adj (consacré) vorgefertigt, feststehend ▨ nm Quittung f

recueil [Rəkœj] nm (livre) Sammlung f

recueillir [R(ə)kœjiR] irr comme cueillir vt sammeln; (accueillir) aufnehmen; **se recueillir** vpr sich sammeln

recul [R(ə)kyl] nm Rückzug m; (d'une arme) Rückschlag m; **avoir un mouvement de ~** zurückschrecken; **prendre du ~** (fig) Abstand nehmen

reculade [R(ə)kylad] nf Rückzieher m

reculé, e adj (isolé) zurückgezogen; (lointain) entfernt

reculer <1> vi sich rückwärtsbewegen; (perdre du terrain) zurückgehen; (se dérober) sich zurückziehen; ~ **devant** zurückschrecken vor +dat ▨ vt (meuble) zurückschieben; (véhicule) zurücksetzen; (mur, limites, date, décision) verschieben

reculons adv: à ~ rückwärts

récupérer [Rekypere] <5> vt wiederbekommen; (forces) wiedererlangen; (vieux matériel, ferraille) wiederverwerten; (heures de travail) aufholen; (Pol) für seine Ziele einspannen ▨ vi (ses forces) sich erholen

récurer [RekyRe] <1> vt (nettoyer) scheuern

récuser [Rekyze] <1> vt (témoin, juré) ablehnen; (argument, témoignage) zurückweisen; **se récuser** vpr sich für nicht zuständig erklären

recyclable [R(ə)siklabl] adj recycelbar

recyclage nm Umschulung f; (Tech) Recycling nt, Wiedernutzbarmachung f; **cours de ~** Weiterbildungs-/Umschulungskurs m

recyclé, e adj Recycling-; **papier ~** Umwelt(schutz)papier nt, Recyclingpapier nt

recycler <1> vt wiederverwerten, recyceln

rédacteur, -trice [RedaktœR, tRis] nm/f Redakteur(in) m(f); ~ **en chef** Chefredakteur; ~ **publicitaire** Werbetexter m

rédaction [Redaksjõ] nf Abfassen nt; (d'un journal) Redaktion f; (Scol: devoir) Aufsatz m

redémarrage [R(ə)demaRaʒ] nm (Inform) Neustart m; ~ **à chaud** Warmstart

redémarrer [R(ə)demaRe] <1> vt (voiture) wieder anfahren; (ordinateur) neu starten; (fig) wieder in Schwung kommen

rédemption [Redãpsjõ] nf (Rel) Erlösung f

redessiner [R(ə)desine] <1> vt (paysage, jardin) neu gestalten; (frontière) neu ziehen

redevable [R(ə)dəvabl] adj: **être ~ de** (somme) noch schuldig sein; **être ~ de qch à qn** (fig) jdm etw verdanken

redevance [R(ə)dəvãs] nf (Tel, TV) Gebühr f; (taxe) Abgabe f

rédiger [Rediʒe] <2> vt abfassen; **apprendre à ~** schreiben lernen

redire [R(ə)diR] irr comme dire vt (ständig) wiederholen; **avoir [ou trouver] à ~ à qch** etwas an etw dat auszusetzen haben

redoubler [R(ə)duble] <1> vt verdoppeln; (fig) verstärken; (Scol) wiederholen ▨ vi sich verstärken; (Scol) sitzen bleiben

redoutable [R(ə)dutabl] adj (adversaire) gefährlich

redouter [R(ə)dute] <1> vt fürchten

redressement [R(ə)dResmã] nm (Econ) Aufschwung m; ~ **économique** (Econ) Wirtschaftsaufschwung

redresser <1> vt (arbre, mât) wieder aufrichten; (pièce tordue) wieder gerade richten; (situation, économie) wiederherstellen, sanieren; **se redresser** vpr (se remettre droit) sich wieder aufrichten; (se tenir très droit) sich gerade aufrichten

réduction [ʀedyksjõ] nf Reduzierung f, Verkleinerung f; (rabais) Rabatt m; **~ des émissions nocives** (environnement) Schadstoffreduzierung; **~ du personnel** Personalabbau m; **~ du temps de travail** Arbeitszeitverkürzung f

réduire [ʀedɥiʀ] irr comme conduire vt reduzieren; (photographie) verkleinern; (texte) kürzen; (Gastr) einkochen; (Math) kürzen; **~ qch à** (ramener) etw zurückführen auf +akk; **~ qch en** etw verwandeln in +akk; **~ qn au silence/à l'inaction** jdn zum Schweigen bringen/ jdn lähmen **■** vpr: **se ~ à** sich reduzieren auf +akk; **se ~ en** sich umwandeln in +akk

réduit, e adj (prix, tarif) reduziert; (échelle, mécanisme) verkleinert; (vitesse) gedrosselt **■** nm (local) Kammer f, Kabuff nt

redynamiser [ʀ(ə)dinamize] <1> vt (économie, secteur, tourisme) neu beleben, neuen Aufschwung geben +dat

rééducation [ʀeedykasjõ] nf (de la parole) Sprechtherapie f, Logopädie f; (d'un membre, d'un blessé) Heiltherapie f; (de délinquants) Resozialisierung f

rééduquer [ʀeedyke] <1> vt (malade) physiotherapeutisch behandeln; (délinquant) rehabilitieren

réel, le [ʀeɛl] adj real, tatsächlich; (intensif: avant le nom) wirklich

réélection [ʀeelɛksjõ] nf Wiederwahl f

réélire [ʀeeliʀ] irr comme lire vt wiederwählen

réellement [ʀeelmã] adv wirklich

réévaluer [ʀeevalɥe] <1> vt aufwerten

réexpédier [ʀeɛkspedje] <1> vt zurücksenden; (faire suivre) nachsenden

réf. abr = **référence** (numéro) Best.-Nr.

refaire [ʀ(ə)fɛʀ] irr comme faire vt noch einmal machen, wiederholen; (autrement) umarbeiten, ändern; (réparer, restaurer) reparieren, restaurieren; (santé, force) wiederherstellen; **se refaire** vpr sich erholen; **on ne se refait pas!** so bin ich nun mal!

réfectoire [ʀefɛktwaʀ] nm Speisesaal m; (au couvent) Refektorium nt

référence [ʀefeʀãs] nf (renvoi) Verweis m; (Com) Bezugnahme f; **références** nfpl (recommandation) Referenzen pl; **faire ~ à** Bezug nehmen auf +akk; **ouvrage de ~** Nachschlagewerk nt; **notre/votre ~** (Com: lettre) unser/Ihr Zeichen nt

référendum [ʀefeʀɛ̃dɔm, ʀefeʀãdɔm] nm (Pol) Volksabstimmung f, Referendum nt

référer [ʀefeʀe] <5> vpr: **se ~ à** sich beziehen auf +akk **■** vi: **en ~ à qn** jdm die Entscheidung überlassen

réfléchi, e [ʀefleʃi] adj (personne) besonnen, umsichtig; (action, décision) überlegt; (Ling) reflexiv

réfléchir [ʀefleʃiʀ] <8> vt reflektieren **■** vi überlegen, nachdenken; **~ à** nachdenken über +akk

reflet [ʀ(ə)flɛ] nm (image réfléchie) Widerschein m; (fig) Wiedergabe f, Ausdruck m; (éclat) Schimmern nt; **reflets** nmpl (du soleil, de la lumière) Reflektionen pl

refléter [ʀ(ə)flete] <5> vt reflektieren; (exprimer) erkennen lassen; **se refléter** vpr reflektiert werden

reflex [ʀeflɛks] nm Spiegelreflexkamera f

réflexe [ʀeflɛks] nm Reflex m; **~ conditionné** bedingter Reflex; **avoir de bons ~s** reaktionsschnell sein **■** adj: **acte/mouvement ~** Reflexhandlung f/- bewegung f

réflexion [ʀeflɛksjõ] nf (de lumière, d'un son) Reflexion f; (fait de penser) Überlegen nt, (Nach)denken nt; (pensée) Gedanke m; (remarque) Bemerkung f; **réflexions** nfpl (méditations) Gedanken pl

refluer [ʀ(ə)flye] <1> vi zurückfließen; (fig) zurückströmen

reflux [ʀəfly] nm (de la mer) Ebbe f

refondre [ʀ(ə)fõdʀ] <14> vt (texte) umarbeiten, neu bearbeiten

réformateur, -trice [ʀefɔʀmatœʀ, tʀis] nm/f Reformer(in) m(f); (Rel) Reformator m **■** adj reformierend, Reform-

réforme [ʀefɔʀm] nf Reform f; (Mil) Ausmusterung f; **la R~** (Rel) die Reformation

réformé, e [ʀefɔʀme] adj (objet) ausgemustert; (personne) (wehrdienst)untauglich; (Rel) reformiert **■** nm/f Untauglicher(r) mf, Reformierte(r) mf

réformer [ʀefɔʀme] <1> vt reformieren; (objet) ausmustern

refoulé, e [ʀ(ə)fule] adj (fam) verklemmt

refoulement [ʀ(ə)fulmã] nm (d'envahisseurs) Zurückdrängen nt; (de liquide: Psych) Verdrängung f

refouler [ʀ(ə)fule] <1> vt (envahisseurs) zurückdrängen; (fig) unterdrücken; (Psych) verdrängen

réfractaire [ʀefʀaktɛʀ] adj (rebelle) aufsässig; (minerai, brique) hitzebeständig; **être ~ à** sich auflehnen gegen

refrain [ʀ(ə)fʀɛ̃] nm Refrain m; **c'est toujours le même ~** (fig) es ist immer das gleiche Lied

réfréner [ʀefʀene] **<5>** vt (fig) zügeln
réfrigérateur [ʀefʀiʒeʀatœʀ] nm
Kühlschrank m
réfrigération [ʀefʀiʒeʀasjɔ̃] nf Kühlung f
réfrigérer [ʀefʀiʒeʀe] **<5>** vt kühlen;
(fam: geler) unterkühlen; (fig) abkühlen
refroidir [ʀ(ə)fʀwadiʀ] **<8>** vt abkühlen
lassen; (sl) abtörnen ⊛ vi abkühlen;
se refroidir vpr abkühlen; (prendre froid)
sich erkälten
refroidissement nm (Med) Erkältung f
refuge [ʀ(ə)fyʒ] nm (abri) Zuflucht f;
(de montagne) Hütte f; (pour piétons)
Verkehrsinsel f
réfugié, e adj geflüchtet ⊛ nm/f
Flüchtling m; **~ de guerre**
Kriegsflüchtling m; **~ économique**
Wirtschaftsflüchtling m
réfugier [ʀefyʒje] **<1>** vpr: **se réfugier**
(s'enfuir) flüchten; (s'abriter) sich flüchten
refus [ʀ(ə)fy] nm Ablehnung f; **ce n'est
pas de ~** (fam) ich sage nicht Nein
refuser [ʀ(ə)fyze] **<1>** vt ablehnen;
(Scol: candidat) durchfallen lassen; **~ qch à
qn** (dénier) jdm etw verweigern ⊛ vpr:
se ~ à qch/faire qch etw verweigern/sich
weigern, etw zu tun; **se ~ à qn**
(sexuellement) sich jdm verweigern; **ne
rien se ~** sich dat nichts versagen
réfuter [ʀefyte] **<1>** vt widerlegen
regagner [ʀ(ə)gaɲe] **<1>** vt
zurückgewinnen; (lieu) zurückkommen
nach; **~ le temps perdu** verlorene Zeit
aufholen; **~ du terrain** wieder an Boden
gewinnen
regain [ʀəgɛ̃] nm: **~ d'espoir**
wiederkehrende Hoffnung; **~ d'intérêt**
neues Interesse; **~ de jeunesse** zweite
Jugend
régal [ʀegal] nm: **c'est un (vrai)** ~ das ist
lecker; **un ~ pour les yeux** (fig) eine
Augenweide
régaler [ʀegale] **<1>** vt: **~ qn (de)** jdn
(fürstlich) bewirten (mit); **se régaler** vpr
(faire un bon repas) schlemmen; (fig)
genießen
regard [ʀ(ə)gaʀ] nm Blick m; **au ~ de** vom
Standpunkt +gen; **menacer du ~** drohend
ansehen
regardant, e adj (pej) geizig
regarder [ʀ(ə)gaʀde] **<1>** vt ansehen,
betrachten; (concerner) angehen; (film,
match) sich dat ansehen; (situation, avenir)
betrachten, sehen; (son intérêt, etc) im
Auge haben, bedacht sein auf +akk;
~ à (tenir compte de) achten auf +akk;
~ dans le dictionnaire im Wörterbuch
nachschlagen; **dépenser sans ~** nicht auf
den Pfennig sehen; **~ par la fenêtre** aus
dem Fenster sehen; **~ qn/qch comme**

jdn/etw halten für; **~ (vers)** (être orienté(e)
(vers)) gehen (nach); **~ la télévision**
fernsehen; **cela ne me regarde pas** das
geht mich nichts an
régénérant, e [ʀeʒeneʀɑ̃, ɑ̃t] adj (lait,
crème) revitalisierend
régie [ʀeʒi] nf (Admin) staatlicher Betrieb;
(Theat, Cine) Regie f
regimber [ʀ(ə)ʒɛ̃be] **<1>** vi sich sträuben
régime [ʀeʒim] nm (Pol) Regime nt;
(des prisons, fiscal, etc) System nt; (Med)
Diät f; (d'un moteur) Drehzahl f; (de
bananes, de dattes) Büschel nt; **à plein ~**
auf vollen Touren; **suivre un ~** eine
Diät befolgen; (pour maigrir) eine
Abmagerungskur machen; **~ fantoche**
Marionettenregime
régiment [ʀeʒimɑ̃] nm (unité) Regiment
nt; (quantité) Heer nt; **le ~** (l'armée) das
Heer
région [ʀeʒjɔ̃] nf Gegend f; **~ frontalière**
Grenzgebiet nt; **~ pubienne**
Schamgegend
régional, e (pl -aux) [ʀeʒjɔnal, o] adj
regional
régir [ʀeʒiʀ] **<8>** vt bestimmen; (Ling)
regieren
régisseur [ʀeʒisœʀ] nm (d'un domaine)
Verwalter(in) m(f); (Cine, Theat)
Regieassistent(in) m(f)
registre [ʀaʒistʀ] nm Register nt,
Verzeichnis nt; (Inform) Kurzzeitspeicher
m; (Mus) (Stimm)lage f; (d'orgue) Register
nt; (Ling) Stilebene f
réglage [ʀeglaʒ] nm (Tech) Einstellung f;
(de papier) Linierung f; **~ de contraste**
Kontrastregler m
règle [ʀegl] nf Regel f; (instrument)
Lineal nt; **règles** nfpl (Med) Periode f;
dans [ou selon] les ~ den Regeln
entsprechend; **en ~** (papiers) in Ordnung,
ordungsgemäß; **~s de respect de
l'environnement** Umweltauflagen pl;
en ~ générale generell
réglé, e [ʀegle] adj (vie) geregelt; (papier)
liniert
règlement [ʀeglamɑ̃] nm Regelung f;
(paiement) Bezahlung f; (arrêté)
Verordnung f; (règles) Bestimmungen pl
réglementaire [ʀeglamɑ̃tɛʀ] adj
vorschriftsmäßig
réglementation [ʀeglamɑ̃tasjɔ̃] nf
Beschränkung f
réglementer [ʀeglamɑ̃te] **<1>** vt
(production, commerce) regeln
régler [ʀegle] **<5>** vt regeln; (mécanisme)
regulieren, einstellen; (addition) bezahlen
réglisse [ʀeglis] nf Lakritze f
règne [ʀɛɲ] nm Herrschaft f; **le ~ végétal/
animal** das Pflanzen-/Tierreich

régner [ʀeɲe] <5> vi herrschen
régression [ʀeɡʀesjõ] nf Rückgang m;
  être en ~ zurückgehen
regret [ʀ(ə)ɡʀɛ] nm (nostalgie) Sehnsucht f
  (de nach); (repentir) Reue f; (d'un projet non
  réalisé) Bedauern nt; **à ~** ungern; **à mon
  grand ~** zu meinem großen Bedauern;
  avec ~ mit Bedauern; **j'ai le ~ de ...**,
  c'est avec ~ que je ... bedauerlicherweise
  muss ich ...
regrettable adj bedauerlich
regretter [ʀ(ə)ɡʀete] <1> vt bedauern;
  (action commise) bereuen; (époque passée)
  nachtrauern +dat; (personne) vermissen;
  je regrette es tut mir leid
regroupement [ʀ(ə)ɡʀupmã] nm
  Zusammenfassung f; (groupe) Gruppe f
regrouper [ʀ(ə)ɡʀupe] <1> vt (grouper)
  zusammenfassen; (réunir) vereinigen
régularité [ʀeɡylaʀite] nf
  Regelmäßigkeit f; (de pression, etc)
  Gleichmäßigkeit f; (constance)
  gleichbleibende Leistung; (caractère légal)
  Legalität f; (honnêteté) Anständigkeit f
régulation [ʀeɡylasjõ] nf Regelung f;
  ~ des naissances Geburtenregelung
régulier, -ière [ʀeɡylje, ɛʀ] adj
  regelmäßig; (répartition, pression)
  gleichmäßig; (ponctuel) pünktlich;
  (constant) gleichbleibend; (réglementaire)
  ordnungsgemäß; (fam: correct)
  in Ordnung, anständig; (Mil) regulär
rehausser [ʀaose] <1> vt erhöhen; (fig)
  unterstreichen, hervorheben
rein [ʀɛ̃] nm Niere f; **reins** nmpl (dos)
  Kreuz nt; **avoir mal aux ~s**
  Kreuzschmerzen haben
reine [ʀɛn] nf Königin f; (Echecs) Dame f
reine-claude (pl reines-claudes)
  [ʀɛnklod] nf Reneklode f
reinette [ʀɛnɛt] nf Renette f
réinitialisation [ʀeinisjalizasjõ] nf
  Neustart m
réinscriptible [ʀeɛ̃skʀiptibl] adj (CD,
  DVD) wiederbeschreibbar
réinscription [ʀeɛ̃skʀipsjõ] nf (Scol)
  Rückmeldung f
réinsérer [ʀeɛ̃seʀe] <5> vt rehabilitieren
réinsertion [ʀeɛ̃seʀsjõ] nf
  Wiedereingliederung f
réintégrer [ʀeɛ̃teɡʀe] <5> vt (lieu)
  zurückkehren nach/in/zu; (fonctionnaire)
  wiedereinsetzen
réitérer [ʀeiteʀe] <5> vt wiederholen
rejet [ʀaʒe] nm Ablehnung f
rejeter [ʀaʒəte] <3> vt (renvoyer)
  zurückwerfen; (refuser) ablehnen;
  ~ la responsabilité de qch sur qn die
  Verantwortung für etw auf jdn abwälzen;
  ~ la tête en arrière den Kopf zurückwerfen

rejeton [ʀaʒ(ə)tõ] nm (fam) Sprössling m
rejoindre [ʀ(ə)ʒwɛ̃dʀ] irr comme joindre vt
  zurückkehren zu; (rattraper) einholen;
  (route) münden in +akk; (personne) treffen;
  se rejoindre vpr (personnes) sich treffen;
  (routes) zusammenlaufen; (coïncider)
  übereinstimmen
réjouir [ʀeʒwiʀ] <8> vt erfreuen;
  se réjouir vpr sich freuen; **se ~ de qch**
  sich über etw akk freuen
réjouissances [ʀeʒwisãs] nfpl (joie
  collective) Freude f; (fête) Freudenfest nt
relâche [ʀəlɑʃ] nf: **jour de ~** (Theat)
  spielfreier Tag; **sans ~** ohne Pause,
  ohne Unterbrechung
relâchement nm Lockerung f,
  Nachlassen nt
relâcher <1> vt (desserrer) lockern; (libérer)
  freilassen; **se relâcher** vpr locker
  werden; (élève, ouvrier) nachlassen
relais [ʀ(ə)lɛ] nm (Elec) Relais nt;
  (retransmission) Übertragung f; **prendre
  le ~ de qn** jdn ablösen; (course de) **~**
  Staffel(lauf m) f; **équipes de ~** Schichten
  pl; (Sport) Staffelmannschaften pl;
  ~ routier Fernfahrerlokal nt; **travail par ~**
  Schichtarbeit f
relance [ʀəlãs] nf Aufschwung m
relancer <2> vt (balle) zurückwerfen;
  (moteur) wieder anlassen; (Inform) neu
  starten; (économie, projet) ankurbeln;
  (personne) hartnäckig verfolgen
relater [ʀ(ə)late] <1> vt erzählen
relatif, -ive [ʀ(ə)latif, iv] adj relativ;
  (positions, situations) gegenseitig; (Ling)
  Relativ-; **~ à qch** etw betreffend
relation [ʀ(ə)lasjõ] nf (récit) Erzählung f;
  (rapport) Beziehung f; **relations** nfpl
  Beziehungen pl; **entrer en ~(s) avec qn**
  mit jdm in Verbindung [ou Kontakt] treten;
  avoir [ou entretenir] des ~s avec
  Beziehungen unterhalten zu;
  ~s publiques Public Relations pl
relationnel, le [ʀ(ə)lasjɔnɛl] adj (Inform)
  relational; (Psych: problèmes) Beziehungs-
relativement [ʀ(ə)lativmã] adv relativ;
  ~ à verglichen mit
relativité [ʀ(ə)lativite] nf Relativität f
relax [ʀəlaks] adj inv (personne) gelassen;
  fauteuil ~ Ruhesessel m
relaxant, e [ʀ(ə)laksã, ãt] adj
  entspannend
relaxation [ʀ(ə)laksasjõ] nf
  Entspannung f
relaxer [ʀ(ə)lakse] <1> vt (détenu)
  freilassen, entlassen; (détendre)
  entspannen, relaxen; **se relaxer** vpr sich
  entspannen
relayer [ʀ(ə)leje] <7> vt ablösen; (Radio,
  TV) übertragen

reléguer [ʀ(ə)lege] <5> vt (confiner)
verbannen; (Sport) absteigen lassen;
~ **au second plan** auf den zweiten Platz
verweisen

relève [ʀ(ə)lɛv] nf Ablösung f; (équipe)
Ablösungsmannschaft f; **prendre la ~**
ablösen

relevé, e [ʀəl(ə)ve] adj (retroussé)
hochgekrempelt; (virage) überhöht;
(conversation, style) gehoben; (Gastr)
scharf, pikant ■ nm (écrit) Aufstellung f;
(d'un compteur) Stand m; (topographique)
Aufnahme f; ~ **de compte** Kontoauszug
m; ~ **d'identité bancaire** Nachweis m der
Bankverbindung; ~ **d'identité postale**
Nachweis m der Bankverbindung beim
Postgiroamt

relever [ʀəl(ə)ve] <4> vt (redresser)
aufheben; (mur, colonne) wieder
aufrichten, wieder aufstellen;
(vitre) hochdrehen; (store) hochziehen;
(plafond) erhöhen; (col) hochschlagen;
(pays, économie) einen Aufschwung geben
+dat; (niveau de vie, salaire) erhöhen;
(Gastr) würzen; (relayer) ablösen;
(souligner) betonen, hervorheben;
(constater) bemerken; (répliquer)
erwidern auf +akk; (défi) annehmen;
(copies, cahiers) einsammeln; (noter)
aufschreiben; (compteur) ablesen;
(ramasser) einsammeln; ~ **la tête**
den Kopf heben; ~ **qn de qch** jdn von
einer Sache entbinden ■ vi: ~ **de**
(appartenir à) gehören zu; (être du
ressort de) eine Angelegenheit +gen sein;
se relever vpr aufstehen

relief [ʀəljɛf] nm (Geo, Art) Relief nt;
(d'un pneu) Profil nt; **reliefs** nmpl (restes)
(Essens)reste pl; **en ~** erhaben;
(photographie) dreidimensional;
mettre en ~ (fig) hervorheben

relier [ʀəlje] <1> vt verbinden; (livre)
binden; ~ **qch à** etw verbinden mit;
livre relié/relié cuir gebundenes/
ledergebundenes Buch

relieur, -euse [ʀəljœʀ, øz] nm/f
Buchbinder(in) m(f)

religieusement [ʀ(ə)liʒjøzmɑ̃] adv
(vivre) fromm; (enterrer) kirchlich;
(scrupuleusement) gewissenhaft; (écouter)
ganz genau

religieux, -euse [ʀ(ə)liʒjø, øz] adj
religiös; (respect, silence) andächtig
■ nm Mönch m ■ nf Nonne f; (gâteau)
cremegefüllter Windbeutel

religion [ʀ(ə)liʒjõ] nf Religion f; (piété,
dévotion) Glaube m

relire [ʀ(ə)liʀ] irr comme lire vt (une nouvelle
fois) noch einmal lesen; (vérifier)
durchlesen, überprüfen

reliure [ʀəljyʀ] nf (type de reliure) Bindung
f; (couverture) Einband m; **la ~** (art, métier)
das Buchbinden

relooker [ʀəluke] <1> vt neu stylen, neu
gestalten

reluire [ʀ(ə)lɥiʀ] irr comme luire vi glänzen,
schimmern

remailing [ʀimejliŋ] nm Remailing nt

remaniement [ʀ(ə)manimɑ̃] nm:
~ **ministériel** Kabinettsumbildung f

remanier [ʀ(ə)manje] <1> vt
umarbeiten; (ministère) umbilden

remarier [ʀ(ə)maʀje] <1> vpr: **se**
remarier wieder heiraten

remarquable [ʀ(ə)maʀkabl] adj
bemerkenswert

remarquablement adv außerordentlich

remarque [ʀ(ə)maʀk] nf Bemerkung f

remarquer [ʀ(ə)maʀke] <1> vt
bemerken; **se faire ~** auffallen; **faire ~**
(à qn) que (jdn) darauf hinweisen, dass;
faire ~ qch (à qn) (jdn) auf etw akk
hinweisen; **remarquez que** beachten Sie,
dass; **se remarquer** vpr (être apparent)
auffallen

remblai [ʀɑ̃blɛ] nm Böschung f, Damm m;
travaux de ~ Aufschüttungsarbeiten pl

rembourrer [ʀɑ̃buʀe] <1> vt polstern

remboursable [ʀɑ̃buʀsabl] adj
zurückzahlbar

remboursement [ʀɑ̃buʀsəmɑ̃] nm
Rückzahlung f; **envoi contre ~**
Nachnahme(sendung) f

rembourser [ʀɑ̃buʀse] <1> vt
zurückzahlen; (personne) bezahlen

remède [ʀ(ə)mɛd] nm Heilmittel nt,
Arzneimittel nt; (fig) Mittel nt

remémorer [ʀ(ə)memɔʀe] <1> vpr:
se remémorer sich dat ins Gedächtnis
zurückrufen

remerciements [ʀ(ə)mɛʀsimɑ̃] nmpl
Dank m; **recevez mes ~** herzlichen Dank;
(avec) tous mes ~ mit bestem Dank

remercier [ʀ(ə)mɛʀsje] <1> vt danken
+dat; (congédier) entlassen; ~ **qn de qch**
jdm für etw danken; ~ **qn d'avoir fait qch**
jdm dafür danken, dass er/sie etw
gemacht hat

remettre [ʀ(ə)mɛtʀ] irr comme mettre vt
zurücktun; (vêtement) wieder anziehen;
(ajouter) zufügen, dazugeben; (rendre)
(zurück)geben; (donner) übergeben;
(ajourner) verschieben (à auf +akk); ~ **sa**
démission kündigen; ~ **à neuf** wieder wie
neu machen, renovieren; ~ **les compteurs**
à zéro neu anfangen, wieder bei null
beginnen; ~ **qch en place** etw zurücktun,
etw zurückstellen; ~ **les pendules à**
l'heure (fig) eine definitive Linie vorgeben;
se remettre vpr (personne malade) sich

erholen; (*temps*) sich bessern; **se ~ de** sich
erholen von; **s'en ~ à** sich richten nach
réminiscence [ʀeminisɑ̃s] *nf* (*vage*)
Erinnerung
remise [ʀ(ə)miz] *nf* (*d'un colis*) Übergabe *f*;
(*d'un prix*) Überreichung *f*; (*rabais*) Rabatt
m; (*local*) Schuppen *m*; **~ en jeu** Einwurf *m*;
~ à jour Aktualisierung *f*; **~ à jour des
données** Datenbereinigung *f*; **~ des
oscars** Oscarverleihung *f*; **~ de peine**
Strafnachlass *m*
rémission [ʀemisjɔ̃] *nf*: **sans ~**
unerbittlich
remontant [ʀ(ə)mɔ̃tɑ̃] *nm*
Stärkungsmittel *nt*
remonte-pente (*pl* **~s**) [ʀ(ə)mɔ̃tpɑ̃t] *nm*
Skilift *m*, Schlepplift *m*
remonter [ʀ(ə)mɔ̃te] <1> *vi* (*avec être*)
(*sur un cheval*) wieder aufsitzen; (*dans une
voiture*) wieder einsteigen; (*au deuxième
étage*) wieder hinaufgehen; (*jupe*)
hochrutschen; (*s'élever*) steigen; **~ à**
zurückgehen auf +*akk* ■ *vt* (*avec avoir*)
(*escalier, côte*) hinaufgehen; (*fleuve*)
hinaufsegeln/-schwimmen; (*pantalon*)
hochkrempeln; (*col*) hochklappen;
(*hausser*) erhöhen; (*réconforter*)
aufmuntern; (*objet démonté*) (wieder)
zusammensetzen; (*garde-robe*) erneuern;
(*montre, mécanisme*) aufziehen
remontrer [ʀ(ə)mɔ̃tʀe] <1> *vt*: **~ qch
(à qn)** (*montrer de nouveau*) (jdm) etw
wieder zeigen; **en ~ à qn** (*fig*) sich jdm
gegenüber beweisen, jdn belehren wollen
remords [ʀ(ə)mɔʀ] *nm* schlechtes
Gewissen; **avoir des ~** Gewissensbisse
haben
remorque [ʀ(ə)mɔʀk] *nf* (*Auto*)
Anhänger *m*; **prendre en ~** abschleppen
remorquer <1> *vt* (*bateau*) schleppen;
(*véhicule*) abschleppen
rémoulade [ʀemulad] *nf* Remoulade *f*
rémouleur [ʀemulœʀ] *nm*
Scherenschleifer *m*
rempart [ʀɑ̃paʀ] *nm* Wall *m*; (*ville*)
Stadtmauer *f*; (*fig*) Schutz *m*
remplaçant, e [ʀɑ̃plasɑ̃, ɑ̃t] *nm/f*
Ersatz *m*; (*temporaire*) Vertretung *f*
remplacement *nm* (*suppléance*)
Vertretung *f*
remplacer [ʀɑ̃plase] <2> *vt* ersetzen;
(*prendre la place de*) vertreten; (*changer*)
auswechseln; **~ qch par qch d'autre/qn
par qn d'autre** etw durch etw/jdn durch
jdn ersetzen
remplir [ʀɑ̃pliʀ] <8> *vt* füllen; (*temps,
document*) ausfüllen; (*satisfaire à*) erfüllen;
(*fonction, rôle*) ausüben; **~ qch de** etw
füllen mit; **~ qn de** (*joie, admiration*) jdn
erfüllen mit; **se remplir** *vpr* sich füllen

remporter [ʀɑ̃pɔʀte] <1> *vt* (wieder)
mitnehmen, zurücknehmen; (*victoire*)
davontragen; (*succès*) haben
remuant, e [ʀəmɥɑ̃, ɑ̃t] *adj* (*enfant*)
lebhaft
remue-ménage [ʀ(ə)mymenaʒ] *nm inv*
Durcheinander *nt*, Spektakel *m*
remue-méninges [ʀ(ə)mymenɛ̃ʒ] *nm
inv* (*fam*) Brainstorming *nt*
remuer [ʀəmɥe] <1> *vt* (*meuble, objet*)
verschieben, verstellen; (*partie du corps*)
bewegen; (*café, sauce*) umrühren; (*salade*)
mischen, anmachen; (*émouvoir*) bewegen,
rühren ■ *vi* sich bewegen; (*opposants*)
sich bemerkbar machen; **se remuer** *vpr*
sich bewegen
rémunération [ʀemyneʀasjɔ̃] *nf*
Entlohnung *f*, Bezahlung *f*
rémunérer [ʀemyneʀe] <5> *vt*
entlohnen, bezahlen
renaître [ʀ(ə)nɛtʀ] *irr comme* naître *vi*
wiederaufleben
renard [ʀ(ə)naʀ] *nm* Fuchs *m*
renchérir [ʀɑ̃ʃeʀiʀ] <8> *vi* sich verteuern,
teurer werden; **~ (sur qch)** (etw)
übertreffen
renchérissement [ʀɑ̃ʃeʀismɑ̃] *nm*
Verteuerung *f*
rencontre [ʀɑ̃kɔ̃tʀ] *nf* Begegnung *f*;
(*de cours d'eau*) Zusammenfluss *m*;
(*congrès*) Treffen *nt*, Versammlung *f*;
aller à la ~ de qn jdm entgegengehen;
faire la ~ de qn jds Bekanntschaft
machen
rencontrer <1> *vt* treffen; (*difficultés,
opposition*) stoßen auf +*akk*;
se rencontrer *vpr* sich treffen; (*fleuves*)
zusammenfließen
rendement [ʀɑ̃dmɑ̃] *nm* (*produit*) Ertrag
m; (*efficacité*) Leistung *f*; **à plein ~** auf
vollen Touren
rendez-vous [ʀɑ̃devu] *nm inv* (*rencontre*)
Verabredung *f*; (*lieu*) Treffpunkt *m*;
avoir ~ (avec qn) (mit jdm) verabredet
sein; **prendre ~ avec qn, donner ~ à qn**
sich mit jdm verabreden, mit jdm einen
Termin vereinbaren
rendormir [ʀɑ̃dɔʀmiʀ] *irr comme* dormir
vpr: **se rendormir** wieder einschlafen
rendre [ʀɑ̃dʀ] <14> *vt* zurückgeben;
(*la monnaie*) herausgeben; (*salut, visite*)
erwidern; (*honneurs*) erweisen; (*vomir*)
erbrechen; (*sons*) hervorbringen;
(*exprimer*) ausdrücken; (*jugement*)
erlassen; **~ qn célèbre/qch possible** jdn
berühmt/etw möglich machen; **~ visite à
qn** jdn besuchen; **se rendre** *vpr* (*capituler*)
sich ergeben; (*fig*) aufgeben; **se ~ malade**
sich krank machen; **se ~ quelque part**
irgendwohin gehen

rênes [ʀɛn] *nfpl* Zügel *pl*

renfermé, e [ʀɑ̃fɛʀme] *adj* (*personne*) verschlossen ▪ *nm*: **sentir le ~** muffig riechen

renfermer [ʀɑ̃fɛʀme] <1> *vt* (*contenir*) enthalten; **se renfermer** *vpr* sich verschließen

renfoncement [ʀɑ̃fɔ̃smɑ̃] *nm* Vertiefung *f*; (*dans le mur*) Nische *f*

renforcer [ʀɑ̃fɔʀse] <2> *vt* verstärken; (*expression, argument*) bekräftigen; **~ qn dans ses opinions** jdn in seiner Meinung bestärken

renfort [ʀɑ̃fɔʀ] *nm*: **à grand ~ de ...** mit einem großen Aufwand an +*dat*, mit vielen ...; **renforts** *nmpl* Verstärkung *f*

rengaine [ʀɑ̃gɛn] *nf* (*fam*) altes Lied

rengorger [ʀɑ̃gɔʀʒe] <2> *vpr*: **se rengorger** (*a. fig*) sich aufplustern

renier [ʀənje] <1> *vt* verleugnen; (*engagements*) nicht anerkennen

renifler [ʀ(ə)nifle] <1> *vi* schnüffeln ▪ *vt* (*odeur*) riechen, schnuppern

renne [ʀɛn] *nm* Ren(tier) *nt*

renom [ʀ(ə)nɔ̃] *nm* Ruf *m*

renommé, e [ʀ(ə)nɔme] *adj* berühmt, renommiert ▪ *nf* Ruhm *m*

renoncement [ʀ(ə)nɔ̃smɑ̃] *nm* Verzicht *m* (*à* auf +*akk*)

renoncer [ʀ(ə)nɔ̃se] <2> *vi*: **~ à** aufgeben; (*droit, succession*) verzichten auf +*akk*; **~ à faire qch** darauf verzichten, etw zu tun

renouer [ʀənwe] <1> *vt* neu binden; (*conversation, liaison*) wieder anknüpfen, wiederaufnehmen; **~ avec** (*avec ami*) sich wieder anfreunden mit; (*avec tradition*) wiederaufnehmen

renouvelable [ʀ(ə)nuv(ə)labl] *adj* (*prolongeable*) verlängerbar; (*rééligible*) wiederwählbar; (*expérience, observation*) wiederholbar; (*énergie*) erneuerbar

renouveler [ʀ(ə)nuv(ə)le] <3> *vt* erneuern; (*personnel, membres d'un comité*) austauschen, ersetzen; (*proroger*) verlängern; (*usage, mode*) wiederbeleben; (*refaire*) wiederholen; **se renouveler** *vpr* (*incident*) sich wiederholen

renouvellement [ʀ(ə)nuvɛlmɑ̃] *nm* Erneuerung *f*, Austausch *m*, Verlängerung *f*, Wiederbelebung *f*, Wiederholung *f*

rénovation [ʀenɔvasjɔ̃] *nf* Renovierung *f*

rénover [ʀenɔve] <1> *vt* renovieren; (*quartier*) sanieren

renseignement [ʀɑ̃sɛɲmɑ̃] *nm* Auskunft *f*; **prendre des ~s sur** sich erkundigen über +*akk*

renseigner [ʀɑ̃seɲe] <1> *vt*: **~ qn (sur)** jdn informieren (über +*akk*); (*expérience, document*) jdm Aufschluss geben (über +*akk*); **se renseigner** *vpr* sich erkundigen

rentabiliser [ʀɑ̃tabilize] <1> *vt* rentabel machen

rentabilité [ʀɑ̃tabilite] *nf* Rentabilität *f*; (*Econ*) Wirtschaftlichkeit *f*

rentable [ʀɑ̃tabl] *adj* rentabel; (*exercice*) lohnenswert; **être ~** sich rentieren; (*projet*) sich rechnen

rente [ʀɑ̃t] *nf* (*revenu*) Einkommen *nt*; (*retraite*) Rente *f*; (*emprunt de l'État*) Staatsanleihe *f*; **~ viagère** Leibrente

rentier, -ière [ʀɑ̃tje, ɛʀ] *nm/f* Rentner(in) *m(f)*

rentrée [ʀɑ̃tʀe] *nf* (*retour*) Rückkehr *f*; (*d'argent*) Einnahmen *pl*; **la ~ (des classes)** der Schuljahresbeginn; **~ parlementaire** (*Pol*) Wiederaufnahme *f* der Parlamentssitzungen (nach den Ferien)

> ● **LA RENTRÉE**
> ●
> ● *La rentrée (des classes)* jedes Jahr im
> ● September bedeutet mehr als nur der
> ● Schulbeginn für Schüler und Lehrer.
> ● Es ist auch die Zeit nach den langen
> ● Sommerferien, wenn das politische
> ● und soziale Leben wieder beginnt.

rentrer [ʀɑ̃tʀe] <1> *vi* (*avec être*) (*de nouveau: aller/venir*) wieder hereinkommen/hineingehen; (*fam: entrer*) hereinkommen/hineingehen; (*revenir chez soi*) nach Hause kommen/gehen; (*pénétrer*) eindringen; (*revenu, argent*) hereinkommen; **~ dans** (*heurter*) prallen gegen; (*appartenir à*) gehören zu; **~ dans son argent** [*ou* **ses frais**] seine Ausgaben hereinbekommen; **~ dans sa famille/son pays** zu seiner Familie/in sein Land zurückkehren ▪ *vt* (*avec avoir*) hinein-/hereinbringen; (*véhicule*) in die Garage fahren; (*foins*) einbringen; (*griffes*) einziehen; (*train d'atterrissage*) einfahren; (*larmes, colère*) unterdrücken, hinunterschlucken; **~ le ventre** den Bauch einziehen

renverse [ʀɑ̃vɛʀs] *nf*: **tomber à la ~** nach hinten umfallen; (*fam: étonnement*) sich auf den Hintern setzen

renversé, e [ʀɑ̃vɛʀse] *adj* (*image*) umgekehrt; (*écriture*) nach links geneigt

renversement [ʀɑ̃vɛʀsəmɑ̃] *nm* (*d'un régime*) (Um)sturz *m*; (*de traditions*) Aufgabe *f*; **~ de la situation** Umkehrung *f* der Lage

renverser [ʀɑ̃vɛʀse] <1> *vt* (*retourner*) umwerfen, umkippen, umstoßen; (*piéton*) anfahren; (*tuer*) überfahren; (*contenu*) verschütten; (*volontairement*) ausschütten; (*intervertir*) umkehren; (*tradition, ordre établi*) umstoßen; (*Pol: fig*)

kippen; (*stupéfier*) umwerfen;
se renverser *vpr* umfallen; (*véhicule*)
umkippen; (*liquide*) verschüttet werden
renvoi [Rãvwa] *nm* (*référence*) Verweis *m*;
(*éructation*) Rülpser *m*
renvoyer [Rãvwaje] <6> *vt*
zurückschicken; (*congédier*) entlassen;
(*balle*) zurückwerfen; (*Tennis*)
zurückschlagen; (*lumière, son*)
reflektieren; (*ajourner*) verschieben (*à auf
+akk*); **~ qn à qn/qch** jdn an jdn/auf etw
akk verweisen; **~ l'ascenseur** (*fig: fam*)
sich für eine Gefälligkeit revanchieren
réorganiser [Reɔrganize] <1> *vt*
umorganisieren
repaire [R(ə)pER] *nm* (*des animaux*) Bau *m*,
Höhle *f*; (*d'une personne*) Unterschlupf *m*
répandre [Repãdr] <14> *vt* verbreiten;
(*liquide*) verschütten; (*gravillons, sable*)
streuen; **se répandre** *vpr* sich verbreiten;
se ~ en sich ergehen in *+dat*
réparation [Reparasjõ] *nf* Reparatur *f*;
(*compensation*) Wiedergutmachung *f*;
réparations *nfpl* (*travaux*)
Reparaturarbeiten *pl*; **demander à qn ~
de** (*offense*) von jdm Wiedergutmachung
verlangen für
réparer <1> *vt* reparieren;
wiedergutmachen
repartie [Rəparti], **répartie** [Reparti]
nf (*schlagfertige*) Antwort; **avoir de la ~**
schlagfertig sein
repartir [R(ə)partir] <10> *vi* (*avec être*)
(*partir de nouveau*) wieder aufbrechen;
(*s'en retourner*) zurückgehen, zurückkehren;
(*fig: affaire*) sich wieder erholen; **~ à zéro**
noch einmal von vorne anfangen
répartir [Repartir] <8> *vt* verteilen,
aufteilen; **se répartir** *vpr* (*travail*) sich
teilen; (*rôles*) aufteilen
répartition [Repartisjõ] *nf* Verteilung *f*,
Aufteilung *f*; **~ des rôles** Rollenverteilung
repas [R(ə)pa] *nm* Mahlzeit *f*; **à l'heure
des ~** zur Essenszeit
repassage [R(ə)pasaʒ] *nm* Bügeln *nt*
repasser [R(ə)pase] <1> *vi* (*avec être*)
wieder vorbeikommen ▪ *vt* (*avec avoir*)
(*vêtement*) bügeln; (*examen, leçon*)
wiederholen; (*film*) noch einmal zeigen
repenser [R(ə)pãse] <1> *vi*: **~ à qch**
(*par hasard*) sich an etw *akk* erinnern;
(*considérer à nouveau*) etw überdenken
repenti, e [R(ə)pãti] *nm/f* (*ancien
terroriste*) Aussteiger(in) *m(f)*
repentir [R(ə)pãtir] <10>; **se repentir**
vpr Reue empfinden; **se ~ de qch/d'avoir
fait qch** etw bereuen/es bereuen, etw
getan zu haben *nm* Reue *f*
répercussion [Reperkysjõ] *nf*
Auswirkung *f*, Folge *f*

répercuter [Reperkyte] <1> *vpr*:
se répercuter (*bruit*) widerhallen;
se ~ sur (*fig*) sich auswirken auf *+akk*
repère [R(ə)per] *nm* Zeichen *nt*,
Markierung *f*; **point de ~** Anhaltspunkt *m*
repérer [R(ə)pere] <5> *vt* (*apercevoir*)
entdecken; (*Mil*) auskundschaften;
se faire ~ (*fam*) entdeckt werden;
se repérer *vpr* (*s'orienter*) sich zurechtfinden
répertoire [Repertwar] *nm* (*inventaire*:
Inform) Verzeichnis *nt*; (*d'un théâtre, d'un
artiste*) Repertoire *nt*; **~ de caractères**
(*Inform*) Zeichenvorrat *m*; **~ de
commandes** (*Inform*) Befehlsvorrat *m*;
~ racine (*Inform*) Hauptverzeichnis *nt*
répéter [Repete] <5> *vt* wiederholen;
(*nouvelle, secret*) weitersagen ▪ *vi* (*Theat*)
proben; **se répéter** *vpr* sich wiederholen
répétition [Repetisjõ] *nf* Wiederholung *f*;
(*Theat*) Probe *f*
répit [Repi] *nm* Ruhe(pause) *f*;
sans ~ ununterbrochen, unablässig
repli [Rəpli] *nm* (*d'une étoffe*) Falte *f*;
(*retraite*) Rückzug *m*
replier [R(ə)plije] <1> *vt* (*wieder*)
zusammenfalten; **se replier** *vpr* (*reculer*)
sich zurückziehen, zurückweichen
réplique [Replik] *nf* Antwort *f*,
Erwiderung *f*; (*objection*) Widerrede *f*;
(*Theat*) Replik *f*; (*copie*) Nachahmung *f*;
sans ~ (*ton*) keine Widerrede duldend;
(*argument*) nicht zu widerlegen
répliquer <1> *vi* erwidern
répondeur [Repõdœr] *nm*:
~ (téléphonique) Anrufbeantworter *m*
répondre [Repõdr] <14> *vi* antworten;
(*personne*) antworten *+dat*; (*freins,
mécanisme*) ansprechen; **~ à** (*à une
question, à un argument, etc*) antworten
auf *+akk*; (*avec impertinence*) Widerworte
geben *+dat*; (*à une invitation, à un salut,
sourire*) erwidern; (*à une convocation*) Folge
leisten *+dat*; (*à une provocation*) reagieren
auf *+akk*; (*véhicule, mécanisme*) ansprechen
auf *+akk*; (*correspondre à*) entsprechen
+dat; **~ de** bürgen für; **répondez s'il vous
plaît** um Antwort wird gebeten
réponse [Repõs] *nf* Antwort *f*; (*solution*)
Lösung *f*; (*réaction*) Reaktion *f*; **en ~ à** in
Antwort auf *+akk*
reportage [R(ə)portaʒ] *nm* Reportage *f*
reporter [R(ə)porter] *nmf* Reporter(in)
m(f)
reporter [R(ə)porte] <1> *vt*: **~ qch (à)**
(*total*) etw übertragen auf *+akk*; (*notes*)
etw aufführen an *+dat*; **~ qch (à)** (*ajourner*)
etw verschieben (auf *+akk*); **~ qch sur**
(*transférer*) etw übertragen auf *+akk* ▪ *vpr*:
se ~ à (*époque*) sich zurückversetzen in
+akk; (*se référer*) sich berufen auf *+akk*

repos [R(ə)po] nm Ruhe f
reposant, e adj gemütlich, erholsam
reposé, e adj ausgeruht, frisch; **à tête ~e** in Ruhe
reposer [R(ə)poze] <1> vt (verre) wieder absetzen; (livre) wieder hinlegen; (rideaux, carreaux) wieder anbringen; (question) erneut stellen; (délasser) entspannen, ausruhen lassen ■ vi: **laisser ~** (liquide, pâte) ruhen lassen; **ici repose ...** (tombe) hier ruht ...; **~ sur** ruhen auf +dat;
se reposer vpr (se délasser) sich ausruhen; **se ~ sur qn** sich auf jdn verlassen
repousser [R(ə)puse] <1> vi (feuille, cheveux) nachwachsen ■ vt (refouler) abwehren; (refuser) ablehnen; (différer) aufschieben; (dégoûter) abstoßen; (tiroir, table) zurückschieben
répréhensible [RepReãsibl] adj tadelnswert
reprendre [R(ə)pRãdR] <13> vt (prisonnier) wiederergreifen; (ville) zurückerobern; (prendre davantage) noch einmal nehmen; (prendre à nouveau) wiedernehmen; (récupérer) zurücknehmen, abholen; (racheter) zurücknehmen; (entreprise) übernehmen; (travail, études) wiederaufnehmen; (argument, prétexte) wieder benutzen; (article) bearbeiten; (jupe, pantalon) ändern; (réprimander) tadeln; (corriger) verbessern;
~ connaissance wieder zu Bewusstsein kommen; **~ des forces/courage** neue Kraft/neuen Mut schöpfen; **~ haleine** [ou **son souffle**] verschnaufen; **~ la route** sich wieder auf den Weg machen ■ vi (recommencer) wieder anfangen, wieder beginnen; (froid, pluie) wieder einsetzen; (affaires, industrie) sich erholen;
se reprendre vpr (se corriger) sich verbessern; (se ressaisir) sich fassen; **s'y ~** einen zweiten Versuch machen
repreneur [R(ə)pRənœR] nm Sanierer m (der marode Unternehmen aufkauft)
représailles [R(ə)pRezaj] nfpl Repressalien pl; (Mil) Vergeltungsschlag m
représentant, e [R(ə)pRezãtã, ãt] nm/f Vertreter(in) m(f); **~ de direction** Spitzenvertreter m
représentatif, -ive [R(ə)pRezãtatif, iv] adj repräsentativ
représentation [R(ə)pRezãtasjõ] nf (image) Darstellung f; (spectacle) Vorstellung f, Aufführung f; (Com) Vertretung f; **frais de ~** Aufwandsentschädigung f
représenter [R(ə)pRezãte] <1> vt darstellen; (jouer) aufführen; (pays, commerce, etc) vertreten; **se représenter** vpr (occasion) sich wieder ergeben;

(s'imaginer) sich dat vorstellen; **se ~ à** (examen) sich noch einmal melden zu; (élection) sich wieder aufstellen lassen für
répression [RepResjõ] nf Unterdrückung f; (d'une révolte) Niederschlagung f; (punition) Bestrafung f
réprimande [RepRimãd] nf Tadel m, Verweis m
réprimer [RepRime] <1> vt (désirs, passions) unterdrücken; (révolte) niederschlagen; (abus, désordres) bestrafen, vorgehen gegen
reprise [R(ə)pRiz] nf (d'une ville) Zurückeroberung f; (recommencement) Wiederbeginn m; (Econ) Aufschwung m; (TV, Theat) Wiederholung f; (d'un moteur) Beschleunigung f; (d'un article usagé) Inzahlungnahme f; (raccomodage) (Kunst)stopfen nt; **à plusieurs ~s** mehrmals
repriser [R(ə)pRize] <1> vt (raccommoder) stopfen; flicken
réprobation [RepRobasjõ] nf Missbilligung f
reproche [R(ə)pRoʃ] nm Vorwurf m; **sans ~(s)** tadellos; **sans peur et sans ~** ohne Furcht und Tadel
reprocher <1> vt: **~ qch à qn** jdm etw vorwerfen; **~ qch à qch** an etw dat etw auszusetzen haben ■ vpr: **se ~ qch** sich dat etw vorwerfen
reproduction [R(ə)pRodyksjõ] nf (imitation) Nachahmung f; (d'un texte) Nachdruck m, Vervielfältigung f, Kopie f; (d'un son) Wiedergabe f; (Bio) Vermehrung f; (répétition) Wiederholung f; (dessin) Reproduktion f, Kopie f
reproduire [R(ə)pRodɥiR] irr comme conduire vt (imiter) nachahmen; (dessin) reproduzieren; (texte) nachdrucken; vervielfältigen; (son) wiedergeben;
se reproduire vpr (Bio) sich vermehren; (recommencer) sich wiederholen
réprouver [RepRuve] <1> vt missbilligen
reptile [Reptil] nm Reptil nt
repu, e [Rapy] adj satt
république [Repyblik] nf Republik f; **~ bananière** Bananenrepublik; **R~ centrafricaine** Zentralafrikanische Republik; **R~ dominicaine** Dominikanische Republik; **la R~ fédérale d'Allemagne** die Bundesrepublik Deutschland; **la R~ française** (die Republik) Frankreich
répudier [Repydje] <1> vt (femme) verstoßen; (doctrine) verwerfen
répugnance [Repyɲãs] nf Ekel m, Abscheu m (pour vor +dat)
répugner <1> vi: **~ à qn** (nourriture) jdn anekeln; (comportement, activité)

jdn anwidern; **~ à faire qch** etw sehr
ungern tun
répulsion [ʀepylsjõ] nf Abscheu m
(*pour* vor +dat)
réputation [ʀepytasjõ] nf (*renom*) Ruf m
réputé, e [ʀepyte] adj berühmt
requérir [ʀəkeʀiʀ] irr comme acquérir vt
erfordern; (*au nom de la loi*) anfordern
requête [ʀəkɛt] nf Bitte f, Ersuchen nt;
(*Jur*) Antrag m
requin [ʀəkɛ̃] nm Hai(fisch) m
requinquer [ʀ(ə)kɛ̃ke] <1> vt (*fam*)
aufmöbeln
requis, e [ʀəki, iz] adj erforderlich
réquisitionner [ʀekizisjɔne] <1> vt
(*choses*) requirieren; (*personnes*)
dienstverpflichten
R.E.R. nm abr = **Réseau express régional**
Pariser S-Bahn
rescapé, e [ʀɛskape] nm/f (*d'un accident,
d'un sinistre*) Überlebende(r) mf
réseau (pl **x**) [ʀezo] nm Netz nt; (*Inform*)
Netz(werk) nt; **~ informatique**
Computernetz; **~ local** LAN nt;
~ de télecommunication
Telekommunikationsnetz;
~ de téléphonie mobile Mobilfunknetz
réservation [ʀezɛʀvasjõ] nf
Reservierung f, Reservation f
réserve [ʀezɛʀv] nf Reserve f; (*entrepôt*)
Lager nt; (*territoire protégé*) Reservat nt,
Schutzgebiet nt; (*de pêche, de chasse*)
Revier nt; **les ~s** (Mil) die Reservetruppen
pl; **faire des ~s** (*restriction*)
Einschränkungen pl machen; **de ~**
Reserve-; **en ~** in Reserve; **sans ~**
vorbehaltlos; **sous ~ de** unter Vorbehalt
+gen; **sous toutes ~s** mit allen
Vorbehalten; **officier(-ière) de ~**
Reserveoffizier(in) m(f)
réservé, e [ʀezɛʀve] adj reserviert;
(*chasse, pêche*) privat; **~ à/pour** reserviert
für
réserver [ʀezɛʀve] <1> vt reservieren,
vorbestellen; (*réponse, diagnostic*) sich dat
vorbehalten; **~ qch à** (*destiner: usage*) etw
vorsehen für; **~ qch à qn** jdm etw
reservieren; (*surprise, accueil, etc*) jdm etw
bereiten ▪ vpr: **se ~ le droit de** sich dat
das Recht vorbehalten zu
réservoir [ʀezɛʀvwaʀ] nm Reservoir nt;
(*d'essence*) Tank m
résidence [ʀezidɑ̃s] nf (*Admin*) Wohnsitz
m; (*habitation luxueuse*) Residenz f;
~ secondaire Ferienwohnung f,
Wochenendhaus nt; **~ universitaire**
(*pour étudiants*) Studentenwohnheim nt
résident, e [ʀezidɑ̃, ɑ̃t] nm/f: **~(e)
étranger(-ère)** ausländischer Mitbürger,
ausländische Mitbürgerin

résidentiel, le [ʀezidɑ̃sjɛl] adj Wohn-;
quartier ~ gutes Wohnviertel
résider [ʀezide] <1> vi: **~ à/dans/en**
wohnen in +dat; **~ dans** (*consister en*)
bestehen in +dat
résidu [ʀezidy] nm Überbleibsel nt; (*Chim*)
Rückstand m
résignation [ʀeziɲasjõ] nf Resignation f
résigner [ʀeziɲe] <1> vt zurücktreten von
▪ vpr: **se ~ à qch/faire qch** sich mit etw
abfinden/sich damit abfinden, etw zu tun
résilier [ʀezilje] <1> vt (*contrat*) auflösen
résine [ʀezin] nf Harz nt
résistance [ʀezistɑ̃s] nf Widerstand m;
(*endurance*) Widerstandsfähigkeit f; (*Elec*)
Heizelement nt; **la R~** (*Pol*) die
französische Widerstandsbewegung
(*während des Zweiten Weltkriegs*)
résister [ʀeziste] <1> vi standhalten;
standhaft bleiben ▪ vt standhalten +dat;
(*effort, souffrance*) aushalten; (*personne*)
sich widersetzen +dat; (*tentation, péché*)
widerstehen +dat
résolu, e [ʀezɔly] voir **résoudre** adj
entschlossen (*à* zu)
résolution [ʀezɔlysjõ] nf (*solution*)
Lösung f; (*fermeté*) Entschlossenheit f;
(*décision*) Beschluss m, Entschluss m;
prendre la ~ de den Entschluss fassen, zu
résonance [ʀezɔnɑ̃s] nf (*d'une cloche*)
Klang m; (*d'une salle*) Akustik f
résonner [ʀezɔne] <1> vi (*cloche*) klingen;
(*pas, voix*) hallen, schallen; (*salle, rue*)
widerhallen
résorber [ʀezɔʀbe] <1> vpr: **se résorber**
(*tumeur, abcès*) sich zurückbilden; (*déficit,
chômage*) abgebaut werden
résoudre [ʀezudʀ] irr comme dissoudre vt
lösen ▪ vpr: **se ~ à qch/faire qch** sich zu
etw entschließen/sich dazu entschließen,
etw zu tun
respect [ʀɛspɛ] nm Respekt m (*de* vor
+dat); (*de Dieu, pour les morts*) Ehrfurcht f
(*de*, *pour* vor +dat); **tenir qn en ~** jdn in
Schach halten
respectable [ʀɛspɛktabl] adj (*personne*)
achtbar, anständig; (*scrupules*) ehrenhaft;
(*quantité*) ansehnlich, beachtlich
respecter [ʀɛspɛkte] <1> vt achten,
respektieren; (*ne pas porter atteinte à*)
Rücksicht nehmen auf +akk
respectif, -ive [ʀɛspɛktif, iv] adj
jeweilig
respectivement adv beziehungsweise
respectueux, -euse [ʀɛspɛktɥø, øz] adj
respektvoll; **être ~ de** vor etw achten
respiration [ʀɛspiʀasjõ] nf Atmen nt;
(*fonction*) Atmung f; **retenir sa ~** den Atem
anhalten; **~ artificielle** künstliche
Beatmung

respirer [ʀɛspiʀe] <1> vi atmen; (avec soulagement) aufatmen ▮ vt (aspirer) einatmen; (manifester) ausstrahlen

responsabilité [ʀɛspõsabilite] nf Verantwortung f; (légale) Haftung f; **~ civile** Haftpflicht f

responsable adj: **~ (de)** verantwortlich (für); haftbar (für) ▮ nmf Verantwortliche(r) mf; (d'un parti, d'un syndicat) Vertreter(in) m(f)

resquilleur, -euse [ʀɛskijœʀ, øz] nm/f Schwarzfahrer(in) m(f)

ressaisir [ʀ(ə)seziʀ] <8> vpr: **se ressaisir** (se calmer) sich fassen; (se reprendre) sich fangen

ressemblance [ʀ(ə)sãblãs] nf Ähnlichkeit f

ressemblant, e adj ähnlich

ressembler [ʀ(ə)sãble] <1> vi: **~ à** ähnlich sein +dat; **~ à qn/qch comme deux gouttes d'eau** jdm aufs Haar gleichen/ genauso aussehen wie etw; **se ressembler** vpr sich ähneln, einander ähnlich sein

ressemeler [ʀ(ə)səm(ə)le] <3> vt neu besohlen

ressentiment [ʀ(ə)sãtimã] nm Groll m, Ressentiment nt

ressentir [ʀ(ə)sãtiʀ] <10> vt (éprouver) empfinden; (injure, privation) spüren ▮ vpr: **se ~ de qch** die Folgen einer Sache gen spüren

resserrer [ʀ(ə)seʀe] <1> vt (pores) schließen; (nœud, boulon) anziehen; (liens d'amitié) stärken; **se resserrer** vpr (route, vallée) sich verengen

resservir [ʀ(ə)seʀviʀ] <10> vt: **~ qn (d'un plat)** jdm (von einem Gericht) noch einmal geben ▮ vi noch einmal gebraucht werden

ressort [ʀ(ə)sɔʀ] nm (pièce) Feder f; (énergie) innere Kraft; **en dernier ~** in letzter Instanz, letztendlich; **être du ~ de qn** (compétence) in jds Ressort [ou Bereich] fallen

ressortir [ʀ(ə)sɔʀtiʀ] <10> vi (avec être) wieder herauskommen/hinausgehen; (contraster) sich abheben; **~ de** (résulter de) sich zeigen anhand von

ressortissant, e [ʀ(ə)sɔʀtisã, ãt] nm/f im Ausland lebende(r) Staatsangehörige(r)

ressource [ʀ(ə)suʀs] nf (recours) Hilfe f; **ressources** nfpl Mittel pl; **~s d'énergie** Energiequellen pl

ressusciter [ʀesysite] <1> vt wiederbeleben ▮ vi (Christ) auferstehen

restant, e [ʀɛstã, ãt] adj restlich, übrig ▮ nm Rest m

restaurant [ʀɛstɔʀã] nm Restaurant nt; **~ du cœur** Kantine, in der kostenloses Essen an Bedürftige abgegeben wird; **~ universitaire** Mensa f

restaurateur, -trice [ʀɛstɔʀatœʀ, tʀis] nm/f (aubergiste) Gastronom(in) m(f); (Art) Restaurator(in) m(f)

restauration [ʀɛstɔʀasjõ] nf (Art) Restauration f; **la ~** (hôtellerie) das Gastronomiegewerbe; **~ rapide** Fast Food nt, Schnellimbissrestaurants pl

restaurer [ʀɛstɔʀe] <1> vt (rétablir: Inform) wiederherstellen; (Art) restaurieren; **se restaurer** vpr (manger) sich stärken

reste [ʀɛst] nm Rest m; **restes** nmpl Überreste pl; **du ~, au ~** außerdem; **et tout le ~** und so weiter; **le ~ du temps/ des gens** die übrige Zeit/die übrigen Leute; **utiliser un ~ de poulet/tissu** Hähnchen-/Stoffreste verwerten; **j'ai perdu le ~ de l'argent** ich habe das restliche Geld verloren; **faites ceci, je me charge du ~** machen Sie das, ich kümmere mich um den Rest [ou das Übrige]; **avoir de beaux ~s** (personne) für sein Alter noch ganz passabel aussehen

rester [ʀɛste] <1> vi (avec être) bleiben; (subsister) übrig bleiben; **voilà tout ce qui (me) reste** das ist alles, was ich noch (übrig) habe; **ce qui reste à faire** was noch zu tun ist; **restons-en là** lassen wir's dabei; **~ immobile** sich nicht bewegen; **~ assis** sitzen bleiben ▮ vb impers: **il reste du pain/du temps/2 œufs** es ist noch Brot/Zeit/es sind noch 2 Eier übrig; **il me reste du pain/2 œufs** ich habe noch Brot/2 Eier (übrig); **il me reste assez de temps** ich habe noch genügend Zeit; **(il) reste à savoir si …** jetzt fragt es sich nur …

restituer [ʀɛstitɥe] <1> vt (reconstituer) wiederherstellen; (énergie) wieder abgeben; **~ qch (à qn)** (jdm) etw zurückgeben

restitution [ʀɛstitysjõ] nf Rückgabe f

resto, restau [ʀɛsto] nm (fam) Restaurant nt; **~ U** (fam: restaurant universitaire) Mensa f

restoroute [ʀɛstɔʀut] nm Rasthof m

restreindre [ʀɛstʀɛ̃dʀ] irr comme peindre vt einschränken

restriction [ʀɛstʀiksjõ] nf Einschränkung f, Beschränkung f; **restrictions** nfpl (rationnement) Beschränkungen pl, Rationierung f; **faire des ~s** (mentales) Vorbehalte pl haben; **sans ~** uneingeschränkt

restructurer [ʀɛstʀyktyʀe] <1> vt neu gestalten, umbauen

résultat [ʀezylta] nm Ergebnis nt, Resultat nt; **~ de recherche** (Inform) Suchergebnis

résulter [Rezylte] <1> vi: ~ **de** herrühren von; **il résulte de ceci que** daraus folgt, dass

résumé [Rezyme] nm Zusammenfassung f; (ouvrage) Übersicht f; **en ~** zusammenfassend

résumer [Rezyme] <1> vt zusammenfassen; (récapituler) rekapitulieren; **se résumer** vpr (personne) zusammenfassen

rétablir [Retabliʀ] <8> vt wiederherstellen; (faits, vérité) richtigstellen; (monarchie) wiedereinführen; (Med) gesund werden lassen; ~ **qn dans son emploi/ses droits** jdn wiedereinstellen/ jdn wieder in den Genuss seiner Rechte kommen lassen; **se rétablir** vpr (guérir) gesund werden, genesen; (silence, calme) wieder eintreten

rétablissement [Retablismɑ̃] nm Wiederherstellung f; (guérison) Genesung f, Besserung f; (Sport) Klimmzug m

retaper [Rətape] <1> vt herrichten; (fam: revigorer) wieder auf die Beine bringen; (redactylographier) noch einmal tippen

retard [R(ə)taʀ] nm Verspätung f; (dans un paiement) Rückstand m; (scolaire, mental) Zurückgebliebensein nt; (industriel) Rückständigkeit f; **être en ~** (personne) zu spät kommen; (train) Verspätung haben; (dans paiement, travail) im Rückstand sein; (pays) rückständig sein; **être en ~ de 2h** 2 Stunden zu spät kommen; 2 Stunden Verspätung haben; **avoir du/une heure de ~** Verspätung/eine Stunde Verspätung haben; **prendre du ~** (train, avion) sich verspäten; **sans ~** unverzüglich

retardement [R(ə)taʀdəmɑ̃] nm: **à ~** Zeit-, mit Zeitauslöser

retarder [R(ə)taʀde] <1> vt aufhalten; (différer) verzögern; (travail, études) in Rückstand bringen; (montre) zurückstellen; (départ) aufschieben; (date) verschieben; **ça m'a retardé d'une heure** deshalb war ich eine Stunde zu spät dran ■ vi (montre) nachgehen; **je retarde de dix minutes** meine Uhr geht zehn Minuten nach

retenir [Rət(ə)niʀ] <9> vt (immobiliser) zurückhalten; (garder) dabehalten; (saisir) halten; (réprimer) unterdrücken; (souffle) anhalten; (odeur, chaleur) (be)halten; (se souvenir de) behalten; (accepter) annehmen; (réserver) reservieren; (prélever) zurückbehalten (sur von); ~ **qn de faire qch** jdn daran hindern, etw zu tun; **se retenir** vpr (euphémisme) es aushalten, es sich dat verkneifen; **se ~ (à)** (se raccrocher) sich halten (an +akk); **se ~ (de faire qch)** (se contenir) sich zurückhalten(, etw zu tun)

rétention [Retɑ̃sjɔ̃] nf: ~ **d'urine** Harnverhaltung f

retentir [R(ə)tɑ̃tiʀ] <8> vi (bruit, paroles) hallen; ~ **de** (salle) widerhallen von; ~ **sur** sich auswirken auf +akk

retentissant, e adj (voix) schallend; (succès, etc) aufsehenerregend

retentissement nm (répercussion) Auswirkung f; (éclat) Wirkung f, Erfolg m

retenue [R(ə)təny] nf (somme) Abzug m; (Math) behaltene Zahl; (Scol: consigne) Arrest m; (réserve) Zurückhaltung f

réticence [Retisɑ̃s] nf (hésitation) Zögern nt, Bedenken nt; **sans ~** bedenkenlos

réticent, e [Retisɑ̃, ɑ̃t] adj zögernd

rétine [Retin] nf Netzhaut f

retiré, e [R(ə)tiʀe] adj (personne, vie) zurückgezogen; (quartier) abgelegen

retirer [R(ə)tiʀe] <1> vt (candidature, plainte) zurückziehen; (vêtement) ausziehen; (lunettes) abnehmen; (bagages, billet réservé) abholen; (argent) abheben; ~ **qch à qn** (enlever) jdm etw (weg)nehmen; ~ **qch de** (extraire) etw (heraus)nehmen aus; ~ **des avantages de** einen Vorteil haben von; **se retirer** vpr (partir) sich zurückziehen, weggehen; (de compétition: Pol) zurücktreten; (reculer) zurückweichen

retombées [R(ə)tɔ̃be] nfpl (radioactives) Niederschlag m, Fallout m; (fig: d'un événement) Nebenwirkung f

retomber [R(ə)tɔ̃be] vi (avec être) noch einmal fallen; (sauteur, cheval) aufkommen; (fusée, ballon) herunterkommen; (cheveux, rideaux) (herunter)fallen; ~ **sur qn** (fig) auf jdn fallen

rétorquer [Retɔʀke] <1> vt erwidern

rétorsion [Retɔʀsjɔ̃] nf: **mesures de ~** Vergeltungsmaßnahmen pl

retouche [R(ə)tuʃ] nf (d'une peinture, d'une photo) Retusche f; (à un vêtement) Änderung f

retoucher <1> vt (tableau, photo, texte) retuschieren; (vêtement) ändern

retour [R(ə)tuʀ] nm Rückkehr f (à zu); (voyage) Rückreise f, Heimreise f; (Com) Rückgabe f; (par la poste) Zurücksenden nt; **à mon ~** bei meiner Rückkehr; **de ~ à/chez** wieder in +dat/bei; **de ~ dans 10 minutes** in 10 Minuten zurück; ~ **à l'envoyeur** zurück an (den) Absender; **en ~** dafür; **être de ~ (de)** zurück sein (von); **par ~ du courrier** postwendend; ~ **en arrière** (flash-back) Rückblende f; **match ~** Rückspiel nt

retourner [R(ə)tuʀne] <1> vt (avec avoir) (dans l'autre sens) umdrehen; (terre, sol) umgraben; (foin) wenden; (émouvoir) erschüttern; (lettre) zurücksenden;

(*marchandise*) zurückgeben, umtauschen; **~ qch à qn** (*restituer*) jdm etw zurückgeben ▪ *vi* (*avec être*): **~ quelque part/vers/chez** (*aller de nouveau*) wieder irgendwohin/nach/zu ... gehen; **~ chez soi/à l'école** (*revenir*) heimgehen/wieder in die Schule gehen; **~ à** (*état initial, activité*) zurückkehren zu; **~ en arrière** [*ou* **sur ses pas**] umkehren; **se retourner** *vpr* (*personne*) sich umdrehen; (*voiture*) sich überschlagen

rétracter [ʀetʀakte] <1> *vt* (*désavouer*) zurücknehmen; (*antenne*) einziehen; **se rétracter** *vpr* (*nier*) das Gesagte zurücknehmen

retrait [ʀ(ə)tʀɛ] *nm* Zurückziehen *nt*; (*enlèvement*) Wegnahme *f*; (*de bagages, de billets*) Abholen *nt*; (*d'argent*) Abheben *nt*; (*de compétition: Pol*) Rücktritt *m*; (*fait de reculer*) Zurückweichen *nt*; (*rétrécissement*) Eingehen *nt*; **en ~** zurückgesetzt, weiter hinten (*stehend*); **~ du permis de conduire** Führerscheinentzug *m*

retraite [ʀ(ə)tʀɛt] *nf* (*Mil*) Rückzug *m*; (*d'un employé: date, période*) Ruhestand *m*; (*pension*) Rente *f*; (*refuge*) Zufluchtsort *m*; **battre en ~** den Rückzug antreten; **être/mettre à la ~** im Ruhestand sein/in den Ruhestand versetzen; **prendre sa ~** in den Ruhestand gehen, sich pensionieren lassen; **~ anticipée** Vorruhestand, Frühverrentung *f*

retraité, e [ʀ(ə)tʀete] *adj* pensioniert ▪ *nm/f* Rentner(in) *m(f)*

retraitement [ʀ(ə)tʀɛtmɑ̃] *nm* Wiederaufbereitung *f*; **~ des combustibles** Wiederaufbereitung der Brennelemente

retraiter [ʀ(ə)tʀete] <1> *vt* wiederaufbereiten

retrancher [ʀ(ə)tʀɑ̃ʃe] <1> *vt* (*éliminer, couper*) entfernen; **~ qch de** (*nombre*) etw abziehen von

retransmettre [ʀ(ə)tʀɑ̃smɛtʀ] *irr comme* mettre *vt* übertragen

retransmission [ʀ(ə)tʀɑ̃smisjɔ̃] *nf* (*TV*) Übertragung *f*

rétrécir [ʀetʀesiʀ] <8> *vt* enger machen ▪ *vi* (*vêtement*) eingehen; **se rétrécir** *vpr* sich verengen

rétribution [ʀetʀibysjɔ̃] *nf* Bezahlung *f*

rétro [ʀetʀo] *adj inv*: **mode/style ~** Nostalgiemode *f*/-stil *m*

rétroactif, -ive [ʀetʀoaktif, iv] *adj* rückwirkend

rétrograde [ʀetʀogʀad] *adj* rückschrittlich

rétrograder <1> *vi* (*régresser*) zurückfallen; (*Auto*) herunterschalten

rétroprojecteur [ʀetʀopʀɔʒɛktœʀ] *nm* Tageslichtprojektor *m*, Overheadprojektor *m*

rétrospective [ʀetʀɔspɛktiv] *nf* Rückschau *f*, Retrospektive *f*

rétrospectivement *adv* rückblickend

retrousser [ʀ(ə)tʀuse] <1> *vt* (*pantalon, manches*) hochkrempeln; (*jupe*) raffen

retrouver [ʀ(ə)tʀuve] <1> *vt* finden, wiederfinden; (*reconnaître*) wiedererkennen; (*revoir*) wiedersehen; (*rejoindre*) wiedertreffen; **se retrouver** *vpr* (*s'orienter*) sich zurechtfinden; **se ~ dans** sich zurechtfinden in +*dat*; **se ~ seul/sans argent** (*subitement*) plötzlich allein/ohne Geld dastehen; **s'y ~** (*fam: rentrer dans ses frais*) seine Kosten hereinhaben

rétrovirus [ʀetʀoviʀys] *nm* Retrovirus *nt*

rétroviseur [ʀetʀovizœʀ] *nm* Rückspiegel *m*; **~ panoramique** Panoramaspiegel *m*

réunification [ʀeynifikasjɔ̃] *nf* (*Pol*) Wiedervereinigung *f*

réunion [ʀeynjɔ̃] *nf* Sammlung *f*; (*de personnes, confédération*) Vereinigung *f*; (*rencontre*) Treffen *nt*; (*de province*) Anschluss *m*; (*meeting, congrès*) Versammlung *f*; **(l'île du) la R~** Réunion *nt*; **~ d'urgence** Dringlichkeitssitzung *f*

réunir [ʀeyniʀ] <8> *vt* sammeln; (*personnes*) versammeln; (*cumuler*) vereinigen; (*étrangers, antagonistes*) zusammenbringen; (*rattacher*) verbinden; (*États*) vereinigen; (*province*) anschließen (*à un* +*akk*); **~ à** etw verbinden mit; **se réunir** *vpr* zusammenkommen, sich treffen; (*États, chemins*) sich vereinigen; (*cours d'eau*) zusammenfließen

réussi, e [ʀeysi] *adj* gelungen

réussir [ʀeysiʀ] <8> *vi* gelingen; (*personne*) Erfolg haben; (*plante, culture*) gedeihen; **~ à un examen** eine Prüfung bestehen; **il a réussi à faire qch** es ist ihm gelungen, etw zu tun; **le mariage lui réussit** die Ehe bekommt ihm ▪ *vt*: **qn réussit qch** jdm gelingt etw

réussite [ʀeysit] *nf* Erfolg *m*

revaloriser [ʀ(ə)valɔʀize] <1> *vt* (*monnaie*) aufwerten; (*salaire*) erhöhen, anpassen; (*fig*) wieder aufwerten

revanche [ʀ(ə)vɑ̃ʃ] *nf* (*vengeance*) Rache *f*; (*Sport*) Revanche *f*; **prendre sa ~ (sur)** sich rächen (an +*dat*); **en ~** andererseits

rêve [ʀɛv] *nm* Traum *m*; (*activité psychique*) Träumen *nt*; **de ~** traumhaft; **la voiture de ses ~s** das Auto seiner/ihrer Träume; **fais de beaux ~s!** träume süß!

revêche [ʀəvɛʃ] *adj* mürrisch

réveil [ʀevɛj] *nm* (*instrument*) Wecker *m*; (*action*) Aufwachen *nt*; (*de la nature*) Erwachen *nt*; (*d'un volcan*) Aktivwerden *nt*; **au ~** beim Aufwachen; **sonner le ~** zum Wecken blasen

réveiller [ʀeveje] <1> vt (personne)
aufwecken; (fig) wecken; **se réveiller** vpr
aufwachen; (fig) wiedererwachen;
(volcan) aktiv werden

réveillon [ʀevejɔ̃] nm Fest(essen) in der
Weihnachtsnacht; mitternächtliches
Silvesterfest(essen)

réveillonner [ʀevejɔne] <1> vi den
Heiligen Abend/Silvester (mit einem
Festessen) feiern

révélateur, -trice [ʀevelatœʀ, tʀis] adj
bezeichnend, aufschlussreich ■ nm (Foto)
Entwickler m

révélation [ʀevelasjɔ̃] nf Bekanntgabe f;
(information) Enthüllung f; (prise de
conscience) Erkenntnis f; (artiste)
Sensation f

révéler [ʀevele] <5> vt (dévoiler) bekannt
geben, enthüllen; (témoigner de) zeigen;
(œuvre, artiste) bekannt machen; (Rel)
offenbaren; **se révéler** vpr (se manifester)
sich zeigen; **se ~ facile/faux(fausse)** sich
als einfach/falsch herausstellen

revenant, e [ʀ(ə)vənɑ̃, ɑ̃t] nm Gespenst
nt, Geist m ■ nm/f: **tiens, un ~/une ~e!**
(fam: après une longue absence) ja, wen
haben wir denn da mal wieder!

revendeur, -euse [ʀ(ə)vɑ̃dœʀ, øz] nm/f
(détaillant) Einzelhändler(in) m(f);
(brocanteur) Gebrauchtwarenhändler(in)
m(f)

revendication [ʀ(ə)vɑ̃dikasjɔ̃] nf
Forderung f; **journée de ~** Aktionstag m;
~ salariale Gehaltsforderung

revendiquer [ʀ(ə)vɑ̃dike] <1> vt fordern;
(responsabilité) übernehmen; (attentat)
sich bekennen zu

revendre [ʀ(ə)vɑ̃dʀ] <14> vt (d'occasion)
weiterverkaufen; (détailler) (im
Einzelhandel) verkaufen; **avoir de
l'énergie à ~** vor Energie [ou Tatendrang]
strotzen

revenir [ʀ(ə)vəniʀ] <9> vi (avec être)
zurückkommen; (réapparaître)
wiederkommen; (calme) wieder eintreten;
~ à (aux études, à la conversation) wieder
anfangen, wieder aufnehmen; (équivaloir
à) hinauslaufen auf +akk; **~ à qn** (part,
honneur) jdm zustehen; (souvenir, nom) jdm
einfallen; **~ à soi** wieder zu Bewusstsein
kommen; **~ de** (fig) sich erholen von; **faire
~** (Gastr) anbräunen; **cela (nous) revient
cher/à 100 euros** das ist teuer/das kostet
uns 100 Euro; **~ sur** (sujet) zurückkommen
auf +akk; (sur une promesse) zurücknehmen;
~ sur ses pas umkehren; **s'en ~**
zurückkommen; **je n'en reviens pas**
ich kann es nicht fassen; **cela revient au
même/à dire que** das läuft aufs Gleiche
raus/das heißt so viel wie, dass

revente [ʀ(ə)vɑ̃t] nf Weiterverkauf m,
Wiederverkauf m

revenu [ʀ(ə)vəny] nm (d'un individu)
Einkommen nt; (de l'État, d'un magasin)
Einnahmen pl; (d'une terre) Ertrag m; (d'un
capital) Rendite f; **~ minimum d'insertion**
≈ Sozialhilfe f; **~ par tête d'habitant**
(Econ) Pro-Kopf-Einkommen

rêver [ʀeve] <1> vi, vt träumen; **~ de/à**
träumen von; **il en rêve la nuit** (fig) das
verfolgt ihn

réverbère [ʀeveʀbeʀ] nm Straßenlaterne f

révérence [ʀeveʀɑ̃s] nf (salut)
Verbeugung f; (de femmes) Knicks m;
tirer sa ~ weggehen

rêverie [ʀevʀi] nf Träumerei f

revers [ʀ(ə)veʀ] nm Rückseite f; (d'étoffe)
linke Seite; (de vêtement) Aufschlag m;
(Tennis) Rückhand f; (échec) Rückschlag m;
le ~ de la médaille (fig) die Kehrseite der
Medaille

revêtement [ʀ(ə)vɛtmɑ̃] nm
(Straßen)belag m; (d'une paroi)
Verkleidung f; (enduit) Überzug m

revêtir [ʀ(ə)vetiʀ] irr comme vêtir vt
(vêtement) anziehen; (forme, caractère)
annehmen; **~ qch de** (de boiserie) etw
verkleiden mit; (de carreaux) etw auslegen
mit; (d'enduit) etw überziehen mit;
~ qn de qch (autorité) jdm etw verleihen

rêveur, -euse [ʀevœʀ, øz] adj verträumt
■ nm/f Träumer(in) m(f); **cela me laisse ~**
das gibt mir zu denken

revigorer [ʀ(ə)vigɔʀe] <1> vt beleben

revirement [ʀ(ə)viʀmɑ̃] nm (changement
d'avis) Meinungsumschwung m

réviser [ʀevize] <1> vt (texte) durchlesen,
überprüfen; (comptes) prüfen; (leçon)
wiederholen; (machine) überholen;
(procès) wiederaufnehmen

révision [ʀevizjɔ̃] nf (d'un texte)
Überprüfung f; (de comptes) Prüfung f;
(d'une leçon) Wiederholung f; (de machines)
Überholen nt; (d'un procès) Wiederaufnahme
f; (d'une voiture) Inspektion f; **faire des ~s**
den Stoff wiederholen

révisionnisme nm Revisionismus m;
(Holocauste) Bewegung, die die Vernichtung
der Juden durch die Nazis leugnet

revitaliser [ʀ(ə)vitalize] <1> vt neu
beleben

revivre [ʀəvivʀ] irr comme vivre vi
wiederaufleben ■ vt im Geiste noch
einmal erleben

revoir [ʀ(ə)vwaʀ] irr comme voir vt (voir de
nouveau) wiedersehen; (ami, lieu natal)
wiedersehen; (région, film, tableau) noch
einmal sehen; (revivre) noch einmal
erleben; (en imagination) vor sich dat
sehen, sehen; (corriger) durchsehen,

korrigieren; (Scol) wiederholen; **se revoir**
vpr sich wiedersehen ■ nm: **au ~** Auf
Wiedersehen; **dire au ~ à qn** sich von jdm
verabschieden

révolte [Revɔlt] nf Aufstand m

révolter <1> vt entrüsten, empören;
se révolter vpr rebellieren (contre gegen);
(s'indigner) sich entrüsten (contre über
+akk)

révolution [Revɔlysjɔ̃] nf (rotation)
Umdrehung f; (Pol) Revolution f; **la ~
culturelle** (en Chine) die Kulturrevolution;
la R~ (française) (Hist) die Französische
Revolution; **la ~ industrielle** (Hist) die
industrielle Revolution

révolutionnaire [RevɔlysjɔnɛR] adj
Revolutions-; (opinions, méthodes)
revolutionär

revolver [RevɔlvɛR] nm Revolver m

révoquer [Revɔke] <1> vt (fonctionnaire)
des Amtes entheben; (arrêt, contrat)
annullieren, aufheben; (donation)
rückgängig machen

revue [R(ə)vy] nf (périodique) Zeitschrift f;
(pièce satirique) Kabarett nt; (spectacle de
music-hall) Revue f; (Mil) Parade f; **passer
en ~** (problèmes, possibilités) durchgehen;
~ spécialisée Fachzeitschrift

rez-de-chaussée [Red(ə)ʃose] nm inv
Erdgeschoss nt

R.F. nf abr = **République française**
französische Republik

R.F.A. nf abr = **République fédérale
d'Allemagne** BRD f

Rhénanie [Renani] nf: **la ~** das
Rheinland; **la ~-Palatinat** Rheinland-
Pfalz nt; **la ~-(du-Nord-)Westphalie**
Nordrhein-Westfalen nt

rhésus [Rezys] adj Rhesus-
■ nm Rhesusfaktor m

Rhin [Rɛ̃] nm: **le ~** der Rhein

rhinite [Rinit] nf Nasenkatarrh m

rhinocéros [RinɔseRɔs] nm Nashorn nt,
Rhinozeros nt

rhododendron [Rɔdɔdɛ̃dRɔ̃] nm
Rhododendron m

Rhône [Ron] nm: **le ~** die Rhône

rhubarbe [RybaRb] nf Rhabarber m

rhum [Rɔm] nm Rum m

rhumatisant, e [Rymatizɑ̃, ɑ̃t] adj
rheumakrank ■ nm/f Rheumatiker(in)
m(f)

rhumatisme [Rymatism] nm Rheuma
nt, Rheumatismus m

rhumatologie [Rymatɔlɔʒi] nf
Rheumatologie f

rhume [Rym] nm Erkältung f; **~ de
cerveau** Schnupfen m; **~ des foins**
Heuschnupfen m

ri [Ri] pp de **rire**

riant, e [R(i)jɑ̃, ɑ̃t] adj lachend;
(campagne, paysage) strahlend

R.I.B. nm abr = **relevé d'identité
bancaire** Nachweis m der
Bankverbindung

ricain, e [Rikɛ̃, ɛn] adj (pej) amerikanisch

ricanement [Rikanmɑ̃] nm (méchant)
boshaftes Gelächter; (bête) Kichern nt

ricaner [Rikane] <1> vi boshaft lachen;
(bêtement, avec gêne) kichern

riche [Riʃ] adj reich; (somptueux) teuer,
prächtig; (fertile) fruchtbar; (sujet, matière)
ergiebig; (documentation, vocabulaire)
umfangreich; (aliment) nahrhaft,
reichhaltig; **~ de poissons** voller Fische;
~ en reich an +dat ■ nmpl: **les ~s** die
Reichen pl

richesse [Riʃɛs] nf Reichtum m;
richesses nfpl (argent) Vermögen nt;
(possessions) Besitz m, Reichtümer pl;
(d'un musée, d'une région) Reichtümer pl;
la ~ en vitamines d'un aliment der hohe
Vitamingehalt eines Nahrungsmittels

ricocher [Rikɔʃe] <1> vi (pierre sur l'eau)
hüpfen; (projectile) abprallen; **~ sur**
abprallen an +dat

ricochet [Rikɔʃɛ] nm: **faire des ~s** Steine
übers Wasser hüpfen lassen; **faire ~**
hüpfen; abprallen; (fig) indirekte
Auswirkungen haben; **par ~** (fig) indirekt

rictus [Riktys] nm Grinsen nt

ride [Rid] nf Falte f, Runzel f; **ne pas avoir
pris une ~** (film, livre) immer noch von
großer Aktualität sein

ridé, e [Ride] adj faltig, runzlig

rideau (pl x) [Rido] nm Vorhang m

rider [Ride] <1> vt runzeln; (fig) kräuseln;
se rider vpr (avec l'âge) Falten bekommen

ridicule [Ridikyl] adj lächerlich ■ nm
Lächerlichkeit f; (travers) lächerliche Seite

ridiculiser [Ridikylize] <1> vt lächerlich
machen; **se ridiculiser** vpr sich lächerlich
machen

rien [Rjɛ̃] pron nichts; **il n'a ~ dit/fait** er
hat nichts gesagt/getan; **a-t-il jamais ~
fait pour nous?** hat er jemals etwas für
uns getan?; **~ d'autre/d'intéressant**
nichts anderes/nichts Interessantes;
~ que cela/qu'à faire cela nur das/allein
schon das zu tun; **~ que pour eux/faire
cela** nur für sie [ou wegen ihnen]/nur um
das zu tun; **ça ne fait ~** das macht nichts;
~ à faire! nichts zu machen!; **~ à signaler**
keine besonderen Vorkommnisse; **de ~**
(formule) bitte; **~ ne va plus** nichts geht
mehr ■ nm: **des ~s** Nichtigkeiten pl;
avoir peur d'un ~ vor jeder Kleinigkeit
Angst haben

rieur, -euse [R(i)jœR, øz] adj fröhlich

rigide [Riʒid] adj steif; (fig) streng

rigolade [ʀigɔlad] *nf*: **la ~** (*fam*: *amusement*) Spaß *m*; **c'est de la ~** (*fam*) das ist ja lächerlich

rigoler [ʀigɔle] <1> *vi* (*fam*: *rire*) lachen; (*s'amuser*) sich amüsieren; (*plaisanter*) Spaß machen

rigolo, te [ʀigɔlo, ɔt] *adj* (*fam*) komisch ▪ *nm/f* (*fam*) Witzbold *m*

rigoureusement [ʀiguʀøzmã] *adv* ganz genau; **~ vrai/interdit** genau der Wahrheit entsprechend/strengstens verboten

rigoureux, -euse [ʀiguʀø, øz] *adj* streng; (*climat*) hart, rau; (*exact*) genau

rigueur [ʀigœʀ] *nf* Strenge *f*; (*du climat*) Härte *f*; (*exactitude*) Genauigkeit *f*; **à la ~** zur Not; **de ~** (*tenue*) vorgeschrieben, Pflicht-

rillettes [ʀijɛt] *nfpl* ≈ Schmalzfleisch *nt*

rime [ʀim] *nf* Reim *m*

rimer <1> *vi* sich reimen; **cela ne rime à rien** das macht keinen Sinn

rimmel® [ʀimɛl] *nm* Wimperntusche *f*

rinçage [ʀɛ̃saʒ] *nm* Spülen *nt*

rince-doigts [ʀɛ̃sdwa] *nm inv* Fingerschale *f*

rincer [ʀɛ̃se] <2> *vt* (*vaisselle*) abspülen; (*verre, etc*) ausspülen; (*linge*) spülen ▪ *vpr*: **se ~ la bouche** den Mund ausspülen

ring [ʀiŋ] *nm* Boxring *m*; **monter sur le ~** in den Ring steigen

ringard, e [ʀɛ̃gaʀ, d] *adj* von gestern, völlig überholt ▪ *nm/f*: **c'est un ~** er lebt hinter dem Mond

R.I.P. *nm abr* = **relevé d'identité postale** Nachweis *m* der Bankverbindung beim Postgiroamt

ripaille [ʀipaj] *nf*: **faire ~** schmausen

riposte [ʀipɔst] *nf* (*schlagfertige*) Antwort; (*contre-attaque*) Gegenschlag *m*

riposter <1> *vi* zurückschlagen; **~ à qch** auf etw *akk* erwidern ▪ *vt*: **~ que** erwidern, dass

ripou [ʀipu] *nm* korrupter Beamter ▪ *adj* korrupt

rire [ʀiʀ] *irr vi* lachen; (*se divertir*) Spaß haben; (*plaisanter*) Spaß machen; **~ de** lachen über +*akk*; **~ aux éclats/aux larmes** schallend/Tränen lachen; **pour ~** zum Spaß ▪ *vpr*: **se ~ de qch** etw nicht ernst nehmen ▪ *nm* Lachen *nt*

ris [ʀi] *nm*: **~ de veau** Kalbsbries *nt*

risible [ʀizibl] *adj* lächerlich

risque [ʀisk] *nm* Risiko *nt*; **prendre un ~/des ~s** ein Risiko eingehen; **à ses ~s et périls** auf eigene Gefahr; **au ~ de** auf die Gefahr +*gen* hin; **~ de change** Wechselkursrisiko; **~ d'incendie** Feuergefahr *f*

risqué, e *adj* riskant, gewagt

risquer [ʀiske] <1> *vt* riskieren; aufs Spiel setzen; (*oser dire*) wagen; **ça ne risque rien** da kann nichts passieren; **se risquer** *vpr* sich wagen; **se ~ à faire qch** es wagen, etw zu tun ▪ *vi*: **il risque de se tuer** er kann dabei umkommen; **il a risqué de se tuer** er wäre beinahe umgekommen; **ce qui risque de se produire** was passieren könnte

risque-tout [ʀiskətu] *nmf inv* Draufgänger(in) *m(f)*

rissoler [ʀisɔle] <1> *vi, vt*: **(faire) ~** (*Gastr*) anbräunen

rite [ʀit] *nm* Ritual *nt*; (*Rel*) Ritus *m*

ritournelle [ʀituʀnɛl] *nf*: **c'est toujours la même ~** (*fam*) es ist immer das gleiche Lied

rituel, le [ʀituɛl] *adj* rituell; (*fig*) üblich, nicht wegzudenken ▪ *nm* (*habitudes*) Ritual *nt*

rivage [ʀivaʒ] *nm* (*mer*) Ufer

rival, e (*pl* -**aux**) [ʀival, o] *adj* gegnerisch ▪ *nm/f* (*adversaire*) Gegner(in) *m(f)*, Rivale (Rivalin) *m/f*; **sans ~** unerreicht

rivaliser [ʀivalize] <1> *vi*: **~ avec** (*personne*) sich messen mit, rivalisieren mit; (*choses*) sich messen können mit

rivalité [ʀivalite] *nf* Rivalität *f*

rive [ʀiv] *nf* Ufer *nt*

river [ʀive] <1> *vt* nieten

riverain, e [ʀivʀɛ̃, ɛn] *nm/f* (*d'un fleuve, d'un lac*) Uferbewohner(in) *m(f)*; (*d'une route, d'une rue*) Anlieger(in) *m(f)*

rivet [ʀivɛ] *nm* Niete *f*

riveter [ʀiv(ə)te] <3> *vt* nieten

rivière [ʀivjɛʀ] *nf* Fluss *m*; **~ de diamants** Diamantencollier *nt*

rixe [ʀiks] *nf* Rauferei *f*

riz [ʀi] *nm* Reis *m*

R.M.C. *abr* = **Radio Monte-Carlo** Radio Monte Carlo

R.M.I. *nm abr* = **revenu minimum d'insertion** ≈ Sozialhilfe *f*

R.N. *abr* = **route nationale** ≈ B

RNIS *nm abr* = **réseau numérique à intégration de service** ISDN *nt*

robe [ʀɔb] *nf* (*vêtement féminin*) Kleid *nt*; (*de juge, d'avocat*) Robe *f*, Talar *m*; (*d'ecclésiastique*) Gewand *nt*; (*d'un animal*) Fell *nt*; **~ de chambre** Morgenrock *m*; **~ de grossesse** Umstandskleid; **~ de soirée/de mariée** Abend-/Brautkleid; **~ en jean** Jeanskleid

robinet [ʀɔbinɛ] *nm* (*Tech*) Hahn *m*; **~ du gaz** Gashahn; **~ mélangeur** Mischbatterie *f*

robot [ʀɔbo] *nm* Roboter *m*; **avion ~** ferngesteuertes Flugzeug; **~ ménager, ~ de cuisine** Küchenmaschine *f*

robotique [ʀɔbɔtik] *nf* Robotik *f*

robuste [ʀɔbyst] *adj* robust

roc [ʀɔk] *nm* Fels *m*

rocade [ʀɔkad] *nf* Umgehungsstraße *f*

rocaille [ʀɔkɑj] *nf* (*pierraille*) Geröll *nt*; (*terrain*) steiniges Gelände; (*jardin*) Steingarten *m* ■ *adj*: **style ~** Rokokostil *m*

rocailleux, -euse [ʀɔkɑjø, øz] *adj* steinig; (*style, voix*) hart

roche [ʀɔʃ] *nf* Fels *m*; **~s éruptives/ calcaires** Eruptiv-/Kalkgestein *nt*

rocher [ʀɔʃe] *nm* (*bloc*) Felsen *m*; (*dans la mer*) Klippe *f*; (*matière*) Fels *m*

rocheux, -euse [ʀɔʃø, øz] *adj* felsig

rodage [ʀɔdaʒ] *nm* (*Auto*) Einfahren *nt*; (*fig*) Erprobungsphase *f*; **en ~** wird eingefahren

roder [ʀɔde] <1> *vt* (*Auto*) einfahren; (*spectacle*) perfektionieren

rôder [ʀode] <1> *vi* herumziehen; (*de façon suspecte*) herumlungern

rogne [ʀɔɲ] *nf*: **être en ~** (*fam*) gereizt [*ou* wütend] sein; **se mettre en ~** (*fam*) wütend werden, gereizt werden

rogner [ʀɔɲe] <1> *vt* (*pages d'un livre*) beschneiden; (*ailes*) stutzen; **~ sur qch** etw kürzen

rognons [ʀɔɲõ] *nmpl* (*Gastr*) Nieren *pl*

rognures [ʀɔɲyʀ] *nfpl* Abfälle *pl*, Schnitzel *pl*

roi [ʀwa] *nm* König *m*; **les R~s mages** die Heiligen Drei Könige; **le jour** [*ou* **la fête**] **des R~s, les R~s** das Dreikönigsfest

🔹 **LA FÊTE DES ROIS**

La fête des Rois ist das Dreikönigsfest am 6. Januar. Man isst "la galette des Rois" einen einfachen, flachen Kuchen, in dem ein Porzellantalisman (la fève) versteckt ist. Wer den Talisman findet, ist König bzw. Königin für den Tag und wählt sich einen Partner aus.

roitelet [ʀwat(ə)lɛ] *nm* Zaunkönig *m*

rôle [ʀol] *nm* Rolle *f*; **jouer un ~ important dans** eine wichtige Rolle spielen bei

romain, e [ʀɔmɛ̃, ɛn] *adj* römisch; **en ~** (*Typo*) in der Grundschrift ■ *nm/f* Römer(in) *m(f)* ■ *nf* Romagnasalat *m*

roman, e [ʀɔmɑ̃, an] *adj* romanisch ■ *nm* Roman *m*; **~ policier/d'espionnage** Kriminal-/Spionageroman

romance [ʀɔmɑ̃s] *nf* sentimentales Lied

romancer [ʀɔmɑ̃se] <2> *vt* zu einem Roman verarbeiten

romanche [ʀɔmɑ̃ʃ] *adj* rätoromanisch

romancier, -ière [ʀɔmɑ̃sje, ɛʀ] *nm/f* Romanschriftsteller(in) *m(f)*

romand, e [ʀɔmɑ̃, ɑ̃d] *adj* aus der französischen Schweiz, französischschweizerisch ■ *nm/f* Französischschweizer(in) *m(f)*

romanesque [ʀɔmanɛsk] *adj* (*incroyable*) wie im Roman, sagenhaft; (*sentimental*) romantisch, sentimental

roman-feuilleton (*pl* **romans-feuilletons**) [ʀɔmɑ̃fœjtõ] *nm* Fortsetzungsroman *m*

romanichel, le [ʀɔmaniʃɛl] *nm/f* (*pej*) Zigeuner(in) *m(f)*

roman-photo (*pl* **romans-photos**) [ʀɔmɑ̃foto] *nm* Fotoroman *m*

romantique [ʀɔmɑ̃tik] *adj* romantisch

romantisme [ʀɔmɑ̃tism] *nm* Romantik *f*

romarin [ʀɔmaʀɛ̃] *nm* Rosmarin *m*

rombière [ʀõbjɛʀ] *nf* (*pej*) alte Schachtel

Rome [ʀɔm] Rom *nt*

rompre [ʀõpʀ] <14> *vt* brechen; (*digue*) sprengen; (*silence, monotonie*) unterbrechen; (*entretien, relations*) abbrechen; (*fiançailles*) lösen; (*équilibre*) stören ■ *vi* (*couple*) sich trennen; **~ avec** (*personne*) brechen mit; (*habitude*) aufgeben; **se rompre** *vpr* (*branche, digue*) brechen; (*corde, chaîne*) reißen

rompu, e [ʀõpy] *pp de* **rompre** ■ *adj* (*fourbu*) erschöpft, todmüde; **~ à** (*art, métier*) beschlagen in +*dat*

romsteck [ʀɔmstɛk] *nm* Rumpsteak *nt*

ronce [ʀõs] *nf* (*Bot*) Brombeere *f*, Brombeerstrauch *m*; **~s** Dornen *pl*

ronchonner [ʀõʃɔne] <1> *vi* (*fam*) meckern

rond, e [ʀõ, õd] *adj* (*kreis*)rund; (*fam*) besoffen; **~(e) comme une queue de pelle** (*fam*) stockbesoffen ■ *nm* Kreis *m*; **en ~** im Kreis; **ne pas avoir un ~** (*fam*) völlig blank sein; **~ de serviette** Serviettenring *m*

rond-de-cuir (*pl* **ronds-de-cuir**) [ʀõdkɥiʀ] *nm* (*pej*) Bürohengst *m*

ronde [ʀõd] *nf* (*Mil*) Runde *f*, Rundgang *m*; (*danse*) Reigen *m*; (*Mus*) ganze Note; **à 10 km à la ~** e im Umkreis von 10 km

rondelet, te [ʀõdlɛ, ɛt] *adj* rundlich; (*somme*) nett, hübsch

rondelle [ʀõdɛl] *nf* (*Tech*) Unterlegscheibe *f*; (*tranche*) Scheibe *f*

rondement [ʀõdmɑ̃] *adv* (*promptement*) zügig, prompt; (*carrément*) ohne Umschweife

rondin [ʀõdɛ̃] *nm* Klotz *m*

rond-point (*pl* **ronds-points**) [ʀõpwɛ̃] *nm* runder Platz (*auf den sternförmig Straßen zulaufen*); (*croisement*) Kreisverkehr *m*

ronfler [ʀõfle] <1> *vi* (*personne*) schnarchen; (*moteur*) brummen; (*poêle*) bullern

ronger [ʀɔ̃ʒe] <2> vt annagen, nagen an
+dat; (fig) quälen ■ vpr: **se ~ d'inquiétude**
sich vor Sorgen verzehren; **se ~ les ongles**
an den (Finger)nägeln kauen; **se ~ les
sangs** vor Sorgen fast umkommen

rongeur nm Nagetier nt

ronronner [ʀɔ̃ʀɔne] <1> vi schnurren

roquette [ʀɔkɛt] nf (arme) Rakete f;
(salade) Salatrauke f, Rucola f

rosace [ʀɔzas] nf Rosette f

rosaire [ʀɔzɛʀ] nm Rosenkranz m

rosbif [ʀɔsbif] nm Roastbeef nt

rose [ʀoz] adj rosarot, rosa(farben)
■ nf Rose f; **~ des vents** Windrose
■ nm (couleur) Rosa(rot) nt

rosé, e [ʀoze] adj zartrosa, rosé ■ nm:
(vin) ~ Rosé(wein) m

roseau (pl **x**) [ʀozo] nm Schilfrohr nt

rosée [ʀoze] nf Tau m

roseraie [ʀozʀɛ] nf Rosengarten m

rosier [ʀozje] nm Rosenstock m

rosse [ʀɔs] adj scharf(züngig), gemein

rosser [ʀɔse] <1> vt (fam) verprügeln

rossignol [ʀɔsiɲɔl] nm Nachtigall f;
(crochet) Dietrich m

rot [ʀo] nm Rülpser m; (de bébé)
Bäuerchen nt

rotation [ʀɔtasjɔ̃] nf Umdrehung f,
Rotation f; (de personnel) abwechselnder
Dienst; (Pol) Rotation f; **~ des cultures**
Fruchtwechsel m; **~ du stock** (Com)
Umsatz m

rôti [ʀoti] nm Braten m; **~ de bœuf/porc**
Rinder-/Schweinebraten

rotin [ʀɔtɛ̃] nm Rattan nt, Peddigrohr nt

rôtir [ʀotiʀ] <8> vt, vi: (faire) ~ braten

rôtisserie [ʀotisʀi] nf ~ Steakhaus nt

rôtissoire [ʀotiswaʀ] nf Grill m (mit
Drehspießen)

rotonde [ʀɔtɔ̃d] nf (Archit) Rundbau m

rotule [ʀɔtyl] nf Kniescheibe f;
être sur les ~s (fam) auf dem Zahnfleisch
gehen

rouage [ʀwaʒ] nm (d'un mécanisme)
Zahnrad nt; (fig) Rad nt im Getriebe

roublard, e [ʀublaʀ, aʀd] adj (pej)
durchtrieben

rouble [ʀubl] nm Rubel m

roucouler [ʀukule] <1> vi gurren;
(amoureux) turteln

roue [ʀu] nf Rad nt; **faire la ~** ein Rad
schlagen; **descendre en ~ libre** im
Leerlauf hinunterfahren; **~s avant/
arrière** Vorder-/Hinterräder pl;
~ dentée Zahnrad; **grande ~** Riesenrad;
~ de secours Reserverad

roué, e [ʀwe] adj gerissen

rouer [ʀwe] <1> vt: **~ qn de coups**
jdn verprügeln

rouet [ʀwɛ] nm Spinnrad nt

rouge [ʀuʒ] adj rot; **~ comme une
écrevisse** (fig) krebsrot; **vin ~** Rotwein m
■ nm (couleur) Rot nt; (fard) Rouge nt;
passer au ~ (feu) auf Rot schalten; **porter
au ~** (métal) rot glühend werden lassen;
~ (à lèvres) Lippenstift m

rougeâtre [ʀuʒɑtʀ] adj rötlich

rouge-gorge (pl **rouges-gorges**)
[ʀuʒgɔʀʒ] nm Rotkehlchen nt

rougeole [ʀuʒɔl] nf Masern pl

rouget [ʀuʒɛ] nm Rotbarbe f

rougeur [ʀuʒœʀ] nf Röte f

rougir [ʀuʒiʀ] <8> vi rot werden;
(d'émotion) erröten

rouille [ʀuj] nf Rost m ■ adj inv (couleur)
rostfarben, rostrot

rouillé, e adj verrostet, rostig

rouiller [ʀuje] <1> vt rosten lassen; (fig)
einrosten lassen ■ vi rosten; **se rouiller**
vpr rosten; (fig) einrosten

roulade [ʀulad] nf (Gastr) Roulade f;
(Mus) Koloratur f; (Sport) Rolle f

roulage [ʀulaʒ] nm Straßentransport m

roulant, e [ʀulɑ̃, ɑ̃t] adj: **fauteuil ~,
chaise ~e** Rollstuhl m; **trottoir** [ou **tapis**]
~ Rollsteg m

rouleau (pl **x**) [ʀulo] nm Rolle f;
(de machine à écrire) Walze f; (à peinture)
Roller m, Rolle f; (vague) Roller m;
être au bout du ~ am Ende sein;
~ compresseur Dampfwalze;
~ à pâtisserie Nudelholz nt;
~ de printemps (Gastr) Frühlingsrolle

roulement [ʀulmɑ̃] nm (d'équipes)
Wechsel m; (d'ouvriers) Schicht(wechsel m)
f; **~ (à billes)** Kugellager nt

rouler [ʀule] <1> vt rollen; (tissu, papier,
tapis) aufrollen; (cigarette) drehen; (yeux)
verdrehen, rollen mit; (pâte) auswalzen;
(fam: tromper) reinlegen ■ vi rollen;
(véhicule, conducteur) fahren; (bateau)
rollen, schlingern ■ vpr: **se ~ dans**
(dans la boue) sich wälzen in +dat; (dans une
couverture) sich einrollen in +akk

roulette [ʀulɛt] nf (d'une table, d'un
fauteuil) Rolle f; (de pâtissier) Teigrädchen
nt; **la ~** (jeu) Roulette nt

roulotte [ʀulɔt] nf (Plan)wagen m

roumain, e [ʀumɛ̃, ɛn] adj rumänisch

Roumain, e nm/f Rumäne (Rumänin) m/f

Roumanie [ʀumani] nf: **la ~** Rumänien nt

roupiller [ʀupije] <1> vi (fam) pennen

rouquin, e [ʀukɛ̃, in] nm/f Rotschopf m

rouspéter [ʀuspete] <5> vi (fam)
schimpfen

rousse [ʀus] adj voir **roux**

rousseur [ʀusœʀ] nf: **tache de ~**
Sommersprosse f

roussi [ʀusi] nm: **ça sent le ~** es riecht
angebrannt; (fig) da ist etwas faul

roussir [ʀusiʀ] <8> vt (linge) ansengen ▪ vi (feuilles) sich rot färben; **faire ~**. (Gastr) (an)bräunen

routard, e [ʀutaʀ, aʀd] nm/f Tramper(in) m(f)

route [ʀut] nf Straße f; (parcours: fig) Weg m, Route f; **par (la) ~** auf dem Landweg, zu Lande; **en ~** unterwegs; **en cours de ~** (fig) auf halbem Weg; **en ~!** los geht's!; **bonne ~!** gute Fahrt!; **faire fausse ~** (fig) sich irren, völlig danebenliegen; **il y a 3 h de ~** es ist eine Strecke von 3 Stunden; **se mettre en ~** sich auf den Weg machen; **ne pas tenir la ~** (projet) abwegig sein; **~ de contournement** Umgehungsstraße; **~ nationale** ≈ Bundesstraße; **les accidents de la ~** die Verkehrsunfälle

router [ʀute] <1> vt nach Versandgebieten sortieren

routier, -ière [ʀutje, ɛʀ] adj Straßen- ▪ nm (camionneur) Lastwagenfahrer(in) m(f)

routine [ʀutin] nf Routine f

routinier, -ière [ʀutinje, ɛʀ] adj (personne) starr; (procédé) routinemäßig, eingefahren

rouvrir [ʀuvʀiʀ] <11> vt, vi wieder öffnen; (débat) wiedereröffnen; **se rouvrir** vpr (porte) sich wieder öffnen; (blessure) wieder aufgehen

roux, rousse [ʀu, ʀus] adj (cheveux) rot; (personne) rothaarig ▪ nm/f Rothaarige(r) mf ▪ nm (Gastr) Mehlschwitze f

royal, e (pl **-aux**) [ʀwajal, o] adj königlich; (festin, cadeau) fürstlich, prachtvoll; (indifférence, paix) göttlich

royaume [ʀwajom] nm Königreich nt; (fig) Reich nt; **le R~-Uni** das Vereinigte Königreich

royauté [ʀwajote] nf (dignité) Königswürde f; (régime) Monarchie f

R.P.R. nm abr = **Rassemblement pour la République** konservative Partei Frankreichs

RSVP abr = **répondez s'il vous plaît** u. A. w. g.

rtf nm abr = **rich text format** RTF nt

R.T.L. abr = **Radio-Télévision Luxembourg** RTL nt

RTT nf abr = **réduction du temps de travail** Arbeitszeitverkürzung f

ruban [ʀybã] nm Band nt; (de téléscripteur, etc) Streifen m; (de machine à écrire) Farbband nt; **~ adhésif** Klebestreifen; **~ correcteur** Korrekturband

rubéole [ʀybeɔl] nf Röteln pl

rubis [ʀybi] nm Rubin m

rubrique [ʀybʀik] nf Rubrik f; (dans journal) Spalte f

ruche [ʀyʃ] nf Bienenstock m

rude [ʀyd] adj hart, rau; **un hiver très ~** ein strenger Winter; **une ~ journée** ein harter Tag; **il a été à ~ école** er hat eine harte Schule durchgemacht

rudement [ʀydmã] adv hart

rudimentaire [ʀydimãtɛʀ] adj Grund-; (insuffisant) unzureichend; **connaissances ~s** minimale Kenntnisse

rudiments [ʀydimã] nmpl Grundlagen pl

rudoyer [ʀydwaje] <7> vt grob behandeln

rue [ʀy] nf Straße f

ruée [ʀɥe] nf Gedränge nt; (fig) Run m (sur auf +akk); **la ~ vers l'or** der Goldrausch

ruelle [ʀɥɛl] nf Gässchen nt, Sträßchen nt

ruer [ʀɥe] <1> vi (cheval) ausschlagen; **~ dans les brancards** (fig) bocken ▪ vpr: **se ~ sur/vers** sich stürzen auf +akk; **se ~ dans/hors** sich stürzen in +akk/ hinausstürzen aus

rugby [ʀygbi] nm Rugby nt

rugir [ʀyʒiʀ] <8> vi brüllen; (moteur) dröhnen, heulen ▪ vt brüllen

rugueux, -euse [ʀygø, øz] adj rau

ruine [ʀɥin] nf (d'un édifice) Ruine f; (fig) Ruin m; **tomber en ~** zerfallen

ruiner <1> vt ruinieren; **se ruiner** vpr sich ruinieren

ruineux, -euse [ʀɥinø, øz] adj sündhaft teuer

ruisseau (pl **x**) [ʀɥiso] nm Bach m; (caniveau) Gosse f

ruisseler [ʀɥis(ə)le] <3> vi (eau, larmes) strömen; (pluie) in Strömen fließen; (mur, arbre) tropfen; **~ de larmes/sueur** tränenüberströmt/schweißgebadet sein

rumeur [ʀymœʀ] nf (nouvelle) Gerücht nt; (bruit confus) Lärm m; (de voix) Gemurmel nt

ruminer [ʀymine] <1> vt wiederkäuen; (fig) mit sich herumtragen ▪ vi (vache) wiederkäuen

rumsteck [ʀɔmstɛk] nm Rumpsteak nt

rune [ʀyn] nf Rune f

rupture [ʀyptyʀ] nf (d'un câble) Zerreißen nt; (d'une digue) Bruch m; (d'un tendon) Riss m; (des négociations) Abbruch m; (séparation) Trennung f; **~ des relations diplomatiques** (Pol) Abbruch m der diplomatischen Beziehungen

rural, e (pl **-aux**) [ʀyʀal, o] adj ländlich

ruse [ʀyz] nf List f; **par ~** durch eine List

rusé, e adj gewitzt, listig

russe [ʀyz] adj russisch

Russe nmf Russe (Russin) m/f

Russie [ʀysi] nf: **la ~** Russland nt

rustique [ʀystik] adj (mobilier) rustikal; (vie) ländlich; (plante) widerstandsfähig

rustre [ʀystʀ] nm Flegel m, Bauer m

rutabaga [ʀytabaga] nm Kohlrübe f, Steckrübe f

R.V. *abr* = **rendez-vous** Termin *m*
Rwanda [ʀwãda] *nm*: **le ~** Ruanda *nt*
rythme [ʀitm] *nm* Rhythmus *m*; *(de la vie)*
  Tempo *nt*
rythmé, e *adj* rhythmisch
rythmique [ʀitmik] *adj* rhythmisch
  ▓ *nf*: **la ~** die Rhythmik

S

S, s [ɛs] *nm* S, s *nt*
s. *abr* = **siècle** Jh.
sa [sa] *adj voir* **son**
S.A. *abr* = **Société anonyme** AG *f*
sable [sabl] *nm* Sand *m*; **~s mouvants**
  Treibsand
sablé [sable] *nm* Butterkeks *m*
sabler [sable] <1> *vt* mit Sand bestreuen;
  (route verglacée) streuen; *(pour nettoyer)*
  sandstrahlen; **~ le champagne** (aus
  einem feierlichen Anlass) Champagner
  trinken
sablier [sablije] *nm* Sanduhr *f*; *(de cuisine)*
  Eieruhr *f*
sablière [sablijeʀ] *nf* *(carrière)*
  Sandgrube *f*
sablonneux, -euse [sablɔnø, øz] *adj*
  sandig
sabot [sabo] *nm* Holzschuh *m*; *(Zool)*
  Huf *m*; **~ de Denver** *(Auto)* (Park)kralle *f*
sabotage [sabotaʒ] *nm* Sabotage *f*
saboter [sabɔte] <1> *vt* sabotieren
sabre [sabʀ] *nm* Säbel *m*
sac [sak] *nm* Tasche *f*; *(à charbon, à pommes
  de terre, etc)* Sack *m*; *(en papier)* Tüte *f*;
  (pillage) Plünderung *f*; **mettre à ~**
  plündern; **~ de couchage** Schlafsack;
  ~ à dos Rucksack; **~ à main** Handtasche;
  ~ en plastique Plastiktüte; **~ poubelle**
  Müllsack; **~ à provisions** Einkaufstasche

saccade [sakad] nf Ruck m; **par ~s** ruckweise

saccager [sakaʒe] <2> vt plündern; (fig) verwüsten

saccharine [sakaʀin] nf Süßstoff m

S.A.C.E.M. [sasɛm] nf acr = **Société des auteurs, compositeurs, éditeurs de musique** ≈ GEMA f

sachet [saʃɛ] nm (kleine) Tüte, Beutel m; **~ de thé** Teebeutel; **potage en ~** Tütensuppe f

sacoche [sakɔʃ] nf Tasche f; (de vélo, de moto) Satteltasche f

sacré, e [sakʀe] adj heilig; (fam) verdammt

sacrement [sakʀəmã] nm Sakrament nt

sacrifice [sakʀifis] nm Opfer nt; **faire des ~s** Opfer bringen

sacrifier [sakʀifje] <1> vt opfern; **se sacrifier** vpr sich (auf)opfern ■ vi: **~ à** (obéir à) sich unterordnen +dat

sacrilège [sakʀilɛʒ] nm Sakrileg nt; (fig) Frevel m ■ adj frevelhaft

sacristain [sakʀistɛ̃] nm Küster m

sacristie [sakʀisti] nf Sakristei f

sacro-saint, e (pl ~s) [sakʀɔsɛ̃, ɛ̃t] adj hochheilig

sadique [sadik] adj sadistisch ■ nmf Sadist(in) m(f)

sadisme [sadism] nm Sadismus m

sadomasochisme [sadomazɔʃism] nm Sadomasochismus m

sadomasochiste [sadomazɔʃist] adj sadomasochistisch ■ nmf Sadomasochist(in) m(f)

safari [safaʀi] nm Safari f

safran [safʀã] nm Safran m

sagace [sagas] adj scharfsinnig

sage [saʒ] adj klug, weise; (enfant) artig, brav ■ nm Weise(r) m

sage-femme (pl **sages-femmes**) nf Hebamme f

sagement adv (raisonnablement) klug; (tranquillement) artig

sagesse [saʒes] nf Klugheit f, Weisheit f

Sagittaire [saʒitɛʀ] nm (Astr) Schütze m

Sahara [saaʀa] nm Sahara f

Sahel [saɛl] nm Sahel m

saignant, e [sɛɲã, ãt] adj (viande) blutig, englisch; (blessure, plaie) blutend

saignée [seɲe] nf (Med) Aderlass m; (fig) schwerer Verlust; **la ~ du bras** (Anat) die Armbeuge

saignement [seɲmã] nm Blutung f; **~ de nez** Nasenbluten nt

saigner [seɲe] <1> vi bluten ■ vt (Med) Blut entnehmen +dat; (animal) abschlachten; (fig) ausbluten

saillie [saji] nf (d'une construction) Vorsprung m

saillir [sajiʀ] irr comme assaillir vi (faire saillie) vorstehen

sain, e [sɛ̃, sɛn] adj gesund; **~(e) et sauf (sauve)** unversehrt

saindoux [sɛ̃du] nm Schweineschmalz nt

saint, e [sɛ̃, sɛ̃t] adj heilig; **~ Pierre** der heilige Petrus; (église) Sankt Peter; **une ~e nitouche** eine Scheinheilige ■ nm/f Heilige(r) mf ■ nm (statue) Heiligenstatue f

saint-bernard [sɛ̃bɛʀnaʀ] nm inv (chien) Bernhardiner m

Saint-Esprit [sɛ̃tɛspʀi] nm: **le ~** der Heilige Geist

sainteté [sɛ̃te] nf Heiligkeit f

Saint-Laurent [sɛ̃lɔʀã] nm: **le ~** der Sankt-Lorenz-Strom

Saint-Marin [sɛ̃maʀɛ̃] San Marino nt

Saint-Siège [sɛ̃sjɛʒ] nm: **le ~** der Heilige Stuhl

Saint-Sylvestre [sɛ̃silvɛstʀ] nf: **la ~** Silvester m o nt

saisie [sezi] nf (Jur) Beschlagnahme f, Pfändung f; (Inform: de données) Erfassung f

saisir <8> vt nehmen, ergreifen; (comprendre) erfassen; (Gastr) kurz (an)braten; (Inform) erfassen; (Jur) beschlagnahmen; (pour dettes) pfänden; **~ un tribunal d'une affaire** ein Gericht wegen einer Sache anrufen

saisissant, e [sezisã, ãt] adj ergreifend

saisissement nm: **muet(te)/figé(e) de ~** überwältigt/wie gelähmt

saison [sezõ] nf Jahreszeit f; (époque) Zeit f; (touristique) Saison f; **en/hors ~** während/ außerhalb der Saison; **pleine ~** (tourisme) Hochsaison

saisonnier, -ière [sezɔnje, ɛʀ] adj (produits) der entsprechenden Jahreszeit ■ nm/f (travailleur) Saisonarbeiter(in) m(f)

salace [salas] adj schlüpfrig

salade [salad] nf Salat m; (Bot) Salatpflanze f; **raconter des ~s** (fam) Märchen erzählen; **~ composée** gemischter Salat; **~ de fruits** Fruchtsalat

saladier [saladje] nm (Salat)schüssel f

salaire [salɛʀ] nm Lohn m; (d'un employé) Gehalt nt; **~ de base** Grundgehalt /-lohn; **~ minimum interprofessionnel de croissance** staatlich festgesetzter Mindestlohn

salaison [salezõ] nf (opération) Einsalzen nt; **~s** fpl (produits) Pökelfleisch nt/-fisch m, Gepökelte(s) nt

salamandre [salamãdʀ] nf Salamander m

salami [salami] nm Salami f

salariat [salaʀja] nm Lohn-/ Gehaltsempfänger pl

salarié, e [salaʀje] *nm/f* Lohn-/
Gehaltsempfänger(in) *m(f)*
salaud [salo] *nm* (*vulg*) Scheißkerl *m*
sale [sal] *adj* schmutzig; (*fam: avant le
nom*) Drecks-
salé, e [sale] *adj* salzig; (*Gastr*) gesalzen;
(*histoire, plaisanterie*) schlüpfrig, pikant;
(*fam: addition*) gesalzen
salement [salmã] *adv* (*manger*) wie ein
Schwein
saler [sale] <1> *vt* (*plat*) salzen; (*pour
conserver*) pökeln
saleté [salte] *nf* Schmutz *m*; (*chose sans
valeur*) Mist *m*; **~s** (*obscénités*)
Schweinereien *pl*
salière [saljɛʀ] *nf* (*récipient*)
Salznäpfchen *nt*
saligaud [saligo] *nm* (*fam*)
Schweinehund *m*
salin, e [salɛ̃, in] *adj* salzig **■** *nf* Saline *f*
salir [saliʀ] <8> *vt* beschmutzen,
schmutzig machen; (*personne, réputation*)
besudeln, beschmutzen
salissant, e [salisã, ãt] *adj* leicht
schmutzend, heikel; (*métier*)
schmutzig
salive [saliv] *nf* Speichel *m*
saliver <1> *vi* sabbern
salle [sal] *nf* Zimmer *nt*, großer Raum;
(*de musée*) Saal *m*; (*public*) Zuschauer *pl*;
faire ~ comble ein volles Haus haben;
sortir dans les ~s (*film*) in die Kinos
kommen, anlaufen; **~ d'attente**
(*d'une gare*) Wartesaal; (*d'un médecin*)
Wartezimmer; **~ de bain(s)** Badezimmer;
~ de conversation (*Inform*) Chatroom *m*;
~ à manger Esszimmer; **~ de séjour**
Wohnzimmer
salmonellose [salmɔneloz] *nf*
Salmonellenvergiftung *f*
salon [salõ] *nm* Salon *m*; (*pièce*)
Wohnzimmer *nt*; (*mobilier*)
Polstergarnitur *f*; **~ de coiffure**
Friseursalon; **~ de thé** Café *nt*
salopard [salopaʀ] *nm* (*vulg*) Scheißkerl *m*
salope [salɔp] *nf* (*fam*) Miststück *nt*
saloper [salɔpe] <1> *vt* (*fam*) versauen
saloperie [salɔpʀi] *nf* (*vulg*) Schweinerei *f*,
Sauerei *f*
salopette [salɔpet] *nf* Latzhose *f*;
(*de travail*) Overall *m*
salpêtre [salpetʀ] *nm* Salpeter *m*
salsa [salsa] *nf* Salsamusik *f*
salsifis [salsifi] *nm* Schwarzwurzel *f*
saltimbanque [saltɛ̃bãk] *nmf*
Schausteller(in) *m(f)*
salubre [salybʀ] *adj* (*climat, etc*) gesund
saluer [salɥe] <1> *vt* grüßen; (*pour dire
au revoir*) sich verabschieden von; (*Mil*)
salutieren

salut [saly] *nm* (*sauvegarde*) Wohl *nt*,
Sicherheit *f*; (*Rel*) Erlösung *f*, Heil *nt*;
(*geste, parole*) Gruß *m*; (*Mil*) Salut *m* **■** *interj*
(*fam*) hallo; (*au revoir*) tschüss
salutaire [salytɛʀ] *adj* heilsam, nützlich
salutations [salytasjõ] *nfpl*: **recevez mes
~ distinguées** ≈ mit freundlichen Grüßen
Salvador [salvadɔʀ] *nm*: **le ~** El Salvador *nt*
salvadorien, ne [salvadɔʀjɛ̃, ɛn] *adj*
salvadorianisch
Salvadorien, ne *nm/f* Salvadorianer(in)
m(f)
samedi [samdi] *nm* Samstag *m*,
Sonnabend *m*; **le ~, tous les ~s** samstags,
sonnabends
S.A.M.U. [samy] *nm acr* = **service d'aide
médicale d'urgence** Notarztdienst *m*
sanatorium [sanatɔʀjɔm] *nm*
Sanatorium *nt*
sanctifier [sãktifje] <1> *vt* heiligen
sanction [sãksjõ] *nf* Sanktion *f*; **~s
économiques** Wirtschaftssanktionen *pl*
sanctuaire [sãktɥɛʀ] *nm* heiliger Ort;
(*d'une église*) Altarraum *m*
sandale [sãdal] *nf* Sandale *f*
sandwich (*pl* **-(e)s**) [sãdwitʃ] *nm*
Sandwich *nt*, belegtes Brot; **pris(e) en ~
(entre)** (*fam*) eingeklemmt (zwischen
+*dat*)
sang [sã] *nm* Blut *nt*; **se faire du mauvais
~** sich *dat* Sorgen machen
sang-froid *nm* Kaltblütigkeit *f*; **garder
son ~** ruhig Blut bewahren; **perdre son ~**
die Fassung verlieren
sanglant, e [sãglã, ãt] *adj* blutig;
(*reproche, affront*) tief verletzend
sangle [sãgl] *nf* Gurt *m*
sanglier [sãglije] *nm* Wildschwein *nt*
sangloter [sãglɔte] <1> *vi* schluchzen
sangria [sãgʀija] *nf* Sangria *f*
sangsue [sãsy] *nf* Blutegel *m*
sanguin, e [sãgɛ̃, in] *adj* Blut-;
(*tempérament*) hitzig **■** *nf* (*orange*)
Blutorange *f*; (*Art*) Rötelzeichnung *f*
sanguinaire [sãginɛʀ] *adj* blutrünstig
sanisette® [sanizɛt] *nf* öffentliche
Toilette (*mit besonderem Komfort
ausgestattet*)
sanitaire [sanitɛʀ] *adj* sanitär,
Gesundheits-; **installations ~s**
Sanitäreinrichtungen *pl*
sans [sã] *prép* ohne +*akk*; **~ qu'il s'en
aperçoive** ohne dass er es merkt
sans-abri [sãzabʀi] *nmf inv* Obdachlose(r)
mf, Wohnsitzlose(r) *mf*
sans-emploi [sãzãplwa] *nmf inv*
Arbeitslose(r) *mf*
sans-façon *nm inv* Ungezwungenheit *f*
sans-faute *nm inv* (*Sport*) fehlerfreier Lauf;
(*fig*) Glanzleistung *f*

sans-gêne *adj inv* ungeniert ◼ *nm inv* Ungeniertheit *f*
sans-logis *nmf inv* Obdachlose(r) *mf*
sans-papiers [sɑ̃papje] *nmf* illegaler Einwanderer, illegale Einwanderin
sans-souci *adj inv* sorglos
santal [sɑ̃tal] *nm* Sandelholz *nt*
santé [sɑ̃te] *nf* Gesundheit *f*; **boire à la ~ de qn** auf jds Wohl *akk* trinken; **être en bonne ~** gesund sein; **(à ta) ~!** prost!
santon [sɑ̃tõ] *nm* Krippenfigur *f*
saoudien, ne [saudjɛ̃, ɛn] *adj* saudi-arabisch
Saoudien, ne *nm/f* Saudi *mf*
saoul, e [su, sul] *adj voir* **soûl**
saper [sape] <1> *vt* untergraben; *(fig)* unterminieren
sapeur *nm (Mil)* Pionier(in) *m(f)*
sapeur-pompier *(pl* **sapeurs-pompiers***)* *nm* Feuerwehrmann *m*
saphir [safiʀ] *nm* Saphir *m*
sapin [sapɛ̃] *nm* Tanne *f*, Tannenbaum *m*; **~ de Noël** Weihnachtsbaum *m*
sarbacane [saʀbakan] *nf* Blasrohr *nt*; *(jouet)* Pusterohr *nt*
sarcasme [saʀkasm] *nm* Sarkasmus *m*
sarcastique [saʀkastik] *adj* sarkastisch
sarcler [saʀkle] <1> *vt* jäten
sarcome [saʀkom] *nm* Sarkom *nt*, bösartige Geschwulst; **~ de Kaposi** Kaposisarkom
sarcophage [saʀkɔfaʒ] *nm* Sarkophag *m*
Sardaigne [saʀdɛɲ] *nf*: **la ~** Sardinien *nt*
sarde [saʀd] *adj* sardisch
sardine [saʀdin] *nf* Sardine *f*
sari [saʀi] *nm* Sari *m*
S.A.R.L. *nf abr* = **Société à responsabilité limitée** GmbH *f*
sarment [saʀmɑ̃] *nm*: **~ (de vigne)** Weinranke *f*
sarrau [saʀo] *nm* Kittel *m*
Sarre [saʀ] *nf*: **la ~** das Saarland; *(rivière)* die Saar
Sarrebruck [saʀbʀyk] Saarbrücken *nt*
sarriette [saʀjɛt] *nf* Bohnenkraut *nt*
sas [sas] *nm (pièce étanche)* Luftschleuse *f*, Verbindungsschleuse *f*; *(d'une écluse)* Schleusenkammer *f*
satané, e [satane] *adj (devant le nom)* verflucht
satanique [satanik] *adj* teuflisch
satelliser [satelize] <1> *vt* in die Umlaufbahn schießen; *(pays)* zu seinem Satelliten machen
satellite [satelit] *nm* Satellit *m*; **~ d'observation** Forschungssatellit; **~ de télévision** Fernsehsatellit
satellite-espion *(pl* **satellites-espions***)* [satelitɛspjõ] *nm* Spionagesatellit *m*

satellite-observatoire *(pl* **satellites-observatoires***)* [satelitɔpsɛʀvatwaʀ] *nm* Beobachtungssatellit *m*
satellite-relais *(pl* **satellites-relais***)* [satelitʀəlɛ] *nm* Übertragungssatellit *m*
satiété [sasjete] *nf*: **manger/boire à ~** sich satt essen/seinen Durst löschen; **répéter à ~** bis zum Überdruss wiederholen
satin [satɛ̃] *nm* Satin *m*
satiné, e [satine] *adj* satiniert; *(peau)* seidig
satirique [satiʀik] *adj* satirisch
satisfaction [satisfaksjõ] *nf (action)* Befriedigung *f*; *(état)* Zufriedenheit *f*; **donner ~ (à qn)** (jdn) zufriedenstellen; **obtenir ~** Genugtuung erlangen
satisfaire [satisfɛʀ] *irr comme faire vt* befriedigen; **~ à** erfüllen +*akk*
satisfaisant, e [satisfəzɑ̃, ɑ̃t] *adj* befriedigend
satisfait, e [satisfɛ, ɛt] *adj* zufrieden *(de* mit)
saturation [satyʀasjõ] *nf (Phys)* Sättigung *f*; *(de l'emploi, du marché)* Übersättigung *f*
saturer [satyʀe] <1> *vt* übersättigen
sauce [sos] *nf* Soße *f*; **en ~** im Saft; **~ tomate** Tomatensoße
saucière [sosjɛʀ] *nf* Sauciere *f*, Soßenschüssel *f*
saucisse [sosis] *nf* Bratwurst *f*, Würstchen *nt*
saucisson [sosisõ] *nm* Wurst *f*; **~ sec/à l'ail** Hart-/Knoblauchwurst
saucissonner [sosisɔne] <1> *vt (fam)* picknicken
sauf [sof] *prép* außer +*dat*; **~ si** außer, wenn; **~ empêchement** wenn nichts dazwischenkommt; **~ erreur** wenn ich mich nicht irre; **~ avis contraire** sofern nichts Gegenteiliges zu hören ist
sauf, sauve [sof, sov] *adj* unbeschadet; **laisser la vie sauve à qn** jds Leben verschonen
sauf-conduit *(pl* **~s***)* *nm (lettre)* Geleitbrief *m*
sauge [soʒ] *nf* Salbei *m*
saugrenu, e [sogʀəny] *adj* absurd
saule [sol] *nm* Weide *f*; **~ pleureur** Trauerweide
saumon [somõ] *nm* Lachs *m*
saumure [somyʀ] *nf* Salzlake *f*
sauna [sona] *nm* Sauna *f*; **faire du ~** saunieren
saupoudrer [sopudʀe] <1> *vt* bestreuen
saur [sɔʀ] *adj*: **hareng ~** Bückling *m*
saut [so] *nm* Sprung *m*; **au ~ du lit** beim Aufstehen; **faire un ~ chez qn** auf einen Sprung bei jdm vorbeischauen; **~ en**

hauteur/longueur Hoch-/Weitsprung;
~ **à l'élastique** Bungeejumping nt;
~ **d'obstacles** Springreiten nt; ~ **en**
parachute Fallschirmspringen nt;
~ **à la perche** Stabhochsprung;
~ **périlleux** Salto mortale m

saute [sot] nf: ~ **de vent** Windumsprung
m; **avoir des ~s d'humeur** wechselhaft
sein; ~ **de température**
Temperaturumschwung m

sauté, e [sote] adj (Gastr) gebraten
■ nm: ~ **de veau** Kalbsbraten m

saute-mouton [sotmutõ] nm inv:
jouer à ~ Bockspringen machen

sauter [sote] <1> vi (bondir) springen;
(exploser) in die Luft fliegen; (fusibles)
durchbrennen; (se rompre) reißen;
faire ~ (avec des explosifs) sprengen;
(Gastr) braten; ~ **à la corde** seilspringen;
~ **au cou de qn** jdm um den Hals fallen;
~ **de joie** vor Freude hüpfen; ~ **à pieds**
joints aus dem Stand springen;
~ **en parachute** mit dem Fallschirm
abspringen ■ vt (obstacle)
überspringen; (omettre) überspringen,
auslassen

sauterelle [sotʀɛl] nf Heuschrecke f

sautiller [sotije] <1> vi hopsen, hüpfen

sauvage [sovaʒ] adj wild; (insociable)
ungesellig, scheu ■ nmf Wilde(r) mf;
(brute) Barbar(in) m(f)

sauve [sov] adj voir **sauf**

sauvegarde [sovgaʀd] nf Schutz m;
(Inform) Sicherungskopie f; **clause de** ~
(Jur) Vorbehaltsklausel f

sauvegarder <1> vt schützen; (Inform)
speichern, sichern

sauve-qui-peut [sovkipø] nm inv Panik f
■ interj rette sich wer kann

sauver [sove] <1> vt retten; ~ **qn de** jdn
retten aus; **se sauver** vpr (fam: partir)
abhauen

sauvetage [sov(ə)taʒ] nm Rettung f

sauveteur [sov(ə)tœʀ] nm Retter(in) m(f)

sauvette [sovɛt] adv: **à la** ~ (se marier, etc)
überstürzt; **vendeur à la** ~ illegaler
(fliegender) Händler

sauveur [sovœʀ] nm Retter(in) m(f);
le S~ (Rel) der Erlöser

S.A.V. nm abr = **service après-vente**
Kundendienst m

savamment [savamã] adv (avec érudition)
gelehrt; (habilement) geschickt

savane [savan] nf Savanne f

savant, e [savã, ãt] adj (instruit) gelehrt;
(édition, travaux) wissenschaftlich; (fig)
bewandert; (démonstration, combinaison)
geschickt; **chien** ~ Hund m, der
Kunststückchen vorführen kann
■ nm/f Gelehrte(r) mf

saveur [savœʀ] nf (goût) Geschmack m;
(fig) Reiz m

Savoie [savwa] nf: **la** ~ Savoyen nt

savoir [savwaʀ] <12> vt wissen;
(connaître) können; **à** ~ nämlich; **faire** ~
qch à qn jdn etw wissen lassen; ~ **nager**
(être capable de) schwimmen können;
sans le ~ unbewusst, automatisch
■ nm (culture, érudition) Wissen nt;
~ **transférable** übertragbares Wissen;
~ **transversal** Querdenken nt

savoir-faire nm inv: **le** ~ das Know-how

savoir-vivre nm inv gute Manieren pl

savon [savõ] nm Seife f; **passer un** ~ **à qn**
(fam) jdm den Kopf waschen

savonner [savɔne] <1> vt einseifen

savonnette nf Toilettenseife f

savonneux, -euse adj seifig

savourer [savuʀe] <1> vt genießen

savoureux, -euse adj köstlich

Saxe [saks] nf: **la** ~ Sachsen nt;
la ~-Anhalt Sachsen-Anhalt nt

saxophone [saksɔfɔn] nm Saxofon nt

scalpel [skalpɛl] nm Skalpell nt

scalper [skalpe] <1> vt skalpieren

scampi [skãpi] nmpl Scampi pl

scandale [skãdal] nm Skandal m; **faire** ~
Anstoß erregen; **faire du** ~ (tapage) einen
Spektakel machen

scandaleux, -euse adj skandalös; (prix)
empörend

scandaliser <1> vt entrüsten

scandinave [skãdinav] adj
skandinavisch

Scandinave nmf Skandinavier(in) m(f)

Scandinavie [skãdinavi] nf: **la** ~
Skandinavien nt

scanner [skanɛʀ] nm (Inform) Scanner m
■ [skane] <1> vt scannen

scaphandre [skafãdʀ] nm (de plongeur)
Taucheranzug m

scaphandrier [skafãdʀije] nm Taucher m

scarabée [skaʀabe] nm Mistkäfer m

scarlatine [skaʀlatin] nf Scharlach nt

sceau (pl x) [so] nm (cachet) Siegel nt; (fig)
Stempel m

scélérat, e [seleʀa, at] nm/f Schurke
(Schurkin) m/f

sceller [sele] <1> vt besiegeln; (lettre,
ouverture) versiegeln

scénario [senaʀjo] nm Szenario nt

scène [sɛn] nf Szene f; (lieu de l'action)
Schauplatz m; **la** ~ (Theat) die Bühne;
entrer en ~ auftreten; **mettre en** ~
inszenieren; ~ **de ménage** Ehekrach m

sceptique [sɛptik] adj skeptisch

sceptre [sɛptʀ] nm Zepter nt

Schaffhouse [ʃafuz] (ville et canton)
Schaffhausen nt

schéma [ʃema] nm Schema nt

schématique [ʃematik] adj schematisch
schisme [ʃism] nm Spaltung f
schizophrène [skizɔfʀɛn] nmf
Schizophrene(r) mf
schizophrénie [skizɔfʀeni] nf
Schizophrenie f
Schleswig-Holstein [ʃlesvikɔlʃtajn]
nm: **le ~** Schleswig-Holstein nt
Schwytz [ʃvits] Schwyz nt
sciatique [sjatik] nf Ischias m
scie [si] nf Säge f; **~ à bois/métaux** Holz-/
Metallsäge; **~ circulaire** Kreissäge; **~ à
guichet** Stichsäge; **~ à ruban** Bandsäge
sciemment [sjamɑ̃] adv wissentlich
science [sjɑ̃s] nf Wissenschaft f;
(connaissance) Wissen nt; **les ~s** (Scol) die
Naturwissenschaften pl; **~s politiques**
Politologie f, Politikwissenschaft f
science-fiction [sjɑ̃sfiksjɔ̃] nf Science-
Fiction f
scientifique [sjɑ̃tifik] adj
wissenschaftlich ■ nmf
Wissenschaftler(in) m(f)
scier [sje] <1> vt sägen
scierie [siʀi] nf Sägewerk nt
scinder [sɛ̃de] <1> vt aufspalten;
se scinder vpr (parti) sich aufspalten
scintiller [sɛ̃tije] <1> vi funkeln
sciure [sjyʀ] nf: **~ (de bois)** Sägemehl nt
sclérose [skleʀoz] nf Sklerose f; (fig)
Verknöcherung f; **~ artérielle**
Arterienverkalkung f; **~ en plaques**
multiple Sklerose
scléroser [skleʀoze] <1> vpr: **se scléroser**
sklerotisch werden; (fig) verknöchern
scolaire [skɔlɛʀ] adj Schul-, schulisch;
en âge ~ im Schulalter; **l'année ~** das
Schuljahr
scolarisation [skɔlaʀizasjɔ̃] nf
Versorgung f mit Schulen; (d'un enfant)
Einschulung f
scolariser [skɔlaʀize] <1> vt mit Schulen
versorgen; (enfants) einschulen
scolarité [skɔlaʀite] nf Schulbesuch m,
Schulzeit f; **frais de ~** Schulgeld nt;
la ~ obligatoire die Schulpflicht
scoop [skup] nm Knüller m
scooter [skutœʀ] nm Motorroller m
score [skɔʀ] nm Punktstand m
scorpion [skɔʀpjɔ̃] nm (Zool) Skorpion m;
S~ (Astr) Skorpion m
scotch® [skɔtʃ] nm Tesafilm® m
scout, e [skut] nm/f Pfadfinder(in) m(f)
scoutisme [skutism] nm
Pfadfinderbewegung f
scribe [skʀib] nm Schreiber(in) m(f); (pej)
Schreiberling m
script [skʀipt] adj: **(écriture) ~**
Druckschrift f ■ nm (Cine) Drehbuch nt
scrupule [skʀypyl] nm Skrupel m

scrupuleusement [skʀypyløzmɑ̃] adv
äußerst gewissenhaft
scrupuleux, -euse adj gewissenhaft
scrutateur, -trice [skʀytatœʀ, tʀis] adj
(regard) forschend
scruter [skʀyte] <1> vt erforschen;
(motifs, comportement) ergründen
scrutin [skʀytɛ̃] nm Wahl f; **~ à deux
tours** Wahl mit zwei Durchgängen;
~ majoritaire (Pol) Mehrheitswahlrecht nt
sculpter [skylte] <1> vt in Stein hauen;
(pierre) meißeln; (bois) schnitzen
sculpteur nm Bildhauer(in) m(f)
sculpture [skyltyʀ] nf Skulptur f
S.D.F. nmf abr = **sans domicile fixe**
Obdachlose(r) mf
se [sə] pron sich; **se casser la jambe/
laver les mains** sich dat das Bein brechen/
die Hände waschen
séance [seɑ̃s] nf Sitzung f; (récréative,
musicale) Veranstaltung f; (Cine, Theat)
Vorstellung f; **~ tenante** unverzüglich
séant, e [seɑ̃, ɑ̃t] adj anständig ■ nm
(fam) Gesäß nt, Hintern m
seau (pl **x**) [so] nm Eimer m; **~ à glace**
Eiskühler m
sébum [sebɔm] nm Talg m
sec, sèche [sɛk, sɛʃ] adj trocken; (fruits)
getrocknet; (bruit) kurz; (insensible) hart;
(réponse, ton) schroff ■ nm: **tenir au ~**
trocken aufbewahren ■ adv (démarrer)
hart
sécateur [sekatœʀ] nm Gartenschere f
sécession [sesesjɔ̃] nf: **faire ~** sich
abspalten
sèche [sɛʃ] adj voir **sec**
sèche-cheveux nm inv Föhn m
sèche-linge nm inv Wäschetrockner m
sèche-mains nm inv Händetrockner m
sécher [seʃe] <5> vt trocknen; (peau)
austrocknen; (Scol: fam) schwänzen
■ vi trocknen; (fam: candidat) keine
Antwort wissen
sécheresse [seʃʀɛs] nf Trockenheit f;
(fig: du ton) Schroffheit f
séchoir [seʃwaʀ] nm (à linge)
Wäschetrockner m; (à cheveux) Föhn m
second, e [s(ə)gɔ̃, ɔ̃d] adj zweite(r, s)
■ nm/f (personne) Zweite(r) mf ■ nm
(adjoint) zweiter Mann; (étage) zweiter
Stock; (Naut) Unteroffizier m, Maat m
■ nf (partie d'une minute) Sekunde f; (Scol)
Obersekunda f, elfte Klasse; **voyager en
~e** zweiter Klasse reisen
secondaire [s(ə)gɔ̃dɛʀ] adj (accessoire)
sekundär, nebensächlich; (Scol) höher,
weiterführend
secondement adv zweitens
seconder [s(ə)gɔ̃de] <1> vt unterstützen,
helfen +dat

secouer [s(ə)kwe] <1> vt schütteln;
(tapis) ausschütteln; (passagers)
durchschütteln; (séisme) erschüttern;
être secoué(e) (fam) nicht (ganz) richtig
ticken

secourir [s(ə)kuʀiʀ] irr comme courir vt
helfen +dat

secourisme [s(ə)kuʀism] nm Erste Hilfe

secouriste nmf Sanitäter(in) m(f)

secours [s(ə)kuʀ] nm Hilfe f ■ nmpl
(soins, équipes de secours) Hilfe f; (aide
matérielle) Unterstützung f; **les premiers ~**
die Erste Hilfe; **appeler au ~** um Hilfe
rufen; **aller au ~ de qn** jdm zu Hilfe
kommen

secousse [s(ə)kus] nf Erschütterung f,
Stoß m; (électrique) Schlag m; **~ sismique
[ou tellurique]** Erdstoß

secret, -ète [səkʀɛ, ɛt] adj geheim;
(renfermé) reserviert ■ nm Geheimnis nt;
(discrétion) Verschwiegenheit f; **en ~**
insgeheim; **~ médical** (Med) ärztliche
Schweigepflicht

secrétaire [s(ə)kʀetɛʀ] nmf Sekretär(in)
m(f); **~ de direction** Chefsekretär(in);
~ d'État (Pol) Staatssekretär(in);
~ général(e) Generalsekretär(in)
■ nm (meuble) Sekretär m

secrétariat [s(ə)kʀetaʀja] nm (profession)
Beruf m eines Sekretärs/einer Sekretärin;
(bureau) Sekretariat nt; (fonction) Amt nt
des Schriftführers

sécréter [sekʀete] <5> vt absondern

sectaire [sɛktɛʀ] adj sektiererisch

secte [sɛkt] nf Sekte f

secteur [sɛktœʀ] nm Sektor m, Bereich m;
branché(e) sur le ~ (Elec) ans (Strom)netz
nt angeschlossen; **~ de boot [ou de
démarrage]** (Inform) Bootsektor; **~ privé/
public** (Econ) Privatwirtschaft f/
Staatsunternehmen pl

section [sɛksjɔ̃] nf Schnitt m; (tronçon)
Abschnitt m; (de parcours) Teilstrecke f;
(d'une entreprise, d'une université) Abteilung
f; (Scol) Zug m; **tube de 6,5 mm de ~** Rohr
mit 6,5 mm Durchmesser

sectionner [sɛksjɔne] <1> vt
durchschneiden; (membre) abtrennen

sécu [seky] nf (fam: Sécurité sociale)
≈ Sozial- und Krankenversicherung f

séculaire [sekylɛʀ] adj hundertjährig;
(fête, cérémonie) Hundertjahres-

séculier, -ière [sekylje, ɛʀ] adj weltlich

secundo [s(ə)gɔ̃do] adv zweitens

sécuriser [sekyʀize] <1> vt ein Gefühl
der Sicherheit geben +dat

sécurité [sekyʀite] nf Sicherheit f;
Conseil de ~ UN-Sicherheitsrat m; **zone
de ~** UN-Sicherheitszone f; **~ de l'emploi**
Arbeitsplatzsicherheit; **~ routière**

Verkehrssicherheit; **la S~ sociale** die
Sozial- und Krankenversicherung

sédatif [sedatif] nm Beruhigungsmittel nt

sédentaire [sedɑ̃tɛʀ] adj sesshaft;
(profession) sitzend; (casanier) häuslich

sédiment [sedimɑ̃] nm (au fond d'une
bouteille) Bodensatz m; **sédiments** nmpl
(Geo) Ablagerungen pl

séducteur, -trice [sedyktœʀ, tʀis] nm/f
Verführer(in) m(f)

séduction [sedyksjɔ̃] nf (action)
Verführung f; (attrait) Reiz m

séduire [seduiʀ] irr comme conduire vt
(conquérir) für sich gewinnen, erobern;
(femme, homme) verführen; (captiver)
bezaubern

séduisant, e [seduizɑ̃, ɑ̃t] adj
bezaubernd; (offre, promesse) verführerisch

segment [sɛgmɑ̃] nm (Math) Segment nt,
Abschnitt m; **~ (de piston)** (Auto)
Kolbenring m

segmenter <1> vt teilen

ségrégation [segʀegasjɔ̃] nf: **~ raciale**
Rassentrennung f

seigle [sɛgl] nm Roggen m

seigneur [sɛɲœʀ] nm (féodal) Herr m,
Gutsherr m; **le S~** (Rel) der Herr

sein [sɛ̃] nm Brust f; **au ~ de** inmitten +gen;
nourrir au ~ stillen

Seine [sɛn] nf: **la ~** die Seine

séisme [seism] nm Erdbeben nt

seize [sɛz] num sechzehn

séjour [seʒuʀ] nm Aufenthalt m; (pièce)
Wohnzimmer nt; **~ linguistique**
Sprachkurs m im Ausland

séjourner <1> vi sich aufhalten

sel [sɛl] nm Salz nt; (fig: piquant) Würze f

sélection [selɛksjɔ̃] nf Auswahl f

sélectionner [selɛksjɔne] <1> vt
auswählen

sélectivité [selɛktivite] nf (Radio)
Trennschärfe f

self [sɛlf] nm Selbstbedienungsrestaurant nt

self-service (pl **~s**) [sɛlfsɛʀvis] nm
Selbstbedienungsgeschäft nt/-restaurant nt

selle [sɛl] nf Sattel m; (Gastr) Rücken m;
selles nfpl (Med) Stuhlgang m; **se mettre
en ~** aufsitzen

seller <1> vt satteln

sellier, -ière [selje, ɛʀ] nm/f
Sattler(in) m(f)

selon [s(ə)lɔ̃] prép gemäß +dat; **~ moi**
meiner Meinung nach; **~ les
circonstances** den Umständen
entsprechend; **~ que** je nachdem ob;
c'est ~ (fam) das hängt ganz davon ab

semailles [s(ə)maj] nfpl Saat f

semaine [s(ə)mɛn] nf Woche f; **en ~**
(jours ouvrables) werktags; **la ~ sainte**
die Karwoche

semblable [sãblabl] *adj* ähnlich; ~ à so wie, ähnlich wie; **de ~s mésaventures/ calomnies** ein derartiges Missgeschick/ derartige Verleumdungen ◼ *nm* (*prochain*) Mitmensch *m*

semblant [sãblã] *nm* Anschein *m*; **faire ~** nur so tun; **faire ~ de faire qch** so tun, als ob man etw täte

sembler [sãble] <1> *vi* (*avec attribut*) scheinen; **comme/quand bon lui semble** nach seinem Gutdünken; **cela leur semblait cher/pratique** das kam ihnen teuer/praktisch vor; **il semble inutile/bon de** es scheint unnötig/ ratsam zu; **il semble que** es hat den Anschein, dass; **il me semble que** mir scheint, dass

semelle [s(ə)mɛl] *nf* Sohle *f*; **c'est de la ~** (*fam: viande*) das ist zäh wie Leder

semence [s(ə)mãs] *nf* (*graine*) Samen *m*

semer [s(ə)me] <4> *vt* (*aus*)säen; (*fig*) (*aus*)streuen; (*poursuivants*) abhängen; **~ la consternation** Bestürzung hervorrufen; **~ la discorde/terreur parmi** Streit/Schrecken verbreiten unter +*dat*; **qui sème le vent récolte la tempête** (*proverbe*) wer Wind sät, wird Sturm ernten

semestre [s(ə)mɛstʀ] *nm* Halbjahr *nt*; (*à l'université*) Semester *nt*

semi- [səmi] *préf* halb-

semi-conducteur (*pl* ~**s**) *nm* Halbleiter *m*

séminaire [seminɛʀ] *nm* Seminar *nt*

semi-remorque (*pl* ~**s**) [səmiʀ(ə)mɔʀk] *nm* (*camion*) Sattelschlepper *m*

sémite [semit] *adj* semitisch

semonce [səmõs] *nf* (*réprimande*) Verweis *m*

semoule [s(ə)mul] *nf* Grieß *m*

sénat [sena] *nm* Senat *m*

❀ **LE SÉNAT**

Le Sénat ist das Oberhaus des französischen Parlaments, das im Palais du Luxembourg in Paris zusammenkommt. Ein Drittel der *sénateurs* werden für eine neunjährige Legislaturperiode alle drei Jahre von einem aus "députés" und anderen gewählten Volksvertretern bestehenden Wahlausschuss gewählt. Der *Sénat* besitzt weitreichende Befugnisse; bei Unstimmigkeiten kann sich aber die "Assemblée nationale" über ihn hinwegsetzen.

sénateur [senatœʀ] *nm* Senator(in) *m(f)*

Sénégal [senegal] *nm*: **le ~** Senegal *nt*

sénégalais, e [senegalɛ, ɛz] *adj* senegalesisch

Sénégalais, e *nm/f* Senegalese (Senegalesin) *m/f*

sénescence [senesãs] *nf* Alterung *f*

sénile [senil] *adj* senil, Alters-

sénilité [senilite] *nf* Senilität *f*

senior [senjɔʀ] *adj* (*Sport*) Senioren- ◼ *nmpl* Senioren *pl*

sens [sãs] *nm* Sinn *m*; (*signification*) Sinn *m*, Bedeutung *f*; (*direction*) Richtung *f*; **avoir le ~ des affaires/de la mesure** Geschäftssinn/einen Sinn für das richtige Maß haben; **bon ~, ~ commun** gesunder Menschenverstand; **dans le ~ de la longueur** der Länge nach; **dans le mauvais ~** verkehrt herum; **~ dessus dessous** völlig durcheinander; **~ figuré/ propre** übertragene/wörtliche Bedeutung; **~ interdit/giratoire/unique** Durchfahrt *f* verboten/Kreisverkehr *m*/ Einbahnstraße *f*; **~ de la marche** (*train, voiture*) Fahrtrichtung *f*; **reprendre ses ~** das Bewusstsein wiedererlangen

sensas(s) [sãsas] *adj inv* (*fam*) toll, klasse, spitze

sensation [sãsasjõ] *nf* Gefühl *nt*; (*effet de surprise*) Sensation *f*; **faire ~** Aufsehen *nt* erregen

sensationnel, le *adj* sensationell

sensé, e [sãse] *adj* vernünftig

sensibiliser [sãsibilize] <1> *vt*: **~ qn (à)** jdn sensibilisieren (für)

sensibilité [sãsibilite] *nf* Empfindlichkeit *f*; (*émotivité*) Sensibilität *f*

sensible [sãsibl] *adj* (*personne*) sensibel; (*gorge, instrument*) empfindlich; (*perceptible*) wahrnehmbar; (*appréciable*) merklich; (*Foto*) hoch empfindlich; **~ à** (*à la flatterie, musique*) empfänglich für; (*à la chaleur, aux radiations*) empfindlich gegen

sensiblement *adv* (*notablement*) merklich; (*à peu près*) so etwa

sensitif, -ive [sãsitif, iv] *adj* (*nerf*) sensorisch; **touche sensitive** Sensortaste *f*

sensualité [sãsɥalite] *nf* Sinnlichkeit *f*

sensuel, le [sãsɥɛl] *adj* sinnlich

sentence [sãtãs] *nf* (*jugement*) Urteil(sspruch *m*) *nt*; (*maxime*) Maxime *f*

sentencieux, -euse [sãtãsjø, øz] *adj* dozierend

sentier [sãtje] *nm* Weg *m*, Pfad *m*; **~ pédestre** Wanderweg

sentiment [sãtimã] *nm* Gefühl *nt*; **faire du ~** auf die Tränendrüse drücken; **recevez mes ~s respectueux** [*ou* **dévoués**] ≈ mit freundlichen Grüßen

sentimental, e (*pl* -**aux**) [sãtimãtal, o] *adj* sentimental; (*vie, aventure*) Liebes-

sentimentalité [sãtimãtalite] *nf* Sentimentalität *f*

sentinelle [sãtinɛl] nf Wachposten m
sentir [sãtiʀ] <10> vt fühlen, spüren;
(percevoir ou répandre une odeur) riechen;
(avoir le goût de) schmecken/riechen nach
■ vi (exhaler une mauvaise odeur) stinken;
~ **bon/mauvais** gut/schlecht riechen
■ vpr: **se ~ bien/mal à l'aise** sich wohl/
nicht wohlfühlen; **se ~ mal** sich krank [ou
unwohl] fühlen; **se ~ le courage/la force
de faire qch** den Mut/die Kraft verspüren,
etw zu tun; **ne plus se ~ de joie** außer sich
sein vor Freude
SEP nf abr = **sclérose en plaques** MS f
séparation [separasjõ] nf Trennung f;
(mur, cloison) Trennwand f; ~ **des biens**
(Jur) Gütertrennung; ~ **de corps** (Jur)
gesetzliche Trennung
séparatisme [separatism] nm
Separatismus m
séparé, e [separe] adj getrennt;
(appartements) separat, einzeln;
~ **de** getrennt von
séparément [separemã] adv getrennt
séparer [separe] <1> vt trennen; ~ **un
jardin en deux** einen Garten in zwei Teile
aufteilen; ~ **qch de qch** (détacher) etw von
etw abtrennen; ~ **qch par, ~ qch au
moyen de** etw teilen durch; **se séparer**
vpr sich trennen (de von); (se diviser) sich
teilen
sépia [sepja] nf (colorant) Sepia f; (dessin)
Sepiazeichnung f
sept [sɛt] num sieben; **le ~ juin** der 7. Juni;
~ **fois** siebenmal; ~ **cents** siebenhundert;
de ~ ans siebenjährig
septante [sɛptãt] num (belge, suisse)
siebzig
septembre [sɛptãbʀ] nm September m;
en ~ im September; **le 11 ~** am 11. September;
le 11 ~ 2008 der 11. September 2008
septennat [sɛptena] nm siebenjährige
Amtszeit (des französischen
Staatspräsidenten bis 2001)
septentrional, e (pl -aux)
[sɛptãtʀijɔnal, o] adj nördlich
septicémie [sɛptisemi] nf
Blutvergiftung f
septième [sɛtjɛm] adj siebte(r, s)
■ nm (fraction) Siebtel nt ■ nmf (personne)
Siebte(r) mf
septièmement adv siebtens
septique [sɛptik] adj: **fosse ~** Klärgrube f
septuagénaire [sɛptɥaʒenɛʀ] adj
siebzigjährig, zwischen siebzig und
achtzig ■ nmf Siebzigjährige(r) mf
sépulture [sepyltyʀ] nf Grabstätte f
séquelles [sekɛl] nfpl (maladie) Folgen pl
séquence [sekãs] nf (Cine) Sequenz f
séquenceur [sekãsœʀ] nm (Inform)
Sequenzer m

séquentiel, le [sekãsjɛl] adj (Inform)
sequenziell
séquestre [sekɛstʀ] nm Beschlagnahme f
séquestrer [sekɛstʀe] <1> vt (personne)
der Freiheit berauben, einsperren; (biens)
beschlagnahmen
serbe [sɛʀb] adj serbisch
Serbe nmf Serbe (Serbin) m/f
Serbie [sɛʀbi] nf: **la ~** Serbien nt
serbo-croate [sɛʀbokʀɔat] nm
Serbokroatisch nt
serein, e [sǝʀɛ̃, ɛn] adj (nuit) wolkenlos;
(visage, personne) ruhig, gelassen
sérénade [seʀenad] nf Serenade f; (fam)
Radau m
sérénité [seʀenite] nf (d'une personne)
Gelassenheit f
sergent [sɛʀʒã] nm Unteroffizier(in) m(f)
sériciculture [seʀisikyltyʀ] nf
Seidenraupenzucht f
série [seʀi] nf Reihe f, Serie f; (catégorie)
Klasse f, Rang m; **en ~** serienweise;
hors ~ (Com) spezialgefertigt; (fig)
außergewöhnlich; **fabrication en ~**
Serienproduktion f; ~ **noire** Serie f von
Unglücksfällen
sériel, le [seʀjɛl] adj (Inform) seriell
sérieusement [seʀjøzmã] adv ernst;
~? im Ernst?
sérieux, -euse [seʀjø, øz] adj ernst;
(consciencieux) gewissenhaft; (maison)
seriös; (renseignement, personne)
zuverlässig; (moral) anständig;
(important) bedeutend, wichtig;
terriblement ~ todernst ■ nm Ernst m;
(conscience) Gewissenhaftigkeit f; (d'une
maison) Seriosität f; (d'une personne)
Zuverlässigkeit f; (moral) Anständigkeit f;
garder son ~ ernst bleiben; **prendre qch/
qn au ~** etw/jdn ernst nehmen
sérigraphie [seʀigʀafi] nf Siebdruck m
serin [s(ǝ)ʀɛ̃] nm Zeisig m
seringue [s(ǝ)ʀɛ̃g] nf Spritze f
serment [sɛʀmã] nm Eid m, Schwur m;
prêter ~ schwören; **témoigner sous ~**
unter Eid aussagen; ~ **d'ivrogne** leeres
Versprechen
sermon [sɛʀmõ] nm Predigt f
séronégatif, -ive [seʀɔnegatif, iv] adj
HIV-negativ
séropositif, -ive [seʀɔpozitif, iv] adj
HIV-positiv
sérotonine [seʀɔtɔnin] nf Serotonin nt
serpe [sɛʀp] nf Sichel f
serpent [sɛʀpã] nm Schlange f
serpenter [sɛʀpãte] <1> vi sich
schlängeln, sich winden
serpentin [sɛʀpãtɛ̃] nm (tube)
Kühlschlange f, Heizschlange f; (ruban)
Papierschlange f, Luftschlange f

serpillière [sɛʁpijɛʁ] *nf* Scheuerlappen *m*
serre [sɛʁ] *nf* (*construction*) Gewächshaus *nt*; **serres** *nfpl* (*d'un rapace*) Krallen *pl*; **~ chaude/froide** Treib-/Kühlhaus *nt*; **effet de ~** (*Meteo*) Treibhauseffekt *m*
serré, e [sɛʁe] *adj* eng; (*vêtement*) eng anliegend; (*lutte, match*) knapp; (*entassé*) gedrängt; (*café*) stark; **avoir le cœur ~/ la gorge ~e** bedrückt sein/eine zugeschnürte Kehle haben ■ *adv*: **jouer ~** vorsichtig spielen
serre-livres [sɛʁlivʁ] *nm inv* Buchstütze *f*
serrer [sɛʁe] <1> *vt* (*tenir*) festhalten; (*comprimer*) drücken, pressen; (*mâchoires*) zusammenbeißen; (*poings*) ballen; (*vêtement*) eng anliegen an +*dat*; (*trop*) beengen; (*rapprocher*) zusammenrücken; (*frein, vis*) anziehen; (*ceinture, nœud*) zuziehen; (*robinet*) fest zudrehen; **~ la main à qn** jdm die Hand schütteln; **~ qn dans ses bras** jdn in die Arme nehmen; **~ qn de près** dicht hinter jdm sein ■ *vi*: **~ à droite/gauche** sich rechts/links halten; **se serrer** *vpr* (*personnes*) zusammenrücken; **se ~ contre qn** sich an jdn schmiegen; **se ~ les coudes** zusammenhalten
serre-tête [sɛʁtɛt] *nm inv* Stirnband *nt*
serrure [sɛʁyʁ] *nf* Schloss *nt*
serrurerie [sɛʁyʁʁi] *nf* Schlosserei *f*; **~ d'art** Kunstschmiedearbeit *f*
serrurier [sɛʁyʁje] *nm* Schlosser(in) *m(f)*
sertir [sɛʁtiʁ] <8> *vt* (*pierre précieuse*) fassen
sérum [seʁɔm] *nm*: **~ antitétanique** Tetanusserum *nt*; **~ sanguin** Blutserum *nt*
servante [sɛʁvɑ̃t] *nf* Dienstmädchen *nt*
serveur, -euse [sɛʁvœʁ, øz] *nm/f* (*de restaurant*) Kellner(in) *m(f)* ■ *nm* Server *m*; **~ (de données)** (*Inform*) ≈ Btx-Anbieter *m*; **~ Internet** Web-Server *m*
serviable [sɛʁvjabl] *adj* gefällig, hilfsbereit
service [sɛʁvis] *nm* (*des convives, des clients*) Bedienung *f*; (*série de repas*) Essenzeit *f*; (*assortiment de vaisselle*) Service *nt*; (*faveur*) Gefallen *m*; (*travail, fonction d'intérêt public*) Dienst *m*; (*département*) Abteilung *f*; (*fonctionnement*) Betrieb *m*; (*transport*) Verkehrsverbindung *f*; (*Rel*) Gottesdienst *m*; (*Tennis*) Aufschlag *m*; **services** *nmpl* (*travail*) Dienst *m*; (*Econ*) Dienstleistungsbetriebe *pl*; **~s secrets** Geheimdienst *m*; **~s sociaux** Sozialleistungen *pl*; **~ compris** inklusive Bedienung; **être au ~ de qn** (*employé*) bei jdm angestellt sein; **en ~** (*objet*) in Gebrauch; (*machine*) in Betrieb; **être/ mettre en ~** in Betrieb sein/nehmen; **faire le ~** bedienen; **hors ~** außer Betrieb;

rendre ~ (à qn) (jdm) helfen; **rendre un ~ à qn** jdm einen Gefallen tun; **~ d'ordre** (*personnes*) Ordner *pl*; **~ du personnel** Personalabteilung *f*; **~ public** öffentlicher Dienst, **~ de réanimation** Intensivstation *f*; **~ après-vente** Kundendienst *m*; **~ militaire** Militärdienst; **~ de secours héliporté** Luftrettungsdienst, Flugrettungsdienst; **~ sociaux** Sozialdienste *pl*

◈ **LE SERVICE MILITAIRE**

◈
◈ *Le service militaire* dauert zehn Monate
◈ und gilt für alle wehrdiensttauglichen
◈ Franzosen über 18 Jahre.
◈ Wehrdienstverweigerer müssen einen
◈ zweijährigen Ersatzdienst leisten.
◈ Seit 1970 können auch Frauen diesen
◈ Wehrdienst leisten; es sind jedoch nur
◈ wenige, die das tun.

serviette [sɛʁvjɛt] *nf* (*de table*) Serviette *f*; (*de toilette*) Handtuch *nt*; (*porte-documents*) Aktentasche *f*; **~ hygiénique** Monatsbinde *f*
servile [sɛʁvil] *adj* unterwürfig
servir [sɛʁviʁ] <10> *vt* dienen +*dat*; (*domestique*) arbeiten für; (*dans restaurant, magasin*) bedienen; (*aider*) helfen +*dat*; **~ qch (à qn)** (*plat, boisson*) jdm etw servieren; **vous êtes servi(e)?** werden Sie schon bedient? ■ *vi* (*Tennis*) aufschlagen; (*Cartes*) geben; (*objet*) gute Dienste leisten; **~ à qch/faire qch** zu etw dienen; **~ à qn** jdm nützlich sein; **cela ne sert à rien** das nutzt nichts; **~ (à qn) de ...** (von jdm) als ... benutzt werden; **~ (à qn) de secrétaire** als (jds) Sekretär fungieren ■ *vb impers*: **à quoi cela sert-il?** wozu soll das gut sein?; **à quoi cela sert-il de faire ...?** was nützt es ... zu tun?; **se servir** *vpr* (*d'un plat*) sich bedienen; **se ~ de qch** (*d'un plat*) sich *dat* etw nehmen; (*utiliser*) etw benutzen
servitude [sɛʁvityd] *nf* Knechtschaft *f*; (*fig*) Zwang *m*
servocommande [sɛʁvokɔmɑ̃d] *nf* Servolenkung *f*
servofrein [sɛʁvofʁɛ̃] *nm* Servobremse *f*
ses [se] *adj voir* **son**
sésame [sezam] *nm* Sesam *m*
session [sesjɔ̃] *nf* Sitzung *f*
set [sɛt] *nm* (*Tennis*) Satz *m*
seuil [sœj] *nm* Schwelle *f*
seul, e [sœl] *adj* allein; (*isolé*) einsam; (*unique*) einzig; **lui ~ peut** nur er allein kann; **à lui (tout) ~** ganz allein; **d'un ~ coup** auf einmal; **parler tout(e) ~(e)** Selbstgespräche führen ■ *adv* allein

▩ *nm:* **j'en veux un** ~ ich will nur eine(n, s) (davon); **il en reste un** ~ es ist nur ein(e) Einzige(r, s) übrig
seulement *adv* nur, bloß; ~ **hier** *(pas avant)* erst gestern
sève [sɛv] *nf (d'une plante)* Saft *m; (énergie)* Lebenskraft *f*
sévère [sevɛʀ] *adj* streng; *(climat)* hart; *(pertes, défaite)* schwer
sévérité [seveʀite] *nf* Strenge *f; (du climat)* Härte *f; (des pertes, d'une défaite)* Schwere *f*
sévices [sevis] *nmpl* Misshandlung *f*
sexagénaire [sɛkzaʒenɛʀ] *adj* sechzigjährig, zwischen sechzig und siebzig ▩ *nmf* Sechzigjährige(r) *mf*
sexe [sɛks] *nm (genre)* Geschlecht *nt; (sexualité)* Sex *m; (organe)* Geschlechtsorgane *pl*
sexisme [sɛksism] *nm* Sexismus *m*
sexiste *adj* sexistisch ▩ *nmf* Sexist(in) *m(f)*
sextuple [sɛkstypl] *adj* sechsfach
sexualité [sɛksɥalite] *nf* Sexualität *f*
sexuel, le [sɛksɥɛl] *adj* sexuell
seyant, e [sejɑ̃, ɑ̃t] *adj* kleidsam
Seychelles [seʃɛl] *nfpl:* **les** ~ die Seychellen *pl*
SGML *nm abr* = **standardized generalized mark-up language** SGML *nt*
shampooiner [ʃɑ̃pwine] <1> *vt* shampoonieren
shampooing [ʃɑ̃pwɛ̃] *nm (lavage)* Haarwäsche *f; (produit)* Shampoo *nt*, Haarwaschmittel *nt*
shooter [ʃute] <1> *vpr:* **se shooter** *(sl)* drücken
shopping [ʃɔpiŋ] *nm* Shopping *nt;* **faire du** ~ shoppen gehen
short [ʃɔʀt] *nm* Shorts *pl*
si [si] *nm (Mus)* H *nt* ▩ *adv (affirmatif)* doch, ja; **je me demande si** ich frage mich, ob; **si gentil/rapidement** *(tellement)* so nett/ schnell; **si rapide qu'il soit** so schnell er auch sein mag ▩ *conj* wenn; **(tant et) si bien que** so (sehr) dass
siamois, e [sjamwa, waz] *adj* siamesisch
Sibérie [sibeʀi] *nf:* **la** ~ Sibirien *nt*
sibérien, ne [sibeʀjɛ̃, ɛn] *adj* sibirisch
SICAV [sikav] *nf inv acr* = **société d'investissement à capital variable** *(Com)* Investmentgesellschaft *f*
Sicile [sisil] *nf:* **la** ~ Sizilien *nt*
sicilien, ne [sisiljɛ̃, ɛn] *adj* sizilianisch
sida [sida] *nm acr* = **syndrome d'immunodéficience acquise** Aids *nt*, Immunschwächekrankheit *f*
sidaïque [sidaik], **sidatique** [sidatik] *adj* aidskrank ▩ *nmf* Aidskranke(r) *mf*
sidatorium [sidatɔʀjɔm] *nm* Aidsklinik *f*
side-car (*pl* ~**s**) [sidkaʀ] *nm* Beiwagen *m*
sidéen, ne [sideɛ̃, ɛn] *adj* aidskrank ▩ *nm/f* Aidskranke(r) *mf*

sidéré, e [sideʀe] *adj* verblüfft
sidérurgie [sideʀyʀʒi] *nf:* **la** ~ die Eisenindustrie
sidologue [sidɔlɔg] *nmf* Aidsspezialist(in) *m(f)*
siècle [sjɛkl] *nm* Jahrhundert *nt; (époque)* Zeitalter *nt*
siège [sjɛʒ] *nm* Sitz *m; (d'une douleur, d'une maladie)* Herd *m; (Mil)* Belagerung *f;* ~ **avant/arrière** Vorder-/Rücksitz; ~ **éjectable** *(Aviat)* Schleudersitz; ~ **social** *(Com)* Firmensitz
siéger [sjeʒe] <2, 5> *vi* tagen; *(député)* einen Sitz haben *(à in +dat)*
sien, ne [sjɛ̃, sjɛn] *pron:* **le** ~, **la** ~**ne** der/ die/das Seine/Ihre; **les ~s, les ~nes** seine/ ihre *pl;* **y mettre du** ~ das Seine (dazu)tun; **faire des ~nes** *(fam)* seine üblichen Dummheiten machen
Sierra Leone [sjeʀa leɔn(e)] *nf:* **la** ~ Sierra Leone *nt*
sieste [sjɛst] *nf* Mittagsschlaf *m;* **faire la** ~ Mittagsschlaf halten
sifflement [sifləmɑ̃] *nm* Pfeifen *nt*
siffler [sifle] <1> *vi* pfeifen; *(merle)* singen, flöten; *(serpent)* zischen ▩ *vt* pfeifen; *(huer)* auspfeifen; *(signaler en sifflant)* abpfeifen; *(fam: avaler)* kippen
sifflet [siflɛ] *nm (instrument)* Pfeife *f; (sifflement)* Pfiff *m;* **coup de** ~ Pfiff *m*
siffloter [siflɔte] <1> *vi, vt* vor sich *akk* hin pfeifen
sigle [sigl] *nm* Abkürzung *f*
signal (*pl* -**aux**) [siɲal, o] *nm* Zeichen *nt; (indice, annonce)* (An)zeichen *nt; (écriteau)* Schild *nt; (appareil)* Signal *nt;* **donner le** ~ **de** das Signal geben zu; ~ **d'alarme** Alarmsignal; ~ **d'annonce** *(Tel)* Anklopfen *nt;* ~ **de commande** *(Inform)* Steuersignal; ~ **de détresse** Notruf *m;* ~ **occupé** *(Tel)* Belegtzeichen; ~ **sonore/optique** Ton-/ Lichtsignal
signalement [siɲalmɑ̃] *nm* Personenbeschreibung *f*
signaler [siɲale] <1> *vt (annoncer)* ankündigen; *(par un signal)* signalisieren; *(dénoncer)* melden, anzeigen; ~ **qch à qn/(à qn) que** *(montrer)* jdn auf etw *akk* hinweisen/(jdn) darauf hinweisen, dass ▩ *vpr:* **se** ~ **(par)** sich hervortun (durch)
signalétique [siɲaletik] *adj:* **fiche** ~ Personalbogen *m*
signalisation [siɲalizajsɔ̃] *nf (ensemble des signaux)* Verkehrszeichen *pl;* **panneau de** ~ Verkehrsschild *nt*
signaliser [siɲalize] <1> *vt* beschildern
signataire [siɲatɛʀ] *nmf* Unterzeichner(in) *m(f)*
signature [siɲatyʀ] *nf* Unterzeichnung *f; (inscription)* Unterschrift *f*

signe [siɲ] nm Zeichen nt; **c'est bon/
mauvais ~** das ist ein gutes/schlechtes
Zeichen; **faire ~ à qn** jdm Bescheid geben;
faire un ~ de la tête/main mit dem
Kopf/der Hand ein Zeichen geben;
le ~ de la croix das Kreuzzeichen;
~ de ponctuation Satzzeichen;
~ du zodiaque Sternzeichen

signer [siɲe] <1> vt unterschreiben;
(œuvre) signieren; **se signer** vpr sich
bekreuzigen

signet [siɲɛ] nm (a. Inform) Lesezeichen nt

significatif, -ive [siɲifikatif, iv] adj
bezeichnend, vielsagend

signification [siɲifikasjõ] nf
Bedeutung f

signifier [siɲifje] <1> vt (vouloir dire)
bedeuten; **~ qch (à qn)** (faire connaître)
(jdm) etw zu verstehen geben; **~ qch à
qn** (Jur) jdm etw zustellen

silence [silɑ̃s] nm (mutisme) Schweigen nt;
(absence de bruit) Stille f; Ruhe f; (moment;
Mus) Pause f; **garder le ~** ruhig sein, still
sein; **garder le ~ sur qch** über etw akk
Stillschweigen bewahren

silencieux, -euse [silɑ̃sjø, øz] adj
(personne) schweigsam; (appareil, pas)
leise; (endroit) ruhig ■ nm (Auto)
Auspufftopf m; (d'une arme)
Schalldämpfer m

silex [silɛks] nm Feuerstein m

silhouette [silwɛt] nf Silhouette f;
(contour) Umriss m; (figure) Figur f

silicium [silisjɔm] nm Silizium nt

silicone [silikon] nf Silikon nt

sillage [sijaʒ] nm (d'un bateau) Kielwasser
nt; **être dans le ~ de qn** (fig) in jds
Fahrwasser dat segeln

sillon [sijõ] nm (d'un champ) Furche f;
(d'un disque) Rille f

sillonner [sijone] <1> vt (rides) furchen;
(parcourir) durchstreifen

silo [silo] nm Silo nt

simagrées [simagre] nfpl Getue nt

similaire [similɛʀ] adj ähnlich

similarité [similaʀite] nf Ähnlichkeit f

similicuir [similikɥiʀ] nm Kunstleder nt

similitude [similityd] nf Ähnlichkeit f

simple [sɛ̃pl] adj einfach; (pej: naïf)
einfältig; **~ d'esprit** einfältig; **une ~
formalité** reine Formsache; **un aller ~**
(train) eine einfache Fahrkarte; **c'est ~
comme bonjour** das ist kinderleicht
■ nm (Tennis) Einzel nt; **~ messieurs**
Herreneinzel

simplement [sɛ̃pləmɑ̃] adv einfach

simplicité [sɛ̃plisite] nf Einfachheit f;
(candeur) Naivität f

simplification [sɛ̃plifikasjõ] nf
Vereinfachung f

simplifier [sɛ̃plifje] <1> vt vereinfachen;
(Math) kürzen

simplissime [sɛ̃plisim] adj kinderleicht

simpliste [sɛ̃plist] adj allzu einfach, simpel

simulacre [simylakʀ] nm: **~ de combat/
gouvernement** Scheingefecht nt/-
regierung f

simulateur [simylatœʀ] nm Simulator m;
~ de vol Flugsimulator

simulation [simylasjõ] nf Vortäuschung f

simuler [simyle] <1> vt simulieren;
(émotion) heucheln; (imiter) nachahmen

simultané, e [simyltane] adj simultan,
gleichzeitig

simultanément adv gleichzeitig

sincère [sɛ̃sɛʀ] adj ehrlich, aufrichtig;
mes ~s condoléances mein aufrichtiges
Beileid

sincèrement adv aufrichtig, ehrlich

sincérité [sɛ̃seʀite] nf Ehrlichkeit f,
Aufrichtigkeit f; **en toute ~** ganz offen

sine qua non [sinekwanɔn] adj:
condition ~ unbedingt notwendige
Voraussetzung

Singapour [sɛ̃gapuʀ]: **(l'île ʃ de) ~**
Singapur nt

singe [sɛ̃ʒ] nm Affe m

singer <2> vt nachäffen

singeries [sɛ̃ʒʀi] nfpl Faxen pl

singulariser [sɛ̃gylaʀize] <1> vt
auszeichnen; **se singulariser** vpr
auffallen

singularité [sɛ̃gylaʀite] nf Eigenart f,
(bizarrerie) Seltsamkeit f

singulier, -ière [sɛ̃gylje, ɛʀ] adj
eigenartig ■ nm (Ling) Singular m,
Einzahl f

sinistre [sinistʀ] adj unheimlich;
(inquiétant) Unheil verkündend ■ nm
Katastrophe f; (en assurances)
Schadensfall m

sinistré, e adj (région) von einer
Katastrophe heimgesucht ■ nm/f
Katastrophenopfer nt

sinon [sinõ] adv andernfalls, sonst
■ conj (sauf) außer; (si ce n'est) wenn nicht

sinueux, -euse [sinɥø, øz] adj
gewunden; (fig) verwickelt

sinuosité [sinɥozite] nf Gewundenheit f;
sinuosités nfpl Kurven und Windungen pl

sinus [sinys] nm (Anat) Stirnhöhle f;
(Math) Sinus m

sinusite [sinyzit] nf
Stirnhöhlenentzündung f

sionisme [sjɔnism] nm Zionismus m

siphon [sifõ] nm Siphon m; (tube)
Saugheber m

sirène [siʀɛn] nf Sirene f

sirop [siʀo] nm Sirup m; **~ contre la toux**
Hustensaft m

siroter [siʀɔte] <1> vt schlürfen
sismique [sismik] adj seismisch
sismographe [sismɔgʀaf] nm
Seismograf m
sismologie [sismɔlɔʒi] nf Seismologie f
sitcom [sitkɔm] nm Situationskomödie f
site [sit] nm (environnement) Umgebung f;
(emplacement) Lage f; ~ (web [ou Web])
Homepage f; ~ industriel
Industriestandort m; ~ (pittoresque)
landschaftlich schöne Gegend; ~ de
stockage des déchets nucléaires
Atommülldeponie f; ~ touristique
Sehenswürdigkeit f
sit-in [sitin] nm inv Sit-in nt, Sitzstreik m;
manifestation ~ Sitzblockade f
sitôt [sito] adv sogleich; ~ après gleich
danach; ~ parti, il ... kaum war er
gegangen, da ...; pas de ~ nicht so bald;
~ que sobald
situation [sityasjɔ̃] nf Lage f; (emploi)
Stellung f; (circonstances) Situation f;
~ de famille Familienstand m
situé, e [sitɥe] adj gelegen
situer [sitɥe] <1> vt (en pensée) einordnen;
se situer vpr (être) liegen, sich befinden
six [sis] num sechs; **le ~ mai** der sechste
Mai; ~ fois sechsmal; ~ cents
sechshundert; **de ~ ans** sechsjährig
sixième [sizjɛm] adj sechste(r, s) ■ nm
(fraction) Sechstel nt ■ nmf (personne)
Sechste(r) mf
sixièmement adv sechstens
skate(board) [sket(bɔʀd)] nm
(planche) Skateboard nt; (sport)
Skateboardfahren nt
ski [ski] nm Ski m; **faire du ~** Ski laufen;
~ de fond (sport) Langlauf m; (ski)
Langlaufski m; ~ nautique Wasserski;
~ de piste Abfahrtslauf m; ~ en profonde
Tiefschneefahren nt; ~ de randonnée
Skiwandern nt
ski-bob (pl ~s) [skibɔb] nm Skibob m
skier [skje] <1> vi Ski laufen
skieur, -euse nm/f Skiläufer(in) m(f)
skin(head) [skin(ɛd)] nm Skinhead m
slalom [slalɔm] nm (Ski) Slalom m; **faire
du ~ entre** (fig) sich durchschlängeln
zwischen +dat; ~ géant Riesenslalom
slalomer [slalɔme] <1> vi Slalom fahren
slalomeur, -euse [slalɔmœʀ, øz]
nm/f Slalomfahrer(in) m(f)
slave [slav] adj slawisch
slip [slip] nm Unterhose f; (de bain)
Badehose f; (d'un deux-pièces) Slip m,
Unterteil nt
slogan [slɔgɑ̃] nm Slogan m
slovaque [slɔvak] adj slowakisch;
la République ~ die Slowakische Republik
Slovaque nm/f Slowake (Slowakin) m/f

Slovaquie [slɔvaki] nf: **la ~** die Slowakei
slovène [slɔvɛn] adj slowenisch
Slovène nm/f Slowene (Slowenin) m/f
Slovénie [slɔveni] nf: **la ~** Slowenien nt
slow [slo] nm Slowfox m
smalltalk [smɔltɔk] nm Small Talk m
smash [smaʃ] nm (Tennis) Schmetterball m
smasher [sma(t)ʃe] <1> vt, vi (Tennis)
schmettern
S.M.E. nm abr = **Système monétaire
européen** EWS nt
S.M.I. nm abr = **Système monétaire
international** internationales
Währungssystem
S.M.I.C. [smik] nm acr = **salaire
minimum interprofessionnel de
croissance** staatlich festgesetzter
Mindestlohn

> ⬤ **LE S.M.I.C.**
> ⬤
> ⬤ Le S.M.I.C. ist ein Mindeststundenlohn
> ⬤ für Arbeitnehmer über 18 Jahren.
> ⬤ Der S.M.I.C. wird immer, wenn die
> ⬤ Lebenshaltungskosten um zwei
> ⬤ Prozent steigen, angehoben.

smicard, e [smikaʀ, d] nm/f
Mindestlohnempfänger(in) m(f)
smiley [smaile] nm Smiley m
smog [smɔg] nm Smog m;
~ électromagnétique Elektrosmog
smoking [smɔkiŋ] nm Smoking m
SMS nm abr = **short message service**
SMS f
S.M.U.R. [smyʀ] nm acr = **service
médical d'urgence et de réanimation**
Notfalldienst m
snack [snak] nm Snack m
snack(-bar) (pl ~s) [snakbaʀ] nm
Imbissstube f, Schnellgaststätte f
S.N.C.F. nf abr = **Société nationale des
chemins de fer français** französische
Eisenbahn
sniffer [snife] <1> vt (drogue) schnupfen;
(colle) schnüffeln
snob [snɔb] adj versnobt ■ nmf Snob m
snobisme [snɔbism] nm Snobismus m
snowboard [snobɔʀd] nm
Snowboardfahren nt
snowboardeur, -euse [snobɔʀdœʀ, øz]
nm/f Snowboardfahrer(in) m(f)
sobre [sɔbʀ] adj (personne) mäßig;
(élégance, style) schlicht
sobriété [sɔbʀijete] nf Enthaltsamkeit f,
Schlichtheit f
sobriquet [sɔbʀikɛ] nm Spitzname m
sociable [sɔsjabl] adj gesellig
social, e (pl -aux) [sɔsjal, o] adj
gesellschaftlich; (Pol, Admin) sozial

socialiser [sɔsjalize] <1> vt sozialisieren;
(Pol) vergesellschaften
socialisme [sɔsjalism] nm Sozialismus m
socialiste nmf Sozialist(in) m(f)
société [sɔsjete] nf Gesellschaft f;
~ **d'abondance** Überflussgesellschaft,
Wohlstandsgesellschaft; ~ **anonyme**
Aktiengesellschaft; ~ **de consommation**
Konsumgesellschaft; ~ **d'édition de**
programmes Softwarehaus nt; ~ **de**
gaspillage Wegwerfgesellschaft;
~ **d'investissement à capital variable**
Investmentgesellschaft; ~ **médiatique**
Mediengesellschaft; ~ **protectrice des**
animaux Tierschutzverein m; ~ **à**
responsabilité limitée Gesellschaft mit
beschränkter Haftung
socioculturel, le [sɔsjokyltyʀɛl] adj
soziokulturell
socio-éducatif, -ive (pl ~s)
[sɔsjoedykatif, iv] adj sozialpädagogisch
sociolinguistique [sɔsjolɛ̃ɡyistik] adj
(Ling) soziolinguistisch ■ nf
Soziolinguistik f
sociologie [sɔsjɔlɔʒi] nf Soziologie f
sociologique adj soziologisch
sociologue [sɔsjɔlɔɡ] nmf
Soziologe(-login) m/f
socioprofessionnel, le
[sɔsjoprɔfesjɔnɛl] adj: **catégorie**
~ **le** Berufsgruppe f
socle [sɔkl] nm Sockel m
socquette [sɔkɛt] nf Söckchen nt
soda [sɔda] nm Limo f
sodium [sɔdjɔm] nm Natrium nt
sodomie [sɔdɔmi] nf Sodomie f
sodomiser [sɔdɔmize] <1> vt Sodomie
treiben mit
sœur [sœʀ] nf Schwester f; (religieuse)
Ordensschwester f, Nonne f; ~ **aînée/**
cadette ältere/jüngere Schwester
sofa [sɔfa] nm Sofa nt
S.O.F.R.E.S., Sofres [sɔfʀɛs] nf acr
= **Société française d'enquêtes par**
sondage französisches
Meinungsforschungsinstitut
soi [swa] pron sich; **cela va de** ~ das
versteht sich von selbst
soi-disant [swadizɑ̃] adj inv sogenannt
■ adv angeblich
soie [swa] nf Seide f; (poil) Borste f
soierie [swaʀi] nf Seidenindustrie f;
(tissu) Seidengewebe nt
soif [swaf] nf Durst m; (fig) Gier f;
avoir ~ Durst haben; **donner** ~ (**à qn**)
(jdn) durstig machen
soigné, e [swaɲe] adj gepflegt; (travail)
sorgfältig
soigner [swaɲe] <1> vt behandeln;
(faire avec soin) sorgfältig bearbeiten

[ou ausarbeiten]; (jardin, chevelure)
pflegen; (choyer) betreuen, gut behandeln
soigneusement [swaɲøzmɑ̃] adv
gewissenhaft, sorgfältig
soigneux, -euse [swaɲø, øz] adj
gewissenhaft; ~ **de** bedacht auf +akk
soi-même [swamɛm] pron (sich) selbst
soin [swɛ̃] nm (application) Sorgfalt f;
(responsabilité) Verantwortung f (de für);
soins nmpl Pflege f; (attention) Fürsorge f,
Obhut f; ~**s de beauté/du corps**
Schönheits-/Körperpflege f; **aux bons** ~**s**
de zu (treuen) Händen von (bei
Übermittlung eines Briefes durch einen
Dritten); **confier qn aux** ~**s de qn** jdm jdn
anvertrauen; **être aux petits** ~**s pour qn**
jdn liebevoll umsorgen; **prendre** ~ **de faire**
qch darauf achten, etw zu tun; **prendre** ~
de qch/qn sich um etw/jdn kümmern
soir [swaʀ] nm Abend m; **à ce** ~! bis heute
Abend!; **ce/hier/dimanche** ~ heute/
gestern Abend/Sonntagabend; **le** ~
abends; **sept heures du** ~ sieben Uhr
abends; **le repas/journal du** ~ das
Abendessen/die Abendzeitung; **la veille**
au ~ am Vorabend
soirée [swaʀe] nf (soir) Abend m;
(réception) (Abend)gesellschaft f
soit [swa] conj (à savoir) das heißt;
~ ..., ~ ... (ou) entweder ... oder ...;
~ **que** ..., ~ **que** ... sei es, dass ... oder,
dass ... ■ [swat] adv sei's drum
soixantaine [swasɑ̃tɛn] nf: **une** ~ etw
a sechzig
soixante [swasɑ̃t] num sechzig
soixante-dix num siebzig
soixante-huitard, e nm/f
Achtundsechziger(in) m(f)
soja [sɔʒa] nm Soja m
sol [sɔl] nm Boden m; (Mus) G nt
solaire [sɔlɛʀ] adj Sonnen-
solarium [sɔlaʀjɔm] nm Solarium nt
soldat [sɔlda] nm Soldat(in) m(f);
~ **de plomb** Zinnsoldat
solde [sɔld] nf Sold m ■ nm (Fin) Saldo m;
soldes nmpl (Com) Ausverkauf m;
être à la ~ **de qn** in jds Sold dat stehen;
en ~ zu herabgesetztem Preis; ~ **créditeur/**
débiteur (Fin) Aktiv-/Passivsaldo
solder <1> vt (compte) saldieren;
(marchandise) ausverkaufen; **article soldé**
(**à**) **10 euros** auf 10 Euro reduzierter Artikel
■ vpr: **se** ~ **par** enden mit
sole [sɔl] nf Seezunge f
soleil [sɔlɛj] nm Sonne f; **au** ~ in der
Sonne; **en plein** ~ in der prallen Sonne;
il fait (du) ~ die Sonne scheint;
le ~ **levant/couchant** die aufgehende/
untergehende Sonne
solennel, le [sɔlanɛl] adj feierlich

solennité [sɔlanite] *nf* Feierlichkeit *f*
Soleure [sɔlœʀ] (*ville et canton*)
Solothurn *nt*
solidaire [sɔlidɛʀ] *adj* (*personnes*)
solidarisch (*de* mit); (*choses, pièces
mécaniques*) miteinander verbunden
solidariser [sɔlidarize] <1> *vpr*:
se ~ avec qn sich mit jdm solidarisch
erklären
solidarité [sɔlidarite] *nf* Solidarität *f*,
Verbindung *f*
solide [sɔlid] *adj* (*mur, maison, meuble*)
stabil; (*non liquide*) fest; (*amitié,
institutions*) dauerhaft; (*partisan*) treu,
zuverlässig; (*connaissances, argument*)
solid, handfest; (*vigoureux, résistant*)
kräftig, robust; **être ~ comme un roc** von
unverwüstlicher Natur sein ▪ *nm*
Festkörper *m*
solidifier [sɔlidifje] <1> *vt* (*substance*) fest
werden lassen; **se solidifier** *vpr* erstarren
solidité [sɔlidite] *nf* Stabilität *f*; (*d'amitié,
etc*) Dauerhaftigkeit *f*
soliste [sɔlist] *nmf* Solist(in) *m(f)*
solitaire [sɔlitɛʀ] *adj* einsam; (*isolé*)
einzeln stehend ▪ *nmf* Einsiedler(in) *m(f)*
▪ *nm* (*diamant*) Solitär *m*
solitude [sɔlityd] *nf* Einsamkeit *f*
sollicitations [sɔlisitasjõ] *nfpl*
dringende Bitte
solliciter [sɔlisite] <1> *vt* (*personne*)
dringend bitten, anflehen; (*emploi*) sich
bewerben um; (*faveur, audience*) bitten
um; (*exciter*) reizen
sollicitude [sɔlisityd] *nf* Fürsorge *f*
solo [sɔlo] *nm* Solo *nt*
solstice [sɔlstis] *nm* Sonnenwende *f*
soluble [sɔlybl] *adj* löslich
solution [sɔlysjõ] *nf* Lösung *f*;
~ de continuité Unterbrechung *f*;
~ de facilité bequeme Lösung
solutionner [sɔlysjɔne] <1> *vt* lösen
solvable [sɔlvabl] *adj* zahlungsfähig
solvant [sɔlvã] *nm* Lösungsmittel *nt*
Somalie [sɔmali] *nf*: **la ~** Somalia *nt*
somalien, ne [sɔmaljẽ, ɛn] *adj*
somalisch
sombre [sõbʀ] *adj* dunkel; (*visage, avenir*)
düster; (*personne*) finster; (*humeur*)
schwarz
sombrer [sõbʀe] <1> *vi* (*bateau*)
untergehen, sinken; **~ dans la misère/
le désespoir** ins Elend/in Verzweiflung
verfallen
sommaire [sɔmɛʀ] *adj* (*bref*) kurz; (*repas*)
einfach; (*examen*) oberflächlich;
exécution ~ Standgericht *nt* ▪ *nm*
Zusammenfassung *f*
sommation [sɔmasjõ] *nf* Aufforderung *f*;
tirer sans ~ ohne Vorwarnung schießen

somme [sɔm] *nf* Summe *f*;
en ~ insgesamt; **~ toute** letzten Endes
▪ *nm*: **faire un ~** ein Nickerchen machen
sommeil [sɔmɛj] *nm* Schlaf *m*; **avoir ~**
müde sein, schläfrig sein
sommeiller <1> *vi* schlummern
sommelier, -ière [sɔmalje, ɛʀ] *nm/f*
Getränkekellner(in) *m(f)*
sommer [sɔme] <1> *vt*: **~ qn de faire qch**
jdn auffordern, etw zu tun
sommet [sɔme] *nm* Gipfel *m*; (*d'une tour*)
Spitze *f*; (*d'un arbre*) Wipfel *m*; (*Math*)
Scheitelpunkt *m*; (*fig*) Gipfeltreffen *nt*
sommier [sɔmje] *nm* Bettrost *m*;
~ à lattes Lattenrost *m*; **~ métallique**
Metallrost *m*; **~ à ressorts**
Sprungfederrost *m*
somnambule [sɔmnãbyl] *nmf*
Schlafwandler(in) *m(f)*
somnifère [sɔmnifɛʀ] *nm* Schlafmittel *nt*
somnoler [sɔmnɔle] <1> *vi* dösen
somptueux, -euse [sõptɥø, øz] *adj*
prunkvoll, prächtig
son, sa (*pl* **ses**) [sõ, sa, se] *adj* sein, seine,
sein, ihr, ihre, ihr
son [sõ] *nm* Ton *m*; (*bruit*) Laut *m*; (*sonorité*)
Klang *m*; (*Phys*) Schall *m*; (*céréales*) Kleie *f*
sonar [sɔnaʀ] *nm* Echolot *nt*
sonate [sɔnat] *nf* Sonate *f*
sondage [sõdaʒ] *nm* (*de terrain*) Bohrung *f*;
(*enquête*) Umfrage *f*; **~ d'opinion**
Meinungsumfrage
sonde [sõd] *nf* Sonde *f*; **~ laser**
Lasersonde; **~ lunaire** Mondsonde;
~ spatiale Raumsonde
sonder [sõde] <1> *vt* untersuchen;
(*terrain*) bohren in +*dat*; (*fig*) erforschen,
ergründen; (*personne*) ausfragen
songer [sõʒe] <2> *vi*: **~ à** (*penser à*) denken
an +*akk*; (*envisager*) daran denken ...;
~ que (be)denken, dass
songeur, -euse *adj* nachdenklich
sonnant, e [sɔnã, ãt] *adj*: **à huit heures
~es** Schlag acht Uhr
sonné, e [sɔne] *adj* (*fam: fou*) bekloppt;
il a quarante ans bien ~s (*fam: révolu*)
er ist gut über Vierzig
sonner [sɔne] <1> *vi* (*cloche*) läuten;
(*téléphone, réveil, à la porte*) klingeln; (*son
métallique*) klingen, tönen; **~ du clairon** ins
Jagdhorn blasen; **~ faux** falsch klingen
▪ *vt* läuten; (*personne*) herbeiklingeln;
(*messe*) läuten zu; (*assommer*) umwerfen;
~ les heures die Stunden schlagen; **on ne
t'a pas sonné** (*fam*) du halt dich da raus
sonnerie [sɔnʀi] *nf* (*son*) Klingeln *nt*;
(*d'horloge*) Schlagen *nt*; (*mécanisme*)
Läutwerk *nt*, Schlagwerk *nt*; (*sonnette*)
Klingel *f*; **~ d'alarme** Alarm *m*; **~ de clairon**
Hornsignal *nt*

sonnet [sɔnɛ] nm Sonett nt
sonnette [sɔnɛt] nf Klingel f; **~ d'alarme** Alarmglocke f; **~ de nuit** Nachtglocke f
sono [sɔno] nf (fam) voir **sonorisation**
sonore [sɔnɔʀ] adj (métal) klingend; (voix) laut; (salle) mit einer guten Akustik; (pièce) hellhörig; (Ling) stimmhaft; **effets ~s** Klangeffekte pl; **ondes ~s** Schallwellen pl
sonorisation [sɔnɔʀizasjõ] nf (appareils) Lautsprecheranlage f
sonoriser [sɔnɔʀize] <1> vt (salle) mit einer Lautsprecheranlage versehen
sonorité [sɔnɔʀite] nf Klang m; (d'un lieu) Akustik f; **sonorités** nfpl Töne pl
sonothèque [sɔnɔtɛk] nf Tonarchiv nt
sophistication [sɔfistikasjõ] nf (d'une personne) Kultiviertheit f
sophistiqué, e [sɔfistike] adj (pej) gekünstelt; (Tech) ausgeklügelt
soporifique [sɔpɔʀifik] adj einschläfernd; (fam) langweilig
soprano (pl **soprani**) [sɔprano] nm (voix) Sopran m ◼ nf (personne) Sopran m, Sopranistin f
sorbetière [sɔrbətjɛr] nf Eismaschine f
sorbier [sɔrbje] nm Eberesche f
sorcellerie [sɔrsɛlʀi] nf Hexerei f
sorcier, -ière [sɔrsje, ɛr] nm/f Zauberer (Zauberin) m/f, Hexe f ◼ adj: **ce n'est pas ~** (fam) das ist keine Hexerei
sordide [sɔrdid] adj (sale) verdreckt, verkommen; (mesquin) gemein
sornettes [sɔrnɛt] nfpl (pej) Gefasel nt
sort [sɔr] nm Schicksal nt; (condition) Los nt; **jeter un ~ sur qn** (magique) jdn verhexen; **le ~ en est jeté** die Würfel sind gefallen; **tirer au ~** losen
sorte [sɔrt] nf Art f, Sorte f; **de la ~** so; **de (telle) ~ que, en ~ que** +subj so, dass; **en quelque ~** gewissermaßen; **une ~ de** eine Art von
sortie [sɔrti] nf Ausgang m; (action de sortir) Hinausgehen nt; (promenade) Spaziergang m; (Mil) Ausfall m; (parole incongrue) Ausfall m, Beleidigung f; (écoulement) Austritt m; (de produits, de capitaux) Export m; (parution) Erscheinen nt; (somme dépensée: Inform) Ausgabe f; (Inform: sur papier) Ausdruck m; **à sa ~** als er/sie ging; **~ de secours** Notausgang
sortilège [sɔrtilɛʒ] nm Zauber m
sortir [sɔrtir] <10> vi (avec être) hinausgehen; (venir) herauskommen; (le soir) ausgehen; (partir) (weg)gehen; **~ avec qn** (fam: avoir un petit ami/une petite amie) mit jdm gehen; **~ de** kommen aus; (d'un pays) verlassen; (d'un rôle, boulot) hinausgehen über +akk ◼ vt (avec avoir) (mener dehors, au spectacle) ausführen;

(chose) herausnehmen (de aus); (publier, mettre en vente) herausbringen; (Inform) ausgeben; (sur papier) ausdrucken; (fam: expulser) hinauswerfen ◼ vpr: **se ~ de** sich ziehen aus; **s'en ~** durchkommen
sosie [sɔzi] nmf Doppelgänger(in) m(f)
sot, te [so, sɔt] adj dumm ◼ nm/f Dummkopf m
sottise [sɔtiz] nf Dummheit f
sou [su] nm: **les ~s** (fam: argent) das Geld, die Kohle; **être près de ses ~s** (fam) knickerig sein; **être sans le ~** (fam) völlig abgebrannt sein
souahéli [swaeli] nm Kisuaheli nt
souche [suʃ] nf (d'un arbre) Stumpf m; (fig) Stamm m; (d'un registre, d'un carnet) Abschnitt m; **de vieille ~** aus altem Geschlecht
souci [susi] nm Sorge f; (Bot) Ringelblume f; **se faire du ~** sich dat Sorgen machen
soucier [susje] <1> vpr: **se ~ de** sich kümmern um
soucieux, -euse [susjø, øz] adj bekümmert; **être ~ de son apparence** auf sein Äußeres Wert legen; **être ~ que** darauf Wert legen, dass; **peu ~ de/que** sich wenig kümmernd um/dass
soucoupe [sukup] nf Untertasse f; **~ volante** fliegende Untertasse, UFO nt
soudain, e [sudɛ̃, ɛn] adj, adv plötzlich
Soudan [sudã] nm: **le ~** der Sudan
soudanais, e [sudanɛ, ɛz] adj sudanesisch
Soudanais, e nm/f Sudaner(in) m(f)
soude [sud] nf Natron nt, Soda nt
souder [sude] <1> vt (avec fil à souder) löten; (par soudure autogène) schweißen; (fig) zusammenschweißen
soudure [sudyr] nf Löten nt, Schweißen nt; (joint) Lötstelle f, Schweißnaht f
souffle [sufl] nm Atemzug m; (respiration) Atem m; (d'une explosion) Druckwelle f; (du vent) Wehen nt; (très léger) Hauch m; **avoir le ~ court** kurzatmig sein; **être à bout de ~** außer Atem sein, völlig erschöpft sein; **retenir son ~** den Atem anhalten; **~ de vie** Lebensfunke m
soufflé, e [sufle] adj (fam: ahuri) baff ◼ nm (Gastr) Soufflé nt
souffler [sufle] <1> vi (vent) wehen, blasen; (haleter) schnaufen; **~ sur** (pour éteindre) blasen auf +akk ◼ vt (éteindre) ausblasen; (poussière, fumée) wegpusten, wegblasen; (explosion) in die Luft sprengen; (leçon, rôle) soufflieren; (verre) blasen; (fam: voler) klauen
soufflet [suflɛ] nm (instrument) Blasebalg m; (entre wagons) Verbindungsgang m
souffrance [sufrãs] nf Leiden nt; **en ~** unerledigt

souffrant, e adj (personne) unwohl; (air) leidend

souffrir [sufʀiʀ] <11> vi leiden; ~ **de qch** an etw dat leiden; (du froid) unter etw dat leiden ∎ vt (er)leiden; (supporter) ertragen, aushalten; (admettre: exception, retard) dulden; **ne pas pouvoir ~ qn/qch** jdn/etw nicht ausstehen können

soufre [sufʀ] nm Schwefel m

souhait [swɛ] nm Wunsch m; **~s de bonne année** Neujahrswünsche pl; **à vos ~s!** (à une personne qui éternue) Gesundheit!; **à ~** nach Wunsch

souhaitable [swɛtabl] adj wünschenswert

souhaiter [swete] <1> vt wünschen

souiller [suje] <1> vt schmutzig machen; (fig) besudeln

soûl, e [su, sul] adj betrunken ∎ nm: **boire/manger tout son ~** nach Herzenslust trinken/essen

soulagement [sulaʒmã] nm Erleichterung f

soulager [sulaʒe] <2> vt (personne) erleichtern; (douleur, peine) lindern; **~ qn de qch** (fardeau) jdm etw abnehmen; **se soulager** vpr (fam) sich erleichtern

soûler [sule] <1> vt betrunken machen; (fig) benebeln, berauschen; **se soûler** vpr sich betrinken

soulèvement [sulɛvmã] nm (Pol) Aufstand m

soulever [sulve] <4> vt hochheben; (poussière) aufwirbeln; (vagues) erzeugen; (pousser à se révolter) aufhetzen; (indigner) empören; (provoquer) auslösen; (question, débat) aufwerfen; **se soulever** vpr (se révolter) sich auflehnen; (se dresser) sich aufrichten

soulier [sulje] nm Schuh m; **~s plats/à talons hauts** flache/hochhackige Schuhe pl

souligner [suliɲe] <1> vt unterstreichen

soumettre [sumɛtʀ] irr comme mettre vt (subjuguer) unterwerfen; **~ qch à qn** jdm etw vorlegen; **~ qn à qch** jdn einer Sache dat unterziehen ∎ vpr: **se ~ (à)** sich unterwerfen +dat

soumis, e [sumi, iz] pp de **soumettre** ∎ adj (personne, air) unterwürfig; (peuples) unterworfen

soumission [sumisjõ] nf Unterwerfung f; (docilité) Unterwürfigkeit f, Gefügigkeit f; (Jur) Angebot nt

soupape [supap] nf Ventil nt; **~ de sûreté** Sicherheitsventil

soupçon [supsõ] nm Verdacht m; **un ~ de** (petite quantité) eine Spur

soupçonner [supsɔne] <1> vt (personne) verdächtigen; (piège, manœuvre) vermuten

soupçonneux, -euse [supsɔnø, øz] adj misstrauisch

soupe [sup] nf Suppe f; **~ populaire** Volksküche f; **~ au lait** jähzornig, aufbrausend; **~ à l'oignon/de poisson** Zwiebel-/Fischsuppe

souper [supe] <1> vi zu später Stunde essen (gehen); **avoir soupé de qch** (fam) von etw die Nase vollhaben ∎ nm Mahlzeit f zu später Stunde

soupière [supjɛʀ] nf Suppenschüssel f

soupir [supiʀ] nm Seufzer m; (Mus) Viertelpause f

soupirant [supiʀã] nm Verehrer m

soupirer [supiʀe] <1> vi seufzen

souple [supl] adj (branche) biegsam; (col, cuir) weich; (personne, membres) gelenkig, geschmeidig; (caractère; règlement) flexibel; (gracieux) anmutig

souplesse [suplɛs] nf (de branches) Biegsamkeit f; (d'un col, de cuir) Weichheit f; (d'une personne) Gelenkigkeit f; (intellectuelle, élasticité) Flexibilität f; (adresse) Anmut f

source [suʀs] nf Quelle f; **prendre sa ~ à/dans** entspringen in +dat; **tenir qch de bonne ~** etw aus sicherer Quelle haben; **~ de chaleur/lumineuse** Wärme-/Lichtquelle; **~ d'eau minérale** Mineralquelle; **~s de revenus** Erwerbsgrundlage f

sourcil [suʀsi] nm Augenbraue f; **froncer les ~s** die Stirn runzeln

sourciller [suʀsije] <1> vi: **ne pas ~** keine Miene verziehen; **sans ~** ohne mit der Wimper zu zucken

sourcilleux, -euse [suʀsijø, øz] adj (pointilleux) kleinlich, pingelig

sourd, e [suʀ, suʀd] adj (personne) taub; (peu sonore) leise; (douleur) dumpf; (lutte) stumm; (Ling) stimmlos; **être ~ à** sich taub stellen gegenüber; **être ~ comme un pot** stocktaub sein ∎ nm/f Taube(r) mf

sourd-muet, sourde-muette (pl **sourds-muets**) [suʀmɥɛ, suʀd(ə)mɥɛt] adj taubstumm ∎ nm/f Taubstumme(r) mf

sourdre [suʀdʀ] <14> vi (eau) sprudeln; (fig) aufsteigen

souricière [suʀisjɛʀ] nf Mausefalle f; (fig) Falle f

sourire [suʀiʀ] irr comme rire vi lächeln; **~ à qn** jdm zulächeln ∎ nm Lächeln nt; **garder le ~** sich nicht unterkriegen lassen

souris [suʀi] nf (a. Inform) Maus f

sournois, e [suʀnwa, waz] adj (personne) hinterhältig; (chose) heimtückisch

sous [su] prép unter +dat; (avec mouvement) unter +akk; **~ peu** in Kürze, bald; **~ la pluie** im Regen; **~ terre** unterirdisch; **~ mes yeux** vor meinen Augen

sous- [su] *préf* Unter-, unter-;
~alimenté(e)/-peuplé(e) unterernährt/
-bevölkert

sous-alimentation (*pl* ~s)
[suzalimɑ̃tasjɔ̃] *nf* Unterernährung *f*

sous-bois [subwa] *nm inv* Unterholz *nt*

sous-catégorie (*pl* ~s) [sukategɔʀi] *nf*
Unterabteilung *f*

sous-chef (*pl* ~s) *nmf* stellvertretender
Vorsteher, stellvertretende
Vorsteherin

sous-continent (*pl* ~s) *nm*
Subkontinent *m*

souscription (*pl* ~s) [suskʀipsjɔ̃] *nf*
Subskription *f*

souscrire [suskʀiʀ] *irr comme* écrire *vt*:
~ à qch (*à un emprunt*) etw zeichnen;
(*à une publication*) etw subskribieren;
(*approuver*) etw gutheißen

sous-développé, e (*pl* ~s) [sudev(ə)lɔpe]
adj unterentwickelt

sous-directeur, -trice (*pl* ~s) *nm/f*
stellvertretender Direktor,
stellvertretende Direktorin

sous-emploi [suzɑ̃plwa] *nm*
Unterbeschäftigung *f*

sous-entendre [suzɑ̃tɑ̃dʀ] <**14**> *vt*
andeuten

sous-entendu, e [suzɑ̃tɑ̃dy] *adj*
unausgesprochen; (*Ling*) zu ergänzen
■ *nm* Andeutung *f*

sous-estimer [suzɛstime] <**1**> *vt*
unterschätzen

sous-exposer [suzɛkspoze] <**1**> *vt* (*Foto*)
unterbelichten

sous-jacent, e (*pl* ~s) [suʒasɑ̃, ɑ̃t] *adj* (*fig*)
latent, verborgen

sous-location (*pl* ~s) *nf* Untermiete *f*;
en ~ zur Untermiete

sous-louer <**1**> *vt* (*donner à loyer*)
untervermieten; (*prendre à loyer*) als
Untermieter mieten

sous-main [sumɛ̃] *nm inv*
Schreibunterlage *f*; **en ~** unter der Hand

sous-marin, e (*pl* ~s) [sumaʀɛ̃, in] *adj*
(*flore*) Meeres-; (*navigation, pêche*)
Unterwasser- ■ *nm* U-Boot *nt*

sous-payé, e (*pl* ~s) [supeje] *adj*
unterbezahlt

sous-préfecture (*pl* ~s) *nf*
Unterpräfektur *f*

sous-produit (*pl* ~s) *nm* Nebenprodukt *nt*;
(*pej*) Abklatsch *m*

sous-pull (*pl* ~s) *nm* Unterziehpulli *m*

sous-répertoire (*pl* ~s) *nm* (*Inform*)
Unterverzeichnis *nt*

soussigné, e (*pl* **sous-signés**) [susiɲe]
adj: **je ~** ich, der Unterzeichnete;
le ~/les ~s der Unterzeichnete/
die Unterzeichneten

sous-sol (*pl* ~s) [susɔl] *nm* (*sablonneux,
calcaire*) Untergrund *m*; (*d'une construction*)
Untergeschoss *nt*; **en ~** im Keller

sous-titre (*pl* ~s) *nm* Untertitel *m*

sous-titré, e (*pl* ~s) *adj* mit Untertiteln

soustraction [sustʀaksjɔ̃] *nf*
Subtraktion *f*

soustraire [sustʀɛʀ] *irr comme* traire *vt*
(*nombre*) subtrahieren, abziehen; (*dérober*)
entziehen; ~ **qn à qch** jdn vor etw *dat*
schützen ■ *vpr*: **se ~ à** sich entziehen +*dat*

sous-traitance (*pl* ~s) [sutʀɛtɑ̃s] *nf*
(*Com*) vertragliche Weitervergabe von
Arbeit, Outsourcing *nt*

sous-traitant (*pl* ~s) *nm* Zulieferbetrieb *m*,
Unterkontrahent *m*

sous-verre *nm inv* Bilderrahmen *m*

sous-vêtement (*pl* ~s) *nm* Stück *nt*
Unterwäsche; **~s** Unterwäsche *f*

soutenable [sut(ə)nabl] *adj* vertretbar

soutenance [sut(ə)nɑ̃s] *nf*: **~ de thèse**
≈ Rigorosum *nt*

soutènement [sutɛnmɑ̃] *nm*: **mur de ~**
Stützmauer *f*

souteneur [sut(ə)nœʀ] *nm* Zuhälter *m*

soutenir [sut(ə)niʀ] <**9**> *vt* tragen;
(*personne*) halten; (*consolider; empêcher de
tomber*) stützen; (*réconforter, aider*) helfen
+*dat*; (*financièrement*) unterstützen;
(*résister à*) aushalten; (*faire durer*)
aufrechterhalten; (*affirmer*) verfechten,
verteidigen; ~ **que** behaupten, dass

soutenu, e [sut(ə)ny] *pp de* **soutenir**
■ *adj* (*régulier*) anhaltend; (*style*) gehoben

souterrain, e [sutɛʀɛ̃, ɛn] *adj*
unterirdisch ■ *nm* unterirdischer Gang

soutien [sutjɛ̃] *nm* Stütze *f*; **apporter son
~ à qn** jdn unterstützen; **~ de famille**
(*Admin*) Ernährer(in) *m(f)*

soutien-gorge (*pl* **soutiens-gorge**) *nm*
Büstenhalter *m*, BH *m*; **~ à armatures**
Bügel-BH

soutirer [sutiʀe] <**1**> *vt* ablocken

souvenir [suv(ə)niʀ] <**9**> *vpr*: **se ~
de/que** sich erinnern an +*akk/dass*
■ *nm* (*réminiscence*) Erinnerung *f*; (*objet*)
Andenken *nt*; **en ~ de** zur Erinnerung an
+*akk*; **avec mes affectueux/meilleurs ~s**
mit herzlichen Grüßen

souvent [suvɑ̃] *adv* oft; **peu ~** selten

souverain, e [suv(ə)ʀɛ̃, ɛn] *adj* (*État*)
souverän, unabhängig; (*juge, cour*)
oberste(r, s); (*mépris*) höchste(r, s); **le ~
pontife** der Papst ■ *nm/f* Herrscher(in)
m(f), Staatsoberhaupt *nt*

soviétique [sɔvjetik] *adj* sowjetisch

Soviétique *nmf* Sowjetbürger(in) *m(f)*

soyeux, -euse [swajø, øz] *adj* seidig

S.P.A. *nf abr* = **Société protectrice des
animaux** Tierschutzverein *m*

spacieux, -euse [spasjø, øz] *adj*
geräumig

spaghettis [spageti] *nmpl* Spaghetti *pl*

sparadrap [sparadra] *nm* Heftpflaster *nt*

spasme [spasm] *nm* Krampf *m*

spatial, e (*pl* -**aux**) [spasjal, o] *adj*
räumlich; (*de l'espace*) (Welt)raum-

spatule [spatyl] *nf* Spachtel *m*

spécial, e (*pl* -**aux**) [spesjal, o] *adj*
speziell, besondere(r, s); (*droits, cas*)
Sonder-; (*fam: bizarre*) eigenartig

spécialement *adv* besonders, speziell

spécialiser [spesjalize] <1>:
se spécialiser sich spezialisieren
(*dans* auf +*akk*)

spécialiste [spesjalist] *nmf* Spezialist(in)
m(f); (*Med*) Facharzt(-ärztin) *m/f*

spécialité [spesjalite] *nf* (*branche*)
Spezialgebiet *nt*; (*Gastr*) Spezialität *f*

spécification [spesifikasjõ] *nf* genauere
Angabe, Spezifikation *f*

spécifier [spesifje] <1> *vt* spezifizieren;
~ **que** betonen, dass

spécifique [spesifik] *adj* spezifisch

spécifiquement *adv* spezifisch; (*tout
exprès*) eigens, speziell

spécimen [spesimɛn] *nm*
Probe(exemplar *nt*) *f*

spectacle [spɛktakl] *nm* (*aspect*) Anblick
m; (*représentation*) Aufführung *f*,
Vorstellung *f*; **se donner en ~** (*pej*) sich zur
Schau stellen; **l'industrie du ~** die
Unterhaltungsindustrie

spectaculaire [spɛktakylɛʀ] *adj*
spektakulär

spectateur, -trice [spɛktatœʀ, tʀis]
nm/f Zuschauer(in) *m(f)*

spectre [spɛktʀ] *nm* Gespenst *nt*; (*Phys*)
Spektrum *nt*

spéculateur, -trice [spekylatœʀ, tʀis]
nm/f Spekulant(in) *m(f)*

spéculation [spekylasjõ] *nf* Spekulation *f*

spéculer [spekyle] <1> *vi* (*méditer*)
nachdenken (*sur* über +*akk*); (*Fin*)
spekulieren (*sur* mit); (*compter sur*)
rechnen (*sur* mit)

speed [spid] *nm* (*fam*) Speed *nt*

speedé, e *adj* (*fam*) high, auf Speed;
être ~ (*fig*) unter Strom stehen

spéléologie [speleɔlɔʒi] *nf*
Höhlenforschung *f*

spermatozoïde [spɛʀmatɔzɔid] *nm*
Samen *m*, Spermium *nt*

sperme [spɛʀm] *nm* Samenflüssigkeit *f*,
Sperma *nt*

spermicide [spɛʀmisid] *nm* Spermizid *nt*

sphère [sfɛʀ] *nf* Kugel *f*; (*domaine*) Sphäre
f, Bereich *m*; ~ **d'activité/d'influence**
Wirkungs-/Einflussbereich

sphérique [sferik] *adj* rund

sphinx [sfɛ̃ks] *nm* Sphinx *f*

spirale [spiral] *nf* Spirale *f*

spiritisme [spiritism] *nm* Spiritismus *m*

spirituel, le [spirityɛl] *adj* (*immatériel*)
geistlich; (*intellectuel*) geistig; (*plein
d'esprit*) geistreich

spiritueux [spirityø] *nmpl* Spirituosen *pl*

splendeur [splãdœʀ] *nf* Herrlichkeit *f*,
Pracht *f*

splendide [splãdid] *adj* herrlich

spongieux, -euse [spõʒjø, øz] *adj*
schwamm(art)ig

sponsor [spõsɔʀ] *nm* Sponsor(in) *m(f)*

sponsoriser <1> *vt* sponsern

spontané, e [spõtane] *adj* spontan

spontanéité [spõtaneite] *nf*
Spontaneität *f*

spontanément [spõtanemã] *adv*
spontan

sport [spɔʀ] *nm* Sport *m*; **faire du ~** Sport
treiben; ~ **de compétition**
Leistungssport; ~**s d'hiver** Wintersport

sportif, -ive [spɔʀtif, iv] *adj* sportlich;
(*association, épreuve*) Sport- ∗ *nm,f*
Sportler(in) *m(f)*; ~ **de haut niveau**
Leistungssportler

sportivité [spɔʀtivite] *nf* Sportlichkeit *f*

spot [spɔt] *nm* (*lampe*) Scheinwerfer *m*;
~ (*publicitaire*) Werbespot *m*

spray [spʀɛ] *nm* Spray *m* o *nt*

sprint [spʀint] *nm* Sprint *m*, Endspurt *m*;
piquer un ~ (*fam*) einen kurzen Sprint
einlegen

square [skwaʀ] *nm* Grünanlage *f*

squash [skwaʃ] *nm* Squash *nt*

squat [skwat] *nm* Hausbesetzung *f*

squatter [skwate] <1> *vt* (*appartement
vide*) besetzen

squatteur [skwatœʀ] *nm*
Hausbesetzer(in) *m(f)*

squelette [skəlɛt] *nm* Skelett *nt*

squelettique [skəletik] *adj* (*spindel*)dürr;
(*exposé, effectifs*) dürftig, kümmerlich

Sri Lanka [sʀilãka] *nm*: **le ~** Sri Lanka *nt*

St, Ste *abr* = **saint, sainte** hl.

stabiliser [stabilize] <1> *vt* stabilisieren;
(*terrain*) befestigen

stabilité [stabilite] *nf* Stabilität *f*

stable [stabl] *adj* stabil

stade [stad] *nm* (*Sport*) Stadion *nt*; (*phase*)
Stadium *nt*

stage [staʒ] *nm* Praktikum *nt*;
(*de perfectionnement*) Fortbildungskurs *m*;
(*d'avocat, d'enseignant*) Referendarzeit *f*

stagiaire [staʒjɛʀ] *nmf* Praktikant(in)
m(f), Lehrgangs-/Kursteilnehmer(in) *m(f)*

stagnant, e [stagnã, ãt] *adj* stehend;
(*fig*) stagnierend

stalactite [stalaktit] *nf* Stalaktit *m*

stalagmite [stalagmit] *nf* Stalagmit *m*

stand [stãd] nm (d'exposition) Stand m;
~ **de ravitaillement** (dans une course
automobile) Box f; ~ **de tir** Schießstand
standard [stãdaʀ] adj inv genormt,
Standard- ■ nm (Tel) Telefonzentrale f,
Vermittlung f; ~ **minimum**
Mindeststandard m
standardiser [stãdaʀdize] <1> vt
normen, standardisieren
standardiste [stãdaʀdist] nmf
Telefonist(in) m(f)
standing [stãdiŋ] nm (rang) Status m;
(niveau de vie) (finanzielle) Verhältnisse pl;
immeuble de grand ~ exklusives
Apartmenthaus
star [staʀ] nf; ~ **de** (de cinéma) Filmstar m
starter [staʀtɛʀ] nm (Auto) Choke m
station [stasjõ] nf (de métro) Haltestelle f;
(Radio, TV) Sender m; (d'observation, de la
croix) Station f; (de villégiature) Ferienort m,
Kurort m; **la ~ debout** (posture) die
aufrechte Haltung, das Stehen;
~ **balnéaire/de sports d'hiver** Badeort
m/Wintersportort m; ~ **d'épuration**
Kläranlage f; ~ **(d')essence** Tankstelle f;
~ **météorologique** Wetterwarte f;
~ **orbitale**, ~ **spatiale** Raumstation f;
~ **de taxis** Taxistand m; ~ **thermale**
Thermalkurort m; ~ **de travail** (Inform)
Workstation f
stationnaire [stasjɔnɛʀ] adj (état)
gleichbleibend
stationnement [stasjɔnmã] nm (Auto)
Parken nt
stationner [stasjɔne] <1> vi parken
station-service (pl **stations-services**)
[stasjõsɛʀvis] nf Tankstelle f
statique [statik] adj (Elec) statisch; (fig)
unbewegt, starr
statistique [statistik] nf Statistik f
statue [staty] nf Statue f
stature [statyʀ] nf Gestalt f; (taille) Größe
f; (fig: importance) Bedeutung f
statut [staty] nm Status m; **statuts** nmpl
(règlement) Satzung f
statutaire [statytɛʀ] adj satzungsgemäß
Sté abr = **société** Ges.
steak [stɛk] nm Steak nt
sténo(dactylo) [steno(daktilo)] nmf
Stenotypist(in) m(f)
sténo(graphie) [steno(gʀafi)] nf
Stenografie f; **prendre qch en sténo** etw
stenografieren
stéréo(phonie) [steʀeo(fɔni)] nf
Stereofonie f; **émission en
stéréo(phonie)** Stereosendung f
stéréo(phonique) adj Stereo-
stéréotype [steʀeotip] nm Klischee nt
stérile [steʀil] adj unfruchtbar; (esprit)
steril

stérilet [steʀilɛ] nm (Med) Spirale f
stériliser [steʀilize] <1> vt sterilisieren
stérilité [steʀilite] nf Sterilität f,
Unfruchtbarkeit f
sternum [stɛʀnɔm] nm Brustbein nt
stick [stik] nm (de colle) Stift m; (déodorant)
Deostift m
stigmate [stigmat] nm Stigma nt
stigmatiser [stigmatize] <1> vt
brandmarken
stimulant, e [stimylã, ãt] adj
(encourageant) aufmunternd; (excitant)
anregend ■ nm (fig) Ansporn m
stimulateur [stimylatœʀ] nm:
~ **cardiaque** (Herz)schrittmacher m
stimuler [stimyle] <1> vt (personne)
stimulieren, anregen; (appétit) anregen;
(exportations) beleben
stipulation [stipylasjõ] nf (contrat)
Bedingung f
stipuler [stipyle] <1> vt (énoncer)
vorschreiben; (préciser) (eindeutig)
angeben
stock [stɔk] nm (de marchandises)
Lagerbestand m; (réserve) Reserve f;
(fig) Vorrat m (de an +dat)
stockage [stɔkaʒ] nm Lagerung f;
~ **d'informations** (Inform)
Datenspeicherung f
stocker [stɔke] <1> vt (marchandises)
(ein)lagern; (Inform) speichern
stoïque [stɔik] adj stoisch
stomacal, e (pl **-aux**) [stɔmakal, o]
adj Magen-
stomatite nf (Med) Mundfäule f
stop [stɔp] nm (signal routier) Stoppschild
nt; (feu arrière) Bremsleuchte f; (dans un
télégramme) stop; **faire du ~** (fam) per
Anhalter fahren ■ interj stop, halt
stoppage [stɔpaʒ] nm Stopfen nt
stopper [stɔpe] <1> vt anhalten;
(machine) abstellen; (attaque) aufhalten;
(en couture) stopfen ■ vi (an)halten
store [stɔʀ] nm Rollo nt, Rollladen m
strabisme [stʀabism] nm Schielen nt
strapontin [stʀapõtɛ̃] nm (de cinéma,
théâtre) Klappsitz m
stratagème [stʀataʒɛm] nm List f
stratégie [stʀateʒi] nf Strategie f
stratégique adj strategisch
stratifié, e [stʀatifje] adj (Geo)
geschichtet; (Tech) beschichtet
stratosphère [stʀatɔsfɛʀ] nf
Stratosphäre f
streamer [stʀimœʀ] nm (Inform)
Streamer m
streetball [stʀitbol] nm Streetball m
stress [stʀɛs] nm Stress m
stressant, e [stʀɛsã, ãt] adj stressig
stressé, e adj gestresst

stresser [stʀese] <1> vt stressen
strict, e [stʀikt] adj streng; (obligation) strikt; (sans ornements) schlicht, schmucklos; **c'est son droit le plus ~** das ist sein gutes Recht; **dans la plus ~e intimité** im engsten Familienkreis; **au sens ~ du mot** im wahrsten Sinne des Wortes; **le ~ nécessaire** [ou minimum] das (Aller)notwendigste
strictement adv (rigoureusement) absolut; (uniquement) ausschließlich; (sévèrement) streng
strident, e [stʀidã, ãt] adj schrill, kreischend
strie [stʀi] nf Streifen m
strié, e [stʀije] adj gerillt
strip-tease (pl ~s) [stʀiptiz] nm Striptease m
strip-teaseur, -euse [stʀiptizœʀ, øz] nm/f Stripteasetänzer(in) m(f), Stripper(in) m(f)
strophe [stʀɔf] nf Strophe f
structuration [stʀyktyʀasjõ] nf (a. Inform) Strukturierung f
structure [stʀyktyʀ] nf Struktur f
stuc [styk] nm Stuck m
studieux, -euse [stydjø, øz] adj fleißig; (vacances, retraite) den Studien gewidmet, Studien-
studio [stydjo] nm (logement) Einzimmerwohnung f; (atelier) Atelier nt; (Cine, TV) Studio nt
stupéfaction [stypefaksjõ] nf Verblüffung f
stupéfait, e [stypefɛ, ɛt] adj verblüfft
stupéfiant, e [stypefjã, ãt] adj (étonnant) verblüffend ■ nm (drogue) Rauschgift nt
stupeur [stypœʀ] nf (inertie) Abgestumpftheit f; (étonnement) Verblüffung f
stupide [stypid] adj dumm
stupidité [stypidite] nf Dummheit f
style [stil] nm Stil m; **en ~ télégraphique** im Telegrammstil; **meuble de ~** Stilmöbel nt; **~ de vie** Lebensstil, Lifestyle m
stylé, e [stile] adj (domestique) geschult; (tenue) gestylt
stylisé, e [stilize] adj stilisiert
stylo [stilo] nm: **~ (à) bille** Kugelschreiber m; **~ (à plume)** Füller m
stylo-feutre (pl stylos-feutres) nm Filzstift m
su, e [sy] pp de **savoir** ■ nm: **au vu et au su de tout le monde** in aller Öffentlichkeit
suave [sɥav] adj (odeur) süß, angenehm; (voix) sanft, weich
subalterne [sybaltɛʀn] adj subaltern, untergeordnet ■ nmf Untergebene(r) mf
subconscient, e [sypkõsjã, ãt] adj unterbewusst ■ nm: **le ~** das Unterbewusstsein

subdiviser [sybdivize] <1> vt unterteilen
subir [sybiʀ] <8> vt erleiden; (conséquences) tragen; (influence, charme) erliegen +dat; (traitement) sich unterziehen +dat; (fam: supporter) ertragen
subit, e [sybi, it] adj plötzlich
subitement adv plötzlich
subjectif, -ive [sybʒɛktif, iv] adj subjektiv
subjonctif [sybʒõktif] nm Subjonctif m (Möglichkeitsform)
subjuguer [sybʒyge] <1> vt erobern, in seinen Bann ziehen
sublime [syblim] adj überragend; (très beau) wunderbar
submerger [sybmɛʀʒe] <2> vt überschwemmen; (fig) überwältigen
submersible [sybmɛʀsibl] nm U-Boot nt
subordonné, e [sybɔʀdɔne] adj untergeordnet ■ nm/f Untergebene(r) mf ■ nf Nebensatz m
subside [sybsid] nm Zuschuss m, Beihilfe f
subsidiaire [sybsidjɛʀ] adj: **question ~** Stichfrage f
subsistance [sybzistãs] nf Unterhalt m; **pourvoir à la ~ de qn** für jds Unterhalt sorgen
subsister [sybziste] <1> vi (rester) (weiter) bestehen; (vivre) sein Auskommen finden
substance [sypstãs] nf (matière) Substanz f, Stoff m; (essentiel) Wesentliche(s) nt; **en ~** im Wesentlichen; **~ nocive** (environnement) Schadstoff
substantiel, le [sypstãsjɛl] adj (nourrissant) nahrhaft; (avantage, bénéfice) wesentlich, bedeutend
substantif [sypstãtif] nm Substantiv nt
substituer [sypstitɥe] <1> vt: **~ à jdn/etw ersetzen durch** ■ vpr: **se ~ à qn** jdn ersetzen
substitut nmf (d'un magistrat) Vertreter(in) m(f); (succédané) Ersatz m
substitution [sypstitysjõ] nf Ersetzen nt
subterfuge [syptɛʀfyʒ] nm List f; (échappatoire) Ausrede f
subtil, e [syptil] adj subtil; (personne) feinsinnig
subtilité [syptilite] nf Subtilität f, Feinsinnigkeit f
subtropical, e (pl -aux) [sybtʀɔpikal, o] adj subtropisch
subvenir [sybvəniʀ] <9> vi: **~ à** aufkommen für
subvention [sybvãsjõ] nf Subvention f, Zuschuss m
subventionner [sybvãsjɔne] <1> vt subventionieren
suc [syk] nm Saft m; **~s gastriques** Magensaft

succédané [syksedane] nm Ersatz m

succéder [syksede] <5> vi: ~ **à**
(successeur) nachfolgen +dat; (chose)
folgen auf +akk, kommen nach;
se succéder vpr aufeinanderfolgen

succès [syksɛ] nm Erfolg m; **à ~** Erfolgs-;
avec ~ erfolgreich; **sans ~** erfolglos,
ohne Erfolg; **~ commercial** Markterfolg

successeur [syksesœʀ] nm
Nachfolger(in) m(f); (héritier) Erbe (Erbin)
m/f

successif, -ive [syksesif, iv] adj
aufeinanderfolgend

succession [syksesjõ] nf (patrimoine)
Erbe nt; (transmission de pouvoir royal)
Thronfolge f

successivement [syksesivmã] adv
nacheinander

succinct, e [syksɛ̃, ɛ̃t] adj knapp, kurz
und bündig

succomber [sykõbe] <1> vi (mourir)
umkommen; ~ **à** (céder) einer Sache dat
unterliegen [ou erliegen]

succulent, e [sykylã, ãt] adj köstlich

succursale [sykyʀsal] nf Filiale f;
magasin à ~s multiples Ladenkette f

sucer [syse] <2> vt (citron, orange)
(aus)saugen; (pastille, bonbon) lutschen;
~ son pouce am Daumen lutschen

sucette [sysɛt] nf (bonbon) Lutscher m;
(de bébé) Schnuller m

sucre [sykʀ] nm Zucker m; **~ de canne/
betterave** Rohr-/Rübenzucker; **~ en
morceaux/cristallisé/en poudre/glace**
Würfel-/Kristall-/Fein-/Puderzucker

sucré, e adj (produit alimentaire) gesüßt;
(au goût) süß; (tasse de thé, etc) gezuckert;
(ton, voix) (honig)süß

sucrer [sykʀe] <1> vt (thé, café) süßen;
se sucrer vpr (prendre du sucre) Zucker
nehmen; (fam: faire des bénéfices)
absahnen

sucrerie [sykʀəri] nf (usine)
Zuckerraffinerie f; **sucreries** nfpl
(bonbons) Süßigkeiten pl

sucrette [sykʀɛt] nf Süßstofftablette f

sucrier, -ière [sykʀije, ɛʀ] adj Zucker-
■ nm (récipient) Zuckerdose f

sud [syd] nm Süden m; **au ~ de** südlich
von, im Süden von ■ adj inv Süd-, südlich

sud-américain, e (pl ~s) adj
südamerikanisch

sudation [sydasjõ] nf Schwitzen nt

sud-coréen, ne (pl ~s) [sydkɔʀeɛ̃, ɛn] adj
südkoreanisch

sud-est [sydɛst] nm Südosten m

sud-ouest [sydwɛst] nm Südwesten m

Suède [sɥɛd] nf: **la ~** Schweden nt

suédois, e [sɥedwa, az] adj schwedisch

Suédois, e nm/f Schwede (Schwedin) m/f

suer [sɥe] <1> vi schwitzen; (fam: se
fatiguer) sich abquälen ■ vt (fig: exhaler)
ausstrahlen; (bêtise) strotzen vor +dat

sueur [sɥœʀ] nf Schweiß m; **en ~**
schweißgebadet; **j'en ai des ~s froides**
(fig) das jagt mir kalte Schauer über den
Rücken

suffire [syfiʀ] irr vi genügen, reichen;
il suffit de ... (pour que +subj ...) man
braucht nur ... (, damit ...); **ça suffit!** jetzt
reicht's!; **se suffire** vpr unabhängig sein

suffisamment [syfizamã] adv genügend,
ausreichend; **~ de** genügend, genug

suffisance [syfizãs] nf (vanité)
Selbstgefälligkeit f

suffisant, e adj genügend, ausreichend;
(vaniteux) selbstgefällig

suffocation [syfokasjõ] nf Ersticken nt

suffoquer [syfoke] <1> vt ersticken;
(chaleur) erdrücken; (fig) überwältigen
■ vi (personne) ersticken

suffrage [syfʀaʒ] nm (vote) Stimme f;
~ universel/direct/indirect allgemeines
Wahlrecht/direkte/indirekte Wahl

suggérer [sygʒeʀe] <5> vt (conseiller)
vorschlagen; (évoquer) erinnern an +akk;
~ (à qn) que (insinuer) (jdm) zu verstehen
geben, dass

suggestif, -ive [sygʒɛstif, iv] adj
ausdrucksvoll, stimmungsvoll; (érotique)
aufreizend

suggestion [sygʒɛstjõ] nf (conseil)
Vorschlag m; (Psych) Suggestion f

suicidaire [sɥisidɛʀ] adj
selbstmörderisch

suicide [sɥisid] nm Selbstmord m

suicider <1> vpr: **se suicider** sich
umbringen

suif [sɥif] nm Talg m

suisse [sɥis] adj schweizerisch;
~ romand(e) welschschweizerisch;
~ allemand(e) deutsch-schweizerisch

Suisse nmf Schweizer(in) m(f) ■ nf:
la ~ die Schweiz; **la ~ romande** die
französische [ou welsche] Schweiz;
la ~ allemande [ou alémanique] die
deutsche Schweiz

suite [sɥit] nf Folge f; (liaison logique)
Zusammenhang m; (appartement: Mus)
Suite f; (escorte) Gefolgschaft f; **suites**
nfpl (conséquences) Folgen pl; **à la ~ de**
hinter +dat; (à cause de) aufgrund von;
avoir de la ~ dans les idées hartnäckig
sein; **de ~** nacheinander; (immédiatement)
sofort; **donner ~ à** weiterverfolgen; **faire
~ à** sich anschließen an +akk; (faisant) **~ à
votre lettre du** mit Bezug auf Ihr
Schreiben vom; **par la ~** später; **prendre
la ~ de qn** jds Nachfolge antreten; **une ~
de** (série) eine Reihe von

suivant, e [sɥivā, āt] *adj* folgend; **au ~!**
der nächste bitte!; **le client ~** der nächste
Kunde; **le jour ~** am Tag danach ▪ *prép*
(selon) gemäß +*dat*; je nach
suivi, e [sɥivi] *pp de* **suivre** ▪ *adj (régulier)*
regelmäßig; *(coherent)* logisch; *(politique)*
konsequent; **très ~** *(cours)* gut besucht;
(mode) der/die viel Anklang findet
suivre [sɥivR] *irr vt* folgen +*dat*;
(poursuivre; regarder) verfolgen;
(accompagner) begleiten; *(bagages)*
(nach)folgen +*dat*; *(venir après)* folgen
auf +*akk*; *(traitement)* befolgen; *(cours)*
teilnehmen an +*dat*; *(être attentif à)*
aufpassen bei; *(contrôler l'évolution de)*
beobachten; *(Com: article)* weiter führen;
à ~ Fortsetzung folgt; **~ son cours** seinen
Lauf nehmen; **~ des yeux** mit den Augen
verfolgen ▪ *vi* folgen; *(écouter
attentivement)* aufpassen; **faire ~** *(lettre)*
nachsenden; **se suivre** *vpr*
aufeinanderfolgen, nacheinander
kommen
sujet, te [syʒɛ, ɛt] *adj*: **être ~ à** neigen zu;
(au vertige, etc) leiden an +*dat* ▪ *nm/f (d'un
roi, etc)* Untertan(in) *m(f)* ▪ *nm (matière)*
Gegenstand *m*; *(thème)* Thema *nt*; *(raison)*
Anlass *m*, Grund *m*; *(Ling)* Subjekt *nt*;
brillant ~ *(élève)* glänzender Schüler,
glänzende Schülerin; **au ~ de** über +*akk*;
avoir ~ de se plaindre Grund zum Klagen
haben; **c'est ~ à caution** das ist mit
Vorsicht zu genießen; **~ de conversation**
Gesprächsthema; **~ d'examen** *(Scol)*
Prüfungsstoff *m*/-frage *f*; **~ d'expérience**
Versuchsperson *f*/Versuchstier *nt*
sulfamide [sylfamid] *nm (Med)*
Sulfonamid *nt*
sulfureux, -euse [sylfyʀø, øz] *adj*
Schwefel-, schwefelig
sulfurique [sylfyʀik] *adj*: **acide ~**
Schwefelsäure *f*
Sumatra [symatʀa]: **(l'île *f* de) ~**
Sumatra *nt*
summum [sɔmɔm] *nm*: **le ~ de** der Gipfel
+*gen*; **~ de la journée** Tageshoch *nt*
super [sypɛʀ] *adj inv (fam)* super; *voir aussi*
supercarburant
superbe [sypɛʀb] *adj (très beau)*
wundervoll, herrlich; *(remarquable)*
fantastisch
superbement [sypɛʀbəmā] *adv* herrlich
supercarburant [sypɛʀkaʀbyʀā] *nm*
Super(benzin) *nt*
supercherie [sypɛʀʃəʀi] *nf* Betrug *m*
superficie [sypɛʀfisi] *nf (d'un terrain,
d'un appartement)* (Grund)fläche *f*;
(aspect extérieur) Oberfläche *f*
superficiel, le [sypɛʀfisjɛl] *adj*
oberflächlich; *(plaie)* leicht

superflu, e [sypɛʀfly] *adj* überflüssig
▪ *nm*: **le ~** das Überflüssige
super-huit [sypɛʀɥit] *adj inv*:
caméra/film ~ Super-8-Kamera *f*/-film *m*
supérieur, e [sypeʀjœʀ] *adj (du haut)*
obere(s, r), Ober-; *(excellent; arrogant)*
überlegen; **~ (à)** *(plus élevé)* höher (als);
(meilleur) besser (als); **~ en nombre**
zahlenmäßig überlegen ▪ *nm/f
(hiérarchique)* Vorgesetzte(r) *mf*; *(Rel)*
Superior(in) *m(f)*, Oberin *f*
supériorité [sypeʀjɔʀite] *nf*
Überlegenheit *f*
superlatif [sypɛʀlatif] *nm* Superlativ *m*
supermarché [sypɛʀmaʀʃe] *nm*
Supermarkt *m*
superposer [sypɛʀpoze] <1> *vt*
aufeinanderlegen/-stellen, stapeln;
lits superposés Etagenbett *nt*;
se superposer *vpr (images, souvenirs)*
zusammentreffen
superproduction [sypɛʀpʀɔdyksjɔ̃] *nf*
(Cine) Monumentalfilm *m*
superpuissance [sypɛʀpɥisās] *nf (Pol)*
Supermacht *f*
supersonique [sypɛʀsɔnik] *adj (avion,
vitesse)* Überschall-
superstar [sypɛʀstaʀ] *nf* Megastar *m*
superstitieux, -euse [sypɛʀstisjø, øz]
adj abergläubisch
superstition [sypɛʀstisjɔ̃] *nf*
Aberglaube *m*
superstructure [sypɛʀstʀyktyʀ] *nf*
Überbau *m*; *(Naut)* Aufbauten *pl*
superviser [sypɛʀvize] <1> *vt*
beaufsichtigen
superviseur *nm (Inform)*
Überwachungsprogramm *nt*
supervision [sypɛʀvizjɔ̃] *nf* Aufsicht *f*
suppléance [sypleās] *nf* Vertretung *f*
suppléant, e *adj* stellvertretend
▪ *nm/f* Stellvertreter(in) *m(f)*
suppléer [syplee] <1> *vt (mot manquant)*
ergänzen; *(lacune)* ausfüllen; *(défaut)*
ausgleichen; *(remplacer)* vertreten;
~ à qch *(remédier à)* etw ausgleichen;
(remplacer) etw ersetzen *(par durch)*
supplément [syplemā] *nm* Ergänzung *f*;
(au restaurant) Extraportion *f*; *(d'un livre,
d'un dictionnaire)* Ergänzungsband *m*; *(d'un
journal)* Beilage *f*; *(à payer)* Zuschlag *m*; *(en
train)* Zuschlagkarte *f*; **un ~ d'information**
zusätzliche Informationen *pl*
supplémentaire [syplemātɛʀ] *adj*
zusätzlich
supplication [syplikasjɔ̃] *nf* Bitte *f*;
supplications *nfpl (adjurations)* Flehen *nt*
supplice [syplis] *nm (peine corporelle)*
Folter *f*; *(fig)* Qual *f*; **être au ~** *(fig)*
Folterqualen leiden

supplier [syplije] <1> vt anflehen

support [sypɔʀ] nm Stütze f; (pour outils) Ständer m; (Inform) Support m; ~ audio-visuel audiovisuelles Hilfsmittel; ~ de données Datenträger m; ~ publicitaire Werbemittel nt

supportable [sypɔʀtabl] adj erträglich

supporter [sypɔʀtɛʀ] nm Fan m

supporter [sypɔʀte] <1> vt (porter) tragen; (mur) stützen; (tolérer) aushalten; dulden, ertragen; (chaleur, vin) vertragen; ~ que ertragen, dass

supposé, e [sypoze] adj mutmaßlich

supposer [sypoze] <1> vt annehmen; (impliquer) voraussetzen; en supposant, à ~ que vorausgesetzt, dass

supposition [sypozisjɔ̃] nf (conjecture) Vermutung f, Annahme f

suppositoire [sypozitwaʀ] nm Zäpfchen nt

suppression [sypʀesjɔ̃] nf Aufhebung f, Abschaffung f

supprimer [sypʀime] <1> vt abschaffen; (mot, clause) weglassen; (obstacle) beseitigen, entfernen; (douleur) nehmen; (censurer) nicht erscheinen lassen; ~ qn jdn beseitigen; ~ qch à qn jdm etw entziehen

suppurer [sypyʀe] <1> vi eitern

supranational, e (pl -aux) [sypʀanasjɔnal, o] adj übernational

suprématie [sypʀemasi] nf Überlegenheit f; (Pol) Vormachtstellung f

suprême [sypʀɛm] adj oberste(r, s); (bonheur, habileté) höchste(r, s); un ~ espoir/effort (ultime) eine äußerste Hoffnung/Anstrengung

sur [syʀ] prép auf +dat, (au-dessus de) über +dat; (direction) auf +akk; (par-dessus) über +akk; (à propos de) über +akk; avoir une influence ~ Einfluss haben auf +akk; faire bêtise ~ bêtise eine Dummheit nach der anderen machen; ~ ce daraufhin; ~ sa recommandation auf seine Empfehlung hin; je n'ai pas d'argent ~ moi ich habe kein Geld bei mir; un ~ 10 (Scol) eine Sechs; 2 ~ 20 sont venus von 20 sind 2 gekommen; 4 m ~ 2 4 m auf 2 m

sur, e [syʀ] adj sauer (geworden), herb

sûr, e [syʀ] adj sicher; (digne de confiance, fiable) zuverlässig; être ~(e) de qn sich dat jds sicher sein; ~ de soi selbstsicher; le plus ~ est de ... das Sicherste ist, ...

surabondance [syʀabɔ̃dɑ̃s] nf (de produits, de richesses) Überfluss m (de an +dat); (de couleurs, de détails) Überfülle f (de von)

suraigu, ë [syʀegy] adj schrill

surajouter [syʀaʒute] <1> vt: ~ qch à noch etw hinzufügen zu

suranné, e [syʀane] adj veraltet, rückständig

surbooké, e [syʀbuke] adj überbucht

surcharge [syʀʃaʀʒ] nf (de passagers) Überlastung f; (de marchandises) Überbelastung f

surchargé, e adj überladen

surcharger <2> vt (véhicule: fig) überladen

surchoix [syʀʃwa] adj inv: un produit ~ ein Erzeugnis von bester Qualität

surclasser [syʀklase] <1> vt übertreffen

surcouper [syʀkupe] <1> vt (Cartes) übertrumpfen

surcroît [syʀkʀwa] nm: un ~ de travail zusätzliche Arbeit; par ~ obendrein

surdité [syʀdite] nf Taubheit f

surdose [syʀdoz] nf Überdosis f

surdoué, e [syʀdwe] adj (élève) hoch begabt

sureau (pl x) [syʀo] nm Holunder m

surélever [syʀelve] <4> vt (maison) aufstocken; (objet) erhöhen

sûrement [syʀmɑ̃] adv sicher

suremploi [syʀɑ̃plwa] nm Überbeschäftigung f

surenchère [syʀɑ̃ʃɛʀ] nf höheres Gebot; la ~ électorale das gegenseitige Übertrumpfen im Wahlkampf

surenchérir [syʀɑ̃ʃeʀiʀ] <8> vi höher bieten

surestimer [syʀɛstime] <1> vt (objet) überbewerten; (possibilité, personne) überschätzen

sûreté [syʀte] nf Sicherheit f; être/mettre en ~ in Sicherheit sein/bringen; pour plus de ~ zur Sicherheit; la S~ (nationale) der Sicherheitsdienst

surexciter [syʀɛksite] <1> vt überreizen

surexposer [syʀɛkspoze] <1> vt (Foto) überbelichten

surexposition nf (Foto) Überbelichtung f

surf [sœʀf] nm (sur mer) Surfbrett nt; (sur neige) Snowboard nt; faire du ~ surfen, Snowboard fahren

surface [syʀfas] nf Oberfläche f; (Math) Fläche f; faire ~ auftauchen; refaire ~ (fam) allmählich wieder in besserer Form sein; 100 m² de ~ 100 m² Fläche; grande ~ Einkaufszentrum nt; ~ de réparation (Foot) Strafraum m

surfait, e [syʀfɛ, ɛt] adj überbewertet

surfer [sœʀfe] <1> vi (Inform) (im Internet) surfen

surfeur, -euse [sœʀfœʀ, øz] nm/f Surfer(in) m(f)

surfin, e [syʀfɛ̃, in] adj hochfein

surgelé, e [syʀʒəle] adj tiefgekühlt

surgénérateur [syʀʒeneʀatœʀ] nm Schneller Brüter, Hochtemperaturreaktor m

surgir [syʀʒiʀ] <8> vi (jaillir)
hervorbrechen; (personne, véhicule)
(plötzlich) auftauchen
surhumain, e [syʀymɛ̃, ɛn] adj
übermenschlich
surimpression [syʀɛ̃pʀesjɔ̃] nf (Foto)
Doppelbelichtung f
Surinam [syʀinam] nm: **le ~** Surinam nt
sur-le-champ [syʀləʃɑ̃] adv sofort, auf
der Stelle
surlendemain [syʀlɑ̃dmɛ̃] nm: **le ~** der
übernächste Tag; am übernächsten Tag;
le ~ de zwei Tage nach
surligneur [syʀliɲœʀ] nm Leuchtstift m
surmédiatisation [syʀmediatizasjɔ̃] nf
Medienrummel m
surmédiatiser <1> vt in den Medien
aufbauschen
surmenage [syʀmənaʒ] nm
Überanstrengung f, Stress m
surmené, e [syʀməne] adj überanstrengt
surmener [syʀməne] <4> vt
überanstrengen, überfordern; stressen;
se surmener vpr sich überanstrengen
surmonter [syʀmɔ̃te] <1> vt (être au
dessus de) angebracht sein über +dat;
(obstacle, peur) überwinden
surmultiplié, e [syʀmyltiplije] adj:
vitesse ~e Overdrive m
surnaturel, le [syʀnatyʀɛl] adj
übernatürlich; (extraordinaire)
außergewöhnlich
surnom [syʀnɔ̃] nm Spitzname m
surnombre [syʀnɔ̃bʀ] nm: **en ~** überzählig
surnommer [syʀnɔme] <1> vt: **être
surnommé(e)** genannt werden
surpasser [syʀpase] <1> vt übertreffen;
se surpasser vpr sich selbst übertreffen
surpeuplé, e [syʀpœple] adj (région)
übervölkert; (maison) überfüllt
sur-place [syʀplas] nm: **faire du ~** (dans
un embouteillage) nicht vorwärtskommen
surplomb [syʀplɔ̃] nm Überhang m
surplomber [syʀplɔ̃be] <1> vi (mur)
überragen ⋆ vt überragen
surplus [syʀply] nm (Com) Überschuss m
surprenant, e [syʀpʀənɑ̃, ɑ̃t] adj
überraschend, erstaunlich
surprendre [syʀpʀɑ̃dʀ] <13> vt
überraschen; (secret) herausfinden;
(conversation) mithören; (clin d'œil)
mitbekommen; (ennemi) überrumpeln
⋆ vpr: **se ~ à faire qch** sich bei etw
erwischen [ou ertappen]
surprime [syʀpʀim] nf
Zuschlagsprämie f
surpris, e [syʀpʀi, iz] pp de **surprendre**
⋆ adj überrascht
surprise nf Überraschung f; **faire une ~ à
qn** jdn überraschen; **par ~** überraschend

surprise-partie (pl **surprises-parties**)
[syʀpʀizpaʀti] nf Party f
surproduction [syʀpʀɔdyksjɔ̃] nf
Überproduktion f
surréaliste [syʀʀealist] adj
surrealistisch; (fam) bizarr
surrégénérateur [syʀʀeʒeneʀatœʀ] nm
Schneller Brüter, Hochtemperaturreaktor m
sursaut [syʀso] nm Zusammenzucken nt;
se réveiller en ~ aus dem Schlaf
auffahren; **~ d'énergie/d'indignation**
Energieanwandlung f/plötzlicher
Ausbruch der Entrüstung
sursauter [syʀsote] <1> vi
zusammenfahren
sursis [syʀsi] nm Aufschub m; (Mil)
Zurückstellung f; (Jur) Bewährungsfrist f;
avec ~ auf Bewährung
surtaxe [syʀtaks] nf (supplément)
Zuschlag m; (amende) Nachporto nt
surtout [syʀtu] adv besonders; **~ que**
umso mehr, als; **cet été, il est ~ allé à la
pêche** in diesem Sommer hat er
hauptsächlich geangelt; **~ ne dites rien!**
sagen Sie bloß nichts!; **~ pas!** bestimmt
nicht!
surveillance [syʀvejɑ̃s] nf Überwachung
f; (d'un gardien) Aufsicht f; **être sous la ~
de qn** unter jds Aufsicht dat stehen; **sous ~
médicale** unter ärztlicher Beobachtung;
conseil de ~ Aufsichtsrat m; **Direction de
la ~ du territoire** Geheimdienst m
surveillant, e nm/f Aufseher(in) m(f)
surveiller [syʀveje] <1> vt überwachen;
(Scol) beaufsichtigen; **~ son langage/sa
ligne** auf seine Sprache/Linie achten;
se surveiller vpr sich beherrschen
survenir [syʀvəniʀ] <9> vi (avec être)
eintreten, vorkommen; (personne)
auftauchen
survêtement [syʀvɛtmɑ̃] nm
Trainingsanzug m
survie [syʀvi] nf Überleben nt; (Rel)
(Fort)leben nt nach dem Tode
survivant, e [syʀvivɑ̃, ɑ̃t] nm/f
Überlebende(r) mf; (d'une personne)
Hinterbliebene(r) mf
survivre [syʀvivʀ] irr comme vivre vi
überleben
survoler [syʀvole] <1> vt überfliegen
survolté, e [syʀvolte] adj (Elec)
hinauftransformiert; (personne, ambiance)
überreizt
sus [sy(s)] prép: **en ~** zusätzlich; **en ~ de**
zusätzlich zu
susceptible [syseptibl] adj (trop sensible)
empfindlich; **être ~ de faire qch** etw tun
können; **être ~ de modification** (bei
Bedarf) geändert werden können
susciter [sysite] <1> vt hervorrufen

suspect, e [syspɛ(kt), ɛkt] *adj* (*personne, attitude*) verdächtig; (*témoignage, opinion*) zweifelhaft; **être ~(e) de qch** einer Sache *gen* verdächtigt werden ✱ *nm/f* (*Jur*) Verdächtige(r) *mf*

suspecter [syspɛkte] <1> *vt* (*personne*) verdächtigen; (*honnêteté de qn*) anzweifeln; **~ qn de qch/faire qch** jdn einer Sache *gen* verdächtigen/jdn verdächtigen, etw zu tun

suspendre [syspɑ̃dʀ] <14> *vt* (*accrocher*) aufhängen; (*interrompre*) einstellen; (*séance, jugement*) aufheben; (*interdire*) verbieten; (*démettre*) suspendieren ✱ *vpr*: **se ~ à** sich hängen an +*akk*

suspendu, e [syspɑ̃dy] *pp de* **suspendre** ✱ *adj*: **être ~ à** (*accroché*) hängen an +*dat*; **~ au-dessus de** (*perché*) schwebend über +*dat*; **être ~ aux lèvres de qn** an jds Lippen *dat* hängen; **voiture bien/mal ~e** gut/ schlecht gefedertes Auto

suspens [syspɑ̃] *nm*: **en ~** in der Schwebe; nicht entschieden

suspense [syspɛns] *nm* Spannung *f*

suspension [syspɑ̃sjɔ̃] *nf* Einstellung *f*; (*de séance, de jugement*) Aufhebung *f*; (*interdiction*) Verbot *nt*; (*démission*) Suspendierung *f*; (*Auto*) Federung *f*; (*lampe*) Hängelampe *f*; **en ~** schwebend; **~ d'audience** Vertagung *f*

suspensoir [syspɑ̃swaʀ] *nm* Suspensorium *nt*

suspicion [syspisjɔ̃] *nf* Misstrauen *nt*

susurrer [sysyʀe] <1> *vt* flüstern

suture [sytyʀ] *nf*: **point de ~** (*Med*) Stich *m*

suturer <1> *vt* (*Med*) nähen

svelte [svɛlt] *adj* schlank

S.V.P. *abr* = **s'il vous plaît** bitte

Swaziland [swazilɑ̃d] *nm*: **le ~** Swasiland *nt*

sweat-shirt (*pl* **~s**) [switʃœrt] *nm* Sweatshirt *nt*

syllabe [silab] *nf* Silbe *f*

sylviculture [sylvikyltyʀ] *nf* Forstwirtschaft *f*

symbole [sɛ̃bɔl] *nm* Symbol *nt*

symbolique *adj* symbolisch

symboliser [sɛ̃bɔlize] <1> *vt* symbolisieren

symétrie [simetri] *nf* Symmetrie *f*

symétrique *adj* symmetrisch

sympa [sɛ̃pa] *adj* (*fam: personne*) sympathisch; (*fam: chose*) nett, angenehm

sympathie [sɛ̃pati] *nf* (*affinité*) Sympathie *f*; (*participation à douleur*) Mitgefühl *nt*; **accueillir un projet avec ~** einem Vorhaben wohlwollend gegenüberstehen; **croyez à toute ma ~** mein aufrichtiges Beileid; **témoignages de ~** (*lors d'un deuil*) Beileidsbekundungen *pl*

sympathique *adj* sympathisch; (*repas, réunion, endroit*) nett

sympathisant, e [sɛ̃patizɑ̃, ɑ̃t] *nm/f* (*Pol*) Sympathisant(in) *m(f)*

sympathiser <1> *vi* (*s'entendre*) sich gut verstehen

symphonie [sɛ̃fɔni] *nf* Sinfonie *f*

symphonique *adj*: **musique ~** sinfonische Musik; **orchestre/concert ~** Sinfonieorchester *nt*/-konzert *nt*

symptôme [sɛ̃ptom] *nm* (*Med*) Symptom *nt*; (*fig*) Anzeichen *nt*

synagogue [sinagɔg] *nf* Synagoge *f*

synchronisation [sɛ̃kʀɔnizasjɔ̃] *nf* Synchronisierung *f*

synchroniser [sɛ̃kʀɔnize] <1> *vt* synchronisieren

syncope [sɛ̃kɔp] *nf* Ohnmacht *f*; (*Mus*) Synkope *f*; **tomber en ~** ohnmächtig werden

syndic [sɛ̃dik] *nm* (*d'un immeuble*) Verwalter(in) *m(f)*

syndical, e (*pl* **-aux**) [sɛ̃dikal, o] *adj* gewerkschaftlich; **centrale ~e** Gewerkschaftsbund *m*

syndicaliste [sɛ̃dikalist] *nmf* Gewerkschaft(l)er(in) *m(f)*

syndicat [sɛ̃dika] *nm* Gewerkschaft *f*; (*association d'intérêts*) Verband *m*; **~ d'initiative** Fremdenverkehrsverein *m*; **~ patronal** Arbeitgeberverband; **~ de propriétaires** Eigentümerverband

syndiqué, e [sɛ̃dike] *adj* gewerkschaftlich organisiert; (*personne*) einer Gewerkschaft angeschlossen

syndiquer [sɛ̃dike] <1> *vpr*: **se syndiquer** sich gewerkschaftlich organisieren; (*adhérer*) in die Gewerkschaft eintreten

syndrome [sɛ̃dʀom] *nm* Syndrom *nt*, Krankheitsbild *nt*; (*fig*) Syndrom *nt*; **~ de fatigue chronique** chronisches Erschöpfungssyndrom; **~ d'immunodéficience acquise** Immunschwächekrankheit *f*

synergie [sinɛʀʒi] *nf* Synergie *f*

synonyme [sinɔnim] *adj* synonym (*de mit*) ✱ *nm* Synonym *nt*

synoptique [sinɔptik] *adj*: **tableau ~** Übersichtstabelle *f*

syntaxe [sɛ̃taks] *nf* (*Ling*) Syntax *f*

synthèse [sɛ̃tɛz] *nf* Synthese *f*

synthétique [sɛ̃tetik] *adj* synthetisch

synthétiseur [sɛ̃tetizœr] *nm*: **~ (de son)** Synthesizer *m*

syphilis [sifilis] *nf* Syphilis *f*

Syrie [siʀi] *nf*: **la ~** Syrien *nt*

syrien, ne [siʀjɛ̃, ɛn] *adj* syrisch

Syrien, ne *nm/f* Syrier(in) *m(f)*

systématique [sistematik] *adj*
systematisch
systématiser [sistematize] <1> *vt*
systematisieren
système [sistεm] *nm* System *nt*; **~ aérien**
Luftfahrtsystem; **~ de banque en ligne**
Onlinebanking *nt*; **le ~ débrouille** [*ou* D]
Selbsthilfe *f*; **le ~ décimal** das
Dezimalsystem; **~ directeur de
circulation** Verkehrsleitsystem; **~ expert**
Expertensystem; **~ d'exploitation**
(*Inform*) Betriebssystem; **~ immunitaire**
Immunsystem; **le ~ métrique** das
metrische System; **S~ monétaire
européen/international** Europäisches/
Internationales Währungssystem;
~ de navigation Navigationssystem;
~ de navigation par satellite
Satellitennavigationssystem; **le ~
nerveux** das Nervensystem; **~ réticulé**
Vernetzungssystem; **connaître le ~**
Bescheid wissen; **taper sur le ~ à qn** (*fam*)
jdm auf den Keks [*ou* Wecker] gehen

t

T, t [te] *nm* T, t *nt*
t *abr* = **tonne** t
t. *abr* = **tome** Bd.
t' [t] *pron voir* **te**
ta [ta] *adj voir* **ton**
tabac [taba] *nm* Tabak *m*; (*magasin*)
Tabakwarengeschäft *nt*; **faire un ~**
enormen Erfolg haben, ein Riesenerfolg
sein; **~ blond/brun** heller/dunkler Tabak;
~ à priser Schnupftabak
tabagisme [tabaʒism] *nm* Nikotinsucht
f; **~ passif** Passivrauchen *nt*
tabernacle [tabεrnakl] *nm* Tabernakel *m*
table [tabl] *nf* Tisch *m*; (*liste*) Verzeichnis
nt; (*numérique*) Tabelle *f*; **à ~** zu Tisch!, das
Essen ist fertig!; **faire ~ rase de** Tabula
rasa machen mit; **se mettre à ~** sich zu
Tisch setzen; (*fam*) reden, auspacken;
~ de caractères (*Inform*) Zeichentabelle;
~ des matières Inhaltsverzeichnis; **~ de
multiplication** kleines Einmaleins; **~ de
nuit** [*ou* **de chevet**] Nachttisch(chen *nt*);
~ ronde (*fig*) runder Tisch
tableau (*pl* **x**) [tablo] *nm* (*Art*) Gemälde *nt*,
Bild *nt*; (*fig*) Schilderung *f*; (*répertoire*)
Tafel *f*; (*schéma*) Tabelle *f*; **~ d'affichage**
Anschlagbrett *nt*, Schwarzes Brett;
~ blanc mural Weißwandtafel;
~ de bord Armaturenbrett *nt*; **~ noir**
(*Scol*) Tafel

tablette [tablɛt] *nf* (*planche*) (Regal)brett *nt*; **~ de chocolat** Tafel *f* Schokolade
tableur [tablœʁ] *nm* (*Inform*)Tabellenkalkulation(sprogramm *nt*) *f*
tablier [tablije] *nm* Schürze *f*
tabou, e [tabu] *adj* tabu
tabou *nm* Tabu *nt*
tabouret [tabuʁɛ] *nm* Schemel *m*, Hocker *m*
tabulateur [tabylatœʁ] *nm* Tabulator *m*
tac [tak] *nm*: **répondre du ~ au ~** schlagfertig antworten, Paroli bieten
tache [taʃ] *nf* Fleck *m*; **~s de rousseur** Sommersprossen *pl*
tâche [taʃ] *nf* Aufgabe *f*; **travailler à la ~** im Akkord arbeiten
tacher [taʃe] **‹1›** *vt* fleckig machen, schmutzig machen; (*fig*)beflecken; **se tacher** *vpr* (*fruits*) fleckig werden
tâcher [taʃe] **‹1›** *vi*: **~ de faire** versuchen zu machen
tacite [tasit] *adj* stillschweigend
taciturne [tasityʁn] *adj* schweigsam
tacot [tako] *nm* (*fam*) altes Auto, Karre *f*
tact [takt] *nm* Takt *m*, Feingefühl *nt*; **avoir du ~** Takt haben
tactile [taktil] *adj* berührungssensitiv
tactique [taktik] *adj* taktisch
■ *nf* Taktik *f*
tag [tag] *nm* Graffito *m o nt*
tagueur, -euse [tagœʁ, øz] *nm/f* Graffiti-Sprüher(in) *m(f)*
Tahiti [taiti]: **(l'île *f* de) ~** Tahiti *nt*
taï chi [tajtʃi] *nm* Tai-Chi *nt*
taie [tɛ] *nf*: **~ d'oreiller** Kopfkissenbezug *m*
taille [taj] *nf* (*milieu du corps*)Taille *f*; (*grandeur*) Größe *f*; (*fig*) Format *nt*; (*action: de pierres*) Behauen *nt*; (*de diamants*) Schliff *m*; (*d'arbres*) Beschneiden *nt*; (*de vêtements*) Schnitt *m*; **de ~** (*fam: important*) gewaltig; **être de ~ à faire** imstande [*ou* fähig] sein zu tun
taille-crayon (*pl* **-s**) *nm* Bleistiftspitzer *m*
tailler **‹1›** *vt* (*pierre*) behauen; (*diamant*) schleifen; (*arbre, plante*) beschneiden; (*vêtement*) zuschneiden; (*crayon*) spitzen
■ *vi*: **~ dans le vif** (*fig*) einschneidende Maßnahmen ergreifen ■ *vpr*: **se ~ la barbe** sich *dat* den Bart stutzen
tailleur [tajœʁ] *nm* (*couturier*) Schneider(in) *m(f)*; (*vêtement*) Kostüm *nt*; **en ~** (*assis*) im Schneidersitz
tailleur-pantalon (*pl* **tailleurs-pantalons**) *nm* Hosenanzug *m*
taillis [taji] *nm* Dickicht *nt*
taire [tɛʁ] *irr vt* verschweigen ■ *vi*: **faire ~ qn** jdn zum Schweigen bringen; **se taire** *vpr* schweigen; (*s'arrêter de parler*) verstummen; **tais-toi!/taisez-vous!** sei/seid still!

Taiwan [tajwan]: **(l'île *f* de) ~** Taiwan *nt*
talc [talk] *nm* Talk *m*
talent [talɑ̃] *nm* Talent *nt*
talisman [talismɑ̃] *nm* Talisman *m*
talkie-walkie (*pl* **talkies-walkies**) [tokiwoki] *nm* Walkie-Talkie *nt*
talon [talɔ̃] *nm* Ferse *f*; (*de chaussure*) Absatz *m*; (*jeu de cartes*) Talon *m*; (*de chèque, de billet*) Abschnitt *m*; **~s aiguilles** Stöckelabsätze *pl*
talonner [talɔne] **‹1›** *vt* dicht folgen *+dat*; (*harceler*) hart verfolgen; (*au rugby*) hetzen
talus [taly] *nm* Böschung *f*
tambour [tɑ̃buʁ] *nm* Trommel *f*; (*musicien*)Trommler(in) *m(f)*; (*porte*) Drehtür *f*
tambourin [tɑ̃buʁɛ̃] *nm* Tamburin *nt*
tamis [tami] *nm* Sieb *nt*
Tamise [tamiz] *nf*: **la ~** die Themse
tamisé, e [tamize] *adj* (*lumière, ambiance*) gedämpft
tamiser [tamize] **‹1›** *vt* sieben
tampon [tɑ̃pɔ̃] *nm* (*d'ouate*) (Watte)bausch *m*, Tupfer *m*; (*amortisseur*) Puffer *m*; (*bouchon*) Stöpsel *m*; (*timbre*) Stempel *m*; **~ (hygiénique)** Tampon *m*; **(mémoire) ~** (*Inform*) Puffer
tamponner [tɑ̃pɔne] **‹1›** *vt* (*timbres*) stempeln; (*heurter*) zusammenstoßen mit; (*essuyer*) abtupfen; **se tamponner** *vpr* (*voitures*) aufeinanderfahren
tamponneur, -euse *adj*: **autos tamponneuses** (Auto)skooter *pl*
tandem [tɑ̃dɛm] *nm* Tandem *nt*
tandis [tɑ̃di] *conj*: **~ que** während
tangent, e [tɑ̃ʒɑ̃, ɑ̃t] *adj* (*fam: de justesse*) knapp; **~ à** (*Math*) tangential zu ■ *nf* (*Math*) Tangente *f*
tangible [tɑ̃ʒibl] *adj* greifbar
tango [tɑ̃go] *nm* Tango *m*
tank [tɑ̃k] *nm* (*char*) Panzer *m*; (*citerne*) Tank *m*
tanker [tɑ̃kœʁ] *nm* Tanker *m*
tanné, e [tane] *adj* (*cuir*) gegerbt; (*peau*) wettergegerbt
tanner [tane] **‹1›** *vt* (*cuir*) gerben
tannerie [tanʁi] *nf* Gerberei *f*
tanneur, -euse [tanœʁ, øz] *nm/f* Gerber(in) *m(f)*
tant [tɑ̃] *adv* so, so viel, so sehr; **~ de** (*quantité*) so viel; (*nombre*) so viele; **~ mieux** umso besser; **~ pis** macht nichts; **~ pis pour lui** sein Pech; **~ que** so, dass; (*aussi longtemps que*) solange ...; (*comparatif*) so (viel) wie; **~ soit peu** ein bisschen
tante [tɑ̃t] *nf* Tante *f*
tantôt [tɑ̃to] *adv* (*cet après-midi*) heute Nachmittag; **~ ... ~ ...** bald ... bald ...

Tanzanie [tɑ̃zani] *nf*: **la ~** Tansania *nt*

taon [tɑ̃] *nm* (*mouche*) Bremse *f*

tapage [tapaʒ] *nm* (*bruit*) Lärm *m*;
~ nocturne nächtliche Ruhestörung

tapageur, -euse *adj* (*bruyant*) lärmend,
laut; (*voyant*) auffallend

tape-à-l'œil [tapalœj] *adj inv* protzig

tapenade [tapnad] *nf* Paste aus Kapern,
schwarzen Oliven und Sardellen

taper [tape] <1> *vt* schlagen;
(*dactylographier*) tippen, schreiben;
(*Inform*) eingeben; **~ qn de 10 euros** (*fam*:
emprunter) jdn um 10 Euro anpumpen ■ *vi*
(*soleil*) stechen; **~ dans** (*se servir*) kräftig
zugreifen bei; **~ (à la machine**) tippen;
~ des mains/pieds in die Hände
klatschen/mit den Füßen stampfen; **~ à la
porte** an die Tür klopfen; **~ sur qch** auf
etw *akk* schlagen; **~ sur qn** jdn verhauen;
(*fig: fam*) jdn schlechtmachen ■ *vpr*: **se ~
un travail** (*fam*) eine Arbeit aufgehalst
bekommen; **se ~ une femme** (*fam*) eine
Frau aufreißen

tapi, e [tapi] *adj*: **~ dans/derrière**
hockend [*ou* kauernd] in/hinter +*dat*;
(*caché*) versteckt in/hinter +*dat*

tapis [tapi] *nm* Teppich *m*; **aller au ~** zu
Boden gehen; **mettre sur le ~** (*fig*) aufs
Tapet bringen; **~ de prière** (*Rel*)
Gebetsteppich; **~ roulant** Rollsteg *m*;
(*de montage*) Fließband *nt*; **~ de sol**
Bodenplane *f*; **~ souris** Mausmatte *f*,
Mauspad *nt*

tapis-brosse (*pl* **~s**) *nm* Schuhabstreifer *m*

tapisser [tapise] <1> *vt* tapezieren; (*fig*)
beziehen (*de* mit)

tapisserie [tapisʀi] *nf* (*tenture*)
Wandteppich *m*; (*broderie*) Gobelin *m*;
(*travail*) Gobelinarbeit *f*, Sticken *nt*; (*papier
peint*) Tapete *f*

tapissier, -ière [tapisje, ɛʀ] *nm/f*:
**~(-décorateur), tapissière (-
décoratrice)** Tapezierer(in) *m(f)*

tapoter [tapote] <1> *vt* sanft klopfen
auf +*akk*

taquet [takɛ] *nm*: **~ de tabulation**
(*Inform*) Tabstopp *m*

taquiner [takine] <1> *vt* necken

taquinerie [takinʀi] *nf* Neckerei *f*

tarabiscoté, e [taʀabiskote] *adj* überladen

tarama [taʀama] *nm* Taramas *m*
(*griechische Fischeierpaste*)

tard [taʀ] *adv* spät; **plus ~** später; **au plus
~** spätestens; **sur le ~** spät, in
vorgerücktem Alter

tarder [taʀde] <1> *vi* (*chose*) lange
brauchen; **~ à faire qch** (*personne*) etw
hinausschieben; **il me tarde d'arriver** ich
wäre am liebsten schon da; **sans (plus) ~**
ohne (weitere) Verzögerung

tardif, -ive [taʀdif, iv] *adj* spät

tardivement *adv* spät

tare [taʀ] *nf* (*poids*) Tara *f*; (*défaut*)
Schaden *m*

targuer [taʀge] <1> *vpr*: **se ~ de** sich
brüsten mit

tarif [taʀif] *nm* Tarif *m*; (*liste*) Preisliste *f*

tarifer <1> *vt* einen Tarif festsetzen für

tarir [taʀiʀ] <8> *vi* versiegen ■ *vt*
erschöpfen

tartare [taʀtaʀ] *adj*: **sauce ~**
Remouladensoße *f*; **steak ~** Steak
Tartare *nt*

tarte [taʀt] *nf* Kuchen *m*; **~ à l'oignon**
Zwiebelkuchen; **~ au citron**
Zitronenkuchen in Törtchenform

tartelette [taʀtəlɛt] *nf* Törtchen *nt*

tartine [taʀtin] *nf* Schnitte *f*

tartiner <1> *vt* (be)streichen; **fromage
à ~** Streichkäse *m*

tartre [taʀtʀ] *nm* (*des dents*) Zahnstein *m*;
(*de chaudière*) Kesselstein *m*

tas [tɑ] *nm* Haufen *m*; **formé(e) sur le ~**
am Arbeitsplatz ausgebildet; **un ~ de** (*fig*)
eine Menge ...

tasse [tɑs] *nf* Tasse *f*; **ce n'est pas ma
~ de thé** (*fam*) das liegt mir nicht

tasser [tɑse] <1> *vt* (*terre, neige*)
festtreten, feststampfen; **~ qch dans**
(*entasser*) etw stopfen in +*akk*; **se tasser**
vpr sich senken; **ça se tassera** (*fam*) das
wird sich geben

tâter [tɑte] <1> *vt* abtasten ■ *vi*: **~ de qch**
etw ausprobieren; **se tâter** *vpr* (*hésiter*)
unschlüssig sein

tâtonnement [tɑtɔnmɑ̃] *nm* tastender
Versuch

tâtonner [tɑtɔne] <1> *vi* herumtappen;
(*fig*) im Dunkeln tappen

tâtons [tɑtɔ̃] *adv*: **avancer à ~** sich
vorantasten; **chercher à ~** tastend suchen

tatouage [tatwaʒ] *nm* Tätowierung *f*;
(*action*) Tätowieren *nt*

tatouer [tatwe] <1> *vt* tätowieren

taudis [todi] *nm* Bruchbude *f*

taule [tol] *nf* (*fam*) Zimmer *nt*; (*prison*)
Kittchen *nt*

taupe [top] *nf* (*a. fig*) Maulwurf *m*

taupinière [topinjɛʀ] *nf*
Maulwurfshügel *m*

taureau (*pl* **x**) [tɔʀo] *nm* Stier *m*; **T~** (*Astr*)
Stier *m*

tauromachie [tɔʀɔmaʃi] *nf* Stierkampf *m*

taux [to] *nm* Rate *f*; (*d'alcool, de cholestérol*)
Spiegel *m*; **~ d'accroissement** (*Econ*)
Zuwachsrate; **~ de la cotisation**
Beitragssatz *m*; **~ d'erreur** Fehlerquote;
~ d'inflation Inflationsrate; **~ d'intérêt**
Zinsfuß *m*, Zinssatz *m*; **~ de mortalité**
Sterblichkeitsziffer *f*

taxe [taks] nf (impôt) Steuer f;
(douanière) Zoll m; **~ de séjour** Kurtaxe f;
~ à [ou sur] la valeur ajoutée
Mehrwertsteuer; **toutes ~s comprises**
alles inklusive

taxer <1> vt besteuern; **~ qn de qch** (fig)
jdn etw nennen; (accuser) jdn einer Sache
gen beschuldigen

taxi [taksi] nm Taxi nt

taxidermiste [taksidɛrmist] nmf
(Tier)präparator(in) m(f)

taximètre [taksimɛtr] nm Taxameter nt

T.B. abr = **très bien** sehr gut

T.C.F. nm abr = **Touring Club de France**
≈ ADAC m

Tchad [tʃad] nm: **le ~** der Tschad

tchao [tʃao] interj (fam) tschüss

tchatche [tʃatʃ] nf (fam) Geplapper nt;
avoir de la ~ (fam) ein ziemlich flinkes
Mundwerk haben

tchatcher <1> vt (fam) rappen; (fig)
quatschen

Tchécoslovaquie [tʃekɔslɔvaki] nf:
la ~ (Hist) die Tschechoslowakei

tchèque [tʃɛk] adj tschechisch;
la République ~ die tschechische
Republik, Tschechien nt

Tchèque nmf Tscheche (Tschechin) m/f

Tchétchénie [tʃetʃeni] nf: **la ~**
Tschetschenien nt

T.D. nmpl abr = **travaux dirigés** Seminar nt

te, t' [tə, t] pron (direct) dich; (indirect) dir

technicien, ne [tɛknisjɛ̃, ɛn] nm/f
Techniker(in) m(f)

technico-commercial, e (pl **technico-
commerciaux**) [tɛknikokɔmɛrsjal] adj
kaufmännisch-technisch

technique [tɛknik] adj technisch ▪ nf
Technik f; **~ d'automatisation**
Automatisierungstechnik; **~ de
communication** Kommunikationstechnik;
~ de l'information Informationstechnik;
~s antinuisances Umweltschutztechnik

techniquement [tɛknikmã] adv
technisch

techno [tɛkno] nf Techno m

technocrate [tɛknɔkrat] nmf
Technokrat(in) m(f)

technologie [tɛknɔlɔʒi] nf Technologie f;
~ d'avenir Zukunftstechnologie; **~ Wap**
WAP-Technologie

technologique adj technologisch

technopole [tɛknɔpɔl] nm Stadtteil, in dem
ausschließlich Forschungs- und
Hochtechnologieunternehmen sitzen

teck [tɛk] nm Teak(holz) nt

teckel [tekɛl] nm Dackel m

TED [tɛd] nm acr = **traitement
électronique des données** EDV f

tee-shirt (pl **~s**) [tiʃœrt] nm T-Shirt nt

teindre [tɛ̃dr] irr comme peindre vt färben
▪ vpr: **se ~ les cheveux** sich dat die Haare
färben

teint, e [tɛ̃, tɛ̃t] pp de **teindre** ▪ adj
gefärbt ▪ nm (du visage) Teint m; **grand ~**
farbecht ▪ nf Farbton m

teinté, e [tɛ̃te] adj (verre, lunettes) getönt

teinter [tɛ̃te] <1> vt (ein)färben

teinture [tɛ̃tyr] nf (action) Färben nt;
(substance) Färbemittel nt; **~ d'iode/
d'arnica** Jod-/Arnikatinktur f

teinturerie [tɛ̃tyrri] nf Reinigung f

tel, le [tɛl] adj: **un ~/une ~le** so ein/so
eine, solch ein(e); **de ~s/de ~les** solche;
~ (et ~) (indéfini) der und der, die und die,
das und das; **rien de ~** nichts dergleichen;
rien de ~ que ... nichts geht über ...;
~ que/~le que so, wie; **~ quel/~le quelle**
so wie er/sie/es ist [ou war]; **on n'a jamais
rien vu de ~** so etwas hat man noch nie
gesehen; **~ père, ~ fils** wie der Vater, so
der Sohn; **~ doit être son but** das sollte
sein Ziel sein; **~le est mon opinion** das ist
meine Meinung

tél. abr = **téléphone** Tel.

télé [tele] nf (fam) Fernsehen nt;
(téléviseur) Fernseher m

téléachat [teleaʃa] nm Teleshopping nt

télébanking [telebãkiŋ] nm
elektronisches Banking

télébenne [teleben] nf Kabinenbahn f

téléboutique [telebutik] nf (TV)
Teleshop m

télécabine [telekabin] nf Kabinenbahn f

télécarte [telekart] nf Telefonkarte f

téléchargeable [teleʃarʒabl] adj (Inform)
herunterladbar

téléchargement [teleʃarʒmã] nm
(Inform) Download m

télécharger [teleʃarʒe] <2> vt (Inform)
hochladen; (de l'internet) herunterladen,
downloaden

télécommande [telekɔmãd] nf
Fernsteuerung f; (TV) Fernbedienung f

télécommander <1> vt fernsteuern

télécommunications
[telekɔmynikasjõ] nfpl Fernmeldewesen
nt, Nachrichtentechnik f

téléconférence [telekõferãs] nf
Telekonferenz f

télécopie [telekɔpi] nf Fernkopie f,
Telefax nt

télécopier <1> vt fernkopieren,
(tele)faxen

télécopieur nm Telefaxgerät nt,
Fernkopierer m

télédiffuser [teledifyze] <1> vt
übertragen, ausstrahlen

télédistribution [teledistribysjõ] nf
Kabelfernsehen nt

téléenseignement [teleɑ̃sɛɲmɑ̃] nm
Fern(lehr)kurs m; **~ en ligne**
Onlinelearning nt

téléfax [telefaks] nm inv Telefax nt

téléférique [teleferik] nm voir
téléphérique

téléfilm [telefilm] nm Fernsehfilm m

télégramme [telegram] nm
Telegramm nt

télégraphe [telegraf] nm Telegraf m

télégraphier [telegrafje] <1> vt, vi
telegrafieren

télégraphique [telegrafik] adj
telegrafisch; **style ~** Telegrammstil m

téléguider [telegide] <1> vt fernlenken

télématique [telematik] nf Telematik f

télémécanicien, ne [telemekanisjɛ̃,
ɛn] nm/f Fernmeldetechniker(in) m(f)

téléobjectif [teleɔbʒɛktif] nm
Teleobjektiv nt

télépathie [telepati] nf Telepathie f

télépathique adj telepathisch

téléphérique [teleferik] nm
(Draht)seilbahn f

téléphone [telefɔn] nm Telefon nt; **au ~**
am Telefon; **avoir le ~** (ein) Telefon haben;
coup de ~ Anruf m; **~ arabe** (fam)
Buschtrommel f; **~ avec appareil photo**
Kameratelefon nt; **~ codé** Chiffretelefon;
~ mobile [ou **portable**] Handy nt,
Mobiltelefon nt; **~ sans fil** schnurloses
Telefon; **~ sur Internet** Internettelefon;
~ à touches Tastentelefon; **~ visuel**
Bildtelefon; **~ de voiture** Autotelefon

téléphoner [telefɔne] <1> vt telefonisch mitteilen
vi telefonieren; **~ à qn** jdn anrufen

téléphonie [telefɔni] nf Telefonie f;
~ mobile Mobilfunk m

téléphonique adj telefonisch; **cabine/**
appareil ~ Telefonzelle f/-apparat m

téléphoniste nmf Telefonist(in) m(f)

téléprospection [teleprɔspɛksjɔ̃] nf
Telefonmarketing nt

téléréalité [telerealite] nf Reality-TV nt

télescopage [telɛskɔpaʒ] nm Kollision f,
Auffahrunfall m

télescope [telɛskɔp] nm Teleskop nt

télescoper [telɛskɔpe] <1> vt auffahren
auf +akk

télescopique adj (qui s'emboîte) ausziehbar

téléscripteur [teleskriptœr] nm
Fernschreiber m

télésiège [telesjɛʒ] nm Sessellift m

téléski [teleski] nm Skilift m, Schlepplift m

téléspectateur, -trice [telespɛktatœr,
tris] nm/f Fernsehzuschauer(in) m(f)

télétraitement [teletrɛtmɑ̃] nm (Inform)
Datenfernverarbeitung f

télétransmission [teletrɑ̃smisjɔ̃] nf
(Inform) Datenfernübertragung f, DFÜ f

télétravail [teletravaj] nm Telearbeit f

télétravailleur, -euse nm
Telearbeiter(in) m(f)

téléviser [televize] <1> vt im Fernsehen
übertragen [ou senden]

téléviseur [televizœr] nm
Fernsehapparat m, Fernsehgerät nt

télévision [televizjɔ̃] nf (système)
Fernsehen nt; **à la ~** im Fernsehen; **avoir**
la ~ einen Fernseher haben; **~ câblée,**
~ par câble Kabelfernsehen; **(poste de)**
~ Fernsehgerät nt; **~ à la demande** Video-
on-Demand nt; **~ numérique**
Digitalfernsehen, digitales Fernsehen;
~ payante Pay-TV nt; **~ privée**
Privatfernsehen

télex [telɛks] nm Telex nt

tellement [tɛlmɑ̃] adv (tant) so sehr, so
viel, derartig; (si) so; **~ de** (quantité) so
viel; (nombre) so viele; **pas ~** (fam) nicht
besonders; **~ plus grand/cher (que)** so
viel größer/teurer (als); **il était ~ fatigué**
qu'il ... er war so müde, dass er ...

téméraire [temerɛr] adj tollkühn

témérité [temerite] nf Tollkühnheit f

témoignage [temwaɲaʒ] nm Zeugnis nt;
(Jur) Zeugenaussage f; **faux ~**
Falschaussage f

témoigner [temwaɲe] <1> vt (manifester)
zeigen, beweisen; **~ que** bezeugen, dass
vi (Jur) (als Zeuge) aussagen; **~ de qch**
etw bezeugen, etw beweisen; (choses) von
etw zeugen

témoin [temwɛ̃] nm (personne) Zeuge
(Zeugin) m/f; (preuve) Beweis m; (Sport)
Staffelstab m; **être ~ de** Zeuge sein von;
~ lumineux Leuchtanzeige f; **~ oculaire**
Augenzeuge(-zeugin) adj inv Kontroll-,
Test-; **appartement ~** Musterwohnung f

tempe [tɑ̃p] nf Schläfe f

tempérament [tɑ̃peramɑ̃] nm
Temperament nt; (caractère) Wesen nt;
achat à ~ Ratenkauf m; **vente à ~**
Teilzahlungsverkauf m

température [tɑ̃peratyr] nf Temperatur
f; (Med) Fieber nt; **avoir [ou faire] de la ~**
Fieber haben; **prendre la ~ de** Temperatur
messen bei; (fig) die Stimmung +gen
sondieren; **~ ambiante**
Zimmertemperatur; **~ extérieure**
Außentemperatur; **~ moyenne**
Durchschnittstemperatur

tempérer [tɑ̃pere] <5> vt mildern

tempête [tɑ̃pɛt] nf Unwetter nt; **~ de**
sable/neige Sand-/Schneesturm m

temple [tɑ̃pl] nm Tempel m; (protestant)
Kirche f

temporaire [tɑ̃pɔrɛr] adj vorübergehend

temporiser [tɑ̃pɔrize] <1> vi abwarten,
Zeit gewinnen wollen

temps [tā] *nm* Zeit *f*; (*atmosphérique*)
Wetter *nt*; (*Mus*) Takt *m*; (*Tech: phase*) Hub
m; **à ~** rechtzeitig; **avoir le ~/juste le ~**
Zeit/gerade genug Zeit haben; **avoir fait
son ~** ausgedient haben; **dans le ~** früher;
de ~ en ~, **de ~ à autre** von Zeit zu Zeit,
dann und wann; **en même ~** zur gleichen
Zeit; **en ~ de paix/guerre** in Friedens-/
Kriegszeiten; **en ~ utile** [*ou* **voulu**] zu
gegebener Zeit; **entre ~** inzwischen; **être
en avance sur son ~** seiner Zeit voraus
sein; **il fait beau/mauvais ~** es ist schönes/
schlechtes Wetter; **les ~ changent/sont
durs** die Zeiten ändern sich/sind hart;
~ d'accès (*Inform*) Zugriffszeit; **~ d'arrêt**
Pause *f*; **~ d'immobilisation** (*Inform*)
Ausfallzeit; **~ réel** (*Inform*) Echtzeit;
~ de réflexion Bedenkzeit
tenable [t(ə)nabl] *adj*: **ce n'est pas ~** das
ist nicht auszuhalten
tenace [tənas] *adj* beharrlich, hartnäckig
ténacité [tenasite] *nf* Beharrlichkeit *f*
tenailles [tənaj] *nfpl* Kneifzange *f*
tenancier, -ière [tənāsje, ɛʀ] *nm/f*
Inhaber(in) *m(f)*
tendance [tādās] *nf* Tendenz *f*, Richtung
f; (*inclination*) Hang *m*; **avoir ~ à grossir/
exagérer** zum Dickwerden/Übertreiben
neigen; **~ à la hausse/baisse** Aufwärts-/
Abwärtstrend *m*; **~ du marché**
Markttrend *m*
tendancieux, -euse [tādāsjø, øz] *adj*
tendenziös
tendinite [tādinit] *nf*
Sehnenscheidenentzündung *f*
tendon [tādõ] *nm* Sehne *f*
tendre [tādʀ] *adj* zart; (*bois, roche*) mürbe,
brüchig, morsch, (*affectueux*) zärtlich
tendre [tādʀ] <14> *vt* (*allonger*) spannen;
(*muscle, arc*) anspannen; (*piège*) stellen;
~ la main die Hand reichen [*ou* geben];
~ qch à qn (*donner*) jdm etw geben
[*ou* reichen]; **se tendre** *vpr* (*relations,
atmosphère*) (an)gespannt werden ▪ *vi*:
~ à qch/à faire qch etw anstreben/
danach streben, etw zu tun
tendrement [tādʀəmā] *adv* zart, zärtlich
tendresse [tādʀɛs] *nf* Zärtlichkeit *f*
tendu, e [tādy] *pp* **de tendre** ▪ *adj*
angespannt; (*personne*) gereizt
ténébreux, -euse [tenebʀø, øz] *adj*
finster; (*personne*) melancholisch
teneur [tənœʀ] *nf* Inhalt *m*; (*d'une lettre*)
Wortlaut *m*; (*concentration*) Gehalt *m*
ténia [tenja] *nm* Bandwurm *m*
tenir [t(ə)niʀ] <9> *vt* halten; (*réunion*)
(ab)halten; (*magasin, hôtel*) haben, führen;
(*caisse, comptes*) führen; **~ l'alcool** Alkohol
vertragen; **~ au chaud** (*repas*) warm
halten; **~ chaud** (*vêtement*) warm halten;

~ le coup durchhalten, es aushalten;
~ qch de qn etw von jdm haben; **~ qn
pour** jdn halten für; **~ un rôle** eine Rolle
spielen ▪ *vi* (*être fixé*) halten; (*durer*)
andauern; **~ à** Wert legen auf +*akk*;
(*être attaché à*) hängen an +*dat*; (*avoir pour
cause*) kommen von; **~ de qn** jdm ähneln;
tiens/tenez, voilà le stylo! da ist der
Füller ja!; **tiens!** Pierre sieh da, Pierre!;
tiens? wirklich?; **se tenir** *vpr* (*avoir lieu*)
stattfinden; **se ~ debout** sich aufrecht
halten; **bien/mal se ~** (*se conduire*) sich
gut/schlecht benehmen; **s'en ~ à qch** sich
an etw *akk* halten
tennis [tenis] *nm* Tennis *nt*; (*court*)
Tennisplatz *m*; **des (chaussures de) ~**
Tennisschuhe *pl*; **~ de table** Tischtennis
tennisman [tenisman] *nm*
Tennisspieler *m*
ténor [tenɔʀ] *nm* Tenor *m*
tension [tāsjõ] *nf* Spannung *f*;
(*concentration, effort*) Anspannung *f*;
(*Méd*) Blutdruck *m*; **faire** [*ou* **avoir**] **de la ~**
hohen Blutdruck haben; **chute de ~**
(*Elec*) Spannungsabfall *m*; (*Méd*)
Blutdruckabfall *m*
tentacule [tātakyl] *nm* (*de pieuvre*)
Tentakel *nt o m*, Fangarm *m*
tentant, e [tātā, āt] *adj* verführerisch
tentation [tātasjõ] *nf* Versuchung *f*
tentative [tātativ] *nf* Versuch *m*;
~ de fuite (*délinquant*) Fluchtversuch
tente [tāt] *nf* Zelt *nt*; **~ à oxygène**
Sauerstoffzelt
tenter [tāte] <1> *vt* (*éprouver*) in
Versuchung führen; (*séduire*) verführen,
verlocken; (*essayer*) versuchen
tenture [tātyʀ] *nf* Wandbehang *m*
tenu, e [t(ə)ny] *pp* **de tenir** ▪ *adj*: **bien/
mal ~(e)** gut/schlecht geführt; **être ~(e)
de faire qch** gehalten sein, etw zu tun
tenue [t(ə)ny] *nf* (*action*) Halten *nt*,
Führen *nt*, (*vêtements*) Kleidung *f*; (*pej*)
Aufzug *m*; (*comportement*) Benehmen *nt*;
avoir de la ~ (*personne*) sich gut
benehmen; (*journal*) Niveau haben; **être
en petite ~** sehr wenig anhaben; **en ~
d'Adam/d'Ève** im Adams-/Evaskostüm;
~ de combat Kampfanzug *m*; **~ de route**
(*véhicule*) Straßenlage *f*; **~ de voyage/
sport/soirée** Reise-/Sport-/Abendkleidung
ter [tɛʀ] *adj*: **le 16 ~ de la rue Montmartre**
Nr. 16b in der Rue Montmartre
térébenthine [teʀebātin] *nf*: **(essence
de) ~** Terpentin *nt*
tergiversations [tɛʀʒivɛʀsasjõ] *nfpl*
Ausflüchte *pl*
terme [tɛʀm] *nm* (*Ling*) Ausdruck *m*;
(*élément*) Glied *nt*; (*fin*) Ende *nt*; (*Fin*) Frist *f*,
Termin *m*; (*loyer*) (vierteljährliche) Miete;

au ~ de am Ende von; **à court/moyen/ long ~** kurz-/mittel-/langfristig; **mettre un ~ à qch** einer Sache *dat* ein Ende machen; **achat à ~** Kreditkauf *m*; **naissance avant ~** Frühgeburt *f*

terminaison [tɛrminɛzõ] *nf* Endung *f*

terminal, e (*pl* **-aux**) [tɛrminal, o] *adj* End-, letzte(r, s) ▪ *nm* (*Inform*) Terminal *nt* ▪ *nf* (*Scol*) Oberprima *f*, dreizehnte Klasse

terminer [tɛrmine] <1> *vt* beenden; (*nourriture*) aufessen; (*venir à la fin de*) am Schluss kommen von; **se terminer** *vpr* zu Ende sein; **se ~ par/en** aufhören mit

terminus [tɛrminys] *nm* Endstation *f*

termite [tɛrmit] *nm* Termite *f*

terne [tɛrn] *adj* trüb, matt, glanzlos; (*regard, œil*) stumpf

ternir <8> *vt* matt [*ou* glanzlos] machen; (*honneur, réputation*) beflecken; **se ternir** *vpr* matt [*ou* glanzlos] werden

terrain [tɛrɛ̃] *nm* Boden *m*; (*Com*) Grundstück *nt*; (*sujet, domaine*) Gebiet *nt*, Bereich *m*; **gagner du ~** (*fig*) an Boden gewinnen; **~ d'aviation** Flugplatz *m*; **~ à bâtir** Baugrund *m*; **~ de camping** Zeltplatz *m*; **~ de football/rugby** Fußball-/Rugbyplatz *m*; **~ de jeu** Spielplatz *m*; **~ vague** unbebautes Grundstück

terrasse [tɛras] *nf* Terrasse *f*; **culture en ~s** Terrassenkultur *f*

terrassement [tɛrasmɑ̃] *nm* (*action*) Erdarbeiten *pl*; (*terre*) (Erd)aufschüttung *f*

terrasser [tɛrase] <1> *vt* (*adversaire*) niederschlagen; (*maladie, malheur*) niederstrecken

terrassier [tɛrasje] *nm* Straßenarbeiter(in) *m(f)*

terre [tɛr] *nf* Erde *f*; (*opposé à mer*) Land *nt*; **terres** *nfpl* (*propriété*) Landbesitz *m*; **par ~** auf dem Boden; (*avec mouvement*) auf den Boden; **en ~** (*pipe, poterie*) tönern; **mettre en ~** (*plante*) einpflanzen; (*enterrer*) begraben; **~ calcaire** kalkhaltiger Boden; **~ cuite** Terrakotta *f*; **~ d'élection/d'exil** Wahl-/Exilland; **la ~ ferme** das Festland; **~ glaise** Ton *m*; **la T~ promise** das Gelobte Land; **la T~ sainte** das Heilige Land; **travail de la ~** Landarbeit *f*

terre-à-terre [tɛratɛr] *adj* nüchtern, prosaisch

terreau [tɛro] *nm* Kompost(erde *f*) *m*

Terre-Neuve [tɛrnœv] *nf*: (**l'île *f* de**) **~** Neufundland *nt*

terre-plein (*pl* **~s**) [tɛrplɛ̃] *nm*: **~ central** Mittelstreifen *m*

terrer [tɛre] <1> *vpr*: **se terrer** sich verkriechen

terrestre [tɛrɛstr] *adj* (*surface, croûte*) Erd-, der Erde; (*plante, animal, transport*) Land-; (*choses, problèmes*) irdisch, weltlich

terreur [tɛrœr] *nf* Schrecken *m*; **régime/ politique de ~** Terrorregime *nt*/-politik *f*

terrible [tɛribl] *adj* furchtbar; (*violent*) fürchterlich; (*fam*) großartig; **pas ~** (*fam*) nicht besonders (gut)

terriblement *adv* (*très*) fürchterlich

terrien, ne [tɛrjɛ̃, ɛn] *nm/f* (*habitant de la terre*) Erdbewohner(in) *m(f)*

terrier [tɛrje] *nm* (*de lapin*) Bau *m*; (*chien*) Terrier *m*

terrifier [tɛrifje] <1> *vt* in Schrecken versetzen

terrine [tɛrin] *nf* (*récipient; pâté*) Terrine *f*

territoire [tɛritwar] *nm* Territorium *nt*; (*Pol*) (Hoheits)gebiet *nt*; **~ d'outre-mer** überseeisches Gebiet

territorial, e (*pl* **-aux**) [tɛritɔrjal, o] *adj* territorial, Hoheits-

terroir [tɛrwar] *nm* (Acker)boden *m*; (*vin*) (gute) Weinlage

terroriser [tɛrɔrize] <1> *vt* terrorisieren

terrorisme [tɛrɔrism] *nm* Terrorismus *m*; **~ à la bombe** Atomterrorismus

terroriste *nmf* Terrorist(in) *m(f)*

tertiaire [tɛrsjɛr] *adj* (*Geo*) tertiär; (*Econ*) Dienstleistungs- ▪ *nm* (*Econ*) Dienstleistungssektor *m*

tertio [tɛrsjo] *adv* drittens

tertre [tɛrtr] *nm* Anhöhe *f*, Hügel *m*

tes [te] *adj voir* **ton**

Tessin [tesɛ̃] *nm*: **le ~** das Tessin

test [tɛst] *nm* Test *m*; **~ d'évaluation** (*Scol*) Einstufungstest; **~ de grossesse** (*Med*) Schwangerschaftstest

testament [tɛstamɑ̃] *nm* Testament *nt*

testicule [tɛstikyl] *nm* Hoden *m*

tétanie [tetani] *nf* Muskelkrampf *m*

tétanos [tetanos] *nm* Tetanus *m*

têtard [tɛtar] *nm* Kaulquappe *f*

tête [tɛt] *nf* Kopf *m*; (*d'un cortège, d'une armée*) Spitze *f*; (*Foot*) Kopfball *m*; **arriver en ~** als Erste(r, s) ankommen; **avoir la ~ dure** einen Dickkopf haben; **de ~** (*antérieur*) führend; (*calculer*) im Kopf; **de la ~ aux pieds** von Kopf bis Fuß; **en ~ à ~** unter vier Augen; **faire la ~** schmollen; **il a une ~ sympathique** er sieht sympathisch aus; **perdre la ~** (*s'affoler*) den Kopf verlieren; (*devenir fou*) verrückt werden; **se mettre en ~ que** sich *dat* in den Kopf setzen, dass; **la ~ la première** kopfüber; **tenir ~ à qn** jdm die Stirn bieten; **~ d'affiche** Hauptdarsteller(in) *m(f)*; **~ chercheuse** (*Mil: de fusée*) Suchkopf; **~ d'enregistrement/de lecture** Ton-/Lesekopf *m*; **~ de liste** (*Pol*) Spitzenkandidat(in) *m(f)*; **~ de mort** Totenkopf

tête-à-queue *nm inv*: **faire un ~** sich um die eigene Achse drehen

tête-à-tête *nm inv* Tête-à-tête *nt*; *(Pol)* Vieraugengespräch *nt*

téter [tete] <5> *vt* an der Brust der Mutter saugen, gestillt werden

tétine [tetin] *nf (de vache)* Euter *nt*; *(en caoutchouc)* Schnuller *m*

téton [tetõ] *nm (fam)* Brust *f*

têtu, e [tety] *adj* störrisch

teuf [tœf] *nf (fam)* Party *f*; **faire la ~** eine Party machen

texte [tekst] *nm* Text *m*; **apprendre son ~** seine Rolle lernen

textile [tekstil] *adj* Textil- ▪ *nm* Stoff *m*; **le ~** *(industrie)* die Textilindustrie

Texto® [teksto] *nm* SMS *f*, Textnachricht *f*

textuel, le [tekstɥɛl] *adj* wörtlich

texture [tekstyʀ] *nf* Struktur *f*

T.G.V. *nm abr* = **train à grande vitesse** Hochgeschwindigkeitszug *m*

thaï, e [taj] *adj* thailändisch

thaïlandais, e [tajlādɛ, ɛz] *adj* thailändisch

Thaïlandais, e *nm/f* Thailänder(in) *m(f)*

Thaïlande [tailãd] *nf*: **la ~** Thailand *nt*

thalassothérapie [talasoteʀapi] *nf* Meerwassertherapie *f*

thé [te] *nm* Tee *m*; **faire du ~** Tee kochen; **prendre le ~** Tee trinken; **~ au lait/citron** Tee mit Milch/Zitrone

théâtral, e *(pl -aux)* [teɑtʀal, o] *adj* dramatisch; *(pej)* theatralisch

théâtre [teɑtʀ] *nm* Theater *nt*; *(genre)* Drama *nt*; *(œuvres)* Dramen *pl*, Theaterstücke *pl*; *(fig)* Schauplatz *m*; **faire du ~** Theater spielen

théière [tejeʀ] *nf* Teekanne *f*

thème [tem] *nm* Thema *nt*; *(Scol: traduction)* (Hin)übersetzung *f*

théologie [teɔlɔʒi] *nf* Theologie *f*

théologique *adj* theologisch

théorème [teɔʀɛm] *nm* Lehrsatz *m*

théoricien, ne [teɔʀisjɛ̃, ɛn] *nm/f* Theoretiker(in) *m(f)*

théorie [teɔʀi] *nf* Theorie *f*; **en ~** in der Theorie; **~ du chaos** Chaostheorie

théorique *adj* theoretisch

théoriser [teɔʀize] <1> *vi* theoretisieren

thérapeute [teʀapøt] *nmf* Therapeut(in) *m(f)*

thérapeutique [teʀapøtik] *adj* therapeutisch ▪ *nf* Therapie *f*

thérapie [teʀapi] *nf* Therapie *f*

thermal, e *(pl -aux)* [teʀmal, o] *adj* Thermal-; **station ~e** Kurort *m*

thermes [teʀm] *nmpl (établissement thermal)* Thermalbad *nt*; *(romains)* Thermen *pl*

thermique [teʀmik] *adj* thermisch; **imprimante ~** Thermodrucker *m*; **moteur ~** Verbrennungsmotor *m*

thermoélectrique [teʀmoelɛktʀik] *adj* thermoelektrisch

thermomètre [teʀmɔmɛtʀ] *nm* Thermometer *nt*; *(fig)* Barometer *nt*

thermonucléaire [teʀmonykleɛʀ] *adj* thermonuklear

thermoplongeur [teʀmɔplõʒœʀ] *nm* Tauchsieder *m*

thermos® [teʀmos] *nm o f* Thermosflasche *f*; *(cafetière)* Isolierkanne *f*

thermostat [teʀmɔsta] *nm* Thermostat *m*

thésauriser [tezɔʀize] *vt* horten

thèse [tez] *nf* These *f*; *(Univ)* Dissertation *f*

thon [tõ] *nm* Thunfisch *m*

thoracique [tɔʀasik] *adj*: **cage ~** Brustkorb *m*

thorax [tɔʀaks] *nm* Brustkorb *m*

thrombose [tʀõboz] *nf* Thrombose *f*

Thurgovie [tyʀgovi] *nf*: **la ~** der Thurgau

Thuringe [tyʀɛ̃ʒ] *nf*: **la ~** Thüringen *nt*

thym [tɛ̃] *nm* Thymian *m*

thyroïde [tiʀɔid] *nf* Schilddrüse *f*

tiare [tjaʀ] *nf* Tiara *f*

Tibet [tibɛ] *nm*: **le ~** Tibet *nt*

tibétain, e [tibetɛ̃, ɛn] *adj* tibet(an)isch

Tibétain, e *nm/f* Tibet(an)er(in) *m(f)*

tibia [tibja] *nm* Schienbein *nt*

Tibre [tibʀ] *nm*: **le ~** der Tiber

tic [tik] *nm (nerveux)* Tic *m*; *(habitude)* Eigenheit *f*, Tick *m*

ticket [tikɛ] *nm* Fahrschein *m*

ticket-restaurant *(pl tickets-restaurants)* *nm* Essensbon *m*

tiède [tjɛd] *adj* lauwarm; *(vent, air)* lau

tiédir [tjediʀ] <8> *vi (refroidir)* abkühlen

tien, ne [tjɛ̃, ɛn] *pron*: **le ~ (la ~ne), les ~s (~nes)** deine(r, s), deine; **à la ~ne!** auf dein Wohl!

tiens [tjɛ̃] *interj voir* **tenir**

tierce [tjɛʀs] *adj voir* **tiers**

tiercé [tjɛʀse] *nm (pari)* Dreierwette *f*

tiers, tierce [tjɛʀ, tjɛʀs] *adj*: **le ~ monde** die Dritte Welt; **une tierce personne** ein Dritter, eine Dritte ▪ *nm (fraction)* Drittel *nt*; *(Jur)* Dritte(r) *mf*; **assurance au ~** Haftpflichtversicherung *f* ▪ *nf (Mus)* Drittaltakt *m*; *(Cartes)* Dreierreihe *f*

tige [tiʒ] *nf* Stängel *m*, Stiel *m*; *(baguette)* Stab *m*

tigre, -esse [tigʀ(ə), ɛs] *nm/f* Tiger(in) *m(f)*

tigré, e [tigʀe] *adj (tacheté)* gefleckt; *(rayé)* getigert

tilleul [tijœl] *nm* Linde *f*; *(boisson)* Lindenblütentee *m*

timbre [tɛ̃bʀ] *nm (tampon)* Stempel *m*; *(timbre-poste)* Briefmarke *f*; *(sonnette)* Glocke *f*, Klingel *f*; *(son)* Klangfarbe *f*, Timbre *nt*

timbre-poste (pl **timbres-poste**) [tɛ̃bʀpɔst] nm Briefmarke f
timbrer <1> vt stempeln
timide [timid] adj schüchtern; (timoré) ängstlich; (fig) zögernd
timidement adv schüchtern
timidité [timidite] nf Schüchternheit f
tinter [tɛ̃te] <1> vi klingeln
Tipp-Ex® [tipɛks] nm Tipp-Ex® nt
tique [tik] nf Zecke f
tir [tiʀ] nm Schuss m; (action) Schießen nt; (stand) Schießbude f; ~ **à l'arc/au fusil** Bogen-/Gewehrschießen; ~ **de barrage** Sperrfeuer nt; ~ **d'obus/de mitraillette** (rafale) Granaten-/MG-Beschuss m; ~ **au pigeon** Tontaubenschießen
tirade [tiʀad] nf Redeschwall m
tirage [tiʀaʒ] nm (Typo) Drucken nt; (Foto) Abzug m; (d'un journal, d'un livre) Auflage f; (édition) Ausgabe f; (d'une cheminée) Zug m; (de loterie) Ziehung f; (désaccord) Missstimmigkeiten pl; ~ **au sort** Auslosung f
tirailler [tiʀaje] <1> vt zupfen an +dat; (fig) quälen ◼ vi (au hasard) drauflosschießen
tiré [tiʀe] nm (Com) Bezogene(r) mf, Trassat m; ~ **à part** Sonderdruck m
tire-au-flanc [tiʀoflɑ̃] nm inv Drückeberger(in) m(f)
tire-bouchon (pl ~**s**) nm Korkenzieher m
tire-fesses nm inv (fam) Schlepplift m
tirelire [tiʀliʀ] nf Sparbüchse f
tirer [tiʀe] <1> vt ziehen; (fermer) zuziehen; (rideau, panneau) vorziehen; (en faisant feu) abschießen; (imprimer) drucken; (Foto) abziehen; (balle, boule) schießen; ~ **avantage/parti de qch** Vorteil aus etw ziehen/etw nutzen; ~ **les cartes** die Karten legen; ~ **la langue** die Zunge herausstrecken; ~ **en longueur** in die Länge ziehen; ~ **qch de** (extraire) etw (heraus)ziehen aus; (substance d'une matière première) etw entziehen +dat; ~ **qn de** jdm (heraus)helfen aus ◼ vi schießen; (cheminée) ziehen; ~ **à l'arc** mit Pfeil und Bogen schießen; ~ **sur** anschießen auf +dat; (faire feu sur) schießen auf +akk; (approcher de) grenzen an +akk; **se tirer** vpr (fam: partir) sich verziehen, abziehen; **s'en ~** davonkommen
tiret [tiʀe] nm Gedankenstrich m
tireur, -euse [tiʀœʀ, øz] nm/f Schütze (Schützin) m/f; (Fin) Trassant(in) m(f)
tiroir [tiʀwaʀ] nm Schublade f
tiroir-caisse (pl **tiroirs-caisses**) nm (Registrier)kasse f
tisane [tizan] nf Kräutertee m
tisser [tise] <1> vt weben; (fig) spinnen
tisserand, e [tisʀɑ̃, ɑ̃d] nm/f Weber(in) m(f)

tissu [tisy] nm Stoff m; (Med) Gewebe nt; ~ **éponge** Frottee nt o m; ~ **de mensonges** Lügengespinst nt
tissu, e [tisy] adj: ~**(e) de** durchsetzen [ou durchwoben] mit
titre [titʀ] nm Titel m; (de journal) Schlagzeile f; (diplôme) Diplom nt, Qualifikation f; (document) Urkunde f; (Chim) Titer m, Gehalt m; **à** ~ **gracieux** unentgeltlich; **à juste** ~ mit vollem Recht; **au même** ~ **(que)** genauso (wie); **à quel** ~? mit welchem Recht?; **à** ~ **exceptionnel** ausnahmsweise; **à** ~ **d'information** zur Kenntnisnahme, zur Information; **à** ~ **privé/consultatif** in privater/beratender Eigenschaft; **à** ~ **provisoire/d'essai** provisorisch/versuchsweise; **en** ~ offiziell; ~ **de propriété** Eigentumsurkunde
tituber [titybe] <1> vi taumeln, schwanken
titulaire [titylɛʀ] adj: **professeur** ~ ordentlicher Professor; **être** ~ **de** (d'un poste) innehaben; (d'un permis) besitzen ◼ nmf Inhaber(in) m(f) (eines Amtes); ~ **du compte** Kontoinhaber(in)
toast [tost] nm (pain grillé) Toast m; (de bienvenue) Trinkspruch m; **porter un** ~ **à qn** auf jds Wohl akk trinken
toasteur [tostœʀ] nm Toaster m
toboggan [tɔbɔgɑ̃] nm (pour jouer) Rutschbahn f; ~ **de secours** (Aviat) Notrutsche f
tocsin [tɔksɛ̃] nm Alarmglocke f
tofu [tɔfu] nm Tofu m
Togo [tɔgo] nm: **le** ~ Togo nt
togolais, e [tɔgɔlɛ, ɛz] adj togolesisch
toi [twa] pron du; (objet) dich; dir
toile [twal] nf (matériau, tissu) Stoff m; (de lin) Leinen nt; (coton) Baumwollstoff m; (Art) Leinwand f; (tableau) Gemälde nt; **toiles** nfpl (fam) Bettlaken pl; **se faire une** ~ (fam) ins Kino gehen; **tisser sa** ~ sein Netz spinnen; ~ **d'araignée** Spinnennetz nt; ~ **cirée** Wachstuch nt; ~ **de fond** (fig) Hintergrund m; ~ **de tente** Zeltplane f
toilette [twalɛt] nf (vêtements) Garderobe f; **toilettes** nfpl (W.-C.) Toilette f; **elle a changé quatre fois de** ~ sie hat sich viermal umgezogen; **faire sa** ~ sich waschen; **produits de** ~ Toilettenartikel pl
toi-même [twamɛm] pron du (selbst); dich (selbst)
toiser [twaze] <1> vt (personne) von oben bis unten mustern
toison [twazɔ̃] nf (de mouton) Vlies nt
toit [twa] nm Dach nt; (de véhicule) Verdeck nt; ~ **ouvrant** (Auto) Schiebedach nt
toiture [twatyʀ] nf Bedachung f, Dach nt
tôle [tol] nf Blech nt; ~ **d'acier** Stahlblech; ~ **ondulée** Wellblech

tolérable [tɔleʀabl] adj erträglich
tolérance [tɔleʀɑ̃s] nf Toleranz f,
Duldsamkeit f
tolérer [tɔleʀe] <**5**> vt (comprendre)
ertragen, tolerieren; (Med) vertragen;
(Tech: erreur) zulassen
T.O.M. [tɔm] nm acr = **territoire
d'outre-mer** überseeisches Gebiet
tomate [tɔmat] nf Tomate f; ~ **en
grappes** Strauchtomate
tombant, e [tɔ̃bɑ̃, ɑ̃t] adj hängend
tombe [tɔ̃b] nf Grab nt
tombeau (pl **x**) [tɔ̃bo] nm Grabmal nt
tombée [tɔ̃be] nf: **à la ~ de la nuit** bei
Einbruch der Nacht
tomber [tɔ̃be] <**1**> vi (avec être) fallen;
(fruit, feuille) (he)runterfallen, abfallen;
laisser ~ fallen lassen; (fam) aufgeben;
~ **de fatigue/de sommeil** vor
Erschöpfung/Müdigkeit fast umfallen;
~ **en panne** eine Panne haben; ~ **sur**
(rencontrer) zufällig treffen; (attaquer)
herfallen über +akk; **ça tombe bien/
mal** das trifft sich gut/schlecht; **il est
bien/mal tombé** er hat Glück/Pech
gehabt
tombeur [tɔ̃bœʀ] nm (fam) Frauenheld m
tombola [tɔ̃bɔla] nf Tombola f
tome [tɔm] nm (d'un livre) Band m
tomographie [tɔmɔgʀafi] nf
(Computer)tomografie f
ton, ta (pl **tes**) [tɔ̃, ta, te] adj dein, deine,
dein
ton [tɔ̃] nm Ton m; (d'un morceau) Tonart f;
(style) Stil m; **de bon ~** von gutem
Geschmack; ~ **sur ~** Ton in Ton
tonalité [tɔnalite] nf (au téléphone)
Rufzeichen nt/Freizeichen nt; (Mus)
Tonart f, (de couleur) dominierender
Farbton; ~ **occupée** Besetztzeichen nt
tondeuse [tɔ̃døz] nf (à gazon)
Rasenmäher m; (du coiffeur)
Haarschneider m
tondre [tɔ̃dʀ] <**14**> vt (gazon) mähen;
(haie) schneiden; (mouton) scheren;
~ **qn** (fam) jdn ausnehmen
toner [tɔnɛʀ] nm Toner m
tonifier [tɔnifje] <**1**> vt stärken
tonique [tɔnik] adj stärkend **■** nm
Tonikum nt
tonne [tɔn] nf (poids) Tonne f
tonneau (pl **x**) [tɔno] nm Fass nt; (Naut)
Bruttoregistertonne f; **faire un ~** (voiture)
sich überschlagen
tonnelier [tɔnəlje] nm Böttcher(in) m(f),
Küfer(in) m(f)
tonnelle [tɔnɛl] nf Gartenlaube f
tonner [tɔne] <**1**> vi donnern **■** vb impers:
il tonne es donnert
tonnerre [tɔnɛʀ] nm Donner m

tonus [tɔnys] nm Energie f; (tonus
musculaire) Tonus m
top [tɔp] nm: **au 3ème ~** beim 3. Ton
topaze [tɔpaz] nf Topas m
toper [tɔpe] <**1**> vi: **tope là!/topez là!**
topp!, abgemacht!
topinambour [tɔpinɑ̃buʀ] nm
Topinambur m
top-manager (pl **~s**) [tɔpmanadʒɛʀ] nmf
Spitzenmanager(in) m(f)
topographique [tɔpɔgʀafik] adj
topografisch
toque [tɔk] nf (de cuisinier) Kochmütze f;
(de jockey) Kappe f; (de juge) Barett nt
torche [tɔʀʃ] nf Fackel f; (électrique)
Taschenlampe f
torchon [tɔʀʃɔ̃] nm Lappen m; (pour
épousseter) Staublappen m; (à vaisselle)
Geschirrtuch nt
tordre [tɔʀdʀ] <**14**> vt (vêtement, chiffon)
auswringen; (barre, métal) verbiegen;
(bras, pied) verrenken; (visage) verziehen;
se tordre vpr (barre) sich biegen; (roue)
sich verbiegen; (ver, serpent) sich winden;
se ~ (de rire) sich schieflachen; **se ~ le
pied/bras** sich dat den Fuß/Arm
verrenken
tordu, e [tɔʀdy] pp de **tordre ■** adj (fig)
verdreht
tornade [tɔʀnad] nf Tornado m
torpeur [tɔʀpœʀ] nf Betäubung f,
Benommenheit f
torpille [tɔʀpij] nf Torpedo m
torpiller <**1**> vt torpedieren
torréfier [tɔʀefje] <**1**> vt (café) rösten
torrent [tɔʀɑ̃] nm Gebirgs-/Sturzbach m;
il pleut à ~s es gießt in Strömen
torrentiel, le [tɔʀɑ̃sjɛl] adj: **pluie ~le**
strömender Regen
torride [tɔʀid] adj (glühend) heiß
torse [tɔʀs] nm Oberkörper m; (Art)
Torso m
torsion [tɔʀsjɔ̃] nf (action) Verbiegen nt;
(de bras, de jambe) Verrenkung f; (du visage)
Verziehen nt; (Phys, Tech) Torsion f
tort [tɔʀ] nm (défaut) Fehler m; (préjudice)
Unrecht nt; **torts** nmpl (Jur) Schuld f;
à ~ zu Unrecht; **à ~ et à travers** aufs
Geratewohl, wild drauflos; **avoir ~**
unrecht haben; **causer du ~ à** schaden
+dat; **donner ~ à qn** jdm unrecht geben;
en ~ im Unrecht; **être dans son ~** im
Unrecht sein
tortellini [tɔʀtelini] nmpl Tortellini pl
torticolis [tɔʀtikɔli] nm steifer Hals
tortiller [tɔʀtije] <**1**> vt (corde, mouchoir)
zwirbeln; (cheveux, cravate) zwirbeln an
+dat; (doigts) spielen mit; **se tortiller** vpr
sich winden
tortue [tɔʀty] nf Schildkröte f

tortueux, -euse [tɔʁtɥø, øz] *adj*
gewunden, sich schlängelnd; *(fig)* nicht
geradlinig, kompliziert
torture [tɔʁtyʁ] *nf* Folter *f*
torturer <1> *vt* foltern; *(fig)* quälen
Toscane [tɔskan] *nf:* **la ~** die Toskana
tôt [to] *adv* früh; **au plus ~** frühestens;
~ ou tard früher oder später; **pas de si ~**
nicht so bald
total, e *(pl -aux)* [tɔtal, o] *adj* völlig;
(hauteur, somme) gesamt ▪ *nm (somme)*
Summe *f,* Gesamtbetrag *m;* **au ~** *(en tout)*
im Ganzen; *(somme toute)* schließlich;
faire le ~ zusammenzählen,
zusammenrechnen ▪ *nf:* **c'est la ~e!**
(fam) das ist die Härte!
totalement *adv* völlig, total
totalisateur [tɔtalizatœʁ] *nm*
Addiermaschine *f*
totaliser [tɔtalize] <1> *vt (points)*
(insgesamt) erreichen
totalitaire [tɔtalitɛʁ] *adj* totalitär
totalité [tɔtalite] *nf:* **la ~ de mes biens**
mein ganzes Vermögen; **la ~ des élèves**
alle Schüler zusammen
toubib [tubib] *nm (fam)* Arzt *m*
touchant, e [tuʃɑ̃, ɑ̃t] *adj* rührend
touche [tuʃ] *nf (de piano, machine à écrire)*
Taste *f;* *(Art)* Pinselführung *f,* Pinselstrich
m; *(fig)* Hauch *m,* Anflug *m;* **(ligne de) ~**
(Foot) Seitenlinie *f;* *(en escrime)* Treffer *m;*
(remise en) ~ *(Foot)* Einwurf *m;* **~ d'accès
direct** *(Tel)* Kurzwahltaste; **~ Contrôle**
Controltaste, Steuerungstaste; **~ de
correction** Korrekturtaste; **~ de curseur**
Cursortaste; **~ dièse** Doppelkreuztaste;
~ fléchée Pfeiltaste; **~ Origine** POS1-
Taste; **~ Pause** Unterbrechungstaste;
~ de suppression Löschtaste
toucher [tuʃe] <1> *vt* berühren; *(manger,
boire)* anrühren; *(atteindre, affecter)* treffen;
(émouvoir) ergreifen, bewegen; *(concerner)*
betreffen, angehen; *(contacter)* erreichen;
(recevoir) bekommen; **je vais lui en ~ un
mot** ich werde mit ihm ein Wörtchen
darüber reden; **se toucher** *vpr* sich
berühren ▪ *vi:* **~ à qch** *(frôler)* etw
berühren; *(modifier)* etw ändern; *(traiter
de)* etw betreffen; **~ à qn** *(attaquer)* jdn
anrühren; **ne touche pas à mon pote**
mach meinen Kumpel nicht an ▪ *nm
(sens)* Tastsinn *m;* *(Mus)* Anschlag *m;*
être doux au ~ sich weich anfühlen
touffe [tuf] *nf* Büschel *nt*
touffu, e [tufy] *adj (haie, forêt)* dicht;
(cheveux) buschig
toujours [tuʒuʁ] *adv* immer; *(encore)*
immer noch; *(constamment)* immer
wieder; **depuis ~** seit jeher; **pour ~** für
immer; **~ est-il que** die Tatsache bleibt

bestehen, dass; **cause ~!** *(fam)* red du
nur!; **essaie ~** du kannst es ja mal
versuchen
toupet [tupɛ] *nm* Toupet *nt;* *(fam)*
Frechheit *f*
toupie [tupi] *nf (jouet)* Kreisel *m*
tour [tuʁ] *nf* Turm *m;* *(immeuble)*
Hochhaus *nt;* **~ de contrôle** Kontrollturm
▪ *nm (excursion)* Ausflug *m;* *(de piste,
circuit)* Runde *f;* *(tournure)* Wende *f;*
(rotation) Umdrehung *f;* *(Pol)* Wahlgang *m;*
(ruse) Trick *m;* *(d'adresse)* Kunststück *nt;*
(de potier) Töpferscheibe *f;* *(à bois, métaux)*
Drehscheibe *f;* **c'est mon/son ~** ich bin/er
[ou sie*]* ist dran; **c'est au ~ de Philippe**
Philippe ist an der Reihe; **faire le ~ de qch**
um etw herumgehen; *(en voiture)* um etw
herumfahren; *(fig)* etw durchspielen;
faire un ~ en ville einen Stadtbummel
machen; **fermer à double ~** zweimal
abschließen; **à ~ de rôle, ~ à ~**
abwechselnd; **~ de chant** Tournee *f;*
le T~ (de France) die Tour de France;
~ de garde Wachdienst *m;* **~ d'horizon**
(fig) Überblick *m;* **~ de poitrine/taille**
Brust-/Taillenweite *f;* **~ de tête**
Kopfumfang *m*
tourbière [tuʁbjɛʁ] *nf* Torfmoor *nt*
tourbillon [tuʁbijɔ̃] *nm (de vent)*
Wirbelwind *m;* *(de poussière)* Gestöber *nt;*
(d'eau) Strudel *m;* *(fig)* Herumwirbeln *nt*
tourbillonner [tuʁbijɔne] <1> *vi*
herumwirbeln; *(eau)* strudeln
tourelle [tuʁɛl] *nf* Türmchen *nt;*
(de véhicule blindé) Turm *m*
tourisme [tuʁism] *nm* Tourismus *m;*
faire du ~ auf Besichtigungstour gehen;
office/agence de ~ Verkehrs-/Reisebüro *nt*
touriste *nmf* Tourist(in) *m(f)*
touristique *adj (voyage)* Touristen-;
(région) touristisch; **prix/menu ~**
Touristenpreis *m*/-menü *nt*
tourment [tuʁmɑ̃] *nm* Plage *f,* Qual *f*
tourmenter [tuʁmɑ̃te] <1> *vt* quälen;
se tourmenter *vpr* sich *dat* Sorgen
machen
tournage [tuʁnaʒ] *nm (d'un film)*
Dreharbeiten *pl*
tournant [tuʁnɑ̃] *nm (d'une route)* Kurve *f;*
(fig) Wende(punkt *m) f*
tourne-disque *(pl ~s)* [tuʁnədisk] *nm*
Plattenspieler *m*
tournedos [tuʁnedo] *nm* Tournedos *nt*
(runde Lendenschnitte)
tournée [tuʁne] *nf (du facteur, etc)*
Runde *f;* *(d'artiste)* Tournee *f;* **payer une ~**
(au café) eine Runde zahlen; **~ électorale**
Wahlkampfreise *f*
tourner [tuʁne] <1> *vt* drehen; *(sauce,
mélange)* umrühren; *(obstacle, difficulté)*

umgehen; (*cap*) umsegeln; **~ le dos à** den Rücken kehren +*dat*; **tournez s'il vous plaît** bitte wenden ▪ *vi* sich drehen; (*changer de direction*) drehen; (*personne*) sich umdrehen; (*fonctionner*) laufen; (*lait*) sauer werden; (*chance*) sich wenden; **~ à/en** sich verwandeln in +*akk*; **~ à la pluie** regnerisch werden; **~ autour de** herumlaufen/-fahren um; (*soleil*) sich drehen um; (*importuner*) herumhängen um; **bien/mal ~** (*personne*) sich gut/zu seinem Nachteil entwickeln; (*chose*) gut/ schlecht (ab)laufen; **~ de l'œil** ohnmächtig werden, umkippen; **il a la tête qui tourne** ihm ist schwindlig; **se tourner** *vpr* sich umdrehen; **se ~ vers** sich zuwenden +*dat*; (*pour demander aide*) sich wenden an +*akk*

tournesol [tuʀnəsɔl] *nm* Sonnenblume *f*

tournevis [tuʀnəvis] *nm* Schraubenzieher *m*; **~ cruciforme** Kreuzschlitzschraubenzieher; **~ testeur** Spannungsprüfer *m*

tourniquet [tuʀnikɛ] *nm* (*pour arroser*) Sprenger *m*; (*portillon*) Drehkreuz *nt*; (*présentoir*) Drehständer *m*

tournoi [tuʀnwa] *nm* Turnier *nt*

tournoyer [tuʀnwaje] <6> *vi* (*oiseau*) kreisen; (*fumée*) herumwirbeln

tournure [tuʀnyʀ] *nf* (*Ling*) Ausdruck *m*

tour-opérateur (*pl* **~s**) [tuʀɔpeʀatœʀ] *nm* Reiseveranstalter *m*

tourte [tuʀt] *nf* (*Gastr*) Pastete *f*

tourterelle [tuʀtəʀɛl] *nf* Turteltaube *f*

tous [tu] *adj*, **tous** [tus] *pron voir* **tout**

Toussaint [tusɛ̃] *nf*: **la ~** Allerheiligen *nt*

tousser [tuse] <1> *vi* husten

toussoter [tusɔte] <1> *vi* hüsteln

tout, e (*pl* **tous, ~es**) [tu, tut, tus] *adj* alles, alle; **~ e la journée** den ganzen Tag; **tous les jours** jeden Tag; **~ le, ~e la** (*la totalité*) der/die/das ganze …; **~ un livre/ pain** ein ganzes Buch/Brot; **tous les livres/enfants** alle Bücher/Kinder; **~es les nuits** (*chaque*) jede Nacht; **à ~e heure/ à ~ âge** zu jeder Stunde/in jedem Alter; **~es les fois** jedes Mal; **~es les fois que** jedes Mal, wenn; **~es les 3 semaines** alle 3 Wochen; **tous/~es les deux** alle beide; **~ le temps** immer; (*sans cesse*) dauernd; **~ le contraire** genau das Gegenteil; **à ~e**

vitesse mit Höchstgeschwindigkeit; **de tous côtés, de ~es parts** von/nach allen Seiten; **à ~ hasard** auf gut Glück; **contre ~e attente** wider Erwarten; **le ~ premier** der allererste; **~ le monde** alle ▪ *pron* alles; (*pl*) alle; **je les vois tous/~es** ich sehe sie alle; **c'est ~** das ist alles; **en ~** insgesamt ▪ *adv* ganz; **elle était ~ émue/~ petite** sie war ganz gerührt/klein; **~ près, ~ à côté** ganz in der Nähe; **le livre ~ entier** das ganze Buch; **~ droit** geradeaus; **~ en travaillant/mangeant** während er/ sie arbeitete/aß; **~ ou rien** alles oder nichts; **~ d'abord** zuallererst; **~ à coup** plötzlich; **~ à fait** ganz und gar; (*exactement*) genau; **~e à l'heure** (*passé*) soeben, gerade; (*futur*) gleich; **à ~e à l'heure!** bis später!; **~ de même** trotzdem; **~ de suite** sofort; **à ~ de suite!** bis gleich! ▪ *nm*: **le ~** das Ganze

toutefois [tutfwa] *adv* jedoch, dennoch

tout-terrain [tuteʀɛ̃] *adj*: **voiture** *f* **~** Geländewagen *m*; **vélo** *m* **~** Mountainbike *nt*

toux [tu] *nf* Husten *m*

toxémie [tɔksemi] *nf* Blutvergiftung *f*

toxicité [tɔksisite] *nf* Giftigkeit *f*

toxicologie [tɔksikɔlɔʒi] *nf* Toxikologie *f*

toxicologique [tɔksikɔlɔʒik] *adj* toxikologisch

toxicomane [tɔksikɔman] *nmf* (Rauschgift)süchtige(r) *mf*

toxicomanie [tɔksikɔmani] *nf* Drogensucht *f*

toxine [tɔksin] *nf* Giftstoff *m*

toxique [tɔksik] *adj* (*champignon*) giftig; (*gaz*) Gift-

toxoplasmose [tɔksoplasmoz] *nf* Toxoplasmose *f*

T.P. *nmpl abr* = **travaux pratiques** Übungsseminar *nt*

trac [tʀak] *nm* (*fam*) Bammel *m*; (*Theat*) Lampenfieber *nt*

traçabilité [tʀasabilite] *nf* Rückverfolgbarkeit *f* der Herkunft

tracas [tʀaka] *nm* Schererei *f*, Sorgen *pl*

tracasser [tʀakase] <1> *vt* plagen, quälen; **se tracasser** *vpr* sich *dat* Sorgen machen

tracasserie [tʀakasʀi] *nf* Schikane *f*

trace [tʀas] *nf* Spur *f*; **~s de pneus/de freinage** Reifen-/Bremsspuren *pl*

tracer [tʀase] <2> *vt* zeichnen; (*frayer*) eröffnen; (*fig: chemin, voie*) weisen (*à qn* jdm)

traceur [tʀasœʀ] *nm* (*Inform*) Plotter *m*

tract [tʀakt] *nm* Flugblatt *nt*

tractations [tʀaktasjɔ̃] *nfpl* Handeln *nt*, Feilschen *nt*

tracteur [tʀaktœʀ] *nm* Traktor *m*

traction [tʀaksjɔ̃] nf (action) Ziehen nt; (Auto) Antrieb m; ~ avant/arrière Front-/Heckantrieb; ~ mécanique/électrique mechanischer/elektrischer Antrieb

tradition [tʀadisjɔ̃] nf Tradition f

traditionalisme [tʀadisjɔnalism] nm Traditionsbewusstsein nt

traditionnel, le [tʀadisjɔnɛl] adj traditionell

traducteur, -trice [tʀadyktœʀ, tʀis] nm/f Übersetzer(in) m(f); ~ de poche Sprachcomputer m

traduction [tʀadyksjɔ̃] nf (écrit) Übersetzung f; (oral) Dolmetschen nt; ~ assistée par ordinateur computergestützte Übersetzung; ~ consécutive Konsekutivdolmetschen nt; ~ simultanée Simultandolmetschen nt

traduire [tʀadɥiʀ] irr comme conduire vt übersetzen; (exprimer) ausdrücken; ~ en français ins Französische übersetzen ■ vpr: se ~ par sich ausdrücken durch

traduisible [tʀadɥizibl] adj übersetzbar

trafic [tʀafik] nm (illicite) (Schwarz)handel m; ~ d'armes Waffenschieberei f; ~ routier/aérien (circulation) Straßen-/Flugverkehr m

trafiquant, e [tʀafikɑ̃, ɑ̃t] nm/f Schwarzhändler(in) m(f), Schieber(in) m(f); ~ de drogue Dealer(in) m(f)

trafiquer [tʀafike] <1> vt (fam: transformer) sich dat zu schaffen machen an +dat

tragédie [tʀaʒedi] nf Tragödie f

tragique [tʀaʒik] adj tragisch

tragiquement [tʀaʒikmɑ̃] adv tagisch

trahir [tʀaiʀ] <8> vt verraten; **se trahir** vpr sich verraten

trahison [tʀaizɔ̃] nf Verrat m

train [tʀɛ̃] nm (Chemin de Fer) Zug m; (allure) Tempo nt; aller à fond de ~ mit Höchstgeschwindigkeit fahren; être en ~ de faire qch gerade etw tun; ~ d'atterrissage (Aviat) Fahrgestell nt; ~ auto-couchettes Autoreisezug; ~ avant/arrière Vorder-/Hinterachse f; ~ électrique (jouet) Modelleisenbahn f; ~ à grande vitesse Hochgeschwindigkeitszug; ~ de pneus Reifensatz m; ~ spécial Sonderzug; ~ de vie Lebensstil m; du [ou au] ~ où vont les choses wenn das so weitergeht

traîneau (pl x) [tʀɛno] nm Schlitten m

traîner [tʀene] <1> vt schleppen, ziehen; (enfant, chien) hinter sich dat herziehen; ~ les pieds schlurfen; (fig) sich bitten lassen ■ vi (être en désordre) herumliegen; (agir lentement) bummeln, trödeln; (durer) sich schleppen; (vagabonder) sich herumtreiben; ~ en longueur sich in die Länge ziehen; ~ par terre auf dem Boden

schleifen; **se traîner** vpr (personne, voiture) kriechen; (durer) sich in die Länge ziehen; **se ~ par terre** am Boden kriechen

train-train [tʀɛ̃tʀɛ̃] nm tägliches Einerlei, Trott m

traire [tʀɛʀ] irr vt melken

trait [tʀɛ] nm Strich m; (caractéristique) Zug m; **traits** nmpl (du visage) Gesichtszüge pl; **avoir ~ à** sich beziehen auf +akk; **d'un ~** auf einen Zug; **animal de ~** Zugtier nt; ~ **de caractère** Charakterzug; ~ **d'esprit** Geistesblitz m; ~ **d'union** Bindestrich; (fig) Verbindung f

traitant, e [tʀɛtɑ̃, ɑ̃t] adj: **votre médecin ~** Ihr behandelnder Arzt; **shampooing ~** Pflegeshampoo nt

traite [tʀɛt] nf (Fin) Tratte f; (Agr) Melken nt; **d'une (seule) ~** ohne Unterbrechung; **la ~ des noirs/blanches** der Sklaven-/Mädchenhandel

traité [tʀete] nm Vertrag m; (ouvrage) Abhandlung f; ~ **de non prolifération** Atomsperrvertrag

traitement [tʀɛtmɑ̃] nm Behandlung f; (de matériaux) Bearbeitung f, Verarbeitung f; (salaire) Gehalt nt, Besoldung f; ~ **des déchets radioactifs** Wiederaufbereitung f radioaktiver Stoffe; ~ **(électronique) de données** (elektronische) Datenverarbeitung; ~ **d'images** (Inform) Bildverarbeitung; ~ **en lots** (Inform) Batchbetrieb m; ~ **des ordures** Abfallbeseitigung f; ~ **de surface** (carrosserie) Oberflächenbehandlung; ~ **de texte** Textverarbeitung

traiter [tʀete] <1> vt behandeln; (matériaux: Inform) verarbeiten, bearbeiten; **bien/mal ~** gut/schlecht behandeln; ~ **qn d'idiot/de tous les noms** (qualifier) jdn einen Idioten/alles Mögliche heißen ■ vi (négocier) verhandeln; ~ **de qch** etw behandeln

traiteur [tʀetœʀ] nm Partyservice m

traître, -esse [tʀɛtʀ(ə), ɛs] adj (heim)tückisch ■ nm/f Verräter(in) m(f)

traîtrise [tʀetʀiz] nf Verrat m, Hinterlist f

trajectoire [tʀaʒɛktwaʀ] nf Flugbahn f

trajet [tʀaʒɛ] nm Strecke f; (parcours) Fahrt f; (fig) Verlauf m

tram [tʀam] nm voir **tramway**

trame [tʀam] nf (d'un tissu) Schuss m; (d'un roman) Handlungsgerüst nt; (Typo) Raster m

trampoline [tʀɑ̃pɔlin] nm Trampolin nt; (sport) Trampolinspringen nt

tramway [tʀamwɛ] nm Straßenbahn f

tranchant, e [tʀɑ̃ʃɑ̃, ɑ̃t] adj scharf; (remarque, ton) kategorisch ■ nm (d'un couteau) Schneide f; **à double ~** (fig) zweischneidig

tranche [tʀɑ̃ʃ] nf (morceau) Scheibe f;
(bord) Kante f; (d'un livre) Schnitt m; (partie)
Abschnitt m, Teil m; (d'actions, de bons)
Tranche f; (de revenus) Spanne f; **~ d'âge/
de salaires** Alters-/Gehaltsstufe f; **~ de
centrale nucléaire** Reaktorblock m

tranché, e [tʀɑ̃ʃe] adj (couleurs) grell;
(opinions) scharf abgegrenzt ■ nf Graben m

trancher [tʀɑ̃ʃe] <1> vt schneiden;
(résoudre) entscheiden ■ vi (résoudre)
entscheiden; **~ avec** (contraster) sich
scharf abheben [ou unterscheiden] von

tranchoir [tʀɑ̃ʃwaʀ] nm (planche)
Hack-/Wiegebrett nt

tranquille [tʀɑ̃kil] adj ruhig; **avoir la
conscience ~** ein gutes Gewissen haben;
se tenir ~ sich ruhig verhalten; **laisse-moi
~!** lass mich in Ruhe!; **soyez ~** seien Sie
unbesorgt

tranquillement adv ruhig

tranquillisant [tʀɑ̃kiliza̍] nm
Beruhigungsmittel nt

tranquillité [tʀɑ̃kilite] nf Ruhe f;
~ d'esprit Gemütsruhe

transaction [tʀɑ̃zaksjɔ̃] nf Geschäft nt,
Transaktion f

transat [tʀɑ̃zat] nm Liegestuhl m

transatlantique [tʀɑ̃zatlɑ̃tik] adj
überseeisch ■ nm (bateau)
Überseedampfer m

transbordement [tʀɑ̃sbɔʀdəmɑ̃] nm
Umladen nt

transborder [tʀɑ̃sbɔʀde] <1> vt umladen

transcodeur [tʀɑ̃skɔdœʀ] nm (Inform)
Compiler m

transcription [tʀɑ̃skʀipsjɔ̃] nf (copie)
Abschrift f; (alphabet) Transkription f

transférer [tʀɑ̃sfeʀe] <5> vt (prisonnier)
überführen; (bureau) verlegen; (argent:
Psych) übertragen; (par virement)
überweisen; (fonctionnaire) versetzen

transfert [tʀɑ̃sfɛʀ] nm (d'un prisonnier)
Überführung f; (du bureau) Verlegung f;
(d'argent: Psych) Übertragung f; (virement)
Überweisung f; (de fonctionnaires)
Versetzung f; **~ d'appels** Rufumleitung f;
~ de capital Kapitaltransfer m

transformateur [tʀɑ̃sfɔʀmatœʀ] nm
Transformator m

transformation [tʀɑ̃sfɔʀmasjɔ̃] nf
Verwandlung f; (d'une maison) Umbau m;
(d'un vêtement) Umarbeitung f;
(changement) Veränderung f

transformer [tʀɑ̃sfɔʀme] <1> vt
verwandeln; (maison, magasin) umbauen;
(vêtement) umarbeiten; **~ en qch** in etw
akk umwandeln; **se transformer** vpr sich
verändern

transfrontalier, -ière [tʀɑ̃sfʀɔ̃talje, ɛʀ]
adj grenzüberschreitend

transfuge [tʀɑ̃sfyʒ] nmf Überläufer(in)
m(f)

transfusion [tʀɑ̃sfyzjɔ̃] nf: **~ sanguine**
Bluttransfusion f

transgénique [tʀɑ̃sʒenik] adj transgen,
genmanipuliert; **maïs ~** Genmais m

transgresser [tʀɑ̃sgʀese] <1> vt (loi,
ordre) übertreten

transistor [tʀɑ̃zistɔʀ] nm Transistor m

transit [tʀɑ̃zit] nm Transit(verkehr) m

transitif, -ive [tʀɑ̃zitif, iv] adj transitiv

transition [tʀɑ̃zisjɔ̃] nf Übergang m;
de ~ vorübergehend

transitoire [tʀɑ̃zitwaʀ] adj
vorübergehend, vorläufig; (fugitif)
kurzlebig

translucide [tʀɑ̃slysid] adj
durchscheinend

transmetteur [tʀɑ̃smɛtœʀ] nm Sender m

transmettre [tʀɑ̃smɛtʀ] irr comme mettre
vt übertragen; **~ qch à qn** jdm etw
übermitteln; (biens, droits) etw auf jdn
übertragen, jdm etw übertragen; (secret,
recette) jdm etw mitteilen

transmissible [tʀɑ̃smisibl] adj
übertragbar, **maladie sexuellement ~**
Geschlechtskrankheit f

transmission [tʀɑ̃smisjɔ̃] nf
Übertragung f; (d'un message)
Übermittlung f; **~ de pensée**
Gedankenübertragung; **~ par satellite**
Satellitenübertragung

transparaître [tʀɑ̃spaʀɛtʀ] irr comme
connaître vi durchscheinen

transparence [tʀɑ̃spaʀɑ̃s] nf
Transparenz f; **regarder qch par ~** etw
gegen das Licht halten

transparent, e [tʀɑ̃spaʀɑ̃, ɑ̃t] adj
durchsichtig

transpercer [tʀɑ̃spɛʀse] <2> vt
durchbohren; (fig) durchdringen;
~ un vêtement (pluie) durch ein
Kleidungsstück durchgehen

transpiration [tʀɑ̃spiʀasjɔ̃] nf (sueur)
Schweiß m

transpirer [tʀɑ̃spiʀe] <1> vi schwitzen

transplanter [tʀɑ̃splɑ̃te] <1> vt
verpflanzen

transport [tʀɑ̃spɔʀ] nm Transport m,
Beförderung f; **~ aérien/routier** Transport
per Flugzeug/auf der Straße; **avion de ~**
Transportflugzeug nt; **~ de marchandises**
Gütertransport; **~ de voyageurs**
Beförderung von Reisenden; **les ~s en
commun** die öffentlichen Verkehrsmittel

transporter [tʀɑ̃spɔʀte] <1> vt
befördern, transportieren; (énergie, son)
übertragen; (fig) hinreißen

transporteur nm (entrepreneur)
Spediteur(in) m(f)

transposer [tʀɑ̃spoze] <1> vt (idée, fait) umwandeln; (Mus) transponieren

transsexuel, le [tʀɑ̃(s)sɛksɥɛl] nmf Transsexuelle(r) mf

transsibérien, ne [tʀɑ̃(s)sibeʀjɛ̃, ɛn] adj transsibirisch

transversal, e (pl -aux) [tʀɑ̃svɛʀsal, o] adj Quer-

trapèze [tʀapɛz] nm Trapez nt

trappe [tʀap] nf (ouverture) Falltür f; (piège) Falle f; **passer à la ~** (fig) in der Versenkung verschwinden

trappeur [tʀapœʀ] nm Trapper m

trapu, e [tʀapy] adj untersetzt, stämmig

traumatiser [tʀomatize] <1> vt einen Schock versetzen +dat; (fig) mitnehmen, schaffen

traumatisme [tʀomatism] nm (Med) Trauma nt; (Psych) Schock m; **~ crânien** Gehirntrauma

travail (pl -aux) [tʀavaj, o] nm Arbeit f; (accouchement) Wehen pl; **travaux dirigés** (Univ) Seminar nt; **~ en équipe** Teamarbeit; **travaux forcés** Zwangsarbeit f; **~ intérimaire, ~ temporaire** Zeitarbeit; **travaux manuels** (Scol) Handarbeit; **travaux ménagers** Haushalt m; **~ (au) noir** Schwarzarbeit; **travaux pratiques** (Scol) Übungsseminar nt; **travaux publics** staatliche Bauvorhaben pl; **~ en réseau** vernetztes Arbeiten; **~ à temps partiel** Teilzeitarbeit; **~ d'utilité collective** Arbeitsbeschaffungsmaßnahme f

travaillé, e [tʀavaje] adj aufpoliert

travailler [tʀavaje] <1> vi arbeiten; (bois) sich werfen; **~ à** arbeiten an +dat; (contribuer à) hinarbeiten auf +akk ◼ vt arbeiten an +dat; (bois, métal, influencer) bearbeiten; **~ son piano** Klavier üben; **~ la terre** das Feld bestellen; **cela le travaille** das geht ihm seinem Kopf herum

travailleur, -euse [tʀavajœʀ, øz] adj: **être ~** fleißig sein ◼ nm/f Arbeiter(in) m(f)

travée [tʀave] nf (rangée) Reihe f

travelling [tʀavliŋ] nm Kamerafahrt f; **~ optique** Zoomaufnahmen pl

travelo [tʀavlo] nm (fam) Transvestit m

travers [tʀavɛʀ] nm (défaut) Schwäche f; **à ~** quer durch; **au ~ (de)** quer (durch); **de ~** schief, verkehrt; **regarder de ~** (fig) schief ansehen; **en ~ (de)** quer (zu)

traverse [tʀavɛʀs] nf (Chemin de Fer) Schwelle f; **chemin de ~** Abkürzung f

traversée [tʀavɛʀse] nf Durchquerung f; (en mer) Überfahrt f

traverser [tʀavɛʀse] <1> vt (rue, mer, frontière) überqueren; (salle, forêt) gehen durch; (ville, tunnel) durchqueren; (percer) durchgehen durch; (difficultés, temps) durchmachen; (ligne, trait) durchqueren

traversin [tʀavɛʀsɛ̃] nm Kopfkissenrolle f

travesti [tʀavɛsti] nm Transvestit m

travestir [tʀavɛstiʀ] <8> vt verzerren; **se travestir** vpr sich verkleiden

trébucher [tʀebyʃe] <1> vi: **~ (sur)** (a. fig) stolpern (über +akk)

trèfle [tʀɛfl] nm Klee m; (Cartes) Kreuz nt; **~ à quatre feuilles** vierblättriges Kleeblatt

treille [tʀɛj] nf Weinlaube f

treillis [tʀɛji] nm (métallique) Gitter nt

treize [tʀɛz] num dreizehn

treizième adj dreizehnte(r, s)

trekking [tʀɛkiŋ] nm Trekking nt; **~ à poney** Pony-Trekking

tréma [tʀema] nm Trema nt

tremblant, e [tʀɑ̃blɑ̃, ɑ̃t] adj zitternd

tremblement [tʀɑ̃bləmɑ̃] nm Zittern nt, Beben nt; **~ de terre** Erdbeben

trembler [tʀɑ̃ble] <1> vi zittern; (flamme) flackern; (terre) beben; **~ de froid/fièvre/ peur** vor Kälte/Fieber/Angst zittern

trémousser [tʀemuse] <1> vpr: **se trémousser** herumzappeln

trempe [tʀɑ̃p] nf: **de cette/sa ~** (caractère) von diesem/seinem Schlag

trempé, e [tʀɑ̃pe] adj klatschnass; (Tech) gehärtet

tremper [tʀɑ̃pe] <1> vt nass machen ◼ vi eingeweicht sein, in einer Flüssigkeit liegen; **~ dans** (plonger) eintauchen in +akk; (fig) verwickelt sein in +akk; **faire ~, mettre à ~** einweichen; **se tremper** vpr (dans mer, piscine) kurz hineingehen

tremplin [tʀɑ̃plɛ̃] nm Sprungbrett nt; (Ski) Sprungschanze f

trentaine [tʀɑ̃tɛn] nf: **une ~ (de)** etwa dreißig

trente [tʀɑ̃t] num dreißig

trentenaire [tʀɑ̃tənɛʀ] adj dreißigjährig; zwischen dreißig und vierzig

trente-trois-tours [tʀɑ̃ttʀwatuʀ] nm inv (disque) Langspielplatte f, LP f

trépied [tʀepje] nm (d'appareil) Stativ nt; (meuble) Dreifuß m

trépigner [tʀepiɲe] <1> vi stampfen, trampeln

très [tʀɛ] adv sehr; **~ critiqué(e)** viel kritisiert; **j'ai ~ envie de** ich habe große Lust auf +akk/zu

trésor [tʀezɔʀ] nm Schatz m; **le T~ (public)** die Finanzbehörde

trésorerie [tʀezɔʀʀi] nf (gestion) Finanzverwaltung f; (bureaux) Finanzabteilung f

trésorier, -ière [tʀezɔʀje, ɛʀ] nm/f (d'une société) Kassenverwalter(in) m(f), Schatzmeister(in) m(f)

tressaillir [tʀesajiʀ] irr comme défaillir vi erbeben

tresse [tʀɛs] nf (cheveux) Zopf m

tresser [tʀese] <1> vt flechten; (*corde*) drehen

trêve [tʀɛv] nf Waffenruhe f; (*fig*) Ruhe f; ~ **de** Schluss mit; ~ **de plaisanterie!** Spaß beiseite!; **sans** ~ unaufhörlich

Trêves [tʀɛv] Trier nt

tri [tʀi] nm Sortieren nt; (*choix*) (Vor)auswahl f

triage [tʀijaʒ] nm: **gare de** ~ Rangierbahnhof m, Verschiebebahnhof m

triangle [tʀijɑ̃gl] nm Dreieck nt; (*Mus*) Triangel m; ~ **de présignalisation** Warndreieck

tribord [tʀibɔʀ] nm: **à** ~ nach Steuerbord

tribu [tʀiby] nf Stamm m

tribunal (*pl* **-aux**) [tʀibynal, o] nm Gericht nt; ~ **de commerce/de police** Handels-/Polizeigericht; ~ **pour enfants** Jugendgericht; ~ **de grande instance** oberster Gerichtshof

tribune [tʀibyn] nf Tribüne f; (*d'église*) Empore f; (*de tribunal*) Galerie f; (*débat*) Diskussion f

tribut [tʀiby] nm (*argent*) Abgabe f

tributaire [tʀibytɛʀ] adj: **être** ~ **de** abhängig sein von; (*fleuve*) einmünden in +*akk*

tricher [tʀiʃe] <1> vi schummeln

tricherie [tʀiʃʀi] nf Betrug m

tricheur, -euse nm/f Betrüger(in) m(f)

tricolore [tʀikɔlɔʀ] adj dreifarbig; (*français*) rot-weiß-blau; **le drapeau** ~ die Trikolore

tricot [tʀiko] nm (*action*) Stricken nt; (*ouvrage*) Strickarbeit f, Strickzeug nt; (*tissu*) Strickware f, Trikot m; (*vêtement*) Pullover m

tricoter [tʀikɔte] <1> vt stricken; **machine/aiguille à** ~ Strickmaschine f/-nadel f

tricycle [tʀisikl] nm Dreirad nt

triennal, e (*pl* **-aux**) [tʀiɛnal, o] adj dreijährlich; (*mandat*) dreijährig

trier [tʀije] <1> vt (*a. Inform*) sortieren; (*fruits*) aussortieren; (*selectionner*) (vor)auswählen

trimaran [tʀimaʀɑ̃] nm Trimaran m

trimestre [tʀimɛstʀ] nm (*Scol*) Trimester nt; (*Com*) Quartal nt, Vierteljahr nt

trimestriel, le [tʀimɛstʀijɛl] adj vierteljährlich

tringle [tʀɛ̃gl] nf Stange f; ~ **à rideaux** Gardinenstange

Trinité [tʀinite] nf: **la** ~ die Dreifaltigkeit

trinquer [tʀɛ̃ke] <1> vi anstoßen, sich zuprosten; (*fam*) Unannehmlichkeiten bekommen, büßen müssen; ~ **à qch/ à la santé de qn** auf etw akk /jds Wohl anstoßen

trio [tʀijo] nm Terzett nt

triomphe [tʀijɔ̃f] nm Triumph m

triompher <1> vi siegen; (*idée, cause*) triumphieren; ~ **de qch** über etw akk triumphieren

tripes [tʀip] nfpl (*Gastr*) Kutteln pl, Kaldaunen pl; **prendre aux** ~ an die Nieren gehen

triple [tʀipl] adj dreifach; (*trois fois plus grand*) dreimal (so groß); **en** ~ **exemplaire** in dreifacher Ausfertigung ■ nm: **le** ~ **(de)** das Dreifache (von)

triplé [tʀiple] nm (*Sport*) Hattrick m; (*turf*) Dreierwette f; ~**s, ~es** mpl, fpl Drillinge pl

tripler <1> vi sich verdreifachen ■ vt verdreifachen

tripoter [tʀipɔte] <1> vt herumfummeln mit; (*femme*) herumfummeln an +*dat*

trique [tʀik] nf Knüppel m

trisomie [tʀizɔmi] nf: ~ **21** (*Med*) Downsyndrom nt

triste [tʀist] adj traurig

tristesse [tʀistɛs] nf Traurigkeit f

trivial, e (*pl* **-aux**) [tʀivjal, o] adj derb, vulgär; (*commun*) trivial, alltäglich

troc [tʀɔk] nm Tauschhandel m

troglodyte [tʀɔglɔdit] nmf Höhlenbewohner(in) m(f)

trognon [tʀɔɲɔ̃] nm (*de fruit*) Kerngehäuse nt; (*de légume*) Strunk m ■ adj (*fam: enfant*) niedlich, süß

trois [tʀwɑ] num drei; **le** ~ **avril** der dritte April; ~ **fois** dreimal; ~ **cents** dreihundert; **de** ~ **ans** dreijährig; **les** ~ **quarts de** drei viertel +*gen*

troisième [tʀwazjɛm] adj dritte(r, s); ~ **âge** Seniorenalter nt ■ nmf (*personne*) Dritte(r) mf

troisièmement adv drittens

trolleybus [tʀɔlebys] nm Obus m

trombe [tʀɔ̃b] nf: **des ~s d'eau** ein Regenguss m; **en** ~ (*arriver, passer*) wie ein Wirbelwind

trombone [tʀɔ̃bɔn] nm (*Mus*) Posaune f; (*de bureau*) Büroklammer f

trompe [tʀɔ̃p] nf (*d'éléphant*) Rüssel m; (*Mus*) Horn nt

tromper [tʀɔ̃pe] <1> vt (*personne*) betrügen; (*espoir, attente*) enttäuschen; (*vigilance, poursuivants*) irreführen; (*distance, objet, ressemblance*) täuschen; **se tromper** vpr sich irren; **se** ~ **de jour** sich im Tag täuschen; **se** ~ **de 3 cm/20 euros** sich um 3 cm/20 Euro vertun

tromperie [tʀɔ̃pʀi] nf Betrug m

trompette [tʀɔ̃pɛt] nf (*Mus*) Trompete f

trompettiste [tʀɔ̃petist] nmf Trompeter(in) m(f)

trompeur, -euse [tʀɔ̃pœʀ, øz] adj trügerisch; **les apparences sont trompeuses** der Schein trügt

tronc [tʀɔ̃] nm (d'arbre) Stamm m; (d'église) Opferstock m; (Anat) Rumpf m; **~ d'arbre** Baumstamm/-stumpf m; **~ commun** Kern(arbeits)zeit f; (Scol) gemeinsamer Bildungsweg

tronçon [tʀɔ̃sɔ̃] nm Teilstrecke f

tronçonner [tʀɔ̃sɔne] <1> vt zersägen

tronçonneuse nf Kettensäge f

trône [tʀon] nm Thron m; **monter sur le ~** den Thron besteigen

trop [tʀo] adv (avec verbe) zu viel; (devant adverbe) zu; (devant adjectif) (viel) zu; **~ de** (nombre) zu viele; (quantité) zu viel; **~ nombreux** zu viele; zu zahlreich; **~ (longtemps)** zu lange; **~ peu nombreux(-euse)** zu wenige; **~ souvent** zu oft; **des livres en ~/3 euros de ~** einige Bücher/3 Euro zu viel; **du lait en ~** überschüssige Milch; **c'est ~!** was zu viel ist, ist zu viel!

trophée [tʀɔfe] nm Trophäe f

tropical, e (pl -aux) [tʀɔpikal, o] adj tropisch, Tropen-

tropique [tʀɔpik] nm Wendekreis m; **tropiques** nmpl (région) Tropen pl; **~ du Cancer/Capricorne** Wendekreis des Krebses/Steinbocks

trop-plein (pl -s) [tʀɔplɛ̃] nm Überlauf m

troquer [tʀɔke] vt: **~ qch contre qch** etw gegen etw eintauschen

trot [tʀo] nm: **le ~** der Trab; **aller au ~** Trab reiten

trotter [tʀɔte] <1> vi traben; (souris, enfant) (herum)huschen

trotteuse [tʀɔtøz] nf (de montre) Sekundenzeiger m

trottiner [tʀɔtine] <1> vi trippeln

trottinette [tʀɔtinɛt] nf Roller m; (jouet moderne) Mikroroller m, Kickboard® nt

trottoir [tʀɔtwaʀ] nm Gehweg m; **faire le ~** auf den Strich gehen; **~ roulant** Rollsteg m

trou [tʀu] nm Loch nt; **~ d'air** Luftloch; **~ de mémoire** Gedächtnislücke f; **~ perdu** (fam) gottverlassenes Nest; **~ de la serrure** Schlüsselloch

trouble [tʀubl] adj trüb; (affaire, histoire) zwielichtig ■ nm (désarroi) Verwirrung f; (émoi) Erregung f; (zizanie) Unruhe f; **troubles** nmpl (Pol) Aufruhr m, Unruhen pl; (Med) Störung f, Beschwerden pl; **~s respiratoires** Atembeschwerden pl

trouble-fête [tʀubləfɛt] nmf inv Spielverderber(in) m(f)

troubler [tʀuble] <1> vt verwirren; (émouvoir) bewegen; (inquiéter) beunruhigen; (liquide) trüben; (perturber, déranger) stören; **se troubler** vpr (personne) verlegen werden

troué, e [tʀue] adj durchlöchert ■ nf (dans un mur, dans une haie) Lücke f; (Geo) Spalte f

trouer [tʀue] <1> vt durchlöchern; (mur) durchbohren; (silence, air, nuit) durchbrechen

trouille [tʀuj] nf: **avoir la ~** (fam) eine Höllenangst haben

troupe [tʀup] nf (Mil) Truppe f; (groupe) Schar f, Gruppe f; **~ (de théâtre)** (Theater)truppe

troupeau (pl x) [tʀupo] nm Herde f

trousse [tʀus] nf (étui) Etui nt; (d'écolier) (Feder)mäppchen nt; (de docteur) Arztkoffer m; **aux ~s de** auf den Fersen von; **~ à outils** Werkzeugtasche f; **~ de toilette** Kulturbeutel m

trousseau (pl x) [tʀuso] nm (de mariée) Aussteuer f; **~ de clefs** Schlüsselbund nt o m

trouvaille [tʀuvaj] nf Entdeckung f

trouver [tʀuve] <1> vt finden; **aller ~ qn** (rendre visite) jdn besuchen; **~ à boire/critiquer** etwas zu trinken/kritisieren finden; **je trouve que** ich finde, dass; **se trouver** vpr (être) sein, sich befinden; (être soudain) sich finden; **se ~ être/avoir ...** zufällig ... sein/haben; **se ~ mal** bewusstlos werden; **il se trouve que** zufälligerweise

truand, e [tʀyɑ̃, ɑ̃d] nm Gangster m

truander [tʀyɑ̃de] <1> vt (fam) übers Ohr hauen

truc [tʀyk] nm (astuce) Dreh m; (de cinéma, de prestidigitateur) Trick m; (fam: chose) Ding nt

truffe [tʀyf] nf (champignon, en chocolat) Trüffel f; (d'un chien) Nase f

truffé, e [tʀyfe] adj: **~ de** gespickt mit

truie [tʀɥi] nf Sau f

truite [tʀɥit] nf Forelle f

truquer [tʀyke] <1> vt fälschen; (élections) manipulieren; (Cine) Trickaufnahmen anwenden bei

tsé-tsé [tsetse] nf inv: **(mouche) ~** Tsetsefliege f

tsigane [tsigan] nmf voir **tzigane**

T.S.V.P. abr = **tournez s'il-vous-plaît** b. w.

T.T.C. abr = **toutes taxes comprises** alles inkl.

tu [ty] pron du

tu, e [ty] pp de **taire**

tuant, e [tɥɑ̃, tɥɑ̃t] adj (fatigant) erschöpfend; (énervant) unausstehlich

tuba [tyba] nm (Mus) Tuba f; (Sport) Schnorchel m

tube [tyb] nm Röhre f; (de canalisation) Rohr nt; (d'aspirine, etc) Röhrchen nt; (de dentifrice, etc) Tube f; (disque) Hit m;

~ à essai Reagenzglas nt; **~ au néon** Neonröhre; **à plein(s) ~(s)** (fam) volles Rohr; **~ cathodique** Bildröhre; **~ digestif** Verdauungskanal m

tuberculose [tybɛRkyloz] nf Tuberkulose f

tubulaire [tybylɛR] adj Stahlrohr-

T.U.C. [tyk] nm acr = **travail d'utilité collective** ABM f

tuciste [tysist] nmf ABM-Kraft f

tue-mouche [tymuʃ] adj: **papier ~** Fliegenfänger m

tuer [tɥe] <1> vt töten; (commerce) ruinieren; **se tuer** vpr (se suicider) sich dat das Leben nehmen; (dans un accident) umkommen

tue-tête [tytɛt] adv: **à ~** aus Leibeskräften

tueur, -euse [tɥœR, øz] nm/f Mörder(in) m(f); **~ fou** Amokschütze m; **~ à gages** bezahlter Killer

tuile [tɥil] nf Dachziegel m; (fam: ennui) Missgeschick nt

tulipe [tylip] nf Tulpe f

tulle [tyl] nm Tüll m

tumeur [tymœR] nf Tumor m

tumultueux, -euse [tymyltɥø, øz] adj tobend, lärmend

tuner [tynɛR] nm Tuner m

tunique [tynik] nf Tunika f

Tunisie [tynizi] nf: **la ~** Tunesien nt

tunisien, ne [tynizjɛ̃, ɛn] adj tunesisch

Tunisien, ne [tynizjɛ̃, ɛn] nm/f Tunesier(in) m(f)

tunnel [tynɛl] nm Tunnel m

turban [tyRbɑ̃] nm Turban m

turbine [tyRbin] nf Turbine f

turbo [tyRbo] nm Turbolader m; **un moteur ~** ein Turbomotor m

turbocompresseur [tyRbɔkɔ̃pRɛsœR] nm Turbolader m

turbomoteur nm Turbomotor m

turbopropulseur [tyRbopRɔpylsœR] nm Turboantrieb m

turboréacteur nm Turbotriebwerk nt

turbot [tyRbo] nm Steinbutt m

turbulent, e [tyRbylɑ̃, ɑ̃t] adj (enfant) wild, ausgelassen

turc, turque [tyRk] adj türkisch

Turc, Turque nm/f Türke (Türkin) m/f; **à la turque** (assis) mit gekreuzten Beinen; **cabinet à la turque** Stehklosett nt

turf [tyRf, tœRf] nm Pferderennsport m

Turkménistan [tyRkmenistɑ̃] nm: **le ~** Turkmenistan nt

turque [tyRk] adj voir **turc**

Turquie [tyRki] nf: **la ~** die Türkei

turquoise [tyRkwaz] adj inv türkis ■ nf Türkis m

tutelle [tytɛl] nf (Jur) Vormundschaft f; (de l'État, d'une société) Aufsicht f; **être/ mettre sous la ~ de** (fig) jds Aufsicht dat

unterstehen/unterstellen; (protégé) unter jds Schutz stehen/stellen

tuteur, -trice [tytœR, tRis] nm/f (Jur) Vormund m ■ nm (de plante) Stütze f, Stützstange f

tutoyer [tytwaje] <6> vt duzen

tutu [tyty] nm Balletttröckchen nt

tuyau (pl x) [tɥijo] nm Rohr nt, Röhre f; (flexible) Schlauch m; (fam: conseil) Wink m, Tipp m; **~ d'arrosage** Gartenschlauch; **~ d'échappement** Auspuffrohr

tuyauterie [tɥijɔtRi] nf Rohrleitungsnetz nt

tuyère [tɥijɛR] nf Düse f

TV abr = **télévision** TV

T.V.A. nf abr = **taxe à la valeur ajoutée** MwSt.

tympan [tɛ̃pɑ̃] nm (Anat) Trommelfell nt

type [tip] nm (a. fam) Typ m; **avoir le ~ nordique** ein nordischer Typ sein; **le ~ standard** die Standardausführung ■ adj inv typisch

typé, e [tipe] adj ausgeprägt

typhoïde [tifɔid] nf Typhus m

typhon [tifɔ̃] nm Taifun m

typhus [tifys] nm Flecktyphus m

typique [tipik] adj typisch

typographie [tipɔgRafi] nf Typografie f

typographique [tipɔgRafik] adj typografisch

tyran [tiRɑ̃] nm Tyrann(in) m(f)

tyrannie [tiRani] nf Tyrannei f

tyrannique adj tyrannisch

tyranniser [tiRanize] <1> vt tyrannisieren

Tyrol [tiRɔl] nm: **le ~** Tirol nt

tyrolien, ne [tiRɔljɛ̃, ɛn] adj Tiroler-

tzigane [dzigan] adj Zigeuner- ■ nmf Zigeuner(in) m(f)

U

U, u [y] *nm* U, u *nt*

U.D.F. *nf abr* = **Union pour la démocratie française** *konservative demokratische Partei*

U.E., UE *nf abr* = **Union européenne** EU *f*

U.E.R. *nm o f abr* = **unité d'enseignement et de recherche** (*Scol*) Fachbereich *m*

Ukraine [ykʀɛn] *nf*: **l'~** die Ukraine

ukrainien, ne [ykʀɛnjɛ̃, ɛn] *adj* ukrainisch

ulcère [ylsɛʀ] *nm* Geschwür *nt*

ulcérer [ylseʀe] <5> *vt* (*fig*) zutiefst verärgern

ultérieur, e [ylteʀjœʀ] *adj* später; **remis à une date ~e** auf später verschoben

ultérieurement *adv* später

ultimatum [yltimatɔm] *nm* Ultimatum *nt*

ultime [yltim] *adj* letzte(r, s)

ultra- [yltʀa] *préf* ultra-

ultrasensible *adj* hoch empfindlich

ultrasons *nmpl* Überschall *m*; (*Tech, Med*) Ultraschall *m*

ultraviolet, te *adj* ultraviolett

ululer [ylyle] <1> *vi* schreien

UMTS *nm abr* = **universal mobile telecommunications system** UMTS *nt*

un, une [œ̃, yn] *art* ein, eine, ein; **une fois** einmal ■ *pron* eine(r, s); **l'un(e) l'autre, les un(e)s les autres** einander; **l'un ...,**

l'autre ... der/die/das eine, ... der/die/das andere ...; **l'un et l'autre** beide(s); **l'un(e) des meilleurs** eine(r, s) der Besten ■ *num* eins; **d'un an** einjährig

unanime [ynanim] *adj* einstimmig

unanimité *nf* Einstimmigkeit *f*; **à l'~** einstimmig

Unesco [ynɛsko] *nf acr* = **Organisation des Nations Unies pour l'éducation, la science et la culture** UNESCO *f*

uni, e [yni] *adj* (*tissu*) einfarbig, uni; (*surface*) eben; (*famille*) eng verbunden; (*pays*) vereinigt

UNICEF [ynisɛf] *nm acr* = **Fonds des Nations Unies pour l'enfance** UNICEF *f*

unification [ynifikasjɔ̃] *nf* Vereinigung *f*

unifier [ynifje] <1> *vt* vereinen, vereinigen; (*systèmes*) vereinheitlichen

uniforme [ynifɔʀm] *adj* gleichmäßig; (*surface*) eben; (*objets, maisons*) gleichartig; (*pej*) einförmig ■ *nm* Uniform *f*

uniformiser <1> *vt* vereinheitlichen

uniformité *nf* Gleichmäßigkeit *f*; (*de surface*) Ebenheit *f*; (*d'objets*) Gleichartigkeit *f*; (*pej*) Einförmigkeit *f*

unilatéral, e (*pl* **-aux**) [ynilateʀal, o] *adj* einseitig, unilateral; **stationnement ~** Parken *nt* nur auf einer Straßenseite

union [ynjɔ̃] *nf* Vereinigung *f*; (*douanière: Pol*) Union *f*; (*mariage*) Verbindung *f*; **U~ européenne** Europäische Union; **~ libre** (*concubinage*) eheähnliche Gemeinschaft; **l'U~ soviétique** (*Hist*) die Sowjetunion

unique [ynik] *adj* (*seul*) einzig; (*exceptionnel*) einzigartig; **enfant/fils/fille ~** Einzelkind *nt*; **prix/système ~** (*le même*) Einheitspreis *m* /-system *nt*; **route à sens ~** Einbahnstraße *f*

uniquement *adv* nur, bloß

unir [yniʀ] <8> *vt* vereinen, vereinigen; (*éléments, couleurs*) verbinden; **~ qch à etw** vereinigen/verbinden mit; **s'unir** *vpr* sich vereinigen

unisexe [ynisɛks] *adj* Einheits-; (*coiffure*) für Damen und Herren

unisson [ynisɔ̃] *adv*: **à l'~** einstimmig

unitaire [yniteʀ] *adj* vereinigend; **prix ~** Einzelpreis *m*

unité [ynite] *nf* Einheit *f*; (*accord*) Einigkeit *f*; **~ centrale** (*Inform*) Zentraleinheit; **~ de commande** (*Inform*) Steuerwerk *nt*, Steuereinheit; **~ de contrôle** (*Inform*) Steuergerät *nt*; **~ d'enseignement et de recherche** (*Scol*) Fachbereich *m*; **~ de longueur** Längeneinheit; **~ de lumière** (*Phys*) Lichteinheit; **~ de mesure** Maßeinheit; **~ monétaire** Währungseinheit; **~ de surface** Flächeneinheit; **~ de temps** Zeiteinheit

univers [yniveʀ] nm Universum nt; (fig)
Welt f

universel, le [yniveʀsɛl] adj allgemein;
(esprit) vielseitig; **remède ~** Allheilmittel nt

universitaire [yniveʀsitɛʀ] adj
Universitäts- ■ nmf Lehrkraft f an der
Universität

université [yniveʀsite] nf Universität f

Untel [œtɛl] nm: **Monsieur ~** Herr
Soundso; **Madame ~** Frau Soundso

uranium [yʀanjɔm] nm Uran nt

urbain, e [yʀbɛ̃, ɛn] adj städtisch

urbanisme [yʀbanism] nm Städtebau m

urbaniste nmf Städteplaner(in) m(f)

urbanité [yʀbanite] nf Weltgewandtheit f

urgence [yʀʒɑ̃s] nf Dringlichkeit f;
(accidenté) dringender Fall; **d'~** dringend;
en cas d'~ im Notfall; **service des ~s**
Unfallstation f

urgent, e adj dringend

Uri [yʀi] nm: **l'~** Uri nt

urine [yʀin] nf Urin m

urinoir nm Pissoir nt

urne [yʀn] nf Urne f; **aller aux ~s** zur Wahl
gehen; **~ funéraire** Urne

urologie [yʀɔlɔʒi] nf Urologie f

U.R.S.S. nf abr = **Union des républiques
socialistes soviétiques** (Hist) UdSSR f

urticaire [yʀtikɛʀ] nf Nesselsucht f

Uruguay [yʀygwɛ] nm: **l'~** Uruguay nt

uruguayen, ne [yʀygwajɛ̃, ɛn] adj
uruguayisch

us [ys] nmpl: **us et coutumes** Sitten und
Gebräuche pl

U.S.A. nmpl abr = **États-Unis d'Amérique**
USA pl

usage [yzaʒ] nm Benutzung f, Gebrauch
m; (coutume) Sitte f; (bonnes manières)
Sitten pl; (Ling) Gebrauch m; **à l'~ de** zum
Gebrauch von, für; **à ~ interne/externe**
zur inneren/äußeren Anwendung; **avoir
l'~ de qch** etw benutzen können; **c'est l'~**
das ist Brauch; **en ~** in Gebrauch; **faire ~
de** Gebrauch machen von; **hors d'~** nicht
mehr brauchbar

usagé, e [yzaʒe] adj gebraucht; (usé)
abgenutzt

usager, -ère [yzaʒe, ɛʀ] nm/f
Benutzer(in) m(f)

usé, e [yze] adj abgenutzt; (santé,
personne) verbraucht; (banal, rebattu)
abgedroschen

user [yze] <1> vt abnützen; (consommer)
verbrauchen; (santé, personne)
mitnehmen, verschleißen ■ vi: **~ de**
gebrauchen; **s'user** vpr sich abnutzen;
(facultés, santé) nachlassen; **s'~ à la tâche
[ou au travail]** sich bei der Arbeit aufreiben

usine [yzin] nf Fabrik f, Werk nt; **~ de
compostage** Kompostieranlage f; **~ à gaz**
Gaswerk; **~ d'incinération des déchets**
Müllverbrennungsanlage f

usiner <1> vt verarbeiten, maschinell
bearbeiten

usité, e [yzite] adj gebräuchlich

ustensile [ystɑ̃sil] nm Gerät nt; **~s de
cuisine** Küchengeräte pl

usuel, le [yzɥɛl] adj üblich

usurier, -ière [yzyʀje, ɛʀ] nm/f Wucherer
(Wucherin) m/f

ut [yt] nm (Mus) C nt

utérus [yteʀys] nm Gebärmutter f

utile [ytil] adj nützlich; **en temps ~** zu
gegebener Zeit

utilisateur, -trice [ytilizatœʀ, tʀis]
nm/f Benutzer(in) m(f); (de logiciel)
Anwender(in) m(f)

utilisation [ytilizasjɔ̃] nf Benutzung f;
(d'énergie) Nutzung f; (d'argent)
Verwendung f; (de restes) Verwertung f

utiliser [ytilize] <1> vt benutzen; (force,
moyen) anwenden; (Gastr: restes)
verwenden, verwerten; (pej) ausnutzen

utilitaire [ytilitɛʀ] adj Gebrauchs-;
(préoccupations, but) auf unmittelbaren
Nutzen gerichtet; **véhicules ~s**
Nutzfahrzeuge pl

utilité [ytilite] nf Nützlichkeit f;
(avantage) Nutzen m; **utilités** nfpl
(Theat: fig) Nebenrollen pl; **~ publique**
Gemeinnützigkeit f; **reconnu(e) d'~
publique** (association) als gemeinnützig
anerkannt

utopie [ytɔpi] nf Utopie f

V

V, v [ve] *nm* V, v *nt*
V *abr* = **volt** V
va [va] *vb voir* **aller**
vacance [vakɑ̃s] *nf (d'un poste)* freie Stelle;
  vacances *nfpl* Ferien *pl*, Urlaub *m*; **les
  grandes ~s** die großen Ferien; **~s de neige**
  Skiurlaub *m*; **les ~s de Pâques/de Noël**
  die Oster-/Weihnachtsferien; **aller en ~s**
  in die Ferien fahren; **prendre des/ses ~s**
  Ferien machen
vacancier, -ière *nm/f* Urlauber(in) *m(f)*
vacant, e [vakɑ̃, ɑ̃t] *adj (poste, chaire)* frei;
  (appartement) leer stehend, frei
vacarme [vakarm] *nm* Lärm *m*, Getöse *nt*
vacataire [vakatɛr] *nmf* Aushilfe *f*
vaccin [vaksɛ̃] *nm* Impfstoff *m*;
  ~ antigrippal Grippeschutzimpfung *f*
vaccination [vaksinasjõ] *nf* Impfung *f*
vacciner [vaksine] <1> *vt* impfen
vache [vaʃ] *nf* Kuh *f*; *(cuir)* Rindsleder *nt*;
  ~ laitière *(Agr)* Milchkuh *f* ■ *adj (fam:
  sévère)* gemein
vachement [vaʃmɑ̃] *adv (fam: très)*
  unheimlich
vacherin [vaʃrɛ̃] *nm (fromage) Weichkäse aus
  der Juragegend*; **~ glacé** *(gâteau)* Eismeringue *f*
vachette [vaʃɛt] *nf* Kalbsleder *nt*
vaciller [vasije] <1> *vi* schwanken;
  (flamme, lumière) flackern; *(mémoire)*
  unzuverlässig sein

VAD *nf abr* = **vente à distance**
  Versandhandel *m*
vadrouille [vadruj] *nf*: **être en ~** *(fam)*
  nicht zu Hause sein, ausgeflogen sein
va-et-vient [vaevjɛ̃] *nm inv* Kommen und
  Gehen *nt*; *(Elec)* Wechselschalter *m*
vagabond, e [vagabõ, õd] *adj (chien)*
  streunend; *(vie)* unstet, Zigeuner-; *(peuple)*
  umherziehend, nomadenhaft; *(imagination,
  pensées)* umherschweifend ■ *nm/f*
  Vagabund(in) *m(f)*, Landstreicher(in) *m(f)*
vagabonder [vagabõde] <1> *vi (errer)*
  umherziehen; *(fig: pensées)* schweifen
vagin [vaʒɛ̃] *nm* Scheide *f*, Vagina *f*
vaginal, e *(pl -aux)* *adj* vaginal, Scheiden-
vague [vag] *nf* Welle *f*; **~ de fond**
  Flutwelle; *(Pol)* Erdrutsch *m* ■ *adj (confus)*
  unklar, unbestimmt, vage; *(flou)*
  verschwommen; *(indéfinissable)*
  unbestimmt, unerklärlich; *(peu ajusté)*
  weit, lose; **~ souvenir/notion** vage
  Erinnerung/vager Begriff; **un ~ bureau/
  cousin** irgendein Büro/Cousin ■ *nm*:
  rester/être dans le ~ im Unklaren
  bleiben/sein
vaguement *adv* vage
vaillant, e [vajɑ̃, ɑ̃t] *adj (courageux)*
  mutig, tapfer; *(en bonne santé)* gesund
vain, e [vɛ̃, vɛn] *adj (illusoire, stérile)*
  vergeblich; *(fat)* eitel, eingebildet;
  en ~ vergeblich, umsonst
vaincre [vɛ̃kr] *irr vt* besiegen; *(fig)*
  überwinden
vaincu, e [vɛ̃ky] *pp de* **vaincre** ■ *nm/f*
  Besiegte(r) *mf*
vainement [vɛnmɑ̃] *adv* vergeblich
vainqueur [vɛ̃kœr] *nm* Sieger(in) *m(f)*
vaisseau *(pl x)* [veso] *nm (Anat)* Gefäß *nt*;
  ~x sanguins *(Anat)* Blutgefäße *pl*;
  ~ spatial Raumschiff *nt*
vaisselle [vesɛl] *nf* Geschirr *nt*; *(lavage)*
  Abwasch *m*; **faire la ~** das Geschirr spülen,
  abwaschen; **~ jetable** Einweggeschirr;
  ~ réutilisable Mehrweggeschirr
val *(pl vaux, ~s)* [val, vo] *nm*: **par monts
  et par vaux** über Berg und Tal
valable [valabl] *adj* gültig; *(motif, solution)*
  annehmbar; *(interlocuteur, écrivain)* fähig
Valais [valɛ] *nm*: **le ~** das Wallis
valet [valɛ] *nm* Diener *m*; *(Cartes)* Bube *m*;
  ~ de chambre Kammerdiener
valeur [valœr] *nf* Wert *m*; *(boursière)*
  Kurs(wert) *m*; *(d'une personne)* Verdienst
  nt; **valeurs** *nfpl (morales)* (sittliche) Werte
  pl; **~s mobilières** bewegliche Habe; **avoir
  de la ~** wertvoll sein; **mettre en ~** nutzbar
  machen; *(fig)* zur Geltung bringen;
  prendre de la ~ im Wert steigen;
  sans ~ wertlos; **~ absolue** Grundwert;
  ~ d'échange Tauschwert

valide [valid] *adj* (*en bonne santé*) gesund;
(*valable*) gültig
valider <1> *vt* für gültig erklären; (*billet*)
entwerten
validité *nf* Gültigkeit *f*
valise [valiz] *nf* Koffer *m*; ~ **diplomatique**
Diplomatengepäck *nt*
vallée [vale] *nf* Tal *nt*
valoir [valwaR] *irr vb* (*avec attribut,*
un certain prix) wert sein, kosten
■ *vi* (*être valable*) taugen; ~ **cher** teuer
sein; **faire** ~ (*défendre*) geltend machen;
(*mettre en valeur*) nutzbar machen;
~ **mieux** besser sein ■ *vt* (*équivaloir à*)
entsprechen +*dat*; ~ **qch à qn** (*procurer*)
jdm etw bringen; (*négatif*) jdn etw kosten;
~ **la peine** sich lohnen; **ça ne vaut rien**
das taugt nichts; **ça vaut le détour** (*fam*)
das muss man gesehen haben; **se valoir**
vpr (*choses*) gleichwertig sein; (*personnes*)
sich ebenbürtig sein
valoriser [valɔRize] <1> *vt* aufwerten
valse [vals] *nf* Walzer *m*; (*fig: fam*) häufige
Änderung, häufiger Wechsel
valve [valv] *nf* (*Zool*) Muschelschale *f*;
(*Tech*) Ventil *nt*
vampire [vãpiR] *nm* Vampir *m*
vandale [vãdal] *nmf* Vandale (Vandalin)
m/f
vandalisme *nm* Vandalismus *m*
vanille [vanij] *nf* Vanille *f*; **glace/crème**
à la ~ Vanilleeis *nt*/-creme *f*
vanité [vanite] *nf* (*inutilité*) Vergeblichkeit
f, Nutzlosigkeit *f*; (*fatuité*) Eitelkeit *f*,
Einbildung *f*
vaniteux, -euse *adj* eitel, eingebildet
vanity-case (*pl* ~**s**) [vanitikɛz] *nm*
Kosmetikkoffer *m*
vannerie [vanRi] *nf* (*art*) Korbmacherei *f*;
(*objets*) Korbwaren *pl*
vantard, e [vãtaR, d] *adj* angeberisch,
großsprecherisch
vantardise [vãtaRdiz] *nf* Aufschneiderei *f*
vanter [vãte] <1> *vt* preisen; ~ **qch à qn**
jdm etw anpreisen; **se vanter** *vpr* sich
rühmen; (*pej*) prahlen; **se ~ de qch** sich
einer Sache *gen* rühmen; (*pej*) mit etw
angeben
vapeur [vapœR] *nf* Dampf *m*;
(*brouillard*) Dunst *m*; **vapeurs** *nfpl* (*Med*)
Wallungen *pl*; **cuit à la** ~ dampfgekocht;
machine/locomotive à
~ Dampfmaschine/-lokomotive *f*;
renverser la ~ (*fig*) eine Kehrtwendung
machen(, um Schlimmeres zu
vermeiden)
vaporeux, -euse [vapɔRø, øz] *adj* (*flou*)
dunstig; (*léger*) duftig
vaporisateur [vapɔRizatœR] *nm*
Zerstäuber *m*

vaporiser [vapɔRize] <1> *vt* (*Chim*)
verdampfen; verdunsten lassen;
(*parfum, etc*) zerstäuben
varappe [vaRap] *nf* (*en montagne*)
Klettern *nt*
varech [vaRɛk] *nm* (an den Strand
gespülter) Seetang
vareuse [vaRøz] *nf* (*d'intérieur*) Hausjacke
f; (*de marin*) Matrosenbluse *f*; (*d'uniforme*)
Uniformjacke *f*
variable [vaRjabl] *adj* veränderlich; (*Tech*)
verstellbar; (*divers*) verschieden ■ *nf*
(*Math*) Variable *f*, Veränderliche *f*
variante [vaRjãt] *nf* (*d'un texte*) Lesart *f*
variateur [vaRjatœR] *nm*: ~ **de lumière**
(*Elec*) Dimmer *m*
variation [vaRjasjõ] *nf* Variation *f*;
variations *nfpl* (*changements*)
Veränderungen *pl*; (*écarts*)
Schwankungen *pl*; (*différences*)
Unterschiede *pl*; ~**s monétaires**
Währungsschwankungen
varice [vaRis] *nf* Krampfader *f*
varicelle [vaRisɛl] *nf* Windpocken *pl*
varié, e [vaRje] *adj* (*qui change*)
verschiedenartig; (*qui présente un choix*)
abwechslungsreich; (*divers*)
unterschiedlich
varier [vaRje] <1> *vi* (*changer*) sich ändern;
(*Tech, Math*) variieren; (*différer*)
unterschiedlich sein; (*changer d'avis*) die
Meinung ändern; (*différer d'opinion*)
verschiedener Meinung sein ■ *vt*
(*diversifier*) variieren; (*faire alterner*)
abwechseln
variété [vaRjete] *nf* Verschiedenartigkeit
f; (*Bot, Zool*) Spielart *f*; **variétés** *nfpl*
Variété *nt*, **une (grande)** ~ **de** (*choix*) eine
große Auswahl an +*dat*
variole [vaRjɔl] *nf* Pocken *pl*
vase [vaz] *nm* Vase *f*; ~**s** *mpl*
communicants (*Phys*) kommunizierende
Röhren; ~ **de nuit** Nachttopf *m* ■ *nf*
Schlamm *m*, Morast *m*
vasectomie [vazɛktɔmi] *nf* Vasektomie *f*
vaseline [vaz(ə)lin] *nf* Vaseline *f*
vaseux, -euse [vazø, øz] *adj* schlammig;
(*confus*) schwammig; (*fatigué*) schlapp
vasistas [vazistas] *nm* Oberlicht *nt*
vaste [vast] *adj* weit; (*fig*) umfangreich,
groß
Vatican [vatikã] *nm*: **le** ~ der Vatikan
va-tout [vatu] *nm inv*: **jouer son** ~ seinen
letzten Trumpf ausspielen
Vaud [vod] Waadt *f*
vaudeville [vod(ə)vil] *nm* Lustspiel *nt*
vaurien, ne [voRjɛ̃, ɛn] *nm/f*
Nichtsnutz *m*
vaut [vo] *vb voir* **valoir**
vautour [votuR] *nm* Geier *m*

vautrer [votʀe] <1> vpr: **se vautrer** sich
wälzen; (fig) sich suhlen
V.D.Q.S. abr = **vin délimité de qualité
supérieure** Qualitätswein m

● **V.D.Q.S.**
●
● V.D.Q.S. auf einer Flasche französischen
● Weins bedeutet, dass es sich um einen
● Wein von hoher Qualität von einem
● empfohlenen Weingut handelt. Es ist
● die zweithöchste Weinklassifikation
● nach der "A.O.C." und wird von der
● "vin de pays" gefolgt.

vds abr = **vends** verkaufe
veau (pl **x**) [vo] nm (Zool) Kalb nt; (Gastr)
Kalb(fleisch) nt; (peau) Kalbsleder nt
vécu, e [veky] pp de **vivre**
vedette [vadɛt] nf Star m; (canot)
Motorboot nt; **avoir la ~** im Mittelpunkt
stehen; **mettre en ~** herausstreichen;
(personne) groß herausbringen
végétal, e (pl **-aux**) [veʒetal, o] adj
Pflanzen-; (graisse, teinture) pflanzlich
■ nm Pflanze f
végétalien, ne [veʒetaljɛ̃, ɛn] nm/f
Veganer(in) m(f)
végétalisme [veʒetalism] nm
Veganertum nt
végétarien, ne [veʒetaʀjɛ̃, ɛn] adj
vegetarisch ■ nm/f Vegetarier(in) m(f)
végétarisme [veʒetaʀism] nm
Vegetarismus m
végétation [veʒetasjɔ̃] nf Vegetation f;
végétations nfpl Polypen pl
véhément, e [veemɑ̃, ɑ̃t] adj heftig
véhicule [veikyl] nm Fahrzeug nt; (fig)
Mittel nt, Medium nt; **~ utilitaire** (Auto)
Nutzfahrzeug
veille [vɛj] nf: **l'état de ~** der
Wachzustand; **à la ~ de** (fig) am Vorabend
+gen; **la ~** am Tag zuvor; **la ~ de** der Tag vor
+dat; **l'avant-~** vorgestern
veillée [veje] nf: **~ funèbre** Totenwache f
veiller [veje] <1> vi wachen; **~ à** (s'occuper
de) sich kümmern um; (faire attention à)
aufpassen auf +akk; **~ à faire/à ce que**
aufpassen, dass man etw tut/dass; **~ sur**
aufpassen auf +akk ■ vt wachen bei
veilleur [vejœʀ] nm: **~ de nuit**
Nachtwächter m
veilleuse [vejøz] nf (lampe) Nachtlicht nt;
en ~ (fig) auf Sparflamme
veinard, e [vɛnaʀ, aʀd] nm/f Glückspilz m
veine [vɛn] nf (Anat) Ader f, Vene f; (filon
minéral) Ader f; (du bois, du marbre, etc)
Maserung f; (fam: chance) Glück nt
Velcro® [vɛlkʀo] nm: **fermeture ~**
Klettverschluss m

vélin [velɛ̃] nm: (papier) **~** Pergament nt
véliplanchiste [veliplɑ̃ʃist] nmf
(Wind)surfer(in) m(f)
vélo [velo] nm Fahrrad nt; **faire du ~** Rad
fahren; **~ de course** Rennrad; **~ tout
terrain** Mountainbike nt
vélocité [velɔsite] nf Geschwindigkeit f
vélodrome [velodʀom] nm
Radrennbahn f
vélomoteur [velɔmɔtœʀ] nm Mofa nt
véloski [veloski] nm Skibob m
velours [v(ə)luʀ] nm Samt m; **~ côtelé**
Cordsamt
velouté, e [vəlute] adj (au toucher)
samtartig; (à la vue) samtig; (au goût: vin)
lieblich; (crème) sämig ■ nm:
~ d'asperges (Gastr) Spargelcremesuppe f
velu, e [vəly] adj haarig
vénal, e (pl **-aux**) [venal, o] adj käuflich,
bestechlich
venant [v(ə)nɑ̃] adv: **à tout ~** dem ersten
Besten; **le tout-~** der Erstbeste
vendange [vɑ̃dɑ̃ʒ] nf Weinlese f
vendanger <2> vi Wein lesen ■ vt lesen
vendeur, -euse [vɑ̃dœʀ, øz] nm/f
Verkäufer(in) m(f)
vendre [vɑ̃dʀ] <14> vt verkaufen; (trahir)
verraten
vendredi [vɑ̃dʀədi] nm Freitag m;
le ~, tous les ~s freitags; **V~ saint**
Karfreitag
vendu, e [vɑ̃dy] pp de **vendre** ■ adj (pej)
gekauft
vénéneux, -euse [venenø, øz] adj
(plantes) giftig
vénérable [veneʀabl] adj ehrwürdig
vénérer [veneʀe] <5> vt ehren; (Rel)
verehren
Venezuela [venezɥela] nm: **le ~**
Venezuela nt
vénézuélien, ne [venezɥeljɛ̃, ɛn] adj
venezolanisch
vengeance [vɑ̃ʒɑ̃s] nf Rache f
venger [vɑ̃ʒe] <2> vt (affront) sich rächen
für; (honneur) retten; (personne, famille)
rächen ■ vpr: **se ~ (de qch)** sich (für etw)
rächen; **se ~ sur qn** sich an jdm rächen
vengeur, -geresse [vɑ̃ʒœʀ, ʒ(ə)ʀɛs]
nm/f Rächer(in) m(f) ■ adj rächend
venimeux, -euse [vənimø, øz] adj
(serpent) giftig
venin [vənɛ̃] nm Gift nt; (fig) Bosheit f
venir [v(ə)niʀ] <9> vi (avec être) kommen;
~ de kommen von; **~ jusqu'à** gehen bis;
je viens d'y aller/de le voir ich bin
gerade dorthin gegangen/ich habe ihn
gerade gesehen; **s'il vient à pleuvoir**
wenn es regnen sollte; **j'en viens à croire
que** ich glaube langsam, dass; **il en est de
venu à mendier** es ist so weit gekommen,

dass er bettelte; **les années/générations
à ~** die kommenden Jahre/Generationen;
il me vient une idée ich habe eine Idee;
faire ~ (*docteur, plombier*) kommen lassen;
laisser ~ (*fig*) auf sich *akk* zukommen
lassen; **voir ~** (*fig*) abwarten

Venise [vəniz] Venedig *nt*

vent [vã] *nm* Wind *m*; **il y a du ~, il fait du ~**
es ist windig; **avoir le ~ en poupe** (*fig*)
eine Glückssträhne haben; **faire du ~**
(*fam*) viel Wind machen; **quel bon ~ vous
amène?** was führt Sie hierher?; **~ latéral**
Seitenwind

vente [vãt] *nf* Verkauf *m*; **~ de charité**
Wohltätigkeitsbasar *m*; **~ par
correspondance [***ou* à distance**]** (*Com*)
Versandhandel *m*; **~ sortie d'usine**
Fabrikverkauf

venteux, -euse [vãtø, øz] *adj* windig

ventilateur [vãtilatœʀ] *nm* Ventilator *m*

ventilation [vãtilasjõ] *nf* Ventilation *f*,
Belüftung *f*; (*installation*) Lüftung *f*; (*Com*)
Aufschlüsselung *f*

ventiler [vãtile] <1> *vt* (*local*) belüften;
(*Com: répartir*) aufgliedern

ventouse [vãtuz] *nf* (*de verre*) Schröpfkopf
m; (*de caoutchouc*) Saugglocke *f*; (*Zool*)
Saugnapf *m*

ventre [vãtʀ] *nm* Bauch *m*; **taper sur le
~ à qn** mit jdm zu vertraulich umgehen;
~ bien rempli Wohlstandsbauch

ventriloque [vãtʀilɔk] *nmf*
Bauchredner(in) *m(f)*

ventru, e [vãtʀy] *adj* dickbäuchig

venu, e [v(ə)ny] *pp de* **venir** ▪ *adj:* **c'est
mal ~ de faire cela** es ist eine
Unverschämtheit, das zu tun; **mal/bien
~(e)** (*plante, etc*) missraten/gelungen
▪ *nf* (*arrivée*) Ankunft *f*

ver [vɛʀ] *nm* Wurm *m*; **~ blanc** Made *f*;
~ luisant Glühwürmchen *nt*; **~ à soie**
Seidenraupe *f*; **~ solitaire** Bandwurm;
~ de terre Regenwurm

véracité [veʀasite] *nf* Wahrhaftigkeit *f*

verbal, e [*pl* **-aux**] [vɛʀbal, o] *adj* (*oral*)
mündlich; (*Ling*) verbal, Verb-

verbe [vɛʀb] *nm* (*Ling*) Verb *nt*; **avoir le ~
haut/sonore** (*voix*) laut reden

verdâtre [vɛʀdɑtʀ] *adj* grünlich

verdeur [vɛʀdœʀ] *nf* (*vigueur*) Vitalität *f*;
(*crudité*) Schärfe *f*; (*défaut de maturité*)
Unreife *f*

verdict [vɛʀdik(t)] *nm* Urteil *nt*

verdir [vɛʀdiʀ] <8> *vi* grün werden
▪ *vt* grün werden lassen

verdure [vɛʀdyʀ] *nf* Grün *nt*, Vegetation *f*

verge [vɛʀʒ] *nf* (*Anat*) Penis *m*, Glied *nt*

verger [vɛʀʒe] *nm* Obstgarten *m*

vergeture [vɛʀʒətyʀ] *nf* Striemen *pl*,
Schwangerschaftsstreifen *pl*

verglacé, e [vɛʀglase] *adj* vereist

verglas [vɛʀglɑ] *nm* Glatteis *nt*

vergogne [vɛʀgɔɲ] *nf:* **sans ~** schamlos

véridique [veʀidik] *adj* (*témoin*)
wahrhaftig; (*récit*) wahrheitsgemäß

vérification [veʀifikasjõ] *nf*
Überprüfung *f*

vérifier [veʀifje] <1> *vt* überprüfen,
kontrollieren; (*hypothèse*) verifizieren;
(*prouver*) beweisen; **se vérifier** *vpr* sich
bestätigen

véritable [veʀitabl] *adj* wahr; (*ami, or*)
echt; **un ~ miracle** ein wahres Wunder

vérité [veʀite] *nf* Wahrheit *f*; (*d'un portrait*)
Naturgetreuheit *f*; (*sincérité*)
Aufrichtigkeit *f*; **en ~, à la ~** in
Wirklichkeit; **~ de La Palice** (*fig*)
Binsenweisheit *f*

vermeil, le [vɛʀmɛj] *adj* karminrot

vermicelles [vɛʀmisɛl] *nmpl*
Fadennudeln *pl*

vermifuge [vɛʀmifyʒ] *nm* Wurmmittel *nt*

vermillon [vɛʀmijõ] *adj inv* zinnoberrot

vermine [vɛʀmin] *nf* Ungeziefer *nt*; (*fig*)
Pack *nt*, Gesindel *nt*

vermoulu, e [vɛʀmuly] *adj* wurmstichig

vermout(h) [vɛʀmut] *nm* Wermut *m*

verni, e [vɛʀni] *adj* lackiert; **cuir ~**
Lackleder *nt*

vernir [vɛʀniʀ] <8> *vt* lackieren

vernis [vɛʀni] *nm* (*enduit*) Lack *m*; (*fig*)
Schliff *m*; **~ à ongles** Nagellack

vernissage [vɛʀnisaʒ] *nm* Lackierung *f*;
(*d'une exposition*) Vernissage *f*

vérole [veʀɔl] *nf:* **petite ~** Pocken *pl*

verre [vɛʀ] *nm* Glas *nt*; **boire un ~,
prendre un ~** ein Glas trinken; **~ de
contact** Kontaktlinsen *pl*; **~ à dents**
Zahnputzbecher *m*

verrerie [vɛʀʀi] *nf* (*fabrique*) Glashütte *f*;
(*fabrication*) Glasbläserei *f*; (*objets*)
Glaswaren *pl*

verrière [vɛʀjɛʀ] *nf* (*vitrail*) großes
Fenster; (*toit vitré*) Glasdach *nt*

verrou [*pl* **x**] [vɛʀu] *nm* Riegel *m*; (*obstacle*)
Sperre *f*; **~ de sécurité enfants**
Kindersicherung *f*

verrouillage [vɛʀujaʒ] *nm* Versperren *nt*;
(*dispositif*) Sperrvorrichtung *f*; **~ central
[***ou* **centralisé (des portes)]** (*Auto*)
Zentralverriegelung *f*

verrouiller [vɛʀuje] <1> *vt* (*porte*)
verriegeln, zuriegeln; (*rue, région*)
abriegeln

verrue [vɛʀy] *nf* Warze *f*

vers [vɛʀ] *nm* Vers *m*, Zeile *f* ▪ *nmpl*
Gedichte *pl* ▪ *prép* (*en direction de*) gegen
+*akk*, in Richtung auf +*akk*; (*dans les
environs de*) um +*akk*; (*temporel*) gegen
+*akk*, etwa um +*akk*

versant [vɛʀsɑ̃] nm (une des deux pentes d'une montagne) Hang m; **les deux ~s de qch** (fig) die beiden Seiten von etw
versatile [vɛʀsatil] adj unbeständig, wankelmütig
verse [vɛʀs] adv: **pleuvoir à ~** in Strömen gießen
Verseau [vɛʀso] nm (Astr) Wassermann m
versement [vɛʀsəmɑ̃] nm (Ein)zahlung f
verser [vɛʀse] <1> vt (liquide, grains) schütten; (dans une tasse, etc) gießen; (larmes, sang) vergießen; (argent) zahlen; (sur un compte) einzahlen ■ vi (basculer) umstürzen; **~ dans** (fig) neigen zu
verset [vɛʀse] nm (de la Bible, etc) Vers m
version [vɛʀsjɔ̃] nf (a. Inform) Version f; (Scol: traduction) (Her)übersetzung f; **~ complète** (Inform) Vollversion; **film en ~ originale (sous-titrée)** Film in Originalfassung f (mit Untertiteln)
verso [vɛʀso] nm Rückseite f; **voir au ~** siehe Rückseite
vert, e [vɛʀ, t] adj grün; (vigoureux) rüstig; (langage, propos) derb ■ nm (couleur) Grün nt; **en voir des ~es et des pas mûres** (fig) Unglaubliches zu sehen bekommen
vert-de-gris [vɛʀdəgʀi] nm inv Grünspan m
vertébral, e (pl -aux) [vɛʀtebʀal, o] adj Rücken-; **colonne ~e** Wirbelsäule f
vertèbre [vɛʀtɛbʀ] nf (Rücken)wirbel m
vertébrés [vɛʀtebʀe] nmpl Wirbeltiere pl
vertement [vɛʀtəmɑ̃] adv scharf, grob
vertical, e (pl -aux) [vɛʀtikal, o] adj vertikal, senkrecht ■ nf: **la ~e** die Senkrechte
verticalement adv senkrecht
vertige [vɛʀtiʒ] nm Schwindel m; **j'ai le ~** mir ist schwindlig; **ça me donne le ~** das macht mich schwindlig
vertigineux, -euse [vɛʀtiʒinø, øz] adj schwindelerregend
vertu [vɛʀty] nf (propriété) Eigenschaft f; **avoir la ~ de** (avoir pour effet) die Wirkung +gen haben; **en ~ de** aufgrund von
vertueux, -euse [vɛʀtɥø, øz] adj tugendhaft; (action) ehrenhaft
verveine [vɛʀvɛn] nf (plante) Eisenkraut nt; (infusion) Eisenkrauttee m
vésicule [vezikyl] nf (Med) Bläschen nt; **~ (biliaire)** Gallenblase f
vessie [vesi] nf (Anat) (Harn)blase f
veste [vɛst] nf Jacke f, Jackett nt; **~ droite/ croisée** Ein-/Zweireiher m; **~ en jean** Jeansweste f; **prendre une ~** (fam) eine Schlappe einstecken; **retourner sa ~** (fig) umschwenken
vestiaire [vɛstjɛʀ] nm (de théâtre) Garderobe f; (de stade) Umkleideraum m
vestibule [vɛstibyl] nm Diele f, Flur m; (d'hôtel, de temple, etc) Vorhalle f

vestige [vɛstiʒ] nm (ruine, trace) Spur f; (reste) Überrest m, Überbleibsel nt
veston [vɛstɔ̃] nm Jacke f, Jackett nt
vêtement [vɛtmɑ̃] nm Kleidungsstück nt, Kleidung f; **vêtements** nmpl Kleider pl
vétérinaire [veteʀinɛʀ] nmf Tierarzt(-ärztin) m/f
vêtir [vetiʀ] irr vt anziehen; **se vêtir** vpr sich anziehen
véto [veto] nm Veto nt; **droit de ~** Vetorecht nt
vêtu, e [vety] pp de **vêtir**
veuf, veuve [vœf, vœv] adj verwitwet ■ nm/f Witwer (Witwe) m/f
vexation [vɛksasjɔ̃] nf Demütigung f, Erniedrigung f
vexer [vɛkse] <1> vt beleidigen; **se vexer** vpr sich ärgern
V.F. abr = **version française** (Cine) französische Fassung
viabiliser [vjabilize] <1> vt erschließen
viabilité [vjabilite] nf Lebensfähigkeit f; (d'une route) Befahrbarkeit f
viable [vjabl] adj (enfant) lebensfähig; (réforme) durchführbar; (entreprise) rentabel
viaduc [vjadyk] nm Viadukt m
viager, -ère [vjaʒe, ɛʀ] adj: **rente viagère** Rente f auf Lebenszeit ■ nm Leibrente f
viagra® [vjagʀa] nm Viagra® nt
viande [vjɑ̃d] nf Fleisch nt
vibrant, e [vibʀɑ̃, ɑ̃t] adj vibrierend; (fig: de colère) bebend
vibraphone [vibʀafɔn] nm Vibrafon nt
vibration [vibʀasjɔ̃] nf Schwingung f, Vibration f
vibrer [vibʀe] <1> vi schwingen, vibrieren; (fig) hingerissen sein; **faire ~** mitreißen, fesseln ■ vt (Tech: béton, etc) schütteln
vibromasseur [vibʀomasœʀ] nm Vibrator m
vice [vis] nm (immoralité) Laster nt; **~ de fabrication** (défaut) Fabrikationsfehler m; **~ de forme** (Jur) Formfehler m
vice- [vis] préf Vize-
vice-président, e nm/f Vizepräsident(in) m(f)
vice-versa [visevɛʀsa] adv: **et ~** und umgekehrt
vicieux, -euse [visjø, øz] adj pervers, lüstern; (fautif) inkorrekt, falsch; **cercle ~** Teufelskreis m
vicinal, e (pl -aux) [visinal, o] adj: **chemin ~** Gemeindeweg m, Gemeindestraße f
victime [viktim] nf Opfer nt; **être ~ de qch** ein Opfer von etw sein, einer Sache dat zum Opfer fallen
victoire [viktwaʀ] nf Sieg m

victorieux, -euse [viktɔʀjø, øz] adj
(personne, groupe) siegreich; (attitude)
triumphierend

vidange [vidāʒ] nf (d'un fossé, d'un
réservoir) Entleerung f; (Auto) Ölwechsel
m; **vidanges** nfpl (matières) Abwasser nt

vidanger <2> vt (fosse) entleeren;
~ **l'huile** (Auto) einen Ölwechsel
machen

vide [vid] adj leer; (existence) unausgefüllt;
à ~ leer; **tourner à ~** (moteur) leerlaufen;
~ **de** (dépourvu de) ohne ◼ nm (Phys)
luftleerer Raum, Vakuum nt; (solution de
continuité) Lücke f; (sous soi) Abgrund m;
(futilité, néant) Leere f; **avoir peur du ~**
nicht schwindelfrei sein; **regarder dans
le ~** ins Leere starren; **emballage sous ~**
Vakuumverpackung f

vidéo [video] adj Video- ◼ nf Video nt

vidéocassette nf Videokassette f

vidéoclip nm Videoclip m

vidéoclub nm Videothek f

vidéoconférence nf Videokonferenz f

vidéodisque nm Bildplatte f

vidéophone nm Bildtelefon nt

vide-ordures [vidɔʀdyʀ] nm inv
Müllschlucker m

vidéosurveillance [videosyʀvejãs] nf
Videoüberwachung f

vidéotex [videotɛks] nm Bildschirmtext m

vidéothèque nf Videothek f

vide-poches [vidpɔʃ] nm inv Ablagefach
nt (in der Autotür)

vider [vide] <1> vt leeren, ausleeren;
(salle, lieu) räumen; (Gastr) ausnehmen;
(querelle) beilegen; **se vider** vpr
(contenant, récipient) sich leeren

videur, -euse [vidœʀ, øz] nm/f (de boite
de nuit) Rausschmeißer(in) m(f)

vie [vi] nf Leben nt; (biographie) Biografie f;
élu(e) à ~ auf Lebenszeit gewählt; **sans ~**
leblos, ohne Leben

vieillard [vjejaʀ] nm alter Mann, Greis(in)
m(f); **les ~s** die alten Leute pl, die älteren
Menschen pl

vieilleries [vjejʀi] nfpl (objets) alte Sachen
pl; (fig) alter Kram

vieillesse [vjejɛs] nf Alter nt; (ensemble des
vieillards) alte Leute pl

vieillir [vjejiʀ] <8> vi alt werden;
(se flétrir) altern; (institutions, idées)
veralten; (vin) reifen ◼ vt alt machen

vieillissement [vjejismã] nm Altwerden
nt, Altern nt

Vienne [vjɛn] Wien nt

viennois, e [vjenwa, waz] adj Wiener,
wienerisch

vierge [vjɛʀʒ] adj (personne) jungfräulich;
(film) unbelichtet; (feuille) unbeschrieben,
weiß; (terres, neige) unberührt; (casier

judiciaire) ohne Vorstrafen; ~ **de** ohne
◼ nf Jungfrau f; **V~** (Astr) Jungfrau

Viêt-nam, Vietnam [vjɛtnam] nm:
le ~ Vietnam nt

vietnamien, ne [vjɛtnamjɛ̃, ɛn] adj
vietnamesisch

Vietnamien, ne nm/f Vietnamese
(Vietnamesin) m/f

vieux, vieil, vieille [vjø, vjɛj] adj alt;
~ **jeu** altmodisch; ~ **rose** altrosa; **vieille
fille** alte Jungfer; ~ **garçon** älterer
Junggeselle ◼ nm/f (pej) Alte(r) mf; **les ~**
mpl (pej) die alten Menschen pl; **mon ~/
ma vieille** (fam) mein Lieber/meine Liebe;
prendre un coup de ~ (plötzlich) altern

vif, vive [vif, viv] adj (animé: personne,
mélodie) lebhaft; (alerte) rege, wach;
(brusque, emporté) aufbrausend; (aigu)
scharf; (lumière, couleur) grell; (air) frisch;
(froid) schneidend; (vent) scharf; (fort:
douleur, intérêt) stark; **à ~** (plaie) offen;
(nerfs) aufs Äußerste gespannt; **brûlé(e) ~**
(vivant) lebendig verbrannt; **sur le ~** (Art)
nach der Natur

vigilant, e [viʒilā, ãt] adj wachsam

vigne [viɲ] nf (arbrisseau) Weinrebe f;
(plantation) Weinberg m; ~ **vierge** wilder
Wein

vigneron, ne [viɲ(ə)ʀõ, ɔn] nm/f
Winzer(in) m(f)

vignette [viɲɛt] nf Vignette f; (d'une
marque de fabrique) Markenzeichen nt;
(petite illustration) Skizze f; (de l'impôt
sur les automobiles) Autosteuerplakette f;
(en Suisse) Vignette f; (de la Sécurité sociale)
Gebührenmarke f

vignoble [viɲɔbl] nm (plantation)
Weinberg m; (vignes d'une région)
Weingegend f

vigoureux, -euse [viguʀø, øz] adj
kräftig; (fig) kraftvoll

vigueur [vigœʀ] nf Kraft f, Stärke f; (fig)
Ausdruckskraft f; **en ~** geltend; **être/
entrer en ~** (loi, etc) in Kraft sein/treten

vil, e [vil] adj abscheulich, gemein;
à ~ prix spottbillig

vilain, e [vilɛ̃, ɛn] adj (laid) hässlich;
(mauvais: temps, affaire) scheußlich,
ekelhaft; (pas sage: enfant) ungezogen;
~ **mot** Grobheit f

villa [villa] nf Villa f

village [vilaʒ] nm Dorf nt

villageois, e [vilaʒwa, az] adj ländlich
◼ nm/f Dorfbewohner(in) m(f)

village-vacances (pl **villages-vacances**)
nm Feriendorf nt

ville [vil] nf Stadt f; **habiter en ~** in der
Stadt wohnen; ~ **culturelle**
Kultur(haupt)stadt; ~ **d'eaux** Kurort m;
~ **jumelée** Partnerstadt; ~ **portuaire**

Hafenstadt; **~ universitaire** Universitätsstadt

ville-dortoir (*pl* **villes-dortoirs**) *nf* Schlafstadt *f*

villégiature [vi(l)leʒjatyʀ] *nf* Urlaub *m*

ville-satellite (*pl* **villes-satellites**) *nf* Satellitenstadt *f*, Trabantenstadt *f*

vin [vɛ̃] *nm* Wein *m*; **avoir le ~ gai/triste** nach ein paar Gläschen lustig/traurig werden; **~ blanc/rouge** Weiß-/Rotwein; **coq au ~** Hähnchen *nt* in Weinsoße; **~ d'honneur** kleiner Empfang; **~ de messe** Messwein; **~ ordinaire** [*ou* **de table**] Tischwein, Tafelwein; **~ de pays** Landwein; **~ rosé** Rosé *m*

vinaigre [vinɛgʀ] *nm* Essig *m*

vinaigrette [vinɛgʀɛt] *nf* Vinaigrette *f*

vinaigrier [vinɛgʀije] *nm* (*personne*) Essighersteller(in) *m(f)*; (*flacon*) Essigflasche *f*

vindicatif, -ive [vɛ̃dikatif, iv] *adj* rachsüchtig

vingt [vɛ̃] *num* zwanzig; **~-quatre heures sur ~-quatre** rund um die Uhr; **~ et un** einundzwanzig

vingtaine [vɛ̃tɛn] *nf*: **une ~ (de)** etwa zwanzig

vingt-deux *num* zweiundzwanzig

vinicole [vinikɔl] *adj* Weinbau-

vinyle [vinil] *nm* Vinyl *nt*; (*disque noir*) (Schall)platte *f*

viol [vjɔl] *nm* (*d'une femme*) Vergewaltigung *f*; (*d'un lieu sacré*) Entweihung *f*, Schändung *f*

violation [vjɔlasjɔ̃] *nf* (*d'un lieu*) Entweihung *f*, Schändung *f*; (*d'un traité, d'une loi*) Verstoß *m* (*de* gegen)

violemment [vjɔlamɑ̃] *adv* brutal, wild; heftig

violence [vjɔlɑ̃s] *nf* Gewalttätigkeit *f*, Brutalität *f*; (*fig*) Heftigkeit *f*; **la ~** die Gewalt

violent, e [vjɔlɑ̃, ɑ̃t] *adj* (*personne, instincts*) gewalttätig; (*langage*) grob, brutal; (*effort, bruit*) stark; (*fig*) heftig, stark

violenter [vjɔlɑ̃te] **<1>** *vt* vergewaltigen

violer [vjɔle] **<1>** *vt* (*secret, loi*) brechen, verletzen; (*femme*) vergewaltigen; (*lieu, sépulture*) schänden

violet, te [vjɔlɛ, ɛt] *adj* violett ■ *nm* Violett *nt* ■ *nf* Veilchen *nt*

violeur [vjɔlœʀ] *nm* Vergewaltiger *m*

violon [vjɔlɔ̃] *nm* (*instrument*) Geige *f*, Violine *f*; (*musicien*) Geiger(in) *m(f)*; **~ d'Ingres** Steckenpferd *nt*

violoncelle [vjɔlɔ̃sɛl] *nm* Cello *nt*

violoncelliste [vjɔlɔ̃selist] *nmf* Cellospieler(in) *m(f)*, Cellist(in) *m(f)*

violoniste [vjɔlɔnist] *nmf* Geiger(in) *m(f)*

vipère [vipɛʀ] *nf* Viper *f*

virage [viʀaʒ] *nm* (*d'une route*) Kurve *f*; (*Chim*) Farbänderung *f*; (*Foto*) Tonung *f*; **prendre un ~** eine Kurve nehmen [*ou* fahren]

virago [viʀago] *nf* (*pej*) Mannweib *nt*

viral, e (*pl* **-aux**) [viʀal, o] *adj* Virus-

virée [viʀe] *nf* Bummel *m*; (*en voiture*) Spritztour *f*

virement [viʀmɑ̃] *nm* (*Com*) Überweisung *f*; **~ bancaire/postal** Bank-/ Postüberweisung

virer [viʀe] **<1>** *vt* (*somme*) überweisen; (*Foto*) tönen; (*fam: renvoyer*) rausschmeißen ■ *vi* (*changer de direction*) (sich) wenden, drehen; (*Chim, Foto*) die Farbe ändern; (*Med: cutiréaction*) positiv ausfallen

virevolte [viʀvɔlt] *nf* (*d'une danseuse*) schnelle Drehung; (*fig*) plötzliche Änderung

virginité [viʀʒinite] *nf* Jungfräulichkeit *f*; (*fig*) Reinheit *f*

virgule [viʀgyl] *nf* Komma *nt*; **~ flottante** Fließkomma

viril, e [viʀil] *adj* männlich; (*courageux*) mannhaft

virilité [viʀilite] *nf* Männlichkeit *f*; (*vigueur sexuelle*) Potenz *f*, Manneskraft *f*; (*fermeté, courage*) Entschlossenheit *f*

virologie [viʀɔlɔʒi] *nf* Virusforschung *f*, Virologie *f*

virologiste [viʀɔlɔʒist] *nmf* Virologe(-login) *m/f*

virtualité [viʀtɥalite] *nf* Möglichkeit *f*

virtuel, le [viʀtɥɛl] *adj* potenziell; (*Inform*) virtuell

virtuellement [viʀtɥɛlmɑ̃] *adv* (*presque*) praktisch

virtuose [viʀtɥoz] *nmf* (*musicien*) Virtuose (Virtuosin) *m/f*; (*fig*) Meister(in) *m(f)*

virtuosité [viʀtɥozite] *nf* Virtuosität *f*

virulent, e [viʀylɑ̃, ɑ̃t] *adj* (*microbe*) bösartig; (*poison*) stark, tödlich; (*critique*) geharnischt, scharf

virus [viʀys] *nm* Virus *m*; **~ informatique** (Computer)virus

vis [vis] *nf* Schraube *f*

visa [viza] *nm* (*sceau*) Stempel *m*; (*validation de passeport*) Visum *nt*; **~ de censure** Zensurvermerk *m*

visage [vizaʒ] *nm* Gesicht *nt*; **à ~ humain** (*chose*) menschlich, human

visagiste [vizaʒist] *nmf* Kosmetiker(in) *m(f)*

vis-à-vis [vizavi] *adv* gegenüber; **~ de** gegenüber von +*dat*; (*en comparaison de*) im Vergleich zu ■ *nm* Gegenüber *nt*; **en ~** gegenüberliegend

viscéral, e (pl -aux) [viseʀal, o] adj
Eingeweide-; (fig) tief wurzelnd
viscères [viseʀ] nmpl Eingeweide pl
viscose [viskoz] nf Viskose f
visée [vize] nf (avec une arme) Zielen nt;
(en arpentage) Anpeilen nt; **visées** nfpl
(intentions) Absichten pl
viser [vize] <1> vi zielen; ~ **à** (avoir pour
but) abzielen auf +akk; ~ **à** (cible) zielen
auf +akk; (ambitionner: poste, etc)
anstreben; (concerner) betreffen; (apposer
un visa sur) mit einem Sichtvermerk
versehen
viseur [vizœʀ] nm (d'arme) Kimme f; (Foto)
Sucher m
visibilité [vizibilite] nf Sicht f; **pilotage
sans ~** Blindflug m
visible [vizibl] adj sichtbar; (concret)
wahrnehmbar; (évident) sichtlich;
(personne: disponible) zu sprechen
visiblement [vizibləmɑ̃] adv
(ostensiblement) sichtlich, sichtbar;
(manifestement) offensichtlich
visière [vizjɛʀ] nf Schirm m, Schild nt
vision [vizjɔ̃] nf (sens) Sehvermögen nt;
(image mentale, conception) Vorstellung f,
Bild nt; (apparition) Halluzination f
visite [vizit] nf Besuch m; (touristique)
Besichtigung f; (Mil) Musterung f; (Med:
consultation) Untersuchung f; (à l'hôpital)
Visite f; **être en ~ (chez qn)** (bei jdm) zu
Besuch sein; **faire une/rendre ~ à qn** jdn
besuchen
visiter <1> vt besuchen, besichtigen
visiteur, -euse nm/f Besucher(in) m(f)
visqueux, -euse [viskø, øz] adj (fluide)
zähflüssig; (peau, surface) glitschig
visser [vise] <1> vt festschrauben
visualisation [vizɥalizasjɔ̃] nf (Inform)
Bildschirmdarstellung f; ~ **de la page**
(Inform) Seitenansicht f
visualiser [vizɥalize] <1> vt (Inform) (auf
dem Bildschirm) anzeigen
visuel, le [vizɥɛl] adj visuell; **champ ~**
Gesichtsfeld nt ■ nm (Inform) Display nt
visuellement [vizɥɛlmɑ̃] adv visuell
vital, e (pl -aux) [vital, o] adj Lebens-;
(indispensable) lebensnotwendig
vitalité [vitalite] nf Vitalität f; (d'une entreprise,
d'une région) Dynamik f
vitamine [vitamin] nf Vitamin nt
vite [vit] adv schnell
vitesse [vitɛs] nf Schnelligkeit f; (mesurée)
Geschwindigkeit f; **les ~s** (Auto: dispositif)
die Gänge pl; **à toute ~** mit Volldampf;
passer les ~s (Auto) schalten;
en première/seconde (~) im ersten/
zweiten Gang; **prendre qn de ~** jdm
zuvorkommen; **excès de ~**
Geschwindigkeitsüberschreitung f;

limitation de ~ Geschwindigkeitsbegrenzung f; ~ **d'horloge** (Inform)
Taktfrequenz f; ~ **d'impression**
(imprimante) Druckgeschwindigkeit;
~ **maximale/moyenne** Höchst-/
Durchschnittsgeschwindigkeit;
~ **de transfert** (Inform)
Übertragungsgeschwindigkeit
viticole [vitikɔl] adj Weinbau-
viticulteur [vitikyltœʀ] nm
Weinbauer(in) m(f)
viticulture [vitikyltyʀ] nf Weinbau m
vitrage [vitʀaʒ] nm (action) Verglasen nt;
(cloison) Glaswand f; (toit) Glasdach nt
vitrail (pl -aux) [vitʀaj, o] nm buntes
Kirchenfenster; (technique) Glasmalerei f
vitre [vitʀ] nf Fensterscheibe f; **baisser la
~** (Auto) die Scheibe herunterkurbeln
vitrer [vitʀe] <1> vt verglasen
vitreux, -euse [vitʀø, øz] adj (roche)
Glas-; (œil, regard) glasig
vitrier, -ière [vitʀije, ɛʀ] nm/f
Glaser(in) m(f)
vitrifier [vitʀifje] <1> vt zu Glas
schmelzen; (parquet) versiegeln
vitrine [vitʀin] nf (devanture)
Schaufenster nt; (étalage) Auslage f; (petite
armoire) Vitrine f; (fig) Renommierstück nt;
~ **publicitaire** Schaukasten m
vitupérations [vitypeʀasjɔ̃] nfpl
Geschimpfe nt
vivable [vivabl] adj (personne) verträglich;
(endroit) bewohnbar
vivace [vivas] adj widerstandsfähig; (fig)
tief verwurzelt; **plante ~** mehrjährige
Pflanze
vivacité [vivasite] nf Lebhaftigkeit f,
Lebendigkeit f
vivant, e [vivɑ̃, ɑ̃t] adj (qui vit) lebendig,
lebend; (animé) lebhaft; (preuve, exemple,
témoignage) lebend ■ nm: **du ~ de qn** zu
jds Lebzeiten
vivarium [vivaʀjɔm] nm Terrarium nt
vivats [viva] nmpl Hochrufe pl
vive [viv] interj: ~ **le roi!** es lebe der König!;
~ **la liberté!** ein Hoch auf die Freiheit!
vivement [vivmɑ̃] adv lebhaft; ~ **qu'il
s'en aille** wenn er doch nur ginge!
viveur [vivœʀ] nm Lebemann m
vivier [vivje] nm Fischteich m;
(au restaurant) Fischbehälter m
vivifiant, e [vivifjɑ̃, ɑ̃t] adj belebend,
erfrischend; (fig) anregend, stimulierend
vivisection [vivisɛksjɔ̃] nf Vivisektion f
vivre [vivʀ] irr vi leben; (demeurer) weiter
bestehen; **faire ~ qn** (pourvoir à sa
subsistance) jdn ernähren; **se laisser ~** das
Leben nehmen, wie es kommt; **cette
mode/ce régime a vécu** (va disparaître)
diese Mode/dieses Regime hat ihre/seine

bestenTage gesehen; **il est facile à ~** mit ihm kann man gut auskommen ▩ *vt* erleben; *(une certaine vie)* führen

vivres *nmpl* Verpflegung *f*

vlan [vlɑ̃] *interj* peng

V.O. *abr* = **version originale** OF *(Originalfassung)*

vocabulaire [vɔkabylɛʀ] *nm* Wortschatz *m*; *(livre)* Wörterverzeichnis *nt*

vocal, e *(pl -aux)* [vɔkal, o] *adj* Stimm-

vocation [vɔkasjɔ̃] *nf* Berufung *f*; **avoir la ~ du théâtre** für das Theater geschaffen sein

vociférations [vɔsifeʀasjɔ̃] *nfpl* Geschrei *nt*

vociférer [vɔsifeʀe] <5> *vi, vt* schreien, brüllen

vodka [vɔdka] *nf* Wodka *m*

vœu *(pl* **x)** [vø] *nm (à Dieu)* Gelübde *nt*; *(souhait)* Wunsch *m*; **faire ~ de qch** etw geloben; **~x de bonheur** Glückwünsche *pl*; **~x de bonne année** Glückwunsch *m* zum neuen Jahr

vogue [vɔg] *nf*: **en ~** in Mode, in, trendy

voici [vwasi] *prép* hier ist/sind; **~ que** jetzt; **~ deux ans** vor zwei Jahren; **~ deux ans que** es ist zwei Jahre (her), dass; **en ~ un** hier ist eine(r, s); **~!** bitte!

voie [vwa] *nf* Weg *m*; *(de chemin de fer)* Gleis *nt*; *(Auto)* Spurweite *f*; **à ~ unique** eingleisig; **être en bonne ~** sich gut entwickeln; **en ~ de disparition** vom Aussterben bedroht; **mettre qn sur la ~** jdm auf die Sprünge helfen; **par ~ buccale/rectale** oral/rektal; **pays en ~ de développement** Entwicklungsland *nt*; **route à trois ~s** dreispurige Straße; **~ d'eau** Leck *nt*; **~ ferrée** Eisenbahnweg; **~ de garage** Abstellgleis; **~ lactée** Milchstraße *f*; **~s respiratoires** *(Anat)* Atemwege *pl*

voilà [vwala] *prép (en désignant)* da ist/ sind; **les ~** da sind sie; **en ~ un** hier ist eine(r, s); **~ deux ans que** nun sind es zwei Jahre, dass; **~ tout** das ist alles; **~!** *(en apportant qch)* bitte!; **et ~!** na also!

voile [vwal] *nm* Schleier *m*; *(tissu)* Tüll *m*; *(Foto)* dunkler Schleier ▩ *nf (de bateau)* Segel *nt*; **la ~** *(sport)* das Segeln; **mettre les ~s** *(fam)* abhauen

voiler <1> *vt* verschleiern; *(fig)* verbergen, verhüllen; *(Tech: fausser, gauchir)* verbiegen, verbeulen; **se voiler** *vpr (lune)* sich verschleiern; *(regard)* sich trüben; *(voix)* heiser werden; *(Tech)* sich verbiegen

voilier [vwalje] *nm* Segelschiff *nt*; *(plus petit)* Segelboot *nt*

voir [vwaʀ] *irr vi* sehen; **~ loin** vorausschauen; **je vois** *(comprendre)* ich verstehe, aha; **montrez ~!** zeigen Sie mal!;

voyons! na! ▩ *vt* sehen; *(film, match)* sich *dat* ansehen; *(guerre, révolution)* miterleben; *(fréquenter)* verkehren mit; *(considérer, examiner)* sich *dat* ansehen; **aller ~ le médecin** zum Arzt gehen; **avoir quelque chose à ~ avec** etwas zu tun haben mit; **faire ~** zeigen; **en faire ~ à qn** jdm die Hölle heißmachen; **ne pas pouvoir qn** *(fig)* jdn nicht riechen *[ou* ausstehen*]* können; **~ que** *(constater)* feststellen, dass ▩ *vpr*: **se ~ critiquer/transformer** kritisiert/verändert werden; **cela se voit** *(cela arrive)* das kommt (gelegentlich) vor; *(c'est évident)* das sieht man

voire [vwaʀ] *adv* ja sogar

voisin, e [vwazɛ̃, in] *adj (contigu)* benachbart; *(ressemblant)* nah verwandt ▩ *nm/f* Nachbar(in) *m(f)*

voisinage [vwazinaʒ] *nm* Nachbarschaft *f*; *(proximité)* Nähe *f*; **relations de bon ~** gutnachbarliche Beziehungen *pl*

voisiner [vwazine] <1> *vi (être proche)* danebenstehen, daneben sein

voiture [vwatyʀ] *nf (automobile)* Wagen *m*, Auto *nt*; *(wagon)* Wagen *m*; **en ~!** alle(s) einsteigen!; **~ banalisée** als Zivilfahrzeug getarntes Polizeiauto; **~ de course** Rennwagen; **~ électrique** Elektroauto; **~ d'enfant** Kinderwagen; **~ de fonction** Dienstwagen; **~ de location** Mietwagen; **~ d'occasion** Gebrauchtwagen; **~ radio** *(police)* Funkstreifenwagen; **~ de tourisme** Personen(kraft)wagen

voiture-lit *(pl* **voitures-lits)** [vwatyʀli] *nf* Schlafwagen *m*

voiture-restaurant *(pl* **voitures-restaurants)** [vwatyʀʀɛstɔʀɑ̃] *nf* Speisewagen *m*

voix [vwa] *nf* Stimme *f*; **parler à ~ haute/ basse** laut/leise reden; **à 2/4 ~** *(Mus)* zwei-/vierstimmig

vol [vɔl] *nm* Flug *m*; *(mode de locomotion)* Fliegen *nt*; *(mode d'appropriation)* Diebstahl *m*; **20 km à ~ d'oiseau** 20 km Luftlinie; **attraper un objet au ~** etw auffangen; **de haut ~** *(fig)* von Format; **en ~** im Flug; **un ~ de sauterelles** ein Schwarm *m* Heuschrecken; **~ aller/retour** Hin-/ Rückflug; **~ charter** Charterflug; **~ direct** Direktflug; **~ sans escale** Nonstopflug; **~ de données** Datenklau *m*; **~ long courrier** Fernflug; **~ à main armée** bewaffneter Raubüberfall; **~ non-fumeur** Nichtraucherflug; **~ de nuit** Nachtflug; **~ à voile** Segelflug *nt*/-fliegen

vol. *abr* = **volume** Bd.

volaille [vɔlaj] *nf* Geflügel *nt*

volailler [vɔlaje] *nm* Geflügelhändler *m*

volant [vɔlɑ̃] *nm (d'automobile)* Lenkrad *nt*; *(de commande)* Steuer(rad) *nt*; *(lancé avec*

une raquette) Federball *m*; (*jeu*)
Federball(spiel *nt*) *m*; (*bande de tissu*)
Volant *m*
volatil, e [vɔlatil] *adj* flüchtig
volatiliser [vɔlatilize] <1> *vpr*:
se volatiliser (*Chim*) sich verflüchtigen;
(*fig*) sich in Luft auflösen
vol-au-vent [vɔlovɑ̃] *nm inv*
Königinpastetchen *nt*
volcan [vɔlkɑ̃] *nm* Vulkan *m*
volcanique [vɔlkanik] *adj* vulkanisch;
(*fig*) aufbrausend
volcanologie [vɔlkanɔlɔʒi] *nf*
Vulkanforschung *f*
volée [vɔle] *nf* (*groupe d'oiseaux*) Schwarm
m; (*Sport*) Flugball *m*; **à toute ~** kräftig;
rattraper qch à la ~ etw im Flug
erwischen; **~ de coups** Hagel *m* von
Schlägen; **~ de flèches/d'obus** Pfeil-/
Granathagel *m*
voler [vɔle] <1> *vi* fliegen; (*fig*) eilen;
(*commettre un vol, des vols*) stehlen
■ *vt* (*dérober*) stehlen; (*dévaliser: personne*)
bestehlen; (*client*) übervorteilen; **~ qch à
qn** jdm etw stehlen
volet [vɔlɛ] *nm* (*de fenêtre*) Fensterladen *m*;
(*Aviat: sur l'aile*) (Lande)klappe *f*; (*fig: plan,
projet*) Teil *m*
voleter [vɔl(ə)te] <4> *vi* flattern
voleur, -euse [vɔlœʀ, øz] *nm/f* Dieb(in)
m(f); **~ à la tire** Taschendieb *m* ■ *adj*
diebisch
volière [vɔljɛʀ] *nf* Voliere *f*
volley(-ball) (*pl* **volley(-ball)s**) [vɔlɛ(bɔl)]
nm Volleyball *m*
volleyeur, -euse [vɔlɛjœʀ, øz] *nm/f*
Volleyballspieler(in) *m(f)*
volontaire [vɔlɔ̃tɛʀ] *adj* (*délibéré*)
freiwillig; (*décidé*) entschlossen ■ *nmf*
Freiwillige(r) *mf*
volontairement [vɔlɔ̃tɛʀmɑ̃] *adv*
freiwillig; (*exprès*) absichtlich
volonté [vɔlɔ̃te] *nf* (*faculté de vouloir*) Wille
m; (*fermeté*) Willenskraft *f*; (*souhait*)
Wunsch *m*; **à ~** nach Belieben; **bonne ~**
guter Wille; **mauvaise ~** Mangel *m* an
gutem Willen
volontiers [vɔlɔ̃tje] *adv* gern
volt [vɔlt] *nm* Volt *nt*
voltage [vɔltaʒ] *nm* (*différence de potentiel*)
Spannung *f*; (*nombre de volts*) Voltzahl *f*
volte-face [vɔltəfas] *nf inv*
Kehrtwendung *f*
voltige [vɔltiʒ] *nf* (*au trapèze*) Akrobatik *f*;
(*en équitation*) Voltigieren *nt*; (*Aviat*)
Luftakrobatik *f*
voltiger [vɔltiʒe] <2> *vi* flattern
voltigeur, -euse [vɔltiʒœʀ, øz] *nm/f*
(*acrobate*) Trapezkünstler(in) *m(f)*
voltmètre [vɔltmɛtʀ] *nm* Voltmeter *nt*

volume [vɔlym] *nm* Volumen *nt*; (*Math:
solide*) Körper *m*; (*quantité globale; de la voix*)
Umfang *m*; (*d'une radio*) Lautstärke *f*;
(*livre*) Band *m*; **~ brut** Gesamtvolumen
volumineux, -euse [vɔlyminø, øz] *adj*
(sehr) groß; (*courrier, etc*) umfangreich
volupté [vɔlypte] *nf* (*des sens*) Lust *f*;
(*esthétique, etc*) Genuss *m*
voluptueux, -euse [vɔlyptɥø, øz] *adj*
sinnlich, wollüstig
vomir [vɔmiʀ] <8> *vi* (er)brechen
■ *vt* spucken, speien; (*fig*) ausstoßen,
ausspeien; (*exécrer*) verabscheuen
vomissement [vɔmismɑ̃] *nm*
Erbrechen *nt*
vomitif [vɔmitif] *nm* Brechmittel *nt*
vorace [vɔʀas] *adj* gefräßig; (*fig*)
unersättlich
voracité [vɔʀasite] *nf* Gefräßigkeit *f*; (*fig*)
Unersättlichkeit *f*
vos [vo] *adj voir* **votre**
Vosges [voʒ] *nfpl*: **les ~** die Vogesen *pl*
votant, e [vɔtɑ̃, ɑ̃t] *nm/f* Wähler(in) *m(f)*
vote [vɔt] *nm* (*voix*) Stimme *f*;
(*consultation*) Abstimmung *f*; (*élection*)
Wahl *f*; **~ par correspondance** Briefwahl
voter [vɔte] <1> *vi* abstimmen; (*pour les
élections*) wählen; **~ pour qn** für jdn
stimmen ■ *vt* (*loi*) verabschieden;
(*décision*) abstimmen über +*akk*
votre (*pl* **vos**) [vɔtʀ(ə), vo] *adj* euer, eure,
euer; (*forme de politesse*) Ihr, Ihre, Ihr; (*pl*)
eure; (*forme de politesse*) Ihre
vôtre [votʀ] *pron*: **le/la ~** eure(r, s);
(*forme de politesse*) Ihre(r, s); **les ~s** eure;
(*forme de politesse*) Ihre; (*vos parents: forme
de politesse*) die Ihren; **à la ~!** (*toast*) auf
euer/Ihr Wohl!
voué, e [vwe] *adj*: **~(e) à l'échec** zum
Scheitern verurteilt
vouer [vwe] <1> *vpr*: **se ~ à qch** sich einer
Sache *dat* verschreiben
vouloir [vulwaʀ] *irr vt, vi* wollen;
~ dire (*signifier*) bedeuten, heißen sollen;
~ faire tun wollen; **~ qch à qn** jdm etw
wünschen; **~ de qch/qn** (*accepter*) etw/
jdn wollen; **~ que** wollen, dass; **en ~ à qn/
qch** (*rancune*) jdm/einer Sache böse sein;
s'en ~ d'avoir fait qch sich ärgern, etw
getan zu haben; **sans le ~**
(*involontairement*) unabsichtlich; **je
voudrais ceci/que** (*souhait*) ich möchte
das/möchte gerne, dass; **la tradition
veut que** die Tradition verlangt, dass;
veuillez attendre bitte warten Sie;
je veux bien (*bonne volonté*) gern(e);
(*concession*) schon ...; **si on veut** (*en
quelque sorte*) wenn man so will; **que me
veut-il?** was will er von mir? ■ *nm*: **le bon
~ de qn** jds guter Wille

voulu, e [vuly] pp de **vouloir** ■ adj (requis)
erforderlich; (délibéré) absichtlich
vous [vu] pron (sujet: pl) ihr; (forme de
politesse) Sie; (objet direct) euch; Sie; (objet
indirect) euch; Ihnen; Ihnen; (réfléchi) euch; sich
voûte [vut] nf Gewölbe nt
voûté, e adj gewölbt; (dos) gekrümmt;
(personne) gebeugt
voûter [vute] <1> vt (Archit) wölben; (dos)
krümmen; (personne) beugen; **se voûter**
vpr gebeugt werden
vouvoyer [vuvwaje] <6> vt siezen
voyage [vwajaʒ] nm Reise f; (course de
chauffeur) Fahrt f; (de porteur) Weg m;
le ~ (fait de voyager) das Reisen; **être en
~** auf Reisen sein; **partir en ~** verreisen;
les gens du ~ das fahrende Volk;
~ d'affaires Geschäftsreise;
~ d'agrément Vergnügungsreise;
~ de noces Hochzeitsreise; **~ organisé**
Gesellschaftsreise
voyager <2> vi (faire des voyages) reisen;
(faire des déplacements) unterwegs sein;
(marchandises: être transporté)
transportiert werden
voyageur, -euse [vwajaʒœʀ, øz] nm/f
Reisende(r) mf; (aventurier, explorateur)
Abenteurer (Abenteuerin) m/f;
~ de commerce Handelsreisende(r);
~ représentant placier Handelsvertreter
m ■ adj: **pigeon ~** Brieftaube f
voyagiste [vwajaʒist] nm
Reiseveranstalter m
voyance [vwajãs] nf Hellsehen nt
voyant, e [vwajã, ãt] adj grell, schreiend
■ nm (signal lumineux) Warnlicht nt
■ nm,f (cartomancien) Hellseher(in) m(f)
voyelle [vwajɛl] nf Vokal m
voyou [vwaju] nm kleiner Ganove,
Schlitzohr nt
V.P.C. nf abr = **vente par correspondance**
Versandhandel m
vrac [vʀak] adj, adv: **en ~** (pêle-mêle)
durcheinander; (Com) lose
vrai, e [vʀɛ] adj wahr; (non factice) echt;
à dire ~, à ~ dire offen gestanden;
son ~ nom sein wirklicher Name;
un ~ comédien/sportif ein echter
Schauspieler/Sportler ■ nm: **le ~** das
Wahre
vraiment adv wirklich
vraisemblable [vʀɛsɑ̃blabl] adj
(plausible) einleuchtend; (probable)
wahrscheinlich
vraisemblance [vʀɛsɑ̃blɑ̃s] nf
Wahrscheinlichkeit f; **selon toute ~** aller
Wahrscheinlichkeit nach
V/Réf. abr = **votre référence** Ihr Zeichen
vrombir [vʀɔ̃biʀ] <8> vi (insecte)
summen; (moteur, etc) dröhnen, brummen

V.R.P. nm abr = **voyageur représentant
placier** Handelsvertreter m
V.T.T. nm abr = **vélo tout terrain**
Mountainbike nt
vu [vy] prép (en raison de) wegen +gen,
angesichts +gen
vu, e [vy] pp de **voir** ■ adj: **cela/il est
bien/mal vu** davon/von ihm hält man
viel/nicht viel
vue [vy] nf (sens, faculté) Sehen nt,
Sehvermögen nt; (fait de voir) Anblick m;
(panorama) Aussicht f; (image) Ansicht f;
vues nfpl (idées) Ansichten pl; (dessein)
Absichten pl; **à ~** (Com) bei Sicht; **à ~ d'œil**
sichtbar; **à la ~ de tous** vor aller Augen;
avoir qch en ~ etw anvisieren; **connaître
qn de ~** jdn vom Sehen kennen; **en ~**
(aisément visible) in Sicht; **en ~ de faire qch**
mit der Absicht, etw zu tun; **hors de ~**
außer Sicht; **perdre de ~** aus den Augen
verlieren; (principes, objectifs) abkommen
von; **perdre la ~** erblinden; **à première ~**
auf den ersten Blick; **tirer à ~** (sans
sommation) sofort schießen
vulcanologue [vylkanɔlɔg] nmf
Vulkanologe(-login) m/f
vulgaire [vylgɛʀ] adj (grossier) ordinär,
vulgär; (bassement matériel) banal; **de ~s
chaises de cuisine** (pej: quelconque) ganz
ordinäre Küchenstühle; **langue ~**
Vulgärsprache f; **nom ~** (Bot, Zool)
gewöhnlicher Name
vulgariser [vylgaʀize] <1> vt (répandre
des connaissances) für die breite Masse
verständlich machen; (rendre vulgaire)
derber machen
vulgarité [vylgaʀite] nf Vulgarität f
vulnérable [vylneʀabl] adj
(physiquement) verwundbar; (moralement)
verletzbar; (stratégiquement) ungeschützt
vulve [vylv] nf Vulva f

W

western [wɛstɛʀn] *nm* Western *m*
whisky (*pl* **whiskies**) [wiski] *nm* Whisky *m*
white-spirit [wajtspiʀit] *nm*
  Terpentinersatz *m*
wifi [wifi] *nm* Wi-Fi *nt*

W, w [dublǝve] *nm* W, w *nt*
wagon [vagõ] *nm* Wagen *m*;
  (*de marchandises*) Waggon *m*;
  ~ de marchandises Güterwagen,
  Güterwaggon
wagon-citerne (*pl* **wagons-citernes**) *nm*
  Tankwagen *m*
wagon-lit (*pl* **wagons-lits**) *nm*
  Schlafwagen *m*
wagon-restaurant (*pl* **wagons-**
  restaurants) *nm* Speisewagen *m*
wagon-salle *nm* Großraumwagen *m*
walkman® [wɔ(l)kman] *nm*
  Walkman® *m*
walkyrie [valkiʀi] *nf* Walküre *f*
wallon, ne [walõ, ɔn] *adj* wallonisch
Wallon, ne *nm/f* Wallone (Wallonin) *m/f*
Wallonie [valɔni] *nf*: **la ~** Wallonien *nt*
water-polo (*pl* **~s**) [watɛʀpɔlo] *nm*
  Wasserball *m*
waters [watɛʀ] *nmpl* Toilette *f*
watt [wat] *nm* Watt *nt*
W.-C. [vese] *nmpl* WC *nt*
Web, web [wɛb] *nm*: **le ~** das (World
  Wide) Web
webcam [wɛbkam] *nf* Webcam *f*,
  Webkamera *f*
week-end (*pl* **~s**) [wikɛnd] *nm*
  Wochenende *nt*; **bon ~!** schönes
  Wochenende!

X, x [iks] *nm* X, x *nt;* **film classé X** nicht
  jugendfreier Film
xénophobe [gzenɔfɔb] *adj*
  ausländerfeindlich, fremdenfeindlich
xénophobie *nf* Ausländerfeindlichkeit *f*
xérès [gzeʀɛs] *nm* Sherry *m*
xylographie [gzilɔgʀafi] *nf* Holzschnitt *m*
xylophone [gzilɔfɔn] *nm* Xylofon *nt*

Y, y [igʀɛk] *nm* Y, y *nt*
y [i] *adv (à cet endroit)* da, dort; *(mouvement)*
  dorthin; *(dessus)* darauf; *(dedans)* darin;
  (mouvement) hinein ▪ *pron* daran; damit;
  davon; **j'y pense** ich denke daran
yacht ['jɔt] *nm* Jacht *f*
yaourt ['jauʀt] *nm* Joghurt *m o nt*
yaourtière *nf* Joghurtmaschine *f*
Yémen ['jemɛn] *nm:* **le ~** Yemen *m*
yéménite ['jemenit] *adj* yemenitisch
yeux [jø] *nmpl voir* **œil**
yoga ['jɔga] *nm* Yoga *nt*
yogourt ['jɔguʀt] *nm voir* **yaourt**
yole ['jɔl] *nf* Jolle *f*
yougoslave ['jugɔslav] *adj* jugoslawisch
Yougoslave *nmf* Jugoslawe(-slawin) *m/f*
Yougoslavie ['jugɔslavi] *nf:* **l'ex-**
  yougoslavie das ehemalige Jugoslawien
yo(-)yo *(pl* **yoyos, ~)** ['jojo] *nm inv* Jo-Jo *nt*
yucca ['juka] *nm* Yucca *f*

Z

Z, z [zɛd] *nm* Z, z *nt*

Z.A. *abr* = **zone artisanale** Handwerksgebiet *nt*

Z.A.C. [zak] *nf acr* = **zone d'aménagement concerté** städtebauliches Erschließungsgebiet

Zaïre [zaiʀ] *nm*: **le ~** Zaire *nt*

zaïrois, e [zaiʀwa, waz] *adj* zairisch

Zambie [zɑ̃bi] *nf*: **la ~** Sambia *nt*

zapper [zape] <1> *vi* zappen

zapping [zapiŋ] *nm* Zappen *nt*

zèbre [zɛbʀ] *nm* Zebra *nt*

zébré, e [zebʀe] *adj* gestreift

zébrure [zebʀyʀ] *nf* Streifen *m*

zèle [zɛl] *nm* Eifer *m*; **faire du ~** übereifrig sein

zélé, e *adj* eifrig

zénith [zenit] *nm* Zenit *m*

ZEP [zɛp] *nf acr* = **zone d'éducation prioritaire** ≈ schulisches Notstandsgebiet

zéro [zeʀo] *nm* Null *f*; *(Scol)* Sechs *f*

zeste [zɛst] *nm* *(d'agrumes)* Schale *f*

zézayer [zezeje] <7> *vi* lispeln

Z.I. *abr* = **zone industrielle** Industriegebiet *nt*

zigouiller [ziguje] <1> *vt (fam)* umlegen, umnieten

zigzag [zigzag] *nm* Zickzack *m*; *(point)* Zickzackstich *m*

Zimbabwe [zimbabwe] *nm*: **le ~** Zimbabwe *nt*, Simbabwe *nt*

zimbabwéen, ne [zimbabweɛ̃, ɛn] *adj* zimbabwisch

zinc [zɛ̃g] *nm* Zink *nt*; *(comptoir)* Theke *f*, Tresen *m*

zipper [zipeʀ] <1> *vt (Inform)* zippen

zizi [zizi] *nm (fam)* Pimmel *m*

zodiaque [zɔdjak] *nm* Tierkreis *m*

zona [zona] *nm (Med)* Gürtelrose *f*

zonard [zonaʀ] *nm (fam)* Rowdy *m*

zone [zon] *nf* Zone *f*, Gebiet *nt*;
~ d'aménagement concerté städtebauliches Erschließungsgebiet;
~ d'aménagement différé Bauerwartungsland *nt*; **~ artisanale** Handwerksgebiet; **~ bleue**; **~ de stationnement à temps limité** Kurzparkzone; **~ commerciale** Wirtschaftszone; **~ démilitarisée** entmilitarisierte Zone; **~ d'éducation prioritaire** ≈ schulisches Notstandsgebiet; **~ euro** Euroland *nt*; **~ d'habitation** Wohngebiet; **~ industrielle** Industriegebiet; **~ d'influence** Einflussbereich *m*; **~ interdite** Sperrgebiet; **~ monétaire** Währungsraum *m*; **~ non-fumeurs** Nichtraucherbereich *m*; **~ piétonne, ~ piétonnière** Fußgängerzone; **~s de repos** Ruhezonen *pl*; **~ à urbaniser en priorité** Gebiet für städtebauliche Sanierungs- und Entwicklungsmaßnahmen

zoner <1> *vt (fam)* herumgammeln

zoo [zoo] *nm* Zoo *m*

zoologie [zɔɔlɔʒi] *nf* Zoologie *f*

zoologique *adj* zoologisch

zoologiste [zɔɔlɔʒist] *nmf* Zoologe(-login) *m/f*

zoom [zum] *nm* Zoom *m*, Zoomobjektiv *nt*

zootechnicien, ne [zootɛknisjɛ̃, ɛn] *nm/f* Tierzüchter(in) *m(f)*

zootechnique [zootɛknik] *nf* Tierzucht *f*

Zoug [zug] *(ville et canton)* Zug *nt*

zozo [zozo] *nm (fam)* Doofi *m*

Z.U.P. [zyp] *nf acr* = **zone à urbaniser en priorité** Gebiet *nt* für städtebauliche Sanierungs- und Entwicklungsmaßnahmen

Zurich [zyʀik] *(ville et canton)* Zürich *nt*

zut [syt] *interj (fam)* Mist

Perspectives sur l'allemand

Introduction	2
L'Allemagne et ses régions	3
Portrait de l'Allemagne	5
L'Autriche et ses régions	7
La Suisse et ses régions	7
Portrait de l'Autriche et la Suisse	8
Les variétés d'allemand	9
Les mots allemands du français	10
Les mots français de l'allemand	11
Un peu d'allemand familier	12
Améliorer votre prononciation	13
Exprimez-vous avec plus de naturel	14
La correspondance	16
Les SMS	16
Courrier électronique	17
Écrire une lettre personnelle	19
Écrire une lettre officielle	21
Téléphoner	23
Locutions allemandes	24
Quelques problèmes de traduction courants	26

Introduction

Perspectives sur l'allemand vous propose de découvrir différents aspects de l'Allemagne, de l'Autriche et d'autres régions germanophones. Les pages qui suivent vous offrent la possibilité de faire connaissance avec les pays où l'on parle l'allemand et avec leurs habitants.

Des conseils pratiques sur la langue et des notes abordant les problèmes de traduction les plus fréquents vous aideront à parler l'allemand avec davantage d'assurance. Une partie très utile consacrée à la correspondance vous fournit toutes les informations dont vous avez besoin pour pouvoir communiquer efficacement.

Nous avons également inclus un certain nombre de liens vers des ressources en ligne qui vous permettront d'approfondir vos lectures sur l'Europe germanophone et la langue allemande.

Nous espérons que vous prendrez plaisir à consulter votre supplément *Perspectives sur l'allemand*. Nous sommes sûrs qu'il vous aidera à mieux connaître les pays germanophones et à prendre confiance en vous, à l'écrit comme à l'oral.

L'Allemagne et ses régions

L'Allemagne et ses régions

Les dix plus grandes villes allemandes

Ville	Nom de habitants	Population
Berlin	die Berliner	3 275 000
Hamburg	die Hamburger	1 686 000
München	die Münchner	1 185 400
Köln	die Kölner	965 300
Frankfurt	die Frankfurter	648 400
Essen	die Essener	588 800
Dortmund	die Dortmunder	587 600
Stuttgart	die Stuttgarter	581 100
Düsseldorf	die Düsseldorfer	568 900
Bremen	die Bremer	527 900

Berlin a été la capitale de l'Allemagne de 1871 à 1945. Après la Seconde Guerre mondiale, et ce jusqu'en 1990, le pays a été divisé en deux : l'Allemagne de l'Ouest et l'Allemagne de l'Est. On retrouvait cette division à Berlin, qu'un mur partageait en secteur ouest et secteur est. L'Allemagne (Berlin compris) s'est réunifiée en 1990 et Berlin est redevenue capitale de tout le pays en 1999.

L'Allemagne est une république composée de 16 États fédérés (*Länder*) dont beaucoup ont une longue histoire. Trois villes ont le statut de *Land* : Berlin et les villes libres hanséatiques de Brême et de Hambourg. Les treize autres *Länder* sont des Régions : le Bade-Wurtemberg, la Bavière, le Brandebourg, la Hesse, le Mecklembourg-Poméranie-Occidentale, la Rhénanie-Westphalie, la Rhénanie-Palatinat, la Sarre, la Saxe, la Saxe-Anhalt, la Basse-Saxe, le Schleswig-Holstein, la Thuringe.

Le chef de l'État allemand est le président (*der Bundespräsident*) et c'est le chancelier (*der Bundeskanzler*) qui est à la tête du gouvernement. La forme féminine de ce mot (*die Bundeskanzlerin*) a été utilisée pour la première fois en 2005, quand une femme est devenue chancelière.

Lien utile:
www.tatsachen-ueber-deutschland.de
Ministère fédéral des Affaires étrangères – Informations sur l'Allemagne

Portrait de l'Allemagne

- En superficie, l'Allemagne (357 045 km²) est plus petite que la France (549 000 km²).

- Avec 82,5 millions d'habitants, la population allemande dépasse celle de la France. Son taux de natalité est bas (1,4 enfant par femme).

- L'économie allemande est la première d'Europe et l'une des plus importantes du monde.

- Le Rhin, qui prend sa source en Suisse et se jette dans la mer du Nord en Hollande, fait 1 320 km de long. La majeure partie de ce fleuve imposant coule en Allemagne (865 km).

- L'Allemagne compte presque autant de catholiques que de protestants.

- La plus haute montagne allemande est le Zugspitze (2 962 m).

- L'Allemagne a des frontières avec neuf autres pays : le Danemark, les Pays-Bas, la Belgique, le Luxembourg, la France, la Suisse, l'Autriche, la République tchèque et la Pologne.

- La bière allemande est réputée pour sa pureté et sa grande qualité. Il existe des centaines de petites brasseries indépendantes qui produisent des bières originales. L'Oktoberfest de Munich, une fête de la bière qui s'étale sur deux semaines, accueille six millions de personnes chaque année.

Quelques liens utiles :
www.destatis.de
Office fédéral de la statistique.
www.muenchen.de
Office du tourisme de Munich.

L'Autriche et ses régions

La Suisse et ses régions

FRANKREICH

DEUTSCHLAND

Swiss Cantons
1. APPENZELL AUSSERRHODEN
2. APPENZELL INNERRHODEN
3. FRIBOURG
4. VAUD

SCHAFFHAUSEN

Rhein

Frauenfeld

•Basel

THURGAU

BASELLANDSCHAFT

AARGAU

ZÜRICH

SANKT

JURA •Delemont

•Aarau

•Zürich

•St Gallen

SOLOTHURN

1

BERN

2

Aare

LUZERN

ZUG

GALLEN

ÖSTERREICH

NEUCHÂTEL

Luzern•

SCHWYZ

•Bern

NIDWALDEN

GLARUS

LIECHTENSTEIN

BERN

OBWALDEN

3 4

URI

3

•Fribourg

Vorderrhein

•Chur

VAUD

FRIBOURG

GRAUBÜNDEN

Inn

•Lausanne

GENÈVE

Rhône

•Genève

Sion•

VALAIS

TICINO

Bellinzona•

A

ITALIEN

©Collins Bartholomew Ltd 2006

Portrait de l'Autriche et la Suisse

- L'allemand est la langue principale de l'Autriche et il est parlé par 65% de la population suisse.

- L'Autriche a une superficie de 83 870 km². Un quart des 8 millions d'Autrichiens habitent la capitale Vienne (*Wien*) ou ses alentours.

- L'Autriche est membre de l'Union européenne et utilise l'euro, contrairement à la Suisse qui ne fait pas partie de l'Union européenne et a gardé le franc suisse comme monnaie.

- L'Autriche est une république fédérale composée de neuf États. La Suisse, autre État fédéral, compte 26 cantons. Son appellation officielle est la Confédération suisse. Les lettres CH que l'on voit à l'arrière des voitures suisses sont le sigle de l'appellation latine : Confoederatio Helvetica.

- La montagne la plus haute d'Autriche est le Grossglockner (3,797m).

- Le pic suisse le plus élevé est le Dufourspitze (4 643m) : il est tout proche de la frontière avec l'Italie.

- La Suisse a une superficie de 41,290 km² seulement, soit environ la moitié de celle de l'Autriche, mais sa population est à peine moins nombreuse que celle de l'Autriche : à peu près 7,5 millions d'habitants.

- Il y a trois langues officielles en Suisse – l'allemand, le français et l'italien. 21% de la population parlent le français et 7% l'italien. Il existe une quatrième langue nationale, le romanche, qui est parlé par moins de 1% de la population.

- La plus grande ville suisse est Zurich (1,3 million d'habitants environ) mais la capitale est Berne (un peu moins d'un million d'habitants).

- La banque est l'un des secteurs économiques les plus importants en Suisse. Les banques suisses sont légendaires pour leur discrétion.

Quelques liens utiles :
www.bfs.admin.ch
Office fédéral suisse de la statistique.
www.austria.org
Service autrichien de presse et d'information.

Les variétés d'allemand

L'allemand que nous apprenons est l'allemand courant ou *Hochdeutsch*.
Les dialectes régionaux sont nombreux en Allemagne, mais il y en a aussi
beaucoup en Autriche et en Suisse où l'on peut rencontrer un certain nombre de
mots et d'expressions qui ne correspondent pas à ceux de l'allemand courant.
En voici quelques exemples :

Allemand autrichien (Österreichisch)	Français	Allemand
die Aschanti	la cacahuète	*die Erdnuss*
das Beisel	le (petit) bar	*das Wirtshaus*
das Best	le prix (récompense)	*der Preis*
die Bim	le tramway	*die Straßenbahn*
der Karfiol	le chou-fleur	*der Blumenkohl*
die Marille	l'abricot	*die Aprikose*
das Obers	la crème	*die Sahne*
der Paradeiser	la tomate	*die Tomate*
die Ribisel	la groseille (rouge)	*die Johannisbeere*

Certains des mots de la liste ci-dessous sont employés aussi bien par les Suisses
qui parlent l'allemand standard que par les locuteurs du *Schweizerdeutsch*. Celui-
ci est un dialecte parlé, tandis que l'allemand standard est la langue écrite de la
Suisse germanophone.

Allemand de Suisse (Schweizerdeutsch)	Français	Allemand
der Abwart	le concierge	*der Hausmeister*
das Bébé	le bébé	*das Baby*
das Billett	le billet	*die (Fahr)karte*
der Goalie	le gardien de but	*der Torwart*
grüezi!	bonjour !	*guten Tag!*
das Morgenessen	le petit-déjeuner	*das Frühstück*
parkieren	se garer	*parken*
die Serviertochter	la serveuse	*die Kellnerin*
salü!	salut ! (au revoir)	*tschüs(s)!*
das Velo	le vélo	*das Fahrrad*

Les mots allemands du français

Si le français et l'allemand appartiennent à des familles linguistiques distinctes, les échanges entre ces deux langues ont été d'une grande richesse à tous les stades de leurs évolutions respectives. On a souvent tendance à sous-estimer le nombre de mots d'origine germanique que l'on utilise quotidiennement ; « bretelle », « brèche » ou « chope » en font partie depuis très longtemps.

Pour un francophone, il n'est pas difficile de deviner que des mots tels que 'ersatz', 'leitmotiv', 'schuss', 'bock' ou même 'vasistas' (de *was ist das?*) sont d'origine allemande, car leur orthographe et leur prononciation donnent une indication de leur provenance.

Il existe pourtant de nombreux emprunts à l'allemand d'usage courant et parfois familier qui sont susceptibles de passer inaperçus : c'est le cas de 'halte' (du verbe *halten* « s'arrêter »), de 'trinquer' (du verbe *trinken* « boire »), ou de 'valse' (de *Walzer*).

Certains mots qui sont intimement liés aux représentations les plus répandues de la culture française proviennent également de l'allemand : c'est le cas d' « accordéon » (de *Akkordeon*) et de « croissant », une « viennoiserie » dont on attribue parfois la paternité aux Autrichiens. Ces mots d'origine allemande ont subi des transformations phonétiques et orthographiques qui ont contribué à les franciser. Dans le cas de « jardin d'enfants », on voit que le procédé a consisté à traduire mot à mot *Kindergarten*.

Naturellement, l'engouement pour la littérature allemande ou les avancées de la science outre-Rhin ont favorisé l'afflux de mots allemands en français. Pour les sciences, on retiendra 'diesel', de l'inventeur Rudolf Diesel, ou 'Geiger', du nom du chercheur en physique nucléaire Hans Geiger.

Les mots français de l'allemand

De nombreux mots français sont entrés dans le vocabulaire allemand et sont d'usage courant, avec, pour certains, une orthographe un peu différente.

Beaucoup ont le même sens en allemand et en français :

das Blouson
das Budget
die Chance
das Eau de Cologne
die Fassade
der Fauxpas
die Garage
die Grippe
die Konfitüre
das Niveau
das Parfum
die Pommes frites

Méfiez-vous cependant d'autres termes pouvant venir du français, ou d'apparence française, et dont le sens n'est pas celui auquel on pourrait s'attendre :

die Bagage	la canaille
die Balance	l'équilibre
der Etat	le budget
der Intendant	le directeur (*THEAT, TV*)
das Parterre	le rez-de-chaussée
das Souterrain	le sous-sol

Un peu d'allemand familier

Il est naturel d'adapter son registre de langue en fonction des situations dans lesquelles on se trouve. Lorsque vous visiterez un pays germanophone, les situations de la vie quotidienne vous donneront certainement l'occasion d'entendre des expressions familières.

Voici quelques exemples de mots familiers allemands :

bescheuert	fou
flennen	pleurer
geil	fantastique
die Glotze	la télévision
das Klo	les toilettes
der Knast	la prison
die Kneipe	le bistrot
die Kohle	l'argent
quatschen	parler
schummeln	tricher
tschüs(s)	salut (au revoir)
der Typ	le type
der Zoff	les ennuis, les problèmes

La langue familière est indiquée très clairement dans le dictionnaire pour que vous puissiez choisir les termes les mieux adaptés à la situation.

Employez avec prudence ce qui est signalé comme « familier » (*fam*) dans votre dictionnaire, et évitez ce qui comporte la mention « vulgaire » (*vulg*).

Améliorer votre prononciation

Il existe différentes méthodes pour améliorer votre prononciation et prendre confiance en vous à l'oral :

• écouter la radio allemande

• regarder des films allemands en version originale

• parler avec des germanophones

Quelques liens utiles :
www.ard.de/radio/
Sélection de radios allemandes et informations sur différents événements culturels.
www.dw-world.de
Deutsche Welle est l'équivalent allemand de Radio France Internationale et France 24.

Quelques points à retenir pour une meilleure prononciation

Les lettres qui sont propres à l'allemand :

• **ä** – se prononce comme le *ê* de être.

• **ö** – se prononce comme le *eu* de beurre.

• **ü** – se prononce comme le *u* de salut.

• **ß** – se prononce comme le *s* de sel.

Notez aussi les points suivants :

• **j** – se prononce généralement comme *ill* dans mouillé ou *y* dans yeux.

• **v** – se prononce en général *f*.

• **w** – a la même prononciation que *v*.

Exprimez-vous avec plus de naturel

Les mots et expressions de la conversation

En français, nous émaillons nos conversations de mots et de formules comme *donc, alors, au fait* pour structurer notre réflexion et souvent aussi pour exprimer un état d'esprit.

Les mots allemands ci-dessous jouent le même rôle. Le fait de les employer vous fera gagner en aisance et en naturel.

- **also**
  *Kommst du **also** mit (ja oder nein)?*
  (= alors, donc)
  ***Also**, wie ich schon sagte, ...* (= donc)

- **übrigens**
  ***Übrigens**, du schuldest mir Geld.*
  (= au fait)
  *Ich habe sie **übrigens** gestern getroffen.*
  (= au fait, d'ailleurs)

- **schließlich**
  *Er hat es mir **schließlich** doch gesagt.*
  (= finalement)
  *Sie ist **schlie ßlich** erst drei Jahre alt.*
  (= après tout)

- **stimmt!, stimmts?**
  *Er ist doch in Australien. – **Stimmt!***
  (= voilà !, c'est ça !)
  *Du hast mich belogen, **stimmts?***
  (= c'est ça ?)

- **wirklich**
  *Bist du mir böse? – Nicht **wirklich**.*
  (= vraiment)
  *Das hat mich **wirklich** geärgert.*
  (= vraiment)

- **jedenfalls**
  *Es ist **jedenfalls** schon zu spät.*
  (= en tout cas)
  *Er hat nichts gesagt, **jedenfalls** nichts Neues.* (= en tout cas)

- **eigentlich**
  *Wer hat das Spiel **eigentlich** gewonnen?*
  (= réellement)
  *Bist du müde? – **Eigentlich** nicht.*
  (= réellement)

- **nämlich**
  *Wir bleiben zu Hause, es ist **nämlich** sehr regnerisch.* (= en effet)
  *Er ist **nämlich** mein bester Freund.*
  (= en effet)

- **überhaupt**
  *Hörst du mir **überhaupt** zu?*
  (= vraiment)
  *Ich habe **überhaupt** keinen Grund dazu.*
  (= vraiment)

Exprimez-vous avec plus de naturel

En variant les mots que vous employez pour faire passer une idée, vous contribuerez également à donner le sentiment que vous êtes à l'aise en allemand. À titre d'exemple, vous connaissez déjà *Ich mag diesen Film*, mais pour changer vous pourriez exprimer la même idée avec *Dieser Film gefällt mir*. Voici d'autres suggestions :

Pour dire ce que vous aimez ou n'aimez pas

Die CD *hat mir sehr gut gefallen*.	J'ai adoré...
Der Frankreichurlaub *hat uns Spaß gemacht*.	Nous avons bien aimé...
Ich mag ihn.	J'aime bien...
Ich mag keinen Fisch.	Je n'aime pas...
Ich hasse Fußball.	Je déteste...
Ich kann ihn *nicht ausstehen*.	Je ne supporte pas...

Pour exprimer votre opinion

Ich denke, dass wir gehen sollten.	Je pense que...
Ich glaube, er hat richtig gehandelt.	Je crois que...
Ich meine, wir sollten es versuchen.	Je pense que...
Ich bin sicher, dass er gelogen hat.	Je suis sûr que...
Meiner Meinung nach hat er einen Fehler gemacht.	À mon avis...

Pour exprimer votre accord ou votre désaccord

Du hast recht.	Tu as raison.
Ich stimme Ihnen zu.	Je suis d'accord avec vous.
Ich bin ganz Ihrer Meinung.	Je suis entièrement d'accord avec vous.
Er hat unrecht.	Il a tort.
Ich bin anderer Meinung.	Je ne suis pas de cet avis.

La correspondance

La section suivante sur la correspondance a été conçue pour vous aider à communiquer en toute confiance en allemand, à l'écrit comme à l'oral. Grâce à des exemples de lettres, de courriels, et aux parties consacrées aux SMS et aux conversations téléphoniques, vous pouvez être sûr que vous disposez de tout le vocabulaire nécessaire à une correspondance réussie en allemand.

Les SMS

Abréviation	Allemand	Français
8ung	Achtung	attention
akla	alles klar	OK
bb	bis bald	à bientôt
DaD	denk an dich	je pense à toi
div	danke im Voraus	merci d'avance
GA	Gruß an	bonjour/salutations à
GiE	Ganz im Ernst	sérieusement
GLG	Ganz liebe Grüße	grosses bises
gn8	gute Nacht	bonne nuit
GuK, G&K	Gruß und Kuss	baisers affectueux
ild	Ich liebe dich	je t'aime
mediwi	melde dich wieder	donne des nouvelles
mfg	mit freundlichen Grüßen	amitiés
rumian	ruf mich an	appelle-moi
sfh	Schluss für heute	c'est tout pour aujourd'hui
siw	soweit ich weiß	à ce que je sais
sTn	schönen Tag noch	passe une bonne journée
sz	schreib zurück	réponds-moi
vlg	viele Grüße	amitiés
vv	viel Vergnügen	amuse-toi bien

Courrier électronique

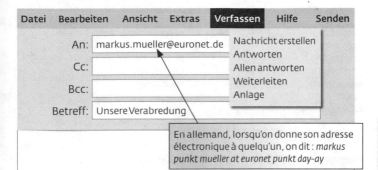

| Datei | Bearbeiten | Ansicht | Extras | **Verfassen** | Hilfe | Senden |

An:	markus.mueller@euronet.de	Nachricht erstellen
Cc:		Antworten
		Allen antworten
Bcc:		Weiterleiten
Betreff:	Unsere Verabredung	Anlage

> En allemand, lorsqu'on donne son adresse
> électronique à quelqu'un, on dit : *markus
> punkt mueller at euronet punkt day-ay*

Hallo Markus,

hattest du vergessen, dass wir uns gestern treffen wollten? Anke und ich waren da und haben über eine Stunde lang auf dich gewartet. Bitte melde dich so bald wie möglich bei mir, sodass wir einen neuen Termin vereinbaren können.

Viele Grüße

Thomas

Datei (f)	fichier	*Allen antworten*	répondre à tous
Bearbeiten	édition	*Weiterleiten*	transférer
Ansicht (f)	affichage	*Anlage (f)*	pièce jointe
Extras (ntpl)	outils	*An*	à
Verfassen	écrire	*Cc*	cc (copie carbone)
Hilfe (f)	aide	*Bcc*	cci (copie carbone invisible)
Senden	envoyer	*Betreff (m)*	objet, sujet
Neue Nachricht (f)	nouveau message	*Von*	de
Antworten	répondre	*Datum (nt)*	date

Courrier électronique

D'autres termes peuvent vous être utiles sur Internet :

abmelden	se déconnecter, fermer sa session
anmelden	se connecter, ouvrir une session
ausloggen	se déconnecter, fermer sa session
Breitband (nt)	haut-débit
Browser (m)	navigateur
chatten	chatter
Datenbank (f)	base de données
doppelklicken	double-cliquer
drucken	imprimer
einfügen	coller
einloggen	se connecter, ouvrir une session
ersetzen	remplacer
FAQ (nt)	FAQ
Favoriten (mpl)	favoris
Fenster (nt)	fenêtre
herunterladen	télécharger
Homepage (f)	page d'accueil
Icon (nt)	icone
Internet (nt)	Internet
Internetprovider (m)	Fournisseur d'Accès Internet, FAI
klicken	cliquer
Links (mpl)	liens
Menü (nt)	menu
Monitor (m)	écran
Ordner (m)	dossier
provider	fournisseur d'accès
Papierkorb (m)	corbeille
Pfeiltasten (fpl)	flèches (sur un clavier)
speichern	sauvegarder
suchen	rechercher
Suchmaschine (f)	moteur de recherche
(im Internet) surfen	surfer (sur la Toile)
Tabellenkalkulation (f)	feuille de calcul
Tastatur (f)	clavier
Verzeichnis (nt)	répertoire
Webseite (f)	page web
Website (f)	site web
weiter	page suivante
(WorldWide) Web (nt)	la Toile, le web
zurück	page précédente

Écrire une lettre personnelle

La ville d'où vous écrivez et la date ; on ne donne pas son adresse complète ➤ *Köln, 24. September 2007*

Liebe Tante Erika,

ich möchte mich ganz herzlich für dein tolles Geburtstagsgeschenk bedanken. Diese DVD habe ich mir schon seit langem gewünscht. Harrison Ford war schon immer mein Lieblingsschauspieler, und ich habe mir den Film bereits zweimal angesehen.

Den Sommerurlaub habe ich mit meiner Freundin in Frankreich verbracht. Aber in den nächsten Monaten muss ich mich intensiv auf mein Abitur vorbereiten. Ich hoffe, dass ich danach in München Medizin studieren kann. Vielleicht gehe ich aber zuvor noch für ein Jahr ins Ausland.

Ich habe gehört, dass Onkel Heinz vor kurzem krank war. Ich hoffe, es geht ihm inzwischen besser, und meine Eltern und ich freuen uns auf unseren Besuch bei euch im Oktober.

Viele Grüße

Jens

Écrire une lettre personnelle

Autres manières de commencer une lettre personnelle	Autres manières de terminer une lettre personnelle
Liebe Freunde *Liebe Anita, lieber Andreas* *Liebe Eltern*	*Herzliche Grüße* *Alles Gute* *Viele Grüße auch von…*

Quelques formules utiles

Vielen Dank für deinen Brief.	Merci beaucoup pour ta lettre.
Es war schön, von dir zu hören.	Ça m'a fait plaisir d'avoir de tes nouvelles.
Tut mir leid, dass ich erst jetzt antworte.	Je m'excuse de ne pas avoir répondu plus tôt.
Bitte grüße Silvia von mir.	Salue Silvia de ma part, s'il te plaît.
Mutti sendet viele Grüße.	Maman te dit bonjour.
Bitte schreib mir bald.	Écris-moi vite, s'il te plaît.

Écrire une lettre officielle

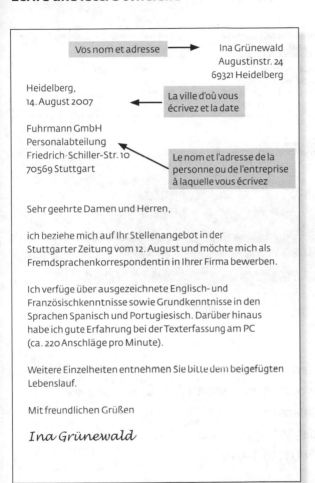

Vos nom et adresse → Ina Grünewald
Augustinstr. 24
69321 Heidelberg

Heidelberg,
14. August 2007 ← La ville d'où vous écrivez et la date

Fuhrmann GmbH
Personalabteilung
Friedrich-Schiller-Str. 10
70569 Stuttgart ← Le nom et l'adresse de la personne ou de l'entreprise à laquelle vous écrivez

Sehr geehrte Damen und Herren,

ich beziehe mich auf Ihr Stellenangebot in der Stuttgarter Zeitung vom 12. August und möchte mich als Fremdsprachenkorrespondentin in Ihrer Firma bewerben.

Ich verfüge über ausgezeichnete Englisch- und Französischkenntnisse sowie Grundkenntnisse in den Sprachen Spanisch und Portugiesisch. Darüber hinaus habe ich gute Erfahrung bei der Texterfassung am PC (ca. 220 Anschläge pro Minute).

Weitere Einzelheiten entnehmen Sie bitte dem beigefügten Lebenslauf.

Mit freundlichen Grüßen

Ina Grünewald

Écrire une lettre officielle

Autres manières de commencer une lettre officielle	Autres manières de terminer une lettre officielle
Sehr geehrter Herr Franzen *Sehr geehrte Frau Meinhardt* *Sehr geehrter Herr Dr. Bleibtreu* *Sehr geehrter Herr Professor*	*...und verbleibe mit freundlichen Grüßen* *Mit freundlichem Gruß* *Hochachtungsvoll*

Quelques formules utiles

Vielen Dank für Ihr Schreiben vom...	Merci beaucoup pour votre lettre du...
Mit Bezug auf...	Suite à...
Anbei schicke ich Ihnen...	Veuillez trouver ci-joint...
Ich würde mich freuen, von Ihnen zu hören.	Dans l'attente de votre réponse...
Ich danke Ihnen im Voraus für...	Merci par avance pour...

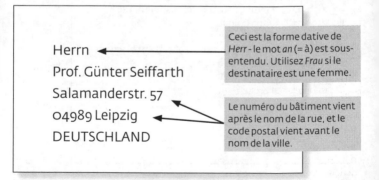

Herrn ◄——
Prof. Günter Seiffarth
Salamanderstr. 57 ◄——
04989 Leipzig ◄——
DEUTSCHLAND

Ceci est la forme dative de *Herr* - le mot *an* (= à) est sous-entendu. Utilisez *Frau* si le destinataire est une femme.

Le numéro du bâtiment vient après le nom de la rue, et le code postal vient avant le nom de la ville.

Téléphoner

Pour demander des renseignements

Was ist die Vorwahl für Freiburg?
Quel est l'indicatif de Fribourg ?

Wie bekomme ich eine Amtsleitung?
Qu'est-ce que je dois faire pour avoir la ligne extérieure ?

Können Sie mir die Durchwahl für Herrn Faltermeier geben?
Est-ce que vous pouvez me donner le numéro de poste de monsieur Faltermeier ?

Quand on répond à votre appel

Hallo! Ist Barbara da?
Bonjour ! Est-ce que Barbara est là ?

Kann ich bitte mit Peter Martin sprechen?
Est-ce que je pourrais parler à Peter Martin, s'il vous plaît ?

Spreche ich mit Frau Schuster?
Mademoiselle/Madame Schuster ?

Könnten Sie sie bitten, mich zurückzurufen?
Est-ce que vous pouvez lui demander de me rappeler ?

Ich rufe in einer halben Stunde wieder an
Je rappellerai dans une demi-heure.

Kann ich bitte eine Nachricht hinterlassen?
Est-ce que je pourrais laisser un message, s'il vous plaît ?

Quand vous répondez au téléphone

Wer spricht bitte?
Qui est à l'appareil ?

Hier ist Marion.
C'est Marion.

Am Apparat.
Lui-même/elle-même.

Ce que vous entendrez peut-être

Wer ist am Apparat?
C'est de la part de qui ?

Ich verbinde Sie mit...
Je vous mets en relation avec.../ Je vous passe...

Bitte bleiben Sie am Apparat.
Ne quittez pas.

Es meldet sich niemand.
Ça ne répond pas.

Es ist besetzt.
La ligne est occupée.

Möchten Sie eine Nachricht hinterlassen?
Est-ce que vous voulez laisser un message ?

En cas de problème

Tut mir Leid, ich habe mich verwählt.
Pardon, j'ai fait un mauvais numéro.

Die Verbindung ist sehr schlecht.
La ligne est très mauvaise.

Ich kann Sie nur schlecht verstehen.
On ne capte pas ici.

Mein Akku ist fast leer.
Je n'ai presque plus de batterie.

Ich kann Sie nicht verstehen.
Je ne vous entends pas.

Pour donner votre numéro de téléphone

Pour donner son numéro de téléphone à quelqu'un en allemand on regroupe généralement les chiffres par deux. Par exemple : 01 80 45 23 12
null-eins / achtzig / fünfundvierzig / dreiundzwanzig / zwölf

Si le nombre de chiffres est impair, c'est le premier que l'on donne séparément : 238 47 32 94
zwei / achtunddreißig / siebenundvierzig / zweiunddreißig / vierundneunzi

Locutions allemandes

En allemand comme dans bien d'autres langues, les gens ont recours à des expressions vivantes qui viennent d'images basées sur leur perception de la vie réelle. Les expressions courantes ci-dessous ont été regroupées en fonction du type d'images qu'elles évoquent. Pour rendre le tout plus amusant, nous vous donnons la traduction mot à mot ainsi que l'équivalent en français.

Les fruits at légumes

für einen Apfel und ein Ei → pour une bouchée de pain
    mot à mot : *pour une pomme et un œuf*
Mit ihm ist nicht gut Kirschen essen. → C'est un mauvais coucheur.
    mot à mot : *On ne mange pas de cerises avec lui.*
Das macht den Kohl nicht fett. → Ce n'est pas ça qui va nous aider.
    mot à mot : *Ce n'est pas ça qui engraissera le chou.*
sich die Radieschen von unten ansehen → manger les pissenlits par la racine

    mot à mot : *regarder les radis par en dessous*

Les animaux

Da liegt der Hund begraben. → C'est là que le bât blesse.
    mot à mot : *C'est là que le chien est enterré.*
Die Spatzen pfeifen es von den Dächern. → C'est connu comme le loup blanc.
    mot à mot : *Les moineaux le chantent sur les toits.*
wo sich Hase und Fuchs gute Nacht sagen → au milieu de nulle part

    mot à mot : *là où le lièvre et le renard se disent bonne nuit*

sein Schäfchen ins Trockene bringen → faire sa pelote
    mot à mot : *rentrer ses petits moutons au sec*
die Sau rauslassen → se laisser aller
    laisser la truie partir

Les parties du corps

Hals über Kopf → précipitamment
    mot à mot : *le cou par-dessus la tête*
sich kein Bein ausreißen → ne pas se casser le tronc
    mot à mot : *ne pas s'arracher la jambe*
Es brennt mir auf der Zunge. → Je meurs d'envie de le dire.
    mot à mot : *Ça me brûle la langue.*
auf freiem Fuß sein → être libre
    mot à mot : *être sur un pied libre*

Locutions allemandes

Le climat

Das ist Schnee von gestern. → C'est vieux comme le monde.
mot à mot : *C'est de la neige d'hier.*

ein Gesicht wie drei Tage → une tête d'enterrement
Regenwetter
mot à mot : *une tête comme trois jours de pluie*

Hier ist dicke Luft. → Il y a de l'orage dans l'air.
mot à mot : *L'air est épais par ici.*

etwas in den Wind schreiben → faire une croix sur quelque chose
mot à mot : *écrire quelque chose dans le vent*

Es regnet Bindfäden. → Il pleut des cordes.
mot à mot : *Il pleut des bouts de ficelle.*

Les vêtements

Mir ist der Kragen geplatzt. → Là, c'en est trop.
mot à mot : *Mon col craque.*

Das ist Jacke wie Hose. → C'est kif-kif bourricot.
mot à mot : *C'est comme la veste et le pantalon.*

jemandem auf den Schlips treten → marcher sur les pieds de quelqu'un
mot à mot : *marcher sur la cravate de quelqu'un*

Das sind zwei Paar Stiefel. → Ce sont deux choses tout à fait
différentes.
mot à mot : *Ce sont deux paires de bottes.*

eine weiße Weste haben → n'avoir rien à se reprocher
mot à mot : *avoir un gilet blanc*

Les couleurs

das Blaue vom Himmel versprechen → promettre la lune
mot à mot : *promettre le bleu du ciel*

Sie sind sich nicht grün. → Ils ne se font pas de cadeaux.
mot à mot : *Ils ne sont pas verts l'un pour l'autre.*

du kannst warten, bis du schwarz → tu peux attendre jusqu'à la saint-
wirst glinglin
mot à mot : *tu peux attendre jusqu'à ce que tu
deviennes noir*

eine Fahrt ins Blaue → un voyage surprise
mot à mot : *un voyage dans le bleu*

Quelques problèmes de traduction courants

Dans les pages suivantes, nous abordons quelques-unes des difficultés de traduction que vous risquez de rencontrer. Nous espérons que les astuces que nous vous donnons vous permettront d'éviter les pièges classiques de l'allemand écrit et parlé.

Masculin, féminin et neutre

Les mots allemands peuvent appartenir à trois genres différents : le masculin, le féminin ou le neutre. Lorsque vous apprenez un mot, il est important de retenir son genre aussi.

• Les mots masculins prennent l'article **der** :

le père	→ *der Vater*
l'âne	→ *der Esel*
le moteur	→ *der Motor*
le métier	→ *der Beruf*

Parmi eux, on trouve notamment les êtres de sexe masculin, les jours, les mois et les saisons, et les noms de monnaies.

• Les mots féminins prennent l'article **die** :

la mère	→ *die Mutter*
la soie	→ *die Seide*
la scie	→ *die Säge*
la voix	→ *die Stimme*

Les êtres de sexe féminin, les chiffres, les bateaux et avions, ainsi qu'un grand nombre d'arbres et de fleurs comptent parmi les mots féminins.

• Les mots neutres ont l'article **das** :

la voiture	→ *das Auto*
la maison	→ *das Haus*
le tableau (peinture d'art)	→ *das Bild*
le dessert	→ *das Dessert*

Parmi les neutres, on retrouve notamment les petits des êtres vivants (l'enfant : **das Kind**) et les noms de couleurs.

Quelques problèmes de traduction courants

• Un mot peut être masculin en français et féminin en allemand et inversement :

le chat	→	*die Katze*
le nuage	→	*die Wolke*
la volonté	→	*der Wille*
la lune	→	*der Mond*

• Il est d'autant plus important de bien connaître le genre d'un mot qu'il existe des cas où le même mot va prendre des sens différents selon son genre.

der Kiefer	→	la mâchoire
die Kiefer	→	le pin
der See	→	le lac
die See	→	la mer
der Gehalt	→	le contenu
das Gehalt	→	le salaire
der Band	→	le volume (livre)
die Band	→	le groupe (de rock, jazz)
das Band	→	le bandeau

Du et Sie

En allemand, il existe un équivalent du vouvoiement mais qui fonctionne de façon un peu différente :

• Employez **du** comme « tu », avec une personne que vous connaissez bien ou un enfant :

| Est-ce que **tu** peux me prêter ce CD ? | → | *Kannst **du** mir diese CD leihen?* |

• Employez **ihr** pour vous adresser à un groupe de personnes que vous connaissez bien ou à des enfants par exemple :

| **Vous** comprenez, les enfants ? | → | *Versteht **ihr** das, Kinder?* |

• Avec une ou plusieurs personnes que vous ne connaissez pas bien, utilisez **Sie** :

| Est-ce que **vous** connaissez ma femme ? | → | *Kennen **Sie** meine Frau?* |

Quelques problèmes de traduction courants

Contrairement au français, l'allemand permet de faire la distinction que l'on
connaît avec le tutoiement et le vouvoiement au pluriel, grâce au pronom **Sie**.
Attention à bien faire la différence entre le **Sie** de politesse, le **sie** singulier (elle)
et le **sie** pluriel (ils/elles).

Quelqu'un avec qui vous avez fait connaissance vous demandera peut-être :

    Wollen wir uns duzen?   ➜ On peut se tutoyer ?

L'ordre des mots dans la phrase

L'ordre des mots dans la phrase est beaucoup plus variable en allemand qu'en
français. Par exemple, si une phrase débute par autre chose que le sujet en
allemand, l'ordre du sujet et du verbe change :

Aujourd'hui, **nous** n'**avons** pas cours.   ➜ *Heute **haben wir** keinen Unterricht.*
À trois heures, **mon oncle vient**   ➜ *Um 3 Uhr **kommt mein Onkel** zu*
   nous rendre visite.   *Besuch.*

Dans les propositions subordonnées (dans une phrase, la partie qui commence
par « que », « si », « parce que » etc.), le verbe vient toujours à la fin de la phrase en
allemand :

Je sais qu'elle **est** professeur.   ➜ *Ich weiß, dass **sie** Lehrerin **ist**.*
Je l'aime bien parce qu'il m'**achète**   ➜ *Ich mag ihn, weil **er** mir immer*
   toujours des cadeaux.   *Geschenke **kauft**.*

L'ordre des mots est également un moyen d'insister sur un aspect ou un autre de
la phrase :

Il a donné l'argent à sa sœur.   ➜ *Er gab seiner Schwester das Geld.*
C'est à sa sœur qu'il a donné l'argent. ➜ *Er gab das Geld **seiner Schwester**.*
Elle est passée me prendre hier pour ➜ *Sie hat mich gestern zum Schwimmen*
   aller nager.   *abgeholt.*
C'est hier qu'elle est passée me   ➜ ***Gestern** hat sie mich zum Schwimmen*
   prendre pour aller nager.   *abgeholt.*
C'est pour aller nager qu'elle est   ➜ *Sie hat mich gestern abgeholt, **zum***
   passée me prendre hier.   ***Schwimmen**.*
C'est moi qu'elle est passée prendre   ➜ ***Mich** hat sie gestern zum Schwimmen*
   hier pour aller nager.   *abgeholt.*

Quelques problèmes de traduction courants

Traduction de l'article défini

Il existe un certain nombre de cas dans lesquels l'article défini français
(« le », « la », « les ») n'est pas traduit en allemand.

• Entre **Herr**, **Frau** (« Monsieur », « Madame/Mademoiselle ») et un titre ou
  un nom de fonction (« président », « docteur », « directeur ») :

Madame **la** chancelière	→ *Frau Bundeskanzlerin*
Monsieur **le** directeur	→ *Herr Direktor*
Mademoiselle **la** présidente	→ *Frau Präsidentin*

• Avant un titre suivi d'un nom propre :

La chancelière Merkel est en visite à Paris.	→ ***Bundeskanzlerin Merkel*** *ist zu Besuch in Paris.*
La reine Élisabeth a fait un discours.	→ ***Königin Elisabeth*** *hat eine Rede gehalten.*

• Après « tout » et « tous » (*alle*) :

Tous les enfants de la classe sont venus.	→ ***Alle*** *Schüler der Klasse sind gekommen.*
Il a dépensé **tout l'**argent.	→ *Er hat **alles** Geld ausgegeben.*
Ils ont dit oui **tous les** deux.	→ *Sie haben **alle** beide Ja gesagt.*

• Dans les tournures du type « le mois dernier » (*letzte*), « l'année prochaine »
  (*nächste*) etc. :

Je t'appelle **la** semaine **prochaine**.	→ *Ich rufe dich **nächste** Woche an.*
J'ai vu ce film **l'**année **dernière**.	→ *Ich habe diesen Film **letztes** Jahr gesehen.*

Du, de la, des…

L'article partitif (« du », « de la », « des ») dans les tournures telles que « je voudrais
du thé », « j'ai demandé du vin » ne se traduit pas en allemand :

Est-ce que l'on peut avoir **du** pain, s'il vous plaît ?	→ *Könnten wir bitte Brot haben?*
Il y a **de la** neige sur la route.	→ *Auf der Straße liegt Schnee.*
Je suis allé chercher **de la** farine.	→ *Ich ging Mehl holen.*

Quelques problèmes de traduction courants

• Le « de » de « combien de... ? » (**wie viel**) n'est pas non plus traduit en allemand :

Combien de paquets as-tu achetés ? → **Wie viele** Packungen hast du gekauft?
Combien d'enfants ont-ils ? → **Wie viele** Kinder haben sie?

Traduction de « quand'

Le mot français « quand » se traduit de différentes façons en allemand :

• En tant qu'interrogatif, il se traduit par **wann** :

Quand est-ce que le train arrive ? → **Wann** kommt der Zug an?
Quand viendra-t-elle nous voir ? → **Wann** kommt sie uns besuchen?
Quand es-tu arrivé en Allemagne ? → **Wann** bist du in Deutschland
angekommen?

• Quand il évoque une répétition dans le présent ou le passé, il se traduit par **wenn** :

Quand je le vois, il me fait signe de → **Wenn** ich ihn sehe, winkt er mir zu.
la main.
Quand je vois cette maison, je pense → **Wenn** ich dieses Haus sehe, denke ich
à lui. an ihn.
Quand j'allais à l'école, je passais → **Wenn** ich zur Schule ging, kam ich hier
par ici. vorbei.

• Lorsqu'on veut faire référence à un événement unique du passé, on traduit
« quand » par **als** :

Quand je l'ai vu, il m'a fait signe de → **Als** ich ihn sah, winkte er mir zu.
la main.
Ils sont partis en Allemagne **quand** → Sie sind nach Deutschland gegangen,
elle avait cinq ans. **als** sie fünf Jahre alt war.
Quand ils sont arrivés, il faisait nuit. → **Als** sie ankamen, war es dunkel.

Traduction de « il y a »

En allemand, on emploie **es gibt** pour dire « il y a » dans le sens de « quelque chose
existe ».

Il y a un problème. → **Es gibt** ein Problem.
Il n'y a pas de Dieu. → **Es gibt** keinen Gott.
Il y a deux raisons à cela. → **Es gibt** zwei Gründe dafür.

Quelques problèmes de traduction courants

Es gibt peut aussi s'employer pour décrire le temps qu'il va faire.

Il va y avoir de la pluie. → **Es gibt** Regen.
Il va y avoir un orage demain. → Morgen **gibt es** ein Gewitter.

Dans de nombreux cas cependant, l'allemand va recourir à un verbe beaucoup plus spécifique au contexte que le français, par exemple quand « il y a » signifie « se trouve ».

Il y a quelqu'un à la porte. → Jemand **steht** vor der Tür.
Il y a cinq livres sur la table. → Fünf Bücher **liegen** auf dem Tisch.
Il y a encore du pain. → Es **ist** noch Brot **da**.
Il y a maldonne. → Es **liegt** ein Missverständnis **vor**.

Traduction de « aller »

« Aller » est, en général, traduit par **gehen**, mais comme nous l'avons vu plus haut, en allemand on emploie généralement des verbes plus spécifiques qu'en français. Ainsi, les verbes de déplacement varient en fonction du mode de transport.

• Pour les déplacements en voiture, en train ou en bateau, employez le verbe **fahren** :

Nous **allons** à Vienne demain. → Morgen **fahren** wir nach Wien.
Il **va** à Strasbourg toutes les semaines. → Er **fährt** jede Woche nach Straßburg.
Nous voulons **aller** au Groenland en bateau. → Wir wollen mit dem Schiff nach Grönland **fahren**.

• Pour les déplacements en avion, utilisez **fliegen** :

Cet avion **va** à Toronto → Dieses Flugzeug **fliegt** nach Toronto.

Traduction de « mettre »

« Mettre » est un autre exemple de verbe français qui donne lieu à des traductions différentes en allemand.

• Lorsqu'il s'agit de poser quelque chose à plat, employez **legen** :

Mets le livre dans le tiroir. → **Leg** das Buch in die Schublade.
Où est-ce que je dois **mettre** mes affaires ? → Wohin soll ich meine Sachen **legen**?

31

Quelques problèmes de traduction courants

• Pour un objet posé à la verticale, employez **stellen** :

Mettez le livre sur l'étagère. → *Stell das Buch ins Regal.*
Elle **a mis** le vase sur la table. → *Sie* **stellte** *die Vase auf den Tisch.*

• Lorsque « mettre » signifie « asseoir » ou « placer », on utilise **setzen** :

Elle **a assis** l'enfant sur la chaise. → *Sie* **setzte** *das Kind auf den Stuhl.*
Mets la balle rouge derrière la noire. → *Setz die rote Kugel hinter die schwarze.*

Faux amis

Un certain nombre de termes allemands et français se ressemblent mais certains n'ont pas du tout le même sens : ce sont des faux amis. Le mot allemand **das Baiser**, par exemple, n'a pas le même sens que le mot « baiser » en français, puisqu'il se traduit par « meringue » (le baiser se dit **der Kuss** en allemand). Voici quelques autres exemples de faux amis :

Der junge **Dirigent** *hatte einen Riesenerfolg.* → Le jeune **chef d'orchestre** a fait un triomphe.
Les **dirigeants** se réunissent aujourd'hui. → *Die* **Vorsitzenden** *treffen sich heute.*

Der Bräutigam trägt eine weiße **Weste**. → Le marié porte un **gilet** blanc.
La **veste** est un peu grande pour elle. → *Die* **Jacke** *ist etwas zu groß für sie.*

Er stellt seine Bücher in ein **Regal**. → Il range ses livres sur une **étagère**.
Le gâteau à la cannelle est un vrai **régal** ! → *Der Zimtkuchen ist ein richtiges* **Festessen**!

Wir müssen dieser **Route** *folgen.* → Il faut que l'on suive cet **itinéraire**.
La **route** est inondée. → *Die* **Straße** *ist überflutet.*

Der neue Lehrer ist sehr **nett**. → Le nouveau professeur est très **gentil**.
La photo n'est pas très **nette**. → *Das Foto ist nicht sehr* **scharf**.

a

A, a *nt* (**-, -**) A, a *m*; (*Mus*) la *m*
Aachen *nt* (**-s**) Aix-la-Chapelle
Aal *m* (**-(e)s, -e**) anguille *f*
Aargau *m* (**-s**) l'Argovie *f*
Aas *nt* (**-es, -e** *o* **Äser**) charogne *f*;
Aasgeier *m* vautour *m*
ab *präp +dat* (*örtlich*) de; (*zeitlich, nicht unter*)
à partir de ■ *adv* (*weg*) parti(e); **ab und zu**
[*o* **an**] de temps en temps; **von heute ab** à
partir d'aujourd'hui; **weit ab** très loin
ab|ändern *sep vt* modifier; (*Gesetzentwurf*)
amender; (*Strafe*) commuer; (*Urteil*)
réviser; **Abänderung** *f* modification *f*;
(*von Kleid*) retouche *f*; (*von Programm*)
changement *m*
Abart *f* variété *f*, variante *f*
abartig *adj* anormal(e)
Abbau *m* (*Zerlegung*) démontage *m*,
démantèlement *m*; (*Verminderung*)
réduction *f*, diminution *f*; (*Verfall*) déclin
m; (*im Bergbau*) exploitation *f*; (*Chem*)
décomposition *f*; **abbaubar** *adj* (*Chem*)
décomposable; **biologisch ~**
biodégradable; **ab|bauen** *sep vt* (*zerlegen*)
démonter, démanteler; (*verringern*)
réduire, diminuer; (*im Bergbau*) exploiter;
(*Chem*) décomposer
ab|beißen *sep irr vt*: **ein Stück von etw ~**
mordre un bout de qch; **vom Butterbrot ~**
mordre dans une tartine

ab|bekommen (*pp ~*) *sep irr vt*: **etw ~**
(*erhalten*) recevoir; (*entfernen können:*
Aufkleber, Farbe) réussir à enlever qch;
etwas ~ (*beschädigt werden*) être abîmé(e);
(*verletzt werden*) être blessé(e)
ab|berufen (*pp ~*) *sep irr vt* rappeler
ab|bestellen (*pp* **abbestellt**) *sep vt* résilier
l'abonnement de
ab|bezahlen (*pp* **abbezahlt**) *sep vt* finir
de payer
ab|biegen *sep irr vi aux sein* tourner;
Abbiegespur *f* voie *f* réservée aux
véhicules qui obliquent
Abbild *nt* portrait *m*; **ab|bilden** *sep vt*
représenter; **Abbildung** *f* illustration *f*
ab|binden *sep irr vt* délier, détacher; (*Med*)
ligaturer
Abbitte *f*: **~ leisten** [*o* **tun**] demander
pardon (*jdm à qn*)
ab|blasen *sep irr vt* (*Staub*) enlever en
soufflant; (*fig: absagen*) annuler
ab|blenden *sep vt* (*Fenster*) voiler; (*Licht*)
tamiser; **Abblendlicht** *nt* code(s) *m(pl)*,
feux *mpl* de croisement
ab|brechen *sep irr vt* (*Ast, Henkel*) casser,
briser; (*Verhandlungen, Beziehungen*)
rompre; (*Spiel*) arrêter; (*Inform*) annuler;
(*Gebäude, Brücke*) démolir; (*Zelt, Lager*)
démonter ■ *vi aux sein* (*brechen*) casser;
(*aufhören*) s'arrêter; (*Musik, Vorstellung*)
s'interrompre
ab|brennen *sep irr vt* brûler; (*Feuerwerk*)
tirer ■ *vi aux sein* (*Haus*) brûler
ab|bringen *sep irr vt*: **jdn von etw ~**
dissuader qn de qch
ab|bröckeln *sep vi aux sein* s'effriter
Abbruch *m* rupture *f*; (*von Gebäude*)
démolition *f*; (*Inform*) abandon *m*;
jdm/einer Sache ~ tun porter préjudice
à qn/à qch; **abbruchreif** *adj* (*Haus*)
délabré(e)
ab|brühen *sep vt* blanchir; *siehe auch*
abgebrüht
ab|buchen *sep vt* prélever
ab|bürsten *sep vt* brosser
ab|danken *sep vi* démissionner; (*König*)
abdiquer
ab|decken *sep vt* (*Haus*) emporter le toit
de; (*Tisch*) desservir; (*zudecken: Loch*)
couvrir, boucher
ab|dichten *sep vt* obturer, boucher; (*Naut*)
calfater
ab|drängen *sep vt* pousser de côté,
repousser
ab|drehen *sep vt* (*abstellen*) fermer; (*Licht*)
éteindre; (*Film*) tourner ■ *vi aux sein o*
haben (*Schiff, Flugzeug*) changer de cap
[*o* de route]
ab|drosseln *sep vt* (*Auto*) faire tourner
au ralenti

Abdruck m (pl **Abdrucke**) impression f
■ m (pl **Abdrücke**) (Gipsabdruck,
Wachsabdruck) moulage m; (Fingerabdruck)
empreinte f; **ab\drucken** sep vt publier
ab\drücken sep vt (Waffe) faire partir;
(Ader) comprimer; (fam: jdn) serrer dans
ses bras ■ vi (beim Schießen) tirer ■ vr:
sich ~ s'imprimer
ab\ebben sep vi aux sein (Wasser) reculer;
(fig) baisser, décliner
Abend m (-s, -e) soir m; (im ganzen Verlauf
betrachtet) soirée f; **jeden ~** tous les soirs;
zu ~ essen dîner, souper; **heute/morgen
~** ce/demain soir; **Abendbrot** nt repas m
du soir; **Abendessen** nt dîner m;
(nach einer Vorstellung) souper m;
abendfüllend adj qui dure toute la soirée;
Abendkleid nt robe f de soirée;
Abendkurs m cours m du soir;
Abendland nt Occident m; **abendlich**
adj du soir; **Abendmahl** nt (Rel)
communion f; **Abendrot** nt ciel rose du
coucher de soleil; **abends** adv le soir
Abenteuer nt (-s, -) aventure f;
abenteuerlich adj (gefährlich)
aventureux(-euse); (seltsam) bizarre;
Abenteuerspielplatz m terrain m
d'aventures; **Abenteurer, in** m(f) (-s, -)
aventurier(-ière)
aber konj mais; **das ist ~ schön!** c'est
vraiment beau!; **nun ist ~ Schluss!** ça
suffit maintenant!; **Aber** nt (-s, -) mais m
Aberglaube m superstition f;
abergläubisch adj superstitieux(-euse)
ab\erkennen (pp **aberkannt**) sep irr vt:
jdm etw ~ contester qch à qn
abermalig adj nouveau(-velle);
abermals adv une nouvelle fois
aberwitzig adj insensé(e), absurde
ab\fackeln sep vt (Gas) brûler
ab\fahren sep irr vi aux sein partir;
(Skiläufer) descendre; **auf jdn/etw ~**
(fam) craquer pour qn/qch ■ vt (Schutt)
transporter, charrier; (Arm, Bein) écraser;
(Reifen) user; (Fahrkarte) utiliser ■ vi aux
sein o haben (Strecke) faire, parcourir;
Abfahrt f départ m; (Ski) descente f;
(von Autobahn) sortie f; **Abfahrtslauf** m
descente f; **Abfahrtstag** m jour m du
départ; **Abfahrtszeit** f heure f de départ
Abfall m déchets mpl; (Abfallprodukt)
résidus mpl; (von Leistung) perte f;
(von Temperatur etc) baisse f;
Abfallbeseitigung f traitement m des
déchets; **Abfalleimer** m poubelle f
ab\fallen sep irr vi aux sein tomber; (sich
neigen) s'incliner; (zurückgehen) diminuer,
décliner; (übrig bleiben) rester, être de
reste; **gegen jdn/etw ~** être inférieur(e)
à qn/à qch

abfällig adj dédaigneux(-euse)
Abfallprodukt nt (Rest) rebut m, déchet
m; (Nebenprodukt) sous-produit m; (aus
Abfällen hergestelltes Produkt) produit m
de récupération; **Abfallvermeidung** f
réduction f de déchets
ab\fangen sep irr vt intercepter; (Flugzeug)
redresser; (Stoß) amortir
ab\färben sep vi déteindre
ab\fassen sep vt rédiger
ab\fertigen sep vt (Flugzeug, Schiff)
préparer au départ; (Gepäck) enregistrer;
(Postsendung) expédier; (an der Grenze)
dédouaner; (Kundschaft, Antragsteller)
servir; **jdn kurz ~** expédier qn;
Abfertigung f (Kontrolle) contrôle m
(de douane); (Versand) expédition f; (von
Kunden) service m; (von Antragstellern) fait
de s'occuper de; **Abfertigungsschalter** m
guichet m d'enregistrement
ab\feuern sep vt tirer
ab\finden sep irr vt dédommager ■ vr:
sich mit etw ~ prendre son parti de qch;
sich mit etw nicht ~ ne pas accepter qch;
Abfindung f (von Gläubigern)
dédommagement m; (Betrag) indemnité f
ab\flachen sep vt aplatir ■ vi aux sein (fig)
être en baisse
ab\flauen sep vi aux sein (Wind, Erregung)
tomber; (Nachfrage) baisser; (Geschäft)
aller moins bien
ab\fliegen sep irr vi aux sein (Flugzeug)
décoller; (Passagier) partir ■ vt (Gebiet)
survoler
ab\fließen sep irr vi aux sein couler;
(Verkehr) passer; **ins Ausland ~** (Geld)
sortir du pays
Abflug m décollage m, départ m;
Abflughalle f salle f d'embarquement;
Abflugzeit f heure f du départ
Abfluss m (Vorgang) écoulement m;
(Öffnung) voie f d'écoulement
Abfolge f succession f
ab\fragen sep vt, vi (a. Inform) interroger
Abfuhr f: **jdm eine ~ erteilen** envoyer
promener qn
ab\führen sep vt (Verbrecher) emmener;
(Abfall) enlever; (Gelder, Steuern) payer,
verser ■ vi (von Thema) écarter; (Med) être
laxatif(-ive); **Abführmittel** nt laxatif m
ab\füllen sep vt (Flasche) remplir;
(Flüssigkeit) mettre en bouteille
Abgabe f (von Mantel) dépôt m; (von
Wärme) dégagement m, émission f; (von
Waren) vente f; (von Prüfungsarbeit,
Stimmzettel) remise f; (von Stimme) vote m;
(von Ball) passe f; (Steuer) impôts mpl;
(eines Amtes) démission f; **abgabenfrei** adj
non imposable; **abgabenpflichtig** adj
imposable

Abgang m (von Schule) fin des études;
(von Amt) départ m; (Theat) sortie f;
(Med: Ausscheiden) écoulement m;
(Med: Fehlgeburt) fausse couche f;
(von Post, Ware) expédition f
abgängig adj (A) porté(e) disparu(e);
etw ist ~ qch manque
Abgas nt gaz m d'échappement;
abgasarm adj à gaz d'échappement
réduits; **abgasfrei** adj: ~ verbrennen
ne pas produire de gaz toxique à la
combustion; **Abgas(sonder)unter-
suchung** f contrôle m antipollution
ab|geben sep irr vt (Gegenstand) remettre,
donner; (an Garderobe) déposer; (Ball)
passer; (Wärme) dégager; (Waren)
expédier; (Prüfungsarbeit) rendre,
remettre; (Stimmzettel, Stimme) donner;
(Amt) démissionner de; (Schuss) tirer;
(Erklärung, Urteil) donner; (darstellen, sein)
être; **jdm etw ~** (überlassen) remettre
[o céder] qch à qn ◼ vr: **sich mit jdm/etw
~** s'occuper de qn/qch
abgebrüht adj (fam) pourri(e); (frech)
culotté(e)
abgedroschen adj (Redensart) usé(e),
rebattu(e)
abgefeimt adj perfide
abgegriffen adj usé(e)
ab|gehen sep irr vi aux sein (sich entfernen)
s'en aller; (Theat) sortir de scène;
(von der Schule) quitter l'école; (Post,
Knopf) partir; (abgezogen werden) être
déduit(e) (von de); (abzweigen) bifurquer;
jdm geht etw ab (fehlt) qch manque
à qn
abgelegen adj éloigné(e), isolé(e)
abgemacht interj d'accord
abgeneigt adj: **jdm/einer Sache nicht ~
sein** ne pas voir qn/qch d'un mauvais œil
Abgeordnete, r mf député(e)
Abgesandte, r mf délégué(e)
abgeschmackt adj de mauvais goût;
Abgeschmacktheit f mauvais goût m;
(Bemerkung) incongruité f
abgesehen adj: **es auf jdn/etw ~ haben**
en vouloir à qn/qch; **~ davon, dass ...** sans
compter que ...
abgespannt adj fatigué(e), abattu(e)
abgestanden adj éventé(e)
abgestorben adj engourdi(e); (Bio, Med)
mort(e)
abgetragen adj (Kleidung, Schuhe) usé(e)
ab|gewinnen (pp **abgewonnen**) sep irr vt:
jdm Geld ~ (beim Kartenspiel) gagner de
l'argent sur qn; **einer Sache dat
Geschmack ~** trouver goût à qch;
einer Sache dat **nichts ~** ne rien
trouver à qch
abgewogen pp von **abwägen**

ab|gewöhnen (pp **abgewöhnt**) sep vt:
jdm/sich etw ~ faire perdre l'habitude
de qch à qn/se déshabituer de qch
ab|gießen sep irr vt (Flüssigkeit) jeter;
(Kartoffeln, Gemüse) jeter l'eau de
ab|gleiten sep irr vi aux sein (abrutschen)
glisser; (fig: Niveau) déraper
Abgott m idole f
abgöttisch adv: **jdn ~ lieben** adorer qn,
idolâtrer qn
ab|grenzen sep vt séparer; (Pflichten)
déterminer; (Bereich) délimiter;
(Begriffe) définir ◼ vr: **sich ~** prendre
ses distances
Abgrund m gouffre m, abîme m;
abgründig adj insondable
Abguss m (Form) copie f; (Vorgang) fonte f
ab|hacken sep vt couper
ab|haken sep vt (auf Papier) cocher; (fig: als
erledigt betrachten) tirer un rait sur
ab|halten sep irr vt (Versammlung,
Besprechung) tenir; (Gottesdienst) célébrer;
jdn von etw ~ (hindern) empêcher qn de
faire qch
ab|handeln sep vt (Thema) traiter; **jdm
etw ~** marchander qch an qn
abhanden|kommen sep irr vi: **(jdm) ~**
disparaître; **etw ist jdm
abhandengekommen** qn a perdu qch
Abhandlung f traité m
Abhang m pente f; (Bergabhang) versant m
ab|hängen sep vt décrocher; (Verfolger)
semer ◼ irr vi: **von jdm/etw ~** dépendre
de qn/qch
abhängig adj dépendant(e);
Abhängigkeit f dépendance f
ab|härten sep vt (Körper, Kind) endurcir
◼ vr: **sich ~** s'endurcir; **sich gegen etw ~**
devenir insensible à qch
ab|hauen sep irr vt (Ast, Kopf) couper ◼ vi
aux sein (fam) filer; **hau ab!** fiche le camp!
ab|heben sep irr vt (Dach, Schicht) enlever;
(Deckel) soulever; (Hörer) décrocher;
(Karten) couper; (Masche) diminuer de;
(Geld) retirer ◼ vi (Flugzeug) décoller;
(beim Kartenspiel) couper ◼ vr: **sich von
etw ~** se détacher de qch
ab|helfen sep irr vi +dat (beseitigen)
remédier à; (Fehler) réparer
ab|hetzen sep vr: **sich ~** se presser
Abhilfe f remède m
ab|holen sep vt aller chercher;
Abholmarkt m grande surface f cash
and carry
ab|holzen sep vt déboiser
ab|horchen sep vt (Med) ausculter
ab|hören sep vt (Vokabeln) faire réciter;
(Tonband, Telefongespräch) écouter;
Abhörgerät nt appareil m d'écoute
Abitur nt (-s, -e) baccalauréat m

Abiturient, in *m(f)* candidat(e) au
baccalauréat; *(nach bestandener Prüfung)*
bachelier(-ière)
Abk. *f abk* = **Abkürzung** abr
ab|kämmen *sep vt (Gegend)* passer au
peigne fin
ab|kanzeln *sep vt (fam)* engueuler
ab|kapseln *sep vr*: **sich ~** *(fig)* se renfermer,
s'isoler
ab|kaufen *sep vt*: **jdm etw ~** acheter qch
à qn; *(fam: glauben)* croire qch
ab|kehren *sep vt (Blick)* détourner
■ *vr*: **sich ~** se détourner
ab|klären *sep vt* clarifier
Abklatsch *m (-es, -e) (fig)* imitation *f*
ab|klingen *sep irr vi aux sein* s'atténuer
ab|knöpfen *sep vt (Kragen, Bezug)*
déboutonner; **jdm etw ~** *(fam)* prendre
qch à qn
ab|kochen *sep vt* faire bouillir
ab|kommen *sep irr vi aux sein (Sport)* partir;
vom Weg ~ s'égarer; **von einem Plan ~**
renoncer à un projet; **vom Thema ~**
s'écarter du sujet
Abkommen *nt (-s, -)* accord *m*
abkömmlich *adj* disponible
ab|kratzen *sep vt (Schmutz, Lack)* gratter
■ *vi aux sein (fam)* crever
ab|kriegen *sep vt (fam)* siehe
abbekommen
ab|kühlen *sep vt* faire [o laisser] refroidir
■ *vr*: **sich ~** se rafraîchir; *(Zuneigung,
Beziehung)* se refroidir
ab|kupfern *sep vt (fam)* copier, s'inspirer de
ab|kürzen *sep vt* abréger; *(Strecke,
Verfahren)* raccourcir; *(Aufenthalt)*
écourter; **Abkürzung** *f (Wort)*
abréviation *f*; *(Weg)* raccourci *m*
ab|laden *sep irr vt* décharger
Ablage *f (für Akten)* classement *m*;
(für Kleider) vestiaire *m*
ab|lagern *sep vt (Sand, Geröll)* déposer
■ *vi aux sein o haben (Wein)* se faire; *(Holz)*
sécher ■ *vr*: **sich ~** se déposer;
Ablagerung *f* dépôt *m*; *(Sediment)*
sédiment *m*
ab|lassen *sep irr vt (Wasser)* faire couler;
(Dampf, Luft) faire partir [o sortir]; *(vom
Preis)* rabattre, déduire

Ablauf *m (Abfluss)* écoulement *m*;
(von Ereignissen) déroulement *m*;
(einer Frist) expiration *f*; **ab|laufen** *sep irr
vi aux sein (abfließen)* s'écouler; *(Ereignisse)*
se dérouler; *(Frist, Pass)* expirer ■ *vt*
(Sohlen) user; **jdm den Rang ~** l'emporter
sur qn
ab|legen *sep vt (Gegenstand)* déposer;
(Kleider) enlever, ôter; *(Gewohnheit)*
abandonner; *(Prüfung)* passer
Ableger *m (-s, -) (Bot)* bouture *f*
ab|lehnen *sep vt* refuser; *(Einladung)*
décliner; *(Vorschlag)* repousser;
ablehnend *adj* défavorable; *(Haltung,
Geste)* de refus; **Ablehnung** *f* rejet *m*;
(von Bewerber) refus *m*; *(von Idee, Haltung)*
réprobation *f*
ab|leiten *sep vt (Wasser, Rauch, Blitz)*
détourner; *(herleiten)* tirer; *(Math, Ling)*
dériver; **Ableitung** *f* détournement *m*;
(Wort) dérivé *m*
ab|lenken *sep vt (Strahlen etc)* dévier;
(Verdacht) écarter; *(Konzentration,
Interesse)* détourner; *(zerstreuen)* distraire
■ *vi* changer de sujet; **Ablenkung** *f*
distraction *f*; **Ablenkungsmanöver** *nt*
diversion *f*
ab|lesen *sep irr vt (Text, Rede)* lire;
(Messgeräte) relever
ab|leugnen *sep vt* nier
ab|liefern *sep vt (Ware)* livrer; *(jdn)*
conduire; *(abgeben)* remettre;
Ablieferung *f* remise *f*; *(von Ware)*
livraison *f*
ab|liegen *sep irr vi (entfernt sein)* être
éloigné(e)
ab|lösen *sep vt (abtrennen)* détacher;
(im Amt) remplacer; *(Pflaster)* enlever;
(Wache, Schichtarbeiter) relever
■ *vr*: **sich ~** se suivre; *(sich abwechseln)*
se relever, se relayer; **Ablösung** *f*
relève *f*
ABM *f (-, -s) abk*
= **Arbeitsbeschaffungsmaßnahme**
ab|machen *sep vt (Gegenstand)* enlever
(von de); *(vereinbaren)* convenir de; *(in
Ordnung bringen)* régler; **Abmachung** *f*
(Vereinbarung) accord *m*
ab|magern *sep vi aux sein* maigrir;
Abmagerungskur *f* régime *m*; **eine ~
machen** suivre un régime
Abmarsch *m (von Soldaten)* départ *m*;
abmarschbereit *adj* prêt(e) (à partir);
ab|marschieren *(pp abmarschiert) sep vi
aux sein* se mettre en route
ab|melden *sep vt (Telefon)* résilier; **seinen
Wagen ~** faire une déclaration de non-
utilisation de sa voiture ■ *vr*: **sich ~**
annoncer son départ; *(beim Amt)* faire
une déclaration de changement de

domicile [o résidence]; (bei Verein) retirer son adhésion; (Inform) se déconnecter

ab|messen sep irr vt mesurer; **Abmessung** f dimension f

ab|montieren (pp **abmontiert**) sep vt démonter

ab|mühen sep vr: **sich ~** se donner beaucoup de peine

ab|nabeln sep vr: **sich ~** se détacher, s'émanciper

Abnäher m (-s, -) pince f

Abnahme f (-, -n) enlèvement m; (Com) achat m; (Verringerung) diminution f, réduction f

ab|nehmen sep irr vt enlever; (Bild, Hörer) décrocher; (entgegennehmen, übernehmen) prendre; (kaufen) acheter; (Führerschein) retirer; (Prüfung) faire passer; (prüfen: Neubau) réceptionner; (Fahrzeug) contrôler; (Maschen) diminuer; **jdm etw ~** (für ihn machen) faire qch pour qn; (fam: glauben) croire qch ■ vi diminuer; (schlanker werden) maigrir

Abnehmer, in m(f) (-s, -) (Com) acheteur(-euse)

Abneigung f aversion f, antipathie f (gegen pour)

abnorm adj anormal(e)

ab|nutzen sep vt user; **Abnutzung** f usure f

Abo nt (-s, -s) abk = **Abonnement** abonnement m

Abonnement nt (-s, -s) abonnement m; **Abonnent, in** m(f) abonné(e)

abonnieren (pp **abonniert**) vt abonner, s'abonner à

ab|ordnen sep vt déléguer; **jdn nach Genf ~** envoyer qn à Genève

Abort m (-(e)s, -e) cabinets mpl

ab|packen sep vt empaqueter

ab|passen sep vt attendre; (auflauern) guetter; **etw gut ~** bien choisir son moment pour qch

ab|pfeifen sep irr vt, vi: **(das Spiel) ~** (Sport) siffler (la fin du match); **Abpfiff** m coup m de sifflet final

ab|plagen sep vr: **sich ~** peiner

Abprall m rebond m; (von Geschoss) ricochet m; **ab|prallen** sep vi aux sein (Ball) rebondir; (Kugel) ricocher; **an jdm ~** (fig) ne pas toucher qn

ab|putzen sep vt nettoyer

ab|quälen sep vr: **sich ~** peiner; (Patient) souffrir; **sich mit etw ~** s'échiner à qc

ab|rackern sep vr: **sich ~** se crever

ab|raten sep irr vi déconseiller (jdm von etw qch à qn)

ab|räumen sep vt (Tisch) débarrasser; (Geschirr) enlever

ab|reagieren (pp **abreagiert**) sep vt (Zorn) passer ■ vr: **sich ~** se défouler (an +dat sur)

ab|rechnen sep vt (abziehen) décompter, déduire; (Rechnung aufstellen für) faire le compte de ■ vi (Rechnung begleichen) régler; (Rechnung aufstellen) faire la/une facture; **mit jdm ~** régler ses comptes avec qn; **Abrechnung** f (Schlussrechnung) (dé)compte m final; (Vergeltung) règlement m de comptes

ab|regen sep vr: **sich ~** (fam) se calmer

ab|reiben sep irr vt (Schmutz) frotter; (Rost) gratter; (Hände) s'essuyer; (trocken reiben) essuyer; **jdn mit einem Handtuch ~** frotter qn avec une serviette

Abreise f départ m; **ab|reisen** sep vi aux sein partir

ab|reißen sep irr vt arracher; (Haus, Brücke) démolir ■ vi aux sein (Faden) se casser; (Gespräch) s'interrompre

ab|richten sep vt dresser

ab|riegeln sep vt (Tür) verrouiller; (Straße, Gebiet) interdire l'accès à

Abriss m (Übersicht) esquisse f, grandes lignes fpl

Abruf m: **auf ~** sur appel, à l'appel; (Com) sur commande; **ab|rufen** sep irr vt (Inform) appeler

ab|runden sep vt arrondir; (Eindruck) préciser; (Geschmack) affiner

ab|rüsten sep vi (Mil) désarmer; **Abrüstung** f désarmement m

ab|rutschen sep vi aux sein glisser; (Leistung) baisser

Abs. abk = **Absender** exp.

ABS nt (-) abk = **Antiblockiersystem** système m A.B.S.

Absage f refus m; **ab|sagen** sep vt annuler; (Einladung) décommander ■ vi refuser

ab|sägen sep vt scier

ab|sahnen sep vt (Milch) écrémer; **das Beste für sich ~** se sucrer

Absatz m (Com) vente f; (Abschnitt) paragraphe m; (Treppenabsatz) palier m; (Schuhabsatz) talon m; **Absatzflaute** f (Com) forte baisse f des ventes; **Absatzgebiet** nt (Com) débouché m, marché m; **Absatzplus** nt augmentation f des ventes

ab|schaben sep vt racler

ab|schaffen sep vt (Todesstrafe) abolir; (Gesetz) abroger; (Auto) se débarrasser de; **Abschaffung** f abolition f

ab|schalten sep vt (Radio) éteindre; (Motor, Strom) couper ■ vi (fig: fam) décrocher

ab|schätzen sep vt estimer, évaluer; (jdn) juger

abschätzig adj (Blick) méprisant(e);
(Bemerkung) désobligeant(e)
ab|schauen sep vi (A): **bei jdm ~** copier
sur qn
Abschaum m (pej) rebut m
Abscheu m (-(e)s) dégoût m, répugnance
f; **abscheuerregend** adj repoussant(e);
(Lebenswandel) détestable; **abscheulich**
adj horrible, affreux(-euse)
ab|schicken sep vt envoyer
ab|schieben sep irr vt (Verantwortung)
rejeter; (jdn) expulser
Abschied m (-(e)s, -e) adieux mpl;
(von Armee) congé m; **~ nehmen** prendre
congé; **zum ~** en guise d'adieux;
Abschiedsbrief m lettre f d'adieu(x);
Abschiedsfeier f fête f d'adieu(x)
ab|schießen sep irr vt abattre; (Geschoss)
tirer; (Gewehr) décharger; (fam: Minister)
liquider
ab|schirmen sep vt protéger (gegen contre)
ab|schlagen sep irr vt (wegschlagen)
couper; (ablehnen) refuser
abschlägig adj négatif(-ive)
Abschlagszahlung f acompte m
ab|schleifen sep irr vt raboter; (Rost)
gratter; (Parkett) poncer
Abschleppdienst m service m de
dépannage; **ab|schleppen** sep vt
remorquer; **Abschleppseil** nt câble m
de remorque
ab|schließen sep irr vt fermer à clé;
(isolieren) séparer, isoler; (beenden)
achever, finir; (Vertrag, Handel) conclure;
abschließend adj final(e) ▪ adv en
conclusion
Abschluss m (Beendigung) clôture f;
(Bilanz) bilan m; (Geschäftsabschluss, von
Vertrag) conclusion f; **Abschlussfeier** f
cérémonie f de remise des diplômes;
Abschlussrechnung f décompte m final
ab|schmieren sep vt (Auto) faire un
graissage de
ab|schminken sep vt démaquiller; **das
kannst du dir ~!** (fam) tu peux faire une
croix dessus!
ab|schnallen sep vt détacher ▪ vi (fam:
nicht mehr folgen können) décrocher;
(fassungslos sein) ne pas en revenir
ab|schneiden sep irr vt couper; (kürzer
machen) raccourcir; (Rede, Fluchtweg)
couper; (Zugang) fermer, barrer; (Truppen,
Stadtteil) isoler; **gut/schlecht ~** avoir
[o obtenir] un bon/mauvais résultat
Abschnitt m (Teilstück) section f; (von
Buch) passage m; (Kontrollabschnitt) talon
m; (Zeitabschnitt) période f
ab|schöpfen sep vt enlever
ab|schotten sep vt (Land etc) barricader;
sich ~ (sich isolieren) s'isoler

ab|schrauben sep vt dévisser
ab|schrecken sep vt (Menschen) rebuter,
décourager; (Ei) passer sous l'eau froide;
abschreckend adj (Anblick) effroyable;
abschreckendes Beispiel exemple m
à ne pas suivre; **eine abschreckende
Wirkung haben** avoir un effet de
dissuasion; **Abschreckung** f (Mil)
dissuasion f
ab|schreiben sep irr vt (Text) (re)copier;
(Sch) copier (von sur); (verloren geben) faire
une croix sur; (Com) déduire;
Abschreibung f déduction f
Abschrift f copie f
Abschuss m (von Geschütz) tir m;
(von Waffe) décharge f; (von Flugzeug)
destruction f
abschüssig adj en pente, raide
ab|schütteln sep vt (Staub, Tuch) secouer;
(Verfolger) semer; (Müdigkeit, Erinnerung)
oublier
ab|schwächen sep vt (Eindruck, Wirkung)
atténuer; (Behauptung, Kritik) modérer
▪ vr: **sich ~** s'affaiblir; (Interesse, Lärm,
Wärme) diminuer
ab|schweifen sep vi aux sein (Redner)
digresser, s'écarter (von de); (Gedanken)
divaguer; **Abschweifung** f digression f
ab|schwellen sep irr vi aux sein désenfler,
dégonfler; (Sturm) se calmer; (Lärm)
diminuer
ab|schwören sep irr vi +dat renoncer à;
(dem Glauben) renier
absehbar adj (Folgen) prévisible; **in
absehbarer Zeit** dans un proche avenir
ab|sehen sep irr vt (Ende, Folgen,
Entwicklung) prévoir; **es auf jdn/etw
abgesehen haben** en vouloir à qn/qch
▪ vi: **von etw ~** renoncer à qch; (nicht
berücksichtigen) faire abstraction de qch
abseits adv à l'écart; **~ von** loin de;
Abseits nt (-, -) (Sport) hors-jeu m
ab|senden sep vt envoyer; **Absender,
in** m(f) expéditeur(-trice)
absetzbar adj (Beamter) qui peut être
licencié(e); (Waren) vendable; (von Steuer)
déductible
ab|setzen sep vt déposer; (Feder, Glas,
Gewehr) poser; (Hut, Brille) ôter, enlever;
(verkaufen) écouler, vendre; (abziehen)
défalquer; (entlassen) destituer, suspendre;
(König) détrôner; (hervorheben) faire
ressortir (gegen de) ▪ vr: **sich ~** (sich
entfernen) partir, filer; (sich ablagern)
se déposer
ab|sichern sep vt assurer; (Aussage,
Position) affermir ▪ vr: **sich ~** (Mensch)
s'assurer (contre toute éventualité)
Absicht f (Vorsatz) intention f; (Wille)
volonté f; **mit ~** intentionnellement;

absichtlich adj délibéré(e), intentionnel(le) ■ adv exprès, volontairement; **Absichtserklärung** f déclaration f d'intention

ab|sinken sep irr vi aux sein (Wasserspiegel, Temperatur, Leistungen) baisser; (Geschwindigkeit, Interesse) diminuer; (Boden) s'affaisser

ab|sitzen sep irr vi aux sein descendre ■ vt (Strafe) purger

absolut adj absolu(e) ■ adv absolument

Absolutismus m absolutisme m

absolvieren (pp **absolviert**) vt (Pensum) achever, venir à bout de

absonderlich adj bizarre, singulier(-ière)

ab|sondern sep vt isoler, séparer; (ausscheiden) sécréter ■ vr: **sich ~** s'isoler

ab|sparen sep vt: **sich** dat **etw ~** acheter qch avec ses économies

ab|specken sep vi (fam: abnehmen) perdre du lard ■ vt (fig: fam) alléger; **abgespeckte Version** version f allégée

ab|speichern sep vt (Inform) sauvegarder, mémoriser

ab|speisen sep vt: **jdn mit Redensarten ~** (fig) payer qn de belles paroles

abspenstig adj: **jdn ~ machen** détourner qn (jdm de qn)

ab|sperren sep vt (Gebiet) fermer; (Tür) fermer à clé; **Absperrung** f (Vorgang) blocage m; (Sperre) barrage m, barricade f

ab|spielen sep vt (Platte) passer ■ vr: **sich ~** se dérouler, se passer

Absprache f accord m, arrangement m

ab|sprechen sep irr vt (vereinbaren) convenir de; **jdm etw ~** dénier qch à qn; (aberkennen) contester qch à qn

ab|springen sep irr vi aux sein sauter (von de); (Farbe, Lack) s'écailler; (sich distanzieren) prendre ses distances

Absprung m saut m; **den ~ schaffen** (fam) arriver à rompre avec le passé

ab|spülen sep vt faire partir m, (Geschirr) rincer

ab|stammen sep vi descendre (von de); (Wort) dériver, venir (von de); **Abstammung** f descendance f, origine f

Abstand m distance f, écart m; (zeitlich) espace m; **von etw ~ nehmen** s'abstenir de qch; **mit ~ der Beste** de loin le meilleur; **Abstandssumme** f indemnité f

ab|statten sep vt (Dank) présenter; (Besuch) rendre

ab|stauben sep vt épousseter; (fam: stehlen) piquer

Abstecher m (-s, -) crochet m

ab|stecken sep vt (Saum) épingler; (Fläche) délimiter

ab|stehen sep irr vi (Ohren) être décollé(e); (Haare) se dresser sur la tête

ab|steigen sep irr vi aux sein descendre; (Sport) rétrograder

ab|stellen sep vt déposer; (Auto, Fahrrad) garer; (Maschine) arrêter; (Strom, Wasser) fermer, couper; (Missstand, Unsitte) supprimer; **etw auf etw** akk **~** (ausrichten) adapter qch à qch; **Abstellgleis** nt voie f de garage

ab|stempeln sep vt (Briefmarke) oblitérer; (fig: Menschen) étiqueter

ab|sterben sep irr vi aux sein mourir; (Körperteil) s'engourdir

Abstieg m (-(e)s, -e) descente f; (Sport) relégation f; (fig) déclin m

ab|stimmen sep vi voter ■ vt (Farben) assortir; (Interessen) accorder; (Termine, Ziele) fixer ■ vr: **sich ~** se mettre d'accord, s'accorder; **Abstimmung** f (Stimmenabgabe) vote m

abstinent adj abstinent(e); **Abstinenz** f abstinence f; (von Alkohol) sobriété f; **Abstinenzler, in** m(f) (-s, -) buveur(-euse) d'eau, abstinent(e)

ab|stoßen sep irr vt (fortbewegen) repousser; (beschädigen) endommager; (verkaufen) liquider; (anekeln) dégoûter, écœurer; **abstoßend** adj dégoûtant(e), repoussant(e)

abstrakt adj abstrait(e) ■ adv abstraitement; **Abstraktion** f abstraction f

ab|streifen sep vt (Asche) faire tomber; (Schuhe, Füße) essuyer; (Schmuck, Kleidung) enlever; (Gegend) passer au peigne fin

ab|streiten sep irr vt contester, nier

Abstrich m (Med) prélèvement m; **Abstriche machen** (fig) se contenter de moins

ab|stufen sep vt (Hang) arranger en terrasses; (Farben) arranger en dégradés; (Gehälter) échelonner

ab|stumpfen sep vt émousser; (fig: jdn) abrutir ■ vi aux sein s'émousser; (fig) s'abrutir; (Gefühle) perdre de l'intensité

Absturz m chute f; **ab|stürzen** sep vi aux sein faire une chute; (Aviat) s'abattre

ab|suchen sep vt fouiller

absurd adj absurde

Abszess m (-es, -e) abcès m

Abt m (-(e)s, Äbte) abbé m

ab|tasten sep vt täter; (Med) palper

ab|tauen sep vi aux sein (Schnee, Eis) fondre; (Straße) dégeler ■ vt dégivrer

Abtei f abbaye f

Abteil nt (-(e)s, -e) compartiment m

ab|teilen sep vt diviser, partager; (abtrennen) séparer

Abteilung f (in Firma, Krankenhaus) service m; (in Kaufhaus) rayon m; (Mil) bataillon m,

unité f; **Abteilungsleiter, in** m(f) chef m
de service/de rayon
Äbtissin f abbesse f
abtörnen vt (sl) refroidir, faire flipper
ab|tragen sep irr vt (Hügel, Erde) déblayer;
(Essen) desservir; (Kleider) user; (Schulden)
acquitter; siehe auch **abgetragen**
abträglich adj nuisible, préjudiciable
ab|treiben sep irr vt (Boot, Flugzeug)
déporter; (Kind) avorter ■ vi aux sein
(Schiff, Schwimmer) dériver ■ vi
(Schwangerschaft abbrechen) avorter;
Abtreibung f avortement m;
Abtreibungsbefürworter, in m(f)
partisan(e) de l'avortement;
Abtreibungsgegner, in m(f) opposant(e)
à l'avortement; **Abtreibungspille** f pilule
f contragestive; **Abtreibungsversuch** m
tentative f d'avortement
ab|trennen sep vt (lostrennen) détacher;
(entfernen) enlever; (abteilen) séparer
ab|treten sep irr vt (überlassen) céder (jdm
etw qch à qn) ■ vi aux sein (Wache) se
retirer; (Theat) sortir de scène; (zurücktreten:
Minister) se retirer (de la scène politique)
ab|trocknen sep vt essuyer ■ vi aux sein
sécher
abtrünnig adj renégat(e)
ab|tun sep irr vt (fam: ablegen) enlever;
(beiseiteschieben) rejeter
ab|urteilen sep vt juger
**ab|wägen (wog o wägte ab,
abgewogen)** sep vt soupeser, examiner
ab|wählen sep vt (jdn) ne pas réélire;
(Sch: Fach) ne pas reprendre, ne pas choisir
ab|wandeln sep vt changer, modifier
ab|wandern sep vi aux sein émigrer;
(Meteo) se déplacer
Abwärme f chaleur f perdue, chaleur f
d'échappement
Abwart, in m(f) (-s, -e) (CH) siehe
Hausmeister
ab|warten sep vt attendre ■ vi voir venir,
attendre
abwärts adv vers le bas, en bas
Abwasch m (-(e)s) vaisselle f;
abwaschbar adj lavable; **ab|waschen**
sep irr vt (Schmutz) laver; **das Geschirr ~**
faire la vaisselle; **Abwaschmaschine** f
(CH) lave-vaisselle m
Abwasser nt (-s, Abwässer) eaux fpl usées
ab|wechseln sep vi, vr alterner;
(Menschen) se relayer; **abwechselnd** adj
alternativement, en alternant
Abwechslung f changement m;
(Zerstreuung) distraction f;
abwechslungsreich adj (très) varié(e)
Abweg m: **auf Abwege geraten/führen**
s'écarter/détourner du droit chemin;
abwegig adj aberrant(e)

Abwehr f (-) (Ablehnung) résistance f;
(Verteidigung, Sport) défense f; (Mil:
Geheimdienst) contre-espionnage m;
(Schutz) protection f; **ab|wehren** sep vt
(Feind, Angriff) repousser; (Neugierige)
renvoyer; (Gefahr) éviter; (Ball)
dégager; (Verdacht) écarter; (Vorwurf)
répondre à; **abwehrende Geste** geste m
de refus
ab|weichen sep irr vi aux sein (Werte)
différer; (Fahrzeug) dévier; (Meinung)
diverger; **abweichend** adj divergent(e)
ab|weisen sep irr vt (Besucher) renvoyer;
(Klage) rejeter; (Antrag, Hilfe) refuser;
abweisend adj (Haltung) froid(e)
ab|wenden sep irr vt (Blick, Kopf)
détourner; (verhindern) écarter ■ vr: **sich
~** se détourner
ab|werben sep irr vt: **einer Firma einen
Mitarbeiter ~** débaucher un cadre d'une
autre entreprise
ab|werfen sep irr vt (Kleidungsstück) se
débarrasser de; (Reiter) désarçonner;
(Profit) rapporter; (Flugblätter) lancer
ab|werten sep vt (Fin) dévaluer
abwesend adj absent(e); **Abwesenheit** f
absence f
ab|wickeln sep vt (Garn, Verband) dérouler;
(Geschäft) liquider
ab|wiegen sep irr vt peser
ab|wimmeln sep vt (fam: jdn) envoyer
promener; (Auftrag) rejeter, refuser
ab|winken sep vi refuser; **bis zum A~**
à gogo
ab|wischen sep vt (Staub) enlever;
(Schweiß, Hände) essuyer; (Tisch) donner
un coup d'éponge à
Abwurf m lancement m; (von Bomben etc)
largage m; (Sport) remise f en jeu
ab|würgen sep vt (fam: Gespräch) étouffer;
(Motor) caler
ab|zählen sep vt compter; **abgezähltes
Fahrgeld** appoint m du prix du billet
ab|zahlen sep vt (Schulden) régler, payer;
(in Raten) payer à tempérament;
Abzahlung f: **auf ~ kaufen** acheter à
tempérament
ab|zäunen sep vt clôturer
Abzeichen nt insigne m, emblème m;
(Orden) décoration f
ab|zeichnen sep vt copier, dessiner;
(Dokument) parapher, signer ■ vr: **sich ~**
se profiler; (fig: bevorstehen) se dessiner
Abziehbild nt décalcomanie f
ab|ziehen sep irr vt (entfernen) retirer; (Tier)
dépouiller; (Truppen) retirer; (subtrahieren)
soustraire; **das Bett ~** enlever les draps;
eine Schau ~ (fam) faire du cinéma ■ vi
aux sein (Rauch) sortir; (Truppen) se retirer;
(fam: weggehen) décamper, filer

ab|zocken sep vt (sl) arnaquer
Abzug m retrait m; (Kopie) tirage m; (Foto) épreuve f; (Subtraktion) soustraction f; (Betrag) retrait m; (Rauchabzug) sortie f; (von Waffen) gâchette f
abzüglich präp +gen après déduction de
ab|zweigen sep vt mettre de côté ▪ vi aux sein bifurquer; **Abzweigung** f embranchement m
Accessoires pl accessoires mpl
ach interj ah; (enttäuscht, verärgert) oh; ~ ja mais oui; **mit Ach und Krach** tant bien que mal
Achse f(-, -n) axe m; (Auto) essieu m; **auf ~ sein** être en vadrouille
Achsel f(-, -n) aisselle f; **Achselhöhle** f aisselle f; **Achselzucken** nt (-s) haussement m d'épaules
acht num huit; ~ **Tage** huit jours, une huitaine; **Acht** f(-, -en) huit m
Acht f(-) (Hist) ban m, proscription f; **sich in ~ nehmen** prendre garde; **etw außer ~ lassen** négliger qch; ~ **geben** siehe **achtgeben**
achtbar adj (Erfolg, Leistung) remarquable; (Mensch) honorable
achte, r, s adj huitième; **der ~ September** le huit septembre; **Stuttgart, den 8. September** Stuttgart, le 8 septembre; **Achte, r** mf huitième mf
Achtel nt (-s, -) huitième m
achten vt respecter ▪ vi: **auf etw** akk ~ faire attention à qch; **darauf ~, dass ...** faire attention que ...
ächten vt bannir
achtens adv huitièmement
Achterbahn f montagnes fpl russes; **Achterdeck** nt pont m arrière
achtfach adj huit fois
acht|geben sep vi faire attention (auf +akk à)
achthundert num huit cent(s);
achtjährig adj de huit ans
achtlos adj négligent(e)
achtmal adv huit fois
achtsam adj attentif(-ive)
Achtung f respect m, estime f (vor +dat pour) ▪ interj attention; ~ **Lebensgefahr!** Attention, danger de mort!; ~ **Stufe!** Attention à la marche!
achtzehn num dix-huit
achtzig num quatre-vingt(s)
ächzen vi (Mensch) gémir; (Holz, Balken) grincer
Acker m (-s, Äcker) champ m; **Ackerbau** m agriculture f; **ackern** vi (fam) bosser
Acryl nt (-s) acrylique m, fibre f acrylique
Action f(-, -s) (fam) action f; **Actionfilm** m film m d'action

ADAC m (-s) abk = **Allgemeiner Deutscher Automobilclub** ≈ Touring Club de France
Adapter m (-s, -) adaptateur m
addieren (pp addiert) vt additionner; **Addition** f addition f
ade interj adieu, salut
Adel m (-s) noblesse f; (Familie) nobles mpl; **adelig** adj noble
Ader f(-, -n) (Vene) veine f; (Schlagader) artère f; (Bot) nervure f; (Erzader) filon m; **eine ~ für etw haben** être doué(e) pour qch
Adjektiv nt adjectif m
Adler m (-s, -) aigle m
adlig adj siehe **adelig**
Admiral, in m(f)(-s, -e) amiral m
adoptieren (pp adoptiert) vt adopter; **Adoption** f adoption f; **Adoptiveltern** pl parents mpl adoptifs; **Adoptivkind** nt enfant m adoptif
Adrenalin nt (-s) adrénaline f
Adressat, in m(f)(-en, -en) destinataire mf
Adresse f(-, -n) (a. Inform) adresse f
adressieren (pp adressiert) vt adresser
Adria f(-): **die ~, das Adriatische Meer** l'Adriatique f, la mer Adriatique
ADSL f = **Asymmetrical Digital Subscriber Line** ADSL m
Advent m (-(e)s, -e) avent m; **Adventskalender** m calendrier m de l'avent; **Adventskranz** m couronne f de l'avent
Adverb nt adverbe m; **adverbial** adj adverbial(e)
Advokat, in m(f)(-en, -en) (CH) avocat(e)
Aerobic nt (-s) aérobic f
aerodynamisch adj aérodynamique
Affäre f(-, -n) (Angelegenheit) affaire f; (Verhältnis) liaison f
Affe m (-n, -n) singe m
affektiert adj affecté(e), maniéré(e)
affenartig adj: **mit affenartiger Geschwindigkeit** (fam) à une vitesse dingue; **affengeil** adj (sl) génial(e); **Affenhitze** f (fam) chaleur f tropicale; **Affenschande** f (fam) scandale m; **Affentempo** nt: **in einem ~** (fam) à fond la caisse; (laufen) à toute allure
affig adj (Benehmen) affecté(e); (Mädchen) maniéré(e)
Afghane m (-n, -n), **Afghanin** f Afghan(e); **afghanisch** adj afghan(e)
Afghanistan nt (-s) l'Afghanistan m
Afrika nt (-s) l'Afrique f; **Afrikaner, in** m(f) (-s, -) Africain(e); **afrikanisch** adj africain(e)
After m (-s, -) anus m
Aftershave nt (-(s), -s) après-rasage m
AG f(-, -s) abk = **Aktiengesellschaft** S.A.

Ägäis f(-): die Ägäis, das Ägäische Meer la mer Égée

Agent, in m(f) (*Spion*) agent(e); (*Vertreter*) représentant(e); (*Vermittler*) agent m; **Agentur** f (*Geschäftsstelle*) bureau m; (*Vermittlungsstelle*) agence f

Aggregat nt agrégat m; (*Tech*) groupe m, unité f; **Aggregatzustand** m (*Phys*) état m de la matière

Aggression f agression f; **seine Aggressionen an jdm abreagieren** passer son agressivité sur qn; **aggressiv** adj agressif(-ive); **Aggressivität** f agressivité f

Agitation f agitation f

Agrarpolitik f politique f agraire; **Agrarstaat** m pays m agricole

Ägypten nt (-s) l'Égypte f; **Ägypter, in** m(f) (-s, -) Égyptien(ne); **ägyptisch** adj égyptien(ne)

aha interj ah; **Aha-Erlebnis** nt: **ein ~ sein** faire tilt

Ahn m (-en, -en) ancêtre m

ähneln vi: **jdm/einer Sache ähneln** ressembler à qn/qch; **sich ähneln** se ressembler

ahnen vt (*vermuten*) se douter de; (*Tod, Gefahr*) pressentir

ähnlich adj semblable, pareil(le); **das sieht ihm ~** ça lui ressemble bien; **Ähnlichkeit** f ressemblance f

Ahnung f (*Vorgefühl*) pressentiment m; (*Vermutung*) idée f; **keine ~!** aucune idée!; **ahnungslos** adv sans se douter de rien

Ahorn m (-s, -e) érable m

Ähre f(-, -n) épi m

Aids nt (-) sida m; **Aidshilfe** f centre m d'assistance contre le sida; **aidsinfiziert** adj séropositif(-ive); **aidskrank** adj atteint(e) du sida; **aidspositiv** adj séropositif(-ive); **Aidstest** m test m de dépistage du sida

Airbag m (-s, -s) airbag m, coussin m gonflable de sécurité

Airbus m Airbus m

Akademie f établissement d'enseignement supérieur; (*Kunstakademie*) école f des beaux-arts

Akademiker, in m(f) (-s, -) diplômé(e) de l'enseignement supérieur; **akademisch** adj universitaire; **Akademischer Auslandsdienst** service m des relations internationales de l'Université

akklimatisieren (pp **akklimatisiert**) vr: **sich ~** s'acclimater

Akkord m (-(e)s, -e) (*Stücklohn*) salaire m aux pièces; (*Mus*) accord m; **im ~ arbeiten** travailler aux pièces; **Akkordarbeit** f travail m aux pièces [o à la tâche]

Akkordeon nt (-s, -s) accordéon m

Akkusativ m accusatif m

Akne f(-, -n) acné f

Akrobat, in m(f) (-en, -en) acrobate mf

Akt m (-(e)s, -e) (*Handlung*) acte m, action f; (*Zeremonie*) cérémonie f; (*Theat*) acte m; (*in der Kunst*) nu m; (*Sexualakt*) acte m sexuel

Akte f(-, -n) dossier m, document m; **etw zu den Akten legen** (*fig*) considérer qch comme classé(e); **Aktenkoffer** m attaché-case m; **aktenkundig** adj enregistré(e); **das ist ~ geworden** c'est dans les dossiers; **Aktenschrank** m casier m, classeur m; **Aktentasche** f porte-documents m

Aktie f action f; **Aktienemission** f émission f d'actions; **Aktienfonds** m fonds m social; **Aktiengesellschaft** f société f anonyme; **Aktienkurs** m cours m des actions

Aktion f action f, campagne f; (*Polizeiaktion, Suchaktion*) opération f; (*Sonderangebot*) promotion f; **in ~** en action

Aktionär, in m(f) actionnaire mf

aktiv adj actif(-ive); **Aktiv** nt (-s) (*Ling*) voix f active; **Aktiva** pl actif m

aktivieren (pp **aktiviert**) vt activer

Aktivität f activité f

Aktivurlaub m vacances fpl actives

aktualisieren (pp **aktualisiert**) vt (a. *Inform*) mettre à jour

Aktualität f actualité f

aktuell adj actuel(le), d'actualité

Akupressur f massage m par pression

Akupunktur f acupuncture f, acuponcture f

Akustik f acoustique f

akut adj grave, urgent(e); (*Med: Entzündung*) aigu(ë)

AKW nt (-s, -s) abk = **Atomkraftwerk** centrale f nucléaire

Akzent m (-(e)s, -e) accent m

akzeptabel adj acceptable; (*Bezahlung, Umstände*) convenable

Akzeptanz f acceptation f

akzeptieren (pp **akzeptiert**) vt accepter

Alarm m (-(e)s, -e) alarme f; **Alarmanlage** f système m d'alarme, alarme f; **alarmbereit** adj en état d'alerte; **Alarmbereitschaft** f état m d'alerte; **in ~ sein** être prêt(e) à intervenir; **alarmieren** (pp **alarmiert**) vt alerter; (*beunruhigen*) alarmer

Alaska nt (-s) l'Alaska m

Alb f: **die Schwäbische ~** le Jura souabe

Albaner, in m(f) (-s, -) Albanais(e)

Albanien nt (-s) l'Albanie f; **albanisch** adj albanais(e)

albern adj stupide, puéril(e)

Albtraum m cauchemar m
Album nt (**-s, Alben**) album m
Alge f(**-, -n**) algue f
Algebra f(**-**) algèbre f
Algenblüte f floraison f des algues
Algerien nt (**-s**) l'Algérie f; **Algerier, in** m(f)
(**-s, -**) Algérien(ne); **algerisch** adj
algérien(ne)
algorithmisch adj algorithmique;
Algorithmus m algorithme m
Alibi nt (**-s, -s**) alibi m; **Alibifunktion** f
rôle m d'alibi
Alimente pl pension f alimentaire
alkalisch adj (Chem) alcalin(e)
Alkohol m (**-s, -e**) alcool m;
alkoholfrei adj non-alcoolisé(e);
Alkoholiker, in m(f) (**-s, -**) alcoolique mf;
alkoholisch adj (Getränk) alcoolisé(e);
Alkoholismus m alcoolisme m;
Alkoholverbot nt interdiction f
de boire de l'alcool
All nt (**-s**) univers m
allabendlich adj de tous les soirs
alle adj (mit pl) tous les; toutes les; **~ beide**
tous (toutes) les deux; **~ vier Jahre** tous
les quatre ans; **ein für ~ Mal** une fois pour
toutes ■ pron tous; toutes; **sie sind ~
gekommen** ils sont tous venus; **wir ~**
nous tous; **~ sein** être fini(e); siehe auch
alles
Allee f(**-, -n**) allée f
allein adj seul(e); **nicht ~** (nicht nur)
non seulement; **alleinerziehend** adj
élevant son enfant/ses enfants seul(e);
Alleinerziehende, r mf parent m unique;
Alleingang m: **im ~** en solitaire;
Alleinherrscher, in m(f) souverain(e)
absolu(e); **alleinig** adj unique,
exclusif(-ive); (Erbe) universel(le);
alleinstehend adj seul(e), célibataire;
Alleinstehende, r mf personne f (qui vit)
seule
allemal adv (ohne Weiteres) facilement;
allenfalls adv (möglicherweise) à la
rigueur, éventuellement; (höchstens) tout
au plus; **allerbeste, r, s** adj le (la)
meilleur(e); **allerdings** adv (zwar)
pourtant, à la vérité; (gewiss) assurément,
bien sûr
Allergie f allergie f; **Allergietest** m test m
d'allergie; **Allergiker, in** m(f) (**-s, -**): **er ist
~** il est allergique; **allergisch** adj
allergique; **gegen etw ~ sein** être
allergique à qch
allerhand adj inv beaucoup de, un tas de;
(substantivisch) toutes sortes de choses;
das ist doch ~! (entrüstet) c'est
incroyable!, c'est du propre!; **~!** (lobend)
il faut le faire!
Allerheiligen nt (**-**) la Toussaint

allerhöchste, r, s adj le (la) plus haut(e);
es ist ~ Zeit il est grand temps;
allerhöchstens adv tout au plus
allerlei adj inv toute(s) sorte(s) de;
(substantivisch) toute(s) sorte(s) de choses
allerletzte, r, s adj le (la) dernier(-ière) de
tous (toutes)
Allerseelen nt (**-**) le jour des Morts
allerseits adv: **guten Morgen ~** bonjour
à tous
allerwenigste, r, s adj le minimum de
alles pron tout; **~ Brot/Mehl** tout le pain/
toute la farine; **~ Übrige** tout le reste;
~ in allem somme toute; **vor allem** avant
tout, surtout; **er hat ~ versucht** il a tout
essayé; **das ~** tout cela; siehe auch **alle**;
Allesfresser m (**-s, -**) omnivore mf;
Alleskleber m (**-s, -**) colle f universelle;
Alleswisser, in m(f) (**-s, -**)
monsieur(madame) je-sais-tout
allfällig adj (CH) éventuel(le)
allgegenwärtig adj omniprésent(e)
allgemein adj général(e); (Wahlrecht,
Bestimmung) universel(le); **im
Allgemeinen** en général, généralement
■ adv (überall) partout;
Allgemeinbildung f culture f générale;
allgemeingültig adj universellement
reconnu(e); **Allgemeinheit** f (Menschen)
communauté f; **Allgemeinmedizin** f
médecine f générale; **Allgemeinplätze** pl
généralités fpl
Alliierte, r mf allié(e)
alljährlich adj annuel(le); **allmählich** adj
graduel(le) ■ adv peu à peu, petit à petit;
Allradantrieb m (Auto) quatre roues fpl
motrices; **allseits** adv: **sie war ~ beliebt**
elle était aimée de tous
Alltag m vie f quotidienne; **alltäglich** adj
quotidien(ne); **alltags** adv en semaine
allwissend adj omniscient(e)
allzu adv (beaucoup) trop; **~ oft**
(beaucoup) trop souvent; **~ viel**
(beaucoup) trop
Alm f(**-, -en**) alpage m
Almosen nt (**-s, -**) aumône f
Alpen pl Alpes fpl; **Alpenblume** f fleur f
des Alpes; **Alpenvorland** nt Préalpes fpl

Alphabet nt (-(e)s, -e) alphabet m;
alphabetisch adj alphabétique
alphanumerisch adj alphanumérique
alpin adj alpin(e)
Alptraum m cauchemar m
als konj (zeitlich) quand, lorsque; (mit
Komparativ) que; (wie) que; (Angabe von
Eigenschaft) en tant que, comme; **nichts ~**
rien (d'autre) que; **~ ob** comme si
also adv donc; (abschließend,
zusammenfassend) donc, alors;
(auffordernd) alors; **~ gut [o schön]** très
bien; **~ so was!** eh bien ça alors!; **na ~!**
tu vois!
alt adj (**älter, älteste**) vieux (vieille);
(antik, klassisch, lange bestehend, ehemalig)
ancien(ne); (überholt: Witz) dépassé(e); **sie
ist drei Jahre ~** elle a trois ans; **alles beim
Alten lassen** laisser comme c'était; **wie in
alten Zeiten** comme au bon vieux temps;
~ aussehen (fam) avoir l'air idiot
Alt m (-s, -e) (Mus) contralto m
Altar m (-(e)s, **Altäre**) autel m
Altbau m (pl **Altbauten**) construction f
ancienne; **altbekannt** adj bien connu(e);
Altbier nt bière maltée assez forte;
Alteisen nt ferraille f
Alter nt (-s, -) (Lebensjahre) âge m; (hohes
Alter) âge m avancé, vieillesse f; **im ~ von**
à l'âge de
altern vi aux sein vieillir
alternativ adj (Weg, Methode)
alternatif(-ive); (Pol) alternatif(-ive),
autonome; (umweltbewusst) en
écolo(giste); (Lebensweise) écolo;
(Energiegewinnung) alternatif(-ive)
Alternativ- in zW du mouvement
alternatif; (Bäckerei, Landwirtschaft)
bio(logique)
Alternative f alternative f
Alternative, r mf membre m du
mouvement alternatif
Alternativmedizin f médecine f douce
altersbedingt adj dû (due) à l'âge;
Alterserscheinung f signe m de
vieillesse; **Altersgrenze** f limite f d'âge;
Altersheim nt maison f de retraite;
Altersrente f retraite f; **altersschwach**
adj (Mensch) sénile; (Gebäude) délabré(e);
Altersversicherung f assurance f
vieillesse; **Altersversorgung** f (Rente)
prestations fpl vieillesse; (Vorsorge)
retraite f complémentaire
Altertum nt (-s) (älteste Epoche) antiquité
f; (Antike) Antiquité f; **Altertümer** pl
(Gegenstände) antiquités fpl
Altglas nt verre m; **Altglascontainer** m
conteneur m à verre usagé; **altklug** adj
précoce; **Altlasten** pl déchets mpl
toxiques; **Altlastsanierung** f

décontamination f d'un terrain;
Altmaterial nt déchets mpl;
altmodisch adj démodé(e); **Altöl** nt
(Auto) huile f de vidange; **Altpapier** nt
papier m à recycler; **Altstadt** f vieille ville
f; **Altweibersommer** m été m de la
Saint-Martin
Alufolie f papier m (d')alu
Aluminium nt (-s) aluminium m
Alzheimerkrankheit f maladie f
d'Alzheimer
am kontr von **an dem**; **er ist am Kochen**
il est en train de faire à manger; **am
15. März** le 15 mars; **am besten** le mieux
Amalgam nt (-s, -e) amalgame m
Amateur, in m(f) amateur m
Amazonas m (-) Amazone f
Amboss m (-es, -e) enclume f
ambulant adj (Med) en consultation
externe
Ameise f (-, -n) fourmi f
Amerika nt (-s) l'Amérique f; **Amerikaner,
in** m(f) (-s, -) Américain(e); **amerikanisch**
adj américain(e)
Ammann m (-s, **Ammänner**) (CH:
Landammann) président m du canton;
(Gemeindeammann) maire m; (Jur)
huissier m
Amnestie f amnistie f
Ampel f (-, -n) (Verkehrsampel) feu m
amputieren (pp **amputiert**) vt amputer
Amsel f (-, -n) merle m
Amt nt (-(e)s, **Ämter**) (Posten) office m;
(Aufgabe) fonction f, charge f; (Behörde)
service m, bureau m; (Rel) office m
amtieren (pp **amtiert**) vi être en
fonction(s)
amtlich adj officiel(le)
Amtsperson f officiel m; **Amtsrichter, in**
m(f) juge m d'instance; **Amtszeichen** nt
(Tel) tonalité f; **Amtszeit** f péridode f
d'activité
amüsant adj amusant(e)
Amüsement nt (-s, -s) divertissement m
amüsieren (pp **amüsiert**) vt amuser ▪ vr:
sich ~ s'amuser; **Amüsierviertel** nt
quartier m des boîtes (de nuit)
an präp +dat (räumlich) à; (auf, bei) sur, près
de; (nahe bei) contre; (zeitlich) à; **an
Ostern** à Pâques; **an diesem Ort** à cet
endroit; **an diesem Tag** ce jour-là; **am
Anfang** au début ▪ präp +akk (räumlich)
à, contre; **an die 5 Euro** environ 5 euros
▪ adv: **von ... an** à partir de ...; **an: 18.30
Uhr** arrivée: 18 heures 30; **an und für sich**
au fond; **es ist an jdm, etw zu tun** c'est à
qn de faire qch; **das Licht ist an** la lumière
est allumée
Anabolikum nt (-s, **Anabolika**)
anabolisant m

analog adj analogue; (Inform) analogique; **Analogie** f analogie f; **Analogrechner** m ordinateur m analogique

Analverkehr m coït m anal

Analyse f(-, -n) analyse f; **analysieren** (pp **analysiert**) vt analyser

Ananas f(-, - o -se) ananas m

Anarchie f anarchie f; **Anarchist, in** m(f) anarchiste mf

Anarcho m (-s, -s) anar mf

Anatomie f anatomie f

an|baggern sep vt (sl) draguer

an|bahnen sep vr: **sich ~** se dessiner

an|bändeln sep vi: **mit jdm ~** (fam) flirter avec qn

Anbau m (landwirtschaftlich) culture f ▪ m (pl **Anbauten**) (Gebäude) annexe f; **an|bauen** sep vt (landwirtschaftlich) cultiver; (Gebäudeteil) construire

an|behalten (pp ~) sep irr vt garder

anbei adv ci-joint

an|beißen sep irr vi (Fisch) mordre (à l'hameçon)

an|belangen (pp anbelangt) sep vt concerner, regarder; **was mich anbelangt** en ce qui me concerne

an|beraumen (pp anberaumt) sep vt arranger

an|beten sep vt adorer

Anbetracht m: **in ~** +gen en considération de

an|biedern sep vr: **sich ~** se mettre dans les bonnes grâces (bei jdm de qn)

an|bieten sep irr vt offrir; (Vertrag) proposer; (Waren) mettre en vente ▪ vr: **sich ~** (Mensch) se proposer; (Gelegenheit) s'offrir

an|binden sep irr vt lier, attacher; **kurz angebunden** (fig) peu aimable, rébarbatif(-ive)

Anblick m vue f; **an|blicken** sep vt regarder

an|braten sep irr vt (Fleisch) faire rissoler

an|brechen sep irr vt (Flasche etc) entamer ▪ vi aux sein (Zeitalter) commencer; (Tag) se lever; (Nacht) tomber

an|brennen sep irr vi aux sein prendre feu; (Gastr) (commencer à) brûler

an|bringen sep irr vt (herbeibringen) apporter; (Bitte) présenter; (Wissen) placer; (Ware) écouler, vendre; (festmachen) apposer, fixer

Anbruch m commencement m; **~ des Tages** lever m du jour; **~ der Nacht** tombée f de la nuit

an|brüllen sep vt: **jdn ~** engueuler qn

Andacht f(-, -en) recueillement m; (Gottesdienst) office m bref; **andächtig** adj (Beter) recueilli(e); (Zuhörer) très

absorbé(e), très attentif(-ive); (Stille) solennel(le)

an|dauern sep vi durer, persister; **andauernd** adj continuel(le), persistant(e) ▪ adv continuellement

Anden pl: **die ~** les Andes fpl

an|denken sep vt (fam): **etw ~** se mettre à penser à qch

Andenken nt (-s, -) souvenir m

andere, r, s pron autre; **am anderen Tag** le jour suivant, le lendemain; **ein anderes Mal** une autre fois; **kein anderer** personne d'autre; **von etwas anderem sprechen** parler d'autre chose; **unter anderem** entre autres; **andererteils, andererseits** adv d'autre part; **andermal** adv: **ein ~** une autre fois

ändern vt (a. Inform) changer, modifier ▪ vr: **sich ~** changer

andernfalls adv sinon, autrement

anders adv autrement; **wer ~?** qui d'autre?; **jemand ~** quelqu'un d'autre; **irgendwo ~** ailleurs, autre part; **andersartig** adj différent(e); **andersgläubig** adj hétérodoxe; **andersherum** adv dans l'autre sens; **anderswo** adv ailleurs; **anderswoher** adv d'ailleurs; **anderswohin** adv ailleurs, autre part

anderthalb num un(e) et demi(e)

Änderung f changement m, modification f; **Änderungen speichern** (Inform) sauvegarder les modifications

anderweitig adj ▪ adv autrement

an|deuten sep vt indiquer; **Andeutung** f (Hinweis) indication f, allusion f; (Spur) trace f; **andeutungsweise** adv (als Anspielung) par allusion; (undeutlich) indistinctement; (als Hinweis) en passant

an|diskutieren (pp andiskutiert) sep vt (fam): **etw ~** aborder un sujet

Andorra nt (-s) l'Andorre f

Andrang m affluence f, foule f

an|drehen sep vt (Licht etc) allumer; **jdm etw ~** (fam) refiler qch à qn

an|drohen sep vt: **jdm etw ~** menacer qn de qch

Androide m (-n, -n) humanoïde m

an|eignen sep vt: **sich dat etw ~** s'approprier qch; (widerrechtlich) usurper qch

aneinander adv (denken) l'un(e) à l'autre; **sie fuhren ~ vorbei** (in gleicher Richtung) ils roulaient côte à côte; (in entgegengesetzter Richtung) ils se sont croisés; **aneinander|fügen** sep vt joindre; **aneinander|geraten** sep vi se disputer; **aneinander|legen** sep vt mettre l'un(e) à côté de l'autre, juxtaposer

an|ekeln sep vt dégoûter, écœurer

Anemone f (-, -n) anémone f

anerkannt adj reconnu(e), admis(e)

an|erkennen (pp **anerkannt**) sep irr vt reconnaître; (würdigen) apprécier; **anerkennend** adj élogieux(-euse), **anerkennenswert** adj louable, appréciable; **Anerkennung** f (eines Staates) reconnaissance f; (Würdigung) appréciation f

an|fahren sep irr vt (herbeibringen) apporter, charrier; (fahren gegen) heurter, accrocher; (Hafen, Ort) se diriger vers; (Kurve) s'engager dans; (zurechtweisen) rudoyer, rabrouer ■ vi aux sein (losfahren) démarrer; (ankommen) arriver

Anfall m (Med) attaque f; (fig) accès m

an|fallen sep irr vt (herbeibringen) assaillir, attaquer ■ vi aux sein; **es fällt viel Arbeit an** il y a beaucoup de travail

anfällig adj: **für etw ~ sein** être sujet(te) à qch

Anfang m (-(e)s, Anfänge) commencement m, début m; **von ~ an** dès le début; **am [o zu] ~** au début; **für den ~** pour le début, pour commencer; **~ Mai/des Monats** début mai/au début du mois; **an|fangen** sep irr vi, vt commencer; (machen) faire, s'y prendre; **Anfänger, in** m(f) (-s, -) débutant(e); **anfänglich** adj premier(-ière), initial(e); **anfangs** adv au début, d'abord; **Anfangsbuchstabe** m initiale f; **Anfangsstadium** nt première phase f

an|fassen sep vt (ergreifen) prendre, saisir; (berühren) toucher; (Angelegenheit) traiter; **zum A~** (Mensch) facilement abordable; (Sache) à la portée de tous ■ vi: **mit ~** (helfen) donner un coup de main

an|fechten sep irr vt attaquer, contester; (beunruhigen) inquiéter

an|fertigen sep vt faire, fabriquer

an|feuern sep vt (fig) encourager, stimuler

an|flehen sep vt supplier, implorer

an|fliegen sep irr vt (Land, Stadt) desservir ■ vi aux sein (Vogel) s'approcher

Anflug m (Aviat) (vol m d')approche f; (Spur) trace f, soupçon m

an|fordern sep vt demander, réclamer; **Anforderung** f demande f; (Beanspruchung) exigence f

Anfrage f demande f; (Inform) consultation f; (Pol) interpellation f; **an|fragen** sep vi s'enquérir

an|freunden sep vr: **sich mit jdm ~** se lier d'amitié avec qn; **sich mit etw ~** s'habituer à qch

an|fügen sep vt ajouter

an|fühlen sep vr: **sich hart/weich ~** être dur(e)/mou (molle) au toucher

an|führen sep vt (leiten) guider, conduire; (Beispiel, Zeugen) citer; **Anführer, in** m(f) chef mf, dirigeant(e); **Anführungsstriche** pl, **Anführungszeichen** pl guillemets mpl

Angabe f (Auskunft) information f; (das Angeben) indication f; (Tech) donnée f; (fam: Prahlerei) vantardise f

an|geben sep irr vt donner; (Zeugen) citer ■ vi (fam) se vanter

Angeber, in m(f) (-s, -) (fam) vantard(e), crâneur(-euse); **Angeberei** f (fam) vantardise f

angeblich adj prétendu(e) ■ adv soi-disant

angeboren adj inné(e); (ererbt) congénital(e)

Angebot nt offre f; (Auswahl) choix m

angebracht adj opportun(e)

angegriffen adj (Gesundheit) altéré(e)

angeheitert adj éméché(e)

an|gehen sep irr vt (betreffen) regarder, concerner; (angreifen) attaquer; (bitten) demander (um etw qch) ■ vi aux sein (Feuer) prendre; (Licht) s'allumer; (ankämpfen) lutter (gegen etw contre qch); (fam: beginnen) commencer; (erträglich sein) être supportable; **angehend** adj (Lehrer) débutant(e), futur(e)

an|gehören (pp **angehört**) sep vi +dat appartenir à

Angehörige, r mf parent(e)

Angeklagte, r mf accusé(e)

Angel f (-, -n) (Gerät) canne f à pêche; (Türangel, Fensterangel) gond m, pivot m

Angelegenheit f affaire f

Angelhaken m hameçon m

angeln vt pêcher ■ vi pêcher à la ligne; **Angeln** nt (-s) pêche f à la ligne

an|geloben (pp **angelobt**) sep vt (A) assermenter; **Angelobung** f (A) prestation f de serment

Angelrute f canne f à pêche

angemessen adj convenable, approprié(e)

angenehm adj agréable; **~!** (bei Vorstellung) enchanté(e)!; **jdm ~ sein** plaire à qn, faire plaisir à qn

angenommen adj supposé(e)

angepasst adj conformiste

angeschrieben adj: **bei jdm gut/ schlecht ~ sein** être bien/mal vu(e) de qn

angesehen adj considéré(e), estimé(e)

angesichts präp +gen face à

angespannt adj (Aufmerksamkeit) intense; (Arbeiten) assidu(e); (kritisch: Lage) tendu(e), critique

Angestellte, r mf employé(e)

angestrengt adv (Nachdenken) intense; (Arbeiten) assidu(e)

angetan adj: von jdm/etw ~ sein être enchanté(e) de qn/de qch; **es jdm ~ haben** (Mensch) avoir la cote auprès de qn

angewiesen adj: auf jdn/etw ~ sein dépendre de qn/de qch

an|gewöhnen (pp **angewöhnt**) sep vt: **sich** dat **etw ~** s'habituer à qch; **Angewohnheit** f habitude f

Angler, in m(f) (**-s, -**) pêcheur(-euse) à la ligne

Angola nt (**-s**) l'Angola m

an|greifen sep irr vt attaquer; (anfassen) toucher; (Gesundheit) nuire à; **Angreifer, in** m(f) (**-s, -**) attaquant(e); **Angriff** m attaque f; **etw in ~ nehmen** attaquer qch; **angriffslustig** adj agressif(-ive)

angst adj: jdm ist/wird ~ qn prend peur; **Angst** f(**-, Ängste**) (Furcht) peur f (vor +dat de); (Sorge) peur f (um pour); **jdm ~ machen** faire peur à qn; **Angsthase** m (fam) froussard(e)

ängstigen vt effrayer ■ vr: **sich ~** avoir peur, s'inquiéter

ängstlich adj (furchtsam) peureux(-euse); (besorgt) inquiet(-ète), anxieux(-euse); **Ängstlichkeit** f peur f; (Besorgtheit) inquiétude f

an|haben sep irr vt (Kleidung) porter; **er kann mir nichts ~** il ne peut rien me faire

an|halten sep irr vt (Fahrzeug) arrêter; (Atem) retenir; **jdn zu etw ~** inciter qn à qch ■ vi s'arrêter; (andauern) durer; **um jds Hand ~** demander la main de qn; **anhaltend** adj ininterrompu(e), persistant(e)

Anhalter, in m(f) (**-s, -**) auto-stoppeur(-euse); **per ~ fahren** faire de l'auto-stop

Anhaltspunkt m point m de repère, indication f

anhand präp +gen à l'aide de

Anhang m (von Buch etc) appendice m; (von E-Mail) annexe f; (Anhänger) partisans mpl; (fam: Kinder) progéniture f; **mit seinem ~** (Frau und Kinder) avec femme et enfants

an|hängen sep vt accrocher; (Zusatz) ajouter; (an E-Mail) attacher; **jdm etw ~** imputer qch à qn; **eine Datei an eine E-Mail ~** (Inform) joindre un fichier à un mail

Anhänger m (**-s, -**) (Auto) remorque f; (am Koffer) étiquette f; (Schmuck) pendentif m

Anhänger, in m(f) (**-s, -**) (Parteigänger) partisan(e), adepte mf; (Fußballanhänger) supporter(-trice); **Anhängerkupplung** f crochet m d'attelage pour remorque; **Anhängerschaft** f partisans mpl

anhängig adj (Jur) devant les tribunaux; **~ machen** intenter

anhänglich adj dévoué(e), fidèle; **Anhänglichkeit** f dévouement m, fidélité f

Anhängsel nt (**-s, -**) appendice m; (lästiger Mensch) fardeau m

Anhäufung f accumulation f

an|heben sep irr vt (Gegenstand) soulever; (Preise) relever

anheim|stellen sep vt: **jdm etw ~** laisser à qn libre choix de qch

anheimelnd adj familier(-ière)

an|heuern sep vt engager

Anhieb m: auf ~ d'emblée

Anhöhe f hauteur f, colline f

an|hören sep vt écouter; (anmerken) remarquer; **sich** dat **etw ~** écouter qch ■ vr: **sich ~** sonner

Animateur, in m(f) animateur(-trice)

animieren (pp **animiert**) vt inciter, entraîner

Anis m (**-es, -e**) anis m

Ank. abk = **Ankunft** arrivée f

Ankauf m achat m; **an|kaufen** sep vt acheter

Anker m (**-s, -**) ancre f; **vor ~ gehen** jeter l'ancre; **ankern** vi mouiller; **Ankerplatz** m mouillage m

Anklage f accusation f; (Jur) inculpation f; **Anklagebank** f (pl **Anklagebänke**) banc m des accusés; **an|klagen** sep vt accuser

Anklang m: bei jdm ~ finden avoir du succès auprès de qn

Ankleidekabine f (im Schwimmbad) cabine f de bain; (im Kaufhaus) cabine f d'essayage

an|klicken sep vt (Inform) cliquer

an|klopfen sep vi frapper à la porte; **Anklopfen** nt (Tel) appel m en instance, signal m d'annonce

an|knüpfen sep vt attacher, lier; (fig) commencer; **Beziehungen mit jdm ~** entrer en relations avec qn ■ vi: **an etw** akk **~** partir de qch

an|kommen sep irr vi aux sein arriver; (Anklang finden) avoir du succès (bei auprès de); **es kommt darauf an** cela dépend; (wichtig sein) c'est ce qui importe; **gegen jdn/etw ~** l'emporter sur qn/qch

an|kreuzen sep vt cocher

an|kündigen sep vt annoncer

Ankunft f (**-**) arrivée f; **Ankunftszeit** f heure f d'arrivée

an|kurbeln sep vt (fig: Wirtschaft etc) stimuler, relancer

Anlage f (Veranlagung) disposition f (zu pour, à); (Begabung) talent m, don m; (Park) parc m, espace m vert; (Gebäudekomplex) édifices mpl; (Beilage, zu E-Mail) annexe f; (EDV-anlage) installation f, système m; (Tech) installation f; (Fin)

investissement *m*; (*das Anlegen: von Garten, Stausee etc*) aménagement *m*

Anlass *m* (**-es, Anlässe**) (*Ursache*) cause *f*; (*Gelegenheit*) occasion *f*; **aus ~** +*gen* à l'occasion de; **~ zu etw geben** donner lieu à qch; **etw zum ~ nehmen** profiter de qch

an|lassen *sep irr vt* (*Motor, Auto*) démarrer; (*Mantel*) garder; (*Licht, Radio*) laisser allumé(e) ■ *vr*: **sich gut ~** bien s'annoncer

Anlasser *m* (**-s, -**) (*Auto*) démarreur *m*

anlässlich *präp* +*gen* à l'occasion de

an|lasten *sep vt*: **jdm etw ~** imputer qch à qn

Anlauf *m* (*Beginn*) commencement *m*; (*Sport*) élan *m*; (*Versuch*) essai *m*

an|laufen *sep irr vi aus sein* démarrer; (*Fahndung, Film*) commencer; (*Metall*) changer de couleur; (*Glas*) s'embuer; **angelaufen kommen** arriver en courant ■ *vt* (*Hafen*) faire escale à

Anlaufstelle *f* permanence *f*

an|läuten *sep vt siehe* **anrufen**

an|legen *sep vt* (*Leiter*) poser, appuyer; (*Lineal, Maßstab*) appliquer, mettre; (*anziehen*) mettre; (*Park, Garten*) aménager; (*Liste*) dresser; (*Akte*) ouvrir; (*Geld: investieren*) investir; (*Geld: ausgeben*) dépenser; (*Gewehr*) épauler; **es auf etw** *akk* **~** viser qch; **sich mit jdm ~** (*fam*) se quereller avec qn ■ *vi* (*Naut*) aborder, accoster; **Anlegeplatz** *m*, **Anlegestelle** *f* embarcadère *m*

an|lehnen *sep vt* (*Leiter, Fahrrad*) appuyer; (*Tür, Fenster*) laisser entrouvert(e) ■ *vr*: **sich ~** s'appuyer; **sich an etw** *akk* **~** (*an Vorbild*) suivre l'exemple de qch

an|leiern *sep vt* (*fam*) mettre en route

an|leiten *sep vt*: **jdn zu etw ~** encourager qn à qch; **jdn bei der Arbeit ~** montrer un travail à qn

Anleitung *f* directives *fpl*, instructions *fpl*

an|liegen *sep irr vi* (*auf Programm stehen*) être à faire, être au programme; (*Kleidung*) être ajusté(e)

Anliegen *nt* (**-s, -**) demande *f*, prière *f*; (*Wunsch*) désir *m*

Anlieger, in *m(f)* (**-s, -**) riverain(e)

an|lügen *sep irr vt* mentir à

an|machen *sep vt* (*befestigen*) attacher; (*Licht, elektrisches Gerät*) allumer; (*Salat*) assaisonner; (*fam: aufreizen*) aguicher; (*fam: ansprechen*) aborder, accoster

an|maßen *sep vt*: **sich** *dat* **etw ~** s'attribuer qch, se permettre qch; **anmaßend** *adj* prétentieux(-euse), arrogant(e); **Anmaßung** *f* prétention *f*, arrogance *f*

Anmeldebestätigung *f* certificat *m* de domicile; **Anmeldeformular** *nt*

formulaire *m* d'inscription; **an|melden** *sep vt* (*Besuch*) annoncer; (*Radio, Auto*) déclarer ■ *vr*: **sich ~** s'annoncer; (*für Kurs*) s'inscrire (*für, zu* à); (*polizeilich*) faire une déclaration de séjour; **Anmeldeschluss** *m* clôture *f* des inscriptions; **Anmeldung** *f* inscription *f*, déclaration *f*

an|merken *sep vt* (*hinzufügen*) ajouter; (*anstreichen*) marquer; **jdm etw ~** lire [o remarquer] qch sur le visage de qn; **sich** *dat* **nichts ~ lassen** faire semblant de rien; **Anmerkung** *f* annotation *f*, remarque *f*

Anmut *f* (**-**) grâce *f*, élégance *f*; **anmutig** *adj* gracieux(-euse); (*Lächeln*) charmant(e)

an|nähen *sep vt* (re)coudre

annähernd *adj* (*Wert, Betrag*) approximatif(-ive)

Annäherung *f* approche *f*, rapprochement *m*; **Annäherungsversuch** *m* avance *f*

Annahme *f* (**-, -n**) réception *f*; (*von Vorschlag, Gesetz*) adoption *f*; (*Vermutung*) supposition *f*, hypothèse *f*

annehmbar *adj* acceptable; (*Wetter*) passable

an|nehmen *sep irr vt* prendre; (*Einladung*) accepter; (*vermuten*) supposer; **sich jds/ einer Sache ~** prendre soin de qn/de qch; **angenommen, das ist so** admettons qu'il en soit ainsi

Annehmlichkeit *f* côté *m* agréable, agrément *m*

annektieren (*pp* **annektiert**) *vt* annexer

Annonce *f* (**-, -n**) annonce *f*

annoncieren (*pp* **annonciert**) *vi* passer [o mettre] une annonce ■ *vt* passer [o mettre] une annonce pour

annullieren (*pp* **annulliert**) *vt* annuler

Anode *f* (**-, -n**) anode *f*

an|öden *sep vt* (*fam*) barber, raser

anonym *adj* anonyme; **Anonymität** *f* anonymat *m*

Anorak *m* (**-s, -s**) anorak *m*

an|ordnen *sep vt* ranger, disposer; (*Inform*) réorganiser; (*befehlen*) ordonner; **Anordnung** *f* disposition *f*

anorganisch *adj* inorganique

an|packen *sep vt* (*anfassen*) empoigner, saisir; (*behandeln: Menschen*) traiter; (*in Angriff nehmen: Arbeit*) attaquer, aborder; **mit ~** (*helfen*) mettre la main à la pâte

an|passen *sep vt* (*angleichen*) adapter (*dat* à) ■ *vr*: **sich ~** s'adapter (*an* +*akk* à); **Anpassung** *f* adaptation *f*; **anpassungsfähig** *adj* adaptable

Anpfiff *m* (*Sport*) coup *m* d'envoi; (*fam: Tadel*) savon *m*, engueulade *f*

an|pöbeln *sep vt* (*fam*) apostropher

an|prangern sep vt clouer [o mettre] au pilori

an|preisen sep irr vt recommander, vanter (jdm à qn)

Anprobe f essayage m; **an|probieren** (pp **anprobiert**) sep vt essayer

an|rechnen sep vt compter; (altes Gerät) défalquer; **jdm etw hoch ~** savoir gré de qch à qn

Anrecht nt droit m (auf +akk à, sur)

Anrede f apostrophe f; (Titel) titre m; **an|reden** sep vt (ansprechen) adresser la parole à, aborder; (belästigen) accoster; **jdn mit Herr Dr./Frau ~** appeler qn docteur/madame; **jdn mit Sie ~** vouvoyer qn

an|regen sep vt (stimulieren) inciter, stimuler; (vorschlagen) proposer, suggérer; **angeregte Unterhaltung** discussion animée; **anregend** adj (Mittel) excitant(e); (Luft) qui réveille; (Gespräch) stimulant(e); **Anregung** f suggestion f; (das Stimulieren) stimulation f

an|reichern sep vt (Chem) enrichir; (Gastr) rendre plus riche

Anreise f arrivée f; **an|reisen** sep vi aux sein arriver

Anreiz m stimulant m, attrait m

Anrichte f (-, -n) desserte f, buffet m

an|richten sep vt (Essen) préparer, servir; (Verwirrung, Schaden) provoquer, causer

anrüchig adj louche, suspect(e)

an|rücken sep vi aux sein (ankommen) avancer, approcher

Anruf m appel m; **Anrufbeantworter** m (-s, -) répondeur m (automatique); **an|rufen** sep irr vt (Tel) appeler

an|rühren sep vt (anfassen) toucher; (essen) toucher à; (mischen) mélanger

ans kontr von **an das**

Ansage f annonce f; **an|sagen** sep vt (Zeit, Programm) annoncer; **angesagt sein** (fam) être annoncé(e); (fam: modisch) être à la mode; **Spaß ist angesagt** (fam) l'amusement est maintenant au programme ■ vr: **sich ~** s'annoncer; **Ansager, in** m(f) (-s, -) présentateur(-trice) m

an|sammeln sep vr: **sich ~** s'accumuler; (Menschen) se rassembler; **Ansammlung** f accumulation f, amas m; (Leute) rassemblement m

ansässig adj établi(e)

Ansatz m (Beginn) début m; (Versuch) essai m; (Haaransatz) racine f; (Rostansatz, Kalkansatz) dépôt m; (Verlängerungsstück) rallonge f; **Ansatzpunkt** m point m de départ

an|schaffen sep vt acquérir, acheter; **Anschaffung** f acquisition f

an|schalten sep vt allumer

an|schauen sep vt regarder

anschaulich adj expressif(-ive)

Anschauung f (Meinung) opinion f; **aus eigener ~** par expérience; **Anschauungsmaterial** nt matériel m documentaire

Anschein m apparence f; **allem ~ nach** selon toute apparence; **den ~ haben** sembler, paraître; **anscheinend** adv apparemment

Anschlag m (Bekanntmachung) affiche f; (Attentat) attentat m; (Tech) arrêt m; (auf Klavier) toucher m; (auf Schreibmaschine) frappe f; **an|schlagen** sep irr vt (Zettel) afficher; (Kopf) cogner, heurter; (beschädigen: Tasse) ébrécher; (Akkord) frapper

an|schließen sep irr vt (Gerät) brancher; (Sender) relayer; (Frage) enchaîner ■ vi: **an etw** akk ~ (räumlich) être contigu(ë) à qch; (zeitlich) suivre qch ■ vr: **sich ~** (an Menschen) se joindre (jdm à qn); (beipflichten) se ranger à l'avis (jdm de qn); **anschließend** adj (räumlich) contigu(ë); (zeitlich) successif(-ive) ■ adv ensuite, après

Anschluss m (Elec) branchement m; (Inform) connexion f; (Eisenbahn) correspondance f; (Tel: Verbindung) communication f; (Tel: Apparat) raccord m; (Kontakt zu jdm) contact m; (Wasseranschluss etc) distribution f; **im ~ an** +akk faisant suite à; **~ finden** avoir des contacts; **Anschlussflug** m correspondance f

anschmiegsam adj (Mensch) câlin(e); (Stoff) souple

an|schnallen sep vr: **sich ~** (Auto, Aviat) attacher sa ceinture; **Anschnallpflicht** f port m obligatoire de la ceinture

an|schneiden sep irr vt entamer

an|schreiben sep irr vt écrire; (jdn) écrire à; (auf Kredit geben) mettre sur le compte; siehe auch **angeschrieben**

an|schreien sep irr vt engueuler

Anschrift f adresse f

an|schwellen sep irr vi aux sein (Körperteil) gonfler, enfler; (Fluss) monter; (Lärm) s'enfler

an|schwemmen sep vt charrier

an|schwindeln sep vt raconter des bobards à

an|sehen sep irr vt regarder; (betrachen) contempler; **jdm etw ~** lire qch sur le visage de qn; **jdn/etw als etw ~** considérer qn/ qch comme qch; **~ für** estimer; **Ansehen** nt (-s) (Ruf) réputation f

ansehnlich adj (Mensch) de belle apparence [o stature]; (beträchtlich) considérable

an sein *irr vi aux sein* être allumé(e); (*Gas*) être ouvert(e); (*Strom*) être branché(e)

an|setzen *sep vt* (*anfügen*) ajouter; (*Wagenheber*) mettre, placer; (*Glas*) porter à sa bouche; (*Trompete*) emboucher; (*Knospen, Frucht*) faire, produire; (*Rost*) se couvrir de; (*Bowle*) faire macérer; (*Termin*) fixer; (*Kosten*) calculer; **Fett ~** engraisser ■ *vi* (*beginnen*) commencer

Ansicht *f* (*Anblick*) vue *f*; (*Inform*) affichage *m*; (*Meinung*) avis *m*, opinion *f*; **zur ~** (*Com*) à vue; **meiner ~ nach** à mon avis; **Ansichtskarte** *f* carte *f* postale; **Ansichtssache** *f* affaire *f* d'opinion

an|spannen *sep vt* (*Tiere*) atteler; (*Muskel*) bander; (*Nerven*) tendre; **Anspannung** *f* tension *f*

Anspiel *nt* (*Sport*) commencement *m* du jeu; **an|spielen** *sep vi* (*Sport*) commencer à jouer; **auf etw** *akk* **~** faire allusion à qch; **Anspielung** *f* allusion *f*

Ansporn *m* (**-(e)s**) stimulation *f*

Ansprache *f* allocution *f*

an|sprechen *sep irr vt* (*reden mit*) adresser la parole à; (*bitten*) demander à; (*gefallen*) plaire à; **jdn auf etw** *akk* **~** parler de qch à qn ■ *vi* (*gefallen*) plaire, intéresser; (*reagieren*) réagir; (*wirken*) faire effet; **ansprechend** *adj* charmant(e); **Ansprechpartner, in** *m(f)* interlocuteur(-trice)

an|springen *sep irr vi aux sein* (*Auto*) démarrer

Anspruch *m* (*Recht*) droit *m*; (*Forderung*) exigence *f*; **hohe Ansprüche stellen/ haben** être exigeant(e); **~ auf etw** *akk* **haben** avoir droit à qch; **etw in ~ nehmen** avoir recours à qch; **anspruchslos** *adj* peu exigeant(e); **anspruchsvoll** *adj* exigeant(e)

an|spucken *sep vt* cracher sur

an|stacheln *sep vt* encourager, pousser

Anstalt *f* (**-, -en**) (*Schule, Heim, Gefängnis*) établissement *m*; (*Institut*) institut *m*, institution *f*; (*Heilanstalt*) maison *f* de santé; **Anstalten machen, etw zu tun** se préparer à faire qch

Anstand *m* décence *f*; **anständig** *adj* (*Mensch, Benehmen*) honnête, comme il faut; (*Leistung, Arbeit*) bon(ne); (*fam: Schulden, Prügel*) sacré(e); **anstandslos** *adv* sans hésitation

an|starren *sep vt* regarder fixement, fixer du regard

anstatt *präp* +*gen* à la place de ■ *konj*: **~ etw zu tun** au lieu de faire qch

an|stechen *sep irr vt* (*Blase, Reifen*) crever; (*Fass*) mettre en perce

an|stecken *sep vt* (*Abzeichen, Blume*) attacher; (*Med*) contaminer; (*Pfeife*) allumer; (*Haus*) mettre le feu à ■ *vi* (*fig*) être contagieux(-euse); **ich habe mich bei ihm angesteckt** il m'a contaminé(e); **ansteckend** *adj* contagieux(-euse); **Anstecker** *m* pin's *m*; **Ansteckung** *f* contagion *f*

an|stehen *sep irr vi* faire la queue; (*Verhandlungspunkt*) être à l'ordre du jour

anstelle, an Stelle *adv*: **~ von** +*dat* à la place de

an|stellen *sep vt* (*Gerät*) allumer, mettre en marche; (*Wasser*) ouvrir; (*anlehnen*) poser, placer (*an* +*akk* contre); (*Arbeit geben*) employer, engager; (*fam: machen, unternehmen*) faire ■ *vr*: **sich ~** (*Schlange stehen*) se mettre à la queue; **sich dumm ~** faire l'imbécile; **sich geschickt ~** s'y prendre bien; **Anstellung** *f* emploi *m*

Anstieg *m* (**-(e)s**) montée *f*

an|stiften *sep vt*: **jdn zu etw ~** pousser qn à qch; **Anstifter, in** *m(f)* instigateur(-trice)

an|stimmen *sep vt* (*Lied*) entonner; (*Geschrei*) pousser

Anstoß *m* (*Impuls*) impulsion *f*; (*Ärgernis*) offense *f*, scandale *m*; (*Sport*) coup *m* d'envoi; **Anstoß nehmen an** +*dat* être choqué(e) par

an|stoßen *sep irr vt* pousser; (*mit Fuß*) heurter, buter ■ *vi* (*Sport*) donner le coup d'envoi; (*mit Gläsern*) trinquer ■ *vi aux sein* (*sich stoßen*) se heurter; **an etw** *akk* **~** (*angrenzen*) être attenant(e) à qch

Anstößer, in *m(f)* (**-s, -**) (*CH*) *siehe* **Anwohner**

anstößig *adj* choquant(e), inconvenant(e)

an|streben *sep vt* aspirer à

an|streichen *sep irr vt* peindre; (*markieren*) marquer; **Anstreicher, in** *m(f)* (**-s, -**) peintre *m* (en bâtiment(s))

an|strengen *sep vt* forcer; (*strapazieren*) surmener, fatiguer; (*Jur: Prozess*) intenter ■ *vr*: **sich ~** faire des efforts, s'efforcer; **anstrengend** *adj* fatigant(e); **Anstrengung** *f* effort *m*

Anstrich *m* couche *f* de peinture; (*fig: Note*) air *m*

Ansturm *m* assaut *m*, attaque *f*

Antagonismus *m* antagonisme *m*

Antarktis *f* l'Antarctique *m*; **antarktisch** *adj* antarctique

an|tasten *sep vt* (*berühren*) toucher; (*Recht*) porter atteinte à; (*Ersparnisse, Vorrat*) entamer

Anteil *m* (*Teil*) part *f*; (*Teilnahme*) participation *f*; **~ nehmen an** +*dat* (*Mitgefühl haben*) compatir à; **Anteilnahme** *f* (**-**) (*Mitleid*) compassion *f*, sympathie *f*

Antenne f(-, -n) antenne f
Anthrazit m(-s, -e) anthracite m
Anti- in zW anti; **Antialkoholiker, in** m(f)
antialcoolique mf; **antiautoritär** adj
antiautoritaire; **Antibiotikum** nt (-s,
Antibiotika) antibiotique m;
Antiblockiersystem nt (Auto)
système m (de freinage) antiblocage;
Antiglobalisierung f
altermondialisation f; **Antihistamin** nt
(-s, -e) (Med) antihistaminique m
antik adj ancien(ne); **Antike** f(-) (Zeitalter)
Antiquité f
Antikörper m (Med) anticorps m
Antilope f(-, -n) antilope f
Antipathie f antipathie f
Antiquariat nt librairie f d'occasions
Antiquitäten pl antiquités fpl;
Antiquitätenhandel m commerce m
d'antiquités; **Antiquitätenhändler,
in** m(f) antiquaire mf
Antisemitismus m antisémitisme m
Antiviren- adj (Inform) antivirus;
Antivirensoftware f antivirus m;
Antivirenprogramm nt (Inform)
antivirus m
antönen vt (CH) siehe **andeuten**
an|törnen sep vt (sl) faire flasher, exciter
Antrag m (-(e)s, Anträge) (Pol) motion f;
(Gesuch) demande f; (Formular) formulaire
m; (Heiratsantrag) demande f en mariage
an|treffen sep irr vt rencontrer
an|treiben sep irr vt pousser, faire avancer;
(jdn) inciter; (Maschine) mettre en marche
an|treten sep irr vt (Stellung) prendre;
(Erbschaft) accepter; (Strafe) commencer
à purger; (Beweis) fournir; (Reise, Urlaub)
partir en; **das Amt/die Regierung ~**
prendre ses fonctions/le pouvoir ▪ vi aux
sein s'aligner
Antrieb m force f motrice; (fig) impulsion
f; **aus eigenem ~** de sa propre initiative
an|trinken sep irr vt (Flasche, Glas)
entamer; **sich** dat **Mut/einen Rausch ~**
boire pour se donner du courage/se
soûler; **angetrunken sein** être en état
d'ébriété
Antritt m (von Erbschaft) prise f de
possession; (von Reise) départ m; (von Amt)
entrée f en fonction; **vor ~ seiner neuen
Stelle** avant de prendre son nouveau poste
an|tun sep irr vt: **jdm etw ~** faire qch à qn;
sich dat **Zwang ~** se faire violence, se
contraindre
Antwort f(-, -en) réponse f; **um ~ wird
gebeten** RSVP (Répondez s'il vous plaît);
antworten vi répondre (dat à)
an|vertrauen (pp **anvertraut**) sep vt:
jdm etw ~ confier qch à qn ▪ vr: **sich jdm
~** se confier à qn

an|wachsen sep irr vi aux sein (sich steigern)
augmenter; (Pflanze) prendre racine
Anwalt m (-(e)s, Anwälte), **Anwältin** f
avocat(e); **Anwaltskosten** pl frais mpl
d'avocat
Anwandlung f élan m; **eine ~ von etw**
un accès de qch
Anwärter, in m(f) candidat(e),
prétendant(e)
an|weisen sep irr vt (anleiten) diriger,
instruire; (befehlen) ordonner; (zuteilen)
assigner, attribuer; (Geld) virer;
Anweisung f (Anleitung) directives fpl;
(Befehl) ordre m; (Zuteilung) assignation f,
attribution f; (Postanweisung,
Zahlungsanweisung) mandat m, virement m
anwendbar adj applicable; **an|wenden**
sep irr vt employer; (Gerät) utiliser;
(Gesetz, Regel) appliquer; **etw auf jdn/etw
~** appliquer qch à qn/à qch; **Gewalt ~** user
de violence; **Anwender, in** m(f)(-s, -)
utilisateur(-trice); **Anwendung** f
utilisation f, emploi m, application f;
(Inform) application f;
Anwendungsprogramm nt (Inform)
programme m d'application
anwesend adj présent(e); **die
Anwesenden** les personnes présentes;
Anwesenheit f présence f;
Anwesenheitsliste f liste f de présence
an|widern sep vt répugner à, dégoûter
Anwohner, in m(f)(-s, -) riverain(e)
Anzahl f (Menge) quantité f; (Gesamtzahl)
nombre m
an|zahlen sep vt (Betrag) payer;
(Gegenstand) payer un acompte pour;
Anzahlung f acompte m; (Betrag)
premier versement m
an|zapfen sep vt (Fass) mettre en perce;
(Telefon) mettre sur écoute; (fam: um Geld)
taper
Anzeichen nt signe m, indice m
Anzeige f(-, -n) annonce f; (bei Polizei)
dénonciation f; (Inform) affichage m;
~ gegen jdn erstatten dénoncer qn;
an|zeigen sep vt (Zeit) marquer, indiquer;
(Geburt) faire part de; (bei Polizei)
dénoncer; (Inform) afficher;
Anzeigenblatt nt journal m de petites
annonces; **Anzeigenteil** m annonces fpl;
Anzeiger m (Tech) indicateur m
an|zetteln sep vt (fam) tramer
an|ziehen sep irr vt attirer; (Kleidung)
mettre; (anlocken) attirer; (sympathisch
sein) plaire à; (Schraube, Handbremse)
serrer; (Seil) tirer; (Knie) plier;
(Feuchtigkeit) absorber ▪ vi (Preise etc)
monter, être en hausse; (sich nähern)
s'approcher; (Mil) avancer ▪ vr: **sich ~**
s'habiller; **anziehend** adj attirant(e),

attrayant(e); **Anziehung** f (Reiz) attrait m, charme m; **Anziehungskraft** f attirance f; (Phys) force f d'attraction

Anzug m (-(e)s, Anzüge) costume m ▩ m: **im ~ sein** s'approcher

anzüglich adj de mauvais goût; (Bemerkung) désobligeant(e); **Anzüglichkeit** f sans-gêne m; (Bemerkung) allusion f désobligeante

an|zünden sep vt allumer; (Haus) mettre le feu à; **Anzünder** m allume-gaz m

an|zweifeln sep vt mettre en doute

apart adj chic, original(e)

Apartment nt (-s, -s) appartement m

Apathie f apathie f, indifférence f; **apathisch** adj apathique, indifférent(e)

aper adj (A, CH) sans neige; (Straße) déneigé(e)

Apfel m (-s, Äpfel) pomme f; **Apfelmus** nt compote f de pommes; **Apfelsaft** m jus m de pommes

Apfelsine f orange f

Apfelwein m cidre m

Apostel m (-s, -) apôtre m

Apostroph m (-s, -e) apostrophe f

Apotheke f (-, -n) pharmacie f

▩ **APOTHEKE**

Une Apotheke est une pharmacie où l'on vend principalement des médicaments surtout sur ordonnance ainsi que des produits de toilette. Le pharmacien est qualifié pour aider et donner des conseils sur les médicaments et les traitements à suivre.

Apotheker, in m(f) (-s, -) pharmacien(ne)

Apparat m (-(e)s, -e) appareil m; **am ~ bleiben** (Tel) rester en ligne [o l'appareil]

Apparatur f appareillage m

Appartement nt (-s, -s) appartement m

Appell m (-s, -e) (Mil) revue f; (fig) exhortation f, prière f; **appellieren** (pp appelliert) vi: **an etw** akk **~** faire appel à qch

Appenzell-Ausserrhoden nt (-s) Appenzell Rhodes-Extérieures m

Appenzell-Innerrhoden nt (-s) Appenzell Rhodes-Intérieures m

Appetit m (-(e)s) appétit m; **guten ~!** bon appétit!; **appetitlich** adj appétissant(e); **Appetitlosigkeit** f manque m d'appétit; **Appetitzügler** m (-s, -) coupe-faim m

Applaus m (-es) applaudissements mpl

Applikation f (Inform) application f

Appretur f apprêt m

Aprikose f (-, -n) abricot m

April m (-(s), -e) avril m; **im ~** en avril; **24. ~ 2010** le 24 avril 2010; **am 24.**

~ **le 24 avril**; **Aprilwetter** nt giboulées fpl de mars

Aquaplaning nt (-(s)) aquaplaning m

Aquarell nt (-s, -e) aquarelle f

Aquarium nt aquarium m

Äquator m équateur m

Araber, in m(f) (-s, -) Arabe mf

Arabien nt (-s) l'Arabie f; **arabisch** adj arabe; **Arabisch** nt arabe m

Arbeit f (-, -en) travail m; (Klassenarbeit) contrôle m, devoir m sur table

arbeiten vi travailler; (funktionieren) fonctionner

Arbeiter, in m(f) (-s, -) travailleur(-euse); (ungelernt) ouvrier(-ière); **Arbeiterschaft** f ouvriers mpl, main-d'œuvre f

Arbeitgeber, in m(f) (-s, -) employeur(-euse); **Arbeitnehmer, in** m(f) (-s, -) salarié(e); **arbeitsam** adj travailleur(-euse)

Arbeitsamt nt agence f pour l'emploi; **Arbeitsbeschaffungsmaßnahme** f mesure f pour la création d'emplois; **Arbeitserlaubnis** f permis m de travail; **Arbeitsessen** nt repas m d'affaires; **arbeitsfähig** adj apte au travail; **Arbeitsgang** m phase f de travail; **Arbeitsgemeinschaft** f groupe m de travail; **Arbeitskräfte** pl main-d'œuvre f; **arbeitslos** adj au chômage; **~ sein** être au chômage; **Arbeitslose, r** mf chômeur(-euse); **Arbeitslosengeld** nt allocation f chômage; **Arbeitslosenhilfe** f allocation f de fin de droits; **Arbeitslosenzahlen** pl nombre m des chômeurs; **Arbeitslosigkeit** f chômage m; **Arbeitsmarkt** m marché m du travail; **Arbeitsplatz** m lieu m de travail; (Computerarbeitsplatz) poste m de travail; **arbeitsscheu** adj rétif(-ive) au travail, paresseux(-euse); **Arbeitsspeicher** m (Inform) mémoire f de travail; **Arbeitssuche** f recherche f d'un emploi; **Arbeitstag** m journée f de travail; **Arbeitsteilung** f division f du travail; **arbeitsunfähig** adj inapte au travail; **Arbeitszeit** f horaire m de travail; **gleitende ~** horaire souple; **Arbeitszeitverkürzung** f réduction f du temps de travail

Archäologe m (-n, -n), **-login** f archéologue mf

Architekt, in m(f) (-en, -en) architecte mf; **Architektur** f architecture f

Archiv nt (-s, -e) archives fpl; (Inform) archive f

arg (ärger, ärgste, adv am ärgsten) adj terrible ▩ adv fort, très

Argentinien nt (-s) l'Argentine f; **Argentinier, in** m(f) (-s, -) Argentin(e); **argentinisch** adj argentin(e)

Ärger m (**-s**) (*Wut*) colère f;
(*Unannehmlichkeit*) ennuis mpl, contrariété
f; **ärgerlich** adj (*zornig*) fâché(e),
en colère; (*lästig*) fâcheux(-euse),
ennuyeux(-euse); **ärgern** vt fâcher,
contrarier ▪ vr: **sich ~** se fâcher, s'énerver;
Ärgernis nt contrariété f; (*Anstoß*)
scandale m; **öffentliches Ärgernis
erregen** commettre un outrage aux
bonnes mœurs

Argument nt argument m

Argwohn m suspicion f, défiance f;
argwöhnisch adj soupçonneux(-euse)

Arie f aria f

Aristokrat, in m(f) (**-en, -en**) aristocrate
mf; **Aristokratie** f aristocratie f;
aristokratisch adj aristocratique

arithmetisch adj arithmétique

Arktis f (**-**) l'Arctique m; **arktisch** adj
arctique

arm adj (**ärmer, ärmste**) pauvre;
~ an etw dat sein être pauvre en qch;
~ dran sein être à plaindre

Arm m (**-(e)s, -e**) bras m; (*von Leuchter*)
branche f; (*von Polyp*) tentacule m;
~ in ~ bras dessus bras dessous

Armatur f (*Elec*) tableau m (de contrôle);
Armaturenbrett nt tableau m de bord

Armband nt (pl **Armbänder**) bracelet m;
Armbanduhr f montre(-bracelet) f

Arme, r mf pauvre mf

Armee f (**-, -n**) armée f

Ärmel m (**-s, -**) manche f; **etw aus dem
Ärmel schütteln** (*fig*) sortir qch de son
chapeau; **Ärmelkanal** m: **der
Ärmelkanal** la Manche

Armenien nt (**-s**) l'Arménie f; **armenisch**
adj arménien(ne)

ärmlich adj pauvre

armselig adj (*elend*) pauvre, misérable;
(*schlecht*) piètre, minable

Armut f (**-**) pauvreté f; **Armutszeugnis** nt:
jdm ein ~ ausstellen montrer
l'incompétence de qn; **sich** dat **ein ~
ausstellen** se révéler incapable

Aroma nt (**-s, Aromen**) arôme m;
Aromatherapie f aromathérapie f;
aromatisch adj aromatique

arrangieren (pp **arrangiert**) vt arranger
▪ vr: **sich ~** s'arranger (*mit* avec)

Arrest m (**-(e)s, -e**) (*Haft*) arrêts mpl

arrogant adj arrogant(e); **Arroganz** f
arrogance f

Arsch m (**-es, Ärsche**) (*vulg*) cul m;
Arschkriecher, in m(f) (*vulg*) lèche-cul m

Art f (**-, -en**) (*Weise*) façon f, manière f;
(*Sorte*) sorte f; (*Wesen*) caractère m, nature
f; (*Bio*) espèce f, variété f; **Sauerkraut
nach ~ des Hauses** choucroute maison f;
Artenschutz m protection f des espèces

animales et végétales; **Artenschwund**
m, **Artensterben** nt (**-s**) disparition f des
espèces; **Artenvielfalt** f biodiversité f

Arterie f artère f; **Arterienverkalkung** f
artériosclérose f

artig adj (*folgsam*) obéissant(e), sage

Artikel m (**-s, -**) article m

Artischocke f (**-, -n**) artichaut m

Arznei f, **Arzneimittel** nt médicament
m; **Arzneimittelmissbrauch** m abus m
de médicaments

Arzt m (**-es, Ärzte**) médecin m, docteur m;
Arzthelfer, in m(f) assistant(e)
médical(e); **Ärztin** f médecin f, docteur f

ärztlich adj médical(e)

As nt siehe **Ass**

Asbest m (**-(e)s, -e**) amiante m

Asche f (**-, -n**) cendre f; **Aschenbahn** f
(*Sport*) piste f cendrée, cendrée f;
Aschenbecher m cendrier m;
Aschenbrödel, Aschenputtel nt (**-s**)
Cendrillon f; **Aschermittwoch** m
mercredi m des Cendres

ASCII-Code m code m ASCII

Aserbaidschan nt (**-s**) l'Azerbaïdjan m

Asiat, in m(f) (**-en, -en**) Asiatique mf;
asiatisch adj asiatique; **Asien** nt (**-s**)
l'Asie f

asozial adj asocial(e)

Aspekt m (**-s, -e**) aspect m

Asphalt m (**-(e)s, -e**) asphalte m;
asphaltieren (pp **asphaltiert**) vt
asphalter, bitumer; **Asphaltstraße** f
route f goudronnée

aß imperf von **essen**

Ass nt (**-es, -e**) as m

Assembler m (**-s, -**) (*Inform*) assembleur m

Assistent, in m(f) assistant(e)

Assoziation f association f

Ast m (**-(e)s, Äste**) branche f

Aster f (**-, -n**) aster m

ästhetisch adj esthétique

Asthma nt (**-s**) asthme m; **Asthmatiker,
in** m(f) (**-s, -**) asthmatique mf

Astrologe m (**-n, -n**), **-login** f astrologue
mf; **Astrologie** f astrologie f

Astronaut, in m(f) (**-en, -en**) astronaute
mf; **Astronautik** f astronautique f

Astronom, in m(f) astronome mf;
Astronomie f astronomie f

ASU f (**-, -s**) akr = **Abgassonderuntersuchung** test m antipollution

Asyl nt (**-s, -e**) asile m; (*Heim*) hospice m;
(*Obdachlosenasyl*) abri m, refuge m;
Asylant, in m(f) demandeur(-euse)
d'asile; **Asylantenwohnheim** nt centre
m pour les demandeurs d'asile;
Asylantrag m demande f d'asile;
Asylbewerber, in m(f) demandeur(-euse)
d'asile; **Asylrecht** nt droit m d'asile

Atelier nt (-s, -s) atelier m
Atem m (-s) (das Atmen) respiration f;
(Luft) haleine f, souffle m; **außer ~**
hors d'haleine, à bout de souffle; **jdn in ~
halten** (fig) tenir qn en haleine; **jdm den
~ verschlagen** (fig) couper le souffle [o la
respiration] à qn; **atemberaubend** adj
(Spannung) palpitant(e); (Tempo)
vertigineux(-euse); (Schönheit)
époustouflant(e); **atemlos** adj (Mensch)
essoufflé(e), hors d'haleine; **Atempause** f
temps m d'arrêt; **Atemzug** m souffle m;
in einem ~ (fig) d'une (seule) traite
Atheismus m athéisme m; **Atheist, in**
m(f) athée mf; **atheistisch** adj athée
Äther m (-s, -) éther m
Äthiopien nt (-s) l'Éthiopie f; **äthiopisch**
adj éthiopien(ne)
Athlet, in m(f) (-en, -en) athlète mf;
Athletik f athlétisme m; **athletisch** adj
athlétique
Atlantik m (-s) Atlantique m; **atlantisch**
adj: **der Atlantische Ozean** l'Atlantique
m, l'océan m Atlantique
Atlas m (-ses, Atlanten) atlas m
atmen vt, vi respirer
Atmosphäre f atmosphère f;
atmosphärisch adj atmosphérique
Atmung f respiration f
Ätna m (-s): **der Ätna** l'Etna m
Atom nt (-s, -e) atome m
Atom- in zW atomique, nucléaire
atomar adj atomique, nucléaire
Atombombe f bombe f atomique;
Atomenergie f énergie f nucléaire;
Atomkraft f énergie f nucléaire;
Atomkraftwerk nt centrale f nucléaire;
Atomkrieg m guerre f atomique;
Atommacht f puissance f nucléaire;
Atommüll m déchets mpl nucléaires;
Atomsperrvertrag m traité m de non-
prolifération (des armes nucléaires);
Atomsprengkopf m ogive f nucléaire;
Atomstreitmacht f force f (de frappe)
nucléaire; **Atomversuch** m essai m
nucléaire; **Atomwaffen** pl armes fpl
nucléaires; **atomwaffenfrei** adj
dénucléarisé(e); **Atomwaffengegner, in**
m(f) opposant(e) aux armements
nucléaires; **Atomzeitalter** nt ère f
atomique
Attentat nt (-(e)s, -e) attentat m;
Attentäter, in m(f) auteur mf d'un attentat
Attest nt (-(e)s, -e) certificat m
attraktiv adj séduisant(e), attrayant(e)
Attrappe f (-, -n) imitation f; (Mil) leurre m
Attribut nt (-(e)s, -e) attribut m
At-Zeichen nt ar(r)obase f
ätzen vi, vt corroder, (Haut) attaquer,
brûler; **ätzend** adj (fam) chiant(e)

AU f (-, -s) abk = **Abgasuntersuchung**
contrôle m antipollution
Aubergine f aubergine f
auch adv aussi; (überdies) en plus, de plus;
(selbst, sogar) même; **oder ~** ou bien; **~ das
ist schön** ça aussi, c'est beau; **ich ~ nicht**
moi non plus; **~ wenn das Wetter
schlecht ist** même si le temps est
mauvais; **was ~ immer** quoi que; **wer ~
immer** quiconque; **so sieht es ~ aus** ça se
voit bien; **~ das noch!** il ne manquait plus
que cela!
audiovisuell adj audiovisuel(le)
auf präp +akk o dat (räumlich) sur; (nach)
après; **~ der Reise** en voyage; **~ der Post/
dem Fest** à la poste/à la fête; **~ der
Straße** dans la rue; **~ das/dem Land** à la
campagne; **~ der ganzen Welt** dans le
monde entier; **~ Deutsch** en allemand;
~ Lebenszeit à vie; **bis ~ ihn** à part lui,
sauf lui ■ adv: **~ und ab** de haut en bas;
(hin und her) de long en large; **~ einmal**
soudain, tout à coup; **~!** (los) en route!;
~ sein (fam) être ouvert(e); (Mensch) être
debout ■ konj: **~ dass** afin que, pour que
+subj
auf|atmen sep vi être soulagé(e)
auf|bahren sep vt exposer
Aufbau m (Bauen) construction f;
(Struktur) structure f; (Schaffung) création
f; (Auto) carrosserie f; **auf|bauen** sep vt
(Zelt, Maschine) monter; (Gerüst)
construire; (Stadt) reconstruire; (gestalten:
Vortrag, Aufsatz) élaborer; (Existenz) bâtir;
(Gruppe) fonder; (Beziehungen) créer;
(groß herausbringen: Sportler, Politiker)
lancer
auf|bauschen sep vt (fig) exagérer
Aufbaustudium nt complément m de
formation (universitaire)
auf|behalten (pp ~) sep irr vt garder
auf|bekommen (pp ~) sep irr vt (öffnen)
réussir à ouvrir; (Hausaufgaben) avoir à
faire
auf|bereiten (pp aufbereitet) sep vt
(Daten) éditer
auf|bessern sep vt (Gehalt) augmenter
auf|bewahren (pp aufbewahrt) sep vt
(aufheben, lagern) garder, conserver;
Aufbewahrung f conservation f;
(Gepäckaufbewahrung) consigne f; **jdm etw
zur ~ geben** donner qch à garder à qn;
Aufbewahrungsort m lieu m où est
déposé(e) qch
auf|bieten sep irr vt (Kraft, Verstand)
employer; (Armee, Polizei) mobiliser
auf|blasen sep irr vt gonfler
auf|bleiben sep irr vi aux sein (Geschäft)
rester ouvert(e); (Mensch) rester éveillé(e),
veiller

auf|blenden sep vt (Scheinwerfer) allumer ■ vi (Fahrer) allumer les phares

auf|blühen sep vi aux sein (Blume) fleurir; (Mensch) s'épanouir; (Wirtschaft) prospérer

auf|brauchen sep vt consommer

auf|brausen sep vi aux sein (Mensch) se mettre en colère, s'emporter; **aufbrausend** adj emporté(e)

auf|brechen sep irr vt (Kiste) ouvrir (en forçant); (Schloss) fracturer ■ vi aux sein s'ouvrir; (Wunde) se rouvrir; (gehen) partir

auf|bringen sep irr vt (öffnen können) réussir à ouvrir; (in Mode bringen) introduire, mettre en vogue; (Geld, Energie) trouver; (Verständnis) montrer, avoir; (ärgern) mettre en colère; (aufwiegeln) monter (gegen contre)

Aufbruch m départ m

auf|brühen sep vt (Tee, Kaffee) faire

auf|bürden sep vt: **sich** dat **etw ~** se charger de qch, se mettre qch sur le dos

auf|decken sep vt découvrir; (Bett) ouvrir

auf|drängen sep vt: **jdm etw ~** imposer qch à qn ■ vr: **sich jdm ~** (Mensch) s'imposer à qn; (Gedanke, Verdacht) ne pas sortir de la tête de qn

aufdringlich adj importun(e)

aufeinander adv (übereinander) l'un(e) sur l'autre; (gegenseitig) l'un(e) l'autre, réciproquement; (schießen) l'un(e) sur l'autre; (vertrauen) l'un(e) en l'autre; **aufeinander|folgen** sep vi se succéder; **aufeinander|legen** sep vt mettre l'un(e) sur l'autre; **aufeinander|prallen** sep vi se heurter

Aufenthalt m (**-(e)s, -e**) séjour m; (Verzögerung) retard m, délai m; (bei Flug, Zugfahrt) arrêt m; **Aufenthaltsbewilligung** f (CH), **Aufenthaltsgenehmigung** f permis m de séjour; **Aufenthaltsort** m lieu m de séjour [o de résidence]

Auferstehung f résurrection f

auf|essen sep irr vt finir (de manger)

auf|fahren sep irr vi aux sein (herankommen) s'approcher; (dicht aufschließen) serrer (auf jdn qn); (hochfahren) se dresser (en sursaut); (wütend werden) s'emporter; **auf etw** akk **~** (dagegenfahren) tamponner qch, emboutir qch

Auffahrt f (Hausauffahrt) accès m; (Autobahnauffahrt) bretelle f d'accès

Auffahrunfall m télescopage m

auf|fallen sep irr vi aux sein se faire remarquer; **das ist mir aufgefallen** je l'ai remarqué; **auffallend** adj (Erscheinung) remarquable; (Begabung) extraordinaire; (Kleid) voyant(e); **auffällig** adj voyant(e), frappant(e)

auf|fangen sep irr vt (Ball) attraper; (fallenden Menschen) rattraper; (Wasser) recueillir; (Strahlen, Funkspruch) capter; (Preisanstieg) arrêter, freiner; **Auffanglager** nt camp m d'accueil

auf|fassen sep vt (verstehen) comprendre, saisir; (auslegen) interpréter; **Auffassung** f (Meinung) opinion f, avis m; (Auslegung) interprétation f; (Auffassungsgabe) faculté f de compréhension, intelligence f

auffindbar adj trouvable

auf|fordern sep vt (befehlen) ordonner; (bitten) inviter, prier; **Aufforderung** f (Befehl) demande f, sommation f; (Einladung) invitation f

auf|frischen sep vt (Farbe, Kenntnisse) rafraîchir; (Erinnerungen) raviver ■ vi aux sein o haben (Wind) fraîchir

auf|führen sep vt (Theat) représenter, jouer; (in einem Verzeichnis) mentionner ■ vr: **sich ~** (sich benehmen) se conduire, se comporter; **Aufführung** f (Theat) représentation f; (in einer Liste) énumération f

Aufgabe f (Auftrag, Arbeit) tâche f; (Pflicht: Sch) devoir m; (Verzicht) abandon m; (von Gepäck) enregistrement m; (von Post) expédition f; (von Inserat) publication f, insertion f; **Aufgabenbereich** m ressort m, compétence f

Aufgang m (Sonnenaufgang) lever m; (Treppe) escalier m

auf|geben sep irr vt (Paket, Gepäck) envoyer, expédier; (Bestellung) passer, faire; (Inserat) insérer, passer; (Schularbeit) donner; (Rätsel, Problem) poser (jdm à qn); (verzichten auf) abandonner, renoncer à; (Rauchen) arrêter; (Kampf) abandonner; (Hoffnung) perdre; (Verlorenes) renoncer à ■ vi abandonner

Aufgebot nt mobilisation f; (Eheaufgebot) publication f des bans

aufgebracht adj en colère

aufgedreht adj (fam) excité(e)

aufgedunsen adj enflé(e), boursouflé(e)

auf|gehen sep irr vi aux sein (Sonne) se lever; (Teig, Saat) lever; (sich öffnen) s'ouvrir; (Knospe) éclore; (Math) tomber juste; **jdm ~** (klar werden) devenir clair(e) pour qn; **in etw** dat **~** (sich begeistert widmen) s'investir avec passion [o entièrement] à qch; **in Flammen ~** être la proie des flammes

aufgeklärt adj (Zeitalter) éclairé(e); (sexuell) averti(e), informé(e)

aufgekratzt adj (fam) gai(e)

aufgelegt adj: **gut/schlecht ~ sein** être de bonne/mauvaise humeur; **zu etw ~ sein** être disposé(e) à faire qch

aufgeregt adj énervé(e), agité(e)

aufgeschlossen adj ouvert(e), compréhensif(-ive)

aufgeschmissen vi (fam): ~ sein être fichu(e)

aufgeweckt adj éveillé(e)

auf|gießen sep irr vt (Wasser) verser; (Tee) faire

auf|greifen sep irr vt (Thema, Punkt) reprendre; (Verdächtige) appréhender, saisir

aufgrund, auf Grund präp +gen en raison de

Aufguss m infusion f; (in Sauna) projection f d'eau

auf|haben sep irr vt (Hut, Brille) porter; (machen müssen: Sch) avoir à faire ▪ vi (Geschäft) être ouvert(e)

auf|halsen sep vt: jdm etw ~ (fam) mettre qch sur le dos de qn

auf|halten sep irr vt (stoppen) arrêter; (Entwicklung) freiner; (Katastrophe) empêcher; (verlangsamen) retarder, retenir; (Tür, Hand, Augen, Sack) garder, tenir ouvert(e) ▪ vr: sich ~ (bleiben) s'arrêter; (wohnen) séjourner; sich über jdn/etw ~ (aufregen) être énervé(e) par qn/qch; sich mit etw ~ passer son temps à qch

auf|hängen sep vt accrocher; (Hörer) raccrocher; (jdn) pendre ▪ vr: sich ~ se pendre; **Aufhänger** m (-s, -) (am Mantel) attache f; (fig) point m de départ

auf|heben sep irr vt (hochheben) (sou)lever, ramasser; (aufbewahren) conserver; (Sitzung, Belagerung, Widerspruch) lever; (Verlobung) rompre; (Urteil) casser; (Gesetz) abroger; **(bei jdm) gut aufgehoben sein** être en (de) bonnes mains (chez qn); **sich** dat **etw für später ~** garder qch pour plus tard ▪ vr: sich ~ se compenser; **Aufheben** nt (-s): **viel ~(s) machen** faire toute une histoire

auf|heitern sep vr: sich ~ (Himmel) s'éclaircir; (Miene, Stimmung) se dérider ▪ vt (jdn) égayer

auf|hellen sep vt (Geheimnis) faire la lumière sur; (Farbe, Haare) éclaircir ▪ vr: sich ~ (Himmel) se dégager; (Miene) s'éclaircir

auf|hetzen sep vt: jdn ~ gegen monter qn contre

auf|holen sep vt, vi rattraper

auf|horchen sep vi tendre l'oreille

auf|hören sep vi arrêter

auf|klären sep vt (Fall etc) tirer au clair, élucider; (Irrtum) tirer [o mettre] au clair; (unterrichten) informer (über +akk de, sur); (sexuell) donner une éducation sexuelle à ▪ vr: sich ~ (Wetter, Geheimnis) s'éclaircir; (Gesicht) s'éclairer; (Irrtum) s'expliquer;

Aufklärer m (-s, -) (Mil, Aviat) avion m de reconnaissance; **Aufklärung** f (von Geheimnis) éclaircissement m; (Unterrichtung) information f; (sexuelle Aufklärung) éducation f sexuelle; (Mil) reconnaissance f; **die ~** (Zeitalter) le Siècle des Lumières

auf|kleben sep vt coller; **Aufkleber** m (-s, -) autocollant m

auf|knöpfen sep vt déboutonner

auf|kommen sep irr vi aux sein (Wind) se lever; (Zweifel, Gefühl) naître; (Mode) se répandre, s'introduire; **für jdn/ etw ~** subvenir aux besoins de qn/prendre qch en charge

auf|laden sep irr vt (Batterie) recharger; **jdm etw ~** (Last, Verantwortung) charger qn de qch

Auflage f revêtement m; (von Zeitung etc) tirage m, édition f; (Bedingung) obligation f; **jdm etw zur ~ machen** imposer qch à qn

auf|lassen sep vt (fam: offen lassen) laisser ouvert(e); (A: stilllegen) fermer

auf|lauern sep vi: jdm ~ épier qn, guetter qn

Auflauf m (Gastr) soufflé m; (Menschenauflauf) attroupement m

auf|leben sep vi aux sein (Mensch, Pflanze) renaître; (Gespräch, Interesse) reprendre

auf|legen sep vt mettre; (Telefon) raccrocher; (Buch etc) éditer

auflehnen vr: sich gegen jdn/etw ~ se révolter contre qn/qch

auf|lesen sep irr vt ramasser

auf|leuchten sep vi aux sein o haben s'allumer; (Augen) s'illuminer

auf|liegen sep irr vi (Gegenstand) être posé(e); (zur Einsicht) être disponible

Auflistung f (Inform) listing m

auf|lockern sep vt détendre; (Erde) rendre meuble, ameublir

auf|lösen sep vt (in Wasser) diluer, délayer; (Versammlung) dissoudre; (Geschäft) liquider ▪ vr: sich ~ se dissoudre

auf|machen sep vt (öffnen) ouvrir; (Kleidung) déboutonner; (Geschäft) ouvrir; (Verein) fonder; (gestalten) arranger ▪ vr: sich ~ (aufbrechen) se mettre en route; **Aufmachung** f (Kleidung) tenue f; (Gestaltung) présentation f

aufmerksam adj attentif(-ive); (höflich) attentionné(e), prévenant(e); **jdn auf etw** akk ~ **machen** attirer l'attention de qn sur qch; **Aufmerksamkeit** f attention f; (Höflichkeit) attentions fpl

auf|muntern sep vt (ermutigen) encourager; (erheitern) remonter le moral de

Aufnahme f (-, -n) (Empfang) accueil m; (in Verein etc) admission f; (in Liste,

Programm etc) insertion *f*; (*von Geld*) emprunt *m*; (*von Verhandlungen, Beziehungen*) établissement *m*; (*Foto*) photo(graphie) *f*; (*Tonbandaufnahme etc*) enregistrement *m*; (*Reaktion*) accueil *m*; **aufnahmefähig** *adj* réceptif(-ive); **Aufnahmeprüfung** *f* examen *m* d'entrée; **auf|nehmen** *sep irr vt* (*empfangen*) accueillir; (*in Verein etc*) admettre; (*einbeziehen*) insérer; (*Fin: Geld*) emprunter; (*Protokoll*) établir, noter; (*Kampf, Verhandlungen*) ouvrir, engager; (*fotografieren*) photographier; (*auf Tonband, Platte*) enregistrer; (*reagieren auf*) réagir à, accueillir; (*Eindrücke*) enregistrer; (*hochheben*) lever, soulever; (*Maschen*) reprendre; (*Anzahl, Menge*) contenir; **es mit jdm ~ können** égaler qn

auf|opfern *sep vt* sacrifier ■ *vr*: **sich ~** se sacrifier; **aufopfernd** *adj* (*Mensch*) dévoué(e)

auf|passen *sep vi* faire attention (*auf +akk* à); **aufgepasst!** attention!

Aufprall *m* (**-(e)s**) choc *m*, heurt *m*; **auf|prallen** *sep vi aux sein* heurter (*auf +akk* qch)

Aufpreis *m* majoration *f*

auf|pumpen *sep vt* gonfler

auf|putschen *sep vt* (*aufhetzen*) soulever; (*erregen*) stimuler; **Aufputschmittel** *nt* excitant *m*, stimulant *m*

auf|putzen *sep vt* (*A*) décorer

auf|raffen *sep vr*: **sich ~** se décider enfin (*zu* à)

auf|räumen *sep vt, vi* ranger

aufrecht *adj* droit(e); **aufrecht|erhalten** (*pp ~*) *sep irr vt* maintenir

auf|regen *sep vt* exciter, énerver ■ *vr*: **sich ~** s'énerver; **aufregend** *adj* excitant(e); **Aufregung** *f* énervement *m*, émoi *m*

auf|reiben *sep irr vt* (*Haut*) écorcher; (*erschöpfen*) épuiser; (*Mil*) anéantir ■ *vr*: **sich ~** s'épuiser; **aufreibend** *adj* épuisant(e)

auf|reißen *sep irr vt* (*Umschlag*) déchirer; (*Augen*) écarquiller; (*Mund*) ouvrir grand; (*Tür*) ouvrir brusquement

auf|reizen *sep vt* exciter; **aufreizend** *adj* provocant(e)

auf|richten *sep vt* mettre debout, dresser; (*moralisch*) consoler, remonter ■ *vr*: **sich ~** se dresser; (*nach Gebücktsein*) se mettre debout; (*moralisch*) se consoler, se remettre

aufrichtig *adj* sincère; **Aufrichtigkeit** *f* sincérité *f*

auf|rücken *sep vi aux sein* avancer; (*beruflich*) monter en grade

Aufruf *m* (*a. Inform*) appel *m* (*an +akk* à); (*von Flug*) annonce *f*; **auf|rufen** *sep irr vt* (*Inform*) appeler; (*Namen*) faire l'appel (nominal) de; **jdn zu etw ~** (*auffordern*) appeler qn à faire qch

Aufruhr *m* (**-s, -e**) (*Erregung*) tumulte *m*, émeute *f*; (*Pol*) révolte *f*, insurrection *f*

auf|runden *sep vt* (*Summe*) arrondir

auf|rüsten *sep vt* (*Mil*) réarmer; (*Computer*) augmenter la capacité de; **Aufrüstung** *f* (*Mil*) (ré)armement *m*

auf|rütteln *sep vt* (*a. fig*) secouer

aufs *kontr von* **auf das**

auf|sagen *sep vt* (*Gedicht*) réciter; **jdm die Freundschaft ~** rompre avec qn

aufsässig *adj* rebelle, récalcitrant(e)

Aufsatz *m* (*Geschriebenes*) essai *m*; (*Schulaufsatz*) rédaction *f*, dissertation *f*; (*auf Schrank etc*) dessus *m*

auf|saugen *sep irr vt* absorber

auf|schauen *sep vi* lever les yeux; **zu jdm ~** (*bewundernd*) admirer qn

auf|scheuchen *sep vt* effrayer

auf|schieben *sep irr vt* (*verzögern*) remettre, différer; (*öffnen*) ouvrir

Aufschlag *m* (*an Kleidung*) revers *m*; (*Aufprall*) choc *m*; (*Preisaufschlag*) augmentation *f*; (*Tennis*) service *m*; **auf|schlagen** *sep irr vt* (*öffnen*) ouvrir; (*verwunden: Knie, Kopf*) se blesser à; (*Zelt, Lager*) dresser, monter; (*Wohnsitz*) installer; (*Ärmel*) retrousser; (*Kragen*) relever ■ *vi* (*teurer werden*) augmenter; (*Tennis*) servir ■ *vi aux sein* (*aufprallen*) percuter (*auf +akk* contre)

auf|schließen *sep irr vt* ouvrir ■ *vi* (*aufrücken*) serrer les rangs

Aufschluss *m* explication *f*, information *f*; **aufschlussreich** *adj* révélateur(-trice), significatif(-ive)

auf|schnappen *sep vt* (*fam*) saisir au vol

auf|schneiden *sep irr vt* (*Paket*) ouvrir (en coupant); (*Brot, Wurst, Knoten*) couper; (*Med*) inciser ■ *vi* (*prahlen*) se vanter

Aufschnitt *m* (*Wurstaufschnitt*) charcuterie *f* en tranches; (*Käseaufschnitt*) fromage *m* en tranches

auf|schrauben *sep vt* (*festschrauben*) visser; (*lösen*) dévisser

auf|schrecken *sep vt* effrayer, faire sursauter ■ *vi aux sein* sursauter

Aufschrei *m* cri *m* perçant

auf|schreiben *sep irr vt* écrire, noter; (*Polizist*) dresser un procès-verbal à

auf|schreien *sep irr vi* pousser des cris

Aufschrift *f* inscription *f*

Aufschub *m* (**-(e)s, Aufschübe**) délai *m*, renvoi *m*

auf|schwatzen *sep vt*: **jdm etw ~** (*fam*) persuader qn de prendre qch

Aufschwung m (Auftrieb) élan m, essor m;
(wirtschaftlich) redressement m,
expansion f

auf|sehen sep irr vi lever les yeux;
Aufsehen nt (-s) sensation f;
aufsehenerregend adj sensationnel(le),
retentissant(e)

Aufseher, in m(f) (-s, -) surveillant(e);
(Museumsaufseher, Parkaufseher)
gardien(ne)

auf sein irr vi aux sein (aufgestanden) être
debout; (Fenster, Tür, Geschäft) être
ouvert(e)

auf|setzen sep vt (Hut, Brille) mettre;
(Essen) mettre sur le feu; (Fuß) poser;
(Schreiben) rédiger ■ vr: **sich ~** se
redresser (pour s'asseoir) ■ vi (Flugzeug)
atterrir

Aufsicht f (Kontrolle) surveillance f;
(Mensch) garde mf, surveillant(e);
Aufsichtsgremium nt comité m de
surveillance; **Aufsichtsrat** m conseil m
de surveillance

auf|sitzen sep irr vi (aufrecht sitzen)
s'asseoir droit ■ vi aux sein (aufs Pferd)
monter; **jdm ~** (fam) se faire rouler par qn

auf|sparen sep vt mettre de côté; **sich** dat
etw ~ garder qch

auf|sperren sep vt ouvrir; (Mund) ouvrir
tout(e) grand(e); **die Ohren ~** dresser
l'oreille

auf|spielen sep vr: **sich ~** se faire mousser;
sich als etw ~ jouer qch

auf|springen sep irr vi aux sein sauter (auf
+akk sur, dans); (hochspringen) bondir,
sauter; (sich öffnen) s'ouvrir
(brusquement); (Hände, Lippen) gercer;
(Ball) rebondir

auf|spüren sep vt dépister

auf|stacheln sep vt soulever, exciter

Aufstand m soulèvement m, insurrection
f; **aufständisch** adj séditieux(-euse),
rebelle

auf|stechen sep irr vt (Blase etc) percer

auf|stehen sep irr vi aux sein se lever; (Tür)
être ouvert(e)

auf|steigen sep irr vi aux sein monter (auf
+akk sur); (Flugzeug) s'envoler; (Rauch)
s'élever; (beruflich) faire carrière; (Sport)
monter, être promu(e)

auf|stellen sep vt (hinstellen) mettre,
poser; (Gerüst) monter; (Wachen) poster,
placer; (Heer, Mannschaft) constituer,
former; (Kandidaten) présenter;
(Programm, Rekord etc) établir;
Aufstellung f (Sport) composition f;
(Liste) liste f

Aufstieg m (-(e)s, -e) (auf Berg, Fortschritt)
ascension f; (Weg) montée f; (Sport)
promotion f; (beruflich) avancement m

auf|stoßen sep irr vt pousser ■ vi roter;
jdm ~ (fig) frapper qn

Aufstrich m pâte f à tartiner

auf|stützen sep vr: **sich ~** s'appuyer ■ vt
(Körperteil) appuyer

auf|suchen sep vt (besuchen) rendre visite
à; (konsultieren) consulter

auf|takeln sep vt (Naut) gréer ■ vr: **sich ~**
(fam) s'attifer

Auftakt m (fig) début m

auf|tanken sep vi, vt faire le plein
d'essence (de)

auf|tauchen sep vi aux sein émerger;
(U-Boot) faire surface; (Zweifel, Problem)
apparaître

auf|tauen sep vt (Gefrorenes) décongeler;
(Leitung) faire dégeler ■ vi aux sein (Eis)
dégeler; (fig: Mensch) se dégeler

auf|teilen sep vt (Raum) diviser;
Aufteilung f répartition f; (von Raum)
division f

auf|tischen sep vt (Essen) servir; (fig) sortir

Auftrag m (-(e)s, Aufträge) (Bestellung)
commande f, ordre m; (Anweisung)
instruction f; (Aufgabe) mission f, charge f;
im ~ von sur ordre de

auf|tragen sep irr vt (Essen) servir,
apporter; (Farbe, Salbe) mettre, passer;
jdm etw ~ charger qn de qch ■ vi (dick
machen) grossir; **dick ~** (fig) exagérer

Auftraggeber, in m(f) (-s, -) client(e)

auf|treiben sep irr vt (fam) dénicher

auf|treten sep irr vi aux sein (erscheinen)
se présenter; (Theat) entrer en scène; (mit
Füßen) marcher; (sich verhalten) se conduire;
Auftreten nt (-s) (Vorkommen) apparition
f; (Benehmen) comportement m, attitude f

Auftrieb m (Phys) poussée f verticale;
(fig) essor m, impulsion f

Auftritt m (das Erscheinen) apparition f;
(von Schauspieler) entrée f en scène;
(Theat: fig: Szene) scène f

auf|wachen sep vi aux sein s'éveiller,
se réveiller

auf|wachsen sep irr vi aux sein grandir

Aufwand m (-(e)s) (an Kraft, Geld) dépense
f, apport m; (Kosten) frais mpl; (Luxus) luxe
m, faste m

aufwändig adj siehe **aufwendig**

auf|wärmen sep vt (Essen) réchauffer;
(alte Geschichten) ressasser

aufwärts adv en haut, vers le haut;
aufwärts|gehen sep irr vi: **mit seiner
Gesundheit geht es aufwärts** il reprend
du poil de la bête; **mit der Wirtschaft
geht es aufwärts** l'économie est en pleine
reprise

Aufwasch m (Geschirr) vaisselle f; **den ~
machen** faire la vaisselle; **alles in einem ~**
(fam) tout à la fois

auf|wecken sep vt réveiller
auf|weichen sep vt faire tremper; (Boden) détremper; (System) miner
auf|weisen sep irr vt présenter, montrer
auf|wenden sep irr vt employer; (Geld) dépenser
aufwendig adj coûteux(-euse)
auf|werfen sep irr vt (Fenster etc) ouvrir violemment; (Probleme) soulever ▪ vr: **sich zu etw ~** s'ériger [o se poser] en qch
auf|werten sep vt (Fin) réévaluer; (fig) valoriser
auf|wiegeln sep vt soulever
auf|wiegen sep irr vt compenser
Aufwind m vent m ascendant
auf|wirbeln sep vt soulever des tourbillons de; **Staub ~** (fig) provoquer des remous
auf|wischen sep vt essuyer
auf|zählen sep vt énumérer
auf|zeichnen sep vt dessiner; (schriftlich) noter; (auf Band) enregistrer; **Aufzeichnung** f (schriftlich) note f; (Tonbandaufzeichnung) enregistrement m; (Filmaufzeichnung) reproduction f
auf|zeigen sep vt montrer
auf|ziehen sep irr vt (Uhr) remonter; (Unternehmung, Fest) organiser; (Kinder, Tiere) élever; (fam: necken) faire marcher, taquiner; (öffnen) ouvrir ▪ vi aus sein (aufmarschieren) se déployer; (Sturm) approcher
Aufzug m (Fahrstuhl) ascenseur m; (Aufmarsch) cortège m; (Kleidung) accoutrement m; (Theat) acte m
auf|zwingen sep irr vt: **jdm etw ~** imposer qch à qn
Augapfel m globe m oculaire; (fig) prunelle f des yeux
Auge nt (-s, -n) œil m; (auf Würfel) point m; **ein ~ zudrücken** (fig) fermer les yeux; **ins ~ gehen** (fig: fam) mal tourner; **jdm etw aufs ~ drücken** (fig: fam) imposer qch à qn; **jdm etw vor Augen führen** démontrer qch à qn; **Augenarzt** m, **-ärztin** f oculiste mf, ophthalmologue mf
Augenblick m moment m, instant m; **augenblicklich** adj (sofort) instantané(e), momentané(e); (gegenwärtig) présent(e), actuel(le)
Augenbraue f sourcil m; **Augenschein** m apparence f; **etw in ~ nehmen** examiner qch de près; **augenscheinlich** adj évident(e); **Augentropfen** pl (Med) gouttes fpl pour les yeux; **Augenweide** f régal m pour les yeux; **Augenzeuge** m, **-zeugin** f témoin m oculaire
August m (-(e)s o -, -e) août m; **im ~** en août; **12. ~ 2013** le 12 août 2013; **am 12. ~** le 12 août

Auktion f vente f aux enchères; **Auktionator, in** m(f) commissaire-priseur(-euse)
Aula f (-, Aulen o -s) salle f des fêtes
aus präp +dat de; (Material) en, de; (wegen) par; **~ ihr wird nie etwas** on ne fera jamais rien d'elle; **etw ~ etw machen** faire qch de qch ▪ adv (beendet) fini(e), terminé(e); (ausgezogen) enlevé(e); (nicht an) fermé(e), éteint(e); (Boxen) K.O.; **~ und vorbei** terminé; **bei jdm ~ und ein gehen** fréquenter qn; **weder ~ noch ein wissen** ne plus savoir sur quel pied danser; **vom Fenster ~** de la fenêtre; **von Rom ~** de Rome; **von sich ~** de soi-même, spontanément; **von mir ~** (meinetwegen) quant à moi; **Aus** nt (-) (Sport) hors-jeu m, (fig) fin f
aus|arbeiten sep vt élaborer
aus|arten sep vi aus sein (Spiel, Party) dégénérer
aus|atmen sep vi expirer
aus|baden sep vt: **etw ~ müssen** (fam) devoir payer les pots cassés pour qch
Ausbau m (Archit) aménagement m; (fig) agrandissement m, extension f; **aus|bauen** sep vt aménager, agrandir; (herausnehmen) démonter; **ausbaufähig** adj (fig) qui peut être développé(e)
aus|bedingen (**bedingte** o **bedang aus, ausbedungen**) sep vt: **sich** dat **etw ~** se réserver qch
aus|bessern sep vt réparer, améliorer
aus|beulen sep vt débosseler
Ausbeute f rendement m, profit m; **aus|beuten** sep vt exploiter
aus|bilden sep vt (beruflich) former; (Fähigkeiten) développer; (Stimme) former; (Geschmack) cultiver; **Ausbilder, in** m(f) (-s, -) formateur(-trice); **Ausbildung** f (beruflich) formation f; **Ausbildungsangebot** nt nombre m de places disponibles d'apprentissage; **Ausbildungsplatz** m place f de stage
aus|bitten sep irr vr: **sich** dat **etw ~** demander qch
aus|bleiben sep irr vi aus sein (Mensch) ne pas venir; (Ereignis) ne pas se produire
Ausblick m vue f; (fig) perspective f
aus|bomben sep vt bombarder la maison de
aus|brechen sep irr vi aus sein (Gefangener) s'évader; (Krankheit, Feuer) se déclarer; (Krieg, Panik) éclater; (Vulkan) entrer en éruption; **in Tränen ~** fondre en larmes; **in Gelächter ~** éclater de rire
aus|breiten sep vt (Waren) étendre, étaler; (Karte) déplier; (Arme, Flügel) déployer ▪ vr: **sich ~** s'étendre; (Nebel, Wärme) se répandre; (Seuche, Feuer) se propager

aus|brennen sep irr vi aux sein (Haus, Auto) être réduit(e) en cendres; (Feuer) finir de brûler, s'éteindre; **er ist völlig ausgebrannt** il est à bout

Ausbruch m (von Gefangenen) évasion f; (Beginn) début m, commencement m; (von Vulkan) éruption f; (Gefühlsausbruch) effusion f; **zum ~ kommen** se déclarer

aus|brüten sep vt couver

aus|buhen sep vt siffler, huer

aus|bürsten sep vt brosser

Ausdauer f endurance f, persévérance f; **ausdauernd** adj endurant(e)

aus|dehnen sep vt étendre; (Gummi) étirer; (zeitlich) prolonger ■ vr: **sich ~** s'étendre; (zeitlich) se prolonger

aus|denken sep irr vt (zu Ende denken) considérer à fond; **sich** dat **etw ~** imaginer qch

aus|diskutieren (pp ausdiskutiert) sep vt discuter à fond

aus|drehen sep vt (Gas) fermer; (Licht) éteindre

Ausdruck m (pl **Ausdrücke**) (verbal, mimisch) expression f ■ m (pl **Ausdrucke**) (Inform) impression f

aus|drucken sep vt (Inform) imprimer

aus|drücken sep vt exprimer; (Zigarette) écraser; (Zitrone, Schwamm) presser ■ vr: **sich ~** s'exprimer

ausdrücklich adj exprès(-esse)

ausdruckslos adj sans expression; **Ausdrucksweise** f manière f de s'exprimer

auseinander adv (räumlich) éloigné(e) l'un(e) de l'autre; (zeitlich) loin l'un(e) de l'autre; **auseinander|gehen** sep irr vi (Menschen) se séparer; (Meinungen) diverger, différer; (Gegenstand) se disjoindre, se disloquer; (fam: dick werden) engraisser; **auseinander|halten** sep irr vt (unterscheiden) distinguer; **Auseinandersetzung** f (Diskussion) discussion f; (Streit) dispute f, démêlé m

auserlesen adj choisi(e), de choix

ausfahrbar adj escamotable; **aus|fahren** sep irr vi aux sein (Schiff) partir; (spazieren fahren) se promener (en voiture) ■ vt (spazieren fahren) promener; (Ware) livrer, distribuer; (Tech: Fahrwerk) baisser, sortir; **Ausfahrt** f (Autobahnausfahrt, Garagenausfahrt) sortie f; (des Zuges etc) départ m; (Spazierfahrt) promenade f (en voiture)

Ausfall m (Wegfall, Verlust) perte f; (Nichtstattfinden) annulation f; (Tech) panne f; (Produktionsstörung) arrêt m de la production; **aus|fallen** sep irr vi aux sein (Zähne, Haare) tomber; (nicht stattfinden) ne pas avoir lieu; (wegbleiben) manquer;

(nicht funktionieren) tomber en panne; (Resultat haben) tourner; **wie ist das Spiel ausgefallen?** comment s'est terminée la partie?; **ausfallend** adj blessant(e); **Ausfallstraße** f route f de sortie de ville; **Ausfallzeit** f heures fpl de travail non effectuées; (Inform) temps m d'immobilisation

aus|feilen sep vt limer; (Stil) polir

aus|fertigen sep vt (Urkunde, Pass) rédiger, délivrer; (Rechnung) faire; **doppelt ausgefertigt** en double exemplaire; **Ausfertigung** f (von Pass) délivrance f; (Exemplar) exemplaire m; **in doppelter/ dreifacher ~** en deux/trois exemplaires

ausfindig adv: **~ machen** dénicher, découvrir

aus|fliegen sep irr vi aux sein (Vögel) quitter le nid; **sie sind ausgeflogen** (fam) ils ne sont pas là

aus|flippen sep vi aux sein (fam) déconner

Ausflucht f (-, **Ausflüchte**) prétexte m

Ausflug m excursion f, tour m; **Ausflügler**, **in** m(f) (-s, -) excursionniste mf

Ausfluss m écoulement m; (Med) sécrétions fpl

aus|fragen sep vt questionner

aus|fransen sep vi aux sein effranger, effilocher

aus|fressen sep irr vt: **etwas ~** (fam: anstellen) faire des bêtises

Ausfuhr f (-, -en) exportation f

ausführbar adj (durchführbar) faisable; (Com) exportable; **aus|führen** sep vt (spazieren führen) sortir, promener; (erledigen) accomplir, exécuter; (verwirklichen) réaliser; (gestalten) produire, élaborer; (exportieren) exporter; (erklären) expliquer; **einen Befehl ~** (Inform) traiter une commande; **ein Programm ~** (Inform) exécuter l'application d'un programme

ausführlich adj détaillé(e) ■ adv en détail

Ausführung f (Durchführung) exécution f; (Modell) modèle m; (Herstellungsart) version f; (Erklärung) explication f

aus|füllen sep vt (Loch, Zeit, Platz) combler; (Fragebogen etc) remplir; (Beruf: jdn) satisfaire

Ausgabe f (Kosten) dépense f; (Aushändigung) remise f; (bei einem Amt) délivrance f; (Gepäckausgabe) consigne f; (Inform) sortie f; (Buch, Nummer) édition f; (Modell, Version) version f

Ausgang m (Stelle) sortie f; (Ende) fin f; (Ausgangspunkt) point m de départ; (Ergebnis) résultat m; (Ausgehtag) jour m de sortie; (Mil) quartier m libre; **kein ~** sortie interdite; **Ausgangssperre** f couvre-feu m

aus|geben sep irr vt (Geld) dépenser; (austeilen) distribuer; **sich für etw/jdn ~** se faire passer pour qch/qn
ausgebucht adj complet(-ète)
ausgebufft adj (fam: trickreich) roublard(e)
ausgedient adj (Soldat) libéré(e); (verbraucht) usé(e); **~ haben** avoir fait son temps
ausgefallen adj (ungewöhnlich) extravagant(e), étrange
ausgeglichen adj (Mensch, Spiel) équilibré(e); **Ausgeglichenheit** f équilibre m
aus|gehen sep irr vi aux sein (weggehen) sortir; (Haare, Zähne) tomber; (zu Ende gehen) finir, se terminer; (Benzin) venir à manquer, s'épuiser; (Feuer, Ofen, Licht) s'éteindre; (Resultat haben) finir; **von etw ~** partir de qch; (ausgestrahlt werden) provenir de qch; (herrühren) venir de qch; **schlecht ~** finir mal
ausgelassen adj fougueux(-euse), plein(e) d'entrain
ausgelastet adj: **~ sein** être très occupé(e)
ausgelernt adj qualifié(e)
ausgemacht adj (vereinbart) convenu(e); **ein ausgemachter Dummkopf** un parfait imbécile; **es gilt als ~, dass** il est entendu que; **es war eine ausgemachte Sache, dass** c'était chose convenue que
ausgenommen präp +akk sauf, excepté ■ konj excepté si, à moins que (ne) +subj
ausgepowert adj (fam): **~ sein** être vidé(e), être vanné(e)
ausgeprägt adj marqué(e), prononcé(e)
ausgerechnet adv justement, précisément
ausgereift adj parachevé(e), longuement mûri(e)
ausgeschlossen adj (unmöglich) impossible; **es ist nicht ~, dass ...** il n'est pas exclu que ...
ausgesprochen adj prononcé(e), marqué(e) ■ adv particulièrement
ausgezeichnet adj excellent(e)
ausgiebig adj (Gebrauch) large, fréquent(e); (Essen) copieux(-euse)
Ausgleich m **-(e)s, -e** compensation f; (Gleichgewicht) équilibre m; (Kompromiss) compromis m; (Sport) égalisation f; **zum ~** en compensation; **aus|gleichen** sep irr vt (Höhe) égaliser; (Unterschied) aplanir, équilibrer; (Konflikt) arranger; (Mangel) compenser; (Konto) balancer ■ vr: **sich ~** s'équilibrer, se compenser; **Ausgleichssport** m sport m de compensation; **Ausgleichstor** nt but m égalisateur

aus|graben sep irr vt déterrer; (Leichen) exhumer; (fig) ressortir; **Ausgrabung** f (archäologisch) fouilles fpl
aus|grenzen sep vt (Menschen) exclure; (Sache) écarter
Ausguss m (Spüle) évier m; (Abfluss) tuyau m d'écoulement; (Tülle) bec m
aus|haben sep irr vt (fam: Kleidung) avoir enlevé(e); (Buch) avoir fini (de lire) ■ vi (Schule) sortir (de classe)
aus|halten sep irr vt (Schmerzen, Hunger) supporter, endurer; (Blick, Vergleich) soutenir; (Geliebte) entretenir; **das ist nicht zum A~** c'est insupportable ■ vi (durchhalten) tenir bon, durer
aus|handeln sep vt négocier
aus|händigen sep vt: **jdm etw ~** remettre qch à qn (en mains propres)
Aushang m affiche f, placard m
aus|hängen sep vt (Meldung) afficher, (Fenster) décrocher, déboîter ■ vr: **sich ~** (Kleidung, Falten) se défroisser ■ irr vi (Meldung) être affiché(e); **Aushängeschild** nt (fig) enseigne f
aus|harren sep vi patienter
aus|hecken sep vt (fam) inventer, tramer
aus|helfen sep irr vi: **jdm ~** aider qn, donner un coup de main à qn
Aushilfe f aide f; **Aushilfskraft** f aide f; **Aushilfskräfte** pl personnel m auxiliaire; **aushilfsweise** adv à titre provisoire, provisoirement
aus|holen sep vi (zum Schlag, Wurf) lever le bras; (zur Ohrfeige) lever la main; (beim Gehen) allonger les pas; **weit ~** (fig) remonter au déluge
aus|horchen sep vt faire parler
aus|hungern sep vt affamer
aus|kennen sep irr vr: **sich ~** s'y connaître
aus|kippen sep vt vider
aus|klammern sep vt (Thema) mettre de côté, exclure
Ausklang m fin f
aus|klingen sep irr vi aux sein (Ton, Lied) s'éteindre, s'achever; (Fest) se terminer
aus|klopfen sep vt (Teppich) battre; (Pfeife) débourrer
aus|kochen sep vt (Wäsche) faire bouillir; (Knochen) faire bien cuire; (Med) stériliser
aus|kommen sep irr vi aux sein: **mit jdm ~** s'entendre avec qn; **mit etw ~** se débrouiller avec qch; **ohne jdn/etw ~** pouvoir se passer de qn/qch; **Auskommen** nt: **sein ~ haben** avoir de quoi vivre
aus|kosten sep vt savourer
aus|kugeln sep vt: **sich** dat **den Arm ~** se démettre le bras
aus|kundschaften sep vt (Gegend) explorer; (Meinung) sonder, scruter

Auskunft f(-, -künfte) (Mitteilung) information f; (nähere Auskunft) détails mpl; (Stelle) bureau m de renseignements [o d'informations]; (Tel) renseignements mpl; **jdm ~ erteilen** renseigner qn, donner des renseignements à qn
aus|kuppeln sep vi débrayer
aus|kurieren (pp **auskuriert**) sep vt guérir complètement
aus|lachen sep vt rire de
aus|laden sep irr vt décharger; (Gäste) décommander
Auslage f (Waren) étalage m, éventaire m; (Schaufenster) vitrine f; **Auslagen** pl (Kosten) frais mpl
Ausland nt étranger m; **im/ins ~** à l'étranger; **Ausländer, in** m(f)(-s, -) étranger(-ère); **ausländerfeindlich** adj hostile aux étrangers, xénophobe; **Ausländerfeindlichkeit** f xénophobie f; **ausländisch** adj étranger(-ère); **Auslandschutzbrief** m contrat m d'assistance pour l'étranger; **Auslandsgespräch** nt (Tel) communication f internationale; **Auslandskorrespondent, in** m(f) correspondant(e) à l'étranger; **Auslandskrankenschein** m (formulaire m) E111 m; **Auslandsschutzbrief** m contrat m d'assistance pour l'étranger
aus|lassen sep irr vt omettre; (Fett) faire fondre; (Wut, Ärger) décharger, passer (an +dat sur); (fam: nicht anstellen) ne pas allumer; (fam: nicht anziehen) ne pas mettre ■ vr: **sich über etw** akk ~ s'étendre sur qch
Auslauf m espace m; (Auslaufstelle) voie f d'écoulement
aus|laufen sep irr vi aux sein (Flüssigkeit) s'écouler, couler; (Behälter) fuir; (Naut) partir, appareiller; (Serie) se terminer; (Vertrag, Amtszeit) cesser, se terminer
Ausläufer m (von Gebirge) contrefort m; (von Pflanze) pousse f, surgeon m
aus|leeren sep vt vider
aus|legen sep vt (Waren) étaler; (Köder, Schlinge) placer, poser; (leihen: Geld) avancer; (Kiste, Zimmer, Boden) revêtir; (interpretieren: Text etc) interpréter; (technisch ausstatten) concevoir; **Auslegung** f interprétation f
Ausleihe f(-, -n) (Vorgang) prêt m; (Stelle) salle f de prêt; **aus|leihen** sep irr vt (verleihen) prêter; **sich** dat **etw ~** emprunter qch
Auslese f (Vorgang) choix m, sélection f; (Elite) élite f; (Wein) grand vin m, grand cru m
aus|lesen sep irr vt (aussondern) trier; (auswählen) sélectionner; (fam: zu Ende lesen) finir de lire

aus|liefern sep vt livrer; **jdm/einer Sache ausgeliefert sein** être à la merci de qn/qch ■ vr: **sich jdm ~** se livrer à qn; **Auslieferung** f livraison f; (von Gefangenen) extradition f
aus|liegen sep irr vi être exposé(e), être à l'étalage; (Zeitschrift, Liste) être à la disposition des lecteurs
aus|loggen sep vi (Inform) se déconnecter
aus|löschen sep vt effacer; (Feuer, Kerze) éteindre
aus|losen sep vt tirer au sort
aus|lösen sep vt (Explosion, Alarm, Reaktion) déclencher, provoquer; (Panik, Gefühle, Heiterkeit) susciter; (Gefangenen) racheter; (Pfand) dégager, retirer; **Auslöser** m (-s, -) (Foto) déclencheur m
aus|machen sep vt (Licht, Feuer, Radio) éteindre; (erkennen) distinguer, repérer; (vereinbaren) convenir de, fixer; (Anteil darstellen, betragen) constituer; **das macht ihm nichts aus** ça ne lui fait rien; **macht es Ihnen etwas aus, wenn ...?** ça vous dérange si ...?
aus|malen sep vt (Bild, Umrisse) peindre; (fig: schildern) décrire, dépeindre; **sich** dat **etw ~** s'imaginer qch
Ausmaß nt (von Katastrophe) ampleur f; (von Liebe etc) profondeur f
aus|merzen sep vt supprimer; (Erinnerung) chasser
aus|messen sep irr vt mesurer
Ausnahme f(-, -n) exception f; **eine ~ machen** faire une exception; **Ausnahmefall** m cas m exceptionnel; **Ausnahmezustand** m état m d'urgence; **ausnahmslos** adv sans exception; **ausnahmsweise** adv exceptionnellement
aus|nehmen sep irr vt (Tier, Nest) vider; (ausschließen) exclure; (fam: Geld abnehmen) plumer ■ vr: **sich ~** avoir l'air; **ausnehmend** adv extrêmement
aus|nutzen sep vt profiter de
aus|packen sep vt (Koffer) défaire; (Geschenk) déballer
aus|pfeifen sep irr vt siffler
aus|plaudern sep vt révéler
aus|probieren (pp **ausprobiert**) sep vt essayer
Auspuff m (-(e)s, -e) (Tech) échappement m; **Auspuffrohr** nt tuyau m d'échappement; **Auspufftopf** m pot m d'échappement
aus|pumpen sep vt pomper; (Med: Magen) faire un lavage (d'estomac)
aus|radieren (pp **ausradiert**) sep vt effacer
aus|rangieren (pp **ausrangiert**) sep vt (fam) mettre au rancart

aus|rasten sep vi aux sein (Tech) se décliqueter; (fam: durchdrehen) paniquer

aus|rauben sep vt dévaliser

aus|räumen sep vt (Dinge) enlever; (Schrank, Zimmer) vider; (Bedenken) écarter

aus|rechnen sep vt calculer; **sich** dat **etw ~ können** pouvoir s'imaginer qch

Ausrede f excuse f, prétexte m

aus|reden sep vi (zu Ende reden) finir (de parler) ◼ vt: **jdm etw ~** dissuader qn de qch

aus|reichen sep vi suffire; **ausreichend** adj suffisant(e)

Ausreise f sortie f, départ m; **Ausreiseerlaubnis** f autorisation f de quitter le territoire; **aus|reisen** sep vi aux sein sortir du pays; **Ausreisewillige, r** mf volontaire mf pour quitter le pays

aus|reißen sep irr vt arracher ◼ vi aux sein (Riss bekommen) se déchirer; (fam: weglaufen) se sauver, déguerpir

aus|renken sep vt: **sich** dat **etw ~** se déboîter qch, se démettre qch

aus|richten sep vt (Botschaft, Gruß) transmettre; (in gerade Linie bringen) aligner; **jdm etw ~** faire savoir qch à qn

aus|rotten sep vt exterminer

aus|rücken sep vi aux sein (Mil) se mettre en marche; (Feuerwehr, Polizei) entrer en action; (fam: weglaufen) décamper

Ausruf m (Schrei) exclamation f; (Verkünden) proclamation f; **aus|rufen** sep irr vt (schreien) crier, s'exclamer; (Stationen, Schlagzeile) annoncer; (Streik, Revolution) proclamer; **Ausrufezeichen** nt point m d'exclamation

aus|ruhen sep vi reposer ◼ vr: **sich ~** se reposer

aus|rüsten sep vt équiper; **Ausrüstung** f équipement m

aus|rutschen sep vi aux sein glisser, déraper

Aussage f déclaration f; (Jur) déposition f; **aus|sagen** sep vt déclarer ◼ vi (Jur) déposer (en justice)

aus|schalten sep vt (Maschine) arrêter; (Licht) éteindre; (Strom) couper; (fig: Gegner, Fehlerquelle) éliminer, écarter

Ausschank m (-(e)s, -schänke) (von Alkohol) débit m de boissons; (Theke) comptoir m

Ausschau f: **~ halten** guetter (nach etw qch); **aus|schauen** sep vi: **nach jdm ~** guetter qn

aus|scheiden sep irr vt écarter; (Med) sécréter ◼ vi aux sein (nicht in Betracht kommen) ne pas entrer en ligne de compte; (weggehen) partir; (Sport) être éliminé(e)

aus|schenken sep vt servir

aus|schimpfen sep vt gronder

aus|schlachten sep vt (Auto) démonter (pour récupérer les pièces); (fig: Ereignis) exploiter

aus|schlafen sep vi, vr dormir son content

Ausschlag m (Med) éruption f; (Pendelausschlag) oscillation f; (Nadelausschlag) déviation f; **den ~ geben** être déterminant(e); **aus|schlagen** sep irr vt (Zähne) casser; (auskleiden) tapisser, revêtir; (verweigern) refuser ◼ vi (Pferd) ruer; (Bot) bourgeonner; (Zeiger, Pendel) osciller; **ausschlaggebend** adj déterminant(e), capital(e)

aus|schließen sep irr vt exclure

ausschließlich adj exclusif(-ive) ◼ adv exclusivement ◼ präp +gen à l'exclusion de

Ausschluss m exclusion f; **unter ~ der Öffentlichkeit** à huis clos

aus|schmücken sep vt décorer; (fig) enjoliver, embellir

aus|schneiden sep irr vt découper; (Büsche) élaguer, tailler; (Inform) couper

Ausschnitt m (Teil) fragment m, partie f; (von Kleid) décolleté m; (Zeitungsausschnitt) coupure f de journal; (aus Film etc) extrait m

aus|schreiben sep irr vt (ganz schreiben) écrire en toutes lettres; (ausstellen) établir; (Wettbewerb) annoncer; (Projekt) lancer un appel d'offre pour; **eine Stelle ~** publier une annonce pour pourvoir un poste

Ausschreitungen pl excès mpl, actes mpl de violence

Ausschuss m (Gremium) comité m; (Prüfungsausschuss) commission f; (Com: Ausschussware) marchandise f de rebut

aus|schütten sep vt (Flüssigkeit) verser; (wegschütten, leeren) vider; (Geld) payer ◼ vr: **sich ~ (vor Lachen)** se tordre de rire

ausschweifend adj (Leben) de débauche; (Fantasie) extravagant(e); **Ausschweifung** f excès m, débauche f

aus|schweigen sep irr vr: **sich ~** garder le silence

aus|schwitzen sep vt (durch die Haut) éliminer en transpirant; (Wand) exsuder

aus|sehen sep irr vi sembler, paraître; **es sieht nach Regen aus** le temps est à la pluie; **es sieht schlecht aus** ça va mal; **Aussehen** nt (-s) apparence f

aus sein irr vi aux sein (zu Ende sein) être fini(e); (vorbei sein) être passé(e); (nicht brennen) être éteint(e); (abgeschaltet sein) être arrêté(e); **auf etw** akk **~** vouloir avoir qch, aspirer à qch

außen adv à l'extérieur, au dehors; **~ vor sein** être laissé(e) à l'écart; **Außenantenne** f antenne f extérieure; **Außenbordmotor** m moteur m hors-bord

aus|senden sep irr vt envoyer; (Strahlen) émettre

Außendienst m: im ~ sein être affecté(e) au service extérieur; **Außenhandel** m commerce m extérieur; **Außenminister, in** m(f) ministre m des Affaires étrangères; **Außenministerium** nt ministère m des Affaires étrangères; **Außenpolitik** f politique f étrangère [o extérieure]; **Außenseite** f extérieur m, dehors m; **Außenseiter, in** m(f) (-s, -) (Sport) outsider m; (fig) marginal(e); **Außenspiegel** m rétroviseur m (extérieur); **Außenstände** pl (Com) créances fpl; **Außenstehende, r** mf observateur(-trice) extérieur(e)

außer präp +dat (räumlich) en dehors de; (abgesehen von) à l'exception de, sauf; ~ **Gefahr sein** être hors de danger; ~ **Zweifel/Atem/Betrieb** hors de doute/ d'haleine/service; ~ **sich sein** être hors de soi ■ konj (ausgenommen) sauf si; ~ **wenn** à moins que (ne) +subj; ~ **dass** sauf que

außerdem adv en outre, en plus

außerdienstlich adj privé(e)

äußere, r, s adj (nicht innen) extérieur(e); (von außen) du dehors; (Erscheinung, Rahmen) apparent(e); **das Äußerste** l'extérieur m, les dehors mpl

außerehelich adj extra-conjugal(e); **außergewöhnlich** adj insolite; (außerordentlich) extraordinaire, exceptionnel(le); **außerhalb** präp +gen hors de; (räumlich) en dehors de; (zeitlich) hors de ■ adv au dehors, à l'extérieur; **Außerkraftsetzung** f annulation f

äußerlich adj externe, superficiel(le) ■ adv en apparence; **Äußerlichkeit** f formalité f

äußern vt (aussprechen) dire, exprimer ■ vr: sich ~ s'exprimer, se prononcer; (sich zeigen) se manifester

außerordentlich adj extraordinaire; **Außerortsgespräch** nt (CH) siehe **Ferngespräch**; **außerparlamentarisch** adj extraparlementaire; **außerplanmäßig** adj non prévu(e)

äußerst adv extrêmement

außerstande, außer Stande adj: ~ **sein, etw zu tun** être incapable de faire qch

äußerste, r, s adj (größte, räumlich) extrême; (am weitesten weg) le (la) plus éloigné(e); (Termin, Preis) dernier(-ière); **äußerstenfalls** adv à la rigueur

Äußerung f propos m(pl)

aus|setzen sep vt (Kind, Tier) abandonner; (Boote) mettre à l'eau; (Belohnung) offrir; (Urteil, Verfahren) remettre, suspendre;

jdn/sich einer Sache dat ~ (preisgeben) exposer qn/s'exposer à qch; **an jdm/etw etwas auszusetzen haben** trouver quelque chose à redire à qn/qch ■ vi (aufhören) cesser; (Herz) s'arrêter; (Motor) faire des ratés, caler; (bei Arbeit) s'interrompre

Aussicht f (Blick) vue f; (in Zukunft) perspective f; **etw in ~ haben** avoir qch en vue; **aussichtslos** adj sans espoir, vain(e); **Aussichtspunkt** m point m de vue; **aussichtsreich** adj prometteur(-euse); **Aussichtsturm** m belvédère m

Aussiedler, in m(f) (-s, -) émigrant(e); (Rückkehrer nach Deutschland) rapatrié(e)

aus|sitzen sep irr vt attendre que les problèmes se résolvent d'eux-mêmes

aus|söhnen sep vr: sich ~ se réconcilier; **Aussöhnung** f réconciliation f

aus|sondern sep vt sélectionner

aus|sortieren (pp aussortiert) sep vt trier

aus|spannen sep vt (Tuch, Netz) étendre, déployer; (Pferd, Kutsche) dételer; (fam: Mädchen) chiper, souffler (jdm à qn) ■ vi (sich erholen) se détendre

aus|sparen sep vt laisser de côté

aus|sperren sep vt (ausschließen) fermer la porte à; (Streikende) lock-outer; **Aussperrung** f lock-out m

aus|spielen sep vt (Karte) jouer; (Erfahrung, Wissen) faire valoir; **jdn gegen jdn ~** se servir de qn contre qn

Aussprache f prononciation f; (Unterredung) explication f

aus|sprechen sep irr vt (Wort) prononcer; (äußern) exprimer; (Urteil, Strafe, Warnung) prononcer ■ vi (zu Ende sprechen) finir de parler ■ vr: sich ~ (sich äußern) s'exprimer; (sich anvertrauen) s'épancher, se confier; (diskutieren) discuter; **sich für/gegen etw ~** se prononcer pour/contre qch

Ausspruch m mot m; (geflügeltes Wort) adage m

aus|spülen sep vt rincer

Ausstand m (Streik) grève f

aus|statten sep vt: jdn mit etw ~ doter qn de qch; **etw ~** équiper qch; **Ausstattung** f (das Ausstatten) équipement m; (Aufmachung) présentation f; (von Zimmer) ameublement m, mobilier m; (von Auto) équipement m

aus|stechen sep irr vt (Augen) crever; (Rasenstück, Kekse) découper; (Graben) creuser; (übertreffen) supplanter

aus|stehen sep irr vt (ertragen) supporter; **ausgestanden sein** être passé(e); **etw nicht ~ können** ne pas pouvoir supporter qch ■ vi (noch nicht da sein) manquer, ne pas être là

aus|steigen sep irr vi aux sein (aus Fahrzeug) descendre (aus de); (aus Geschäft) se retirer; **Aussteiger, in** m(f) (**-s, -**) (aus Gesellschaft) marginal(e)

aus|stellen sep vt (Waren) exposer; (Pass, Zeugnis) délivrer; (Rechnung, Scheck) établir; (fam: Gerät) arrêter; **Ausstellung** f (Kunstausstellung etc) exposition f; (von Waren) étalage m; (von Pass etc) délivrance f; (von Rechnung) établissement m

aus|sterben sep irr vi aux sein disparaître; **wie ausgestorben** (fig) comme mort(e)

Aussteuer f (**-, -n**) trousseau m, dot f

Ausstieg m (**-(e)s, -e**) abandon m (aus de); **~ aus der Gesellschaft** marginalisation f

aus|stopfen sep vt empailler

aus|stoßen sep irr vt (Luft, Rauch) émettre; (Drohungen) proférer; (Seufzer, Schrei) pousser; (aus Unternehmen) exclure, expulser; (produzieren) produire

aus|strahlen sep vt répandre; (Radio, TV) émettre, diffuser ▪ vi aux sein; **von etw ~** émaner de qch; **Ausstrahlung** f diffusion f; (fig: eines Menschen) rayonnement m

aus|strecken sep vt (Arme, Beine) étendre; (Fühler) déployer ▪ vr: **sich ~** s'étendre

aus|streichen sep irr vt rayer, barrer; (Falten) faire disparaître

aus|strömen sep vi aux sein (Gas) fuir, s'échapper

aus|suchen sep vt choisir

Austausch m échange m; **austauschbar** adj échangeable; (gegeneinander) interchangeable; **aus|tauschen** sep vt échanger; **Austauschmotor** m moteur m de rechange

aus|teilen sep vt distribuer

Auster f (**-, -n**) huître f

aus|toben sep vr: **sich ~** (Kind) se dépenser; (Erwachsene) se défouler

aus|tragen sep irr vt (Post) porter à domicile; (Streit etc) régler; (Wettkämpfe) disputer

Australien nt (**-s**) l'Australie f; **Australier, in** m(f) (**-s, -**) Australien(ne); **australisch** adj australien(ne)

aus|treiben sep irr vt (Geister) exorciser; **jdm etw ~** faire passer qch à qn

aus|treten sep irr vt (Feuer) éteindre (avec les pieds); (Schuhe) déformer; (Treppe) user ▪ vi aux sein (zur Toilette) sortir, aller aux toilettes; (aus Verein etc) démissionner; (Flüssigkeit) s'échapper

aus|trinken sep irr vt (Glas) finir, vider; (Getränk) finir de boire

Austritt m démission f, retrait m

aus|trocknen sep vt (Sumpf) assécher; (Haut, Kehle) dessécher ▪ vi aux sein se dessécher; (Bach) tarir

aus|üben sep vt exercer; **Ausübung** f exercice m, pratique f

Ausverkauf m soldes mpl; **aus|verkaufen** (pp **ausverkauft**) sep vt solder; (Geschäft) liquider; **ausverkauft** adj épuisé(e); (Theat: Haus) complet(-ète)

Auswahl f choix m; (Sport) sélection f; (Com: Angebot) assortiment m (an +dat de); **aus|wählen** sep vt choisir

aus|wandern sep vi aux sein émigrer; **Auswanderung** f émigration f

auswärtig adj étranger(-ère); **Auswärtiges Amt** ministère m des Affaires étrangères; **auswärts** adv (nicht zu Hause) au dehors, à l'extérieur; (nicht am Ort) hors de la ville, à l'extérieur; **Auswärtsspiel** nt match m à l'extérieur

aus|wechseln sep vt remplacer

Ausweg m issue f, sortie f; **ausweglos** adj sans issue

aus|weichen sep irr vi aux sein; **jdm/einer Sache ~** éviter qn/qch; **ausweichend** adj évasif(-ive)

aus|weinen sep vr: **sich ~** pleurer un bon coup

Ausweis m (**-es, -e**) (Personalausweis) pièce f d'identité; (Mitgliedsausweis, Bibliotheksausweis etc) carte f

aus|weisen sep irr vt expulser, chasser ▪ vr: **sich ~** (Identität nachweisen) justifier son identité, montrer ses papiers; **Ausweispapiere** pl papiers mpl (d'identité); **Ausweisung** f expulsion f

auswendig adv par cœur

aus|werten sep vt (Daten) exploiter; (Bericht) analyser; **Auswertung** f analyse f; (Nutzung) exploitation f

aus|wirken sep vr: **sich ~** se répercuter, faire effet; **Auswirkung** f effet m

aus|wischen sep vt (säubern) essuyer; (Geschriebenes, Tafel) effacer; **jdm eins ~** (fam) rendre la monnaie de sa pièce à qn

Auswuchs m (**-es, -wüchse**) excroissance f; (fig) excès m

aus|wuchten sep vt (Auto) équilibrer

aus|zählen sep vt: **die Stimmen ~** dépouiller le scrutin; **ausgezählt werden** (Boxer) être renvoyé(e) au tapis pour le compte

aus|zahlen sep vt payer ▪ vr: **sich ~** être payant(e)

aus|zeichnen sep vt (ehren) décorer; (hervorheben) distinguer; (Com: Waren) étiqueter ▪ vr: **sich ~** se distinguer; **Auszeichnung** f (Ehrung) distinction f; (Ehre) honneur m; (Orden) décoration f; (Com) étiquetage m; **mit ~** avec mention

aus|ziehen sep irr vt (Kleidung) enlever; (Tisch) rallonger; (Antenne) sortir ▪ vi aux sein (aus Wohnung) déménager ▪ vr: **sich ~** se déshabiller

Auszubildende, r mf stagiaire mf, apprenti(e)

Auszug m (aus Wohnung) déménagement m; (aus Buch etc) extrait m; (Abschrift) copie f; (Kontoauszug) relevé m
Autismus m autisme m; **autistisch** adj autiste
Auto nt (-s, -s) voiture f, auto f; ~ fahren conduire (une voiture); **Autobahn** f autoroute f

🔹 **AUTOBAHN**
🔹
🔹 Autobahn désigne une autoroute en
🔹 allemand. Le réseau autoroutier est
🔹 très développé dans l'ancienne
🔹 Allemagne de l'Ouest tandis que celui
🔹 de l'ancienne DDR est plus limité.
🔹 Il n'y a pas de limite de vitesse sur les
🔹 autoroutes allemandes, mais la vitesse
🔹 maximale conseillée est de 130 km/
🔹 heure et certaines sections sont
🔹 restreintes à une vitesse inférieure.
🔹 Les autoroutes allemandes sont pour
🔹 l'instant toujours gratuites.

Autobahndreieck nt échangeur m; **Autobahngebühr** f péage m; **Autobahnkreuz** nt échangeur m; **Autobombe** f voiture f piégée; **Autofahrer, in** m(f) automobiliste mf; **Autofahrt** f tour m en voiture; **Autogas** nt gaz m de pétrole liquéfié
autogen adj autogène
Autogramm nt (-s, -e) autographe m
Autokino nt ciné-parc m; **Automarke** f marque f de voiture
Automat m (-en, -en) distributeur m automatique
Automatikgetriebe nt boîte f automatique; **Automatikgurt** m ceinture f à enrouleur; **Automatikschaltung** f boîte f automatique; **Automatikwagen** m voiture f (à embrayage) automatique
automatisch adj automatique
autonom adj autonome; **Autonome, r** mf autonomiste mf
Autopsie f autopsie f
Autor m auteur m
Autoradio nt autoradio m; **Autoreifen** m pneu m; **Autoreisezug** m train m auto-couchettes, train m autos accompagnées; **Autorennen** nt course f automobile
Autorin f auteur f
autorisieren (pp **autorisiert**) vt autoriser
autoritär adj autoritaire
Autorität f autorité f
Autoskooter m (-s, -) auto f tamponneuse; **Autostopp** m (-s): per ~ fahren faire du stop; **Autotelefon** nt radiotéléphone m; **Autounfall** m

accident m de voiture; **Autoverleih** m, **Autovermietung** f location f de voitures
Avocado f (-, -s) avocat m
Axt f (-, **Äxte**) hache f
Azalee f (-, -n) azalée f
Azoren pl: die ~ les Açores fpl
Azubi m (-s, -s) ▪ f (-, -s) akr
= **Auszubildende** stagiaire mf, apprenti(e)

Bad nt (-(e)s, **Bäder**) (das Baden) bain m; (Raum) salle f de bains; (Anstalt) piscine f; (Kurort) station f thermale; (das Schwimmen) bain m, baignade f; **Badeanstalt** f piscine f; **Badeanzug** m maillot m de bain; **Badehose** f maillot m de bain, slip m de bain; **Badekappe** f bonnet m de bain; **Bademantel** m peignoir m; **Bademeister, in** m(f) maître nageur m; **Bademütze** f bonnet m de bain; **baden** vi se baigner ▪ vt baigner

Baden-Württemberg nt (-s) le Bade-Wurtemberg

Badeort m station f balnéaire; **Badetuch** nt drap m de bain; **Badewanne** f baignoire f; **Badezimmer** nt salle f de bains

baff adj: ~ **sein** (fam) en rester baba

Bafög nt (-) akr = **Bundesausbildungs-förderungsgesetz** bourse f d'études

---

⬤ **BAFÖG**

Bafög est un système qui accorde les bourses d'études aux étudiants des universités et de certaines écoles professionnelles. Les bourses sont calculées en fonction des revenus des parents. Une partie du montant octroyé doit être remboursée quelques années après la fin des études.

B, b nt (-, -) B, b m; (Mus: Note) si m; (Mus: Erniedrigungszeichen) bémol m

Baby nt (-s, -s) bébé m; **Babyjahr** nt congé m parental d'éducation; **Babyklappe** f endroit pour déposer les bébés abandonnés; **Babynahrung** f aliments mpl [o nourriture f] de bébé; **Babysitter, in** m(f) (-s, -) baby-sitter mf; **Babytragetasche** f couffin m

Bach m (-(e)s, **Bäche**) ruisseau m

Backblech nt plaque f de four

Backbord nt (Naut) bâbord m

Backe f (-, -n) joue f

backen (**backte, gebacken**) vt faire cuire; (Fisch) faire frire

Backenbart m favoris mpl; **Backenzahn** m molaire f

Bäcker, in m(f) (-s, -) boulanger(-ère); **Bäckerei** f boulangerie f

Backform f moule m (à pâtisserie); **Backhähnchen** nt poulet m rôti; **Backobst** nt fruits mpl secs; **Backofen** m four m; **Backpflaume** f pruneau m; **Backpulver** nt levure f chimique

Backslash m (-, -s) (Inform) antislash m

Backspacetaste f touche f retour

Backstein m brique f

backte imperf von **backen**

Back-up nt (-s, -s) (Inform) copie f de sauvegarde

Bagatelle f bagatelle f

Bagger m (-s, -) excavateur m, pelle f mécanique; **baggern** vt, vi excaver, creuser; **Baggersee** m lac m artificiel

Bahamas pl: **die** ~ les (îles) Bahamas fpl

Bahn f (-, -en) voie f, (Kegelbahn, Rennbahn) piste f; (von Gestirn, Geschoss) trajectoire f; (Tapetenbahn) bande f; (Stoffbahn) panneau m; (Eisenbahn) chemin m de fer; (Straßenbahn) tram m; (Schienenstrecke) voie f ferrée; **mit der ~ fahren** aller en train; **bahnbrechend** adj novateur(-trice), révolutionnaire; **BahnCard®** f (-, -s) carte f demi-tarif; **Bahndamm** m remblai m (de chemin de fer)

bahnen vt: **sich/jdm einen Weg** ~ se frayer un chemin/frayer un chemin à qn

Bahnfahrt f voyage m en train; **Bahnhof** m gare f; **auf dem** ~ à la gare; **Bahnhofshalle** f hall m de gare; **Bahnhofswirtschaft** f buffet m de gare; **Bahnlinie** f ligne f de chemin de fer; **Bahnpolizei** f police f des chemins de fer; **Bahnsteig** m (-s, -e) quai m; **Bahnstrecke** f ligne f de chemin de fer; **Bahnübergang** m passage m à niveau; **Bahnwärter, in** m(f) garde-barrière mf

Bahrain nt (-s) le Bahreïn

Bahre f(-, -n) brancard m, civière f
Baiser nt (-s, -s) meringue f
Bakterie f bactérie f
Balance f(-, -n) équilibre m; **balancieren**
(pp **balanciert**) vt faire tenir en équilibre
■ vi aux sein être en équilibre
bald adv (zeitlich) bientôt; (leicht) vite;
(fast) presque; ~ ..., ~ ... tantôt ... tantôt ...;
baldig adj (Antwort, Bearbeitung) rapide;
(Genesung) prochain(e); **baldmöglichst**
adv le plus tôt possible
Baldrian m (-s, -e) valériane f
Balearen pl: die ~ les Baléares fpl
Balkan m (-s): der ~ les Balkans mpl
Balken m (-s, -) poutre f;
Balkendiagramm nt diagramme m en
bâtons
Balkon m (-s, -s o -e) balcon m
Ball m (-(e)s, Bälle) ballon m, balle f; (Tanz)
bal m
Ballade f ballade f
Ballast m (-(e)s) lest m; (fig) poids m mort;
Ballaststoffe pl fibres fpl (alimentaire)
ballen vt (Papier) froisser; (Faust) serrer
■ vr: **sich ~** (Schnee) s'agglomérer;
(Wolken) s'amonceler; (Industrieanlagen)
se concentrer
Ballen m (-s, -) (Stoffballen) rouleau m;
(Heuballen) botte f; (Handballen) thénar m;
(Fußballen) éminence f du gros orteil
Ballett nt (-(e)s, -e) ballet m;
Balletttänzer, in m(f) danseur(-euse)
(de ballet)
Balljunge m ramasseur m de balles;
Ballkleid nt robe f de bal; **Ballmädchen**
nt ramasseuse f de balles
Ballon m (-s, -s o -e) ballon m
Ballspiel nt jeu m de balle [o de ballon]
Ballung f concentration f; (von Energie)
accumulation f; **Ballungsgebiet** nt,
Ballungsraum m, **Ballungszentrum** nt
zone f à forte concentration urbaine
Balsam m (-s, -e) baume m
Balte m (-n, -n) Balte m
Baltikum nt (-s): das ~ les pays baltes
Baltin f Balte f
Bambus m (-o -ses, -se) bambou m;
Bambusrohr nt tige f de bambou;
Bambussprossen pl pousses fpl de
bambou
banal adj banal(e); **Banalität** f banalité f
Banane f(-, -n) banane f;
Bananenrepublik f (pej) république f
bananière
Banause m (-n, -n) philistin m
band imperf von **binden**
Band m (-(e)s, Bände) (Buchband) volume
m ■ nt (-(e)s, Bänder) (Stoffband)
bandeau m; (Ordensband) ruban m;
(Fließband) chaîne f (de fabrication);

(Tonband) bande f magnétique; (Anat)
ligament m; **etw auf ~ aufnehmen**
enregistrer qch; **er hat sich am**
laufenden ~ beschwert il n'a pas cessé
de se plaindre ■ nt (-(e)s, -e)
(Freundschaftsband etc) lien m ■ f(-, -s)
(Jazzband) orchestre m; (Popband)
groupe m
bandagieren (pp **bandagiert**) vt panser
Bandbreite f (Radio) largeur f de bande;
(fig: von Gehältern) fourchette f, marge f;
(von Meinungen etc) éventail m
Bande f(-, -n) (pej) bande f
bändigen vt (Tier) dompter; (Trieb,
Leidenschaft) maîtriser
Bandit, in m(f) (-en, -en) bandit m
Bandlaufwerk nt unité f de bande
magnétique; **Bandmaß** nt mètre m
à ruban; **Bandsäge** f scie f à ruban;
Bandscheibe f (Anat) disque m
intervertébral; **Bandwurm** m ténia m,
ver m solitaire
bange adj anxieux(-euse); **jdm B~**
machen faire peur à qn; **mir wird es**
~ j'ai la frousse; bangen vi: **um jdn/etw**
**~ craindre pour qn/qch
Bangladesch nt (-) le Bangladesh
Banjo nt (-s, -s) banjo m
Bank f(-, Bänke) (Sitzbank) banc m
■ f(-, -en) (Geldbank) banque f;
Bankangestellte, r mf employé(e) de
banque; **Bankanweisung** f mandat m
de paiement (à une banque)
Bankett nt (-s, -e) acotement m;
Bankette nicht befahrbar acotements
non stabilisés
Bankier m (-s, -s) banquier m
Banking nt (-s): **elektronisches ~**
télébanking m
Bankkarte f carte f bancaire; **Bankkonto**
nt compte m en banque; **Bankleitzahl** f
code m banque; **Banknote** f billet m de
banque; **Bankraub** m hold-up m;
Bankräuber, in m(f) cambrioleur(-euse)
de banque
bankrott adj en faillite, failli(e); **Bankrott**
m (-(e)s, -e) faillite f; **~ machen** faire
faillite
Banküberfall m hold-up m (dans une
banque); **Bankverbindung** f identité f
bancaire
bannen vt (Geister) exorciser; (Gefahr)
conjurer; (bezaubern) ensorceler, captiver
Banner nt (-s, -) bannière f
bar adj (unbedeckt) découvert(e);
(offenkundig) pur(e); **bares Geld** argent m
liquide; **etw (in) ~ bezahlen** payer qch en
espèces; (Rechnung) payer qch comptant
Bar f(-, -s) bar m
Bär m (-en, -en) ours m

Baracke f(-, -n) baraque f
Barbados nt (-) la Barbade
barbarisch adj barbare
barfuß adv pieds nus
barg imperf von **bergen**
Bargeld nt espèces fpl, argent m liquide;
bargeldlos adv par chèque; (durch Überweisung) par virement; (mit Karte) par carte (de crédit); **Bargeldumstellung** f conversion f de l'argent liquide
Barhocker m tabouret m de bar
Bariton m (-s, -e) baryton m
Barkauf m achat m au comptant
Barkeeper m (-s, -), **Barmann** m (pl **Barmänner**) barman m
barmherzig adj miséricordieux(-euse);
Barmherzigkeit f miséricorde f
Barometer nt (-s, -) baromètre m
Barren m (-s, -) (Sport) barres fpl parallèles; (Goldbarren) lingot m
Barriere f(-, -n) barrière f
Barrikade f barricade f
barsch adj brusque, bourru(e)
Barsch m (-(e)s, -e) perche f
Barscheck m chèque m non barré
barst imperf von **bersten**
Bart m (-(e)s, Bärte) barbe f; (Schlüsselbart) panneton m; **bärtig** adj barbu(e)
Barzahlung f paiement m comptant
Basar m (-s, -e) (Markt) bazar m; (Wohltätigkeitsbasar) vente f de bienfaisance
Base f(-, -n) (Chem) base f
Baseball m base-ball m
Basedowkrankheit f maladie f de Basedow
Basel nt (-s) Bâle
Basel-Landschaft nt (-s) Bâle-Campagne
Basel-Stadt nt (-s) Bâle-Ville
basieren (pp **basiert**) vi: **~ auf** +dat se baser sur, être basé(e) sur
Basis f(-, **Basen**) base f
basisch adj (Chem) basique
Baskenland nt le Pays basque
Basketball m (Ball) ballon m de basket; (Spiel) basket m, basket-ball m
baskisch adj basque
Bass m (-es, Bässe) basse f
Bassin nt (-s, -s) bassin m
Bassist, in m(f) bassiste mf
Bassschlüssel m clé f de fa
Bast m (-(e)s, -e) raphia m
basteln vi bricoler; **Bastler, in** m(f) (-s, -) bricoleur(-euse)
bat imperf von **bitten**
Batchbetrieb m (Inform) traitement m en lots
Batterie f pile f; (Auto Batterie) batterie f
Batzen m (-s, -) (CH) pièce f de dix centimes

Bau m (-(e)s) (das Bauen) construction f; (Baustelle) chantier m; **sich im ~ befinden** être en construction ■ m (pl **Baue**) (Tierbau) terrier m, tanière f ■ m (pl **Bauten**) (Gebäude) bâtiment m, édifice m;
Bauarbeiter, in m(f) ouvrier(-ière) du bâtiment
Bauch m (-(e)s, Bäuche) ventre m;
Bauchfell nt (Anat) péritoine m;
bauchig adj (Gefäß) ventru(e), renflé(e);
Bauchmuskel m muscle m abdominal;
Bauchnabel m (Anat) nombril m;
Bauchredner, in m(f) ventriloque mf;
Bauchschmerzen pl mal m au ventre;
Bauchtanz m danse f du ventre;
Bauchweh nt (-s) mal m au ventre
Baudrate f débit m en bauds
Bauelement nt élément m préfabriqué; (für Möbel) élément m; (Inform) composant m
bauen vt, vi construire, bâtir; (Nest) faire; (Instrumente) fabriquer; **auf jdn/etw ~** compter sur qn/qch; **gut gebaut sein** (Mensch) être bien bâti(e); **kräftig gebaut sein** être costaud(e)
Bauer m (-n o -s, -n) paysan m; (pej) plouc m; (im Schach) pion m ■ nt o m (-s, -) (Vogelbauer) cage f
Bäuerin f paysanne f, fermière f
bäuerlich adj paysan(ne), rustique
Bauernbrot nt pain m paysan;
Bauernfängerei f attrape-nigaud m;
Bauernhaus nt, **Bauernhof** m ferme f
baufällig adj délabré(e); **Baufälligkeit** f délabrement m; **Baufirma** f entreprise f de construction; **Baugelände** nt terrain m à bâtir; **Baugenehmigung** f permis m de construire; **Bauherr, in** m(f) maître mf d'ouvrage; **Baujahr** nt (von Auto) année f de fabrication; (von Haus) année f de construction; **Baukasten** m jeu m de construction; **Baukastensystem** nt système m modulaire; **Baukosten** pl coût m de la construction; **Bauland** nt terrain m à bâtir; **baulich** adj qui concerne la construction
Baum m (-(e)s, Bäume) arbre m
Baumarkt m magasin m de bricolage
baumeln vi pendre
bäumen vr: **sich ~** se cabrer
Baumschule f pépinière f;
Baumstamm m tronc m d'arbre;
Baumsterben nt (-s) dépérissement m des arbres; **Baumstumpf** m souche f d'arbre
Baumwolle f coton m
Bauplan m plan m; **Bauplatz** m terrain m (à bâtir)
Bausch m (-(e)s, Bäusche) (Wattebausch) tampon m

bauschen vr: sich ~ se gonfler; (Hemd)
bouffer; **bauschig** adj bouffant(e)

bau|sparen sep vi souscrire une l'épargne-
logement; **Bausparkasse** f caisse f
d'épargne-logement; **Bausparvertrag** m
plan m d'épargne-logement; **Baustein** m
(für Haus) pierre f de construction;
(Spielzeugbaustein) cube m; (elektronischer
Baustein) composant m électronique; (fig:
Bestandteil) élément m, constituant m;
Baustelle f chantier m; **Bauteil** nt
élément m; **Bauunternehmer, in** m(f)
entrepreneur(-euse) en bâtiment(s);
Bauweise f style m de construction;
Bauwerk nt construction f, édifice m;
Bauwirtschaft f industrie f du bâtiment;
Bauzaun m clôture f de chantier

Bayer, in m(f) (-n, -n) Bavarois(e);
bay(e)risch adj bavarois(e); **Bayern** nt
(-s) la Bavière

Bazillus m (-, Bazillen) bacille m

beabsichtigen (pp beabsichtigt) vt:
~, etw zu tun avoir l'intention de faire
qch

beachten (pp beachtet) vt (jdn, Worte)
faire attention à; (Vorschrift, Regeln,
Vorfahrt) observer; **beachtenswert** adj
remarquable; **beachtlich** adj
considérable; **Beachtung** f attention f

Beamte, r m (-n, -n), **Beamtin** f
fonctionnaire mf; (Bankbeamte)
employé(e)

beängstigend adj (Lage, Zustand)
inquiétant(e); (Geschwindigkeit)
effrayant(e)

beanspruchen (pp beansprucht) vt
(Recht, Erbe) revendiquer; (Hilfe)
demander; (Zeit, Platz) prendre; (jdn)
occuper; (verbrauchen) user

beanstanden (pp beanstandet) vt
contester, réclamer au sujet de

beantragen (pp beantragt) vt demander
(officiellement)

beantworten (pp beantwortet) vt
répondre à

bearbeiten (pp bearbeitet) vt s'occuper
de; (Thema) revoir, (Buch) revoir,
corriger; (Film, Stück, Musik) adapter;
(Material) travailler, façonner; (Inform)
traiter; (fam: beeinflussen wollen) travailler;
Bearbeitung f traitement m; (von Buch,
Film) adapatation f; (Version von Buch)
nouvelle édition f; (Theat, Cine) version f;
Bearbeitungsgebühr f frais mpl de
gestion

Beatmung f respiration f

beaufsichtigen (pp beaufsichtigt) vt
surveiller

beauftragen (pp beauftragt) vt charger
(mit de)

bebauen (pp bebaut) vt (Grundstück)
construire sur

beben vi trembler; **Beben** nt (-s, -)
tremblement m; (Erdbeben) tremblement
m de terre

bebildern (pp bebildert) vt illustrer

Becher m (-s, -) (ohne Henkel) gobelet m;
(mit Henkel) tasse f; **bechern** vi (fam)
picoler

Becken nt (-s, -) bassin m; (Waschbecken)
lavabo m; (Mus) cymbale f

Becquerel nt (-s, -) becquerel m

bedacht adj réfléchi(e); **auf etw** akk ~ **sein**
être soucieux(-euse) de qch; **darauf ~**
sein, etw zu tun veiller à faire qch

bedächtig adj (umsichtig) prudent(e);
(langsam) lent(e), posé(e)

bedang aus imperf von **ausbedingen**

bedanken (pp bedankt) vr: sich ~ dire
merci; **sich bei jdm für etw** ~ remercier qn
de [o pour] qch

Bedarf m (-(e)s) besoin(s) m(pl) (an +dat
en); (Com) demande f; **je nach ~** selon les
besoins; **bei ~** en cas de besoin; **an etw**
dat ~ **haben** avoir besoin de qch;
Bedarfsfall m: **im ~** en cas de besoin;
Bedarfsgüter pl biens mpl de
consommation; **Bedarfshaltestelle** f
arrêt m facultatif

bedauerlich adj regrettable; **bedauern**
(pp bedauert) vt regretter; (bemitleiden)
plaindre; **Bedauern** nt (-s) regret m; **zu**
jds ~ au regret de qn; **bedauernswert** adj
(Zustände) regrettable; (Mensch) à
plaindre; **bedauernswerterweise** adv
malheureusement

bedecken (pp bedeckt) vt couvrir;
bedeckt adj couvert(e)

bedenken (pp bedacht) irr vt (Folgen, Tat)
réfléchir à; **jdn mit etw ~** faire cadeau de
qch à qn; **Bedenken** nt (-s, -) (Überlegung)
réflexion f; (Zweifel) doute m; (Skrupel)
scrupule m

bedenklich adj (besorgt) préoccupé(e);
(Zustand) inquiétant(e); (Aussehen)
menaçant(e); (Geschäfte) douteux(-euse)

Bedenkzeit f délai m de réflexion

bedeuten (pp bedeutet) vt signifier,
vouloir dire; **jdm viel/wenig ~** avoir
beaucoup/peu d'importance pour qn;
bedeutend adj important(e);
(beträchtlich) considérable; **Bedeutung** f
sens m, signification f; (Wichtigkeit)
importance f; **bedeutungslos** adj (Wort,
Zeichen) dépourvu(e) de sens; (Mensch,
Ereignis) sans importance;
bedeutungsvoll adj (vielsagend)
éloquent(e); (wichtig) important(e)

bedienen (pp bedient) vt servir;
(Maschine) faire marcher ■ vr: sich ~

(*beim Essen*) se servir; **sich einer Sache** gen
~ faire usage de qch; **Bediener, in** m(f)
opérateur(-trice); **bedienerfreundlich**
adj facile d'emploi; (*Inform*) convivial(e);
Bedienung f service m; (*von Maschinen*)
maniement m; (*in Lokal*) garçon m,
serveuse f; (*Verkäufer*) vendeur(-euse);
Bedienungsanleitung f mode m
d'emploi; **Bedienungskomfort** m
confort m d'utilisation
bedingen (pp **bedingt**) vt (*voraussetzen*)
demander, impliquer; (*verursachen*)
causer; **bedingt** adj (*beschränkt*) limité(e);
(*Lob*) réservé(e); (*Zusage*) conditionnel(le);
(*Reflex*) conditionné(e); **Bedingung** f
condition f; **bedingungslos** adj sans
condition
bedrängen (pp **bedrängt**) vt harceler;
jdn mit etw ~ presser qn de qch
bedrohen (pp **bedroht**) vt menacer;
bedrohlich adj menaçant(e);
Bedrohung f menace f
bedrucken (pp **bedruckt**) vt imprimer
bedrücken (pp **bedrückt**) vt oppresser,
accabler
Bedürfnis nt besoin m; (*Notwendigkeit*)
nécessité f; **nach etw** ~ **haben** désirer
qch
bedürftig adj (*arm*) dans le besoin
beeilen (pp **beeilt**) vr: **sich** ~ se dépêcher
beeindrucken (pp **beeindruckt**) vt
impressionner; **beeindruckend** adj
impressionnant(e)
beeinflussen (pp **beeinflusst**) vt (*jdn*)
influencer; (*Verhandlungen, Ergebnisse*)
avoir une influence sur
beeinträchtigen (pp **beeinträchtigt**) vt
porter atteinte [o préjudice] à; (*Freiheit*)
empiéter sur
beenden (pp **beendet**) vt (*a. Inform*)
terminer
beengen (pp **beengt**) vt (*Kleidung*) serrer;
(*jdn*) oppresser
beerben (pp **beerbt**) vt hériter de
beerdigen (pp **beerdigt**) vt enterrer;
Beerdigung f enterrement m;
Beerdigungsunternehmen nt
entreprise f de pompes funèbres;
Beerdigungsunternehmer, in m(f)
entrepreneur(-euse) de pompes funèbres
Beere f (-, -n) baie f; (*Traubenbeere*) grain m
Beet nt (-(e)s, -e) plate-bande f
Befähigung f (*Können*) compétence f;
(*Qualifikation*) qualification f
befahl imperf von **befehlen**
befahrbar adj (*Straße*) carrossable; (*Naut*)
navigable
befahren irr (pp ~) vt (*Straße, Route*)
emprunter; (*Naut*) naviguer sur ▪ adj
(*Straße*) fréquenté(e)

befallen (pp ~) irr vt (*Krankheit*) frapper;
(*Übelkeit, Fieber*) saisir; (*Ekel, Angst, Zweifel*)
envahir
befangen adj (*schüchtern*) embarrassé(e);
(*voreingenommen*) partial(e); **in etw** dat ~
sein être prisonnier(-ière) de;
Befangenheit f (*Schüchternheit*)
embarras m; (*Voreingenommenheit*)
manque m d'objectivité
befassen (pp **befasst**) vr: **sich** ~ **mit**
s'occuper de
Befehl m (-(e)s, -e) (*Anweisung*) ordre m;
(*Führung*) commandement m; (*Inform*)
instruction f, ordre m; **befehlen** (**befahl,
befohlen**) vt ordonner ▪ vi commander;
über jdn/etw ~ commander qn/qch;
Befehlsempfänger, in m(f) exécutant(e);
Befehlsform f (*Ling*) impératif m;
Befehlshaber, in m(f) (-s, -)
commandant(e); **Befehlsschaltfläche** f
(*Inform*) bouton m de commande;
Befehlsverweigerung f refus m
d'obéissance; **Befehlsvorrat** m (*Inform*)
répertoire m de commandes
befestigen (pp **befestigt**) vt (*Gegenstand*)
fixer; (*Straße, Ufer*) stabiliser, consolider;
(*Mil: Stadt*) fortifier; **Befestigung** f
fortification f; (*von Gegenstand*) fixation f
befeuchten (pp **befeuchtet**) vt humecter,
mouiller
befinden (pp **befunden**) irr vr: **sich** ~ se
trouver ▪ vt: **etw/jdn für** [o **als**] **etw** ~
tenir qch/qn pour qch; **Befinden** nt (-s)
(*Zustand*) santé f, état m de santé;
(*Meinung*) opinion f
befohlen pp von **befehlen**
befolgen (pp **befolgt**) vt suivre
befördern (pp **befördert**) vt (*Güter*)
transporter, envoyer; (*beruflich*)
promouvoir; **Beförderung** f (*von Gütern*)
transport m; (*beruflich*) promotion f
befragen (pp **befragt**) vt interroger;
(*Wörterbuch*) consulter; **Befragung** f
interrogation f; (*Umfrage*) sondage m
befreien (pp **befreit**) vt délivrer, libérer;
(*freistellen*) exempter (*von* de) ▪ vr: **sich** ~
se libérer; **Befreiung** f libération f,
délivrance f; (*Freistellung*) exemption f
(*von* de)
befreunden (pp **befreundet**) vr: **sich mit
jdm** ~ se lier d'amitié avec qn; **sich mit
etw** ~ se faire à qch;
befreundet adj ami(e)
befriedigen (pp **befriedigt**) vt satisfaire;
befriedigend adj satisfaisant(e); (*Sch*)
assez bien; **befriedigt** adj satisfait(e);
Befriedigung f satisfaction f
befristet adj à durée limitée
befruchten (pp **befruchtet**) vt féconder;
(*fig*) stimuler

Befugnis f pouvoir m
befugt adj: ~ sein, etw zu tun être
compétent(e) pour faire qch
befühlen (pp **befühlt**) vt toucher
Befund m (-(e)s, -e) (von Sachverständigen)
rapport m d'expertise; (Med) rapport m
médical; **ohne ~** résultat négatif, rien à
signaler
befürchten (pp **befürchtet**) vt craindre;
Befürchtung f crainte f
befürworten (pp **befürwortet**) vt parler
en faveur de, appuyer; **Befürworter, in**
m(f) (-s, -) partisan(e); **Befürwortung** f
approbation f; (von Vorschlag) soutien m
begabt adj doué(e); **Begabung** f don m
begann imperf von **beginnen**
begeben (pp ~) irr vr: **sich ~** (gehen) se
rendre; (geschehen) se passer;
Begebenheit f événement m
begegnen (pp **begegnet**) vi aux sein;
jdm ~ rencontrer qn; **einer Sache** dat ~
se trouver face à qch; (Frechheit, Meinung)
rencontrer qch; (behandeln) traiter qch;
wir sind uns dat **begegnet** nous nous
sommes rencontré(e)s ◾ vr: **sich ~**
(Blicke) se croiser; **Begegnung** f
rencontre f
begehen (pp **begangen**) irr vt (Straftat,
Fehler) commettre; (Dummheit) faire;
(Feier) fêter
begehren (pp **begehrt**) vt convoiter;
begehrenswert adj désirable; **begehrt**
adj (Mensch) courtisé(e); (Posten)
convoité(e); (Reiseziel) prisé(e)
begeistern (pp **begeistert**) vt
enthousiasmer ◾ vr: **sich ~**
s'enthousiasmer (für pour); **begeistert**
adj enthousiaste; **Begeisterung** f
enthousiasme m
Begierde f (-, -n) désir m; **begierig** adj
avide
begießen (pp **begossen**) irr vt arroser
Beginn m (-(e)s) commencement m, début
m; **zu ~** pour commencer; **beginnen**
(**begann, begonnen**) vt, vi commencer
beglaubigen (pp **beglaubigt**) vt
(Dokument) authentifier; (Echtheit)
certifier; **Beglaubigung** f
authentification f;
Beglaubigungsschreiben nt lettres fpl
de créance
begleichen (pp **beglichen**) irr vt (Schulden)
régler
begleiten (pp **begleitet**) vt accompagner;
(Mil) escorter; **Begleiter, in** m(f) (-s, -)
compagnon m, compagne f;
Begleiterscheinung f effet m
secondaire; **Begleitmusik** f musique f
d'accompagnement; **Begleitschreiben**
nt lettre f d'accompagnement;

Begleitung f compagnie f; (Mus)
accompagnement m
beglückwünschen (pp
beglückwünscht) vt féliciter (zu pour, de)
begnadigen (pp **begnadigt**) vt gracier;
Begnadigung f grâce f
begnügen (pp **begnügt**) vr: **sich mit etw**
~ se contenter de qch
Begonie f bégonia m
begonnen pp von **beginnen**
begraben (pp ~) irr vt (Toten) enterrer;
(Streit) oublier
Begräbnis nt enterrement m
begradigen (pp **begradigt**) vt rectifier
begreifen (pp **begriffen**) irr vt (verstehen)
comprendre; **begreiflich** adj
compréhensible; **jdm etw ~ machen**
expliquer qch à qn
Begrenztheit f limitation f; (fig: von
Mensch) étroitesse f d'esprit
Begriff m (-(e)s, -e) notion f, concept m;
(Meinung, Vorstellung) idée f; **im ~ sein,
etw zu tun** être sur le point de faire qch;
begriffsstutzig adj: ~ **sein** avoir l'esprit
lent
begründen (pp **begründet**) vt (Tat)
justifier; (Abwesenheit) excuser; (Theorie)
fonder; **begründet** adj fondé(e);
(Aussicht) raisonnable; **Begründung** f
justification f
begrüßen (pp **begrüßt**) vt accueillir;
begrüßenswert adj bienvenu(e),
opportun(e); **Begrüßung** f accueil m;
zur ~ der Gäste pour souhaiter la
bienvenue aux invités
begünstigen (pp **begünstigt**) vt (jdn)
favoriser; (Sache, Wachstum, Fortschritt)
promouvoir
begutachten (pp **begutachtet**) vt
expertiser; **jdn ~** (fam) voir de quoi
qn a l'air
behaart adj poilu(e); (Pflanze) velu(e)
behäbig adj (dick) corpulent(e) et
flegmatique; (geruhsam) peinard(e)
behagen (pp **behagt**) vi: **jdm ~** plaire à qn;
Behagen nt (-s) plaisir m, aise f;
behaglich adj agréable, douillet(te);
Behaglichkeit f bien-être m
behalten (pp ~) irr vt garder; (Mehrheit)
conserver; (im Gedächtnis) retenir;
die Nerven ~ garder son sang-froid;
recht ~ avoir raison
Behälter m (-s, -) récipient m
behandeln (pp **behandelt**) vt traiter;
(Maschine) manier; (Med) soigner;
Behandlung f traitement m; (von
Maschine) maniement m
beharren (pp **beharrt**) vi: **auf etw** dat ~
ne pas démordre de qch; **beharrlich** adj
(ausdauernd) ferme, résolu(e); (hartnäckig)

opiniâtre, tenace; **Beharrlichkeit** f
persévérance f; (*Hartnäckigkeit*)
ténacité f
behaupten (*pp* **behauptet**) *vt* affirmer;
(*Position*) soutenir ▪ *vr*: **sich** ~ s'affirmer;
Behauptung f (*Äußerung*) affirmation f
Behausung f habitation f; (*armselig*)
taudis m
beheimatet *adj* domicilié(e); **irgendwo** ~
(*Tier, Pflanze*) originaire de quelque part
beheizen (*pp* **beheizt**) *vt* chauffer
Behelf m (**-(e)s, -e**) expédient m
behelfen (*pp* **beholfen**) *irr vr*: **sich mit etw**
~ se débrouiller avec qch; **behelfsmäßig**
adj improvisé(e); (*vorübergehend*)
provisoire
behelligen (*pp* **behelligt**) *vt* importuner
beherbergen (*pp* **beherbergt**) *vt*
héberger
beherrschen (*pp* **beherrscht**) *vt* (*Volk*)
régner sur, gouverner; (*Situation, Gefühle*)
maîtriser; (*Sprache*) posséder; (*Szene,
Landschaft*) dominer ▪ *vr*: **sich** ~ se
maîtriser; **beherrscht** *adj* sûr(e) de soi;
Beherrschung f (*Selbstbeherrschung*)
maîtrise f de soi; **die** ~ **verlieren** ne plus
pouvoir se contrôler
beherzigen (*pp* **beherzigt**) *vt* prendre
à cœur
behilflich *adj*: **jdm** ~ **sein** aider qn
(*bei* dans)
behindern (*pp* **behindert**) *vt* gêner;
(*Verkehr*) entraver; (*Arbeit*) empêcher;
Behinderte, r *mf* handicapé(e);
behindertengerecht *adj* adapté(e)
aux handicapés ▪ *adv* (spécialement)
pour les handicapés; **Behinderung** f
(*Körperbehinderung*) infirmité f
Behörde f (**-, -n**) autorités *fpl*,
administration f; **behördlich** *adj*
officiel(le)
behüten (*pp* **behütet**) *vt* garder,
protéger; **jdn vor etw** *dat* ~ préserver
qn de qch
behutsam *adv* avec précaution
bei *präp +dat* (*räumlich*) près de; (*mit etw
zusammen*) dans, avec, parmi; (*mit jdm
zusammen*) chez; (*Teilnahme*) à; (*zeitlich*) à;
~ **der Firma XY arbeiten** travailler chez
XY; ~ **uns** chez nous; **etw** ~ **sich haben**
avoir qch sur soi; **beim Friseur** chez le
coiffeur; **beim Fahren** en conduisant;
~ **Nacht/Tag** la nuit/le jour; ~ **Nebel**
quand il y a du brouillard; ~ **einem Glas
Wein** tout en buvant un verre de vin
bei|behalten (*pp* ~) *sep irr vt* conserver,
garder
bei|bringen *sep irr vt* (*Beweis*) fournir;
(*Zeugen*) produire; **jdm etw** ~ (*lehren*)
apprendre qch à qn; (*zu verstehen geben*)

faire comprendre qch à qn; (*Wunde,
Niederlage*) infliger qch à qn
Beichte f (**-, -n**) confession f; **beichten** *vt*
(*Sünden*) confesser ▪ *vi* se confesser;
Beichtgeheimnis *nt* secret m de la
confession; **Beichtstuhl** m
confessionnal m
beide *pron* les deux; **meine beiden Brüder**
mes deux frères; **wir** ~ nous deux; **einer
von beiden** l'un des deux; **beidemal** *adv*
les deux fois; **beiderlei** *adj inv* des deux,
de l'un(e) et de l'autre; **Menschen** ~
Geschlechts des personnes des deux
sexes; **beiderseitig** *adj* mutuel(le),
réciproque; (*Lungenentzündung*) double;
(*Lähmung*) bilatéral(e); **beiderseits** *adv*
des deux côtés ▪ *präp +gen* des deux côtés
de; **beides** *pron* les deux; **alles** ~ les deux;
beidseits *präp +gen* (CH) des deux côtés
beieinander *adv* ensemble
Beifahrer, in *m(f)* passager(-ère);
Beifahrerairbag m airbag m passager;
Beifahrersitz m siège m du passager
avant
Beifall m applaudissements *mpl*;
(*Zustimmung*) approbation f
bei|fügen *sep vt* joindre
beige *adj inv* beige
bei|geben *sep irr vt* (*zufügen*) ajouter;
(*mitgeben*) adjoindre ▪ *vi* (*nachgeben*)
capituler
Beigeschmack m petit goût m
Beihilfe f (*für Bedürftige*) aide f; (*zur
Krankenversicherung*) allocation f;
(*Studienbeihilfe*) bourse f; (*Jur*) complicité f
(*zu* de)
bei|kommen *sep irr vi aux sein +dat* venir
à bout de
beil. *adj abk* = **beiliegend** ci-joint(e)
Beil *nt* (**-(e)s, -e**) hache f
Beilage f (*Buchbeilage*) supplément m;
(*Gastr*) garniture f
beiläufig *adj* (*Bemerkung*) accessoire
▪ *adv* en passant, incidemment
bei|legen *sep vt* (*hinzufügen*) joindre;
(*Wert, Bedeutung*) attacher; (*Streit*) régler
beileibe *adv*: ~ **nicht** surtout pas
Beileid *nt* condoléances *fpl*
beiliegend *adj* ci-joint(e)
beim *kontr von* **bei dem**
bei|messen *sep irr vt*: **einer Sache** *dat*
Wert ~ attacher de la valeur à qch
Bein *nt* (**-(e)s, -e**) jambe f; (*von kleinem Tier*)
patte f; (*von Möbelstück*) pied m
beinah, e *adv* presque
Beinbruch m fracture f de la jambe
beinhalten (*pp* **beinhaltet**) *vt* contenir
Beipackzettel m notice f
bei|pflichten *sep vi*: **jdm/einer Sache** ~
être d'accord avec qn/qch

Beirat m conseil m; (Körperschaft) comité m consultatif; (Elternbeirat) comité m de parents
Beiried nt (-(e)s) (A) bœuf m rôti
beirren (pp beirrt) vt: **sich nicht ~ lassen** ne pas se laisser troubler
beisammen adv ensemble;
　Beisammensein nt (-s) réunion f
Beischlaf m rapports mpl sexuels
Beisein nt (-s) présence f; **im ~ von jdm** en présence de qn
beiseite adv de côté; (abseits) à l'écart; (Theat) en aparté; **beiseite|legen** sep vt: **etw ~** (sparen) mettre qch de côté;
　beiseite|schaffen sep vt: **jdn/etw ~** faire disparaître qn/qch
bei|setzen sep vt enterrer; (Urne) inhumer; **Beisetzung** f enterrement m; (von Urne) inhumation f
Beisitzer, in m(f) (-s, -) assesseur(-euse)
Beispiel nt (-s, -e) exemple m; **zum ~ par** exemple; **sich** dat **an jdm ein ~ nehmen** prendre exemple sur qn; **beispielhaft** adj exemplaire; **beispiellos** adj sans précédent; **beispielsweise** adv par exemple
beißen (biss, gebissen) vt, vi mordre; (Rauch, Säure) brûler ■ vr: **sich ~** (Farben) jurer; **beißend** adj (Rauch) âcre; (Hohn, Spott) mordant(e)
Beißzange f tenailles fpl
Beistand m (-(e)s, Beistände) aide f, assistance f; (Jur) avocat(e);
bei|stehen sep irr vi: **jdm ~** aider qn, assister qn
bei|steuern sep vt contribuer (zu à)
Beitrag m (-(e)s, Beiträge) contribution f; (Mitgliedsbeitrag, Versicherungsbeitrag) cotisation f; **bei|tragen** sep irr vt contribuer (zu à); **beitragspflichtig** adj soumis(e) à contribution;
　Beitragssatz m taux m de la cotisation;
　Beitragszahler, in m(f) cotisant(e)
bei|treten sep irr vi aux sein adhérer (dat à);
　Beitritt m adhésion f;
　Beitrittserklärung f déclaration f d'adhésion
Beiwagen m (Motorradbeiwagen) side-car m; (Straßenbahnbeiwagen) baladeuse f
bei|wohnen sep vi: **einer Sache** dat **~** assister à qch
Beize f (-, -n) (Holzbeize) enduit m; (Gastr) marinade f
beizeiten adv à temps
bejahen (pp bejaht) vt (Frage) répondre par l'affirmative à; (gutheißen) approuver
bekämpfen (pp bekämpft) vt combattre; (Schädlinge, Unkraut, Seuche) lutter contre; **sich (gegenseitig) ~** se battre;
　Bekämpfung f lutte f (gen contre)

bekannt adj connu(e); (nicht fremd) familier(-ière); **~ geben** annoncer; **jdn mit jdm ~ machen** présenter qn à qn; **mit jdm ~ sein** connaître qn; **das ist mir ~** je suis au courant (de cela); **es kommt mir ~ vor** ça me rappelle quelque chose; **durch etw ~ werden** devenir célèbre grâce à qch; **Bekannte, r** mf ami(e), connaissance f; **Bekanntenkreis** m cercle m d'amis, connaissances fpl; **bekannt|geben** sep vt siehe **bekannt**; **Bekanntheitsgrad** m degré m de célébrité; **bekanntlich** adv comme on sait; **bekannt|machen** sep vt siehe **bekannt**; **Bekanntmachung** f notification f, avis m; **Bekanntschaft** f connaissance f
bekehren (pp bekehrt) vt convertir (zu à);
　Bekehrung f conversion f
bekennen (pp bekannt) irr vt reconnaître; (Sünden) confesser; (Glauben) professer ■ vr: **sich zu jdm ~** prendre parti pour qn; **sich zu etw ~** proclamer qch; **sich schuldig ~** se reconnaître coupable;
　Bekennerbrief m, **Bekennerschreiben** nt lettre f revendiquant un attentat;
　Bekenntnis nt aveu m; (Religion) confession f
bekiffen (pp bekifft) vr: **sich ~** (fam) se camer
beklagen (pp beklagt) vt pleurer; (Verluste) déplorer ■ vr: **sich ~** se plaindre (über +akk de); **beklagenswert** adj (Mensch) à plaindre; (situation) regrettable; (Unfall) terrible
bekleben (pp beklebt) vt: **etw mit Bildern ~** coller des images sur qch
bekleiden (pp bekleidet) vt (jdn) habiller; (Amt) occuper, remplir; **Bekleidung** f habillement m
beklemmen (pp beklemmt) vt oppresser
beklommen adj angoissé(e);
　Beklommenheit f angoisse f
bekommen (pp ~) irr vt recevoir; (Kind) avoir; (im Futur) aller avoir; (Krankheit, Fieber) attraper; (Ärger) avoir; **die Mauer bekommt Risse** le mur se lézarde; **Hunger ~** commencer à avoir faim; **etw ~ haben** avoir reçu qch; **wir haben nichts zu essen ~** on ne nous a rien donné à manger ■ vi aux sein; **jdm gut/schlecht ~** faire du bien/mal à qn
bekömmlich adj digeste
bekräftigen (pp bekräftigt) vt confirmer
bekreuzigen (pp bekreuzigt) vr: **sich ~** se signer
bekümmern (pp bekümmert) vt inquiéter
bekunden (pp bekundet) vt (sagen) exprimer; (zeigen) manifester
belächeln (pp belächelt) vt sourire de

beladen (*pp* ~) *irr vt* charger
Belag *m* (**-(e)s, Beläge**) enduit *m*, couche *f*; (*Zahnbelag*) tartre *m*; (*Bremsbelag*) garniture *f*
belagern (*pp* **belagert**) *vt* assiéger; **Belagerung** *f* siège *m*; **Belagerungszustand** *m* état *m* de siège
belämmert *adj* (*fam: betreten*) hébété(e)
Belang *m* (**-(e)s, -e**); **von/ohne ~ sein** être d'/sans importance; **Belange** *pl* intérêts *mpl*; **belangen** (*pp* **belangt**) *vt* (*Jur*) poursuivre en justice; **belanglos** *adj* insignifiant(e); **Belanglosigkeit** *f* futilité *f*
belassen (*pp* ~) *irr vt* laisser; **es dabei ~** en rester là
Belastbarkeit *f* (*Tech*) charge *f* admissible; (*von Menschen, Nerven*) résistance *f*; **belasten** (*pp* **belastet**) *vt* charger; (*Organ, Körper*) surmener; (*Gedächtnis*) encombrer; (*Stromnetz*) saturer; (*fig: bedrücken*) causer de gros soucis à; (*Konto*) débiter; (*Haus, Etat, Steuerzahler*) grever ◼ *vr*: **sich ~** s'accabler (*mit de*); **belastend** *adj* pénible; **belastendes Material** pièces *fpl* à conviction
belästigen (*pp* **belästigt**) *vt* importuner; **Belästigung** *f* gêne *m*; (*durch Mensch*) harcèlement *m*; **sexuelle ~** harcèlement sexuel
Belastung *f* charge *f*; (*fig: Sorge*) poids *m*; (*von Konto*) débit *m*; (*Fin*) charges *fpl*
belaufen (*pp* ~) *irr vr*: **sich ~ auf** +*akk* s'élever à
belauschen (*pp* **belauscht**) *vt* écouter, épier
belebt *adj* animé(e)
Beleg *m* (**-(e)s, -e**) (*Com*) reçu *m*; (*Beweis*) document *m*, attestation *f*; (*Beispiel*) exemple *m*
belegen (*pp* **belegt**) *vt* (*Boden*) recouvrir (*mit de*); (*Kuchen*) garnir; (*Brot*) tartiner; (*Platz, Zimmer*) retenir; (*Kurs, Vorlesung*) s'inscrire à; (*beweisen*) justifier; (*urkundlich*) documenter; **jdn mit einer Strafe ~** infliger une peine à qn
Belegschaft *f* personnel *m*
belegt *adj* (*besetzt*) occupé(e); (*Zunge*) chargé(e); **belegte Brote** canapés *mpl*; **Belegzeichen** *nt* (*Tel*) signal *m* occupé
belehren (*pp* **belehrt**) *vt* faire la leçon à; **Belehrung** *f* formation *f*; (*Zurechtweisung*) leçon *f*
beleidigen (*pp* **beleidigt**) *vt* (*durch Benehmen*) offenser; (*mündlich*) insulter, injurier; (*Jur*) outrager; **beleidigt sein** être vexé(e); **Beleidigung** *f* offense *f*, injure *f*; (*Jur*) outrage *m*
belemmert *adj siehe* **belämmert**
belesen *adj* cultivé(e)

beleuchten (*pp* **beleuchtet**) *vt* éclairer; (*Gebäude*) illuminer; (*Problem, Thema*) éclaircir; **Beleuchtung** *f* éclairage *m*; (*von Gebäude*) illumination *f*; (*von Fahrzeug*) feux *mpl*, phares *mpl*
Belgien *nt* (**-s**) la Belgique; **Belgier, in** *m*(*f*) (**-s, -**) Belge *mf*; **belgisch** *adj* belge
belichten (*pp* **belichtet**) *vt* exposer; **Belichtung** *f* (*Foto*) exposition *f*, pose *f*; **Belichtungsmesser** *m* (**-s, -**) posemètre *m*
Belieben *nt*: (**ganz**) **nach ~** à volonté; (*nach Geschmack*) comme il vous plaira
beliebig *adj* quelconque; (*irgendein*) n'importe quel(le); **~ viel** autant que vous voudrez
beliebt *adj* populaire; **sich bei jdm ~ machen** se faire bien voir de qn; **Beliebtheit** *f* popularité *f*
beliefern (*pp* **beliefert**) *vt* (*Firma*) fournir (*mit en*)
bellen *vi* aboyer
belohnen (*pp* **belohnt**) *vt* récompenser (*für de, pour*); **Belohnung** *f* récompense *f*
belügen (*pp* **belogen**) *irr vt* mentir à
belustigen (*pp* **belustigt**) *vt* amuser; **Belustigung** *f* divertissement *m*; **zu ihrer ~** à son grand amusement
bemalen (*pp* **bemalt**) *vt* peindre; (*Papier*) peindre sur; (*verzieren*) décorer
bemängeln (*pp* **bemängelt**) *vt* critiquer
bemannen (*pp* **bemannt**) *vt* équiper en personnel
bemerkbar *adj* sensible, notable; **sich ~ machen** se faire sentir; (*Mensch*) se faire remarquer; **bemerken** (*pp* **bemerkt**) *vt* remarquer; **bemerkenswert** *adj* remarquable; **Bemerkung** *f* remarque *f*
bemitleiden (*pp* **bemitleidet**) *vt* plaindre
bemühen (*pp* **bemüht**) *vr*: **sich ~** s'efforcer; **sich um jdn ~** prendre soin de qn; **sich um etw ~** veiller à qch ◼ *vt* (*beanspruchen*) mettre à contribution; **Bemühung** *f* (*Anstrengung*) effort *m*; (*Dienstleistung*) peine *f*
bemuttern (*pp* **bemuttert**) *vt* dorloter
benachbart *adj* voisin(e)
benachrichtigen (*pp* **benachrichtigt**) *vt* informer; **Benachrichtigung** *f* avis *m*
benachteiligen (*pp* **benachteiligt**) *vt* désavantager
benehmen (*pp* **benommen**) *irr vr*: **sich ~** (*sich verhalten*) se comporter; (*höflich sein*) bien se tenir; **Benehmen** *nt* (**-s**) comportement *m*
beneiden (*pp* **beneidet**) *vt* envier (*jdn um etw* qch à qn); **beneidenswert** *adj* enviable
Beneluxländer *pl* le Benelux

benennen (pp **benannt**) irr vt (Straße,
Pflanze) donner un nom à; (Täter) nommer;
jdn nach jdm ~ donner à qn le nom de qn
Bengel m (**-s, -**) garnement m
Benin m: der ~ le Bénin
benommen adj hébété(e)
benoten (pp **benotet**) vt noter
benötigen (pp **benötigt**) vt avoir
besoin de
benutzen, benützen (pp **benutzt,
benützt**) vt utiliser; (Eingang) emprunter;
(Bücherei) fréquenter; (Zug, Taxi) prendre;
Benutzer, in m(f) (**-s, -**) (a. Inform)
utilisateur(-trice); (von Bücherei etc)
usager(-ère); **benutzerdefiniert** adj
(Inform) défini(e) par l'utilisateur;
benutzerfreundlich adj d'un emploi
pratique; (Inform) convivial(e);
Benutzerhandbuch nt guide m de
l'utilisateur; **Benutzerkennung** f
identité f de l'utilisateur; **Benutzerkonto**
nt compte m Internet; **Benutzername** m
login m; **Benutzeroberfläche** f (Inform)
interface f utilisateur;
Benutzerpasswort nt mot m de passe;
Benutzerprofil nt profil m utilisateur;
Benutzung f utilisation f; (von Gerät)
emploi m
Benzin nt (**-s, -e**) (Auto) essence f;
(Reinigungsbenzin) benzine f;
Benzinkanister m bidon m d'essence;
Benzintank m réservoir m (d'essence);
Benzinuhr f jauge f d'essence;
Benzinverbrauch m consommation f
d'essence
beobachten (pp **beobachtet**) vt
observer; (Verdächtigen) filer; (bemerken)
remarquer; **Beobachter, in** m(f) (**-s, -**)
observateur(-trice); (Zeitung, TV)
correspondant(e); **Beobachtung** f
observation f; (polizeilich, ärztlich)
surveillance f
bepacken (pp **bepackt**) vt charger
bepflanzen (pp **bepflanzt**) vt planter
bequem adj confortable; (Lösung, Ausrede)
facile; (Schüler, Untergebene) docile; (träge)
paresseux(-euse); sitzen Sie ~? êtes-vous
bien assis(e)?; **Bequemlichkeit** f confort
m, commodité f; (Faulheit) paresse f
beraten (pp ~) irr vt (Rat geben) conseiller;
(besprechen) discuter; **gut/schlecht ~
sein** être bien/mal avisé(e) ◼ vr: **sich ~**
tenir conseil; **Berater, in** m(f) (**-s, -**)
conseiller(-ère); **beratschlagen** (pp
beratschlagt) vi délibérer; **Beratung** f
(das Beraten) conseil m; (ärztlich)
consultation f; (Besprechung) délibération
f; **Beratungsstelle** f bureau m
d'information, service m de consultation
berauben (pp **beraubt**) vt voler

berechenbar adj calculable; (Verhalten)
prévisible
berechnen (pp **berechnet**) vt calculer;
jdm etw ~ facturer qch à qn; **berechnend**
adj (Mensch) calculateur(-trice);
Berechnung f calcul m; (Com)
facturation f
berechtigen (pp **berechtigt**) vt autoriser;
(fig) justifier, autoriser; **jdn zum
Gebrauch/Zutritt ~** donner à qn droit à
l'usage/l'entrée; **berechtigt** adj (Sorge)
fondé(e); (Ärger, Forderung) justifié(e);
Berechtigung f autorisation f; (fig)
justification f
bereden (pp **beredet**) vt (besprechen)
discuter; (überreden) convaincre
beredt adj éloquent(e)
Bereich m (**-(e)s, -e**) (Bezirk) région f;
(Ressort, Gebiet) domaine m
bereichern (pp **bereichert**) vt (Sammlung)
enrichir; (Wissen) augmenter ◼ vr: **sich ~**
s'enrichir
bereinigen (pp **bereinigt**) vt
(Angelegenheit) régler; (Missverständnisse)
dissiper; (Verhältnis) normaliser
bereisen (pp **bereist**) vt parcourir
bereit adj: ~ **sein** être prêt(e) (zu à);
~ **machen** préparer
bereiten (pp **bereitet**) vt préparer;
(Kummer, Freude) causer (jdm à qn)
bereit|halten sep irr vt tenir prêt(e) ◼ vr:
sich ~ se tenir prêt(e); **bereit|legen** sep vt
préparer; **bereit|machen** sep vt siehe
bereit
bereits adv déjà
Bereitschaft f disponibilité f; **in ~ sein**
être prêt(e); (Polizei) être prêt(e) à
intervenir; (Arzt) être de garde;
Bereitschaftsdienst m permanence f;
(Arzt) garde f; ~ **haben** être de
permanence; (Arzt) être de garde
bereit|stehen sep irr vi être prêt(e);
bereit|stellen sep vt préparer; (Geld)
assurer; (Truppen, Maschinen) mettre à
disposition; **bereitwillig** adj empressé(e)
bereuen (pp **bereut**) vt regretter
Berg m (**-(e)s, -e**) montagne f; **in die Berge
fahren** aller à la montagne; **bergab** adv:
~ **gehen/fahren** descendre; **bergan** adv:
es geht steil ~ la pente est très raide;
Bergarbeiter m mineur m; **bergauf** adv:
~ **gehen/fahren** monter; **Bergbahn** f
chemin m de fer de montagne; **Bergbau**
m exploitation f minière
bergen (**barg, geborgen**) vt (retten)
sauver; (Tote) dégager; (Material)
récupérer; (enthalten) renfermer
Bergführer, in m(f) guide mf de
montagne; **Berggipfel** m sommet m
bergig adj montagneux(-euse)

Bergkamm m crête f; **Bergkette** f chaîne f de montagnes; **Bergmann** m (pl **Bergleute**) mineur m; **Bergrutsch** m glissement m de terrain; **Bergschuh** m chaussure f de montagne; **Bergsteigen** nt (**-s**) alpinisme m; **Bergsteiger, in** m(f) (**-s, -**) alpiniste mf

Bergung f (von Menschen) sauvetage m; (von Toten) dégagement m; (von Material) récupération f

Bergwacht f (**-, -en**) secours m en montagne; **Bergwerk** nt mine f

Bericht m (**-(e)s, -e**) rapport m; **berichten** (pp **berichtet**) vi faire un rapport; **über etw** akk ~ relater qch ▪ vt faire un rapport de, relater; **jdm etw** ~ informer qn de qch; **Berichterstatter, in** m(f) (**-s, -**) reporter mf; (im Ausland) correspondant(e); **Berichterstattung** f reportage m

berichtigen (pp **berichtigt**) vt corriger

Beringstraße f détroit m de Bering

beritten adj: **die berittene Polizei** la police montée

Berlin nt (**-s**) Berlin m; **Berliner Republik** f République f de Berlin

Bermudadreieck nt triangle m des Bermudes; **Bermudainseln** pl, **Bermudas** pl: **die ~ les Bermudes** fpl; **Bermudashorts** pl bermuda m

Bern nt (**-s**) (Stadt und Kanton) Berne

Bernstein m ambre m (jaune)

bersten (**barst, geborsten**) vi aux sein crever (vor de)

berüchtigt adj (Gegend, Lokal) mal famé(e); (Verbrecher) notoire

berücksichtigen (pp **berücksichtigt**) vt prendre en considération; **Berücksichtigung** f prise f en considération

Beruf m (**-(e)s, -e**) (Tätigkeit) profession f; (Gewerbe) métier m; **von ~ Lehrer sein** être professeur de son métier; **was sind Sie von ~?** quelle est votre profession?; **ohne ~** sans profession

berufen (pp ~) irr vt nommer; **sich zu etw ~ fühlen** se sentir appelé(e) à qch ▪ vr: **sich auf jdn/etw ~** en appeler à qn/qch ▪ adj compétent(e)

beruflich adj professionnel(le); **~ unterwegs sein** être en déplacement

Berufsausbildung f formation f professionnelle; **Berufsberater, in** m(f) conseiller(-ère) d'orientation; **Berufsberatung** f orientation f professionnelle; **Berufsbezeichnung** f dénomination f professionnelle; **Berufserfahrung** f expérience f professionnelle; **Berufskrankheit** f maladie f professionnelle; **Berufsleben** nt vie f professionnelle; **im ~ stehen**

travailler; **Berufsrisiko** nt risques mpl du métier; **Berufsschule** f école f professionnelle; **Berufssoldat, in** m(f) militaire mf de carrière; **Berufssportler, in** m(f) sportif(-ive) professionnel(le); **berufstätig** adj qui exerce une activité professionnelle, qui travaille; **Berufsverkehr** m heures fpl de pointe; **Berufswahl** f choix m d'une profession

Berufung f nomination f; (innerer Auftrag) vocation f (zu de); (Jur) appel m, recours m; **~ einlegen** faire appel

beruhen (pp **beruht**) vi: **auf etw** dat ~ reposer sur qch; **etw auf sich ~ lassen** laisser dormir qch

beruhigen (pp **beruhigt**) vt calmer; (Gewissen) soulager, apaiser; **beruhigt sein** être tranquille, être rassuré(e) ▪ vr: **sich ~** se calmer; **Beruhigung** f apaisement m; (von Gewissen) soulagement m; **zu jds ~** pour rassurer qn; **Beruhigungsmittel** nt tranquillisant m, sédatif m

berühmt adj célèbre, renommé(e); **Berühmtheit** f célébrité f

berühren (pp **berührt**) vt toucher; (Math) être tangent à; (flüchtig erwähnen) effleurer, mentionner ▪ vr: **sich ~** se toucher; **Berührung** f contact m; **Berührungsangst** f appréhension f; **Berührungsbildschirm** m écran m tactile; **Berührungspunkt** m point m de contact; **berührungssensitiv** adj (Bildschirm) tactile

besagen (pp **besagt**) vt signifier

besammeln (pp **besammelt**) vt, vr (CH) siehe **versammeln**

besänftigen (pp **besänftigt**) vt apaiser; **Besänftigung** f apaisement m

besann imperf von **besinnen**

Besatz m bordure f

Besatzung f équipage m; (Mil) troupes fpl d'occupation; **Besatzungsmacht** f force f occupante [o d'occupation]

besaufen (pp **besoffen**) vr: **sich ~** (fam) se soûler, prendre une cuite

beschädigen (pp **beschädigt**) vt endommager, abîmer; **Beschädigung** f endommagement m; (Stelle) dégâts mpl

beschaffen (pp **beschafft**) vt procurer, fournir; **sich** dat **etw ~** se procurer qch ▪ adj: **so ~ sein, dass ...** être de nature à ...; **mit der Wirtschaft ist es schlecht ~** l'économie ne va pas bien; **Beschaffenheit** f nature f; **Beschaffung** f acquisition f; **Beschaffungskriminalität** f délits mpl commis pour se procurer de la drogue

beschäftigen (pp **beschäftigt**) vt occuper; (Problem, Frage) préoccuper;

(*beruflich*) employer ■ vr: **sich ~** s'occuper;
sich ~ mit (*sich befassen*) s'occuper de;
beschäftigt *adj* occupé(e); (*angestellt*)
employé(e); **Beschäftigung** *f* occupation
f; (*Beruf*) emploi *m*;
Beschäftigungsmaßnahme *f* mesure *f*
pour l'emploi; **Beschäftigungstherapie**
f ergothérapie *f*
beschämen (*pp* **beschämt**) *vt* faire honte
à; **beschämend** *adj* honteux(-euse);
(*Hilfsbereitschaft*) gênant(e); **beschämt**
adj honteux(-euse)
beschatten (*pp* **beschattet**) *vt*
ombrager; (*Verdächtige*) surveiller
beschaulich *adj* (*Abend, Leben, Mensch*)
tranquille; (*Rel*) contemplatif(-ive)
Bescheid *m* (**-(e)s, -e**) (*Auskunft*)
renseignement *m*; (*Benachrichtigung*)
réponse *f*; (*Weisung*) ordre *m*, directive *f*;
~ wissen être au courant; **jdm ~ geben**
[*o* **sagen**] avertir qn, informer qn
bescheiden *adj* modeste;
Bescheidenheit *f* modestie *f*
bescheinen (*pp* **beschienen**) *irr vt* (*Sonne*)
briller sur; (*Licht, Lampe*) éclairer
bescheinigen (*pp* **bescheinigt**) *vt*
attester; **Bescheinigung** *f* certificat *m*,
attestation *f*; (*Quittung*) reçu *m*
bescheißen (*pp* **beschissen**) *irr vt* (*sl*)
rouler; **beschissen werden** se faire avoir
beschenken (*pp* **beschenkt**) *vt* faire un
cadeau à
bescheren (*pp* **beschert**) *vt*: **jdm etw ~**
offrir qch à qn; **jdn ~** faire un cadeau/des
cadeaux (de Noël) à qn; **mal sehen, was
uns das neue Jahr beschert** je me
demande ce que nous réserve l'année
prochaine; **Bescherung** *f* distribution *f*
des cadeaux de Noël; (*fam*) tuile *f*; **da
haben wir die ~!** nous voilà dans de beaux
draps!
beschildern (*pp* **beschildert**) *vt* signaliser
beschimpfen (*pp* **beschimpft**) *vt* insulter,
injurier; **Beschimpfung** *f* insulte *f*
Beschiss *m* (**-es**): **das ist ~!** (*sl*) c'est de la
triche!
beschissen *adj* (*sl*) chiant(e)
Beschlag *m* (*Metallband*) mature *f*; (*auf
Metall*) ternissure *f*; (*Hufeisen*) fers *mpl* (à
cheval); **jdn/etw in ~ nehmen, jdn/etw
mit ~ belegen** accaparer qn/qch
beschlagen (*pp* **~**) *irr vt* ferrer ■ vr:
sich ~ (*Glas*) s'embuer; (*Metall*) se ternir
■ *adj*: **in etw** *dat* **~ sein** être ferré(e) sur
qch
beschlagnahmen (*pp* **beschlagnahmt**)
vt saisir, confisquer
beschleunigen (*pp* **beschleunigt**) *vt, vi*
accélérer; **Beschleunigung** *f*
accélération *f*

beschließen (*pp* **beschlossen**) *irr vt*
décider; (*beenden*) terminer, achever
Beschluss *m* décision *f*, résolution *f*
beschmutzen (*pp* **beschmutzt**) *vt* salir
beschneiden (*pp* **beschnitten**) *irr vt*
(*Hecke*) tailler; (*Flügel*) couper; (*Rel*)
circoncire; (*Rechte, Freiheit*) restreindre
beschönigen (*pp* **beschönigt**) *vt* embellir
beschränken (*pp* **beschränkt**) *vt* limiter,
restreindre ■ vr: **sich ~** se limiter, se
restreindre; **sich auf etw** *akk* **~** se borner
à qch
beschrankt *adj* (*Bahnübergang*) gardé(e)
beschränkt *adj* limité(e); (*Mensch*)
borné(e); **Beschränktheit** *f* (*geistig*)
étroitesse *f* d'esprit; (*von Raum*) exiguïté *f*;
Beschränkung *f* limitation *f*; **jdm
Beschränkungen auferlegen** imposer
des restrictions à qn
beschreiben (*pp* **beschrieben**) *irr vt*
décrire; (*Papier*) écrire sur; **Beschreibung**
f description *f*
beschriften (*pp* **beschriftet**) *vt* étiqueter;
Beschriftung *f* (*das Beschriften*)
étiquetage *m*; (*Schrift*) inscription *f*
beschuldigen (*pp* **beschuldigt**) *vt*
accuser (*jdn einer Sache gen* qn de qch);
Beschuldigung *f* accusation *f*
beschummeln (*pp* **beschummelt**) *vt*
(*fam*) rouler ■ *vi* (*fam*) tricher
beschützen (*pp* **beschützt**) *vt*
protéger; **Beschützer, in** *m(f)* (**-s, -**)
protecteur(-trice)
Beschwerde *f* (**-, -n**) plainte *f*;
Beschwerden *pl* (*Leiden*) troubles *mpl*
beschweren (*pp* **beschwert**) *vt* charger,
alourdir; (*fig*) accabler, importuner ■ vr:
sich ~ se plaindre
beschwerlich *adj* pénible, fatigant(e)
beschwichtigen (*pp* **beschwichtigt**) *vt*
apaiser, calmer
beschwindeln (*pp* **beschwindelt**) *vt*
(*betrügen*) duper; (*belügen*) raconter des
bobards à
beschwingt *adj* gai(e), enjoué(e);
(*Schritte*) léger(-ère)
beschwipst *adj* gris(e), éméché(e)
beschwören (*pp* **beschworen**) *irr vt*
(*Aussage*) jurer, affirmer sous serment;
(*anflehen*) implorer, supplier; (*Geister*)
conjurer
besehen (*pp* **~**) *irr vt* regarder de près
beseitigen (*pp* **beseitigt**) *vt* éliminer,
écarter; (*Zweifel*) lever; (*jdn*) supprimer;
Beseitigung *f* élimination *f*
Besen *m* (**-s, -**) balai *m*; **Besenstiel** *m*
manche *m* à balai
besessen *adj* obsédé(e) (*von* de, par)
besetzen (*pp* **besetzt**) *vt* occuper;
(*Rolle*) donner; (*mit Edelstein, Spitzen*)

garnir (*mit* de); **besetzt** adj occupé(e);
Besetztzeichen nt signal m occupé;
Besetzung f occupation f; (*Theat*)
distribution f
besichtigen (*pp* **besichtigt**) vt visiter;
(*ansehen*) aller voir; **Besichtigung** f
visite f
besiegen (*pp* **besiegt**) vt vaincre;
Besiegte, r mf vaincu(e)
besinnen (**besann, besonnen**) vr: **sich ~**
(*nachdenken*) réfléchir; (*sich erinnern*)
se souvenir (*auf* +akk de)
besinnlich adj médiatif(-ive), de
recueillement
Besinnung f (*Bewusstsein*) connaissance f;
(*Nachdenken*) réflexion f; **zur ~ kommen**
reprendre connaissance; (*fig*) revenir à la
raison; **die ~ verlieren** perdre
connaissance; **besinnungslos** adj
(*bewusstlos*) sans connaissance; (*fig*)
hors de soi
Besitz m (**-es**) propriété f; (*das Besitzen*)
possession f; **besitzanzeigend** adj (*Ling*)
possessif(-ive); **besitzen** (*pp* **besessen**) irr
vt posséder; **Besitzer, in** m(f) (**-s, -**)
propriétaire mf
besoffen adj (*fam*) bourré(e)
besohlen (*pp* **besohlt**) vt ressemeler
Besoldung f (*von Beamten*) appointements
mpl; (*von Soldaten*) solde f
besondere, r, s adj exceptionnel(le),
extraordinaire; (*speziell: Liebling, Interesse,
Wünsche, Auftrag*) particulier(-ière);
(*gesondert, zusätzlich*) spécial(e); **nichts
Besonderes** rien de spécial; **etwas
Besonderes** quelque chose de spécial;
im Besonderen en particulier;
Besonderheit f particularité f;
besonders adv (*hauptsächlich*)
principalement, surtout; (*nachdrücklich*)
particulièrement, expressément;
(*außergewöhnlich*) exceptionnel; (*sehr*)
tout particulièrement, beaucoup;
(*getrennt*) séparément; **nicht ~** pas
spécialement
besonnen pp von **besinnen** ■ adj
réfléchi(e), raisonnable; **Besonnenheit** f
sagesse f
besorgen (*pp* **besorgt**) vt (*beschaffen*)
procurer; (*Geschäfte*) faire, expédier;
(*sich kümmern um*) prendre soin de
Besorgnis f souci m, inquiétude f
besorgniserregend adj inquiétant(e)
besorgt adj inquiet(-ète)
Besorgung f acquisition f; **Besorgungen
machen** faire des courses
bespitzeln (*pp* **bespitzelt**) vt espionner
besprechen (*pp* **besprochen**) irr vt
discuter (*mit* avec); (*Tonband etc*) parler
sur; (*Buch, Theaterstück*) critiquer

■ vr: **sich ~** se concerter (*mit* avec);
Besprechung f (*Unterredung*) réunion f;
(*Rezension*) critique f
besser adj komp von **gut** meilleur(e); **es
wäre ~, wenn ...** il vaudrait mieux que ...;
etwas Besseres quelque chose de mieux;
jdn eines Besseren belehren détromper
qn ■ adv mieux; **tue das ~** cela vaudrait
mieux; **du hättest ~ ...** tu aurais mieux fait
de ...; **~ gesagt** ou plutôt; **es geht ihm ~** il
va mieux
bessern vt amender, rendre meilleur(e)
■ vr: **sich ~** s'améliorer; (*Wetter*) se mettre
au beau; (*Verbrecher*) s'amender;
Besserung f amélioration f; (*Med*)
rétablissement m; **gute ~!** bon
rétablissement!
Besserwessi m (*pej*) grand pédant m de
l'Allemagne de l'Ouest; **Besserwisser, in**
m(f) (**-s, -**) bêcheur(-euse)
Bestand m (**-(e)s, Bestände**)
(*Fortbestehen*) persistance f, continuité f;
(*Kassenbestand*) encaisse f; (*Vorrat*) stock
m; **~ haben, von ~ sein** durer, persister
beständig adj (*ausdauernd*) persistant(e),
constant(e); (*Wetter*) stable;
(*widerstandsfähig*) résistant(e); (*dauernd*)
continuel(le), ininterrompu(e)
Bestandsaufnahme f inventaire m
Bestandteil m composante f; (*fig*) partie f
intégrante; (*Einzelteil*) élément m
bestärken (*pp* **bestärkt**) vt: **jdn in etw** dat
~ appuyer qn dans qch
bestätigen (*pp* **bestätigt**) vt (*a. Inform*)
confirmer; (*Empfang*) accuser réception
de; **jdm etw ~** confirmer qch à qn
■ vr: **sich ~** se confirmer, se vérifier;
Bestätigung f confirmation f
bestatten (*pp* **bestattet**) vt inhumer;
Bestattung f inhumation f;
Bestattungsinstitut nt pompes fpl
funèbres
bestäuben (*pp* **bestäubt**) vt (*Kuchen*)
saupoudrer; (*Pflanze*) féconder (avec
du pollen)
bestaunen (*pp* **bestaunt**) vt
s'émerveiller de
beste, r, s adj superl von **gut** meilleur(e);
jdn zum Besten haben se jouer de qn;
jdm etw zum Besten geben régaler qn
de qch; **aufs B~** au mieux; **zu jds Besten**
pour le bien de qn ■ adv le mieux; **sie
singt am besten** c'est elle qui chante le
mieux; **am besten gehst du gleich** il vaut
mieux que tu partes tout de suite
bestechen (*pp* **bestochen**) irr vt
soudoyer; (*Leistung, Schönheit*) séduire,
éblouir; **bestechlich** adj corruptible,
vénal(e); **Bestechlichkeit** f corruption f;
Bestechung f corruption f, subornation f

Besteck nt (-(e)s, -e) couverts mpl; (Med)
trousse f; (von Drogenabhängigen) matériel
m de drogué
bestehen (pp bestanden) irr vi (existieren)
exister, être; (andauern) durer, subsister;
aus etw ~ se composer de qch; **auf etw**
dat **~** insister sur qch ▪ vt (Kampf, Probe)
soutenir; (Prüfung) réussir
bestehlen (pp bestohlen) irr vt voler
besteigen (pp bestiegen) irr vt (Berg)
escalader; (Fahrzeug) monter dans; (Pferd)
monter; (Thron) accéder à
Bestellbuch nt carnet m de commande;
bestellen (pp bestellt) vt (Waren)
commander; (reservieren lassen) réserver,
retenir; (jdn) faire venir (zu chez); (Grüße,
Auftrag) transmettre; (nominieren)
nommer, désigner; (Acker) cultiver; **um**
ihn ist es gut/schlecht bestellt ses
affaires vont bien/mal; **Bestellnummer** f
numéro m de commande; **Bestellschein**
m bon m de commande; **Bestellung** f
commande f
bestenfalls adv dans le meilleur des cas
bestens adv au mieux, parfaitement
besteuern (pp besteuert) vt imposer
Bestie f bête f féroce; (fig) monstre m
bestimmen (pp bestimmt) vt (anordnen)
décréter, ordonner; (Tag, Ort) déterminer,
fixer; (beherrschen) dominer; (ausersehen)
désigner; (ernennen) nommer; (definieren)
définir, qualifier; (veranlassen) décider
bestimmt adj (entschlossen) ferme,
décidé(e); (gewiss) certain(e); (Artikel)
défini(e) ▪ adv sûrement, certainement;
Bestimmtheit f (Entschlossenheit)
détermination f
Bestimmung f (Verordnung) décret m,
ordonnance f; (Festsetzen) détermination
f, fixation f; (Verwendungszweck)
destination f, but m; (Schicksal) destin m;
(Definition) définition f; **Bestimmungsort**
m destination f
Bestleistung f record m; **bestmöglich**
adj: **der/die/das Bestmögliche ...** le (la)
meilleur(e) ... (possible)
Best.-Nr. abk = **Bestellnummer** numéro
m de commande
bestrafen (pp bestraft) vt punir;
Bestrafung f punition f
bestrahlen (pp bestrahlt) vt éclairer;
(Med) traiter par les rayons; **Bestrahlung**
f (Med) séance f de radiothérapie
Bestreben nt (-s) effort m, tentative f
bestreichen (pp bestrichen) irr vt (Brot)
tartiner (mit de); (Oberfläche) enduire
(mit de)
bestreiken (pp bestreikt) vt faire grève
dans; **der Betrieb wird bestreikt**
l'entreprise est en grève

bestreiten (pp bestritten) irr vt
(abstreiten) contester, nier; (finanzieren)
financer
bestreuen (pp bestreut) vt: **etw mit Erde**
~ répandre de la terre sur qch; **etw mit**
Mehl ~ saupoudrer qch de farine; **etw mit**
Sand ~ sabler qch
Bestseller m (-s, -) best-seller m
bestürmen (pp bestürmt) vt assaillir,
presser (mit de)
bestürzen (pp bestürzt) vt bouleverser,
affoler; **bestürzt** adj bouleversé(e);
Bestürzung f consternation f
Besuch m (-(e)s, -e) visite f; (von
Gottesdienst) présence f (gen à); **bei jdm**
einen ~ machen rendre visite à qn; **~**
haben avoir de la visite, avoir des invités;
bei jdm auf [o zu] ~ sein être en visite chez
qn; **besuchen** (pp besucht) vt aller voir,
rendre visite à; (Ort) visiter; (Gottesdienst)
assister à; (Sch) aller à; (Kurs) suivre; **gut**
besucht fréquenté(e); **Besucher, in** m(f)
(-s, -) visiteur(-euse); **Besuchserlaubnis**
f autorisation f de visite; **Besuchszeit** f
heures fpl de visite
Betablocker m (-s, -) bêtabloquant m
betagt adj âgé(e), d'un âge avancé
betasten (pp betastet) vt palper
betätigen (pp betätigt) vt actionner
▪ vr: **sich ~** s'occuper, travailler;
sich politisch ~ exercer une activité
politique; **Betätigung** f occupation f,
activité f; (beruflich) travail m; (Tech)
actionnement m
betäuben (pp betäubt) vt (durch Schlag)
assommer, sonner; (durch Geruch) griser,
enivrer; (Med) endormir, anesthésier;
Betäubungsmittel nt narcotique m,
anesthésique m
Beta-Version f (Inform) version f beta
Bete f (-, -n): **Rote ~** betterave f rouge
beteiligen (pp beteiligt) vr: **sich ~**
participer, prendre part (an +dat à);
▪ vt: **jdn ~** faire participer qn (an +dat à);
Beteiligung f participation f
beten vi prier
beteuern (pp beteuert) vt affirmer;
jdm etw ~ assurer qn de qch;
Beteuerung f déclaration f
Beton m (-s, -s) béton m
betonen (pp betont) vt (Wort, Silbe)
accentuer; (Tatsache) insister sur;
(hervorheben) faire ressortir
betonieren (pp betoniert) vt bétonner
Betonkopf m (pej) tête f de mule
Betonung f accentuation f
betr. abk = **betreffend, betreffs** concernant
Betracht m: **in ~ kommen** entrer en ligne
de compte; **etw in ~ ziehen** prendre qch
en considération

betrachten (pp **betrachtet**) vt regarder, contempler; **jdn als etw ~** considérer qn comme qch; **Betrachter, in** m(f) (**-s, -**) observateur(-trice)

beträchtlich adj considérable

Betrag m (**-(e)s, Beträge**) montant m, somme f

betragen (pp **~**) irr vt (Summe, Anzahl) s'élever à ■ vr: **sich ~** se comporter, se conduire; **Betragen** nt (**-s**) conduite f

betrauen (pp **betraut**) vt: **jdn mit etw ~** confier qch à qn

betreffen (pp **betroffen**) irr vt concerner; **was mich betrifft** en ce qui me concerne; **betreffend** adj concernant; (Stelle) concerné(e); **Ihre unser Angebot betreffende Anfrage** votre question concernant notre offre; **betreffs** präp +gen concernant

betreiben (pp **betrieben**) irr vt (ausuben) exercer; (Studien) faire, poursuivre; **Betreiber, in** m(f) (Firma) société f d'exploitation; (von Spielhalle, Hotel) tenancier(-ière)

betreten (pp **~**) irr vt (Haus) entrer dans; (Gelände) pénétrer dans [o sur]; (Rasen) marcher sur; (Bühne) entrer en ■ adj embarrassé(e), confus(e)

betreuen (pp **betreut**) vt s'occuper de; (Reisegruppe) accompagner

Betrieb m (**-(e)s, -e**) (Firma) entreprise f; (von Maschine) fonctionnement m; (Treiben) animation f; **außer ~ sein** être hors service; **in ~ sein** être en service; **Betriebsausflug** m sortie m d'entreprise; **betriebsbereit** adj en état de marche; **Betriebsferien** pl fermeture f annuelle; **Betriebsklima** nt ambiance f de travail; **Betriebskosten** pl charges fpl (d'exploitation); **Betriebsrat** m (Gremium) comité m d'entreprise; **Betriebsrat** m, **-rätin** f délégué(e) du personnel; **betriebssicher** adj fiable; **Betriebsstörung** f panne f; **Betriebssystem** nt (Inform) système m d'exploitation; **Betriebsunfall** m accident m du travail; **Betriebswirtschaft** f gestion f d'entreprise

betrinken (pp **betrunken**) irr vr: **sich ~** s'enivrer

betroffen adj (bestürzt) bouleversé(e); **von etw ~ werden** [o sein] être concerné(e) par qch

betrüben (pp **betrübt**) vt attrister; **betrübt** adj triste, affligé(e)

Betrug m (**-(e)s**) tromperie f, duperie f; **betrügen** (pp **betrogen**) irr vt tromper ■ vr: **sich ~** s'abuser; **Betrüger, in**

m(f) (**-s, -**) escroc m; **betrügerisch** adj frauduleux(-euse)

betrunken adj ivre, soûl(e)

Bett nt (**-(e)s, -en**) lit m; **ins** [o zum] **~ gehen** aller au lit; **Bettbezug** m garniture f de lit; **Bettdecke** f couverture f; (Daunenbettdecke) couette f; (Überwurf) couvre-lit m

bettelarm adj pauvre comme Job; **Bettelei** f mendicité f; **betteln** vi mendier

betten vt (Verletzten) coucher; (Kopf) poser

bettlägerig adj alité(e); **Bettlaken** nt drap m

Bettler, in m(f) (**-s, -**) mendiant(e)

Bettnässer, in m(f) (**-s, -**) incontinent(e); **Bettvorleger** m descente f de lit; **Bettwäsche** f draps mpl; **Bettzeug** nt literie f

beugen vt (Körperteil) plier, fléchir; (Ling) décliner; conjuguer ■ vr: **sich ~** s'incliner, se soumettre; (sich lehnen) se pencher

Beule f (**-, -n**) bosse f

beunruhigen (pp **beunruhigt**) vt inquiéter ■ vr: **sich ~** s'inquiéter; **Beunruhigung** f inquiétude f

beurkunden (pp **beurkundet**) vt certifier

beurlauben (pp **beurlaubt**) vt (Arbeiter) donner un congé à; (Minister) relever de ses fonctions; **beurlaubt sein** être en congé; (Professor) être en disponibilité

beurteilen (pp **beurteilt**) vt juger; **Beurteilung** f jugement m, appréciation f

Beute f (**-**) butin m; (Opfer) victime f; **Beutegut** nt butin m; **Beutekunst** f œuvres fpl d'art spoliées

Beutel m (**-s, -**) (Tasche) sac m; (Kulturbeutel, Kosmetikbeutel) trousse f de toilette; (Geldbeutel) porte-monnaie m; (Tabaksbeutel) blague f; (von Känguruh) poche f; **Beuteltier** nt marsupial m

bevölkern (pp **bevölkert**) vt peupler; (füllen) envahir; **Bevölkerung** f population f; **Bevölkerungsexplosion** f explosion f démographique

bevollmächtigen (pp **bevollmächtigt**) vt habiliter, autoriser; **Bevollmächtigte, r** mf mandataire mf; **Bevollmächtigung** f procuration f

bevor konj avant de +inf, avant que +subj; **~ ich noch etwas sagen konnte** avant que j'aie pu ouvrir la bouche; **überleg's dir gut, ~ du's tust** réfléchis bien avant de le faire

bevormunden (pp **bevormundet**) vt tenir en tutelle

bevor|stehen sep irr vi être imminent(e); **bevorstehend** adj imminent(e)

bevorzugen (*pp* **bevorzugt**) *vt* préférer;
Bevorzugung *f* préférence *f*; (*bessere
Behandlung*) traitement *m* de faveur
bewachen (*pp* **bewacht**) *vt* surveiller;
(*Schatz*) garder; **Bewachung** *f* (*Bewachen*)
surveillance *f*, (*Leute*) garde *f*
bewaffnen (*pp* **bewaffnet**) *vt* armer ■ *vr*:
sich ~ s'armer (*mit de*); **bewaffnet** *adj*
armé(e); (*Überfall*) à main armée;
Bewaffnung *f* armement *m*
bewahren (*pp* **bewahrt**) *vt* garder;
jdn vor etw *dat* **~** préserver qn de qch
bewähren (*pp* **bewährt**) *vr*: **sich ~**
(*Mensch*) faire ses preuves; (*Methode,
Mittel*) donner de bons résultats
bewahrheiten (*pp* **bewahrheitet**)
vr: **sich ~** se vérifier
bewährt *adj* éprouvé(e)
Bewährung *f* (*Jur*) sursis *m*;
Bewährungsfrist *f* délai *m* probatoire
bewaldet *adj* boisé(e)
bewältigen (*pp* **bewältigt**) *vt* surmonter;
(*Arbeit*) arriver à faire; (*Strecke*) parcourir
bewandert *adj*: **in etw** *dat* **~ sein** être
calé(e) en qch
bewässern (*pp* **bewässert**) *vt* irriguer;
Bewässerung *f* irrigation *f*
bewegen (*pp* **bewegt**) *vt* remuer, bouger;
(*rühren: jdn*) émouvoir, toucher; (*Problem,
Gedanke*) préoccuper; **jdn dazu ~, etw zu
tun** amener qn à faire qch ■ *vr*: **sich ~**
bouger; **es bewegt sich etwas** (*fig*)
quelque chose se passe
Beweggrund *m* mobile *m*
beweglich *adj* mobile; (*flink*) agile; (*geistig
wendig*) vif (vive)
bewegt *adj* (*Leben, Zeit*) agité(e),
mouvementé(e); (*ergriffen*) ému(e)
Bewegung *f* mouvement *m*; (*sportlich*)
exercice *m*; **keine ~!** pas un geste!; **etw in
~ setzen** mettre qch en marche [o en
mouvement]; **etw kommt in ~** il y a du
mouvement dans qch; **Bewegungsfreiheit**
f liberté *f* de mouvement; **bewegungslos**
adj immobile; **Bewegungsmelder** *m*
(**-s, -**) détecteur *m* de mouvement
Beweis *m* (**-es, -e**) preuve *f*; (*Math*)
démonstration *f*; **beweisbar** *adj* que l'on
peut prouver; **beweisen** (*pp* **bewiesen**) *irr
vt* prouver; (*Math*) démontrer; (*Mut,
Geschmack*) faire preuve de; **Beweismittel**
nt preuve *f*
bewenden *irr vi*: **es bei etw ~ lassen** se
contenter de qch
bewerben (*pp* **beworben**) *irr vr*: **sich ~**
poser sa candidature; (*beim
Vorstellungsgespräch*) se présenter;
Bewerber, in *m(f)* (**-s, -**) candidat(e),
postulant(e); **Bewerbung** *f* candidature
f, demande *f* d'emploi;

Bewerbungsunterlagen *pl* dossier *m*
de candidature
bewerten (*pp* **bewertet**) *vt* évaluer,
estimer; (*Sport*) noter; **Bewertung** *f*
évaluation *f*
bewilligen (*pp* **bewilligt**) *vt* accorder
bewirken (*pp* **bewirkt**) *vt* provoquer;
was will er damit ~? qu'est-ce qu'il
cherche?
bewirten (*pp* **bewirtet**) *vt* régaler
bewirtschaften (*pp* **bewirtschaftet**) *vt*
(*Hotel*) gérer; (*Land*) exploiter;
bewirtschaftete Hütte refuge *m* gardé
Bewirtung *f* accueil *m*, hospitalité *f*
bewohnbar *adj* habitable; **bewohnen**
(*pp* **bewohnt**) *vt* (*Haus, Höhle*) habiter;
(*Gebiet, Insel*) occuper; **Bewohner, in** *m(f)*
(**-s, -**) habitant(e)
bewölkt *adj* nuageux(-euse); **Bewölkung**
f nuages *mpl*, nébulosité *f*
Bewunderer *m* (**-s, -**), **Bewunderin** *f*
admirateur(-trice); **bewundern**
(*pp* **bewundert**) *vt* admirer;
bewundernswert *adj* admirable;
Bewunderung *f* admiration *f*
bewusst *adj* (*Tag, Stunde, Ort*) nommé(e),
cité(e); (*Erleben, Genuss*) conscient(e);
(*absichtlich*) délibéré(e), intentionnel(le);
sich *dat* **einer Sache** *gen* **~ sein** avoir
conscience de qch; **die Folgen wurden
ihr ~** elle se rendit compte des
conséquences; **bewusstlos** *adj*
inconscient(e); **~ werden** perdre
connaissance; **Bewusstlosigkeit** *f*
inconscience *f*; **Bewusstsein** *nt* (**-s**)
conscience *f*; (*Med*) connaissance *f*; **im ~
ihres Unrechts** en pleine connaissance
de ses torts; **das ~ verlieren** perdre
connaissance; **das Bewusstsein und das
Unterbewusstsein** le conscient et le
subconscient; **das ~ verlieren** perdre
connaissance;
bewusstseinsverändernd *adj* (*Droge*)
modifiant le champ de la conscience
bezahlen (*pp* **bezahlt**) *vt* payer; **sich
bezahlt machen** être payant; **bitte ~!**
l'addition, s'il vous plaît!;
Bezahlfernsehen *nt* chaîne *f* à péage;
Bezahlung *f* paiement *m*
bezähmen (*pp* **bezähmt**) *vt* (*fig*) refréner,
maîtriser
bezaubern (*pp* **bezaubert**) *vt* charmer
bezeichnen (*pp* **bezeichnet**) *vt*
(*markieren*) marquer, repérer; (*benennen*)
appeler; (*beschreiben*) décrire; (*zeigen*)
indiquer; **jdn als Lügner ~** qualifier qn
de menteur; **bezeichnend** *adj*
caractéristique, significatif(-ive);
Bezeichnung *f* (*Markierung*) marquage *m*;
(*Zeichen*) signe *m*; (*Benennung*)
désignation *f*

bezeugen (*pp* **bezeugt**) *vt* confirmer; (*Jur*) attester

beziehen (*pp* **bezogen**) *irr vt* (*Möbel*) recouvrir; (*Haus, Position*) occuper; (*Standpunkt*) prendre; (*Gelder*) percevoir; (*Zeitung*) être abonné(e) à; **etw auf jdn/ etw ~** rapporter qch à qn/qch; **das Bett frisch ~** mettre des draps propres ■ *vr:* **sich ~** (*Himmel*) se couvrir; **sich auf jdn/etw ~** se référer [*o* rapporter] à qn/qch

Beziehung *f* (*Verbindung*) relation *f*; (*Zusammenhang*) rapport *m*; (*Verhältnis*) liaison *f*; **in dieser ~ hat er recht** à cet égard il a raison; **Beziehungen haben** (*vorteilhaft*) avoir des relations; **Beziehungskiste** *f* (*fam*) histoire *f* de couple; **beziehungsweise** *konj* (*genauer gesagt*) ou plutôt; (*im anderen Fall*) ou

Bezirk *m* (**-(e)s, -e**) (*Stadtbezirk*) quartier *m*; (*Polizeibezirk*) district *m*

Bezug *m* (**-(e)s, Bezüge**) (*Überzug*) garniture *f*; (*von Waren*) commande *f*; (*von Zeitung*) abonnement *m*; (*von Rente*) perception *f*; (*Beziehung*) rapport *m* (*zu* avec); **Bezüge** *pl* (*Gehalt*) appointements *mpl*; **in ~ auf** +*akk* concernant; **~ nehmen auf** +*akk* se référer à

Bezüger, in *m(f)* (**-s, -**) (*CH*) abonné(e); (*von Rente, Lohn*) bénéficiaire *mf*

bezüglich *präp* +*gen* concernant ■ *adj* concernant; (*Ling*) relatif(-ive)

Bezugnahme *f* (**-, -n**): **unter ~ auf Ihr Schreiben** (comme) suite à votre courrier; **Bezugspreis** *m* prix *m* d'achat; **Bezugsquelle** *f* source *f* d'approvisionnement

bezwecken (*pp* **bezweckt**) *vt* viser, avoir pour but; **etw mit etw ~ wollen** vouloir obtenir qch avec qch

bezweifeln (*pp* **bezweifelt**) *vt* douter (de)

BH *m* (**-(s), -(s)**) *abk* = **Büstenhalter** soutien-gorge *m*

Bhagwan *m* (**-s**) gourou *m*

Bhf. *abk* = **Bahnhof**

Bhutan *nt* (**-s**) le Bhoutan

Bibel *f* (**-, -n**) bible *f*

Biber *m* (**-s, -**) castor *m*

Bibliografie, Bibliographie *f* bibliographie *f*

Bibliothek *f* (**-, -en**) bibliothèque *f*; **Bibliothekar, in** *m(f)* (**-s, -e**) bibliothécaire *mf*

biblisch *adj* biblique

bieder *adj* (*rechtschaffen*) honnête, droit(e); (*Frisur, Geschmack*) sage, simple

biegen (**bog, gebogen**) *vt* courber; (*Ast, Metall*) plier; (*Arm, Körper*) plier; **auf B~ oder Brechen** quoi qu'il advienne ■ *vr:* **sich ~** se courber; (*Ast*) ployer ■ *vi aux*

sein (*abbiegen*) tourner; **biegsam** *adj* flexible, souple

Biene *f* (**-, -n**) abeille *f*; **Bienenhonig** *m* miel *m* (d'abeille); **Bienenwachs** *nt* cire *f* d'abeille

Bier *nt* (**-(e)s, -e**) bière *f*; **Bierbrauer, in** *m(f)* (**-s, -**) brasseur(-euse); **Bierdeckel** *m*, **Bierfilz** *m* dessous *m* de bière; **Bierkrug** *m*, **Bierseidel** *nt* chope *f*

Biest *nt* (**-(e)s, -er**) (*fam: Tier*) sale bête *f*; (*pej: Mensch*) vache *f*

bieten (**bot, geboten**) *vt* présenter; (*Arm, Hand*) donner; (*Schauspiel*) représenter; (*bei Versteigerung*) offrir ■ *vr:* **sich ~** se présenter; **sich** *dat* **etw ~ lassen** accepter qch

Bikini *m* (**-s, -s**) bikini *m*

Bilanz *f* bilan *m*; (*Handelsbilanz*) balance *f*

Bild *nt* (**-(e)s, -er**) image *f*; (*Gemälde*) tableau *m*; (*Foto*) photo *f*; (*Zeichnung*) dessin *m*; (*Eindruck*) impression *f*; (*Anblick*) vue *f*; **über etw im Bilde sein** être au courant de qch; **Bildbericht** *m* reportage *m* photographique

bilden *vt* (*formen*) former; (*Regierung*) constituer; (*Form, Figur*) modeler, façonner; (*Ausnahme, Ende, Höhepunkt*) représenter, être ■ *vr:* **sich ~** (*entstehen*) se former, se développer; (*geistig*) s'instruire, se cultiver

Bilderbuch *nt* livre *m* d'images; **wie im ~** de rêve; **Bilderrahmen** *m* cadre *m*

Bildfläche *f*: **auf der ~ erscheinen** (*fig*) apparaître; **von der ~ verschwinden** (*fig*) disparaître, s'éclipser; **Bildhauer, in** *m(f)* (**-s, -**) sculpteur *m*; **bildhübsch** *adj* ravissant(e); **Bildlaufleiste** *f* (*Inform*) barre *f* de défilement; **bildlich** *adj* (*Ausdrucksweise*) figuré(e); (*Vorstellung*) concret(-ète); (*Schilderung*) vivant(e); **sich** *dat* **etw ~ vorstellen** se représenter qch (concrètement); **Bildplatte** *f* vidéodisque *m*, **Bildpunkt** *m* pixel *m*

Bildschirm *m* (*a. von Computer*) écran *m*; **geteilter ~** écran partagé; **Bildschirmarbeitsplatz** *m* poste *m* de travail informatisé; **Bildschirmgerät** *nt* visuel *m*, unité *f* de visualisation; **Bildschirmschoner** *m* (**-s, -**) (*Inform*) économiseur *m* d'écran; **Bildschirmtext** *m* Minitel® *m*

bildschön *adj* ravissant(e); **Bildtelefon** *nt* visiophone *m*, vidéophone *m*

Bildung *f* (*von Schaum, Wolken*) formation *f*; (*von Ausschuss, Regierung*) constitution *f*; (*Wissen*) instruction *f*; **Bildungslücke** *f* lacune *f*; **Bildungspolitik** *f* politique *f* de l'éducation; **Bildungsurlaub** *m* congé-formation *m*, congé *m* de formation professionnelle;

Bildungsweg m: auf dem zweiten ~ en formation parallèle; **Bildungswesen** m enseignement m
Bildverarbeitung f (Inform) traitement m d'images
Billard nt (-s, -e) billard m; **Billardball** m, **Billardkugel** f boule f de billard
billig adj bon marché; (schlecht) mauvais(e); (Ausrede, Trost, Trick) médiocre, piètre; (gerecht) juste; **Billigarbeiter, in** m(f) main d'œuvre f bon marché
billigen vt approuver
Billiglohnland nt pays m à faibles coûts salariaux
Billigung f approbation f
Billion f billion m
bimmeln vi sonner
Bimsstein m pierre f ponce
binär adj binaire
Binde f (-, -n) bande f; (Med) bandage m; (Armbinde) brassard m; (Damenbinde) serviette f périodique
Bindegewebe nt tissu m conjonctif; **Bindeglied** nt lien m
binden (band, gebunden) vt attacher (an +akk à); (Blumen) faire un bouquet de; (Buch) relier; (Schleife) nouer; (fesseln) ligoter; (verpflichten) obliger; (Soße: Mus: Töne) lier ■ vr: **sich ~** s'engager; **sich an jdn ~** se lier avec qn
Bindestrich m trait m d'union; **Bindewort** nt conjonction f
Bindfaden m ficelle f
Bindung f (Verpflichtung) obligation f; (Verbundenheit) lien m; (Skibindung) fixation f
Binnenhafen m port m fluvial; **Binnenhandel** m commerce m intérieur; **Binnenmarkt** m: Europäischer ~ marché m intérieur européen; **Binnenschifffahrt** f navigation f fluviale; **Binnensee** m lac m intérieur
Binse f (-, -n) jonc m; **Binsenwahrheit** f, **Binsenweisheit** f lapalissade f
Biochemie f biochimie f; **Biodiesel** m diesel m biologique; **biodynamisch** adj biologique; **Bioethik** f bioéthique f; **Biogas** nt biogaz m
Biografie, Biographie f biographie f
Biologe m (-n, -n), **-login** f biologiste mf; **Biologie** f biologie f; **biologisch** adj biologique
Bioprodukt nt écoproduit m, produit m vert; **Biorhythmus** m biorythme m
BIOS nt (-) akr = **basic input output system** (Inform) bios m
Biosphäre f biosphère f; **Biosphärenreservat** nt réserve f de biosphère; **Biotechnik** f biotechnique f; **Biotechnologie** f biotechnologie f;

Bioterrorismus m bioterrorisme m; **Biotonne** f container m [o conteneur m] à compost; **Biotop** nt (-s, -e) biotope m; **Biotreibstoff** m carburant m vert
Birke f (-, -n) bouleau m
Birma nt (-s) la Birmanie
Birnbaum m poirier m
Birne f (-, -n) poire f; (Elec) ampoule f
bis adv, präp +akk jusqu'à; **von ... ~** de ... à; **~ hierher** jusqu'ici; **~ in die Nacht** jusque tard dans la nuit; **~ auf Weiteres** jusqu'à nouvel ordre; **~ bald/gleich** à bientôt/ à tout de suite; **~ auf etw** +akk sauf qch ■ konj: **er wartet, ~ er aufgerufen wird** il attend qu'on l'appelle
Bischof m (-s, Bischöfe), **Bischöfin** f évêque m; **bischöflich** adj épiscopal(e)
bisexuell adj bisexuel(le)
bisher adv jusqu'à présent; **bisherig** adj qui a été [o existé] jusqu'à présent; (Pol) sortant(e)
Biskaya f: der Golf von ~ le golfe de Gascogne
Biskuit m (-(e)s, -s o -e) génoise f; **Biskuitteig** m pâte f à génoise
bislang adv jusqu'à présent
biss imperf von **beißen**
Biss m (-es, -e) morsure f; **~ haben** (fig: fam) avoir du mordant
bisschen pron un peu; **ein ~ Ruhe/Salz** un peu de repos/de sel; **ein ~ viel/wenig** un peu beaucoup/pas assez; **kein ~** pas du tout; **ein klein(es) ~** un tout petit peu
Bissen m (-s, -) bouchée f
bissig adj méchant(e)
Bistum nt (-s, -tümer) évêché m
Bit nt (-(s), -(s)) (Inform) bit m
bitte interj s'il vous/te plaît; (wie bitte?) comment?, pardon?; (als Antwort auf Dank) je vous en prie
Bitte f (-, -n) demande f, prière f; **bitten** (bat, gebeten) vt, vi demander; **jdn um etw ~** demander qch à qn; **jdn zu Tisch/ zum Tanz ~** inviter qn à passer à table/ inviter qn à danser; **bittend** adj suppliant(e), implorant(e)
bitter adj amer(-ère); (Wahrheit) triste; (Ernst, Not, Hunger, Unrecht) extrême; **bitterböse** adj très méchant(e); (Blick) très fâché(e); **Bitterkeit** f amertume f
Bizeps m (-(es), -e) biceps m
Blackout, Black-out m (-(s), -s) étourdissement m
blähen vt gonfler ■ vr: **sich ~** se gonfler ■ vi (Med) ballonner; **Blähungen** pl (Med) vents mpl, gaz mpl
blamabel adj honteux(-euse)
Blamage f (-, -n) honte f; **blamieren** (pp blamiert) vr: **sich ~** se ridiculiser ■ vt couvrir de honte

blank adj (Metall, Schuhe, Boden) brillant(e); (unbedeckt) nu(e); (abgewetzt) lustré(e); (sauber) propre; (fam: ohne Geld) fauché(e); (fam: Unsinn, Neid, Egoismus) pur(e)

blanko adv: **einen Scheck ~ unterschreiben** signer un chèque en blanc; **Blankoscheck** m chèque m en blanc

Bläschen nt (Med: auf der Haut) pustule f; (Med: am Mund, im Genitalbereich) aphte m

Blase f (-, -n) bulle f; (Med) ampoule f; (Anat) vessie f

Blasebalg m soufflet m

blasen (blies, geblasen) vt souffler; (Mus: Instrument) jouer de; (Mus: Melodie) jouer ■ vi (Mensch) souffler; (auf Instrument) jouer

blasiert adj hautain(e)

Blasinstrument nt instrument m à vent; **Blaskapelle** f orchestre m de cuivres

Blasphemie f blasphème m

blass adj pâle; **Blässe** f (-) pâleur f

Blatt nt (-(e)s, Blätter) feuille f; (Seite) page f; (Zeitung) papier m; (von Säge, Axt) lame f

blättern vi (Inform) dérouler; **nach oben/unten ~** (Inform) faire défiler vers le haut/le bas; **in etw** dat **~** feuilleter qch

Blätterteig m pâte f feuilletée

blau adj bleu(e); (Auge) au beurre noir; (Blut) bleu(e), noble; (fam: betrunken) noir(e); (Gastr) au bleu; **die blaue Fahne** [o Flagge] (für Strandqualität) le pavillon bleu; **blauer Fleck** bleu m; **Fahrt ins Blaue** voyage m surprise; **blauäugig** adj aux yeux bleus; (fig) naïf (naïve); **Blauhelm** m casque m bleu; **Blaukraut** nt (A, Sdeutsch) chou m rouge; **Blaulicht** nt gyrophare m, **blau|machen** sep vi (Sch) sécher; **Blaustrumpf** m bas-bleu m

Blech nt (-(e)s, -e) tôle f; (Büchsenblech) fer-blanc m; (Backblech) plaque f; (Mus) cuivres mpl; **Blechdose** f boîte f (en fer-blanc)

blechen vt, vi (fam: Geld) casquer, cracher

Blechinstrument nt cuivre m; **Blechlawine** f flot de voitures qui roulent pare-choc contre pare-choc; **Blechschaden** m (Auto) dégâts mpl de carrosserie

Blei nt (-(e)s, -e) plomb m

Bleibe f (-, -n): **bei jdm eine ~ finden** trouver logis chez qn

bleiben (blieb, geblieben) vi aux sein rester; **bei etw ~** (Einstellung nicht ändern) persister dans qch; **stehen ~** rester debout; **~ lassen** ne pas faire; **Bleiberecht** nt droit m de séjour

bleich adj blême

bleichen vt (Wäsche) blanchir; (Haare) décolorer; **Bleichmittel** nt agent m blanchissant

bleiern adj en plomb; (Müdigkeit) de plomb

bleifrei adj (Benzin) sans plomb; **bleihaltig** adj (Benzin) plombifère

Bleistift m crayon m; **Bleistiftspitzer** m (-s, -) taille-crayon m

Blende f (-, -n) (Foto) diaphragme m

blenden vt éblouir; (blind machen) aveugler

blendend adj (fam) formidable; **~ aussehen** être resplendissant(e)

Blick m (-(e)s, -e) regard m; (Aussicht) vue f; (Urteilsfähigkeit) coup m d'œil; **blicken** vi regarder; **sich ~ lassen** se montrer, se faire voir; **Blickfeld** nt champ m visuel

blieb imperf von **bleiben**

blies imperf von **blasen**

blind adj aveugle; (Spiegel, Glas etc) terne, mat(e); **blinder Passagier** passager m clandestin; **blinder Alarm** fausse alarme [o alerte]

Blinddarm m appendice m; **Blinddarmentzündung** f appendicite f

Blindenschrift f écriture f braille, braille m; **Blindgänger** m (-s, -) obus m non éclaté; (fig) nullité f; **Blindheit** f cécité f; (fig) aveuglement m; **blindlings** adv aveuglément; **Blindschleiche** f (-, -n) orvet m

blind|schreiben sep irr vt taper au toucher

blinken vi scintiller; (Licht) clignoter; (Auto) mettre son clignotant; **Blinker** m (-s, -), **Blinklicht** nt (Auto) clignotant m

blinzeln vi cligner des yeux; (jdm zublinzeln) faire un clin d'œil

Blitz m (-es, -e) éclair m, foudre f; **Blitzableiter** m (-s, -) paratonnerre m; **blitzen** vi (Metall) briller, étinceler; (Augen) flamboyer; **es blitzt** (Meteo) il fait des éclairs; **Blitzlicht** nt (Foto) flash m; **Blitz(licht)würfel** m cube-flash m; **blitzschnell** adj rapide comme l'éclair [o la foudre]

Block m (-(e)s, Blöcke) (Steinblock etc) bloc m ■ m (-s, -s) (Papierblock etc) bloc m; (Häuserblock) pâté m; (Gruppe) bloc m

Blockade f blocus m

Blockflöte f flûte f à bec

blockfrei adj (Pol) non aligné(e)

blockieren (pp blockiert) vt bloquer; (unterbinden) entraver ■ vi (Räder) être bloqué(e)

Blockschrift f caractères mpl d'imprimerie

blöd, e adj idiot(e); (unangenehm) ennuyeux(-euse), embêtant(e); **blödeln** vi (fam) débloquer; **Blödheit** f stupidité f; **Blödsinn** m idiotie f; **blödsinnig** adj stupide

Blog m (-s, -s) blog m; **bloggen** vi bloguer

blond adj blond(e)

bloß adj nu(e); (nichts anderes als) rien (d'autre) que ∎ adv (nur) seulement; **sag bloß!** dis donc!; **lass das bloß!** laisse tomber!

Blöße f(-, -n): **sich** dat **eine ~ geben** montrer son point faible

bloß|stellen sep vt mettre à nu

blühen vi fleurir; (fig) prospérer, être florissant(e); **jdm blüht etw** (fam) qch pend au nez de qn; **blühend** adj florissant(e); (Aussehen) éclatant(e)

Blume f(-, -n) fleur f; (von Wein) bouquet m; (von Bier) mousse f; **Blumenkohl** m chou-fleur m; **Blumentopf** m pot m de fleurs; **Blumenzwiebel** f bulbe m

Bluse f(-, -n) corsage m, chemisier m

Blut nt (-(e)s) sang m; **blutarm** adj anémique; **blutbefleckt** adj taché(e) de sang; **Blutbuche** f hêtre m pourpre; **Blutdruck** m tension f artérielle; **Blutdruckmesser** m (-s, -) tensiomètre m

Blüte f(-, -n) fleur f; (Blütezeit) floraison f; (fig) apogée f

Blutegel m sangsue f

bluten vi saigner

Blütenstaub m pollen m

Bluter m (-s, -) (Med) hémophile m

Bluterguss m contusion f

Blütezeit f floraison f; (fig) apogée m

Blutgruppe f groupe m sanguin; **blutig** adj (Verband) ensanglanté(e); (Kampf) sanglant(e); **blutjung** adj tout(e) jeune; **Blutkonserve** f (flacon m de) sang m de donneur; **Blutprobe** f prise f de sang; **Blutspender, in** m(f) donneur(-euse) de sang; **Bluttransfusion** f, **Blutübertragung** f transfusion f sanguine; **Blutung** f saignement m; (starke Blutung) hémorragie f; **Blutvergiftung** f septicémie f; **Blutwurst** f boudin m; **Blutzuckerspiegel** m glycémie f

BLZ abk = **Bankleitzahl**

BND m (-) abk = **Bundes-nachrichtendienst**

Bö f(-, -en) rafale f

Bob m (-s, -s) bobsleigh m

Bock m (-(e)s, Böcke) (Rehbock) chevreuil m; (Ziegenbock) bouc m; (Gestell) tréteau m; (Kutschbock) siège m du cocher; **keinen ~ haben, etw zu tun** (fam) avoir la flemme de faire qch; **auf etw** akk **~ haben** (fam) avoir envie de qch

Boden m (-s, Böden) terre f, sol m; (untere Seite) bas m; (Meeresboden, Fassboden) fond m; (Speicher) grenier m; (fig: Grundlage) base f, fond m; **auf dem ~ sitzen** être assis(e) par terre; **Bodenhaltung** f élevage m en poulailler; **bodenlos** adj (Frechheit) inouï(e), énorme;

Bodensatz m (bei Wein) lie f; (bei Kaffee) marc m; **Bodenschätze** pl ressources fpl naturelles; **Bodensee** m: **der ~** le lac de Constance; **Bodenturnen** nt gymnastique f au sol

Body m (-s, -s) body m

Bodybuilding nt (-s) culturisme m

Böe f(-, Böen) rafale f

bog imperf von **biegen**

Bogen m (-s, -) (Biegung) courbe f; (Waffe: Archit) arc m; (Mus) archet m; (Papier) feuille f; **Bogengang** m arcade f; **Bogenschütze** m, **-schützin** f archer m; (Sport) tireur(-euse) à l'arc

Bohle f(-, -n) madrier m

Böhmen nt (-s) la Bohème

Bohne f(-, -n) (Gemüsepflanze) haricot m vert; (Kern) haricot m; (Kaffeebohne) grain m de café; **Bohnenkaffee** m café m (en grains)

Bohnerwachs nt cire f à parquet

bohren vt (Loch) percer; (Brunnen) creuser, forer; (Metall) perforer; (hineinbohren) enfoncer ∎ vi (mit Werkzeug) percer, creuser; (Zahnarzt) passer la roulette; **in der Nase ~** se mettre les doigts dans le nez; **Bohrer** m (-s, -) foret m; (von Zahnarzt) fraise f; **Bohrinsel** f plateforme f pétrolière; **Bohrmaschine** f perceuse f; **Bohrturm** m derrick m

Boiler m (-s, -) chauffe-eau m

Boje f(-, -n) balise f

Bolivianer, in m(f) (-s, -) Bolivien(ne); **bolivianisch** adj bolivien(ne)

Bolivien nt (-s) la Bolivie; **Bolivier, in** m(f) (-s, -) Bolivien(ne)

Bolzen m (-s, -) boulon m

bombardieren (pp **bombardiert**) vt bombarder; **jdn mit Fragen ~** mitrailler qn de questions

Bombe f(-, -n) bombe f; **Bombenangriff** m raid m aérien; **Bombenanschlag** m attentat m à la bombe; **Bombenerfolg** m (fam) succès m fou

Bomberjacke f (blouson m) bombers m

Bonbon m o nt (-s, -s) bonbon m

Bonus m (-, -se) (Gewinnanteil) bonus m; (Sondervergütung) bonification f

Boot nt (-(e)s, -e) bateau m

booten vt, vi (Inform) booter; **Bootsektor** m (Inform) secteur m de démarrage [o de boot]

Bord nt (-(e)s, -e) (Brett) étagère f ∎ m (-(e)s, -e): **an ~** à bord; **über ~** par-dessus bord; **von ~ gehen** débarquer

Bordell nt (-s, -e) bordel m

Bordfunkanlage f radio f de bord; **Bordkarte** f carte f d'embarquement

Bordstein m bord m du trottoir

borgen vt (verleihen) prêter; (ausleihen) emprunter (etw von jdm qch à qn); **sich dat etw ~** emprunter qch

Borke f(-, -n) écorce f

borniert adj borné(e)

Börse f(-, -n) (Fin) Bourse f; (Geldbörse) porte-monnaie m; **Börsengang** m introduction f en Bourse; **Börsenkrach** m krach m (boursier); **Börsenkurs** m cours m de la Bourse

Borste f(-, -n) soie f

Borte f(-, -n) bordure f

bös adj siehe **böse**

bösartig adj méchant(e); (Med) malin(-igne)

Böschung f (Straßenböschung) talus m; (Uferböschung) berge f

böse adj mauvais(e); (bösartig) méchant(e); (Krankheit) grave; **ein böses Gesicht machen** avoir l'air fâché; **boshaft** adj méchant(e); **Bosheit** f méchanceté f

Bosnien nt (-s) la Bosnie; **Bosnien-Herzegowina** nt (-s) la Bosnie-Herzégovine; **Bosnier, in** m(f) (-s, -) Bosniaque mf; **bosnisch** adj bosniaque

böswillig adj malveillant(e)

bot imperf von **bieten**

Botanik f botanique f; **botanisch** adj botanique

Bote m (-n, -n), **Botin** f messager(-ère); (Laufbursche) garçon m de courses

Botschaft f message m; (Pol) ambassade f; **Botschafter, in** m(f) (-s, -) ambassadeur(-drice)

Botswana nt (-s) le Botswana

Bottich m (-s, -e) cuve f; (Wäschebottich) baquet m

Bouillon f(-, -s) bouillon m, consommé m

Bowle f(-, -n) punch m

boxen vi boxer; **Boxer** m (-s, -) boxeur m; **Boxerin** f boxeuse f; **Boxershorts** pl boxer-short m; **Boxhandschuh** m gant m de boxe; **Boxkampf** m match m de boxe

Boykott m (-(e)s, -s o -e) boycott m, boycottage m; **boykottieren** (pp **boykottiert**) vt boycotter

brach imperf von **brechen**

brachte imperf von **bringen**

Brainstorming nt (-s) brainstorming m, remue-méninges m

Branche f(-, -n) branche f; **Branchenverzeichnis** nt annuaire m des professions, pages fpl jaunes

Brand m (-(e)s, Brände) feu m, incendie m; (Med) gangrène f

branden vi (Meer) se briser; (fig) se déchaîner (um jdn contre qn)

Brandenburg nt (-s) le Brandebourg

brandmarken vt (Tiere) marquer (au fer rouge); (fig) stigmatiser

Brandsalbe f pommade f pour brûlures; **Brandstifter, in** m(f) (-s, -) incendiaire mf, pyromane mf; **Brandstiftung** f incendie m criminel

Brandung f ressac m

Brandwunde f brûlure f

brannte imperf von **brennen**

Branntwein m eau-de-vie f

Brasilianer, in m(f) (-s, -) Brésilien(ne); **brasilianisch** adj brésilien(ne)

Brasilien nt (-s) le Brésil

braten (briet, gebraten) vt (Fleisch) rôtir, cuire; (in Fett) frire; **Braten** m (-s, -) rôti m; **Brathähnchen** nt poulet m rôti; **Brathuhn** nt poulet m; **Bratkartoffeln** pl pommes fpl de terre sautées; **Bratpfanne** f poêle f à frire; **Bratrost** m gril m

Bratsche f(-, -n) alto m

Bratspieß m broche f; **Bratwurst** f (zum Braten) saucisse f à griller; (gebraten) saucisse f grillée

Brauch m (-(e)s, Bräuche) tradition f, usage m

brauchbar adj utilisable; (Vorschlag) utile; (Mensch) capable

brauchen vt avoir besoin (jdn/etw de qn/qch); (verwenden) utiliser; (Strom, Benzin) consommer

Braue f(-, -n) sourcil m

brauen vt brasser; **Brauerei** f brasserie f

braun adj brun(e), marron; (von Sonne) bronzé(e); **~ gebrannt** bronzé(e); **Bräune** f(-, -n) couleur f brune; (Sonnenbräune) bronzage m, hâle m; **bräunen** vt (Gastr) faire revenir ▶ vr: **sich ~** se bronzer; **Bräunungsmittel** nt crème f autobronzante

Brause f(-, -n) (Dusche) douche f; (von Gießkanne) pomme f; (Getränk) limonade f; **brausen** vi (tosen) rugir ▶ vi aux sein (schnell fahren) foncer, filer; **Brausetablette** f comprimé m effervescent

Braut f(-, Bräute) mariée f; (Verlobte) fiancée f

Bräutigam m (-s, -e) marié m; (Verlobter) fiancé m

Brautjungfer f demoiselle f d'honneur; **Brautpaar** nt mariés mpl

brav adj (artig) sage, gentil(le)

bravo interj bravo

BRD f(-) abk = **Bundesrepublik Deutschland** R.F.A. f

- **BRD**
- La BRD est le nom officiel de la République fédérale d'Allemagne.
- La 'BRD' comprend 16 Länder (voir Land).

- La BRD était le nom donné à l'ancienne
- Allemagne de l'Ouest, par opposition
- à l'Allemagne de l'Est (la *DDR*). La
- réunification de l'Allemagne a eu lieu
- le 3 octobre 1990.

Brecheisen *nt* pince-monseigneur *f*
brechen (**brach, gebrochen**) *vt*
(*zerbrechen*) casser; (*Licht, Wellen*) réfléchir,
réfracter; (*Widerstand, Trotz, jdn*) briser;
(*Schweigen, Versprechen*) rompre; (*Rekord*)
battre; (*Blockade*) forcer; (*Blut, Galle*)
vomir; **die Ehe ~** commettre un adultère;
sich das Bein/den Arm ~ se casser la
jambe/le bras ■ *vi aus sein* (*zerbrechen*)
rompre, se casser; (*Rohr etc*) crever;
(*Strahlen*) percer (*durch etw qch*) ■ *vi*
(*sich übergeben*) vomir, rendre; **mit jdm/
etw ~** rompre avec qn/qch ■ *vr*: **sich ~**
(*Wellen*) se briser (*an +dat* contre)
Brecher *m* (**-s, -**) lame *f* brisante
Brechreiz *m* nausée *f*
Brei *m* (**-(e)s, -e**) (*Masse*) pâte *f*; (*Gastr*)
bouillie *f*
breit *adj* large; (*ausgedehnt*) vaste,
étendu(e); (*Lachen*) gras(se); **1 m ~** large
de 1 m, 1 m de large; **die breite Masse** la
masse; **Breitband** *nt* (*Inform*) haut-débit
m; **Breite** *f* (**-, -n**) largeur *f*; (*Ausdehnung*)
étendue *f*; (*Geo*) latitude *f*; **breiten** *vt*:
etw über jdn/etw ~ étendre qch sur
qn/qch; **Breitengrad** *m* degré *m* de
latitude; **breit|machen** *sep vr*: **sich ~**
s'étaler; **breitschult(e)rig** *adj* large
d'épaules; **breit|treten** *sep irr vt* (*fam*)
rabâcher; **Breitwandfilm** *m* film *m*
en cinémascope
Bremen *nt* (**-s**) Brême
Bremsbelag *m* garniture *f* de frein,
semelle *f* de frein; **Bremse** *f* (**-, -n**) frein *m*;
(*Zool*) taon *m*; **bremsen** *vi* freiner
■ *vt* (*Auto*) faire freiner; (*fig*) freiner;
(*jdn*) retenir; **Bremsfallschirm** *m*
parachute *m* de freinage;
Bremsflüssigkeit *f* liquide *m* de frein(s);
Bremslicht *nt* feu *m* de stop;
Bremspedal *nt* pédale *f* de frein;
Bremsspur *f* trace *f* de freinage;
Bremstrommel *f* tambour *m* de frein;
Bremsweg *m* distance *f* de freinage
brennbar *adj* combustible;
Brennelement *nt* élément *m*
combustible
brennen (**brannte, gebrannt**) *vi* brûler;
mir ~ die Augen j'ai les yeux qui piquent;
es brennt! au feu!; **darauf ~, etw zu tun**
être impatient(e) de faire qch ■ *vt* brûler;
(*Muster*) imprimer; (*Ziegel, Ton*) cuire;
(*Branntwein*) distiller; (*Kaffee*) torréfier,
griller

Brennmaterial *nt* combustible *m*;
Brennnessel *f* ortie *f*; **Brennpunkt** *m*
(*Phys*) foyer *m*; (*Mittelpunkt*) centre *m*;
Brennspiritus *m* alcool *m* à brûler;
Brennstab *m* (barre *f* de) combustible *m*
nucléaire; **Brennstoff** *m* combustible *m*;
Brennstoffzelle *f* pile *f* à combustible
brenzlig *adj* (*Geruch*) de brûlé; (*Situation*)
critique
Brett *nt* (**-(e)s, -er**) planche *f*; (*Bord*)
étagère *f*; (*Spielbrett*) damier *m*;
(*Schachbrett*) échiquier *m*; **Bretter** *pl*
(*Skier*) skis *mpl*; **Schwarzes ~** panneau *m*
d'affichage; **Bretterzaun** *m* palissade *f*
Brezel *f* (**-, -n**) bretzel *m*
Brief *m* (**-(e)s, -e**) lettre *f*;
Briefbeschwerer *m* (**-s, -**) presse-papier
m; **Briefbombe** *f* lettre *f* piégée;
Brieffreund, in *m(f)* correspondant(e);
Briefkasten *m* (*a. elektronischer
Briefkasten*) boîte *f* aux lettres; **brieflich**
adj par écrit, par lettre; **Briefmarke** *f*
timbre(-poste) *m*; **Briefmarkenautomat**
m distributeur *m* automatique de timbres;
Brieföffner *m* coupe-papier *m*;
Briefpapier *nt* papier *m* à lettres;
Brieftasche *f* portefeuille *m*;
Briefträger, in *m(f)* facteur(-trice);
Briefumschlag *m* enveloppe *f*;
Briefwechsel *m* correspondance *f*
brief *imperf von* **braten**
Brikett *nt* (**-s, -s**) briquette *f*
brillant *adj* (*ausgezeichnet*) brillant(e),
excellent(e)
Brillant *m* brillant *m*
Brille *f* (**-, -n**) lunettes *fpl*; (*Toilettenbrille*)
lunette *f*
bringen (**brachte, gebracht**) *vt* porter,
apporter; (*mitnehmen*) emporter; (*jdn*)
emmener; (*Profit*) rapporter; (*veröffentlichen*) publier; (*Theat, Cine*) jouer,
présenter; (*Radio, TV*) passer; (*in einen
Zustand versetzen*) mener (*zu, in +akk* à); **jdn
dazu ~, etw zu tun** amener qn à faire qch;
jdn nach Hause ~ ramener qn à la maison;
er bringt es nicht (*fam*) il n'y arrive pas;
jdn um etw ~ faire perdre qch à qn; **es zu
etw ~** parvenir à qch; **jdn auf eine Idee ~**
donner une idée à qn
Brise *f* (**-, -n**) brise *f*
Brite *m* (**-n, -n**), **Britin** *f* Britannique *mf*;
britisch *adj* britannique; **die Britischen
Inseln** les îles *fpl* Britanniques
bröckelig *adj* friable
Brocken *m* (**-s, -**) (*Stückchen*) morceau *m*;
(*Bissen*) bouchée *f*; (*von Kenntnissen*) bribe
f; (*Felsbrocken*) fragment *m*; (*fam: großes
Exemplar*) sacré morceau *m*
Brokat *m* (**-(e)s, -e**) brocart *m*
Brokkoli *pl* brocoli *m*

Brombeere f mûre f
Bronchien pl (Anat) bronches fpl
Bronchitis f(-) (Med) bronchite f
Bronze f(-, -n) bronze m;
Bronzemedaille f médaille f de bronze
Brosame f(-, -n) miette f
Brosche f(-, -n) broche f
Broschüre f(-, -n) brochure f
Brot nt (-(e)s, -e) pain m; (belegtes Brot)
sandwich m, tartine f
Brötchen nt petit pain m
brotlos adj (Mensch) sans emploi; (Arbeit)
peu lucratif(-ive)
browsen vi explorer; **Browser** m (-s, -)
(Inform) logiciel m de navigation; (für das
Internet) navigateur m Web
Bruch m (-(e)s, Brüche) cassure f, (fig)
rupture f; (Med: Eingeweidebruch) hernie f;
(Med: Beinbruch etc) fracture f; (Math)
fraction f; **Bruchbude** f (fam) taudis m
brüchig adj (Material) cassant(e), fragile;
(Stein) friable
Bruchlandung f atterrissage m forcé;
Bruchstrich m barre f de fraction;
Bruchstück nt fragment m; **Bruchteil** m
fraction f
Brücke f(-, -n) pont m; (Zahnbrücke) bridge
m; (Naut) passerelle f; (Teppich) carpette f;
Brückenspringen nt (-s) saut m à
l'élastique
Bruder m (-s, Brüder) frère m; **brüderlich**
adj fraternel(le) ■ adv fraternellement;
Brüderschaft f amitié f, camaraderie f;
mit jdm ~ trinken trinquer avec qn (pour
pouvoir se tutoyer)
Brühe f(-, -n) (Gastr) bouillon m; (pej: Getränk)
lavasse f; (pej: Wasser) eau f de vaisselle;
Brühwürfel m cube m de bouillon
brüllen vi (Mensch) hurler; (Tier) mugir,
rugir
brummen vi grogner; (Insekt, Radio)
bourdonner; (Motoren) vrombir, ronfler;
(murren) ronchonner; **jdm brummt der
Schädel** qn a mal au crâne ■ vt (Antwort,
Worte) grommeler; (Lied) chantonner
Brunch m (-es, -e) brunch m
Brunei nt (-s) (l'État m de) Brunéi
brünett adj châtain
Brunft f(-, Brünfte) rut m, chaleur f
Brunnen m (-s, -) fontaine f; (tief) puits m;
(natürlich) source f; **Brunnenkresse** f
cresson m de fontaine
brüsk adj brusque, brutal(e)
Brüssel nt (-s) Bruxelles
Brust f(-, Brüste) poitrine f; (Brustkorb)
thorax m
brüsten vr: **sich ~** se vanter
Brustfellentzündung f pleurésie f;
Brustkasten m coffre m;
Brustschwimmen nt (-s) brasse f

Brüstung f balustrade f
Brustwarze f mamelon m
Brut f(-, -en) (Tiere) couvée f; (pej: Gesindel)
racaille f; (Brüten) incubation f
brutal adj brutal(e); **Brutalität** f
brutalité f
Brutapparat m couveuse f
brüten vi couver; **Brüter** m (-s, -):
Schneller ~ sur(ré)générateur m
Brutkasten m couveuse f
brutto adv brut; **Bruttogehalt** nt salaire
m brut; **Bruttogewicht** f poids m brut;
Bruttoinlandsprodukt nt produit m
intérieur brut; **Bruttolohn** m salaire m
brut; **Bruttosozialprodukt** nt produit m
national brut
BSE nt (-) abk = **bovine spongiforme
Enzephalopathie** ESB f
Btx abk = **Bildschirmtext** Minitel® m;
Btx-Gerät nt Minitel® m
Bubikopf m coupe f au carré
Buch nt (-(e)s, Bücher) livre m; (Com) livre
m de comptabilité, registre m;
Buchbinder, in m(f) (-s, -) relieur(-euse);
Buchdrucker, in m(f) typographe mf
Buche f(-, -n) hêtre m
buchen vt réserver, retenir; (Betrag)
comptabiliser
Bücherbrett nt étagère f; **Bücherei** f
bibliothèque f; **Bücherregal** nt rayons
mpl de bibliothèque; **Bücherschrank** m
bibliothèque f; **Bücherwurm** m (fig) rat m
de bibliothèque
Buchfink m pinson m
Buchführung f comptabilité f;
Buchhalter, in m(f) (-s, -) comptable mf;
Buchhandel m marché m du livre;
im ~ erhältlich (disponible) en librairie;
Buchhändler, in m(f) libraire mf;
Buchhandlung f librairie f
Buchse f(-, -n) (Elec) prise f femelle
Büchse f(-, -n) boîte f; (Gewehr) carabine f,
fusil m; **Büchsenfleisch** nt viande f en
conserve; **Büchsenöffner** m
ouvre-boîte m
Buchstabe m (-ns, -n) lettre f;
buchstabieren (pp **buchstabiert**) vt
épeler; **buchstäblich** adv (fig)
littéralement, à la lettre
Bucht f(-, -en) baie f; (Parkbucht) place f
de stationnement
Buchung f (Reservierung) réservation f;
(Com) opération f comptable
Buckel m (-s, -) bosse f; (fam: Rücken) dos
m; **Buckelskifahren** nt ski m sur bosses
bücken vr: **sich ~** se baisser
Bückling m (Fisch) hareng m saur;
(Verbeugung) courbette f
Buddhismus m bouddhisme m
Bude f(-, -n) baraque f

Budget nt (**-s, -s**) budget m
Büfett nt (**-s, -s**) (*Schrank*) buffet m;
(*Theke*) comptoir m; **kaltes ~** buffet m
froid
Büffel m (**-s, -**) buffle m
Bug m (**-(e)s, -e**) (*Naut*) proue f
Bügel m (**-s, -**) (*Kleiderbügel*) cintre m;
(*Steigbügel*) étrier m; (*Brillenbügel*)
branche f; (*an Handtasche etc*) poignée f;
Bügel-BH m soutien-gorge m à
armatures; **Bügelbrett** nt planche f à
repasser; **Bügeleisen** nt fer m à repasser;
Bügelfalte f pli m; **Bügelflasche** f
canette f (à bouchon mécanique);
bügeln vt, vi repasser
Bühne f (**-, -n**) (*Podium*) podium m,
estrade f; (*im Theater*) scène f; (*Theater*)
théâtre m; **Bühnenbild** nt scène f,
décor m
Buhruf m huée f
Bulette f boulette f de viande
Bulgare m (**-s, -**) Bulgare m
Bulgarien nt (**-s**) la Bulgarie;
Bulgarin f Bulgare f; **bulgarisch** adj
bulgare
Bulimie f (**-**) boulimie f
Bulldogge f bouledogue m
Bulldozer m (**-s, -**) bulldozer m
Bulle m (**-n, -n**) taureau m
Bummel m (**-s, -**) balade f;
(*Schaufensterbummel*) lèche-vitrine m
Bummelant, in m(f) traînard(e)
bummeln vi aux sein (*gehen*) se balader,
flâner ◼ vi (*trödeln*) traîner; (*faulenzen*)
se la couler douce
Bummelstreik m grève f du zèle;
Bummelzug m omnibus m
Bummler, in m(f) (**-s, -**) (*langsamer
Mensch*) traînard(e), lambin(e); (*Faulenzer*)
fainéant(e), flemmard(e) m
bumsen vi aux sein (*aufprallen*) rentrer
(*gegen* dans) ◼ vi (*krachen*) faire boum;
(*fam: koitieren*) baiser
Bund m (**-(e)s, Bünde**) (*zwischen Menschen*)
lien m; (*Vereinigung*) alliance f; (*Pol*)
fédération f; (*Hosenbund, Rockbund*)
ceinture f ◼ nt (**-(e)s, -e**)
(*Zusammengebundenes*) botte f;
(*Schlüsselbund*) trousseau m
Bündchen nt manchette f; (*Halsbündchen*)
revers m
Bündel nt (**-s, -**) paquet m, ballot m;
(*Strahlenbündel*) faisceau m
Bundes- in zW fédéral(e); **Bundesbank** f
banque f fédérale (allemande);
Bundesbürger, in m(f) citoyen(ne) de la
République fédérale d'Allemagne;
Bundesheer nt (A) armée f fédérale
autrichienne; **Bundeskanzler, in** m(f)
chancelier m fédéral

⬡ **BUNDESKANZLER**
⬡
⬡ Élu pour 4 ans, le *Bundeskanzler* dirige
⬡ le gouvernement fédéral. Il est
⬡ officiellement proposé par le
⬡ *Bundespräsident* mais doit obtenir la
⬡ majorité au Parlement pour être élu.

Bundesland nt land m; **die alten/neuen
Bundesländer** les anciens/nouveaux
Länder; **Bundesliga** f première division f
de football; **Bundesnachrichtendienst**
m service m de renseignements fédéral;
Bundespräsident, in m(f) président(e)
de la République fédérale

⬡ **BUNDESPRÄSIDENT**
⬡
⬡ Le *Bundespräsident* est à la tête de
⬡ la République fédérale d'Allemagne.
⬡ Il est élu pour cinq ans par les membres
⬡ du *Bundestag* et par les délégués du
⬡ 'Landtage' (assemblées régionales).
⬡ Il représente l'Allemagne aussi bien dans
⬡ son pays qu'à l'étranger. Son mandat
⬡ ne peut être renouvelé qu'une fois.

Bundesrat m conseil m fédéral,
Bundesrat m

⬡ **BUNDESRAT**
⬡
⬡ Le *Bundesrat* ou Chambre haute du
⬡ Parlement allemand est constitué
⬡ de 68 membres nommés par les
⬡ gouvernements des *Länder*. Sa fonction
⬡ principale concerne les lois fédérales et
⬡ la juridiction des 'Länder'. Le Bundesrat
⬡ peut intervenir dans d'autres projets
⬡ de lois mais il peut être mis en minorité
⬡ par le *Bundestag*.

Bundesregierung f gouvernement m
fédéral; **Bundesrepublik** f république f
fédérale; **die ~ Deutschland** la
République fédérale d'Allemagne;
Bundesstaat m État m fédéral;
Bundesstraße f route f fédérale, route f
nationale; **Bundestag** m Parlement m
fédéral, Bundestag m

⬡ **BUNDESTAG**
⬡
⬡ Le *Bundestag* ou Chambre basse du
⬡ Parlement allemand, est élu au
⬡ suffrage universel direct. Il se compose
⬡ de 646 membres : la moitié est élue au
⬡ premier tour (*Erststimme*), et l'autre
⬡ moitié est élue à la représentation
⬡ proportionnelle au second tour de la

* liste régionale parlementaire (*Zweitstimme*). Le Bundestag exerce un contrôle parlementaire sur le gouvernement.

Bundestagswahl *f* élections *fpl* au Bundestag; **Bundesverfassungsgericht** *nt* tribunal *f* constitutionnel suprême; **Bundeswehr** *f* armée *f* allemande

* **BUNDESWEHR**

* La *Bundeswehr* désigne les forces armées allemandes. Établie en 1955, elle était tout d'abord composée de volontaires, mais depuis 1956 elle accueille aussi les appelés du contingent, le service militaire étant obligatoire pour les hommes de 18 ans et plus (voir *Wehrdienst*). En temps de paix, le ministre de la Défense dirige la 'Bundeswehr' mais en temps de guerre, le *Bundeskanzler* la prend en charge. La 'Bundeswehr' est placée sous la juridiction de l'OTAN.

Bundfaltenhose *f* pantalon *m* à pinces
bündig *adj* (*kurz*) concis(e), succint(e)
Bündnis *nt* alliance *f*, pacte *m*; ~ **90/die Grünen** *parti allemand écologiste et alternatif*; **Bündnisgrüne** *pl* alliance *f* des verts
Bundweite *f* taille *f*
Bungalow *m* (**-s, -s**) bungalow *m*
Bungeejumping *nt* saut *m* à l'élastique
Bunker *m* (**-s, -**) bunker *m*, casemate *m*
bunt *adj* coloré(e); (*gemischt*) varié(e); **jdm wird es zu ~** c'en est trop pour qn; **Buntstift** *m* crayon *m* de couleur; **Buntwäsche** *f* linge *m* de couleur
Burg *f* (**-, -en**) (*Festung*) forteresse *f*, château *m* fort
Bürge *m* (**-n, -n**) garant *m*; **bürgen** *vi*: **für jdn/etw ~** se porter garant de qn/qch
Burgenland *nt*: **das ~** le Burgenland
Bürger, in *m(f)* (**-s, -**) (*Staatsbürger*) citoyen(ne); (*Angehöriger des Bürgertums*) bourgeois(e); **Bürgerinitiative** *f* (*in Stadt*) association *f* de quartier, comité *m* de défense; **Bürgerkrieg** *m* guerre *f* civile; **bürgerlich** *adj* (*Rechte*) civique, civil(e); (*pej: Klasse*) bourgeois(e); **Bürgermeister, in** *m(f)* maire *m*; **Bürgerrechte** *pl* droits *mpl* civils; **Bürgerrechtler, in** *m(f)* (**-s, -**) défenseur *m* des droits civils; **Bürgerschaft** *f* citoyens *mpl*; **Bürgerschaftswahl** *f* élections *fpl* municipales; **Bürgersteig** *m* (**-(e)s, -e**) trottoir *m*; **Bürgertum** *nt* (**-s**) bourgeoisie *f*

Bürgin *f* garante *f*; **Bürgschaft** *f* caution *f*
Burgund *nt* (**-s**) la Bourgogne
Burkina Faso *nt* (**-s**) le Burkina-Faso
Burn-out *nt* (**-s, -s**) épuisement *m* physique et moral
Büro *nt* (**-s, -s**) bureau *m*; **Büroangestellte, r** *mf* employé(e) de bureau; **Büroautomation** *f* bureautique *f*; **Büroklammer** *f* trombone *m*; **Bürokommunikation** *f* bureautique *f*; **Bürokommunikationssystem** *nt* système *m* de bureautique
Bürokrat, in *m(f)* (**-en, -en**) bureaucrate *mf*; **Bürokratie** *f* bureaucratie *f*; **bürokratisch** *adj* bureaucratique
Bursche *m* (**-n, -n**) garçon *m*, gars *m*
burschikos *adj* sans complexes, décontracté(e)
Bürste *f* (**-, -n**) brosse *f*; **bürsten** *vt* brosser
Burundi *nt* (**-s**) le Burundi
Bus *m* (**-ses, -se**) (*auto*) bus *m* ■ *m* (**-, -se**) (*Inform*) bus *m*; **Busbahnhof** *m* gare *f* routière
Busch *m* (**-(e)s, Büsche**) buisson *m*, arbuste *m*; (*in Tropen*) brousse *f*
Büschel *nt* (**-s, -**) touffe *f*
buschig *adj* touffu(e)
Busen *m* (**-s, -**) poitrine *f*, seins *mpl*; (*Meerbusen*) golfe *m*; **Busenfreund, in** *m(f)* ami(e) intime
Businessclass *f* (**-**) classe *f* affaires
Bussard *m* (**-s, -e**) busard *m*
Buße *f* (**-, -n**) pénitence *f*; (*Geldbuße*) amende *f*
büßen *vi* faire pénitence ■ *vt* (*Leichtsinn, Tat*) payer, expier
Bußgeld *nt* amende *f*; **Bußgeldbescheid** *m* contravention *f*
Büste *f* (**-, -n**) buste *m*; (*Schneiderbüste*) mannequin *m* de tailleur; **Büstenhalter** *m* (**-s, -**) soutien-gorge *m*
Butt *m* (**-(e)s, -e**) turbot *m*
Butter *f* (**-**) beurre *m*; **Butterberg** *m* excédents *mpl* de beurre; **Butterblume** *f* bouton *m* d'or; **Butterbrot** *nt* tartine *f* beurrée; **Butterbrotpapier** *nt* papier *m* sulfurisé; **Butterdose** *f* beurrier *m*; **Buttermilch** *f* babeurre *m*; **butterweich** *adj* très tendre; (*fam: Mensch*) mou (molle)
Button *m* (**-s, -s**) badge *m*
b. w. *abk* = **bitte wenden** T.S.V.P.
Bypass *m* (**-es, Bypässe**) (*Med*) greffon *m*; **Bypassoperation** *f* pontage *m*
Byte *nt* (**-(s), -(s)**) (*Inform*) octet *m*
bzgl. *abk* = **bezüglich** concernant
bzw. *adv abk* = **beziehungsweise** resp.

C

C, c nt (-, -) C, c m; (Mus) do m
Cache m (-) (Inform) antémémoire f
CAD nt (-) abk = **Computer Aided Design** CAO f
Café nt (-s, -s) salon m de thé
Cafeteria f (-, -s) cafétéria f
Callboy m (-s, -s) call-boy m; **Callcenter** nt (-s, -) centre m d'appels; **Callgirl** nt (-s, -s) call-girl f
Camcorder m (-s, -) caméscope m
campen vi camper; **Camper, in** m(f) (-s, -) campeur(-euse)
campieren (pp **campiert**) vi (CH) faire du camping
Camping nt (-s) camping bus m; **Campingbus** m camping-car m; **Campingkocher** m réchaud m de camping, camping-gaz® m; **Campingplatz** m camping m, terrain m de camping
Canyoning nt (-s) canyoning m
Cape nt (-s, -s) cape f
Caravan m (-s, -s) caravane f
Carsharing nt (-s) covoiturage m
Carving nt (-s) carve m; **Carvingski** m ski m parabolique
Cäsium nt (-s) césium m
CB-Funk m C.B. f
CD f (-, -s) abk = **Compact Disc** CD m; **CD-Brenner** m (-s, -) graveur m de CD; **CD-Player** m (-s, -) platine f laser

CD-ROM f (-, -s) abk = **Compact Disc Read Only Memory** CD-ROM m, disque m optique compact; **CD-ROM-Laufwerk** nt lecteur m de CD-ROM
CD-Spieler m lecteur m laser
CDU f (-) abk = **Christlich-Demokratische Union** Union chrétienne démocrate
Cellist, in m(f) violoncelliste mf
Cello nt (-s, -s o **Celli**) violoncelle m
Cellulitis f (-) (Med) cellulite f
Celsius nt (-, -) centigrade m
Cent m (-s, -s) (von Dollar) cent m; (von Euro) euro-cent m, euro centime m
Chamäleon nt (-s, -s) caméléon m
Champagner m (-s, -) champagne m
Champignon m (-s, -s) champignon m de Paris
Champions League f (-, -s) ligue f des champions
Chance f (-, -n) (Gelegenheit) occasion f, possibilité f; (Aussicht) chance f; **Chancengleichheit** f égalité f des chances
Chanson nt (-s, -s) chanson f à texte
Chaos nt (-) chaos m; **Chaot, in** m(f) (-en, -en) fauteur(trice) de trouble; (fig: unordentlicher Mensch) personne f bordélique; **chaotisch** adj chaotique
Charakter m (-s, -e) caractère m; **charakterfest** adj de caractère; **charakterisieren** (pp **charakterisiert**) vt caractériser; **Charakteristik** f description f; **charakteristisch** adj caractéristique (für de); **charakterlich** adj de caractère; **charakterlos** adj sans caractère; **Charakterlosigkeit** f manque m de caractère; **Charakterschwäche** f faiblesse f de caractère; **Charakterstärke** f force f de caractère; **Charakterzug** m trait m de caractère
Charisma nt (-s, **Charismen** o **Charismata**) (a. fig) charisme m
charmant adj charmant(e)
Charme m (-s) charme m
Charterflug m vol m charter; **Charterflugzeug** nt charter m
Chassis nt (-, -) châssis m
Chat m (-s, -s) (im Internet) chat m, discussion f directe; **Chatiquette** f (n)étiquette f de causeries en ligne directe; **Chatprogramm** nt programme m de causeries en ligne directe; **Chatroom** m (-s, -s) salle f de conversation; **chatten** vi chatter, bavarder en ligne directe
Chauffeur, in m(f) chauffeur m
Chauffeuse f (CH) conductrice f de taxi
Chauvi m (-s, -s) (fam) phallo(crate) m; **Chauvinismus** m (Pol) chauvinisme m; (männlicher Chauvinismus) phallocratie f; **Chauvinist, in** m(f) (Pol) chauvin(e);

(männlicher Chauvinist) phallocrate *m*;
chauvinistisch *adj (Pol)* chauvin(e);
(männlich chauvinistisch) phallocrate
checken *vt (kontrollieren)* vérifier;
(fam: begreifen) piger
Check-in *m* (**-s, -s**) enregistrement *m*;
Check-in-Schalter *m* guichet *m*
d'enregistrement
Chef, in *m(f)* (**-s, -s**) chef *mf*, patron(ne);
Chefarzt *m*, **-ärztin** *f* médecin-chef *f*;
Chefredakteur, in *m(f)* rédacteur(-trice)
en chef; **Chefsekretär, in** *m(f)* secrétaire
mf de direction
Chemie *f* (**-**) chimie *f*; **Chemiefaser** *f*
fibre *f* synthétique
Chemikalie *f* produit *m* chimique
Chemiker, in *m(f)* (**-s, -**) chimiste *mf*
chemisch *adj* chimique; **chemische
Reinigung** nettoyage *m* à sec
Chemotherapie *f* chimiothérapie *f*
chic *adj* chic
Chicorée *m* (**-s, -**) ■ *f* (**-, -**) endive *f*
Chiffon *m* (**-s, -s**) gaze *f*
Chiffre *f* (**-, -n**) *(Geheimzeichen)* chiffre *m*;
(in Zeitung) référence *f*
Chile *nt* (**-s**) le Chili; **Chilene** *m* (**-n, -n**),
Chilenin *f* Chilien(ne); **chilenisch** *adj*
chilien(ne)
Chill-out *nt* (**-s, -s**) *(sl)* action *f* de
décompresser
China *nt* (**-s**) la Chine; **Chinese** *m* (**-n, -n**),
Chinesin *f* Chinois(e); **chinesisch** *adj*
chinois(e)
Chinin *nt* (**-s**) quinine *f*
Chip *m* (**-s, -s**) *(Inform)* puce *f*
(électronique); **Chipkarte** *f* carte *f* à puce
Chips *pl (Spielmarken)* jetons *mpl*;
(Kartoffelchips) chips *mpl*
Chirurg, in *m(f)* (**-en, -en**) chirurgien(ne);
Chirurgie *f* chirurgie *f*; **chirurgisch** *adj*
chirurgical(e)
Chlor *nt* (**-s**) chlore *m*
Chloroform *nt* (**-s**) chloroforme *m*;
chloroformieren *(pp chloroformiert)* *vt*
chloroformer
Chlorophyll *nt* (**-s**) chlorophylle *f*
Choke *m* (**-s, -s**) *(Auto)* starter *m*
Cholera *f* (**-**) choléra *m*
cholerisch *adj* colérique, coléreux(-euse)
Cholesterin *nt* (**-s**) cholestérol *m*
Chor *m* (**-(e)s, Chöre**) chœur *m*
Choreograf, in, Choreograph, in *m(f)*
(**-en, -en**) chorégraphe *mf*; **Choreografie,
Choreographie** *f* chorégraphie *f*
Chorgestühl *nt* stalles *fpl*; **Chorknabe** *m*
petit chanteur *m*
Christ, in *m(f)* (**-en, -en**) chrétien(ne);
Christbaum *m* arbre *m* de Noël;
Christenheit *f* chrétienté *f*;
Christentum *nt* (**-s**) christianisme *m*;

Christkind *nt* enfant *m* Jésus; *(das
Geschenke bringt)* Père *m* Noël; **christlich**
adj chrétien(ne); **Christrose** *f* rose *f* de
Noël; **Christus** *m* (**-**) le Christ; **vor/nach
~** avant/après Jésus-Christ
Chrom *nt* (**-s**) chrome *m*
Chromosom *nt* (**-s, -en**) chromosome *m*
Chronik *f* chronique *f*
chronisch *adj* chronique
chronologisch *adj* chronologique
Chrysantheme *f* (**-, -n**) chrysanthème *m*
circa *adv* environ
Clementine *f* clémentine *f*
clever *adj* malin(-igne), futé(e)
Clique *f* (**-, -n**) clique *f*, clan *m*
Clou *m* (**-s, -s**) clou *m*
Clown *m* (**-s, -s**) clown *m*
Co. *abk* = **Kompanie** Co.
Cockerspaniel *m* (**-s, -s**) cocker *m*
Cocktail *m* (**-s, -s**) cocktail *m*;
Cocktailkleid *nt* robe *f* de cocktail;
Cocktailparty *f* cocktail *m*;
Cocktailtomate *f* tomate *f* cocktail
Code *m* (**-s, -s**) code *m*
Cola *f* (**-, -s**) coca *m*
Comeback, Come-back *nt* (**-(s), -s**)
come-back *m*, retour *m*
Comic *m* (**-s, -s**) bande *f* dessinée, bédé *f*,
BD *f*
Compact Disc, Compact Disk *f* (**-, -s**)
disque *m* compact
Compiler *m* (**-s, -**) *(Inform)* compilateur *m*
Computer *m* (**-s, -**) ordinateur *m*;
Computeranimation *f* animation *f* par
ordinateur; **Computerarbeitsplatz** *m*
poste *m* de travail informatisé;
computergestützt *adj* assisté(e) par
ordinateur; **Computergrafik,
Computergraphik** *f* dessin *m* fait par
infographie; **computerlesbar** *adj* lisible
informatiquement; **Computernetz** *nt*
réseau *m* informatique; **Computerspiel**
nt jeu *m* informatique;
Computerstrahlung *f* émission *f*
de rayons par l'ordinateur; **Computer-
tomograf, Computertomograph** *m*
scanner *m*; **Computertomografie,
Computertomographie** *f* tomographie
f; **Computertomogramm** *nt* image *f*
scanner; **Computervirus** *m* virus *m*
informatique
Conférencier *m* (**-s, -s**) animateur(-trice)
Connections *pl (fam)* relations *fpl*
Container *m* (**-s, -**) *(zum Transport)*
container *m*, conteneut *m*; *(für Bauschutt)*
benne *f*; *(für Pflanzen)* conteneur *m*
Controller, in *m(f)* (**-s, -**) *(Com)*
contrôleur(-euse) de gestion; *(Inform)*
contrôleur *m*
Controltaste *f* touche *f* Contrôle

Cookie nt (**-s, -s**) cookie m, fichier m de témoins
cool adj (fam) calme, cool
Copyright nt (**-s, -s**) copyright m
Copyshop m (**-s, -s**) copyshop m
Cord m (**-(e)s, -e**), **Cordsamt** m velours m côtelé
Costa Rica nt (**-s**) le Costa Rica
Couch f (**-, -en**) canapé m
Countdown, Count-down m (**-(s), -s**) compte m à rebours
Coupé nt (**-s, -s**) (Auto) coupé m
Coupon m (**-s, -s**) coupon m
Cousin m (**-s, -s**) cousin m; **Cousine** f cousine f
Crack nt (**-s**) (Droge) crack m
Creme f (**-, -s**) crème f; **cremefarben** adj couleur crème
Creutzfeldt-Jakob-Krankheit f maladie f de Creutzfeldt-Jakob
CS-Gas nt gaz m C.S.
CSU f (**-**) abk = **Christlich-Soziale Union** équivalent bavarois du parti chrétien-démocrate
Curry(pulver) m o nt (**-s, -s**) curry m; **Currywurst** f saucisse f au curry
Cursor m (**-s, -**) (Inform) curseur m, pointeur m; **Cursortaste** f touche f de curseur
Cutter, in m(f) (**-s, -**) monteur(-euse)
CVP f (**-**) abk = **Christlichdemokratische Volkspartei** parti populaire chrétien-démocrate
Cybercafé nt cybercafé m; **Cybergeld** nt monnaie f électronique; **Cyberspace** m cyberespace m, cybermonde m

d

D, d nt (**-, -**) D, d m; (Mus) ré m
da adv (dort) là, là-bas; (hier) ici, là; (dann) alors; **da drüben/draußen/vorn** là-bas/ là-dehors/là-devant; **da hinein/hinauf** là-dedans/là-dessus; **da, wo ...** là où ...; **von da an** à partir de (ce moment-)là; **da haben sie gelacht** ça les a fait rire; **was soll man da sagen/machen?** que dire de plus/qu'y faire?; **da sein** (anwesend) être présent(e); **es ist noch Brot da** il y a encore du pain ■ konj (weil) comme, puisque; **da|behalten** (pp ~) sep irr vt (Kranken, Gast) garder; (Schüler) consigner
dabei adv (räumlich) à côté; (mit etwas zusammen) avec; (inklusive) compris(e); (zeitlich: während) en même temps; (obwohl doch) pourtant; **ich habe kein Geld ~** je n'ai pas d'argent sur moi; **er hatte seine Tochter ~** sa fille l'accompagnait; **was ist schon ~?** et alors?; **es ist doch nichts ~, wenn man ...** qu'est-ce que ça peut faire qu'on ...; **es bleibt ~** c'est décidé; **das Schwierige ~ ist ...** le problème (là-dedans), c'est ...; **~ sein** (anwesend) être présent(e); (beteiligt) en être; **er war gerade ~ zu gehen** il était en train de partir; **dabei|stehen** sep irr vi être présent(e)
Dach nt (**-(e)s, Dächer**) toit m; **Dachboden** m grenier m; **Dachdecker,**

in m(f) (**-s, -**) couvreur(-euse);
Dachfenster nt, **Dachluke** f lucarne f;
Dachpappe f carton m bitumé;
Dachrinne f gouttière f
Dachs m (**-es, -e**) blaireau m
Dachständer m (Auto) galerie f
dachte imperf von **denken**
Dachträger m (Auto) galerie f;
Dachziegel m tuile f
Dackel m (**-s, -**) basset m
dadurch adv (räumlich) par là; (mittels) par
ce moyen, ainsi; (aus diesem Grund) c'est
pourquoi; **~, dass** ... du fait que ...
dafür adv pour cela; (Ersatz) en échange;
~ sein être pour; **~ sein, dass** ... (der
Meinung sein) être d'avis que ... +subj;
~, dass ... étant donné que ...; **er kann
nichts ~** il n'y peut rien; **was bekomme
ich ~?** qu'est-ce que j'aurai en échange?;
Dafürhalten nt (**-s**): **nach meinem ~** à
mon avis
dagegen adv contre (cela); (an, auf) y;
(im Vergleich) en comparaison; **ein gutes
Mittel ~** un bon remède à cela; **er prallte ~**
il a foncé dedans; **ich habe nichts ~** je n'ai
rien contre (cela); **ich war ~** j'étais contre
◼ konj par contre, en revanche
daheim adv à la maison, chez soi;
Daheim nt (**-s**) foyer m
daher adv de là; **ich komme gerade ~** j'en
viens; **die Schmerzen kommen ~** voilà la
cause des douleurs; **das geht ~ nicht,
weil** ... c'est impossible pour la raison que
... ◼ konj (deshalb) c'est pourquoi
dahin adv (räumlich) là; **gehst du auch ~?**
tu y vas aussi?; **sich ~ einigen** se mettre
d'accord sur cela; **~ gehend** en ce sens;
sich ~ gehend einigen, dass trouver un
accord en ce sens que; **bis ~** (zeitlich)
jusque-là; **dahingestellt** adv: **~ bleiben**
rester en suspens; **~ sein lassen** passer
sous silence
dahinten adv là-derrière; (weit entfernt)
là-bas; (in Raum) au fond
dahinter adv derrière; **was verbirgt sich/
steckt ~?** qu'est-ce qui se cache/qu'il y a là-
dessous?; **~ kommen, dass/wer/was** ...
découvrir que/qui/ce que ...
Dahlie f dahlia m
Daktylo f (**-, -s**) (CH) dactylo f
da|lassen sep irr vt laisser (ici)
Dalmatiner m (**-s, -**) dalmatien m
damalig adj d'alors; **der damalige
Direktor war Herr** ... le directeur était
alors Monsieur ...; **damals** adv à cette
époque(-là); **~ als** à l'époque où; **~ und
heute** jadis et aujourd'hui
Damast m (**-(e)s, -e**) damas m, damassé m
Dame f (**-, -n**) dame f; (im Schach) reine f;
meine Damen und Herren mesdames et

messieurs; **Damenbekanntschaft** f
connaissance f féminine; **Damenbinde** f
serviette f; **Damendoppel** nt double m
dames; **Dameneinzel** nt simple m
dames; **damenhaft** adj de dame, comme
une dame; **Damenwahl** f quart m
d'heure américain; **bei ~** quand c'est aux
dames d'inviter les messieurs; **Damespiel**
nt jeu m de dames
damit konj pour que +subj ◼ adv avec cela;
(begründend) ainsi; **was ist ~?** qu'est-ce
qu'il y a?; **genug ~!** suffit comme ça!;
~ basta [o Schluss] un point, c'est tout;
~ eilt es nicht ça ne presse pas
dämlich adj (fam) idiot(e)
Damm m (**-(e)s, Dämme**) (Staudamm)
barrage m; (Hafendamm) môle m;
(Bahndamm, Straßendamm) chaussée f
dämmern vi (Tag) se lever; (Abend)
tomber; **es dämmert schon** (morgens)
le jour se lève; (abends) la nuit tombe;
Dämmerung f (Morgendämmerung) aube
f, lever m du jour; (Abenddämmerung)
crépuscule m, nuit f tombante
dämmrig adj (Zimmer) sombre; (Licht)
faible
Dämon m (**-s, -en**) démon m; **dämonisch**
adj démoniaque
Dampf m (**-(e)s, Dämpfe**) vapeur f;
Dampfbügeleisen nt fer m (à repasser)
à vapeur; **dampfen** vi fumer
dämpfen vt (Gastr) cuire à l'étuvée [o à la
vapeur]; (bügeln) repasser à la vapeur;
(Lärm) étouffer; (Freude, Schmerz) atténuer
Dampfer m (**-s, -**) bateau m à vapeur
Dampfkochtopf m autocuiseur m,
cocotte-minute® f; **Dampfmaschine** f
machine f à vapeur; **Dampfschiff** nt
bateau m à vapeur; **Dampfwalze** f
rouleau m compresseur
danach adv ensuite; (in Richtung) vers
cela; (demgemäß) d'après cela; **~ kann
man nicht gehen** on ne peut pas s'y fier;
ich werde mich ~ richten j'en tiendrai
compte; **er schoss ~** il a tiré dessus;
mir ist nicht ~ je n'en ai pas envie;
er sieht auch ~ aus il en a tout l'air
Däne m (**-n, -n**) Danois m
daneben adv à côté; (im Vergleich damit)
en comparaison; (außerdem) en outre;
daneben|benehmen (pp
danebenbenommen) sep irr vr: **sich ~**
mal se conduire; **daneben|gehen** sep irr
vi aux sein échouer; (Schuss) manquer
la cible
Dänemark nt (**-s**) le Danemark; **Dänin** f
Danoise f; **dänisch** adj danois(e)
dank präp +gen o dat grâce à
Dank m (**-(e)s**) remerciement(s) m(pl);
vielen [o **schönen**] **~!** merci beaucoup!;

dankbar adj (Mensch) reconnaissant(e);
(Aufgabe) qui en vaut la peine;
Dankbarkeit f gratitude f; **danke** interj
merci; ~ **schön!** merci (beaucoup)!;
danken vt, vi remercier; **jdm für etw** ~
remercier qn de qch; **ich danke** merci;
(ironisch) non merci, **niemand wird dir
das** ~ personne ne t'en sera reconnaissant;
dankenswert adj (Arbeit) qui en vaut la
peine; (Bemühung) louable
dann adv alors; (danach) puis, ensuite;
(außerdem) et puis, en outre; ~ **und wann**
de temps en temps
daran adv à cela, y; (zweifeln) de cela; **im
Anschluss** ~ tout de suite après; **es liegt**
~, **dass** ... c'est parce que ...; **mir liegt viel**
~ c'est très important pour moi; **das Beste**
~ **ist** ... le meilleur de l'histoire, c'est ...;
ich war nahe ~ **zu** ... j'étais sur le point
de ...; **er ist** ~ **gestorben** il en est mort;
daran|setzen sep vt mettre en œuvre;
**sie hat alles darangesetzt, von Ulm
wegzukommen** elle a tout mis en œuvre
pour quitter Ulm
darauf adv (räumlich) dessus; (danach)
après; **es kommt** ~ **an, ob** ... cela dépend
si ...; **ich komme nicht** ~ cela m'échappe;
die Tage ~ les jours suivants; **am Tag** ~
le lendemain; ~ **folgend** suivant(e);
daraufhin adv (aus diesem Grund) en
conséquence; **wir müssen es** ~ **prüfen,
ob** ... nous devons l'examiner pour savoir
si ...
daraus adv (räumlich) de là, en; (Material)
en cela, de cela; **was ist** ~ **geworden?**
qu'en est-il advenu?; ~ **geht hervor, dass**
... il en ressort que ...; **mach dir nichts**
~ ne t'en fais pas
Darbietung f spectacle m
darin adv là-dedans, y; (Grund angebend)
en cela, y
dar|legen sep vt exposer, expliquer
Darlehen nt (-s, -) prêt m, emprunt m
Darm m (-(e)s, Därme) intestin m;
(Wurstdarm) boyau m; **Darmsaite** f
corde f de boyau
dar|stellen sep vt représenter;
(beschreiben) décrire ■ vr: **sich** ~
se montrer, se présenter; **Darsteller, in**
m(f) (-s, -) acteur(-trice), interprète mf;
Darstellung f représentation f;
(von Ereignis) description f
darüber adv (räumlich) au-dessus;
(zur Bedeckung) par-dessus; (in Bezug auf
Thema) à ce sujet; (bei Zahlen, Beträgen)
au-dessus; **er hat sich** ~ **geärgert/
gefreut** ça l'a mis en colère/lui a fait
plaisir; **er hat** ~ **gesprochen** il en a
parlé; ~ **geht nichts** il n'y a rien de
mieux

darum adv (räumlich) autour; (hinsichtlich
einer Sache) pour cela; **wir bitten** ~ nous
vous en prions; **ich bemühe mich** ~ je m'y
efforce; **es geht** ~, **dass** ... il s'agit de ...; **er
würde viel** ~ **geben, wenn** ... il donnerait
beaucoup pour que ... +subj ■ konj c'est
pourquoi
darunter adv en-dessous; (mit Verb der
Bewegung) par-dessous; (im Haus, bei
Zahlen, Unterordnung) au-dessous;
(dazwischen, dabei) parmi eux (elles); **was
verstehen Sie** ~? qu'entendez-vous par là?
das art siehe **der, die, das**
da sein irr vi aux sein être présent(e); **es ist
noch Brot da** il y a encore du pain
Dasein nt (-s) (Leben) existence f;
(Anwesenheit) présence f
dass konj que; (damit) pour que +subj;
(in Wunschsätzen) si; **zu teuer, als** ~ ... trop
cher pour que ... +subj; **außer** ~ ... excepté
que ...; **ohne** ~ sans que +subj
dasselbe pron la même chose
da|stehen sep irr vi (bewegungslos dastehen)
être là; (fig) se trouver; (in Buch) être
mentionné(e); **dumm** ~ avoir l'air bête
DAT nt (-, -s) abk = Digital Audio Tape
D.A.T. m
Datei f (Inform) fichier m; **Dateiattribut**
nt attribut m de fichier; **Dateiendung** f
extension f de fichier
Dateienverwaltungsprogramm nt
gestionnaire m de fichiers;
Dateienverzeichnis nt répertoire m
de fichiers
Dateierweiterung f extension f de
fichier; **Dateimanager** m gestionnaire m
de fichiers; **Dateiname** m nom m
de fichier
Daten pl von **Datum** ■ pl (Inform)
données fpl; **Datenaustausch** m
échange m des données;
Datenautobahn f autoroute f de
l'information; **Datenbank** f (pl
Datenbanken) banque f de données;
Datenbankadministrator, in m(f)
administrateur(-trice) de banque de
données; **Datenbasis** f base f de
données; **Datenbereinigung** f remise f
à jour des données; **Datenbestand** m
ensemble m des données;
Datenerfassung f saisie f des données;
Datenfernübertragung f
télétransmission f des donnés;
Datenfernverarbeitung f
télétraitement m; **Datenfluss** m flux m
de données; **Datenhandschuh** m gant m
de données; **Datenklau** m (-s, -s) vol m
de données; **Datenkomprimierung** f
compression f de données;
Datenmissbrauch m fraude f

informatique; **Datenmüll** m données fpl non intéressantes; **Datenschrott** m données fpl non exploitables; **Datenschutz** m protection f des données contre les abus de l'informatique; **Datenschutzbeauftragte, r** mf personne f chargée de la protection des données; **Datenträger** m support m de données; **Datentypist, in** m(f) opérateur(-trice) de saisie; **Datenübertragung** f transfert m de données; **Datenübertragungsrate** f taux m de transmission des données; **Datenverarbeitung** f traitement m de données; **elektronische ~** traitement m électronique de données; **Datenverbund** m raccordement m informatique; **Datenverwaltung** m gestion f de données; **Datenzentrum** nt centrale f de données

datieren (pp **datiert**) vt dater ※ vi: **~ von** dater de

Dativ m datif m

Datscha f (-, **Datschen**) datcha f

Dattel f (-, -n) datte f

Datum nt (-s, **Daten**) date f

Dauer f (-) durée f; **auf die ~** à la longue; **Dauerauftrag** m (Fin) ordre m de virement permanent, prélèvement m automatique; **Dauerbeschäftigung** f emploi m stable; **dauerhaft** adj durable; **Dauerkarte** f abonnement m; **Dauerlauf** m jogging m; **dauern** vi durer; **es hat sehr lange gedauert, bis sie begriffen hat** elle a mis très longtemps à comprendre; **dauernd** adj constant(e), incessant(e); (andauernd) permanent(e) ※ adv constamment; **Dauerregen** m pluie f incessante; **Dauerwelle** f permanente f; **Dauerwurst** f ≈ saucisson m sec; **Dauerzustand** m état m permanent

Daumen m (-s, -) pouce m; **am ~ lutschen** sucer son pouce; **Daumenlutscher, in** m(f) enfant m qui suce son pouce

Daune f (-, -n) duvet m; **Daunendecke** f édredon m; **Daunenjacke** f doudoune f

davon adv en, de là; (Trennung, Grund) de cela; **die Hälfte ~** la moitié (de cela); **10 ~ waren gekommen** dix d'entre eux étaient venus; **~ wissen** être au courant; **~ wusste er nichts** il n'en savait rien; **das kommt ~!** c'est bien fait!; **~ abgesehen** à part cela; **was habe ich ~?** à quoi ça m'avance?; **das hast du nun ~!** tu vois le résultat!; **davon|kommen** sep irr vi aux sein s'en tirer; **mit dem Schrecken ~ en être quitte pour la peur; **davon|laufen** sep irr vi aux sein se sauver; **davon|tragen** sep irr vt (Sieg) remporter; (Verletzung) subir

davor adv devant; (zeitlich, Reihenfolge) avant; **das Jahr ~** l'année d'avant; **ihn ~ warnen** l'en avertir; **Angst ~ haben** en avoir peur

dazu adj avec cela; (Zweck angebend) pour cela; (in Bezug auf Thema, Frage) sur cela; **er arbeitet und singt ~** il chante en travaillant; **was hat er ~ gesagt?** qu'est-ce qu'il en a dit?; **und ~ noch** et en plus; **~ fähig sein** en être capable; **Zeit/Lust ~ haben** en avoir le temps/envie; **dazu|gehören** (pp **dazugehört**) sep vi en faire partie; **dazu|kommen** sep irr vi aux sein (Ereignisse) survenir; (an einen Ort) arriver

dazwischen adv (räumlich) au milieu; (zeitlich) entre-temps; (bei Maß-, Mengenangaben) entre les deux; (dabei, darunter) dans le tas, parmi eux (elles); **dazwischen|kommen** sep irr vi aux sein; **mit den Fingern ~** (hineingeraten) se coincer les doigts; **es ist etwas dazwischengekommen** il y a eu un contretemps; **dazwischen|reden** sep vi (unterbrechen) interrompre

DDR f (-) abk = **Deutsche Demokratische Republik** (Hist) R.D.A. f; **die ehemalige ~** l'ex-R.D.A.

> ◈ **DDR**
> ◈
> ◈ La DDR était le nom de l'ancienne
> ◈ République démocratique allemande,
> ◈ fondée en 1949 dans la zone d'occupation
> ◈ soviétique. La construction du mur de
> ◈ Berlin en 1961 a complètement isolé la
> ◈ DDR du reste des pays occidentaux.
> ◈ D'importantes manifestations
> ◈ réclamant la démocratisation du
> ◈ régime ont provoqué la destruction
> ◈ du mur et l'ouverture des frontières
> ◈ en 1989. La DDR et la BRD ont été
> ◈ réunifiées en 1990.

deaktivieren (pp **deaktiviert**) vt (Inform) désactiver

Deal m (-s, -s) (fam) transaction f; **dealen** vi (fam) faire du trafic de drogue; **Dealer, in** m(f) (-s, -) (fam) trafiquant(e); (in kleinem Rahmen) revendeur(-euse), dealer m

Debatte f (-, -n) débat m

debuggen (pp **debuggt**) vt (Inform) déboguer

Deck nt (-(e)s, -s) pont m

Deckbett nt édredon m; **Deckblatt** nt (von Fax) page f de garde

Decke f (-, -n) couverture f; (Tischdecke) nappe f; (Zimmerdecke) plafond m; **unter einer ~ stecken** être de connivence

Deckel m (-s, -) couvercle m; (Buchdeckel) couverture f
decken vt couvrir; (Bedarf) satisfaire à; (Fin) couvrir; (Defizit) combler; (Sport) marquer; **den Tisch ~** mettre le couvert [o la table] ■ vr: **sich ~** (Meinungen) être identique(s); (Math) coïncider ■ vi (Farbe) couvrir, camoufler
Deckmantel m: **unter dem ~ von** sous le couvert de; **Deckname** m pseudonyme m
Deckung f (Schutz) abri m; (Sport: von Gegner) marquage m; (von Meinungen) accord m; (Com: von Bedarf) satisfaction f; **in ~ gehen** se mettre à l'abri; **zur ~ des Defizits** pour combler le déficit; **zur ~ der Kosten** pour couvrir les frais; **deckungsgleich** adj (Ansichten) concordant(e); (Math) congruent(e); **Deckungszusage** f promesse f de garantie
Decoder m (-s, -) décodeur m
defekt adj (Maschine) défectueux(-euse); **Defekt** m (-(e)s, -e) défaut m
defensiv adj défensif(-ive)
definieren (pp **definiert**) vt définir
Definition f définition f
definitiv adj définitif(-ive)
Defizit nt (-s, -e) déficit m
defragmentieren (pp **defragmentiert**) vt (Inform) défragmenter
deftig adj (Essen) consistant(e); (Witz) grossier(-ière)
Degen m (-s, -) épée f
degenerieren (pp **degeneriert**) vi aux sein dégénérer; (Sitten) se dégrader
degradieren (pp **degradiert**) vt dégrader
dehnbar adj extensible; **dehnen** vt (Stoff) étirer; (Vokal) allonger ■ vr: **sich ~** (Stoff) s'allonger, s'élargir; (Mensch) s'étirer; (Strecke) s'étendre; (dauern) traîner en longueur; **Dehnung** f (von Gummizug) tension f; (von Vokal) allongement m
Deich m (-(e)s, -e) digue f
Deichsel f (-, -n) timon m
deichseln vt: **wir werden es schon ~!** (fam) nous allons arranger ça!
dein pron (adjektivisch) ton (ta); (pl) tes; **deine, r, s** pron (substantivisch) le tien (la tienne); (pl) les tiens (les tiennes); **die Deinen** (Angehörige) les tiens; **deiner** pron gen von **du** de toi; **deinerseits** adv de ta part, de ton côté; **deinesgleichen** pron des gens comme toi; **deinetwegen** adv (für dich) pour toi; (wegen dir) à cause de toi; (von dir aus) en ce qui te concerne
deinstallieren (pp **deinstalliert**) vt (Programm) désinstaller
Deka nt (-(s), -) (A) décigramme m

dekadent adj décadent(e); **Dekadenz** f décadence f
Dekagramm nt (A) décigramme m
Dekan m (-s, -e) doyen m
Deklination f déclinaison f; **deklinieren** (pp **dekliniert**) vt décliner
Dekolleté, Dekolletee nt (-s, -s) décolleté m
dekomprimieren (pp **dekomprimiert**) vt (Datei) décompresser
Dekorateur, in m(f) décorateur(-trice); **Dekoration** f décoration f; **dekorativ** adj décoratif(-ive); **dekorieren** (pp **dekoriert**) vt décorer
Delegation f délégation f; **delegieren** (pp **delegiert**) vt déléguer (an +akk à)
Deletetaste f touche f Suppression
Delfin m (-s, -e) (Tier) dauphin m ■ nt (-s) (Sport: Schwimmstil) brasse f papillon
delikat adj délicat(e); (köstlich) délicieux(-euse)
Delikatesse f (-, -n) délicatesse f; (Feinkost) mets m délicat; **Delikatessengeschäft** nt épicerie f fine
Delikt nt (-(e)s, -e) délit m
Delle f (-, -n) (fam) bosse f
Delphin m, nt siehe **Delfin**
Delta nt (-s, -s) delta m
dem art siehe **der, die, das**
Demagoge m (-n, -n), **-gogin** f démagogue mf
dementieren (pp **dementiert**) vt (Meldung) démentir
demgemäß adv en conséquence
demnach adv donc
demnächst adv bientôt, sous peu
Demo f (-, -s) (fam) manif f
Demokrat, in m(f) démocrate mf; **Demokratie** f démocratie f; **demokratisch** adj démocratique; **demokratisieren** (pp **demokratisiert**) vt démocratiser
demolieren (pp **demoliert**) vt démolir
Demonstrant, in m(f) manifestant(e); **Demonstration** f (Darlegung) démonstration f; (Umzug) manifestation f; **demonstrativ** adj démonstratif(-ive); **demonstrieren** (pp **demonstriert**) vt démontrer; (guten Willen) manifester, montrer ■ vi manifester
Demoskopie f sondage m d'opinion
Demut f (-) humilité f; **demütig** adj humble
demütigen vt humilier ■ vr: **sich ~** s'humilier, s'abaisser; **Demütigung** f humiliation f
demzufolge adv donc, par conséquent
den art siehe **der, die, das**
denen dat von **diese**

Denglisch nt (-) allemand anglicisé à l'extrême

Den Haag nt (-s) La Haye

denkbar adj concevable ■ adv (sehr) extrêmement

Denke f (-) (fam) façon f de penser

denken (**dachte, gedacht**) vt, vi penser; **sich** dat **etw ~** (vermuten) se douter de qch; **gut/schlecht über jdn/etw ~** penser du bien/du mal de qn/qch; **an jdn/etw ~** penser à qn/qch; **denk(e) daran, dass ...** n'oublie pas que ...; **Denken** nt (-s) (das Überlegen) réflexion f; (Denkfähigkeit) pensée f; **Denker, in** m(f) (-s,-) penseur(-euse); **Denkfähigkeit** f intelligence f; **denkfaul** adj paresseux(-euse) d'esprit; **Denkfehler** m faute f de raisonnement, erreur f de raisonnement; **Denkmal** nt (-s, -mäler) monument m, **Denkmalschutz** m protection f des monuments; **denkwürdig** adj mémorable; **Denkzettel** m: jdm einen ~ verpassen donner une leçon à qn

denn konj car; **mehr/besser ~ je** plus/ mieux que jamais; **es sei ~** à moins que +subj ■ adv (verstärkend) donc; **wo ist er ~?** où est-il donc?

dennoch adv cependant, pourtant

Denunziant, in m(f) dénonciateur(-trice)

Deo nt (-s, -s), **Deodorant** nt (-s, -e o -s) déodorant m; **Deoroller** m déodorant m à bille; **Deospray** m o nt déodorant m en spray

Deponie f décharge f

deponieren (pp **deponiert**) vt déposer

Depot nt (-s, -s) dépôt m; (CH: Pfand) consigne f

Depression f dépression f; **depressiv** adj dépressif(-ive)

deprimieren (pp **deprimiert**) vt déprimer

der, die, das art le (la); (pl) les ■ pron (demonstrativ) celui-ci (celle-ci), celui-là (celle-là); (pl) ceux-ci (celles-ci), ceux-là (celles-là); (relativ) qui; (bezüglich auf Sachen) que; (jemand) il (elle)

derart adv tellement, tant; (solcher Art) de ce genre(-là), de cette sorte; **~, dass ...** (relativ) de telle sorte que ...; (verstärkend) tellement ... que ...; **derartig** adj tel(le)

derb adj grossier(-ière); (Kost) peu raffiné(e)

deregulieren (pp **dereguliert**) vt déréguler

deren pron siehe **der, die, das**

dergleichen pron tel(le), semblable; **derjenige** pron: **~, der** (demonstrativ) celui qui; (relativ) tant, si; **derselbe** pron le (la) même; **derzeitig** adj (jetzig) actuel(le); (damalig) d'alors

des art siehe **der, die, das**

Desaster nt (-s, -) désastre m

Deserteur, in m(f) déserteur(-euse)

desertieren (pp **desertiert**) vi aux sein déserter

desgleichen adv pareillement

deshalb adv c'est pourquoi, pour cette raison, pour cela

Design nt (-s, -s) design m, stylisme m; **Designer, in** m(f) (-s, -) designer mf, styliste m; **Designerdroge** f drogue f de synthèse; **Designerkleidung** f vêtement m de styliste

Desinfektion f désinfection f; **Desinfektionsmittel** nt désinfectant m; **desinfizieren** (pp **desinfiziert**) vt désinfecter

Desinteresse nt manque m d'intérêt (an +dat pour)

Desktop-Publishing, Desktoppublishing nt (-, -(s)) microédition f, publication f assistée par ordinateur

Desoxyribonukleinsäure f acide m désoxyribonucléique

dessen pron = **der, die, das**; **~ ungeachtet** malgré cela, néanmoins

Dessert nt (-s, -s) dessert m

Destillation f distillation f; **destillieren** (pp **destilliert**) vt distiller

desto konj d'autant; **~ besser** d'autant mieux

deswegen konj c'est pourquoi, à cause de cela

Detail nt (-s, -s) détail m; **detaillieren** (pp **detailliert**) vt détailler

Detektiv, in m(f) détective mf

Detektor m (Tech) détecteur m

deuten vt interpréter ■ vi: **auf etw** akk **~** indiquer qch

deutlich adj clair(e); (Schrift) lisible; (Aussprache) distinct(e); (Unterschied) net(te); **jdm etw ~ machen** faire comprendre qch à qn; **Deutlichkeit** f clarté f

deutsch adj allemand(e); **deutscher Schäferhund** berger m allemand; **Deutsche Demokratische Republik** (Hist) République f démocratique allemande; **Deutsch** nt (Ling) (l')allemand m; **~ lernen** apprendre l'allemand; **~ sprechen** parler allemand; **ins Deutsche übersetzen** traduire en allemand; **Deutsche, r** mf Allemand(e); **Deutschland** nt l'Allemagne f; **in ~** en Allemagne; **nach ~ fahren** aller en Allemagne

Deutung f interprétation f

Devise f (-, -n) devise f; **Devisenhandel** m marché m des changes; **Devisenkurs** m cours m du change

Dezember m (-(s), -) décembre m; **im ~ en**
décembre; **18. ~ 2007** le 18 décembre
2007; **am 18. ~** le 18 décembre
dezent adj discret(-ète)
dezentral adj décentralisé(e)
dezimal adj décimal(e); **Dezimalbruch** m
fraction f décimale; **Dezimalsystem** nt
système m décimal
DFÜ f(-) abk = **Datenfernübertragung**
télétransmission f
DGB m (-) abk = **Deutscher**
Gewerkschaftsbund confédération des
syndicats allemands
d. h. abk = **das heißt** c.-à-d.
Dia nt (-s, -s) diapo f
Diabetes m (-) diabète m; **Diabetiker, in**
m(f) (-s, -) diabétique mf
Diagnose f(-, -n) diagnostic m
diagonal adj diagonal(e); **Diagonale** f
(-, -n) diagonale f
Diagramm nt (-s, -e) diagramme m
Dialekt m (-(e)s, -e) dialecte m, patois m
dialektisch adj dialectique
Dialog m (-(e)s, -e) dialogue m,
conversation f; **Dialogbetrieb** m mode m
conversationnel; **Dialogfeld** nt (Inform)
fenêtre f de dialogue
Dialyse f (-, -n) (Med) dialyse f
Diamant m diamant m
Diaphragma nt (-s, **Diaphragmen**)
diaphragme m
Diapositiv nt diapositive f
Diät f (-, -en) régime m; **~ halten** être
au régime, suivre un régime; **Diäten** pl
indemnité f parlementaire
Diavortrag m diaporama m
dich pron akk von **du** (vor Verb) te;
(vor Vokal o stummem h) t'; (nach Präposition)
toi
dicht adj épais(se); (Menschenmenge,
Verkehr) dense; (Bäume) touffu(e);
(Gewebe) serré(e); (Dach) étanche ▪ adv:
~ an/bei tout près de; **~ bevölkert** à forte
densité de population
dichten vt (dicht machen) étancher; (Leck)
colmater; (verfassen) composer; (fam:
erfinden) inventer, imaginer ▪ vi (reimen)
écrire des vers; **Dichter, in** m(f) (-s, -)
poète mf; **dichterisch** adj poétique
dicht|halten sep irr vi (fam) la boucler;
dicht|machen sep vt (fam) fermer
Dichtung f (Tech) joint m, garniture f;
(Auto) joint m de culasse; (Gedichte)
poésie f; (Prosa) œuvre f poétique
dick adj épais(se); (Mensch) gros(se);
durch ~ und dünn pour le meilleur et
pour le pire; **Dicke** f (-, -n) épaisseur f;
dickfellig adj cabochard(e);
dickflüssig adj visqueux(-euse), épais(se)
Dickicht nt (-s, -e) fourré m

Dickkopf m (Mensch) tête f de mule;
einen ~ haben être têtu(e) (comme une
mule); **dickköpfig** adj cabochard(e);
Dickmilch f lait m caillé
die art siehe **der, die, das**
Dieb, in m(f) (-(e)s, -e) voleur (-euse),
Diebesgut nt butin m; **diebisch** adj
voleur(-euse); (fam: Vergnügen) malin(-
igne); **Diebstahl** m (-(e)s, **Diebstähle**)
vol m; **Diebstahlsicherung(sanlage)** f
alarme f
diejenige pron: ~, **die** (demonstrativ) celle
qui
Diele f (-, -n) (Brett) planche f; (Flur)
vestibule m, entrée f
dienen vi servir; **Diener, in** m(f) (-s, -)
domestique mf
Dienst m (-(e)s, -e) service m; **außer ~**
hors service; **im ~ en** service; **~ haben**
être de service; **~ habend** de garde;
der öffentliche ~ le service public
Dienstag m mardi m; **(am) ~** mardi (qui
vient); **Dienstagabend** m mardi soir m;
dienstags adv tous les mardis; (Zeitplan)
le mardi
Dienstbote m, **-botin** f domestique mf;
diensteifrig adj empressé(e), zélé(e);
dienstfrei adj: **~ haben** avoir congé;
Dienstgeheimnis nt secret m
professionnel; **Dienstgespräch** nt
communication f de service; **Dienstgrad**
m grade m; **diensthabend** adj de garde;
Dienstleistung f (prestation f de) service
m; **Dienstleistungsgewerbe** nt (secteur
m) tertiaire m; **Dienstleistungssektor** m
secteur m tertiaire; **dienstlich** adj
officiel(le) ▪ adv pour affaires;
Dienstmädchen nt bonne f; **Dienstreise**
f voyage m d'affaires; **Dienststelle** f
bureau m, office m; **Dienstvorschrift** f
instruction f de service; **Dienstweg** m
voie f hiérarchique; **Dienstzeit** f heures
fpl de service
dies pron ceci; **~ sind meine Eltern** voici
mes parents
diesbezüglich adj (Frage) à ce propos
diese, r, s pron (demonstrativ) ce, cet(te);
(substantivisch) celui-ci (celle-là)
Diesel m (-s, -) (Auto) diesel m ▪ m (-s)
(Dieselkraftstoff) gazole m, gas-oil m
dieselbe pron le (la) même
diesig adj brumeux(-euse)
diesjährig adj de cette année;
diesmal adv cette fois; **diesseits** präp
+gen de ce côté; **Diesseits** nt (-): **das ~**
la vie ici-bas
Dietrich m (-s, -e) crochet m
Differential nt siehe **Differenzial**
Differenz f différence f; (pl: Streit)
différend m

Differenzial nt (-s, -e) différentielle f; **Differenzialgetriebe** nt (Auto) engrenage m différentiel; **Differenzialrechnung** f calcul m différentiel

differenzieren (pp differenziert) vt, vi différencier

digital adj numérique, digital(e); **digitales Fernsehen** télévision f numérique; **Digitalanzeige** f affichage m numérique; **Digitalfernsehen** nt télévision f numérique; **digitalisieren** (pp digitalisiert) vt numériser; **Digitalisierung** f numérisation f; **Digitalkamera** f appareil m photo numérique; **Digitalrechner** m calculateur m numérique; **Digitaluhr** f montre f digitale; **Digitalzeitalter** nt ère f numérique

Diktat nt dictée f; (fig: von Mode) canons mpl

Diktator, in m(f) dictateur(-trice); **diktatorisch** adj dictatorial(e)

Diktatur f dictature f

diktieren (pp diktiert) vt dicter

Dilemma nt (-s, -s) dilemme m

Dilettant, in m(f) dilettante mf; **dilettantisch** adj de dilettante

Dimension f dimension f

Ding nt (-(e)s, -e) chose f

Dingsbums nt (-, -) (fam) truc m, machin-chouette m

Dinosaurier m (-s, -) dinosaure m

Diode f (-, -n) diode f

Dioxid nt dioxyde m

Dioxin nt (-s) dioxine f

Diözese f (-, -n) diocèse m

Diphtherie f diphtérie f

Diplom nt (-s, -e) diplôme m

Diplomat, in m(f) (-en, -en) diplomate mf; **Diplomatengepäck** nt valise f diplomatique; **Diplomatie** f diplomatie f; **diplomatisch** adj diplomatique

Diplom-Ingenieur, in m(f) ingénieur(e) diplômé(e)

dir pron dat von **du** (vor Verb) te; (vor Vokal o stummem h) t'; (nach Präposition) toi; **das gehört ~** c'est à toi

direkt adj direct(e) ■ adv directement; (ehrlich) franchement; **Direktbank** f (pl **Direktbanken**) banque f directe; **Direktflug** m vol m direct

Direktor, in m(f) directeur(-trice); (von Gymnasium) proviseur mf; (von Realschule) principal(e)

Direktübertragung f retransmission f en direct; **Direktzugriffsspeicher** m (Inform) mémoire f vive

Dirigent, in m(f) chef m d'orchestre

dirigieren (pp dirigiert) vt, vi diriger

Dirndl nt (-s, -n) (Kleid) dirndl m (costume bavarois ou autrichien); (A) fille f

Dirne f (-, -n) prostituée f

Discman® m (-s, -s) lecteur m CD portable

Diskette f disquette f; **Diskettenfehler** m erreur f disquette; **Diskettenlaufwerk** nt lecteur m de disquettes

Discjockey, Diskjockey m (-s, -s) disc-jockey m

Disco, Disko f (-, -s) discothèque f, boîte f

Diskont m (-s, -e) (Fin) escompte m; (Com) remise f, rabais m; **Diskontsatz** m (Fin) taux m d'escompte

Diskothek f (-, -en) discothèque f

Diskrepanz f divergence f, contradiction f

diskret adj discret(-ète)

Diskretion f discrétion f

diskriminieren (pp diskriminiert) vt discriminer; **Diskriminierung** f discrimination f

Diskussion f discussion f; **zur ~ stehen** être à l'ordre du jour; **Diskussionsforum** nt (-s, -foren) (Inform) forum m de discussion

diskutabel adj discutable

diskutieren (pp diskutiert) vt, vi discuter (über +akk de)

Disneyland® nt Dysneyland® m

Display nt (-s, -s) afficheur m

disqualifizieren (pp disqualifiziert) vt disqualifier

dissen vt (fam) débiner

Dissertation f thèse f (de doctorat)

Distanz f distance f; **~ halten** garder ses distances; **distanzieren** (pp distanziert) vr: **sich von jdm/etw ~** prendre ses distances par rapport à qn/qch

Distel f (-, -n) chardon m

Disziplin f discipline f

divers adj: **diverse** plusieurs; **Diverses** divers; **wir haben noch Diverses vor** nous avons encore pas mal de choses à faire

Dividende f (-, -n) dividende m

dividieren (pp dividiert) vt diviser (durch par)

DJ m (-s, -s) abk = **Discjockey** DJ m

DM, D-Mark f abk = **Deutsche Mark** (Hist) mark m

DNS f (-, -) abk = **Desoxyribonukleinsäure** A.D.N. m

doch konj (aber) mais; (trotzdem) quand même ■ adv: **~! si!**; **das ist ~ schön!** mais c'est beau!; **nicht ~!** mais non!; **er kam ~ noch** il est venu quand même; **komm ~!** viens donc!

Docht m (-(e)s, -e) mèche f

Dock nt (-s, -s) dock m, bassin m

Dogge f (-, -n) dogue m

Dogma nt (-s, Dogmen) dogme m; **dogmatisch** adj dogmatique

Doktor, in m(f) docteur mf; (Arzt) docteur m; **Doktorand, in** m(f) (-en, -en) doctorant(e); **Doktorarbeit** f thèse f de doctorat; **Doktortitel** m titre m de docteur; **Doktorvater** m patron m de thèse

Dokument nt document m; **Dokumentarbericht** m, **Dokumentarfilm** m documentaire m; **dokumentarisch** adj documentaire; **dokumentieren** (pp **dokumentiert**) vt (a. Inform) documenter; **Dokumentvorlage** f (Inform) modèle m de lettre

Dolch m (-(e)s, -e) poignard m

Dollar m (-s, -) dollar m

dolmetschen vt traduire, interpréter ■ vi servir d'interprète; **Dolmetscher, in** m(f) (-s, -) interprète mf

Dolomiten pl Dolomites fpl

Dom m (-(e)s, -e) cathédrale f

Domain nt (-s, -s) domaine m; **Domain-Name** m nom m de domaine

Domäne f (-, -n) (a. Inform) domaine m

dominieren (pp **dominiert**) vt, vi dominer

Dominikanische Republik f: die ~ la République dominicaine

Dompfaff m (-en o -s, -en) bouvreuil m

Dompteur m, **Dompteuse** f dompteur(-euse)

Donau f (-) Danube m

Döner (Kebab) m (-s, -) döner kebab m

Donner m (-s, -) tonnerre m; **donnern** vi tonner

Donnerstag m jeudi m; **(am)** ~ jeudi (qui vient); **Donnerstagmorgen** m jeudi matin m; **donnerstags** adv tous les jeudis; (Zeitplan) le jeudi

Donnerwetter nt (fig) engueulade f ■ interj (verärgert) bon sang!; (überrascht) dis donc!

doof adj (fam) idiot(e), stupide; **ein doofes Gesicht machen** faire une drôle de tête

dopen vt doper; **Doping** nt (-s) doping m, dopage m; **Dopingkontrolle** f contrôle m antidopage

Doppel nt (-s, -) double m; **Doppelbett** nt lit m pour deux personnes; **Doppelfenster** nt double fenêtre f; **Doppelgänger, in** m(f) (-s, -) sosie m; **Doppelhaushalt** m double ménage m; **Doppelklick** m (-s, -s) double clic m; **doppelklicken** (**doppelklickte**, **doppelgeklickt**) vi double-cliquer; **Doppelpunkt** m deux-points mpl; **Doppelstecker** m prise f double

doppelt adj double; **in doppelter Ausfertigung** en double exemplaire ■ adv en double; (sich freuen, ärgern) doublement

Doppelverdiener pl foyer m à deux salaires; **Doppelwährungsphase** f période f de double circulation; **Doppelzimmer** nt chambre f double

Dorf nt (-(e)s, Dörfer) village m; **Dorfbewohner, in** m(f) villageois(e)

Dorn m (-(e)s, -en) (an Pflanze) épine f ■ m (pl **Dorne**) (aus Metall) ardillon m; **dornig** adj épineux(-euse); **Dornröschen** nt la Belle au bois dormant

dörren vt sécher; **Dörrobst** nt fruits mpl secs

Dorsch m (-(e)s, -e) petite morue f

dort adv là(-bas); ~ **drüben/oben** là-bas/ là-haut; **dorther** adv de là; **dorthin** adv là-bas; **dortig** adj de là-bas

DOS nt (-) akr = **disk operating system** DOS m

Dose f (-, -n) boîte f

dösen vi (fam) sommeiller

Dosenbier nt bière f en boîte; **Dosenöffner** m ouvre-boîte m; **Dosenpfand** nt consigne f sur les canettes et les bouteilles jetables

Dosis f (-, **Dosen**) dose f

Dotter m (-s, -) jaune d'œuf

Download m (-s, -s) (Inform) téléchargement m; **downloaden** (pp **gedownloadet** o **downgeloadet**) vt télécharger vers l'aval, downloader

Downsyndrom, Down-Syndrom nt (-(e)s, -e) (Med) trisomie f 21

Dozent, in m(f) maître mf de conférences

Drache m (-n, -n) (Fabeltier) dragon m

Drachen m (-s, -) (Spielzeug) cerf-volant m; (Sport) deltaplane m; (pej: fam: Frau) dragon m; **Drachenfliegen** nt (-s) (Sport) vol m libre, deltaplane m; **Drachenflieger, in** m(f) libériste mf

Draht m (-(e)s, Drähte) fil m de fer; **auf ~ sein** (fig: fam) savoir saisir les occasions; **drahtig** adj (Mann) sportif(-ive); **Drahtseil** nt câble m métallique; **Drahtseilbahn** f funiculaire m

drall adj plantureux(-euse)

Drama nt (-s, Dramen) drame m; **Dramatiker, in** m(f) (-s, -) dramaturge mf; **dramatisch** adj dramatique

dran kontr von **daran** ■ adv: **gut/schlecht ~ sein** être en bonne/mauvaise posture

drang imperf von **dringen**

Drang m (-(e)s, Dränge) (Trieb) forte envie f; (Druck) pression f

drängeln vt, vi pousser

drängen vt presser ■ vi presser; **auf etw** akk ~ insister sur qch

Drängler, in m(f) (-s, -) harceleur(-euse) au volant

drastisch adj (Maßnahme) draconien(ne); (Schilderung) cru(e)

drauf kontr von **darauf**
Draufgänger, in m(f) (-s, -) casse-cou m,
fonceur(-euse); **draufgängerisch** adj
(Mentalität) de fonceur(-euse); **ein
draufgängerischer Typ** un fonceur
draußen adv (au) dehors
Dreck m (-(e)s) saleté f; (am Körper) crasse
f; **dreckig** adj sale; (Bemerkung, Witz)
obscène
Dreharbeiten pl tournage m; **Drehbank**
f (pl **Drehbänke**) tour m; **drehbar** adj
rotatif(-ive); **Drehbuch** nt (Cine)
scénario m
drehen vt tourner; (Zigaretten) rouler
⬛ vi tourner; (Schiff) virer de bord ⬛ vr:
sich ~ tourner; (Mensch) se tourner;
(handeln von) s'agir (um de)
Drehorgel f orgue m de Barbarie;
Drehstuhl m siège m pivotant; **Drehtür** f
porte f pivotante; **Drehung** f (Rotation)
rotation f; (Umdrehung, Wendung) tour m;
Drehwurm m: den ~ **haben/bekommen**
(fam) avoir/attraper le tournis; **Drehzahl**
f nombre m de tours
drei num trois; **Drei** f (-, -en) trois m;
Dreieck nt (-s, -e) triangle m; **dreieckig**
adj triangulaire; **dreieinhalb** num trois
et demi; **Dreieinigkeit** f (Rel) Trinité f;
dreierlei adj inv de trois sortes; **dreifach**
adj triple; **dreihundert** num trois cents;
dreijährig adj de trois ans;
Dreikönigsfest nt Épiphanie f, fête f
des Rois; **dreimal** adv trois fois
drein|reden sep vi: **jdm ~**
(dazwischenreden) interrompre qn;
(sich einmischen) se mêler des affaires
de qn
dreißig num trente
dreist adj impertinent(e); **Dreistigkeit** f
impudence f
drei viertel num trois quarts;
Dreiviertelstunde f trois quarts mpl
d'heure
dreizehn num treize
dreschen (drosch, gedroschen) vt
(Getreide) battre; **Phrasen ~** (fam) faire
des phrases
Dresden nt (-s) Dresde
dressieren (pp **dressiert**) vt dresser
Dressing nt (-s, -s) sauce f de salade
Drillbohrer m drille f
Drilling m triplé(e)
drin kontr von **darin**
dringen (drang, gedrungen) vi aux sein;
durch/in etw akk ~ pénétrer dans qch;
in jdn ~ presser qn; **auf etw** akk ~ insister
sur qch
dringend adj, **dringlich** adj urgent(e),
pressant(e); (Verdacht) sérieux(-euse);
Dringlichkeit f urgence f

Drink m (-s, -s) drink m
drinnen adv à l'intérieur; (in Behälter)
dedans
dritt adv: **zu ~** à trois; **dritte, r, s** adj
troisième; **der ~ September** le trois
septembre; **Paris, den 3. September**
Paris, le 3 septembre; **die D~ Welt** le tiers-
monde; **Dritte, r** mf troisième mf;
Drittel nt (-s, -) tiers m; **drittens** adv
troisièment, tertio; **Dritte-Welt-
Laden** m magasin m d'articles du tiers-
monde; **Drittland** nt pays m tiers
droben adv là-haut
Droge f (-, -n) drogue f; **drogenabhängig**
adj drogué(e); **Drogenabhängige, r** mf
toxicomane mf; **Drogenhandel** m
narcotrafic m; **Drogensüchtige, r** mf
toxicomane mf; **Drogenszene** f milieu m
de la drogue; **Drogentote, r** mf victime f
de la drogue
Drogerie f droguerie f

❋ **DROGERIE**
⬤
⬤ Une Drogerie, contrairement à une
⬤ Apotheke, est un magasin où les
⬤ médicaments non prescrits sur
⬤ ordonnance sont en vente libre.
⬤ On y trouve également des
⬤ cosmétiques, de la parfumerie et
⬤ des produits de toilette. Les articles
⬤ y sont en général moins chers que
⬤ dans une 'Apotheke'.

Drogist, in m(f) droguiste mf
drohen vi menacer (jdm qn)
dröhnen vi (Motor) vrombir; (Stimme,
Musik) retentir
Drohung f menace f
drollig adj amusant(e)
drosch imperf von **dreschen**
Droschke f (-, -n) fiacre m
Drossel f (-, -n) grive f
drüben adv de l'autre côté
drüber kontr von **darüber**
Druck m (-(e)s, Drücke) pression f;
im ~ sein être surchargé(e) de travail
⬛ m (pl **Drucke**) (Typo) impression f;
Druckbuchstabe m lettre f d'imprimerie
Drückeberger, in m(f) (-s, -) tire-au-flanc m
drucken vt (Typo, Inform) imprimer
drücken vt pousser; (pressen) presser;
(Preise) casser; (bedrücken) oppresser,
accabler; (Taste) appuyer; **jdm die Hand ~**
serrer la main à qn; **jdm etw in die Hand ~**
donner qch à qn; **jdn an sich** akk ~ serrer
qn contre soi ⬛ vi (zu eng sein) serrer ⬛ vr:
sich (vor etw dat) **~** se dérober (à qch);
drückend adj (Hitze) étouffant(e); (Stille)
pesant(e), oppressant(e)

Drucker m (-s, -) (Inform) imprimante f
Drucker, in m(f) (-s, -) imprimeur(-euse)
Drücker m (-s, -) (Türdrücker) poignée f;
  (Gewehrdrücker) gâchette f
Druckerei f imprimerie f
Druckerschwärze f encre f d'imprimerie;
  Druckertreiber m (Inform) driver m,
  pilote m d'imprimante
Druckfehler m faute f d'impression,
  coquille f; **Druckknopf** m bouton-
  pression m; **Druckmittel** nt moyen m
  de pression; **Drucksache** f imprimé m;
  Druckschrift f caractères mpl
  d'imprimerie
drunten adv en bas
Drüse f (-, -n) glande f
Dschungel m (-s, -) jungle f

○ **DSD**

○ Le DSD (Duales System Deutschland)
○ est un système introduit en Allemagne
○ qui permet de diviser les ordures
○ ménagères en deux catégories, afin de
○ limiter l'impact sur l'environnement.
○ Les déchets normaux sont traités
○ de façon habituelle : incinération
○ ou enfouissement. Les emballages
○ marqués d'un point vert (Grüner Punkt)
○ sont collectés séparément puis
○ recyclés.

DTP nt (-) abk = **Desktop-Publishing** PAO f
du pron tu; (allein stehend) toi
Duales System nt système de tri et de
  recyclage des emballages
ducken vr: **sich ~** se baisser; (fig) courber
  l'échine; **Duckmäuser, in** m(f) (-s, -)
  lâche mf
Dudelsack m cornemuse f
Duell nt (-s, -e) duel m
Duett nt (-(e)s, -e) duo m
Duft m (-(e)s, Düfte) parfum m,
  senteur f
dufte adj (fam) génial(e)
duften vi sentir bon, embaumer
duftig adj (Stoff, Kleid) vaporeux(-euse);
  (Muster) délicat(e)
Duftnote f senteur f
dulden vi souffrir ■ vt subir;
  (Maßnahmen) admettre; (Widerspruch)
  tolérer; **duldsam** adj patient(e)
dumm adj (dümmer, dümmste) stupide,
  bête, sot(te); **das wird mir zu ~** j'en ai
  assez; **der Dumme sein** être le dindon
  de la farce; **~ gelaufen** c'était mal barré;
  dummdreist adj effronté(e);
  dummerweise adv bêtement;
  Dummheit f stupidité f, bêtise f;
  Dummkopf m imbécile mf

dumpf adj (Ton, Schmerz) sourd(e); (Luft)
  étouffant(e); (Erinnerung) vague;
  Dumpfbacke f (fam) couillon m
Düne f (-, -n) dune f
Dung m (-(e)s) fumier m; **düngen** vt
  mettre de l'engrais à; (mit Mist) fumer,
  Dünger m (-s, -) engrais m
dunkel adj sombre; (Farbe) foncé(e);
  (Stimme) grave; (Ahnung) vague;
  (rätselhaft) obscur(e); (verdächtig) louche;
  im Dunkeln tappen (fig) tâtonner
Dünkel m (-s) suffisance f; **dünkelhaft** adj
  prétentieux(-euse)
Dunkelheit f obscurité f;
  Dunkelkammer f (Foto) chambre f noire;
  Dunkelziffer f cas mpl non enregistrés
dünn adj (Mensch) maigre; (Scheibe) mince;
  (Schleier, Luft) léger(-ère); (Haar) fin(e);
  (Suppe) clair(e); **~ gesät** rare; **dünnflüssig**
  adj fluide
Dunst m (-es, Dünste) vapeur f; (Wetter)
  brume f
dünsten vt cuire à l'étuvée
dunstig adj (Raum) embué(e); (Luft)
  humide; (Wetter) brumeux(-euse)
Duplikat nt duplicata m
Dur nt (-) (Mus) majeur m
durch präp +akk par; (mithilfe von) grâce à;
  (Math) (divisé) par ■ adv: **es ist schon
  fünf ~** il est déjà cinq heures passées;
  die Nacht ~ (zeitlich) toute la nuit; **hier ~**
  par ici; **~ und ~** complètement, tout à fait;
  die Hose ist an den Knien ~ le pantalon
  est troué [o élimé] aux genoux; **das
  Gesetz ist ~** la loi a été adoptée
durch|arbeiten sep vt (Akten, Buch)
  étudier à fond; (ausarbeiten: Text) travailler
  ■ vi (ohne Pause arbeiten) travailler sans
  interruption ■ vr: **sich durch etw ~** se
  frayer un chemin à travers qch; (fig) venir
  à bout de qch
durchaus adv complètement; (unbedingt)
  absolument
durch|beißen sep irr vt couper avec les
  dents ■ vr: **sich ~** (fig) se débrouiller
durch|blättern sep vt feuilleter
Durchblick m: **keinen/den ~ haben** (fam)
  ne pas piger/piger; **durch|blicken** sep vi
  regarder (à travers); (fam: verstehen)
  piger; **etw ~ lassen** (fig) laisser entendre
  qch
durchbohren (pp durchbohrt) vt (mit
  Bohrer) percer; (mit Degen) transpercer;
  (mit Kugel) cribler (de balles)
durchbrechen (pp durchbrochen) irr vt
  casser, briser; (Schranken) forcer;
  (Schallmauer) franchir; (Gewohnheit)
  rompre avec
durch|brechen sep irr vi aux sein casser;
  (sich zeigen) percer

durch|brennen *sep irr vi aux sein* (*Draht*) brûler; (*Sicherung*) sauter; (*fam: weglaufen*) filer

durch|bringen *sep irr vt* (*Kranken*) tirer d'affaire; (*Familie*) nourrir; (*Antrag*) faire valoir; (*Geld*) dilapider, gaspiller

durchdacht *adj* examiné(e) à fond; **durchdenken** (*pp* **durchdacht**) *irr vt* considérer dans tous ses détails

durch|diskutieren (*pp* **durchdiskutiert**) *sep vt* discuter à fond

durch|drehen *sep vt* (*Fleisch*) hacher ■ *vi* (*fam*) craquer

durch|dringen *sep irr vi aux sein* (*Wasser*) pénétrer; (*Nachricht*) arriver; **mit etw ~** faire prévaloir qch

Durcheinander *nt* (**-s**) (*Verwirrung*) confusion *f*; (*Unordnung*) désordre *m*; **durcheinander** *adv* pêle-mêle, en désordre; (*fam: verwirrt*) troublé(e), dérouté(e); **durcheinanderbringen** (*in Unordnung*) déranger; (*Pläne*) bouleverser; (*verwirren*) troubler; **durcheinanderreden** parler en même temps

Durchfahrt *f* (*Öffnung*) passage *m*; (*das Durchfahren*) traversée *f*; **auf der ~ sein** être de passage

Durchfall *m* (*Med*) diarrhée *f*

durch|fallen *sep irr vi aux sein* tomber (*durch* à travers); (*in Prüfung*) échouer

durch|fragen *sep vr*: **sich ~** trouver son chemin après l'avoir demandé

durchführbar *adj* réalisable; **durch|führen** *sep vt* (*jdn*) guider; (*Plan, Maßnahme*) mettre à exécution; (*Experiment*) réaliser; **Durchführung** *f* (*von Plan, Experiment*) exécution *f*; (*von Kurs, Reise*) organisation *f*

Durchgang *m* passage *m* (*durch* à travers); (*bei Produktion*) phase *f*; (*Sport*) round *m*; (*bei Wahl*) tour *m*; **~ verboten!** passage interdit; **Durchgangslager** *nt* camp *m* de transit; **Durchgangsverkehr** *m* trafic *m* de transit

durchgefroren *adj* (*Mensch*) gelé(e)

durch|gehen *sep irr vt* (*Arbeit, Text*) parcourir ■ *vi aux sein* passer (*durch* à travers); (*Antrag*) être adopté(e); (*ohne Unterbrechung*) durer; (*Zug*) aller directement; (*ausreißen: Pferd*) s'emballer; (*Mensch*) filer; **mein Temperament ging mit mir durch** je me suis emporté(e); **etw ~ lassen** passer sur qch; **durchgehend** *adj* (*Zug*) direct(e); (*Öffnungszeiten*) sans interruption

durch|greifen *sep irr vi* intervenir (énergiquement)

durch|halten *sep irr vi* tenir bon ■ *vt* supporter

durch|hecheln *sep vt* (*fam*) éreinter

durch|kommen *sep irr vi aux sein* passer; (*Nachricht*) arriver; (*auskommen*) se débrouiller; (*im Examen*) réussir; (*überleben*) s'en tirer

durchkreuzen (*pp* **durchkreuzt**) *vt* (*Plan*) contrarier

durch|lassen *sep irr vt* laisser passer; **jdm etw ~** laisser passer qch à qn

Durchlauf *m* (*Inform*) passage *m*; **Durchlauferhitzer** *m* (**-s, -**) chauffe-eau *m*

durchleben (*pp* **durchlebt**) *vt* vivre

durch|lesen *sep irr vt* lire

durchleuchten (*pp* **durchleuchtet**) *vt* radiographier

durchlöchern (*pp* **durchlöchert**) *vt* trouer; (*mit Kugeln*) cribler; (*fig*: *Argumentation*) démolir

durch|machen *sep vt* (*Leiden*) subir; **die Nacht ~** passer une nuit blanche, faire la fête

Durchmesser *m* (**-s, -**) diamètre *m*

durch|nehmen *sep irr vt* traiter

durch|nummerieren (*pp* **durchnummeriert**) *sep vt* numéroter

durch|pausen *sep vt* calquer

durchqueren (*pp* **durchquert**) *vt* traverser

Durchreiche *f* (**-, -n**) passe-plat *m*

Durchreise *f* passage *m*; **auf der ~ sein** être de passage

durch|ringen *sep irr vr*: **sich zu etw ~** se résoudre à qch

durch|rosten *sep vi aux sein* rouiller complètement

durchs *kontr von* **durch das**

Durchsage *f* annonce *f*

durchschauen (*pp* **durchschaut**) *vt* ne pas se laisser tromper par

durch|scheinen *sep irr vi* (*Sonne*) briller (à travers les nuages); (*Schrift, Untergrund*) se voir; **durchscheinend** *adj* transparent(e)

Durchschlag *m* (*Doppel*) copie *f*; **durch|schlagen** (*pp* **durchgeschlagen**) casser en deux ■ *vr*: **sich ~** (*fam*) se débrouiller; **durchschlagend** *adj* (*Erfolg*) retentissant(e)

durch|schneiden *sep irr vt* couper

Durchschnitt *m* moyenne *f*; **im ~** en moyenne; **durchschnittlich** *adj* moyen(ne) ■ *adv* en moyenne; **Durchschnittsgeschwindigkeit** *f* vitesse *f* moyenne; **Durchschnittsmensch** *m* homme *m* de la rue; **Durchschnittswert** *m* valeur *f* moyenne

Durchschrift *f* double *m*

durch|sehen *sep irr vt* (*Artikel*) parcourir; (*Maschine*) contrôler ■ *vi* voir (*durch* à travers)

durch|setzen sep vt imposer; **seinen Kopf ~** imposer sa volonté ■ vr: **sich ~** s'imposer; **Durchsetzungsvermögen** nt capacité f de s'imposer

Durchseuchung f contamination f

Durchsicht f examen m; **durchsichtig** adj (Stoff) transparent(e); (Manöver) évident(e); **Durchsichtigkeit** f (von Stoff) transparence f; (von Manöver) manque m de subtilité

durch|sickern sep vi aux sein suinter; (fig) s'ébruiter

durch|sprechen sep irr vt discuter (à fond)

durch|stehen sep irr vt endurer

durchstöbern (pp **durchstöbert**) vt fouiller

durch|streichen sep irr vt barrer, biffer

durchsuchen (pp **durchsucht**) vt fouiller; (Jur) perquisitionner; (Inform) explorer; **die Wohnung nach Waffen ~** chercher des armes dans l'appartement; **Durchsuchung** f fouille f; (von Haus) perquisition f; **Durchsuchungsbefehl** m mandat m de perquisition

durchtrieben adj rusé(e)

durchwachsen adj (Speck) maigre; (fig) couci-couça

Durchwahl f ligne f directe; (Nummer) numéro m de poste

durchweg adv complètement, sans exception

durch|zählen sep vt faire le compte de ■ vi compter

durch|ziehen sep irr vt (Faden) faire passer ■ vi aux sein passer

Durchzug m (Luft) courant m d'air; (von Truppen, Vögeln) passage m

durch|zwängen sep vt faire passer de force (durch à travers) ■ vr: **sich ~** passer de force (durch à travers)

dürfen (**durfte, gedurft**) vt, vi avoir la permission de, pouvoir; **darf ich?** je peux?; **es darf geraucht werden** il est permis de fumer; **was darf es sein?** que désirez-vous?; **das darf nicht geschehen** cela ne doit pas arriver; **das ~ Sie mir glauben** vous pouvez m'en croire; **es dürfte Ihnen bekannt sein, dass ...** vous savez sûrement que ...

dürftig adj (ärmlich) misérable; (unzulänglich) insuffisant(e), maigre

dürr adj (Ast) mort(e); (Land) aride; (mager) maigre; **Dürre** f (-, -n) (von Land) aridité f; (Witterung) sécheresse f; (Magerkeit) maigreur f

Durst m (-(e)s) soif f; **durstig** adj assoiffé(e)

Dusche f (-, -n) douche f; **duschen** vi, vr se doucher, prendre une douche; **Duschgel** nt gel m douche; **Duschvorhang** m rideau m de douche

Düse f (-, -n) (Aviat) réacteur m; **düsen** vi aux sein (fam) aller à toute allure, foncer, filer; **Düsenantrieb** m propulsion f par réaction; **Düsenflugzeug** nt avion m à réaction; **Düsenjäger** m chasseur m à réaction

Dussel m (-s, -) (fam) crétin m; **duss(e)lig** adj (fam) hébété(e)

düster adj sombre; **Düsterkeit** f obscurité f

Dutyfreeshop m (-(s), -s) boutique f hors taxes

Dutzend nt (-s, -e) douzaine f; **im ~** à la douzaine; **dutzendmal** adv des douzaines de fois; **dutzendweise** adv par douzaines

Duvet nt (-s, -s) (CH) édredon m

duzen vt tutoyer

DV f (-) abk = **Datenverarbeitung** informatique f

DVD f (-, -s) abk = **Digital Versatile Disk** DVD m

DVD-Brenner m graveur m de DVD

Dynamik f (Phys) dynamique f; (fig) élan m, dynamisme m; **Dynamiker, in** m(f) (-s, -) fonceur(-euse); **dynamisch** adj dynamique

Dynamit nt (-s) dynamite f

Dynamo m (-s, -s) dynamo f

D-Zug m train m express

e

E, e *nt* (-, -) E, e m; (*Mus*) mi m
Ebbe *f* (-, -n) marée *f* basse
eben *adj* plat(e); (*glatt*) lisse ■ *adv*
(*bestätigend*) justement; **er ist ~ abgereist**
il vient de partir (en voyage); **so ist das ~**
eh bien, c'est comme ça
ebenbürtig *adj*: **jdm ~ sein** valoir qn
Ebene *f* (-, -n) plaine *f*; (*fig*) niveau m;
(*Math*) plan m
ebenerdig *adj* (*Wohnung*) au rez-de-
chaussée; **ebenfalls** *adv* aussi; **danke,**
~! merci, de même!; **Ebenheit** *f*
aspect m plat; **ebenso** *adv* (*vor Adjektiv,*
Adverb) (tout) aussi; (*allein stehend*)
pareillement; **~ gut** (tout) aussi bien;
~ oft (tout) aussi souvent; **~ weit** (tout)
aussi loin; **~ wenig** (tout) aussi peu
Eber *m* (-s, -) verrat m; (*wilder Eber*)
sanglier m
ebnen *vt* aplanir; **jdm/einer Sache**
den Weg ~ aplanir le terrain pour
qn/qch
EC *m* (-, -s) *abk* = **Eurocityzug**
E-Cash *m* (-s) monnaie *f* électronique
Echo *nt* (-s, -s) écho m
echt *adj* vrai(e), authentique; (*typisch*)
typique; **Echtheit** *f* authenticité *f*;
Echtzeit *f* (*Inform*) temps m réel
Eckball *m* corner m; **Ecke** *f* (-, -n) coin m;
(*von Kragen*) pointe *f*; (*Sport*) corner m;

eckig *adj* anguleux(-euse); (*fig: Bewegung*)
gauche; **Eckzahn** *m* canine *f*
E-Commerce *m* (-) commerce m
électronique
Economyclass *f* (-) classe *f* économique
Ecstasy *nt* (-) ecstasy *f*
Ecuador *nt* (-s) l'Équateur m;
Ecuadorianer, in *m(f)* (-s, -)
Équatorien(ne); **ecuadorianisch** *adj*
équatorien(ne)
edel *adj* (*Holz*) précieux(-euse); (*Wein*)
sélectionné(e); (*Pferd*) de race; (*Tat,*
Mensch) noble, généreux(-euse);
Edelmetall *nt* métal m précieux;
Edelstein *m* pierre *f* précieuse
editieren (*pp* **editiert**) *vt* (*Inform*) éditer
Editor *m* (-s, -en) (*Inform*) éditeur m
(de texte)
Edutainment *nt* éducation et information
par le divertissement
EDV *f* (-) *abk* = **elektronische**
Datenverarbeitung T.E.D. m;
EDV-Anlage *f* système m informatique
EEG *nt* (-, -s) *abk*
= **Elektroenzephalogramm** électro-
encéphalogramme m
Efeu *m* (-s) lierre m
Effekt *m* (-(e)s, -e) effet m; **Effekten** *pl*
(*Com*) titres *mpl*, valeurs *fpl*;
Effektenbörse *f* Bourse *f* des valeurs;
Effekthascherei *f* recherche *f* de l'effet
effektiv *adj* effectif(-ive)
effizient *adj* efficace
egal *adj* égal(e); **das ist ~** c'est égal
Egoismus *m* égoïsme m; **Egoist, in** *m(f)*
égoïste *mf*; **egoistisch** *adj* égoïste;
egozentrisch *adj* égocentrique
ehe *konj* avant que +*subj*
Ehe *f* (-, -n) mariage m; **eheähnlich** *adj*:
eheähnliche Gemeinschaft concubinage
m; **Eheberater, in** *m(f)* conseiller(-ère)
conjugal(e); **Ehebrecher, in** *m(f)* homme
(femme) adultère; **Ehebruch** *m* adultère
m; **Ehefrau** *f* femme *f*, épouse *f*;
Ehekrach *m* scène *f* de ménage;
Ehekrise *f* crise *f* conjugale; **Eheleute** *pl*
couple m marié; **ehelich** *adj* (*Beziehungen*)
conjugal(e); (*Recht*) matrimonial(e);
(*Kind*) légitime
ehemalig *adj* ancien(ne); **ehemals** *adv*
autrefois
Ehemann *m* (*pl* **Ehemänner**) mari m,
époux m; **Ehepaar** *nt* couple m marié
eher *adv* (*früher*) plus tôt; (*lieber, mehr*)
plutôt
Ehering *m* alliance *f*; **Ehescheidung** *f*
divorce m; **Eheschließung** *f* mariage m
eheste, r, s *adj* (*frühester*) premier(-ière);
am ehesten (*am liebsten*) de préférence
Ehevertrag *m* contrat m de mariage

ehrbar adj (Mensch) honnête; (Beruf) honorable

Ehre f(-, -n) honneur m; **zu Ehren von** en l'honneur de; **es war mir eine ~** ça a été un honneur pour moi; **ehren** vt honorer; **Ehrengast** m invité(e) d'honneur; **ehrenhaft** adj honorable; **Ehrenmann** m (pl **Ehrenmänner**) homme m d'honneur; **Ehrenmitglied** nt membre m honoraire; **Ehrenplatz** m place f d'honneur; **ehrenrührig** adj diffamatoire; **Ehrenrunde** f (Sport) tour m d'honneur; **Ehrensache** f affaire f d'honneur; **ehrenvoll** adj honorable; **Ehrenwort** nt parole f (d'honneur)

Ehrfurcht f (profond) respect m; **Ehrgefühl** nt sens m de l'honneur; **Ehrgeiz** m ambition f; **ehrgeizig** adj ambitieux(-euse)

ehrlich adj honnête; **es ~ meinen** avoir des intentions honnêtes; **~ gesagt** à vrai dire; **Ehrlichkeit** f honnêteté f

Ehrung f honneur m, hommage m

ehrwürdig adj vénérable, respectable

ei interj tiens

Ei nt (-(e)s, -er) œuf m

Eibe f(-, -n) if m

Eichamt nt bureau m des poids et mesures

Eichblattsalat m feuille f de chêne

Eiche f(-, -n) chêne m

Eichel f(-, -n) (Frucht) gland m

eichen vt étalonner

Eichhörnchen nt écureuil m

Eichmaß nt étalon m; **Eichung** f étalonnage m

Eid m (-(e)s, -e) serment m; **unter ~ stehen** être sous serment, être assermenté(e); **an Eides statt** (par une déclaration) tenant lieu de serment

Eidechse f(-, -n) lézard m

eidesstattlich adj: **eidesstattliche Erklärung** déclaration f solennelle

Eidgenosse m, **-genossin** f (Schweizer) confédéré(e) (suisse)

eidlich adj sous serment

Eidotter nt jaune m d'œuf

Eierbecher m coquetier m; **Eierkuchen** m omelette f; (Süßspeise) crêpe f; **Eierschale** f coquille f d'œuf; **Eierschwammerl** nt (A) chanterelle f; **Eierstock** m ovaire m; **Eieruhr** f sablier m

Eifer m (-s) zèle m

Eifersucht f jalousie f; **eifersüchtig** adj jaloux(-ouse)

eifrig adj zélé(e); (Antwort) empressé(e)

Eigelb nt jaune m d'œuf

eigen adj propre (mit Possessivpronomen); (Meinung) personnel(le); (gesondert, typisch) particulier(-ière); (eigenartig) étrange; **der eigene Bruder** son propre frère; **mit der ihm eigenen ...** avec ce ... qui le caractérise; **sich** dat **etw zu ~ machen** faire sien(ne) qch; **Eigenart** f (von Mensch) particularité f; **eigenartig** adj étrange, bizarre; **Eigenbedarf** m besoins mpl personnels; **Eigengewicht** nt (Tech) poids m mort; (Nettogewicht) poids m net; **eigenhändig** adj de sa propre main; **Eigenheim** nt maison f individuelle; **Eigenheit** f particularité f; (von Mensch) bizarrerie f; **Eigenlob** nt éloge m de soi-même; **eigenmächtig** adj (Handeln) de son propre chef; (Entscheidung) arbitraire; **Eigenname** m nom m propre; **eigens** adv exprès; **Eigenschaft** f (Merkmal) qualité f, propriété f; **in seiner ~ als ...** en (sa) qualité de ...; **Eigenschaftswort** nt adjectif m; **Eigensinn** m obstination f; **eigensinnig** adj têtu(e)

eigentlich adj (Grund) vrai(e); (Bedeutung) propre ■ adv en réalité, à vrai dire; (überhaupt) au fait

Eigentor nt but m contre son propre camp; **Eigentum** nt (-s) propriété f; **Eigentümer, in** m(f) (-s, -) propriétaire mf; **eigentümlich** adj bizarre, étrange; **Eigentümlichkeit** f (Kennzeichen) propriété f; (Besonderheit) particularité f; **Eigentumswohnung** f appartement m en copropriété

eignen vr: **sich ~** convenir (für, als à), être apte (für, als à); **er eignet sich nicht zum Lehrer** il n'est pas fait pour être professeur; **Eignung** f aptitude f, qualification f

Eilbote m courrier m; **Eilbrief** m lettre f (par) exprès

Eile f(-) hâte f, précipitation f; **es hat keine ~** ça ne presse pas

eilen vi aux sein (Mensch) se presser, se dépêcher ■ vi (dringend sein) être urgent(e)

Eilgut nt colis m exprès

eilig adj (Passant, Schritt) pressé(e); (dringlich) urgent(e); **es ~ haben** être pressé(e)

Eilzug m rapide m

Eimer m (-s, -) seau m

ein, e num une(e) ■ art un(e) ■ adv: **nicht mehr ~ noch aus wissen** ne plus savoir quoi faire; **bei jdm ~ und aus gehen** fréquenter qn

einander pron (dativisch) l'un(e) à l'autre, les uns (unes) aux autres; (akkusativisch) l'un(e) l'autre, les uns (unes) les autres

ein|arbeiten sep vt: **jd in etw** akk **~** apprendre qch à qn; **sich ~** apprendre le métier

einarmig adj manchot(e)
ein|atmen sep vi inspirer ∎ vt inhaler
einäugig adj borgne
Einbahnstraße f rue f à sens unique
Einband m (pl **Einbände**) couverture f, reliure f
einbändig adj en un volume
ein|bauen sep vt installer, monter; (Schrank) encastrer; **Einbauküche** f cuisine f intégrée; **Einbaumöbel** pl meubles mpl encastrables
ein|berufen (pp ~) sep irr vt (Versammlung) convoquer; (Soldaten) appeler; **Einberufung** f convocation f; (Mil) incorporation f
Einbettzimmer nt chambre f à un lit; (im Krankenhaus) chambre f particulière
ein|beziehen (pp **einbezogen**) sep irr vt (Tatsache) inclure; (jdn) impliquer (in +akk dans)
ein|biegen sep irr vi aux sein tourner
ein|bilden sep vt: sich dat etw ~ s'imaginer qch; (stolz sein) se croire quelqu'un (auf +akk à cause de); **Einbildung** f imagination f; (Dünkel) prétention f; **Einbildungskraft** f imagination f
ein|binden sep irr vt (Buch) relier; (fig: einbeziehen) intégrer, assimiler; **Einbindung** f (fig) intégration f, assimilation f
ein|bläuen sep vt: jdm etw ~ (fam) seriner qch à qn
ein|blenden sep vt insérer
Einblick m aperçu m, idée f; jdm ~ in etw akk **gewähren** autoriser qn à consulter qch
ein|brechen sep irr vi aux sein (Nacht) tomber; (Winter) faire irruption; (Decke) s'effondrer; (in Eis) s'enfoncer; **in ein Haus ~** cambrioler une maison; **in ein Land ~** envahir un pays; **Einbrecher, in** m(f) cambrioleur(euse)
ein|bringen sep irr vt (Geld, Nutzen, Zinsen) rapporter; (Gesetzesantrag) déposer; (Ernte) rentrer; (fig: integrieren) intégrer; jdm etw ~ rapporter qch à qn; **das bringt nichts ein** ça ne rapporte rien ∎ vr: sich ~ s'investir
Einbruch m (Hauseinbruch) cambriolage m; (des Winters) irruption f; (Einsturz) effondrement m; **bei ~ der Dunkelheit** à la tombée de la nuit; **einbruch(s)sicher** adj (Schloss) antivol; (Haus) muni(e) d'un système d'alarme
ein|bürgern sep vt naturaliser ∎ vr: sich ~ (üblich werden) devenir une habitude, passer dans l'usage
Einbuße f perte f (an +dat de); **ein|büßen** sep vt perdre ∎ vi: **an etw** dat ~ perdre de qch

ein|checken sep vt (am Flughafen, in Hotel) enregistrer
ein|cremen sep vt mettre de la crème sur ∎ vr: sich ~ se mettre de la crème
ein|decken sep vr: sich ~ s'approvisionner (mit en)
eindeutig adj (Beweis) incontestable; (Absage) clair(e)
ein|dringen sep irr vi aux sein pénétrer (in +akk dans); **auf jdn** ~ harceler qn; **eindringlich** adj (Bitte) pressant(e); (Rede) énergique; **Eindringling** m intrus m
Eindruck m (pl **Eindrücke**) (Wirkung) impression f; (Spur) trace f; **eindrucksvoll** adj impressionnant(e)
eine, r, s pron (jemand) quelqu'un(e); (etwas) quelque chose; (man) on; **ich habe einen gesehen** j'en ai vu un(e); **einer von uns** l'un d'entre nous
eineiig adj: **eineiige Zwillinge** vrais jumeaux
eineinhalb num un(e) et demi(e)
Eineltern(teil)familie f famille f monoparentale
ein|engen sep vt restreindre
einerlei adj inv (gleichartig) du même genre; (egal) égal; **Einerlei** nt (-s) train-train m
einerseits adv d'une part
einfach adj simple ∎ adv: **etw ~ tun** faire qch simplement; **~ großartig** tout simplement extraordinaire; **Einfachheit** f simplicité f
ein|fädeln sep vt (Nadel) enfiler; (fig) tramer ∎ vr: sich ~ (Auto) s'engager
ein|fahren sep irr vt (Ernte) rentrer; (Mauer, Barriere) défoncer; (Fahrgestell) rentrer; (Auto) roder ∎ vi aux sein entrer (in +akk dans); (Zug) entrer en gare; **Einfahrt** f arrivée f; (Ort) entrée f
Einfall m (-(e)s, **Einfälle**) (Idee) idée f; (Lichteinfall) incidence f (in +akk sur); (Mil) invasion f (in +akk de)
ein|fallen sep irr vi aux sein (Licht) tomber (in +akk sur); (Mil) envahir (in +akk qch); (einstimmen) se joindre (in +akk à); (einstürzen) s'écrouler; **mir fällt etw ein** qch me vient à l'esprit; **das fällt mir gar nicht ein** je n'y pense même pas; **sich** dat **etwas ~ lassen** avoir une bonne idée
einfallsreich adj ingénieux(-euse)
einfältig adj niais(e)
Einfamilienhaus nt maison f individuelle
ein|fangen sep irr vt attraper; (Stimmung) rendre
einfarbig adj d'une (seule) couleur; (Stoff) uni(e)
ein|fassen sep vt (Edelstein) enchâsser; (Stoff) border; (Beet) entourer; **Einfassung** f bordure f

ein|fetten sep vt (Backblech) beurrer; (Hände) enduire de crème; (Leder) cirer

ein|finden sep irr vr: **sich ~** arriver

ein|fliegen sep vt faire venir par avion; (neues Flugzeug) essayer

ein|fließen sep irr vi aux sein (Wasser) couler; (Luft) arriver; **eine Bemerkung ~ lassen** ajouter une remarque

ein|flößen sep vt: **jdm etw ~** (Medizin) faire prendre qch à qn; (Angst etc) inspirer qch à qn

Einfluss m influence f; **Einflussbereich** m sphère f d'influence; **einflussreich** adj influent(e)

einförmig adj monotone; **Einförmigkeit** f monotonie f

ein|frieren sep irr vi aux sein geler; (Schiff) être pris(e) dans les glaces ■ vt (Lebensmittel) congeler, surgeler

Einfügemarke f emplacement m du curseur; **Einfügemodus** m (Inform) mode m insertion; **ein|fügen** sep vt insérer, emboîter (in +akk dans); (Inform) insérer (in +akk dans); (zusätzlich) ajouter (in +akk à) ■ vr: **sich ~** s'adapter (in +akk à); **Einfügetaste** f (Inform) touche f Insérer

Einfühlungsvermögen nt capacité f à se mettre à la place des autres

Einfuhr f(-, -en) importation f

ein|führen sep vt introduire; (jdn) présenter; (in Arbeit) initier (in +akk à); (importieren) importer; **Einführung** f introduction f; (in Arbeit) initiation f; (von Mensch) présentation f; **Einführungspreis** m prix m de lancement

Eingabe f pétition f; (Inform) entrée f, saisie f; **Eingabeaufforderung** f (Inform) signal m de sollicitation, invite f; **Eingabegerät** nt (Inform) périphérique m d'entrée-sortie; **Eingabetaste** f (Inform) touche f Entrée

Eingang m entrée f; (Com: Ankunft) réception f; (Com: Sendung) courrier m; **eingangs** adv, präp +gen au début (de); **Eingangsbestätigung** f avis m de réception, récépissé m; **Eingangshalle** f hall m d'entrée

ein|geben sep irr vt (Arznei) donner; (Daten) entrer; (Gedanken) suggérer, inspirer

eingebildet adj (Krankheit) imaginaire; (Mensch) vaniteux(-euse); (Benehmen) prétentieux(-euse)

Eingeborene, r mf indigène mf

Eingebung f inspiration f

eingefallen adj (Gesicht) creux (creuse)

eingefleischt adj invétéré(e); **eingefleischter Junggeselle** célibataire m endurci

ein|gehen sep irr vi aux sein (Aufnahme finden) entrer (in +akk dans); (verständlich sein) entrer dans la tête (jdm de qn); (Sendung, Geld) arriver; (Tier, Pflanze) mourir (an +dat de); (Firma) faire faillite (an +dat à cause de); (schrumpfen) rétrécir; **auf jdn/etw ~** s'occuper de qn/qch ■ vt aux sein (Vertrag, Wette, Verbindung) conclure; (Risiko) courir; **eingehend** adj détaillé(e), minutieux(-euse)

Eingemachte, s nt conserves fpl, confitures fpl; **ans ~ gehen** entamer ses réserves

ein|gemeinden (pp **eingemeindet**) sep vt rattacher (à une commune)

eingenommen adj: **~ (von)** infatué(e) (de); **~ (gegen)** prévenu(e) (contre)

eingeschrieben adj (Sendung) recommandé(e)

eingespielt adj: **aufeinander ~ sein** former une bonne équipe

Eingeständnis nt aveu m

ein|gestehen (pp **eingestanden**) sep irr vt avouer

eingestellt adj: **modern/konservativ ~** moderne/conservateur(-trice); **ein ökologisch eingestellter Mensch** une personne aux idées écologiques

eingetragen adj (Warenzeichen) déposé(e); (Verein) déclaré(e); (in Frankreich) régi(e) par la loi de 1901

Eingeweide nt (-s, -) viscères mpl

Eingeweihte, r mf initié(e)

ein|gewöhnen (pp **eingewöhnt**) sep vr: **sich ~** s'adapter (in +akk à)

ein|gießen sep irr vt verser

eingleisig adj (Bahnstrecke) à voie unique; (Denken) borné(e)

ein|graben sep irr vt (Pflanze) mettre en terre; (Pfahl) enfoncer ■ vr: **sich ~** (Tier) se terrer

ein|greifen sep irr vi intervenir; **Eingreiftruppe** f: **schnelle ~ force** f d'intervention rapide; **Eingriff** m intervention f; (Med) intervention f chirurgicale

ein|haken sep vt accrocher ■ vr: **sich bei jdm ~** prendre le bras de qn ■ vi (sich einmischen) mettre son grain de sel

Einhalt m: **jdm ~ gebieten** arrêter qn; **einer Sache** dat **~ gebieten** mettre un terme à qch

ein|halten sep irr vt (Regel) observer; (Plan, Frist) respecter; (Diät) suivre; (Richtung) garder

einhändig adj à une (seule) main

ein|hängen sep vt accrocher; (Telefon) raccrocher; **sich bei jdm ~** prendre le bras de qn

einheimisch adj (Ware) local(e); (Mensch) indigène, autochtone; **Einheimische, r** mf indigène mf, autochtone mf

Einheit f unité f; **einheitlich** adj (System) cohérent(e); (Format) uniforme; (Preis) même; **Einheitspreis** m prix m unique

einhellig adj unanime; **etw ~ ablehnen** rejeter qch à l'unanimité

ein|holen sep vt (Tau) haler; (Fahne) amener; (Segel) rentrer; (jdn, Verspätung) rattraper; (Rat, Erlaubnis) demander; (fam: einkaufen) acheter

Einhorn nt licorne f

einhundert num cent

einig adj (vereint) uni(e); **sich** dat **~ sein/werden** être/se mettre d'accord

einige pron pl quelques; (ohne Substantiv) quelques-un(e)s; **~ Mal** plusieurs fois

einigen vt unir, unifier ■ vr: **sich ~** se mettre d'accord (auf, über +akk sur)

einigermaßen adv plus ou moins

einiges pron plusieurs choses

Einigkeit f unité f, union f; (Übereinstimmung) accord m

Einigung f (Übereinstimmung) accord m; (das Einigen) unification f

einjährig adj d'un an

ein|kalkulieren (pp einkalkuliert) sep vt (fig) tenir compte de

Einkauf m achat m; **ein|kaufen** sep vt acheter ■ vi faire des courses; **Einkaufsbummel** m lèche-vitrine m; **Einkaufsgutschein** m bon m d'achat; **Einkaufsnetz** nt filet m à provisions; **Einkaufspreis** m prix m d'achat; **Einkaufswagen** m caddie® m, chariot m; **Einkaufszentrum** nt grande surface f, centre m commercial; **virtuelles ~** centre commercial virtuel

ein|kerben sep vt (Stock) entailler; (Zeichen) graver

ein|klammern sep vt mettre entre parenthèses

Einklang m accord m; **in ~** en accord

ein|kleiden sep vt habiller; (fig) formuler; **sich neu ~** se constituer une nouvelle garde-robe

ein|klemmen sep vt coincer

ein|knicken sep vt casser; (Papier) corner ■ vi aux sein fléchir

ein|kochen sep vt (Marmelade) faire; (Obst) faire des conserves de

Einkommen nt (-s, -) revenu m; **einkommensschwach** adj à faibles revenus; **einkommensstark** adj à hauts revenus; **Einkommensteuer** f impôt m sur le revenu

ein|kreisen sep vt encercler

Einkünfte pl revenus mpl

ein|laden sep irr vt (jdn) inviter; (Gegenstände) charger; **Einladung** f invitation f

Einlage f (Programmeinlage) intermède m; (Spareinlage) dépôt m; (Schuheinlage) semelle f; (Zahneinlage) obturation f provisoire

ein|lagern sep vt (Kartoffeln) entreposer, mettre en réserve; (Möbel) mettre en dépôt

Einlass m (-es, Einlässe) admission f; **jdm ~ gewähren** laisser entrer qn; **ein|lassen** sep irr vt (jdn) laisser entrer; (Wasser) faire couler; (einsetzen) encastrer, mettre (in +akk dans) ■ vr: **sich mit jdm ~** entrer en relations avec qn; **sich auf etw** akk **~** se laisser embarquer dans qch

Einlauf m arrivée f; (Med) lavement m; **ein|laufen** sep irr vi aux sein entrer, arriver; (in Hafen) entrer dans le port; (Wasser) couler; (Stoff) rétrécir ■ vt (Schuhe) faire à son pied ■ vr: **sich ~** (Sport) s'échauffer; (Motor, Maschine) se roder

ein|leben sep vr: **sich ~** s'acclimater (in +dat à)

Einlegearbeit f marqueterie f; **ein|legen** sep vt (einfügen) insérer, joindre; (Gastr) mettre en conserve; (in Holz etc) incruster; (Geld) déposer; (Pause) faire; (Veto) opposer; **Berufung ~** faire appel; **Protest ~** protester; **ein gutes Wort für jdn bei jdm ~** intercéder pour qn auprès de qn; **Einlegesohle** f semelle f orthopédique

ein|leiten sep vt (Feier) ouvrir; (Maßnahmen, Rede) introduire; (Geburt) provoquer; **Einleitung** f introduction f

ein|leuchten sep vi: **jdm ~ paraître** évident(e) à qn; **einleuchtend** adj convaincant(e)

ein|liefern sep vt livrer; **jdn ins Krankenhaus ~** hospitaliser qn

ein|loggen sep vi (Inform) se connecter

ein|lösen sep vt (Scheck) encaisser; (Schuldschein, Pfand) retirer, dégager; (Versprechen) tenir

ein|machen sep vt (konservieren) mettre en conserve

einmal adv une fois; (irgendwann: in Zukunft) un jour; (in Vergangenheit) une fois; **nehmen wir ~ an** supposons; **erst ~** d'abord; **noch ~** encore une fois; **nicht ~** même pas; **auf ~** (plötzlich) tout à coup; (zugleich) à la fois; **es war ~** il était une fois; **Einmaleins** nt (-) tables fpl de multiplication; **Einmalhandtuch** nt serviette f jetable; **einmalig** adj qui n'a lieu qu'une fois; (prima) unique

Einmannbetrieb m entreprise f individuelle; **Einmannbus** m bus sans receveur

Einmarsch m (Mil) invasion f; (von Sportlern) entrée f; **ein|marschieren** (pp **einmarschiert**) sep vi aux sein; **in etw akk ~** (Truppen) envahir qch; (Sportler) faire son entrée dans qch

ein|mischen sep vr: **sich ~** se mêler (in +akk de)

ein|münden sep vi aux sein (Straße) déboucher (in +akk sur); (Fluss) se jeter (in +akk dans)

einmütig adj unanime

Einnahme f (-, -n) (Geld) recette f, revenu m; (von Medizin) absorption f; (Mil) prise f; **Einnahmequelle** f source f de revenus

ein|nehmen sep irr vt (Geld) toucher; (Steuern) percevoir; (Medizin, Mahlzeit) prendre; (Stellung, Raum) occuper; **jdn für/gegen etw ~** prévenir qn en faveur de/contre qch; **einnehmend** adj (Wesen) engageant(e), aimable

ein|nicken sep vi aux sein piquer un petit somme

ein|nisten sep vr: **sich bei jdm ~** s'installer chez qn

Einöde f désert m, région f sauvage

ein|ordnen sep vt ranger, classer (in +akk dans); ■ vr: **sich ~** s'intégrer (in +akk dans, à); (Auto) prendre une file

ein|packen sep vt empaqueter, emballer; (in Koffer) mettre dans la/une valise

ein|parken sep vt garer; ■ vi se garer, faire un créneau

ein|pendeln sep vr: **sich ~** se stabiliser

Einpersonenhaushalt m ménage m d'une seule personne

ein|pferchen sep vt parquer

ein|pflanzen sep vt planter

ein|planen sep vt planifier; (Ausgaben) programmer; (Abstecher) prévoir

ein|prägen sep vt (Zeichen) graver, imprimer; (beibringen) inculquer; **sich** dat **etw ~** se graver qch dans la mémoire ■ vr: **sich ~** (Spuren) s'imprimer; (Erlebnisse) rester dans la mémoire (jdm de qn); **einprägsam** adj facile à retenir

ein|rahmen sep vt encadrer

ein|rasten sep vi aux sein s'enclencher

ein|räumen sep vt (ordnend) ranger; (Platz) laisser, céder; (zugestehen) concéder

ein|rechnen sep vt comprendre; (berücksichtigen) tenir compte de

ein|reden sep vt: **jdm etw ~** persuader qn de qch

ein|reiben sep irr vt frictionner

ein|reichen sep vt (Antrag) présenter; (Beschwerde) déposer

Einreise f entrée f; **Einreisebestimmungen** pl dispositions fpl d'entrée; **Einreiseerlaubnis** f,

Einreisegenehmigung f autorisation f d'entrée, permis m d'entrée; **ein|reisen** sep vi aux sein; **in ein Land ~** entrer dans un pays

ein|reißen sep irr vt (Papier) déchirer; (Gebäude) démolir ■ vi aux sein se déchirer; (Gewohnheit werden) entrer dans les mœurs

ein|richten sep vt (Haus) meubler, aménager; (Büro) ouvrir; (arrangieren) arranger; (Inform: Seite, Homepage, Website) installer; **es (sich** dat**) so ~, dass ...** s'arranger pour que ... +subj ■ vr: **sich ~** (in Haus) se meubler, s'installer; (sich vorbereiten) se préparer (auf +akk à); (sich anpassen) s'adapter (auf +akk à); **Einrichtung** f (Wohnungseinrichtung) équipement m; (öffentliche Anstalt) institution f, organisme m; (Dienst) service m; **Einrichtungshaus** nt magasin m de meubles

ein|rosten sep vi aux sein rouiller; (fig) se rouiller

ein|rücken sep vi aux sein (Soldat) être incorporé(e); (in Land) pénétrer (in +akk en, à) ■ vt (Zeile) commencer en retrait

eins num un; **es ist mir alles ~** tout ça m'est égal; **Eins** f (-, -en) un m

ein|salzen (pp **eingesalzen**) sep vt saler

einsam adj solitaire, seul(e); **Einsamkeit** f solitude f

ein|sammeln sep vt (Geld) recueillir; (Hefte) ramasser

Einsatz m (Teil) pièce f amovible [o de rechange]; (in Tisch) rallonge f; (Stoffeinsatz) pièce f rapportée; (Verwendung) emploi m; (Bemühung) effort m; (in Spiel) mise f; (Risiko) risque m; (Mil) opération f; (Mus) entrée f; **einsatzbereit** adj (Gruppe) opérationnel(le); (Helfer) disponible; (Gerät) en état de marche

ein|scannen sep vt scanner

ein|schalten sep vt (Radio etc) allumer; (Maschine) mettre en marche; (einfügen) ajouter; (Pause) faire; (Anwalt) demander les services de ■ vr: **sich ~** (dazwischentreten) intervenir

ein|schärfen sep vt: **jdm etw ~** exhorter qn à qch

ein|schätzen sep vt estimer, juger ■ vr: **sich ~** s'estimer

ein|schenken sep vt verser; **jdm ~** servir (à boire à) qn

ein|schicken sep vt envoyer

ein|schieben sep irr vt mettre; (Sonderzug) ajouter; (Patienten) prendre (entre deux); (Diskussion) avoir le temps pour; **eine Pause ~** faire une pause

ein|schiffen sep vt embarquer ■ vr: **sich ~** s'embarquer

ein|schlafen sep irr vi aux sein s'endormir; (Glieder) s'engourdir

einschläfernd adj soporifique; (Stimme) monotone

ein|schlagen sep irr vt (Nagel) enfoncer; (Fenster, Zähne) casser; (Schädel) défoncer; (Steuer) braquer; (Ware) emballer; (Richtung) prendre, suivre; (Laufbahn) embrasser, choisir ■ vi (Blitz) tomber (in +akk sur); (sich einigen) toper; (Anklang finden) être bien accueilli(e)

einschlägig adj (Literatur) relatif(-ive) au sujet; (Geschäft) spécialisé(e)

ein|schleichen sep irr vr: **sich ~** (in Haus) s'introduire (subrepticement); (Fehler) se glisser; **sich in jds Vertrauen** akk **~** s'insinuer dans la confiance de qn

ein|schließen sep irr vt (jdn) enfermer; (Gegenstand) mettre sous clé; (umgeben) entourer; (Mil) encercler; (fig) inclure, comprendre; **einschließlich** adv, präp +gen y compris

ein|schmeicheln sep vr: **sich ~** s'insinuer dans les bonnes grâces (bei de)

ein|schnappen sep vi aux sein (Tür) se fermer; (fig) se vexer; **eingeschnappt sein** avoir pris la mouche

einschneidend adj (Veränderung) profond(e); (Bedeutung) décisif(-ive)

Einschnitt m coupure f; (Med) incision f

ein|schränken sep vt réduire (auf +akk à); (Freiheit) limiter; (Behauptung, Begriff) restreindre ■ vr: **sich ~** se priver; **einschränkend** adj restrictif(-ive); **Einschränkung** f (von Freiheit) limitation f; (von Begriff) restriction f; (von Kosten) réduction f; **ohne ~** sans réserve

Elnschreib(e)brief m lettre f recommandée; **ein|schreiben** sep irr vt inscrire; (Post) recommander ■ vr: **sich ~** s'inscrire; **Einschreiben** nt envoi m recommandé; **Einschreib(e)sendung** f envoi m recommandé

ein|schreiten sep irr vi aux sein intervenir

Einschub m (-s, Einschübe) insertion f

ein|schüchtern sep vt intimider

ein|schweißen sep vt (in Plastik) emballer sous plastique

ein|sehen sep irr vt (Akten) examiner; (verstehen) voir; **Einsehen** nt (-s): **ein ~ haben** se montrer compréhensif(-ive)

ein|seifen sep vt savonner; (fig) embobiner

einseitig adj (Lähmung) partiel(le); (Liebe) non partagé(e); (Pol) unilatéral(e); (Bericht) partial(e); (Ausbildung) trop spécialisé(e); (Ernährung) peu varié(e); **Einseitigkeit** f (von Bericht) partialité f; (von Ausbildung) caractère m trop spécialisé; (von Ernährung) déséquilibre m

ein|senden sep irr vt envoyer; **Einsender, in** m(f) expéditeur(-trice); **Einsendung** f envoi m

ein|setzen sep vt (Teil) mettre, placer; (Betrag) miser; (in Amt) installer; (verwenden) employer ■ vi (beginnen) commencer; **das Fieber setzt wieder ein** il y a une nouvelle poussée de fièvre ■ vr: **sich ~** (sich bemühen) payer de sa personne; **sich für jdn/etw ~** apporter son appui à qn/s'employer à qch

Einsicht f (-, -en) intelligence f, discernement m; (in Akten) consultation f, examen m; **zu der ~ kommen, dass ...** en arriver à la conclusion que ...; **einsichtig** adj raisonnable, compréhensif(-ive); **Einsichtnahme** f (-, -n) examen m; **nach ~ in etw** akk après avoir consulté qch

Einsiedler, in m(f) (-s, -s) ermite m

einsilbig adj (fig) laconique; **Einsilbigkeit** f (fig) laconisme m

ein|sinken sep irr vi aux sein s'enfoncer; (Boden) s'affaisser

Einsitzer m (-s, -) monoplace m

ein|spannen sep vt (Werkstück) serrer; (Papier) mettre; (Pferde) atteler; (fam: jdn) embringuer

ein|speisen sep vt (Strom) distribuer; (Daten, Programm) entrer

ein|sperren sep vt enfermer

ein|spielen sep vr: **sich ~** s'échauffer; **gut eingespielt** (Team) bien rodé(e) ■ vt (Film: Geld) rapporter

einsprachig adj monolingue

ein|springen sep irr vi aux sein (aushelfen) remplacer (für jdn qn)

ein|spritzen sep vt injecter; **Einspritzmotor** m moteur m à injection

Einspruch m objection f, protestation f (gegen contre); **Einspruchsrecht** nt droit m d'appel

einspurig adj à une (seule) voie

einst adv autrefois, jadis; (zukünftig) un jour

Einstand m (Tennis) égalité f; (Antritt) entrée f en fonction

ein|stecken sep vt (Elec) brancher; (Geld) empocher; (mitnehmen) prendre; (hinnehmen) encaisser

ein|stehen sep irr vi aux sein se porter garant(e) (für de); **für einen Schaden ~** réparer un dommage

Einsteigekarte f (Aviat) carte f d'embarquement; **ein|steigen** sep irr vi aux sein; **~ in** +akk (in Fahrzeug) monter dans, monter en; (in Schiff) s'embarquer sur; (sich beteiligen) participer à; **Einsteiger, in** m(f) (-s, -) (fam) débutant(e), novice mf

einstellbar adj réglable; **ein|stellen** sep vt
(aufhören: Arbeit) arrêter; (Zahlungen)
cesser, suspendre; (Geräte) régler; (Kamera
etc) mettre au point; (anmachen: Radio etc)
allumer; (unterstellen) mettre (in +akk
dans, bei chez); (in Firma) recruter,
embaucher; (Sport: Rekord) battre ■ vr:
sich ~ (kommen) se trouver; (Erfolg,
Besserung, Interesse) se manifester; **sich
auf jdn/etw ~** se préparer à qn/qch;
(sich anpassen) s'adapter à qn/qch;
Einstellung f (das Aufhören) arrêt m,
cessation f; (Einrichtung) réglage m, mise f
au point; (Inform) paramètre m; (in Firma)
recrutement m; (Haltung) attitude f
Einstieg m (-(e)s, -e) (Eingang) entrée f;
(fig) approche f
einstig adj ancien(ne)
ein|stimmen sep vi joindre sa voix
(in +akk à) ■ vt (jdn) préparer (auf +akk à)
einstimmig adj unanime;
Einstimmigkeit f unanimité f
einstmalig adj ancien(ne); **einstmals** adv
autrefois
einstöckig adj (Haus) à un étage
ein|studieren (pp einstudiert) sep vt
étudier, répéter
Einstufungstest m test m d'évaluation
einstündig adj d'une heure
ein|stürmen sep vi aux sein: **auf jdn ~**
assaillir qn
Einsturz m (von Gebäude) effondrement m,
écroulement m; **ein|stürzen** sep vi aux sein
s'écrouler, s'effondrer; **Einsturzgefahr** f
danger m d'effondrement
einstweilen adv en attendant;
einstweilig adj provisoire, temporaire
eintägig adj d'un jour, d'une journée
ein|tauchen sep vt tremper (in +akk dans)
■ vi aux sein plonger (in +akk dans)
ein|tauschen sep vt échanger (für, gegen
contre)
eintausend num mille
ein|teilen sep vt (in Teile) partager, diviser
(in +akk en); (Menschen) répartir
einteilig adj (Badeanzug) d'une (seule)
pièce
eintönig adj monotone; **Eintönigkeit** f
monotonie f
Eintopf m, **Eintopfgericht** nt plat m
unique
Eintracht f (-) concorde f, harmonie f;
einträchtig adj en bonne harmonie
Eintrag m (-(e)s, Einträge) inscription f;
amtlicher ~ enregistrement m;
ein|tragen sep irr vt (in Buch) inscrire
(in +akk dans, sur); (Profit) rapporter;
jdm etw ~ (Lob, Tadel, Ehre) valoir qch
à qn ■ vr: **sich ~** s'inscrire (in +akk dans,
sur)

einträglich adj lucratif(-ive)
ein|treffen sep irr vi aux sein (Prophezeiung)
se réaliser; (ankommen) arriver
ein|treten sep irr vi aux sein entrer (in +akk
dans); (sich einsetzen) intervenir (für en
faveur de); (geschehen) se produire
Eintritt m entrée f (in +akk dans); (Anfang)
début m; **Eintrittsbedingung** f (Fin)
condition f d'admission; **Eintrittsgeld** nt
prix m du billet; **Eintrittskarte** f billet m
d'entrée; **Eintrittspreis** m
(prix m d')entrée f
ein|trocknen sep vi aux sein se dessécher
ein|üben sep vt exercer; (Rolle) répéter;
(Klavierstück) étudier
einundzwanzig num vingt et un
ein|verleiben (pp einverleibt) sep vt
incorporer; **sich** dat etw ~ (Gebiet, Land)
annexer qch
ein|vernehmen (pp einvernommen) irr
vt (CH) siehe **vernehmen**
Einvernehmen nt (-s) accord m
einverstanden interj d'accord ■ adj: **mit
jdm ~ sein** être d'accord avec qn; **mit etw
~ sein** approuver qch, accepter qch;
Einverständnis nt (Zustimmung)
consentement m; (gleiche Meinung)
accord m
Einwahlknoten m point m d'accès
Einwand m (-(e)s, Einwände) objection f
(gegen à)
Einwanderer m, **Einwanderin** f (jd, der
in ein Land einwandert) immigrant(e); (jd,
der in ein Land eingewandert ist) immigré(e);
ein|wandern sep vi aux sein immigrer;
Einwanderung f immigration f;
Einwanderungsland nt pays m
d'immigration
einwandfrei adj (Ware) impeccable;
(Benehmen) irréprochable; (Beweis)
irrécusable
einwärts adv vers l'intérieur
ein|wecken sep vt mettre en conserve
Einwegflasche f bouteille f non
consignée [o perdue]; **Einweggeschirr** nt
vaisselle f jetable; **Einwegpfand** nt
consigne f sur les canettes et les bouteilles
jetables; **Einwegspritze** f seringue f
jetable; **Einwegverpackung** f emballage
m jetable
ein|weichen sep vt faire tremper
ein|weihen sep vt (Brücke, Gebäude)
inaugurer; (fam: Gegenstand) étrenner;
(jdn) mettre au courant (in +akk de);
Einweihung f inauguration f
ein|weisen sep irr vt (in Amt) installer;
(in Arbeit) initier; (in Anstalt) envoyer;
Einweisung f (in Amt) installation f;
(in Arbeit) initiation f; (in Klinik)
hospitalisation f

ein|wenden sep irr vt objecter (gegen à, contre)

ein|werfen sep irr vt (Brief) poster; (Sport: Ball) remettre en jeu; (Fenster) casser; (äußern) objecter

ein|wickeln sep vt envelopper

ein|willigen sep vi consentir (in +akk à); **Einwilligung** f consentement m

ein|wirken sep vi: **auf jdn/etw ~** influer sur qn/qch; **etw ~ lassen** (Med) attendre l'effet de qch; **Einwirkung** f influence f, effet m

Einwohner, in m(f) (-s, -) habitant(e); **Einwohnerkontrolle** f (CH), **Einwohnermeldeamt** nt bureau m de déclaration de domicile; **Einwohnerschaft** f population f, habitants mpl; **Einwohnerzahl** f nombre m d'habitants

Einwurf m (Öffnung) fente f; (Sport) remise f en jeu; (Einwand) objection f

Einzahl f singulier m .

ein|zahlen sep vt, vi (Geld) payer, verser (auf, in +akk sur); **Einzahlung** f versement m; **Einzahlungsbeleg** m reçu m de versement

ein|zäunen sep vt clôturer

ein|zeichnen sep vt inscrire

Einzel nt (-s, -) (Tennis) simple m; **Einzelbett** nt lit m à une place; **Einzelblatteinzug** m alimentation f feuille à feuille; **Einzelfahrschein** m billet m simple; **Einzelfall** m cas m isolé; **Einzelgänger, in** m(f) (-s, -) solitaire mf; **Einzelhaft** f détention f cellulaire; **Einzelhandel** m commerce m de détail; **Einzelheit** f détail m; **Einzelkind** nt enfant m/f unique; **einzeln** adj seul(e), unique; (vereinzelt) séparé(e), isolé(e); **der/die Einzelne** l'individu m; **ins Einzelne gehen** entrer dans les détails ▪ adv séparément; **~ angeben** spécifier; **Einzelplatzlizenz** f licence f d'exploitation pour un utilisateur; **Einzelteil** nt pièce f détachée; **Einzelzimmer** nt (in Krankenhaus) chambre f individuelle; (in Hotel) chambre f pour une personne

ein|ziehen sep irr vt (Kopf) baisser; (Fühler) rétracter; (Zwischenwand) construire; (Steuern) percevoir; (Erkundigungen) prendre; (Rekruten) appeler (sous les drapeaux); (konfiszieren) confisquer, saisir ▪ vi aux sein (in Wohnung) emménager; (in Land, Stadion etc) entrer (in +akk dans); (Friede, Ruhe) revenir, s'établir; (Flüssigkeit) pénétrer (in +akk dans)

einzig adj seul(e), unique; **das Einzige** la seule chose; **der/die Einzige** la seule personne ▪ adv (nur) seulement;

einzigartig adj unique en son genre, sans pareil

Einzug m entrée f (in +akk dans); (in Haus) emménagement m (in +akk dans)

Eis nt (-es, -) glace f; **Eisbahn** f patinoire f; **Eisbär** m ours m blanc; **Eisbecher** m coupe f glacée; **Eisbein** nt jarret m de porc; **Eisbereiter** m (-s, -) sorbetière f; **Eisberg** m iceberg m; **Eisbergsalat** m batavia f; **Eisblumen** pl cristaux mpl de glace; **Eisdecke** f couche f de glace; **Eisdiele** f (pâtissier-)glacier m

Eisen nt (-s, -) fer m

Eisenbahn f chemin m de fer; **Eisenbahner, in** m(f) (-s, -) cheminot(e); **Eisenbahnfähre** f bac m ferroviaire; **Eisenbahnschaffner, in** m(f) contrôleur(-euse) (des chemins de fer); **Eisenbahnübergang** m passerelle f (par-dessus la voie ferrée); **Eisenbahnwagen** m wagon m, voiture f

Eisenerz nt minerai m de fer; **eisenhaltig** adj ferrugineux(-euse)

eisern adj de fer; **der Eiserne Vorhang** (Hist) le rideau de fer ▪ adv tenacement, avec ténacité

Eisfach nt compartiment m à glace; **eisfrei** adj dégagé(e), débarrassé(e) des glaces; **Eishockey** nt hockey m sur glace; **eisig** adj glacial(e); **eiskalt** adj glacial(e), glacé(e); **Eiskratzer** m racloir m; **Eiskunstlauf** m patinage m artistique; **Eislauf** m patinage m; **Eislaufen** nt (-s) patinage m; **Eisläufer, in** m(f) patineur(-euse); **Eispickel** m piolet m; **Eisschießen** nt (-s) curling m; **Eisschrank** m réfrigérateur m; (fam) frigo m; **Eiswürfel** m glaçon m; **Eiszapfen** m stalactite f de glace; **Eiszeit** f période f glaciaire

eitel adj (Mensch) vaniteux(-euse); (rein: Freude) pur(e); **Eitelkeit** f vanité f

Eiter m (-s) pus m; **eit(e)rig** adj purulent(e); **eitern** vi suppurer

Eiweiß nt (-es, -e) blanc m d'œuf; (Chem) protéine f; **eiweißreich** adj riche en protéines; **Eizelle** f ovule m

Ekel m (-s) dégoût m (vor +dat pour) ▪ nt (-s, -) (fam: Mensch) horreur f; **ekelerregend** adj dégoûtant(e); **ekelhaft, ek(e)lig** adj dégoûtant(e), écœurant(e); **ekeln** vt dégoûter, écœurer ▪ vr: **sich ~: ich ekle mich vor diesem Schmutz** cette saleté me dégoûte

EKG nt (-s, -s) abk = **Elektrokardiogramm** électrocardiogramme m

Ekstase f (-, -n) extase f

Ekzem nt (-s, -e) (Med) eczéma m

Elan m (-s) énergie f, vitalité f

elastisch adj élastique; (Bewegung) souple

Elastizität f élasticité f

Elbe f(-) Elbe f
Elch m (-(e)s, -e) élan m; **Elchtest** m test de tenue de route
Elefant m éléphant m
elegant adj élégant(e)
Eleganz f élégance f
Elektriker, in m(f)(-s, -) électricien(ne)
elektrisch adj électrique
elektrisieren (pp **elektrisiert**) vt électriser ■ vr: **sich ~** recevoir une décharge électrique
Elektrizität f électricité f; **Elektrizitätsversorgung** f approvisionnement m en électricité; **Elektrizitätswerk** nt centrale f (électrique)
Elektroartikel m (Einzelprodukt) appareil m électroménager; (Produktkategorie) électroménager m; **Elektroauto** nt voiture f électrique
Elektrode f(-, -n) électrode f
Elektroenzephalogramm nt électro-encéphalogramme m; **Elektroherd** m cuisinière f électrique; **Elektroingenieur, in** m(f) ingénieur m électricien; **Elektrokardiogramm** nt électro-cardiogramme m; **Elektrolyse** f(-, -n) électrolyse f; **Elektromotor** m moteur m électrique
Elektron nt (-s, -en) électron m; **Elektronen(ge)hirn** nt cerveau m électronique; **Elektronenmikroskop** nt microscope m électronique
Elektronik f électronique f; **Elektronikschrott** m appareils mpl électroniques usés; **elektronisch** adj électronique; **elektronische Fußfessel** bracelet m électronique; **elektronisches Banking** gestion f de comptes à distance; **elektronisches Geld** monnaie f électronique; **elektronische Unterschrift** signature f électronique
Elektrorasierer m (-s, -) rasoir m électrique; **Elektrotechnik** f électrotechnique f
Element nt élément m; **in seinem ~ sein** être dans son élément
elementar adj élémentaire
elend adj misérable; (krank) malade; (fam: Hunger) terrible; **Elend** nt (-(e)s) misère f; **elendiglich** adv misérablement; **Elendsviertel** nt quartier m insalubre, bidonville m
elf num onze; **Elf** f(-, -en) (a. Sport) onze m
Elfe f(-, -n) sylphide f
Elfenbein nt ivoire m; **Elfenbeinküste** f: **die ~** la Côte d'Ivoire; **Elfenbeinturm** m tour f d'ivoire
Elfmeter m (Sport) penalty m; **Elfmeterschießen** nt (-s) tir m au but

eliminieren (pp **eliminiert**) vt éliminer
Elite f(-, -n) élite f
Elixier nt (-s, -e) élixir m
Elle f(-, -n) cubitus m; (Maß) aune f
Ell(en)bogen m coude m
Ellipse f(-, -n) ellipse f
El Salvador nt (-s) le Salvador
Elsass nt (-): **das ~** l'Alsace f; **Elsässer, in** m(f)(-s, -) Alsacien(ne)
Elster f(-, -n) pie f
elterlich adj des parents, parental(e)
Eltern pl parents mpl; **Elternhaus** nt maison f familiale; **elternlos** adj sans parents; **Elternzeit** f ≈ congé m parental d'éducation
Email nt (-s, -s) émail m
E-Mail f(-, -s) (Inform) courrier m électronique, e-mail m; **E-Mail-Adresse** f adresse f de messagerie
emaillieren (pp **emailliert**) vt émailler
Emanze f(-, -n) (fam) femme f émancipée
Emanzipation f émancipation f; **emanzipieren** (pp **emanzipiert**) vt émanciper ■ vr: **sich ~** s'émanciper
Embargo nt (-s, -s) embargo m
Embryo m (-s, -s o -nen) embryon m
Embryonenforschung f recherche f sur les embryons
Emigrant, in m(f) émigré(e); **Emigration** f émigration f; **emigrieren** (pp **emigriert**) vi aux sein émigrer (nach en, à)
Emoticon nt (-s, -s) icône f émotive
emotional adj émotionnel(le)
empfahl imperf von **empfehlen**
empfand imperf von **empfinden**
Empfang m (-(e)s, Empfänge) réception f; (der Gäste) accueil m; **in ~ nehmen** recevoir; **empfangen** (empfing, ~) vt recevoir, accueillir; (Inform) recevoir ■ vi (schwanger werden) concevoir; **Empfänger** m (-s, -) (Gerät) récepteur m; **Empfänger, in** m(f)(-s, -) (von Brief etc) destinataire mf
empfänglich adj sensible (für à)
Empfängnis f conception f; **Empfängnisverhütung** f contraception f
Empfangsbestätigung f accusé m de réception; **Empfangsdame** f hôtesse f d'accueil; **Empfangsschein** m reçu m
empfehlen (empfahl, empfohlen) vt recommander; **es empfiehlt sich, das zu tun** il est recommandé de faire ceci; **empfehlenswert** adj à recommander; **Empfehlung** f recommandation f; **Empfehlungsschreiben** nt lettre f de recommandation
empfinden (empfand, empfunden) vt éprouver, ressentir
empfindlich adj (Stelle) sensible; (Gerät) fragile; (Mensch) sensible, susceptible;

Empfindlichkeit f sensibilité f;
(*Reizbarkeit*) susceptibilité f;
empfindsam adj sensible

Empfindung f sensation f; (*Gefühl*)
sentiment m; **empfindungslos** adj
insensible

empfing imperf von **empfangen**

empfohlen pp von **empfehlen**

empfunden pp von **empfinden**

empor adv vers le haut

empören (pp **empört**) vt indigner;
empörend adj scandaleux(-euse)

empor|kommen sep irr vi aux sein s'élever;
(*vorankommen*) réussir; **Emporkömmling**
m parvenu(e)

Empörung f indignation f

emsig adj (*Mensch*) affairé(e)

End- in zW final(e); **Endauswertung** f
évaluation f finale; **Endbahnhof** m
terminus m

Ende nt (-s, -n) fin f; (*von Weg, Stock, Seil*)
bout m, extrémité f; (*Ausgang*) fin f,
conclusion f; **am ~** (*räumlich*) au bout (de);
(*zeitlich*) à la fin (de); (*schließlich*)
finalement; **am ~ des Zuges** en queue du
train; **am ~ sein** être au bout du rouleau;
~ Dezember fin décembre; **zu ~ sein**
être terminé(e); (*Geduld*) être à bout;
enden vi finir, se terminer; **Endetaste** f
touche f Fin

Endgerät nt (*Inform*) terminal m;
endgültig adj définitif(-ive)

Endivie f chicorée f

Endlager nt centre m de stockage
définitif; **Endlagerung** f stockage m
définitif

endlich adj limité(e); (*Math*) fini(e) ■ adv
enfin, finalement

endlos adj interminable; (*Seil*) sans fin;
Endlospapier nt (*Inform*) papier m en
continu

Endoskop nt (-s, -e) (*Med*) endoscope m

Endspiel nt finale f; **Endspurt** m sprint m;
Endstation f terminus m; **Endsumme** f
somme f totale

Endung f terminaison f; (*von Datei*)
extension f

Energie f énergie f; **Energiebedarf** m
besoins mpl énergétiques;
energiegeladen adj en super-forme,
avec une pêche d'enfer; **Energiekrise** f
crise f de l'énergie; **energielos** adj sans
énergie; **energiesparend** adj qui
consomme peu d'énergie;
Energiesparlampe f ampoule f faible
consommation; **Energiesteuer** f impôt
m sur l'énergie; **Energieträger** m source f
d'énergie; **Energiewirtschaft** f secteur m
de l'énergie

energisch adj énergique

eng adj étroit(e); (*fig: Horizont*) borné(e),
limité(e); **etw ~ sehen** (*fam*) prendre qch
trop au sérieux

Engadin nt (-s): **das ~** l'Engadine f

Engagement nt (-s, -) (*von Künstler*)
engagement m; (*Einsatz*) engagement m
personnel

engagieren (pp **engagiert**) vt (*Künstler*)
engager ■ vr: **sich ~** s'engager

Enge f (-, -n) étroitesse f; (*Landenge*) isthme
m; (*Meerenge*) détroit m; **jdn in die ~
treiben** acculer qn

Engel m (-s, -) ange m; **engelhaft** adj
angélique; **Engelmacher, in** m(f) (*fam*)
avorteur(-euse)

engherzig adj mesquin(e)

England nt l'Angleterre f; **Engländer, in**
m(f) (-s, -) Anglais(e); **englisch** adj
anglais(e); **Englisch** nt anglais m;
~ lernen apprendre l'anglais

Engpass m goulot m d'étranglement

en gros adv en gros

engstirnig adj (*Mensch*) borné(e);
(*Entscheidung*) mesquin(e)

Enkel m (-s, -) petit-fils m; **Enkelin** f
petite-fille f; **Enkelkind** nt petit-enfant m

en masse adv en masse

enorm adj énorme

Ensemble nt (-s, -s) (*Theat*) troupe f;
(*Kleidung: Mus*) ensemble m

entarten (pp **entartet**) vi aux sein
dégénérer

entbehren (pp **entbehrt**) vt se passer de;
entbehrlich adj superflu(e);
Entbehrung f privation f

entbinden (pp **entbunden**) irr vt
dispenser (von de); (*Med*) accoucher ■ vi
(*Med*) accoucher; **Entbindung** f dispense
f (von de); (*Med*) accouchement m;
Entbindungsheim nt maternité f

entblößen (pp **entblößt**) vt dénuder
■ vr: **sich ~** se déshabiller

entdecken (pp **entdeckt**) vt découvrir;
Entdecker, in m(f) (-s, -) découvreur(-
euse); **Entdeckung** f découverte f

Ente f (-, -n) canard m; (*Zeitungsente*)
bobard m, fausse nouvelle f

entehren (pp **entehrt**) vt déshonorer

enteignen (pp **enteignet**) vt (*Besitzer*)
exproprier, déposséder; **Enteignung** f
expropriation f

enteisen (pp **enteist**) vt (*auftauen*)
dégivrer

enterben (pp **enterbt**) vt déshériter

Entertaste f (*Inform*) touche f Entrée

entfachen (pp **entfacht**) vt (*Feuer*) attiser;
(*Leidenschaft*) enflammer

entfallen (pp **~**) irr vi aux sein (*wegfallen*)
être annulé(e); **jdm ~** (*vergessen*) échapper
à qn; **auf jdn ~** revenir à qn

entfalten (pp **entfaltet**) vt (Karte) déplier; (Talente) développer; (Pracht, Schönheit) déployer ■ vr: **sich ~** (Blume, Mensch) s'épanouir; (Talente) se développer

entfernen (pp **entfernt**) vt éloigner; (Flecken) enlever; (Inform) supprimer ■ vr: **sich ~** s'éloigner; **entfernt** adj éloigné(e), lointain(e); **weit davon ~ sein, etw zu tun** être bien loin de faire qch; **Entfernung** f (Abstand) distance f; (das Wegschaffen) enlèvement m; **Entfernungsmesser** m (-s, -) (Foto) télémètre m; **Entfernungstaste** f (Inform) touche f Suppression

entfesseln (pp **entfesselt**) vt (fig) déclencher

entfetten (pp **entfettet**) vt dégraisser

entfremden (pp **entfremdet**) vt éloigner (dat de) ■ vr: **sich jdm/einer Sache ~** s'éloigner de qn/qch, s'aliéner qn/qch; **Entfremdung** f aliénation f

entfrosten (pp **entfrostet**) vt dégivrer; **Entfroster** m (-s, -) (Auto) dégivreur m

entführen (pp **entführt**) vt enlever; (Flugzeug) détourner; **Entführer, in** m(f) ravisseur(-euse); (Flugzeugentführer) pirate m de l'air; **Entführung** f enlèvement m, rapt m; (Flugzeugentführung) détournement m

entgegen präp +dat contre ■ adv: **neuen Abenteuern ~** vers de nouvelles aventures; **entgegen|bringen** sep irr vt (fig: Vertrauen) témoigner; **entgegen|gehen** sep irr vi aux sein; **jdm ~** aller à la rencontre de qn; **entgegengesetzt** adj opposé(e); (Maßnahme) contradictoire; **entgegen|halten** sep irr vt (fig) objecter; **entgegen|kommen** sep irr vi aux sein venir à la rencontre (jdm de qn); (fig) obliger (jdm qn); **Entgegenkommen** nt (-s, -) (Zugeständnis) concession f; (Freundlichkeit) prévenance f; **entgegenkommend** adj obligeant(e); **entgegen|nehmen** sep irr vt recevoir, accepter; **entgegen|sehen** sep irr vi: **jdm/einer Sache ~** attendre qn/qch; **entgegen|treten** sep irr vi aux sein +dat faire front à; (fig) combattre; **entgegen|wirken** sep vi: **jdm/einer Sache ~** contrecarrer qn/qch

entgegnen (pp **entgegnet**) vt répliquer; **Entgegnung** f riposte f

entgehen (pp **entgangen**) irr vi aux sein; **jdm/einer Gefahr ~** échapper à qn/à un danger; **sich** dat **etw nicht ~ lassen** ne pas rater qch

entgeistert adj abasourdi(e)

Entgelt nt (-(e)s, -e) rémunération f; **entgelten** (pp **entgolten**) irr vt: **jdm etw ~** récompenser qn de [o pour] qch

entgleisen (pp **entgleist**) vi aux sein (Zug) dérailler; (Mensch) dérailler; **Entgleisung** f déraillement m; (fig) dérapage m

entgleiten (pp **entglitten**) irr vi aux sein échapper (jdm à qn)

entgräten (pp **entgrätet**) vt enlever les arêtes de

Enthaarungsmittel nt dépilatoire m

enthalten (pp **~**) irr vt contenir ■ vr: **sich der Stimme** gen ~ s'abstenir; **sich einer Meinung** gen ~ ne pas prendre position; **enthaltsam** adj (Leben) abstinent(e); (Mensch) sobre; (sexuell) abstinent(e), chaste; **Enthaltsamkeit** f tempérance f; (sexuell) abstinence f, chasteté f; **Enthaltung** f abstention f

enthemmen (pp **enthemmt**) vt (jdn) désinhiber

enthüllen (pp **enthüllt**) vt (Statue) découvrir; (Geheimnis) dévoiler; **Enthüllung** f révélation f

Enthusiasmus m enthousiasme m; **enthusiastisch** adj enthousiaste

entkernen (pp **entkernt**) vt dénoyauter; (Gebäude) énucler

entkoffeiniert adj décaféiné(e)

entkommen (pp **~**) irr vi aux sein échapper (dat à), s'évader (aus de)

entkorken (pp **entkorkt**) vt déboucher

entkräften (pp **entkräftet**) vt (Menschen) épuiser; (Argument) réfuter

entladen (pp **~**) irr vt (Wagen, Schiff) décharger; (Elec: Batterie) vider ■ vr: **sich ~** se décharger; (Gewitter) éclater

entlang adv, präp +akk o dat le long de; **entlang|gehen** sep irr vt, vi aux sein longer

entlarven (pp **entlarvt**) vt (Betrüger) démasquer; (Absicht) dévoiler

entlassen (pp **~**) irr vt libérer, renvoyer; (Arbeiter) licencier; **Entlassung** f libération f; (von Arbeiter) licenciement m

entlasten (pp **entlastet**) vt (von Arbeit) décharger; (Achse) soulager; (Straßen) délester; (Angeklagten) disculper; (Konto) créditer; **Entlastung** f (von Arbeit) décharge f; (von Verkehr) délestage m; (von Angeklagten) disculpation f; (des Vorstands) approbation f; **Entlastungszeuge** m, **-zeugin** f témoin m à décharge

entlauben (pp **entlaubt**) vt défolier; **Entlaubungsmittel** nt défoliant m

entledigen (pp **entledigt**) vr: **sich jds/einer Sache ~** se débarrasser de qn/qch

entlegen adj (Ort) isolé(e); (Gedanke) saugrenu(e)

entlocken (pp **entlockt**) vt: **jdm etw ~** arracher qch à qn

entlüften (pp **entlüftet**) vt ventiler, aérer; (Heizung) purger

entmachten (*pp* **entmachtet**) *vt*
destituer
entmenscht *adj* déshumanisé(e)
entmilitarisiert *adj* démilitarisé(e)
entmündigen (*pp* **entmündigt**) *vt*
mettre sous tutelle
entmutigen (*pp* **entmutigt**) *vt*
décourager
Entnahme *f* (**-, -n**) prélèvement *m*
entnehmen (*pp* **entnommen**) *irr vt*:
etw aus etw ~ (*Ware*) prendre qch dans
qch; **etw einer Sache** *dat* **~** (*folgern*)
conclure qch de qch; **wie ich Ihren**
Worten entnehme d'après ce que vous
venez de dire
entpacken (*pp* **entpackt**) *vt* (*Inform*)
décompacter
entpuppen (*pp* **entpuppt**) *vr*: **sich als**
etw ~ s'avérer être qch
entrahmen (*pp* **entrahmt**) *vt* écrémer
entreißen (*pp* **entrissen**) *irr vt* arracher
entrichten (*pp* **entrichtet**) *vt* acquitter
entrosten (*pp* **entrostet**) *vt* débarrasser
de sa rouille
entrüsten (*pp* **entrüstet**) *vt* indigner
■ *vr*: **sich ~** s'indigner (*über jdn/etw* contre
qn/de qch); **entrüstet** *adj* indigné(e);
Entrüstung *f* indignation *f*
entsagen (*pp* **entsagt**) *vi* renoncer
(*einer Sache dat* à qch)
entschädigen (*pp* **entschädigt**) *vt*
dédommager (*für de*); **Entschädigung** *f*
dédommagement *m*; (*Ersatz*)
indemnité *f*
entschärfen (*pp* **entschärft**) *vt*
désamorcer
Entscheid *m* (**-(e)s, -e**) décision *f*;
entscheiden (*pp* **entschieden**) *irr vt*
décider ■ *vr*: **sich ~ se** décider; **sich für**
jdn/etw ~ se décider pour qn/qch;
entscheidend *adj* décisif(-ive); (*Irrtum*)
capital(e); **Entscheidung** *f* décision *f*;
Entscheidungsspiel *nt* belle *f*;
Entscheidungsträger, in *m(f)*
décideur(-euse)
entschieden *adj* (*Gegner*) résolu(e);
(*Meinung*) catégorique; (*klar, entschlossen*)
net(te); **das geht ~ zu weit** cela dépasse
vraiment les bornes; **Entschiedenheit** *f*
détermination *f*
entschlacken (*pp* **entschlackt**) *vt* (*Med*)
désintoxiquer
entschließen (*pp* **entschlossen**) *irr*
vr: **sich ~** se décider (*zu* à)
entschlossen *adj* décidé(e);
Entschlossenheit *f* résolution *f*,
détermination *f*
Entschluss *m* décision *f*
entschlüsseln (*pp* **entschlüsselt**) *vt*
décoder, décrypter

entschlussfreudig *adj* qui se décide
facilement; **Entschlusskraft** *f*
résolution *f*
entschuldbar *adj* pardonnable
entschuldigen (*pp* **entschuldigt**) *vt*
excuser ■ *vr*: **sich ~** s'excuser
(*für de*); **Entschuldigung** *f* excuse *f*;
jdn um ~ bitten demander pardon à qn
Entschwefelung *f* désulfuration *f*;
Entschwefelungsanlage *f* système *m*
de désulfuration
entsetzen (*pp* **entsetzt**) *vt* horrifier;
Entsetzen *nt* (**-s**) (*von Mensch*) effroi *m*;
entsetzlich *adj* effroyable; **entsetzt** *adj*
horrifié(e)
entsichern (*pp* **entsichert**) *vt* armer
entsinnen (*pp* **entsonnen**) *irr vr*: **sich ~**
se souvenir (*einer Sache gen* de qch)
entsorgen (*pp* **entsorgt**) *vt*: **eine Stadt ~**
éliminer les déchets d'une ville;
Entsorgung *f* élimination *f* des déchets
entspannen (*pp* **entspannt**) *vt*
détendre ■ *vr*: **sich ~** se détendre;
Entspannung *f* détente *f*;
Entspannungspolitik *f* politique *f* de
détente; **Entspannungsübungen** *pl*
exercices *mpl* de relaxation
entsprechen (*pp* **entsprochen**) *irr vi*:
einer Sache *dat* **~** correspondre à qch;
den Anforderungen/Wünschen *dat* **~**
satisfaire les exigences/désirs;
entsprechend *adj* approprié(e); (*Befehl*)
correspondant(e) ■ *adv* selon,
conformément (à)
entspringen (*pp* **entsprungen**) *irr vi aux*
sein (*Fluss*) prendre sa source; (*herrühren*)
être dû (due) (*dat* à)
entstehen (*pp* **entstanden**) *irr vi aux sein*
naître; (*Unruhe*) se produire; (*Kosten*)
résulter; (*Unheil*) arriver; **Entstehung** *f*
naissance *f*, origine *f*
entstellen (*pp* **entstellt**) *vt* (*jdn*)
défigurer; (*Bericht, Wahrheit*) déformer,
altérer
Entstickungsanlage *f* système *m*
de dénitrification
entstören (*pp* **entstört**) *vt* (*Radio, Tel*)
déparasiter; (*Auto*) munir d'un dispositif
antiparasite
enttäuschen (*pp* **enttäuscht**) *vt*
décevoir; **Enttäuschung** *f* déception *f*
entwaffnen (*pp* **entwaffnet**) *vt*
désarmer; **entwaffnend** *adj* désarmant(e)
Entwarnung *f* fin *f* de l'alarme
entwässern (*pp* **entwässert**) *vt* drainer,
assécher; **Entwässerung** *f* drainage *m*;
Entwässerungssystem *nt* drainage *m*
entweder *konj*: **~ ... oder ...** ou ... ou ...
entweichen (*pp* **entwichen**) *irr vi aux sein*
fuir

entweihen (pp **entweiht**) vt profaner
entwenden (pp **entwendet**) vt dérober
entwerfen (pp **entworfen**) irr vt
(Zeichnung) esquisser; (Modell, Roman)
concevoir; (Plan) dresser; (Gesetz) faire
un projet de
entwerten (pp **entwertet**) vt dévaluer;
(Briefmarken) oblitérer; (Fahrkarte)
composter; **Entwerter** m (-s, -)
composteur m
entwickeln (pp **entwickelt**) vt
développer ▪ vr: **sich ~** se développer;
Entwickler m (-s, -) révélateur m;
Entwicklung f développement m;
Entwicklungsdienst m coopération f;
Entwicklungshelfer, in m(f)
coopérant(e); **Entwicklungshilfe** f aide f
aux pays en voie de développement;
Entwicklungsjahre pl puberté f;
Entwicklungsland nt pays m en voie
de développement
entwirren (pp **entwirrt**) vt démêler,
débrouiller
entwischen (pp **entwischt**) vi aux sein
s'échapper
entwöhnen (pp **entwöhnt**) vt sevrer;
(Süchtige) désintoxiquer; **Entwöhnung** f
(von Säugling) sevrage m; (von Süchtigen)
désintoxication f
entwürdigend adj dégradant(e)
Entwurf m esquisse f; (Konzept) brouillon
m; (Gesetzentwurf) projet m
entwurzeln (pp **entwurzelt**) vt déraciner
entziehen (pp **entzogen**) irr vt: **jdm etw ~**
retirer qch à qn ▪ vr: **sich ~** échapper (dat
à), se dérober (dat à); **Entziehungskur** f
cure f de désintoxication
entziffern (pp **entziffert**) vt déchiffrer
entzücken (pp **entzückt**) vt enchanter,
ravir; **Entzücken** nt (-s) ravissement m;
entzückend adj ravissant(e); (Kind)
adorable
Entzug m (von Lizenz) retrait m;
(von Rauschgift) désintoxication f;
Entzugserscheinung f symptôme m
de manque
entzünden (pp **entzündet**) vt (Holz)
allumer; (Begeisterung: Med) enflammer;
(Streit) déclencher; **Entzündung** f (Med)
inflammation f
entzwei adj: **~ sein** être cassé(e);
entzwei|brechen sep irr vt mettre en
morceaux ▪ vi aux sein se casser;
entzweien (pp **entzweit**) vt (Familie)
désunir; (Freunde) brouiller ▪ vr: **sich ~**
(Familie) être désuni(e); **sich mit jdm ~**
se brouiller avec qn; **entzwei|gehen**
sep irr vi aux sein se casser; (Freundschaft)
se briser
Enzian m (-s, -e) gentiane f

Enzyklopädie f encyclopédie f
Enzym nt (-s, -e) enzyme m
Epidemie f épidémie f; **Epidemiologe** m
(-n, -n), **-login** f épidémiologiste mf;
Epidemiologie f épidémiologie f;
epidemiologisch adj épidémiologique
Epilepsie f épilepsie f; **Epileptiker, in** m(f)
(-s, -) épileptique mf
episch adj épique
Episode f (-, -n) épisode m
Epoche f (-, -n) époque f
Epos nt (-s, Epen) épopée f
er pron il; (bei weiblichen französischen
Substantiven) elle; (allein stehend) lui;
elle
erachten (pp **erachtet**) vt: **~ für** [o **als**]
considérer comme; **meines Erachtens**
à mon avis
erbarmen (pp **erbarmt**) vr: **sich (jds/
einer Sache) ~** avoir pitié (de qn/qch);
Erbarmen nt (-s) pitié f
erbärmlich adj minable; (Zustände)
misérable; **Erbärmlichkeit** f (von
Zuständen) état m lamentable;
(Gemeinheit) bassesse f
erbarmungslos adj sans pitié;
erbarmungswürdig adj pitoyable;
(Mensch) digne de pitié
erbauen (pp **erbaut**) vt (Stadt) bâtir;
(Denkmal) construire; (fig) édifier
▪ vr: **sich an etw** dat **~** être édifié(e)
par qch; **Erbauer, in** m(f) (-s, -)
bâtisseur(-euse); **erbaulich** adj
édifiant(e); **Erbauung** f construction f;
(fig) édification f
Erbe m (-n, -n) héritier m ▪ nt (-s)
héritage m; **erben** vt, vi hériter
erbeuten (pp **erbeutet**) vt prendre
comme butin
Erbfaktor m facteur m héréditaire;
Erbfehler m affection f congénitale;
Erbfolge f (ordre m de) succession f;
Erbgut nt (Bio) patrimoine m héréditaire
[o génétique]; **erbgutschädigend** adj
nocif(-ive) pour le patrimoine génétique;
Erbin f héritière f
erbittert adj acharné(e)
Erbkrankheit f maladie f héréditaire
erblassen, erbleichen (pp **erblasst,
erbleicht**) vi aux sein pâlir
erblich adj héréditaire
Erbmasse f (Jur) masse f successorale;
(Bio) génotype m
erbost adj: **~ sein über** +akk être fâché(e)
contre
erbrechen (pp **erbrochen**) irr vt vomir
▪ vr: **sich ~** vomir
Erbrecht nt droit m successoral;
Erbschaft f héritage m
Erbse f (-, -n) petit pois m

Erbstück nt bien reçu en héritage m;
Erbteil m (Jur) part f d'héritage
Erdachse f axe m de la terre; **Erdapfel** m
(A) pomme de terre f; **Erdbahn** f orbite f
terrestre; **Erdbeben** nt tremblement m
de terre; **Erdbeere** f fraise f; **Erdboden** m
sol m
Erde f (-, -n) terre f; **zu ebener ~** au rez-
de-chaussée; **erden** vt (Elec) relier à
la terre
erdenklich adj imaginable, concevable
Erdgas nt gaz m naturel; **Erdgeschoss** nt
rez-de-chaussée m; **Erdkunde** f (Sch)
géographie f; **Erdnuss** f cacahuète f;
Erdoberfläche f surface f de la terre;
Erdöl nt pétrole m
erdreisten (pp erdreistet) vr: **sich ~,
etw zu tun** avoir l'audace de faire qch
erdrosseln (pp erdrosselt) vt étrangler
erdrücken (pp erdrückt) vt écraser; (fig)
accabler
Erdrutsch m (-es, -e) glissement m de
terrain; (Pol) raz-de-marée m (électoral);
Erdteil m continent m
erdulden (pp erduldet) vt endurer
Erdumlaufbahn f orbite f terrestre
ereifern (pp ereifert) vr: **sich ~** s'échauffer
(über+akk au sujet de)
ereignen (pp ereignet) vr: **sich ~** arriver,
se passer; **Ereignis** nt événement m;
ereignisreich adj mouvementé(e)
erfahren (pp ~) irr vt apprendre; (erleben)
éprouver ■ adj expérimenté(e);
Erfahrung f expérience f;
erfahrungsgemäß adv par expérience
erfassen (pp erfasst) vt saisir; (fig:
einbeziehen) inclure, comprendre; (Daten)
taper
erfinden (pp erfunden) irr vt inventer;
Erfinder, in m(f) inventeur(-trice);
erfinderisch adj inventif(-ive);
Erfindung f invention f;
Erfindungsgabe f esprit m inventif,
imagination f
Erfolg m (-(e)s, -e) succès m;
~ versprechend promis(e) au succès;
(Versuch) prometteur(-euse); **erfolglos**
adj (Mensch) qui n'a pas de succès;
(Versuch) infructueux(-euse), vain(e);
Erfolglosigkeit f (von Mensch) manque m
de succès; (von Versuch) échec m;
erfolgreich adj (Mensch) qui a du succès;
(Versuch) couronné(e) de succès;
Erfolgsaussicht f chances fpl de réussite;
Erfolgserlebnis nt succès m, réussite f;
erfolgversprechend adj siehe **Erfolg**
erforderlich adj nécessaire; (Kenntnisse)
requis(e); **erfordern** (pp erfordert) vt
demander, exiger; **Erfordernis** nt
nécessité f

erforschen (pp erforscht) vt (Land)
explorer; (Problem) étudier; **Erforscher,
in** m(f) explorateur(-trice); **Erforschung**
f exploration f
erfragen (pp erfragt) vt demander
erfreuen (pp erfreut) vr: **sich ~ an** +dat
se réjouir de; **sich bester Gesundheit** gen
~ être en parfaite santé ■ vt faire plaisir à;
erfreulich adj qui fait plaisir;
erfreulicherweise adv heureusement
erfrieren (pp erfroren) irr vi aux sein geler;
(Mensch) mourir de froid
erfrischen (pp erfrischt) vt rafraîchir
■ vr: **sich ~** se rafraîchir; **Erfrischung** f
rafraîchissement m; **Erfrischungsraum**
m buvette f, cafétéria f;
Erfrischungstuch nt serviette f
rafraîchissante
erfüllen (pp erfüllt) vt remplir; (Bitte)
satisfaire; (Erwartung) répondre à ■ vr:
sich ~ s'accomplir
ergänzen (pp ergänzt) vt compléter
■ vr: **sich ~** se compléter; **Ergänzung** f
complément m; (Zusatz) supplément m
ergattern (pp ergattert) vt (fam) réussir
à avoir
ergaunern (pp ergaunert) vt: **sich** dat
etw ~ (fam) se procurer qch de manière
malhonnête
ergeben (pp ~) irr vt (Betrag) donner,
rapporter; (Bild) révéler ■ vr: **sich ~**
(sich ausliefern) se rendre (dat à); (folgen)
s'ensuivre ■ adj dévoué(e); (dem Alkohol)
adonné(e) (dat à); **Ergebenheit** f
dévouement m
Ergebnis nt résultat m; **ergebnislos** adj
sans résultat
ergehen (pp ergangen) irr vi aux sein
(Befehl) être donné(e); (Gesetz) paraître;
etw über sich akk **~ lassen** subir qch
patiemment ■ vi unpers aux sein;
es erging ihr gut/schlecht cela s'est
bien/mal passé pour elle
ergiebig adj (Quelle) productif(-ive);
(Untersuchung) fructueux(-euse); (Boden)
fertile
Ergonomie f ergonomie f; **ergonomisch**
adj ergonomique
Ergotherapie f ergothérapie f
ergötzen (pp ergötzt) vt délecter
ergreifen (pp ergriffen) irr vt saisir; (Täter)
attraper; (Beruf) choisir; (Maßnahmen)
prendre; (rühren) toucher; **ergreifend** adj
émouvant(e); **ergriffen** adj (Mensch)
touché(e); (Worte) ému(e)
erhaben adj en relief; (fig) sublime; **über
etw** akk **~ sein** être au-dessus de qch
erhalten (pp ~) irr vt recevoir; (Art)
maintenir; (Kunstwerk) conserver;
gut ~ en bon état

erhältlich adj (Ware) disponible, en vente
Erhaltung f (Bewahrung) maintien m;
(von Gebäude, Energie) conservation f
erhängen (pp **erhängt**) vt pendre
erhärten (pp **erhärtet**) vt durcir;
(Behauptung) confirmer
erheben (pp **erhoben**) irr vt (hochheben)
lever; (rangmäßig) élever (zu au rang de);
(stimmungsmäßig) élever; (Steuern etc)
percevoir; **Klage ~** porter plainte;
Anspruch auf etw akk **~** revendiquer
qch ■ vr: **sich ~** (aufstehen) se lever;
(aufsteigen) s'élever; (Frage) se poser;
(revoltieren) se soulever; **sich über jdn/
etw ~** se mettre au dessus de qn/qch
erheblich adj considérable
erheitern (pp **erheitert**) vt égayer;
Erheiterung f amusement m; **zur
allgemeinen ~** à la grande joie de tout
le monde
erhellen (pp **erhellt**) vt (Zimmer) éclairer;
(Geheimnis) éclaircir ■ vr: **sich ~** s'éclairer;
(Gesicht) s'illuminer
erhitzen (pp **erhitzt**) vt chauffer; (fig)
échauffer ■ vr: **sich ~** chauffer,
s'échauffer
erhoffen (pp **erhofft**) vt espérer; **was
erhoffst du dir davon?** qu'est-ce que tu
espères y gagner?
erhöhen (pp **erhöht**) vt (Mauer) hausser;
(Steuern) augmenter; (Geschwindigkeit)
accroître
erholen (pp **erholt**) vr: **sich ~**
(von Krankheit, Schreck) se remettre;
(sich entspannen) se reposer;
erholsam adj reposant(e); **Erholung** f
(Gesundung) rétablissement m;
(Entspannung) repos m, détente f;
erholungsbedürftig adj qui a besoin
de repos; **Erholungsgebiet** nt région f
de villégiature; **Erholungsheim** nt
maison f de repos [o de convalescence]
erhören (pp **erhört**) vt exaucer
Erika f (-, -s o **Eriken**) bruyère f
erinnern (pp **erinnert**) vt: **jdn an jdn/etw
~** rappeler qn/qch à qn ■ vr: **sich ~** se
souvenir (an +akk de); **Erinnerung** f
mémoire f; (Andenken) souvenir m; **zur ~
an** +akk au souvenir de; **Erinnerungstafel**
f plaque f commémorative;
Erinnerungsvermögen nt mémoire f
Eritrea nt (-s) l'Érythrée f
erkälten (pp **erkältet**) vr: **sich ~** prendre
froid; **erkältet** adj enrhumé(e);
~ sein avoir un rhume, être enrhumé(e);
Erkältung f refroidissement m, rhume m
erkennbar adj reconnaissable; **erkennen**
(pp **erkannt**) irr vt (jdn, Fehler) reconnaître;
(Krankheit) diagnostiquer; (sehen)
distinguer

erkenntlich adj: **sich ~ zeigen** se montrer
reconnaissant(e) (für de);
Erkenntlichkeit f reconnaissance f;
(Geschenk) marque f de reconnaissance
Erkenntnis f connaissance f; (Einsicht)
idée f; **zur ~ kommen** se rendre compte
Erkennung f reconnaissance f;
Erkennungsmarke f plaque f d'identité
Erker m (-s, -) encorbellement m;
Erkerfenster nt oriel m
erklärbar adj explicable; **erklären**
(pp **erklärt**) vt expliquer; **erklärlich** adj
explicable; (verständlich) compréhensible;
Erklärung f explication f; (Aussage)
déclaration f
erklecklich adj considérable
erklingen (pp **erklungen**) irr vi aux sein
retentir
erkranken (pp **erkrankt**) vi aux sein
tomber malade; **Erkrankung** f
maladie f
erkunden (pp **erkundet**) vt sonder; (Mil)
reconnaître
erkundigen (pp **erkundigt**) vr: **sich ~**
se renseigner (nach, über +akk sur);
Erkundigung f (prise f de)
renseignements mpl
Erkundung f (Mil) reconnaissance f
erlahmen (pp **erlahmt**) vi aux sein (Kräfte)
diminuer; (Interesse) faiblir; (Eifer) fléchir
erlangen (pp **erlangt**) vt (Vorteil, Mehrheit)
obtenir; (Bedeutung) prendre; (Gewissheit)
acquérir
Erlass m (-es, -e) décret m; (von Strafe)
remise f; **erlassen** (pp **~**) irr vt (Gesetz)
décréter; (Strafe) exempter; **jdm etw ~**
dispenser qn de qch
erlauben (pp **erlaubt**) vt permettre (jdm
etw qch à qn); **sich** dat **etw ~** se permettre
qch; **Erlaubnis** f permission f
erläutern (pp **erläutert**) vt expliquer;
Erläuterung f explication f
Erle f (-, -n) au(l)ne m
erleben (pp **erlebt**) vt (Überraschung etc)
éprouver; (Zeit) passer par; (miterleben)
assister à; **Erlebnis** nt expérience f
erledigen (pp **erledigt**) vt (Auftrag etc)
exécuter; (fam: erschöpfen) crever;
(fam: ruinieren) ruiner; (fam: umbringen)
liquider; **er ist erledigt** (fam) il est foutu
erlegen (pp **erlegt**) vt tuer
erleichtern (pp **erleichtert**) vt alléger;
(Aufgabe) faciliter; (Gewissen, jdn)
soulager; **erleichtert** adj soulagé(e);
(Seufzer) de soulagement;
Erleichterung f soulagement m
erleiden (pp **erlitten**) irr vt subir;
(Schmerzen) endurer
erlernbar adj qui peut s'apprendre;
erlernen (pp **erlernt**) vt apprendre

erlesen adj (Speisen) sélectionné(e);
(Publikum) choisi(e)
erleuchten (pp **erleuchtet**) vt éclairer;
Erleuchtung f inspiration f
Erlös m (**-es, -e**) produit m (aus de)
erlöschen (**erlosch, erloschen**) vi aux sein
(Feuer) s'éteindre; (Interesse) faiblir;
(Vertrag, Recht) expirer; **ein erloschener
Vulkan** un volcan éteint
erlösen (pp **erlöst**) vt (jdn) délivrer; (Rel)
sauver; **Erlösung** f délivrance f; (Rel)
rédemption f
ermächtigen (pp **ermächtigt**) vt
autoriser, habiliter (zu à); **Ermächtigung**
f (das Ermächtigen) autorisation f;
(Vollmacht) pleins pouvoirs mpl
ermahnen (pp **ermahnt**) vt exhorter
(zu à); **Ermahnung** f exhortation f
ermäßigen (pp **ermäßigt**) vt (Gebühr)
réduire; **Ermäßigung** f réduction f
ermessen (pp **~**) irr vt se rendre compte de;
Ermessen nt (**-s**) appréciation f; **in jds ~
dat liegen** être laissé à l'appréciation de qn
ermitteln (pp **ermittelt**) vt (Wert)
calculer; (Täter) retrouver ◼ vi: **gegen jdn
~ enquêter** sur qn; **Ermittler, in** m(f) (**-s, -**)
enquêteur(-euse); **verdeckter ~**
enquêteur en civil; **Ermittlung** f
(polizeiliche) enquête f
ermöglichen (pp **ermöglicht**) vt: **jdm
etw ~ rendre** qch possible à qn
ermorden (pp **ermordet**) vt assassiner;
Ermordung f assassinat m
ermüden (pp **ermüdet**) vt fatiguer
◼ vi aux sein se fatiguer; **ermüdend** adj
fatigant(e); **Ermüdung** f fatigue f;
Ermüdungserscheinung f signe m
de fatigue
ermuntern (pp **ermuntert**) vt (ermutigen)
encourager; (beleben) animer;
(aufmuntern) dérider
ermutigen (pp **ermutigt**) vt encourager
(zu à)
ernähren (pp **ernährt**) vt nourrir
◼ vr: **sich ~** vivre, se nourrir (von de);
Ernährer, in m(f) (**-s, -**) soutien m de
famille; **Ernährung** f (das Ernähren)
alimentation f; (Nahrung) nourriture f;
(Unterhalt) entretien m;
Ernährungsberater, in m(f)
nutritionniste mf;
Ernährungswissenschaft f science f
de la nutrition, diététique f
ernennen (pp **ernannt**) irr vt nommer;
Ernennung f nomination f
erneuerbar adj (Energie) renouvelable;
erneuern (pp **erneuert**) vt (renovieren)
rénover, restaurer; (austauschen)
remplacer; (verlängern) renouveler;
Erneuerung f (von Gebäude)

restauration f, rénovation f; (von Teil)
remplacement m; (von Vertrag)
renouvellement m
erneut adj nouveau(-velle), répété(e)
◼ adv à nouveau
erniedrigen (pp **erniedrigt**) vt (Preis,
Druck) baisser; (demütigen) humilier
ernst adj sérieux(-euse); (Lage) grave;
Ernst m (**-es**) sérieux m; **das ist mein ~** je
suis sérieux(-euse); **im ~** sérieusement;
mit etw ~ machen mettre qch en
pratique; **Ernstfall** m cas m d'urgence;
ernsthaft adj sérieux(-euse);
Ernsthaftigkeit f sérieux m; (von
Krankheit) gravité f; **ernstlich** adj
sérieux(-euse)
Ernte f (**-, -n**) (von Getreide) moisson f; (von
Obst) récolte f; **Erntedankfest** nt fête f
des moissons; **ernten** vt moissonner;
récolter; (Lob etc) récolter
ernüchtern (pp **ernüchtert**) vt dégriser;
(fig) ramener à la réalité; **Ernüchterung** f
désillusion f
Eroberer m (**-s, -**) conquérant m;
erobern (pp **erobert**) vt conquérir;
Eroberung f conquête f
eröffnen (pp **eröffnet**) vt ouvrir;
(mitteilen) révéler (jdm etw qch à qn)
◼ vr: **sich ~** (Möglichkeiten) se présenter;
Eröffnung f (von Sitzung etc) ouverture f;
(Mitteilung) communication f;
Eröffnungsansprache f discours m
d'ouverture; **Eröffnungsfeier** f
cérémonie f d'inauguration [o d'ouverture]
erogen adj (Zone) érogène
erörtern (pp **erörtert**) vt (Vorschlag)
discuter; **Erörterung** f discussion f
Erotik f érotisme m; **erotisch** adj érotique
erpicht adj avide (auf +akk de)
erpressen (pp **erpresst**) vt (Geld etc)
extorquer; (jdn) faire chanter; **Erpresser,
in** m(f) (**-s, -**) maître chanteur(-euse);
Erpressung f chantage m
erproben (pp **erprobt**) vt éprouver, mettre
à l'épreuve; (Gerät) tester
erraten (pp **~**) irr vt deviner
erregbar adj excitable; (reizbar) irritable;
Erregbarkeit f irritabilité f; **erregen** (pp
erregt) vt exciter; (ärgern) irriter; (Neid)
exciter; (Neugierde) éveiller; (Interesse)
susciter; **Aufsehen ~** faire sensation
◼ vr: **sich ~** s'énerver (über +akk à cause
de); **Erreger** m (**-s, -**) (Med) agent m
pathogène; **Erregtheit** f excitation f;
(Ärger) irritation f; **Erregung** f
excitation f
erreichbar adj (Ziel) que l'on peut
atteindre; **in erreichbarer Nähe bleiben**
rester à proximité; **wo sind Sie ~?** où est-
ce qu'on peut vous joindre?; **ich bin**

jederzeit telefonisch ~ on peut me joindre au téléphone à n'importe quel moment; **erreichen** (pp **erreicht**) vt atteindre; (jdn) joindre; (Zug) attraper

errichten (pp **errichtet**) vt (Gebäude) dresser, ériger; (gründen) fonder

erringen (pp **errungen**) irr vt remporter

erröten (pp **errötet**) vi aux sein rougir

Errungenschaft f conquête f; (fam: Anschaffung) acquisition f

Ersatz m (-es) (das Ersetzen) remplacement m; (Mensch) remplaçant(e); (Sache) substitut m; (Schadensersatz) dédommagement m;
Ersatzbefriedigung f compensation f;
Ersatzdienst m (Mil) service m civil;
Ersatzmann m (pl **Ersatzmänner** o **Ersatzleute**) remplaçant m; **Ersatzrad** nt roue f de secours; **Ersatzreifen** m pneu m de rechange; **Ersatzteil** nt pièce f de rechange

ersaufen (pp **ersoffen**) irr vi aux sein (fam) se noyer

ersäufen (pp **ersäuft**) vt noyer

erschaffen (pp ~) irr vt créer

erscheinen (pp **erschienen**) irr vi aux sein (sich zeigen) apparaître; (auftreten) arriver; (vor Gericht) comparaître; (Buch etc) paraître; **das erscheint mir vernünftig** cela me semble raisonnable;
Erscheinung f (Geist) apparition f; (Gegebenheit) phénomène m; (Gestalt) air m, aspect m

erschießen (pp **erschossen**) irr vt tuer d'un coup de feu; (Mil) fusiller

erschlagen (pp ~) irr vt battre à mort

erschöpfen (pp **erschöpft**) vt épuiser;
erschöpfend adj (ausführlich) exhaustif(-ive); (ermüdend) épuisant(e);
erschöpft adj épuisé(e); **Erschöpfung** f épuisement m

erschrak imperf von **erschrecken**

erschrecken (pp **erschreckt**) vt effrayer ◼ (**erschrak, erschrocken**) vi aux sein s'effrayer; **erschreckend** adj effrayant(e); **erschrocken** adj effrayé(e)

erschüttern (pp **erschüttert**) vt (Gebäude, Gesundheit) ébranler; (jdn) secouer, émouvoir; **Erschütterung** f (von Gebäude) ébranlement m; (von Menschen) bouleversement m

erschweren (pp **erschwert**) vt rendre (plus) difficile

erschwinglich adj (Artikel) d'un prix accessible; (Preise) abordable

ersetzbar adj remplaçable;
ersetzen (pp **ersetzt**) vt (a. Inform) remplacer; (Unkosten) rembourser; **jdm etw ~** remplacer qch, rembourser qch à qn

ersichtlich adj (Grund) apparent(e)

ersparen (pp **erspart**) vt (Geld) économiser; (Ärger etc) épargner; **jdm etw ~** épargner qch à qn; **Ersparnis** f économie f (an +dat de); **Ersparnisse** pl économies fpl

ersprießlich adj (fruchtbar) fructueux(-euse); (angenehm) agréable

erst adv (zuerst) d'abord; (nicht früher/mehr als) seulement, ne ... que; **~ einmal** d'abord

erstarren (pp **erstarrt**) vi aux sein (vor Kälte) s'engourdir; (vor Furcht) se figer; (Materie) se solidifier

erstatten (pp **erstattet**) vt (Kosten) rembourser; (Bericht etc) faire; **gegen jdn Anzeige ~** porter plainte contre qn

Erstaufführung f première f

erstaunen (pp **erstaunt**) vt étonner;
Erstaunen nt (-s) étonnement m;
erstaunlich adj étonnant(e)

Erstausgabe f première édition f;
erstbeste, r, s adj (Mensch) le (la) premier(-ière) venu(e); (Sache) la première chose qui (vous) tombe sous la main

erste, r, s adj premier(-ière); **der ~ Juni** le premier juin; **Paris, den 1. Juni** Paris, le 1er juin; **das ~ Mal** la première fois; **Erste, r** mf premier(-ière)

erstechen (pp **erstochen**) irr vt (jdn) poignarder

ersteigen (pp **erstiegen**) irr vt escalader

erstellen (pp **erstellt**) vt (Gebäude) construire; (Gutachten) faire

erstens adv premièrement, primo

erstere, r, s adj: **der E~** le premier

ersticken (pp **erstickt**) vt étouffer ◼ vi aux sein (s')étouffer; **Erstickung** f (von Mensch) étouffement m, asphyxie f

erstklassig adj (Ware) de premier choix; (Sportler, Hotel) de première classe; (Essen) de première qualité; **Erstkommunion** f première communion f; **erstmalig** adj premier(-ière); **erstmals** adv pour la première fois

erstrebenswert adj désirable

erstrecken (pp **erstreckt**) vr: **sich ~** s'étendre

Erstschlag m offensive f; **nuklearer ~** offensive f nucléaire

◉ **ERSTSTIMME**

◉
◉ Le système de l'Erststimme et de la
◉ Zweitstimme (première et deuxième
◉ voix) est utilisé pour l'élection des
◉ membres du Bundestag. Chaque
◉ électeur dispose de deux voix. La
◉ première lui sert à choisir un candidat
◉ dans sa circonscription électorale, le

candidat qui obtient la majorité des
voix est élu membre du Parlement;
la deuxième voix permet de choisir
un parti. Toutes les secondes voix sont
comptabilisées dans chaque *Land* et
une représentation proportionnelle de
chaque parti est nommée au *Bundestag*.

Ersttagsbrief *m* enveloppe *f* 'premier
jour'; **Ersttagsstempel** *m* oblitération *f*
'premier jour'
ersuchen (*pp* **ersucht**) *vt* solliciter
ertappen (*pp* **ertappt**) *vt* surprendre;
jdn beim Stehlen ~ prendre qn en flagrant
délit de vol
erteilen (*pp* **erteilt**) *vt* donner
Ertrag *m* (**-(e)s, Erträge**) (*Ergebnis*)
rendement *m*; (*Gewinn*) recette *f*
ertragen (*pp* **~**) *irr vt* supporter
erträglich *adj* supportable
Ertragslage *f* niveau *m* de rendement
ertränken (*pp* **ertränkt**) *vt* noyer
erträumen (*pp* **erträumt**) *vt*: **sich** *dat*
etw ~ rêver de qch
ertrinken (*pp* **ertrunken**) *irr vi aux sein* se
noyer; **Ertrinken** *nt* (**-s**) noyade *f*
erübrigen (*pp* **erübrigt**) *vt*: **etw (für jdn)**
~ können pouvoir donner qch à qn; (*Zeit*)
pouvoir consacrer qch à qn ◼ *vr*: **sich ~**
être superflu(e)
erwachsen *adj* (*Mensch*) adulte;
Erwachsene, r *mf* adulte *mf*;
Erwachsenenbildung *f* formation *f*
pour adultes
erwägen (**erwog** *o* **erwägte, erwogen**) *vt*
(*Plan*) examiner; (*Möglichkeiten*) peser;
Erwägung *f* considération *f*
erwähnen (*pp* **erwähnt**) *vt* mentionner;
erwähnenswert *adj* digne d'être
mentionné(e); **Erwähnung** *f* mention *f*
erwärmen (*pp* **erwärmt**) *vt* chauffer
◼ *vr*: **sich für jdn/etw nicht ~ können**
ne pas pouvoir s'enthousiasmer pour
qn/qch
erwarten (*pp* **erwartet**) *vt* (*rechnen mit*)
s'attendre à; (*warten auf*) attendre;
etw kaum ~ können attendre qch avec
impatience; **Erwartung** *f* attente *f*,
espoir *m*; **erwartungsgemäß** *adv*
comme il fallait s'y attendre;
erwartungsvoll *adj* plein(e) d'espoir
erwecken (*pp* **erweckt**) *vt* éveiller;
den Anschein ~ donner l'impression;
etw zu neuem Leben ~ faire revivre qch
erweichen (*pp* **erweicht**) *vt* attendrir;
sich nicht ~ lassen être inexorable
Erweis *m* (**-es, -e**) preuve *f*
erweisen (*pp* **erwiesen**) *irr vt* (*Ehre, Dienst*)
rendre (*jdm* à qn) ◼ *vr*: **sich ~** se révéler;
sich ~, dass ... s'avérer que ...

Erwerb *m* (**-(e)s, -e**) (*von Haus, Auto*)
acquisition *f*; (*Beruf*) emploi *m*;
erwerben (*pp* **erworben**) *irr vt* acquérir;
Erwerbsgrundlage *f* sources *fpl* de
revenus; **erwerbslos** *adj* sans emploi;
Erwerbsquelle *f* source *f* de revenus;
erwerbstätig *adj* actif(-ive);
erwerbsunfähig *adj* invalide
erwidern (*pp* **erwidert**) *vt* (*Gefühl*)
répondre (*jdm* à qn); (*Besuch, Böses*)
rendre; **Erwiderung** *f* réponse *f*
erwiesen *adj* prouvé(e), démontré(e)
erwischen (*pp* **erwischt**) *vt* (*fam*)
attraper, choper
erwog *imperf von* **erwägen**
erwogen *pp von* **erwägen**
erwünscht *adj* désiré(e)
erwürgen (*pp* **erwürgt**) *vt* étrangler
Erz *nt* (**-es, -e**) minerai *m*
erzählen (*pp* **erzählt**) *vt* raconter;
Erzähler, in *m(f)* (**-s, -**) narrateur(-trice);
Erzählung *f* histoire *f*, conte *m*
Erzbischof *m* archevêque *m*; **Erzengel** *m*
archange *m*
erzeugen (*pp* **erzeugt**) *vt* produire,
fabriquer; (*Angst*) provoquer; **Erzeugnis**
nt produit *m*; **Erzeugung** *f* production *f*
Erzgebirge *nt*: **das ~** les monts *mpl*
Métallifères
erziehen (*pp* **erzogen**) *irr vt* (*Kind*) élever;
(*bilden*) éduquer; **Erzieher, in** *m(f)* (**-s, -**)
éducateur(-trice); **Erziehung** *f* éducation
f; **Erziehungsberechtigte, r** *mf* personne
chargée de l'éducation; **Erziehungsheim** *nt*
centre *m* d'éducation surveillée;
Erziehungsurlaub *m* congé *m* parental
d'éducation
erzielen (*pp* **erzielt**) *vt* obtenir, réaliser
erzwingen (*pp* **erzwungen**) *irr vt* forcer,
obtenir de force
es *pron* il (elle); (*in unpersönlichen
Konstruktionen*) ce, c', cela, ça; (*bei
unpersönlichen Verben*) il; (*akk*) le (la),
l'; (*in unpersönlichen Konstruktionen*) le
Escapetaste *f* (*Inform*) touche *f* Échap
Esche *f* (**-, -n**) frêne *m*
Esel *m* (**-s, -**) âne *m*; **Eselsbrücke** *f*
(*fig: fam*) moyen *m* mnémotechnique;
Eselsohr *nt* (*fam*: im Buch) corne *f*
Eskalation *f* escalade *f*
Eskimo *m* (**-s, -s**) Esquimau *m*;
Eskimofrau *f* Esquimande *f*
Esoterik *f* ésotérisme *m*; **esoterisch** *adj*
ésotérique
Espresso *m* (**-(s), -s**) express *m*, expresso
m; **Espressomaschine** *f* cafetière *f*
expresso
essbar *adj* mangeable; (*Pilz*) comestible;
essen (**aß, gegessen**) *vt, vi* manger;
gegessen sein (*fig: fam*) être classé(e);

Essen nt (-s, -) (Nahrung) nourriture f;
(Mahlzeit) repas m; **Essensmarke** f
ticket-repas m; **Essenszeit** f heure f
du repas
Essig m (-s, -e) vinaigre m; **Essiggurke** f
cornichon m (au vinaigre)
Esskastanie f marron m; **Esslöffel** m
cuillère f (à soupe); **Esstisch** m table f;
Esswaren pl aliments mpl; **Esszimmer**
nt salle f à manger
Estland nt l'Estonie f; **estnisch** adj
estonien(ne)
ESZB nt (-) abk = **Europäisches System
der Zentralbanken** SEBC m
ETA f (-) (baskische Befreiungsbewegung)
ETA f
etablieren (pp **etabliert**) vr: sich ~
(Geschäft) s'installer; (Mensch) s'établir
Etage f (-, -n) étage m; **Etagenbett** nt
lits mpl superposés; **Etagenwohnung** f
appartement m (sur tout un étage)
Etappe f (-, -n) étape f
Etat m (-s, -s) budget m
etepetete adj (fam) guindé(e)
Ethik f éthique f, morale f;
Ethikunterricht m cours m d'éthique
et de culture religieuse; **ethisch** adj
éthique, moral(e)
ethnisch adj ethnique; **ethnische
Säuberungen** purification f ethnique
E-Ticket nt billet m électronique
Etikett nt (-(e)s, -e(n) o -s) étiquette f
Etikette f (-, -n) étiquette f
etikettieren (pp **etikettiert**) vt étiqueter
etliche pron pl pas mal (de); ~ **sind
gekommen** il y en a pas mal qui sont
venus; **etliches** pas mal de choses
Etui nt (-s, -s) étui m
etwa adv (ungefähr) environ; (vielleicht)
par hasard; (beispielsweise) par exemple;
nicht ~ non pas
etwaig adj éventuel(le)
etwas pron quelque chose; (ein wenig)
un peu (de) ▪ adv un peu
Etymologie f étymologie f
Et-Zeichen nt esperluette f
EU f (-) abk = **Europäische Union** UE f
euch pron akk, dat von **ihr** vous; **dieses
Buch gehört ~** ce livre est à vous
euer pron (adjektivisch) votre; (pl) vos
▪ pron gen von **ihr** de vous; **euere, r, s** pron
(substantivisch) le (la) vôtre; (pl) les vôtres
EU-Erweiterung f élargissement m
de l'UE
Eule f (-, -n) hibou m, chouette f
Euphorie f euphorie f; **euphorisch** adj
euphorique
eure, r, s pron (substantivisch) le (la) vôtre;
(pl) les vôtres; **eurerseits** adv de votre
côté; **euresgleichen** pron des gens

comme vous; **euretwegen** adv (für euch)
pour vous; (wegen euch) à cause de vous;
(von euch aus) en ce qui vous concerne
Euro m (-, -) euro m; **Eurocent** m euro-
cent m, euro centime m; **Eurocheque** m
(-s, -s) eurochèque m; **Eurocityzug** m
Eurocity m; **Eurokrat, in** m(f) (-en, -en)
eurocrate mf; **Euroland** nt (fam) zone f
euro; **Euromünze** f pièce f (en) euro
Europa nt (-s) l'Europe f;
Europaabgeordnete, r mf député m au
Parlement Européen; **Europäer, in** m(f)
(-s, -) Européen(ne); **europäisch** adj
européen(ne); **Europäische Kommission**
Commission f européenne; **Europäische
Union** Union f européenne; **Europäische
Wirtschaftsgemeinschaft** (Hist)
Communauté f économique européenne;
**Europäische Wirtschafts- und
Währungsunion** Union f économique et
monétaire européenne; **Europäische
Zentralbank** Banque f centrale
européenne; **Europäischer Binnenmarkt**
marché m unique; **Europäischer
Gerichtshof** Cour f de justice des
Communautés européennes;
Europäischer Kommissar commissaire m
européen; **Europäischer Rat** Conseil m de
l'Union européenne; **Europäischer
Rechnungshof** Cour f des comptes
européenne; **Europäischer
Wirtschaftsraum** Espace m économique
européen; **Europäisches Parlament**
Parlement m européen; **Europäisches
System der Zentralbanken** Système m
européen de banques centrales;
Europäisches Währungsinstitut Institut
m monétaire européen; **Europäisches
Währungssystem** Système m monétaire
européen; **Europameister, in** m(f)
champion m d'Europe;
Europameisterschaft f championnat m
d'Europe; **Europaparlament** nt
Parlement m européen; **Europarat** m
Conseil m de l'Europe; **Europawahl** f
élections fpl européennes
Europol f (-) Europol m; **Europolitik** f
politique f de l'euro; **Euroskeptiker, in**
m(f) (-s, -) eurosceptique mf; **Eurotunnel**
m tunnel m sous la Manche; **Eurozeichen**
nt marque f euro; **Eurozone** f zone f euro
Euter nt (-s, -) pis m, mamelle f
EU-Verordnung f règlement m UE;
EU-Vertrag m traité m UE, traité m
sur l'UE
e.V. abk = **eingetragener Verein**
association f déclarée
evakuieren (pp **evakuiert**) vt évacuer
evangelisch adj protestant(e)
Evangelium nt évangile m

Evaskostüm nt: **im ~ en** tenue d'Ève
eventuell adj éventuel(le) ■ adv
éventuellement
EWG f (-) (Hist) abk = **Europäische
Wirtschaftsgemeinschaft** CEE f
EWI nt (-) abk = **Europäisches
Währungsinstitut** IME m
ewig adj éternel(le); **Ewigkeit** f éternité f
EWR m (-) abk = **Europäischer
Wirtschaftsraum** E.E.E. m
EWS nt (-) abk = **Europäisches
Währungssystem** SME m
EWU f (-) abk = **Europäische
Wirtschaftsunion** U.E.E. f
EWWU f (-) abk = **Europäische
Wirtschafts- und Währungsunion**
UEME f
exakt adj (Zahl) exact(e); (Arbeit) précis(e)
Examen nt (**-s, -** o **Examina**) examen m
Exempel nt (**-s, -**) exemple m; **an jdm ein ~
statuieren** faire un exemple de qn
Exemplar nt (**-s, -e**) exemplaire m;
exemplarisch adj exemplaire
exerzieren (pp **exerziert**) vi faire
l'exercice
Exhibitionist, in m(f) exhibitionniste mf
Exil nt (**-s, -e**) exil m
Existenz f existence f; (fig) individu m;
Existenzgründer, in m(f) créateur(-trice)
d'entreprise; **Existenzgründung** f
création f d'entreprise; **Existenzkampf** m
lutte f pour la survie; **Existenzminimum**
nt minimum m vital
existieren (pp **existiert**) vi exister
exklusiv adj (Bericht) exclusif(-ive);
(Gesellschaft) sélect(e); **exklusive** präp
+gen non compris(e)
exotisch adj exotique
Expansion f expansion f
Expedition f expédition f; (Com) service m
des expéditions
Experiment nt expérience f;
experimentell adj expérimental(e);
experimentieren (pp **experimentiert**) vi
faire une expérience
Experte m (**-n, -n**) expert m, spécialiste m;
Expertensystem nt (Inform) système m
expert; **Expertin** f experte f, spécialiste f
explodieren (pp **explodiert**) vi aux sein
exploser; **Explosion** f explosion f;
explosiv adj explosif(-ive); (Mensch) d'un
tempérament explosif
Exponent m (Math) exposant m
Export m (**-(e)s, -e**) exportation f;
Exporteur, in m(f) exportateur(-trice);
Exporthandel m commerce m
d'exportation; **exportieren** (pp
exportiert) vt (Waren) exporter;
Exportland nt pays m exportateur
Expressgut nt colis m exprès

Extension f (**-, -s**) (Inform) extension f
extra adj inv séparé(e); (besonders)
spécial(e) ■ adv (gesondert) à part;
(speziell) spécialement; (absichtlich)
exprès; (zuzüglich) en supplément;
ich bin ~ langsam gefahren j'ai fait un
effort pour conduire lentement;
Extra nt (**-s, -s**) option f; **Extraausgabe** f,
Extrablatt nt édition f spéciale
Extrakt m (**-(e)s, -e**) extrait m
Extrawurst f (fig: fam) **jdm eine ~ braten**
faire exception pour qn, être aux petits
soins pour qn
extrem adj extrême
extremistisch adj (Pol) extrémiste
Extremitäten pl extrémités fpl
Extremsportart f sport m extrême
Exzentriker, in m(f) (**-s, -**) excentrique mf;
exzentrisch adj excentrique
Exzess m (**-es, -e**) excès m
Eyeliner m (**-s, -**) eye-liner m
EZB f (-) abk = **Europäische Zentralbank**
BCE f

f

jargon m; **Fachwerk** nt colombage m;
Fachwerkhaus nt maison f à colombage
Fackel f (-, -n) torche f, flambeau m
fad, e adj fade
Faden m (-s, **Fäden**) fil m; **der rote ~** le fil
conducteur; **Fadennudeln** pl vermicelles
mpl; **fadenscheinig** adj (Lüge) cousu(e)
de fil blanc
fähig adj capable; **zu etw ~ sein** être
capable de qch; **Fähigkeit** f capacité f
Fähnchen nt fanion m
fahnden vi: **~ nach** rechercher;
Fahndung f recherches fpl;
Fahndungsliste f avis m de recherche
Fahne f (-, -n) (Flagge) pavillon m, drapeau
m; **eine ~ haben** (fam) sentir l'alcool
Fahrausweis m titre m de transport;
(von Zug) billet m; (von Bus etc) ticket m;
Fahrausweisautomat m distributeur m
automatique de titres de transport;
Fahrbahn f chaussée f; **fahrbar** adj
roulant(e); **fahrbarer Untersatz** bagnole f
Fähre f (-, -n) bac m
fahren (**fuhr, gefahren**) vt (Rad, Karussell,
Ski, Schlitten etc) faire de; (Fahrzeug, Auto)
conduire; (befördern: Fuhre) transporter;
etw an eine Stelle ~ conduire qch quelque
part ▪ vt aux sein (Strecke) faire, parcourir
▪ vi aux sein aller, rouler; (Auto fahren)
conduire; (abfahren) partir; **~ nach** partir
à; **mit etw ~** aller en, partir en; **ein
Gedanke fuhr ihm durch den Kopf**
une idée lui est passé par la tête; **mit der
Hand über den Tisch ~** passer la main sur
la table; **Fahrer, in** m(f) (-s, -)
conducteur(-trice); **Fahrerairbag** m
airbag m conducteur; **Fahrerflucht** f
délit m de fuite; **Fahrgast** m
passager(-ère); **Fahrgeld** nt prix m du
billet; **Fahrgemeinschaft** f covoiturage
m; **Fahrgestell** nt châssis m; (Aviat) train
m d'atterrissage; **Fahrkarte** f billet m;
Fahrkartenausgabe f guichet m
(des billets); **Fahrkartenautomat** m
distributeur m automatique, billeterie f;
Fahrkartenschalter m guichet m
(des billets)
fahrlässig adj négligent(e); (Jur) par
négligence; **Fahrlässigkeit** f négligence f
Fahrlehrer, in m(f) moniteur(-trice)
d'auto-école; **Fahrplan** m horaire m;
Fahrplanauszug m horaire m des trains,
fiche-horaire f des trains; **fahrplanmäßig**
adj à l'heure prévue; **Fahrpreis** m prix m
du billet; **Fahrpreisermäßigung** f
réduction f sur le prix du billet;
Fahrprüfung f examen m du permis de
conduire; **Fahrrad** nt bicyclette f, vélo m;
Fahrradfahrer, in m(f) cycliste mf;
Fahrradträger m galerie f pour vélos;

F, f nt (-, -) F, f m; (Mus) fa m
Fabel f (-, -n) fable f; **fabelhaft** adj
merveilleux(-euse)
Fabrik f usine f, fabrique f; **Fabrikant, in**
m(f) (Hersteller) fabricant(e); (Besitzer)
industriel(-le); **Fabrikarbeiter, in** m(f)
ouvrier(-ière) d'usine
Fabrikat nt produit m
Fabrikbesitzer, in m(f) propriétaire mf
d'usine; **Fabrikgelände** nt terrain m
industriel; (einer bestimmten Fabrik) terrain
m de l'usine; **Fabrikverkauf** m vente f
sortie d'usine
Fach nt (-(e)s, **Fächer**) rayon m,
compartiment m; (Gebiet) discipline f,
matière f, sujet m; **Facharbeiter, in** m(f)
ouvrier(-ière) qualifié(e); **Facharzt** m,
-ärztin f spécialiste mf; **Fachausdruck**
m terme m technique
Fächer m (-s, -) éventail m
Fachfrau f spécialiste f; **Fachhochschule**
f école f supérieure spécialisée;
fachkundig adj expert(e); **fachlich** adj
professionnel(le); **Fachliteratur** f
littérature f spécialisée; **Fachmann** m
(pl **Fachleute**) spécialiste mf;
fachmännisch adj de spécialiste;
Fachschule f école f professionnelle;
fachsimpeln vi (fam) parler métier;
Fachsprache f langage m technique,

Fahrradweg m piste f cyclable;
Fahrschein m ticket m;
Fahrscheinautomat m distributeur m
automatique, billeterie f;
Fahrscheinentwerter m composteur m
(de billets); **Fahrschule** f auto-école f;
Fahrschüler, in m(f) apprenti(e)
conducteur(-trice); **Fahrstuhl** m
ascenseur m
Fahrt f(-, -en) voyage m; **in voller ~** à
toute allure; **in ~ kommen** (fam) se '
mettre en train
Fährte f(-, -n) piste f
Fahrtkosten pl frais mpl de déplacement;
Fahrtrichtung f direction f;
Fahrtunterbrechung f arrêt m
Fahrverbot nt interdiction f de circuler;
Fahrzeug nt véhicule m; **Fahrzeugbrief**
m carte f grise (titre de propriété);
Fahrzeughalter, in m(f) (-s, -)
propriétaire mf d'un véhicule;
Fahrzeugschein m carte f grise
fair adj équitable, loyal(e); **Fairness** f(-)
loyauté f, bonne foi f; (a. Sport) fair-play m,
franc-jeu m
Fakt m (-s, -en) fait m
faktisch adj effectif(-ive), réel(le)
Faktor m facteur m
Faktum nt (-s, **Fakten**) fait m
Faktura f(-, **Fakturen**) (A, CH) facture f
Fakultät f faculté f
Falke m (-n, -n) faucon m
Fall m (-(e)s, **Fälle**) (Sturz, Untergang)
chute f; (Sachverhalt: Ling, Med) cas m;
(Jur) affaire f; **auf jeden ~, auf alle Fälle**
en tout cas; **für den ~, dass ...** au cas où ...;
auf keinen ~ en aucun cas
Falle f(-, -n) piège m
fallen (fiel, gefallen) vi aux sein tomber;
(Entscheidung) être pris(e); (Tor) être
marqué(e); **~ lassen** (Bemerkung) faire;
(Plan) laisser tomber, abandonner
fällen vt (Baum) abattre; (Urteil) rendre
fallen|lassen sep irr vt siehe **fallen**
fällig adj (Zinsen) exigible, arrivé(e) à
échéance; (Bus, Zug) attendu(e);
Fälligkeit f (Com) échéance f
Fallobst nt fruits mpl tombés
Fallout m (-s, -s) retombées fpl
radioactives
falls konj au cas où
Fallschirm m parachute m;
Fallschirmspringer, in m(f) parachutiste
mf; **Falltür** f trappe f
falsch adj faux (fausse)
fälschen vt contrefaire; **Fälscher, in** m(f)
(-s, -) faussaire mf
Falschfahrer, in m(f) automobiliste mf
circulant à contresens; **Falschgeld** nt
fausse monnaie f; **Falschheit** f fausseté f

fälschlich adj faux (fausse), erroné(e);
fälschlicherweise adv par erreur
Fälschung f falsification f, contrefaçon f;
fälschungssicher adj infalsifiable
Faltblatt nt dépliant m; **Faltboot** nt
canot m pliant
Fältchen nt (von Haut) ride f
Falte f(-, -n) pli m; (Hautfalte) ride f;
falten vt plier; (Hände) joindre
Falter m (-s, -) papillon m
faltig adj froissé(e); (Gesicht, Haut) ridé(e)
familiär adj de famille; (vertraut)
familier(-ière)
Familie f famille f; **Familienfeier** f fête f
de famille; **Familienkreis** m cercle m de
famille; **Familienmitglied** nt membre m
de la famille; **Familienname** m nom m
de famille; **Familienplanung** f planning
m familial; **Familienstand** m situation f
de famille; **Familienvater** m père m
de famille
Fan m (-s, -s) fana(tique) mf; (eines Stars)
fan m f
Fanatiker, in m(f) (-s, -) fanatique mf;
fanatisch adj fanatique; **Fanatismus** m
fanatisme m
fand imperf von **finden**
Fang m (-(e)s, **Fänge**) capture f; (das Jagen)
chasse f; (Beute) prise f; **Fänge** pl (Zähne)
croc m; (Krallen) serres fpl
fangen (fing, gefangen) vt attraper
■ vr: **sich ~** (nicht fallen) se rattraper;
(seelisch) se reprendre
Fango m (-s) boue f marine
Fantasie f imagination f; **fantasielos** adj
sans imagination; **fantasieren** (pp
fantasiert) vi rêver (von de); (Med: pej)
délirer; **fantasievoll** adj plein(e)
d'imagination
fantastisch adj fantastique
FAQ f(-, -s) abk = **frequently asked
questions** foire f aux questions
Farbabzug m tirage m couleur;
Farbaufnahme f photo f en couleurs;
Farbband m (pl **Farbbänder**) ruban m
encreur; **Farbdrucker** m imprimante f
couleur
Farbe f(-, -n) couleur f; (zum Malen etc)
peinture f
farbecht adj grand teint
färben vi (Stoff etc) déteindre ■ vt teindre
■ vr: **sich ~** se colorer
farbenblind adj daltonien(ne);
farbenfroh, farbenprächtig adj aux
couleurs gaies
Farbfernsehen nt télévision f en couleurs;
Farbfernseher m téléviseur m couleur;
Farbfilm m film m (en) couleur(s);
Farbfoto nt photo f en couleur;
Farbfotografie f photographie f en couleur

farbig *adj* (*bunt*) coloré(e); (*Mensch*) de couleur; **Farbige, r** *mf* homme *m* de couleur, femme *f* de couleur

Farbkasten *m* boîte *f* de couleurs; **Farbkopierer** *m* photocopieuse *f* couleur; **farblos** *adj* incolore; (*fig*) terne, plat(e); **Farbstift** *m* crayon *m* de couleur; **Farbstoff** *m* colorant *m*; **Farbton** *m* ton *m*

Färbung *f* coloration *f*, teinte *f*; (*fig*) tendance *f*

Farn *m* (-(e)s, -e) fougère *f*

Fasan *m* (-(e)s, -e(n)) faisan *m*

Faschierte, s *nt* (A) viande hachée *f*

Fasching *m* (-s) carnaval *m*

Faschismus *m* fascisme *m*; **Faschist, in** *m(f)* fasciste *mf*; **faschistisch** *adj* fasciste

faseln *vt, vi* radoter

Faser *f* (-, -n) fibre *f*; **fasern** *vi* s'effilocher

Fass *nt* (-es, Fässer) tonneau *m*

Fassade *f* façade *f*

fassbar *adj* (*begreifbar*) compréhensible

Fassbier *nt* bière *f* (à la) pression

fassen *vt* (*ergreifen, angreifen*) saisir, empoigner; (*begreifen, glauben*) saisir, comprendre; (*inhaltlich*) contenir; (*Edelstein*) sertir; (*Plan, Gedanken*) concevoir; (*Entschluss, Vertrauen*) prendre; (*Verbrecher*) arrêter, attraper ■ *vr*: **sich ~** se ressaisir, se calmer

fasslich *adj* compréhensible

Fassung *f* (*Umrahmung*) monture *f*; (*bei Lampe*) douille *f*; (*von Text*) version *f*; (*Beherrschung*) contenance *f*, maîtrise *f* de soi; **jdn aus der ~ bringen** faire perdre contenance à qn; **fassungslos** *adj* décontenancé(e); **Fassungsvermögen** *nt* (*von Behälter*) capacité *f*, contenance *f*; (*von Mensch*) compréhension *f*

fast *adv* presque

fasten *vi* jeûner; **Fasten** *nt* (-s) jeûne *m*; **Fastenzeit** *f* carême *m*

Fast Food, Fastfood *nt* (-, -(s)) fast-food *m*

Fastnacht *f* Mardi *m* gras

faszinieren (*pp fasziniert*) *vt* fasciner

fatal *adj* fatal(e), désastreux(-euse)

fauchen *vi* siffler

faul *adj* (*verdorben*) pourri(e), avarié(e); (*Mensch*) paresseux(-euse); (*Witz, Ausrede, Sache*) douteux(-euse), louche

faulen *vi aux sein o haben* pourrir

faulenzen *vi* paresser; **Faulenzer, in** *m(f)* (-s, -) paresseux(-euse)

Faulheit *f* paresse *f*

faulig *adj* pourri(e), putride

Fäulnis *f* décomposition *f*, putréfaction *f*

Faust *f* (-, Fäuste) poing *m*; **auf eigene ~** de sa propre initiative; **Fausthandschuh** *m* moufle *f*

Favorit, in *m(f)* (-en, -en) favori(-ite)

Fax *nt* (-es, -e) fax *m*; **Faxanschluss** *m* prise *f* fax; **faxen** *vt, vi* faxer; **Faxgerät** *nt* fax *m*; **Faxnummer** *f* numéro *m* de fax

Fazit *nt* (-s, -s) bilan *m*

FCKW *m* (-s, -s) abk = **Fluorchlorkohlenwasserstoff** CFC *m*

FDP *f* (-) *abk* = **Freisinnig-Demokratische Partei** parti radical-démocrate

F.D.P. *f* (-) *abk* = **Freie Demokratische Partei** parti libéral allemand

Feature *nt* (-s, -s) film *m* documentaire

Feber *m* (-(s), -) (A) février *m*

Februar *m* (-(s), -e) février *m*; **im ~** en février; **24. ~ 2010** le 24 février 2010; **am 24. ~** le 24 février

fechten (*focht, gefochten*) *vi* (*kämpfen*) se battre (à l'épée); (*Sport*) faire de l'escrime

Feder *f* (-, -n) plume *f*; (*Bettfeder*) duvet *m*; (*Tech*) ressort *m*; **Federball** *m* volant *m*; **Federballspiel** *nt* badminton *m*; **Federbett** *nt* édredon *m*; **Federhalter** *m* (-s, -) porte-plume *m*; (*Füller*) stylo *m* à encre; **federleicht** *adj* léger(-ère) comme une plume

federn *vi* (*nachgeben*) faire ressort; (*Turner*) se recevoir en souplesse ■ *vt* (*Auto*) équiper d'une suspension; (*Sessel*) monter sur ressorts; **das Bett ist gut gefedert** le lit a un bon sommier; **Federung** *f* ressorts *mpl*; (*Auto*) suspension *f*

Fee *f* (-, -n) fée *f*

Feedback, Feed-back *nt* (-s, -s) réactions *fpl*

Feeling *nt* (-s) intuition *f*; (*von Musiker*) sensibilité *f*; (*gutes Gefühl*) sensation *f* formidable

Fegefeuer *nt* purgatoire *m*

fegen *vt* balayer

fehl *adj*: **~ am Platz** déplacé(e)

fehlen *vi* (*nicht vorhanden sein*) manquer; (*abwesend sein*) être absent(e); **etw fehlt jdm** il manque qch à qn; **du fehlst mir** tu me manques; **was fehlt ihm?** qu'est-ce qu'il a?; **es fehlt an etw** *dat* il manque qch

Fehler *m* (-s, -) faute *f*; (*bei Mensch, Gerät*) défaut *m*; (*Inform*) erreur *f*; **Fehlerbeseitigung** *f* (*Inform*) débogage *m*; **fehlerfrei** *adj* irréprochable, impeccable; **fehlerhaft** *adj* incorrect(e); (*Ware, Artikel*) défectueux(-euse); **Fehlermeldung** *f* (*Inform*) message *m* d'erreur; **Fehlerquote** *f* taux *m* d'erreur

Fehlgeburt *f* fausse couche *f*; **Fehlgriff** *m* erreur *f*; **Fehlkonstruktion** *f*: **eine ~ sein** être mal conçu(e); **Fehlschlag** *m* échec *m*; **fehl|schlagen** *sep irr vi aux sein* échouer; **Fehlschluss** *m* conclusion *f*

erronée; **Fehlstart** m (Sport) faux
départ m; **Fehltritt** m faux pas m;
Fehlzündung f (Auto) raté m, défaut m
d'allumage
Feier f(-, -n) fête f, cérémonie f;
Feierabend m fin f du travail; ~ **machen**
arrêter de travailler; ~ **haben** terminer sa
journée; **jetzt ist** ~ (fig) c'est terminé;
feierlich adj solennel(le); **Feierlichkeit** f
solennité f; **Feierlichkeiten** pl
cérémonie f; **feiern** vt, vi fêter;
Feiertag m jour m férié
feig, e adj lâche
Feige f(-, -n) figue f
Feigheit f lâcheté f
Feigling m lâche mf
Feile f(-, -n) lime f; **feilen** vt, vi limer
feilschen vi marchander
fein adj fin(e); (Qualität, vornehm)
raffiné(e); ~! formidable!
Feind, e in m(f)(-(e)s, -e) ennemi(e);
Feindbild nt concept d'ennemi m;
feindlich adj hostile; **Feindschaft** f
inimitié f, hostilité f; **feindselig** adj
hostile; **Feindseligkeit** f hostilité f
feinfühlig adj sensible; **Feingefühl** nt
délicatesse f, tact m; **Feinheit** f finesse f,
raffinement m; **Feinkostgeschäft** nt
épicerie f fine; **Feinschmecker, in** m(f)
(-s, -) gourmet m; **Feinwäsche** f linge m
délicat
feist adj gros(se), replet(-ète)
Feld nt (-(e)s, -er) (Acker: Inform) champ m;
(bei Brettspiel) case f; (fig: Gebiet) domaine
m; (Schlachtfeld) champ m de bataille;
(Sport) terrain m; **Feldblume** f fleur f
des champs; **Feldherr** m commandant m
en chef; **Feldsalat** m mâche f, doucette f;
Feldversuch m essai m in situ;
Feldwebel, in m(f)(-s, -) adjudant(e);
Feldweg m chemin m de terre [o rural];
Feldzug m (a. fig) campagne f
Felge f(-, -n) jante f; **Felgenbremse** f
frein m sur jante
Fell nt (-(e)s, -e) poil m, pelage m; (von
Schaf) toison f; (verarbeitetes Fell) fourrure
f; **Felljacke** f veste f de fourrure
Fels m (-en, -en), **Felsen** m (-s, -) rocher
m, roc m; **felsenfest** adj ferme,
inébranlable; **Felsenvorsprung** m saillie
f rocheuse; **felsig** adj rocheux(-euse);
Felsspalte f fissure f
feminin adj féminin(e)
Femininum nt (-s, Feminina) (Ling)
féminin m
Feminismus m féminisme m; **Feminist,
in** m(f) féministe mf; **feministisch** adj
féministe
Fenchel m (-s) fenouil m
Feng-Shui, Fengshui nt (-) Feng-shui m

Fenster nt (-s, -) (a. Inform) fenêtre f;
Fensterbrett nt appui m de fenêtre;
Fensterladen m volet m; **Fensterputzer,
in** m(f)(-s, -) laveur(-euse) de carreaux;
Fensterscheibe f vitre f, carreau m;
Fenstersims m rebord m de fenêtre;
Fenstertechnik f (Inform) technique f
de multifenêtrage
Ferien pl vacances fpl; ~ **machen** prendre
des vacances; ~ **haben** avoir des vacances,
être en vacances; **Ferienarbeit** f job m
de vacances; **Feriendorf** nt village-
vacances m; **Ferienhaus** nt maison f
de vacances; **Ferienkurs** m cours m
de vacances; **Ferienlager** nt camp m
de vacances; **Ferienreise** f voyage m;
Ferienwohnung f appartement m
de vacances; **Ferienzeit** f vacances fpl,
période f de vacances
Ferkel nt (-s, -) porcelet m
fern adj lointain(e), éloigné(e) ■ adv loin;
~ **von hier** loin d'ici; **Fernabfrage** f
(von Anrufbeantworter) interrogation f
à distance; **Fernbedienung** f
télécommande f; **Ferne** f(-, -n) lointain m
ferner adv (zukünftig) à l'avenir, à venir;
(außerdem) en outre
Fernflug m vol m long courrier;
Ferngespräch nt communication f
interurbaine; **ferngesteuert** adj
télécommandé(e); **Fernglas** nt jumelles
fpl; **fern|halten** sep irr vt: jdn/etw ~ tenir
qn/qch à l'écart; **Fernheizung** f
chauffage m urbain; **Fernkopie** f
télécopie f; **Fernkopierer** m télécopieur
m; **Fernlenkung** f téléguidage m;
fern|liegen sep irr vi: **jdm** ~ être loin de la
pensée de qn; **Fernmeldeamt** nt centre
m de télécommunications; **Fernrohr** nt
longue-vue f, télescope m; **Fernschreiber**
m téléscripteur m
Fernsehapparat m poste m de télévision;
Fernsehdebatte f débat m télévisé;
fern|sehen sep irr vi regarder la
télévision; **Fernsehen** nt (-s) télévision f;
im ~ à la télévision; **Fernseher** m (-s, -)
télé f; **Fernseher, in** m(f)(-s, -)
téléspectateur(-trice); **Fernsehgebühr** f
redevance f de la télévision;
Fernsehgerät nt téléviseur m;
Fernsehsatellit m satellite m de télévision;
Fernsehüberwachungsanlage f
télévision f en circuit fermé;
Fernsehzeitschrift f programme m télé
Fernsprecher m téléphone m;
Fernsprechnetz nt réseau m
téléphonique; **Fernsprechzelle** f cabine f
téléphonique; **Fernsteuerung** f (Gerät)
télécommande f; **Fernstraße** f route f
à grande circulation

FERNSTUDIUM

Fernstudium désigne l'enseignement universitaire à distance. Les étudiants ne vont pas à l'université mais suivent leurs cours par correspondance, avec des programmes radio ou des émissions télévisées. Le premier téléenseignement a vu le jour en 1974. Ce système permet ainsi de concilier des études avec une carrière professionnelle ou des enfants.

Ferntourismus m tourisme m d'évasion; **Fernverkehr** m transport m longues distances; (*Zug*) trafic m grandes lignes
Ferse f (-, -n) talon m
fertig adj prêt(e); (*beendet*) fini(e); ~ **sein** (*fam: müde*) être à plat; **mit jdm ~ sein** en avoir fini avec qn; **mit etw ~ werden** finir qch; (*zurechtkommen*) venir à bout de qch; ~ **machen** (*beenden*) finir, terminer; **sich ~ machen** se préparer; **Fertigbau** m (*pl* **Fertigbauten**) construction f en préfabriqué; **fertig|bringen** sep irr vt (*fähig sein*) arriver à faire; **Fertiggericht** nt plat m préparé
Fertigkeit f adresse f, habileté f
fertig|machen sep vt (*fam: Menschen: körperlich*) épuiser; (*moralisch*) démolir; **fertig|stellen** sep vt finir, achever
Fertigungsstandort m lieu m de fabrication
fesch adj (A: *hübsch*) joli(e)
Fessel f (-, -n) lien m, chaîne f; **fesseln** vt (*Gefangenen*) ligoter; (*fig*) captiver; **fesselnd** adj captivant(e)
fest adj ferme; (*Nahrung, Stoff*) solide; (*Preis, Wohnsitz*) fixe; (*Anstellung*) permanent(e); (*Bindung*) sérieux(-euse); (*Schlaf*) profond(e); **feste Schuhe** de bonnes chaussures; ~ **angestellt sein** avoir un emploi fixe
Fest nt (-(e)s, -e) fête f
Festbeleuchtung f illumination f
fest|binden sep irr vt lier, attacher; **fest|bleiben** sep irr vi aux sein rester inébranlable
Festessen nt banquet m
fest|fahren sep irr vr: **sich ~** s'enliser; **fest|halten** sep irr vt (*Gegenstand*) tenir ferme; (*Ereignis*) noter, retenir ■ vr: **sich ~** s'accrocher (*an +dat* à) ■ vi: **an etw** dat ~ (*fig*) rester fidèle à qch, garder qch
festigen vt consolider; (*Material*) renforcer ■ vr: **sich ~** (*Beziehung, Gesundheit*) se consolider; **Festiger** m (-s, -) fixateur m; **Festigkeit** f consistance f, fermeté f
Festival nt (-s, -s) festival m

fest|klammern sep vr: **sich ~** s'accrocher (*an +dat* à); **Festland** nt continent m; **fest|legen** sep vt déterminer, fixer ■ vr: **sich ~** s'engager (*auf +akk* à)
festlich adj de cérémonie, solennel(le)
fest|machen sep vt fixer; **Festnahme** f (-, -n) arrestation f; **fest|nehmen** sep irr vt arrêter; **Festplatte** f (*Inform*) disque m dur; **Festplattenlaufwerk** nt (*Inform*) lecteur m de disque dur
Festrede f discours m solennel
fest|schreiben sep irr vt retenir, fixer par écrit; **fest|setzen** sep vt fixer, établir
Festspiele pl festival m
fest|stehen sep irr vi être fixé(e); **fest|stellen** sep vt constater; **Feststelltaste** f touche f de blocage (des majuscules)
Festung f forteresse f
fett adj gras(se); ~ **gedruckt** imprimé(e) en caractères gras; **Fett** nt (-(e)s, -e) graisse f; **fettarm** adj (*Nahrung*) pauvre en graisses; **fetten** vt graisser; **Fettfleck** m tache f de graisse; **fettgedruckt** adj *siehe* **fett**; **Fettgehalt** m teneur m en graisse; **fettig** adj gras(se); **Fettnäpfchen** nt: **ins ~ treten** mettre les pieds dans le plat
Fetzen m (-s, -) lambeau m, chiffon m
fetzig adj (*fam*) qui décoiffe
feucht adj humide; **Feuchtigkeit** f humidité f; **Feuchtigkeitscreme** f crème f hydratante
Feuer nt (-s, -) feu m; ~ **fangen** prendre feu; (*fig*) s'enthousiasmer; (*sich verlieben*) tomber amoureux(-euse); ~ **und Flamme sein** être tout feu tout flamme; **Feueralarm** m alerte f au feu; **Feuereifer** m enthousiasme m; **feuerfest** adj (*Geschirr*) résistant(e) au feu; **Feuergefahr** f danger m d'incendie; **feuergefährlich** adj inflammable; **Feuerleiter** f échelle f d'incendie; **Feuerlöscher** m (-s, -) extincteur m; **Feuermelder** m (-s, -) avertisseur m d'incendie
feuern vi (*schießen*) tirer; **mit Holz ~** se chauffer au bois ■ vt (*fam: werfen*) balancer; (*entlassen*) virer; **jdm eine ~** donner une baffe à qn
feuersicher adj à l'épreuve du feu; **Feuerstein** m silex m, pierre f à briquet; **Feuerwehr** f (-, -en) sapeurs-pompiers mpl; **Feuerwehrauto** nt voiture f de pompiers; **Feuerwehrmann** m (*pl* **Feuerwehrleute**) pompier m; **Feuerwerk** nt feu m d'artifice; **Feuerzeug** nt briquet m
feurig adj brûlant(e); (*Liebhaber*) fervent(e), ardent(e)

Fichte f(-, -n) (*Baum*) épicéa m; (*Holz*) sapin m

ficken vt, vi (*vulg*) baiser

fidel adj joyeux(-euse), gai(e)

Fidschi nt (-s) les îles fpl Fidji

Fieber nt (-s, -) fièvre f; **fieberhaft** adj fiévreux(-euse); **Fiebermesser** m(-s, -), **Fieberthermometer** nt thermomètre m (médical)

fiel imperf von **fallen**

fies adj (*fam*) dégoûtant(e), vache

Figur f(-, -en) (*von Mensch*) stature f, silhouette f; (*Mensch*) personnage m; (*Spielfigur*) pièce f, pion m; **sie hat eine gute ~** elle est bien faite; **auf die ~ achten** faire attention à sa ligne

Filiale f(-, -n) succursale f

Film m(-(e)s, -e) (*Spielfilm etc*) film m; (*Foto*) pellicule f; **Filmaufnahme** f prise f de vue; **filmen** vt filmer; **Filmkamera** f caméra f; **Filmprojektor** m, **Filmvorführgerät** nt projecteur m

Filter m(-s, -) filtre m; (*Tech*) écran m; **Filtermundstück** nt bout m filtre; **filtern** vt filtrer; **Filterpapier** nt papier-filtre m; **Filtertüte** f filtre m; **Filterzigarette** f cigarette filtre f

Filz m(-es, -e) feutre m; **filzen** vt (*fam: durchsuchen*) fouiller ▪ vi (*Wolle*) feutrer; **Filzschreiber** m, **Filzstift** m feutre m, stylo-feutre m, crayon m feutre

Finale nt (-s, -(s)) finale f

Finanzamt nt perception f; **Finanzausgleich** m péréquation f financière; **Finanzbeamte, r** m, **-beamtin** f fonctionnaire mf des finances; **Finanzen** pl finances fpl; **finanziell** adj financier(-ière); **finanzieren** (*pp* **finanziert**) vt financer; **Finanzminister, in** m(f) ministre m des Finances

finden (**fand, gefunden**) vt trouver; **ich finde nichts dabei, wenn ...** je ne trouve rien de mal à ce que ...; **zu sich selbst ~** se trouver; **Finder, in** m(f)(-s, -) personne f qui trouve qch; **Finderlohn** m récompense f; **findig** adj ingénieux(-euse)

fing imperf von **fangen**

Finger m(-s, -) doigt m; **lass die ~ davon** (*fam*) ne t'en mêle pas; **jdm auf die ~ sehen** avoir qn à l'œil; **Fingerabdruck** m empreinte f digitale; **genetischer ~** empreinte f génétique; **Fingerhandschuh** m gant m; **Fingerhut** m dé m à coudre; (*Bot*) digitale f; **Fingernagel** m ongle m; **Fingerring** m bague f; **Fingerspitze** f bout m du doigt; **Fingerspitzengefühl** nt doigté m; **Fingerzeig** m(-(e)s, -e) signe m

fingieren (*pp* **fingiert**) vt feindre; **fingiert** adj fictif(-ive)

Fink m(-en, -en) pinson m

Finne m(-n, -n), **Finnin** f Finlandais(e), Finnois(e); **finnisch** adj finlandais(e), finnois(e)

Finnland nt la Finlande

finster adj sombre; (*Mensch*) lugubre; (*Kneipe*) sinistre; (*Mittelalter*) obscur(e); **Finsternis** f obscurité f

Finte f(-, -n) ruse f

Firewall f(-, -s) (*Inform*) pare-feu m

Firma f(-, Firmen) compagnie f, firme f; **Firmenschild** nt enseigne f; **Firmenzeichen** nt marque f de fabrique

Firnis m(-ses, -se) vernis m

Fis nt (-, -) (*Mus*) fa m dièse

Fisch m(-(e)s, -e) poisson m; (*Astr*) Poissons mpl; **Adelheid ist (ein) ~** Adelheid est Poissons; **fischen** vt, vi pêcher; **Fischer, in** m(f)(-s, -) pêcheur(-euse); **Fischerei** f pêche f; **Fischfang** m pêche f; **Fischgeschäft** nt poissonnerie f; **Fischgräte** f arête f; **Fischstäbchen** nt bâtonnet m de poisson; **Fischzucht** f pisciculture f

Fisole f(-, -n) (*A*) haricot m vert

fit adj en forme; **Fitness** f(-) forme f; **Fitnesscenter** nt (-s, -) centre m de remise en forme; **Fitnessraum** m salle f de musculation

fix adj (*Mensch*) leste, adroit(e); (*Idee, Kosten*) fixe; **~ und fertig** fin prêt(e); (*erschöpft*) sur les rotules; (*erschüttert*) bouleversé(e)

fixen vi (*fam*) se piquer (à l'héroïne); **Fixer, in** m(f)(-s, -) (*fam*) héroïnomane mf; **Fixerstube** f(-, -n) (*fam*) local m à la disposition des drogués

fixieren (*pp* **fixiert**) vt fixer

flach adj plat(e); **Flachbildschirm** m écran m plat

Fläche f(-, -n) surface f, superficie f; **flächendeckend** adj global(e), complet(-ète); **Flächeninhalt** m superficie f

Flachheit f aspect m plat; **Flachland** nt plaine f

flackern vi vaciller

Fladen m(-s, -) galette f; **Fladenbrot** nt pain m rond (*pour kebab*)

Flagge f(-, -n) pavillon m

flagrant adj flagrant(e); *siehe auch* **in flagranti**

flämisch adj flamand(e)

Flamme f(-, -n) flamme f; **in Flammen stehen** être en flammes

Flandern nt (-s) la Flandre, les Flandres

Flanell m(-s, -e) flanelle f

Flanke f(-, -n) flanc m; (*Sport*) saut m de côté

Flasche f(-, -n) bouteille f; (*fam: Versager*) cloche f; **Flaschenbier** nt bière f en bouteille [o canette]; **Flaschenöffner** m ouvre-bouteille m; (*Kapselheber*) décapsuleur m; **Flaschenpfand** nt consigne f; **Flaschentomate** f tomate f roma; **Flaschenzug** m palan m

flatterhaft adj volage, écervelé(e)

flattern vi aux sein voleter; (*Fahne*) flotter

flau adj (*Stimmung*) mou (molle); (*Com*) stagnant(e); **jdm ist ~** qn se trouve mal

Flaum m (-(e)s) duvet m

flauschig adj moelleux(-euse)

Flausen pl balivernes fpl

Flaute f (-, -n) (*Naut*) calme m; (*Com*) récession f

Flechte f (-, -n) tresse f, natte f; (*Med*) dartre f; (*Bot*) lichen m; **flechten** (**flocht, geflochten**) vt tresser

Fleck m (-(e)s, -e) tache f; (*fam: Ort, Stelle*) endroit m; (*Stofffleck*) petit bout (de tissu); **nicht vom ~ kommen** ne pas avancer d'une semelle; **fleckenlos** adj sans tache; (*fig*) immaculé(e); **Fleckenmittel** nt, **Fleckentferner** m (-s, -) détachant m; **fleckig** adj (*schmutzig*) taché(e), maculé(e)

Fledermaus f chauve-souris f

Flegel m (-s, -) (*Dreschflegel*) fléau m; (*Mann*) mufle m; **flegelhaft** adj impertinent(e); (*Mann*) mufle; **Flegeljahre** pl âge m ingrat; **flegeln** vr: **sich ~** se vautrer

flehen vi implorer, supplier; **flehentlich** adj suppliant(e)

Fleisch nt (-(e)s) chair f; (*Essen*) viande f; **Fleischbrühe** f bouillon m (de viande); **Fleischer, in** m(f) (-s, -) boucher(-ère); (*für Schweinefleisch und Wurstwaren*) charcutier(-ière); **Fleischerei** f boucherie f; (*für Schweinefleisch und Wurstwaren*) charcuterie f; **fleischig** adj charnu(e); **Fleischküchle** nt (-s, -) boulette f de viande; **fleischlich** adj (*Gelüste*) charnel(le); **Fleischpflanzerl** nt (-s, -n) (*A*) boulette f de viande; **Fleischtomate** f tomate f à farcir; **Fleischwolf** m hachoir m; **Fleischwunde** f blessure f ouverte

Fleiß m (-es) application f, assiduité f; **fleißig** adj travailleur(-euse), assidu(e) ■ adv (*oft*) assidûment

flektieren (*pp* **flektiert**) vt décliner; (*Verb*) conjuguer

flennen vi (*fam*) pleurnicher

fletschen vt: **die Zähne ~** montrer les dents

flexibel adj flexible

flicken vt rapiécer, raccommoder; **Flicken** m (-s, -) pièce f

Flieder m (-s, -) lilas m

Fliege f (-, -n) mouche f; (*zur Kleidung*) nœud m papillon

fliegen (**flog, geflogen**) vt (*Flugzeug*) piloter; (*Menschen*) transporter (par avion); (*Strecke*) parcourir ■ vi aux sein voler; (*im Flugzeug*) aller en avion; (*durch Schleudern*) être précipité(e); **nach London ~** aller à Londres en avion; **aus der Schule/Firma ~** (*fam*) être mis(e) à la porte de l'école/de l'entreprise; **auf jdn/ etw ~** (*fam*) avoir un faible pour qn/qch

Fliegenpilz m amanite f tue-mouches

Flieger, in m(f) (-s, -) aviateur(-trice); **Fliegeralarm** m alerte f aérienne

fliehen (**floh, geflohen**) vi aux sein fuir; **vor etw** dat **~** (s'en)fuir devant qch

Fliese f (-, -n) carreau m

Fließband nt (*pl* **Fließbänder**) tapis m roulant; (*in Fabrik*) chaîne f de montage; **Fließbandarbeit** f travail m à la chaîne

fließen (**floss, geflossen**) vi aux sein couler; **fließend** adj (*Wasser*) courant(e) ■ adv (*sprechen*) couramment; **Fließheck** nt arrière m profilé; **Fließkomma** nt virgule f flottante

flimmerfrei adj (*Inform: Monitor*) non entrelacé; **flimmern** vi scintiller; (*Bild*) trembler

flink adj vif (vive), agile

Flinte f (-, -n) fusil m (de chasse)

Flipchart f (-, -s) tableau m à feuilles mobiles

Flipper m (-s, -) flipper m; **flippern** vi jouer au flipper

flippig adj (*fam*) farfelu(e)

Flirt m (-s, -s) flirt m; **flirten** vi flirter (*mit avec*)

Flitterwochen pl lune f de miel

flitzen vi aux sein filer

Floating nt (-s) flottement m, flottaison f de monnaie

flocht imperf von **flechten**

Flocke f (-, -n) (*Schneeflocke, Getreideflocke*) flocon m; **flockig** adj floconneux(-euse)

flog imperf von **fliegen**

floh imperf von **fliehen**

Floh m (-(e)s, Flöhe) puce f; **jdm einen ~ ins Ohr setzen** donner des idées à qn; **Flohmarkt** m marché m aux puces

Flop m (-s, -s) bide m

Florenz nt (-) Florence

florieren (*pp* **floriert**) vi prospérer

Floskel f (-, -n) formule f rhétorique

Floß nt (-es, Flöße) radeau m

floss imperf von **fließen**

Flosse f (-, -n) (*von Fisch*) nageoire f, aileron m; (*Taucherflosse*) palme f

Flöte f (-, -n) flûte f; **flöten** vi jouer de la flûte; **~ gehen** (*fam*) être perdu(e); **Flötist, in** m(f) flûtiste mf

flott adj (*schnell*) rapide; (*Musik*) entraînant(e); (*chic*) chic, élégant(e); (*Naut*) à flot

Flotte f(-, -n) flotte f, marine f

Fluch m(-(e)s, Flüche) juron m; (Verfluchung) malédiction f; **fluchen** vi jurer (auf +akk contre)

Flucht f(-, -en) fuite f; **auf der ~ sein** être en fuite; **fluchtartig** adv avec précipitation, précipitamment; **flüchten** vi aux sein fuir, s'enfuir (vor +dat devant) ▪ vr: **sich ins Haus ~** se réfugier dans la maison

flüchtig adj (Arbeit) superficiel(le); (Besuch, Blick) rapide; (Bekanntschaft) passager(-ère); (Verbrecher) en fuite; **Flüchtigkeit** f rapidité f, caractère m superficiel; **Flüchtigkeitsfehler** m faute f d'inattention

Flüchtling m fugitif(-ive); (politischer Flüchtling) réfugié(e); **Flüchtlingslager** nt camp m de réfugiés

Flug m (-(e)s, Flüge) vol m; **im ~** en vol; **Flugabwehr** f défense f aérienne; **Flugangst** f peur f de prendre l'avion; **Flugbegleiter, in** m(f) steward m, hôtesse f (de l'air); **Flugblatt** nt tract m; **Flugdatenschreiber** m boîte f noire

Flügel m (-s, -) aile f; (Altarflügel) volet m; (Sport) ailier m; (Mus) piano m à queue

Fluggast m passager(-ère)

flügge adj (Vogel) capable de voler; (fig: Mensch) capable de voler de ses propres ailes

Fluggeschwindigkeit f vitesse f de vol; **Fluggesellschaft** f compagnie f aérienne; **Flughafen** m aéroport m; **Flughafenzubringerdienst** m navette f aéroportuaire; **Flughöhe** f altitude f de vol; **Fluglotse** m aiguilleur m du ciel; **Flugnummer** f numéro m de vol; **Flugplan** m horaire m d'avions; **Flugplatz** m aérodrome m; **Flugrettungsdienst** m service m de secours héliporté; **Flugschein** m billet m d'avion; (des Piloten) brevet m de pilote; **Flugschreiber** m boîte f noire; **Flugsimulator** m simulateur m de vol; **Flugsteig** m (-s, -e) porte f d'embarquement; **Flugstrecke** f itinéraire m (de vol); **Flugverkehr** m trafic m aérien

Flugzeug nt avion m; **Flugzeugentführer, in** m(f) pirate mf de l'air; **Flugzeugentführung** f détournement m d'avion; **Flugzeughalle** f hangar m, **Flugzeugträger** m porte-avions m

Flunder f(-, -n) flet m

flunkern vi raconter des bobards

Fluor nt (-s) fluor m; **Fluorchlorkohlenwasserstoff** m chlorofluorocarbone m

Flur m (-(e)s, -e) entrée f

Fluss m (-es, Flüsse) fleuve m, rivière f; (das Fließen) courant m, flot m; **im ~ sein** (fig) être en cours; **Flussdiagramm** nt organigramme m

flüssig adj liquide; (Verkehr) fluide; (Stil) aisé(e); **Flüssigkeit** f liquide m; (Zustand) liquidité f, fluidité f; **Flüssigkristall** m cristal m liquide; **Flüssigkristallanzeige** f afficheur m à cristaux liquides; **flüssig|machen** sep vt (Geld) se procurer

flüstern vt, vi chuchoter; **Flüsterpropaganda** f bouche à oreille m

Flut f(-, -en) inondation f, déluge m; (Gezeiten) marée f haute; (Wassermassen) flots mpl; (fig) torrent m; **fluten** vi aux sein arriver à flots; **Flutlicht** nt lumière f des projecteurs, projecteurs mpl

focht imperf von **fechten**

Fohlen nt (-s, -) poulain m

Föhn m (-(e)s, -e) (Wind) fœhn m; (Haartrockner) sèche-cheveux m, séchoir m; **föhnen** vt sécher (au séchoir)

Föhre f(-, -n) pin m sylvestre

Folge f(-, -n) suite f, continuation f; (Auswirkung) conséquence f; **etw zur ~ haben** avoir qch pour conséquence; **einer Sache** dat **~ leisten** donner suite à qch; **Folgeerscheinung** f conséquence f, effet m; **folgen** vi aux sein suivre; **daraus folgt ... il en résulte ...** ▪ vi (gehorchen) obéir (jdm à qn); **folgend** adj suivant(e); **folgendermaßen** adv de la manière suivante; **folgenschwer** adj lourd(e) de conséquences; **folgerichtig** adj logique

folgern vt conclure (aus de); **Folgerung** f conclusion f; **folglich** adv en conséquence, par conséquent

folgsam adj docile, obéissant(e)

Folie f film m plastique; (für Tageslichtprojektor) transparent m; (Alufolie) feuille f d'aluminium

Folter f(-, -n) torture f; (Gerät) chevalet m; **foltern** vt torturer

Fön® m (-(e)s, -e) sèche-cheveux m

Fonds m (-, -) fonds m

Fondue nt (-s, -s) fondue f

fönen vt siehe **föhnen**

Font m (-s, -s) police f de caractères

Fontäne f(-, -n) jet m d'eau

foppen vt faire marcher

Förderband nt (pl Förderbänder) tapis m roulant; **Förderkorb** m cage f d'extraction; **förderlich** adj: **einer Sache** dat **~ sein** être bon(ne) pour qch

fordern vt exiger

fördern vt (Menschen, Produktivität) encourager; (Plan) favoriser; (Kohle) extraire

Forderung f exigence f, demande f

Förderung f encouragement m, aide f;
(von Kohle) extraction f

Forelle f truite f

Form f(-, -en) forme f; (Gussform, Backform)
moule m; **in ~ sein** être en forme; **in ~ von**
sous forme de; **die ~ wahren** respecter les
formes

Formaldehyd m (-s) formaldéhyde m

formalisieren (pp **formalisiert**) vt
formaliser

Formalität f formalité f

Format nt format m; (fig) envergure f,
(grande) classe f

formatieren (pp **formatiert**) vt (Diskette)
formater

Formation f formation f

Formatvorlage f (Inform) modèle m

formbar adj malléable

Formel f(-, -n) formule f

formell adj formel(le)

formen vt former

Formfehler m faux pas m; (Jur) vice m
de forme

förmlich adj en bonne et due forme;
(Mensch, Benehmen) cérémonieux(-euse)
■ adv (geradezu) presque; **Förmlichkeit** f
formalité f

formlos adj sans forme, informe;
(Antrag, Brief) sans formalités

Formular nt (-s, -e) formulaire m

formulieren (pp **formuliert**) vt formuler;
Formulierung f formulation f

forsch adj résolu(e), énergique

forschen vi chercher, rechercher
(nach etw qch); (wissenschaftlich) faire
de la recherche; **forschend** adj
scrutateur(-trice); **Forscher, in** m(f)
(-s, -) chercheur(-euse); **Forschung** f
recherche f; **Forschungsreise** f voyage m
d'étude; **Forschungssatellit** m satellite
m d'observation; **Forschungsvorhaben**
nt projet m de recherches

Forst m (-(e)s, -e) forêt f; **Forstarbeiter,
in** m(f) employé(e) des eaux et forêts

Förster, in m(f) (-s, -) garde forestier(-ière)

Forstwirtschaft f sylviculture f

fort adv (verschwunden, weg) disparu(e),
parti(e); **und so ~** et ainsi de suite; **in
einem ~** sans arrêt

fort|bestehen (pp **fortbestanden**) sep irr
vi persister, survivre

fort|bewegen (pp **fortbewegt**) sep vt
faire avancer ■ vr: **sich ~** (vorankommen)
avancer

fort|bilden sep vr: **sich ~** se
perfectionner, faire des stages (de
formation); **Fortbildung** f formation f
permanente

fort|bleiben sep irr vi aux sein ne pas
(re)venir

fort|bringen sep irr vt (jdn) emmener;
(etw) emporter; (fortschaffen) débarrasser

Fortdauer f continuation f

fort|fahren sep irr vi aux sein (wegfahren)
partir, s'en aller ■ vi (weitermachen)
continuer

fort|führen sep vt (Arbeit) poursuivre;
(wegführen) emmener

fort|gehen sep irr vi aux sein s'en aller,
partir

fortgeschritten adj avancé(e)

fort|kommen sep irr vi aux sein
(wegkommen) arriver à s'en aller;
(vorankommen) faire des progrès;
(verloren gehen) disparaître

fort|können sep irr vi pouvoir s'en aller

fort|lassen sep irr vt laisser partir

fort|müssen sep irr vi devoir partir

fort|pflanzen sep vr: **sich ~** se reproduire;
Fortpflanzung f reproduction f

fort|schreiten sep irr vi aux sein (Krankheit)
progresser; (Alter, Arbeit) avancer

Fortschritt m progrès m; **fortschrittlich**
adj progressiste

fort|setzen sep vt continuer;
Fortsetzung f continuation f, suite f;
~ folgt à suivre

fortwährend adj constant(e),
continuel(le)

fort|ziehen sep irr vt tirer ■ vi aux sein
émigrer; (umziehen) déménager

fossil adj (Brennstoff) fossile

Foto nt (-s, -s) photo f; **Fotoapparat** m
appareil m photo; **Fotoartikel** pl articles
mpl photographiques; **Foto-CD** f CD m
photo; **Fotograf, in** m(f) (-en, -en)
photographe mf; **Fotografie** f
photographie f; **fotografieren**
(pp **fotografiert**) vt photographier
■ vi faire de la photo, faire des photos;
Fotokopie f photocopie f; **fotokopieren**
(pp **fotokopiert**) vt photocopier;
Fotokopierer m photocopieur m

Foul nt (-s, -s) faute f

Fracht f(-, -en) fret m, cargaison f;
Frachter m (-s, -) cargo m; **Frachtgut** nt
fret m

Frack m (-(e)s, **Fräcke**) frac m, habit m

Frage f(-, -n) question f; **eine ~ stellen**
poser une question; siehe auch **infrage**;
Fragebogen m questionnaire m; **fragen**
vt, vi demander (jdn à qn); **Fragezeichen**
nt point m d'interrogation; **fraglich** adj
(infrage kommend) en question; (ungewiss)
incertain(e); **fraglos** adv
incontestablement

Fragment nt fragment m;
fragmentarisch adj fragmentaire

fragwürdig adj douteux(-euse)

Fraktion f fraction f

Franc m (-, -s) (Hist) franc m
Franchising nt (-s) franchisage m
Franken m (-s, -) (SchweizerWährung) franc m (suisse)
Frankfurt nt (-s) Francfort
frankieren (pp **frankiert**) vt affranchir
franko adv franco de port
Frankreich nt (-s) la France; **in ~** en France; **nach ~ fahren** aller en France
Franse f (-, -n) frange f; **fransen** vi s'effrayer, s'effilocher
Franzose m (-n, -n), **Französin** f Français(e); **französisch** adj français; **die französische Schweiz** la Suisse romande; **Französisch** nt (Ling) français m; **~ lernen** apprendre le français; **~ sprechen** parler français; **ins Französische übersetzen** traduire en français
fraß imperf von **fressen**
Fratze f (-, -n) grimace f
Frau f (-, -en) femme f; **~ Schmid** Madame Schmid; **~ Doktor** Madame le docteur, Docteur; **Frauenarzt** m, **-ärztin** f gynécologue mf; **Frauenbeauftragte, r** mf délégué(e) à la condition féminine; **Frauenbewegung** f mouvement m féministe; **frauenfeindlich** adj misogyne; **Frauenförderung** f promotion f de la femme; **Frauenhaus** nt centre m d'hébergement pour femmes battues; **Frauenrechtler, in** m(f) (-s, -) féministe mf; **Frauenzeitschrift** f magazine m féminin
Fräulein nt demoiselle f; (Anrede) Mademoiselle f
fraulich adj féminin(e)
Freak m (-s, -s) (fam) enragé(e), mordu(e)
frech adj insolent(e); (Lied, Kleidung, Aussehen) audacieux(-euse); **Frechdachs** m petit(e) impertinent(e); **Frechheit** f insolence f, effronterie f
Freeclimbing, Free Climbing nt (-s) escalade f en libre
Freeware f (-, -s) logiciel m libre [o gratuit]
Fregatte f frégate f
frei adj libre; (Mitarbeiter) indépendant(e); (Arbeitsstelle) vacant(e); (Gefangener) en liberté; (kostenlos) gratuit(e); (Aussicht, schneefrei) dégagé(e); **von etw ~ sein** être libéré(e) de qch; **Ausfahrt ~ halten** sortie de voitures; **im Freien** en plein air; **Freibad** nt piscine f en plein air; **frei|bekommen** (pp ~) sep irr vt: **jdn ~** faire libérer qn; **einen Tag ~** obtenir un jour de congé; **freiberuflich** adj indépendant(e), à son compte, en free-lance ■ adv: **~ tätig sein** travailler à son compte [o en free-lance]; **Freibetrag** m montant m exonéré

Freiburg nt (-s) (Stadt und Kanton) Fribourg
freigebig adj généreux(-euse); **Freigebigkeit** f générosité f; **frei|haben** sep vi être en congé; **frei|halten** vt siehe **frei**; **Freihandelsabkommen** nt accord m de libre échange; **freihändig** adv: **~ fahren** conduire sans tenir son volant [o guidon]
Freiheit f liberté f; **freiheitlich** adj libéral(e); **Freiheitsstrafe** f peine f de prison; **Freikarte** f billet m gratuit; **Freiklettern** nt escalade f en libre; **frei|kommen** sep irr vi aus den être remis(e) en liberté; **Freilandei** nt œuf m de poule élevée en plein air; **Freilandversuch** m essai m de culture en pleine terre; **frei|lassen** sep irr vt libérer, remettre en liberté; **Freilauf** m (am Fahrrad) roue f libre; **frei|legen** sep vt mettre à jour
freilich adv à dire vrai, à la vérité; **ja ~** mais certainement
Freilichtbühne f théâtre m en plein air; **frei|machen** sep vt (Post) affranchir ■ vr: **sich ~** (zeitlich) se libérer; (sich entkleiden) se déshabiller; **freimütig** adj franc (franche), ouvert(e); **frei|nehmen** sep irr vt: **sich dat einen Tag ~** prendre un jour de congé; **frei|schalten** sep vt mettre en liaison; **Freisprechanlage** f (Tel) pack m [o kit m] mains libres; **frei|sprechen** sep irr vt acquitter (von de); **Freispruch** m acquittement m; **frei|stellen** vt: **jdm etw ~** laisser le choix (de qch) à qn; **Freistellungsauftrag** m demande f d'exonération de prélèvement libératoire; **Freistoß** m (Sport) coup m franc
Freitag m vendredi m, (am) **~** vendredi (qui vient); **freitags** adv tous les vendredis; (Zeitplan) le vendredi
freiwillig adj volontaire; **Freiwillige, r** mf volontaire mf
Freizeichen nt (Tel) tonalité f
Freizeit f loisirs mpl; **Freizeitausgleich** m repos m compensateur; **Freizeitgestaltung** f organisation f des loisirs; **Freizeithemd** nt chemise f sport; **Freizeitindustrie** f industrie f des loisirs; **Freizeitpark** m parc m de loisirs, parc m d'attractions
freizügig adj large d'esprit; (großzügig) généreux(-euse)
fremd adj étranger(-ère); (unvertraut) étrange; **sich ~ fühlen** se sentir dépaysé(e); **fremdartig** adj étrange, bizarre; **Fremde, r** mf étranger(-ère); **fremdenfeindlich** adj hostile aux étrangers; **Fremdenführer, in** m(f) guide mf touristique; **Fremdenlegion** f légion f étrangère; **Fremdenverkehr** m

tourisme m; **Fremdenverkehrsamt** nt
office m du tourisme; **Fremdenzimmer**
nt chambre f à louer; **fremd|gehen** sep irr
vi aux sein (fam) tromper sa femme [o son
mari]; **Fremdkörper** m (im Auge etc)
corps m étranger; (fig: Mensch) intrus(e);
fremdländisch adj étranger(-ère);
Fremdling m étranger m; **Fremdsprache**
f langue f étrangère; **fremdsprachig** adj
de langue étrangère; (Unterricht) en
langue étrangère; (Literatur) étranger(-
ère); **Fremdwort** nt mot m étranger
Frequenz f fréquence f
fressen (fraß, gefressen) vt, vi (Tier)
manger; (fam: Mensch) bouffer
Freude f(-, -n) joie f, plaisir m; **an etw** dat ~
haben trouver (du) plaisir à qch; **jdm eine
~ machen** faire plaisir à qn; **freudig** adj
joyeux(-euse); **freudlos** adj triste; **freuen**
vt faire plaisir à; **es freut mich, dass ...** je
suis content(e) que ...   ■ vr: **sich ~** être
heureux(-euse), être content(e) (über +akk
de); **sich auf etw** akk ~ attendre qch avec
impatience
Freund, in m(f) (-(e)s, -e) (Kamerad)
ami(e); (Liebhaber) petit(e) ami(e)
freundlich adj (Mensch, Miene) aimable,
avenant(e); (Wetter, Farbe) agréable;
(Wohnung, Gegend) accueillant(e), riant(e);
das ist sehr ~ von Ihnen c'est très aimable
à vous; **er war so ~, mir zu helfen** il a eu
l'amabilité de m'aider;
freundlicherweise adv aimablement;
Freundlichkeit f amabilité f
Freundschaft f amitié f;
freundschaftlich adj amical(e)
Frevel m (-s, -) crime m, offense f(an +dat à);
(Rel) sacrilège m; **frevelhaft** adj
criminel(le); sacrilège
Frieden m (-s, -) paix f; **im ~** en temps
de paix; **in ~ leben** vivre en paix;
Friedensbemühungen pl efforts mpl en
faveur de la paix; **Friedensbewegung** f
mouvement m pour la paix;
Friedensinitiative f démarches fpl de
paix, initiative f de paix; (Gruppe) comité m
pour la paix; **Friedensschluss** m conclusion
f de la paix; **Friedenstruppe** f force f
d'interposition; **Friedensverhandlungen**
pl négociations fpl de paix;
Friedensvertrag m traité m de paix;
Friedenszeit f période f de paix;
in Friedenszeiten en temps de paix
friedfertig adj pacifique
Friedhof m cimetière m
friedlich adj paisible
frieren (fror, gefroren) vi aux sein (Wasser)
geler   ■ vt, vi (Mensch) avoir froid;
ich friere, es friert mich j'ai froid
Fries m (-es, -e) (Archit) frise f

frigid, e adj frigide
Frikadelle f boulette f de viande
Frisbee® nt (-, -s) Frisbee® m
frisch adj frais (fraîche); **~ gestrichen**
peinture fraîche; **sich ~ machen** faire un
brin de toilette; **Frische** f(-) fraîcheur f;
Frischhaltefolie f film m alimentaire;
frisch|machen sep vr: **sich ~** siehe **frisch**;
Frischzellentherapie f thérapeutique f
par (les) cellules fraîches
Friseur, in m(f) coiffeur(-euse); **frisieren**
(pp **frisiert**) vt coiffer; (fig: Abrechnung)
maquiller, falsifier; (Motor) trafiquer
   ■ vr: **sich ~** se coiffer; **Frisiersalon** m
salon m de coiffure; **Frisiertisch** m
coiffeuse f
Frisör, in m(f) siehe **Friseur(in)**
Frist f(-, -en) délai m, terme m; **fristen** vt:
**ein kümmerliches Dasein ~ mener une
existence misérable; **fristlos** adj
(Entlassung) sans préavis
Frisur f coiffure f
frittieren (pp **frittiert**) vt (faire) frire
frivol adj frivole; (Witz) léger(-ère)
Frl. nt abk = **Fräulein** Mlle
froh adj joyeux(-euse); **frohe Ostern**
joyeuses Pâques; **ich bin ~, dass ...** je suis
content(e) que ...
fröhlich adj joyeux(-euse), gai(e);
Fröhlichkeit f gaieté f, joie f
frohlocken (pp **frohlockt**) vi exulter
Frohsinn m enjouement m
fromm adj (frömmer, frömmste)
pieux(-euse); (Wunsch) vain(e);
Frömmigkeit f piété f, dévotion f
frönen vi: **einer Sache** dat ~ s'adonner à
qch
Fronleichnam m (-(e)s) Fête-Dieu f
Front f(-, -en) (Hausfront) façade f; (Mil)
front m
frontal adj frontal(e);
Frontalzusammenstoß m collision f
frontale
fror imperf von **frieren**
Frosch m (-(e)s, Frösche) grenouille f;
(Feuerwerksfrosch) pétard m; **Froschmann**
m (pl **Froschmänner**) homme-grenouille
m; **Froschschenkel** m cuisse f de
grenouille
Frost m (-(e)s, Fröste) gelée f;
Frostbeule f engelure f; **frösteln** vi
frissonner; **es fröstelt mich** j'ai des
frissons; **Frostgefahr** f danger m de gel;
frostig adj glacial(e); **Frostschutzmittel**
nt antigel m
Frottee nt (-(s), -s) tissu m éponge
frottieren (pp **frottiert**) vt frotter,
frictionner
Frottier(hand)tuch nt serviette f
éponge

Frucht f(-, **Früchte**) fruit m
fruchtbar adj fertile; (Frau, Tier) fécond(e);
(fig: Gespräch etc) fructueux(-euse);
Fruchtbarkeit f fertilité f, fécondité f,
productivité f
fruchten vi porter ses fruits
fruchtig adj fruité(e)
Fruchtsaft m jus m de fruit;
Fruchtwasseruntersuchung f
amniocentèse f; **Fruchtzucker** m
fructose m
früh adj (vorzeitig) précoce; **frühe Kindheit**
première enfance ■ adv tôt; (beizeiten)
de bonne heure; **heute ~** ce matin;
Frühaufsteher, in m(f) (-s, -) lève-tôt mf;
Frühe f(-) matin m; **in aller ~** de bonne
heure
früher adj ancien(ne) ■ adv autrefois,
avant
frühestens adv au plus tôt
Frühgeburt f (Kind) prématuré(e)
Frühjahr nt printemps m;
Frühjahrsmüdigkeit f fatigue f due au
printemps; **Frühling** m printemps m; **im
~ au printemps; **Frühlingsrolle** f pâté m
impérial; (klein) nem m
frühreif adj précoce; **Frührentner, in**
m(f) préretraité(e)
Frühstück nt petit-déjeuner m;
frühstücken vi prendre le petit-déjeuner;
Frühstücksbüfett nt petit-déjeuner m
buffet; **Frühstücksfernsehen** nt
émissions fpl (de télé) matinales
Frühverrentung f retraite f anticipée;
frühzeitig adj précoce ■ adv (rechtzeitig)
de bonne heure; (vorzeitig)
prématurément
Frust m (-(e)s) (fam) frustration f;
frustrieren (pp **frustriert**) vt frustrer;
frustriert adj frustré(e)
FTP nt (-s, -s) abk = **file transfer protocol**
protocole m de transfert de fichier
Fuchs m (-es, **Füchse**) renard m;
fuchsen vt (fam) énerver, agacer
■ vr: **sich ~** (fam) en faire une jaunisse;
Füchsin f renarde f; **fuchsteufelswild**
adj (fam) furieux(-euse)
fuchteln vi gesticuler (mit avec)
Fuge f(-, -n) jointure f; (Mus) fugue f
fügen vt (anfügen, beifügen) joindre (an +akk
à) ■ vr: **sich ~** se soumettre (in +akk à);
(dem Schicksal) se résigner (dat à); **fügsam**
adj docile
fühlbar adj perceptible; **fühlen** vt sentir,
ressentir; (durch Tasten, Puls) tâter ■ vi:
nach etw ~ chercher qch (en tâtant); **mit
jdm ~** comprendre (les sentiments de) qn
■ vr: **sich ~** se sentir; **Fühler** m
(-s, -) antenne f, tentacule m
fuhr imperf von **fahren**

Fuhre f(-, -n) (Ladung) charge f
führen vt (leiten: Gruppe etc) guider;
(wohin) conduire; (Namen) porter; (Ware
etc) avoir; (Geschäft, Haushalt, Kasse,
Kommando) tenir; (Gespräch) avoir, tenir;
etw mit sich ~ avoir qch sur soi [o avec
soi]; **Buch ~** tenir la comptabilité ■ vi
mener; (an der Spitze liegen) être en tête;
zu etw ~ (zur Folge haben) mener à qch
■ vr: **sich ~** se conduire
Führer, in m(f) (-s, -) guide mf; (Pol) leader
m; (von Fahrzeug) conducteur(-trice);
Führerschein m permis m de conduire
Fuhrmann m (pl **Fuhrleute**) charretier m
Führung f conduite f; (eines Unternehmens, -)
direction f; (Mil) commandement m;
(Benehmen) conduite f; (Museumsführung)
visite f guidée; **Führungskraft** f cadre m
(supérieur); **Führungszeugnis** nt
certificat m de bonne vie et mœurs
Fuhrwerk nt (-s, -e) charrette f, voiture f
Fülle f(-) (Menge) abondance f, masse f;
(Leibesfülle) embonpoint m
füllen vt emplir, remplir; (Abend) occuper;
(Zahn) plomber; (Gastr) farcir; **Bier in
Flaschen ~** mettre de la bière en bouteilles
■ vr: **sich ~** se remplir (mit de)
Füller m (-s, -), **Füllfederhalter** m stylo
m (à) plume [o à encre]
füllig adj rondelet(te)
Füllung f remplissage m; (Gastr) farce f
fummeln vi (fam): **an etw** dat **~** tripoter
qch; **mit jdm ~** peloter qn
Fund m (-(e)s, -e) trouvaille f, découverte f
Fundament nt (Grundlage) base f,
fondement m; (von Gebäude) fondations
fpl; **fundamental** adj fondamental(e)
Fundamentalismus m
fondamentalisme m; **Fundamentalist,
in** m(f) (Pol) fondamentaliste mf; (Rel)
intégriste mf; **fundamentalistisch** adj
(Pol) fondamentaliste
Fundbüro nt bureau m des objets trouvés;
Fundgrube f (fig) mine f
Fundi m (-s, -s) ■ f(-, -s) écologiste
partisan(e) d'une politique radicale
fundieren (pp **fundiert**) vt fonder;
fundiert adj solide
fünf num cinq; **Fünf** f(-, -en) cinq m;
fünffach adj quintuple; **fünfhundert**
num cinq cents; **Fünfjahresplan** m plan
m quinquénal; **fünfjährig** adj de cinq ans;
Fünfliber m (-s, -) (CH) pièce f de cinq
francs; **fünfmal** adv cinq fois;
Fünfprozentklausel f clause f des cinq
pour cent; **fünft** adv: **zu ~** à cinq;
Fünftagewoche f semaine f de cinq
jours; **fünfte, r, s** adj cinquième; **der ~
Mai** le cinq mai; **Paris, den 5. Mai** Paris,
le 5 mai; **Fünfte, r** mf cinquième mf;

Fünftel nt (-s, -) cinquième m;
fünftens adv cinquièmement
fünfzehn num quinze
fünfzig num cinquante
fungieren (pp **fungiert**) vi: ~ als faire
fonction de
Funk m (-s) radio f
Funke m (-ns, -n) étincelle f
funkeln vi étinceler
funken vt (durch Funk) transmettre par
radiotélégraphie ※ vi (Funken sprühen)
lancer des étincelles
Funken m (-s, -) étincelle f
Funker, in m(f) (-s, -) opérateur(-trice)
radio
Funkgerät nt appareil m de radio;
Funkhaus nt maison f de la radio;
Funkspruch m message m radio;
Funkstation f station f de radio;
Funkstreife f policiers mpl en voiture
radio; **Funktaxi** nt radio-taxi m;
Funktelefon nt radiotéléphone m
Funktion f fonction f
Funktionär, in m(f) permanent(e)
funktionieren (pp **funktioniert**) vi
fonctionner
funktionsfähig adj en état de
fonctionner; **Funktionstaste** f (Inform)
clé f de fonction
für präp +akk pour; **sich ~ etw
entschuldigen** s'excuser de qch;
etw ~ richtig/dumm **halten** trouver
qch correct/idiot; **was ~ ein Künstler/
eine Frechheit!** quel artiste/quelle
impertinence!; ~ **sich leben** vivre seul(e);
das hat etwas ~ sich cela a du bon; **fürs
Erste** d'abord; **Schritt ~ Schritt** pas à pas;
Tag ~ Tag jour après jour; **das Für und
Wider** le pour et le contre
Furan nt (-s, -e) furanne m
Fürbitte f intercession f
Furche f (-, -n) sillon m; **furchen** vt
sillonner
Furcht f (-) crainte f, peur f
furchtbar adj terrible, effroyable;
(Wetter, Mensch, Kleid etc) affreux(-euse)
fürchten vt craindre ※ vr: **sich ~** avoir
peur (vor +dat de)
fürchterlich adj terrible
furchtlos adj intrépide, sans peur;
furchtsam adj peureux(-euse),
craintif(-ive)
füreinander adv l'un(e) pour l'autre,
les un(e)s pour les autres
Furnier nt (-s, -e) placage m;
furnieren (pp **furniert**) vt contre-plaquer
fürs kontr von **für das**
Fürsorge f (persönlich) soins mpl,
sollicitude f; (sozial) assistance f;
Fürsorger, in m(f) (-s, -) assistant(e)

social(e); **Fürsorgeunterstützung** f
allocation f; **fürsorglich** adj aux petits
soins
Fürsprache f intercession f;
Fürsprecher, in m(f) intercesseur m,
porte-parole m
Fürst, in m(f) (-en, -en) prince(-esse);
Fürstentum nt (-s, -zümer) principauté
f; **fürstlich** adj princier(-ière)
Furt f (-, -en) gué m
Furunkel m (-s, -) furoncle m ~
Fürwort nt pronom m
Furz m (-es, -e) (fam) pet m; **furzen** vi
(fam) péter
Fusion f fusion f
Fuß m (-es, **Füße**) pied m; (von Tier) patte f;
zu Fuß à pied; **Fuß fassen** (re)prendre
pied; **Fußball** m ballon m de football;
(Spiel) football m; **Fußballplatz** m terrain
m de football; **Fußballspiel** nt match m
de football; **Fußballspieler, in** m(f)
footballeur(-euse); **Fußboden** m sol m,
plancher m; **Fußbremse** f (Auto) pédale f
de frein; **fußen** vi: **auf etw** dat ~ reposer
sur qch; **Fußende** nt pied m;
Fußgänger, in m(f) (-s, -) piéton(ne);
Fußgängerstreifen m (CH) passage
piéton m; **Fußgängerzone** f zone f
piétonnière; **Fußnote** f note f,
annotation f; **Fußpfleger, in** m(f)
pédicure mf; **Fußspur** f empreinte f, trace
f; **Fußtritt** m coup m de pied; **Fußweg** m
sentier m
Futon m (-s, -s) futon m
Futter nt (-s) (Tierfutter) nourriture f
※ nt (-s, -) (Stoff) doublure f
Futteral nt (-s, -e) étui m
futtern vt, vi (fam) bouffer
füttern vt donner à manger à; (Kleidung)
doubler; **Fütterung** f alimentation f;
die nächste ~ der Raubtiere le prochain
repas des fauves
Futur nt (-s, -e) futur m; **futuristisch** adj
futuriste; (Roman) d'anticipation

g

G, g nt (-, -) G, g m; (Mus) sol m
gab imperf von **geben**
Gabe f(-, -n) don m; (Geschenk) cadeau m
Gabel f(-, -n) fourche f; (Essgabel)
fourchette f; **gabeln** vr: **sich ~**
(Weg, Straße) bifurquer; **Gabelung** f
bifurcation f
Gabun nt (-s) le Gabon
gackern vi caqueter
gaffen vi regarder bouche bée
Gage f(-, -n) cachet m
gähnen vi (Mensch) bâiller
Gala f(-) gala m
galant adj galant(e)
Galavorstellung f (Theat) représentation
f de gala
Galerie f (Kunstgalerie) musée m;
(Kunsthandlung: Archit) galerie f;
(Theatergalerie) poulailler m
Galgen m (-s, -) (für Todesstrafe) potence f;
Galgenfrist f répit m; **Galgenhumor** m
humour m noir
Galle f(-, -n) (Organ) vésicule f biliaire;
(Gallensaft) bile f; **Gallenblase** f vésicule f
biliaire; **Gallenstein** m calcul m biliaire
gallisch adj gaulois(e)
Galopp m (-s, -s o -e) galop m;
galoppieren (pp **galoppiert**) vi aux sein
galoper
galt imperf von **gelten**

galvanisieren (pp **galvanisiert**) vt
galvaniser
Gamasche f(-, -n) guêtre f
Gambia nt (-s) la Gambie
Gameboy® m (-s, -s) gameboy® f
Gameshow f(-, -s) jeu m télévisé
gammeln vi (fam: Mensch) traînasser
Gämse f(-, -n) chamois m
gang adj: **~ und gäbe** courant(e)
Gang m (-(e)s, Gänge) (Gangart)
démarche f; (Essensgang) plat m;
(Besorgung) commission f; (Ablauf, Verlauf)
cours m; (Arbeitsgang) stade m; (Korridor)
couloir m; (beim Auto, Fahrrad) vitesse f;
in ~ bringen (Motor, Maschine) mettre en
route; (Sache, Vorgang) amorcer; **in ~
kommen** démarrer; **im ~ sein** (Aktion)
être en cours **■** f(-, -s) gang m
Gangart f (von Pferd, Mensch) allure f;
eine härtere ~ einschlagen prendre des
mesures plus sévères; **gangbar** adj
(Lösung, Möglichkeit) envisageable;
(Weg, Brücke) practicable
gängeln vt (pej: fam) tenir en laisse
gängig adj courant(e); (Methode, Meinung)
répandu(e)
Gangschaltung f (an Fahrrad) dérailleur m
Gangway f(-, -s) passerelle
(d'embarquement) f
Ganove m (-n, -n) (fam) voyou m, truand m
Gans f(-, Gänse) oie f; **dumme ~** (fam)
bécasse f
Gänseblümchen nt pâquerette f;
Gänsebraten m oie f rôtie;
Gänsefüßchen nt guillemet m;
Gänsehaut f: **eine ~ haben/bekommen**
avoir la chair de poule; **Gänsemarsch** m:
im ~ à la file indienne; **Gänserich** m jars m
ganz adj tout(e); (fam: nicht kaputt)
intact(e); **~ Europa** toute l'Europe; **die
ganze Welt** le monde entier; **sein ganzes
Geld** tout son argent; **ganze fünf
Wochen** (so lange) bien cinq semaines;
(nur) cinq semaines en tout et pour tout;
eine ganze Menge ... pas mal de ..., pas
mal d'...; **das Ganze** le tout **■** adv
(ziemlich) assez; (völlig) complètement;
er ist ~ die Mutter il est le portrait de sa
mère; **~ und gar** complètement; **~ und
gar nicht** (ne ...) absolument pas
gänzlich adv complètement, entièrement
Ganztagsschule f école f toute la journée
gar adj (durchgekocht) cuit(e) **■** adv:
~ nicht/nichts/keiner (ne...) pas du
tout/(ne...) rien du tout/absolument
personne (ne...); **~ nicht schlecht** pas mal
du tout; **ich hätte ~ zu gern gewusst**
j'aurais bien aimé savoir; **oder ~ ...?** ou
peut-être ...?
Garage f(-, -n) garage m

Garantie f garantie f; **garantieren**
(pp **garantiert**) vt garantir ▪ vi: **für etw**
~ garantir qch

Garbe f(-, -n) gerbe f

Garde f(-, -n) garde f; **die alte ~** la vieille
garde

Garderobe f(-, -n) (Kleidung) garde-robe f;
(Raum, Garderobenabgabe) vestiaire m;
Garderobenständer m portemanteau m

Gardine f rideau m

gären (gor o gärte, gegoren o gegärt)
vi aux haben o sein (Wein) fermenter; **es**
gärt im Volk le peuple est en effervescence

Garn nt (-(e)s, -e) fil m

Garnele f(-, -n) crevette f

garnieren (pp **garniert**) vt garnir

Garnison f(-, -en) garnison f

Garnitur f (Satz) assortiment m, ensemble
m; (Unterwäsche) parure f

garstig adj épouvantable

Garten m (-s, **Gärten**) jardin m;
Gartenarbeit f jardinage m; **Gartenbau**
m horticulture f; **Gartenfest** nt garden-
party f; **Gartengerät** nt outil m de
jardinage; **Gartenhaus** nt pavillon m;
Gartenkresse f cresson m; **Gartenlokal**
nt café m avec jardin; **Gartenschere** f
sécateur m

Gärtner, in m(f)(-s, -) jardinier(-ière);
(Obstgärtner, Gemüsegärtner)
maraîcher(-ère); **Gärtnerei** f jardinage m;
(Unternehmen) entreprise f horticole;
gärtnern vi jardiner

Gärung f fermentation f

Gas nt (-es, -e) gaz m; **~ geben** (Auto)
accélérer; **gasförmig** adj gaseux(-euse);
Gasherd m cuisinière f à gaz;
Gasleitung f conduite f de gaz;
Gasmaske f masque m à gaz;
Gaspedal nt accélérateur m

Gasse f(-, -n) ruelle f

Gast m (-(e)s, **Gäste**) hôte mf; (Besuch)
invité(e); (in Hotel) client(e); (in Land)
visiteur(-euse); **bei jdm zu ~ sein** être
l'hôte de qn; **Gastarbeiter, in** m(f)
travailleur(-euse) immigré(e); **Gästebuch**
nt livre m d'hôtes; **Gästezimmer** nt
chambre f d'ami(s); **gastfreundlich** adj
hospitalier(-ière); **Gastgeber, in** m(f)
(-s, -) hôte(-esse); **Gasthaus** nt,
Gasthof m hôtel m, auberge f

gastieren (pp **gastiert**) vi (Theat) être en
tournée

gastlich adj hospitalier(-ière)

Gastronomie f gastronomie f;
gastronomisch adj gastronomique

Gastspiel nt (Theat) représentation f
d'acteurs en tournée, spectacle m invité;
(Sport) match m à l'extérieur; **Gaststätte** f
restaurant m; **Gastwirt, in** m(f) cafetier-

restaurateur m, cafetière-restauratrice f;
Gastwirtschaft f auberge f

Gasvergiftung f intoxication f par le gaz;
Gaswerk nt usine f à gaz; **Gaszähler** m
compteur m à gaz

Gatte m (-n, -n) époux m, mari m

Gatter nt (-s, -) grille f

Gattin f épouse f, femme f

Gattung f (bei Tieren, Pflanzen) espèce f,
famille f; (Art, Literaturgattung) genre m

GAU m (-s, -s) akr = **größter**
anzunehmender Unfall accident m
maximal hypothétique [o prévisible]

Gaul m (-(e)s, **Gäule**) cheval m; (pej)
canasson m, rosse f

Gaumen m (-s, -) palais m

Gauner, in m(f)(-s, -) filou m;
Gaunerei f escroquerie f

Gaze f(-, -n) gaze f

geb. adj abk = **geboren(e)**

Gebäck nt (-(e)s, -e) pâtisserie f

gebacken pp von **backen**

Gebälk nt (-(e)s) charpente f

gebar imperf von **gebären**

Gebärde f(-, -n) geste m; **gebärden**
(pp **gebärdet**) vr: **sich ~ se** conduire,
se comporter

gebären (gebar, geboren) vt mettre
au monde; siehe auch **geboren**;
Gebärmutter f utérus m

Gebäude nt (-s, -) bâtiment m;
Gebäudekomplex m ensemble m
immobilier

Gebell nt (-(e)s) aboiement m

geben (gab, gegeben) vt donner;
(in Lehre, Schule, Obhut) mettre; **zu**
gegebener Zeit au moment opportun;
unter den gegebenen Umständen dans
les circonstances présentes; **dem werde**
ich es ~ (fam) il va voir ce qu'il va voir;
darauf kann man nichts ~ on ne peut pas
tabler là-dessus; **bitte ~ Sie mir den Chef**
(am Telefon) veuillez me passer le directeur,
s'il vous plaît; **5 plus 3 gibt 8** 5 plus 3 font 8;
er gäbe alles darum zu wissen ... il
donnerait tout pour savoir ...; **Wärme ~**
chauffer, réchauffer; **Schatten ~** faire de
l'ombre; **jdm etw zu essen ~** donner qch à
manger à qn; **etw verloren ~** considérer
qch comme perdu; **etw von sich ~** dire
qch ▪ vr: **sich ~ se** montrer; (aufhören) se
calmer; **das wird sich ~** ça va s'arranger
▪ vi unpers: **es gibt viele Fische hier** il y a
beaucoup de poissons ici; **es wird Frost ~**
il va geler; **was gibt es zu Mittag?** qu'est-
ce qu'il y a à manger à midi?; **das gibt es**
nicht (erstaunt) c'est pas vrai; (ist verboten)
pas question

Gebet nt (-(e)s, -e) prière f

gebeten pp von **bitten**

Gebiet nt (-(e)s, -e) (Bezirk) région f; (Hoheitsgebiet) territoire f; (Fachgebiet) domaine m

gebieten (pp **geboten**) irr vt (Mensch) ordonner; (Lage) exiger

gebieterisch adj impérieux(-euse)

Gebilde nt (-s, -) structure f

gebildet adj cultivé(e)

Gebirge nt (-s, -) montagne f; **gebirgig** adj montagneux(-euse); **Gebirgskette** f chaîne f de montagnes

Gebiss nt (-es, -e) dents fpl; (künstlich) dentier m

gebissen pp von **beißen**

Gebläse nt (-s, -) (Auto) désembuage m

geblasen pp von **blasen**

geblieben pp von **bleiben**

geblümt adj à fleurs

gebogen pp von **biegen**

geboren pp von **gebären** ■ adj: ~ am ... né(e) le ...; **Meyer, geborene Schulz** Meyer, née Schulz; **er ist der geborene Musiker** c'est un musicien-né

geborgen pp von **bergen** ■ adj: **sich (bei jdm) ~ fühlen** se sentir en sécurité (chez qn); **Geborgenheit** f sécurité f, sûreté f

geborsten pp von **bersten**

Gebot nt (-(e)s, -e) (Rel) commandement m

geboten pp von **bieten**

Gebr. abk = **Gebrüder**; **Gebr. Mayer** Mayer frères

gebracht pp von **bringen**

gebrannt pp von **brennen**

gebraten pp von **braten**

Gebräu nt (-(e)s, -e) breuvage m

Gebrauch m (-(e)s, **Gebräuche**) (Benutzung) emploi m, utilisation f, usage m; (Sitte) coutume f; **gebrauchen** (pp **gebraucht**) vt employer, se servir de; **das kann ich gut ~** ça peut me rendre service, je peux en avoir besoin

gebräuchlich adj (Redewendung) usité(e)

Gebrauchsanleitung f, **Gebrauchsanweisung** f mode m d'emploi; **Gebrauchsartikel** m article m utilitaire; **gebrauchsfertig** adj prêt(e) à l'emploi; **Gebrauchsgegenstand** m objet m d'usage courant

gebraucht adj usagé(e); **Gebrauchtwagen** m voiture f d'occasion

Gebrechen nt (-s, -) infirmité f; **gebrechlich** adj (Mensch) infirme, invalide

gebrochen pp von **brechen**

Gebrüder pl frères mpl

Gebrüll nt (-(e)s) hurlements mpl; (von Tier) rugissement m

Gebühr f (-, -en) tarif m; **über ~** (fig) exagérément, à l'excès, trop

gebühren (pp **gebührt**) vi: **jdm ~** être dû (due) à qn ■ vr: **das gebührt sich nicht** ça ne se fait pas; **wie es sich gebührt** comme il faut; **gebührend** adj dû (due)

Gebühreneinheit f (Tel) unité f; **Gebührenerlass** m exonération f des taxes; **Gebührenermäßigung** f réduction f; **gebührenfrei** adj gratuit(e); (Post) franc de port; **gebührenpflichtig** adj payant(e), passible de droits; **gebührenpflichtige Verwarnung** contravention f, P.-V. m

gebunden pp von **binden**

Geburt f (-, -en) naissance f; **Geburtenkontrolle** f contrôle m des naissances, **Geburtenrate** f natalité f; **Geburtenrückgang** m baisse f de la natalité; **geburtenschwach** adj à faible taux de natalité; **geburtenstark** adj à taux de natalité élevé; **gebürtig** adj natif(-ive) de, originaire de; **sie ist gebürtige Schweizerin** elle est d'origine suisse; **Geburtsanzeige** f faire-part m de naissance; **Geburtsdatum** nt date f de naissance; **Geburtshelfer, in** m(f) (infirmier(-ière)) accoucheur(-euse), sage-femme f; **Geburtsjahr** nt année f de naissance; **Geburtsort** m lieu m de naissance; **Geburtstag** m anniversaire m; (Tag der Geburt) date f de naissance; **herzlichen Glückwunsch zum ~** bon anniversaire; **Geburtsurkunde** f acte m de naissance

Gebüsch nt (-(e)s, -e) buissons mpl, broussailles fpl

gedacht pp von **denken**

Gedächtnis nt (Erinnerungsvermögen) mémoire f; (Andenken) souvenir m; **Gedächtnisfeier** f commémoration f; **Gedächtnisschwund** m perte f de la mémoire; **Gedächtnisverlust** m amnésie f

Gedanke m (-ns, -n) (das Denken) pensée f; (Idee) idée f; **sich** dat **über etw** akk **Gedanken machen** réfléchir à qch; **Gedankenaustausch** m échange m d'idées; **gedankenlos** adv sans réfléchir; (geistesabwesend) distraitement; **Gedankenlosigkeit** f étourderie f; **Gedankenstrich** m tiret m; **Gedankenübertragung** f transmission f de pensée, télépathie f; **gedankenverloren** adj perdu(e) dans ses pensées, absent(e)

Gedeck nt (-(e)s, -e) (Teller und Besteck) couvert m; (Menu) menu m

gedeihen (**gedieh, gediehen**) vi aux sein (Pflanze) pousser; (Mensch, Tier) grandir; (fig) prospérer; (Werk etc) avancer

gedenken (pp **gedacht**) irr vi: **zu tun ~** (beabsichtigen) avoir l'intention de faire;

jds/einer Sache ~ se souvenir de qn/de qch; **Gedenkfeier** f commémoration f; **Gedenkminute** f minute f de silence; **Gedenktag** m anniversaire m

Gedicht nt (-(e)s, -e) poème m; **das ist ein ~** (fig) c'est une merveille

gediegen adj (Schuhwerk, Verarbeitung, Kenntnisse) solide; (Metall) pur(e); (Arbeit, Charakter) sérieux(-euse); (rechtschaffen) honnête

gedieh imperf von **gedeihen**

gediehen pp von **gedeihen**

Gedränge nt (-s) (das Drängeln) bousculade f; (Menschen, Menge) foule f, cohue f

gedrängt adj (Übersicht) concis(e); **~ voll** bondé(e)

gedroschen pp von **dreschen**

gedrückt adj déprimé(e), abattu(e)

gedrungen pp von **dringen**

Geduld f (-) patience f; **gedulden** (pp geduldet) vr: **sich ~** prendre patience; **geduldig** adj patient(e); **Geduldsprobe** f: **das stellte sie auf eine harte ~** cela a mis sa patience à rude épreuve

gedurft pp von **dürfen**

geehrt adj: **sehr geehrte Damen und Herren** Mesdames et Messieurs

geeignet adj (Mensch) capable, apte; (Mittel, Methode, Wort) approprié(e); **für etw ~ sein** être capable de faire qch

Gefahr f (-, -en) danger m; **~ laufen, etw zu tun** courir le risque de (faire) qch; **auf eigene ~** à ses risques et périls

gefährden (pp gefährdet) vt (Menschen) mettre en danger, exposer; (Plan, Erfolg) compromettre

gefahren pp von **fahren**

Gefahrenquelle f facteur m de risque; **Gefahrenzulage** f prime f de risque

gefährlich adj dangereux(-euse); (Alter) critique; (Krankheit) grave

Gefährte m (-n, -n), **Gefährtin** f compagnon m, compagne f

Gefälle nt (-s, -) (von Straße) pente f, inclinaison f; (soziales Gefälle) différence f, écart m

gefallen pp von **fallen** ▪ (gefiel, ~) vi: **jdm ~** plaire à qn; **das gefällt mir an ihm** c'est ce que j'aime bien chez lui; **sich dat etw ~ lassen** accepter qch, supporter qch; **Gefallen** m (-s, -) (Gefälligkeit) service m; **jdm einen ~ tun** rendre service à qn ▪ nt (-s): **an etw dat ~ finden/haben** prendre plaisir à qch

gefällig adj (hilfsbereit) serviable; (erfreulich, hübsch) agréable; **Gefälligkeit** f (Hilfsbereitschaft) obligeance f; **etw aus ~ tun** faire qch

pour rendre service; **gefälligst** adv s'il te/vous plaît

gefangen pp von **fangen**; **~ nehmen** capturer; **~ halten** détenir; **Gefangene, r** mf (Verbrecher) détenu(e); (Kriegsgefangene) prisonnier(-ière); **Gefangenenlager** nt camp m de prisonniers; **gefangen|halten** sep irr vt siehe **gefangen**; **Gefangennahme** f (-, -n) arrestation f, capture f; **gefangen|nehmen** sep irr vt siehe **gefangen**; **Gefangenschaft** f (Haft) détention f; (Kriegsgefangenschaft) captivité f

Gefängnis nt prison f; **Gefängnisstrafe** f (peine f de) prison f; **Gefängniswärter, in** m(f) gardien(ne) de prison

Gefasel nt (-s) radotage m

Gefäß nt (-es, -e) (Behälter) récipient m; (Blutgefäß) vaisseau m

gefasst adj (beherrscht) posé(e), calme; **auf etw** akk **~ sein** s'attendre à qch

gefäßverengend adj vasoconstricteur

Gefecht nt (-(e)s, -e) combat m

gefeit adj: **gegen etw ~ sein** être à l'abri de qch

Gefieder nt (-s, -) plumage m; **gefiedert** adj à plumes

gefiel imperf von **gefallen**

gefleckt adj tacheté(e), moucheté(e)

geflissentlich adv délibérément

geflochten pp von **flechten**

geflogen pp von **fliegen**

geflohen pp von **fliehen**

geflossen pp von **fließen**

Geflügel nt (-s) volaille f

gefochten pp von **fechten**

Gefolge nt (-s, -) suite f; **Gefolgschaft** f (Anhänger) partisans mpl; (Gefolge) suite f; **Gefolgsmann** m (pl **Gefolgsleute**) partisan m

gefragt adj très demandé(e)

gefräßig adj vorace

Gefreite, r mf caporal m; (Naut) brigadier m

gefressen pp von **fressen**

gefrieren (pp gefroren) irr vi aux sein geler; **Gefrierfach** nt congélateur m, freezer m; **Gefrierfleisch** nt viande f congelée; **gefriergetrocknet** adj lyophilisé(e); **Gefrierpunkt** m point m de congélation; **Gefrierschrank** m congélateur-armoire m; **Gefriertruhe** f congélateur m (coffre)

gefroren pp von **frieren, gefrieren**

Gefüge nt (-s, -) structure f

gefügig adj docile

Gefühl nt (-s, -e) sentiment m; (physisch) sensation f; (Gespür) intuition f, sensibilité f; **gefühllos** adj insensible; **gefühlsbetont** adj sentimental(-e),

sensible; **Gefühlsduselei** f (fam)
sensiblerie f; **gefühlsmäßig** adj
intuitif(-ive)
gefüllt adj (Praline) fourré(e); (Paprika,
Tomate) farci(e)
gefunden pp von **finden**
gegangen pp von **gehen**
gegeben pp von **geben**; **gegebenenfalls**
adv le cas échéant
gegen präp +akk contre; (ungefähr) à peu
près, environ; (zeitlich) vers; **~ ihn bin ich
klein/arm** (im Vergleich zu) en
comparaison de lui, je suis petit(e)/
pauvre; **~ Mittag** vers midi; **~ jdn/etw
sein** être contre qn/qch; **Gegenangriff** m
contre-attaque f; **Gegenanzeige** f
contre-indication f; **Gegenbeweis** m
preuve f du contraire
Gegend f (-, -en) région f
Gegendarstellung f version f différente
[o contraire], contre-exposé m
gegeneinander adv l'un(e) contre l'autre,
les un(e)s contre les autres
Gegenfahrbahn f voie f de gauche;
Gegenfrage f autre question f;
Gegengewicht nt contrepoids m;
Gegengift nt contrepoison m, antidote
m; **Gegenleistung** f contrepartie f,
compensation f; **Gegenlichtaufnahme** f
photographie f à contre-jour;
Gegenmaßnahme f contre-mesure f;
Gegenprobe f contre-épreuve f;
Gegensatz m (bei Begriff, Wort) contraire
m; (bei Meinung etc) différence f,
contradiction f; **gegensätzlich** adj
opposé(e), contraire; **Gegenschlag** m
contre-attaque f; **Gegenseite** f
(Gegenpartei) adversaire m; (Jur) partie f
adverse; **gegenseitig** adj mutuel(le),
réciproque; **sich ~ helfen** s'entraider;
Gegenseitigkeit f réciprocité f;
Gegenspieler, in m(f) adversaire mf;
(Sport) homologue mf
Gegenstand m (Ding) objet m; (Thema)
sujet m; **gegenständlich** adj (Kunst)
figuratif(-ive)
Gegenstimme f (bei Abstimmung) non m;
Gegenstück nt (bei Paar) pendant m;
(Gegensatz) contraire m; **Gegenteil** nt
contraire m; **im ~** au contraire;
gegenteilig adj contraire
gegenüber präp +dat (räumlich) en face de;
jdm ~ freundlich sein être aimable avec
qn; **allen Reformen ~ zurückhaltend**
(in Hinsicht auf etw) opposé(e) à toute
réforme; **ihm ~ ist sie sehr intelligent**
(im Vergleich mit) comparée à lui, elle est
très intelligente ▪ adv en face; **~ von** en
face de; **Gegenüber** nt (-s, -) (Mensch)
vis-à-vis m; **gegenüber|liegen** sep irr

vr: **sich ~** être situé(e)s en face l'un(e) de
l'autre; **gegenüber|stehen** sep irr vr: **sich
~** être face à face; **gegenüber|stellen** sep
vt (Menschen) confronter; (zum Vergleich)
comparer; **Gegenüberstellung** f
confrontation f; (fig: Vergleich)
comparaison f; **gegenüber|treten** sep irr
vi aux sein; **jdm ~** se présenter devant qn,
affronter qn
Gegenverkehr m circulation f en sens
inverse; **Gegenvorschlag** m
contreproposition f; **Gegenwart** f (-)
(Ling) présent m; (Anwesenheit) présence f;
gegenwärtig adj actuel(le), présent(e);
(anwesend) présent(e) ▪ adv
actuellement; **Gegenwert** m équivalent
m; **Gegenwind** m vent m contraire;
Gegenwirkung f réaction f;
gegen|zeichnen sep vt contresigner;
Gegenzug m riposte f; (Eisenbahn) train m
en sens inverse
gegessen pp von **essen**
geglichen pp von **gleichen**
geglitten pp von **gleiten**
geglommen pp von **glimmen**
Gegner, in m(f) (-s, -) adversaire mf;
(militärisch) ennemi(e); **gegnerisch** adj
adverse; **Gegnerschaft** f opposition f
gegolten pp von **gelten**
gegoren pp von **gären**
gegossen pp von **gießen**
gegraben pp von **graben**
gegriffen pp von **greifen**
gegrillt adj grillé(e)
Gehabe nt (-s) (pej) manières fpl
gehabt pp von **haben**
Gehackte, s nt viande f hachée
Gehalt m (-(e)s, -e) (Inhalt) contenu m;
(Anteil) teneur f (an +dat en) ▪ nt (-(e)s,
Gehälter) traitement m, salaire m
gehalten pp von **halten**
Gehaltsabrechnung f bulletin m de
salaire; **Gehaltsempfänger, in** m(f)
salarié(e); **Gehaltserhöhung** f
augmentation f de salaire;
Gehaltszulage f supplément f de salaire
gehangen pp von **hängen**
geharnischt adj (fig) virulent(e)
gehässig adj haineux(-euse);
Gehässigkeit f méchanceté f
gehauen pp von **hauen**
Gehäuse nt (-s, -) boîte f; (Uhrgehäuse)
boîtier m; (Schneckengehäuse) coquille f;
(von Apfel etc) trognon m
Gehege nt (-s, -) (im Zoo) enclos m;
(Jagdgehege) réserve f; **jdm ins ~ kommen**
(fig) marcher sur les plates-bandes de qn
geheim adj secret(-ète); (Mitteilung)
confidentiel(le); (Wahl) à bulletins secrets;
im Geheimen en secret; **~ halten** ne pas

révéler; **Geheimdienst** m service m
secret; **Geheimnis** nt secret m; (Rätsel)
mystère m; **Geheimniskrämer, in** m(f)
(**-s, -**) petit(e) cachottier(-ière);
geheimnisumwittert adj envelopé(e)
de mystère, **geheimnisvoll** adj
mystérieux(-euse); **Geheimnummer** f
(Tel) numéro m sur la liste rouge;
(für Geldautomat) code m confidentiel;
Geheimpolizei f police f secrète;
Geheimschrift f code m; **Geheimzahl** f
(für Geldautomat) code m confidentiel
geheißen pp von **heißen**
gehemmt adj bloqué(e), complexé(e)
gehen (**ging, gegangen**) vi aux sein aller;
(laufen, funktionieren) marcher; (weggehen)
s'en aller; (abfahren) partir; (Teig) lever;
(sich verkaufen lassen) se vendre; (florieren,
Geschäft) bien marcher; (andauern) durer;
mit einem Mädchen ~ sortir avec une
fille; **das Zimmer geht nach Süden** la
chambre donne au sud; **in dieses Auto ~**
5 Leute il y a de la place pour 5 personnes
dans cette voiture; **daran ~, etw zu tun** se
mettre à faire qch; **sich ~ lassen** se laisser
aller ▪ vt aux sein (Weg, Strecke) faire,
parcourir ▪ vi unpers aux sein; **wie geht**
es dir? comment vas-tu?; **mir/ihm geht**
es gut je vais/il va bien; **geht das?** c'est
possible?; **es geht um etw** il s'agit de qch;
gehen|lassen sep irr vr: **sich ~ siehe**
gehen
geheuer adj: **nicht ~** inquiétant(e)
Geheul nt (**-(e)s**) hurlements mpl
Gehilfe m (**-n, -n**), **Gehilfin** f aide mf,
assistant(e)
Gehirn nt (**-(e)s, -e**) cerveau m;
Gehirnerschütterung f commotion f
cérébrale; **Gehirnwäsche** f lavage m
de cerveau
gehoben pp von **heben** ▪ adj (Position)
élevé(e); (Sprache) soutenu(e)
geholfen pp von **helfen**
Gehör nt (**-(e)s**) (Organ) ouïe f;
musikalisches ~ oreille f; **jdm ~ schenken**
prêter l'oreille à qn
gehorchen (pp **gehorcht**) vi obéir
(jdm à qn)
gehören (pp **gehört**) vi: **jdm ~** être à qn,
appartenir à qn; **zu etw ~** faire partie de
qch; **in etw** akk **~** (hingehören) avoir sa
place dans qc, aller dans qch; **dazu**
gehört Mut il faut du courage pour (faire)
cela; **er gehört ins Bett** il devrait être au
lit ▪ vr: **sich ~** être convenable
gehörig adj (gebührend) convenable;
(stark) gros(se); **zu etw ~** appartenant
à qch; **jdm ~** appartenant à qn
gehorsam adj obéissant(e);
Gehorsam m (**-s**) obéissance f

Gehörsturz m surdité f brusque
Gehsteig m (**-s, -e**), **Gehweg** m trottoir m
Geier m (**-s, -**) vautour m
Geige f (**-, -n**) violon m; **Geiger, in** m(f)
(**-s, -**) violoniste mf
Geigerzähler m compteur m Geiger
geil adj (erregt) excité(e); (fam: toll) super,
délirant(e), géant(e)
Geisel f (**-, -n**) otage m; **Geiselnahme** f
(**-, -n**) prise f d'otage(s); **Geiselnehmer, in**
m(f) (**-s, -**) preneur(-euse) d'otage(s)
Geißel f (**-, -n**) fouet m; (fig) fléau m;
geißeln vt flageller; (fig) fustiger
Geist m (**-(e)s, -er**) esprit m
Geisterfahrer, in m(f) automobiliste mf
circulant à contresens; **geisterhaft** adj
fantomatique
geistesabwesend adj absent(e);
Geistesblitz m idée f géniale;
Geistesgegenwart f présence f d'esprit;
geistesgegenwärtig adv avec à-propos;
geisteskrank adj aliéné(e);
Geisteskranke, r mf malade mental(e);
Geisteskrankheit f maladie f mentale;
Geisteswissenschaften pl sciences fpl
humaines; **Geisteszustand** m état m
mental
geistig adj intellectuel(le), mental(e);
~ behindert handicapé(e) mental(e)
geistlich adj spirituel(le), religieux(-euse);
Geistliche, r mf ecclésiastique m;
Geistlichkeit f clergé m
geistlos adj (Mensch) sans esprit; (Antwort,
Bemerkung) idiot(e); **geistreich** adj
spirituel(le); **geisttötend** adj abrutissant(e)
Geiz m (**-es**) avarice f; **geizen** vi: **mit etw ~**
être avare de qch; **Geizhals** m avare m,
grigou m; **geizig** adj avare; **Geizkragen**
m avare m
gekannt pp von **kennen**
Geklapper nt (**-s**) boucan m
geklungen pp von **klingen**
geknickt adj (fig) abattu(e), déprimé(e)
gekniffen pp von **kneifen**
gekommen pp von **kommen**
gekonnt pp von **können** ▪ adj habile,
adroit(e)
Gekritzel nt (**-s**) gribouillage m
gekrochen pp von **kriechen**
gekünstelt adj affecté(e)
Gel nt (**-s, -e**) gel m
Gelächter nt (**-s, -**) rire s(m) m(pl)
geladen pp von **laden** ▪ adj chargé(e);
(Elec) sous tension; (fig) furieux(-euse)
Gelage nt (**-s, -**) beuverie f
gelähmt adj paralysé(e)
Gelände nt (**-s, -**) terrain m;
Geländefahrzeug nt véhicule m tout
terrain; **geländegängig** adj tout terrain;
Geländelauf m cross-country m

Geländer nt (-s, -) balustrade f;
(*Treppengeländer*) rampe f
Geländewagen m voiture f tout-terrain
gelang imperf von **gelingen**
gelangen (pp **gelangt**) vi aux sein; ~ **an**
+akk, ~ **zu** (kommen, ankommen) arriver à,
parvenir à; (*erreichen*) atteindre;
(*erwerben*) acquérir; **in jds Besitz** akk ~ être
acquis(e) par qn
gelangweilt adj qui s'ennuie;
(*Gesichtsausdruck*) d'ennui ■ adv avec l'air
de s'ennuyer
gelassen pp von **lassen** ■ adj calme;
Gelassenheit f calme m
Gelatine f gélatine f
gelaufen pp von **laufen**
geläufig adj courant(e)
gelaunt adj: **schlecht/gut ~** de mauvaise/
bonne humeur
Geläut, e nt (-(e)s) son m des cloches
gelb adj jaune; (*Ampellicht*) orange;
der gelbe Sack le sac pour emballages
recyclables; **gelblich** adj jaunâtre;
Gelbsucht f jaunisse f
Geld nt (-(e)s, -er) argent m; **Geldanlage** f
placement m; **Geldautomat** m
distributeur m (automatique) de billets;
Geldbetrag m somme f d'argent;
Geldbeutel m, **Geldbörse** f porte-
monnaie m; **Geldbuße** f amende f;
Geldeinwurf m (*Schlitz*) fente f (pour
pièces); (*das Einwerfen*) introduction f
de la monnaie; **Geldgeber, in** m(f) (-s, -)
bailleur(-eresse) de fonds; **geldgierig** adj
âpre au gain; **Geldmittel** pl ressources fpl
financières, capitaux mpl; **Geldschein** m
billet m de banque; **Geldschrank** m
coffre-fort m; **Geldspielautomat** m
machine f à sous; **Geldstrafe** f amende f;
Geldstück nt pièce f de monnaie;
Geldverlegenheit f embarras m;
in ~ sein être à court d'argent;
Geldverschwendung f argent m jeté
par les fenêtres; **Geldwaschanlage** f
officine f de blanchiment de l'argent;
Geldwäsche f blanchiment m d'argent;
Geldwechsel m change m;
Geldwechsler m (-s, -) changeur m
de monnaie
Gelee nt (-s, -s) gelée f
gelegen pp von **liegen** ■ adj situé(e);
(*passend*) opportun(e); **etw kommt**
jdm ~ qch vient à propos
Gelegenheit f occasion f; **bei jeder ~**
à tout propos; **bei ~** à l'occasion
Gelegenheitsarbeit f travail m
occasionnel, petit boulot m;
Gelegenheitsarbeiter, in m(f)
travailleur(-euse) temporaire;
Gelegenheitskauf m occasion f

gelegentlich adj occasionnel(le)
■ adv (*ab und zu*) de temps à autre;
(*bei Gelegenheit*) à l'occasion
gelehrig adj qui apprend facilement,
intelligent(e)
gelehrt adj savant(e), érudit(e);
Gelehrte, r mf érudit(e); **Gelehrtheit** f
érudition f
Geleit nt (-(e)s, -e) escorte f; **freies ~**
sauf-conduit m; **geleiten** (pp **geleitet**) vt
escorter, accompagner; **Geleitschutz** m
escorte f
Gelenk nt (-(e)s, -e) (*von Mensch*)
articulation f; (*von Maschine*) joint m;
gelenkig adj souple
gelernt adj qualifié(e)
gelesen pp von **lesen**
Geliebte, r mf amant m, maîtresse f
geliehen pp von **leihen**
gelinde adv: ~ **gesagt** c'est le moins qu'on
puisse dire
gelingen (**gelang, gelungen**) vi aux sein
réussir; **die Arbeit gelingt mir nicht** je
n'arrive pas à faire ce travail; **es ist mir**
gelungen, etw zu tun j'ai réussi à faire qch
gelitten pp von **leiden**
geloben (pp **gelobt**) vt faire le serment de;
sich dat ~, **etw zu tun** prendre la résolution
de faire qch
gelogen pp von **lügen**
gelten (**galt, gegolten**) vt (*wert sein*)
valoir ■ vi (*gültig sein*) être valable; **für/**
als etw ~ être considéré(e) comme qch;
das gilt dir cela s'adresse à toi; **das gilt**
nicht ça ne compte pas ■ vi unpers:
es gilt, etw zu tun il s'agit de faire qch;
geltend adj en vigueur; (*Meinung*)
répandu(e); **etw ~ machen** faire valoir
qch; **sich ~ machen** se manifester;
Geltung f: ~ **haben** valoir, être valable;
sich/einer Sache dat ~ **verschaffen**
s'imposer/faire respecter qch; **etw**
zur ~ bringen mettre qch en valeur;
Geltungsbedürfnis nt besoin m
de se faire valoir
Gelübde nt (-s, -) vœu m
gelungen pp von **gelingen** ■ adj
réussi(e); (*Witz*) drôle, bon(ne)
gemächlich adj tranquille
Gemahl, in m(f) (-s, -e) époux m,
épouse f
gemahlen pp von **mahlen**
Gemälde nt (-s, -) tableau m
gemäß präp +dat (*zufolge*) conformément
à, selon; **den Vorschriften gemäß**
conformément aux instructions
■ adj: **jdm/einer Sache gemäß sein**
convenir à qn/être conforme à qch
gemäßigt adj modéré(e); (*Klima*)
tempéré(e)

gemein adj (niederträchtig) méchant(e), infâme; (allgemein) commun(e); **etw ~ haben** avoir qch en commun (mit jdm avec qn)

Gemeinde f(-, -n) commune f; (Pfarrgemeinde) paroisse f; **Gemeinderat** m (Gremium) conseil m municipal; **Gemeinderat** m, **-rätin** f conseiller m municipal; **Gemeinderatswahl** f élection f du conseil municipal; **Gemeindeverwaltung** f administration f municipale; **Gemeindewahlen** pl élections fpl municipales; **Gemeindezentrum** nt foyer m municipal; (von Kirche) centre m paroissial

gemeingefährlich adj (Verbrecher) très dangereux(-euse)

Gemeingut nt domaine m public

Gemeinheit f méchanceté f

gemeinsam adj commun(e); **etw ~ tun** faire qch ensemble

Gemeinschaft f communauté f; **~ Unabhängiger Staaten** Communauté f des États indépendants; **gemeinschaftlich** adj commun(e); **Gemeinschaftsarbeit** f travail m d'équipe

Gemeinwohl nt bien m public

Gemenge nt (-s, -) cohue f

gemessen pp von **messen** ※ adj (Bewegung) mesuré(e)

Gemetzel nt (-s, -) carnage m

gemieden pp von **meiden**

Gemisch nt (-(e)s, -e) mélange m; **gemischt** adj mélangé(e); (beider Geschlechter) mixte; (Gefühle) mêlé(e)

gemocht pp von **mögen**

gemolken pp von **melken**

Gemse f siehe **Gämse**

Gemunkel nt (-s) ragots mpl

Gemüse nt (-s, -) légumes mpl; **Gemüsegarten** m potager m; **Gemüsehändler, in** m(f) marchand(e) de fruits et légumes

gemusst pp von **müssen**

gemustert adj imprimé(e)

Gemüt nt (-(e)s, -er) âme f, cœur m; (Mensch) nature f; **sich** dat **etw zu Gemüte führen** (fam) s'offrir qch; (beherzigen) noter qch

gemütlich adj agréable; (Möbelstück) confortable; (Haus) accueillant; (Beisammensein) sympathique; (Tempo) tranquille; **Gemütlichkeit** f confort m; (von Lokal) atmosphère f accueillante; **in aller ~** tranquillement

Gemütsbewegung f émotion f; **Gemütsmensch** m bonne pâte f; **Gemütsruhe** f calme m; **Gemütszustand** m état m d'âme

gemütvoll adj avec beaucoup de sensibilité

Gen nt (-s, -e) gène m

genannt pp von **nennen**

genas imperf von **genesen**

genau adj exact(e); (sorgfältig) précis(e), minutieux(-euse) ※ adv (exakt) exactement; (sorgfältig) consciencieusement; **er kam ~ da, als ...** il est arrivé juste au moment où ...; **das reicht ~** cela suffit juste; **etw ~ nehmen** prendre qch au sérieux; **~ genommen** à strictement parler; **Genauigkeit** f (Exaktheit) exactitude f; (Sorgfältigkeit) soin m; **genauso** adv de même; **~ ... wie** tout aussi ... que

genehm adj: **jdm ~ sein** convenir à qn

genehmigen (pp **genehmigt**) vt approuver, autoriser; **sich** dat **etw ~** se permettre qch; **Genehmigung** f autorisation f

geneigt adj favorable; **~ sein, etw zu tun** incliner à faire qch; **jdm ~ sein** être favorable à qn

General, in m(f) (-s, -e o Generäle) général m; **Generaldirektor, in** m(f) P.D.G. m; **Generalkonsul, in** m(f) consul m général; **Generalkonsulat** nt consulat m général; **Generalprobe** f répétition f générale, générale f; **Generalstreik** m grève f générale; **generalüberholen** (pp **generalüberholt**) vt effectuer une révision générale de

Generation f génération f; **Generationenfolge** f cycle m des générations; **Generationskonflikt** m conflit m de générations

Generator m générateur m

generell adj général(e)

genesen (**genas, ~**) vi aux sein se rétablir; **Genesung** f guérison f

genetisch adj génétique; **genetischer Fingerabdruck** empreinte f génétique

Genf nt (-s) (Stadt und Kanton) Genève; **der Genfer See** le lac Léman

genial adj génial(e), de génie; **Genialität** f génie m

Genick nt (-(e)s, -e) nuque f

Genie nt (-s, -s) génie m

genieren (pp **geniert**) vr: **sich ~** être embarrassé(e); **sich nicht ~** ne pas se gêner

genießbar adj mangeable; (Getränk) buvable; **genießen** (**genoss, genossen**) vt prendre plaisir à, apprécier; (Essen) savourer; (erhalten) recevoir, avoir droit à; **das ist nicht zu ~** (Essen) c'est immangeable; **Genießer, in** m(f) (-s, -) bon vivant m; **genießerisch** adv avec délectation

Genitiv m génitif m
Genlebensmittel nt aliments mpl transgéniques; **Genmais** m maïs m transgénique; **Genmanipulation** f manipulation f génétique; **genmanipuliert** adj génétiquement manipulé(e)
Genom nt (**-s, -e**) génome m; **Genomanalyse** f analyse f du génome humain
genommen pp von **nehmen**
genoss imperf von **genießen**
Genosse m (**-n, -n**) camarade m
genossen pp von **genießen**
Genossenschaft f coopérative f
Genossin f camarade f
Gentechnik f technique f génétique, génétique f; **gentechnisch** adj génétique; **~ verändert** génétiquement modifié(e), **Gentechnologie** f génie m génétique
genug adv assez, suffisamment
Genüge f: **zur ~** assez, suffisamment; **genügen** (pp **genügt**) vi (ausreichen) suffire; **einer Sache** dat **~** satisfaire qch; (Ansprüchen) correspondre à qch; **genügend** adj suffisant(e)
genügsam adj sobre, modeste; **Genügsamkeit** f modestie f
Genugtuung f (Wiedergutmachung) réparation f; (innere Genugtuung) satisfaction f
Genuss m (**-es, Genüsse**) (von Nahrung etc) consommation f; (Freude) plaisir m; **in den ~ von etw kommen** bénéficier de qch; **genüsslich** adv avec délectation; **Genussmittel** nt stimulant m; (aus steuerlicher Sicht) produit m (de consommation) de luxe
geöffnet adj ouvert(e)
Geograf, in, Geograph, in m(f) (**-en, -en**) géographe mf; **Geografie, Geographie** f géographie f; **geografisch, geographisch** adj géographique
Geologe m (**-n, -n**), **-login** f géologue mf; **Geologie** f géologie f; **geologisch** adj géologique
Geometrie f géométrie f
Georgien nt (**-s**) la Géorgie
Gepäck nt (**-(e)s**) bagages mpl; **Gepäckabfertigung** f, **Gepäckannahme** f enregistrement m des bagages; **Gepäckaufbewahrung** f consigne f; **Gepäckausgabe** f retrait m des bagages; **Gepäcknetz** nt filet m à bagages; **Gepäckschein** m bulletin m de consigne; **Gepäckschließfach** nt consigne f automatique; **Gepäckträger** m porteur m; (am Fahrrad) porte-bagages m;

Gepäckversicherung f assurance f bagages; **Gepäckwagen** m fourgon m
Gepard m (**-en, -en**) guépard m
gepfiffen pp von **pfeifen**
gepflegt adj soigné(e); (Atmosphäre) raffiné(e); (Park, Wohnung) bien entretenu(e)
Gepflogenheit f coutume f
Geplapper nt (**-s**) babillage m
Geplauder nt (**-s**) bavardage m
gepriesen pp von **preisen**
gequollen pp von **quellen**
gerade adj droit(e); (Zahl) pair(e) ■ adv droit; (genau das) justement; **~ gegenüber** juste en face; **er ist ~ angekommen** il vient d'arriver; **er isst ~** il est en train de manger; **warum ~ ich?** pourquoi moi?; **~ dann muss er kommen, wenn ...** il faut qu'il arrive juste au moment où ...; **~ eben** à l'instant; **~ noch** (rechtzeitig) juste à temps; **~, weil** précisément parce que; **das ist es ja ~** c'est justement ça le problème; **nicht ~ schön** pas précisément beau; **Gerade** f (**-n, -n**) (Math) droite f; **geradeaus** adv tout droit; **geradeheraus** adv carrément; **geradeso** adv de la même manière; **~ dumm** (tout) aussi bête; **~ wie** (tout) comme; **geradezu** adv même, vraiment
gerann imperf von **gerinnen**
gerannt pp von **rennen**
Gerät nt (**-(e)s, -e**) (Haushaltsgerät) appareil m; (landwirtschaftliches Gerät) machine f; (Werkzeug) outil m; (Radio, TV) poste m; (Sport) agrès mpl
geraten pp von **raten** ■ adj (**geriet, ~**) vi aux sein (gelingen) réussir; (mit Präposition: wohin kommen) arriver, atterrir; (in Zustand, Situation) se retrouver; **gut/schlecht ~** bien réussir/ne pas réussir; **an jdn ~** tomber sur qn; **in Schulden/Schwierigkeiten ~** s'endetter/avoir des difficultés; **in Angst ~** prendre peur; **nach jdm ~** ressembler à qn; **außer sich ~** être hors de soi
Geratewohl nt: **aufs ~** au hasard, au petit bonheur
geräuchert adj fumé(e)
geraum adj: **seit geraumer Zeit** depuis un certain temps
geräumig adj spacieux(-euse)
Geräusch nt (**-(e)s, -e**) bruit m; **geräuschlos** adj silencieux(-euse); **geräuschvoll** adj bruyant(e)
gerben vt tanner; **Gerber, in** m(f) (**-s, -**) tanneur m; **Gerberei** f tannerie f
gerecht adj juste, équitable; **jdm/einer Sache ~ werden** rendre justice à qn/qch; **Gerechtigkeit** f justice f
Gerede nt (**-s**) bavardage m

geregelt adj régulier(-ière); (*Leben*) réglé(e)

gereizt adj irrité(e), énervé(e); **Gereiztheit** f irritation f

Gericht nt (-(e)s, -e) (*Jur*) tribunal m; (*Essen*) plat m; **das Letzte ~** le Jugement dernier; **gerichtlich** adj judiciaire; **Gerichtsbarkeit** f juridiction f; **Gerichtshof** m cour f de justice; **Gerichtskosten** pl frais mpl de justice; **Gerichtssaal** m salle f du tribunal; **Gerichtsverfahren** nt procédure f judiciaire; **Gerichtsverhandlung** f débats mpl (judiciaires); **Gerichtsvollzieher, in** m(f) (-s, -) huissier m

gerieben pp von **reiben**

geriet imperf von **geraten**

gering adj minime; (*Zeit*) court(e), bref (brève); **nicht im Geringsten** pas du tout; **geringfügig** adj insignifiant(e); (*Betrag*) petit(e); **~ Beschäftigte** travailleurs mpl au salaire minimum non imposable; **geringschätzig** adj dédaigneux(-euse); **Geringschätzung** f dédain m, mépris m; **geringste, r, s** adj le (la) moindre

gerinnen (**gerann, geronnen**) vi aux sein se figer; (*Milch*) cailler; (*Blut*) (se) coaguler; **Gerinnsel** nt (-s, -) (*Blutgerinnsel*) caillot m

Gerippe nt (-s, -) squelette m; (*von Tier*) carcasse f

gerissen pp von **reißen** ▪ adj (*Mensch*) rusé(e)

geritten pp von **reiten**

Germ f(-) (*A*) levure f

Germanistik f études fpl supérieures d'allemand

Germknödel m (*A*) quenelle sucrée

gern, e adv: **etw ~ tun** aimer faire qch; **jdn/etw gernhaben** [o ~ **mögen**] bien aimer qn/qch; **~!** avec plaisir!, volontiers!; **~ geschehen** il n'y a pas de quoi; **Gernegroß** m (-, -e) frimeur m

gerochen pp von **riechen**

Geröll nt (-(e)s, -e) éboulis m

geronnen pp von **gerinnen, rinnen**

Gerontologie f gérontologie f

Gerste f(-, -n) orge f; **Gerstenkorn** nt (*im Auge*) orgelet m

Gerte f(-, -n) baguette f; **gertenschlank** adj très mince

Geruch m (-(e)s, Gerüche) odeur f; **geruchlos** adj inodore; **Geruch(s)sinn** m odorat m

Gerücht nt (-(e)s, -e) bruit m, rumeur f

geruchtilgend adj désodorisant(e)

gerufen pp von **rufen**

geruhen (pp **geruht**) vi: **~, etw zu tun** daigner de faire qch

geruhsam adj tranquille, calme

Gerümpel nt (-s) fatras m

gerungen pp von **ringen**

Gerüst nt (-(e)s, -e) (*Baugerüst*) échafaudage m; (*fig*) structure f

gesalzen pp von **salzen**

gesamt adj tout(e) entier(-ière), tout(e) le (la); (*Kosten*) total(e); **Gesamtausgabe** f (édition f des) œuvres fpl complètes; **Gesamteindruck** m impression f d'ensemble; **Gesamtheit** f ensemble m, totalité f

● **GESAMTHOCHSCHULE**
●
● Une *Gesamthochschule* est une
● institution regroupant différents
● organismes d'enseignement supérieur
● comme université, institut de
● formation des maîtres et institut des
● sciences appliquées. Les étudiants
● peuvent préparer plusieurs diplômes
● dans la même matière et les
● changements d'orientation se font
● plus aisément que dans les institutions
● individuelles.

Gesamtschule f école réunissant enseignement primaire et secondaire

● **GESAMTSCHULE**
●
● La *Gesamtschule* est un établissement
● polyvalent d'enseignement
● secondaire. Traditionnellement les
● élèves allemands fréquentent un
● *Gymnasium*, une *Realschule* ou une
● *Hauptschule* selon leurs aptitudes.
● La 'Gesamtschule' a été créée par
● opposition au système sélectif des
● 'Gymnasien', mais ces établissements
● restent très controversés en
● Allemagne où beaucoup de parents
● préfèrent le système traditionnel.

Gesamtvolumen nt volume m brut; **gesamtwirtschaftlich** adj macroéconomique

gesandt pp von **senden**; **Gesandte, r** mf ministre mf plénipotentiaire; **Gesandtschaft** f légation f

Gesang m (-(e)s, Gesänge) chant m; **Gesangbuch** nt (*Rel*) recueil m de cantique; **Gesangverein** m chorale f

Gesäß nt (-es, -e) derrière m, postérieur m

gesch. adj abk = **geschieden**

geschaffen pp von **schaffen**

Geschäft nt (-(e)s, -e) affaire f; (*Laden*) magasin m; (*fam*) boulot m; (*Aufgabe*) travail m; **Geschäftemacher, in** m(f) affairiste *mf*; **geschäftig** *adj* affairé(e); **geschäftlich** *adj* d'affaires, commercial(e) ▪ *adv*: **er muss ~ oft nach Paris** il va souvent à Paris pour affaires; **Geschäftsbericht** *m* rapport *m* de gestion; **Geschäftsessen** *nt* repas *m* d'affaires; **Geschäftsfrau** *f* femme *f* d'affaires; **Geschäftsführer, in** *m(f)* gérant(e); (*im Klub*) secrétaire *mf*; **Geschäftsjahr** *nt* exercice *m*; **Geschäftslage** *f* situation *f* financière; **Geschäftsleitung** *f* direction *f*, gestion *f*; **Geschäftsmann** *m* (*pl* **Geschäftsleute**) homme *m* d'affaires; **geschäftsmäßig** *adj* sec (sèche); **Geschäftspartner, in** *m(f)* associé(e); **Geschäftsreise** *f* voyage *m* d'affaires; **Geschäftsschluss** *m* heure *f* de fermeture (des magasins, des bureaux); **Geschäftssinn** *m* sens *m* des affaires; **Geschäftsstelle** *f* (*Com*) bureau *m*, agence *f*; **geschäftstüchtig** *adj* habile en affaires; **Geschäftszeiten** *pl* heures *fpl* d'ouverture

geschehen (**geschah**, **~**) *vi aux sein* arriver; **jdm ~** arriver à qn; **es war um ihn ~** c'en était fait de lui; **das geschieht ihm recht** c'est bien fait pour lui

gescheit *adj* intelligent(e); (*fam*) pas bête

Geschenk *nt* (**-(e)s, -e**) cadeau *m*; **Geschenkgutschein** *m* chèque-cadeau *m*; **Geschenkpackung** *f* emballage-cadeau *m*

Geschichte *f* (**-, -n**) histoire *f*; **Geschichtenerzähler, in** *m(f)* conteur(-euse); **geschichtlich** *adj* historique; **Geschichtsschreiber, in** *m(f)* historien(ne)

Geschick *nt* (**-(e)s, -e**) (*Schicksal*) sort *m*, destin *m*; (*Geschicklichkeit*) adresse *f*

Geschicklichkeit *f* adresse *f*

geschickt *adj* habile, adroit(e)

geschieden *pp von* **scheiden** ▪ *adj* divorcé(e)

geschienen *pp von* **scheinen**

Geschirr *nt* (**-(e)s, -e**) vaisselle *f*; (*für Pferd*) harnais *m*; **Geschirrspülmaschine** *f* lave-vaisselle *m*; **Geschirrspülmittel** *nt* produit *m* (pour la) vaisselle; **Geschirrtuch** *nt* torchon *m*

geschlafen *pp von* **schlafen**

geschlagen *pp von* **schlagen**

Geschlecht *nt* (**-(e)s, -er**) sexe *m*; (*Generation*) génération *f*; (*Familie*) famille *f*; (*Ling*) genre *m*; **geschlechtlich** *adj* sexuel(le); **Geschlechtskrankheit** *f* maladie *f* vénérienne; **Geschlechtsorgan** *nt* organe *m* génital; **Geschlechtsteil** *m* organe *m* (sexuel), organe *m* génital; **Geschlechtsverkehr** *m* rapports *mpl* sexuels; **Geschlechtswort** *nt* (*Ling*) article *m*

geschlichen *pp von* **schleichen**

geschliffen *pp von* **schleifen**

geschlossen *pp von* **schließen**

geschlungen *pp von* **schlingen**

Geschmack *m* (**-(e)s, Geschmäcke**) goût *m*; **nach jds ~** au goût de qn; **auf den ~ kommen** (*fig*) y prendre goût; **geschmacklos** *adj* (*fig*) de mauvais goût; **Geschmacksinn** *m* goût *m*; **Geschmack(s)sache** *f* question *f* de goût; **geschmackvoll** *adj* de bon goût ▪ *adv* avec goût

geschmeidig *adj* (*Haut, Stoff*) doux (douce); (*beweglich*) souple

geschmissen *pp von* **schmeißen**

geschmolzen *pp von* **schmelzen**

geschnitten *pp von* **schneiden**

geschoben *pp von* **schieben**

gescholten *pp von* **schelten**

Geschöpf *nt* (**-(e)s, -e**) créature *f*

geschoren *pp von* **scheren**

Geschoss *nt* (**-es, -e**) (*Mil*) projectile *m*; (*Stockwerk*) étage *m*

geschossen *pp von* **schießen**

Geschrei *nt* (**-s**) cris *mpl*; (*fig*) protestations *fpl*

geschrieben *pp von* **schreiben**

geschrien *pp von* **schreien**

geschritten *pp von* **schreiten**

geschunden *pp von* **schinden**

Geschütz *nt* (**-es, -e**) pièces *fpl* d'artillerie, canon *m*; **schwere Geschütze auffahren** (*fig*) sortir du arguments massue

geschützt *adj* protégé(e)

Geschwader *nt* (**-s, -**) escadre *f*

Geschwafel *nt* (**-s**) verbiage *m*

Geschwätz *nt* (**-es**) bavardage(s) *m(pl)*; **geschwätzig** *adj* bavard(e)

geschweige *adv*: **~ denn** et encore moins

geschwiegen *pp von* **schweigen**

geschwind *adj* rapide

Geschwindigkeit *f* vitesse *f*; **Geschwindigkeitsbegrenzung** *f*, **Geschwindigkeitsbeschränkung** *f* limitation *f* de vitesse; **Geschwindigkeitskontrolle** *f* contrôle *m* de vitesse; **Geschwindigkeitsmesser** *m* (**-s, -**) (*Auto*) compteur *m*; **Geschwindigkeitsüberschreitung** *f* excès *m* de vitesse

Geschwister *pl* frère(s) et sœur(s) *mpl*

geschwollen *pp von* **schwellen** ▪ *adj* (*Gelenk*) enflé(e); (*Redeweise*) ampoulé(e)

geschwommen *pp von* **schwimmen**

geschworen *pp von* **schwören**; **Geschworene, r** *mf* juré(e); **die Geschworenen** (*pl*) le jury

Geschwulst *f* (**-, Geschwülste**) enflure *f*; (*Tumor*) tumeur *f*

geschwunden *pp von* **schwinden** ▪

geschwungen pp von **schwingen**
Geschwür nt (-(e)s, -e) abcès m, ulcère m
gesehen pp von **sehen**
Geselchte, s nt (A) viande f fumée
Geselle m (-n, -n) (Handwerksgeselle) compagnon m; (Bursche) type m
gesellig adj (Mensch, Wesen) sociable; **ein geselliges Beisammensein** une réunion amicale; **Geselligkeit** f sociabilité f
Gesellin f (Handwerksgesellin) compagnon m
Gesellschaft f société f; (Begleitung) compagnie f; **~ mit beschränkter Haftung** société à responsabilité limitée; **Gesellschafter, in** m(f) (-s, -) associé(e); **gesellschaftlich** adj social(e); **gesellschaftsfähig** adj sortable; **Gesellschaftsordnung** f structures fpl sociales; **Gesellschaftsschicht** f couche f sociale
gesessen pp von **sitzen**
Gesetz nt (-es, -e) loi f; **Gesetzbuch** nt code m; **Gesetzentwurf** m, **Gesetzesvorlage** f projet m de loi; **gesetzgebend** adj législatif(-ive); **Gesetzgeber** m (-s, -) législateur m; **Gesetzgebung** f législation f; **gesetzlich** adj légal(e); **~ geschützte Marke** marque f déposée; **gesetzlos** adj (Zustände) anarchique; **gesetzmäßig** adj légal(e); **eine gesetzmäßige Entwicklung** une évolution naturelle
gesetzt adj posé(e), pondéré(e)
gesetzwidrig adj illégal(e)
ges. gesch. abk = **gesetzlich geschützt** marque déposée
Gesicht nt (-(e)s, -er) figure f, visage m; (Miene) air m; **ein langes ~ machen** faire une tête d'enterrement; **Gesichtsausdruck** m expression f; **Gesichtsfarbe** f teint m; **Gesichtskontrolle** f filtrage m; **Gesichtslotion** f lotion f; **Gesichtsmilch** f lait m démaquillant; **Gesichtspunkt** m point m de vue; **Gesichtsverlust** m: **ohne ~** sans perdre la face; **Gesichtswasser** nt lotion f (pour le visage); **Gesichtszüge** pl traits mpl (du visage)
Gesindel nt (-s) racaille f
gesinnt adj: **jdm übel/wohl ~ sein** être mal/bien disposé(e) envers qn
Gesinnung f mentalité f; (Pol) idées fpl; **Gesinnungsgenosse** m, **-genossin** f ami(e) politique; **Gesinnungslosigkeit** f manque m de principes; **Gesinnungswandel** m volte-face f
gesittet adj bien élevé(e)
gesoffen pp von **saufen**
gesogen pp von **saugen**

gesonnen pp von **sinnen**
Gespann nt (-(e)s, -e) attelage m; (fam) tandem m
gespannt adj (voll Erwartung) impatient(e), curieux(-euse); (Verhältnis, Lage) tendu(e); **ich bin ~, ob ...** je me demande si ...; **auf etw/jdn ~ sein** attendre qch/qn avec impatience
Gespenst nt (-(e)s, -er) fantôme m; **gespensterhaft** adj fantomatique
gesperrt adj fermé(e) à la circulation
Gespiele m (-n, -n), **Gespielin** f partenaire mf
gespien pp von **speien**
gesponnen pp von **spinnen**
Gespött nt (-(e)s) moqueries fpl; **zum ~ der Leute werden** devenir la risée générale
Gespräch nt (-(e)s, -e) entretien m, conversation f; (Telefongespräch) communication f téléphonique; **gesprächig** adj bavard(e), loquace; **Gesprächigkeit** f loquacité f; **Gesprächsstoff** m, **Gesprächsthema** nt sujet m de conversation
gesprochen pp von **sprechen**
gesprungen pp von **springen**
Gespür nt (-s) sens m (für de)
gest. adj abk = **gestorben** décédé(e)
Gestalt f (-, -en) forme f; (fam: Mensch) figure f; **in ~ von** sous forme de; **~ annehmen** prendre forme
gestalten (pp **gestaltet**) vt organiser; (formen) agencer ▪ vr: **sich ~** se révéler; **Gestaltung** f organisation f
gestanden pp von **stehen**
geständig adj: **~ sein** avouer
Geständnis nt aveu m
Gestank m (-(e)s) puanteur f
gestatten (pp **gestattet**) vt permettre; **~ Sie?** vous permettez?; **sich** dat **~, etw zu tun** se permettre de faire qch
Geste f (-, -n) geste m
gestehen (pp **gestanden**) irr vt avouer
Gestein nt (-(e)s, -e) roche f
Gestell nt (-(e)s, -e) (aus Holz) tréteau m; (Fahrgestell) châssis m; (Regal) étagère f
gestern adv hier; **~ Abend/Morgen** hier soir/matin
gestiegen pp von **steigen**
gestikulieren (pp **gestikuliert**) vi gesticuler
Gestirn nt (-(e)s, -e) astre m; (Sternbild) constellation f
gestochen pp von **stechen**
gestohlen pp von **stehlen**
gestorben pp von **sterben**
gestört adj (psychisch) dérangé(e); (problematisch) problématique; **ein gestörtes Verhalten haben** avoir des

troubles caractériels; **ein gestörtes Verhältnis zu jdm/etw haben** avoir de mauvais rapports avec qn/qch
gestoßen pp von **stoßen**
Gesträuch nt (-(e)s, -e) branchages mpl
gestreift adj rayé(e), à rayures
gestrichen pp von **streichen**
gestrig adj d'hier
gestritten pp von **streiten**
Gestrüpp nt (-(e)s, -e) broussailles fpl
gestunken pp von **stinken**
Gestüt nt (-(e)s, -e) haras m
gestylt adj (fam) stylé(e)
Gesuch nt (-(e)s, -e) demande f, requête f
gesucht adj (Com) demandé(e); (Verbrecher) recherché(e)
gesund adj (**gesünder, gesündeste**) sain(e); (Mensch: körperlich) en bonne santé; **Gesundheit** f santé f; **~! à tes/ à vos souhaits!; gesundheitlich** adj de santé ■ adv pour ce qui est de la santé; **wie geht es Ihnen ~?** comment va la santé?; **Gesundheitsfarm** f(-, -en) centre m de remise en forme; **Gesundheitsschaden** m danger m pour la santé; **gesundheitsschädlich** adj malsain(e); **Gesundheitswesen** nt (services mpl de la) santé f publique; **Gesundheitszustand** m état m de santé; **gesund|schreiben** sep irr vt: **jdn ~** déclarer que qn est guéri(e)
gesungen pp von **singen**
gesunken pp von **sinken**
getan pp von **tun**
Getöse nt (-s) vacarme m
getragen pp von **tragen**
Getränk nt (-(e)s, -e) boisson f; **Getränkeautomat** m distributeur m automatique de boissons; **Getränkekarte** f carte f des consommations; (Weinkarte) carte f des vins
getrauen (pp getraut) vr: **sich ~, etw zu tun** oser faire qch
Getreide nt (-s, -) céréales fpl; **Getreidespeicher** m silo m (à céréales)
getrennt adj séparé(e); **~ leben** être séparés; **~ schlafen** faire chambre à part
getreten pp von **treten**
Getriebe nt (-s, -) (von Maschinen) rouages mpl; (Auto) boîte f de vitesses; (Umtrieb) animation f
getrieben pp von **treiben**
Getriebeöl nt huile f de graissage
getroffen pp von **treffen**
getrogen pp von **trügen**
getrost adv en toute confiance
getrunken pp von **trinken**
Getue nt (-s) chichis mpl
geübt adj exercé(e); (Mensch) adroit(e)

Gewächs nt (-es, -e) (Pflanze) plante f; (Med) tumeur f
gewachsen pp von **wachsen** ■ adj: **jdm/einer Sache ~ sein** être de taille à tenir tête à qn/être à la hauteur de qch
Gewächshaus nt serre f
gewagt adj osé(e); (Schritt) risqué(e)
gewählt adj (Sprache) soutenu(e)
Gewähr f(-) garantie f; **keine ~ übernehmen** ne pas répondre (für de); **ohne ~** sans garantie; **gewähren** (pp **gewährt**) vt (Wunsch) accéder à; (bewilligen) accorder; **gewährleisten** (pp **gewährleistet**) vt garantir
Gewahrsam m (-s): **etw in ~ nehmen** se voir confier qch; **jdn in ~ bringen** mettre qn en lieu sûr; (Polizeigewahrsam) placer qn en détention préventive
Gewährsmann m (pl **Gewährsleute**) source f
Gewalt f(-, -en) force f; (Macht) pouvoir m; (Kontrolle) contrôle m; (Gewalttaten/violence f; **~ über etw akk haben/verlieren** avoir/perdre le contrôle de qch; **Gewaltanwendung** f recours m à la force; **Gewaltbereitschaft** f propension f à la violence; **gewaltfrei** adj non-violent(e); **Gewaltherrschaft** f dictature f
gewaltig adj (Bau, Fels, Menge) énorme; (mächtig) puissant(e); (fam: groß) sacré(e) ■ adv (fam) sacrément
Gewaltmarsch m marche f forcée; **Gewaltmonopol** nt monopole m de la violence; **gewaltsam** adj violent(e); **gewalttätig** adj violent(e); **Gewalttätigkeit** f violence f. **Gewaltverbrechen** nt (Mord) crime m de sang; **Gewaltverherrlichung** f apologie f de la violence; **Gewaltverzicht** m non-belligérence f; **Gewaltvideo** m vidéo f montrant des scènes de violence
Gewand nt (-(e)s, **Gewänder**) vêtement m
gewandt pp von **wenden** ■ adj agile; (Stil) fluide; (Redner) habile; (im Auftreten) à l'aise; **Gewandtheit** f agilité f, habileté f, aisance f
gewann imperf von **gewinnen**
gewaschen pp von **waschen**
Gewässer nt (-s, -) eaux fpl
Gewebe nt (-s, -) tissu m
Gewehr nt (-(e)s, -e) fusil m; **Gewehrlauf** m canon m de fusil
Geweih nt (-(e)s, -e) bois mpl
Gewerbe nt (-s, -) industrie f, commerce m; (Beruf) métier m; **Handel und ~** le commerce et l'industrie; **Gewerbegebiet** nt zone f industrielle; **Gewerbeschule** f école f professionnelle; **Gewerbesteuer** f

taxe f professionnelle; **gewerblich** adj
commercial(e); **gewerbsmäßig** adj
professionnel(le)
Gewerkschaft f syndicat m;
Gewerkschaft(l)er, in m(f) (**-s, -**)
syndicaliste mf; **gewerkschaftlich**
adv: **~ organisiert sein** être syndiqué(e);
Gewerkschaftsbund m confédération f
syndicale
gewesen pp von **sein**
gewichen pp von **weichen**
Gewicht nt (**-(e)s, -e**) poids m;
gewichtig adj important(e)
gewieft adj futé(e)
gewiesen pp von **weisen**
gewillt adj: **~ sein, etw zu tun** être
disposé(e) à faire qch
Gewimmel nt (**-s**) fourmillement m
Gewinde nt (**-s, -**) (von Schraube) pas m
Gewinn m (**-(e)s, -e**) gain m; (finanziell)
bénéfice m; (in Lotterie) lot m; **etw mit ~
verkaufen** vendre qch à bénéfice;
Gewinnbeteiligung f participation f aux
bénéfices; **gewinnbringend** adj lucratif(-
ive); **gewinnen (gewann, gewonnen)** vt
gagner; (Kohle, Öl etc) extraire; **jdn für
etw ~** gagner qn pour qch ▪ vi gagner;
(profitieren) tirer bénéfice; (besser werden)
s'améliorer; **an etw** dat **~** gagner en qch;
gewinnend adj séduisant(e);
Gewinner, in m(f) (**-s, -**) vainqueur m,
gagnant(e); **Gewinnnummer** f numéro
m gagnant; **Gewinnpotenzial** nt gain m
potentiel; **Gewinnspanne** f marge f
bénéficiaire; **Gewinnsucht** f cupidité f;
Gewinnung f (von Kohle etc) extraction f;
(von Strom, Erdöl) production f;
Gewinnwarnung f (Com) profit
warning m
Gewirr nt (**-(e)s**) enchevêtrement m;
(von Straßen etc) dédale m
gewiss adj certain(e) ▪ adv (sicherlich)
certainement
Gewissen nt (**-s, -**) conscience f;
gewissenhaft adj consciencieux(-euse);
Gewissenhaftigkeit f minutie f;
gewissenlos adj qui n'a pas de
conscience, sans scrupules;
Gewissenlosigkeit f manque m de
conscience, absence f de scrupules;
Gewissensbisse pl remords mpl;
Gewissensfrage f cas m de conscience;
Gewissenskonflikt m conflit m moral
gewissermaßen adv pour ainsi dire
Gewissheit f certitude f
Gewitter nt (**-s, -**) orage m; **gewittern**
(pp **gewittert**) vi unpers: **es gewittert**
il y a de l'orage
gewitzt adj malin(-igne)
gewoben pp von **weben**

gewogen pp von **wiegen** ▪ adj: **jdm/
einer Sache ~ sein** être favorable à
qn/qch
gewöhnen (pp **gewöhnt**) vt habituer
▪ vr: **sich an etw** akk **~** s'habituer à qch
Gewohnheit f habitude f; **aus ~** par
habitude; **zur ~ werden** devenir une
habitude; **Gewohnheitsmensch** m
routinier(-ère) mf; **Gewohnheitstier** nt
(fam) esclave mf de ses habitudes
gewöhnlich adj (alltäglich) habituel(le);
(vulgär) vulgaire; **wie ~** comme d'habitude
gewohnt adj habituel(le); **etw ~ sein** être
habitué(e) à qch
Gewöhnung f accoutumance f (an +akk à)
Gewölbe nt (**-s, -**) (Decke) voûte f; (Raum)
cave f voûtée
gewonnen pp von **gewinnen**
geworben pp von **werben**
geworden pp von **werden**
geworfen pp von **werfen**
gewrungen pp von **wringen**
Gewühl nt (**-(e)s**) (von Menschen) cohue f
gewunden pp von **winden**
Gewürz nt (**-es, -e**) épice f,
assaisonnement m; **Gewürzgurke** f
cornichon m au vinaigre; **Gewürznelke** f
clou m de girofle
gewusst pp von **wissen**
gezahnt adj denté(e), dentelé(e)
Gezeiten pl marée f; **Gezeitenkraftwerk**
nt usine f marémotrice
gezielt adj ciblé(e)
geziert adj affecté(e)
gezogen pp von **ziehen**
Gezwitscher nt (**-s**) gazouillis m
gezwungen pp von **zwingen**
▪ adj forcé(e); **gezwungenermaßen**
adv: **etw ~ tun** être obligé(e) de faire qch
ggf. adv abk = **gegebenenfalls** le cas
échéant
Ghana nt (**-s**) le Ghana
Gibraltar nt (**-s**) Gibraltar
Gicht f (**-**) goutte f
Giebel m (**-s, -**) pignon m; **Giebeldach** nt
toit m en pente; **Giebelfenster** nt fenêtre
au dernier étage d'une maison à pignon
Gier f (**-**) avidité f; **gierig** adj avide
gießen (goss, gegossen) vt verser;
(Blumen) arroser; (Metall, Wachs) couler;
es gießt il pleut à verse; **Gießerei** f
fonderie f; **Gießkanne** f arrosoir m
Gift nt (**-(e)s, -e**) poison m; **giftig** adj
toxique; (Pilz) vénéneux(-euse); (Schlange:
fig) venimeux(-euse); **Giftmüll** m déchets
mpl toxiques; **Giftmülldeponie** f
décharge f de produits toxiques;
Giftstoff m produit m toxique, poison m;
Giftzahn m crochet m à venin
Gigabyte nt giga-octet m

gigantisch adj gigantesque; (*Erfolg*) immense; (*fam: sehr gut*) géant(e)

Gilde f (**-, -n**) corporation f; (*Hist*) guilde f

ging imperf von **gehen**

Ginster m (**-s, -**) genêt m

Gipfel m (**-s, -**) sommet m; (*von Dummheit*) comble m; **gipfeln** vi: **in etw** dat ~ **se** terminer par qch; **Gipfeltreffen** nt rencontre f au sommet

Gips m (**-es, -e**) plâtre m; **Gipsabdruck** m plâtre m; **gipsen** vt plâtrer; **Gipsfigur** f plâtre m; **Gipsverband** m plâtre m

Giraffe f (**-, -n**) girafe f

Girlande f (**-, -n**) guirlande f

Giro nt (**-s, -s**) virement m; **Girokonto** nt compte m courant

Gischt m (**-(e)s, -e**) embruns mpl

Gitarre f (**-, -n**) guitare f

Gitter nt (**-s, -**) grille f; (*für Pflanzen*) treillage m; **Gitterbett** nt lit m d'enfant (à barreaux); **Gitterfenster** nt fenêtre f à barreaux; **Gitterzaun** m clôture f

Glace f (**-, -n**) (*CH*) glace f

Glacéhandschuh m gant m de chevreau; **jdn mit Glacéhandschuhen anfassen** prendre des gants avec qn

Gladiole f (**-, -n**) glaïeul m

Glanz m (**-es**) éclat m; (*fig*) splendeur f

glänzen vi briller; **glänzend** adj brillant(e); (*fig*) excellent(e)

Glanzleistung f brillante performance f; **glanzlos** adj terne; **Glanzzeit** f apogée m

Glarus nt (**-**) Glaris

Glas nt (**-es, Gläser**) verre m; **Glasbläser** m (**-s, -**) souffleur m (de verre); **Glascontainer** m conteneur m à verre; **Glaser, in** m(f) (**-s, -**) vitrier m; **gläsern** adj (*aus Glas*) de verre, en verre; (*fig: durchschaubar*) transparent(e); **Glasfaserkabel** nt câble m optique

glasieren (pp **glasiert**) vt (*Tongefäß*) vernisser; (*Gastr*) glacer

glasig adj (*Blick, Augen*) vitreux(-euse)

Glasscheibe f vitre f

Glasur f vernis m; (*Gastr*) glaçage m

glatt adj lisse; (*rutschig*) glissant(e); (*komplikationslos*) sans histoire; (*Absage*) catégorique; (*Lüge*) pur(e) et simple; **das habe ich ~ vergessen** je l'ai complètement oublié; **Glätte** f (**-, -n**) structure f lisse, poli m; (*Rutschigkeit*) état m glissant; **Glatteis** nt verglas m; **glätten** vt lisser, défroisser ■ vr: **sich ~** (*Wogen, Meer*) se calmer

Glatze f (**-, -n**) calvitie f; (*fam: Skinhead*) crâne m rasé; **eine ~ bekommen** devenir chauve; **glatzköpfig** adj chauve

Glaube m (**-ns, -n**) (*Rel*) foi f; (*Überzeugung*) croyance f (*an +akk* à, en, dans); **glauben** vt, vi croire (*an +akk* à); (*Rel*) croire (*an +akk* en); **jdm ~** croire qn;

Glaubensbekenntnis nt profession f de foi; **glaubhaft** adj digne de foi, crédible

gläubig adj (*Rel*) croyant(e); (*vertrauensvoll*) confiant(e); **Gläubige, r** mf croyant(e); **die Gläubigen** (*pl*) les fidèles

Gläubiger, in m(f) (**-s, -**) créancier(-ière)

glaubwürdig adj digne de foi; (*Mensch, Partei, Politik*) digne de confiance; **Glaubwürdigkeit** f crédibilité f

gleich adj égal(e); (*identisch*) (le (la)) même; **2 mal 2 ~ 4** 2 fois 2 font 4; **es ist mir ~** ça m'est égal ■ adv (*ebenso*) également; (*sofort*) tout de suite; (*bald*) dans un instant; **~ gesinnt** qui a les mêmes idées; **~ groß** aussi grand(e), de la même taille; **~ nach** juste après; **~ bleiben** rester le (la) même; **sich** dat **~ bleiben** rester le (la) même; **das bleibt sich doch ~** cela revient au même; **~ bleibend** constant(e); **gleichaltrig** adj du même âge; **gleichartig** adj semblable; **gleichbedeutend** adj synonyme; **gleichberechtigt** adj égal(e); **Gleichberechtigung** f égalité f (des droits); **gleich|bleiben** vi siehe **gleich**; **gleichbleibend** adj constant(e)

gleichen (glich, geglichen) vi: **jdm/einer Sache ~** ressembler à qn/à qch ■ vr: **sich ~** se ressembler

gleichfalls adv pareillement; **Gleichförmigkeit** f uniformité f; **gleichgesinnt** adj siehe **gleich**; **Gleichgewicht** nt équilibre m; **gleichgültig** adj indifférent(e); (*unbedeutend*) sans importance; **das ist mir ~** cela m'est égal; **Gleichgültigkeit** f indifférence f; **Gleichheit** f égalité f; **gleich|kommen** sep irr vi aux sein; **einer Sache** dat **~** équivaloir à qch; **jdm ~** égaler qn; **Gleichmacherei** f nivellement m; **gleichmäßig** adj régulier(-ière); **Gleichmut** m (**-(e)s**) égalité f d'humeur

Gleichnis nt parabole f

gleich|sehen sep irr vi: **jdm ~** ressembler à qn; **gleich|stellen** sep vt mettre sur le même plan (*einer Sache* dat que qch); **Gleichstellung** f assimilation f; **Gleichstrom** m (*Elec*) courant m continu

Gleichung f équation f

gleichwertig adj équivalent(e); **gleichzeitig** adj simultané(e)

Gleis nt (**-es, -e**) (*Schiene*) voie f ferrée, rails mpl; (*Bahnsteig*) quai m

gleiten (glitt, geglitten) vi aux sein glisser; **gleitende Arbeitszeit** horaire m flexible; **Gleitflug** m vol m plané; **Gleitschirm** m parapente m; **Gleitschirmfliegen** nt (**-s**) parapente m; **Gleitzeit** f horaire m flexible

Gletscher m (-s, -) glacier m;
Gletscherkunde f glaciologie f;
Gletscherskifahren nt ski m sur glacier;
Gletscherspalte f crevasse f
glich imperf von **gleichen**
Glied nt (-(e)s, -er) (einer Kette) maillon m;
(Körperglied) membre m
gliedern vt structurer; (Arbeit) organiser;
Gliederung f organisation f
Gliedmaßen pl membres mpl
glimmen (**glomm, geglommen**) vi
rougeoyer, luire
Glimmer m (-s, -) mica m
Glimmstängel m (fam) clope f
glimpflich adj (nachsichtig) indulgent(e);
~ **davonkommen** s'en tirer à bon
compte
glitschig adj glissant(e)
glitt imperf von **gleiten**
glitzern vi scintiller
global adj (weltumspannend) mondial(e);
(allgemein) global(e); **globale Erwärmung**
réchauffement m de la planète;
Globalisierung f globalisation f;
Global Player m (-s, -) agent m
économique global
Globus m (-o -ses, -se o **Globen**) globe m
Glöckchen nt clochette f
Glocke f (-, -n) (Kirchenglocke) cloche f;
(Käseglocke) cloche f à fromage;
(Schulglocke) sonnerie f; **etw an die große
~ hängen** crier qch sur les toits;
Glockenspiel nt carillon m;
Glockenturm m clocher m
glomm imperf von **glimmen**
Glosse f (-, -n) commentaire m
Glotze f (-, -n) (fam: Fernseher) téloche f;
(Computer) bécane f; **glotzen** vi (fam)
regarder bouche bée
Glück nt (-(e)s) (guter Umstand) chance f;
(Zustand) bonheur m; ~ **haben** avoir de la
chance; **viel ~!** bonne chance!; **zum ~** par
bonheur; **auf gut ~** au petit bonheur;
glücken vi aux sein réussir
gluckern vi (Wasser) glouglouter
glücklich adj heureux(-euse);
glücklicherweise adv heureusement;
Glücksbringer m (-s, -) porte-bonheur m;
Glücksfall m coup m de chance;
Glückskind nt veinard(e);
Glückssache f: **das ist ~** c'est une
question de chance; **Glücksspiel** nt
jeu m de hasard; **Glücksstern** m bonne
étoile f; **Glückwunsch** m félicitations fpl;
herzlichen ~ toutes mes félicitations;
(zum Geburtstag) bon anniversaire
Glühbirne f ampoule f
glühen vi (Draht, Kohle, Ofen) rougeoyer;
(erregt, begeistert sein) brûler (vor +dat de);
glühend adj torride; (leidenschaftlich)

passionné(e); **Glühwein** m vin m chaud;
Glühwürmchen nt ver m luisant
Glut f (-, -en) (Feuersglut) braise f; (Hitze)
chaleur f torride; (von Leidenschaft) feu m
GmbH f (-, -s) abk = **Gesellschaft mit
beschränkter Haftung** S.A.R.L. f
Gnade f (-, -n) (Gunst) faveur f; (Erbarmen)
grâce f; **Gnadenfrist** f délai m de grâce;
Gnadengesuch nt recours m en grâce;
gnadenlos adj sans pitié; **Gnadenstoß**
m coup m de grâce
gnädig adj clément(e); **gnädige Frau**
(Anrede) Madame
Gokart m (-(s), -s) kart m
Gold nt (-(e)s) or m; **golden** adj d'or;
(Zukunft) doré(e); **Goldfisch** m poisson m
rouge; **Goldgrube** f mine f d'or;
goldig adj adorable; **Goldmedaille** f
médaille f d'or; **Goldregen** m cytise m;
Goldschmied, in m(f) orfèvre m;
Goldschnitt m dorure f sur tranche
Golf nt (-s) (Sport) golf m ■ m (-(e)s, -e)
golfe m; **Golfkrieg** m guerre f du Golfe;
Golfplatz m terrain m de golf;
Golfschläger m club m; **Golfspieler, in**
m(f) joueur(-euse) de golf; **Golfstaat** m
pays m du Golfe; **Golfstrom** m Gulf
Stream m
Gondel f (-, -n) (Boot) gondole f; (von
Seilbahn) (télé)cabine f; **gondeln** vi aux
sein (fam) trimbaler; **durch die Welt ~**
rouler sa bosse
gönnen vt: **jdm etw ~** penser que qn a
mérité qch; **sich** dat **etw ~** s'accorder qch;
Gönner, in m(f) (-s, -) bienfaiteur(-trice);
(von Künstler) mécène; **gönnerhaft** adj
condescendant(e); **Gönnermiene** f air m
condescendant
gor imperf von **gären**
goss imperf von **gießen**
Gosse f (-, -n) caniveau m; (fig) ruisseau m
Gott m (-es, Götter) dieu m; (christlicher
Gott) Dieu m; **um Gottes willen** mon Dieu;
grüß ~ (Sdeutsch) bonjour; **leider Gottes**
malheureusement; ~ **sei Dank** Dieu
merci; **Gottesdienst** m (evangelisch) culte
m; (katholisch) messe f; **Gotteshaus** nt
maison f de Dieu; **Gotteskrieger, in** m(f)
terroriste mf religieux(euse); **Göttin** f
déesse f; **göttlich** adj divin(e); **gottlos**
adj impie, athée; **Gottvertrauen** nt foi f
Götze m (-n, -n) idole f
GPS f (-) abk = **Grüne Partei der Schweiz**
parti écologiste suisse ■ nt (-) abk = **Global
Positioning System** GPS m
Grab nt (-(e)s, Gräber) tombe f;
graben (**grub, gegraben**) vt, vi creuser;
nach etw ~ chercher qch
Graben m (-s, Gräben) fossé m; (Mil)
tranchée f

Grabrede f oraison f funèbre;
Grabstein m pierre f tombale
Grad m (-(e)s, -e) degré m; (Rang) grade m;
(akademischer Grad) grade m universitaire;
Gradeinteilung f graduation f;
gradweise adv graduellement
Graf m (-en, -en) comte m
Graffiti pl graffiti mpl
Grafik f (-, -en) graphique m;
Grafikbildschirm m (Inform) écran m
graphique; **Grafiker, in** m(f) (-s, -)
graphiste mf; **Grafikkarte** f (Inform) carte
f graphique; **Grafikmodus** m (Inform)
mode m graphique; **Grafikprogramm** nt
(Inform) grapheur m
Gräfin f comtesse f
grafisch adj graphique
Gram m (-(e)s) chagrin m; **grämen** vr:
sich ~ être rongé(e) de chagrin
Gramm nt (-s, -(e)) gramme m
Grammatik f grammaire f;
grammatisch adj grammatical(e)
Grammel f (-, -n) (A) petit lardon m frit
Granat m (-(e)s, -e) (Stein) grenat m;
Granatapfel m grenade f
Granate f (-, -n) (Mil) obus m;
(Handgranate) grenade f
Granit m (-s, -e) granit m; **auf ~ beißen**
se heurter à un mur
Grapefruit f (-, -s) pamplemousse m
Graphik siehe **Grafik**
Gras nt (-es, Gräser) herbe f; **grasen** vi
paître; **Grashalm** m brin m d'herbe; **grasig**
adj herbeux(-euse); **Grasnarbe** f gazon m
grassieren (pp grassiert) vi sévir
grässlich adj horrible
Grat m (-(e)s, -e) arête f
Gräte f (-, -n) arête f
gratis adv gratuitement, gratis;
Gratisprobe f échantillon m gratuit
Gratulation f félicitations fpl;
gratulieren (pp gratuliert) vi: **jdm ~**
féliciter qn (zu etw de qch); **ich gratuliere!**
félicitations!
Gratwanderung f (fig) exercice m sur la
corde raide
grau adj gris(e); **~ meliert** grisonnant(e)
Graubünden nt (-s) les Grisons mpl
Gräuel m (-s, -) horreur f; **Gräueltat** f
atrocité f
grauen vi (Tag) se lever ▪ vi unpers:
es graut ihm/ihr vor etw dat il/elle
appréhende qch ▪ vr: **sich vor etw** dat ~
avoir horreur de qch; **Grauen** nt (-s)
horreur f; **grauenhaft** adj horrible
grauhaarig adj aux cheveux blancs;
graumeliert adj siehe **grau**
grausam adj atroce; (Mensch) cruel(le);
(Sitten) barbare; **Grausamkeit** f atrocité
f, cruauté f

gravieren (pp graviert) vt graver
gravierend adj (Fehler, Irrtum) grave;
(Verlust, Unterschied) grand(e); (Umstand)
aggravant(e)
Grazie f grâce f; **graziös** adj
gracieux(-euse)
Greencard f (-, -s) permis de travail pour
spécialistes non originaires de l'UE
greifbar adj tangible; (deutlich) évident(e);
in greifbarer Nähe tout près
greifen (griff, gegriffen) vt (ergreifen)
saisir; (auf Musikinstrument) jouer ▪ vi
(Wirkung haben: Maßnahmen, Regelung etc)
opérer; (Reifen) avoir une adhérence; **in**
etw akk ~ mettre la main dans qch; **an**
etw akk ~ toucher qch; **nach etw ~** tendre
la main pour prendre qch; **zu etw ~** (fig)
recourir à qch; **um sich ~** (sich ausbreiten)
se propager
Greis m (-es, -e) vieillard m; **Greisenalter**
nt vieillesse f; **Greisin** f vieille f
grell adj (Licht) aveuglant(e); (Farbe)
criard(e), cru(e); (Stimme, Ton) perçant(e)
Gremium nt comité m
Grenada nt (-s) (l'île f de) Grenade
Grenzbeamte, r m, **-beamtin** f
douanier m; **Grenze** f (-, -n) frontière f;
(fig) limite f; **sich in Grenzen halten** être
modéré(e); **grenzen** vi: **an etw** akk ~
confiner à qch; **grenzenlos** adj immense,
infini(e); (Angst) démesuré(e); **Grenzfall**
m cas m limite; **Grenzlinie** f ligne f de
démarcation; (Sport) limite f du terrain;
Grenzübergang m (Ort) poste m
frontière; **Grenzverkehr** m trafic m
transfrontalier; **Grenzwert** m limite f
Greuel m siehe **Gräuel**; **Greueltat** f
siehe **Gräueltat**
Griebe f (-, -n) petit lardon m frit;
Griebenschmalz nt rillons mpl
Grieche m (-n, -n) Grec m;
Griechenland nt la Grèce; **Griechin** f
Grecque f; **griechisch** adj grec(que)
griesgrämig adj grincheux(-euse)
Grieß m (-es, -e) semoule f
griff imperf von **greifen**
Griff m (-(e)s, -e) poigne f, prise f; (an Tür
etc) poignée f; (an Topf, Messer) manche m;
griffbereit adj: **etw ~ haben** avoir qch
sous la main
Griffel m (-s, -) crayon m d'ardoise; (Bot)
style m
Grill m (-s, -s) gril m; (Gartengrill)
barbecue m
Grille f (-, -n) grillon m
grillen vt griller; **Grillfest** nt barbecue m;
Grillplatte f grillade f
Grimasse f (-, -n) grimace f
Grimm m (-(e)s) courroux m; **grimmig** adj
furieux(-euse); (heftig) terrible

grinsen vi ricaner; (dumm grinsen) sourire bêtement
Grippe f(-, -n) grippe f;
  Grippeschutzimpfung f vaccin m antigrippal; **Grippewelle** f épidémie f de grippe
grob adj (gröber, am gröbsten) grossier(-ière); (brutal) brutal(e); (Netz) à larges mailles; (Eindruck, Überblick) sommaire; (Fehler, Unfug) grave; **Grobheit** f grossièreté f; **Grobian** m (-s, -e) brute f
Grog m (-s, -s) grog m
grölen vi brailler
Groll m (-(e)s) rancœur f; **grollen** vi (Donner) gronder; (mit) jdm ~ en vouloir à qn
Grönland nt le Groenland
Groschen m (-s, -) (österreichische Münze) groschen m
groß adj (größer, am größten) grand(e); (Mühe, Lärm) beaucoup de; **die ~e Zehe** le gros orteil; **~e Angst/Schmerzen haben** avoir très peur/mal; **im Großen und Ganzen** dans l'ensemble; **er ist 1,80 m ~** il mesure 1,80 m; **großartig** adj formidable; **Großaufnahme** f gros plan m
Großbritannien nt (-s) la Grande-Bretagne
Größe f(-, -n) taille f, dimensions fpl; (Math) valeur f; (bei Kleidung) taille f; (bei Schuhen) pointure f; (fig) grandeur f; (von Ereignis) importance f
Großeinkauf m grand ravitaillement m
Großeltern pl grands-parents mpl
Größenordnung f ordre m de grandeur; **in der ~ von** de l'ordre de
großenteils adv en grande partie
Größenunterschied m différence f de taille; **Größenwahn** m mégalomanie f, folie f des grandeurs; **größenwahnsinnig** adj mégalomane
Großfahndung f vastes recherches fpl; **Großformat** nt grand format m; **Großhandel** m commerce m de gros; **Großhändler, in** m(f) grossiste mf; **großherzig** adj magnanime; **Großmacht** f grande puissance f; **Großmarkt** m marché m de gros; **Großmaul** nt (fam) grande gueule f; **Großmut** f(-) magnanimité f; **großmütig** adj magnanime; **Großmutter** f grand-mère f; **Großoffensive** f offensive f de grande envergure; **Großraumbüro** nt bureau m en espace ouvert; **Großraumwagen** m (Eisenbahn) (wagon-)salle m; **Großrechner** m macroordinateur m; **großspurig** adj vantard(e); **Großstadt** f grande ville f

größte, r, s adj superl von **groß** le (la) plus grand(e); **größtenteils** adv pour la plupart
Großvater m grand-père m; **groß|ziehen** sep irr vt élever; **großzügig** adj généreux(-euse); (in Ausdehnung) spacieux(-euse), vaste
grotesk adj grotesque
Grotte f(-, -n) grotte f
grub imperf von **graben**
Grübchen nt fossette f
Grube f(-, -n) trou m, fosse f; (im Bergbau) mine f
grübeln vi se creuser la tête; **über etw** akk **~** tourner et retourner qch dans sa tête
Grubengas nt grisou m
Grübler, in m(f)(-s, -) personne f soucieuse; **grüblerisch** adj soucieux(-euse), sombre
grüezi interj (CH) bonjour
Gruft f(-, **Grüfte**) caveau m, tombeau m; **Grufti** m (-s, -s) (Jugendsprache) vieux m, vieille f, ringard(e)
grün adj vert(e); (Pol) vert(e), écologiste; (unerfahren) sans expérience; **der Grüne Punkt** le point vert

> ● **GRÜNER PUNKT**
> ●
> ● Le Grüner Punkt est un symbole
> ● représentant un point vert. On le
> ● trouve sur certains emballages qui
> ● doivent être collectés séparément
> ● pour être recyclés par le système DSD.
> ● Les fabricants financent le recyclage
> ● des emballages en achetant des
> ● licences à la 'DSD' et répercutent
> ● souvent le coût sur les
> ● consommateurs.

Grünanlagen pl espaces mpl verts
Grund m (-(e)s, **Gründe**) (Motiv, Ursache) raison f; (von Gewässer) fond m; **im Grunde genommen** au fond; **einer Sache** dat **auf den ~ gehen** tâcher de découvrir le fin fond de qch; **zu Grunde** siehe **zugrunde**; **Grundausbildung** f formation f de base; (Mil) manoeuvre f; **Grundbedeutung** f sens m premier; **Grundbesitz** m propriété f foncière; **Grundbuch** nt cadastre m; **grundehrlich** adj foncièrement honnête
gründen vt fonder ■ vr: **sich ~ auf** +akk être fondé(e) sur; **Gründer, in** m(f) (-s, -) fondateur(-trice)
grundfalsch adj complètement faux (fausse); **Grundfreibetrag** m abattement m à la base; **Grundgebühr** f taxe f de base; **Grundgedanke** m idée f

fondamentale; **Grundgesetz** nt (in BRD) constitution f; **Grundkurs** m cours m de base; (an der Universität) initiation f; **Grundlage** f base f, fondement m; **grundlegend** adj fondamental(e)

gründlich adj (Mensch, Arbeit) consciencieux(-euse); (Kenntnisse) approfondi(e); (Vorbereitung) minutieux(-euse) ♦ adv à fond

grundlos adj sans fondement; **Grundmauer** f fondation f; **Grundregel** f règle f de base; **Grundriss** m plan m; (fig) grandes lignes fpl; **Grundsatz** m principe m; **grundsätzlich** adj fondamental(e) ♦ adv par principe; (normalerweise) en principe; **Grundschule** f école f primaire

◎ **GRUNDSCHULE**
◎
◎
◎ La Grundschule est l'école primaire
◎ qui accueille les enfants de 6 à 10 ans.
◎ Il n'y a pas d'examens proprement dits
◎ à la 'Grundschule', mais les parents
◎ reçoivent deux fois par an un rapport
◎ sur les progrès de l'enfant. Beaucoup
◎ d'enfants fréquentent un Kindergarten
◎ de 3 à 6 ans, mais le 'Kindergarten'
◎ ne dispense pas de l'enseignement
◎ scolaire.

Grundstein m première pierre f; **Grundsteuer** f taxe f foncière; **Grundstück** nt terrain m
Gründung f fondation f
grundverschieden adj tout à fait différent(e); **Grundwasser** nt nappe f phréatique; **Grundzug** m trait m fondamental; **etw in seinen Grundzügen darstellen** présenter les grandes lignes de qch
Grüne, r mf (Pol) vert(e), écologiste mf
Grüne, s nt (-n): **im Grünen wohnen** vivre à la campagne; **ins ~ fahren** aller à la campagne
Grüngürtel m ceinture f verte; **Grünkohl** m chou m frisé; **Grünschnabel** m blanc-bec m; **Grünspan** m vert-de-gris m; **Grünstreifen** m bande f médiane, terre-plein m central
grunzen vi grogner
Gruppe f (-, -n) groupe m; **Gruppenarbeit** f travail m en [o de] groupe; **Gruppenreise** f voyage m organisé; **gruppenweise** adv en groupes
gruppieren (pp **gruppiert**) vt regrouper ♦ vr: **sich ~** se regrouper
gruselig adj qui donne des frissons

gruseln vi unpers: **es gruselt mir/ihm vor etw** dat je suis/il est épouvanté(e) par qch ♦ vr: **sich ~** avoir peur
Gruß m (-es, **Grüße**) salutations fpl, salut m; **viele Grüße** amitiés; **viele Grüße an deine Mutter** donne le bonjour à ta mère; **mit freundlichen Grüßen** recevez mes sincères salutations, avec mes/nos sincères salutations; **grüßen** vt saluer; **jdn von jdm ~** donner le bonjour à qn; **jdn ~ lassen** donner le bonjour à qn
gschamig adj (A) pudique
GSM nt (-) abk = **Globales System für Mobilkommunikation** GSM m
Guatemala nt (-s) le Guatemala; **Guatemalteke** m (-n, -n), **Guatemaltekin** f Guatémaltèque mf; **guatemaltekisch** adj guatémaltèque
gucken vi regarder
Gugelhupf m (-s, -e) kouglof m
Guinea nt (-s) la Guinée; **Guinea-Bissau** nt (-s) la Guinée-Bissau
Gulasch nt (-(e)s, -e) goulasch m
gültig adj (Pass, Gesetz) valide; (Fahrkarte, Vertrag) valable; **Gültigkeit** f validité f; **Gültigkeitsdauer** f durée f de validité; **Gültigkeitsprüfung** f (Inform) validation f
Gummi nt o m (-s, -s) caoutchouc m; **Gummiband** nt (pl **Gummibänder**) élastique m; **Gummibärchen** nt ourson m gélifié; **gummieren** (pp **gummiert**) vt gommer; **Gummiknüppel** m matraque f; **Gummireifen** m pneu m; **Gummistiefel** m botte f en caoutchouc; **Gummistrumpf** m bas m à varices
Gunst f (-) faveur f, zu Gunsten en faveur de
günstig adj favorable; (Angebot, Preis) avantageux(-euse)
Gurgel f (-, -n) (fam) gorge f; **gurgeln** vi (Wasser) gargouiller; (Mensch) se gargariser
Gurke f (-, -n) concombre m; **saure ~** cornichon m
Gurt m (-(e)s, -e) (Band) courroie f; (Sicherheitsgurt) ceinture f
Gürtel m (-s, -) ceinture f; **Gürtelreifen** m pneu m à carcasse radiale; **Gürtelrose** f zona m; **Gürteltasche** f (sac m) banane f; **Gürteltier** nt tatou m
Gurtstraffer m (-s, -) rétracteur m de ceinture
Guru m (-s, -s) gourou m
GUS f (-) abk = **Gemeinschaft Unabhängiger Staaten** CEI f
Guss m (-es, **Güsse**) fonte f, coulage m; (Regenguss) averse f; (Gastr) glaçage m; **Gusseisen** nt fonte f
gut (**besser, beste,** adv **am besten**) adj bon(ne); (Schulnote) bien; **sehr ~** (Schulnote)

très bien; **wenn das Wetter ~ ist** quand il fait beau/s'il fait beau; **es ist gute 2 Meter lang** cela fait bien 2 mètres de long; **alles Gute** bonne chance; **alles Gute zum Geburtstag** bon anniversaire ■ *adv* bien; **~ gehen** bien se passer; **es geht ihm/mir ~** il va/je vais bien; **es ~ sein lassen** ne plus en parler; **~ aussehend** beau (belle), mignon(ne); **~ gelaunt** de bonne humeur; **~ gemeint** qui part d'une bonne intention; *siehe auch* **guttun**

Gut *nt* (**-(e)s, Güter**) (*Besitz*) bien *m*; (*Ware*) marchandise *f*; (*Landgut*) propriété *f*

Gutachten *nt* (**-s, -**) expertise *f*; **Gutachter, in** *m(f)* (**-s, -**) expert(e)

gutartig *adj* (*Med*) bénin(-igne); **gutaussehend** *adj siehe* **gut**; **gutbürgerlich** *adj*: **gutbürgerliche Küche** cuisine *f* bourgeoise; **Gutdünken** *nt* (**-s**) **nach ~** à sa guise

Güte *f*(**-**) (*charakterlich*) bonté *f*; (*Qualität*) qualité *f*

Güterabfertigung *f* expédition *f* des marchandises; **Güterbahnhof** *m* gare *f* de marchandises; **Güterwagen** *m* wagon *m* de marchandises; **Güterzug** *m* train *m* de marchandises

gut|gehen *sep irr vi siehe* **gut**; **gutgelaunt** *adj siehe* **gut**; **gutgemeint** *adj siehe* **gut**; **gutgläubig** *adj* crédule; **gut|haben** *sep irr vt* avoir à son crédit; **Guthaben** *nt* (**-s, -**) avoir *m*; **gut|heißen** *sep irr vt* approuver; **gutherzig** *adj* qui a bon cœur

gütig *adj* bon(ne), gentil(le)

gütlich *adj*: **sich an etw** *dat* **~ tun** se régaler de qch

gutmütig *adj* brave, bon(ne); **Gutmütigkeit** *f* bonté *f*

Gutsbesitzer, in *m(f)* propriétaire foncier(-ière)

Gutschein *m* bon *m*; **gut|schreiben** *sep irr vt* créditer; **Gutschrift** *f* crédit *m*; (*Bescheinigung*) avis *m* de crédit; **gut|tun** *sep irr vi*: **jdm ~** faire du bien à qn; **gutwillig** *adj* plein(e) de bonne volonté

Guyana *nt* (**-s**) la Guyana

Gymnasiallehrer, in *m(f)* professeur de lycée *mf*

Gymnasium *nt* ≈ lycée *m*

Gymnastik *f* gymnastique *f*; **Gymnastikanzug** *m* justeaucorps *m* de gymnastique

Gynäkologe *m* (**-n, -n**), **-login** *f* gynécologue *mf*; **Gynäkologie** *f* gynécologie *f*

Gyros *nt* (**-, -**) giros *m*

⬥ **GYMNASIUM**
⬥
⬥ Le *Gymnasium* est une école
⬥ secondaire. Les neuf années
⬥ d'études conduisent à l'*Abitur*,
⬥ diplôme qui permet l'accès à
⬥ l'université. Les élèves qui passent
⬥ six années avec succès obtiennent
⬥ automatiquement la *mittlere Reife*
⬥ (brevet des collèges).

h

H, h *nt* (-, -) H, h *m*; (*Mus*) si *m*
Haar *nt* (-(e)s, -e) poil *m*; (*Kopfhaar*) cheveu *m*; **sie hat schönes ~** [o **schöne Haare**] elle a de beaux cheveux; **um ein ~** (*fam*) à un cheveu près; **Haarbürste** *f* brosse *f* (à cheveux); **haaren** *vi*, *vr* perdre ses poils; **Haaresbreite** *f*: **um ~** à un cheveu près; **Haarfestiger** *m* fixateur *m*; **Haargel** *nt* gel *m* coiffant; **haargenau** *adv* (*übereinstimmen*) exactement; (*erklären*) jusque dans les moindres détails; **das trifft ~ zu** c'est très juste; **haarig** *adj* poilu(e); (*Pflanze*) velu(e); (*fig: fam*) désagréable; **Haarklemme** *f* pince *f* à cheveux; **Haarnadel** *f* épingle *f* à cheveux; **Haarnadelkurve** *f* virage *m* en épingle à cheveux; **haarscharf** *adj* (*Beobachtung*) très précis(e); **~ an etw** *dat* **vorbei** en évitant qch de justesse; **Haarschnitt** *m* coupe *f* de cheveux; **Haarschopf** *m* (-es, -schöpfe) tignasse *f*; **Haarspalterei** *f* ergotage *m*; **Haarspange** *f* barrette *f*; **Haarspliss** *m* pointes *fpl* fourchues; **Haarspray** *m o nt* laque *f*; **Haarspülung** *f* après-shampooing *m*; **haarsträubend** *adj* à faire dresser les cheveux sur la tête; **Haarteil** *nt* postiche *m*; **Haartrockner** *m* (-s, -) sèche-cheveux *m*; **Haarwaschmittel** *nt* shampooing *m*

Habe *f* (-) avoir *m*, propriété *f*
haben (**hatte, gehabt**) *vb aux* avoir; (*mit Infinitiv: müssen*) devoir; **er hat gesagt** il a dit; **er hat zu gehorchen** il doit obéir ◼ *vt* (*besitzen*) avoir; **etw von jdm ~** avoir qch de qn; **woher hast du denn das?** où as-tu trouvé cela?; (*gehört*) d'où tiens-tu cela?; **es am Herzen ~** être malade du cœur; **was hast du denn?** qu'est-ce que tu as?; **zu ~ sein** (*erhältlich*) être en vente; (*Mensch*) être libre; **für etw zu ~ sein** (*begeistert*) être enthousiasmé(e) par qch ◼ *vr*: **sich ~** faire des manières; **damit hat es sich** c'est fini [o terminé]; **Haben** *nt* (-s) (*Fin*) avoir *m*
Habenichts *m* (-es, -e) sans-le-sous *m*
Habgier *f* cupidité *f*, avidité *f*; **habgierig** *adj* cupide, avide
Habicht *m* (-s, -e) autour *m*
Habseligkeiten *pl* affaires *fpl*
Hachse *f* (-, -n) jarret *m*
Hacke *f* (-, -n) pioche *f*; (*Ferse*) talon *m*; **hacken** *vi* piocher; (*Vogel*) donner des coups de bec; (*Inform*) pirater ◼ *vt* (*Erde*) piocher, retourner; (*Holz*) fendre; (*Fleisch*) hacher; (*Loch*) creuser (*in* +*akk* dans); **Hacker, in** *m(f)* (-s, -) (*Inform*) pirate *mf* informatique; **Hackfleisch** *nt* viande *f* hachée
Häcksel *m* (-s) fourrage *m* haché
hadern *vi*: **mit dem Schicksal ~** s'en prendre au destin
Hafen *m* (-s, Häfen) port *m*; **Hafenarbeiter, in** *m(f)* docker *m*; **Hafenstadt** *f* ville *f* portuaire
Hafer *m* (-s, -) avoine *f*; **Haferbrei** *m* bouillie *f* d'avoine; **Haferflocken** *pl* flocons *mpl* d'avoine; **Haferschleim** *m* crème *f* d'avoine
Haft *f* (-) détention *f*, prison *f*; **in ~ sein** [o **sitzen**] être détenu(e), être en détention; **haftbar** *adj* responsable (*für de*); **Haftbefehl** *m* mandat *m* d'arrêt; **haften** *vi* (*kleben*) coller (*an* +*dat* à); **für jdn/etw ~** répondre de qn/qch, être responsable de qn/qch; **Häftling** *m* détenu(e); **Haftnotiz** *f* papillon *m* adhésif (*repositionnable*), post-it® *m*; **Haftpflicht** *f* responsabilité *f* civile; **Haftpflichtversicherung** *f* assurance *f* de responsabilité civile; **Haftung** *f* responsabilité *f*
Hagebutte *f* (-, -n) cynorrhodon *m*, fruit *m* de l'églantier
Hagedorn *m* aubépine *f*
Hagel *m* (-s) grêle *f*; **hageln** *vi unpers* grêler ◼ *vt*: **es hagelte Schläge** les coups pleuvaient
hager *adj* décharné(e)
Häher *m* (-s, -) geai *m*

Hahn m (-(e)s, Hähne) coq m;
(Wasserhahn, Gashahn) robinet m;
Hähnchen nt poulet m
Hai(fisch) m (-(e)s, -e) requin m
Haiti nt (-s) Haïti m
Häkchen nt petit crochet m
Häkelarbeit f crochet m; (Gegenstand)
ouvrage m au crochet; **häkeln** vt faire
au crochet ▪ vi faire du crochet;
Häkelnadel f crochet m
Haken m (-s, -) crochet m; (Angelhaken)
hameçon m; (fig) accroc m; **Hakenkreuz**
nt croix f gammée; **Hakennase** f nez m
crochu
halb adj demi(e); (Arbeit) à moitié fait(e);
eine halbe Stunde une demi-heure;
~ **zwei** une heure et demie; **ein halbes
Jahr** six mois; **sein halbes Leben** la moitié
de sa vie; **die halbe Stadt** la moitié de
la ville; **ein halbes Dutzend** une demi-
douzaine ▪ adv à moitié, à demi;
~ **nackt** demi-nu(e); ~ **offen** entrouvert(e);
~ **voll** à moitié plein(e); ~ ... ~ mi-... mi-...;
~ **und** ~ moitié-moitié; **halbe-halbe
machen** faire moitié-moitié;
Halbdunkel nt (-s) pénombre f
halber präp +gen pour
-halber präp +gen (wegen) pour (cause de);
(für) pour (l'amour de)
Halbheit f demi-mesure f
halbieren (pp **halbiert**) vt partager
en deux
Halbinsel f presqu'île f; (groß) péninsule f;
Halbjahr nt semestre m; **halbjährlich**
adv tous les six mois; **Halbkreis** m demi-
cercle m; **Halbkugel** f hémisphère m;
halblaut adv à mi-voix; **Halbleiter** m
semi-conducteur m; **Halblinks** m (-, -)
(Sport) intérieur m gauche; **halbmast** adv:
auf ~ en berne; **Halbmond** m demi-lune
f; (Symbol) croissant m; **halbnackt** adj
siehe **halb**; **halboffen** adj siehe **halb**;
Halbrechts m (-, -) (Sport) intérieur m
droit; **Halbschuh** m chaussure f basse;
halbstündlich adv toutes les demi-
heures; **halbtags** adv à mi-temps;
Halbtagsarbeit f travail m à mi-temps;
halbvoll adj siehe **halb**; **Halbwaise** f
orphelin(e) de père [o de mère]; **halbwegs**
adv (fam: ungefähr) plus ou moins;
Halbwertzeit f période f radioactive;
Halbwüchsige, r mf adolescent(e);
Halbzeit f mi-temps f
Halde f (-, -n) (Abhang) pente f, versant m;
(Kohlenhalde) terril m; (Schutthalde)
éboulis m
half imperf von **helfen**
Hälfte f (-, -n) moitié f
Halfter f (-, -n) (Pistolenhalfter) étui m
▪ m o nt (-s, -) (für Tiere) licou m

Halle f (-, -n) hall m; (Aviat) hangar m;
(Turnhalle) gymnase m
hallen vi résonner
Hallenbad nt piscine f (couverte)
hallo interj (zur Begrüßung) salut;
(überrascht) tiens; (Tel) allo; (heda) hé
Halluzination f hallucination f
Halm m (-(e)s, -e) brin m, tige f
Halogen nt (-s, -e) halogène m;
Halogenbirne f ampoule f halogène;
Halogenlampe f lampe f (à) halogène;
Halogenlicht nt lumière f halogène
Hals m (-es, Hälse) (von Tier) encolure f;
(von Mensch: außen) cou m; (innen) gorge f;
(von Flasche) col m; (von Instrument)
manche m; ~ **über Kopf abreisen** partir
précipitamment; **Halsband** nt (pl
Halsbänder) collier m; **Halsentzündung**
f laryngite f; **Halskette** f collier m;
Hals-Nasen-Ohren-Arzt m, **-Ärztin** f
oto-rhino-(laryngologiste) mf;
Halsschlagader f carotide f;
Halsschmerzen pl mal m à la gorge;
halsstarrig adj obstiné(e); **Halstuch** nt
écharpe f; **Halsweh** nt (-s) mal m à la
gorge; **Halswirbel** m vertèbre f cervicale
halt interj halte, stop
Halt m (-(e)s, -e) (das Anhalten) arrêt m;
(für Füße, Hände) appui m; (fig) soutien m,
appui m; (innerer Halt) stabilité f;
~ **machen** siehe **haltmachen**; **haltbar**
adj (Material) résistant(e); (Lebensmittel)
non périssable; (Position, Behauptung)
défendable; **Haltbarkeit** f (von
Lebensmitteln) conservation f;
Haltbarkeitsdatum nt date f limite de
consommation; **Haltbarkeitsdauer** f
durée f de conservation
halten (**hielt, gehalten**) vt tenir; (Rede)
faire, prononcer; (Abstand, Takt) garder;
(Disziplin) maintenir; (Stellung, Rekord)
défendre; (zurückhalten) retenir;
(Versprechen) tenir; (in bestimmtem
Zustand) garder, conserver; (Haustiere)
avoir; **jdn/etw für jdn/etw** ~ prendre qn/
qch pour qn/qch, considérer qn/qch
comme qn/qch; (versehentlich) prendre
qn/qch pour qn/qch; **viel/wenig von
jdm/etw** ~ estimer beaucoup/peu qn/
qch; **ihn hält hier nichts** rien ne le retient
ici ▪ vi (Nahrungsmittel) se conserver;
(nicht abgehen, fest bleiben) tenir; (anhalten)
s'arrêter; **an sich** akk ~ (sich beherrschen)
se contenir; **zu jdm** ~ soutenir qn ▪ vr:
sich ~ (Nahrung) se conserver; (Blumen)
rester frais (fraîche); (Wetter) rester beau
(belle); (sich behaupten) se maintenir;
sich rechts ~ serrer à droite; **sich an jdn** ~
(sich richten nach) prendre exemple sur qn;
(sich wenden an) s'adresser à qn; **sich an**

etw *akk* ~ observer qch; **Haltestelle** f
arrêt m; **Halteverbot** nt interdiction f
de stationner [o de s'arrêter]
haltlos adj instable, faible; (*Behauptung*)
sans fondement; ~ **weinen** pleurer sans
retenue; **Haltlosigkeit** f (*Schwäche*)
caractère m instable; (*Hemmungslosigkeit*)
manque m de retenue; (*Unbegründetheit*)
manque m de fondement
halt|machen sep vi s'arrêter, faire une
halte; **vor nichts** ~ ne reculer devant rien
Haltung f (*Körperhaltung*) posture f,
allure f; (*Einstellung*) attitude f;
(*Selbstbeherrschung*) maîtrise f de soi
Halunke m (**-n, -n**) canaille f
Hamburg nt (**-s**) Hambourg
Hamburger m (**-s, -**) (*Gastr*) hamburger m
hämisch adj sournois(e); (*Lachen*)
sardonique
Hammel m (**-s, -**) mouton m;
Hammelfleisch nt mouton m;
Hammelkeule f gigot m de mouton
Hammer m (**-s, Hämmer**) marteau m;
hämmern vt (*Metall*) marteler ▪ vi (*Herz,
Puls*) battre
Hämoglobin nt (**-s**) hémoglobine f
Hämorr(ho)iden pl hémorroïdes fpl
Hampelmann m (pl **Hampelmänner**)
(a. fig) pantin m
Hamster m (**-s, -**) hamster m;
hamstern vi faire des réserves
▪ vt amasser
Hand f (**-, Hände**) main f; ~ **in** ~ **arbeiten**
collaborer (étroitement); ~ **in** ~ **gehen**
marcher la main dans la main; **zu Händen
von** à l'attention de; **Handarbeit** f travail
m manuel [o artisanal]; (*Nadelarbeit*)
ouvrage m à l'aiguille; **etw ist** ~ qch est
fait(e) à la main; **Handball** m handball m;
Handbesen m balayette f; **Handbremse**
f frein m à main; **Handbuch** nt manuel m;
Händedruck m poignée f de main
Handel m (**-s**) commerce m
handeln vi (*tätig werden*) agir ▪ vr unpers:
sich um etw ~ s'agir de qch; **mit etw** ~
faire commerce de qch; **um etw** ~
(*feilschen*) marchander qch; **von etw** ~
traiter de qch; **Handeln** nt (**-s**)
(*Tätigwerden*) réaction f; (*Feilschen*)
marchandage m; **schnelles** ~ **ist nötig**
il faut agir vite
Handelsabkommen nt accord m
commercial; **Handelsbilanz** f balance f
commerciale; **handelseinig** adj: **mit jdm**
~ **werden/sein** conclure/avoir conclu une
affaire avec qn; **Handelsgesellschaft** f:
Offene ~ société f en nom collectif;
Handelskammer f chambre f de
commerce; **Handelskette** f chaîne f
[o circuit m] de distribution;

Handelskorrespondenz f
correspondance f commerciale;
Handelsmarine f marine f marchande;
Handelspartner m partenaire m
commercial; **Handelsrecht** nt droit m
commercial; **Handelsreisende, r** mf
représentant(e); **Handelsschule** f école f
de commerce; **handelsüblich** adj
courant(e); **Handelsvertreter, in** m(f)
représentant(e)
Händetrockner m sèche-mains m
Handfeger m (**-s, -**) balayette f; **handfest**
adj (*Mahlzeit*) solide, copieux(-euse);
(*Information, Ideen*) précis(e);
handgearbeitet adj fait(e) (à la) main;
Handgelenk nt poignet m;
Handgemenge nt rixe f, bagarre f;
Handgepäck nt bagages mpl à main;
handgeschrieben adj manuscrit(e);
handgreiflich adj: ~ **werden** devenir
violent(e), se livrer à des voies de fait;
Handgriff m (*Bewegung*) geste m;
(*zum Halten*) poignée f; **mit ein paar
Handgriffen** (*schnell*) en cinq sec;
handhaben vt (*Maschine*) manier,
manœuvrer; (*Gesetze, Regeln*) appliquer
Handkuss m baisemain m
Händler, in m(f) (**-s, -**) commerçant(e)
handlich adj facile à manier, maniable
Handlung f action f; (*Geschäft*)
commerce m, magasin m;
Handlungsbevollmächtigte, r mf
fondé(e) de pouvoir; **Handlungsweise** f
manière f d'agir
Handout, Hand-out nt (**-s, -s**) polycopié m
Handpflege f soins mpl des mains;
Handschelle f (**-, -n**) menotte f;
Handschlag m poignée f de main;
Handschrift f écriture f; (*Text*) manuscrit
m; **Handschuh** m gant m;
Handschuhfach nt boîte f à gants
Handshake m (**-s, -s**) établissement m
d'un protocole de transfert
Handtasche f sac m à main; **Handtuch**
nt essuie-main(s) m, serviette f de toilette;
das ~ **werfen** jeter l'éponge; **Handvoll** f:
eine ~ **Geld** une poignée d'argent;
Handwäsche f lavage m à la main
Handwerk nt métier m; **Handwerker, in**
m(f) (**-s, -**) artisan(e); **Handwerkszeug** nt
outils mpl
Handy nt (**-s, -s**) téléphone m portable
[o mobile]
Hanf m (**-(e)s**) chanvre m
Hang m (**-(e)s, Hänge**) (*Berghang*) versant
m; (*Vorliebe*) penchant m (zu pour)
Hängebrücke f pont m suspendu;
Hängematte f hamac m

hängen vt (befestigen) accrocher (an +akk à); (töten) pendre (**hing, gehangen**) ◼ vi (befestigt sein) être accroché(e) (an +dat à); **an etw** dat ~ (abhängig sein von) dépendre de qch; **an jdm/etw** ~ (gernhaben) tenir à qn/qch; ~ **bleiben** rester accroché(e) (an +dat à); (fig) rester en; (im Gedächtnis) rester en mémoire

Hannover nt (**-s**) Hanovre

hänseln vt taquiner

Hansestadt f ville f hanséatique

Hantel f(**-, -n**) (Sport) haltère m

hantieren (pp **hantiert**) vi s'affairer; **mit etw** ~ manier qch, manipuler qch

hapern vi unpers: **es hapert an etw** dat on manque de qch; **es hapert (bei jdm) mit etw** (klappt nicht) en qch, ça marche pas fort (chez qn)

Happen m (**-s, -**) bouchée f, morceau m

Happy End, Happyend nt (**-(s), -s**) happy end m o f, dénouement m heureux

Hardliner,in m(f) (**-s, -**) pur(e) et dur(e)

Hardware f(**-, -s**) hardware m, matériel m

Harfe f(**-, -n**) harpe f

Harke f(**-, -n**) râteau m; **harken** vt, vi ratisser

harmlos adj inoffensif(-ive); (Krankheit, Wunde) bénin(-igne); (Bemerkung, Frage) innocent(e); **Harmlosigkeit** f (Ungefährlichkeit) bénignité f; (von Droge) innocuité f; (von Frage) innocence f; (von Mensch) caractère m inoffensif

Harmonie f harmonie f; **harmonieren** (pp **harmoniert**) vi (Töne, Farben) s'harmoniser; (Menschen) bien s'entendre, bien s'accorder

Harmonika f(**-, -s** o **Harmoniken**) (Ziehharmonika) accordéon m

harmonisch adj harmonieux(-euse)

Harmonium nt harmonium m

Harn m (**-(e)s, -e**) urine f; **Harnblase** f vessie f

Harnisch m (**-(e)s, -e**) armure f; **jdn in** ~ **bringen** mettre qn en colère; **in** ~ **geraten** se mettre en colère

Harpune f(**-, -n**) harpon m

harren vi attendre (auf jdn/etw qn/qch)

hart (**härter, härteste**, adv **am härtesten**) adj dur(e); (Währung) stable, fort(e); (Arbeit, Leben, Schlag) rude; (Winter, Gesetze, Strenge) rigoureux(-euse); (Aufprall) violent(e) ◼ adv: ~ **an etw** dat (dicht) tout près de; ~ **gekochtes Ei** œuf m dur; **Härte** f(**-, -n**) dureté f; (Strenge) sévérité f; (von Leben) difficulté f; **härten** vt durcir ◼ vr: **sich** ~ s'endurcir; **Härtetest** m (Tech) test m de résistance; (fig) examen m de passage; **hartgekocht** adj siehe **hart**; **hartgesotten** adj dur(e) à cuire; **hartherzig** adj dur(e), impitoyable;

hartnäckig adj (Mensch) obstiné(e); (Husten) persistant(e);

Hartschalenkoffer m valise f rigide

Harz nt (**-es, -e**) résine f

Haschee nt (**-s, -s**) hachis m

haschen vt attraper ◼ vi (fam) fumer du hasch

Haschisch nt (**-(s)**) haschisch m

Hase m (**-n, -n**) lièvre m

Haselnuss f noisette f

Hasenfuß m poule f mouillée; **Hasenscharte** f bec-de-lièvre m

Hass m (**Hasses**) haine f; **hassen** vt haïr, détester

hässlich adj laid(e); (gemein) méchant(e); **Hässlichkeit** f laideur f

Hast f(**-**) hâte f; **hastig** adj précipité(e)

hätscheln vt chouchouter; (zärtlich) câliner

hatte imperf von **haben**

Haube f(**-, -n**) (Kopfbedeckung) bonnet m, coiffe f; (von Nonne) voile m; (Auto) capot m; (Trockenhaube) casque m, séchoir m

Hauch m (**-(e)s, -e**) souffle m; (Duft) odeur f; (fig) soupçon m; **hauchdünn** adj très mince; **hauchen** vi souffler (auf +akk sur); **hauchfein** adj (Schleier, Nebel) très fin(e); (Scheibe) très mince; (Schokolade) en fines lamelles

Haue f(**-, -n**) (Hacke) pioche f; (fam: Schläge) raclée f

hauen (**haute, gehauen**) vt (Holz) fendre; (Bäume) abattre; (Stein) tailler; (fam: verprügeln) rosser; **ein Loch in etw** akk ~ faire un trou dans qch ◼ vi: **jdm auf die Finger** ~ (fam) taper qn sur les doigts

Haufen m (**-s, -**) tas m; (Leute) foule f; **ein** ~ **Fehler** (fam) un tas de fautes; **auf einem** ~ en tas; **etw über den** ~ **werfen** bouleverser qch

häufen vt accumuler, amasser ◼ vr: **sich** ~ s'accumuler

haufenweise adv en masse

häufig adj fréquent(e) ◼ adv fréquemment; **Häufigkeit** f fréquence f

Haupt nt (**-(e)s, Häupter**) (Kopf) tête f; (Oberhaupt) chef m

Haupt- in zW principal(e); (bei Orten) central(e); (bei Dienstgraden) général(e); **Hauptbahnhof** m gare f centrale; **hauptberuflich** adv à plein temps; **Hauptbuch** nt (Com) grand livre m; **Hauptdarsteller,in** m(f) acteur(-trice) principal(e); **Haupteingang** m entrée f principale

Häuptelsalat m (A) laitue f

Hauptfach nt matière f principale; **Hauptfilm** m long métrage m; **Hauptgeschäftszeit** f heure f d'affluence; **Hauptgewinn** m gros lot m

Häuptling m chef m de tribu
Hauptmann m (pl **Hauptleute**) capitaine
m; **Hauptperson** f personnage m
principal; **Hauptpostamt** nt poste f
centrale; **Hauptquartier** nt quartier m
général; **Hauptreisezeit** f période f des
grands départs; **Hauptrolle** f rôle m
principal, premier rôle m; **Hauptsache** f
essentiel m; **hauptsächlich** adv surtout;
Hauptsaison f haute saison f;
Hauptsatz m proposition f principale;
Hauptschlagader f aorte f;
Hauptschule f ≈ école f secondaire
élémentaire (de niveau inférieur au collège)

Hauptspeicher m (Inform) mémoire f
centrale; **Hauptstadt** f capitale f;
Hauptstraße f (von Stadt) grand-rue f;
(Durchgangsstraße) rue f principale;
Hauptverkehrszeit f heures fpl de
pointe; **Hauptverzeichnis** nt (Inform)
répertoire m racine; **Hauptwort** nt nom
m, substantif m
Haus nt (-es, Häuser) (Gebäude) maison f;
(von Schnecke) coquille f; (Geschlecht)
famille f, dynastie f; (Theat) salle f (de
spectacle); **nach/zu Hause** à la maison;
von ~ zu ~ de porte en porte; **ins ~ stehen**
être imminent(e); **~ halten** tenir son
ménage; (sparen) économiser; **mit den
Kräften ~ halten** ménager ses forces;
Hausapotheke f pharmacie f;
Hausarbeit f travaux mpl ménagers;
(Sch) devoirs mpl; **Hausarzt** m, **-ärztin** f
médecin m de famille; **Hausaufgabe** f
(Sch) devoirs mpl; **Hausbesetzer, in** m(f)
(-s, -) squatter m; **Hausbesetzung** f
squat m; **Hausbesitzer, in** m(f)
propriétaire mf; **Hausdurchsuchung** f
(A, CH) perquisition f; **Hauseigentümer,
in** m(f) propriétaire mf
hausen vi (wohnen) nicher; (Unordnung
schaffen) faire des ravages
Häuserblock m pâté m de maisons;
Häusermakler, in m(f) agent m
immobilier
Hausfrau f femme f au foyer, ménagère f;
Hausfreund m ami m de la maison;
(fam: Liebhaber) ami m de madame;

Hausfriedensbruch m violation f
de domicile; **hausgemacht** adj (Gastr)
maison; (selbst verschuldet) d'origine
interne; **Haushalt** m (-(e)s, -e) ménage
m; (Pol) budget m; **Haushälterin** f gouvernante
siehe **Haus**; **Haushälterin** f gouvernante
f; **Haushaltsdefizit** nt déficit m
budgétaire; **Haushaltsgeld** nt argent m
du ménage; **Haushaltsgerät** nt appareil
m ménager; **Haushaltsplan** m (Pol)
budget m; **Hausherr, in** m(f) maître(-esse)
de maison; (Vermieter) propriétaire mf;
haushoch adv: **~ verlieren** être battu(e)
à plate(s) couture(s)
hausieren (pp **hausiert**) vi faire du porte
à porte; **mit etw ~** colporter qch;
Hausierer, in m(f) (-s, -) colporteur(-euse)
Hausleute pl (CH: Bewohner)
(co)locataires mpl
häuslich adj domestique; (Mensch)
casanier(-ière); **Häuslichkeit** f goûts mpl
casaniers
Hausmann m (pl **Hausmänner**) homme
m au foyer; **Hausmeister, in** m(f)
concierge mf; **Hausnummer** f numéro m
(d'une maison); **Hausordnung** f
règlement m intérieur; **Hausputz** m
nettoyage m; **Hausratversicherung** f
assurance f habitation; **Hausschlüssel** m
clé f de la maison; **Hausschuh** m
chausson m, pantoufle f; **Haussuchung** f
perquisition f; **Haustier** nt animal m
domestique; **Haustür** f porte f d'entrée;
Hausverwalter, in m(f) gérant(e)
d'immeuble(s); **Hauswart, in** m(f) (-s, -e)
(A, CH) concierge mf; **Hauswirt, in** m(f)
propriétaire mf; **Hauswirtschaft** f
économie f domestique
Haut f (-, Häute) peau f; (von Zwiebel, Obst)
pelure f; **Hautarzt** m, **-ärztin** f
dermatologue m
häuten vt (Tier) écorcher; (Wurst) enlever
la peau de ▪ vr: **sich ~** (Schlange) muer;
(Mensch) peler
hauteng adj collant(e); **Hautfarbe** f
couleur f de (la) peau
Hawaii nt (-s) (l'île f de) Hawaii
Haxe f (-, -n) jarret m
Hbf. abk = **Hauptbahnhof**
Headhunter, in m(f) (-s, -) chasseur(-
euse) de têtes
Hearing nt (-(s), -s) audition f
Hebamme f (-, -n) sage-femme f,
accoucheuse f
Hebel m (-s, -) levier m
heben (hob, gehoben) vt (Gegenstand,
Kind) soulever; (Arm, Augen) lever; (Schatz,
Wrack) retirer; (Niveau, Stimmung) améliorer
▪ vr: **sich ~** (Vorhang) se lever;
(Wasserspiegel) monter; (Stimmung) s'animer

Hebräisch nt hébreu m
hecheln vi haleter
Hecht m (-(e)s, -e) (Fisch) brochet m;
Hechtsprung m saut m de carpe
Heck nt (-(e)s, -e o -s) poupe f; (von Auto)
arrière m
Hecke f (-, -n) haie f; **Heckenrose** f
églantier m; **Heckenschütze** m
franc-tireur m
Heckklappe f hayon m; **Heckmotor** m
(Auto) moteur m arrière; **Heckscheibe** f
lunette f arrière, vitre f arrière; **Hecktür** f
hayon m, porte f arrière
Heer nt (-(e)s, -e) armée f; (Unmenge)
multitude f, foule f
Hefe f (-, -n) levure f
Heft nt (-(e)s, -e) (Schreibheft) cahier m;
(Fahrscheinheft) carnet m; (Zeitschrift)
numéro m (d'un magazine); (von Messer)
manche m
heften vt (befestigen) épingler (an +akk à);
(nähen) faufiler; **sich an jds Fersen** akk ~
être sur les talons de qn
Hefter m (-s, -) classeur m
heftig adj violent(e); (Liebe) passionné(e),
ardent(e); **Heftigkeit** f violence f,
intensité f
Heftklammer f agrafe f; **Heftmaschine** f
agrafeuse f; **Heftpflaster** nt pansement
m adhésif, sparadrap m; **Heftzwecke** f
punaise f
hegen vt (Wild, Bäume) protéger; (jdn)
s'occuper de, prendre soin de; (Pläne)
caresser; (fig: empfinden) avoir
Hehl m o nt: **kein(en) ~ aus etw machen**
ne pas cacher qch
Hehler, in m(f) (-s, -) receleur(-euse)
Heide f (-, -n) (Gebiet) lande f; (Gewächs)
bruyère f ■ m (-n, -n) païen m;
Heidekraut nt bruyère f
Heidelbeere f myrtille f
Heidentum nt (-s) paganisme m; **Heidin** f
païenne f; **heidnisch** adj païen(ne)
heikel adj délicat(e); (Mensch) difficile
heil adj (nicht kaputt) intact(e); (unverletzt)
indemne ■ interj vive; **Heil** nt (-s) (Glück)
bonheur m; (Seelenheil) salut m
Heiland m (-(e)s, -e) Sauveur m
heilbar adj guérissable
heilen vt, vi aux vi: sein guérir
heilfroh adj vachement content(e)
heilig adj saint(e); **~ sprechen** canoniser;
Heiligabend m nuit f de Noël, veille f
de Noël; **Heilige, r** mf saint(e);
Heiligenschein m auréole f; **Heiligkeit** f
sainteté f; **heilig|sprechen** sep irr vt siehe
heilig; **Heiligtum** nt (-s, -tümer) (Ort)
sanctuaire m
heillos adj terrible; **Heilmittel** nt
remède m; **Heilpraktiker, in** m(f) (-s, -)

thérapeute m utilisant des médecines
naturelles, guérisseur(-euse); **heilsam**
adj (fig) salutaire; **Heilsarmee** f armée f
du salut; **Heilung** f (von Kranken) guérison
f; (von Wunde) cicatrisation f
heim adv à la maison, chez soi; **Heim** nt
(-(e)s, -e) foyer m, maison f; (Altersheim)
maison f de retraite; (Kinderheim) home m
d'enfants
Heimat f (-, -en) (von Mensch) patrie f;
(von Tier, Pflanze) pays m d'origine;
Heimatland nt pays m natal; **heimatlich**
adj du pays; (Gefühle) nostalgique;
(Klänge) qui rappelle le pays natal;
heimatlos adj sans patrie; **Heimatort** m
lieu m de naissance, ville f natale;
Heimatvertriebene, r mf réfugié(e)
heim|begleiten (pp heimbegleitet) sep vt
raccompagner; **Heimcomputer** m
ordinateur m domestique
heimelig adj (Wohnung, Atmosphäre)
douillet(te)
heim|fahren sep irr vi aux sein rentrer chez
soi; **Heimfahrt** f retour m; **heim|gehen**
sep irr vi aux sein rentrer chez soi;
heimisch adj local(e), du pays; **sich ~
fühlen** se sentir chez soi; **Heimkehr** f (-)
retour m; **heim|kehren** sep vi aux sein
retourner chez soi, rentrer
heimlich adj secret(-ète); **Heimlichkeit** f
secret m
Heimreise f retour m; **Heimspiel** nt
match m à domicile; **heim|suchen** sep vt
frapper; **Heimtrainer** m home-trainer m
heimtückisch adj (Krankheit) malin(-
igne); (Mensch, Blick) sournois(e); (Tat)
perfide
Heimvorteil m avantage d'une équipe
sportive qui joue sur son propre terrain;
heimwärts adv vers chez soi; **Heimweg**
m chemin m du retour; **Heimweh** nt (-s)
mal m du pays, nostalgie f; **Heimwerker,
in** m(f) (-s, -) bricoleur(-euse);
heim|zahlen sep vt: **jdm etw ~** rendre à
qn la monnaie de sa pièce
Heirat f (-, -en) mariage m; **heiraten** vi
se marier ■ vt épouser; **Heiratsantrag**
m demande f en mariage
heiser adj enroué(e); **Heiserkeit** f
enrouement m
heiß adj chaud(e); (Kampf) acharné(e);
(Liebe) passionné(e); (Wunsch) ardent(e);
(Musik) excitant(e); **heiß laufen** chauffer;
heißblütig adj passionné(e), ardent(e)
heißen (hieß, geheißen) vi (Namen haben)
s'appeler; (Titel haben) s'intituler ■ vt
(nennen) appeler; (bedeuten) signifier; **jdn
etw tun ~** (befehlen) ordonner à qn de faire
qch ■ vi unpers: **es heißt, ...** on dit que ...;
das heißt ... c'est-à-dire ..., à savoir ..

Heißhunger m faim f de loup;
heiß|laufen sep irr vi aux sein siehe **heiß**;
Heißluftherd m four m à chaleur
tournante; **Heißwasserbereiter** m (-s, -)
chauffe-eau m
heiter adj gai(e), joyeux(-euse); (Wetter)
beau (belle); (Himmel) dégagé(e); **das
kann ~ werden** ça promet; **Heiterkeit** f
gaieté f; (Belustigung) hilarité f
Heizdecke f couverture f chauffante;
heizen vi, vt chauffer; **Heizer** m (-s, -)
chauffeur m; **Heizkörper** m radiateur m;
Heizmaterial nt combustible m;
Heizöl nt mazout m; **Heizung** f
chauffage m; **Heizungsanlage** f
chauffage m
hektisch adj fébrile
Held, in m(f)(-en, -en) héros m, héroïne f;
heldenhaft adj heroïque
helfen (**half, geholfen**) vi aider (jdm qn,
bei dans); (nützen) alder, servir; **sich** dat
zu ~ wissen savoir se débrouiller
■ vi unpers: **es hilft nichts, du musst …**
il n'y a rien à faire, tu dois …; **Helfer, in**
m(f)(-s, -) aide m, f, collaborateur(-trice);
Helfershelfer, in m(f) complice mf
Helgoland nt (l'île f d') Helgoland
Heliskiing nt (-s) héliski m
hell adj clair(e); (klug) éveillé(e); (fam: sehr
groß) énorme ■ adv (fam: sehr)
complètement; **hellblau** adj bleu clair;
hellblond adj blond pâle; **hellhörig** adj
(Mensch) qui a l'ouïe fine; (Wand) sonore;
Helligkeit f clarté f; (Lichtstärke)
intensité f lumineuse, luminosité f;
Helligkeitsregelung f réglage m de la
luminosité; **Hellseher, in** m(f)(-s, -)
voyant(e); **hellwach** adj bien éveillé(e)
Helm m (-(e)s, -e) casque m; **Helmpflicht**
f port m du casque obligatoire
Hemd nt (-(e)s, -en) (Oberhemd) chemise f;
(Unterhemd) tricot m (de corps);
Hemdbluse f chemisier m;
Hemdenknopf m bouton m de chemise
hemmen vt contrarier, freiner; (jdn)
gêner; **Hemmschwelle** f blocage m;
Hemmung f (psychisch) complexe m;
hemmungslos adj (Mensch) sans
scrupules; (Weinen) sans retenue
Hengst m (-es, -e) étalon m
Henkel m (-s, -) anse f; (an Koffer, Topf)
poignée f
henken vt pendre
Henker m (-s, -) bourreau m
Henna nt (-s) henné m
Henne f (-, -n) poule f
Hepatitis f (-) hépatite f
her adv (par) ici; **es ist lange/2 Jahre ~**
il y a longtemps/deux ans; **~ damit!** (fam)
donne!; **von weit ~** de loin

herab adv: **~!** descendez!; **herab|hängen**
sep irr vi pendre; **herab|lassen** sep irr
vr: **sich ~, etw zu tun** daigner faire qch;
herablassend adj condescendant(e);
Herablassung f attitude f
condescendante; **herab|sehen** sep irr vi:
auf jdn/etw ~ (fig) regarder qn/qch de
haut; **herab|setzen** sep vt (Preise) baisser;
(Strafe) réduire; (fig) déprécier;
Herabsetzung f (von Preis) baisse f;
herab|würdigen sep vt rabaisser
heran adv: **näher ~!** approchez!;
heran|bilden sep vt former;
heran|fahren sep irr vi aux sein
s'approcher; **heran|kommen** sep irr vi aux
sein s'approcher (an +akk de); **etw an sich**
akk **~ lassen** laisser venir qch;
heran|machen sep vr: **sich an jdn ~**
entreprendre qn; **heran|wachsen** sep irr
vi aux sein grandir; **heran|ziehen** sep irr vt
tirer à soi; (Pflanzen) cultiver; (Nachwuchs)
former; (Experten) faire appel à; **jdn zur
Hilfe ~** demander l'aide de qn
herauf adv vers le haut, en haut; **vom Tal ~**
(en montant) de la vallée;
herauf|beschwören (pp
heraufbeschworen) sep irr vt (Unheil)
provoquer; (Erinnerung) évoquer;
herauf|bringen sep irr vt monter;
herauf|laden sep irr vt (Inform)
télécharger vers l'amont; **herauf|ziehen**
sep irr vt tirer (à soi) ■ vi aux sein (Sturm) se
préparer; (nach oben ziehen) déménager à
l'étage supérieur
heraus adv (vers le) dehors; **~ damit!**
donne(-la) moi!; **~ aus dem Bett!** lève-
toi!; **~ mit der Sprache!** parle(z)!; **aus der
Not ~** poussé(e) par la nécessité; **~ sein**
(Buch, Fahrplan, Briefmarke) être sorti(e),
être paru(e); (Gesetz) être publié(e); **aus
etw ~ sein** (überstanden haben) être
sorti(e) de qch, avoir surmonté qch; **es ist
noch nicht ~** (entschieden) ce n'est pas
encore décidé; **heraus|arbeiten** sep vt
(Problem, Wesentliches) souligner;
(Arbeitszeit) rattraper;
heraus|bekommen (pp **~**) sep irr vt
(erfahren) découvrir; (Rätsel) résoudre;
Sie bekommen noch 2 Euro heraus je
vous rends 2 euros; **heraus|bringen** sep irr
vt (nach außen bringen) sortir; (Com) lancer;
(veröffentlichen) publier; (Geheimnis)
deviner; **kein Wort ~** ne pas pouvoir sortir
un seul mot; **heraus|finden** sep irr vt
(Geheimnis) découvrir; **heraus|fordern** sep
vt provoquer, défier; **Herausforderung** f
provocation f, défi m; **heraus|geben** sep
irr vt (nach außen) passer; (zurückgeben)
rendre; (Buch) éditer; (Zeitung) publier;
Herausgeber, in m(f)(-s, -) éditeur(-trice);

heraus|gehen sep irr vi aux sein; **aus sich ~** sortir de sa coquille; **heraus|halten** sep irr vr: **sich aus etw ~** ne pas se mêler de qch; **heraus|holen** sep vt sortir (aus de); (Ergebnis) arriver à obtenir; (Sieg) remporter; **heraus|kommen** sep irr vi aux sein sortir; (Blumen) apparaître; (Buch) sortir, paraître; (Gesetz) être publié(e); **heraus|nehmen** sep irr vt prendre, sortir; **sich** dat **den Blinddarm ~ lassen** se faire opérer de l'appendicite; **heraus|reißen** sep irr vt arracher; (fam: aus Notlage) sauver la mise à; (besser machen) relever le niveau de; **heraus|rücken** sep vt (Geld) casquer ■ vi aux sein; **mit etw ~** (fig) révéler qch; **heraus|rutschen** sep vi aux sein; **das ist mir so herausgerutscht** ça m'a échappé; **heraus|schlagen** sep irr vt (Nagel) arracher; (Staub) enlever; (fig: Vorteil, Geld) se procurer; **heraus|stellen** sep vr: **sich ~** apparaître; **heraus|wachsen** sep irr vi aux sein devenir trop grand(e) (aus pour); **heraus|ziehen** sep irr vt (nach außen) tirer (aus hors) de); (aus Tasche etc) sortir; (Zahn) arracher; (Splitter) enlever

herb adj (Geschmack, Duft) âcre; (Wein) âpre; (Enttäuschung) amer(-ère); (Verlust) douloureux(-euse); (Worte, Kritik) dur(e); (Gesicht, Schönheit) austère

herbei adv par ici

Herberge f(-, -n) auberge f; **Herbergsmutter** f mère f aubergiste; **Herbergsvater** m père m aubergiste

her|bitten sep irr vt inviter

her|bringen sep irr vt (etw) apporter; (jdn) amener

Herbst m (-(e)s, -e) automne m; **im ~** en automne; **herbstlich** adj automnal(e); **Herbstzeitlose** f(-, -n) colchique m

Herd m (-(e)s, -e) cuisinière f

Herde f(-, -n) troupeau m

herein adv vers l'intérieur, dedans; **~! entrez!**; **herein|bitten** sep irr vt prier d'entrer; **herein|brechen** sep irr vi aux sein (Krieg) éclater; **die Dunkelheit brach herein** la nuit est tombée; **über jdn ~** s'abattre sur qn; **herein|bringen** sep irr vt apporter (à l'intérieur); **herein|dürfen** sep irr vi pouvoir entrer; **herein|fallen** sep irr vi aux sein (getäuscht werden) se laisser prendre; **auf jdn/etw ~** se laisser berner par qn/qch; **herein|kommen** sep irr vi aux sein entrer; **herein|lassen** sep irr vt laisser entrer; **herein|legen** sep vt: **jdn ~** (fam: betrügen) rouler qn; **herein|platzen** sep vi aux sein arriver à l'improviste

Herfahrt f trajet m; **auf der ~** en venant

her|fallen sep irr vi aux sein; **über jdn/etw ~** se jeter sur, attaquer qn/qch;

Hergang m déroulement m (des faits); **her|geben** sep irr vt (weggeben) donner; (zurückgeben) rendre; **sich zu etw ~** se prêter à qch; **hergebracht** adj traditionnel(le); **her|gehen** sep irr vi aux sein, **hinter jdm/etw ~** suivre qn/qch; **es geht hoch her** il y a de l'ambiance; **her|halten** sep irr vi: **~ müssen** (Mensch) servir de bouc émissaire; **her|hören** sep vi écouter

Hering m (-s, -e) hareng m

her|kommen sep irr vi aux sein (näher kommen) s'approcher; **von etw ~** (herrühren) provenir de qch; **wo kommen Sie her?** d'où venez-vous?; **herkömmlich** adj traditionnel(le); **Herkunft** f(-) origine f; **her|laufen** sep irr vi aux sein; **hinter jdm/etw ~** suivre qn/qch; **her|leiten** sep vt (Rechte) faire découler; **her|machen** sep vr: **sich über jdn/etw ~** attaquer qn/qch

hermetisch adj hermétique

Heroin nt (-s) héroïne f

heroisch adj héroïque

Herpes m (-) (Med) herpès m

Herr m (-(e)n, -en) (Herrscher) maître m; (Mann) monsieur m; (vor Namen) Monsieur m; (Rel) Seigneur m; **meine Herren!** messieurs; **Herrenbekanntschaft** f ami m; **Herrendoppel** nt double m messieurs; **Herreneinzel** nt simple m messieurs; **Herrenhaus** nt maison f de maître; **herrenlos** adj sans maître; **her|richten** sep vt (Essen) préparer; (Bett) faire; (Haus) remettre à neuf

Herrin f maîtresse f

herrisch adj despotique

herrlich adj merveilleux(-euse); **Herrlichkeit** f splendeur f

Herrschaft f domination f, souveraineté f, autorité f; (Herr und Herrin) maîtres mpl; **meine Herrschaften!** messieurs dames

herrschen vi régner; **Herrscher, in** m(f) (-s, -) souverain(e)

her|rühren sep vi: **von etw ~** provenir de qch

her|stellen sep vt (produzieren) produire, fabriquer; **Hersteller, in** m(f) (-s, -) producteur(-trice), fabricant(e); **Herstellung** f production f, fabrication f; **Herstellungskosten** pl frais mpl de production

herüber adv par ici

herum adv: **verkehrt ~** à l'envers; **um etw ~** autour de qch; **herum|ärgern** sep vr: **sich ~** s'embêter (mit avec); **herum|führen** sep vt: **jdn in der Stadt ~** faire faire le tour de la ville à qn ■ vi: **die Autobahn führt um die Stadt herum** l'autoroute contourne la ville;

herum|gehen sep irr vi aux sein (vergehen) passer; (herumgereicht werden) passer de main en main; **in etw** dat ~ parcourir qch; **um etw** ~ faire le tour de qch; **herum|irren** sep vi aux sein errer; **herum|kommen** sep irr vi aux sein; **um etw** ~ (vermeiden) éviter qch; **viel** ~ (fam) rouler sa bosse; **herum|kriegen** sep vt (fam: überreden) convaincre; **herum|lungern** sep vi aux sein traînasser; **herum|sprechen** sep irr vr: **sich** ~ s'ébruiter; **herum|treiben** sep irr vr: **sich** ~ traîner; **herum|werfen** sep irr vt (Gegenstände) lancer; (Kopf) tourner brusquement; (Steuer) donner un brusque coup de; (Hebel) tirer brusquement; **herum|ziehen** sep irr vi aux sein se déplacer

herunter adv: von etw ~ du haut de qch; ~ **mit euch!** descendez!; **herunter|fahren** sep irr vt (Inform, Tech) arrêter; (Produktion) réduire, **heruntergekommen** adj (gesundheitlich) affaibli(e); (moralisch) dépravé(e); (Haus) en mauvais état; **herunter|hängen** sep irr vi pendre; **herunter|holen** sep vt aller chercher; **herunter|kommen** sep irr vi aux sein descendre; (gesundheitlich) être affaibli(e); (moralisch) déchoir; (finanziell) aller à la ruine

herunterladbar adj (Inform) téléchargeable; **herunter|laden** sep irr vt (Inform) télécharger

hervor adv dehors; ~ **(mit euch)!** sortez!; **hervor|bringen** sep irr vt produire; (Wort) prononcer; **hervor|gehen** sep irr vi aux sein (als Sieger) sortir; (als Resultat) résulter; **aus dem Brief geht hervor, dass ...** il ressort de cette lettre que ...; **hervor|heben** sep irr vt souligner; (als Kontrast) faire ressortir; **hervorragend** adj (gut) excellent(e); **hervor|rufen** sep irr vt (bewirken) causer, provoquer; **hervor|treten** sep irr vi aux sein sortir; (Adern) saillir; **hervor|tun** sep irr vr: **sich** ~ se faire remarquer (mit par)

Herz nt (-ens, -en) (a. Spielkartenfarbe) cœur m; **Herzanfall** m crise f cardiaque; **Herzenslust** f: **nach** ~ à cœur joie; **Herzfehler** m malformation f cardiaque; **herzhaft** adj (Essen) nourrissant(e); (Lachen) joyeux(-euse); **Herzinfarkt** m infarctus m; **Herzklopfen** nt (-s) battements mpl de cœur; **herzkrank** adj cardiaque; **herzlich** adj cordial(e); (Grüße) sincère; **herzlichen Glückwunsch** toutes mes félicitations; **Herzlichkeit** f cordialité f; **herzlos** adj sans cœur

Herzog, in m(f)(-s, Herzöge) duc m, duchesse f; **herzoglich** adj ducal(e); **Herzogtum** nt (-s, -tümer) duché m

Herzschlag m battement m du cœur; (Med) arrêt m du cœur; **Herzschrittmacher** m accélérateur m cardiaque; **herzzerreißend** adj à fendre l'âme

Hessen nt (-s) la Hesse

heterogen adj hétérogène

Heterosexualität f hétérosexualité f; **heterosexuell** adj hétérosexuel(e); **Heterosexuelle, r** mf hétérosexuel(le)

Hetze f (-, -n) (Eile) précipitation f, hâte f; (Verleumdung) calomnie f, diffamation f; **hetzen** vt (jagen) traquer, chasser; **Hunde auf jdn** ~ lâcher les chiens sur qn ■ vi aux sein (eilen) se dépêcher; **zur Arbeit** ~ se précipiter à son travail; **Hetzerei** f (Eile) hâte f

Heu nt (-(e)s) foin m; **Heuboden** m grenier m à foin

Heuchelei f hypocrisie f; **heucheln** vt feindre, simuler ■ vi faire semblant; **Heuchler, in** m(f)(-s, -) hypocrite mf; **heuchlerisch** adj hypocrite

heuer adv (A) cette année

Heugabel f fourche f (à foin)

heulen vi hurler; **das heulende Elend bekommen** (fam) avoir le cafard

heurig adj (A, CH) de cette année

Heuschnupfen m rhume m des foins; **Heuschrecke** f (-, -n) sauterelle f

heute adv aujourd'hui; ~ **Abend/früh** ce soir/matin; **das Heute** le présent; **heutig** adj (Jugend, Probleme) actuel(le); (Zeitung) d'aujourd'hui; **heutzutage** adv de nos jours

hexadezimal adj hexadécimal(e)

Hexe f (-, -n) sorcière f; **hexen** vi avoir des pouvoirs magiques; **ich kann doch nicht** ~ je ne peux pas faire de miracles; **Hexenkessel** m (fig) enfer m; **Hexenmeister** m sorcier m; **Hexenschuss** m lumbago m; **Hexerei** f sorcellerie f

Hickhack nt (-s, -s) bisbille f

hieb imperf von **hauen**

Hieb m (-(e)s, -e) coup m

hielt imperf von **halten**

hier adv ici; **hierauf** adv là-dessus; (danach) à la suite de quoi; **hier|behalten** sep irr vt garder (ici); **hierbei** adv ce faisant; **~ handelt es sich um ...** il s'agit (ici) de ...; **hier|bleiben** sep irr vi rester (ici); **hierdurch** adv ainsi; (örtlich) par ici; **hierher** adv vers cet endroit, ici; **hier|lassen** sep irr vt laisser (ici); **hiermit** adv (schriftlich) par la présente; **hiernach** adv (später) plus tard; (folglich) en conséquence; **hiervon** adv de cela; **hierzulande, hier zu Lande** adv dans ce pays

hiesig *adj* local(e), d'ici

hieß *imperf von* **heißen**

Hi-Fi-Anlage *f* chaîne *f* (hi-fi)

high *adj* (fam) camé(e); (fig) en pleine
forme; **Highlife** *nt* (**-s**) super-ambiance *f*;
~ machen mettre de l'ambiance,
Highlight *nt* (**-s, -s**) moment *m* fort;
Hightech *nt* (**-s**) high-tech *m*,
technologie *f* avancée [*o* de pointe],
haute technologie *f*

Hilfe *f* (**-, -n**) aide *f*; **~!** au secours!; **Erste ~**
premiers soins *mpl*, premiers secours *mpl*;
Hilfefunktion *f* (*Inform*) fonction *f* d'aide;
Hilfeleistung *f* assistance *f*;
unterlassene ~ (*Jur*) non-assistance *f*
à personne en danger; **hilflos** *adj* sans
défense, impuissant(e); **Hilflosigkeit** *f*
air *m* perdu; **hilfreich** *adj* (*Mensch*)
serviable; (*Hinweis*) utile

Hilfsaktion *f* opération *f* de secours;
Hilfsarbeiter, in *m(f)* manœuvre *m*, O.S.
m; **hilfsbedürftig** *adj* (*körperlich*) invalide;
(*Not leidend*) dans le besoin; **hilfsbereit**
adj serviable; **Hilfsbereitschaft** *f*
serviabilité *f*; **Hilfsdatei** *f* fichier *m* de
travail; **Hilfskraft** *f* aide *mf*;
Hilfsorganisation *f* organisation *f*
humanitaire; **Hilfszeitwort** *nt* verbe *m*
auxiliaire

Himbeere *f* framboise *f*

Himmel *m* (**-s, -**) ciel *m*; **himmelangst** *adj*:
es ist mir ~ j'ai des sueurs froides;
himmelblau *adj* bleu ciel; **Himmelfahrt**
f Ascension *f*; **himmelschreiend** *adj*
(*Ungerechtigkeit*) criant(e); (*Dummheit*)
consternant(e); **Himmelsrichtung** *f*
point *m* cardinal; **himmlisch** *adj* céleste,
divin(e)

hin *adv* (fam: kaputt) cassé(e), fichu(e);
bis zur Mauer ~ jusqu'au mur; **nach**
Süden ~ vers le sud; **wo gehst du ~?** où
vas-tu?; **über Jahre ~** pendant des années;
~ und zurück aller (et) retour; **~ und her**
laufen faire les cent pas; **vor sich** *akk* **~**
reden/weinen marmonner/pleurnicher;
~ und wieder de temps à autre

hinab|gehen *sep irr vi aux sein* descendre;
hinab|sehen *sep irr vi* regarder (vers le bas)

hinauf *adv*: **~!** montez!; **hinauf|arbeiten**
sep vr: **sich ~** gravir les échelons (de la
hiérarchie); **hinauf|steigen** *sep irr vi aux*
sein monter

hinaus *adv*: **~!** dehors!; **hinaus|befördern**
(*pp* hinausbefördert) *sep vt* jeter dehors;
hinaus|gehen *sep irr vi aux sein* sortir;
über etw *akk* **~** dépasser qch, excéder qch;
hinaus|laufen *sep irr vi aux sein* sortir en
courant; **auf etw** *akk* **~** revenir à qch;
hinaus|schieben *sep irr vt* remettre,
reporter; **hinaus|werfen** *sep irr vt*

(*Gegenstand*) jeter (dehors); (*jdn*) mettre à
la porte; **hinaus|wollen** *sep irr vi* vouloir
sortir; **auf etw** *akk* **~** vouloir en venir à qch;
hinaus|ziehen *sep irr vt* faire durer ■ *vr*:
sich ~ être remis(e)

Hinblick *m*: **im ~ auf** *i akk* eu égard à

hinderlich *adj* gênant(e), encombrant(e);
hindern *vt* empêcher; **jdn an etw** *dat* **~**
empêcher qn de faire qch; **Hindernis** *nt*
obstacle *m*

hin|deuten *sep vi* indiquer (*auf etw akk* qch)

Hinduismus *m* hindouisme *m*

hindurch *adv*: **durch etw ~** à travers qch;
(*zeitlich*) pendant qch

hinein *adv*: **~!** entrez!; **bis in die Nacht ~**
jusque tard dans la nuit; **hinein|fallen**
sep irr vi aux sein; **~ in** *+akk* tomber dans;
hinein|gehen *sep irr vi aux sein* entrer
(*in +akk* dans); **hinein|geraten** (*pp ~*) *sep*
irr vi aux sein; **~ in** *+akk* se trouver mêlé(e)
à; **hinein|passen** *sep vi* (*Sache*) entrer (*in*
+akk dans); **hinein|reden** *sep vi*: **jdm in**
etw *akk* **~** donner des conseils à qn au sujet
de qch; **hinein|schlittern** *sep vi aux sein*;
in eine Situation ~ se fourrer dans une
situation; **hinein|stecken** *sep vt*
(*Schlüssel*) mettre, introduire; (*Geld, Mühe*)
investir; **hinein|steigern** *sep vr*: **sich in**
eine Hysterie ~ devenir complètement
hystérique; **sich in ein Problem ~** être
accaparé(e) par un problème;
hinein|versetzen (*pp* hineinversetzt)
sep vr: **sich in jdn ~** *+akk* se mettre à la
place de qn

hin|fahren *sep irr vi aux sein* (*mit Fahrzeug*)
(y) aller (en voiture) ■ *vt* conduire;
Hinfahrt *f* aller *m*; **hin|fallen** *sep irr vi aux*
sein tomber

hinfällig *adj* (*Mensch*) fragile, décrépit;
(*Argument, Pläne*) périmé(e), caduc(-uque)

Hinflug *m* vol *m* aller

hing *imperf von* **hängen**

Hingabe *f* dévouement *m* (*an +akk* à);
hin|gehen *sep irr vi aux sein* (*Mensch*) (y)
aller; **etw ~ lassen** fermer les yeux sur
qch; **hin|halten** *sep irr vt* (*Gegenstand*)
tendre; (*vertrösten*) faire attendre

hinken *vi* (*Mensch*) boiter; (*Vergleich*) être
boiteux(-euse) ■ *vi aux sein* (*gehen*) aller
en boitant

hin|kommen *sep irr vi aux sein* (*an Ort*) (y)
arriver; **wo kämen wir da hin?** où irions-
nous?; **wo ist das hingekommen?** où est-
il (elle) passé(e)?; **mit den Vorräten ~**
avoir assez de réserves

hinlänglich *adv* suffisamment

hin|legen *sep vt* (*Gegenstand*) poser; (*jdn*)
coucher; (*Geld*) débourser ■ *vr*: **sich ~**
se coucher; **hin|nehmen** *sep irr vt* (*fig*)
accepter

Hinreise f aller m
hin|reißen sep vt (begeistern) enthousiasmer; **sich ~ lassen, etw zu tun** se laisser entraîner à faire qch
hin|richten sep vt exécuter; **Hinrichtung** f exécution f
hin|schaffen sep vt faire parvenir, transporter; **hin|schicken** sep vt envoyer; **hin|setzen** sep vt (Gegenstand) déposer; (Menschen) asseoir ■ vr: **sich ~** s'asseoir
hinsichtlich präp +gen en ce qui concerne
Hinspiel nt match m aller
hin|stellen sep vt poser; **jdn/etw als etw ~** présenter qn/qch comme qch ■ vr: **sich ~ se mettre**
hintan|stellen sep vt mettre au second plan
hinten adv derrière; (am Ende) à la fin; (in Raum) au fond; **~ und vorne nicht reichen** ne pas suffire du tout; **hintenherum** adv par derrière
hinter präp +akk o dat derrière; **~ dem Komma** après la virgule; **~ Glas aufbewahren** conserver sous verre; **etw ~ sich akk bringen** en finir avec qch; **etw ~ sich dat lassen** dépasser qch; **etw ~ sich dat haben** en avoir fini avec qch; **jdn ~ sich dat haben** (als Unterstützung) avoir qn derrière soi; **~ jdm her sein** (fahnden) être aux trousses de qn; (werben) courir après qn; **~ etw dat her sein** être après qch; **~ ein Geheimnis kommen** découvrir un secret; **Hinterachse** f essieu m arrière; **Hinterbliebene, r** mf: **die Hinterbliebenen** la famille du défunt (de la défunte); **hinterdrein** adv à l'arrière; (später) après; **hintere, r, s** adj (an der Rückseite) arrière; (am Ende) dernier(-ière)
hintereinander adv (räumlich) l'un(e) derrière l'autre; (zeitlich) l'un(e) après l'autre
Hintergedanke m arrière-pensée f; **hintergehen** (pp **hintergangen**) irr vt tromper; **Hintergrund** m fond m, arrière-plan m; (Inform) arrière-plan m; (von Geschehen) antécédents mpl, dessous mpl; **Hintergrundinformation** f information f de second plan; **Hinterhalt** m embuscade f; **hinterhältig** adj sournois(e); **hinterher** adv après coup; **Hinterhof** m arrière-cour f; **Hinterkopf** m occiput m; **hinterlassen** (pp ~) irr vt (zurücklassen) laisser; (nach Tod) léguer; **Hinterlassenschaft** f héritage m; **hinterlegen** (pp **hinterlegt**) vt déposer; **Hinterlist** f ruse f; **hinterlistig** adj sournois(e), rusé(e); **Hintermann** m (pl **Hintermänner**) instigateur m; **mein ~** la personne derrière moi

Hintern m (-s, -) derrière m, postérieur m
Hinterrad nt roue f arrière; **Hinterradantrieb** m traction f arrière; **hinterrücks** adv par derrière; **Hinterteil** nt derrière m; **Hintertreffen** nt: **ins ~ kommen** être en perte de vitesse; **hintertreiben** (pp **hintertrieben**) irr vt contrecarrer; **Hintertür** f (fig) porte f de sortie; **hinterziehen** (pp **hinterzogen**) irr vt: **Steuern ~** frauder le fisc
hinüber adv de l'autre côté; **~!** traversez!; **hinüber|gehen** sep irr vi aux sein traverser (über etw akk qch); **zu jdm ~** (besuchen) aller voir qn
hinunter adv: **~!** descendez!; **hinunter|bringen** sep irr vt descendre; **hinunter|schlucken** sep vt avaler; **hinunter|steigen** sep irr vi aux sein descendre
Hinweg m aller m
hinweg|helfen sep irr vi: **jdm über etw** akk **~** aider qn à surmonter qch; **hinweg|setzen** sep vr: **sich über etw** akk **~** ne pas tenir compte de qch
Hinweis m (-es, -e) indication f; (Verweis) renvoi m; (Andeutung) allusion f; (Anleitung) instructions fpl; **hin|weisen** sep irr vt, vi: (jdn) **auf etw akk ~** indiquer qch (à qn); (aufmerksam machen) attirer l'attention (de qn) sur qch
hin|ziehen sep irr vr: **sich ~** (lange dauern) traîner en longueur; (sich erstrecken) s'étendre, se prolonger
hinzu adv en outre, en plus; **hinzu|fügen** sep vt (a. Inform) ajouter; **hinzu|kommen** sep irr vi aux sein (Mensch) se joindre; (Umstand) s'ajouter; **hinzu|ziehen** sep irr vt consulter
Hirn nt (-(e)s, -e) cerveau m; (Gastr) cervelle f; **Hirngespinst** nt chimère f; **hirnverbrannt** adj complètement fou (folle)
Hirsch m (-(e)s, -e) cerf m
Hirse f (-, -n) millet m
Hirt, in m(f) (-en, -en) pâtre m; (Schafhirt) berger(-ère); (fig) pasteur m
hissen vt hisser
Historiker, in m(f) (-s, -) historien(ne)
historisch adj historique
Hit m (-s, -s) (Mus) tube m; (Inform) impact m; **ein ~ sein** (fig) faire un tabac; **Hitparade** m f hit-parade m
Hitze f (-) chaleur f; (Gastr) température f; **hitzebeständig** adj résistant(e) à la chaleur [o au feu]; **Hitzefrei** nt: **~ haben** ne pas avoir classe en raison de la chaleur; **Hitzewelle** f vague f de chaleur
hitzig adj (Mensch) impétueux(-euse); (Temperament) fougueux(-euse); (Debatte) passionné(e)

Hitzkopf *m* tête *f* brûlée; **Hitzschlag** *m* coup *m* de chaleur

HIV *nt* (-(s), -(s)) *abk* = **Human Immunodeficiency Virus** HIV *m*; **HIV-negativ** *adj* séronégatif(-ive); **HIV-positiv** *adj* séropositif(-ive)

H-Milch *f* lait *m* UHT

hob *imperf von* **heben**

Hobby *nt* (-s, -s) hobby *m*, violon *m* d'Ingres; **Hobbyraum** *m* pièce interactive aménagée pour la pratique de hobbys

Hobel *m* (-s, -) rabot *m*; **Hobelbank** *f* (*pl* **Hobelbänke**) établi *m*; **hobeln** *vt* (*Holz*) raboter; (*Gurken etc*) émincer; **Hobelspäne** *pl* copeaux *mpl*

hoch (**hohe(r, s), höher, höchste**, *adv* **am höchsten**) *adj* haut(e); (*Zahl, Gehalt*) élevé(e); (*Fieber*) fort(e); (*Offizier*) supérieur(e); (*Vertrauen, Lob, Qualifikation*) grand(e); **das ist mir zu ~** (*fam*) ça me dépasse ■ *adv* haut; (*weit nach oben*) très haut; (*sehr*) très, extrêmement; **Hände ~!** haut les mains!; **Kopf ~!** courage!; **drei Mann ~** à trois; **~ dotiert** très bien payé(e); **~ rentabel** très rentable, à haute rentabilité; **Hoch** *nt* (-s, -s) (*Ruf*) vivat *m*; (*Meteo*) anticyclone *m*; **Hochachtung** *f* estime *f*, considération *f*; **hochachtungsvoll** *adv* (*Briefschluss*) recevez l'assurance de ma considération, veuillez agréer mes salutations respectueuses; **Hochamt** *nt* grand-messe *f*; **hoch|arbeiten** *sep vr*: **sich ~** réussir à force de travail; **hochauflösend** *adj* à haute résolution [o définition]; **hochbegabt** *adj* extrêmement doué(e); **hochbetagt** *adj* très âgé(e); **Hochbetrieb** *m* activité *f* intense; **hoch|bringen** *sep irr vt* monter; **Hochburg** *f* (*fig*) fief *m*; **Hochdeutsch** *nt* haut allemand *m*; **hochdotiert** *adj siehe* **hoch**; **Hochdruck** *m* (*Meteo*) haute pression *f*; **Hochebene** *f* haut plateau *m*; **hoch|fahren** *sep irr vt* (*nach oben fahren*) monter; (*Inform, Tech*) démarrer; (*Produktion*) augmenter ■ *vi aus sein* (*nach oben fahren*) monter; (*erschrecken*) sursauter; **hochfliegend** *adj* (*fig*) ambitieux(-euse); **Hochform** *f* excellente condition *f*; **Hochformat** *nt* format *m* en hauteur; (*Inform*) format *m* portrait; **Hochgebirge** *nt* haute montagne *f*; **Hochgeschwindigkeitszug** *m* TGV *m*, train *m* à grande vitesse; **hochgradig** *adj* extrême; **hoch|halten** *sep irr vt* tenir en l'air; (*fig*) sauvegarder; **Hochhaus** *nt* tour *f*; **hoch|heben** *sep irr vt* soulever; **Hochkonjunktur** *f* boom *m*; **hoch|laden** *sep irr vt* (*Inform*) télécharger vers l'amont; **Hochland** *nt* régions *fpl* montagneuses; **hoch|leben** *sep vi*: **jdn ~ lassen** acclamer

qn; **Hochleistungschip** *m* puce *f* à haute performance; **Hochleistungssport** *m* sport *m* de haut niveau; **Hochlohnland** *nt* pays *m* à niveau de salaire élevé; **Hochmut** *m* orgueil *m*; **hochmütig** *adj* orgueilleux(-euse), hautain(e); **hochnäsig** *adj* prétentieux(-euse); **Hochofen** *m* haut fourneau *m*; **hochprozentig** *adj* (*Getränk*) à teneur en alcool élevée; **Hochrechnung** *f* estimation *f*; **hochrentabel** *adj siehe* **hoch**; **Hochsaison** *f* pleine saison *f*; **Hochschätzung** *f* haute estime *f*; **Hochschulabschluss** *m* diplôme *m* d'études supérieures [o de l'enseignement supérieur]; **Hochschule** *f* établissement *m* d'enseignement supérieur; **hochschwanger** *adj* en état de grossesse avancée; **Hochsicherheitstrakt** *m* bâtiment *m* de haute sécurité; **Hochsommer** *m* plein été *m*; **Hochspannung** *f* haute tension *f*; **Hochspannungsleitung** *f* ligne *f* à haute tension; **hoch|springen** *sep irr vi aux sein* sauter; **Hochsprung** *m* saut *m* en hauteur

höchst *adv* très, extrêmement

Hochstapler, in *m(f)* (-s, -) imposteur *m*, usurpatrice *f*

höchste, r, s *adj superl von* **hoch**; **aufs Höchste erstaunt** très étonné(e); **es ist ~ Zeit** il est grand temps

Hochstelltaste *f* touche *f* Majuscule

höchstens *adv* tout au plus, au maximum; **Höchstgeschwindigkeit** *f* vitesse *f* maximum, plafond *m*; **höchstpersönlich** *adv* en personne; **Höchstpreis** *m* prix *m* fort; **höchstwahrscheinlich** *adv* très probablement

hochtrabend *adj* pompeux(-euse); **Hochverrat** *m* haute trahison *f*; **Hochwasser** *nt* (*von Meer*) marée *f* haute; (*von Fluss*) crue *f*; (*Überschwemmung*) inondation *f*; **hochwertig** *adj* de très bonne qualité; **Hochzahl** *f* exposant *m*

Hochzeit *f* (-, -en) mariage *m*; **Hochzeitsreise** *f* voyage *m* de noces

Hocke *f* (-, -n) (*Stellung*) accroupissement *m*; (*Sport*) saut *m* groupé; **hocken** *vi* (*Mensch*) être accroupi(e); (*Vogel*) être perché(e)

Hocker *m* (-s, -) tabouret *m*

Höcker *m* (-s, -) bosse *f*

Hockey *nt* (-s) hockey *m* (sur gazon)

Hoden *m* (-s, -) testicule *m*

Hof *m* (-(e)s, Höfe) cour *f*; (*von Mond*) halo *m*

hoffen *vi, vt* espérer; **auf etw** *akk* **~** espérer qch

hoffentlich *adv*: **~ ist morgen schönes Wetter** espérons/j'espère qu'il fera beau demain

Hoffnung f espoir m; **hoffnungslos** adj
déséspéré(e); **Hoffnungslosigkeit** f
caractère m désespéré;
Hoffnungsschimmer m lueur f d'espoir;
Hoffnungsträger, in m(f) espoir m;
hoffnungsvoll adj plein(e) d'espoir
höflich adj poli(e); **Höflichkeit** f
politesse f
hohe, r, s adj siehe **hoch**
Höhe f(-, -n) hauteur f; (zahlen-,
mengenmäßig) niveau m; (von Betrag)
montant m
Hoheit f (Pol) souveraineté f; (Titel) altesse
f; **Hoheitsgebiet** nt territoire m national;
Hoheitsgewässer pl eaux fpl
territoriales; **Hoheitszeichen** nt
emblème m national
Höhenangabe f indication f d'altitude;
(auf Karte) cote f; **Höhenmesser** m (-s, -)
altimètre m; **Höhensonne** f lampe f à
rayons ultraviolets; **Höhenunterschied**
m différence f d'altitude; **Höhenzug** m
chaîne f de montagnes
Höhepunkt m apogée m, sommet m
höher adj, adv komp von **hoch** plus haut(e)
hohl adj creux(-euse)
Höhle f(-, -n) grotte f, caverne f; (von Tier)
antre m, tanière f
Hohlheit f (fig: Geistlosigkeit) vacuité f;
Hohlmaß nt mesure f de capacité
Hohn m (-(e)s) ironie f, raillerie f;
höhnen vt railler; **höhnisch** adj
sarcastique
holen vt aller chercher; **Atem ~** reprendre
son souffle, respirer; **sich** dat **Rat/Hilfe ~**
demander conseil/de l'aide; **sich** dat
einen Schnupfen ~ attraper un rhume;
jdn/etw ~ lassen envoyer chercher
qn/qch
Holland nt (-s) la Hollande; **Holländer, in**
m(f) (-s, -) Hollandais(e); **holländisch** adj
hollandais(e)
Hölle f(-, -n) enfer m; **Höllenangst** f:
eine ~ haben avoir une peur bleue;
höllisch adj infernal(e), d'enfer
Holocaust m (-(s), -s) holocauste m
Holografie, Holographie f
holographie f
Hologramm nt (-s, -e) hologramme m
holperig adj cahoteux(-euse);
(Sprachkenntnisse) hésitant(e); **holpern** vi
aux sein (Wagen) cahoter
Holunder m (-s, -) sureau m
Holz nt (-es, Hölzer) bois m; **hölzern** adj
en bois; (fig) gauche; **Holzfäller** m (-s, -)
bûcheron m; **holzig** adj (Apfel, Spargel etc)
filandreux(-euse); **Holzklotz** m billot m;
(Spielzeug) cube m en bois; **Holzkohle** f
charbon m de bois; **Holzscheit** nt bûche
f; **Holzschuh** m sabot m; **Holzweg** m:

auf dem **~ sein** faire fausse route;
Holzwolle f laine f de bois; **Holzwurm** m
ver m du bois
Homebanking nt homebanking m,
banque f à domicile
Homepage f (-, -s) page f d'accueil
Hometrainer m home-trainer m
Homoehe f (fam) mariage m homosexuel
Homöopathie f homéopathie f;
homöopathisch adj homéopathique
Homosexualität f homosexualité f;
homosexuell adj homosexuel(le);
Homosexuelle, r m f homosexuel(le)
Honduras nt (-) le Honduras
Honig m (-s, -e) miel m; **Honigmelone** f
melon m d'hiver, melon m d'Antibes;
Honigwabe f rayon m de miel
Honorar nt (-s, -e) honoraires mpl
honorieren (pp **honoriert**) vt (bezahlen)
rétribuer; (anerkennen) honorer
Hopfen m (-s, -) houblon m
hopsen vi aux sein sautiller
hops|gehen sep vi aux sein (fam:
umkommen) clamser; (verloren gehen) se
perdre; (ertappt werden) se faire pincer
hörbar adj audible, perceptible;
Hörbuch nt livre-cassette m
horchen vi écouter
Horde f (-, -n) horde f
hören vt entendre; (anhören) écouter ▪ vi
entendre; (erfahren) apprendre; **auf jdn/**
etw ~ écouter qn/qch; **von jdm ~** avoir
des nouvelles de qn; **Hörensagen** nt:
vom ~ par ouï-dire; **Hörer** m (-s, -)
(Telefonhörer) écouteur m; **Hörer, in** m(f)
(-s, -) auditeur(-trice); **Hörgerät** nt
appareil m auditif
Horizont m (-(e)s, -e) horizon m;
(Verständnis) portée f
horizontal adj horizontal(e)
Hormon nt (-s, -e) hormone f
Hörmuschel f écouteur m
Horn nt (-(e)s, Hörner) corne f;
(Instrument) cor m; **Hornhaut** f (am Fuß)
callosité f; (von Auge) cornée f
Hornisse f (-, -n) frelon m
Horoskop nt (-s, -e) horoscope m
Hörrohr nt (Med) stéthoscope m
Horror m (-s) horreur f; **Horrorfilm** m
film m d'horreur
Hörsaal m amphi m; **Hörspiel** nt pièce f
radiophonique; **Hörsturz** m surdité f
brusque
Hort m (-(e)s, -e) (Sch) garderie f
horten vt stocker, accumuler
Höschen nt (Slip) culotte f; **heiße ~**
mini-short m
Hose f (-, -n) pantalon m; (Unterhose) slip
m, culotte f; **tote ~ sein** (fam: langweilig
sein) être mortel(le); (fam: erfolglos sein)

foirer, merder; **in die ~ gehen** (*fam*) tomber à l'eau; **Hosenanzug** *m* tailleur-pantalon *m*; **Hosenrock** *m* jupe-culotte *f*; **Hosensack** *m* (*CH*) poche *f* de pantalon; **Hosentasche** *f* poche *f* de pantalon; **Hosenträger** *pl* bretelles *fpl*

Hostie *f* (*Rel*) hostie *f*

Hostrechner *m* hôte *m*

Hotdog *m o nt* (**-s, -s**) hot-dog *m*

Hotel *nt* (**-s, -s**) hôtel *m*; **Hotelier** *m* (**-s, -s**) hôtelier *m*

Hotkey *m* (**-s, -s**) raccourci *m* clavier

Hotline *f* (**-, -s**) hotline *f*

HTML *nt* (**-**) *abk* = **Hypertext Markup Language** HTML *m*

Hub *m* (**-(e)s, Hübe**) (*Tech*) course *f*

hüben *adv* de ce côté-ci; **~ wie drüben** des deux côtés

Hubraum *m* (*Auto*) cylindrée *f*

hübsch *adj* joli(e)

Hubschrauber *m* (**-s, -**) hélicoptère *m*

Huckepackverkehr *m* trafic *m* combiné rail-route

Huf *m* (**-(e)s, -e**) sabot *m*; **Hufeisen** *nt* fer *m* à cheval

Hüfte *f* (**-, -n**) hanche *f*; **Hüfthalter** *f* (**-s, -**) gaine *f*

Hügel *m* (**-s, -**) colline *f*; (*Erdhügel*) monticule *m*; **hügelig** *adj* vallonné(e)

Huhn *nt* (**-(e)s, Hühner**) poule *f*; **Hühnerauge** *nt* cor *m* (au pied); **Hühnerbrühe** *f* bouillon *m* de poule

Hülle *f* (**-, -n**) enveloppe *f*; **in ~ und Fülle** en abondance; **hüllen** *vt* envelopper (*in +akk* dans)

Hülse *f* (**-, -n**) (*von Pflanze*) cosse *f*, enveloppe *f*; (*von Geschoss*) douille *f*; (*Behälter, Etui*) étui *m*; **Hülsenfrucht** *f* légumineuse *f*

human *adj* humain(e); **humanitär** *adj* humanitaire; **Humanität** *f* humanité *f*

Hummel *f* (**-, -n**) bourdon *m*

Hummer *m* (**-s, -**) homard *m*

Humor *m* (**-s, -e**) humour *m*; **Humorist, in** *m(f)* humoriste *mf*; **humoristisch** *adj* humoristique; **humorvoll** *adj* plein(e) d'humour

humpeln *vi aux sein* boiter, boitiller

Humpen *m* (**-s, -**) hanap *m*

Hund *m* (**-(e)s, -e**) chien *m*; **Hundehütte** *f* niche *f*; **Hundekuchen** *m* biscuit *m* pour chien; **hundemüde** *adj* (*fam*) éreinté(e), crevé(e)

hundert *num* cent; **Hunderte** [*o* **hunderte**] **von Menschen** des centaines de personnes; **Hundertjahrfeier** *f* centenaire *m*; **hundertmal** *adv* cent fois; **hundertprozentig** *adj* (à) cent pour cent

Hündin *f* chienne *f*

Hunger *m* (**-s**) faim *f*; **~ haben** avoir faim; **Hungerlohn** *m* salaire *m* de misère; **hungern** *vi* souffrir de la faim; (*zum Abnehmen*) faire un régime; **nach etw ~** désirer ardemment qch, avoir soif de qch; **Hungersnot** *f* famine *f*; **Hungerstreik** *m* grève *f* de la faim; **hungrig** *adj* affamé(e), qui a faim

Hupe *f* (**-, -n**) klaxon *m*; **hupen** *vi* klaxonner

Hüpfburg *f* château en structure gonflable pour enfants; **hüpfen** *vi aux sein* sautiller

Hürde *f* (**-, -n**) (*Sport*) haie *f*; (*Hindernis*) obstacle *m*; (*für Schafe*) clôture *f*; **Hürdenlauf** *m* course *f* de haies

Hure *f* (**-, -n**) putain *f*

huschen *vi aux sein* passer furtivement

husten *vi* tousser; **Husten** *m* (**-s**) toux *f*; **Hustenanfall** *m* quinte *f* de toux; **Hustenbonbon** *m o nt* pastille *f* contre la toux; **Hustensaft** *m* sirop *m* (contre la toux)

Hut *m* (**-(e)s, Hüte**) chapeau *m* ■ *f*: **auf der ~ sein** se tenir sur ses gardes

hüten *vt* garder ■ *vr*: **sich ~ vor** +*dat* prendre garde à; **sich ~, etw zu tun** se garder de faire qch

Hütte *f* (**-, -n**) cabane *f*; (*im Gebirge*) refuge *m*; (*Eisenhütte*) aciérie *f*; **Hüttenschuh** *m* chausson *m* (en laine); **Hüttenwerk** *nt* usine *f* métallurgique

hutzelig *adj* ridé(e)

Hyäne *f* (**-, -n**) hyène *f*

Hyazinthe *f* (**-, -n**) jacinthe *f*

Hydrant *m* bouche *f* d'incendie

hydraulisch *adj* hydraulique

Hydrokultur *f* hydroculture *f*

Hygiene *f* (**-**) hygiène *f*; **hygienisch** *adj* hygiénique

Hymne *f* (**-, -n**) hymne *m*

hyper- *präf* hyper; **hyperkorrekt** *adj* hypercorrect(e); **hyperkritisch** *adj* hypercritique

Hyperlink *m* hyperlien *m*, lien *m* hypertexte; **Hypermedia** *pl* hypermédia *m*; **Hypertext** *m* hypertexte *m*

Hypnose *f* (**-, -n**) hypnose *f*; **hypnotisch** *adj* hypnotique; **Hypnotiseur, in** *m(f)* hypnotiseur(-euse); **hypnotisieren** (*pp* hypnotisiert) *vt* hypnotiser

Hypothek *f* (**-, -en**) hypothèque *f*

Hypothese *f* hypothèse *f*; **hypothetisch** *adj* hypothétique

Hysterie *f* hystérie *f*

hysterisch *adj* hystérique

I, i nt (-, -) I, i m

i. A. abk = **im Auftrag** p.o.

IC m (-, -s) abk = **Intercity** I.C. m, train rapide de grandes lignes

ICE m (-, -s) abk = **Intercityexpress** ≈ T.G.V. m

ich pron je; (vor Vokal o stummem h) j'; (betont) moi (je); **~ bins** c'est moi; **Ich** nt (-(s), -(s)) moi m

Icon nt (-s, -s) (Inform) icône f

IC-Zuschlag m supplément m Intercité

ideal adj idéal(e); **Ideal** nt (-s, -e) idéal m; **Idealgewicht** nt poids m idéal; **Idealismus** m idéalisme m; **Idealist, in** m(f) idéaliste mf; **idealistisch** adj idéaliste

Idee f (-, -n) idée f; **eine ~** (ein bisschen) un petit peu; **ideell** adj idéel(le)

identifizieren (pp **identifiziert**) vt identifier

identisch adj identique (mit à)

Identität f identité f

Ideologe m (-n, -n), **-login** f idéologue mf; **Ideologie** f idéologie f; **ideologisch** adj idéologique

idiomatisch adj idiomatique

Idiot m (-en, -en) idiot(e), imbécile mf; **idiotisch** adj idiot(e), bête

Idylle f (-, -n) idylle f; **idyllisch** adj idyllique

IG f (-, -s) abk = **Industriegewerkschaft**

Igel m (-s, -) hérisson m

ignorieren (pp **ignoriert**) vt ne tenir aucun compte de, ignorer; (Inform) ignorer

IHK f (-, -s) abk = **Industrie- und Handelskammer** C.C.I. f

ihm pron dat von **er** (vor Verb) lui, le; (vor Vokal o stummem h) l'; (nach Präposition: von er) lui; (von es) cela, ça

ihn pron akk von **er** (vor Verb) le, lui; (vor Vokal o stummem h) l'; (nach Präposition) lui

ihnen pron dat von pl von **sie** (vor Verb) les, leur; (vor Vokal o stummem h) les; (nach Präposition) eux (elles)

Ihnen pron dat von **Sie** vous

ihr pron (2. Person pl) vous ▓ pron dat von sing von **sie** (vor Verb) lui; (vor Vokal o stummem h) l'; (nach Präposition) elle ▓ pron possessiv von sing von **sie** (adjektivisch) son (sa); (vor Vokal o stummem h) son; (pl) ses ▓ pron possessiv von pl von **sie** (adjektivisch) leur; (pl) leurs

Ihr pron (adjektivisch) votre

ihre, r, s pron possessiv von sing von **sie** (substantivisch) le (la) sien(ne); (pl) les siens (siennes) ▓ pron possessiv von pl von **sie** (substantivisch) le (la) leur; (pl) les leurs

Ihre, r, s pron (substantivisch) le (la) vôtre; (pl) les vôtres

ihrer pron gen von sing von **sie** d'elle ▓ pron gen von pl von **sie** d'eux (d'elles)

Ihrer pron gen von **Sie** de vous

ihrerseits adv bezüglich auf sing von **sie** de son côté ▓ adv bezüglich auf pl von **sie** de leur côté; **Ihrerseits** adv de votre côté; **ihresgleichen** pron bezüglich auf sing von **sie** des personnes comme elle ▓ pron bezüglich auf pl von **sie** des gens comme eux; (von Dingen) des choses du même genre; **Ihresgleichen** pron des gens comme vous; **ihretwegen** adv (für sie) pour elle; (wegen ihr) à cause d'elle; (von ihr aus) en ce qui la concerne ▓ adv (für sie pl) pour eux (elles); (wegen ihnen) à cause d'eux (d'elles); (von ihnen aus) en ce qui les concerne; **Ihretwegen** adv (für Sie) pour vous; (wegen Ihnen) à cause de vous; (von Ihnen aus) en ce qui vous concerne

Ikone f (-, -n) icône f

illegal adj illégal(e)

Illusion f illusion f; **illusorisch** adj illusoire

illustrieren (pp **illustriert**) vt illustrer

Illustrierte f (-n, -n) illustré m, magazine m

Iltis m (-ses, -se) putois m

im kontr von **in dem**

Image nt (-(s), -s) image f de marque

imaginär adj imaginaire

Imbiss m (-es, -e) casse-croûte m; **Imbissstube** f snack(-bar) m

imitieren (pp **imitiert**) vt imiter

Imker, in *m(f)* (**-s, -**) apiculteur(-trice)
Immatrikulation *f* (*Sch*) inscription *f*;
  immatrikulieren (*pp* **immatrikuliert**)
  vr: **sich ~** s'inscrire
immer *adv* toujours; (*jeweils*) à chaque
  fois; **~ vier zusammen** quatre par quatre;
  ~ wieder toujours, constamment; **~ noch**
  encore, toujours; **~ noch nicht** toujours
  pas; **für ~** pour toujours, à jamais; **~ wenn
  ich ...** chaque fois que je ...; **~ schöner/
  trauriger** de plus en plus beau/triste; **was
  (auch) ~** quoi que; **wer (auch) ~** qui que ce
  soit qui; **immerhin** *adv* tout de même;
  immerzu *adv* sans arrêt
Immobilien *pl* biens *mpl* immobiliers [*o*
  immeubles]
immun *adj* immunisé(e) (*gegen* contre);
  Immunität *f* immunité *f*;
  Immunschwäche *f* immunodéficience *f*;
  Immunschwächekrankheit *f* syndrome
  m immunodéficitaire; **Immunsystem** *nt*
  système *m* immunitaire
Imperativ *m* impératif *m*
Imperfekt *nt* imparfait *m*
imperialistisch *adj* impérialiste
impfen *vt* vacciner (*jdn gegen etw* qn contre
  qch); **Impfpass** *m* carnet *m* de
  vaccination; **Impfstoff** *m* vaccin *m*;
  Impfung *f* vaccination *f*; **Impfzwang** *m*
  vaccination *f* obligatoire
implizieren (*pp* **impliziert**) *vt* impliquer
imponieren (*pp* **imponiert**) *vi*: **jdm ~**
  impressionner qn
Import *m* (**-(e)s, -e**) importation *f*;
  importieren (*pp* **importiert**) *vt* importer
imposant *adj* imposant(e)
impotent *adj* impuissant(e); **Impotenz** *f*
  impuissance *f*
imprägnieren (*pp* **imprägniert**) *vt*
  imprégner; (*Mantel*) imperméabiliser
Improvisation *f* improvisation *f*
improvisieren (*pp* **improvisiert**) *vt*, *vi*
  improviser
Impuls *m* (**-es, -e**) impulsion *f*; **impulsiv**
  adj impulsif(-ive)
imstande *adj*: **~ sein, etw zu tun** (*in der
  Lage sein*) être en état de faire qch; (*fähig
  sein*) être capable de faire qch
in *präp* +*akk* (*räumlich*) dans; **in die Schule** à
  l'école; **in die Stadt** en ville; **ins Ausland
  fahren** aller à l'étranger; **bis ins 19.
  Jahrhundert** jusqu'au 19e siècle ■ *präp*
  +*dat* (*räumlich*) dans, à, en; (*zeitlich*) dans;
  (*Art und Weise*) en, dans; **Bonn ist in
  Deutschland** Bonn est en Allemagne;
  das ist im Haus/Schrank c'est dans la
  maison/dans l'armoire; **in diesem
  Monat/Jahr** ce mois-ci/cette année; **er
  kommt in einem Monat** il vient dans un
  mois; **in der Schule** à l'école; **in der Stadt**
  en ville; **im Frühling/Herbst/Sommer/
  Winter/Mai** au printemps/en automne/
  en été/en hiver/en mai; **im Stehen essen**
  manger debout
Inanspruchnahme *f* (**-, -n**): **bei ~** +*gen* si
  l'on profite de
Inbegriff *m* incarnation *f*
inbegriffen *adv* compris(e); **Bedienung ~**
  service compris
Inbetriebname *f* (**-, -n**) (*von Maschine*)
  mise *f* en service; (*von Gebäude*)
  inauguration *f*
inbrünstig *adj* fervent(e)
indem *konj* (*dadurch, dass*) grâce au fait
  que; (*während*) pendant que; **~ man etw
  macht** en faisant qch
Inder, in *m(f)* (**-s, -**) Indien(ne) (de l'Inde)
Indianer, in *m(f)* (**-s, -**) Indien(ne)
  (d'Amérique); **indianisch** *adj* indien(ne)
Indien *nt* (**-s**) l'Inde *f*
Indikativ *m* indicatif *m*
indirekt *adj* indirect(e)
indisch *adj* indien(ne); **der Indische
  Ozean** l'océan Indien
indiskret *adj* indiscret(-ète); **Indiskretion**
  f indiscrétion *f*
indiskutabel *adj* hors de question
Individualist, in *m(f)* individualiste *mf*;
  Individualität *f* individualité *f*;
  individuell *adj* individuel(le);
  Individuum *nt* (**-s, -en**) individu *m*
Indiz *nt* (**-es, -ien**) indice *m* (*für de*);
  Indizienbeweis *m* preuve *f* indirecte
Indochina *nt* l'Indochine *f*
indoktrinieren (*pp* **indoktriniert**) *vt*
  endoctriner
Indonesien *nt* (**-s**) l'Indonésie *f*;
  indonesisch *adj* indonésien(ne)
industrialisieren (*pp* **industrialisiert**) *vt*
  industrialiser
Industrie *f* industrie *f*
Industrie- *in zW* industriel(le);
  Industriegebiet *nt* zone *f* industrielle;
  Industriegewerkschaft *f* syndicat *m*
  ouvrier; **Industriekonzern** *m*
  consortium *m* industriel; **Industrieland**
  nt pays *m* industriel; **industriell** *adj*
  industriel(le); **Industrieroboter** *m* robot
  m industriel; **Industrie- und
  Handelskammer** *f* chambre *f* de
  commerce et d'industrie; **Industriezweig**
  m branche *f* de l'industrie
ineinander *adv* l'un(e) dans l'autre, les
  un(e)s dans les autres
Infanterie *f* infanterie *f*
Infarkt *m* (**-(e)s, -e**) infarctus *m*
Infektion *f* infection *f*;
  Infektionskrankheit *f* maladie *f*
  infectieuse
Infinitiv *m* infinitif *m*

infizieren (pp **infiziert**) vt infecter
■ vr: **sich ~** être contaminé(e) (bei par)

in flagranti adv en flagrant délit

Inflation f inflation f; **inflationär** adj
inflationniste; **Inflationsrate** f taux m
d'inflation

Info f (**-, -s**) renseignement m

infolge präp +gen par suite de;
infolgedessen adv par conséquent

Informatik f informatique f;
Informatiker, in m(f) (**-s, -**)
informaticien(ne)

Information f information f;
informationell adj de l'information,
relatif(-ive) à l'information;
Informationsforum nt (**-s, -foren**)
(Inform) forum m d'information;
Informationsstand m stand m
d'information(s); (fig: Wissensstand)
niveau m de connaissances;
Informationstechnik f technique f de
l'information; **Informationstechnologie**
f technologies fpl de l'information

informieren (pp **informiert**) vt informer
■ vr: **sich ~** s'informer (über +akk de)

Infotainment nt programme m
d'information

infrage adv: **das kommt nicht ~** il n'en est
pas question; **etw ~ stellen** remettre qch
en question

Infrarotbestrahlung f traitement m par
les infrarouges

Infrastruktur f infrastructure f

Infusion f perfusion f

Ingenieur, in m(f) ingénieur mf;
Ingenieurschule f école f d'ingénieurs

Ingwer m (**-s**) gingembre m

Inhaber, in m(f) (**-s, -**) (von Rekord,
Genehmigung) détenteur(-trice); (von Titel)
titulaire mf; (Hausinhaber) propriétaire mf;
(Fin) porteur m

inhaftieren (pp **inhaftiert**) vt incarcérer

inhalieren (pp **inhaliert**) vt, vi (Med)
inhaler; (beim Rauchen) avaler la fumée

Inhalt m (**-(e)s, -e**) contenu m; (Volumen)
volume m; (Bedeutung von Wort, Leben)
signification f; **inhaltlich** adv en ce qui
concerne le contenu; **Inhaltsangabe** f
résumé m; **inhaltslos** adj creux (creuse);
inhaltsreich adj très intéressant(e);
Inhaltsverzeichnis nt indication f
du contenu; (in Buch) table f des
matières

inhuman adj inhumain(e)

Initiative f initiative f

Injektion f injection f

inklusive adv, präp +gen y compris;
~ Getränke boissons comprises;
bis zum 20. März ~ jusqu'au 20 mars
inclus

inkognito adv incognito

inkompatibel adj incompatible

inkompetent adj incompétent(e)

inkonsequent adj inconséquent(e)

inkorrekt adj incorrect(e)

Inkrafttreten nt (**-s**) entrée f en vigueur

Inland nt intérieur m des terres; (Pol) pays
m; **im ~ und Ausland** dans le pays et à
l'étranger; **Inlandsporto** nt tarif m postal
intérieur

Inlineskates pl patins mpl en ligne, rollers
mpl; **Inlineskating** nt (**-s**) faire du patin
en ligne

inmitten präp +gen au milieu de; **~ von** au
milieu de

inne|haben sep irr vt (Amt) exercer; (Titel)
porter; (Rekord) détenir

innen adv à l'intérieur; **nach ~** vers
l'intérieur; **Innenarchitekt, in** m(f)
décorateur(-trice) d'intérieur;
Innenaufnahme f intérieur m;
Inneneinrichtung f aménagement m
intérieur; **Innenminister, in** m(f)
ministre m de l'Intérieur; **Innenpolitik** f
politique f intérieure; **innenpolitisch** adj
de politique intérieure; (Experte) en
politique intérieure; **Innenstadt** f
centre-ville m; **Innentasche** f poche f
intérieure

innere, r, s adj intérieur(e); (im Körper)
interne; **Innere, s** nt intérieur m; (fig)
cœur m

Innereien pl (Gastr) abats mpl

innerhalb präp +gen (zeitlich) dans un délai
de; (räumlich) à l'intérieur de ■ adv à
l'intérieur

innerlich adj interne, (geistig) intérieur(e)

innerste, r, s adj (Punkt) central(e);
(Gedanken, Gefühle) intime; **Innerste, s** nt
fond m de soi-même; (von Land) centre m

innert präp +dat (CH) dans un délai de

innig adj intime; (Freundschaft) profond(e)

Innovation f innovation f; **innovativ** adj
innovateur(-trice)

inoffiziell adj non officiel(le)

inopportun adj malvenu(e)

Inquisition f Inquisition f

ins kontr von **in das**

Insasse m (**-n, -n**), **Insassin** f (von Anstalt)
pensionnaire mf; (Auto) passager(-ère),
occupant(e)

insbesondere adv en particulier

Inschrift f inscription f

Insekt nt (**-(e)s, -en**) insecte m;
Insektenbekämpfungsmittel nt
insecticide m; **Insektenschutzmittel** nt
insectifuge m

Insel f (**-, -n**) île f; (Verkehrsinsel) refuge m;
reif für die ~ sein avoir grand besoin de
vacances

Inserat nt annonce f; **Inserent, in** m(f)
annonceur(-euse); **inserieren** (pp
inseriert) vi passer une annonce ▪ vt
passer une annonce pour
insgeheim adv en secret
insgesamt adv dans l'ensemble;
er war ~ 10 Tage krank en tout il a été
malade 10 jours
Insider, in m(f) (**-s, -**) initié(e)
insofern, insoweit adv sur ce point,
en cela ▪ konj (deshalb) dans la mesure
où; (falls) si; **~ als ...** dans la mesure où ...
Installateur, in m(f) électricien(ne); (für
sanitäre Anlagen) plombier m; **Installation**
f (a. Inform) installation f; **installieren**
(pp **installiert**) vt (a. Inform) installer;
(Tech) équiper
Instandhaltung f entretien m;
Instandsetzung f remise f en état;
(von Gebäude) restauration f
Instanz f autorité f; (Jur) instance f;
Instanzenweg m voie f hiérarchique
Instinkt m (**-(e)s, -e**) instinct m;
instinktiv adj instinctif(-ive)
Institut nt (**-(e)s, -e**) institut m
Institution f institution f
Instrument nt instrument m
Insulin nt (**-s**) insuline f
insultieren (pp **insultiert**) vt (A) insulter
inszenieren (pp **inszeniert**) vt mettre en
scène; (fig: Skandal, Szene) monter;
Inszenierung f mise f en scène
Integralhelm m casque m intégral
integrieren (pp **integriert**) vt intégrer;
integrierte Schaltung circuit m intégré;
Integrierung f intégration f
intellektuell adj intellectuel(le)
intelligent adj intelligent(e); **Intelligenz**
f intelligence f; (Leute) intelligentsia f;
künstliche ~ intelligence artificielle
Intendant, in m(f) intendant(e); (Radio,
TV) président(e); (Theat) directeur(-trice)
Intensität f intensité f
intensiv adj intense; (Ackerbau)
intensif(-ive); **Intensivkurs** m cours m
intensif; **Intensivmedizin** f médecine f
intensive; **Intensivstation** f service m
de réanimation
interaktiv adj interactif(-ive)
Intercity m (**-s, -s**) Intercité m;
Intercityexpress(zug) m train m à
grande vitesse (allemand);
Intercityzug m Intercité m
interessant adj intéressant(e);
interessanterweise adv curieusement
Interesse nt (**-s, -n**) intérêt m; **~ haben**
s'intéresser (an +dat à); **Interessent, in**
m(f) personne f intéressée; **interessieren**
(pp **interessiert**) vt intéresser; **jdn für**
etw ~ intéresser qn à qch; **an jdm/einer**

Sache interessiert sein être intéressé(e)
par qn/qch ▪ vr: **sich ~** s'intéresser (für à)
Interface nt (**-, -s**) interface f
Internat nt internat m
international adj international(e);
Internationaler Währungsfonds Fonds
m monétaire international;
Internationale Standardbuchnummer
numéro m d'identification international
Internet nt (**-s**) Internet m, Internet m,
toile f; **Internetadresse** f adresse f
Internet; **Internetanschluss** m
branchement m Internet;
Internetbroker, in m(f) (**-s, -**) courteur m
en ligne; **Internetcafé** nt cybercafé m;
Internetfreak m Webmane mf;
Internethandel m cybercommerce m;
Internetseite f page f Web [o web];
Internetsurfer, in m(f) internaute mf;
Internettelefon nt téléphone m sur
Internet; **Internetzugang** m accès m
à l'internet, accès m à l'Internet;
Internetzugriff m accès m à Internet
internieren (pp **interniert**) vt interner
Internist, in m(f) spécialiste mf des
maladies internes
Interpretation f interprétation f;
interpretieren (pp **interpretiert**) vt
interpréter
Interpunktion f ponctuation f
Interrailkarte f carte f Interrail
Interregio m (**-s, -s**) express m régional
Interrogativpronomen nt pronom m
interrogatif
Intervall nt (**-s, -e**) intervalle m;
Intervallschaltung f régime m alternatif
intervenieren (pp **interveniert**) vi
intervenir
Interview nt (**-s, -s**) interview f;
interviewen (pp **interviewt**) vt
interviewer
intim adj intime; **Intimität** f intimité f;
Intimkontakt m contact m intime;
Intimschmuck m piercing m intime
intolerant adj intolérant(e)
Intranet nt (**-s, -s**) intranet m
intransitiv adj intransitif(-ive)
Intrige f (**-, -n**) intrigue f
introvertiert adj introverti(e)
Intuition f intuition f
Invalide mf (**-n, -n**), **Invalidin** f invalide mf
Invasion f invasion f
Inventar nt (**-s, -e**) inventaire m
Inventur f: **~ machen** dresser un inventaire
investieren (pp **investiert**) vt investir;
Investition f investissement m;
Investitionsgüter pl biens mpl
d'investissement
Investmentfonds m fonds mpl
d'investissements

In-vitro-Fertilisation f fécondation f
  in vitro
inwiefern, inwieweit adv dans quelle
  mesure
inzwischen adv entre-temps
Irak m (-s): (der) ~ l'Irak m, l'Iraq m;
  irakisch adj irakien(ne)
Iran m (-s): (der) ~ l'Iran m; **iranisch** adj
  iranien(ne)
irdisch adj terrestre
Ire m (-n, -n) Irlandais m
irgend adv d'une façon ou d'une autre;
  ~ **so ein Vertreter** un de ces
  représentants; **irgendein** pron un(e)
  ... (quelconque); **irgendeine, r, s** pron
  quelqu'un(e); (egal wer) n'importe qui;
  irgendeinmal adv (in Zukunft) un jour;
  (in Vergangenheit) une fois; **irgendetwas**
  pron quelque chose; (egal was) n'importe
  quoi; **irgendjemand** pron quelqu'un;
  (egal wer) n'importe qui; **irgendwann** adv
  un jour, une fois; (egal wann) n'importe
  quand; **irgendwer** pron quelqu'un(e);
  (egal wer) n'importe qui; **irgendwie** adv
  d'une façon ou d'une autre; (egal wie)
  n'importe comment; **irgendwo** adv
  quelque part; (egal wo) n'importe où;
  irgendwohin adv quelque part; (egal wo)
  n'importe où
Irin f Irlandaise f; **irisch** adj irlandais(e)
Irland nt l'Irlande f
Ironie f ironie f; **ironisch** adj ironique
irre adj fou (folle); (fam: prima) chouette;
  Irre, r mf fou (folle); **irre|führen** sep vt
  induire en erreur; **irre|machen** sep vt
  embrouiller
irren vr: **sich ~** (unrecht haben) se tromper;
  wenn ich mich nicht irre si je ne me
  trompe; **sich im Datum ~** se tromper de
  date; **sich in jdm ~** se tromper sur qn
  ▪ vi aux sein (umherirren) errer
Irrenanstalt f asile m d'aliénés
irrig adj (ungenau) inexact(e); (falsch) faux
  (fausse)
Irrsinn m folie f; **irrsinnig** adj fou (folle);
  (fam) dingue
Irrtum m (-s, -tümer) erreur f; **irrtümlich**
  adj erroné(e) ▪ adv par erreur
ISBN f (-, -s) abk = **Internationale**
  Standardbuchnummer ISBN m
Ischias m o nt (-) sciatique f
ISDN nt (-s) abk = **integrated services**
  digital network Numéris m; **ISDN-Netz**
  nt réseau m Numéris
Islam m (-(s)) islam m, islamisme m;
  islamisch adj islamique; **Islamisierung** f
  islamisation f
Island nt l'Islande f; **Isländer, in** m(f) (-s, -)
  Islandais(e); **isländisch** adj islandais(e)
Isodrink m (-s, -s) boisson f énergétique

Isolation f isolement m; (Elec) isolation f;
  Isolator m isolant m; **Isolierband** nt (pl
  Isolierbänder) ruban m isolant; **isolieren**
  (pp **isoliert**) vt isoler ▪ vr: **sich ~** s'isoler;
  Isolierkanne f (bouteille f) thermos® m;
  Isolierstation f (Med) salle f de
  quarantaine; **Isolierung** f isolement m;
  Isomatte f tapis m de sol
Israel nt (-s) (l'État m d')Israël; **Israeli** m
  (-(s), -(s)) ▪ f (-, -(s)) Israélien(ne);
  israelisch adj israélien(ne)
IT f (-) abk = **Informationstechnologie**
  technologies fpl de l'information
Italien nt (-s) l'Italie f; **Italiener, in** m(f)
  (-s, -) Italien(ne); **italienisch** adj
  italien(ne); **Italienisch** nt italien m;
  ~ **lernen** apprendre l'italien
Italowestern m western m spaghetti
IWF m (-) abk = **Internationaler**
  Währungsfonds F.M.I. m

J, j nt (-, -) J, j m

ja adv oui; **ich habe es ja gewusst** je le savais bien; **das soll er ja nicht tun** il ne faut surtout pas qu'il fasse cela

Jacht f (-, -en) yacht m; **Jachthafen** m port m de plaisance

Jacke f (-, -n) veste f

Jackett nt (-s, -s o -e) veston m

Jackpot m (-s, -s) jackpot m

Jagd f (-, -en) chasse f (auf +akk à); **Jagdbeute** f tableau m de chasse; **Jagdflugzeug** nt avion m de chasse; **Jagdgewehr** nt fusil m de chasse

jagen vi chasser ▪ vi aux sein (eilen) filer ▪ vt chasser; (verfolgen) pourchasser

Jäger, in m(f) (-s, -) chasseur(-euse)

jäh adj soudain(e); (steil) abrupt(e)

Jahr nt (-(e)s, -e) an m; (im Verlauf gesehen) année f; **alle Jahre wieder** chaque année; **ein ganzes ~** toute une année; **im Jahre 2000** en 2000; **er ist 5 Jahre alt** il a 5 ans; **jahrelang** adv pendant des années; **Jahresabonnement** nt abonnement m annuel; **Jahresabschluss** m fin f de l'année; (Com) bilan m annuel; **Jahresausgleich** m péréquation f des impôts; **Jahresbericht** m rapport m annuel; **Jahreswechsel** m nouvel an m; **Jahreszahl** f date f; **Jahreszeit** f saison f;

Jahrgang m année f; **Jahrhundert** nt (-s, -e) siècle m; **Jahrhundertwende** f tournant m du siècle

jährlich adj annuel(le) ▪ adv annuellement

Jahrmarkt m foire f

Jahrzehnt nt (-s, -e) décennie f

Jähzorn m accès m de colère; (Eigenschaft) caractère m colérique; **jähzornig** adj colérique

Jalousie f persienne f

Jamaika nt (-s) la Jamaïque

Jammer m (-s) (Klagen) lamentations fpl; (Elend) misère f; **es ist ein ~, dass ...** c'est dommage que ... +subj

jämmerlich adj misérable; (Geschrei, Tod) pitoyable, lamentable

jammern vi gémir ▪ vt: **es jammert mich/ihn/sie** cela me/lui fait de la peine

jammerschade adj: **es ist ~** c'est vraiment dommage

Janker m (-s, -) (A: Strickjacke) veste f de laine; (Trachtenjacke) jaquette f

Jänner m (-(s), -) (A) janvier m

Januar m (-(s), -e) janvier m; **im ~** en janvier; **24. ~ 2009** le 24 janvier 2009; **am 24. ~** le 24 janvier

Japan nt (-s) le Japon; **Japaner, in** m(f) (-s, -) Japonais(e); **japanisch** adj japonais(e)

Jargon m (-s, -s) jargon m

jäten vt sarcler

jauchzen vi pousser des cris de joie; **Jauchzer** m (-s, -) cri m de joie

jaulen vi hurler

Jause f (-, -n) (A) casse-croûte m

Java nt (-) (Inform) Java m

jawohl adv oui (bien sûr); **Jawort** nt oui m

Jazz m (-) jazz m

je adv (zeitlich) jamais; **sie erhielten je zwei Stück** ils ont reçu chacun deux morceaux; **er gab ihnen je 5 Euro** il leur a donné à chacun 5 euros; **die schönste Stadt, die sie je gesehen hatte** la plus belle ville qu'elle ait jamais vue; **wenn du je einmal dahin kommst** si jamais tu y vas; **schöner denn je** plus beau (belle) que jamais ▪ präp +akk (pro) par ▪ interj: **ach je!** oh là, là!; **o je!** hou là, là! ▪ konj: **je nach Größe/Alter/Umständen** selon la grandeur/l'âge/les circonstances; **je nachdem** cela dépend; **je ... desto ...** plus ... plus ...

Jeans f (-, -) jean m; **Jeanshemd** nt chemise f en jean; **Jeansjacke** f veste f en jean; **Jeanskleid** nt robe f en jean; **Jeansweste** f veste f en jean

jede, r, s adj chaque; **jedes Mal** chaque fois; **ohne ~ Scham** sans aucune honte ▪ pron chacun(e); **jedenfalls** adv en tout

cas; **jedermann** *pron* chacun, tout le monde; **jederzeit** *adv* à tout moment
jedoch *adv* cependant, pourtant
jeher *adv*: **von ~** depuis toujours
jemals *adv* jamais
jemand *pron* quelqu'un(e)
Jemen *m* **(-s)**: **(der) ~** le Yémen
jene, r, s *adj* ce(t) (cette); (*pl*) ces (cettes) ⬛ *pron* celui-là (celle-là); (*pl*) ceux-là (celles-là)
jenseits *adv* de l'autre côté; **das J~** l'au-delà *m* ⬛ *präp +gen* de l'autre côté de, au-delà de
Jetlag *m* **(-s)** troubles *mpl* dus au décalage horaire
jetzig *adj* actuel(le); **jetzt** *adv* maintenant
jeweilig *adj* respectif(-ive); **jeweils** *adv* chaque fois
Job *m* **(-s, -s)** boulot *m*; (*Inform*) travail *m*; **jobben** *vi* (*fam*) bosser; **Jobsharing** *nt* **(-s)** *partage d'un emploi entre plusieurs personnes*; **Jobverlust** *m* perte *f* de l'emploi
Joch *nt* **(-(e)s, -e)** joug *m*
Jockey, Jockei *m* **(-s, -s)** jockey *m*
Jod *nt* **(-(e)s)** iode *m*
jodeln *vi* iodler
Joga *m o nt* **(-(s))** yoga *m*
joggen *vi aux sein* faire du jogging [*o* footing]; **Jogger, in** *m(f)* **(-s, -)** adepte *mf* du jogging; **Jogging** *nt* **(-s)** jogging *m*, footing *m*; **Jogginganzug** *m* survêtement *m*, jogging *m*
Joghurt, Jogurt *m o nt* **(-(s), -(s))** yaourt *m*; **Joghurtbereiter** *m* **(-s, -)** yaourtière *f*
Johannisbeere *f* groseille *f*; **Schwarze ~** cassis *m*
johlen *vi* brailler
Joint *m* **(-s, -s)** joint *m*
Jolle *f* **(-, -n)** yole *f*
jonglieren (*pp* **jongliert**) *vi* jongler (*mit* avec)
Jordanien *nt* **(-s)** la Jordanie; **jordanisch** *adj* jordanien(ne)
Joule *nt* **(-(s), -)** joule *m*
Journalismus *m* journalisme *m*; **Journalist, in** *m(f)* journaliste *mf*; **journalistisch** *adj* journalistique
Joystick *m* **(-s, -s)** (*Inform*) manche *m* (à balai)
Jubel *m* **(-s)** cris *mpl* de joie; **jubeln** *vi* pousser des cris de joie
Jubiläum *nt* **(-s, Jubiläen)** anniversaire *m*; **fünfzigjähriges ~** anniversaire *m* pour enfants
jucken *vt, vi* démanger; **es juckt mich am Arm** le bras me démange; **Juckreiz** *m* démangeaison *f*
Jude *m* **(-n, -n)** juif *m*; **Judentum** *nt* **(-s)** judaïsme *m*; **Judenverfolgung** *f* persécution *f* des juifs; **Jüdin** *f* juive *f*; **jüdisch** *adj* juif (juive)

Judo *nt* **(-(s))** judo *m*
Jugend *f* **(-)** jeunesse *f*; **Jugendherberge** *f* auberge *f* de jeunesse; **Jugendherbergsausweis** *m* carte *f* d'auberge de jeunesse; **Jugendkriminalität** *f* délinquance *f* juvénile; **jugendlich** *adj* jeune; **Jugendliche, r** *mf* jeune *mf*, adolescent(e); **Jugendrichter, in** *m(f)* juge *mf* pour enfants
Jugoslawe *m* **(-n, -n)** Yougoslave *m*
Jugoslawien *nt* **(-s)**: **das ehemalige ~** l'ex-Yougoslavie; **Jugoslawin** *f* Yougoslave *f*; **jugoslawisch** *adj* yougoslave
Juli *m* **(-(s), -s)** juillet *m*; **im ~** en juillet; **6. ~ 2009** le 6 juillet 2009; **am 6. ~ 6** le 6 juillet
jung *adj* (**jünger, jüngste**) jeune
Junge *m* **(-n, -n)** garçon *m*
Junge, s *nt* petit *m*
jünger *adj komp von* **jung** plus jeune; (*Bruder, Schwester*) cadet(te)
Jünger *m* **(-s, -)** disciple *m*
Jungfer *f* **(-, -n)**: **alte ~** vieille fille *f*, **Jungfernfahrt** *f* première traversée *f*
Jungfrau *f* vierge *f*; (*Astr*) Vierge *f*; **Veronika ist (eine) ~** Veronika est Vierge
Junggeselle *m*, **-gesellin** *f* célibataire *mf*
Jüngling *m* jeune homme *m*
jüngste, r, s *adj* le (la) plus jeune; (*neueste*) dernier(-ière)
Juni *m* **(-(s), -s)** juin *m*; **im ~** en juin; **17. ~ 2010** le 17 juin 2010; **am 17. ~** le 17 juin
Junior, in *m(f)* **(-s, -en)** fils *m*, fille *f*; (*Sport*) junior *mf*; **Juniorpass** *m* carte *f* jeunes
Junkfood *nt* **(-s)** bouffe *f* industrielle
Junkie *m* **(-s, -s)** junkie *mf*
Jupe *m* **(-, -s)** (*CH*) jupe *f*
Jura *m* **(-s)** (*Gebirge*) Jura *m*; (*Kanton*) (canton *m* du) Jura *m* ⬛ *nt* (*Recht*) droit *m*
Jurist, in *m(f)* juriste *mf*; **juristisch** *adj* juridique
Jus *nt* (*A, CH*) droit *m*
Justiz *f* **(-)** justice *f*; **Justizbeamte, r** *m*, **-beamtin** *f* fonctionnaire *mf* au tribunal; **Justizirrtum** *m* erreur *f* judiciaire
Jute *f* **(-)** jute *m*
Juwel *nt o m* **(-s, -en)** joyau *m*; **Juwelier, in** *m(f)* **(-s, -e)** bijoutier(-ière), joaillier(-ière); **Juweliergeschäft** *nt* bijouterie *f*
Jux *m* **(-es, -e)** blague *f*; **nur aus ~** pour rigoler

K, k *nt (-, -)* K, k *m*

K *nt (-, -) abk* = **Kilobyte** K

Kabarett *nt (-s, -s)* cabaret *m*;
Kabarettist, in *m(f)* chansonnier(-ière)

Kabel *nt (-s, -)* câble *m*; **Kabelfernsehen** *nt*
télévision *f* par câble, câblodistribution *f*

Kabeljau *m (-s, -e o -s)* morue *f*

Kabelkanal *m* chaîne *f* câblée

Kabine *f* cabine *f*; *(in Flugzeug)* carlingue *f*

Kabinett *nt (-s, -e) (Pol)* cabinet *m*

Kachel *f (-, -n)* carreau *m*; **kacheln** *vt*
carreler; **Kachelofen** *m* poêle *m*
de faïence

Kadaver *m (-s, -)* charogne *f*

Kadett *m (-en, -en)* élève *m* officier

Käfer *m (-s, -)* coléoptère *m*

Kaff *nt (-s, -s o -e) (pej)* patelin *m*

Kaffee *m (-s, -s) (Getränk)* café *m*;
(Nachmittagskaffee) goûter *m*;
Kaffeebohne *f* grain *m* de café;
Kaffeehaus *nt* café *m*; **Kaffeekanne** *f*
cafetière *f*; **Kaffeeklatsch** *m*: sich zum ~
treffen se retrouver pour bavarder autour
d'une tasse de café; **Kaffeekränzchen** *nt*:
sich zum ~ treffen se retrouver
régulièrement pour bavarder autour
d'une tasse de café; **Kaffeelöffel** *m*
petite cuillère *f*, cuillère *f* à café;
Kaffeemaschine *f* cafetière *f*
(électrique); **Kaffeemühle** *f* moulin *m*

à café; **Kaffeepause** *f* pause-café *f*;
Kaffeesatz *m* marc *m* de café

Käfig *m (-s, -e)* cage *f*; **Käfighaltung** *f*
élevage *m* en batterie

kahl *adj (Mensch)* chauve; *(Baum)*
dénudé(e); *(Landschaft)* pelé(e); *(Raum)*
vide; **~ geschoren** tondu(e), rasé(e);
Kahlheit *f* calvitie *f*; *(von Baum)* nudité *f*;
kahlköpfig *adj* chauve

Kahn *m (-(e)s, Kähne)* barque *f*; *(Lastkahn)*
péniche *f*, chaland *m*

Kai *m (-s, -s)* quai *m*

Kaiser, in *m(f) (-s, -)* empereur *m*,
impératrice *f*; **kaiserlich** *adj* impérial(e);
Kaiserreich *nt* empire *m*;
Kaiserschmarrn *m (-, -)* crêpes aux raisins
secs, coupée en petits morceaux;
Kaiserschnitt *m* césarienne *f*

Kajalstift *m* crayon *m* khôl

Kajüte *f (-, -n)* cabine *f*

Kakao *m (-s, -s)* cacao *m*

Kaktus *m (-, Kakteen)* cactus *m*

Kalb *nt (-(e)s, Kälber)* veau *m*;
kalben *vi* vêler; **Kalbfleisch** *nt*
(viande *f* de) veau *m*; **Kalbsleder** *nt*
vachette *f*

Kalender *m (-s, -)* calendrier *m*;
(Taschenkalender) agenda *m*

Kali *nt (-s, -s)* potasse *f*

Kaliber *nt (-s, -)* calibre *m*

Kalk *m (-(e)s, -e)* chaux *f*; *(im Körper)*
calcium *m*; **Kalkstein** *m* pierre *f* à chaux

Kalkulation *f* calcul *m*; **kalkulieren**
(pp kalkuliert) *vt, vi* calculer

Kalorie *f* calorie *f*; **kalorienarm** *adj*
basses calories

kalt *adj (kälter, kälteste)* froid(e); **mir ist
(es) ~** j'ai froid; **~ bleiben** *(fig)* demeurer
insensible; **etw ~ stellen** mettre qch
au frais; **kaltblütig** *adj (Mensch)* qui a
du sang-froid; *(Tat)* de sang-froid;
Kaltblütigkeit *f* sang-froid *m*; **Kälte** *f (-)*
froid *m*; *(fig)* froideur *f*; **Kälteeinbruch** *m*
forte chute *f* de la température;
Kältegrad *m* degré *m* au-dessous de zéro;
Kältewelle *f* vague *f* de froid; **kaltherzig**
adj froid(e); **kaltschnäuzig** *adj (fam)*
insensible; **Kaltstart** *m (Inform)*
démarrage *m* à froid; **kalt|stellen** *sep vt*
(fig: jdn) limoger

Kalzium *nt (-s)* calcium *m*

kam *imperf von* **kommen**

Kambodscha *nt (-s)* le Kampuchéa,
le Cambodge

Kamel *nt (-(e)s, -e)* chameau *m*

Kamera *f (-, -s)* appareil *m* photo;
(Filmkamera) caméra *f*

Kamerad, in *m(f) (-en, -en)* camarade *mf*;
Kameradschaft *f* camaraderie *f*;
kameradschaftlich *adj* amical(e)

Kamerafrau f cadreuse f;
Kameraführung f prises fpl de vue;
Kameramann m (pl **Kameraleute**
o **Kameramänner**) cameraman m,
cadreur m

Kamerun nt (**-s**) le Cameroun

Kamille f (**-, -n**) camomille f;
Kamillentee m infusion f de camomille

Kamin m (**-s, -e**) cheminée f; **Kaminfeger,
in** m(f) (**-s, -**), **Kaminkehrer, in** ☰ m(f)
(**-s, -**) ramoneur m

Kamm m (**-(e)s, Kämme**) peigne m;
(Bergkamm, Hahnenkamm) crête f;
kämmen vt peigner

Kammer f (**-, -n**) chambre f; (Herzkammer)
cavité f; **Kammerorchester** nt orchestre
f de chambre; **Kammerton** m diapason m

Kampf m (**-(e)s, Kämpfe**) combat m, lutte
f; (Spiel) match m; **kampfbereit** adj
prêt(e) au combat; **kämpfen** vi se battre
(um pour); **mit etw ~** lutter contre qch;
mit jdm ~ se battre contre qn

Kampfer m (**-s**) camphre m

Kämpfer, in m(f) (**-s, -**) combattant(e);
(in Wettkampf) concurrent(e)

Kampfhandlung f opération f;
Kampfhund m chien m de combat;
kampflos adj sans combattre;
kampflustig adj bagarreur(-euse);
Kampfrichter, in m(f) arbitre mf

kampieren (pp **kampiert**) vi camper

Kanada nt (**-s**) le Canada; **Kanadier, in**
m(f) (**-s, -**) Canadien(ne); **kanadisch** adj
canadien(ne)

Kanal m (**-s, Kanäle**) canal m; (für Abfluss)
égout m; (Ärmelkanal) Manche f;
Kanalinseln pl îles fpl Anglo-Normandes

Kanalisation f égouts mpl

kanalisieren (pp **kanalisiert**) vt canaliser

Kanaltunnel m tunnel m sous la Manche

Kanarienvogel m canari m

kanarisch adj des Canaries; **die
Kanarischen Inseln** les Canaries fpl

Kandidat, in m(f) (**-en, -en**) candidat(e);
Kandidatur f candidature f;
kandidieren (pp **kandidiert**) vi se porter
candidat(e)

Kandis(zucker) m (**-**) sucre m candi

Känguru nt (**-s, -s**) kangourou m

Kaninchen nt lapin m

Kanister m (**-s, -**) bidon m

Kännchen nt (Kaffeekännchen) cafetière f;
(Teekännchen) théière f

Kanne f (**-, -n**) pot m, cruche f;
(Kaffeekanne) verseuse f; (große Milchkanne)
bidon m à lait

Kannibale m (**-n, -n**), **-balin** f
cannibale mf

kannte imperf von **kennen**

Kanon m (**-s, -s**) canon m

Kanone f (**-, -n**) canon m; (fig: Mensch)
as m

Kante f (**-, -n**) bord m; (Webkante) lisière f;
(Rand, Borte) bordure f; **kantig** adj (Holz)
équarri(e); (Gesicht) anguleux(-euse)

Kantine f cantine f

Kanton m (**-s, -e**) canton m;
Kantonsrat m (CH) conseil m cantonal;
Kantonsrat m, **-rätin** f (CH)
conseiller(-ère) cantonal(e)

Kanu nt (**-s, -s**) canoë m

Kanzel f (**-, -n**) (in Kirche) chaire f;
(im Flugzeug) poste m de pilotage

Kanzlei f (Anwaltskanzlei) cabinet m;
(Notariatskanzlei) étude f

Kanzler, in m(f) (**-s, -**) chancelier(-ière)

Kap nt (**-s, -s**) cap m; **das ~ der Guten
Hoffnung** le cap de Bonne Espérance

Kapazität f capacité f; (Fachmann)
autorité f

Kapelle f chapelle f; (Mus) orchestre m

Kaper f (**-, -n**) câpre f

kapieren (pp **kapiert**) vt, vi (fam) saisir,
piger

Kapital nt (**-s, -e** o **-ien**) capital m;
Kapitalanlage f placement m de capitaux

Kapitalismus m capitalisme m;
Kapitalist, in m(f) capitaliste mf;
kapitalistisch adj capitaliste

kapitalkräftig adj riche;
Kapitalmarkt m marché m monétaire;
Kapitalnachfrage f demande f de
capital; **Kapitaltransfer** m (**-s, -e**)
transfert m de capital

Kapitän m (**-s, -e**) capitaine m;
(von Flugzeug) commandant m

Kapitel nt (**-s, -**) chapitre m

Kapitell nt (**-s, -e**) chapiteau m

Kapitulation f capitulation f

kapitulieren (pp **kapituliert**) vi
capituler (vor +dat devant)

Kaplan m (**-s, Kapläne**) chapelain m,
vicaire m

Kaposysarkom nt (Med) sarcome m
de Kaposi

Kappe f (**-, -n**) (Mütze) bonnet m; (auf
Füllfederhalter) capuchon m; (auf Flasche)
capsule f

kappen vt couper

Kapsel f (**-, -n**) capsule f

kaputt adj cassé(e), foutu(e); (müde)
crevé(e); **~ machen** (Gegenstand) casser;
siehe auch **kaputtmachen**;
kaputt|gehen sep irr vi aux sein (Auto,
Gerät) se détraquer; (Schuhe, Stoff)
s'abîmer; (Firma) faire faillite; (sterben)
crever; **kaputt|lachen** sep vr: **sich ~**
mourir de rire; **kaputt|machen** sep vt
(Firma) ruiner; (Gesundheit, jdn) démolir
☰ vr: **sich ~** s'éreinter; siehe auch **kaputt**

Kapuze f (-, -n) capuchon m
Kap Verde nt (-s) le Cap-vert
Karaffe f (-, -n) carafe f
Karambolage f (-, -n) carambolage m
Karamell m (-s) caramel m
Karaoke nt (-(s)) karaoké m
Karat nt carat m
Karate nt (-s) karaté m
Karawane f (-, -n) caravane f
Kardinal m (-s, **Kardinäle**) cardinal m;
  Kardinalzahl f nombre m cardinal
Karfiol m (-s) (A) chou-fleur m
Karfreitag m vendredi m saint
karg adj (Landschaft, Boden) ingrat(e);
  (Lohn) maigre; (Mahlzeit) frugal(e)
kärglich adj pauvre, maigre
Karibik f (-): **die ~** la mer des Caraïbes fpl,
  les Antilles fpl
kariert adj (Stoff, Kleidungsstück) à
  carreaux; (Papier) quadrillé(e)
Karies f (-) carie f
Karikatur f caricature f; **Karikaturist, in**
  m(f) caricaturiste mf; **karikieren**
  (pp **karikiert**) vt caricaturer
kariös adj carié(e)
karitativ adj de charité; (Tätigkeit, Zweck)
  charitable
Karneval m (-s, -e o -s) carnaval m

> ## KARNEVAL
>
> Karneval correspond à la période
> précédant immédiatement le carême
> lorsque les gens se retrouvent pour
> chanter, danser, manger, boire et
> s'amuser avant le début du jeûne.
> La veille de Mardi gras, Rosenmontag,
> est l'apogée du 'Karneval' dans la région
> du Rhin. La plupart des entreprises
> chôment ce jour-là pour donner à
> leurs employés l'occasion d'admirer
> les défilés et de prendre part aux
> festivités. Dans le sud de l'Allemagne,
> cette période s'appelle le Fasching.

Kärnten nt (-s) la Carinthie
Karo nt (-s, -s) (a. Spielkartenfarbe)
  carreau m
Karosserie f carrosserie f
Karotte f (-, -n) carotte f
Karpfen m (-s, -) carpe f
Karren m (-s, -) (Schubkarren) brouette f;
  (Pferdekarren) charrette f; (fam: altes
  Fahrzeug) clou m
Karriere f (-, -n) carrière f; **Karrierefrau** f
  femme f qui fait carrière;
  Karrieremacher, in m(f) carriériste mf
Karte f (-, -n) (a. Inform) carte f;
  (Eintrittskarte, Fahrkarte) billet m;
  (Karteikarte) fiche f

Kartei f fichier m; **Karteikarte** f fiche f
Kartell nt (-s, -e) cartel m
Kartenhaus nt château m de cartes;
  Karteninhaber, in m(f) porteur(-euse)
  d'une carte de crédit; **Kartenspiel** nt jeu
  m de cartes; **Kartentelefon** nt téléphone
  m à carte; **Kartenvorverkauf** m location
  f, réservation f
Kartoffel f (-, -n) pomme f de terre;
  Kartoffelbrei m purée f (de pommes
  de terre); **Kartoffelchips** pl chips mpl;
  Kartoffelpuffer m galette f de pomme
  de terre rapée; **Kartoffelpüree** nt purée f
  (de pommes de terre); **Kartoffelsalat** m
  salade f de pommes de terre;
  Kartoffelschäler m (-s, -) (couteau m)
  économe m; **Kartoffelstock** m (CH)
  purée f (de pommes de terre)
Karton m (-s, -s) carton m; **kartoniert** adj
  cartonné(e)
Kartusche f (-, -n) cartouche f
Karussell nt (-s, -s o -e) manège m
Karwoche f semaine f sainte
karzinogen adj cancérigène,
  cancérogène; **Karzinom** nt (-s, -e)
  carcinome m
Kasachstan nt (-s) le Kazakhstan
Kaschemme f (-, -n) (pej) bouge m
kaschieren (pp **kaschiert**) vt dissimuler
Käse m (-s, -) fromage m; (fam: Unsinn)
  connerie f; **Käseblatt** nt (fam) feuille f
  de chou; **Käsekuchen** m gâteau m au
  fromage blanc
Kaserne f (-, -n) caserne f;
  Kasernenhof m cour f de caserne
Kasino nt (-s, -s) (Spielkasino) casino m;
  (Mil) mess m
Kasper m (-s, -) guignol m
Kassa f (-, **Kassen**) (A) caisse f
Kasse f (-, -n) caisse f; (Krankenkasse)
  assurance f maladie; (in Frankreich)
  Sécurité f sociale; (Sparkasse) caisse f
  d'épargne; **getrennte ~ machen** payer
  séparément; **gut bei ~ sein** être en fonds;
  Kassenarzt m, **-ärztin** f médecin m
  conventionné; **Kassenbestand** m
  encaisse f; **Kassenpatient, in** m(f)
  patient(e) membre d'une caisse
  d'assurance maladie; **Kassenprüfung** f
  vérification f des comptes;
  Kassensturz m: **~ machen** faire les
  comptes; **Kassenzettel** m ticket m
  de caisse
Kasserolle f (-, -n) casserole f
Kassette f (Behälter, Tonband: Inform)
  cassette f; (von Decke) caisson m; (Foto)
  chargeur m; (Bücherkassette) coffret m;
  Kassettendeck nt platine f à cassettes;
  Kassettenrekorder m magnétophone m
  à cassettes

kassieren (*pp* **kassiert**) *vt* (*Geld*)
encaisser; (*an sich nehmen*) confisquer
▣ *vi*: **darf ich ~?** est-ce que je peux vous
demander de payer?; **Kassierer, in** *m(f)*
(**-s, -**) caissier(-ière); (*von Klub*)
trésorier(-ière)
Kastanie *f* (*Baum: Rosskastanie*),
marronnier *m*; (*Edelkastanie*) châtaignier
m; (*Frucht*) marron *m*; (*Esskastanie*)
châtaigne *f*; **heiße Kastanien** des
marrons chauds; **Kastanienbaum** *m*
châtaignier *m*; (*Rosskastanienbaum*)
marronnier *m*
Kästchen *nt* coffret *m*; (*auf Papier*) carreau
m; (*von Kreuzworträtsel*) case *f*
Kaste *f* (**-, -n**) caste *f*
Kasten *m* (**-s, Kästen**) (*Behälter*) boîte *f*,
caisse *f*; (*Schrank*) bahut *m*; (*A*) armoire *f*;
Kastenwagen *m* camionnette *f*
kastrieren (*pp* **kastriert**) *vt* châtrer
Katalog *m* (**-(e)s, -e**) catalogue *m*;
katalogisieren (*pp* **katalogisiert**) *vt*
cataloguer
Katalysator *m* (*Phys*) catalyseur *m*; (*Auto*)
pot *m* catalytique
Katapult *nt* (**-(e)s, -e**) fronde *f*; (*für
Flugzeug*) catapulte *f*
Katar *nt* (**-s**) le Qatar
Katarrh, Katarr *m* (**-s, -e**) catarrhe *m*
katastrophal *adj* catastrophique;
Katastrophe *f* (**-, -n**) catastrophe *f*;
Katastrophenschutz *m* organisation *f*
des secours, plan *m* ORSEC
Kategorie *f* catégorie *f*
kategorisch *adj* catégorique
kategorisieren (*pp* **kategorisiert**) *vt*
classer par catégories
Kater *m* (**-s, -**) matou *m*; **einen ~ haben**
(*fam*) avoir la gueule de bois
Katheder *m o nt* (**-s, -**) chaire *f*
Kathedrale *f* (**-, -n**) cathédrale *f*
Kathode *f* (**-, -n**) cathode *f*
Katholik, in *m(f)* (**-en, -en**) catholique *mf*;
katholisch *adj* catholique;
Katholizismus *m* catholicisme *m*
Kätzchen *nt* chaton *m*
Katze *f* (**-, -n**) chat *m*; (*weibliche Katze*)
chatte *f*; **für die Katz** (*fam*) pour des
prunes; **Katzenauge** *nt* catadioptre *m*;
Katzenjammer *m* (*fam*) déprime *f*;
Katzensprung *m*: **einen ~ von hier** à
deux pas d'ici; **Katzenwäsche** *f* brin *m*
de toilette
Kauderwelsch *nt* (**-(s)**) charabia *m*
kauen *vt, vi* mâcher
kauern *vi aux haben o sein* être accroupi(e)
▣ *vr*: **sich ~** s'accroupir
Kauf *m* (**-(e)s, Käufe**) achat *m*; **ein guter ~**
une affaire, une occasion; **etw in ~
nehmen** s'accommoder de qch;

kaufen *vt, vi* acheter; **Käufer, in** *m(f)*
(**-s, -**) acheteur(-euse); **Kauffrau** *f*
commerçante *f*, marchande *f*; (*in großem
Betrieb*) commerciale *f*; **Kaufhaus** *nt*
grand magasin *m*; **Kaufkraft** *f* pouvoir *m*
d'achat; **Kaufladen** *m* épicerie *f*;
käuflich *adj* achetable, à vendre;
(*bestechlich*) corruptible, vénal(e);
kauflustig *adj* désireux(-euse) d'acheter;
Kaufmann *m* (*pl* **Kaufleute**)
commerçant *m*, marchand *m*; (*in großem
Betrieb*) négociant *m*, commercial *m*;
kaufmännisch *adj* commercial(e);
Kaufvertrag *m* contrat *m* de vente
Kaugummi *m o nt* chewing-gum *m*
Kaukasus *m* (**-**): **der ~** le Caucase
Kaulquappe *f* (**-, -n**) têtard *m*
kaum *adv* à peine, presque pas; **er ist ~
größer als ich** il est à peine plus grand que
moi; **~, dass er angekommen war, hat
er ...** à peine était-il arrivé qu'il a ...
Kaution *f* caution *f*
Kautschuk *m* (**-s, -e**) caoutchouc *m*
Kauz *m* (**-es, Käuze**) (*Zool*) hibou *m*;
(*fig: Mensch*) drôle de type *m*
Kavalier *m* (**-s, -e**) (*höflicher Mensch*)
gentleman *m*; **Kavaliersdelikt** *nt*
peccadille *f*, délit *m* mineur
Kavallerie *f* cavalerie *f*
Kaviar *m* caviar *m*
KB *nt* (**-, -**), **Kbyte** *nt* (**-, -**) *abk* = **Kilobyte**
Ko *m*
Kebab *m* (**-(s), -s**) kebab *m*
keck *adj* hardi(e), audacieux(-euse);
(*Hut, Frisur*) original(e); **Keckheit** *f*
impertinence *f*
Kegel *m* (**-s, -**) cône *m*; (*zum Kegeln*) quille *f*;
Kegelbahn *f* ≈ bowling *m*; **kegelförmig**
adj conique; **kegeln** *vi* jouer aux bowling
Kehle *f* (**-, -n**) gorge *f*
Kehlkopf *m* larynx *m*
Kehre *f* (**-, -n**) virage *m*; (*Sport*) demi-tour *m*
dorsal
kehren *vt* (*wenden*) tourner; (*mit Besen*)
balayer; **jdm den Rücken ~** tourner le dos
à qn; **Kehricht** *m* (**-s**) balayures *fpl*;
Kehrmaschine *f* balayeuse *f*; **Kehrplatz**
m (*CH*) *siehe* **Wendeplatz**; **Kehrreim** *m*
refrain *m*; **Kehrschaufel** *f* pelle *f* à
poussière; **Kehrseite** *f* revers *m*, envers *m*
kehrt|machen *sep vi* rebrousser chemin
keifen *vi* criailler
Keil *m* (**-(e)s, -e**) coin *m*; (*Bremskeil*) cale *f*;
Keilriemen *m* courroie *f* (trapézoïdale)
Keim *m* (**-(e)s, -e**) (*Med: fig*) germe *m*;
etw im ~ ersticken étouffer qch dans
l'œuf; **keimen** *vi* germer; **keimfrei** *adj*
stérilisé(e), stérile; **keimtötend** *adj*
germicide; **Keimzelle** *f* (*fig*) point *m*
de départ

kein, e pron: **ich habe ~ Papier/Geld** je n'ai pas de papier/d'argent; **ich habe keine Lust** je n'ai pas d'envie; **keine, r, s** pron (ne ...) pas un(e), (ne ...) aucun(e); (Mensch) (ne ...) personne; **keinerlei** adj inv aucun(e) (... ne); **keinesfalls** adv en aucun cas; **keineswegs** adv (ne ...) pas du tout; **keinmal** adv (ne ...) pas une seule fois
Keks m (-es, -e) biscuit m; **jdm auf den ~ gehen** (fam) taper sur le système de qn
Kelch m (-(e)s, -e) calice m; (Glas) coupe f
Kelle f (-, -n) (Schöpfkelle) louche f; (Maurerkelle) truelle f; (von Eisenbahner) guidon m de départ
Keller m (-s, -) cave f; **Kellerassel** f (-, -n) cloporte m; **Kellerwohnung** f appartement m en sous-sol
Kellner, in m(f) (-s, -) garçon m, serveuse f
Kelte m (-n, -n), **Keltin** f Celte mf
keltern vt presser
keltisch adj celtique
Kenia nt (-s) le Kenya
kennen (kannte, gekannt) vt connaître; (Sprache) savoir
kennen|lernen sep vt apprendre à connaître; (jds Bekanntschaft machen) faire la connaissance de ◼ vr: **sich ~** apprendre à se connaître; (zum ersten Mal) faire connaissance
Kenner, in m(f) (-s, -) connaisseur(-euse)
kenntlich adj: **etw ~ machen** marquer qch
Kenntnis f connaissance f; **etw zur ~ nehmen** prendre note de qch; **von etw ~ nehmen** prendre connaissance de qch; **jdn von etw in ~ setzen** informer qn de qch
Kennwort nt (Inform) code m d'accès, mot m de passe; **Kennzeichen** nt marque f (distinctive), caractéristique f; (Auto) numéro m minéralogique; **kennzeichnen** vt caractériser; **Kennziffer** f numéro m de référence
kentern vi aux sein chavirer
Keramik f céramique f
Kerbe f (-, -n) encoche f
Kerbel m (-s) cerfeuil m
Kerbholz nt: **etw auf dem ~ haben** avoir qch sur la conscience
Kerker m (-s, -) cachot m
Kerl m (-s, -e) (Mann) type m; **er/sie ist ein netter ~** c'est une personne sympathique
Kern m (-(e)s, -e) noyau m; (Apfelkern) pépin m; (Nusskern) amande f; (fig: von Stadt) centre m; (von Problem) fond m; **er hat einen guten ~** il a un bon fond; **Kernarbeitszeit** f plage f fixe; **Kernbrennstoff** m combustible m nucléaire; **Kernenergie** f énergie f nucléaire; **Kernforschung** f recherche f

nucléaire; **Kernfrage** f question f essentielle; **Kernfusion** f fusion f nucléaire; **Kerngehäuse** nt trognon m, cœur m; **kerngesund** adj: **sie ist ~** elle se porte comme un charme
kernig adj robuste; (Ausspruch) piquant(e)
Kernkraft f énergie f nucléaire [o atomique]; **Kernkraftgegner, in** m(f) antinucléaire mf; **Kernkraftwerk** nt centrale f nucléaire; **kernlos** adj sans pépins; **Kernphysik** f physique f nucléaire; **Kernpunkt** m point m essentiel [o central]; **Kernreaktion** f réaction f nucléaire; **Kernschmelze** f (-) fusion f du cœur; **Kernseife** f savon m de Marseille; **Kernspaltung** f fission f nucléaire; **Kernwaffen** pl armes f pl nucléaires
Kerze f (-, -n) bougie f; (Rel) cierge m; **kerzengerade** adj droit(e) comme un l; **Kerzenständer** m bougeoir m; (für mehrere Kerzen) chandelier m
kess adj effronté(e)
Kessel m (-s, -) (Gefäß) chaudron m; (Wasserkessel) bouilloire f; (von Lokomotive etc) chaudière f; (Geo) cuvette f; (Mil) zone f d'encerclement
Ketchup, Ketschup m o nt (-(s), -s) ketchup m
Kette f (-, -n) chaîne f; **ketten** vt enchaîner; **Kettenfahrzeug** nt véhicule m à chenilles; **Kettenrauchen** nt (-s) tabagisme m; **Kettenreaktion** f réaction f en chaîne
Ketzer, in m(f) (-s, -) hérétique mf; **ketzerisch** adj hérétique
keuchen vi haleter; **Keuchhusten** m coqueluche f
Keule f (-, -n) massue f; (Gastr) cuisse f; (Hammelkeule) gigot m
keusch adj chaste; **Keuschheit** f chasteté f
Keyboard nt (-s, -s) (Mus) orgue m électronique; **Keyboardspieler, in** m(f) joueur(-euse) d'orgue électronique
Kfz nt (-(s), -(s)) abk = **Kraftfahrzeug**; **Kfz-Steuer** f taxe f sur les véhicules à moteur; **Kfz-Versicherung** f assurance f auto(mobile)
KI f (-) abk = **künstliche Intelligenz** I.A. f
Kichererbse f pois m chiche
kichern vi pouffer, ricaner
Kickboard® nt (-s, -s) trottinette f
kidnappen vt kidnapper
Kiebitz m (-es, -e) vanneau m
Kiefer m (-s, -) (Anat) mâchoire f ◼ f (-, -n) (Baum) pin m; **Kiefernzapfen** m pomme f de pin
Kieferorthopäde m, **-orthopädin** f orthodontiste mf

Kiel m (-(e)s, -e) (Federkiel) bec m; (Naut)
quille f; **Kielwasser** nt sillage m
Kieme f (-, -n) branchie f
Kies m (-es, -e) gravier m
Kiesel m (-s, -) caillou m; **Kieselstein** m
caillou m
Kiesgrube f gravière f; **Kiesweg** m allée f
de gravier
kiffen vi (fam) fumer de l'herbe
Kilo nt (-s, -(s)) kilo m; **Kilobyte** nt kilooctet m; **Kilogramm** nt kilogramme m;
Kilojoule nt kilojoule m; **Kilometer** m
kilomètre m; **Kilometerzähler** m
compteur m kilométrique
Kimme f (-, -n) (an Gewehr) cran m de mire
Kind nt (-(e)s, -er) enfant mf; von ~ auf
depuis l'enfance; **sich bei jdm lieb ~
machen** se faire bien voir de qn;
Kinderarzt m, **-ärztin** f pédiatre mf;
Kinderbeihilfe f (A) allocations fpl
familiales; **Kinderbetreuung** f garde f
d'enfants; **Kinderbett** nt lit m d'enfant;
Kinderbuch nt livre m pour enfant;
Kinderei f enfantillage m;
Kinderfahrkarte f billet m demi-tarif;
kinderfeindlich adj qui n'aime pas les
enfants; (Architektur) peu adapté(e) aux
besoins de l'enfant; **Kindergarten** m
jardin m d'enfants, école f maternelle

※ **KINDERGARTEN**
※
※ Un *Kindergarten* est une école
※ maternelle pour les enfants de
※ 3 à 6 ans. L'enseignement n'est pas
※ académique mais ludique (chants,
※ activités manuelles, etc.). La majorité
※ des 'Kindergarten' sont financés par
※ la ville ou l'église, et non par l'État.
※ Les parents participent également
※ au financement.

Kindergärtner, in m(f) jardinier(-ière)
d'enfants; **Kindergeld** nt allocations fpl
familiales; **Kinderkrankheit** f maladie f
infantile; **Kinderkrippe** f crèche f;
Kinderlähmung f poliomyélite f;
kinderleicht adj enfantin(e); **kinderlos**
adj sans enfants; **Kindermädchen** nt
bonne f d'enfants; **kinderreich** adj:
kinderreiche Familie famille f
nombreuse; **Kindersicherung** f verrou m
de sécurité enfants; **Kinderspiel** nt:
das ist ein ~ c'est un jeu d'enfant;
Kinderstube f: eine gute ~ gehabt
haben être bien élevé(e);
Kindertagesstätte f, **Kindertagheim**
nt garderie f; **Kinderwagen** m landau m;
Kinderzimmer nt chambre f d'enfant;
Kindesalter nt: im ~ dans l'enfance;

Kindesbeine pl: von Kindesbeinen an
depuis la plus tendre enfance; **Kindheit** f
enfance f; **kindisch** adj puéril(e);
kindlich adj d'enfant, innocent(e);
Kindstod m: plötzlicher ~ mort f subite
du nourisson
Kinn nt (-(e)s, -e) menton m; **Kinnhaken**
m crochet m à la mâchoire; **Kinnlade** f
(-, -n) mâchoire f
Kino nt (-s, -s) cinéma m;
Kinobesucher, in m(f) spectateur(-trice);
Kinoprogramm nt programme m
de cinéma
Kiosk m (-(e)s, -e) kiosque m
Kipferl nt (-s, -n) (A) croissant m
Kippe f (-, -n) (fam: Zigarette) mégot m;
auf der ~ stehen (gefährdet) être dans une
situation critique; (unsicher) être
incertain(e); **kippen** vt incliner, pencher;
(fig: umstoßen) renverser ■ vi aux sein se
renverser; **Kippschalter** m interrupteur
m à bascule
Kirche f (-, -n) église f; **Kirchendiener** m
sacristain m; **Kirchenlied** nt cantique m;
Kirchensteuer f impôt m ecclésiastique;
Kirchgänger, in m(f) (-, -s) pratiquant(e);
Kirchhof m cimetière m; **kirchlich** adj
ecclésiastique; (Feiertag, Trauung)
religieux(-euse); **Kirchtag** m (A) fête f
patronale; **Kirchturm** m clocher m;
Kirchweih f (-, -en) fête f patronale
Kirgisien nt (-s), **Kirgisistan** nt (-s),
Kirgistan nt (-s) le Kirghizistan
Kiribati nt (-s) la République de Kiribati
Kirschbaum m cerisier m; **Kirsche** f (-, -n)
cerise f; (Baum) cerisier m; **Kirschtomate**
f tomate f cerise; **Kirschwasser** nt
kirsch m
Kissen nt (-s, -) coussin m; (Kopfkissen)
oreiller m; **Kissenbezug** m taie f d'oreiller
Kiste f (-, -n) caisse f
Kitsch m (-(e)s) kitsch; **kitschig** adj kitsch
Kitt m (-(e)s, -e) mastic m
Kittchen nt (fam) taule f
Kittel m (-s, -) blouse f
kitten vt (re)coller; (Fenster) mastiquer
Kitz nt (-es, -e) chevreau m; (Rehkitz)
faon m
kitzelig adj chatouilleux(-euse); (fig)
délicat(e); **kitzeln** vt, vi chatouiller
Kiwi f (-, -s) (Frucht) kiwi m
KKW nt (-s, -s) abk = **Kernkraftwerk**
centrale f nucléaire
klaffen vi être béant(e)
kläffen vi japper, glapir
Klage f (-, -n) plainte f; **klagen** vi
(wehklagen) se lamenter; (sich beschweren)
se plaindre; (Jur) porter plainte; **Kläger, in**
m(f) (-s, -) plaignant(e); (bei Scheidung)
demandeur(-deresse)

kläglich adj pitoyable; (Stimme) plaintif(-ive)

klamm adj (Finger) engourdi(e); (feucht) humide (et froid(e))

Klamm f (-, -en) gorge f

Klammer f (-, -n) crochet m; (in Text) parenthèse f; (Büroklammer) trombone m; (Heftklammer) agrafe f; (Wäscheklammer) pince f à linge; (Zahnklammer) appareil m (dentaire); **Klammeraffe** m (Inform) ar(r)obas f, ar(r)base f; **klammern** vr: **sich an jdn/etw ~** se cramponner à qn/qch

klang imperf von **klingen**

Klang m (-(e)s, Klänge) son m; **klangvoll** adj sonore

Klappe f (-, -n) valve f; (Herzklappe) valvule f; (von Blasinstrument, Ofen) clé f; (fam: Mund) gueule f; (A: Apparat) poste m

klappen vi (gelingen) marcher ▨ vt (nach oben) relever; (nach unten) baisser

Klapper f (-, -n) hochet m; **klappern** vi claquer; (Schreibmaschine) cliqueter; (Pferdehufe, Schuhe) résonner; **Klapperschlange** f serpent m à sonnettes; **Klapperstorch** m cigogne f

Klappmesser nt couteau m pliant; **Klapprad** nt vélo m pliant

klapprig adj (Fahrzeug) déglingué(e); (Gestell) branlant(e); (Mensch) décati(e)

Klappstuhl m chaise f pliante

Klaps m (-es, -e) tape f; **Klapsmühle** f (pej) maison f de fous

klar adj clair(e); (Naut) paré(e); **(das ist) ~!** bien sûr!; **sich** dat **über etw** akk **im Klaren sein** être parfaitement conscient(e) de qch

Kläranlage f station f d'épuration

klären vt clarifier, éclaircir ▨ vr: **sich ~** se clarifier, s'éclaircir

Klarheit f clarté f

Klarinette f clarinette f

klar|kommen sep irr vi aux sein se débrouiller; (begreifen) saisir (mit etw qch); **klar|legen** sep vt expliquer; **klar|machen** sep vt: **jdm etw ~** faire comprendre qch à qn

Klärschlamm m boues fpl d'épuration

Klarsichtfolie f cellophane f; **Klarsichtpackung** f emballage m de plastique transparent; **klar|stellen** sep vt mettre au point

Klärung f (von Flüssigkeit) clarification f; (von Abwasser) épuration f; (von Frage, Problem) éclaircissement m

klasse adj inv (fam) super; **Klasse** f (-, -n) classe f; (Sport) catégorie f; **Klassenarbeit** f composition f; **Klassenbewusstsein** nt conscience f de classe; **Klassengesellschaft** f société f de classes; **Klassenkampf** m lutte f des classes; **Klassenlehrer, in** m(f) professeur mf principale; **klassenlos** adj sans classes; **Klassensprecher, in** m(f) délégué(e) de classe; **Klassentreffen** nt réunion f d'anciens élèves; **Klassenzimmer** nt salle f de classe

klassifizieren (pp **klassifiziert**) vt classifier, classer; **Klassifizierung** f classification f

Klassik f (-) (Zeit) période f classique; (Stil) classicisme m; **Klassiker, in** m(f) (-s, -) classique m; **klassisch** adj classique

Klatsch m (-(e)s, -e) (Geräusch) claquement m; (von weichem Gegenstand) fouettement m; (Gerede) cancan m, commérage m; **Klatschbase** f commère f

Klatsche f (-, -n) (Fliegenklatsche) tapette f

klatschen vi (Geräusch) battre, claquer; fouetter; (reden) bavarder, cancaner; (Beifall klatschen) applaudir

Klatschmohn m coquelicot m; **klatschnass** adj trempé(e); **Klatschspalte** f chronique f mondaine

Klaue f (-, -n) (von Tier) griffe f; (von Raubvogel) serres fpl; (fam: Schrift) écriture f illisible

klauen vt, vi (fam) piquer, chiper

Klausel f (-, -n) clause f

Klausur f (Abgeschlossenheit) isolement m; (von Kloster) clôture f; (Sch) devoir m surveillé; (Univ) examen m écrit; **Klausurarbeit** f (Sch) devoir m surveillé; (Univ) examen m écrit

Klaviatur f clavier m

Klavier nt (-s, -e) piano m

Klebemittel nt colle f; **kleben** vt, vi coller (an +akk o dat à, sur); **Klebestreifen** m ruban m adhésif; **klebrig** adj collant(e); **Klebstoff** m colle f; **Klebstreifen** m ruban m adhésif

kleckern vi faire des taches; **nicht ~, sondern klotzen** mettre le pacson

Klecks m (-es, -e) tache f; **klecksen** vi faire des taches

Klee m (-s) trèfle m; **Kleeblatt** nt feuille f de trèfle; (fig) trio m

Kleid nt (-(e)s, -er) (Frauenkleid) robe f; **Kleider** pl (Kleidung) vêtements mpl; **kleiden** vt habiller ▨ vr: **sich elegant ~** s'habiller élégamment; **Kleiderbügel** m cintre m; **Kleiderbürste** f brosse f à habits; **Kleiderschrank** m garde-robe f; **Kleidung** f habits mpl; **Kleidungsstück** nt vêtement m

Kleie f (-, -n) son m

klein adj petit(e); **der kleine Mann** l'homme de la rue; **ein ~ wenig** un tout petit peu; **~ anfangen** partir de rien; **~ hacken** hacher (menu); **~ schneiden**

couper en petits morceaux; **Kleinanzeige** f petite annonce f; **Kleinasien** nt l'Asie f Mineure; **Kleinbürgertum** nt petite bourgeoisie f; **Kleine, r** mf; **Kleine(s)** nt petit(e); **Kleinformat** nt petit format m; **Kleingedruckte, s** nt clauses fpl; **Kleingeld** nt monnaie f; **kleingläubig** adj défaitiste; **klein|hacken** sep vt siehe **klein; Kleinholz** nt petit bois m; **aus jdm ~ machen** réduire qn en bouillie; **Kleinigkeit** f (nicht wichtig) bagatelle f, détail m; (nicht groß, viel) babiole f, petit quelque chose m; **Kleinkind** nt petit enfant m; **Kleinkram** m babioles fpl; **kleinlaut** adj décontenancé(e), qui a baissé le ton; **kleinlich** adj mesquin(e); **Kleinlichkeit** f mesquinerie f; **kleinmütig** adj timoré(e); **klein|schneiden** sep irr vt siehe **klein; Kleinstadt** f petite ville f; **kleinstädtisch** adj provincial(e); **kleinstmöglich** adj le (la) plus petit(e) possible; **kleinwüchsig** adj de petite taille **Kleister** m (-s, -) colle f (d'amidon); **kleistern** vt coller **Klementine** f clémentine f **Klemmbrett** nt planchette f à pince **Klemme** f (-, -n) pince f; (Haarklemme) barrette f; (fig) embarras m **klemmen** vt (festhalten) bloquer, coincer; (quetschen) pincer ■ vi (Tür) être coincé(e) ■ vr: **sich ~** se coincer; **sich hinter jdn ~** entreprendre qn; **sich hinter etw ~** se mettre à qch **Klempner, in** m(f) (-s, -) plombier(ière) **Kleptomanie** f cleptomanie f **Klerus** m (-) clergé m **Klette** f (-, -n) bardane f; (fam: Mensch) pot m de colle **Kletterer** m (-s, -) grimpeur m **klettern** vi aux sein grimper; (Preise, Temperaturen) monter; **Klettern** nt (-s) escalade f; (Freiklettern) varape f; **Kletterpflanze** f plante f grimpante; **Kletterin** f grimpeuse f **Klettverschluss** m fermeture f Velcro® **klicken** vi (mit der Maus) cliquer (auf akk sur) **Klient, in** m(f) (-en, -en) client(e) **Klima** nt (-s, -s) climat m; **Klimaanlage** f climatisation f; **Klimaschutz** m protection f du climat; **Klimaschutzabkommen** nt convention f sur le changement climatique; **klimatisieren** (pp **klimatisiert**) vt climatiser; **Klimaveränderung** f modification f climatique; **Klimawechsel** m changement m d'air **klimpern** vi tinter; faire tinter (mit etw qch); (auf Gitarre) gratter (auf +dat de) **Klinge** f (-, -n) tranchant m, lame f

Klingel f (-, -n) sonnette f; **Klingelbeutel** m bourse f de la quête; **klingeln** vi sonner **klingen** (**klang, geklungen**) vi résonner; (Glocken) sonner; (Gläser) tinter; **eigenartig ~** paraître étrange; **seine Stimme klang etwas belegt** sa voix était un peu voilée **Klinik** f clinique f; **klinisch** adj clinique **Klinke** f (-, -n) poignée f **Klinker** m (-s, -) brique f recuite **Klippe** f (-, -n) falaise f; (im Meer: fig) écueil m **klipp und klar** adv sans détour **Klips** m (-es, -e) clip m; (Ohrklips) boucle f d'oreille **klirren** vi (Ketten, Waffen) cliqueter; (Gläser) tinter; **klirrende Kälte** froid m de canard **Klischee** nt (-s, -s) cliché m; **Klischeevorstellung** f stéréotype m **Klo** nt (-s, -s) (fam) W.-C. mpl **Kloake** f (-, -n) égout m, cloaque m **klobig** adj massif(-ive), mastoc **Klon** m (-s, -e) clone m; **klonen** vt cloner; **Klonen** nt (-s) clonage m **klopfen** vi frapper; (Herz) battre; (Motor) cogner; **es klopft** on frappe; **ihm auf die Schulter ~** lui taper sur l'épaule ■ vt (Teppich, Matratze) battre; (Steine) casser; (Fleisch) attendrir; (Takt) battre; (Nagel etc) enfoncer (in +akk dans); **Klopfer** m (-s, -) (Teppichklopfer) tapette f; (Türklopfer) heurtoir m **Klöppel** m (-s, -) (von Glocke) battant m; **klöppeln** vi faire de la dentelle **Klops** m (-es, -e) boulette f (de viande) **Klosett** nt (-s, -e o -s) cabinets mpl; **Klosettpapier** nt papier m hygiénique **Kloß** m (-es, Klöße) (Gastr) boulette f; (im Hals) boule f **Kloster** nt (-s, Klöster) couvent m **Klotz** m (-es, Klötze) (aus Holz) bille f; (aus Stein) bloc m; (Spielzeug) cube m; (Hackklotz) billot m; (fig: Mensch) balourd m; **ein ~ am Bein** un boulet (à traîner) **Klub** m (-s, -s) club m; **Klubsessel** m fauteuil m club **Kluft** f (-, Klüfte) (Spalt) fente f, crevasse f; (fig: Gegensatz) fossé m; (Geo) gouffre m ■ f (-, -en) (Kleidung, Uniform) habit m, uniforme m **klug** adj (**klüger, klügste**) (Mensch) intelligent(e); (Verhalten) sensé(e); (Rat) judicieux(-euse); (Entscheidung) sage; **aus jdm/etw nicht ~ werden** ne pas saisir qn/ qch; **Klugheit** f (von Mensch) intelligence f; (von Entscheidung etc) sagesse f, prudence f; **Klugscheißer, in** m(f) (-s, -) (fam) petit(e) con(ne) prétentieux(-euse) **Klümpchen** nt (Blutklümpchen) caillot m; (Gastr) grumeau m

klumpen vi (Gastr) former des grumeaux; **Klumpen** m (-s, -) (Erdklumpen) motte f; (Blutklumpen) caillot m; (Goldklumpen) pépite f; (Gastr) grumeau m

Klumpfuß m pied m bot

knabbern vt grignoter ■ vi: **an etw** dat ~ grignoter qch, ronger qch

Knabe m (-n, -n) garçon m; **knabenhaft** adj de garçon, comme un garçon

Knäckebrot nt pain m suédois

knacken vt (Nüsse) casser; (Tresor, Auto) forcer ■ vi (Boden, Holz) craquer; (Radio) grésiller

Knackpunkt m point m crucial

Knacks m (-es, -e) (Sprung) fêlure f; (Laut) craquement m; **einen ~ bekommen** accuser le coup; **einen ~ haben** être un peu fêlé(e)

Knall m (-(e)s, -e) (von Explosion) détonation f; (von Aufprall) fracas m; (Peitschenknall, von Schlag) claquement m; **~ und Fall** (fam) sur-le-champ; **einen ~ haben** (fam) débloquer; **Knallbonbon** m diablotin m; **Knalleffekt** m effet m sensationnel; **knallen** vi claquer; (Korken) sauter; (Schlag) cogner; **wir hörten Schüsse ~** on entendait des détonations ■ vt (werfen) flanquer; (schießen) tirer ■ vi aux sein; **gegen etw ~** heurter qch; **knallhart** adj brutal(e); (Geschäftsmann) dur(e) en affaire; **knallrot** adj rouge vif

knapp adj (Kleidungsstück) étroit(e), juste; (Portionen) maigre; (Sieg) remporté(e) de justesse; (Mehrheit) faible; (Sprache, Bericht) concis(e); **mit etw ~ sein** être à court de qch; **meine Zeit ist ~** je n'ai pas beaucoup de temps; **eine knappe Stunde** une petite heure; **~ zwei Meter** pas tout à fait deux mètres; **~ an/neben** tout près de; **~ unter** juste au-dessous de; **knapp halten** sep irr vt donner peu d'argent à; **Knappheit** f (von Geld, Vorräten) pénurie f; (von Zeit) manque m; (von Kleidungsstück) étroitesse f; (von Ausdrucksweise) concision f

knarren vi grincer

knattern vi crépiter; (Motorräder) pétarader

Knäuel m o nt (-s, -) (Wollknäuel) pelote f; (Menschenknäuel) grappe f

Knauf m (-(e)s, Knäufe) pommeau m; (Türknauf) bouton m

knauserig adj radin(e); **knausern** vi être radin(e); **mit etw ~** lésiner sur qch

Knaus-Ogino-Methode f méthode f Ogino-Knaus

knautschen vt froisser, friper; **Knautschzone** f (Auto) zone f de poussée

Knebel m (-s, -) bâillon m; **knebeln** vt bâillonner

Knecht m (-(e)s, -e) valet m de ferme; **knechten** vt opprimer; **Knechtschaft** f servitude f

kneifen (kniff, gekniffen) vt (jdn) pincer; (Kleidung) serrer; (Bauch) faire mal à ■ vi (Kleidung) serrer; (fam: sich drücken) se dégonfler; **vor etw** dat ~ esquiver qch

Kneipe f (-, -n) (fam) bistro(t) m

Knete f (-) (fam) pognon m

kneten vt pétrir; (Muskeln) masser; **Knetmasse** f pâte f à modeler

Knick m (-(e)s, -e) (in Papier etc) pli m; (in Blume) cassure f; (Kurve) virage m, tournant m; **knicken** vt (Papier) plier; (biegen: Draht) tordre; (Ast, Blumenstängel) casser; (bedrücken) démoraliser; **geknickt sein** (fig) être déprimé(e) ■ vi aux sein (Balken, Ast etc) se briser, se casser

Knicks m (-es, -e) révérence f; **knicksen** vi faire la révérence

Knie nt (-s, -) (Körperteil) genou m; (in Rohr) coude m; **etw übers ~ brechen** (fig) décider qch à la va-vite; **Kniebeuge** f (-, -n) flexion f des genoux; (Rel) génuflexion f; **Kniefall** m prosternation f; **Kniegelenk** nt articulation f du genou; **Kniekehle** f jarret m; **knien** vi être à genoux ■ vr: **sich ~** se mettre à genoux, s'agenouiller; **sich in etw** akk ~ (fig) se plonger dans qch; **Kniescheibe** f rotule f; **Knieschützer** m (-s, -) genouillère f; **Kniestrumpf** m (mi-)bas m

kniff imperf von **kneifen**

Kniff m (-(e)s, -e) (Falte) pli m; (fig) truc m; **kniff(e)lig** adj difficile, délicat(e)

knipsen vt (Fahrkarte) poinçonner; (Foto) photographier ■ vi prendre des photos

Knirps m (-es, -e) (kleiner Mensch) nabot m; (Kind) petit bonhomme m; (®: Schirm) parapluie m télescopique [o pliant]

knirschen vi crisser; **mit den Zähnen ~** grincer des dents

knistern vi (Feuer) crépiter; **mit Papier ~** froisser du papier

knitterfrei adj infroissable

knittern vi se froisser

Knoblauch m ail m; **Knoblauchpresse** f presse-ail m; **Knoblauchzehe** f gousse f d'ail

Knöchel m (-s, -) (Fingerknöchel) articulation f (des phalanges); (Fußknöchel) cheville f

Knochen m (-s, -) os m; **Knochenbau** m ossature f; **Knochenbruch** m fracture f; **Knochengerüst** nt squelette m; **Knochenmark** nt moelle f osseuse

knöchern adj en os

knochig adj osseux(-euse)

Knödel m (-s, -) boulette f

Knolle f (-, -n) bulbe m, oignon m

Knopf m (-(e)s, Knöpfe) bouton m;
knöpfen vt boutonner; **Knopfloch** nt
boutonnière f
Knorpel m (-s, -) cartilage m; **knorpelig**
adj cartilagineux(-euse)
knorrig adj noueux(-euse)
Knospe f (-, -n) bourgeon m; (von Blume)
bouton m; **knospen** vi bourgeonner
knoten vt nouer; **Knoten** m (-s, -) nœud
m; (Haarknoten) chignon m; (Med) nodule
m; (an Gelenk) nodosité f; **Knotenpunkt**
m (Verkehrsknotenpunkt) carrefour m;
(Eisenbahnknotenpunkt) embranchement m
Know-how nt (-(s)) savoir-faire m
Knüller m (-s, -) (fam) succès m fou;
(Reportage) scoop m
knüpfen vt nouer; Hoffnungen an etw
akk ~ fonder ses espoirs sur qch;
Bedingungen an etw akk ~ mettre des
conditions à qch
Knüppel m (-s, -) gourdin m;
(Polizeiknüppel) matraque f; (Aviat)
manche m à balai; **Knüppelschaltung** f
(Auto) levier m de vitesse au plancher
knurren vi (Hund, Mensch) grogner;
(Magen) gargouiller
knusprig adj croustillant(e)
knutschen vi (fam) se bécoter;
Knutschfleck m suçon m
k. o. adj k.-o.; **k. o. sein** être k.-o.;
(fam: müde) être complètement crevé(e)
Koala m (-s, -s) koala m
Koalition f coalition f
Kobalt nt (-s) cobalt m
Kobold m (-(e)s, -e) lutin m
Kobra f (-, -s) cobra m
Koch m (-(e)s, Köche) cuisinier m;
Kochbuch nt livre m de cuisine; **kochen**
vt cuire; (Kaffee, Tee) faire; (Wasser, Wäsche)
faire bouillir ▪ vi (Essen bereiten) cuisiner,
faire la cuisine; (Wasser etc: fig: fam)
bouillir; **Kocher** m (-s, -) (Gerät)
réchaud m
Köcher m (-s, -) carquois m
Kochfeld nt table f de cuisson;
Kochgelegenheit f possibilité f de faire la
cuisine; **Köchin** f cuisinière f; **Kochlöffel**
m cuillère f en bois; **Kochnische** f coin m
cuisine; **Kochplatte** f réchaud m
(électrique); **Kochsalz** nt sel m de cuisine;
Kochtopf m casserole f; **Kochwäsche** f
linge m à bouillir
Kode m (-s, -s) code m
Köder m (-s, -) appât m; **ködern** vt
appâter
Koexistenz f coexistence f
Koffein nt (-s) caféine f; **koffeinfrei** adj
décaféiné(e)
Koffer m (-s, -) valise f; (Schrankkoffer)
malle f; **Kofferkuli** m chariot m à

bagages; **Kofferradio** nt transistor m;
Kofferraum m (Auto) coffre m
Kognak m (-s, -s) cognac m
Kohl m (-(e)s, -e) chou m
Kohle f (-, -n) charbon m; (Chem) carbone
m; **wie auf glühenden Kohlen sitzen** être
sur des charbons ardents; **Kohlehydrat**
nt (-s, -e) hydrate m de carbone, glucide m;
Kohlekraftwerk nt centrale f thermique
au charbon; **Kohlendioxid** nt gaz m
carbonique; **Kohlenmonoxid** nt oxyde m
de carbone; **Kohlensäure** f acide m
carbonique; **Kohlenstoff** m carbone m;
Kohlepapier nt papier m carbone;
Kohlestift m fusain m
Kohlrabi m (-(s), -(s)) chou-rave m;
Kohlrübe f chou-navet m; **kohlschwarz**
adj noir(e) comme du jais; (schmutzig) très
sale; **Kohlsprossen** pl (A) chou m de
Bruxelles
Koje f (-, -n) cabine f, (Bett) couchette f
Kokain nt (-s) cocaïne f
kokett adj coquet(te); **kokettieren**
(pp kokettiert) vi flirter (mit avec);
mit etw ~ (fig) songer à qch
Kokosnuss f noix f de coco;
Kokospalme f cocotier m
Koks m (-es, -e) coke m
Kolben m (-s, -) (Gewehrkolben) crosse f;
(von Motor) piston m; (Maiskolben) épi m;
(Chem) ballon m
Kolik f colique f
Kollaps m (-es, -e) effondrement m
Kollateralschäden pl dégâts mpl
collatéraux
Kolleg nt (-s, -s o -ien) cours m
Kollege m (-n, -n), **Kollegin** f collègue
mf; **Kollegium** nt corps m
Kollekte f (-, -n) (Rel) quête f
kollektiv adj collectif(-ive)
kollidieren (pp kollidiert) vi aux sein entrer
en collision; (zeitlich) se chevaucher;
Kollision f collision f; (zeitlich)
chevauchement m
Köln nt (-s) Cologne
Kölnischwasser nt eau f de Cologne
kolonial adj colonial(e)
Kolonie f colonie f
kolonisieren (pp kolonisiert) vt coloniser
Kolonne f (-, -n) colonne f; (von Fahrzeugen)
convoi m
Koloss m (-es, -e) colosse m
kolossal adj (riesig) colossal(e); (fam: sehr
viel) sacré(e)
Kölsch nt (-, -) (Bier) kölsch f (bière de Cologne)
Kolumbianer, in m(f) (-s, -)
Colombien(ne); **kolumbianisch** adj
colombien(ne)
Kolumbien nt (-s) la Colombie;
kolumbisch adj colombien(ne)

Koma nt (-s, -s o **Komata**) (Med) coma m
Kombi m (-(s), -s) break m
Kombination f combinaison f;
(Vermutung) conjecture f; (Hose und Jackett)
ensemble m
kombinieren (pp **kombiniert**) vt
combiner ■ vi (vermuten) conjecturer
Kombiwagen m break m; **Kombizange** f
pince f universelle
Komet m (-en, -en) comète f
Komfort m (-s) confort m
Komik f comique m; **Komiker, in** m(f)
(-s, -) comique mf; **komisch** adj (lustig)
comique, drôle; (merkwürdig) bizarre
Komitee nt (-s, -s) comité m
Komma nt (-s, -s o **Kommata**) virgule f
Kommandant, in m(f) commandant(e)
Kommandeur, in m(f) commandant(e)
kommandieren (pp **kommandiert**) vt, vi
commander
Kommando nt (-s, -s) commandement m;
(Truppeneinheit) commando m; **auf ~ sur**
commande; **Kommandokapsel** f
module m de commande
kommen (kam, gekommen) vi aux sein
venir; (ankommen, geschehen) arriver;
(Gewitter) se préparer; (Blumen) poindre,
pousser; (Zähne) percer; (kosten) revenir
(auf+akk à); (unter, zwischen) atterrir;
jdn/etw ~ lassen faire venir qn/qch;
in die Schule/ins Krankenhaus ~ aller
à l'école/à l'hôpital; **zurzeit ~ laufend**
Beschwerden en ce moment il y a
continuellement des réclamations;
bei Mayers ist ein Baby gekommen les
Mayer viennent d'avoir un bébé; **ihm**
kamen die Tränen il avait les larmes aux
yeux; **jetzt kommt sie (dran)** c'est à son
tour; **wie kommt es, dass ...?** comment
se fait-il que ...?; **und so kam es auch** ça
n'a pas manqué; **um etw ~ perdre** qch;
hinter etw akk **~ (entdecken)** découvrir
qch; **zu sich ~ (nach Bewusstlosigkeit)**
retrouver ses esprits; **nichts auf jdn**
~ lassen prendre fait et cause pour qn;
Kommen nt (-s) venue f; **ein einziges**
~ und Gehen des allées et venues
continuelles; **kommend** adj prochain(e);
(Generationen) futur(e)
Kommentar m commentaire m; **kein ~**
sans commentaire; **kommentarlos** adj
sans commentaire; **Kommentator, in**
m(f) (TV) commentateur(-trice)
kommentieren (pp **kommentiert**) vt
commenter
kommerziell adj commercial(e)
Kommilitone m (-n, -n), **-tonin** f
camarade mf d'études
Kommiss m (-es) armée f
Kommissar, in m(f) commissaire mf

Kommissbrot nt pain m de munition
Kommission f (Ausschuss) commission f;
etw in ~ geben confier qch à un
commissionnaire
Kommode f (-, -n) commode f
Kommunalwahlen pl élections fpl
municipales
Kommune f (-, -n) commune f
Kommunikation f communication f
Kommunion f communion f
Kommuniqué, Kommunikee nt (-s, -s)
communiqué m
Kommunismus m communisme m;
Kommunist, in m(f) communiste mf;
kommunistisch adj communiste
kommunizieren (pp **kommuniziert**) vi
communiquer; (Rel) communier
Komödiant, in m(f) comédien(ne)
Komödie f comédie f
Komoren pl: **die ~** les Comores fpl
Kompagnon m (-s, -s) (Com) associé m
kompakt adj compact(e);
Kompaktkamera f appareil photo m
compact
Kompanie f compagnie f
Komparativ m comparatif m
Kompass m (-es, -e) boussole f
kompatibel adj compatible;
Kompatibilität f compatibilité f
kompetent adj compétent(e);
Kompetenz f (Zuständigkeit)
compétence f; (Fähigkeit) capacité f;
Kompetenzüberschreitung f
dépassement m de compétence
komplett adj complet(-ète)
komplex adj complexe
Komplex m (-es, -e) complexe m;
(von Fragen) ensemble m
Komplikation f complication f
Kompliment nt compliment m
Komplize m (-n, -n) complice m
komplizieren (pp **kompliziert**) vt
compliquer; **kompliziert** adj complexe,
compliqué(e)
Komplizin f complice f
Komplott nt (-(e)s, -e) complot m
komponieren (pp **komponiert**) vt
composer; **Komponist, in** m(f)
compositeur(-trice); **Komposition** f
composition f
Kompost m (-(e)s, -e) compost m;
Komposthaufen m tas m de compost;
Kompostieranlage f usine f de
compostage; **kompostierbar** adj
biodégradable; **kompostieren**
(pp **kompostiert**) vt transformer
en compost; **Kompostierung** f
compostage m
Kompott nt (-(e)s, -e) compote f
Kompresse f (-, -n) compresse f

Kompression f compression f;
Kompressionsprogramm nt (Inform)
programme m de compression de données
Kompressor m compresseur m
komprimieren (pp **komprimiert**) vt
(Inform) comprimer, compresser
Kompromiss m (-es, -e) compromis m;
kompromissbereit adj conciliant(e);
Kompromisslösung f solution f de
compromis
kompromittieren (pp **kompromittiert**)
vt compromettre
Kondensation f condensation f
Kondensator m condensateur m
kondensieren (pp **kondensiert**) vt
condenser
Kondensmilch f lait m condensé;
Kondensstreifen m traînée f de
condensation; **Kondenswasser** nt eau f
de condensation
Kondition f (-, -en) (Com) conditions fpl;
(körperlich) condition f physique
Konditor, in m(f) pâtissier(-ière);
Konditorei f pâtisserie f
kondolieren (pp **kondoliert**) vi présenter
ses condoléances (jdm à qn)
Kondom nt (-s, -e) préservatif m
Kondukteur, in m(f) (CH) siehe **Schaffner**
Konfektion f confection f;
Konfektionskleidung f vêtements mpl
de confection
Konferenz f conférence f;
Konferenzschaltung f (Tel) multiplex m
Konfession f religion f, confession f;
konfessionell adj confessionnel(le);
konfessionslos adj sans confession;
Konfessionsschule f école f
confessionnelle
Konfetti nt (-(s)) confettis mpl
Konfiguration f (Inform) configuration f;
konfigurieren (pp **konfiguriert**) vt
(Inform) configurer
Konfirmand, in m(f) (-en, -en)
confirmand(e); **Konfirmation** f
confirmation f; **konfirmieren**
(pp **konfirmiert**) vt confirmer
konfiszieren (pp **konfisziert**) vt
confisquer
Konfitüre f (-, -n) confiture f
Konflikt m (-(e)s, -e) conflit m;
Konfliktparteien pl les partis mpl
en conflit
konform adj conforme; **mit jdm in etw**
dat ~ **gehen** être d'accord avec qn sur qch
konfrontieren (pp **konfrontiert**) vt
confronter
konfus adj confus(e)
Kongo m (-s): **der ~** le Congo
Kongress m (-es, -e) congrès m
Kongruenz f congruence f

König m (-s, -e) roi m; **Königin** f reine f;
Königinpastete f bouchée f à la reine;
königlich adj royal(e); **Königreich** nt
royaume m; **Königtum** nt (-(e)s, -tümer)
royauté f
konisch adj conique
Konjugation f conjugaison f;
konjugieren (pp **konjugiert**) vt conjuger
Konjunktion f conjonction f
Konjunktiv m subjonctif m
Konjunktur f conjoncture f;
Konjunkturaufschwung m essor m
de la conjoncture économique
konkav adj concave
konkret adj concret(-ète)
Konkurrent, in m(f) concurrent(e);
Konkurrenz f concurrence f;
konkurrenzfähig adj compétitif(-ive);
Konkurrenzkampf m concurrence f;
konkurrieren (pp **konkurriert**) vi
rivaliser (mit avec), faire concurrence
(mit à); (um Posten) concourir (um pour)
Konkurs m (-es, -e) faillite f; ~ **anmelden**
déposer son bilan
können (konnte, gekonnt) vt, vi pouvoir;
(beherrschen, wissen) savoir; **ich kann**
nicht schwimmen (grundsätzlich) je ne
sais pas nager; (jetzt) je ne peux pas nager;
er kann gut Italienisch il parle bien
l'italien; **ich kann nicht mehr** je n'en peux
plus; **das kann** (möglich) **sein** c'est bien
possible; **er kann nichts dafür** il n'y peut
rien; **ihr könnt mich mal** (fam) allez vous
faire foutre; **Können** nt (-s): **er zeigt sein**
~ il montre ce qu'il sait faire
konsequent adj conséquent(e);
Konsequenz f conséquence f; (Folgerung)
conclusion f
konservativ adj conservateur(-trice)
Konservatorium nt conservatoire m
Konserve f (-, -n) conserve f;
Konservenbüchse f boîte f de conserve
konservieren (pp **konserviert**) vt
conserver; **Konservierung** f
conservation f; **Konservierungsmittel**
nt agent m de conservation
Konsonant m consonne f
konstant adj constant(e); (Freiheit,
Weigerung) obstiné(e); **Konstante** f (-, -n)
constante f
Konstellation f constellation f; (Lage)
ensemble m de circonstances, situation f
konstruieren (pp **konstruiert**) vt
construire; (fig) fabriquer, imaginer;
Konstrukteur, in m(f) ingénieur m,
constructeur(-trice); **Konstruktion** f
construction f
konstruktiv adj constructif(-ive); (Tech)
de construction
Konsul, in m(f) (-s, -n) consul m

Konsulat nt consulat m
konsultieren (pp **konsultiert**) vt consulter
Konsum m (**-s**) consommation f;
Konsumartikel m article m de
consommation courante
Konsumation f (CH) consommation f
Konsument, in m(f) consommateur(-trice)
Konsumgesellschaft f société f
de consommation
konsumieren (pp **konsumiert**) vt
consommer
Kontakt m (**-(e)s, -e**) contact m;
kontaktarm adj solitaire, peu sociable;
Kontaktfrau f agente f de liaison;
kontaktfreudig adj sociable;
Kontaktlinsen pl lentilles fpl de contact;
Kontaktmann m (pl **Kontaktmänner**)
agent m de liaison; **Kontaktperson** f
intermédiaire mf; (Med) personne f à
risque(s)
konterkarieren (pp **konterkariert**) vt
contrecarrer
kontern vi contre-attaquer
Konterrevolution f contre-révolution f
kontextsensitiv adj dépendant(e) du
contexte, sensible au contexte
Kontinent m (**-(e)s, -e**) continent m
Kontingent nt (**-(e)s, -e**) quota m;
(Truppenkontingent) contingent m
kontinuierlich adj continu(e),
permanent(e); **Kontinuität** f continuité f
Konto nt (**-s, Konten**) compte m; **auf jds ~**
akk **gehen** (fig) être à mettre au compte de
qn; **Kontoauszug** m relevé m de compte;
Kontoauszugsdrucker m imprimante f
d'extrait de comptes; **Kontoinhaber, in**
m(f) titulaire mf du compte;
Kontonummer f numéro m de compte;
Kontostand m état f [o position f]
(du compte)
Kontra nt (**-s, -s**): **jdm ~ geben** (fig)
contredire qn; **Kontrabass** m
contrebasse f
Kontrahent, in m(f) adversaire mf
kontraproduktiv adj nuisible, néfaste
Kontrapunkt m contrepoint m
Kontrast m (**-(e)s, -e**) contraste m;
Kontrastregler m réglage m de contraste
Kontrolle f (**-, -n**) contrôle m;
Kontrolleur, in m(f)
(Fahrkartenkontrolleur) contrôleur(-euse);
kontrollieren (pp **kontrolliert**) vt
contrôler; **Kontrollzentrum** nt centre m
de contrôle
Kontur f contour m
Konvention f convention f;
konventionell adj conventionnel(le)
Konvergenz f (**-, -en**) (Fin) convergence f;
Konvergenzkriterien pl critères mpl de
convergence

Konversation f conversation f, causerie f;
Konversationslexikon nt encyclopédie f
Konversionskurs m (Fin) taux m de
conversion
konvertieren (pp **konvertiert**) vt (Daten)
convertir
konvex adj convexe
Konvoi m (**-s, -s**) convoi m
Konzentrat nt concentré m
Konzentration f concentration f;
Konzentrationslager nt camp m
de concentration
konzentrieren (pp **konzentriert**) vt
concentrer ■ vr: **sich ~** se concentrer
(auf +akk sur); **konzentriert** adj
concentré(e) ■ adv attentivement
Konzept nt (**-(e)s, -e**) (Entwurf)
brouillon m; (Vorstellung, Plan) projet m;
jdn aus dem ~ bringen (fig) embrouiller
qn
Konzern m (**-(e)s, -e**) groupe m industriel,
trust m; **Konzernmutter** f maison f
mère; **Konzerntochter** f filiale f d'un
consortium
Konzert nt (**-(e)s, -e**) concert m
konzertiert adj: **konzertierte Aktion**
(Pol) concertation f
Konzertsaal m salle f de concert
Konzession f concession f; (für Alkohol)
licence f
Konzil nt (**-s, -e** o **-ien**) concile m
konzipieren (pp **konzipiert**) vt concevoir
Kooperation f coopération f
koordinieren (pp **koordiniert**) vt
coordonner
Kopf m (**-(e)s, Köpfe**) tête f; (Briefkopf,
Nachrichtenkopf) en-tête m; (Zeitungskopf)
titre m; (Sprengkopf) ogive f; **pro ~** par tête,
par personne; **den ~ hängen lassen** être
découragé(e); **sich** dat **den ~ zerbrechen**
se creuser la tête; **etw auf den ~ stellen**
(unordentlich machen) mettre qch sens
dessus dessous; (verdrehen) inverser qch;
aus dem ~ (auswendig) par cœur;
im ~ rechnen calculer de tête;
Kopfbedeckung f chapeau m, couvre-
chef m
köpfen vt (jdn) décapiter; (Ball) envoyer
de la tête
Kopfhaut f cuir m chevelu; **Kopfhörer** m
casque m (à écouteurs); **Kopfkissen** nt
oreiller m; **kopflos** adj affolé(e);
Kopfrechnen nt calcul m mental;
Kopfsalat m laitue f; **Kopfschmerzen** pl
mal m de tête; **Kopfsprung** m plongeon
m; **Kopfstand** m poirier m; **Kopftuch** nt
foulard m; **kopfüber** adv la tête la
première; **Kopfweh** nt (**-s**) mal m de tête;
Kopfzerbrechen nt: **jdm ~ machen**
poser des problèmes à qn

Kopie f copie f; **Kopierbefehl** m commande f Copie; **kopieren** (pp **kopiert**) vt (a. Inform) copier; (jdn) imiter; **Kopierer** m (-s, -), **Kopiergerät** nt copieur m; . **Kopierschutz** m (Inform) protection f contre copie

koppeln vt (Fahrzeuge) atteler; (Dinge, Vorhaben) combiner; **Koppelung** f couplage m; **Koppelungsmanöver** nt arrimage m

Koralle f (-, -n) corail m; **Korallenriff** nt récif m de corail

Koran m (-s) Coran m; **Koranschule** f école f coranique

Korb m (-(e)s, Körbe) panier m; **ich habe ihm einen ~ gegeben** je l'ai envoyé promener; **Korbball** m ≈ basket-ball m; **Korbstuhl** m chaise f de rotin

Kord m siehe **Cord**

Kordel f (-, -n) cordelette f

Kordsamt m siehe **Cordsamt**

Korea nt (-s) la Corée; **Koreaner, in** m(f) (-s, -) Coréen(ne); **koreanisch** adj coréen(ne)

Korfu nt (-s) (l'île f de) Corfou

Kork m (-(e)s, -e) (Material) liège m; **Korken** m (-s, -) bouchon m; **Korkenzieher** m (-s, -) tire-bouchon m

Korn nt (-(e)s, Körner) grain m; (Getreide) céréale f; (von Gewehr) mire f; **Kornblume** f bleuet m

Körnchen nt petit grain m

Kornkammer f grenier m

Körper m (-s, -) corps m; (Math) solide m; **Körperbau** m carrure f, stature f; **körperbehindert** adj handicapé(e); **Körpergeruch** m odeurs fpl corporelles; **~ haben** sentir la transpiration; **Körpergewicht** nt poids m; **Körpergröße** f taille f; **Körperhaltung** f maintien m; **körperlich** adj physique; **Körperpflege** f hygiène f corporelle; **Körperschaft** f corporation f; **Körperteil** m partie f du corps

Korps nt (-, -) (Mil) corps m; (Sch) corporation f d'étudiants

korpulent adj corpulent(e)

korrekt adj correct(e); **Korrektheit** f correction f

Korrektor, in m(f) correcteur(-trice)

Korrektur f correction f; **Korrekturband** nt (pl **Korrekturbänder**) ruban m correcteur; **Korrekturflüssigkeit** f liquide m correcteur; **Korrekturspeicher** m capacité f à mémoire de correction automatique; **Korrekturtaste** f touche f de correction

Korrespondent, in m(f) (von Zeitung) correspondant(e); **Korrespondenz** f

correspondance f; **korrespondieren** (pp **korrespondiert**) vi correspondre

Korridor m (-s, -e) corridor m

korrigieren (pp **korrigiert**) vt corriger

Korrosion f corrosion f

korrumpieren (pp **korrumpiert**) vt corrompre

Korruption f corruption f

Korsett nt (-(e)s, -e) corset m

Korsika nt (-s) la Corse

Kortison nt (-s) cortisone f

Koseform f diminutif m; **Kosename** m petit nom m; **Kosewort** nt mot m tendre

Kosmetik f art m cosmétique, cosmétologie f; **Kosmetiker, in** m(f) (-s, -) esthéticien(ne); **Kosmetikkoffer** m vanity-case m; **Kosmetiktuch** nt mouchoir m en papier, Kleenex® m; **kosmetisch** adj cosmétique; (Chirurgie) plastique, esthétique

kosmisch adj cosmique

Kosmonaut, in m(f) (-en, -en) cosmonaute mf; **Kosmopolit, in** m(f) (-en, -en) citoyen(ne) du monde; **kosmopolitisch** adj cosmopolite

Kosmos m (-) cosmos m

Kosovo m (-s): **der ~** le Kosovo

Kost f (-) (Nahrung) nourriture f; (Verpflegung) pension f; **inklusive ~ und Logis** logé et nourri

kostbar adj (wertvoll) précieux(-euse); (teuer) coûteux(-euse); **Kostbarkeit** f grande valeur f; (Wertstück) objet m de valeur

kosten vt (Preis haben) coûter; **jdn Zeit ~** prendre du temps à qn ■ vt, vi (versuchen) goûter; **Kosten** pl coût m; (Auslagen) frais mpl; (persönliche Kosten, für Einkäufe etc) dépenses fpl; **auf jds ~** akk aux frais de qn; (fig: zu jds Nachteil) aux dépens de qn; **kostenlos** adj gratuit(e); **Kostenvoranschlag** m devis m

köstlich adj (ausgezeichnet) savoureux(-euse); (amüsant) amusant(e); **sich ~ amüsieren** s'amuser comme un petit fou (une petite folle)/des petits fous

Kostprobe f (von Essen) dégustation f; (fig) échantillon m; **kostspielig** adj cher (chère), coûteux(-euse)

Kostüm nt (-s, -e) costume m; (Damenkostüm) tailleur m; **Kostümfest** nt bal m costumé; **kostümieren** (pp **kostümiert**) vr: **sich ~** se déguiser (als en); **Kostümverleih** m location f des costumes

Kot m (-(e)s) excrément(s) m(pl)

Kotelett nt (-s, -e o -s) côtelette f

Koteletten pl (Bart) favoris mpl, pattes fpl

Köter m (-s, -) cabot m

Kotflügel m aile f

kotzen vi (sl) dégueuler
Krabbe f(-, -n) crevette f
krabbeln vi aux sein (Kind) marcher à
quatre pattes; (Tier) courir
Krach m (-(e)s, Kräche) fracas m;
(andauernd) vacarme m; (fam: Streit)
bagarre f; **krachen** vi aux sein (fam:
brechen) se casser; **gegen etw ~** heurter
(bruyamment) qch
krächzen vi (Rabe, Krähe) croasser;
(Mensch) parler d'une voix éraillée
kraft präp +gen en vertu de
Kraft f(-, Kräfte) force f; (von Energiequelle,
Natur) énergie f; (Arbeitskraft) employé(e);
in ~ treten entrer en vigueur; **mit
vereinten Kräften** tous (toutes)
ensemble; **in/außer ~ sein** (Gesetz) être
en vigueur/être abrogé(e);
Kraftausdruck m (pl Kraftausdrücke)
gros mot m; **Kraftfahrer, in** m(f)
automobiliste mf; **Kraftfahrzeug** nt
véhicule m, automobile f;
Kraftfahrzeugbrief m ≈ carte f grise (titre
de propriété); **Kraftfahrzeugschein** m
carte f grise; **Kraftfahrzeugsteuer** f
taxe f sur les véhicule à moteur;
Kraftfahrzeugversicherung f
assurance f automobile;
Kraftfahrzeugzulassungsstelle f
service m des cartes grises [o des
immatriculations];
kräftig adj fort(e); (nahrhaft) riche ▩ adv
(stark) vigoureusement; **kräftigen** vt
fortifier, tonifier
kraftlos adj sans force, faible; **Kraftprobe**
f épreuve f de force; **Kraftrad** nt
moto(cyclette) f; **kraftvoll** adj
vigoureux(-euse); **Kraftwagen** m
automobile f; **Kraftwerk** nt centrale f
Kragen m (-s, -) (von Kleidung) col m;
Kragenweite f encolure f
Krähe f(-, -n) corneille f
krähen vi (Hahn) chanter; (Säugling)
piailler
Krake m (-n, -n) pieuvre f
krakeelen (pp krakeelt) vi (fam) brailler
Kralle f(-, -n) (von Tier) griffe f; (Vogelkralle)
serre f; (Parkkralle) sabot m (de Denver);
krallen vt: **die Finger in etw** akk ~
s'agripper à qch
Kram m -(e)s (affaires fpl; (unordentlich)
fourbi m; **kramen** vi fouiller; **nach etw ~**
fouiller pour trouver qch; **Kramladen** m
(pej) bazar m, boutique f
Krampf m -(e)s, Krämpfe) crampe f;
Krampfader f varice f; **krampfhaft** adj
convulsif(-ive); (fig: Versuche) désespéré(e)
Kran m -(e)s, Kräne) grue f; (Wasserkran)
robinet m
Kranich m (-s, -e) grue f

krank adj (kränker, kränkste) malade;
Kranke, r mf malade mf, patient(e)
kränkeln vi avoir une santé fragile
kranken vi: **an etw** dat ~ souffrir de qch
kränken vt blesser
Krankenbericht m bulletin m de santé;
Krankengeld nt prestations fpl maladie;
Krankengeschichte f passé m médical;
Krankengymnast, in m(f) (-en, -en)
kinésithérapeute mf;
Krankengymnastik f kinésithérapie f;
Krankenhaus nt hôpital m;
Krankenkasse f caisse f (d'assurance-)
maladie; **Krankenpfleger** m infirmier m;
Krankenschein m ≈ feuille f de maladie;
Krankenschwester f infirmière f;
Krankenversicherung f assurance-
maladie f; **Krankenwagen** m ambulance f
krank|feiern sep vi prétexter une maladie,
se faire porter pâle; **krankhaft** adj
maladif(-ive); **Krankheit** f maladie f;
Krankheitserreger m agent m pathogène
kränklich adj maladif(-ive)
krank|melden sep vt: **sich ~** se faire porter
malade; **krank|schreiben** sep vt: **jdn ~**
prescrire un arrêt de travail à qn
Kränkung f offense f, humiliation f
Kranz m (-es, Kränze) couronne f
Kränzchen nt petite couronne f;
(Kaffeekränzchen etc) petit cercle m d'amies
Krapfen m (-s, -) beignet m
krass adj grossier(-ière), extrême
Krater m (-s, -) cratère m
Kratzbürste f (fig) mégère f
kratzen vt gratter; (mit Nägeln, Krallen)
griffer; (einritzen) graver; (fam: stören)
gêner ▩ vi gratter; (Katze) griffer;
Kratzer m (-s, -) (Wunde) égratignure f;
(Werkzeug) grattoir m, racloir m
kraulen vt (streicheln) caresser, flatter
▩ vi aux sein (schwimmen) nager le crawl;
Kraul(schwimmen) nt (-s) crawl m
kraus adj (Haar) frisé(e); (Stirn) plissé(e);
(verworren) confus(e); **Krause** f(-, -n)
(Halskrause) fraise f; (Haare) chevelure f
frisée; (von Schwarzen) chevelure f
crêpue
kräuseln vt (Haar) friser; (Stoff, Stirn)
plisser; (Wasser) rider, faire onduler
▩ vr: **sich ~** friser; se plisser; onduler
Kraut nt (-(e)s, Kräuter) herbe f; (Blätter)
fanes fpl; (Kohl) chou m; (fam: Tabak)
tabac m
Krawall m (-s, -e) tumulte m, émeute f;
(Lärm) tapage m
Krawatte f(-, -n) cravate f;
Krawattennadel f épingle f à cravate
kreativ adj créatif(-ive); **Kreativität** f
créativité f
Kreatur f créature f

Krebs m (-es, -e) (Zool) écrevisse f; (Med) cancer m; (Astr) Cancer m; **Beate ist (ein) ~** Beate est Cancer; **krebserregend** adj cancérigène, cancérogène; **Krebsvorsorge** f prévention f contre le cancer; (Krebsvorsorgeuntersuchung) dépistage m du cancer

Kredit m (-(e)s, -e) crédit m; **Kreditgeber, in** m(f) (-s, -) prêteur(-euse); **Kreditkarte** f carte f de crédit; **Kreditnehmer, in** m(f) (-s, -) emprunteur(-euse); **kreditwürdig** adj solvable

Kreide f (-, -n) craie f; **kreidebleich** adj blanc (blanche) comme un linge

kreieren (pp kreiert) vt créer

Kreis m (-es, -e) cercle m; (Gesellschaft) milieu m, société f; (Verwaltungskreis) ≈ district m, canton m, arrondissement m; **im ~ gehen** tourner en rond

kreischen vi (Vogel) piailler; (Mensch) criailler

Kreisel m (-s, -) toupie f; (Verkehrskreisel) rond-point m

kreisen vi aux sein o haben tourner (um autour de); (herumgereicht werden) passer de main en main

kreisförmig adj circulaire; **Kreislauf** m (Med) circulation f; (der Natur etc) cycle m; **Kreislaufstörungen** pl troubles mpl circulatoires; **Kreissäge** f scie f circulaire

Kreißsaal m salle f d'accouchement

Kreisstadt f ≈ chef-lieu m; **Kreisverkehr** m sens m giratoire

Krem f siehe **Creme**

Krematorium nt crématorium m

Kreml m (-(s)) Kremlin m

Krempe f (-, -n) bord m (de chapeau)

Krempel m (-s) (fam) fatras m

Kren m (-(e)s) (A) raifort m

krepieren (pp krepiert) vi aux sein (fam: sterben) crever; (Bombe) exploser

Krepp m (-s, -s o -e) crêpe m; **Krepppapier** nt papier m crépon; **Kreppsohle** f semelle f de crêpe

Kresse f (-, -n) cresson m

Kreta nt (-s) la Crète

Kreuz nt (-es, -e) croix f; (Mus) dièse m; (Anat) reins mpl; (Spielkartenfarbe) trèfle m

kreuzen vt croiser ■ vi aux haben o sein (Naut) croiser ■ vr: **sich ~** se croiser; (Ansichten) s'opposer

Kreuzfahrt f croisière f; **Kreuzfeuer** nt: **ins ~ geraten/im ~ stehen** être attaqué(e) de toutes parts; **Kreuzgang** m cloître m

kreuzigen vt crucifier; **Kreuzigung** f crucifixion f

Kreuzotter f vipère f; **Kreuzschlitzschraubenzieher** m

tournevis m cruciforme; **Kreuzschlüssel** m (Auto) clef f en croix

Kreuzung f croisement m

Kreuzverhör nt audition f contradictoire; **Kreuzweg** m carrefour m; (Rel) chemin m de la croix; **Kreuzworträtsel** nt mots mpl croisés; **Kreuzzeichen** nt signe m de croix; **Kreuzzug** m croisade f

kriechen (kroch, gekrochen) vi aux sein ramper; (langsam) se traîner; (pej) faire de la lèche (vor dat à); **Kriecher, in** m(f) (-s, -) lèche-bottes mf; **Kriechspur** f (auf Autobahn) voie f réservée aux véhicules lents; **Kriechtier** nt reptile m

Krieg m (-(e)s, -e) guerre f

kriegen vt (fam: bekommen) recevoir; (erwischen) attraper

Krieger, in m(f) (-s, -) guerrier(-ière); **kriegerisch** adj guerrier(-ière); (Aktion) militaire

Kriegführung f stratégie f; **Kriegsbemalung** f peinture f de guerre; **in voller ~** (geschminkt) peinturluré(e); **Kriegsdienstverweigerer** m (-s, -) objecteur m de conscience; **Kriegserklärung** f déclaration f de guerre; **Kriegsflüchtling** m réfugié m de guerre; **Kriegsfuß** m: **mit jdm auf Kriegsfuß stehen** être fâché(e) avec qn; **mit etw auf Kriegsfuß stehen** avoir des problèmes avec qch; **Kriegsgefangene, r** mf prisonnier(-ière) de guerre; **Kriegsgefangenschaft** f captivité f; **Kriegsgericht** nt cour f martiale; **Kriegsschiff** nt navire m de guerre; **Kriegsverbrechen** nt crime m de guerre; **Kriegsverbrecher, in** m(f) criminel(le) de guerre; **Kriegsversehrte, r** mf mutilé(e) de guerre; **Kriegszustand** m état m de guerre

Krim f (-): **die ~** la Crimée

Krimi m (-s, -s) (fam: Roman) (roman m) policier m, polar m; (Film) film m policier

Kriminalbeamte, r m, **-beamtin** f agent m de la police judiciaire; **Kriminalität** f criminalité f; **Kriminalpolizei** f police f judiciaire; **Kriminalroman** m roman m policier

kriminell adj criminel(le); **Kriminelle, r** mf criminel(le)

Krimskrams m (-(es)) (fam) camelote f

Kripo f (-, -s) (fam) P.J. f

Krippe f (-, -n) crèche f; (Futterkrippe) mangeoire f; **Krippentod** m mort f subite du nourrisson

Krise f (-, -n) crise f; **kriseln** vi unpers: **es kriselt** une crise se prépare; **Krisengebiet** nt point m chaud; **Krisenherd** m foyer m de crise; **Krisenstab** m état-major m de crise

Kristall m (-s, -e) (Mineral) cristal m
■ nt (-s) (Glas) cristal m
Kriterium nt critère m
Kritik f critique f; **unter jeder ~ sein** être
au-dessous de tout; **Kritiker, in** m(f)
(-s, -) critique mf; **kritiklos** adj dénué(e)
d'esprit critique
kritisch adj critique
kritisieren (pp **kritisiert**) vt, vi critiquer
kritzeln vt, vi gribouiller, griffonner
Kroate m (-n, -n) Croate m
Kroatien nt (-s) la Croatie; **Kroatin** f
Croate f; **kroatisch** adj croate
kroch imperf von **kriechen**
Krokodil nt (-s, -e) crocodile m
Krokus m (-, - o -se) crocus m
Krone f (-, -n) couronne f; (Baumkrone: fig)
sommet m; **krönen** vt couronner
Kronkorken m capsule f; **Kronleuchter**
m lustre m; **Kronprinz** m prince m héritier;
Kronprinzessin f princesse f héritière
Krönung f couronnement m
Kropf m (-(e)s, Kröpfe) (Med) goitre m;
(von Vogel) jabot m
Kröte f (-, -n) (Zool) crapaud m
Krücke f (-, -n) béquille f
Krug m (-(e)s, Krüge) cruche f; (Bierkrug)
chope f
Krümel m (-s, -) miette f; **krümeln** vi
s'émietter
krumm adj (gebogen) tordu(e); (kurvig) pas
droit(e); (pej) louche; **krummbeinig** adj
aux jambes torses; **krümmen** vt courber,
plier ■ vr: **sich ~** (vor Schmerz, Lachen)
se tordre; (Rücken) se voûter; (Linie) être
courbe; **krumm|lachen** sep vr: **sich ~**
(fam) se tordre de rire; **krumm|nehmen**
sep irr vt (fam): **jdm etw ~** mal prendre
qch
Krümmung f (das Krümmen) torsion f;
(von Fluss) boucle f; (von Weg) virage m;
(Math) courbe f; (Med) déviation f
Krupp m (-) croup m
Krüppel m (-s, -) infirme mf
Kruste f (-, -n) croûte f
Kruzifix nt (-es, -e) crucifix m
Krypta f (-, Krypten) crypte f
Kuba nt (-s) (l'île f de) Cuba; **Kubaner, in**
m(f) (-s, -) Cubain(e); **kubanisch** adj
cubain(e)
Kübel m (-s, -) seau m
Kubikmeter m mètre m cube
Küche f (-, -n) cuisine f
Kuchen m (-s, -) gâteau m; **Kuchenblech**
nt plaque f à gâteaux; **Kuchenform** f
moule m (à gâteaux); **Kuchengabel** f
fourchette f à gâteau [o à dessert]
Küchenherd m cuisinière f;
Küchenmaschine f robot m;
Küchenpapier nt essuie-tout m;

Küchenschabe f blatte f, cafard m;
Küchenschrank m buffet m de cuisine
Kuchenteig m pâte f (à gâteau)
Küchentuch nt essuie-tout m
Kuckuck m (-s, -e) (Vogel) coucou m
Kufe f (-, -n) (von Fass) cuve f; (Schlittenkufe)
patin m
Kugel f (-, -n) (Körper) boule f; (Erdkugel)
globe m; (Math) sphère f; (Mil:
Gewehrkugel) balle f; (Kanonenkugel) boulet
m; (Sport) poids m; **kugelförmig** adj
sphérique; **Kugelhagel** m pluie f de
balles; **Kugelkopf** m boule f;
Kugelkopfschreibmaschine f machine f
à écrire à boule; **Kugellager** nt
roulement m à billes; **kugelrund** adj
(Gegenstand) rond(e) (comme une boule);
(fam: Mensch) rondouillard(e),
rondelet(te); **Kugelschreiber** m stylo m
à bille; **kugelsicher** adj pare-balles;
Kugelstoßen nt (-s) lancer m du poids
Kuh f (-, Kühe) vache f; (fam: Frau) conne f;
Kuhhandel m marchandage m
kühl adj frais (fraîche); (fig) froid(e);
Kühlanlage f installation f frigorifique;
Kühlbecken nt (für Brennelemente) piscine
f de refroidissement; **Kühlbox** f (-, -en)
glacière f; **Kühle** f (-) fraîcheur f; (von
Mensch) froideur f; **kühlen** vt rafraîchir,
refroidir; **Kühler** m (-s, -) (Kübel) seau m à
glace; (Auto) radiateur m; **Kühlerhaube** f
(Auto) capot m; **Kühlhaus** nt entrepôt m
frigorifique; **Kühlraum** m chambre f
froide; **Kühlschrank** m réfrigérateur m;
(fam) frigo m; **Kühltruhe** f congélateur m;
Kühlturm m tour f de refroidissement;
Kühlung f refroidissement m; (von
Nahrungsmitteln) réfrigération f;
Kühlwasser nt (Auto) eau f de
refroidissement
kühn adj (mutig) hardi(e); (gewagt)
audacieux(-euse); (tollkühn) téméraire
Küken nt (-s, -) poussin m
kulant adj arrangeant(e)
Kuli m (-s, -s) coolie m; (fam: Kugelschreiber)
bic® m
Kulisse f (-, -n) (Theat) décor m; (fig: Rahmen)
cadre m
kullern vi aux sein rouler
Kult m (-(e)s, -e) culte m; **mit etw einen ~
treiben** idolâtrer qch; **Kultfigur** f idole f
kultivieren (pp **kultiviert**) vt cultiver;
kultiviert adj cultivé(e)
Kultur f culture f, civilisation f;
Kulturbeutel m trousse f de toilette;
kulturell adj culturel(le);
Kultur(haupt)stadt f ville f culturelle
Kultusminister, in m(f) ministre mf
de l'Éducation; **Kultusministerium** nt
ministère m de l'Éducation

Kümmel m (-s, -) cumin m
Kummer m (-s) chagrin m, souci m
kümmerlich adj misérable; (Pflanze, Tier) chétif(-ive)
kümmern vr: sich um jdn/etw ~ s'occuper de qn/qch ▪ vt concerner; das kümmert mich nicht cela m'est égal, je m'en fiche
Kumpan m (-s, -e) copain m; (pej) complice m
Kumpel m (-s, -) (Bergmann) mineur m; (fam: Kamerad) pote m
kündbar adj résiliable
Kunde m (-n, -n) client m
künden vt, vi (CH) siehe **kündigen**
Kundendienst m service m après-vente; **Kundenkarte** f Carte f Bleue®; **Kundenkreditkarte** f carte f de crédit client
kund|geben sep irr vt annoncer; **Kundgebung** f meeting m, manifestation f
kundig adj expérimenté(e); (Rat, Blick) d'expert; sich ~ machen se mettre à jour
kündigen vi donner son préavis (jdm à qn); (Arbeitnehmer) démissionner ▪ vt résilier; seine Wohnung ~ résilier son bail; **Kündigung** f préavis m; (des Arbeitnehmers) démission f; **Kündigungsfrist** f préavis m
Kundin f cliente f; **Kundschaft** f clientèle f
künftig adj futur(e) ▪ adv à l'avenir
Kunst f (-, Künste) art m; (Können) adresse f, habileté f; das ist doch keine ~ ce n'est vraiment pas la mer à boire; **Kunstakademie** f école f des beaux-arts; **Kunstdruck** m (pl **Kunstdrucke**) reproduction f (d'art); **Kunstdünger** m engrais m chimique; **Kunstfaser** f fibre f synthétique; **Kunstfehler** m faute f professionnelle; **Kunstfertigkeit** f habileté f, adresse f; **Kunstgeschichte** f histoire f de l'art; **Kunstgewerbe** nt arts mpl décoratifs [o appliqués], arts mpl industriels; **Kunstgriff** m truc m; **Kunsthändler, in** m(f) marchand(e) d'objets d'art; **Kunsthandwerk** nt artisanat m d'art; **kunsthandwerklich** adj artisanal(e); **Kunstharz** nt résine f synthétique; **Kunstherz** nt cœur m artificiel
Künstler, in m(f) (-s, -) artiste mf; **künstlerisch** adj artistique; **Künstlername** m pseudonyme m
künstlich adj artificiel(le); künstliche Intelligenz intelligence f artificielle
Kunstsammler, in m(f) collectionneur(-euse) d'objets d'art; **Kunstseide** f soie f artificielle;

Kunststoff m matière f plastique [o synthétique]; **kunststoffbeschichtet** adj recouvert(e) d'une matière synthétique; **Kunststopfen** nt (-s) raccommodage m; **Kunststück** nt tour m; das ist kein ~ ce n'est pas sorcier; **Kunstturnen** nt gymnastique f; **kunstvoll** adj artistique; (geschickt) ingénieux(-euse); **Kunstwerk** nt œuvre f d'art
kunterbunt adj (farbig) bariolé(e); (gemischt) varié(e); (durcheinander) pêle-mêle
Kupfer nt (-s, -) cuivre m; **Kupfergeld** nt petite monnaie f; **kupfern** adj de [o en] cuivre; **Kupferstich** m taille-douce f
Kuppe f (-, -n) (Bergkuppe) sommet m; (Fingerkuppe) bout m
Kuppel f (-, -n) coupole f
Kuppelei f (Jur) proxénétisme m; **kuppeln** vi (Jur) faire l'entremetteur(-euse); (Auto) débrayer; **Kuppler, in** m(f) (-s, -) proxénète mf; **Kupplung** f (Auto) embrayage m
Kur f (-, -en) cure f, traitement m
Kür f (-, -en) (Sport) figures fpl libres
Kurbel f (-, -n) manivelle f; **Kurbelwelle** f vilebrequin m
Kürbis m (-ses, -se) citrouille f; (Riesenkürbis) potiron m
Kurde m (-n, -n), **Kurdin** f Kurde mf; **kurdisch** adj kurde
Kurgast m curiste mf
Kurier m (-s, -e) courrier m; **Kurierdienst** m service m de messageries
kurieren (pp kuriert) vt guérir
kurios adj curieux(-euse), bizarre; **Kuriosität** f curiosité f
Kurort m station f thermale; **Kurpfuscher, in** m(f) (pej) charlatan m
Kurs m (-es, -e) cours m; (von Schiff, Flugzeug) route f; hoch im ~ stehen (fig) être très en vogue; **Kursbuch** nt horaire m, indicateur m (des chemins de fer); **Kurseinbruch** m effondrement m du cours; **Kursfixierung** f fixation f du cours
kursieren (pp kursiert) vi circuler
kursiv adj italique; (Buchstabe) en italique
Kursleiter, in m(f) chargé(e) cours; **Kursteilnehmer, in** m(f) participant(e) au cours; **Kursverfall** m chute f des cotations; **Kurswagen** m (Eisenbahn) voiture f directe; **Kurswechsel** m changement m de cap
Kurtaxe f (-, -n) taxe f de séjour
Kurve f (-, -n) (Linie) courbe f; (Straßenkurve) virage m, tournant m; (von Frau) forme f; **kurvenreich, kurvig** adj (Straße) sinueux(-euse)

kurz *adj* (**kürzer, kürzeste**) court(e); (*zeitlich, knapp*) court(e), bref (brève); (*unfreundlich*) sec (sèche); **zu ~ kommen** être désavantagé(e); **den Kürzeren ziehen** avoir le dessous; *siehe auch* **kurzhalten; Kurzarbeit** *f* chômage *m* partiel

◉ **KURZARBEIT**
◉
◉ *Kurzarbeit* désigne une semaine de
◉ travail courte imposée par un manque
◉ de travail. Ce type de semaine a été
◉ introduit récemment comme
◉ alternative préférable au licenciement.
◉ La semaine de travail courte doit
◉ recueillir l'approbation de l'*Arbeitsamt*,
◉ équivalent allemand de l'ANPE, qui
◉ verse alors une compensation de
◉ salaire au travailleur.

kurz|arbeiten *sep vi* travailler à temps réduit; **kurzärm(e)lig** *adj* à manches courtes; **Kürze** *f* (**-, -n**) brièveté *f*; (*Unfreundlichkeit*) sécheresse *f*; **kürzen** *vt* raccourcir; (*verringern*) réduire, diminuer; **kurzerhand** *adv* brusquement; **Kurzfassung** *f* version *f* abrégée; **kurzfristig** *adj* à bref délai; (*Kredit*) à court terme; **Kurzgeschichte** *f* nouvelle *f*; **kurz|halten** *sep irr vt*: **jdn ~** tenir la bride haute à qn; **kurzlebig** *adj* éphémère
kürzlich *adv* récemment
Kurzparkzone *f* zone *f* de stationnement à temps limité; **Kurzschluss** *m* (*Elec*) court-circuit *m*; **Kurzschrift** *f* sténographie *f*; **kurzsichtig** *adj* myope; **Kurzsichtigkeit** *f* myopie *f*; **Kurzstreckenrakete** *f* missile *m* à [o de] courte portée; **Kurzwahltaste** *f* (*Tel*) touche *f* d'accès direct; **Kurzwaren** *pl* (articles *mpl* de) mercerie *f*; **Kurzwelle** *f* ondes *fpl* courtes; **Kurzzeitgedächtnis** *nt* mémoire *f* à court terme; **Kurzzeitspeicher** *m* (*Inform*) registre *m*
kuscheln *vr*: **sich an jdn/etw ~** se blottir contre qn/dans qch
Kusine *f* cousine *f*
Kuss *m* (**-es, Küsse**) baiser *m*; **küssen** *vt* embrasser; (*Hand*) baiser
Küste *f* (**-, -n**) côte *f*; **Küstenwache** *f* service *m* de surveillance côtière
Küster *m* (**-s, -**) sacristain *m*
Kutsche *f* (**-, -n**) diligence *f*; **Kutscher** *m* (**-s, -**) cocher *m*
Kutte *f* (**-, -n**) froc *m*
Kutteln *pl* tripes *fpl*
Kuvert *nt* (**-s, -e** o **-s**) enveloppe *f*
Kuwait *nt* (**-s**) le Koweït

Kybernetik *f* cybernétique *f*; **kybernetisch** *adj* cybernétique
kyrillisch *adj* cyrillique
KZ *nt* (**-s, -s**) *abk* = **Konzentrationslager** camp *m* de concentration

L, l *nt* **(-, -)** L, l *m*

labil *adj* (*Phys: fig*) instable; (*Gesundheit*) fragile; (*Charakter*) inconstant(e)

Labor *nt* **(-s, -e** *o* **-s)** laboratoire *m*; **Laborant, in** *m(f)* laborantin(e); **Laboratorium** *nt* laboratoire *m*

laborieren (*pp* **laboriert**) *vi*: **an etw** *dat* ~ traîner qch

Labrador *m* **(-s, -e)** labrador *m*

Labyrinth *nt* **(-s, -e)** labyrinthe *m*

Lache *f* **(-, -n)** flaque *f*; (*größere Lache, Blutlache*) mare *f*; (*fam: Gelächter*) rire *m*

lächeln *vi* sourire; **Lächeln** *nt* **(-s)** sourire *m*

lachen *vi* rire (*über* +*akk* de); **das wäre doch gelacht, wenn** ... ce serait un monde si ...

lächerlich *adj* ridicule; **jdn** ~ **machen** ridiculiser qn

Lachgas *nt* gaz *m* hilarant; **lachhaft** *adj* ridicule

Lachs *m* **(-es, -e)** saumon *m*

Lack *m* **(-(e)s, -e)** laque *f*, vernis *m*; (*Auto*) peinture *f*; **lackieren** (*pp* **lackiert**) *vt* (*Möbel*) vernir; (*Fingernägel*) (se) vernir; (*Auto*) peindre; **Lackleder** *nt* cuir *m* verni

laden (**lud, geladen**) *vt* (*a. Inform*) charger; (*vor Gericht*) citer; (*einladen*) inviter; **das Schiff hat Kohle geladen** le bateau transporte du charbon

Laden *m* **(-s, Läden)** (*Geschäft*) magasin *m*; (*Fensterladen*) volet *m*; **Ladenbesitzer, in** *m(f)* propriétaire *mf* (de magasin); **Ladendieb, in** *m(f)* voleur(-euse) (à l'étalage); **Ladendiebstahl** *m* vol *m* à l'étalage; **Ladenhüter** *m* **(-s, -)** (*pej*) rossignol *m*; **Ladenpreis** *m* prix *m* de détail; **Ladenschluss** *m* heure *f* de fermeture des magasins; **Ladenschlusszeit** *f* heure *f* (légale) de fermeture des magasins; **Ladentisch** *m* comptoir *m*; **unter dem** ~ (*fig*) en sous-main

Laderaum *m* cale *f*

lädieren (*pp* **lädiert**) *vt* endommager, abîmer

Ladung *f* (*Last, Fracht*) chargement *m*, cargaison *f*; (*das Beladen*) chargement *m*; (*Sprengladung*) charge *f*; (*fam: große Menge*) tas *m*; (*Jur*) citation *f*

lag *imperf von* **liegen**

Lage *f* **(-, -n)** situation *f*; (*Position*) position *f*; (*Schicht*) couche *f*; **in der** ~ **sein, etw zu tun** être en mesure de faire qch; **lagenweise** *adv* par couches

Lager *nt* **(-s, -)** camp *m*; (*Com*) entrepôt *m*, magasin *m*; (*Schlaflager*) lit *m*; (*Tech*) coussinet *m*; (*Pol*) camp *m*; (*von Bodenschätzen*) gisement *m*; **Lagerarbeiter, in** *m(f)* magasinier(-ière); **Lagerbestand** *m* stock *m*; **Lagerhaus** *nt* entrepôt *m*; **lagern** *vi* (*Vorräte*) être stocké(e); (*übernachten*) camper; (*rasten*) faire halte, s'arrêter ■ *vt* stocker; (*betten*) étendre; **kühl** ~ conserver au frais; **Lagerstätte** *f* gisement *m*; **Lagerung** *f* (*von Waren*) entreposage *m*

Lagune *f* **(-, -n)** lagune *f*

lahm *adj* (*Mensch, Tier, Glied*) paralysé(e); (*langsam*) apathique; (*Ausrede*) mauvais(e); **lahmen** *vi* traîner la jambe

lähmen *vt* paralyser

lahm|legen *sep vt* paralyser

Lähmung *f* paralysie *f*

Laib *m* **(-(e)s, -e)** miche *f*

Laich *m* **(-(e)s, -e)** frai *m*; **laichen** *vi* frayer

Laie *m* **(-n, -n)** profane *mf*; (*Rel*) laïque *mf*; **laienhaft** *adj* de profane

Lakai *m* **(-en, -en)** laquais *m*

Laken *nt* **(-s, -)** (*Betttuch*) drap *m*

Lakritze *f* **(-, -n)** réglisse *m* o *f*

lallen *vt, vi* (*Betrunkener*) bafouiller; (*Säugling*) babiller

Lamelle *f* lamelle *f*; (*von Heizkörper*) ailette *f*

Lametta *nt* **(-s)** lamelles *fpl* argentées

Lamm *nt* **(-(e)s, Lämmer)** agneau *m*; **Lammfell** *nt* fourrure *f* d'agneau; **lammfromm** *adj* doux (douce) comme un agneau; **Lammwolle** *f* lambswool *f*, laine *f* d'agneau

Lampe f (-, -n) lampe f; **Lampenfieber** nt trac m; **Lampenschirm** m abat-jour m

Lampion m (-s, -s) lampion m

LAN nt (-, -s) akr = **Local Area Network** (Inform) réseau m local

Land nt (-(e)s, **Länder**) (Gebiet, Nation) pays m; (nicht Stadt) campagne f; (Erdboden) terre f, terrain m; (Festland) terre f; (Bundesland) Land m; **auf dem Lande** à la campagne

⊛ **L**and

⊛ Un Land (au pluriel Länder) est un état
⊛ membre de la BRD. La 'BRD' est formée
⊛ de 16 Länder : le Bade-Wurtemberg,
⊛ la Basse-Saxe, la Bavière, Berlin, le
⊛ Brandebourg, Brême, Hambourg, la
⊛ Hesse, le Mecklembourg-Poméranie-
⊛ Occidentale, la Rhénanie-du-Nord-
⊛ Westphalie, la Rhénanie-Palatinat,
⊛ la Sarre, la Saxe, la Saxe-Anhalt, le
⊛ Schleswig-Holstein, la Thuringe.
⊛ Chaque 'Land' a son assemblée et
⊛ sa constitution.

Landbesitz m propriété f foncière; **Landbesitzer, in** m(f) propriétaire foncier(-ière)

Landebahn f piste f d'atterrissage; **landeinwärts** adv vers l'intérieur du pays; **landen** vi aux sein (Flugzeug) atterrir; (Schiff) accoster; (Passagier) débarquer; (fam: geraten) atterrir, se retrouver

Ländereien pl terres fpl

Landesfarben pl couleurs fpl nationales; **Landeshauptstadt** f capitale f du Land; **Landesinnere, s** nt intérieur m du pays; **Landesregierung** f gouvernement m de/du Land; **Landessprache** f langue f nationale; **Landestracht** f costume m national; **landesüblich** adj d'usage (dans le pays); (Bräuche, Tracht) du pays; **das ist dort ~** c'est la coutume là-bas; **Landesverrat** m haute trahison f; **Landeswährung** f monnaie f nationale

Landgut nt domaine m (rural); **Landhaus** nt maison f de campagne; **Landkarte** f carte f (routière); **Landkreis** m ≈ arrondissement m; **landläufig** adj courant(e)

ländlich adj rural(e)

Landmine f mine f antipersonnel

Landschaft f paysage m; (Landstrich) contrée f; **landschaftlich** adj du paysage; régional(e); **Landschaftsschutzgebiet** nt site m protégé

Landsmann m, **Landsmännin** f (pl **Landsleute**) compatriote mf

Landstraße f route f; **Landstreicher, in** m(f) (-s, -) vagabond(e); **Landstrich** m contrée f, région f; **Landtag** m (Pol) landtag m, diète f; **Landtagswahlen** pl élections fpl au landtag

Landung f (von Flugzeug) atterrissage m; (von Schiff) arrivée f; **Landungsboot** nt péniche f de débarquement; **Landungsbrücke** f débarcadère m

Landvermesser, in m(f) (-s, -) arpenteur(-euse)-(géomètre); **Landwirt, in** m(f) agriculteur(-trice), cultivateur(-trice); **Landwirtschaft** f agriculture f; **landwirtschaftlich** adj agricole; **Landzunge** f langue f de terre

lang adj (länger, längste) long(ue); (fam: Mensch) grand(e); **sein Leben ~** toute sa vie; **langatmig** adj interminable; **lange** adv longtemps; **Länge** f (-, -n) (räumlich) longueur f; (Geo) longitude f; (zeitlich) durée f

langen vi (ausreichen) suffire; (sich erstrecken) s'étendre, arriver (bis jusqu'à); (greifen) tendre la main (nach vers); **es langt mir** j'en ai assez

Längengrad m degré m de longitude; **Längenmaß** nt mesure f de longueur

Langeweile f (-) ennui m

langfristig adj à long terme; **lang|gehen** sep irr vi aux sein; **wissen, wo es langgeht** (fam) savoir de quoi il retourne; **Langlauf** m ski m de fond; **Langläufer, in** m(f) skieur(-euse) de fond; **Langlaufski** m ski m de fond; **langlebig** adj qui vit longtemps

länglich adj allongé(e)

Langmut f (-) patience f; **langmütig** adj patient(e)

längs präp +gen o dat le long de ◼ adv dans le sens de la longueur

langsam adj lent(e) ◼ adv lentement; (allmählich) peu à peu; **Langsamkeit** f lenteur f

Langschläfer, in m(f) lève-tard mf; **Langspielplatte** f 33 tours m

längst adv depuis longtemps

Langstreckenrakete f missile m à [o de] longue portée

Languste f (-, -n) langouste f

langweilen vt ennuyer; **langweilig** adj ennuyeux(-euse)

Langwelle f grandes ondes fpl; **langwierig** adj long(ue); (Verhandlungen) laborieux(-euse); **Langzeitarbeitslose** pl chômeurs mpl de longue durée; **Langzeitgedächtnis** nt mémoire f à long terme; **Langzeitparker, in** m(f) (-s, -) automobiliste mf en stationnement longue durée

La Niña f (-, -s) la Niña f

Lanze f(-, -n) lance f
La-Ola-Welle f: **die ~** la ola
Laos nt (-) le Laos; **laotisch** adj laotien(ne)
lapidar adj lapidaire
Lappalie f bagatelle f
Lappen m (-s, -) (Stoff) chiffon m
läppisch adj puéril(e)
Lappland nt la Laponie
Lapsus m (-, -) (Fehler) lapsus m;
(im Benehmen) faux pas m
Laptop m o nt (-s, -s) ordinateur m
portable, portable m
Lärche f(-, -n) mélèze m
Lärm m (-(e)s) bruit m; **lärmen** vi faire du
bruit; **Lärmschutz** m protection f contre
le bruit; **Lärmschutzwall** m écran m
antibruit
Larve f(-, -n) (Bio) larve f
las imperf von **lesen**
lasch adj (Bewegung) mou (molle);
(Behandlung, Einstellung) flou(e);
(Geschmack) fade
Lasche f(-, -n) (Schuhlasche) languette f;
(Tech) couvre-joint m; (Eisenbahn) éclisse f
Laser m (-s, -) laser m; **Laserdrucker** m
(Inform) imprimante f laser; **Lasersonde** f
sonde f laser; **Laserstrahl** m rayon m
laser
lassen (ließ, gelassen) vt laisser;
(unterlassen) arrêter; (veranlassen) faire;
etw machen faire faire qch; **das lässt
sich machen** ça peut se faire ♦ vi: **von
jdm/einer Sache ~** se passer de qn/qch
lässig adj désinvolte; (nachlässig)
négligent(e); **Lässigkeit** f désinvolture f;
(Nachlässigkeit) négligence f
Last f(-, -en) (Gegenstand) fardeau m,
charge f; (Fracht) cargaison f; (Belastung)
poids m, charge f; **jdm zur ~ fallen** être à
charge à qn; **lasten** vi: **auf jdm/etw ~**
peser sur qn/qch; **Lasten** pl (Gebühren)
charges fpl
Laster nt (-s, -) vice m ♦ m (-s, -)
(fam: Lastwagen) bahut m; **lasterhaft** adj
immoral(e)
lästerlich adj calomniateur(-trice)
lästern vi (abfällig sprechen) médire
(über +akk de) ♦ vt (Gott) blasphémer;
Lästerung f médisance f;
(Gotteslästerung) blasphème m
lästig adj ennuyeux(-euse), désagréable;
(Mensch) importun(e)
Lastkahn m péniche f; **Lastkraftwagen** m
poids m lourd
Last-Minute-Angebot nt offre f
de voyage en last minute; **Last-Minute-
Flug** m vol m en last minute; **Last-
Minute-Ticket** nt billet m en last minute;
Last-Minute-Urlaub m vacances fpl
en last minute

Lastschrift f (Fin) écriture f au débit;
Lasttier nt bête f de somme;
Lastwagen m camion m
Latein nt (-s) latin m; **lateinisch** adj
latin(e)
latent adj latent(e)
Laterne f(-, -n) lanterne f; (Straßenlaterne)
réverbère m; **Laternenpfahl** m
lampadaire m
Latrine f latrines fpl
Latsche f(-, -n) pin m nain
latschen vi aux sein (fam: schlurfen) traîner
les pieds; (gehen) se traîner
Latte f(-, -n) latte f; (beim Fußball) barre f
transversale; (fam: Mensch) échalas m;
Lattenzaun m clôture f à claire-voie
Latz m (-es, Lätze) (für Säugling) bavette f;
(an Kleidungsstück) pont m, plastron m
Lätzchen nt bavoir m
Latzhose f salopette f
lau adj tiède; (Wetter, Wind) doux (douce)
Laub nt (-(e)s) feuillage m; (abgefallen)
feuilles fpl; **Laubbaum** m arbre m à
feuilles caduques
Laube f(-, -n) tonnelle f
Laubfrosch m rainette f; **Laubsäge** f
scie f à chantourner
Lauch m (-(e)s, -e) poireau m
Lauer f: **auf der ~ sein** [o liegen] se tenir
aux aguets; **lauern** vi: **auf jdn/etw ~**
guetter qn/qch
Lauf m (-(e)s, Läufe) course f; (Ablauf,
Flusslauf, Entwicklung) cours m;
(Inform) passage m; (Gewehrlauf) canon m;
einer Sache dat **ihren ~ lassen** laisser qch
suivre son cours
Laufbahn f carrière f
laufen (lief, gelaufen) vt aux sein (Strecke)
parcourir, faire; (Wettlauf) courir, faire;
sich dat **Blasen ~** attraper des ampoules
♦ vi aux sein (rennen) courir; (zu Fuß gehen)
marcher, aller (à pied); (Flüssigkeit) couler;
(sich zeitlich erstrecken) durer; (sich
bewegen) avancer; (funktionieren) marcher;
(gezeigt werden: Film) passer; (in Gang sein:
Verhandlungen) être en cours; **auf jds
Namen** akk **~** être au nom de qn;
laufend adj (Klagen, Schmerzen)
continuel(le); (Monat, Ausgaben)
courant(e); **auf dem Laufenden sein/
halten** être/tenir au courant; **am
laufenden Band** (fig) sans arrêt
Läufer m (-s, -) (Teppich) tapis m de couloir;
(Treppenläufer) chemin m d'escalier;
(im Schach) fou m
Läufer, in m(f)(-s, -) (Sport) coureur(-euse)
Laufkundschaft f clientèle f de passage;
Laufmasche f maille f qui file; **Laufpass**
m: **jdm den ~ geben** mettre qn à la porte,
rompre avec qn; **Laufstall** m parc m;

Laufsteg m passerelle f; **Laufwerk** nt (Inform) lecteur m; **Laufzettel** m fiche f de contrôle

Lauge f (-, -n) (Chem) solution f alcaline; (Seifenlauge) eau f savonneuse

Laune f (-, -n) humeur f; (Einfall) caprice m; **launenhaft, launisch** adj lunatique

Laus f (-, Läuse) pou m

Lausbub m petit garnement m

lauschen vi écouter

lauschig adj retiré(e), intime

lausen vt épouiller

lausig adj (fam) minable; **eine lausige Kälte** un froid de canard

laut adj fort(e), haut(e); (voller Lärm) bruyant(e); **~ werden** (bekannt) devenir notoire **■** präp +gen o dat d'après; **Laut** m (-(e)s, -e) son m

Laute f (-, -n) luth m

lauten vi: **wie lautet das Urteil?** quel est le verdict?; **wie lautet das englische Original?** que dit l'original anglais?

läuten vi sonner; **nach jdm ~** sonner qn; **es hat geläutet** on a sonné

lauter adj pur(e); (Charakter) sincère **■** adv: **~ dummes Zeug reden** ne dire que des bêtises

läutern vt purifier

lauthals adv à pleine voix; (lachen) à gorge déployée; **lautlos** adj silencieux(-euse); **lautmalend** adj onomatopéique; **Lautschrift** f transcription f phonétique; **Lautsprecher** m haut-parleur m; **Lautsprecherbox** f (-, -en) baffle m; **Lautsprecherwagen** m voiture f (à) haut-parleur; **lautstark** adj très fort(e); **Lautstärke** f (Radio) volume m

lauwarm adj tiède

Lava f (-, Laven) lave f

Lavendel m (-s, -) lavande f

Lawine f avalanche f; **Lawinengefahr** f danger m d'avalanches

lax adj (Disziplin, Grundsätze) relâché(e); (Benehmen) laxiste

Layout, Lay-out nt (-s, -s) mise f en pages

Lazarett nt (-(e)s, -e) hôpital m militaire

LCD-Anzeige f, **LCD-Display** nt afficheur m LCD

leasen vt avoir en leasing; **Leasing** nt (-s, -s) leasing m

leben vi, vt vivre; **von etw ~** vivre de qch; **Leben** nt (-s, -) vie f; **lebend** adj vivant(e)

lebendig adj (nicht tot) vivant(e); (lebhaft) vif (vive), plein(e) d'entrain; **Lebendigkeit** f vivacité f

Lebensart f manière f de vivre; (Benehmen) savoir-vivre m; **Lebenserfahrung** f expérience f de la vie; **Lebenserwartung** f espérance f de vie; **lebensfähig** adj viable; **lebensfroh** adj plein(e) de joie de vivre; **Lebensgefahr** f danger m de mort; **in ~ sein** être dans un état critique; **lebensgefährlich** adj très dangereux(-euse); (Verletzung, Krankheit) grave; **Lebenshaltung** f niveau m de vie; **Lebenshaltungskosten** pl coût m de la vie; **Lebenslage** f situation f; **lebenslänglich** adj à perpétuité; **~ bekommen** prendre perpète; **Lebenslauf** m curriculum m vitae; **lebenslustig** adj plein(e) de joie de vivre; **Lebensmittel** pl alimentation f; **Lebensmittelgeschäft** nt épicerie f; **lebensmüde** adj las(se) de vivre; **Lebenspartnerschaft** f: **eingetragene ~** ≈ PACS m; **Lebensqualität** f qualité f de (la) vie; **Lebensretter, in** m(f) sauveteur(-euse); **Lebensstandard** m niveau m de vie; **Lebensstellung** f situation f pour la vie; **Lebensunterhalt** m moyens mpl d'existence; **Lebensversicherung** f assurance-vie f; **Lebenswandel** m manière f de vivre, vie f; **Lebensweise** f mode f de vie; **lebenswichtig** adj vital(e); **Lebenszeichen** nt signe m de vie; **Lebenszeit** f durée f de la vie; **auf ~** à vie

Leber f (-, -n) foie m; **Leberfleck** m grain m de beauté; **Lebertran** m huile f de foie de morue; **Leberwurst** f pâté m de foie (sous forme de saucisson)

Lebewesen nt être m vivant

lebhaft adj vif (vive), plein(e) d'entrain; (Straße, Verkehr) animé(e); (Interesse) vif (vive); **Lebhaftigkeit** f vivacité f;

Lebkuchen m pain m d'épice; **leblos** adj inanimé(e)

lechzen vi: **nach etw ~** être avide de qch

leck adj: **~ sein** avoir une fuite; **Leck** nt (-(e)s, -e) fuite f

lecken vi (Loch haben) avoir une fuite **■** vt, vi (schlecken) lécher

lecker adj délicieux(-euse); **Leckerbissen** m délice m; **Leckermaul** nt petit(e) gourmand(e)

led. adj abk = **ledig**

Leder nt (-s, -) cuir m; **Lederhose** f culotte f de peau [o de cuir]; **ledern** adj en cuir, de cuir; **Lederwaren** pl articles mpl de cuir

ledig adj célibataire; **einer Sache** gen **~ sein** être délivré(e) d'une chose; **Ledige, r** mf célibataire mf

lediglich adv uniquement

leer adj vide; (Seite) blanc (blanche); **~ stehend** vide; **Leere** f (-) vide m; **leeren** vt (a. Inform) vider; **Leergewicht** nt poids m à vide; **Leergut** nt bouteilles fpl consignées; **Leerlauf** m point m mort; **Leerschlag** m blanc m, espace f; **leerstehend** adj siehe **leer**; **Leertaste** f

barre m d'espacement; **Leerung** f vidage
m; (von Briefkasten) levée f; **Leerzeichen**
nt blanc m, espace f
legal adj légal(e); **legalisieren**
(pp **legalisiert**) vt légaliser; **Legalität** f
légalité f
Legasthenie f dyslexie f
Legebatterie f élevage m en batterie;
Legehenne f poule f pondeuse
legen vt (tun) mettre, poser; (in flache Lage)
coucher, étendre; (Kabel, Schienen) poser;
(Ei) pondre; **Waschen und Legen** un
shampoing-mise en plis ■ vr: **sich ~**
(Mensch) s'allonger; (Sturm) tomber;
(abflauen) diminuer; (Betrieb, Interesse)
baisser; (Schmerzen) se calmer
Legende f(-, -n) légende f
leger adj décontracté(e)
Leggings pl caleçon m
legieren (pp **legiert**) vt (Metall) allier;
(Gastr) lier; **Legierung** f alliage m
Legislative f pouvoir m législatif;
(Versammlung) assemblée f législative
Legislaturperiode f législature f
legitim adj légitime, **Legitimation** f
légitimation f; **legitimieren** (pp **legitimiert**)
vt légitimer ■ vr: **sich ~** prouver son
identité; **Legitimität** f légitimité f
Lehm m (-(e)s, -e) terre f glaise;
lehmig adj glaiseux(-euse)
Lehne f(-, -n) (Rückenlehne) dossier m,
dos m; (Armlehne) accoudoir m, bras m
lehnen vt appuyer (an +akk contre)
■ vr: **sich ~** s'appuyer; **Lehnstuhl** m
fauteuil m
Lehramt nt enseignement m; (an höherer
Schule) professorat m; **Lehrbuch** nt
manuel m
Lehre f(-, -n) (Ideologie) doctrine f;
(wissenschaftlich) théorie f; (beruflich)
apprentissage m; (Lebensweisheit) leçon f;
(Tech) jauge f, calibre m
lehren vt apprendre; (unterrichten)
enseigner; **Lehrer, in** m(f) (-s, -)
instituteur(-trice); (an höherer Schule)
professeur; **Lehrerzimmer** nt salle f des
professeurs; **Lehrgang** m cours m;
Lehrjahre pl années fpl d'apprentissage;
Lehrkraft f enseignant(e); **Lehrling** m
apprenti(e); **Lehrplan** m programme m;
lehrreich adj instructif(-ive); **Lehrsatz** m
théorème m; **Lehrstelle** f (place f
d')apprentissage m; **Lehrstuhl** m chaire f
(für de); **Lehrtochter** f (CH) apprentie f;
Lehrzeit f apprentissage m
Leib m (-(e)s, -er) corps m;
Leibeserziehung f éducation f physique;
Leibesübungen pl éducation f physique
et sportive; **leibhaftig** adj en chair et
en os; (Teufel) incarné(e); **leiblich** adj

physique; **Leibwächter** m garde m
du corps
Leiche f(-, -n) cadavre m;
Leichenbeschauer, in m(f) (-s, -)
médecin m/f légiste; **Leichenhaus** nt
chapelle f mortuaire; **Leichenstarre** f(-)
rigidité f cadavérique; **Leichenwagen** m
corbillard m
Leichnam m (-(e)s, -e) dépouille f
leicht adj léger(-ère); (einfach) facile ■ adv
(schnell) facilement; **~ machen** faciliter
(jdm etw qch à qn); **Leichtathletik** f
athlétisme m; **leicht|fallen** sep irr
vi: **jdm ~** ne pas poser de problème à qn;
leichtfertig adj (Handeln) léger(-ère);
(Mensch) insouciant(e); (Lebenswandel)
volage; **leichtgläubig** adj crédule;
Leichtgläubigkeit f crédulité f;
leichthin adv à la légère; **Leichtigkeit** f
(Mühelosigkeit) facilité f; **leichtlebig** adj
insouciant(e); **leicht|machen** sep vt siehe
leicht; **Leichtmetall** nt métal m léger;
leicht|nehmen sep irr vt prendre à la
légère; **Leichtsinn** m légèreté f;
leichtsinnig adj étourdi(e);
Leichtwasserreaktor m réacteur m
à eau légère
leid adj: **etw ~ haben** [o sein] en avoir
par-dessus la tête de qch
Leid nt (-(e)s) chagrin m, douleur f;
siehe auch **leidtun**
leiden (litt, gelitten) vt (Hunger, Not)
souffrir; **jdn/etw nicht ~ können** ne pas
pouvoir supporter qn/qch ■ vi souffrir;
(Schaden nehmen) se détériorer; **Leiden** nt
(-s, -) souffrance f; (Krankheit) affection f
Leidenschaft f passion f;
leidenschaftlich adj passionné(e)
leider adv malheureusement
leidig adj fâcheux(-euse)
leidlich adj passable ■ adv ni bien, ni mal
Leidtragende, r mf: **der ~ sein** subir les
conséquences de qch; **leid|tun** sep irr vi:
es tut mir leid je suis désolé(e); **er tut mir
leid** il me fait pitié; **Leidwesen** nt:
zu meinem ~ à mon grand regret
Leier f(-, -n) lyre f; **es ist immer die alte ~**
c'est toujours la même rengaine;
Leierkasten m orgue f de Barbarie
Leiharbeit f travail m intérimaire;
Leihbibliothek f bibliothèque f de prêt;
leihen (lieh, geliehen) vt prêter; **sich** dat
etw ~ emprunter qch; **Leihgabe** f prêt m;
Leihgebühr f frais mpl de location;
Leihhaus nt mont-de-piété m;
Leihmutter f mère f porteuse;
Leihschein m bulletin m de prêt;
Leihwagen m voiture f de location
Leim m (-(e)s, -e) colle f; **leimen** vt (kleben)
coller; (fam: reinlegen) rouler, duper

Leine f (-, -n) corde f; (Hundeleine) laisse f
Leinen nt (-s, -) toile f
Leintuch nt drap m; **Leinwand** f toile f; (Cine) écran m
leise adj (nicht laut) bas(se), faible; (schwach) léger(-ère)
Leiste f (-, -n) bordure f; (Zierleiste) baguette f; (Anat) aine f
leisten vt faire; (vollbringen) accomplir; jdm Gesellschaft ~ tenir compagnie à qn; sich dat etw ~ können pouvoir se payer qch; sich dat eine Frechheit ~ se permettre une insolence; für etw Ersatz ~ remplacer qch
Leistenbruch m hernie f
Leistung f (gute) performance f; (Kapazität) rendement m; (eines Motors) puissance f; (finanziell) prestations fpl; **Leistungsdruck** m stress m; **leistungsfähig** adj performant(e); **Leistungsfähigkeit** f efficacité f, capacité f; **Leistungsgesellschaft** f méritocratie f; **Leistungskurs** m (Sch) cours m renforcé; **Leistungssport** m sport m de compétition; **Leistungssportler, in** m(f) sportif(-ive) de haut niveau; **Leistungszulage** f prime f de rendement
Leitartikel m éditorial m; **Leitbild** nt modèle m
leiten vt (an der Spitze sein) être à la tête de; (Firma) diriger; (in eine Richtung) conduire; (Kabel, Rohre) amener; (Wärme) conduire; sich von etw ~ lassen suivre qch; **leitend** adj (Stellung) dirigeant(e); (Gedanke) directeur(-trice); **leitender Angestellter** cadre m (supérieur)
Leiter f (-, -n) échelle f ■ m (-s, -) (Elec) conducteur m
Leiter, in m(f) (-s, -) directeur(-trice), chef mf
Leitfaden m précis m; **Leitfähigkeit** f conductibilité f; **Leitmotiv** nt leitmotiv m; **Leitplanke** f glissière f de sécurité
Leitung f (Führung) direction f; (Wasserleitung) conduite f, tuyau m; (Kabel) câble m; (Elec, Tel) ligne f; eine lange ~ haben (fam) être dur(e) à la détente; **Leitungsrohr** nt conduite f; **Leitungswasser** nt eau f du robinet
Leitwerk nt (Aviat) empennage m
Lektion f leçon f; jdm eine ~ erteilen faire la leçon à qn
Lektor, in m(f) lecteur(-trice)
Lektüre f (-, -n) lecture f
Lemming m (-s, -e) lemming m
Lende f (-, -n) lombes mpl; reins mpl; (Gastr) filet m, longe f; **Lendenbraten** m aloyau m; **Lendenstück** nt filet m

lenkbar adj manœuvrable; (Räder) dirigeable; **lenken** vt (Fahrzeug) conduire; (Kind) guider; (Blick) diriger (auf+akk vers); **Lenkflugkörper** m missile m téléguidé; **Lenkrad** nt volant m; **Lenkstange** f (Fahrradlenkstange) guidon m
Leopard m (-en, -en) léopard m
Lepra f (-) lèpre f
Lerche f (-, -n) alouette f
lernbegierig adj studieux(-euse); **lernbehindert** adj ayant des difficultés à apprendre à lire et à écrire; **lernen** vt apprendre; (Handwerk) faire un apprentissage de ■ vi travailler, étudier; (in der Ausbildung sein) être à l'école; être en apprentissage; **Lernprogramm** nt, **Lernsoftware** f didacticiel m
lesbar adj lisible
Lesbe f (-, -n) (fam), **Lesbierin** f lesbienne f; **lesbisch** adj lesbien(ne)
Lese f (-, -n) (Weinlese) vendange(s) f(pl)
Lesebrille f lunettes fpl pour lire; **Lesebuch** nt livre m de lecture; **Lesekopf** m (Inform) tête f de lecture; **lesen** (las, gelesen) vt (a. Inform) lire; (ernten) récolter, cueillir ■ vi lire; (Sch) faire un cours (über+akk sur); **Leser, in** m(f) (-s, -) lecteur(-trice); **Leserbrief** m lettre f de lecteur; **Leserbriefe** (Rubrik) courrier des lecteurs; **leserlich** adj lisible; **Lesesaal** m salle f de lecture; **Lesespeicher** m (Inform) mémoire f morte; **Lesezeichen** nt (a. Inform) signet m
Lesotho nt (-s) le Lesotho
Lesung f lecture f
lettisch adj letton(ne)
Lettland nt la Lettonie
Lettner m (-s, -) jubé m
letzte, r, s adj dernier(-ière); zum letzten Mal pour la dernière fois; **letztens** adv récemment; (zuletzt) enfin; **letztere, r, s** adj ce (cette) dernier(-ière)
Leuchtanzeige f témoin m lumineux; **Leuchtdiode** f diode f électroluminescente
Leuchte f (-, -n) lampe f, lumière f
leuchten vi briller; (mit Lampe) éclairer
Leuchter m (-s, -) bougeoir m, chandelier m
Leuchtfarbe f couleur f fluorescente; **Leuchtfeuer** nt balise f; **Leuchtkugel** f, **Leuchtrakete** f fusée f éclairante; **Leuchtreklame** f réclame f lumineuse; **Leuchtröhre** f néon m; **Leuchtstift** m surligneur m; **Leuchtturm** m phare m; **Leuchtzifferblatt** nt cadran m lumineux
leugnen vt, vi nier
Leukämie f leucémie f
Leukoplast® nt (-(e)s, -e) sparadrap m
Leumund m (-(e)s) réputation f; **Leumundszeugnis** nt certificat m de bonne conduite

Leute pl gens mpl o fpl; (Personal) personnel m; (Mil) hommes mpl
Leutnant m (-s, -s o -e) lieutenant m
leutselig adj affable, bienveillant(e); **Leutseligkeit** f affabilité f
Lexikon nt (-s, Lexika) (Konversationslexikon) encyclopédie f; (Wörterbuch) dictionnaire m
Libanese m (-n, -n), **Libanesin** f Libanais(e)
Libanon m (-s): der ~ le Liban
Libelle f libellule f
liberal adj libéral(e); **Liberales Forum** (österreichische Partei) parti libéral autrichien; **Liberalismus** m libéralisme m
Liberia nt (-s) le Libéria, le Liberia
Libero m (-s, -s) (Fußball) arrière m volant
Libyen nt (-s) la Libye
Licht nt (-(e)s, -er) lumière f; (Kerze) bougie f; **Lichtbild** nt photo f; (Dia) diapositive f; **Lichtblick** m (Hoffnung) lueur f d'espoir; **lichtempfindlich** adj sensible à la lumière
lichten vt (Wald) éclaircir; (Anker) lever ▪ vr: sich ~ s'éclaircir; (Nebel) se lever
lichterloh adv: ~ brennen flamber
Lichtgriffel m (Inform) crayon m optique, photostyle m; **Lichthupe** f: die ~ betätigen faire un appel de phares; **Lichtjahr** nt année-lumière f; **Lichtmaschine** f dynamo f; **Lichtmess** f (-) la Chandeleur; **Lichtschalter** m interrupteur m; **Lichtschutzfaktor** m indice m de protection
Lichtung f clairière f
Lid nt (-(e)s, -er) paupière f; **Lidschatten** m ombre f à paupières
lieb adj gentil(le); (artig) sage; (willkommen) agréable; (geliebt: Eltern, Frau etc) cher (chère); **jdn ~ gewinnen** se mettre à aimer qch; **jdn ~ haben** aimer qn beaucoup; **würden Sie so ~ sein und ...** auriez-vous la gentillesse de ...; **lieber Horst** (in Brief) cher Horst; **liebäugeln** vi: **mit etw ~** avoir qch en vue; **mit dem Gedanken ~** caresser l'idée
Liebe f (-, -n) amour m (zu pour); **liebebedürftig** adj: ~ sein avoir besoin d'affection; **Liebelei** f amourette f; **lieben** vt aimer; **liebenswert** adj très sympathique, adorable; **liebenswürdig** adj aimable; **liebenswürdigerweise** adv aimablement; **Liebenswürdigkeit** f amabilité f
lieber adv: ~ mögen/tun (vorzugsweise) préférer qch/faire qch; **ich gehe ~ nicht** (besser) il vaut mieux que je n'y aille pas
liebesbedürftig adj: ~ sein avoir besoin d'affection; **Liebesbrief** m lettre f

d'amour; **Liebesdienst** m faveur f; **Liebeskummer** m chagrin m d'amour; **Liebespaar** nt amoureux mpl
liebevoll adj affectueux(-euse), tendre
lieb|gewinnen sep irr vt siehe **lieb**; **lieb|haben** sep irr vt siehe **lieb**; **Liebhaber, in** m(f) (-s, -) amateur m; (einer Frau) amant m; **Liebhaberei** f violon m d'Ingres; **liebkosen** (pp **liebkost**) vt caresser, câliner
lieblich adj (entzückend) mignon(ne); (angenehm) agréable
Liebling m (von Eltern) préféré(e), chouchou(te); (von Publikum) favori(te); (Anrede) chéri(e)
Lieblings- in zW préféré(e), favori(te)
lieblos adj sans cœur; **Liebschaft** f liaison f, aventure f
Liechtenstein nt (-s) le Liechtenstein; **das Fürstentum ~** la principauté du Liechtenstein
Lied nt (-(e)s, -er) chanson f; (Kirchenlied) chant m; **Liederbuch** nt recueil m de chansons; (Rel) recueil m de chants
liederlich adj (unordentlich) négligé(e); (unmoralisch) dissolu(e)
Liedermacher, in m(f) auteur-compositeur(-trice)
lief imperf von **laufen**
Lieferant, in m(f) fournisseur(-euse)
liefern vt (Waren) livrer; (Rohstoffe) produire; (Beweis) fournir
Lieferschein m bon m de livraison; **Liefertermin** m délai m de livraison; **Lieferung** f livraison f; **Lieferwagen** m voiture f de livraison
Liege f (-, -n) divan m
liegen (lag, gelegen) vi se trouver; (waagerecht sein) être couché(e), être étendu(e); ~ **bleiben** (Mensch) rester couché(e); (Ding) être oublié(e); (Arbeit) rester en plan; ~ **lassen** (vergessen) oublier; **bei jdm ~** (fig) dépendre de qn; **schwer im Magen ~** peser sur l'estomac; **an etw** dat ~ (Ursache) tenir à qch; **mir liegt viel daran** j'y tiens beaucoup; **Sprachen ~ mir nicht** je ne suis pas doué(e) pour les langues
Liegenschaft f terrain m
Liegesitz m siège m couchette; **Liegestuhl** m chaise f longue; **Liegewagen** m wagon-couchettes m
lieh imperf von **leihen**
ließ imperf von **lassen**
Lifestyle m (-s) style m de vie
Lift m (-(e)s, -e o -s) ascenseur m; (Skilift) téléski m, remonte-pente m
Likör m (-s, -e) liqueur f
lila adj inv lilas
Lilie f lis m

Liliputaner, in m(f) (**-s, -**) nain(e)
Limo f (**-, -s**) (fam) soda m
Limonade f limonade f
lind adj doux (douce)
Linde f (**-, -n**) tilleul m
lindern vt soulager, adoucir; **Linderung** f
soulagement m
lindgrün adj vert tilleul
Lineal nt (**-s, -e**) règle f
Linguistik f linguistique f
Linie f ligne f; **Linienblatt** nt feuille f
lignée; **Linienflug** m vol m régulier;
Linienrichter, in m(f) (Sport) juge m
de touche
lini(i)eren (pp lini(i)ert) vt régler
Link m (**-s, -s**) (Inform) lien m
linke, r, s adj gauche; **~ Seite** (eines Stoffs
etc) envers m; **~ Masche** maille f à l'envers;
Linke f (**-n, -n**) (Pol) gauche f
linken vt (fam) rouler
linkisch adj gauche
links adv à gauche; (verkehrt herum)
à l'envers; (mit der linken Hand) de la
main gauche; **~ von mir** à ma gauche;
~ vom Eingang à gauche de l'entrée;
Linksaußen m (**-, -**) (Sport) ailier m
gauche; **linksbündig** adj aligné(e)
à gauche; **Linkshänder, in** m(f) (**-s, -**)
gaucher(-ère); **Linkskurve** f virage m
à gauche; **linksradikal** adj (Pol) d'extrême
gauche; **Linksverkehr** m conduite f
à gauche
Linoleum nt (**-s**) linoléum m
Linse f (**-, -n**) lentille f
Linux® nt (**-**) (Betriebssystem) Linux® m
Lippe f (**-, -n**) lèvre f; **Lippenbekenntnis**
nt engagement m purement verbal;
Lippenpflegestift m baume m pour les
lèvres; **Lippenstift** m rouge m à lèvres
liquidieren (pp liquidiert) vt liquider
lispeln vi zézayer
List f (**-, -en**) ruse f, astuce f
Liste f (**-, -n**) liste f
listig adj rusé(e), malin(-igne)
Litanei f litanie f
Litauen nt (**-s**) la Lituanie; **litauisch** adj
lituanien(ne)
Liter m o nt (**-s, -**) litre m
literarisch adj littéraire
Literatur f littérature f; **Literaturpreis** m
prix m littéraire
Litfaßsäule f colonne f Morris
Lithografie, Lithographie f
lithographie f
Litschi f (**-, -s**) litschi m
litt imperf von **leiden**
Liturgie f liturgie f; **liturgisch** adj
liturgique
Litze f (**-, -n**) cordon m; (Elec) toron m
live adv (Radio, TV) en direct

Livree f (**-, -n**) livrée f
Lizenz f licence f
Lkw, LKW m (**-(s), -s**) abk
= **Lastkraftwagen**
Lob nt (**-(e)s**) éloge m, louange f; **loben** vt
faire l'éloge de, louer; **lobenswert,**
löblich adj louable; **Lobrede** f
panégyrique m
Loch nt (**-(e)s, Löcher**) trou m; (fig) taudis
m; **lochen** vt (Papier) perforer; (Fahrkarte)
poinçonner; **Locher** m (**-s, -**) perforatrice
f; **löcherig** adj troué(e)
Locke f (**-, -n**) boucle f; **locken** vt attirer,
séduire; (Haare) boucler, friser;
Lockenwickler m (**-s, -**) bigoudi m
locker adj (wackelnd) desserré(e); (Zahn)
branlant(e); (nicht eng, nicht straff) lâche;
(Muskel) décontracté(e); (Mensch)
libertin(e); (nicht streng) relâché(e);
locker|lassen sep irr vi: **nicht ~** ne pas
céder (d'un pouce); **lockern** vt desserrer;
(fig: Vorschriften etc) assouplir
lockig adj bouclé(e)
Lockruf m cri m
Lockung f attrait m
Lockvogel m leurre m
Lodenmantel m loden m
lodern vi flamber
Löffel m (**-s, -**) cuillère f, cuiller f; **löffeln** vt
manger à la cuillère; (schöpfen) verser une
louche de; **löffelweise** adv par cuillerées
log imperf von **lügen**
Logarithmentafel f table f de
logarithmes
Logarithmus m logarithme m
Loge f (**-, -n**) loge f
Logik f logique f
Log-in nt (**-s, -s**) (Inform) identifiant m
logisch adj logique
Logo nt (**-s, -s**) logo m
Lohn m (**-(e)s, Löhne**) récompense f;
(Arbeitslohn) salaire m; **Lohnarbeit** f
main-d'œuvre f; **Lohnausfall** m perte f de
salaire; **Lohnausgleich** m réajustement
m des salaires; **Lohndumping** nt (**-s**)
dumping m salarial; **Lohnempfänger, in**
m(f) salarié(e)
lohnen vr: **sich ~** en valoir la peine;
es lohnt sich nicht, das zu tun ça ne vaut
pas la peine de faire cela; **lohnend** adj
qui en vaut la peine
Lohnforderung f revendication f
salariale; **Lohnfortzahlung** f droit au
salaire en cas de maladie;
Lohnnebenkosten pl charges f pl
annexes; **Lohnniveau** nt niveau m de
salaire; **Lohnpolitik** f politique f salariale;
Lohnsteuer f impôt m sur le revenu;
Lohnsteuerjahresausgleich m
réajustement m des impôts sur le revenu;

Lohnsteuerkarte f carte f d'impôts;
Lohnstreifen m fiche f de paie;
Lohnstückkosten pl coût m unitaire de
salaire; **Lohntüte** f enveloppe f de paie
Loipe f (-, -n) piste f de ski de fond
lokal adj local(e)
Lokal nt (-s, -e) restaurant m; (nicht
Speiselokal) café m
lokalisieren (pp **lokalisiert**) vt localiser;
Lokalisierung f localisation f
Lokomotive f locomotive f;
Lokomotivführer, in m(f)
conducteur(-trice) de locomotive
Lollo rosso m (-, -s) lollo rosso f
London nt (-s) Londres
Lorbeer m (-s, -en) laurier m;
Lorbeerblatt nt (Gastr) feuille f de laurier
Lore f (-, -n) truc(k) m
los adv: ~! en avant!, allons-y!; ~ sein
(abgetrennt) être détaché(e); was ist ~?
qu'est-ce qu'il y a?; **was ist mit ihm ~?**
qu'est-ce qu'il a?; **mit ihm ist nichts ~**
(er taugt nichts) ce n'est vraiment pas une
lumière; **dort ist nichts ~** c'est un endroit
mort; **jdn/etw ~ sein** être débarrassé(e)
de qn/de qch
Los nt (-es, -e) (Schicksal) sort m, destin m;
(Lotterielos) billet m de loterie
los|binden sep irr vt détacher
löschen vt (Feuer, Licht) éteindre; (Durst)
étancher; (Tonband: Inform) effacer;
(Speicher) remettre à zéro; (Eintragung)
supprimer; (Fracht) décharger ■ vi
(Feuerwehr) éteindre le feu; (Papier) sécher;
Löschfahrzeug nt voiture f de pompiers;
Löschgerät nt extincteur m;
Löschpapier nt buvard m; **Löschtaste** f
(Inform) touche f Suppression; **Löschung** f
(von Eintragung) suppression f; (von Fracht)
déchargement m
lose adj (locker) lâche; (Schraube)
desserré(e); (Blätter) volant(e); (nicht
verpackt) en vrac; (einzeln) à l'unité;
(moralisch) sans principes
Lösegeld nt rançon f
losen vi tirer au sort (um etw qch)
lösen vt (aufmachen) défaire; (Rätsel etc)
résoudre; (Partnerschaft) rompre; (Chem)
dissoudre; (Fahrkarte) acheter ■ vr: **sich ~**
(aufgehen) se séparer; (Zucker etc) se
dissoudre; (Problem, Schwierigkeit)
se résoudre
los|fahren sep irr vi aux sein (Fahrzeug)
démarrer, partir, **los|gehen** sep irr vi aux
sein (aufbrechen) s'en aller, partir;
(anfangen) commencer; (Bombe) exploser;
auf jdn ~ se jeter sur qn; **los|haben** sep vt:
etwas ~ (fam) connaître un rayon;
los|kaufen sep vt racheter; **los|kommen**
sep irr vi aux sein; **von jdm/etw ~** arriver à

se détacher de qn/se passer de qch;
los|lassen sep vt lâcher; **los|legen** sep
vi (fam) démarrer
löslich adj soluble
los|machen sep vt détacher; (Boot)
démarrer; **los|sagen** sep vr: **sich von**
jdm/etw ~ rompre avec qn/qch
Losung f mot m d'ordre; (Kennwort) mot m
de passe
Lösung f solution f; (der Verlobung) rupture
f; **Lösungsmittel** nt (dis)solvant m
los|werden sep irr vt aux sein se débarrasser
de; (verkaufen) écouler
Lot nt (-(e)s, -e) (Blei) plomb m; (Senkblei)
fil m à plomb; (Senkrechte) perpendiculaire
f; **im ~** (senkrecht) à plomb; (fig: in Ordnung)
en ordre
löten vt souder
Lothringen nt (-s) la Lorraine
Lötkolben m fer m à souder
Lotse m (-n, -n) (Naut) pilote m; (Aviat)
aiguilleur m du ciel; **lotsen** vt piloter,
diriger; (fam) traîner
Lotterie f loterie f
Lotto nt (-s) loto m; **Lottozahlen** pl
numéros mpl du loto; (Gewinnzahlen)
numéros mpl gagnants
Löwe m (-n, -n) lion m; (Astr) Lion m;
Manfred ist (ein) ~ Manfred est Lion;
Löwenanteil m part f du lion;
Löwenmaul nt, **Löwenmäulchen** nt
gueule-de-loup f; **Löwenzahn** m (Bot)
pissenlit m; **Löwin** f lionne f
loyal adj loyal(e); **Loyalität** f loyauté f
LP f (-, -s) abk = **Langspielplatte** 33-tours m
Luchs m (-es, -e) lynx m
Lücke f (-, -n) trou m; (Mangel; in Text)
lacune f; **Lückenbüßer, in** m(f) (-s, -)
bouche-trou m; **lückenhaft** adj (Wissen,
Beweise) incomplet(-ète); (Versorgung)
intermittent(e); **lückenlos** adj complet(-
ète)
lud imperf von **laden**
Luder nt (-s, -) (pej: Mann) ordure f; (pej:
Frau) garce f
Luft f (-, Lüfte) air m; (Atem) souffle m;
in die ~ sprengen faire sauter; **in die ~**
gehen (explodieren) sauter; **in der ~ liegen**
être dans l'air; **jdn wie ~ behandeln**
ignorer qn; **dicke ~** (fam) de l'orage dans
l'air; **Luftangriff** m attaque f aérienne;
Luftballon m ballon m; **Luftblase** f bulle
f d'air; **Luftbrücke** f pont m aérien;
luftdicht adj hermétique; **Luftdruck** m
pression f atmosphérique
lüften vt (Kleidung, Zimmer) aérer; (Hut)
soulever; (Geheimnis) éventer; (Schleier)
lever ■ vi aérer
Luftfahrt f aviation f; **luftgekühlt** adj
à refroidi(e); **luftig** adj (Ort) aéré(e),

frais (fraîche); (Kleider) léger(-ère);
Luftkissenfahrzeug nt aéroglisseur m;
Luftkurort m station f climatique;
luftleer adj: luftleerer Raum vide m;
Luftlinie f: in der ~ à vol d'oiseau;
Luftloch nt trou m d'air; **Luftmatratze** f
matelas m pneumatique; **Luftpirat, in**
m(f) pirate mf de l'air; **Luftpost** f poste f
aérienne; **Luftreinhaltung** f
préservation f de la qualité de l'air;
Luftrettungsdienst m service m
de secours héliporté; **Luftröhre** f
trachée(-artère) f; **Luftschadstoffe** pl
polluants mpl atmosphériques;
Luftschlange f serpentin m;
Luftschutz m défence f antiaérienne;
Luftschutzkeller m abri m antiaérien;
Luftsprung m galipette f; **einen ~
machen** (fig) sauter de joie
Lüftung f aération f
Luftverkehr m trafic m aérien;
Luftverschmutzung f pollution f
atmosphérique; **Luftwaffe** f armée f
de l'air; **Luftzug** m courant m d'air
Lüge f(-, -n) mensonge m; **jdn/etw Lügen
strafen** démentir qn/qch; **lügen (log,
gelogen)** vi mentir; **Lügner, in** m(f) (-s, -)
menteur(-euse)
Luke f(-, -n) lucarne f
lukrativ adj lucratif(-ive)
Lümmel m (-s, -) malotru m; **lümmeln**
vr: **sich ~** (pej: fam) se prélasser
Lump m (-en, -en) vaurien m
lumpen vi: sich nicht ~ lassen faire les
choses comme il faut
Lumpen m (-s, -) chiffon m
lumpig adj (gemein) ignoble; (wenig)
minable; **lumpige 10 Euro** seulement
10 euros
Lunchpaket nt panier-repas m
Lunge f(-, -n) poumon m; **eiserne ~**
poumon m d'acier; **Lungenbraten** m (A)
rôti m d'aloyau; **Lungenentzündung** f
pneumonie f; **lungenkrank** adj malade
des poumons; **Lungenkrebs** m cancer m
du poumon
lungern vi traîner
Lunte f(-, -n) mèche f; ~ **riechen** (fam)
flairer quelque chose
Lupe f(-, -n) loupe f; **unter die ~ nehmen**
(fig) examiner de très près
Lupine f lupin m
Lust f(-, **Lüste**) (Freude) plaisir m, joie f;
(Begierde) désir m; (Neigung) désir m,
envie f; ~ **haben auf** +akk avoir envie de
Lüsterklemme f barrette f de dominos
lüstern adj lascif(-ive), lubrique
Lustgefühl nt plaisir m
lustig adj (komisch) drôle; (fröhlich)
joyeux(-euse), gai(e)

Lüstling m obsédé m sexuel
lustlos adj sans entrain; **Lustspiel** nt
comédie f
lutherisch adj luthérien(ne)
lutschen vt, vi sucer; **am Daumen ~** sucer
son pouce; **Lutscher** m (-s, -) sucette f
Luxemburg nt (-s) le Luxembourg;
luxemburgisch adj luxembourgeois(e)
luxuriös adj luxueux(-euse); **Luxus** m (-)
luxe m; **Luxusartikel** m article m de luxe;
Luxussteuer f taxe f de luxe
Luzern nt (-s) (Stadt und Kanton) Lucerne
Lymphe f(-, -n) lymphe f
lynchen vt lyncher
Lyrik f poésie f lyrique; **Lyriker, in** m(f)
(-s, -) poète m (lyrique); **lyrisch** adj
lyrique

M, m *nt* (**-, -**) M, m *m*

MaastrichterVertrag *m* traité *m* de Maastricht

Machart *f* (*von Kleid etc*) façon *f*; **machbar** *adj* (*Muster*) faisable; (*Plan*) réalisable

Mache *f* (**-**) (*fam. Vortäuschung*) frime *f*; **etw in der ~ haben** travailler à qch

machen *vt* faire; (*fam: reparieren*) réparer; (*mit Adjektiv*) rendre; **jdn eifersüchtig ~** rendre qn jaloux(-ouse); **das macht nichts** ça ne fait rien; **mach's gut!** bon courage! ◼ *vr*: **sich ~** aller mieux; (*passen*) aller (bien); **sich an etw** *akk* **~** se mettre à qch; **Machenschaften** *pl* intrigues *fpl*; **Macher, in** *m(f)* (**-s, -**) (*fam*) battant *m*

Macho *m* (**-s, -s**) macho *m*

Macht *f* (**-, Mächte**) pouvoir *m*; **Machthaber, in** *m(f)* (**-s, -**) homme (femme) au pouvoir

mächtig *adj* puissant(e); (*Gebäude*) massif(-ive)

machtlos *adj* impuissant(e); (*hilflos*) désarmé(e); **Machtprobe** *f* épreuve *f* de force; **Machtwort** *nt*: **ein ~ sprechen** faire acte d'autorité

Machwerk *nt* (*schlechte Arbeit*) travail *m* bâclé

Madagaskar *nt* (**-s**) (l'île *f* de) Madagascar

Mädchen *nt* jeune fille *f*; (*Kind*) fille *f*; **mädchenhaft** *adj* de petite fille; **Mädchenname** *m* nom *m* de jeune fille

Made *f* (**-, -n**) asticot *m*, ver *m*; **madig** *adj* (*Holz*) vermoulu(e); (*Obst*) véreux(-euse); **madig|machen** *sep vt*: **jdm etw ~** (*fam*) gâcher qch à qn

Mafia *f* (**-**) maf(f)ia *f*

Mafioso *m* (**-s, Mafiosi**) mafioso *m*

Magazin *nt* (**-s, -e**) (*Zeitschrift*) magazine *m*, revue *f*; (*Mil*) magasin *m*; (*einer Pistole*) chargeur *m*

Magd *f* (**-, Mägde**) servante *f*

Magdeburg *nt* (**-s**) Magdebourg

Magen *m* (**-s, -** *o* **Mägen**) estomac *m*; **Magengeschwür** *nt* ulcère *m* à l'estomac; **Magenschmerzen** *pl* maux *mpl* d'estomac

mager *adj* maigre; **Magerkeit** *f* maigreur *f*; **Magersucht** *f* anorexie *f*; **magersüchtig** *adj* anorexique

Magie *f* magie *f*; **Magier, in** *m(f)* (**-s, -**) magicien(ne); **magisch** *adj* magique

Magnet *m* (**-(e)s** *o* **-en, -e(n)**) aimant *m*; **Magnetband** *nt* (*pl* **Magnetbänder**) bande *f* magnétique; **magnetisch** *adj* magnétique; **magnetisieren** (*pp* **magnetisiert**) *vt* aimanter; **Magnetkarte** *f* carte *f* à puce [*o* à mémoire]; **Magnetnadel** *f* aiguille *f* aimantée; **Magnetstreifen** *m* piste *f* magnétique

Mahagoni *nt* (**-s**) acajou *m*

Mähdrescher *m* (**-s, -**) moissonneuse-batteuse *f*

mähen *vt* (*Rasen*) tondre; (*Gras*) faucher

Mahl *nt* (**-(e)s, -e**) repas *m*

mahlen (**mahlte, gemahlen**) *vt* moudre

Mahlzeit *f* repas *m*; **~!** (*fam*) bon appétit!

Mahnbescheid *m* lettre *f* de rappel; **Mahnbrief** *m* lettre *f* de rappel *m*

Mähne *f* (**-, -n**) crinière *f*

mahnen *vt* (*auffordern*) exhorter (*zu* à); **jdn wegen Schulden ~** mettre qn en demeure (de payer); **Mahnung** *f* exhortation *f*; (*mahnende Worte*) avertissement *m*; (*wegen Schulden*) mise *f* en demeure; (*Mahnbrief*) lettre *f* de rappel

Mai *m* (**-(e)s, -e**) mai *m*; **im ~** en mai; **24. ~ 2008** le 24 mai 2008; **am 24. ~** le 24 mai; **Maiglöckchen** *nt* muguet *m*; **Maikäfer** *m* hanneton *m*

Mail *f* (**-, -s**) (*Inform*) courrier *m* électronique, e-mail *m*; **Mailadresse** *f* adresse *f* de messagerie; **Mailbox** *f* (**-, -en**) boîte *f* aux lettres; **mailen** *vi* envoyer des e-mails ◼ *vt* envoyer par e-mail

Mailing *nt* (**-s, -s**) mailing *m*, publipostage *m*

Mailprogramm nt logiciel m de courrier
électronique; **Mailserver** m serveur m
de courrier; **Mailsystem** nt messagerie f
Main m (-s) Main m
Mainz nt (-) Mayence
Mais m (-es, -e) maïs m; **Maiskolben** m
épi m de maïs; **Maisstärke** f farine f
de maïs
Majestät f majesté f; **majestätisch** adj
majestueux(-euse)
Majo f siehe **Mayo**
Majonäse f siehe **Mayonnaise**
Majoran m (-s, -e) marjolaine f
makaber adj macabre
Makel m (-s, -) (von Material) défaut m;
(Fleck) tache f; **makellos** adj sans défaut;
sans tache; (Sauberkeit) parfait(e);
(Vergangenheit) irréprochable
mäkeln vi trouver à redire (an +dat à)
Make-up nt (-s, -s) maquillage m
Makkaroni pl macaronis mpl
Makler, in m(f) (-s, -) courtier(-ière); (Fin)
agent m de change
Makrele f (-, -n) maquereau m
Makro nt (-s, -s) macro f
makrobiotisch adj macrobiotique
Makrone f (-, -n) macaron m
mal adv (Math) fois; (fam) kontr von **einmal**
Mal nt (-(e)s, -e) (Zeichen) marque f;
(Zeitpunkt) fois f
Malaria f (-) paludisme m
Malawi nt (-s) le Malawi
Malaysia nt (-s) la Malaisie
Malediven pl: **die ~** les Maldives fpl
malen vt, vi peindre; **Maler, in** m(f) (-s, -)
peintre m; **Malerei** f peinture f;
malerisch adj pittoresque
Mali nt (-s) le Mali
Malkasten m boîte f de couleurs
Mallorca nt (-s) (l'île f de) Majorque
mal|nehmen sep irr vt, vi multiplier (mit par)
Malta nt (-s) (l'île f de) Malte; **maltesisch**
adj maltais(e)
Malz nt (-es) malt m; **Malzkaffee** m café m
de malt
Mama f (-, -s), **Mami** f (-, -s) (fam)
maman f
Mammut nt (-s, -e o -s) mammouth m
man pron on
Management nt (-s, -s) management m;
(Führungskräfte) direction f; **managen** vt
gérer; (Star) gérer les intérêts de; (Sportler)
manager; **ich werde es schon ~** je vais
arriver; **Manager, in** m(f) (-s, -)
manager mf
manche, r, s adj certain(e); (pl) quelques,
plusieurs ▪ pron maint(e), plus d'un(e);
mancherlei adj inv toutes sortes de
▪ pron toutes sortes de choses;
manchmal adv quelquefois, parfois

Mandant, in m(f) mandant(e), client(e)
Mandarine f mandarine f
Mandat nt mandat m
Mandatar, in m(f) (-s, -e) (A: Abgeordnete)
député(e)
Mandel f (-, -n) amande f; (Med) amygdale
f; **Mandelentzündung** f amygdalite f
Manege f (-, -n) (Reitbahn) manège m;
(im Zirkus) piste f
Mangel m (-s, Mängel) (Knappheit)
manque m (an +dat de); (Fehler) défaut m
▪ f (-, -n) (Wäschemangel) calandre f;
Mangelerscheinung f symptôme m de
carence; **mangelhaft** adj (ungenügend)
médiocre; (fehlerhaft) défectueux(-euse);
mangeln vi unpers: **es mangelt ihm an
etw** dat il lui manque qch ▪ vt (Wäsche)
calandrer; **mangels** präp +gen faute de
Mango f (-, -s) mangue f
Manie f obsession f
Manier f (-, -en) manière f; (fig) affectation
f; **Manieren** pl manières fpl; **manierlich**
adj convenable; **manierliches Benehmen**
bonnes manières fpl
Manifest nt (-es, -e) manifeste m
Maniküre f (-, -n) manucure f; **maniküren**
(pp **manikürt**) vt faire les mains de
manipulieren (pp **manipuliert**) vt
manipuler
Manko nt (-s, -s) manque m; (Com) déficit m
Mann m (-(e)s, Männer) homme m;
(Ehemann) mari m; **seinen ~ stehen** être
à la hauteur (de la situation)
Männchen nt petit homme m; (Zwerg)
nain m; (Tier) mâle m
Mannequin nt (-s, -s) mannequin m
männerlastig adj où les hommes sont
en surnombre
mannigfaltig adj (Erlebnisse) divers(e);
(Eindrücke) varié(e)
männlich adj (Bio) mâle; (Ling: fig)
masculin(e)
Mannschaft f (Sport: fig) équipe f; (Naut,
Aviat) équipage m; (Mil) troupe f
Mannweib nt (pej) virago f, femme f très
masculine
Manöver nt (-s, -) manœuvre f;
manövrieren (pp **manövriert**) vt, vi
manœuvrer
Mansarde f (-, -n) mansarde f
Manschette f manchette f;
Manschettenknopf m bouton m de
manchette
Mantel m (-s, Mäntel) manteau m; (Tech)
revêtement m
Manuskript nt (-(e)s, -e) manuscrit m
Mappe f (-, -n) serviette f; (Aktenmappe)
chemise f, classeur m
Maracuja f (-, -s) maracuja m, fruit m
de la passion

Märchen nt (-s, -) conte m; (Lüge) histoires fpl; **märchenhaft** adj féerique; (Tag) fantastique; **Märchenprinz** m prince m charmant; **Märchenprinzessin** f: **seine ~ la femme de ses rêves**

Marder m (-s, -) martre f

Margarine f margarine f

Marienkäfer m coccinelle f

Marihuana nt (-s) marijuana f

Marille f (-, -n) (A) abricot m

Marine f marine f; **marineblau** adj bleu marine

marinieren (pp **mariniert**) vt mariner

Marionette f marionnette f

Mark f (-, -) (Hist: Münze) mark m ■ nt (-(e)s) (Knochenmark) moelle f; **jdm durch ~ und Bein gehen** transpercer qn

markant adj (Gesicht, Erscheinung) marquant(e); (Stil) caractéristique

Marke f (-, -n) (Fabrikat) marque f; (Rabattmarke, Briefmarke) timbre m; (Essensmarke) ticket m; (aus Metall etc) plaque f; (Spielmarke, Garderobenmarke) jeton m; **Markenname** m nom m de marque

Marker m (-s, -) marqueur m

Marketing nt (-(s)) marketing m, mercatique f

markieren (pp **markiert**) vt marquer (mit de); (Inform) sélectionner; (fam) faire, jouer ■ vi (fam: sich verstellen) faire semblant; **Markierung** f marque f

markig adj (Mensch) énergique; (Stil, Worte) vigoureux(-euse)

Markise f (-, -n) store m

Markt m (-(e)s, **Märkte**) marché m; **Marktanteil** m part f de marché; **Marktchancen** pl chances fpl du marché; **Markterfolg** m succès m commercial; **Marktforschung** f étude f de marché; **Marktplatz** m place f du marché; **Marktstudie** f étude f de marché; **Markttrend** m tendance f du marché; **Marktwirtschaft** f économie f de marché; **marktwirtschaftlich** adj fondé(e) sur l'économie de marché

Marmelade f confiture f

Marmor m (-s, -e) marbre m; **marmorieren** (pp **marmoriert**) vt marbrer

marode adj (fam) en difficulté; **etw ist ~** qch est en piteux état

Marokkaner, in m(f) (-s, -) Marocain(e); **marokkanisch** adj marocain(e)

Marokko nt (-s) le Maroc

Marone f (-, -n o **Maroni**) marron m

Marotte f (-, -n) marotte f

marsch interj marche

Marsch m (-(e)s, **Märsche**) marche f; **Marschbefehl** m ordre m de marche;

marschbereit adj prêt(e) à partir; **Marschflugkörper** m missile m de croisière; **marschieren** (pp **marschiert**) vi aux sein marcher; (Mil) marcher au pas

Martinique nt (-s) la Martinique

Märtyrer, in m(f) (-s, -) martyr(e)

März m (-(es), -e) mars m; **im ~** en mars; **16. ~ 2011** le 16 mars 2011; **am 16. ~** le 16 mars

Marzipan nt (-s, -e) massepain m

Masche f (-, -n) maille f; **das ist die neuste ~** (fam) c'est une nouvelle combine; **Maschendraht** m treillis m métallique

Maschine f machine f; **~ schreiben** taper (à la machine)

maschinell adj mécanique, à la machine

Maschinenbau m construction f mécanique; **Maschinenbauer, in** m(f) (-s, -) ingénieur mécanicien(ne); **Maschinengewehr** nt mitrailleuse f; **maschinenlesbar** adj (Inform) lisible informatiquement; **Maschinenpistole** f mitraillette f; **Maschinenraum** m salle f des machines; (Naut) machinerie f; **Maschinenschaden** m panne f; **Maschinenschlosser, in** m(f) ajusteur(-euse)-mécanicien(ne); **Maschinenschrift** f dactylographie f; **maschine|schreiben** sep irr vi siehe **Maschine**

Maschinist, in m(f) mécanicien(ne)

Maser f (-, -n) (von Holz) veine f

Masern pl (Med) rougeole f

Maserung f veinure f

Maske f (-, -n) (a. Inform) masque m; **Maskenball** m bal m masqué; **Maskerade** f déguisement m; **maskieren** (pp **maskiert**) vt (verkleiden) déguiser; (fig) masquer ■ vr: **sich ~ se déguiser**

Maskulinum nt (-s, **Maskulina**) (Ling) masculin m

Masochismus m masochisme m

maß imperf von **messen**

Maß nt (-es, -e) mesure f; **Maß halten** garder la mesure, se modérer ■ f (-, -(e)) litre m de bière

Massage f (-, -n) massage m

Maßanzug m complet m sur mesure; **Maßarbeit** f (fig) travail m impeccable

Masse f (-, -n) masse f; **Massenarbeitslosigkeit** f chômage m de masse; **Massenartikel** m article m fabriqué en série; **Massengrab** nt fosse f commune; **massenhaft** adj en masse; **Massenkarambolage** f carambolage m monstre; **Massenmedien** pl mass media mpl; **Massentierhaltung** f élevage m en batterie; **Massenvernichtungswaffen** pl armes fpl de destruction massive

Masseur, in *m(f)* masseur(-euse);
Masseuse *f* (*in Eroscenter etc*) masseuse *f*
maßgebend *adj* qui fait autorité;
maßgeblich *adj* prépondérant(e); **~ an**
etw *dat* **beteiligt sein** jouer un rôle
prépondérant dans qch;
maßgeschneidert *adj* fait(e) sur mesure;
(*fig*) cousu(e) main; **maß|halten** *sep irr vi*
siehe **Maß**
massieren (*pp* **massiert**) *vt* masser
massig *adj* massif(-ive); **■** *adv* (*fam*)
en masse
mäßig *adj* (*Preise*) raisonnable;
(*mittelmäßig*) médiocre; (*Qualität*)
moyen(ne) **■** *adv* (*essen, trinken*) avec
modération; **mäßigen** *vt* modérer
■ *vr*: **sich ~** se modérer, se retenir;
Mäßigkeit *f* modération *f*;
(*Mittelmäßigkeit*) médiocrité *f*
massiv *adj* massif(-ive); (*fig: Beleidigung*)
grossier(-ière)
Massiv *nt* (**-s, -e**) massif *m*
Maßkrug *m* chope *f*; **maßlos** *adj* (*Essen,
Trinken*) sans mesure; (*Enttäuschung etc*)
immense; **Maßnahme** *f* (**-, -n**) mesure *f*,
disposition *f*; **Maßstab** *m* règle *f*; (*fig*)
norme *f*, critère *m*; (*Geo*) échelle *f*;
maßvoll *adj* mesuré(e), modéré(e)
Mast *m* (**-(e)s, -e(n)**) mât *m*; (*Elec*)
pylône *m*
mästen *vt* (*Tier*) gaver
Matchsack *m* sac *m* (de) marin
Material *nt* (**-s, -ien**) matériaux *mpl*,
matériel *m*; **Materialermüdung** *f*
fatigue *f* du matériau; **Materialfehler** *m*
défaut *m* du matériau
Materialismus *m* matérialisme *m*;
Materialist, in *m(f)* matérialiste *mf*;
materialistisch *adj* matérialiste
Materie *f* matière *f*
materiell *adj* (*Werte*) matériel(le);
(*Denken*) matérialiste
Mathematik *f* mathématiques *fpl*;
Mathematiker, in *m(f)* (**-s, -**)
mathématicien(ne); **mathematisch** *adj*
mathématique
Matjeshering *m* (jeune) hareng *m*
Matratze *f* (**-, -n**) matelas *m*
Matrixdrucker *m* imprimante *f* matricielle
Matrose *m* (**-n, -n**) matelot *m*
Matsch *m* (**-(e)s**) boue *f*; (*Schneematsch*)
neige *f* fondue; **matschig** *adj* boueux(-
euse); (*Schnee*) fondu(e); (*Obst*) blet(te)
matt *adj* las(se); (*Lächeln*) faible; (*Metall:
Foto*) mat(e); (*Schimmer*) terne; (*im Schach*)
mat
Matte *f* (**-, -n**) natte *f*; (*Fußmatte*)
paillasson *m*; (*Turnmatte*) tapis *m*;
auf der ~ stehen (*fam*) être à pied d'œuvre
Matterhorn *nt* mont *m* Cervin

Mattscheibe *f* (*TV*) écran *m*; **~ haben**
(*fam*) avoir un trou
Matura *f* (**-**) (*A, CH*) *siehe* **Abitur**
maturieren (*pp* **maturiert**) *vi* (*A, CH: das
Abitur machen*) passer le bac
Mauer *f* (**-, -n**) mur *m*; **mauern** *vt*
maçonner, construire **■** *vi* faire de la
maçonnerie; (*fig*) bétonner; **Mauerwerk**
nt murs *mpl*; (*aus Stein*) maçonnerie *f*
Maul *nt* (**-(e)s, Mäuler**) gueule *f*; **maulen**
vi (*fam*) râler; **Maulesel** *m* mulet *m*, mule
f; **Maulkorb** *m* muselière *f*; **Maultier** *nt*
mulet *m*, mule *f*; **Maul- und
Klauenseuche** *f* fièvre *f* aphteuse;
Maulwurf *m* (**-(e)s, Maulwürfe**) taupe *f*;
Maulwurfshaufen *m* taupinière *f*
Maurer, in *m(f)* (**-s, -**) maçon *m*
Mauretanien *nt* (**-s**) la Mauritanie
Mauritius *nt* (**-**) l'île *f* Maurice
Maus *f* (**-, Mäuse**) (*a. Inform*) souris *f*;
mäuschenstill *adj*: **~ sein** (*Mensch*) ne
pas piper mot; **es ist ~** on entendrait une
mouche voler; **Mausefalle** *f* souricière *f*
mausern *vr*: **sich ~** (*Vogel*) muer; (*fig*)
se métamorphoser
mausetot *adj* (*fam*) raide mort(e)
Mausklick *m* clic *m* sur la souris;
Mausmatte *f*, **Mauspad** *nt* (**-s, -s**) tapis
m souris; **Mausspur** *f* traces *fpl* de souris;
Maustaste *f* bouton *m* de la souris;
Mauszeiger *m* flèche *f* (de souris)
Maut *f* (**-, -en**) péage *m*
maximal *adj* maximum
Maxime *f* (**-, -n**) maxime *f*
maximieren (*pp* **maximiert**) *vt* (*Gewinne*;
Inform) maximiser
Maxisingle *f* maxi quarante-cinq tours *m*
Mayo *f* (**-, -s**) (*fam*) mayonnaise *f*
Mayonnaise *f* (**-, -n**) mayonnaise *f*
Mazedonien *nt* (**-s**) la Macédoine;
Mazedonier, in *m(f)* (**-s, -**)
Macédonien(ne); **mazedonisch** *adj*
macédonien
MB *nt* (**-, -**), **Mbyte** *nt* (**-, -**) *abk*
= **Megabyte** Mo *m*
Mechanik *f* mécanique *f*; (*Getriebe*)
mécanisme *m*; **Mechaniker, in** *m(f)* (**-s, -**)
mécanicien(ne); **mechanisch** *adj*
mécanique
Mechanismus *m* mécanisme *m*
meckern *vi* (*Ziege*) chevroter; (*fam*) râler
Mecklenburg-Vorpommern *nt* (**-s**) le
Mecklembourg-Poméranie occidentale
Medaille *f* (**-, -n**) médaille *f*
Medaillon *nt* (**-s, -s**) médaillon *m*
Medien *pl* (**-**) médias *mpl*;
Mediengesellschaft *f* société *f*
médiatique; **Mediengetümmel** *nt*
cacophonie *f* des médias;
medienwirksam *adj* médiatique

Medikament nt médicament m
Meditation f méditation f; **meditieren**
  (pp **meditiert**) vi méditer (über +akk sur)
Medizin f(-, -en) remède m; (Wissenschaft)
  médecine f; **medizinisch** adj médical(e)
Meer nt (-(e)s, -e) mer f; **Meerbusen** m
  golfe m; **Meerenge** f détroit m;
  Meeresspiegel m niveau m de la mer;
  Meerrettich m raifort m;
  Meerschweinchen nt cobaye m
Mega- in ZW méga; **Megabyte** nt
  mégaoctet m; **Megafon** nt (-s, -e)
  mégaphone m; **Megahertz** nt
  mégahertz m; **mega-out** adj (sl) méga
  out; **Megaphon** siehe **Megafon**;
  Megastar m superstar f
Mehl nt (-(e)s, -e) farine f; **mehlig** adj
  (Hände) couvert(e) de farine; (Obst,
  Kartoffeln) farineux(-euse); **Mehlspeise** f
  (A) entremets m sucré; (Kuchen) gâteau m
mehr pron plus de ✱ adv plus;
  Mehraufwand m dépenses fpl
  supplémentaires; **Mehrbereichsöl** nt
  (Auto) huile f multigrade; **mehrdeutig** adj
  (Wort) ambigu(ë)
mehrere pron plusieurs; **mehreres** pron
  plusieurs choses
mehrfach adj (Ausfertigung) multiple;
  (Hinsicht) divers(e); (wiederholt) réitéré(e);
  Mehrfamilienhaus nt petit immeuble m;
  Mehrheit f majorité f; **mehrmalig** adj
  répété(e), réitéré(e); **mehrmals** adv à
  plusieurs reprises; **mehrplatzfähig** adj
  (Inform) multiposte; **Mehrplatzlizenz** f
  licence f d'exploitation pour plusieurs
  utilisateurs; **Mehrplatzrechner** m
  (Inform) système m multiposte;
mehrsprachig adj plurilingue; (Mensch)
  polyglotte; **mehrstimmig** adj à plusieurs
  voix; **Mehrwegflasche** f bouteille f
  consignée; **Mehrweggeschirr** nt
  vaisselle f réutilisable;
  Mehrwegverpackung f emballage m
  consigné; **Mehrwertsteuer** f taxe f
  sur la valeur ajoutée, T.V.A. f
Mehrzahl f majorité f; (Ling) pluriel m
Mehrzweck- in ZW multiusage;
  (Mehrzweckhalle) polyvalent(e)
meiden (**mied, gemieden**) vt éviter
Meile f (-, -n) mille m; **Meilenstein** m
  borne f; (fig) tournant m; **meilenweit** adv
  très loin
mein pron (adjektivisch) mon (ma); (pl)
  mes; **meine, r, s** pron (substantivisch)
  le mien (la mienne); (pl) les miens (les
  miennes)
Meineid m parjure m
meinen vt (sich beziehen auf) penser;
  (sagen) dire; (sagen wollen) vouloir dire;
  das will ich ~ je pense bien

meiner pron gen von **ich** de moi;
  meinerseits adv de mon côté;
  meinesgleichen pron des gens comme
  moi; **meinetwegen** adj (für mich) pour
  moi; (wegen mir) à cause de moi; (von mir
  aus) en ce qui me concerne
Meinung f opinion f; **jdm die ~ sagen**
  dire ses quatre vérités à qn;
  Meinungsaustausch m échange m
  de vues; **Meinungsforschung** f
  sondages mpl d'opinion;
  Meinungsfreiheit f liberté f d'opinion;
  Meinungsumfrage f sondage m
  d'opinion; **Meinungsverschiedenheit** f
  divergence f d'opinions
Meise f (-, -n) mésange f
Meißel m (-s, -) ciseau m; **meißeln** vt
  ciseler
meist adv la plupart du temps,
  généralement; **meiste, r, s** pron la
  plupart de, **meistens** adv la plupart du
  temps, généralement
Meister, in m(f) (-s, -) maître m; (Sport)
  champion(ne); **meisterhaft** adj (Arbeit)
  parfait(e); (Können) magistral(e);
meistern vt maîtriser; **sein Leben ~** se
  débrouiller dans la vie; **Meisterschaft** f
  maîtrise f; (Sport) championnat m;
  Meisterstück nt, **Meisterwerk** nt
  chef-d'œuvre m
Melanch lie f mélancolie f;
  melancholisch adj mélancolique
Melanom nt (-s, -e) mélanome m
Melanzani pl (A) aubergine f
Meldefrist f délai m de déclaration de
  changement de domicile
melden vt (anzeigen) annoncer,
  déclarer; (Gerät) signaler ✱ vr: **sich ~**
  se présenter (bei chez); (Bescheid geben)
  donner signe de vie; (Sch) lever le doigt;
  (freiwillig) se porter volontaire;
  (Mil) s'engager; (am Telefon) répondre;
  sich zu Wort ~ demander la parole;
  Meldepflicht f (bei Meldeamt) obligation f
  de déclarer tout changement de domicile
  au service compétent; (von Krankheit)
  déclaration f obligatoire; **Meldestelle** f
  bureau m; **Meldung** f annonce f;
  (Bericht) information f; (Inform)
  message m
meliert adj (Haar) grisonnant(e); (Wolle)
  moucheté(e)
melken (**melkte** o **molk, gemolken**) vt
  traire
Melodie f mélodie f
melodisch adj mélodieux(-euse)
Melone f (-, -n) (Honigmelone) melon m;
  (Wassermelone) pastèque f; (Hut) (chapeau
  m) melon m
Membran, e f (-, -en) membrane f

Memoiren pl mémoires mpl
Menge f(-, -n) quantité f; (Menschenmenge) foule f; (große Anzahl) beaucoup de, un tas de
mengen vt (Zutaten) mélanger ■ vr: **sich in etw** akk ~ (fam) se mêler de qch, **sich unter eine Gruppe** ~ se mêler à un groupe
Mengenlehre f (Math) théorie f des ensembles; **Mengenrabatt** m remise f sur la quantité
Menorca nt (-s) (l'île f de) Minorque
Mensa f(-, -s o Mensen) restaurant m universitaire, resto U m
Mensch m (-en, -en) homme m, être m (humain); **kein** ~ personne ■ nt (-(e)s, -er) (fam) garce f; **Menschenalter** nt durée f d'une vie humaine; **Menschenfeind, in** m(f) misanthrope mf; **menschenfreundlich** adj bienveillant(e); **Menschenkenner, in** m(f) fin(e) psychologue; **Menschenkette** f chaîne f humaine; **Menschenliebe** f amour m du prochain; **menschenmöglich** adj humainement possible; **das Menschenmögliche** tout ce qui est humainement possible; **Menschenrechte** pl droits mpl de l'homme; **Menschenrechtsbeauftragte, r** mf délégué(e) aux droits de l'homme; **Menschenrechtsverletzung** f violation f des droits de l'homme; **menschenscheu** adj farouche; **menschenunwürdig** adj dégradant(e); **menschenverachtend** adj méprisant(e) pour le genre humain; **Menschenverstand** m: **gesunder** ~ bon sens m; **Menschheit** f humanité f; **menschlich** adj humain(e); **Menschlichkeit** f humanité f
Menstruation f règles fpl
mental adj psychologique ■ adv psychologiquement
Mentalität f mentalité f
Menü nt (-s, -s) (a. Inform) menu m; **Menüanzeige** f (Inform) affichage m de menus; **Menübefehl** m (Inform) commande f de menu; **menügesteuert** adj (Inform) dirigé(e) [o piloté(e)] par menu; **Menüleiste** f, **Menüzeile** f barre f de menu
Merchandising nt (-s) merchandisage m
merci interj (CH) merci
Merkblatt nt notice f
merken vt remarquer; **sich** dat **etw** ~ retenir qch
merklich adj visible
Merkmal nt (-s, -e) signe m, marque f
merkwürdig adj curieux(-euse), bizarre
messbar adj mesurable; **Messbecher** m mesure f; **Messbuch** nt missel m

Messe f(-, -n) (Schau) foire f; (Rel) messe f; (Mil) mess m; **Messegelände** nt parc m des expositions
messen (maß, gemessen) vt mesurer ■ vr: **sich mit jdm/etw** ~ se mesurer à [o avec] qn/qch
Messer nt (-s, -) couteau m; **Messerspitze** f pointe f du couteau; (in Rezept) pointe f de couteau
Messestand m stand m
Messgerät nt appareil m de mesure; **Messgewand** nt chasuble f
Messing nt (-s) laiton m
Metall nt (-s, -e) métal m; **metallen, metallisch** adj, adj métallique
Metaphysik f métaphysique f
Metastase f(-, -n) (Med) métastase f
Meteor m (-s, -e) météore m
Meter m o nt (-s, -) mètre m; **Metermaß** nt mètre m
Methadon nt (-s) méthadone f
Methode f(-, -n) méthode f; **methodisch** adj méthodique
Metropole f(-, -n) métropole f
Metzger, in m(f) (-s, -) boucher(-ère); (Schweinefleisch und Wurstwaren) charcutier(-ière); **Metzgerei** f boucherie f; (Schweinefleisch und Wurstwaren) charcuterie f
Meuchelmord m assassinat m
Meute f(-, -n) meute f
Meuterei f mutinerie f; **Meuterer** m (-s, -) mutin m; **meutern** vi se mutiner
Mexikaner, in m(f) (-s, -) Mexicain(e); **mexikanisch** adj mexicain(e)
Mexiko nt (-s) le Mexique
MfG abk = mit freundlichen Grüßen avec mes/nos sincères salutations
MHz nt (-, -) abk = Megahertz MHz
miauen (pp miaut) vi miauler
mich pron akk von **ich** (vor Verb) me; (vor Vokal o stummem h) m'; (nach Präposition) moi
mied imperf von **meiden**
Miederhöschen nt gaine-culotte f
Miene f(-, -n) mine f
mies adj (fam) mauvais(e), sale (vorgestellt)
Miesmuschel f moule f
Mietauto nt voiture f de location; **Miete** f(-, -n) loyer m; **zur** ~ **wohnen** être locataire; **mieten** vt louer; **Mieter, in** m(f) (-s, -) (von Wohnung) locataire mf; **Mietshaus** nt immeuble m locatif; **Mietvertrag** m contrat m de location; **Mietwagen** m voiture f de location; **Mietwohnung** f logement m en location
Migräne f(-, -n) migraine f
Mikro nt (-s, -s) micro m
Mikrobe f(-, -n) microbe m

Mikrochip m puce f; **Mikrocomputer** m micro-ordinateur m; **Mikroelektronik** f microélectronique f
Mikrofon nt (**-s, -e**) micro(phone) m
Mikronesien nt (**-s**) la Micronésie
Mikrophon nt siehe **Mikrofon**;
Mikroprozessor m microprocesseur m;
Mikroroller m trottinette f; **Mikroskop** nt (**-s, -e**) microscope m; **mikroskopisch** adj microscopique; **Mikrowelle** f micro-onde f; **Mikrowellenherd** m (four m à) micro-ondes m
Milch f(**-**) lait m; **Milchglas** nt verre m dépoli; **milchig** adj laiteux(-euse);
Milchkaffee m café m au lait;
Milchmixgetränk nt milk-shake m;
Milchpulver nt lait m en poudre;
Milchshake m (**-s, -s**) milk-shake m;
Milchstraße f voie f lactée;
Milchzahn m dent f de lait
mild adj indulgent(e); (Wetter) doux (douce); (Gabe) charitable; **Milde** f(**-**) douceur f; (Freundlichkeit) indulgence f;
mildern vt atténuer; **mildernde** Umstände circonstances fpl atténuantes
Milieu nt (**-s, -s**) milieu m;
milieugeschädigt adj victime de son milieu
militant adj militant(e)
Militär nt (**-s**) militaires mpl; (Truppen) armée f; **Militärdiktatur** f dictature f militaire; **Militärgericht** nt tribunal m militaire; **militärisch** adj militaire;
Militarismus m militarisme m;
militaristisch adj militariste;
Militärpflicht f service m militaire obligatoire
Millenium nt (**-s, Millenien**) millénaire m
Milliardär, in m(f) milliardaire mf
Milliarde f(**-, -n**) milliard m
Millimeter m o nt millimètre m
Million f(**-, -en**) million m; **Millionär, in** m(f) millionnaire mf; **Millionenstadt** f ville f d'un million d'habitants ou plus
Millirem nt millirem m
Milz f(**-, -en**) rate f
Mimik f mimique f
Mimose f(**-, -n**) mimosa m; (fig) hypersensible mf
minder adj (Qualität) inférieur(e); (Ware) de qualité inférieure ⬛ adv moins;
Minderheit f minorité f; **minderjährig** adj mineur(e); **Minderjährigkeit** f minorité f
mindern vt (Wert) diminuer; (Qualität) (a)baisser; **Minderung** f (von Wert) baisse f
minderwertig adj (Ware) de qualité inférieure; **Minderwertigkeitsgefühl** nt sentiment m d'infériorité;

Minderwertigkeitskomplex m complexe m d'infériorité
Mindestalter nt âge m minimum;
Mindestbetrag m montant m minimum;
mindeste, r, s adj le (la) moindre;
(Einsatz) le (la) plus petit(e) possible;
mindestens adv au moins;
Mindesthaltbarkeitsdatum nt date f limite de conservation; **Mindestlohn** m salaire m minimum; **Mindestmaß** nt minimum m; **Mindestreserve** f (Fin) réserve f obligatoire; **Mindeststandard** m standard m minimum
Mine f(**-, -n**) mine f; (Kugelschreibermine) recharge f; **Minenfeld** nt champ m de mines
Mineral nt (**-s, -e** o **-ien**) minéral m;
mineralisch adj minéral(e);
Mineralölsteuer f taxe f sur les produits pétroliers; **Mineralwasser** nt eau f minérale
Miniatur f miniature f
Minibar f minibar m; **Minibus** m minibus m
minimal adj minime, infime; **~ invasiv** mini-invasif(-ive)
minimieren (pp **minimiert**) vt (Kosten) réduire au minimum; (Inform) minimiser
Minimum nt (**-s, Minima**) minimum m
Minirock m minijupe f
Minister, in m(f) (**-s, -**) ministre mf;
ministeriell adj ministériel(le);
Ministerium nt ministère m;
Ministerpräsident, in m(f) Premier ministre mf
minus adv moins ⬛ präp +gen moins;
Minus nt (**-, -**) déficit m; **Minuspol** m pôle m négatif; **Minuszeichen** nt (signe m) moins m
Minute f(**-, -n**) minute f;
Minutenzeiger m aiguille f des minutes
minutiös adj minutieux(-euse)
mir pron dat von **ich** (vor Verb) me; (vor Vokal o stummem h) m'; (nach Präposition) moi;
das gehört ~ c'est à moi
Mischehe f mariage m mixte
mischen vt mélanger; (Leute) mêler;
(Cine, Radio, TV) mixer
Mischling m métis(se); **Mischpult** m table f de mixage
Mischung f mélange m
miserabel adj (sehr schlecht) exécrable;
(Film, Rede, Leistung, Benehmen) lamentable; (gemein) infâme ⬛ adv très mal
missachten (pp **missachtet**) vt ne pas tenir compte de; **Missachtung** f mépris m; **Missbehagen** nt malaise m;
Missbildung f malformation f;
missbilligen (pp **missbilligt**) vt

désapprouver; **Missbilligung** f désapprobation f; **Missbrauch** m abus m; **missbrauchen** (pp **missbraucht**) vt abuser de; **jdn zu etw ~** se servir de qn pour qch; **Misserfolg** m échec m

Missetat f méfait m; **Missetäter, in** m(f) malfaiteur m, coupable mf

missfallen (pp **~**) irr vi: **jdm ~** déplaire à qn; **Missfallen** nt (**-s**) mécontentement m, déplaisir m; **jds ~ erregen** déplaire à qn; **Missgeburt** f monstre m; **Missgeschick** nt malchance f; **missglücken** (pp **missglückt**) vi aux sein (Versuch) échouer; **Missgriff** m erreur f; **Missgunst** f envie f; **missgünstig** adj envieux(-euse), malveillant(e); **misshandeln** (pp **misshandelt**) vt maltraiter; **Misshandlung** f mauvais traitement(s) m(pl)

Mission f (Aufgabe) mission f; (Rel) missions fpl; **Missionar, in** m(f) missionnaire mf

Missklang m dissonance f; (Unstimmigkeit) désaccord m; **Misskredit** m discrédit m; **misslingen** (**misslang, misslungen**) vi aux sein (Experiment) échouer; (Werk) rater; **Missmanagement** nt mauvaise gestion f, erreurs fpl de management; **Missmut** m mauvaise humeur f; **missmutig** adj maussade; **missraten** (pp **~**) irr vi aux sein; **der Braten ist mir ~** j'ai raté le rôti ■ adj (Essen) raté(e); (Kind) mal élevé(e); **Missstand** m anomalie f; **Missstimmung** f mésentente f; **misstrauen** (pp **misstraut**) vi se méfier (jdm/einer Sache de qn/qch); **Misstrauen** nt (**-s**) méfiance f (gegenüber à l'égard de); **Misstrauensantrag** m, **Misstrauensvotum** nt motion f de censure; **misstrauisch** adj méfiant(e); (Frage) soupçonneux(-euse); **Missverhältnis** nt disproportion f; **Missverständnis** nt malentendu m; **missverstehen** (pp **missverstanden**) irr vt mal comprendre; (Tat) se méprendre sur

Mist m (**-(e)s**) fumier m; (fam) foutaise f; **~!** zut!

Mistel f (**-, -n**) gui m

Misthaufen m tas m de fumier

mit präp +dat avec; (mittels) avec, par; **~ der Bahn** en train; **~ 10 Jahren** à dix ans; **~ Bleistift** au crayon; **~ einem Wort** en un mot; **~ dem nächsten Zug ankommen** arriver par le train suivant ■ adv aussi; **er ist ~ schuld** c'est aussi de sa faute; **wollen Sie ~?** vous voulez venir?

Mitarbeit f collaboration f; **mit|arbeiten** sep vi collaborer (an +dat à); (Sch) participer; (ebenfalls arbeiten) travailler aussi; **Mitarbeiter, in** m(f) collaborateur(-trice); **die ~** (pl) l'équipe f; **freier ~** travailleur indépendant, free-lance m

Mitbestimmung f participation f (à une décision), cogestion f

Mitbewohner, in m(f) (in der gleichen Wohnung) personne f qui partage un appartement [o une chambre]; (im gleichen Haus) colocataire mf

mit|bringen sep irr vt (jdn) amener; (Sache) apporter; **Mitbringsel** nt (**-s, -**) petit cadeau m

Mitbürger, in m(f) concitoyen(ne)

mit|denken sep irr vi réfléchir

miteinander adv ensemble

mit|erleben (pp **miterlebt**) sep vt assister à; (Krieg, Katastrophe) vivre

Mitesser m (**-s, -**) point m noir

mit|fahren sep irr vi aux sein; **mit jdm ~** accompagner qn; **jdn ~ lassen** prendre qn; **Mitfahrerzentrale** f société f de covoiturage; **Mitfahrgelegenheit** f possibilité f de covoiturage

mit|geben sep irr vt donner (à emporter) (jdm à qn)

Mitgefühl nt compassion f

mit|gehen sep irr vi aux sein venir; **mit jdm ~** accompagner qn

mitgenommen adj: **~ sein, ~ aussehen** (Mensch) être marqué(e); (Möbel, Auto) être en mauvais état

Mitgift f (**-, -en**) dot f

Mitglied nt membre m; **Mitgliedsbeitrag** m cotisation f; **Mitgliedschaft** f appartenance f (in +dat à)

mit|halten sep irr vt suivre

mit|helfen sep vi irr aider

Mithilfe f aide f, assistance f

mit|hören sep vt, vi écouter

mit|kommen sep irr vi aux sein venir; (verstehen) arriver à suivre

Mitläufer, in m(f) suiveur(-euse); (Pol) sympathisant(e)

Mitleid nt (**-(e)s**) compassion f; (Erbarmen) pitié f

Mitleidenschaft f: **in ~ ziehen** affecter

mitleidig adj compatissant(e); **mitleidslos** adj impitoyable

mit|machen sep vt prendre part à; **sie hat viel mitgemacht** elle a beaucoup souffert ■ vi être de la partie

Mitmensch m prochain m

mit|nehmen sep irr vt (jdn) emmener; (Sache) emporter; (anstrengen) épuiser

mitsamt präp +dat avec

Mitschuld f complicité f; **mitschuldig** adj: **an etw** dat **~ sein** être complice de qch; (an Unfall) avoir une part de

responsabilité dans qc; **Mitschuldige, r**
mf complice *mf*
Mitschüler, in *m(f)* camarade *mf*(de
classe)
mit|spielen *sep vi* participer au jeu; *(fig)*
entrer en jeu *(bei* dans); **Mitspieler, in**
m(f) partenaire *mf*
Mitspracherecht *nt* droit *m*
d'intervention
Mittag *m* **(-s, -e)** midi *m*; **zu ~ essen**
déjeuner; **heute/gestern ~** à [o ce] midi/
hier (à) midi; **Mittagessen** *nt* déjeuner *m*,
repas *m* de midi; **mittags** *adv* à midi;
Mittagspause *f* pause *f* de midi; *(in
Geschäften)* fermeture *f* entre midi et deux
heures; **Mittagsschlaf** *m* sieste *f*
Mittäter, in *m(f)* complice *mf*
Mitte *f*(**-, -n**) milieu *m*; **aus unserer ~**
d'entre nous; **~ Mai** à la mi-mai
mit|teilen *sep vt*: **jdm etw ~** informer qn de
qch; **mitteilsam** *adj* communicatif(-ive);
Mitteilung *f* communication *f*;
(Nachricht) information *f*
Mittel *nt* **(-s, -)** moyen *m*; *(Math)* moyenne
f; *(Med)* remède *m (gegen* contre),
Mittelalter *nt (Hist)* Moyen Âge *m*;
mittelalterlich *adj* médiéval(e);
(Zustände) moyenâgeux(-euse)
Mittelamerika *nt* l'Amérique *f* centrale
mittelbar *adj* indirect(e)
Mitteleuropa *nt* **(-s)** l'Europe *f* centrale;
Mittelfinger *m* majeur *m*
mittellos *adj* sans argent
mittelmäßig *adj* médiocre;
Mittelmäßigkeit *f* médiocrité *f*
Mittelmeer *nt* Méditerranée *f*;
Mittelpunkt *m* centre *m*; **sie will immer
im ~ stehen** elle veut toujours être le point
de mire
mittels *präp +gen* au moyen de
Mittelstand *m* classes *fpl* moyennes;
mittelständisch *adj* moyen(ne);
Mittelstreckenrakete *f* fusée *f* à [o de]
moyenne portée; **Mittelstreifen** *m*
bande *f* médiane; **Mittelstürmer, in** *m(f)*
avant-centre *m*; **Mittelweg** *m* voie *f*
moyenne; **Mittelwelle** *f (Radio)* ondes *fpl*
moyennes; **Mittelwert** *m* valeur *f*
moyenne
mitten *adv*: **~ auf der Straße** en plein
milieu de la route; **~ in der Nacht** au
milieu de la nuit; **mittenhindurch** *adv*
tout au travers
Mitternacht *f* minuit *m*
mittlere, r, s *adj* du milieu;
(durchschnittlich) moyen(ne)
mittlerweile *adv* entre-temps
Mittwoch *m* **(-(e)s, -e)** mercredi *m*; **(am) ~**
mercredi (qui vient); **mittwochs** *adv* tous
les mercredis; *(Zeitplan)* le mercredi

mitunter *adv* de temps en temps
mitverantwortlich *adj (Mensch)*
coresponsable
mit|wirken *sep vi* coopérer *(bei, an +dat* à);
(Theat) participer; **Mitwirkung** *f*
collaboration *f*; **unter ~ von** avec la
participation de
Mitwisser, in *m(f)* **(-s, -)** personne *f* qui est
dans le secret; *(Zeuge)* témoin *m*
Mixer *m* **(-s, -)** *(Gerät)* batteur *f*
mobben *vt* harceler moralement;
Mobbing *nt* **(-s)** harcèlement *m* moral
Möbel *nt* **(-s, -)** meuble *m*; **Möbelwagen**
m camion *m* de déménagement
mobil *adj (Gerät)* mobile; *(fam: Mensch)*
alerte; *(Mil)* sur le pied de guerre;
~ telefonieren téléphoner sur un
portable; **Mobilfunk** *m* téléphonie *f*
mobile; **Mobilfunknetz** *nt* réseau *m*
de téléphonie mobile
Mobiliar *nt* **(-s)** mobilier *m*
Mobiltelefon *nt* téléphone *m* mobile
möblieren *(pp möbliert)* *vt* meubler;
möbliert wohnen habiter un meublé
Moçambique *nt siehe* **Mosambik**
mochte *imperf von* **mögen**
Mode *f* **(-, -n)** mode *f*
Model *nt* **(-s, -s)** *(Mannequin)* mannequin *m*
Modell *nt* **(-s, -e)** modèle *m*; *(Mannequin)*
mannequin *m*; *(Archit)* maquette *f*
modellieren *(pp modelliert)* *vt* modeler
Modem *m o nt* **(-s, -s)** *(Inform)* modem *m*
Modenschau *f* défilé *m* de mode
modern *adj* moderne; *(modisch)* à la
mode; **modernisieren** *(pp modernisiert)*
vt moderniser
Modeschmuck *m* bijou *m* fantaisie;
Modewort *nt* mot *m* à la mode
modisch *adj* à la mode
Modul *nt* **(-s, -e)** module *m*; **modular** *adj*
modulaire
Modus *m* **(-, Modi)** *(a. Inform)* mode *m*
Mofa *nt* **(-s, -s)** cyclomoteur *m*,
mobylette® *f*
mogeln *vi (fam)* tricher
mögen **(mochte, gemocht)** *vt, vi* aimer;
(wollen) vouloir; **ich möchte ...** je voudrais
...; **das mag wohl sein** cela se pourrait
bien
möglich *adj* possible; **möglicherweise**
adv peut-être; **Möglichkeit** *f* possibilité *f*;
nach ~ si possible; **möglichst** *adv*:
~ schnell le plus rapidement possible
Mohn *m* **(-(e)s, -e)** pavot *m*, *(Klatschmohn)*
coquelicot *m*
Möhre *f* **(-, -n)**, **Mohrrübe** *f* carotte *f*
mokieren *(pp mokiert)* *vr*: **sich über
jdn/etw ~** se moquer de qn/qch
Moldawien *nt* **(-s)** la Moldavie
Mole *f* **(-, -n)** môle *m*

Molekül nt (-s, -e) molécule f
molk imperf von **melken**
Molkerei f laiterie f
Moll nt (-, -) (Mus) mineur(e)
mollig adj (Wärme) aqréable; (Pullover)
douillet(te); (dicklich) potelé(e)
Moment m (-(e)s, -e) moment m;
im ~ pour le moment ▪ nt (-(e)s, -e)
facteur m, élément m
momentan adj momentané(e) ▪ adv
pour le moment
Monaco nt (-s) (la principauté de) Monaco
Monarch, in m(f) (-en, -en) monarque m,
souverain(e); **Monarchie** f monarchie f
Monat m (-(e)s, -e) mois m; **monatelang**
adj pendant des mois; **monatlich** adj
mensuel(le); **Monatsgehalt** nt salaire m
mensuel; **das 13. ~** le treizième mois;
Monatskarte f abonnement m mensuel
Mönch m (-(e)s, -e) moine m
Mond m (-(e)s, -e) lune f; **Mondfähre** f
module m lunaire; **Mondfinsternis** f
éclipse f de lune; **mondhell** adj éclairé(e)
par la lune; **Mondlandung** f alunissage
m; **Mondschein** m clair m de lune;
Mondsonde f sonde f lunaire
monegassisch adj monégasque
Mongole m (-n, -n) Mongol m
Mongolei f: **die ~** la Mongolie;
Mongolin f Mongole f; **mongolisch** adj
mongol(e)
mongoloid adj mongolien(ne)
Monitor m (a. Inform) moniteur m, écran m
Monolog m (-(e)s, -e) monologue m
Monopol nt (-s, -e) monopole m;
monopolisieren (pp **monopolisiert**) vt
monopoliser
monoton adj monotone; **Monotonie** f
monotonie f
Monoxid nt monoxyde m
Monsun m (-s, -e) mousson f
Montag m lundi m; **(am) ~** lundi (qui vient)
Montage f (-, -n) montage m
montags adj tous les lundis; (Zeitplan)
le lundi
Monteur, in m(f) (Tech) monteur m;
montieren (pp **montiert**) vt monter
Monument nt monument m;
monumental adj monumental(e)
Moonboots pl après-skis mpl,
moonboots mpl
Moor nt (-(e)s, -e) marécage m
Moos nt (-es, -e) mousse f
Moped nt (-s, -s) cyclomoteur m,
mobylette® f
Mopp m (-s, -s) balai m à franges
Mops m (-es, **Möpse**) carlin m
Moral f (-) morale f; **moralisch** adj
moral(e)
Moräne f (-, -n) moraine f

Morast m (-(e)s, -e) bourbier m;
morastig adj boueux(-euse)
Mord m (-(e)s, -e) meurtre m;
Mordanschlag m attentat m;
Mörder, in m(f) (-s, -) meurtrier(-ière);
Mordkommission f brigade f criminelle;
Mordsglück nt (fam) chance f inouïe;
mordsmäßig adj (fam) énorme;
Mordsschreck m (fam) peur bleue f;
Mordverdacht m: **unter ~ stehen** être
soupçonné(e) de meurtre;
Mordwaffe f arme f du crime
morgen adv demain; **~ früh** demain
matin; **Morgen** m (-s, -) matin m;
Morgenessen nt (CH) petit déjeuner m;
Morgenmantel m, **Morgenrock** m robe
f de chambre; **Morgenröte** f aurore f;
morgens adv le matin; **morgig** adj
de demain; **der morgige Tag** demain
Morphium nt (-s) morphine f
morsch adj (Holz) pourri(e); (Knochen)
fragile
Morsealphabet nt alphabet m morse;
morsen vt télégraphier en morse
▪ vi envoyer un message en morse
Mörtel m (-s, -) mortier m
Mosaik nt (-s, -en o -e) mosaïque f
Mosambik nt (-s) le Mozambique
Moschee f (-, -n) mosquée f
Möse f (-, -n) (vulg) con m
Mosel f (-) Moselle f
Moskau nt (-s) Moscou
Moskito m (-s, -s) moustique m;
Moskitonetz nt moustiquaire m
Moslem m (-s, -s) musulman m;
moslemisch adj musulman(e);
Moslime f (-, -n) musulmane f
Most m (-(e)s, -e) moût m; (Apfelwein)
cidre m
Motel nt (-s, -s) motel m
Motiv nt motif m
Motivation f motivation f
motivieren (pp **motiviert**) vt motiver
Motor m (-s, -en) moteur m; **Motorboot**
nt canot m automobile; **Motorenöl** nt
huile f à moteur; **Motorhaube** f capot m;
motorisieren (pp **motorisiert**) vt
motoriser; **Motorrad** nt moto f;
Motorradfahrer, in m(f) motocycliste
mf; **Motorroller** m scooter m;
Motorschaden m ennuis mpl
mécaniques, panne f; **Motorsport** m
sport m automobile
Motte f (-, -n) mite f; **Mottenkugel** f,
Mottenpulver nt antimite m
Motto nt (-s, -s) devise f
Mountainbike nt (-s, -s) V.T.T. m, vélo
tout-terrain m; **Mountainbiker, in** m(f)
(-s, -) vététiste mf
Möwe f (-, -n) mouette f

MP3 *nt* (-) MP3 *m*; **MP3-Spieler** *m* lecteur *m* MP3

MS *f* (-) *abk* = **multiple Sklerose** SEP *f*

Mücke *f* (-, -n) moustique *m*

Mucken *pl*: seine ~ haben avoir des sautes d'humeur; (*Sache*) clocher

Mückenstich *m* piqûre *f* de moustique

mucksen *vr*: sich nicht ~ (*fam*) ne pas bouger; (*still sein*) ne pas piper mot

müde *adj* fatigué(e); (*Lächeln*) las(se); **einer Sache** *gen* ~ **sein** être las(se) de qch; **Müdigkeit** *f* fatigue *f*

Muff *m* (-(e)s, -e) manchon *m*

Muffel *m* (-s, -) (*fam*) ronchonneur(-euse)

muffig *adj* qui sent le renfermé

Mühe *f* (-, -n) peine *f*; **mit Müh und Not** avec peine; **sich** *dat* ~ **geben** se donner de la peine; **mühelos** *adj* facile

muhen *vi* meugler

mühevoll *adj* pénible

Mühle *f* (-, -n) moulin *m*

Mühsal *f* (-, -e) tribulations *fpl*

mühsam, mühselig *adj* pénible

Mulatte *m* (-n, -n), **Mulattin** *f* mulâtre(-tresse)

Mulde *f* (-, -n) cuvette *f*

Mull *m* (-(e)s, -e) mousseline *f*

Müll *m* (-(e)s) ordures *fpl*; **Müllabfuhr** *f* enlèvement *m* des ordures; (*kommunale Einrichtung*) service *m* de voirie; **Müllabladeplatz** *m* décharge *f*

Mullbinde *f* bande *f* de gaze

Müllcontainer *m* benne *f* d'ordures ménagères, conteneur *m* d'ordures ménagères; **Mülldeponie** *f* décharge *f*; **Mülleimer** *m* poubelle *f*

Müller, in *m(f)* (-s, -) meunier(-ière)

Müllhaufen *m* tas *m* d'ordures; **Müllkippe** *f* décharge *f*; **Müllschlucker** *m* (-s, -) vide-ordures *m*; **Mülltonne** *f* poubelle *f*; **Mülltrennung** *f* triage *m* des déchets; **Müllverbrennung** *f* incinération *f* des ordures; **Müllverbrennungsanlage** *f* incinérateur *m*; (*Fabrik*) usine *f* d'incinération d'ordures; **Müllwagen** *m* benne *f* à ordures

mulmig *adj* (*Gefühl*) bizarre; **mir ist (es)** ~ (*fam*) je me sens mal à l'aise

Multi *m* (-s, -s) société *f* multinationale, multinationale *f*

multifunktional *adj* (*a. Inform*) multifonctionnel(le), polyvalent(e); **Multifunktionstastatur** *f* (*Inform*) clavier *m* à touches multifonctionnel

multikulti *adj* (*fam*), **multikulturell** *adj* multiculturel(le)

Multimedia- *in ZW* multimédia; **Multimedia-CD-ROM** *f* CD-ROM *m* multimédia; **multimedial** *adj* multimédia

Multiple-Choice-Verfahren *nt* QCM *m*, questionnaire *m* à choix multiple

multiple Sklerose *f* (-n, -n) sclérose *f* en plaques

Multiplexkino *nt* multiplexe *m*

multiplizieren (*pp* **multipliziert**) *vt* multiplier

Multitasking *nt* (-s) (*Inform*) multiprogrammation *f*

Mumie *f* momie *f*

Mumm *m* (-s) (*fam*) cran *m*

Mumps *m* (-) oreillons *mpl*

München *nt* (-s, **Münder**) Munich

Mund *m* (-(e)s, **Münder**) bouche *f*; **Mundart** *f* dialecte *m*; **Munddusche** *f* hydropulseur *m*

Mündel *nt* (-s, -) pupille *mf*

münden *vi aux sein o haben* (*Fluss*) se jeter (**in** +*akk* dans); (*Straße*) déboucher (**in** +*akk* sur)

mundfaul *adj* peu loquace; **Mundfäule** *f* (-) (*Med*) stomatite *f*; **Mundgeruch** *m* mauvaise haleine *f*; **Mundharmonika** *f* harmonica *m*

mündig *adj* majeur(e); **Mündigkeit** *f* majorité *f*

mündlich *adj* (*Absprache*) verbal(e); (*Prüfung*) oral(e) ▪ *adv* de vive voix; oralement

Mundstück *nt* (*von Trompete etc*) embouchure *f*; (*Zigarettenmundstück*) bout *m*; **mundtot** *adj*: **jdn** ~ **machen** réduire qn au silence

Mündung *f* embouchure *f*; (*eines Gewehrs*) gueule *f*

Mundwasser *nt* bain *m* de bouche; **Mundwerk** *nt*: **ein großes** ~ **haben** (*fam*) avoir une grande gueule; **Mundwinkel** *m* coin *m* de la bouche

Munition *f* munitions *fpl*; **Munitionslager** *nt* dépôt *m* de munitions

munkeln *vi* chuchoter

Münster *nt* (-s, -) cathédrale *f*

munter *adj* (*lebhaft*) gai(e); (*wach*) plein(e) d'entrain; **Munterkeit** *f* entrain *m*

Münze *f* (-, -n) pièce *f* (de monnaie); **münzen** *vt* monnayer; **auf jdn gemünzt sein** être dirigé(e) contre qn; **Münzfernsprecher** *m* cabine *f* téléphonique à pièces; **Münztankstelle** *f* station *f* service automatique

mürb, e *adj* (*Gestein, Holz*) friable; (*Gebäck*) sablé(e); **jdn** ~ **machen** briser qn; **Mürbeteig** *m* pâte *f* brisée

murmeln *vt, vi* murmurer

Murmeltier *nt* marmotte *f*

murren *vi* rouspéter

mürrisch *adj* (*Mensch*) de mauvaise humeur; (*Antwort*) maussade; (*Gesicht*) renfrogné(e)

Mus nt (**-es, -e**) compote f
Muschel f (**-, -n**) moule f; (Muschelschale) coquillage m; (Telefonmuschel) combiné m
Muschi f (**-, -s**) (fam) chatte f
Muse f (**-, -n**) muse f
Museum nt (**-s, Museen**) musée m
Musical nt (**-s, -s**) comédie f musicale
Musik f musique f; **musikalisch** adj (Mensch) musicien(ne); (Verständnis) musical(e); **Musikbox** f (**-, -en**) juke-box m; **Musiker, in** m(f) (**-s, -**) musicien(ne); **Musikhochschule** f conservatoire m; **Musikinstrument** nt instrument m de musique; **Musikkassette** f cassette f (musicale)
musizieren (pp **musiziert**) vi jouer de la musique
Muskat m muscade f; **Muskatblüte** f macis m; **Muskatnuss** f noix f de muscade
Muskel m (**-s, -n**) muscle m; **Muskelkater** m courbatures fpl; **Muskulatur** f musculature f; **muskulös** adj musclé(e)
Müsli nt (**-s, -**) mu(e)sli m
Muslim m (**-s, -s**), **Muslimin** f musulman(e)
Muss nt (**-**) nécessité f
Muße f (**-**) loisir m
müssen (**musste, gemusst**) vi devoir; **ich muss es machen** je dois le faire, il faut que je le fasse; **er hat gehen ~** il a dû s'en aller
müßig adj (untätig) oisif(-ive); (nutzlos) vain(e); **Müßiggang** m oisiveté f
musste imperf von **müssen**
Muster nt (**-s, -**) modèle m; (Dessin) motif m; (Probe) échantillon m; **mustergültig** adj exemplaire
mustern vt (Truppen) passer en revue; (fig: ansehen) dévisager
Musterschüler, in m(f) élève mf modèle
Musterung f (Mil) conseil m de révision
Mut m (**-(e)s**) courage m; **nur ~!** courage!; **jdm ~ machen** encourager qn; **zu Mute** siehe **zumute**; **mutig** adj courageux(-euse); **mutlos** adj découragé(e)
mutmaßlich adj (Täter) présumé(e)
Mutprobe f épreuve f de courage
Mutter f (**-, Mütter**) mère f ▪ f (pl **Muttern**) (Schraubenmutter) écrou m; **mütterlich** adj maternel(le); **mütterlicherseits** adv: **Großvater ~** grand-père maternel; **Mutterliebe** f amour m maternel; **Muttermal** nt envie f; **Mutterschaft** f maternité f; **Mutterschaftsurlaub** m congé m de maternité; **Mutterschutz** m protection f sociale de la femme enceinte; (Zeit) congé m (de) maternité; **mutterseelenallein**

adj absolument seul(e); **Muttersprache** f langue f maternelle; **Muttersprachler, in** m(f) (**-s, -**) locuteur(-trice) natif(-ive); **Muttertag** m fête f des mères
Mutti f (**-, -s**) (fam) maman f
mutwillig adj (Zerstörung) volontaire
Mütze f (**-, -n**) (Wollmütze) bonnet m; (Schiffermütze) casquette f
MwSt., Mw.-St. abk = **Mehrwertsteuer** T.V.A. f
Myanmar nt (**-s**) l'Union f de Myanmar
mysteriös adj mystérieux(-euse)
Mystik f mystique f; **Mystiker, in** m(f) (**-s, -**) mystique mf
Mythos m (**-, Mythen**) mythe m

N, n nt (**-, -**) N, n m
na interj eh bien
Nabel m (**-s, -**) nombril m; **Nabelschnur** f
cordon m ombilical
nach präp +dat (zeitlich) après; (in Richtung)
à, vers; (gemäß) d'après, selon; **~ oben/
hinten** vers le haut, en haut/en arrière
※ adv: **ihm ~!** suivons-le!; **~ wie vor** tout
comme avant; **~ und ~** peu à peu
nach|äffen sep vt singer
nach|ahmen sep vt imiter; **Nachahmung**
f imitation f
Nachbar, in m(f) (**-s** o **-n, -n**) voisin(e);
Nachbarhaus nt maison f voisine;
nachbarlich adj (Beziehung) de bon
voisinage; **Nachbarschaft** f voisinage m;
Nachbarstaat m État m voisin
nach|bestellen (pp **nachbestellt**) sep vt
(zusätzliche Ware) faire une commande
supplémentaire de; (zu einem späteren
Zeitpunkt) commander ultérieurement;
Nachbestellung f (Com) commande f
supplémentaire de; (zu einem späteren
Zeitpunkt) commande f ultérieure
nach|bilden sep vt faire une copie de;
Nachbildung f copie f, réproduction f
nach|blicken sep vi: **jdm/einer Sache ~**
suivre qn/qch des yeux
nach|datieren (pp **nachdatiert**) sep vt
antidater

nachdem konj après que, après +inf; (weil)
puisque, comme
nach|denken sep irr vi réfléchir (über +akk
à); **nachdenklich** adj pensif(-ive)
Nachdruck m (pl **Nachdrucke**) instance f;
(Typo) réimpression f; **etw mit ~ sagen**
insister sur qch
nachdrücklich adj catégorique
nach|eifern sep vi: **jdm ~** se modeler
sur qn
nacheinander adv l'un(e) après l'autre,
successivement
nach|empfinden (pp **nachempfunden**)
sep irr vt: **jdm etw ~** comprendre (les
sentiments de) qn; **das kann ich Ihnen
~** je comprends ce que vous ressentez
Nacherzählung f compte rendu m
(de lecture)
Nachfolge f succession f; **nach|folgen**
sep vi aux sein suivre (jdm/einer Sache qn/
qch); (in Amt etc) succéder; **Nachfolger,
in** m(f) (**-s, -**) successeur m
nach|forschen sep vi faire des recherches;
Nachforschung f recherche f
Nachfrage f demande f de
renseignements; (Com) demande f;
nach|fragen sep vi se renseigner
nach|fühlen sep vt: **jdm etw ~**
comprendre qn, se mettre à la place de qn
nach|füllen sep vt (Behälter) recharger;
(Flüssigkeit) remplir à nouveau;
Nachfüllpack m (**-s, -e**),
Nachfüllpackung f (éco-)recharge f
nach|geben sep irr vi céder
Nachgebühr f surtaxe f
Nachgeburt f placenta m
nach|gehen sep irr vi aux sein suivre (jdm
qn); (erforschen) faire des recherches (dat
sur); (Uhr) retarder
Nachgeschmack m arrière-goût m
nachgiebig adj (Mensch) conciliant(e);
(Boden etc) mou (molle)
nachhause adv à la maison
nach|helfen sep irr vi aider (jdm qn)
nachher adv après, ensuite
Nachhilfeunterricht m cours m
particulier [o de rattrapage]
Nachholbedarf m: (**einen**) **~ haben** avoir
un retard à combler (an +dat en qch);
nach|holen sep vt (Versäumtes) rattraper
Nachkomme m (**-n, -n**) descendant m
nach|kommen sep irr vi aux sein venir
après; (mitkommen) rejoindre; (einer
Verpflichtung) remplir (einer Sache dat qch)
Nachkommenschaft f descendance f
Nachkriegs- in zW d'après-guerre;
Nachkriegszeit f après-guerre m
Nachlass m (**-es, -lässe**) (Com) remise f;
(Erbe) héritage m; **nach|lassen** sep irr vt
(Strafe) remettre; (Preise) rabattre,

diminuer ▪ vi (*Sturm etc*) s'apaiser;
(*schlechter werden: Mensch*) se laisser aller;
(*Leistung*) diminuer
nachlässig *adj* négligé(e); (*Mensch*)
négligent(e); **Nachlässigkeit** *f* laisser
aller *m*
nach|laufen *sep irr vi aux sein*; jdm ~ courir
après qn
nach|lösen *sep vt* (*Fahrschein, Zuschlag*)
acquitter en cours de voyage
nach|machen *sep vt* (*Fotos*) faire refaire;
(*Arbeit*) faire plus tard, rattraper; (*Gebärde*)
imiter; (*fälschen*) contrefaire; jdm etw ~
imiter [o copier] qn (en qch)
Nachmittag *m* après-midi *m of*; am ~
l'après-midi; **nachmittags** *adv* l'après-
midi
Nachnahme *f*(-, -n): per ~ contre
remboursement
Nachname *m* nom *m* de famille
Nachporto *nt* surtaxe *f*
nach|prüfen *sep vt, vi* contrôler
nach|rechnen *sep vt* (*Zahlen*) vérifier
Nachrede *f*: üble ~ diffamation *f*
Nachricht *f*(-, -en) (*Mitteilung*)
information *f*; (*Neuigkeit*) nouvelle *f*;
(*Inform*) message *m*; **Nachrichten** *pl*
informations *fpl*; **Nachrichtenagentur** *f*
agence *f* de presse; **Nachrichtenbrett** *nt*
(*Inform*) panneau *m* d'informations;
Nachrichtendienst *m* (*Mil*) service *m*
secret; **Nachrichtensprecher, in** *m(f)*
speaker *m*, speakerine *f*; **Nachrichtentechnik** *f* télécommunications *fpl*
nach|rücken *sep vi aux sein* avancer;
auf einen Posten ~ accéder à un poste
Nachruf *m* nécrologie *f*
nach|rüsten *sep vt* (*Gerät, Auto*) compléter
l'équipement de, équiper après-coup ▪ vi
(*Mil*) compléter son armement;
Nachrüstung *f* (*von Gerät, Auto*)
équipement *m* supplémentaire
[o ultérieur]; (*Mil*) armement *m*
additionnel [o complémentaire]
nach|sagen *sep vt*: jdm etw ~
(*wiederholen*) répéter qch après qn;
(*vorwerfen*) reprocher qch à qn
nach|schicken *sep vt* faire suivre
nach|schlagen *sep irr vt* (*Wort*) vérifier;
(*Sache*) chercher ▪ vi: jdm ~ tenir de qn;
in einem Buch ~ consulter un livre;
Nachschlagewerk *nt* ouvrage *m* de
référence
Nachschlüssel *m* double *m* (d'une clé)
Nachschub *m* ravitaillement *m*
nach|sehen *sep irr vt* (*prüfen*) vérifier; jdm
etw ~ pardonner qch à qn ▪ vi regarder;
jdm/einer Sache ~ suivre qn/qch des
yeux; **das Nachsehen haben** en être pour
ses frais

nach|senden *sep irr vt* faire suivre
Nachsicht *f* indulgence *f*; **nachsichtig**
adj indulgent(e)
nach|sitzen *sep vi*: ~ müssen être
retenu(e)
Nachspeise *f* dessert *m*
Nachspiel *nt* (*fig*) suites *fpl*, conséquences
fpl; **Nachspielzeit** *f* temps *m* de jeu
additionnel
nach|sprechen *sep irr vt, vi* répéter (jdm
après qn)
nächstbeste, r, s *adj* le (la) premier(-ière)
venu(e); **nächste, r, s** *adj* suivant(e),
prochain(e); **Nächste, r** *m* prochain *m*;
Nächstenliebe *f* amour *m* du prochain;
nächstens *adv* prochainement;
nächstliegend *adj* (*Grundstück*) d'à côté;
(*Buch*) à portée de main; (*fig*) évident(e),
manifeste; **nächstmöglich** *adj* (*Termin*)
le plus tôt (possible)
Nacht *f*(-, **Nächte**) nuit *f*
Nachteil *m* inconvénient *m*, désavantage
m; **nachteilig** *adj* défavorable
Nachtessen *nt* (*CH*) dîner *m*; **Nachthemd**
nt chemise *f* de nuit
Nachtigall *f*(-, -en) rossignol *m*
Nachtisch *m* dessert *m*
Nachtklub *m* boîte *f* de nuit; **Nachtleben**
nt vie *f* nocturne; **nächtlich** *adj* nocturne;
Nachtmahl *nt* (*A*) dîner *m*
Nachtrag *m* (-(e)s, -träge) supplément *m*;
nach|tragen *sep irr vt* ajouter; jdm etw ~
(*übel nehmen*) en vouloir à qn de qch;
nachtragend *adj* rancunier(-ière)
nach|trauern *sep vi*: jdm/einer Sache ~
regretter qn/qch
Nachtruhe *f* repos *m* nocturne; **nachts**
adv la nuit, de nuit; **Nachtschicht** *f* poste
m de nuit; **nachtsüber** *adv* (pendant) la
nuit; **Nachttarif** *m* tarif *m* de nuit;
Nachttisch *m* table *f* de nuit; **Nachttopf**
m pot *m* de chambre; **Nachtwächter** *m*
veilleur *m* de nuit
Nachuntersuchung *f* contrôle *m* médical
nach|wachsen *sep irr vi aux sein* repousser
Nachwehen *pl* tranchées *fpl* utérines;
(*fig*) suites *fpl* fâcheuses
Nachweis *m* (-es, -e) preuve *f*;
nachweisbar *adj* vérifiable;
nach|weisen *sep irr vt* prouver,
démontrer; jdm etw ~ (*Fehler*) convaincre
qn de qch; (*angeben*) fournir qch à qn
nach|winken *sep vi*: jdm ~ faire des signes
d'adieu à qn
nach|wirken *sep vi* continuer de produire
de l'effet; **Nachwirkung** *f* répercussions
fpl, effet *m* ultérieur
Nachwort *nt* postface *f*
Nachwuchs *m* (*in Familie*) progéniture *f*;
(*in Beruf*) nouvelles recrues *fpl*

nach|zahlen sep vt, vi (Summe) payer en plus; (Steuer) payer postérieurement

nach|zählen sep vt, vi recompter, vérifier

Nachzahlung f (zusätzlich) supplément m; (zurückdatiert) rappel m

Nachzügler, in m(f) (-s, -) retardataire mf; (bei Wanderung) traînard(e); (Kind) enfant venu(e) sur le tard

Nacken m (-s, -) nuque f

nackt adj nu(e); (Wand) dénudé(e); (Tatsachen) cru(e); (Wahrheit) tout(e) nu(e); **Nacktheit** f nudité f

Nadel f (-, -n) aiguille f; (Stecknadel) épingle f; **Nadelbaum** m conifère m; **Nadeldrucker** m imprimante f à aiguilles; **Nadelkissen** nt pelote f à épingles; **Nadelöhr** nt chas m; **Nadelwald** m forêt f de résineux

Nagel m (-s, Nägel) clou m; (Fingernagel) ongle m; **Nägel mit Köpfen machen** faire les choses convenablement; **Nagelbürste** f brosse f à ongles; **Nagelfeile** f lime f à ongles; **Nagelhaut** f cuticule f; **Nagellack** m vernis m à ongles; **Nagellackentferner** m (-s, -) dissolvant m; **nageln** vt (Kiste etc) clouer; (Schuhe) clouter; **nagelneu** adj flambant neuf (neuve); **Nagelschere** f ciseaux mpl à ongles

nagen vt, vi ronger (an jdm/etw qn/qch); **Nagetier** nt rongeur m

nah adj siehe **nahe**

Nahaufnahme f gros plan m

nahe (näher, nächste, adv am nächsten) adj proche ■ präp +dat près de ■ adv (tout) près, jdm zu ~ treten froisser qn

Nähe f (-) proximité f; (Umgebung) environs mpl; **in der ~** à deux pas d'ici; **aus der ~** de près

nahebei adv à proximité; **nahe|gehen** sep irr vi: **jdm ~** (Erlebnis etc) toucher qn de près; **nahe|kommen** sep irr vi: **einer Sache** dat ~ s'approcher de qch; **sich ~** (Menschen) devenir très proches; **nahe|legen** sep vt: **jdm etw ~** suggérer qch à qn; **nahe|liegen** sep irr vi paraître évident(e); **naheliegend** adj tout(e) naturel(le)

nahen vi aux sein approcher

nähen vt, vi (Kleidung) coudre; (Wunde) suturer

näher adj komp von **nahe** plus proche; (Erklärung, Erkundigung) plus précis(e); **Nähere, s** nt détails mpl

Naherholungsgebiet nt région de villégiature à proximité d'une grande ville

Näherin f couturière f

näher|kommen sep irr vi s'approcher ■ vr: **sich ~** se rapprocher

nähern vr: **sich ~** s'approcher; **Näherungswert** m valeur f approximative

nahe|stehen sep irr vi: **jdm/einer Sache** dat ~ être proche de qn/qch; **nahestehend** adj (Freunde) intime, proche

Nähgarn nt fil m (à coudre); **Nähkasten** m boîte f à ouvrage

nahm imperf von **nehmen**

Nähmaschine f machine f à coudre; **Nähnadel** f aiguille f (à coudre)

nähren vt nourrir ■ vr: **sich ~** se nourrir (von de); **nahrhaft** adj nourrissant(e); **Nährstoffe** pl substances fpl nutritives; **Nahrung** f nourriture f; **Nahrungskette** f chaîne f alimentaire; **Nahrungsmittel** nt aliment m, produit m alimentaire; **Nahrungsmittelindustrie** f industrie f agro-alimentaire; **Nahrungssuche** f recherche f de la nourriture; **Nährwert** m valeur f nutritive

Naht f (-, Nähte) couture f; (Med) suture f; (Tech) soudure f; **nahtlos** adj (Strumpf) sans couture(s); (Übergang) immédiat(e)

Nahverkehr m trafic m suburbain [o de banlieue]; **Nahverkehrszug** m train m régional; **Nahziel** nt objectif m immédiat

naiv adj naïf (naïve); **Naivität** f naïveté f

Name m (-ns, -n) nom m; **im Namen von** au nom de; **namens** adv du nom de ■ präp +gen au nom de; **Namensschild** nt (an Haustür) plaque f; (am Revers) badge m; **Namensschwester** f homonyme f; **Namenstag** m fête f; **Namensvetter** m homonyme m; **namentlich** adj (Abstimmung) nominal(e) ■ adv nominalement; (besonders) surtout

namhaft adj (berühmt) connu(e); (beträchtlich) considérable; **~ machen** identifier

Namibia nt (-s) la Namibie

nämlich adv à savoir; (denn) car

nannte imperf von **nennen**

Nanotechnologie f nanotechnologie f

nanu interj ça alors

Napf m (-(e)s, Näpfe) écuelle f

Narbe f (-, -n) cicatrice f; **narbig** adj couvert(e) de cicatrices

Narkose f (-, -n) anesthésie f

Narr m (-en, -en) fou m; **narren** vt duper, berner; **närrisch** adj fou (folle), loufoque

Narzisse f (-, -n) narcisse m; (gelbe) jonquille f

naschen vt (Schokolade etc) grignoter; **naschhaft** adj gourmand(e); **Naschkatze** f (fam) gourmand(e)

Nase f (-, -n) nez m; **Nasenbluten** nt (-s) saignement m de nez; **Nasenloch** nt narine f; **Nasenrücken** m arête f du nez;

Nasentropfen pl gouttes fpl pour le nez;
naseweis adj effronté(e), impertinent(e);
(neugierig) curieux(-euse)
Nashorn nt (-s, Nashörner) rhinocéros m
nass adj mouillé(e); **Nässe** f(-) humidité f,
nässen vi (Wunde) suinter; **nasskalt** adj
froid(e) et humide; **Nassrasur** f rasage m
mécanique
Nastuch nt (A, CH) siehe **Taschentuch**
Nation f nation f; **national** adj
national(e); **Nationalfeiertag** m fête f
nationale; **Nationalhymne** f hymne m
national; **nationalisieren** (pp
nationalisiert) vt nationaliser;
Nationalismus m nationalisme m;
Nationalist, in m(f) nationaliste mf;
nationalistisch adj nationaliste;
Nationalität f nationalité f;
Nationalmannschaft f équipe f
nationale; **Nationalpark** m parc m
national; **Nationalrat** m (A, CH) Conseil
m national; **Nationalsozialismus** m
national-socialisme m, nazisme m
NATO f(-) akr = **North Atlantic Treaty
Organization** OTAN f
Natrium nt sodium m
Natron nt (-s) soude f
Natter f(-, -n) vipère f
Natur f nature f
Naturalien pl: **in ~** en nature
Naturalismus m naturalisme m
Naturerscheinung f phénomène m
naturel; **naturfarben** adj de couleur
naturelle; **naturgemäß** adj naturel(le);
Naturgesetz nt loi f de la nature;
Naturkatastrophe f catastrophe f
naturelle
natürlich adj naturel(le) ▪ adv
naturellement; **natürlicherweise** adv
naturellement; **Natürlichkeit** f
(von Mensch) naturel m, simplicité f
Naturmedizin f médecine f naturelle;
Naturpark m parc m naturel;
Naturprodukt nt (Rohstoff) matière f
première; (landwirtschaftlich) produit m
naturel; **naturrein** adj (Wein etc) naturel(le);
Naturschutz m protection f de la nature;
Naturschutzgebiet nt site m protégé;
Naturwissenschaften pl sciences fpl
naturelles; **Naturwissenschaftler, in**
m(f) scientifique mf; **Naturzustand** m
état m naturel
nautisch adj nautique
Navelorange f orange f navel
Navigation f navigation f;
Navigationsfehler m erreur f de
navigation; **Navigationsinstrumente** pl
instruments mpl de navigation;
Navigationssystem nt système m
de navigation

Nazi m (-s, -s) nazi(e)
n. Chr. abk = **nach Christus** après J.-C.
Neapel nt (-s) Naples
Nebel m (-s, -) brouillard m, brume f;
nebelig adj brumeux(-euse);
Nebelscheinwerfer m phare m
antibrouillard; **Nebelschlussleuchte** f
(Auto) feu m arrière de brouillard

neben präp +dat o akk près de; (außer) à
part; **nebenan** adv à côté;
Nebenanschluss m (Tel) ligne f
supplémentaire; **nebenbei** adv en outre;
(beiläufig) en passant;
Nebenbeschäftigung f activité f
secondaire; **Nebenbuhler, in** m(f) (-s, -)
rival(e); **nebeneinander** adv l'un(e) à
côté de l'autre; **nebeneinanderher** adv
l'un(e) à côté de l'autre, les un(e)s à côté
des autres; **nebeneinander|legen** sep vt
mettre l'un(e) à côté de l'autre;
Nebeneingang m entrée f latérale;
Nebenerscheinung f effet m secondaire;
Nebenfach nt (Sch) matière f secondaire;
Nebenfluss m affluent m;
Nebengeräusch nt parasites mpl,
interférences fpl; **nebenher** adv
(zusätzlich) en outre; (gleichzeitig) en
même temps; (daneben) à côté;
nebenher|fahren sep irr vi aux sein rouler
à côté; **Nebenkosten** pl frais mpl
supplémentaires; **Nebenprodukt** nt
sous-produit m; **Nebenrolle** f rôle m
secondaire; **Nebensache** f bagatelle f;
nebensächlich adj insignifiant(e);
Nebensaison f basse saison f;
Nebensatz m proposition f subordonnée;
Nebenstraße f rue f latérale;
Nebenwirkung f effet m secondaire;
Nebenzimmer nt pièce f voisine
neblig adj brumeux(-euse)
Necessaire nt (-s, -s) (Reisenecessaire)
trousse f de voyage; (Nagelnecessaire)
trousse f de manicure
necken vt taquiner; **Neckerei** f
taquinerie f; **neckisch** adj taquin(e);
(Einfall, Lied) amusant(e)
Neffe m (-n, -n) neveu m
negativ adj négatif(-ive); **Negativ** nt
négatif m
Neger, in m(f) (-s, -) Noir(e)
negieren (pp negiert) vt nier
nehmen (nahm, genommen) vt prendre;
etw an sich akk ~ prendre qch; **sich ernst**
~ se prendre au sérieux; **nimm dir noch
einmal** ressers-toi
Neid m (-(e)s) jalousie f; **Neider, in** m(f)
(-s, -) jaloux(-ouse), envieux(-euse);
neidisch adj envieux(-euse)
neigen vt incliner ▪ vi: **zu etw** ~ tendre
à qch; **Neigung** f (des Geländes) pente f,

inclinaison f; (Tendenz) tendance f (zu à); (Vorliebe) penchant m (zu pour); (Zuneigung) affection f (zu pour); **Neigungswinkel** m angle m d'inclinaison

nein adv non

Nektarine f brugnon m, nectarine f

Nelke f (-, -n) œillet m; (Gewürz) clou m de girofle

nennen (**nannte, genannt**) vt nommer; (Kind) appeler; (Namen) dire; **nennenswert** adj digne d'être mentionné(e), remarquable; (Schaden) considérable

Nenner m (-s, -) (Math) dénominateur m

Nennung f mention f; **ohne ~ von Namen** sans mentionner personne

Nennwert m (Fin) valeur f nominale

Neologismus m néologisme m

Neon nt (-s) néon m

Neonazi m néonazi(e)

Neonlicht nt lampe f au néon; **Neonröhre** f tube m au néon

Neoprenanzug m combinaison f en néoprène

Nepal nt (-s) le Népal

Nerv m (-s, -en) nerf m; **jdm auf die Nerven gehen** taper sur les nerfs de qn; **nerven** vt (fam) taper sur les nerfs de, énerver; **nervenaufreibend** adj énervant(e); **Nervenbündel** nt paquet m de nerfs; **Nervenheilanstalt** f maison f de santé; **Nervenklinik** f clinique f psychiatrique; (Neurologie) clinique f neurologique; **nervenkrank** adj neurasthénique; **Nervensäge** f (fam) casse-pieds mf; **Nervenschwäche** f neurasthénie f; (fam: schwache Nerven) nerfs mpl fragiles; **Nervensystem** nt système m nerveux; **Nervenzusammenbruch** m dépression f nerveuse

nervig adj (fam) tuant(e); (Mensch) assommant(e)

nervös adj nerveux(-euse); **Nervosität** f nervosité f

nervtötend adj abrutissant(e)

Nerz m (-es, -e) vison m

Nessel f (-, -n) ortie f

Nessessär nt (-s, -s) siehe **Necessaire**

Nest nt (-(e)s, -er) nid m; (fam: Ort) patelin m; (von Dieben) repaire m

nesteln vi: **an etw** dat **~** tripoter qch; (zurechtrücken) arranger qch

Netikette f, **Netiquette** f nétiquette f, étiquette f de réseau

nett adj joli(e); (Abend) agréable; (freundlich) gentil(le); **netterweise** adv gentiment, aimablement

netto adv net; **Nettobetrag** m montant m net

Netz nt (-es, -e) filet m; (Spinnennetz) toile f; (System) réseau m; **ans ~ gehen** être mis(e) en service; **etw ins ~ stellen** mettre qch en réseau; **Netzanschluss** m raccordement m au secteur; **Netzbetreiber, in** m(f) fournisseur m d'accès; **Netzgerät** nt alimentation f (sur) secteur; **Netzhaut** f rétine f; **Netzkarte** f abonnement m; **Netzpirat, in** m(f) pirate mf informatique; **Netzsurfer, in** m(f) internaute mf; **Netzwerk** nt réseau m; **Netzwerkkarte** f adaptateur m de réseau

neu adj nouveau(-velle); (noch nicht gebraucht) neuf (neuve); (Sprachen, Geschichte) moderne; **Neuer Markt** Nouveau marché m ■ adv: **~ schreiben/ machen** récrire/refaire; **seit Neuestem** tout récemment; **Neuanschaffung** f nouvelle acquisition f; **neuartig** adj (Sache) inédit(e); **Neuauflage** f réédition f; **Neuausgabe** f nouvelle édition f; **Neubau** m (pl **Neubauten**) construction f nouvelle; **Neue, r** f/m nouveau(-velle)

Neuenburg nt (-s) (Stadt und Kanton) Neuchâtel

neuerdings adv (kürzlich) récemment; (von Neuem) de nouveau; **Neuerung** f innovation f

Neufundland nt la Terre-Neuve

Neugier f (-) curiosité f; **neugierig** adj curieux(-euse)

Neuguinea nt la Nouvelle-Guinée

Neuheit f nouveauté f

Neuigkeit f nouvelle f

Neujahr nt nouvel an m

neulich adv l'autre jour

Neuling m novice mf, débutant(e)

Neumond m nouvelle lune f

neun num neuf; **Neun** f (-, -en) neuf m; **neunfach** adj neuf fois; **neunhundert** num neuf cents; **neunjährig** adj de neuf ans; **neunmal** adv neuf fois; **neunt** adv: **zu ~** à neuf; **neunte, r, s** adj neuvième; **der ~ Mai** le neuf mai; **Dinard, den 9. Mai** Dinard, le 9 mai; **Neunte, r** mf neuvième mf; **Neuntel** nt (-s, -) neuvième m; **neuntens** adv neuvièmement

neunzehn num dix-neuf

neunzig num quatre-vingt-dix; (schweizerisch, belgisch) nonante

neureich adj (Mensch) nouveau riche

Neurose f (-, -n) névrose f; **Neurotiker, in** m(f) (-s, -) névrosé(e); **neurotisch** adj névrosé(e)

Neuseeland nt la Nouvelle-Zélande; **Neuseeländer, in** m(f) (-s, -) Néo-Zélandais(e); **neuseeländisch** adj néo-zélandais(e)

Neustart m (Inform) redémarrage m

neutral adj neutre; **neutralisieren**
(pp **neutralisiert**) vt neutraliser;
Neutralität f neutralité f
Neutron nt (-s, -en) neutron m;
Neutronenbombe f bombe f à
neutrons
Neutrum nt (-s, **Neutra** o **Neutren**)
neutre m
Neuwert m valeur f à l'état neuf;
neuwertig adj à l'état neuf; **Neuzeit** f
temps mpl modernes; **neuzeitlich** adj
moderne
Newbie m (-s, -s) (Inform) internaute mf
novice
Newsgroup f (-, -s) (Inform) newsgroup m
Nicaragua nt (-s) le Nicaragua;
Nicaraguaner, in m(f) (-s, -)
Nicaraguayen(ne); **nicaraguanisch** adj
nicaraguayen(ne)
nicht adv (ne …) pas; ~ **wahr?** n'est-ce pas?;
~ **doch** mais non; ~ **berühren** ne pas
toucher; ~ **rostend** inoxydable;
Nichtangriffspakt m pacte m de non-
agression
Nichte f (-, -n) nièce f
Nichteuropäer, in m(f) non-Européen(ne)
nichtig adj (ungültig) nul(le);
(bedeutungslos) vain(e); (wertlos) futile;
Nichtigkeit f nullité f; (Sinnlosigkeit)
futilité f
Nichtraucher, in m(f) non-fumeur(-euse);
Nichtraucherflug m vol m non-fumeur;
nichtrostend adj siehe **nicht**
nichts pron (ne …) rien; ~ **ahnend** sans
se douter de rien; ~ **sagend** siehe
nichtssagend; Nichts nt (-s) néant m;
(pej: Mensch) zéro m
Nichtschwimmer, in m(f)
non-nageur(-euse); **nichtsdestoweniger**
adv néanmoins; **Nichtsnutz** m (-es, -e)
vaurien(ne); **nichtsnutzig** adj: **ein**
nichtsnutziger Kerl un vaurien;
nichtssagend adj insignifiant(e);
Nichtstun nt oisiveté f
Nichtzutreffende, s nt:
Nichtzutreffendes bitte streichen rayer
les mentions inutiles
Nickel nt (-s) nickel m
nicken vi faire un signe de la tête
Nickerchen nt petit somme m
Nidwalden nt (-s) Nidwald
nie adv (ne …) jamais; ~ **wieder**, ~ **mehr**
jamais plus, plus jamais; ~ **und nimmer**
jamais de la vie
nieder adj bas(se) ■ adv: ~ **mit …** à
bas …; **Niedergang** m déclin m,
décadence f; **nieder|gehen** sep irr vi
aux sein descendre; (Regen) s'abattre;
niedergeschlagen adj abattu(e),
déprimé(e); **Niedergeschlagenheit** f

abattement m; **Niederlage** f défaite f,
échec m
Niederlande pl: **die ~** les Pays-Bas mpl;
Niederländer, in m(f) (-s, -)
Néerlandais(e); **niederländisch** adj
néerlandais(e)
nieder|lassen sep irr vr: **sich ~** s'installer;
Niederlassung f (Com) succursale f;
nieder|legen sep vt poser; (Arbeit) cesser;
(Amt) démissionner de
Niederösterreich nt la Basse-Autriche
Niedersachsen nt (-s) la Basse-Saxe
Niederschlag m (Chem) précipité m;
(Meteo) précipitations fpl;
nieder|schlagen sep irr vt (Gegner)
terrasser; (Augen) baisser; (Aufstand)
réprimer; **das Verfahren wurde**
niedergeschlagen l'affaire a été classée
■ vr: **sich ~** (Chem) former un précipité;
sich in etw dat ~ s'exprimer dans qch
niederträchtig adj infâme, vil(e)
Niederung f (Geo) cuvette f
niedlich adj mignon(ne), adorable
niedrig adj bas(se); (Geschwindigkeit)
faible; (Stand) modeste
niemals adv (ne …) jamais
niemand pron personne (ne …);
Niemandsland nt zone f neutre
Niere f (-, -n) rein m; **jdm an die Nieren**
gehen (fam) toucher qn au vif;
Nierenentzündung f néphrite f;
Nierentasche f sac m banane
nieseln vb unpers: **es nieselt** il bruine
niesen vi éternuer
Niete f (-, -n) (Tech) rivet m; (Los) mauvais
numéro m; (Reinfall) fiasco m; (Mensch)
raté(e); **nieten** vt riveter
Niger nt (-s) le Niger
Nigeria nt (-s) le Nigeria
Nihilismus m nihilisme m;
Nihilist, in m(f) nihiliste mf;
nihilistisch adj nihiliste
Nikolaus m (-) saint Nicolas m;
Nikolaustag m Saint-Nicolas f
Nikotin nt (-s) nicotine f; **nikotinarm** adj
pauvre en nicotine
Nil m (-s) Nil m
Nilpferd nt hippopotame m
Nimmersatt m (-(e)s, -e) glouton(ne)
nippen vt, vi siroter (an +dat qch)
Nippsachen pl bibelots mpl
nirgends, nirgendwo adv (ne …)
nulle part; **nirgendwohin** adv nulle
part
Nische f (-, -n) niche f
nisten vi (Vogel) nicher, faire son nid
Nitrat nt nitrate m
Niveau nt (-s, -s) niveau m
Nixe f (-, -n) ondine f
Nizza nt (-s) Nice

noch adv encore; ~ **nie** jamais; ~ **nicht** pas encore; **immer** ~ toujours, encore; ~ **heute** aujourd'hui même; ~ **vor einer Woche** il y a encore une semaine; **und wenn es** ~ **so schwer ist** même si c'est très difficile; ~ **einmal** encore une fois; ~ **und** ~ en masse ▪ konj: **weder ... ~** ni ... ni; **nochmalig** adj répété(e); **nochmals** adv encore une fois

Nockenwelle f arbre m à cames
Nominalwert m valeur f nominale
Nominativ m nominatif m
nominell adj (Besitzer) nominal(e) ▪ adv nominalement
No-Name-Produkt nt produit m sans nom
Nonne f (-, -n) religieuse f; **Nonnenkloster** nt couvent m
Nordamerika nt l'Amérique f du Nord; **norddeutsch** adj allemand(e) du Nord; **Norddeutschland** nt l'Allemagne f du Nord; **Norden** m (-s) nord m; (Region) Nord m; **im** ~ **von** au nord de; **Nordirland** nt l'Irlande f du Nord, l'Ulster m; **nordisch** adj nordique; **Nordkorea** nt la Corée du Nord; **nördlich** adj septentrional(e), du nord ▪ adv au nord; ~ **von Heidelberg** au nord de Heidelberg; **Nordosten** m nord-est m; (Region) Nord-Est m; **Nordpol** m pôle m Nord
Nordrhein-Westfalen nt (-s) la Rhénanie-(du-Nord-)Westphalie
Nordsee f mer f du Nord; **Nordwesten** m nord-ouest m; (Region) Nord-Ouest m
Nörgelei f récriminations fpl, remarques fpl continuelles; **nörgeln** vi grogner, rouspéter; **Nörgler, in** m(f) (-s, -) ronchonneur(-euse), rouspéteur(-euse)
Norm f (-, -en) norme f
normal adj normal(e); **Normalbenzin** nt essence f ordinaire, ordinaire m; **normalerweise** adv normalement; **normalisieren** (pp **normalisiert**) vt (Lage) normaliser ▪ vr: **sich** ~ se normaliser, revenir à la normale
normen vt standardiser
Norwegen nt (-s) la Norvège; **Norweger, in** m(f) (-s, -) Norvégien(ne); **norwegisch** adj norvégien(ne)
Not f (-, **Nöte**) détresse f; (Armut) besoin m, dénuement m; (Mühe) peine f; (Zwang) nécessité f; **zur** ~ au besoin; (gerade noch) à la rigueur; ~ **leidend** nécessiteux(-euse)
Notar, in m(f) notaire m; **Notariat** nt cabinet m de notaire; **notariell** adj (Beglaubigung) notarié(e)
Notarzt m médecin m d'urgence [o de SAMU]; **Notarztdienst** m service m d'aide médicale urgente, SAMU m; **Notarztwagen** m voiture f du SAMU;

Notausgang m sortie f de secours; **Notbehelf** m succédané m, expédient m; **Notbremse** f signal m d'alarme; **Notdienst** m service m de garde; **notdürftig** adj (Ersatz) insuffisant(e); (behelfsmäßig: Reparatur) provisoire; **sich** ~ **verständigen** se faire comprendre tant bien que mal
Note f (-, -n) note f; (Banknote) billet m; (Gepräge) trait m, marque f
Notebook nt (-(s), -s) (Inform) ordinateur m portable, portable m
Notenblatt nt feuillet m de musique; **Notenschlüssel** m clé f; **Notenständer** m pupitre m (à musique)
Notfall m cas m d'urgence; **notfalls** adv au besoin, si besoin est; **notgedrungen** adv: **etw** ~ **machen** faire qch par nécessité
notieren (pp **notiert**) vt, vi noter; (Fin) coter; **Notierung** f (Fin) cotation f
nötig adj nécessaire; **etw** ~ **haben** avoir besoin de qch
nötigen vt obliger (zu à)
nötigenfalls adv si besoin est, au besoin
Notiz f (-, -en) notice f, note f; ~ **nehmen** remarquer (von etw qch); **Notizblock** m bloc-notes m; **Notizbuch** nt carnet m, calepin m; **Notizzettel** m bout m de papier
Notlage f situation f critique, détresse f; **notlanden** (notlandete, notgelandet) vi aux sein faire un atterrissage forcé; **Notlandung** f atterrissage m forcé; **notleidend** adj siehe **Not**; **Notlösung** f solution f provisoire; **Notlüge** f pieux mensonge m
notorisch adj notoire
Notruf m appel m au secours; **Notrufsäule** f poste m d'appel de secours; **Notrutsche** f toboggan m de secours [o d'évacuation]; **Notstand** m état m d'urgence; **Notstandsgesetz** nt loi f d'urgence; **Notunterkunft** f logement m provisoire; **Notverband** m pansement m provisoire; **Notwehr** f (-) légitime défense f; **notwendig** adj nécessaire; (zwangsläufig) obligatoire; **Notwendigkeit** f nécessité f; **Notzucht** f viol m
Novelle f nouvelle f; (Jur) amendement m
November m (-(s), -) novembre m; **im** ~ en novembre; **16.** ~ **2007** le 16 novembre 2007; **am 16.** ~ le 16 novembre
Nu m: **im Nu** en moins de rien
Nuance f (-, -n) nuance f; (Kleinigkeit) soupçon m
nüchtern adj (Mensch) à jeun; (nicht betrunken) pas ivre; (Urteil) objectif(-ive); (Einrichtung) simple; **Nüchternheit** f sobriété f

Nudel f (-, -n) nouille f
null num zéro; ~ **und nichtig** nul(le) et non
avenu(e); **Null** f (-, -en) zéro m;
Nullpunkt m zéro m; **Nullrunde** f gel m
des salaires; **Nullsummenspiel** nt
opération f blanche; **Nulltarif** m
gratuité f; **zum** ~ gratuitement
numerieren vt siehe **nummerieren**
numerisch adj numérique
Numerus clausus m (-, -) numerus
clausus m
Nummer f (-, -n) numéro m;
nummerieren (pp **nummeriert**) vt
numéroter; **Nummernblock** m (Inform)
bloc m numérique; **Nummernkonto** nt
compte m numéroté; **Nummernscheibe**
f cadran m; **Nummernschild** nt (Auto)
plaque f minéralogique
nun adv maintenant ◼ interj alors
nur adv seulement
Nürnberg nt (-s) Nuremberg
Nuss f (-, **Nüsse**) noix f; (Haselnuss)
noisette f; **Nussbaum** m noyer m;
Nussknacker m (-s, -) casse-noisettes m
Nüster f (-, -n) naseau m
Nutte f (-, -n) putain f
nutzbar adj (Boden) cultivable; ~ **machen**
rendre cultivable; **Nutzbarmachung** f
exploitation f; **nutzbringend** adj
profitable ◼ adv: **etw** ~ **anwenden**
mettre qch à profit
nütze adj: **zu nichts** ~ **sein** n'être bon(ne)
à rien
nutzen, nützen vt utiliser; **nichts** ~ ne
servir à rien ◼ vi (gut sein) être utile, être
bon(ne) (dat à, pour); **Nutzen** m (-s)
utilité f; siehe auch **zunutze**
nützlich adj utile; **Nützlichkeit** f utilité f
nutzlos adj inutile; **Nutzlosigkeit** f
inutilité f; **Nutznießer, in** m(f) (-s, -)
usufruitier(-ière)
Nymphe f (-, -n) nymphe f
Nymphomanin f nymphomane f

O

O, o nt (-, -) O, o m
Oase f (-, -n) oasis f
o. B. abk = **ohne Befund** rien à signaler
OB m (-s, -s) abk = **Oberbürgermeister**
maire m
ob konj si; **ob das wohl wahr ist?** je me
demande si c'est vrai; **und ob!** et
comment!
Obacht f: (**auf jdn/etw**) ~ **geben** faire
attention (à qn/qch)
ÖBB f (-) abk = **Österreichische**
Bundesbahn chemin m de fer autrichien
Obdach nt abri m, refuge m; **obdachlos**
adj sans abri; **Obdachlose, r** mf
sans-abri mf
Obduktion f autopsie f; **obduzieren**
(pp **obduziert**) vt autopsier
O-Beine pl jambes fpl arquées
oben adv en haut; ~ **genannt**, ~ **erwähnt**
mentionné(e) ci-dessus; **nach** ~ en haut,
vers le haut; **von** ~ d'en haut; ~ **ohne** seins
nus; **obenan** adv tout en haut; **obenauf**
adv dessus ◼ adj (munter) en forme;
obendrein adv par-dessus le marché;
obenerwähnt, obengenannt adj siehe
oben
Ober m (-s, -) (Kellner) garçon m
Oberarm m haut m du bras; **Oberarzt** m,
-ärztin f médecin f chef; **Oberaufsicht** f
supervision f; **Oberbefehl** m haut

commandement m; **Oberbefehlshaber, in** m(f) commandant(e) en chef;
Oberbegriff m terme m générique;
Oberbekleidung f vêtements mpl (de dessus); **Oberbett** nt couette f;
Oberbürgermeister, in m(f) maire mf;
Oberdeck nt (von Schiff) pont m supérieur; (von Bus) impériale f

obere, r, s adj supérieur(e)

Oberfläche f surface f; **oberflächlich** adj superficiel(le)

Obergeschoss nt étage m; **oberhalb** adv au-dessus ■ präp +gen au-dessus de;
Oberhaupt nt chef m; **Oberhaus** nt chambre f haute; **Oberhemd** nt chemise f; **Oberherrschaft** f suprématie f

Oberin f (Rel) mère f supérieure

Oberkellner, in m(f) maître m d'hôtel;
Oberkiefer m mâchoire f supérieure;
Oberkommando nt haut commandement m; **Oberkörper** m tronc m, haut m du corps; **Oberleitung** f direction f générale; (Elec) câble m aérien; **Oberlicht** nt imposte f; **Oberlippe** f lèvre f supérieure;
Oberösterreich nt la Haute-Autriche

Obers nt (-) (A) crème f

Oberschenkel m cuisse f; **Oberschicht** f classe f supérieure; **Oberschule** f ≈ lycée m; **Oberschwester** f (Med) infirmière-chef f

Oberst m (-en o -s, -e(n)) colonel m

oberste, r, s adj le (la) plus haut(e);
(Befehlshaber, Gesetz) suprême; (Klasse) supérieur(e)

Oberstufe f ≈ second cycle m; **Oberteil** nt partie f supérieure; **Oberwasser** nt:
~ **haben** (fam) avoir le vent en poupe;
Oberweite f tour m de poitrine

obgleich konj bien que +subj

Obhut f (-) garde f, protection f

obig adj ci-dessus

Objekt nt (-s, -e) objet m; (Ling) complément m d'objet

objektiv adj objectif(-ive)

Objektiv nt objectif m

Objektivität f objectivité f

obligatorisch adj obligatoire

Oboe f (-, -n) hautbois m

Obrigkeit f (Behörde) autorités fpl;
(Regierung) pouvoirs mpl publics

obschon konj quoique +subj

Observatorium nt observatoire m

obskur adj obscur(e); (verdächtig) douteux(-euse)

Obst nt (-(e)s) fruit(s) m(pl); **Obstbau** m culture f fruitière; **Obstbaum** m arbre m fruitier; **Obstgarten** m verger m;
Obsthändler, in m(f) marchand(e) de fruits; **Obstkuchen** m tarte f aux fruits;
Obstsalat m macédoine f

obszön adj obscène; **Obszönität** f obscénité f

Obwalden nt (-s) Obwald

obwohl konj bien que +subj

Ochse m (-n, -n) bœuf m;
Ochsenschwanzsuppe f soupe f à la queue de bœuf; **Ochsenzunge** f langue f de bœuf

öd, e adj (Land) désert(e), inculte;
(fig: Leben) terne, ennuyeux(-euse)

Öde f (-, -n) désert m; (fig) vide m, ennui m

oder konj ou

OECD f (-) abk = **Organization for Economic Cooperation and Development** OCDE f

Ofen m (-s, Öfen) (Heizofen) poêle m;
(Backofen) four m; (Hochofen) haut fourneau m; **Ofenkartoffel** f pomme f de terre au four; **Ofenrohr** nt tuyau m de poêle

offen adj ouvert(e); (Feuer) vif (vive),
(Meer, Land) plein(e); (Stelle) vacant(e);
(aufrichtig) franc (franche); **ein offenes Haus haben** tenir table ouverte; ~ **gesagt** à vrai dire; ~ **bleiben** (Fenster) rester ouvert(e); ~ **lassen** (Tür etc) laisser ouvert(e); ~ **stehen** (Tür etc) être ouvert(e); siehe auch **offenbleiben, offenlassen, offenstehen**

offenbar adj manifeste, évident(e)
■ adv manifestement; **offenbaren**
(pp **offenbart**) vt: **jdm etw** ~ révéler qch à qn; **Offenbarung** f révélation f

offen|bleiben sep irr vi (Frage, Entscheidung) rester en suspens;
Offenheit f franchise f, sincérité f;
offenherzig adj (Mensch) ouvert(e);
(Bekenntnis) sincère; (Kleid) très décolleté(e); **offenkundig** adj public(-ique); (klar) évident(e);
offen|lassen sep irr vt (Frage) laisser en suspens; **offensichtlich** adj manifeste

offensiv adj offensif(-ive); **Offensive** f offensive f

offen|stehen sep irr vi: **es steht Ihnen offen, das zu tun** vous êtes libre de le faire

öffentlich adj public(-ique); **Erregung öffentlichen Ärgernisses** outrage m public à la pudeur; **Öffentlichkeit** f public m; (einer Versammlung etc) publicité f; **in aller Öffentlichkeit** en public;
an die Öffentlichkeit dringen transpirer;
Öffentlichkeitskampagne f campagne f de relations publiques

Offerte f (-, -n) offre f

offiziell adj officiel(le)

Offizier m (-s, -e) officier m;
Offizierskasino nt mess m

offline adv (Inform) hors-ligne, offline;
Offlinebetrieb m mode m autonome, opération f hors ligne

öffnen vt (Tür; Inform) ouvrir ■ vr: **sich** ~ s'ouvrir; **Öffner** m (**-s, -**) (Dosenöffner) ouvre-boîte m; (Türöffner) portier m automatique; **Öffnung** f ouverture f; **Öffnungszeiten** pl heures fpl d'ouverture

oft adv souvent; **öfter** adv plus souvent; **öfters** adv souvent

OHG f (**-, -s**) abk = **Offene Handelsgesellschaft** société f en nom collectif

ohne präp +akk sans; **das ist nicht** ~ (fam) ce n'est pas si bête que ça; **~ Weiteres** simplement; (sofort) immédiatement ■ konj (mit Infinitiv) sans; **~, dass ...** sans que ... +subj; **ohnedies** adv de toute façon; **ohnegleichen** adv inv sans égal, incomparable; **ohnehin** adv de toute façon

Ohnmacht f (**-, -en**) évanouissement m; (fig) impuissance f; **in ~ fallen** s'évanouir; **ohnmächtig** adj évanoui(e); (fig) impuissant(e)

Ohr nt (**-(e)s, -en**) oreille f; (Gehör) ouïe f

Öhr nt (**-(e)s, -e**) chas m

Ohrenarzt m, **-ärztin** f oto-rhino(-laryngologiste) mf; **ohrenbetäubend** adj assourdissant(e); **Ohrenschmalz** nt cérumen m; **Ohrenschmerzen** pl maux mpl d'oreilles; **Ohrenschützer** pl cache-oreilles m; **Ohrfeige** f gifle f, claque f; **ohrfeigen** vt gifler; **Ohrläppchen** nt lobe m de l'oreille; **Ohrringe** pl boucles fpl d'oreille; **Ohrwurm** m perce-oreille m; (Mus) ritournelle f

oje interj hélas

okkupieren (pp **okkupiert**) vt occuper

Ökologe m (**-n, -n**), **-login** f écologiste mf; **Ökologie** f écologie f; **ökologisch** adj écologique; **ökologisches Gleichgewicht** équilibre m écologique

ökonomisch adj économique

Ökopartei f parti m écologiste; **Ökopax, in** m(f) (**-en, -en**) écolo mf (pacifiste); **Ökosteuer** f écotaxe f; **Ökosystem** nt écosystème m

Oktanzahl f indice m d'octane

Oktave f (**-, -n**) octave f

Oktober m (**-(s), -**) octobre m; **im ~** en octobre; **4. ~ 2009** le 4 octobre 2009; **am 4. ~** le 4 octobre; **Oktoberfest** nt festival m de la bière (à Munich)

ökumenisch adj œcuménique

Öl nt (**-(e)s, -e**) huile f; (Erdöl) pétrole m; (Heizöl) mazout m; **Ölbaum** m olivier m; **ölen** vt (Tech) lubrifier, graisser; **Ölfarbe** f peinture f à l'huile; **Ölfeld** nt gisement m de pétrole; **Ölfilm** m pellicule f d'huile; **Ölfilter** m filtre m à huile; **Ölheizung** f chauffage m au mazout; **ölig** adj (ölhaltig) oléagineux(-euse); (schmierig) huileux(-euse); (Stimme) mielleux(-euse)

Olive f (**-, -n**) olive f; **oliv(farben)** adj inv (vert) olive

Ölmessstab m jauge f de niveau d'huile; **Ölpest** f marée f noire; **Ölsardine** f sardine f à l'huile; **Ölscheich** m émir m du pétrole; **Ölstandanzeiger** m indicateur m de niveau d'huile; **Ölteppich** m marée f noire; **Ölung** f lubrification f; **die Letzte Ölung** (Rel) l'extrême onction; **Ölwechsel** m vidange f (d'huile)

Olympiade f olympiade f; **Olympiasieger, in** m(f) champion(ne) olympique; **Olympiateilnehmer, in** m(f) sportif(-ive) qui participe aux jeux olympiques; **olympisch** adj (Spiele) olympique

Ölzeug nt ciré m

Oma f (**-, -s**) (fam) mémé f, mamie f

Oman nt (**-s**) (le sultanat d')Oman

Omelett nt (**-(e)s, -e** o **-s**), **Omelette** f (**-, -n**) omelette f

Omen nt (**-s, -** o **Omina**) présage m

Omnibus m autobus m

onanieren (pp **onaniert**) vi se masturber

Onkel m (**-s, -**) oncle m

online adv (Inform) en ligne, online; **Onlinebanking** nt système m de banque en ligne; **Onlinebetrieb** m mode m connecté, opération f en ligne; **Onlinebibliothek** f bibliothèque f en ligne; **Onlinedienst** m service m en ligne; **Onlinelearning** nt (**-s**) téléenseignement m en ligne; **Onlineshopping** nt achat m en ligne

Opa m (**-s, -s**) (fam) pépé m, papi m

Opal m (**-s, -e**) opale f

OPEC f (**-**) akr = **Organization of Petroleum Exporting Countries** OPEP f

Open-Air-Konzert nt (**-s, -s**) concert m en plein air

Oper f (**-, -n**) opéra m

Operation f opération f; **Operationssaal**
m salle f d'opération
Operette f opérette f
operieren (pp **operiert**) vt, vi opérer; **am
Blinddarm operiert werden** être opéré(e)
de l'appendicite
Opernglas nt jumelles fpl de spectacle;
Opernhaus nt opéra m; **Opernsänger,
in** m(f) chanteur(-euse) d'opéra
Opfer nt (**-s, -**) (Gabe) offrande f; (Verzicht)
sacrifice m; (Mensch) victime f; **opfern** vt
sacrifier; **Opferstock** m (Rel) tronc m;
Opferung f sacrifice m
Opium nt opium m
opponieren (pp **opponiert**) vi s'opposer
(gegen jdn/etw à qn/qch)
opportun adj opportun(e);
Opportunismus m opportunisme m;
Opportunist, in m(f) opportuniste mf
Opposition f opposition f; **oppositionell**
adj d'opposition
Optik f optique f; **Optiker, in** m(f) (**-s, -**)
opticien(ne)
optimal adj optimal(e), optimum
optimieren (pp **optimiert**) vt optimaliser
Optimismus m optimisme m; **Optimist,
in** m(f) optimiste mf; **optimistisch** adj
optimiste; **Optimum** nt (**-s, Optima**)
optimum m
Option f (**-, -en**) option f
optisch adj optique
Orakel nt (**-s, -**) oracle m
orange adj inv orange; **Orange** f (**-, -n**)
orange f; **Orangeade** f orangeade f;
Orangeat nt écorce f d'orange confite;
Orangenmarmelade f confiture f
d'orange; **Orangensaft** m jus m d'orange;
Orangenschale f écorce f d'orange
Orchester nt (**-s, -**) orchestre m
Orchidee f (**-, -n**) orchidée f
Orden m (**-s, -**) (Rel) ordre m; (Mil)
décoration f; **Ordensschwester** f
religieuse f
ordentlich adj (anständig) respectable;
(Arbeit) soigné(e); (Zimmer) bien rangé(e);
(fam: annehmbar) potable ■ adv bien;
Ordentlichkeit f respectabilité f, soin m,
bon ordre m
Ordinalzahl f nombre m ordinal
ordinär adj (gemein) vulgaire; (alltäglich)
ordinaire
ordnen vt (Papiere, Bücher etc) ordonner,
classer; (Gedanken) mettre de l'ordre dans;
Ordner m (**-s, -**) (Aktenordner) classeur m;
(Inform) dossier m; **Ordner, in** m(f) (**-s, -**)
ordonnateur(-trice); **Ordnung** f (das
Ordnen) rangement m, classement m;
(das Geordnetsein) ordre m;
ordnungsgemäß adj (Erledigung)
correct(e), en bonne et due forme;

(Verhalten) conforme aux règles;
ordnungshalber adv pour la forme;
Ordnungsliebe f goût m de l'ordre;
Ordnungsstrafe f amende f;
ordnungswidrig adj (Verhalten)
irrégulier(-ière); **Ordnungszahl** f
nombre m ordinal
Oregano m (**-**) origan m
Organ nt (**-s, -e**) organe m
Organisation f (a. Inform)
organisation f; **Organisationstalent** nt
talent m d'organisateur; (Mensch)
organisateur(-trice) de premier
ordre; **Organisator, in** m(f)
organisateur(-trice); **organisatorisch** adj
(Talent) d'organisateur(-trice); (Arbeit)
d'organisation
organisch adj organique
organisieren (pp **organisiert**) vt
organiser ■ vr: **sich ~** s'organiser
Organismus m organisme m
Organist, in m(f) organiste mf
Organizer m (**-s, -**) agenda m électronique
Organspender, in m(f) donneur(-euse)
d'organes; **Organverpflanzung** f
transplantation f d'organe
Orgasmus m orgasme m
Orgel f (**-, -n**) orgue m, orgues fpl;
Orgelpfeife f tuyau m d'orgue;
wie die Orgelpfeifen stehen être en
rang d'oignons
Orgie f orgie f
Orient m (**-s**) Orient m; **Orientale** m
(**-n, -n**), **-talin** f Oriental(e);
orientalisch adj oriental(e)
orientieren (pp **orientiert**) vt
(informieren: jdn) informer, mettre au
courant ■ vr: **sich ~** (örtlich) s'orienter;
(sich informieren) s'informer; **sich an
etw** dat **~** s'orienter d'après [o par] qch;
Orientierung f orientation f;
zu Ihrer ~ à titre d'information;
Orientierungssinn m sens m de
l'orientation; **Orientierungsstufe** f
≈ cycle m d'orientation

⬤ **ORIENTIERUNGSSTUFE**
⬤
⬤ *Orientierungsstufe* est le nom donné
⬤ aux deux premières années passées
⬤ dans une *Realschule* ou un *Gymnasium*.
⬤ Durant ces deux années, l'élève est
⬤ jugé sur ses capacités et peut passer
⬤ au bout de ces deux ans dans une école
⬤ qui lui correspond mieux.   ·

original adj original(e)
Original nt (**-s, -e**) original m; (Mensch)
original(e); **Originalfassung** f version f
originale; **Originalität** f (Echtheit)

authenticité f; (von Idee, Mensch)
originalité f; **Originalton** m version f
originale
originell adj original(e)
Orkan m (-(e)s, -e) ouragan m
Ornament nt ornement m, décoration f;
ornamental adj ornemental(e)
Ort m (-(e)s, -e o **Örter**) endroit m, lieu m;
(Stadt etc) localité f; **an ~ und Stelle** sur
place, sur les lieux; **vor ~** sur place;
orten vt repérer
orthodox adj orthodoxe
Orthografie, Orthographie f
orthographe f; **orthografisch,
orthographisch** adj orthographique
Orthopäde m (-n, -n), **-pädin** f
orthopédiste mf; **Orthopädie** f
orthopédie f; **orthopädisch** adj
orthopédique
örtlich adj local(e); **Örtlichkeit** f endroit
m; **die Örtlichkeitn** (Toiletten) les toilettes
fpl; **sich mit den Örtlichkeiten vertraut
machen** se familiariser avec les lieux
Ortsangabe f indication f du lieu;
ortsansässig adj (Arzt) de l'endroit;
(Firma) local(e); **die ortsansässigen
Bewohner** les autochtones mpl;
irgendwo ~ sein habiter quelque part;
(Firma) être implanté(e) quelque part
Ortschaft f localité f, agglomération f;
geschlossene ~ localité f
ortsfremd adj étranger(-ère); **ich bin hier
~** je ne suis pas d'ici; **Ortsgespräch** nt
(Tel) communication f locale [o urbaine];
Ortsname m nom m de lieu; **Ortsnetz** nt
réseau m local [o urbain]; **Ortssinn** m
sens m de l'orientation; **Ortszeit** f heure f
locale
Ortung f repérage m
Oscarverleihung f remise f des oscars
Öse f (-, -n) œillet m, anneau m
Osmose f (-, -n) osmose f
Ossi m (-s, -s) (fam) habitant de l'ex-R.D.A.

⬡ **Ossi**
⬡
⬡ Ossi est un terme familier et
⬡ irrespectueux désignant un Allemand
⬡ de l'ancienne DDR.

Ostalgie f nostalgie du régime de l'ex-R.D.A.
Ostblock m (Hist) bloc m de l'Est; **Osten** m
(-s) est m; (Region) Est m; (Pol) pays mpl
de l'Est; **im ~ von** à l'est de; **der Ferne ~**
l'Extrême-Orient; **der Mittlere ~** le
Moyen-Orient; **der Nahe ~** le Proche-
Orient
ostentativ adj ostensible
Osterei nt œuf m de Pâques; **Osterfest** nt
fête f de Pâques; **Osterglocke** f

jonquille f; **Osterhase** m lapin m de
Pâques; **Ostermontag** m lundi m de
Pâques; **Ostern** nt (-, -) Pâques fpl
Österreich nt (-s) l'Autriche f;
Österreicher, in m(f) (-s, -)
Autrichien(ne); **österreichisch** adj
autrichien(ne)
Ostersonntag m dimanche m de Pâques
östlich adj de l'est; (Pol) de l'Est ■ adv à
l'est; **östlich von Frankfurt** à l'est de
Frankfurt; **Ostsee** f (mer f) Baltique f;
Ostwind m vent m d'est
OSZE f (-) abk = **Organisation für
Sicherheit und Zusammenarbeit in
Europa** OSCE f
oszillieren (pp **oszilliert**) vi osciller
O-Ton m version f originale
Otter m (-s, -) loutre f ■ f (-, -n) (Schlange)
vipère f
out adj (fam) démodé(e)
Outdoor-Aktivitäten pl activités fpl
de plein air
outen vt: **einen Homosexuellen ~**
dévoiler l'homosexualité d'une personne
■ vr: **sich ~** reconnaître officiellement son
homosexualité
Outfit nt (-s, -s) (fam) tenue f
Outsourcing nt (-s) sous-traitance f
Ouvertüre f (-, -n) ouverture f
oval adj ovale
Overall m (-s, -s) combinaison f
Overheadfolie f transparent m;
Overheadprojektor m rétroprojecteur m
Overkill m o nt (-(s)) (capacité f de)
surextermination f
ÖVP f (-) abk = **Österreichische
Volkspartei** parti autrichien du peuple
Ovulation f ovulation f;
Ovulationshemmer m (-s, -) (Med)
pilule f anticonceptionnelle
Oxid nt (-(e)s, -e) oxyde m; **oxidieren**
(pp **oxidiert**) vt oxyder ■ vi aux sein
s'oxyder
Ozean m (-s, -e) océan m;
Ozeandampfer m paquebot m
(transatlantique); **ozeanisch** adj
océanien(ne)
Ozon m o nt (-s) ozone m; **Ozonalarm** m
alerte f à l'ozone; **Ozonloch** nt trou m
(dans la couche) d'ozone; **Ozonschicht** f
couche f d'ozone; **Ozonschild** m ceinture
f d'ozone

p

P, p nt (**-, -**) P, p m

paar adj inv: **ein ~** quelques

Paar nt (**-(e)s, -e**) paire f; (Ehepaar) couple m; **paaren** vt (Eigenschaften) allier; (Tiere) accoupler
▪ vr: **sich ~** s'allier; (Tiere) s'accoupler; **Paarlauf** m patinage m par couples

paarmal adv: **ein ~** plusieurs fois

Paarung f (von Tieren) accouplement m; (fig) combinaison f

paarweise adv par paires, par deux

Pacht f (**-, -en**) bail m; **pachten** vt louer; **Pächter, in** m(f) (**-s, -**) gérant(e), locataire mf

Pack m (**-(e)s, -e o Päcke**) (von Sachen) paquet m, liasse f ▪ nt (**-(e)s**) (Gesindel) racaille f

Päckchen nt petit paquet m; (Zigarettenpäckchen) paquet m

packen vt (Koffer, Paket) faire; (Inform: komprimieren) tasser; (fassen) saisir; (fam: schaffen) réussir; **seine Sachen ~** faire sa valise

Packen m (**-s, -**) pile f, (fig Menge) tas m

Packesel m (fig) bête f de somme; **Packpapier** nt papier m d'emballage, papier m kraft

Packung f paquet m; (Pralinenpackung) boîte f; (Med) enveloppement m; (Gesichtspackung, Haarpackung)

masque m; **Packungsbeilage** f notice f explicative

PAD m (**-s, -s**) abk = **personal digital assistant** assistant m personnel

Pädagoge m, **-gogin** f pédagogue mf; **Pädagogik** f pédagogie f; **pädagogisch** adj pédagogique

Paddel nt (**-s, -**) pagaie f, aviron m; **Paddelboot** nt pirogue f; (Sport) canoë m; **paddeln** vi aux sein o haben pagayer

paffen vt, vi (fam) fumer

Page m (**-n, -n**) (Hotelpage) chasseur m, groom m; **Pagenkopf** m coiffure f à la Jeanne d'Arc

Paillette f paillette f

Paket nt (**-(e)s, -e**) paquet m; (Postpaket) colis m (postal); (Inform: von Programmen) progiciel m; **Paketbombe** f colis m piégé; **Paketkarte** f bordereau m d'expédition des colis; **Paketpost** f service m des colis postaux; **Paketschalter** m guichet m des colis

Pakistan nt (**-s**) le Pakistan; **pakistanisch** adj pakistanais(e)

Pakt m (**-(e)s, -e**) pacte m

Palast m (**-es, Paläste**) palais m

Palästina nt (**-s**) la Palestine; **Palästinenser, in** m(f) (**-s, -**) Palestinien(ne); **Palästinenserstaat** m État m de Palestine; **palästinensisch** adj palestinien(ne)

Palette f (Malerei, Ladepalette) palette f; (Vielfalt) gamme f

Palme f (**-, -n**) palmier m

Palm-PC m assistant m personnel Palm, ordinateur m de poche Palm

Palmsonntag m (Dimanche m des) Rameaux mpl

Palmtop m (**-s, -s**) assistant m personnel Palm, ordinateur m de poche Palm

Pampelmuse f (**-, -n**) pamplemousse m

pampig adj (fam: frech) insolent(e); (breiig) pâteux(-euse)

Panama nt (**-s**) le Panama; **panamaisch** adj panaméen(ne); **Panamakanal** m canal m de Panama

Panda(bär) m (**-s, -s**) panda m

panieren (pp **paniert**) vt paner; **Paniermehl** nt chapelure f, panure f

Panik f panique f; **panisch** adj (Angst) panique; **in panischer Eile** pris(e) de panique

Panne f (**-, -n**) (Tech) panne f; (Missgeschick) erreur f, bévue f; **Pannendienst** m, **Pannenhilfe** f service m de dépannage

panschen vi patauger, barboter
▪ vt (Wein etc) couper d'eau

Panther, Panter m (**-s, -**) panthère f

Pantoffel m (-s, -n) pantoufle f;
Pantoffelheld m (fam) mari m mené
par le bout du nez

Pantomime f (-, -n) pantomime f

Panzer m (-s, -) (von Tieren) carapace f;
(Fahrzeug) char m (d'assaut); **Panzerglas**
nt verre m pare-balles; **panzern** vt
blinder ■ vr: **sich ~** (fig) se blinder;
Panzerschrank m coffre-fort m

Papa m (-s, -s) (fam) papa m

Papagei m (-s o -en, -en) perroquet m

Paparazzi pl paparazzi mpl

Papaya f (-, -s) papaye f

Papier nt (-s, -e) papier m; (Wertpapier)
valeurs fpl; **Papiercontainer** m
conteneur m [o container m] à papier;
Papierfabrik f usine f de papeterie;
Papierformat nt format m papier;
Papiergeld nt billets mpl de banque;
Papierkorb m (a. Inform) corbeille f;
Papierkrieg m paperasserie f;
Papierstau m bourrage m papier;
Papiertaschentuch nt kleenex® m;
Papiertonne f conteneur m [o container
m] à papier; **Papiertüte** f sachet m de
papier; **Papiervorschub** m (-s, -schübe)
(bei Drucker) avance f papier, avancement
m du papier; **Papierzufuhr** f
alimentation f du papier

Pappbecher m gobelet m en carton;
Pappdeckel m, **Pappe** f (-, -n) carton m

Pappel f (-, -n) peuplier m

Pappenstiel m: keinen ~ wert sein (fam)
valoir que dalle; **etw für einen ~
bekommen** avoir qch pour une bouchée
de pain

papperlapapp interj taratata

pappig adj poisseux(-euse)

Pappmaschee, Pappmaché nt (-s, -s)
papier m mâché; **Pappteller** m assiette f
en carton

Paprika m (-s, -(s)) (Gewürz) paprika m;
(Paprikaschote) poivron m

Papst m (-(e)s, Päpste) pape m;
päpstlich adj papal(e)

Papua-Neuguinea nt la Papouasie-
Nouvelle-Guinée

Parabel f (-, -n) parabole f

Parabolantenne f parabole f

Parade f (Mil) défilé m; (beim Fechten)
parade f

Paradeiser m (-s, -) (A) tomate f

Parademarsch m marche f de parade;
Paradeschritt m pas m de l'oie

Paradies nt (-es, -e) paradis m;
paradiesisch adj divin(e), paradisiaque

paradox adj paradoxal(e); **Paradox** nt
(-es, -e) paradoxe m

Paragraf, Paragraph m (-en, -en)
paragraphe m; (Jur) article m

Paraguay nt (-s) le Paraguay;
Paraguayer, in m(f) (-s, -)
Paraguayen(ne); **paraguayisch** adj
paraguayen(ne)

parallel adj parallèle; **Parallele** f (-, -n)
parallèle f; **Parallelrechner** f ordinateur
m parallèle; **Parallelverarbeitung** f
multitraitement m

Parameter m paramètre m

paramilitärisch adj paramilitaire

Paranuss f noix f du Brésil

paraphieren (pp **paraphiert**) vt parapher

Parasit m (-en, -en) parasite m

parat adj tout(e) prêt(e)

Pärchen nt couple m

Parfüm nt (-s, -s o -e) parfum m;
Parfümerie f parfumerie f;
Parfümflasche f flacon m de parfum;
parfümieren (pp **parfümiert**) vt
parfumer ■ vr: **sich ~** se parfumer

parieren (pp **pariert**) vt (Angriff) parer
■ vi (fam) obéir

Paris nt (-) Paris

Pariser m (-s, -) (fam) capote f

Parität f (a. Inform) parité f

Park m (-s, -s) parc m

Parka m (-s, -s) parka m o f

Park-and-ride-System nt ≈ système m
de parcotrain

Parkanlage f parc m

parken vt garer ■ vi se garer, stationner

Parkett nt (-(e)s, -e o -s) parquet m;
(Theat) orchestre m

Parkhaus nt parking m couvert

parkinsonsche Krankheit f maladie f
de Parkinson

Parkkralle f sabot m (de Denver);
Parklücke f place f de stationnement;
Parkplatz m parking m; **Parkscheibe** f
disque m de stationnement; **Parkschein**
m ticket m de stationnement;
Parkscheinautomat m horodateur m;
Parkuhr f parcmètre m; **Parkverbot** nt
interdiction f de stationner

Parlament nt parlement m;
Parlamentarier, in m(f) (-s, -)
parlementaire mf; **parlamentarisch** adj
parlementaire; **Parlamentsmitglied** nt
membre m du parlement, député(e)

Parmesan m (-s, -e) parmesan m

Parodie f parodie f (auf +akk de);
parodieren (pp **parodiert**) vt parodier

Parodontose f (-, -n) parodontose f

Parole f (-, -n) mot m de passe;
(Wahlspruch) slogan m

Parsing nt (-s) (Inform) analyse f
syntaxique

Partei f parti m; **für jdn ~ ergreifen**
prendre parti pour qn; **Parteiführung** f
direction f du parti; **parteiisch** adj

partial(e); **parteilos** adj non inscrit(e);
Parteimitglied nt membre m du parti;
Parteinahme f(-, -n) prise f de position;
Parteitag m congrès m du parti;
Parteivorsitzende, r mf leader mf [o chef
mf] d'un parti
Parterre nt (-s, -s) rez-de-chaussée m;
(Theat) parterre m
Partie f partie f; (zur Heirat) parti m; (Com)
lot m; **mit von der ~ sein** être de la partie
Partikel f(-, -n) particule f
Partisan, in m(f) (-s o -en, -en) partisan(e)
Partitur f partition f
Partizip nt (-s, -ien) participe m
Partner, in m(f) (-s, -) partenaire mf; (Com)
associé(e); **partnerschaftlich** adj d'égal
à égal; **partnerschaftliches Verhalten**
égards mpl pour les autres; **Partnerstadt**
f ville f jumelée
Party f(-, -s) fête f, soirée f; **Partyservice**
m traiteur m
Parzelle f parcelle f (de terrain)
Pass m (-es, Pässe) (Geo) col m; (Ausweis)
passeport m
passabel adj (Lösung) passable; (Befinden)
ni bon(ne) ni mauvais(e)
Passage f(-, -n) passage m; (Überfahrt)
traversée f
Passagier m (-s, -e) passager(-ère);
Passagierdampfer m paquebot m;
Passagierflugzeug nt avion m de ligne
Passamt nt bureau délivrant les passeports;
(in Frankreich) préfecture f
Passant, in m(f) passant(e)
Passbild nt photo f d'identité
passen vi aller (bien); (im Spiel: Sport)
passer; **das passt mir nicht** cela ne me
convient pas; **zu etw ~** aller (bien) avec
qch; **passend** adj (dazu passend)
assorti(e); (Zeit) opportun(e); (Geschenk)
approprié(e)
passierbar adj (Weg, Pass) praticable;
(Fluss, Kanal, Pass) franchissable
passieren (pp **passiert**) vt (durch Sieb)
passer ▪ vi aux sein se produire, arriver;
Passierschein m laissez-passer m
Passion f passion f; (Rel) Passion f;
passioniert adj enthousiaste;
Passionsfrucht f fruit m de la passion;
Passionsspiel nt mystère m de la Passion
passiv adj passif(-ive); **Passiv** nt (-s, -e)
passif m; **Passiva** pl (Com) passif m;
Passivität f passivité f; **Passivrauchen**
nt (-s) tabagisme m passif
Passkontrolle f contrôle m des
passeports; **Passstraße** f route passant
par un col; **Passwort** nt (Inform) mot m de
passe; **Passwortschutz** m accès m codé
Paste f(-, -n) pâte f
Pastell nt (-(e)s, -e) (Bild) pastel m

Pastete f(-, -n) vol-au-vent m;
(Leberpastete etc) pâté m
pasteurisieren (pp **pasteurisiert**) vt
pasteuriser
Pastor, in m(f) (femme f) pasteur m
Pate m (-n, -n) parrain m; **Patenkind** nt
filleul(e)
patent adj (Mensch) débrouillard(e)
Patent nt (-(e)s, -e) brevet m
d'invention; **Patentamt** nt Institut m
national de la propriété industrielle;
patentieren (pp **patentiert**) vt
(Erfindung) breveter; **Patentinhaber, in**
m(f) détenteur(-trice) d'un brevet;
Patentrezept nt remède m miracle;
Patentschutz m droit m d'exploitation
exclusif
Pater m (-s, - o **Patres**) père m
pathetisch adj pathétique
Pathologe m (-n, -n), **-login** f
pathologiste mf; **pathologisch** adj
pathologique
Pathos nt (-) pathétique m
Patient, in m(f) patient(e), malade mf
Patin f marraine f
Patina f(-) patine f
Patriarch, in m(f) (-en, -en) patriarche m;
patriarchalisch adj patriarcal(e)
Patriot, in m(f) (-en, -en) patriote mf;
patriotisch adj patriotique;
Patriotismus m patriotisme m
Patron, in m(f) (-s, -e) patron(ne); (pej)
type m
Patrone f(-, -n) cartouche f; (Foto)
chargeur m; **Patronenhülse** f douille f
Patrouille f(-, -n) patrouille f;
patrouillieren (pp **patrouilliert**) vi
patrouiller
Patsche f(-, -n) (fam: Bedrängnis) pétrin m;
patschen vi taper; (im Wasser) patauger;
patschnass adj (fam) trempé(e)
patzig adj (fam) effronté(e)
Pauke f(-, -n) timbales fpl; **auf die ~ hauen**
(fam: feiern) faire la fête
pauken vt, vi (Sch) bûcher; **Pauker, in** m(f)
(-s, -) (fam) prof mf
pausbäckig adj joufflu(e)
pauschal adj (Kosten) forfaitaire; (Urteil)
en bloc; **Pauschale** f(-, -n),
Pauschalpreis m prix m forfaitaire;
Pauschalreise f forfait m vacances;
Pauschalsumme f forfait m
Pause f(-, -n) pause f; (Theat) entracte m;
(Sch) récréation f; (Kopie) calque m;
pausen vt calquer; **pausenlos** adj
continuel(le); **Pausenzeichen** nt (Radio,
TV) indicatif m; (Mus) silence m;
Pauspapier nt papier m calque
Pavian m (-s, -e) babouin m
Pay-TV nt (-s, -s) télévision f payante

Pazifik m (-s): der ~, der Pazifische Ozean le Pacifique, l'océan m Pacifique
Pazifist, in m(f) pacifiste mf; **pazifistisch** adj pacifiste
PC m (-s, -s) abk = **Personal Computer** PC m, ordinateur m individuel
PDA nt assistant m numérique personnel, PDA m
PDS f(-) abk = **Partei des Demokratischen Sozialismus** parti des communistes réformateurs qui a succédé au SED
Pech nt (-s, -e) poix f; (Missgeschick) malchance f, poisse f; ~ haben ne pas avoir de chance; **pechschwarz** adj (Haar) noir(e) comme jais; (Nacht) noir(e) comme de l'encre; **Pechsträhne** f (fam) série f noire; **Pechvogel** m (fam) malchanceux(-euse)
Pedal nt (-s, -e) pédale f
Pedant, in m(f) homme m pointilleux, femme f pointilleuse; **Pedanterie** f minutie f excessive; **pedantisch** adj (Mensch) pointilleux(-euse); (Genauigkeit) exagérément scrupuleux(-euse); (Arbeit) exagérément méticuleux(-euse)
Peddigrohr nt rotin m
Peeling nt (-s, -s) peeling m
Peepshow f(-, -s) peep-show m
Pegel m (-s, -) indicateur m de niveau; **Pegelstand** m niveau m de l'eau
peilen vt déterminer; **die Lage ~** prendre le vent
Pein f(-) peine f, tourment m; **peinigen** vt tourmenter; **peinlich** adj pénible; (unangenehm) gênant(e), embarrassant(e); (Sauberkeit, Ordnung) exagérément méticuleux(-euse)
Peitsche f(-, -n) fouet m; **peitschen** vt (Pferd) fouetter ▪ vi (Regen) battre (an +akk contre)
Peking m (-s) Pékin
Pelikan m (-s, -e) pélican m
Pelle f(-, -n) (von Wurst) peau f; (von Kartoffel) pelure f; **pellen** vt (Wurst) peler; (Kartoffel) éplucher; **Pellkartoffeln** pl pommes fpl de terre en robe des champs
Pelz m (-es, -e) fourrure f
Pendel nt (-s, -e) pendule m; (Uhrpendel) balancier m; **pendeln** vi aux sein faire la navette; **Pendelverkehr** m (Bus etc) navette f; **Pendler, in** m(f) (-s, -) banlieusard(e) (qui fait la navette entre son domicile et son lieu de travail)
penetrant adj (Geruch) fort(e); (Mensch) envahissant(e), importun(e)
Penis m (-, -se o Penes) pénis m
pennen vi (fam: schlafen) roupiller; (nicht aufpassen) ne pas faire attention; **mit jdm ~** coucher avec qn; **Penner, in**

m(f) (-s, -) (fam: unachtsamer Mensch) endormi(e); (Obdachloser) clochard(e)
Pension f pension f; (Ruhestand, Ruhestandsgeld) retraite f; **Pensionär, in** m(f) retraité(e); **pensionieren** (pp **pensioniert**) vt mettre à la retraite; **pensioniert** adj retraité(e); **Pensionierung** f départ m à la retraite; **Pensionsgast** m pensionnaire mf
Pensum nt (-s, Pensen o Pensa) travail m, tâche f; (Sch) programme m
Penthouse nt (-, -s) penthouse m
per präp +akk par; (bis) d'ici à
perfekt adj parfait(e)
Perfekt nt (-s, -e) passé m composé
Perfektionismus m perfectionnisme m
perforieren (pp **perforiert**) vt perforer, percer
Pergament nt parchemin m; **Pergamentpapier** nt papier-parchemin m; (Butterbrotpapier) papier m sulfurisé
Periode f(-, -n) période f; (Med) règles fpl; **periodisch** adj périodique
Peripherie f périphérie f; **Peripheriegerät** nt (Inform) périphérique m
Perle f(-, -n) perle f; **perlen** vi (Sekt, Wein) pétiller; (Schweiß) perler; **Perlmutt** nt (-s) nacre f
perplex adj stupéfait(e)
Perron m (-s, -s) (CH: Bahnsteig) quai m
Perserteppich m tapis m persan
Persianer m (-s, -) (Pelz) astrakan m; (Mantel) (manteau m d')astrakan m
Persien nt (-s) la Perse; **persisch** adj persan(e)
Person f(-, -en) personne f; **ich für meine ~** en ce qui me concerne
Personal nt (-s) personnel m; **Personalabteilung** f service m du personnel; **Personalausweis** m carte f d'identité; **Personal Computer** m ordinateur m individuel
Personalien pl état m civil, identité f
Personalpronomen nt pronom m personnel
Personenaufzug m ascenseur m; **Personenkraftwagen** m voiture f de tourisme; **Personenkreis** m groupe m de personnes; **Personenschaden** m dommage m physique; **Personenwaage** f balance f; **Personenzug** m train m de voyageurs; (Nahverkehrszug) omnibus m
personifizieren (pp **personifiziert**) vt personnifier
persönlich adj personnel(le) ▪ adv personnellement; (erscheinen) en personne; **jdn ~ angreifen** faire une attaque personnelle contre qn; **Persönlichkeit** f personnalité f

Perspektive f perspective f
Peru nt (-s) le Pérou; **Peruaner, in** m(f) (-s, -) Péruvien(ne); **peruanisch** adj péruvien(ne)
Perücke f (-, -n) perruque f
pervers adj pervers(e); **Perversität** f perversité f
Pessimismus m pessimisme m; **Pessimist, in** m(f) pessimiste mf; **pessimistisch** adj pessimiste
Pest f (-) peste f
Pestizid nt (-s, -e) pesticide m
Petersilie f persil m
Pet-Flasche f bouteille f en plastique
Petrodollar m pétrodollar m
Petroleum nt (-s) pétrole m
petzen vi (fam) moucharder, cafarder
Pfad m (-(e)s, -e) sentier m; (Inform) chemin m, route f; **Pfadfinder, in** m(f) scout(e), guide f
Pfahl m (-(e)s, Pfähle) pieu m, poteau m; **Pfahlbau** m (pl Pfahlbauten) construction f sur pilotis
Pfalz f (-): **die ~** le Palatinat
Pfand nt (-(e)s, Pfänder) gage m; (Com) consigne f; **Pfandbrief** m obligation f hypothécaire
pfänden vt saisir
Pfänderspiel nt jeu de société avec des gages
Pfandflasche f bouteille f consignée; **Pfandhaus** nt mont-de-piété m; **Pfandleiher, in** m(f) (-s, -) prêteur(-euse) sur gages; **Pfandschein** m reconnaissance f de gage
Pfändung f saisie f
Pfanne f (-, -n) poêle f
Pfannkuchen m crêpe f; (Berliner) beignet m à la confiture
Pfarrei f paroisse f; **Pfarrer, in** m(f) (-s, -) curé m; (evangelisch) (femme f) pasteur m; **Pfarrhaus** nt presbytère m, cure f
Pfau m (-(e)s, -en) paon m; **Pfauenauge** nt paon-de-jour m, vanesse f
Pfeffer m (-s, -) poivre m; **Pfefferkorn** nt grain m de poivre; **Pfefferkuchen** m pain m d'épice; **Pfefferminz** nt (-es, -e) pastille f de menthe; **Pfefferminze** f menthe f (poivrée); **Pfeffermühle** f moulin m à poivre; **pfeffern** vt poivrer; (fam: werfen) balancer; **gepfefferte Preise** (fam) prix salés
Pfeife f (-, -n) sifflet m; (Tabakpfeife) pipe f; (Orgelpfeife) tuyau m; **pfeifen** (pfiff, gepfiffen) vt, vi siffler
Pfeil m (-(e)s, -e) flèche f
Pfeiler m (-s, -) pilier m; (Brückenpfeiler) pile f
Pfeiltaste f (Inform) touche f fléchée
Pfennig m (-(e)s, -e) (Hist) pfennig m

Pferd nt (-(e)s, -e) cheval m; **Pferderennen** nt course f de chevaux; **Pferdeschwanz** m (Frisur) queue f de cheval; **Pferdestall** m écurie f
pfiff imperf von **pfeifen**
Pfiff m (-(e)s, -e) (das Pfeifen) sifflement m; (Kniff) truc m
Pfifferling m chanterelle f, girolle f; **das ist keinen ~ wert** (fam) ça ne vaut pas un clou
pfiffig adj futé(e)
Pfingsten nt (-, -) Pentecôte f
Pfingstrose f pivoine f
Pfirsich m (-s, -e) pêche f
Pflanze f (-, -n) plante f; **pflanzen** vt planter; **Pflanzenfett** nt graisse f végétale; **pflanzlich** adj végétal(e)
Pflanzung f plantation f
Pflaster nt (-s, -) pansement m (adhésif); (von Straße) pavé m; **pflastermüde** adj qui a les jambes comme du coton; **pflastern** vt paver; **Pflasterstein** m pavé m
Pflaume f (-, -n) prune f
Pflege f (-, -n) (von Mensch, Tier) soins mpl; (von Dingen) entretien m; **in ~ sein/geben** (Kind) être/placer chez des parents nourriciers; **pflegebedürftig** adj qui a besoin de soins; **Pflegeeltern** pl parents mpl nourriciers; **Pflegekind** nt enfant m en nourrice; **pflegeleicht** adj (Stoff) facile à laver; (Boden) d'entretien facile; (fig) facile à vivre; **Pflegemutter** f mère f nourricière; **pflegen** vt soigner; (Beziehungen) entretenir; (Daten) tenir à jour; (gewöhnlich tun) avoir l'habitude (zu de); **Pfleger, in** m(f) (-s, -) (Med) infirmier(-ière); **Pflegevater** m père m nourricier; **Pflegeversicherung** f assurance f dépendance
Pflicht f (-, -en) devoir m; (Sport) figures fpl imposées; **pflichtbewusst** adj consciencieux(-euse); **Pflichtfach** nt matière f obligatoire; **Pflichtgefühl** nt sentiment m du devoir; **pflichtgemäß** adj consciencieux(-euse) ▪ adv consciencieusement; **pflichtvergessen** adj oublieux(-euse) de ses devoirs; **Pflichtversicherung** f assurance f obligatoire
Pflock m (-(e)s, Pflöcke) piquet m
pflücken vt cueillir
Pflug m (-(e)s, Pflüge) charrue f; **pflügen** vt (Feld) labourer
Pforte f (-, -n) porte f
Pförtner, in m(f) (-s, -) concierge mf, portier(-ière)
Pfosten m (-s, -) poteau m; (Türpfosten) montant m

Pfote f (-, -n) patte f
Pfropf m (-(e)s, -e) (Flaschenpfropf) bouchon m; (Blutpfropf) caillot m
pfropfen vt (stopfen) boucher; (Baum) greffer
Pfropfen m (-s, -) bouchon m
pfui interj pouah
Pfund nt (-(e)s, -e) livre f
pfuschen vi (fam) bâcler; **jdm ins Handwerk ~** se mêler des affaires de qn; **Pfuscher, in** m(f) (-s, -) (fam) gâcheur(-euse); (Kurpfuscher) charlatan m; **Pfuscherei** f (fam) travail m bâclé
Pfütze f (-, -n) flaque f
Phänomen nt (-s, -e) phénomène m; **phänomenal** adj (Erfindung) génial(e); (Gedächtnis) phénoménal(e)
Phantasie f siehe **Fantasie**
Phantombild nt portrait-robot m
Pharmaindustrie f industrie f pharmaceutique; **Pharmazeut, in** m(f) (-en, -en) pharmacien(ne)
Phase f (-, -n) phase f
Phenol nt (-s, -e) phénol m
Philanthrop m (-en, -en) philanthrope mf; **philanthropisch** adj philanthropique
Philippinen pl: **die ~** les Philippines fpl; **philippinisch** adj philippin(e)
Philologe m (-n, -n), **-login** f philologue mf; **Philologie** f philologie f
Philosoph, in m(f) (-en, -en) philosophe mf; **Philosophie** f philosophie f; **philosophisch** adj philosophique; (Mensch) philosophe
Phlegma nt (-s) apathie f; **phlegmatisch** adj (Mensch) lymphatique
Phonetik f phonétique f; **phonetisch** adj phonétique
Phosphat nt phosphate m; **phosphatfrei** adj sans phosphate(s)
Phosphor m (-s) phosphore m
Photo nt siehe **Foto**
Phrase f (-, -n) (Ling) phrase f; **Phrasen** pl (fig) verbiage m
pH-Wert m pH m
Physik f physique f; **physikalisch** adj physique; **Physiker, in** m(f) (-s, -) physicien(ne)
Physiologe m (-n, -n), **-login** f physiologiste mf; **Physiologie** f physiologie f
physisch adj physique
Pianist, in m(f) pianiste mf
picheln vi (fam) picoler
Pickel m (-s, -) (Med) bouton m; (Werkzeug) pic m, pioche f; (Bergpickel) piolet m; **pickelig** adj (Gesicht) boutonneux(-euse)
picken vt, vi picorer
Picknick nt (-s, -e o -s) pique-nique m; **ein ~ machen** pique-niquer

Picture Messaging nt partage m de photos par MMS
piepen, piepsen vi pépier; **Piep(s)er** m (-s, -) messager m de poche; (von Arzt, Polizist) bipper m
piercen vt percer; **Piercing** nt (-s, -s) piercing m
piesacken vt (fam) asticoter, agacer
Pietät f respect m; **pietätlos** adj irrévérencieux(-euse)
Pigment nt pigment m
Pik nt (-s, -) (Spielkartenfarbe) pique m ■ m: **einen ~ auf jdn haben** (fam) avoir une dent contre qn
pikant adj (Speise) épicé(e), relevé(e); (Geschichte) piquant(e), croustillant(e)
pikiert adj vexé(e), froissé(e)
Piktogramm nt (-s, -e) pictogramme m
Pilger, in m(f) (-s, -) pèlerin(e); **Pilgerfahrt** f pèlerinage m
Pille f (-, -n) pilule f
Pilot, in m(f) (-en, -en) pilote mf; **Pilotprojekt** nt projet m pilote
Pils nt (-, -) pils f
Pilz m (-es, -e) champignon m; **Pilzkrankheit** f mycose f; **Pilzvergiftung** f empoisonnement m par les champignons
Pimmel m (-s, -) (fam) queue f
PIN f (-, -s) akr = **personal identification number** code m confidentiel
pingelig adj (fam) tatillon(ne), pointilleux(-euse)
Pinguin m (-s, -e) pingouin m
Pinie f pin m parasol
pink adj rose bonbon
pinkeln vi (fam) pisser
Pinnwand f tableau m aide-mémoire
Pinsel m (-s, -) pinceau m
Pinzette f pince f, pincette f
Pionier, in m(f) (-s, -e) pionnier(-ière); (Mil) sapeur m
Pirat, in m(f) (-en, -en) pirate mf; **Piratensender** m radio f pirate
Pirsch f (-) traque f
Piste f (-, -n) piste f
Pistole f (-, -n) pistolet m
Pixel nt (-s, -e) (Inform) pixel m
Pizza f (-, -s) pizza f
PKK f (-) (kurdische Arbeiterpartei) PKK m
Pkw m (-(s), -(s)) abk = **Personenkraftwagen**
Placebo nt (-s, -e) placebo m
Plackerei f (fam) corvée f
plädieren (pp **plädiert**) vi plaider
Plädoyer nt (-s, -s) plaidoyer m
Plage f (-, -n) fléau m; (Mühe) fardeau m; **Plagegeist** m plaie f; **plagen** vt (Mensch) harceler; (Hunger) tourmenter ■ vr: **sich ~** s'esquinter

Plakat nt affiche f
Plakette f plaque f, badge m
Plan m (-(e)s, Pläne) plan m
Plane f (-, -n) bâche f
planen vt projeter; (Entwicklung) planifier; (Mord etc) tramer; **Planer, in** m(f) (-s, -) planificateur(-trice)
Planet m (-en, -en) planète f; **Planetenbahn** f orbite f
planieren (pp planiert) vt (Gelände) aplanir, niveler; **Planierraupe** f bulldozer m
Planke f (-, -n) (Brett) planche f
Plankton nt (-s) plancton m
planlos adj irréfléchi(e) ■ adv sans méthode; (umherlaufen) sans but; **planmäßig** adj (Ankunft, Abfahrt) à l'heure ■ adv comme prévu
Planschbecken nt bassin m pour enfants; **planschen** vi barboter
Plansoll nt objectif m de production; **Planstelle** f poste m prévu (dans le budget)
Plantage f (-, -n) plantation f
Plantschbecken nt bassin m pour enfants; **plantschen** vi barboter
Planung f planification f
Planwagen m voiture f bâchée
Planwirtschaft f économie f planifiée
plappern vi papoter, babiller
plärren vi (Mensch) brailler, criailler; (Radio) beugler
Plasma nt (-s, Plasmen) plasma m
Plastik f (Skulptur) sculpture f ■ nt (-s) (Kunststoff) plastique m; **Plastikbeutel** m, **Plastiktüte** f sac m en plastique; **Plastikfolie** f sellofrais® m
Plastilin nt (-s) pâte f à modeler
plastisch adj plastique; (Material) malléable; **eine plastische Darstellung** une description vivante
Platane f (-, -n) platane m
Plateauschuhe pl chaussures fpl à semelles compensées
Platin nt (-s) platine m
platonisch adj (von Plato) platonicien(ne); (Liebe) platonique
platsch interj flac; **platschen** vi aux sein (Regen) tambouriner; (fallen) tomber (bruyamment)
plätschern vi (Wasser) murmurer, clapoter
platschnass adj trempé(e)
platt adj plat(e); (Reifen) à plat, crevé(e); (fam: überrascht) baba
plattdeutsch adj en bas allemand; **Plattdeutsch** nt bas allemand m
Platte f (-, -n) plat m; (Steinplatte: Foto) plaque f; (Kachel) carreau m; (Schallplatte: Inform) disque m

plätten vt, vi repasser
Plattenbau m (pl Plattenbauten) immeuble en préfabriqué courant dans l'ex-R.D.A.; **Plattenspeicher** m (Inform) espace m sur disque dur; **Plattenspieler** m platine f (disques), tourne-disque m; **Plattenteller** m platine f
Plattfuß m pied m plat; (Reifen) pneu m crevé [o à plat]
Plattitüde f (-, -n) platitude f
Platz m (-es, Plätze) place f; (Sportplatz) terrain m (de sport); **jdm ~ machen** céder la place à qn; **~ nehmen** prendre place; **Platzangst** f agoraphobie f; (fam) claustrophobie f; **Platzanweiser, in** m(f) (-s, -) ouvreur(-euse)
Plätzchen nt petite place f, coin m; (Gebäck) petit four m
platzen vi aux sein éclater; (Reifen) crever; (Kleid) craquer; **vor Wut/Neid ~** (fam) être fou (folle) de rage/crever de jalousie
platzieren (pp platziert) vt placer ■ vr: **sich ~** (Sport) arriver parmi les premiers(-ières); (Tennis) être tête de série
Platzkarte f réservation f; **Platzmangel** m manque m de place; **Platzpatrone** f cartouche f à blanc; **Platzregen** m averse f; **Platzwunde** f plaie f béante
Plauderei f bavardage m; **plaudern** vi causer, bavarder
plausibel adj plausible; **Plausibilität** f plausibilité f; **Plausibilitätskontrolle** f (Inform) contrôle m de vraisemblance [o de plausibilité]
Play-back, Playback nt (-s, -s) play-back m
Playboy m (-s, -s) play-boy m
plazieren siehe platzieren
pleite adj (fig) en faillite; (fam: Mensch) fauché(e); **Pleite** f (-, -n) faillite f, banqueroute f; (fam: Reinfall) fiasco m
Plenum nt (-s) assemblée f plénière
Pleuelstange f bielle f
Plissee nt (-s, -s) plissé f
PLO f (-) abk = **Palästinensische Befreiungsorganisation** O.L.P. f
Plombe f (-, -n) plomb m; (Zahnplombe) plombage m; **plombieren** (pp plombiert) vt plomber
Plotter m (-s, -) (Inform) traceur m
plötzlich adj soudain(e), subit(e) ■ adv brusquement, tout à coup, soudain
Plug-in nt (-s, -s) (Inform) plugiciel m
plump adj (Mensch) lourdaud(e); (Körper, Hände) épais(se); (Bewegung) lourd(e); (Auto, Vase) mastoc; (Versuch) maladroit(e)
plumpsen vi aux sein (fam) tomber lourdement
Plunder m (-s) (fam) fatras m

plündern vt piller; **Plünderung** f
pillage m

Plural m (-s, -e) pluriel m; **Pluralismus** m
pluralisme m; **pluralistisch** adj pluraliste

plus adv plus; **Plus** nt (-, -) excédent m;
(Fin) bénéfice m; (Vorteil) avantage m

Plüsch m (-(e)s, -e) peluche f; **Plüschtier**
nt peluche f

Pluspol m pôle m positif; **Pluspunkt** m
(Vorteil) avantage m; **Plusquamperfekt**
nt plus-que-parfait m

Plutonium nt plutonium m

PLZ abk = **Postleitzahl** code m postal

Pneu m (-s, -s) (CH) siehe **Reifen**

Po m (-s, -s) (fam) derrière m

Pöbel m (-s) populace f; **Pöbelei** f
vulgarité f; **pöbelhaft** adj vulgaire;
pöbeln vi faire du barouf; (schimpfen)
dire des grossièretés

pochen vi frapper (an +akk à); (Herz)
battre; **auf etw** akk ~ (fig) ne pas
démordre de qch

Pocken pl (Med) variole f

Podcast m (-s, -s) podcast m;
podcasten vi podcaster

Podium nt estrade f; **Podiumsdiskussion** f
débat m public

Poesie f poésie f

Poet, in m(f) (-en, -en) poète m;
poetisch adj poétique

Pointe f (-, -n) chute f

Pokal m (-s, -e) coupe f; **Pokalspiel** nt
match m de coupe

Pökelfleisch nt viande f salée; **pökeln** vt
saler

Pol m (-s, -e) pôle m; **polar** adj polaire;
Polarkreis m cercle m polaire

Pole m (-n, -n) Polonais m

Polemik f polémique f; **polemisch** adj
polémique; **polemisieren** (pp **polemisiert**)
vi polémiquer, faire de la polémique

Polen nt (-s) la Pologne

Police f (-, -n) police f (d'assurance)

Polier m (-s, -e) chef m de l'équipe

polieren (pp **poliert**) vt astiquer

Poliklinik f policlinique f

Polin f Polonaise f

Politik f politique f; **Politiker, in** m(f)
(-s, -) homme m politique, politicien(ne);
Politikverdrossenheit f lassitude f à
l'égard de la politique; **politisch** adj
politique; **politisieren** (pp **politisiert**) vi
parler politique ▪ vt politiser

Politur f (Mittel) encaustique f

Polizei f police f; **Polizeibeamte, r** m,
-beamtin f agent m de police; **polizeilich**
adj policier(-ière); (Anordnung) de la police;
polizeiliches Kennzeichen plaque f
minéralogique; **Polizeirevier** nt secteur
m; (Wache) commissariat m;

Polizeischutz m protection f policière;
Polizeistaat m État m policier;
Polizeistunde f heure f de fermeture;
Polizeiübergriffe pl bavure f policière;
polizeiwidrig adj illégal(e); **Polizist, in**
m(f) agent m de police

Polizze f (-, -n) (A) police f (d'assurance)

Pollen m (-s, -) pollen m; **Pollenflug** m
concentrations f pl de pollen

polnisch adj polonais(e)

Polohemd nt polo m

Polster nt (-s, -) (Polsterung) rembourrage
m; (in Kleidung) épaulette f; (fig: Geld)
réserves f pl; **Polsterer** m (-s, -) tapissier
m; **Polstermöbel** pl meubles m pl
rembourrés; **polstern** vt rembourrer;
Polsterung f rembourrage m

Polterabend m fête à la veille d'un mariage,
où l'on casse de la vaisselle pour porter bonheur
aux mariés

poltern vi (Krach machen) faire du vacarme;
(schimpfen) tempêter

Polygamie f polygamie f

Polynesien nt (-s) la Polynésie

Polyp m (-en -en) (Zool) polype m;
(fam: Polizist) flic m

Polypen pl végétations f pl

Pomade f brillantine f

Pomelo m (-s, -s) poméló m

Pommern nt (-s) la Poméranie

Pommes frites pl frites f pl

Pomp m (-(e)s) pompe f, faste m; **pompös**
adj somptueux(-euse)

Pony m (-s, -s) (Pferd) poney m ▪ m (-s, -s)
(Frisur) frange f; **Pony-Trekking** nt (-s)
trekking m à poney

Popcorn nt (-s) pop-corn m

Popmusik f (musique f) pop m

Popo m (-s, -s) (fam) derrière m

poppig adj tape-à-l'œil

populär adj (Mensch) populaire;
(Ort) en vogue; (Methode) à la portée
de tous; **Popularität** f popularité f;
populärwissenschaftlich adj de
vulgarisation; **populärwissenschaftlicher
Schriftsteller** vulgarisateur m

Pore f (-, -n) pore m

Pornografie, Pornographie f
pornographie f

porös adj poreux(-euse)

Porree m (-s, -s) poireau m

Portal nt (-s, -e) portail m

Portemonnaie, Portmonee nt (-s, -s)
porte-monnaie m

Portier m (-s, -s) portier m

Portion f (Essensportion) portion f, part f;
(fam: Menge) dose f

Porto nt (-s, -s o Porti) port m,
affranchissement m; **portofrei** adj
franc(o) de port

Porträt nt (**-s, -s**) portrait m; **porträtieren** (pp **porträtiert**) vt faire le portrait de

Portugal nt (**-s**) le Portugal; **Portugiese** m (**-n, -n**), **Portugiesin** f Portugais(e); **portugiesisch** adj portugais(e)

Porzellan nt (**-s, -e**) porcelaine f

POS1-Taste f touche f Origine

Posaune f (**-, -n**) trombone m

Pose f (**-, -n**) pose f; **posieren** (pp **posiert**) vi poser

Position f position f; (beruflich) situation f; (auf Liste) poste m

positionieren (pp **positioniert**) vt (a. Inform) positionner; **Positionierung** f (Inform) positionnement m

Positionslichter pl (Aviat) feux mpl de navigation

positiv adj positif(-ive); **Positiv** nt (Foto) épreuve f positive

Positur f pose f; **sich in ~ setzen** poser pour la galerie

possessiv adj possessif(-ive); **Possessivpronomen** nt adjectif m possessif, pronom m possessif

possierlich adj amusant(e)

Post f (**-, -en**) poste f; (Briefe) courrier m; **Postamt** nt (bureau m de) poste f; **Postanweisung** f mandat m postal, mandat-poste m; **Postbank** f (pl **Postbanken**) services mpl financiers de la poste; **Postbote** m, **-botin** f facteur(-trice)

Posten m (**-s, -**) poste m; (Soldat) sentinelle f; (Com) lot m; (auf Liste) rubrique f; (Streikposten) piquet m de grève

Poster m o nt (**-s, -**) poster m

Postf. abk = **Postfach** B.P.

Postfach nt boîte f postale; **Postgiroamt** nt centre m de chèques postaux; **Postgirokonto** nt compte m chèque postal; **Postkarte** f carte f postale; **postlagernd** adv (en) poste restante; **Postleitzahl** f code m postal; **Postmaster** m (**-s, -s**) administrateur m de courrier

postmodern adj postmoderne

Postscheckkonto nt compte m chèque postal; **Postsparkasse** f Caisse f d'épargne postale; **Poststempel** m cachet m (d'oblitération) de la poste; **postwendend** adv par retour du courrier

potent adj (Mann) viril(e); **Potenz** f (Math) puissance f; (eines Mannes) virilité f

Potenzial nt (**-s, -e**) potentiel m

potenziell adj potentiel(le), possible

Potenzpille f médicament m contre l'impuissance

Poulet nt (**-s, -s**) (CH) poulet m

Powidl m (**-s, -**) (A) confiture f de prunes

PR pl abk = **Public Relations** relations f pl publiques

Pracht f (**-**) magnificence f, splendeur f; **prächtig** adj magnifique, splendide; **Prachtstück** nt joyau m; **prachtvoll** adj magnifique, splendide

Prädikat nt (Adelsprädikat) titre m; (Ling) prédicat m; (Bewertung) mention f; **Wein mit ~** vin m de qualité

Präfix nt (**-es, -e**) préfixe m

Prag nt (**-s**) Prague

prägen vt (Münze) battre; (Ausdruck) inventer; (Charakter) marquer

prägnant adj concis(e), précis(e); **Prägnanz** f concision f

Prägung f (auf Münze) frappe f; (von Charakter) formation f; (auf Leder) empreinte f (gaufrée); (Eigenart) caractère m

prahlen vi se vanter; **Prahlerei** f vantardise f; **prahlerisch** adj fanfaron(ne)

Praktik f pratique f

praktikabel adj (Lösung) réalisable

Praktikant, in m(f) stagiaire mf; **Praktikum** nt (**-s, Praktika**) stage m

praktisch adj pratique; **praktischer Arzt** généraliste m

praktizieren (pp **praktiziert**) vt (Idee) mettre en pratique ■ vi (Arzt etc) exercer

Praline f chocolat m (fourré)

prall adj (Sack) bourré(e); (Ball) bien gonflé(e); (Segel) tendu(e); (Arme) dodu(e); **in der prallen Sonne** en plein soleil

prallen vi aux sein se heurter (gegen, auf +akk contre)

Prämie f prime f; (Belohnung) récompense f

prämieren (pp **prämiert**) vt (belohnen) récompenser; (auszeichnen) primer

Pranger m (**-s, -**) pilori m

Pranke f (**-, -n**) griffes f pl

Präparat nt (Bio) préparation f; (Med) médicament m

Präposition f préposition f

Präsens nt (**-**) présent m

präsentieren (pp **präsentiert**) vt présenter

Präsenzdiener m (A) soldat m qui fait son service; **Präsenzdienst** m (A) service m militaire obligatoire

Präservativ nt préservatif m

Präsident, in m(f) président(e); **Präsidentschaft** f présidence f; **Präsidentschaftskandidat, in** m(f) candidat(e) à la présidence

Präsidium nt (Vorsitz) présidence f; (Polizeipräsidium) préfecture f de police

prasseln vi (Feuer) crépiter ■ vi aux sein (Hagel, Wörter) tomber dru

prassen vi festoyer
Pratze f(-, -n) patte f
Präventiv- präf préventif(-ive)
Praxis f(-) (Wirklichkeit) pratique f
▪ f(pl **Praxen**) (von Arzt, Anwalt) cabinet
m; **praxisbezogen, praxisnah** adj
pratique, fondé(e) sur la pratique;
praxisorientiert adj fondé(e) sur la
pratique
Präzedenzfall m précédent m
präzis, e adj précis(e); **Präzision** f
précision f
predigen vt, vi prêcher; **Prediger, in** m(f)
(-s, -) prédicateur(-trice); **Predigt** f
(-, -en) sermon m
Preis m (-es, -e) prix m; um keinen
~ à aucun prix; **Preisausschreiben** nt
concours m
Preiselbeere f airelle f
preisen (pries, gepriesen) vt louer
preis|geben sep irr vt (aufgeben) abandonner;
(ausliefern) livrer; (verraten) révéler
preisgekrönt adj couronné(e);
Preisgericht nt jury m; **preisgünstig** adj
(Ware) avantageux(-euse); **Preislage** f
catégorie f de prix; **preislich** adj de(s)
prix; **Preisrichter, in** m(f) membre m
du jury; **Preisschild** nt étiquette f;
Preisstabilität f stabilité f des prix;
Preissturz m chute f des prix;
Preisträger, in m(f) lauréat(e);
preiswert adj (Ware) bon marché
prekär adj précaire
Prellbock m butoir m; **prellen** vt (stoßen)
cogner; **jdn um etw** ~ (fig) escroquer
qch à qn; **Prellung** f contusion f
Premiere f(-, -n) première f
Premierminister, in m(f) premier
ministre m
Presse f(-, -n) presse f; **Pressefreiheit** f
liberté f de la presse; **Pressekonferenz** f
conférence f de presse; **Pressemeldung** f,
Pressemitteilung f communiqué m
de presse
pressen vt presser
Pressluft f air m comprimé;
Pressluftbohrer m marteau-piqueur m
Prestige nt (-s) prestige m
Preußen nt (-s) la Prusse; **preußisch** adj
prussien(ne)
prickeln vi picoter, chatouiller
pries imperf von **preisen**
Priester, in m(f) (-s, -) prêtre(-esse)
prima adj inv de première qualité; (fam)
super
primär adj (wesentlich) primordial(e);
(ursprünglich) initial(e); (Ursache)
principal(e)
Primararzt m, **-ärztin** f (CH) siehe
Chefarzt; **Primarlehrer, in** m(f) (CH)

instituteur(-trice); **Primarschule** f (CH)
école f primaire
Primel f(-, -n) primevère f
primitiv adj primitif(-ive)
Printmedien pl presse f écrite
Prinz m (-en, -en) prince m; **Prinzessin** f
princesse f
Prinzip nt (-s, -ien) principe m;
prinzipiell adj de principe ▪ adv en
principe; **prinzipienlos** adj sans principes
Priorität f priorité f; **Prioritäten setzen**
décider de ce qui est le plus urgent;
Prioritätenliste f liste f des choses
prioritaires
Prise f(-, -n) pincée f
Prisma nt (-s, Prismen) prisme m
privat adj privé(e)
Privat- in zW privé(e); **Privatfernsehen**
nt télévision f privée; **Privatpatient, in**
m(f) patient(e) du secteur privé;
Privatschule f école f privée;
Privatsender m chaîne f privée
Privileg nt (-(e)s, -ien o -e) privilège m
pro präp +akk par; **Pro** nt (-s, -s) pour m
Probe f(-, -n) essai m; (Prüfstück)
échantillon m; (Theat) répétition f; **jdn auf**
die ~ stellen mettre qn à l'épreuve;
Probeexemplar nt spécimen m;
Probefahrt f essai m de route; **proben** vt,
vi répéter; **probeweise** adv à titre d'essai;
Probezeit f période f d'essai [o probatoire]
probieren (pp probiert) vt essayer;
(Wein, Speise) goûter ▪ vi: ~, **ob etw passt**
essayer qch
Problem nt (-s, -e) problème m;
Problematik f problématique f;
problematisch adj problématique;
problemlos adj sans problème
Produkt nt (-(e)s, -e) produit m;
Produkterpressung f chantage à
l'empoisonnement d'un produit alimentaire
auprès des producteurs; **Produkthaftung** f
responsabilité f du fabricant
Produktion f production f;
Produktionsstandort m lieu m
de production
produktiv adj productif(-ive);
Produktivität f productivité f
Produktpalette f gamme f de produit;
Produktpiraterie f contrefaçon f
Produzent, in m(f) producteur(-trice)
produzieren (pp produziert) vt produire
Professor, in m(f) (-s, -en) professeur mf
de faculté, professeur mf d'université;
Professur f chaire f
Profi m (-s, -s) pro mf
Profil nt (-s, -e) (Ansicht) profil m; (von Reifen)
bande f de roulement; (fig) personnalité f;
profilieren (pp profiliert) vr: **sich** ~
(Politiker, Künstler etc) s'affirmer

Profit m (-(e)s, -e) profit m; **profitieren** (pp **profitiert**) vi profiter (von de)
Prognose f (-, -n) pronostic m
Programm nt (-s, -e) (a. Inform) programme m; (TV) chaîne f; (Sendung) émission f; **Programmdatei** f (Inform) fichier m de programme
programmieren (pp **programmiert**) vt (Inform) programmer; **Programmierer, in** m(f) (-s, -) programmeur(-euse); **Programmierfehler** m défaut m, bogue f; **Programmierkurs** m cours m de programmation; **Programmiersprache** f langage m de programmation, langage m informatique
Programmkino nt cinéma m à programme culturel; **programmmäßig** adv comme prévu; **Programmzeitschrift** f programme m
progressiv adj progressif(-ive)
Projekt nt (-(e)s, -e) projet m
Projektor m projecteur m
projizieren (pp **projiziert**) vt projeter
proklamieren (pp **proklamiert**) vt proclamer
Prolet m (-en, -en) prolo m
Proletariat nt prolétariat m; **Proletarier, in** m(f) (-s, -) prolétaire mf
Proll m (-s, -s) (fam) plouc m; **prollig** adj (fam) plouc
Prolog m (-(e)s, -e) prologue m
Promenade f promenade f
Promille nt (-(s), -) pour mille m; **Promillegrenze** f taux m d'alcoolémie maximal
prominent adj important(e)
Prominenz f élite f, notables mpl; (fam) gratin m
promisk adj (Mensch) de mœurs faciles, aux relations sexuelles inconstantes; (Verhalten) marqué(e) d'inconstance dans les relations sexuelles; **Promiskuität** f inconstance f dans les relations sexuelles
Promotion f (obtention f du) doctorat m
promovieren (pp **promoviert**) vi faire son doctorat
prompt adj (Reaktion) rapide, immédiat(e) ▪ adv immédiatement
Pronomen nt (-s, - o **Pronomina**) pronom m
Propaganda f (-) propagande f
Propeller m (-s, -) hélice f
Prophet, in m(f) (-en, -en) prophète(-phétesse)
prophezeien (pp **prophezeit**) vt prophétiser; **Prophezeiung** f prophétie f
Proportion f proportion f; **proportional** adj proportionnel(le); **Proportionalschrift** f espacement m proportionnel

Proporzwahl f (CH) proportionnelle f
proppenvoll adj (fam) plein(e) à craquer
Prosa f (-) prose f
prosaisch adj (nüchtern) prosaïque
prosit interj à votre/ta santé, santé; ~ Neujahr! bonne année!
Prospekt m (-(e)s, -e) prospectus m, brochure f
prost interj à votre/ta santé, santé
Prostituierte, r mf prostitué(e); **Prostitution** f prostitution f
Protein nt (-s, -e) protéine f
Protest m (-(e)s, -e) protestation f
Protestant, in m(f) protestant(e); **protestantisch** adj protestant(e)
protestieren (pp **protestiert**) vi protester
Protestkundgebung f manifestation f
Prothese f (-, -n) prothèse f; (Gebiss) dentier m
Protokoll nt (-s, -e) (von Sitzung) procès-verbal m; (diplomatisch: Inform) protocole m; (Polizeiprotokoll) déposition f; **protokollieren** (pp **protokolliert**) vt (Inform) établir le protocole de; **etw ~** rédiger le procès-verbal de qch
Proton nt (-s, -en) proton m
Prototyp m prototype m
Protz m (-en o -es, -e(n)) (fam: Mensch) vantard(e); **protzen** vi (fam) se vanter (mit de), se donner de grands airs; **protzig** adj (Mensch) qui se donne de grands airs; (Gegenstand) tape-à-l'œil
Proviant m (-s, -e) provisions fpl
Provider m (-s, -) (Inform) fournisseur m d'accès
Provinz f (-, -en) province f; **provinziell** adj provincial(e)
Provision f (Com) commission f
provisorisch adj provisoire
Provokation f provocation f
provozieren (pp **provoziert**) vt provoquer
Prozedur f procédure f; (pej) cirque m
Prozent nt (-(e)s, -e) pour cent m; **Prozentrechnung** f calcul m du pourcentage; **Prozentsatz** m pourcentage m; **prozentual** adj: **prozentuale Beteiligung** pourcentage m de bénéfices ▪ adv: ~ am Gewinn beteiligt sein toucher un pourcentage
Prozess m (-es, -e) processus m; (Jur) procès m; **prozessieren** (pp **prozessiert**) vi être en procès (mit, gegen avec)
Prozession f défilé m, (Rel) procession f
Prozesskosten pl (Jur) frais mpl de justice
Prozessor m (-s, -en) (Inform) processeur m
prüde adj prude; **Prüderie** f pruderie f
prüfen vt (Gerät) tester; (Kandidaten) interroger; (Rechnung, Bücher) vérifier;

Prüfer, in m(f) (-s, -) examinateur(-trice);
Prüfling m candidat(e); **Prüfung** f
examen m; (Heimsuchung) épreuve f;
Prüfungskommission f jury m
(d'examen); **Prüfungsordnung** f
règlement m (d'un examen)
Prügel pl raclée f; **Prügelei** f bagarre f;
Prügelknabe m bouc m émissaire;
prügeln vt battre ■ vr: **sich ~** se battre;
Prügelstrafe f châtiment m côrporel
Prunk m (-(e)s) pompe f, faste m;
prunkvoll adj magnifique,
fastueux(-euse)
PS abk = **Pferdestärken** Ch;
= **Nachschrift** P.S.
Psalm m (-s, -en) psaume m
pseudo- präf pseudo; **Pseudokrupp** m
(Med) faux croup m
Psychiater, in m(f) (-s, -) psychiatre mf
psychisch adj psychique, psychologique
Psychoanalyse f psychanalyse f
Psychologe m, **-login** f psychologue mf;
Psychologie f psychologie f;
psychologisch adj psychologique
Psychopharmaka pl psychotropes mpl;
psychosomatisch adj psychosomatique;
Psychoterror m terreur f;
Psychotherapeut, in m(f)
psychothérapeute mf; **Psychotherapie** f
psychothérapie f
Pubertät f puberté f
Public Domain nt (Inform) domaine m
public
Publikum nt (-s) public m; (Sport)
spectateurs mpl
publizieren (pp **publiziert**) vt publier
Publizistik f journalisme m
Pudding m (-s, -e o -s) ≈ flan m
Pudel m (-s, -) caniche m
Puder m (-s, -) poudre f; **Puderdose** f
poudrier m; **pudern** vt poudrer;
Puderzucker m sucre m glace
Puff m (-(e)s, Püffe) (fam: Stoß) bourrade f
■ m (pl Puffs) (fam: Freudenhaus) bordel m
■ m (-(e)s, -e o -s) (Wäschepuff) corbeille f
à linge; (Sitzpuff) pouf m
Puffer m (-s, -) tampon m; (Inform)
mémoire f tampon [o intermédiaire];
Pufferspeicher m (Inform) mémoire f
tampon; **Pufferstaat** m État m tampon
Pull-down-Menü nt (Inform) menu m
déroulant
Pulli m (-s, -s), **Pullover** m (-s, -) pull(-over)
m, tricot m
Puls m (-es, -e) pouls m; **Pulsader** f
artère f; **pulsieren** (pp **pulsiert**) vi
battre; (fig) s'agiter
Pult nt (-(e)s, -e) pupitre m
Pulver nt (-s, -) poudre f; **pulverig** adj
poudreux(-euse); **pulverisieren**

(pp **pulverisiert**) vt pulvériser;
Pulverschnee m neige f poudreuse
pummelig adj (Kind) potelé(e)
Pumpe f (-, -n) pompe f; **pumpen** vt
pomper; (fam: verleihen) prêter;
(fam: sich leihen) emprunter
Punk m (-(s), -s) (Punkmusik) punk m;
(Punker) punk mf
Punkt m (-(e)s, -e) point m; **etw auf**
den ~ bringen mettre qch au point
punktieren (pp **punktiert**) vt (Med)
ponctionner; (Linie) tracer en pointillé
pünktlich adj ponctuel(le);
Pünktlichkeit f ponctualité f
Punktsieg m victoire f aux points;
Punktzahl f score m
Pupille f (-, -n) pupille f
Puppe f (-, -n) poupée f; (Marionette)
marionnette f; (Insektenpuppe) chrysalide
f; **Puppenspieler, in** m(f) marionnettiste
mf; **Puppenstube** f maison f de poupée;
Puppenwagen m landau m de poupée
pur adj pur(e)
Püree nt (-s, -s) purée f
Purzelbaum m (fam) culbute f;
purzeln vi aux sein tomber
Puste f (-) (fam) souffle m
Pustel f (-, -n) pustule f
pusten vi souffler
Pute f (-, -n) dinde f; **Puter** m (-s, -)
dindon m
Putsch m (-(e)s, -e) putsch m, coup m
d'État; **putschen** vi faire un putsch;
Putschist, in m(f) putschiste mf
Putz m (-es) (Mörtel) crépi m
putzen vt (Haus, Auto) nettoyer; (Schuhe)
cirer; (Nase) moucher; (Zähne) brosser
■ vr: **sich ~** faire sa toilette; **Putzfrau** f
femme f de ménage
putzig adj mignon(ne)
Putzlappen m chiffon m, torchon m;
Putzmann m (pl Putzmänner) homme m
de ménage; **Putzmittel** nt produit m
de nettoyage; **Putztag** m jour m de
nettoyage; **Putzzeug** nt ustensiles mpl
de ménage
Puzzle nt (-s, -s) puzzle m
Pyjama m (-s, -s) pyjama m
Pyramide f (-, -n) pyramide f
Pyrotechnik f pyrotechnie f
Python m (-s, -s) python m

q

Q, q nt (-, -) Q, q m
quabb(e)lig adj gélatineux(-euse);
(Frosch) visqueux(-euse)
Quacksalber, in m(f) (-s, -) (fam)
charlatan m
Quader m (-s, -) pierre f de taille; (Math)
parallélépipède m, rectangle m
Quadrat nt carré m; **quadratisch** adj
carré(e); (Gleichung) du second degré;
Quadratmeter m o nt mètre m carré
quaken vi (Frosch) coasser; (Ente) faire
coin-coin
quäken vi (fam) brailler
Qual f (-, -en) tourment m, peine f, torture
f; **quälen** vt tourmenter, torturer; (mit
Bitten) importuner ■ vr: **sich ~** avancer
avec peine; (geistig) se tourmenter;
Quälerei f (das Quälen) tourment m,
torture f; (fig) corvée f; **Quälgeist** m (fam)
casse-pieds mf
qualifizieren (pp **qualifiziert**) vt qualifier;
(einstufen) classer ■ vr: **sich ~** se qualifier
Qualität f qualité f; **Qualitätskontrolle** f
contrôle m de qualité;
Qualitätsmanagement nt
management m de la qualité;
Qualitätssicherung f garantie f de
qualité; **Qualitätsware** f marchandise f
de qualité
Qualle f (-, -n) méduse f

Qualm m (-(e)s) fumée f épaisse;
qualmen vi (Ofen, Kerze etc) fumer; (fam)
fumer (comme une locomotive)
qualvoll adj atroce, douloureux(-euse)
Quantentheorie f théorie f des quanta
Quantität f quantité f; **quantitativ** adj
quantitatif(-ive)
Quantum nt (-s, **Quanten**) (Phys)
quantum m; (Anteil) quota nt
Quarantäne f(-, -n) quarantaine f
Quark m (-s) fromage m blanc; (fam)
bêtise f
Quartal nt (-s, -e) trimestre m
Quartier nt (-s, -e) logement m; (Mil)
quartiers mpl
Quarz m (-es, -e) quartz m; **Quarzuhr** f
montre f à quartz
quasi adv quasi, quasiment
quasseln vi (fam) radoter
Quatsch m (-(e)s) bêtises fpl; **quatschen**
vi dire des bêtises; (fam) bavarder;
Quatschkopf m (fam) radoteur(-euse)
Quecksilber nt mercure m
Quellcode m (Inform) code m source;
Quelldatei f (Inform) fichier m source
Quelle f(-, -n) source f
quellen (**quoll, gequollen**) vi aux sein
(hervorquellen) jaillir; (schwellen) gonfler,
grossir
Quellensteuer f impôt m à la source;
Quelllaufwerk nt lecteur m source
Quengelei f (fam) jérémiades fpl;
quengelig adj (fam) pleurnicheur(-euse);
quengeln vi (fam) pleurnicher
quer adv (der Breite nach) en travers;
(rechtwinklig) de travers; **~ auf dem Bett**
en travers du lit; **~ durch den Wald** à
travers la forêt; **Querbalken** m poutre f
transversale; **Querdenker, in** m(f) esprit
m fort [o novateur]; **querfeldein** adv à
travers champs; **Querflöte** f flûte f
traversière; **Querformat** nt format m
oblong [o à l'italienne]; (Inform) mode m
de paysage; **Querkopf** m tête f de mule;
Querschiff nt transept m; **Querschnitt**
m coupe f transversale; (Auswahl)
échantillon m; **querschnittsgelähmt** adj
paraplégique; **Querstraße** f rue f
transversale; **Quertreiber, in** m(f) casse-
pieds mf; **Querverbindung** f (fig) lien m;
Querverweis m renvoi m
quetschen vt presser, écraser; (Med)
contusionner, meurtrir; **Quetschung** f
(Med) contusion f
quieken vi (Schwein) couiner; (Mensch)
pousser des cris perçants
quietschen vi (Tür) grincer; (Mensch)
pousser des cris perçants
Quintessenz f quintessence f
Quintett nt (-(e)s, -e) quintette m

Quirl m (-(e)s, -e) (Gastr) fouet m
quitt adj: ~ sein être quitte
Quitte f (-, -n) coing m; **quittengelb** adj jaune comme un coing
quittieren (pp **quittiert**) vt donner un reçu pour; (Dienst) quitter
Quittung f quittance f, reçu m; **Quittungsaustausch** m établissement m d'un protocole de transfert
Quiz nt (-, -) jeu (-concours) m
quoll imperf von **quellen**
Quote f (-, -n) quote-part f, taux m; **Quotenregelung** f (Pol) pourcentage m obligatoire de femmes

R, r nt (-, -) R, r m
Rabatt m (-(e)s, -e) rabais m, remise f
Rabatte f (-, -n) bordure f
Rabattmarke f timbre-ristourne m
Rabe m (-n, -n) corbeau m; **Rabenmutter** f marâtre f
rabiat adj furieux(-euse)
Rache f (-) vengeance f
Rachen m (-s, -) gorge f
rächen vt venger ■ vr: sich ~ (Mensch) se venger (an +dat de); (Leichtsinn etc) coûter cher
Rachitis f (-) rachitisme m
Rachsucht f soif f de vengeance; **rachsüchtig** adj vindicatif(-ive)
Rad nt (-es, Räder) roue f; (Fahrrad) vélo m; ~ fahren faire du vélo
Radar m o nt (-s) radar m; **Radarfalle** f, **Radarkontrolle** f contrôle m radar
Radau m (-s) (fam) vacarme m
Raddampfer m bateau m à aubes
radebrechen vi: Deutsch ~ baragouiner l'allemand
radeln vi aux sein (fam) faire du vélo; zur Schule ~ aller à l'école en vélo
Rädelsführer, in m(f) (pej) meneur(-euse), chef mf de complot
rad|fahren sep irr vi siehe Rad; **Radfahrer, in** m(f) cycliste mf; **Radfahrweg** m piste f cyclable

Radicchio m (-s) (Salatsorte) chicorée f
  sauvage, reine f des glaces
radieren (pp **radiert**) vt, vi gommer,
  effacer; (in der Kunst) graver (à l'eau-forte);
  Radiergummi m gomme f; **Radierung** f
  eau-forte f, gravure f à l'eau forte
Radieschen nt radis m
radikal adj radical(e); (Pol) extrémiste;
  Radikale, r mf extrémiste mf
Radio nt (-s, -s) radio f
radioaktiv adj radioactif(-ive);
  Radioaktivität f radioactivité f
Radioapparat m poste m de radio;
  Radiorekorder m radiocassette f;
  Radiowecker m radio-réveil m
Radium nt radium m
Radius m (-, **Radien**) rayon m
Radkappe f (Auto) enjoliveur m
Radler, in m(f) (-s, -) cycliste mf;
  Radlerhose f short m de cycliste
Radrennbahn f vélodrome m;
  Radrennen nt course f cycliste;
  Radsport m cyclisme m; **Radweg** m
  piste f cyclable
RAF f (-) abk = **Rote Armee Fraktion**
  Fraction f armée rouge
raffen vt (Besitz) amasser; (Stoff) froncer
Raffinade f sucre m raffiné
raffinieren (pp **raffiniert**) vt raffiner;
  raffiniert adj rusé(e), malin(-igne);
  (Methode) astucieux(-euse); (Kleid)
  raffiné(e)
Rafting nt (-s) (Sport) rafting m
ragen vi s'élever, se dresser
Rahm m (-(e)s) crème f
rahmen vt (Bild) encadrer; **Rahmen** m
  (-s, -) cadre m; (von Fenster) châssis m; **im ~
  des Möglichen** dans la mesure du possible
rahmig adj crémeux(-euse)
Rakete f (-, -n) fusée f;
  Raketenabwehrsystem nt système m
  antimissile; **Raketenbasis** f,
  Raketenstützpunkt m rampe f de
  lancement (de fusées)
RAM nt (-(s), -(s)) (Inform) mémoire f vive
rammen vt (Pfahl) enfoncer, ficher; (Schiff)
  éperonner; (Auto) emboutir
Rampe f (-, -n) rampe f; **Rampenlicht** nt
  feux mpl de la rampe
ramponieren (pp **ramponiert**) vt (fam)
  abîmer
Ramsch m (-(e)s, -e) camelote f
RAM-Speicher m mémoire f vive
ran (fam) kontr von **heran**
Rand m (-(e)s, **Ränder**) bord m; (Waldrand)
  lisière f; (von Stadt) abords mpl; (auf Papier)
  marge f; (unter Augen) cerne m; **am Rande
  der Verzweiflung sein** être au bord du
  désespoir; **außer ~ und Band** déchaîné(e);
  am Rande bemerkt soit dit en passant

Randale f (-) (fam) chahut m; **~ machen**
  faire du chahut; **randalieren** (pp
  randaliert) vi faire du tapage [o du
  chahut]; **Randalierer, in** m(f) (-s, -)
  casseur(-euse), hooligan m
Randbemerkung f note f en marge; (fig)
  remarque f en passant;
  Randerscheinung f phénomène m
  marginal; **Randgruppe** f groupe m
  de marginaux
rang imperf von **ringen**
Rang m (-(e)s, **Ränge**) rang m;
  (Dienstgrad) grade m; (Theat) balcon m
Rangierbahnhof m gare f de triage;
  rangieren (pp **rangiert**) vt (Eisenbahn)
  garer ■ vi (fig) se classer; **Rangiergleis**
  nt voie f de garage
Rangordnung f hiérarchie f;
  Rangunterschied m différence f
  hiérarchique
Ranke f (-, -n) vrille f
rann imperf von **rinnen**
rannte imperf von **rennen**
Ranzen m (-s, -) cartable m; (fam: Bauch)
  panse f, bedaine f
ranzig adj (Butter) rance
Rap m (-(s), -s) (Mus) rap m
rapid, e adj rapide
Rappe m (-n, -n) (Pferd) cheval m noir
rappen vi rapper
Rappen m (-s, -) (Schweizer Münze)
  centime m
Rapper, in m(f) (-s, -) (Mus) rappeur(-euse)
Raps m (-es, -e) colza m
rar adj rare; **sich ~ machen** (fam) se faire
  rare; **Rarität** f rareté f
rasant adj très rapide
rasch adj rapide
rascheln vi (Blätter, Papier) bruire; **mit etw
  ~** froisser qch
rasen vi (toben) être déchaîné(e);
  vor Eifersucht ~ être fou (folle) de
  jalousie ■ vi aux sein (fam: schnell fahren)
  foncer
Rasen m (-s, -) gazon m, pelouse f
rasend adj (Eifersucht, Tempo) fou (folle);
  (Kopfschmerzen) atroce; (Entwicklung) très
  rapide
Rasenmäher m (-s, -) tondeuse f à gazon;
  Rasenplatz m pelouse f; (Tennis) court m
  en gazon
Raser, in m(f) (-s, -) automobiliste qui
  conduit comme un fou; **Raserei** f (Wut)
  fureur f; (Schnelligkeit) vitesse f folle
Rasierapparat m rasoir m (électrique);
  Rasiercreme f crème f à raser; **rasieren**
  (pp **rasiert**) vt raser ■ vr: **sich ~ se raser**;
  Rasierklinge f lame f de rasoir;
  Rasiermesser nt rasoir m; **Rasierpinsel**
  m blaireau m; **Rasierschaum** m mousse f

à raser; **Rasierseife** f savon m à barbe;
Rasierwasser nt après-rasage m,
after-shave m
Rasse f(-, -n) race f; **Rassehund** m chien
m de race
Rassel f(-, -n) crécelle f; (Babyrassel)
hochet m; **rasseln** vi faire un bruit de
ferraille; (Ketten) cliqueter
Rassenhass m racisme m;
Rassentrennung f ségrégation f raciale;
Rassismus m racisme m; **Rassist, in**
m(f) raciste mf; **rassistisch** adj raciste
Rast f(-, -en) arrêt m; (Ruhe) repos m
Rastalocken pl tresses fpl rasta
rasten vi s'arrêter; (ausruhen) se reposer
Rasterfahndung f méthode f de
recherche policière par recoupements
Rasthaus nt (Auto) restoroute® m;
Rasthof m aire f de repos équipée, relais
m d'autoroute; **rastlos** adj (Mensch)
infatigable; (Tätigkeit) ininterrompu(e);
(unruhig) agité(e); **Rastplatz** m (Auto)
aire f de repos; **Raststätte** f siehe
Rasthof
Rasur f rasage m
Rat m (-(e)s) conseil m; **keinen ~ wissen**
ne savoir que faire; **zu Rate** siehe **zurate**
■ m (pl **Räte**) (Mensch) conseiller m;
(Einrichtung) conseil m
Rate f(-, -n) paiement m partiel;
(monatlich) mensualité f
raten (riet, geraten) vt, vi deviner;
(empfehlen) conseiller
ratenweise adv (zahlen) à tempérament,
par mensualités; **Ratenzahlung** f
paiement m à tempérament
Ratgeber, in m(f) (-s, -) conseiller(-ère);
(Buch) manuel m
Rathaus nt mairie f
ratifizieren (pp **ratifiziert**) vt ratifier;
Ratifizierung f ratification f
Rätin f conseillère f
Ration f ration f
rational adj rationnel(le), raisonnable
rationalisieren (pp **rationalisiert**) vt
rationaliser
rationell adj rationnel(le), économique
rationieren (pp **rationiert**) vt rationner
ratlos adj (Mensch) perplexe; **Ratlosigkeit**
f perplexité f; **ratsam** adj indiqué(e),
recommandable; **Ratschlag** m
conseil m
Rätsel nt (-s, -) devinette f; (Geheimnis)
énigme f; **rätselhaft** adj énigmatique,
mystérieux(-euse)
Ratskeller m restaurant m de l'hôtel
de ville
Ratte f(-, -n) rat m
rattern vi (Maschine) cliqueter; (Auto)
pétarader

rau adj rêche, rugueux(-euse); (Stimme)
rauque; (Hals) enroué(e); (Klima) rude
Raub m (-(e)s) (von Gegenstand) vol m
(à main armée); (von Mensch) rapt m;
(Beute) butin m; **Raubbau** m exploitation
f abusive; **rauben** vt (Gegenstand) voler;
(jdn) enlever; **Räuber, in** m(f) (-s, -) bandit
m, voleur(-euse); **räuberisch** adj (Tier)
prédateur(-trice); (Bande) de malfaiteurs;
(Überfall) criminel(le); **in räuberischer
Absicht** avec l'intention de voler;
Raubkopie f piratage m; **Raubmord** m
assassinat m avec vol; **Raubtier** nt
prédateur m; **Raubüberfall** m attaque f
à main armée; **Raubvogel** m oiseau m
de proie
Rauch m (-(e)s) fumée f; **rauchen** vt, vi
fumer; **Raucher, in** m(f) (-s, -)
fumeur(-euse); **Raucherabteil** nt
(Eisenbahn) compartiment m fumeurs
räuchern vt (Fleisch) fumer
Rauchfang m (A) cheminée f;
Rauchfangkehrer, in m(f) (A)
ramoneur(-euse); **Rauchfleisch** nt
viande f fumée
rauchig adj enfumé(e); (Geschmack)
fumé(e)
Rauchmelder m (-s, -) détecteur m
de fumée; **Rauchverbot** nt interdiction f
de fumer
räudig adj (Hund) galeux(-euse)
rauf (fam) kontr von **herauf**
Raufasertapete f papier m ingrain
Raufbold m (-(e)s, -e) brute f
raufen vt (Haar) arracher ■ vi, vr se
chamailler; **Rauferei** f bagarre f;
rauflustig adj bagarreur(-euse)
rauh siehe **rau**
Raum m (-(e)s, Räume) (Zimmer) pièce f;
(Platz) place f; (Gebiet) région f; (Weltraum)
espace m
räumen vt (verlassen) quitter, vider;
(Gebiet) évacuer; (wegschaffen) enlever
Raumfähre f navette f spatiale;
Raumfahrt f navigation f spatiale;
Rauminhalt m volume m;
Raumlabor nt laboratoire m spatial
räumlich adj (Darstellung) dans l'espace;
Räumlichkeiten pl locaux mpl
Raummangel m manque m de place;
Raummeter m o nt stère m;
Raumpfleger, in m(f) technicien(ne)
de surface; **Raumschiff** nt engin m
spatial; **Raumschifffahrt** f navigation f
spatiale; **Raumsonde** f sonde f spatiale;
Raumstation f station f orbitale
[o spatiale]
Räumung f déménagement m; (von
Gebiet) évacuation f; **Räumungsverkauf**
m liquidation f générale (des stocks)

raunen vt, vi murmurer
Raupe f (-, -n) chenille f;
  Raupenschlepper m véhicule m
  à chenilles
Raureif m givre m
raus (fam) kontr von **heraus, hinaus**
Rausch m (-(e)s, Räusche) ivresse f
rauschen vi bruire, murmurer;
  (Radio etc) grésiller; **rauschend** adj
  (Fest) magnifique; **rauschender**
  Beifall tempête f d'applaudissements
Rauschgift nt drogue f;
  Rauschgiftdezernat nt brigade f des
  stupéfiants; **Rauschgiftsüchtige, r** mf
  drogué(e)
räuspern vr: **sich ~** se racler la gorge
Raute f (-, -n) losange m; **rautenförmig**
  adj en forme de losange
Raveparty f rave f
Raver, in m(f) (-s, -) raver m
Ravioli pl ravioli(s) mpl
Razzia f (-, Razzien) rafle f
Reagenzglas nt éprouvette f
reagieren (pp **reagiert**) vi réagir
  (auf +akk à)
Reaktion f réaction f
reaktionär adj réactionnaire
Reaktionsgeschwindigkeit f vitesse f
  de réaction
Reaktor m réacteur m; **Reaktorblock** m
  tranche f de centrale nucléaire;
  Reaktorkern m cœur m du réacteur;
  Reaktorsicherheit f sûreté f des
  centrales nucléaires
real adj réel(le); (Vorstellung)
  concret(-ète)
realisieren (pp **realisiert**) vt
  (verwirklichen) réaliser; (begreifen) se
  rendre compte de
Realismus m réalisme m; **Realist, in** m(f)
  réaliste mf; **realistisch** adj réaliste
Realität f (-, -en) réalité f; **virtuelle ~**
  réalité virtuelle
Reality-TV nt (-s) télé f réality-show
Realo m (-s, -s) (Pol) écologiste m partisan
  d'une politique réaliste
Realpolitiker, in m(f) politicien(ne)
  partisan(e) d'une politique réaliste
Realschule f ≈ collège m

  ⬙ **REALSCHULE**
  ⬙
  ⬙ La Realschule est une des écoles
  ⬙ secondaires que les élèves allemands
  ⬙ peuvent choisir après la Grundschule.
  ⬙ Après six années d'études, les élèves
  ⬙ obtiennent la mittlere Reife (le brevet
  ⬙ des collèges) et en général s'orientent
  ⬙ vers un métier ou continuent leurs
  ⬙ études.

Rebe f (-, -n) vigne f
Rebell, in m(f) (-en, -en) rebelle mf;
  Rebellion f rébellion f; **rebellisch** adj
  rebelle
Rebhuhn nt perdrix f
Rebstock m cep m (de vigne)
Rechaud m o nt (-s, -s) réchaud m
  (à alcool à brûler)
rechen vt, vi ratisser; **Rechen** m (-s, -)
  râteau m
Rechenaufgabe f problème m
  (d'arithmétique); **Rechenfehler** m
  erreur f de calcul; **Rechenmaschine** f
  calculatrice f
Rechenschaft f: **jdm über etw** akk **~**
  ablegen [o geben] rendre compte de qch
  à qn; **von jdm ~ verlangen** demander des
  comptes à qn; **Rechenschaftsbericht** m
  rapport m
Rechenschieber m règle f à calcul;
  Rechenzentrum nt centre m de calcul
rechnen vt, vi calculer; (Haus halten)
  compter (ses sous); (veranschlagen)
  compter; **jdn/etw ~ unter** +akk [o zu]
  compter qn/qch parmi; **~ mit/auf** +akk
  compter sur ■ vr: **sich ~** être rentable;
  Rechnen nt (-s) calcul m
Rechner m (-s, -) (Gerät) calculatrice f;
  (Computer) ordinateur m
Rechnung f (Math) calcul m; (fig)
  compte m; (Com) facture f; (im Restaurant)
  addition f; (im Hotel) note f; **jdm/einer**
  Sache ~ tragen tenir compte de
  qn/qch; **Rechnungsjahr** nt
  exercice m; **Rechnungsprüfer, in** m(f)
  vérificateur(-trice); **Rechnungsprüfung**
  f vérification f des comptes
recht adj juste; (wahr, echt) vrai(e); **das ist**
  mir ~ cela me convient ■ adv (vor Adjektiv)
  vraiment; **jetzt erst ~** maintenant plus
  que jamais; **~ haben** avoir raison;
  jdm ~ geben donner raison à qn
Recht nt (-(e)s, -e) droit m (auf +akk à);
  (Jur) droit m; **~ sprechen** rendre la justice;
  mit ~ à bon droit
rechte, r, s adj droit(e); **~ Seite**
  (von Stoff etc) endroit m; **~ Masche**
  maille f à l'endroit; **Rechte** f (-n, -n) (Pol)
  droite f
Rechte, s nt: **etwas Rechtes** ce qu'il faut
Rechteck nt (-(e)s, -e) rectangle m;
  rechteckig adj rectangulaire
rechtfertigen vt justifier ■ vr: **sich ~**
  se justifier (vor i dat devant);
  Rechtfertigung f justification f;
  rechthaberisch adj qui veut toujours
  avoir raison; **rechtlich** adj, **rechtmäßig**
  adj légal(e)
rechts adv à droite; (richtig herum) à l'endroit;
  (mit der rechten Hand) de la main droite;

~ **von mir** à ma droite; ~ **vom Eingang** à droite de l'entrée
Rechtsanwalt m, **-anwältin** f avocat(e)
Rechtsaußen m (-, -) (Sport) ailier m droit
Rechtsbeistand m conseiller m juridique
rechtsbündig adj aligné(e) à droite
rechtschaffen adj droit(e), honnête
Rechtschreibfehler m faute f d'orthographe; **Rechtschreibhilfe** f (Inform) correcteur m orthographique; **Rechtschreibprüfung** f (Inform) vérification f d'orthographe; **Rechtschreibreform** f réforme f de l'orthographe; **Rechtschreibung** f orthographe f
Rechtsextremismus m extrémisme m de droite; **Rechtsextremist, in** m(f) extrémiste mf de droite; **rechtsextremistisch** adj d'extrême droite
Rechtsfall m cas m (juridique); **Rechtsfrage** f problème m juridique
Rechtshänder, in m(f) (-s, -) droitier(-ière)
rechtskräftig adj valide
Rechtskurve f virage m à droite; **rechtsradikal** adj d'extrême droite; **Rechtsradikale, r** mf extrémiste mf de droite
Rechtsschutzversicherung f assurance f de protection juridique; **Rechtsstreit** m litige m
Rechtsverkehr m circulation f à droite
Rechtsweg m procédure f judiciaire; **rechtswidrig** adj illégal(e)
rechtwinklig adj à angle(s) droit(s); (Dreieck) rectangle; **rechtzeitig** adv à temps
Reck nt (-(e)s, -e o -s) barre f fixe
recken vt (Hals) tendre, étirer ▪ vr: **sich ~** (Mensch) s'étirer
recycelbar adj recyclable; **recyceln** (pp **recycelt**) vt recycler; **Recycling** nt (-s) recyclage m; **Recyclingpapier** nt papier m recyclé
Redakteur, in m(f) rédacteur(-trice); **Redaktion** f rédaction f; **redaktionell** adj rédactionnel(le); (Mitarbeit) à la rédaction
Rede f (-, -n) discours m; (Gespräch) conversation f; **jdn (wegen etw) zur ~ stellen** demander raison (de qch) à qn; **Redefreiheit** f liberté f de parole; **redegewandt** adj éloquent(e); **reden** vi parler ▪ vt (Unsinn etc) dire ▪ vr: **sich heiser ~** parler jusqu'à en être enroué(e); **sich in Wut ~** s'énerver de plus en plus; **Redensart** f manière f de parler; **Redewendung** f expression f
redlich adj honnête

Redner, in m(f) (-s, -) orateur(-trice); **redselig** adj loquace
reduzieren (pp **reduziert**) vt réduire (auf +akk à)
Reede f (-, -n) rade f; **Reeder, in** m(f) (-s, -) armateur(-trice); **Reederei** f (société f d')armement m maritime
reell adj (Chance) véritable; (Preis, Geschäft) honnête; (Math) réel(le)
Referat nt (Vortrag) exposé m; (Abteilung) service m
Referent, in m(f) (Berichterstatter) rapporteur(-euse) m; (Sachbearbeiter) chef mf de service
Referenz f référence f
referieren (pp **referiert**) vi faire un exposé
reflektieren (pp **reflektiert**) vt réfléchir ▪ vi réfléchir la lumière; ~ **auf** +akk viser à
Reflex m (-es, -e) réflexe m; **Reflexbewegung** f mouvement m réflexe
reflexiv adj (Ling) réfléchi(e); **Reflexivpronomen** nt pronom m réfléchi
Reflexzonenmassage f massage m des zones réflexes
Reform f (-, -en) réforme f
Reformation f Réformation f; **Reformator, in** m(f) réformateur(-trice); **reformatorisch** adj réformateur(-trice)
Reformhaus nt magasin m diététique; **reformieren** (pp **reformiert**) vt réformer; **Reformstau** m fait de laisser s'accumuler les réformes inachevées
Refrain m (-s, -s) refrain m
Regal nt (-s, -e) étagère f
Regatta f (-, **Regattèn**) régate f
rege adj (Treiben) animé(e), intense; (Geist) vif (vive)
Regel f (-, -n) règle f; (Med) règles fpl; **regelmäßig** adj régulier(-ière) ▪ adv régulièrement; **Regelmäßigkeit** f régularité f; **regeln** vt régler; **etw geregelt kriegen** (fam) arriver à qch, s'en sortir avec qch ▪ vr: **sich von selbst ~** (Angelegenheit) se régler tout(e) seul(e); **regelrecht** adj (Verfahren) en règle; (fam: Frechheit etc) sacré(e); (Beleidigung) véritable ▪ adv carrément; **Regelung** f (von Verkehr) régulation f; (von Angelegenheit) règlement m; **regelwidrig** adj (Verhalten) contraire à la règle
regen vt (Glieder) bouger, remuer ▪ vr: **sich ~** bouger
Regen m (-s, -) pluie f; **Regenbogen** m arc-en-ciel m; **Regenbogenhaut** f iris m; **Regenbogenpresse** f presse f à sensation; **Regenguss** m averse f; **Regenmantel** m imperméable m; **Regenschauer** m averse f; **Regenschirm** m parapluie m; **Regenzeit** f saison f des pluies

Regent, in m(f) souverain(e); (Vertreter) régent(e)

Regentag m jour m de pluie

Regentschaft f règne m

Regenwald m forêt f tropicale; **Regenwurm** m ver m de terre; **Regenzeit** f saison f des pluies

Regie f (Cine) réalisation f; (Theat) mise f en scène; (fig) direction f

regieren (pp regiert) vt gouverner ◼ vi régner

Regierung f gouvernement m; **Regierungsrat** m haut fonctionnaire m; (CH) membre m du Conseil d'État; **Regierungswechsel** m changement m de gouvernement; **Regierungszeit** f durée f de gouvernement; (von König) règne m

Regime nt (-s, -s) (pej) régime m

Regiment nt (-(e)s, -er) (Mil) régiment m ◼ nt (-(e)s, -e) (Herrschaft) gouvernement m

Region f région f; **regional** adj régional(e)

Regisseur, in m(f) (Cine) réalisateur(-trice); (Theat) metteur(-euse) en scène

Register nt (-s, -) registre m; (in Buch) index m

Registratur f (Raum) archives fpl; (Schrank) fichier m

registrieren (pp registriert) vt (verzeichnen) enregistrer; **Registrierkasse** f caisse f enregistreuse

Regler m (-s, -) régulateur m

regnen vb unpers pleuvoir; **es regnet** il pleut; **regnerisch** adj pluvieux(-euse)

regulär adj régulier(-ière); (Preis) courant(e), normal(e)

regulieren (pp reguliert) vt régler, régulariser

Regung f (Bewegung) mouvement m; (Gefühl) sentiment m; **regungslos** adj immobile

Reh nt (-(e)s, -e) chevreuil m

Reha f (-, -s) (Med) rééducation f

Reha(bilitations)zentrum nt (Med) centre m de rééducation

rehabilitieren (pp rehabilitiert) vt (Kranken) rééduquer; (Straffälligen) réinsérer; (Ruf) réhabiliter

Rehbock m chevreuil m; **Rehkalb** nt, **Rehkitz** nt faon m

Reibe f (-, -n), **Reibeisen** nt râpe f; **Reibekuchen** m galette f de pomme de terre râpée

reiben (rieb, gerieben) vt (Creme etc) passer (in, auf +akk sur); (scheuern) frotter; (zerkleinern) râper; **sich** dat **die Hände ~** se frotter les mains ◼ vr: **sich ~** (Flächen etc) frotter; **Reibereien** pl friction f; **Reibfläche** f frottoir m; **Reibung** f friction f, frottement m; **reibungslos** adj (fig) sans problème

reich adj riche

Reich nt (-(e)s, -e) empire m; (fig) royaume m; **das Dritte ~** le troisième Reich

reichen vi s'étendre, aller (bis jusqu'à); (genügen) suffire ◼ vt donner, passer; (Hand) tendre; (Erfrischungen) offrir

reichhaltig adj (Essen) abondant(e); (Auswahl) très grand(e); **reichlich** adj (Geschenke) en grand nombre; (Entlohnung) généreux(-euse), large; **~ Zeit** bien assez de temps

Reichstag m (Gebäude, Regierungssitz) Reichstag m

Reichtum m (-s, -tümer) richesse f

Reichweite f portée f; **außer/in ~** hors de/à portée

reif adj mûr(e)

Reif m (-(e)s) (Raureif) givre m ◼ m (-(e)s, -e) (Ring) anneau m

Reife f (-) maturité f; **mittlere ~** brevet m des collèges

⬤ **MITTLERE REIFE**
⬤
⬤ La *mittlere Reife* est un diplôme obtenu
⬤ après six années d'études dans une
⬤ *Realschule*. Cela correspond au brevet
⬤ des collèges en France. Lorsqu'un élève
⬤ a de bons résultats dans plusieurs
⬤ matières, il est autorisé à rejoindre
⬤ un *Gymnasium* pour préparer l'*Abitur*.

---

reifen vi aux sein mûrir

Reifen m (-s, -) cerceau m; (Fahrzeugreifen) pneu m; **Reifenpanne** f, **Reifenschaden** m crevaison f

Reifeprüfung f, **Reifezeugnis** nt ≈ baccalauréat m

Reihe f (-, -n) (geordnet) rangée f; (von Menschen) rang m; (von Tagen etc) suite f; (fam: Anzahl) série f; **der ~ nach** à tour de rôle; **sie ist an der ~** c'est (à) son tour; **ich komme an die ~** c'est (à) mon tour; **reihen** vt (Perlen) enfiler; (beim Nähen) faufiler ◼ vr: **A reiht sich an B** A suit B; **Reihenfolge** f suite f; **alphabetische ~** ordre m alphabétique; **Reihenhaus** nt maison f d'habitation alignée

Reiher m (-s, -) héron m

Reim m (-(e)s, -e) rime f; **reimen** vr: **sich ~** rimer (auf +akk avec)

rein (fam) kontr von **herein, hinein**

rein adj pur(e); (sauber) propre; **etw ins Reine bringen** mettre qch au clair; **~ gar nichts** rien du tout

Rein- in zW (Com) net(te)

Reinemachefrau f femme f de ménage

Reinfall m (fam) échec m; **Reingewinn** m bénéfice m net

Reinheit f pureté f; (von Wäsche) propreté f
reinigen vt nettoyer; **Reinigung** f
(das Reinigen) nettoyage m; (Geschäft)
teinturerie f; **chemische ~** nettoyage m
à sec
reinlich adj propre; **Reinlichkeit** f
propreté f
reinrassig adj de race; **Reinschrift** f
copie f au net; **rein|waschen** sep irr vr:
sich (von einem Verdacht) ~ se blanchir
(d'un soupçon)
Reis m (-es, -e) (Gastr) riz m ▪ nt (-es, -er)
(Zweig) rameau m
Reise f (-, -n) voyage m; **Reiseandenken**
nt souvenir m; **Reisebüro** nt agence f de
voyages; **reisefertig** adj prêt(e) pour le
départ; **Reiseführer, in** m(f) guide mf;
Reisegepäck nt bagages mpl;
Reisegesellschaft f groupe m (de
touristes); **Reisekosten** pl frais mpl de
voyage; **Reiseleiter, in** m(f)
accompagnateur(-trice); **Reiselektüre** f
livres mpl à lire en voyage; **reisen** vi aux
sein voyager; **nach Athen/Schottland ~**
aller à Athènes/en Ecosse; **Reisende, r** mf
voyageur(-euse); **Reisepass** m passeport
m; **Reisepläne** pl projets mpl de voyage;
Reiseproviant m casse-croûte m;
Reiserücktrittversicherung f assurance
f annulation; **Reiseruf** m (im Radio)
message m personnel; **Reisescheck** m
chèque m de voyage; **Reisetasche** f sac m
de voyage; **Reiseveranstalter** m tour-
opérateur m, voyagiste m; **Reiseverkehr**
m trafic m touristique;
Reiseversicherung f assurance f voyage;
Reisewetter nt temps m pour voyager
[o qu'il fait pendant un voyage];
Reisewetterbericht m météo f des
vacances; **Reiseziel** nt destination f
Reißaus m: **~ nehmen** prendre la poudre
d'escampette
Reißbrett nt planche f à dessin
reißen (riss, gerissen) vi aux sein (Stoff)
se déchirer; (Seil) casser ▪ vi (ziehen) tirer
(an +dat sur) ▪ vt (ziehen) tirer; (Witz)
faire; **etw an sich** akk **~** s'emparer de qch
▪ vr: **sich um etw ~** s'arracher qch;
reißend adj (Fluss) impétueux(-euse);
reißenden Absatz finden partir comme
des petits pains
reißerisch adj (pej) tape-à-l'œil
Reißleine f (Aviat) poignée f d'ouverture;
Reißnagel m punaise f; **Reißschiene** f
té m; **Reißverschluss** m fermeture f
éclair®; **Reißzeug** nt matériel m de
dessin (industriel); **Reißzwecke** f
punaise f
reiten (ritt, geritten) vt monter ▪ vi aux
sein faire du cheval; **Galopp/Trab ~** aller

au galop/trot; **er reitet auf einem Esel**
il va à dos d'âne; **er reitet gern** il aime bien
faire du cheval; **Reiter, in** m(f) (-s, -)
cavalier(-ière); **Reithose** f culotte f de
cheval; **Reitpferd** nt cheval m de selle;
Reitsport m équitation f; **Reitstiefel** m
botte f d'équitation; **Reitzeug** nt
équipement m d'équitation
Reiz m (-es, -e) charme m; (von Licht)
stimulation f; (unangenehm) irritation f;
(Verlockung) attrait m; **Reize** pl (von Frau)
charmes mpl
reizbar adj (Mensch) irritable
reizen vt irriter; (verlocken) exciter, attirer;
(Aufgabe, Angebot) intéresser
reizend adj charmant(e), ravissant(e)
Reizgas nt gaz m irritant; **reizlos** adj peu
attrayant(e); **Reizthema** nt sujet m
explosif; **reizvoll** adj attrayant(e);
Reizwäsche f dessous mpl sexy
Reklamation f réclamation f
Reklame f (-, -n) publicité f, réclame f
reklamieren (pp reklamiert) vt se
plaindre de; (zurückfordern) réclamer
▪ vi se plaindre
rekonstruieren (pp rekonstruiert)
vt (Gebäude) reconstruire; (Vorfall)
reconstituer
Rekonvaleszenz f convalescence f
Rekord m (-(e)s, -e) record m
Rekorder m (-s, -) lecteur m de cassettes
audio
Rekordleistung f record m
Rekrut, in m(f) (-en, -en) recrue f;
rekrutieren (pp rekrutiert) vt recruter
▪ vr: **sich ~** (Team) se recruter (aus dans,
parmi)
Rektor, in m(f) (von Universität) recteur mf;
(von Schule) directeur(-trice); **Rektorat** nt
direction f
Relais nt (-, -) relais m
relational adj (Inform) relationnel(le)
relativ adj relatif(-ive); **Relativität** f
relativité f
relaxen (pp relaxt) vi (sl) relaxer
relevant adj (Bemerkung) pertinent(e);
(Sache) important(e)
Relief nt (-s, -s) relief m
Religion f religion f;
Religionsunterricht m ≈ catéchisme m
religiös adj religieux(-euse); (Mensch)
pieux(-euse)
Relikt nt (-(e)s, -e) vestige m
Reling f (-, -s) (Naut) bastingage m
Reliquie f relique f
Rem nt (-, -) rem m
Remoulade f (-, -n), **Remouladensoße** f
sauce f rémoulade

Ren nt (-s, -s o -e) renne m
Rendezvous nt (-, -) rendez-vous m
Rendite f (-, -n) rapport m
Rennbahn f (Pferderennbahn) champ m
de courses; (Radrennbahn) vélodrome m;
(Auto) circuit m automobile
rennen (rannte, gerannt) vt, vi aux vi: sein
courir; **Rennen** nt (-s, -) course f; **Renner**
m (-s, -) (Ware) succès m commercial;
Rennfahrer, in m(f) coureur(-euse);
Rennpferd nt cheval m de course;
Rennplatz m champ m de courses;
Rennrad nt vélo m de course;
Rennwagen m voiture f de course
renovieren (pp **renoviert**) vt (Gebäude)
rénover; **Renovierung** f rénovation f
rentabel adj rentable, lucratif(-ive);
Rentabilität f rentabilité f
Rente f (-, -n) retraite f, pension f;
Rentenalter nt âge m de la retraite;
Rentenanspruch m droit m à la pension
de retraite; **Rentenempfänger, in** m(f)
bénéficiaire mf de la retraite;
Rentenversicherung f assurance f retraite
Rentier nt renne m
rentieren (pp **rentiert**) vr: **sich ~** être
rentable
Rentner, in m(f) (-s, -) retraité(e),
bénéficiaire mf d'une pension
Reparatur f réparation f;
reparaturbedürftig adj en mauvais état;
Reparaturwerkstatt f atelier m de
réparation; (Auto) garage m; **reparieren**
(pp **repariert**) vt réparer
Repertoire nt (-s, -s) répertoire m
Reportage f (-, -n) reportage m;
Reporter, in m(f) (-s, -) reporter mf
Repräsentant, in m(f) représentant(e)
repräsentativ adj représentatif(-ive);
(Geschenk etc) de prestige
repräsentieren (pp **repräsentiert**) vt, vi
représenter
Repressalien pl représailles fpl
Reproduktion f reproduction f;
reproduzieren (pp **reproduziert**) vt
reproduire
Reptil nt (-s, -ien) reptile m
Republik f république f; **Republikaner, in**
m(f) (-s, -) républicain(e); (in Deutschland)
membre d'un parti d'extrême droite;
republikanisch adj républicain(e)
resch adj (A: knusprig) croustillant(e);
(Frau) déluré(e)
Reservat nt (Gebiet) réserve f
Reserve f (-, -n) réserve f; etw in ~ haben
avoir qch en réserve; **Reserverad** nt roue
f de secours; **Reservespieler, in** m(f)
remplaçant(e); **Reservetank** m nourrice
f; **reservieren** (pp **reserviert**) vt réserver,
retenir

Reservist, in m(f) réserviste mf
Reservoir nt (-s, -e) réservoir m
Reset nt (-s, -s) (Inform) r.a.z. m, reset m;
Resettaste f (Inform) touche f reset
Residenz f résidence f
Resignation f résignation f;
resignieren (pp **resigniert**) vi se résigner;
resigniert adj résigné(e)
resolut adj résolu(e)
Resolution f résolution f
Resonanz f résonance f; (fig) écho m;
Resonanzboden m table f d'harmonie;
Resonanzkasten m, **Resonanzkörper**
m caisse f de résonance
Resopal® nt (-s) formica® m
resozialisieren (pp **resozialisiert**) vt
réinsérer dans la société;
Resozialisierung f réinsertion f sociale
Respekt m (-(e)s) respect m (vor +dat
pour, envers); **respektabel** adj
respectable; **respektieren**
(pp **respektiert**) vt respecter;
respektlos adj irrespectueux(-euse);
Respektsperson f personne f qui
commande le respect; **respektvoll** adj
respectueux(-euse)
Ressort nt (-s, -s) département m,
compétence f
Rest m (-(e)s, -e) reste m; (von Stoff)
coupon m; (Überrest) restes mpl
Restaurant nt (-s, -s) restaurant m
restaurieren (pp **restauriert**) vt
restaurer
Restbetrag m restant m, solde m;
restlich adj qui reste; **restlos** adv
complètement; **Restmüll** m déchets mpl
non recyclables; **Restrisiko** nt risque m
non évaluable
Resultat nt résultat m
Retorte f (-, -n) cornue f; **Retortenbaby**
nt bébé-éprouvette m
Retourgeld nt (CH) monnaie f (de change)
Retrovirus m rétrovirus m
retten vt sauver ■ vr: **sich ~** se sauver;
Retter, in m(f) (-s, -) sauveur m; (nach
Katastrophe) sauveteur m
Rettich m (-s, -e) radis m
Rettung f (das Retten) sauvetage m; (Hilfe)
secours m; **seine letzte ~** son dernier
espoir; **Rettungsboot** nt canot m de
sauvetage; **Rettungsgürtel** m bouée f
(de sauvetage); **Rettungsinsel** f radeau
m de sauvetage; **Rettungsring** m bouée f
de sauvetage; **Rettungswagen** m
ambulance f
Returntaste f touche f Retour
retuschieren (pp **retuschiert**) vt (Foto)
retoucher
Reue f (-) remords m; **reuen** vt: es reut
Michael nun, dass er nicht geschrieben

hat Michael regrette maintenant de ne pas avoir écrit; **reuig** adj (Sünder) repentant(e); (Miene) contrit(e)

Revanche f(-, -n) revanche f

revanchieren (pp revanchiert) vr: **sich ~** prendre sa revanche; (durch Gleiches) rendre la pareille (bei jdm à qn); **sich bei jdm für eine Einladung ~** inviter qn à son tour

Revers m o nt (-, -) revers m

revidieren (pp revidiert) vt (Rechnung) vérifier; (Politik, Ansichten) réviser

Revier nt (-s, -e) district m; (Jagdrevier) terrain m de chasse; (Polizeirevier) commissariat m

Revision f (von Ansichten) révision f; (Com) vérification f; (Jur) appel m

Revolte f(-, -n) révolte f

Revolution f révolution f; **revolutionär** adj révolutionnaire; **Revolutionär, in** m(f) révolutionnaire mf; **revolutionieren** (pp revolutioniert) vt révolutionner

Revolver m (-s, -) révolver m

Rezensent, in m(f) critique mf; **rezensieren** (pp rezensiert) vt faire la critique de; **Rezension** f critique f

Rezept nt (-(e)s, -e) recette f; (Med) ordonnance f; **rezeptfrei** adj en vente libre

Rezeption f(-, -en) réception f

rezeptpflichtig adj délivré(e) seulement sur ordonnance

Rezession f(-, -en) récession f

rezitieren (pp rezitiert) vt réciter

Rhabarber m (-s) rhubarbe f

Rhein m (-(e)s): **der ~** le Rhin; **Rheinland-Pfalz** nt (-) la Rhénanie-Palatinat

Rhesusfaktor m facteur m rhésus

Rhetorik f rhétorique f

rhetorisch adj rhétorique

Rheuma nt (-s) rhumatisme m

Rhinozeros nt (- o -ses, -se) rhinocéros m

Rhodos nt (-) Rhodes

rhythmisch adj rythmique; **Rhythmus** m (-, Rhythmen) rythme m

Ribisel f(-, -n) (A): **Rote ~** groseille f rouge; **Schwarze ~** cassis m

Ribonukleinsäure f acide m ribonucléique

richten vt adresser (an +akk à); (Waffe) pointer (auf +akk sur); (einstellen) ajuster; (instand setzen) réparer; (zurechtmachen) préparer; (bestrafen) juger ■ vi (urteilen) juger (über jdn qn) ■ vr: **sich nach jdm ~** faire comme qn

Richter, in m(f) (-s, -) juge m; **richterlich** adj judiciaire

richtig adj (Antwort) juste; (Abzweigung) bon(ne); (Partner) qu'il (me/te/lui) faut

■ adv effectivement; (fam: sehr) vraiment; **Richtigkeit** f (von Antwort) exactitude f; (von Verhalten) justesse f; **Richtigstellung** f rectification f

Richtlinie f directive f; **Richtpreis** m prix m recommandé

Richtung f direction f; (fig) tendance f

rieb imperf von **reiben**

riechen (roch, gerochen) vt, vi sentir; **an etw** dat ~ sentir qch, renifler qch; **nach etw ~** sentir qch; **ich kann das/ihn nicht ~** (fam) je ne peux pas supporter cela/ le sentir

rief imperf von **rufen**

Riege f(-, -n) équipe f

Riegel m (-s, -) (Schieber) verrou m; (von Schokolade) barre f

Riemen m (-s, -) (Tech) courroie f; (Gürtel) ceinture f

Riese m (-n, -n) géant m

rieseln vi aux sein (fließen) couler doucement; (Regen, Schnee, Staub) tomber doucement

Riesenerfolg m succès m monstre; **riesengroß, riesenhaft** adj énorme, gigantesque; **Riesenrad** nt grande roue f; **riesig** adj énorme; **Riesin** f géante f

riet imperf von **raten**

Riff nt (-(e)s, -e) récif m

Rille f(-, -n) rainure f

Rind nt (-(e)s, -er) bœuf m

Rinde f(-, -n) (Baumrinde) écorce f; (Brotrinde, Käserinde) croûte f

Rinderbraten m rôti m de bœuf; **Rinderwahnsinn** m maladie f de la vache folle; **Rindfleisch** m (viande f de) bœuf m; **Rindsbraten** m rôti m de bœuf; **Rindvieh** nt bétail m; (fam) imbécile mf

Ring m (-(e)s, -e) anneau m; (Schmuck) bague f; (Kreis) cercle m; (Sport) ring m; **Ringbuch** nt classeur m

Ringelnatter f couleuvre f

Ringelspiel nt (A) siehe **Karussell**

ringen (rang, gerungen) vi lutter (um pour); **Ringen** nt (-s) lutte f

Ringfinger m annulaire m; **ringförmig** adj circulaire; **Ringkampf** m lutte f; **Ringrichter, in** m(f) arbitre m

rings adv: ~ **um ... (herum)** tout autour de ...; **ringsherum** adv tout autour (de)

Ringstraße f (boulevard m) périphérique m

ringsum(her) adv tout autour; (überall) partout

Rinne f(-, -n) rigole f

rinnen (rann, geronnen) vi (Eimer etc) fuir

■ vi aux sein (Flüssigkeit) fuir, couler

Rinnsal nt (-(e)s, -e) filet m (d'eau); **Rinnstein** m caniveau m

Rippchen nt côtelette f

Rippe f(-, -n) côte f;
Rippenfellentzündung f pleurésie f
Risiko nt (-s, -s o Risiken) risque m;
risikobereit adj prêt(e) à assumer un
risque éventuel; **Risikogruppe** f groupe
m à risque(s)
riskant adj risqué(e)
riskieren (pp **riskiert**) vt risquer
riss imperf von **reißen**
Riss m (-es, -e) (in Mauer etc) fissure f;
(in Tasse) fêlure f; (an Lippe, Händen)
gerçure f; (in Papier, Stoff) déchirure f;
rissig adj (Mauer) fissuré(e); (Hände)
gercé(e)
ritt imperf von **reiten**
Ritt m (-(e)s, -e) chevauchée f
Ritter m (-s, -) chevalier m; **ritterlich** adj
chevaleresque; **Rittertum** nt (-s)
chevalerie f; **Ritterzeit** f âge m de la
chevalerie
rittlings adv à cheval
Ritus m (-, **Riten**) rite m
Ritze f(-, -n) fente f, fissure f
ritzen vt graver
Rivale m (-n, -n), **Rivalin** f rival(e);
Rivalität f rivalité f
Rizinusöl nt huile f de ricin
RNS f(-, -) abk = **Ribonukleinsäure**
A.R.N. m, ARN m
Robbe f(-, -n) phoque m
Robe f(-, -n) robe f
Roboter m (-s, -) robot m
roch imperf von **riechen**
röcheln vi respirer bruyamment;
(beim Sterben) râler
Rock m (-(e)s, **Röcke**) jupe f; (Jackett)
veston m
Rockband f(pl **Rockbands**) (Musikgruppe)
groupe m (de) rock; **Rockmusik** f rock m
Rodel m (-s, -) luge f; **Rodelbahn** f piste f
de luge; **rodeln** vi aux sein o haben luger
roden vt déboiser; (Bäume) abattre
Rogen m (-s, -) œufs mpl de poisson
Roggen (-s, -) seigle m; **Roggenbrot** nt
pain m de seigle
roh adj (ungekocht) cru(e); (unbearbeitet)
brut(e); (Mensch, Sitten) grossier(-ière),
rude; **Rohbau** m (pl **Rohbauten**) gros
œuvre m; **Roheisen** m fonte f; **Rohling**
m brute f; **Rohöl** nt pétrole m brut
Rohr nt (-(e)s, -e) tuyau m, tube m; (Bot)
canne f; (Schilf) roseau m; (A: Backofen)
four m; **Rohrbruch** m rupture f d'un tuyau
Röhre f(-, -n) tube m; (größeres Rohr)
tuyau m; (Backröhre) four m;
Röhrenhose f pantalon m tube
Rohrleitung f conduite f; **Rohrpost** f
poste f pneumatique; **Rohrstock** m
canne f; **Rohrstuhl** m chaise f en rotin;
Rohrzucker m sucre m de canne

Rohseide f soie f grège; **Rohstoff** m
matière f première
Rokoko nt (-s) rococo m
Rolle f(-, -n) rouleau m; (Garnrolle etc)
bobine f; (Walze) roulette f; (sozial: Theat)
rôle m; **keine ~ spielen** ne jouer aucun rôle
rollen vt, vi aux vi: sein rouler
Rollenbesetzung f (Theat) distribution f
des rôles; **Rollenspiel** nt jeu m de rôles;
Rollentausch m permutation f des rôles;
Rollenverteilung f répartition f des rôles
Roller m (-s, -) scooter m; (für Kinder)
trottinette f; (Welle) rouleau m
Rollerblades® pl rollerblades® mpl
Rollerskates m pl roller mpl
Rollfeld nt (Aviat: Startbahn) piste f d'envol;
(Landebahn) piste f d'atterrissage;
Rollkragenpullover m pull m à col roulé;
Rollladen m volet m roulant; **Rollmops**
m rollmops m; **Rollschuh** m patin m à
roulettes; **Rollstuhl** m fauteuil m roulant;
Rollstuhlfahrer, in m(f) handicapé(e) dans
un fauteuil roulant; **rollstuhlgerecht** adj
accessible aux fauteuils roulants;
Rolltreppe f escalator m
Rom nt (-s) Rome
ROM nt (-(s), -(s)) (Inform) mémoire f
morte
Roman m (-s, -e) roman m;
Romanschreiber, in m(f),
Romanschriftsteller, in ■ m(f)
romancier(-ière)
Romantik f romantisme m;
Romantiker, in m(f) (-s, -) romantique
mf; **romantisch** adj romantique
Romanze f(-, -n) romance f; (Affäre)
histoire f d'amour, liaison f
Römer, in m(f) (-s, -) Romain(e); **römisch**
adj romain(e); **römisch-katholisch** adj
catholique romain(e)
ROM-Speicher m mémoire f morte
röntgen vt, vi radiographier;
Röntgenaufnahme f radio(graphie) f;
Röntgenstrahlen pl rayons mpl X
rosa adj inv rose
Rose f(-, -n) rose f
Rosé m (-s, -s) (Wein) rosé m
Rosenkohl m chou m de Bruxelles;
Rosenkranz m chapelet m;
Rosenmontag m lundi m de carnaval
Rosette f rosette f; (Fensterrosette) rosace f
rosig adj rose
Rosine f raisin m sec
Rosmarin m (-s) romarin m
Ross nt (-es, -e) cheval m, coursier m;
Rosskastanie f marronnier m
Rost m (-(e)s, -e) rouille f; (Gitter) grille f;
(Bratrost) gril m; (Bettrost) sommier m;
Rostbraten m grillade f; **rosten** vi
rouiller

rösten vt griller
rostfrei adj inoxydable
Rösti pl rösti mpl
rostig adj rouillé(e); **Rostschutz** m
traitement m antirouille
rot adj rouge; (Haare) roux (rousse)
Rotation f (Tech: Umdrehung) rotation f;
(Pol) rotation f, roulement m
rotbäckig adj aux joues rouges;
rotblond adj blond roux
Röte f (-) rougeur f
Röteln pl rubéole f
röten vt rougir ■ vr: **sich ~** rougir
rothaarig adj roux (rousse)
rotieren (pp **rotiert**) vi tourner; (fam) être
débordé(e) [o en effervescence]
Rotkäppchen nt Petit chaperon m rouge;
Rotkehlchen nt rouge-gorge m;
Rotkraut nt (A, Sdeutsch) chou m rouge;
Rotstift m crayon m rouge; **Rotwein** m
vin m rouge
Rotz m (-es) (fam) morve f; **rotzfrech** adj
(fam) morveux(-euse)
Roulade f (Gastr) paupiette f
Route f (-, -n) itinéraire m
Routine f expérience f; (pej) routine f
Rowdy m (-s, -s) voyou m
RTF nt (-) abk = **rich text format** rtf m
Ruanda nt (-s) le Rwanda
Rubbellos nt billet m de loterie (à gratter);
rubbeln vi frotter ■ vt frotter; (Los)
gratter
Rübe f (-, -n) rave f; **Gelbe ~** carotte f;
Rote ~ betterave f (rouge);
Rübenzucker m sucre m de betterave
Rubin m (-s, -e) rubis m
Rubrik f (Kategorie) rubrique f; (Spalte)
colonne f
Ruck m (-(e)s, -e) secousse f; **sich** dat
einen ~ geben se secouer
Rückantwort f réponse f; **rückbezüglich**
adj (Fürwort) réfléchi(e); **Rückblende** f
flash-back m; **rückblickend** adv
rétrospectivement
rücken vt (Möbel) déplacer ■ vi aux sein
bouger, remuer
Rücken m (-s, -) dos m; (Nasenrücken) arête
f; (Bergrücken) crête f; **Rückendeckung** f
appui m, soutien m; **Rückenlehne** f
dossier m; **Rückenmark** nt moelle f
épinière; **Rückenschwimmen** nt (-s)
nage f sur le dos; **Rückenwind** m vent m
arrière
Rückerstattung f (von Auslagen)
remboursement m; **Rückfahrkarte** f
(billet m) aller-retour m; **Rückfahrt** f
retour m; **Rückfall** m (von Patient) rechute
f; (von Verbrecher) récidive f; **rückfällig** adj
(Kranke) qui fait une rechute; (Verbrecher)
récidiviste; **~ werden** faire une rechute,

récidiver; **Rückflug** m vol m de retour;
Rückfrage f demande f de précision;
Rückgabe f (von Dingen) restitution f;
Rückgang m déclin m; (von Hochwasser)
baisse f; **rückgängig** adj: **etw ~ machen**
(a. Inform) annuler qch; **Rückgrat** nt
(-(e)s, -e) colonne f vertébrale; **Rückgriff**
m recours m (auf+akk à); **Rückhalt** m
(Unterstützung) soutien m; (Einschränkung)
réserve f; **rückhaltlos** adj (Offenheit)
total(e); **Rückhand** f revers m;
Rückkehr f (-) retour m (zu à);
Rückkoppelung f feed-back m,
rétroaction f; (Störung) larsen m;
Rücklage f (Reserve) réserve f; **rückläufig**
adj (Entwicklung) régressif(-ive); (Preise) en
baisse; **Rücklaufquote** f indice m des
réponses; **Rücklicht** nt feu m arrière;
rücklings adv par derrière; **Rücknahme**
f (-, -n) reprise f; **Rückporto** nt port m
pour la réponse; **Rückreise** f (voyage m
de) retour m; **Rückruf** m rappel m
Rucksack m sac m à dos;
Rucksacktourist, in m(f) routard(e)
Rückschau f rétrospective f (auf+akk de);
Rückschluss m conclusion f;
Rückschritt m régression f;
rückschrittlich adj rétrograde;
Rückseite f dos m; (von Papier) verso m;
(von Münze) revers m
Rücksicht f considération f; **auf jdn/etw
~ nehmen** ménager qn/tenir compte de
qch; **rücksichtslos** adj (Mensch,
Benehmen) qui manque d'égards; (Fahren)
irresponsable; (unbarmherzig) sans pitié;
rücksichtsvoll adj (Mensch) prévenant(e);
(Benehmen) plein(e) d'égards
Rücksitz m siège m arrière; **Rückspiegel**
m rétroviseur m; **Rückspiel** nt match m
retour; **Rücksprache** f entretien m,
pourparlers mpl; **Rückstand** m (Betrag)
arriéré m; **im ~ sein** être en retard;
rückständig adj (Methoden) démodé(e);
(Zahlungen) dû (due); **Rückstoß** m recul
m; **Rückstrahler** m (-s, -) catadioptre m;
Rücktaste f touche f de rappel;
Rücktritt m démission f;
Rücktrittbremse f frein m au pédalier;
Rückvergütung f (Com) ristourne f;
rückwärts adv en arrière;
Rückwärtsgang m marche f arrière;
Rückweg m retour m; **rückwirkend** adj
rétroactif(-ive); **Rückwirkung** f effet m
rétroactif; **Rückzahlung** f
remboursement m; **Rückzieher** m (-s, -)
(Fußball) retourné m; **einen ~ machen**
(fam) se rétracter, revenir sur sa décision;
Rückzug m retraite f
Rucola f (-) roquette f
rüde adj brutal(e)

Rüde m (-n, -n) mâle m
Rudel nt (-s, -) (von Wölfen) bande f;
(von Hirschen) harde f
Ruder nt (-s, -) rame f; (Steuer) gouvernail
m; **Ruderboot** nt bateau m à rames;
Ruderer m (-s, -) rameur m; **Rudergerät**
nt rameur m; **Ruderin** f rameuse f;
rudern vi ramer; (Sport) faire de l'aviron
Rüebli nt (-s, -) (CH) carotte f
Ruf m (-(e)s, -e) cri m, appel m; (Ansehen)
réputation f; **rufen** (**rief, gerufen**) vt
appeler ■ vi crier, appeler; **nach jdm ~**,
jdn ~ appeler qn; **Rufname** m prénom m
usuel; **Rufnummer** f numéro m de
téléphone; **Rufnummeranzeige** f
affichage m du numéro de l'appelant;
Rufumleitung f transfert m d'appels;
Rufzeichen nt (Tel) tonalité f
Rüge f (-, -n) réprimande f; **rügen** vt
réprimander
Ruhe f (-) calme m; (Ausruhen,
Bewegungslosigkeit) repos m;
(Ungestörtheit) paix f; (Schweigen) silence
m; **sich zur ~ setzen** prendre sa retraite;
~! silence!; **ruhelos** adj agité(e);
ruhen vi (Mensch) se reposer; (Tätigkeit)
être interrompu(e); (liegen) reposer;
Ruhepause f pause f; **Ruhestand** m
retraite f; **Ruhestätte** f: **letzte ~** dernière
demeure f; **Ruhestörung** f tapage m
nocturne; **Ruhetag** m jour m de repos;
Ruhezonen pl zones fpl de repos
ruhig adj tranquille; (gelassen, friedlich)
calme; **tu das ~** ne te gêne pas
Ruhm m (-(e)s) gloire f; **rühmen** vt louer,
vanter ■ vr: **sich ~** se vanter (gen de);
rühmlich adj glorieux(-euse);
ruhmlos adj sans gloire; **ruhmreich** adj
glorieux(-euse)
Ruhr f (-) dysenterie f
Rührei nt œufs mpl brouillés; **rühren** vt
remuer; (fig) toucher ■ vr: **sich ~** bouger
■ vi: **~ von** provenir de; **~ an** +akk toucher
à; **rührend** adj touchant(e)
Ruhrgebiet nt bassin m de la Ruhr
rührig adj actif(-ive)
rührselig adj sentimental(e)
Rührung f émotion f
Ruin m (-s) ruine f
Ruine f (-, -n) ruine f
ruinieren (pp **ruiniert**) vt (jdn) ruiner;
(Stoff) abîmer
rülpsen vi (fam) roter
Rum m (-s, -s) rhum m
Rumäne m (-n, -n) Roumain m
Rumänien nt (-s) la Roumanie; **Rumänin**
f Roumaine f; **rumänisch** adj roumain(e)
Rummel m (-s) (fam) agitation f, vacarme
m; (Jahrmarkt) foire f; **Rummelplatz** m
champ m de foire

rumoren (pp **rumort**) vi faire du bruit
Rumpelkammer f débarras m
rumpeln vi aux bei Fortbewegung: sein
(Wagen) cahoter; (Donner) gronder
Rumpf m (-(e)s, Rümpfe) tronc m; (Aviat)
fuselage m; (Naut) coque f
rümpfen vt (Nase) froncer
Run m (-s, -s) ruée f (auf +akk sur)
rund adj rond(e) ■ adv (etwa) environ;
~ um etw tout autour de qch;
Rundbogen m arc m en plein cintre;
Rundbrief m circulaire f
Runde f (-, -n) tour m; (von Wächter) ronde
f; (Gesellschaft) cercle m; (von Getränken)
tournée f
runden vt arrondir ■ vr: **sich ~** (fig) se
préciser
runderneuert adj (Reifen) rechapé(e);
Rundfahrt f circuit m
Rundfunk m radio f; **im ~** à la radio;
Rundfunkanstalt f station f de radio;
Rundfunkempfang m réception f
(radiophonique); **Rundfunkgebühr** f
redevance f radio; **Rundfunkgerät** nt
(poste m de) radio f; **Rundfunksendung** f
émission f de radio
rundlich adj rondelet(te); (Gesicht) rond(e)
Rundreise f circuit m; **Rundschreiben** nt
circulaire f
Rundung f (von Gewölbe) courbure f;
(von Wange) rondeur f
runter (fam) kontr von **herunter, hinunter**
Runzel f (-, -n) ride f; **runzelig** adj ridé(e);
runzeln vt plisser; **die Stirn ~** froncer les
sourcils
Rüpel m (-s, -) mufle m; **rüpelhaft** adj
grossier(-ière)
rupfen vt (Huhn) plumer; (Gras) arracher
Rupfen m (-s, -) (toile f de) jute m
ruppig adj grossier(-ière)
Rüsche f (-, -n) ruche f; (an Hemd) jabot m
Ruß m (-es) suie f
Russe m (-n, -n) Russe m
Rüssel m (-s, -) trompe f
rußen vi fumer
rußig adj couvert(e) de suie
Russin f Russe f; **russisch** adj russe;
Russisch nt russe m
Russland nt la Russie
rüsten vt préparer; (Mil) armer ■ vi (Mil)
réarmer ■ vr: **sich ~** se préparer
rüstig adj alerte; **Rüstigkeit** f vigueur f
Rüstung f (das Rüsten) armement m;
(Ritterrüstung) armure f; (Waffen)
armements mpl; **Rüstungskontrolle** f
contrôle m des armements;
Rüstungswettlauf m course f aux
armements
Rüstzeug nt outils mpl; (Wissen)
connaissances fpl

Rute f (-, -n) baguette f
Rutsch m (-(e)s, -e) (*Erdrutsch*) glissement
  m de terrain; **Rutschbahn** f toboggan m;
  rutschen vi aux sein glisser; (*Erde*)
  s'affaisser; **rutschfest** adj
  antidérapant(e); **rutschig** adj glissant(e)
rütteln vt secouer

S

S, s nt (-, -) S, s m
Saal m (-(e)s, **Säle**) salle f
Saarbrücken nt (-s) Saarebruck
Saarland nt la Sarre
Saat f (-, -en) (*Pflanzen*) semence(s) f(pl);
  (*das Säen*) semailles fpl
sabbern vi (*fam*) baver
Säbel m (-s, -) sabre m
Sabotage f (-, -n) sabotage m; **sabotieren**
  (*pp* **sabotiert**) vt saboter
Sachbearbeiter, in m(f) spécialiste mf;
  (*Beamter*) responsable mf; **sachdienlich**
  adj (*Hinweis*) utile
Sache f (-, -n) chose f; (*Angelegenheit*)
  affaire f; (*Jur*) cause f; (*Thema*) sujet m;
  (*Pflicht*) problème m; **zur ~** au fait;
  dumme Sachen machen faire des bêtises
sachgemäß adj adéquat(e); **sachkundig**
  adj compétent(e); **Sachlage** f circonstances
  fpl, situation f; **sachlich** adj objectif(-ive)
sächlich adj neutre
Sachschaden m dommage m matériel
Sachsen nt (-s) la Saxe; **Sachsen-Anhalt**
  nt (-s) la Saxe-Anhalt; **sächsisch** adj
  saxon(ne)
sacht adv avec précaution; (*bewegen*)
  doucement
Sachverständige, r mf expert(e);
  Sachzwang m contrainte f (résultant
  d'une situation)

Sack m (-(e)s, Säcke) sac m; **Sackgasse** f
impasse f, cul-de-sac m
Sadismus m sadisme m; **Sadist, in** m(f)
sadique mf; **sadistisch** adj sadique
säen vt, vi semer
Safe m (-s -s) coffre-fort m
Safer Sex m rapports mpl protégés
Saft m (-(e)s, Säfte) jus m; (Bot) sève f;
saftig adj juteux(-euse); (Ohrfeige)
retentissant(e); (Witz, Rechnung) salé(e);
saftlos adj sans jus
Sage f (-, -n) légende f
Säge f (-, -n) scie f; **Sägemehl** nt sciure f
sagen vt, vi dire
sägen vt, vi scier
sagenhaft adj légendaire; (fam: Haus,
Auto) formidable
Sägewerk nt scierie f
sah imperf von **sehen**
Sahara f (-): **die ~** le Sahara
Sahne f (-) crème f; **erste ~ sein** (fam:
Konzert) casser la baraque; (Computer) être
sensationnel(le)
Saison f (-, -s) (haute) saison f;
Saisonarbeiter, in m(f) saisonnier(-ière)
Saite f (-, -n) corde f; **Saiteninstrument**
nt instrument m à cordes
Sakko m o nt (-s, -s) veste f
Sakrament nt sacrement m
Sakristei f sacristie f
Salat m (-(e)s, -e) salade f; (Kopfsalat)
laitue f; **Salatmayonnaise,
Salatmajonäse** f assaisonnement m
pour salade à la mayonnaise;
Salatrauke f roquette f; **Salatsoße** f
assaisonnement m
Salbe f (-, -n) pommade f, crème f
Salbei m (-s) sauge f
salbungsvoll adj onctueux(-euse)
Saldo m (-s, -s o Saldi o Salden) solde m
Salmiak m (-s) chlorure m d'ammonium;
Salmiakgeist m ammoniaque f
Salmonellen pl salmonelles fpl
Salon m (-s, -s) salon m
salopp adj (Kleidung) négligé(e);
(Ausdrucksweise) relâché(e)
Salpeter m (-s) salpêtre m;
Salpetersäure f acide m nitrique
Salsamusik f salsa f; **Salsasoße** f sauce f
épicée pour tacos
Salut m (-(e)s, -e) salut m; **salutieren**
(pp salutiert) vi saluer
Salvadorianer, in m(f) (-s, -)
Salvadorien(ne); **salvadorianisch** adj
salvadorien(ne)
Salve f (-, -n) salve f
Salz nt (-es, -e) sel m
Salzburg nt (-s) Salzbourg
salzen (salzte, gesalzen) vt saler;
Salzhering m hareng m salé; **salzig** adj

salé(e); **Salzkartoffeln** pl pommes fpl
de terre à l'eau; **Salzkorn** nt grain m de
sel; **Salzsäure** f acide m chlorhydrique;
Salzstange f stick m salé;
Salzstreuer m (-s, -) salière f;
Salzwasser nt eau f salée
Samba m (-, -s) samba f
Sambia nt (-s, -) la Zambie
Samen m (-s, -) semence f, graine f; (Anat)
sperme m
Sammelband m (pl Sammelbände)
anthologie f; **Sammelbecken** nt
réservoir m; (fig) ramassis m;
Sammelbegriff m terme m générique;
Sammelbestellung f commande f
groupée
sammeln vt (Beeren) ramasser, cueillir;
(Unterschriften) recueillir; (Geld) collecter;
(Truppen) rassembler; (als Hobby)
collectionner ▪ vr: **sich ~** se rassembler;
(sich konzentrieren) se concentrer
Sammlung f (das Sammeln) collecte f,
rassemblement m; (das Gesammelte)
collection f; (Konzentration)
concentration f
Samstag m samedi m; (am) ~ samedi
(qui vient); **samstags** adv tous les
samedis; (Zeitplan) le samedi
samt präp +dat avec; ~ **und sonders** tous
(toutes) sans exception
Samt m (-(e)s, -e) velours m
sämtliche adj tous (toutes) les
Sand m (-(e)s, -e) sable m
Sandale f (-, -n) sandale f
Sandbank f (pl Sandbänke) banc m
de sable
Sandelholz nt santal m
sandig adj (Boden) sablonneux(-euse);
Sandkasten m bac m à sable;
Sandkuchen m gâteau m de Savoie;
Sandpapier nt papier m de verre;
Sandplatz m court m en terre battue;
Sandstein m grès m; **sandstrahlen**
(pp gesandstrahlt o sandgestrahlt)
vt sabler; **Sandstrand** m plage f
de sable
sandte imperf von **senden**
Sanduhr f sablier m
sanft adj doux (douce); (Tourismus)
respectueux(-euse) de l'environnement;
sanftmütig adj doux (douce), gentil(le)
sang imperf von **singen**
Sänger, in m(f) (-s, -) chanteur(-euse)
Sangria f (-, -s) sangria f
sanieren (pp saniert) vt (Stadt) assainir,
rénover; (Betrieb) redresser
financièrement ▪ vr: **sich ~** redresser
sa situation; **Sanierung** f (von Stadt)
rénovation f; (von Betrieb) redressement m
financier

sanitär adj sanitaire, hygiénique;
sanitäre Anlagen installations fpl
sanitaires
Sanitäter, in m(f) (**-s, -**) secouriste mf;
(Mil) infirmier m militaire
sank imperf von **sinken**
Sankt Gallen nt (**-s**) (Stadt, Kanton) St-Gall
Sanktion f sanction f
sanktionieren (pp **sanktioniert**) vt
(Maßnahmen) approuver; (Gesetz) adopter
sann imperf von **sinnen**
Saphir m (**-s, -e**) saphir m
Sardelle f anchois m
Sardine f sardine f
Sarg m (**-(e)s, Särge**) cercueil m
Sarkasmus m sarcasme m;
sarkastisch adj sarcastique
Sarkom nt (**-s, -e**) sarcome m
SARS abk = **Schweres Akutes
Respiratorisches Syndrom** pneumonie f
atypique, SARS m
saß imperf von **sitzen**
Satellit m (**-en, -en**) satellite m;
Satellitenaufnahme f photo f (par)
satellite; **Satellitenfernsehen** nt
télévision f par satellite;
Satellitenfoto nt photo f satellite;
Satellitennavigation f navigation f par
satellite; **Satellitennavigationssystem**
f système m de navigation par satellite;
Satellitenschüssel f (fam) antenne f
parabolique; **Satellitenstadt** f ville f
satellite; **Satellitenübertragung** f
transmission f par satellite
Satire f (**-, -n**) satire f; **satirisch** adj
satirique
satt adj rassasié(e); (Farbe) vif (vive),
intense; **sich ~ essen** manger à sa faim;
jdn/etw ~ sein [o **haben**] (fam) en avoir
marre de qn/qch
Sattel m (**-s, Sättel**) selle f; **sattelfest** adj
(fig) compétent(e); **satteln** vt seller
sättigen vt rassasier; (Chem) saturer
Satz m (**-es, Sätze**) phrase f; (Lehrsatz)
théorème m; (Mus) mouvement m;
(von Töpfen etc) jeu m, assortiment m;
(von Briefmarken) série f; (Sport) set m;
(Kaffeesatz) marc m; (Sprung) bond m,
saut m; (Typo) composition f;
Satzgegenstand m sujet m; **Satzlehre** f
syntaxe f; **Satzteil** m syntagme m
Satzung f statuts mpl, règlement m;
satzungsgemäß adj conforme aux
statuts
Satzzeichen nt signe m de ponctuation
Sau f (**-, Säue**) truie f; (fam: Mensch)
cochon(ne)
sauber adj propre; (Charakter) honnête;
(ironisch) sacré(e); **Sauberkeit** f
propreté f

säuberlich adv soigneusement
Saubermann m (pl **Saubermänner**)
honnête homme m
säubern vt nettoyer; (Pol) épurer, purger
Sauce f (**-, -n**) siehe **Soße**
Saudi-Arabien nt (**-s**) l'Arabie f Saoudite
sauer adj acide; (Wein) aigre, (Hering) saur;
(Milch) caillé(e); (fam: Mensch, Gesicht)
fâché(e); **saurer Regen** pluies fpl acides
Sauerei f (fam) cochonnerie f
Sauerkraut nt choucroute f
säuerlich adj (Geschmack) aigrelet(te),
acidulé(e); (Gesicht) revêche, acariâtre
Sauermilch f (lait m) caillé m; **Sauerstoff**
m oxygène m; **Sauerstoffgerät** nt
(Atemgerät) masque m à oxygène; (Med:
Beatmungsgerät) appareil m à oxygène;
Sauerteig m levain m
saufen (**soff, gesoffen**) vt, vi (Tier) boire;
(fam: Mensch) boire, picoler; **Säufer, in**
m(f) (**-s, -**) (fam) ivrogne mf, poivrot(e);
Sauferei f (fam) soûlerie f
saugen vt, vi (Flüssigkeit) sucer; (Staub)
aspirer; **an etw** dat **~** sucer qch; **etw aus
dem Internet ~** télécharger qch de
l'internet
säugen vt allaiter
Sauger m (**-s, -**) (von Tier) suçoir m;
(an Tankstelle) tuyau m antipollution
Säule f (**-, -n**) colonne f, pilier m;
Säulengang m arcade f, colonnade f
Saum m (**-(e)s, Säume**) (von Kleid) ourlet
m; **säumen** vt (Kleid) ourler; (fig) border
Sauna f (**-, -s** o **Saunen**) sauna m;
saunieren (pp **sauniert**) vi faire du
sauna; **~ gehen** aller au sauna
Säure f (**-, -n**) (Chem) acide m; (Geschmack)
acidité f, aigreur f; **säurebeständig** adj
résistant(e) aux acides; **säurehaltig** adj
acide
säuseln vt, vi (Wind) murmurer; (sprechen)
susurrer
sausen vi siffler, mugir; (Ohren)
bourdonner ⊗ vi aux sein (fam: eilen) foncer
Saustall m (fam) porcherie f
Saxofon, Saxophon nt (**-s, -e**)
saxophone m
S-Bahn f ≈ R.E.R. m
SB-Bank f (pl **SB-Banken**) banque f
à self-service
scannen vt (Inform) scanner; **Scanner** m
(**-s, -**) (Inform) scanner m
Schabe f (**-, -n**) blatte f, cafard m
schaben vt gratter; (Gastr) râper
Schabernack m (**-(e)s, -e**) farce f
schäbig adj miteux(-euse); (gemein)
méprisable

Schablone f(-, -n) pochoir m; (fig) cliché m; **schablonenhaft** adj stéréotypé(e)

Schach nt (-s, -s) échecs mpl; (Stellung) échec m; **Schachbrett** nt échiquier m; **Schachfigur** f pièce f (d'un jeu d'échecs); **schachmatt** adj échec et mat; **Schachpartie** f, **Schachspiel** nt jeu m d'échecs

Schacht m (-(e)s, Schächte) puits m; (Fahrstuhlschacht) cage f

Schachtel f(-, -n) boîte f

schade adj: **es ist ~** c'est dommage; **für diese Arbeit ist der Anzug zu ~** ce costume est trop bon pour ce travail; **sich** dat **zu ~ für etw sein** ne pas s'abaisser à qch

Schädel m (-s, -) crâne m; **Schädelbruch** m fracture f du crâne

schaden vi nuire (dat à); **Schaden** m (-s, Schäden) dommage m, dégât m; (Verletzung) lésion f; (Nachteil) perte f, désavantage m; **Schadenersatz** m dommages et intérêts mpl, indemnité f; **schadenersatzpflichtig** adj tenu(e) de payer des dommages et intérêts; **Schadenfreiheitsrabatt** m bonus m; **Schadenfreude** f joie f maligne; **schadenfroh** adj qui se réjouit du malheur des autres; **Schadensbegrenzung** f limitation f des dégâts

schadhaft adj endommagé(e)

schädigen vt nuire à

schädlich adj nuisible; (Stoffe, Einfluss) nocif(-ive); **Schädlichkeit** f (von Stoffen) nocivité f; **Schädling** m animal m nuisible; (Insekt) insecte m nuisible; **Schädlingsbekämpfungsmittel** nt pesticide m

schadlos adj: **sich ~ halten** se rattraper (an +dat sur)

Schadstoff m polluant m, substance f nocive; **schadstoffarm** adj peu polluant(e); **schadstofffrei** adj non polluant(e), à pollution zéro

Schaf nt (-(e)s, -e) mouton m; **Schafbock** m bélier m; **Schäfchen** nt agneau m; **jd hat sein ~ im Trockenen** qn a accumulé un petit magot; **Schäfchenwolken** pl nuages mpl moutonnés; **Schäfer, in** m(f) (-s, -) berger(-ère); **Schäferhund** m chien m de berger; **Deutscher ~** berger m allemand

schaffen vt (erledigen) arriver à terminer, réussir à faire; (fam: Zug) réussir à attraper; (transportieren) transporter ▪ vi (fam: arbeiten) travailler, bosser (**schuf, geschaffen**) ▪ vt (Werk) créer; (Ordnung) rétablir; (Platz) faire; **sich** dat **etw ~** se faire qch; **Schaffensdrang** m impulsion f créatrice; **Schaffenskraft** f créativité f

Schaffhausen nt (-s) (Stadt und Kanton) Schaffhouse

Schaffner, in m(f) (-s, -) contrôleur(-euse)

Schaft m (-(e)s, Schäfte) (von Werkzeug) manche m; (von Gewehr) crosse f; (von Blume, Stiefel) tige f; **Schaftstiefel** m botte f haute

Schakal m (-s, -e) chacal m

schäkern vi badiner

schal adj plat(e)

Schal m (-s, -e o -s) écharpe f

Schälchen nt coupe f

Schale f(-, -n) (Kartoffelschale, Obstschale) peau f; (abgeschält) pelure f, épluchure f; (Orangenschale) écorce f; (Nussschale, Muschelschale, Eischale) coquille f; (Behälter) coupe f, bol m

schälen vt (Kartoffeln, Obst) éplucher, peler; (Eier) enlever la coquille de ▪ vr: **sich ~** (Haut) peler

Schall m (-(e)s, -e o Schälle) son m; **Schalldämpfer** m (-s, -) (von Waffe: Auto) silencieux m; **schalldicht** adj insonorisé(e); **schallen** vi sonner, retentir; **schallend** adj (Ton) sonore; (Ohrfeige) retentissant(e); **Schallmauer** f mur m du son; **Schallplatte** f disque m

Schalotte f(-, -n) échalote f

schalt imperf von **schelten**

Schaltbild nt schéma m de circuit; **Schaltbrett** nt tableau m de commande

schalten vt: **auf warm ~** mettre sur chaud ▪ vi (Auto) changer de vitesse; (fam: begreifen) piger; **in den 2. Gang ~** passer la [o en] seconde; **~ und walten** agir à sa guise

Schalter m (-s, -) guichet m; (an Gerät) interrupteur m, bouton m; **Schalterbeamte, r** m, **-beamtin** f guichetier(-ière); **Schalterstunden** pl heures fpl d'ouverture (des guichets)

Schaltfläche f (Inform) bouton m; **Schalthebel** m levier m de commande; (Auto) levier m (de changement) de vitesse; **Schaltjahr** nt année f bissextile; **Schaltkreis** m circuit m; **Schaltung** f (Elec) circuit m; (Auto) changement m de vitesse

Scham f(-) pudeur f; (Anat) organes mpl génitaux

Schamane m (-n, -n), **Schamanin** f chaman(e)

schämen vr: **sich ~** avoir honte (vor +dat de)

Schamgegend f (Anat) région f pubienne; **Schamhaare** pl poils mpl du pubis; **schamhaft** adj pudique; **schamlos** adj éhonté(e)

Schande f(-) honte f

schänden vt (Frau, Kind) violer; (Grab) profaner; (Namen) déshonorer

schändlich adj (Benehmen) scandaleux(-euse), honteux(-euse)
Schandtat f infamie f; (fam) folie f
Schändung f (von Frau, Kind) viol m; (von Grab) profanation f; (von Namen) discrédit m
Schankerlaubnis f licence f (de débit de boissons); **Schanktisch** m comptoir m
Schanze f (-, -n) (Sprungschanze) tremplin m
Schar f (-, -en) (von Menschen) foule f; (Vögel) volée f; **in Scharen** en grand nombre; **scharen** vr: **sich ~** s'assembler, se rassembler; **scharenweise** adv en grand nombre
scharf adj (**schärfer, schärfste**) (Klinge) tranchant(e); (Essen) épicé(e); (Senf) fort(e); (Auge) perçant(e); (Ohr) fin(e); (Verstand) incisif(-ive); (Wind) glacial(e); (Kurve) dangereux(-euse); (Ton) aigu(ë); (Foto) net(te); (streng: Worte) dur(e); (Kritik) acerbe; (Vorgesetzter) sévère; (Hund) méchant(e); **~ nachdenken** bien réfléchir; **auf etw** akk **~ sein** (fam) être fou (folle) de qch; **Scharfblick** m (fig) perspicacité f; **Schärfe** f (-, -n) tranchant m; (von Essen) goût m épicé; (von Wind) âpreté f; (Foto) netteté f; (Strenge) dureté f; (von Kritik) causticité f; **schärfen** vt aiguiser; **Scharfrichter** m bourreau m; **Scharfschütze** m, **-schützin** f tireur(-euse) d'élite; **Scharfsinn** m perspicacité f; **scharfsinnig** adj (Mensch) perspicace; (Überlegung) fin(e)
Scharia f (-) charia f
Scharmützel nt (-s, -) escarmouche f
Scharnier nt (-s, -e) charnière f
Schärpe f (-, -n) écharpe f
scharren vt, vi creuser, gratter
Scharte f (-, -n) brèche f; **schartig** adj (Klinge) ébréché(e)
Schaschlik m o nt (-s, -s) brochette f, chiche-kebab m
Schatten m (-s, -) ombre f; **Schattenbild** nt, **Schattenriss** m silhouette f; **Schattenseite** f (fig) désavantage m
schattieren (pp **schattiert**) vt ombrer; **Schattierung** f ombres fpl
schattig adj ombragé(e)
Schatulle f (-, -n) coffret m; (Geldschatulle) cassette f
Schatz m (-es, **Schätze**) trésor m; **Schatzamt** nt Trésor m (public)
schätzbar adj évaluable
Schätzchen nt chéri(e)
schätzen vt estimer; **~ lernen** se mettre à apprécier; **Schätzung** f estimation f, évaluation f; **schätzungsweise** adv à peu près; **Schätzwert** m valeur f estimée

Schau f (-, -en) spectacle m; (Ausstellung) exposition f; **etw zur ~ stellen** exposer qch; **Schaubild** nt diagramme m
Schauder m (-s, -) frisson m; **schauderhaft** adj horrible, épouvantable; **schaudern** vi frissonner; **es schaudert mich bei dem Gedanken ...** je frémis à la pensée ...
schauen vi regarder
Schauer m (-s, -) (Regenschauer) averse f; (Schreck) frisson m; **Schauergeschichte** f histoire f épouvantable; **schauerlich** adj horrible
Schaufel f (-, -n) (Gerät) pelle f; **schaufeln** vt (Sand) pelleter, déplacer avec une pelle
Schaufenster nt vitrine f; **Schaufensterauslage** f étalage m; **Schaufensterbummel** m lèche-vitrine m; **Schaufensterdekorateur, in** m(f) étalagiste mf
Schaugeschäft nt show-business m; **Schaukasten** m vitrine f
Schaukel f (-, -n) balançoire f; **schaukeln** vi se balancer; **Schaukelpferd** nt cheval m à bascule; **Schaukelstuhl** m fauteuil m à bascule
Schaulustige, r mf badaud(e)
Schaum m (-(e)s, **Schäume**) écume f; (Seifenschaum) mousse f; **schäumen** vi (Bier, Seife) mousser; (vor Wut) écumer; **Schaumfestiger** m mousse f fixante; **Schaumgummi** m caoutchouc m mousse; **Schaumkrone** f écume f; **Schaumschlägerei** f (fig) fanfaronnade f; **Schaumwein** m (vin m) mousseux m
Schauplatz m scène f
schaurig adj horrible, épouvantable
Schauspiel nt spectacle m; (Theat) pièce f (de théâtre); **Schauspieler, in** m(f) acteur(-trice); **schauspielern** vi jouer la comédie
Scheck m (-s, -s) chèque m; **Scheckbuch** nt, **Scheckheft** nt chéquier m, carnet m de chèques
scheckig adj miroité(e)
Scheckkarte f carte f bancaire
scheel adj: **jdn ~ ansehen** (fam) regarder qn de travers
scheffeln vt (Geld) amasser
Scheibe f (-, -n) disque m; (von Brot, Braten) tranche f; (Glasscheibe) carreau m; (Schießscheibe) cible f; **Scheibenbremse** f (Auto) frein m à disque; **Scheibenwaschanlage** f lave-glace m; **Scheibenwischer** m essuie-glace m
Scheich m (-(e)s, -e o -s) cheik m; **Scheichtum** nt (-s, -tümer) émirat m
Scheide f (-, -n) (von Waffe) gaine f, fourreau m; (Grenze) frontière f; (Anat) vagin m

scheiden (**schied, geschieden**) vt
séparer; (Ehe) dissoudre; **sich ~ lassen**
divorcer (von d'avec); ◼ vi aux sein s'en aller;
Scheidung f (Ehescheidung) divorce m;
die ~ einreichen demander le divorce;
Scheidungsgrund m motif m du divorce;
Scheidungsklage f demande f en divorce
Schein m (-(e)s, -e) (Lichtschein, Glanz)
lumière f, éclat m; (Anschein) apparence f;
(Geldschein) billet m; (Bescheinigung)
attestation f; **zum ~** pour la galerie;
Scheinasylant, in m(f) pseudo-
demandeur(-euse) d'asile politique;
scheinbar adj apparent(e); **scheinen**
(**schien, geschienen**) vi briller; (Anschein
haben) sembler; **scheinheilig** adj
hypocrite; **Scheinselbstständigkeit** f
statut m de pseudo-travailleur
indépendant; **Scheintod** m mort f
apparente; **Scheinwerfer** m (-s, -)
projecteur m; (Auto) phare m
Scheiß- in zW (sl: verdammt) à la con;
(sehr schlecht) merdique
Scheiße f (-) (fam) merde f; **scheißen** vt, vi
(vulg) chier
Scheit nt (-(e)s, -e o -er) bûche f
Scheitel m (-s, -) (höchster Punkt) sommet
m; (Haarscheitel) raie f; **scheiteln** vt faire
une raie dans; **Scheitelpunkt** m (von
Kurve) sommet m; (von Karriere) tournant
m décisif
scheitern vi aux sein échouer
Schellfisch m églefin m
Schelm m (-(e)s, -e) farceur m;
schelmisch adj espiègle
Schelte f (-, -n) réprimande f; **schelten**
(**schalt, gescholten**) vt gronder
Schema nt (-s, -s o **Schemata**) plan m;
(Darstellung) schéma m; **nach ~ F** d'une
manière routinière; **schematisch** adj
schématique; (pej) machinal(e)
Schemel m (-s, -) tabouret m
Schengener Abkommen nt convention
f de Schengen
Schenkel m (-s, -) cuisse f; (Math) côté m;
(von Zirkel) branche f
schenken vt offrir, donner; (Getränk)
verser; **sich dat etw ~** (fam) se dispenser
de qch; **das ist geschenkt** (fam) c'est
donné; **Schenkung** f don m
Scherbe f (-, -n) tesson m, débris m
Schere f (-, -n) ciseaux mpl; (groß) cisailles
fpl; (von Hummer etc) pince f, **scheren** vt
(kümmern) intéresser, préoccuper; **sich
nicht ~ um** (fam) se ficher de (**schor,
geschoren**) ◼ vt (Schaf) tondre
Schererei f (fam) embêtement m
Scherflein nt obole f
Scherz m (-es, -e) plaisanterie f;
Scherzartikel pl farces et attrapes fpl;

scherzen vi plaisanter; **Scherzfrage** f
devinette f; **scherzhaft** adj (Frage) pour
plaisanter; **eine scherzhafte Bemerkung**
une plaisanterie ◼ adv en plaisantant
scheu adj craintif(-ive); (schüchtern)
timide; **Scheu** f (-) (Angst) crainte f;
(Ehrfurcht) respect m
scheuchen vt chasser
scheuen vt (Gefahr) avoir peur de,
craindre; (Anstrengung) épargner;
(Aufgabe) se dérober à ◼ vi (Pferd)
s'emballer ◼ vr: **sich ~ vor** +dat
craindre
Scheuerbürste f brosse f;
Scheuerlappen m serpillière f;
Scheuerleiste f plinthe f; **scheuern** vt
(putzen) récurer; (reiben) frotter
Scheuklappe f œillère f
Scheune f (-, -n) grange f
Scheusal nt (-s, -e) monstre m
scheußlich adj épouvantable;
Scheußlichkeit f (von Anblick) laideur f;
(von Verbrechen) atrocité f
Schi m siehe **Ski**
Schicht f (-, -en) couche f; (in Fabrik) poste
m; (Gruppe) équipe f; **Schichtarbeit** f
travail m par roulement; **Schichtarbeiter,
in** m(f) travailleur(-euse) posté(e);
schichten vt empiler
schick adj chic
schicken vt envoyer ◼ vr: **sich ~** se
résigner (in +akk à); **es schickt sich nicht**
ce n'est pas convenable
Schickimicki m (-s, -s) B.C.B.G. branché(e)
schicklich adj convenable
Schicksal nt (-s, -e) destin m;
Schicksalsschlag m coup m du destin
Schiebedach nt toit m ouvrant; **schieben**
(**schob, geschoben**) vt pousser; (Schuld,
Verantwortung) rejeter (auf jdn sur qn);
(fam: Waren) trafiquer, faire (le) trafic de;
Schieber m (-s, -) coulisseau m; (von
Gerät) curseur m; **Schieber, in** m(f) (-s, -)
trafiquant(e); **Schiebetür** f porte f
coulissante; **Schieblehre** f (Math) pied m
à coulisse
Schiebung f (fam: Betrug) trafic m
schied imperf von **scheiden**
Schiedsgericht nt tribunal m d'arbitrage;
(Sport) commission f d'arbitrage;
Schiedsrichter, in m(f) arbitre m;
schiedsrichtern vi faire l'arbitre;
Schiedsspruch m arbitrage m
schief adj (Ebene) en pente, incliné(e);
(Turm) penché(e); (falsch) faussé(e), faux
(fausse) ◼ adv de travers; siehe auch
schiefgehen, schiefliegen
Schiefer m (-s, -) ardoise f; **Schieferdach**
nt toit m d'ardoises; **Schiefertafel** f
ardoise f

schief|gehen *sep irr vi* (*fam*) ne pas marcher, louper; **schief|lachen** *sep vr*: **sich ~** (*fam*) se tordre de rire; **schief|liegen** *sep irr vi* (*fam*) se tromper

schielen *vi* loucher; **nach etw ~** (*fig*) loucher sur qch

schien *imperf von* **scheinen**

Schienbein *nt* tibia *m*

Schiene *f* (**-, -n**) rail *m*; (*Med*) attelle *f*; **schienen** *vt* éclisser; **Schienenstrang** *m* (*Eisenbahn*) ligne *f* de chemin de fer

schier *adj* (*Fleisch*) maigre (et sans os); (*fig*) pur(e) ▪ *adv* presque

Schießbude *f* (stand *m* de) tir *m*; **Schießbudenfigur** *f* (*fam*) guignol *m*; **schießen** (**schoss, geschossen**) *vt, vi* tirer ▪ *vi aus sein* (*Blut*) jaillir; (*Salat*) monter en graine; **Schießerei** *f* coups *mpl* de feu, fusillade *f*; **Schießplatz** *m* champ *m* de tir; **Schießpulver** *nt* poudre *f* à canon; **Schießscharte** *f* meurtrière *f*; **Schießstand** *m* stand *m* de tir

Schiff *nt* (**-(e)s, -e**) bateau *m*; (*Kirchenschiff*) nef *f*; **Schiffahrt** *f siehe* **Schifffahrt**; **schiffbar** *adj* navigable; **Schiffbau** *m* construction *f* navale; **Schiffbruch** *m* naufrage *m*; **schiffbrüchig** *adj* naufragé(e); **Schiffchen** *nt* (*beim Weben*) navette *f*; **Schiffer, in** *m(f)* (**-s, -**) batelier(-ière); **Schiffeversenken** *nt* (**-s**) (*Spiel*) bataille *f* navale; **Schifffahrt** *f* navigation *f*; (*Reise*) traversée *f*; **Schifffahrtslinie** *f* ligne *f* maritime; **Schifffahrtsweg** *m* route *f* maritime; **Schiffsjunge** *m* mousse *m*; **Schiffsladung** *f* cargaison *f*

Schikane *f* (**-, -n**) chicane *f*, tracasserie *f*; **mit allen Schikanen** (*fam*) avec tout ce qu'il faut; **schikanieren** (*pp* **schikaniert**) *vt* brimer

Schikoree *m of siehe* **Chicorée**

Schild *m* (**-(e)s, -e**) (*Schutzschild*) bouclier *m*; (*von Tier*) carapace *f*; (*Mützenschild*) visière *f* ▪ *nt* (**-(e)s, -er**) enseigne *f*; (*Verkehrsschild*) panneau *m*; (*Etikett*) étiquette *f*; **etw im Schilde führen** tramer qch; **Schildbürger** *m* (*pej*) béotien *m*; **Schilddrüse** *f* (glande *f*) thyroïde *f*

schildern *vt* (dé)peindre, décrire; **Schilderung** *f* description *f*

Schildkröte *f* tortue *f*

Schilf *nt* (**-(e)s, -e**), **Schilfrohr** *nt* roseau *m*

schillern *vi* chatoyer, miroiter; **schillernd** *adj* chatoyant(e); (*fig*) ambigu(ë)

Schilling *m* (**-s, -e**) (*österreichische Währung*) schilling *m*

Schimmel *m* (**-s, -**) moisissure *f*; (*Pferd*) cheval *m* blanc; **schimmelig** *adj* moisi(e); **schimmeln** *vi* moisir

Schimmer *m* (**-s**) lueur *f*; **schimmern** *vi* luire

Schimpanse *m* (**-n, -n**) chimpanzé *m*

schimpfen *vt*: **jdn einen Idioten ~** traiter qn d'idiot ▪ *vi* jurer, pester, râler; **mit jdm ~ gronder** qn; **Schimpfwort** *nt* juron *m*, injure *f*

Schindel *f* (**-, -n**) bardeau *m*

schinden (**schindete, geschunden**) *vt* maltraiter; **Eindruck ~** (*fam*) vouloir en mettre plein la vue ▪ *vr*: **sich ~** s'esquinter (*mit etw* à faire qch); (*fig*) se donner de la peine; **Schinderei** *f* corvée *f*; **Schindluder** *nt*: **mit jdm ~ treiben** (*fam*) malmener qn; **mit etw ~ treiben** galvauder qch

Schinken *m* (**-s, -**) jambon *m*

Schippe *f* (**-, -n**) pelle *f*; **schippen** *vt* (*Sand, Schnee*) pelleter

Schirm *m* (**-(e)s, -e**) (*Regenschirm*) parapluie *m*; (*Sonnenschirm*) parasol *m*; (*Wandschirm, Bildschirm*) écran *m*; (*Lampenschirm*) abat-jour *m*; (*Mützenschirm*) visière *f*; (*Pilzschirm*) chapeau *m*; **Schirmbildaufnahme** *f* radiographie *f*; **Schirmherr, in** *m(f)* patron(ne), protecteur(-trice); **Schirmherrschaft** *f* patronage *m*; **Schirmmütze** *f* casquette *f*; **Schirmständer** *m* porte-parapluies *m*

schizophren *adj* schizophrène; (*widersprüchlich*) absurde

Schlacht *f* (**-, -en**) bataille *f*

schlachten *vt* abattre

Schlachtenbummler, in *m(f)* supporteur(-trice) (*d'une équipe en déplacement*)

Schlachter, in *m(f)* (**-s, -**) boucher(-ère); **Schlachtfeld** *nt* champ *m* de bataille; **Schlachthaus** *nt*, **Schlachthof** *m* abattoir *m*; **Schlachtplan** *m* plan *m* de bataille; **Schlachtruf** *m* cri *m* de guerre; **Schlachtschiff** *nt* cuirassé *m*; **Schlachtvieh** *nt* animaux *mpl* de boucherie

Schlacke *f* (**-, -n**) scorie *f*

Schlaf *m* (**-(e)s**) sommeil *m*; **Schlafanzug** *m* pyjama *m*

Schläfchen *nt* sieste *f*

Schläfe *f* (**-, -n**) tempe *f*

schlafen (**schlief, geschlafen**) *vi* dormir; **~ gehen** aller se coucher; **mit jdm ~** coucher avec qn; **Schlafengehen** *nt* (**-s**) coucher *m*; **vor dem ~** avant de se coucher; **Schlafenszeit** *f*: **es ist ~** c'est l'heure d'aller se coucher; **Schläfer, in** *m(f)* (**-s, -**) dormeur(-euse)

schlaff *adj* (*Haut, Muskeln*) flasque; (*energielos*) mou (molle); (*erschöpft*) épuisé(e); **Schlaffheit** *f* (*von Haut,*

Muskeln) flaccidité f; (*Erschöpfung*) épuisement m
Schlafgelegenheit f endroit m où dormir; **Schlaflied** nt berceuse f; **schlaflos** adj: eine schlaflose Nacht une nuit blanche; **Schlaflosigkeit** f insomnie f; **Schlafmittel** nt somnifère m
schläfrig adj (*Mensch*) qui a sommeil; (*Stimmung*) endormant(e)
Schlafsaal m dortoir m; **Schlafsack** m sac m de couchage; **Schlafstadt** f ville-dortoir f, cité-dortoir f; **Schlaftablette** f somnifère m; **schlaftrunken** adj somnolent(e), ensommeillé(e); **Schlafwagen** m wagon-lit m; **schlafwandeln** vi aux sein o haben être somnambule; **Schlafzimmer** nt chambre f à coucher
Schlag m (**-(e)s, Schläge**) (*Hieb*) coup m; (*Herzschlag*) battement m de cœur; (*Gehirnschlag*) (attaque f d')apoplexie f, (*Elec*) secousse f; (*Blitzschlag*) coup m de foudre; (*Schicksalsschlag*) coup m du sort; (*Pulsschlag*) pouls m; (*Glockenschlag*) son m; (*fam: Portion*) portion f; (*Art*) race f, espèce f; (*A*) crème f chantilly; **mit einem ~** d'un seul coup; **Schläge** pl (*Tracht Prügel*) raclée f; **Schlagabtausch** m (*verbal*) joute f oratoire; (*nuklear*) conflit m nucléaire; (*beim Boxen*) échange m de coups; **Schlagader** f artère f; **Schlaganfall** m apoplexie f; **schlagartig** adj brusque; **Schlagbaum** m barrière f; **Schlagbohrmaschine** f perceuse f à percussion
Schlägel m (**-s, -**) (*Trommelschlägel*) baguette f
schlagen (**schlug, geschlagen**) vt battre; (*Sahne*) fouetter; (*einschlagen*) enfoncer; (*Kreis, Bogen*) décrire; (*Schlacht*) livrer; **sich geschlagen geben** reconnaître sa défaite ▪ vi battre; (*Uhr*) sonner; **um sich ~** se débattre; **nach jdm ~** ressembler à qn; **auf/an/gegen etw** akk **~** heurter qch ▪ vi aux sein (*Blitz*) tomber (in +akk sur) ▪ vr: **sich ~** se battre; **schlagend** adj (*Beweis*) convaincant(e)
Schlager m (**-s, -**) (*Lied*) tube m; (*Erfolg*) succès m
Schläger m (**-s, -**) (*Tennisschläger*) raquette f; (*Hockeyschläger, Golfschläger*) crosse f; **Schläger, in** m(f) (**-s, -**) (*pej*) bagarreur(-euse); **Schlägerei** f bagarre f
Schlagersänger, in m(f) chanteur(-euse) à succès
schlagfertig adj qui a de la répartie; **Schlagfertigkeit** f répartie f; **Schlaginstrument** nt instrument m à percussion; **Schlagloch** nt nid-de-poule m; **Schlagobers** nt (*A*), **Schlagrahm** m,

Schlagsahne f crème f chantilly; **Schlagseite** f: **~ haben** (*Schiff*) donner de la bande; (*fig: Mensch*) avoir du vent dans les voiles; **Schlagwort** nt slogan m; **Schlagzeile** f manchette f; **Schlagzeug** nt batterie f; **Schlagzeuger, in** m(f) (**-s, -**) batteur(-euse)
Schlamassel m (**-s**) (*fam*) merdier m
Schlamm m (**-(e)s, -e** o **Schlämme**) boue f; **schlammig** adj boueux(-euse); **Schlammschlacht** f match m de football sur terrain boueux; (*fig*) bataille f de chiffonniers
Schlampe f (**-, -n**) (*fam*) souillon f; (*fig*) salope f; **schlampen** vi: **mit einer Arbeit ~** (*fam*) bâcler un travail; **Schlamper, in** m(f) (**-s, -**) personne f bordélique; **ein ~ sein** être bordélique; **Schlamperei** f (*fam*) bâclage m; (*Durcheinander*) pagaille f; **schlampig** adj (*fam: Mensch*) négligé(e); (*Arbeit*) salopé(e), bâclé(e)
schlang imperf von **schlingen**
Schlange f (**-, -n**) serpent m; (*Menschenschlange, Autoschlange*) file f; **~ stehen** faire la queue
schlängeln vr: **sich ~** se faufiler; (*Fluss, Weg*) serpenter
Schlangenbiss m morsure f de serpent; **Schlangengift** nt venin m; **Schlangenlinie** f ligne f sinueuse
schlank adj mince, svelte; (*Produktion, Verwaltung, Staat*) réduit(e); **Schlankheit** f minceur f; **Schlankheitskur** f régime m amaigrissant
schlapp adj mou (molle); (*erschöpft*) vidé(e)
Schlappe f (**-, -n**) (*fam*) échec m
Schlappheit f mollesse f
Schlapphut m chapeau m mou
schlapp|machen sep vi (*fam*) flancher
Schlaraffenland nt pays m de cocagne
schlau adj (*Mensch*) malin(-igne); (*Plan*) astucieux(-euse)
Schlauch m (**-(e)s, Schläuche**) tuyau m; (*in Reifen*) chambre f à air; (*fam: Anstrengung*) corvée f; **Schlauchboot** nt canot m pneumatique; **schlauchen** vt (*fam*) pomper; **schlauchlos** adj (*Reifen*) sans chambre à air
Schläue f (**-**) ruse f, subtilité f
Schlaukopf m (*fam*) petit malin m
schlecht adj mauvais(e); (*verdorben: Essen*) gâté(e), avarié(e); (*Mensch*) méchant(e) ▪ adv mal; (*kaum*) difficilement; **~ und recht** tant bien que mal; **mir ist (es) ~** je me sens mal; **jdm geht es ~** qn est mal en point; **schlecht|gehen** sep irr vi siehe **schlecht**; **schlechthin** adv tout simplement; **der Dramatiker ~** le vrai dramaturge; **Schlechtigkeit** f

méchanceté f; **schlecht|machen** sep vt dénigrer

schlecken vt, vi lécher

Schlegel m (-s, -) (Gastr) cuisse f

schleichen (**schlich, geschlichen**) vi aux sein ramper; (fig: langsam) traîner; **schleichend** adj (Krankheit) insidieux(-euse); **Schleichwerbung** f publicité f déguisée

Schleier m (-s, -) voile m; **schleierhaft** adj: jdm ~ sein échapper à qn

Schleife f (-, -n) (a. Inform) boucle f; (Band) nœud m

schleifen vt (ziehen) traîner; (niederreißen) raser (**schliff, geschliffen**) ◼ vt (Messer) aiguiser; (Edelstein) tailler; **Schleifstein** m pierre f à aiguiser

Schleim m (-(e)s, -e) (zäher Schleim) glaire f; (Med) mucosité f; (Gastr) bouillie f; **Schleimhaut** f muqueuse f; **schleimig** adj visqueux(-euse)

schlemmen vi festoyer; **Schlemmer, in** m(f) (-s, -) gourmet m; **Schlemmerei** f festin m, gueuleton m

schlendern vi aux sein flâner; (irgendwohin) aller en flânant

Schlendrian m (-(e)s) (fam) laisser-aller m

schlenkern vt balancer

Schleppe f (-, -n) traîne f

schleppen vt traîner; (Schiff, Auto) remorquer ◼ vr: **sich ~** se traîner; **schleppend** adj (Gang) traînant(e); (Abfertigung) très lent(e); **Schlepper** m (-s, -) (Naut) remorqueur m; **Schlepplift** m téléski m, remonte-pente m; **Schlepptau** nt câble m de remorquage; **jdn ins ~ nehmen** (fig) prendre qn en remorque

Schlesien nt (-s) la Silésie

Schleswig-Holstein nt (-s) le Schleswig-Holstein

Schleuder f (-, -n) (Geschütz) fronde f; (Wäscheschleuder) essoreuse f; (Honigschleuder) extracteur m; **schleudern** vt lancer; (Wäsche) essorer ◼ vi aux sein (Auto) déraper; **Schleuderpreis** m prix m écrasé; **Schleudersitz** m siège m éjectable; **Schleuderware** f marchandise f bradée

schleunigst adv au plus vite

Schleuse f (-, -n) écluse f; **Schleusenwärter, in** m(f) éclusier(-ière)

schlich imperf von **schleichen**

Schlich m (-(e)s, -e) truc m; **jdm auf die Schliche kommen** comprendre le petit jeu de qn

schlicht adj simple

schlichten vt (Streit) régler, aplanir; **Schlichter, in** m(f) (-s, -) médiateur(-trice); **Schlichtung** f conciliation f

Schlick m (-(e)s, -e) vase f

schlief imperf von **schlafen**

Schließe f (-, -n) fermoir m

schließen (**schloss, geschlossen**) vt (a. Inform) fermer; (Sitzung) clore; (einschließen) enfermer; (Lücke) boucher; (Vertrag; folgern) conclure ◼ vr: **sich ~** se fermer ◼ vi (Tür, Deckel) (se) fermer; (enden) se terminer; **Schließfach** nt (auf Bahnhöfen) consigne f automatique

schließlich adv finalement; **~ doch** après tout

schliff imperf von **schleifen**

Schliff m (-(e)s, -e) taille f; (fig) savoir-vivre m

schlimm adj grave; (Nachricht, Bursche) mauvais(e); (Zeiten) difficile; **schlimmer** adj pire; **schlimmste, r, s** adj le (la) pire; **schlimmstenfalls** adv au pire

Schlinge f (-, -n) boucle f; (Falle) collet m; (Med) écharpe f

Schlingel m (-s, -) vaurien m

schlingen (**schlang, geschlungen**) vt mettre, enrouler ◼ vt, vi (essen) engloutir

schlingern vi (Schiff) rouler

Schlips m (-es, -e) cravate f

schlitteln vi aux sein o haben (CH) faire de la luge

Schlitten m (-s, -) luge f; (Fahrzeug) traîneau m; **~ fahren** faire de la luge; **Schlittenfahren** nt (-s) luge f

schlittern vi aux sein o haben glisser, patiner

Schlittschuh m patin m (à glace); **Schlittschuhbahn** f patinoire f; **Schlittschuhlaufen** nt (-s) patinage m; **Schlittschuhläufer, in** m(f) patineur(-euse)

Schlitz m (-es, -e) fente f; (Hosenschlitz) braguette f; **schlitzäugig** adj qui a les yeux bridés; **schlitzen** vt fendre; **Schlitzohr** nt (fam) filou m

Schlögel m (A) cuisseau m; (vom Wild) cuissot m

schlohweiß adj blanc (blanche) comme neige

schloss imperf von **schließen**

Schloss nt (-es, Schlösser) (an Tür) serrure f; (Bau) château m

Schlosser, in m(f) (-s, -) serrurier m; **Schlosserei** f (Werkstatt) serrurerie f

Schlot m (-(e)s, -e) cheminée f

schlottern vi trembler (vor +dat de); (Kleidung) flotter

Schlucht f (-, -en) gorge f

schluchzen vi sangloter

Schluck m (-(e)s, -e) gorgée f

Schluckauf m (-s, -s) hoquet m

schlucken vi, vt avaler

schlud(e)rig adj (fam) bâclé(e)

schludern vi: **bei** [o **mit**] **etw ~** bâcler qch
schlug imperf von **schlagen**
schlummern vi faire un petit somme; (fig) être caché(e)
Schlund m (-(e)s, **Schlünde**) gosier m
schlüpfen vi aux sein se glisser, se faufiler; **aus dem Ei ~** sortir de l'œuf; **in die Kleider ~** enfiler ses habits
Schlüpfer m (-s, -) slip m
Schlupfloch nt trou m, cachette f
schlüpfrig adj glissant(e); (fig) équivoque, obscène; **Schlüpfrigkeit** f surface f glissante; (fig) obscénité f
schlurfen vi aux sein traîner les pieds, se traîner
schlürfen vt, vi boire bruyamment
Schluss m (-es, **Schlüsse**) fin f; (Schlussfolgerung) conclusion f; **am ~** à la fin; **~ machen** mettre fin; **mit jdm ~ machen** rompre avec qn
Schlüssel m (-s, -) clé f; **Schlüsselbein** nt clavicule f; **Schlüsselblume** f primevère f; **Schlüsselbund** m trousseau m de clés; **Schlüsseldienst** m clés-minute fpl; **Schlüsselkind** nt enfant m à la clé (qui rentre à la maison avant ses parents); **Schlüsselloch** nt trou m de la serrure; **Schlüssellochchirurgie** f coeliochirurgie f; **Schlüsselposition** f position f clé
Schlussfolgerung f conclusion f
schlüssig adj (überzeugend) concluant(e); **sich** dat **über etw** akk **~ sein** être sûr(e) de qch
Schlusslicht nt feu m arrière; **Schlussstrich** m (fig) point m final; **Schlussverkauf** m soldes mpl; **Schlusswort** nt conclusion f
Schmach f (-) honte f, ignominie f
schmachten vi (vor Durst) mourir (vor +dat de); (vor Sehnsucht) languir (nach loin de, après)
schmächtig adj chétif(-ive), frêle
schmachvoll adj honteux(-euse)
schmackhaft adj (Essen) savoureux(-euse); **jdm etw ~ machen** rendre qch alléchant
schmählich adj honteux(-euse)
schmal adj étroit(e); (Mensch, Buch) mince; (karg) maigre; **schmälern** vt diminuer; (fig) rabaisser; **Schmalfilm** m film m à format réduit; **Schmalspur** f (Eisenbahn) voie f étroite
Schmalz nt (-es, -e) graisse f fondue; (von Schwein) saindoux m; **schmalzig** adj sentimental(e)
schmarotzen (pp **schmarotzt**) vt: **bei** [o **von**] **jdm ~** vivre aux crochets de qn; **Schmarotzer, in** m(f) (-s, -) parasite m
Schmarren m (-s, -) crêpe sucrée coupée en morceaux; (fig: fam) idioties fpl

schmatzen vi manger bruyamment
Schmaus m (-es, **Schmäuse**) festin m; **schmausen** vi se régaler
schmecken vt sentir ■ vi (Essen) être bon; **nach etw ~** sentir qch, avoir le goût de qch; **es schmeckt ihm** il trouve cela bon
Schmeichelei f flatterie f; **schmeichelhaft** adj flatteur(-euse); **schmeicheln** vi: **jdm ~** flatter qn
schmeißen (schmiss, geschmissen) vt (fam) jeter, balancer
Schmeißfliege f mouche f de la viande
schmelzen (schmolz, geschmolzen) vt faire fondre ■ vi aux sein fondre; **Schmelzpunkt** m point m de fusion; **Schmelzwasser** nt eau f de fonte
Schmerz m (-es, -en) douleur f; (Trauer) chagrin m; **schmerzempfindlich** adj sensible; **schmerzen** vt faire mal à; (fig) peiner; **Schmerzensgeld** nt dommages et intérêts mpl; **schmerzhaft** adj douloureux(-euse); **schmerzlich** adj douloureux(-euse); **schmerzlindernd** adj calmant(e), analgésique; **schmerzlos** adj indolore; **Schmerzmittel** nt analgésique m; **schmerzstillend** adj (Mittel) analgésique; **Schmerztablette** f cachet m antidouleur
Schmetterling m papillon m
schmettern vt (werfen) lancer avec violence, projeter; (singen) chanter à tue-tête
Schmied, in m(f) (-(e)s, -e) forgeron m; **Schmiede** f (-, -n) forge f; **Schmiedeeisen** nt fer m forgé; **schmieden** vt forger
schmiegen vt (Kopf) poser, appuyer (an +akk contre) ■ vr: **sich ~** (Mensch) se blottir; (Stoff) mouler; **schmiegsam** adj flexible, souple
Schmiere f (-, -n) graisse f; **schmieren** vt étaler; (Butterbrot) tartiner; (fetten) graisser; (fam: bestechen) graisser la patte à; (a. vi: schreiben) gribouiller ■ vi (Kuli) baver, couler; **Schmierfett** nt graisse f, lubrifiant m; **Schmierfink** m (Kind) petit cochon m; **Schmiergeld** nt pot-de-vin m; **schmierig** adj (Hände) gras(se); (eklig) obséquieux(-euse); **Schmiermittel** nt lubrifiant m; **Schmierseife** f savon m noir
Schminke f (-, -n) maquillage m; **schminken** vt farder, maquiller ■ vr: **sich ~** se maquiller
schmirgeln vt (glatten) polir à l'émeri; **Schmirgelpapier** nt papier m émeri
schmiss imperf von **schmeißen**
Schmöker m (-s, -) (fam) bouquin m; **schmökern** vi (fam) bouquiner
schmollen vi bouder; **schmollend** adj boudeur(-euse)

schmolz *imperf von* **schmelzen**

Schmorbraten *m* bœuf *m* braisé; **schmoren** *vt, vi* braiser

Schmuck *m* **(-(e)s)** décoration *f*; (*Schmuckstücke*) bijoux *mpl*; **schmücken** *vt* décorer; **schmucklos** *adj* (*Kleid*) sobre; (*Raum*) dépouillé(e); **Schmucksachen** *pl* bijoux *mpl*

Schmuggel *m* **(-s)** contrebande *f*; **schmuggeln** *vt* passer en contrebande [*o* en fraude] ■ *vi* faire de la contrebande; **Schmuggler, in** *m(f)* **(-s, -)** contrebandier(-ière)

schmunzeln *vi* sourire

schmusen *vi* faire des mamours

Schmutz *m* **(-es)** saleté *f*; **schmutzen** *vi* (*Stoff*) se salir; **Schmutzfink** *m* souillon *f*; **Schmutzfleck** *m* tache *f*; **schmutzig** *adj* sale; (*Witz*) cochon(ne); (*Geschäfte*) louche

Schnabel *m* **(-s, Schnäbel)** bec *m*

Schnake *f* **(-, -n)** (*Stechmücke*) moustique *m*; (*Weberknecht*) tipule *f*

Schnalle *f* **(-, -n)** boucle *f*; **schnallen** *vt* attacher; **den Gürtel enger ~** se serrer la ceinture

schnalzen *vi* claquer (*mit* de)

Schnäppchen *nt* (*fam*) bonne affaire *f*

schnappen *vt* saisir; **Luft ~** (*ins Freie gehen*) prendre l'air ■ *vi* chercher à happer (*nach etw* qch); **Schnappschloss** *nt* cadenas *m*; **Schnappschuss** *m* instantané *m*

Schnaps *m* **(-es, Schnäpse)** eau-de-vie *f*

schnarchen *vi* ronfler

schnattern *vi* (*Ente*) cancaner; (*zittern*) grelotter

schnaufen *vi* haleter

Schnauz *m* **(-es, Schnäuze)** (*CH*) moustache *f*

Schnauzbart *m* moustache *f*

Schnauze *f* **(-, -n)** museau *m*; (*von Kanne*) bec *m*; (*fam*) gueule *f*

schnäuzen *vr*: **sich ~** se moucher

Schnecke *f* **(-, -n)** escargot *m*; (*ohne Gehäuse*) limace *f*; **Schneckenhaus** *nt* coquille *f* (d'escargot); **Schneckenpost** *f* courrier *m* (postal) escargot; **Schneckentempo** *nt*: **im ~** comme un escargot

Schnee *m* **(-s)** neige *f*; (*Eischnee*) blancs *mpl* (d'œufs) en neige; **~ von gestern** du réchauffé; **Schneeball** *m* boule *f* de neige; **Schneebob** *m* scooter *m* des neiges; **Schneeflocke** *f* flocon *m* de neige; **Schneegestöber** *nt* tourbillon *m* de neige; **Schneeglöckchen** *nt* perce-neige *m o f*; **Schneekanone** *f* canon *m* à neige; **Schneekette** *f* chaîne *f*; **Schneemann** *m* (*pl* **Schneemänner**) bonhomme *m* de neige; **Schneematsch** *m* neige *f*

fondante; **Schneemobil** *nt* **(-s, -e)** chenillette *f*; **Schneepflug** *m* chasse-neige *m*; **Schneeschmelze** *f* **(-, -n)** fonte *f* des neiges; **Schneeverwehung** *f*, **Schneewehe** *f* congère *f*; **Schneewittchen** *nt* Blanche-Neige *f*

Schneid *m* **(-(e)s)** (*fam*) cran *m*

Schneide *f* **(-, -n)** tranchant *m*

schneiden (**schnitt, geschnitten**) *vt* couper; **Gesichter ~** faire des grimaces ■ *vr*: **sich ~** (*Mensch*) se couper; (*sich kreuzen*) se croiser; **schneidend** *adj* (*Wind*) cinglant(e); (*Spott*) mordant(e); (*Stimme*) cassant(e)

Schneider, in *m(f)* **(-s, -)** tailleur *m*, couturier(-ère); **schneidern** *vt, vi* coudre

Schneidezahn *m* incisive *f*

schneidig *adj* fringant(e); (*mutig*) qui a du cran

schneien *vb unpers* neiger; **es schneit** il neige

Schneise *f* **(-, -n)** laie *f*

schnell *adj* rapide ■ *adv* vite, rapidement; **Schnelldienst** *m* (*Reparatur*) réparation-minute *f*; (*für Schlüssel*) clés-minute *fpl*; (*Reinigung*) nettoyage-express *m*; **schnellen** *vi aux sein* bondir; (*Preise, Temperatur*) faire un bond

Schnellgaststätte *f* ≈ snack-bar *m*; **Schnellhefter** *m* **(-s, -)** chemise *f* (*classeur*); **Schnelligkeit** *f* rapidité *f*; **Schnellimbiss** *m* fast-food *m*; **Schnellreparatur** *f* réparation-minute *f*; **Schnellrücklauf** *m* (*von Rekorder*) rembobinage *m* rapide; **schnellstens** *adv* au plus vite; **Schnellstraße** *f* voie *f* rapide; **Schnellvorlauf** *m* (*von Rekorder*) avance *f* rapide; **Schnellzug** *m* rapide *m*

schneuzen *siehe* **schnäuzen**

Schnickschnack *m* **(-s)** (*technische Spielerei*) gadget *m*

schnippisch *adj* impertinent(e)

schnitt *imperf von* **schneiden**

Schnitt *m* **(-(e)s, -e)** coupure *f*; (*Querschnitt*) coupe *f* (transversale); (*Durchschnitt*) moyenne *f*; (*Schnittmuster*) patron *m*; (*von Gesicht*) forme *f*; (*fam: Gewinn*) bénéfice *m*; **Schnittblumen** *pl* fleurs *fpl* coupées

Schnitte *f* **(-, -n)** tranche *f*

Schnittfläche *f* coupe *f*; **Schnittlauch** *m* ciboulette *f*; **Schnittmuster** *nt* patron *m*; **Schnittpunkt** *m* intersection *f*; **Schnittstelle** *f* (*Inform*) jonction *f*, interface *f*; (*fig*) jonction *f*; **Schnittwunde** *f* coupure *f*

Schnitzel *nt* **(-s, -)** (*Stückchen*) petit morceau *m*; (*Gastr*) escalope *f*

schnitzen *vt, vi* tailler

Schnitzer *m* **(-s, -)** (*fam: Fehler*) gaffe *f*

Schnitzerei f sculpture f (sur bois)
schnodderig adj (fam) impudent(e)
schnöde adj (Behandlung) mesquin(e);
(Gewinn) méprisable
Schnorchel m (-s, -) tuba m; **schnorcheln**
vi nager avec un tuba; **Schnorcheln**
nt (-s) nage f avec tuba
Schnörkel m (-s, -) fioriture f; (Archit)
volute f
schnorren vt, vi mendier
schnüffeln vi renifler, flairer (an etw qch);
(fam: spionieren) fouiner; **Schnüffeln** nt
(-s) (Klebstoffschnüffeln) sniff f;
Schnüffler, in m(f) (-s, -) (Detektiv)
privé(e); (Süchtiger) sniffeur(-euse)
Schnuller m (-s, -) tétine f
Schnupfen m (-s, -) rhume m
schnuppern vi renifler
Schnur f (-, **Schnüre**) ficelle f; (Elec) fil m
schnüren vt (Paket) ficeler; (Schuhe)
lacer
schnurgerade adj tout(e) droit(e);
schnurlos adj sans fil; **schnurloses
Telefon** téléphone m sans fil
Schnurrbart m moustache f
schnurren vi (Katze) ronronner
Schnürschuh m chaussure f à lacets;
Schnürsenkel m lacet m
schnurstracks adv (fam) (tout) droit
schob imperf von **schieben**
Schock m (-(e)s, -s) choc m
schockieren (pp **schockiert**) vt choquer
Schöffe m (-n, -n) juré m;
Schöffengericht nt tribunal m avec un
jury; **Schöffin** f jurée f
Schokolade f chocolat m
Schokoriegel m barre f chocolatée
Scholle f (-, -n) (Erde) motte f de terre;
(Eisscholle) glace f flottante; (Fisch) plie f
schon adv déjà; (endlich) enfin; (zwar)
certes; **das ist ~ immer so** ça a toujours
été le cas; **das wird ~ (noch) gut** tout
ira bien; **~ der Gedanke ...** rien que de
penser ...
schön adj beau (belle); **schöne Grüße** bien
le bonjour; **schönes Wochenende** bon
week-end; **schönen Dank** merci
beaucoup; siehe auch **schönmachen**
schonen vt épargner, ménager ■ vr:
sich ~ se ménager
schönen vt arranger
schonend adj (Behandlung) doux(douce);
jdm etw ~ beibringen annoncer qch à qn
avec ménagement
Schöngeist m bel esprit m
Schönheit f beauté f; **Schönheitsfehler**
m imperfection f; **Schönheitskönigin** f
reine f de beauté, miss f;
Schönheitsoperation f opération f
de chirugie esthétique

schön|machen sep vr: **sich ~** se faire beau
(belle); **Schönschreibdrucker** m
imprimante f qualité courrier
Schonung f (Nachsicht) égards mpl;
(von Gegenstand) ménagement m; (Forst)
pépinière f; **schonungslos** adj (Vorgehen)
impitoyable
Schonzeit f période où la chasse est interdite
schöpfen vt (Flüssigkeit) puiser; (Mut)
rassembler; **frische Luft ~** prendre l'air
Schöpfer, in m(f) (-s, -) créateur(-trice);
schöpferisch adj (Begabung)
créateur(-trice)
Schöpfkelle f, **Schöpflöffel** m louche f
Schöpfung f création f
schor imperf von **scheren**
Schorf m (-(e)s, -e) croûte f
Schornstein m cheminée f;
Schornsteinfeger, in m(f) (-s, -)
ramoneur(-euse) m
schoss imperf von **schießen**
Schoß m (-es, **Schöße**) (von Rock)
basque f; **auf jds Schoß** dat sur les
genoux de qn; **Schoßhund** m chien m
d'appartement
Schote f (-, -n) (Bot) cosse f
Schotte m (-n, -n) Écossais m
Schotter m (-s) cailloutis m; (Eisenbahn)
ballast m
Schottin f Écossaise f; **schottisch** adj
écossais(e)
Schottland nt l'Écosse f
schraffieren (pp **schraffiert**) vt hachurer
schräg adj (Wand) incliné(e), penché(e);
(Linie) oblique; **etw ~ stellen** mettre qch
de biais; **Schräge** f (-, -n) inclinaison f;
Schrägschrift f italique m;
Schrägstreifen m biais m; **Schrägstrich**
m slash m avant, barre f oblique;
umgekehrter ~ antislash m
Schramme f (-, -n) éraflure f;
schrammen vt rayer, érafler
Schrank m (-(e)s, **Schränke**) placard m;
(Kleiderschrank) armoire f
Schranke f (-, -n) barrière f;
Schrankenwärter, in m(f) garde-
barrière mf
Schrankkoffer m malle f penderie
Schraube f (-, -n) vis f; (Schiffsschraube)
hélice f; **schrauben** vt visser;
Schraubenschlüssel m clé f à écrous;
Schraubenzieher m (-s, -) tournevis m;
Schraubstock m étau m;
Schraubverschluss m capsule f vissée
Schrebergarten m jardin m ouvrier
Schreck m (-(e)s, -e), **Schrecken** m (-s, -)
effroi m, terreur f; **Schreckgespenst** nt
spectre m; **schreckhaft** adj craintif(-ive);
schrecklich adj terrible; (fam)
épouvantable; **Schreckschuss** m

coup *m* en l'air; **Schreckschusspistole** *f*
pistolet *m* d'alarme
Schredder *m* (**-s, -**) destructeur *m* de
documents; **schreddern** *vt* détruire
Schrei *m* (**-(e)s, -e**) cri *m*
Schreibblock *m* bloc-notes *m*
Schreibdichte *f* (*von Diskette*) densité *f*
schreiben (**schrieb, geschrieben**) *vt, vi*
écrire; **Schreiben** *nt* (**-s, -**) lettre *f*, écrit *m*;
Schreiber *m* (**-s, -**) stylo *m*; **schreibfaul**
adj qui n'aime pas écrire (des lettres);
Schreibfehler *m* faute *f* d'orthographe;
schreibgeschützt *adj* (*Diskette*)
protégé(e) en écriture; **Schreibkopf** *m*
(*Inform*) tête *f* d'impression; **Schreibkraft**
f dactylo *mf*; **Schreibmaschine** *f*
machine *f* à écrire; **Schreibpapier** *nt*
papier *m*; **Schreibschutz** *m* (*von Diskette*)
protection *f* en écriture; **Schreibstelle** *f*
(*Inform*) position *f* du curseur;
Schreibtisch *m* bureau *m*; **Schreibung** *f*
orthographe *f*; **Schreibwaren** *pl* articles
mpl de papeterie; **Schreibweise** *f*
orthographe *f*; (*Stil*) style *m*; **Schreibzeug**
nt matériel *m* pour écrire
schreien (**schrie, geschrien**) *vt, vi* crier;
schreiend *adj* (*Ungerechtigkeit*) criant(e);
(*Farbe*) criard(e)
Schreiner, in *m(f)* (**-s, -**) menuisier *m*;
(*Möbelschreiner*) ébéniste *mf*; **Schreinerei**
f menuiserie *f*
schreiten (**schritt, geschritten**) *vi aux*
sein marcher; **zur Tat ~** passer à l'acte
schrie *imperf von* **schreien**
schrieb *imperf von* **schreiben**
Schrift *f* (**-, -en**) écriture *f*; (*Gedrucktes*)
écrit *m*; **Schriftart** *f* police *f* (de
caractères); **Schriftbild** *nt* écriture *f*;
(*von Druck*) typographie *f*; **Schriftdeutsch**
nt allemand *m* écrit; (*nicht Dialekt*) bon
allemand *m*; **Schriftführer, in** *m(f)*
secrétaire *mf*; **Schriftgrad** *m* corps *m*;
schriftlich *adj* écrit(e) ▪ *adv* par écrit;
Schriftsetzer, in *m(f)* compositeur(-
trice); **Schriftsprache** *f* langue *f* écrite;
Schriftsteller, in *m(f)* (**-s, -**) écrivain *m*;
Schriftstück *nt* document *m*
schrill *adj* perçant(e), aigu(ë); **schrillen** *vi*
(*Stimme*) être perçant(e); (*Telefon*) retentir
schritt *imperf von* **schreiten**
Schritt *m* (**-(e)s, -e**) pas *m*; (*Gangart*)
démarche *f*; (*von Hose*) entrejambes *m*;
Schrittmacher *m* stimulateur *m*
cardiaque; **Schritttempo** *nt*: **im ~** au pas
schroff *adj* (*Felswand*) abrupt(e); (*fig*)
brusque
schröpfen *vt* (*fig*) plumer
Schrot *m o nt* (**-(e)s, -e**) (*Blei*) plomb *m*;
(*Getreide*) gruau *m*; **Schrotflinte** *f* fusil *m*
de chasse

Schrott *m* (**-(e)s, -e**) ferraille *f*;
Schrotthaufen *m* tas *m* de ferraille;
schrottreif *adj* (*Auto*) bon(ne) pour
la casse
schrubben *vt* (*Boden*) frotter;
Schrubber *m* (**-s, -**) balai-brosse *m*
Schrulle *f* (**-, -n**) lubie *f*
schrumpfen *vi aux sein* rétrécir;
(*Apfel*) se ratatiner; (*Kapital*) fondre
Schubkarren *m* brouette *f*; **Schublade** *f*
tiroir *m*
schüchtern *adj* timide; **Schüchternheit**
f timidité *f*
schuf *imperf von* **schaffen**
Schufa *f* (**-**) société d'assurance et de
surveillance du crédit à la consommation
Schuft *m* (**-(e)s, -e**) fripouille *f*
schuften *vi* (*fam*) bosser (dur)
Schuh *m* (**-(e)s, -e**) chaussure *f*;
Schuhband *nt* (*pl* **Schuhbänder**) lacet *m*;
Schuhcreme *f* cirage *m*; **Schuhgeschäft**
nt magasin *m* de chaussures;
Schuhgröße *f* pointure *f*; **Schuhlöffel** *m*
chausse-pied *m*; **Schuhmacher, in** *m(f)*
cordonnier(-ière); **Schuhwerk** *nt*
chaussures *fpl*
Schulabgänger, in *m(f)* (**-s, -**) jeune *mf*
ayant terminé sa scolarité;
Schulabschluss *m* certificat *m* de fin
de scolarité; **Schularbeiten,**
Schulaufgaben *pl* devoirs *mpl*;
Schulbericht *m* appréciation *f*;
Schulbesuch *m* fréquentation *f* de l'école;
Schulbuch *nt* livre *m* scolaire
schuld *adj*: **~ sein, S~ haben** être
responsable (*an +dat* de); **er ist ~** c'est de
sa faute; **Schuld** *f* (**-, -en**) culpabilité *f*;
(*Verschulden*) faute *f*; **schulden** *vt*: **jdm**
etw ~ devoir qch à qn; **Schulden** *pl* (*Fin*)
dettes *fpl*; **schuldenfrei** *adj* (*Mensch*) qui
n'a pas de dettes; (*Besitz*) non
hypothéqué(e); **Schuldenkriterium** *nt*
critère *m* d'endettement; **Schuldgefühl**
nt culpabilité *f*; **schuldig** *adj* coupable
(*an +dat* de); (*Respekt*) dû (due); **jdm etw ~**
sein/bleiben devoir qch à qn; **schuldlos**
adj innocent(e); **Schuldner, in** *m(f)* (**-s, -**)
débiteur(-trice); **Schuldschein** *m*
reconnaissance *f* de dette; **Schuldspruch**
m verdict *m* de culpabilité;
Schuldzuweisung *f* accusation *f*,
incrimination *f*
Schule *f* (**-, -n**) école *f*; **schulen** *vt* former;
(*Ohr*) exercer
Schüler, in *m(f)* (**-s, -**) élève *mf*;
Schüleraustausch *m* échange *m*
scolaire; **Schülerausweis** *m* carte *f*
d'identité scolaire
Schulferien *pl* vacances *fpl* scolaires;
schulfrei *adj* (*Tag*) de congé; **~ haben**

avoir congé; **Schulfunk** m radio f scolaire;
Schulgeld nt frais mpl de scolarité;
Schulhof m cour f de l'école; (überdacht)
préau m; **Schuljahr** nt année f scolaire;
Schuljunge m écolier m; **Schulmädchen**
nt écolière f; **Schulmedizin** f médecine f
scolaire; **schulpflichtig** adj (Kind) en âge
[o d'âge] scolaire; (Alter) scolaire;
Schulschiff nt (Naut) navire-école m;
Schulstunde f heure f de classe;
Schultasche f cartable m

Schulter f (-, -n) épaule f; **Schulterblatt**
nt omoplate f; **schultern** vt (Gewehr)
épauler; (Rucksack) mettre sur ses
épaules; **Schulterschluss** m solidarité f

Schulung f formation f;
Schulungsdiskette f disquette f
éducative

Schulverweigerer, in m(f) élève mf
en refus scolaire

Schulwesen nt système m scolaire
[o d'éducation]

Schulzeugnis nt bulletin m scolaire

Schund m (-(e)s) camelote f;
Schundroman m roman m de gare

Schuppe f (-, -n) écaille f; **schuppen** vt
(Fisch) écailler ■ vr: **sich ~** (Haut) se
desquamer; **Schuppen** pl (Haarschuppen)
pellicules fpl

Schuppen m (-s, -) remise f

schuppig adj (Haut) sec (sèche), qui se
desquame; (Haar) à pellicules

Schur f (-, -en) tonte f

schüren vt attiser

schürfen vt égratigner, écorcher; (Gold)
chercher; **Schürfung** f éraflure f

Schürhaken m tisonnier m

Schurke m (-n, -n) vaurien m

Schürze f (-, -n) tablier m

Schuss m (-es, Schüsse) (Gewehrschuss)
coup m (de feu); (Sport) tir m; (fig) dose f

Schüssel f (-, -n) saladier m, jatte f

schusselig adj (fam) étourdi(e);
(ungeschickt) maladroit(e)

Schusslinie f ligne f de tir;
Schussverletzung f blessure f par balle;
Schusswaffe f arme f à feu

Schuster, in m(f) (-s, -) cordonnier(-ière)

Schutt m (-(e)s) détritus mpl; (Bauschutt)
décombres mpl; **Schuttabladeplatz** m
décharge f publique

Schüttelfrost m frissons mpl

schütteln vt secouer ■ vr: **sich ~**
frissonner, trembler; (Hund) s'ébrouer

schütten vt verser ■ vb unpers: **es
schüttet** il pleut à verse

schütter adj (Haare) clairsemé(e)

Schutz m (-es) protection f; (Unterschlupf)
abri m; **jdn in ~ nehmen** prendre la défense
de qn; **Schutzanzug** m combinaison f

de protection; **Schutzbefohlene, r** mf
protégé(e); **Schutzblech** nt garde-boue
m; **Schutzbrief** m contrat m d'assistance;
Schutzbrille f lunettes fpl de protection

Schütze m (-n, -n) tireur m; (Torschütze)
marqueur m; (Astr) Sagittaire m; **Hans ist
(ein) ~** Hans est Sagittaire

schützen vt protéger (vor +dat, gegen de,
contre) ■ vr: **sich ~** se protéger

Schutzengel m ange m gardien;
Schutzgebiet nt protectorat m;
(Naturschutzgebiet) parc m naturel;
Schutzgeld nt taxe f (extorquée par les
racketteurs); **Schutzgelderpressung** f
racket m; **Schutzhaft** f détention f
préventive; **Schutzhelm** m casque m
(de chantier/de protection);
Schutzimpfung f vaccination f préventive

Schützin f tireuse f; (Torschützin)
marqueuse f

schutzlos adj sans défense; **Schutzmann**
m (pl **Schutzmänner** o **Schutzleute**)
agent m de police; **Schutzmaßnahme** f
mesure f de sécurité; **Schutzpatron, in**
m(f) (saint(e)) patron(ne);
Schutzumschlag m jaquette f;
Schutzvorrichtung f dispositif m
de protection

Schwabe m (-n, -n) Souabe m; **Schwaben**
nt (-s) la Souabe; **Schwäbin** f Souabe f;
schwäbisch adj souabe

schwach adj (schwächer, schwächste)
faible; (Tee) léger(-ère); (Gedächtnis)
mauvais(e); **Schwäche** f (-, -n) faiblesse
f; (schwache Seite) faible m; **schwächeln**
vi montrer des signes de défaillance;
schwächen vt affaiblir; **Schwachkopf** m
(fam) débile mf; **schwächlich** adj
(Mensch) délicat(e); **Schwächling** m
(pej) gringalet m; (charakterlich) faible m;
Schwachsinn m imbécillité f;
schwachsinnig adj imbécile, débile;
Schwachstelle f point m faible;
Schwachstrom m courant m
de faible intensité; **Schwächung** f
affaiblissement m

Schwaden m (-s, -) nuage m

schwafeln vt, vi (fam) radoter

Schwager m (-s, Schwäger) beau-frère m;
Schwägerin f belle-sœur f

Schwalbe f (-, -n) hirondelle f

Schwall m (-(e)s, -e) flot m

schwamm imperf von schwimmen

Schwamm m (-(e)s, Schwämme)
éponge f

Schwammerl nt (-s, -n) (A) siehe Pilz

schwammig adj spongieux(-euse);
(Gesicht) bouffi(e)

Schwan m (-(e)s, Schwäne) cygne m

schwand imperf von schwinden

schwanen vi unpers: **jdm schwant etw** qn a le pressentiment de qch

schwang imperf von **schwingen**

schwanger adj enceinte; **schwängern** vt mettre enceinte; **Schwangerschaft** f grossesse f; **Schwangerschaftsabbruch** m interruption f de grossesse, avortement m thérapeutique;
Schwangerschaftsstreifen m vergeture f; **Schwangerschaftstest** m test m de grossesse

Schwank m (**-(e)s, Schwänke**) farce f; (Geschichte) histoire f drôle

schwanken vi se balancer; (wackeln) osciller, vaciller; (Preise, Zahlen) fluctuer; (zögern) hésiter, balancer ■ vi aux sein (gehen) tituber; **Schwankung** f fluctuation f, variation f

Schwanz m (**-es, Schwänze**) queue f

schwänzen vt (fam: Schule) sécher ■ vi faire l'école buissonnière

Schwarm m (**-(e)s, Schwärme**) essaim m; (fam) idole f, béguin m

schwärmen vi aux sein; **~ für** (fig) être fou (folle) de; **schwärmerisch** adj d'adoration; (Verehrung) passionné(e)

Schwarte f (**-, -n**) (Speckschwarte) couenne f; (fam: Buch) vieux bouquin m

schwarz adj (**schwärzer, schwärzeste**) noir(e); **ins Schwarze treffen** (a. fig) taper dans le mille; siehe auch **schwarzsehen**; **Schwarzarbeit** f travail m (au) noir; **Schwarzbrot** nt pain m noir; **Schwarze, r** mf noir(e)

Schwärze f (**-, -n**) noirceur f; (Druckerschwärze) encre f (d'imprimerie); **schwärzen** vt noircir

schwarz|fahren sep irr vi aux sein voyager sans billet, resquiller; (mit Auto) conduire sans permis; **Schwarzfahrer, in** m(f) resquilleur(-euse); **Schwarzhandel** m marché m noir; **schwarz|hören** sep vi ne pas déclarer sa radio; **Schwarzmarkt** m marché m noir; **schwarz|sehen** sep irr vi (TV) ne pas déclarer sa télévision; (Pessimist sein) voir tout en noir;
Schwarzseher, in m(f) (**-s, -**) pessimiste mf; (TV) téléspectateur qui n'a pas payé sa redevance; **Schwarzwald** m: **der ~** la Forêt-Noire; **schwarzweiß** adj noir et blanc; **Schwarz-Weiß-Film, Schwarzweißfilm** m (für Fotos) pellicule f noir et blanc; (im Kino) film m en blanc et noir

schwatzen, schwätzen vi bavarder; **Schwätzer, in** m(f) (**-s, -**) (pej) bavard(e); **schwatzhaft** adj (pej) bavard(e)

Schwebe f: **in der ~** (fig) en suspens; **Schwebebahn** f téléphérique m; **Schwebebalken** m (Sport) poutre f;

schweben vi aux sein planer, être suspendu(e)

Schwede m (**-n, -n**) Suédois m

Schweden nt (**-s**) la Suède; **Schwedin** f Suédoise f; **schwedisch** adj suédois(e)

Schwefel m (**-s**) soufre m; **schwefelig** adj (Säure) sulfureux(-euse); (Geruch) de soufre; **Schwefelsäure** f acide m sulfurique

Schweif m (**-(e)s, -e**) queue f

Schweigegeld nt pot-de-vin m; **schweigen** (**schwieg, geschwiegen**) vi se taire, ne pas parler; **Schweigen** nt (**-s**) silence m; **schweigsam** adj (Mensch) taciturne, silencieux(-euse); **Schweigsamkeit** f silence m

Schwein nt (**-(e)s, -e**) cochon m; (Gastr) porc m; (fam: Glück) bol m; **Schweinefleisch** nt viande f de porc; **Schweinehund** m (fam) salaud m; **den inneren ~ überwinden** surmonter sa pétoche; **Schweinerei** f (fam) cochonnerie f; **das ist eine ~** (Gemeinheit) c'est dégoûtant; **Schweinestall** m porcherie f; **schweinisch** adj cochon(ne); **Schweinsleder** nt peau f de porc

Schweiß m (**-es**) sueur f, transpiration f

Schweißbrenner m (**-s, -**) chalumeau m

schweißen vt, vi (Tech) souder; **Schweißer, in** m(f) (**-s, -**) soudeur(-euse)

Schweißfüße pl: **~ haben** transpirer des pieds

Schweißnaht f soudure f

Schweiz f (**-**): **die ~** la Suisse; **Schweizer, in** m(f) (**-s, -**) Suisse mf; **Schweizerdeutsch** nt alémanique m; **schweizerisch** adj suisse

schwelen vi couver

schwelgen vi faire ripaille; **in Erinnerungen ~ se laisser aller** à ses souvenirs

Schwelle f (**-, -n**) seuil m; (Eisenbahn) traverse f

schwellen (**schwoll, geschwollen**) vi aux sein grossir; (Med) enfler

Schwellenangst f (fig) appréhension f; **Schwellenland** nt pays m en développement

Schwellung f (Med) enflure f

schwenkbar adj pivotant(e); **schwenken** vt agiter; (abspülen) rincer ■ vi aux sein (Mil) changer de direction

schwer adj lourd(e); (Gold) massif(-ive); (Wein) capiteux(-euse); (schwierig) difficile; (Sorgen, Gewitter) gros(se); (Schicksal) cruel(le); (Schmerzen) insupportable; (Krankheit, Verdacht) grave ■ adv (sehr) très, beaucoup; **jdm/sich etw ~ machen** rendre qch (plus) difficile pour qn/se compliquer qch; **~ erziehbar** difficile; **~ verdaulich** lourd(e), indigeste;

~ verletzt grièvement blessé(e); *siehe auch*
schwertun; **Schwerarbeiter, in** *m(f)*
travailleur(-euse) de force; **Schwere** *f(-)*
lourdeur *f*, poids *m*; *(Phys)* pesanteur *f*;
schwerelos *adj (Zustand)* d'apesanteur;
Schwerelosigkeit *f* apesanteur *f*;
schwererziehbar *adj siehe* **schwer**;
schwer|fallen *sep irr vi*: **jdm ~** être difficile
pour qn; **schwerfällig** *adj (Gang)* lourd(e);
(Mensch) lourdaud(e); **Schwergewicht** *nt*
(fig) accent *m*; **schwerhörig** *adj* dur(e)
d'oreille; **Schwerindustrie** *f* industrie *f*
lourde; **Schwerkraft** *f* gravité *f*;
Schwerkranke, r *mf* grand(e) malade;
schwerlich *adv* difficilement;
schwer|machen *sep vt siehe* **schwer**;
Schwermetall *nt* métal *m* lourd;
schwermütig *adj* mélancolique;
schwer|nehmen *sep irr vt* prendre au
tragique; **Schwerpunkt** *m* centre *m*
de gravité; *(fig)* centre *m*
Schwert *nt (-(e)s, -er)* épée *f*;
Schwertlilie *f* iris *m*
schwertun *irr vr*: **sich mit etw ~** avoir de
la peine à faire qch; **Schwerverbrecher,
in** *m(f)* grand(e) criminel(le);
schwerverdaulich *adj siehe* **schwer**;
schwerverletzt *adj siehe* **schwer**;
schwerwiegend *adj (Grund)*
important(e); *(Fehler)* grave
Schwester *f(-, -n)* sœur *f*; *(Med)* infirmière
f; **schwesterlich** *adj* de sœur
schwieg *imperf von* **schweigen**
Schwiegereltern *pl* beaux-parents *mpl*;
Schwiegermutter *f* belle-mère *f*;
Schwiegersohn *m* gendre *m*, beau-fils *m*;
Schwiegertochter *f* belle-fille *f*;
Schwiegervater *m* beau-père *m*
Schwiele *f(-, -n)* cal *m*
schwierig *adj* difficile; **Schwierigkeit** *f*
difficulté *f*
Schwimmbad *nt* piscine *f*;
Schwimmbecken *nt* bassin *m*
**schwimmen (schwamm,
geschwommen)** *vi aux sein* nager;
(treiben, nicht sinken) surnager, flotter;
Schwimmer, in *m(f) (-s, -)* nageur(-euse);
(beim Angeln) flotteur *m*; **Schwimmflosse**
f palme *f*; **Schwimmflügel** *m* flotteur *m*;
Schwimmsport *m* natation *f*;
Schwimmweste *f* gilet *m* de sauvetage
Schwindel *m (-s)* vertige *m*; *(Betrug)*
escroquerie *f*; **schwindelfrei** *adj* non
sujet(te) au vertige; **nicht ~ sein** être
sujet(te) au vertige; **schwindeln** *vi*
(fam: lügen) mentir; **mir schwindelt (es)**
j'ai le vertige
schwinden (schwand, geschwunden)
vi aux sein disparaître; *(sich verringern)*
diminuer; *(Kräfte)* décliner

Schwindler, in *m(f) (-s, -)* escroc *m*;
(Lügner) menteur(-euse)
schwindlig *adj*: **mir ist/wird ~** j'ai le
vertige
schwingen (schwang, geschwungen) *vt*
balancer; *(Waffe)* brandir ■ *vi (hin und her)*
se balancer, osciller; *(vibrieren)* vibrer;
(klingen) résonner; **Schwingtür** *f* porte *f*
battante; **Schwingung** *f (eines Pendels)*
oscillation *f*
Schwips *m (-es, -e)*: **einen ~ haben** être
éméché(e)
schwirren *vi aux sein* passer en
bourdonnant
schwitzen *vi* transpirer, suer
schwoll *imperf von* **schwellen**
schwören (schwor, geschworen) *vt, vi*
jurer
schwul *adj (fam)* pédé, homosexuel(le)
schwül *adj* lourd(e); **Schwüle** *f(-)* temps
m lourd
Schwule, r *m (fam)* pédé *m*
schwülstig *adj* pompeux(-euse)
Schwund *m (-(e)s)* perte *f*
Schwung *m (-(e)s, Schwünge)* élan *m*;
(Energie) énergie *f*; *(fam: Menge)* tapée *f*;
schwunghaft *adj (Handel)* florissant(e);
schwungvoll *adj* plein(e) d'élan
Schwur *m (-(e)s, Schwüre)* serment *m*;
Schwurgericht *nt* cour *f* d'assises
Schwyz *nt (-)* Schwytz
Science-Fiction, Sciencefiction *f(-)*
science-fiction *f*
Scientology *f(-)* scientologie *f*
sechs *num* six; **Sechs** *f(-, -en)* six *m*;
Sechseck *nt (-s, -e)* hexagone *m*;
Sechserpack *m* pack *m* de six;
sechsfach *adj* sextuple; **sechshundert**
num six cent(s); **sechsjährig** *adj* de six
ans; **sechsmal** *adv* six fois; **sechst** *adv*:
zu ~ à six; **sechste, r, s** *adj* sixième;
der ~ Mai le six mai; **Bonn, den 6. Mai**
Bonn, le 6 mai; **Sechste, r** *mf* sixième *mf*;
Sechstel *nt (-s, -)* sixième *m*;
sechstens *adv* sixièmement
sechzehn *num* seize
sechzig *num* soixante
Secondhand- *in zW* d'occasion;
Secondhandladen *m* magasin *m*
de vêtements d'occasion
See *f(-, -n)* mer *f* ■ *m (-s, -n)* lac *m*;
Seebad *nt* station *f* balnéaire; **Seefahrt** *f*
navigation *f* maritime; **Seegang** *m* (état
m de la) mer *f*; **Seegras** *nt* zostère *f*;
Seehund *m* phoque *m*; **Seeigel** *m* oursin
m; **seekrank** *adj* qui a le mal de mer;
Seekrankheit *f* mal *m* de mer;
Seelachs *m* colin *m*
Seele *f(-, -n)* âme *f*; **seelenruhig** *adj*
calme, tranquille

Seeleute pl marins mpl
seelisch adj mental(e), psychologique
Seelsorge f direction f de conscience;
Seelsorger, in m(f) (**-s, -**) directeur(-trice)
de conscience
Seemacht f puissance f maritime;
Seemann m (pl **Seeleute**) marin m;
Seemeile f mille m marin; **Seenot** f
détresse f; **Seepferd(chen)** nt
hippocampe m; **Seeräuber, in** m(f) pirate
m; **Seerose** f nénuphar m; **Seestern** m
étoile f de mer; **seetüchtig** adj (Schiff)
en état de naviguer; **Seeweg** m voie f
maritime; **auf dem ~** par mer; **Seezunge**
f sole f
Segel nt (**-s, -**) voile f; **Segelboot** nt voilier
m; **Segelfliegen** nt (**-s**) vol m à voile;
Segelflieger, in m(f) vélivole mf;
Segelflugzeug nt planeur m; **segeln** vi
aux sein o haben naviguer; (Sport) faire
de la voile; **Segelschiff** nt voilier m;
Segelsport m voile f; **Segeltuch** nt toile f
à voile
Segen m (**-s, -**) bénédiction f
Segler, in m(f) (**-s, -**) personne f qui
pratique la voile
segnen vt bénir
sehbehindert adj malvoyant(e)
sehen (**sah, gesehen**) vt, vi voir; (in
bestimmter Richtung) regarder; **sehenswert**
adj à voir; **Sehenswürdigkeiten** pl
curiosités fpl; **Sehfehler** m trouble m
de la vue
Sehne f(**-, -n**) tendon m; (Bogensehne)
corde f
sehnen vr: **sich nach jdm/etw ~** s'ennuyer
de qn/avoir envie de qn
sehnig adj nerveux(-euse)
sehnlich adj (Wunsch) le (la) plus cher
(chère) ■ adv ardemment
Sehnsucht f désir m, envie f, nostalgie f;
sehnsüchtig adj nostalgique, plein(e)
d'envie ■ adv avec impatience
sehr adv (vor Adjektiv, Adverb) très; (mit
Verben) beaucoup; **zu ~** trop
seicht adj (Wasser) peu profond(e);
(Gespräch) superficiel(le)
Seide f(**-, -n**) soie f
Seidel nt (**-s, -**) chope f
seiden adj en soie; (wie Seide) soyeux(-euse);
Seidenpapier nt papier m de soie;
seidig adj soyeux(-euse)
Seife f(**-, -n**) savon m; **Seifenlauge** f eau f
savonneuse; **Seifenoper** f feuilleton m
mélo [o à l'eau de rose]; **Seifenschale** f
porte-savon m; **Seifenschaum** m
mousse f (de savon); **seifig** adj
(Geschmack) de savon; (Substanz)
savonneux(-euse)
seihen vt passer, filtrer

Seil nt (**-(e)s, -e**) corde f, câble m; **Seilbahn**
f téléphérique m; **seil|hüpfen** sep vi,
seil|springen sep irr vi aux sein sauter à la
corde; **Seilhüpfen** nt (**-s**), **Seilspringen**
nt (**-s**) saut m à la corde; **Seiltänzer, in**
m(f) funambule mf
sein (**war, gewesen**) vi, vb aux aux sein être;
(mit Partizip) être/avoir; **der Meinung ~**
être d'avis; **lass das ~!** arrête!; **es ist an dir**
zu ... c'est à toi de ...; **ich bin 33 Jahre alt**
j'ai 33 ans
sein pron possessiv von **er, es** (adjektivisch)
son (sa); (vor Vokal o stummem h) son;
(pl) ses
seine, r, s pron possessiv von **er, es**
(substantivisch) le (la) sien(ne); (pl) les
siens (siennes)
seiner pron gen von **er** de lui ■ pron gen
von **es** de cela, de ça, en; **seinerseits**
adv bezüglich auf von **er** de son côté
■ adv bezüglich auf von **es** de ce côté là;
seinerzeit adv autrefois; **seinesgleichen**
pron bezüglich auf von **er** des gens comme
lui ■ pron bezüglich auf von **es** des choses
comme ça, des choses du même genre;
seinetwegen adv (für ihn) pour lui; (von
ihm aus) en ce qui le concerne; (wegen ihm)
à cause de lui ■ adv (für es) pour ça; (von
ihm aus) en ce qui le concerne; (wegen ihm)
à cause de ça
Seismograf, Seismograph m (**-en, -en**)
sismographe m
seit präp +dat depuis; **er ist ~ einer Woche**
hier ça fait une semaine qu'il est ici;
~ Langem depuis longtemps ■ konj
depuis que; **seitdem** adv depuis ■ konj
depuis que
Seite f(**-, -n**) côté m; (von Angelegenheit)
aspect m; (von Buch) page f; **Seitenairbag**
m airbag m latéral; **Seitenansicht** f vue f
de côté; **Seitenaufprallschutz** m (Auto)
renfort m latéral; **Seitenhieb** m (fig) coup
m de griffe; **Seitenruder** nt (Aviat)
gouvernail m de direction; **seitens** präp
+gen du côté de; **Seitenschiff** nt nef f
latérale; **Seitensprung** m aventure f,
liaison f; **Seitenstechen** nt point m de
côté; **Seitenstraße** f rue f latérale;
Seitenstreifen m bande f latérale;
Seitenwagen m side-car m; **Seitenzahl** f
(Anzahl) nombre m de pages; (Ziffer)
numéro m de page
seither adv depuis
seitlich adj (Ansicht) de côté; (Absperrung)
latéral(e); **seitwärts** adv de côté
Sekretär m (Möbel) secrétaire m;
Sekretär, in m(f) secrétaire mf;
Sekretariat nt secrétariat m
Sekt m (**-(e)s, -e**) (vin m) mousseux m
Sekte f(**-, -n**) secte f

Sektor m (a. Inform) secteur m; (Bereich) domaine m

sekundär adj secondaire

Sekundarlehrer, in m(f) (CH) professeur m de collège; **Sekundarschule** f (CH) collège m; **Sekundarstufe** f secondaire m; ~ **I/II** premier/second cycle

Sekunde f (-, -n) seconde f; **Sekundenkleber** m (-s, -) colle f superglu®

selber pron siehe **selbst**

selbst pron lui-même/elle-même/cela même ▪ adv même; **von ~** tout seul; **~ gemacht** fait(e) maison; **Selbst** nt (-) moi m; **Selbstachtung** f respect m de soi-même, dignité f

selbständig adj siehe **selbstständig**

Selbstauslöser m (Foto) obturateur m à retardement; **Selbstbedienung** f libre-service m; **Selbstbefriedigung** f masturbation f; **Selbstbeherrschung** f maîtrise f de soi; **selbstbewusst** adj sûr(e) de soi; **Selbstbewusstsein** nt confiance f en soi; **selbstentpackend** adj (Inform) autodécompactant(e); **Selbsterhaltung** f (instinct m de) survie f; **Selbsterhaltungstrieb** m instinct m de conservation; **Selbsterkenntnis** f connaissance f de soi; **selbstgefällig** adj suffisant(e); **Selbstgespräch** nt monologue m; **Selbsthilfegruppe** f groupe m d'entraide; **selbstklebend** adj autocollant(e); **Selbstkostenpreis** m prix m coûtant, prix m de revient; **selbstlos** adj désintéressé(e); **Selbstmord** m suicide m; **Selbstmordanschlag** m attentat m suicide; **Selbstmordattentäter, in** m(f) terroriste mf suicidaire; **Selbstmörder, in** m(f) suicidé(e); **selbstmörderisch** adj suicidaire; **Selbstreinigungskraft** f pouvoir m auto-épurateur; **selbstsicher** adj sûr(e) de soi, plein(e) d'assurance; **selbstständig** adj indépendant(e); **Selbstständige, r** mf travailleur(-euse) indépendant; **Selbstständigkeit** f indépendance f; **selbstsüchtig** adj égoïste; **selbsttätig** adj automatique; **Selbstverpflegung** f: **mit ~** pension non comprise; **Selbstversorger, in** m(f) (-s, -): **~ sein** subvenir à ses propres besoins; **Urlaub für ~** vacances fpl en appartement; **selbstverständlich** adj qui va de soi ▪ adv bien entendu; **Selbstverständlichkeit** f évidence f; **das ist eine ~** cela va de soi; **Selbstverteidigung** f autodéfense f; **Selbstvertrauen** nt confiance f en soi; **Selbstverwaltung** f autogestion f; **Selbstzweck** m fin f en soi

selig adj (glücklich) heureux(-euse); (Rel) bienheureux(-euse); (tot) défunt(e); **Seligkeit** f béatitude f

Sellerie m (-s, (-s)) ▪ f (-, -) céleri m

selten adj rare; (Ereignis) extraordinaire ▪ adv rarement; **Seltenheit** f rareté f

Selterswasser nt eau f de Seltz

seltsam adj bizarre, étrange; **seltsamerweise** adv étrangement; **Seltsamkeit** f étrangeté f, bizarrerie f

Semester nt (-s, -) semestre m

Semikolon nt (-s, -s o Semikola) point-virgule m

Seminar nt (-s, -e) séminaire m; (Institut) institut m, département m

Semmel f (-, -n) petit pain m

Senat m (-(e)s, -e) sénat m

Sendebereich m portée f d'émission; **Sendebericht** m (von Fax) rapport m d'émission; **Sendefolge** f programme m (des émissions); (Serie) feuilleton m

senden (**sandte** o **sendete, gesandt** o **gesendet**) vt (Brief, Inform) envoyer ▪ vt, vi (Radio, TV) diffuser, transmettre; **Sender** m (-s, -) (Radio, TV) station f (de radio); (Anlage) émetteur m; **Sendereihe** f série f d'émissions; **Sendung** f (Brief, Paket) envoi m, expédition f; (Aufgabe) mission f; (Radio, TV) diffusion f; (Programm) émission f

Senegal m (-s) le Sénégal; **senegalesisch** adj sénégalais(e)

Senf m (-(e)s, -e) moutarde f

sengen vt (Haare) brûler légèrement; (Federn) flamber ▪ vi (Sonne) taper

Senior, in m(f) (-s, -en) (alter Mensch) personne f du troisième âge; (Sport) senior mf; **Seniorenheim** nt maison f de retraite; **Seniorenpass** m carte f vermeil

Senkblei nt fil m à plomb

Senke f (-, -n) cuvette f

Senkel m (-s, -) lacet m

senken vt baisser; (Steuern) diminuer ▪ vr: **sich ~** s'affaisser; (Nacht) tomber

Senkfuß m pied m plat; **Senkfußeinlage** f semelle f pour voûte plantaire affaissée

senkrecht adj vertical(e), perpendiculaire; **Senkrechte** f (-n, -n) verticale f, perpendiculaire f; **Senkrechtstarter** m (Aviat) avion m à décollage vertical; **Senkrechtstarter, in** m(f) (fig) personne f qui a fait une carrière fulgurante, jeune loup m

Sensation f sensation f; **sensationell** adj sensationnel(le)

Sense f (-, -n) faux f

sensibel adj sensible; (heikel: Thema, Bereich) délicat(e), épineux(-euse); (Daten) confidentiel(le); **sensibilisieren** (pp **sensibilisiert**) vt sensibiliser; **Sensibilität** f sensibilité f

Sensor m (-s, -en) (Tech) détecteur m,
capteur m

sentimental adj sentimental(e);
Sentimentalität f sentimentalité f

separat adj séparé(e); (Eingang)
indépendant(e)

September m (-(s), -) septembre m; im ~
en septembre; **11. ~ 2008** le 11 septembre
2008; **am 11. ~** le 11 septembre

septisch adj septique; (Wunde) infecté(e)

sequentiell adj siehe **sequenziell**

Sequenz f (-, -en) série f; (Cine, Inform)
séquence f

sequenziell adj (Inform) séquentiel(le)

Serbe m (-n, -n) Serbe m

Serbien nt (-s) la Serbie; **Serbin** f Serbe f;
serbisch adj serbe

Serie f série f; **seriell** adj (Inform) sériel(le),
en série; **Serienbrief** m lettre f type;
Serienherstellung f production f en
série; **serienweise** adv en série

seriös adj sérieux(-euse); (anständig)
convenable

Serpentine f lacet m

Serum nt (-s, Seren o Sera) sérum m

Server m (-s, -) (Inform) serveur m

Service nt (-(s), -) (Geschirr) service m
▪ m (-, -s) (Bedienung, Kundendienst)
service m; **Servicepersonal** nt
personnel m de service

servieren (pp **serviert**) vt, vi servir

Serviette f serviette f (de table)

Servolenkung f (Auto) direction f assistée

servus interj (A) salut

Sessel m (-s, -) fauteuil m; **Sessellift** m
télésiège m

sesshaft adj (Leben) sédentaire; (ansässig)
établi(e)

Set nt o m (-(s), -s) série f; (Tischset) set m
de table

Set-up nt (-s, -s) (Inform) setup m;
Setup-Datei f fichier m d'installation

setzen vt mettre; (Gast) placer, faire
asseoir; (Ziel) fixer; (Baum) planter; (Segel)
déployer; (Typo) composer; (Geld) miser
(auf+akk sur) ▪ vr: **sich ~** (Mensch)
s'asseoir; (Niederschlag) se déposer ▪ vi
aux sein o haben (springen) sauter (über etw
akk qch) ▪ vi (wetten) miser (auf+akk sur);
Setzer, in m(f) (-s, -) (Typo) compositeur
m; **Setzerei** f atelier m de composition;
Setzkasten m (Typo) casse f; (an Wand)
étagère pour ranger de tout petits bibelots;
Setzling m semis m

Seuche f (-, -n) épidémie f;
Seuchengebiet nt région f contaminée;
Seuchengefahr f danger m d'épidémie

seufzen vt, vi soupirer; **Seufzer** m (-s, -)
soupir m

Sex m (-(es)) sexe m

Sexismus m sexisme m; **Sexist, in** m(f)
sexiste mf; **sexistisch** adj sexiste

Sexshop m (-s, -s) sex-shop m;
Sexskandal m affaire f de mœurs;
Sextourismus m tourisme m sexuel

Sexualität f sexualité f

Sexualobjekt nt objet m sexuel

sexuell adj sexuel(le)

sexy adj inv sexy

Seychellen pl: **die ~** les Seychelles fpl

sezieren (pp **seziert**) vt disséquer

SGML nt (-) abk = **standardized
generalized mark-up language** SGML m

Shampoo nt (-s, -s) shampooing m

Shareware f (-, -s) (Inform) shareware m

Sherry m (-s, -s) xérès m, sherry m

Shifttaste f touche f Majuscule

shoppen vi faire du shopping;
Shopping nt (-s) shopping m

Shortcut m (-s, -s) (Inform) raccourci m
clavier

Shorts pl short m

sich pron se

Sichel f (-, -n) faucille f; (Mondsichel)
croissant m

sicher adj sûr(e); (nicht gefährdet: Mensch)
en sécurité; (gewiss) certain(e), sûr(e) (gen
de); **vor jdm/etw ~ sein** être hors de
portée de qn/qch ▪ adv certainement;
~ gehen être sûr(e)

Sicherheit f sécurité f; (Fin) garantie f,
caution f; (Gewissheit) certitude f;
(Zuverlässigkeit) sûreté f; (Selbstsicherheit)
assurance f; **Sicherheitsabstand** m
distance suffisante pour freiner;
Sicherheitsbehälter m enceinte f de
confinement; **Sicherheitsglas** nt verre m
sécurit®; **Sicherheitsgurt** m ceinture f
de sécurité; **sicherheitshalber** adv par
mesure de sécurité; **Sicherheitskopie** f
(Inform) sauvegarde f; **Sicherheitsnadel** f
épingle f de sûreté; **Sicherheitsschloss**
nt serrure f de sûreté;
Sicherheitsverschluss m fermeture f
de sûreté; **Sicherheitsvorkehrung** f
mesure f de précaution

sicherlich adv certainement

sichern vt (sicher machen) assurer,
consolider; (schützen: Inform) protéger
(gegen, vor+dat contre, de); **sich dat
etw ~** se procurer qch

sicher|stellen sep vt (Beute) mettre en
sécurité

Sicherung f (das Sichern) protection f;
(Vorrichtung) sécurité f; (an Waffen) cran m
de sûreté; (Elec) fusible m; (Inform)
sauvegarde f; **Sicherungskopie** f
sauvegarde f

Sicht f (-) vue f; **auf lange ~** à long terme;
sichtbar adj visible; **sichten** vt

apercevoir; (*durchsehen*) examiner;
Sichtgerät nt visuel m; **sichtlich** adj
manifeste; **Sichtverhältnisse** pl
visibilité f; **Sichtvermerk** m visa m;
Sichtweite f visibilité f
sickern vi aux sein (*Flüssigkeit*) suinter;
(*Nachricht*) filtrer
sie pron 3. Person sing elle; (*bei männlichen
französischen Substantiven*) il; (*allein
stehend*) elle; lui ■ pron pl elles;
(*bei männlichen französischen Substantiven*)
ils; (*allein stehend*) elles; eux ■ pron akk
von sing von **sie** (*vor Verb*) la; (*vor Vokal
o stummem h*) l'; (*nach Präposition*) elle;
lui ■ pron akk von pl von **sie** les; (*nach
Präposition*) eux (elles)
Sie pron (*Höflichkeitsform*) vous
Sieb nt (-(e)s, -e) (*Mehlsieb*) tamis m;
(*Getreidesieb*) crible m; (*Teesieb*) passoire f;
sieben vt tamiser, (*Flüssigkeit*) passer,
filtrer
sieben num sept; **Sieben** f (-, -(en))
sept m; **siebenfach** adj sept fois;
siebenhundert num sept cent(s);
siebenjährig adj de sept ans; **siebenmal**
adv sept fois; **Siebensachen** pl (fam)
affaires fpl; **Siebenschläfer** m loir m;
siebt adv: zu ~ à sept; **siebte, r, s** adj
septième; der ~ **August** le sept août;
Trier, den 7. August Trèves, le 7 août;
Siebte, r mf septième mf; **Siebtel** nt
(-s, -) septième m; **siebtens** adv
septièmement
siebzehn num dix-sept
siebzig num soixante-dix; (*belgisch,
schweizerisch*) septante
sieden vi (*Wasser*) bouillir; **Siedepunkt** m
point m d'ébullition
Siedlung f (*Häusersiedlung*) cité f;
lotissement m; (*größer*) agglomération f
Sieg m (-(e)s, -e) victoire f
Siegel nt (-s, -) sceau m; **Siegellack** m
cire f à cacheter; **Siegelring** m chevalière f
siegen vi l'emporter (*über +akk* sur), être
vainqueur; (*Sport*) gagner; **Sieger, in** m(f)
(-s, -) vainqueur m, gagnant(e);
siegessicher adj sûr(e) de réussir;
Siegeszug m marche f victorieuse;
siegreich adj victorieux(-euse)
siehe imp von **sehen**
Sierra Leone nt (-s) la Sierra Leone
siezen vt vouvoyer
Signal nt (-s, -e) signal m
signalisieren (pp **signalisiert**) vt signaler
Signatur f (*Unterschrift*) signature f;
(*von Buch*) cote f
signieren (pp **signiert**) vt, vi signer
Silbe f (-, -n) syllabe f
Silber nt (-s) argent m; **Silberbergwerk** nt
mine f d'argent; **Silberblick** m: einen ~

haben (fam) loucher, avoir un léger
strabisme; **Silbermedaille** f médaille f
d'argent; **silbern** adj d'argent; (*Klang*)
argentin(e)
Silhouette f silhouette f
Silo m (-s, -s) silo m
Silvester nt (-s, -) Saint-Sylvestre f

◈ **SILVESTER**
◈
◈ *Silvester* désigne le réveillon du nouvel
◈ an en allemand. Bien que ce ne soit pas
◈ un jour férié officiel, la plupart des
◈ entreprises finissent plus tôt et les
◈ magasins ferment à midi. La majorité
◈ des Allemands allument feux d'artifices
◈ et pétards à minuit et font la fête
◈ jusqu'au petit matin.

Simbabwe nt (-s) le Zimbabwe
SIM-Karte f carte f SIM
simpel adj très simple
Sims nt o m (-es, -e) rebord m
simsen vt, vi (fam) envoyer un
minimessage SMS
Simulant, in m(f) comédien(ne);
(*Krankheit simulierend*) faux (fausse) malade
simulieren (pp **simuliert**) vt simuler
■ vi faire semblant
simultan adj simultané(e)
Sinfonie f symphonie f
Singapur nt (-s) (l'île f de) Singapour
singen (sang, gesungen) vt, vi chanter
Single f (-, -(s)) (*Schallplatte*) 45 tours m
■ m (-(s), -s) (*Mensch*) célibataire mf
Singular m singulier m
Singvogel m oiseau m chanteur
sinken (sank, gesunken) vi aux sein (*Schiff*)
couler; (*Sonne*) se coucher; (*Temperatur,
Preise etc*) baisser; (*Hoffnung*) diminuer
Sinn m (-(e)s, -e) sens m; ~ für Humor
haben avoir le sens de l'humour;
~ machen être logique; keinen ~ machen
ne rimer à rien; von Sinnen sein avoir
perdu la tête; **Sinnbild** nt symbole m;
sinnbildlich adj symbolique
sinnen (sann, gesonnen) vi: auf etw akk
~ méditer qch
Sinnenmensch m épicurien(ne)
Sinnestäuschung f illusion f des sens
sinngemäß adj libre; was er sinngemäß
gesagt hat ce qu'il a dit en substance
sinnig adj (*praktisch*) ingénieux(-euse);
(*treffend*) approprié(e)
Sinnkrise f crise f existentielle
sinnlich adj sensuel(le); **Sinnlichkeit** f
sensualité f
sinnlos adj vain(e), absurde;
Sinnlosigkeit f absurdité f; **sinnvoll** adj
sensé(e)

Sintflut f déluge m
Sinus m (-, - o -se) sinus m
Siphon m (-s, -s) siphon m
Sippe f (-, -n) clan m; **Sippschaft** f
(pej: Verwandte) tribu m; (Bande) équipe f
Sirene f (-, -n) sirène f
Sirup m (-s, -e) sirop m
Site f (-, -s) (Website) site m
Sitte f (-, -n) (Brauch) coutume f;
Sitten pl mœurs fpl; **Sittenpolizei** f
brigade f mondaine [o des mœurs]
sittlich adj moral(e);
Sittlichkeitsverbrechen nt attentat m
aux mœurs
Situation f situation f
Sitz m (-es, -e) siège m; der Anzug hat
einen guten ~ le costume est (très)
seyant; **Sitzblockade** f sit-in m; **sitzen**
(**saß, gesessen**) vi être assis(e); (fam:
Bemerkung) être pertinent(e); (fam:
Gelerntes) être bien assimilé(e); (Kleidung)
être seyant(e); ~ **bleiben** rester assis(e);
(Sch) redoubler; **auf etw** dat ~ **bleiben** ne
pas trouver preneur pour qch; ~ **lassen**
(fam: Freund etc) laisser tomber, plaquer;
(Wartenden) poser un lapin à; **etw auf
sich** dat ~ **lassen** laisser passer qch;
sitzen|bleiben sep irr vi siehe **sitzen**;
sitzend adj (Tätigkeit) sédentaire;
sitzen|lassen sep irr vt siehe **sitzen**;
Sitzgelegenheit f siège m; **Sitzpinkler**
m (-s, -) (pej: fam) femmelette f; **Sitzplatz**
m place f (assise); **Sitzstreik** m sit-in m;
Sitzung f réunion f
sizilianisch adj sicilien(ne)
Sizilien nt (-n) la Sicile
Skala f (-, -s o **Skalen**) échelle f
Skalpell nt (-s, -e) scalpel m
Skandal m (-s, -e) scandale m;
skandalös adj scandaleux(-euse)
Skandinavien nt (-s) la Scandinavie
Skateboard nt (-s, -s) planche f à
roulettes; **Skateboardfahrer, in** m(f)
pratiquant(e) de planche à roulettes
skaten vi (mit Inlineskates) faire du roller;
(mit Skateboard) faire du skateboard
Skelett nt (-(e)s, -e) squelette m
Skepsis f (-) scepticisme m; **skeptisch** adj
sceptique
Ski m (-s, -er) ski m; ~ **laufen** [o fahren]
faire du ski; **Skianzug** m combinaison m
de ski; **Skibindung** f fixation f (de ski);
Skibrille f lunettes fpl de ski; **Skifahren**
nt (-s) ski m; **Skifahrer, in** m(f), **Skiläufer,
in** ■ m(f) skieur(-euse); **Skilehrer, in** m(f)
moniteur(-trice) de ski; **Skilift** m
remonte-pente m
Skin(head) m (-s, -s) skin(head) mf
Skipass m forfait m de ski; **Skipiste** f piste f
de ski; **Skischuh** m chaussure f de ski;

Skischule f école f de ski; **Skispringen** nt
(-s) saut m à ski; **Skistock** m bâton m de
ski; **Skiträger** m galerie f; **Skiurlaub** m
vacances fpl de neige
Skizze f (-, -n) esquisse f; **skizzieren** (pp
skizziert) vt, vi esquisser, faire une
esquisse (de); (Bericht) faire un plan (de)
Sklave m (-n, -n) esclave m; **Sklaverei** f
esclavage m; **Sklavin** f esclave f
Skonto m o nt (-s, -s) escompte m
Skorpion m (-s, -e) scorpion m; (Astr)
Scorpion m; **Ulla ist (ein) ~** Ulla est
Scorpion
Skrupel m (-s, -) scrupule m; **skrupellos**
adj sans scrupules
Skulptur f (-, -en) sculpture f
Slalom m (-s, -s) slalom m
Slapstick m (-s, -s) gros comique m
slimmen vi (sl) mincir
Slip m (-s, -s) slip m; **Slipeinlage** f
protège-slip m
Slowake m (-n, -n) Slovaque m
Slowakei f (-): **die ~** la Slovaquie;
Slowakin f Slovaque f; **slowakisch** adj
slovaque; **Slowakische Republik**
République f slovaque
Slowene m (-n, -n) Slovène m
Slowenien nt (-s) la Slovénie; **Slowenin** f
Slovène f; **slowenisch** adj slovène
Small Talk, Smalltalk m (-s) (fam)
smalltalk m, bavardage m
Smaragd m (-(e)s, -e) émeraude f
smart adj (fam) doué, futé
Smiley m (-s, -s) smiley m, icône f émotive
Smog m (-(s), -s) smog m; **Smogalarm** m
alerte m au smog
Smoking m (-s, -s) smoking m
SMS f (-, -) abk = **short message service**
SMS m; **SMS-Mitteilung, SMS-
Nachricht** f message m SMS
Snowboard nt (-s, -s) surf m (des neiges);
Snowboardfahren nt (-s) snowboard m,
monoski m; **Snowboardfahrer, in** m(f)
monoskieur(-euse), skieur(-euse) des
neiges
so adv (auf diese Weise) ainsi, comme cela;
(etwa) à peu près; (fam: umsonst) gratis;
so? ah oui?; **so ein Haus** une maison de ce
genre; **so, das ist fertig** bon, voilà qui est
fait; **so ... wie ...** (vor Adjektiv) aussi ...
que..; **so viel** tant ■ konj: **so dass** à tel
point que; siehe auch **sogenannt**
Söckchen nt socquette f
Socke f (-, -n) chaussette f
Sockel m (-s, -) socle m
sodass konj à tel point que
Sodawasser nt eau f de Seltz
Sodbrennen nt brûlures fpl d'estomac
soeben adv: **das Buch ist ~ erschienen**
le livre vient de paraître

Sofa nt (**-s, -s**) canapé m
sofern konj si, à condition que +subj
soff imperf von **saufen**
sofort adv sur-le-champ, immédiatement;
Sofortbildkamera f appareil m
photographique à développement
instantané; **sofortig** adj immédiat(e)
Softeis nt crème f glacée crémeuse
Softie m (**-s, -s**) tendre m
Software f(**-, -s**) logiciel m;
Softwarehaus nt société f d'édition
de programmes; **Softwarepaket** nt
progiciel m
sog imperf von **saugen**
Sog m (**-(e)s, -e**) aspiration f
sogar adv même
sogenannt adj soi-disant
sogleich adv immédiatement
Sohle f(**-, -n**) (Fußsohle) plante f;
(Schuhsohle) semelle f; (Talsohle) fond m
Sohn m (**-(e)s, Söhne**) fils m
Sojabohne f soja m; **Sojasoße** f sauce f
au soja
solange konj tant que
Solarium nt solarium m
Solarzelle f pile f solaire
Solbad nt (Kurort) centre m
d'hydrothérapie (eau salée)
solch pron: ~ ein(e) ... un(e) tel(le) ...;
solche Häuser de telles maisons;
~ **schöne Häuser** de si belles maisons
Sold m (**-(e)s, -e**) solde f
Soldat, in m(f) (**-en, -en**) soldat(e);
soldatisch adj (Haltung) de soldat;
(Disziplin) militaire
Söldner m (**-s, -**) mercenaire m
solidarisch adj solidaire; **solidarisieren**
(pp **solidarisiert**) vi: sich ~ mit se
solidariser avec; **Solidarität** f(-)
solidarité f; **Solidaritätszuschlag** m
contribution f de solidarité
solide adj (Material) solide; (Leben, Mensch)
respectable; (Arbeit, Wissen) approfondi(e)
Solist, in m(f) soliste mf
Soll nt (**-(s), -(s)**) (Fin) doit m;
(Arbeitsmenge) objectif m
sollen vi devoir; **du hättest nicht gehen**
~ tu n'aurais pas dû t'en aller; **sie soll sehr**
schön sein on dit qu'elle est très belle;
es soll 5 Tote gegeben haben il y aurait
eu 5 morts; **was soll das?** qu'est-ce que
cela signifie?
Solo nt (**-s, -s** o **Soli**) solo m
Solothurn nt (**-s**) (Stadt und Kanton)
Soleure
Somalia nt (**-s**) la Somalie
somit konj ainsi
Sommer m (**-s, -**) été m; **im** ~ en été;
Sommerfahrplan m horaires mpl d'été;
sommerlich adj (Wetter) estival(e);

(Kleidung) d'été; **Sommerloch** nt vide m
(politique, commercial et culturel) des
vacances d'été; **Sommerschlussverkauf**
m soldes fpl d'été; **Sommersmog** m
pollution f atmosphérique en été;
Sommersmogverordnung f règlement
m sur la pollution atmosphérique en été;
Sommersprossen pl taches fpl de
rousseur; **Sommerzeit** f (Uhrzeit)
heure f d'été
Sonate f(**-, -n**) sonate f
Sonde f(**-, -n**) sonde f
Sonder- in zW spécial(e); **Sonderangebot**
nt offre f spéciale; **sonderbar** adj
étrange, bizarre; **Sonderfahrt** f
excursion f spéciale; **Sonderfall** m
exception f; **sondergleichen** adv sans
pareil(le); **sonderlich** adj (eigenartig)
bizarre ■ adv: **nicht** ~ pas spécialement;
Sonderling m excentrique m;
Sondermüll m déchets mpl toxiques
sondern konj mais
Sonderzeichen nt (Inform) caractère m
spécial; **Sonderzug** m train m spécial
sondieren (pp **sondiert**) vt, vi sonder
Sonett nt (**-(e)s, -e**) sonnet m
Sonnabend m samedi m; (am) ~ samedi
(qui vient); **sonnabends** adv tous les
samedis; (Zeitplan) le samedi
Sonne f(**-, -n**) soleil m; **sonnen** vt mettre
au soleil ■ vr: sich ~ se bronzer;
Sonnenaufgang m lever m de soleil;
sonnen|baden sep vi prendre un bain
de soleil; **Sonnenblume** f tournesol m;
Sonnenbrand m coup m de soleil;
Sonnenbrille f lunettes fpl de soleil;
Sonnencreme f crème f solaire;
Sonnenenergie f énergie f solaire;
Sonnenfinsternis f éclipse f de soleil;
Sonnenkollektor m capteur m solaire;
Sonnenöl nt huile f solaire;
Sonnenschein m: bei ~ quand le soleil
brille; **Sonnenschirm** m parasol m;
Sonnenschutzcreme f crème f solaire;
Sonnenschutzmittel nt produit m de
protection solaire; **Sonnenstich** m
insolation f; **Sonnenuhr** f cadran m
solaire; **Sonnenuntergang** m coucher m
de soleil; **Sonnenwende** f solstice m
sonnig adj ensoleillé(e); (Gemüt)
épanoui(e), souriant(e)
Sonntag m dimanche m; (am) ~
dimanche (qui vient); **sonntags** adv tous
les dimanches; (Zeitplan) le dimanche;
Sonntagsfahrer, in m(f) (pej)
conducteur(-trice) du dimanche
sonst adv (außerdem) à part cela; (zu
anderer Zeit) d'habitude; (anderenfalls)
sinon; ~ **noch etwas?** quoi encore?; **wer/**
was ~? qui/quoi d'autre?; ~ **nichts** rien

d'autre; **~ woher** d'ailleurs; **~ wo(hin)** autre part; **sonstig** adj autre; **Sonstiges** divers

sooft konj chaque fois que; **~ du willst** tant que tu voudras

Sopran m (**-s, -e**) (Stimme) soprano m; (Mensch) soprano f; **Sopranistin** f soprano f

Sorge f (**-, -n**) souci m; (Fürsorge) soins mpl; **sorgen** vi: **für jdn ~** s'occuper de qn; **für etw ~** (für Ruhe, Ordnung) se charger d'obtenir qch; (für Aufregung) causer qch ■ vr: **sich ~** se faire du souci (um pour); **sorgenfrei** adj sans souci(s); **Sorgenkind** nt enfant mf difficile; **sorgenvoll** adj (Blick) soucieux(-euse); (Worte) inquiet(-ète); **Sorgerecht** nt (droit m de) garde f

Sorgfalt f (**-**) soin m; **sorgfältig** adj soigneux(-euse), soigné(e); **sorglos** adj sans souci; (Mensch) insouciant(e); **sorgsam** adj soigneux(-euse)

sorry interj (fam) désolé(e)

Sorte f (**-, -n**) sorte f, genre m; (Warensorte) marque f, variété f; **Sorten** pl (Fin) devises fpl

sortieren (pp **sortiert**) vt (a. Inform) trier; **Sortierlauf** m (Inform) passage m de tri

Sortiment nt assortiment m

sosehr konj bien que +subj

Soße f (**-, -n**) sauce f; (zu Salat) assaisonnement m; (Bratensoße) jus m (de viande); (süß) crème f

Souffleur m, **Souffleuse** f souffleur(-euse)

soufflieren (pp **souffliert**) vt, vi souffler

Sound m (**-s, -s**) son m caractéristique [o typique]; **Soundkarte** f (Inform) carte f son(ore); **Soundtrack** m bande f originale

souverän adj souverain(e); (Haltung) supérieur(e)

soviel konj autant que +subj; **soweit** konj autant que +subj; siehe auch **weit**; **sowie** konj (sobald) dès que; siehe auch **wie**; **sowieso** adv de toute façon

sowjetisch adj (Hist) soviétique; **Sowjetunion** f: **die ~** (Hist) l'Union f Soviétique

sowohl konj: **~ ... als auch** non seulement ..., mais encore ...; aussi bien ... que ...

sozial adj social(e); **Sozialabgaben** pl cotisations fpl de Sécurité sociale; **Sozialarbeiter, in** m(f) travailleur(-euse) social(e); **Sozialdemokrat, in** m(f) social(e)-démocrate; **sozialdemokratisch** adj social(e)-démocrate; **Sozialdienste** pl services mpl sociaux; **Sozialhilfe** f aide f sociale; **Sozialhilfeleistungen** pl prestations fpl sociales

Sozialismus m socialisme m; **Sozialist, in** m(f) socialiste mf; **sozialistisch** adj socialiste

Sozialpakt m contrat m social; **Sozialpartner** pl partenaires mpl sociaux; **Sozialplan** m plan m d'aide sociale; **Sozialpolitik** f politique f sociale; **Sozialprodukt** nt produit m national; **Sozialstaat** m État-providence m; **Sozialversicherung** f assurance f sociale; **Sozialversicherungskarte** f carte f d'assuré social; **Sozialwohnung** f habitation f à loyer modéré, H.L.M. m o f

Soziologe m (**-n, -n**), **-login** f sociologue mf; **Soziologie** f sociologie f; **soziologisch** adj sociologique

Sozius m (**-, -se** o **Sozii**) (Com) associé(e); **Soziussitz** m siège m arrière, tansad m

sozusagen adv pour ainsi dire

Spachtel m (**-s, -**) spatule f

Spaghetti, Spagetti pl spaghettis mpl

spähen vi regarder

Spalier nt (**-s, -e**) (Gerüst) espalier m; (für Wein) treille f; (Leute) haie f

Spalt m (**-(e)s, -e**) fente f; (Kluft) division f

Spalte f (**-, -n**) fissure f; (Gletscherspalte) crevasse f; (in Text) colonne f

spalten vt fendre; (fig) diviser ■ vr: **sich ~** se fendre; se diviser; **Spaltmaterial** nt matière f fissile; **Spaltung** f division f; (Phys) fission f

Spam nt (**-s, -s**) (Inform) pourriel m

Spamming nt (**-s**) arrosage m

Span m (**-(e)s, Späne**) copeau m; **Spanferkel** nt cochon m de lait

Spange f (**-, -n**) (Haarspange) barrette f; (Schnalle) boucle f; (Armreif) bracelet m

Spanien nt (**-s**) l'Espagne f; **Spanier, in** m(f) (**-s, -**) Espagnol(e); **spanisch** adj espagnol(e); **Spanisch** nt espagnol m; **~ lernen** apprendre l'espagnol

spann imperf von **spinnen**

Spannbetttuch nt drap-housse m'

Spanne f (**-, -n**) (Zeitspanne) espace m (de temps), moment m; (Differenz) écart m

spannen vt (straffen) tendre; (Bogen, Muskeln) bander; (Werkstück) serrer, fixer; (Briefbogen) mettre ■ vi (Kleidung) serrer, être trop juste

spannend adj captivant(e)

Spannung f tension f; **Spannungsprüfer** m tournevis m testeur

Sparbuch nt livret m de caisse d'épargne; **Sparbüchse** f tirelire f; **sparen** vt économiser; **sich** dat **etw ~** (Arbeit) se dispenser de qch; (Bemerkung) garder qch pour soi ■ vi faire des économies; **mit etw/an etw** dat **~** économiser qch; **Sparer, in** m(f) (**-s, -**) épargnant(e); **Sparerfreibetrag** m abattement m sur capital d'épargne

Spargel m (-s, -) asperge f
Sparkasse f caisse f d'épargne;
Sparkonto nt compte m d'épargne
spärlich adj maigre; (Haar) clairsemé(e)
Sparmaßnahme f mesure f d'économie;
Sparpaket nt mesures fpl d'austérité;
sparsam adj (Mensch) économe; (Gerät,
Auto) économique; **Sparsamkeit** f
économie f; **Sparschwein** nt tirelire f
Sparte f (-, -n) section f, catégorie f;
(in Zeitung) rubrique f; **Spartenkanal** m
canal m spécialisé
Spaß m (-es, Späße) plaisanterie f; (Freude)
plaisir m; **jdm Spaß machen** plaire à qn;
Spaßbad nt piscine f ludique; **spaßen** vi
plaisanter; **mit ihm ist nicht zu ~** on ne
plaisante pas avec lui; **spaßeshalber** adv
pour rire; **Spaßgesellschaft** f société f de
divertissements; **spaßhaft, spaßig** adj
drôle; **Spaßmacher, in** m(f) plaisantin m;
Spaßverderber, in m(f) (-s, -) rabat-joie m
spät adj (Stunde) tardif(-ive), avancé(e);
(Gast) en retard ■ adv tard;
Spätaussiedler, in m(f) citoyen d'un pays
d'Europe centrale, dont les ancêtres étaient
allemands, et qui immigre en R.F.A.
Spaten m (-s, -) bêche f
später adj ultérieur(e) ■ adv plus tard;
spätestens adv au plus tard; **Spätlese** f
vendange f tardive
Spatz m (-en o -es, -en) moineau m
Spätzle pl pâtes fraîches aux œufs
spazieren (pp spaziert) vi aux sein
se promener; **~ fahren** faire un tour
(en voiture); **~ gehen** se promener;
Spaziergang m promenade f; **~ im All**
sortie f dans l'espace; **kein ~ sein** ne pas
être une mince affaire; **Spazierstock** m
canne f; **Spazierweg** m promenade f
SPD f (-) abk = **Sozialdemokratische
Partei Deutschlands** Parti social-
democrate allemand
Specht m (-(e)s, -e) pic m
Speck m (-(e)s, -e) lard m
Spediteur, in m(f) transporteur m;
(Möbelspediteur) entreprise f de
déménagement; **Spedition** f expédition f
Speer m (-(e)s, -e) lance f; (Sport) javelot m
Speiche f (-, -n) rayon m
Speichel m (-s) salive f
Speicher m (-s, -) grenier m;
(Wasserspeicher) citerne f, réservoir m;
(Inform) mémoire f; **Speicherauszug** m
(Inform) cliché-mémoire m;
Speicherbereich m (Inform) espace m
de stockage; **Speichererweiterung** f
extension f mémoire; **Speicherfunktion**
f (Inform) fonction f de mémoire;
speicherintensiv adj (Inform) dévoreur(-
euse) de mémoire; **Speicherkapazität** f

(Inform) capacité f de mémoire;
Speicherkarte f (Inform, Foto) carte f de
mémoire; **speichern** vt stocker; (Wasser)
conserver; (Informationen) enregistrer;
(Inform) mémoriser; **Speicherofen** m
poêle m à accumulation; **Speicherplatz**
m (Inform) mémoire f disponible; (auf
Diskette/Festplatte) espace-disque m;
(bestimmter Ort) logement m;
Speicherschutz m (Inform) protection f
de mémoire
speien (spie, gespien) vt, vi cracher;
(erbrechen) vomir
Speise f (-, -n) nourriture f, aliment m;
Speiseeis nt glace f; **Speisekammer** f
garde-manger m; **Speisekarte** f menu m;
speisen vt, vi (essen) manger ■ vt
(versorgen) alimenter; **Speiseröhre** f
œsophage m; **Speisesaal** m réfectoire m;
(im Hotel) salle f à manger; **Speisewagen**
m wagon-restaurant m; **Speisezettel** m
menu m
Spektakel m (-s, -) (fam: Krach) tapage m,
chahut m ■ nt (-s, -) (Schauspiel)
spectacle m
Spekulant, in m(f) spéculateur(-trice);
Spekulation f spéculation f;
Spekulationsfrist f délai m de
spéculation; **spekulieren** (pp spekuliert)
vi spéculer
Spelunke f (-, -n) bouge m
Spende f (-, -n) don m; **spenden** vt
donner; (Schatten) faire; (Seife, Wasser)
distribuer; **Spender, in** m(f) (-s, -)
donnateur(-euse); (Med) donneur(-euse);
(Gerät) distributeur m
spendieren (pp spendiert) vt offrir
Spengler, in m(f) (-s, -) (A, CH) plombier m
Sperling m moineau m
Sperma nt (-s, Spermen) sperme m;
Spermizid nt (-s, -e) (Med) spermicide m
sperrangelweit adv: **~ offen** grand
ouvert(e)
Sperre f (-, -n) barrière f, barrage m;
(Verbot) interdiction f; **sperren** vt (Straße)
barrer; (Grenze) fermer; (Hafen) bloquer;
(Sport) suspendre; (einschließen) enfermer;
(verbieten) interdire ■ vr: **sich (gegen
etw) ~** s'opposer (à qch); **Sperrgebiet** nt
zone f interdite; **Sperrholz** nt
contre-plaqué m; **sperrig** adj (Paket)
volumineux(-euse); (Möbel)
encombrant(e); **Sperrmüll** m déchets
mpl encombrants; **Sperrsitz** m (Theat)
(fauteuil m d')orchestre m; **Sperrstunde**
f, **Sperrzeit** f heure f de fermeture
(obligatoire des cafés, discothèques etc)
Spesen pl frais mpl
Spezial- in zW spécial(e); **Spezialeffekte**
pl effets mpl spéciaux

spezialisieren (*pp* **spezialisiert**)
vr: sich ~ se spécialiser (*auf+akk* dans, en);
Spezialisierung *f* spécialisation *f*
Spezialist, in *m(f)* spécialiste *mf* (*für* de)
Spezialität *f* spécialité *f*
speziell *adj* spécial(e)
spezifisch *adj* spécifique
Sphäre *f* (-, -n) sphère *f*
Sphinx *f* (-, **Sphingen**) sphinx *m*
spicken *vt* (*Gastr: fig*) entrelarder (*mit* de)
■ *vi* (*Sch*) copier
spie *imperf von* **speien**
Spiegel *m* (-s, -) glace *f*, miroir *m*;
(*Wasserspiegel*) surface *f* de l'eau, niveau *m*
de l'eau; **Spiegelbild** *nt* reflet *m*;
spiegelbildlich *adj* renversé(e), à l'envers;
Spiegelei *nt* œuf *m* au plat; **spiegeln** *vr:*
sich ~ se refléter ■ *vi* briller; (*blenden*)
éblouir; (*reflektieren*) réfléchir
la lumière; **Spiegelreflexkamera** *f*
caméra *f* à miroir réflecteur, reflex *m*;
Spiegelschrift *f* écriture *f* spéculaire;
Spiegelung *f* reflet *m*
Spiel *nt* (-(e)s, -e) jeu *m*; (*Sport*) partie *f*,
match *m*; (*Schauspiel*) pièce *f*; **Spieldose** *f*
boîte *f* à musique; **Spielekonsole** *f*
console *f* de jeux; **spielen** *vt*, *vi* jouer;
spielend *adv* (*mühelos*) facilement;
Spieler, in *m(f)* (-s, -) joueur(-euse);
Spielerei *f* (*nicht anstrengend*) jeu *m*
d'enfant; (*Extra*) gadget *m*; **spielerisch**
adj enjoué(e); **spielerisches Können**
(*Sport*) aisance *f*, excellent jeu *m*;
Spielfeld *nt* terrain *m* (de jeu);
Spielfilm *m* film *m* (de fiction), long
métrage *m*; **Spielhalle** *f* salle *f* de jeux
électroniques; **Spielplan** *m* (*Theat*)
programme *m*; **Spielplatz** *m* terrain *m*
de jeu; **Spielraum** *m* marge *f*, jeu *m*;
Spielregel *f* règle *f* du jeu; **Spielsachen**
pl jouets *mpl*; **Spielverderber, in** *m(f)*
(-s, -) trouble-fête *mf*; **Spielwaren** *pl*
jouets *mpl*; **Spielzeug** *nt* jouet *m*,
jouets *mpl*
Spieß *m* (-es, -e) lance *f*; (*Bratspieß*)
broche *f*
Spießbürger, in *m(f)*, **Spießer, in**
■ *m(f)* (-s, -) petit(e) bourgeois(e);
spießig *adj* (*pej*) petit(e)-bourgeois(e)
Spikes *pl* chaussures *fpl* de course [o à
crampons]; (*Auto*) pneus *mpl* cloutés
Spinat *m* (-(e)s, -e) épinards *mpl*
Spind *m o nt* (-(e)s, -e) placard *m*
Spinne *f* (-, -n) araignée *f*
spinnen (**spann, gesponnen**) *vt*, *vi* filer;
(*Spinne*) tisser (sa toile); (*fam: verrückt sein*)
avoir une araignée au plafond
Spinn(en)gewebe *nt* toile *f* d'araignée
Spinner, in *m(f)* (-s, -) (*pej*) cinglé(e)
Spinnerei *f* filature *f*; (*fam*) bêtise *f*

Spinnrad *nt* rouet *m*; **Spinnwebe** *f* (-, -n)
toile *f* d'araignée
Spion, in *m(f)* (-s, -e) espion(ne); (*in Tür*)
judas *m*; **Spionage** *f* (-, -n) espionnage *m*;
spionieren (*pp* **spioniert**) *vi* espionner
Spirale *f* (-, -n) spirale *f*; (*Med*) stérilet *m*
Spirituosen *pl* spiritueux *mpl*
Spiritus *m* (-, -se) alcool *m* à brûler
Spital *nt* (-s, **Spitäler**) hôpital *m*
spitz *adj* pointu(e); (*Winkel*) aigu(ë);
(*Zunge*) bien affilé(e); (*Bemerkung*)
mordant(e)
Spitz *m* (-es, -e) loulou *m*
Spitzbogen *m* arc *m* en ogive
Spitzbube *m* galopin *m*
Spitze *f* (-, -n) pointe *f*; (*Bergspitze*)
sommet *m*, pic *m*; (*von Bemerkung*) pique *f*;
(*erster Platz*) tête *f*; **Spitzen** *pl* (*Textilspitze*)
dentelle(s) *f(pl)*
Spitzel *m* (-s, -) indicateur *m* (de police)
spitzen *vt* (*Bleistift*) tailler; (*Ohren*) dresser
Spitzen- *in zW* (*erstklassig*) excellent(e);
(*aus Spitze*) en dentelle; **Spitzengespräch**
nt discussion *f* au sommet;
Spitzenkandidat, in *m(f)* tête *f* de liste;
Spitzenleistung *f* performance *f*, exploit
m; **Spitzenlohn** *m* haut salaire *m*;
Spitzenmanager, in *m(f)* top-manager
m; **Spitzenprodukt** *nt* produit *m* haut
de gamme; **Spitzensportler, in** *m(f)*
sportif(-ive) de haut niveau
spitzfindig *adj* subtil(e)
spitzig *adj siehe* **spitz**
Spitzname *m* surnom *m*
Spliss *m* (-) fourche *f*
Splitter *m* (-s, -) (*Holzsplitter*) écharde *f*;
(*Glassplitter, Metallsplitter*) éclat *m*;
splitternackt *adj* nu(e) comme un ver
Splitting *nt* déclaration *f* séparée des
revenus; (*Pol*) panachage *m*
SPÖ *f* (-) *abk* = **Sozialdemokratische
Partei Österreichs** parti socialiste
autrichien
Spoiler *m* (-s, -) (*Auto*) becquet *m*; (*hinten*)
spoiler *m*
sponsern *vt* sponsoriser, commanditer,
parrainer; **Sponsor, in** *m(f)* (-s, -en)
sponsor *mf*, commanditaire *mf*;
Sponsoring *nt* (-s) parrainage *m*
spontan *adj* spontané(e)
Sport *m* (-(e)s) sport *m*; **Sportlehrer, in**
m(f) professeur *mf* d'éducation physique;
Sportler, in *m(f)* (-s, -) sportif(-ive);
sportlich *adj* sportif(-ive); (*Kleidung*) de
sport, sport; **Sportplatz** *m* terrain *m* de
sport; **Sportschuh** *m* chaussure *f* de
sport; **Sportsfrau** *f* sportive *f*;
Sportsmann *m* (*pl* **Sportsmänner**)
sportif *m*; **Sportstudio** *nt* centre *m* de
remise en forme; **Sporttauchen** *nt*

plongée f en apnée; (mit Gerät) plongée f sous-marine; **Sportverein** m association f sportive, club m sportif; **Sportwagen** m voiture f de sport; (für Kinder) poussette f; **Sportzeug** nt affaires fpl de sport

Spott m (-(e)s) moquerie f; **spottbillig** adj (fam: Ware) d'un prix dérisoire; **spotten** vi se moquer (über +akk de); **spöttisch** adj moqueur(-euse), railleur(-euse)

sprach imperf von **sprechen**

sprachbegabt adj doué(e) pour les langues; **Sprachcomputer** m traducteur m de poche; **Sprache** f (-, -n) langage m; (eines Volks) langue f; (Sprechfähigkeit) parole f; **Spracherkennung** f (Inform) reconnaissance f vocale; **Sprachfehler** m défaut m d'élocution; **Sprachführer** m guide m de conversation; **Sprachgebrauch** m usage m; **Sprachgefühl** nt sens m linguistique; **Sprachkenntnisse** pl connaissances fpl linguistiques; **mit guten englischen Sprachkenntnissen** avec de bonnes connaissances d'anglais; **Sprachkurs** m cours m de langue; **Sprachlabor** nt laboratoire m de langues; **sprachlich** adj linguistique; **sprachlos** adj (Mensch) muet(te), (Gesicht) interdit(e); **Sprachregelung** f convention f; **Sprachreise** f voyage m linguistique; **Sprachrohr** nt (fig) porte-parole m; **Sprachwissenschaft** f linguistique f

sprang imperf von **springen**

Spray nt o m (-s, -s) spray m, aérosol m; **Spraydose** f spray m, aérosol m; **Sprayer, in** m(f) (-s, -) tagueur(-euse)

Sprechanlage f interphone m; **sprechen** (**sprach, gesprochen**) vt, vi parler; jdn [o mit jdm] ~ parler à qn; **das spricht für ihn** cela parle en sa faveur; **Sprecher, in** m(f) (-s, -) orateur(-trice); (für Gruppe) porte-parole mf; (Radio, TV) présentateur(-trice); **Sprechstunde** f heures fpl de consultation; **Sprechstundenhilfe** f assistante f médicale; **Sprechzimmer** nt cabinet m

spreizen vt écarter

Sprengarbeiten pl opérations fpl de dynamitage; **sprengen** vt (Rasen) arroser; (mit Sprengstoff) dynamiter, faire sauter; (Versammlung) disperser; **Sprengladung** f charge f d'explosifs; **Sprengstoff** m explosif m

Spreu f (-) balle f

Sprichwort nt proverbe m; **sprichwörtlich** adj proverbial(e)

Springbrunnen m jet m d'eau

springen (**sprang, gesprungen**) vi aux sein (hüpfen) sauter; (Wasser) jaillir, gicler; (schnellen) bondir; (Glas, Metall) se fendre,

éclater; **Springer, in** m(f) (-s, -) (Mensch) sauteur(-euse); (im Schach) cavalier m; **Springerstiefel** pl rangers mpl

Sprit m (-(e)s, -e) (fam) essence f

Spritze f (-, -n) (Med) seringue f; **spritzen** vt (mit Wasser) arroser; (Med) faire une piqûre (jdn à qn); (lackieren) peindre au pistolet ▣ vi aux sein (herausspritzen) gicler; **Spritzpistole** f pistolet m

spröde adj (Material) cassant(e); (Haut) sec (sèche); (Mensch) distant(e)

Sprosse f (-, -n) barreau m; **Sprossenfenster** nt fenêtre f à croisillons

Sprössling m rejeton m

Spruch m (-(e)s, Sprüche) maxime f, dicton m; (Jur) sentence f, verdict m

Sprudel m (-s, -) eau f (minérale) gazeuse

sprudeln vi aux sein (Wasser) jaillir

Sprühdose f bombe f (aérosol); **sprühen** vt vaporiser ▣ vi (spritzen) jaillir ▣ vi: **vor etw** dat ~ pétiller de qch; **Sprühregen** m petite pluie f fine, bruine f

Sprung m (-(e)s, Sprünge) saut m; **Sprungbrett** nt tremplin m; **sprunghaft** adj (Denken) incohérent(e); (Aufstieg) fulgurant(e); **Sprungschanze** f tremplin m (de ski)

SPS f (-) abk = **Sozialdemokratische Partei** parti social-démocrate suisse

Spucke f (-) (fam) salive f; **spucken** vt, vi cracher

Spuk m (-(e)s, -e) fantôme m; **spuken** vi: **in einem Schloss ~** (Geist) hanter un château; **hier spukt es** il y a des revenants ici

Spule f (-, -n) bobine f

Spüle f (-, -n) évier m; **spülen** vt, vi rincer; (Geschirr) laver, faire la vaisselle; (Toilette) tirer la chasse d'eau; **Spülmaschine** f lave-vaisselle m; **Spülmittel** nt produit m vaisselle; **Spülstein** m évier m; **Spülung** f rinçage m

Spur f (-, -en) trace f; (von Rad, Schallplatte) sillon m; (Fahrspur) voie f

spürbar adj sensible; **spüren** vt sentir; (Schmerz) éprouver, avoir; (Wirkung) ressentir

Spurenelement nt oligo-élément m

Spürhund m chien m policier; (fig) limier m

spurlos adv sans laisser de traces

Spurt m (-(e)s, -s o -e) sprint m

sputen vr: **sich ~** se dépêcher

Squash nt (-) squash m; **Squashhalle** f salle f de squash; **Squashschläger** m raquette f de squash

Sri Lanka nt (-s) le Sri Lanka

Staat m (-(e)s, -en) État m; **mit etw ~ machen** (Prunk) faire étalage de; **Staatenbund** m confédération f; **staatenlos** adj apatride; **staatlich** adj de l'État, national(e); **Staatsangehörigkeit** f nationalité f; **Staatsanwalt** m, **-anwältin** f procureur(-ratrice), avocat(e) général(e); **Staatsbürger, in** m(f) citoyen(ne); **Staatsbürgerschaft** f nationalité f; **doppelte ~** double nationalité; **Staatsdienst** m fonction f publique; **staatseigen** adj (Betrieb) nationalisé(e); **Staatsexamen** nt (Sch) examen m d'État (nécessaire pour devenir professeur dans l'enseignement public); **staatsfeindlich** adj antinational(e); **Staatsmann** m (pl **Staatsmänner**) homme m d'État [o politique]; **Staatsoberhaupt** m chef m de l'État [o d'État]; **Staatssekretär, in** m(f) secrétaire mf d'État; **Staatssicherheitdienst** m (Hist) police secrète de l'ex-R.D.A.; **Staatsstreich** m coup m d'État; **Staatsverschuldung** f endettement m public; **Staatsvertrag** m traité m intergouvernemental

Stab m (-(e)s, Stäbe) bâton m; (Gitterstab) barreau m; (Menschen) équipe f

Stäbchen nt (Essstäbchen) baguette f

Stabhochsprung m saut m à la perche

stabil adj (Bau) solide; (Möbel) robuste; (Lage, Währung) stable; **stabilisieren** (pp **stabilisiert**) vt (Konstruktion) consolider; (fig) stabiliser; **Stabilitäts- und Wachstumspakt** m pacte m de stabilité et de croissance

Stabreim m allitération f

stach imperf von **stechen**

Stachel m (-s, -n) épine f; (von Insekten) dard m; **Stachelbeere** f groseille f (à maquereau); **Stacheldraht** m fil m de fer barbelé; **stachelig** adj (Tier) recouvert(e) de piquants; (Pflanze) épineux(-euse); **Stachelschwein** nt porc-épic m

Stadion nt (-s, Stadien) stade m

Stadium nt stade m

Stadt f (-, Städte) ville f

Städtchen nt petite ville f

Städtebau m urbanisme m;

Städtepartnerschaft f jumelage m; **Städter, in** m(f) (-s, -) citadin(e); **Städtetag** m congrès m des maires; **städtisch** adj (Leben) en ville, citadin(e); (Anlagen) municipal(e); **Stadtmauer** f remparts mpl; **Stadtmitte** f centre ville m; **Stadtplan** m plan m (de ville); **Stadtrand** m banlieue f, périphérie f; **Stadtrundfahrt** f visite m guidée de la ville; **Stadtteil** m quartier m

Staffel f (-, -n) (Sport) équipe f (de course de relais); (Aviat) escadrille f

Staffelei f chevalet m

staffeln vt graduer; (Termine) échelonner; **Staffelung** f échelonnement m

stahl imperf von **stehlen**

Stahl m (-(e)s, Stähle) acier m; **Stahlhelm** m casque m lourd

Stall m (-(e)s, Ställe) étable f; (Pferdestall) écurie f; (Kaninchenstall) clapier m; (Schweinestall) porcherie f; (Hühnerstall) poulailler m

Stamm m (-(e)s, Stämme) (Baumstamm) tronc m; (Menschenstamm) tribu f; (Ling) radical m; **Stammbaum** m arbre m généalogique; **Stammdaten** pl (Inform) données fpl permanentes

stammeln vt, vi balbutier, bégayer

stammen vi: **von** [o aus] ... **~** venir de ..

Stammgast m habitué(e); **Stammhalter** m (-s, -) héritier m mâle

stämmig adj costaud(e)

Stammtisch m table f des habitués; (Menschen) tablée f d'habitués

Stammzelle f cellule f souche

stampfen vt, vi taper (du pied); (mit Werkzeug) piler ■ vi aux sein (stapfen) marcher d'un pas lourd

stand imperf von **stehen**

Stand m (-(e)s, Stände) (das Stehen) position f (debout); (Zustand) état m; (Spielstand) score m; (Messestand) stand m; (Klasse) classe f; (Beruf) profession f; siehe auch **zustande**

Standard m (-s, -s) norme f; (erreichte Höhe) niveau m

Stand-by-Betrieb, Standby-Betrieb m fonction f veille; **Stand-by-Modus, Standby-Modus** m fonction f veille; **Stand-by-Ticket, Standby-Ticket** nt billet m stand-by

Ständer m (-s, -) support m; (Kerzenständer) chandelier m; (Notenständer) pupitre m

Ständerat m (CH) conseil m des États

Standesamt nt état m civil; (für Trauung) mairie f; **Standesbeamte, r** m, **-beamtin** f officier(-iére) de l'état civil m; **Standesunterschied** m différence f de classe

standhaft adj ferme; **stand|halten** sep irr vi résister

ständig adj permanent(e); (Bedrohung) continuel(le), incessant(e) ■ adv continuellement

Standleitung f (Inform) ligne f directe; **Standlicht** nt feux mpl de position; **Standort** m emplacement m; (Mil) garnison f; **Standpunkt** m point m de vue; **Standspur** f (Auto) bande f d'arrêt d'urgence

Stange f (-, -n) barre f; (Zigarettenstange) cartouche f; **von der ~** (Com) de confection, prêt-à-porter
Stängel m (-s, -) tige f
Stangenbrot nt baguette f
stank imperf von **stinken**
Stanniol nt (-s, -e) papier m d'aluminium
stanzen vt (prägen) estamper; (pressen) mouler, fabriquer; (Löcher) poinçonner
Stapel m (-s, -) tas m, pile f; (Naut) cale f (sèche); (Inform) lot m; **Stapellauf** m lancement m; **stapeln** vt empiler, entasser; **Stapelverarbeitung** f traitement m par lots
Star m (-(e)s, -e) (Vogel) étourneau m; (Med) cataracte f ■ m (-s, -s) star f, vedette f
starb imperf von **sterben**
stark adj (stärker, stärkste) fort(e); (mächtig) puissant(e); (Schmerzen) violent(e), **2 cm ~** (bei Maßangabe) 2 cm d'épaisseur; **ein starker Raucher** un grand fumeur; **Stärke** f (-, -n) force f, puissance f, violence f; (Wäschestärke) amidon m; (Gastr) fécule f; **stärken** vt (Menschen) fortifier; (Mannschaft) renforcer; (Wäsche) amidonner
stark|machen vr: **sich für etw ~** apporter son appui à qch; **Starkstrom** m courant m haute tension; **Stärkung** f renforcement m; (Essen) encas m, collation f; (seelisch) réconfort m
starr adj (Material) rigide; (Haltung) inflexible; (Blick) fixe
starren vi (blicken) regarder fixement; **in etw** akk/**auf jdn ~** fixer qch/qn; **~ vor** [o **von**] être couvert(e) de
Starrheit f rigidité f; (von Blick) fixité f; **starrköpfig** adj (Mensch) têtu(e); (Haltung) obstiné(e); **Starrsinn** m entêtement m, obstination f
Start m (-(e)s, -e o -s) départ m; (Aviat) décollage m, envol m; (Anfang) début m; **Startautomatik** f (Auto) starter m automatique; **Startbahn** f piste f de décollage; **starten** vi aux sein (beginnen) démarrer; (Flugzeug) décoller ■ vt (Motor, Auto) démarrer; (Computer) mettre en marche; (Programm, Rakete) lancer; (anfangen lassen) démarrer; (Aktion) lancer; (Rennen) donner le départ de; **neu ~** (Computer) relancer, redémarrer; **Starter** m (-s, -) starter m; **Starterlaubnis** f autorisation f de décoller; **Starthilfekabel** nt câble m de démarrage; **Startkapital** nt capital m de départ; **Startmenü** nt (Inform) menu m de démarrage; **Startseite** f (im Internet) page f de démarrage; **Startzeichen** nt signal m de départ

⊜ **Stasi**

⊜ Stasi est l'abréviation de
⊜ Staatssicherheitsdienst, les services
⊜ secrets de la DDR, fondés en 1950
⊜ et démantelés en 1989. Ces services
⊜ secrets organisaient un important
⊜ réseau d'espionnage sur les employés
⊜ qui occupaient une position de
⊜ confiance aussi bien dans la DDR que
⊜ dans la BRD. Des dossiers sur plus de
⊜ six millions de personnes avaient été
⊜ constitués.

Station f station f; (in Krankenhaus) service m; **~ machen in** faire halte à
stationieren (pp stationiert) vt (Truppen) cantonner; (Atomwaffen) entreposer
Statist, in m(f) figurant(e)
Statistik f statistique f; **Statistiker, in** m(f), (-s, -) statisticien(ne); **statistisch** adj statistique
Stativ nt trépied m
statt konj, präp +gen o dat au lieu de
Stätte f (-, -n) lieu m, endroit m
statt|finden sep irr vi avoir lieu
statthaft adj autorisé
stattlich adj imposant(e); (Menge) considérable
Statue f (-, -n) statue f
Statur f stature f
Status m (-, -) statut m; **Statusleiste** f (Inform) barre f d'état; **Statussymbol** nt symbole m de réussite sociale; **Statuszeile** f (Inform) ligne f d'état
Stau m (-(e)s, -e o -s) blocage m; (Verkehrsstau) embouteillage m
Staub m (-(e)s) poussière f; **stauben** vi faire de la poussière
Stauberater, in m(f) personne conseillant les automobilistes bloqués dans les bouchons
Staubfaden m filet m; **staubig** adj (Straße) poussièreux(-euse); (Kleidung) couvert(e) de poussière; **staub|saugen** sep vi passer l'aspirateur; **Staubsauger** m (-s, -) aspirateur m; **Staubtuch** nt chiffon m (à poussière)
Staudamm m barrage m
Staude f (-, -n) arbrisseau m
stauen vt (Wasser) endiguer; (Blut) arrêter la circulation de ■ vr: **sich ~** (Wasser) s'accumuler; (Verkehr) être paralysé(e); (Menschen) s'empiler
staunen vi s'étonner, être étonné(e); **Staunen** nt (-s) étonnement m
Stausee m lac m de barrage
Stauung f (von Wasser) endiguement m; (von Verkehr) embouteillage m
stdl. adv abk = **stündlich** toutes les heures
Steak nt (-s, -s) steak m

stechen (**stach, gestochen**) vt, vi piquer; (*mit Messer verletzen*) poignarder; (*Sonne*) taper dur; (*Karte, Spargel*) couper; (*in Kupfer*) graver ■ vi aux sein; **in See ~** appareiller; **Stechen** nt (**-s, -**) (*Sport*) belle f; (*Schmerz*) douleur f lancinante; **stechend** adj brûlant(e); (*Geruch*) pénétrant(e); **Stechginster** m genêt m (épineux); **Stechpalme** f houx m; **Stechuhr** f pointeuse f

Steckbrief m signalement m; **Steckdose** f prise f (électrique)

stecken vt enfoncer, mettre (*in +akk* dans); (*beim Nähen*) épingler ■ vi être enfoncé(e), être; (*fam: sein*) être fourré(e); **~ bleiben** être immobilisé(e); (*in Rede*) avoir un blanc

Steckenpferd nt passe-temps m favori

Stecker m (**-s, -**) fiche f

Steckkarte f carte f enfichable; **Stecknadel** f épingle f; **Steckplatz** m (*Inform*) connecteur m; **Steckrübe** f rutabaga m; **Steckzwiebel** f bulbe m

Steg m (**-(e)s, -e**) passerelle f; (*Anlegesteg*) débarcadère m

Stegreif m: **aus dem ~** en improvisant

stehen (**stand, gestanden**) vi (*sich befinden*) être, se trouver; (*nicht liegen*) être debout; (*in Zeitung*) être écrit(e); (*stillstehen*) être arrêté(e); **zu etw ~** (*zu Versprechen*) tenir qch; **wie ~ Sie dazu?** quel est votre point de vue?; **jdm ~** aller (bien) à qn; **wie steht's?** comment ça va?; **~ bleiben** s'arrêter; **~ lassen** laisser (en place); (*Bart*) laisser pousser

stehlen (**stahl, gestohlen**) vt voler

Stehplatz m place f debout

steif adj (*Glieder*) engourdi(e); (*Stoff*) raide, empesé(e); (*förmlich*) guindé(e); **Steifheit** f raideur f

Steigbügel m étrier m; **Steigeisen** nt crampon m

steigen (**stieg, gestiegen**) vi aux sein monter; (*klettern*) grimper; (*Flugzeug*) prendre de l'altitude

steigern vt (*Leistung*) augmenter; (*Ling*) mettre au comparatif et au superlatif ■ vr: **sich ~** augmenter; (*Mensch*) s'améliorer; **Steigerung** f augmentation f

Steigung f montée f; (*Hang*) pente f, inclinaison f

steil adj (*Abhang*) raide; (*Fels*) escarpé(e)

Stein m (**-(e)s, -e**) pierre f; (*in Uhr*) rubis m; **steinalt** adj vieux (vieille) comme Mathusalem; **Steinbock** m (*Zool*) bouquetin m; (*Astr*) Capricorne m; **Ursin ist (ein) ~** Ursin est Capricorne; **Steinbruch** m carrière f; **Steinbutt** m (**-s, -e**) turbot m; **steinern** adj en pierre;

(*Herz*) de pierre; (*Miene*) impassible; **Steinfraß** m (**-es**) maladie f de la pierre; **Steingut** nt poterie f; **steinhart** adj dur(e) comme la pierre; **steinig** adj rocailleux(-euse); **steinigen** vt lapider; **Steinkohle** f houille f; **Steinmetz, in** m(f) (**-en, -en**) tailleur m de pierres

Steiß m (**-es, -e**) postérieur m, derrière m

Stelle f (**-, -n**) place f, emplacement m; (*Position*) position f; (*in Buch*) passage m; (*Arbeit*) place f (de travail), emploi m; (*Amt*) office m

stellen vt mettre, placer; (*Gerät*) régler; (*Bedingungen*) poser; (*Falle*) tendre; (*Diagnose*) établir; (*Dieb*) arrêter; **jdm etw ~** mettre qch à la disposition de qn ■ vr: **sich ~** se placer; (*bei Polizei*) se livrer; **sich krank/tot ~** jouer les malades/faire le (la) mort(e)

Stellenangebot nt offre f d'emploi; **Stellenanzeige** f (*Angebot*) offre f d'emploi; (*Gesuch*) demande f d'emploi; **Stellengesuch** nt demande f d'emploi; **Stellennachweis** m, **Stellenvermittlung** f agence f pour l'emploi; **Stellenwert** m (*fig*) valeur f; **einen hohen ~ haben** occuper une place importante

Stellung f position f; (*Arbeit*) emploi m; **~ nehmen zu** prendre position au sujet de; **Stellungnahme** f (**-, -n**) prise f de position

stellvertretend adj remplaçant(e); **Stellvertreter, in** m(f) remplaçant(e)

Stellwerk nt (*Eisenbahn*) poste m d'aiguillage

Stelze f (**-, -n**) échasse f

Stemmbogen m (*Ski*) virage m en stem(m)

stemmen vt (*Gewicht*) soulever ■ vr: **sich ~ gegen** s'appuyer contre; (*fig*) tenir tête à

Stempel m (**-s, -**) timbre m, tampon m; (*Bot*) pistil m; **Stempelkissen** nt tampon m encreur; **stempeln** vt timbrer, tamponner; (*Briefmarke*) oblitérer

Stengel siehe **Stängel**

Stenografie, Stenographie f sténographie f; **stenografieren, stenographieren** (pp **stenografiert**) vt, vi sténographier; **Stenogramm** nt (**-s, -e**) texte m en sténo; **Stenotypist, in** m(f) sténodactylo mf

Steppdecke f couette f

Steppe f (**-, -n**) steppe f

steppen vt, vi (*Naht*) piquer

Sterbefall m décès m; **Sterbehilfe** f euthanasie f; **sterben** (**starb, gestorben**) vi aux sein mourir; **Sterbeurkunde** f acte m de décès; **sterblich** adj mortel(le); **Sterblichkeit** f condition f de mortel;

Sterblichkeitsziffer f taux m de mortalité

stereo- in zW stéréo; **Stereoanlage** f chaîne f hi-fi [o stéréo]

stereotyp adj (Antwort) stéréotypé(e); (Lächeln) artificiel(le)

steril adj stérile; **Sterilisation** f stérilisation f; **sterilisieren** (pp **sterilisiert**) vt stériliser; **Sterilisierung** f stérilisation f

Stern m (-(e)s, -e) étoile f; **Sternbild** nt constellation f; **Sternchen** nt (Zeichen) astérisque m; **Sternfahrt** f rallye m; (Pol) rassemblement m; **Sternfrucht** f carambole f; **Sternschnuppe** f (-, -n) étoile f filante; **Sternstunde** f moment m déterminant

stet adj continu(e); (Tropfen, Treue) constant(e); **stetig** adj continu(e); **stets** adv toujours

Steuer nt (-s, -) (Naut) barre f; (Auto) volant m; (fig) direction f, contrôle m ▪ f (-, -n) impôt m; **Steuerberater, in** m(f) conseiller(-ère) fiscal(e); **Steuerbord** nt tribord m; **Steuereinheit** f (Inform) unité f de commande; **Steuererklärung** f déclaration f d'impôts; **Steuergerät** nt (Radio) radio-ampli m; (Inform) unité f de contrôle, contrôleur m;

Steuergerechtigkeit f équité f fiscale; **Steuerharmonisierung** f harmonisation f fiscale; **Steuerhinterziehung** f fraude f fiscale; **Steuerklasse** f tranche f du barème fiscal; **Steuerknüppel** m levier m de commande; **Steuermann** m (pl **Steuermänner** o **Steuerleute**) pilote m; **steuern** vt, vi (Auto) conduire, (Flugzeug) piloter; (Inform) gérer; (Entwicklung) contrôler; (Tonstärke) régler; **Steuernummer** f numéro m d'identification fiscale; **steuerpflichtig** adj imposable; **Steuerrad** nt volant m; **Steuersignal** nt (Inform) signal m de commande; **Steuerung** f conduite f; (Vorrichtung) commandes fpl; (Inform) gestion f; **Steuerungstaste** f (Inform) touche f Contrôle; **Steuerzahler, in** m(f) contribuable mf; **Steuerzeichen** nt (Inform) caractère m de contrôle, caractère m de commande

Steward m (-s, -s) steward m; **Stewardess** f (-, -en) hôtesse f de l'air

stibitzen (pp **stibitzt**) vt (fam) subtiliser

Stich m (-(e)s, -e) (Insektenstich) piqure f; (Messerstich) coup m; (beim Nähen) point m; (Karte) pli m, levée f; (in der Kunst) gravure f; **jdn im ~ lassen** laisser qn en plan

Stichel m (-s, -) burin m

Stichelei f remarques fpl désobligeantes; **sticheln** vi (fig) faire des remarques désobligeantes

stichhaltig adj concluant(e); **Stichprobe** f échantillon m; **Stichsäge** f scie f à guichet; **Stichwahl** f scrutin m de ballottage, second tour m; **Stichwort** nt mot m clé; **Stichwortverzeichnis** nt index m

sticken vt, vi broder

Sticker m (-s, -) autocollant m

Stickerei f broderie f

stickig adj étouffant(e)

Stickoxid nt oxyde m d'azote

Stickstoff m azote m

Stiefel m (-s, -) botte f

Stiefkind nt beau-fils m, belle-fille f; (fig) enfant mal aimé(e); **Stiefmutter** f belle-mère f; **Stiefmütterchen** nt pensée f; **Stiefvater** m beau-père m

stieg imperf von **steigen**

Stiel m (-(e)s, -e) (von Gerät) manche m; (von Glas) pied m; (Bot) tige f

Stier m (-(e)s, -e) taureau m; (Astr) Taureau m; **Brigitte ist (ein) ~** Brigitte est Taureau

stieren vi regarder fixement

stieß imperf von **stoßen**

Stift m (-(e)s, -e) (Tech) cheville f; (Nagel) clou m; (zum Zeichnen) crayon m

stiften vt (Orden etc) fonder; (Unruhe etc) provoquer, susciter; (spenden) donner; (Preis) instaurer; **Stifter, in** m(f) (-s, -) donateur(-trice); **Stiftung** f fondation f; (Spende) donation f

Stiftzahn m dent f à pivot

Stil m (-(e)s, -e) style m; **Stilblüte** f perle f

still adj calme; (heimlich) secret(-ète); **Stille** f (-) calme m; **stillegen** vt siehe **stilllegen**

stillen vt (Blutung) arrêter; (Schmerzen) apaiser, calmer; (Säugling) allaiter

stillgestanden interj halte; **still|legen** sep vt (Betrieb) fermer; **Stilllegung** f fermeture f; **Stillschweigen** nt silence m absolu; **stillschweigend** adj tacite; **Stillstand** m: **etw zum ~ bringen** arrêter qch; **still|stehen** sep irr vi être arrêté(e); (Verkehr) être immobilisé(e)

Stimmabgabe f vote m; **Stimmbänder** pl cordes fpl vocales; **stimmberechtigt** adj qui a le droit de vote; **Stimmbürger, in** m(f) votant(e)

Stimme f (-, -n) voix f

stimmen vt (Mus) accorder; **das stimmte ihn traurig** ça l'a rendu triste ▪ vi (richtig sein) être correct(e); **für/gegen etw ~** voter pour/contre qch

Stimmenmehrheit f majorité f; **Stimmenthaltung** f abstention f; **Stimmgabel** f diapason m;

stimmhaft adj sonore; **Stimmlage** f registre m; **stimmlos** adj sourd(e); **Stimmrecht** nt droit m de vote
Stimmung f (Gemütsstimmung) état m d'âme; (Atmosphäre) ambiance f, atmosphère f; (öffentlich) climat m; **stimmungsvoll** adj animé(e); (Gedicht) émouvant(e)
Stimmzettel m bulletin m de vote
Stinkefinger m bras d'honneur fait avec le majeur
stinken (stank, gestunken) vi puer
Stipendiat, in m(f) boursier(-ière)
Stipendium nt bourse f d'études
Stirn f (-, -en) front m; **Stirnhöhle** f sinus m; **Stirnhöhlenentzündung** f sinusite f; **Stirnrunzeln** nt (-s) froncement m de sourcils
stöbern vi (fig) fouiller, fureter
stochern vi: im Feuer ~ tisonner le feu; in den Zähnen ~ se curer les dents; im Essen ~ chipoter
Stock m (-(e)s, Stöcke) bâton m ■ m (pl ~) étage m
stockbesoffen adj (fam) bourré(e)
stocken vi s'arrêter, s'immobiliser; (beim Sprechen) hésiter; (gerinnen) se coaguler; **stockend** adj hésitant(e)
stocktaub adj sourd(e) comme un pot
Stockung f (von Arbeit etc) arrêt m; (von Verkehr) emboutillage m
Stockwerk nt (-s, -e) étage m
Stoff m (-(e)s, -e) tissu m, étoffe f; (Materie) matière f; (von Buch) sujet m; (fam: Rauschgift) came f; **stofflich** adj matériel(le); **die stoffliche Fülle** la quantité de matière; **Stofftier** nt animal m en peluche; **Stoffwechsel** m métabolisme m
stöhnen vi gémir
stoisch adj stoïque; (Ruhe) olympien(ne)
Stollen m (-s, -) (im Bergbau) galerie f; (Gastr) sorte de bûche de Noël aux fruits confits
stolpern vi aux sein trébucher
stolz adj fier (fière) (auf +akk de); **Stolz** m (-es) fierté f; (Hochmut) orgueil m
stolzieren (pp stolziert) vi aux sein se pavaner
stopfen vt (hineinstopfen) enfoncer; (Sack) bourrer; (Gans) gaver; (nähen) repriser ■ vi (Med) constiper; **Stopfgarn** nt fil m à repriser
stopp interj stopp, halte
Stoppel f (-, -n) chaume m; (Bartstoppel) poil m ras
stoppen vt arrêter; (mit Uhr) chronométrer ■ vi s'arrêter; **Stoppschild** nt (signal m de) stop m; **Stoppuhr** f chronomètre m

Stöpsel m (-s, -) (von Wanne) bonde f; (Korken) bouchon m
Stör m (-(e)s, -e) esturgeon m
Storch m (-(e)s, Störche) cigogne f
stören vt déranger; (behindern) empêcher; (Radio) brouiller ■ vr: **sich an etw** dat ~ être gêné(e) [o dérangé(e)] par qch; **störend** adj (Geräusch) qui dérange; (Umstand) fâcheux(-euse); **Störenfried** m (-(e)s, -e) importun m; **Störfall** m incident m
stornieren (pp storniert) vt annuler
störrisch adj récalcitrant(e)
Störsender m brouilleur m
Störung f dérangement m; (von Verkehr: Radio) perturbation f; (Tech) panne f; ~ **der Nachtruhe** tapage m nocturne; **Störungsanzeige** f (Inform) signalisation f des pannes; **Störungsdienst** m (Tel) service m des dérangements
Stoß m (-es, Stöße) coup m; (Erdstoß) secousse f; (Haufen) tas m; **Stoßdämpfer** m (-s, -) amortisseur m
stoßen (stieß, gestoßen) vt (mit Druck) pousser; (mit Schlag) frapper, cogner; (mit Fuß) donner un coup de pied à; (mit Hörnern) donner des coups de cornes à; (Schwert etc) enfoncer; (Kopf etc) cogner; (zerkleinern) broyer, concasser ■ vr: **sich ~** se cogner (an +dat à, contre); (fig) se formaliser (an +dat de) ■ vi aux sein: ~ **an**, ~ **auf** +akk se heurter à [o contre]; (finden) tomber sur; (angrenzen) être attenant(e) à
Stoßstange f pare-chocs m; **stoßweise** adv (ruckartig) par saccades; (stapelweise) en piles
Stotterer m (-s, -), **Stotterin** f bègue mf; **stottern** vt, vi bégayer
Stövchen nt réchaud m (à bougie de ménage)
Str. abk = **Straße** rue
stracks adv tout droit
Strafanstalt f pénitencier m; **Strafarbeit** f (Sch) punition f; **strafbar** adj punissable; **Strafbarkeit** f caractère m punissable; **Strafe** f (-, -n) punition f; (Jur) peine f; (Geldstrafe) amende f; **strafen** vt punir
straff adj tendu(e), raide; (streng) sévère, strict(e); (Stil) concis(e); **straffen** vt tendre; (Rede) abréger
Strafgefangene, r mf détenu(e); **Strafgesetzbuch** nt Code m pénal; **Strafkolonie** f bagne m
sträflich adj impardonnable
Sträfling m prisonnier(-ière), détenu(e)
Strafporto nt surtaxe f; **Strafpredigt** f sermon m; **Strafraum** m (Sport) surface f de réparation; **Strafrecht** nt droit m pénal; **Strafstoß** m penalty m; **Straftat** f délit m; **Strafzettel** m contravention f, P.-V. f

Strahl m (-(e)s, -en) rayon m; (Wasserstrahl) jet m
strahlen vi (Sonne) briller; (Mensch) rayonner, être rayonnant(e)
Strahlenbehandlung f radiothérapie f; **Strahlenbelastung** f dose f de radiations subie; (radioaktiv) rayonnement m, irradiation f; **Strahlendosis** f dose f de rayonnement; **Strahlenkrankheit** f radiotoxémie f; **Strahlentherapie** f radiothérapie f; **strahlenverseucht** adj irradié(e), contaminé(e); **Strahlung** f (Phys) radiation f; **strahlungsarm** adj (Monitor) sans rayonnements nocifs
Strähne f (-, -n) mèche f
stramm adj raide; (Haltung) rigide; **stramm|stehen** sep irr vi se tenir au garde-à-vous
strampeln vi gigoter
Strand m (-(e)s, Strände) (an Fluss, See) rive f; (am Meer) rivage m; (mit Sand) plage f; **Strandbad** nt plage f aménagée
stranden vi aux sein (a. fig) échouer
Strandgut nt épaves fpl; **Strandkorb** m abri m de plage (en osier)
Strang m (-(e)s, Stränge) (Strick) corde f; (Nervenstrang) cordon m; (Schienenstrang) ligne f; **über die Stränge schlagen** dépasser les bornes
Strapaze f (-, -n): **etw ist eine ~** qch est fatigant(e); **strapazieren** (pp strapaziert) vt user; (jdn) fatiguer; **strapazierfähig** adj solide; **strapaziös** adj (Reise) fatigant(e); (Arbeit) harassant(e), épuisant(e)
Straßburg nt (-s) Strasbourg
Straße f (-, -n) rue f; (Landstraße) route f; **Straßenbahn** f tram(way) m; **Straßenbau** m travaux mpl publics; (das Bauen) construction f de routes; **Straßenbeleuchtung** f éclairage m des rues; **Straßenfeger, in** m(f) (-s, -) balayeur(-euse); **Straßenkarte** f carte f routière; **Straßenkehrer, in** m(f) (-s, -) balayeur(-euse); **Straßenlage** f tenue f de route; **Straßensperre** f barrage m routier; **Straßenverkehr** m circulation f routière; **Straßenverkehrsordnung** f code m de la route
Strategie f stratégie f; **strategisch** adj stratégique
Stratosphäre f stratosphère f
sträuben vr: **sich ~** se dresser, se hérisser; (Mensch) s'opposer (gegen etw à qch), regimber
Strauch m (-(e)s, Sträucher) buisson m
straucheln vi aux sein trébucher
Strauchtomate f tomate f en grappes
Strauß m (-es, Sträuße) (Blumenstrauß) bouquet m ■ m (pl -e) (Vogel) autruche f

Streamer m (-s, -) (Inform) streamer m, dévideur m
Strebe f (-, -n) étai m; **Strebebalken** m étai m
streben vi aux sein (sich bewegen) se diriger vers ■ vi aspirer (nach à); **Streber, in** m(f) (-s, -) (pej) arriviste mf; (Sch) (sale) bûcheur(-euse), fayot(e); **strebsam** adj (Mensch) assidu(e), travailleur(-euse)
Strecke f (-, -n) trajet m; (Entfernung) distance f; (Eisenbahn) ligne f; (Math) segment m
strecken vt allonger; (Glieder) étirer, tendre; (Waffen) rendre, déposer; (Gastr) allonger ■ vr: **sich ~** s'étirer
Streetball m streetball m
Streetworker, in m(f) (-s, -) éducateur(-trice) de rue
Streich m (-(e)s, -e) (Hieb) coup m; (Schabernack) (mauvais) tour m
Streicheleinheiten pl (Zärtlichkeit) câlins mpl; (Lob) compliments mpl; **streicheln** vt caresser
streichen (strich, gestrichen) vt (auftragen) étaler; (anmalen) peindre; (durchstreichen) barrer, rayer; (nicht genehmigen) annuler ■ vi aux sein (berühren) passer la main (über +akk sur); (Wind) souffler
Streicher pl (Mus) joueurs mpl d'instruments à cordes
Streichholz nt allumette f; **Streichinstrument** nt instrument m à cordes
Streife f (-, -n) patrouille f
streifen vt effleurer; (abstreifen) faire tomber ■ vi aux sein (gehen) errer, vagabonder
Streifen m (-s, -) (Linie) rayure f; (Stück) bande f; (Cine) film m; **Streifenwagen** m voiture f de police
Streifschuss m éraflure f; **Streifzug** m expédition f; (Bummel) tour m; (Überblick) tour m d'horizon
Streik m (-(e)s, -s) grève f; **Streikbrecher, in** m(f) briseur(-euse) de grève; **streiken** vi faire (la) grève; **Streikkasse** f fonds m de solidarité pour grévistes; **Streikposten** m piquet m de grève
Streit m (-(e)s, -e) dispute f, querelle f; **streiten** (stritt, gestritten) vi (kämpfen) combattre, lutter (für pour); (zanken) se disputer ■ vr: **sich ~** se disputer; **Streitfrage** f point m litigieux; **streitig** adj: **jdm etw ~ machen** contester qch à qn; **Streitigkeiten** pl disputes fpl; **Streitkräfte** pl forces fpl armées; **streitlustig** adj querelleur(-euse); **Streitsucht** f humeur f querelleuse; **streitsüchtig** adj querelleur(-euse)

streng adj sévère; (Vorschrift) strict(e); (Geruch) fort(e); **Strenge** f(-) sévérité f; **strenggläubig** adj orthodoxe

Stress m (-es, -e) surmenage m, stress m; **stressen** vt surmener, stresser; **Stressfaktor** m facteur m de stress; **stressfrei** adj détendu(e), décontracté(e); **stressgeplagt** adj surmené(e), stressé(e); **stressig** adj stressant(e)

Stretchhose f pantalon m stretch

Stretching nt (-s) (Sport) stretching m

Streu f(-) litière f

streuen vt répandre; **Streugut** nt (Sand) sable m; **Streuung** f (Phys) dispersion f, diffusion f

strich imperf von **streichen**

Strich m (-(e)s, -e) (Linie) trait m, ligne f; (Pinselstrich) coup m de pinceau; (von Geweben, Fell) sens m; **gegen den ~ streicheln** caresser à rebrousse-poil; **auf den ~ gehen** (fam) faire le trottoir; **jdm gegen den ~ gehen** ne pas être du goût de qn; **einen ~ machen durch** rayer; (fig) empêcher; **Strichcode, Strichkode** m code m barre; **Strichjunge** m (fam) jeune prostitué m; **Strichmädchen** nt (fam) jeune prostituée f; **Strichpunkt** m point-virgule m; **strichweise** adv par endroits

Strick m (-(e)s, -e) corde f

stricken vt, vi tricoter; **Strickjacke** f cardigan m; **Strickleiter** f échelle f de corde; **Stricknadel** f aiguille f à tricoter; **Strickwaren** pl lainages mpl

Strieme f(-, -n), **Striemen** m (-s, -) meurtrissure f

strikt adj (Befehl) formel(le); (Ordnung) méticuleux(-euse)

strippen vi faire du strip

Striptease m (-) strip-tease m; **Stripteasetänzer, in** m(f) strip-teaseur(-euse)

stritt imperf von **streiten**

strittig adj controversé(e)

Stroboskoplicht nt stroboscope m

Stroh nt (-(e)s) paille f; **Strohblume** f immortelle f; **Strohdach** nt toit m de chaume; **Strohhalm** m brin m de paille; (zum Trinken) paille f; **Strohmann** m (pl **Strohmänner**) homme m de paille; **Strohwitwe** f femme dont le mari est absent momentanément; **Strohwitwer** m homme dont l'épouse est absente momentanément

Strolch m (-(e)s, -e) mauvais sujet m

Strom m (-(e)s, **Ströme**) fleuve m; (Elec) courant m; **stromabwärts** adv en aval; **stromaufwärts** adv en amont

strömen vi aux sein (Wasser) couler à flots; (Menschen) affluer

Stromkreis m circuit m électrique; **stromlinienförmig** adj aérodynamique; **Stromrechnung** f facture f d'électricité; **Stromsperre** f coupure f de courant; **Stromstärke** f intensité f du courant

Strömung f courant m

Strontium nt strontium m

Strophe f(-, -n) strophe f

strotzen vi: **~ vor, ~ von** être débordant(e) de

Strudel m (-s, -) tourbillon m; (Gastr) sorte de pâtisserie aux pommes; **strudeln** vi tourbillonner

Struktur f structure f; (von Material) texture f; **strukturell** adj de structure; **Strukturkrise** f crise f structurelle; **strukturschwach** adj économiquement faible; **Strukturwandel** m changement m de structure

Strumpf m (-(e)s, **Strümpfe**) bas m; **Strumpfband** nt (pl **Strumpfbänder**) jarretière f; **Strumpfhose** f collants mpl

Strunk m (-(e)s, **Strünke**) trognon m

struppig adj hirsute

Stube f(-, -n) pièce f, chambre f; **Stubenhocker, in** m(f) (-s, -) (fam) pantouflard(e); **stubenrein** adj propre

Stuck m (-(e)s) stuc m

Stück nt (-(e)s, -e) morceau m; (Theat) pièce f; **20 Euro pro ~** 20 euros pièce; **Stückchen** nt (Teil) petit bout m; **ein ~** (Strecke) un petit peu; **Stücklohn** m paiement m à la pièce; **stückweise** adv (Com) au détail; **Stückwerk** nt ouvrage m incomplet

Student, in m(f) étudiant(e); **Studentenausweis** m carte f d'étudiant; **Studentenwohnheim** nt cité f universitaire; **studentisch** adj estudiantin(e)

Studie f étude f

Studienabschluss m diplôme m de fin d'études; **Studienplatz** m place f à l'université

studieren (pp **studiert**) vt étudier ▪ vi faire des études

Studio nt (-s, -s) atelier m; (Fernsehstudio) studio m

Studium nt études fpl

Stufe f(-, -n) marche f; (Entwicklungsstufe) stade m; **Stufenleiter** f: **die ~ des Erfolgs** le chemin du succès; **Stufenplan** m plan m progressif; **stufenweise** adv par étapes

Stuhl m (-(e)s, **Stühle**) chaise f

Stuhlgang m selles fpl

stülpen vt (umdrehen) retourner; (bedecken) mettre

stumm adj muet(te); (Gebärde, Spiel) silencieux(-euse)

Stummel *m* (**-s, -**) (*Zigarettenstummel*) mégot *m*; (*von Glied*) moignon *m*

Stummfilm *m* film *m* muet; **Stummheit** *f* mutisme *m*

Stümper, in *m(f)* (**-s, -**) incapable *mf*; **stümperhaft** *adj* mal fait(e); **stümpern** *vi* bâcler

stumpf *adj* (*Messer etc*) émoussé(e); (*glanzlos*) terne, sans éclat; (*teilnahmslos*) morne, apathique; (*Winkel*) obtus(e)

Stumpf *m* (**-(e)s, Stümpfe**) (*Baumstumpf*) souche *f*; (*Beinstumpf*) moignon *m*

Stumpfsinn *m* abrutissement *m*, hébétude *f*; **stumpfsinnig** *adj* (*Arbeit*) stupide; (*Leben*) morne

Stunde *f* (**-, -n**) heure *f*; (*Sch*) cours *m*, heure *f*; **stunden** *vt*: jdm etw ~ accorder un délai à qn pour qch; **Stundengeschwindigkeit** *f* vitesse *f* horaire; **Stundenkilometer** *pl* kilomètres *mpl* à l'heure, kilomètres-heure *mpl*; **stundenlang** *adj* qui dure des heures; **Stundenlohn** *m* salaire *m* horaire; **Stundenplan** *m* emploi *m* du temps, horaire *m* des cours; **stundenweise** *adv* toutes les heures, temporairement; **Stundenzeiger** *m* aiguille *f* des heures

stündlich *adv* toutes les heures

Stunt *m* (**-s, -s**) cascade *f*; **Stuntman** *m* (**-s, Stuntmen**), **Stuntwoman** *f* (**-, Stuntwomen**) cascadeur(-euse)

Stups *m* (**-es, -e**) (*fam*) petit coup *m*; **Stupsnase** *f* nez *m* retroussé

stur *adj* (*Mensch*) têtu(e), entêté(e); (*Arbeit*) abrutissant(e)

Sturm *m* (**-(e)s, Stürme**) tempête *f*; (*Mil*) assaut *m*; (*Sport*) attaque *f*; **stürmen** *vi* attaquer; (*Wind*) faire rage; **es stürmt** il y a de la tempête ■ *vi aux sein* (*rennen*) se précipiter, s'élancer ■ *vt* assaillir; **Stürmer, in** *m(f)* (**-s, -**) (*Sport*) avant *m*; **Sturmflut** *f* marée *f* de tempête; (*Flutwelle*) raz *m* de marée; **stürmisch** *adj* (*Wetter*) de tempête; (*Empfang*) enthousiaste; **Sturmwarnung** *f* avis *m* de tempête

Sturz *m* (**-es, Stürze**) chute *f*; (*Pol*) renversement *m*

stürzen *vt* (*werfen*) faire tomber; (*Pol, Gastr*) renverser ■ *vr*: **sich ~** se jeter, se précipiter ■ *vi aux sein* (*fallen*) tomber, faire une chute; (*rennen*) s'élancer

Sturzflug *m* piqué *m*; **Sturzhelm** *m* casque *m* (de protection)

Stute *f* (**-, -n**) jument *f*

Stützbalken *m* poutre *f* (de support)

Stütze *f* (**-, -n**) support *m*; (*fig*) soutien *m*; (*fam*: *Arbeitslosenunterstützung*) allocation *f* (de chômage)

stutzen *vt* tailler ■ *vi* avoir un geste de surprise

stützen *vt* soutenir; (*Ellbogen etc*) appuyer (*auf+akk* sur)

stutzig *adj*: ~ **werden** (commencer à) se méfier

Stützmauer *f* mur *m* de soutènement; **Stützpunkt** *m* base *f*; (*fig*) point *m* d'appui

Stützungskäufe *pl* achats *mpl* de soutien

Styropor® *nt* (**-s**) polystyrène *m* (expansé)

Subjekt *nt* (**-(e)s, -e**) (*Wesen*) personne *f*, individu *m*; (*Ling*) sujet *m*

subjektiv *adj* subjectif(-ive); **Subjektivität** *f* subjectivité *f*

Substantiv *nt* substantif *m*

Substanz *f* substance *f*; (*Kapital*) capital *m*

subtil *adj* subtile

subtrahieren (*pp* **subtrahiert**) *vt* soustraire

Subvention *f* subvention *f*; **subventionieren** (*pp* **subventioniert**) *vt* subventionner

subversiv *adj* subversif(-ive)

Suchanfrage *f* demande *f* de recherche; **Suche** *f* (**-, -n**) (*a. Inform*) recherche *f* (*nach* de); **suchen** *vt, vi* (*a. Inform*) (re)chercher; **Sucher** *m* (**-s, -**) (*Foto*) viseur *m*; **Suchergebnis** *nt* résultat *m* de recherche; **Suchhilfe** *f* outil *m* de recherche; **Suchlauf** *m* opération *f* de recherche; **Suchleiste** *f* barre *f* de recherche; **Suchmaschine** *f* moteur *m* de recherche

Sucht *f* (**-, Süchte**) manie *f*; (*Drogensucht*) toxicomanie *f*; (*Alkoholsucht*) alcoolisme *m*; **süchtig** *adj* toxicomane; **Süchtige, r** *mf*, **Suchtkranke(r)** *mf* intoxiqué(e); (*Rauschgiftsüchtige*) toxicomane *mf*; (*Drogensüchtige*) drogué(e)

Südafrika *nt* l'Afrique *f* du Sud; **Südamerika** *nt* l'Amérique *f* du Sud; **südamerikanisch** *adj* sud-américain(e)

Sudan *m* (**-s**) le Soudan

süddeutsch *adj* allemand(e) du Sud; **Süddeutschland** *nt* l'Allemagne *f* du Sud; **Süden** *m* (**-s**) sud *m*; (*Region*) Sud *m*; **im ~ von** au sud du; **Südfrankreich** *nt* le Midi; **Südfrüchte** *pl* fruits *mpl* tropicaux; **Südkorea** *nt* la Corée du Sud; **südlich** *adj* du sud, méridional(e) ■ *adv* au sud (de); ~ **von** au sud de; **Südosten** *m* sud-est *m*; (*Region*) Sud-Est *m*; **Südpol** *m* pôle *m* Sud; **Südsee** *f*: **die ~** les mers *fpl* du Sud; **Südtirol** *nt* le Tyrol du Sud; **Südwesten** *m* sud-ouest *m*; (*Region*) Sud-Ouest *m*

Sueskanal *m* canal *m* de Suez

süffig *adj* moelleux(-euse)

süffisant *adj* suffisant(e)

suggerieren (*pp* **suggeriert**) *vt* suggérer

Sühne *f* (-, -n) expiation *f*, punition *f*;
sühnen *vt* expier, réparer
Sulfonamid *nt* (-(e)s, -e) *(Med)*
sulfamide *m*
Sultan, in *m(f)* (-s, -e) sultan(e)
Sultanine *f* raisin *m* sec
Sülze *f* (-, -n) aspic *m*
Sumatra *nt* (-s) (l'île *f* de) Sumatra
summarisch *adj* sommaire
Summe *f* (-, -n) somme *f*
summen *vi* bourdonner ▪ *vt* fredonner
summieren (*pp* **summiert**) *vt*
additionner; *(zusammenfassen)* résumer
▪ *vr*: **sich ~** s'additionner
Sumpf *m* (-(e)s, **Sümpfe**) marais *m*,
marécage *m*; **sumpfig** *adj*
marécageux(-euse)
Sünde *f* (-, -n) péché *m*; **Sündenbock** *m*
(fam) bouc *m* émissaire; **Sündenfall** *m*
péché *m* originel; **Sünder, in** *m(f)* (-s, -)
pêcheur(-eresse)
super *adj* *(fam)* super ▪ *adv* *(fam)* super
bien
Super *nt* (-s) *(Benzin)* super *m*
Superlativ *m* superlatif *m*
Supermarkt *m* supermarché *m*
Suppe *f* (-, -n) soupe *f*
Support *m* (-s, -s) *(technische
Unterstützung)* support *m*
Surfbrett *nt* surf *m*; **surfen** *vi* aux sein o
haben faire du surf; **Surfen** *nt* (-s) surf *m*;
Surfer, in *m(f)* (-s, -) surfeur(-euse)
suspekt *adj* suspect(e)
Suspensorium *nt* suspensoir *m*
süß *adj* sucré(e); *(lieblich)* joli(e),
ravissant(e); *(pej)* doucereux(-euse);
Süße *f* (-) douceur *f*; **süßen** *vt* sucrer;
Süßigkeit *f* douceur *f*; *(Bonbon etc)*
sucrerie *f*; **süßlich** *adj* *(Geschmack)*
douceâtre; *(fig)* doucereux(-euse);
Süßspeise *f* entremets *m*; **Süßstoff** *m*
saccharine *f*; **Süßwasser** *nt* eau *f* douce
SVP *f* (-) *abk* = **Schweizerische
Volkspartei** *parti populaire suisse*
Swasiland *nt* le Swaziland
Sweatshirt *nt* (-s, -s) sweat-shirt *m*
Sylvester *nt siehe* **Silvester**
Symbol *nt* (-s, -e) symbole *m*; *(Inform)*
icône *f*; **Symbolfigur** *f* symbole *m*,
incarnation *f*; **symbolisch** *adj*
symbolique; **Symbolleiste** *f* *(Inform)*
barre *f* d'icônes
Symmetrie *f* symétrie *f*;
Symmetrieachse *f* axe *m* de symétrie;
symmetrisch *adj* symétrique
Sympathie *f* sympathie *f*;
Sympathisant, in *m(f)* sympathisant(e);
sympathisch *adj* sympathique;
sympathisieren (*pp* **sympathisiert**) *vi*
sympathiser

Symptom *nt* (-s, -e) symptôme *m*;
symptomatisch *adj* symptomatique
Synagoge *f* (-, -n) synagogue *f*
synchron *adj* synchrone, synchronique;
Synchrongetriebe *nt* vitesses *fpl*
synchronisées; **synchronisieren**
(*pp* **synchronisiert**) *vt* synchroniser
Syndrom *nt* (-(e)s, -e) syndrome *m*
Synergie *f* synergie *f*
synonym *adj* synonyme; **Synonym** *nt*
(-s, -e) synonyme *m*
Syntax *f* (-, -en) *(Inform, Ling)* syntaxe *f*
Synthese *f* (-, -n) synthèse *f*
Synthesizer *m* (-s, -) *(Mus)* synthétiseur *m*
(de son)
synthetisch *adj* synthétique
Syphilis *f* (-) syphilis *f*
Syrer, in *m(f)* (-s, -) Syrien(ne)
Syrien *nt* (-s) la Syrie
System *nt* (-s, -e) *(a. Inform)* système *m*;
Systemabsturz *m* *(Inform)* blocage *m*,
plantage *m*; **Systemanalyse** *f* *(Inform)*
analyse *f* fonctionnelle;
Systemanalytiker, in *m(f)* (-s, -) *(Inform)*
analyste *mf* système; **systematisch** *adj*
systématique; **systematisieren** (*pp*
systematisiert) *vt* systématiser;
Systemfehler *m* *(Inform)* erreur *f* de
système; **Systeminformationen** *pl*
(Inform) informations *fpl* sur le système;
Systemkritiker, in *m(f)* *personne qui
critique le système*; **Systemprogramm** *nt*
(Inform) programme *m* d'exploitation d'un
système; **Systemsteuerung** *f* *(Inform)*
panneau *m* de configuration
Szene *f* (-, -n) scène *f*; *(Drogenszene)* milieux
mpl de la drogue; *(alternative Szene)* milieux
mpl alternatifs; **Szenerie** *f* décor *m*

t

T, t nt (-, -) T, t m
Tabak m (-s, -e) tabac m
tabellarisch adj sous forme de tableau
Tabelle f tableau m; **Tabellenführer** m
équipe f en tête du classement;
Tabellenkalkulation f
(*Tabellenkalkulationsprogramm*) tableur m
Tabernakel m (-s, -) tabernacle m
Tablar nt (-s, -e) (CH) étagère f
Tablette f comprimé m
Tabstopp m (-s, -s) (*Inform*) taquet m
de tabulation
Tabu nt (-s, -s) tabou m
Tabulator m tabulateur m;
Tabulatortaste f touche f Tabulation
Tachometer m o nt tachymètre m
Tadel m (-s, -) (*Rüge*) réprimande f,
blâme m; (*Fehler*) faute f; **tadellos** adj
irréprochable; (*Kleidung etc*) parfait(e);
tadeln vt critiquer; **tadelnswert** adj
(*Benehmen*) répréhensible
Tadschikistan nt (-s) le Tadjikistan
Tafel f (-, -n) tableau m; (*Anschlagtafel*)
écriteau m; (*Schiefertafel*) ardoise f;
(*Gedenktafel*) plaque f (commémorative),
(*Illustration*) planche f; (*Tisch*) table f;
(*Schokolade etc*) tablette f
täfeln vt lambrisser; **Täfelung** f
revêtement m, lambris m
Taft m (-(e)s, -e) taffetas m

Tag m (-(e)s, -e) jour m; (*im ganzen Verlauf
betrachtet*) journée f; **bei ~** de jour; **es ist ~**
il fait jour; **an den ~ kommen** se faire jour,
apparaître; **eines Tages** un (beau) jour;
guten ~! bonjour!; **~ für ~** jour après jour;
von ~ zu ~ de jour en jour; **zu Tage** *siehe*
zutage; **tagaus, tagein** adv jour après
jour; **Tagdienst** m service m de jour;
Tagebau m exploitation f à ciel ouvert;
Tagebuch nt journal m (intime);
Tagedieb, in m(f) fainéant(e); **Tagegeld**
nt indemnité f journalière; **tagelang** adv
pendant des journées entières; **tagen** vi
siéger ▪ vi unpers: **es tagt** le jour se lève;
Tagesablauf m cours m du jour;
Tagesanbruch m point m du jour;
Tageskarte f (*Eintrittskarte*) carte f
valable une journée; (*Speisekarte*) menu m
du jour; **Tageslicht** nt lumière f du jour;
Tageslichtprojektor m rétroprojecteur
m; **Tagesmutter** f nourrice f;
Tagesordnung f ordre m du jour;
Tagessatz m prix m de la journée;
Tagesschau f journal m télévisé;
Tageszeit f heure f (du jour);
Tageszeitung f quotidien m
tägl. adj, adv abk = **täglich**
täglich adj quotidien(ne) ▪ adv tous les
jours, quotidiennement
tagsüber adv de jour, pendant la journée
Tagung f congrès m
Tai-Chi nt (-) taï chi m
Taille f (-, -n) taille f
tailliert adj cintré(e)
Taiwan nt (-s) (l'île f de Taiwan)
takeln vt gréer
Takt m (-(e)s, -e) (*Mus*) cadence f, mesure
f; (*Verhalten*) tact m; **Taktfrequenz** f
(*Inform*) fréquence f d'horloge;
Taktgefühl nt tact m, discrétion f
Taktik f tactique f; **taktisch** adj tactique
taktlos adj (*Mensch*) sans tact;
(*Bemerkung*) blessant(e); **Taktlosigkeit** f
manque m de tact; (*Bemerkung*) insolence
f; **Taktstock** m baguette f de chef
d'orchestre; **Taktstrich** m barre f
de mesure; **taktvoll** adj (*Mensch*) plein(e)
de tact; (*Benehmen*) discret(-ète)
Tal nt (-(e)s, Täler) vallée f
Talent nt (-(e)s, -e) talent m; **talentiert**
adj doué(e)
Talg m (-(e)s, -e) suif m; **Talgdrüse** f
glande f sébacée
Talisman m (-s, -e) talisman m
Talkmaster, in m(f) (-s, -) animateur(-
trice) de talk-show; **Talkshow** f (-, -s)
talk-show m
Talsohle f fond m de la vallée; **Talsperre** f
barrage m
Tamburin nt (-s, -e) tambourin m

Tampon m (**-s, -s**) tampon m
TAN abk = **Transaktionsnummer**
numéro m secret de transaction
Tang m (**-(e)s, -e**) varech m
Tangente f (**-, -n**) tangente f
tangieren (pp **tangiert**) vt toucher
Tank m (**-s, -s**) réservoir m; (von Öltanker)
tank m; **tanken** vi prendre de l'essence
◼ vt prendre; **Tanker** m (**-s, -**),
Tankschiff nt (navire m) pétrolier m;
Tankstelle f station-service f, garage m;
Tankwart, in m(f) (**-(e)s, -e**) pompiste mf
Tanne f (**-, -n**), **Tannenbaum** m sapin m;
Tannenzapfen m pomme f de pin
Tansania nt (**-s**) la Tanzanie
Tante f (**-, -n**) tante f
Tantieme f (**-, -n**) part f de bénéfice;
(von Künstler) droits mpl d'auteur
Tanz m (**-es, Tänze**) danse f; **tanzen** vt, vi
danser; **Tänzer, in** m(f) (**-s, -**)
danseur(-euse); **Tanzfläche** f piste f
(de danse); **Tanzschule** f école f de danse
Tapete f (**-, -n**) papier m peint;
Tapetenwechsel m (fig) changement m
d'air
tapezieren (pp **tapeziert**) vt, vi tapisser;
Tapezierer, in m(f) (**-s, -**) tapissier(-ière)
tapfer adj (Mensch, Tat) courageux(-euse)
◼ adv courageusement; **Tapferkeit** f
courage m
tappen vi aux sein aller à tâtons; **im
Dunkeln ~** tâtonner
Tarif m (**-s, -e**) tarif m; (Steuertarif) montant
m; **Tarifauseinandersetzung** f
discussion f tarifaire; **Tarifeinheit** f (Tel)
unité f; **Tarifgehalt** nt, **Tariflohn** m
salaire m conventionnel; **Tarifpartner** pl
partenaires mpl sociaux;
Tarifverhandlungen pl négociations fpl
salariales; **Tarifvertrag** m convention f
collective
tarnen vt camoufler; (fig) cacher;
Tarnfarbe f peinture f de camouflage;
Tarnung f camouflage m
Tasche f (**-, -n**) (an Kleidung) poche f;
(Handtasche) sac m (à main);
(Einkaufstasche) cabas m; (Aktentasche)
serviette f
Taschen- in zW de poche;
Taschenbuch nt livre m de poche;
Taschendieb, in m(f) pickpocket m;
Taschengeld nt argent m de poche;
Taschenlampe f lampe f de poche;
Taschenmesser nt canif m;
Taschenrechner m calculette f,
calculatrice f de poche; **Taschentuch** nt
mouchoir m
Taskleiste f (Inform) barre f des tâches
Tasse f (**-, -n**) tasse f
Tastatur f clavier m

Taste f (**-, -n**) touche f
tasten vi tâtonner; **nach etw ~** chercher
qch à tâtons ◼ vt (Med) palper
Tastenkombination f (Inform) raccourci
m clavier; **Tastentelefon** nt téléphone m
à touches
Tastsinn m (sens m du) toucher m
tat imperf von **tun**
Tat f (**-, -en**) (Handlung) acte m, action f;
(Verbrechen) méfait m; **in der ~** en effet;
auf frischer ~ ertappen prendre sur le
fait; **Tatbestand** m faits mpl;
Tatendrang m besoin m d'activité;
tatenlos adj: **~ zusehen** regarder sans
rien faire
Täter, in m(f) (**-s, -**) coupable mf;
Täterschaft f culpabilité f
tätig adj actif(-ive); **in einer Firma ~ sein**
travailler dans une entreprise; **tätigen** vt
(Verkauf) réaliser; (Geschäfte) conclure;
(Einkauf) effectuer; **Tätigkeit** f activité f;
(von Maschine) fonctionnement m; (Beruf)
métier m
tätlich adj: **~ werden** devenir violent(e);
Tätlichkeit f voie f de fait
tätowieren (pp **tätowiert**) vt tatouer;
Tätowierung f tatouage m
Tatsache f fait m; **tatsächlich** adj réel(le)
◼ adv vraiment, effectivement
Tatze f (**-, -n**) patte f
Tau nt (**-(e)s, -e**) (Seil) cordage m, câble m
◼ m (**-(e)s**) rosée f
taub adj (Mensch) sourd(e); (Körperglied)
engourdi(e)
Taube f (**-, -n**) pigeon m; **Taubenschlag** m
pigeonnier m
Taubheit f surdité f; **taubstumm** adj
sourd(e)-muet(te)
tauchen vt, vi aux sein o haben plonger;
Tauchen nt (**-s**) (Sport) plongée f;
Taucher, in m(f) (**-s, -**) plongeur(-euse);
(mit Anzug) scaphandrier m;
Taucheranzug m scaphandre m;
Taucherbrille f lunettes fpl de plongée;
Tauchmaske f masque m de plongée;
Tauchsieder m (**-s, -**) thermoplongeur m
tauen vi aux sein fondre ◼ vi unpers:
es taut il dégèle
Taufbecken nt fonts mpl baptismaux;
Taufe f (**-, -n**) baptême m; **taufen** vt
baptiser; **Taufpate** m parrain m;
Taufpatin f marraine f; **Taufschein** m
extrait m de baptême
taugen vi: **~ für** [o **zu**] (geeignet sein)
convenir pour; (einen Wert haben) valoir;
nichts ~ ne rien valoir; (Mensch) n'être
bon(ne) à rien; **Taugenichts** m (**-(es), -e**)
vaurien(ne); **tauglich** adj valable; (Mil)
apte (au service militaire); **Tauglichkeit** f
aptitude f

Taumel m (-s) vertige m; (fig) ivresse f;
taumeln vi aux sein tituber

Tausch m (-(e)s, -e) échange m; **tauschen**
vt échanger ■ vi faire un échange

täuschen vt, vi tromper ■ vr: **sich ~** se
tromper; **täuschend** adj trompeur(-euse)

Tauschhandel m troc m

Täuschung f tromperie f, fraude f;
(optisch) illusion f (d'optique)

tausend num mille; **Tausendfüßler** m
(-s, -) mille-pattes m

Tautropfen m goutte f de rosée, perle f de
rosée; **Tauwetter** nt dégel m; **Tauziehen**
nt (-s) lutte f à la corde; (fig) lutte f,
tiraillements mpl

Taxi nt (-s, -s) taxi m; **Taxifahrer, in** m(f)
chauffeur mf de taxi; **Taxistand** m station
f de taxis

Teakholz nt (bois m de) teck m

Team nt (-s, -s) équipe f; **Teamarbeit** f
travail m en équipe; **teamfähig** adj:
~ sein avoir l'esprit d'équipe, savoir
travailler en équipe; **Teamwork** nt (-s)
travail m en équipe

Technik f technique f; **Techniker, in** m(f)
(-s, -) technicien(ne); **technisch** adj
technique

Techno m (-s) techno f

Technologie f technologie f;
Technologiepark m parc m
technologique; **Technologietransfer** m
(-s, -s) transfert m de technologie;
Technologiezentrum nt centre m
technologique; **technologisch** adj
technologique

Teddybär m ours m en peluche

Tee m (-s, -s) (Schwarztee) thé m;
(aus anderen Pflanzen) infusion f, tisane f;
Teebeutel m sachet m de thé; **Teekanne**
f théière f; **Teelöffel** m cuillère f à café

Teer m (-(e)s, -e) goudron m; **teeren** vt
goudronner

Teesieb nt passoire f (à thé), passe-thé m;
Teewagen m table f roulante

Teich m (-(e)s, -e) mare f

Teig m (-(e)s, -e) pâte f; **teigig** adj
farineux(-euse); (Kuchen) mal cuit(e);
Teigwaren pl pâtes fpl (alimentaires)

Teil m o nt (-(e)s, -e) partie f; (Anteil) part f;
(Ersatzteil) pièce f détachée [o de
rechange]; **zum ~** en partie; **teilbar** adj
divisible; **Teilbetrag** m montant m
partiel; **Teilchen** nt particule f; (Gebäck)
(petit) gâteau m

teilen vt partager, diviser; (Math) diviser;
(Meinung, Los) partager; (Inform) partager,
fractionner ■ vi: (mit jdm) ~ partager
(avec qn) ■ vr: **sich ~** (Vorhang) s'ouvrir;
(Weg) bifurquer; (Meinungen) diverger;
sich etw ~ se partager qch

teilhaben sep irr vi participer; **Teilhaber,**
in m(f) (-s, -) (Com) associé(e);
Teilkaskoversicherung f assurance f
partielle; **Teilnahme** f (-, -n)
participation f (an +dat à); (Interesse)
intérêt m; (Mitleid) sympathie f; (Beileid)
condoléances fpl; **teilnahmslos** adj
indifférent(e), apathique; **teilnehmen**
sep irr vi participer (an +dat à);
Teilnehmer, in m(f) (-s, -) participant(e)
(an +dat à); **Teilnehmerwährung** f
monnaie f d'un pays participant

teils adv en partie, partiellement

Teilung f partage m, division f

teilweise adv en partie, partiellement;
Teilzahlung f acompte m; **Teilzeitarbeit**
f travail m à temps partiel;
teilzeitbeschäftigt adj qui travaille à
temps partiel; **Teilzeitbeschäftigung** f
activité f à temps partiel

Teint m (-s, -s) teint m

Telearbeit f télétravail m;
Telearbeitsplatz m emploi m à domicile;
Telebanking nt télébanking m;
Telefax nt télécopie f, téléfax m;
telefaxen vt, vi faxer; **Telefaxgerät** nt
télécopieur m

Telefon nt (-s, -e) téléphone m;
Telefonanruf m, **Telefonat** nt coup m de
téléphone [o de fil], appel m téléphonique;
Telefonbanking nt opérations fpl
bancaires par téléphone; **Telefonbuch** nt
annuaire m (du téléphone);
Telefongespräch nt conversation f
téléphonique; **Telefonhörer** m écouteur
m; **telefonieren** (pp **telefoniert**) vi
téléphoner (mit jdm à qn); **telefonisch** adj
téléphonique; **Telefonist, in** m(f)
standardiste mf; **Telefonkarte** f
télécarte f, carte f téléphonique;
Telefonladen m ≈ agence f France
Télécom; **Telefonleitung** f ligne f
(téléphonique); **Telefonmarketing** nt
démarchage m par téléphone;
Telefonnummer f numéro m de
téléphone; **Telefonterror** m
harcèlement m par téléphone;
Telefonverbindung f communication f
téléphonique; **Telefonzelle** f cabine f
téléphonique; **Telefonzentrale** f central
m téléphonique, standard m téléphonique

Telegraf m (-en, -en) télégraphe m;
Telegrafenleitung f ligne f
télégraphique; **Telegrafenmast** m
poteau m télégraphique; **telegrafieren**
(pp **telegrafiert**) vt, vi télégraphier;
telegrafisch adj télégraphique ■ adv par
télégramme

Telegramm nt (-s, -e) télégramme m;
Telegrammadresse f adresse f

télégraphique; **Telegrammformular** nt formulaire m pour télégramme

Telegraph siehe **Telegraf**

Telekolleg nt téléenseignement m

Telekommunikationsmarkt m marché m de la télécommunication; **Telekommunikationsnetz** nt réseau m de télécommunication

Telekopie f télécopie f, téléfax m; **Telekopierer** m télécopieur m

Teleobjektiv nt téléobjectif m

Telepathie f télépathie f; **telepathisch** adj télépathique

Teleprompter m (-s, -) prompteur m

Teleshopping nt téléachat m

Teleskop nt (-s, -e) télescope m

Telex nt (-, -(e)) télex m; **telexen** vt envoyer par télex

Teller m (-s, -) assiette f

Tempel m (-s, -) temple m

Temperafarbe f détrempe f

Temperament nt tempérament m; **temperamentlos** adj mou (molle); **temperamentvoll** adj fougueux(-euse), vif (vive)

Temperatur f température f

Tempo nt (-s, -s) vitesse f, allure f ▪ nt (pl **Tempi**) (Mus) mouvement m, rythme m; **Tempolimit** nt (-s, -s) limitation f de vitesse

temporär adj temporaire

Tempotaschentuch® nt mouchoir m en papier

Tendenz f tendance f; **tendenziös** adj tendencieux(-euse); **tendieren** (pp **tendiert**) vi tendre (zu à)

Tenne f (-, -n) aire f de battage

Tennis nt (-) tennis m; **Tennisplatz** m court m; **Tennisschläger** m raquette f de tennis; **Tennisspieler, in** m(f) joueur(-euse) de tennis

Tenor m (-s, **Tenöre**) ténor m

Teppich m (-s, -e) tapis m; **Teppichboden** m moquette f; **Teppichkehrmaschine** f balai m mécanique; **Teppichklopfer** m (-s, -) tapette f (à tapis)

Termin m (-s, -e) (Zeitpunkt) terme m, échéance f; (Frist) délai m; (Arzttermin etc) rendez-vous m; (Jur) assignation f

Terminal nt (-s, -s) (Aviat, Inform) terminal m

Termingeschäft nt (Fin) opération f à terme; **Terminkalender** m agenda m

Terminologie f terminologie f

Terminplaner m agenda m

Termite f (-, -n) termite m

Terpentin nt (-s, -e) térébenthine f

Terrasse f (-, -n) terrasse f

Terrier m (-s, -) terrier m

Terrine f terrine f

Territorium nt territoire m

Terror m (-s) terreur f; **Terroranschlag** m attentat m terroriste; **terrorisieren** (pp **terrorisiert**) vt terroriser; **Terrorismus** m terrorisme m; **Terrorist, in** m(f) terroriste mf

Terz f (-, -en) tierce f

Terzett nt (-(e)s, -e) trio m

Tesafilm® m ruban m adhésif, scotch® m

Tessin nt (-s): **das ~** le Tessin

Test m (-(e)s, -s o -e) test m

Testament nt testament m; **testamentarisch** adj testamentaire; **Testamentsvollstrecker, in** m(f) (-s, -) exécuteur(-trice) testamentaire

Testbild nt (TV) mire f (de réglage)

testen vt tester, soumettre à un test

Tetanus m (-) tétanos m; **Tetanusimpfung** f vaccin m antitétanique

teuer adj cher (chère); **Teuerung** f hausse f des prix; **Teuerungszulage** f indemnité f de vie chère

Teufel m (-s, -) diable m; **pfui ~!** pouah!; **der ~ ist los** c'est la pagaille; **Teufelei** f méchanceté f; **Teufelsaustreibung** f exorcisme m; **Teufelskreis** m cercle m vicieux; **teuflisch** adj diabolique

Text m (-(e)s, -e) (Geschriebenes) texte m; (zu Bildern) légende f; (Liedertext) paroles fpl; (Bibeltext) passage m de la Bible; **Textbaustein** m (Inform) bloc m (de texte); **texten** vi composer (les paroles d'une chanson); (für Werbung) écrire (un texte publicitaire)

textil adj textile; **Textilien** pl (produits mpl) textiles mpl; **Textilindustrie** f industrie f textile; **Textilwaren** pl textiles mpl

Textsystem nt (Inform) système m de traitement de texte; **Textverarbeitung** f traitement m de texte; **Textverarbeitungsprogramm** nt programme m de traitement de texte

TH f (-, -s) abk = **Technische Hochschule** I.U.T. m

Thailand nt la Thaïlande; **thailändisch** adj thaïlandais(e)

Theater nt (-s, -) théâtre m; **so ein ~!** (fam: Aufregung) quel cinéma!; **~ machen** (fam: Umstände) faire des histoires; **~ spielen** faire du théâtre; (fig) jouer la comédie; **Theaterbesucher, in** m(f) spectateur(-trice); **Theaterkasse** f caisse f (d'un théâtre), guichets mpl (d'un théâtre); **Theaterstück** nt pièce f de théâtre; **theatralisch** adj théâtral(e)

Theke f (-, -n) (Schanktisch) bar m, comptoir m; (Ladentisch) comptoir m

Thema nt (**-s, Themen** o **Themata**) sujet m; (*Mus*) thème m; **kein ~ sein** n'en être pas question; **thematisch** adj thématique; **Themenpark** m parc m à thème

Themse f(-) Tamise f

Theologe m (**-n, -n**), **-login** f théologien(ne); **Theologie** f théologie f; **theologisch** adj théologique

Theoretiker, in m(f) (**-s, -**) théoricien(ne); **theoretisch** adj théorique; **Theorie** f théorie f

Therapeut, in m(f) (**-en, -en**) thérapeute mf; **therapeutisch** adj thérapeutique; **Therapie** f thérapie f

Thermalbad nt station f thermale

Thermodrucker m imprimante f thermique, thermoimprimante f; **Thermohose** f pantalon m molletonné [o double toile]; **Thermometer** nt (**-s, -**) thermomètre m

Thermosflasche® f thermos® m o f

Thermostat m (**-(e)s** o **-en, -e(n)**) thermostat m

These f(**-, -n**) thèse f

Thon m (**-s, -e**) (*CH*) thon m

Thrombose f(**-, -n**) thrombose f

Thron m (**-(e)s, -e**) trône m; **thronen** vi trôner; **Thronfolge** f succession f au trône

Thunfisch m thon m

Thurgau m (**-s**): **der ~** la Thurgovie

Thüringen nt (**-s**) la Thuringe

Thymian m (**-s, -e**) thym m

Tibet nt (**-s**) le Tibet

Tick m (**-(e)s, -e**) (*nervöser*) tic m; (*Eigenart*) manie f; (*Fimmel*) marotte f, dada m

ticken vi (*Uhr*) faire tic tac; (*Fernschreiber*) cliqueter

Ticket nt (**-s, -s**) billet m

Tiebreak, Tie-Break m o nt (**-s, -s**) tie-break m

tief adj profond(e); (*Temperaturen*) bas(se); (*Stimme, Ton*) grave; (*mit Maßangabe*) de profondeur; (*Vertrauen*) absolu(e), total(e); **im tiefsten Winter** en plein hiver; **bis ~ in die Nacht hinein** jusque tard dans la nuit; **das lässt ~ blicken** cela révèle bien des choses; **~ greifend** profond(e); **~ schürfend** profond(e); **Tief** nt (**-s, -s**) (*Meteo*) zone f de basse pression; **Tiefdruck** m (*Meteo*) basses pressions fpl; **Tiefdruckgebiet** nt (*Meteo*) zone f de basse pression; **Tiefe** f(**-, -n**) profondeur f; **Tiefebene** f basse plaine f; **Tiefenpsychologie** f psychologie f des profondeurs; **Tiefenschärfe** f profondeur f de champ; **Tiefgang** m (*Naut*) tirant m d'eau; (*geistig*) profondeur f; **Tiefgarage** f parking m souterrain; **tiefgekühlt** adj

surgelé(e); **tiefgreifend** adj siehe **tief**; **Tiefkühlfach** nt freezer m; **Tiefkühlkost** f produits mpl surgelés; **Tiefkühltruhe** f congélateur m; **Tiefland** nt plaine f; **Tiefpunkt** m creux m (de la vague); **einen ~ haben** être au creux de la vague; **Tiefschlag** m (*beim Boxen*) coup m bas; (*fig*) sale coup m; **Tiefschneefahren** nt (**-s**) ski m hors-piste; **tiefschürfend** adj siehe **tief**; **Tiefsee** f grands fonds mpl; **tiefsinnig** adj profond(e); **Tiefstand** m niveau m le plus bas [o minimum]; **tief|stapeln** vi être trop modeste; **Tiefstart** m (*Sport*) départ m accroupi; **Tiefstwert** m valeur f minimum

Tiegel m (**-s, -**) casserole f; (*Chem*) creuset m

Tier nt (**-(e)s, -e**) animal m; **Tierarzt** m, **-ärztin** f vétérinaire mf; **Tiergarten** m jardin m zoologique, zoo m; **tierisch** adj animal(e); (*fig: roh*) bestial(e); (*Ernst etc*) trop grand(e); **Tierkreis** m zodiaque m; **Tierkreiszeichen** nt signe m du zodiaque; **Tierkunde** f zoologie f; **tierliebend** adj qui aime les animaux; **Tierquälerei** f cruauté f envers les animaux; **Tierschutz** m protection f des animaux; **Tierschützer, in** m(f) (**-s, -**) protecteur(-trice) des animaux; **Tierschutzverein** m société f protectrice des animaux; **Tierversuch** m expérience f faite sur des animaux

Tiger m (**-s, -**) tigre m; **Tigerin** f tigresse f

tilgen vt effacer; (*Schulden*) amortir, rembourser; **Tilgung** f (*von Schulden*) remboursement m; (*von Eintragung*) effacement m

timen vt choisir le moment de; **Timing** nt (**-s, -s**) minutage m; (*Wahl des Datums*) choix m de la date

Tinktur f teinture f

Tinnitus m (-) (*Med*) acouphène m

Tinte f(**-, -n**) encre f; **Tintenfass** nt encrier m; **Tintenfisch** m seiche f; **Tintenfleck** m tache f d'encre; **Tintenpatrone** f cartouche f d'encre; **Tintenstift** m crayon m à copier; **Tintenstrahldrucker** m imprimante f à jet d'encre

Tipp m (**-s, -s**) tuyau m

tippen vt (*Brief, Manuskript*) dactylographier, taper ▪ vi (*schreiben*) taper à la machine; (*raten*) miser (*auf +akk* sur)

Tipp-Ex® nt (**-, -e**) Tipp-Ex® m, correcteur m fluide; **Tippfehler** m faute f de frappe

Tippse f(**-, -n**) (*fam*) dactylo f

tipptopp adj (*fam*) parfait(e)

Tippzettel m grille f de loterie; (*für Fußballtoto*) grille f de loto sportif

Tirol nt (-s) le Tyrol
Tisch m (-(e)s, -e) table f; **bei ~** à table;
vor/nach ~ avant/après le repas; **zu ~!**
à table!; **vom ~ sein** (fig) être réglé(e);
unter den ~ fallen lassen (fig) laisser
tomber; **jdn über den ~ ziehen** gruger qn,
posséder qn; **Tischdecke** f nappe f
Tischler, in m(f) (-s, -) menuisier(-ière);
(Möbeltischler) ébéniste mf; **Tischlerei** f
menuiserie f; **tischlern** vi faire de la
menuiserie
Tischrechner m calculatrice m de bureau;
Tischrede f discours m (lors d'un repas
de fête); **Tischtennis** nt ping-pong m;
Tischtuch nt nappe f
Titel m (-s, -) titre m; **Titelanwärter, in**
m(f) candidat(e) au titre; **Titelbild**
nt (von Zeitschrift) photo f de couverture;
(von Buch) frontispice m; **Titelrolle** f rôle
m principal; **Titelseite** f (von Zeitschrift)
couverture f; (Buchtitelseite) page f de
titre; **Titelverteidiger, in** m(f)
détenteur(-trice) du titre
titulieren (pp **tituliert**) vt appeler
Toast m (-(e)s, -s o -e) (Brot) toast m, pain
m grillé; (Trinkspruch) toast m; **Toastbrot**
nt pain m de mie; (getoastet) pain m grillé;
toasten vt (Brot) griller; **Toaster** m (-s, -)
grille-pain m
toben vi (Meer, Wind, Kinder) être
déchaîné(e); (Kampf) faire rage; **vor Wut ~**
être fou (folle) de rage
Tobsucht f folie f furieuse; **tobsüchtig** adj
fou furieux, folle furieuse;
Tobsuchtsanfall m accès m de folie
furieuse
Tochter f (-, **Töchter**) fille f;
Tochtergesellschaft f filiale f
Tod m (-(e)s, -e) mort f; **jdn zum Tode**
verurteilen condamner qn à mort; **jdn/**
etw auf den ~ nicht leiden können (fam)
haïr qn/qch à mort; **todernst** adj très
sérieux(-euse) ▪ adv très sérieusement;
Todesangst f (große Angst) peur f
panique; **Todesanzeige** f avis m de
décès; **Todesfall** m décès m;
Todeskampf m agonie f; **Todesopfer** nt
victime f; **Todesstoß** m coup m de grâce;
Todesstrafe f peine f de mort;
Todestag m anniversaire m de la mort;
Todesursache f cause f de la mort;
Todesurteil nt condamnation f à mort;
Todesverachtung f: **mit ~** avec dégoût;
todkrank adj incurable, condamné(e)
tödlich adj mortel(le)
todmüde adj mort(e) de fatigue;
todschick adj (fam) très chic, très
élégant(e); **todsicher** adj (fam) tout à fait
sûr(e); **Todsünde** f péché m mortel
Töff nt (-, -) (CH) moto f

Tofu m (-(s)) tofu m
toi interj: **~, ~, ~** (viel Glück) bonne chance;
(unberufen) touchons du bois
Toilette f toilette f; (Abort) toilettes fpl,
W.-C. mpl; **Toilettenartikel** pl produits
mpl de toilette; **Toilettenpapier** nt
papier m hygiénique [o (de) toilette];
Toilettentisch m coiffeuse f;
Toilettenwasser nt eau f de toilette
tolerant adj tolérant(e); **Toleranz** f
tolérance f; **tolerieren** (pp **toleriert**) vt
tolérer
toll adj audacieux(-euse), hardi(e);
(wahnsinnig) fou (folle); (fam:
ausgezeichnet) super, formidable;
Tollkirsche f belladone f; **tollkühn** adj
téméraire; **Tollpatsch** m (-es, -e)
empoté(e); **Tollwut** f rage f
Tölpel m (-s, -) (Mensch) balourd(e)
Tomate f (-, -n) tomate f; **Tomatenmark**
nt concentré m de tomates;
Tomatensaft m jus m de tomate
Tomograf, Tomograph m (-en, -en)
tomodensitomètre m, scanner m;
Tomografie, Tomographie f
tomographie f; **Tomogramm** nt (-s, -e)
scanner m
Ton m (-(e)s, -e) (Erde) argile f; (zum
Töpfern) (terre f) glaise f ▪ m (-(e)s, **Töne**)
(Laut) son m; (Redeweise, Nuance: Mus) ton
m; (Betonung) accent m (tonique);
Tonabnehmer m (-s, -) pick-up m;
tonangebend adj qui donne le ton;
Tonart f tonalité f; **Tonband** nt (pl
Tonbänder) bande f magnétique;
Tonbandgerät nt magnétophone m
tönen vt (Haare) teinter
Toner m (-s, -) toner m; **Tonerkassette** f
(für Kopierer) cartouche f d'encre; (für
Laserdrucker) cartouche f de toner
tönern adj en terre
Tonfall m intonation f; **Tonfilm** m film m
parlant; **Tonhöhe** f ton m; **Tonleiter** f
gamme f; **tonlos** adj sourd(e)
Tonne f (-, -n) (Fass) tonneau m; (Maß)
tonne f
Tonspur f bande f sonore; **Tontaube** f
pigeon m d'argile; **Tontaubenschießen**
nt (-s) tir m au pigeon; **Tontechniker, in**
m(f) technicien(ne) du son; **Tonwaren** pl
objets mpl céramiques, poteries fpl
Top nt (-s, -s) débardeur m
Topas m (-es, -e) topaze f
Topf m (-(e)s, **Töpfe**) (Kochtopf) casserole f,
marmite f; (Blumentopf) pot m de fleurs;
(Nachttopf) pot m de chambre; **Topfblume**
f fleur f en pot
Topfen m (-s, -) (A) fromage m blanc
Töpfer, in m(f) (-s, -) potier(-ière);
Töpferei f poterie f; **töpfern** vi faire de la

poterie ■ vt fabriquer; **Töpferscheibe** f tour m de potier

Topflappen m manique f; **Topfpflanze** f plante f en pot

topografisch, topographisch adj topographique

Tor nt (-(e)s, -e) (Tür) porte f, portail m; (Stadttor) porte f; (Sport) but m; **Torbogen** m portail m

Torf m (-(e)s) tourbe f

Torheit f sottise f

Torhüter, in m(f) (-s, -) gardien(ne) de but

töricht adj sot(te)

torkeln vi aux sein tituber

torpedieren (pp **torpediert**) vt (Boot) torpiller; (fig) saboter; **Torpedo** m (-s, -s) torpille f

Torte f (-, -n) gâteau m

Tortellini pl tortellinis mpl

Tortendiagramm nt (Inform) camembert m

Tortur f (fig) torture f, martyre m

Torverhältnis nt score m; **Torwart, in** m(f) (-(e)s, -e) gardien(ne) de but

tosen vi (Wasser, Wind, Meer) être déchaîné(e); **ein tosender Beifall** une tempête d'applaudissements

tot adj mort(e); (erschöpft) mort(e) de fatigue; (Kapital) improductif(-ive), qui dort; (Farben) terne; ~ **geboren** mort-né(e); **sich ~ stellen** faire le (la) mort(e)

total adj total(e), complet(-ète) ■ adv très, complètement

totalitär adj totalitaire

Totalschaden m: **mein Auto hat ~** ma voiture est bonne pour la ferraille

tot|arbeiten sep vr: **sich ~** se tuer au travail; **tot|ärgern** sep vr: **sich ~** (fam) se fâcher tout rouge

Tote, r mf mort(e)

töten vt, vi tuer

Totenbett nt lit m de mort; **totenblass** adj blême; **Totengräber, in** m(f) (-s, -) fossoyeur(-euse); **Totenhemd** nt linceul m; **Totenkopf** m tête f de mort; **Totenschein** m acte m de décès; **Totenstille** f silence m de mort; **Totentanz** m danse f macabre

tot|fahren sep irr vt écraser; **totgeboren** adj siehe **tot**; **tot|lachen** sep vr: **sich ~** (fam) mourir de rire

Toto m o nt (-s, -s) loto m sportif; **Totoschein** m bulletin m du loto sportif

Totschlag m homicide m volontaire; **tot|schlagen** sep irr vt (jdn) assommer, tuer; (Zeit) tuer; **Totschläger** m meurtrier m; (Waffe) matraque f; **tot|schweigen** sep irr vt (Sache) passer sous silence

Tötung f (Jur) homicide m

Touchscreen m (-, -s) écran m tactile

Toupet nt (-s, -s) postiche m

toupieren (pp **toupiert**) vt crêper

Tour f (-, -en) (Ausflug) excursion f; (Umdrehung) tour m; (fam: Verhaltensart) manière f; **diese ~ kenne ich schon** je connais ce truc; **auf Touren kommen** (sich aufregen) s'énerver; **in einer ~** sans arrêt; **Tourenzahl** f nombre m de tours; **Tourenzähler** m compte-tours m

Tourismus m tourisme m; **Tourist, in** m(f) touriste mf; **Touristenklasse** f classe f touriste

Tournee f (-, -n) tournée f; **auf ~ gehen** partir en tournée

toxikologisch adj toxicologique

Trab m (-(e)s) (von Pferd) trot m; **auf ~ sein** (Mensch) être très occupé(e)

Trabant m (Satellit) satellite m; **Trabantenstadt** f cité-satellite f

traben vi aux sein aller au trot, trotter

Tracht f (-, -en) (Kleidung) costume m; **eine ~ Prügel** une raclée

trachten vi: **nach etw ~** aspirer à qch; **danach ~, etw zu tun** aspirer à faire qch; **jdm nach dem Leben ~** attenter aux jours de qn

trächtig adj (Tier) grosse, pleine

Trackball m (-s, -s) (Inform) trackball m, boule f (de commande)

Tradition f tradition f; **traditionell** adj traditionnel(le)

traf imperf von **treffen**

Trafik f (-, -en) (A: Geschäft) bureau m de tabac; **Trafikant, in** m(f) (A) buraliste mf

Tragbahre f civière f, brancard m; **tragbar** adj (Gerät) portatif(-ive), portable; (Kleidung) portable, mettable; (erträglich) supportable

träge adj (Mensch) indolent(e); (Bewegung) nonchalant(e); (Phys) inerte

tragen (**trug, getragen**) vt porter; (stützen: Brücke, Dach) supporter, soutenir; (finanzieren) financer; (Kosten) supporter; (erdulden) supporter ■ vi (schwanger sein) être grosse

Träger m (-s, -) (Eisenteil) poutre f; (an Kleidung) bretelles fpl; **Träger, in** m(f) (-s, -) porteur(-euse); (Körperschaft) organisme m (responsable); **Trägerrakete** f fusée f porteuse; **Trägerrock** m jupe f à bretelles

Tragetasche f sac m

Tragfähigkeit f capacité f, charge f limite; **Tragfläche** f (Aviat) surface f portante; **Tragflügelboot** nt hydroptère m

Trägheit f (von Mensch) indolence f, apathie f; (von Bewegung) nonchalance f; (geistig) paresse f; (Phys) inertie f

Tragik f tragique m; **tragikomisch** adj tragicomique; **tragisch** adj tragique

Traglufthalle f chapiteau m gonflable
Tragödie f tragédie f
Tragweite f portée f; **Tragwerk** nt surface f portante
Trailer m (-s, -s) (Cine) bande-annonce f
Trainee m (-s, -s) stagiaire mf
Trainer, in m(f) (-s, -) entraîneur(-euse); **trainieren** (pp **trainiert**) vt entraîner ■ vi s'entraîner; **Training** nt (-s, -s) entraînement m; **Trainingsanzug** m training m
Traktor m tracteur m
trällern vt, vi chantonner
trampeln vi piétiner, trépigner ■ vi aux sein (schwerfällig gehen) piétiner
trampen vi aux sein faire de l'auto-stop; **Tramper, in** m(f) (-s, -) auto-stoppeur(-euse)
Trampolin nt (-s, -e) trampoline m
Tran m (-(e)s, -e) (Öl) huile f (de poisson); **im ~** (fam) dans un état second
Trance f (-, -n) transe f
Tranchierbesteck nt service m à découper; **tranchieren** (pp **tranchiert**) vt découper
Träne f (-, -n) larme f; **tränen** vi (Augen) larmoyer; **Tränengas** nt gaz m lacrymogène
trank imperf von **trinken**
Tränke f (-, -n) abreuvoir m; **tränken** vt (nass machen) imbiber, tremper; (Tiere) donner à boire à
Transformator m transformateur m
Transfusion f transfusion f
transgen adj transgénique
Transistor m transistor m
Transit m (-s, -e) transit m
transitiv adj transitif(-ive)
transparent adj transparent(e); **Transparent** nt (-(e)s, -e) (Bild) transparent m; (Spruchband) banderole f
transpirieren (pp **transpiriert**) vi transpirer
Transplantation f greffe f; (Operation) transplantation f
Transport m (-(e)s, -e) transport m; **transportieren** (pp **transportiert**) vt transporter; **Transportkosten** pl frais mpl de transport; **Transportmittel** nt moyen m de transport; **Transportunternehmen** nt entreprise f de transport
Transvestit m (-en, -en) travesti m
Trapez nt (-es, -e) trapèze m
trat imperf von **treten**
Traube f (-, -n) (Frucht) raisin m; (Beere) (grain m de) raisin m; (Blütenstand) grappe f; **Traubenlese** f vendanges fpl; **Traubenzucker** m glucose m

trauen vi: **jdm/einer Sache ~** faire confiance à qn/qch, avoir confiance en qn/qch; **jdm nicht über den Weg ~** se méfier de qn ■ vt marier; **sich ~ lassen** se marier ■ vr: **sich ~ oser**
Trauer f (-) affliction f, tristesse f; (für Verstorbenen) deuil m; **~(kleidung) tragen** porter le deuil; **Trauerfall** m deuil m, décès m; **Trauermarsch** m marche f funèbre; **trauern** vi être en deuil (um jdn de qn); **Trauerrand** m bordure f noire; **Trauerspiel** nt tragédie f; **Trauerweide** f saule m pleureur
Traufe f (-, -n) (Dachtraufe) gouttière f
träufeln vt verser goutte à goutte
Traum m (-(e)s, Träume) rêve m; **das fällt mir nicht im ~ ein** je n'y songe même pas
Trauma nt (-s, Traumen o Traumata) traumatisme m; **traumatisch** adj traumatisant(e)
träumen vt, vi rêver; **das hätte ich mir nicht ~ lassen** je n'y aurais jamais songé; **Träumer, in** m(f) (-s, -) rêveur(-euse); **Träumerei** f rêverie f; **träumerisch** adj rêveur(-euse)
traumhaft adj de rêve
traurig adj triste; (Rest, Leistung) pitoyable; **Traurigkeit** f tristesse f
Trauschein m acte m de mariage; **Trauung** f mariage m; **Trauzeuge** m, **-zeugin** f témoin m (d'un mariage)
treffen (traf, getroffen) vi (Geschoss, Hieb) toucher qn/qch; (Schütze) toucher (la cible), toucher (le but) ■ vt toucher; (begegnen) rencontrer; (Entscheidung, Maßnahmen) prendre; (Auswahl) faire, effectuer; **eine Vereinbarung ~** se mettre d'accord, conclure un accord; **Vorbereitungen ~** faire des préparatifs; **ihn trifft keine Schuld** ce n'est pas (de) sa faute ■ vr: **sich ~** se rencontrer; (sich ereignen) se produire; **es trifft sich gut** cela tombe bien; **wie es sich so trifft** comme cela se trouve ■ vi aux sein: **auf jdn ~** (begegnen) rencontrer qn; **auf etw akk ~** trouver qch, rencontrer qch; **Treffen** nt (-s, -) rencontre f; **treffend** adj pertinent(e); (Ausdruck) juste; **Treffer** m (-s, -) (Schuss etc) tir m réussi; (von Schütze) coup m dans le mille; (im Fußball) but m; (Los) billet m gagnant; **Treffpunkt** m rendez-vous m
Treibeis nt glaces fpl flottantes
treiben (trieb, getrieben) vt (bewegen: Tiere, Menschen) mener; (Rad, Maschine) faire tourner; (drängen) pousser (zu etw à qch); (anspornen) encourager; (Studien, Handel etc) faire; (Blüten, Knospen) pousser; **Unsinn ~** faire le (la) fou (folle); **es wild ~** être déchaîné(e); **was treibst du so**

immer? qu'est-ce que tu deviens? ◼ *vi aux sein* (*sich fortbewegen*) avancer ◼ *vi* (*Pflanzen*) pousser; (*Gastr: aufgehen*) lever; (*Tee, Kaffee*) être diurétique; **Treiben** *nt* (**-s**) (*Tätigkeit*) activité *f*; (*lebhafter Verkehr etc*) animation *f*
Treiber *m* (**-s, -**) (*Inform*) driver *m*
Treibgas *nt* gaz *m* propulseur; **Treibhaus** *nt* serre *f*; **Treibhauseffekt** *m* effet *m* de serre; **Treibhausgase** *pl* gaz *mpl* responsables de l'effet de serre; **Treibjagd** *f* battue *f*; **Treibnetzfischerei** *f* pêche *f* au filet dérivant; **Treibstoff** *m* carburant *m*, combustible *m*
trendy *adj inv* (*sl*) à la mode, en vogue
trennbar *adj* séparable; **trennen** *vt* (*Menschen*) séparer; (*Verbindung*) mettre fin à; (*Begriffe*) distinguer; (*zerteilen*) diviser ◼ *vr*: **sich ~** se séparer; (*Ideen*) différer; **sich von jdm/etw ~** se séparer de qn/qch; **Trennschärfe** *f* (*Radio*) sélectivité *f*; **Trennung** *f* séparation *f*; (*Unterscheidung*) distinction *f*; **Trennwand** *f* paroi *f*, cloison *f*
treppab *adv*: **~ laufen** descendre (l'escalier); **treppauf** *adv*: **~ steigen** monter (l'escalier); **Treppe** *f* (**-, -n**) escalier *m*; **Treppengeländer** *nt* rampe *f* (d'escalier); **Treppenhaus** *nt* cage *f* d'escalier
Tresor *m* (**-s, -e**) coffre-fort *m*; (*Raum*) chambre *f* forte
Tretboot *nt* pédalo *m*
treten (**trat, getreten**) *vi aux sein* (*gehen*) marcher; **die Tränen traten ihm in die Augen** les larmes lui montèrent aux yeux; **auf etw** *akk* **~** marcher sur qch, mettre le pied sur qch; **in etw** *akk* **~** mettre le pied dans qch; **in Verbindung ~** entrer en contact; **in Erscheinung ~** se manifester; **an jds Stelle ~** remplacer qn ◼ *vt* (*mit Fußtritt*) donner un coup de pied à; (*niedertreten*) écraser ◼ *vi*: **nach jdm/ gegen etw ~** donner un coup de pied à qn/ dans qch
treu *adj* fidèle; (*Dienste*) loyal(e); **Treue** *f* (**-**) fidélité *f*; **Treuhand** *f* institut allemand de privatisation; **Treuhänder, in** *m(f)* (**-s, -**) fiduciaire *mf*; **Treuhandgesellschaft** *f* société *f* fiduciaire; **treuherzig** *adj* naïf (naïve); **treulich** *adv* fidèlement; **treulos** *adj* déloyal(e), infidèle
Tribüne *f* (**-, -n**) tribune *f*
Trichter *m* (**-s, -**) (*Gerät*) entonnoir *m*
Trick *m* (**-s, -s**) truc *m*; **Trickfilm** *m* dessin *m* animé
trieb *imperf von* **treiben**
Trieb *m* (**-(e)s, -e**) (*instinkthaft*) instinct *m*, pulsion *f*; (*geschlechtlich*) pulsion(s) *f(pl)* sexuelle(s), libido *f*; (*Neigung*) tendance *f*; (*an Baum etc*) pousse *f*; **Triebfeder** *f* (*fig*)

instigateur(-trice); **triebhaft** *adj* instinctif(-ive), impulsif(-ive); **Triebkraft** *f* (*fig*) moteur *m*, locomotive *f*; **Triebtäter, in** *m(f)* maniaque sexuel(le); **Triebwagen** *m* autorail *m*, automotrice *f*; **Triebwerk** *nt* moteur *m*
triefen *vi aux sein* tomber goutte à goutte, dégouliner ◼ *vi*: **von** [*o* **vor**] **etw ~** être ruisselant(e) de qch; **vor Nässe ~** être trempé(e)
Trier *nt* (**-s**) Trèves
triftig *adj* (*Grund, Entschuldigung*) valable, convaincant(e); (*Beweis*) concluant(e)
Trigonometrie *f* trigonométrie *f*
Trikot *nt* (**-s, -s**) (*Hemd*) maillot *m* ◼ *m* (**-s, -s**) (*Gewebe*) jersey *m*
Triller *m* (**-s, -**) (*Mus*) trille *m*; **trillern** *vi* triller; **Trillerpfeife** *f* sifflet *m* (à trilles)
trinkbar *adj* buvable; (*Wasser*) potable; **trinken** (**trank, getrunken**) *vt, vi* boire; **Trinker, in** *m(f)* (**-s, -**) buveur(-euse), alcoolique *mf*; **Trinkgeld** *nt* pourboire *m*; **Trinkhalm** *m* paille *f*; **Trinkspruch** *m* toast *m*; **Trinkwasser** *nt* eau *f* potable
trippeln *vi aux haben o sein* trottiner
Tripper *m* (**-s, -**) blennorragie *f*
Tritt *m* (**-(e)s, -e**) pas *m*; (*Fußtritt*) coup *m* de pied; **Trittbrett** *nt* marchepied *m*
Triumph *m* (**-(e)s, -e**) triomphe *m*; **Triumphbogen** *m* arc *m* de triomphe; **triumphieren** (*pp* **triumphiert**) *vi* triompher (*über jdn/etw* de qn/qch)
trivial *adj* trivial(e), plat(e); (*alltäglich*) simple
trocken *adj* sec (sèche); (*nüchtern*) sobre; (*Witz, Humor*) pince-sans-rire; **Trockendock** *nt* cale *f* sèche; **Trockenelement** *nt* pile *f* sèche; **Trockenhaube** *f* casque *m* (sèche-cheveux); **Trockenheit** *f* sécheresse *f*; **trocken|legen** *sep vt* (*Sumpf*) assécher; (*Kind*) changer; **Trockenmilch** *f* lait *m* en poudre
trocknen *vt* sécher, essuyer ◼ *vi aux sein* sécher; **Trockner** *m* (**-s, -**) sèche-linge *m*
Troddel *f* (**-, -n**) gland *m*
Trödel *m* (**-s**) bric-à-brac *m*; **Trödelmarkt** *m* foire *f* à la brocante
trödeln *vi* (*fam*) lambiner
Trödler, in *m(f)* (**-s, -**) (*Händler*) brocanteur(-euse); (*langsamer Mensch*) lambin(e)
trog *imperf von* **trügen**
Trog *m* (**-(e)s, Tröge**) auge *f*
trojanisch *adj*: **trojanisches Pferd** (*Inform*) cheval *m* de Troie
Trommel *f* (**-, -n**) tambour *m*; (*Revolvertrommel*) barillet *m*; **Trommelfell** *nt* tympan *m*; **trommeln** *vt* tambouriner ◼ *vi* jouer du tambour;

Trommelwaschmaschine f machine f
à laver à tambour; **Trommler, in** m(f)
(**-s, -**) tambour m
Trompete f(**-, -n**) trompette f;
Trompeter, in m(f) (**-s, -**) trompette m,
trompettiste mf
Tropen pl tropiques mpl, régions fpl
tropicales; **tropenbeständig** adj
approprié(e) au climat tropical;
Tropenhelm m casque m colonial
Tropf m (**-(e)s, Tröpfe**) (fam: Mensch) type
m; (Infusion) goutte-à-goutte m; **armer ~**
pauvre diable
tröpfeln vi aux sein couler goutte à goutte
■ vi unpers: **es tröpfelt** il tombe des
gouttes (de pluie)
tropfen vi aux sein goutter, ruisseler ■ vt
faire couler goutte à goutte; **eine Tinktur
in die Augen ~** mettre des gouttes dans
les yeux; **Tropfen** m (**-s, -**) goutte f;
tropfenweise adv goutte à goutte;
tropfnass adj trempé(e); **~ aufhängen**
pendre encore mouillé(e); **Tropfstein** m
(herunterhängend) stalactite f; (am Boden)
stalagmite f; **Tropfsteinhöhle** f grotte f
avec des stalactites
tropisch adj tropical(e)
Trost m (**-es**) consolation f; **trösten** vt
consoler; **Tröster, in** m(f) (**-s, -**)
consolateur(-trice); **tröstlich** adj
consolant(e); **trostlos** adj inconsolable;
(Verhältnisse) désolant(e); **Trostpflaster**
nt consolation f; **Trostpreis** m prix m
de consolation
Tröstung f réconfort m
Trott m (**-(e)s, -e**) trot m; (Routine) train-
train m
Trottel m (**-s, -**) (fam) imbécile m
trotten vi aux sein se traîner
Trottinett nt (**-s, -e**) (CH) trottinette f
Trottoir nt (**-s, -s** o **-e**) (CH, Sdeutsch)
trottoir m
trotz präp +gen malgré
Trotz m (**-es**) obstination f; **aus ~** par dépit;
jdm zum ~ en dépit (des conseils) de qn;
Trotzalter nt âge m difficile
trotzdem adv malgré tout, quand même
trotzig adj obstiné(e), récalcitrant(e);
Trotzkopf m tête f de mule;
Trotzreaktion f réaction f de dépit
trüb adj (Augen) terne; (Metall) dépoli(e);
(Flüssigkeit, Glas) trouble; (Tag, Wetter)
morne; (Zeiten, Aussichten) triste; (Mensch,
Gedanke, Stimmung) morose
Trubel m (**-s**) tumulte m
trüben vt (Flüssigkeit) troubler; (Glas,
Metall) ternir; (Stimmung, Freude) gâter
■ vr: **sich ~** (Flüssigkeit) devenir trouble;
(Glas, Metall) se ternir; (Himmel) se couvrir;
(Stimmung) se gâter

Trübsal f(**-**) chagrin m; **~ blasen** se laisser
aller à la déprime; **trübselig** adj
chagrin(e), sombre; **Trübsinn** m
mélancolie f, morosité f; **trübsinnig** adj
morose
trudeln vi aux sein o haben (Aviat) vriller
Trüffel f(**-, -n**) truffe f
trug imperf von **tragen**
trügen (**trog, getrogen**) vt, vi tromper;
trügerisch adj trompeur(-euse)
Trugschluss m idée f fausse
Truhe f(**-, -n**) bahut m
Trümmer pl décombres mpl; (Teile) mille
morceaux mpl; (Bautrümmer) ruines fpl;
Trümmerhaufen m amas m de
décombres
Trumpf m (**-(e)s, Trümpfe**) atout m
Trunk m (**-(e)s, Trünke**) boisson f;
trunken adj ivre; **Trunkenbold** m
(**-(e)s, -e**) (pej) ivrogne m; **Trunkenheit** f
ivresse f; **Trunksucht** f alcoolisme m
Trupp m (**-s, -s**) groupe m
Truppe f(**-, -n**) troupe f;
Truppenübungsplatz m champ m
de manœuvre
Truthahn m dindon m
Tschad m (**-s**): **der ~** le Tchad
Tscheche m (**-n, -n**) Tchèque m
Tschechien nt (**-s**) la République tchèque;
Tschechin f Tchèque f; **tschechisch** adj
tchèque; **Tschechische Republik** la
République tchèque
Tschechoslowakei f (Hist): **die ~** la
Tchécoslovaquie; **tschechoslowakisch**
adj (Hist) tchécoslovaque
Tschetschenien nt (**-s**) la Tchétchénie
tschüs, tschüss interj (fam) salut, tchao
T-Shirt nt (**-s, -s**) T-shirt m, tee-shirt m
TU f(**-, -s**) abk = **Technische Universität**
I.U.T. m
Tube f(**-, -n**) tube m
Tuberkulose f(**-, -n**) tuberculose f
Tuch nt (**-(e)s, Tücher**) (Stoff) étoffe f;
(Stück Stoff) pièce f d'étoffe; (Lappen)
chiffon m; (Halstuch, Kopftuch) foulard m;
(Handtuch) serviette f de toilette, essuie-
main(s) m
tüchtig adj (fleißig) travailleur(-euse);
(gut, hinreichend) bon(ne) ■ adv (fam:
kräftig) très, beaucoup; **Tüchtigkeit** f
(Fähigkeit) capacité f; (Fleiß) zèle m
Tücke f(**-, -n**) perfidie f; **tückisch** adj
perfide, sournois(e); (Krankheit)
malin(-igne)
Tugend f(**-, -en**) vertu f; **tugendhaft** adj
vertueux(-euse)
Tüll m (**-s, -e**) tulle m
Tulpe f(**-, -n**) tulipe f
tummeln vr: **sich ~** s'ébattre
Tumor m (**-s, -en** o **-e**) tumeur f

Tümpel m (-s, -) mare f
Tumult m (-(e)s, -e) tumulte m
tun (**tat, getan**) vt (machen) faire; (legen etc) mettre; **jdm etwas ~** (antun) faire du mal à qn; (erweisen) rendre un service à qn; (für jdn machen) faire qch pour qn; **was soll ich ~?** que faire?; **das tut es auch** (genügt) cela suffit [o convient aussi]; **was tut's?** qu'importe?; **damit habe ich nichts zu ~** je n'ai rien à voir avec cela; **das tut nichts zur Sache** cela n'apporte rien; **es mit jdm zu ~ bekommen** avoir à faire avec qn ▪ vi: **freundlich ~** se donner des airs aimables; **so ~, als ob ...** faire comme si ...; **sie täten gut daran, ...** ils feraient bien de ...; **ich habe zu ~** (bin beschäftigt) j'ai à faire; **mit wem habe ich zu ~?** à qui ai-je l'honneur? ▪ vr: **es tut sich etwas/viel** il se passe quelque chose/beaucoup de choses
Tünche f (-, -n) chaux f; **tünchen** vt blanchir à la chaux
Tuner m (-s, -) syntoniseur m, tuner m
Tunesien nt (-s) la Tunisie
Tunfisch m thon m
Tunke f (-, -n) sauce f; **tunken** vt tremper
tunlichst adv si possible
Tunnel m (-s, -s o -) tunnel m
Tunte f (-, -n) (pej: fam) tante f
Tüpfelchen nt petit pois m; **das ~ auf dem i** la cerise sur le gâteau
tupfen vt tapoter; (mit Watte) tamponner; **Tupfen** m (-s, -) point m; (auf Stoff) pois m
Tür f (-, -en) porte f
Turbine f turbine f
Turbolader m (-s, -) (Auto) turbocompresseur m; **Turbomotor** m turbomoteur m
turbulent adj tumultueux(-euse)
Türke m (-n, -n) Turc m
Türkei f (-): **die ~** la Turquie; **Türkin** f Turque f
türkis adj turquoise
Türkis m (-es, -e) turquoise f
türkisch adj turc (turque)
Turkmenistan nt (-s) le Turkménistan
Turm m (-(e)s, **Türme**) tour f; (Kirchturm) clocher m; (Sprungturm) plongeoir m (à étages)
Türmchen nt tourelle f
türmen vr: **sich ~** (Wolken) s'amonceler; (Bücher) s'empiler; (Arbeit) s'accumuler
turnen vi faire de la gymnastique ▪ vt (Übung) effectuer; **Turnen** nt (-s) gymnastique f; **Turner, in** m(f) (-s, -) gymnaste mf; **Turnhalle** f gymnase m; **Turnhose** f (kurze Hose) short m
Turnier nt (-s, -e) tournoi m
Turnlehrer, in m(f) professeur mf de gymnastique; **Turnschuh** m chaussure f de sport; **Turnverein** m société f

de gymnastique; **Turnzeug** nt affaires fpl de sport
Türöffner m gâche f électrique; **Türvorleger** m paillasson m
Tusche f (-, -n) encre f de Chine; (Wimperntusche) mascara m
tuscheln vi chuchoter
Tuschkasten m boîte f de couleurs
Tussi f (-, -s) (pej: Frau) nana f
Tüte f (-, -n) sac m; (Eiswaffel) cornet m
tuten vi (Auto) corner, klaxonner; (Sirene) mugir
Tütensuppe f soupe f en sachet
TÜV m (-s) akr = **Technischer Überwachungsverein** (Auto) association f pour le contrôle technique des véhicules

> ◈ **TÜV**
> ◈
> ◈ Le TÜV est l'organisme chargé de la
> ◈ vérification du bon fonctionnement
> ◈ des machines et en particulier des
> ◈ véhicules. Les voitures de plus de trois
> ◈ ans doivent passer un contrôle de
> ◈ sécurité et de pollution tous les deux
> ◈ ans. Le 'TÜV' est l'équivalent allemand
> ◈ du contrôle technique.

TÜV-Plakette f vignette f de contrôle technique
Twen m (-(s), -s) personne de moins de trente ans; **die Twens** les moins de trente ans
Typ m (-s, -en) type m; (fam) mec m
Type f (-, -n) (Typo) caractère m; (fam: Mensch) numéro m;
Typenrad nt marguerite f;
Typenradschreibmaschine f machine f à écrire à marguerite
Typhus m (-) typhoïde f
typisch adj typique (für de)
Tyrann, in m(f) (-en, -en) tyran m;
Tyrannei f tyrannie f; **tyrannisch** adj tyrannique; **tyrannisieren** (pp **tyrannisiert**) vt tyranniser

U, u *nt* (-, -) U, u *m*
u. a. *abk* = **unter anderem** entre autres
u. A. w. g. *abk* = **um Antwort wird
gebeten** R.S.V.P.
U-Bahn *f* métro *m*
übel *adj* mauvais(e); **jdm ist übel** qn se
sent mal, qn a mal au cœur; **übel gelaunt**
de mauvaise humeur, mal disposé(e);
jdm eine Bemerkung übel nehmen mal
prendre l'observation de qn; **Übel** *nt* (-s, -)
mal *m*; **übelgelaunt** *adj siehe* **übel**;
Übelkeit *f* nausée *f*, mal *m* au cœur;
übel|nehmen *sep irr vt siehe* **übel**
üben *vt* (*auf Instrument*) étudier, s'exercer à;
(*Kritik*) faire; (*Geduld*) montrer ■ *vi*
s'exercer, s'entraîner
über *präp +akk* sur; (*oberhalb von*) au-dessus
de; (*wegen*) à cause de; (*bei Zahlen,
Beträgen*) plus de; (*während*) pendant;
über die Kreuzung fahren traverser le
carrefour; **ich fahre über Frankurt** je
passe par Frankurt; **über etw sprechen**
parler de qch; **über die Stadt fliegen**
survoler la ville; **Fehler über Fehler** erreur
sur erreur; **Kinder über 15 Jahre** les
enfants de plus de 15 ans; **Kosten weit
über eine Million** des frais dépassant
largement le million ■ *präp +dat* sur;
(*räumlich, rangmäßig*) au-dessus de;
über dem Durchschnitt au-dessus de la

moyenne ■ *adv* (*zeitlich*) pendant;
den Sommer über (pendant) tout l'été;
das Wochenende über bin ich hier
pendant le week-end, je suis ici; **jdn/etw
über haben** (*fam*) en avoir par-dessus la
tête de qn/qch; **über und über**
complètement
überall *adv* partout
überanstrengen (*pp* überanstrengt)
vt surmener, forcer ■ *vr*: **sich ~** se
surmener
überarbeiten (*pp* überarbeitet) *vt* (*Text*)
remanier ■ *vr*: **sich ~** se surmener
überaus *adv* extrêmement
überbelichten (*pp* überbelichtet) *vt*
surexposer
überbieten (*pp* überboten) *irr vt*
(*Angebot*) enchérir sur; (*Leistung*)
dépasser; (*Rekord*) battre
Überbleibsel *nt* (-s, -) reste *m*,
résidu *m*
Überblick *m* vue *f* d'ensemble;
(*Darstellung*) synthèse *f*, résumé *m*; **den
Überblick verlieren** ne plus savoir ce qui
se passe; **überblicken** (*pp* überblickt) *vt*
embrasser du regard; (*Sachverhalt*) avoir
une vue d'ensemble de
überbringen (*pp* überbracht) *irr vt*
remettre; **Überbringer, in** *m(f)* (-s, -)
porteur(-euse)
überbrücken (*pp* überbrückt) *vt* (*Fluss*)
construire un pont sur; (*Gegensatz*)
concilier; (*Zeit*) passer
Überbuchung *f* surbooking *m*
überdenken (*pp* überdacht) *irr vt*
réfléchir à
überdies *adv* en outre
überdimensional *adj* trop grand(e)
Überdosis *f* surdose *f*; (*Rauschgift*)
overdose *f*
Überdruss *m* (-es) ennui *m*, dégoût *m*;
bis zum Überdruss à satiété;
überdrüssig *adj* dégoûté(e), las(se)
Überdüngung *f* utilisation *f* excessive
d'engrais
übereifrig *adj* trop zélé(e), trop
empressé(e)
übereilen (*pp* übereilt) *vt* précipiter,
hâter; **übereilt** *adj* précipité(e),
prématuré(e)
übereinander *adv* (*liegen*) l'un(e) sur
l'autre; (*sprechen*) l'un(e) de l'autre
übereinander|schlagen *sep irr vt* (*Beine*)
croiser
überein|kommen *sep irr vi aux sein*
convenir; **Übereinkunft** *f* (-, -künfte)
accord *m*; **überein|stimmen** *sep vi*
correspondre; (*Menschen*) être d'accord;
Übereinstimmung *f* accord *m*
überempfindlich *adj* hypersensible

über|fahren sep irr vt (Auto) écraser; (fig: jdn) prendre par surprise; **Überfahrt** f traversée f

Überfall m attaque f (auf +akk de); (Banküberfall) attaque f à main armée, hold-up m (auf +akk de); **überfallen** (pp **überfallen**) irr vt attaquer; (besuchen) rendre visite à l'improviste à

überfällig adj en retard

Überfischung f pêche f excessive

überfliegen (pp **überflogen**) irr vt survoler

Überfluss m surabondance f (an +dat de); **Überflussgesellschaft** f société f d'abondance; **überflüssig** adj superflu(e)

überfordern (pp **überfordert**) vt (jdn) être trop exigeant(e) avec; **ich fühle mich überfordert** je suis dépassé(e)

Überfremdung f envahissement m par des étrangers

über|führen sep vt (Leiche etc) transporter, transférer; (Täter) convaincre (gen de); **Überführung** f (von Leiche) transport m, transfert m; (von Täter) conviction f; (Brücke) passerelle f

überfüllt adj bondé(e)

Übergabe f remise f; (Mil) capitulation f, reddition f

Übergang m passage m; (fig) transition f; **Übergangserscheinung** f phénomène m transitoire; **Übergangslösung** f solution f de transition; **Übergangsphase** f période f de transition; **Übergangsstadium** nt phase f de transition; **Übergangszeit** f période f de transition; (Jahreszeit) demi-saison f

übergeben (pp **übergeben**) irr vt (Geschenk) remettre; (Amt) transmettre; (Mil) rendre ■ vr: **sich ~** rendre, vomir

über|gehen sep irr vi aux sein passer (zu, in +akk à)

übergehen (pp **übergangen**) irr vt (jdn) oublier; (Fehler) sauter

Übergewicht nt excédent m de poids; (fig) prépondérance f

überglücklich adj comblé(e)

über|haben sep irr vt (fam) en avoir assez de

überhand|nehmen sep irr vi s'accroître outre mesure; (Unkraut) proliférer

überhaupt adv (im Allgemeinen) en général; **überhaupt nicht** pas du tout

überheblich adj présomptueux(-euse); **Überheblichkeit** f présomption f

überholen (pp **überholt**) vt (Auto) dépasser, doubler; (Tech) réviser; **Überholspur** f voie f de dépassement; **überholt** adj dépassé(e), démodé(e); **Überholverbot** nt interdiction f de passer

überhören (pp **überhört**) vt ne pas entendre; (absichtlich) faire la sourde oreille à

überirdisch adj surnaturel(le)

überkompensieren (pp **überkompensiert**) vt surcompenser

überladen (pp **überladen**) irr vt surcharger

überlassen (pp **überlassen**) irr vt: **jdm etw überlassen** confier qch à qn

überlasten (pp **überlastet**) vt surcharger

über|laufen sep irr vi aux sein (Flüssigkeit) déborder; **zum Feind überlaufen** passer à l'ennemi

überlaufen (pp **überlaufen**) irr vt (Schauer etc) traverser, parcourir ■ adj: **überlaufen sein** être surchargé(e); (Ort) être grouillant(e) de monde; **Überläufer, in** m(f) transfuge m

überleben (pp **überlebt**) vt, vi survivre (jdn à qn); **Überlebende, r** mf survivant(e)

überlegen (pp **überlegt**) vt réfléchir à ■ adj supérieur(e); **Überlegenheit** f supériorité f; **Überlegung** f réflexion f

überliefern (pp **überliefert**) vt (Sitte) transmettre; **Überlieferung** f tradition f

überlisten (pp **überlistet**) vt duper

überm kontr von **über dem**

Übermacht f supériorité f numérique; **übermächtig** adj extrêmement puissant(e); (Gefühl etc) envahissant(e)

übermannen (pp **übermannt**) vt vaincre, envahir

Übermaß nt excès m; **übermäßig** adj (Anstrengung) excessif(-ive), démesuré(e)

Übermensch m surhomme m; **übermenschlich** adj surhumain(e)

übermitteln (pp **übermittelt**) vt transmettre

übermorgen adv après-demain

Übermüdung f épuisement m

Übermut m exubérance f; **übermütig** adj exubérant(e); **werd nicht gleich übermütig!** calme-toi!

übernachten (pp **übernachtet**) vi passer la nuit, coucher (bei jdm chez qn)

übernächtigt adj défait(e)

Übernachtung f nuit f

Übernahme f (-, -n) prise f en charge, réception f; (einer Firma) prise f de contrôle; **feindliche/freundliche Übernahme** rachat m hostile/amical; **übernehmen** (pp **übernommen**) irr vt (Geschäft) reprendre; (Amt) prendre en charge ■ vr: **sich ~ se surmener**

überprüfen (pp **überprüft**) vt contrôler; **Überprüfung** f examen m, contrôle m

überqueren (pp **überquert**) vt traverser

überraschen (pp **überrascht**) vt surprendre; **Überraschung** f surprise f

überreden (pp **überredet**) vt persuader
überreichen (pp **überreicht**) vt présenter, remettre
- **überreizt** adj surexcité(e)
Überreste pl restes mpl
Überrollbügel m (Auto) arceau m de sécurité
überrumpeln (pp **überrumpelt**) vt surprendre, prendre au dépourvu
überrunden (pp **überrundet**) vt dépasser
übers kontr von **über das**
übersättigen (pp **übersättigt**) vt saturer
Überschallflugzeug nt avion m supersonique;
Überschallgeschwindigkeit f vitesse f supersonique
überschätzen (pp **überschätzt**) vt surestimer ▪ vr: **sich ~** se surestimer
über|schäumen sep vi aux sein déborder; **von etw überschäumen** (fig) être débordant(e) de qch
Überschlag m (Fin) évaluation f; (Sport) roue f; **überschlagen** (pp **überschlagen**) irr vt (berechnen) estimer; (Seite) sauter ▪ vr: **sich ~** se renverser; (Auto) faire un tonneau; (Stimme) se casser; **sich vor etw** dat **überschlagen** (fam: Mensch) déborder de qch
über|schnappen sep vi aux sein (Stimme) se casser; (fam: Mensch) devenir fou (folle)
überschneiden (pp **überschnitten**) irr vr: **sich ~** se chevaucher
überschreiben (pp **überschrieben**) vt (Daten, Diskette) recouvrir; **jdm etw überschreiben** (als Eigentum übertragen) léguer qch à qn; **Überschreibmodus** m (Inform) mode m remplacement
überschreiten (pp **überschritten**) irr vt traverser; (fig) dépasser; (Gesetz) transgresser; (Vollmacht) abuser de, outrepasser
Überschrift f titre m
Überschuss m excédent m; **überschüssig** adj (Ware) excédentaire; (Kraft) débordant(e)
überschütten (pp **überschüttet**) vt: **jdn mit etw überschütten** (fig) combler [o couvrir] qn de qch
Überschwang m exubérance f
überschwänglich adj (Worte) débordant(e) d'enthousiasme; **Überschwänglichkeit** f exubérance f
überschwemmen (pp **überschwemmt**) vt inonder (mit de); **Überschwemmung** f inondation f
überschwenglich siehe **überschwänglich**
Übersee f: **aus Übersee** d'outre-mer; **nach Übersee** (en) outre-mer; **überseeisch** adj d'outre-mer

übersehen (pp **übersehen**) irr vt (Land) embrasser du regard; (Folgen) évaluer, prévoir; (nicht beachten) négliger, omettre
übersenden (pp **übersandt** o **übersendet**) irr vt envoyer
übersetzen (pp **übersetzt**) vt (Text) traduire; **Übersetzer, in** m(f) (-s, -) traducteur(-trice); **Übersetzung** f traduction f; (Tech) multiplication f
Übersicht f vue f d'ensemble (über +akk de); (Darstellung) résumé m; **übersichtlich** adj (Gelände) dégagé(e); (Darstellung) clair(e); **Übersichtlichkeit** f clarté f
überspannt adj exalté(e); (Idee) extravagant(e)
überspitzt adj exagéré(e)
überspringen (pp **übersprungen**) irr vt sauter
über|sprudeln sep vi aux sein déborder
über|stehen sep irr vi aux sein dépasser
überstehen (pp **überstanden**) irr vt surmonter
übersteigen (pp **überstiegen**) irr vt (Zaun) escalader; (fig) dépasser
überstimmen (pp **überstimmt**) vt mettre en minorité
Überstunden pl heures fpl supplémentaires
überstürzen (pp **überstürzt**) vt précipiter, hâter ▪ vr: **sich ~** (Ereignisse) se précipiter; **überstürzt** adj précipité(e); (Entschluss) hâtif(-ive)
übertölpeln (pp **übertölpelt**) vt duper
übertönen (pp **übertönt**) vt noyer
Übertrag m (-(e)s, **Überträge**) (Com) report m; **übertragbar** adj transmissible; (Med) contagieux(-euse); **übertragen** (pp **übertragen**) irr vt (Aufgabe) confier; (Vollmacht) déléguer (auf +akk à); (Radio, TV) diffuser; (übersetzen) traduire; (Krankheit) transmettre; (Daten) transférer ▪ vr: **sich ~** se transmettre (auf +akk à) ▪ adj (Bedeutung) figuré(e);
Übertragung f transmission f;
Übertragungsanzeige f (Inform) indicateur m de transfert;
Übertragungsfehler m (Inform) erreur f de transmission;
Übertragungsgeschwindigkeit f (Inform) vitesse f de transfert;
Übertragungsprotokoll nt (Inform) protocole m de transfert
übertreffen (pp **übertroffen**) irr vt dépasser
übertreiben (pp **übertrieben**) irr vt exagérer; **Übertreibung** f exagération f
über|treten sep irr vi aux sein dépasser; (in andere Partei) passer (in +akk à, chez); (zu anderem Glauben) se convertir

übertreten (pp **übertreten**) irr vt (Gebot etc) enfreindre; **Übertretung** f (von Gebot) transgression f, infraction f

übertrieben adj exagéré(e)

übervölkert adj surpeuplé(e)

übervoll adj trop plein(e); (Bus) comble

übervorteilen (pp **übervorteilt**) vt duper

überwachen (pp **überwacht**) vt surveiller; **Überwachung** f surveillance f; **Überwachungsapparat** m appareil m de surveillance; **Überwachungsstaat** m Etat m policier

überwältigen (pp **überwältigt**) vt vaincre; (fig) envahir; **überwältigend** adj grandiose

überweisen (pp **überwiesen**) irr vt (Geld) virer; (Patienten) envoyer; **Überweisung** f (Fin) virement m

überwiegen (pp **überwogen**) irr vi prédominer; **überwiegend** adv la plupart du temps

überwinden (pp **überwunden**) irr vt (Schwierigkeit) surmonter; (Abneigung) dominer; **Überwindung** f effort m (sur soi-même)

Überzahl f grande majorité f, surnombre m

überzählig adj excédentaire

überzeugen (pp **überzeugt**) vt convaincre, persuader; **überzeugend** adj convaincant(e); **Überzeugung** f conviction f; **Überzeugungskraft** f force f de persuasion

überziehen (pp **überzogen**) irr vt recouvrir; **sein Konto überziehen** mettre son compte à découvert; **Überzug** m (Kissenüberzug) taie f

üblich adj habituel(le)

U-Boot nt sous-marin m

übrig adj restant(e); **das Übrige** le reste; **im Übrigen** au reste, du reste; **übrig bleiben** rester; **jdm etw übrig lassen** laisser qch à qn; **übrigens** adv du reste, d'ailleurs; **übrig|haben** sep irr vt: **für jdn etwas übrighaben** (fam) avoir un faible pour qn; **übrig|lassen** sep irr vt siehe übrig

Übung f exercice m

UdSSR f (-) abk = **Union der Sozialistischen Sowjetrepubliken**; **die ~** (Hist) l'URSS f

Ufer nt (-s, -) rive f, bord m; (Meeresufer) rivage m, bord m

UFO, Ufo nt (-(s), -s) akr = **unbekanntes Flugobjekt** ovni m

Uganda nt (-s) l'Ouganda m

Uhr f (-, -en) horloge f; (Armbanduhr) montre f; **wie viel ~ ist es?** quelle heure est-il?; **1 ~** une heure; **20 ~** vingt heures; **Uhrband** nt (pl **Uhrbänder**) bracelet m

de montre; **Uhrmacher, in** m(f) horloger(-ère); **Uhrwerk** nt mécanisme m; **Uhrzeiger** m aiguille f (de montre); **Uhrzeigersinn** m: **im ~** dans le sens des aiguilles d'une montre; **entgegen dem ~** en sens inverse des aiguilles d'une montre; **Uhrzeit** f heure f

Uhu m (-s, -s) grand duc m

Ukraine f: **die ~** l'Ukraine f

UKW abk = **Ultrakurzwelle**

Ulk m (-s, -e) plaisanterie f, **ulkig** adj drôle, amusant(e)

Ulme f (-, -n) orme m

Ultimatum nt (-s, **Ultimaten**) ultimatum m

Ultrakurzwelle f ondes fpl ultracourtes

Ultraschall m (Phys) ultrason m; (Med) écographie f; **Ultraschallaufnahme** f échographie f; **Ultraschallgerät** nt appareil m à ultra-sons; **Ultraschalluntersuchung** f échographie f

ultraviolett adj ultraviolet(te)

um präp +akk (räumlich) autour de; (in Bezug auf) au sujet de; **um die Stadt (herum)fahren** contourner la ville; **er ging einmal um das Haus** il a fait le tour de la maison; **um die Erde kreist um die Sonne** la terre tourne autour du soleil; **ich komme um 12 Uhr** je viendrai à midi; **um Weihnachten** aux environs [o autour] de Noël; **um 5 cm kürzer** plus court de 5 cm; **ich mache mir Sorgen um sie** je me fais du souci pour elle [o à son sujet]; **Kampf um bessere Löhne** lutte pour des salaires meilleurs; **um sich schlagen** se débattre; **um sich schauen** regarder autour de soi; **um etw bitten/kämpfen** demander qch/ se battre pour qch; **Woche um Woche** semaine après semaine; **Auge um Auge** œil pour œil; **um Vieles besser/billiger** bien mieux/moins cher (chère) ■ konj (damit) afin que +subj, afin de +inf; **um größer zu werden** pour grandir; **zu klug um zu ...** trop intelligent(e) pour ... ■ adv (ungefähr) environ; siehe auch **umso**

um|adressieren (pp **umadressiert**) sep vt faire suivre

um|ändern sep vt (Kleid) transformer; (Plan) modifier

umarmen (pp **umarmt**) vt étreindre; (liebevoll) prendre dans ses bras

Umbau m (pl **Umbauten** o **Umbaue**) transformation f (d'un bâtiment); **um|bauen** sep vt transformer (un bâtiment)

um|benennen (pp **umbenannt**) sep irr vt rebaptiser

um|biegen sep irr vt plier ■ vi aux sein tourner

um|bilden sep vt transformer; (Kabinett) remanier

um|binden sep irr vt (Krawatte, Schürze, Lätzchen) mettre

um|blättern sep vt tourner

um|blicken sep vr: **sich ~** regarder autour de soi; (zurückblicken) regarder derrière soi

um|bringen sep irr vt tuer

Umbruch m bouleversement m; (Typo) mise f en pages

um|buchen sep vt, vi (Fin) transférer, virer; (Reise) modifier la réservation de

um|denken sep irr vi changer sa façon de penser

um|drehen sep vt (Gegenstand) (re)tourner ▪ vr: **sich ~** se retourner; **Umdrehung** f rotation f, tour m

umeinander adv l'un(e) autour de l'autre; (füreinander) l'un(e) pour l'autre

um|fahren sep irr vt renverser

um|fallen sep irr vi aux sein tomber; (fig: Meinung ändern) changer d'avis, tourner casaque

Umfang m étendue f; (von Buch) longueur f; (Reichweite) portée f; (Fläche) surface f; (Math) circonférence f; **umfangreich** adj vaste; (Buch) volumineux(-euse)

umfassend adj complet(-ète); (Darstellung) global(e)

Umfeld nt contexte m, environnement m

Umfrage f enquête f, sondage m

um|füllen sep vt transvaser

um|funktionieren (pp **umfunktioniert**) sep vt transformer

Umgang m relations fpl, rapports mpl

umgänglich adj (Mensch) sociable, affable

Umgangsformen pl manières fpl; **Umgangssprache** f langue f familière

umgeben (pp **~**) irr vt entourer

Umgebung f (Landschaft) environs mpl; (Milieu) milieu m, ambiance f; (Menschen) entourage m

umgehen (pp **umgangen**) irr vt contourner; (Gesetz) tourner; (Antwort) éluder; (Zahlung) escamoter

um|gehen sep irr vi aux sein; **mit jdm grob ~** traiter qn avec rudesse; **mit Geld sparsam ~** être économe

umgehend adj immédiat(e)

Umgehungsstraße f boulevard m périphérique, périphérique m

umgekehrt adj renversé(e); (Reihenfolge) inverse, contraire ▪ adv au contraire, vice versa

um|graben sep irr vt bêcher

um|gruppieren (pp **umgruppiert**) sep vt réorganiser

Umhang m cape f, pèlerine f

um|hängen sep vt (Bild) déplacer; (Jacke) mettre sur ses épaules; **Umhängetasche** f sac m à bandoulière, sacoche f

um|hauen sep irr vt (Baum) abattre; (fig) renverser

umher adv autour; (hier und da) çà et là; **umher|gehen** sep irr vi aux sein aller çà et là; **umher|ziehen** sep irr vi aux sein errer

umhin|können sep irr vi: **ich kann nicht umhin, das zu tun** je suis obligé(e) de le faire

um|hören sep vr: **sich ~** s'informer, se renseigner

Umkehr f (-) retour m; (Änderung) revirement m; **um|kehren** sep vi aux sein retourner ▪ vt retourner; (Reihenfolge) intervertir

um|kippen sep vt renverser ▪ vi aux sein se renverser; (Mensch) perdre l'équilibre; (fam: Meinung ändern) changer d'idée; (fam: ohnmächtig werden) tomber dans les pommes

Umkleidekabine f cabine f; **Umkleideraum** m vestiaire m

um|kommen sep irr vi aux sein mourir, périr

Umkreis m voisinage m, environs mpl; **im ~ von** dans un rayon de; **umkreisen** (pp **umkreist**) vt tourner autour de

um|krempeln sep vt (Ärmel) retrousser; (Strümpfe, Tasche) retourner; (fig) changer de A à Z

um|laden sep irr vt (Last) transborder; (Wagen) recharger

Umlage f participation f aux frais

Umlauf m (Geldumlauf) circulation f; (von Gestirn) révolution f; **Umlaufbahn** f orbite f

Umlaut m tréma m, voyelle f infléchie

um|legen sep vt (Kosten) partager; (fam: töten) descendre

um|leiten sep vt (Fluss) détourner; (Verkehr) dévier; **Umleitung** f déviation f

um|lernen sep vi se recycler; (umdenken) revoir sa façon de penser

umliegend adj (Ortschaften) environnant(e)

Umluftherd m four m à chaleur tournante

Umnachtung f aliénation f mentale

umranden (pp **umrandet**) vt entourer

um|rechnen sep vt convertir; **Umrechnung** f change m, conversion f; **Umrechnungsgebühren** pl taxes fpl de conversion; **Umrechnungskurs** m cours m du change

umreißen (pp **umrissen**) irr vt exposer les grandes lignes de

umringen (pp **umringt**) vt entourer

Umriss m contour m

um|rühren sep vt remuer

ums kontr von **um das**

um|satteln sep vi (fam) changer de métier (auf +akk pour devenir)

Umsatz m ventes fpl, chiffre m d'affaires

um|schalten sep vi (auf anderes Programm) passer, changer de chaîne; (auf anderen Sender) changer de poste; (an anderen Ort) passer l'antenne; (Ampel) changer; **Umschalttaste** f touche f Majuscule

Umschau f: nach jdm/etw ~ halten chercher qn/qch (du regard); **um|schauen** sep vr: **sich ~** siehe **umsehen**

Umschlag m (Buchumschlag) couverture f; (Med) compresse f; (Briefumschlag) enveloppe f; (von Wetter) changement m; **um|schlagen** sep irr vi aux sein changer subitement ■ vt (Ärmel) retrousser; (Seite) tourner; (Waren) transborder; **Umschlagplatz** m (Com) lieu m de transbordement

um|schreiben sep irr vt (anders schreiben) transcrire; (neu) réécrire; (übertragen) transférer (auf +akk à)

umschreiben (pp umschrieben) irr vt (indirekt ausdrücken) paraphraser

um|schulden sep vt (Kredit) consolider

um|schulen sep vt recycler; **Umschulung** f reconversion f

umschwärmen (pp umschwärmt) vt voltiger autour de; (fig) courtiser

Umschweife pl: ohne ~ sans détours

Umschwung m revirement m

um|sehen sep irr vr: **sich ~** regarder autour de soi; (suchen) chercher (nach etw qch)

umseitig adv au verso

Umsicht f circonspection f, précaution f; **umsichtig** adj circonspect(e)

umso adv d'autant plus; **~ besser** tant mieux; **~ mehr** d'autant plus

umsonst adv en vain, inutilement; (gratis) gratuitement

um|springen sep irr vi aux sein (Wind) tourner; **mit jdm grob ~** être brusque avec qn

Umstand m circonstance f; (Faktor) facteur m; **Umstände** pl (Schwierigkeiten) difficultés fpl; **in anderen Umständen sein** être enceinte; **~ machen** faire des façons [o des histoires]; **machen Sie bitte keine ~** ne vous dérangez pas; **mildernde ~** circonstances fpl atténuantes; **umständlich** adj (Mensch) trop minutieux(-euse); (Methode) compliqué(e); (Ausdrucksweise) prolixe; **Umstandskleid** nt robe f de grossesse; **Umstandswort** nt adverbe m

um|steigen sep irr vi aux sein (Eisenbahn) changer (de train)

um|stellen sep vt changer de place; (Tech) régler ■ vr: **sich ~** s'adapter (auf +akk à); **Umstellung** f changement m; (Umgewöhnung) adaptation f

um|stimmen sep vt (jdn) faire changer d'avis

um|stoßen sep irr vt renverser

umstritten adj controversé(e)

Umsturz m renversement m (politique); **um|stürzen** sep vt renverser ■ vi aux sein tomber à la renverse, s'écrouler; (Wagen) se retourner; **umstürzlerisch** adj subversif(-ive)

Umtausch m échange m; (von Geld) conversion f, change m; **um|tauschen** sep vt échanger, changer

Umtriebe pl manigances fpl

UMTS nt (-) abk = **Universal Mobile Telecommunication System** UMTS m

um|tun sep irr vr: sich nach jdm/etw ~ (fam) être à la recherche de qn/qch

um|wandeln sep vt transformer

um|wechseln sep vt changer

Umweg m détour m

Umwelt f environnement m; **Umweltauflagen** pl règles fpl de respect de l'environnement, charge f écologique; **Umweltbeauftragte, r** mf délégué(e) à l'environnement; **Umweltbelastung** f incidence f sur l'environnement; **umweltbewusst** adj conscient(e) des problèmes d'environnement; **Umwelteinfluss** m influence f de l'environnement; **Umweltengel** m label m écologique; **umweltfeindlich** adj polluant(e); **umweltfreundlich** adj écologique, non polluant(e); **umweltgefährdend** adj nocif(-ive) [o dangereux(-euse)] pour l'environnement; **Umweltgift** nt produit m nocif pour l'environnement; **Umweltkatastrophe** f catastrophe f écologique; **Umweltkriminalität** f délits mpl (graves) en matière d'environnement; **Umweltpapier** nt papier m recyclé; **umweltschädlich** adj polluant(e); **Umweltschutz** m protection f de l'environnement, écologie f; **Umweltschützer, in** m(f) (-s, -) écologiste mf; **Umweltschutzorganisation** f organisation f pour la protection de l'environnement; **Umweltschutzpapier** nt papier m recyclé; **Umweltschutztechnik** f techniques fpl antinuisances, **Umweltsünder, in** m(f) pollueur(-euse); **Umwelttechnik** f technique f de l'environnement; **Umweltverschmutzung** f pollution f; **umweltverträglich** adj moins

[*o non*] polluant(e);
Umweltverträglichkeitsprüfung *f*
étude *f* de l'impact sur l'environnement
um|wenden *sep irr vt* tourner ■ *vr*:
sich ~ se retourner
umwerben (*pp* **umworben**) *irr vt*
courtiser
um|werfen *sep irr vt* renverser;
(*erschüttern*) bouleverser; (*Mantel*) jeter
sur ses épaules; **umwerfend** *adj* (*fam*)
renversant(e)
um|ziehen *sep irr vt* (*Kind*) changer
■ *vi aux sein* déménager ■ *vr*: **sich ~**
se changer
umzingeln (*pp* **umzingelt**) *vt*
encercler
Umzug *m* (*Prozession*) procession *f*;
(*Wohnungsumzug*) déménagement *m*
unabänderlich *adj* irrévocable
unabhängig *adj* indépendant(e);
Unabhängigkeit *f* indépendance *f*;
(*Pol*) autonomie *f*
unabkömmlich *adj* occupé(e)
unablässig *adj* incessant(e)
unabsehbar *adj* imprévisible
unabsichtlich *adj* involontaire
unabwendbar *adj* inéluctable
unachtsam *adj* distrait(e);
Unachtsamkeit *f* distraction *f*,
inattention *f*
unangebracht *adj* déplacé(e),
inopportun(e)
unangemessen *adj* inadéquat(e)
unangenehm *adj* désagréable;
Unannehmlichkeit *f* désagrément *m*,
ennui *m*
unansehnlich *adj* (*Sache*) insignifiant(e);
(*Mensch*) disgracieux(-euse)
unanständig *adj* indécent(e);
Unanständigkeit *f* grossièreté *f*
unappetitlich *adj* (*Essen*) peu
appétissant(e); (*unhygienisch*)
dégoûtant(e)
Unart *f* (*Angewohnheit*) mauvaise
habitude *f*; **unartig** *adj* désobéissant(e)
unauffällig *adj* discret(-ète)
unauffindbar *adj* introuvable
unaufgefordert *adj* (*Hilfe*) spontané(e)
■ *adv* spontanément
unaufhaltsam *adj* inéluctable
unaufhörlich *adj* incessant(e),
continuel(le)
unaufmerksam *adj* inattentif(-ive)
unaufrichtig *adj* insincère
unausgeglichen *adj* (*Mensch*) peu
équilibré(e)
unaussprechlich *adj* (*Name*)
imprononçable; (*Kummer*) indicible
unausstehlich *adj* insupportable
unausweichlich *adj* inévitable

unbändig *adj* (*Kind*) turbulent(e);
(*Freude*) pétulant(e)
unbarmherzig *adj* impitoyable
unbeabsichtigt *adj* involontaire
unbeachtet *adj* inaperçu(e)
unbedenklich *adj* (*ungefährlich*)
inoffensif(-ive) ■ *adv* (*bedenkenlos,
uneingeschränkt*) sans réserve
unbedeutend *adj* (*Summe*) insignifiant(e);
(*Fehler*) futile
unbedingt *adj* absolu(e) ■ *adv*
absolument; **musst du ~ gehen?**
dois-tu vraiment partir?
unbefangen *adj* spontané(e); (*Zeuge*)
impartial(e)
unbefriedigend *adj* peu satisfaisant(e);
unbefriedigt *adj* insatisfait(e)
unbefugt *adj* non autorisé(e)
unbegabt *adj* peu doué(e)
unbegreiflich *adj* incompréhensible
unbegrenzt *adj* illimité(e)
unbegründet *adj* sans fondement
Unbehagen *nt* malaise *m*, gêne *f*;
unbehaglich *adj* (*Wohnung*)
inconfortable; (*Gefühl*) désagréable
unbeholfen *adj* maladroit(e)
unbekannt *adj* inconnu(e); **unbekanntes
Flugobjekt** objet *m* volant non identifié
unbekümmert *adj* insouciant(e)
unbeliebt *adj* mal vu(e), peu aimé(e);
(*Maßnahmen*) impopulaire;
Unbeliebtheit *f* impopularité *f*
unbequem *adj* (*Stuhl*) inconfortable;
(*Mensch*) gênant(e)
unberechenbar *adj* (*Mensch, Verhalten*)
imprévisible
unberechtigt *adj* injuste; (*nicht erlaubt*)
non autorisé(e)
unberührt *adj* intact(e)
unbescheiden *adj* présomptueux(-euse);
(*Forderung*) exagéré(e)
unbeschreiblich *adj* indescriptible
unbesonnen *adj* irréfléchi(e)
unbeständig *adj* (*Mensch*) inconstant(e);
(*Wetter, Lage*) instable
unbestechlich *adj* incorruptible
unbestimmt *adj* indéfini(e), vague;
(*Zukunft*) incertain(e); **Unbestimmtheit** *f*
incertitude *f*
unbeteiligt *adj* (*uninteressiert*) neutre;
~ an étranger(-ère) à
unbeugsam *adj* inébranlable
unbewacht *adj* non gardé(e), sans
surveillance
unbeweglich *adj* (*Gerät*) fixe; (*Gelenk*)
immobile
unbewusst *adj* involontaire, inconscient(e)
unbrauchbar *adj* inutilisable
unbürokratisch *adj* (de façon) non
bureaucratique

uncool adj (sl) pas cool
und konj et; **~ so weiter** et cetera
Undank m ingratitude f; **undankbar** adj ingrat(e); **Undankbarkeit** f ingratitude f
undefinierbar adj indéfinissable
undenkbar adj inconcevable
Underscore m (-s, -s) caractère m underscore
Understatement nt (-s, -s) affirmation f en-dessous de la vérité
undeutlich adj (Schrift) illisible; (Erinnerung) vague, imprécis(e); (Sprache) incompréhensible
undicht adj qui fuit; **~ sein** fuir, avoir une fuite
Unding nt absurdité f, non-sens m
unduldsam adj intolérant(e)
undurchführbar adj irréalisable
undurchlässig adj imperméable, étanche
undurchsichtig adj (Material) opaque; (fig) louche
uneben adj accidenté(e)
unehelich adj (Kind) naturel(le), illégitime
uneigennützig adj désintéressé(e)
uneinig adj désuni(e), en désaccord; **Uneinigkeit** f désaccord m
uneins adj en désaccord
unempfindlich adj insensible; (Stoff) résistant(e); **Unempfindlichkeit** f insensibilité f
unendlich adj infini(e); **Unendlichkeit** f infinité f
unentbehrlich adj indispensable
unentgeltlich adj gratuit(e)
unentschieden adj: **~ enden** (Sport) faire match nul
unentschlossen adj irrésolu(e), indécis(e)
unentwegt adj constant(e)
unerbittlich adj inflexible
unerfahren adj inexpérimenté(e)
unerfreulich adj désagréable
unergründlich adj (Tiefe) insondable; (Wesen) impénétrable
unerheblich adj négligeable; **es ist ~, ob** il importe peu que +subj
unerhört adj (Frechheit) inouï(e); (Bitte) qui n'est pas exaucé(e)
unerklärlich adj inexplicable
unerlässlich adj (Bedingung) indispensable
unerlaubt adj illicite, non autorisé(e)
unermesslich adj immense
unermüdlich adj infatigable
unersättlich adj insatiable
unerschöpflich adj (Vorräte) inépuisable; (Geduld) immense, sans limites
unerschütterlich adj inébranlable
unerschwinglich adj inabordable
unerträglich adj insupportable

unerwartet adj inattendu(e)
unerwünscht adj (Besuch) importun(e); (in Gruppe) indésirable
unerzogen adj mal élevé(e)
UNESCO f (-) akr = **United Nations Educational, Scientific and Cultural Organization** UNESCO f
unfähig adj incapable (zu de); **Unfähigkeit** f incapacité f, inaptitude f
unfair adj injuste
Unfall m accident m; **Unfallflucht** f délit m de fuite; **Unfallgefahr** f danger m d'accident; **Unfallstelle** f lieu m de l'accident; **Unfallversicherung** f assurance f (contre les) accidents
unfassbar adj inconcevable
unfehlbar adj infaillible ■ adv à coup sûr, certainement; **Unfehlbarkeit** f infaillibilité f
unflätig adj grossier(-ière)
unfolgsam adj désobéissant(e)
unfrankiert adj non affranchi(e)
unfrei adj (Volk) asservi(e); (Leben) d'esclave; (Paket) non affranchi(e)
unfreiwillig adj involontaire
unfreundlich adj (Mensch) peu aimable, désagréable; (Wetter) maussade; **Unfreundlichkeit** f manque m d'amabilité
Unfriede(n) m discorde f
unfruchtbar adj stérile; (Boden) inculte; (Gespräche) infructueux(-euse); **Unfruchtbarkeit** f stérilité f
Unfug m (Benehmen) bêtises fpl; (Unsinn) non-sens m
Ungar, in m(f) (-n, -n) Hongrois(e); **ungarisch** adj hongrois(e)
Ungarn nt (-s) la Hongrie
ungeachtet präp +gen malgré, en dépit de
ungeahnt adj (Möglichkeiten) inespéré(e); (Talente) insoupçonné(e)
ungebeten adj (Gast) intrus(e); (Einmischung) importun(e)
ungebildet adj inculte
ungebräuchlich adj inusité(e)
ungedeckt adj (Scheck) sans provision
Ungeduld f impatience f; **ungeduldig** adj impatient(e)
ungeeignet adj inapproprié(e); (Mensch) incompétent(e)
ungefähr adj approximatif(-ive) ■ adv environ, à peu près
ungefährlich adj sans danger
ungehalten adj irrité(e), mécontent(e)
ungeheuer adj énorme ■ adv (fam) énormément; **Ungeheuer** nt (-s, -) monstre m; **ungeheuerlich** adj monstrueux(-euse)
ungehobelt adj (fig) grossier(-ière)
ungehörig adj inconvenant(e)

ungehorsam adj désobéissant(e), indocile; **Ungehorsam** m désobéissance f; **ziviler ~** désobéissance f du citoyen

ungeklärt adj (Frage) non éclairci(e); (Rätsel) non résolu(e)

ungeladen adj (Gewehr, Batterie) non chargé(e); (Gast) sans invitation

ungelegen adj (Besuch) importun(e); **das kommt mir sehr ~** cela me dérange beaucoup

ungelernt adj non qualifié(e)

ungelogen adv (fam) sans mentir

ungemein adv extrêmement

ungemütlich adj désagréable; (Haus, Stuhl) inconfortable; **hier ist es ~** on n'est pas bien ici

ungenau adj (Angabe) inexact(e); (Bezeichnung) imprécis(e); **Ungenauigkeit** f imprécision f

ungeniert adj sans gêne ■ adv sans se gêner

ungenießbar adj (Essen) immangeable; (fam: Mensch) insupportable

ungenügend adj insuffisant(e)

ungepflegt adj négligé(e)

ungerade adj (Zahl) impair(e)

ungerecht adj injuste; **ungerechtfertigt** adj injustifié(e); **Ungerechtigkeit** f injustice f

ungern adv de mauvaise grâce

ungeschehen adj: **das kann man nicht mehr ~ machen** c'est irréparable

Ungeschicklichkeit f maladresse f; **ungeschickt** adj maladroit(e)

ungeschminkt adj non maquillé(e); (Wahrheit) tout(e) nu(e)

ungesetzlich adj illégal(e)

ungestempelt adj (Briefmarke) non oblitéré(e)

ungestört adj en paix

ungestraft adv impuni(e)

ungestüm adj avec fougue; **Ungestüm** nt (-(e)s) impétuosité f

ungesund adj malsain(e); (Aussehen) maladif(-ive)

ungetrübt adj serein(e), sans nuage

Ungetüm nt (-(e)s, -e) monstre m

ungewiss adj incertain(e); **Ungewissheit** f incertitude f

ungewöhnlich adj exceptionnel(le)

ungewohnt adj inhabituel(le); (nicht vertraut) inaccoutumé(e)

Ungeziefer nt (-s) vermine f

ungezogen adj (Kind) mal élevé(e); **Ungezogenheit** f impertinence f, impolitesse f

ungezwungen adj sans contrainte, décontracté(e), relax(e)

ungläubig adj (Gesicht) incrédule

unglaublich adj incroyable

unglaubwürdig adj (Mensch) qui n'est pas digne de foi; (Aussage) peu vraisemblable; (Geschichte) invraisemblable; **sich ~ machen** perdre sa crédibilité

ungleich adj inégal(e) ■ adv infiniment; **ungleichartig** adj différent(e); **Ungleichheit** f inégalité f

Unglück nt malheur m; (Pech) malchance f; (Verkehrsunglück) accident m; **unglücklich** adj malheureux(-euse); **unglücklicherweise** adv malheureusement; **unglückselig** adj catastrophique, désastreux(-euse); (Mensch) malheureux(-euse); **Unglücksfall** m malheur m

ungültig adj (a. Inform) non valide; (Pass) périmé(e); **Ungültigkeit** f nullité f

ungünstig adj défavorable, peu propice

ungut adj (Gefühl) désagréable; **nichts für ~** ne le prenez pas mal

unhaltbar adj (Stellung) intenable; (Behauptung) insoutenable

Unheil nt désastre m, calamité f; (Unglück) malheur m; **~ anrichten** provoquer un malheur; **unheilvoll** adj funeste

unheimlich adj inquiétant(e) ■ adv (fam) énormément

unhöflich adj impoli(e); **Unhöflichkeit** f impolitesse f

unhygienisch adj pas hygiénique

uni adj inv uni(e)

Uni f (-, -s) fac f

UNICEF f (-) akr = United Nations International Childrens' Fund UNICEF f

Unicode-Format nt (Inform) format m unicode

Uniform f (-, -en) uniforme m; **uniformiert** adj en uniforme

uninteressant adj inintéressant(e)

Universität f université f

Universum nt (-s) univers m

unkenntlich adj méconnaissable

Unkenntnis f ignorance f

unklar adj (Bild) trouble, flou(e); (Text, Rede) confus(e); **über etw** akk **im Unklaren sein** ne pas être sûr(e) de qch; **Unklarheit** f manque m de clarté; (Unentschiedenheit) incertitude f

unklug adj imprudent(e)

Unkosten pl frais mpl; **Unkostenbeitrag** m participation f aux frais

Unkraut nt mauvaises herbes fpl; **Unkrautvernichtungsmittel** nt désherbant m, herbicide m

unlängst adv récemment

unlauter adj (Wettbewerb) déloyal(e)

unleserlich adj illisible

unlogisch adj illogique

unlösbar, unlöslich adj insoluble

Unlust f manque m d'enthousiasme;
unlustig adj maussade
unmäßig adj démesuré(e), excessif(-ive)
Unmenge f quantité f énorme
Unmensch m brute f, monstre m;
unmenschlich adj inhumain(e)
unmerklich adj imperceptible
unmissverständlich adj (Antwort)
catégorique; (Verhalten) sans équivoque
unmittelbar adj (Nähe) immédiat(e);
(Kontakt) direct(e)
unmöbliert adj non meublé(e)
unmöglich adj impossible;
Unmöglichkeit f impossibilité f
unmoralisch adj immoral(e)
Unmut m mauvaise humeur f
unnachgiebig adj (Material) rigide; (fig)
intransigeant(e)
unnahbar adj inabordable, inaccessible
unnötig adj inutile; **unnötigerweise** adv
inutilement
unnütz adj inutile
UNO f (-) akr = **Organisation der
Vereinten Nationen** ONU f
unordentlich adj (Mensch)
désordonné(e); (Arbeit) négligé(e);
(Zimmer) en désordre; **Unordnung** f
désordre m
unparteiisch adj impartial(e);
Unparteiische, r mf personne f neutre;
(beim Fußball) arbitre m
unpassend adj (Äußerung) mal à propos;
(Zeit) mal choisi(e)
unpässlich adj indisposé(e)
unpersönlich adj impersonnel(le)
unpolitisch adj apolitique
unpraktisch adj (Mensch) maladroit(e);
(Gerät) peu pratique
unproduktiv adj improductif(-ive)
unproportioniert adj mal
proportionné(e)
unpünktlich adj qui n'est pas ponctuel(le)
unrationell adj (Betrieb) peu productif(-ive)
unrecht adj (Gedanken) mauvais(e);
~ **haben** avoir tort; **Unrecht** nt injustice f;
zu ~ à tort; **im ~ sein** avoir tort;
unrechtmäßig adj (Besitz) illégitime,
illégal(e)
unregelmäßig adj irrégulier(-ière);
(Leben) déréglé(e); **Unregelmäßigkeit** f
irrégularité f
unreif adj pas mûr(e)
unrentabel adj qui n'est pas rentable
unrichtig adj incorrect(e)
Unruh f (-, -en) (von Uhr) balancier m
Unruhe f agitation f, inquiétude f;
Unruhestifter, in m(f) (-s, -) agitateur(-
trice); **unruhig** adj inquiet(-ète), agité(e);
(Gegend) bruyant(e); (Meer) agité(e),
houleux(-euse)

uns pron dat, akk von **wir** nous
unsachlich adj subjectif(-ive); (persönlich)
personnel(le)
unsagbar, unsäglich adj indicible
unsanft adj brutal(e), rude; (Erwachen)
brusque
unsauber adj malpropre, sale; (fig)
malhonnête
unschädlich adj inoffensif(-ive); **jdn ~
machen** mettre qn hors d'état de nuire
unscharf adj (Konturen) indistinct(e);
(Bild) flou(e)
unscheinbar adj (Mensch) modeste;
(Pflanze) simple
unschlagbar adj imbattable
unschlüssig adj indécis(e)
Unschuld f innocence f; (von Mädchen)
virginité f; **unschuldig** adj innocent(e)
unselbstständig adj dépendant(e)
unser pron (adjektivisch) notre; (pl) nos
◼ pron gen von **wir** de nous; **unsere, r, s**
pron (substantivisch) le (la) nôtre; (pl) les
nôtres; **unsererseits** adv de notre côté;
unseresgleichen pron des gens comme
nous; **unseretwegen** adv (für uns) pour
nous; (von uns aus) en ce qui nous
concerne; (wegen uns) à cause de nous
unsicher adj (Ausgang) incertain(e);
(Mensch) qui manque d'assurance;
Unsicherheit f (Ungewissheit) incertitude
f; (von Auftreten) manque m d'assurance
unsichtbar adj invisible; **Unsichtbarkeit**
f invisibilité f
Unsinn m bêtises fpl; (Nonsens) absurdité
f; ~ **sein** être absurde; **unsinnig** adj (Plan,
Idee) insensé(e); (Gerede) inepte ◼ adv
(fam) terriblement; (hoch, teuer)
scandaleusement
Unsitte f mauvaise habitude f
unsittlich adj immoral(e); **Unsittlichkeit**
f indécence f
unsportlich adj peu sportif(-ive)
unsre, r, s kontr von **unsere(r, s)**
unsre kontr von **unsere**
unsretwegen adv (für uns) pour nous;
(wegen uns) à cause de nous
unsterblich adj immortel(le); ~ **verliebt**
éperdument amoureux(-euse);
Unsterblichkeit f immortalité f
Unstimmigkeit f discordance f; (Streit)
désaccord m
unsympathisch adj antipathique
untätig adj inactif(-ive)
untauglich adj incapable; (Mil) inapte;
Untauglichkeit f inaptitude f
unteilbar adj indivisible
unten adv (en) dessous; (im Haus, an Leiter,
Treppe) en bas; **nach ~** vers le bas, en bas;
ich bin bei ihm ~ durch (fam) je ne suis
plus rien pour lui

unter *präp* +*akk* sous; (*zwischen, bei*) parmi ▓ *präp* +*dat* sous; (*bei Zahlen, Beträgen*) en dessous de; (*zwischen, bei*) parmi, au milieu de; **sie wohnen ~ mir** ils habitent en dessous de chez moi; **~ dem heutigen Datum** en date d'aujourd'hui; **~ jds Leitung/Herrschaft** sous la direction/ la domination de qn; **~ Willy Brandt** lorsque Willy Brandt était au gouvernement; **~ Schwierigkeiten/ Protest** avec difficulté/des protestations; **~ Lachen** en riant; **~ anderem** entre autres; **~ uns gesagt** soit dit entre nous

Unterabteilung *f* subdivision *f*

Unterarm *m* avant-bras *m*

unterbelichten (*pp* **unterbelichtet**) *vt* (*Foto*) sous-exposer

Unterbewusstsein *nt* subconscient *m*

unterbezahlt *adj* sous-payé(e)

unterbieten (*pp* **unterboten**) *irr vt* (*Com*) vendre moins cher

unterbinden (*pp* **unterbunden**) *irr vt* (*fig*) empêcher

Unterbodenschutz *m* (*Auto*) couche *f* antirouille

unterbrechen (*pp* **unterbrochen**) *irr vt* interrompre; (*Kontakt*) couper; **Unterbrechung** *f* interruption *f*; **Unterbrechungsbefehl** *m* (*Inform*) instruction *f* de rupture; **Unterbrechungstaste** *f* (*Inform*) touche *f* Pause

unter|bringen *sep irr vt* trouver de la place pour; (*in Koffer*) ranger; (*in Zeitung*) publier; (*in Hotel*) loger; (*beruflich*) trouver une place pour, placer

unterdessen *adv* entre-temps

Unterdruck *m* (*pl* **Unterdrücke**) basse pression *f*

unterdrücken (*pp* **unterdrückt**) *vt* (*Gefühle, Aufstand*) réprimer; (*Leute*) opprimer; (*Gähnen*) étouffer; **Unterdrückung** *f* oppression *f*

untere, r, s *adj* inférieur(e)

untereinander *adv* (*unter uns*) entre nous; (*unter euch*) entre vous; (*unter sich*) entre eux (elles)

unterentwickelt *adj* sous-développé(e)

unterernährt *adj* sous-alimenté(e); **Unterernährung** *f* sous-alimentation *f*

Unterführung *f* passage *m* souterrain

Untergang *m* (*Naut*) naufrage *m*; (*von Staat*) fin *f*, chute *f*; (*von Kultur*) déclin *m*; (*von Gestirn*) coucher *m*

untergeben *adj* subordonné(e)

unter|gehen *sep irr vi aux sein* (*Naut*) couler; (*Sonne*) se coucher; (*Staat*) s'effondrer; (*Volk*) périr; (*im Lärm*) se perdre

Untergeschoss *nt* sous-sol *m*

untergliedern (*pp* **untergliedert**) *vt* subdiviser

Untergrund *m* sous-sol *m*; (*Pol*) clandestinité *f*; **Untergrundbahn** *f* métro *m*; **Untergrundbewegung** *f* mouvement *m* clandestin

unterhalb *adv, präp* +*gen* en dessous (de)

Unterhalt *m* entretien *m*; **unterhalten** (*pp* ~) *irr vt* entretenir; (*belustigen*) divertir ▓ *vr*: **sich ~** (*sprechen*) s'entretenir; (*sich amüsieren*) se divertir; **unterhaltend** *adj* divertissant(e); **unterhaltsam** *adj* divertissant(e), amusant(e); **Unterhaltspflicht** *f* obligation *f* de payer une pension alimentaire; **unterhaltspflichtig** *adj* tenu(e) de payer une pension alimentaire; **Unterhaltszahlung** *f* pension *f* alimentaire; **Unterhaltung** *f* (*Gespräch*) entretien *m*; (*Belustigung*) distraction *f*; **Unterhaltungselektronik** *f* électronique *f* de divertissement; **Unterhaltungsindustrie** *f* industrie *f* des loisirs

Unterhändler, in *m(f)* négociateur(-trice), médiateur(-trice)

Unterhemd *nt* tricot *m* (de corps), sous-vêtement *m*

Unterhose *f* slip *m*

unterirdisch *adj* souterrain(e)

Unterkiefer *m* mâchoire *f* inférieure

unter|kommen *sep irr vi aux sein* trouver à se loger; (*Arbeit finden*) trouver du travail; **das ist mir noch nie untergekommen** je n'ai encore jamais vu ça

Unterkunft *f* (-, -**künfte**) logement *m*

Unterlage *f* (*Beleg*) document *m*; (*Schreibtischunterlage*) sous-main *m*

unterlassen (*pp* ~) *irr vt* (*versäumen*) manquer, laisser; (*sich enthalten*) s'abstenir de

unterlegen *adj* inférieur(e); (*besiegt*) vaincu(e)

Unterleib *m* bas-ventre *m*

unterliegen (*pp* **unterlegen**) *irr vi aux sein*; **jdm ~** être vaincu(e) par qn; (*unterworfen*) être soumis(e) à qn

Untermenü *nt* (*Inform*) sous-menu *m*

Untermiete *f*: **zur ~ wohnen** être sous-locataire; **Untermieter, in** *m(f)* sous-locataire *mf*

unternehmen (*pp* **unternommen**) *irr vt* entreprendre; **Unternehmen** *nt* (-**s**, -) entreprise *f*; **Unternehmensberater, in** *m(f)* conseil *m* d'entreprise, consultant(e) en entreprise; **Unternehmer, in** *m(f)* (-**s**, -) entrepreneur(-euse); **unternehmungslustig** *adj* entreprenant(e)

Unterredung *f* entrevue *f*, entretien *m*

Unterricht m (-(e)s) cours m;
unterrichten (pp **unterrichtet**) vt
instruire; (Sch) enseigner ▪ vr: **sich ~**
se renseigner (über +akk sur);
Unterrichtsfach f matière f
Unterrock m jupon m
untersagen (pp **untersagt**) vt: **jdm etw
~** interdire qch à qn
unterschätzen (pp **unterschätzt**) vt
sous-estimer
unterscheiden (pp **unterschieden**) irr vt
distinguer ▪ vr: **sich ~** différer (von de);
Unterscheidung f distinction f
Unterschied m (-(e)s, -e) différence f;
im ~ zu à la différence de, contrairement
à; **unterschiedlich** adj différent(e);
unterschiedslos adv indifféremment,
sans distinction
unterschlagen (pp **~**) irr vt (Geld)
détourner; (verheimlichen) cacher;
Unterschlagung f détournement m
Unterschlupf m (-(e)s, -e) abri m, refuge
m; (Versteck) cachette f
unterschreiben (pp **unterschrieben**)
irr vt signer
Unterschrift f signature f
Unterseeboot nt sous-marin m
Untersetzer m (-s, -) dessous-de-plat m;
(für Glaser) dessous-de-verre m
untersetzt adj (Gestalt) râblé(e)
unterste, r, s adj inférieur(e), le (la) plus
bas(se)
unterstehen (pp **unterstanden**) irr vi:
jdm ~ être sous les ordres de qn ▪ vr:
sich ~, etw zu tun oser faire qch
unter|stellen sep vt (Fahrzeug) mettre à
l'abri [o au garage] ▪ vr: **sich ~** se mettre
à l'abri
unterstellen (pp **unterstellt**) vt: **jdm etw
~** (von ihm behaupten) imputer qch à qn
unterstreichen (pp **unterstrichen**) irr vt
souligner
Unterstrich m (Inform) caractère m
underscore
Unterstufe f degré m inférieur
unterstützen (pp **unterstützt**) vt
(moralisch) soutenir; (finanziell) aider,
subventionner; **Unterstützung** f soutien
m, aide f; (Zuschuss) aide f financière
untersuchen (pp **untersucht**) vt
examiner; (Polizei) enquêter sur;
Untersuchung f examen m, enquête f;
Untersuchungsausschuss m
commission f d'enquête;
Untersuchungshaft f détention f
préventive
Untertan, in m(f) (-s, -en) sujet(te);
untertänig adj soumis(e)
Untertasse f soucoupe f; **fliegende ~**
soucoupe volante

unter|tauchen sep vi aux sein plonger;
(fig) disparaître
Unterteil nt o m partie f inférieure, bas m
unterteilen (pp **unterteilt**) vt subdiviser
Untertitel m sous-titre m
untertreiben (pp **untertrieben**) vt
minimiser
Unterverzeichnis nt (Inform) sous-
répertoire m
unterwandern (pp **unterwandert**) vt
(Pol) noyauter
Unterwäsche f sous-vêtements mpl
unterwegs adv en route
unterweisen (pp **unterwiesen**) irr vt
instruire
Unterwelt f (Mythologie) enfers mpl;
(Verbrecher) milieu m
unterwerfen (pp **unterworfen**) irr vt
(Volk) soumettre ▪ vr: **sich ~** se
soumettre
unterwürfig adj soumis(e)
unterzeichnen (pp **unterzeichnet**) vt
signer
unterziehen (pp **unterzogen**) irr vt: **jdn
einer Sache** dat **~** soumettre qn à qch
▪ vr: **sich einer Untersuchung** dat **~** se
soumettre à un examen; **sich einer
Prüfung** dat **~** subir un examen
untreu adj infidèle; **Untreue** f infidélité f
untröstlich adj inconsolable
Untugend f mauvaise habitude f
untypisch adj atypique
unüberlegt adj irréfléchi(e)
unübersehbar adj (Fehler, Schaden)
évident(e); (Menge) immense
unübersichtlich adj (Liste, Grafik) peu
clair(e); (Lage, Verhältnisse) confus(e)
unumgänglich adj inévitable
unumwunden adj direct(e)
ununterbrochen adj (Folge) continu(e);
(Regen) ininterrompu(e)
unveränderlich adj immuable;
unverändert adj inchangé(e)
unverantwortlich adj irresponsable
unverbesserlich adj incorrigible
unverbindlich adj (Com) sans
engagement, sans obligation
unverbleit adj sans plomb
unverblümt adj cru(e), direct(e) ▪ adv
crûment, directement
unverdaulich adj indigeste
unverdorben adj intègre
unvereinbar adj incompatible
unverfänglich adj anodin(e)
unverfroren adj effronté(e)
unvergesslich adj inoubliable
unverkennbar adj indubitable,
évident(e)
unvermeidlich adj inévitable
unvermutet adj inattendu(e)

unvernünftig adj (Mensch)
déraisonnable; (Entscheidung) insensé(e)
unverschämt adj (Mensch)
impertinent(e), insolent(e); (Preise)
exorbitant(e); **Unverschämtheit** f
insolence f
unversehrt adj sain(e) et sauf (sauve),
intact(e)
unversöhnlich adj irréconciliable,
implacable
unverständlich adj incompréhensible
unverträglich adj (Stoffe) qui ne vont pas
ensemble; (Meinungen) incompatible,
inconciliable
unverwüstlich adj très résistant(e);
(Humor) imperturbable
unverzeihlich adj impardonnable
unverzüglich adj immédiat(e)
unvollkommen adj imparfait(e);
unvollständig adj incomplet(-ète)
unvorbereitet adj non préparé(e),
improvisé(e)
unvoreingenommen adj non prévenu(e)
unvorhergesehen adj imprévu(e)
unvorsichtig adj imprudent(e)
unvorstellbar adj inimaginable,
inconcevable
unvorteilhaft adj peu avantageux(-euse)
unwahr adj faux (fausse)
unwahrscheinlich adj invraisemblable
■ adv (fam) très; **Unwahrscheinlichkeit**
f invraisemblance f
unweigerlich adj inéluctable ■ adv
immanquablement, à coup sûr
Unwesen nt (Unfug) méfaits mpl; **an
einem Ort sein ~ treiben** causer des
troubles quelque part
unwesentlich adj peu important(e)
Unwetter nt mauvais temps m, tempête f
unwichtig adj sans importance
unwiderlegbar adj (Beweis) irréfutable
unwiderruflich adj irrévocable
unwiderstehlich adj irrésistible
Unwille(n) m mécontentement m;
unwillig adj indigné(e), mécontent(e);
(widerwillig) rétif(-ive), récalcitrant(e)
unwillkürlich adj (Reaktion) spontané(e),
involontaire ■ adv involontairement
unwirklich adj irréel(le)
unwirksam adj inefficace
unwirsch adj brusque, impoli(e)
unwirtlich adj (Gegend) inhospitalier(-ière),
peu accueillant(e)
unwirtschaftlich adj (Verfahren) non
rentable
unwissend adj ignorant(e);
Unwissenheit f ignorance f
unwissenschaftlich adj peu scientifique
unwohl adj: jdm ist es ~ qn ne se sent pas
bien; **Unwohlsein** nt (-s) indisposition f

unwürdig adj indigne (jds de qn)
unzählig adj innombrable
unzerbrechlich adj incassable
unzerstörbar adj indestructible
unzertrennlich adj inséparable
Unzucht f attentat f à la pudeur;
unzüchtig adj obscène
unzufrieden adj mécontent(e),
insatisfait(e); **Unzufriedenheit** f
mécontentement m, insatisfaction f
unzulänglich adj insuffisant(e)
unzulässig adj inadmissible
unzurechnungsfähig adj irresponsable
unzusammenhängend adj incohérent(e)
unzutreffend adj inexact(e)
unzuverlässig adj peu sûr(e)
unzweideutig adj sans équivoque
Update nt (-s, -s), **Upgrade** nt (-s, -s)
(Inform) dernière version f
uploaden (pp **geuploadet** o **upgeloadet**)
vt (Inform) télécharger vers l'amont
üppig adj (Frau, Busen) plantureux(-euse);
(Essen) copieux(-euse); (Vegetation)
abondant(e)
Ur- in zW (erste) premier(-ière);
(ursprünglich) original(le)
Ural m (-s) Oural m
uralt adj très vieux (vieille)
Uran nt (-s) uranium m
Uraufführung f première f;
Ureinwohner, in m(f) aborigène mf;
Urenkel, in m(f) arrière-petit-fils m,
arrière-petite-fille f
urgieren (pp **urgiert**) vt (A) insister
Urgroßmutter f arrière-grand-mère f;
Urgroßvater m arrière-grand-père m
Urheber, in m(f) (-s, -) instigateur(-trice);
(Verfasser) auteur m
Uri nt (-s) l'Uri m
urig adj (Mensch) farfelu(e), original(e)
Urin m (-s, -e) urine f
urkomisch adj (fam) très drôle
Urkunde f (-, -n) document m;
Urkundenfälschung f faux m;
urkundlich adj écrit(e) ■ adv avec
document à l'appui
URL f (-, -s) abk = **Uniform Resource
Locator** adresse f URL
Urlaub m (-(e)s, -e) vacances fpl; (für
Arbeitnehmer) congé m; (Mil) permission f;
Urlauber, in m(f) (-s, -) vacancier(-ière)
Urmensch m homme m préhistorique
Urne f (-, -n) urne f
Ursache f cause f
Ursprung m origine f; (von Fluss) source f;
ursprünglich adj (Form) originel(le);
(Plan) initial(e)
Urteil nt (-s, -e) jugement m; (Jur) sentence
f, verdict m; **urteilen** vi juger;
Urteilsspruch m sentence f

Uruguay nt (**-(s)**) l'Uruguay m;
Uruguayer, in m(f) (**-s, -**) Uruguayen(ne);
uruguayisch adj uruguayen(ne)
Urwald m forêt f vierge; **Urzeit** f ère f
préhistorique
USA pl les Etats-Unis mpl
Usbekistan nt (**-s**) l'Ouzbékistan m
User, in m(f) (**-s, -**) (Inform)
utilisateur(-trice)
usw. abk = **und so weiter** etc
Utensilien pl ustensiles mpl
Utopie f utopie f; **utopisch** adj utopique

V, v nt (**-, -**) V, v m
vag, e adj vague
Vagina f (**-, Vaginen**) vagin m
Vakuum nt (**-s, Vakuen** o **Vakua**) vide m;
vakuumverpackt adj emballé(e)
sous vide
Vampir m (**-s, -e**) vampire m
Vandalismus m vandalisme m
Vanille f (**-**) vanille f; **Vanillestange** f
gousse f de vanille
Variation f variation f; **variieren**
(pp **variiert**) vt, vi varier
Vase f (**-, -n**) vase m
Vater m (**-s, Väter**) père m;
Vaterland nt (**-(e)s**) patrie f; **väterlich** adj
paternel(le); **väterlicherseits** adv du
côté paternel; **Vaterschaft** f paternité f;
Vaterunser nt (**-s, -**) Notre Père m
Vati m (**-s, -s**) (fam) papa m
Vatikan m (**-s**): **der ~** le Vatican
v. Chr. abk = **vor Christus** av. J.-C.
Veganer, in m(f) (**-s, -**) végétalien(ne)
Vegetarier, in m(f) (**-s, -**) végétarien(ne);
vegetarisch adj végétarien(ne)
vegetieren (pp **vegetiert**) vi végéter
vehement adj véhément(e)
Veilchen nt violette f
Velo nt (**-s, -s**) (CH) vélo m
Vene f (**-, -n**) veine f
Venedig nt (**-s**) Venise

Venezolaner, in m(f) (**-s, -**)
Vénézuélien(ne); **venezolanisch** adj
vénézuélien(ne)
Venezuela nt (**-s**) le Venezuela
Ventil nt (**-s, -e**) soupape f, valve f
Ventilator m ventilateur m
verabreden (pp **verabredet**) vt fixer,
convenir de ◼ vr: **sich ~** prendre (un)
rendez-vous (mit jdm avec qn);
Verabredung f accord m; (Treffen)
rendez-vous m
verabscheuen (pp **verabscheut**) vt
détester
verabschieden (pp **verabschiedet**) vt
(Gäste) prendre congé de; (entlassen)
congédier, licencier; (Gesetz) adopter,
voter ◼ vr: **sich ~** prendre congé
(von de); **Verabschiedung** f
(von Menschen) adieux mpl; (Feier)
réception f d'adieu; (von Gesetz)
adoption f
verachten (pp **verachtet**) vt mépriser;
das ist nicht zu ~ (fig) ce n'est pas
négligeable; **verächtlich** adj
dédaigneux(-euse), méprisant(e);
Verachtung f mépris m, dédain m
verallgemeinern (pp **verallgemeinert**)
vt généraliser; **Verallgemeinerung** f
généralisation f
veralten (pp **veraltet**) vi aux sein vieillir,
tomber en désuétude; **veraltet** adj
vieilli(e), démodé(e)
Veranda f (**-, Veranden**) véranda f
veränderlich adj variable, changeant(e);
Veränderlichkeit f variabilité f
verändern (pp **verändert**) vt transformer
◼ vr: **sich ~** changer; **Veränderung** f
changement m
verängstigt adj intimidé(e)
verankern (pp **verankert**) vt (Schiff: fig)
ancrer
veranlagt adj: **künstlerisch ~ sein** être
doué(e) pour les arts; **Veranlagung** f
don m, disposition f
veranlassen (pp **veranlasst**) vt
occasionner, causer; **sich veranlasst
sehen, etw zu tun** être obligé(e) de faire
qch; **was veranlasste ihn dazu?** qu'est-ce
qui l'a poussé à faire cela?; **Veranlassung**
f cause f, motif m; **auf jds ~ akk (hin)** à
l'instigation de qn
veranschaulichen (pp **veranschaulicht**)
vt illustrer
veranschlagen (pp **veranschlagt**) vt
(Kosten) estimer
veranstalten (pp **veranstaltet**) vt
organiser; (fam: Krach) faire;
Veranstalter, in m(f) (**-s, -**)
organisateur(-trice); **Veranstaltung** f
(kulturelle, sportliche) manifestation f;

Veranstaltungskalender m calendrier m
des manifestations
verantworten (pp **verantwortet**) vt
répondre de, être responsable de ◼ vr:
sich für etw ~ répondre de qch;
verantwortlich adj responsable;
Verantwortung f responsabilité f;
die ~ für etw tragen être responsable
de qch; **verantwortungsbewusst** adj
responsable; **verantwortungslos** adj
irresponsable
verarbeiten (pp **verarbeitet**) vt travailler;
(geistig) assimiler; (Inform) traiter; **etw zu
etw ~** travailler qch pour en faire qch;
Verarbeitung f (Art und Weise) finition f;
(Bewältigung) assimilation f
verärgern (pp **verärgert**) vt fâcher
verarzten (pp **verarztet**) vt soigner
verausgaben (pp **verausgabt**) vr: **sich ~**
(finanziell) trop dépenser; (fig) se donner
à fond
veräußern (pp **veräußert**) vt céder
Verb nt (**-s, -en**) verbe m
Verband m (pl **Verbände**) (Med)
pansement m, bandage m; (Bund)
association f; **Verband(s)kasten** m boîte
f à pansements; **Verbandstoff** m
pansement m; **Verband(s)zeug** nt
pansements mpl
verbannen (pp **verbannt**) vt bannir,
proscrire; **Verbannung** f
bannissement m
verbarrikadieren (pp **verbarrikadiert**)
vt barricader ◼ vr: **sich ~** se barricader
verbergen (pp **verborgen**) irr vt
dissimuler ◼ vr: **sich ~** se cacher
verbessern (pp **verbessert**) vt (besser
machen) améliorer; (berichtigen) corriger,
rectifier ◼ vr: **sich ~** s'améliorer;
Verbesserung f amélioration f,
correction f
verbeugen (pp **verbeugt**) vr: **sich ~**
s'incliner; **Verbeugung** f révérence f
verbiegen (pp **verbogen**) irr vt déformer,
tordre
verbieten (pp **verboten**) irr vt défendre,
interdire; **jdm den Mund ~** faire taire qn
verbilligt adj au rabais, à prix réduit
verbinden (pp **verbunden**) irr vt relier;
(Menschen) lier; (kombinieren) combiner;
(Med) panser; (Tel) passer; **etw mit etw ~**
associer qch à qch; (ich bin) **falsch
verbunden** (Tel) je me suis trompé(e) de
numéro; (**Sie sind) falsch verbunden**
vous avez composé un faux numéro
◼ vr: **sich ~** s'unir; (Chem) se combiner;
siehe auch **verbunden**
verbindlich adj (bindend) obligatoire;
(freundlich) obligeant(e); **Verbindlichkeit**
f obligation f; (Höflichkeit) obligeance f;

Verbindlichkeiten pl (Schulden) obligations fpl

Verbindung f (von Orten) liaison f; (Beziehung) relation f, rapport m; (Zugverbindung etc) communication f; (Chem) composé m; (Studentenverbindung) corporation f

verbissen adj (Kampf, Gegner) acharné(e); (Gesichtsausdruck) tendu(e)

verbitten (pp **verbeten**) irr vt: **sich** dat **etw ~** ne pas tolérer qch

verbittern (pp **verbittert**) vt aigrir ◼ vi aux sein s'aigrir

verblassen (pp **verblasst**) vi aux sein pâlir; (Farbe) passer

Verbleib m (-(e)s) endroit m où se trouve qch ou qn; **verbleiben** (pp **verblieben**) irr vi aux sein (bleiben) rester, demeurer; **wir ~ dabei** nous en restons là

verbleit adj contenant du plomb

Verblendung f (fig) aveuglement m

verblöden (pp **verblödet**) vi aux sein devenir complètement abruti(e)

verblüffen (pp **verblüfft**) vt épater, ébahir; **Verblüffung** f stupéfaction f, ébahissement m

verblühen (pp **verblüht**) vi aux sein se faner

verbluten (pp **verblutet**) vi aux sein mourir d'une hémorragie

verbohrt adj obstiné(e), têtu(e)

verborgen adj (a. Inform) caché(e)

Verbot nt (-(e)s, -e) interdiction f, défense f; **verboten** adj interdit(e), défendu(e); **Rauchen ~** interdiction [o défense] de fumer; **verbotenerweise** adv en dépit de l'interdiction; **Verbotsschild** nt panneau m d'interdiction

Verbrauch m (-(e)s) consommation f; **verbrauchen** (pp **verbraucht**) vt consommer; (Geld, Kraft) dépenser; **Verbraucher, in** m(f) (-s, -) consommateur(-trice); **Verbraucherzentrale** f institut m national de la consommation

verbraucht adj usé(e); (Luft) vicié(e)

verbrechen (pp **verbrochen**) irr vt commettre, faire; **Verbrechen** nt (-s, -) crime m; **Verbrecher, in** m(f) criminel(le); **verbrecherisch** adj criminel(le)

verbreiten (pp **verbreitet**) vt répandre, propager ◼ vr: **sich ~** se répandre; **sich über etw** akk **~** s'étendre sur qch

verbreitern (pp **verbreitert**) vt élargir

Verbreitung f propagation f

verbrennen (pp **verbrannt**) irr vt brûler; (Leiche) incinérer ◼ vi aux sein brûler; **Verbrennung** f (von Papier) combustion f; (von Leiche) incinération f; (Med) brûlure f;

Verbrennungsmotor m moteur m à explosion

verbringen (pp **verbracht**) irr vt passer

verbrüdern vr: **sich ~** fraterniser; **Verbrüderung** f fraternisation f

verbrühen (pp **verbrüht**) vr: **sich ~** s'ébouillanter

verbuchen (pp **verbucht**) vt enregistrer; (fig: Erfolg) avoir à son actif

Verbund m association f

verbunden adj lié(e); **jdm ~ sein** (dankbar) être obligé(e) à qn; siehe auch **verbinden**

verbünden (pp **verbündet**) sich **~** s'allier (mit à, avec)

Verbundenheit f attachement m; **Verbündete, r** mf allié(e), confédéré(e)

verbürgen (pp **verbürgt**) vr: **sich ~ für** se porter garant(e) de, répondre de

verbüßen (pp **verbüßt**) vt: **eine Strafe ~** purger une peine

verchromt adj chromé(e)

Verdacht m (-(e)s, -e o Verdächte) soupçon m; **verdächtig** adj suspect(e); **verdächtigen** (pp **verdächtigt**) vt soupçonner; **jdn des Mordes ~** soupçonner qn de meurtre

verdammen (pp **verdammt**) vt condamner; **verdammt** adj (fam) sacré(e) ◼ adv (fam) sacrément; **~ noch mal!** nom de Dieu!

verdampfen (pp **verdampft**) vi aux sein s'évaporer

verdanken (pp **verdankt**) vt: **jdm etw ~** devoir qch à qn

verdarb imperf von **verderben**

verdauen (pp **verdaut**) vt digérer; **verdaulich** adj: **schwer/leicht ~** indigeste/digestible; **Verdauung** f digestion f

Verdeck nt (-(e)s, -e) (Auto) capote f; (Naut) pont m supérieur

verdecken (pp **verdeckt**) vt cacher, masquer

verdenken (pp **verdacht**) irr vt: **jdm etw nicht ~ können** ne pas pouvoir tenir rigueur de qch à qn

verderben (**verdarb, verdorben**) vt (ruinieren) détruire; (Augen) abîmer; (Vergnügen, Tag, Spaß) gâcher; (moralisch) corrompre, pervertir; **sich** dat **den Magen ~** se payer une indigestion; **es mit jdm ~** perdre les bonnes grâces de qn ◼ vi aux sein (Essen) pourrir, s'avarier; **Verderben** nt (-s) (moralisch) perte f; **verderblich** adj (Einfluss) nocif(-ive), pernicieux(-euse); (Lebensmittel) périssable; **verderbt** adj corrompu(e); **Verderbtheit** f dépravation f

verdeutlichen (*pp* **verdeutlicht**) *vt* rendre clair(e), élucider

verdichten (*pp* **verdichtet**) *vt* condenser; (*Chem*) concentrer ■ *vr*: **sich ~** se condenser

verdienen (*pp* **verdient**) *vt* mériter; (*Geld*) gagner; **Verdienst** *m* (**-(e)s, -e**) (*Geld*) revenus *mpl*; (*Gewinn*) bénéfice *m*, profit *m* ■ *nt* (**-(e)s, -e**) (*Leistung*) mérite(s) *m(pl)*; **verdient** *adj* mérité(e); (*Mensch*) émérité(e); **sich um etw ~ machen** bien mériter de qch

verdoppeln (*pp* **verdoppelt**) *vt* doubler; **Verdopp(e)lung** *f* redoublement *m*

verdorben *pp von* **verderben** ■ *adj* (*Essen*) avarié(e); (*ruiniert*) gâché(e); (*moralisch*) dépravé(e)

verdorren (*pp* **verdorrt**) *vi aux sein* se dessécher

verdrängen (*pp* **verdrängt**) *vt* (*Gedanken*) refouler; (*jdn*) éclipser; **Verdrängung** *f* refoulement *m*

verdrehen (*pp* **verdreht**) *vt* (*Augen*) rouler; (*Tatsachen*) fausser, dénaturer; **jdm den Kopf ~** tourner la tête à qn

verdreifachen (*pp* **verdreifacht**) *vt* tripler

verdrießlich *adj* renfrogné(e)

verdrossen *adj* contrarié(e)

verdrücken (*pp* **verdrückt**) *vt* (*fam: Kleidung*) chiffonner, froisser; (*fam: Essen*) avaler ■ *vr*: **sich ~** (*fam*) s'esquiver

Verdruss *m* (**-es, -e**) contrariété *f*

verduften (*pp* **verduftet**) *vi aux sein* (*Aroma*) perdre son arôme; (*fam: verschwinden*) se volatiliser, ficher le camp

verdummen (*pp* **verdummt**) *vt* abêtir ■ *vi aux sein* s'abêtir

verdunkeln (*pp* **verdunkelt**) *vt* (*Raum*) obscurcir; (*Tat*) camoufler ■ *vr*: **sich ~** (*Himmel*) s'assombrir; **Verdunk(e)lung** *f* obscurcissement *m*; **Verdunk(e)lungsgefahr** *f* (*Jur*) danger *m* de suppression des indices

verdünnen (*pp* **verdünnt**) *vt* diluer

verdunsten (*pp* **verdunstet**) *vi aux sein* s'évaporer

verdursten (*pp* **verdurstet**) *vi aux sein* mourir de soif

verdutzt *adj* perplexe, ahuri(e)

verehren (*pp* **verehrt**) *vt* vénérer; **jdm etw ~** (*fam*) faire cadeau de qch à qn; **Verehrer, in** *m(f)* (**-s, -**) admirateur(-trice); (*Liebhaber*) soupirant *m*; **verehrt** *adj* honoré(e), vénéré(e); **sehr verehrtes Publikum** mesdames et messieurs; **Verehrung** *f* admiration *f*; (*Rel*) vénération *f*

vereidigen (*pp* **vereidigt**) *vt* assermenter, faire prêter serment à; **Vereidigung** *f* prestation *f* de serment

Verein *m* (**-(e)s, -e**) société *f*, association *f*

vereinbar *adj* compatible

vereinbaren (*pp* **vereinbart**) *vt* convenir, de; **Vereinbarung** *f* accord *m*

vereinen (*pp* **vereint**) *vt* unir; (*Prinzipien*) concilier; **die Vereinten Nationen** (*pl*) les Nations *fpl* Unies

vereinfachen (*pp* **vereinfacht**) *vt* simplifier

vereinheitlichen (*pp* **vereinheitlicht**) *vt* uniformiser

vereinigen (*pp* **vereinigt**) *vt* unir; **die Vereinigten Arabischen Emirate** les Émirats *mpl* Arabes Unis; **die Vereinigten Staaten $** (*pl*) les États-Unis *mpl* ■ *vr*: **sich ~** s'unir; **Vereinigung** *f* union *f*; (*Verein*) association *f*

vereinsamen (*pp* **vereinsamt**) *vi aux sein* devenir solitaire

vereinzelt *adj* isolé(e)

vereisen (*pp* **vereist**) *vi aux sein* geler ■ *vt* (*Med*) anesthésier

vereiteln (*pp* **vereitelt**) *vt* (*Plan*) faire échouer, déjouer

vereitern (*pp* **vereitert**) *vi aux sein* s'infecter; **vereitert** *adj* purulent(e)

verenden (*pp* **verendet**) *vi aux sein* mourir

verengen (*pp* **verengt**) *vr*: **sich ~** rétrécir

vererben (*pp* **vererbt**) *vt* léguer; (*Bio*) transmettre ■ *vr*: **sich ~** être héréditaire; **vererblich** *adj* héréditaire; **Vererbung** *f* hérédité *f*, transmission *f*

verewigen (*pp* **verewigt**) *vt* immortaliser

verfahren (*pp* **~**) *irr vi aux sein* (*vorgehen*) procéder; **mit jdm/etw ~** traiter qn/qch ■ *vt* (*Geld*) dépenser (en transports); (*Benzin, Fahrkarte*) utiliser ■ *vr*: **sich ~** se tromper de route ■ *adj* (*Situation*) sans issue; **Verfahren** *nt* (**-s, -**) méthode *f*; (*Jur*) procédure *f*

Verfall *m* (**-(e)s**) déclin *m*; (*von Haus*) délabrement *m*; (*von Epoche*) décadence *f*; (*Fin*) échéance *f*; **verfallen** (*pp* **~**) *irr vi aux sein* dépérir; (*Haus*) tomber en ruine; (*ungültig werden*) être périmé(e); (*Fin*) venir à échéance; **~ in** +*akk* (re)tomber dans; **~ auf** +*akk* avoir l'idée (saugrenue) de; **einem Laster ~ sein** être sous l'emprise d'un vice; **Verfallsdatum** *nt* date *f* de péremption

verfänglich *adj* difficile, gênant(e)

verfärben (*pp* **verfärbt**) *vr*: **sich ~** changer de couleur

verfassen (*pp* **verfasst**) *vt* rédiger, écrire; **Verfasser, in** *m(f)* (**-s, -**) auteur *mf*

Verfassung *f* (*Zustand*) état *m*; (*Pol*) constitution *f*; **Verfassungsgericht** *nt* Conseil *m* constitutionnel; **verfassungsmäßig** *adj*

constitutionnel(le); **verfassungswidrig** adj anticonstitutionnel(le)
verfaulen (pp **verfault**) vi aux sein pourrir
Verfechter, in m(f) (**-s, -**) défenseur m
verfehlen (pp **verfehlt**) vt manquer, rater; **etw für verfehlt halten** considérer qch comme mal à propos
verfeinern (pp **verfeinert**) vt améliorer
verfilmen (pp **verfilmt**) vt filmer
verfliegen (pp **verflogen**) irr vi aux sein (Duft, Ärger) se dissiper; (Zeit) passer très vite
verflixt adj (fam) fichu(e) ▪ adv bigrement ▪ interj (fam) nom de Dieu
verflossen adj (Zeit) passé(e); (fam: Liebhaber) ex-; **Verflossene, r** mf (fam) ex mf
verfluchen (pp **verflucht**) vt maudire
verflüchtigen (pp **verflüchtigt**) vr: sich ~ se volatiliser
verflüssigen (pp **verflüssigt**) vr: sich ~ se liquéfier
verfolgen (pp **verfolgt**) vt poursuivre; (Pol: Gegner) persécuter; (Entwicklung) suivre; (Inform: Änderungen) tracer; **Verfolger, in** m(f) (**-s, -**) poursuivant(e), **Verfolgung** f poursuite f; (Pol) persécution f; **Verfolgungsjagd** f course-poursuite f; **Verfolgungswahn** m délire f de la persécution
verfremden (pp **verfremdet**) vt rendre méconnaissable
verfrüht adj prématuré(e)
verfügbar adj disponible
verfügen (pp **verfügt**) vt (anordnen) ordonner ▪ vi: ~ **über** +akk disposer de; **Verfügung** f (Anordnung) ordre m; **jdm zur ~ stehen** être à la disposition de qn
verführen (pp **verführt**) vt tenter; (sexuell) séduire; **Verführer, in** m(f) séducteur(-trice); **verführerisch** adj (Mensch, Aussehen) séduisant(e); (Duft, Anblick, Angebot) attrayant(e), tentant(e); **Verführung** f tentation f; (sexuell) séduction f
vergammeln (pp **vergammelt**) vi aux sein (fam) se laisser aller; (Nahrung) moisir
vergangen adj passé(e), dernier(-ière); **Vergangenheit** f passé m; **Vergangenheitsbewältigung** f fait m d'assumer son passé
vergänglich adj passager(-ère); **Vergänglichkeit** f caractère m passager
vergasen (pp **vergast**) vt gazéifier; (töten) gazer
Vergaser m (**-s, -**) carburateur m
vergaß imperf von **vergessen**
vergeben (pp ~) irr vt (verzeihen) pardonner; (Stelle, Tanz) accorder; (Preis) attribuer; **sie ist schon ~** elle n'est plus

libre; **du vergibst dir nichts, wenn du ...** tu ne te compromettrais pas en ...
vergebens adv en vain
vergeblich adj vain(e), inutile
Vergebung f (Verzeihen) pardon m; **um ~ bitten** demander pardon
vergegenwärtigen (pp **vergegenwärtigt**) vt: **sich** dat **etw ~** se représenter qch
vergehen (pp **vergangen**) irr vi aux sein (Zeit) passer; (Schmerz) disparaître; **jdm vergeht etw** qn perd qch; **vor Liebe/Angst ~** mourir d'amour/de peur ▪ vr: **sich gegen etw ~** transgresser qch; **sich an jdm ~** violer qn
Vergehen nt (**-s, -**) délit m
vergelten (pp **vergolten**) irr vt rendre; **jdm etw ~** récompenser qn de qch; (pej) rendre la pareille à qn; **Vergeltung** f vengeance f; **Vergeltungsschlag** m (Mil) représailles fpl
vergessen (**vergaß, ~**) vt oublier; **sich ~** s'oublier; **das werde ich ihm nie ~** je n'oublierai jamais ce qu'il a fait; **Vergessenheit** f: **in ~ geraten** tomber dans l'oubli; **vergesslich** adj étourdi(e), distrait(e); **Vergesslichkeit** f étourderie f
vergeuden (pp **vergeudet**) vt gaspiller
vergewaltigen (pp **vergewaltigt**) vt violer; (fig) faire violence à; **Vergewaltigung** f viol m; (fig) violation f
vergewissern (pp **vergewissert**) vr: **sich ~** s'assurer
vergießen (pp **vergossen**) irr vt verser
vergiften (pp **vergiftet**) vt empoisonner ▪ vr: **sich ~** s'intoxiquer; (Gift nehmen) s'empoisonner; **Vergiftung** f empoisonnement m, intoxication f
vergilben (pp **vergilbt**) vi aux sein jaunir
Vergissmeinnicht nt (**-(e)s, -(e)**) myosotis m
verglasen (pp **verglast**) vt vitrer
Vergleich m (**-(e)s, -e**) comparaison f; (Jur) accommodement m, compromis m; **im ~ mit, im ~ zu** en comparaison de, par comparaison à; **vergleichbar** adj comparable; **vergleichen** (pp **verglichen**) irr vt comparer ▪ vr: **sich ~** (Jur) s'arranger, s'accorder
vergnügen (pp **vergnügt**) vr: **sich ~** s'amuser; **Vergnügen** nt (**-s, -**) plaisir m; **an etw** dat **~ haben** trouver plaisir à qch; **viel ~!** amusez-vous bien!, amuse-toi bien!; **zum ~** pour le plaisir; **vergnügt** adj joyeux(-euse), gai(e); **Vergnügung** f divertissement m, amusement m; **Vergnügungspark** m parc m d'attractions; **vergnügungssüchtig** adj qui ne pense qu'à s'amuser
vergolden (pp **vergoldet**) vt dorer
vergöttern (pp **vergöttert**) vt adorer

vergraben (*pp* ~) *irr vt* (*in Erde*) ensevelir; (*in Kleidung etc*) enfouir ■ *vr:* **sich in etw** *akk* ~ se plonger dans qch

vergrämt *adj* affligé(e)

vergrätzen (*pp* **vergrätzt**) *vt:* **jdn** ~ (*fam*) faire prendre la mouche à qn

vergreifen (*pp* **vergriffen**) *irr vr:* **sich an jdm** ~ porter la main sur qn; **sich an etw** *dat* ~ détourner qch; **vergriffen** *adj* (*Buch*) épuisé(e)

vergrößern (*pp* **vergrößert**) *vt* agrandir; (*Anzahl*) augmenter; (*mit Lupe*) grossir ■ *vr:* **sich** ~ s'agrandir, augmenter; **Vergrößerung** *f* agrandissement *m*; (*mit Lupe*) grossissement *m*; **Vergrößerungsglas** *nt* loupe *f*

Vergünstigung *f* avantage *m*; (*Preisnachlass*) réduction *f*

vergüten (*pp* **vergütet**) *vt* rembourser; **jdm etw** ~ dédommager qn de qch; **Vergütung** *f* paiement *m*; (*von Unkosten*) remboursement *m*

verh. *adj abk* = **verheiratet**

verhaften (*pp* **verhaftet**) *vt* arrêter; **Verhaftete, r** *mf* personne *f* arrêtée; **Verhaftung** *f* arrestation *f*

verhallen (*pp* **verhallt**) *vi aux sein* s'évanouir, se perdre au loin

verhalten (*pp* ~) *irr vr:* **sich** ~ se comporter; **Verhalten** *nt* (**-s**) comportement *m*; **Verhaltensforschung** *f* étude *f* du comportement, éthologie *f*; **verhaltensgestört** *adj* caractériel(le); **Verhaltensmaßregel** *f* règle *f* de conduite

Verhältnis *nt* (*proportionales*) rapport *m*; (*persönliches*) rapport *m*, relation *f*, liaison *f*; **Verhältnisse** *pl* (*Umstände*) conditions *fpl*, circonstances *fpl*; (*Lage*) situation *f*; **über seine Verhältnisse leben** vivre au-dessus de ses moyens; **im** ~ **zu** par rapport à; **verhältnismäßig** *adv* relativement; **Verhältniswahl** *f* proportionnelle *f*

verhandeln (*pp* **verhandelt**) *vi* négocier (qch); (*Jur*) délibérer (*über* +*akk* de) ■ *vt* (*Jur*) délibérer de; **Verhandlung** *f* négociation *f*; (*Jur*) délibération *f*

verhängen (*pp* **verhängt**) *vt* (*Strafe*) prononcer; (*Ausnahmezustand*) proclamer

Verhängnis *nt* fatalité *f*, sort *m*; **jdm zum** ~ **werden** être fatal(e) à qn; **verhängnisvoll** *adj* fatal(e)

verharmlosen (*pp* **verharmlost**) *vt* minimiser

verharren (*pp* **verharrt**) *vi aux haben o sein* demeurer; (*hartnäckig*) persister

verhärten (*pp* **verhärtet**) *vr:* **sich** ~ (*Fronten, Gegner*) se durcir

verhasst *adj* détesté(e), haï(e)

verheerend *adj* catastrophique

verhehlen (*pp* **verhehlt**) *vt* cacher

verheilen (*pp* **verheilt**) *vi aux sein* guérir

verheimlichen (*pp* **verheimlicht**) *vt* cacher

verheiratet *adj* marié(e)

verheißen (*pp* **verheißen**) *irr vt* promettre

verhelfen (*pp* **verholfen**) *irr vi:* **jdm** ~ **zu** aider qn à obtenir; **jdm zur Flucht** ~ aider qn à s'enfuir

verherrlichen (*pp* **verherrlicht**) *vt* glorifier, exalter

verhexen (*pp* **verhext**) *vt* ensorceler

verhindern (*pp* **verhindert**) *vt* empêcher

verhöhnen (*pp* **verhöhnt**) *vt* rire de

Verhör *nt* (**-(e)s, -e**) interrogatoire *m*; **verhören** (*pp* **verhört**) *vt* interroger ■ *vr:* **sich** ~ entendre de travers

verhungern (*pp* **verhungert**) *vi aux sein* mourir de faim

verhüten (*pp* **verhütet**) *vt* prévenir, empêcher; **Verhütung** *f* prévention *f*; **zur** ~ préventivement; **Verhütungsmittel** *nt* contraceptif *m*

verirren (*pp* **verirrt**) *vr:* **sich** ~ s'égarer

verjagen (*pp* **verjagt**) *vt* chasser

verjüngen (*pp* **verjüngt**) *vt* rajeunir ■ *vr:* **sich** ~ rajeunir

verkabeln (*pp* **verkabelt**) *vt* câbler; **Verkabelung** *f* câblage *m*

verkalken (*pp* **verkalkt**) *vi aux sein* (*Rohre*) s'entartrer; (*fam: Mensch*) devenir gaga

verkalkulieren (*pp* **verkalkuliert**) *vr:* **sich** ~ se tromper dans ses calculs

verkannt *adj* (*Genie*) méconnu(e)

Verkauf *m* vente *f*; **verkaufen** (*pp* **verkauft**) *vt* vendre; **jdn für dumm** ~ prendre qn pour un(e) idiot(e); **Verkäufer, in** *m(f)* vendeur(-euse); **verkäuflich** *adj* vendable, à vendre; **Verkaufsargument** *nt* argument *m* de vente; **verkaufsoffen** *adj:* **verkaufsoffener Samstag** samedi *m* où les magasins sont ouverts toute la journée; **Verkaufsschlager** *m* article *m* très demandé

Verkehr *m* (**-s, -e**) (*Straßenverkehr*) circulation *f*, trafic *m*; (*Umgang*) relations *fpl*, fréquentation *f*; (*Geschlechtsverkehr*) rapports *mpl*; **etw aus dem** ~ **ziehen** retirer qch de la circulation; **verkehren** (*pp* **verkehrt**) *vi aux haben o sein* circuler; **in einem Lokal** ~ fréquenter un café; **bei/mit jdm** ~ fréquenter qn ■ *vt* renverser; **sich ins Gegenteil** ~ se transformer complètement; **Verkehrsampel** *f* feu(x) *m(pl)*; **Verkehrsamt** *nt* office *m* du tourisme; **Verkehrsaufkommen** *nt* densité *f* de la circulation; **verkehrsberuhigt** *adj* (*Straße*) à circulation réduite;

Verkehrsberuhigung f réduction f de la circulation; **Verkehrschaos** nt (forte) perturbation f du trafic; **Verkehrsdelikt** nt infraction f au code de la route; **Verkehrsfunk** m info-route f; **Verkehrsinfarkt** m paralysie f du trafic; **Verkehrsinfrastruktur** f infrastructure f de transport; **Verkehrsinsel** f refuge m (pour piétons); **Verkehrsleitsystem** nt système m de délestage de la circulation; **Verkehrsmittel** nt moyen m de transport; **öffentliche ~** (pl) transports mpl en commun [o publics]; **Verkehrsschild** nt panneau m de signalisation; **Verkehrssicherheit** f sécurité f routière; **Verkehrsstau** m bouchon m; **Verkehrsstockung** f embouteillage m; **Verkehrssünder, in** m(f) contrevenant(e) au code de la route; **Verkehrsteilnehmer, in** m(f) usager(-ère) de la route m; **Verkehrstote, r** mf victime f de la route; **Verkehrsunfall** m accident m de la circulation; **Verkehrsverbund** m société f de transports en commun; **verkehrswidrig** adj (Verhalten) contraire au code de la route; **Verkehrszeichen** nt panneau m de signalisation.

verkehrt adj (falsch) faux (fausse); (umgekehrt) à l'envers

verkennen (pp **verkannt**) irr vt méconnaître, se méprendre sur

verklagen (pp **verklagt**) vt porter plainte contre

verklappen (pp **verklappt**) vt déverser dans la mer; **Verklappung** f déversement m dans la mer

verklären (pp **verklärt**) vt transfigurer

verkleiden (pp **verkleidet**) vt (jdn) déguiser; (Gegenstand) revêtir, recouvrir ▪ vr: **sich ~** se déguiser; **Verkleidung** f déguisement m; (Hausverkleidung etc) revêtement m

verkleinern (pp **verkleinert**) vt réduire; (Platz, Bild) rapetisser

verklemmt adj complexé(e), bloqué(e)

verklingen (pp **verklungen**) irr vi aux sein s'éteindre

verkneifen (pp **verkniffen**) irr vt: **sich** dat **etw ~** retenir qch

verkniffen adj (Miene) pincé(e)

verknoten (pp **verknotet**) vt nouer

verknüpfen (pp **verknüpft**) vt (Faden) attacher; (fig) associer, joindre, lier; **Verknüpfung** f (-, -en) (Inform) liaison f

verkohlen (pp **verkohlt**) vi aux sein être carbonisé(e) ▪ vt (fam) se payer la tête de

verkommen (pp **~**) irr vi aux sein (Garten, Haus) être laissé(e) à l'abandon; (Mensch) se laisser aller ▪ adj (Haus) délabré(e);

(Mensch) dépravé(e); **Verkommenheit** f (moralisch) dépravation f

verkörpern (pp **verkörpert**) vt incarner

verkrachen (pp **verkracht**) vr: **sich ~** (fam) se brouiller

verkraften (pp **verkraftet**) vt supporter

verkriechen (pp **verkrochen**) irr vr: **sich ~** se terrer

verkrümmt adj déformé(e); **Verkrümmung** f déformation f

verkrüppelt adj estropié(e)

verkrustet adj (Wunde) recouvert(e) d'une croûte; (Strukturen) sclérosé(e)

verkühlen (pp **verkühlt**) vr: **sich ~** prendre froid

verkümmern (pp **verkümmert**) vi aux sein (Pflanze) s'étioler; (Mensch, Tier) dépérir; (Gliedmaß, Muskel) s'atrophier; (Talent) diminuer, disparaître

verkünden (pp **verkündet**) vt annoncer; (Urteil) prononcer; **Verkündung** f proclamation f

verkürzen (pp **verkürzt**) vt raccourcir, diminuer; (Arbeitszeit) réduire; **Verkürzung** f diminution f, réduction f

verladen (pp **~**) irr vt embarquer; (Waren) charger

Verlag m (-(e)s, -e) maison f d'édition

verlangen (pp **verlangt**) vt demander, exiger; **das ist zu viel verlangt** c'est trop demander; **Verlangen** nt (-s, -) désir m (nach de); **auf jds ~** akk (hin) à la demande de qn

verlängern (pp **verlängert**) vt (Strecke, Frist) prolonger; (Kleid) rallonger; **Verlängerung** f (zeitlich) prolongation f; (räumlich) prolongement m; **Verlängerungsschnur** f rallonge f

verlangsamen (pp **verlangsamt**) vt ralentir

Verlass m: **auf ihn/das ist kein ~** on ne peut pas se fier à lui/s'y fier

verlassen (pp **~**) irr vt abandonner ▪ vr: **sich auf jdn ~** compter sur qn; **sich auf etw** akk **~** se fier à qch ▪ adj (Mensch) abandonné(e); **verlässlich** adj (Mensch) sérieux(-euse), de confiance; **Verlässlichkeit** f (von Informationen) fiabilité f; **jd ist von großer ~** on peut faire totalement confiance à qn

Verlauf m (Ablauf) déroulement m; (von Kurve) tracé m; **im ~ von** au cours de; **verlaufen** (pp **~**) irr vi aux sein (Grenze, Linie) s'étendre; (Feier, Abend, Urlaub) se dérouler; (Farbe) se mélanger ▪ vr: **sich ~** (sich verirren) se perdre, s'égarer; (sich auflösen) se disperser

verlauten (pp **verlautet**) vi: **etw ~ lassen** révéler qch; **wie verlautet** à ce qu'il paraît

verleben (pp **verlebt**) vt passer

verlebt adj marqué(e) par une vie dissolue

verlegen (pp **verlegt**) vt déplacer; (verlieren) égarer; (Wohnsitz) transférer; (Termin) remettre, reporter; (Rohre, Leitungen) installer, poser; (Buch) éditer, publier ▪ vr: **sich auf etw** akk ~ avoir recours à qch, recourir à qch; (sich beschäftigen mit) se spécialiser dans qch ▪ adj embarrassé(e), gêné(e); **um etw nicht ~ sein** ne pas être à court de qch; **Verlegenheit** f embarras m, gêne f; **jdn in ~ bringen** mettre qn dans l'embarras

Verleger, in m(f) (-s, -) éditeur(-trice)

Verleih m (-(e)s, -e) location f; **verleihen** (pp **verliehen**) irr vt (leihweise geben) prêter; (Kraft, Anschein) donner; (Titel) conférer; (Medaille, Preis) décerner; **Verleihung** f (von Dingen) prêt m; (gegen Gebühr) location f; (von Preis) remise f

verleiten (pp **verleitet**) vt: **jdn zu etw ~** entraîner qn à qch

verlernen (pp **verlernt**) vt oublier, désapprendre

verlesen (pp ~) irr vt lire à haute voix; (aussondern) trier ▪ vr: **sich ~** mal lire

verletzen (pp **verletzt**) vt blesser; (Gesetz) violer ▪ vr: **sich ~** se blesser; **verletzend** adj (Worte) blessant(e); **verletzlich** adj vulnérable; **Verletzte, r** mf blessé(e); **Verletzung** f blessure f; (Verstoß) violation f

verleugnen (pp **verleugnet**) vt renier

verleumden (pp **verleumdet**) vt calomnier, diffamer; **verleumderisch** adj calomniateur(-trice); **Verleumdung** f calomnie f, diffamation f

verlieben (pp **verliebt**) vr: **sich ~** tomber amoureux(-euse) (in +akk de); **verliebt** adj amoureux(-euse); **Verliebtheit** f état m amoureux

verlieren (**verlor, verloren**) vi, vt perdre; **an Wert ~** se déprécier; **du hast hier nichts verloren** (fam) tu n'as rien à faire ici ▪ vr: **sich ~** se perdre, s'égarer; (Angst, Pfad) disparaître; **Verlierer, in** m(f) (-s, -) perdant(e); (im Krieg) vaincu(e)

verloben (pp **verlobt**) vr: **sich ~** se fiancer; **Verlobte, r** mf fiancé(e); **Verlobung** f fiançailles fpl

Verlockung f tentation f

verlogen adj mensonger(-ère); (Mensch) menteur(-euse); **Verlogenheit** f fausseté f

verlor imperf von **verlieren**

verloren pp von **verlieren** ▪ adj (Mensch) perdu(e); **~ sein** (fig) être perdu(e); **jdn/etw ~ geben** considérer qn/qch comme perdu(e); **~ gehen** être perdu(e), se perdre

verlöschen (**verlosch, verloschen**) vi aux sein s'éteindre

verlosen (pp **verlost**) vt mettre en loterie; (auslosen) tirer au sort; **Verlosung** f loterie f, tirage m au sort

verlottern (pp **verlottert**) vi aux sein (fam: Mensch) mal tourner; (Haus) se délabrer; (Garten) être à l'abandon

Verlust m (-(e)s, -e) perte f; (finanziell) déficit m

vermachen (pp **vermacht**) vt léguer; **Vermächtnis** nt legs m

Vermählung f mariage m

vermasseln (pp **vermasselt**) vt (fam) gâcher

vermehren (pp **vermehrt**) vt augmenter; (Menge) accroître; (fortpflanzen) propager, multiplier ▪ vr: **sich ~** se multiplier; **Vermehrung** f augmentation f, accroissement m; (Fortpflanzung) multiplication f, propagation f

vermeiden (pp **vermieden**) irr vt éviter

vermeintlich adj présumé(e)

Vermerk m (-(e)s, -e) note f, remarque f; (in Urkunde) mention f; **vermerken** (pp **vermerkt**) vt noter, remarquer

vermessen (pp ~) irr vt (Land) arpenter, mesurer ▪ adj (Mensch) présomptueux(-euse); (Wunsch) excessif(-ive); **Vermessenheit** f présomption f; **Vermessung** f (von Land) arpentage m

vermieten (pp **vermietet**) vt louer; **Zimmer zu ~** chambre(s) à louer; **Vermieter, in** m(f) propriétaire mf, loueur(-euse); **Vermietung** f location f

vermindern (pp **vermindert**) vt réduire ▪ vr: **sich ~** se réduire, diminuer; **Verminderung** f réduction f, diminution f

vermischen (pp **vermischt**) vt (Zutaten) mélanger ▪ vr: **sich ~** se mêler

vermissen (pp **vermisst**) vt: **jd vermisst etw** qch manque à qn; **ich vermisse dich** tu me manques; **vermisst** adj disparu(e); **als ~ gemeldet** porté(e) disparu(e)

vermitteln (pp **vermittelt**) vi (in Streit) servir de médiateur(-trice) ▪ vt: **jdm etw ~** (Kenntnisse, Einblick) apporter qch à qn; (Wohnung, Stelle) procurer qch à qn; **Vermittler, in** m(f) (-s, -) intermédiaire mf; (Schlichter) médiateur(-trice); **Vermittlung** f (Stelle) bureau m de placement; (Tel) central m téléphonique; (Schlichtung) médiation f

vermodern (pp **vermodert**) vi aux sein pourrir, se décomposer

Vermögen nt (-s, -) (Reichtum) fortune f; (Fähigkeit) faculté f, capacité f; **ein ~ kosten** coûter une fortune; **vermögend** adj fortuné(e)

vermummen (*pp* **vermummt**) *vr*: sich ~ se rendre méconnaissable; **Vermummung** *f* déguisement *m* visant à se rendre méconnaissable

vermuten (*pp* **vermutet**) *vt* supposer, présumer; **wir ~ ihn dort** nous pensons [*o* supposons] qu'il est là-bas; **vermutlich** *adj* présumé(e), vraisemblable ■ *adv* probablement, vraisemblablement; **Vermutung** *f* supposition *f*

vernachlässigen (*pp* **vernachlässigt**) *vt* négliger; **Vernachlässigung** *f* fait *m* de négliger; (*von Detail*) omission *f*

vernarben (*pp* **vernarbt**) *vi aux sein* se cicatriser

vernehmen (*pp* **vernommen**) *irr vt* (*Stimme, Ton*) entendre, percevoir; (*erfahren*) apprendre; (*Jur*) interroger; **dem Vernehmen nach** à ce qu'on dit; **vernehmlich** *adj* intelligible; **Vernehmung** *f* (*von Angeklagten*) interrogatoire *m*; (*von Zeugen*) audition *f*; **vernehmungsfähig** *adj* en état de témoigner; (*Angeklagte*) en état d'être interrogé(e)

verneigen (*pp* **verneigt**) *vr*: sich ~ s'incliner

verneinen (*pp* **verneint**) *vt* (*Frage*) répondre par la négative à; (*ablehnen*) refuser; (*Ling*) mettre à la forme négative; **Verneinung** *f* réponse *f* négative; (*Ablehnung*) refus *m*; (*Ling*) négation *f*

vernetzen (*pp* **vernetzt**) *vt* relier (au réseau); (*Inform*) (inter)connecter, connecter en réseau; **Vernetzung** *f* connexion *f*

vernichten (*pp* **vernichtet**) *vt* (*zerstören*) détruire; (*Feind*) anéantir; **vernichtend** *adj* écrasant(e); (*Kritik*) cinglant(e), acerbe; **Vernichtung** *f* destruction *f*, anéantissement *m*

verniedlichen (*pp* **verniedlicht**) *vt* minimiser

Vernissage *f* (-, -n) vernissage *m*

Vernunft *f* (-) raison *f*; **zur ~ kommen** (re)devenir raisonnable, revenir à la raison; **vernünftig** *adj* raisonnable; (*fam: Essen, Arbeit*) sensé(e), bon(ne)

veröden (*pp* **verödet**) *vi aux sein* se dépeupler ■ *vt* (*Krampfadern*) enlever, opérer

veröffentlichen (*pp* **veröffentlicht**) *vt* publier; **Veröffentlichung** *f* publication *f*

verordnen (*pp* **verordnet**) *vt* (*Med*) prescrire; **Verordnung** *f* décret *m*; (*Med*) prescription *f*

verpachten (*pp* **verpachtet**) *vt* donner à bail

verpacken (*pp* **verpackt**) *vt* emballer; **Verpackung** *f* emballage *m*;

verpackungsarm *adj* d'emballage minimal; **Verpackungsmaterial** *nt* matériau *m* d'emballage; **Verpackungsmüll** *m* emballages *mpl* usagés

verpassen (*pp* **verpasst**) *vt* manquer, rater; **jdm eine Ohrfeige ~** (*fam*) donner une gifle à qn

verpesten (*pp* **verpestet**) *vt* empester, empoisonner

verpflanzen (*pp* **verpflanzt**) *vt* transplanter; **Verpflanzung** *f* transplantion *f*

verpflegen (*pp* **verpflegt**) *vt* nourrir ■ *vr*: **sich ~** se nourrir; **Verpflegung** *f* repas *mpl*; (*Kost*) nourriture *f*; **volle ~** pension complète

verpflichten (*pp* **verpflichtet**) *vt* obliger; (*anstellen*) engager; **jdm zu Dank verpflichtet sein** être obligé(e) à qn ■ *vr*: **sich ~** s'engager; (*Mil*) s'enrôler ■ *vi*: **~ zu** engager à, obliger à; **Verpflichtung** *f* (*Einstellung*) engagement *m*; (*moralische Verpflichtung*) obligation *f*; **Verpflichtungen haben** avoir des obligations

verpfuschen (*pp* **verpfuscht**) *vt* (*fam*) bâcler

verpissen (*pp* **verpisst**) *vr*: **sich ~** (*sl*) dégager; **verpiss dich** tire-toi, dégage

verplempern (*pp* **verplempert**) *vt* (*fam*) gaspiller

verpönt *adj* mal vu(e)

verprassen (*pp* **verprasst**) *vt* dilapider, gaspiller

verprügeln (*pp* **verprügelt**) *vt* rosser, battre

Verputz *m* crépi *m*; **verputzen** (*pp* **verputzt**) *vt* (*Haus*) crépir; (*fam: essen*) dévorer, engloutir

verquollen *adj* gonflé(e), enflé(e)

Verrat *m* (-(e)s) traîtrise *f*; (*Pol*) trahison *f*; **verraten** (*pp* ~) *irr vt* trahir ■ *vr*: **sich ~** se trahir; **Verräter, in** *m(f)* (-s, -) traître(-esse); **verräterisch** *adj* (*Absicht, Mensch*) traître(-esse); (*Miene, Lächeln, Blick*) révélateur(-trice)

verrechnen (*pp* **verrechnet**) *vt*: **etw mit etw ~** décompter qch sur qch ■ *vr*: **sich ~** se tromper dans ses calculs; (*fig*) se tromper; **Verrechnungsscheck** *m* chèque *m* barré

verregnet *adj* pluvieux(-euse)

verreisen (*pp* **verreist**) *vi aux sein* partir en voyage

verreißen (*pp* **verrissen**) *irr vt* démolir

verrenken (*pp* **verrenkt**) *vt* tordre; **sich** *dat* **etw ~** se tordre qch; **Verrenkung** *f* (*Bewegung*) torsion *f*; (*Verletzung*) entorse *f*

verrichten (*pp* **verrichtet**) *vt* accomplir

verriegeln (*pp* **verriegelt**) *vt* verrouiller

verringern (*pp* **verringert**) *vt* diminuer, réduire ■ *vr*: **sich ~** diminuer;
Verringerung *f* réduction *f*, diminution *f*

verrosten (*pp* **verrostet**) *vi aux sein* rouiller; **verrostet** *adj* rouillé(e)

verrotten (*pp* **verrottet**) *vi aux sein* pourrir, se décomposer

verrücken (*pp* **verrückt**) *vt* déplacer

verrückt *adj* fou (folle); **wie ~** (*fam*) comme un(e) fou (folle); **jdn ~ machen** rendre qn fou (folle); **du bist wohl ~** tu es complètement fou (folle); **Verrückte, r** *mf* fou (folle); **Verrücktheit** *f* folie *f*

Verruf *m*: **in ~ kommen/bringen** être discrédité(e)/discréditer; **verrufen** *adj* mal famé(e)

Vers *m* (**-es, -e**) vers *m*; (*in Bibel*) verset *m*

versagen (*pp* **versagt**) *vi* échouer; (*Motor, Maschine*) tomber en panne; (*Stimme*) défaillir; **Versagen** *nt* (**-s, -**) défaillance *f*; **menschliches ~** défaillance humaine; **Versager, in** *m(f)* (**-s, -**) raté(e)

versalzen (*pp* **~**) *irr vt* trop saler; **jdm etw ~** (*fig*) gâcher qch à qn

versammeln (*pp* **versammelt**) *vt* réunir, rassembler ■ *vr*: **sich ~** se réunir; **Versammlung** *f* réunion *f*, assemblée *f*

Versand *m* (**-(e)s**) expédition *f*; (*Versandabteilung*) service *m* d'expédition; **Versandhaus** *nt* maison *f* de vente par correspondance

versauern (*pp* **versauert**) *vi aux sein* (*fam: Mensch*) s'encroûter

versäumen (*pp* **versäumt**) *vt* (*verpassen*) manquer, rater; (*unterlassen*) omettre, négliger; **Versäumnis** *nt* omission *f*

verschaffen (*pp* **verschafft**) *vt* procurer

verschämt *adj* timide, gêné(e)

verschandeln (*pp* **verschandelt**) *vt* enlaidir, défigurer

verschanzen (*pp* **verschanzt**) *vr*: **sich hinter etw** *dat* **~** se retrancher derrière qch

verschärfen (*pp* **verschärft**) *vt* (*Strafe, Zensur*) rendre plus dur(e); (*Spannung*) intensifier; (*Lage*) aggraver ■ *vr*: **sich ~** s'aggraver

verschätzen (*pp* **verschätzt**) *vr*: **sich ~** se tromper dans une estimation

verschenken (*pp* **verschenkt**) *vt* donner (en cadeau)

verscherzen (*pp* **verscherzt**) *vt*: **sich** *dat* **etw ~** perdre qch (par sa faute); **es sich** *dat* **bei jdm ~** perdre la sympathie de qn

verscheuchen (*pp* **verscheucht**) *vt* chasser

verschicken (*pp* **verschickt**) *vt* envoyer

verschieben (*pp* **verschoben**) *irr vt* (*Termin, Datum, Fest*) reporter, remettre; (*an anderen Ort: Inform*) déplacer;

(*Waren*) faire le trafic de ■ *vr*: **sich ~** se déplacer

verschieden *adj* (*unterschiedlich*) différent(e); **sie sind ~ groß** ils sont de tailles différentes; **verschiedenartig** *adj* de nature différente; **zwei so verschiedenartige ...** deux ... tellement différent(e)s; **Verschiedene** *pron pl* plusieurs; **Verschiedenes** *pron* des choses diverses; (*als Überschrift*) divers; (*in der Zeitung*) faits *mpl* divers; **Verschiedenheit** *f* différence *f*, diversité *f*; **verschiedentlich** *adv* à maintes reprises

verschimmeln (*pp* **verschimmelt**) *vi aux sein* moisir

verschlafen (*pp* **~**) *irr vt* (*Zeit*) passer ... à dormir; (*fig*) oublier ■ *vi* avoir une panne d'oreiller ■ *adj* (*Mensch*) mal réveillé(e); (*fig*) endormi(e)

Verschlag *m* réduit *m*, cagibi *m*

verschlampen (*pp* **verschlampt**) *vi aux sein* se laisser aller ■ *vt* (*fam*) paumer

verschlanken (*pp* **verschlankt**) *vt* (*Betrieb, Produktion*) amincir

verschlechtern (*pp* **verschlechtert**) *vt* (*Leistung, Chancen*) diminuer; (*Lage, Gesundheit*) aggraver ■ *vr*: **sich ~** empirer; **Verschlechterung** *f* aggravation *f*, dégradation *f*

Verschleiß *m* (**-es, -e**) usure *f*; **verschleißen** (**verschliss, verschlissen**) *vt* user ■ *vi aux sein* s'user ■ *vr*: **sich ~** s'user

verschleppen (*pp* **verschleppt**) *vt* (*Menschen*) déporter, emmener de force; (*zeitlich*) faire traîner en longueur

verschleudern (*pp* **verschleudert**) *vt* dissiper, gaspiller

verschließbar *adj* qui ferme à clé; **verschließen** (*pp* **verschlossen**) *irr vt* (*Haus*) fermer à clé ■ *vr*: **sich einer Sache** *dat* **~** se fermer à qch

verschlimmern (*pp* **verschlimmert**) *vt* aggraver ■ *vr*: **sich ~** s'aggraver, empirer; **Verschlimmerung** *f* aggravation *f*

verschlingen (*pp* **verschlungen**) *irr vt* engloutir; (*Fäden*) entrelacer ■ *vr*: **sich ~** s'entrelacer

verschliss *imperf von* **verschleißen**

verschlissen *pp von* **verschleißen**

verschlossen *adj* fermé(e) à clé; (*fig*) renfermé(e); **Verschlossenheit** *f* (*von Mensch*) caractère *m* renfermé

verschlucken (*pp* **verschluckt**) *vt* avaler ■ *vr*: **sich ~** avaler de travers

Verschluss *m* fermeture *f*; (*Stöpsel*) bouchon *m*; **unter ~ halten** garder sous clé

verschlüsseln (*pp* **verschlüsselt**) *vt*
(*Nachricht*) coder, chiffrer;
Verschlüsselung *f* chiffrement *m*
verschmähen (*pp* **verschmäht**) *vt*
dédaigner
verschmelzen (*pp* **verschmolzen**) *irr vt*
fondre ■ *vi aux sein* se mêler
verschmerzen (*pp* **verschmerzt**) *vt*
se consoler de
verschmitzt *adj* malicieux(-euse)
verschmutzen (*pp* **verschmutzt**) *vt* salir;
(*Umwelt*) polluer
verschneit *adj* enneigé(e)
verschnupft *adj* enrhumé(e);
(*fam: beleidigt*) vexé(e)
verschollen *adj* disparu(e)
verschonen (*pp* **verschont**) *vt* épargner,
ménager; **jdn mit etw ~** épargner qch à
qn; **von etw verschont bleiben** être
épargné(e) par qch
verschönern (*pp* **verschönert**) *vt*
embellir
verschreiben (*pp* **verschrieben**) *irr vt*
(*Med*) prescrire ■ *vr:* **sich ~** (*Fehler machen*)
se tromper en écrivant; **sich einer
Sache** *dat* **~** se vouer à qch;
verschreibungspflichtig *adj* délivré(e)
uniquement sur ordonnance
verschrien *adj* qui a mauvaise
réputation
verschroben *adj* bizarre
verschrotten (*pp* **verschrottet**) *vt*
mettre à la ferraille
verschüchtert *adj* intimidé(e)
verschulden (*pp* **verschuldet**) *vt* causer;
Verschulden *nt* (**-s**) faute *f*
verschuldet *adj* endetté(e)
Verschuldung *f* (*Geldschulden*)
endettement *m*
verschütten (*pp* **verschüttet**) *vt* (*Lawine
etc*) ensevelir; (*zuschütten*) combler;
(*ausschütten*) renverser
verschweigen (*pp* **verschwiegen**) *irr vt*
taire, garder sous silence; **jdm etw ~**
cacher qch à qn
verschwenden (*pp* **verschwendet**) *vt*
gaspiller; **Verschwender, in** *m(f)* (**-s, -**)
gaspilleur(-euse); **verschwenderisch** *adj*
(*Mensch*) dépensier(-ière); (*Aufwand*)
extravagant(e); **ein verschwenderisches
Leben führen** mener grand train;
Verschwendung *f* gaspillage *m*
verschwiegen *adj* (*Mensch*) discret(-ète);
(*Ort*) isolé(e), tranquille;
Verschwiegenheit *f* discrétion *f*
verschwimmen (*pp* **verschwommen**) *irr
vi aux sein* se brouiller
verschwinden (*pp* **verschwunden**) *irr vi
aux sein* disparaître; **Verschwinden** *nt* (**-s**)
disparition *f*

verschwitzen (*pp* **verschwitzt**) *vt*
(*Kleidung*) tremper de sueur; (*fam:
vergessen*) oublier
verschwommen *adj* (*Farbe*) brouillé(e);
(*Bild*) flou(e)
verschwören (*pp* **verschworen**) *irr
vr:* **sich ~** conspirer (*gegen* contre);
Verschwörer, in *m(f)* (**-s, -**)
conspirateur(-trice); **Verschwörung** *f*
conspiration *f*, complot *m*
versehen (*pp* **~**) *irr vt* (*Dienst*) faire;
(*Haushalt*) tenir; **jdn/etw mit etw ~** munir
qn/qch de qch; **ehe er (es) sich ~ hatte**
sans qu'il s'en rende compte
Versehen *nt* (**-s, -**) erreur *f*, méprise *f*;
aus ~ par mégarde; **versehentlich** *adv*
par inadvertance
Versehrte, r *mf* mutilé(e), invalide *mf*
versenden (*pp* **versandt**) *irr vt* expédier,
envoyer
versengen (*pp* **versengt**) *vt* brûler,
roussir
versenken (*pp* **versenkt**) *vt* (*Hände*)
enfoncer; (*Schiff*) couler ■ *vr:* **sich ~**
se plonger (*in +akk* dans)
versessen *adj:* **~ auf +akk** fou (folle) de
versetzen (*pp* **versetzt**) *vt* (*an andere Stelle*)
déplacer; (*dienstlich*) muter; (*verpfänden*)
mettre en gage; (*in Schule*) faire passer
dans la classe supérieure; (*fam: jdn*) poser
un lapin à; **jdm einen Tritt ~** donner un
coup de pied à qn; **jdn in gute Laune ~**
mettre qn de bonne humeur ■ *vr:* **sich
in jdn [o jds Lage] ~** se mettre à la place
de qn; **Versetzung** *f* (*dienstlich*)
mutation *f*; (*Verpfändung*) mise *f* en gage;
(*in Schule*) passage *m* (dans la classe
supérieure)
verseuchen (*pp* **verseucht**) *vt*
contaminer; (*Umwelt*) polluer
versichern (*pp* **versichert**) *vt* assurer
■ *vr:* **sich ~** s'assurer (*gen* de);
sich gegen etw ~ s'assurer contre qch;
Versichertenkarte *f* carte *f* d'assuré;
Versicherung *f* assurance *f*;
Versicherungsdoppelkarte *f* carte *f*
verte; **Versicherungskarte** *f:* **grüne ~**
carte verte; **Versicherungsnehmer, in**
m(f) (**-s, -**) assuré(e);
Versicherungspolice *f* police *f*
d'assurance; **Versicherungsprämie** *f*
prime *f* d'assurance
versiegeln (*pp* **versiegelt**) *vt* (*Brief*)
cacheter; (*Parkett*) vitrifier
versiegen (*pp* **versiegt**) *vi aux sein*
tarir
versinken (*pp* **versunken**) *irr vi aux sein*
s'enfoncer; (*Schiff*) couler; **in etw** *akk* **~**
(*fig*) être plongé(e) dans qch
Version *f* (*a. Inform*) version *f*

versöhnen (pp **versöhnt**) vt réconcilier ▪ vr: **sich ~** se réconcilier; **Versöhnung** f réconciliation f

versorgen (pp **versorgt**) vt (Familie) entretenir; (Haushalt) s'occuper de; **jdn ~ mit** pourvoir qn de, fournir qn en ▪ vr: **sich ~ mit** se pourvoir de, s'approvisionner en; **Versorgerstaat** m État-providence m; **Versorgung** f approvisionnement m; (Unterhalt) entretien m

verspäten (pp **verspätet**) vr: **sich ~** être en retard; **verspätet** adj en retard; (Ankunft) retardé(e); (Frühling) tardif(-ive); **Verspätung** f retard m

versperren (pp **versperrt**) vt (Weg) barrer; (Tür) barricader; (Sicht) boucher

verspielen (pp **verspielt**) vt (Geld) perdre au jeu; **bei jdm verspielt haben** (fam) avoir perdu la sympathie de qn; **verspielt** adj joueur(-euse)

verspotten (pp **verspottet**) vt se moquer de

versprechen (pp **versprochen**) irr vt promettre; **sich dat etw von etw ~** attendre qch de qch ▪ vr: **sich ~** faire un lapsus; **Versprechen** nt (-s, -) promesse f

verspüren (pp **verspürt**) vt éprouver

verstaatlichen (pp **verstaatlicht**) vt nationaliser

Verstand m intelligence f; (Vernunft) raison f; (gesunder Menschenverstand) bon sens m; **über jds ~ akk gehen** dépasser qn; **verstandesmäßig** adj rationnel(le)

verständig adj sensé(e), raisonnable

verständigen (pp **verständigt**) vt informer, prévenir ▪ vr: **sich ~** communiquer; (sich einigen) se mettre d'accord, s'entendre; **Verständigung** f (Kommunikation) communication f; (Benachrichtigung) information f; (Einigung) accord m

verständlich adj compréhensible; **sich ~ machen** se faire comprendre; **Verständlichkeit** f intelligibilité f

Verständnis nt compréhension f; **auf ~ akk stoßen** être compris(e); **verständnislos** adj (Mensch) qui ne comprend pas; (Blick, Ausdruck) déconcerté(e); **verständnisvoll** adj compréhensif(-ive)

verstärken (pp **verstärkt**) vt fortifier, renforcer; (Ton: Elec) amplifier; (Anzahl) augmenter ▪ vr: **sich ~** augmenter, s'accroître; **Verstärker** m (-s, -) (Radio) amplificateur m; **Verstärkung** f renforcement m; (Ton: Elec) amplification f; (von Anzahl) augmentation f; (Hilfe) renfort m

verstauchen (pp **verstaucht**) vt: **sich** dat **etw ~** se fouler qch

verstauen (pp **verstaut**) vt caser

Versteck nt (-(e)s, -e) cachette f; **~ spielen** jouer à cache-cache

verstecken (pp **versteckt**) vt cacher ▪ vr: **sich ~** se cacher; **V~ spielen** jouer à cache-cache; **Versteckspiel** nt (fig) jeu m de cache-cache; **versteckt** adj (a. Inform) caché(e); (Drohung) sous-entendu(e); (Blick) furtif(-ive)

verstehen (pp **verstanden**) irr vt comprendre; **etwas von Kunst ~** s'y connaître en art; **~ Sie mich nicht falsch ...** comprenez-moi bien; **jdm etw zu ~ geben** faire comprendre qch à qn ▪ vr: **sich gut/schlecht ~** s'entendre bien/mal

versteifen (pp **versteift**) vr: **sich ~** (fig) ne pas démordre (auf +akk de)

versteigern (pp **versteigert**) vt vendre aux enchères; **Versteigerung** f vente f aux enchères

verstellbar adj réglable; **verstellen** (pp **verstellt**) vt déplacer; (einstellen) régler; (Gerät: falsch) dérégler; (versperren) bloquer; (Miene, Stimme) déguiser ▪ vr: **sich ~** (Mensch) jouer la comédie

verstimmen (pp **verstimmt**) vt (Instrument) désaccorder; (jdn) mettre de mauvaise humeur; **verstimmt** adj (Mus) désaccordé(e); (fig) fâché(e) ▪ adv avec humeur

verstockt adj têtu(e)

verstohlen adj furtif(-ive)

verstopfen (pp **verstopft**) vt boucher, obstruer; (Straße) embouteiller; **Verstopfung** f obstruction f; (von Straße) embouteillage m; (Med) constipation f

verstorben adj décédé(e)

verstört adj troublé(e), bouleversé(e)

Verstoß m (-es, **Verstöße**) infraction f (gegen à); **verstoßen** (pp **~**) irr vt (jdn) chasser, repousser; (Frau) répudier ▪ vi: **~ gegen** contrevenir à

verstrahlt adj irradié(e)

verstreichen (pp **verstrichen**) irr vt répandre; (Ritzen) boucher ▪ vi aux sein (Zeit) passer, s'écouler

verstreuen (pp **verstreut**) vt (verschütten) renverser; (verbreiten) répandre

verstümmeln (pp **verstümmelt**) vt mutiler, estropier; (fig) tronquer

verstummen (pp **verstummt**) vi aux sein rester muet(te); (Lärm) cesser

Versuch m (-(e)s, -e) tentative f, essai m; (wissenschaftlich) expérience f; **versuchen** (pp **versucht**) vt (Essen) goûter; (ausprobieren) essayer; (verführen) tenter ▪ vr: **sich an etw** dat **~** s'essayer à qch;

Versuchskaninchen nt cobaye m;
versuchsweise adv à titre expérimental;
Versuchung f tentation f; **in ~ geraten**
être tenté(e)
versunken adj: **~ sein** être plongé(e)
(in +akk dans)
versüßen (pp **versüßt**) vt: **jdm etw ~**
rendre qch plus doux (douce) [o agréable]
à qn
vertagen (pp **vertagt**) vt ajourner,
remettre ▪ vr: **sich ~** ajourner la séance
vertauschen (pp **vertauscht**) vt
échanger; (versehentlich) confondre
verteidigen (pp **verteidigt**) vt défendre
▪ vr: **sich ~** se défendre; **Verteidiger, in**
m(f) (**-s, -**) défenseur m; (Jur) avocat(e)
(de la défense); (Sport) arrière m;
Verteidigung f défense f;
Verteidigungsinitiative f initiative f
de défense
verteilen (pp **verteilt**) vt distribuer;
(Salbe etc) répandre ▪ vr: **sich ~** se
répartir; **Verteilung** f distribution f
vertiefen (pp **vertieft**) vt approfondir
▪ vr: **sich in etw** akk **~** se plonger dans
qch; **Vertiefung** f creux m
vertikal adj vertical(e)
vertilgen (pp **vertilgt**) vt (Unkraut,
Ungeziefer) détruire; (fam: essen) dévorer,
engloutir
vertippen (pp **vertippt**) vr: **sich ~** faire
une faute de frappe
vertonen (pp **vertont**) vt (Text) mettre en
musique
Vertrag m (**-(e)s, Verträge**) contrat m;
(Pol) traité m, convention f
vertragen (pp **~**) irr vt supporter
▪ vr: **sich ~** bien s'entendre (mit jdm
avec qn)
vertraglich adj contractuel(le),
conventionnel(le)
verträglich adj conciliant(e), sociable;
(Speisen) digeste; (Med) bien toléré(e);
Verträglichkeit f (von Speise) digestibilité
f; (von Medikament) fait d'être bien toléré par
l'organisme; (von Mensch) caractère m
accommodant
Vertragsbruch m rupture f de contrat;
vertragsbrüchig adj qui ne respecte
pas les stipulations du contrat;
Vertragspartner, in m(f) contractant(e);
Vertragsspieler, in m(f) (Sport)
joueur(-euse) sous contrat;
vertragswidrig adj contraire au
contrat
vertrauen (pp **vertraut**) vi avoir
confiance (jdm en qn); **~ auf** +akk faire
confiance à; **Vertrauen** nt (**-s**) confiance f
(in +akk en); **im ~** confidentiellement;
vertrauenerweckend adj qui inspire

confiance; **Vertrauenssache** f
(Frage des Vertrauens) question f de
confiance; (vertraulich) affaire f
confidentielle; **vertrauensvoll** adj
confiant(e); **vertrauenswürdig** adj
digne de confiance
vertraulich adj confidentiel(le);
Vertraulichkeit f caractère m
confidentiel; (Aufdringlichkeit) familiarité f
excessive
verträumt adj rêveur(-euse); (Ort)
paisible, idyllique
vertraut adj familier(-ière); **Vertraute, r**
mf confident(e); **Vertrautheit** f
familiarité f
vertreiben (pp **vertrieben**) irr vt chasser;
(aus Land) expulser; (Com) vendre; (Zeit)
passer; **Vertreibung** f expulsion f
vertretbar adj défendable, justifiable;
vertreten (pp **~**) irr vt (jdn) remplacer;
(Interessen) défendre; (Ansicht) soutenir;
(Staat, Firma) représenter; **sich** dat **die
Beine ~** se dégourdir les jambes;
Vertreter, in m(f) (**-s, -**) représentant(e);
(Stellvertreter) remplaçant(e); (Verfechter)
défenseur m; **Vertretung** f (von Staat,
Firma) représentation f; (von Ansicht,
Interessen) défense f; (beruflich)
remplacement m
Vertrieb m (**-(e)s, -e**) (Com) écoulement
m, vente f
Vertriebene, r mf personne f expulsée
[o exilée]
vertrocknen (pp **vertrocknet**) vi aux sein
se dessécher
vertrödeln (pp **vertrödelt**) vt (fam) passer
à glander
vertrösten (pp **vertröstet**) vt faire
prendre patience
vertun (pp **vertan**) irr vt (fam) gaspiller
▪ vr: **sich ~** se tromper
vertuschen (pp **vertuscht**) vt camoufler,
dissimuler
verübeln (pp **verübelt**) vt: **jdm etw ~** en
vouloir à qn de qch
verüben (pp **verübt**) vt commettre
verunfallen (pp **verunfallt**) vi aux sein
(schweizerisch), **verunglücken**
(pp **verunglückt**) ▪ vi aux sein avoir
un accident; **tödlich ~** mourir dans
un accident
verunreinigen (pp **verunreinigt**) vt
salir; (Umwelt) polluer
verunsichern (pp **verunsichert**) vt
rendre incertain(e), mettre dans
l'incertitude
verunstalten (pp **verunstaltet**) vt
défigurer
veruntreuen (pp **veruntreut**) vt
détourner

verursachen (*pp* **verursacht**) *vt* causer, provoquer; **Verursacher, in** *m(f)* (**-s, -**) responsable *mf*; (*von Umweltverschmutzung*) polleur(-euse); **Verursacherprinzip** *nt* principe *m* du polleur-payeur

verurteilen (*pp* **verurteilt**) *vt* condamner (*zu* à); **zum Scheitern verurteilt sein** être voué(e) à l'échec; **Verurteilung** *f* condamnation *f*

vervielfältigen (*pp* **vervielfältigt**) *vt* (*kopieren*) polycopier; **Vervielfältigung** *f* polycopie *f*

vervollkommnen (*pp* **vervollkommnet**) *vt* perfectionner ◼ *vr*: **sich ~** se perfectionner (*in +dat* en)

vervollständigen (*pp* **vervollständigt**) *vt* compléter

verwackeln (*pp* **verwackelt**) *vt* (*Foto*) rater

verwählen (*pp* **verwählt**) *vr*: **sich ~** (*Tel*) se tromper de numéro

verwahren (*pp* **verwahrt**) *vt* (*aufbewahren*) garder, conserver ◼ *vr*: **sich ~ gegen** protester contre

verwahrlosen (*pp* **verwahrlost**) *vi aux sein* être laissé(e) à l'abandon; (*Mensch*) se laisser aller; **verwahrlost** *adj* négligé(e); (*moralisch*) dévoyé(e)

verwaist *adj* (*Kind*) orphelin(e)

verwalten (*pp* **verwaltet**) *vt* administrer, gérer; **Verwalter, in** *m(f)* (**-s, -**) administrateur(-trice); (*Hausverwalter*) intendant(e); **Verwaltung** *f* administration *f*; **Verwaltungsbezirk** *m* conscription *f* administrative

verwandeln (*pp* **verwandelt**) *vt* changer, transformer (*in +akk* en) ◼ *vr*: **sich ~** se transformer (*in +akk* en); **Verwandlung** *f* transformation *f*

verwandt *adj* apparenté(e); **Verwandte, r** *mf* parent(e); **Verwandtschaft** *f* parenté *f*

verwarnen (*pp* **verwarnt**) *vt* avertir; **Verwarnung** *f* avertissement *m*; **gebührenpflichtige ~** amende *f*

verwaschen *adj* délavé(e); (*fig*) flou(e)

verwässern (*pp* **verwässert**) *vt* diluer

verwechseln (*pp* **verwechselt**) *vt* confondre; **Verwechslung** *f* confusion *f*, méprise *f*

verwegen *adj* téméraire; **Verwegenheit** *f* témérité *f*; (*von Plan*) audace *f*

Verwehung *f* (*Schneeverwehung*) congère *f*

verweichlichen (*pp* **verweichlicht**) *vt* affaiblir ◼ *vi aux sein* s'affaiblir; **verweichlicht** *adj* mou (molle), efféminé(e)

verweigern (*pp* **verweigert**) *vt* refuser; **den Gehorsam/die Aussage ~** refuser d'obéir/de témoigner; **Verweigerung** *f* refus *m*

Verweis *m* (**-es, -e**) (*Tadel*) réprimande *f*, remontrance *f*; (*Hinweis*) renvoi *m*; **verweisen** (*pp* **verwiesen**) *irr vt* renvoyer (*auf +akk* à); **jdn des Landes ~** expulser qn du pays; **jdn an jdn ~** (r)envoyer qn à qn ◼ *vi* se référer (*auf +akk* à)

verwelken (*pp* **verwelkt**) *vi aux sein* se faner

verwenden (*pp* **verwendet**) *vt* employer; (*Mühe, Zeit*) consacrer; **Verwendung** *f* emploi *m*, utilisation *f*

verwerfen (*pp* **verworfen**) *irr vt* (*Plan*) repousser, rejeter

verwerflich *adj* (*Tat*) condamnable, répréhensible

Verwerfung *f* (*Geo*) plissement *m*

verwerten (*pp* **verwertet**) *vt* utiliser; **Verwertung** *f* utilisation *f*

verwesen (*pp* **verwest**) *vi aux sein* se putréfier, se décomposer; **Verwesung** *f* décomposition *f*

verwickeln (*pp* **verwickelt**) *vt*: **jdn in etw** *akk* **~** (*fig*) impliquer qn dans qch ◼ *vr*: **sich ~** (*Faden*) s'emmêler; **sich ~ in** *+akk* (*fig*) s'embrouiller dans; **verwickelt** *adj* embrouillé(e)

verwildern (*pp* **verwildert**) *vi aux sein* (*Garten*) être laissé(e) à l'abandon; (*Tier, Kind*) devenir sauvage

verwinden (*pp* **verwunden**) *irr vt* surmonter

verwirklichen (*pp* **verwirklicht**) *vt* réaliser; **Verwirklichung** *f* réalisation *f*

verwirren (*pp* **verwirrt**) *vt* emmêler; (*fig*) déconcerter; **Verwirrung** *f* confusion *f*

verwittern (*pp* **verwittert**) *vi aux sein* être érodé(e)

verwitwet *adj* veuf (veuve)

verwöhnen (*pp* **verwöhnt**) *vt* gâter

verworfen *adj* dépravé(e)

verworren *adj* confus(e), embrouillé(e)

verwundbar *adj* vulnérable; **verwunden** (*pp* **verwundet**) *vt* blesser

verwunderlich *adj* étonnant(e), surprenant(e); **Verwunderung** *f* étonnement *m*, surprise *f*

Verwundete, r *mf* blessé(e); **Verwundung** *f* blessure *f*

verwünschen (*pp* **verwünscht**) *vt* maudire

verwüsten (*pp* **verwüstet**) *vt* dévaster, ravager; **Verwüstung** *f* dévastation *f*, ravage *m*

verzagen (*pp* **verzagt**) *vi aux sein* se décourager; **verzagt** *adj* découragé(e)

verzählen (*pp* **verzählt**) *vr*: **sich ~** se tromper (dans ses calculs)

verzaubern (*pp* **verzaubert**) *vt*
ensorceler, enchanter; (*fig*) charmer
verzehren (*pp* **verzehrt**) *vt* (*essen*)
manger; (*aufbrauchen*) consommer
verzeichnen (*pp* **verzeichnet**) *vt* inscrire;
(*Erfolg*) mettre à son actif; (*Niederlage,
Verlust*) essuyer
Verzeichnis *nt* liste *f*, catalogue *m*;
(*in Buch*) index *m*; (*Inform*) répertoire *m*
verzeihen (**verzieh, verziehen**) *vt*, *vi*
pardonner; **verzeihlich** *adj* pardonnable;
Verzeihung *f* pardon *m*; **~!** pardon!;
um ~ bitten demander pardon
verzerren (*pp* **verzerrt**) *vt* tordre,
déformer
Verzicht *m* (**-(e)s, -e**) renonciation *f*
(*auf +akk* à); **verzichten** (*pp* **verzichtet**)
vi renoncer (*auf +akk* à)
verzieh *imperf von* **verzeihen**
verziehen *pp von* **verzeihen**
verziehen (*pp* **verzogen**) *irr vt* (*Kind*)
gâter, mal élever; **das Gesicht ~** faire
la grimace ■ *vr*: **sich ~** (*Holz*) travailler;
(*verschwinden*) disparaître ■ *vi aux sein*
(*umziehen*) déménager
verzieren (*pp* **verziert**) *vt* décorer;
Verzierung *f* décoration *f*
verzinsen (*pp* **verzinst**) *vt* payer des
intérêts sur
verzögern (*pp* **verzögert**) *vt* retarder,
différer ■ *vr*: **sich ~** être retardé(e);
Verzögerung *f* retard *m*, délai *m*;
Verzögerungstaktik *f* manœuvre *f*
dilatoire, temporisation *f*
verzollen (*pp* **verzollt**) *vt* dédouaner;
nichts zu ~ haben n'avoir rien à déclarer
verzückt *adj* extasié(e) ■ *adv* avec
ravissement; **Verzückung** *f*
ravissement *m*
verzweifeln (*pp* **verzweifelt**) *vi aux sein*
désespérer (*an +dat* de); **es ist zum
Verzweifeln** c'est désespérant;
verzweifelt *adj* désespéré(e);
Verzweiflung *f* désespoir *m*; **jdn zur ~
bringen** désespérer qn
verzweigen (*pp* **verzweigt**) *vr*:
sich ~ (*Ast*) se ramifier; (*Straße*) bifurquer
verzwickt *adj* (*fam*) embrouillé(e),
compliqué(e)
Veto *nt* (**-s, -s**) véto *m*; **~ einlegen** mettre
son véto
Vetter *m* (**-s, -n**) cousin *m*;
Vetternwirtschaft *f* copinage *m*
VHS *f* (**-**) *abk* = **Volkshochschule**
Viagra® *nt* (**-s**) viagra® *m*
vibrieren (*pp* **vibriert**) *vi* vibrer
Video *nt* (**-s, -s**) vidéo *f*; **Videoclip** *m*
(**-s, -s**) clip *m* vidéo; **Videogerät** *nt*
appareil *m* vidéo, magnétoscope *m*;
Videokamera *f* caméra *f* vidéo,

caméscope *m*; **Videokassette** *f*
vidéocassette *f*, cassette *f* vidéo;
Videokonferenz *f* vidéoconférence *f*;
Videorekorder *m* magnétoscope *m*;
Videospiel *nt* jeu *m* vidéo; **Videothek** *f*
(**-, -en**) vidéothèque *f*; **Videoüberwachung**
f vidéosurveillance *f*
Vieh *nt* (**-(e)s**) bétail *m*, bestiaux *mpl*;
viehisch *adj* bestial(e); (*Mühe, Arbeit*)
énorme
viel *pron* beaucoup de; **zu ~** trop ■ *adv*
beaucoup; **~ zu wenig** beaucoup trop
peu; *siehe auch* **vielsagend,
vielversprechend; viele** *pron pl*
(*attributiv*) beaucoup de; (*substantivisch*)
beaucoup de gens/choses; **vielerlei** *adj*
inv toutes sortes de; **vieles** *pron*
(*substantivisch*) beaucoup de choses;
vielfach *adj*: **auf vielfachen Wunsch**
à la demande générale; **Vielfalt** *f* (**-**)
multiplicité *f*; **vielfältig** *adj* multiple,
divers(e)
vielleicht *adv* peut-être; **du bist ~ dumm!**
que tu es bête!
vielmals *adv* souvent, bien des fois;
danke ~ merci infiniment; **vielmehr** *adv*
plutôt, au contraire; **vielsagend** *adj*
éloquent(e), significatif(-ive); **vielseitig**
adj varié(e), multiple; (*Mensch*) aux talents
multiples; **vielversprechend** *adj*
prometteur(-euse)
vier *num* quatre; **unter ~ Augen** en tête-à-
tête; **auf allen vieren** à quatre pattes;
Vier *f* (**-, -en**) quatre *m*; **Viereck** *nt* (**-(e)s,
-e**) quadrilatère *m*; **viereckig** *adj*
quadrangulaire, carré; **vierfach** *adj*
quadruple; **vierhundert** *num* quatre
cent(s); **vierjährig** *adj* de quatre ans;
viermal *adv* quatre fois; **viert** *adv*:
zu ~ à quatre; **Viertaktmotor** *m*
moteur *m* à quatre temps; **vierte, r, s** *adj*
quatrième; **der ~ Mai** le quatre mai;
Berlin, den 4. Mai Berlin, le 4 mai;
Vierte, r *mf* quatrième *mf*; **vierteilen** *vt*
écarteler
Viertel *nt* (**-s, -**) quart *m*; (*von Stadt*)
quartier *m*; **(ein) ~ vor/nach drei** trois
heures moins le quart/et quart;
Vierteljahr *nt* trimestre *m*;
vierteljährlich *adj* trimestriel(le);
Viertelliter *m o nt* quart *m* de litre
vierteln *vt* couper en quatre
Viertelnote *f* noire *f*; **Viertelstunde** *f*
quart *m* d'heure
viertens *adv* quatrièmement
Vierwaldstätter See *m* lac *m* des
Quatres-Cantons
vierzehn *num* quatorze; **vierzehntägig**
adj de quinze jours; **vierzehntäglich** *adv*
tous les quinze jours

vierzig *num* quarante
Vietnam *nt* (**-s**) le Viêt-nam, le Vietnam;
vietnamesisch *adj* vietnamien(ne)
Vignette *f* (*Autobahnvignette*)
vignette *f*
Vikar, in *m(f)* vicaire *mf*
Villa *f*(**-, Villen**) villa *f*; **Villenviertel** *nt*
quartier *m* résidentiel
violett *adj* violet(te)
Violine *f* violon *m*; **Violinschlüssel** *m*
clé *f* de sol
Virensuchprogramm *nt* (*Inform*)
(programme *m*) antivirus *m*
virtuell *adj* (*a. Inform*) virtuel(le)
Virus *m o nt* (**-, Viren**) virus *m*; (*Inform*)
virus *m* informatique; **Virusinfektion** *f*
infection *f* virale
Visier *nt* (**-s, -e**) (*an Waffe*) hausse *f*;
(*an Helm*) visière *f*
Visit *nt* (**-s, -s**) session *f*
Visite *f*(**-, -n**) (*Med*) visite *f*, consultation *f*;
Visitenkarte *f* carte *f* de visite
visuell *adj* visuel(le)
Visum *nt* (**-s, Visa** o **Visen**) visa *m*
vital *adj* (*Mensch*) plein(e) de vie;
(*lebenswichtig*) vital(e)
Vitamin *nt* (**-s, -e**) vitamine *f*;
Vitaminmangel *m* carence *f* en
vitamines, avitaminose *f*
Vizekanzler, in *m(f)* vice-chancelier(-ière);
Vizepräsident, in *m(f)* vice-président(e)
Vogel *m* (**-s, Vögel**) oiseau *m*; **einen ~
haben** (*fam*) avoir une araignée au
plafond; **jdm den ~ zeigen** (*fam*) se
frapper le front; **Vogelbauer** *m o nt*
cage *f*, volière *f*; **Vogelbeerbaum** *m*
sorbier *m*; **Vogelgrippe** *f* grippe *f*
aviaire
vögeln *vi, vt* (*sl*) baiser
Vogelscheuche *f*(**-, -n**) épouvantail *m*
Vogerlsalat *m* (*A*) mâche *f*, doucette *f*
Vogesen *pl*: **die ~** les Vosges *fpl*
Voicemail *f* messagerie *f* vocale
Vokabel *f*(**-, -n**) mot *m*, vocable *m*;
Vokabular *nt* (**-s, -e**) vocabulaire *m*
Vokal *m* (**-s, -e**) voyelle *f*
Volk *nt* (**-(e)s, Völker**) (*Nation*)
peuple *m*, nation *f*; (*Masse, Menge*) foule *f*,
masse *f*
Völkerbund *m* (*Hist*) Société *f* des
Nations; **Völkerrecht** *nt* droit *m*
international; **völkerrechtlich** *adj* de
droit international;
Völkerverständigung *f* entente *f* entre
les peuples; **Völkerwanderung** *f*
migration *f* des peuples
Volksbegehren *nt* initiative *f* populaire;
volkseigen *adj* nationalisé(e); **Volksfest**
nt fête *f* populaire; **Volkshochschule** *f*
université *f* populaire

Volkslied *nt* chanson *f* populaire;
Volksmund *m*: **im ~** dans le langage
populaire; **Volksrepublik** *f* république *f*
populaire; **Volkstanz** *m* danse *f*
folklorique; **volkstümlich** *adj* populaire;
Volkswirtschaft *f* économie *f* politique;
Volkzählung *f* recensement *m* de la
population
voll *adj* plein(e); (*ganz*) entier(-ière);
(*Farbe, Ton*) intense; **eine Hand ~ Geld** une
poignée d'argent; **~ sein** (*fam: betrunken*)
être plein(e), être bourré(e) ■ *adv* (*ganz*)
entièrement; **~ und ganz** (*genügen*)
pleinement; (*zustimmen*) entièrement;
jdn für ~ nehmen prendre qn au sérieux;
vollauf *adv* largement, amplement;
Vollbart *m* barbe et moustache *f*;
Vollbeschäftigung *f* plein emploi *m*;
vollblütig *adj* pur-sang; **Vollbremsung** *f*
freinage *m* à fond; **vollbringen**
(*pp* **vollbracht**) *irr vt* accomplir;
vollenden (*pp* **vollendet**) *vt* terminer,
accomplir; **vollendet** *adj* (*fig*)
accompli(e); **die vollendete Dame** une
vraie dame; **vollends** *adv* entièrement,
complètement; **Vollendung** *f*
accomplissement *m*, achèvement *m*
voller *adj* plein(e) de
Volleyball *m* volley(-ball) *m*
Vollgas *nt*: **mit ~** à pleins gaz, à plein
régime; **~ geben** rouler à pleins gaz
völlig *adj* total(e), complet(-ète) ■ *adv*
complètement
volljährig *adj* majeur(e);
Vollkaskoversicherung *f* assurance *f*
tous risques; **vollkommen** *adj* (*fehlerlos*)
parfait(e) ■ *adv* complètement;
Vollkommenheit *f* perfection *f*;
Vollkornbrot *nt* pain *m* complet;
voll|machen *sep vt* remplir
Vollmacht *f*(**-, -en**) procuration *f*;
~ haben avoir plein(s) pouvoir(s);
jdm ~ geben donner procuration à qn
Vollmilch *f* lait *m* entier; **Vollmond** *m*
pleine lune *f*; **Vollpension** *f* pension *f*
complète; **vollschlank** *adj* rondelet(te)
vollständig *adj* complet(-ète), intégral(e)
■ *adv* complètement
vollstrecken (*pp* **vollstreckt**) *vt* exécuter
voll|tanken *sep vi* faire le plein;
Volltextsuche *f* recherche *f* de texte

complet; **Volltreffer** m coup m dans le mille; (fig) gros succès m; **Vollversammlung** f assemblée f plénière; **Vollversion** f (Inform) version f complète; **Vollwertkost** f aliments mpl complets; **vollzählig** adj complet(-ète), au complet

vollziehen (pp **vollzogen**) irr vt exécuter, accomplir ■ vr: **sich ~** s'accomplir; **Vollzug** m (von Urteil) exécution f

Volt nt (- o -(e)s, -) volt m

Volumen nt (-s, -) volume m

vom kontr von **von dem**; **das kommt ~ Rauchen** cela vient de ce qu'il/elle fume; **sie ist ~ Land** elle vient de la campagne

von präp +dat de; (im Passiv) par; (bestehend aus) en; (über Thema) sur, de; **~ ... an** (räumlich) dès ...; (zeitlich) depuis ...; **~ ... bis** de ... à; **ein Freund ~ mir** un de mes amis; **~ mir aus!** (fam) soit!; **~ wegen!** mon œil!; **voneinander** adv l'un(e) de l'autre; **vonstatten|gehen** sep irr vi se dérouler, avoir lieu

vor präp +akk o dat devant; (zeitlich) avant; (Grund angebend) de; **fünf/Viertel ~ sieben** sept heures moins cinq/le quart; **~ der Stadt** en dehors de la ville; **~ nächstem Jahr/dem Winter** avant l'année prochaine/l'hiver; **~ einem Monat hat er noch gelebt** il y a un mois, il vivait encore; **~ Jahren** il y a des années; **~ allem** surtout, avant tout; **etw ~ sich** dat **haben** avoir qch devant soi

Vorabend m veille f

voran adv en avant; **voran|gehen** sep irr vi aux sein (vorn gehen) marcher devant; (zeitlich) avancer, progresser; **einer Sache** dat **~** précéder qch; **vorangehend** adj précédent(e); **voran|kommen** sep irr vi aux sein avancer

Voranschlag m devis m

Vorarbeiter, in m(f) contre-maître(-esse)

Vorarlberg nt (-s) le Vorarlberg

voraus adv devant, en avant; (zeitlich) en avance; **jdm ~ sein** être en avance sur qn; **im Voraus** à l'avance; **voraus|bezahlen** (pp **vorausbezahlt**) sep vt payer d'avance; **voraus|gehen** sep irr vi aux sein (vorgehen) aller devant; (zeitlich) précéder; **voraus|haben** sep irr vt: **jdm etw ~** avoir qch de plus que qn; **Voraussage** f prédiction f; (Wettervoraussage) prévisions fpl; **voraus|sagen** sep vt prédire; **voraus|sehen** sep irr vt prévoir; **voraus|setzen** sep vt présumer, supposer; **vorausgesetzt, dass ...** à condition que ... +subj; **Voraussetzung** f (Bedingungen) condition f; (Annahme) supposition f; **unter der ~, dass ...** à condition que ... +subj; **Voraussicht** f

prudence f, prévoyance f; **aller ~ nach** très probablement; **voraussichtlich** adv probablement

vor|bauen sep vi prévenir (einer Sache dat qch)

Vorbehalt m (-(e)s, -e) réserve f, restriction f; **vor|behalten** (pp ~) sep irr vt: **jdm/sich etw ~** réserver qch à qn/se réserver qch; **Änderungen ~** sous réserve de modifications; **vorbehaltlos** adv sans réserve, sans restriction

vorbei adv (zeitlich) passé(e); (zu Ende) fini(e), terminé(e); **2 Uhr ~** deux heures passées; **vorbei|gehen** sep irr vi aux sein passer (an +dat devant); (fig: nicht beachten) ne pas faire attention (an +dat à); **bei jdm ~** (fam) passer voir qn; **vorbei|kommen** sep irr vi aux sein passer (bei chez); **vorbei|schrammen** sep vi aux sein frôler (an etw dat qch)

vorbelastet adj handicapé(e); (voreingenommen) influencé(e)

vor|bereiten (pp **vorbereitet**) sep vt préparer ■ vr: **sich auf etw** akk **~** se préparer à qch; **Vorbereitung** f préparation f; (Maßnahmen) préparatifs mpl

vor|bestellen (pp **vorbestellt**) sep vt réserver

vorbestraft adj qui a un casier judiciaire

vor|beugen sep vr: **sich ~** se pencher (en avant) ■ vi prévenir (einer Sache dat qch); **vorbeugend** adj (Maßnahme) préventif(-ive); **Vorbeugung** f prévention f

Vorbild nt modèle m; **sich** dat **jdn zum ~ nehmen** prendre qn pour modèle, prendre exemple sur qn; **vorbildlich** adj exemplaire

vor|bringen sep irr vt (vortragen) formuler; (fam: nach vorne bringen) apporter

Vordenker, in m(f) maître m à penser

Vorderachse f essieu m avant; **Vorderansicht** f vue f de face; **vordere, r, s** adj antérieur(e), de devant; **Vordergrund** m (a. Inform) premier plan m; **im ~** au premier plan; **Vordermann** m (pl **Vordermänner**); **mein ~** la personne devant moi; **jdn auf ~ bringen** (fam) mettre qn au pas; **Vorderrad** nt roue f avant; **Vorderradantrieb** m traction f avant; **Vorderseite** f devant m; **vorderste, r, s** adj le (la) premier(-ière), le (la) plus en avant

vordränge(l)n vr: **sich ~** jouer des coudes

vorehelich adj avant le mariage, prénuptial(e)

voreilig adj prématuré(e)

voreinander adv (räumlich) l'un(e) devant l'autre; (wechselseitig) l'un(e) pour l'autre

voreingenommen adj prévenu(e);
  Voreingenommenheit f préjugé m,
  parti m pris
Voreinstellung f (Inform) défaut m
vor|enthalten (pp ~) sep irr vt: jdm etw ~
  priver qn de qch; (verheimlichen) cacher
  qch à qn
vorerst adv pour le moment
Vorfahr m (-en, -en) ancêtre m
vor|fahren sep irr vi aux sein avancer;
  (vors Haus etc) arriver
Vorfahrt f priorité f; ~ achten céder
  le passage; **Vorfahrtsregel** f règle f
  de priorité; **Vorfahrtsschild** nt panneau
  m de priorité; **Vorfahrtsstraße** f route f
  [o rue f] prioritaire
Vorfall m incident m; **vor|fallen** sep irr vi
  aux sein se passer, arriver
Vorfeld nt: **im ~ der Wahlen** à la veille
  des élections
vor|finden sep irr vt trouver
Vorfreude f joie f anticipée
vor|führen sep vt présenter
Vorgabe f (Sport) avantage m;
  (Bestimmung) référence f
Vorgang m cours m (des événements);
  (Tech, Bio) processus m
Vorgänger, in m(f) (-s, -) prédécesseur m
vor|geben sep irr vt (vortäuschen)
  prétexter, prétendre
vorgefasst adj préconçu(e), préétabli(e);
  vorgefertigt adj préfabriqué(e)
Vorgefühl nt pressentiment m
vor|gehen sep irr vi aux sein (voraus) aller
  devant; (Uhr) avancer; (handeln) procéder;
  (Vorrang haben) avoir la priorité; **gegen jdn
  ~** prendre des mesures contre qn;
  Vorgehen nt (-s) action f
Vorgeschmack m avant-goût m
Vorgesetzte, r mf supérieur(e)
vorgestern adv avant-hier
vor|greifen sep irr vi: jdm/einer Sache ~
  devancer qn/qch
vor|haben sep irr vt avoir l'intention
  de; **ich habe heute schon etwas vor**
  je suis déjà pris(e) aujourd'hui;
  Vorhaben nt (-s, -) intention f,
  projet m
vor|halten sep irr vt (Hand, Taschentuch)
  tenir (devant), tendre; **jdm etw ~**
  (vorwerfen) reprocher qch à qn ◼ vi
  (Vorräte) suffire; **Vorhaltung** f reproche
  m, remontrance f
Vorhand f (Sport) coup m droit
vorhanden adj présent(e), existant(e);
  (erhältlich) disponible; **Vorhandensein** nt
  (-s) existence f
Vorhang m rideau m
Vorhängeschloss nt cadenas m
Vorhaut f prépuce m

vorher adv auparavant;
  vorher|bestimmen (pp **vorherbestimmt**)
  sep vt prédéterminer; **vorher|gehen** sep
  irr vi aux sein précéder; **vorherig** adj
  précédent(e), antérieur(e)
Vorherrschaft f prédominance f;
  vor|herrschen sep vi prédominer
Vorhersage f prédiction f;
  (Wettervorhersage) prévisions f pl
  météorologiques; **vorher|sagen** sep vt
  prédire, prévoir; **vorhersehbar** adj
  prévisible; **vorher|sehen** sep irr vt prévoir
vorhin adv tout à l'heure; **vorhinein** adv:
  im Vorhinein à l'avance
vorig adj (Woche etc) dernier(-ière);
  (Amtsinhaber) précédent(e)
Vorkehrung f mesure f, disposition f;
  Vorkehrungen treffen prendre des
  dispositions [o mesures]
Vorkenntnisse pl connaissances f pl
  préalables
vor|kommen sep irr vi aux sein (nach vorn)
  avancer; (geschehen) arriver; (vorhanden
  sein) se trouver, exister; **das kommt mir
  merkwürdig vor** ça me semble bizarre;
  sich dat **dumm ~** se sentir [o se trouver]
  bête; **Vorkommen** nt (-s, -) (von Erdöl etc)
  gisement m; **Vorkommnis** nt
  évènement m
Vorkriegs- in zW d'avant-guerre
Vorladung f citation f en justice
Vorlage f (Muster: Inform) modèle m;
  (Gesetzesvorlage) projet m de loi;
  (beim Fußball) passe f
vor|lassen sep irr vt (vorgehen lassen) laisser
  passer devant; (überholen lassen) laisser
  doubler; **bei jdm vorgelassen werden**
  être reçu(e) par qn
vorläufig adj provisoire
vorlaut adj impertinent(e)
vor|legen sep vt (zur Ansicht, Prüfung)
  soumettre
Vorleger m (-s, -) essuie-pieds m;
  (Bettvorleger) descente f de lit
vor|lesen sep irr vt lire à haute voix
Vorlesung f (Sch) cours m (magistral);
  Vorlesungsverzeichnis nt programme m
  des cours
vorletzte, r, s adj avant-dernier(-ière)
Vorliebe f préférence f
vorlieb|nehmen sep irr vi: **mit etw/jdm ~**
  se contenter de qch/qn
vor|liegen sep irr vi: **jdm ~** être devant qn;
  gegen ihn liegt nichts vor il n'y a rien à lui
  reprocher; **vorliegend** adj présent(e)
vor|machen sep vt: **jdm etw ~** (zeigen)
  montrer qch à qn; (fig) feindre qch
  devant qn
Vormachtstellung f position f
  de suprématie, prédominance f

Vormarsch m marche f en avant, avance f
vor|merken sep vt prendre note de, noter;
Vormittag m matinée f; **heute/morgen**
~ ce/demain matin; **vormittags** adv le
matin
Vormund m tuteur(-trice)
Vorname m prénom m
vorne adv devant; **nach ~** en avant;
von ~ par devant, de face; **von ~**
anfangen commencer au début,
recommencer à zéro
vornehm adj distingué(e)
vor|nehmen sep irr vt faire; **sich** dat
etw ~ projeter qch; **sich** dat **jdn ~** (fam)
faire la leçon à qn
vornehmlich adv avant tout
vornherein adv: **von ~** de prime abord,
tout de suite
Vorort m faubourg m; **Vorortzug** m
train m de banlieue
Vorrang m priorité f, préséance f;
vorrangig adj prioritaire
Vorrat m (-(e)s, **Vorräte**) provisions fpl,
réserves fpl; **auf ~** en réserve; **vorrätig** adj
en magasin, en stock; **Vorratskammer** f
garde-manger m
Vorrecht nt privilège m
Vorrichtung f dispositif m
vor|rücken sep vi aux sein avancer
▪ vt mettre en avant, avancer
Vorruhestand m préretraite f
vor|sagen sep vt faire répéter; (Sch)
souffler
Vorsaison f avant-saison f
Vorsatz m intention f, projet m;
einen ~ fassen prendre une résolution;
vorsätzlich adj intentionnel(le); (Jur)
prémédité(e) ▪ adv intentionnellement;
avec préméditation
Vorschau f aperçu m des programmes;
(Film) bandes-annonces fpl
vor|schieben sep irr vt mettre [o pousser]
en avant; (fig) prétexter; **jdn ~** (fig)
employer qn comme homme de paille
Vorschlag m proposition f; **vor|schlagen**
sep irr vt proposer
vorschnell adv inconsidérément
vor|schreiben sep irr vt prescrire
Vorschrift f règle f; (Anweisung)
instruction f; **Dienst nach ~** grève f
du zèle; **jdm Vorschriften machen**
donner des ordres à qn;
vorschriftsmäßig adj réglementaire
Vorschule f enseignement m préscolaire
Vorschuss m avance f
vor|schweben sep vi: **jdm schwebt etw**
vor qn voit qch
vor|sehen sep irr vt (planen) prévoir; **das**
ist dafür nicht vorgesehen cela n'a pas
été prévu pour cela ▪ vr: **sich vor jdm/**

etw ~ prendre garde à qn/qch, se garder
de qn/qch
Vorsehung f providence f
vor|setzen sep vt (Essen) servir, présenter
▪ vr: **sich ~** avancer
Vorsicht f prudence f; ~! attention!; ~,
Stufe! attention à la marche!; **vorsichtig**
adj prudent(e); **vorsichtshalber** adv par
précaution, par mesure de prudence;
Vorsichtsmaßnahme f précaution f
Vorsilbe f préfixe m
Vorsitz m présidence f; **Vorsitzende, r** mf
président(e)
Vorsorge f précaution f; **(für etw) ~**
treffen prendre les dispositions
nécessaires (pour qch); **vor|sorgen** sep vi
pourvoir (für à); **Vorsorgeuntersuchung**
f examen m de dépistage; **vorsorglich**
adv par précaution
Vorspeise f entrée f, hors-d'œuvre m
Vorspiel nt (Theat) prologue m; (Mus)
prélude m; (sexuell) préliminaires mpl
vor|sprechen sep irr vt dire (d'abord)
▪ vi: **bei jdm ~** aller voir qn
Vorsprung m rebord m, saillie f; (fig)
avance f, avantage m
Vorstadt f faubourg m
Vorstand m conseil m d'administration;
(Mensch) membre m du conseil
d'administration
vor|stehen sep irr vi aux haben o sein être
proéminent(e); **einer Sache** dat ~
(als Vorstand) diriger qch
vorstellbar adj imaginable, concevable;
vor|stellen sep vt (vor etwas) mettre
devant, placer devant; (bekannt machen)
présenter; (darstellen) représenter;
(bedeuten) signifier; **sich** dat **etw ~** se
représenter qch, s'imaginer qch ▪ vr:
sich ~ se présenter; **Vorstellung** f (das
Bekanntmachen) présentation f; (Theat)
représentation f; (Gedanke) idée f;
Vorstellungsgespräch nt entretien m,
entrevue f
Vorstoß m attaque f; (Versuch) tentative f
Vorstrafe f condamnation f antérieure
vor|strecken sep vt avancer
Vorstufe f premier stade m
Vortag m veille f
vor|täuschen sep vt feindre, simuler
Vorteil m (-(e)s, -e) avantage m (gegenüber
par rapport à); **im ~ sein** être avantagé(e);
den ~ haben, dass … avoir l'avantage de
…; **vorteilhaft** adj avantageux(-euse)
Vortrag m (-(e)s, **Vorträge**) conférence f;
einen ~ halten faire une conférence;
vor|tragen sep irr vt (Bitte, Plan)
présenter; (Gedicht) réciter; (Lied) chanter;
(Rede) tenir
vortrefflich adj excellent(e)

vor|treten *sep irr vi aux sein* avancer;
(*Augen etc*) être globuleux(-euse);
(*Knochen*) être saillant(e)
vorüber *adv* (*räumlich*) devant; (*zeitlich*)
passé(e); **vorüber|gehen** *sep irr vi aux sein*
(*vergehen*) passer; **~ an** +*dat* passer
(devant); (*fig: nicht beachten*) négliger;
vorübergehend *adj* temporaire,
momentané(e)
Vorurteil *nt* préjugé *m*
Vorverkauf *m* location *f*
Vorwahl *f* (*Tel*) indicatif *m*
Vorwand *m* (**-(e)s, Vorwände**) prétexte
m, excuse *f*
vorwärts *adv* en avant; **Vorwärtsgang**
m (*Auto*) marche *f* avant;
vorwärts|gehen *sep irr vi* avancer,
progresser; **vorwärts|kommen** *sep irr vi*
avancer, progresser
vorweg *adv* d'avance, auparavant;
Vorwegnahme *f* (**-, -n**) anticipation *f*;
vorweg|nehmen *sep irr vt* anticiper
vor|weisen *sep irr vt* montrer, présenter
vor|werfen *sep irr vt*: **jdm etw ~** reprocher
qch à qn; **sich** *dat* **nichts vorzuwerfen**
haben n'avoir rien à se reprocher
vorwiegend *adj* prédominant(e) ▪ *adv*
en majeure partie, surtout
Vorwitz *m* impertinence *f*; **vorwitzig** *adj*
impertinent(e), effronté(e)
Vorwort *nt* (**-(e)s, -e**) avant-propos *m*,
préface *f*
Vorwurf *m* reproche *m*; **vorwurfsvoll** *adj*
plein(e) de reproche(s)
Vorzeichen *nt* signe *m* (avant-coureur)
vor|zeigen *sep vt* montrer, produire
vorzeitig *adj* prématuré(e)
vor|ziehen *sep irr vt* tirer (en avant);
(*Gardinen*) tirer, fermer; (*lieber haben*)
préférer
Vorzimmer *nt* secrétariat *m*
Vorzug *m* préférence *f*; (*gute Eigenschaft*)
qualité *f*; (*Vorteil*) avantage *m*
vorzüglich *adj* excellent(e)
vulgär *adj* vulgaire
Vulkan *m* (**-s, -e**) volcan *m*;
Vulkanausbruch *m* éruption *f*
volcanique; **vulkanisieren**
(*pp* **vulkanisiert**) *vt* vulcaniser

W, w *nt* (**-, -**) W, w *m*
Waadt *f* (**-**) canton *m* de Vaud
Waage *f* (**-, -n**) balance *f*; (*Astr*) Balance *f*;
Martin ist (eine) ~ Martin est Balance
waagerecht *adj* horizontal(e)
wabb(e)lig *adj* gélatineux(-euse); (*fett*)
flasque
Wabe *f* (**-, -n**) alvéole *f*; (*Honigwabe*)
rayon *m*
wach *adj* (r)éveillé(e); (*fig*) éveillé(e)
Wache *f* (**-, -n**) garde *f*; **~ halten** monter
la garde
wachen *vi* veiller
Wachmann *m* (*pl* **Wachleute**) gardien *m*;
(*privat*) vigile *m*; (*A: Polizist*) agent *m* de police
Wacholder *m* (**-s, -**) genièvre *m*
Wachs *nt* (**-es, -e**) cire *f*; (*Skiwachs*) fart *m*
wachsam *adj* vigilant(e); **Wachsamkeit** *f*
vigilance *f*
wachsen (**wuchs, gewachsen**) *vi aux sein*
croître; (*Pflanze, Haare*) pousser; (*Kind*)
grandir; (*Kraft*) augmenter ▪ *vt* (*Skier*)
farter; (*Boden*) cirer
Wachstuch *nt* toile *f* cirée
Wachstum *nt* (**-s**) croissance *f*;
Wachstumsmarkt *m* marché *m* en
croissance
Wächter, in *m(f)* (**-s, -**) garde *m*;
(*Museumswächter, Parkplatzwächter*)
gardien(ne)

Wachtmeister, in m(f) gardien(ne) de la paix; **Wachtposten** m poste m de garde
wackelig adj boîteux(-euse); **Wackelkontakt** m mauvais [o faux] contact m; **wackeln** vi branler; (fig: Position) être précaire
wacker adj (Kämpfer) vaillant(e); (Arbeiter) honnête ▪ adv bravement
Wade f(-, -n) mollet m
Waffe f(-, -n) arme f
Waffel f(-, -n) gaufre f
Waffenschein m permis m de port d'armes; **Waffenstillstand** m armistice m
Wagemut m goût m du risque
wagen vt oser; (Widerspruch) oser émettre; (sein Leben) risquer
Wagen m (-s, -) voiture f; (Eisenbahn) wagon m; **Wagenführer, in** m(f) conducteur(-trice); **Wagenheber** m (-s, -) cric m
Waggon m (-s, -s) wagon m, fourgon m
waghalsig adj téméraire
Wagnis nt risque m; (Vorhaben) entreprise f risquée
Wagon m siehe **Waggon**
Wahl f(-, -en) choix m; (Pol) élection f
wählbar adj éligible
wahlberechtigt adj qui a le droit de vote; **Wahlbeteiligung** f participation f électorale
wählen vt choisir; (Pol) élire; (Tel) composer; **Wähler, in** m(f)(-s, -) électeur(-trice); **wählerisch** adj exigeant(e); **Wählerpotenzial** nt potentiel m électoral; **Wählerschaft** f électorat m
Wahlfach nt (Sch) matière f à option; **Wahlgang** m tour m de scrutin; **Wahlkabine** f isoloir m; **Wahlkampf** m campagne f électorale; **Wahlkreis** m circonscription f électorale; **Wahllokal** nt bureau m de vote; **wahllos** adv au hasard; **Wahlrecht** nt droit m de vote; **Wahlspruch** m devise f; **Wahlurne** f urne f; **wahlweise** adv au choix; **Wahlwiederholung** f (Tel) rappel m du dernier numéro
Wahn m (-(e)s) délire m; **Wahnsinn** m folie f; **wahnsinnig** adj fou (folle); (Blick, Lächeln) égaré(e); (fam) énorme ▪ adv (fam) très, vachement
wahr adj vrai(e); (wirklich) véritable
wahren vt préserver; (Rechte) défendre
während präp +gen pendant ▪ konj pendant que, (wohingegen) alors que; **währenddessen** adv entre-temps
wahr|haben sep irr vt: etw wahr ~ wollen refuser de croire qch; **wahrhaft** adv (tatsächlich) vraiment; **wahrhaftig** adj

(Mensch) sincère ▪ adv vraiment;
Wahrheit f vérité f; **wahr|nehmen** sep irr vt remarquer; (Gelegenheit) profiter de;
Wahrnehmung f (Sinneswahrnehmung) perception f
wahrsagen (pp **gewahrsagt** o **wahrgesagt**) vi prédire l'avenir;
Wahrsager, in m(f)(-s, -) voyant(e), diseur(-euse) de bonne aventure
wahrscheinlich adj vraisemblable; (Täter) présumé(e) ▪ adv probablement;
Wahrscheinlichkeit f vraisemblance f
Währung f monnaie f;
Währungsausgleich m égalisation f des changes; **Währungseinheit** f unité f monétaire; **Währungsfonds** m fonds m monétaire; **Internationaler ~** Fonds m monétaire international;
Währungspolitik f politique f monétaire;
Währungsraum m zone f monétaire;
Währungsschwankungen pl variations fpl monétaires; **Währungsunion** f union f monétaire
Wahrzeichen nt emblème m
Waise f(-, -n) orphelin(e); **Waisenhaus** nt orphelinat m; **Waisenkind** nt orphelin(e)
Wal m (-(e)s, -e) baleine f
Wald m (-(e)s, **Wälder**) forêt f
Wäldchen nt bois m
waldig adj (Gebiet) boisé(e)
Waldsterben nt (-s) dépérissement m des forêts
Wales nt (-) le pays de Galles
Walfisch m baleine f
Walkie-Talkie nt (-(s), -s) talkie-walkie m
Walkman® m (-s, **Walkmen**) walkman® m, baladeur m
Wall m (-(e)s, **Wälle**) rempart m
Wallfahrer, in m(f) pèlerin(e); **Wallfahrt** f pèlerinage m
Wallis nt (-): **das ~** le Valais
Walnuss f noix f; **Walnussbaum** m noyer m
Walross nt morse m
Walze f(-, -n) cylindre m; (Schreibmaschinenwalze) rouleau m; (Straßenwalze) rouleau m compresseur; **walzen** vt (Boden) cylindrer; (Blech) laminer
wälzen vt rouler, pousser en roulant; (Bücher) compulser; (Probleme) ruminer; **in etw ~** (Gastr) rouler [o passer] dans qch ▪ vr: **sich ~** se rouler; (vor Schmerzen) se tordre; (im Bett) se retourner
Walzer m (-s, -) valse f
Wälzer m (-s, -) (fam) gros bouquin m, pavé m
wand imperf von **winden**
Wand f(-, **Wände**) mur m; (Trennwand) paroi f, cloison f; (Bergwand) paroi f

Wandel m (-s) transformation f;
wandeln vt changer de ≋ vr: **sich ~**
changer
Wanderausstellung f exposition f
itinérante; **Wanderer** m (-s, -),
Wanderin f randonneur(-euse);
wandern vi aux sein faire une excursion,
faire une randonnée; (Blick, Gedanken)
errer; **Wanderschaft** f: **auf ~ sein**
être en voyage; **Wanderung** f
randonnée f
Wandlung f transformation f
Wandrerin f randonneuse f
Wandschrank m placard m
wandte imperf von **wenden**
Wandteppich m tapisserie f
Wange f (-, -n) (Anat) joue f
wankelmütig adj inconstant(e),
versatile
wanken vi aux bei Fortbewegung: sein
chanceler; (sich bewegen) tituber
wann adv quand
Wanne f (-, -n) cuve f; (Badewanne)
baignoire f
Wanze f (-, -n) (Zool) punaise f; (zum Abhören)
micro m
WAP-Handy nt portable m Wap
Wappen nt (-s, -) blason m
WAP-Technologie f technologie f Wap
war imperf von **sein**
warb imperf von **werben**
Ware f (-, -n) marchandise f; **Warenhaus**
nt grand magasin m; **Warenlager** nt
entrepôt m; **Warenprobe** f échantillon
m; **Warentermingeschäft** nt opération f
à terme; **Warenzeichen** nt marque f
déposée
warf imperf von **werfen**
warm adj (**wärmer, wärmste**) chaud(e);
es ist ~ il fait chaud; **den Motor ~ laufen
lassen** (Auto) faire tourner son moteur
(pour le réchauffer); **sich ~ laufen**
(Sport) s'échauffer; **Warmduscher** m
(-s, -) (pej: fam) lavette f; **Wärme** f (-, -n)
chaleur f; **Wärmedämmung** f isolation f
thermique; **wärmen** vt chauffer; (Essen)
réchauffer ≋ vr: **sich ~** se réchauffer;
Wärmepumpe f pompe f à chaleur;
Wärmetauscher m (-s, -) échangeur m
de chaleur; **Wärmflasche** f bouillotte f;
Warmfront f (Meteo) front m chaud;
warmherzig adj chaleureux(-euse)
warmlaufen siehe **warm**; **Warmstart** m
(Inform) démarrage m à chaud;
Warmwasserbereiter m (-s, -)
chauffe-eau m
Warndreieck nt (Auto) triangle m de
signalisation; **warnen** vt prévenir (vor
+dat de), mettre en garde (vor +dat contre);
Warnlichtanlage f feux mpl de détresse;

Warnmeldung f (Inform) message m
d'avertissement; **Warnstreik** m grève f
d'avertissement; **Warnung** f
avertissement m
Wartehäuschen nt abribus m;
Warteliste f liste f d'attente; **warten** vi:
auf jdn/etw ~ attendre qn/qch ≋ vt
(Maschine) réviser
Wärter, in m(f) (-s, -) gardien(ne);
(Krankenwärter) garde-malade mf
Wartesaal m salle f d'attente;
Warteschlange f file f d'attente;
Warteschleife f (Aviat) circuit m
d'attente; **Wartezimmer** nt salle f
d'attente
Wartung f (von Maschine) révision f
warum adv pourquoi
Warze f (-, -n) verrue f
was pron (interrogativ) qu'est-ce qui; (akk)
qu'est-ce que; (relativ) ce qui; (akk) ce que;
(nach Präposition) quoi; (fam: etwas)
quelque chose
waschbar adj lavable; **Waschbecken** nt
lavabo m
Wäsche f (-, -n) linge m; (das Waschen)
lessive f; (Bettwäsche) draps mpl;
(Unterwäsche) sous-vêtements m
waschecht adj résistant(e) au lavage;
(fig) vrai(e)
Wäscheklammer f pince f à linge;
Wäscheleine f corde f à linge
waschen (**wusch, gewaschen**) vt
laver; **sich** dat **die Hände ~** se laver les
mains ≋ vi faire la lessive ≋ vr: **sich ~**
se laver
Wäscherei f blanchisserie f
Wäscheschleuder f essoreuse f;
Wäschetrockner m sèche-linge m
Waschküche f buanderie f;
Waschlappen m gant m de toilette;
(fam: Mensch) lavette f; **Waschmaschine**
f machine f à laver; **Waschmittel** nt,
Waschpulver nt lessive f; **Waschsalon**
m laverie f (automatique)
Wasser nt (-s, -) eau f; **Wasserbob** m
scooter m des mers; **wasserdicht** adj
(Kleidung etc) imperméable; (Dach, Schiff,
Uhr) étanche; **Wasserfall** m chute f
d'eau; **Wasserfarbe** f peinture f à l'eau;
wassergekühlt adj (Auto) à
refroidissement par eau; **Wasserhahn** m
robinet m
wässerig adj siehe **wässrig**
Wasserkraftwerk nt centrale f hydro-
électrique; **Wasserleitung** f conduite f
d'eau; **Wassermann** m (pl
Wassermänner) (Astr) Verseau m;
Daniel ist (ein) ~ Daniel est Verseau;
Wassermelone f pastèque f; **wassern** vi
aux sein o haben amerrir

wässern vt (Gastr) dessaler
Wasserpistole f pistolet m à eau;
  wasserscheu adj qui a peur de l'eau;
  Wasserski, Wasserschi nt ski m
  nautique; ~ **fahren** faire du ski nautique;
  Wasserstand m niveau m de l'eau;
  Wasserstoff m hydrogène m;
  Wasserstoffbombe f bombe f H;
  Wasserversorgung f
  approvisionnement m en eau;
  Wasserwaage f niveau m (à bulle d'air);
  Wasserwelle f (Frisur) mise f en plis;
  Wasserwerfer m (-s, -) canon m à eau;
  Wasserzeichen nt filigrane m
wässrig adj (Suppe) trop dilué(e); (Frucht)
  sans goût
waten vi aux sein patauger
Watsche f (-, -n) (A: Ohrfeige) baffe f
watscheln vi aux sein se dandiner
watschen vt (A) donner une baffe à
Watt nt (-(e)s, -en) (Küstenstreifen) laisse f
  ▪ nt (-s, -) (Elec) watt m
Watte f (-, -n) ouate f; **Wattebausch** m
  (-es, -bäusche) tampon m d'ouate,
  coton m; **Wattepad** m (-s, -s) disque m
  à démaquiller; **Wattestäbchen** nt
  coton-tige® m
wattieren (pp **wattiert**) vt ouater
WC nt (-s, -s) W.-C. mpl
Web nt (-s) (Inform) Web m, web m;
  Webcam f (-, -s) webcam f;
  Webdesigner, in m(f) (-s, -) designer mf Web,
  concepteur(-trice) Web
weben (**webte** o **wob, gewebt** o
  gewoben) vt tisser; **Weber, in** m(f) (-s, -)
  tisserand(e); **Weberei** f (Betrieb) atelier m
  de tissage
Webkamera f webcam f; **Webmaster, in**
  m(f) (-s, -) gestionnaire mf Web; **Webseite**
  f, **Website** f (-, -s) (Inform) page f Web,
  site m Internet; **Web-Server** m serveur m
  Internet
Webstuhl m métier m à tisser
Websurfer, in m(f) internaute mf
Wechsel m (-s, -) changement m; (Fin)
  lettre f de change, traite f; (Geldwechsel)
  change m; **Wechselbeziehung** f
  corrélation f; **Wechselgeld** nt monnaie f;
  wechselhaft adj changeant(e);
  Wechseljahre pl ménopause f;
  Wechselkurs m cours m du change;
  Wechselkursrisiko nt risque m de
  change; **Wechselkursschwankungen** pl
  fluctuations fpl de change; **wechseln** vt
  changer de; (Geld) changer; (Blicke)
  échanger ▪ vi (sich verändern) changer;
  Wechselplatte f (Inform) unité f de disque
  (amovible) à cartouche; **Wechselstrom**
  m courant m alternatif; **Wechselwirkung**
  f interaction f

Weckdienst m service m réveil;
  wecken vt réveiller; (Interesse)
  éveiller; **Wecker** m (-s, -) réveil m,
  réveille-matin m; **Weckruf** m appel m
  de réveil
wedeln vi (mit Schwanz) remuer la
  queue; (mit Fächer) s'éventer; (Ski)
  godiller
weder konj: ~ ... **noch** ... ni ..., ni ...
weg adv parti(e), absent(e), pas là;
  über etw akk ~ **sein** avoir surmonté qch;
  sie war schon ~ elle était déjà parti(e)
Weg m (-(e)s, -e) chemin m; (Mittel) moyen
  m; **sich auf den** ~ **machen** se mettre en
  route; **jdm aus dem** ~ **gehen** éviter qn;
  siehe auch **zuwege**
weg|bleiben sep irr vi aux sein ne plus venir;
  (Satz, Wort) être omis(e)
wegen präp +gen o dat à cause de
weg|fahren sep irr vi aux sein partir;
  Wegfahrsperre f (Auto) antidémarrage
  m; **weg|fallen** sep irr vi aux sein (überflüssig
  werden) être supprimé(e); **etw** ~ **lassen**
  supprimer qch; **weg|gehen** sep irr vi aux
  sein s'en aller; **weg|jagen** sep vt chasser;
  weg|lassen sep irr vt omettre; (jdn) laisser
  partir; **weg|laufen** sep irr vi aux sein
  s'enfuir; **weg|legen** sep vt poser;
  (Kleidung) ranger; **weg|machen** sep vt
  (fam: Flecken) enlever; **weg|müssen** sep irr
  vi (fam) devoir partir; **weg|nehmen** sep irr
  vt enlever; (Eigentum) voler;
  weg|rationalisieren (pp
  wegrationalisiert) sep vt (Arbeitsplätze)
  réduire afin de rationaliser; **weg|räumen**
  sep vt (Sachen) ranger; (Schnee) déblayer;
  weg|schaffen sep vt enlever;
  weg|schnappen sep vt: **jdm etw** ~
  souffler qch à qn; **jdm die Freundin** ~
  souffler l'amie de qn
Wegweiser m (-s, -) poteau m indicateur
weg|werfen sep irr vt jeter; **wegwerfend**
  adj méprisant(e), dédaigneux(-euse);
  Wegwerfgesellschaft f société f de
  gaspillage; **weg|ziehen** sep irr vt enlever
  (en tirant) ▪ vi aux sein déménager
weh adj (Finger) douloureux(-euse),
  qui fait mal
weh(e) interj: ~, **wenn du** ... gare à toi,
  si tu ...
Wehe f (-, -n) (Geburtswehe) contraction f;
  (Schneewehe) congère f
wehen vi (Wind) souffler; (Fahnen) flotter
wehleidig adj douillet(te)
Wehmut f (-) mélancolie f; **wehmütig** adj
  mélancolique
Wehr nt (-(e)s, -e) (an Fluss) digue f
  ▪ f (-, -en): **sich zur** ~ **setzen** se
  défendre; **Wehrdienst** m service m
  militaire

- **WEHRDIENST**

Wehrdienst désigne le service militaire obligatoire en Allemagne. Tous les hommes de plus de 18 ans reçoivent une convocation et tous ceux déclarés aptes au service doivent passer dix mois dans la *Bundeswehr*. Les objecteurs de conscience ont la possibilité de choisir le *Zivildienst*.

Wehrdienstverweigerer m (-s, -) objecteur m de conscience; **wehren** vr: **sich ~ se** défendre (*gegen* contre); **wehrlos** adj sans défense; **Wehrpflicht** f service m militaire obligatoire; **wehrpflichtig** adj astreint(e) aux obligations militaires

weh|tun sep irr vi faire mal; **mein Bauch tut mir weh** j'ai mal au ventre; **sich** dat ~ se faire mal

Wehwehchen nt (-s, -) (fam) bobo m; **ein ~ haben** avoir bobo

Weib nt (-(e)s, -er) femme f; **Weibchen** nt (Tier) femelle f; **weibisch** adj efféminé(e); **weiblich** adj féminin(e)

weich adj (Material, Sessel) moelleux(-euse); (Haut) doux (douce); (Mensch) sensible; (Herz) tendre

Weiche f (-, -n) aiguillage m

Weichei nt (pej) chiffe f molle

weichen (**wich, gewichen**) vi aux sein; **jdm/einer Sache ~** céder à [o devant] qn/qch; (Platz machen) céder la place à qn/qch

Weichheit f (von Kissen, Pelz) moelleux m; (von Haut, Mensch) douceur f; (von Bett) mollesse f

weichlich adj (Mensch) mou (molle); **Weichling** m faible m

Weichsel f (-, -n) (A, CH: Kirsche) griotte f

Weichspüler m (-s, -) (für Wäsche) assouplissant m

Weide f (-, -n) (Baum) saule m; (Grasland) pâturage m

weiden vi paître ⬛ vr: **sich an etw** dat ~ se repaître de qch

weidlich adv copieusement, beaucoup

weigern vr: **sich ~** refuser; **Weigerung** f refus m

Weihe f (-, -n) consécration f; (Priesterweihe) ordination f; **weihen** vt (Gegenstand) bénir; (Kirche) consacrer; (Priester) ordonner; (widmen) vouer

Weiher m (-s, -) étang m

Weihnachten nt (-s, -) Noël m; **weihnachtlich** adj de Noël; **Weihnachtsabend** m veillée f de Noël, réveillon m de Noël; **Weihnachtsbaum** m sapin m de Noël; **Weihnachtslied** nt

chant m de Noël; **Weihnachtsmann** m (pl **Weihnachtsmänner**) père m Noël; **Weihnachtsmarkt** m marché m de Noël

- **WEIHNACHTSMARKT**

Weihnachtsmarkt est un marché de Noël qui se tient dans la plupart des grandes villes d'Allemagne. Les gens y trouvent cadeaux, jouets et décorations de Noël dans une ambiance de fête. On y déguste également nourriture et boisson typiques de la période de Noël, tels que pain d'épices et vin chaud.

Weihnachtsstern m (Bot) étoile f de Noël; **Weihnachtstag** m jour m de Noël; **der zweite ~** le 26 décembre

Weihrauch m encens m; **Weihwasser** nt eau f bénite

weil konj parce que

Weile f (-) moment m

Wein m (-(e)s, -e) vin m; (Pflanze) vigne f; **Weinbau** m viticulture f; **Weinbeere** f (grain m de) raisin m; **Weinberg** m vignoble m; **Weinbergschnecke** f escargot m (de Bourgogne); **Weinbrand** m eau-de-vie f

weinen vt, vi pleurer; **weinerlich** adj larmoyant(e)

Weingeist m esprit-de-vin m; **Weinglas** nt verre m à vin; **Weinlese** f vendange(s) f(pl); **Weinprobe** f dégustation f de vin; **Weinrebe** f vigne f; **Weinstein** m tartre m; **Weinstock** m pied m de vigne, cep m; **Weintraube** f raisin m

weise adj sage

Weise f (-, -n) manière f, façon f; (Mus) air m

Weise, r mf sage m

weisen (**wies, gewiesen**) vt montrer

Weisheit f sagesse f; **Weisheitszahn** m dent f de sagesse

weiß adj blanc(blanche); **Weißbier** nt bière f blanche; **Weißblech** nt fer-blanc m; **Weißbrot** nt pain m blanc; **weißen** vt blanchir (à la chaux); **Weißglut** f (Tech) incandescence f; **jdn (bis) zur ~ bringen** (fig) faire exploser qn; **Weißkohl** m chou m blanc; **Weißkraut** nt (A, Sdeutsch) chou m blanc; **Weißrussland** nt la Biélorussie; **Weißwandtafel** f tableau m blanc mural; **Weißwein** m vin m blanc

Weisung f directives f pl

weit adj large; (Entfernung) éloigné(e); **so ~ sein** être prêt(e) ⬛ adv loin; **das geht zu ~** cela dépasse les bornes; **so ~ wie** [o als] **möglich** autant que possible; **ich bin so ~ zufrieden** je suis assez content(e);

siehe auch **weitgehend, weitverbreitet**;
weitaus *adv* de loin; **Weitblick** *m*
clairvoyance *f*; **weitblickend** *adj* qui voit
loin; **Weite** *f* (**-, -n**) largeur *f*; (*Raum*)
étendue *f*; **weiten** *vt* élargir ▪ *vr*: **sich ~**
se dilater; (*Horizont*) s'élargir
weiter *adj* (*breiter*) plus large; (*in
Entfernung*) plus éloigné(e); (*zusätzlich*)
supplémentaire; **ohne Weiteres** sans
façon, simplement ▪ *adv* en outre;
~ nichts rien de plus; **~ niemand** personne
d'autre; **weiter|arbeiten** *sep vi* continuer
de travailler; **weiter|bilden** *sep vr*: **sich ~**
se recycler; **Weiterbildung** *f* formation *f*
continue; **weiter|empfehlen** (*pp
weiterempfohlen*) *sep irr vt*
recommander (à d'autres); **Weiterfahrt** *f*
suite *f* du voyage; **Weiterflug** *m* suite *f*
du vol; **weiter|gehen** *sep irr vi aux sein*
aller plus loin; (*Leben*) continuer;
weiterhin *adv*: **etw ~ tun** continuer de
faire qch; **weiter|leiten** *sep vt* (*Post*) faire
suivre; (*Anfrage*) transmettre;
weiter|machen *sep vt, vi* continuer;
weiter|reisen *sep vi aux sein* continuer son
voyage; **weiter|suchen** *sep vi* continuer à
chercher; (*Inform*) continuer la recherche
weitgehend *adv* largement; **weitläufig**
adj (*Gebäude*) grand(e), vaste; (*Erklärung*)
détaillé(e); (*Verwandter*) éloigné(e);
weitschweifig *adj* (*Erzählung*) prolixe;
weitsichtig *adj* (*Med*) presbyte;
(*Entscheidung*) à long terme; (*fig: Mensch*)
prévoyant(e); **Weitsprung** *m* saut *m* en
longueur; **weitverbreitet** *adj*
répandu(e); **Weitwinkelobjektiv** *nt*
(*Foto*) objectif *m* grand angle
Weizen *m* (**-s, -**) blé *m*; **Weizenbier** *nt*
bière *f* blanche
welch *pron*: **~ ein(e)** quel(le) ...;
welche *pron* (*fam: einige*) certains;
welche, r, s *pron* (*relativ*) qui; (*akk*) que
▪ *pron* (*interrogativ, adjektivisch*) quel(le);
(*substantivisch*) lequel (laquelle); (*pl*)
lesquels(-quelles)
welk *adj* fané(e); **welken** *vi aux sein*
se faner
Wellblech *nt* tôle *f* ondulée
Welle *f* (**-, -n**) vague *f*; (*Phys*) onde *f*;
Wellenbereich *m* gamme *f* de
fréquences; **Wellenbrecher** *m* brise-
lames *m*; **Wellenlänge** *f* longueur *f*
d'onde; **Wellenlinie** *f* ligne *f* ondulée,
ondulation *f*; **Wellensittich** *m* (**-s, -e**)
perruche *f*
Wellness *f* (**-**) bien-être *m*
Wellpappe *f* carton *m* ondulé
welsch *adj* suisse romand(e)
Welt *f* (**-, -en**) monde *m*; **Weltall** *nt* univers
m; **Weltanschauung** *f* vision *f* du monde,

philosophie *f*; **weltberühmt** *adj* très
célèbre, mondialement connu(e);
weltfremd *adj* sans contact avec la
réalité; **Welthandelsorganisation** *f*
Organisation *f* Mondiale du Commerce
(OMC); **Weltkrieg** *m* guerre *f* mondiale;
weltlich *adj* (*Freuden*) de ce monde; (*nicht
kirchlich*) profane; **Weltmacht** *f* grande
puissance *f*; **weltmännisch** *adj* d'homme
du monde; **Weltmarktführer** *m* leader *m*
de marché mondial; **Weltmeer** *nt*
(grande) mer *f* du globe; **Weltmeister, in**
m(f) champion(ne) du monde;
Weltmeisterschaft *f* championnat *m*
du monde; **Weltraum** *m* espace *m*;
Weltraumrüstung *f* armement *m*
spatial; **Weltraumstation** *f* station *f*
spatiale; **Weltraumwaffe** *f* arme *f*
spatiale; **Weltreise** *f* tour *m* du monde;
Weltrekord *m* record *m* du monde;
Weltstadt *f* métropole *f*; **weltweit** *adj*
(*Verbindungen*) international(e);
(*Erscheinung*) universel(le); **Weltwunder**
nt merveille *f* du monde
wem *pron dat von* **wer** à qui
wen *pron akk von* **wer** qui
Wende *f* (**-, -n**) tournant *m*; **Wendekreis**
m (*Geo*) tropique *m*; (*Auto*) rayon *m* de
braquage
Wendeltreppe *f* escalier *m* en colimaçon
wenden (**wandte** *o* **wendete, gewandt**
o **gewendet**) *vt* tourner, retourner;
(*Boot*) virer de bord; **bitte ~** tourez s'il vous
plaît ▪ *vi* tourner ▪ *vr*: **sich an jdn ~**
s'adresser à qn; **Wendeplatz** *m* espace *m*
pour faire demi-tour; **Wendepunkt** *m*
tournant *m*
Wendung *f* tournure *f*
wenig *pron* peu de; (*Lust*) pas le (la)
moindre; **zu ~** trop peu, pas assez ▪ *adv*
peu; **so ~ wie** aussi peu que; **so ~ er auch
weiß ...** même s'il n'y connaît rien ...;
wenige *pron pl* peu de gens; **Wenigkeit** *f*:
meine ~ mon humble personne;
wenigste, r, s *adj* moindre; **wenigstens**
adv au moins
wenn *konj* si; (*zeitlich*) quand, lorsque;
~ auch ... même si ...; **~ ich doch wüsste/
aufgepasst hätte** si seulement je savais/
j'avais fait attention; **wennschon** *adv*:
na ~ et alors?; ~, dennschon! tant qu'à
faire
wer *pron* qui
Werbebanner *nt* message *m* publicitaire;
Werbefernsehen *nt* publicité *f* télévisée;
Werbegeschenk *nt* cadeau *m*
publicitaire; **Werbekampagne** *f*
campagne *f* publicitaire; **werben** (**warb,
geworben**) *vt* tenter d'attirer, recruter
▪ *vi* faire de la publicité (**für** pour); **um jdn**

~ tenter de s'attirer les bonnes grâces de qn; **um etw** ~ tenter de se concilier qch, rechercher qch; **Werberummel** m matraquage m publicitaire; **Werbespot** m **(-s, -s)** spot m publicitaire; **werbewirksam** adj efficace (sur le plan publicitaire); **Werbung** f publicité f; (von Mitgliedern) recrutement m; (um jdn/etw) sollicitation f
Werdegang m développement m; (beruflich) carrière f
werden **(wurde, geworden)** vi aux sein devenir; **Lehrer** ~ devenir professeur; **was ist aus ihm geworden?** qu'est-il devenu?; **es ist nichts geworden** ça n'a rien donné; **mir wird kalt** je commence à avoir froid; **das muss anders** ~ il faut que cela change; **zu Eis** ~ geler ◼ vb aux (Futur) aller; (Passiv) être
werfen **(warf, geworfen)** vt lancer; (Junge) mettre bas
Werft f **(-, -en)** chantier m naval
Werk nt **(-(e)s, -e)** (Buch etc) œuvre f; (Tätigkeit) action f, acte m; (Fabrik) usine f, entreprise f; (Mechanismus) mécanisme m; (Uhrwerk) mouvement m; **ans** ~ **gehen** se mettre à l'œuvre; **Werkstatt** f **(-, -stätten)** atelier m; (Auto) garage m; **Werkstoff** m matériau m; **Werktag** m jour m ouvrable; **werktags** adv les jours ouvrables; **werktätig** adj (Bevölkerung) actif(-ive)
Werkzeug nt outils mpl; **Werkzeugkasten** m caisse f à outils; **Werkzeugschrank** m armoire f à outils
Wermut m **(-(e)s, -s)** (Wein) vermout(h) m
wert adj cher (chère); **es ist drei Euro** ~ cela vaut trois euros; **das ist es/er mir** ~ ça/il vaut bien cela; **Wert** m **(-(e)s, -e)** valeur f; ~ **legen auf** +akk attacher de l'importance à; **es hat doch keinen** ~ cela ne sert à rien; **Wertangabe** f indication f de la valeur; **werten** vt (Sache) estimer; (Leistung) évaluer; **Wertgegenstand** m objet m de valeur; **wertkonservativ** adj défenseur m de valeurs conservatrices; **wertlos** adj (Sache) sans valeur; (Information) inutile; **Wertlosigkeit** f absence f de valeur; (von Information) inutilité f; **Wertpapier** nt titre m; **Wertpapierbörse** f bourse f des valeurs; **Wertpapiermarkt** m marché m des titres [o des valeurs]; **Wertsachen** pl objets mpl de valeur; **Wertschöpfung** f création f de valeur; **Wertstoff** m matériau m recyclable; **wertvoll** adj précieux(-euse); **Wertzuwachs** m augmentation f de valeur
Wesen nt **(-s, -)** (Geschöpf) être m; (Natur, Charakter) nature f, caractère m

wesentlich adj (Unterschied) essentiel(le), fondamental(e); (beträchtlich) notable, considérable
weshalb adv pourquoi
Wespe f **(-, -n)** guêpe f
wessen pron gen von **wer** de qui; ~ **Buch ist das?** à qui est ce livre?
Wessi m **(-s, -s)** (pej) surnom des habitants de l'ex-Allemagne de l'Ouest

◈ **WESSI**
◈
◈ Wessi est un terme familier et souvent
◈ irrespectueux désignant un Allemand
◈ de l'ancienne RFA. L'expression
◈ Besserwessi désigne un Allemand de
◈ l'Ouest qui croit tout savoir sur tout.

Weste f **(-, -n)** gilet m
Westen m **(-s)** ouest m; (Region) Ouest m; **im** ~ **von** à l'ouest de; **westeuropäisch** adj: **westeuropäische Zeit** heure f de Greenwich; **westlich** adj de l'ouest, occidental(e); (Pol) de l'Ouest ◼ adv à l'ouest; ~ **von Bonn** à l'ouest de Bonn; **Westwind** m vent m d'ouest
weswegen adv pourquoi
wett adj: ~ **sein** être quitte
Wettbewerb m concours m; **wettbewerbsfähig** adj compétitif(-ive); **Wettbewerbsfähigkeit** f compétitivité f; **wettbewerbsfördernd** adj favorisant la compétitivité; **Wettbewerbskontrolle** f contrôle f de la concurrence
Wette f **(-, -n)** pari m
Wetteifer m esprit m de compétition
wetten vt, vi parier
Wetter nt **(-s, -)** temps m; **Wetterbericht** m bulletin m météorologique; **Wetterdienst** m service m météorologique; **wetterfühlig** adj sensible aux changements de temps; **Wetterlage** f conditions fpl atmosphériques; **Wettervorhersage** f prévisions fpl météorologiques, météo f; **Wetterwarte** f **(-, -n)** station f météorologique; **wetterwendisch** adj lunatique
Wettkampf m (Sport) compétition f; **Wettlauf** m course f; **wett|machen** sep vt compenser, réparer; **Wettstreit** m compétition f
wetzen vt (Messer) aiguiser
WEZ f **(-)** abk = **westeuropäische Zeit** heure f de Greenwich
WG f **(-, -s)** abk = **Wohngemeinschaft**
Whirlpool® m **(-s, -s)** jacuzzi® m
Whisky m **(-s, -s)** whisky m
wich imperf von **weichen**
wichtig adj important(e); **Wichtigkeit** f importance f

wickeln vt enrouler; (Wolle) pelotonner; (Kind) langer

Widder m (-s, -) bélier m; (Astr) Bélier m; **Werner ist (ein) ~** Werner est Bélier

wider präp +akk contre; **widerfahren** (pp ~) irr vi aux sein; **jdm ~** advenir à qn, arriver à qn; **widerlegen** (pp **widerlegt**) vt réfuter

widerlich adj repoussant(e)

widerrechtlich adj illégal(e)

Widerrede f contradiction f

Widerruf m: **bis auf ~** jusqu'à nouvel ordre; **widerrufen** (pp ~) irr vt (Bericht) démentir; (Behauptung) rétracter; (Anordnung) révoquer

widersetzen (pp **widersetzt**) vr: sich jdm/einer Sache ~ s'opposer à qn/qch

widerspenstig adj récalcitrant(e), rebelle; **Widerspenstigkeit** f caractère m rebelle

wider|spiegeln sep vt refléter

widersprechen (pp **widersprochen**) irr vi: **jdm/einer Sache ~** contredire qn/qch; **widersprechend** adj contradictoire; **Widerspruch** m contradiction f; **widerspruchslos** adj exempt(e) de protestations ▪ adv sans protester

Widerstand m résistance f, **Widerstandsbewegung** f mouvement m de résistance; **widerstandsfähig** adj résistant(e); **widerstandslos** adj sans résistance

widerstehen (pp **widerstanden**) irr vi résister (dat à)

widerwärtig adj repoussant(e)

Widerwille m dégoût m; (gegen jdn) aversion f (gegen qqun, contre); **widerwillig** adv à contrecœur

widmen vt (Buch) dédier; (Zeit) consacrer ▪ vr: sich jdm/einer Sache ~ se consacrer à qn/qch; **Widmung** f (in Buch etc) dédicace f

widrig adj (Umstände) adverse

wie adv comment; **so ~** (ebenso) ainsi que; **~ viel** combien (de); . **~ viel(e) Menschen?** combien de personnes? ▪ konj comme

wieder adv de nouveau; **~ da sein** être de retour; **gehst du schon ~?** tu repars déjà?; **~ ein(e) ...** encore un(e) ...

Wiederaufarbeitungsanlage f usine f de retraitement; **Wiederaufbau** m reconstruction f

wieder|auf|bereiten (pp **wiederaufbereitet**) vt retraiter; **Wiederaufbereitung** f retraitement m; **Wiederaufbereitungsanlage** f usine f de retraitement

wieder|auf|nehmen sep irr vt reprendre

wieder|bekommen (pp ~) sep irr vt (Sache) récupérer

wieder|erkennen (pp **wiedererkannt**) sep irr vt reconnaître

wiederbeschreibbar adj (CD, DVD) réinscriptible

Wiedergabe f reproduction f; (von Erzählung) narration f; **wieder|geben** sep irr vt rendre; (Gefühle etc) exprimer

wiedergut|machen sep vt réparer; **Wiedergutmachung** f réparation f

wieder|her|stellen (pp **wiederhergestellt**) sep vt (Ordnung) rétablir; (Frieden, Ruhe) ramener; (Datei, Zustand) restaurer; (gesund machen) guérir; **sobald sie** [o **ihre Gesundheit**] **wiederhergestellt ist** dès qu'elle sera rétablie; **Wiederherstellung** f restauration f; (von Frieden, Beziehung) rétablissement m

wiederholen (pp **wiederholt**) vt répéter; (Inform: Befehl) essayer de nouveau; **wieder|holt** adj répété(e); **Wiederholung** f répétition f

Wiederhören nt: **auf ~** au revoir

Wiederkehr f (-) retour m

wieder|sehen sep irr vt revoir; **Wiedersehen** nt rencontre f; **auf ~!** au revoir!

wiederum adv de nouveau; (andererseits) par contre

wieder|vereinigen (pp **wiedervereinigt**) vt réunir; (Pol) réunifier; **Wiedervereinigung** f (Pol) réunification f

wiederverwertbar adj (Stoffe) recyclable

wieder|verwerten (pp **wiederverwertet**) sep vt recycler

Wiederwahl f réélection f

Wiege f (-, -n) berceau m

wiegen (wog, gewogen) vt peser

wiehern vi (Pferd) hennir

Wien nt (-s) Vienne

Wiener Würstchen nt saucisse f de Francfort

wies imperf von **weisen**

Wiese f (-, -n) pré m

Wiesel nt (-s, -) belette f

wieso adv pourquoi

wieviel siehe **wie**; **wievielmal** adv combien de fois; **wievielte, r, s** adj: **zum wievielten Mal?** pour la combientième fois?; **den Wievielten haben wir?** quel jour sommes-nous?; **an wievielter Stelle?** en quelle position?

wieweit konj jusqu'où

Wi-Fi nt wifi m

wild adj sauvage; (Volk) primitif(-ive); (wütend) furieux(-euse); (Kampf) acharné(e)

Wild nt (-(e)s) gibier m

wildern vi braconner; **ein wildernder Hund** un chien errant

wildfremd adj (complètement) inconnu(e); **Wildheit** f caractère m sauvage; **Wildleder** nt daim m; **Wildnis** f région f sauvage; **Wildschwein** nt sanglier m; **Wildwasserfahren** nt (-s) descente f en kayak; **Wildwasserrafting** nt rafting m

Wille m (-ns, -n) volonté f; **willen** präp +gen; **um jds/einer Sache ~** pour (l'amour de) qn/qch; **willenlos** adj sans volonté; **willensstark** adj qui a de la volonté

willig adj de bonne volonté

willkommen adj bienvenu(e); **herzlich ~** soyez le (la) bienvenu(e); **Willkommen** nt (-s, -) bienvenue f

willkürlich adj arbitraire

wimmeln vi fourmiller (von de)

wimmern vi geindre

Wimper f (-, -n) cil m; **Wimperntusche** f mascara m

Wind m (-(e)s, -e) vent m; **Windbeutel** m chou m à la crème

Winde f (-, -n) (Tech) treuil m; (Bot) volubilis m, liseron m

Windel f (-, -n) couche f; **Windelhöschen** nt couche-culotte f

winden vi unpers: **es windet** il y a du vent

winden (wand, gewunden) vt (Kranz) tresser; **etw um etw ~** enrouler qch autour de qch ■ vr: **sich ~** (Weg) serpenter; (Pflanze) enlacer (um etw qch); (Mensch) se tordre (vor +dat de)

Windenergie f énergie f éolienne; **Windfarm** f (-, -en) ferme f éolienne; **Windhemd** nt blouson m; **Windhose** f tourbillon m; **Windhund** m lévrier m; (Mann) écervelé m; **windig** adj (Stelle) éventé(e); (fig) qui n'inspire pas confiance; **Windkraftanlage** f éolienne f; **Windmühle** f moulin m à vent; **Windpark** m, **Windparkanlage** f parc m d'aérogénérateurs; **Windpocken** pl varicelle f; **Windschutzscheibe** f (Auto) pare-brise m; **Windstärke** f force f du vent; **Windstille** f calme m plat; **Windstoß** m coup m de vent, bourrasque f; **Windsurfbrett** nt planche f à voile; **wind|surfen** sep vi aux haben o sein faire de la planche à voile; **Windsurfen** nt planche f à voile; **Windsurfer, in** m(f) véliplanchiste mf

Wink m (-(e)s, -e) signe m; (mit Kopf) signe m de tête; (mit Hand) geste m; (fig) tuyau m

Winkel m (-s, -) (Math) angle m; (Gerät) équerre f; (im Raum) coin m

winken vi faire signe (dat à); (fig) attendre (jdm qn) ■ vt: **jdn zu sich ~** faire signe à qn d'approcher

winseln vi geindre

Winter m (-s, -) hiver m; **im ~** en hiver; **Winterfahrplan** m horaires mpl d'hiver; **winterlich** adj hivernal(e); **Winterreifen** m pneu m neige; **Winterschlaf** m hibernation f; **Winterschlussverkauf** m soldes fpl d'hiver; **Wintersport** m sport m d'hiver; **Winterzeit** f (Uhrzeit) heure f d'hiver

Winzer, in m(f) (-s, -) vigneron(ne)

winzig adj minuscule

Wipfel m (-s, -) cime f

wir pron nous; **~ alle** nous tous

Wirbel m (-s, -) tourbillon m; (Trommelwirbel) roulement m de tambour; (Aufsehen) remous mpl; (Anat) vertèbre f; **wirbeln** vi aux sein tourbillonner; **Wirbelsäule** f colonne f vertébrale; **Wirbeltier** nt vertébré m; **Wirbelwind** m tourbillon m de vent

wirken vi (scheinen) avoir l'air, sembler; (erfolgreich sein) être efficace, agir; **als Arzt ~** (arbeiten) être médecin ■ vt (Wunder) faire

wirklich adj réel(le), vrai(e); (Künstler) véritable; **Wirklichkeit** f réalité f

wirksam adj efficace; (Jur) valide; **Wirksamkeit** f efficacité f

Wirkung f effet m; **wirkungslos** adj inefficace; **wirkungsvoll** adj efficace

wirr adj (Haar) emmêlé(e), hirsute; (Verhältnisse) confus(e); **Wirren** pl troubles mpl, désordres mpl; **Wirrwarr** m (-s) confusion f

Wirsing(kohl) m (-s) chou m frisé

Wirt, in m(f) (-(e)s, -e) (Gastwirt) patron(ne); (Gastgeber) hôte(-esse) f; **Wirtschaft** f (Gaststätte) auberge f; (Haushalt) ménage m, tenue f de la maison; (eines Landes) économie f; (fam) remue-ménage m; **wirtschaftlich** adj économique; **Wirtschaftlichkeit** f rentabilité f; **Wirtschaftsflüchtling** m réfugié(e) économique; **Wirtschaftskriminalität** f délits mpl commis dans l'industrie; **Wirtschaftskrise** f crise f économique; **Wirtschaftsministerium** nt ministère m de l'Économie; **Wirtschaftspolitik** f politique f économique; **Wirtschaftsprüfer, in** m(f) expert(e)-comptable; **Wirtschaftswissenschaft** f science f économique; **Wirtschaftswunder** nt miracle m économique; **Wirtschaftszone** f zone f commerciale

Wirtshaus nt auberge f

Wisch m (-(e)s, -e) papelard m

wischen vt essuyer; (Boden) nettoyer, frotter; (Augen) s'essuyer; **Wischer** m

(**-s, -**) (*Auto*) essui-glace *m*; **Wischerblatt**
nt balai *m* d'essuie-glace
wispern *vt, vi* chuchoter
Wissbegier(de) *f* soif *f* d'apprendre;
wissbegierig *adj* curieux(-euse)
wissen (**wusste, gewusst**) *vt* savoir;
ich weiß keinen Rat je ne sais que faire;
Wissen *nt* (**-s**) savoir *m*
Wissenschaft *f* science *f*;
Wissenschaftler, in *m(f)* (**-s, -**)
scientifique *mf*; **wissenschaftlich** *adj*
scientifique
wissenswert *adj* intéressant(e)
wissentlich *adj* voulu(e) ▪ *adv*
sciemment
wittern *vt* sentir; (*fig*) pressentir
Witterung *f* (*Wetter*) temps *m*; (*Geruch*)
flair *m*
Witwe *f* (**-, -n**) veuve *f*; **Witwer** *m* (**-s, -**)
veuf *m*
Witz *m* (**-es, -e**) plaisanterie *f*, histoire *f*
drôle; **Witzblatt** *nt* journal *m*
humoristique; **Witzbold** *m* (**-(e)s, -e**)
plaisantin *m*; **witzeln** *vi* plaisanter;
witzig *adj* drôle; (*Ereignis, Rede*)
amusant(e)
wo *adv* où; (*fam: irgendwo*) quelque part;
im Augenblick, wo ... au moment où ...;
die Zeit, wo ... l'époque où ...; **woanders**
adv ailleurs
wob *imperf von* **weben**
wobei *adv*: **sie gab mir das Buch, ~ sie
mich nicht ansah** elle m'a donné le le livre
sans me regarder
Woche *f* (**-, -n**) semaine *f*; **Wochenende** *nt*
fin *f* de semaine, week-end *m*;
wochenlang *adj* qui dure des semaines
▪ *adv* pendant plusieurs semaines;
Wochentag *m* jour *m* de la semaine;
wöchentlich *adj* hebdomadaire
Wodka *m* (**-s, -s**) vodka *f*
wodurch *adv* (*relativ*) par quoi;
(*interrogativ*) comment; (*örtlich*) par où;
wofür *adv* (*relativ*) pour lequel (laquelle);
(*interrogativ*) pourquoi
wog *imperf von* **wiegen**
Woge *f* (**-, -n**) vague *f*
wogegen *adv* (*relativ*) contre lequel
(laquelle); (*interrogativ*) contre quoi
▪ *konj* par contre
wogen *vi* onduler
woher *adv* d'où; **wohin** *adv* où
wohl *adv* bien; (*vermutlich*) probablement;
(*gewiss*) sans doute; **er weiß das ~** il le sait
bien; **Wohl** *nt* (**-(e)s**) bien-être *m*; **zum ~!**
santé!; **wohlauf** *adv*: **~ sein** se
porter; **Wohlbehagen** *nt* sensation *f* de
bien-être; **wohlbehalten** *adj* sain(e) et
sauf (sauve); (*Sachen*) intact(e);
Wohlfahrt *f* (*Fürsorge*) assistance *f*

publique; **Wohlfahrtsstaat** *m* État-
providence *m*; **wohlhabend** *adj* aisé(e);
wohlig *adj* (*Gefühl*) agréable;
wohlschmeckend *adj* savoureux(-euse);
Wohlstand *m* prospérité *f*;
Wohlstandsbauch *m* ventre *m* bien
rempli; **Wohlstandsgesellschaft** *f*
société *f* d'abondance; **Wohlstandsschere**
f fracture *f* sociale; **Wohltat** *f* bienfait *m*;
Wohltäter, in *m(f)* bienfaiteur(-trice),
wohltätig *adj* (*Verein*) de bienfaisance;
wohlverdient *adj* bien mérité(e);
wohlweislich *adv* sciemment;
Wohlwollen *nt* (**-s**) bienveillance *f*;
wohlwollend *adj* bienveillant(e)
wohnen *vi* habiter; **Wohngebiet** *nt* zone
f d'habitation; **Wohngemeinschaft** *f*
*ensemble de personnes qui partagent un
appartement*; **wohnhaft** *adj* domicilié(e)
(*in +dat* à); **Wohnheim** *nt* foyer *m*;
wohnlich *adj* (*Einrichtung*) confortable;
Wohnmobil *nt* (**-s, -e**) camping-car *m*;
Wohnort *m* domicile *m*; **Wohnsitz** *m*
domicile *m*; **Wohnsitzlose, r** *mf* sans-abri
mf; **Wohnung** *f* appartement *m*;
(*Unterkunft*) logement *m*; **Wohnungsbau**
m construction *f* de logements;
Wohnungsnot *f* crise *f* du logement;
Wohnwagen *m* caravane *f*;
Wohnzimmer *nt* salle *f* de séjour, salon *m*
Wok *m* (**-s, -s**) wok *m*
wölben *vr*: **sich ~** former une voûte;
gewölbt (*Archit*) voûté(e), en voûte;
Wölbung *f* voûte *f*, arc *m*
Wolf *m* (**-(e)s, Wölfe**) loup *m*; **Wölfin** *f*
louve *f*
Wolke *f* (**-, -n**) nuage *m*; **Wolkenkratzer** *m*
gratte-ciel *m*; **wolkig** *adj* (*Himmel*)
nuageux(-euse)
Wolle *f* (**-, -n**) laine *f*; **wollen** *adj* en laine
wollen *vt* vouloir
wollüstig *adj* voluptueux(-euse)
Wollwäsche *f* lainage *m*
womit *adv* (*relativ*) avec lequel (laquelle);
(*interrogativ*) avec quoi, comment
womöglich *adv* peut-être
wonach *adv* (*relativ*) après quoi, après
lequel (laquelle)
Wonne *f* (**-, -n**) plaisir *m*
woran *adv* (*relativ*) sur lequel (laquelle),
auquel (à laquelle); (*interrogativ*) où;
worauf *adv* (*relativ*) sur lequel (laquelle);
(*interrogativ*) sur quoi; **woraus** *adv*
(*relativ*) de quoi; (*interrogativ*) de quoi,
d'où; **worin** *adv* en quoi, où
Workaholic *m* (**-s, -s**) drogué(e) du travail
Workshop *m* (**-s, -s**) rencontre *f*
interprofessionnelle
Workstation *f* (**-, -s**) (*Inform*) station *f*
de travail

World Wide Web nt world wide web m
Wort nt (-(e)s, Wörter) mot m; **Worte** pl
(Äußerung) parole f; **wortbrüchig** adj
qui manque à sa parole
Wörterbuch nt dictionnaire m
Wortführer, in m(f) porte-parole mf;
wortkarg adj laconique; **Wortlaut** m
teneur f; (von Vertrag) termes mpl;
im ~ textuellement
wörtlich adj (Übersetzung) mot à mot,
littéral(e), textuel(le)
wortlos adj (Abschied) muet(te);
wortreich adj verbeux(-euse);
Wortschatz m vocabulaire m;
Wortspiel nt jeu m de mots;
Wortwechsel m altercation f
worüber adv (relativ) sur lequel (laquelle);
(interrogativ) sur quoi; **worum** adv (relativ)
autour duquel (de laquelle); (interrogativ)
autour de quoi; **worunter** adv (relativ)
sous lequel (laquelle); (interrogativ) sous
quoi; **wovon** adv (relativ) duquel (de
laquelle); (interrogativ) de quoi; **wovor**
adv (relativ) devant lequel (laquelle);
(interrogativ) devant quoi, où; **wozu** adv
(relativ) ce pourquoi; (interrogativ)
pourquoi
Wrack nt (-(e)s, -s) épave f
wringen (wrang, gewrungen) vt tordre
Wucher m (-s) usure f; **das ist ~!** c'est du
voll; **Wucherer** m (-s, -), **Wucherin** f
usurier(-ière); **wucherisch** adj usuraire
wuchern vi aux sein o haben (Pflanzen)
proliférer; **Wucherung** f (Med)
excroissance f
wuchs imperf von **wachsen**
Wuchs m (-es) (Wachstum) croissance f;
(Statur) stature f
Wucht f (-) force f; **wuchtig** adj (Gestalt)
massif(-ive); (Schlag) énergique
wühlen vi fouiller; (Tier) fouir
Wulst m (-es, Wülste) renflement m;
(von Körper) bourrelet m; (an Wunde)
boursouflure f
wund adj écorché(e); **Wunde** f (-, -n)
blessure f
Wunder nt (-s, -) miracle m; **es ist kein
~** ce n'est pas étonnant; **wunderbar**
adj miraculeux(-euse); (herrlich)
merveilleux(-euse); **Wunderkind** nt
enfant m prodige; **wunderlich** adj
bizarre; **wundern** vt étonner ■ vr: **sich ~**
s'étonner (über +akk de); **wunderschön,
wundervoll** adj merveilleux(-euse)
Wundstarrkrampf m tétanos m
Wunsch m (-(e)s, Wünsche) souhait m,
vœu m; **wünschen** vt souhaiter; **sich** dat
etw ~ souhaiter qch; **wünschenswert**
adj souhaitable
wurde imperf von **werden**

Würde f (-, -n) dignité f; **Würdenträger, in**
m(f) dignitaire mf; **würdevoll** adj digne;
würdig adj digne; **jds/einer Sache ~ sein**
être digne de qn/qch; **würdigen** vt
reconnaître (la valeur de); **jdn keines
Blickes ~** ne pas accorder un regard à qn
Wurf m (-(e)s, Würfe) jet m; (Sport) lancer
m, lancement m; (bei Tieren) portée f
Würfel m (-s, -) dé m; (Math) cube m;
Würfelbecher m cornet m à dés;
würfeln vi jeter les dés; **Würfelspiel** nt
jeu m de dés; **Würfelzucker** m sucre m
en morceaux
Wurfpfeil m fléchette f
würgen vt étrangler ■ vi: **an etw** dat **~**
faire des efforts pour avaler qch
Wurm m (-(e)s, Würmer) ver m; **wurmen**
vt (fam) turlupiner; **Wurmfortsatz** m
appendice m; **wurmig** adj véreux(-euse);
wurmstichig adj vermoulu(e)
Wurst f (-, Würste) saucisse f; (Hartwurst)
saucisson m; **das ist mir ~** (fam) ça m'est
égal
Würstchen nt saucisse f de Francfort
Würze f (-, -n) épice f
Wurzel f (-, -n) racine f; **Wurzelverzeichnis**
nt (Inform) répertoire m racine
würzen vt épicer; (fig) pimenter;
würzig adj épicé(e)
wusch imperf von **waschen**
wusste imperf von **wissen**
wüst adj (roh) sauvage; (ausschweifend)
déchaîné(e); (öde) désert(e); (fam: heftig)
fort(e)
Wüste f (-, -n) désert m
Wüstling m débauché m
Wut f (-) colère f, rage f; **Wutanfall** m
accès m de fureur; **wüten** vi causer des
ravages; (Wind) être déchaîné(e);
wütend adj furieux(-euse)
WWU f (-) abk = **Wirtschafts- und
Währungsunion** UEM f
WWW nt (-) abk = **World Wide Web**
www m

X y

X, x *nt* (-, -) X, x *m*; **X-Beine** *pl* jambes *fpl*
cagneuses; **x-beinig, X-beinig** *adj* aux
jambes cagneuses
x-beliebig *adj* (*fam*) quelconque,
n'importe quel(le)
x-mal *adv* (*fam*) x [o n] fois
Xylofon, Xylophon *nt* (-s, -e)
xylophone *m*

Y, y *nt* (-, -) Y, y *m*
Yen *m* (-(s), -(s)) yen *m*
Yoga *m o nt* (-(s)) yoga *m*
Ypsilon *nt* (-(s), -s) i m grec
Yucca *f* (-, -s) yucca *m*
Yuppie *m* (-s, -s) yuppie *mf*

Z

Z, z nt (-, -) Z, z m

Zacke f (-, -n) pointe f; (Bergzacke, Gabelzacke, Kammzacke) dent f; **zackig** adj dentelé(e); (fam: Bursche) fringant(e); (Musik) qui chauffe

zaghaft adj hésitant(e), craintif(-ive); **Zaghaftigkeit** f indécision f

zäh adj (Mensch) robuste; (Fleisch) coriace; (zähflüssig) épais(se); (schleppend) qui traîne; **zähflüssig** adj visqueux(-euse); (Verkehr) qui avance au ralenti; **Zähigkeit** f résistance f; (Beharrlichkeit) endurance f

Zahl f (-, -en) chiffre m; (Menge) nombre m

zahlbar adj payable

zahlen vt, vi payer; ~ **bitte!** l'addition s'il vous plaît!

zählen vt, vi compter; ~ **zu** compter parmi; ~ **auf** +akk compter sur

zahlenmäßig adj numérique

Zahler, in m(f) (-s, -) payeur(-euse)

Zähler m (-s, -) (Tech) compteur m; (Math) numérateur m

zahllos adj innombrable; **zahlreich** adj nombreux(-euse); **Zahltag** m jour m de paie; **Zahlung** f paiement m; **zahlungsfähig** adj solvable; **zahlungsunfähig** adj insolvable; **Zahlungsverkehr** m transactions fpl financières; **Zahlwort** nt numéral m

zahm adj (Tier) apprivoisé(e); (fig) docile; **zähmen** vt apprivoiser, dompter

Zahn m (-(e)s, Zähne) dent f; **Zahnarzt** m, **-ärztin** f dentiste mf; **zahnärztlich** adj dentaire; **Zahnarztpraxis** f cabinet m dentaire; **Zahnbürste** f brosse f à dents; **Zahncreme** f dentifrice m; **zahnen** vi faire ses dents; **Zahnersatz** m prothèse f dentaire; **Zahnfäule** f (-) carie f; **Zahnfleisch** nt gencives fpl; **Zahnpasta** f, **Zahnpaste** f dentifrice m; **Zahnrad** nt roue f dentée; **Zahnradbahn** f chemin m de fer à crémaillère; **Zahnschmelz** m (-es, -e) émail m (des dents); **Zahnschmerzen** pl maux mpl de dent; **Zahnseide** f fil m dentaire; **Zahnspange** f appareil m (dentaire); **Zahnstein** m tartre m; **Zahnstocher** m (-s, -) cure-dent m

Zaire nt (-s) le Zaïre

Zange f (-, -n) pince f; (Beißzange) tenailles fpl; (Med) forceps fpl; **Zangengeburt** f naissance f au forceps

Zankapfel m pomme f de discorde; **zanken** vi, vr se quereller; **zänkisch** adj querelleur(-euse)

Zäpfchen nt (Anat) luette f; (Med) suppositoire m

zapfen vt tirer

Zapfen m (-s, -) bouchon m; (Bot) pomme de pin, cône m; (Eiszapfen) glaçon m; **Zapfenstreich** m (Mil) retraite f

Zapfhahn m (für Bier) chantepleure f; (an Tankstelle) robinet m distributeur; **Zapfpistole** f pistolet m de distribution; **Zapfsäule** f pompe f à essence

zappelig adj agité(e)

zappeln vi frétiller

zappen vi (fam) zapper; **Zappen** nt (-s) (fam) zapping m

Zar, in m(f) (-en, -en) tsar(ine)

zart adj délicat(e); (Farben, Töne) doux (douce); (Berührung) léger(-ère); (Braten etc) tendre; **Zartgefühl** nt délicatesse f; **Zartheit** f douceur f

zärtlich adj tendre; **Zärtlichkeit** f tendresse f; **Zärtlichkeiten** pl caresses fpl

Zauber m (-s, -) (Magie) magie f; (fig) charme m; **fauler** ~ (fam) fumisterie f; **Zauberei** f magie f; (Trick) tour m de passe-passe; **Zauberer** m (-s, -) magicien m; **zauberhaft** adj merveilleux(-euse); **Zauberin** f magicienne f; **Zauberkünstler, in** m(f) prestidigitateur(-trice); **zaubern** vi faire de la magie; **Zauberspruch** m formule f magique; **Zauberin** f magicienne f

zaudern vi hésiter

Zaum m (-(e)s, Zäume) bride f; jdn/etw im ~ halten tenir qn/qch en bride
Zaun m (-(e)s, Zäune) clôture f;
Zaunkönig m roitelet m; **Zaunpfahl** m: ein Wink mit dem ~ une allusion très peu subtile
z. B. abk = zum Beispiel par exemple
Zebra nt (-s, -s) zèbre m; **Zebrastreifen** m passage m pour piétons
Zeche f (-, -n) addition f; (im Bergbau) mine f
Zecke f (-, -n) tique f
Zehe f (-, -n) doigt m de pied, orteil m; (Knoblauchzehe) gousse f
zehn num dix; **Zehn** f (-, -en) dix m;
Zehnerkarte f carnet m de dix; **zehnfach** adj dix fois; **zehnjährig** adj de dix ans;
Zehnkampf m décathlon m; **zehnmal** adv dix fois; **zehnt** adv: **zu ~** à dix;
zehnte, r, s adj dixième; **der ~ Juni** le dix juin; **Berlin, den 10. Juni** Berlin, le 10 juin; **Zehnte, r** mf dixième mf; **Zehntel** nt (-s, -) dixième m; **zehntens** adv dixièmement
Zeichen nt (-s, -) signe m; (Schild) panneau m; (Inform) caractère m;
Zeichenbelegung f (Inform) occupation f des caractères; **Zeichenprogramm** nt (Inform) logiciel m de dessin; **Zeichensatz** m (Inform) jeu m de caractères;
Zeichentabelle f (Inform) table f de caractères; **Zeichentrickfilm** m dessin m animé; **Zeichenvorrat** m (Inform) répertoire m de caractères
zeichnen vt, vi (malen) dessiner; (kennzeichnen) marquer; (unterzeichnen) signer; **Zeichner, in** m(f) (-s, -) dessinateur(-trice); **technischer ~** dessinateur m industriel; **Zeichnung** f dessin m
Zeigefinger m index m
zeigen vt montrer ■ vi: **auf etw** akk ~ indiquer qch ■ vr: **sich ~** se montrer; **es wird sich ~, ob ...** l'avenir dira si ...; **es zeigte sich, dass ...** il s'est avéré que ...
Zeiger m (-s, -) aiguille f; (Inform) pointeur m
Zeile f (-, -n) ligne f; **Zeilenabstand** m interligne m; **Zeilenumbruch** m: **automatischer ~** (Inform) retour m à la ligne automatique
Zeit f (-, -en) temps m; (Uhrzeit) heure f; (Augenblick) moment m; **sich** dat **~ lassen** prendre son temps; **sich** dat **~ nehmen** prendre du temps; **von ~ zu ~** de temps en temps; **mit der ~** avec le temps; **zur rechten ~** au bon moment; **die ganze ~** tout le temps; **in letzter ~** ces derniers temps; siehe auch **zurzeit**; **Zeitalter** nt

époque f; **Zeitarbeit** f travail m temporaire; **Zeitgeist** m esprit m du temps; **zeitgemäß** adj moderne;
Zeitgenosse m, **-genossin** f contemporain(e); **zeitig** adj précoce;
zeitlebens adv toute ma/ta/sa vie;
zeitlich adj temporel(le); **Zeitlupe** f ralenti m; **Zeitpunkt** m moment m;
Zeitraffer m (-s, -) accéléré m;
zeitraubend adj qui prend beaucoup de temps; **Zeitraum** m période f, durée f;
Zeitrechnung f: **nach/vor unserer ~** après/avant notre ère; **Zeitschrift** f revue f
Zeitung f journal m
Zeitunterschied m décalage m horaire;
Zeitverschwendung f perte f de temps;
Zeitvertreib m (-(e)s, -e) passe-temps m;
zeitweilig adj temporaire; **zeitweise** adv de temps en temps, parfois; **Zeitwort** nt verbe m; **Zeitzeichen** nt (Radio) top m,
Zeltzone f fuseau m horaire; **Zeitzünder** m: **eine Bombe mit ~** une bombe à retardement
Zelle f (-, -n) cellule f; (Telefonzelle) cabine f téléphonique; **Zellkern** m noyau m de la cellule; **Zellstoff** m cellulose f;
Zellteilung f division f de la cellule
Zellulitis f (-) (Med) cellulite f
Zelt nt (-(e)s, -e) tente f; **Zeltbahn** f toile f de tente; **zelten** vi camper; **Zeltplatz** m terrain m de camping
Zement m ciment m; **zementieren** (pp zementiert) vt cimenter
zensieren (pp zensiert) vt censurer; (Sch) noter; **Zensur** f censure f; (Sch) note f
Zentimeter m o nt centimètre m
Zentner m (-s, -) demi-quintal m, 50 kilos mpl; (A, CH) quintal m
zentral adj central(e)
Zentralafrikanische Republik f la République centrafricaine
Zentrale f (-, -n) agence f principale; (Tel) central m téléphonique
Zentraleinheit f (Inform) unité f centrale;
Zentralheizung f chauffage m central
zentralisieren (pp zentralisiert) vt centraliser
zentralistisch adj centraliste
Zentralmassiv nt Massif m central;
Zentralverriegelung f (Auto) verrouillage m central (des portes)
zentrieren (pp zentriert) vt (Typo) centrer; **zentriert** adj (Typo) centré(e)
Zentrifugalkraft f force f centrifuge
Zentrifuge f (-, -n) centrifugeuse f
Zentrum nt (-s, Zentren) centre m
Zeppelin m (-s, -e) zeppelin m
Zepter nt (-s, -) sceptre m

zerbrechen (*pp* **zerbrochen**) *irr vt* casser ■ *vi aux sein* se casser; **zerbrechlich** *adj* fragile

zerbröckeln (*pp* **zerbröckelt**) *vi aux sein* s'effriter

zerdrücken (*pp* **zerdrückt**) *vt* écraser

Zeremonie *f* cérémonie *f*

Zerfall *m* désagrégation *f*; (*Untergang*) déclin *m*; **zerfallen** (*pp* ~) *irr vi aux sein*; ~ **in** +*akk* se diviser en

zerfetzen (*pp* **zerfetzt**) *vt* déchiqueter

zerfließen (*pp* **zerflossen**) *irr vi aux sein* fondre

zergehen (*pp* **zergangen**) *irr vi aux sein* fondre

zerkleinern (*pp* **zerkleinert**) *vt* réduire en morceaux

zerknittern (*pp* **zerknittert**) *vt* froisser

zerlegbar *adj* démontable; **zerlegen** (*pp* **zerlegt**) *vt* démonter; (*Fleisch, Geflügel etc*) découper; (*Satz*) analyser

zerlumpt *adj* déguenillé(e)

zermalmen (*pp* **zermalmt**) *vt* écraser

zermürben (*pp* **zermürbt**) *vt* user

zerquetschen (*pp* **zerquetscht**) *vt* écraser

Zerrbild *nt* caricature *f*

zerreden (*pp* **zerredet**) *vt* rabâcher

zerreißen (*pp* **zerrissen**) *irr vt* déchirer ■ *vi aux sein* se déchirer

zerren *vt* traîner, tirer ■ *vi* tirer (*an* +*dat* sur)

zerrinnen (*pp* **zerronnen**) *irr vi aux sein* fondre; (*Traum*) s'en aller en fumée

zerrissen *adj* déchiré(e); **Zerrissenheit** *f* (*Pol*) désunion *f*; (*innere Zerrissenheit*) déchirement *m* (intérieur)

Zerrung *f* (*Muskelzerrung*) claquage *m*; (*Sehnenzerrung*) élongation *f*

zerrüttet *adj* ébranlé(e); (*Ehe*) en crise

zerschlagen (*pp* ~) *irr vt* fracasser, briser; **sich ~ fühlen** être moulu(e) de fatigue ■ *vr*: **sich ~** (*Pläne etc*) tomber à l'eau

zerschneiden (*pp* **zerschnitten**) *irr vt* couper en morceaux

zersetzen (*pp* **zersetzt**) *vt* décomposer, désagréger ■ *vr*: **sich ~** se décomposer, se désagréger

zerspringen (*pp* **zersprungen**) *irr vi aux sein* se briser

Zerstäuber *m* (**-s, -**) vaporisateur *m*

zerstören (*pp* **zerstört**) *vt* détruire; **Zerstörung** *f* destruction *f*

zerstoßen (*pp* ~) *irr vt* piler

zerstreiten (*pp* **zerstritten**) *irr vr*: **sich ~** se brouiller

zerstreuen (*pp* **zerstreut**) *vt* disperser ■ *vr*: **sich ~** se disperser; (*sich unterhalten*) se distraire; **zerstreut** *adj* dispersé(e); (*Mensch*) distrait(e); **Zerstreutheit** *f*

distraction *f*; **Zerstreuung** *f* (*Ablenkung*) distraction *f*

zerstückeln (*pp* **zerstückelt**) *vt* couper en morceaux

zertreten (*pp* ~) *irr vt* écraser

zertrümmern (*pp* **zertrümmert**) *vt* fracasser; (*Gebäude etc*) démolir

Zerwürfnis *nt* brouille *f*

zerzausen (*pp* **zerzaust**) *vt* ébouriffer

zetern *vi* brailler

Zettel *m* (**-s, -**) (*Notizzettel*) bout *m* de papier, billet *m*

Zeug *nt* (**-(e)s, -e**) (*fam: Dinge*) truc(s) *m(pl)*, chose(s) *f(pl)*; (*Kleidung*) vêtements *mpl*; (*Ausrüstung*) attirail *m*; **dummes ~** bêtises *fpl*; **das ~ zu etw haben** avoir l'étoffe de qch; **sich ins ~ legen** (*fam*) s'y mettre

Zeuge *m* (**-n, -n**) témoin *m*; **zeugen** *vi* témoigner; **es zeugt von ...** cela révèle ... ■ *vt* (*Kind*) procréer; **Zeugenaussage** *f* déposition *f*; **Zeugenstand** *m* barre *f* (*des témoins*); **Zeugin** *f* témoin *m*

Zeugnis *nt* certificat *m*; (*Sch*) bulletin *m*; (*Abgangszeugnis*) diplôme *m*; (*Referenz*) références *fpl*

Zeugung *f* procréation *f*; **zeugungsunfähig** *adj* stérile

z. H(d). *abk* = **zu Händen von** à l'attention de

zickig *adj* (*fam*) lunatique

Zickzack *m* (**-(e)s, -e**) zigzag *m*

Ziege *f* (**-, -n**) chèvre *f*; (*fam: Frau*) bécasse *f*

Ziegel *m* (**-s, -**) brique *f*; (*Dachziegel*) tuile *f*; **Ziegelei** *f* briqueterie *f*, tuilerie *f*; **Ziegelstein** *m* brique *f*

Ziegenleder *nt* chevreau *m*

ziehen (**zog, gezogen**) *vt* tirer; (*hervorziehen*) sortir; (*Pflanzen*) cultiver; (*Graben*) creuser; (*Miene*) faire; ~ **und ablegen** (*Inform*) glisser et déplacer; **ein Gesicht ~** faire la grimace; **etw nach sich ~** entraîner qch; **Aufmerksamkeit auf sich** *akk* ~ attirer l'attention sur soi ■ *vi* tirer ■ *vi aux sein* (*wandern*) aller; (*umziehen*) déménager; (*Rauch, Wolke etc*) passer; **nach Paris/Frankreich ~** aller habiter à Paris/en France ■ *vb unpers*: **es zieht** il y a un courant d'air ■ *vr*: **sich ~** (*Gummi etc*) s'étirer; (*Grenze etc*) passer; **sich in die Länge ~** traîner en longueur

Ziehharmonika *f* accordéon *m*

Ziehung *f* (*Losziehung*) tirage *m*

Ziel *nt* (**-(e)s, -e**) (*einer Reise*) destination *f*; (*Sport*) arrivée *f*; (*Mil*) objectif *m*; (*Absicht*) but *m*; **Zieldatei** *f* (*Inform*) fichier *m* cible; **zielen** *vi* viser (*auf jdn/etw* qn/qch); **Zielfernrohr** *nt* lunette *f* de visée; **Zielgruppe** *f* groupe *m* cible; **Ziellaufwerk** *nt* (*Inform*) lecteur *m* cible;

ziellos adj sans but; **Zielscheibe** f cible f; **zielstrebig** adj déterminé(e)
ziemlich adj considérable ■ adv assez
Zierde f(-, -n) ornement m, parure f; **zur ~** pour la décoration
zieren vr: **sich ~** faire des chichis
zierlich adj gracile, délicat(e); **Zierlichkeit** f grâce f, délicatesse f
Zierpflanze f plante f ornementale
Ziffer f(-, -n) chiffre m; **Zifferblatt** nt cadran m; **Ziffernblock** m (Inform) pavé m numérique
zig adj (fam) un grand nombre de
Zigarette f cigarette f;
Zigarettenanzünder m allume-cigares m; **Zigarettenautomat** m distributeur m de cigarettes; **Zigarettenschachtel** f paquet m de cigarettes;
Zigarettenspitze f fume-cigarette m
Zigarillo m o nt (-s, -) cigarillo m
Zigarre f(-, -n) cigare m
Zigeuner, in m(f) (-s, -) tsigane mf; (in Südfrankreich, Spanien lebend) gitan(e)
Zimbabwe nt (-s) le Zimbabwe
Zimmer nt (-s, -) pièce f; (Schlafraum) chambre f; (großes Zimmer) salle f; **~ frei** chambre(s) à louer; **Zimmerantenne** f antenne f intérieure; **Zimmerdecke** f plafond m; **Zimmerlautstärke** f: **etw auf ~ stellen** mettre qch en sourdine; **Zimmermädchen** nt femme f de chambre; **Zimmermann** m (pl **Zimmerleute**) charpentier m; **zimmern** vt faire; **Zimmerpflanze** f plante f d'appartement;
Zimmervermittlung f service m d'offres de location de chambres
zimperlich adj douillet(te)
Zimt m (-(e)s, -e) cannelle f; **Zimtstange** f bâton m de cannelle
Zink nt (-(e)s) zinc m
Zinke f(-, -n) dent f; **zinken** vt (Karten) maquiller
Zinksalbe f pommade f à l'oxyde de zinc
Zinn nt (-(e)s) étain m
zinnoberrot adj vermillon
Zinnsoldat m soldat m de plomb;
Zinnwaren pl étains mpl
Zins m (-es, -en) intérêt m;
Zinsabschlagsteuer f impôt m sur les intérêts des capitaux placés;
Zinsbesteuerung f fiscalité f des placements à revenu fixe; **Zinseszins** m intérêts mpl composés;
Zinsfestschreibung f détermination f contractuelle du taux d'intérêt; **Zinsfuß** m taux m d'intérêt; **zinslos** adj sans intérêt; **Zinssatz** m taux m d'intérêt
Zionismus m sionisme m
ZIP-Diskette® f (Inform) disquette f Zip

Zipfel m (-s, -) bout m; **Zipfelmütze** f bonnet m (pointu)
ZIP-Laufwerk® nt (Inform) lecteur m Zip
zippen vt (Inform) zipper
zirka adv environ
Zirkel m (-s, -) (von Menschen) cercle m; (Gerät) compas m; **Zirkelkasten** m boîte f à compas
Zirkulation f circulation f
Zirkus m (-, -se) cirque m
Zirrhose f(-, -n) cirrhose f
zischeln vt, vi marmonner
zischen vi siffler
Zitat nt citation f
zitieren (pp zitiert) vt, vi citer; **aus einem Buch ~** citer (un passage d')un livre; **ich wurde zur Chefin zitiert** la directrice m'a convoqué(e)
Zitronat nt citron m confit
Zitrone f(-, -n) citron m;
Zitronenlimonade f citronnade f; **Zitronensaft** m jus m de citron;
Zitronenscheibe f tranche f de citron
Zitrusfrucht f agrume m; **Zitruspresse** f presse-citron m
zittern vi trembler; **vor Wut/Angst ~** trembler de colère/peur; **vor einer Prüfung/seinem Lehrer ~** appréhender un examen/trembler devant son professeur
Zitze f(-, -n) tétine f
zivil adj civil(e); (Preis) modéré(e); **Zivil** nt (-s): **in ~** en civil; **Zivilbevölkerung** f population f civile; **Zivilcourage** f courage m de ses opinions; **Zivildienst** m service m civil

◇ **ZIVILDIENST**

◇ En Allemagne les objecteurs de
◇ conscience au service militaire
◇ peuvent faire onze mois de Zivildienst
◇ ou de travaux d'intérêts général.
◇ Le service est généralement effectué
◇ dans un hôpital ou dans une maison
◇ de retraite. Beaucoup de jeunes
◇ Allemands choisissent cette
◇ alternative au Wehrdienst bien que le
◇ 'Zivildienst' soit plus long d'un mois.

Zivilisation f civilisation f;
Zivilisationserscheinung f phénomène m de civilisation; **Zivilisationskrankheit** f maux mpl de civilisation; **zivilisieren** (pp zivilisiert) vt civiliser
Zivilist, in m(f) civil m
Zivilrecht nt droit m civil
zocken vi (fam) jouer pour de l'argent;
Zocker, in m(f) (-s, -) (fam) grand(e) joueur(-euse)

Zoff m (-s) (fam) pétard m; **dann gibt's ~** ça va se chauffer

zog imperf von **ziehen**

zögern vi hésiter

Zölibat nt o m (-(e)s) célibat m

Zoll m (-(e)s, Zölle) (Behörde) douane f; (Abgabe) droits mpl de douane; **Zollabfertigung** f dédouanement m; **Zollamt** nt douane f; **Zollbeamte, r** m, **-beamtin** f douanier m; **Zollerklärung** f déclaration f en douane; **zollfrei** adj exempt(e) de droits de douane; **zollpflichtig** adj soumis(e) à des droits de douane; **Zollunion** f union f douanière

Zombie m (-(s), -s) (fig) automate mf, zombie m

Zone f (-, -n) zone f

Zoo m (-s, -s) zoo m

Zooologe m (-n, -n), **-login** f zoologiste mf; **Zoologie** f zoologie f; **zoologisch** adj zoologique

Zoom nt (-s, -s), **Zoomobjektiv** nt zoom m

Zopf m (-(e)s, Zöpfe) (Haarzopf) natte f, tresse f; (Kuchen) tresse f; **alter ~** (fig) chose f ringarde

Zorn m (-(e)s) colère f; **im ~** sous l'effet de la colère; **zornig** adj en colère

Zote f (-, -n) obscénité f

zottelig adj (fam) hirsute; (Fell) broussailleux(-euse)

zottig adj (Fell) broussailleux(-euse)

z. T. abk = **zum Teil** en partie

zu konj (mit Infinitiv) de (meist nicht übersetzt) ▪ präp +dat (in bestimmte Richtung) vers, à; (zeitlich) à, en, de; (als Besuch) chez; (Preisangabe) au prix de, à; (Zweck angebend) pour; (zusammen mit) avec; (in Bezug auf Thema, Frage) au sujet de, sur; **er rückte zu mir/zum Feuer** il s'est rapproché de moi/du feu; **zu Boden fallen** tomber par terre; **zu Ostern** à Pâques; **zu Anfang** au commencement; **zu Mittag** à midi; **ein Bericht zur politischen Lage** un reportage sur la situation politique; **Sahne zum Kuchen** de la crème avec le gâteau; **von ... zu ...** (Entfernung) de ... à ...; **von Tag zu Tag** de jour en jour; **bis zu** jusqu'à; **zu Wasser und zu Lande** par eau et par terre; **zu beiden Seiten** des deux côtés; **zu Fuß** à pied; **zum Fenster herein** par la fenêtre; **zu einem Drittel** pour un tiers; **zu meiner Zeit** de mon temps; **zu sich kommen** revenir à soi; **2 zu 1** (Sport) 2 à 1 ▪ adv trop; **Tür zu!** la porte!; **zu sein** être fermé(e); **auf jdn/etw zu** vers qn/qch; **zu viel** trop; **zu wenig** trop peu

zuallererst adv en premier lieu, en tout premier; **zuallerletzt** adv en dernier lieu, en tout dernier

Zubehör nt (-(e)s, -e) accessoires mpl; (Inform) accessoire m

zu|bekommen (pp ~) sep irr vt (fam) arriver à fermer

Zuber m (-s, -) baquet m

zu|bereiten (pp zubereitet) sep vt préparer

zu|billigen sep vt: **jdm etw ~** accorder qch à qn

zu|binden sep irr vt (Sack) fermer (en nouant); (Schuh) lacer

zu|bleiben sep irr vi aux sein (fam) rester fermé(e)

zu|bringen sep irr vt (Zeit) passer; (fam: schließen können) arriver à fermer

Zubringer m (-s, -) (Straße) bretelle f d'accès; **Zubringerstraße** f route f d'accès; (zu Autobahn) bretelle f

Zucchini f (-, -) courgette(s) f(pl)

Zucht f (-, -en) (von Tieren) élevage m; (von Pflanzen) culture f; (Disziplin) discipline f; **züchten** vt (Tiere) élever; (Pflanzen) cultiver; **Züchter, in** m(f) (-s, -) (von Tieren) éleveur(-euse); (von Pflanzen) horticulteur(-trice)

Zuchthaus nt pénitencier m

Zuchthengst m étalon m

züchtig adj sage; **züchtigen** vt corriger; **Züchtigung** f châtiment m

zucken vi (Mensch, Tier, Muskel) tressaillir; (Auge) ciller ▪ vt: **die Schultern ~** hausser les épaules

zücken vt (Schwert) tirer; (Geldbeutel) sortir

Zucker m (-s, -) sucre m; (Med) diabète m; **Zuckerdose** f sucrier m; **Zuckerguss** m glace f; **zuckerkrank** adj diabétique; **zuckern** vt sucrer; **Zuckerrohr** nt canne f à sucre; **Zuckerrübe** f betterave f sucrière; **Zuckerwatte** f barbe f à papa

Zuckung f convulsion f; (leicht) tressaillement m

zu|decken sep vt couvrir

zudem adv de plus

zu|drehen sep vt (fam) fermer

zudringlich adj importun(e)

zu|drücken sep vt (fam) fermer; **ein Auge ~** fermer les yeux

zueinander adv l'un(e) envers l'autre

zueinander|passen sep vi: **sie passen zueinander** ils vont bien ensemble

zuerst adv (als Erster) le (la) premier(-ière); (zu Anfang) d'abord; **~ einmal** tout d'abord

Zufahrt f accès m; **Zufahrtsstraße** f voie f d'accès; (von Autobahn etc) bretelle f d'accès

Zufall m hasard m; **durch ~** par hasard

zu|fallen sep irr vi aux sein (Tür, Buch, Fenster etc) se fermer; (Anteil, Aufgabe) incomber (jdm à qn); **die Augen fallen ihr zu** elle tombe de sommeil

zufällig *adj* fortuit(e) ■ *adv* par hasard
Zufallsgenerator *m* générateur *m*
de nombres aléatoires
Zuflucht *f* refuge *m*
Zufluss *m* (*Zufließen*) afflux *m*; (*Geo*)
affluent *m*; (*Com*) afflux *m*
zufolge *präp +dat o gen* conformément à;
(*laut*) d'après, selon
zufrieden *adj* content(e), satisfait(e);
er ist nie ~ il n'est jamais content; **mit
etw ~ sein** être satisfait(e) de qch;
zufrieden|geben *sep irr vr*: **sich mit etw ~**
se contenter de qch; **Zufriedenheit** *f*
satisfaction *f*; **zufrieden|stellen** *sep vt*
satisfaire
zu|frieren *sep irr vi aux sein* geler
zu|fügen *sep vt* (*dazutun*) ajouter; (*Leid etc*)
causer
Zufuhr *f* (**-, -en**) (*Versorgung*)
approvisionnement *m*; (*von Benzin, Luft*)
arrivée *f*
zu|führen *sep vt* amener; (*versorgen mit*)
fournir ■ *vi*: **auf etw** *akk* **~** mener à qch
Zug *nt* (**-s**) (*Stadt und Kanton*) Zoug
Zug *m* (**-(e)s, Züge**) train *m*; (*Luftzug*)
courant *m* d'air; (*Gesichtszug, Charakterzug*)
trait *m*; (*Schachzug etc*) coup *m*; (*an
Zigarette*) bouffée *f*; **etw in vollen Zügen
genießen** profiter pleinement de qch; **in
den letzten Zügen liegen** être à l'agonie
Zugabe *f* prime *f*; (*in Konzert etc*) morceau
m supplémentaire
Zugabteil *nt* compartiment *m* (de chemin
de fer)
Zugang *m* (*a. zum Internet*) accès *m*;
~ zu etw haben avoir accès à qch;
zugänglich *adj* accessible
Zugbrücke *f* pont-levis *m*
zu|geben *sep irr vt* (*beifügen*) ajouter;
(*gestehen*) admettre
zu|gehen *sep irr vi aux sein* (*fam: schließen*)
fermer; **auf jdn/etw ~** se diriger vers qn/
qch; **aufs Ende ~** toucher à sa fin ■ *vb
unpers aux sein* (*sich ereignen*) se passer
Zugehörigkeit *f* appartenance *f* (*zu* à)
zugeknöpft *adj* (*fam*) fermé(e)
Zügel *m* (**-s, -**) rêne *f*; (*fig*) bride *f*; **zügellos**
adj (*Benehmen*) effréné(e), débridé(e);
Zügellosigkeit *f* manque *m* de retenue;
zügeln *vt* tenir en bride
Zugeständnis *nt* concession *f*;
zu|gestehen (*pp* **zugestanden**) *sep irr vt*
concéder; (*zugeben*) admettre
Zugführer, in *m(f)* chef *mf* de train
zugig *adj* (*Raum*) exposé(e) aux courants
d'air
zügig *adj* rapide
zugleich *adv* en même temps
Zugluft *f* courant *m* d'air;
Zugmaschine *f* tracteur *m*

zu|greifen *sep irr vi* (*bei Angebot, Waren*)
saisir une occasion; (*zupacken*) bien tenir;
(*Polizei etc*) intervenir; (*helfend zugreifen*)
aider; (*beim Essen*) se servir; **Zugriff** *m*
(*Inform*) accès *m*; **Zugriffsberechtigung** *f*
(*Inform*) autorisation *f* d'accès;
Zugriffsgeschwindigkeit *f* (*Inform*)
vitesse *f* d'exécution; **Zugriffszeit** *f*
(*Inform*) temps *m* d'accès
zugrunde, zu Grunde *adv*: **~ gehen**
sombrer; (*Mensch*) périr; **etw einer
Sache** *dat* **~ legen** prendre qch comme
point de départ pour quelque chose;
einer Sache *dat* **~ liegen** être à la base
de qch; **~ richten** ruiner
zugunsten, zu Gunsten *präp +gen o dat*
en faveur de
zugute|halten *sep irr vt*: **jdm etw ~**
prendre en considération qch de qn
zugute|kommen *sep irr vi*: **jdm ~** servir
à qn
Zugverbindung *f* correspondance *f*;
Zugvogel *m* oiseau *m* migrateur
zu|halten *sep irr vt* (*nicht öffnen*) garder
fermé(e); (*blockieren*) bloquer; **jdm die
Augen ~** empêcher qn de regarder
(en lui mettant les mains devant les
yeux); **sich** *dat* **die Augen ~** se mettre
les mains devant les yeux; **jdm die Nase ~**
boucher le nez de qn; **jdm den Mund ~**
plaquer sa main sur la bouche de qn
■ *vi*: **auf jdn/etw ~** se diriger vers
qn/qch
Zuhälter *m* (**-s, -**) souteneur *m*,
maquereau *m*
zuhause *adv* chez soi; **Zuhause** *nt* (**-s**)
chez-soi *m*
Zuhilfenahme *f*: **unter ~ von** à l'aide de
zu|hören *sep vi* écouter (*jdm* qn); **Zuhörer,
in** *m(f)* auditeur(-trice); **Zuhörerschaft** *f*
auditeurs *mpl*
zu|jubeln *sep vi*: **jdm ~** acclamer qn
zu|kleben *sep vt* coller
zu|knöpfen *sep vt* boutonner
zu|kommen *sep irr vi aux sein* (*näher
kommen*) s'approcher (*auf +akk* de);
(*Titel, Ehre*) revenir (*jdm* à qn); **auf jdn ~**
(*Arbeit, Zeit etc*) attendre qn; **jdm etw ~
lassen** faire parvenir qch à qn; **etw auf
sich** *akk* **~ lassen** laisser venir qch; **wir
werden in dieser Sache auf Sie ~** nous
prendrons contact avec vous à ce sujet
Zukunft *f* (**-**) avenir *m*; (*Ling*) futur *m*;
zukünftig *adj* futur(e);
Zukunftsaussichten *pl* perspectives *fpl*
d'avenir; **Zukunftsmusik** *f* (*fam*) paroles
fpl en l'air; **Zukunftsroman** *m* roman *m*
d'anticipation; **Zukunftstechnologie** *f*
technologie *f* d'avenir
Zulage *f* (*Gehaltszulage*) prime *f*

zu|lassen sep irr vt admettre; (erlauben) permettre; (Auto) immatriculer; **die Tür ~** (fam) laisser la porte fermée

zulässig adj permis(e)

zu|laufen sep irr vi aux sein (Mensch) courir (auf +akk vers); **uns ist ein Hund zugelaufen** nous avons recueilli un chien; **spitz ~** se terminer en pointe

zu|legen sep vt (dazugeben) ajouter; (Tempo) accélérer; **sich** dat **etw ~** (fam) acquérir qch

zuleide, zu Leide adj: **jdm etwas ~ tun** nuire à qn

zuletzt adv (in Reihenfolge) le (la) dernier(-ière); (zum letzten Mal) pour la dernière fois; (schließlich) finalement

zuliebe adv: **jdm ~** pour faire plaisir à qn

zum kontr von **zu dem**; **~ dritten Mal** pour la troisième fois; **das ist ~ Weinen** c'est bien triste; **~ Vergnügen** pour le plaisir

zu|machen sep vt, vi fermer

zumal konj d'autant plus que

zumindest adv au moins

zu|müllen sep vt encombrer, submerger

zumutbar adj tolérable; **das ist für sie ~** on peut exiger d'elle qu'elle fasse ça

zumute, zu Mute adv: **jdm ist wohl ~** qn se sent bien

zu|muten sep vt: **jdm etw ~** exiger qch de qn; **Zumutung** f impudence f, demande f exagérée; **so eine ~!** quel culot!

zunächst adv (in Reihenfolge) tout d'abord; (vorerst) pour l'instant

zu|nähen sep vt coudre

Zunahme f(-, -n) augmentation f

Zuname m nom m de famille

zünden vi s'allumer (avec des allumettes

zünden vi s'allumer; (fig: begeistern) provoquer l'enthousiasme; **zündend** adj (Musik, Rede) fougueux(-euse); **Zünder** m (-s, -) détonateur m; **Zündflamme** f veilleuse f; **Zündholz** nt allumette f; **Zündkerze** f (Auto) bougie f; **Zündschlüssel** m clé f de contact; **Zündschnur** f mèche f; **Zündstoff** m (fig) sujet m explosif; **Zündung** f (Auto) allumage m

zu|nehmen sep irr vi augmenter; (Mensch) grossir

Zuneigung f affection f

Zunft f(-, Zünfte) corporation f

zünftig adj comme il faut

Zunge f(-, -n) langue f; **Zungenbrecher** m (fam) mot ou phrase très difficile à prononcer; **Zungenkuss** m baiser m langue en bouche

zunichte|machen sep vt réduire à néant

zunichte|werden sep irr vi être réduit(e) à néant

zunutze, zu Nutze adv: **sich** dat **etw ~ machen** se servir de qch

zuoberst adv tout en haut

zu|packen sep vi (bei Arbeit) s'y mettre énergiquement; **zupackend** adj énergique

zupfen vt (Fäden) effiler; (Augenbrauen) épiler; (Gitarre) pincer; **jdn an etw** dat **~** tirer qn par qch

zur kontr von **zu der**

zurande, zu Rande adv: **~ kommen** (fam) s'en sortir

zurate, zu Rate adv: **~ ziehen** consulter; **jdn zu Rate ziehen** demander conseil à qn

zurechnungsfähig adj responsable (de ses actes); **Zurechnungsfähigkeit** f responsabilité f

zurecht|finden sep irr vr: **sich ~** se débrouiller, se retrouver;

zurecht|kommen sep irr vi aux sein (rechtzeitig) arriver à temps; **mit etw ~** venir à bout de qch; **zurecht|legen** sep vt préparer; **zurecht|machen** sep vt préparer ■ vr: **sich ~** s'apprêter; **zurecht|weisen** sep irr vt: **jdn ~** faire des remontrances à qn; **Zurechtweisung** f réprimande f

zu|reden sep vi: **jdm ~** chercher à persuader qn

Zürich nt (-s) Zurich; **Zürichsee** m: **der ~** le lac de Zurich

zu|richten sep vt (verletzen) maltraiter, arranger

zurück adv (an Ort) de retour; (im Rückstand) en retard

zurück|behalten (pp ~) sep irr vt garder; (Schäden, Schock) subir

zurück|bekommen (pp ~) sep irr vt récupérer; **ich bekomme noch 1 Euro zurück** vous me devez encore 1 euro

zurück|bleiben sep irr vi aux sein rester; (geistig) être en retard

zurück|bringen sep irr vt rapporter; (jdn) ramener

zurück|drängen sep vt (Feind) repousser; (Gefühle) réprimer

zurück|drehen sep vt: **die Lautstärke ~** baisser le volume; **die Zeit ~** revenir en arrière

zurück|erobern (pp zurückerobert) sep vt reconquérir

zurück|fahren sep irr vi aux sein retourner (en voiture); (vor Schreck) reculer brusquement ■ vt ramener (en voiture)

zurück|fallen sep irr vi aux sein retomber; (in Wettkampf) rétrograder; **das fällt auf uns zurück** cela retombe sur nous

zurück|finden sep irr vi retrouver son chemin

zurück|fordern sep vt réclamer

zurück|führen sep vt reconduire; **etw auf etw** akk ~ mettre qch au compte de qch

zurück|geben sep irr vt rendre; (antworten) répliquer

zurückgeblieben adj (geistig) retardé(e)

zurück|gehen sep irr vi aux sein (an Ort) revenir, retourner; (nachlassen) diminuer; ~ **auf** +akk (zeitlich) remonter à

zurückgezogen adj retiré(e)

zurück|halten sep irr vt retenir; (hindern) empêcher ■ vr: **sich** ~ se retenir; (mit dem Essen) se modérer; (in Gruppe) ne pas se faire remarquer; **zurückhaltend** adj réservé(e); **Zurückhaltung** f réserve f

zurück|kehren sep vi aux sein retourner

zurück|kommen sep irr vi aux sein revenir; **auf etw** akk ~ revenir à qch; **auf jdn** ~ faire appel à qn

zurück|lassen sep irr vt laisser

zurück|legen sep vt (an Platz) remettre; (Geld) mettre de côté; (reservieren) réserver; (Strecke) parcourir

zurück|nehmen sep irr vt reprendre; (Bemerkung) retirer

zurück|rufen sep irr vi (Tel) rappeler; **sich** dat **etw ins Gedächtnis** ~ se rappeler qch

zurück|schrecken sep vi aux sein o haben reculer (vor +dat devant)

zurück|stecken sep vt remettre ■ vi (fig) en rabattre

zurück|stellen sep vt remettre; (Uhr) retarder; (Interessen) reléguer au second plan; (Ware) mettre de côté

zurück|treten sep irr vi aux sein (nach hinten) reculer; (von Amt) démissionner; (von Kauf) résilier

zurück|weisen sep irr vt (Vorwurf) rejeter; (jdn) repousser

zurück|zahlen sep vt rembourser; **es jdm** ~ (fam: heimzahlen) faire payer qn; **Zurückzahlung** f remboursement m

zurück|ziehen sep irr vt retirer; (Vorhang) ouvrir ■ vr: **sich** ~ se retirer

zurzeit adv actuellement

Zusage f promesse f; (Annahme) acceptation f; **zu|sagen** sep vt promettre ■ vi (bei Einladung, Stelle) accepter; **jdm** ~ (gefallen) plaire à qn

zusammen adv ensemble; (insgesamt) en tout; ~ **mit** avec

Zusammenarbeit f collaboration f; **zusammen|arbeiten** sep vi coopérer

zusammen|beißen sep irr vt (Zähne) serrer

zusammen|bleiben sep irr vi aux sein rester ensemble

zusammen|brechen sep irr vi aux sein s'écrouler; (Mensch) s'effondrer; (Verkehr) être complètement bloqué(e)

zusammen|bringen sep irr vt rassembler; (Gedicht) arriver à sortir; (Sätze) arriver à aligner

Zusammenbruch m (Nervenzusammenbruch) crise f de nerfs; (von Firma) faillite f; (von Verhandlungen) échec m

zusammen|fahren sep irr vi aux sein (Fahrzeuge) entrer en collision; (erschrecken) sursauter

zusammen|fassen sep vt (vereinigen) réunir; (Rede etc) résumer; **zusammenfassend** adj récapitulatif(-ive) ■ adv en résumé; **Zusammenfassung** f (von Rede) résumé m

Zusammenfluss m confluent m

zusammen|gehören (pp **zusammengehört**) sep vi aller (bien) ensemble; (Paar) être fait(e) l'un(e) pour l'autre

zusammengesetzt adj composé(e)

zusammen|halten sep irr vi (Teile) tenir ensemble; (Menschen) se serrer les coudes

Zusammenhang m relation f, lien m; **zusammen|hängen** sep irr vi (Ursachen) être lié(e); **mit etw** ~ être en rapport avec qch; **zusammenhang(s)los** adj incohérent(e)

zusammenklappbar adj pliant(e)

zusammen|kommen sep irr vi aux sein (Gruppe) se réunir; (Geld) être recueilli(e); **Zusammenkunft** f (-, -künfte) réunion f

zusammen|leben sep vi vivre ensemble

zusammen|legen sep vt (falten) plier; (verbinden) regrouper; **Geld** ~ se cotiser

zusammen|nehmen sep irr vt rassembler ■ vr: **sich** ~ se ressaisir

zusammen|passen sep vi aller bien ensemble

zusammen|reißen sep irr vr: **sich** ~ se ressaisir

zusammen|schlagen sep irr vt (fam: jdn) tabasser; (Dinge) casser

zusammen|schließen sep irr vr: **sich** ~ s'associer; **Zusammenschluss** m association f, fusion f

zusammen|schreiben sep irr vt écrire en un seul mot; (Bericht) rédiger

Zusammensein nt (-s) réunion f; (Zusammenleben) vie f commune

zusammen|setzen sep vt (Teile) assembler ■ vr: **sich aus etw** ~ être composé(e) de qch; **Zusammensetzung** f composition f

zusammen|stellen sep vt (Rede etc) composer; (Ausstellung) monter; **Zusammenstellung** f (Übersicht) résumé m; (Vorgang) sélection f

Zusammenstoß m collision f, heurt m; **zusammen|stoßen** sep irr vi aux sein

(*Fahrzeuge*) entrer en collision;
(*Demonstranten*) se trouver face à face

zusammen|treffen *sep irr vi aux sein*
coïncider; (*Menschen*) se rencontrer;
mit jdm ~ rencontrer qn;
Zusammentreffen *nt* rencontre *f*;
(*von Ereignissen*) coïncidence *f*

zusammen|wachsen *sep irr vi aux sein*
se joindre

zusammen|zählen *sep vt* additionner

zusammen|ziehen *sep irr vt* (*verengen*)
contracter; (*addieren*) additionner;
(*Truppen*) concentrer ■ *vi aux sein* (*in
Wohnung*) aller habiter (ensemble)
■ *vr*: **sich ~** se contracter; (*sich bilden*)
se former

zusammen|zucken *sep vi aux sein*
sursauter

Zusatz *m* addition *f*; (*Badezusatz*) produit
m pour le bain; **Zusatzantrag** *m* (*Pol*)
amendement *m*; **Zusatzgerät** *nt*
appareil *m* complémentaire; (*Inform*)
matériel *m* auxiliaire; **zusätzlich** *adj*
supplémentaire

zu|schauen *sep vi* regarder; **Zuschauer,
in** *m(f)* (**-s, -**) spectateur(-trice)

zu|schicken *sep vt* envoyer (*jdm etw* qch
à qn)

zu|schießen *sep irr vt* (*Geld*) donner

Zuschlag *m* (*Eisenbahn*) supplément *m*

zu|schlagen *sep irr vt* fermer
bruyamment; (*Tür*) claquer ■ *vi aux sein*
(*Fenster, Tür*) claquer ■ *vi* (*Mensch*) frapper

Zuschlagkarte *f* (*Eisenbahn*) supplément
m; **zuschlagspflichtig** *adj* (*Zug*) à [*o* avec]
supplément

zu|schließen *sep irr vt* fermer à clé

zu|schneiden *sep irr vt* couper (sur
mesure)

zu|schnüren *sep vt* (*Paket*) ficeler; (*Schuhe*)
lacer

zu|schrauben *sep vt* visser le couvercle de

zu|schreiben *sep irr vt*: **jdm etw ~**
attribuer qch à qn

Zuschrift *f* lettre *f*

zuschulden, zu Schulden *adv*: **sich** *dat*
etwas ~ kommen lassen se rendre
coupable d'une faute

Zuschuss *m* subvention *f*

zu|schütten *sep vt* boucher

zu|sehen *sep vi* (*zuschauen*) regarder;
(*dafür sorgen*) veiller; **ich sehe zu, dass das
gemacht wird** je veillerai à ce que cela se
fasse; **zusehends** *adv* à vue d'œil

zu|senden *sep irr vt*: **jdm etw ~** envoyer
qch à qn

zu|setzen *sep vt* (*beifügen*) ajouter;
Geld ~ en être de sa poche ■ *vi*: **jdm ~**
(*belästigen*) harceler qn; (*Krankheit*)
affaiblir qn

zu|sichern *sep vt*: **jdm etw ~** assurer qn
de qch

zu|spielen *sep vt*: **jdm etw ~** (*Ball*) passer
qch à qn; (*Information*) communiquer qch
à qn

zu|spitzen *sep vr*: **sich ~** (*Lage*) s'aggraver

zu|sprechen *sep irr vt* (*zuerkennen*)
accorder (*jdm etw* qch à qn) ■ *vi*: **jdm gut
~** essayer de convaincre qn; **dem Essen ~**
manger de bon appétit

Zuspruch *m* paroles *fpl* d'encouragement;
~ finden avoir du succès

Zustand *m* état *m*; (*Inform*) état *m*,
condition *f*; **Zustände** *pl* (*Verhältnisse*)
conditions *fpl*

zustande, zu Stande *adv*: **~ bringen**
réaliser; **~ kommen** se réaliser

zuständig *adj* compétent(e),
responsable; **Zuständigkeit** *f*
responsabilité *f*

zu|stehen *sep vi*: **jdm ~** être dû (due)
à qn; (*Titel, Lohn*) revenir à qn; **ein Urteil
steht mir nicht zu** ce n'est pas à moi
de juger

zu|stellen *sep vt* barricader; (*Post*) distribuer

zu|stimmen *sep vi* être d'accord (*dat* avec);
Zustimmung *f* approbation *f*,
consentement *m*; **seine ~ geben** donner
son accord

zu|stoßen *sep irr vi aux sein*; **jdm ~** arriver
à qn

Zustrom *m* (*von Menschen*) afflux *m*

zutage, zu Tage *adv*: **~ bringen** mettre
au jour, révéler

Zutaten *pl* ingrédients *mpl*

zu|teilen *sep vt* donner; (*als Anteil*)
distribuer

zutiefst *adv* profondément

zu|tragen *sep irr vt*: **jdm etw ~** (*Klatsch*)
rapporter qch à qn ■ *vr*: **sich ~** se produire

zuträglich *adj*: **jdm ~ sein** être bon(ne)
pour qn

zu|trauen *sep vt*: **jdm etw ~** (*Mord,
Fähigkeit*) croire qn capable de qch;
sich *dat* **etw ~** se croire capable de qch;
Zutrauen *nt* (**-s**) confiance *f* (*zu* en);
zutraulich *adj* confiant(e);
Zutraulichkeit *f* nature *f* confiante

zu|treffen *sep irr vi* être exact(e), être
juste; **~ auf** +*akk*, **~ für** s'appliquer à;
zutreffend *adj* exact(e), juste;
Zutreffendes bitte unterstreichen
souligner la mention exacte

Zutritt *m* accès *m*, entrée *f*; **zu etw ~
haben** avoir accès à qch

Zutun *nt* (**-s**) aide *f*; **ohne mein ~** sans que
j'y sois pour quelque chose

zuverlässig *adj* (*Mensch*) fiable;
(*Nachrichtenquelle*) sûr(e); (*Auto*) solide;
Zuverlässigkeit *f* fiabilité *f*

Zuversicht f confiance f, assurance f;
  zuversichtlich adj confiant(e);
  Zuversichtlichkeit f confiance f
zu viel adv trop
zuvor adv auparavant; **zuvor|kommen**
  sep irr vi aux sein; **jdm ~** devancer qn;
  zuvorkommend adj prévenant(e)
Zuwachs m (-es) (von Verein)
  accroissement m; (fam: Familienzuwachs)
  rejeton m; **zu|wachsen** sep irr vi aux sein
  être bouché(e); (Wunde) se cicatriser;
  Zuwachsrate f augmentation f
zuwege, zu Wege adv: **etw ~ bringen**
  accomplir qch
zuweilen adv de temps en temps
zu|weisen sep irr vt (Arbeit) donner;
  (Platz) indiquer
zu|wenden sep irr vt (Gesicht, Blicke)
  tourner (dat vers); **jdm den Rücken ~**
  tourner le dos à qn; **sich jdm/einer Sache**
  ~ se tourner vers qn/qch; (fig) s'occuper de
  qn/qch; **Zuwendung** f (Aufmerksamkeit)
  sollicitude f; (Geld) don m
zu wenig adv trop peu, pas assez
zu|werfen sep irr vt (Tür) claquer; **jdm etw**
  ~ lancer qch à qn
zuwider adv: **jdm ~ sein** dégoûter qn;
  zuwider|handeln sep vi: **einer Sache** dat
  ~ aller à l'encontre de qch; (einem Gesetz)
  contrevenir à qch; **Zuwiderhandlung** f
  infraction f
zu|ziehen sep irr vt (Vorhang) fermer, tirer;
  (Knoten etc) serrer; (Arzt) faire appel à; **sich**
  dat **etw ~** (Krankheit) attraper qch; (Zorn)
  s'attirer qch
zuzüglich präp +gen plus
zu|zwinkern sep vi: **jdm ~** faire un clin
  d'œil à qn
ZVS f (-) abk = **Zentralstelle für die**
  Vergabe von Studienplätzen service m
  d'attribution de places à l'université
zwang imperf von **zwingen**
Zwang m (-(e)s, Zwänge) contrainte f,
  pression f; **sich dat keinen ~ antun** ne pas
  se gêner
zwängen vt: **etw in etw** akk **~** faire rentrer
  qch de force dans qch ▪ vr: **sich in ein**
  Auto ~ s'entasser dans une voiture
zwanghaft adj maniaque; **zwanglos** adj
  décontracté(e), informel(le);
  Zwanglosigkeit f caractère m informel
Zwangsarbeit f travaux mpl forcés;
  Zwangsarbeiter, in m(f) travailleur(-euse)
  forcé(e); **Zwangsernährung** f
  alimentation f forcée; **Zwangsjacke** f
  camisole f de force; **Zwangslage** f état m
  de contrainte; **zwangsläufig** adj
  forcé(e), inévitable; **Zwangsmaßnahme**
  f sanction f; **Zwangsräumung** f
  expulsion f; **zwangsweise** adv d'office

zwanzig num vingt
zwar adv en effet, il est vrai; **das ist ~**
  traurig, aber nicht zu ändern c'est peut-
  être triste, mais on ne peut rien y changer;
  und ~ am Sonntag dimanche, pour être
  tout à fait précis(e); **... und ~ so schnell,**
  dass ... et cela si rapidement que ...
Zweck m (-(e)s, -e) but m, intention f;
  zu welchem ~? dans quel but?
Zwecke f (-, -n) clou m; (Heftzwecke)
  punaise f
Zweckentfremdung f détournement m;
  zwecklos adj inutile; **zweckmäßig** adj
  approprié(e)
zwecks präp +gen en vue de
zwei num deux; **Zwei** f (-, -en) deux m;
  Zweibettzimmer nt chambre f à deux
  lits; **zweideutig** adj ambigu(ë);
  (unanständig) scabreux(-euse); **zweierlei**
  adj inv; **~ Stoff** deux tissus différents;
  zweifach adj double
Zweifel m (-s, -) doute m; **zweifelhaft** adj
  douteux(-euse); **zweifellos** adj
  indubitable; **zweifeln** vi douter (an +dat
  de); **Zweifelsfall** m: **im ~** en cas de doute
Zweig m (-(e)s, -e) branche f;
  Zweigniederlassung f, **Zweigstelle** f
  (Com) succursale f
zweihundert num deux cent(s);
  zweijährig adj de deux ans; **Zweikampf**
  m duel m; **zweimal** adv deux fois;
  zweimotorig adj bimoteur;
  zweischneidig adj (fig) à double
  tranchant; **Zweisitzer** m (-s, -) voiture f
  à deux places; (Aviat) biplace m;
  zweisprachig adj bilingue; **zweispurig**
  adj (Straße) à deux voies; **zweistimmig**
  adj à deux voix
zweit adv: **zu ~** à deux
Zweitaktmotor m moteur m à deux temps
zweitbeste, r, s adj second(e); **zweite, r,**
  s adj second(e), deuxième; **der ~ Juli** le
  deux juillet; **Berlin, den 2. Juli** Berlin,
  le 2 juillet; **Zweite, r** mf second(e),
  deuxième mf
zweiteilig adj en deux parties; (Kleidung)
  deux pièces
zweitens adv deuxièmement, secundo
zweitgrößte, r, s adj deuxième (en taille);
  zweitklassig adj de deuxième catégorie;
  zweitletzte, r, s adj avant-dernier(-ière);
  zweitrangig adj de qualité inférieure;
  Zweitwagen m deuxième voiture f
Zwerchfell nt diaphragme m
Zwerg m (-(e)s, -e) nain m
Zwetsch(g)e f (-, -n) quetsche f
Zwickel m (-s, -) entre-jambes m
zwicken vt, vi pincer
Zwieback m (-(e)s, -e o Zwiebäcke)
  biscotte f

Zwiebel f(-,-n) oignon m
Zwiegespräch nt dialogue m; **Zwielicht**
nt pénombre f; **ins ~ geraten sein** s'être
discrédité(e); **zwielichtig** adj louche;
Zwiespalt m conflit m; **zwiespältig** adj
contradictoire; **Zwietracht** f(-) discorde
f, zizanie f
Zwilling m(-s, -e) jumeau (jumelle); (Astr)
Gémeaux mpl; **Alex ist (ein) ~** Alex est
Gémeaux
zwingen (**zwang, gezwungen**) vt forcer;
jdn zu einem Geständnis ~ forcer qn à
avouer; **zwingend** adj (Grund etc)
contraignant(e); (Schluss) inévitable;
(Beweis) concluant(e)
zwinkern vi cligner des yeux; (absichtlich)
faire un clin d'œil
Zwirn m(-(e)s, -e) fil m
zwischen präp +akk o dat entre; **er legte**
es ~ die beiden Bücher il l'a mis entre les
deux livres; **er stand ~ uns** dat il se tenait
entre nous; **Zwischenablage** f (Inform)
presse-papier m; **Zwischenbemerkung** f
remarque f (faite) en passant;
Zwischenbilanz f bilan m intermédiaire;
zwischen|blenden sep vt (TV) insérer;
Zwischending nt mélange m;
zwischendurch adv (zeitlich) entre-
temps; (nebenbei) en passant;
Zwischenergebnis nt résultat m
provisoire; **Zwischenfall** m incident m;
Zwischenfrage f question f;
Zwischenhandel m commerce m de
demi-gros; **Zwischenhändler, in** m(f)
intermédiaire mf; **Zwischenlager** nt
stockage m provisoire; **zwischen|lagern**
sep vt stocker provisoirement;
Zwischenlagerung f stockage m
provisoire; **zwischen|landen** sep vi aux
sein faire escale; **Zwischenlandung** f
escale f; **zwischenmenschlich** adj entre
les personnes; **Zwischenraum** m espace
m; **Zwischenruf** m interruption f;
Zwischenspiel nt intermède m; (Mus)
interlude m; **zwischenstaatlich** adj
international(e); **Zwischenstation** f:
~ machen faire halte; **Zwischenstecker**
m adaptateur m; **Zwischenstopp** m
(-s,-s) escale f; **Zwischenzeit** f: **in der ~**
entre-temps, pendant ce temps
Zwist m(-es, -e) dissension f
zwitschern vt, vi (Vögel) gazouiller
Zwitter m(-s, -) hermaphrodite m
zwölf num douze; **Zwölf** f(-,-en) douze m
Zyklus m(-, Zyklen) cycle m
Zylinder m(-s, -) cylindre m; (Hut)
haut-de-forme m; **zylinderförmig** adj
cylindrique; **Zylinderkopf** m culasse f;
Zylinderkopfdichtung f joint m
de culasse

Zyniker, in m(f) (-s, -) cynique mf;
zynisch adj cynique; **Zynismus** m
cynisme m
Zypern nt (-s) (l'île f de) Chypre;
Zyprer, in m(f) (-s, -) Cypriote mf
Zypresse f(-,-n) cyprès m
Zypriot, in m(f) (-en, -en) Cypriote mf
Zyste f(-,-n) kyste m
zzgl. präp abk = **zuzüglich** en sus
zzt. abk = **zurzeit** actuellement

N° d'éditeur 10166362
Janvier 2010
Imprimé en France
par Maury-Imprimeur - 45330 Malesherbes